专利复审和无效审查决定汇编丛书

专利复审和无效审查决定汇编

（2009）

化　学（第一卷）

国家知识产权局专利复审委员会　编

知识产权出版社
全国百佳图书出版单位

图书在版编目（CIP）数据

专利复审和无效审查决定汇编．2009．化学/国家知识产权局专利复审委员会编．—北京：知识产权出版社，2016.5

ISBN 978-7-5130-1614-8

Ⅰ．①专…　Ⅱ．①国…　Ⅲ．①专利权法—案例—中国　Ⅳ．①D923.425

中国版本图书馆CIP数据核字（2012）第246947号

内容提要

本书汇集了专利复审委员会2009年作出的化学专利复审和无效审查决定及相关审查决定和司法判决（根据法律规定需要保密的除外），比较全面地反映了专利复审委员会的审查工作和人民法院专利行政案件审理工作取得的进展，对专利工作者具有一定的借鉴和指导作用，也有利于当事人及广大公众对专利复审委员会的审查工作进行监督。

责任编辑：崔开丽　　**责任出版：**孙婷婷

封面设计：品　序

专利复审和无效审查决定汇编丛书

专利复审和无效审查决定汇编（2009）

化　学（第一卷）

国家知识产权局专利复审委员会　编

出版发行：知识产权出版社有限责任公司　　**网　　址：**http://www.ipph.cn

社　　址：北京市海淀区西外太平庄55号　　**邮　　编：**100081

责编电话：010-82000860转8377　　**责编邮箱：**cui_kaili@sina.com

发行电话：010-82000860转8101/8102　　**发行传真：**010-82000893/82005070/82000270

印　　刷：北京中献拓方科技发展有限公司　　**经　　销：**各大网上书店、新华书店及相关专业书店

开　　本：880mm×1230mm　1/16　　**印　　张：**115

版　　次：2016年5月第1版　　**印　　次：**2016年5月第1次印刷

字　　数：3270千字　　**定　　价：**450.00元（全2卷）

ISBN 978-7-5130-1614-8

本书编委会

前　言

随着经济全球化和我国国民经济的飞速发展，专利制度在经济活动中的作用和地位越来越突出，国民的专利意识也在不断增强。目前，我国专利申请总量超过 1170 万件，每年专利复审与无效宣告请求案件已超过 2 万件，2012 年达到 20261 件。作为专利复审和无效宣告请求案件审查的专属机构，专利复审委员会每年都要作出数以千计的审查决定。与之相应，人民法院每年要作出数百篇司法判决。每一篇审查决定和判决书都凝聚着审查员和审判人员的心血和智慧。通过审查员和审判人员结合具体案情的创作型劳动，生硬的法律条文变得鲜活和丰满，形成一笔宝贵的精神财富和公共资源，并不断有专利代理机构、专利代理人以及审查员希望专利复审委员会能够出版专利复审和无效审查决定，作为学习和工作时的重要参考资料。

除根据法律规定需要保密的外，《专利复审和无效审查决定汇编（2009）》汇集了专利复审委员会 2009 年作出的审查决定，包括针对相应审查决定的司法判决，以便读者了解审查决定的法律状态并对照阅读和分析。本汇编按照技术专业领域将分为 8 大册，共 28 分卷：机械（4 卷）、电学（5 卷）、通信（2 卷）、医药（4 卷）、化学（2 卷）、材料（4 卷）、光电（3 卷）、外观设计（4 卷）。因此，本汇编比较全面地反映了专利复审委员会的审查工作和人民法院专利行政案件审理工作取得的进展。

我们相信，本汇编对专利工作者具有一定的借鉴和指导作用，也有利于当事人及广大公众对专利复审委员会的审查工作进行监督。本汇编也将为推动专利复审委员会的发展，促进专利代理业务水平的提高，为《国家知识产权战略纲要》进一步实施尽微薄之力。

本书编委会

2013 年 8 月

目　　录

复审请求审查决定

无效宣告请求审查决定

复审请求审查决定

001

生产聚碳酸脂的方法

复审请求审查决定（第15150号）

决　定　号　第15150号
决　定　日　2008年11月5日
发明创造名称　生产聚碳酸脂的方法
国际分类号　C08G64/20，C08G64/30
复审请求人　鲁齐齐默有限责任公司
申　请　号　01819870.8
申　请　日　2001年11月8日
优　先　权　日　2000年12月1日
公　布　日　2004年2月25日
合议组组长　张家祥
主　审　员　郭鹏鹏
参　审　员　刘　磊

法律依据　专利法第22条第3款
决定要点

如果发明是所属技术领域的技术人员在现有技术的基础上仅仅通过合乎逻辑的分析、推理或者有限的试验可以得到的，并且由此获得的技术效果也是能够预见的，则该发明不具备创造性。

一、案由

本复审请求案涉及申请人鲁齐齐默有限责任公司（由齐默尔股份公司变更而来）于2001年11月8日申请、2004年2月25日公开、名称为“生产聚碳酸脂的方法”的01819870.8号发明专利申请（下称本申请），其优先权日为2000年12月1日。

2006年2月10日，针对申请人于2004年10月25日提交的权利要求第1~6项，进入中国国家阶段时提交的国际申请文件中文译文的说明书第1~8页、说明书附图第1页和说明书摘要，国家知识产权局以权利要求1~5不符合专利法第22条第2款的规定、权利要求6不符合专利法第22条第3款的规定为由驳回了本申请。驳回决定针对的权利要求书如下：

“1. 生产聚碳酸酯的方法，所述方法是将单体碳酸酯组分与至少一种二酚或二醇在酯交换反应催化剂存在下进行反应，其中熔融组分与酯交换反应催化剂通过搅拌混合，得到酯交换反应缩聚产物，特征在于，为缩聚酯交换反应产品通过配有多孔圆盘的初级反应器、至少一个中间反应器和一个最终反应器，所述中间和最终反应器配有环形盘，后者另外有固定组件，反应器串联连接，具有其上连接搅拌器的基本上水平驱动的轴，从最终反应器中引出聚碳酸酯，在每一个反应器内部的水平长度 L 与直径 D 的比为 1.2：1~10：1，在于初级反应器和最终反应器中保持熔融体的驻留时间为 5~30 分钟，在初级反应器中的温度保持为 220~300℃，最终反应器中保持为 240~350℃，从每一个反应器中引出蒸气，初级反应器中的压力保持为 100~900 毫巴，最终反应器中压力为 0.1~50 毫巴。

2. 如权利要求 1 的方法，特征在于紧随后面反应器的压力不高于紧随前面反应器压力的一半。

3. 如前述任一项权利要求的方法，特征在于将酯交换反应产物提供到初级反应器，其分子的平均链长为 1.1~8 个结构单元。

4. 如前述任一项权利要求的方法，特征在于来自初级反应器熔融体分子的平均链长为 10~25 个结构单元。

5. 如前述任一项权利要求的方法，特征在于分子平均链长为 30~100 个结构单元的熔融体被提供到最终反应器中。

6. 如前述任一项权利要求的方法，特征在于通过基本上水平轴的轴承将中间产物提供到至少一个反应器中。”

驳回决定认为：(1) 对比文件1 (JP2000-198839A，公开日为 2000 年 7 月 18 日) 公开了一种连续制备聚碳酸酯的方法，该方法将碳酸二酯与双酚在酯交换反应催化剂存在下进行反应制备聚碳酸酯，反应时可使用串联的两个以上的水平反应器，反应的不同阶段压力逐渐降低，如压力分别为：100 脱、20 脱、2 脱和 0.5 脱，可见后一反应器的压力不到前一反应器中压力的一半；各阶段的温度分别为 230℃、270℃、305℃和 305℃；反应各阶段的停留时间分别为 1 小时、0.5 小时、0.5 小时和 0.5 小时。虽然权利要求限定了反应器有水平搅拌轴及长径比，而常规的反应器长径比也在此范围内，初级反应器中的多孔圆盘及中间和最终反应器中的环形盘及固定组件属于连续反应器内部必然设置的搅拌或绕流部件，因此，对比文件 1 实质上公开了权利要求 1 的全部技术特征，所以权利要求 1 不具备新颖性，不符合专利法第 22 条第 2 款的规定。同理，权利要求 2 也不具备新颖性。(2) 引用权利要求 1 的权利要求 3~5 对各阶段的产物做了限定，而在反应条件和设备相同的情况下，中间产物也必然相同，因此权利要求 3~5 也不具备新颖性。(3) 权利要求 6 的附加技术特征只是一种常用的输送物料的方式，本领域技术人员能够根据公知常识按需选用，因此权利要求 6 不具备创造性，不符合专利法第 22 条第 3 款的规定。

齐默尔股份公司（以下称请求人）对上述驳回决定不服，于 2006 年 5 月 25 日向专利复审委员会提出复审请求，但未对申请文件进行修改。请求人认为：(1) 对比文件 1 的发明目的和预期的技术效果与本发明不同，对比文件 1 涉及的是连续制备聚碳酸酯的方法，要解决的技术问题是在反应中间阶段抑制低缩聚度聚碳酸酯的结晶，从而实现对聚碳酸酯的连续生产；本申请的目的是生产具有相当窄分子量分布而且几乎没有侧链支化的聚碳酸酯，而且所得产品不应有任何黑色颗粒，仅有可忽略的少量黄色及低含量的凝胶。(2) 对比文件 1 与本申请的技术方案不同，对比文件 1 中没有公开任何低黏度自清洁反应器（LVSR）和高黏度自清洁反应器（HVSR），并且没有公开如下技术特征：配备有多孔盘的初级反应器、配备有环形盘的至少一个中间反应器和另外具有固定组件的反应器、串联反应器仅有一个水平轴、每个反应器内部的水平长度 L 和直径 D 的比为 1.2：1~10：1。因此，本申请权利要求 1 相对于对比文件 1 具备创造性。权利要求 2~6 是权利要求 1 的从属权利要求，在权利要求 1 具有创造性的前提下，上述权利要求也具有创造性。

形式审查合格后，专利复审委员会受理了该复审请求，并于 2006 年 6 月 21 日向请求人发出《复审请求受理通知书》，随后将本申请转送国家知识产权局原审查部门进行前置审查。

国家知识产权局原审查部门对本复审请求进行了前置审查，坚持驳回决定。

专利复审委员会组成合议组对本复审请求案进行了审理，于2007年1月19日向请求人发出《复审通知书》，指出：权利要求1的技术方案与对比文件1公开内容的区别在于：（1）初级反应器配有多孔盘；（2）中间反应器和最终反应器配有环形盘；（3）最终反应器具有固定组件；（4）串联的反应器具有基本上水平驱动的轴；（5）该水平驱动的轴在每个反应器内部的水平长度L和直径D的比为1.2：1~10：1。对本领域技术人员来说，多孔盘和环形盘都是连续反应器内部常规的搅流或扰流部件，水平搅拌轴也是水平反应器通常选择的搅拌轴，其对产品性能的影响主要是通过对各参数的调节来实现的，从对比文件1和本申请现有的记载来看，对产品性能具有主要影响的参数，如反应各阶段的温度、驻留时间和压力等均无区别；权利要求1将L/D限定为1.2：1~10：1，该范围宽泛，实质涵盖常见的长径比范围。最终反应器用固定组件固定也是本领域常规的技术手段。因此，权利要求1相对于对比文件1不具备创造性，不符合专利法第22条第3款的规定。同理，权利要求2也不具备创造性。权利要求3~5对反应过程中各阶段产物的分子平均链长进行了限定，但是对比文件1与权利要求1采用的原料相同、反应器及其连接方式相同，反应各阶段的压力、温度和物料的驻留时间均一致，本领域技术人员可预期该反应各阶段的中间产物也相同，故权利要求3~5也不具备创造性。权利要求6的附加技术特征是本领域中的一种常规的输送方式，是根据反应器的排列需求等情况的常规选择，因此，权利要求6也不符合专利法第22条第3款有关创造性的规定。

2007年4月26日，请求人针对上述《复审通知书》提交了意见陈述书和新修改的权利要求书，其中，在权利要求1中增加了“由平均链长为40~300个结构单元，大多数情况下至少为80个结构单元的分子组成”。修改后的权利要求1为：

“1. 生产聚碳酸酯的方法，所述方法是将单体碳酸酯组分与至少一种二酚或二醇在酯交换反应催化剂存在下进行反应，其中熔融组分与酯交换反应催化剂通过搅拌混合，得到在三个反应器中缩聚的酯交换反应产物，特征在于，为缩聚酯交换反应产品通过配有多孔圆盘的初级反应器、至少一个中间反应器和一个最终反应器，所述中间和最终反应器配有环形盘，后者另外有固定组件，反应器串联连接，具有其上连接搅拌器的基本上水平驱动的轴，从最终反应器中引出聚碳酸酯，其由平均链长为40~300个结构单元，大多数情况下至少为80个结构单元的分子组成，在每一个反应器内部的水平长度L与直径D的比为1.2：1~10：1，在于初级反应器和最终反应器中保持熔融体的驻留时间为5~30分钟，在初级反应器中的温度保持为220~300℃，最终反应器中保持为240~350℃，从每一个反应器中引出蒸气，初级反应器中的压力保持为100~900毫巴，最终反应器中压力为0.1~50毫巴。”

请求人认为：（1）本申请权利要求1与对比文件1存在如下区别：初级反应器配有多孔盘；至少一个中间反应器和一个最终反应器，所述中间和最终反应器配有环形盘，最终反应器具有固定组件；反应器具有其上连接搅拌器的基本上水平自驱动的轴；从最终反应器中引出的聚碳酸酯平均链长为40~300个结构单元，大多数情况下至少为80个结构单元的分子组成。上述区别对本领域技术人员而言是非显而易见的。（2）对比文件1并没有教导使用本申请权利要求1的装置如环形盘、多孔圆盘以及仅有一个轴的反应器。（3）根据本发明的方法制备的聚碳酸酯的特性黏度高于0.4dL/g，比对比文件1的产物的黏度更高；对比文件1解决的技术问题是避免在缩聚反应的中间阶段通过结晶形成白色杂质，而本申请的目的是生产具有相当窄分子量分布而且几乎没有侧链支化的聚碳酸酯。因此，本申请权利要求1相对于对比文件1具有创造性。同理，权利要求2~6也具有创造性。

2008年1月23日，请求人由齐默尔股份公司变更为鲁齐齐默有限责任公司。

2008年2月29日，合议组向请求人发出《第二次复审通知书》，指出：（1）请求人于2007年4月26日提交的权利要求1中，增加了新的限定“……得到在三个反应器中缩聚的酯交换反应产物……”。但是，在该权利要求中，还有如下限定“……为缩聚酯交换反应产品通过配有多孔圆盘的初级反应器、至少一个中间反应器和一个最终反应器……”，其意为在该生产方法中使用至少三个反应器。由此可见，权利要求1的技术方案中对反应器数目做了范围大小不同的两种非并列选择，使得权利要求1的保护范围不清楚。同时，在该权利要求1中还出现了新的限定“……，其由平均链长为40~300个结构单元，大多数情况下至少为80个结构单元……”。“大多数情况下”属于含义不确定的词语，并且平均链长为“40~300个结构单元”与“至少为80个结构单元”，是范围大小不同的非并列选择，这种限定也使得权利要求1的保护范围不清楚。因此，权利要求1不符合专利法实施细则第20条第1款的规定。同理，权利要求2~6也不符合专利法实施细则第20条第1款的规定。

（2）即使请求人对权利要求1进行修改，对反应器的数目和链长进行清楚地限定，例如删除“三个反应器中缩聚”这一措辞将链长限定为“40~300个结构单元”和“80个结构单元”中的一种，本申请也不符合专利法第22条第3款的规定。首先，将反应器限定为3个并不能为本申请带来创造性，请求人也承认这是现有技术；其次，限定产品链长的结构单元数目不能为本申请带来创造性。

2008年5月7日，请求人针对上述《第二次复审通知书》提交了意见陈述书并再次修改了权利要求书，其中，删除了权利要求1中的“在三个反应器中”和“大多数情况下至少为80个结构单元”，并将聚碳酸酯的链长进一步限定为“80~300个结构单元”。修改后的权利要求书如下：

“1. 生产聚碳酸酯的方法，所述方法是将单体碳酸酯组分与至少一种二酚或二醇在酯交换反应催化剂存在下进行反应，其中熔融组分与酯交换反应催化剂通过搅拌混合，得到缩聚的酯交换反应产物，特征在于，为缩聚酯交换反应产品通过配有多孔圆盘的初级反应器、至少一个中间反应器和一个最终反应器，所述中间和最终反应器配有环形盘，后者另外有固定组件，反应器串联连接，具有其上连接搅拌器的基本上水平驱动的轴，从最终反应器中引出聚碳酸酯，其由平均链长为80~300个结构单元的分子组成，在每一个反应器内部的水平长度L与直径D的比为1.2：1~10：1，在于初级反应器和最终反应器中保持熔融体的驻留时间为5~30分钟，在初级反应器中的温度保持为220~300℃，最终反应器中保持为240~350℃，从每一个反应器中引出蒸气，初级反应器中的压力保持为100~900毫巴，最终反应器中压力为0.1~50毫巴。

2. 如权利要求1的方法，特征在于紧随后面反应器的压力不高于紧随前面反应器压力的一半。

3. 如权利要求2的方法，特征在于将酯交换反应产物提供到初级反应器，其分子的平均链长为1.1~8个结构单元。

4. 如权利要求3的方法，特征在于来自初级反应器熔融体分子的平均链长为10~25个结构单元。

5. 如权利要求4的方法，特征在于分子平均链长为30~100个结构单元的熔融体被提供到最终反应器中。

6. 如权利要求5的方法，特征在于通过基本上水平轴的轴承将中间产物提供到至少一个反应器中。”

请求人坚持了答复《复审通知书》时的意见，并认为修改后的权利要求1~6克服了保护范围不清楚的缺陷，符合专利法实施细则第20条第1款的规定。

2008年5月12日，专利复审委员会向请求人发出《合议组成员告知通知书》，期满请求人未提出回避请求。

至此，合议组认为本案事实已经清楚，可以作出复审决定。

二、决定的理由

1. 关于审查文本

本复审决定是以下述文本为基础作出的：请求人于2008年5月7日提交的权利要求第1~6项，进入中国国家阶段时提交的国际申请文件中文译文的说明书第1~8页、说明书附图第1页和说明书摘要。

2. 关于创造性

专利法第 22 条第 3 款规定：创造性，是指同申请日以前已有的技术相比，该发明有突出的实质性特点和显著的进步。

如果发明是所属技术领域的技术人员在现有技术的基础上仅仅通过合乎逻辑的分析、推理或者有限的试验可以得到的，并且由此获得的技术效果也是能够预见的，则该发明不具备创造性。

就本申请而言，权利要求 1 要求保护一种生产聚碳酸酯的方法，该方法是将单体碳酸酯组分与至少一种二酚或二醇在酯交换反应催化剂存在下进行反应，其中熔融组分与酯交换反应催化剂通过搅拌混合，得到酯交换反应缩聚产物，特征在于，为缩聚酯交换反应产品通过配有多孔圆盘的初级反应器、至少一个中间反应器和一个最终反应器，所述中间和最终反应器配有环形盘，后者另外有固定组件，反应器串联连接，具有其上连接搅拌器的基本上水平驱动的轴，从最终反应器中引出聚碳酸酯，其由平均链长为 80~300 个结构单元的分子组成，在每一个反应器内部的水平长度 L 与直径 D 的比为 1.2：1~10：1，在于初级反应器和最终反应器中保持熔融体的驻留时间为 5~30 分钟，在初级反应器中的温度保持为 220~300℃，最终反应器中保持为 240~350℃，从每一个反应器中引出蒸气，初级反应器中的压力保持为 100~900 毫巴，最终反应器中压力为 0.1~50 毫巴。

对比文件 1 公开了一种连续制备聚碳酸酯的方法，该方法是将碳酸二酯与双酚在酯交换反应催化剂存在下进行反应制备聚碳酸酯，反应时可使用串联的两个以上的水平反应器（参见对比文件 1 第 0042 段），反应的不同阶段压力逐渐降低，并具体公开了：串联的反应器的压力分别为：100 脱、20 脱、2 脱和 0.5 脱（单位换算为毫巴后分别是：133，26.6，2.66 和 0.665）；反应各阶段的温度分别为 230℃、270℃、305℃和 305℃；反应各阶段的驻留时间分别为 1 小时、0.5 小时、0.5 小时和 0.5 小时（参见对比文件 1 表 1）。

将权利要求 1 所要求保护的技术方案与对比文件 1 公开的内容相比，区别在于，对比文件 1 没有公开以下技术特征：（1）初级反应器配有多孔盘；（2）中间反应器和最终反应器配有环形盘；（3）最终反应器具有固定组件；（4）串联的反应器具有基本上水平驱动的轴；（5）该水平驱动的轴在每个反应器内部的水平长度 L 和直径 D 的比为 1.2：1~10：1；（6）从最终反应器引出聚碳酸酯，其由平均链长为 80~300 个结构单元的分子组成。

但是，对本领域技术人员来说，多孔盘和环形盘都是连续反应器内部常规的搅流或扰流部件，水平搅拌轴也是水平反应器通常选择的搅拌轴，其对产品性能的影响主要是通过对各参数的调节来实现的，从对比文件 1 和本申请现有的记载来看，对产品性能具有主要影响的参数，如反应各阶段的温度、驻留时间和压力等均无区别；权利要求 1 将 L/D 限定为 1.2：1~10：1，该范围宽泛，实质涵盖常见的长径比范围，即权利要求 1 并未对 L/D 作出特别的选择。最终反应器用固定组件固定也是本领域常规的技术手段。对比文件 1 公开的技术方案与权利要求 1 要求保护的方法在生产聚碳酸酯过程中采用的原料相同、反应器及其连接方式相同，反应各阶段的压力、温度和物料的驻留时间均一致，虽然对比文件 1 并未公开如本申请所述的产品性能参数，但本领域技术人员可合理地预期该反应的产物也与本申请相同。因此，在对比文件 1 的基础上结合本领域的公知常识得到权利要求 1 要求保护的技术方案，对本领域技术人员来说是显而易见的。因此，权利要求 1 不符合专利法第 22 条第 3 款有关创造性的规定。

虽然请求人在权利要求 1 中限定了从最终反应器中引出的聚碳酸酯由平均链长为 80~300 个结构单元的分子组成，但是，合议组认为，如前所述，对比文件 1 公开的技术方案与权利要求 1 的方法在生产聚碳酸酯过程中采用的原料相同、反应器及其连接方式相同，反应各阶段的压力、温度和物料的驻留时间均一致，权利要求1的方法与对比文件1相比并无创造性，故其产品亦不会有所不同。因此，上述限定并不能使权利要求1具备创造性。

权利要求2引用权利要求1，其附加技术特征为“紧随后面的反应器的压力不高于紧随前面反应器压力的一半”，该附加技术特征已被对比文件1公开（参见对比文件1表1），在其引用的权利要求1不具备创造性的前提下，基于相同的理由，权利要求2也不符合专利法第22条第3款有关创造性的规定。

权利要求3引用权利要求2，附加技术特征为“将酯交换反应产物提供到初级反应器，其分子的平均链长为1.1~8个结构单元”，由于对比文件1公开的技术方案与权利要求1要求保护的方法在生产聚碳酸酯过程中采用的原料相同、反应器及其连接方式相同，反应各阶段的压力、温度和物料的驻留时间均一致，本领域技术人员可预期该反应各阶段的中间产物也相同。因此，在其引用的权利要求2不具备创造性的前提下，基于相同的理由，权利要求3也不符合专利法第22条第3款有关创造性的规定。

权利要求4引用权利要求3，附加技术特征为“来自初级反应器熔融体分子的平均链长为10~25个结构单元”，由于对比文件1公开的技术方案与权利要求1要求保护的方法在生产聚碳酸酯过程中采用的原料相同、反应器及其连接方式相同，反应各阶段的压力、温度和物料的驻留时间均一致，本领域技术人员可预期该反应各阶段的中间产物也相同。因此，在其引用的权利要求3不具备创造性的前提下，基于相同的理由，权利要求4也不符合专利法第22条第3款有关创造性的规定。

权利要求5引用权利要求4，附加技术特征为“平均分子链长为30~100个结构单元的熔融体被提供到最终反应器中”，由于对比文件1公开的技术方案与权利要求1要求保护的方法在生产聚碳酸酯过程中采用的原料相同、反应器及其连接方式相同，反应各阶段的压力、温度和物料的驻留时间均一致，本领域技术人员可预期该反应各阶段的中间产物也相同。因此，在其引用的权利要求4不具备创造性的前提下，基于相同的理由，权利要求5也不符合专利法第22条第3款有关创造性的规定。

权利要求6引用权利要求5，附加技术特征为“通过基本上水平轴的轴承将中间产物提供到至少一个反应器中。”对于本领域技术人员来说，在连续的水平反应器之间用水平轴轴承输送中间产物是一种常规的输送方式，是根据反应器的排列需求等情况的常规选择。所以，基于前述相同的理由，在对比文件1的基础上结合本领域的公知常识得到权利要求6要求保护的技术方案，对本领域技术人员来说是显而易见的，因此，权利要求6不符合专利法第22条第3款有关创造性的规定。

根据以上事实和理由，本案合议组作出如下审查决定。

三、决定

维持国家知识产权局于2006年2月10日01819870.8号发明专利申请作出的驳回决定。

复审请求人对本决定不服的，可以根据专利法第41条第2款的规定，自收到本决定之日起三个月内向北京市第一中级人民法院起诉。

002

抗菌固体表面材料

复审请求审查决定（第15680号）

决　定　号　第15680号
决　定　日　2008年7月11日
发明创造名称　抗菌固体表面材料
国际分类号　C08K 11/00，C08K 9/00
复审请求人　纳幕尔杜邦公司
申　请　号　97197320.2
申　请　日　1997年6月23日
优　先　权　日　1996年6月26日
公　开　日　1999年9月15日
合议组组长　任晓兰
主　审　员　李新芝
参　审　员　刘　亚

法律依据　专利法第33条
决定要点

如果请求人对申请文件所做的修改是本领域技术人员可以从原申请文件中直接地、毫无疑义地确定的内容，则该修改是允许的，符合专利法第33条的规定。

一、案由

本复审请求案涉及发明名称为“抗菌固体表面材料”的97197320.2号发明专利申请（下称本申请），申请人为纳幕尔杜邦公司，申请日为1997年6月23日，优先权日为1996年6月26日，公开日为1999年9月15日。

2006年11月3日，针对申请人于2005年8月31日提交的权利要求第1~14项、进入中国国家阶段时提交的说明书摘要以及按照国际初步审查报告的附件的译文提交的说明书第1~12页，国家知识产权局以权利要求1和说明书的修改不符合专利法第33条的规定为由驳回了本申请。

驳回决定针对的权利要求1如下：

“1. 一种在其工作表面上具有抗菌效果的固体表面材料，其中含有：

一种树脂基质；

一种分散在基质中的填充料；和

一种分散在该基质中的抗菌剂；

其中的工作表面含有以显示出抗菌效果的足量的抗菌剂。"

驳回决定认为：（1）权利要求1中的技术特征"其中的工作表面含有以显示出抗菌效果的足量的抗菌剂"既未明确地记载在原说明书和权利要求书中，也不能由原说明书和权利要求书所记载的内容直接导出，不符合专利法第33条的规定；（2）说明书中的下述修改内容"PCT/US96/10991"（参见说明书第1页倒数第3行和第2页倒数第10行）、"（C-N）"（参见说明书第9页第6行）、"降低了C-N的抗菌效果"（参见说明书第10页第2行）、"C-N"（参见说明书第10页倒数第10行和倒数第7行、第11页第6行、第12页）既未明确地记载在原说明书和权利要求书中，也不能由原说明书和权利要求书记载的内容直接导出，因此这种修改超出了原说明书和权利要求书记载的范围，不符合专利法第33条的规定。

2007年2月25日，申请人纳幕尔杜邦公司（下称请求人）对上述驳回决定不服，向专利复审委员会提出复审请求，请求人在提出复审请求时没有对申请文件进行修改。

请求人认为：（1）本申请说明书第2页第3~4行的以下描述"本发明进一步涉及这样一种在工作表面具有抗菌效果的固体表面材料……"支持了下列描述"其中的工作表面含有以显示出抗菌效果的足量的抗菌剂"，并且"抗菌"的使用在本申请的说明书中也有描述；（2）说明书第1页倒数第3行和第2页倒数第10行中的"PCT/US96/10991"是原说明书第2页第23行中记载的"共同待审的申请CN-0001"的申请号，另外，说明书中的下述内容："（C-N）"（说明书第9页第6行）、"降低了C-N的抗菌效果"（说明书第10页第2行）、"C-N"（说明书第10页倒数第10行和倒数第7行、第11页第6行、第12页）仅是对原始文本做的编辑上的变化。其中"Corian与Novaron（CorianN）"用"Corian材料与Novaron（C-N）"替换，"CorianN对照"用"C-N对照"替换；"CorianN"用"C-N"替换。因此，上述修改没有引入新的内容，符合专利法第33条的规定。

经形式审查合格后，专利复审委员会受理了该请求，并于2007年3月29日向请求人发出了《复审请求受理通知书》，同时将本申请转送至国家知识产权局原审查部门进行前置审查。

在《前置审查意见书》中，国家知识产权局原审查部门认为，驳回决定中的缺陷依然存在，因此坚持驳回决定。

专利复审委员会组成合议组，对本复审请求案进行了审理。

合议组于2008年3月21日向请求人发出《复审通知书》，指出：与原申请文件相比，驳回决定所针对的说明书中将原申请文件中的"CN-0001"修改为"PCT/US 96/10991"（见修改后的说明书第1页倒数第3行以及说明书第2页倒数第10行）。上述修改后的内容在原申请文件中并无表述，而且本领域技术人员根据原申请文件所记载的信息并不能直接地、毫无疑义地确定在本申请文件中所述的"CN-0001"即为"PCT/US 96/10991"。因此请求人所做的上述修改超出了原申请文件记载的范围，不符合专利法第33条的规定。

针对上述《复审通知书》，请求人于2008年5月4日提交了意见陈述书，同时对说明书进行了修改，将说明书第1页倒数第3行和第2页倒数第10行的"PCT/US 96/10991"修改回原说明书中的"CN-0001"。

请求人认为，所述修改克服了《复审通知书》所指出的说明书修改超范围的问题，修改后的说明书符合专利法第33条的规定。

至此，合议组认为本案事实清楚，可以作出审查决定。

二、决定的理由

1. 关于文本

本复审决定是以请求人于2008年5月4日提交的说明书第1~2页，2005年8月31日提交的权利要求第1~14项、进入中国国家阶段时提交的说明书摘要以及按照国际初步审查报告的附件的译文提交的说明书第3~12页为基础作出的。

2. 关于专利法第33条

专利法第33条规定：申请人可以对申请文件进行修改，但是，对发明和实用新型专利申请文件的修改不得超出原说明书和权利要求书记载的范围。

如果请求人对申请文件所做的修改是本领域技术人员可以从原申请文件中直接地、毫无疑义地确定的内容，则该修改是允许的，符合专利法第33条的规定。

具体到本申请而言，驳回决定认为本申请修改超范围主要体现在以下三个方面：（1）权利要求1中增加的技术特征“其中的工作表面含有以显示出抗菌效果的足量的抗菌剂”超出原申请文件记载的范围，不符合专利法第33条的规定；（2）请求人将原说明书第1页倒数第3行和第2页倒数第10行中的“CN-0001”修改为“PCT/US96/10991”，该修改超出原申请文件记载的范围，不符合专利法第33条的规定；（3）如下修改内容“（C-N）”（说明书第9页第6行）、“降低了C-N的抗菌效果”（说明书第10页第2行）、“C-N”（说明书第10页倒数第10行和倒数第7行、第11页第6行、第12页）超出了原申请文件记载的范围，不符合专利法第33条的规定。

对此，合议组认为，

（1）独立权利要求1要求保护如下一种在其工作表面上具有抗菌效果的固体表面材料，其中含有：一种树脂基质；一种分散在基质中的填充料；和一种分散在该基质中的抗菌剂；其中的工作表面含有以显示出抗菌效果的足量的抗菌剂。对于该权利要求中的技术特征“其中的工作表面含有以显示出抗菌效果的足量的抗菌剂”，由原说明书中的如下记载“本发明进一步涉及这样一种在工作表面具有抗菌效果的固体表面材料（说明书第2页第3~4行）”可知，本申请的固体表面材料在其工作表面上具有抗菌效果，而该固体表面材料含有一种分散在树脂基质中的抗菌剂，也就是说，本申请的固体表面材料在工作表面必定含有抗菌有效量的抗菌剂，因此，该独立权利要求的上述技术特征“其中的工作表面含有以显示出抗菌效果的足量的抗菌剂”是本领域技术人员可以从原申请文件中直接地、毫无疑义地确定的内容；

（2）对于驳回决定中所述“CN-0001”修改为“PCT/US96/10991”不符合专利法第33条的规定的问题，在请求人于2008年5月4日提交的说明书第1、2页替换页中，已经将驳回决定所针对的说明书第1页倒数第3行和第2页倒数第10行中的“PCT/US96/10991”修改回原申请文件中记载的“CN-0001”，从而克服了驳回决定及复审通知书所指出的上述缺陷；

（3）对于驳回决定中所述的如下修改内容：“（C-N）”（说明书第9页第6行）、“降低了C-N的抗菌效果”（说明书第10页第2行）、“C-N”（说明书第10页倒数第10行和倒数第7行、第11页第6行、第12页），合议组认为，由说明书第9页第6~7行中修改前的如下表述“Corian与Novaron（CorianN）的样品被用来置于75mL的不同类型的家用清洁产品中振荡24小时”与修改后的如下表述“Corian材料与Novaron（C-N）的样品被用来置于75mL的不同类型的家用清洁产品中振荡24小时”可知，在本申请的说明书中，无论修改前的措辞“CorianN”还是修改后的措辞“C-N”，二者均是指Novaron。也就是说，上述修改后的内容是本领域技术人员可以从原申请文件中直接地、毫无疑义地确定的内容，因此该修改也是允许的。

综上所述，驳回决定中所指出的修改超范围的缺陷已被克服或不存在。

根据上述事实和理由，合议组作出如下审查决定。

三、决定

撤销国家知识产权局于 2006 年 11 月 3 日针对 97197320.2 号发明专利申请作出的驳回决定，由国家知识产权局原审查部门以本复审决定所针对的文本为基础继续审批程序。

复审请求人对本决定不服的，可以根据专利法第 41 条第 2 款的规定，自收到本决定之日起三个月内向北京市第一中级人民法院起诉。

003

一种水悬乳剂绿色农药及其配方设计和制备方法

复审请求审查决定（第15681号）

决　定　号　第15681号
决　定　日　2008年3月20日
发明创造名称　一种水悬乳剂绿色农药及其配方设计和制备方法
国际分类号　A01N 47/28，A01N 43/90，A01N 53/00，A01N 25/04
复审请求人　金中北
申　请　号　200410002117.X
申　请　日　2004年1月8日
公　开　日　2004年12月22日
合议组组长　汪送来
主　审　员　李新芝
参　审　员　高胜华

法律依据　专利法第26条第3款
决定要点

对于农药组合物发明，如果说明书中已经公开了其配方组成、制备及其用途，本领域的技术人员按照说明书记载的内容，能够实现该发明的技术方案，解决其技术问题，并且产生预期的技术效果，则说明书的描述满足了充分公开的要求。对于说明书中出现的一些内容有误的情况，如果这些错误是本领域技术人员很容易确定的明显错误，且这些错误内容不致于导致本领域技术人员无法实现请求保护的发明，则不能因该明显错误而认定说明书公开不充分。

一、案由

本复审请求案涉及发明名称为“一种水悬乳剂绿色农药及其配方设计和制备方法”的200410002117.X号发明专利申请（下称本申请），申请人为金中北，申请日为2004年1月8日，公开日为2004年12月22日。

2006年7月21日，针对申请人于2004年1月8日提交的权利要求第1~9项、说明书第1~4页及说明书摘要，国家知识产权局以说明书不符合专利法第26条第3款的规定为由驳回了本申请。

驳回决定认为：本申请的说明书未对发明作出清楚完整的说明，致使所属技术领域的技术人员无法实现该发明，公开不充分主要表现在：如说明书所述，“本发明涉及一种水悬乳剂绿色农药及其配方设计和制备方法”，“该水悬乳剂绿色农药由杀虫剂/溶剂/矿物油/表面活性剂/生长调节剂/稳定剂/水七部份组成，选用高、低HLB值的乳化剂，采用二次乳化法，将上述成份彻底乳化成W/O/W的多元体组合物”。本发明要解决的技术问题是提供一种既可杀虫、杀菌、防病，又可去污清洗的多功能、广谱性、综合防治病虫害的水悬乳剂绿色农药及其配方设计和制备方法。而在现有技术中，水悬乳剂是由两种或多种水不溶的有效成分分散在水溶液中的混合物，其中一种（或多种）有效成分处于悬浮状态，另一种（或多种）有效成分处于乳液状态，然而根据本申请公开的配方实施例和制备方法，其步骤1、2、3制备得到的农药制剂中并无任何活性成分作为悬浮固相分散在水中，因而根据说明书公开的配方及其制备方法并不能得到水悬乳剂农药制剂，并且由于步骤1不涉及水相，因此步骤2中所述溶液与矿物油和低HLB值乳化剂混合无法形成W/O（油包水）矿物油农药混合物，进而步骤3无法得到W/O/W的多元体组合物。

驳回决定针对的独立权利要求1如下：

“1. 一种水悬乳剂绿色农药，其配方设计由杀虫剂/溶剂/矿物油/表面活性剂/生长调节剂/稳定剂/水七部分组成；制备方法为二次乳化法。”

2006年8月29日，申请人金中北（下称请求人）对上述驳回决定不服，向专利复审委员会提出复审请求，请求人在提出复审请求时对权利要求书、说明书和说明书摘要进行了修改，其中将说明书、权利要求书和说明书摘要中的“水悬乳剂绿色农药”修改为“矿物油农药混合物”。修改后的权利要求1为：

“1. 一种矿物油农药混合物，其配方设计由杀虫剂/溶剂/矿物油/表面活性剂/生长调节剂/稳定剂/水七部分组成；制备方法为二次乳化法。”

请求人认为：（1）说明书对发明名称、所属领域、背景技术、技术方案、配方实例和制备方法等作了详尽的描述，其技术方案的设计是客观实际的，而且配方实施例与技术方案的设计完全吻合，制备方法对每一步骤都做详细说明，毫无隐瞒之处，本领域技术人员完全可以按照配方实施例和制备方法制得本发明产品；（2）本发明的“水悬乳剂”农药是本人在多年的生产实践中研究得出的客观、真实的结论，本人之前并不知道此定义，因此未参照现有技术“水悬乳剂”剂型的定义。驳回决定套用现有技术中“水悬乳剂”的剂型定义，背离了本发明技术方案的实质性内容。

经形式审查合格后，专利复审委员会受理了该请求，并于2007年4月19日向请求人发出了《复审请求受理通知书》，同时将本申请转送至国家知识产权局原审查部门进行前置审查。

在《前置审查意见书》中，国家知识产权局原审查部门认为，（1）请求人将申请文件中涉及的“水悬乳剂绿色农药”均修改为“矿物油农药混合物”，该修改超出了原申请文件记载的范围；（2）驳回决定中的缺陷仍未克服，因此坚持驳回决定。

请求人于2007年5月18日再次提交了与提出复审请求时提交的相同意见陈述和修改文本。

专利复审委员会组成合议组，对本复审请求案进行了审理。

经合议，合议组认为本案事实已经清楚，可以作出审查决定。

二、决定的理由

1. 关于审查文本

请求人于2007年5月18日提交的权利要求书、说明书和说明书摘要中将“水悬乳剂”或“水悬乳剂绿色农药”修改为“矿物油农药混合物”，原申请文件中记载了如下内容“本发明的技术方案是这样设计的，该水悬乳剂绿色农药由杀虫剂/溶剂/矿物油/表面活性剂/生长调节剂/稳定剂/水七部分组成”（参见说明书第1页倒数第2~3行），由此可知，原申请文件中请求人所声称的“水悬乳剂”或“水悬乳剂绿色农药”是由杀虫剂、溶剂、矿物油、表面活性剂、生长调节剂、稳定剂和水七种组分组成的，并且根据说明书第3页最后1段至第4页第3段的制备方法可知，原申请文件中所声称的“水悬乳剂”或“水悬乳剂绿色农药”实际上就是含矿物油杀虫活性成分的多组分混合物，即含矿物油的农药混合物，故请求人将“水悬乳剂”或“水悬乳剂绿色农药”修改为“矿物油农药混合物”是本领域技术人员能够从原申请文件中直接地、毫无疑义地确定的内容，符合专利法第33条的规定。

基于此，本复审决定是以请求人于2007年5月18日提交的权利要求书、说明书和说明书摘要为基础作出的。

2. 关于充分公开

专利法第26条第3款规定：说明书应当对发明或者实用新型作出清楚、完整的说明，以所属技术领域的技术人员能够实现为准。

对于农药组合物发明，如果说明书中已经公开了其配方组成、制备及其用途，本领域的技术人员按照说明书记载的内容，能够实现该发明的技术方案，解决其技术问题，并且产生预期的技术效果，则说明书的描述满足了充分公开的要求。对于说明书中出现的一些内容有误的情况，如果这些错误是本领域技术人员很容易确定的明显错误，且这些错误内容不致于导致本领域技术人员无法实现请求保护的发明，则不能因该明显错误而认定说明书公开不充分。

具体到本案而言，其发明目的在于提供一种既可杀虫、杀菌、防病，又可去污清洗的多功能、广谱性、综合防治病虫害的矿物油农药混合物及其配方设计和制备方法，为此，请求人提供了如权利要求1所述的矿物油农药混合物，其配方设计由杀虫剂/溶剂/矿物油/表面活性剂/生长调节剂/稳定剂/水七部分组成；制备方法为二次乳化法。

合议组认为，权利要求1所述的矿物油农药混合物已明确具体地记载于说明书的技术方案部分（见说明书第1页倒数第2行至第2页第1行），并在本申请的说明书中具体描述了权利要求1所述矿物油农药混合物的配方实例及其制备方法（见说明书第3页实施例1、2及第4页）。此外，在本申请说明书中还公开了上述实施例1和2的矿物油农药混合物的害虫防治效果（见说明书第4页）。由此可知，在本申请的说明书中已经具体地记载了独立权利要求1所述矿物油农药混合物的配方组成、制备方法及其用途，在没有反证的情况下，本领域技术人员能合理地确认，按照说明书记载的内容，能够实现该组合物发明的技术方案，解决其技术问题，并且产生预期的技术效果，因此本申请说明书的描述满足了充分公开的要求。

驳回决定认为，本申请的说明书公开不充分主要表现在：根据本申请公开的配方实施例和制备方法，无法得到水悬乳剂农药，而且按照其制备方法，在步骤2中无法得到W/O（油包水）矿物油农药混合物，进而在步骤3中也无法得到W/O/W的多元体组合物，从而导致本领域技术人员无法实现本发明。

对此，合议组认为，（1）本领域技术人员已知的是，水悬乳剂是由两种或多种水不溶的有效成分分散在水溶液中的混合物，其中一种（或多种）有效成分处于悬浮状态，另一种（或多种）有效成分处于乳液状态，然而根据本申请公开的配方实施例和制备方法，其固体原药全部被溶解在溶剂中，因此根据其步骤1、2、3制备得到的农药制剂中并无任何活性成分作为悬浮固相分散在水中，因而根据说明书公开的配方及其制备方法并不能得到水悬乳剂农药制剂。（2）在本领域中，“W/O”通常被理解为油包水的乳剂，其中W是指水相，O是指油相或亲脂相。由于在本申请的制备步骤1中并不涉及水相，因此步骤2中所述溶液与矿物油和低HLB值乳化剂混合无法形成W/O（油包水）矿物油农药混合物，进而步骤3无法得到W/O/W的多元体组合物。（3）请求人明确指出，本申请中“水悬乳剂”的定义不同于现有技术中如上所述的定义，且第2步中制备的W/O矿物油农药混合物中W并非水，而是乳化剂，O为矿物油。由此可见，请求人对“水悬乳剂”、“W/O”、“W/O/W”的含义理解明显有误。综上可知，本申请说明书中出现的上述有关内容均属于本领域技术人员很容易确定的明显错误。此外，合议组认为，在修改后的权利要求书中并不存在上述有关“水悬乳剂”、“W/O”、“W/O/W”的错误内容，因此对于本申请请求保护的矿物油农药混合物而言，判断其是否在说明书中被充分公开的关键在于判断说明书是否充分公开了该矿物油农药混合物的配方组成、制备方法及其用途和/或使用效果。在本申请的说明书中已经具体地记载了独立权利要求 1 所述矿物油农药混合物的配方组成、制备方法及其用途的情况下，说明书中出现的上述错误内容并不足以导致本领域技术人员无法实现权利要求中请求保护的矿物油农药混合物，因此不能仅基于说明书中出现的上述明显错误内容而认定本申请说明书公开不充分。

综上所述，本申请说明书已经对请求保护的矿物油农药混合物作出了清楚、完整的说明，符合专利法第 26 条第 3 款的规定。

根据上述事实和理由，合议组作出如下审查决定。

三、决定

撤销国家知识产权局于 2006 年 7 月 21 日针对 200410002117. X 号发明专利申请作出的驳回决定，由国家知识产权局原审查部门以请求人于 2007 年 5 月 18 日提交的权利要求书、说明书及说明书摘要基础继续审批程序。

复审请求人对本决定不服的，可以根据专利法第 41 条第 2 款的规定，自收到本决定之日起三个月内向北京市第一中级人民法院起诉。

004

一种作物根系复壮剂

复审请求审查决定（第15682号）

决　　定　　号　第15682号
决　　定　　日　2008年1月30日
发明创造名称　一种作物根系复壮剂
国 际 分 类 号　A01N 37/06
复 审 请 求 人　中国农业科学院蔬菜花卉研究所
申　　请　　号　200510012261.6
申　　请　　日　2005年7月28日
公　　开　　日　2006年2月1日
合 议 组 组 长　刘　静
主　　审　　员　李新芝
参　　审　　员　张家祥

法 律 依 据　专利法第22条第3款
决 定 要 点

在判断一项权利要求的创造性时，如果该权利要求的技术方案和现有技术相比存在区别技术特征，而对于本领域技术人员来讲，引入上述区别技术特征得到该权利要求的技术方案是非显而易见的，同时该权利要求的技术方案具有有益的技术效果，则该权利要求具备创造性。

一、案由

本复审请求案涉及发明名称为“一种作物根系复壮剂”的200510012261.6号发明专利申请（下称本申请），申请人为中国农业科学院蔬菜花卉研究所，申请日为2005年7月28日，公开日为2006年2月1日。

2006年7月7日，针对申请人于2005年10月26日提交的说明书第1~6页和说明书附图第1~2页，2005年7月28日提交的权利要求第1~3项及说明书摘要，国家知识产权局以权利要求1~3不符合专利法第22条第3款的规定为由驳回了本申请。

驳回决定针对的权利要求书如下：

“1. 一种作物根系复壮剂，其特征在于该作物根系复壮剂包括如下重量配比的原料：单硝化愈创木酚钠1~1.5重量份，萘乙酸0.8~1.2重量份和蒸馏水70重量份。

2. 根据权利要求1所述的作物根系复壮剂，其特征在于所述作物根系复壮剂的原料重量配比为：单硝化愈创木酚钠1.26重量份，萘乙酸1.05重量份和蒸馏水70重量份。

3. 权利要求1所述作物根系复壮剂的施用方法：对实验温室内长季节无土栽培番茄的根部基质进行定量浇灌，在播种5个月后每隔20~25天施用一次，整个栽培过程共施用三次，施用浓度为3000倍稀释，施用量为每次1L。”

驳回决定认为：（1）本申请权利要求1要求保护一种作物根系复壮剂，对比文件1（CN1334008A，公开日：2002年2月6日）公开了一种生根剂，该生根剂含有单硝化愈创木酚钠和萘乙酸以及水等其他组分（见说明书第2页第2段至第4页最后1段，权利要求1）。本申请权利要求1与对比文件1的区别在于配比含量。由于该区别特征在本领域中是常规的，而且从本申请文件的记载内容也看不出其产生预料不到的技术效果，因此权利要求1不具备专利法第22条第3款规定的创造性；（2）从属权利要求2对权利要求1作了进一步的限定，由于其限定的技术特征在所属技术领域中是常规的，而且也没有产生预料不到的技术效果，因此从属权利要求2也不具有创造性；（3）权利要求3要求保护权利要求1所述根系复壮剂的施用方法，基于同样理由，权利要求3也不具有创造性。

2006年10月23日，申请人中国农业科学院蔬菜花卉研究所（下称请求人）对上述驳回决定不服，向专利复审委员会提出复审请求，请求人在提出复审请求时没有对申请文件进行修改。

请求人认为：（1）本申请权利要求1的技术方案与对比文件1相比存在重大区别：①组分不同：本发明有3个组分，而对比文件1有6个组分；②组分配比不同：本申请单硝化愈创木酚钠与萘乙酸的重量配比为1~1.5：0.8~1.2，而对比文件1中单硝化愈创木酚钠与萘乙酸的重量配比为0.0037~0.0125：1~2；③作用机理不同：本申请是通过提高作物根系和叶片活力来促进根系对矿质营养的吸收并增强叶片的光合作用，从而提高产量，而对比文件1则是有效激活形成层细胞，使切口在短时间内愈伤组织，控制切口腐烂，短时间内在髓射线形成层内侧形成大量不定根原基，使不定根出现；④应用作物不同：本发明的应用作物为蔬菜，属于草本植物，而对比文件1的使用对象为南方山葡萄枝条，属藤本植物，且没有根系；⑤使用方法不同：本发明是随水浇灌法，而对比文件1则是以浸渍插条的方式应用于南方山葡萄的扦插育苗。（2）本申请与对比文件1解决的技术问题不同：对比文件1解决的是生根问题，而本申请解决的技术问题是根系活力不够而导致的早衰状况。（3）植物生根促进剂具有专属性，促进功能细胞活力的复壮剂不可能从形成层细胞的生根剂中摘抄成分来拼凑本发明的技术方案，因此不存在技术启示，而且本发明确实具有独特的有益效果，所以权利要求1相对于对比文件1具有创造性。

经形式审查合格后，专利复审委员会受理了该请求，并于2007年1月5日向请求人发出了《复审请求受理通知书》，同时将本申请转送至国家知识产权局原审查部门进行前置审查。

在《前置审查意见书》中，国家知识产权局原审查部门认为原驳回决定中的缺陷依然存在，因此坚持驳回决定。

专利复审委员会组成合议组，对本复审请求案进行了审理。

2007年10月30日，合议组向请求人发出《复审通知书》，指出：权利要求1的技术方案与对比文件1所公开的内容相比，其区别仅在于各组分配比的不同，本领域技术人员在对比文件1的基础上调节各组分配比得到权利要求1的技术方案是显而易见的，因此权利要求1不具有创造性，不符合专利法第22条第3款的规定。在此基础上，权利要求2、3也不具有创造性，不符合专利法第22条第3款的规定。

2007年11月20日，请求人针对上述《复审通知书》提交了意见陈述书和附件1~5，并对权利要求书进行了修改，修改后的权利要求书如下：

“1. 一种长季节无土栽培番茄根系复壮剂，其特征在于由下列重量份的原料配制而成：单硝化愈创木酚钠1~1.5重量份，萘乙酸0.8~1.2重量份和蒸馏水70重量份；所述根系复壮剂对实验温室内长季节无土栽培番茄的根部基质进行定量浇灌，在播种5个月后每隔20~25天施用一次，整个栽培过程共施用三次，施用浓度为3000倍稀释，施用量为每次1L。

2. 根据权利要求1所述的作物根系复壮剂，其特征在于所述作物根系复壮剂的原料重量配比为：单硝化愈创木酚钠1.26重量份，萘乙酸1.05重量份和蒸馏水70重量份。”

请求人提交的附件1~5如下：

附件1：“植物生长调节剂在果菜类蔬菜生产上的作用与应用”，焦自高等，《现代农业》，2000年第4期，封面页、第8页，复印件共2页；

附件2：“植物生长调节剂与黄瓜化控栽培”，李加旺、张文珠，《北方园艺》，2000年第5期，第5~6页，复印件共2页；

附件3：“植物生长调节剂在园艺作物上的应用”，孙春明等，《安徽农业科学》，2003，31（2）：325~326，复印件共2页；

附件4：“植物生长调节剂的作用及在蔬菜生产中的应用”，张胜利、李佳宁，《吉林蔬菜》，1995年第6期，封面页、第27~29页，复印件共4页；

附件5：“不同浓度6-苄基氨基嘌呤和α-奈乙酸对杭白菊根芽诱导效果的影响”，平培元等，《中国农学通报》，2003，19（4）：52~53，复印件共2页。

请求人认为，权利要求1的技术方案与对比文件1的区别技术特征在于：（1）其组成配比不同，本发明仅涉及单硝化愈创木酚钠和萘乙酸两种植物生长调节剂的复配使用；（2）应用作物不同，本发明只作用于长季节无土栽培作物，而对比文件1作用于南方山葡萄枝条；（3）由附件1~3可知，植物生长调节剂浓度不同，使用对象和部位不同，会产生不同的效果；（4）使用时期、浓度、用量和使用方法不同。由附件4和附件5可知，植物生长调节剂的使用时期、浓度和使用方法都是非常严格的，而且还会受到气候条件的干扰。（5）作用机理不同。因此本申请权利要求1与对比文件1相比有着本质区别，具有创造性。

经合议，合议组认为本案事实已经清楚，可以作出审查决定。

二、决定的理由

1. 关于审查文本

本复审决定是以请求人于2007年11月20日提交的权利要求第1~2项，2005年7月28日提交的说明书及其摘要为基础作出的。

2. 关于专利法第22条第3款

专利法第22条第3款规定：创造性是指同申请日以前已有的技术相比，该发明有突出的实质性特点和显著的进步。

在判断一项权利要求的创造性时，如果该权利要求的技术方案和现有技术相比存在区别技术特征，而对于本领域技术人员来讲，引入上述区别技术特征得到该权利要求的技术方案是非显而易见的，同时该技术方案具有有益的技术效果，则该权利要求具备创造性。

就本申请而言，权利要求1要求保护一种长季节无土栽培番茄根系复壮剂，其特征在于由下列重量份的原料配制而成：单硝化愈创木酚钠1~1.5重量份，萘乙酸0.8~1.2重量份和蒸馏水70重量份；所述根系复壮剂对实验温室内长季节无土栽培番茄的根部基质进行定量浇灌，在播种5个月后每隔20~25天施用一次，整个栽培过程共施用三次，施用浓度为3000倍稀释，施用量为每次1L。对比文件1公开了一种适用于南方山葡萄育苗的生根剂，其包括吲哚丁酸1重量份，单硝化愈创木酚钠0.0037~0.0125重量份，萘乙酸1~2重量份，硼酸3~6重量份，NaOH 0.02~0.30重量份和适量水（参见对比文件1权利要求1，说明书第2页第5行至第9行）。本申请权利要求1的技术方案与对比文件 1 所公开的上述内容相比，其区别在于以下两点：（1）组成不同：本申请权利要求 1 的根系复壮剂是由单硝化愈创木酚钠、萘乙酸和蒸馏水三种组分组成，而对比文件 1 的生根剂则是由吲哚丁酸、单硝化愈创木酚钠、萘乙酸、硼酸、NaOH 和水六种组分组成；（2）组分单硝化愈创木酚钠与萘乙酸的重量配比明显不同：本申请权利要求 1 中单硝化愈创木酚钠与萘乙酸的重量配比为 1~1.5：0.8~1.2，而对比文件 1 中单硝化愈创木酚钠与萘乙酸的重量配比为 0.0037~0.0125：1~2，相差几百倍。从各自解决的技术问题看，本申请是通过随水灌溉的方式作用于番茄根部来解决番茄由于根系活力下降而导致的产量降低的问题，其通过提高作物根系和叶片活力来促进根系的吸收并增强叶片的光合作用，而对比文件 1 则是以浸渍插条的方式解决没有根系的南方山葡萄在扦插育苗过程中的生根问题，其能够有效激活形成层细胞，使切口在短时间内形成愈伤组织，有效控制切口腐烂，从而在短时间内在髓射线形成层内侧形成大量不定根原基，使不定根出现，成根迅速。由此可见，二者解决的技术问题不同，作用方式不同，而且由于植物生根剂具有专属性，“一种生根促进剂不可能对许多植物具有促进生根的作用，不同生根剂对不同植物具有专属的促进生根的作用”（参见对比文件 1 说明书第 1 页倒数第 7~8 行），也就是说，对比文件 1 给出的仅是专用于南方山葡萄的生根剂，因此在对比文件 1 与本申请解决的技术问题、作用对象、作用部位和作用方式均不相同的情况下，对比文件 1 并没有给出应用上述区别技术特征来解决番茄壮根问题的技术启示，而且本发明的根系复壮剂对提高番茄产量、复壮植株根系、提高光合效率等方面都起到了显著的作用，产生了有益的效果，所以说权利要求 1 相对于对比文件 1 具有创造性，符合专利法第 22 条第 3 款的规定。

在权利要求 1 相对于对比文件 1 具有创造性的基础上，从属权利要求 2 相对于对比文件 1 也具有创造性，符合专利法第 22 条第 3 款的规定。

国家知识产权局原审查部门在《驳回决定》中认为，权利要求 1 与对比文件 1 的区别特征是常规的，而且未取得预料不到的技术效果，因此权利要求 1 不具有创造性。

对此，合议组认为，虽然组合物中组分配比的调整是本领域技术人员的常规技术手段，但不能简单地认为权利要求 1 因此就缺乏创造性，而是要结合其所要解决的技术问题和技术方案本身来判断。首先，由上述分析可知，本申请与对比文件 1 解决的技术问题明显不同，本申请解决的是长季节栽培作物如番茄等由于根系活力下降而导致的产量降低的问题，而对比文件 1 解决的则是南方山葡萄在扦插育苗过程中的生根问题；其次，从所属技术领域和技术方案本身来看，虽然组合物中的单硝化愈创木酚钠和萘乙酸均是已知的植物生长调节剂，但本领域技术人员知道，植物生长调节的使用效果会随其用药浓度、剂量、作用对象、作用部位等有很大差异、甚至产生截然相反的结果，因此在本申请与对比文件 1 的组成、组分配比明显不同且作用对象、作用部位和作用方式也不相同的情况下，对比文件 1 并没有给出解决本发明技术问题的技术启示，所以权利要求 1 相对于对比文件 1 具有创造性。

根据上述事实和理由，合议组作出如下审查决定。

三、决定

撤销国家知识产权局于 2006 年 7 月 7 日针对 200510012261.6 号发明专利申请作出的驳回决定，由国家知识产权局原审查部门以请求人于 2007 年 11 月 20 日提交的权利要求第 1~2 项，2005 年 7 月 28 日提交的说明书及其摘要为基础继续审批程序。

复审请求人对本决定不服的，可以根据专利法第 41 条第 2 款的规定，自收到本决定之日起三个月内向北京市第一中级人民法院起诉。

005

新二苯甲酮衍生物或其盐

复审请求审查决定（第 15729 号）

决　　定　　号　第 15729 号
决　　定　　日　2008 年 6 月 26 日
发明创造名称　新二苯甲酮衍生物或其盐
国 际 分 类 号　C07C 59/90，C07C 69/734，C07C 69/76，C07C 205/34，C07C 219/32 C07C 255/54，C07C 255/37
复 审 请 求 人　富山化学工业株式会社
申　　请　　号　02824812.0
申　　请　　日　2002 年 11 月 13 日
最早的优先权日　2001 年 11 月 16 日
公　　开　　日　2005 年 3 月 30 日
合 议 组 组 长　任晓兰
主　　审　　员　李新芝
参　　审　　员　侯　曜

法　律　依　据　专利法第 33 条
决　定　要　点

如果权利要求书所修改的内容是所属领域的技术人员根据原始申请文本所记载的内容可直接地、毫无疑义地确定的，则这种修改并未超出原始申请文本所记载的范围，符合专利法第 33 条的规定。

一、案由

本复审请求案涉及发明名称为“新二苯甲酮衍生物或其盐”的 02824812.0 号发明专利申请（下称本申请），申请人为富山化学工业株式会社，申请日为 2002 年 11 月 13 日，最早的优先权日为 2001 年 11 月 16 日，公开日为 2005 年 3 月 30 日。

2007 年 1 月 19 日，针对申请人于 2006 年 9 月 20 日提交的权利要求第 1~10 项、进入中国国家阶段时提交的说明书第 1~267 页和说明书摘要（下称驳回文本），国家知识产权局以权利要求 1、2、4、5 的修改不符合专利法第 33 条的规定为由驳回了本申请。

驳回决定针对的权利要求 1、2、4、5 如下：

“1. 由下列通式表示的二苯甲酮衍生物或其盐：

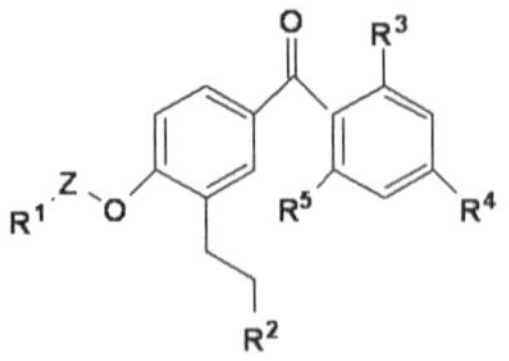

其中

R^1 代表选自（1）至（3）的基团：

（1）吡唑基、吡啶基、噻唑基、噻吩基、苯并噻吩基、苯并咪唑基、苯并异噁唑基、苯并噻唑基或呋喃基，其任选被至少一个选自（a）至（g）的基团取代。

（a）C_{1-6}烷氧基-C_{1-6}烷氧基，

（b）羟基，

（c）C_{1-6}烷氧基-C_{1-6}烷基，

（d）C_{1-6}烷基，

（e）C_{1-6}烷氧基，

（f）羧基，其任选被 C_{1-12}烷基保护，

（g）苄基、二苯甲基、三苯甲基、苯乙基、4-甲基苄基和萘甲基。

（2）被至少一个选自（a）至（v）的基团取代的苯基。

（a）氰基，

（b）硝基，

（c）羧基，其任选被 C_{1-12}烷基保护，

（d）磷酰基，其任选被 C_{1-6}烷氧基取代，

（e）羟基，

（f）氨基甲酰基，其任选被至少一个选自羟基、C_{1-6}烷基、C_{1-6}烷基磺酰基和 C_{1-6}烷氧基羰基的基团取代，

（g）C_{1-6}烷基磺酰基氨基，其任选被 C_{1-6}烷氧基羰基取代，

（h）氨基磺酰基，其任选被至少一个选自 C_{1-6}烷氧基羰基和 C_{1-6}烷基的基团取代，

（i）任选被苯基、甲苯基或萘基取代的磺基，

（j）卤素原子，

（k）C_{1-6}烷氧基，

（l）C_{1-6}烷硫基，

（m）C_{1-6}烷基亚磺酰基，

（n）C_{1-6}烷基磺酰基，

（o）磺基，

（p）C_{2-6}链烯基，其任选被羧基取代，所述羧基任选被 C_{1-12}烷基保护，

（q）C_{1-6}烷氧基-C_{1-6}烷氧基，

（r）C_{1-6}烷基，其任选被羧基取代，所述羧基任选被 C_{1-12}烷基保护，

（s）异噁唑基，其任选被羟基或 C_{1-6}烷氧基-C_{1-6}烷氧基取代，

（t）噁唑烷-3-基，其任选被酮基取代，

（u）哌嗪基或噁二唑基，其任选被至少一个选自酮基和 C_{1-6}烷基的基团取代。

（3）C_{1-12}烷基。

Z 代表 C_{1-12}亚烷基，其任选被 C_{1-6}烷基取代；

R^2 代表选自（1）或（2）的基团，

（1）四唑基，

（2）羧基，其任选被 C_{1-12}烷基、吗啉代基-C_{1-6}烷基或新戊酰氧甲基保护；

R^3 代表选自（1）至（5）的基团，

（1）氢原子，

（2）卤素原子，

（3）C_{1-12}烷基，

（4）C_{1-12}烷氧基，

（5）羟基，其任选被乙酰基保护；

R^4 代表选自（1）或（2）的基团，

（1）C_{1-12}烷氧基、C_{3-7}环烷基、C_{3-7}环烷基氧基、C_{3-7}环烯基氧基或 C_{1-12}烷基，其任选被 C_{3-7}环烷基取代，所述的环烷基任选被 C_{1-6}烷基取代，

（ⅰ）任选被吡啶基、噻唑基或呋喃基取代的 C_{1-12}烷氧基，

（ⅱ）噻吩基、吡咯烷氧基或四氢吡喃氧基，

（ⅰ）或（ⅱ）任选被选自 C_{1-6}烷基、C_{1-6}烷氧基羰基、羧基、硝基和氨基的基团取代，

R^5 代表氢原子或卤素原子；

条件是，当

R^1 代表 C_{1-12}烷基；

R^4 代表选自（1）或（2）的基团，

（1）任选被 C_{3-7}环烷基取代的 C_{3-7}环烷氧基，所述的环烷基任选被 C_{1-6}烷基取代，

（2）任选被苯基取代的 C_{1-12}烷氧基，所述的苯基任选被选自 C_{1-6}烷基、C_{1-6}烷氧羰基、羧基、硝基和氨基的基团取代。

2. 根据权利要求 1 的二苯甲酮衍生物或其盐，其中

R^1 代表选自（1）至（3）的基团：

（1）吡唑基、吡啶基、噻唑基、噻吩基、苯并噻吩基、苯并咪唑基、苯并异噁唑基、苯并噻唑基或呋喃基，其任选被至少一个选自（a）至（g）的基团取代

（a）C_{1-6}烷氧基-C_{1-6}烷氧基，

（b）羟基，

（c）C_{1-6}烷氧基-C_{1-6}烷基，

（d）C_{1-6}烷基，

（e）C_{1-6}烷氧基，

（f）羧基，其任选被 C_{1-12}烷基保护，

（g）苄基、二苯甲基、三苯甲基、苯乙基、4-甲基苄基和萘甲基；

（2）被至少一个选自（a）至（v）的基团取代的苯基

（a）氰基，

（b）硝基，

（c）羧基，其任选被 C_{1-12}烷基保护，

（d）磷酰基，其任选被 C_{1-6}烷氧基取代，

（e）羟基，

（f）氨基甲酰基，其任选被至少一个选自羟基、C_{1-6}烷基、C_{1-6}烷基磺酰基和 C_{1-6}烷氧基羰基的

基团取代，

（g） C_{1-6}烷基磺酰基氨基，其任选被 C_{1-6}烷氧基羰基取代，

（h） 氨基磺酰基，其任选被至少一个选自 C_{1-6}烷氧基羰基和 C_{1-6}烷基的基团取代，

（i） 任选被苯基、甲苯基或萘基取代的磺基，

（j） 卤素原子，

（k） C_{1-6}烷氧基，

（l） C_{1-6}烷硫基，

（m） C_{1-6}烷基亚磺酰基，

（n） C_{1-6}烷基磺酰基，

（o） 磺基，

（p） C_{2-6}链烯基，其任选被羧基取代，所述羧基任选被 C_{1-12}烷基保护，

（q） C_{1-6}烷氧基-C_{1-6}烷氧基，

（r） C_{1-6}烷基，其任选被羧基取代，所述羧基任选被 C_{1-12}烷基保护，

（s） 异噁唑基，其任选被羟基或 C_{1-6}烷氧基-C_{1-6}烷氧基取代，

（t） 噁唑烷-3-基，其任选被酮基取代，

（u） 哌嗪基或噁二唑基，其任选被至少一个选自酮基和 C_{1-6}烷基的基团取代，

R^2 是羧基，其任选被 C_{1-12}烷基保护；

R^3 是羟基，其任选被乙酰基保护；

R^4 是任选被 C_{3-7}环烷基取代的 C_{3-7}环烷氧基，所述的环烷基任选被 C_{1-6}烷基取代；

R^5 是氢原子；和

Z 是 C_{1-12}亚烷基。

4. 根据权利要求 1 的二苯甲酮衍生物或其盐，其中

R^1 代表选自（1）至（3）的基团：

（1） 吡唑基、吡啶基、噻唑基、噻吩基、苯并噻吩基、苯并咪唑基、苯并异噁唑基、苯并噻唑基或呋喃基，其任选被至少一个选自（a）至（g）的基团取代

（a） C_{1-6}烷氧基-C_{1-6}烷氧基，

（b） 羟基，

（c） C_{1-6}烷氧基-C_{1-6}烷基，

（d） C_{1-6}烷基，

（e） C_{1-6}烷氧基，

（f） 羧基，其任选被 C_{1-12}烷基保护，

（g） 苄基、二苯甲基、三苯甲基、苯乙基、4-甲基苄基和萘甲基；

（2） 被至少一个选自（a）至（v）的基团取代的苯基

（a） 氰基，

（b） 硝基，

（c） 羧基，其任选被 C_{1-12}烷基保护，

（d） 磷酰基，其任选被 C_{1-6}烷氧基取代，

（e） 羟基，

（f） 氨基甲酰基，其任选被至少一个选自羟基、C_{1-6}烷基、C_{1-6}烷基磺酰基和 C_{1-6}烷氧基羰基的基团取代，

(g) C_{1-6}烷基磺酰基氨基，其任选被C_{1-6}烷氧基羰基取代，

(h) 氨基磺酰基，其任选被至少一个选自C_{1-6}烷氧基羰基和C_{1-6}烷基的基团取代，

(i) 任选被苯基、甲苯基或萘基取代的磺基，

(j) 卤素原子，

(k) C_{1-6}烷氧基，

(l) C_{1-6}烷基硫基，

(m) C_{1-6}烷基亚磺酰基，

(n) C_{1-6}烷基磺酰基，

(o) 磺基，

(p) C_{2-6}链烯基，其任选被羧基取代，所述羧基任选被C_{1-12}烷基保护，

(q) C_{1-6}烷氧基-C_{1-6}烷氧基，

(r) C_{1-6}烷基，其任选被羧基取代，所述羧基任选被C_{1-12}烷基保护，

(s) 异噁唑基，其任选被羟基或C_{1-6}烷氧基-C_{1-6}烷氧基取代，

(t) 噁唑烷-3-基，其任选被酮基取代，

(u) 哌嗪基或噁二唑基，其任选被至少一个选自酮和C_{1-6}烷基的基团取代，

R^2是被吗啉代基-C_{1-6}烷基或新戊酰氧甲基保护的羧基；

R^3是羟基，其任选被乙酰基保护；

R^4是C_{3-7}环烷基氧基，其任选被C_{3-7}环烷基取代的，所述的环烷基任选被C_{1-6}烷基取代；

R^5是氢原子；和Z是一个C_{1-12}亚烷基。

5. 根据权利要求1或4的二苯甲酮衍生物或其盐，其中

R^1代表

吡唑基、吡啶基、噻唑基、噻吩基、苯并噻吩基、苯并咪唑基、苯并异噁唑基、苯并噻唑基或呋喃基，其任选被至少一个选自（a）至（g）的基团取代

(a) C_{1-6}烷氧基-C_{1-6}烷氧基，

(b) 羟基，

(c) C_{1-6}烷氧基-C_{1-6}烷基，

(d) C_{1-6}烷基，

(e) C_{1-6}烷氧基，

(f) 羧基，其任选被C_{1-12}烷基保护，

(g) 苄基、二苯甲基、三苯甲基、苯乙基、4-甲基苄基和萘甲基；

R^2是被吗啉代-C_{1-6}烷基或新戊酰氧甲基保护的羧基；

和R^3是羟基。"

驳回决定认为：在权利要求1、2、4、5中，权利要求书第1页倒数第1、3行，第2页第1~4行、17~20行、25行（"吗啉代基-C_{1-6}烷基"）、第3页第6~10行、17~18行、第4页第8、10~14行、倒数第1~3行、第6页第10、12~16行、倒数第1行、第7页第1~4行、21行中的内容并没有记载在原始说明书中，有的是将原有的基团进行了组合，有的是将实施例中具体化合物的具体取代基写进了权利要求，由上述三种情况重新组合形成的技术方案既未明确记载在原说明书和权利要求书中，也不能由原说明书和权利要求书所记载的内容直接导出，因此超出了原说明书和权利要求书记载的范围，不符合专利法第33条的规定。

2007年4月19日，申请人富山化学工业株式会社（下称请求人）对上述驳回决定不服，向专利

复审委员会提出复审请求，请求人在提出复审请求时对权利要求书进行了修改。修改后的权利要求1、2、4、5为：

“1. 由下列通式表示的二苯甲酮衍生物或其盐：

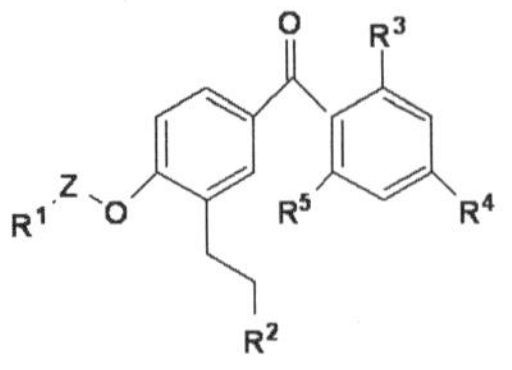

其中

R^1 代表选自（1）至（2）的基团：

（1）吡唑基、吡啶基、噻唑基、噻吩基、苯并噻吩基、苯并咪唑基、苯并异噁唑基、苯并噻唑基或呋喃基，其任选被至少一个选自（a）至（g）的基团取代

（a）C_{1-6}烷氧基-C_{1-6}烷氧基，

（b）羟基，

（c）C_{1-6}烷氧基-C_{1-6}烷基，

（d）C_{1-6}烷基，

（e）C_{1-6}烷氧基，

（f）羧基，其任选被 C_{1-12}烷基保护，

（g）苄基、二苯甲基、三苯甲基、苯乙基、4-甲基苄基和萘甲基；

（2）C_{1-12}烷基；

Z 代表 C_{1-12}亚烷基，其任选被 C_{1-6}烷基取代；

R^2 代表选自（1）或（2）的基团，

（1）四唑基，

（2）羧基，其任选被 C_{1-12}烷基、吗啉代乙基或新戊酰氧甲基保护；

R^3 代表选自（1）至（5）的基团，

（1）氢原子，

（2）卤素原子，

（3）C_{1-12}烷基，

（4）C_{1-12}烷氧基，

（5）羟基，其任选被乙酰基保护；

R^4 代表 C_{1-12}烷氧基、C_{3-7}环烷基、C_{3-7}环烷基氧基、C_{3-7}环烯基氧基或 C_{1-12}烷基，其任选被 C_{3-7}环烷基取代，所述的环烷基任选被 C_{1-6}烷基取代，

R^5 代表氢原子或卤素原子；

条件是，当 R^1 代表 C_{1-12}烷基；

R^4 代表任选被 C_{3-7}环烷基取代的 C_{3-7}环烷氧基，所述的环烷基任选被 C_{1-6}烷基取代。

2. 根据权利要求 1 的二苯甲酮衍生物或其盐，其中

R^1 代表吡唑基、吡啶基、噻唑基、噻吩基、苯并噻吩基、苯并咪唑基、苯并异噁唑基、苯并噻唑基或呋喃基，其任选被至少一个选自（a）至（g）的基团取代

（a）C_{1-6}烷氧基-C_{1-6}烷氧基，

（b）羟基，

（c）C_{1-6}烷氧基-C_{1-6}烷基，

（d）C_{1-6}烷基，

（e）C_{1-6}烷氧基，

（f）羧基，其任选被C_{1-12}烷基保护，

（g）苄基、二苯甲基、三苯甲基、苯乙基、4-甲基苄基和萘甲基；

R^2 是羧基，其任选被C_{1-12}烷基保护；

R^3 是羟基，其任选被乙酰基保护；

R^4 是任选被C_{3-7}环烷基取代的C_{3-7}环烷氧基，所述的环烷基任选被C_{1-6}烷基取代；

R^5 是氢原子；和

Z 是C_{1-12}亚烷基。

3. 根据权利要求 1 的二苯甲酮衍生物或其盐，其中

R^1 代表吡唑基、吡啶基、噻唑基、噻吩基、苯并噻吩基、苯并咪唑基、苯并异噁唑基、苯并噻唑基或呋喃基，其任选被至少一个选自（a）至（g）的基团取代

（a）C_{1-6}烷氧基-C_{1-6}烷氧基，

（b）羟基，

（c）C_{1-6}烷氧基-C_{1-6}烷基，

（d）C_{1-6}烷基，

（e）C_{1-6}烷氧基，

（f）羧基，其任选被C_{1-12}烷基保护，

（g）苄基、二苯甲基、三苯甲基、苯乙基、4-甲基苄基和萘甲基；

R^2 是被吗啉代乙基或新戊酰氧甲基保护的羧基；

R^3 是羟基，其任选被乙酰基保护；

R^4 是C_{3-7}环烷基氧基，其任选被C_{3-7}环烷基取代的，所述的环烷基任选被C_{1-6}烷基取代；

R^5 是氢原子；和 Z 是一个C_{1-12}亚烷基。

4. 根据权利要求 1 或 4 的二苯甲酮衍生物或其盐，其中

R^1 代表吡唑基、吡啶基、噻唑基、噻吩基、苯并噻吩基、苯并咪唑基、苯并异噁唑基、苯并噻唑基或呋喃基，其任选被至少一个选自（a）至（g）的基团取代

（a）C_{1-6}烷氧基-C_{1-6}烷氧基，

（b）羟基，

（c）C_{1-6}烷氧基-C_{1-6}烷基，

（d）C_{1-6}烷基，

（e）C_{1-6}烷氧基，

（f）羧基，其任选被C_{1-12}烷基保护，

（g）苄基、二苯甲基、三苯甲基、苯乙基、4-甲基苄基和萘甲基；

R^2 是被吗啉代乙基或新戊酰氧甲基保护的羧基；

和 R^3 是羟基。”

请求人认为，权利要求 1、2、4、5 中的“吗啉代基-C_{1-6}烷基”限至“吗啉代乙基”可以得到实施例 76 的支持。

经形式审查合格后，专利复审委员会受理了该请求，并于 2007 年 5 月 29 日向请求人发出了《复审请求受理通知书》，同时将本申请转送至国家知识产权局原审查部门进行前置审查。

在《前置审查意见书》中，国家知识产权局原审查部门认为，虽然取代基“吗啉代乙基”在原申请中有记载，但该取代基与其他取代基形成的组合在原说明书和权利要求书中并没有记载，也不能由说明书和权利要求书记载的内容直接导出，因此所述修改不符合专利法第 33 条的规定，坚持驳回决定。

2008 年 4 月 18 日，请求人提交了权利要求书的替换页，将本发明化合物限定至实施例 35 和 76 制备得到的两个具体化合物，即，将原权利要求 9 和 10 修改为权利要求 1 和 2，删除原权利要求 1~5，同时相应地修改原权利要求 6~8 的编号和其中的引用关系。请求人认为，这两个化合物均落入原始公开的权利要求 1 的范围内，其不仅可以得到有理化数据表征的制备实施例的支持，而且说明书表 12 和 13 中所列数据还分别证实了这两个化合物的药理学活性。因此重新提交的权利要求书没有超出原始记载的范围，并可以得到说明书的实质性支持。

修改后的权利要求书如下：

“1. 3-｛5-［4-（环戊氧基）-2-羟苯甲酰基］-2-［（3-羟基-1，2-苯并异噁唑-6-基）甲氧基］苯基｝丙酸。

2. 3-｛5-［4-（环戊氧基）-2-羟基苯甲酰基］-2-［(3-羟基-1，2-苯并异噁唑-6-基）甲氧基］苯基｝丙酸 2-（4-吗啉基）乙酯。

3. 用于自身免疫病的预防药或治疗药，包含权利要求 1 或 2 所述的化合物。

4. 权利要求 3 所述的预防药或治疗药，其中所述的自身免疫病是类风湿性关节炎。

5. 包含权利要求 1 或 2 所述的化合物的 AP-1 抑制剂。”

专利复审委员会组成合议组，对本复审请求案进行审理。

经合议，合议组认为本案事实清楚，可以依法作出审查决定。

二、决定的理由

1. 关于文本

本复审请求审查决定是以请求人于 2008 年 4 月 18 日提交的权利要求第 1~5 项以及进入中国国家阶段时提交的说明书第 1~267 页和说明书摘要为基础作出的。

2. 关于专利法第 33 条

专利法第 33 条规定：申请人可以对其专利申请文件进行修改，但是，对发明和实用新型专利申请文件的修改不得超出原说明书和权利要求书记载的范围。

如果权利要求书所修改的内容是所属领域的技术人员根据原始申请文本所记载的内容可直接地、毫无疑义地确定的，则这种修改并未超出原始申请文本所记载的范围，符合专利法第 33 条的规定。

具体到本申请而言，驳回决定指出，驳回文本的权利要求 1、2、4、5 修改超范围。为此，请求人于 2008 年 4 月 18 日提交了权利要求书替换页，删除了驳回文本中的权利要求 1~5，从而克服了驳回决定所指出的权利要求 1、2、4、5 修改超范围的问题。

就修改后的权利要求书而言，权利要求 1 和 2 相应于驳回文本的权利要求 9 和 10，其所要求保护的具体化合物分别为说明书第 119~120 页的实施例 35 制得的化合物和说明书第 204~205 页的实施例 76 制得的化合物；权利要求 3~5 实质上相应于原始申请文件的权利要求 7~9 或驳回文本的权利要求 6~8,因此，修改后的权利要求 1~5 已明确记载于原申请文件中，即，请求人对申请文件的修改未超出原说明书和权利要求书记载的范围，符合专利法第 33 条的规定。

根据上述事实和理由，合议组作出如下审查决定。

三、决定

撤销国家知识产权局于2007年1月19日针对02824812.0号发明专利申请作出的驳回决定，由国家知识产权局原审查部门以本复审请求审查决定所依据的文本为基础继续审批程序。

复审请求人对本决定不服的，可以根据专利法第41条第2款的规定，自收到本决定之日起三个月内向北京市第一中级人民法院起诉。

006

从黄芪中提取和分离黄芪总黄酮和皂甙的方法

复审请求审查决定（第15845号）

决　定　号　第15845号
决　定　日　2008年7月31日
发明创造名称　从黄芪中提取和分离黄芪总黄酮和皂甙的方法
国际分类号　C07D 311/30，C07H 17/07，C07H 1/08，A61K 35/78，A61P 9/12，A61P 9/10，A61P 29/00
复审请求人　南开大学
申　请　号　200410093870.4
申　请　日　2004年12月8日
公　开　日　2005年8月31日
合议组组长　刘　亚
主　审　员　李新芝
参　审　员　刘　磊

法律依据　专利法第33条
决定要点

如果请求人对申请文件所做的修改是本领域技术人员可以从原申请文件中直接地、毫无疑义地确定的内容，则该修改是允许的，符合专利法第33条的规定。

一、案由

本复审请求案涉及发明名称为“从黄芪中提取和分离黄芪总黄酮和皂甙的方法”的200410093870.4号发明专利申请（下称本申请），申请人为南开大学，申请日为2004年12月8日，公开日为2005年8月31日。

2007年2月9日，针对申请人于2006年12月21日提交的权利要求第1~6项、2004年12月8日提交的说明书第1~3页和说明书摘要，国家知识产权局以权利要求1~6的修改不符合专利法第33条的规定为由驳回了本申请。

驳回决定针对的权利要求1~6如下：

“1. 一种从黄芪中提取和分离黄芪总黄酮和皂甙的方法，其特征在于它是经过下述步骤：

（1）将粉碎或切成2~20cm的短杆的黄芪根茎原料，用酒精在70℃下回流提取1~10h，反复提取1~5次；

（2）提取液过滤以除去机械杂质，滤液冷却至室温以下；静置3~6天使蔗糖析出；

（3）移去步骤（2）中蔗糖的滤液中加入碱溶液，使黄酮类化合物沉淀完全；

（4）步骤（3）中的混合液静置分层后，上层清液调 pH = 7 进行蒸馏以回收酒精，将蒸馏后的母液降至室温，放置，离心分离后得黄芪总皂甙，水洗 1~2 次；

（5）取出步骤（3）中的沉淀物，用浓盐酸调 pH 至 2~3，黄酮及其类似物从水中析出，静置或直接离心分离，分离得黄芪总黄酮，再水洗 1~2 次；干燥后，用无水酒精浸取 3 次，合并浸取液，蒸去酒精后得到黄芪总黄酮。

2. 按照权利要求 1 所述的从黄芪中提取和分离黄芪总黄酮和皂甙的方法，其特征在于所述的黄芪根茎原料：酒精重量比为 1：1~20；所述的黄芪根茎原料：碱重量比为 100：1. 2~3. 1。

3. 按照权利要求 1 所述的从黄芪中提取和分离黄芪总黄酮和皂甙的方法，其特征在于所述的黄芪根茎原料：碱重量比为：100：2. 5。

4. 按照权利要求 1 所述的从黄芪中提取和分离黄芪总黄酮和皂甙的方法，其特征在于所述的酒精是无水食用工业酒精或 95% 的食用工业酒精。

5. 按照权利要求 1 所述的从黄芪中提取和分离黄芪总黄酮和皂甙的方法，其特征在于所述的碱为 NaOH、KOH、$Ca(OH)_2$ 或 NH_3H_2O。

6. 按照权利要求 6 所述的从黄芪中提取和分离黄芪总黄酮和皂甙的方法，其特征在于所述的碱为 48% 的 NaOH 溶液。”

驳回决定认为：申请人依据实施例实际公开的内容重新概括了权利要求，但修改后的权利要求 1~6仍存在修改超范围问题，例如权利要求 1 中将步骤（1）中的“有机溶剂”进一步限定为“酒精”，将步骤（2）中的“静置使蔗糖析出”进一步限定为“静置 3~6 天使蔗糖析出”，将步骤（4）中的“上述清液进行蒸馏以回收有机溶剂”修改为“上层清液调 pH = 7 进行蒸馏以回收酒精”以及在步骤（5）中加入“干燥后，用无水酒精浸取 3 次，合并浸取液，蒸去酒精后得到黄芪总黄酮”等。这种基于实施例而重新概括的范围既未明确地记载在原说明书和权利要求书中，也不能由原说明书和权利要求书记载的内容直接地、毫无疑义地确定，因此这种修改超出了原说明书和权利要求书记载的范围，不符合专利法第 33 条的规定。

2007 年 5 月 16 日，申请人南开大学（下称请求人）对上述驳回决定不服，向专利复审委员会提出复审请求，同时对说明书第 2~4 页和权利要求书进行了修改。修改后的权利要求书如下：

“1. 一种从黄芪中提取和分离黄芪总黄酮和皂甙的方法，其特征在于它包括下述步骤：

（1）将粉碎或切成 1cm 的短杆的黄芪根茎原料，用食用工业酒精在 70℃ 下回流提取 2~2. 5 小时，重复提取 2 次；

（2）提取液冷却，搅拌下加入 NaOH 溶液，分离得黄色黏稠沉淀物；

（3）沉淀物用盐酸酸化到 pH = 2~3，挥发净水后，用无水酒精浸取 3 次，得红色含黄酮及其类似物溶液和白色的盐和蔗糖沉淀，红色含黄酮及其类似物溶液挥发酒精后得红色沉淀；

（4）将步骤（3）提取黄酮及其类似物的酒精合并，调得 PH = 7，蒸馏回收酒精后的母液静置 1~30天，离心分离得芪总皂甙。

2. 按照权利要求 1 所述的从黄芪中提取和分离黄芪总黄酮和皂甙的方法，其特征在于所述的黄芪根茎原料：食用工业酒精的重量比为 1：1~20。

3. 按照权利要求 1 所述的从黄芪中提取和分离黄芪总黄酮和皂甙的方法，其特征在于所述的黄芪根茎原料：NaOH 的重量比为 100：1. 2~3. 1。

4. 按照权利要求 1 所述的从黄芪中提取和分离黄芪总黄酮和皂甙的方法，其特征在于所述的食用工业酒精是无水食用工业酒精或 95% 的食用工业酒精。

5. 按照权利要求 1 所述的从黄芪中提取和分离黄芪总黄酮和皂甙的方法，其特征在于所述的 NaOH 溶液为 48% 的 NaOH 溶液。”

此外，请求人还提交了原始权利要求书和原始说明书、答复《第一次审查意见通知书》时提交的权利要求书、答复《第二次审查意见通知书》时提交的权利要求书。请求人认为：请求人依据实施例为基础修改了权利要求，并对说明书相应部分进行了适应性修改，修改是依据原权利要求书和说明书的记载进行的，符合专利法第 33 条的规定。

经形式审查合格后，专利复审委员会受理了该请求，并于 2007 年 6 月 13 日向请求人发出了《复审请求受理通知书》，同时将本申请转送至国家知识产权局原审查部门进行前置审查。

在《前置审查意见书》中，国家知识产权局原审查部门认为，请求人对于权利要求 1 及说明书的修改是基于实施例 1 的重新概括，这种概括在原申请文件中并没有记载，也不能根据原申请文件中记载的内容直接地、毫无疑义地确定，因此坚持驳回决定。

专利复审委员会组成合议组，对本复审请求案进行了审理。

2008 年 7 月 18 日，请求人再次提交了权利要求书和说明书第 2、3 页的修改替换页，其中，删除了权利要求 2~5，仅保留了权利要求 1，并使修改后的权利要求 1 的内容与原说明书实施例 1 的内容相一致，同时使在提出复审请求时提交的说明书第 2~4 页恢复到原说明书第 2、3 页的内容。

修改后的权利要求 1 如下：

1. 一种从黄芪中提取和分离黄芪总黄酮和皂甙的方法，其特征在于它包括下述步骤：

（1） 黄芪总黄酮的提取。

称取 160g 黄芪根茎（剪成约 1cm 的短杆），放入 1000mL 的三口瓶内，加入 700mL 无水食用工业酒精，在 70℃下回流 2 小时后，停止加热和搅拌；倾出 550mL 酒精提取液，冷却后搅拌下加入 8g48% 的 NaOH 水溶液，出现大量沉淀，得黄色粘稠沉淀物 19. 78g；上述操作再重复两次，两次补加酒精各 550mL；

（2） 黄芪总黄酮的提纯。

准确称取 5. 6172g 总黄酮提取物，然后加入浓盐酸调 PH 到 2~3；挥发净水后，用无水酒精浸取 3 次，每次 5mL 酒精，得红色溶液（含黄酮及其类似物）和白色沉淀（盐及蔗糖），挥发酒精后得红色沉淀 1. 8396g，收率为 32. 75%，纯度 90% 以上；

（3） 黄芪总皂甙的提取。

将 3 次提取黄酮及其类似物的酒精搜集在一起，调 PH 到 7，蒸馏回收酒精，母液中有沉淀物，静置 1~30 天后，离心分离得到黄芪总皂甙 0. 1512g，收率为 0. 1512/160 = 0. 0945%；

（4） 多糖的提取。

在提取 3 次黄酮后，向烧瓶内加入 600mL 蒸馏水，在搅拌的同时蒸出酒精 120mL；3 小时后得提取液 450mL，冷却后缓慢倒入 1000mL 酒精中，得多糖沉淀，干燥后得多糖 7. 2g；补加蒸馏水 500mL，在 90℃下回流 2 小时，得提取液 500mL，按上述方法提取多糖干燥后得 3. 2g；两次提取共得多糖 10. 3g。收率 6. 4%。

至此，合议组认为本案事实清楚，可以作出审查决定。

二、决定的理由

1. 关于审查文本

本复审请求审查决定是以请求人于 2008 年 7 月 18 日提交的权利要求第 1 项，说明书第 2~3 页，2004 年 12 月 8 日提交的说明书第 1 页和说明书摘要为基础作出的。

2. 关于专利法第 33 条

专利法第 33 条规定：申请人可以对申请文件进行修改，但是，对发明和实用新型专利申请文件的修改不得超出原说明书和权利要求书记载的范围。

如果请求人对申请文件所做的修改是本领域技术人员可以从原申请文件中直接地、毫无疑义地确定的内容，则该修改是允许的，符合专利法第 33 条的规定。

具体到本案而言，合议组认为，在请求人于 2008 年 7 月 18 日提交的权利要求书和说明书第 2、3 页的修改替换页中，说明书第 2、3 页替换页已完全恢复到原说明书第 2、3 页的相应内容，而修改后的权利要求 1 的技术方案则与原说明书实施例 1 的技术方案完全一致，也就是说，修改后的权利要求 1 的技术方案是本领域技术人员可以从原申请文件中直接地、毫无疑义地确定的内容，因此请求人所做修改已克服驳回决定中指出的权利要求书修改超范围的问题，符合专利法第 33 条的规定。

根据上述事实和理由，合议组作出如下审查决定。

三、决定

撤销国家知识产权局于 2007 年 2 月 9 日针对 200410093870.4 号发明专利申请作出的驳回决定，由国家知识产权局原审查部门以本复审决定所针对的文本为基础继续审批程序。

复审请求人对本决定不服的，可以根据专利法第 41 条第 2 款的规定，自收到本决定之日起三个月内向北京市第一中级人民法院起诉。

007

带材的电镀金属膜的装置

复审请求审查决定（第15847号）

决　定　号　第15847号
决　定　日　2009年1月12日
发明创造名称　带材的电镀金属膜的装置
国际分类号　C25D 7/06
复审请求人　SMS舒路曼-斯玛公司
申　请　号　99123330.1
优先权日　1998年10月23日
申　请　日　1999年10月22日
公　开　日　2000年5月10日
合议组组长　刘　犟
主　审　员　赵　明
参　审　员　王　琳

法律依据　专利法第22条第3款
决定要点
如果发明是所属技术领域的技术人员在现有技术的基础上仅仅通过合乎逻辑的分析、推理或者有限的试验可以得出的，则该发明是显而易见的，不具备突出的实质性特点。

一、案由

本复审请求涉及发明名称为“带材的电镀金属膜的装置”的第99123330.1号发明专利申请（下称本申请），申请人为SMS舒路曼-斯玛公司，申请日为1999年10月22日，优先权日为1998年10月23日，公开日为2000年5月10日。

2004年3月12日，国家知识产权局以本申请权利要求1~5不符合专利法第22条第3款的规定为由驳回了本申请。驳回决定所针对的权利要求书为：

“1. 一种通过一种富集金属的酸性电解液的带材的电镀金属膜装置，具有至少一个与该带材平行布置的不溶阳极，电流从该阳极流到作为阴极接通的带材，从而把电解液中的金属沉积到带材的表面上，在该表面上，每个阳极平行于带材的运行方向分成若干阳极片，这些阳极片相互绝缘，而且每个阳极片单独供电来沉积电解液的金属，其特征为，每个阳极片（5a、5b）都配有一个保护电流供电，其电压设计成在阳极片上不产生阴极区域，而其用于沉积电解液（1）中的金属的供电则是断续的。

2. 按权利要求1的装置，其特征为，保护电流供电由电阻（11）组成，这些电阻分别与相邻的阳极片（5a、5b）相互连接。

3. 按权利要求 1 的装置，其特征为，保护电流供电通过每个阳极片（5a、5b）配置的至少一个开关来进行。

4. 按权利要求 3 的装置，其特征为，作为接触器构成的开关与至少一个只用来产生保护电流的电压源连接。

5. 按权利要求 1 的装置，其特征为，每个阳极片（5a、5b）单独与一个整流器的电流调整器连接，其调节范围既可用保护电流又可用把电解液中的金属沉积到带材的表面上的电流来对阳极加负荷。"

驳回决定认为：权利要求 1 要求保护一种用于带材电镀金属膜的装置，对比文件 1（JP4143299A，公开日为 1992 年 5 月 18 日）公开了一种电镀方法，其中位于绝缘基体上的阳极结构由独立的阳极片组成，待镀体与阳极结构相对，独立的电源与阳极片相连以独立的控制流过各个阳极片的电流；对比文件 2（CN1040633A，公开日为 1990 年 3 月 21 日）公开了一种减少电镀槽内阳极损耗的装置，其中为了减少阳极合金因腐蚀转变为可溶性物质，阳极上设置有阳极保护电路，其保护电势小于阳极正常电沉积所需的电势，在此基础上，本领域技术人员很容易将对比文件 1 和 2 结合得出权利要求 1 的技术方案，因此，权利要求 1 不具备创造性，不符合专利法第 22 条第 3 款的规定。权利要求 2~5 的附加技术特征或在对比文件 1 或 2 中公开，或是本领域的常规技术，而且没有产生预料不到的技术效果，因此，权利要求 2~5 也不符合专利法第 22 条第 3 款的规定。

申请人（下称请求人）对上述驳回决定不服，于 2004 年 6 月 7 日向专利复审委员会提出了复审请求，并提交了经修改的权利要求书，修改方式为：将权利要求 1~5 的主题名称由"一种通过一种富集金属的酸性电解液的带材的电镀金属膜装置"改为"一种对移动通过一种富集金属的酸性电解液的带材进行电镀金属膜的装置"。请求人认为，本申请是对移动的带材的涂敷装置，其发明目的是采取措施以防止在断电的阳极片上产生腐蚀，而对比文件则是在晶片表面设置图案的装置，其阳极和阴极是不动的，本申请权利要求 1~5 相对于对比文件 1 和 2 具备创造性。

经形式审查合格后，专利复审委员会受理了该复审请求，并于 2004 年 6 月 28 日向请求人发出复审请求受理通知书，并向原审查部门发出了前置审查通知书，同时将本案送至原审查部门进行前置审查。

原审查部门在前置审查意见书中坚持原驳回决定，认为装置在用途和操作方面的区别不能理解为是该装置的实质性区别。

专利复审委员会组成合议组，对本复审请求案进行了审理。

本案合议组于 2008 年 1 月 8 日发出复审通知书指出：（1）权利要求 1 请求保护一种对移动带材进行电镀金属膜的装置，对比文件 1 公开了一种电镀方法，两者的区别在于：①权利要求 1 中设有保护电流供电，而对比文件 1 中未公开保护电流；②权利要求 1 中是对移动的带材进行电镀，而对比文件 1 中的待镀体是静止的。对于区别特征①，对比文件 2 公开了一种减少电镀槽内阳极损耗的装置，其中公开了为了减少阳极合金因腐蚀转变为可溶性物质，在阳极上设置有阳极保护电路，阳极保护是通过设置一个位于阳极附近的辅助阴极或假阴极（相当于本申请中的电阻），并通过在辅助阴极与阳极间以低电流方式施加预定的低电压而实现的，同时还公开了辅助阴极通过辅助电源与阳极串联连接，辅助阴极也可与电镀整流器结合使用。由此可见，对比文件 2 已给出了在电镀领域中可通过在阳极上施加阳极保护电路而防止阳极被腐蚀的技术启示。对于区别特征②，待镀体是移动的还是静止的对本申请的装置来说并无实质影响，而且使用本申请的装置对移动的部件进行电镀相对于静止的部件也没有产生预料不到的技术效果，由于上述两种电镀方式均是本领域常规的电镀方式，本领域技术人员根据具体的电镀要求从中进行选择并不需要付出创造性的劳动。综上，所属领域的技术人员在对比文件1的基础上，结合对比文件2得到权利要求1是显而易见的，该权利要求不符合专利法第22条第3款的规定。(2) 权利要求2~5对保护电流供电的具体方式以及与阳极片的连接关系等进行了限定，由对权利要求1的评述可知，这些限定或是已在对比文件1或2中公开，或是本领域的常规技术，因此上述权利要求也不具备创造性。(3) 对于请求人强调的本申请与对比文件1和2的区别在于本申请涉及“移动的带材”，合议组认为，根据申请文件的记载，本申请所要解决的技术问题是为了防止在断电的阳极片上产生腐蚀，采用的技术方案是为每个阳极片设置保护电流。因此无论待镀体是移动的还是静止的对本申请的装置并无实质性影响，并且从申请文件中也看不出使用本申请的装置对移动的部件进行电镀相对于静止的部件产生了预料不到的技术效果，对所属领域的技术人员来说，上述两种电镀方式作为本领域常规的电镀方式，本领技术人员根据具体的电镀要求从中进行选择并不需要付出创造性的劳动，因此请求人的理由并不成立。

针对上述复审通知书，请求人于2008年4月23日提交了意见陈述书、权利要求书的修改替换页以及本申请在美国的授权文本，修改后的权利要求书为：

“1. 一种对移动通过一种富集金属的酸性电解液的带材进行电镀金属膜的装置，具有

至少一个与该带材平行布置的不溶阳极，所述不溶阳极在带材移动的方向上划分成多个单独的阳极片；

使阳极片相互绝缘的机构；

将沉积电流供给每个单独的阳极片来沉积电解液中的金属的机构，其中在阳极片之间的绝缘区适于断开沉积电流，同时电流从相应的阳极片流向形成阴极的带材，从而把金属沉积到带材的表面上；

以及给每个阳极片供给保护电流的机构，该机构供给的电压防止在阳极片上产生阴极区域，

其中保护电流供电机构包括直接连接相邻阳极片的电阻，并且

其中所述保护电流的值大约为金属沉积用的电流值的3%至10%。

2. 一种对移动通过一种富集金属的酸性电解液的带材进行电镀金属膜的装置，具有：

至少一个与该带材平行布置的不溶阳极，所述不溶阳极在带材移动的方向上划分成多个单独的阳极片；

使阳极片相互绝缘的机构；

将沉积电流供给每个单独的阳极片来沉积电解液中的金属的机构，其中在阳极片之间的绝缘区适于断开沉积电流，同时电流从相应的阳极片流向形成阴极的带材，从而把金属沉积到带材的表面上；

以及给每个阳极片供给保护电流的机构，该机构供给的电压防止在阳极片上产生阴极区域，

其中保护电流供电机构包括多个配置给各个阳极片的开关，所述开关控制流经各个阳极片的电流，并且

其中所述保护电流的值大约为金属沉积用的电流值的3%至10%。

3. 按权利要求2所述的装置，其特征为，所述装置包括至少一个用来产生保护电流的电压源。”

请求人认为，修改后权利要求与对比文件的区别在于保护电流供电和沉积电流，对比文件1和2均未公开上述区别特征，因此，权利要求1~3相对于对比文件1和2具备创造性。

本案合议组于2008年6月3日再次发出复审通知书指出，(1) 权利要求1请求保护一种对移动带材进行电镀金属膜的装置，对比文件1公开了一种电镀方法，对比文件1与权利要求1的区别在于：①权利要求1中每个阳极片均设有保护电流供电，而对比文件1未公开设置保护电流供电；②权利要求1中是对移动的带材进行电镀，而对比文件1中的待镀体是静止的；③权利要求1中的保护电流为直接连接相邻阳极片的电阻，保护电流的值为沉积电流值的3%~10%。因此，本发明要解决的

实际问题是防止在断电的阳极上产生腐蚀。其中区别特征①和②对本领域技术人员来说是显而易见的（具体意见同第一次复审通知书）。对于区别特征③，对比文件 2 虽然仅说明了针对阳极 1 的阳极保护，没有明确记载电阻直接连接相邻阳极片，但对于具有多个阳极片的电镀装置来说，采用电阻直接连接相邻阳极片，以使所有的阳极片都获得保护是容易想到的；至于保护电流与沉积电流之间的关系，则是所属领域技术人员根据具体的电镀条件通过有限的试验即可得到的。综上，所属领域的技术人员在对比文件 1 的基础上，结合对比文件 2 得到权利要求 1 是显而易见的，因此，权利要求 1 不符合专利法第 22 条第 3 款的规定。（2）权利要求 2 请求保护一种对移动带材进行电镀金属膜的装置，其仅将权利要求 1 技术方案中的特征“保护电流供电机构直接连接相邻阳极片的电阻”替换为“保护电流供电机构包括多个配置给各个阳极片的开关，所述开关控制流经各个阳极片的电流”。而给每个阳极片设置开关以控制流经阳极片的电流是本领域常用的技术手段，因此，基于与评述权利要求 1 同样的理由，权利要求 2 相对于对比文件 1 和 2 也不具备创造性。（3）权利要求 3 的附加技术特征也被对比文件 2 公开，在权利要求 2 不具备创造性的基础上，权利要求 3 也不具备创造性。

针对上述复审通知书，请求人于 2008 年 7 月 15 日提交了意见陈述书，但未提交新的修改文本。请求人认为没有相应的证据，特别是书面证据证明权利要求 1 中的技术特征“所述保护电流的值大约为金属沉积用的电流值的 3% 至 10%”是显而易见的。

至此，合议组认为本案事实清楚，可以作出复审决定。

二、决定的理由

1. 文本的确定

本复审决定所针对的文本为：请求人于 2008 年 4 月 23 日提交的权利要求第 1~3 项；2003 年 11 月 21 日提交的说明书第 2 页；申请日提交的说明书第 1 页、说明书附图、说明书摘要及摘要附图。

2. 关于专利法第 22 条第 3 款

专利法第 22 条第 3 款规定的创造性，是指同申请日以前已有的技术相比，该发明具有突出的实质性特点和显著的进步。

如果发明是所属技术领域的技术人员在现有技术的基础上仅仅通过合乎逻辑的分析、推理或者有限的试验可以得出的，则该发明是显而易见的，不具备突出的实质性特点。

权利要求 1 请求保护一种对移动带材进行电镀金属膜的装置，对比文件 1 公开了一种电镀方法，其中（参见对比文件 1 说明书第 3 页第 2 栏、第 4 页第 1~2 栏、附图 1-2）公开了独立的阳极片 4 位于绝缘基体上，待镀体 8 与阳极结构 3 相对，独立的电源 5a-5m 与阳极片相连以独立的控制流过各个阳极片的电流。对比文件 1 与权利要求 1 的区别在于：①权利要求 1 中是每个阳极片均设有保护电流供电，而对比文件 1 未公开设置保护电流供电；②权利要求 1 中是对移动的带材进行电镀，而对比文件 1 中的待镀体是静止的；③权利要求 1 中的保护电流为直接连接相邻阳极片的电阻，保护电流的值为沉积电流值的 3%~10%。因此，本发明要解决的实际问题是防止在断电的阳极上产生腐蚀。对于区别特征①，对比文件 2 公开了一种减少电镀槽内阳极损耗的装置，其中（参见对比文件 2 的说明书第 2~3 页，附图）公开了为了减少阳极合金因腐蚀转变为可溶性物质，在阳极上设置有阳极保护电路，阳极保护是通过设置一个位于阳极附近的辅助阴极或假阴极（相当于本申请中的电阻），并通过在辅助阴极与阳极间以低电流方式施加预定的低电压而实现的，同时还公开了辅助阴极通过辅助电源与阳极串联连接，辅助阴极也可与电镀整流器结合使用。由此可见，对比文件 2 给出了在电镀领域中可通过在阳极上施加阳极保护电路而防止阳极被腐蚀的技术启示，在此基础上，所属领域技术人员为了解决该技术问题，很容易想到将对比文件 1 和对比文件 2 结合。对于区别特征②，待镀体是移动的还是静止的对本申请的装置来说并无实质影响，而且使用本申请的装置对移动的部件进行电镀相对于静止的部件也没有产生预料不到的技术效果，对所属领域的技术人员来说，由于上述的两种电镀方式均是本领域常规的电镀方式，所属领域技术人员根据具体的电镀要求从中进行选择并不需要付出创造性的劳动。对于区别特征③，对比文件2虽然没有明确记载电阻直接连接相邻阳极片，但在针对阳极1进行阳极保护的基础上，对具有多个阳极片的电镀装置采用电阻直接连接相邻阳极片，以使所有的阳极片都获得保护是容易想到的；至于保护电流与沉积电流之间的关系，对比文件2在说明书第3页第2段中公开了在研究参数的过程中只要把一个比电镀电压小的电压施加于阳极上就可获得阳极保护，比如约1.8~2.2伏特的电势，电流约为正常镀铬电流的0.01~0.3%对较少铅和铅合金阳极的溶解腐蚀是有用的，在此基础上，所属领域技术人员根据具体的电镀条件通过有限的试验即可得到的保护电流的范围以及其与沉积电流之间的关系，而且上述限定也未带来预料不到的技术效果。综上，所属领域的技术人员在对比文件1的基础上，结合对比文件2得到权利要求1所要求保护的技术方案是显而易见的，该权利要求不具备突出的实质性特点，不符合专利法第22条第3款的规定。

权利要求2请求保护一种对移动带材进行电镀金属膜的装置，其仅将权利要求1技术方案中的特征“保护电流供电机构直接连接相邻阳极片的电阻”替换为“保护电流供电机构包括多个配置给各个阳极片的开关，所述开关控制流经各个阳极片的电流”。而给每个阳极片设置开关以控制流经阳极片的电流是本领域常用的技术手段，因此，基于评述权利要求1同样的理由，权利要求2相对于对比文件1和2也不具备突出的实质性特点，不具有创造性。

权利要求3的附加技术特征为“所述装置包括至少一个用来产生保护电流的电压源”，对比文件2公开了辅助阴极通过辅助电源与阳极串联连接，辅助阴极也可与电镀整流器结合使用，由此可见，权利要求3的附加技术特征也被对比文件2公开了，在权利要求2不具备创造性的前提下，权利要求3也不具备创造性。

对于请求人关于没有相应的证据证明“所述保护电流的值大约为金属沉积用的电流值的3%至10%”是显而易见的意见，合议组认为，所属技术领域的技术人员具有常规实验的能力，而保护电流的范围以及其与沉积电流之间的关系是所属领域技术人员根据具体的电镀条件通过有限的试验即可得到的，因此，权利要求1相对于对比文件1和2是显而易见的，请求人的观点不能成立。

综上所述，本申请权利要求1~3相对于对比文件1和2不具备专利法第22条第3款规定的创造性。

基于上述理由，本案合议组作出如下决定。

三、决定

维持国家知识产权局于2004年3月12日对第99123330.1号发明专利申请作出的驳回决定。

复审请求人对本决定不服的，可以根据专利法第41条第2款的规定，自收到本决定之日起三个月内向北京市第一中级人民法院起诉。

008

高效微生物复合菌剂处理城市生活垃圾的技术

复审请求审查决定（第15955号）

决　定　号　第15955号
决　定　日　2008年8月19日
发明创造名称　高效微生物复合菌剂处理城市生活垃圾的技术
国际分类号　C05F 9/04，C05F 17/00
复审请求人　陕西省微生物研究所
申　请　号　200410073014.2
申　请　日　2004年8月26日
公　开　日　2006年1月25日
合议组组长　刘　静
主　审　员　李新芝
参　审　员　刘　亚

法律依据　专利法第26条第3款
决定要点

对于化学工艺发明，如果说明书中已经具体记载了该化学工艺中所需的原料物质、工艺步骤和工艺条件，并且所用原料物质是本领域技术人员能够得到的，本领域的技术人员按照说明书记载的工艺去实施时能够解决该发明要解决的技术问题并达到预期的效果，则说明书的描述满足了充分公开的要求。

一、案由

本复审请求案涉及发明名称为“高效微生物复合菌剂处理城市生活垃圾的技术”的200410073014.2号发明专利申请（下称本申请），申请人为陕西省微生物研究所，申请日为2004年8月26日，公开日为2006年1月25日。

国家知识产权局对本申请进行实质审查，于2006年4月28日发出《第一次审查意见通知书》，指出：说明书没有具体说明假单胞菌的生物学名称，没有说明该微生物的来源，因此说明书给出的技术手段是含糊不清的，致使所属技术领域的技术人员无法实施该发明，不符合专利法第26条第3款的规定。

针对《第一次审查意见通知书》，申请人于2006年8月5日提交了意见陈述书，指出：本申请所使用的微生物是从生活垃圾中筛选分离得到的，在《中国普通微生物菌种保藏管理中心菌种目录》（第三版）（中国农业科技出版社，1997，ISBN 7-80119-454-3/Q23）中都有收藏。说明书中使用的微生物学名、收藏编号如下：枯草芽孢杆菌（Bicillus subtilis CGMCC 1. 892）；荧光假单胞菌（Pseudomonas fluorescens CGMCC 1. 220）；解脂假丝酵母（Candida lipolytica CGMCC 2. 1405）；坚实芽孢杆菌（Bacillus firmus CGMCC 1. 1217）；苹果木层孔菌（Phellinus pomaceus CGMCC 5. 97）。此外，请求人指出所使用的白腐真菌经鉴定为苹果木层孔菌，学名 Phellinus pomaceus。

2006 年 12 月 8 日，针对申请人于 2005 年 3 月 30 日提交的说明书第 3 页和说明书附图第 2 页，申请日提交的权利要求第 1~8 项，说明书第 1、2、4、5 页，说明书附图第 1 页及说明书摘要，国家知识产权局以说明书不符合专利法第 26 条第 3 款的规定为由驳回了本申请。

驳回决定针对的权利要求第 1~8 项如下：

"1. 高效微生物复合菌剂处理城市生活垃圾的技术，其特征是：它采用接种微生物复合菌剂在好氧动态发酵条件下处理生活垃圾，既依次将生活垃圾分拣、粉碎、接种高效微生物复合菌剂、在动态好氧条件下发酵。

2. 根据权利要求 1 所述的高效微生物复合菌剂处理城市生活垃圾的技术，其特征是：所述的微生物复合菌剂主要包括有蛋白质降解菌、纤维素降解菌。

3. 根据权利要求 1 所述的高效微生物复合菌剂处理城市生活垃圾的技术，其特征是：所述的微生物复合菌剂主要包括有耐高温蛋白质降解菌、耐高温纤维素降解菌；常温木质素降解菌、淀粉降解菌、果胶降解菌、脂肪降解菌。

4. 根据权利要求 1 所述的高效微生物复合菌剂处理城市生活垃圾的技术，其特征是：所述的蛋白质降解菌、纤维素降解菌是从生活垃圾中筛选、分离得到。

5. 根据权利要求 3 所述的高效微生物复合菌剂处理城市生活垃圾的技术，其特征是：所述的耐高温蛋白质降解菌、纤维素降解菌；常温木质素降解菌、淀粉降解菌、果胶降解菌、脂肪降解菌是从生活垃圾中筛选、分离得到。

6. 根据权利要求 3 所述的高效微生物复合菌剂处理城市生活垃圾的技术，其特征是：所述的微生物复合菌剂 M（常温）按蛋白质降解菌 40%~60%、纤维素降解菌 40%~60%；微生物复合菌剂 H（耐高温）按蛋白质降解菌 40%~60%、纤维素降解菌 40%~60%配制。

7. 根据权利要求 3 所述的高效微生物复合菌剂处理城市生活垃圾的技术，其特征是：所述的微生物复合菌剂 M（常温）按蛋白质降解菌 20%~30%、纤维素降解菌 10%~20%、淀粉降解菌 10%~20%、果胶降解菌 10%~20%、脂肪降解菌 10%~20%；微生物复合菌剂 H（耐高温）按蛋白质降解菌 30%~40%、纤维素降解菌 30%~40%、木质素降解菌 20%~30%配制。

8. 根据权利要求 1 所述的高效微生物复合菌剂处理城市生活垃圾的技术，其特征是：所述的经分拣与初步粉碎后的有机生活垃圾中，有机物含量控制在 60%~65%，含水率控制在 40%~70%，C：N=35~40：1，按重量比 2%~4%接入微生物复合菌剂进行好氧动态发酵。"

驳回决定认为：说明书没有具体说明假单胞菌等的生物学名称；没有说明微生物的来源，如果使用的微生物是公众不能得到的，申请人应当按照专利法实施细则第 25 条的规定进行保藏并在申请文件中写明保藏单位和保藏号，如果使用的微生物是公众能够得到的，申请人应当在说明书中记载公众获得该微生物的途径。虽然说明书中指出所述菌种是从垃圾中筛选出来的，但未给出任何的筛选方法，本领域技术人员根据说明书记载的内容无法实施本发明，因此说明书公开不充分，不符合专利法第 26 条第 3 款的规定。

2007 年 3 月 7 日，申请人陕西省微生物研究所（下称请求人）对上述驳回决定不服，向专利复审委员会提出复审请求，请求人在提出复审请求时提交了附件 1，同时对申请文件进行了修改，将原权利要求 1 和 2 合并为新的权利要求 1，修改后的权利要求书包括权利要求第 1~7 项。

附件1："应用白腐真菌技术处理难降解有机物的研究进展"，林刚、文湘华、钱易，《环境污染治理技术与设备》，2（4），第1~8页，2001年8月。

修改后的权利要求1如下：

"1. 高效微生物复合菌剂处理城市生活垃圾的技术，其特征是：它采用接种微生物复合菌剂在好氧动态发酵条件下处理生活垃圾，既依次将生活垃圾分拣、粉碎、接种高效微生物复合菌剂、在动态好氧条件下发酵；微生物复合菌剂主要包括有蛋白质降解菌、纤维素降解菌。"

请求人认为，（1）请求人在答复《第一次审查意见通知书》时已经补充说明了所用微生物的学名及收藏编号，至于在驳回决定作出前陈述的意见，其中"经过鉴定为苹果木层孔菌"为笔误，另外也误将假单胞菌写成荧光假单胞菌。（2）说明书中所用微生物均不是新种，是从生活垃圾中筛选分离得到的，在《中国普通微生物菌种保藏管理中心菌种目录》（第三版）（中国农业科技出版社，1997，ISBN 7-80119-454-3/Q23）中都有收藏。（3）根据附件1，白腐真菌为本领域的公知技术。因此本领域技术人员可以根据说明书记载的内容实现本发明，本申请符合专利法第26条第3款的规定。

经形式审查合格后，专利复审委员会受理了该请求，并于2007年4月24日向请求人发出了《复审请求受理通知书》，同时将本申请转送至国家知识产权局原审查部门进行前置审查。

在《前置审查意见书》中，国家知识产权局原审查部门认为：（1）说明书对荧光假单胞菌和白腐真菌的描述是不清楚的，未说明书其生物学名称和来源；（2）请求人认为答复一通时的"白腐真菌经过鉴定为苹果木层孔菌"为笔误，审查员不能接受该意见陈述。因此坚持驳回决定。

专利复审委员会组成合议组，对本复审请求案进行了审理。

经合议，合议组认为本案事实清楚，可以作出审查决定。

二、决定的理由

1. 关于审查文本

本复审决定是以请求人于2007年3月7日提交的权利要求第1~7项，2005年3月30日提交的说明书第3页和说明书附图第2页，申请日提交的说明书第1、2、4、5页和说明书附图第1页及说明书摘要为基础作出的。

2. 关于专利法第26条第3款

专利法第26条第3款规定：说明书应当对发明或者实用新型作出清楚、完整的说明，以所属技术领域的技术人员能够实现为准。

对于化学工艺发明，如果说明书中已经具体记载了该化学工艺中所需的原料物质、工艺步骤和工艺条件，并且所用原料物质是本领域技术人员能够得到的，本领域的技术人员按照说明书记载的工艺去实施时能够解决该发明要解决的技术问题并达到预期效果，则说明书的描述满足了充分公开的要求。

具体到本申请而言，其发明目的在于提供一种高效微生物复合菌剂处理城市生活垃圾的技术，为此请求人使用了如权利要求1所述的处理城市生活垃圾的技术方案，其特征在于：它采用接种微生物复合菌剂在好氧动态发酵条件下处理生活垃圾，即依次将生活垃圾分拣、粉碎、接种高效微生物复合菌剂、在动态好氧条件下发酵；微生物复合菌剂主要包括有蛋白质降解菌、纤维素降解菌。权利要求2~7则进一步限定了所述微生物复合菌剂的菌种及配制方法、经分拣与初步粉碎后的有机生活垃圾。

合议组认为，在本申请说明书的发明内容部分已经具体记载了权利要求1的技术方案，并且在本申请说明书的具体实施方式部分详细描述了该技术方案中所用微生物复合菌剂的配制过程以及接种、处理垃圾的工艺步骤和实施效果。因此判断本案说明书是否充分公开的关键在于判断微生物复合菌剂的制备过程中所用的各纯化菌种是否是已知微生物或是本领域技术人员能够得到的。

对此，从说明书中有关高效微生物复合菌剂的制备来看，其中使用的原料菌种有枯草芽孢杆菌、坚实芽孢杆菌、解脂假丝酵母、白腐真菌和假单胞菌。请求人在答复《第一次审查意见通知书》和提出复审请求时都提供了枯草芽孢杆菌、坚实芽孢杆菌、解脂假丝酵母的收藏编号，合议组经核实，上述菌种在中国普通微生物菌种保藏管理中心确有收藏（收藏编号分别为：CGMCC 1.892、CGMCC 1.1217 和 CGMCC 2.1405）（参见《中国普通微生物菌种保藏管理中心菌种目录》第三版，1997 年，中国农业科技出版社，第 7、10、60、87 页），因此上述菌种是申请日前公众能够得到的生物材料。此外，白腐真菌是本领域技术人员已知的菌种，而且经合议组核实，其收藏编号为 CGMCC 5.776，假单胞菌也是本领域技术人员已知的一类微生物菌属，例如荧光假单胞菌的收藏编号为 CGMCC 1.220，因此本发明复合微生物菌剂的制备中所用的各原料菌种均是本领域技术人员在申请日前能够得到的。故本领域的技术人员按照说明书记载的工艺能够实施并解决其技术问题，达到预期的技术效果，所以说明书满足了充分公开的要求。

国家知识产权局原审查部门在《驳回决定》及《前置审查意见书》中认为：（1）说明书没有说明枯草芽孢杆菌、假单胞菌等的生物学名称；（2）说明书未清楚说明荧光假单胞菌和白腐真菌的出处。因此本领域技术人员无法实施本发明，不符合专利法第 26 条第 3 款的规定，因此坚持驳回决定。

对此，合议组认为，（1）首先，按照《审查指南》的有关规定，由于本申请说明书中所使用的微生物均是本领域技术人员已知的微生物，因此其生物学名称也是本领域技术人员已知的；（2）对于来源或出处的问题，由于该复合菌剂中所用的菌种或者在中国普通微生物菌种保藏管理中心已有收藏或者是为本领域技术人员所熟知的微生物，因此本领域技术人员能够获得。

根据上述事实和理由，合议组作出如下审查决定。

三、决定

撤销国家知识产权局于 2006 年 12 月 8 日针对 200410073014.2 号发明专利申请作出的驳回决定，由国家知识产权局原审查部门以本复审决定所针对的文本为基础继续审批程序。

复审请求人对本决定不服的，可以根据专利法第 41 条第 2 款的规定，自收到本决定之日起三个月内向北京市第一中级人民法院起诉。

009

氟代醇及其用途

复审请求审查决定（第15968号）

决　定　号　第15968号
决　定　日　2009年2月10日
发明创造名称　氟代醇及其用途
国际分类号　C07C 31/38，G03G 5/06
复审请求人　大金工业株式会社
申　请　号　03101470.4
申　请　日　1999年9月14日
分案提交日　2003年1月17日
最早优先权日　1998年12月28日
公　开　日　2005年3月30日
合议组组长　刘　静
主　审　员　李新芝
参　审　员　刘　磊

法律依据　专利法第22条第2款，第31条第1款
决定要点
判断一件专利申请中要求保护的两项以上发明是否满足单一性的要求，就是要看权利要求中记载的技术方案的实质性内容是否属于一个总的发明构思，即判断这些权利要求中是否包含使它们在技术上相互关联的一个或者多个相同或者相应的特定技术特征，其中特定技术特征是指每一项发明或者实用新型作为整体对现有技术作出贡献的技术特征。

一、案由

本复审请求案涉及发明名称为“氟代醇及其用途”的03101470.4号发明专利申请（下称本申请），申请人为大金工业株式会社，申请日为1999年9月14日，分案提交日为2003年1月17日，最早的优先权日为1998年12月28日，公开日为2005年3月30日。

2007年2月16日，针对申请人于2006年9月22日提交的权利要求第1~9项，2003年1月17日提交的说明书第1~9页及说明书摘要，国家知识产权局以申请不符合专利法第22条第2款和第31条第1款的规定为由驳回了本申请。

驳回决定针对的权利要求1、7、8、9如下：

“1. 一种用于制备一种信息记录介质的氟代醇组合物，其由以下两种组分组成：

由下列通式（1）表示的氟代醇：

H（CFR^1CF_2）nCH_2OH　　（1）

其中当 n=1 时，R^1 代表 F 或 CF_3；当 n=2 时，R^1 代表 F；以及含量不高于 50ppm 的蒸发残余物。

7. 将权利要求 1 的氟代醇组合物用于制造一种信息记录介质的方法，包含：制造基板；和建立在该基板上的适于激光写或读的记录层。

8. 包含有基板和建立在该基板上的适于激光写和/或读的记录层的一种信息记录介质，其中的记录层是使用权利要求 1 所定义的氟代醇组合物制成的，所述氟代醇组合物由以下两种组分组成：

由下列通式（1）表示的氟代醇：

H（CFR^1CF_2）nCH_2OH　　（1）

其中当 n=1 时，R^1 代表 F 或 CF_3；当 n=2 时，R^1 代表 F；以及含量不高于 50ppm 的蒸发残余物。

9. 一种溶剂，其含有权利要求 1 的氟代醇组合物，所述氟代醇组合物由以下两种组分组成：

由下列通式（1）表示的氟代醇：

H（CFR^1CF_2）nCH_2OH　　（1）

其中当 n=1 时，R^1 代表 F 或 CF_3；当 n=2 时，R^1 代表 F；以及含量不高于 50ppm 的蒸发残余物。"

驳回决定认为：（1）虽然申请人将权利要求 1 的保护主题由原来的"氟代醇"修改为"氟代醇组合物"，但存在蒸发残余物含量为 0 的情况，这时仍然保护的是一种纯的"氟代醇"化合物。对比文件 1（US4346250A，公开日：1982 年 8 月 24 日）公开了一种四氟乙烯的调聚反应，并具体公开了以下的技术特征"实施例中公开了化合物 2，2，3，3-四氟丙醇和 2，2，3，3，4，4，5，5-八氟戊醇的制备方法，其 CA 登记号分别是 76-37-9 和 355-80-6"（参见对比文件 1 的实施例，权利要求）；对比文件 2（Journal of Fluorine Chemistry，30（2），1985，P227-235）公开了一种聚氟醚和硼酸酯的卤化，并具体公开了以下的技术特征"其中公开了化合物 2，2，3，4，4，4-六氟丁醇，其 CA 登记号是 382-31-07"（参见对比文件 2 全文）。由于在权利要求 1 的氟代醇组合物中，当蒸发残余物含量为 0 时，其保护的实质上就是通式（1）的氟代醇，因此该权利要求相对于对比文件 1 或 2 不具备新颖性；即使其杂质含量不为 0，但由于杂质含量仅仅是表明该化合物的纯度，并不是该化合物区别于其他化合物的技术特征，因此纯度不能对化合物起任何的限定作用，该权利要求相对于对比文件 1 或对比文件 2 仍不具备新颖性。（2）权利要求 9 要求保护一种含有权利要求 1 氟代醇组合物的溶剂，由于在对比文件 1 或 2 中上述氟代醇存在溶剂混合物的情况，因此基于前述分析，权利要求 9 相对于对比文件 1 或 2 也不具备新颖性。（3）当权利要求 1 不具有新颖性时，独立权利要求 7、8、9 不再属于一个总的发明构思，技术无相互关联，没有相同或者相应的特定技术特征，不具备单一性，因此不符合专利法第 31 条第 1 款的规定。

2007 年 5 月 31 日，申请人大金工业株式会社（下称请求人）对上述驳回决定不服，向专利复审委员会提出复审请求，请求人在提出复审请求时没有对申请文件进行了修改，但提交了 1 份试验报告（复印件，共 15 页）。请求人认为，（1）本发明氟代醇组合物的特征在于具有极低的蒸发残余物，而由请求人所附试验报告可看出，对比文件 1 的方法产生大量的蒸发残余物，对比文件 1 披露的氟代醇组合物的蒸发残余物远在 50ppm 以上；（2）对比文件 2 公开了通过气液色谱分离化合物 $CF_3CFHCF_2CH_2OH$ 的方法，该方法的分离效果逊色于在碱存在下进行蒸馏的本发明的方法，因此采用对比文件 2 的分离方法得到的 $CF_3CFHCF_2CH_2OH$ 明显含有远超过 50ppm 的蒸发残余物；（3）基于权利要求 1 具有新颖性和创造性，显然权利要求1和权利要求7~9之间的特定技术特征成立，从而满足了单一性要求。

经形式审查合格后，专利复审委员会受理了该请求，并于2007年8月21日向请求人发出了《复审请求受理通知书》，同时将本申请转送至国家知识产权局原审查部门进行前置审查。

在《前置审查意见书》中，国家知识产权局原审查部门认为，驳回决定中的缺陷依然存在，故坚持驳回决定。

专利复审委员会组成合议组，对本复审请求案进行了审理。

2008年5月7日，专利复审委员会本案合议组向请求人发出《复审通知书》，指出：

（1）权利要求1、9不具备新颖性，不符合专利法第22条第2款的规定。权利要求1虽然形式上为组合物权利要求，但由于该组合物中含量不高于50ppm的的蒸发残余物是伴随式（1）的氟代醇的制备过程而相伴产生的，是结构不确定的物质，因此该组合物中的蒸发残余物实际上是作为式（1）氟代醇化合物的杂质存在的。对比文件1公开了一种通过四氟乙烯与甲醇的调聚反应制备式H（CF_2CF_2）nCH_2OH的氟代醇的方法，并具体公开了通过甲醇（800g）、二叔丁基过氧化物（20g）和TFE制备包含化合物2，2，3，3-四氟丙醇（82.5%）和2，2，3，3，4，4，5，5-八氟戊醇（15.2%）的调聚物混合物的方法（参见对比文件1实施例4），也就是说，在式（1）表示的氟代醇中，n=1或2、R1代表F的氟代醇已经在对比文件1中公开。合议组认为，通过化学反应获得的任何化合物通常都包括杂质，事实上不可能获得严格意义上的绝对纯净的化合物，因此根据实际目的对于某一具体化学制备过程所获得的化合物进行纯化是有机化学领域技术人员的常规操作。由于对比文件1已经公开了氟代醇H（CFR^1CF_2）nCH_2OH及其制备方法，对比文件1使得公众可以得到所需的所有纯度的该化合物，因此该权利要求不具有新颖性，不符合专利法第22条第2款的规定。

同样，在对比文件2（Journal of Fluorine Chemistry，30（2），1985，P232~233）中公开了一种聚氟醚和硼酸酯的卤化，并具体公开了通过$CF_3CFHCF_2CH_2OCH_3$与Br_2在光照和溶剂CS_2存在下或无溶剂下反应生成$CF_3CFHCF_2CHBrOHCH_3$和$CFHCF_2CH_2OH$（即本申请权利要求1中n=1，R^1代表CF_3的化合物）以及脱氢二聚物。因此基于前述分析，权利要求1相对于对比文件2也不具备新颖性，不符合专利法第22条第2款的规定。

权利要求9要求保护一种含有权利要求1氟代醇组合物的溶剂，参见上述评述，在对比文件1或2中制备得到的是含有式（1）氟代醇化合物的组合物，在权利要求9未对溶剂作具体限定的情况下，该组合物也可以看作是含式（1）氟代醇化合物的溶剂混合物，因此在权利要求1不具有新颖性的前提下，权利要求9相对于对比文件1或2也不具备新颖性，不符合专利法第22条第2款的规定。

此外，针对请求人的复审理由，合议组认为，①本申请氟代醇组合物中的蒸发残余物实际上是作为式1的氟代醇化合物的杂质存在的。对比文件1仅仅是制备了氟代醇化合物，没有对其进一步纯化，请求人所提供的试验报告最多只能证明通过常规的蒸发方法不能将对比文件1中所得到的氟代醇杂质含量降低到50ppm以下，而对有机化学领域的技术人员而言，在化合物或其制备方法已知的情况下，出于实际需要，通过已知的各种常规分离手段如薄层色谱、制备色谱等是可以将已知化合物的纯度提高到色谱纯或分析纯的水平的，除非请求人有证据表明在本申请之前采用本领域已知的各种分离手段均不能得到杂质含量为50ppm以下的氟代醇化合物，否则不能认为本申请权利要求1具有新颖性；②如请求人所述，对比文件2是采用制备色谱分离反应得到的各个组分，但请求人并没有提供证据证明采用该制备色谱分离后的各个组分杂质含量仍超出本申请的杂质含量。而且即使请求人提供了相关证据，如果请求人不能举证在本申请之前采用本领域已知的各种分离手段均不能得到杂质含量为50ppm以下的氟代醇化合物，仍不能认为本申请权利要求1具有新颖性。

（2）权利要求7、8、9不具备单一性，不符合专利法第31条第1款的规定。独立权利要求7要求保护将权利要求1的氟代醇组合物用于制造信息记录介质的方法，独立权利要求8要求保护包含有基板和建立在该基板上的适于激光写和/或读的记录层的信息记录介质，其中记录层为使用权利要求1所定义的氟代醇组合物制成的，独立权利要求9要求保护含有权利要求1的氟代醇组合物的溶剂，因此当独立权利要求7、8、9中所使用的权利要求1的氟代醇组合物不具有新颖性时，独立权利要求7、8、9不再属于一个总的发明构思，技术无相互关联，没有相同或者相应的特定技术特征，不具备单一性，因此不符合专利法第31条第1款的规定。

针对上述《复审通知书》，请求人于2008年8月11日提交了意见陈述书和权利要求书替换页以及如下两份附件：附件1：EP0967193B1，复印件共9页；附件2：补充试验报告，复印件共15页（同请求人提复审请求时提交的试验报告）。其中，修改后的权利要求书共3项，修改后的权利要求1基于原权利要求7，保护主题未变，但其中关于步骤技术特征的内容来自说明书第7页第3~7行；权利要求2涉及信息记录介质，对应于欧洲同族专利（附件1）中的权利要求19；权利要求3来自原权利要求2。

修改后的权利要求1~3如下：

“1. 制造一种信息记录介质的方法，包含下列步骤：

（ⅰ）将染料溶解在含有下式（1）的氟代醇组合物的溶剂中：

$H(CFR^1CF_2)nCH_2OH$ （1）

其中当n=1时，R^1代表F或CF_3；当n=2时，R^1代表F；以及氟代醇组合物中的蒸发残余物不高于50ppm；

（ⅱ）使用得到的染料溶液涂敷基板；以及

（ⅲ）将该涂敷的基板干燥而获得一种包含有染料的记录层。

2. 包含有基板和建立在该基板上的适于激光写和/或读的记录层的一种信息记录介质，其中的记录层是使用下式（1）的氟代醇组合物制成的：

$H(CFR^1CF_2)nCH_2OH$ （1）

其中当n=1时，R^1代表F或CF_3；当n=2时，R^1代表F；以及氟代醇组合物中的蒸发残余物不高于50ppm。

3. 权利要求2的信息记录介质，其中氟代醇组合物中的蒸发残余物不高于25ppm。”

请求人认为，（1）本发明利用蒸发残余物含量小于50ppm或更小的氟代醇组合物生产出了高质量的信息记录介质，而对比文件1和2仅披露了生产氟代醇的方法，未公开利用氟代醇为溶剂生产信息记录介质，因此本发明相对于对比文件1和2具有新颖性；（2）对比文件1和2与本发明的目的不同，且本发明的信息记录介质提供了显著的效果，附件2进一步证明了本发明的信息记录介质随时间的损害非常小，因此本发明相对于对比文件1和2具有创造性。

至此，合议组认为本案事实已经清楚，可以作出审查决定。

二、决定的理由

1. 决定的文本

本复审决定是以请求人于2008年8月11日提交的权利要求第1~3项，2003年1月17日提交的说明书第1~9页和说明书摘要为基础作出的。经审查，请求人于2008年8月11日提交的权利要求书没有超出原申请文件记载的范围，符合专利法第33条的规定。

2. 关于专利法第22条第2款

请求人在修改后的权利要求书中删除了《驳回决定》及《复审通知书》中所指出的不具有新颖性的权利要求1和9，因此，《驳回决定》和《复审通知书》所指出的有关新颖性的缺陷均已被克服

3. 关于专利法第 31 条第 1 款

专利法第 31 条第 1 款规定：一件发明或者实用新型专利申请应当限于一项发明或者实用新型。属于一个总的发明构思的两项以上的发明或者实用新型，可以作为一件申请提出。

判断一件专利申请中要求保护的两项以上发明是否满足单一性的要求，就是要看权利要求中记载的技术方案的实质性内容是否属于一个总的发明构思，即判断这些权利要求中是否包含使它们在技术上相互关联的一个或者多个相同或者相应的特定技术特征，其中特定技术特征是指每一项发明或者实用新型作为整体对现有技术作出贡献的技术特征。

具体到本申请而言，独立权利要求 1 要求保护制造一种信息记录介质的方法，包含下列步骤：（ⅰ）将染料溶解在含有下式（1）的氟代醇组合物的溶剂中：H（CFR^1CF_2）nCH_2OH（1），其中当 n=1 时，R^1 代表 F 或 CF_3；当 n=2 时，R^1 代表 F；以及氟代醇组合物中的蒸发残余物不高于 50ppm；（ⅱ）使用得到的染料溶液涂敷基板；以及（ⅲ）将该涂敷的基板干燥而获得一种包含有染料的记录层。独立权利要求 2 要求保护一种包含有基板和建立在该基板上的适于激光写和/或读的记录层的一种信息记录介质，其中的记录层是使用下式（1）的氟代醇组合物制成的：H（CFR^1CF_2）nCH_2OH（1），其中当 n=1 时，R^1 代表 F 或 CF_3；当 n=2 时，R^1 代表 F；以及氟代醇组合物中的蒸发残余物不高于 50ppm。由此可知，在本申请的权利要求 1 和 2 中均包括有"在包含有基板的信息记录介质的记录层中使用上述式（1）的氟代醇组合物"的技术特征，因此判断权利要求 1、2 之间是否具有单一性的关键在于判断"在包含有基板的信息记录介质的记录层中使用上述式（1）的氟代醇组合物"是否为特定技术特征，即是否为对现有技术作出贡献的技术特征。由于对比文件 1 和 2 并未教导或暗示信息记录介质，也未涉及在信息记录介质的记录层中使用上述式（1）的氟代醇组合物，因此对比文件 1 和 2 并不足以证明"在包含有基板的信息记录介质的记录层中使用上述式（1）的氟代醇组合物"为本领域的现有技术，也就是说，对比文件 1 和 2 并不能否定该技术特征为对现有技术作出贡献的技术特征，因此合议组认为，在无其他证据的情况下，根据对比文件 1 和 2 并不能否认权利要求 1 和 2 的单一性。

根据上述事实和理由，合议组作出如下审查决定。

三、决定

撤销国家知识产权局于 2007 年 2 月 16 日针对 03101470.4 号发明专利申请作出的驳回决定，由国家知识产权局原审查部门以本复审决定所针对的文本为基础继续审批程序。

复审请求人对本决定不服的，可以根据专利法第 41 条第 2 款的规定，自收到本决定之日起三个月内向北京市第一中级人民法院起诉。

010

制备（支化烷基）芳基磺酸盐的方法和（支化烷基）芳基磺酸盐组合物

复审请求审查决定（第15995号）

决　定　号　第15995号
决　定　日　2008年11月7日
发明创造名称　制备（支化烷基）芳基磺酸盐的方法和（支化烷基）芳基磺酸盐组合物
国际分类号　C07C 2/66，C10G 65/00，C10G 69/12，C10G 45/58，C07C 11/02，C07C 309/31，C11D 1/22
复审请求人　国际壳牌研究有限公司
申　请　号　02805004.5
优先权日　2001年2月15日
申　请　日　2002年2月15日
公　开　日　2004年4月21日
合议组组长　吴红权
主　审　员　李亚林
参　审　员　刘　磊

法律依据　专利法第22条第3款
决定要点
在判断一项发明是否具备创造性时，首先，应当确定与该发明所述技术方案最接近的现有技术的技术方案，继而，将该发明所述技术方案与最接近的现有技术的技术方案进行特征分析，找出其区别技术特征；如果这些区别技术特征是本领域的技术人员为解决其技术问题，根据现有技术的教导而容易引入的，且其引入没有产生预料不到的技术效果，则该发明不具备创造性。

一、案由

本复审请求案涉及发明名称为“制备（支化烷基）芳基磺酸盐的方法和（支化烷基）芳基磺酸盐组合物”的02805004.5号发明专利申请（下称本申请），申请人为国际壳牌研究有限公司，申请日为2002年2月15日，公开日为2004年4月21日，优先权日为2001年2月15日。

2006年7月28日，针对申请人于2006年4月14日提交的权利要求第1~7项、进入中国国家阶段时提交的国际申请文件中文文本的说明书第1~18页和说明书摘要，国家知识产权局以本申请权利要求1~7不符合专利法第22条第3款的规定为由驳回了本申请。

驳回决定认为：（1）对比文件1（US6111158A，公开日为2000年8月29日）（说明书第4栏第

34 行到第 50 行，第 8 栏第 22 行到第 53 行，实施例 2）公开了一种生产支化烯烃的方法，权利要求 1 与对比文件 1 的区别在于：权利要求 1 限定了石蜡的来源是费-托反应。对比文件 1 中公开了制备支化烯烃的两种方法：一种是先异构化后脱氢（权利要求 1 的方法），另一种是先制备烯烃后异构化。对比文件 1 第二种方案中的起始原料是费-托合成产物，其作用与权利要求 1 起始原料是费-托合成产物的作用相同，都是使反应体系中不含有硫和氮，以防止后续反应的催化剂中毒。因此对比文件 1 的后一种方法给出了在起始原料使用费-托合成产物的技术启示，因此本领域技术人员从对比文件 1 的技术方案得到权利要求 1 的技术方案是显而易见的。权利要求 1 不符合专利法第 22 条第 3 款创造性的规定。（2）权利要求 2 和 3 的附加技术特征已经在对比文件 1（实施例 2）中公开了，所以当其引用的权利要求不具备创造性时，权利要求 2 和 3 不符合专利法第 22 条第 3 款创造性的规定。（3）权利要求 4 请求保护一种制备支化烷基芳烃的方法。对比文件 1（说明书第 4 栏第 34 行到第 50 行，第 8 栏第 22 行到第 53 行，实施例 2）公开了一种生产支化烷基芳烃的方法，权利要求 4 与对比文件 1 的区别在于：权利要求 1 限定了石蜡的来源是费-托反应。基于评述权利要求 1 相同的理由，权利要求 4 也不符合专利法第 22 条第 3 款创造性的规定。（4）权利要求 5 的附加技术特征已经在对比文件 1（实施例 2）中公开了，所以当其引用的权利要求不具备创造性时，权利要求 5 不符合专利法第 22 条第 3 款创造性的规定。（5）权利要求 6 请求保护一种制备支化烷基磺酸盐的方法。对比文件 1（说明书第 4 栏第 34 行到第 50 行，第 8 栏第 22 行到第 53 行，实施例 2）公开了一种生产支化烷基芳烃的方法，权利要求 6 与对比文件 1 相比，其区别在于：①权利要求 6 限定了石蜡的来源是费-托反应；②权利要求 6 的方法进一步包括磺酸化反应从而制备支化烷基芳基磺酸盐。基于评述权利要求 1 相同的理由，对比文件 1 的后一种方法给出了在起始原料使用费-托合成产物的技术启示。而且通过对支化烷基芳烃进行磺酸化反应来制备支化烷基磺酸盐是本领域的常用技术手段。因此本领域技术人员从对比文件 1 的技术方案得到权利要求 6 的技术方案是显而易见的。权利要求 6 不符合专利法第 22 条第 3 款创造性的规定。（6）权利要求 7 的附加技术特征已经在对比文件 1（实施例 2）中公开了，所以当其引用的权利要求不具备创造性时，权利要求 7 不符合专利法第 22 条第 3 款创造性的规定。

驳回所针对的权利要求书如下：

“1. 一种制备支化烯烃的方法，该方法包括将脂族季碳原子含量 0.5% 或更低的异构链烷烃组合物在适当催化剂上进行脱氢反应，所述链烷烃组合物是通过石蜡的加氢裂化和加氢异构化反应得到的，该异构链烷烃组合物包括碳原子数在 7~18 范围的链烷烃，链烷烃的至少一部分分子是支化的，平均每个链烷烃分子的支链数为 0.5~2.5，支化包括甲基支化且任选包括乙基支化，所述支化烯烃的脂族季碳含量为 0.5% 或更低，其中所述石蜡是费-托合成过程中获得的。

2. 权利要求 1 的方法，其中异构链烷烃组合物的支化链烷烃含量至少为异构链烷烃组合物重量的 50% w。

3. 权利要求 1 或 2 的方法，其中异构链烷烃组合物中甲基支链数至少为总支链数的 20%。

4. 一种制备支化烷基芳烃的方法，该方法包括在烷基化反应条件下将支化烯烃与一种芳烃进行接触，其中所述支化烯烃是通过将一种脂族季碳原子含量 0.5% 或更低的异构链烷烃组合物在适当催化剂上进行脱氢反应的方法获得的，所述异构链烷烃组合物是通过石蜡的加氢裂化和加氢异构化反应得到的，且异构链烷烃组合物包括碳原子数在 7~35 范围的链烷烃，该链烷烃的至少一部分分子是支化的，平均每个链烷烃分子的支链数为 0.5~2.5，且支化包括甲基支化且任选包括乙基支化，所述支化烯烃的季碳含量为 0.5% 或更低，其中所述石蜡是费-托合成过程中获得的。

5. 按权利要求 4 的方法，其中芳烃是苯。

6. 一种制备支化烷基芳基磺酸盐的方法，包括将支化烷基芳烃磺酸化，其中所述支化烷基芳烃是按权利要求 4 或 5 的方法制成的。

7. 权利要求 4、5 或 6 的方法，其中异构链烷烃组合物的至少 75% 是由碳数 11～14 范围的链烷烃构成。”

2006 年 11 月 10 日，申请人国际壳牌研究有限公司（下称请求人）对上述驳回决定不服，向专利复审委员会提出复审请求，请求人在提出复审请求时没有对申请文件进行修改。请求人认为，对比文件 1 方法（2）中虽然使用了费-托合成的烯烃，但没有教导使用费-托合成的烯烃的好处，也未认识到费-托合成石蜡的好处，即对比文件 1 未认识到费-托合成产物作为原料的好处，因此，本申请权利要求 1～7 具备创造性。

经形式审查合格后，专利复审委员会受理了该请求，并于 2006 年 12 月 20 日向请求人发出了《复审请求受理通知书》，同时将本申请转送至国家知识产权局原审查部门进行前置审查。

在《前置审查意见书》中，国家知识产权局原审查部门认为费-托产物中必然存在烷烃和烯烃，故可将其概括成费-托产品。费-托合成产品具有低含量的硫和氮是本领域公知的，硫和氮会使催化剂中毒也是公知的，因此请求人陈述的权利要求具备创造性的理由不成立，故坚持驳回决定。

专利复审委员会组成合议组，对本复审请求案进行了审理。

2008 年 5 月 9 日，合议组向请求人发出《复审通知书》，指出，权利要求 1～7 相对于对比文件 1 不具备创造性。

2008 年 6 月 23 日，针对上述《复审通知书》，请求人提交了意见陈述书，认为本申请权利要求 1 与对比文件 1 的区别特征的效果可为如费-托合成的产品具有低含量的硫和氮污染物，烷基化步骤可以在低温下完成，从而减少副产物的生成，而对比文件 1 中没有给出引入区别特征的启示，因此权利要求 1 具备创造性。在权利要求 1 具备创造性的情况下，权利要求 2～7 也具备创造性。

请求人同时还提交了权利要求书替换页，声称修改了权利要求 1 的一个明显打字错误，将权利要求 1 第 2 行中的“所述链烷烃组合物”修改为“所述异构链烷烃组合物”，其余权利要求 2～7 未变，修改后的权利要求 1 为：

“1. 一种制备支化烯烃的方法，该方法包括将脂族季碳原子含量 0.5% 或更低的异构链烷烃组合物在适当催化剂上进行脱氢反应，所述异构链烷烃组合物是通过石蜡的加氢裂化和加氢异构化反应得到的，该异构链烷烃组合物包括碳原子数在 7～18 范围的链烷烃，链烷烃的至少一部分分子是支化的，平均每个链烷烃分子的支链数为 0.5～2.5，支化包括甲基支化且任选包括乙基支化，所述支化烯烃的脂族季碳含量为 0.5% 或更低，其中所述石蜡是费-托合成过程中获得的。”

请求人同时提交了如下三份附件：本申请的国际初步审查报告、第 EP1360262B1 号欧洲专利说明书和欧洲专利局对于第 02724171.0 号申请的审查意见。

经合议，合议组认为本案事实清楚，可以作出审查决定。

二、决定的理由

1. 关于审查文本

请求人在答复《复审通知书》时修改了权利要求书，经合议组审查，上述修改符合专利法第 33 条和专利法实施细则第 60 条第 1 款的规定。本复审请求审查决定针对的文本是：请求人于 2008 年 6 月 23 日提交的权利要求第 1～7 项、进入中国国家阶段时提交的国际申请文件中文文本的说明书第 1～18页和说明书摘要。

2. 关于专利法第 22 条第 3 款

专利法第 22 条第 3 款规定：创造性，是指同申请日以前已有的技术相比，该发明有突出的实质性特点和显著的进步。

在判断一项发明是否具备创造性时，首先，应当确定与该发明所述技术方案最接近的现有技术的技术方案，继而，将该发明所述技术方案与最接近的现有技术的技术方案进行特征分析，找出其区别技术特征；如果这些区别技术特征是本领域的技术人员为解决其技术问题，根据现有技术的教导而容易引入的，且其引入没有产生预料不到的技术效果，则该发明不具备创造性。

（1）本申请权利要求 1 要求保护一种制备支化烯烃的方法（具体内容参见案由部分）。

对比文件 1（US6111158A，公开日为 2000 年 8 月 29 日）公开了一种制备苯基烷烃的方法，用来生产苯基烷烃时使用了轻微支化的单烯烃，在说明书第 8 栏第 22～29 行公开了制备轻微支化单烯烃的方法，该方法包括将正链烷烃异构化以得到轻微支化的链烷烃，然后脱氢得到轻微支化的单烯烃。

据化学反应的一般规律，烷烃脱氢制备烯烃的反应需在催化剂的存在下进行，此外，对比文件 1 中正链烷烃异构化反应的目的在于得到轻微支化的链烷烃，本领域技术人员据此目的可知该异构化反应应在氢气存在下进行，也就是说，对比文件 1 的上述方法直接隐含了“在适当催化剂”存在下进行脱氢反应以及链烷烃的异构化为“加氢异构化”的信息。

对比文件 1 第 5 栏第 56～61 行对于“轻微支化的单烯烃”进行了定义：“本文所用的轻微支化的单烯烃是指总碳原子数为约 8 至约 28、其中的 3 或 4 个碳原子为伯碳原子且其余碳原子均不为季碳原子的单烯烃”。随后，在第 5 栏第 65～67 行定义了优选的轻微支化的单烯烃的总碳原子数为 8～15 且更优选 10～15，并在第 6 栏第 49～55 行公开了“轻微支化的单烯烃的烷基支链通常选自甲基、乙基或丙基，优选较短的且无分支的支链。优选地，轻微支化的单烯烃只含有 1 个烷基支链，但也可含有 2 个烷基支链”。对比文件 1 说明书第 8 栏第 22～29 行所述的“轻微支化的单烯烃”应符合上述定义。由于轻微支化的单烯烃是由轻微支化的链烷烃脱氢制备的，而在该脱氢反应中通常不会破坏原料的碳链结构，也就是说，反应前的“轻微支化的链烷烃”与反应后的“轻微支化的单烯烃”具有相同的碳链结构，可见，对比文件 1 的上述方法直接隐含了“轻微支化的链烷烃”的结构信息：总碳原子数为 8～15 且更优选 10～15 的支化链烷烃，其中具有 3 个或 4 个伯碳原子且其余碳原子均不为季碳原子，优选含有 1 个也可含有 2 个选自甲基、乙基或丙基的支链。

比较本申请权利要求 1 与对比文件 1 中公开的上述方法可见，二者的区别在于：权利要求 1 中对于其原料（即权利要求 1 中所述的石蜡，其实质就是链烷烃）的来源作出了明确的限定——是费-托合成过程中获得的，而对比文件 1 中没有明确限定石蜡的来源。由此可见，本申请权利要求 1 相对于对比文件 1 实际解决的技术问题是，提供一种获得用于制备支化烯烃的正链烷烃的具体方法。

对于上述区别，合议组认为，本领域技术人员已知含有十几个碳原子的链烷烃可以通过费-托合成过程获得或者从乙烯低聚过程获得或者以其他已知方式制备，本领域技术人员可根据实际生产条件或者需要而选用适当的方法，并可以预期不同方法制备的链烷烃本身不会对随后的异构化或脱氢反应产生影响，而且，根据本申请文件记载的内容也无法得出选用费-托合成的石蜡会给本申请的方法带来预料不到技术效果的结论。综上，本申请权利要求 1 不具备创造性。

请求人认为，选用费-托合成的链烷烃的好处在于：费-托过程产物的硫和氮含量通常很低且成本经济，如果本领域技术人员意识到了费-托产品的好处，那么，就该使用费-托合成的产品作为原料。对此，合议组认为，首先，在某一化学反应中，如果没有特别说明，其所用的反应原料应该不含杂质或者所含杂质的量或性质不致于妨碍其反应性能，对比文件 1 方法中公开了其所用原料为链烷烃，那么该链烷烃理应基本纯净；其次，费-托过程产物的硫和氮含量通常很低是本领域技术人员已知的信息，在有机合成中，费-托合成是指合成气（$CO+H_2$）在铁、钴和钌等催化剂上转化为烃类的反应，由于作为工业原料的 CO 和 H_2 中基本不含硫或氮，在反应过程中也不会引入含硫或氮的物质，因而，“费-托产物中硫和氮含量通常很低”是已知的费-托反应所得链烷烃的已知特点，选用费-托合成产物并不会给权利要求 1 的技术方案带来任何预料不到的技术效果；而且，本领域技术人员在适用对比文件 1 的上述方法时，显然会选用成本经济的化工产品作为原料，费-托过程产物的成本是否经济是已知的，这并不足以成为支持权利要求 1 的技术方案具备创造性的理由；此外，对比文件 1 中没有具体公开使用费-托产物作为原料的方法，但这不表明本领域技术人员无法想到选用费-托产物作为原料，如前所述，恰恰相反的是本领域技术人员无需创造性劳动即可选择各种可用的原料且可预期所能实现的技术效果。至于请求人在答复《复审通知书》中所述的选用费-托合成的链烷烃的另一效果——烷基化步骤可以在低温下完成，在原申请文件中没有依据，合议组对此主张不予以评述。

请求人认为，对比文件 1 的正构烷烃异构化与权利要求 1 方法中的加氢裂化和加氢异构化不同，对比文件 1 没有说明其异构化等同加氢裂化和加氢异构化。对此，合议组认为，对比文件 1 中正构烷烃异构化反应的目的在于得到轻微支化的链烷烃，该反应中必然包括裂化和异构化的过程，此外，工业中常用的正构烷烃异构化法即为加氢异构化，也就是说，在对正构烷烃进行异构化反应时，本领域技术人员的常规操作就是在氢气存在下进行该反应，本申请权利要求 1 中所述的“加氢裂化和加氢异构化反应”是进行正构烷烃异构化的常规手段。

请求人在答复《复审通知书》时还提交了案由部分所述的三份附件，这三份附件与本申请在我国的审查过程无关，合议组不予考虑。

基于上面的评述，权利要求 1 不具备突出的实质性特点和显著的进步，不符合专利法第 22 条第 3 款的规定。

权利要求 2 和 3 是权利要求 1 的从属权利要求，分别对于异构链烷烃组合物中支化链烷烃的含量以及甲基支链的比例作了进一步的限定。由权利要求 1 可知，异构链烷烃是制备支化烯烃的中间产物，其由石蜡经加氢裂化和加氢异构化反应而得到，权利要求 2 和 3 中并未对于石蜡的加氢裂化和加氢异构化反应的反应条件加以描述，而仅对于该反应所得产物的组成进行限定，这样的限定没有使得该方法的反应条件增加新的技术信息，在权利要求 1 相对于对比文件 1 不具备创造性的前提下，合议组认为，根据对比文件 1 的方法，本领域技术人员能够容易地得到权利要求 2 或 3 所述的异构链烷烃。此外，根据本申请说明书也无法得出权利要求 2 或 3 所限定的异构链烷烃能够带来预料不到的技术效果的结论，而且，据对比文件 1 实施例 2 表 1 可见，其中的单甲基支链取代的烯烃占烯烃总重的 57% 以上，这一信息教导了用于制备轻微支化的单烯烃的轻微支化的链烷烃中应具有相应的甲基支链数。基于以上评述，权利要求 2 或 3 不具备突出的实质性特点和显著的进步，不符合专利法第 22 条第 3 款的规定。

（2）权利要求 4 要求保护一种制备支化烷基芳烃的方法，该方法在权利要求 1 所述的制备支化烯烃的方法之后增加了一个反应步骤：在烷基化反应条件下将支化烯烃与一种芳烃进行接触。对比文件 1 同样公开了使得轻微支化的单烯烃与苯反应从而制备苯-烷基的技术内容（例如参见对比文件 1 第 4 栏第 34~37 行）。可见，权利要求 4 增加的反应步骤已在对比文件 1 中公开了，权利要求 4 与对比文件 1 中技术方案的区别即为权利要求 1 与对比文件 1 的区别。

基于对权利要求 1 的评述，所述区别技术特征是本领域技术人员根据现有技术的教导而容易引入的，且其引入没有产生预料不到的技术效果，故权利要求 4 的方案相对于对比文件 1 也不具备创造性。

请求人认为，对比文件 1 中没有教导费-托合成产品具有低含量的硫和氮污染物，也没有公开硫和氮这样的污染物可能使烷基芳烃的制备中所用的催化剂中毒，更没有公开低氮含量使得烷基化步骤可以在低温下完成从而减少副产物的优点。对此，合议组认为，首先，本申请原申请文件中并没有记载低氮含量使得烷基化步骤可以在低温下完成从而减少副产物的优点；其次，如前所述，本领域技术人员已知费-托合成产品具有低含量的硫和氮污染物，而且在对比文件1第7栏第63~65行也给出了“烯烃填料不含将导致烷基化步骤困难的不可接受浓度的杂质或毒物”的教导，可见，选用费-托合成产品的效果是本领域技术人员可预料的。

综上，权利要求4不符合专利法第22条第3款有关创造性的规定。

权利要求5是权利要求4的从属权利要求，将权利要求4中的芳烃限定为苯，该附加技术特征在对比文件1中已被公开，在权利要求4相对于对比文件1不具备创造性的前提下，权利要求5也不符合专利法第22条第3款有关创造性的规定。

（3）权利要求6要求保护一种制备支化烷基芳基磺酸盐的方法，该方法在权利要求4或5所述的制备支化烷基芳烃的方法之后增加了一个反应步骤：将支化烷基芳烃磺酸化。对比文件1中制备烷基芳烃的目的即是制备烷基芳基磺酸盐类洗涤剂，比如在对比文件1说明书第3栏第23~29行公开了通过磺酸化烷基苯制备得到烷基苯磺酸盐的技术内容。由此可见，权利要求6增加的反应步骤已在对比文件1中公开了，权利要求6的技术方案与对比文件1中公开内容的区别仍为权利要求4与对比文件1的区别。在权利要求4相对于对比文件1不具备创造性的条件下，权利要求6也不具备创造性，不符合专利法第22条第3款的规定。

权利要求7是权利要求6的从属权利要求，对于链烷烃的组成作出了进一步的限定，但从原申请文件中无法得出限定后的技术方案具有预料不到技术效果的结论，在权利要求6相对于对比文件1不具备创造性的条件下，权利要求7也不符合专利法第22条第3款有关创造性的规定。

根据上述事实和理由，合议组作出如下审查决定。

三、决定

维持国家知识产权局于2006年7月28日针对02805004.5号发明专利申请作出的驳回决定。

复审请求人对本决定不服的，可以根据专利法第41条第2款的规定，自收到本决定之日起三个月内向北京市第一中级人民法院起诉。

011

聚合控制方法

复审请求审查决定（第16074号）

决　　定　　号　第16074号
决　　定　　日　2009年2月13日
发明创造名称　聚合控制方法
国 际 分 类 号　C08F10/02，C08F2/34
复 审 请 求 人　英国石油化学品有限公司
申　　请　　号　02822988.6
申　　请　　日　2002年10月22日
优　先　权　日　2001年11月19日
公　　开　　日　2005年3月2日
合 议 组 组 长　刘　亚
主　　审　　员　王　磊
参　　审　　员　刘　磊

法　律　依　据　专利法第26条第4款
决　定　要　点

对于用上位概念概括或用并列选择方式概括的权利要求，如果权利要求的概括包含申请人推测的内容，而其效果又难于预先确定和评价，应当认为这种概括超出了说明书公开的范围。如果权利要求的概括使所属技术领域的技术人员有理由怀疑该上位概括或并列概括所包含的一种或多种下位概念或选择方式不能解决发明所要解决的技术问题，并达到相同的技术效果，则应当认为该权利要求没有得到说明书的支持。

一、案由

本复审请求案涉及发明名称为“聚合控制方法”的02822988.6号发明专利申请（下称本申请），申请人为英国石油化学品有限公司，申请日为2002年10月22日，优先权日为2001年11月19日，公开日为2005年3月2日。

2006年10月20日，针对申请人于2006年3月10日提交的权利要求第1~12项和进入中国国家阶段时提交的国际申请文件的说明书第1~9页和说明书摘要（下称驳回文本），国家知识产权局原审查部门以权利要求1~5和10不符合专利法第26条第4款的规定为由驳回了本申请。

驳回决定认为：①权利要求1的方法特征为控制聚合物粉末颗粒的密度跨度保持在或低于0.004，但是权利要求1中并没有记载实现密度跨度所必须的技术手段，而本申请仅记载了采用控制冷凝速率和/或聚合温度两种实现上述控制的手段，除此以外本领域技术人员难以预见其他技术手段也能实现上述控制，因此，权利要求1概括了一个较宽的保护范围，其得不到说明书支持；②权利要求2-4中分别记载了使聚合物粉末颗粒密度跨度保持在低于0.0028、低于0.0025、低于0.0023，说明书中对聚合物粉末颗粒密度跨度有三种定义，无法确定上述数值范围是否是基于权利要求1的定义得到的数值，因此其概括的保护范围得不到说明书支持；③权利要求5记载的技术方案与说明书内容完全矛盾，因此其得不到说明书的支持；④权利要求10中记载的“密度跨度的减小是通过提高冷凝速率而获得的”不能从本申请说明书中记载的内容导出，因为仅在实施例3中记载了冷凝水平为循环气的8wt%，而在作为对比的实施例2和对比例1中没有记载任何关于冷凝水平的数据，无法获得实施例3的冷凝水平相比另外两个实施例是否提高了，因此本领域技术人员无法概括得出权利要求10的技术特征，权利要求10得不到说明书支持。

驳回决定针对的权利要求书如下：

“1. 控制连续流化床反应器（共）聚合过程的方法，其包括：

（ⅰ）由反应器取出含有主要单体和至少另一种未反应反应物的热循环物流，（ⅱ）冷却部分或全部由所述反应器中取出的所述循环物流，和（ⅲ）在聚合催化剂存在下，在反应条件下，使部分或全部含有主要单体和未反应反应物的已冷却循环物流循环通过所述反应器的聚合区域，其特征在于所述控制方法包括控制聚合物粉末颗粒的密度跨度以便所述密度跨度保持在或低于0.004，其中所述聚合物粉末颗粒的密度跨度表示密度差值的绝对值，单位g/cm^3，该差值为，颗粒大小大于流出反应器的聚合物颗粒的体积/颗粒粒度分布的90%累积体积的物料的平均密度与颗粒大小小于流出反应器的聚合物颗粒的体积/颗粒粒度分布的10%累积体积值的物料的平均密度的差值。

2. 根据权利要求1的方法，其中使聚合物粉末颗粒密度跨度保持低于0.0028。

3. 根据权利要求2的方法，其中使聚合物粉末颗粒密度跨度保持低于0.0025。

4. 根据权利要求3的方法，其中使聚合物粉末颗粒密度跨度保持低于0.0023。

5. 根据权利要求1的方法，其中所用催化剂在如下聚合条件制得的聚合物粉末颗粒的密度跨度大于0.004：

a. 连续气相流化床反应器内的乙烯-己烯-1共聚物生产；

b. 聚合操作温度72℃；

c. 聚合操作压力2Mpa；

d. 无冷凝率；

e. 生成的聚合物的熔体指数等于1.2，根据ASTM-D-1238/方法B在2.16kg下测定；

f. 生成的聚合物的密度等于0.918g/cm^3，已退火/根据ASTM-D-2839测定。

6. 根据权利要求1的方法，其中催化剂为茂金属。

7. 根据权利要求1的方法，其中聚合生产速率等于或大于100kg聚合物/小时。

8. 根据权利要求7的方法，其中聚合生产速率大于150kg聚合物/小时。

9. 根据前述权利要求中任一项的方法，其中通过控制冷凝速率和/或聚合温度而获得对密度跨度的控制。

10. 根据权利要求9的方法，其中密度跨度的减小是通过提高冷凝速率和/或升高聚合温度而获得的。

11. 根据权利要求1的方法，其中主要单体为乙烯或丙烯。

12. 根据权利要求11的方法，其中主要单体是乙烯。”

2006年12月18日，申请人英国石油化学品有限公司（下称请求人）对上述驳回决定不服，向专利复审委员会提出复审请求，请求人在提出复审请求时没有提交修改文本。

请求人认为：本申请的聚合方法是通过保持聚合物颗粒的密度跨度低于特定值能获得更加稳定的操作，由此能解决形成聚合物附聚物的问题。实施例 2、3 给出了两个优选的控制密度跨度的方法，但是这只是两个例子，并不是必须的，本领域技术人员能够想到可用于保持密度跨度在需要范围的其他技术，因此本申请权利要求的概括是适当的，符合专利法第 26 条第 4 款的规定。

经形式审查合格后，专利复审委员会受理了该请求，并于 2007 年 1 月 12 日向请求人发出了《复审请求受理通知书》，同时将本申请转送至国家知识产权局原审查部门进行前置审查。

在《前置审查意见书》中，国家知识产权局原审查部门认为：请求人对权利要求的支持问题没有作出充分、合理的解释，因此坚持驳回决定。

专利复审委员会组成合议组，对本复审请求案进行了审理，并于 2008 年 5 月 19 日针对驳回文本发出复审通知书，其中指出：（1）本申请声称要解决的技术问题是在连续流化床反应器（共）聚合过程中控制聚合物附聚物的形成。本申请所着力探讨的正是如何控制所述聚合物粉末颗粒的密度分布才能减少附聚物的形成。而权利要求 1 要求保护的控制方法包括控制其所定义的聚合物粉末颗粒的密度跨度以便使其保持在或低于 0.004，权利要求 1 对控制聚合物粉末颗粒密度跨度的限定属于功能性限定，其实际涵盖的范围是本领域所有能够实现控制其所定义的聚合物粉末颗粒密度跨度在一定范围的所有技术手段，而本申请说明书中仅记载了通过升高聚合反应温度、以及将升高温度和控制冷凝速率结合的两种具体控制手段，导致本领域技术人员难以预见除此以外的其他技术手段也能解决本申请所要解决的技术问题并达到本申请的效果，因此权利要求 1 不符合专利法第 26 条第 4 款的规定；（2）在权利要求 1 得不到说明书支持的情况下，权利要求 2~4、6~8、11~12 也不符合专利法第 26 条第 4 款的规定；（3）因为说明书实际记载的控制手段只有升高聚合反应温度、以及将升高温度和控制冷凝速率相结合，从实施例 3 的记载无法得出其相比对比例 1 反应器内的冷凝水平是提高还是降低，因此权利要求 9、10 得不到说明书支持；（4）权利要求 5 所限定的技术方案与其引用的权利要求 1 相互矛盾，即使请求人认为可以修正权利要求 5 限定的具体条件以使聚合物粉末颗粒的密度跨度保持在或低于 0.004，从权利要求 1 和权利要求 5 限定的方案也看不出如何调节权利要求 5 所限定的具体聚合条件才能使所述密度跨度保持在或低于 0.004，因此权利要求 5 不符合专利法实施细则第 20 条第 1 款的规定。

针对上述复审通知书，请求人于 2008 年 7 月 3 日提交了意见陈述书，并递交了权利要求书的修改替换页，其相对于驳回文本的权利要求书而言，主要修改为删除权利要求 9 和 10，并将权利要求 10 中的“控制冷凝速率和/或升高聚合温度”的附加技术特征补入权利要求 1 中。

修改后的权利要求 1 和 5 如下：

“1. 控制连续流化床反应器（共）聚合过程的方法，其包括：

（ⅰ）由反应器取出含有主要单体和至少另一种未反应反应物的热循环物流，（ⅱ）冷却部分或全部由所述反应器中取出的所述循环物流，和（ⅲ）在聚合催化剂存在下，在反应条件下，使部分或全部含有主要单体和未反应反应物的已冷却循环物流循环通过所述反应器的聚合区域，其特征在于所述控制方法包括控制聚合物粉末颗粒的密度跨度以便所述密度跨度保持在或低于 0.004，其中控制密度跨度以减小密度跨度是通过提高冷凝速率来控制冷凝速率和/或升高聚合温度来控制聚合温度而获得的，其中所述聚合物粉末颗粒的密度跨度表示密度差值的绝对值，单位 g/cm^3，该差值为，颗粒大小大于流出反应器的聚合物颗粒的体积/颗粒粒度分布的 90% 累积体积的物料的平均密度与颗粒大小小于流出反应器的聚合物颗粒的体积/颗粒粒度分布的 10% 累积体积值的物料的平均密度的差值。

5. 根据权利要求 1 的方法，其中所述聚合催化剂在如下聚合条件制得的聚合物粉末颗粒的密度跨度大于 0.004：

a. 连续气相流化床反应器内的乙烯-己烯-1 共聚物生产；

b. 聚合操作温度 72℃；

c. 聚合操作压力 2MPa；

d. 无冷凝率；

e. 生成的聚合物的熔体指数等于 1.2，根据 ASTM-D-1238/方法 B 在 2.16kg 下测定；

f. 生成的聚合物的密度等于 0.918g/cm^3，已退火/根据 ASTM-D-2839 测定。”

请求人认为：(1) 对比例 1 和实施例 2 均在没有冷凝的情况下进行，因此实施例 2 的结果证明了升高聚合温度来控制密度跨度的效果，实施例 3 验证了提高冷凝速率和升高聚合温度来控制密度跨度的效果，另外实施例 3 和实施例 2 相比可知，提高冷凝速率也是控制密度跨度的有效手段，因此修改后的权利要求 1 能得到说明书的支持；(2) 权利要求 5 限定了一种催化剂，该催化剂在所限定的条件（无冷凝率和聚合操作温度为 72 度）下产生大于 0.004 的密度跨度，该密度跨度是在没有进行权利要求 1 所述的控制手段下获得的，因此权利要求 5 得到说明书的支持，符合专利法第 26 条第 4 款的规定。

请求人于 2008 年 7 月 31 日再次提交了意见陈述书和权利要求书的修改替换页，相对于请求人于 2008 年 7 月 3 日提交的权利要求书而言，请求人将权利要求 1 中的“其中控制密度跨度以减少密度跨度是通过提高冷凝速率来控制冷凝速率和/或升高聚合温度来控制聚合温度而获得的”修改为“其中控制密度跨度以减小密度跨度是通过升高聚合温度来控制聚合温度而获得的”。请求人认为，通过对比例 1 和实施例 2 的比较，证明了升高聚合温度来控制密度跨度的效果，因此修改后的权利要求 1 得到说明书的支持。修改后的权利要求书如下：

“1. 控制连续流化床反应器（共）聚合过程的方法，其包括：

（ⅰ）由反应器取出含有主要单体和至少另一种未反应反应物的热循环物流，（ⅱ）冷却部分或全部由所述反应器中取出的所述循环物流，和（ⅲ）在聚合催化剂存在下，在反应条件下，使部分或全部含有主要单体和未反应反应物的已冷却循环物流循环通过所述反应器的聚合区域，其特征在于所述控制方法包括控制聚合物粉末颗粒的密度跨度以便所述密度跨度保持在或低于 0.004，其中控制密度跨度以减小密度跨度是通过升高聚合温度来控制聚合温度而获得的，其中所述聚合物粉末颗粒的密度跨度表示密度差值的绝对值，单位 g/cm^3，该差值为，颗粒大小大于流出反应器的聚合物颗粒的体积/颗粒粒度分布的 90% 累积体积的物料的平均密度与颗粒大小小于流出反应器的聚合物颗粒的体积/颗粒粒度分布的 10% 累积体积值的物料的平均密度的差值。

2. 根据权利要求 1 的方法，其中使聚合物粉末颗粒密度跨度保持低于 0.0028。

3. 根据权利要求 2 的方法，其中使聚合物粉末颗粒密度跨度保持低于 0.0025。

4. 根据权利要求 3 的方法，其中使聚合物粉末颗粒密度跨度保持低于 0.0023。

5. 根据权利要求 1 的方法，其中所述聚合催化剂在如下聚合条件制得的聚合物粉末颗粒的密度跨度大于 0.004：

a. 连续气相流化床反应器内的乙烯-己烯-1 共聚物生产；

b. 聚合操作温度 72℃；

c. 聚合操作压力 2MPa；

d. 无冷凝率；

e. 生成的聚合物的熔体指数等于 1.2，根据 ASTM-D-1238/方法 B 在 2.16kg 下测定；

f. 生成的聚合物的密度等于 0.918g/cm^3，已退火/根据 ASTM-D-2839 测定。

6. 根据权利要求 1 的方法，其中催化剂为茂金属。

7. 根据权利要求 1 的方法，其中聚合生产速率等于或大于 100kg 聚合物/小时。

8. 根据权利要求 7 的方法，其中聚合生产速率大于 150kg 聚合物/小时。

9. 根据权利要求 1 的方法，其中主要单体为乙烯或丙烯。

10. 根据权利要求 9 的方法，其中主要单体是乙烯。”

针对请求人于 2008 年 7 月 31 日提交的权利要求第 1~10 项和进入中国国家阶段时提交的国际申请文件的说明书第 1~9 页和说明书摘要（下称复审文本 1），合议组于 2008 年 11 月 4 日再次发出《复审通知书》，指出：(1) 由于复审文本 1 的权利要求 5 是在权利要求 1 的基础上限定发明，要求在具体的操作温度、压力下获得密度跨度大于 0.004 的乙烯-己烯共聚物，而权利要求 1 要求保护的控制连续流化床反应器（共）聚合过程的方法是通过升高聚合温度的手段来控制聚合物粉末密度跨度达到低于 0.004 的水平。也就是说权利要求 5 是在比聚合操作温度 72℃更高的聚合温度下才能获得密度跨度保持或低于 0.004 的乙烯-己烯共聚物粉末产品。但是根据说明书对比例 1 的记载，在反应条件基本相同的情况下，将聚合温度升高到 75℃时，获得的聚合物产品密度跨度却仍然大于 0.004（为 0.008），而只有当进一步升高聚合温度为 83℃（参见本申请说明书实施例 2），才获得聚合物密度跨度等于 0.004 的产品。即在相比权利要求 5 而言采用更高聚合操作温度的对比例 1 并不足以将聚合物产品密度跨度控制在低于 0.004 的水平，在此情况下，本领域技术人员难以预见权利要求 5 概括的所有实施方式均能够解决发明所要解决的技术问题并达到所述技术效果，其概括超出了说明书公开的范围。因此，权利要求 5 得不到说明书的支持，不符合专利法第 26 条第 4 款的规定。(2) 基于相同理由，权利要求 1 也得不到说明书的支持，不符合专利法第 26 条第 4 款的规定。

针对上述《复审通知书》，请求人于 2008 年 11 月 27 日再次提交了权利要求书全文替换页，将复审文本 1 中的权利要求 5 删除。

经审查，合议组认为本案事实已经清楚，可以作出复审决定。

二、决定的理由

1. 关于审查文本

本复审决定所针对的文本是：请求人于 2008 年 11 月 27 日提交的权利要求第 1~9 项，进入中国国家阶段时提交的国际申请文件的说明书第 1~9 页和说明书摘要（下称复审文本 2）。

2. 关于专利法第 26 条第 4 款

专利法第 26 条第 4 款规定：权利要求书应当以说明书为依据，说明专利要求保护的范围。

对于用上位概念概括或用并列选择方式概括的权利要求，如果权利要求的概括包含申请人推测的内容，而其效果又难于预先确定和评价，应当认为这种概括超出了说明书公开的范围。如果权利要求的概括使所属技术领域的技术人员有理由怀疑该上位概括或并列概括所包含的一种或多种下位概念或选择方式不能解决发明所要解决的技术问题，并达到相同的技术效果，则应当认为该权利要求没有得到说明书的支持。

就本案而言，复审文本 2 的权利要求 1 要求保护一种“控制连续流化床反应器（共）聚合过程的方法，其包括：(i) 由反应器取出含有主要单体和至少另一种未反应反应物的热循环物流，(ii) 冷却部分或全部由所述反应器中取出的所述循环物流，和 (iii) 在聚合催化剂存在下，在反应条件下，使部分或全部含有主要单体和未反应反应物的已冷却循环物流循环通过所述反应器的聚合区域，其特征在于所述控制方法包括控制聚合物粉末颗粒的密度跨度以便所述密度跨度保持在或低于 0.004，其中控制密度跨度以减小密度跨度是通过升高聚合温度来控制聚合温度而获得的……”简言之，所述控制方法是通过升高聚合温度来减小其所定义的聚合物粉末颗粒的密度跨度以使其保持在或低于 0.004。

根据说明书的记载，本申请声称要解决的技术问题是在聚合过程中控制聚合物附聚物的形成，并预期控制其所定义的聚合物粉末颗粒的密度跨度保持在或低于0.004可以减少聚合过程中附聚物的形成，为此采用的技术手段是控制聚合温度、以及控制聚合温度结合控制冷凝速率。具体的，本申请说明书第8页的对比例1中记载了使用流化床气相聚合反应器在2.4MPa压力、75℃和0.4m/s向上的流化速度等具体操作条件下催化聚合获得密度为0.91g/cm^{3}的乙烯-己基-1-共聚物，筛分法测得该产品的密度跨度（根据定义C）为0.008。说明书第9页的实施例2中记载除了将温度升高至83℃，产率提高至150kg/h外，其余重复对比例1，筛分法测得所得聚合物产品的密度跨度为0.004；实施例3记载除了制定更高的产率，且反应器内的冷凝水平为循环气的8wt%外，其余重复实施例2，筛分法测得所得聚合物产品的密度跨度为0.0025。另外，说明书第2页第20~31行记载了本申请的另一个优选实施方案（下称方案1），其限定了在聚合操作温度72℃、聚合操作压力20巴、无冷凝率的操作条件下生产密度跨度大于0.004的乙烯-己烯-1-共聚物，生成的聚合物的熔体指数等于1.2（根据ASTM-D-1238/方法B，在2.16kg下测定），密度等于0.918g/cm^3（根据ASTM-D-2839测定）。

由上述内容可知，复审文本2的权利要求1要求保护的控制连续流化床反应器（共）聚合过程的方法是通过升高聚合温度的手段来控制其所定义的聚合物粉末颗粒的密度跨度达到保持在或低于0.004的水平。该权利要求中限定的控制方法是在说明书实施例的基础上所进行的概括。对于权利要求1所述控制方法，由于聚合温度的升高程度在现有技术中没有任何教导，本申请说明书对此也未给出任何限制或说明，其实际涵盖的范围可以理解为当生成的聚合物粉末颗粒的密度跨度（按其定义）大于0.004时，在可行的聚合温度范围内升高聚合温度的所有实施方式都能控制聚合物粉末颗粒的密度跨度保持在或低于0.004。但是根据说明书记载的实施方案以及具体的实施例来看，在方案1所述的条件下，当聚合操作温度为72℃时生产的乙烯-己烯-1-共聚物的密度跨度大于0.004，而在其他反应条件基本相同的情况下，对比例1采用升高的聚合温度，即75℃下进行聚合得到的乙烯-己烯-1-共聚物的密度跨度也大于0.004（为0.008），只有当聚合温度升至更高的83℃或者将聚合温度升至83℃并结合控制冷凝速率为一定水平的手段时（即实施例2、3）才得到了密度跨度保持或低于0.004的聚合产品。由此，本领域技术人员难以预期在方案1的反应条件下，即使在可行的聚合温度范围内，升高聚合温度的所有实施方式均能够使所得乙烯-己烯-1-共聚物粉末颗粒的密度跨度由大于0.004减小到保持在或低于0.004的水平，同样地，本领域技术人员也难以预期在对比例1的反应条件下，升高聚合温度的所有实施方式均能够使所得乙烯-己烯-1-共聚物粉末颗粒的密度跨度由0.008减小到保持在或低于0.004的水平。因此，本领域技术人员有理由怀疑权利要求1中限定的控制方法包含了不能解决本申请所声称要解决的技术问题并达到预期效果的实施方式。因此，权利要求1的概括超出了说明书公开的范围，权利要求1得不到说明书的支持，不符合专利法第26条第4款的规定。

基于上述理由，合议组作出如下决定。

三、决定

维持国家知识产权局于2006年10月20日对02822988.6号发明专利申请作出的驳回决定。

复审请求人如对本决定不服，可以依据专利法第41条第2款的规定，自收到本决定之日起三个月内向北京市第一中级人民法院起诉。

012

一种天然有机矿质活性生物保健肥料

复审请求审查决定（第16076号）

决　定　号　第16076号
决　定　日　2009年2月17日
发明创造名称　一种天然有机矿质活性生物保健肥料
国际分类号　C05G 1/00，C05F 11/08，C05F 11/02，C05D 9/02，C05G 3/04
复审请求人　李启东
申　请　号　200510019635.7
申　请　日　2005年10月20日
公　开　日　2007年4月25日
合议组组长　刘　静
主　审　员　危　峰
参　审　员　王　磊

法律依据　专利法第26条第3款
决定要点

对于化学产品发明，说明书中应当说明该化学产品制备中所用的原料物质的成分及其制备方法或者来源，使得本领域技术人员能够得到该原料物质。

一、案由

本复审请求案涉及发明名称为“一种天然有机矿质活性生物保健肥料”的200510019635.7号发明专利申请（下称本申请），申请人为李启东，申请日为2005年10月20日，公开日为2007年4月25日。

2007年10月19日，针对申请人于2005年10月20日提交的权利要求第1~2项、说明书摘要，2006年3月5日提交的说明书第1~2页、说明书附图第1页、摘要附图，2006年8月9日提交的说明书第3页，国家知识产权局以本申请说明书不符合专利法第26条第3款的规定为由驳回了本申请。

驳回决定认为：（1）有益微生物菌种是本申请的重要组成部分，对本申请的能否实现其发明目的起着重要的作用，而说明书没有具体说明所述“有益生物菌种”的生物学名称，同时也没有说明该生物菌群种的来源。虽然在说明书中提到有益微生物菌种可以是如牛瘤胃发酵菌，但是不同种类的牛瘤胃中的微生物是不同的，而且牛瘤胃中的微生物群是受很多因素影响的，如不同的自然环境会使牛瘤胃中的微生物不同，喂食不同的饲料也会使牛瘤胃中的微生物发生变化，因此说明书中仅提到牛瘤胃发酵菌还是无法使所属领域的技术人员得到该有益生物菌种；另外说明书中也没有给出本申请中所用该有益微生物菌种粉的活菌量，说明书中虽然有活性生物菌种粉的含量，但是由于没有给出该菌种粉中活菌含量，也使所属领域的技术人员无法确定有益生物菌种的用量。因此，本申请的说明书未对发明作出清楚、完整的说明，致使所属领域的技术人员不能实现该发明，不符合专利法第 26 条第 3 款的规定。（2）申请人在意见陈述书中指出，生物菌种粉、生物菌剂一般由曲霉菌、乳酸菌、酵母菌、光合菌、根瘤菌、牛瘤胃素菌及一切食用合成菌等组成，市场有售，但是这些内容也还是不足以充分公开所用的有益微生物菌种，既没有说明这些具体菌种，也没有说明所用生物生产厂家和产品的名称，而且这些内容在原说明书和权利要求书中没有记载，也不能由原权利要求书和说明书唯一导出，因此不予支持。

驳回决定针对的权利要求书如下：

"1. 一种天然有机矿质活性生物保健肥料，其特征：由有机质、矿质粉、活性有益生物菌种、微量活性元素组成。其重量百分比：有机质褐煤粉 8~10、秸秆粉 8~10、矿质沸石粉 10~20、钾长石粉 40~60、活性生物菌种粉 0. 5~1、微量活性元素硼、钼、铁、锌 1~3、硒、钴、碘 0. 01~0. 2。

2. 根据权利要求 1 所述的天然有机矿质活性生物保健肥料，其特征：经活性有机生物菌种酶系力强分解有机质纤维素、木质素为多种营养成份及菌体分泌的氨基酸、蛋白质、多种维生素供作物快速吸收，快速溶解矿质粉为多种养分供作物吸收生长，具有成本低，营养成份齐全，肥期和肥效利用率高，既长效又速效，改良土壤，提高了抗病虫害的能力和作物品质，增产及保健功能的纯天然环保型无公害的肥料。"

2007 年 12 月 13 日，申请人李启东（下称请求人）对上述驳回决定不服，向专利复审委员会提出复审请求，请求人在提出复审请求时没有对申请文件进行修改。

请求人认为：本申请在权利要求书和说明书中均已标明是采用活性生物菌种粉 0. 5% ~1%，其名称计量十分清楚，又在说明书第 3 页第 7 行写出了原料农村就地取材，市场有售，因此没有必要说明菌种的名称，这些菌种粉是公众很容易就能得到的。因此，本申请符合专利法第 26 条第 3 款的规定。

经形式审查合格后，专利复审委员会受理了该请求，并于 2008 年 1 月 4 日向请求人发出了《复审请求受理通知书》，同时将本申请转送至国家知识产权局原审查部门进行前置审查。

在《前置审查意见书》中，国家知识产权局原审查部门认为请求人的意见陈述不能被接受，因此坚持驳回决定。

2008 年 1 月 18 日，请求人提交了意见陈述书，认为：本申请说明书中已标明活性生物菌种粉用量，且原料农村就地取材，市场有售；此外，本申请属于一种天然有机生物保健肥料的配比制作方法，不是申请"生物菌种粉"的配制方法，因此，没有必要说明菌种的生物学名称，只掺入生物菌种粉与其他原料组合，就能实现本发明。因此，本申请符合专利法第 26 条第 3 款的规定。

2008 年 9 月 7 日，请求人再次提交了意见陈述书，并提交了下列证据：

证据 1：盖有"湖南杂交水稻研究中心-科研处"印章的《2007 年丰产栽培试验示范小结》及相关说明，复印件共 5 页；

证据 2：盖有"武汉市蔡甸区科学技术局"印章的《蔡甸科技》，2007 年第 21 期，2007 年 11 月 20 日，复印件共 2 页；

证据 3：武汉市科学技术局文件武科计［2008］42 号-市科技局关于下达 2008 年初创科技企业培育工程项目的通知及附表，复印件共 4 页；

证据 4：武汉市蔡甸区人民政府文件蔡政文［2008］14 号-蔡甸区人民政府关于请求扶持科技创新项目多功能有机长效生物绿色肥生产所需资金的请示，复印件共 2 页。

请求人认为：（1）菌粉在市场（如武汉舵落口农贸大市场等）有售，且厂家生产指标含量参数明确，生物菌发酵生物肥，早已是公知技术，菌剂、菌粉市场销售多年，公众都能得到，且本申请是肥料的配制技术，并非菌剂、菌粉的配制方法。因此，本申请符合专利法第 26 条第 3 款的规定。(2) 本申请的天然有机生物保健肥料，现已得到区、市科技局、区市政府的重视和支持，已转化为生产力，能使各种农作物增产且优质，取得了有益效果。

专利复审委员会组成合议组，对本复审请求案进行了审理。合议组于 2008 年 10 月 8 日向请求人发出《复审通知书》，指出：本申请权利要求 1 要求保护一种天然有机矿质活性生物保健肥料，其特征在于，由有机质、矿质粉、活性有益生物菌种、微量活性元素组成。本申请要解决的问题就是通过利用有益生物菌种与有机质等组合来提供天然矿质活性生物保健肥料，由此可见，有益生物菌种的选择对于本申请技术方案能否顺利实现是至关重要的。在本申请说明书未对所述肥料制备中使用的微生物菌种的成分以及其制备方法或者来源作出清楚说明的前提下，本领域技术人员无法得到所述微生物菌种，由此不能够实现本申请所要求保护的天然有机矿质活性生物保健肥料。因此，本申请说明书未对发明作出清楚、完整的说明，不符合专利法第 26 条第 3 款的规定。

针对上述《复审通知书》，请求人于 2008 年 10 月 26 日提交了意见陈述书，未对申请文件进行修改，并再次提交了上述证据 3，请求人认为：本申请要求保护的是天然有机生物保健肥料，不是化学产品，所用的全部原料，全国农村、农贸市场、厂家均可得到；且有机生物肥属公知技术，生物菌种虽是重要因素，但不是至关重要的，本申请的关键是“保健肥料”创新，采用无化学无公害的天然有机质、矿物经过溶释分解的多种养分，供作物吸收，决定肥料保健的重要因素是硒、锌、碘、钴等活性元素。请求人认为“微量活性元素”是保健肥料之重，而生物菌剂、菌粉，市场有售，本领域技术人员按照说明书记载的配制计量，购料发酵，混合造粒，就能实现本发明，因此本申请说明书符合专利法第 26 条第 3 款的规定。

至此，合议组认为本案事实已经清楚，可以作出审查决定。

二、决定的理由

1. 关于文本

请求人进入复审阶段后未对申请文件进行任何修改，故本复审请求审查决定所针对的文本为驳回决定所针对的文本，即申请人于 2005 年 10 月 20 日提交的权利要求第 1~2 项、说明书摘要，2006 年 3 月 5 日提交的说明书第 1~2 页、说明书附图第 1 页、摘要附图，2006 年 8 月 9 日提交的说明书第 3 页。

2. 关于专利法第 26 条第 3 款

专利法第 26 条第 3 款规定：说明书应当对发明或者实用新型作出清楚、完整的说明，以所属技术领域的技术人员能够实现为准。

对于化学产品发明，说明书中应当说明该化学产品制备中所用的原料物质的成分及其制备方法或者来源，使得本领域技术人员能够得到该原料物质。

就本申请而言，权利要求 1 要求保护一种天然有机矿质活性生物保健肥料，其特征在于，由有机质、矿质粉、活性有益生物菌种、微量活性元素组成。其重量百分比：有机质褐煤粉 8~10、秸秆粉 8~10、矿质沸石粉 10~20、钾长石粉 40~60、活性生物菌种粉 0.5~1、微量活性元素硼、钼、铁、锌 1~3、硒、钴、碘 0.01~0.2。

根据本申请说明书的记载（参见说明书第 2 页），本申请涉及一种天然有机矿质活性生物保健肥料，通过有益生物菌种的分解分泌能力，快速将各种有机质纤维素、木质素等分解成蛋白质等多种营养成份供作物吸收利用，同时分泌氨基酸等营养成份，并快速溶解矿质粉为磷钾养分供作物吸收；同时有益生物菌种将害虫、有毒物吞灭，具有抗病虫害的功效。本申请要解决的问题就是通过利用有益生物菌种与有机质等组合来提供天然矿质活性生物保健肥料，由此可见，有益生物菌种的选择对于本申请技术方案能否顺利实现是至关重要的。

然而，一方面，“有益生物菌种”并非某一确切微生物的生物学分类名称，现有技术并未将世界上所有的生物菌种清楚地划分为益生菌或非益生菌，即无法清楚划定“有益生物菌种”所指的菌种范围。在这种情况下，说明书使用“有益生物菌种”的表述无法准确地表达发明的技术内容，以致所属技术领域人员不能清楚、正确地理解该发明，不符合专利法第26条第3款中“清楚”的要求。另一方面，本申请仅在说明书第2页第2段中提到有益微生物菌种可以是如牛瘤胃发酵菌群，但是不同种类的牛瘤胃中的微生物是不同的，而且牛瘤胃中的微生物群是受很多因素影响的，如不同的自然环境会使牛瘤胃中的微生物不同，喂食不同的饲料也会使牛瘤胃中的微生物发生变化，因此说明书中仅提到牛瘤胃发酵菌群并不能使所属领域的技术人员获知该有益微生物菌种的具体种类；除此之外，本申请说明书中再没有任何地方具体说明所述有益微生物菌种的生物学名称，同时也没有说明该微生物菌种的制备方法或来源。综上所述，在本申请说明书未对所述肥料制备中使用的微生物菌种的成分以及其制备方法或者来源作出清楚说明的前提下，本领域技术人员无法得到所述微生物菌种，由此不能够实现本申请所要求保护的天然有机矿质活性生物保健肥料。因此，本申请说明书未对发明作出清楚、完整的说明，不符合专利法第26条第3款的规定。

请求人认为，(1) 本申请要求保护的是天然有机生物保健肥料，不是化学产品，且原料农村就地取材，市场有售；(2) 其次，本申请属于一种天然有机生物肥的配比制作方法，不是申请“生物菌种粉”的配制方法，因此，没有必要说明菌种的生物学名称，只掺入生物菌种粉与其他原料组合，就能实现本发明；(3) 再次，有机生物肥属公知技术，生物菌种虽是重要因素，但不是至关重要的，本申请的关键是“保健肥料”创新，采用无化学无公害的天然有机质、矿物经过溶释分解的多种养分，供作物吸收，决定肥料保健的重要因素是硒、锌、碘、钴等活性元素，“微量活性元素”是保健肥料的重点；(4) 此外，依据2008年9月7日所提交的证据1~4以及2008年10月26日再次提交的证据3，本申请的天然有机保健生物肥料，现已得到区、市科技局、区市政府的重视和支持，已转化为生产力，能使各种农作物增产且优质，取得了有益效果。

对此，合议组认为，(1) 本申请的天然有机生物保健肥料，属于组合物类的产品发明，应当满足《审查指南》对于化学产品发明充分公开的要求。如上所述，有益生物菌种的选择对于本申请技术方案能否实现是至关重要的，而本申请说明书中仅标明活性生物菌种粉用量，且原料农村就地取材，市场有售，并没有说明所用具体的有益生物菌种的生产厂家、产品名称等信息，请求人也没有提供任何证据证明本申请具体实施方案中所用的“活性生物菌种粉”是本领域公知的、市面上有售的产品名称，因此所属领域的技术人员无法得到说明书所述的“活性生物菌种粉”；(2) 其次，本申请涉及一种天然有机生物肥，如上所述，说明书中应当说明该生物肥制备中所用的有益微生物菌种的成分及其制备方法或者来源，以使得所属领域的技术人员获得该有益微生物菌种以实现本发明；(3) 再次，本申请说明书中并未提及决定该有机生物肥的重要因素是硒、锌、碘、钴等活性元素，相反，根据本申请说明书第1页第1段和第2页第2~8段记载的内容来看，如上所述，本申请要解决的问题就是通过利用有益生物菌种与有机质等组合来提供该有机生物肥，有益生物菌种的选择对于本申请技术方案能否顺利实现是至关重要的；(4) 此外，请求人所提交的证据1为盖有“湖南杂交水稻研究中心-科研处”印章的《2007年丰产栽培试验示范小结》及相关说明，证据2~4为武汉市蔡甸区科技局、武汉市科技局和武汉市蔡甸区人民政府的相关文件，从证据1~4中看不出其中所述的“肥”即为本申请的天然有机生物肥，且所述文件内容仅能说明所述“肥”的应用效果，并没有公开本申请的天然有机生物肥中使用的活性有益生物菌种的具体种类或其来源。综上，合议组对请求人的主张不予支持。

综上所述，合议组认为：本申请的说明书不符合专利法第 26 条第 3 款的规定。

根据上述事实和理由，合议组作出如下审查决定。

三、决定

维持国家知识产权局于 2007 年 10 月 19 日针对 200510019635.7 号发明专利申请作出的驳回决定。

复审请求人对本决定不服的，可以根据专利法第 41 条第 2 款的规定，自收到本决定之日起三个月内向北京市第一中级人民法院起诉。

013

用在包括半干燥循环洗衣机的洗涤方法及其控制装置

复审请求审查决定（第16119号）

决　定　号　第16119号
决　定　日　2009年2月20日
发明创造名称　用在包括半干燥循环洗衣机的洗涤方法及其控制装置
国际分类号　D06F 33/02
复审请求人　LG电子株式会社
申　请　号　200410059394.4
申　请　日　2004年6月21日
公　开　日　2005年2月2日
合议组组长　张宗任
主　审　员　张汉国
参　审　员　吴　佳

法律依据　专利法实施细则第20条第1款、第21条第2款
决定要点

判断某一技术特征是否为必要技术特征应当从所要解决的技术问题出发并考虑说明书描述的整体内容，不应简单地将实施例中的技术特征直接认定为必要技术特征。

一、案由

本复审请求涉及申请人为LG电子株式会社、申请号为200410059394.4、名称为“用在包括半干燥循环洗衣机的洗涤方法及其控制装置”的发明专利申请，其申请日为2004年6月21日，最早优先权日为2003年6月20日。

国家知识产权局于2007年6月8日以权利要求1、18不符合专利法实施细则第20条第1款，权利要求4、20不符合专利法实施细则第21条第2款为由驳回了该申请。驳回决定针对的文本为：申请日提交的权利要求1~26、说明书第1~20页、说明书附图第1~12页、摘要和摘要附图。驳回的具体理由是：权利要求1、18中出现了“多个阶段”、“逐渐增加”、“较高甩干速度”，由于这类词语是比较性质的词语，在未给出比较对象的情况下会导致权利要求的保护范围不清楚，不符合专利法实施细则第20条第1款的规定；权利要求4、20所记载的仅仅是本申请所要解决的技术问题或者说是其要实现的功能，而没有记载解决该技术问题或者实现该功能的具体技术特征，例如甩干或者半甩干至少应该包含几个基本参数，甩干步骤、时间、转速、间隔时间等等，解缠同样需要所述全部或者部分参数，因此权利要求4、20不符合专利法实施细则第21条第2款的规定。

驳回决定针对的权利要求书中权利要求1、4、18、20为：

"1. 一种在洗衣机中采用的半干燥方法，包括的步骤为：执行多个阶段甩干过程以提取含在洗衣机中洗涤衣物中的水，同时逐渐增加装有衣物的滚筒的甩干速度，从而在较高甩干速度下进行甩干过程的较高阶段；以及在多个阶段甩干过程的每个阶段完成后，使滚筒以搅动方式旋转，以执行解缠绕过程。"

"4. 一种用在洗衣机中的半干燥方法，包括：第一次半甩干步骤，该步骤用于使滚筒以预定的甩干速度旋转，以通过在滚筒旋转期间产生的离心力来甩干装在滚筒内的衣物；第一次解缠绕步骤，在第一次半甩干步骤完成后，该步骤用于以搅动方式旋转滚筒，以解缠绕该衣物；第二次解缠绕步骤，在第一次解缠绕步骤完成后，该步骤用于比在第一次半甩干步骤中高的甩干速度使滚筒旋转；第二次解缠绕步骤，在第二次半甩干步骤完成后，该步骤用于以搅动方式旋转滚筒，以解缠绕该衣物；主甩干步骤，在第二次解缠绕步骤完成后，该步骤用于以较高的甩干速度使滚筒旋转，从而以比在第二次半甩干步骤中高的水提取率甩干衣物；以及最后解缠绕步骤，在主甩干步骤完成后，该步骤用于以搅动方式旋转滚筒，以解缠绕该衣物。"

"18. 一种用在洗衣机中的洗涤方法，包括：用于重复地执行漂洗过程和排水过程多次的漂洗循环，其中漂洗过程用于把洗涤水供应到装有衣物的滚筒内，然后使滚筒旋转以漂洗衣物，而排水过程用于排放洗涤水，同时在重复漂洗过程的至少最终一个过程中对供应的洗涤水加热；以及用以下方式执行多个阶段甩干过程的半干燥循环，即滚筒在为多个阶段甩干过程的相应阶段设定的甩干速度下旋转，以通过在滚筒旋转期间产生的离心力甩干衣物，同时在多个阶段甩干过程的每个阶段完成后，以搅动方式使滚筒旋转以解缠绕衣物。"

"20. 根据权利要求18的洗涤方法，其中该半干燥循环包括：第一次半甩干步骤，该步骤用于使滚筒以预定甩干速度旋转；第一次解缠绕步骤，在第一次半甩干步骤完成后，该步骤用于以搅动方式旋转滚筒，以解缠绕该衣物；第二次解缠绕步骤，在第一次解缠绕步骤完成后，该步骤用于比在第一次半甩干步骤中较高的甩干速度使滚筒旋转；第二次解缠绕步骤，在第二次半甩干步骤完成后，该步骤用于以搅动方式旋转滚筒，以解缠绕该衣物。主甩干绕步骤，在第二次解缠绕步骤完成后，该步骤用于以较高的甩干速度使滚筒旋转，从而以比在第二次半甩干步骤中较高的水提取率甩干衣物；以及最后解缠绕步骤，在主甩干步骤完成后，该步骤用于以搅动方式旋转滚筒，以解缠绕该衣物。"

申请人（下称请求人）不服上述驳回决定，于2007年9月24日向专利复审委员会提出复审请求。请求人没有修改申请文件，认为："多个阶段"不是比较性质的词语，"多个"意味着"多于一个"，"多个阶段"可以是2个、3个、4个阶段，不会导致权利要求的保护范围不清楚；"逐渐增加"、"较高甩干速度"出现在"逐渐增加装有衣物的滚筒的甩干速度，从而在较高甩干速度下进行甩干过程的较高阶段"，其含义清楚，为：逐渐增加装有衣物的滚筒的甩干速度，使得甩干过程处于越高的阶段，甩干速度越高；本发明的发明点在于甩干过程分为多个阶段，以及上述阶段中插入了解缠绕处理，权利要求4、20中已经记载了上述发明点，各个甩干阶段的参数选择，是本领域技术人员已知的，本发明重点也不在于参数的选择，说明书中记载的参数仅是示例性的，参数并非解决本发明问题所必须，因此权利要求4、20符合专利法实施细则第21条第2款的规定。

经形式审查合格，专利复审委员会受理了上述请求，于2007年10月30日向请求人发出复审请求受理通知书，并按审查指南的规定要求国家知识产权局实质审查部门进行前置审查。实质审查部门经过前置审查，认为请求人在复审请求中的意见陈述，仍然不能克服驳回决定中指出的缺陷，故坚持原驳回决定。

专利复审委员会依法组成合议组对本复审请求进行审查。合议组于2008年3月3日针对驳回文本向请求人发出复审通知书，复审通知书的主要内容是：

（1）对权利要求1中记载的"执行多个阶段甩干过程以提取含在洗衣机中洗涤衣物中的水，同时逐渐增加装有衣物的滚筒的甩干速度，从而在较高甩干速度下进行甩干过程的较高阶段”，本领域技术人员不清楚“逐渐增加”究竟指的是在同一甩干阶段中逐渐增加甩干速度还是后一阶段相对于前一阶段逐渐增加甩干速度，也不清楚“较高阶段”究竟指的是否是相对于前面阶段的后一阶段，因为“较高阶段”从字义上理解并不包含时间先后。以上部分存在歧义，因此权利要求1不符合专利法实施细则第20条第1款的规定，申请人应修改消除此缺陷。

（2）权利要求4、20请求保护的方法中均具有两个第二次解缠绕步骤，由此导致权利要求不清楚，不符合专利法实施细则第20条第1款的规定，申请人应修改消除此缺陷。

请求人于2008年6月10日针对复审通知书提交了意见陈述书，并提交了修改后的权利要求书全文替换页，请求人认为修改后的权利要求已经克服了复审通知书指出的缺陷。修改后的权利要求书具有25个权利要求，其中权利要求1、4、18、20为：

“1. 一种在洗衣机中采用的半干燥方法，包括的步骤为：执行多个阶段甩干过程以提取含在洗衣机中洗涤衣物中的水，同时逐阶段地增加装有衣物的滚筒的甩干速度，从而在较高甩干速度下进行甩干过程的较后阶段；以及在多个阶段甩干过程的每个阶段完成后，使滚筒以搅动方式旋转，以执行解缠绕过程。”

“4. 一种用在洗衣机中的半干燥方法，包括：第一次半甩干步骤，该步骤用于使滚筒以预定的甩干速度旋转，以通过在滚筒旋转期间产生的离心力来甩干装在滚筒内的衣物；第一次解缠绕步骤，在第一次半甩干步骤完成后，该步骤用于以搅动方式旋转滚筒，以解缠绕该衣物；第二次半甩干步骤，在第一次解缠绕步骤完成后，该步骤用于比在第一次半甩干步骤中高的甩干速度使滚筒旋转；第二次解缠绕步骤，在第二次半甩干步骤完成后，该步骤用于以搅动方式旋转滚筒，以解缠绕该衣物；主甩干步骤，在第二次解缠绕步骤完成后，该步骤用于以较高的甩干速度使滚筒旋转，从而以比在第二次半甩干步骤中高的水提取率甩干衣物；以及最后解缠绕步骤，在主甩干步骤完成后，该步骤用于以搅动方式旋转滚筒，以解缠绕该衣物。”

“18. 一种用在洗衣机中的洗涤方法，包括：用于重复地执行漂洗过程和排水过程多次的漂洗循环，其中漂洗过程用于把洗涤水供应到装有衣物的滚筒内，然后使滚筒旋转以漂洗衣物，而排水过程用于排放洗涤水，同时在重复漂洗过程的至少最终一个过程中对供应的洗涤水加热；以及用以下方式执行多个阶段甩干过程的半干燥循环，即滚筒在为多个阶段甩干过程的相应阶段设定的甩干速度下旋转，以通过在滚筒旋转期间产生的离心力甩干衣物，同时在多个阶段甩干过程的每个阶段完成后，以搅动方式使滚筒旋转以解缠绕衣物。”

“20. 根据权利要求18的洗涤方法，其中该半干燥循环包括：第一次半甩干步骤，该步骤用于使滚筒以预定甩干速度旋转；第一次解缠绕步骤，在第一次半甩干步骤完成后，该步骤用于以搅动方式旋转滚筒，以解缠绕该衣物；第二次半甩干步骤，在第一次解缠绕步骤完成后，该步骤用于比在第一次半甩干步骤中较高的甩干速度使滚筒旋转；第二次解缠绕步骤，在第二次半甩干步骤完成后，该步骤用于以搅动方式旋转滚筒，以解缠绕该衣物。

主甩干绕步骤，在第二次解缠绕步骤完成后，该步骤用于以较高的甩干速度使滚筒旋转，从而以比在第二次半甩干步骤中较高的水提取率甩干衣物；以及

最后解缠绕步骤，在主甩干步骤完成后，该步骤用于以搅动方式旋转滚筒，以解缠绕该衣物。”

至此，合议组认为本案事实清楚，可以依法作出审查决定。

二、决定的理由

1. 关于决定文本

请求人2008年6月10日提交的权利要求第1~25项，经审查，符合专利法第33条和专利法实施细则第60条第1款的规定，合议组予以接受。本决定针对的文本为：2008年6月10日提交的权利要求第1~25项，2004年6月21日提交的说明书第1~20页、说明书附图第1~12页、说明书摘要和摘

要附图。

2. 关于专利法实施细则第 20 条第 1 款

专利法实施细则第 20 条第 1 款规定：权利要求书应当说明发明或者实用新型的技术特征，清楚、简要地表述请求保护的范围。

合议组认为，权利要求 1、18 中的“多个阶段”的含义是清楚的，其并非比较性质的词语，在权利要求中表示具有 2 个或者 2 个以上的甩干过程，权利要求 1、18 中的“多个阶段”并不会导致权利要求 1、18 的保护范围不清楚，故合议组不能赞同驳回决定中以“多个阶段”为比较性质的词语，在未给出比较对象的情况下会导致权利要求保护范围不清楚的观点。

请求人将权利要求 1 中的“逐渐增加”修改为“逐阶段地增加”澄清了是后一阶段相对于前一阶段逐渐增加甩干速度，也使得其后“较高甩干速度”的含义清楚，而将“较高阶段”修改为“较后阶段”，明确了时间前后，其含义清楚。请求人的上述修改克服了驳回决定中指出的“逐渐增加”、“较高甩干速度”导致权利要求 1 保护范围不清楚，以及复审通知书中指出的“逐渐增加”、“较高阶段”导致权利要求 1 保护范围不清楚的缺陷。

3. 关于专利法实施细则第 21 条第 2 款

专利法实施细则第 21 条第 2 款规定：独立权利要求应当从整体上反映发明或者实用新型的技术方案，记载解决技术问题的必要技术特征。

必要技术特征是指，发明或者实用新型为解决其技术问题所不可缺少的技术特征，其总和足以构成发明或者实用新型的技术方案，使之区别于背景技术中所述的其他技术方案。判断某一技术特征是否为必要技术特征应当从所要解决的技术问题出发并考虑说明书描述的整体内容，不应简单地将实施例中的技术特征直接认定为必要技术特征。

本申请的权利要求 4 请求保护一种用在洗衣机中的半干燥方法，其包括第一半甩干步骤、第一次解缠绕步骤、第二次半甩干步骤、第二次解缠绕步骤、主甩干步骤、最后解缠绕步骤，根据说明书的记载，权利要求 4 与背景技术中所述的其他技术方案的不同点在于将甩干过程分为上述多个阶段，且后一阶段的甩干速度与前一阶段的甩干速度相比逐步增加，并在上述阶段中插入解缠绕处理步骤，该技术方案用以解决背景技术中洗涤时衣物易损坏、起皱的技术问题，相对于背景技术能够使洗涤过程中衣物损坏和起皱最小化。至于各个甩干阶段具体的甩干时间、转速等参数，如说明书实施例中记载的具体的甩干时间、转速等参数，并非解决本发明的技术问题所必须，不能认定为本申请的必要技术特征。因此，合议组不能赞同驳回决定中认为权利要求 4 中记载的仅是本申请所要解决的技术问题或者说是其要实现的功能，而没有记载解决该技术问题或者实现该功能的具体技术特征，从而不符合专利法实施细则第 21 条第 2 款的观点，权利要求 4 符合专利法实施细则第 21 条第 2 款的规定。同理，权利要求 20 也符合专利法实施细则第 21 条第 2 款的规定。

综上所述，权利要求 1、4、18、20 克服了驳回决定和复审通知书中指出的不符合专利法实施细则第 20 条第 1 款的缺陷，权利要求 4、20 不具有驳回决定中指出的不符合专利法实施细则第 21 条第 2 款的缺陷，依法应当撤销原驳回决定。

三、决定

撤销国家知识产权局于 2007 年 6 月 8 日对 200410059394.4 号发明专利申请所作出的驳回决定，以请求人在 2008 年 6 月 10 日提交的权利要求第 1~25 项，2004 年 6 月 21 日提交的说明书第 1~20 页、说明书附图第 1~12 页、说明书摘要和摘要附图为基础，由实质审查部门继续审批程序。

请求人对本决定不服的，可以根据专利法第 41 条第 2 款的规定，自收到本决定之日起 3 个月内向北京市第一中级人民法院起诉。

014

作为抗肿瘤剂的 C7 酯取代的紫杉烷

复审请求审查决定（第 16132 号）

决　　定　　号　第 16132 号
决　　定　　日　2009 年 2 月 23 日
发明创造名称　作为抗肿瘤剂的 C7 酯取代的紫杉烷
国 际 分 类 号　C07D 407/12，A61K 31/335，A61P 35/00
复 审 请 求 人　佛罗里达州立大学研究基金有限公司
申　　请　　号　01800306.0
优　先　权　日　2000 年 2 月 2 日
申　　请　　日　2001 年 2 月 2 日
公　　开　　日　2002 年 8 月 7 日
合 议 组 组 长　侯　曜
主　　审　　员　李亚林
参　　审　　员　危　峰

法 律 依 据　专利法第 22 条第 3 款
决 定 要 点

对于要求保护具体化合物的权利要求而言，如果所述具体化合物较主结构相近但某些位置的取代基差异较大的已知化合物具有更高活性，且依据现有技术无法得出在所述主结构上进行这样的取代基改变后所获得的具体化合物会具有更高活性的启示，那么，该权利要求具备创造性。

一、案由

本复审请求案涉及发明名称为“作为抗肿瘤剂的 C7 酯取代的紫杉烷”的 01800306.0 号发明专利申请（下称本申请），申请人为佛罗里达州立大学研究基金有限公司，本申请的申请日为 2001 年 2 月 2 日，公开日为 2002 年 8 月 7 日，优先权日为 2000 年 2 月 2 日。

2006 年 5 月 12 日，针对申请人于 2004 年 12 月 14 日提交的权利要求第 1~54 项，2003 年 1 月 16 日提交的说明书第 28~29、38 页，2001 年 10 月 23 日进入中国国家阶段时提交的国际申请文件的说明书第 1~27、30~37、39~59 页和说明书摘要，国家知识产权局以本申请权利要求 1~54 不符合专利法第 22 条第 3 款的规定为由驳回了本申请。

驳回决定所针对文本的独立权利要求如下：

“1. 一种具有下式的紫杉烷：

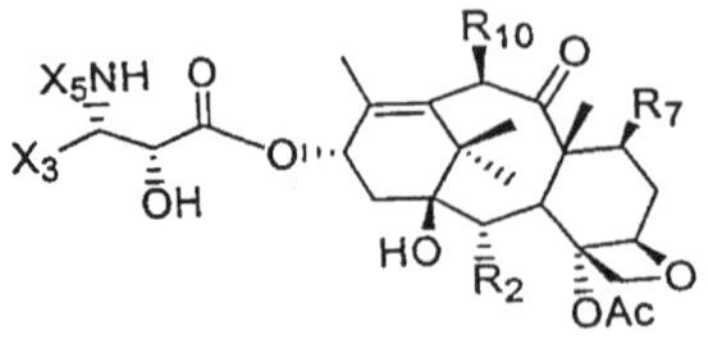

R_2 为苯甲酰氧基；

R_7 为 $R_{7a}COO-$；

R_{10}为羟基；

X_3 为杂环基；

X_5 为$-COX_{10}$或$-COOX_{10}$；

X_{10}为取代或未取代的苯基、2-呋喃基、3-呋喃基、2-噻吩基、3-噻吩基、2-吡啶基、3-吡啶基、4-吡啶基、C_1-C_8 烷基、C_2-C_8 烯基或 C_2-C_8 炔基；其中所述取代基选自卤素、杂环基、C_1-C_8 烷氧基、C_2-C_8 烯氧基、C_2-C_8 炔氧基、芳氧基、羟基、保护的羟基、酮基、C_1-C_8 酰基、C_1-C_8 酰氧基、硝基、氨基、酰氨基、氰基、巯基、缩酮、缩醛和醚基；R_{7a}为 C_1-C_8 烷基、C_2-C_8 烯基或杂环基；且 Ac 为乙酰基，

所述杂环基指在至少一个环上具有至少一个杂原子的未取代的或取代的全饱和或不饱和的单环或二环芳族或非芳族基团，所述杂环基的取代基选自卤素、C_1-C_8 烷氧基、C_2-C_8 烯氧基、C_2-C_8 炔氧基、芳氧基、羟基、保护的羟基、酮基、C_1-C_8 酰氧基、硝基、氰基、巯基、缩酮、缩醛、酯基和醚基；

所述芳基指在环部分含有 6~12 个碳原子的单环或双环碳环芳香基团。

21. 一种药物组合物，该药物组合物包含权利要求 1 的紫杉烷和至少一种药学可接受的载体。

35. 一种口服给药的组合物，包含权利要求 1 的紫杉烷和至少一种药学可接受的载体。

45. 权利要求 1 的紫杉烷在制备用于抑制哺乳动物肿瘤生长的药物中的用途。”

驳回决定认为，本申请化合物与对比文件 5（紫杉醇类似物结构与活性关系模型，刘斌等，《天津大学学报》，第 33 卷，第 1 期，第 51~55 页，2000 年 1 月）公开的 X3 位为杂环取代基的紫杉醇衍生物的区别在于主环上的各羟基保护基可能不同，但这些保护基是本领域普通技术人员常用的保护基，因此本申请化合物是显而易见的，其具有类似的理化活性也是可以预料的。驳回决定还提到，对比文件 3（“Relationships between the Structure of Taxol Anaglogues and Their Antimitotic Activity”，Francoise G V 等，Journal of Medicinal Chemistry，1991，第 34 卷，第 3 期，第 992~998 页）公开了 C7 位形成酯基可以提高紫杉醇衍生物的水溶性，此外，据申请人在答复《第三次审查意见通知书》时提交的对比实验数据可见本申请化合物的效果有高有低，且没有针对 X3 位为杂环基的化合物的比较数据，因而无法证明本申请的创造性。

2006 年 8 月 9 日，申请人佛罗里达州立大学研究基金有限公司（下称请求人）向专利复审委员会提出复审请求，请求人在提出复审请求的同时对申请文件进行了修改。修改体现在以下两个方面：（1）从权利要求 1 的基团“X_{10}”的定义中删除“取代的或未取代的”措辞，相应删除关于取代基的定义并相应修改其后的从属权利要求；（2）增加从属权利要求 55~77。请求人还陈述了本申请权利要求具备创造性的理由，认为，根据对比文件 5 公开的内容，本领域的普通技术人员无法产生要对 R7 位的羟基进行保护的动机，更无法预料用碳酸酯基团对羟基保护后仍能得到活性化合物，此外，从请求人在答复《第三次审查意见通知书》时提交的实验数据可以看出，本发明化合物在活性方面

取得了显著的技术效果，因此，本申请具备突出的实质性特点和显著的进步。

修改后的权利要求 1 如下：

“1. 一种具有下式的紫杉烷：

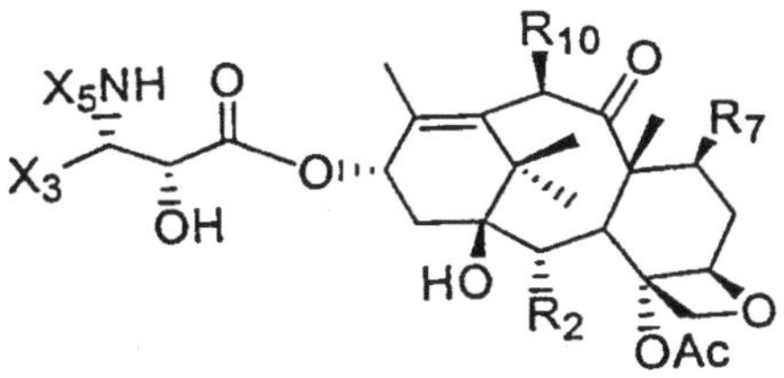

R_2 为苯甲酰氧基；

R_7 为 $R_{7a}COO-$；

R_{10}为羟基；

X_3 为杂环基；

X_5 为$-COX_{10}$或$-COOX_{10}$；

X_{10}为苯基、2-呋喃基、3-呋喃基、2-噻吩基、3-噻吩基、2-吡啶基、3-吡啶基、4-吡啶基、C_1-C_8 烷基或 C_2-C_8 烯基；

R_{7a}为 C_1-C_8 烷基、C_2-C_8 烯基或杂环基；且 Ac 为乙酰基，所述杂环基指在至少一个环上具有至少一个杂原子的未取代的或取代的全饱和或不饱和的单环或二环芳族或非芳族基团，所述杂环基的取代基选自卤素、C_1-C_8 烷氧基、C_2-C_8 烯氧基、C_2-C_8 炔氧基、芳氧基、羟基、保护的羟基、酮基、C_1-C_8 酰氧基、硝基、氰基、巯基、缩酮、缩醛、酯基和醚基；

所述芳基指在环部分含有 6~12 个碳原子的单环或双环碳环芳香基团。”

经形式审查合格后，专利复审委员会受理了该请求，并于 2006 年 9 月 8 日向请求人发出了《复审请求受理通知书》，同时将本申请转送至国家知识产权局原审查部门进行前置审查。

在《前置审查意见书》中，国家知识产权局原审查部门认为请求人未针对对比文件 5（X3 位为杂环的情形）给出对比试验数据，也未提供新的证据，故坚持驳回决定。

随后，专利复审委员会成立合议组对本案进行审理。

合议组考察了本申请的实质审查过程，认可驳回决定中以对比文件 5 作为最接近现有技术的认定，认为对比文件 5 结合对比文件 3 结合可以评价本申请的创造性，同时，合议组发现，在实质审查初期所援引的用于评价创造性的对比文件 1（EP0882732A，公开日 1998 年 12 月 9 日）可与对比文件 5 结合以评价本申请的创造性，合议组将这种结合方式也纳入本申请创造性的评述中。合议组于 2008 年 10 月 14 日向请求人发出《复审通知书》，指出：（1）请求人于 2006 年 8 月 9 日提交的权利要求书中所增加的权利要求 55~77 不符合专利法实施细则第 60 条第 1 款的规定。（2）对比文件 5 公开了与本申请结构相近的紫杉烷衍生物，对比文件 1 给出了在紫杉烷 C7 位（即，本申请权利要求 1 中的 R_7 位）取代以酯基（具体为葡萄糖基取代的乙酰氧基）后水溶性和活性增强的教导，对比文件 3 也给出了在紫杉烷 C7 位取代以酯基（具体为$-OCO(CH_2)_3CO_2H$、$-OCO(CH_2)_3CO_2H$、$COCH_2NH_2$、$COCH(NH_2)CH_2C_6H_5$）后仍具有相近活性的教导。由此，本申请权利要求 1~54 相对于对比文件 5 和对比文件 1 的结合或者对比文件 5 和对比文件 3 的结合不符合专利法第 22 条第 3 款有关创造性的规定。关于请求人所提及的实验数据，合议组查明，请求人在答复《第三次审查意见通知书》时确实提交了实验数据，其内容为泰素（即，紫杉醇）、泰索帝（即，docetaxel）以及 36 个本申请具体化合物对于 HCT116 细胞和 VM46 细胞的 IC50。对于该实验数据，首先，关于本申请化合物对于 VM46 细胞的抑制活性并未记载于本申请原始提交的申请文件中，对于该活性数据合议组不予考虑；其次，关于申请化合物对于 HCT116 细胞的抑制活性数据与本申请原始提交的说明书中相关内容相一致，给出了较原说明书中“<1”或“<10”的数据更为精确的定量数据，但从该数据来看，其中 16 个本申请化合物的活性优于泰索帝，20 个本申请化合物的活性劣于泰索帝，由此，无法得出本申请化合物具有更好活性的结论。

请求人于 2008 年 12 月 16 日提交了意见陈述书，同时提交了权利要求书全文替换页，修改后权利要求如下：

“1. 一种具有下式的紫杉烷：

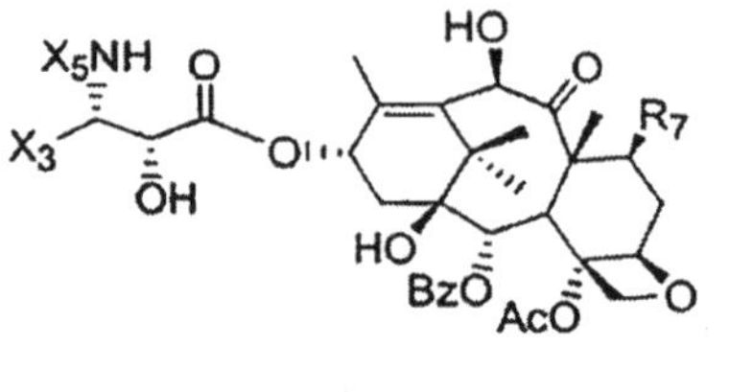

其中：

X_5 为 tBuOCO-，R_7 为 EtCOO-，X_3 选自 2-呋喃基、3-呋喃基、2-噻吩基和 3-噻吩基。

2. 权利要求 1 的紫杉烷，其中 X_3 为 2-呋喃基。

3. 药物组合物，该药物组合物包含权利要求 1 的紫杉烷和至少一种药学可接受的载体。

4. 权利要求 3 的药物组合物，其中紫杉烷中的 X_3 为 2-呋喃基。

5. 权利要求 3 或 4 的药物组合物，其中所述药物组合物为口服药物组合物。

6. 权利要求 1 或 2 的紫杉烷在制备用于抑制哺乳动物肿瘤生长的药物中的用途。”

请求人认为：（1）修改后权利要求 1 中的化合物为说明书第 27 页实施例 2 表中的化合物 1393、1401、1418 和 1424，所作修’改符合专利法实施细则第 60 条第 1 款和专利法第 33 条的规定。（2）无论是单独还是结合，对比文件 1、对比文件 3 和对比文件 5 均没有公开在 C7 位为乙基酯、在 C10 位为羟基、在 C3’ 位为呋喃基或噻吩基并且叔丁氧基羰基与 3’ 氮原子连接的化合物，本申请权利要求 1 的化合物具有非显而易见性；此外，本申请权利要求 1 的化合物与紫杉醇和 docetaxel 相比活性显著提高（参见答复《第三次审查意见通知书》时提交的实验数据），具有显著的进步，因此，本申请权利要求 1 具备专利法第 22 条第 3 款规定的创造性。同理，权利要求 2~6 也具备创造性。

经合议，合议组认为本案事实已经清楚，可以作出审查决定。

二、决定的理由

1. 审查文本的认定

在复审程序中，请求人于 2008 年 12 月 16 日提交了权利要求书全文替换页。经审查，上述修改符合专利法第 33 条及专利法实施细则第 60 条第 1 款的规定。

本复审请求审查决定针对的文本是：请求人于 2008 年 12 月 16 日提交的权利要求第 1~6 项，2003 年 1 月 16 日提交的说明书第 28~29、38 页，2001 年 10 月 29 日进入中国国家阶段时提交的国际申请文件的说明书第 1~27、30~37、39~59 页和说明书摘要。

2. 关于专利法第 22 条第 3 款

专利法第 22 条第 3 款规定：创造性，是指同申请日以前已有的技术相比，该发明有突出的实质性特点和显著的进步。

对于要求保护具体化合物的权利要求而言，如果所述具体化合物较主结构相近但某些位置的取代基差异较大的已知化合物具有更高活性，且依据现有技术无法得出在所述主结构上进行这样的取代基改变后所获得的具体化合物会具有更高活性的启示，那么，该权利要求具备创造性。

请求人于2008年12月16日提交的权利要求1要求保护4个具体化合物（即，实施例2中化合物1393、1401、1418和1424），在说明书活性实施例中测定了这四个化合物相对于HCT116细胞的ID50。

无论是在原审查部门作出驳回决定时，还是在复审委员会发出复审通知书时，均以对比文件5作为最接近的现有技术。对比文件5为研究紫杉烷衍生物构效关系的论文，对于紫杉烷类似物的构效关系进行了研究，其中公开了一种如下的通式化合物

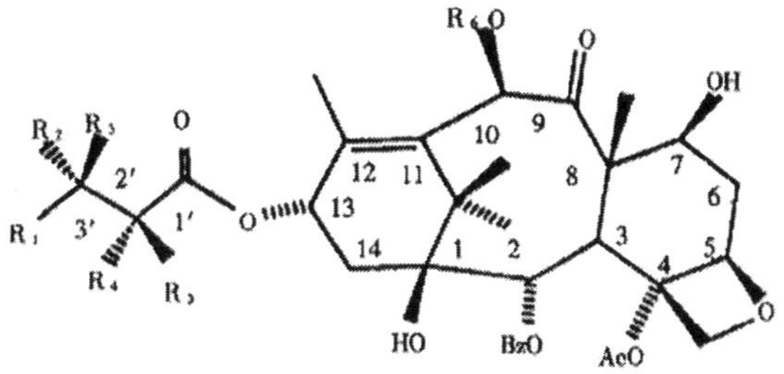

其第53页表1中化合物41和42的R_2均为NHBz，R_3和R_5均为H，R_4均为OH，R_6均为Ac，R_1分别为2-呋喃基和3-呋喃基。

本申请权利要求1化合物与对比文件5中化合物41和42均为紫杉烷衍生物，具有相同的紫杉烷主结构，其区别在于：（1）C7位取代基不同，本申请权利要求1化合物的该位置为EtCOO-，对比文件5中化合物的相应位置为羟基；（2）C3'位取代基不同，本申请权利要求1化合物的该位置为tBuOCO-，对比文件5中化合物的相应位置为Bz（即，苯甲酰基）；（3）C10位取代基不同，本申请权利要求1化合物的该位置为羟基，对比文件5化合物的相应位置为AcO（即，乙酰基）。

据本申请说明书所述，其发明目的在于通过改变C7位、C3'位以及C10位的取代基从而提供抗肿瘤功效和毒性与紫杉醇和docetaxel相比改进的紫杉烷（参见本申请说明书第1页倒数第3段）。在本申请说明书第54~57页的活性实施例中测定了本申请化合物以及紫杉醇和docetaxel相对于HCT116细胞的ID50，结果表明，紫杉醇的ID50为2.1，docetaxel的ID50为0.6，本申请权利要求1化合物的ID50均为“<1”（参见说明书第55页表中化合物1393、1401、1418和1424），请求人答复《第三次审查意见通知书》时提交了更加精确的实验数据，可以看出，化合物1393、1401、1418和1424相对于HCT116细胞的ID50分别为0.21、0.42、0.41和0.49，确低于紫杉醇和docetaxel。但是，本申请中没有记载且请求人也未提供本申请化合物具有更低毒性的证据。此外，尽管对比文件5提供的活性数据是基于化合物对于微管蛋白解聚速度的影响，但从中可知，化合物41和42的活性与紫杉醇相近。通过前述分析和相对活性的比较，可以看出，本申请权利要求1的技术方案实际解决的技术问题是提供一系列主结构类似，但在C7位、C3'位以及C10位进行基团改变以获得具有更高抗肿瘤活性的紫杉醇衍生物。

对比文件1提供了一系列以葡萄糖基乙酰氧基取代的紫杉醇衍生物，并给出在C7位取代以葡萄糖基乙酰氧基后提高化合物水溶性和活性的教导，但葡萄糖基乙酰氧基与本申请权利要求1化合物的EtCOO-在结构上相差较大；对比文件3研究了紫杉醇类似物与抗有丝分裂活性之间的构效关系，并给出在C7位取代以$-OCO(CH_2)_3CO_2H$、$-OCO(CH_2)_3CO_2H$、$COCH_2NH_2$、$COCH(NH_2)CH_2C_6H_5$的化合物仍具有紫杉醇相近的活性的教导，但上述基团均含有亲水性的OH或NH_2，与疏水性的EtCOO-具有差别；更为重要的是，无论是对比文件1还是对比文件3都没有给出在C7位、C3'位以及C10位取代以本申请权利要求1所述取代基后的化合物将具有更强活性的启示。

可见，本申请权利要求1具有突出的实质性特点和显著的进步。因此，权利要求1符合专利法第22条第3款的规定。

权利要求 2 要求保护 X_3 为-呋喃基的权利要求 1 的紫杉烷，权利要求 3~5 要求保护含有权利要求 1 或 2 的紫杉烷的药物组合物，权利要求 6 要求保护权利要求 1 或 2 的紫杉烷的制药用途。在权利要求 1 具备创造性的情况下，权利要求 2~6 也具备创造性，符合专利法第 22 条第 3 款的规定。

根据上述事实和理由，合议组作出如下审查决定。

三、决定

撤销国家知识产权局于 2006 年 5 月 12 日针对 01800306.0 号发明专利申请作出的驳回决定，由国家知识产权局原审查部门以本复审请求审查决定针对的文本为基础继续审批程序。

复审请求人对本决定不服的，可以根据专利法第 41 条第 2 款的规定，自收到本决定之日起三个月内向北京市第一中级人民法院起诉。

015

制备具有大体积烃基团的叔膦的方法

复审请求审查决定（第16138号）

决　定　号　第16138号
决　定　日　2009年2月17日
发明创造名称　制备具有大体积烃基团的叔膦的方法
国际分类号　C07F9/50
复审请求人　北兴化学工业株式会社
申　请　号　03803276.7
最早优先权日　2002年2月4日
申　请　日　2003年2月3日
公　开　日　2005年6月15日
合议组组长　刘　亚
主　审　员　李亚林
参　审　员　娄　宁

法律依据　专利法第33条
决定要点

如果申请的内容通过增加、改变和/或删除其中的一部分，致使所属技术领域的技术人员看到的信息与原申请记载的信息不同，而且又不能从原申请记载的信息中直接地、毫无疑义地确定，那么这种修改是不允许的。反之，则是允许的。

一、案由

本复审请求案涉及申请日为2003年2月3日、发明名称为“制备具有大体积烃基团的叔膦的方法”的03803276.7号发明专利申请（下称本申请），申请人为北兴化学工业株式会社，公开日为2005年6月15日，最早优先权日为2002年2月4日。

2007年6月15日，针对申请人于2007年2月27日提交的权利要求第1~19项和说明书第6页，2006年5月12日提交的说明书第14页，进入中国国家阶段时提交的国际申请文件的中文文本的说明书第1~5页、7~13页和15~40页以及说明书摘要，国家知识产权局以不符合专利法第33条的规定为由驳回了本申请。

驳回决定认为：申请人于2007年2月27日提交的修改文本中的下述内容：“金刚烷基”（见权利要求书第1页第9行、第2页第21行，说明书第6页第14行）、“取代或未取代的苯基、或者取代或未取代的萘基，且其中的取代基选自苯基、甲氧基、1~3个甲基的组”（见权利要求书第1页第10~

11行、17~18行，说明书第6页第15~16行)，既未明确地记载在原说明书和权利要求书中，也不能由原说明书和权利要求书所记载的内容直接导出，不符合专利法第33条的规定。

驳回决定所针对文本的权利要求1、2和9如下：

“1. 一种制备下面公式3表示的叔膦的方法，包括在相当于由公式（1）表示的卤化二烷基膦的0.1%~5%摩尔量的铜化合物的存在下，使由下面公式（1）表示的卤化二烷基膦与下面公式（2）表示的格氏试剂反应；

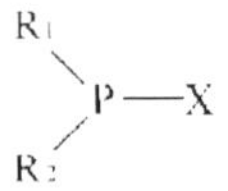

（1）

其中R_1和R_2各独立地为4~13个碳原子的叔烃基团，且X是氯原子或溴原子；

R_3MgX' （2）

其中R_3是1~4个碳原子的直链或支链的烷基基团，选自环丙烷、环戊烷、环己烷和金刚烷基的组的环烷基基团，选自苄基和苯乙基的组的芳烷基基团，取代或未取代的苯基，或者取代或未取代的萘基，且其中的取代基选自苯基、甲氧基、1~3个甲基的组，且X′是氯原子，溴原子或碘原子；

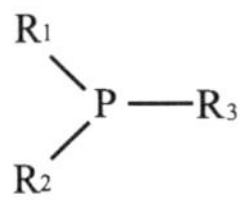

（3）

其中R_1，R_2和R_3的含义与前面所定义的相同。

2. 根据权利要求1中所述的制备叔膦的方法，其特征在于：公式（1）表示的卤化二烷基膦被允许与公式（2）表示的格氏试剂反应，其中R_3为取代或未取代的苯基、或者取代或未取代的萘基，且其中的取代基选自苯基、甲氧基、1~3个甲基的组。

9. 根据权利要求1中所述的制备叔膦的方法，其特征在于：公式（1）表示的卤化二烷基膦被允许与公式（2）表示的格氏试剂反应，其中R_3是1~4个碳原子的直链或支链的烷基基团，选自环丙烷、环戊烷、环己烷和金刚烷基的组的环烷基基团，或者选自苄基和苯乙基的组的芳烷基基团。”

2007年9月21日，申请人北兴化学工业株式会社（下称请求人）对上述驳回决定不服，向专利复审委员会提出复审请求，并提交了权利要求书第1页和说明书第6页的修改替换页，其中请求人将驳回决定所针对文本的权利要求1~2和说明书第6页中的“取代或未取代的苯基、或者取代或未取代的萘基，且其中的取代基选自苯基、甲氧基、1~3个甲基的组”修改为“取代或未取代的苯基其中的取代基选自苯基、甲氧基、1~3个甲基的组，或者萘基”。

请求人认为：根据本申请说明书背景技术的记载（说明书第1页第2段和第5页第2段），可以看出在现有技术中已经广泛采用金刚烷基格氏试剂作为原料制备具有大体积烃基团的叔膦，本领域技术人员完全可以根据背景技术中记载的现有技术了解本申请的技术方案中可以采用金刚烷基格氏试剂，因此，在权利要求1中加入“金刚烷基”并没有超出原申请文件公开的范围；本申请实施例记载了R_3为苯基（实施例1、2、9）、甲基取代的苯基（实施例3、4）、甲氧基取代的苯基（实施例5）、苯基取代的苯基（实施例6）、三甲氧基取代的苯基（实施例7）或萘基（实施例8）的例子，此外，依据实施例中1个或3个甲基取代的苯基的例子，从公知常识理解，在本申请技术方案中二甲基取代的苯基与单甲基或三甲基取代的苯基无论化学结构还是化学活性均是相似的，因此，本领域技术人员可以理解二甲基取代的苯基也可用于本申请的技术方案。因此，修改后的申请文件符合专利法第33条的规定。

经形式审查合格后，专利复审委员会受理了该请求，并于2007年10月30日向请求人发出了《复审请求受理通知书》，同时将本申请转送至国家知识产权局原审查部门进行前置审查。

在《前置审查意见书》中，国家知识产权局原审查部门认为（1）背景技术中的内容并不能加到该申请的技术方案中；（2）两个甲基取代的苯基的例子没有记载，另外，实施例8中是“1-萘基”而非“萘基”，因此，修改后的申请文件中“金刚烷基”、“取代或未取代的苯基，其中的取代基选自苯基、甲氧基、1~3个甲基的组，或者萘基”的内容超出了原申请记载的范围，仍不符合专利法第33条的规定。

随后，专利复审委员会组成合议组对本复审请求案进行审理。

2008年10月21日，请求人提交意见陈述书，同时提交权利要求书的全文替换页和说明书第6页的修改替换页，请求人修改了权利要求1~2和9中对于 R_3 的定义，并对说明书第6页关于 R_3 的定义进行了同样的修改。修改后的权利要求1、2和9如下：

“1. 一种制备下面公式3表示的叔膦的方法，包括在相当于由公式（1）表示的卤化二烷基膦的0.1%~5%摩尔量的铜化合物的存在下，使由下面公式（1）表示的卤化二烷基膦与下面公式（2）表示的格氏试剂反应；

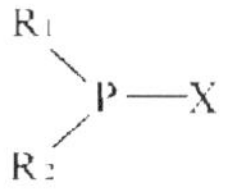

（1）

其中 R_1 和 R_2 各独立地为4~13个碳原子的叔烃基团，且X是氯原子或溴原子；

R_3MgX' （2）

其中 R_3 是1~4个碳原子的直链或支链的烷基基团，选自环丙烷、环戊烷、环己烷、1-金刚烷基和2-金刚烷基的组的环烷基基团，选自苄基和苯乙基的组的芳烷基基团，选自苯基、2-甲氧基苯基、3-甲氧基苯基、2-甲基苯基，3-甲基苯基、4-甲基苯基、2，3-二甲基苯基、2，4-二甲基苯基、2，5-二甲基苯基、2，6二甲基苯基、3，4-二甲基苯基、3，5-二甲基苯基、2，4，6-三甲基苯基、2-苯基苯基、3-苯基苯基和4-苯基苯基的组的取代或未取代的苯基，或者1-萘基或2-萘基，且X′是氯原子，溴原子或碘原子；

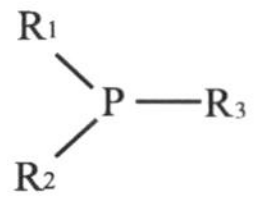

（3）

其中 R_1，R_2 和 R_3 的含义与前面所定义的相同。

2. 根据权利要求1中所述的制备叔膦的方法，其特征在于：公式（1）表示的卤化二烷基膦被允许与公式（2）表示的格氏试剂反应，其中 R_3 为选自苯基、2-甲氧基苯基、3-甲氧基苯基、2-甲基苯基，3-甲基苯基、4-甲基苯基、2，3-二甲基苯基、2，4-二甲基苯基、2，5-二甲基苯基、2，6二甲基苯基、3，4-二甲基苯基、3，5-二甲基苯基、2，4，6-三甲基苯基、2-苯基苯基、3-苯基苯基和4-苯基苯基的组的取代或未取代的苯基，或者1-萘基或2-萘基。

9. 根据权利要求1中所述的制备叔膦的方法，其特征在于：公式（1）表示的卤化二烷基膦被允许与公式（2）表示的格氏试剂反应，其中 R_3 是1~4个碳原子的直链或支链的烷基基团，选自环丙烷、环戊烷、环己烷和1-金刚烷基和2-金刚烷基的组的环烷基基团，或者选自苄基和苯乙基的组的芳烷基基团。”

至此，合议组认为本案事实清楚，可以作出审查决定。

二、决定的理由

1. 关于文本

本复审请求审查决定针对的文本是：请求人于2008年10月21日提交的权利要求第1~19项和说明书第6页，2006年5月12日提交的说明书第14页，进入中国国家阶段时提交的国际申请文件的中文文本的说明书第 1~5 页、第 7~13 页和第 15~40 页以及说明书摘要（下称复审文本）。

2. 关于专利法第 33 条

专利法第 33 条规定：申请人可以对其专利申请文件进行修改，但是，对发明和实用新型专利申请文件的修改不得超出原说明书和权利要求书记载的范围。

如果申请的内容通过增加、改变和/或删除其中的一部分，致使所属技术领域的技术人员看到的信息与原申请记载的信息不同，而且又不能从原申请记载的信息中直接地、毫无疑义地确定，那么这种修改是不允许的。反之，则是允许的。

驳回决定指出，请求人于 2007 年 2 月 27 日提交的修改文本中的下述内容："金刚烷基"、"取代或未取代的苯基、或者取代或未取代的萘基，且其中的取代基选自苯基、甲氧基、1~3 个甲基的组"修改超范围，不符合专利法第 33 条的规定。

在复审程序中，请求人针对驳回决定所指出的修改超范围的缺陷修改了申请文件的相应内容，而最终提交了如上所述的复审文本，该复审文本相对于驳回决定所针对的文本，其修改之处在于：

（1）将权利要求 1、9 和说明书第 6 页中 R_3 定义中的"金刚烷基"修改为"1-金刚烷基和 2-金刚烷基"；

（2）将权利要求 1、2 和说明书第 6 页中 R_3 定义中的"取代或未取代的苯基，或者取代或未取代的萘基，且其中的取代基选自苯基、甲氧基、1~3 个甲基的组"修改为"选自苯基、2-甲氧基苯基、3-甲氧基苯基、2-甲基苯基，3-甲基苯基、4-甲基苯基、2，3-二甲基苯基、2，4-二甲基苯基、2，5-二甲基苯基、2，6-二甲基苯基、3，4-二甲基苯基、3，5-二甲基苯基、2，4，6-三甲基苯基、2-苯基苯基、3-苯基苯基和 4-苯基苯基的组的取代或未取代的苯基，或者 1-萘基或 2-萘基"。

对于上述修改（1），原始提交的说明书第 10 页第 1 段记载了 R_3 表示的环烷基基团等的例子，其中包括"环丙基、环戊基、环己基、1-金刚烷基、2-金刚烷基"（参见第 7 行）等基团，可见，修改（1）在原说明书中有明确记载；对于上述修改（2），经合议组核实，其相应内容记载在原始提交的说明书第 9 页第 2 段中。综上，上述两项修改在原说明书中均有明确记载，本领域技术人员看到的修改后的信息与原说明书记载的信息相同，该修改没有超出原申请文件记载的范围，符合专利法第 33 条的规定。由此克服了驳回决定所指出的缺陷。

至于前置审查意见针对复审请求时提交的修改文件所指出的修改超范围的缺陷，由于请求人放弃了提出复审请求时所提交的文本，因而前置审查意见所指出的修改超范围的缺陷不复存在。

根据上述事实和理由，合议组作出如下审查决定。

三、决定

撤销国家知识产权局于 2007 年 6 月 15 日针对 03803276.7 号发明专利申请作出的驳回决定，由国家知识产权局原审查部门在本复审请求审查决定针对文本的基础上继续审批程序。

复审请求人对本决定不服的，可以根据专利法第 41 条第 2 款的规定，自收到本决定之日起三个月内向北京市第一中级人民法院起诉。

016

基于涂布的玻璃片的效应颜料

复审请求审查决定（第16143号）

决　　定　　号　第16143号
决　　定　　日　2009年2月19日
发明创造名称　基于涂布的玻璃片的效应颜料
国 际 分 类 号　C09C1/00
复 审 请 求 人　默克专利股份有限公司
申　　请　　号　02809484.0
申　　请　　日　2002年4月11日
优　先　权　日　2001年5月9日
公　　开　　日　2005年3月9日
合 议 组 组 长　刘　亚
主　　审　　员　潘　剑
参　　审　　员　刘　静

法　律　依　据　专利法第22条第3款
决　定　要　点

在判断一项权利要求的创造性时，如果该权利要求所述的技术方案和最接近的现有技术相比存在区别技术特征，并且对于本领域技术人员来讲，现有技术已经给出将上述区别技术特征引入到该最接近的现有技术以解决其存在的技术问题的启示，而且该区别技术特征的引入并未给权利要求所述的技术方案带来任何预料不到的效果，则该权利要求的技术方案不具备创造性。

一、案由

本复审请求案涉及发明名称为“基于涂布的玻璃片的效应颜料”的02809484.0号发明专利申请（下称本申请），申请人为默克专利股份有限公司，申请日为2002年4月11日，优先权日为2001年5月9日，公开日为2005年3月9日。

2007年2月9日，针对申请人于2007年1月4日提交的权利要求第1~19项，进入中国国家阶段提交的国际申请文件的中文文本的说明书第1~7页及摘要（下称驳回文本），国家知识产权局以权利要求1~19不具备专利法第22条第3款规定的创造性为由驳回了本申请。

驳回决定认为：（1）对比文件1（US6045914A，公开日2000年4月4日）公开了一种效应颜料（参见对比文件1说明书第2栏第50行，第3栏第44行，第8~9栏），其中公开了以下技术内容：玻璃片（E玻璃）用一层二氧化钛涂布，玻璃片的厚度为0.1~10微米，平均粒径为3~150微米。权利要求 1 和对比文件 1 的区别仅在于：权利要求 1 中限定涂层的厚度为 0.1~1000nm，而对比文件 1 中未明确记载。首先，涂层的厚度为 0.1~1000nm 是本领域常规的选择；其次，本申请说明书第6~7页公开的信息仅仅描述了玻璃片厚度的不同所带来的效果改变，在实施例 1~4 中也未测定涂层的厚度，说明书未提供任何证据表明涂层厚度的限定会给权利要求 1 的技术方案带来预料不到的技术效果，因而，权利要求 1 相对于对比文件 1 不具备专利法第 22 条第 3 款规定的创造性。权利要求 13 的附加技术特征在权利要求 1 中已经限定，因而权利要求 13 与权利要求 1 的保护范围一致，基于相同的理由，权利要求 13 也不具备专利法第 22 条第 3 款规定的创造性。

（2）权利要求 2、5、10、12 的附加技术特征都是本领域的常规选择，因而当其引用的权利要求 1 不具备创造性时，上述权利要求也不具备专利法第 22 条第 3 款规定的创造性。

（3）权利要求 3、4、6、7、14 的附加技术特征已经被对比文件 1 公开，因而当其引用的权利要求 1 不具备创造性时，上述权利要求也不具备专利法第 22 条第 3 款规定的创造性。

（4）权利要求 8~9 的附加技术特征分别对权利要求 6~7 进行限定，限定二氧化钛呈金红石改性形式。对比文件 1 实施例 30 中公开了涂布在 E 玻璃上的二氧化钛呈锐钛矿改性形式，对比文件 1 同时披露了当采用 E 玻璃时，其首先形成锐钛矿改性形式，但可以通过增加一些步骤以使二氧化钛由锐钛矿改性形式转化为金红石改性形式，涂层中二氧化钛以金红石改性形式存在时可以获得较高质量和稳定性的效应颜料（参见对比文件 1 说明书第 3 栏）。本领域的技术人员在对比文件 1 的启示下，为了获得较高质量和稳定性的效应颜料必然想到对涂布锐钛矿改性形式二氧化钛的效应颜料进行处理使其转化为金红石改性形式，因而当其引用的权利要求 6~7 不具备创造性时，权利要求 8~9 也不具备专利法第 22 条第 3 款规定的创造性。同理，权利要求 11 也不具备专利法第 22 条第 3 款规定的创造性。

（5）权利要求 15 要求保护权利要求 1 的效应颜料的制备方法。对比文件 1 已经公开了类似的效应颜料可以采用湿式化学涂布法进行玻璃片的涂布，并且焙烧涂布过的玻璃片（参见对比文件 1 说明书第 5、8 栏实施例）。因而，在权利要求 1 不具备创造性的基础上，权利要求 15 也不具备专利法第 22 条第 3 款规定的创造性。

（6）权利要求 16~18 要求保护权利要求 1 的效应颜料的用途，权利要求 19 要求保护含权利要求 1 的效应颜料的制剂。对比文件 1 已经公开了类似的效应颜料可以用于化妆品制剂、塑料制品、油墨、汽车油漆等。因而在权利要求 1 不具备创造性的基础上，权利要求 16~19 也不具备专利法第 22 条第 3 款规定的创造性。

驳回决定针对的权利要求书如下：

“1. 一种基于玻璃片的效应颜料，其特征在于

玻璃片的厚度≤1.0 微米，

玻璃片的平均粒度在 5~150 微米范围内，和

玻璃片用一层或多层具有高和/或低折射指数的层涂布，所述层的厚度范围为 0.1~1000nm。

2. 权利要求 1 的效应颜料，其特征在于所述层的厚度范围为 0.2~300nm。

3. 权利要求 1 的效应颜料，其特征在于玻璃片的软化点≥800℃。

4. 权利要求 1 的效应颜料，其特征在于玻璃片用一层或多层金属氧化物、金属低氧化物、金属卤氧化物、金属氟化物、金属硫属元素化物、金属氮化物、金属硫化物、金属碳化物或其混合物涂布。

5. 权利要求 1 的效应颜料，其特征在于玻璃片用一层或多层 SiO_2 涂布。

6. 权利要求 4 的效应颜料，其特征在于金属氧化物是 TiO_2、Fe_2O_3、$TiFe_2O_5$、钛低氧化物、

Fe_3O_4、Cr_2O_3、Al_2O_3、ZrO_2、ZnO、SnO_2、CoO、Co_3O_4、VO_2、V_2O_3、Sn（Sb）O_2或其混合物。

7. 权利要求6的效应颜料，其特征在于玻璃片用TiO_2、Fe_2O_3或TiO_2与Fe_2O_3的混合物涂布。

8. 权利要求6的效应颜料，其特征在于TiO_2呈金红石改性形式。

9. 权利要求7的效应颜料，其特征在于TiO_2呈金红石改性形式。

10. 权利要求4的效应颜料，其特征在于涂层是选自锡、银、稀土金属、铬、钼、钨、铁、钴和/或镍的硫化物中的金属硫化物。

11. 权利要求4的效应颜料，其特征在于所述效应颜料为玻璃片+金红石TiO_2；玻璃片+Fe_2O_3；玻璃片+Fe_3O_4；玻璃片+$TiFe_2O_5$；玻璃片+Cr_2O_3；玻璃片+ZrO_2；玻璃片+Sn（Sb）O_2；玻璃片+BiOCl；玻璃片+Al_2O_3；玻璃片+Ce_2S_3；或玻璃片+MoS_2。

12. 权利要求1的效应颜料，其特征在于玻璃片的长宽比在10~300范围内。

13. 权利要求1的效应颜料，其特征在于具有高和/或低折射指数的层的厚度范围为0.1~1000nm。

14. 权利要求1~13任一项的效应颜料，其特征在于玻璃片用一层或两层涂布。

15. 制备权利要求1的效应颜料的方法，包括通过湿式化学涂布、通过化学或物理气相沉积或无电镀膜和任选地焙烧涂布过的玻璃片来进行玻璃片的涂布。

16. 权利要求1的效应颜料在塑料、涂料、油漆、油墨、玻璃、陶瓷产品、农用箔和在化妆品制剂中的用途。

17. 权利要求16的用途，其中涂料是粉末涂料，油墨是印刷油墨。

18. 权利要求1的效应颜料作为导电颜料、作为磁性颜料或作为纸张和塑料的激光标记的掺杂剂的用途。

19. 含权利要求1的效应颜料的制剂。

2007年5月24日，申请人默克专利股份有限公司（下称请求人）对上述驳回决定不服，向专利复审委员会提出复审请求，请求人在提出复审请求时对说明书和权利要求书进行了修改，修改后的权利要求书包括权利要求第1~18项，其中，请求人将说明书第7页第14行和第22行的“0.5mm”修改为“0.5微米”，将第26行的“5mm”修改为“5微米”，删除了驳回文本的权利要求13，并相应修改了权利要求的引用关系和编号。

请求人认为：将说明书第7页第14、22、26行的打字错误“mm”修改为“微米”可得到实施例1、2以及上下文的支持。关于创造性，对比文件1中作为对比例公开了一种效应颜料，其中E玻璃用一层二氧化钛涂布，其中玻璃片的厚度为0.1~10微米，平均粒径为3~150微米，对比文件1实际要求保护的效应颜料是基于C玻璃的，所述C玻璃具有平均粒度为3~150微米和玻璃片的厚度为0.1~25微米。与本申请玻璃片的厚度相比，对比文件1所给定的玻璃片厚度是一个很大的范围，并且对比文件1教导有利的可以使用较大的玻璃片（对比文件1第3栏，第45~46行）。权利要求1的基于厚度≤1.0微米的玻璃片的效应颜料显示出非常高的亮度和具有清晰颜色和闪光效应的高透明度，其是通过将有限的平均粒径（5~150微米和≤1.0微米的厚度结合而实现的，也就是说玻璃片的形状导致了颜料的优异的光学性能，这是对比文件1未能预见的。本申请实施例中给出了本申请的玻璃片和用于对比的玻璃片，它们具有相同的直径，并且其上涂层的结晶形式都是金红石形式，但是它们的厚度分别为0.5微米和5.0微米。本申请颜料与对比例颜料相比，具有良好的性能。因此权利要求1具备创造性，在此基础上，权利要求2~18也具备创造性。

经形式审查合格后，专利复审委员会受理了该请求，并于2007年9月10日向请求人发出了《复审请求受理通知书》，同时将本申请转送至国家知识产权局原审查部门进行前置审查。

在《前置审查意见书》中，国家知识产权局原审查部门。

专利复审委员会组成合议组，对本复审请求案进行了审理，合议组依据驳回决定所针对的说明书第1~6页和摘要、2007年5月24日提交的说明书第7页和权利要求第1~18项。于2008年7月31日向请求人发出《复审通知书》，指出，(1) 对比文件1公开了一种效应颜料，其中公开了以下技术内容：玻璃片（E玻璃）用一层二氧化钛涂布，玻璃片的厚度为0.1~25微米，平均粒径为3~150μm（参见对比文件1第3栏第21~46行）。权利要求1的技术方案与对比文件1公开的内容相比，区别仅在于：权利要求1中具体限定了涂层的厚度为0.1~1000nm，而对比文件1中未明确。由本申请说明书实施例1~4可知，随着二氧化钛用量增加，颜料颜色由银白色和亮银白色变为绿色，因此，改变二氧化钛涂层厚度的作用是改变颜料的干涉色。对比文件1第7、8栏实施例21~23的第1段具体描述了二氧化钛涂层厚度和颜料颜色的关系，并给出以下技术启示：当涂层厚度较薄时，将呈现珍珠白或银白色，而涂层厚度变厚时，将呈现金色、红色、蓝色和绿色，这和本申请实施例1~4的结果一致。因此，本领域技术人员在对比文件1的教导下，在制备对比文件1的效应颜料时，经过有限次试验即可确定相应的涂层厚度，得到其所教导的颜色，例如白色、银白色和绿色，而这恰是本申请实施例1~4中所得颜料的颜色。虽然本申请实施例1~4并未具体记载二氧化钛涂层的厚度，但是作为本申请的具体实施方式，其涂层厚度应当落入本申请权利要求1限定的0.1~1000nm的范围内，因此，对比文件1已经给出了在0.1~1000nm范围内选择涂层厚度以使颜料具有所需颜色的技术启示，本申请说明书也没有证据证明将涂层厚度限定在0.1~1000nm会给技术方案带来意想不到的效果，因此，权利要求1相对于对比文件1不具备专利法第22条第3款规定的创造性。权利要求2的附加技术特征进一步限定了涂层厚度范围，该范围同样包括了实施例1~4的涂层厚度，因此，基于评述权利要求1的相同理由，权利要求2也不具备专利法第22条第3款规定的创造性。

(2) 权利要求5、10、12的附加技术特征都是本领域的常规选择，而且本申请说明书也没有任何证据证明这些常规选择带来了任何意想不到的技术效果，因而当其引用的权利要求1不具备创造性时，上述权利要求也不具备专利法第22条第3款规定的创造性。

(3) 权利要求3、4、6、7、13的附加技术特征已经被对比文件1公开，因而当其引用的权利要求1不具备创造性时，上述权利要求也不具备专利法第22条第3款规定的创造性。

(4) 权利要求8~9的附加技术特征分别对权利要求6~7进行限定，限定二氧化钛呈金红石改性形式。对比文件1已经概述性公开了使用金红石改性形式的二氧化钛涂层可以获得更优质和稳定的产品（参见对比文件1说明书第3栏第35~36行）。对比文件1同时披露使用E玻璃时，首先主要得到锐钛矿改性形式，但可以增加一些步骤得到金红石改性形式（参见对比文件1说明书第3栏第25~28行），因此，在权利要求6~7不具备创造性的基础上，权利要求8~9也不具备专利法第22条第3款规定的创造性。

(5) 权利要求14要求保护权利要求1的效应颜料的制备方法。对比文件1已经公开了类似的效应颜料可以采用湿式化学涂布法进行玻璃片的涂布，并且焙烧涂布过的玻璃片（参见对比文件1说明书实施例1~4、24~28）。因而，在权利要求1不具备创造性的基础上，权利要求15也不具备专利法第22条第3款规定的创造性。

(6) 权利要求15~17要求保护权利要求1的效应颜料的用途，权利要求18要求保护含权利要求1的效应颜料的制剂。对比文件1已经公开了类似的效应颜料可以用于化妆品制剂、塑料制品、油墨、汽车油漆等（参见对比文件1说明书第2栏第24~29行）。因而在权利要求1不具备创造性的基础上，权利要求15~18也不具备专利法第22条第3款规定的创造性。

(7) 对于请求人在复审请求书中的意见陈述，合议组认为，首先，权利要求1并没有具体限定所用玻璃的种类，玻璃的种类并不能构成权利要求 1 和对比文件 1 的区别技术特征；其次，对比文件 1 已经明确教导可以使用 E 玻璃，而且指出 A 和 E 玻璃在组成上和 C 玻璃极其类似，对比文件 1 第 3 栏第 41~45 行所述"3~150μm 平均粒径和 0.1~25μm 厚度"正是针对前文所述的 A、C、E 玻璃而言的；再次，对比文件 1 公开的上述玻璃厚度和粒径与权利要求 1 限定的玻璃片的厚度和平均粒径是部分重叠的，因此不能构成两者的区别技术特征。因此，对于请求人的意见陈述，合议组不予支持。

针对《复审通知书》，请求人于 2008 年 11 月 17 日提交了意见陈述书，并提交了权利要求书全文替换页，新修改的权利要求书包括权利要求第 1~9 项，相对于提复审请求时提交的权利要求书，请求人修改了权利要求 1，删除了权利要求 4~11、13，并相应修改了其他权利要求的编号和引用关系，修改后的权利要求书如下：

"1. 一种包含玻璃片的效应颜料，所述玻璃片的厚度≤1.0μm 和平均粒度为 5~150μm，并且用仅仅一层涂布，其中所述层为

呈金红石改性形式的 TiO_2 层，或 Fe_2O_3 层，或 Fe_3O_4 层，或 $TiFe_2O_5$ 层，或钛低氧化物层。

2. 权利要求 1 的效应颜料，其特征在于所述层的厚度范围为 0.2~300nm。

3. 权利要求 1 的效应颜料，其特征在于玻璃片的软化点≥800℃。

4. 权利要求 1 的效应颜料，其特征在于玻璃片的长宽比在 10~300 范围内。

5. 制备权利要求 1 的效应颜料的方法，包括通过湿式化学涂布、通过化学或物理气相沉积或无电镀膜和任选地焙烧涂布过的玻璃片来进行玻璃片的涂布。

6. 权利要求 1 的效应颜料在塑料、涂料、油漆、油墨、玻璃、陶瓷产品、农用箔和在化妆品制剂中的用途。

7. 权利要求 6 的用途，其中涂料是粉末涂料，油墨是印刷油墨。

8. 权利要求 1 的效应颜料作为导电颜料、作为磁性颜料或作为纸张和塑料的激光标记的掺杂剂的用途。

9. 含权利要求 1 的效应颜料的制剂。"

请求人认为：现有技术没有公开用一个单层涂布的基于具有特定厚度和粒度的玻璃片的珠光颜料。修改后的权利要求 1 的特征在于，由涂层和所选择的长宽比所导致的、与玻璃片的玻璃组成无关的非常高的质量和闪光效应，这在现有技术的颜料中没有公开、教导或暗示。从大量的可能性中选择出基于薄玻璃片的稳定的颜料，而所述颜料在涂布之后能够显示出优异的光学质量，这对于本领域技术人员来说不是显而易见的，因此，权利要求 1 具备创造性，在此基础上，权利要求 2~9 也具备创造性。

经审查，合议组认为本案事实已经清楚，可以作出复审决定。

二、决定的理由

1. 关于文本

请求人在答复《复审通知书》时提交了修改的权利要求书，相对于驳回文本，请求人所作的修改主要在于：删除了权利要求 4~11、13~14，修改了权利要求 1 中限定的涂层特征，并相应修改了权利要求的引用关系并对权利要求重新编号。经审查，上述修改没有超出原说明书和权利要求书记载的范围，符合专利法第 33 条的规定。本复审请求审查决定所针对的文本是：请求人于 2007 年 5 月 24 日提交的说明书第 7 页，2008 年 11 月 17 日提交的权利要求第 1~9 项，进入中国国家阶段时提交的国际申请文件的中文文本的说明书第 1~6 页和摘要。

2. 关于专利法第 22 条第 3 款

专利法第 22 条第 3 款规定：创造性，是指同申请日以前已有的技术相比，该发明有突出的实质

性特点和显著的进步，该实用新型有实质性特点和进步。

在判断一项权利要求的创造性时，如果该权利要求所述的技术方案和最接近的现有技术相比存在区别技术特征，并且对于本领域技术人员来讲，现有技术已经给出将上述区别技术特征引入到该最接近的现有技术以解决其存在的技术问题的启示，而且该区别技术特征的引入并未给权利要求所述的技术方案带来任何预料不到的效果，则该权利要求的技术方案不具备创造性。

（1）就本申请而言，权利要求 1 要求保护一种包含玻璃片的效应颜料，所述玻璃片的厚度≤1.0 微米，平均粒度为 5~150μm，其用一层涂布，所述层为呈金红石改性形式的 TiO_2 层，或 Fe_2O_3 层，或 Fe_3O_4 层，或 $TiFe_2O_5$ 层，或钛低氧化物层。对比文件 1（US6045914A，公开日为 2000 年 4 月 4 日）公开了一种效应颜料（参见第 3 栏第 21~46 行），其中公开了以下技术内容：玻璃片用一层二氧化钛涂布，其中玻璃片的厚度为 0.1~25μm，平均粒径为 3~150 微米。将权利要求 1 的技术方案与对比文件 1 公开的上述技术方案相比：两者的效应颜料的载体相同，均是玻璃片；两者的载体（玻璃片）的厚度范围重叠；载体（玻璃片）的平均粒径范围重叠；玻璃片上的 TiO_2 涂层均只有一层；由此可见，两者的区别在于：权利要求 1 还限定 TiO_2 层呈金红石改性形式。

对比文件 1 披露使用 E 玻璃时，首先主要得到锐钛矿改性形式，但可以增加一些步骤得到金红石改性形式，对比文件 1 同时披露使用金红石改性形式的二氧化钛涂层可以获得更优质和稳定的产品（参见对比文件 1 说明书第 3 栏第 25~28、35~36 行），而在本申请说明书实施例中，所使用的玻璃都是 E 玻璃，由此可见，对比文件 1 已经给出了使用金红石改性形式的二氧化钛涂层以获得更优质和稳定的效应颜料的技术启示，本申请说明书也没有记载采用金红石改性形式的 TiO_2 层能给效应颜料带来何种预料不到的技术效果。综上，权利要求 1 相对于对比文件 1 不具备专利法第 22 条第 3 款规定的创造性。

（2）权利要求 2 是权利要求 1 的从属权利要求，其附加技术特征进一步限定涂层的厚度为 0.2~300nm，对比文件 1 的上述技术方案中并未明确记载该附加技术特征。对于涂层厚度，本申请实施例 1、2 所制得的颜料的干涉色分别是银白色和亮银白色，而实施例 3 和 4 中，仅增加了涂布的二氧化钛的用量，从而得到绿色颜料，由此可见，改变二氧化钛涂层的厚度所起到的作用是改变颜料的干涉色。对比文件 1 第 7、8 栏实施例 21~23 的第 1 段中具体描述了二氧化钛涂层厚度和颜料颜色的关系，并给出了以下技术启示：当涂层厚度较薄时，将呈现珍珠白或银白色，而涂层厚度变厚时，将呈现金色、红色、蓝色和绿色。这和本申请实施例 1~4 中增加涂层厚度从而使颜料由白色、银白色变为绿色的结果是一致的。

因此，本领域技术人员在对比文件 1 的启示下，在制备效应颜料时，为了得到所需要的颜色，可以改变涂层的厚度，经过有限次的试验即可确定涂层的厚度。也就是说，如果所需要的颜色所对应的涂层厚度为 0.2~300nm，那么本领域技术人员经过有限次的试验即可确定该涂层范围。并且，本申请说明书中也没有任何证据证明，将涂层厚度限定在 0.2~300nm 的范围会给所述效应颜料带来预料不到的技术效果。因此，在权利要求 1 不具备创造性的基础上，权利要求 2 也不具备专利法第 22 条第 3 款规定的创造性。

（3）权利要求 3 是权利要求 1 的从属权利要求，其附加技术特征进一步限定玻璃片的软化点≥800℃，对比文件 1 中已经教导了可以采用在高温下稳定的 E 玻璃作为效应颜料的基材（参见说明书第 2 栏第 62~63 行、实施例 24~28、30），而 E 玻璃的软化点为 840℃，因此在权利要求 1 不具备创造性的基础上，权利要求 3 也不具备专利法第 22 条第 3 款规定的创造性。

（4）权利要求 4 是权利要求 1 的从属权利要求，其附加技术特征进一步限定玻璃片的长宽比在 10~300 范围内。玻璃片的长宽比 10~300 是本领域的常规选择，而且本申请说明书也没有任何证据证明玻璃片采用上述的长宽比后能够给技术方案带来任何预料不到的技术效果，因此在权利要求 1 不具备创造性的基础上，权利要求 4 也不具备专利法第 22 条第 3 款规定的创造性。

（5）权利要求 5 要求保护权利要求 1 的效应颜料的制备方法，包括通过湿式化学涂布、通过化学或物理气相沉积或无电镀膜和任选地焙烧涂布过的玻璃片来进行玻璃片的涂布。对比文件 1 已经公开了类似的颜料可以采用湿式化学涂布法进行玻璃片的涂布，并且焙烧涂布过的玻璃片（参见说明书实施例 1~4、24~28）。因此，在其所制备的权利要求 1 的效应颜料不具备创造性的基础上，权利要求 5 也不具备专利法第 22 条第 3 款规定的创造性。

（6）权利要求 6~8 要求保护权利要求 1 的效应颜料的用途。对比文件 1 已经公开了类似的效应颜料可以用于化妆品制剂、塑料制品、油墨、汽车油漆等（参见说明书第 2 栏第 24~29 行）。并且效应颜料的应用领域也是本领域技术人员所公知的，本领域技术人员根据需要很容易将其应用到合适的领域，例如：粉末涂料、印刷油墨、导电颜料等。因此，在权利要求 1 所述的效应颜料不具备创造性的基础上，权利要求 6~8 也不具备专利法第 22 条第 3 款规定的创造性。

（7）权利要求 9 要求保护含权利要求 1 的效应颜料的制剂。如前文中所述，对比文件 1 已经公开了类似的效应颜料可以用于化妆品制剂等，即公开了含类似效应颜料的制剂。因此，在权利要求 1 所述的效应颜料不具备创造性的基础上，权利要求 9 也不具备专利法第 22 条第 3 款规定的创造性。

（8）对于请求人在答复《复审通知书》时陈述的意见，合议组认为，①如前文所述，对比文件 1 所公开的效应颜料就是单层涂布的。②权利要求 1 并没有限定玻璃片的种类和长宽比，因此，上述特征不能构成权利要求 1 和对比文件 1 的区别技术特征，即使权利要求 4 限定了玻璃片的长宽比，如前文所述，所述长宽比也是本领域的常规选择，本申请说明书也没有任何证据证明玻璃片采用所述的长宽比后能够给技术方案带来任何预料不到的技术效果。③对比文件 1 虽然没有限定所用的 TiO_2 涂层采用金红石改性形式，但是如前文所述，其已经给出了采用金红石改性形式的技术启示，而且本申请说明书也没有任何证据证明采用金红石改性形式的 TiO_2 涂层后，能够使技术方案相对于对比文件 1 具有预料不到的技术效果。综上所述，请求人在答复《复审通知书》时陈述的意见不能证明权利要求 1 具备创造性。

基于上述理由，合议组作出如下决定。

三、决定

维持国家知识产权局于 2007 年 2 月 9 日针对 02809484.0 号发明专利申请作出的驳回决定。

复审请求人对本决定不服的，可根据专利法第 41 条第 2 款的规定，自收到本决定之日起三个月内向北京市第一中级人民法院起诉。

017

细胞粘合抑制剂

复审请求审查决定（第16144号）

决　定　号　第16144号
决　定　日　2009年2月23日
发明创造名称　细胞粘合抑制剂
国 际 分 类 号　C07D207/00，A61K31/40，A61K31/4025，A61K31/445，C07D401/06，C07D401/08，C07D401/10，C07D401/12
复 审 请 求 人　比奥根艾迪克MA公司
申　请　号　00813728.5
申　请　日　2000年8月14日
优 先 权 日　1999年8月13日
公　开　日　2002年10月30日
合议组组长　任晓兰
主　审　员　潘　剑
参　审　员　吴红权

法 律 依 据　专利法第33条
决 定 要 点

如果申请的内容通过增加、改变和/或删除其中的一部分，致使所属技术领域的技术人员看到的信息与原申请记载的信息不同，而且又不能从原申请记载的信息中直接地、毫无疑义地确定，则这种修改是不允许的；反之，修改是允许的。

一、案由

本复审请求案涉及发明名称为“细胞粘合抑制剂”的00813728.5号发明专利申请（下称本申请），申请人由比奥根公司变更为比奥根艾迪克MA公司，申请日为2000年8月14日，优先权日为1999年8月13日，公开日为2002年10月30日。

2007年4月13日，针对申请人于进入中国国家阶段时提交的国际申请文件的中文文本的说明书第1~15、41~95页，说明书摘要和2004年7月9日提交的说明书第16~40页，2005年8月24日提交的权利要求书第1~25项（下称驳回文本），国家知识产权局以权利要求1、4、6、10、11修改不符合专利法第33条的规定为由驳回了本申请。

驳回决定认为：权利要求1对R^1定义中出现的“任选的取代基为$-SO_2-$任选取代的苯基”、对R^4

定义中出现的“任选被 R^b 取代的芳烷基”在原说明书和权利要求书中没有相应的记载，也不能由原说明书和权利要求书公开的内容直接、唯一地确定，因此，权利要求 1 的修改不符合专利法第 33 条的规定。基于同样的理由，权利要求 4、6、10、11 的修改同样不符合专利法第 33 条的规定。

驳回决定针对的权利要求 1 如下：

“1. 式 $R^3-L-L^1-R^1$ 化合物或其可药用盐：

其中：

R^1 为任选取代的吡咯烷基，其中任选的取代基为 $-SO_2-$ 任选取代的苯基；

L^1 为具有 1 个碳链原子的烃连接基部分并且为（ⅰ）在末端通过 $-NHC(=O)-$ 与 R^1 相连；并且（ⅱ）被 $-COOH$ 所取代；

L 为在末端通过 $-C(=O)NH-$ 与 R^3 相连的 C_{1-4} 烷基；并且 R^3 为式 $R^4-Y^5-N(R^5)-CH(R^6)-$，其中 R^6 是烷基；R^5 是氢或烷基；Y^5 是 $-C(=O)-$ 并且 R^4 是任选被 R^b 取代的芳烷基；其中 R^b 为……”

2007 年 7 月 27 日，申请人比奥根艾迪克 MA 公司（下称请求人）对上述驳回决定不服，向专利复审委员会提出复审请求，请求人在提出复审请求时对权利要求书进行了修改（下称复审请求文本），将权利要求 1、4、6 的 R^1 定义中的“$-SO_2-$ 任选取代的苯基”修改为“$-SO_2-$ 苯基或 $-SO_2-$ 二氯苯基”，其余部分保持不变。

请求人认为：①将权利要求 1、4、6 的 R^1 定义中的“$-SO_2-$ 任选取代的苯基”修改为“$-SO_2-$ 苯基或 $-SO_2-$ 二氯苯基”能够在说明书中找到依据，该修改内容符合专利法第 33 条的规定；②对于 R^4 的定义中“任选被 R^b 取代的芳烷基”，说明书第 3 页第 3 行披露了 R^3 为式 $R^4-Y^5-N(R^5)-CH(R^6)-$，说明书第 3 页第 11 行披露了 R^4 为芳烷基，说明书第 3 页第 26~27 行披露了上述各芳基为未取代的或被 1~4 个独立选自 R^b 的取代基取代，即芳基任选被 R^b 取代，因此该修改没有超出原说明书记载的范围，符合专利法第 33 条的规定。

经形式审查合格后，专利复审委员会受理了该请求，并于 2007 年 7 月 27 日向请求人发出了《复审请求受理通知书》，同时将本申请转送至国家知识产权局原审查部门进行前置审查。

在《前置审查意见书》中，国家知识产权局原审查部门认为：①根据上下文，说明书第 3 页中“上述各芳基为未取代的或被 1~4 个独立选自 R^b 的取代基取代”中的“芳基”是指“Cy”定义中出现的“芳基”，而不是“R^4”定义中出现的“芳基”；②根据“任选被 R^b 取代的芳基”也无法直接、唯一的确定“芳烷基任选被 R^b 取代”，因为“芳烷基任选被 R^b 取代”指的是芳烷基中的芳基和烷基任选被 R^b 取代，因此，权利要求 1、4、6、10、11 中对 R^4 的修改不符合专利法第 33 条的规定，坚持驳回决定。

专利复审委员会组成合议组，对本复审请求案进行了审理。

合议组于 2008 年 3 月 24 日向请求人发出《复审通知书》，指出：权利要求 1、4、6、10、11 中对 R^4 的定义“任选被 R^b 取代的芳烷基”在原始说明书和权利要求书中没有一致性的表述，同时，原说明书第 3 页第 11 行记载了 R^4 为芳烷基，原说明书第 3 页第 26~27 行记载了“上述各芳基未取代或被 1~4 个独立选自 R^b 的取代基取代”。从说明书上述记载的内容来看，首先，被 R^b 取代的位点仅限于芳基，其次，R^b 取代基的数量仅是 1~4 个，但是，对本领域技术人员来说“任选被 R^b 取代的芳烷基”的含义通常是指芳烷基中的芳基和烷基都可以任选被 R^b 取代，且取代基数量不定，这与原申请文件记载的信息完全不同，因此修改后 R^4 的定义“任选被 R^b 取代的芳烷基”不能从原申请文件记载的信息中直接地、毫无疑义地确定。故权利要求 1、4、6、10、11 的修改不符合专利法第 33 条的规定。

针对上述《复审通知书》，请求人于 2008 年 7 月 8 日提交了意见陈述书和权利要求书全文替换页，修改后的权利要求书包括权利要求1～25，其中将权利要求1中R^4的定义修改为“R^4是芳烷基，其中所述芳烷基的芳基为未取代的或由1～4个独立地选自R^b的取代基取代”，并对权利要求4、6、10和11中R^4的定义作了相应的修改，同时，将权利要求12中的措辞“非取代的”修改为“未取代的”。请求人认为：说明书第3页第11行记载了R^4为芳烷基，说明书第3页第26～27行记载了“上述各芳基未取代或被1～4个独立选自R^b的取代基取代”，对权利要求1、4、6、10、11中R^4的修改能够从原申请记载的信息中直接地、毫无疑义地确定，符合专利法第33条的规定；另外对权利要求12仅为措辞的一致性修改。

2008年9月26日，请求人再次提交了权利要求书全文替换页，新提交的权利要求书共包括25项权利要求，其中请求人将权利要求1、4和6中的R^1的定义修改为“未取代的或由卤素取代的吡咯烷-SO_2-苯基”，删除了权利要求11的R^4定义中芳基未被取代的情况。请求人认为，对权利要求1、4和6的修改可以得到说明书第12页倒数第1段的支持。修改后的权利要求1和11如下：

“1. 式R^3-L-L^1-R^1化合物或其可药用盐：

其中：

R^1为未取代的或由卤素取代的吡咯烷-SO_2-苯基；

L^1为具有1个碳链原子的烃连接基部分并且为（ⅰ）在末端通过-NHC（=O）-与R^1相连；并且（ⅱ）被-COOH所取代；

L为在末端通过-C（=O）NH-与R^3相连的C_{1-4}烷基；并且R^3为式R^4-Y^5-N（R^5）-CH（R^6）-，其中R^6是烷基；R^5是氢或烷基；Y^5是-C（=O）-并且R^4是芳烷基，其中所述芳烷基的芳基为未取代的或由1～4个独立地选自R^b的取代基取代；其中R^b为……

11. 权利要求10的化合物，其中R^4是芳烷基，其中所述芳烷基的芳基由1～4个独立地选自R^b的取代基取代。”

至此，合议组认为本案事实清楚，可以作出审查决定。

二、决定的理由

1. 关于文本

本复审请求审查决定针对的文本是：请求人于2008年9月26日提交的权利要求第1～25项，驳回文本的说明书第1～95页和说明书摘要。

2. 关于专利法第33条

专利法第33条规定：申请人可以对其专利申请文件进行修改，但是，对发明和实用新型专利申请文件的修改不得超出原说明书和权利要求书记载的范围。

如果申请的内容通过增加、改变和/或删除其中的一部分，致使所属技术领域的技术人员看到的信息与原申请记载的信息不同，而且又不能从原申请记载的信息中直接地、毫无疑义地确定，则这种修改是不允的许；反之，修改是允许的。

就本申请而言，《驳回决定》指出，驳回文本的权利要求1、4、6、10、11对R^1定义中的“任选的取代基为-SO_2-任选取代的苯基”以及对R^4定义中的“任选被R^b取代的芳烷基”修改超范围，不符合专利法第33条的规定。

为此，请求人提复审请求时对权利要求书进行了修改，将权利要求1、4和6中对R^1的定义“-SO_2-任选取代的苯基”修改为“-SO_2-苯基或-SO_2-二氯苯基”；对R^4的定义没有修改。

《复审通知书》指出，复审请求文本权利要求1、4、6、10、11对R^4的定义“任选被R^b取代的芳烷基”修改超范围，不符合专利法第33条的规定。

为此，请求人于2008年9月26日提交了最新的文本，将权利要求1、4、6中R^1的定义修改为

“未取代的或由卤素取代的吡咯烷-SO_2-苯基”；将权利要求 1、4、6、10、11 中 R^4 的定义修改为“R^4 是芳烷基，其中所述芳烷基的芳基为未取代的或由 1~4 个独立地选自 R^b 的取代基取代”；删除了权利要求 11 的 R^4 定义中“芳基未被取代的”情况。

对此，合议组认为：

（1）关于权利要求 1、4、6 中对于 R^1 的修改。

原说明书第 12 页倒数第 1 段记载了“R^1 为芳基或杂芳基-SO_2-芳基（例如未取代的或由烷基或卤素如氯、溴或碘取代的吡咯烷-SO_2-苯基）”，由这一内容可知，R^1 可以是未取代的吡咯烷-SO_2-苯基，或者是由卤素取代的吡咯烷-SO_2-苯基，因此，将权利要求 1、4 和 6 中 R^1 的定义修改为“未取代的或由卤素取代的吡咯烷-SO_2-苯基”能够从原申请记载的信息中直接地、毫无疑义地确定，是允许的。

（2）关于权利要求 1、4、6、10、11 中对于 R^4 的修改。

原说明书第 3 页第 10~11 行给出了 R^4 的定义，其中提到 R^4 可以为芳烷基，在该页第 24~27 行记载了如下内容：“上述各 Cy 代表环烷基、环烯基、杂环基、芳基或杂芳基。上述各烷基、链烯基和链炔基为未取代的或由 1~4 个独立地选自 R^a 的取代基取代的。此外，上述各环烷基、环烯基、杂环基、芳基和杂芳基为未取代的或由 1~4 个独立地选自 R^b 的取代基取代的。”从中可以看出，上述内容分别对之前出现的“Cy”、“烷基、链烯基和链炔基”以及“环烷基、环烯基、杂环基、芳基和杂芳基”进行了定义，其中提到所述芳基可以是未取代的或被 1~4 个独立选自 R^b 的取代基取代。并且，从以上内容的句式表述和语法结构上来看，“此外，上述各环烷基、环烯基、杂环基、芳基和杂芳基为……”并不仅指“Cy”中的“环烷基、环烯基、杂环基、芳基和杂芳基”，应当是对该内容之前出现的“环烷基、环烯基、杂环基、芳基和杂芳基”的统一定义。因此，请求人将权利要求 1、4、6、10、11 中 R^4 的定义修改为“R^4 是芳烷基，其中所述芳烷基的芳基为未取代的或由 1~4 个独立地选自 R^b 的取代基取代”能够从原申请记载的信息中直接地、毫无疑义地确定，是允许的。

（3）关于权利要求 11 中删除 R^4 定义中“芳基未被取代的”的修改。

该修改仅是将驳回文本权利要求 11 的 R^4 定义中的“芳基未被取代”的情形删除，没有超出原申请的记载范围，是允许的。

综上所述，请求人最新提交的权利要求书已经克服了《驳回决定》和《复审通知书》中所指出的全部缺陷。

根据上述事实和理由，合议组作出如下审查决定。

三、决定

撤销国家知识产权局于 2007 年 4 月 13 日针对 00813728.5 号发明专利申请作出的驳回决定，由国家知识产权局原审查部门以本复审请求审查决定针对的文本为基础继续审批程序。

复审请求人对本决定不服的，可以根据专利法第 41 条第 2 款的规定，自收到本决定之日起三个月内向北京市第一中级人民法院起诉。

018

用于电光应用场合的高级 NLO 物质的设计和合成

复审请求审查决定（第 16154 号）

决　定　号　第 16154 号
决　定　日　2008 年 8 月 20 日
发明创造名称　用于电光应用场合的高级 NLO 物质的设计和合成
国际分类号　C07D409/06，C07D333/38，C07F7/18，C07D495/04，G02F1/361
复审请求人　卢美拉公司
申　请　号　01816258.4
申　请　日　2001 年 8 月 17 日
优先权日　2000 年 8 月 17 日
公　开　日　2004 年 1 月 7 日
合议组组长　汪送来
主　审　员　李新芝
参　审　员　刘　静

法律依据　专利法第 22 条第 3 款
决定要点

如果一项发明所要求保护的化合物与现有技术公开的化合物结构十分接近，两者具有相同的主要结构单元，其区别仅在于取代基团有所不同，由于取代基的替换是本领域技术人员公知的常规替换，如果它们又具有相同的用途，则申请人应当提供该发明化合物与对比文件最接近化合物相比具有意想不到的有益效果的证据。如果显示该发明化合物较对比文件的化合物具有更为优异的效果，则该发明有创造性，否则不能认定该发明具有创造性。

一、案由

本复审请求案涉及发明名称为"用于电光应用场合的高级 NLO 物质的设计和合成"的 01816258.4 号发明专利申请（下称本申请），申请人为卢美拉公司，申请日为 2001 年 8 月 17 日，优先权日为 2000 年 8 月 17 日，公开日为 2004 年 1 月 7 日。

国家知识产权局原审查部门对本申请进行实质审查，于 2004 年 9 月 24 日发出《第一次审查意见通知书》，指出：权利要求 1、54、57、61、65、69、75、81、85、89、93、94 相对于对比文件 1（US5080991A，公开日为 1992 年 1 月 14 日）或对比文件 2（JP 特开平 8-108624A，公开日为 1996 年 4 月 30 日）不符合专利法第 22 条第 2 款有关新颖性的规定；权利要求 1～35、39、41、43、45、47、49、50、52、54、56、57、60、61、64、65、68、69、72、73、76、77、80、81、84、85、88、

89、92~94、97、98、101、102、105、106、109、110、113 相对于对比文件 1 或对比文件 2 不符合专利法第 22 条第 3 款有关创造性的规定；权利要求 1~35 得不到说明书支持，不符合专利法第 26 条第 4 款的规定及其他一些缺陷。

针对《第一次审查意见通知书》，申请人于 2005 年 2 月 16 日提交了意见陈述书和权利要求书替换页。申请人在意见陈述中强调，对比文件 1 和对比文件 2 的化合物不再落入修改后的权利要求 1 的保护范围内，所以权利要求 1 及其从属权利要求具有新颖性；而且本发明的发色团要求存在至少一个 π 桥联并且包含与噻吩环共轭的亚乙基基团，对比文件 1 或 2 中并没有这样的教导或暗示，因此权利要求 1 及其从属权利要求具有创造性。此外，申请人还认为，本发明的本质在于通过噻吩环和 π 桥联限定的核心结构以及 A 和 D 基团的“给电子”和“电子接受”性质。

国家知识产权局原审查部门对本申请继续进行实质审查，于 2005 年 7 月 29 日发出《第二次审查意见通知书》，指出：在对比文件 1 实施例 14 和 15 的化合物中公开了 π^1 为亚乙基、π^2 桥联不存在的发色化合物且该亚乙基和噻吩环共轭，所以权利要求 1~70 仍不符合专利法第 22 条第 3 款有关创造性的规定；权利要求 1 得不到说明书的支持，不符合专利法第 26 条第 4 款的规定及其他一些缺陷。

针对《第二次审查意见通知书》，申请人于 2005 年 10 月 13 日提交了意见陈述书和权利要求书替换页。申请人认为，对比文件 1 并没有教导或暗示能够使得本领域技术人员由对比文件 1 显而易见地得到修改后权利要求 1 所保护的发色团，因此权利要求 1 及其从属权利要求具有创造性，符合专利法第 22 条第 3 款的规定；此外，申请人认为，权利要求 1 的技术方案的核心在于中间的噻吩环、给电子基团、电子接受基团和 π 桥联，而 π 桥联的作用是在 D（或 A）和噻吩环之间提供电子共轭，因此本领域技术人员在说明书基础上能够预见权利要求 1 中的 π 桥联具有共轭结构，能够在 D（或 A）和噻吩环之间提供电子共轭，从而实现本发明的目的。

2006 年 6 月 9 日，针对申请人于 2005 年 10 月 13 日提交的权利要求书第 1~68 项，2004 年 4 月 29 日提交的说明书第 4、7、36、39 页，进入中国国家阶段时提交的说明书第 1~3、5~6、8~35、37~38、40~54 页及其说明书摘要和说明书附图第 1~35 页，国家知识产权局以权利要求 1 不符合专利法第 26 条第 4 款的规定为由驳回了本申请。

驳回决定认为：权利要求 1 中各基团的定义采用了“烷基、芳基、杂芳基”等定义方式，要求保护一个很宽的范围，而由说明书第 51 页的表 1 可知，本发明通式化合物中不同取代基团（共轭方式）的化合物的稳定性差异较大，而且从说明书的具体技术方案来看，申请人实际获得的仅仅是这些位置的取代基团为氢原子或者低级烷基的情形，本领域技术人员无法通过说明书的教导认为这些取代基位置上引入新的具有共轭效应的芳环或杂芳环等基团会具有类似的效果，所以权利要求 1 得不到说明书的支持，不符合专利法第 26 条第 4 款的规定。

驳回决定针对的权利要求 1 如下：

“1. 一种包含噻吩的发色团，其具有如下结构：

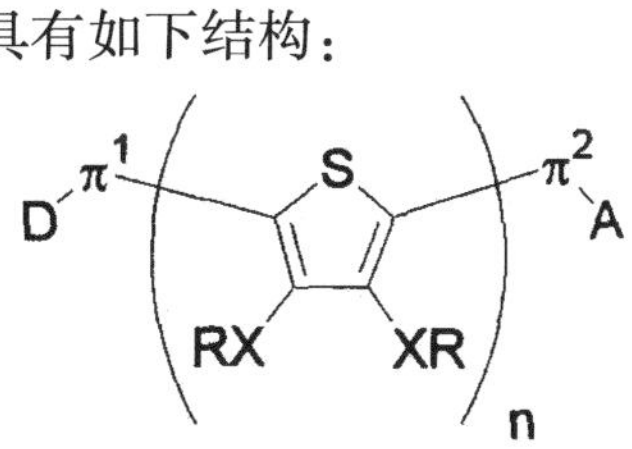

其中，在各种情况下独立地，D 是电子亲合性比 A 的电子亲合性低的给电子基团，并且选自

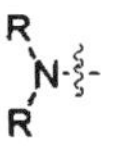 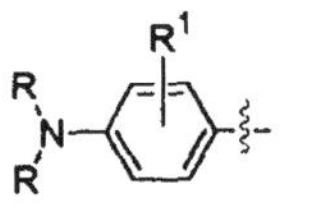 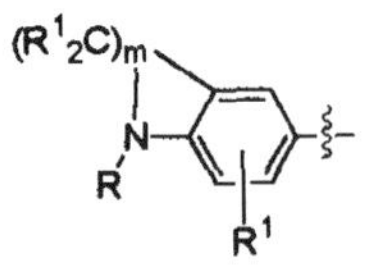 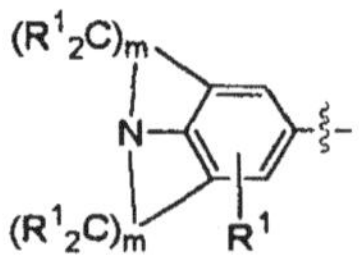 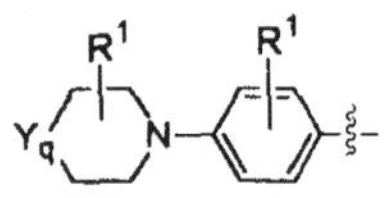

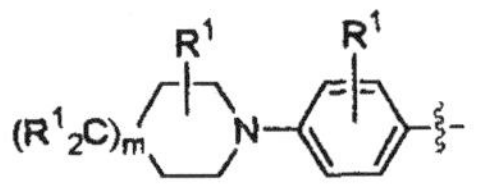 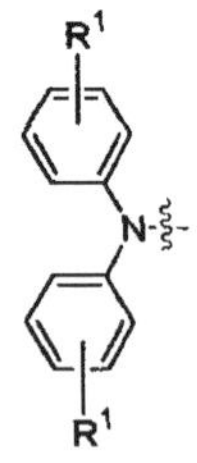 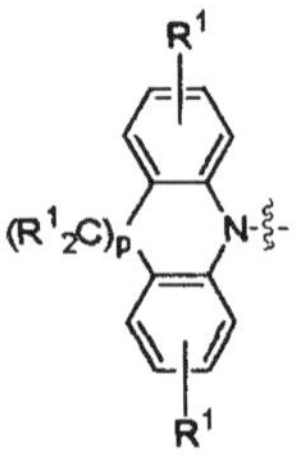 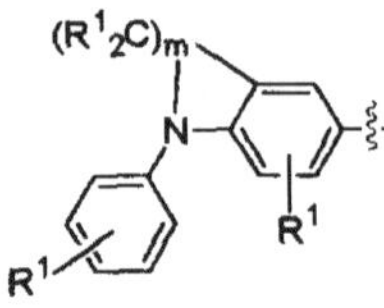 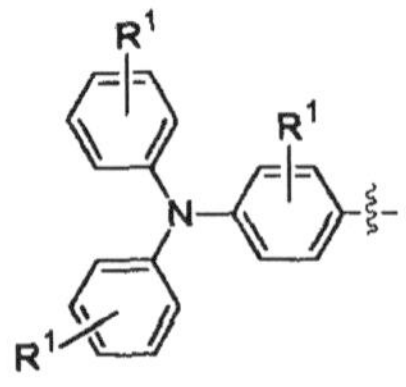

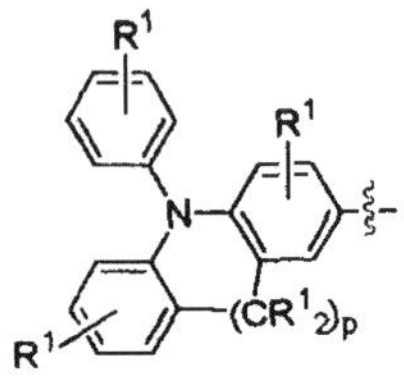 和 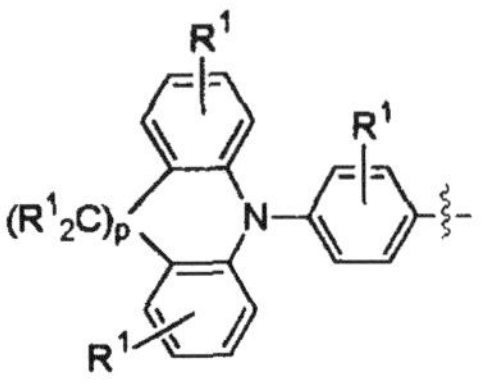 ；

其中，在各种情况下独立地，

R^a 是烷基、芳基或杂烷基；

R^1 是氢、烷基、芳基或杂烷基；

Y 是 O、S 或 Se；

m 是 2、3 或 4；

p 是 0、1 或 2；和 q 是 0 或 1；

π^1 不存在或是在 D 和噻吩环之间提供电子共轭的桥联；

π^2 不存在或是在 A 和噻吩环之间提供电子共轭的桥联；

A 是电子亲合性比 D 的电子亲合性高的电子接受基团，并且选自

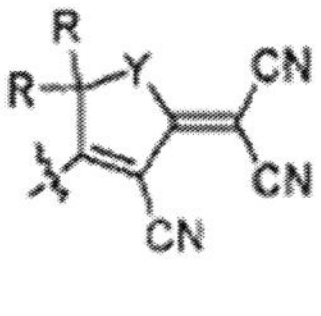 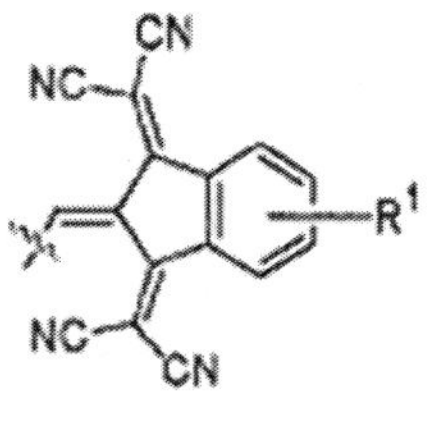 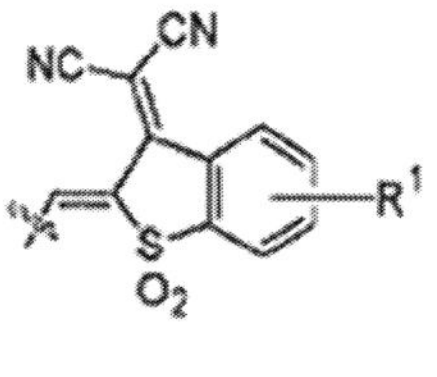 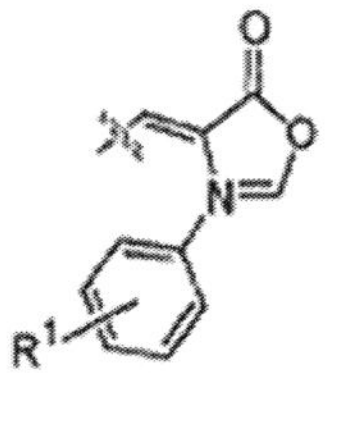

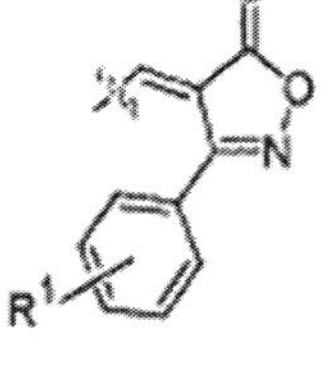 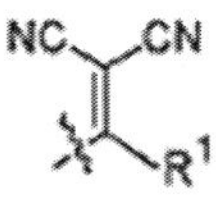 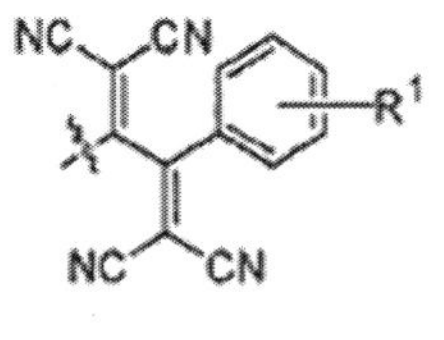 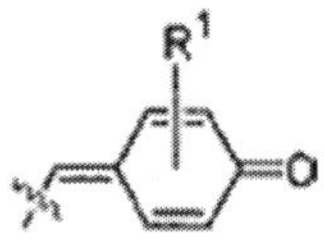

和 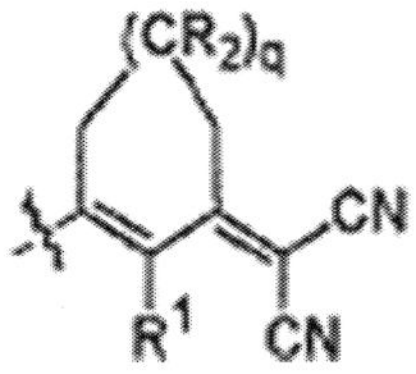 ；

其中，在各种情况下独立地，

R^a 是烷基、芳基或杂烷基；
R^1 是氢、烷基、芳基或杂烷基；
Y 是 O、S 或 Se；和 q 是 0 或 1；
X 是 O 或 S；
R 是烷基、芳基、杂烷基或杂芳基；
n 是 1、2、3 或 4，和每个桥联独立地具有下式结构

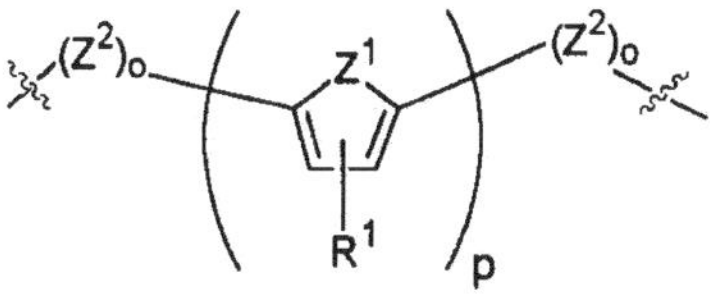

或选自 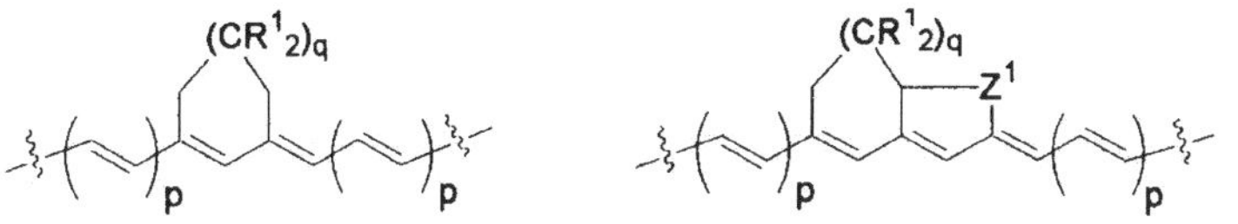

和 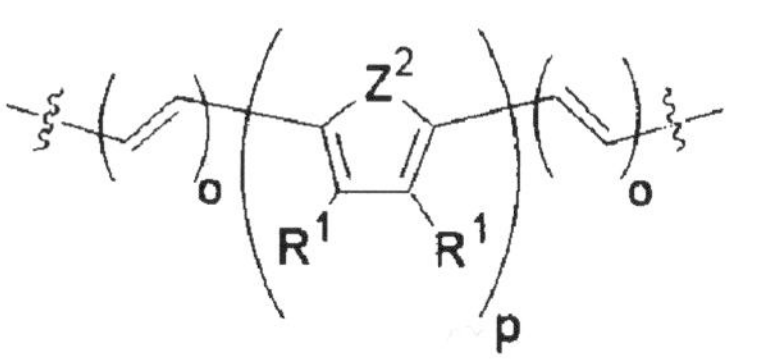 ；

其中，在各种情况下独立地，
Z^1 为 O、S、Se、NR^1、C（R^1）$_2$或-C（R^1）=C（R_1）-；
P 为 0、1 或 2；
o 是 0、1 或 2；
o+p 至少为 1；
R^1 是氢、烷基、芳基或杂烷基；
Z^2 为：

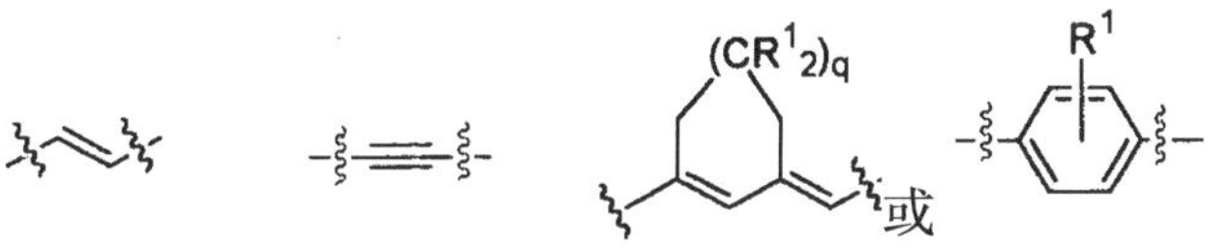 ；和

q 是 0 或 1；
其中 π^1 和 π^2 中的至少一个存在并且包含与噻吩环共轭的乙烯基团。”

2006 年 9 月 25 日，申请人卢美拉公司（下称请求人）对上述驳回决定不服，向专利复审委员会提出复审请求，请求人在提出复审请求时对权利要求书进行了修改，删除了在取代基位置上可能具有共轭效应的“芳基”和“杂芳基”，并对烷基和杂烷基作出了进一步的限定。请求人认为，上述修改已经克服了驳回决定所指出的缺陷，因此权利要求 1 的技术方案得到了说明书的支持，符合专利法第 26 条第 4 款的规定。

修改后的权利要求 1 如下：

“1. 一种包含噻吩的发色团，其具有如下结构：

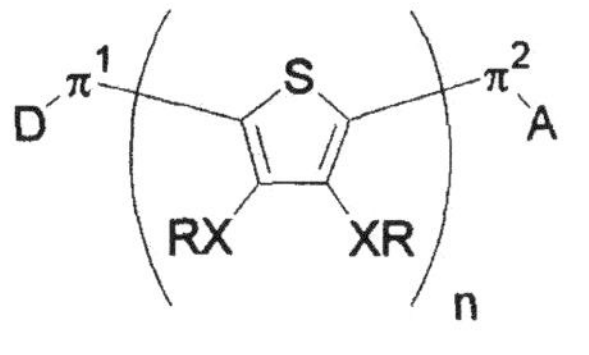

其中，D 是电子亲合性比 A 的电子亲合性低的给电子基团，并且选自

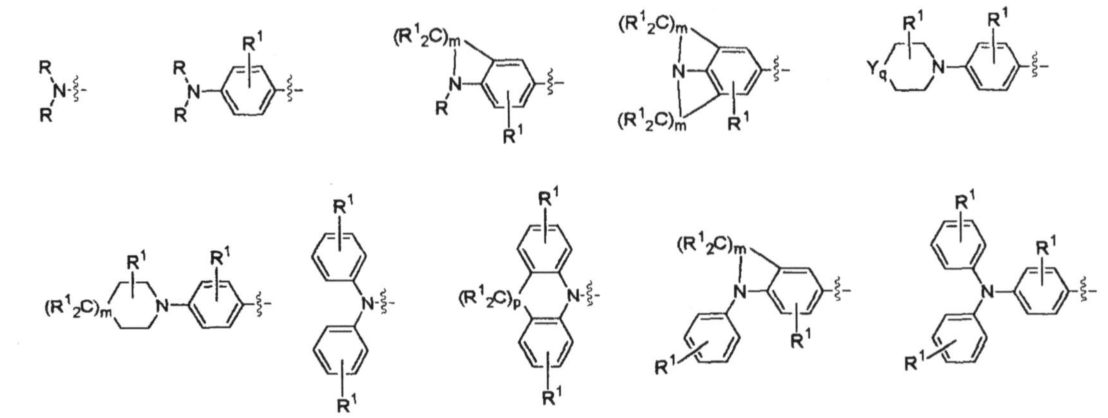

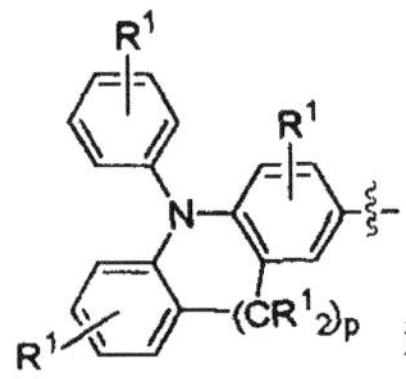 和 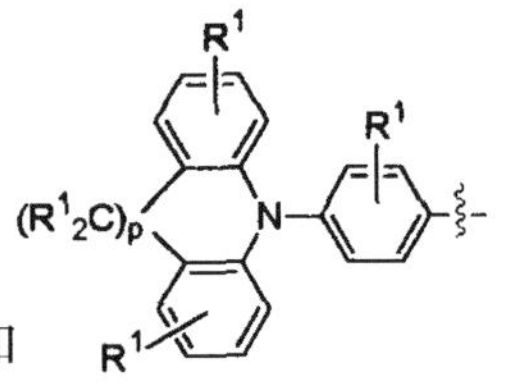 ；

A 是电子亲合性比 D 的电子亲合性高的电子接受基团，并且选自

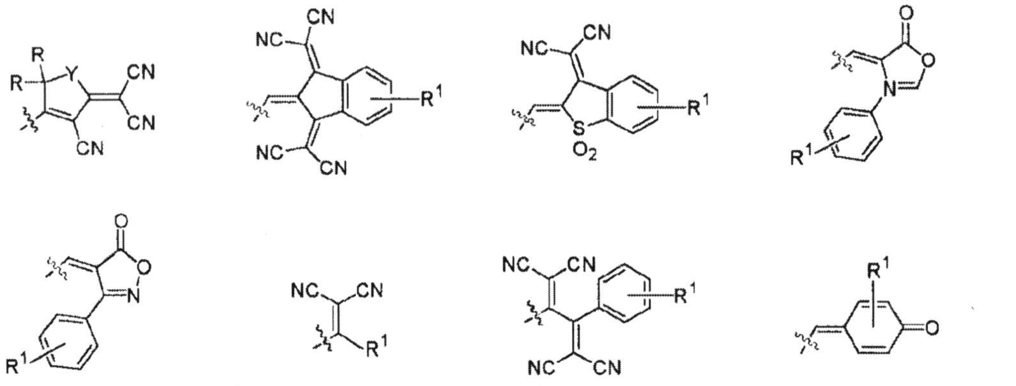

和 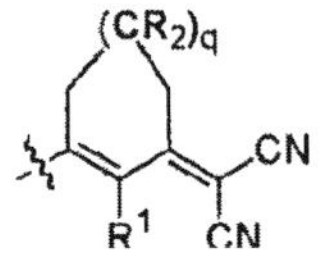 ；

其中，在各种情况下独立地，R 是烷基或杂烷基，其中烷基是含有 1~6 个碳的饱和，直链或支链烃基，其中烷基中一个或多个碳可以键合到相邻烷基的一个或多个碳上以形成一个或多个环；和其中杂烷基是含有 1~6 个碳原子的饱和，直链或支链烃基，其中至少一个碳原子或氢原子被选自氮、氧、硫、硅和卤素的杂原子代替，并且其中杂烷基中一个或多个原子可以键合到相邻杂烷基的一个或多个原子上以形成一个或多个环；

R^a 是烷基或杂烷基，其中烷基是含有 1~6 个碳的饱和，直链或支链烃基，其中烷基中一个或多个碳可以键合到相邻烷基的一个或多个碳上以形成一个或多个环；和其中杂烷基是含有 1~6 个碳的饱和，直链或支链烃基，其中至少一个碳原子或氢原子被选自氮、氧、硫、硅和卤素的杂原子代替，并且其中杂烷基中一个或多个原子可以键合到相邻杂烷基的一个或多个原子上以形成一个或多个环；

R^1 是氢、烷基或杂烷基，其中烷基是含有 1~6 个碳的饱和，直链或支链烃基，其中烷基中一个或多个碳可以键合到相邻烷基的一个或多个碳上以形成一个或多个环；和其中杂烷基是含有 1~6 个碳的饱和，直链或支链烃基，其中至少一个碳原子或氢原子被选自氮、氧、硫、硅和卤素的杂原子代替，并且其中杂烷基中一个或多个原子可以键合到相邻杂烷基的一个或多个原子上以形成一个或多个环；

X 是 O 或 S；

Y 是 O、S 或 Se；

n 是 1、2、3 或 4；

m 是 2、3 或 4；

p 是 0、1 或 2；和 q 是 0 或 1；

π^1 不存在或是在 D 和噻吩环之间提供电子共轭的桥联；

π^2 不存在或是在 A 和噻吩环之间提供电子共轭的桥联；

其中，每个桥联独立地具有下式结构

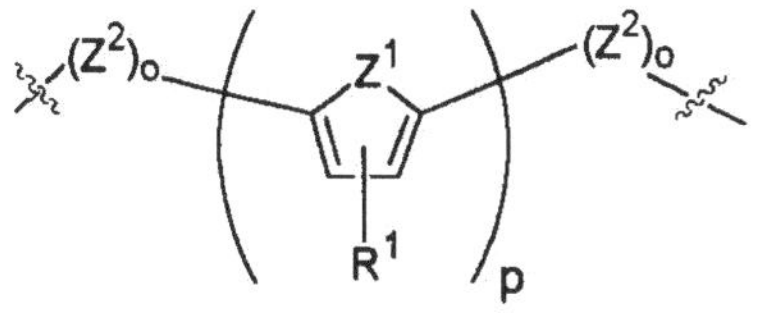

或选自

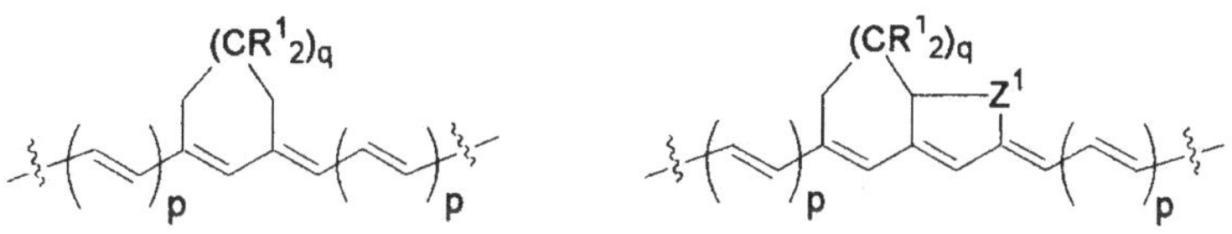

和

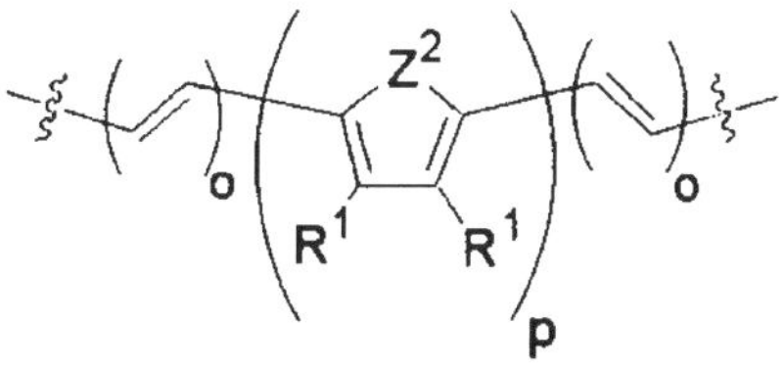
；

其中，在各种情况下独立地，Z^1 为 O、S、Se、NR^1、$C(R^1)_2$ 或 $-C(R^1)=C(R^1)-$；

P 为 0、1 或 2；

o 是 0、1 或 2；

o+p 至少为 1；

R^1 是氢、烷基或杂烷基，其中烷基是含有 1~6 个碳的饱和，直链或支链烃基，其中烷基中一个或多个碳可以键合到相邻烷基的一个或多个碳上以形成一个或多个环；和其中杂烷基是含有 1~6 个碳的饱和，直链或支链烃基，其中至少一个碳原子或氢原子被选自氮、氧、硫、硅和卤素的杂原子代替，并且其中杂烷基中一个或多个原子可以键合到相邻杂烷基的一个或多个原子上以形成一个或多个环；

Z^2 为：

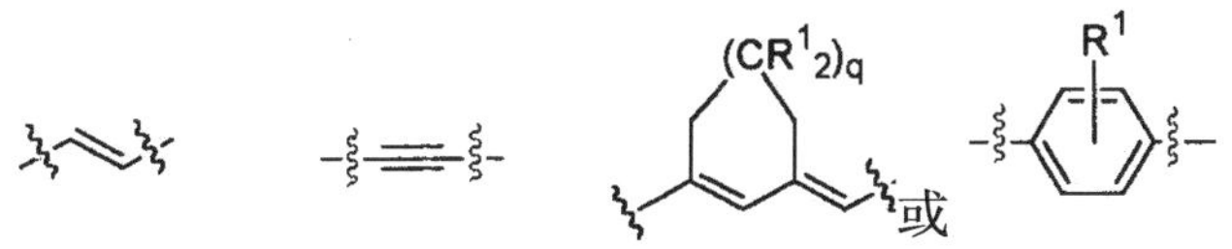
；和

q 是 0 或 1；

其中 π^1 和 π^2 中的至少一个存在并且包含与噻吩环共轭的乙烯基团。”

经形式审查合格后，专利复审委员会受理了该请求，并于 2006 年 11 月 22 日向请求人发出了《复审请求受理通知书》，同时将本申请转送至国家知识产权局原审查部门进行前置审查。

在《前置审查意见书》中，国家知识产权局原审查部门认为：（1）修改后的通式化合物仍包括了大量的范围，而且从说明书无法认为这些范围的化合物具有类似的性质；（2）修改后的权利要求书将烷基的碳原子数限定为 1~6，但在原申请文件中并未记载 C6 这个端值，因此修改超范围。故坚持驳回决定。

专利复审委员会组成合议组，对本复审请求案进行了审理。

合议组于 2008 年 3 月 31 日向请求人发出《复审通知书》，指出：

（1）本申请权利要求 1 化合物与对比文件 1 实施例 4 的化合物的区别主要在于以下三点：①噻吩上的取代基不同：本申请 RX 为 RO 或 RS 基，而对比文件 1 为 H；②共轭桥联 π^2 不同：本申请 π^2 为 C=C，而对比文件 1 为 C=N；③A 结构不同。本领域技术人员在对比文件 1 的化合物具有发光性能的基础上通过对其桥联结构及共轭取代基的常规替换得到本申请权利要求 1 的技术方案是显而易见的，所以权利要求 1 相对于对比文件 1 不具有创造性，不符合专利法第 22 条第 3 款的规定；

（2）从属权利要求 2~17 对权利要求 1 中的取代基 R、A、D、π^1、π^2 等作了进一步限定，但这种限定并没有给其技术方案带来意想不到的技术效果，因此在其引用的独立权利要求 1 不具有创造性的前提下，从属权利要求 2~17 也不具有创造性，不符合专利法第 22 条第 3 款的规定；

（3）权利要求 18~21 要求保护一种包含噻吩的发色团，基于与上述同样的理由，权利要求 18~21也不具有创造性，不符合专利法第 22 条第 3 款的规定。

针对上述《复审通知书》，请求人于 2008 年 7 月 15 日提交了意见陈述书，但请求人未对申请文件进行修改。请求人认为：（1）本申请的发色团组分与对比文件 1 的发色团组分相比，π-共轭桥联不同：对比文件 1 的发色团在腙键处间断，而本申请发色团的 π-共轭桥联是连续的，允许电子在两个方向上自由流动；电子给体和电子受体不同：对比文件 1 的发色团没有公开电子给体和电子受体，而本申请的发色团，电子给体和电子受体是必须的并且与 π-共轭电共轭；极性不同：对比文件 1 的发色团没有公开极性，而本申请的发色团则必须是极性的；（2）对比文件 1 的 CTL 发色团与本申请的 NLO 发色团相比具有完全不同的性质，NLO 发色团领域的技术人员将不会去注意对比文件 1 的教导以获得本申请所要求保护的化合物。

至此，合议组认为本案事实清楚，可以作出审查决定。

二、决定的理由

1. 关于审查文本

本复审请求审查决定是以请求人于 2006 年 9 月 25 日提交的权利要求第 1~60 项，2004 年 4 月 29 日提交的说明书第 4、7、36、39 页，进入中国国家阶段时提交的说明书第 1~3、5、6、8~35、37、38、40~54 页和说明书附图第 1~35 页以及说明书摘要和摘要附图为基础作出的。

2. 关于专利法第 22 条第 3 款

专利法第 22 条第 3 款规定：创造性是指同申请日以前已有的技术相比，该发明有突出的实质性特点和显著的进步。

如果一项发明所要求保护的化合物与现有技术公开的化合物结构十分接近，两者具有相同的主要结构单元，其区别仅在于取代基团有所不同，由于取代基的替换是本领域技术人员公知的常规替换，如果它们又具有相同的用途，则申请人应当提供该发明化合物与对比文件最接近化合物相比具有意想不到的有益效果的证据，如果显示该发明化合物较对比文件的化合物具有更为优异的效果，则该发明有创造性，否则不能认定该发明具有创造性。

具体到本案而言，权利要求 1 要求保护一种具有如下结构的包含噻吩的发色团：

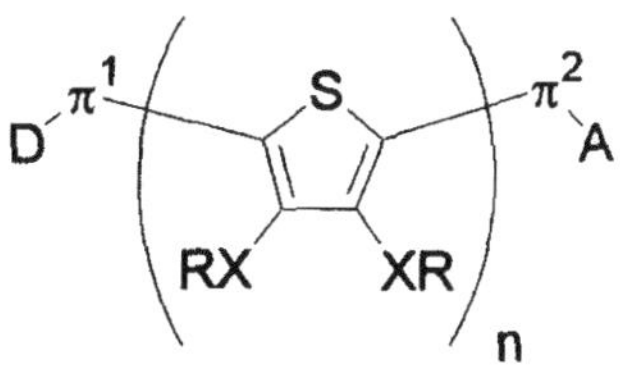

对比文件 1（US5080991A，公开日为 1992 年 1 月 14 日）是与本申请最为接近的现有技术，该对比文件也公开了一种具有相似结构的包含噻吩的发色团，并在其实施例 4 中具体公开了相对于上式结构 D 为对（N，N-二乙基）苯胺基，π^1 为 C=C，π^2 为 C=N，RX 为 H，A 为二苯胺基的化合物（参见对比文件 1 说明书第 15~16 栏表 1）。由此可知，本申请权利要求 1 化合物与对比文件 1 实施例 4 的化合物的区别主要在于以下三点：（1）噻吩上的取代基不同：本申请 RX 为 RO 或 RS 基，而对比文件 1 为 H；（2）共轭桥联 π^2 不同：本申请 π^2 为 C=C，而对比文件 1 为 C=N；（3）A 结构不同。

从本申请解决的技术问题来看，尽管请求人在其说明书的背景技术部分中声称，“对于可用于电光应用场合及相关用途的改进的发色团仍存在迫切需要，本发明旨在满足这一需要和提供基于非线性光学活性发色团的用途、设备以及通讯系统”，但请求人仅在其说明书的表 I 中给出了本申请发色团较现有技术中的一种“CLD 发色团”光化学稳定性提高的实验数据，本领域技术人员仅基于此并不能够判断本申请发色团较对比文件 1 实施例 4 的发色团也具有改进的光化学稳定性，合议组由此确定，本申请相对于对比文件 1 实际解决的技术问题仅仅是提供了另外可供选择的发色团。在此基础上，对于区别特征（1），在对比文件 1 的说明书中已经给出了噻吩上的取代基可以为烷氧基的技术启示（见对比文件 1 实施例 14），对于区别特征（2），在发光的共轭结构中使用 C=C、C=N 或 N=N 结构对于本领域技术人员而言是通常的选择，其替换属于常规替换，而且从本申请权利要求 1 的技术方案来看，π^1、π^2 结构也是可有可无的，对于区别特征（3），本领域技术人员知道，无论本申请权利要求 1 所述的 A 结构还是对比文件 1 中的二苯胺基，其上均具有孤对电子或 π 电子，从而可以与化合物中的其他结构一起形成预期可作为发色团的大的共轭结构。也就是说，对于本领域技术人员来说，对于 A 结构的选择也是一种常规的替换。因此，本领域技术人员在对比文件 1 的化合物具有发光性能的基础上通过对其桥联结构及共轭取代基的常规替换得到本申请权利要求 1 的技术方案是显而易见的，所以权利要求 1 相对于对比文件 1 不具有创造性，不符合专利法第 22 条第 3 款的规定。同理，除说明书表 I 化合物外，由于说明书对权利要求 1 中其他取代基取代的化合物未提供任何试验数据，本领域技术人员难以预期其与对比文件 1 的化合物相比会具有任何预料不到的技术效果，因此本申请权利要求 1 中其他取代基取代的上式结构的化合物也不具有创造性，不符合专利法第 22 条第 3 款的规定。

权利要求 2~17 属于权利要求 1 的从属权利要求，其对权利要求 1 中的取代基 R、A、D、π^1、π^2 等作了进一步限定，但这种限定并没有给其技术方案带来意想不到的技术效果，因此在其引用的独立权利要求 1 不具有创造性的前提下，从属权利要求 2~17 也不具有创造性，不符合专利法第 22 条第 3 款的规定。

权利要求 18~21 要求保护一种包含噻吩的发色团，基于与上述同样的理由，权利要求 18~21 也不具有创造性，不符合专利法第 22 条第 3 款的规定。

此外，针对请求人答复《复审通知书》的意见陈述，合议组认为，（1）就对比文件 1 实施例 4

化合物中的-C=N-N-键而言，其上-N-原子的孤对电子会与双键C=N一起形成共轭体系，因此，对比文件1中发色团上-C=N-N-键的存在并不会如请求人所述导致π-共轭桥联的断裂；（2）对比文件1中的发色团虽然没有公开或提及分子结构中的电子给体（D）和电子受体（A），但电子给体与电子受体在同一发色团分子中仅仅是一个相对的概念，其中给电子能力强的基团即为电子给体，给电子能力相对弱的基团则为电子受体，由于对比文件1实施例4的化合物并非为结构完全对称的分子，因此该化合物事实上也是极性分子，也存在电子给体和电子受体；（3）对于请求人有关对比文件1的发色团与本申请的NLO发色团相比具有完全不同的性质的主张，请求人未提供证据加以证明，合议组对该主张不予支持。

综上所述，权利要求1~21不具有创造性，不符合专利法第22条第3款的规定。

根据上述事实和理由，合议组作出如下审查决定。

三、决定

维持国家知识产权局于2006年6月9日针对01816258.4号发明专利申请作出的驳回决定。

复审请求人对本决定不服的，可以根据专利法第41条第2款的规定，自收到本决定之日起三个月内向北京市第一中级人民法院起诉。

019

皮肤增白剂

复审请求审查决定（第16249号）

决　定　号　第16249号
决　定　日　2008年12月31日
发明创造名称　皮肤增白剂
国际分类号　C07C 69/76，A61K 31/78，A61P 17/16
复审请求人　LG生活健康株式会社
申　请　号　99816101.2
申　请　日　1999年12月14日
公　开　日　2002年7月3日
合议组组长　王晓云
主　审　员　刘新蕾
参　审　员　葛永奇

法律依据　专利法第26条第3款
决定要点

要求保护的发明为化学产品本身的，说明书中应当记载化学产品的确认、化学产品的制备及化学产品的用途。其中关于化学产品的确认，对于化合物发明，说明书中除应当说明该化合物的化学名称及结构式（包括各种官能基团、分子立体构型等）或者分子式，对化学结构的说明应当明确到使本领域技术人员能够确认该化合物的程度，还应当记载与发明要解决的技术问题相关的化学、物理性能参数（例如各种定性或定量数据和谱图等），使要求保护的化合物能被清楚地确认。

一、案由

本复审请求涉及申请人LG生活健康株式会社于1999年12月14日申请，2002年7月3日公开，名称为“皮肤增白剂”的99816101.2号发明专利申请（下称本申请）。

2004年9月17日，国家知识产权局针对申请人于2004年7月9日提交的权利要求书及说明书第1~12页，于2001年8月9日提交的附图1~3和说明书摘要，以本申请不符合专利法第26条第3款的规定为由，驳回了本申请。驳回决定认为，本发明涉及化学式1结构的5，15-二乙酰基-3-苯甲酰基续随子醇化合物，说明书附图2为该化合物的核磁共振氢谱，谱图上没有申请人所述的归属为3位氢的5.82（dd）ppm四重峰，根据本申请说明书的记载，本领域技术人员不能确认本发明化合物为化学式1结构的化合物，即本申请的说明书没有对发明作出清楚、完整的说明，因此，说明书不符合专利法第26条第3款的规定。

驳回决定所针对的权利要求书为：

1. 下面化学式 1 所表示的 5，15-二乙酰基-3-苯甲酰基续随子醇化合物：

［化学式 1］

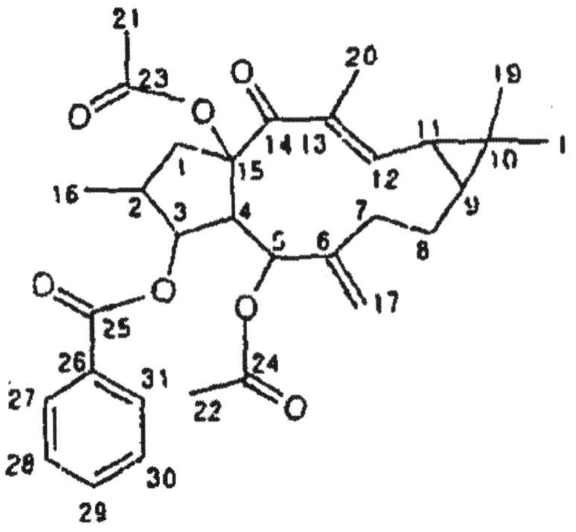

2. 皮肤增白组合物，其中包含 0.00001～10.0 重量% 的下面化学式 1 的 5，15-二乙酰基-3-苯甲酰基续随子醇化合物：

［化学式 1］

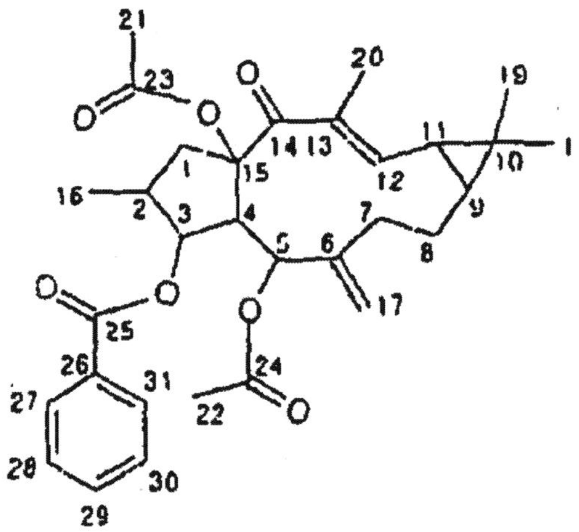

3. 权利要求 2 的皮肤增白组合物，其中的 5，15-二乙酰基-3-苯甲酰基续随子醇是这样得到的：用一种或多种选自甲醇、乙醇、丙醇、异丙醇、丁醇、丙酮、乙醚、苯、氯仿、已烷、环己烷和石油醚的溶剂对续随子进行液-液萃取，然后用选自硅胶和活性氧化铝的填料进行色谱分离。

申请人 LG 生活健康株式会社（下称请求人）对上述驳回决定不服，于 2005 年 1 月 4 日向专利复审委员会提出复审请求，请求人认为，图 2 中清楚地示出了 3 位氢位于 5.82ppm 的峰，为了更加清楚，提供了图 2 的放大图，由于图谱中是否出现四重峰与核磁共振谱仪的分辨率有关，因此，图 2 给出的图谱足以使本申请的化学式 1 所示的续随子醇区别于现有的化合物，即本领域技术人员根据说明书中的实施例给出的制备方法，在图 2 的基础上并结合图 1 的质谱图和图 3 的碳核磁共振谱图，完全可以制得并确认本申请化学式 1 所示的续随子醇。本申请的说明书已经对发明作出了清楚、完整的说明，符合专利法第 26 条第 3 款的规定。请求人在提出复审请求的同时提交了附图 1～3 的替换页。

形式审查合格后，专利复审委员会受理了该复审请求，并于 2005 年 1 月 31 日向请求人发出《复审请求受理通知书》，并将本案转送原审查部门进行前置审查。

原审查部门对本复审请求进行了前置审查，坚持驳回决定，主要理由为，图 2 的核磁共振氢谱及其放大图上，在 5.82ppm 处均显示单峰信号，未见到所述的 dd 峰信号，所属领域的技术人员根据本申请说明书对化学结构的说明，不能确认 5.82ppm 峰即为所述的化学式 1 结构的 3 位氢。虽然核磁共振氢谱图中是否出现四重峰还与核磁共振谱仪的分辨率有关，但据此并不能断定图 2 中 5.82ppm 单峰就是申请人所述的四重峰。

专利复审委员会组成合议组，对本复审请求进行了审理。2005 年 9 月 27 日，合议组向请求人发出了复审通知书，指出请求人虽然认为根据化学式 1 所示的结构，该峰应当是四重峰，但其没有充分的证据来证明该观点，即请求人不能根据拟定的结构式作出与其在申请日前提交的图谱中公开的内容不同的推论，将说明书附图 2 上明确公开的单峰解释为四重峰。因此，本申请的说明书对其要求保护的化学式 1 所示的续随子醇没有充分公开，不符合专利法第 26 条第 3 款的规定。

请求人于 2005 年 11 月 14 日提交了意见陈述书和附件 1（局部放大的氢核磁共振谱图），但未修改申请文件。请求人认为：（1）本说明书中给出了续随子醇的氢核磁共振数据，这些数据来源于实测的氢核磁共振光谱，用于表征本发明的化合物。（2）对于化合物申请而言，申请文件中一般仅给出核磁共振数据，在目前的专利实践中也认为，本领域的普通技术人员根据说明书中给出的有关化合物的核磁共振数据，即可确认该化合物。（3）申请人给出实测的氢核磁共振谱图也证实了 3-位氢的化学位移是 5.82ppm。（4）出现多重峰（如 dd 峰）看起来如单峰一样的情形，完全与打印输出光谱时所设定的分辨率有关，即增加每实际刻度所代表的化学位移数，相当于实测的谱图在打印时被压缩了，使得原来各分立的峰叠合在一起，看起来如单峰一样。（5）在^1H NMR 光谱中，当一个原子的相邻原子上具有 N 个氢原子时，那么该原子上的氢原子的核磁共振峰因耦合作用而分裂为 N+1 个峰。就 dd 峰而言，其理论上应该为四重峰，但是由于中间的两个峰具有相同的化学位移，所以表现在实际的谱图中为三个单峰，而且中间的峰的高度是两边的两个峰的两倍。本申请的说明书已经对所要求保护的化合物作出了清楚、完整的说明，使得本领域普通技术人员在阅读本说明书之后，不仅可以制备而且还可以确认本发明的化合物。因此，本申请的说明书符合专利法第 26 条第 3 款的规定。

至此，本案事实已经清楚，可以依法作出复审决定。

二、决定的理由

1. 审查文本的认定

在复审程序中，复审请求人没有提交新的修改文本，仅仅提交了附图 1~3 的放大图及附图 2 的局部放大图以供参考。因此，本复审决定以请求人于 2004 年 7 月 19 日提交的权利要求书 1~3，说明书第 1~12 页，2001 年 8 月 9 日提交的摘要，进入中国国家阶段时提交的国际申请文件的附图第 1~3 页为基础作出。

2. 具体理由的阐述

专利法第 26 条第 3 款规定，说明书应当对发明或者实用新型作出清楚、完整的说明，以所属技术领域的技术人员能够实现为准。

要求保护的发明为化学产品本身的，说明书中应当记载化学产品的确认、化学产品的制备以及化学产品的用途。其中关于化学产品的确认，对于化合物发明，说明书中除应当说明该化合物的化学名称及结构式（包括各种官能基团、分子立体构型等）或者分子式，还应当记载与发明要解决的技术问题相关的化学、物理性能参数（例如各种定性或定量数据和谱图等），使要求保护的化合物能被清楚地确认。

本申请要求保护一种结构为化学式 1 的化学名称为续随子醇的化合物。为了确认该新化合物，说明书中提供了该化合物的质谱图（附图 1）、氢核磁共振谱图（附图 2）以及碳核磁共振谱图（附图

3）。对于该化合物，根据说明书文字部分的记载，其在附图2的核磁共振氢谱上归属为3位氢的峰应为四重峰，但是本申请的原始附图2及请求人在提出复审请求时提交的附图2的放大图上，在5.82ppm处均显示为单峰信号，未见到所述的dd峰信号，所属领域的技术人员根据本申请说明书对化学结构的说明，不能确认5.82ppm峰即为所述的化学式1结构的3位氢。对于请求人在答复复通时提交的附件1即附图2（氢核磁共振谱图）的部分放大谱图，其不属于本申请原始申请文件所公开的内容，也不是申请日以前的现有技术，本领域技术人员不能确定此图就是原始说明书的附图2的局部放大图，因此，附件1不能被合议组接受。请求人认为根据化学式1所示的结构，该峰应当是四重峰。对此，合议组认为，对于未知结构化学产品的结构确认，应根据所获得的核磁共振图谱等试验结果来确认产品的结构，而不是先拟定产品结构再反过来推想图谱。

综上，由于本申请说明书的附图2，即该化合物的核磁共振氢谱，谱图上没有请求人所述的归属为3位氢的5.82（dd）ppm四重峰，且请求人提交的附件也无法证明原始申请文件附图2的谱图上5.82（dd）ppm处即为四重峰，因此，本领域技术人员根据本申请说明书的记载不能确认本发明化合物为化学式1结构的化合物，即本申请的说明书没有对发明作出清楚、完整的说明，不符合专利法第26条第3款的规定。

基于上述理由，本案合议组作出如下决定。

三、决定

维持国家知识产权局于2004年9月17日对99816101.2号发明专利申请作出的驳回决定。

复审请求人对本决定不服的，可以根据专利法第41条第2款的规定，自收到本决定之日起3个月内向北京市第一中级人民法院起诉。

020

一种以剩饭菜为原料制备苏云金芽孢杆菌生物农药的方法

复审请求审查决定（第16332号）

决　定　号　第16332号
决　定　日　2009年2月18日
发明创造名称　一种以剩饭菜为原料制备苏云金芽孢杆菌生物农药的方法
国际分类号　A01N 63/02
复审请求人　北京科技大学
申　请　号　200610011155.0
申　请　日　2006年1月11日
公　开　日　2006年6月28日
合议组组长　张家祥
主　审　员　王　静
参　审　员　潘　剑

法律依据　专利法第26条第3款，专利法实施细则第21条第2款
决定要点

所属技术领域的技术人员能够实现，是指所属技术领域的技术人员按照说明书记载的内容，就能够实现该发明或者实用新型的技术方案，解决其技术问题，并且产生预期的技术效果。

一、案由

本复审请求涉及发明名称为“一种以剩饭菜为原料制备苏云金芽孢杆菌生物农药的方法”的200610011155.0号发明专利申请（下称本申请），申请人为北京科技大学，申请日为2006年1月11日，公开日为2006年6月28日。

2007年8月3日，针对申请人于2007年7月2日提交的权利要求第1~2项以及2006年1月11日提交的说明书第1~3页和说明书摘要，国家知识产权局以本申请的说明书不符合专利法第26条第3款的规定和权利要求1不符合专利法实施细则第21条第2款的规定为由驳回了本申请。

驳回决定所针对的权利要求书为：

“1. 一种以食堂剩饭菜为原料制备苏云金芽孢杆菌生物农药的方法，其特征在于：制备工艺为：将食堂剩饭菜用40℃~80℃的水淋洗，10kg剩饭菜用水1kg~3kg，然后50℃~80℃真空干燥30min~120min，粉碎至通过0.25mm网筛，得到原料粉；调整原料粉中C、N、P、Cl含量，使其分别处于3%~20%、1%~10%、0.5%~12%、0.1%~1.0%的范围内，加入5%~30%的谷壳，10%~30%的水，搅拌均匀得到固态发酵培养基，灭菌后接入苏云金芽孢杆菌种、发酵、干燥、粉碎得到苏云金芽

孢杆菌生物农药原粉；用玉米粉做C源、豆饼粉做N源、NaH_2PO_4做P源、NaCl做Cl源来调整原料粉中C、N、P、Cl含量。

2. 按照权利要求1方法，其特征在于：所述的原料粉中含有粗纤维、淀粉、粗蛋白及氮、磷、钾营养元素。”

驳回决定认为：（1）说明书未公开原料粉中钾的含量，而这是实现发明目的所必不可少的内容，因此说明书公开不充分，不符合专利法第26条第3款的规定。（2）原料粉中含有粗纤维、淀粉、粗蛋白和氮、磷、钾营养元素以及钾元素的含量均是实现发明目的必不可少的技术特征，因此，独立权利要求1缺少必要技术特征，不符合专利法实施细则第21条第2款的规定。

申请人北京科技大学（下称请求人）对上述驳回决定不服，于2007年11月7日向专利复审委员会提出复审请求，未对申请文件进行修改，但提交了如下3份参考文献：

文献1：“Solid state fermentation of broiler litter for production of biocontrol agents”，T. T. Adams 等，Bioresource Technology，82（2002），第33~41页，复印件共9页；

文献2：“Production of Bacillus thuringiensis biopesticides using wastewater sludge as a raw material: effect of inoculum and sludge solids concentration”，K. Lachhab 等，Process Biochemistry，37（2001），第197~208页，复印件共12页；

文献3：《微生物学》，诸葛健、李华钟主编，科学出版社出版，2004年9月印刷，封面页、出版信息页、目录及第178~183页，复印件共9页。

请求人认为：（1）微生物生长主要依靠碳源、氮源以及少量无机盐，其中钾、钠元素的无机盐可相互替代，本申请的说明书中钠是通过添加氯化钠来控制的；本申请采用的剩饭菜含有丰富的碳源、氮源及少量的无机盐，一般来说，剩饭菜中会含有一定量的钾，即便不含有钾元素也不会影响苏云金芽孢杆菌的生长，因此，是否公开钾元素的含量不会影响本申请技术方案的实现。（2）粗纤维、粗蛋白没有固定分子组成，只是结构相似、分子量相近的一类物质的统称，如果采用粗纤维、粗蛋白作为技术特征可能因剩饭菜来源的不同而降低本申请技术方案的重现性，而采用本领域惯常采用的以元素含量来表征原料组成的方式，即以C、N、P、Cl的含量作为技术特征，容易对培养基的成分进行控制，更具合理性和实用性。

经形式审查合格后，专利复审委员会受理了该请求，并于2008年1月2日向请求人发出《复审请求受理通知书》，同时将本申请转送至国家知识产权局原审查部门进行前置审查。

在《前置审查意见书》中，国家知识产权局原审查部门认为，请求人提供的参考文献中并无“钾、钠可以相互代替”的描述，原料粉中钾元素含量是实现发明目的必不可少的，因此，说明书公开不充分和权利要求1缺少必要技术特征的问题仍未克服，故坚持驳回决定。

专利复审委员会组成合议组对本复审请求案进行了审理。

经合议，合议组认为本案事实已经清楚，可以作出审查决定。

二、决定的理由

1. 关于审查文本

本复审请求审查决定是基于驳回决定所针对的文本作出的。

2. 关于专利法第26条第3款

专利法第26条第3款规定：说明书应当对发明或者实用新型作出清楚、完整的说明，以所属技术领域的技术人员能够实现为准。

所属技术领域的技术人员能够实现，是指所属技术领域的技术人员按照说明书记载的内容，就能够实现该发明或者实用新型的技术方案，解决其技术问题，并且产生预期的技术效果。

就本案而言，权利要求1要求保护一种以食堂剩饭菜为原料制备苏云金芽孢杆菌生物农药的方法（其特征见案由部分），权利要求2对权利要求1中的原料粉作了进一步限定。

根据说明书的记载，本申请要解决的技术问题是进一步降低制备苏云金芽孢杆菌生物农药过程中的生产成本，制备苏云金芽孢杆菌生物农药所采用的原料为食堂剩饭菜，制得的原料粉中含有粗纤维、淀粉、粗蛋白、氮、磷、钾等营养元素，是理想的固态发酵培养基，如果其C、N、P、Cl含量分别处于3%～20%、1%～10%、0.5%～12%、0.1%～1.0%的范围内，则可以直接进行培养基的调配，如果C、N、P、Cl含量不处于上述范围，则通过添加玉米粉（C源）、豆饼粉（N粉）、NaH_2PO_4（P源）和NaCl（Cl源）来进行调整，使其成分最终达到上述要求。由此可见，上述原料粉中已经包含了钾元素。

驳回决定认为：原料粉中钾的含量是实现发明目的所必不可少的内容，由于说明书未公开钾的含量，从而导致说明书公开不充分，不符合专利法第26条第3款的规定。

对此，合议组认为，由于制备苏云金芽孢杆菌生物农药的原料是食堂剩饭菜，通常情况下应当含有人们赖以生存的钾元素，而且苏云金芽孢杆菌属于低等微生物，其对钾元素的需求量少于人类。因此，在无相反证据的情况下，可以认定，上述原料中已经含有苏云金芽孢杆菌生长所需量的钾元素，故驳回决定指出的本申请说明书不符合专利法第26条第3款规定的驳回理由不成立。

3. 关于专利法实施细则第21条第2款

专利法实施细则第21条第2款规定：独立权利要求应当从整体上反映发明或者实用新型的技术方案，记载解决技术问题的必要技术特征。

驳回决定认为：原料粉中含有粗纤维、淀粉、粗蛋白及氮、磷、钾营养元素以及钾元素的含量均是实现发明目的必不可少的技术特征，因此，独立权利要求1缺少必要技术特征，不符合专利法实施细则第21条第2款的规定。

由本申请的说明书可知，本申请要解决的技术问题是进一步降低制备苏云金芽孢杆菌生物农药过程中的生产成本。独立权利要求1中记载了制备苏云金芽孢杆菌生物农药的原料、原料粉中C、N、P、Cl的含量以及工艺步骤和参数。本领域技术人员也公知，纤维、淀粉以及蛋白质就是为微生物生长提供碳源和氮源。并且，如前文所述，原料中含有苏云金芽孢杆菌生长所需量的钾元素。因此，合议组认为，权利要求1记载了降低苏云金芽孢杆菌生物农药制备过程中的生产成本的必要技术特征，达到了预期效果，故驳回决定指出的独立权利要求1不符合专利法实施细则第21条第2款规定的缺陷不存在。

三、决定

撤销国家知识产权局于2007年8月3日针对200610011155.0号发明专利申请作出的驳回决定，由国家知识产权局原审查部门以驳回决定所针对的文本为基础继续审批程序。

复审请求人如对本决定不服，可以依据专利法第41条第2款的规定，自收到本决定之日起三个月内向北京市第一中级人民法院起诉。

021

咪唑有机一元羧酸盐衍生物反应产物及其制备方法、以及使用它的表面处理剂、树脂添加剂和树脂组合物

复审请求审查决定（第16340号）

决　定　号 第16340号
决　定　日 2009年3月3日
发明创造名称 咪唑有机一元羧酸盐衍生物反应产物及其制备方法、以及使用它的表面处理剂、树脂添加剂和树脂组合物
国际分类号 C07F7/18，C09K3/00，C08L79/08，C08K5/544
复审请求人 日矿金属株式会社
申　请　号 01800142.4
最早优先权日 2000年4月7日
申　请　日 2001年2月6日
公　开　日 2002年8月7日
合议组组长 刘　静
主　审　员 刘　亚
参　审　员 侯　曜

法律依据 专利法第22条第3款
决定要点

如果一项权利要求请求保护的技术方案与申请日前公开的对比文件的技术方案相比，其区别仅仅是本领域技术人员所具有的普通技术知识，并且从说明书看不出该权利要求请求保护的技术方案相对于该对比文件而言带来了任何预料不到的技术效果，则该权利要求请求保护的技术方案不具备创造性。

一、案由

本复审请求案涉及发明名称为“咪唑有机一元羧酸盐衍生物反应产物及其制备方法、以及使用它的表面处理剂、树脂添加剂和树脂组合物”的01800142.4号发明专利申请（下称本申请），申请人为日矿金属株式会社（由株式会社日矿材料变更而来），申请日为2001年2月6日，最早优先权日为2000年4月7日，公开日为2002年8月7日。

国家知识产权局原审查部门对本申请进行实质审查，于2003年10月10日发出《第一次审查意见通知书》，指出：权利要求1以方法限定的方式请求保护一种咪唑有机一元羧酸盐衍生物反应产物，对比文件1（特开平10-120690，公开日为1998年5月12日）公开了一种咪唑衍生物及其制备方法

（参见对比文件 1 权利要求 2），其是由所述的式（5）化合物（相应于本申请式（1）化合物）与式（6）化合物（相应于本申请式（2）化合物）在 80~200℃条件下反应，接着在 80~200℃条件下与式（7）化合物 R^6X 反应（其中 R^6 可以是氢、X 可以是有机酸根）得到的。由于权利要求 1 的产物与对比文件 1 的产物用途相同，均可以用作表面处理剂、固化剂、树脂添加剂等，因此权利要求 1 不具备专利法第 22 条第 3 款规定的创造性。基于相同的理由，权利要求 2~6 相对于对比文件 1 也不具备专利法第 22 条第 3 款规定的创造性。

针对《第一次审查意见通知书》，申请人株式会社日矿材料于 2004 年 2 月 16 日提交了意见陈述书，但申请人并未对权利要求书作出修改。申请人认为，对比文件 1 的反应不能产生与本申请同样的产物；对比文件 1 使咪唑环的氮形成 4 价，而本申请并没有形成 4 价的氮，本申请有机一元羧酸与咪唑环上的氮形成了一离子对，该氮是 3 价的氮；对比文件 1 的反应产物最终不包含作为有机一元羧酸的残基的 X 这部分，而本申请的有机一元羧酸参与形成最终反应产物的离子对；对比文件 1 优选的实施例中的试剂并不包括有机一元羧酸；因此本申请权利要求 1~6 既具有新颖性又具有创造性。

2004 年 7 月 2 日，针对进入中国国家阶段时提交的按国际申请文件中文译文的说明书第 1~10 页、权利要求第 1~6 项和说明书附图第 1~4 页以及说明书摘要，国家知识产权局以权利要求 1~6 不符合专利法第 22 条第 3 款的规定为由驳回了本申请。

驳回决定认为：（1）本申请权利要求 1 不具备创造性，不符合专利法第 22 条第 3 款的规定。权利要求 1 为方法限定的产品权利要求，其所使用的方法中，反应物式（1）、（2）分别与对比文件 1 中式（5）、（6）完全相同，反应条件也相同，对比文件 1 还提示了用包括有机一元羧酸在内的 R6X 试剂处理（5）、（6）反应的产物得到终产物，其相应于权利要求 1 中用有机一元羧酸处理式（1）、（2）反应产物的步骤，申请人未陈述将对比文件 1 中 R^6X 通式具体选择为权利要求 1 的有机一元羧酸所产生的意料不到的技术效果，因而权利要求 1 的创造性得不到确认。对比文件 1 最终产物的 R^6-N 形式与本申请最终产物的离子对形式只是写法上的不同，并无结构上的实质性差别，当反应物和反应条件都相同时反应产物不可能不同。尽管对比文件 1 优选实施例没有 R^6X 为有机一元羧酸的实施例，但是对于对比文件技术方案的理解不应仅限于对比文件的实施例。（2）权利要求 2 为制备权利要求 1 所述产物的方法，基于同样理由，权利要求 2 也不具备创造性。权利要求 3~6 为含有权利要求 1 所述产物的组合物，其创造性依赖于权利要求 1 的创造性，基于同样理由，权利要求 3~6 也不具备创造性。

驳回决定针对的权利要求书如下：

“1. 咪唑有机一元羧酸盐衍生物反应产物，通过使下述通式（1）表示的咪唑化合物和下述通式（2）表示的具有环氧丙氧基的硅烷化合物在 80~200℃下反应后，接着与有机一元羧酸在 50~200℃下反应得到，

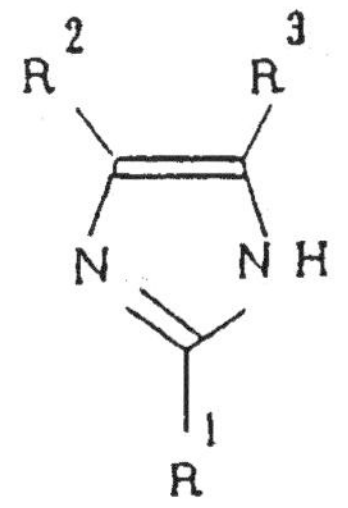

(1)

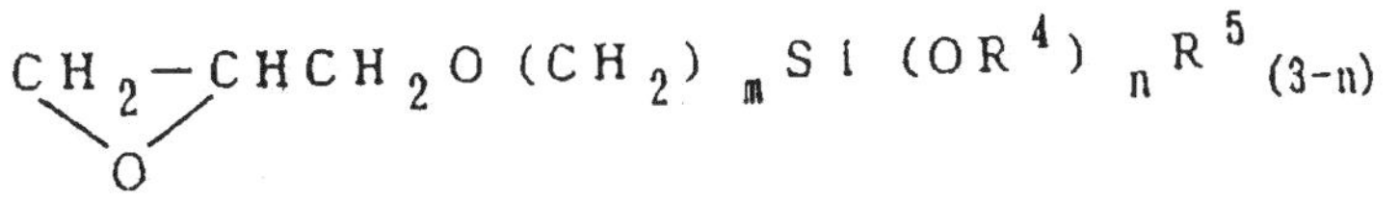

(2)

其中，通式（1）、（2）中，R^1、R^2、R^3 分别表示氢、乙烯基或碳原子数 1~20 的烷基，R^2 与 R^3 也可以形成芳环，R^4、R^5 分别表示碳原子数 1~5 的烷基，m 表示 1~10，n 表示 1~3。

2. 权利要求 1 所述的咪唑有机一元羧酸盐衍生物反应产物的制备方法，其特征在于，使下述通式（1）表示的咪唑化合物和下述通式（2）表示的具有环氧丙氧基的硅烷化合物在 80~200℃下反应后，接着与有机一元羧酸在 50~200℃下反应，

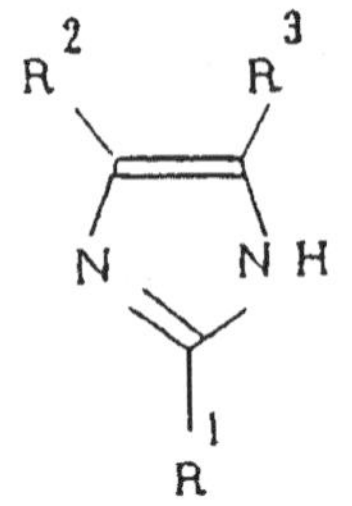

(1)

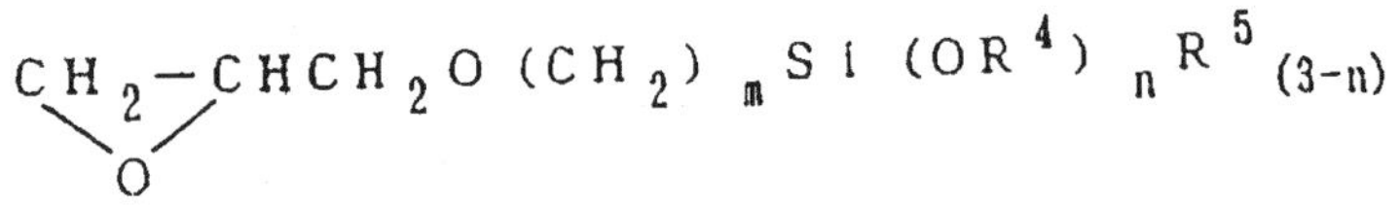

(2)

其中，通式（1）、（2）中，R^1、R^2、R^3、R^4、R^5、m、n 分别与权利要求 1 中定义相同。

3. 表面处理剂，以权利要求 1 所述的咪唑有机一元羧酸盐衍生物反应产物为有效成分。

4. 树脂添加剂，以权利要求 1 所述的咪唑有机一元羧酸盐衍生物反应产物为有效成分。

5. 树脂组合物，含有权利要求 1 所述的咪唑有机一元羧酸盐衍生物反应产物。

6. 聚酰亚胺树脂组合物，含有权利要求 1 所述的咪唑有机一元羧酸盐衍生物反应产物。”

2004 年 9 月 21 日，申请人株式会社日矿材料（下称请求人）对上述驳回决定不服，向专利复审委员会提出复审请求，请求人在提出复审请求时没有对申请文件进行修改。

请求人认为：①本申请权利要求 1 中，咪唑化合物与 3-环氧丙氧基丙基硅烷化合物反应，之后加入有机一元羧酸得到新的咪唑有机一元羧酸盐反应产物，其中有机一元羧酸以整体成盐形式保留在终产物中，而对比文件 1 通过咪唑化合物与 3-环氧丙氧基丙基硅烷化合物反应，随后再与使终产物为四价的试剂反应得到四价咪唑鎓盐衍生物，因而本申请有机一元羧酸盐的产物与具有四价氮的产物明显不同，存在化学结构的重要区别，换言之，是将烷基通过试剂直接连到咪唑环氮上和将有机一元羧酸整体连到氮上之间的区别。②本申请使用的有机一元羧酸不同于对比文件 1 所用的使氮为四价的试剂，本领域技术人员公知，有机一元羧酸不能作为使氮为四价的试剂，生产本申请的终产物不需要对比文件 1 使用的这类使氮为四价的试剂。③作为有机一元羧酸盐的本申请反应产物根本未被对比文件 1 教导，也未被对比文件 1 暗示，对比文件 1 中不可能找到任何描述表明可能实现各种无机材料与树脂之间黏结性改善的特定效果，因而本申请具备创造性。

经形式审查合格后，专利复审委员会受理了该请求，并于 2004 年 10 月 14 日向请求人发出了《复审请求受理通知书》，同时将本申请转送至国家知识产权局原审查部门进行前置审查。

在《前置审查意见书》中，国家知识产权局原审查部门认为，对比文件 1 中的 R^6X 可以是有机一元羧酸，本申请实质上是将 R^6X 选择为有机一元羧酸的选择发明，但本申请并未产生出人意料的技术效果，因此坚持驳回决定。

2006 年 12 月 1 日，请求人由株式会社日矿材料变更为日矿金属株式会社。

专利复审委员会组成合议组，对本复审请求案进行了审理。依据驳回决定所针对的文本，合议组于 2008 年 10 月 14 日向请求人发出《复审通知书》，指出：（1）本申请权利要求 1 与对比文件 1 实施

例 1 公开的方案相比，区别在于对比文件 1 以苯甲基氯作为季铵化试剂，本申请权利要求 1 使用的是有机一元羧酸。但是对比文件 1 本身已经教导可以使用有机酸作为季铵化试剂，例如对甲苯磺酸、乙基硫酸等。此外，有机一元羧酸可用作季铵化试剂只是本领域技术人员所具有的普通技术知识。例如《精细化工辞典》（1998 年 6 月第 1 版，王大全主编，化学工业出版社）第 880 页教导可使用乙酸将 2-烷基-2-咪唑啉季铵化而得到咪唑啉型阳离子表面活性剂。由此，本领域技术人员在对比文件 1 的基础上，在众多的有机酸中，结合其所具有的普通技术知识，很容易想到选择有机一元羧酸，无需创造性劳动即可得到本申请权利要求 1 的方案。而且，并无任何证据表明，相对于对比文件 1 的咪唑鎓盐衍生物，本申请权利要求 1 的咪唑有机一元羧酸盐衍生物反应产物带来了意料不到的技术效果。因此，本申请权利要求 1 不具备专利法第 22 条第 3 款规定的创造性。同理，权利要求 2~6 相对于对比文件 1 也不具备创造性，不符合专利法第 22 条第 3 款的规定。（2）对于请求人在复审请求书中陈述的意见，合议组认为，首先，本申请的反应顺序和反应条件与对比文件 1 完全相同，二者都是在相同的反应条件下先使咪唑化合物与环氧硅烷反应，然后与酰卤或有机酸反应。无论对比文件 1 的对甲苯磺酸、苯磺酸还是本申请的有机一元羧酸，实质上都是使咪唑与环氧硅烷的反应产物季铵化。而且，无论是否季铵化，咪唑硅烷化合物中-N=的氮原子化合价均为三价。其次，《精细化工辞典》第 880 页的内容表明以有机一元羧酸例如乙酸用作使咪唑啉化合物季铵化的季铵化试剂是本领域的公知常识。最后，对比文件 1 已公开所述咪唑鎓盐衍生物可作为用于金属等的表面处理剂，作为表面处理剂时自然能够改善被处理表面的性能。本申请仅给出实施例 3 证明所得到的反应产物比硅烷类偶联剂的表面处理性能优异，不能证明相比于对比文件 1 的咪唑鎓盐衍生物而言，本申请得到的反应产物也具有明显优异的表面处理性能，不能证明本申请得到的反应产物具备创造性。

针对上述《复审通知书》，请求人于 2009 年 2 月 1 日提交了意见陈述书，同时提交了 EP1277757B1、US6710181B2、日本特许第 3536014 号特许公报（B2）、大韩民国登録特许公报（B1）第 10-0626493 号作为参考文件，但未对申请文件作出修改。请求人陈述的意见主要包括以下几点：

（1）本申请在 US、EPO、JP、KR 和 TW 的相应国外申请已经获得授权，以上参考文件是相应的授权文件，同样引用对比文件 1 作为对比文献的本申请欧洲同族专利获得授权也佐证本申请相对于对比文件 1 具有创造性。

（2）对比文件 1 公开了有机酸作为季铵化试剂的用途，但是其所公开的有机酸与有机一元羧酸不同，且其中没有使用有机一元羧酸的教导或暗示，对比文件 1 的式（7）中作为 X 的术语“有机酸残基”本身是非常宽泛的，并且对比文件 1 仅在发明一般描述部分公开了磺酸残基和硫酸残基，没有公开使用磺酸和硫酸的实施例，而且，对比文件 1 教导的有机酸残基与本申请选择的有机一元羧酸背道而驰，误导本领域技术人员背离本发明；对比文件 1 实施例使用的苯甲酰氯当用于环氧树脂或聚酰亚胺树脂固化剂时，显示了与有机一元羧酸不同的性能，苯甲酰氯的作用不能暗示有机一元羧酸的作用或用有机一元羧酸代替苯甲酰氯；对比文件 1 中用作季铵化试剂的苯甲酰氯如果没有掺入到固化的树脂产物中可产生不利影响，在本申请之前本领域技术人员不知道在上述反应中有机一元羧酸能顺利进行并且具有能消除不利影响这种有益效果；因此对比文件 1 既没有教导也没有暗示本领域技术人员在预期本申请所获得的效果的情况下以有机一元羧酸形式使用特定的硅烷咪唑化合物。

（3）对比文件 2 公开了羧酸与咪唑啉化合物的反应，没有公开羧酸与咪唑化合物和具有环氧丙氧基的硅烷的反应产物的反应，由于咪唑啉类化合物与咪唑类化合物不同，本领域技术人员没有理由想到对比文件 2，对比文件 2 也没有记载在对比文件 1 中所讨论的问题和效果，即使考虑到对比文件 2 所公开的公知常识，权利要求 1 的反应产物仍具有相对于对比文件 1 的创造性。

（4）另外，本申请实施例显示使用有机一元羧酸盐形式的具体咪唑/硅烷化合物比使用不含有该咪唑/硅烷化合物具有优异的效果（参考说明书表 1~4）。

至此，合议组认为本案事实清楚，可以作出审查决定。

二、决定的理由

1. 关于审查文本

本复审请求审查决定是以驳回决定所针对的文本为基础作出的，即进入中国国家阶段时提交的按国际申请文件中文译文的说明书第 1~10 页、权利要求第 1~6 项和说明书附图第 1~4 页以及说明书摘要。

2. 关于专利法第 22 条第 3 款

专利法第 22 条第 3 款规定，创造性，是指同申请日以前已有的技术相比，该发明有突出的实质性特点和显著的进步，该实用新型有实质性特点和进步。

如果一项权利要求请求保护的技术方案与申请日前公开的对比文件的技术方案相比，其区别仅仅是本领域技术人员所具有的普通技术知识，并且从说明书看不出该权利要求请求保护的技术方案相对于该对比文件而言带来了任何预料不到的技术效果，则该权利要求请求保护的技术方案不具备创造性。

具体到本申请，其涉及一种咪唑一元羧酸衍生物及其制备方法，它用作改善铜等金属或玻璃纤维等无机物质与树脂的黏结性的表面处理剂，用于促进环氧树脂的固化反应，作为改善环氧树脂的黏结强度和机械强度的添加剂。

（1）权利要求 1 请求保护一种咪唑有机一元羧酸盐衍生物反应产物（具体内容参见案由部分）。

对比文件 1（日本公开特许公报，特开平 10-120690，公开日为 1998 年 5 月 12 日）公开了一种新的咪唑鎓盐衍生物及其制备方法，该咪唑鎓盐衍生物可用作给金属或塑料之类的基材带来亲水性的表面处理剂，用作环氧树脂的固化剂或固化促进剂以赋予优异的储存稳定性并显著提高黏合性能，而且还具有抗菌性能（参见［0001］和［0005］段）。具体地，对比文件 1 公开了下述通式（1）所示的咪唑鎓盐衍生物（参见该对比文件的权利要求 1），

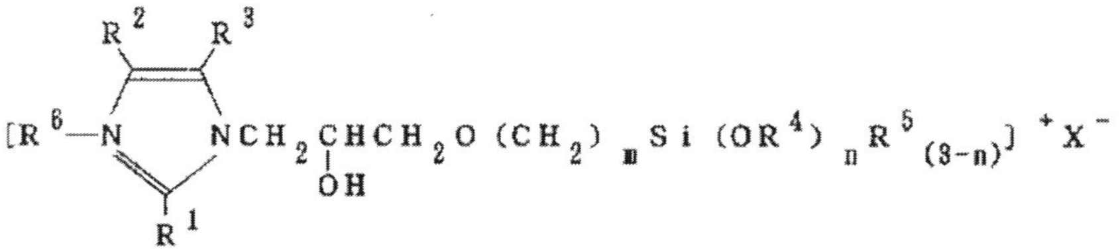

(1)

其制备方法是使以下通式（5）所示的咪唑化合物与以下通式（6）所示的 3-缩水甘油氧丙基硅烷化合物在 80~200℃下反应，然后与季铵化试剂 R^6-X 在 80~200℃下反应（参见该对比文件的权利要求 2），

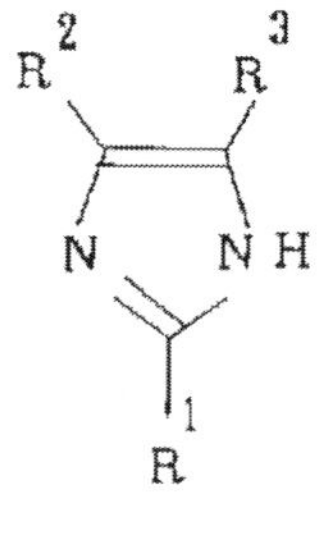

(5)

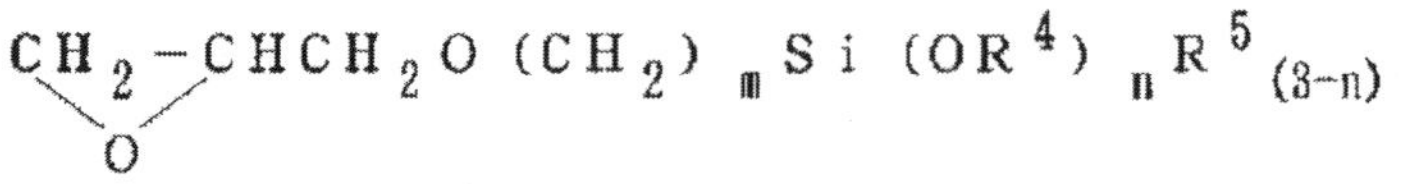

(6)

R^6X　　(7)

其中 R^1、R^2 和 R^3 各自表示氢、乙烯基或碳原子数为 1~20 的烷基，R^2 和 R^3 也可以形成芳环，R^4、R^5 各自表示碳原子数 1~5 的烷基，R^6 表示氢、碳原子数 1~18 的取代烷基、链烯基，X 表示卤素、有机酸或无机酸残基，m 表示 1~10，n 表示 1~3。作为有机酸残基的 X 理想地是对甲苯磺酸残基、苯磺酸残基、乙基硫酸残基、磺酸基团等（参见［0012］段）。实施例 1 中使用 3-缩水甘油氧丙基三甲氧基硅烷与 2-乙基-4-甲基咪唑在 95℃下反应得到 2-乙基-4-甲基咪唑硅烷化合物后在 140℃下与苯甲基氯反应得到透明的橙色粘稠液体（参见［0021］段）。

对比文件 1 与本申请均涉及咪唑硅烷化合物与季铵化试剂反应得到的产物，二者属于相同技术领域。本申请权利要求 1 与对比文件 1 实施例 1 公开的方案相比，区别在于对比文件 1 的实施例 1 以苯甲基氯作为季铵化试剂，本申请权利要求 1 使用的是有机一元羧酸。

根据本申请说明书第 2 页的记载，本申请得到的咪唑有机一元羧酸盐衍生物反应产物可用于金属或无机物质的表面处理剂，提高这些物质与树脂的黏结性，可用于促进环氧树脂的固化反应，改善树脂的黏结强度和机械强度。显然，权利要求 1 所述产物的用途与对比文件 1 所述咪唑鎓盐衍生物的用途相同，获得的技术效果也基本相同。由此可以确定，本申请权利要求 1 的方案相对于对比文件 1 而言，实际解决的技术问题是寻找其他季铵化试剂替代苯甲基氯以获得新的咪唑鎓盐衍生物反应产物。

如上所述，对比文件 1 本身已经教导可以使用有机酸作为季铵化试剂，例如对甲苯磺酸、乙基硫酸等。此外，有机一元羧酸可用作季铵化试剂只是本领域技术人员所具有的普通技术知识。例如《精细化工辞典》（1998 年 6 月第 1 版，王大全主编，化学工业出版社）第 880 页教导可使用乙酸将 2-烷基-2-咪唑啉季铵化而得到咪唑啉型阳离子表面活性剂。由此，本领域技术人员在对比文件 1 的基础上，在众多的有机酸中，结合其所具有的普通技术知识，很容易想到选择有机一元羧酸，无需创造性劳动即可得到本申请权利要求 1 的方案。而且，并无任何证据表明，相对于对比文件 1 的咪唑鎓盐衍生物，本申请权利要求 1 的咪唑有机一元羧酸盐衍生物反应产物带来了意料不到的技术效果。因此，权利要求 1 不具备突出的实质性特点和显著的进步，不具备专利法第 22 条第 3 款规定的创造性。

（2）权利要求 2 要求保护所述咪唑有机一元羧酸盐衍生物反应产物的制备方法。其与对比文件 1 实施例 1 公开的制备方法相比，区别也在于，对比文件 1 以苯甲基氯等作为季铵化试剂，本申请权利要求 2 使用有机一元羧酸。与以上所述的理由相同，在对比文件 1 教导可以使用有机酸作为季铵化试剂，且有机一元羧酸用作季铵化试剂属于本领域技术人员所具有的普通技术知识的情况下，权利要求 2 也不具备专利法第 22 条第 3 款规定的创造性。

（3）权利要求 3 和 4 分别要求保护以权利要求 1 所述咪唑有机一元羧酸盐衍生物反应产物为有效成分的表面处理剂和树脂添加剂。权利要求 5 和 6 分别要求保护包含权利要求 1 所述咪唑有机一元羧酸盐衍生物反应产物的树脂组合物和聚酰亚胺树脂组合物。显然，这些表面处理剂、树脂添加剂或树脂组合物的创造性依赖于权利要求 1 所述的反应产物，如上所述，在权利要求 1 的反应产物不具备创造性的前提下，权利要求 3~6 的产品也不具备专利法第 22 条第 3 款规定的创造性。

（4）至于请求人答复《复审通知书》所陈述的意见及所提交的参考文件，合议组认为：

①本申请的同族专利申请在 US、EPO、JP、KR 是否获得授权与本申请在中国的审查过程和审查结果无关，本申请的 EP 同族专利申请获得 EPO 的授权显然并不意味着本申请符合中国专利法及中国专利法实施细则的相关规定。因此，合议组对请求人答复《复审通知书》时提交的参考文件不予考虑。

②对比文件 1 与本申请只是在所形成的盐的书面表达方式上稍有不同，本申请权利要求 1 记载的有机一元羧酸成盐的反应条件与对比文件 1 记载的苯甲基氯或有机酸形成季铵盐的反应条件毫无不同，本申请说明书也没有记载有机一元羧酸与咪唑和环氧硅烷反应产物成盐的反应方式和反应机理相

较于其他有机酸存在特殊，在此情况下，本领域技术人员没有理由认为对比文件1中用作季铵化试剂的苯甲基氯或有机酸与咪唑和环氧硅烷反应产物成盐的方式跟本申请有机一元羧酸成盐的方式相比存在实质差异，并且请求人认为有机一元羧酸成盐方式不同的主张也得不到任何证据的支持。因此，对比文件1中的苯甲基氯或有机酸在对比文件1的反应中所起到的作用与本申请中的有机一元羧酸在本申请反应中所起到的作用相同，即作为季铵化试剂使咪唑与环氧硅烷反应产物季铵化。此外，虽然对比文件1未具体提及所述有机酸包括有机一元羧酸，但是对比文件1也并没有将有机一元羧酸排除在所述有机酸的范围之外，请求人认为对比文件1教导的有机酸残基误导本领域技术人员的主张缺乏事实根据。至于请求人认为苯甲基氯没有掺入到固化的树脂产物中会产生不利影响，而本申请有机一元羧酸能消除这些不利影响的效果，由于这些内容既未记载在原始申请的说明书中，请求人也没有提供任何证据加以证明，合议组对此不予支持。

③关于请求人所述的对比文件2，应该是指合议组在《复审通知书》中所使用的《精细化工辞典》第880页。《复审通知书》使用该技术辞典意在证明本领域技术人员熟知有机一元羧酸可用作季铵化试剂。该技术辞典第880页的内容是涉及乙酸将2-烷基-2-咪唑啉季铵化而形成咪唑啉型阳离子表面活性剂的反应，其确凿地证明乙酸用作季铵化试剂属于本领域技术人员所具有的普通知识。如上所述，在对比文件1教导了有机酸可作为季铵化试剂使咪唑与环氧硅烷的反应产物季铵化的情况下，本领域技术人员结合其所具有的有机一元羧酸可作为季铵化试剂使用的普通知识，容易想到选择有机一元羧酸替代对比文件1实施例用作季铵化试剂的苯甲基氯以获得新的咪唑鎓盐衍生物反应产物，从而无需创造性劳动即可得到本申请权利要求1的技术方案。

④至于本申请说明书表1~4给出的本申请实施例得到的咪唑有机一元羧酸盐衍生物反应产物在拉伸剪切试验、溶解性和机械强度方面获得的试验结果，由于这些试验结果的比较对象均不是对比文件1的咪唑鎓盐衍生物，不能证明本申请得到的咪唑有机一元羧酸盐衍生物反应产物相比于对比文件1的咪唑鎓盐衍生物带来了任何明显优异的技术效果，也就不能证明本申请权利要求1相对于对比文件1具备创造性。因此，请求人答复《复审通知书》时陈述的所有意见均不能证明本申请具备创造性。

综上所述，本申请权利要求1~6不具备创造性。根据上述事实和理由，本案合议组作出如下审查决定。

三、决定

维持国家知识产权局于2004年7月2日针对01800142.4号发明专利申请作出的驳回决定。

复审请求人对本决定不服的，可以根据专利法第41条第2款的规定，自收到本决定之日起三个月内向北京市第一中级人民法院起诉。

022

丁酸［2，2-二甲基-3-（2，4-二氯苯基）-2-氧代-1-氧杂螺［4. 5］癸-3-烯-4-基］酯用于防治螨的用途

复审请求审查决定（第16360号）

决　定　号　第16360号
决　定　日　2009年3月6日
发明创造名称　丁酸［2，2-二甲基-3-（2，4-二氯苯基）-2-氧代-1-氧杂螺［4. 5］癸-3-烯-4-基］酯用于防治螨的用途
国际分类号　A01N43/08
复审请求人　拜尔农作物科学股份公司
申　请　号　200480020075. 0
优先权日　2003年7月14日
申　请　日　2004年7月2日
公　开　日　2006年8月23日
合议组组长　张家祥
主　审　员　李亚林
参　审　员　蔡　雷

法律依据　专利法第22条第2款
决定要点
判断新颖性时，应当遵循单独对比的原则，不得将一份对比文件中公开的多项技术方案组合后与发明的权利要求进行对比。

一、案由

本复审请求案涉及申请日为2004年7月2日、发明名称为“丁酸［2，2-二甲基-3-（2，4-二氯苯基）-2-氧代-1-氧杂螺［4. 5］癸-3-烯-4-基］酯用于防治螨的用途”的200480020075. 0号发明专利申请（下称本申请），申请人为拜尔农作物科学股份公司，优先权日为2003年7月14日，公开日为2006年8月23日。

2008年3月7日，针对申请人于2007年8月14日提交的权利要求第1项，进入中国国家阶段时提交的国际申请文件的中文文本的说明书第1~7页以及说明书摘要，国家知识产权局以权利要求1不符合专利法第22条第2款的规定为由驳回了本申请。

驳回决定认为：对比文件1（EP0528156A1，公开日为1993年2月24日）公开了一种杀螨剂，并具体公开了丁酸［2，2-二甲基-3-（2，4-二氯苯基）-2-氧代-1-氧杂螺［4. 5］癸-3-烯-4-

基］酯具有杀螨（如二斑叶螨等）活性，该化合物适用于蛇麻草（又称啤酒花），并且该活性成分在制剂中的通常含量为 0.1% ~95%，优选 0.5% ~90%（参见对比文件 1 的说明书第 132 页表 9 中的 Ib~119，第 148 页第 36~40 行，第 149 页第 30~35 行，第 150 页第 1~4 行，第 151 页第 19~20 行）。可见，对比文件 1 已经公开了权利要求 1 的全部技术特征，两者技术方案相同，因此，权利要求 1 不具备新颖性，不符合专利法第 22 条第 2 款的规定。

驳回决定所针对的权利要求书如下：

“1. 式（Ⅰ）的化合物用于防治蛇麻草中的螨的用途

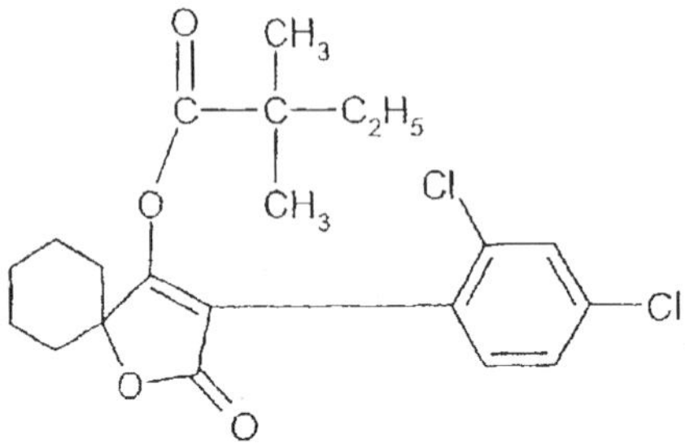

(I)

其中制剂中含有按重量计 0.1% ~95% 的式（Ⅰ）的化合物。”

2008 年 6 月 20 日，申请人拜尔农作物科学股份公司（下称请求人）对上述驳回决定不服，向专利复审委员会提出复审请求，请求人没有对申请文件进行修改。

请求人认为：对比文件 1 记载的是同时起杀螨剂、除草剂、杀真菌剂和杀虫剂作用的衍生物，其说明书第 132 页进一步提到了丁酸｛2，2-二甲基-3-（2，4-二氯苯基）-2-氧代-1-氧杂螺［4.5］癸-3-烯-4-基｝酯，但对比文件 1 未记载其作为蛇麻草中的杀螨剂的用途。对比文件 1 教导了上述化合物可有效用作常年生作物如人造林、装饰性树种的植熟林、果园、葡萄园、柑桔林等以及蛇麻草田中的除草剂，但未教导其用于防治蛇麻草中的螨虫的用途。因此，本申请权利要求 1 相对于对比文件 1 具有新颖性，符合专利法第 22 条第 2 款的规定。

经形式审查合格后，专利复审委员会受理了该请求，并于 2008 年 7 月 17 日向请求人发出了《复审请求受理通知书》，同时将本申请转送至国家知识产权局原审查部门进行前置审查。

在《前置审查意见书》中，国家知识产权局原审查部门认为：对比文件 1 教导了本申请所述活性化合物具有杀螨剂的作用，该化合物适用于蛇麻草，并且该活性成分在制剂中的通常含量为 0.1% ~95%，优选 0.5% ~90%，所以对比文件 1 给出了本申请所述活性化合物用于防治蛇麻草中的螨的启示，故坚持驳回决定。

专利复审委员会组成合议组，对本复审请求案进行了审理。

经合议，合议组认为本案事实清楚，可以作出审查决定。

二、决定的理由

1. 关于审查文本

本复审请求审查决定针对的文本是：请求人于 2007 年 8 月 14 日提交的权利要求第 1 项，进入中国国家阶段时提交的国际申请文件的中文文本的说明书第 1~7 页以及说明书摘要。

2. 关于专利法第 22 条第 2 款

专利法第 22 条第 2 款规定：新颖性，是指在申请日以前没有同样的发明或者实用新型在国内外出版物上公开发表过、在国内公开使用过或者以其他方式为公众所知，也没有同样的发明或者实用新型由他人向国务院专利行政部门提出过申请并且记载在申请日以后公布的专利申请文件中。

判断新颖性时，应当遵循单独对比的原则，不得将一份对比文件中公开的多项技术方案组合后与发明的权利要求进行对比。

本申请权利要求 1 要求保护式（Ⅰ）化合物用于防治蛇麻草中的螨的用途，并将制剂中式（Ⅰ）化合物的含量限定为按重量计 0.1% ~95%。

驳回决定认为，对比文件 1 公开了丁酸［2，2-二甲基-3-（2，4-二氯苯基）-2-氧代-1-氧杂螺［4，5］癸-3-烯-4-基］酯具有杀螨活性，该化合物适用于蛇麻草，其在制剂中的通常含量为 0.1% ~95%，优选 0.5% ~90%（参见对比文件 1 的说明书第 132 页表 9 中的 Ib-119、第 148 页第36~40 行、第 149 页第 30~35 行、第 150 页第 1~4 行、第 151 页第 19~20 行），因此，对比文件 1 公开了权利要求 1 的全部技术特征，该权利要求不具备新颖性。

合议组考察对比文件 1 后确定了如下事实：

（1）对比文件 1 的说明书第 132 页表 9 中的化合物 Ib-119 即为本申请权利要求 1 的式（Ⅰ）化合物；

（2）对比文件 1 的说明书第 148 页第 36~40 行记载了其活性化合物适用于防治动物害虫，在之后的段落中列举了可防治的害虫包括等足目、直翅目、缨翅目、鞘翅目、双翅目、蚤目、蜱螨目等，具体到蜱螨目，说明书第 149 页第 30~35 行例举了其多个属或种；

（3）对比文件 1 的说明书第 150 页第 1~4 行记载了其活性化合物具有除草活性，可用于常年生作物如人造林、装饰性树种的植熟林、果园、葡萄园、柑桔林……以及蛇麻草田；

（4）对比文件 1 的说明书第 151 页第 19~20 行记载了其活性化合物在制剂中的通常含量为 0.1% ~95%，优选 0.5% ~90%。

由上述事实可以看出，虽然权利要求 1 的全部技术特征在对比文件 1 中均有记载，但是，对比文件 1 中关于其活性化合物用于“蛇麻草”这一特征记载在其活性化合物作为除草剂的技术方案中，而没有记载在其作为杀螨剂的技术方案中。由此可见，驳回决定将对比文件 1 中的不同技术方案的特征组合在一起评价权利要求 1 的新颖性，违背了单独对比的原则（参见审查指南第二部分第三章第 3.1 节）。因此，驳回决定中指出的权利要求 1 不符合专利法第 22 条第 2 款规定的驳回理由不成立。

前置意见认为，对比文件 1 给出了本申请所述活性化合物用于防治蛇麻草中的螨的启示。对此，合议组认为，用于评价发明新颖性的技术方案应该是对比文件记载的或者是隐含的且可直接地、毫无疑义地确定的技术方案，对于对比文件中没有记载但有启示的技术方案则不能作为评价发明新颖性的基础。

根据上述事实和理由，合议组作出如下审查决定。

三、决定

撤销国家知识产权局于 2008 年 3 月 7 日针对 200480020075.0 号发明专利申请作出的驳回决定，由国家知识产权局原审查部门在本复审请求审查决定所针对文本的基础上继续审批程序。

复审请求人对本决定不服的，可以根据专利法第 41 条第 2 款的规定，自收到本决定之日起三个月内向北京市第一中级人民法院起诉。

023

聚醚醚酮复合材料及其制备方法

复审请求审查决定（第16361号）

决　　定　　号　第16361号
决　　定　　日　2009年3月17日
发明创造名称　聚醚醚酮复合材料及其制备方法
国 际 分 类 号　C07L71/00，C08K7/14
复 审 请 求 人　青岛科技大学
申　　请　　号　03111937.9
申　　请　　日　2003年3月7日
公　　开　　日　2003年9月10日
合 议 组 组 长　任晓兰
主　　审　　员　李亚林
参　　审　　员　顾笑璐

法 律 依 据　专利法实施细则第20条第1款
决 定 要 点

权利要求书应当清楚包括每项权利要求的类型应当清楚，即，权利要求的主题名称应当能够清楚地表明该权利要求的类型是产品权利要求还是方法权利要求。

一、案由

本复审请求案涉及申请日为2003年3月7日、发明名称为“聚醚醚酮复合材料及其制备方法”的03111937.9号发明专利申请（下称本申请），申请人为青岛科技大学，公开日为2003年9月10日。

2006年8月25日，针对申请人于2003年3月7日提交的权利要求第1~3项、说明书第1~3页和说明书摘要，国家知识产权局以权利要求1~3不符合专利法实施细则第20条第1款的规定为由驳回了本申请。

驳回决定认为：权利要求1~3的主题既包括产品又包括方法，其主题类型不清楚。

驳回决定所针对的权利要求书如下：

“1. 一种涉及共混型高分子复合材料的聚醚醚酮复合材料及其制备方法，它包括聚醚醚酮、聚苯硫醚、聚四氟乙烯、玻璃纤维组成，其特征在于其配方重量的百分组成为：

聚醚醚酮（PEEK）	40~90，
聚苯硫醚（PPS）	2~20，

聚四氟乙烯（PTET）	2~20，
玻璃纤维	5~40。

2. 根据权利要求1所述的聚醚醚酮复合材料及其制备方法，其特征在于所说的玻璃纤维，可以用等份的碳纤维代替。

3. 根据权利要求1或2所述的聚醚醚酮复合材料及其制备方法，其特征在于将聚醚醚酮、聚苯硫醚、聚四氟乙烯在常温下经10~40分钟的时间混合，然后加入玻璃纤维或碳纤维，继续混合2~30分钟，排料，倒入挤出机中，在温度200~360℃，时间2~10分钟，机头压力0.1~1.8MPa条件下挤出，造粒。”

2006年11月17日，申请人青岛科技大学（下称请求人）对上述驳回决定不服，向专利复审委员会提出复审请求，请求人没有对申请文件进行修改。

请求人认为：根据专利法第31条、专利法实施细则第35条规定，属于一个总的发明构思的两项以上的发明，可以作为一件申请提出。本申请权利要求1涉及组成聚醚醚酮复合材料的各种原料及其比例。权利要求2引用权利要求1，对其中的玻璃纤维作了进一步限定。权利要求3是该复合材料的制备方法。权利要求1~3清楚、明确、简要地表述了请求保护的范围，符合专利法实施细则第20条第1款的规定。

经形式审查合格后，专利复审委员会受理了该请求，并于2007年1月4日向请求人发出了《复审请求受理通知书》，同时将本申请转送至国家知识产权局原审查部门进行前置审查。

在《前置审查意见书》中，国家知识产权局原审查部门认为请求人没有克服权利要求1~3的主题类型不清楚的缺陷，故坚持驳回决定。

专利复审委员会组成合议组对本复审请求案进行审理。

2009年3月1日，请求人提交了权利要求书全文修改替换页，修改后的权利要求书如下：

“1. 一种涉及共混型高分子复合材料的聚醚醚酮复合材料，它包括聚醚醚酮、聚苯硫醚、聚四氟乙烯、玻璃纤维组成，其特征在于其配方重量的百分组成为：

聚醚醚酮（PEEK）	40~90，
聚苯硫醚（PPS）	2~20，
聚四氟乙烯（PTET）	2~20，
玻璃纤维	5~40。

2. 根据权利要求1所述的聚醚醚酮复合材料，其特征在于所说的玻璃纤维，可以用等份的碳纤维代替。

3. 根据权利要求1或2所述的聚醚醚酮复合材料的制备方法，其特征在于将聚醚醚酮，聚苯硫醚，聚四氟乙烯在常温下经10~40分钟的时间混合，然后加入玻璃纤维或碳纤维，继续混合2~30分钟，排料，倒入挤出机中，在温度200~360℃，时间2~10分钟，机头压力0.1~1.8MPa条件下挤出，造粒。”

经合议，合议组认为本案事实清楚，可以作出审查决定。

二、决定的理由

1. 审查文本的认定

请求人于2009年3月1日提交了权利要求书修改替换页，其中，将权利要求1~2的主题名称修改为聚醚醚酮复合材料，将权利要求3的主题名称修改为根据权利要求1或2所述的聚醚醚酮复合材料的制备方法。经审查，上述修改符合专利法第33条及专利法实施细则第60条第1款的规定。

本复审决定所针对的审查文本是：请求人于2009年3月1日提交的权利要求第1~3项，2003年

3 月 7 日提交的说明书第 1~3 页和说明书摘要。

2. 关于专利法实施细则第 20 条第 1 款

专利法实施细则第 20 条第 1 款规定：权利要求书应当说明发明或者实用新型的技术特征，清楚、简要地表述请求保护的范围。

权利要求书应当清楚包括每项权利要求的类型应当清楚，即，权利要求的主题名称应当能够清楚地表明该权利要求的类型是产品权利要求还是方法权利要求。

驳回决定所针对的权利要求 1~3 的主题名称均为“一种涉及共混型高分子复合材料的聚醚醚酮复合材料及其制备方法”，该主题名称既包括产品——“聚醚醚酮复合材料”，又包括方法——“其制备方法”，由此，驳回决定认为所述权利要求的类型不清楚，不符合专利法实施细则第 20 条第 1 款的规定。

请求人于 2009 年 3 月 1 日提交的权利要求书修改替换页中，将权利要求 1 和 2 的主题限定为聚醚醚酮复合材料，将权利要求 3 的主题限定为聚醚醚酮复合材料的制备方法，修改后的权利要求 1 和 2 仅为产品权利要求，修改后的权利要求 3 仅为方法权利要求，从而已经克服了驳回决定所指出的缺陷。

根据上述事实和理由，合议组作出如下审查决定。

三、决定

撤销国家知识产权局于 2006 年 8 月 25 日针对 03111937.9 号发明专利申请作出的驳回决定，由国家知识产权局原审查部门在本复审请求审查决定针对文本的基础上继续审批程序。

如对本复审请求审查决定不服，根据专利法第 41 条第 2 款的规定，复审请求人可以自收到本决定之日起三个月内向北京市第一中级人民法院起诉。

024

部分氢化制备氨基腈的方法

复审请求审查决定（第16362号）

决　定　号　第16362号
决　定　日　2009年2月25日
发明创造名称　部分氢化制备氨基腈的方法
国际分类号　C07C255/24，C07C253/30，B01J31/18，B01J23/74，B01J23/46
复审请求人　因维斯塔技术有限公司
申　请　号　200410007651.X
分案提交日　2004年2月27日
申　请　日　2000年4月25日
最早优先权日　1999年4月28日
公　开　日　2004年8月25日
合议组组长　任晓兰
主　审　员　娄　宁
参　审　员　侯　曜

法律依据　专利法第22条第3款
决定要点
在判断创造性时，首先要将权利要求所述的技术方案和现有技术中最接近的技术方案进行特征对比，找出二者的区别特征，确定发明实际要解决的技术问题。如果所述区别技术特征仅为本领域中解决所述技术问题的常规技术手段，且发明也未取得预料不到的技术效果，则权利要求不具备创造性。

一、案由

本复审请求案涉及发明名称为“部分氢化制备氨基腈的方法”的200410007651.X号发明专利申请（下称本申请），原申请人为纳幕尔杜邦公司，2006年1月20日变更为因维斯塔技术有限公司。本申请是第00809706.2号发明专利申请的分案申请，申请日为2000年4月25日，分案提交日为2004年2月27日，最早的优先权日为1999年4月28日，公开日为2004年8月25日。

2007年2月16日，国家知识产权局针对申请人于2006年4月25日提交的权利要求第1~23项，分案提交日提交的说明书第1~26页和说明书摘要的基础上，以本申请不符合专利法第22条第2款、第3款的规定为由驳回了本申请。

驳回决定针对的权利要求书如下：

“1. 一种把二腈部分氢化成氨基腈的方法，它包括在下列物质存在的条件下，把二腈与含氢流体相接触的步骤：（a）一种含有液氨、一种醇或两者的溶剂；（b）一种氢化催化剂；（c）一种用于改进生成氨基腈的收率和/或选择性的添加剂，其特征为所述二腈具有通式 R（CN）$_2$，其中 R 是 C_2-C_{25} 的亚烷基，所述添加剂包括一种选自氢氧化四烷基铵和氢氧化四烷基鏻的化合物，其中部分氢化反应在水的存在下进行，

其中所述氨基腈的选择性为 76% 至 89%；

其中所述氨基腈的选择性是测得的氨基腈的收率除以二腈在该瞬间的转化率；

其中所述氨基腈的收率是测得的氨基腈浓度除以二腈原料的起始浓度；

其中所述的二腈的转化率是二腈的起始浓度与瞬时浓度之间的差值除以二腈的起始浓度。

2. 权利要求 1 的方法，其特征为二腈选自己二腈、甲基戊二腈和 α，ω-十二碳二腈。

3. 权利要求 1 的方法，其特征为溶剂是液氨。

4. 权利要求 1 的方法，其特征为氢化催化剂包含一种选自铁、钴、镍、铑的过渡金属以及它们的组合。

5. 权利要求 4 的方法，其特征为氢化催化剂以海绵状金属形态存在。

6. 权利要求 4 的方法，其特征为催化剂金属是载于无机载体上的。

7. 权利要求 1 的方法，其特征为氢化催化剂与添加剂预先接触。

8. 权利要求 1~7 的任意一项的方法，其特征为添加剂是一种氢氧化四烷基铵化合物。

9. 权利要求 8 的方法，其特征为添加剂对氢化催化剂的重量比在 0.001：1 至 2：1 的范围内。

10. 权利要求 8 的方法，其特征为氢氧化四烷基铵的每个烷基含有 1~8 个碳原子。

11. 权利要求 1~7 的任意一项的方法，其特征为添加剂是一种氢氧化四烷基鏻化合物。

12. 权利要求 11 的方法，其特征为添加剂对氢化催化剂的重量比在 0.001：1 至 2：1 的范围内。

13. 权利要求 11 的方法，其特征为氢氧化四烷基鏻的每个烷基含有 1~8 个碳原子。

14. 一种包含下列组份的催化剂组合物：（1）一种适用于把二腈氢化为氨基腈的氢化催化剂，和（2）一种能改善所说的催化剂在氢化条件下生产氨基腈的收率和/或选择性的添加剂，其特征为用所述添加剂对氢化催化剂进行预处理，所述添加剂包括一种选自氢氧化四烷基铵和氢氧化四烷基鏻的化合物，其中所述预处理通过在任选存在溶剂和任选存在氢气的情况下，将催化剂和添加剂接触来进行，其中所述氢化催化剂包含一种选自铁、钴、镍、铑的过渡金属以及它们的组合，其中所述氨基腈的选择性为 76% 至 89%；其中所述氨基腈的选择性是测得的氨基腈的收率除以二腈在该瞬间的转化率；其中所述氨基腈的收率是测得的氨基腈浓度除以二腈原料的起始浓度；其中所述的二腈的转化率是二腈的起始浓度与瞬时浓度之间的差值除以二腈的起始浓度。

15. 权利要求 14 的催化剂组合物，其特征为催化剂还包含一种或多种选自第 VIB 族和第 VⅡ族金属的促进剂。

16. 权利要求 14 的催化剂组合物，其特征为氢化催化剂以海绵状金属形态存在。

17. 权利要求 14 的催化剂组合物，其特征为催化剂金属是载在无机载体上的。

18. 权利要求 14~17 的任意一项的催化剂组合物，其特征为添加剂是氢氧化四烷基铵。

19. 权利要求 18 的催化剂组合物，其特征为添加剂对氢化催化剂的重量比在 0.001：1 至 2：1 范围内。

20. 权利要求 18 的催化剂组合物，其特征为氢氧化四烷基铵的烷基每个分别含有 1 至 8 个碳原子。

21. 权利要求 14~17 中任意一项的催化剂组合物，其特征为添加剂是氢氧化四烷基鏻化合物。

22. 权利要求 21 的催化剂组合物，其特征为添加剂对氢化催化剂的重量比在 0.001：1 至 2：1 范

围内。

23. 权利要求21的催化剂组合物，其特征为氢氧化四烷基鳞的每个烷基分别含有1至8个碳原子。”

驳回决定认为：（1）对比文件1（DE19747913C1，公开日为1999年2月11日）公开了一种由腈或亚胺生产胺的方法，并具体公开了以下的技术特征“一种组合物，其包括（1）一种氢化催化剂如铁、钴、镍，和（2）氢氧化四烷基铵”。权利要求14的技术方案与对比文件1公开的内容实质上相同，权利要求14不具备新颖性；（2）从属权利要求15、18~20的附加技术特征已被对比文件1公开，也不具备专利法第22条第2款所规定的新颖性；（3）从属权利要求16~17的附加技术特征并没有给发明带来意想不到的效果，因而不具备专利法第22条第3款所规定的创造性；（4）对比文件1公开了一种由腈或亚胺生产胺的方法，并具体公开了以下技术特征：“在（a）氨、醇或者两者的溶剂，（b）一种氢化催化剂如铁、钴、镍，（c）氢氧化四烷基铵的存在下，使脂肪族二腈与氢接触，进行部分胺化氢化生成氨基腈”，权利要求21~23的技术方案与对比文件1公开的技术内容相比，其区别仅是用“氢氧化四烷基鳞”代替了“氢氧化四烷基铵”。由于氮和磷是同一主族，性质相似，因此氢氧化四烷基鳞和氢氧化四烷基铵的效果实质上相同，因此权利要求21~23不具备创造性；（5）申请人提交的意见陈述认为：权利要求14的催化剂组合物具备新颖性、创造性的理由在于其中包括将氢化催化剂用添加剂接触来进行预处理。但是上述处理并没有改变催化剂组合物的组成，其仍然是氢化催化剂和添加剂的混合物，因此，仍然不符合专利法第22条第2款、第3款的规定。

2007年5月29日，申请人因维斯塔技术有限公司（下称请求人）对上述驳回决定不服，向专利复审委员会提出复审请求，请求人在提出复审请求时提交了权利要求书的修改替换页，其中将原权利要求19和22的附加技术特征结合至权利要求14中，并根据母案PCT原文对权利要求4和14的表述方式进行了修改，修改后的权利要求4、14~21为：

“4. 权利要求1的方法，其特征为氢化催化剂包含一种选自铁、钴、镍、铑以及它们的组合的过渡金属。

14. 一种包含下列组份的催化剂组合物：（1）一种适用于把二腈氢化为氨基腈的氢化催化剂，和（2）一种能改善所说的催化剂在氢化条件下生产氨基腈的收率和/或选择性的添加剂，其特征为用所述添加剂对氢化催化剂进行预处理，所述添加剂包括一种选自氢氧化四烷基铵和氢氧化四烷基鳞的化合物，其中所述预处理通过在任选存在溶剂和任选存在氢气的情况下，将催化剂和添加剂接触来进行，其中所述氢化催化剂包含一种选自铁、钴、镍、铑以及它们的组合的过渡金属，其中所述氨基腈的选择性为76%至89%；其中所述氨基腈的选择性是测得的氨基腈的收率除以二腈在该瞬间的转化率；其中所述氨基腈的收率是测得的氨基腈浓度除以二腈原料的起始浓度；其中所述的二腈的转化率是二腈的起始浓度与瞬时浓度之间的差值除以二腈的起始浓度；其特征为添加剂对氢化催化剂的重量比在0.001∶1至2∶1范围内。

15. 权利要求14的催化剂组合物，其特征为催化剂还包含一种或多种选自第VIB族和第Ⅶ族金属的促进剂。

16. 权利要求14的催化剂组合物，其特征为氢化催化剂以海绵状金属形态存在。

17. 权利要求14的催化剂组合物，其特征为催化剂金属是载在无机载体上的。

18. 权利要求14~17的任意一项的催化剂组合物，其特征为添加剂是氢氧化四烷基铵。

19. 权利要求18的催化剂组合物，其特征为氢氧化四烷基铵的烷基每个分别含有1至8个碳原子。

20. 权利要求14~18中任意一项的催化剂组合物，其特征为添加剂是氢氧化四烷基鳞化合物。

21. 权利要求22的催化剂组合物，其特征为氢氧化四烷基鏻的每个烷基分别含有1至8个碳原子。”

请求人认为：驳回决定只反对权利要求14的新颖性及创造性，因此将原权利要求19和22结合至权利要求14中，已经克服了权利要求14不具备新颖性和创造性的缺陷。

经形式审查合格后，专利复审委员会受理了该请求，并于2007年7月10日向请求人发出了《复审请求受理通知书》，同时将本申请转送至国家知识产权局原审查部门进行前置审查。

在《前置审查意见书》中，国家知识产权局原审查部门认为：（1）驳回决定所针对的不仅仅是权利要求14，而是针对整个催化剂组合物权利要求驳回的；（2）虽然目前的权利要求14中对添加剂和氢化催化剂的重量比进行了限定，但该特征同样已经被对比文件1公开，因此仍不具备新颖性，进而催化剂组合物权利要求14~21仍然不具备新颖性和/或创造性。在此基础上，原审查部门坚持驳回决定。

专利复审委员会组成合议组，对本复审请求案进行了审理。

合议组于2008年7月23日向请求人发出《复审通知书》，指出：

1. 权利要求1和权利要求14中限定的特征“其中所述氨基腈的选择性为76%至89%”，在原始申请文件中找不到依据，导致这两个权利要求超出了原权利要求书和说明书记载的范围，不符合专利法第33条的规定；

2. 即使请求人通过删除上述特征而得到新的权利要求书，权利要求1~21也不具备创造性，不符合专利法第22条第3款的规定。具体理由为：

（1）权利要求1要求保护一种把二腈部分氢化成氨基腈的方法，对比文件1公开了一种由亚胺或腈生产伯或仲胺的方法，实施例中进一步公开了在亚胺化催化剂存在下、以甲醇作为溶剂，将异佛尔酮腈亚胺化，之后将第一步的反应混和物胺化氢化为异佛尔酮二胺的方法。二者的区别在于，对比文件1的方法用于腈的完全氢化，权利要求1用于二腈的部分氢化。而对比文件1已经给出了所述方法可以用于将脂肪族二腈部分氢化为单氨基腈的技术启示，本申请也没有提供证据表明胺化氢化反应中原料的变换会产生何种效果。因此权利要求1不具备创造性，不符合专利法第22条第3款的规定。在此基础上，从属权利要求2~11也不具备创造性，不符合专利法第22条第3款的规定。

（2）权利要求14中要求保护一种催化剂组合物，其与对比文件1的区别在于：权利要求14中用添加剂对氢化催化剂进行预处理，并且定义了添加剂与氢化催化剂的重量比。而对比文件1的催化剂与权利要求14的催化剂在组成上是完全相同的，说明书中没有证据表明预接触的步骤导致所得催化剂的结构和/或组成有何不同，且其催化效果并无显著性差异，在对比文件1中已经教导氢化催化剂可以和添加剂一起使用的情况下，本领域技术人员根据需要选择比例并不需要创造性劳动，而且说明书中也没有证据证明重量比的选择产生了意料不到的效果。因此，权利要求14不符合专利法第22条第3款的规定。在此基础上，其从属权利要求15~21也不符合专利法第22条第3款的规定。

针对上述《复审通知书》所指出的问题，请求人于2008年11月6日提交了意见陈述书和权利要求书的修改替换页，其中删除了前一文本权利要求1和14中“其中所述氨基腈的选择性为76%至89%”的特征以及对选择性、收率和转化率的定义，将前一文本的权利要求7的附加技术特征补充记载入权利要求1中，并相应修改了权利要求的编号，修改后的权利要求书为：

“1. 一种把二腈部分氢化成氨基腈的方法，它包括在下列物质存在的条件下，把二腈与含氢流体相接触的步骤：（a）一种含有液氨、一种醇或两者的溶剂；（b）一种氢化催化剂；（c）一种用于改进生成氨基腈的收率和/或选择性的添加剂，其特征为所述二腈具有通式R（CN）$_2$，其中R是C_2-C_{25}的亚烷基，所述添加剂包括一种选自氢氧化四烷基铵和氢氧化四烷基鏻的化合物，其中部分氢化反应在水的存在下进行，其中氢化催化剂与添加剂预先接触。

2. 权利要求1的方法，其特征为二腈选自己二腈、甲基戊二腈和α，ω-十二碳二腈。

3. 权利要求1的方法，其特征为溶剂是液氨。

4. 权利要求1的方法，其特征为氢化催化剂包含一种选自铁、钴、镍、铑以及它们的组合的过渡金属。

5. 权利要求4的方法，其特征为氢化催化剂以海绵状金属形态存在。

6. 权利要求4的方法，其特征为催化剂金属是载于无机载体上的。

7. 权利要求1~6的任意一项的方法，其特征为添加剂是一种氢氧化四烷基铵化合物。

8. 权利要求7的方法，其特征为添加剂对氢化催化剂的重量比在0.001：1至2：1的范围内。

9. 权利要求7的方法，其特征为氢氧化四烷基铵的每个烷基含有1~8个碳原子。

10. 权利要求1~6的任意一项的方法，其特征为添加剂是一种氢氧化四烷基鏻化合物。

11. 权利要求10的方法，其特征为添加剂对氢化催化剂的重量比在0.001：1至2：1的范围内。

12. 权利要求10的方法，其特征为氢氧化四烷基鏻的每个烷基含有1~8个碳原子。

13. 一种包含下列组份的催化剂组合物：（1）一种适用于把二腈氢化为氨基腈的氢化催化剂，和（2）一种能改善所说的催化剂在氢化条件下生产氨基腈的收率和/或选择性的添加剂，其特征为用所述添加剂对氢化催化剂进行预处理，所述添加剂包括一种选自氢氧化四烷基铵和氢氧化四烷基鏻的化合物，其中所述预处理通过在任选存在溶剂和任选存在氢气的情况下，将催化剂和添加剂接触来进行，其中所述氢催化剂包含一种选自铁、钴、镍、铑以及它们的组合的过渡金属，其特征为添加剂对氢化催化剂的重量比在0.001：1至2：1范围内。

14. 权利要求13的催化剂组合物，其特征为催化剂还包含一种或多种选自第VIB族和第Ⅶ族金属的促进剂。

15. 权利要求13的催化剂组合物，其特征为氢化催化剂以海绵状金属形态存在。

16. 权利要求13的催化剂组合物，其特征为催化剂金属是载在无机载体上的。

17. 权利要求13~16的任意一项的催化剂组合物，其特征为添加剂是氢氧化四烷基铵。

18. 权利要求17的催化剂组合物，其特征为氢氧化四烷基铵的烷基每个含有1~8个碳原子。

19. 权利要求13~16中任意一项的催化剂组合物，其特征为添加剂是氢氧化四烷基鏻化合物。

20. 权利要求19的催化剂组合物，其特征为氢氧化四烷基鏻的每个烷基含有1~8个碳原子。”

请求人认为：（1）本申请的实施例10与实施例13相比，收率提高了10%，转化率提高了8%，选择性提高了4%。由于氨基腈作为大宗工业产品，哪怕1%的提高都会产生极其巨大的经济和社会效益，因此实施例10与实施例13相比存在“非常显著的差异”；（2）对比文件1的实施例1与本申请的权利要求是差异巨大的两种反应，生产的产品也是差异巨大的两种产品，因此将二者进行比较没有任何意义；（3）对比文件1描述了由两步法生产二胺，其中先进行亚胺化步骤，接着进行氢化步骤，其中没有涉及只氢化两个腈基团中的一个的技术问题，因此，没有关于本申请的方法的暗示或教导。

至此，合议组认为本案事实已经清楚，可以作出审查决定。

二、决定的理由

1. 审查文本

请求人于2008年11月6日提交了权利要求书的全文修改替换页，其中删除了前一文本权利要求1和14中“其中所述氨基腈的选择性为76%至89%”的特征以及对选择性、收率和转化率的定义，将前一文本的权利要求7的附加技术特征补充记载入权利要求1中，并相应修改了权利要求的编号。

经审查，上述修改符合专利法第33条以及专利法实施细则第60条第1款的规定。

本复审请求审查决定以请求人于2008年11月6日提交的权利要求第1~20项，2004年2月27日提交的说明书第1~26页和说明书摘要为基础作出。

2. 专利法第22条第3款

专利法第22条第3款规定，创造性，是指同申请日以前已有的技术相比，该发明有突出的实质性特点和显著的进步。

在判断创造性时，首先要将权利要求所述的技术方案和现有技术中最接近的技术方案进行特征对比，找出二者的区别特征，确定发明实际要解决的技术问题。如果所述区别技术特征仅为本领域中解决所述技术问题的常规技术手段，且发明也未取得预料不到的技术效果，则权利要求不具备创造性。

（1）权利要求1要求保护一种把二腈部分氢化成氨基腈的方法（具体方案详见案由部分）。

对比文件1公开了一种由亚胺或腈生产伯或仲胺的方法，该方法包括在氨水存在下用氢对亚胺或腈进行胺化氢化，其中的氢催化剂是钴、镍、铑或所述过渡金属的组合（说明书摘要）。该方法通过减少副产物的形成从而增加胺的收率，并从氢化步骤的反应混合物中分离得到高纯度的胺（说明书第2页第42~44行）。胺化氢化的特征为在氢氧化四胺存在下进行（说明书第2页第50~52行），其中的腈可以是含有一或两个腈基的直链脂类化合物、脂环类化合物、芳环或杂环化合物（说明书第2页第59~61行），优选具有4~12个碳原子的直链亚胺、环状亚胺、腈、和腈亚胺（说明书第2页第62~64行），氢氧化四胺的通式为$(R^1R^2R^3R^4N)^+OH^-$（说明书第3页第1~2行），氢化反应在氨水的存在下进行，使用的有机溶剂可以是如水溶性醇，特别是1~4个碳原子的低级醇（说明书第3页第28~35行）。

对比文件1的实施例中进一步公开了在亚胺化催化剂存在下、以甲醇作为溶剂，将异佛尔酮腈亚胺化（第一步），之后将第一步的反应混和物胺化氢化为异佛尔酮二胺（第二步）的方法（说明书第3页第59~62行），其中的反应溶液由15wt%异佛尔酮腈、30wt%氨水、55wt%甲醇组成（说明书第3页第66~67行），其中的氢化催化剂可以是固定床Co催化剂、阮内Co催化剂、硅酸盐载体Co催化剂、合金Co催化剂的形式，反应在NaOH或四甲基氢氧化铵（TMAH）存在下进行（说明书第4页）。

将权利要求1请求保护的技术方案与对比文件1的实施例进行对比可以看出，对比文件1实施例中的甲醇和氨水溶剂、Co催化剂、TMAH分别相当于权利要求1中的特征（a）、（b）、（c），二者的实质区别在于：①对比文件1实施例的方法用于腈的完全氢化，权利要求1的方法用于二腈的部分氢化；②权利要求1中氢化催化剂与添加剂预先接触。

结合本申请的整个内容可以看出，本申请实际要解决的技术问题是提供一种获得单氨基腈的方法，该问题在本申请中是通过以二腈为原料，用二腈部分氢化的方法实现的。并且，在这一过程中，使氢化催化剂与选自氢氧化四烷基铵和氢氧化四烷基鏻等的添加剂预先接触。因此，判断权利要求1是否具有创造性的关键在于判断对于本领域技术人员而言，以上区别特征①和②用于对比文件1的方法中是否显而易见。

对区别①而言，在对比文件1中已经提到所述反应物优选为具有4~12个碳原子的脂肪族二腈，特别是戊二腈、己二腈、十二碳二腈，其可以转化为相应的单氨基腈或二胺（参见说明书第2页第66~68行）。也就是说，对比文件1已经给出了所述方法可以用于将脂肪族二腈部分氢化为单氨基腈的技术启示。本领域技术人员为了解决二腈部分氢化这一技术问题时，自然会考虑对比文件1的技术方案，将其中的催化氢化方法用于二腈部分氢化。并且，本申请也没有提供证据表明胺化氢化反应中原料的变换会产生何种效果。

对区别②而言，首先，本领域技术人员在使用催化剂时，根据需要进行预处理步骤，例如将催化剂与添加剂进行预接触，是调节催化性能的常规技术手段；其次，说明书中也没有任何证据证明所述预接触产生了任何意料不到的效果。例如，说明书实施例 13 中直接将己二腈与 Ni 催化剂、氢氧化四丁基鏻进行反应，未进行催化剂与添加剂预接触处理，反应进行 6 分钟之后，6-氨基己腈的收率达到 72%、转化率 90%、选择性 80%，而采用同样的催化剂、原料和添加剂，进行了催化剂与添加剂预接触的实施例 14，其 10 分钟后 6-氨基已腈的收率为 74%，转化率 92%，选择性 80%，二者效率相当，无显著性差异。也就是说，是否采用预接触的方式处理催化剂对反应结果并无影响，并没有给该发明带来有益效果。

请求人在答复《复审通知书》时主张，氨基腈作为大宗工业产品，哪怕 1% 的提高都会产生极其巨大的经济和社会效益，因此实施例 10 与实施例 13 相比存在“非常显著的差异”。

对此，合议组认为：首先，虽然在工业上哪怕 1% 的提高都会产生极其巨大的经济和社会效益，但由实施例 7～14 的记载可知，其中均使用例如 1.2 克催化剂在 50 毫升高压釜中进行反应，所述条件均仅为实验室规模，该条件下的反应是否能实现大宗工业化、工业化后是否仍能得到相同结果尚不确定；其次，《复审通知书》中用实施例 10 结合实施例 7～14 举例证明催化剂的形态对于反应结果无显著性影响，使用实施例 13 和相应的进行了预接触的方案对比说明预接触对催化结果无显著影响，并无将实施例 10 与实施例 13 进行对比之意。而且，实施例 10 与实施例 13 的催化剂种类不同，尚不能由此说明预处理对催化剂性能的影响。因此，对于请求人的上述观点，合议组不予支持。

请求人在答复《复审通知书》时还主张，对比文件 1 的实施例 1 与本申请的权利要求 1 是差异巨大的两种反应，生产的产品也是差异巨大的两种产品，因此，将二者进行对比没有任何意义，基于同样理由，对比文件 1 未给出关于本申请所述方法的暗示和指导。

对此，合议组认为：尽管对比文件 1 的实施例 1 是将异佛尔酮腈经亚胺化、再氢化，用两步法来生产二胺，但其胺化氢化的过程与本申请完全相同。并且，如前所述，在对比文件 1 说明书第 2 页第 66～68 行已经提到该方法可以用于二腈的部分氢化。因此，对比文件 1 对于本申请权利要求 1 的方法已经有明确的教导，本领域技术人员在其启示下获得权利要求 1 的技术方案并不需要创造性的劳动。因此，对于请求人的这一主张，合议组也不予支持。

综上，本领域技术人员在对比文件 1 的基础上，能够显而易见地得到权利要求 1 的技术方案，同时没有证据表明权利要求 1 的技术方案能够产生预料不到的技术效果。因此权利要求 1 不具备创造性，不符合专利法第 22 条第 3 款的规定。

（2）从属权利要求 2、3、4、6、7、9 的附加技术特征在对比文件 1 中（参见说明书第 2 页第 66～68 行、说明书第 2 页第 45～50 行、说明书第 3 页第 1 段、说明书实施例）均已公开，在权利要求 1 不具备创造性的情形下，权利要求 2、3、4、6、7、9 也不具备创造性，不符合专利法第 22 条第 3 款的规定。

（3）从属权利要求 5 对催化剂的形态的选择、从属权利要求 8 对添加剂与氢化催化剂的重量比进行了限定，这些均为本领域技术人员在使用催化剂时调节催化性能的常规技术手段，而且说明书中也没有任何证据证明这种选择和进一步限定产生了意料不到的效果。例如，根据说明书中实施例 7-实施例 14 可知，采用海绵状 Ni 催化、阮内钴催化、Rh/Al_2O_3 分别作为催化剂时，其催化效果并无显著性差异。因此在权利要求 1 不具备创造性的基础上，权利要求 5、8 也不具备突出的实质性特点和显著的进步，不符合专利法第 22 条第 3 款关于创造性的规定。

（4）从属权利要求 10 的附加技术特征为“添加剂是一种氢氧化四烷基鏻化合物”，由于氢氧化四烷基鏻与氢氧化四烷基铵结构类似，本领域经常将其互换使用，同时，根据说明书实施例 7-实施例 14 可知，采用氢氧化四烷基鏻化合物作为添加剂时（实施例 13、14），反应的收率、转化率和产率与采用氢氧化四烷基铵化合物作为添加剂的技术方案（实施例 7~12）相当，即所述附加技术特征并没有给发明带来额外的有益效果。因此，在对比文件 1 的基础上对添加剂选择替换得出权利要求 11 所要求保护的技术方案，是显而易见的。在权利要求 1 不具备创造性的基础上，权利要求 11 也不具备突出的实质性特点和显著的进步，不符合专利法第 22 条第 3 款关于创造性的规定。

（5）基于与权利要求 8、9 的创造性评述的相同理由，从属权利要求 11、12 的附加技术特征也未给相应技术方案带来预料不到的技术效果，不符合专利法第 22 条第 3 款关于创造性的规定。

（6）本申请权利要求 13 中要求保护一种催化剂组合物（具体方案详见案由部分）。

对比文件 1 公开了一种类似的用于腈的还原氢化的催化剂（参见对权利要求 1 的评述）。

将权利要求 13 与对比文件 1 公开的内容相比，二者的区别在于：①权利要求 13 中用添加剂对氢化催化剂进行预处理，形成了预处理的催化剂组合物；②权利要求 13 中定义了添加剂与氢化催化剂的重量比。

对区别①而言，关键要考察添加剂与氢化催化剂进行预接触是否给所得的催化剂组合带来了实质性影响。

首先，对比文件 1 的催化剂组合包括“（b）一种氢化催化剂如铁、钴、镍，（c）氢氧化季铵”（参见对比文件 1 权利要求 1），权利要求 13 的催化剂包括（1）选自铁、钴、镍、铑以及它们的组合的过渡金属的氢化催化剂，和（2）包括选自氢氧化四烷基铵和氢氧化四烷基鏻化合物的添加剂，二者的催化剂组合物在组成上是完全相同的，本申请说明书中没有证据表明添加剂与氢化催化剂预接触的步骤导致所得催化剂的结构和/或组成与对比文件 1 的催化剂不同。

其次，将氢化催化剂与添加剂预先接触的技术方案与未预处理的技术方案相比，其催化效果并无显著性差异（参见对权利要求 1 的评述）。因此，尽管权利要求 13 采取了预处理的步骤，但是该步骤没能给权利要求 13 的组合物带来突出的实质性特点和显著进步。

对区别②而言，即，对于组合物中添加剂与氢化催化剂的重量比，合议组认为，在对比文件 1 中已经教导氢化催化剂可以和添加剂一起使用的情况下，本领域技术人员在对比文件 1 的基础上，根据需要选择二者恰当的比例并不需要创造性劳动，且目前的说明书中也没有任何证据证明这种重量比的选择产生了意料不到的效果，因此，添加剂与氢化催化剂的重量比不能给组合物带来创造性。

综上所述，权利要求 13 相对于对比文件 1 不具备创造性，不符合专利法第 22 条第 3 款的规定。

（7）从属权利要求 14 的附加技术特征是“催化剂还包含一种或多种选自第 VIB 族和第 VⅡ族金属的促进剂”，在对比文件 1（说明书第 3 页第 23 行）中已经公开“催化剂可进一步包含常用促进剂，如 Cr、Fe、Co、Mn、Ta、Mo 和 Ti”。因此，在权利要求 13 不具备创造性的情形下，权利要求 14 也不具备创造性，不符合专利法第 22 条第 3 款的规定。

（8）从属权利要求 15~20 的附加技术特征与从属权利要求 5、6、7、9、10、12 的附加技术特征完全相同，基于与对上述权利要求的评述的相同理由，在权利要求 13 不具备创造性的情形下，权利要求 15~20 也不具备创造性，不符合专利法第 22 条第 3 款的规定。

根据上述事实和理由，合议组作出如下审查决定。

三、决定

维持国家知识产权局于 2007 年 2 月 16 日针对 200410007651. X 号发明专利申请作出的驳回决定。

复审请求人对本决定不服的，可以根据专利法第 41 条第 2 款的规定，自收到本决定之日起三个月内向北京市第一中级人民法院起诉。

025

有机聚合物和新型可聚合化合物

复审请求审查决定（第16369号）

决　定　号　第16369号
决　定　日　2009年2月24日
发明创造名称　有机聚合物和新型可聚合化合物
国际分类号　C07D 233/32，C08F 20/36，A61F2/16
复审请求人　三井化学株式会社
申　请　号　01805453.6
最早优先权日　2000年10月30日
申　请　日　2001年10月30日
公　开　日　2003年3月19日
合议组组长　刘　亚
主　审　员　危　峰
参　审　员　潘　剑

法律依据　专利法第33条
决定要点
如果申请修改的内容在原申请文件中有记载，或能从原申请记载的内容中直接地、毫无疑义地确定，则这种修改未超出原申请文件记载的范围。

一、案由

本复审请求案涉及发明名称为“有机聚合物和新型可聚合化合物”的01805453.6号发明专利申请（下称本申请），申请人为三井化学株式会社，申请日为2001年10月30日，最早优先权日为2000年10月30日，公开日为2003年3月19日。

2008年1月18日，针对申请人于2005年9月15日提交的权利要求第1~8项和说明书第5~6页，2002年8月22日进入中国国家阶段时提交的国际申请文件的中文文本的说明书第1~4、7~70页和说明书附图第1~68页及说明书摘要（下称驳回文本），国家知识产权局以权利要求1和说明书的修改不符合专利法第33条的规定为由驳回了本申请。

《驳回决定》认为：（1）权利要求1中的下述修改超出了原说明书和权利要求书记载的范围，也不能由其直接、毫无异义地确定：①当I表示整数0时，申请人简化了通式（B），但通式（B）中的A_3和A_4取代基实际上应该分别是A_5和A_6；②R_1到R_4独立地表示“巯甲基、羟甲基、丙烯酰硫代基……或硫代缩水甘油基硫代甲基”；R_5 和 R_6 独立地表示“巯基、丙烯酰硫代基、丙烯酰硫代甲基、甲基丙烯酰硫代基……或硫代缩水甘油基硫代甲基”；“q 表示整数 2，r 表示整数 1 或 2”；“当 R_5 和 R_6 都是通式（F）时，至少 R_1 到 R_4 中的至少一个表示丙烯酰硫代基、丙烯酰硫代甲基……或硫代缩水甘油基硫代甲基”；“当所有 R_1 到 R_4 都不是丙烯酰硫基、丙烯酰硫代甲基……或硫代缩水甘油基硫代甲基”，上述取代基的定义并没有记载在原说明书和权利要求书中，也不能由其直接、毫无疑义地确定。尽管说明书第 16~28 页中具体地描述了许多具体化合物中的各个基团，但是，第一，这些化合物的通式结构与权利要求 1 请求保护的通式（B）的结构不同；第二，即使其通式结构相同，也不能由这些具体化合物的记载去概括权利要求的保护范围，具体地说，在原说明书和权利要求书中没有罗列这些取代基的情况下，仅仅根据公开的具体化合物中的这些取代基的含义组成一个保护范围，通过各取代基的排列组合，显然将会大大地扩大权利要求的保护范围，由于这一范围在原说明书和权利要求书中没有记载，因此，本领域的普通技术人员根据原说明书和权利要求书记载的内容无法直接、毫无疑义地确定这些保护基团。至于申请人认为权利要求 1 的修改能够得到说明书的支持这一观点，事实上，权利要求的修改超范围与支持之间没有必然的联系，不能作为修改是否超范围的依据。（2）与权利要求 1 相对应的说明书第 5 和 6 页中相应的内容的修改也不符合专利法第 33 条的规定。

《驳回决定》针对的权利要求书如下：

“1. 一种由下式（B）表示的可聚合化合物：

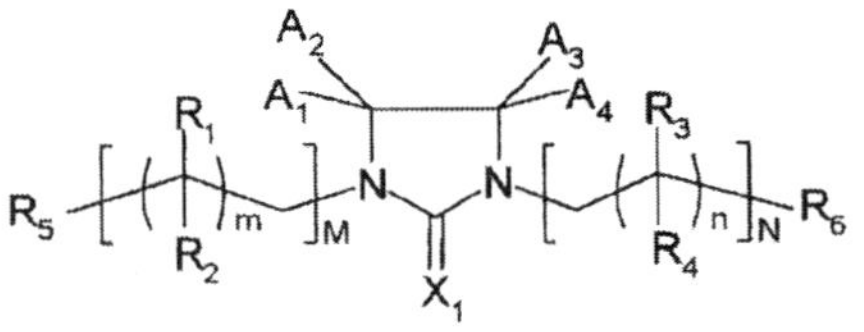

(B)

其中，A_1 到 A_4 每个独立地表示氢原子或具有 1~6 个碳原子的烷基团，X_1 表示 O 或 S，R_1 到 R_4 各自独立地表示氢原子、羟基、巯基、具有 1~6 个碳原子的烷基、巯甲基、羟甲基、丙烯酰硫代基、丙烯酰硫代甲基、甲基丙烯酰硫代基、甲基丙烯酰硫代甲基、缩水甘油基硫代基、缩水甘油基硫代甲基、烯丙氧基羰基氧代基、烯丙基羰基甲氧基、烯丙氧基羰基硫代基、烯丙氧基羰基硫代甲基、烯丙基硫代羰基氧代基、烯丙基硫代羰基甲氧基、烯丙基硫代羰基硫代基、烯丙基硫代羰基硫代甲基、硫代缩水甘油基氧代基、硫代缩水甘油基甲氧基、硫代缩水甘油基硫代基或硫代缩水甘油基硫代甲基。

m 和 n 独立地表示 0~10 的整数，M 和 N 独立地表示 1~10 的整数，R_5 和 R_6 独立地表示氢原子、巯基、丙烯酰硫代基、丙烯酰硫代甲基、甲基丙烯酰硫代基、甲基丙烯酰硫代甲基、缩水甘油基硫代基、缩水甘油基硫代甲基、烯丙氧基羰基氧代基、烯丙基羰基甲氧基、烯丙氧基羰基硫代基、烯丙氧基羰基硫代甲基、烯丙基硫代羰基氧代基、烯丙基硫代羰基甲氧基、烯丙基硫代羰基硫代基、烯丙基硫代羰基硫代甲基、硫代缩水甘油基氧代基、硫代缩水甘油基甲氧基、硫代缩水甘油基硫代基或硫代缩水甘油基硫代甲基，或者 R_5 和 R_6 都是通式（F）：

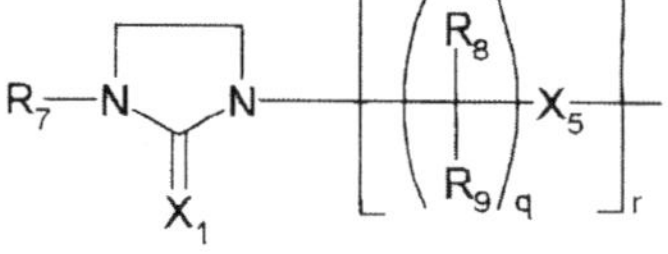

(F)

其中，X_1 和 X_5 各自独立地表示 O 或 S，R_7 表示具有 1~6 个碳原子的烷基、具有 2~12 个碳原子的烷氧烷基或具有 2~12 个碳原子的烷基硫代烷基，R_8 和 R_9 各自独立地表示氢原子或具有 1~6 个碳原子的烷基，q 表示整数 2，r 表示整数 1 或 2，当 R_5 和 R_6 都是通式（F）时，至少 R_1 到 R_4 中的一个表示丙烯酰硫代基、丙烯酰硫代甲基、甲基丙烯酰硫代基、甲基丙烯酰硫代甲基、缩水甘油基硫代基、缩水甘油基硫代甲基、烯丙氧基羰基氧代基、烯丙基羰基甲氧基、烯丙氧基羰基硫代基、烯丙氧基羰基硫代甲基、烯丙基硫代羰基氧代基、烯丙基硫代羰基甲氧基、烯丙基硫代羰基硫代基、烯丙基硫代羰基硫代甲基、硫代缩水甘油基氧代基、硫代缩水甘油基甲氧基、硫代缩水甘油基硫代基或硫代缩水甘油基硫代甲基；

当所有 R_1 到 R_4 都不是丙烯酰硫基、丙烯酰硫代甲基、甲基丙烯酰硫代基、甲基丙烯酰硫代甲基、缩水甘油基硫代基、缩水甘油基硫代甲基、烯丙氧基羰基氧代基、烯丙基羰基甲氧基、烯丙氧基羰基硫代基、烯丙氧基羰基硫代甲基、烯丙基硫代羰基氧代基、烯丙基硫代羰基甲氧基、烯丙基硫代羰基硫代基、烯丙基硫代羰基硫代甲基、硫代缩水甘油基氧代基、硫代缩水甘油基甲氧基、硫代缩水甘油基硫代基或硫代缩水甘油基硫代甲基时，至少 R_5 和 R_6 中的一个为巯基、丙烯酰硫基、丙烯酰硫代甲基、甲基丙烯酰硫代基、甲基丙烯酰硫代甲基、缩水甘油基硫代基、缩水甘油基硫代甲基、烯丙氧基羰基氧代基、烯丙基羰基甲氧基、烯丙氧基羰基硫代基、烯丙氧基羰基硫代甲基、烯丙基硫代羰基氧代基、烯丙基硫代羰基甲氧基、烯丙基硫代羰基硫代基、烯丙基硫代羰基硫代甲基、硫代缩水甘油基氧代基、硫代缩水甘油基甲氧基、硫代缩水甘油基硫代基或硫代缩水甘油基硫代甲基。

2. 一种有机聚合物，其通过根据权利要求 1 所述的可聚合组合物的聚合作用获得，该有机聚合物具有小于或等于 20°的水接触角。

3. 一种模压或成型产品，其特征在于包括根据权利要求 2 所述的有机聚合物。

4. 一种根据权利要求 2 所述的有机聚合物或者根据权利要求 3 所述的模压或成型产品作为防污垢材料的用途。

5. 一种根据权利要求 2 所述的有机聚合物或者根据权利要求 3 所述的模压或成型产品作为防雾材料的用途。

6. 一种根据权利要求 2 所述的有机聚合物或者根据权利要求 3 所述的模压或成型产品作为防露水材料的用途。

7. 一种根据权利要求 2 所述的有机聚合物或者根据权利要求 3 所述的模压或成型产品作为防吸水性材料的用途。

8. 一种根据权利要求 2 所述的有机聚合物或者根据权利要求 3 所述的模压或成型产品作为光学材料的用途。”

2008 年 4 月 9 日，申请人三井化学株式会社（下称请求人）对上述驳回决定不服，向专利复审委员会提出复审请求，请求人在提出复审请求时对权利要求书和说明书进行了修改。请求人在驳回文本的基础上修改了权利要求 1 中对可聚合化合物的定义，未对上述驳回文本的权利要求 2~8 进行修改；并将说明书第 5~6 页还原为原始说明书内容。修改后的权利要求书中权利要求 1 为：

“1. 一种由下式（A）表示的可聚合化合物：

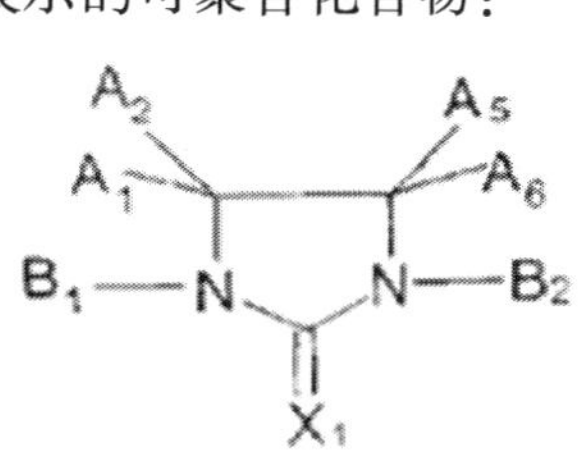

(A)

其中，A_1、A_2、A_5 和 A_6 每个独立地表示氢原子或甲基；

X_1 表示 O 或 S；

B_1 和 B_2 各自独立地表示氢原子、甲氧乙基、巯乙基、丙烯酰基硫代乙基、烯丙基硫代羰基氧乙基、烯丙基羰基氧乙基、缩水甘油基硫代乙基、硫代缩水甘油基硫代乙基、2-巯甲基-2-（2-巯乙基硫代）-乙基或者烯丙氧羰基；

条件是至少 B_1 和 B_2 之一表示巯乙基、丙烯酰基硫代乙基、烯丙基硫代羰基氧乙基、烯丙基羰基氧乙基、缩水甘油基硫代乙基、硫代缩水甘油基硫代乙基、2-巯甲基-2-（2-巯乙基硫代）-乙基或者烯丙氧羰基。”

请求人认为：基于原始提交的式（A），并当 I 取 0 时，该式变为新的式（A），将权利要求 1 引用该新的式（A），同时，限定了其中 N-取代基：B_1 和 B_2，各修改后的取代基得到了实施例 3、5~7、10~13、16、20 和 22~23 的支持，修改没有超出原说明书记载的范围；尽管没有示出使用上述实施例化合物的聚合物的水接触角，但是请求人认为使用上述实施例化合物的聚合物将显示出低的接触角，因为所有具有亚乙基脲骨架和可聚合基团的化合物，类似于实施例 35~49 和实施例 50~51 的聚合物，均显示出好的水分散可染性。同时，将说明书第 5~6 页还原为原始说明书内容。经过修改的权利要求书和说明书已克服了《驳回决定》指出的缺陷。

经形式审查合格后，专利复审委员会受理了该请求，并于 2008 年 5 月 8 日向请求人发出了《复审请求受理通知书》，同时将本申请转送至国家知识产权局原审查部门进行前置审查。

在《前置审查意见书》中，国家知识产权局原审查部门认为复审请求时请求人将权利要求 1 中的式（B）可聚合化合物修改为式（A）可聚合化合物，这种修改不符合专利法实施细则第 60 条第 1 款的规定，另外，复审请求时提交的权利要求 1 中的各基团仍是通过排列组合得到的，其在原始说明书和权利要求书中没有记载，也不能直接地、毫无疑义地确定，因此坚持驳回决定。

专利复审委员会组成合议组，对本复审请求案进行了审理。合议组于 2008 年 11 月 4 日向请求人发出《复审通知书》，指出：请求人在提出复审请求时对权利要求 1 所作的修改实质上是将本申请实施例 3、5~7、10~13、16、20 和 22~23 的化合物的 N-取代基定义与原始提交的式（A）进行了排列组合而得到的，这种排列组合得到的新的式（A）化合物在原始说明书和权利要求书中没有记载，并且根据原说明书和权利要求书记载的内容，也不能直接地、毫无疑义地确定权利要求 1 所限定的新的式（A）化合物。因此，权利要求 1 的上述修改超出了原说明书和权利要求书记载的范围，不符合专利法第 33 条的规定。此外，《驳回决定》所针对的权利要求 1 中关于 N-取代基定义也采用了类似的修改方式，也不符合专利法第 33 条的规定。

针对上述《复审通知书》，请求人于 2009 年 2 月 9 日提交了意见陈述书和权利要求书的修改替换页，其中请求人将权利要求 1 所要求保护的通式化合物具体限定为实施例中记载的一系列具体化合物，并依据说明书对权利要求 2 和 7 中的术语进行了修正，请求人认为上述修改已克服了《复审通知书》指出的缺陷。修改后的权利要求书为：

“1. 可聚合化合物：

N，N′-二（巯乙基）-亚乙基脲、

N-甲氧乙基-N′-丙烯酰基硫代乙基-亚乙基脲、

N-甲氧乙基-N′-烯丙基硫代碳酸乙酯基-亚乙基脲、

N-甲氧乙基-N′-烯丙基碳酸乙酯基-亚乙基脲、

N，N′-二（丙烯基碳酸乙酯基）-亚乙基脲、

N，N′-二（丙烯酰基硫代乙基）-亚乙基脲、

N，N′-二（烯丙基硫代碳酸乙酯基）-亚乙基脲、

N，N′-二（缩水甘油基硫代乙基）-亚乙基脲、

N，N′-二（硫代缩水甘油基硫代乙基）-亚乙基脲、

N，N′-二｛2-巯甲基-2-（2-巯乙基硫代）-乙基｝-亚乙基脲、

N-单（烯丙氧羰基）-亚乙基脲、或者

N，N′-二（烯丙氧羰基）-亚乙基脲。

2. 一种有机聚合物，其通过根据权利要求1所述的可聚合化合物的聚合作用获得，该有机聚合物具有小于或等于20°的水接触角。

3. 一种模压或成型产品，其特征在于包括根据权利要求2所述的有机聚合物。

4. 一种根据权利要求2所述的有机聚合物或者根据权利要求3所述的模压或成型产品作为防污垢材料的用途。

5. 一种根据权利要求2所述的有机聚合物或者根据权利要求3所述的模压或成型产品作为防雾材料的用途。

6. 一种根据权利要求2所述的有机聚合物或者根据权利要求3所述的模压或成型产品作为防露水材料的用途。

7. 一种根据权利要求2所述的有机聚合物或者根据权利要求3所述的模压或成型产品作为吸水性材料的用途。

8. 一种根据权利要求2所述的有机聚合物或者根据权利要求3所述的模压或成型产品作为光学材料的用途。"

至此，合议组认为本案事实已经清楚，可以作出审查决定。

二、决定的理由

1. 关于审查文本

本复审请求审查决定针对的文本是：请求人于2009年2月9日提交的权利要求第1~8项，2008年4月9日提交的说明书第5~6页，2002年8月22日进入中国国家阶段时提交的国际申请文件中文文本的说明书第1~4、7~70页、说明书附图第1~68页及说明书摘要。

2. 关于专利法第33条

专利法第33条规定：申请人可以对其专利申请文件进行修改，但是，对发明和实用新型专利申请文件的修改不得超出原说明书和权利要求书记载的范围。

如果申请修改的内容在原申请文件中有记载，或能从原申请记载的内容中直接地、毫无疑义地确定，则这种修改未超出原申请文件记载的范围。

就本申请而言，《驳回决定》、《前置审查意见书》和《复审通知书》均认为请求人对权利要求1的修改实质上是将原始提交的通式化合物与说明书中记载的具体化合物的基团进行了排列组合而得到的，这种排列组合得到的新的通式化合物在原始说明书和权利要求书中没有记载，并且根据原说明书和权利要求书记载的内容，也不能直接地、毫无疑义地确定权利要求1所限定的新的通式化合物。因此，权利要求1的修改超出了原说明书和权利要求书记载的范围，不符合专利法第33条的规定。

请求人于2009年2月9日提交的权利要求书中，将权利要求1修改为请求保护12个具体的可聚合化合物（参见案由部分）。合议组经核实，这些可聚合化合物分别对应于原申请文件说明书实施例3、5~7、10~13、16、20和22~23的具体化合物，即修改后的内容在原申请文件中有记载，故该修改未超出原申请文件记载的范围。由此，《驳回决定》、《前置审查意见书》和《复审通知书》指出的权利要求1修改不符合专利法第33条规定的缺陷已不存在。

《驳回决定》还指出与权利要求1相对应的说明书第5和6页中相应内容的修改也不符合专利法

第 33 条的规定。请求人于 2008 年 4 月 9 日提交了说明书第 5～6 页的修改替换页。合议组经核实，修改后的说明书第 5～6 页的内容与原申请文件说明书第 5～6 页的内容完全一致，即修改后的内容在原申请文件中有记载，故该修改未超出原申请文件记载的范围。由此，《驳回决定》指出的说明书的修改不符合专利法第 33 条规定的缺陷已不存在。

此外，在请求人于 2009 年 2 月 9 日提交的权利要求书中，请求人将权利要求 2 中的措辞“可聚合组合物”修改为“可聚合化合物”，将权利要求 7 中的措辞“防吸水性材料”修改为“吸水性材料”。合议组经核实，上述修改的内容分别在原始提交的国际申请的权利要求 9 和 15 中有记载，由于本申请属 PCT 国际申请，对于国际申请，专利法第 33 条所说的原说明书和权利要求书是指原始提交的国际申请的说明书、权利要求书和附图，故该修改均未超出原申请文件记载的范围。

综上所述，请求人对于权利要求书和说明书作出的上述修改均符合专利法第 33 条的规定。

在《前置审查意见书》中，国家知识产权局原审查部门还认为请求人在提出复审请求时对权利要求 1 的修改不符合专利法实施细则第 60 条第 1 款的规定。请求人于 2009 年 2 月 9 日提交了权利要求书的修改替换页，已放弃提出复审请求时提交的权利要求 1，故《前置审查意见书》所指出的该问题已不存在。而请求人在 2009 年 2 月 9 日提交的权利要求书中对权利要求 1 进行的修改，是为了消除《驳回决定》以及《复审通知书》指出的本申请修改不符合专利法第 33 条规定的缺陷而作出的，其符合专利法实施细则第 60 条第 1 款的规定。

根据上述事实和理由，合议组作出如下审查决定。

三、决定

撤销国家知识产权局于 2008 年 1 月 18 日针对 01805453.6 号发明专利申请作出的驳回决定，由国家知识产权局原审查部门以本复审请求审查决定针对的文本为基础继续审批程序。

复审请求人对本决定不服的，可以根据专利法第 41 条第 2 款的规定，自收到本决定之日起三个月内向北京市第一中级人民法院起诉。

026

MCH 受体拮抗剂

复审请求审查决定（第 16545 号）

决　定　号　第 16545 号
决　定　日　2009 年 3 月 17 日
发明创造名称　MCH 受体拮抗剂
国 际 分 类 号　C07D239/95，C07D401/02，A61K31/517，A61P3/04，A61P25/22，A61P25/24
复 审 请 求 人　大正制药株式会社
申　请　号　02823940.7
最早优先权日　2001 年 10 月 1 日
申　请　日　2002 年 9 月 30 日
公　开　日　2005 年 2 月 16 日
合 议 组 组 长　张家祥
主　审　员　李亚林
参　审　员　王晓东

法 律 依 据　专利法第 33 条，专利法实施细则第 20 条第 1 款
决 定 要 点

如果申请的内容通过增加、改变和/或删除其中的一部分，致使所属技术领域的技术人员看到的信息与原申请记载的信息不同，而且又不能从原申请记载的信息中直接地、毫无疑义地确定，那么这种修改是不允许的。反之，则是允许的。

一、案由

本复审请求案涉及申请日为 2002 年 9 月 30 日、发明名称为“MCH 受体拮抗剂”的 02823940.7 号发明专利申请（下称本申请），申请人为大正制药株式会社，最早优先权日为 2001 年 10 月 1 日，公开日为 2005 年 2 月 16 日。

2007 年 11 月 30 日，针对申请人于 2007 年 10 月 23 日提交的权利要求第 1~20 项，2004 年 5 月 31 日进入中国国家阶段时提交的国际申请文件中文文本的说明书第 1、3~18、20~21、23、25~105、107~108、110、112~269、271~273、275~276、278~299、301~302、304~315、317~1006、1009~1011 页、说明书附图第 1 页以及说明书摘要和摘要附图，2004 年 5 月 31 日依据专利合作条约第 41 条修改的说明书第 2 页，2005 年 6 月 18 日提交的说明书第 270、274、277、300、303、316 页，2006 年 5 月 8 日提交的说明书第 19、22、24、106、109、111、1007~1008 页以及核苷酸和氨基酸序列表第 1~11 页，国家知识产权局以说明书的修改不符合专利法第 33 条的规定为由驳回了本申请。

驳回决定认为：申请人将说明书第 19、22、24、106、109、111 页所述 C1-C2 修改为“C1-C2 烷基”，由于 C1-C2 可表示成 C1-C2 烷基、C1-C2 烷氧基、C1-C2 烷硫基等等很多种情况，致使所属技术领域的技术人员看到的信息与原说明书和权利要求书记载的信息不同，而且又不能从原说明书和权利要求书记载的信息中直接地、毫无疑义地确定，因此超出了原说明书和权利要求书记载的范围，不符合专利法第 33 条的规定。

2008 年 3 月 5 日，申请人大正制药株式会社（下称请求人）向专利复审委员会提出复审请求，请求人同时提交了说明书第 19、22、24、106、109 页和第 111 页的修改替换页以及权利要求书的全文修改替换页，删除了权利要求 3~5 中的“碳环芳基取代的 C1-C2 烷基”，并将权利要求 6 和 9 修改为权利要求 1 的从属权利要求。

请求人认为，重新提交原始说明书第 19、22、24、106、109 和第 111 页后，说明书修改超范围的问题不再存在。

经形式审查合格后，专利复审委员会受理了该请求，并于 2008 年 4 月 11 日向请求人发出了《复审请求受理通知书》，同时将本申请转送至国家知识产权局原审查部门进行前置审查。

在《前置审查意见书》中，国家知识产权局原审查部门认为：请求人虽然克服了驳回决定中指出的超范围缺陷，但是所述“碳环芳基取代的 C1-C2”中 C1-C2 不清楚是指代什么基团，导致权利要求保护范围不清楚，不符合专利法实施细则第 20 条第 1 款的规定，故坚持驳回决定。

专利复审委员会组成合议组，对本复审请求案进行了审理。

经合议，合议组认为本案事实清楚，可以作出审查决定。

二、决定的理由

1. 关于审查文本

本复审请求审查决定针对的文本是：请求人于 2008 年 3 月 5 日提交的权利要求第 1~20 项，2004 年 5 月 31 日进入中国国家阶段时提交的国际申请文件中文文本的说明书第 1、3~18、20~21、23、25~105、107~108、110、112~269、271~273、275~276、278~299、301~302、304~315、317~1006、1009~1011 页、说明书附图第 1 页以及说明书摘要和摘要附图，2004 年 5 月 31 日依据专利合作条约第 41 条修改的说明书第 2 页，2005 年 6 月 18 日提交的说明书第 270、274、277、300、303、316 页，2006 年 5 月 8 日提交的说明书第 1007~1008 页以及核苷酸和氨基酸序列表第 1~11 页，2008 年 3 月 5 日提交的说明书第 19、22、24、106、109 和第 111 页。

2. 关于专利法第 33 条

专利法第 33 条规定：申请人可以对其专利申请文件进行修改，但是，对发明和实用新型专利申请文件的修改不得超出原说明书和权利要求书记载的范围。

如果申请的内容通过增加、改变和/或删除其中的一部分，致使所属技术领域的技术人员看到的信息与原申请记载的信息不同，而且又不能从原申请记载的信息中直接地、毫无疑义地确定，那么这种修改是不允许的。反之，则是允许的。

驳回决定指出，请求人将说明书第 19、22、24、106、109 和第 111 页所述的 C1-C2 修改为“C1-C2 烷基”，这样的修改不符合专利法第 33 条的规定。

在复审程序中，请求人针对驳回决定所指出的修改超范围的缺陷修改了申请文件的相应内容，最终形成了如上所述的复审文本，该复审文本相对于驳回决定所针对的文本，其修改之处在于：

（1）将说明书第 19、22、24、106、109 和第 111 页中的“碳环芳基取代的 C1-C2 烷基”修改为“碳环芳基取代的 C1-C2”；

（2）将权利要求 3~5 中“碳环芳基取代的 C1-C2 烷基”删除；

（3）修改权利要求6和9的引用关系，将权利要求6由引用权利要求5修改为引用权利要求1，将权利要求9由引用权利要求8修改为引用权利要求1。

对于上述修改（1），修改之后的内容即为原始提交的说明书中记载的内容；对于上述修改（2），请求人删除了取代基定义中若干并列选项之一，这样的删除没有引入新的信息，是允许的；对于上述修改（3），由于驳回决定所针对文本的权利要求5和6均为权利要求1的从属权利要求，而且权利要求6要求保护具体化合物，因此，对权利要求6引用关系的修改没有引入新的内容，且不会对请求保护的范围产生实质影响，这样的修改是允许的，同样的情形也存在于权利要求9的修改中。

综上，上述三项修改均没有超出原申请文件记载的范围，故驳回决定中指出的修改不符合专利法第33条规定的缺陷已不存在。

3. 关于专利法实施细则第20条第1款

专利法实施细则第20条第1款规定：权利要求书应当说明发明或者实用新型的技术特征，清楚、简要地表述请求保护的范围。

《前置审查意见书》中指出，由于“碳环芳基取代的C1-C2”中C1-C2不清楚是指代什么基团，导致保护范围不清楚，不符合专利法实施细则第20条第1款的规定。

经核实，合议组确认在本复审决定所针对的权利要求书中不存在未定义基团的“碳环芳基取代的C1-C2”，因此，前置意见中的理由不成立。

根据上述事实和理由，合议组作出如下审查决定。

三、决定

撤销国家知识产权局于2007年11月30日针对02823940.7号发明专利申请作出的驳回决定，由国家知识产权局原审查部门在本复审请求审查决定所针对文本的基础上继续审批程序。

复审请求人对本决定不服的，可以根据专利法第41条第2款的规定，自收到本决定之日起三个月内向北京市第一中级人民法院起诉。

027

杀真菌混合物

复审请求审查决定（第 16573 号）

决　定　号　第 16573 号
决　定　日　2009 年 3 月 17 日
发明创造名称　杀真菌混合物
国际分类号　A01N47/24
复审请求人　巴斯福股份公司
申　请　号　01820789.8
优先权日　2000 年 12 月 18 日
申　请　日　2001 年 12 月 13 日
公　开　日　2004 年 3 月 10 日
合议组组长　张家祥
主　审　员　刘　静
参　审　员　李新芝

法律依据　专利法第 31 条第 1 款、第 26 条第 4 款
决定要点

判断权利要求的概括是否恰当，一方面，应当立足于说明书所公开的全部内容，而不应仅仅局限于具体实施例；另一方面，还应当利用本领域技术人员的普通技术知识进行判断。如果本领域技术人员在申请文件给出的信息基础上，通过本领域普通技术知识能够把说明书记载的特定内容扩展到权利要求限定的整个范围，则应当认为权利要求得到了说明书的支持。

一、案由

本复审请求案涉及发明名称为“杀真菌混合物”的 01820789.8 号发明专利申请（下称本申请），申请人为巴斯福股份公司，申请日为 2001 年 12 月 13 日，优先权日为 2000 年 12 月 18 日，公开日为 2004 年 3 月 10 日。

2006 年 8 月 11 日，针对申请人于 2005 年 6 月 23 日提交的权利要求第 1~10 项、说明书第 7 页，进入中国国家阶段时提交的国际申请文件的说明书第 1~6、8~11 页及其摘要，国家知识产权局以本申请不符合专利法第 31 条第 1 款和第 26 条第 4 款的规定为由驳回了本申请。驳回决定针对的权利要求书如下

“1. 一种杀真菌混合物，其包含如下组分

A）式 I 的氨基甲酸酯、它的一种盐或它的一种加合物

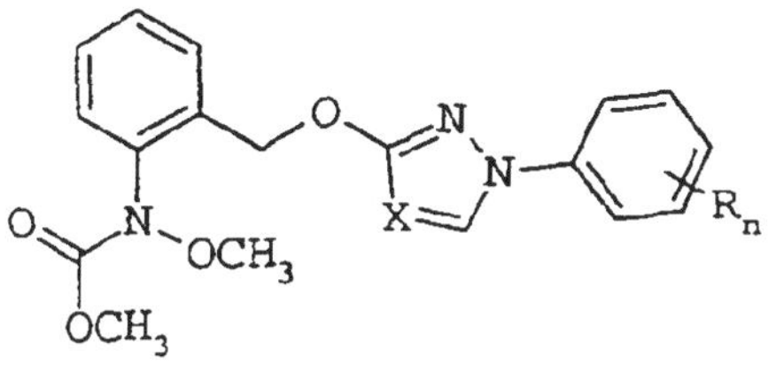

I

其中 X 为 CH 或 N，n 为 0、1 或 2 且 R 为卤素、C_1-C_4-烷基或 C_1-C_4-卤代烷基，其中若 n 为 2，则基团 R 可以不同，和

B）式Ⅱ的咪唑衍生物

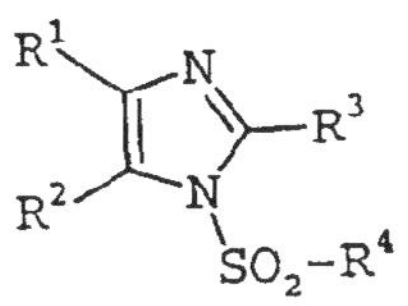

II

其中 R^1 和 R^2 为卤素或可以被卤素或 C_1-C_4-烷基取代的苯基，或

R^1 和 R^2 与桥接 C=C 双键一起形成 3，4-二氟亚甲基二氧基苯基；

R^3 为氰基或卤素，和

R^4 为二（C_1-C_4-烷基）氨基或可以带有两个 C_1-C_4-烷基的异噁唑-4-基，其中氨基甲酸酯Ⅰ与式Ⅱ的咪唑衍生物的重量比为 20：1~1：100。

2. 如权利要求 1 所要求的杀真菌混合物，其中咪唑衍生物Ⅱ对应于式Ⅱa

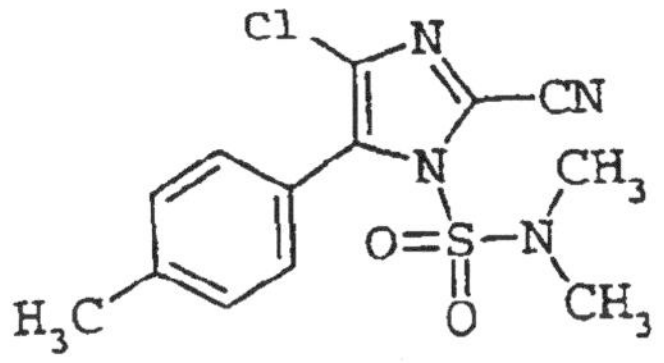

IIa

3. 如权利要求 1 所要求的杀真菌混合物，其中咪唑衍生物Ⅱ对应于式Ⅱb

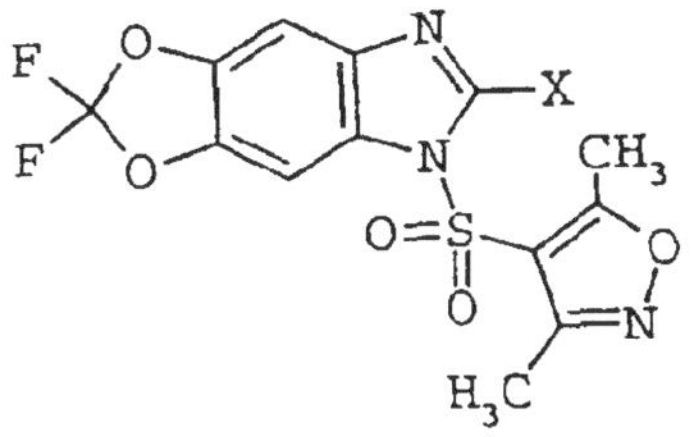

IIb

其中 X 为氯或溴。

4. 如权利要求 1~3 中任一项所要求的杀真菌混合物，其中氨基甲酸酯Ⅰ与式Ⅱ的咪唑衍生物的重量比为 5：1~1：100。

5. 一种防治有害真菌的方法，包括用权利要求 1 所述的式Ⅰ的氨基甲酸酯和权利要求 1~3 中任一项所述的式Ⅱ的咪唑衍生物处理有害真菌、其栖生地或想要防治有害真菌的植物、种子、土壤、区域、材料或空间，其中氨基甲酸酯Ⅰ与式Ⅱ的咪唑衍生物的重量比为 20：1~1：100。

6. 如权利要求 5 所要求的方法，其中将权利要求 1 所述的式Ⅰ的氨基甲酸酯和权利要求 1~3 中任一项所述的式Ⅱ的咪唑衍生物同时，即联合或单独施用，或依次施用。

7. 如权利要求 5 或 6 所要求的方法，其中式Ⅰ的氨基甲酸酯以 0.01~2.5kg/ha 的量施用。

8. 如权利要求 5~7 中任一项所要求的方法，其中式Ⅱ的咪唑衍生物以 0.01~10kg/ha 的量施用。

9. 权利要求 1 所述的式Ⅰ的氨基甲酸酯在制备权利要求 1 所要求的杀真菌协同有效混合物中的用途。

10. 权利要求1~3中任一项所述的式Ⅱ的咪唑衍生物在制备权利要求1所要求的杀真菌协同有效混合物中的用途。”

驳回决定认为：（1）权利要求9、10与权利要求1、5之间不具备单一性，不符合专利法第31条第1款的规定。权利要求1、5的特定技术特征是杀真菌混合物，而权利要求9、10的特定技术特征是已知化合物的新用途，显然之间不具备相同或相应的特定技术特征，不具备单一性。（2）权利要求1得不到说明书的支持，不符合专利法第26条第4款的规定。权利要求1的通式Ⅰ和Ⅱ包含了大量的不同化合物，根据本申请文件记载的内容，本领域技术人员难于预见该通式所包括的除本申请实施例之外的所有化合物都能达到本发明的目的，因此权利要求1得不到说明书的支持。（3）同理，权利要求2~8也得不到说明书的支持。

2006年11月27日，申请人巴斯福股份公司（下称请求人）对上述驳回决定不服，向专利复审委员会提出复审请求，请求人在提出复审请求时对权利要求书进行了修改，仅将原权利要求10并入原权利要求9中，修改后的权利要求9为：

“9. 权利要求1所述的式Ⅰ的氨基甲酸酯和权利要求1~3中任一项所述的式Ⅱ的咪唑衍生物在制备权利要求1所要求的杀真菌协同有效混合物中的用途。”

请求人认为：（1）修改后的权利要求书中，独立权利要求1、5和9都包含本申请的杀真菌混合物这一特定技术特征，因而具备单一性，符合专利法第31条第1款的规定。（2）本申请的说明书实施例部分，具体实施了化合物Ⅰ~23、Ⅰ~32、Ⅰ~38分别与Ⅱa、Ⅱb-1的组合，基于上述实施例，对权利要求1中通式Ⅰ和Ⅱ化合物的变量涉及的各种概括和扩展均属于化学专利审查中目前被普通接受的概括和扩展。（3）如果审查员认为本申请权利要求1概括的技术方案得不到说明书的支持，则应当提供该概括下的哪一种或哪几种不能实施，而不应简单地要求申请人将权利要求的技术方案限定到实施例的具体化合物。

经形式审查合格后，专利复审委员会受理了该请求，并于2006年12月26日向请求人发出了《复审请求受理通知书》，同时将本申请转送至国家知识产权局原审查部门进行前置审查。

在《前置审查意见书》中，国家知识产权局原审查部门坚持原驳回决定，理由如下：（1）修改后的权利要求9的特定技术特征是两种已知化合物的新用途，仍然与权利要求1的特定技术特征不相同或不相应，修改后的权利要求9仍不具备单一性；（2）虽然单一取代基可能得到说明书的支持，但是这不等同于取代基两两组合后形成的取代基组合也必然得到说明书的支持。

专利复审委员会组成合议组，对本复审请求案进行了审理。经合议，合议组认为本案事实清楚，可以作出审查决定。

二、决定的理由

1. 关于文本

请求人在提出复审请求时对权利要求书进行了修改，将原权利要求10并入原权利要求9中，修改后的权利要求9为“权利要求1所述的式Ⅰ的氨基甲酸酯和权利要求1~3中任一项所述的式Ⅱ的咪唑衍生物在制备权利要求1所要求的杀真菌协同有效混合物中的用途”。由于说明书第1页第13~14行记载了“本发明还涉及使用化合物Ⅰ和Ⅱ的混合物防治有害真菌的方法以及化合物Ⅰ和化合物Ⅱ在制备该类混合物中的用途”，因此上述修改没有超出原申请文件记载的范围，符合专利法第33条的规定。本复审请求审查决定所针对的文本是请求人于2006年11月27日提交的权利要求第1~9项，2005年6月23日提交的说明书第7页，进入中国国家阶段时提交的国际申请文件的说明书第1~6、8~11页及其摘要。

2. 关于专利法第31条第1款

专利法第31条第1款规定，一件发明或者实用新型专利申请应当限于一项发明或者实用新型。属于一个总的发明构思的两项以上的发明或者实用新型，可以作为一件申请提出。

专利法实施细则第35条规定，可以作为一件专利申请提出的属于一个总的发明构思的两项以上的发明或者实用新型，应当在技术上相互关联，包含一个或者多个相同或者相应的特定技术特征，其中特定技术特征是指每一项发明或者实用新型作为整体，对现有技术作出贡献的技术特征。

就本案而言，独立权利要求1要求保护一种杀真菌混合物，包含组分A、B，组分A是式Ⅰ的氨基甲酸酯、它的一种盐或它的一种加合物，组分B为式Ⅱ的咪唑衍生物，其中氨基甲酸酯Ⅰ与式Ⅱ的咪唑衍生物的重量比为20：1~1：100。独立权利要求5要求保护用权利要求1所述的式Ⅰ的氨基甲酸酯和权利要求1~3中任一项所述的式Ⅱ的咪唑衍生物防治有害真菌的方法，其中氨基甲酸酯Ⅰ与式Ⅱ的咪唑衍生物的重量比为20：1~1：100。独立权利要求9要求保护权利要求1所述的式Ⅰ的氨基甲酸酯和权利要求1~3中任一项所述的式Ⅱ的咪唑衍生物在制备权利要求1所要求的杀真菌协同有效混合物中的用途。由此可见，独立权利要求1、5、9之间具备相同的技术特征—“式Ⅰ的氨基甲酸酯和式Ⅱ的咪唑衍生物以重量比20：1~1：100形成的组合”，本申请的说明书指出式Ⅰ的氨基甲酸酯和式Ⅱ的咪唑衍生物以20：1~1：100混合使用时能产生增效作用，而且从目前的证据来看“式Ⅰ的氨基甲酸酯和式Ⅱ的咪唑衍生物以重量比20：1~1：100形成的组合”是体现本发明对现有技术作出贡献的技术特征，即特定技术特征。因此独立权利要求1、5、9之间具备单一性，符合专利法第31条第1款的规定。

《前置审查意见书》认为，修改后的权利要求9的特定技术特征是两种已知化合物的新用途，仍然与权利要求1的特定技术特征不相同或不相应，修改后的权利要求9仍不具备单一性。对此，合议组认为权利要求9要求保护权利要求1所述的式Ⅰ的氨基甲酸酯和权利要求1~3中任一项所述的式Ⅱ的咪唑衍生物在制备权利要求1所要求的杀真菌协同有效混合物中的用途，其隐含了权利要求1的混合物的特征，因此不应将权利要求9理解成两种已知化合物的新用途，而应将其理解成式Ⅰ的氨基甲酸酯和式Ⅱ的咪唑衍生物以重量比20：1~1：100形成的组合在杀真菌协同有效混合物中的用途。

3. 关于专利法第26条第4款

专利法第26条第4款规定，权利要求书应当以说明书为依据，说明要求专利保护的范围。

判断权利要求的概括是否恰当，一方面，应当立足于说明书所公开的全部内容，而不应仅仅局限于具体实施例；另一方面，还应当利用本领域技术人员的普通技术知识进行判断。如果本领域技术人员在申请文件给出的信息基础上，通过本领域普通技术知识能够把说明书记载的特定内容扩展到权利要求限定的整个范围，则应当认为权利要求得到了说明书的支持。

驳回决定认为，权利要求1的通式Ⅰ和Ⅱ包含了大量的不同化合物，根据本申请文件记载的内容，本领域技术人员难于预见该通式所包括的除本申请实施例之外的所有化合物都能达到本发明的目的，因此权利要求1~8得不到说明书的支持。

对此，合议组认为：（1）对于通式化合物权利要求是否得到说明书支持的审查，审查员应承担初步的举证责任，不应简单地要求申请人将权利要求限定到具体的实施例，而应综合考虑发明要解决的技术问题、权利要求请求保护的范围、说明书的全部内容、现有技术的状况等多种因素后判断权利要求的概括是否恰当。（2）如说明书所述，本申请的发明目的是提供对有害真菌具有增效协同作用的活性混合物，本申请在应用实施例部分具体实施了具有通式Ⅰ结构的化合物Ⅰ-23、Ⅰ-32、Ⅰ-38分别与具有通式Ⅱ结构的化合物Ⅱa、Ⅱb.1按照不同比例复配后具有增效效果。权利要求1对通式Ⅰ、Ⅱ各变量的定义以及实施例化合物Ⅰ-23、Ⅰ-32、Ⅰ-38、Ⅱa、Ⅱb.1（下称效果例化合物）相应取代基的情况如下：

变量	权利要求 1 中的定义	应用实施例的化合物
X	CH	I-32 和 I-38：CH
	N	I-23：N
n	0	
	1	I-32 和 I-38：1
	2（基团 R 可以不同）	I-23：2（R 都为 Cl）
R	卤素	I-23：2，4-Cl2；I-32：4-Cl
	C_1-C_4-烷基	I-38：4-CH3
	C_1-C_4-卤代烷基	
R^1 和 R^2	卤素	Ⅱa：Cl
	可以被卤素或 C_1-C_4-烷基取代的苯基	Ⅱa：4-$CH_3C_6H_4$
R^1 和 R^2 与桥接 C=C 双键一起形成 3，4-二氟亚甲基二氧基苯基	Ⅱb.1：与桥接 C=C 双键一起形成 3，4-二氟亚甲基二氧基苯基	
R^3	氰基	Ⅱa：CN
	卤素	Ⅱb.1：Br
R^4	二（C_1-C_4-烷基）氨基	Ⅱa：二甲基氨基
可以带有两个 C_1-C_4-烷基的异噁唑-4-基	Ⅱb.1：带有两个甲基的异噁唑-4-基	

通式Ⅰ中，变量X为CH、N的取代基已经在效果例化合物中公开，能够得到支持；对于变量n，效果例化合物已经给出n为1、2的情况，本领域技术人员根据其普通技术知识可以推断出苯环上没有取代基的通式Ⅰ化合物也具有类似的活性；对于变量R，效果例化合物已经给出R为Cl、4-CH_3的情况，本领域技术人员根据其普通技术知识可以推断出R为C_1-C_4-卤代烷基时的通式Ⅰ化合物具有与效果例化合物类似的活性。通式Ⅱ中，效果例化合物的取代基已经涉及到通式Ⅱ的所有取代基选择情况，本申请权利要求1的范围是将效果例化合物的取代基Cl扩展到卤素、4-$CH_3C_6H_4$扩展到被卤素或C_1-C_4-烷基取代的苯基、Br扩展到卤素、二甲基氨基扩展到二（C_1-C_4-烷基）氨基、带有两个甲基的异噁唑-4-基扩展到带有两个C_1-C_4-烷基的异噁唑-4-基，本领域技术人员能够合理预测经过上述扩展后的通式Ⅱ化合物都具备与效果例化合物类似的活性，具备相同的性能和用途，因此权利要求1可以得到说明书的支持，符合专利法第26条第4款的规定。（3）《前置审查意见书》提到，虽然单一取代基可能得到说明书的支持，但是这不等同于取代基两两组合后形成的取代基组合也必然得到说明书的支持。关于这一点，合议组认为，权利要求1涵盖了效果例化合物以及常规的等同替换的情形，属于合理的概括；如果审查员认为通式的概括不合理，应指出充分的理由或提供进一步的证据，而不是仅仅给出结论；在目前的证据来看，本领域技术人员在申请文件给出的信息基础上，通过本领域的普通技术知识能够把说明书记载的效果例化合物扩展到权利要求1限定的整个范围，应当认为权利要求1得到了说明书的支持。

在权利要求1符合专利法第26条第4款规定的情况下，驳回决定指出的权利要求2~8不符合专利法第26条第4款规定的理由也不再成立。

基于以上事实和理由，合议组作出如下审查决定。

三、决定

撤销国家知识产权局于 2006 年 8 月 11 日针对 01820789.8 号发明专利申请作出的驳回决定，由国家知识产权局原审查部门以本复审决定所针对的文本为基础继续审批程序。

复审请求人对本决定不服的，可以根据专利法第 41 条第 2 款的规定，自收到本决定之日起三个月内向北京市第一中级人民法院起诉。

028

抗粘连剂混合物、其应用和包含该混合物的聚烯烃树脂

复审请求审查决定（第16584号）

决　定　号　第16584号
决　定　日　2009年4月10日
发明创造名称　抗粘连剂混合物、其应用和包含该混合物的聚烯烃树脂
国际分类号　C08K3/34，C08J5/18，C08L23/02，C11D3/14
复审请求人　矿业技术有限公司
申　请　号　97194058.4
优先权日　1996年4月23日
申　请　日　1997年4月22日
公　开　日　1999年5月12日
合议组组长　刘　亚
主　审　员　李亚林
参　审　员　刘　磊

法律依据　专利法第33条
决定要点

如果申请的内容通过增加、改变和/或删除其中的一部分，致使所属技术领域的技术人员看到的信息与原申请记载的信息不同，而且又不能从原申请记载的信息中直接地、毫无疑义地确定，那么这种修改是不允许的。反之，则是允许的。

一、案由

本复审请求案涉及发明名称为“抗粘连剂混合物、其应用和包含该混合物的聚烯烃树脂”的97194058.4号发明专利申请（下称本申请），申请人为矿业技术有限公司，优先权日为1996年4月23日，申请日为1997年4月22日，公开日为1999年5月12日。

2007年5月18日，针对申请人于2004年10月28日提交的权利要求第1~4项，2003年6月9日提交的说明书第1页，进入中国国家阶段时提交的国际申请文件的中文译文的说明书第2~9页和说明书摘要，国家知识产权局以不符合专利法第33条的规定为由驳回了本申请。

驳回决定认为：申请人对权利要求4进行的修改，将（1）原权利要求书和说明书中记载的包括所述混合物的抗粘连剂在生产聚烯烃薄膜中应用（例如本申请说明书第5页第18~19行）、（2）“第一种组分和第二种组分的混合物可以作为加入到聚烯烃树脂组合物中的母料混合物生产，或者在聚烯烃树脂组合物中现场配制，也可以作为聚烯烃薄膜生产的一部分生产”（见本申请说明书第5页第28~30行）以及（3）原始权利要求8——聚烯烃树脂组合物等所述混合物在聚烯烃树脂中的具体应

用，扩大到在聚烯烃树脂中一切可能的应用，致使权利要求 4 的修改内容超出了原权利要求书和说明书记载的范围，不符合专利法第 33 条的规定。此外，说明书发明名称中“包含该混合物的聚烯烃树脂”的修改内容也不符合专利法第 33 条的规定。

驳回决定所针对的权利要求书如下：

“1. 抗粘连混合物，是选自滑石粉的第一种组分和选自长石、霞石和霞石正长岩的第二种组分的混合物，其中所说的第一种组分与第二种组分以重量计的比例范围为 3∶1~1∶3。

2. 如权利要求 1 的混合物，其中所说的以重量计的比例从 45∶55 到 75∶25。

3. 权利要求 1 或 2 的混合物作为抗粘连剂在聚烯烃薄膜中的应用。

4. 权利要求 1 或 2 的混合物在聚烯烃树脂中的应用。”

驳回决定所针对的发明名称为：“抗粘连剂混合物、其应用和包含该混合物的聚烯烃树脂”。

2007 年 9 月 3 日，申请人矿业技术有限公司（下称请求人）向专利复审委员会提出复审请求，请求人在提出复审请求时没有对申请文件进行修改。请求人认为权利要求 4 的修改依据在于：（1）本申请说明书中指出其混合物可用作聚烯烃薄膜的抗粘连剂，（2）说明书第 5 页第 28~30 行记载了“第一种组分和第二种组分的混合物可以作为加入到聚烯烃树脂组合物中的母料混合物生产，或者在聚烯烃树脂组合物中现场配制，也可以作为聚烯烃薄膜生产的一部分生产”，（3）本申请原始权利要求 8 公开了“聚烯烃树脂组合物，包括如前述任一权利要求的混合物，混合物中第一种组分是……”,该产品权利要求和说明书中相应的描述实际上涵盖了本发明所述混合物在聚烯烃树脂中的一切可能的应用，修改后权利要求 4 要求保护的技术方案实际上相当于权利要求 8 的技术方案。

经形式审查合格后，专利复审委员会受理了该请求，并于 2007 年 10 月 8 日向请求人发出了《复审请求受理通知书》，同时将本申请转送至国家知识产权局原审查部门进行前置审查。

在《前置审查意见书》中，国家知识产权局原审查部门坚持驳回决定。

专利复审委员会依法组成合议组，对本复审请求案进行了审理。合议组针对驳回决定所依据的文本，于 2008 年 8 月 11 日向请求人发出复审通知书，指出：（1）聚烯烃薄膜不同于聚烯烃树脂，由混合物在聚烯烃薄膜制备中的应用无法直接地、毫无疑义地确定本申请的混合物在聚烯烃树脂中有何应用。说明书第 5 页第 28~30 行的内容为本申请混合物的生产或使用方法，虽然其中涉及本申请混合物可以被生产为聚烯烃树脂组合物的母料，但聚烯烃树脂组合物不等于聚烯烃树脂，从中无法直接地、毫无疑义地确定权利要求 4 的修改内容。本申请原始权利要求 8 记载的是一种聚烯烃树脂组合物，其中本申请的混合物为该组合物的一种组分，如果说该权利要求涉及到本申请的混合物的用途的话，那也只是涉及本申请的混合物作为组成聚烯烃树脂组合物的组分的用途，而无法从中看出其他用途，更无法确定该混合物在聚烯烃树脂——构成聚烯烃树脂组合物的组分——中有何应用。综上所述，权利要求 4 的修改内容既未明确记载在原申请文件中，也无法从原申请记载的信息中直接地、毫无疑义地确定，超出了原说明书和权利要求书记载的范围，不符合专利法第 33 条的规定。（2）在请求人于 2003 年 6 月 9 日提交的说明书第 1 页中，请求人对发明名称进行了修改，由“聚烯烃薄膜，及用于其的组合物和树脂以及其相关的制造方法”修改为“抗粘连剂混合物、其应用和包含该混合物的聚烯烃树脂”。其中“包含该混合物的聚烯烃树脂”的技术内容在原申请文件中没有记载，原申请文件中记载了包含该混合物的聚烯烃树脂组合物的内容，但聚烯烃树脂组合物不同于聚烯烃树脂，据原申请文件可知，聚烯烃树脂组合物包括聚烯烃树脂和抗粘连剂混合物，且在说明书第 4 页第 1 段对聚烯烃树脂进行了定义，依该定义，本申请的聚烯烃树脂中并不含有抗粘连剂混合物，这也符合本领域普通技术人员的通常理解。因此，修改后的发明名称超出了原说明书和权利要求书记载的范围，不符合专利法第 33 条的规定。

2008 年 9 月 26 日，请求人针对复审通知书提交了意见陈述书，并提交了说明书第 1 页和权利要求书的修改替换页。请求人认为经过修改，已经克服了驳回决定和复审通知书中所提出的问题。修改后的权利要求书如下：

“1. 抗粘连混合物，是选自滑石粉的第一种组分和选自长石、霞石和霞石正长岩的第二种组分的混合物，其中所说的第一种组分与第二种组分以重量计的比例范围为 3：1~1：3。

2. 如权利要求 1 的混合物，其中所说的以重量计的比例从 45：55 到 75：25。

3. 权利要求 1 或 2 的混合物作为抗粘连剂在聚烯烃薄膜中的应用。

4. 权利要求 1 或 2 的混合物作为聚烯烃树脂组合物的组分的用途。”

修改后的发明名称为：“抗粘连剂混合物和其用途”。

经审查，合议组认为本案事实清楚，可以作出审查决定。

二、决定的理由

1. 关于文本

本复审请求审查决定针对的文本是：请求人于 2008 年 9 月 26 日提交的权利要求第 1~4 项，2008 年 9 月 26 日提交的说明书第 1 页，进入中国国家阶段时提交的国际申请文件的中文译文的说明书第 2~9页和说明书摘要。

2. 关于专利法第 33 条

专利法第 33 条规定：申请人可以对其专利申请文件进行修改，但是，对发明和实用新型专利申请文件的修改不得超出原说明书和权利要求书记载的范围。

如果申请的内容通过增加、改变和/或删除其中的一部分，致使所属技术领域的技术人员看到的信息与原申请记载的信息不同，而且又不能从原申请记载的信息中直接地、毫无疑义地确定，那么这种修改是不允许的。反之，则是允许的。

针对驳回决定和复审通知书指出的权利要求 4 和发明名称的修改不符合专利法第 33 条规定的缺陷，请求人于 2008 年 9 月 26 日提交了权利要求书全文替换页和说明书第 1 页修改替换页，对权利要求 4 和发明名称进行了修改。

修改后权利要求 4 为：权利要求 1 或 2 的混合物作为聚烯烃树脂组合物的组分的用途。

请求人原始提交的权利要求 8 记载了如下内容：聚烯烃树脂组合物，包括如前述任一权利要求的混合物，混合物中第一种组分是从滑石粉中挑选的，第二种组分是从长石、霞石和霞石正长岩中挑选的。原始提交的权利要求 2 记载了第一组分和第二组分的比例范围为 3：1~1：3 的如原始权利要求 1 的混合物。原始提交的权利要求 3 记载了第一组分和第二组分的比例范围为 45：55 到 3：1 的如原始权利要求 2 的混合物。原始提交的权利要求 1 的内容为：从滑石粉中挑选的第一种组分和从长石、霞石、霞石正长岩中挑选的第二种组分的混合物，其中第一种组分和第二种组分的比例保证了提供的磨损性能显著低于混合定律预期值。

可见，原始提交的权利要求书中记载了如下技术方案：聚烯烃树脂组合物，包括比例范围为 3：1~1：3 的选自滑石粉的第一组分和选自长石、霞石和霞石正长岩的第二组分的混合物。由此可以直接地、毫无疑义地确定请求人于 2008 年 9 月 26 日提交的权利要求 4 中引用权利要求 1 的技术方案。

原始提交的权利要求书中同时记载了如下技术方案：聚烯烃树脂组合物，包括比例范围为 45：55 到 3：1 的选自滑石粉的第一组分和选自长石、霞石和霞石正长岩的第二组分的混合物。3：1 等同于 75：25。由此可以直接地、毫无疑义地确定请求人于 2008 年 9 月 26 日提交的权利要求 4 中引用权利要求 2 的技术方案。

综上，请求人于 2008 年 9 月 26 日提交的权利要求 4 克服了驳回决定和复审通知书指出的修改超范围的缺陷，符合专利法第 33 条的规定。

请求人于 2008 年 9 月 26 日将发明名称修改为："抗粘连剂混合物和其用途"。修改后的发明名称删除了驳回决定和复审通知书所指出的不符合专利法第 33 条的内容，即，删除了"包含该混合物的聚烯烃树脂"的内容，因此，驳回决定和复审通知书所指出的发明名称的修改不符合专利法第 33 条的缺陷已经克服。

根据上述事实和理由，合议组作出如下审查决定。

三、决定

撤销国家知识产权局于 2007 年 5 月 18 日针对 97194058.4 号发明专利申请作出的驳回决定，由国家知识产权局原审查部门以本复审决定所针对的文本为基础继续审批程序。

复审请求人对本决定不服的，可以根据专利法第 41 条第 2 款的规定，自收到本决定之日起三个月内向北京市第一中级人民法院起诉。

029

取代的苯基酮烯醇杀虫剂及除草剂

复审请求审查决定（第 16597 号）

决　定　号　第 16597 号
决　定　日　2009 年 4 月 20 日
发明创造名称　取代的苯基酮烯醇杀虫剂及除草剂
国 际 分 类 号　C07D209/54，A01N43/00
复 审 请 求 人　拜尔公司
申　请　号　200410034295.0
申　请　日　1997 年 3 月 21 日
公　开　日　2004 年 10 月 13 日
最早优先权日　1996 年 4 月 2 日
合 议 组 组 长　刘　静
主　审　员　娄　宁
参　审　员　高胜华

法 律 依 据　专利法第 26 条第 4 款
决 定 要 点

如果本领域技术人员有理由怀疑通式化合物权利要求概括的全部化合物均能实施，解决其技术问题并达到预期的技术效果，即所属技术领域的技术人员不能够从说明书充分公开的内容得到或概括得出该通式概括的所有化合物，则该通式化合物权利要求得不到说明书的支持。

一、案由

本复审请求案涉及发明名称为“取代的苯基酮烯醇杀虫剂及除草剂”200410034295.0 号发明专利申请（下称本申请），申请人为拜尔公司，本申请是 97193592.0 案的分案申请，分案提交日为 2004 年 4 月 14 日，申请日为 1997 年 3 月 21 日，最早优先权日为 1996 年 4 月 2 日，公开日为 2004 年 10 月 13 日。

国家知识产权局原审查部门对本申请进行实质审查，于 2005 年 7 月 29 日发出《第一次审查意见通知书》，指出：根据对比文件 1（JP7-179450A，DE4337853A 的同族专利申请），权利要求 1~6，9~12不具备专利法第 22 条第 3 款规定的创造性；权利要求 1 不符合专利法第 26 条第 4 款的规定；权利要求 7~8 不符合专利法第 31 条第 1 款的规定；权利要求 1，2 不符合专利法实施细则第 20 条的规定。

2005 年 12 月 12 日，申请人对《第一次审查意见通知书》作出答复，同时提交了权利要求书全文替换页，说明书摘要替换页。

2006年9月1日，针对申请人于2004年4月14日提交的说明书第1~116页，2005年12月12日提交的权利要求第1~12项和2005年12月12日提交的说明书摘要，国家知识产权局原审查部门以权利要求1~12不符合专利法第22条第3款，权利要求1不符合专利法第26条第4款的规定为由驳回了该申请。驳回决定所针对的权利要求书中的独立权利要求如下：

“1. 式（Ⅰ）化合物

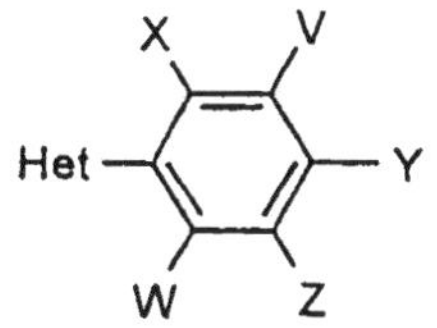

(I)

其中

V代表氢、卤素、烷基或烷氧基，

W代表氰基、硝基、卤素、烷基、链烯基、炔基、烷氧基、卤代烷基、卤代烷氧基，均可任选取代的苯基、苯氧基、苯硫基、苯基烷氧基或苯基烷硫基，

X代表氢、卤素、烷基、链烯基、炔基、烷氧基、卤代烷基、卤代烷氧基、氰基、硝基或均可任选取代的苯基、苯氧基、苯硫基、苯基烷氧基或苯基烷硫基，

Y代表氢、卤素、烷基、烷氧基、卤代烷基、卤代烷氧基、氰基或硝基，

Z代表卤素、烷基、烷氧基、卤代烷基、卤代烷氧基、羟基、氰基、硝基或均可任选取代的苯氧基、苯硫基、5-或6-元杂芳基氧基、5-或6-元杂芳硫基、苯基烷氧基或苯基烷硫基，

Y和Z同与之连接的碳原子一起代表任选取代的环，该环任选插入一或多个杂原子，V、X和W具有上述含意之一，或

W和Z同与之连接的碳原子一起代表任选取代的环，该环任选插入一或多个杂原子，V、X和Y具有上述含义之一，

Het代表

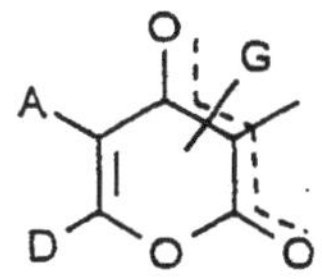

(4),

其中

A代表氢，均可任选由卤素取代的烷基、链烯基、烷氧基烷基、多烷氧基烷基或烷硫基烷基，均可是饱和或不饱和的和任选取代的环烷基或杂环基，或均可任选由卤素-、烷基-、卤代烷基-、烷氧基-、卤代烷氧基-、氰基-或硝基-取代的芳基、芳烷基或杂芳基，

D代表氢或选自下列的任选取代的基团：烷基、链烯基、炔基、烷氧基烷基、多烷氧基烷基、烷硫基烷基、饱和或不饱和环烷基、饱和或不饱和的杂环基、芳烷基、芳基、杂芳基烷基或杂芳基，或

A和D同与之连接的碳原子一起代表均可任选取代的碳环或杂环，

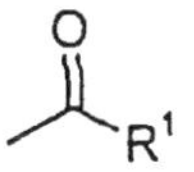

(b),

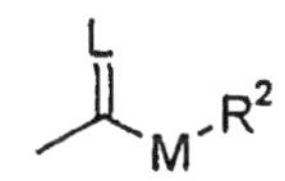

(c),

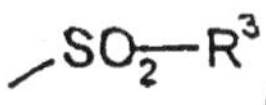

(d),

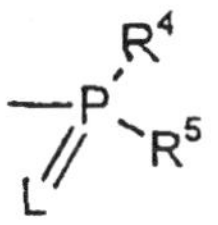

(e),

G，代表氢（a），或下列基团之一，

E（f）或 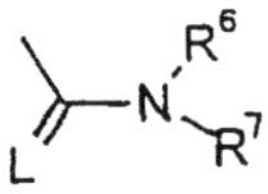 (g),

其中

E 代表金属离子等价物或铵离子，

L 代表氧或硫，

M 代表氧或硫，

R^1 代表均可任选由卤素取代的烷基、链烯基、烷氧基烷基、烷硫基烷基或多烷氧基烷基，或均可任选由卤素-、烷基-或烷氧基-取代的环烷基或杂环基，或均可任选取代的苯基、苯烷基、杂芳基、苯氧基烷基或杂芳氧基烷基，

R^2 代表均可任选由卤素取代的烷基、链烯基、烷氧基烷基或多烷氧基烷基，或均可任选取代的环烷基、苯基或苄基，

R^3、R^4 和 R^5 各自独立地代表均可任选由卤素取代的烷基、烷氧基、烷氨基、二烷氨基、烷硫基、链烯基硫基或环烷基硫基，或均可任选取代的苯基、苄基、苯氧基或苯硫基，

R^6 和 R^7 各自独立地代表氢、均可任选由卤素取代的烷基、环烷基、链烯基、烷氧基或烷氧基烷基，或均可任选取代的苯基或苄基，或同与之连接的氮原子一起代表任选含有氧或硫的任选取代的环。

2. 制备权利要求 1 的式（Ⅰ）化合物的方法，其特征在于，

（D）如下获得（I-4-a）化合物

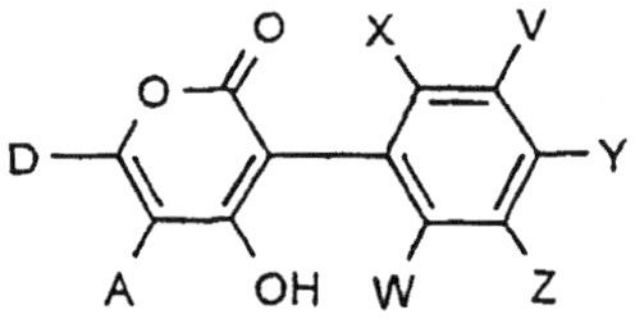

(I-4-a)

其中

A、D、V、W、X、Y 和 Z 各如上所定义

如果适宜在稀释剂存在下且如果适宜在酸受体存在下，

使式（V）化合物或其式（Va）甲硅烷基烯醇醚与式（VI）的化合物反应，

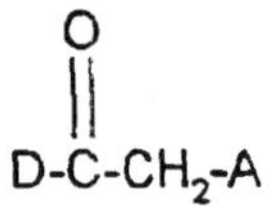

(V)

其中

A 和 D 各如上所定义，

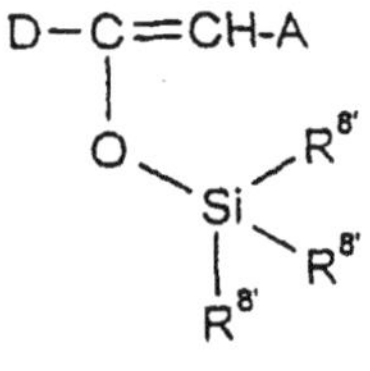

(Va)

A 和 D 各如上所定义，

$R^{8'}$代表烷基

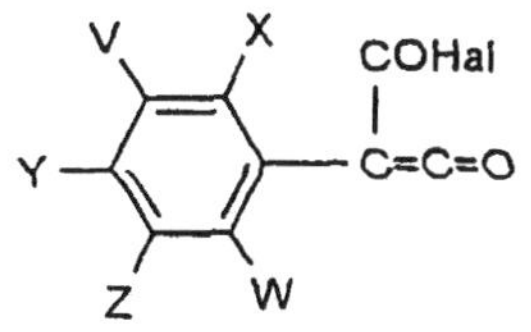

(VI)

其中

V、W、X、Y 和 Z 各如上所定义，且

Hal 代表卤素，

以及任选地随后使以此种方式得到的（I-4-a）化合物，

（Fα）与式（VⅢ）的酰基卤反应

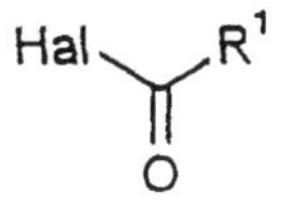

(VIII)

其中

R^1 如上所定义且

Hal 代表卤素，

或

（Fβ）如果适宜在稀释剂存在下，且如果适宜在酸结合剂存在下，与式（IX）的羧酸酐反应

R^1-CO-O-CO-R^1（IX）

其中

R^1 如上所定义；或

（G）如果适宜在稀释剂存在下且如果适宜在酸结合试剂存在下，与式（X）的氯甲酸酯或氯甲酸硫酯反应

R^2-M-CO-Cl（X）

其中

R^2 和 M 各如上所定义；或

（Hα）如果适宜在稀释剂存在下，且如果适宜在酸结合试剂存在下，与式（XI）的氯单硫代甲酸酯或氯二硫代甲酸酯反应

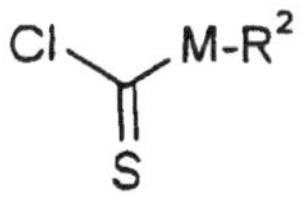

(XI)

其中

M 和 R^2各如上所定义，

或

（Hβ）如果适宜在稀释剂存在下且如果适宜在碱存在下，与二硫化碳，随后与式（XⅡ）的化合物反应

R^2-Hal（XⅡ）

R^2 如上所定义，且

Hal 代表氯、溴或碘，或

（Ⅰ）如果适宜在稀释剂存在下且如果适宜在酸结合试剂存在下，与式（XⅢ）磺酰氯反应

R^3-SO_2-Cl（XⅢ）

其中

R^3 如上所定义，或

（J）如果适宜在稀释剂存在下且如果适宜在酸结合试剂存在下，与式（XIV）磷化合物反应

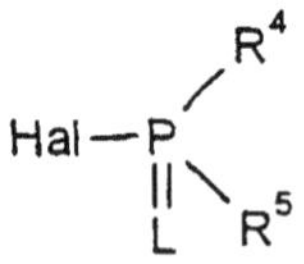

(XIV)

其中

L、R^4和 R^5各如上所定义，且

Hal 代表卤素，或

（K）如果适宜在稀释剂存在下，

与式（XV）或式（XVI）的金属化合物或胺反应

Me（OR^{10}）$_t$（XV）

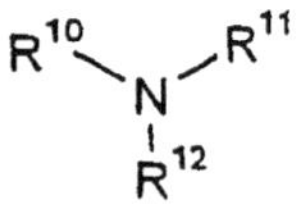

(XVI)

其中

Me 代表单或二价金属，

t 代表数字 1 或 2，和

R^{10}、R^{11}和 R^{12}相互独立地代表氢或烷基，或（Lα）如果适宜在稀释剂存在下，且如果适宜在催化剂存在下，与式（XVⅡ）的异氰酸酯或异硫氰酸酯反应

$R^6-N=C=L$（XVⅡ）

其中

R^6 和 L 各如上所定义，

或

（Lβ）如果适宜在稀释剂存在下，且如果适宜在酸结合试剂存在下，

与式（XVⅢ）的氨基甲酰氯或硫代氨基甲酰氯反应

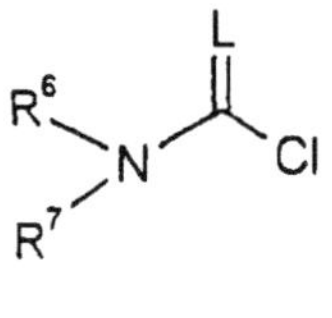

(XVIII)

其中

L、R^6 和 R^7 各如上所定义。

6. 式（VI）化合物

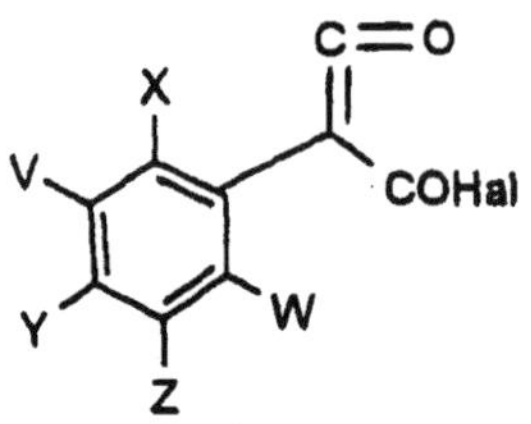

(VI)

其中

V、W、X、Y 和 Z 各如权利要求 1 中所定义，且

Hal 代表氯或溴。

7. 式（XXXⅢ）化合物

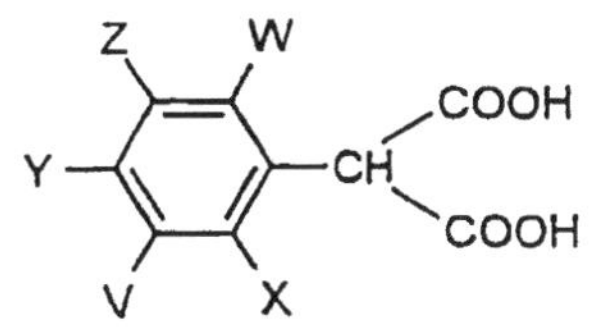

(XXXIII)

其中

V、W、X、Y 和 Z 各如权利要求 1 中所定义。

8. 式（XXXIV）化合物

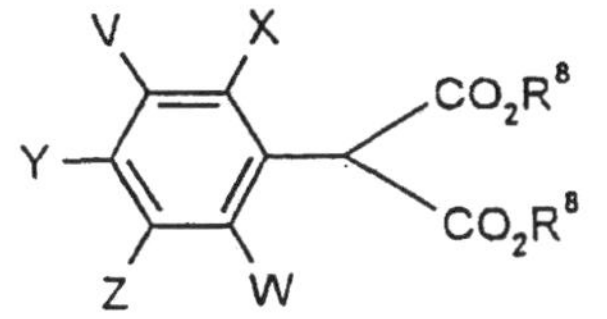

(XXXIV)

其中

V、W、X、Y 和 Z 各如权利要求 1 中所定义，R^8 代表烷基。

9. 杀虫剂或除草剂，其特征在于，它们包含权利要求 1 的式（Ⅰ）化合物。

10. 权利要求 1 的式（Ⅰ）化合物防治害虫和杂草的应用。

11. 防治害虫和杂草的方法，其特征在于，使权利要求 1 的式（Ⅰ）化合物作用于害虫和杂草和/或其栖生地。

12. 制备杀虫剂和除草剂的方法，其特征在于，将权利要求 1 的式（Ⅰ）化合物与扩充剂和/或表面活性剂混合。”

驳回决定认为：(1) 在化学领域，一般来说，五元杂环和六元杂环，特别是在杂原子类似、杂环组成相似（唯一的区别仅仅在于碳环原子为 5 个和 6 个）的情况下，认为具有类似的性质是显而易见的，而且从本申请的说明书中也未发现这种替换具有意想不到的效果，并且申请人也未针对该问题对权利要求进行任何的修改，所以权利要求 1~12 仍然不具备创造性，不符合专利法第 22 条第 3 款的规定；(2) 烷基、杂芳基等基团的定义包括了大量的范围，而且不同碳原子、不同空间结构的基团（包括在本发明的范围内）可能导致的效果是不同，这些对于本领域普通技术人员来说都是公知的，所以本发明的所有技术方案并非都具有相同或相似的性质，从而得不到说明书的支持。并且对于化合物权利要求来说，化合物的保护是绝对的，所以不能在没有说明书教导的基础上无限扩展，因此权利要求 1 得不到说明书的支持。

2006 年 12 月 28 日，申请人拜尔公司（下称请求人）对上述驳回决定不服，向专利复审委员会提出复审请求，请求人在提出复审请求时对权利要求书进行了修改，其中用原权利要求 3 替换原权利要求 1，原权利要求 4、5 修改为权利要求 2、3，原权利要求 2 作为权利要求 4，原权利要求 6~12 作为权利要求 5~11。请求人同时提交了附件 1（附件 1：将本发明和现有技术（EP-A-647637）的化合物作比较的实验报告，英文复印件 3 页）。

修改后的权利要求书的独立权利要求如下：

"1. 式（Ⅰ）化合物

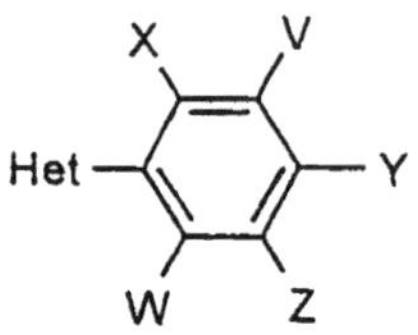

(I)

其中

V 代表氢、卤素、C_1-C_6-烷基或 C_1-C_6-烷氧基，

W 代表氰基、硝基、卤素、C_1-C_6-烷基、C_2-C_6-链烯基、C_2-C_6-炔基、C_1-C_6-烷氧基、C_1-C_4-卤代烷基、C_1-C_4-卤代烷氧基，或均可任选由卤素-、C_1-C_6-烷基-、C_1-C_6-烷氧基-、C_1-C_4-卤代烷基-、C_1-C_4-卤代烷氧基-、硝基-或氰基-取代的苯基、苯氧基、苯硫基、苯基-C1-C4-烷氧基或苯基-C1-C4-烷硫基，

X 代表氢、卤素、C_1-C_6-烷基、C_2-C_6-链烯基、C_2-C_6-炔基、C_1-C_6-烷氧基、C_1-C_4-卤代烷基、C_1-C_4-卤代烷氧基、氰基、硝基，或均可任选由卤素-、C_1-C_6-烷基-、C_1-C_6-烷氧基-、C_1-C_4-卤代烷基-、C_1-C_4-卤代烷氧基-、硝基-或氰基-取代的苯基、苯氧基、苯硫基、苯基-C_1-C_4-烷氧基或苯基-C_1-C_4-烷硫基，

Y 代表氢、卤素、C_1-C_6-烷基、C_1-C_6-烷氧基、C_1-C_4-卤代烷基、C_1-C_4-卤代烷氧基、氰基或硝基，

Z 代表卤素、C_1-C_6-烷基、C_1-C_6-烷氧基、C_1-C_4-卤代烷基、C_1-C_4-卤代烷氧基、羟基、氰基、硝基，或均可任选由卤素-、C_1-C_4-烷基-、C_1-C_4-烷氧基-、C_1-C_4-卤代烷基-、C_1-C_4-卤代烷氧基-、硝基-或氰基-取代的苯氧基、苯硫基、噻唑基氧基、吡啶基氧基、嘧啶基氧基、吡唑基氧基、苯基-C_1-C_4-烷氧基或苯基-C_1-C_4-烷硫基，或，

Y 和 Z 一起代表均可任选由卤素-、C_1-C_6-烷基-、C_1-C_6-烷氧基- 或 C_1-C_4-卤代烷基-取代的 C_3-C_5-烷二基或 C_3-C_5-烯二基，其中 1~3 个成员可以相互独立地任选由氧、硫、氮或羰基置换，或

W 和 Z 一起代表均可任选由卤素-、C_1-C_6-烷基-、C_1-C_6-烷氧基-或 C_1-C_4-卤代烷基-取代的 C_3-C_5-烷二基或 C_3-C_5-烯二基，其中 1~3 个成员可以相互独立地任选由氧、硫、氮或羰基置换，

Het 代表

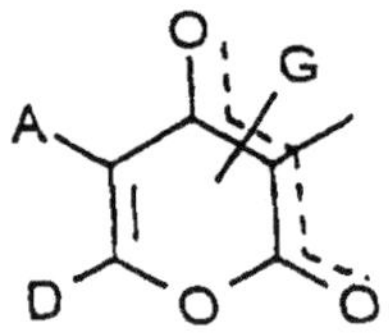

(4)，

其中

A 代表氢，均可任选由卤素取代的 C_1-C_{12}-烷基、C_2-C_8-链烯基、C_1-C_{10}-烷氧基-C_1-C_8-烷基、多-C_1-C_8-烷氧基-C_1-C_8-烷基或 C_1-C_{10}-烷硫基-C_1-C_6-烷基，或任选由卤素-、C_1-C_6-烷基-或 C_1-C_6-烷氧基-取代的 C_3-C_8-环烷基，该环烷基中一或二个不直接相邻的亚甲基基团任选由氧和/或硫置换，或代表均可任选由卤素-、C_1-C_6-烷基-、C_1-C_6-卤代烷基-、C_1-C_6-烷氧基-、C_1-C_6-卤代烷氧基-、氰基-或硝基-取代的苯基、萘基、苯基-C_1-C_6-烷基、萘基-C_1-C_6-烷基或具有 5 至 6 个环原子和一至三个选自氧、硫和氮的杂原子的杂芳基，

D 代表氢，均可任选由卤素取代的 C_1-C_{12}-烷基、C_3-C_8-链烯基、C_3- C_8-炔基、C_1-C_{10}-烷氧基-C_2-C_8-烷基、多-C_1-C_8-烷氧基-C_2-C_8-烷基或 C_1-C_{10}-烷硫基-C_2-C_8-烷基，或任选由卤素-、

C_1-C_4-烷基-、C_1-C_4-烷氧基-或 C_1-C_4-卤代烷基-取代的 C_3-C_8-环烷基，其中任选一或二个不直接相邻的亚甲基基团由氧和/或硫置换，或代表均可任选由卤素-、C_1-C_6-烷基-、C_1-C_6-卤代烷基-、C_1-C_6-烷氧基-、C_1-C_6-卤代烷氧基-、氰基-或硝基-取代的苯基，具有 5 或 6 个环原子和一或二个选自氧、硫和氮的杂原子的杂芳基、苯基-C_1-C_6-烷基或具有 5 或 6 个环原子和一或二个选自氧、硫和氮的杂原子的杂芳基-C_1-C_6-烷基，或

A 和 D 一起代表 C_3-C_6-烷二基、C_3-C_6-烯二基或 C_4-C_6-链二烯二基，其中在每一种情况下，一个亚甲基任选由氧或硫置换，且这些基团均可任选由卤素取代或由均可任选卤素取代的 C_1-C_{10}-烷基、C_1-C_6-烷氧基、C_1-C_6-烷硫基、C_3-C_7-环烷基、苯基或苄氧基取代，或由其中在每一种情况下一个亚甲基基团任选由氧或硫置换且它们任选由 C_1-C_6-烷基取代的形成稠合环的另一 C_3-C_6-烷二基、C_3-C_6-烯二基或 C_4-C_6-链二烯二基取代，

A 和 D 一起代表 C_3-C_6-烷二基或 C_3-C_6-烯二基，它们各任选含有下列基团之一：

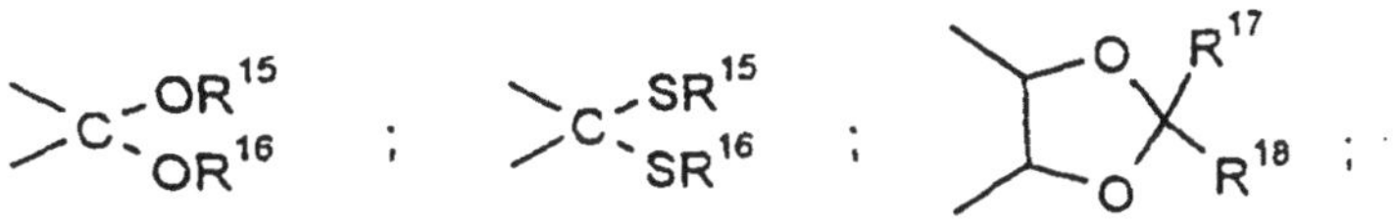

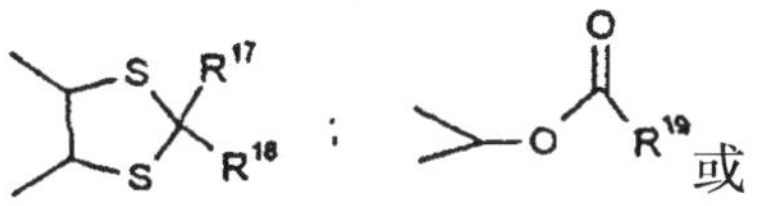

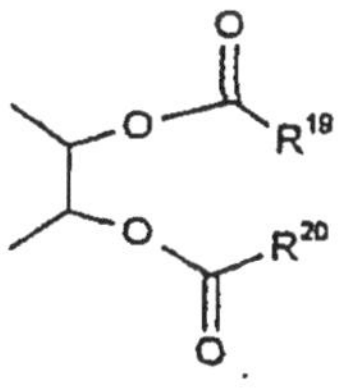

G，代表氢（a）或下列基团之一

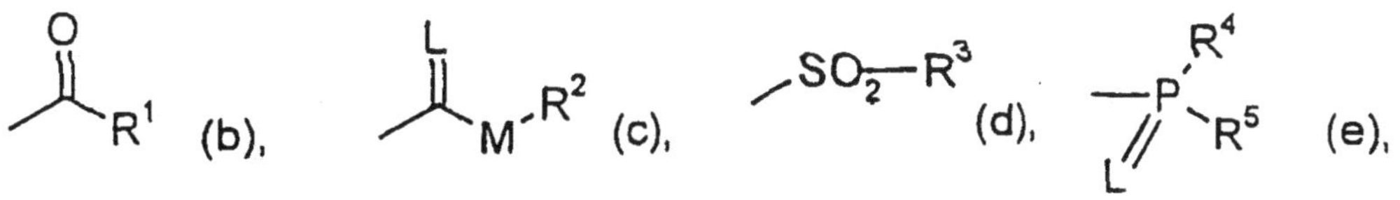

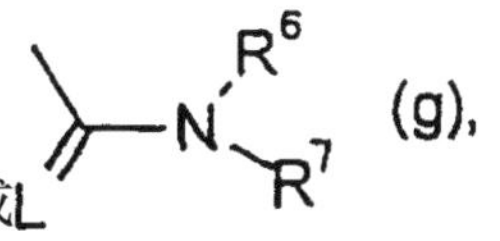

E（f）或

其中

E 代表金属离子等价物或铵离子，

L 代表氧或硫，和

M 代表氧或硫，

R^1 代表均可任选由卤素取代的 C_1-C_{20}-烷基、C_2-C_{20}-链烯基、C_1-C_8-烷氧基-C_1-C_8-烷基、C_1-C_8-烷硫基-C_1-C_8-烷基或多-C_1-C_8-烷氧基-C_1-C_8-烷基，或均可由卤素-、C_1-C_6-烷基-或 C_1-C_6-烷氧基-取代的且其中一或二个不直接相邻的亚甲基基团任选由氧和/或硫置换的 C_3-C_8-环烷基，

任选由卤素-、氰基-、硝基-、C_1-C_6-烷基-、C_1-C_6-烷氧基-、C_1- C_6-卤代烷基-、C_1-C_6-卤代烷氧基-、C_1-C_6-烷硫基-或 C_1-C_6-烷基磺酰基-取代的苯基，

任选由卤素-、硝基-、氰基-、C_1-C_6-烷基-、C_1-C_6-烷氧基-、C_1-C_6-卤代烷基-或 C_1-C_6-卤代烷氧基-取代的苯基-C_1-C_6-烷基，

具有一或二个选自氧、硫和氮的杂原子且任选由卤素-或 C_1-C_6-烷基-取代的 5 或六元杂芳基，

任选由卤素-或 C_1-C_6-烷基-取代的苯氧基-C_1-C_6-烷基，或

具有一或二个选自氧、硫和氮的杂原子且任选由卤素-、氨基-或 C_1-C_6-烷基-取代的 5 或六元杂芳氧基-C_1-C_6-烷基，

R^2 代表均可任选由卤素取代的 C_1-C_{20}-烷基、C_2-C_{20}-链烯基、C_1-C_8-烷氧基-C_2-C_8-烷基或多-C_1-C_8-烷氧基- C_2-C_8-烷基，

任选由卤素-、C_1-C_6-烷基-或 C_1-C_6-烷氧基-取代的 C_3-C_8-环烷基，或

均可任选由卤素-、氰基-、硝基-、C_1-C_6-烷基-、C_1-C_6-烷氧基-、C_1-C_6-卤代烷基-或 C_1-C_6-卤代烷氧基-取代的苯基或苄基，

R^3代表任选由卤素取代的 C_1-C_8-烷基，或均可任选由卤素-、C_1-C_6-烷基-、C_1-C_6-烷氧基-、C_1-C_4-卤代烷基-、C_1-C_4-卤代烷氧基-、氰基-或硝基-取代的苯基或苄基，

R^4 和 R^5 相互独立地各代表均可任选由卤素取代的 C_1-C_8-烷基、C_1-C_8-烷氧基、C_1-C_8-烷基氨基、二-（C_1-C_8-烷基）氨基、C_1-C_8-烷硫基或 C_3-C_8-烯硫基，或均可任选由卤素-、硝基-、氰基-、C_1-C_4-烷氧基-、C_1-C_4-卤代烷氧基-、C_1-C_4-烷硫基-、C_1-C_4-卤代烷硫基-、C_1-C_4-烷基-或 C_1-C_4-卤代烷基-取代的苯基、苯氧基或苯硫基，

R^6 和 R^7 相互独立地代表氢，均可任选由卤素取代的 C_1-C_8-烷基、C_3-C_8-环烷基、C_1-C_8-烷氧基、C_3-C_8-链烯基或 C_1-C_8-烷氧基-C_2-C_8-烷基，均可任选由卤素-、C_1-C_8-烷基-、C_1-C_8-卤代烷基-或 C_1-C_8-烷氧基-取代的苯基或苄基，或一起代表任选由 C_1-C_6-烷基取代的 C_3-C_6-亚烷基，其中一个亚甲基任选由氧或硫置换，

R^{13}代表氢，或均可任选由卤素取代的 C_1-C_8-烷基或 C_1-C_8-烷氧基，任选由卤素-、C_1-C_4-烷基-或C_1-C_4-烷氧基-取代的且其中的一个亚甲基任选由氧或硫置换的 C_3-C_8-环烷基，或均可任选由卤素-、C_1-C_6-烷基-、C_1-C_6-烷氧基-、C_1-C_4-卤代烷基-、C_1-C_4-卤代烷氧基-、硝基-或氰基-取代的苯基、苯基-C_1-C_4-烷基或苯基-C_1-C_4-烷氧基，

R^{14}代表氢或 C_1-C_8-烷基，或

R^{13}和 R^{14}一起代表 C_4-C_6-烷二基，

R^{15}和 R^{16}相同或不同，且代表 C_1-C_6-烷基，或

R^{15}和 R^{16}一起代表 C_2-C_4-烷二基，它任选由 C_1-C_6-烷基取代或由任选由卤素-、C_1-C_4-烷基-、C_1-C_4-卤代烷基-、C_1-C_4-烷氧基-、C_1-C_4-卤代烷氧基-、硝基-或氰基-取代的苯基取代，

R^{17}和 R^{18}相互独立地代表氢，任选由卤素取代的 C_1-C_8-烷基，或任选由卤素-、C_1-C_6-烷基-、C_1-C_6-烷氧基-、C_1-C_4-卤代烷基-、C_1-C_4-卤代烷氧基-、硝基-或氰基-取代的苯基，或

R^{17}和 R^{18}同与之连接的碳原子一起代表任选由 C_1-C_4-烷基取代的 C_5-C_7-环烷基，其中的一个亚甲基任选由氧或硫置换，

R^{19}和 R^{20}相互独立地代表 C_1-C_{10}-烷基、C_2-C_{10}-链烯基、C_1-C_{10}-烷氧基、C_1-C_{10}-烷氨基、C_3-C_{10}-烯氨基、二（C_1-C_{10}-烷基）氨基或二（C_3-C_{10}-链烯基）氨基。

4. 制备权利要求 1 的式（Ⅰ）化合物的方法，其特征在于，

（D）如下获得（I-4-a）化合物

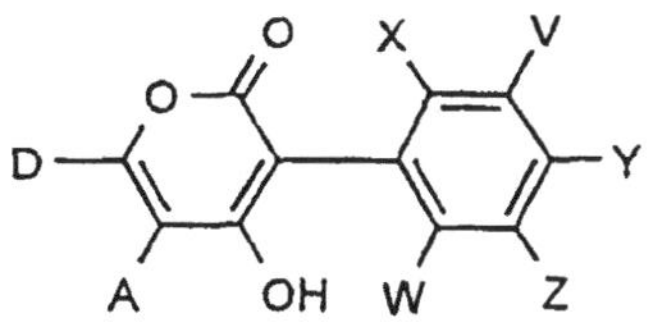

(I-4-a)

其中

A、D、V、W、X、Y 和 Z 各如上所定义

如果适宜在稀释剂存在下且如果适宜在酸受体存在下，

使式（V）化合物或其式（Va）甲硅烷基烯醇醚与式（VI）的化合物反应，

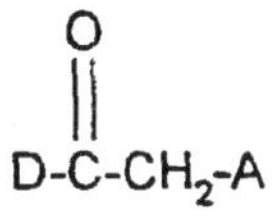

(V)

其中

A 和 D 各如上所定义，

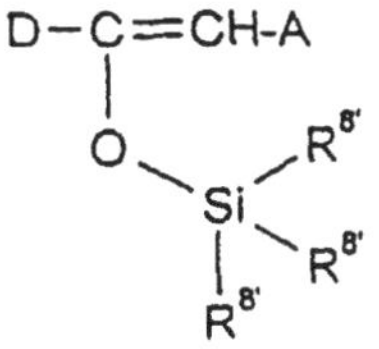

(Va)

A 和 D 各如上所定义，

R 8′代表烷基

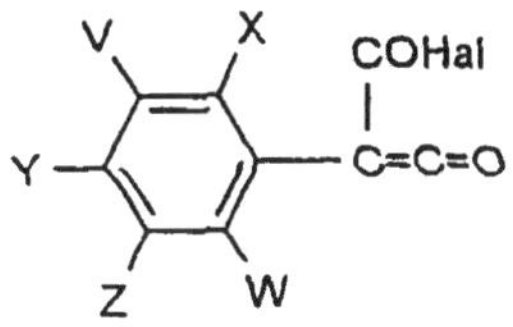

(VI)

其中

V、W、X、Y 和 Z 各如上所定义，且

Hal 代表卤素，

以及任选地随后使以此种方式得到的（I-4-a）化合物，

（Fα）与式（VⅢ）的酰基卤反应

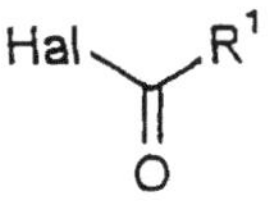

(VIII)

其中

R^1 如上所定义且

Hal 代表卤素，

或

（Fβ）如果适宜在稀释剂存在下，且如果适宜在酸结合剂存在下，与式（IX）的羧酸酐反应

R^1-CO-O-CO-R^1（IX）

其中

R^1 如上所定义；或

（G）如果适宜在稀释剂存在下且如果适宜在酸结合试剂存在下，与式（X）的氯甲酸酯或氯甲酸硫酯反应

R^2-M-CO-Cl（X）

其中

R^2 和 M 各如上所定义；或

（Hα）如果适宜在稀释剂存在下，且如果适宜在酸结合试剂存在下，与式（XI）的氯单硫代甲酸酯或氯二硫代甲酸酯反应

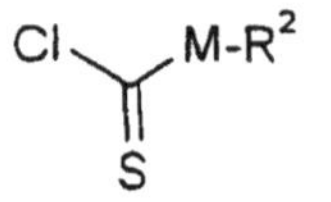

(XI)

其中

M 和 R^2 各如上所定义，

或

（Hβ）如果适宜在稀释剂存在下且如果适宜在碱存在下，

与二硫化碳，随后与式（XⅡ）的化合物反应

R^2-Hal（XⅡ）

R^2 如上所定义，且

Hal 代表氯、溴或碘，或

（Ⅰ）如果适宜在稀释剂存在下且如果适宜在酸结合试剂存在下，与式（XⅢ）磺酰氯反应

R^3- SO_2-Cl（XⅢ）

其中

R^3 如上所定义，或

（J）如果适宜在稀释剂存在下且如果适宜在酸结合试剂存在下，与式（XIV）磷化合物反应

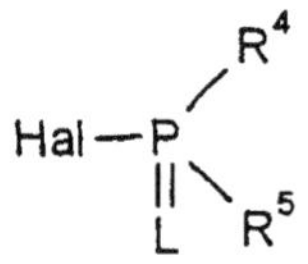

(XIV)

其中

L、R^4 和 R^5 各如上所定义，且

Hal 代表卤素，或

（K）如果适宜在稀释剂存在下，

与式（XV）或式（XVI）的金属化合物或胺反应

Me（OR^{10}）t（XV）

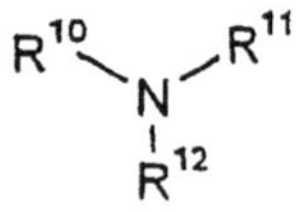

(XVI)

其中

Me 代表单或二价金属，

t 代表数字 1 或 2，和

R^{10}、R^{11}和 R^{12}相互独立地代表氢或烷基，或

（Lα）如果适宜在稀释剂存在下，且如果适宜在催化剂存在下，与式（XVⅡ）的异氰酸酯或异硫氰酸酯反应

$R^6-N=C=L$（XVⅡ）

其中

R^6 和 L 各如上所定义，

或

（Lβ）如果适宜在稀释剂存在下，且如果适宜在酸结合试剂存在下，与式（XVⅢ）的氨基甲酰氯或硫代氨基甲酰氯反应

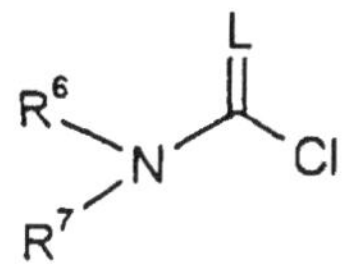

(XVIII)

其中

L、R^6和 R^7各如上所定义。

5. 式（VI）化合物

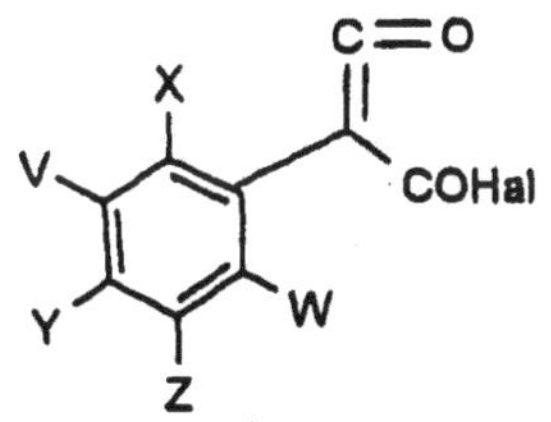

(VI)

其中

V、W、X、Y 和 Z 各如权利要求 1 中所定义，且

Hal 代表氯或溴。

6. 式（XXXⅢ）化合物

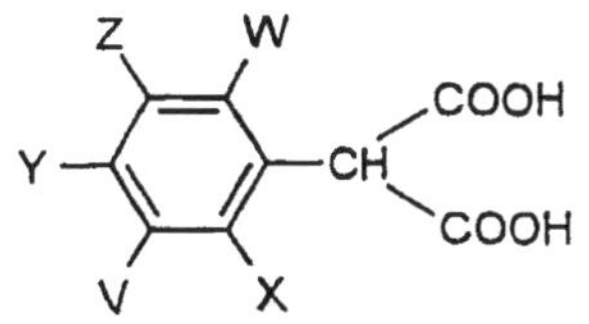

(XXXIII)

其中

V、W、X、Y 和 Z 各如权利要求 1 中所定义。

7. 式（XXXIV）化合物

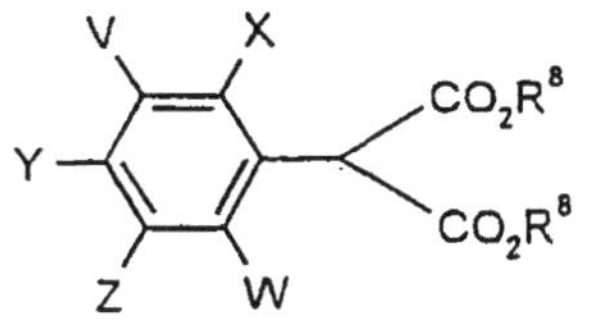

(XXXIV)

其中

V、W、X、Y 和 Z 各如权利要求 1 中所定义，

R^8代表烷基。

8. 杀虫剂或除草剂，其特征在于，它们包含权利要求 1 的式（Ⅰ）化合物。

9. 权利要求 1 的式（Ⅰ）化合物防治害虫和杂草的应用。

10. 防治害虫和杂草的方法，其特征在于，使权利要求 1 的式（Ⅰ）化合物作用于害虫和杂草和/或其栖生地。

11. 制备杀虫剂和除草剂的方法，其特征在于，将权利要求 1 的式（Ⅰ）化合物与扩充剂和/或表面活性剂混合”。

请求人认为：(1) 根据审查指南判断单一性的规定，五元和六元环归类于不同的环，因此不能依据五元环和六元环的区别就认为本发明没有创造性；(2) 附件 1 的实验报告将本发明和现有技术（EP647637A）的化合物作了比较，其中的第 3 页总结了五元和六元环的结果，其中可见六元环的效果在第 1 例是 40，而现有技术的是 15、10，在 2 例中，本发明的化合物结果是 85，现有技术的为 0（无效），因此本发明的化合物的效果远远优于现有技术的五元环。

经形式审查合格后，专利复审委员会受理了该请求，并于 2007 年 2 月 12 日向请求人发出了《复审请求受理通知书》，同时将本申请转送至国家知识产权局原审查部门进行前置审查。

在《前置审查意见书》中，国家知识产权局原审查部门认为：(1) 判断单一性时，五元、六元环归类为不同的环，是用来说明其主要基团非共有的情形的单一性；(2) 请求人选择进行对比实验的化合物与本发明的化合物差异过大。本发明的六元环的取代基是-（CH2）5-以及直接的键，几乎没有形成稠环，更没有形成螺环。请求人给出的进行对比实验的化合物并非和本发明的化合物结构最接近的化合物，所以实验数据无法证明本发明的创造性；(3) 权利要求的保护范围仍然过大，因此坚持驳回决定。

专利复审委员会组成合议组，对本复审请求案进行了审理。

合议组于 2008 年 9 月 17 日向请求人发出《复审通知书》，指出：(1) 本申请具有权利要求 1 所述结构的实施例仅有 13 个，总结上述 13 个具体化合物的取代基可知，本领域技术人员从现有技术和本申请出发，不能预测出权利要求 1 中的大通式化合物和所有结构不同的取代基范围，都能解决其技术问题并实现说明书中所称的技术效果，即权利要求 1 的技术方案中包含有在所属技术领域技术人员看来属于推测且其技术效果难于预先确定和评价的内容，因此，权利要求 1 得不到说明书的支持，不符合专利法第 26 条第 4 款的规定；(2) 从属权利要求 2~3 对取代基中做了部分限定，但仍使用了相同定义方式，根据同样的理由，也都存在相同的问题，所以权利要求 2~3 也得不到说明书的支持，不符合专利法第 26 条第 4 款规定；(3) 权利要求 4、8 由于对权利要求 1 的引用，基于同样的理由，权利要求 4、8 也得不到说明书的支持，不符合专利法第 26 条第 4 款的规定；(4) 权利要求 5 保护一种通式 VI 的化合物，其中 V、W、X、Y、Z 都如权利要求 1 中所定义，同理由，也得不到说明书的支持问题，不符合专利法第 26 条第 4 款规定；(5) 权利要求 6 的通式 XXXⅢ仅有化合物 XXXⅢ-1、XXXⅢ-2 的实施例支持，权利要求 7 中的通式 XXXIV 仅有 XXXIV-1、XXXIV-2 的实施例支持，且均没有活性实验数据。同理，也得不到说明书的支持问题，不符合专利法第 26 条第 4 款规定；(6) 在权利要求 1 不符合专利法第 26 条第 4 款规定的情况下，引用权利要求 1 的权利要求 9~11 也得不到说明书的支持问题，不符合专利法第 26 条第 4 款规定；(7) 本申请说明书的应用实施例中，所有活性实验的化合物均选自 I-1-a、I-1-b、I-1-c，而所述活性实验的化合物主结构均为 Het 为五元环的结构。上述 13 个具体化合物均没有公开其效果数据。因此，这些具体化合物的公开不符合专利法的规定。因此，即使请求人将权利要求 1~8 的范围限定到本申请说明书中相应公开的具体实施例化合物范围，仍不符合专利法第 26 条第 4 款的规定；(8) 在复审请求时，请求人提交了实验报告将本发明和现有技术（EP647637A）的化合物作了比较。如上所述，本申请说明书中没有记载关于权利要求书中化合物的效果数据，即这一效果并未记载于原申请文件，本领域技术人员无法得知其属于在申请日之前已经完成的内容，因此合议组对请求人所提交的对比实验证据不予考虑。

针对上述《复审通知书》，请求人于2008年11月5日提交了意见陈述书，请求人认为：本申请的六元环结构和其他具有活性数据的化合物具有类似的结构，因此属于合理的概括，将其与母案的原始文本整体上看，则是有数据支持的；判断各基团的定义是否过宽，不能单看某一符号代表的含义不同，就认为结构不同而认为不支持，应该从整体上来看。

至此，合议组认为本案事实清楚，可以作出审查决定。

二、决定的理由

1. 关于审查文本

本复审请求审查决定针对的文本是：请求人于2004年4月14日提交的说明书第1~116页，2006年12月28日提交的权利要求第1~11项和2005年12月12日提交的说明书摘要。经审查，请求人在复审阶段（2006年12月28日）提交的权利要求书没有超出原说明书和权利要求书记载的范围，符合专利法第33条的规定。

2. 关于专利法第26条第4款

专利法第26条第4款规定：权利要求书应当以说明书为依据，说明要求专利保护的范围。

如果本领域技术人员不能确定通式化合物权利要求概括的全部化合物均能实施，解决其技术问题并达到预期的技术效果，即所属技术领域的技术人员不能够从说明书充分公开的内容得到或概括得出该通式概括的所有化合物，则该通式化合物权利要求得不到说明书的支持。

（1）本案中，权利要求1要求保护式（Ⅰ）的通式化合物：

“

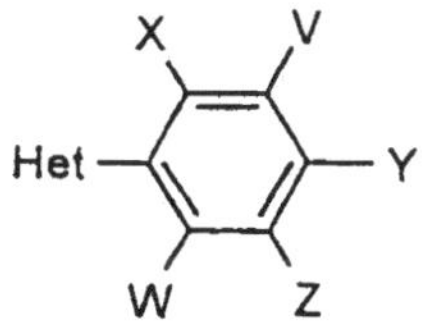

(I)

其中

V代表氢、卤素、C_1-C_6-烷基或C_1-C_6-烷氧基，

W代表氰基、硝基、卤素、C_1-C_6-烷基、C_2-C_6-链烯基、C_2-C_6-炔基、C_1-C_6-烷氧基、C_1-C_4-卤代烷基、C_1-C_4-卤代烷氧基，或均可任选由卤素-、C_1-C_6-烷基-、C_1-C_6-烷氧基-、C_1-C_4-卤代烷基-、C_1-C_4-卤代烷氧基-、硝基-或氰基-取代的苯基、苯氧基、苯硫基、苯基-C_1-C_4-烷氧基或苯基-C_1-C_4-烷硫基，

X代表氢、卤素、C_1-C_6-烷基、C_2-C_6-链烯基、C_2-C_6-炔基、C_1-C_6-烷氧基、C_1-C_4-卤代烷基、C_1-C_4-卤代烷氧基、氰基、硝基，或均可任选由卤素-、C_1-C_6-烷基-、C_1-C_6-烷氧基-、C_1-C_4-卤代烷基-、C_1-C_4-卤代烷氧基-、硝基-或氰基-取代的苯基、苯氧基、苯硫基、苯基-C_1-C_4-烷氧基或苯基-C_1-C_4-烷硫基，

Y代表氢、卤素、C_1-C_6-烷基、C_1-C_6-烷氧基、C_1-C_4-卤代烷基、C_1-C_4-卤代烷氧基、氰基或硝基，

Z代表卤素、C_1-C_6-烷基、C_1-C_6-烷氧基、C_1-C_4-卤代烷基、C_1-C_4-卤代烷氧基、羟基、氰基、硝基，或均可任选由卤素-、C_1-C_4-烷基-、C_1-C_4-烷氧基-、C_1-C_4-卤代烷基-、C_1-C_4-卤代烷氧基-、硝基-或氰基-取代的苯氧基、苯硫基、噻唑基氧基、吡啶基氧基、嘧啶基氧基、吡唑基氧基、苯基-C_1-C_4-烷氧基或苯基-C_1-C_4-烷硫基，或，

Y和Z一起代表均可任选由卤素-、C_1-C_6-烷基-、C_1-C_6-烷氧基-或C_1-C_4-卤代烷基-取代的C_3-C_5-烷二基或C_3-C_5-烯二基，其中一至三个成员可以相互独立地任选由氧、硫、氮或羰基置

换，或

W 和 Z 一起代表均可任选由卤素-、C_1-C_6-烷基-、C_1-C_6-烷氧基-或 C_1-C_4-卤代烷基-取代的 C_3-C_5-烷二基或 C_3-C_5-烯二基，其中一至三个成员可以相互独立地任选由氧、硫、氮或羰基置换，

Het 代表

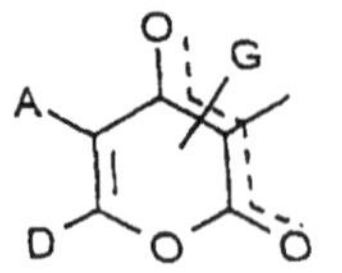
(4)，
”

根据说明书的记载，本申请的发明目的在于提供一种活性化合物，可以适合防治出现在农业、森林、贮藏产品和材料保护以及卫生方面上的动物害虫。所述活性化合物的突出之处在于其强的杀虫和杀螨活性。此外活性化合物可以用作用于脱叶剂、干燥剂、破坏阔叶植物的试剂和特别是用作除杂草剂（说明书第 74、77、83 页）。根据说明书第 1~2 页背景技术的记载，现有技术使用的苯基酮烯醇，如芳基/苯基吡咯烷类、以及苯环未被取代的苯基吡喃酮衍生物等杀虫、杀螨作用以及耐受性不令人满意，由此本申请提供了如式 I 的苯基取代、Het 为六元环的化合物，以获得除草作用以及突出的杀虫、杀螨活性。

然而本申请说明书实施方案中有许多化合物结构与权利要求 1 的式（Ⅰ）化合物结构不同，具有权利要求 1 所述 Het 为六元环结构的制备实施例仅为“I-4-a-1 至 I-4-a-9，I-4-b-1 至 I-4-b-4，I-4-c-1”，其中 I-4-b-1 与 I-4-b-2 结构相同，共计 13 个具体化合物，其中 Het 均为 α-吡喃酮。上述制备例没有公开其效果数据。本申请说明书的应用实施例中，所有活性实验的化合物均选自 I-1-a、I-1-b、I-1-c、I-2-a、I-2-b，上述活性实验的化合物主结构均为 Het 为五元环的结构，与权利要求 1 中 Het 为六元环的化合物主结构不同（参见说明书第 113~116 页）。

合议组认为：

（1）权利要求 1 中定义的主结构 Het 为电子云结构不定的六元不饱和氧杂环，而本申请说明书的应用实施例中，所有活性实验的化合物主结构均为 Het 为五元环的结构，本领域技术人员知道，双键电子云分布对杂环结构至关重要，Het 为六元或五元不饱和氧杂环对整个杂环化合物的性质会有影响，本领域技术人员无法由 Het 为五元环的活性推断出 Het 为六元环的活性；此外，请求人也没有提供任何现有技术证明，不论 Het 为六元或五元不饱和氧杂环，整个杂环化合物的性质类似、杀虫除草的活性相同。事实上，请求人在答复《第一次审查意见通知书》时主张由 Het 为五元环无法推导出 Het 为六元环的化合物的效果。请求人提出复审请求时，提交附件 1 以证明 Het 为六元环的化合物的效果优于现有技术的五元环。可见，请求人也认可主结构上的 Het 环的变化会给活性带来显著的影响，由说明书中的五元环化合物活性无法预测六元环的化合物活性。因此，在本申请仅公开了五元环的化合物活性数据，且由五元环不能预测到六元环化合物活性的情形下，本领域技术人员从本申请公开的内容无法合理预期到权利要求 1 要求保护的 Het 结构为六元不饱和氧杂环的化合物能实现说明书所称的技术效果，具有杀虫、除草的作用，以及强的杀虫和杀螨活性。

（2）此外，总结说明书中对应于权利要求 1 的式（Ⅰ）化合物的 13 个实施例化合物的取代基范围可知，其中取代基 V、Y 为 CH_3 或 H，W、X、Z 为 CH_3，Het 为 α-吡喃酮，A 为 CH_3，D 为 4-F-C6H_4、t-C_4H_9、环戊基、2-吡啶基、4-吡啶基，或 A 和 D 一起代表-（CH_2）$_4$-、-C（CH_3）$_2$OC（CH_3）$_2$-，G 为 H、$COCH_3$、CO-（6-Cl-3-吡啶基）、CO-4-Cl-C_6H_4、$COOCH_3$。可以看出权利要求 1 的取代基定义相对于上述 13 个实施例化合物有很大的扩展，包含了很多所属技术领域的技术人员不能够从说明书公开的内容直接得到或概括得出的技术方案。

综上，本领域技术人员不能预测出权利要求 1 中的大通式化合物和所有结构不同的取代基范围，

都能解决其技术问题并实现说明书中所称的技术效果，即权利要求1的技术方案中包含有在所属技术领域技术人员看来属于推测且其技术效果难于预先确定和评价的内容，因此，权利要求1得不到说明书的支持，不符合专利法第26条第4款的规定。

（3）从属权利要求2~3对取代基中做了部分限定，但仍使用了相同定义方式，根据同样的理由，也都存在相同的问题，所以权利要求2~3也得不到说明书的支持，不符合专利法第26条第4款规定。

（4）权利要求4、8存在对权利要求1的引用，基于同样的理由，权利要求4、8也得不到说明书的支持，不符合专利法第26条第4款的规定。

（5）权利要求5保护一种通式VI的化合物，而说明书实施方案部分仅公开了VI-1、VI-2两个化合物，即V、Y为H、CH_3，X、W、Z为CH_3的情形，且没有关于（VI）的活性实验数据。基于同上的理由，权利要求5也得不到说明书的支持，不符合专利法第26条第4款规定。

（6）权利要求6的通式XXXⅢ仅对应化合物XXXⅢ-1、XXXⅢ-2的实施例支持，权利要求7中的通式XXXIV仅对应XXXIV-1、XXXIV-2的实施例支持，且均没有活性实验数据。同理，权利要求6、7也得不到说明书的支持，不符合专利法第26条第4款的规定。

（7）权利要求9要求保护权利要求1的式（Ⅰ）化合物防治害虫和杂草的应用，权利要求10要求保护权利要求1的式（Ⅰ）化合物用于防治害虫和杂草的方法，权利要求11要求保护权利要求1的式（Ⅰ）化合物用于制备杀虫剂和除草剂的方法，在权利要求1不符合专利法第26条第4款规定的情况下，权利要求9~11也得不到说明书的支持，不符合专利法第26条第4款的规定。

（8）在复审请求时，请求人提交了附件1，将本发明Het为六元环的化合物和现有技术（EP647637A）Het为五元环的化合物作了比较，希望以此证明六元环的效果远远优于现有技术的五元环。对此，合议组认为，本申请说明书中没有记载关于权利要求书所涉及的Het为六元环化合物的效果数据，而且也从未教导过Het为六元环的化合物效果远远优于Het为五元环的化合物这一信息，因此合议组对请求人所提交的对比实验证据不予考虑。

（9）在答复复审通知书时，请求人主张本申请的六元环结构和其他具有活性数据的化合物具有类似的结构，因此属于合理的概括，本案是分案申请将其与母案的原始文本整体上看，是有数据支持的。

对此，合议组认为：（1）如上所述，权利要求1中定义的主结构Het为电子云结构不定的六元不饱和氧杂环，而本申请说明书的应用实施例中，所有活性实验的化合物主结构均为Het为五元环的结构，本领域技术人员知道，双键电子云分布对杂环结构至关重要，Het为六元或五元不饱和氧杂环对整个杂环化合物的性质会有影响，本领域技术人员无法由Het为五元环的活性推测出Het为六元环的活性；此外，请求人也没有提供任何现有技术证明，不论Het为六元或五元不饱和氧杂环，整个杂环化合物的性质类似、杀虫除草的活性相同，因此，本申请权利要求1要求保护的Het结构为六元不饱和氧杂环的化合物是否能起到杀虫、除草的作用，能否能实现说明书所称的技术效果，本领域技术人员难以预测，也无法从实施例中概括得出。（2）请求人认为原案说明书中有数据支持Het为六元不饱和氧杂环结构的化合物，但请求人没有指出原案说明书的具体出处以证实其上述论断。经审查，原案说明书的应用实施例与本申请的应用实施例使用的活性实验化合物相同，均为Het为五元环的化合物。综上，请求人的上述主张合议组不予支持。

根据上述事实和理由，合议组作出如下审查决定。

三、决定

维持国家知识产权局于2006年9月1日针对200410034295.0号发明专利申请作出的驳回决定。

复审请求人对本决定不服的，可以根据专利法第41条第2款的规定，自收到本决定之日起三个月内向北京市第一中级人民法院起诉。

030

2，6-二氨基-4，5，6，7-四氢-苯并噻唑的制备方法

复审请求审查决定（第16598号）

决　定　号　第16598号
决　定　日　2009年3月23日
发明创造名称　2，6-二氨基-4，5，6，7-四氢-苯并噻唑的制备方法
国际分类号　C07D 277/82
复审请求人　希普拉有限公司
申　请　号　200380108201.3
优 先 权 日　2002年11月4日
申　请　日　2003年11月3日
公　开　日　2006年2月15日
合议组组长　孙跃飞
主　审　员　王晓东
参　审　员　潘　剑

法 律 依 据　专利法第22条第3款
决 定 要 点

当要求保护的技术方案相对于最接近的现有技术存在区别技术特征时，应判断现有技术是否给出将上述区别技术特征应用到该最接近现有技术中以解决其存在的技术问题的启示，如果不存在这种启示，则要求保护的技术方案具备创造性。

一、案由

本复审请求案涉及发明名称为"2，6-二氨基-4，5，6，7-四氢-苯并噻唑的制备方法"的200380108201.3号发明专利申请（下称本申请），申请人为希普拉有限公司，申请日为2003年11月3日，优先权日为2002年11月4日，公开日为2006年2月15日。

2007年8月3日，针对申请人于2007年6月14日提交的权利要求第1~17项、进入中国国家阶段时提交的国际申请文件的中文文本的说明书第1~6页以及说明书摘要，国家知识产权局以权利要求1~17不具备专利法第22条第3款规定的创造性为由驳回了本申请。驳回决定针对的权利要求如下：

"1. 一种用于制备2，6-二氨基-4，5，6，7-四氢-苯并噻唑的方法，该方法依次包括如下步骤：(i) 使4-乙酰氨基-环己酮的水溶液与溴反应生成2-溴-4-乙酰氨基-环己酮；(ii) 添加硫脲以生成6-乙酰氨基-2-氨基-4，5，6，7-四氢-苯并噻唑；(iii) 添加氢溴酸的水溶液以生成2，6-二氨基-4，5，6，7-四氢-苯并噻唑；和 (iv) 分离2，6-二氨基-4，5，6，7-四氢-苯并噻唑，其中在不分离步骤

（ⅱ）中生成的6-乙酰氨基-2-氨基-4，5，6，7-四氢-苯并噻唑的情况下进行步骤（ⅲ）。

2. 如权利要求1所述的方法，其中步骤（ⅰ）到步骤（iv）中的任意三个连续步骤是在单个反应容器中进行的。

3. 如权利要求1或2所述的方法，其中步骤（ⅰ）到步骤（iv）是在单个反应容器中进行的。

4. 如权利要求1、2或3所述的方法，其还包括在步骤（ⅰ）之前将4-乙酰氨基-环己醇氧化成4-乙酰氨基-环己酮的步骤。

5. 如权利要求4所述的方法，其中将4-乙酰氨基-环己醇氧化成4-乙酰氨基-环己酮的步骤和步骤（ⅰ）到（iv）中的至少三个连续步骤是在单个反应容器中进行的。

6. 根据前述任一权利要求所述的方法，其中在步骤（ⅰ）中将4-乙酰氨基-环己酮水溶液和溴在15℃到40℃的温度下混合。

7. 根据前述任一权利要求所述的方法，其中在混合4-乙酰氨基-环己酮水溶液和溴之后，将所得混合物加热到40℃到50℃的温度下，然后保持在该温度下或保持在该温度附近直到溴化反应完成。

8. 根据前述任一权利要求所述的方法，其中在步骤（ⅱ）中温度升至70℃至90℃之间。

9. 根据前述任一权利要求所述的方法，其中步骤（ⅲ）是在回流下进行的。

10. 根据前述任一权利要求所述的方法，其中在步骤（ⅲ）之后且在步骤（iv）之前，将反应混合物冷却到5℃至20℃之间，然后对其进行中和。

11. 根据前述任一权利要求所述的方法，其还包括将在步骤（iv）中分离出来的2，6-二氨基-4，5，6，7-四氢-苯并噻唑拆分为其R（+）对映异构体和S（-）对映异构体并回收所述R（+）和/或S（-）对映异构体的步骤。

12. 一种用于合成普拉克索的方法，其包括以下步骤：根据前述权利要求中任何一项所述的方法制备2，6-二氨基-4，5，6，7-四氢-苯并噻唑，并且将其转化成普拉克索。

13. 如权利要求12所述的方法，其中通过与丙酰卤化物反应将2，6-二氨基-4，5，6，7-四氢-苯并噻唑转化成普拉克索。

14. 如权利要求12或者13所述的方法，其中所述2，6-二氨基-4，5，6，7-四氢-苯并噻唑包含R（+）对映异构体。

15. 如权利要求12或者13所述的方法，其中所述2，6-二氨基-4，5，6，7-四氢-苯并噻唑包含S（-）对映异构体。

16. 如权利要求12或者13所述的方法，其中所述2，6-二氨基-4，5，6，7-四氢-苯并噻唑包含外消旋混合物。

17. 如权利要求13所述的方法，其还包括将普拉克索拆分成其R（+）对映异构体和S（-）对映异构体并回收所述R（+）和/或S（-）对映异构体的步骤。”

驳回决定认为：权利要求1与对比文件1（EP0186087A）的区别技术特征在于权利要求1中的溴化反应步骤在水溶液中进行，并且在不分离步骤（ⅱ）中生成的6-乙酰氨基-4，5，6，7-四氢-苯并噻唑的情况下进行步骤（ⅲ），而在对比文件2（TETRAHEDRON，1958，Vol. 2，pp. 64-74）或对比文件3（JOURNAL OF THE AMERICAN CHEMICAL SOCIETY，1958，Vol. 80，pp. 5476-5480）中，均公开了在水溶液中进行的环己酮溴化反应。并且本申请具有产率较高，反应时间短等技术效果对于本领域技术人员来说也是显而易见的。因此，权利要求1不具备突出的实质性特点和显著的进步，不具备专利法第22条第3款规定的创造性。从属权利要求2~11对反应容器、温度等条件作了进一步的限定，由于这些条件对于发明的改进来说没有任何实质性的效果，因此不具备专利法第22条第3款规定的创造性。权利要求12~17中的合成方法是在前述制备四氢苯并噻唑的基础上进一步以公知方法转化成普拉克索，该技术特征是本领域的公知常识，对于所属领域技术人员来说是显而易见的，因此不具备专利法第22条第3款规定的创造性。另外，申请人在意见陈述书中并没有依据对比文件提出本申请具有创造性的充分理由，其中提到本申请具有产率比较高、反应时间短等技术效果已经记载在说明书中，并且这对在同一个反应容器中进行且反应始终在液相中进行的方法是显而易见的。因此权利要求1~17不具备专利法第22条第3款规定的创造性。

此外，权利要求4、6、7~11本身是多项从属权利要求，但是还引用了在前的多项从属权利要求，因此不符合专利法实施细则第23条第2款的规定。

2007年11月19日，申请人希普拉有限公司（下称请求人）对上述驳回决定不服，向专利复审委员会提出复审请求，请求人在提出复审请求时修改了权利要求4、6~11的引用关系，其中，修改后的权利要求4引用权利要求1或2，修改后的权利要求6~11引用权利要求1。

请求人认为：根据现有技术的披露，本领域的一般技术人员通常会想到采用间歇式操作和多个分离步骤，而本申请人意外地发现可以不对步骤（ⅱ）中生成的6-乙酰氨基-2-氨基-4，5，6，7-四氢-苯并噻唑进行分离就直接进行步骤（ⅲ）的反应，从而以连续的操作方式合成目标产物，这样提高了产率并且缩短了反应时间。这些有益效果虽然是连续操作方法的必然结果，但是连续的合成方法本身并不一定是显而易见的。因此，本申请具备专利法第22条第3款规定的创造性。

经形式审查合格后，专利复审委员会受理了该请求，并于2007年12月18日向请求人发出了《复审请求受理通知书》，同时将本申请转送至国家知识产权局原审查部门进行前置审查。

在《前置审查意见书》中，国家知识产权局原审查部门认为：请求人没能提供证明本发明创造性的充分理由，因此坚持驳回决定。

专利复审委员会组成合议组，对本复审请求案进行了审理。

经合议，合议组认为本案事实清楚，可以作出审查决定。

二、决定的理由

1. 关于文本

本复审请求审查决定所针对的文本是：请求人于2007年11月19日提交的权利要求第1~17项、2005年7月4日进入中国国家阶段时提交的国际申请中文文本的说明书第1~6页以及说明书摘要。

2. 关于创造性

专利法第22条第3款规定，创造性是指同申请日以前已有的技术相比，该发明有突出的实质性特点和显著的进步。

当要求保护的技术方案相对于最接近的现有技术存在区别技术特征时，应判断现有技术是否给出将上述区别技术特征应用到该最接近现有技术中以解决其存在的技术问题的启示，如果不存在这种启示，则要求保护的技术方案具备创造性。

就本申请而言，权利要求1要求保护一种制备2，6-二氨基-4，5，6，7-四氢-苯并噻唑的方法，该方法依次包括如下步骤：（ⅰ）使4-乙酰氨基-环已酮的水溶液与溴反应生成2-溴-4-乙酰氨基-环已酮；（ⅱ）添加硫脲以生成6-乙酰氨基-2-氨基-4，5，6，7-四氢-苯并噻唑；（ⅲ）添加氢溴酸的水溶液以生成2，6-二氨基-4，5，6，7-四氢-苯并噻唑；和（ⅳ）分离2，6-二氨基-4，5，6，7-四氢-苯并噻唑，其中在不分离步骤（ⅱ）中生成的6-乙酰氨基-2-氨基-4，5，6，7-四氢-苯并噻唑的情况下进行步骤（ⅲ）。

对比文件1（EP0186087A，公开日为1986年7月2日）中公开了一种制备2，6-二氨基-4，5，6，7-四氢-苯并噻唑的方法，其中具体包括在乙酸中溴化4-乙酰氨基-环已酮（即步骤ⅰ）；加入硫脲进行反应，并且将所产生的6-乙酰氨基-2-氨基-4，5，6，7-四氢-苯并噻唑氢溴酸盐晶体沉淀进行过滤分离（即步骤 ii）；用 HBr 溶解所得晶体，生成 2，6-二氨基-4，5，6，7-四氢-苯并噻唑二氢溴酸盐，再与碳酸钾水溶液反应得到游离碱（即步骤 iii）；以及过滤等分离步骤（即步骤 iv）（参见该对比文件的实施例 3、4）。权利要求 1 和对比文件 1 公开的技术方案相比，二者的区别在于：第一、权利要求 1 步骤（ⅰ）的溴化反应是在水溶液中进行的，而对比文件 1 在乙酸中进行；第二、权利要求 1 在不分离步骤（ⅱ）中生成的 6-乙酰氨基-2-氨基-4，5，6，7-四氢-苯并噻唑的情况下进行步骤（ⅲ）；而对比文件 1 是将 6-乙酰氨基-2-氨基-4，5，6，7-四氢-苯并噻唑分离后进行下一步骤。本发明相对于对比文件 1 实际所要解决的技术问题是提供一种能够缩短反应时间、提高产率、减少排放物流、降低溶剂用量的 2，6-二氨基-4，5，6，7-四氢-苯并噻唑的制备方法（参见本申请说明书第 2 页第 2 段）。本申请是通过选择水作为溴化反应溶剂，使得反应能够以连续的方式进行，从而解决上述技术问题的。

对比文件 2（TETRAHEDRON，1958，Vol. 2，pp. 64~74）中公开的是环己酮在水溶液中进行溴化反应生成 2-溴环己酮的技术方案（参见对比文件 2 第 71~72 页）；而对比文件 3（JOURNAL OF THE AMERICAN CHEMICAL SOCIETY，1958，Vol. 80，pp. 5476~5480）中公开的是 4-叔丁基环己酮在水溶液中进行溴化反应生成 2-溴-4-叔丁基环己酮的技术方案（参见对比文件 3 第 5478 页）。它们虽然公开了环己酮类化合物能够在水溶液中进行溴化反应，即区别技术特征一，但是并没有涉及到使用水溶液作为溴化反应溶剂对于之后步骤有何影响，即没有涉及到区别技术特征二。研究对比文件 2 和 3 可以发现，它们在所公开的环己酮类化合物的溴化方法中都涉及到了产物的分离纯化步骤，其中对比文件 2 公开在反应完成之后分离产物并蒸馏（参见对比文件 2 第 72 页第 1 段），对比文件 3 公开反应完成之后用醚进行萃取（参见对比文件 3 第 5478 页实验部分），二者均没有给出采用水作为溶剂后，能够不对产物进行纯化而直接进行之后步骤的启示，也没有暗示或教导以水作为溶剂对于 2，6-二氨基-4，5，6，7-四氢-苯并噻唑的制备过程有何影响。因此，当本领域技术人员在面临上述技术问题时，不能从对比文件 2 和 3 中获得将对比文件 1 中的溴化溶剂替换为水，从而使后续步骤在不经中间体分离的情况下连续进行，即将区别特征一和二应用到对比文件 1 中的技术启示。

事实上，由于连续的反应或者“一锅法”在设备投资、运行费用以及产品收率等方面具有相当大的优势，因此这样的操作方式一直是本领域技术人员追求的目标。但是，对于具体的反应是否能够采用连续的方式进行，需要考虑众多因素，包括各个反应阶段的条件是否相同，反应对原料纯度的要求是否能够满足等，权利要求 1 通过对溴化反应所使用的溶剂进行了具体的选择，从而使各个阶段的反应条件相容，在不分离中间产物的情况下以连续的操作方式完成反应，进而解决了上述技术问题。这一过程是需要付出创造性劳动的。

综上所述，本申请权利要求 1 要求保护的技术方案具备专利法第 22 条第 3 款规定的创造性。

由于权利要求 1 具备创造性，因此直接引用权利要求 1 的从属权利要求 2~11 也具备专利法第 22 条第 3 款规定的创造性；同时包括了权利要求 1 制备方法特征的权利要求 12~17 也具备专利法第 22 条第 3 款规定的创造性。

基于以上事实和理由，合议组作出如下审查决定。

三、决定

撤销国家知识产权局于 2007 年 8 月 3 日针对 200380108201.3 号发明专利申请作出的驳回决定，由国家知识产权局原审查部门以请求人于 2007 年 11 月 19 日提交的权利要求 1~17、2005 年 7 月 4 日进入中国国家阶段时提交的国际申请中文译文的说明书第 1~6 页以及说明书摘要为基础继续审批程序。

复审请求人对本决定不服的，可以根据专利法第 41 条第 2 款的规定，自收到本决定之日起三个月内向北京市第一中级人民法院起诉。

031

含有4-羟苯基-α-D-吡喃葡萄糖苷的皮肤用局部药剂

复审请求审查决定（第16600号）

决 定 号 第16600号
决 定 日 2009年4月15日
发明创造名称 含有4-羟苯基-α-D-吡喃葡萄糖苷的皮肤用局部药剂
国际分类号 C07D 201/00
复审请求人 彭特法姆股份公司、江崎格力高株式会社
申 请 号 01811781.3
申 请 日 2001年6月1日
优 先 权 日 2000年6月2日
公 开 日 2005年7月6日
合议组组长 汪送来
主 审 员 张家祥
参 审 员 王 磊

法律依据 专利法第33条
决定要点
如果申请文件中修改的内容能够从原申请记载的信息中直接地、毫无疑义地确定，则这种修改是允许的。

一、案由

本复审请求案涉及发明名称为“含有4-羟苯基-α-D-吡喃葡萄糖苷的皮肤用局部药剂”的01811781.3号发明专利申请（下称本申请），申请人为彭特法姆股份公司、江崎格力高株式会社，申请日为2001年6月1日，优先权日为2000年6月2日，公开日为2005年7月6日。

2007年7月6日，针对申请人于2007年5月28日提交的权利要求第1~6项、2006年12月7日提交的说明书第3、21页、进入中国国家阶段时提交的国际申请文件中文译文的说明书第1~2、4~20、22~31页和说明书摘要，国家知识产权局以权利要求1~6的修改不符合专利法第33条的规定为由驳回了本申请。

驳回决定所针对的权利要求书如下：

“1. 皮肤用的局部药剂，其特征在于包含：4-羟苯基-α-D-吡喃葡萄糖苷0.01~30w/w%；尿囊素0.01~5w/w%；日本当归根提取物0.001~20w/w%；天然糖提取物0.01~10w/w%；替普瑞酮0.01~20w/w%；曲酸0.01~10w/w%。

2. 如权利要求 1 的皮肤用局部药剂，其特征在于所述 4-羟苯基-α-D-吡喃葡萄糖苷的用量为 0.05~20w/w%。

3. 如权利要求 1 的皮肤用局部药剂，其特征在于所述 4-羟苯基-α-D-吡喃葡萄糖苷的用量为 0.1~10w/w%。

4. 如权利要求 1 的皮肤用局部药剂，其特征在于其包含 1.0w/w% 的 4-羟苯基-α-D-吡喃葡萄糖苷，3.0w/w% 的尿囊素，0.2w/w% 的日本当归根提取物，1.0w/w% 的天然糖提取物，1.0w/w% 的替普瑞酮 1.0w/w% 的曲酸。

5. 如权利要求 1~4 任一项的皮肤用局部药剂，其特征在于 4-羟苯基-α-D-吡喃葡萄糖苷是用 α-淀粉酶制得的。

6. 如权利要求 1~4 任一项的皮肤用局部药剂，其特征在于所述 α-淀粉酶是淀粉酶 X-23。"

驳回决定认为，修改后的权利要求 1~4 是申请人重新组合撰写的技术方案，既不是原说明书和权利要求书文字记载的内容，也不能从原说明书和权利要求书文字记载的内容直接地、毫无疑义地确定，因此，上述修改超出了原说明书和权利要求书记载的范围，不符合专利法第 33 条的规定。从属权利要求 5~6 对权利要求 1~4 任一项的技术方案进行了限定，其限定后的技术方案也超出了原说明书和权利要求书记载的范围，不符合专利法第 33 条的规定。

2007 年 10 月 19 日，申请人彭特法姆股份公司、江崎格力高株式会社（下称请求人）对上述驳回决定不服，向专利复审委员会提出复审请求，但未对申请文件进行修改。请求人认为，权利要求 1 的修改是根据本申请说明书的实施例 3 进行的，该权利要求中的活性成分及其含量都是说明书中已经公开的（参见说明书第 3 页开始的"本发明实施方式"里关于各成分的具体描述），而几个实施例中更具体地示出了各成分的不同含量。对于权利要求 1 中未限定的实施例 3 中的其他成分，本领域技术人员显然可以看出它们属于一些辅料，其存在与否及其含量不会对配方产生明显影响。因此，根据本申请说明书公开的内容和信息，本领域技术人员可以概括出权利要求 1 的技术方案，权利要求 1 的修改符合专利法第 33 条的规定。同理，权利要求 2~6 的修改也符合专利法第 33 条的规定。

经形式审查合格后，专利复审委员会受理了该请求，并于 2007 年 11 月 20 日向请求人发出了《复审请求受理通知书》，同时将本申请转送至国家知识产权局原审查部门进行前置审查。

在《前置审查意见书》中，国家知识产权局原审查部门认为，驳回决定所基于的驳回理由仍然存在，故坚持驳回决定。

专利复审委员会组成合议组，对本复审请求案进行了审理。

2009 年 3 月 4 日，请求人提交了修改后的权利要求书，其中仅修改了权利要求 4，修改后的权利要求 4 为：

"4. 如权利要求 1 的皮肤用局部药剂，其特征在于其由以下成份组成：5.0w/w% 的丙二醇，4.0w/w% 的黄蜂蜡，5.0w/w% 的鲸蜡醇，5.0w/w% 的还原的重质羊毛脂，36.0w/w% 的角鲨烯，2.0w/w% 的甘油单硬脂酸酯，2.0w/w% 的 POE（20）脱水山梨醇单月桂酸酯，0.1w/w% 的羟苯甲酸甲酯，0.15w/w% 的羟苯甲酸乙酯，1.0w/w% 的 4-羟苯基-α-D-吡喃葡萄糖苷，3.0w/w% 的尿囊素，0.2w/w% 的日本当归根提取物，1.0w/w% 的天然糖提取物，1.0w/w% 的替普瑞酮，1.0w/w% 的曲酸，0.1w/w% 的香料和余量的离子交换水"。

请求人认为，根据说明书实施例 3 的内容所修改的权利要求 4 能够得到说明书的支持。

经合议，合议组认为本案事实已经清楚，可以作出审查决定。

二、决定的理由

1. 关于审查文本

本复审请求审查决定针对的文本是：请求人于 2009 年 3 月 4 日提交的权利要求第 1~6 项、2006 年 12 月 7 日提交的说明书第 3、21 页、进入中国国家阶段时提交的国际申请文件中文译文的说明书第 1~2、4~20、22~31 页和说明书摘要。

2. 关于专利法第 33 条

专利法第 33 条规定：申请人可以对其专利申请文件进行修改，但是，对发明和实用新型专利申请文件的修改不得超出原说明书和权利要求书记载的范围。

如果申请文件中修改的内容能够从原申请记载的信息中直接地、毫无疑义地确定，则这种修改是允许的。

就本申请而言，权利要求 1 要求保护一种皮肤用的局部药剂，其中包含 4-羟苯基-α-D-吡喃葡萄糖苷 0.01~30w/w%、尿囊素 0.01~5w/w%、日本当归根提取物 0.001~20w/w%、天然糖提取物 0.01~10w/w%、替普瑞酮 0.01~20w/w%、曲酸 0.01~10w/w%。

驳回决定认为，权利要求 1~4 是申请人重新组合撰写的技术方案，既不是原说明书和权利要求书文字记载的内容，也不能从原说明书和权利要求书文字记载的内容直接地、毫无疑义地确定，因此，上述修改超出了原说明书和权利要求书记载的范围，不符合专利法第 33 条的规定。同理，权利要求 5~6 也不符合专利法第 33 条的规定。

根据本申请原说明书的记载，“本发明涉及皮肤用的局部药剂，其特征在于包含 4-羟苯基-α-D-吡喃葡萄糖苷和至少一种下述助剂：例如抗坏血酸及其衍生物，天然药物及其提取物，……曲酸及其衍生物，……天然糖提取物，……替普瑞酮，……尿囊素及其衍生物”（说明书第 2 页第 14 行至第 3 页第 6 行）。“可用的天然药物包括下述物质及其能利用的提取物：桑树皮，……日本当归根……，这些材料在皮肤用局部药剂中的用量为 0.001~20w/w%”（说明书第 3 页第 22 行至第 4 页第 5 行）。“曲酸及其衍生物包括：单酯，例如曲酸、曲酸糖苷……，曲酸及其衍生物在皮肤用局部药剂中的用量为0.001~30w/w%，优选为 0.01~10w/w%”（说明书第 5 页第 17~22 行）。“天然糖提取物为褐色的色素成分……在皮肤用局部药剂中的用量为 0.01~10w/w%”，“替普瑞酮……在皮肤用局部药剂中的用量为 0.01~20w/w%”（说明书第 8 页第 3~20 行）。“尿囊素可用来治疗各种皮肤疾病…在皮肤用局部药剂中的用量为 0.01~5w/w%”（说明书第 17 页第 17~19 行）。“4-羟苯基-α-D-吡喃葡萄糖苷在皮肤用局部药剂中的用量为 0.01~30w/w%，优选为 0.05~20w/w% 和更优选为 0.1~10w/w%”（说明书第 23 页第18~19行）。

合议组认为，由上述内容可知，本申请的皮肤用的局部药剂可含有 4-羟苯基-α-D-吡喃葡萄糖苷（0.01~30w/w%，优选 0.05~20w/w%，更优选 0.1~10w/w%）和下述助剂：天然药物及其提取物（0.001~20w/w%）、曲酸及其衍生物（0.01~10w/w%）、天然糖提取物（0.01~10w/w%）、替普瑞酮（0.01~20w/w%）、尿囊素及其衍生物（0.01~5w/w%），且所述天然药物可以是日本当归根。也就是说，权利要求 1~3 中限定的成分及其含量在本申请说明书中已经以并列选择的方式明确地记载了。

另外，说明书实施例 3 中的乳膏配方（以 w/w% 表示）为：丙二醇 5.0、黄蜂蜡 4.0、鲸蜡醇 5.0、还原的重质羊毛脂 5.0、角鲨烯 36.0、甘油单硬脂酸酯 2.0、POE（20）脱水山梨醇单月桂酸酯 2.0、羟苯甲酸甲酯 0.1、羟苯甲酸乙酯 0.15、4-羟苯基-α-D-吡喃葡萄糖苷 1.0、尿囊素 3.0、日本当归根提取物 0.2、天然糖提取物 1.0、替普瑞酮 1.0、曲酸 1.0、香料 0.1、离子交换水余量，可见上述组分及含量与权利要求 4 中限定的组分及含量完全相同，且均落在了权利要求 1~3 的保护范围内，也就是说，实施例 3 已具体实施了权利要求 1~4 的技术方案。在此基础上，本领域技术人员可以从原说明书和权利要求书所记载的内容中直接地、毫无疑义地确定权利要求1~4的技术方案，因此，上述修改符合专利法第33条的规定。

本申请说明书第23页倒数第2段还记载了“以可溶性淀粉作为糖原料物质，和以枯草芽胞杆菌来源的α-淀粉酶作为酶，也可获得4-羟苯基-α-D-吡喃葡萄糖苷。通过使用淀粉酶X-23，该方法能够以工业化规模有效地制备4-羟基-苯基-α-D-吡喃葡萄糖苷。”因此，基于相同的理由，权利要求5~6的技术方案也可以从原说明书和权利要求书所记载的内容中直接地、毫无疑义地确定，符合专利法第33条的规定。故驳回决定中指出的权利要求1~6不符合专利法第33条规定的驳回理由不成立。

根据上述事实和理由，合议组作出如下审查决定。

三、决定

撤销国家知识产权局于2007年7月6日针对01811781.3号发明专利申请作出的驳回决定，由国家知识产权局原审查部门以本复审请求审查决定所针对的文本为基础继续审批程序。

复审请求人对本决定不服的，可以根据专利法第41条第2款的规定，自收到本决定之日起三个月内向北京市第一中级人民法院起诉。

032

由含有基于聚（氧化烯）的稳定剂的聚合物制备无菌物

复审请求审查决定（第16605号）

决　定　号　第16605号
决　定　日　2009年2月17日
发明创造名称　由含有基于聚（氧化烯）的稳定剂的聚合物制备无菌物
国际分类号　C08K5/12，C08L27/06
复审请求人　西洋化学公司
申　请　号　01814875.1
申　请　日　2001年8月30日
优先权日　2000年9月1日
公　开　日　2003年10月15日
合议组组长　任晓兰
主　审　员　李新芝
参　审　员　刘　磊

法律依据　专利法第22条第3款
决定要点
在判断要求保护的发明对本领域技术人员来说是否显而易见时，要确定现有技术中是否给出了将本发明的区别特征应用到最接近的现有技术以解决其存在的技术问题（即发明实际解决的技术问题）的启示，如果现有技术不存在这种启示，则发明是非显而易见的。

一、案由

本复审请求案涉及发明名称为“由含有基于聚（氧化烯）的稳定剂的聚合物制备无菌物”的第01814875.1号发明专利申请（下称本申请），申请人为西洋化学公司，申请日为2001年8月30日，优先权日为2000年9月1日，公开日为2003年10月15日。

2006年11月10日，针对申请人于2006年2月23日提交的权利要求书第1~6项、进入中国国家阶段时提交的说明书第3~5、8~10页和说明书摘要以及按国际初步审查报告的附件提交的说明书第1、2、6、7页，国家知识产权局以权利要求1~6不符合专利法第22条第3款的规定为由驳回了本申请。

驳回决定认为：（1）权利要求1要求保护一种制备无菌医用制品的方法，其中聚合物含有选自聚乙二醇或聚丙二醇等的稳定剂。对比文件1（CN86105440A，公开日为1987年5月27日）公开了一种聚氯乙烯制品及其制备方法，其中含有0.2~3.0份稳定助剂OH-X-O-R或R-O-X-O-R如聚丙二醇、聚乙二醇等（参见对比文件1权利要求书及说明书第6页第13行至第9页第6行），权利要求1与对比文件1相比，区别仅在于对比文件1中没有提到使用γ-辐射灭菌；对比文件2（“电离辐射灭菌研究进展”，《中国公共卫生》，1994年第10卷第11期）已提到利用X射线、γ-射线等电离辐射灭菌的方法是本领域的公知常识，其广泛用于食品、药物、医疗用品等领域（参见对比文件2第522~523页第1~2段），因而在对比文件1的基础上结合对比文件2以获得权利要求1的技术方案对本领域技术人员来说是显而易见的，并且它们的结合也没有产生预料不到的技术效果，因此权利要求1不具备突出的实质性特点和显著的进步，不具备创造性。（2）从属权利要求2~5的附加技术特征在对比文件1中已公开，因此其引用的权利要求1不具备创造性时，从属权利要求2~5也不具备创造性。（3）权利要求6要求保护一种制备无菌医用制品的方法。基于与权利要求1相同的分析，该权利要求也不具备创造性。

驳回决定针对的权利要求1~6如下：

“1. 一种制备无菌医用制品的方法，包括：

（A）制备具有含卤素的重复单元的聚合物，其中，所述聚合物在每100重量份中含有0.005~65重量份的选自聚乙二醇、聚丙二醇或通式为R-［OCH_2-R′CH］m-OR或R-CO-［OCH_2-R′CH］mOCO-R的稳定剂，其中，当R′是甲基时，每一R独立地选自R′、C_6-C_{12}芳烷基和C_6-C_{12}烷芳基，当R′是氢时，每一R独立地选自C_1-C_{12}烷基、C_6-C_{12}芳基、C_6-C_{12}芳烷基和C_6-C_{12}烷芳基，每一R′独立地选自氢或甲基，m是1~20；

（B）由所述聚合物制备所述制品；和

（C）用γ-辐射对所述制品进行灭菌。

2. 根据权利要求1的方法，其中，所述聚合物是聚氯乙烯。

3. 根据权利要求1或2的方法，其中，R是C_1-C_8烷基。

4. 根据权利要求1或2的方法，其中，R′是甲基。

5. 根据权利要求1或2的方法，其中，m为2~5。

6. 一种制备无菌医用制品的方法，包括：

（A）制备在每100重量份聚合物中含有0.2~20重量份稳定剂的聚氯乙烯，所述稳定剂选自聚乙二醇、聚丙二醇或通式为R-［OCH_2-R′CH］m-OR或R-CO-［OCH_2-R′CH］mOCO-的稳定剂，其中，每一R独立地选自C_1-C_8烷基，每一R′独立地选自甲基，m为2~5；

（B）由所述聚氯乙烯制备所述制品；和

（C）用γ-辐射对所述制品进行灭菌。”

2007年2月25日，申请人西洋化学公司（下称请求人）对上述驳回决定不服，向专利复审委员会提出复审请求，请求人在提出复审请求时没有对申请文件进行修改。

请求人认为：（1）对比文件1没有公开本申请权利要求1所要求保护的具体稳定剂。对比文件1没有提及该权利要求中所述的PEG、PPG或邻苯二甲酸酯。至于第三种稳定剂R-［OCH_2-R′CH］m-OR，对比文件1没有描述如何制备该通式化合物。对比文件1关于制备稳定剂的教导均要求使用脂肪酸，因此对比文件1描述的与脂肪酸的反应会产生酯基，这是第三种稳定剂的通式所禁止的；（2）对比文件1公开了可以用长链醇代替脂肪酸，并且对比文件1提及了乙二醇，但没有提及任何可作为长链醇使用的二醇，而本申请第三个通式中的氧原子只被两个碳原子隔开，因此即使对比文件1与2结合，本领域技术人员仍然不会得到权利要求1的稳定剂；（3）对比文件1的所有组合物均包含必须含有氯化锌的必要的稳定剂体系，因此对比文件1的教导是锌稳定剂对于稳定聚氯乙烯产品是必要的，而含锌组合物不在本发明的范围内；（4）对比文件1不涉及物品的灭菌，其稳定剂只是为了稳定聚氯乙烯制品免受生产中热量的影响，而本发明涉及制备无菌医用制品的方法，因此医用制品领域技术人员不会将对比文件1视为出发点。而且由于对比文件1中的制品是耐热的，不会知道其在受到γ-辐射后能否保持稳定，因此本领域技术人员不会尝试γ-辐射处理，从对比文件1中得到的教导是使用热消毒法；（5）发明人以惊人的有益效果实现了使本申请所要求保护的PVC中的稳定剂优先吸收γ-辐射，从而阻止PVC质量下降，这使得医用制品可以用γ-辐射消毒而不会使制品褪色。因此本申请相对于对比文件的组合具有创造性。

经形式审查合格后，专利复审委员会受理了该请求，并于2007年3月29日向请求人发出了《复审请求受理通知书》，同时将本申请转送至国家知识产权局原审查部门进行前置审查。

在《前置审查意见书》中，国家知识产权局原审查部门认为驳回决定中的缺陷依然存在，因此坚持驳回决定。

专利复审委员会组成合议组，对本复审请求案进行了审理。

合议组于2008年8月22日向请求人发出《复审通知书》，指出：

（1）对比文件1是与本申请权利要求1的技术方案最接近的现有技术。其中，在对比文件1中公开了一种主要由PVC组合物构成的聚氯乙烯制品及其制备方法，所述PVC组合物包括（A）100重量份PVC；（B）稳定剂体系，其包括：①至少约0.005重量份至约1.0重量份的锌皂和②至少一种0至约1.0重量份的钙皂；（C）稳定助剂体系，包括约0.2重量份至约1.5重量份至少一种选自具有下列通式的化合物的稳定助剂：OH-X-O-R和R-O-X-O-R，例如，稳定助剂可以选自低聚丙二醇和低聚乙二醇，以及（D）至少一种润滑剂和（E）至少一种冲击改性剂（参见对比文件1的权利要求1、2及27）。本申请权利要求1的技术方案与对比文件1相比，其区别特征仅在于在对比文件1中未提及使用γ-辐射灭菌。根据本申请说明书的描述，通过对所述制品进行γ-辐射灭菌，可以将该制品制成无菌的医用制品，因此本申请相对于对比文件1实际解决的技术问题仅仅是将一种已知的聚合物制品进行灭菌制成无菌医用制品。在对比文件2中公开了利用X射线、γ射线等的电离辐射灭菌方法已被广泛应用于食品、药物、医疗用品、化妆品等生产行业，并且该灭菌方法具有灭菌均匀彻底，可在常温下进行的优点（参见对比文件2第522页第1~2段）。也就是说，对比文件2已经给出了在医疗用品行业采用γ-辐射进行灭菌以制备无菌医用制品的技术启示，因此本领域技术人员在对比文件1的基础上结合对比文件2得到权利要求1的技术方案是显而易见的，故权利要求1不具备创造性，不符合专利法第22条第3款的规定。

（2）从属权利要求2对权利要求1作了进一步的限定，“所述的聚合物是聚氯乙烯”，参见上述对于权利要求1的评述，该附加技术特征已在对比文件1中公开，因此在其引用的权利要求1不具有创造性的前提下，从属权利要求2也不具备创造性，不符合专利法第22条第3款的规定。

（3）从属权利要求3、5对权利要求1或2做了进一步的限定，“R是C_1-C_8烷基”、“m为2~5”，在对比文件1中已经公开了在式OH-X-O-R和R-O-X-O-R的稳定助剂化合物中，R为具有约5~40的碳原子的直链基团（参见对比文件1权利要求1），而且在作为稳定助剂的低聚乙二醇或低聚丙二醇中，n为2~20（参见对比文件1权利要求1、2），因此，从属权利要求3、5的附加技术特征也已在对比文件1中公开，在其引用的权利要求1不具有创造性的前提下，从属权利要求3、5也不具备创造性，不符合专利法第22条第3款的规定。

（4）从属权利要求4对权利要求1或2做了进一步的限定，“R′是甲基”，也就是说，从属权利要求4将本申请权利要求1中的通式化合物具体限定为聚1，2-丙二醇醚或酯，在对比文件1中虽然没有具体公开使用聚1，2-丙二醇醚或酯作稳定剂，但在对比文件1中已经公开了在PVC中使用聚1，3-丙二醇或其醚的化合物作稳定助剂（参见对比文件1权利要求1、2），而且由于其结构的类似性，本领域技术人员易于想到采用聚1，2-丙二醇醚或酯代替聚1，3-丙二醇醚作为PVC制品的稳定剂，而且从本申请的说明书中也不能看出这种替换取得了任何预料不到的技术效果，所以从属权利要求4也不具备创造性，不符合专利法第22条第3款的规定。

（5）权利要求6要求保护一种制备无菌医用制品的方法，基于与权利要求1相同的评述，权利要求6也不具备创造性，不符合专利法第22条第3款的规定。

针对上述《复审通知书》，请求人于2008年10月6日提交了意见陈述书，并对权利要求书进行了修改，修改后的权利要求书如下：

"1. 选自聚乙二醇、聚丙二醇或通式为R-［OCH_2-R′CH］m-OR或R-CO-［OCH_2-R′CH］mOCO-R的稳定剂在制备具有含卤素的重复单元的聚合物中的用途，用于防止由该聚合物制备的无菌医用制品在暴露于γ-辐射后变黄，其中，当R′是甲基时，每一R独立地选自R′、C_6-C_{12}芳烷基和C_6-C_{12}烷芳基，当R′是氢时，每一R独立地选自C_1-C_{12}烷基、C_6-C_{12}芳基、C_6-C_{12}芳烷基和C_6-C_{12}烷芳基，每一R′独立地选自氢和甲基，m是1~20，且其中所述聚合物在每100重量份中含有0.005~65重量份的所述稳定剂。

2. 根据权利要求1的用途，其中，所述聚合物是聚氯乙烯。

3. 根据权利要求1或2的用途，其中，R是C_1-C_8烷基。

4. 根据权利要求1或2的用途，其中，R′是甲基。

5. 根据权利要求1或2的用途，其中，m为2~5。

6. 根据权利要求1或2的用途，其中，所述聚合物是聚氯乙烯，每100重量份聚氯乙烯中含有0.2~20重量份稳定剂，且其中，每一R独立地选自C_1-C_8烷基，每一R′独立地选自甲基，m为2~5。"

经合议，合议组认为本案事实清楚，可以作出审查决定。

二、决定的理由

1. 关于审查文本

本复审决定是以请求人于2008年10月6日提交的权利要求第1~6项以及驳回决定所针对的其他文本为基础作出的。

2. 关于专利法第22条第3款

专利法第22条第3款规定：创造性是指同申请日以前已有的技术相比，该发明有突出的实质性特点和显著的进步。

在判断要求保护的发明对本领域技术人员来说是否显而易见时，要确定现有技术整体上是否给出了将本发明的区别特征应用到最接近的现有技术以解决其存在的技术问题（即发明实际解决的技术问题）的启示，如果现有技术不存在这种启示，则发明是非显而易见的。

具体到本申请而言，权利要求1要求保护选自聚乙二醇、聚丙二醇或通式为R-［OCH_2-R′CH］m-OR或R-CO-［OCH_2-R′CH］mOCO-R的稳定剂在制备具有含卤素的重复单元的聚合物中的用途，用于防止由该聚合物制备的无菌医用制品在暴露于γ-辐射后变黄，其中，当R′是甲基时，每一R独立地选自R′、C_6-C_{12}芳烷基和C_6-C_{12}烷芳基，当R′是氢时，每一R独立地选自C_1-C_{12}烷基、C_6-C_{12}芳基、C_6-C_{12}芳烷基和C_6-C_{12}烷芳基，每一R′独立地选自氢和甲基，m是1-20，且其中所述聚合物在每100重量份中含有0.005~65重量份的所述聚合物。

对比文件1是与本申请权利要求1的技术方案最接近的现有技术。其中，在对比文件1中公开了一种主要由PVC组合物构成的聚氯乙烯制品，所述PVC组合物包括（A）100重量份PVC；（B）稳定剂体系，其包括：（1）至少约0.005重量份至约1.0重量份的锌皂和（2）至少一种0至约1.0重量份的钙皂；（C）稳定助剂体系，包括约 0.2 重量份至约 1.5 重量份至少一种选自具有下列通式的化合物的稳定助剂：OH-X-O-R 和 R-O-X-O-R，例如，稳定助剂可以选自低聚丙二醇和低聚乙二醇，以及（D）至少一种润滑剂和（E）至少一种冲击改性剂（参见对比文件 1 的权利要求 1、2 及 27）。由此可知，本申请权利要求 1 的技术方案与对比文件 1 相比，其区别主要在于在对比文件 1 中并未提及其 PVC 制品中的稳定助剂如低聚丙二醇和低聚乙二醇可用于防止由该聚合物制备的医用制品在暴露于 γ-辐射后变黄。

合议组认为，请求人在其说明书的实施例部分表明了通过向含锌和钙混盐的 PVC 制品中掺入本申请权利要求 1 中的上述稳定剂而使 PVC 聚合物在 γ-辐射后具有明显更小的泛黄指数，因此，本发明权利要求 1 的技术方案所实际解决的技术问题是在医用制品领域中采用 γ-辐射对 PVC 制品灭菌而引起的泛黄问题。故判断本申请创造性的焦点在于对比文件 1 和 2 的结合是否已经给出了将对比文件 1 的 PVC 制品中的稳定助剂如低聚丙二醇和低聚乙二醇用于防止由该聚合物制备的医用制品在暴露于 γ-辐射后变黄的启示。

对此，从以下两个方面来看：(1) 对比文件 1 采用了在 PVC 组合物中联用包括锌皂的稳定剂和选自低聚甘油、低聚丙二醇和低聚乙二醇的稳定助剂的技术方案，其主要是提供一种具有高透明度、低光雾、低泛白、优良颜色稳定性的聚氯乙烯制品，而且其颜色稳定性是指高温颜色稳定性（参见对比文件 1 说明书第 13 栏倒数第 8~13 行），其中并未提及该 PVC 制品的 γ-辐射颜色稳定性问题；(2) 对比文件 2 仅仅是泛泛提及可利用 X 射线、γ 射线或高能电子束进行电离辐射灭菌（参见对比文件 2 第 522 页第 1 段），未提及如何解决 PVC 制品因 γ 辐射而引起的泛黄问题。因此，在面对本申请所要解决的 PVC 制品经 γ 射线辐照泛黄的问题，本领域技术人员不会想到在采用 γ 射线对 PVC 制品辐射灭菌时可以通过向含锌和钙混盐的 PVC 制品中加入基于聚乙二醇或聚丙二醇的化合物而防止 PVC 制品泛黄，故本领域技术人员在对比文件 1 的基础上结合对比文件 2 得到权利要求 1 的技术方案是非显而易见的，而且本申请权利要求 1 的技术方案解决了 PVC 制品的 γ 辐射泛黄问题，产生了积极的技术效果，因此权利要求 1 具有创造性，符合专利法第 22 条第 3 款的规定。

权利要求 2~6 为权利要求 1 的从属权利要求，在其引用的权利要求 1 具有创造性的基础上，从属权利要求 2~6 也必然具有创造性，符合专利法第 22 条第 3 款的规定。

根据上述事实和理由，合议组作出如下审查决定。

三、决定

撤销国家知识产权局于 2006 年 11 月 10 日针对 01814875.1 号发明专利申请作出的驳回决定，由国家知识产权局原审查部门以本复审决定所针对的文本为基础继续审批程序。

复审请求人对本决定不服的，可以根据专利法第 41 条第 2 款的规定，自收到本决定之日起三个月内向北京市第一中级人民法院起诉。

033

食物和水贮存容器的保护盖

复审请求审查决定（第16608号）

决　　定　　号　第16608号
决　　定　　日　2009年4月14日
发明创造名称　食物和水贮存容器的保护盖
国际分类号　A01N 25/34，E03B 11/02
复审请求人　韦斯特高弗兰森有限公司
申　　请　　号　03809305.7
优　先　权　日　2002年4月24日
申　　请　　日　2003年4月23日
公　　开　　日　2005年8月3日
合议组组长　任晓兰
主　　审　　员　沈　钱
参　　审　　员　李新芝

法律依据　专利法第26条第3款
决定要点

如果所属技术领域的技术人员按照说明书记载的内容，就能够实现发明的技术方案，解决其技术问题，并且产生预期的技术效果，则说明书满足了充分公开的要求。

一、案由

本复审请求案涉及发明名称为"食物和水贮存容器的保护盖"的03809305.7号发明专利申请（下称本申请），申请人为韦斯特高弗兰森有限公司（由病害控制织物有限公司变更而来），申请日为2003年4月23日，优先权日为2002年4月24日，公开日为2005年8月3日。

2008年5月9日，针对申请人于2004年10月25日进入中国国家阶段时提交的国际申请文件的中文文本的说明书第1~11页摘要、权利要求书第1~16项、说明书附图第1~3页和说明书摘要，国家知识产权局以本申请说明书不符合专利法第26条第3款的规定为由驳回了本申请。驳回决定针对的权利要求书如下：

"1. 提供用于储存物品、优选食物或水的防昆虫容器的方法，其中所述方法包括：

提供具有开口、优选基本向上的开口的容器，

提供昆虫屏障，其包含含有至少一种杀虫剂的细孔网、织物或基于织物的过滤器，

将所述开口用所述昆虫屏障覆盖以阻止昆虫、优选蚊虫进入所述容器。

2. 根据权利要求 1 的方法，其中所述方法包括用杀虫剂对所述网、织物或基于织物的过滤器进行表面处理。

3. 根据权利要求 1 或 2 的方法，其中所述方法包括提供一种柔性屏障，任选为具有柔性边缘的网；提供固定到所述柔性屏障以对所述屏障施加向下的力以使所述屏障在所述开口伸展的重物，所述开口方向向上，当所述开口被所述屏障覆盖时，所述屏障与所述开口的边缘紧密接触。

4. 具有昆虫屏障的容器，其中所述容器具有开口、优选基本向上的开口，其被昆虫屏障覆盖，所述昆虫屏障包含含有至少一种杀虫剂的细孔网、织物或基于织物的过滤器。

5. 根据权利要求 4 的具有昆虫屏障的容器，其中所述屏障包括被设计成容纳所述容器的所述开口的边框或者被设计成紧靠所述开口的边缘的边框。

6. 用于根据权利要求 1、2 或 3 的方法或者用于根据权利要求 4 或 5 的具有昆虫屏障的容器的昆虫屏障，其中所述昆虫屏障包含含有至少一种杀虫剂的细孔网、织物或基于织物的过滤器。

7. 用于根据权利要求 1、2 或 3 的方法或者用于根据权利要求 4 的具有昆虫屏障的容器的昆虫屏障，其中所述昆虫屏障是柔性的，任选具有柔性边缘的柔性网，并且包括对所述屏障施加向下的力的装置，例如固定到所述柔性屏障的重物，以使所述屏障在向上的开口伸展，当所述开口被所述屏障覆盖时，所述屏障与所述开口的边缘紧密接触。

8. 用于根据权利要求 1、2 或 3 的方法或者用于根据权利要求 5 的具有昆虫屏障的容器的昆虫屏障，其中所述昆虫屏障包括被设计成容纳所述容器的所述开口的边框或者被设计成紧靠所述开口边缘的边框。

9. 根据权利要求 8 的昆虫屏障，其中所述边框包括两个相同的刚性部分，它们被柔性装置连接，用于将所述两部分折叠以易于运输所述昆虫屏障。

10. 根据权利要求 6~9 任一项的昆虫屏障，其中所述网、织物或基于织物的过滤器是水可透过的。

11. 根据权利要求 6~10 任一项的昆虫屏障，其中所述至少一种杀虫剂不溶于水或几乎不溶于水。

12. 根据权利要求 6~11 任一项的昆虫屏障，其中所述网在所述网、织物或基于织物的过滤器中含有至少一种杀虫剂，所述至少一种杀虫剂能够迁移至所述纤维的表面。

13. 根据权利要求 6~12 任一项的昆虫屏障，其中含有至少一种杀虫剂的所述网、织物或基于织物的过滤器不含有通过与水接触而溶解任何所述至少一种杀虫剂的去污剂。

14. 根据权利要求 6~13 任一项的昆虫屏障，其中所述网、织物或基于织物的过滤器还含有用于保护所述至少一种杀虫剂以防止 UV 分解的 UV 保护介质。

15. 根据权利要求 6~14 任一项的昆虫屏障，其中所述网、织物或基于织物的过滤器还含有可释放的水清洁剂或消毒剂。

16. 根据权利要求 6~15 任一项的昆虫屏障，其中所述网、织物或基于织物的过滤器还含有可释放的药物活性剂。”

驳回决定认为：本申请说明书的内容公开不充分，不符合专利法第 26 条第 3 款的规定。其主要表现在于：说明书中给出了技术手段，但对所属技术领域的技术人员来说，该手段是含糊不清的，尤其是未公开“昆虫屏障”的制备方法如制备的工艺步骤和工艺条件等，致使本领域技术人员根据本申请文件记载的内容无法具体实施。

同时，驳回决定还认为：

（1）本申请的发明目的是提供具有特定性能（例如昆虫屏障表面的活性成分不溶于水，在制备过程中不被热分解以致具有活性并长时间保持等）的昆虫屏障及其相应的方法，但说明书中仅给出了所述昆虫屏障的部分原料，未提供所述昆虫屏障的制备方法，而且该制备方法是所属技术领域的技术人员无法预期的；

（2）说明书引证 WO/01/37662A 是为了说明昆虫屏障的原料之一“网”的材料（参见说明书第4页第3段），而不是该引证文献中所述的浸渍了特定组合物的网织物，而且本申请和引证文献涉及的对象不同（前者是含有至少一种杀虫剂的细孔网、织物或织物过滤器，后者是用特定组合物浸渍处理的网织品或织物），二者所含有的组合物不同（本申请所述的昆虫屏障所含有的是至少一种杀虫剂，引证文献所述的浸渍了特定组合物的网织物所含有的是一种杀虫剂和/或一种忌避剂以及一种能形成膜的成分，其中“能形成膜的成分”是本申请未涉及的），因此，所述引证文献也不能证明本申请已充分公开了昆虫屏障及其制备方法。

2008年8月18日，申请人韦斯特高弗兰森有限公司（下称请求人）对上述驳回决定不服，向专利复审委员会提出复审请求，请求人在提出复审请求时没有对申请文件进行修改。

请求人认为：（1）关于驳回决定中所述昆虫屏障的特定功能，首先，对于“在制备过程中不被热分解”，本申请说明书并没有公开加热是必须步骤，而且现有技术如（WO/01/37662A 给出了）在描述了加热过程中避免活性成分分解的解决方案；其次，对于“浸没于水中仍具有很好效果”的功能，本申请权利要求1没有要求保护浸没于水中的屏障，即使权利要求1的发明将仅仅在干燥条件下可行时，其仍然可以被授予专利权，因为所述昆虫屏障不必在雨天也发挥作用。（2）关于驳回决定涉及的引证文件 WO/01/37662A。首先，WO/01/37662A 涉及织物和基于织物的滤器，所述织物或者基于织物的滤器就是本申请中的网织物；其次，本申请的昆虫屏障含有至少一种杀虫剂并不排除它还含有能形成膜的成分和忌避剂，根据 WO/01/37662A 中公开的内容可以清楚地知道，本申请中不仅含有杀虫剂，而且可以含有提供根据 WO/01/37662A 的网所必要的所有其他成分。（3）关于昆虫屏障的构造，本申请说明书中公开了第一个实例，其中提到，对于杀虫的网，不仅参考 WO/01/37662A，而且这种网的材料在热带国家可以以低价格通过商业途径得到。在此基础上，本领域技术人员可以选择根据 WO/01/37662A 中描述的方法生产网、织物或基于织物的过滤器，也可以选择购买所述网材料；此外，说明书中还描述了其他备选方案，甚至陈述了边框的材料和形状和尺寸。通过本申请说明书的描述和附图的内容，本领域技术人员对可能的原材料、步骤和条件的细节会有清晰的了解，因此，本申请说明书的公开是充分的，符合专利法第26条第3款的规定。

经形式审查合格后，专利复审委员会受理了该请求，并于2008年10月16日向请求人发出了《复审请求受理通知书》，同时将本申请转送至国家知识产权局原审查部门进行前置审查。

在《前置审查意见书》中，国家知识产权局原审查部门坚持驳回决定。

专利复审委员会组成合议组，对本复审请求案进行了审理。

经合议，合议组认为本案事实清楚，可以作出审查决定。

二、决定的理由

1. 关于文本

本复审请求审查决定针对的文本是驳回决定所针对的文本。

2. 关于专利法第26条第3款

专利法第26条第3款规定：说明书应当对要求保护的发明作出清楚、完整的说明，以所属技术领域的技术人员能够实现为准。

如果所属技术领域的技术人员按照说明书记载的内容，就能够实现发明的技术方案，解决其技术问题，并且产生预期的技术效果，则说明书满足了充分公开的要求。

就本申请而言，其请求保护的是用于储存物品、优选食物或水的防昆虫容器的方法，具有昆虫屏障的容器，以及用于上述方法和容器的昆虫屏障，并为此提供了如上述独立权利要求1、4、6~8所述的技术方案。依据本申请说明书的记载，本申请所要解决的技术问题是改进用于储存物品、优选食物和水的容器的盖子以及提供防止蚊虫进入容器的方法。从上述权利要求的技术方案来看，本申请主要是通过提供一种含有至少一种杀虫剂的细孔网、织物或织物过滤器作为昆虫屏障覆盖容器开口来实现的，因此判断本申请说明书是否充分公开的关键在于判断所述昆虫屏障在本申请说明书中是否已充分公开。

驳回决定认为说明书未充分公开所述昆虫屏障主要是基于以下两点：（1）说明书未公开昆虫屏障的制备方法而且本申请的昆虫屏障具有特定功能，如表面活性成分不溶于水，制备过程中不被热分解，浸没于水中仍具有很好的效果；（2）引证文件WO/01/37662A是为了说明昆虫屏障的原料之一"网"的材料，与本申请涉及的对象不同。

合议组认为：（1）本申请的昆虫屏障包括含至少一种杀虫剂的细孔网、织物或基于织物的过滤器，在本申请的说明书中已明确说明本申请昆虫屏障的一个简单实施方案是一种如上类型的网（参见说明书第4页最后一段），即在引证文件WO/01/37662A中公开的网，由于该引证文件WO/01/37662的公开日为2001年5月31日，在本申请优先权日之前，可以作为判断本申请是否充分公开的现有技术，因此该引证文件中公开的网完全能够用作本申请的昆虫屏障；（2）在该引证文件的权利要求18~24、说明书第11~13页以及实施例等处具体公开了浸渍了特定杀虫组合物的网及其织物和制备方法，而本申请中所述织物过滤器网属于引证文件第13页第2行中所述的"加工完成后的织品（whatever finished made textile）"，即引证文件中已具体公开了所述网的制备方法，且与本申请中涉及对象并无不同；（3）对于驳回决定中所述网的特定功能，其并不是本申请的昆虫屏障所必须具有的，且说明书也未强调其中的网必须具有上述特定功能。

本领域普通技术人员在阅读了本申请说明书以后，根据说明书的记载和公知常识能够将引证文件中的"浸渍了特定组合物的网织物"应用到本发明申请的"昆虫屏障"中，能够理解说明书中记载的解决技术问题的技术手段，在不花费需要创造性的劳动的情况下，就能够再现权利要求要求保护的技术方案，解决其技术问题，并产生预期的技术效果。

综上所述，合议组认为：本申请说明书公开的内容是清楚、完整的，能够被本领域普通技术人员实现，因此本申请的说明书符合专利法第26条第3款的规定。

根据上述事实和理由，合议组作出如下审查决定。

三、决定

撤销国家知识产权局于2008年5月9日针对03809305.7号发明专利申请作出的驳回决定，由国家知识产权局原审查部门以驳回决定所针对的文本（以请求人2004年10月25日进入中国国家阶段时提交的国际申请文件的中文文本的说明书第1~11页，说明书附图第1~3页及说明书摘要、权利要求第1~16项）为基础继续审批程序。

复审请求人对本决定不服的，可根据专利法第41条第2款的规定，自收到本决定之日起三个月内向北京市第一中级人民法院起诉。

034

印刷油墨用催干剂和含该催干剂的印刷油墨

复审请求审查决定（第16610号）

决　定　号　第16610号
决　定　日　2009年4月8日
发明创造名称　印刷油墨用催干剂和含该催干剂的印刷油墨
国际分类号　C09F9/00，C09D11/00
复审请求人　大日本油墨化学工业株式会社
申　请　号　03106692.5
优先权日　2002年8月30日
申　请　日　2003年2月28日
公　开　日　2004年3月3日
合议组组长　刘　亚
主　审　员　吴红权
参　审　员　李新芝

法律依据　专利法第33条，专利法实施细则第20条第1款
决定要点

如果申请的内容通过增加、改变和/或删除其中的一部分，致使所属技术领域的技术人员看到的信息与原申请记载的信息不同，而且又不能从原申请记载的信息中直接地、毫无疑义地确定，那么这种修改就是不允许的，反之，则是允许的。

一、案由

本复审请求涉及发明名称为“印刷油墨用催干剂和含该催干剂的印刷油墨”的03106692.5号发明专利申请（下称本申请），申请人为大日本油墨化学工业株式会社，申请日为2003年2月28日，优先权日为2002年8月30日，公开日为2004年3月3日。

2005年12月16日，针对申请人原始提交的申请文件，国家知识产权局原审查部门发出《第一次审查意见通知书》，指出，本申请权利要求1~2、8~9不符合专利法第22条第2款的规定，权利要求4~7不符合专利法第22条第3款的规定，权利要求3、10与权利要求1不具有单一性，不符合专利法第31条第1款的规定。

2006年3月17日，申请人针对《第一次审查意见通知书》进行了意见陈述并提交了修改的权利要求书共1~8项。

2006年9月15日，国家知识产权局原审查部门发出《第二次审查意见通知书》，指出，权利要

求1~7不符合专利法第22条第3款的规定；权利要求1和6不清楚，不符合专利法实施细则第20条第1款的规定；权利要求8与权利要求1之间不具备单一性，不符合专利法第31条第1款的规定。

2006年11月20日，申请人针对《第二次审查意见通知书》进行了意见陈述并提交了修改的权利要求书共1~8项。此次提交的修改后的权利要求1~8如下：

"1. 氧化聚合催干型印刷油墨用催干剂，其特征在于，所述催干剂含有铈为金属成分的50%重量以上的脂肪酸金属盐和脂肪酸锰盐，且不含有钴。

2. 含有权利要求1所述的催干剂的印刷油墨。

3. 权利要求2所述的印刷油墨，其中挥发性有机化合物的含量不足1%重量。

4. 权利要求3所述的印刷油墨，其中含有20%~60%重量的大豆油和/或大豆油脂肪酸酯。

5. 权利要求3所述的印刷油墨，其中含有20%~60%重量的大豆油和/或妥尔油脂肪酸酯，而且大豆油的含量在20%重量以上。

6. 权利要求2所述的印刷油墨，其中铈的含量为0.003%~0.36%重量，锰的含量为0.003%~0.12%重量。

7. 权利要求2~6任一项所述的氧化聚合催干型印刷油墨，其特征在于，所述印刷油墨不含有钴。

8. 不含有钴的脂肪酸铈盐和脂肪酸锰盐作为氧化聚合催干型印刷油墨用催干剂的应用。"

2007年2月9日，针对申请人于2006年11月20日提交的权利要求书第1~8项、申请日提交的说明书第1~11页及说明书摘要，国家知识产权局以权利要求1不符合专利法实施细则第20条第1款的规定为由驳回了本申请。

驳回决定认为：权利要求1在描述催干剂的成分时，同时要求了两种不同的成分范围：铈为金属成分的50%重量以上的脂肪酸金属盐和脂肪酸锰盐，由于没有明确说明占50%以下的金属是哪种金属，因此可以同时理解为金属锰或者其他金属，申请人的意见陈述中也没有对此进行解释，因此对于脂肪酸锰盐的确切含量就不清楚，这种描述使同一个权利要求中出现了数值范围不确定的保护范围，造成保护范围不清楚，不符合专利法实施细则第20条第1款的规定。

2007年5月24日，申请人大日本油墨化学工业株式会社（下称请求人）对上述驳回决定不服，向专利复审委员会提出复审请求，请求人在提出复审请求时对权利要求1进行了修改，在权利要求1中明确限定了"铈的含量为1.5%~12%重量的脂肪酸铈盐"和"锰的含量为3%~12%重量的脂肪酸锰盐"。修改后的权利要求1为：

"1. 氧化聚合催干型印刷油墨用催干剂，其特征在于，所述催干剂含有铈的含量为1.5%~12%重量的脂肪酸铈和锰的含量为3%~12%重量的脂肪酸锰盐，且不含有钴。"

请求人认为：修改后的权利要求1克服了不清楚的缺陷，并且根据原说明书第3页倒数第4行至第4页第1行以及第5页第2~5行记载的内容，修改后的权利要求1也符合专利法第33条的规定。

经形式审查合格后，专利复审委员会受理了该请求，并于2007年7月3日向请求人发出了《复审请求受理通知书》，同时将本申请转送至国家知识产权局原审查部门进行前置审查。

在《前置审查意见书》中，国家知识产权局原审查部门认为：如《第二次审查意见通知书》中所指出的，权利要求8与权利要求1之间不具有相同或相应的特定技术特征，不具有单一性，不符合专利法第31条第1款的规定，因此坚持驳回决定。

专利复审委员会组成合议组，对本复审请求案进行了审理。

针对请求人于2007年5月24日提交的权利要求第1~8项以及驳回决定所针对的说明书和说明书摘要，合议组于2008年11月5日向请求人发出《复审通知书》，指出：权利要求1中将脂肪酸铈含量限定为1.5%~12%重量，将脂肪酸锰盐中锰的含量限定为3%~12%重量，这样的修改内容既未明确记载在原申请文件中，也不能由原申请文件记载的内容直接地、毫无疑义地确定，原说明书第 3 页倒数第 4 行至第 4 页第 1 行仅记载了脂肪酸金属盐的金属成分的 50% 重量以上为铈，其是针对本申请催干剂的第二实施方式，原说明书第 5 页第 2~5 行记载的内容是针对本申请催干剂的第一实施方式，第一实施方式的内容不能作为第二实施方式修改的依据，故权利要求 1 的修改不符合专利法第 33 条的规定，基于相同理由，直接或间接引用权利要求 1 的权利要求 2~7 也不符合专利法第 33 条的规定。

针对上述《复审通知书》，请求人于 2008 年 12 月 18 日提交了意见陈述书并提交了权利要求书全文修改替换页，请求人删除了《复审通知书》所针对的权利要求 1 和 8，并将权利要求 2 和 6 的内容重新组合后作为新的权利要求 1，此次提交的修改后的权利要求书为：

“1. 含有含脂肪酸铈盐和脂肪酸锰盐的氧化聚合催干型印刷油墨用催干剂的印刷油墨，其中铈的含量为 0.003% ~0.36% 重量，锰的含量为 0.003% ~0.12% 重量。

2. 权利要求 1 所述的印刷油墨，其中挥发性有机化合物的含量不足 1% 重量。

3. 权利要求 2 所述的印刷油墨，其中含有 20% ~60% 重量的大豆油和/或大豆油脂肪酸酯。

4. 权利要求 2 所述的印刷油墨，其中含有 20% ~60% 重量的大豆油和/或妥尔油脂肪酸酯，而且大豆油的含量在 20% 重量以上。

5. 权利要求 1 ~ 4 任一项所述的氧化聚合催干型印刷油墨，其特征在于，所述印刷油墨不含有钴。”

请求人认为：修改后的权利要求书符合专利法第 33 条和专利法实施细则第 60 条第 1 款的规定。

2009 年 2 月 12 日，请求人再次提交了修改的权利要求书，相对于 2008 年 12 月 18 日提交的权利要求书，请求人将权利要求 5 中的附加技术特征“不含有钴”限定到权利要求 1 中，并相应地删除了权利要求 5，修改后的权利要求书如下：

“1. 含有含脂肪酸铈盐和脂肪酸锰盐的氧化聚合催干型印刷油墨用催干剂的印刷油墨，其中铈的含量为 0.003% ~0.36% 重量，锰的含量为 0.003% ~0.12% 重量，且不含有钴。

2. 权利要求 1 所述的印刷油墨，其中挥发性有机化合物的含量不足 1% 重量。

3. 权利要求 2 所述的印刷油墨，其中含有 20% ~60% 重量的大豆油和/或大豆油脂肪酸酯。

4. 权利要求 2 所述的印刷油墨，其中含有 20% ~60% 重量的大豆油和/或妥尔油脂肪酸酯，而且大豆油的含量在 20% 重量以上。”

至此，合议组认为本案事实已经清楚，可以作出审查决定。

二、决定的理由

1. 关于决定的文本

本复审请求审查决定是针对请求人于 2009 年 2 月 12 日提交的权利要求书第 1~4 项、申请日提交的说明书第 1~11 页及说明书摘要作出的。

2. 关于专利法第 33 条

专利法第 33 条规定，申请人可以对其专利申请文件进行修改，但是，对发明和实用新型专利申请文件的修改不得超出原说明书和权利要求书记载的范围。

如果申请的内容通过增加、改变和/或删除其中的一部分，致使所属技术领域的技术人员看到的信息与原申请记载的信息不同，而且又不能从原申请记载的信息中直接地、毫无疑义地确定，那么这种修改就是不允许的，反之，则是允许的。

就本案而言，针对复审请求所提交的权利要求书，《复审通知书》指出权利要求 1 以及直接或间接引用权利要求 1 的权利要求 2~7 不符合专利法第 33 条的规定。请求人于 2009 年 2 月 12 日提交了最终修改的权利要求书，经审查，合议组认为，权利要求 1 相当于原始申请引用原权利要求 1 的原权利要求4之方案与原权利要求8之方案以及原说明书第2页第11行中的特征“不含有害性较高的钴”的合并，该权利要求1的技术方案能够从原始申请文件记载的内容中直接地、毫无疑义地确定，因此权利要求1的修改符合专利法第33条的规定，权利要求2~4的附加技术特征也在原申请文件中有相应记载，因此权利要求2~4也符合专利法第33条的规定。

3. 关于专利法实施细则第20条第1款

专利法实施细则第20条第1款规定，权利要求书应当说明发明或者实用新型的技术特征，清楚、简要地表述请求保护的范围。

就本案而言，鉴于请求人在复审请求阶段提交了修改的权利要求书，对权利要求1进行了修改，驳回决定所针对的权利要求1已经不存在，因此驳回决定所针对的事实已经改变。合议组针对请求人于2009年2月12日提交的权利要求1~4的技术方案是否清楚进行了审查。经审查，权利要求1要求保护：含有含脂肪酸铈盐和脂肪酸锰盐的氧化聚合催干型印刷油墨用催干剂的印刷油墨，其中铈的含量为0.003%~0.36%重量，锰的含量为0.003%~0.12%重量，且不含有钴。该权利要求1的技术方案要求保护的主题为一种印刷油墨，该印刷油墨中含有氧化聚合催干型印刷油墨用催干剂，所述催干剂含有脂肪酸铈盐和脂肪酸锰盐，所述印刷油墨中铈的含量为0.003%~0.36%重量，锰的含量为0.003%~0.12%重量并且所述印刷油墨不含有钴。本领域技术人员可以清楚地知晓权利要求1所要求保护的主题和范围，并且权利要求1的保护范围整体上也是清楚的。综上，合议组认为权利要求1符合专利法实施细则第20条第1款的规定。

另外，国家知识产权局原审查部门在《前置审查意见书》中指出，复审请求提交的权利要求书中，权利要求8与权利要求1之间不具有相同或相应的特定技术特征，不具有单一性，不符合专利法第31条第1款的规定。由于请求人在2009年2月12日提交的修改的权利要求书中，已经删除了上述权利要求8，因此，《前置审查意见书》中所指出的不符合专利法第31条第1款规定的前置意见所针对的事实已经不存在。

综上所述，《驳回决定》和《复审通知书》中所指出的缺陷均已克服。

根据上述事实和理由，合议组作出如下审查决定。

三、决定

撤销国家知识产权局于2007年2月9日针对03106692.5号发明专利申请作出的驳回决定，由国家知识产权局原审查部门以请求人于2009年2月12日提交的权利要求书第1~4项，申请日提交的说明书第1~11页及说明书摘要为基础继续审批程序。

复审请求人对本决定不服的，可以根据专利法第41条第2款的规定，自收到本决定之日起三个月内向北京市第一中级人民法院起诉。

035

芳基β-二酮酸的新制备方法

复审请求审查决定（第16612号）

决　定　号　第16612号
决　定　日　2009年4月17日
发明创造名称　芳基β-二酮酸的新制备方法
国际分类号　C07C59/84，C07C51/09，C07C59/76，C07C69/738，C07C67/30
复审请求人　中国科学院上海药物研究所
专利申请号　03141640.3
申　请　日　2003年7月16日
公　开　日　2005年1月26日
合议组组长　侯　曜
主　审　员　娄　宁
参　审　员　沈　钱

法律依据　专利法第33条
决定要点

如果请求人经修改克服了《驳回决定》及《复审通知书》所指出的缺陷，应在该修改文本的基础上撤销驳回决定。

一、案由

本复审请求案涉及名称为“芳基β-二酮酸的新制备方法”的03141640.3号发明专利申请（下称本申请），申请人为中国科学院上海药物研究所，申请日为2003年7月16日，公开日为2005年1月26日。

2008年4月11日，针对申请人于2007年10月10日提交的权利要求第1~2项、说明书第2~3页，申请日提交的原始申请文件的说明书第1、4~10页和说明书摘要，国家知识产权局以申请的修改不符合专利法第33条的规定为由驳回了本申请。

《驳回决定》指出：权利要求1和说明书中，将原申请文件记载的“取代氨基”、“取代烷基”和“取代芳基”修改成了“被烷基、芳香基、酰基或烷氧羰基取代的氨基；芳基取代烷基；或卤素取代芳基”。但是，这些内容在原说明书和权利要求书中既没有明确的记载，也不能直接且毫无疑义地确定，虽然说明书实施例中记载了涉及部分具体取代基形式的化合物，将有限个具体的下位概念概括成修改后的上位概念形式，必然包含了未在原始文件中记载的内容，超出了原始记载的范围，因此不符合专利法第33条的规定。

《驳回决定》所针对的权利要求书为：

“1. 一种制备结构式如下的芳基β-二酮酸或其相应的酯衍生物的方法

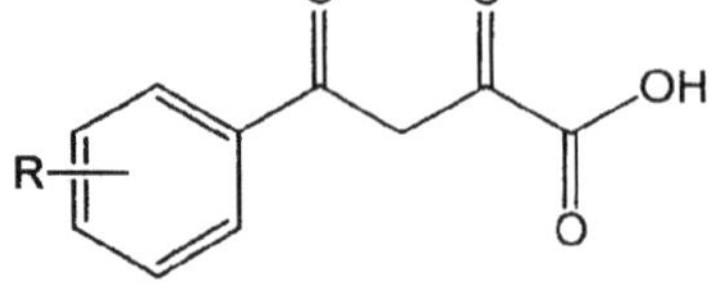

通式1

R为在2-；3-；4-；2，3-；2，4-；2，5-；2，6-；3，4-或3，5-位单取代基或双取代基；

取代基为：卤素；硝基；三氟甲基；烷基；烷氧基；被烷基、芳香基、酰基或烷氧羰基取代的氨基；芳基取代烷基；或卤素取代芳基；或

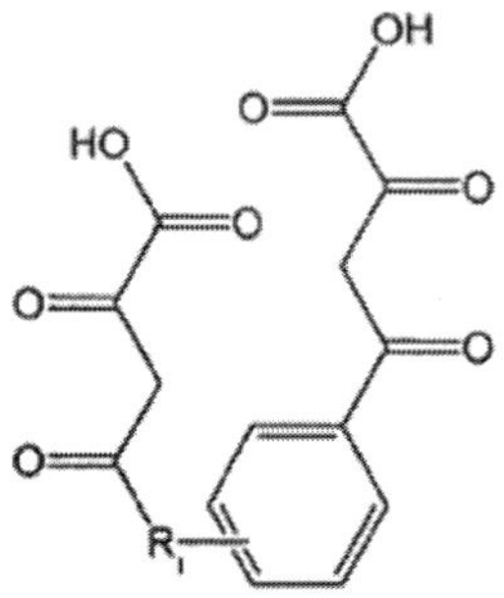

通式2

R_1为邻位、间位或对位的C_1-C_6烷基或取代芳环或杂环芳基；

由不同结构的芳基乙酮或双芳基乙酮在草酸甲酯叔丁酯、草酸乙酯叔丁酯、草酸异丙酯叔丁酯、草酸正丙酯或草酸二叔丁酯的草酰化试剂和有机碱存在下在四氢呋喃、乙二醇二甲醚、甲苯或它们的混合溶剂为反应溶剂在0~40℃反应，反应0.2~12小时即得相应的芳基β-二酮酸衍生物，任选地，该二酮酸酯在1N的氢氧化钠溶液中室温搅拌1小时即可转化为相应的芳基二酮酸，即为通式1或通式2化合物。

2. 根据权利要求1所述的制备芳基β-二酮酸及其相应的酯衍生物的方法，其特征在于 反应有机碱为甲醇钠、甲醇钾、乙醇钠、乙醇钾、叔丁醇钠、叔丁醇钾或氢化钠、氢化钾或正丁基锂。”

2008年7月24日，申请人中国科学院上海药物研究所（下称请求人）对上述驳回决定不服，向专利复审委员会提出复审请求，同时提交了修改的权利要求书，其中对权利要求1中R的定义进行了修改。

修改后的权利要求书为：

“1. 一种制备结构式如下的芳基β-二酮酸或其相应的酯衍生物的方法

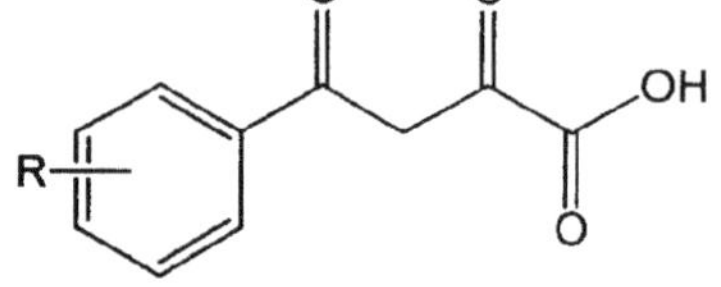

通式1

R为在2-；3-；4-；2，3-；2，4-；2，5-；2，6-；3，4-；3，5-位单取代基或双取代基；

取代基为：卤素；硝基；三氟甲基；甲氧基；苄氧基；苄基或苄氧羰基取代的氨基；卤素取代的苄基或苄氧基；

或

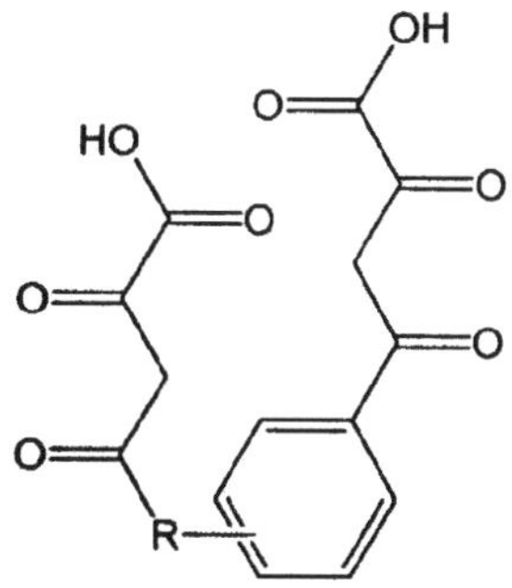

通式 2

R 为卤素取代的苯甲基；间位、对位或邻位甲氧基取代的苄氧基；

由不同结构的芳基乙酮或双芳基乙酮在草酸甲酯叔丁酯、草酸乙酯叔丁酯、草酸异丙酯叔丁酯、草酸正丙酯或草酸二叔丁酯的草酰化试剂和有机碱存在下在四氢呋喃、乙二醇二甲醚、甲苯或它们的混合溶剂为反应溶剂在 0~40℃反应，反应 0.2~12 小时即得相应的芳基 β-二酮酸衍生物，任选地，该二酮酸酯在 1N 的氢氧化钠溶液中室温搅拌 1 小时即可转化为相应的芳基 β-二酮酸衍生物，即为通式 1 或通式 2 化合物。

2. 根据权利要求 1 所述的制备芳基 β-二酮酸及其相应的酯衍生物的方法，其特征在于 反应有机碱为甲醇钠、甲醇钾、乙醇钠、乙醇钾、叔丁醇钠、叔丁醇钾或氢化钠、氢化钾或正丁基锂。”

请求人认为：修改后的权利要求 1 克服了驳回决定指出的缺陷，符合专利法第 33 条的规定。

经形式审查合格后，专利复审委员会受理了该请求，并于 2008 年 9 月 8 日向请求人发出了《复审请求受理通知书》，同时将本申请转送至国家知识产权局原审查部门进行前置审查。

在《前置审查意见书》中，国家知识产权局原审查部门指出：修改后的权利要求 1 仍未克服《驳回决定》指出的不符合专利法第 33 条的缺陷，故坚持原驳回决定。此外，权利要求 1 中的通式 1 和 2 中都使用了“R”，但其定义不同，导致权利要求 1 保护范围不清楚，不符合专利法实施细则第 20 条第 1 款的规定。

专利复审委员会成立合议组，对本复审请求案进行了审理。

合议组于 2009 年 3 月 5 日向请求人发出《复审通知书》，指出：在请求人于 2008 年 7 月 24 日提交的权利要求书中，权利要求 1 中的下述内容：通式 1 中 R 取代基为“甲氧基、苄氧基、苄基或苄氧羰基取代的氨基、卤素取代的苄基或苄氧基”，通式 2 中 R 为“卤素取代的苯甲基；间位、对位或邻位甲氧基取代的苄氧基”既与原申请文件记载的信息不同，也无法由原申请文件记载的内容直接地、毫无疑义地确定，不符合专利法第 33 条的规定。同理，请求人于 2007 年 10 月 10 日提交的说明书第 2~3 页中，通式 1 中有关 R 的定义以及通式 2 有关 R1 的定义也不符合专利法第 33 条的规定。此外，权利要求 1 中通式 1 和通式 2 的取代基定义中都使用了“R”，但对 R 的定义不相同，导致权利要求 1 不符合专利法实施细则第 20 条第 1 款的规定。

针对上述《复审通知书》，请求人于 2009 年 3 月 29 日提交了意见陈述书、说明书第 2~3 页和权利要求第 1~2 项的修改替换页，其中将权利要求 1 中通式 1 取代基 R 定义为“卤素；硝基；三氟甲基；烷基；烷氧基”，通式 2 中取代基“R”修改为“R_1”并定义为“邻位、间位或对位的 C_1-C_6 烷基或杂环芳基”，将说明书第 2~3 页中的通式 1 中 R 的定义与通式 2 中 R_1 的定义限定为与原申请文件一致。请求人认为，修改后的权利要求已克服了驳回决定中所指出的缺陷。

修改后的权利要求 1 为：

“1. 一种制备结构式如下的芳基 β-二酮酸或其相应的酯衍生物的方法

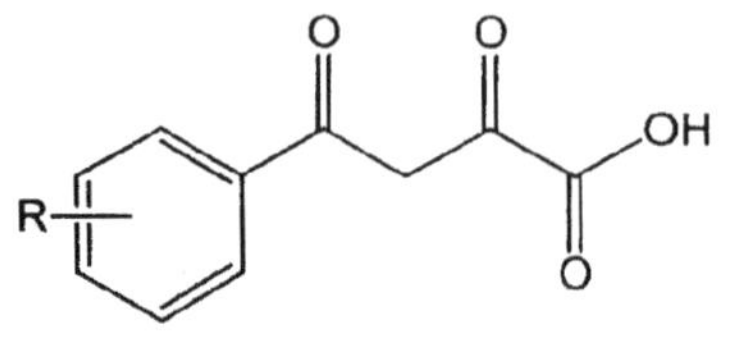

通式 1

R 为在 2-；3-；4-；2，3-；2，4-；2，5-；2，6-；3，4-；3，5-位单取代基或双取代基；

取代基为：卤素；硝基；三氟甲基；烷基；烷氧基；

或

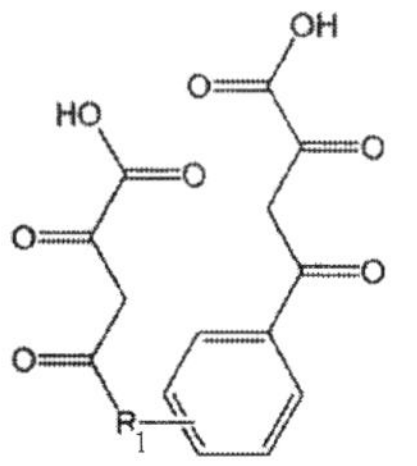

通式 2

R_1 为邻位、间位或对位的 C_1-C_6 烷基或杂环芳基；

由不同结构的芳基乙酮或双芳基乙酮在草酸甲酯叔丁酯、草酸乙酯叔丁酯、草酸异丙酯叔丁酯、草酸正丙酯或草酸二叔丁酯的草酰化试剂和有机碱存在下在四氢呋喃、乙二醇二甲醚、甲苯或它们的混合溶剂为反应溶剂在 0~40℃反应，反应 0. 2~12 小时即得相应的芳基 β-二酮酸衍生物，任选地，该二酮酸酯在 1N 的氢氧化钠溶液中室温搅拌 1 小时即可转化为相应的芳基二酮酸，即为通式 1 或通式 2 化合物。”

至此，合议组认为本案事实已经清楚，可以作出审查决定。

二、决定的理由

1. 关于审查文本

在复审程序中，请求人于 2009 年 3 月 29 日提交了权利要求书第 1~2 项、说明书第 2~3 页的修改替换页，其中根据原始申请文本重新定义了通式 1 和通式 2 上的取代基 R。经审查，上述修改符合专利法第 33 条（具体理由参见下文）及专利法实施细则第 60 条第 1 款的规定。

本复审请求审查决定针对的文本是：请求人于 2009 年 3 月 29 日提交的权利要求第 1~2 项、说明书第 2~3 页，申请日提交的原始申请文件的说明书第 1、4~10 页和说明书摘要。

2. 关于专利法第 33 条

专利法第 33 条规定，申请人可以对其专利申请文件进行修改，但是，对发明和实用新型专利申请文件的修改不得超出原说明书和权利要求书记载的范围，对外观设计专利申请文件的修改不得超出原图片或者照片表示的范围。

如果请求人经修改克服了《驳回决定》及《复审通知书》所指出的缺陷，应在该修改文本的基础上撤销驳回决定。

就本案而言，《驳回决定》认为，权利要求 1 和说明书中，将原申请文件记载的“取代氨基”、“取代烷基”和“取代芳基”修改为“被烷基、芳香基、酰基或烷氧羰基取代的氨基；芳基取代烷基；或卤素取代芳基”，不符合专利法第 33 条的规定。

为此，请求人在提出复审请求时修改了权利要求 1，其中通式 1 中 R 取代基定义为：卤素；硝基；三氟甲基；甲氧基；苄氧基；苄基或苄氧羰基取代的氨基；卤素取代的苄基或苄氧基；通式 2 中 R 取代基定义为：卤素取代的苯甲基；间位、对位或邻位甲氧基取代的苄氧基。

请求人认为：本申请说明书中记载了芳基乙酮化合物（说明书第 3 页和第 4 页表 1），根据其上相关取代基（R 或 R_1）的定义范围，可见对 R 基团的重新限定范围已经公开在原说明书中。具体而言，对 R 基团的重新限定范围中，基团定义与说明书实施例中化合物的对应关系为：卤素-氟或氯（化合物 1、2、6）、硝基（化合物 4）、三氟甲基（化合物 5）、甲氧基（化合物 3）、苄氧基（化合物 7）、苄基或苄氧羰基取代的氨基（化合物 8 或 9）、卤素取代的苄基（化合物 10）；虽然卤素取代的苄氧基未记载，但由化合物 1 和 2 结合化合物 7 和化合物 10 可以得出卤素-氟取代的苄氧基进一步结合化合物 6 可得出“卤素-氟或氯取代得苄氧基”，从而给出了卤素-氟或氯取代的苄氧基的技术启示。同样，对 R1 的重新限定中，基团定义与说明书实施例中化合物的对应关系为：卤素取代的苯甲基（化合物 14）、间位、对位或邻位甲氧基取代的苄氧基（化合物 11、12 或 13），因此上述修改符合专利法第 33 条的规定。

在《前置审查意见书》中，国家知识产权局原审查部门指出：修改后的权利要求 1 中通式 1 的取代基时出现的“卤素取代的苄基或苄氧基”是根据说明书的技术方案概括得出的内容，既未在原申请文件中具体记载，也不能直接、毫无疑义地确定，同样，修改后通式 2 化合物中 R 的定义也超出了原申请文件记载的范围，不符合专利法第 33 条的规定。

针对上述修改文本，合议组发出了《复审通知书》，指出：（1）权利要求 1 中通式 1 中 R 取代基为“甲氧基、苄氧基、苄基或苄氧羰基取代的氨基、卤素取代的苄基或苄氧基”，通式 2 中 R 取代基为“卤素取代的苯甲基；间位、对位或邻位甲氧基取代的苄氧基”与原申请文件记载的信息不同，也无法由原申请文件记载的内容直接地、毫无疑义地确定，不符合专利法第 33 条的规定。首先，原权利要求书和说明书中的相应定义分别为通式 1 化合物取代基定义 R 为“卤素，杂原子，硝基、三氟甲基等吸电子取代基；烷基、烷氧基和取代氨基等供电子取代基；取代烷基；取代芳基或杂环芳基”，通式 2 化合物取代基定义 R 为“邻位、间位或对位的 C_1-C_6 烷基或取代芳环或杂环芳基”（参见原申请文件的说明书第 2 页最后一段至第 3 页第二段，以及原权利要求 1），并未出现权利要求 1 中的上述取代基定义；其次，实施例 1～16 中仅具体公开了通式 1 的 R 为 2-氟、4-氟、3-甲氧基、4-硝基、4-三氟甲基、4-氯-3-甲基、3-苄氧基、3，3-二苄基、3-苄氧羰基-氨基、2-氟-苄基的情形，以及通式 2 中 R 为（3-苯氧甲基）苄氧基、（2-氟-苯基）苄基的情形，由上述定义中也无法直接地、毫无疑义地确定修改后的取代基定义范围。因此，权利要求 1 不符合专利法第 33 条的规定。同理，请求人于 2007 年 10 月 10 日提交的说明书第 2～3 页中，同样存在不符合专利法第 33 条之处。（2）对于请求人的主张，合议组认为，尽管如请求人所述，本申请实施例中记载了一些有关 R 的具体例子，但是，修改后的权利要求 1 中的上述定义范围是请求人根据实施例化合物中公开的某个（些）基团的具体选项，对原取代基进行了重新组合或概括而形成的。例如，说明书表 1 化合物 3 为原料的实施例 3 中虽然公开了 R 为甲氧基的苯基二酮酸（即通式 1 化合物）的制备方法，但其中 R 为 3-甲氧基取代，对于 2-、4-位甲氧基取代的苯基二酮酸原申请文件中并未记载，也无法直接地、毫无疑义地确定。因此，这样的组合式修改引入了原申请文件中未曾记载的新的信息，修改后的通式 1 或 2 中有关 R 的取代基定义范围既与原申请记载的信息不同，也无法由原申请记载的内容直接地、毫无疑义地确定，所述修改是不允许的，不符合专利法第 33 条的规定。

针对上述《复审通知书》，请求人于 2009 年 3 月 29 日提交的权利要求第 1～2 项中，将权利要求 1 中通式 1 取代基 R 定义为“卤素；硝基；三氟甲基；烷基；烷氧基”，通式 2 中取代基“R”修改为"R_1"并定义为"邻位、间位或对位的 C_1-C_6 烷基或杂环芳基"，将说明书第 2~3 页中的通式 1 中 R 的定义与通式 2 中 R_1 的定义限定为与原申请文件一致。以上修改不仅克服了《驳回决定》和《复审通知书》所指出的不符合专利法第 33 条的缺陷，也同时克服了《前置审查意见书》及《复审通知书》所指出的不符合专利法实施细则第 20 条第 1 款的缺陷。

根据上述事实和理由，合议组作出如下审查决定。

三、决定

撤销国家知识产权局于 2008 年 4 月 11 日针对 03141640.3 号发明专利申请作出的驳回决定，由国家知识产权局原审查部门以本复审决定所针对的文本为基础继续审批程序。

复审请求人对本决定不服的，可以根据专利法第 41 条第 2 款的规定，自收到本决定之日起三个月内向北京市第一中级人民法院起诉。

036

苯乙烯热塑性树脂组合物

复审请求审查决定（第 16613 号）

决　定　号　第 16613 号
决　定　日　2009 年 4 月 17 日
发明创造名称　苯乙烯热塑性树脂组合物
国 际 分 类 号　C08F212/08，C08F279/02，C08L51/00
复 审 请 求 人　LG 化学株式会社
专 利 申 请 号　200480008078.2
申　请　日　2004 年 10 月 8 日
优 先 权 日　2003 年 10 月 8 日
公　开　日　2006 年 4 月 26 日
合 议 组 组 长　侯　曜
主　审　员　娄　宁
参　审　员　宋　泳

法 律 依 据　专利法第 33 条，专利法实施细则第 20 条第 1 款
决 定 要 点

如果请求人经修改克服了《驳回决定》所指出的缺陷，则应在该修改的申请文件的基础上撤销驳回决定。

一、案由

本复审请求案涉及名称为“苯乙烯热塑性树脂组合物”的第 200480008078.2 号发明专利申请（下称本申请），申请人为 LG 化学株式会社，申请日为 2004 年 10 月 8 日，优先权日为 2003 年 10 月 8 日，公开日为 2006 年 4 月 26 日。

2008 年 4 月 11 日，针对申请人于 2008 年 2 月 20 日提交的权利要求第 1~13 项，进入中国国家阶段时提交的国际申请文件的中文文本的说明书第 1~12 页和说明书摘要，国家知识产权局以权利要求 1、4、5 不符合专利法第 33 条的规定为由驳回了本申请。

《驳回决定》指出：权利要求 1、4 和 5 将所述含有苯乙烯的共聚物限定为“含有苯乙烯的不含橡胶的共聚物”，上述修改在原说明书和权利要求书中均没有记载；尽管说明书制备步骤 1~2 中记载了使用由含有 70 重量份的苯乙烯和 30 重量份的丙烯腈通过本体聚合得到所述含有苯乙烯的共聚物的方案，但该方案没有排除用于聚合的单体中不含橡胶的可能，其中仅记载了所述含有苯乙烯的共聚物的一个下位概念，不能由该具体下位概念直接地、毫无疑义地概括得出所述含有苯乙烯的共聚物即为

含有苯乙烯的不含橡胶的共聚物。因此，上述修改也不能由原说明书和权利要求书记载的内容直接地、毫无疑义地确定，不符合专利法第33条的规定。

《驳回决定》所针对的权利要求书为：

“1. 一种苯乙烯的热塑性树脂组合物，包括：

含有10~50重量份的橡胶改性苯乙烯的接枝共聚物和30~70重量份的含有苯乙烯的不含橡胶的共聚物的100重量份的树脂；和0.5~20重量份具有橡胶颗粒尺寸在3000~6000范围内的丙烯酸橡胶改性共聚物，并且该丙烯酸改性橡胶共聚物包含由在烷基基团中具有2~8个碳原子的丙烯酸烷基酯聚合得到的5~15重量份的种子；由在烷基基团中具有2~8个碳原子的丙烯酸烷基酯聚合得到的45~75重量份的核；和由在烷基基团中具有1~4个碳原子的甲基丙烯酸烷基酯和/或在烷基基团中具有1~4个碳原子的丙烯酸烷基酯聚合得到的10~50重量份的壳层。

2. 按照权利要求1所述的苯乙烯热塑性树脂组合物，其中含有橡胶改性苯乙烯的接枝共聚物包括：

30~65重量份的选自苯乙烯、α-甲基苯乙烯、p-甲基苯乙烯、乙烯基甲苯和t-丁基苯乙烯中的至少一种；

10~30重量份的选自丙烯腈、甲基丙烯腈和乙基丙烯腈中的至少一种；和10~60重量份的橡胶。

3. 按照权利要求2所述的苯乙烯热塑性树脂组合物，其中橡胶为具有500~4000范围内颗粒尺寸的聚丁二烯、苯乙烯-丁二烯共聚物、聚异戊二烯或丁二烯-异戊二烯共聚物。

4. 按照权利要求1所述的苯乙烯热塑性树脂组合物，其中，含有苯乙烯的不含橡胶的共聚物包括：

50~90重量份的选自苯乙烯、α-甲基苯乙烯、p-甲基苯乙烯、乙烯基甲苯和t-丁基苯乙烯中的至少一种；和10~50重量份的选自丙烯腈、甲基丙烯腈和乙基丙烯腈中的至少一种。

5. 按照权利要求1所述的苯乙烯热塑性树脂组合物，其中，含有苯乙烯的不含橡胶的共聚物具有在50000~200000范围内的重均分子量。

6. 由权利要求1所述的苯乙烯热塑性树脂组合物制造的挤压薄片。

7. 一种具有3000~6000范围内的橡胶颗粒尺寸的丙烯酸改性橡胶共聚物，包括：

由在烷基基团中具有2~8个碳原子的丙烯酸烷基酯聚合得到的5~15重量份的种子；

由在烷基基团中具有2~8个碳原子的丙烯酸烷基酯聚合得到的45~75重量份的核；和

由在烷基基团中具有1~4个碳原子的甲基丙烯酸烷基酯和/或在烷基基团中具有1~4个碳原子的丙烯酸烷基酯聚合得到的10~50重量份的壳层。

8. 按照权利要求7所述的丙烯酸改性橡胶共聚物，其中，种子包含95.0~99.95wt%的在烷基基团中具有2~8个碳原子的丙烯酸烷基酯。

9. 按照权利要求7所述的丙烯酸改性橡胶共聚物，其中，核包含95.0~99.95wt%的在烷基基团中具有2~8个碳原子的丙烯酸烷基酯。

10. 按照权利要求7所述的丙烯酸改性橡胶共聚物，其中，壳层包括：

90~100wt%的在烷基基团中具有1~4个碳原子的甲基丙烯酸烷基酯；和0~10wt%的在烷基基团中具有1~4个碳原子的丙烯酸烷基酯。

11. 按照权利要求8或9的丙烯酸改性橡胶共聚物，其中，丙烯酸烷基酯为选自丙烯酸乙酯、丙烯酸丙酯、丙烯酸异丙酯、丙烯酸丁酯、丙烯酸己酯、丙烯酸辛酯、丙烯酸2-乙基己酯、其均聚物和共聚物中的至少一种。

12. 按照权利要求10所述的丙烯酸改性橡胶共聚物，其中，在烷基基团中具有1~4个碳原子的甲基丙烯酸烷基酯为选自甲基丙烯酸甲酯、甲基丙烯酸乙酯、甲基丙烯酸丙酯、甲基丙烯酸异丙酯和甲基丙烯酸丁酯中的至少一种。

13. 按照权利要求 10 所述的丙烯酸改性橡胶共聚物，其中，在烷基基团中具有 1~4 个碳原子的丙烯酸烷基酯为选自丙烯酸乙酯、丙烯酸甲酯和丙烯酸丁酯中的至少一种。”

2008 年 7 月 18 日，申请人 LG 化学株式会社（下称请求人）对上述驳回决定不服，向专利复审委员会提出复审请求，同时提交了说明书、说明书摘要和权利要求书全文的修改替换页，其中将权利要求 1 中的技术特征“含有苯乙烯的不含橡胶的共聚物”改为原申请文件中记载的“含有苯乙烯的共聚物”，将原权利要求 4 和 5 中对该技术特征的具体限定补入权利要求 1 中，并对权利要求书和说明书及其摘要的内容、笔误进行了适应性和一致性修改。

修改后的权利要求书为：

“1. 一种苯乙烯的热塑性树脂组合物，包括：

含有 10~50 重量份的含有橡胶改性苯乙烯的接枝共聚物和 30~70 重量份的含有苯乙烯的共聚物的 100 重量份的树脂；和

0.5~20 重量份具有橡胶颗粒尺寸在 3000~6000 范围内的丙烯酸改性橡胶共聚物，并且该丙烯酸改性橡胶共聚物包含：由在烷基基团中具有 2~8 个碳原子的丙烯酸烷基酯聚合得到的 5~15 重量份的种子；由在烷基基团中具有 2~8 个碳原子的丙烯酸烷基酯聚合得到的 45~75 重量份的核；和由在烷基基团中具有 1~4 个碳原子的甲基丙烯酸烷基酯和/或在烷基基团中具有 1~4 个碳原子的丙烯酸烷基酯聚合得到的 10~50 重量份的壳层，其中含有苯乙烯的共聚物包括：50~90 重量份的选自苯乙烯、α-甲基苯乙烯、p-甲基苯乙烯、乙烯基甲苯和 t-丁基苯乙烯中的至少一种；和 10~50 重量份的选自丙烯腈、甲基丙烯腈和乙基丙烯腈中的至少一种，并且具有在 50000~200000 范围内的重均分子量。

2. 按照权利要求 1 所述的苯乙烯热塑性树脂组合物，其中含有橡胶改性苯乙烯的接枝共聚物包括：

30~65 重量份的选自苯乙烯、α-甲基苯乙烯、p-甲基苯乙烯、乙烯基甲苯和 t-丁基苯乙烯中的至少一种；

10~30 重量份的选自丙烯腈、甲基丙烯腈和乙基丙烯腈中的至少一种；和 10~60 重量份的橡胶。

3. 按照权利要求 2 所述的苯乙烯热塑性树脂组合物，其中橡胶为具有 500~4000 范围内颗粒尺寸的聚丁二烯、苯乙烯-丁二烯共聚物、聚异戊二烯或丁二烯-异戊二烯共聚物。

4. 由权利要求 1 所述的苯乙烯热塑性树脂组合物制造的挤压薄片。

5. 一种具有 3000~6000 范围内的橡胶颗粒尺寸的丙烯酸改性橡胶共聚物，包括：

由在烷基基团中具有 2~8 个碳原子的丙烯酸烷基酯聚合得到的 5~15 重量份的种子；

由在烷基基团中具有 2~8 个碳原子的丙烯酸烷基酯聚合得到的 45~75 重量份的核；和

由在烷基基团中具有 1~4 个碳原子的甲基丙烯酸烷基酯和/或在烷基基团中具有 1~4 个碳原子的丙烯酸烷基酯聚合得到的 10~50 重量份的壳层。

6. 按照权利要求 5 所述的丙烯酸改性橡胶共聚物，其中，种子包含 95.0~99.95wt% 的在烷基基团中具有 2~8 个碳原子的丙烯酸烷基酯。

7. 按照权利要求 5 所述的丙烯酸改性橡胶共聚物，其中，核包含 95.0~99.95wt% 的在烷基基团中具有 2~8 个碳原子的丙烯酸烷基酯。

8. 按照权利要求 5 所述的丙烯酸改性橡胶共聚物，其中，壳层包括：

90~100wt% 的在烷基基团中具有 1~4 个碳原子的甲基丙烯酸烷基酯；和

0~10wt% 的在烷基基团中具有 1~4 个碳原子的丙烯酸烷基酯。

9. 按照权利要求6或7所述的丙烯酸改性橡胶共聚物，其中，丙烯酸烷基酯为选自丙烯酸乙酯、丙烯酸丙酯、丙烯酸异丙酯、丙烯酸丁酯、丙烯酸己酯、丙烯酸辛酯、丙烯酸2-乙基己酯、其均聚物和共聚物中的至少一种。

10. 按照权利要求8所述的丙烯酸改性橡胶共聚物，其中，在烷基基团中具有1~4个碳原子的甲基丙烯酸烷基酯为选自甲基丙烯酸甲酯、甲基丙烯酸乙酯、甲基丙烯酸丙酯、甲基丙烯酸异丙酯和甲基丙烯酸丁酯中的至少一种。

11. 按照权利要求8所述的丙烯酸改性橡胶共聚物，其中，在烷基基团中具有1~4个碳原子的丙烯酸烷基酯为选自丙烯酸乙酯、丙烯酸甲酯和丙烯酸丁酯中的至少一种。"

请求人认为：通过上述修改，克服了《驳回决定》指出的修改超范围的缺陷和部分笔误，并且技术特征"含有苯乙烯的共聚物"没有采用橡胶，从而与"橡胶改性苯乙烯的接枝共聚物"明显不同，通过对该技术特征的进一步限定，使两者明确区分开，不再是上下位概念的关系，因此也不存在保护范围不清楚的缺陷。

经形式审查合格后，专利复审委员会受理了该请求，并于2008年9月1日向请求人发出了《复审请求受理通知书》，同时将本申请转送至国家知识产权局原审查部门进行前置审查。

在《前置审查意见书》中，国家知识产权局原审查部门指出：权利要求1中关于"含有苯乙烯的共聚物"组成的限定是开放式的，并没有排除该共聚物不含橡胶的可能，因此"含有橡胶改性苯乙烯的接枝共聚物"与"含有苯乙烯的共聚物"是上下位概念，导致保护范围不清楚，仍存在《驳回决定》中指出的权利要求1不符合专利法实施细则第20条第1款规定的缺陷。

2009年3月18日，请求人主动提交了权利要求书第1~2项和说明书第3、5页的修改替换页，其中将含有苯乙烯的共聚物限定为：由50~90重量份的选自苯乙烯、α-甲基苯乙烯、p-甲基苯乙烯、乙烯基甲苯和t-丁基苯乙烯中的至少一种和10~50重量份的选自丙烯腈、甲基丙烯腈和乙基丙烯腈中的至少一种组成。

2009年4月1日，请求人再次主动提交了权利要求书第1~2项的修改替换页，其中将含有苯乙烯的共聚物定义中"由……组成"修改为"由……聚合而成"，修改后的权利要求1为：

"1. 一种苯乙烯的热塑性树脂组合物，包括：

含有10~50重量份的含有橡胶改性苯乙烯的接枝共聚物和30~70重量份的含有苯乙烯的的共聚物的100重量份的树脂；和

0.5~20重量份具有橡胶颗粒尺寸在3000~6000范围内的丙烯酸改性橡胶共聚物，并且该丙烯酸改性橡胶共聚物包含：由在烷基基团中具有2~8个碳原子的丙烯酸烷基酯聚合得到的5~15重量份的种子；由在烷基基团中具有2~8个碳原子的丙烯酸烷基酯聚合得到的45~75重量份的核；和由在烷基基团中具有1~4个碳原子的甲基丙烯酸烷基酯和/或在烷基基团中具有1~4个碳原子的丙烯酸烷基酯聚合得到的10~50重量份的壳层，其中含有苯乙烯的共聚物由：50~90重量份的选自苯乙烯、α-甲基苯乙烯、p-甲基苯乙烯、乙烯基甲苯和t-丁基苯乙烯中的至少一种和10~50重量份的选自丙烯腈、甲基丙烯腈和乙基丙烯腈中的至少一种聚合而成，并且具有在50000~200000范围内的重均分子量。"

至此，合议组认为本案事实已经清楚，可以作出审查决定。

专利复审委员会成立合议组，对本复审请求案进行了审理。

二、决定的理由

1. 关于审查文本

在复审程序中，请求人于2008年7月18日提交了权利要求书、说明书、说明书摘要的全文修改替换页，其中将权利要求1中的技术特征“含有苯乙烯的不含橡胶的共聚物”改为原申请文件中记载的“含有苯乙烯的共聚物”，将原权利要求4和5中对该技术特征的具体限定补入权利要求1中，并对权利要求书和说明书的内容、笔误进行了适应性和一致性修改。2009年3月18日，请求人提交了说明书第3、5页的修改替换页，2009年4月1日，请求人再次提交了权利要求书第1~2项的修改替换页，其中将含有苯乙烯的共聚物定义修改为封闭式限定。经审查，上述修改符合专利法第33条（具体理由参见下文）以及专利法实施细则第60条第1款的规定。

本复审请求审查决定以请求人于2009年4月1日提交的权利要求第1~2项、2009年3月18日提交的说明书第3、5页，2008年7月18日提交的权利要求第3~11项、说明书第1~2、4、6~12页和说明书摘要为基础作出。

2. 关于专利法第33条和专利法实施细则第20条第1款

专利法第33条规定，申请人可以对其专利申请文件进行修改，但是，对发明和实用新型专利申请文件的修改不得超出原说明书和权利要求书记载的范围，对外观设计专利申请文件的修改不得超出原图片或者照片表示的范围。

专利法实施细则第20条第1款规定，权利要求书应当说明发明或者实用新型的技术特征，清楚、简要地表述请求保护的范围。

如果请求人经修改克服了《驳回决定》所指出的缺陷，则应在该修改的申请文件的基础上撤销驳回决定。

就本申请而言，《驳回决定》认为：权利要求1、4和5将所述含有苯乙烯的共聚物限定为“含有苯乙烯的不含橡胶的共聚物”，不符合专利法第33条的规定。

在提出复审请求时，相对于《驳回决定》所针对的文本，请求人将权利要求1中的技术特征“含有苯乙烯的不含橡胶的共聚物”改为与原申请文件中记载一致的“含有苯乙烯的共聚物”（参见原申请文件的说明书第4页第7段、权利要求1），将原申请文件中的权利要求4和5中对该技术特征的具体限定补入权利要求1中，并对权利要求书和说明书的内容、笔误进行了适应性和一致性修改。此时的修改文本中，《驳回决定》指出的修改不符合专利法第33条规定的缺陷已经不存在。

原审查部门在《前置审查意见书》中指出，权利要求1中“含有苯乙烯的共聚物”组成的限定是开放式的，并没有排除该共聚物不含橡胶的可能，因此“含有橡胶改性苯乙烯的接枝共聚物”与“含有苯乙烯的共聚物”是上下位概念，导致保护范围不清楚，不符合专利法实施细则第20条第1款的规定。

2009年4月1日，请求人再次提交的权利要求书第1页中将含有苯乙烯的共聚物定义修改为封闭式限定，修改后为“其中含有苯乙烯的共聚物由50~90重量份的选自苯乙烯、α-甲基苯乙烯、p-甲基苯乙烯、乙烯基甲苯和t-丁基苯乙烯中的至少一种和10~50重量份的选自丙烯腈、甲基丙烯腈和乙基丙烯腈中的至少一种聚合而成，并且具有在50000~200000范围内的重均分子量”。

对此，合议组认为，根据说明书的记载，“含有苯乙烯的共聚物包括50~90重量份的选自苯乙烯、α-甲基苯乙烯、p-甲基苯乙烯、乙烯基甲苯和t-丁基苯乙烯中的至少一种；和10~50重量份的选自丙烯腈、甲基丙烯腈和乙基丙烯腈中的至少一种”（参见原申请文件的说明书第5页第7段），“尽管含有苯乙烯的共聚物可以通过常规方法被聚合，其优选地通过本体聚合或乳液聚合合成”（参见原申请文件的说明书第5页第8段），可见请求人将权利要求1中的含有苯乙烯的共聚物由“开放式”修改为“封闭式”，修改后的“含有苯乙烯的共聚物”中不再含有橡胶，并由上述具体成分组成之后，已经不存在“橡胶改性苯乙烯的接枝共聚物”这一具体下位概念，与“含有苯乙烯的共聚物”这一上位概念出现在同一权利要求中的缺陷。此时，《前置审查意见书》指出的保护范围不清楚，不符合专利法实施细则第 20 条第 1 款规定的缺陷已经被克服。

综上所述，复审文本已经克服了《驳回决定》和《前置审查意见书》中所指出的不符合专利法第 33 条和专利法实施细则第 20 条第 1 款规定的缺陷。

根据上述事实和理由，合议组作出如下审查决定。

三、决定

撤销国家知识产权局于 2008 年 4 月 11 日针对 200480008078.2 号发明专利申请作出的驳回决定，由国家知识产权局原审查部门以本复审决定所针对的文本为基础继续审批程序。

复审请求人对本决定不服的，可以根据专利法第 41 条第 2 款的规定，自收到本决定之日起三个月内向北京市第一中级人民法院起诉。

037

粒状物及其制造方法和在聚合物组合物中的应用

复审请求审查决定（第 16617 号）

决　定　号　第 16617 号
决　定　日　2009 年 4 月 13 日
发明创造名称　粒状物及其制造方法和在聚合物组合物中的应用
国际分类号　C08K 9/04，C08J 3/22
复审请求人　格雷斯股份有限两合公司
申　请　号　99807576.0
优 先 权 日　1998 年 4 月 19 日
申　请　日　1999 年 4 月 16 日
公　开　日　2001 年 8 月 1 日
合议组组长　吴红权
主　审　员　危　峰
参　审　员　顾笑璐

法律依据　专利法第 26 条第 3 款、第 33 条
决定要点

如果申请修改的内容在原申请文件中有记载，或能从原申请文件记载的内容中直接地、毫无疑义地确定，则这种修改未超出原始申请文件记载的范围。

如果说明书给出了实现发明技术方案的某一参数的已知测定方法，则所属技术领域的技术人员能够实现该技术方案，解决其技术问题，并产生预期的技术效果，该说明书已对发明作出了清楚、完整的说明。

一、案由

本复审请求案涉及发明名称为“粒状物及其制造方法和在聚合物组合物中的应用”的 99807576.0 号发明专利申请（下称本申请），申请人为格雷斯股份有限两合公司，申请日为 1999 年 4 月 16 日，优先权日为 1998 年 4 月 19 日，公开日为 2001 年 8 月 1 日。

2007 年 11 月 30 日，针对申请人于 2007 年 10 月 11 日提交的权利要求第 1~10 项，2007 年 6 月 18 日提交的说明书第 2 页，2003 年 11 月 12 日提交的说明书第 1 页，和 2000 年 12 月 19 日进入中国国家阶段时提交的国际申请文件中文文本的说明书第 3~10 页及说明书摘要，国家知识产权局以本申请说明书不符合专利法第 26 条第 3 款的规定和权利要求 5 的修改不符合专利法第 33 条的规定为由驳回了本申请。

《驳回决定》认为：(1)“吸油量”测量方法有多种，例如NFT30-022测量法、DIN ISO 787/V测量法和ASTM D281测量法等，而在本申请说明书中没有记载或说明说明书第2页倒数第6~5行中提及的“吸油量方法”的测量方法，没有完整地公开对于理解和实现本发明申请必不可少的技术内容，使得所属领域的技术人员不能实现该发明，因此本申请说明书不符合专利法第26条第3款的规定。(2)权利要求5中修改后的内容“其中使用……造粒步骤”，既未记载在原申请文件中，也不能由原申请文件记载的内容直接地、毫无疑义地确定，因此权利要求5的修改超出了原权利要求书和说明书记载的范围，不符合专利法第33条的规定。

《驳回决定》针对的权利要求书如下：

“1. 由以下组分构成的粒状物：

a) 微粒硅酸凝胶(A)，其平均粒度为2~15μm，比孔容为0.3~2.0ml/g，比表面积(BET法)为200-1000m^2/g，其浓度为粒状组合物重量的5%~60%，或

b) 水合或脱水硅铝酸盐(B)，它包含钠和/或钾和/或钙阳离子，其粒度为1~25μm，其浓度为粒状组合物重量的5%~75% 和

c) 有机添加剂组合物(C)，其浓度为粒状组合物重量的40%~95%，但至少要比充满硅酸的所有细孔和硅酸颗粒与硅铝酸盐颗粒之间的空隙所需总量多5%(通过吸油量方法测定)。

2. 如权利要求1所要求的粒状物，其中有机组合物(C)包含下面的一种或多种组分：

ⅰ) 选自脂肪酸酰胺类的润滑剂；

ⅱ) 选自位阻酚类和芳基仲胺类的主抗氧化剂；

ⅲ) 选自磷组合物，硫代酸酯，羟胺类的辅助抗氧化剂；

ⅳ) 选自铵盐，甘油酯，阴离子化合物的抗静电剂；

ⅴ) 选自二苯酮，苯并三唑，“HALS”(“位阻胺类光稳定剂”)的光稳定剂；

ⅵ) 选自卤代有机化合物，金属水合物的阻燃剂；

ⅶ) 选自邻苯二甲酸酯，一元羧酸酯，脂族二羧酸酯的软化剂。

3. 如权利要求1或2所要求的粒状物，其中该粒状物的粒度为0.5~5mm。

4. 如权利要求1或2所要求的粒状物，其中该粒状物的粒度为2~8mm。

5. 制造权利要求1~3中任何一项所要求的粒状物的方法，其中使用挤塑机将组合物(C)加热至其熔化温度，并且在被加工的物料下游实施造粒步骤。

6. 如权利要求5所要求的方法，其中各组分分别供给挤塑机。

7. 如权利要求5所要求的方法，其中各组分的预混合物供给挤塑机并随后造粒。

8. 如权利要求5所要求的方法，其中挤出的线料被切成粒状粒子，后者接着在流化床中冷却。

9. 如权利要求5~7中之一所要求的方法，其中挤出线料在水中成粒并且随后所带的水在流化床中雾化。

10. 如权利要求1~4中任何一项所要求的粒状物在聚合物组合物中的应用。”

2008年3月17日，申请人格雷斯股份有限两合公司(下称请求人)对上述《驳回决定》不服，向专利复审委员会提出复审请求，请求人在提出复审请求时没有对申请文件进行修改。

请求人认为：(1)本申请说明书第2页倒数第6至5行提及的“吸油量方法”是基于DIN EN ISO 787，如说明书第9页最后一段所述，且“吸油量方法”是工业上测量物质吸油量的普通标准方法，在本领域是公知的，任何此类方法都可以用于测定所述“吸油量”，因此，即使说明书没有记载某一特定“吸油量方法”，本领域普通技术人员根据本申请说明书的教导完全可以实施本发明。(2)权利要求5中修改后的内容可以由原权利要求4和说明书第3页第15行记载的内容确定，该修改未

超出原说明书和权利要求书记载的范围。

经形式审查合格后，专利复审委员会受理了该请求，并于2008年10月13日向请求人发出了《复审请求受理通知书》，同时将本申请转送至国家知识产权局原审查部门进行前置审查。

在《前置审查意见书》中，国家知识产权局原审查部门未接受请求人的复审意见，坚持驳回决定。

2009年3月6日，请求人提交了权利要求书的修改替换页，请求人在《驳回决定》针对的权利要求书的基础上，限定了权利要求1中的吸油量方法为“DIN EN ISO 787，第5部分”，未对上述权利要求书中其他权利要求进行修改。修改后的权利要求1为：

“1. 由以下组分构成的粒状物：

a）微粒硅酸凝胶（A），其平均粒度为2~15微米，比孔容为0.3~2.0ml/g，比表面积（BET法）为200~1000m²/g，其浓度为粒状组合物重量的5%~60%，或

b）水合或脱水硅铝酸盐（B），它包含钠和/或钾和/或钙阳离子，其粒度为1~25微米，其浓度为粒状组合物重量的5%~75% 和

c）有机添加剂组合物（C），其浓度为粒状组合物重量的40%~95%，但至少要比充满硅酸的所有细孔和硅酸颗粒与硅铝酸盐颗粒之间的空隙所需总量多5%，这是通过吸油量方法测定的，该吸油量方法基于DIN EN ISO 787，第5部分。”

专利复审委员会组成合议组，对本复审请求案进行了审理。经合议，合议组认为本案事实已经清楚，可以作出审查决定。

二、决定的理由

1. 关于文本

本复审请求审查决定针对的文本是：请求人于2009年3月6日提交的权利要求第1~10项，2007年6月18日提交的说明书第2页，2003年11月12日提交的说明书第1页，和2000年12月19日进入中国国家阶段时提交的国际申请文件中文文本的说明书第3~10页及说明书摘要。

2. 关于专利法第33条

专利法第33条规定：申请人可以对其专利申请文件进行修改，但是，对发明和实用新型专利申请文件的修改不得超出原说明书和权利要求书记载的范围。

如果申请修改的内容在原申请文件中有记载，或能从原申请文件记载的内容中直接地、毫无疑义地确定，则这种修改未超出原始申请文件记载的范围。

就本申请而言，请求人于2009年3月6日提交的权利要求书中，限定了权利要求1中的吸油量方法是“基于DIN EN ISO 787，第5部分”。合议组经核实，上述修改后的内容在原说明书第9页第3段中有相应的记载，故该修改未超出原申请文件记载的范围。

此外，《驳回决定》指出权利要求5（对应于请求人于2009年3月6日提交的权利要求书中的权利要求5）中修改后的内容“其中使用挤塑机将组合物（C）加热至其熔化温度，并且在被加工的物料下游实施造粒步骤”，既未记载在原申请文件中，也不能由原申请文件记载的内容直接地、毫无疑义地确定，因此权利要求5的修改超出了原权利要求书和说明书记载的范围，不符合专利法第33条的规定。原权利要求4记载了“制造权利要求1~3中任何一项所要求的产品的方法，其中使用挤塑机并且在下游实施制粒步骤”，此外，原说明书第3页第9~16行还记载了如下内容：“把无机组分加到预先生成的有机组分的熔体中或者在有机和无机组分的预混合物加热到有机组分的熔点温度时加入……优选的工艺方法是用挤塑机熔化有机组分并实现无机颗粒的分布。线料形式的挤塑机排出物用现有技术方法切断”。对此，合议组认为：说明书第3页第15~16行记载了用挤塑机熔化有机组分，

在本申请中，有机组分应是指有机组合物（C），而熔化与加热至其熔化温度具有相同的含义，由此，根据原说明书记载的内容，本领域技术人员可以直接地、毫无疑义地确定“使用挤塑机将组合物（C）（即有机组分）加热至其熔化温度”；且本领域技术人员公知采用挤塑机熔融造粒属连续操作工艺，由此也能够直接地、毫无疑义地确定“并且在被加工的物料下游实施造粒步骤”。因此，权利要求5的修改未超出原权利要求书和说明书记载的范围，符合专利法第33条的规定。

3. 关于专利法第26条第3款

专利法第26条第3款规定：说明书应当对发明或者实用新型作出清楚、完整的说明，以所属技术领域的技术人员能够实现为准。

如果说明书给出了实现发明技术方案的某一参数的已知测定方法，则所属技术领域的技术人员能够实现该技术方案，解决其技术问题，并产生预期的技术效果，该说明书已对发明作出了清楚、完整的说明。

就本申请而言，《驳回决定》质疑说明书没有公开吸油量的具体测定方法，由于测定吸油量的方法有多种，本领域技术人员不知道选择何种测定吸油量的方法，故导致说明书公开不充分，无法实现本申请的技术方案。

对此，合议组认为：说明书第9页第3段记载了如下内容：“至于细孔和空隙的填充状态，可以参考能够接近临界颜料体积浓度的吸油量方法。它是基于DIN EN ISO 787，第5部分。当细孔和空隙被过分充满时，随着多孔离子的灌封会发生从粉末到浆状体的转变。”对于所属技术领域的技术人员来说，“基于DIN EN ISO 787，第5部分的吸油量方法”是工业上测量物质吸油量的普通标准方法，所属技术领域的技术人员基于此标准吸油量方法能够确定充满硅酸的所有细孔和硅酸颗粒与硅铝酸盐颗粒之间的空隙所需的有机添加剂组合物总量，即临界颜料体积浓度。所属技术领域的技术人员在实施本申请技术方案时，自然会采用本申请说明书中公开的吸油量的测定方法，在说明书已经公开了特定的吸油量的测定方法的情况下，本领域技术人员无需创造性劳动即可实现对吸油量的测定，故《驳回决定》所依据的理由不成立，本申请说明书符合专利法第26条第3款的规定。

根据上述事实和理由，合议组作出如下审查决定。

三、决定

撤销国家知识产权局于2007年11月30日针对99807576.0号发明专利申请作出的《驳回决定》，由国家知识产权局原审查部门以本复审请求审查决定针对的文本为基础继续审批程序。

复审请求人对本决定不服的，可以根据专利法第41条第2款的规定，自收到本决定之日起三个月内向北京市第一中级人民法院起诉。

038

具有高固色率的深黑色活性染料

复审请求审查决定（第16621号）

决　定　号　第16621号
决　定　日　2009年4月15日
发明创造名称　具有高固色率的深黑色活性染料
国际分类号　C09B67/24，D06P1/38，D06P3/58，D06P3/10
复审请求人　大连华成中瑞科技有限公司
申　请　号　200610047488.9
申　请　日　2006年8月15日
公　开　日　2007年2月14日
合议组组长　汪送来
主　审　员　顾笑璐
参　审　员　张家祥

法律依据　专利法第33条，专利法实施细则第20条第1款
决定要点

如果申请的内容通过增加、改变和/或删除其中的一部分，致使所属技术领域的技术人员看到的信息与原申请记载的信息不同，而且又不能从原申请记载的信息中直接地、毫无疑义地确定，那么这种修改是不允许的；反之，则是允许的。

一、案由

本复审请求案涉及发明名称为“具有高固色率的深黑色活性染料”的200610047488.9号发明专利申请（下称本申请），申请人为大连华成中瑞科技有限公司，申请日为2006年8月15日，公开日为2007年2月14日。

2008年5月9日，针对申请人于2007年11月1日提交的权利要求第1项、说明书第3页、说明书摘要以及2006年8月15日提交的说明书第1~2、4~25页，国家知识产权局以权利要求1和说明书的修改不符合专利法第33条的规定为由驳回了本申请。

驳回决定认为：申请人将原权利要求1中所记载的“40~85”、说明书第3页倒数第4行中所记载的“40~85”以及说明书摘要中的“40~85”改为“45~85”，改变后的内容不能由原说明书和权利要求书所记载的信息中直接地、毫无疑义地确定，因此修改超出了原说明书和权利要求书记载的范围，这样的修改是不允许的，不符合专利法第33条的规定。

驳回决定针对的权利要求书如下：

“1. 一种由藏青、品红、橙黄三原色复配组成的深黑色活性染料，其特征在于三原色活性染料结构通式为：

藏青色活性染料组分为 1~2 种通式（1）所示的结构：

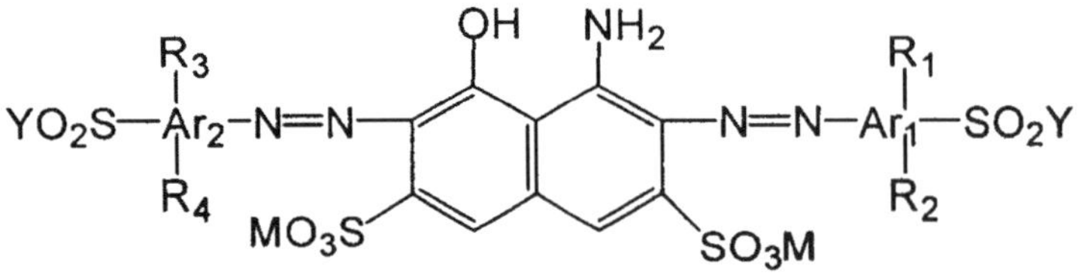

(1)

通式（1）中：

Ar_1，Ar_2 = 苯环、萘环或含有苯甲酰苯胺骨架，但 Ar_1，Ar_2 中至少有一个为萘环或含有苯甲酰苯胺骨架：

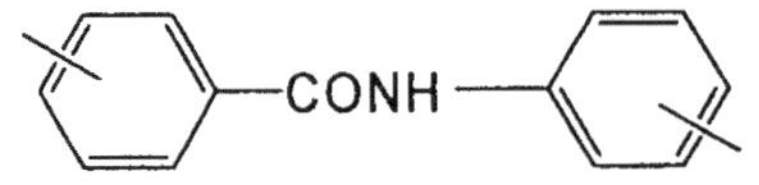

；

R_1 ~ R_4 = H、CH_3、OCH_3、SO_3M 或 Cl；

M = H、Na 或 K；

Y = Cl、$-CH=CH_2$ 或 $-CH_2CH_2OSO_3H$；

红色活性染料组分为 1~2 种通式（2）或（3）中所示的结构：

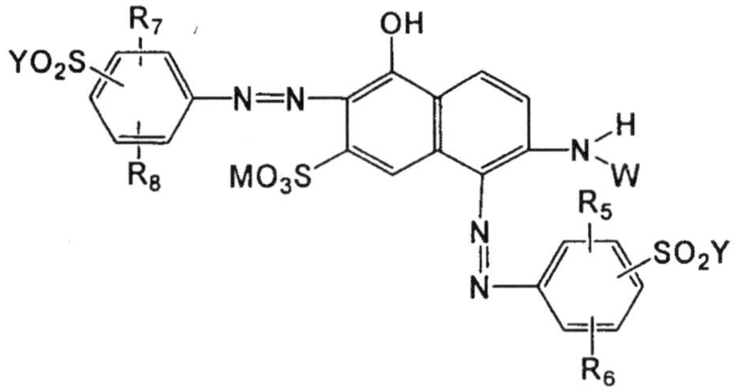

(2)

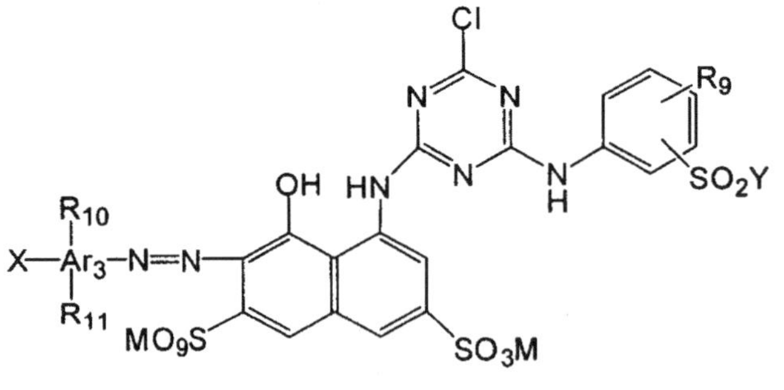

(3)

通式（2）、（3）中：

Ar_3 = 苯环或萘环；

R_5 ~ R_{11} = H、CH_3、OCH_3、SO_3M 或 Cl；

M = H、Na 或 K；

W = H、CH_3 或 CH_2SO_3M；

X = SO_3M 或 SO_2Y；

Y = C_1、$-CH=CH_2$ 或 $-CH_2CH_2OSO_3H$；

黄色组分为 1～2 种通式（4），（5）或（6）中所示的结构：

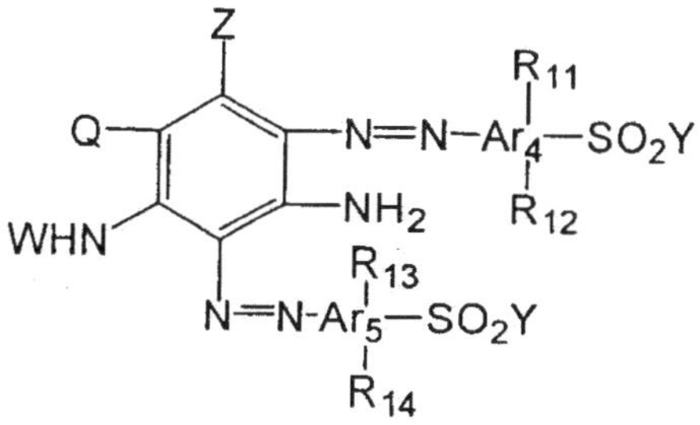

(4)

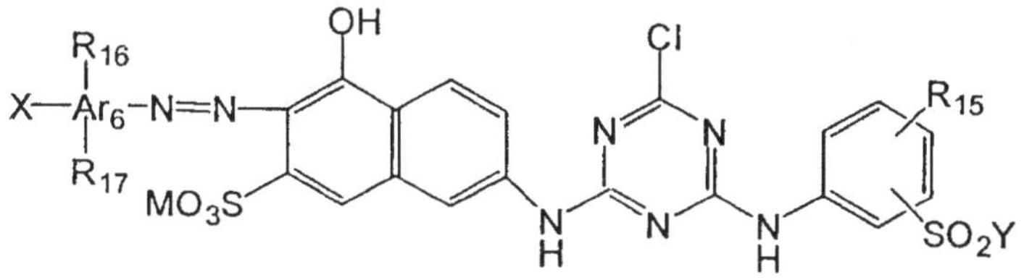

(5)

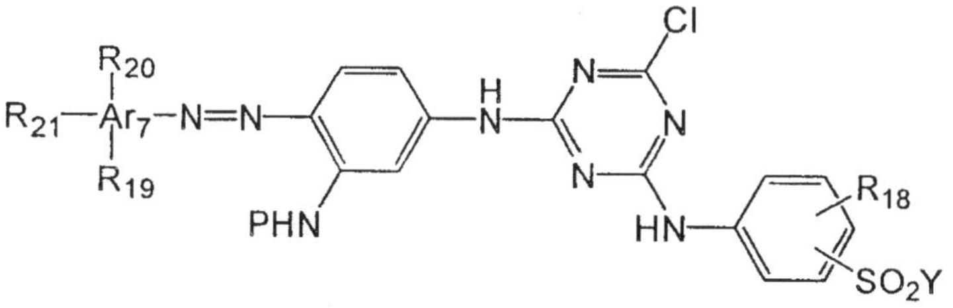

(6)

通式（4）、（5）、（6）中：

Ar_4～Ar_7 = 苯环或萘环；

R_{12}～R_{18} = H、CH_3、OCH_3、SO_3M 或 C_1；

R_{19}～R_{21} = H 或 SO_3M；

M = H、Na 或 K；

Q = H、SO_3M、C_6H_5 或 $C_6H_4SO_3M$；

W = H、$-CH_3$、$-CH_2SO_3M$；

X = SO_3M 或 SO_2Y；

Y = C_1、$-CH=CH_2$ 或 $-CH_2CH_2OSO_3H$；

Z = H 或 COOH；

上述三原色活性染料组分的配比是：藏青：品红：橙黄的重量百分比为（45～85）：（5～30）：（5～25）。”

2008 年 5 月 29 日，申请人大连华成中瑞科技有限公司（下称请求人）对上述驳回决定不服，向专利复审委员会提出复审请求，同时提交了第二次审查意见通知书和针对该通知书的意见陈述书的复印件，但未对申请文件进行修改。

请求人认为：藏青含量由原始记载中的 40%～85%（重）修改为 45%～85%（重），修改后没有改变上限 85% 这一个端点，下限“45%”完全在原始 40%～85%（重）中，只是缩小保护范围，这是能够直接地、毫无疑义地导出和确定的，符合审查指南（2001 版）2~158 上的规定。

经形式审查合格后，专利复审委员会受理了该请求，并于 2008 年 7 月 24 日向请求人发出了《复审请求受理通知书》，同时将本申请转送至国家知识产权局原审查部门进行前置审查。

在《前置审查意见书》中，国家知识产权局原审查部门认为，原始申请文件中并未公开“45%”的点，改变后的内容也不能由原说明书和权利要求书记载的信息直接地、毫无疑义地确定，因此超出了原说明书和权利要求书记载的范围，不符合专利法第 33 条的规定，因此坚持驳回决定。

专利复审委员会组成合议组，对本复审请求案进行了审理。

2009 年 3 月 11 日，请求人提交了权利要求书第 2 页、说明书第 3 页和说明书摘要的修改替换页，其中将藏青：品红：橙黄的重量百分比修改为“（40~85）：（5~30）：（5~25）”，并增加了“各组分含量之和为 100%”这一技术特征。

经合议，合议组认为本案事实清楚，可以作出审查决定。

二、决定的理由

1. 关于审查文本

请求人于 2009 年 3 月 11 日提交了权利要求书第 2 页、说明书第 3 页和说明书摘要的修改替换页，经审查，合议组认为，上述申请文件中的修改符合专利法实施细则第 60 条第 1 款的规定。

本复审请求审查决定针对的文本是：请求人于 2009 年 3 月 11 日提交的权利要求第 1 项、说明书第 3 页和说明书摘要以及 2006 年 8 月 15 日提交的说明书第 1~2、4~25 页。

2. 关于专利法第 33 条

专利法第 33 条规定，申请人可以对其专利申请文件进行修改，但是，对发明专利申请文件的修改不得超出原说明书和权利要求书记载的范围。

如果申请的内容通过增加、改变和/或删除其中的一部分，致使所属技术领域的技术人员看到的信息与原申请记载的信息不同，而且又不能从原申请记载的信息中直接地、毫无疑义地确定，那么这种修改是不允许的；反之，则是允许的。

驳回决定认为：申请人将原权利要求 1 中所记载的“40~85”、说明书第 3 页倒数第 4 行中所记载的“40~85”以及说明书摘要中的“40~85”改为“45~85”，改变后的内容不能由原说明书和权利要求书所记载的信息中直接地、毫无疑义地确定，因此修改超出了原说明书和权利要求书记载的范围，这样的修改是不允许的，不符合专利法第 33 条的规定。

请求人于 2009 年 3 月 11 日提交了权利要求书第 2 页、说明书第 3 页、说明书摘要的修改替换页，其中将染料组分的重量百分比恢复至原申请文件中记载的“（40~85）：（5~30）：（5~25）”，故驳回决定指出的修改超范围的缺陷已不存在。对于新增加的“各组分含量之和为 100%”这一技术特征，合议组认为，组合物各组分含量之和为 100% 是本领域技术人员公知的，属于直接地、毫无疑义地确定的信息，并且各组分的含量中均有符合“各组分含量之和为 100%”的数值范围。因此权利要求书和说明书中补入“各组分含量之和为 100%”并未超出原说明书和权利要求书记载的范围，符合专利法第 33 条的规定。

3. 关于专利法实施细则第 20 条第 1 款

专利法实施细则第 20 条第 1 款规定，权利要求书应当说明发明或者实用新型的技术特征，清楚、简要地表述请求保护的范围。

《第一次审查意见通知书》中指出，权利要求 1 所记载的三原色活性燃料的百分含量不符合有关“某一成分含量的下限+其他成分含量的上限之和≥100%”的规定，请求人补入技术特征“各组分含量之和为 100%”之后，克服了审查员指出的上述缺陷。修改后的权利要求 1 的保护范围是清楚的，符合专利法实施细则第 20 条第 1 款的规定。

根据上述事实和理由，合议组作出如下审查决定。

三、决定

撤销国家知识产权局于 2008 年 5 月 9 日针对 200610047488.9 号发明专利申请作出的驳回决定，由国家知识产权局原审查部门以请求人于 2009 年 3 月 11 日提交的权利要求第 1 项、说明书第 3 页和说明书摘要以及 2006 年 8 月 15 日提交的说明书第 1~2、4~25 页为基础继续审批程序。

复审请求人对本决定不服的，可以根据专利法第 41 条第 2 款的规定，自收到本决定之日起三个月内向北京市第一中级人民法院起诉。

039

除草剂药害补救剂

复审请求审查决定（第16628号）

决　　定　　号　第16628号
决　　定　　日　2009年3月10日
发明创造名称　除草剂药害补救剂
国 际 分 类 号　A01N25/32，A01P13/00，A01N59/20
复 审 请 求 人　郭红甫
申　　请　　号　200610017660.6
申　　请　　日　2006年4月18日
公　　开　　日　2006年9月20日
合 议 组 组 长　刘　亚
主　　审　　员　顾笑璐
参　　审　　员　李新芝

法 律 依 据　专利法第26条第3款
决 定 要 点

如果所属技术领域的技术人员根据说明书记载的内容并结合本领域的普通技术知识就能够实现发明要求保护的技术方案并且解决其技术问题，产生预期的技术效果，则说明书满足了充分公开的要求。

一、案由

本复审请求案涉及发明名称为“除草剂药害补救剂”的第200610017660.6号发明专利申请（下称本申请），申请人为郭红甫，申请日为2006年4月18日，公开日为2006年9月20日。

国家知识产权局原审查部门对本申请进行实质审查，于2007年3月2日发出《第一次审查意见通知书》，指出：说明书中没有任何具体实验数据证明本申请除草剂药害补救剂的效果，致使所属技术领域的技术人员不能实现该发明，不符合专利法第26条第3款的规定。

针对《第一次审查意见通知书》，申请人于2007年5月25日提交了意见陈述书（共1页），同时提交了除草剂药害补救剂试验参数（共13页）。申请人认为：权利要求要求保护的是制备方法，具体的实验数据仅是起辅助作用，并不是保护范围；并附上具体的实验数据供参考。

2007年9月28日，针对申请人于2006年4月18日提交的权利要求书第1项、说明书第1~3页及其摘要，国家知识产权局以本申请说明书不符合专利法第26条第3款的规定为由驳回了本申请。

驳回决定认为：本申请的说明书未对发明做清楚、完整的说明，致使所属技术领域的技术人员不能实现该发明，不符合专利法第 26 条第 3 款的规定。具体理由如下：本发明仅有除草剂要害补救剂的制备实施例，说明书中也仅简单描述了除草剂药害补救剂的效果，但是却没有任何具体实验数据加以证明。因此尽管说明书中给出了具体的技术方案，但该方案必须依赖实验结果加以证实才能成立，而说明书中未提供有关实验数据，导致所属技术领域的技术人员不能实现该发明。此外，针对申请人的意见陈述，驳回决定认为：本申请权利要求的主题是“除草剂药害补救剂”，是产品权利要求，产品的效果需要具体实验数据加以证明，本申请说明书中的简单描述不足以证明其效果；并且申请人在答复《第一次审查意见通知书》时提交的实验数据不予考虑。

驳回决定针对的权利要求书如下：

“1. 除草剂药害补救剂，其特征是：它包含生长调节剂 5-硝基愈创木酸钠 0.01% ~10%、矿质元素钙、锌、锰、铜 0.1% ~45.0%；其制备方法是通过混合包装即可。”

2008 年 3 月 28 日，申请人郭红甫（下称请求人）对上述驳回决定不服，向专利复审委员会提出复审请求，请求人在提出复审请求时重新提交了说明书（共 3 页）、权利要求书（共 1 项）和除草剂药害补救剂实验参数（共 12 页）。该新提交的说明书、权利要求书与驳回决定针对的说明书、权利要求书相同，即与原说明书和权利要求书相同。除此之外，请求人未陈述具体意见。

经形式审查合格后，专利复审委员会受理了该请求，并于 2008 年 5 月 15 日向请求人发出了《复审请求受理通知书》，同时将本申请转送至国家知识产权局原审查部门进行前置审查。

在《前置审查意见书》中，国家知识产权局原审查部门认为请求人在提出复审请求时未陈述任何理由，也未对申请文件作出修改，所提交的实验数据未包含在原申请文件中，不予考虑，因此坚持驳回决定。

专利复审委员会组成合议组，对本复审请求案进行了审理。

经合议，合议组认为本案事实清楚，可以作出审查决定。

二、决定的理由

1. 关于文本

请求人在 2008 年 3 月 28 日提复审请求时提交了新修改的权利要求书、说明书，该权利要求书和说明书与本申请原始提交的权利要求书和说明书完全相同，因此符合专利法第 33 条的规定。

本复审请求审查决定针对的文本是请求人于 2008 年 3 月 28 日提交的权利要求第 1 项和说明书第 1~3 页、2006 年 4 月 18 日提交的说明书摘要。

2. 关于专利法第 26 条第 3 款

专利法第 26 条第 3 款规定：说明书应当对发明或者实用新型作出清楚、完整的说明，以所属技术领域技术人员能够实现为准。

如果所属技术领域的技术人员根据说明书记载的内容并结合本领域的普通技术知识就能够实现发明要求保护的技术方案并且解决其技术问题，产生预期的技术效果，则说明书满足了充分公开的要求。

如说明书所述，本申请要解决的技术问题是提供一种除草剂药害补救剂，为此目的，请求人使用了如权利要求 1 中所述的除草剂药害补救剂，其包含生长调节剂 5-硝基愈创木酚钠 0.01% ~10%、矿质元素钙、锌、锰、铜 0.1% ~45.0%。

驳回决定认为，本申请仅有除草剂药害补救剂的制备实施例，说明书中也仅简单描述了除草剂药害补救剂的效果，但是却没有任何具体实验数据加以证明，因此尽管说明书中给出了具体的技术方案，但该方案必须依赖试验结果加以证实才能成立，而说明书中未提供有关实验数据，以致所属技术领域的技术人员不能实现该发明。

合议组认为，对于所述包含生长调节剂5-硝基愈创木酚钠和矿质元素的复合制剂是否具有除草剂药害补救的效果，需要根据说明书记载的内容并结合本领域技术人员所具有的普通技术知识加以综合考虑：

首先，根据说明书的记载，本申请是通过调节植物体内自身保护系统酶的活性，促进植物生长、增强基础抗性，减缓变态反应，解除除草剂药害。本申请的除草剂药害补救剂解除2.4-D丁酯除草剂药害的极限浓度为1/4致死浓度（2400倍液）、解毒效果77.8%~84.9%、增产效果7.0%~41.3%；由此可知，本申请的技术方案主要是通过促进植物生长、增强基础抗性来解除除草剂药害的，而且说明书已经给出了统计学意义上所述复合制剂用于解除2.4-D丁酯药害的极限浓度、解毒效果和增产效果的定量试验数据，在无其他反证的情况下，应当对这些数据的真实性予以认可。

其次，根据本领域的普通技术知识可知，5-硝基愈创木酚钠是已知的植物生长调节剂，能迅速渗透进植物内，促进植物的萌芽、发根、生长和结果（参见《农药制造技术》第289页，宋小平等主编，出版日期：2000年3月第1版）；其为复硝酚钠的关键成分，同时本领域技术人员公知，复硝酚钠为单硝化愈创木酚钠盐细胞赋活剂，具有减轻药害的效果，当在经济价值高的作物发生药害时可用其6000~12000倍液处理数次，有利于恢复正常生长（参见《植物生长调节剂——原理与应用》第164~166页，作者韩德元，出版日期：1997年10月，第1版）；并且矿质元素钙、锌、锰、铜为本领域技术人员已知用于促进植物生长的微量元素。由此可知，即使不考虑说明书中所给出的实验数据，由于复硝酚钠为单硝化愈创木酚钠盐细胞赋活剂并且其可用于药害补救，因而作为其关键成分的5-硝基愈创木酚钠（即单硝化愈创木酚钠盐）与用于促进植物生长的微量元素组配的复合制剂理应也可用于药害补救。

由上述两部分内容可知，本领域技术人员根据说明书记载的方案并结合本领域的普通技术知识已经能够合理预期权利要求1所述的包含生长调节剂5-硝基愈创木酚钠和矿质元素的复合制剂具有除草剂要害补救的效果，而且本申请也正是基于生长调节剂促进植物生长和增强基础抗性的机理来解除除草药害的，并给出了统计学意义上的数据，在此基础上，本领域技术人员根据说明书记载的内容并结合本领域的普通技术知识就能够实现权利要求1要求保护的技术方案并且解决其技术问题，产生预期的技术效果，因而说明书满足了充分公开的要求。

原审查部门在驳回决定中只是泛泛指出“说明书中给出了具体的技术方案，但该方案必须依赖试验结果加以证实才能成立，而说明书中未提供有关实验数据，以致所属技术领域的技术人员不能实现该发明”，在本案的具体情况下，驳回决定和前置审查意见中均未清楚地说明说明书中的具体技术方案必须依赖实验结果加以证实才能成立的理由。综上所述，在既没有确凿的相反证据也没有言之有据的合理理由能够表明5-硝基愈创木酚钠和矿质元素组配会对除草剂药害补救效果产生不利影响的情况下，认定说明书没有充分公开是缺乏依据的。

根据上述事实和理由，合议组作出如下审查决定。

三、决定

撤销国家知识产权局于2007年9月28日针对200610017660.6号发明专利申请作出的驳回决定，由国家知识产权局原审查部门以请求人于2008年3月28日提交的权利要求书和说明书以及2006年4月18日提交的说明书摘要为基础继续审批程序。

复审请求人对本决定不服的，可以根据专利法第41条第2款的规定，自收到本决定之日起三个月内向北京市第一中级人民法院起诉。

040

新的紫杉烷衍生物及其制法和用途

复审请求审查决定（第16629号）

决　定　号　第16629号
决　定　日　2009年4月7日
发明创造名称　新的紫杉烷衍生物及其制法和用途
国际分类号　C07C69/02，C07C69/03，C07C67/00，C07D305/14，A61K31/215，A61K31/337，A61P35/00
复审请求人　中国医学科学院药物研究所
申　请　号　01129602.X
申　请　日　2001年6月21日
公　开　日　2003年1月29日
合议组组长　李新芝
主　审　员　娄　宁
参　审　员　宋　泳

法律依据　专利法实施细则第20条第1款
决定要点

如果请求人经修改克服了驳回决定及《前置审查意见书》所指出的缺陷，则应在该修改的申请文件的基础上撤销驳回决定。

一、案由

本复审请求案涉及发明名称为“新的紫杉烷衍生物及其制法和用途”的01129602.X号发明专利申请（下称本申请），申请人为中国医学科学院药物研究所，申请日为2001年6月21日，公开日为2003年1月29日。

2008年6月27日，针对申请人于2008年5月26日提交的权利要求第1~33项、2001年6月21日提交的说明书第1~38页及说明书摘要，国家知识产权局以权利要求7、17、21、27不符合专利法实施细则第20条第1款的规定为由驳回了本申请。

驳回决定针对的权利要求7、17、21、27如下：

“7. 通式（Ia）化合物的制备方法，

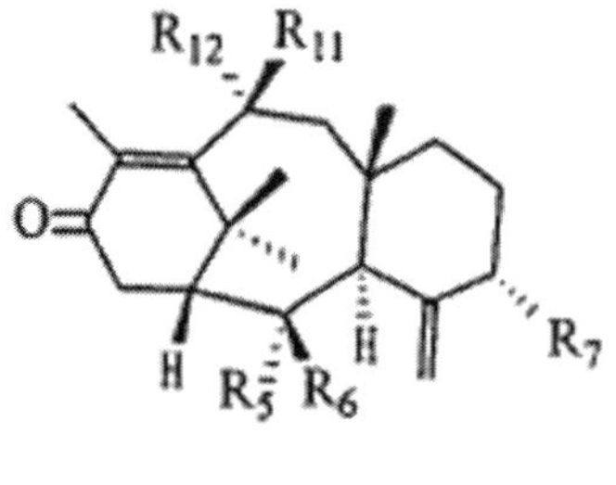

Ia

Rb 为 Ac 或 R′CO

所述的方法包括：

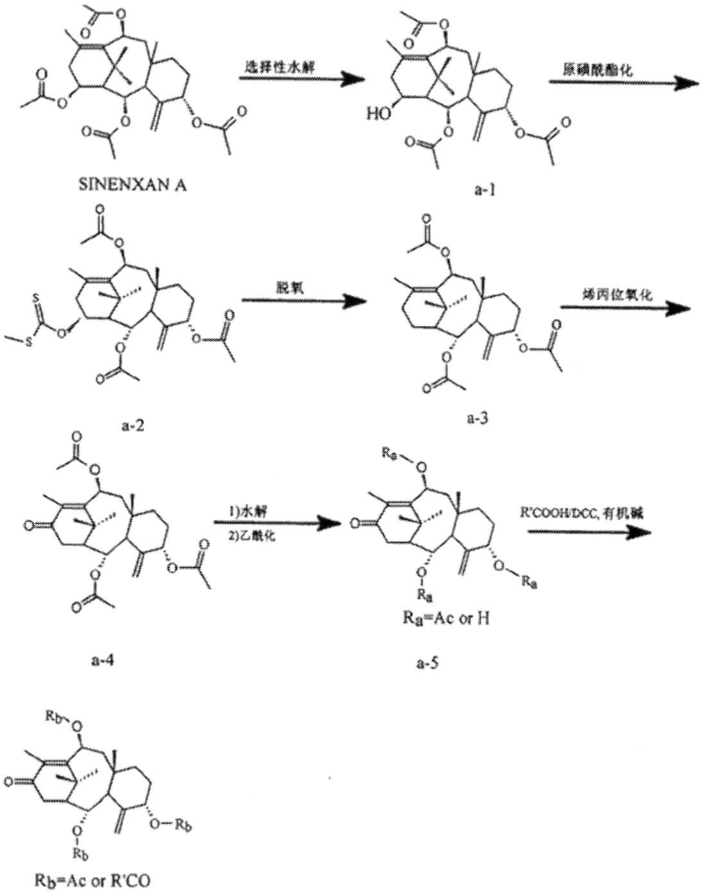

Ia

其中，（1）在水溶性有机溶剂中，用碱性水溶液处理新杉素 A，进行选择性水解，得式 a-1 化合物；（2）在碱性介质存在下，在有机溶剂中，化合物式 a-1 与二硫化碳，碘甲烷反应进行原磺酰酯化生成式 a-2 化合物；（3）经步骤 2 得到的式-2 化合物 14β-去乙酰-14β-原磺酸酯-新杉素 A 经过脱氧处理，生成式 a-3 化合物；（4）经步骤 3 得到的式 a-3 化合物 14-脱氧-新杉素 A，经过烯丙位氧化，得式 a-4 化合物，（5）经步骤 4 得到的式 a-4 化合物 14-脱氧-13-氧-新杉素 A 用碱水解，干燥后，于有机溶剂中，经有机碱处理，与乙酸酐反应进行选择性酰化得到式 a-5 化合物；和（6）经步骤 5 得到的式 a-5 化合物于干燥的有机溶剂中，在二环己基碳二亚胺和有机碱存在下与 R′COOH 反应成酯得到通式 Ia 化合物，即 5α-去乙酰-14-脱氧-13-氧-5α-R′酰基-新杉素 A；

其中，R′为芳香烃或脂肪烃。

17. 通式（Ib）化合物的制备方法，

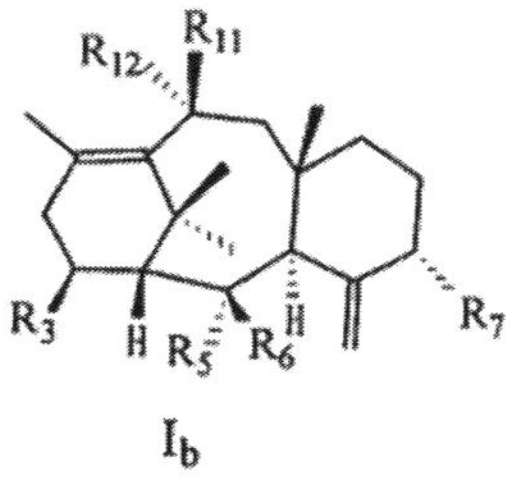

I_b

其中，Rb 为 Ac 或 R′CO

所述方法包括以下步骤：

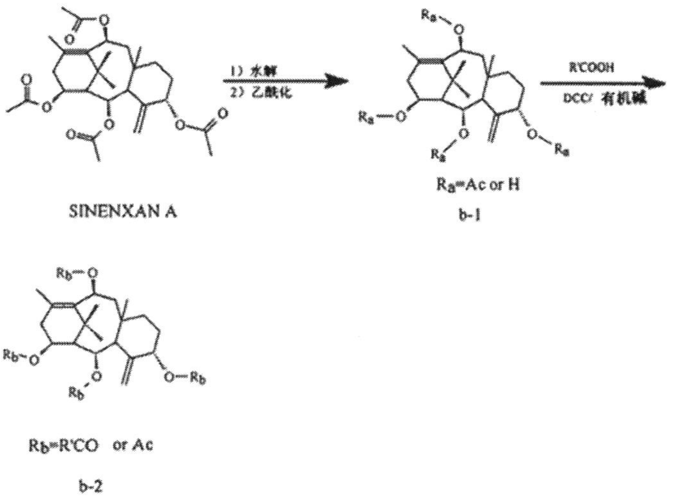

（1）新杉素 A 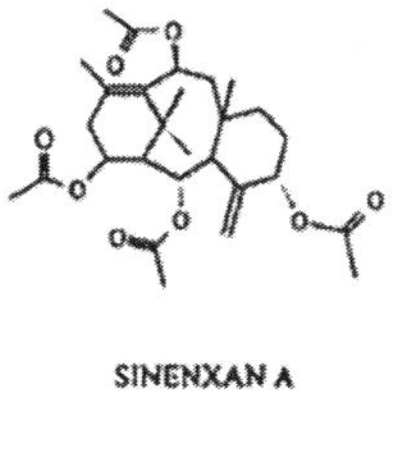 在有机溶剂中，经碱作用反应水解，得到全水解产物；干燥后，

经有机碱处理，与乙酸酐反应进行选择性酰化生成式 b-1 化合物 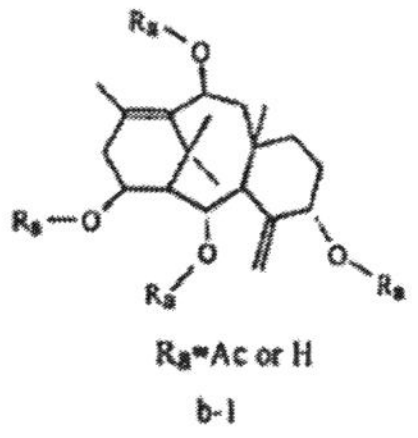；

（2）经步骤 1 得到的化合物 b-1 于干燥的有机溶剂中，在二环己基碳化二亚胺和有机碱存在下与 R′COOH 反应成酯得到通式 b-2，即 Ib 化合物，其中 R′为芳香烃或脂肪烃。

21. 通式（Ic）化合物的制备方法，

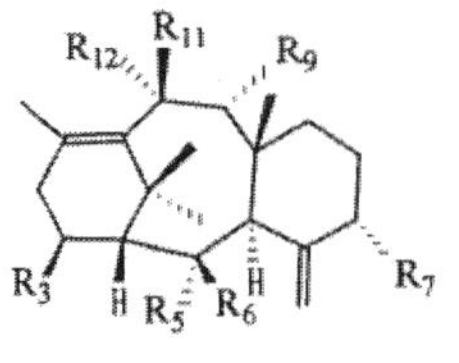

I_c

Rb 为 Ac 或 R′CO

所述方法包括以下步骤：

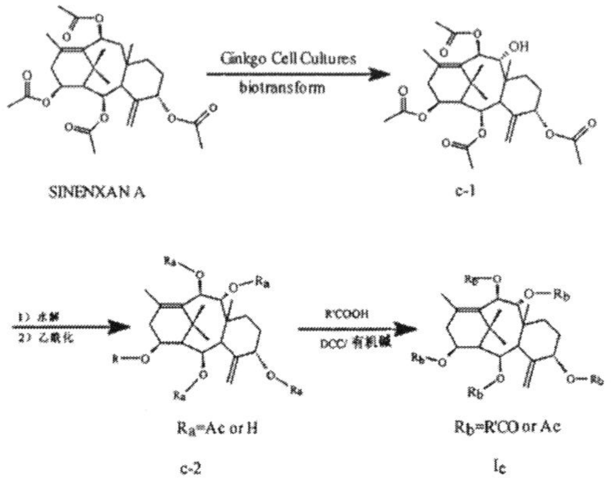

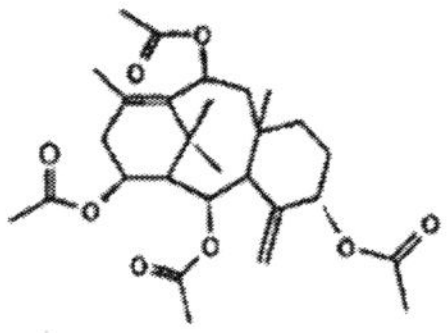

（1）将新杉素 A SINENXAN A 溶于无水乙醇中，加入培养的银杏悬浮细胞中，浓度为 10～

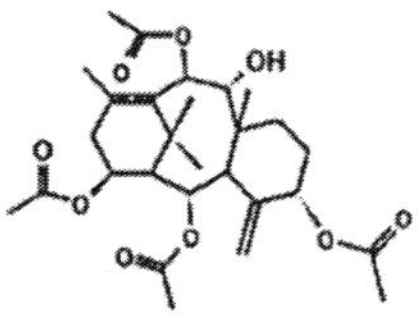

40mg/L，反应 2～18 天得到式 c-1 化合物，c-1

（2）经步骤 1 得到的式 c-1 化合物 9α-羟基-新杉素 A 在有机溶剂中，经碱作用，得到全水解产物 2α，5α，10β，14β-四去乙酰-9α-羟基-新杉素 A，干燥后，经有机碱处理，与乙酸酐反应进行选

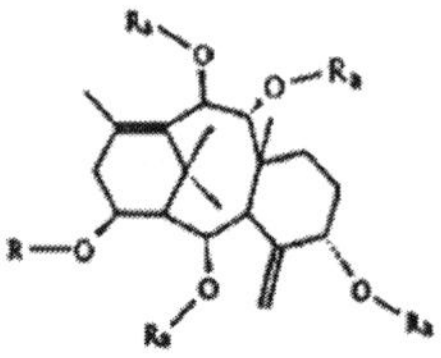

Ra=Ac or H

择性酰化得到式 c-2 ；c-2

（3）经得到羟基化合物于干燥的有机溶剂中，在二环己基碳化二亚胺和有机碱存在下与 R′COOH 反应成酯得到式 Ic 化合物，

其中，R′为芳香烃或脂肪烃。

27. 通式（Id）化合物的制备方法，

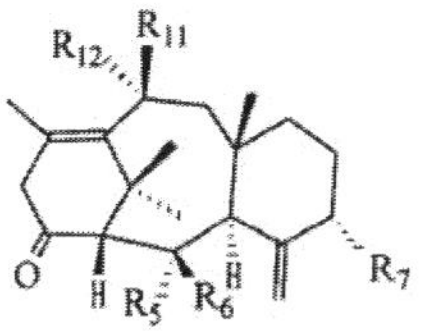

I_d

所述方法包括以下步骤

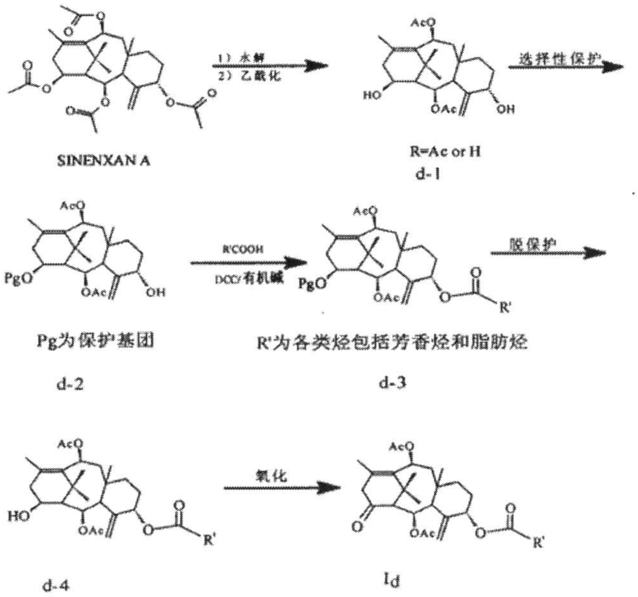

（1）将新杉素 A 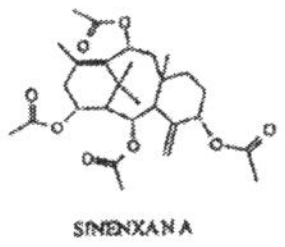 在有机溶剂中，经有机碱作用，得到全水解产物 2α，5α，10β，14β-四去乙酰-新杉素 A，干燥后，经有机碱处理，与乙酸酐反应进行选择性酰化生成式 d-1 化合物，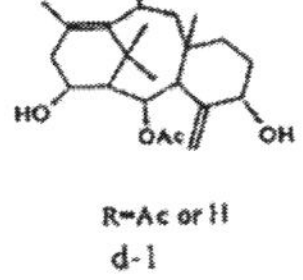；

（2）经步骤 1 得到式 d-1 化合物在有机碱存在下，与羟基保护基试剂作用得到式 d-2 化合物 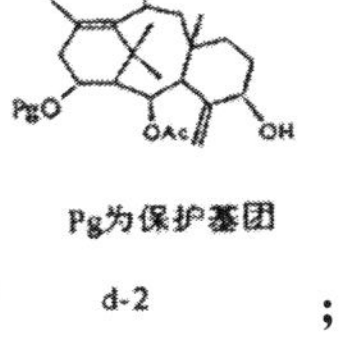；

（3）经步骤 2 得到式 d-2 化合物于干燥的有机溶剂中，在二环己基碳化二亚胺和有机碱存在下

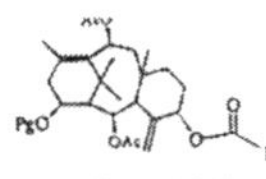

R′为芳香烃或脂肪烃

与 R′COOH 反应成酯得到式 d-3 化合物，d-3，所述的式 d-3 化合物干燥后直接溶于有机溶剂，在酸性介质中脱去保护，得到式 d-4 化合物

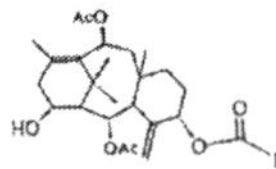

d-4；

（4）经对步骤 3 得到的式 d-4 化合物脱保护后，得到的产物浓缩干燥后，溶于有机溶剂，用氯铬酸吡啶鎓盐氧化可得到通式（Id）化合物。"

驳回决定认为：①权利要求 7 主题名称中式"Ia"的结构式与反应路线中得到的式"Ia"的结构式不一致；同时主题名称式"Ia"的结构式中并未出现取代基"Rb"，而主题名称式"Ia"结构式之后还对 Rb 进行了定义"Rb 为 Ac 或 R′CO"；②权利要求 17 主题名称中式"Ib"的结构式与反应路线中到的式"Ib"的结构式不一致；同时主题名称式"Ib"的结构式中并未出现取代基"Rb"，而主题名称中式"Ib"结构式之后还对 Rb 进行了定义"Rb 为 Ac 或 R′CO"；③权利要求 21 主题名称中式"Ic"的结构式与反应路线中得到的式"Ic"的结构式不一致；同时主题名称式"Ic"的结构式中并未出现取代基"Rb"，而主题名称中式"Ic"结构式之后还对 Rb 进行了定义"Rb 为 Ac 或 R′CO"；④权利要求 27 主题名称中式"Id"的结构式与反应路线中得到的式"Id"的结构式不一致；同时主题名称式"Id"的结构式中并未出现取代基"Rb"，而主题名称中式"Id"结构式之后还对 Rb 进行了定义"Rb 为 Ac 或 R′CO"；⑤权利要求 27 反应路线中的式 d-1 和步骤（1）得到的式 d-1 的结构式中都未出现取代基"R"，而式 d-1 结构式的下方都有对 R 的定义"R = Ac or H"。因此，权利要求 7、17、21、27 保护范围不清楚，不符合专利法实施细则第 20 条第 1 款的规定。

2008 年 10 月 13 日，申请人中国医学科学院药物研究所（下称请求人）对上述驳回决定不服，向专利复审委员会提出复审请求，请求人在提出复审请求时提交了权利要求书的修改替换页，对权利要求 7、17、21、27 进行了修改，其中分别将权利要求 7、17、21、27 主题名称中通式 Ia、Ib、Ic、Id 化合物结构式修改为反应路线最后得到的产物的结构式，使二者一致，并将主题名称中通式 Ia、Ic、Id 的标号删除，还删除了对权利要求 27 通式 d-1 结构式下方对 R 的定义"R = Ac or H"，将权利要求 17 主题名称中通式 Ib 的标号修改为 b-2。

请求人认为：经修改后的权利要求 7、17、21、27 已经克服了保护范围不清楚的缺陷，符合专利法实施细则第 20 条第 1 款的规定。

经形式审查合格后，专利复审委员会受理了该请求，并于 2008 年 11 月 26 日向请求人发出了《复审请求受理通知书》，同时将本申请转送至国家知识产权局原审查部门进行前置审查。

在《前置审查意见书》中，国家知识产权局原审查部门认为：①权利要求 7 的主题名称、产物名称与其结构式不一致；②权利要求 17 步骤（1）中的新杉素 A 结构不清楚，化合物 b-1 的立体构型不清楚；③权利要求 21 反应路线中的新杉素 A、c-1、c-2 分别与文字描述中步骤（1）中的新杉素 A、化合物 c-1 以及步骤（2）中的化合物 c-2 立体构型不一致；④权利要求 27 的新杉素 A 与权利要求 17 中的新杉素 A 的立体构型不一致，目标化合物和主题名称中的通式化合物的立体构型不一致，d-1、d-2、d-4 的立体构型不清楚，d-4 的结构式不清楚；⑤权利要求 27 中 R′在反应路线中的定义时出现了"包括"，该定义与文字描述不一致，且限定了不同的保护范围；综上，权利要求 7、17、21、2 不符合专利法实施细则第 20 条第 1 款的规定，坚持驳回决定。

专利复审委员会组成合议组，对本复审请求案进行了审理。

2009 年 4 月 1 日，请求人提交了权利要求书全文的替换页，其中对权利要求 7、17、21、27 进一步修改，请求人认为，修改后的权利要求书符合专利法实施细则第 20 条第 1 款的规定。

修改后的权利要求 7、17、21、27 为：

“7. 如下通式化合物的制备方法，

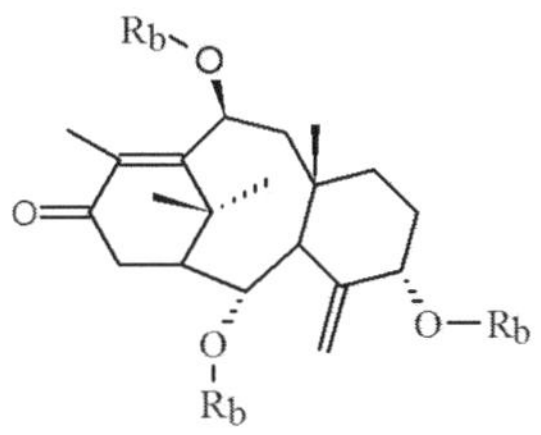

Rb 为 R′CO

所述的方法包括：

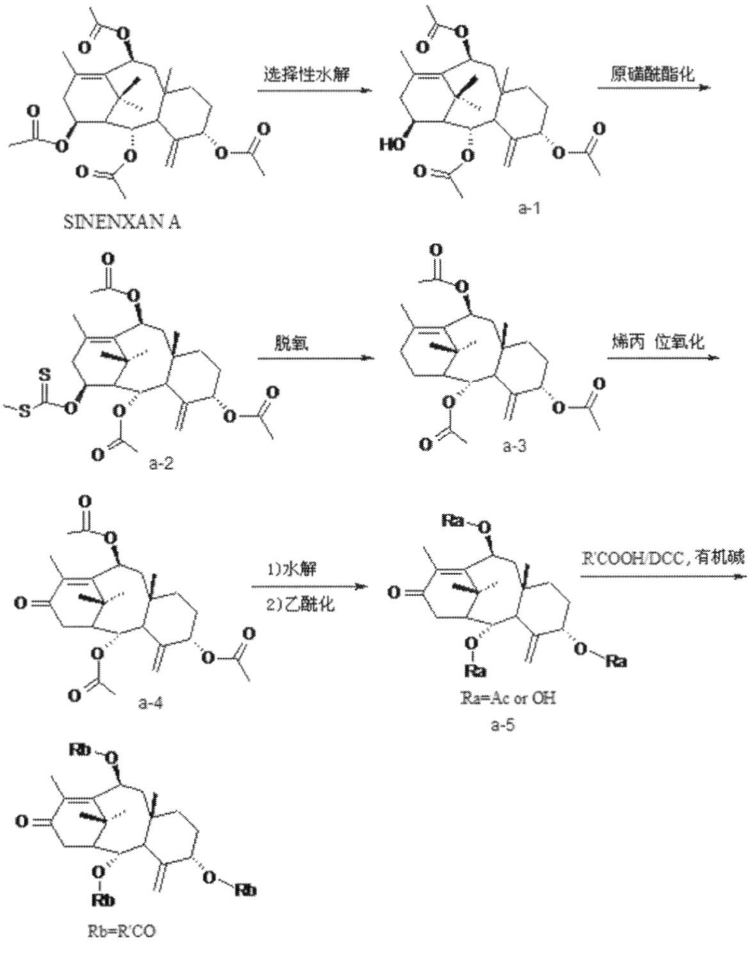

其中，(1) 在水溶性有机溶剂中，用碱性水溶液处理新杉素 A，进行选择性水解，得式 a-1 化合物；(2) 在碱性介质存在下，在有机溶剂中，化合物式 a-1 与二硫化碳，碘甲烷反应进行原磺酰酯化生成式 a-2 化合物；(3) 经步骤 2 得到的式-2 化合物 14β-去乙酰-14β-原磺酸酯-新杉素 A 经过脱氧处理，生成式 a-3 化合物；(4) 经步骤 3 得到的式 a-3 化合物 14-脱氧- 新杉素 A，经过烯丙位氧化，得式 a-4 化合物；(5) 经步骤 4 得到的式 a-4 化合物 14-脱氧-13-氧-新杉素 A 用碱水解，

干燥后，于有机溶剂中，经有机碱处理，与乙酸酐反应进行选择性酰化得到式 a-5 化合物；和（6）经步骤 5 得到的式 a-5 化合物于干燥的有机溶剂中，在二环己基碳二亚胺和有机碱存在下与 R′COOH 反应成酯得到目标产物；

其中，R′为芳香烃或脂肪烃。

17. 如下通式化合物的制备方法，

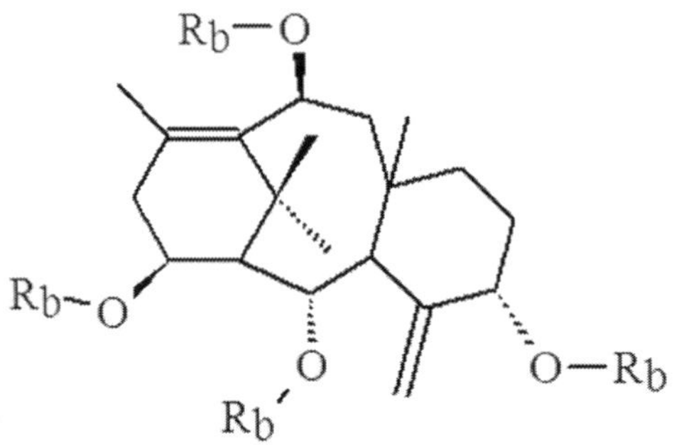

其中，Rb 为 R′CO；

所述方法包括以下步骤：

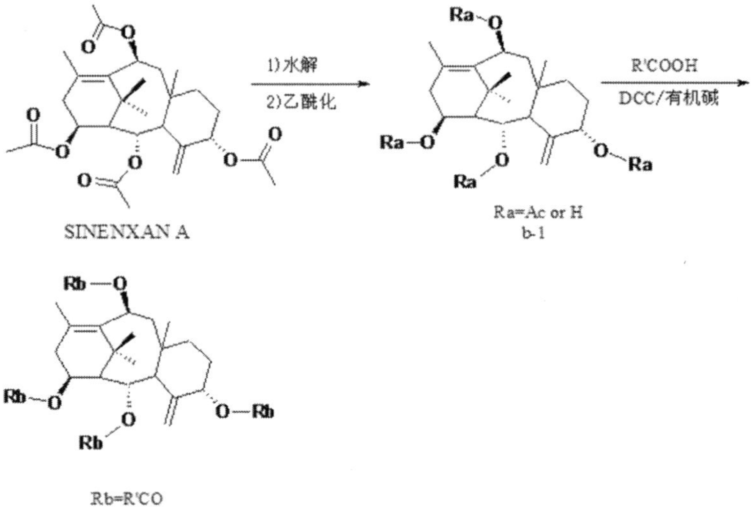

（1）新杉素 A 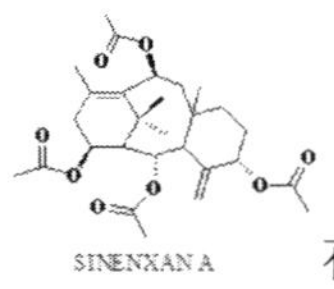 在有机溶剂中，经碱作用反应水解，得到全水解产物；干燥后，经有机碱处理，与乙酸酐反应进行选择性酰化生成式 b-1 化合物 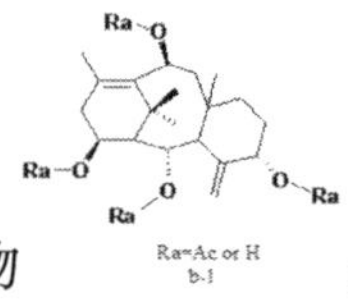；

（2）经步骤 1 得到的化合物 b-1 于干燥的有机溶剂中，在二环己基碳化二亚胺和有机碱存在下与 R′COOH 反应成酯得到目标产物，其中，R′为芳香烃或脂肪烃。

21. 如下通式化合物的制备方法，

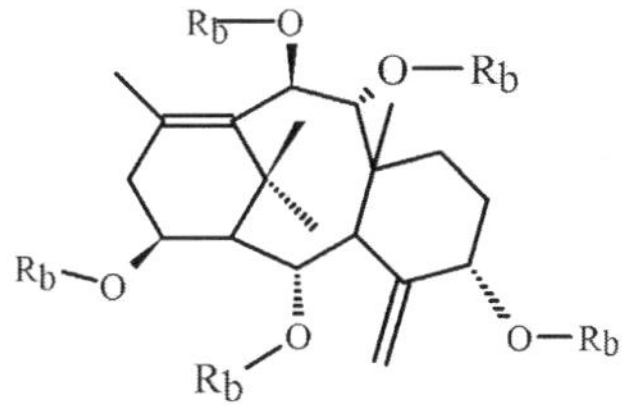

Rb 为 R′CO，

所述的方法包括以下步骤：

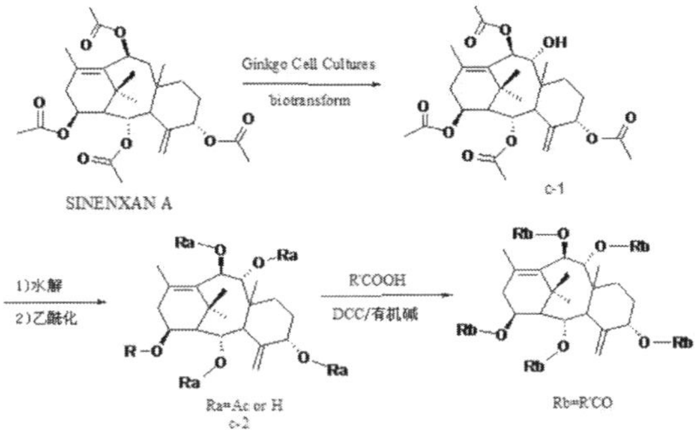

（1）将新杉素 A 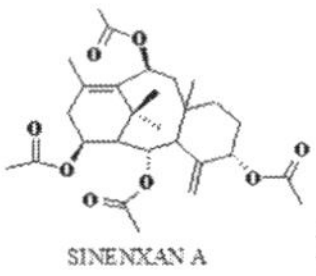 溶于无水乙醇中，加入培养的银杏悬浮细胞中，浓度为 10~40mg/L，反应 2~18 天得到式 c-1 化合物，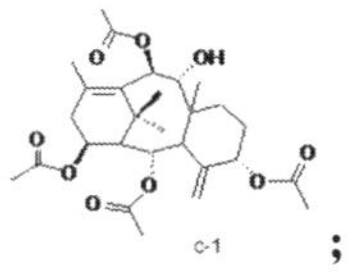；

（2）经步骤 1 得到的式 c-1 化合物 9α-羟基-新杉素 A 在有机溶剂中，经碱作用，得到全水解产物 2α，5α，10β，14β-四去乙酰-9α-羟基-新杉素 A，干燥后，经有机碱处理，与乙酸酐反应进行选择性酰化得到式 c-2 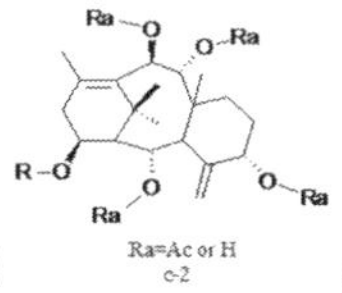；

（3）经得到羟基化合物于干燥的有机溶剂中，在二环己基碳化二亚胺和有机碱存在下与 R′COOH 反应成酯得到目标产物，

其中，R′为芳香烃或脂肪烃。

27. 如下通式化合物的制备方法，

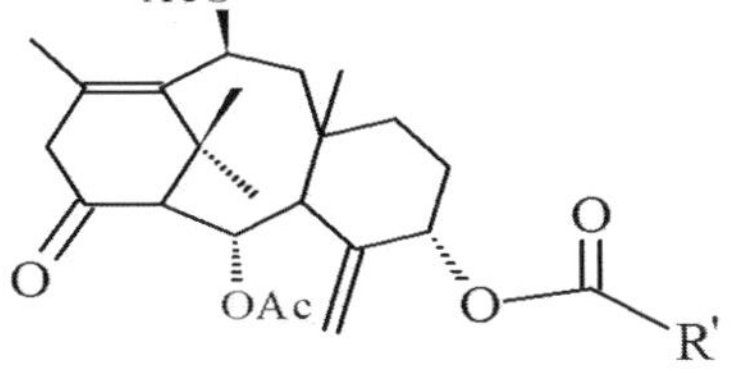

所述的方法包括以下步骤：

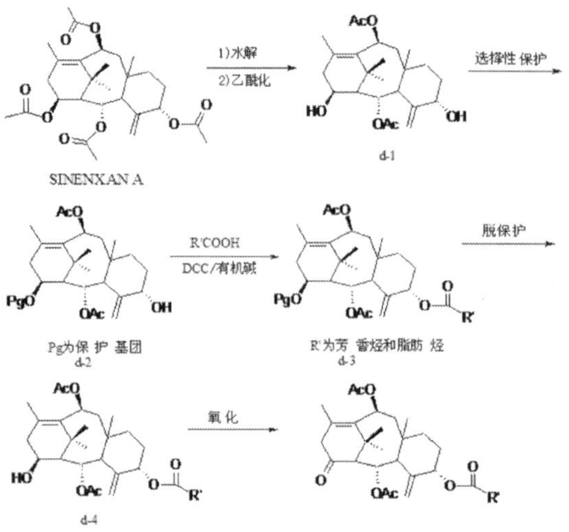

(1) 新杉素 A 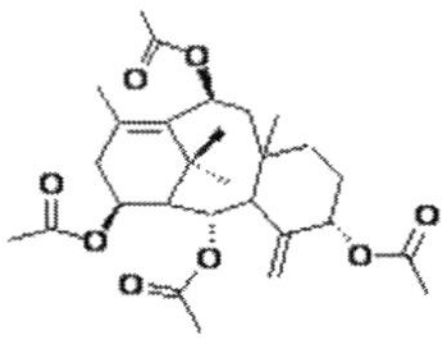 SINENXAN A 在有机溶剂中，经有机碱作用，得到全水解产物 2α，5α，10β，14β-四去乙酰-新杉素 A，干燥后，经有机碱处理，与乙酸酐反应进行选择性酰化生成式 d-1 化合物 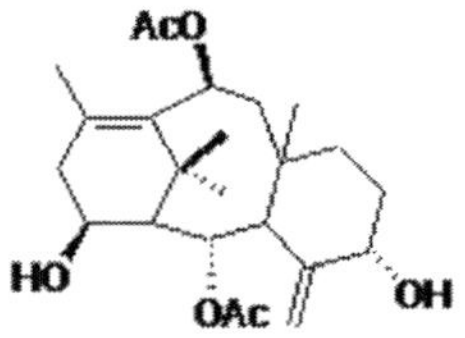 d-1 ；

(2) 经步骤 1 得到式 d-1 化合物在有机碱存在下，与羟基保护基试剂作用得到式 d-2 化合物 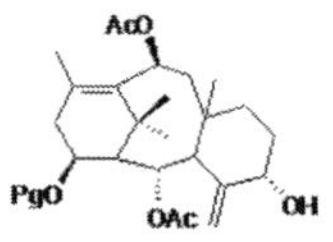 Pg为保 护 基团 d-2 ；

(3) 经步骤 2 得到式 d-2 化合物于干燥的有机溶剂中，在二环己基碳化二亚胺和有机碱存在下与 R′COOH 反应成酯得到式 d-3 化合物 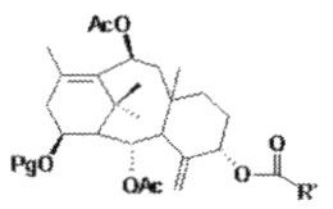 R'为芳 香烃和脂肪 烃 d-3 ，所述的式 d-3 化合物干燥后直接溶于有机溶剂，在酸性介质中脱去保护，得到式 d-4 化合物 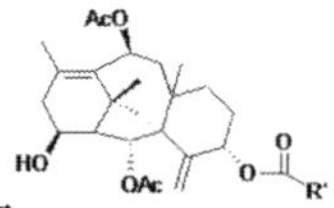 d-4 ；

(4) 经对步骤 3 得到的式 d-4 化合物脱保护后，得到的产物浓缩干燥后，溶于有机溶剂，用氯铬酸吡啶鎓盐氧化得到目标产物。”

至此，合议组认为本案事实已经清楚，可以作出审查决定。

二、决定的理由

1. 审查文本

在复审程序中，请求人于2009年4月1日提交了权利要求书的全文修改替换页，其中分别对权利要求7、17、21、27中不清楚的表达方式和结构式进行了修改。经审查，上述修改符合专利法第33条以及专利法实施细则第60条第1款的规定。

本复审请求审查决定以请求人于2009年4月1日提交的权利要求第1~33项，2001年6月21日提交的说明书第1~38页及说明书摘要为基础作出。

2. 专利法实施细则第20条第1款

专利法实施细则第20条第1款规定，权利要求书应当说明发明或者实用新型的技术特征，清楚、简要地表述请求保护的范围。

如果请求人经修改克服了驳回决定及前置审查意见书所指出的缺陷，则应在该修改的申请文件的基础上撤销驳回决定。

就本案而言，驳回决定中指出：①权利要求7主题名称中式“Ia”的结构式与反应路线中得到的式“Ia”的结构式不一致；同时主题名称式“Ia”的结构式中并未出现取代基“Rb”，而主题名称式“Ia”结构式之后还对Rb进行了定义“Rb为Ac或R′CO”；②权利要求17主题名称中式“Ib”的结构式与反应路线中到的式“Ib”的结构式不一致；同时主题名称式“Ib”的结构式中并未出现取代基“Rb”，而主题名称中式“Ib”结构式之后还对Rb进行了定义“Rb为Ac或R′CO”；③权利要求21主题名称中式“Ic”的结构式与反应路线中得到的式“Ic”的结构式不一致；同时主题名称式“Ic”的结构式中并未出现取代基“Rb”，而主题名称中式“Ic”结构式之后还对Rb进行了定义“Rb为Ac或R′CO”；④权利要求27主题名称中式“Id”的结构式与反应路线中得到的式“Id”的结构式不一致；同时主题名称式“Id”的结构式中并未出现取代基“Rb”，而主题名称中式“Id”结构式之后还对Rb进行了定义“Rb为Ac或R′CO”；⑤权利要求27反应路线中的式d-1和步骤（1）得到的式d-1的结构式中都未出现取代基“R”，而式d-1结构式的下方都有对R的定义“R=Ac or H”。因此，权利要求7、17、21、27保护范围不清楚，不符合专利法实施细则第20条第1款的规定。

《前置审查意见书》中指出：①权利要求7的主题名称、产物名称与其结构式不一致；②权利要求17步骤（1）中的新杉素A结构不清楚，化合物b-1的立体构型不清楚；③权利要求21反应路线中的新杉素A、c-1、c-2分别与文字描述中步骤（1）中的新杉素A、化合物c-1以及步骤（2）中的化合物c-2立体构型不一致；④权利要求27的新杉素A与权利要求17中的新杉素A的立体构型不一致，目标化合物和主题名称中的通式化合物的立体构型不一致，d-1、d-2、d-4的立体构型不清楚，d-4的结构式不清楚；⑤权利要求27中R′在反应路线中的定义时出现了“包括”，该定义与文字描述不一致，且限定了不同的保护范围；综上，权利要求7、17、21、2不符合专利法实施细则第20条第1款的规定，坚持驳回决定。

请求人于2009年4月1日提交的权利要求书修改替换页中，依据原说明书和权利要求书的记载，统一了化合物编号和结构式，删除了不存在的取代基的定义；此外，将权利要求7、17主题修改为“如下通式化合物”，相应将该权利要求最后修改为“……得到目标产物”；将权利要求7、17、21中“Rb为Ac或R′CO”的定义均修改为“Rb为R′CO”；将权利要求27中，R′的定义统一修改为“R′为芳香烃和脂肪烃”；另外，将权利要求17、21、27中化合物的结构式不清楚的新衫素A、b-1、c-1、c-2、d-1、d-2、d-3、d-4，依据原说明书和权利要求书的记载重新作图，使其清楚地表现化合物的结构。

上述修改克服了驳回决定和《前置审查意见书》所指出的全部缺陷。

根据上述事实和理由，合议组作出如下审查决定。

三、决定

撤销国家知识产权局于2008年6月27日针对01129602.X号发明专利申请作出的驳回决定，由国家知识产权局原审查部门以本复审决定所针对的文本为基础继续审批程序。

复审请求人对本决定不服的，可以根据专利法第41条第2款的规定，自收到本决定之日起三个月内向北京市第一中级人民法院起诉。

041

一种防治椰心叶甲的药物组合物及其使用方法

复审请求审查决定（第16631号）

决　定　号　第16631号
决　定　日　2009年4月21日
发明创造名称　一种防治椰心叶甲的药物组合物及其使用方法
国际分类号　A01N57/12，A01N25/14，A01P7/04
复审请求人　珠海旺世有限公司
申　请　号　200610123621.4
申　请　日　2006年11月17日
公　开　日　2007年5月9日
合议组组长　任晓兰
主　审　员　宋　泳
参　审　员　娄　宁

法律依据　专利法第26条第3款
决定要点
判断说明书是否充分公开了要求保护的技术方案应当基于说明书的整体内容，如果本领域技术人员通过阅读说明书整体内容能够获得足够的信息，明悉实现发明的技术手段、解决其技术问题，并预期到其技术效果，则说明书满足充分公开的要求。

一、案由

本复审请求案涉及发明名称为“一种防治椰心叶甲的药物组合物及其使用方法”的200610123621.4号发明专利申请（下称本申请），申请人为珠海旺世有限公司，申请日为2006年11月17日，公开日为2007年5月9日。

2008年5月9日，针对申请人于申请日提交的权利要求第1～10项，说明书第1～17页及摘要，国家知识产权局以说明书不符合专利法第26条第3款的规定为由驳回了本申请。

驳回决定指出：（1）说明书未公开本申请实施例的药物组合物中吸潮剂、稳定剂、缓释剂、表面活性剂和填料等各种助剂的具体组份和配比，无法确定说明书中具有效果的椰虫净的具体助剂组成成分和配比，因此无法制备实现本发明目的的椰虫净；（2）同一类助剂的组份的物化性质可能接近，但各类助剂之间相互作用的结果体现在具体组份的选择和比例配置上，采用不同的组份及其不同的配比对于助剂本身的性质可能影响不明显，但是其与其他种类的助剂相互作用后是否能够产生影响难以判断，而且正因为助剂之间不同组份的选择和配比搭配才导致剂型的改进，因此助剂具体组份的选择和配比是实现剂型效果的必要技术特征，缺少这些特征使得本领域技术人员无法实施本发明；（3）本申请是将敌百虫制备成特定的剂型以解决技术问题，由于说明书没有给出椰虫净中各助剂具体组份的配比，所以本领域技术人员无法制备本申请的椰虫净，因此本申请的说明书不符合专利法第26条第3款的规定。

驳回决定针对的权利要求如下：

“1. 一种防治椰心叶甲的药物组合物，其特征在于，所述药物组合物包括敌百虫。

2. 根据权利要求1所述的药物组合物，其特征在于，所述敌百虫的质量含量为1%~90%。

3. 根据权利要求2所述的药物组合物，其特征在于，所述药物组合还包括吸潮剂、稳定剂、缓释剂、表面活性剂和填料，所述吸潮剂、稳定剂、缓释剂、表面活性剂和填料的质量含量分别为1%~80%、1%~30%、1%~10%、1%~10%、6%~90%。

4. 根据权利要求3所述的药物组合物，其特征在于，所述敌百虫、吸潮剂、稳定剂、缓释剂、表面活性剂和填料的质量含量分别为5%~80%、5%~50%、1%~10%、3%~8%、3%~10%、9%~70%。

5. 根据权利要求2所述的药物组合物，其特征在于，所述敌百虫的质量含量分别为30%~60%。

6. 根据权利要求3或4所述的药物组合物，其特征在于，所述吸潮剂选自β-甲壳质、石灰粉、SAP、聚丙烯酸钠、聚丙烯酸-丙烯腈、聚丙烯酸-醋酸乙烯、聚丙烯醇接枝丙烯酸、羧甲基纤维素钠中的一种或几种组合；

所述稳定剂选自氨基酸、氨基酸衍生物、丁香酚、亚硫酸氢钠、乙氧基喹、L-半胱氨酸、维生素E、维生素C、β-胡萝卜素、茶多酚、BHA、BHT、TBHQ、环氧化豆油、氨基苯甲酸、Uvmul系列、苏丹黑、蚕蛹干粉、柠檬酸、对硝基苯甲酸、蓖麻油中的一种或几种组合；

所述缓释剂选自聚乙烯醇、壳聚糖及衍生物、甲基纤维素、羟乙基纤维素、羟乙基甲基纤维素、羟丙基纤维素、羟丙基甲基纤维素、羟甲基纤维素和羟甲基纤维素钠、葡萄糖、半乳糖甘露聚糖、果胶、海藻酸钠、海藻酸钾、琼脂、角叉等胶、刺槐豆胶、爪耳树胶和西黄蓍胶、乙烯基聚合物或丙烯酸聚合物中的一种或几种组合；

所述表面活性剂选自烷基芳基聚氧乙基醚、脂肪醇聚氧乙基醚、烷基奈磺酸盐、木质素磺酸盐中的一种或几种组合；

所述填料选自陶土、石灰粉、高岭土、石膏、滑石粉、皂土、硅藻土、白炭黑、磷酸盐、砂石、浮石、泥煤、硅酸钙中的一种或几种组合。

7. 根据权利要求1或2或3或4或5所述的药物组合物，其特征在于，所述药物组合物可以做成任何一种药剂学上的固体制剂。

8. 一种权利要求1至6任意一项所述药物组合物的使用方法，其特征在于，将上述药物组合物放入透水汽的包装袋内，把该包装袋置于心叶基部的叶片之间；药物组合物中的吸潮剂吸收水分，使药物组合物逐渐溶解，溶解后的稀释液流出包装袋外，触杀居于心叶基部的椰心叶甲。

9. 根据权利要求8所述药物组合物的使用方法，其特征在于，所述包装袋置于心叶基部幼嫩叶片内侧，塞入心叶与旁侧叶片之间。

10. 根据权利要求8或9所述药物组合物的使用方法，其特征在于，所述透水汽的包装袋为含水溶性膜的纱网布袋或者含可降解塑料膜的纱网布袋或者无纺布袋或者纱网布袋或者纸袋。”

2008年8月23日，珠海旺世有限公司（下称请求人）对上述驳回决定不服，向专利复审委员会提出复审请求，请求人在提出复审请求时提交了四份附件，未对申请文件进行修改。

附件1：第94119066.8号中国发明专利说明书，授权公告日为1997年10月15日，首页、说明书第2页，共2页；

附件2：第200310106176.7号中国发明专利说明书，授权公告日为2006年1月11日，全文共7页；

附件3：第200410040470.7号中国发明专利说明书，授权公告日为2006年8月9日，首页、说明书第4页，共2页；

附件4：珠海市风景园林工程有限公司谢桂青，珠海市园林管理处黄万春等出具的证明，6份，共6页。

请求人认为，（1）由附件1~3可知，有同样未公开组合物某些组份中具体试剂配比的专利申请获得了专利权；（2）由附件4可知，本领域技术人员可以再现并实现本发明的技术方案；（3）本发明的重点在于将敌百虫与各种助剂混合做成粉剂，由于现有技术中没有公开敌百虫粉剂能够用于杀灭椰心叶甲，本申请说明书中用试验数据证明了敌百虫粉剂具有杀死椰心叶甲的效果，因此本申请已经从发明目的、技术方案、技术效果方面充分公开了发明；（4）决定本申请组合物使用效果的是敌百虫与各种助剂之间的比例关系，而非物理和化学性质接近的助剂的具体组份之间的比例。对于本申请的粉剂来说，吸潮剂等助剂本身之间的相互作用并不明显，且各种助剂的供选物质均是本领域内常规的物质。另外，在判断说明书是否充分公开时，应当立足于说明书的全文，而不能仅考虑具体实施例。本申请说明书第16~17页提到，吸潮剂等助剂均可以选自所列组份的其中一种或多种，当本申请的各种助剂仅选取一种的时候，各助剂的比例关系是可以确定的，而且由于所述各种助剂的效果、用途和使用方法是本领域公知的，即使实施例中没有公开助剂组份的具体用量，也不会影响本领域技术人员实施本发明。

经形式审查合格后，专利复审委员会受理了该请求，并于2008年10月14日向请求人发出了《复审请求受理通知书》，同时将本申请转送至国家知识产权局原审查部门进行前置审查。

在《前置审查意见书》中，国家知识产权局原审查部门认为本申请所要解决的技术问题是提供一种新的剂型，其关键在于配制的助剂的具体种类，由于助剂的范围非常宽泛，何种助剂的混合才能解决该技术问题是需要通过创造性劳动才能实现的，因此本申请仍然不符合专利法第26条第3款的规定，并在此基础上坚持驳回决定。

专利复审委员会组成合议组，对本复审请求案进行了审理。

经合议，合议组认为本案事实清楚，可以作出审查决定。

二、决定的理由

1. 关于文本

本复审请求审查决定以请求人于申请日提交的权利要求第1~10项，说明书第1~17页及摘要为基础作出。

2. 关于专利法第26条第3款

专利法第26条第3款规定：说明书应当对发明或者实用新型作出清楚、完整的说明，以所属技术领域的技术人员能够实现为准。

判断说明书是否充分公开了要求保护的技术方案应当基于说明书的整体内容，如果本领域技术人员通过阅读说明书整体内容能够获得足够的信息，明悉实现发明的技术手段、解决其技术问题，并预期到其技术效果，则说明书满足充分公开的要求。

就本申请而言，权利要求1~7涉及一种包括敌百虫的药物组合物，权利要求8~10涉及所述药物组合物的使用方法。根据说明书的记载，本申请旨在提供一种可以有效防治椰心叶甲的药物组合物及其使用方法（参见说明书第2页第2行），其中，首先通过将1%~90%的敌百虫与吸潮剂（1%~

80%)、稳定剂（1%~30%）、缓释剂（1%~10%）、表面活性剂（1%~10%）和填料（6%~90%）相混合，然后将所得组合物放入包装袋内，置于心叶基部的叶片之间，通过组合物中的吸潮剂吸收水分，使药物组合物溶解流出，触杀居于心叶基部的椰心叶甲（参见说明书第2~3页）。说明书第2~3页公开了药物组合物中各种助剂的选择范围，例如“吸潮剂选择-甲壳质、石灰粉……中的一种或几种组合”，“稳定剂选自氨基酸、氨基酸衍生物、丁香酚……中的一种或几种组合”，随后在实施例中公开了13种具体的组合物，并将其中一种组合物“椰虫净”与已知的其他药剂进行了杀虫实验对比，验证了本申请药物组合物粉剂杀灭椰心叶甲的效果（参见说明书表3~7）。

驳回决定认为，说明书实施例中未公开吸潮剂、稳定剂、缓释剂、表面活性剂和填料等各种助剂的具体组份和配比，因此无法制备本发明的椰虫净；同时，同一类助剂中各组份的物化性质可能接近，但各类助剂之间相互作用后是否能够产生影响难以判断；而且本申请技术问题的解决依赖于将敌百虫制备成特定的剂型，而以上各助剂中具体组份的选择和配比则是实现剂型效果的必要技术特征，各具体组份的具体比例直接影响剂型的性能，在说明书中没有给出椰虫净中各助剂的具体组份之间配比的情况下，本领域技术人员无法制备本发明的椰虫净，从而无法实现敌百虫在防治椰心叶甲中的应用，故而本申请的说明书不符合专利法第26条第3款的规定。

合议组查明，确如驳回决定所述，本申请实施例（以实施例1为例）仅记载药物组合物包括敌百虫、吸潮剂、稳定剂、缓释剂、表面活性剂、填料，其中吸潮剂为-甲壳质、石灰粉混合物；稳定剂为聚乙烯醇、壳聚糖及衍生物的混合物；表面活性剂为烷基芳基聚氧乙基醚、脂肪醇聚氧乙基醚、烷基萘磺酸盐、木质素磺酸盐的混合物；填料为陶土、石灰粉、高岭土混合物。给出了敌百虫、吸潮剂、缓释剂、表面活性剂、填料之间的比例，未具体公开每一种助剂中所用具体组份的使用量（或比例）。在此情况下，判断本申请是否符合专利法第26条第3款的关键在于，在说明书实施例中未公开各助剂中具体组份之间的比例的情况下，本领域技术人员能否实现本发明。

对此，合议组认为：(1) 具体实施例是发明内容的一个重要组成部分，但判断说明书是否充分公开了要求保护的技术方案不应当仅仅基于实施例，而是应当根据说明书的整体内容加以判断。如果本领域技术人员在说明书整体内容的基础上已经能够获得足够的信息，明悉实现发明的技术手段、解决其技术问题，并预期到其技术效果，则即使实施例中存在部分瑕疵，也不足以影响发明的充分公开。

本案中，首先，说明书中第2~3页公开了药物组合物由敌百虫、吸潮剂、稳定剂、缓释剂、表面活性剂、填料组成，其中敌百虫的用量为1%~90%，其他五种助剂的用量分别为1%~80%、1%~30%、1%~10%、1%~10%和6%~90%；并且还公开了各种助剂的选择范围，例如吸潮剂选自-甲壳质、石灰粉……中的一种或几种的组合。在此基础上，本领域技术人员可以将1%~90%的敌百虫与1%~80%的选自-甲壳质、石灰粉等中的一种或多种的吸潮剂；1%~30%的选自氨基酸、氨基酸衍生物等中的一种或多种的稳定剂……等助剂组合起来形成药物组合物，并且根据常规的方式将其形成粉剂。至于每一种助剂中是选择一种具体物质，还是选择多种不同具体物质，本领域技术人员可以根据其需要进行选择，只要使其总和在该助剂应当的用量范围之内即可。在此基础上，本领域技术人员能够制备出本申请所述的药物组合物。其次，根据说明书的记载，本申请中吸潮剂所起的作用在于将空气中的水分吸收入药剂中，将药剂溶解，溶解液渗透到心叶褶叶内触杀椰心叶甲；稳定剂的作用在于稳定药效，保持较长的药剂持效性；缓释剂的作用在于通过缓释剂的缓慢降解来控释药物的释放，延长药物持效期；表面活性剂的作用为改善药物溶液在叶面上的物理化学特性，增加叶片对有效成分的吸收；填料的作用在于增加容量、降低成本。上述组份在药物组合物中的作用均仅利用其通用性质。同时，说明书中记载的各种助剂也是本领域常见的起到上述通用作用的常规试剂，例如，环氧化豆油、烷基萘磺酸盐是本领域常见的稳定剂和表面活性剂（见《农药助剂》，化学工业出版社，2003 年 9 月第 3 版，第 29~67 页，300~308 页）；SAP、聚丙烯酸钠、陶土、高岭土是本领域常见的吸潮剂和填料；聚乙烯醇、果胶等是本领域常用作缓释剂的物质。由此可见，本申请仅是利用了常规助剂的通用性质来制备药物组合物，在组合物中，每种助剂中的具体组份和配比仅需实现其通用性质即可。在此基础上，对于实施例中每种助剂的具体组份之间的比例，本领域技术人员可以根据本领域的技术常识在一定的范围内进行选择，并使其总和达到该助剂本身的用量（例如，在实施例 1 中，使用的-甲壳质和石灰粉可以各为 5%，或分别为 4%、6% 等，从而使其总量保持 10%），并由此制备得到本申请的药物组合物。并且，本领域技术人员能预期到，在组成药物组合物的所有组份相同、组份之间的比例相同、形成各组份的具体物质种类也相同的情况下，仅仅是同一组份下具体物质之间比例的不同尚不足以使整体组合物的性能发生实质的变化（理由如（2）中所述）。

（2）关于多种助剂之间是否存在相互作用，合议组认为，各助剂是否会相互作用是由物质本身的性质，而非物质的用量决定的。在本申请的实施例中，已经给出了各助剂具体的组成，在对所述各助剂具体物质组成之间是否发生相互作用未提出质疑的情况下，仅由于实施例中未公开各具体物质之间的相互比例而质疑这些具体物质之间可能发生相互作用从而影响组合物使用效果的主张缺乏事实依据。

（3）关于将敌百虫的特定剂型，说明书第 5 页实施例一中记载了药物组合物的制备方法：将各原料混配后用传统粉剂的制作方法制成杀虫剂。传统的粉剂制备方法是将活性成分添加各种助剂后经机械粉碎混合均匀即制得粉状制剂。由于说明书中记载的所有助剂均为固体或者油状液体，对于本领域技术人员而言，通过控制固体和油状液体的比例来保证最终机械粉碎混合后得到的是粉状制剂是本领域常用的技术手段。因此，即使在实施例中未公开各种助剂的具体组份之间的配比，本领域技术人员根据其常识也能够制备得到粉剂药物组合物，不需要付出创造性劳动，从而解决本申请所述的技术问题。

综上所述，合议组认为，虽然说明书实施例中没有公开各种助剂的具体组份的配比，但尚不足以导致说明书不符合专利法第 26 条第 3 款的规定，因此，驳回理由不能成立。

根据上述事实和理由，合议组作出如下审查决定。

三、决定

撤销国家知识产权局于 2008 年 5 月 9 日针对 200610123621.4 号发明专利申请作出的驳回决定，由国家知识产权局原审查部门以本复审决定所针对的文本为基础继续审批程序。

复审请求人对本决定不服的，可以根据专利法第 41 条第 2 款的规定，自收到本决定之日起三个月内向北京市第一中级人民法院起诉。

042

超临界二氧化碳干洗机

复审请求审查决定（第 16637 号）

决　　定　　号　第 16637 号
决　　定　　日　2009 年 4 月 20 日
发明创造名称　超临界二氧化碳干洗机
国 际 分 类 号　D06F 43/00，D06L 1/00
复 审 请 求 人　孙传经
申　　请　　号　00132137.4
申　　请　　日　2000 年 12 月 14 日
公　　开　　日　2002 年 1 月 30 日
合 议 组 组 长　翁晓君
主　　审　　员　李　佳
参　　审　　员　刘　鹏

法 律 依 据　专利法第 22 条第 3 款
决 定 要 点

权利要求与对比文件相比存在区别技术特征，如果这些区别技术特征是所属技术领域的公知常识，则认为现有技术存在技术启示，在该对比文件的基础上结合所属领域的公知常识，得出该权利要求所要求保护的技术方案是显而易见的，该权利要求不具备创造性。

一、案由

本复审请求涉及申请号为 00132137.4、名称为“超临界二氧化碳干洗机”的发明专利申请，其申请日为 2000 年 12 月 14 日，公开日为 2002 年 1 月 30 日，申请人为孙传经。

国家知识产权局实质审查部门针对申请人于 2007 年 9 月 18 日提交的权利要求 1~5，2005 年 5 月 13 日提交的说明书第 1~4 页，2000 年 12 月 14 日提交的说明书附图第 1 页、摘要附图，2001 年 8 月 14 日提交的说明书摘要，于 2007 年 11 月 9 日以权利要求 1 不符合专利法第 22 条第 3 款的规定为由驳回了本申请。

驳回决定所针对的权利要求书的内容如下：

“1. 一种超临界 CO_2 干洗机，由 CO_2 柱塞泵、预热器、助剂容器、干洗釜、加热器、分离釜、过滤器、液体 CO_2 贮罐和压缩机构成，可用于干洗衣物，清洗半导体部件。

2. 根据权利要求 1 所述的超临界 CO_2 干洗机，整机由两个单元组成，分别为：

（1）干洗、分离单元，在一金属壳内，左下方装有 CO_2 柱塞泵（1），预热器（2），助剂容器（3），中间装有干洗釜（4），该釜具有快开盖（5），转动篮（6），干洗釜（4）上部出口装有减压阀（7）、加热器（8）并连接分离釜（9），其出口接超细过滤器（11）和活性炭过滤器（12），干洗釜（4）下部经 V9 接收集器（10），在拉门右上侧装有电脑控制器。

（2）CO_2 冷却回收单元，在另一金属壳体内，左边装有压缩机（15），右边装有冷凝器（13），后面接液体 CO_2 贮罐（14）。

上述两单元经管线、阀门连接：干洗釜（4）经 V16 与液体 CO_2 贮罐（14）相连，经 V5 与压缩机（15）连接，CO_2 源（16）经 V18 或 V14 与冷凝器（13）连接，构成超临界 CO_2 干洗机。

3. 根据权利要求 1 所述的超临界 CO_2 干洗机，其操作特征为：

（1）启动干洗机，设定温度 0℃～10℃，20℃～45℃，35℃～50℃，开 CO_2 源阀 V14 或 V18 经压缩机给液体 CO_2 贮罐充液，达到一定液位后关闭。

（2）打开干洗釜（4）将洗涤衣物放入，设定干洗釜温度 35℃～50℃、压力 28MPa～32MPa，分离釜温度 20℃～45℃、压力 4MPa～6MPa。开、关柱塞泵（1），给系统充压，开、关放空阀 V6、V7，放走系统中的空气。

（3）开柱塞泵（1）将液体 CO_2 经预热器加热到超临界状态，进入助剂容器（3），将助剂溶解后进入干洗釜（4）内，对衣物进行清洗，在干洗釜（4）中溶解污物的 CO_2 经减压阀（7）降压为气体后，在分离釜（9）中释放出污物，CO_2 气体经过滤器（11）、（12）净化后，再经冷凝器（13）冷成液体，送到液体 CO_2 贮罐（14）再用。

（4）干洗一定时间后，停泵、关阀，釜内 CO_2 开 V5 阀由压缩机抽出，经冷凝送到 CO_2 贮罐（14），残余 CO_2 小于 1% 开 V6 阀放空，最后打开干洗釜（4），取出干洗好的衣物。

4. 根据权利要求 1 所述的超临界 CO_2 干洗机，可用于干洗衣物，其特征在于：

在设定的干洗釜温度 35℃，压力 30MPa，分离釜温度 30℃，压力 5MPa 条件下，再加入 20 克洗涤剂，最后加香精油，干洗 20 分钟，洗好的毛料西服、大衣，不褪色，不缩水。

5. 根据权利要求 1 所述的超临界 CO_2 干洗机，可用于清洗精密金属加工部件、光学玻璃磨片、电子组件、半导体晶片，其特征在于：将具有内螺纹、含有 1mm 孔径的精密金属加工件，电路板，光学玻璃磨片，红宝石小球，半导体晶片，用不锈钢丝网包好，置于干洗釜转动篮（6）中，进行清洗；在不加洗涤剂、干洗釜温度 40℃，压力 32MPa 的条件下，清洗 30 分钟，取出被洗物，用气相色谱法检测其表面油脂含量低于 $0.1mg/m^2$。”

驳回决定所引用的对比文件为：对比文件 1：CN1119684A，公开日为 1996 年 4 月 3 日。

驳回决定的主要理由是：权利要求 1 的技术方案和对比文件 1 的技术方案的区别在于：权利要求 1 的干洗机还包括压缩机，对于本领域技术人员来讲，使用压缩机压缩冷凝后的 CO_2，然后输送给 CO_2 贮罐充液，是本领域公知的技术手段，在对比文件 1 的基础上结合此公知常识从而得到该权利要求所要求保护的技术方案，对于本技术领域的普通技术人员来说是容易想到的，因此该权利要求所要求保护的技术方案不具备创造性，不符合专利法第 22 条第 3 款的有关规定。

申请人（下称复审请求人）对上述驳回决定不服，于 2008 年 1 月 18 日向国家知识产权局专利复审委员会提交了复审请求书以及驳回决定、驳回决定正文的复印件，未对申请文件进行修改。

复审请求的主要理由是：（1）本申请使用超临界二氧化碳流体，与对比文件 1 中所使用的液态二氧化碳有显著性差异。本申请“超临界二氧化碳干洗机”与对比文件 1 公开的“利用液态液体二氧化碳作清洗剂的搅动下的干洗设备”主题不符，超临界二氧化碳和液态二氧化碳在清洗衣物时的功能、作用和效率均有显著差异，无可比性。（2）权利要求书和说明书中记载的干洗釜压力为

28MPa ~ 32Mpa（280 ~ 320kg/cm^2），显示该设备为三类高压设备，对比文件 1 中“有壁容器的压力为 500psi ~ 1 500psi（35.2 ~ 105.4kg/cm^2）”，表明其该设备为一、二类中压设备，虽然部件名称相似，但因设备压力等级不同而使设备设计结构存在显著不同。（3）压缩机的创造性使用，极大地提高了干洗机二氧化碳气体的冷凝循环效率，对比文件 1 中没有使用压缩机，使用效率相对较低。

经形式审查合格，专利复审委员会受理该复审请求，于 2008 年 5 月 30 日向复审请求人发出复审请求受理通知书，向国家知识产权局实质审查部门发出前置审查通知书。

前置审查程序中，国家知识产权局实质审查部门坚持原驳回决定，认为权利要求 1 不具备创造性，不符合专利法第 22 条第 3 款的规定。

在此基础上，专利复审委员会依法成立合议组对此案进行审理，于 2009 年 3 月 19 日向复审请求人发出复审通知书，指出：权利要求 1 的技术方案与对比文件 1 相比，区别在于：对比文件 1 中公开了气态二氧化碳通过冷凝器 34 重新被液化，权利要求 1 的技术方案中还包括压缩机；权利要求 1 的干洗机还可以清洗半导体部件。但上述区别技术特征是所属领域的惯用手段和公知常识，因此权利要求 1 相对于对比文件 1 与所属领域的惯用手段和公知常识不具备创造性。权利要求 2 与对比文件 1 相比，其区别技术特征是所述领域的惯用手段，因此权利要求 2 也不具备创造性。综上，权利要求 1、2 不符合专利法第 22 条第 3 款的规定。同时提醒复审请求人：权利要求 2、3 中附图标记没有用括号括起来，不符合专利法实施细则第 20 条第 4 款的相关规定；权利要求 2、3 中出现了多个句号。

复审请求人于 2009 年 3 月 30 日针对上述复审通知书陈述了意见，未对申请文件进行修改。复审请求人陈述意见：本申请的初审和复审所引用的对比文件 1 从未向其提供过，请求提供完整的对比文件 1。

在前述工作基础上，合议组认为本案事实已经清楚，可以作出如下审查决定。

二、决定的理由

1. 关于审查文本

复审请求人在提交复审请求和答复复审通知书时未修改申请文件，本复审决定依据的审查文本是：复审请求人于 2007 年 9 月 18 日提交的权利要求 1 ~ 5，2005 年 5 月 13 日提交的说明书第 1 ~ 4 页，2000 年 12 月 14 日提交的说明书附图第 1 页、摘要附图，2001 年 8 月 14 日提交的说明书摘要。

2. 关于专利法第 22 条第 3 款

专利法第 22 条第 3 款规定：创造性，是指同申请日以前已有的技术相比，该发明有突出的实质性特点和显著的进步，该实用新型有实质性特点和进步。

（1）权利要求 1 要求保护一种超临界 CO_2 干洗机，对比文件 1 公开了一种用液态二氧化碳做清洗剂的搅动下的干洗设备，具体公开以下技术特征（参见对比文件 1 的说明书第 2 页第 15 行至第 4 页第 10 行、第 6 页第 11 行至第 7 页第 15 行，附图 1）：干洗设备使用液态和超临界二氧化碳作为服装干洗工艺。一个可加压的容器 12（相当于权利要求 1 中的干洗釜）中有一个多孔清洗滚筒 16，清洗滚筒有盖子 16a，筒内放置需要干洗的衣服和织物 10；泵 36（相当于权利要求 1 中的 CO_2 柱塞泵）从贮存罐 20（相当于权利要求 1 中的液体 CO_2 贮罐）中将液态二氧化碳和清洗增强剂 26（相当于权利要求 1 中的助剂）通过入口 22 送入有壁容器 12，取样阀 28 用于将清洗增强剂引入输入管路 22，对所属领域的技术人员来说，为在操作过程中自动引入助剂，干洗机中必然设置有盛放清洗增强剂的容器，因此对比文件 1 隐含公开了干洗机具有助剂容器；位于泵 36 与容器 12 之间的预热器 38 协助控制循环的液态二氧化碳的温度；容器 12 还装有一个加热器 24；清洗衣服后，将受污染的表面活性剂和液态二氧化碳从出口 30 排出，经过减压进入装有合适的过滤系统（相当于权利要求 1 中的过滤器）的分离器 32（相当于权利要求 1 中的分离釜），干净的气态二氧化碳通过冷凝器 34，重新被液化后返回贮存罐20。权利要求1的技术方案与对比文件1相比，区别在于：对比文件1中公开了气态二氧化碳通过冷凝器34重新被液化，权利要求1的技术方案中还包括压缩机；权利要求1的干洗机还可以清洗半导体部件。对所属领域的技术人员来说，在将气体转化成液态进行冷凝压缩时，设置压缩机来压缩气态物质成为液态，是所属领域的惯用手段，属公知常识；以干洗的方式来清洁不适合水洗的物品如某些织物、半导体部件等，也是所属领域的公知常识。在对比文件1的基础上结合所属领域的公知常识得到权利要求1所要求保护的技术方案，对于本技术领域的普通技术人员来说是显而易见的，并且权利要求1的技术方案相比于对比文件1的技术方案也没有取得更加有益的技术效果，因此权利要求1所要求保护的技术方案不具备创造性，不符合专利法第22条第3款的规定。

（2）权利要求2的附加技术特征中的一部分已被对比文件1中公开（参见对比文件1的第2页第15行至第4页第10行、第6页第11行至第7页第15行，附图1）：可加压的容器12（相当于权利要求2中的干洗釜）中有一个多孔清洗滚筒16（相当于权利要求2中的转动篮），清洗滚筒有盖子16a（相当于权利要求2中的快开盖），筒内放置需要干洗的衣服和织物10；泵36（相当于权利要求2中的CO_2柱塞泵）从贮存罐20（相当于权利要求2中的液体CO_2贮罐）中将液态二氧化碳和清洗增强剂26（相当于权利要求2中的助剂）通过输入管路22送入有壁容器12，取样阀28用于将清洗增强剂引入输入管路22，对所属领域的技术人员来说，为在操作过程中自动引入助剂，干洗机中必然设置有盛放清洗增强剂的容器，因此对比文件1隐含公开了干洗机具有助剂容器；位于泵36与容器12之间的预热器38协助控制循环的液态二氧化碳的温度；多孔清洗滚筒16底部装有加热器24；清洗衣服后，将受污染的表面活性剂和液态二氧化碳从出口30排出，经过减压进入装有合适的过滤系统（对应于权利要求2中的过滤器）的分离器32（相当于权利要求2中的分离釜）；干净的气态二氧化碳通过冷凝器34，重新被液化后返回贮存罐20。对比文件1已经公开了权利要求2中干洗分离单元和CO_2冷却回收单元中的大部分部件以及连接关系。权利要求2所要求保护的技术方案与对比文件1相比，区别在于：①权利要求2中还包括：干洗、分离单元中的部件装在一金属壳内，CO_2柱塞泵、预热器、助剂容器装在金属壳左下方，干洗釜装在中间，CO_2冷却回收单元在另一金属壳体内，左边装有压缩机，右边装有冷凝器，后面接液体CO_2贮罐；②对比文件1中公开出口和加热器位于干洗釜下方、液态气体经过减压后排入装有带过滤系统的分离器，权利要求2中出口在干洗釜上部并装有减压阀和加热器、出口接超细过滤器和活性炭过滤器连接分离釜；③对比文件1中仅给出输入管路22的输入通路和出口30的输出通路，权利要求2中还包括连接干洗、分离单元和CO_2冷却回收单元以及各个部件的阀门。针对上述区别技术特征①，对所属领域的技术人员来说，首先，使用金属壳作为机壳，以容纳、保护内部机件，是所属领域的惯用手段；在机壳内根据设计需要来安置机件的具体位置、设置一个机壳来容纳所有机件或设置分立的机壳分别容纳不同功能的机件组合，也是所属领域的惯用手段；针对上述区别技术特征②，对比文件1已经给出了减压气体经过过滤进入分离器的技术内容，对所属领域的技术人员来说，设置减压阀、超细过滤器和活性炭过滤器都是为进行减压、过滤所使用的惯用手段；并且，根据设计需要，将出口设置于干洗釜的上方和下方，也都是所属领域的惯用手段；针对上述区别技术特征③，对比文件1已经公开了CO_2的循环输入和输出通路，对于所属领域的技术人员来说，在循环通路上设置阀门来连接各个机件是所属领域的惯用手段。因此，在其所引用的权利要求1不具备创造性的情况下，权利要求2也不具备创造性，不符合专利法第22条第3款的规定。

针对复审请求人在提交复审请求时所陈述的意见，合议组认为：对比文件1中（参见对比文件1的说明书第2页第15行至第4页第10行）已公开干洗设备的现有技术是采用液态和超临界二氧化碳作为服装的干洗工艺，因而对比文件1与本申请主题相符，具备可比性。针对上述意见②，合议组认为：权利要求 1 中并未记载上述有关压力的数值，因此在评价权利要求 1 的创造性时对于洗釜的压力值不予考虑。针对上述意见③，合议组认为：对所属领域的技术人员来说，在将气体转化成液态进行冷凝压缩时，设置压缩机来压缩气态物质成为液态，是所属领域的惯用手段，比如空调、冰箱中均使用压缩机来进行压缩。

针对复审请求人在答复复审通知书时所陈述的意见，合议组认为：实质审查部门所发出的第一次审查意见通知书中第 9 点已明确记载附上对比文件 1，并且，复审请求人在提交复审请求书时陈述的意见是针对对比文件 1 所公开的内容与本申请权利要求 1 的对比而作出的，同时复审请求人没有提交证据表明从未收到过对比文件 1。因此，合议组对复审请求人的意见不予支持。

综上，权利要求 1、2 不具备创造性，不符合专利法第 22 条第 3 款的规定。

基于上述理由，合议组作出如下决定。

三、决定

维持国家知识产权局于 2007 年 11 月 9 日针对 00132137.4 号发明专利申请所作出的驳回决定。

请求人如对本决定不服，可根据专利法第 41 条第 2 款的规定，在收到本决定之日起 3 个月内向北京市第一中级人民法院起诉。

043

通过使用闭合吸管玻璃化方法低温贮藏人胚泡来源的干细胞

复审请求审查决定（第16645号）

决　　定　　号　第16645号
决　　定　　日　2009年4月22日
发明创造名称　通过使用闭合吸管玻璃化方法低温贮藏人胚泡来源的干细胞
国 际 分 类 号　A01N1/02，A61D19/04，C12N5/06
复 审 请 求 人　塞拉提斯股份公司
申　　请　　号　200480012427.8
申　　请　　日　2004年5月10日
最早优先权日　2003年5月8日
公　　开　　日　2006年6月7日
合 议 组 组 长　李彦涛
主　　审　　员　李新芝
参　　审　　员　赵步真

法 律 依 据　专利法第33条
决 定 要 点
如果请求人对申请文件所做的修改是本领域技术人员可以从原申请文件中直接地、毫无疑义地确定的内容，则该修改是允许的，符合专利法第33条的规定。

一、案由

本复审请求案涉及发明名称为“通过使用闭合吸管玻璃化方法低温贮藏人胚泡来源的干细胞”的200480012427.8号发明专利申请（下称本申请），申请人为塞拉提斯股份公司，申请日为2004年5月10日，最早优先权日为2003年5月8日，公开日为2006年6月7日。

2008年7月11日，针对申请人于2005年11月8日提交的国际初步审查报告附件的中文译文的权利要求第1~34项，进入中国国家阶段时提交的国际申请文件的中文译文的说明书第1~42页、说明书附图第1~11页和说明书摘要，国家知识产权局以权利要求1和2的修改不符合专利法第33条的规定为由驳回了本申请。

驳回决定针对的权利要求1和2如下：

“1. 一种用于hBS细胞或衍生自hBS细胞的细胞玻璃化的方法，包括

ⅰ）将细胞转移至第一种溶液（溶液A）中，

ⅱ）任选地在第一种溶液中温育所述细胞，

ⅲ）将步骤ⅰ）或ⅱ）中获得的所述细胞转移至第二种溶液（溶液B）中，

ⅳ）任选地在第二种溶液中温育所述细胞，

ⅴ）将从步骤ⅲ）或ⅳ）中获得的至少20μl所述细胞转移至一个或多个闭合吸管，

ⅵ）封闭所述一个或多个闭合吸管，和

ⅶ）玻璃化所述一个或多个闭合吸管。

2. 权利要求1的方法，其中步骤ⅴ）中转移的所述细胞的体积从约20μl至约250μl，例如从约20μl至约225μl、从约25μl至约200μl、从约25μl至约175μl、从约25μl至约150μl、从约30μl至约125μl、从约30μl至约100μl、从约35μl至约75μl、从约40μl至约50μl。”

驳回决定认为：（1）申请人将原权利要求1和说明书第3页第2段步骤ⅴ）中所记载的“获得的所述细胞转移至一个或多个具有允许可在其中包含至少20μl体积大小的闭合吸管”改为“获得的至少20μl所述细胞转移至一个或多个闭合吸管”（见修改后的权利要求1），该修改后的内容既未明确地记载在原说明书和权利要求书中，也不能由原说明书和权利要求书所记载的内容直接地、毫无疑义地确定，因此这种修改超出了原说明书和权利要求书记载的范围，不符合专利法第33条的规定；（2）申请人将原权利要求2和说明书第3页第3段中所记载的“所述闭合吸管的大小允许具有的体积”改为“步骤ⅴ）中转移的所述细胞的体积”（见修改后的权利要求2），该修改既未明确地记载在原说明书和权利要求书中，也不能由原说明书和权利要求书记载的内容直接地、毫无疑义地确定，因此该修改超出了原说明书和权利要求书记载的范围，不符合专利法第33条的规定；（3）此外，驳回决定还认为，说明书第4页最后1段和实施例所记载的“将至少20μl体积的生物材料（例如hBS细胞或hBS细胞系）置于闭合吸管中”和“所述体积约是40~50μl”并不表示原权利要求1和说明书第3页第2~3段所述的“体积”也必定是用于限定“所述细胞”，根据这些记载的内容，隐含着所述“闭合吸管”的体积是至少20μl，而且原始国际申请文件的权利要求1和说明书第3页第2~3段明确地记载了权利要求1和说明书第3页第2~3段所述的“体积”是用于限定“闭合吸管”，同时这种修改也不属于由所属技术领域的技术人员能够识别出的明显错误。

2008年10月27日，申请人塞拉提斯股份公司（下称请求人）对上述驳回决定不服，向专利复审委员会提出复审请求，请求人在提出复审请求时对权利要求书进行了修改，其中主要对权利要求1、2进行了修改，并删除了权利要求26，将权利要求27的主题名称修改为“权利要求1~25中任一项的方法，所述方法进一步包括通过包含下列步骤的方法的去玻璃化”，同时相应修改了其他权利要求的引用关系。

修改后的权利要求1和2如下：

“1. 一种用于hBS细胞的玻璃化的方法，包括

ⅰ）将细胞转移至第一种溶液（溶液A）中，

ⅱ）任选地在第一种溶液中温育所述细胞，

ⅲ）将步骤ⅰ）或ⅱ）中获得的所述细胞转移至第二种溶液（溶液B）中，

ⅳ）任选地在第二种溶液中温育所述细胞，

ⅴ）将从步骤ⅲ）或ⅳ）中获得的至少20μl所述细胞转移至一个或多个具有允许可在其中包含至少20μl体积大小的闭合吸管，

ⅵ）封闭所述一个或多个闭合吸管，和

ⅶ）玻璃化所述一个或多个闭合吸管。

2. 权利要求1的方法，其中所述闭合吸管的大小允许具有的体积从约20μl至约250μl，例如从

约 20μl 至约 225μl、从约 25μl 至约 200μl、从约 25μl 至约 175μl、从约 25μl 至约 150μl、从约 30μl 至约 125μl、从约 30μl 至约 100μl、从约 35μl 至约 75μl、从约 40μl 至约 50μl。”

请求人认为：（1）根据说明书第 4 页最后 1 段的“将至少 20μl 体积的生物材料（例如 hBS 细胞或 hBS 细胞系）置于闭合吸管中”以及本申请实施例 1 中描述的 40-50μl 的细胞的玻璃化，本领域技术人员明白 20μl 体积的 hBS 细胞是 hBS 细胞的体积的一种具体形式，在这种情况下，申请人将其体现在独立权利要求 1 中相当于将一个说明书中的下位概念替换说明书中的上位概念，能直接地、毫无疑义地推出，因此修改未超出原申请文件记载的范围；（2）说明书第 3 页第 3 段步骤 v）以及原权利要求 1 均记载了“将从步骤ⅲ）或 iv）中获得的细胞转移至一个或多个具有允许可在其中包含至少 20μl 体积大小的闭合吸管”。因此，用“具有允许可在其中包含至少 20μl 体积大小的”限定闭合吸管没有超出原申请文件记载的范围，符合专利法第 33 条的规定；（3）此外，本发明旨在对现有的 hBS 细胞进行处理，而非制备 hBS 细胞，因此修改后的权利要求既不是要求保护人类胚胎干细胞，也不是保护人类胚胎干细胞的制备方法，并没有违反专利法第 5 条的规定。

经形式审查合格后，专利复审委员会受理了该请求，并于 2008 年 11 月 25 日向请求人发出了《复审请求受理通知书》，同时将本申请转送至国家知识产权局原审查部门进行前置审查。

在《前置审查意见书》中，国家知识产权局原审查部门认为，修改后的权利要求 1 将原权利要求 1 和说明书第 4 页最后 1 段涉及的技术特征“至少 20μl 体积的生物材料”重新组合得到的新技术方案，而原申请文件没有明确记载这些分离的特征彼此间的关联，因此权利要求 1 的修改超出了原说明书和权利要求书记载的范围，坚持驳回决定。

专利复审委员会组成合议组，对本复审请求案进行了审理。

经合议，合议组认为本案事实清楚，可以作出审查决定。

二、决定的理由

1. 关于文本

本复审决定是以请求人于 2008 年 10 月 27 日提交的权利要求书第 1~33 项，2005 年 11 月 8 日进入中国国家阶段时提交的国际申请文件的中文译文的说明书第 1~42 页、说明书附图第 1~11 页和说明书摘要为基础作出的。

2. 关于专利法第 33 条

专利法第 33 条规定：申请人可以对申请文件进行修改，但是，对发明和实用新型专利申请文件的修改不得超出原说明书和权利要求书记载的范围。

如果请求人对申请文件所做的修改是本领域技术人员可以从原申请文件中直接地、毫无疑义地确定的内容，则该修改是允许的，符合专利法第 33 条的规定。

具体到本申请而言，驳回决定认为本申请修改超范围主要体现在以下两个方面：（1）请求人将原权利要求 1 步骤 v）中的“获得的所述细胞转移至一个或多个具有允许可在其中包含至少 20μl 体积大小的闭合吸管”改为“获得的至少 20μl 所述细胞转移至一个或多个闭合吸管”，该修改将用于限定闭合吸管的“20μl 体积大小”改为用于限定所述细胞，超出了原申请文件记载的范围，不符合专利法第 33 条的规定；（2）请求人将原权利要求 2 中所记载的“所述闭合吸管的大小允许具有的体积“改为“步骤 v）中转移的所述细胞的体积”，该修改超出原申请文件记载的范围，不符合专利法第 33 条的规定。

对此，合议组认为，请求人于 2008 年 10 月 27 日提交的权利要求书替换页中，已经将权利要求 1 步骤 v）改为“将从步骤ⅲ）或 iv）中获得的至少 20μl 所述细胞转移至一个或多个具有允许可在其中包含至少 20μl 体积大小的闭合吸管”，该特征与原权利要求 1 步骤 v）的技术特征相比，仅仅是将所转移细胞的体积限定为“至少 20μl”，而在原申请文件的说明书第 4 页最后一段中已明确记载了”根据本发明，将至少 20μl 体积的生物学材料（例如 hBS 细胞或 hBS 细胞系）置于闭合吸管中”，而权利要求 1 涉及的正是 hBS 细胞，因此请求人的上述修改是依据原申请文件的记载而对原权利要求 1 步骤 v）中转移细胞的体积所做的进一步限定，未超出原申请文件记载的范围，符合专利法第 33 条的规定，同时克服了驳回决定所指出的上述第（1）点修改超范围问题；此外，请求人将驳回决定所针对的权利要求 2 所记载的“步骤 v）中转移的所述细胞的体积”改为“所述闭合吸管的大小允许具有的体积”，如此修改后的权利要求 2 与原权利要求 2 记载的内容完全相同，从而未超出原申请文件记载的范围，同时克服了驳回决定所指出的上述第（2）点修改超范围问题，符合专利法第 33 条的规定，而且国家知识产权局原审查部门在前置审查意见书中对驳回决定中的上述第（2）点驳回理由也不再坚持。

综上所述，驳回决定中所指出的修改超范围的缺陷已被克服或不存在。

根据上述事实和理由，合议组作出如下审查决定。

三、决定

撤销国家知识产权局于 2008 年 7 月 11 日针对 200480012427.8 号发明专利申请作出的驳回决定，由国家知识产权局原审查部门以本复审决定所针对的文本为基础继续审批程序。

复审请求人对本决定不服的，可以根据专利法第 41 条第 2 款的规定，自收到本决定之日起三个月内向北京市第一中级人民法院起诉。

044

弯曲菌的聚糖和糖肽

复审请求审查决定（第16648号）

决　定　号　第16648号
决　定　日　2009年4月17日
发明创造名称　弯曲菌的聚糖和糖肽
国际分类号　C07H 3/06，C08B 37/00，G01N 33/569，C12N 5/04，C12N 15/10，A61K 39/106，A61P 31/04，C07K 16/12
复审请求人　加拿大国家研究院
申　请　号　03818185.1
优 先 权 日　2002年8月1日
申　请　日　2003年7月30日
公　开　日　2005年9月21日
合议组组长　刘　亚
主　审　员　刘　磊
参　审　员　吴红权

法 律 依 据　专利法第26条第3款
决 定 要 点

对于化学产品申请，说明书中除了应当公开化学产品的确认和化学产品的制备外，还应当充分公开该产品的用途和/或使用效果。如果所属领域技术人员无法根据现有技术预测发明的技术方案能够实现所述用途和/或达到预期效果，说明书中也未记载对于本领域技术人员来说足以证明发明的技术方案可以实现所述用途和/或达到预期效果的定性或者定量实验数据，则该技术方案将被认为无法实现。

一、案由

本复审请求案涉及发明名称为"弯曲菌的聚糖和糖肽"的第03818185.1号发明专利申请（下称本申请），申请人为加拿大国家研究院，申请日为2003年7月30日，优先权日为2002年8月1日，公开日为2005年9月21日。

2006年12月8日，针对申请人于2005年7月8日提交的权利要求第1~32项，2005年1月28日提交的依据专利合作条约第41条修改的说明书附图第11~12页，进入中国国家阶段时提交的国际申请文件的说明书第1~32页和附图第1~10页以及说明书摘要和摘要附图，国家知识产权局以说明书不符合专利法第26条第3款规定为由驳回了本申请，驳回决定针对的独立权利要求书中独立权利要求 1、6、7、10~13、15~17、21~23、26~28 和 30~31 如下：

"1. 一种化合物，该化合物包含下式 GalNAc-α1，4-GalNAc-α1，4-［Glc-β1，3］GalNAc-α1，4-GalNAc-α1，4-GalNAc-α1，3-Bac 的七糖或其具有免疫活性的片段，其中，Bac 为 2，4-二乙酰氨基-2，4，6-三脱氧-D-吡喃型葡萄糖。

6. 一种检测细菌糖蛋白中聚糖部分的方法，所述方法包括对所述样品进行高分辨魔角旋转核磁共振波谱分析。

7. 一种药物组合物，该药物组合物含有权利要求 1 至 5 任一项所述的化合物和生理学上可接受的载体。

10. 权利要求 7 至 9 任一项所述的药物组合物在动物或人体中作为疫苗的应用。

11. 一种抗体或抗体的抗原结合片段，该抗体或抗体的抗原结合片段与包含聚糖或其具有免疫活性的片段的化合物特异性结合，所述聚糖具有下式结构 GalNAc-α1，4-GalNAc-α1，4-［Glc-β1，3］GalNAc-α1，4-GalNAc-α1，4-GalNAc-α1，3-Bac，其中，Bac 为 2，4-二乙酰氨基-2，4，6-三脱氧-D-吡喃型葡萄糖。

12. 一种抗体或抗体的抗原结合片段，该抗体或抗体的抗原结合片段与权利要求 1 至 5 任一项所述的化合物特异性结合。

13. 一种抗体或抗体的抗原结合片段，所述抗体或抗体的抗原结合片段与权利要求 1 至 5 任一项所述的化合物特异性结合，所述抗体或抗体的抗原结合片段由分离自骆驼科动物的基因得到。

15. 一种药物组合物，该药物组合物包含权利要求 11 至 14 任一项所述的抗体或抗原结合片段，以及生理学上可接受的载体。

16. 权利要求 15 所述的药物组合物在人体或动物中作为治疗剂的应用。

17. 权利要求 11 至 14 任一项所述的抗体或抗原结合片段在制备用于减少禽畜体内的弯曲菌属病原体存在的制备物中的应用。

21. 如权利要求 11 至 14 任一项所述的抗体或抗原结合片段在制备用于治疗由弯曲菌属病原体在人体或动物体内引起的疾病的药物中的应用。

22. 一种防止由弯曲菌属病原体导致地下水污染的方法，该方法包括通过使用权利要求 11 至 14 任一项所述的抗体或抗原结合片段来减少禽畜体内的所述病原体的存在。

23. 一种用于禽畜的动物饲料或饮用品，该饲料或饮用品含有权利要求 11 至 14 任一项所述的抗体或抗原结合片段。

26. 一种植物基因组，该植物基因组包含能表达权利要求 11 至 14 任一项所述的抗体或抗体片段的基因。

27. 一种包含权利要求 26 所述的基因组的植物细胞。

28. 一种包含权利要求 27 所述细胞的植物。

30. 一种用于检测动物或人体中弯曲菌存在的诊断试剂盒，该诊断试剂盒包含权利要求 11 至 14 任一项所述的抗体或抗体片段。

31. 一种用于检测样品中弯曲菌存在的诊断试剂盒，该诊断试剂盒包含权利要求 11 至 14 任一项所述的抗体或抗体片段。"

驳回决定认为：本申请涉及一种包含七糖或其具有免疫活性的片段的化合物，说明书中仅仅公开了其确认和制备，对其效果仅仅作了一般性的描述而没有提交实验证据证实所述的效果，而所述技术方案又必须依赖实验结果加以证实才能成立，因此说明书公开不充分，不符合专利法第 26 条第 3 款的规定。关于所述化合物或七糖的效果，说明书中描述如下：通过常规方法可以制备与本申请的聚糖部分特异性结合的抗体，或其抗原结合片段；可以将这些抗体和片段用于通过常规方法诊断人类或动物中弯曲菌属细菌的存在，此外，还可以将它们用作分析组分，以确定诸如水、土壤或肥料等样品中是否存在弯曲菌；还可以将与氨基酸、寡肽或其他合适的偶联物选择性键合的所述七糖或片段与合适的免疫刺激剂结合以作为疫苗施用。然而，刺激机体产生抗体是蛋白质、多糖等生物大分子的共性，只有当所产生的抗体具有某种抗原特异性时才能够用于该抗原的诊断或检测分析。所述七糖是否是弯曲菌特异的，其刺激机体产生的抗体是否具有弯曲菌特异性，即仅与弯曲菌属的细菌结合而不与其他菌属的细菌发生交叉反应，或者与弯曲菌属的结合与对照菌株相比在滴度、效价等指标上有明显的区别，是需要经过实验验证的。能否作为疫苗更要通过攻击实验验证确实具有免疫保护作用后才能确定。说明书中没有实验结果证实得到了所述七糖的具有弯曲菌特异性的抗体，也没有实验结果证实与氨基酸、寡肽或其他合适的偶联物选择性键合的所述七糖或片段与合适的免疫刺激剂结合可以引起机体对弯曲菌属细菌的免疫保护性，因此，本申请不符合专利法第 26 条第 3 款关于说明书应当对发明作出清楚、完整的说明，以所属领域技术人员能够实现为准的规定。

2007 年 3 月 21 日，申请人加拿大国家研究院（下称请求人）对上述驳回决定不服，向专利复审委员会提出复审请求，未对申请文件进行修改。请求人同时提交了以下参考文献：

参考文献 1：Evidence for a system of general protein glycosylation in Campylobacter jejuni，Christine M. Szymanski 等，Molecular Microbiology，1999，32（5），1022~1030，共 9 页。

请求人认为，（1）本申请实施例 7 通过确切实验证明了负责使蛋白糖基化进而产生本申请七糖的基因 pg1B，而世界数据库（World database）中收集和储存的信息显示，弯曲菌是能够产生这种特定结构的唯一人类病原体，其他任何已知生物并不产生这种特定结构，从而也不会产生本发明的七糖；其次，本申请实施例 8 证明了本申请的七糖广泛存在弯曲菌属的菌株中；进一步地，参考文献 1 中描述空肠弯曲菌中负责使蛋白糖基化进而产生多种聚糖的基因座位，以及记载了不同空肠弯曲菌菌株在产生多种聚糖方面的显著水平相似性。因此，本发明的七糖是由多种弯曲菌所产生的，并不存在于其他任何已知生物中，本发明的七糖是弯曲菌所特有的，可以作为弯曲菌的一个指标，从而用于弯曲菌的检测或分析。（2）本领域技术人员已知，刺激机体产生抗体是多糖等生物大分子的共性，所以本申请的七糖必然能够刺激机体产生抗体。按照本申请说明书第 4 页第 15 行至第 5 页第 3 行以及说明书第 23 页倒数第 1 行至第 24 页第 13 行提供的具体方法，本领域技术人员能够很容易地制备本发明的七糖的特异性抗体，这是不需要提供实验数据就可以确定的。由于这样的抗体为本申请的七糖的特异性抗体，所以所述抗体可与弯曲菌特异性结合，从而会减少人或动物中，水、土壤或肥料等样品中弯曲菌的存在，进而提供对抗弯曲菌的保护性，并进一步可用于弯曲菌的诊断或检测分析。（3）从本申请七糖的分子特征可知，其具有强烈免疫原性，而且本申请还在实施例 3 中证明了其为弯曲菌的多个表面糖蛋白的一个成分，因此本领域的技术人员根据本申请公开的内容，能够预见与其他偶联物选择性键合的本申请七糖与合适的免疫刺激剂的结合可提供免疫保护性。综上所述，本申请的说明书不仅具体描述了本申请的七糖以及包含所述七糖的化合物的制备和确认，而且还以确切的实验证明了本发明的七糖以及包含所述七糖的化合物的至少一个功能，因此，本申请的说明书对本发明进行了清楚、完整的说明，达到了本领域技术人员能够实现的程度。

2007 年 6 月 14 日，经形式审查合格后，专利复审委员会受理了该请求，并向请求人发出了《复审请求受理通知书》，同时将本申请转送至国家知识产权局原审查部门进行前置审查。

在《前置审查意见书》中，国家知识产权局原审查部门认为，尽管本申请实施例 7 证实了 pglB 基因的突变会影响蛋白的糖基化，但是并不能证实蛋白的糖基化一定是由于 pglB 基因决定的，不能排除还存在其他的与蛋白质糖基化有关的基因，特别是不能排除弯曲菌以外的物种中存在其他的与蛋白质糖基化有关的基因。因而尽管世界数据库（World database）中收集和储存的信息显示，弯曲菌是能够产生这种特定结构的唯一的人类病原体，其他任何已知生物并不产生这种特定结构，但是并不能表明其他的生物不会产生本申请的七糖。参考文献1只是可以证明空肠弯曲菌菌株之间的相似性，而不能证实所述七糖是弯曲菌所特有的。因此，仍坚持驳回决定。

专利复审委员会依法组成合议组，对本复审请求案进行了审理。

2008年9月11日，专利复审委员会本案合议组向复审请求人发出《复审通知书》，指出：(1) 权利要求1~5涉及一种化合物，该化合物包含式Ⅰ：GalNAc-α1，4-GalNAc-α1，4-[Glc-β1，3] GalNAc-α1，4-GalNAc-α1，4-GalNAc-α1，3-Bac所示的七糖或其具有免疫活性的片段，其中，Bac为2，4-二乙酰氨基-2，4，6-三脱氧-D-吡喃型葡萄糖；权利要求7~10涉及包括权利要求1~5任一项所述的化合物的组合物；权利要求11~14涉及与权利要求1~5任一项所述的化合物特异性结合的抗体或抗体的抗原结合片段；权利要求15涉及包括权利要求11~14任一项所述的抗体或抗体的抗原结合片段的药物组合物；权利要求16~21涉及权利要求11~14任一项所述的抗体或抗体的抗原结合片段在制备用于减少禽畜体内的弯曲菌属病原体存在的制备物中的应用；权利要求22涉及包括通过使用权利要求11~14任一项所述的抗体或抗体的抗原结合片段来减少禽畜体内的弯曲菌属病原体存在的一种防止由弯曲菌属病原体导致地下水污染的方法；权利要求23~25涉及含有权利要求11~14任一项所述的抗体或抗体的抗原结合片段的用于禽畜的动物饲料或饮用品；权利要求26~29涉及包含能表达权利要求11~14任一项所述的抗体或抗体的抗原结合片段的基因的植物基因组；权利要求30涉及一种包含权利要求11~14任一项所述的抗体或抗体片段的用于检测动物或人体中弯曲菌存在的诊断试剂盒；权利要求31~32涉及一种包含权利要求11~14任一项所述的抗体或抗体片段的用于检测样品中弯曲菌存在的诊断试剂盒。本申请说明书在实施例部分中具体描述了所述七糖的制备和鉴定，但对于所述七糖的功能和应用，说明书没有记载任何能够证明所述抗体的抗原特异性和疫苗免疫保护性的实验数据。首先，一般而言，刺激机体产生抗体是多糖等生物大分子的共性，本申请的七糖能够刺激机体产生抗体不能算作一种特定的功能。其次，对于可以将所述抗体和片段用于诊断人类或动物中弯曲菌属细菌的存在，或确定诸如水、土壤或肥料等样品中是否存在弯曲菌，以及与氨基酸、寡肽或其他合适的偶联物选择性键合后再与合适的免疫刺激剂结合以作为疫苗施用等功能，本申请说明书仅仅是泛泛提及，并没有提供能够证明所述抗体的抗原特异性和疫苗免疫保护性的实验证据，而对于属于实验科学的生物领域而言，抗体的抗原特异性和疫苗免疫保护性是本领域技术人员难以预期的，也就是说，上述七糖的功能必须依赖实验证据加以证实才能成立。故，本申请的说明书未对发明作出清楚、完整的说明，不符合专利法第26条第3款的规定。(2) 对于请求人在提出复审请求所陈述的意见，合议组认为，首先，pg1B基因能够影响蛋白糖基化，并不表明所述蛋白糖基化仅受pg1B基因的影响以及除pg1B基因之外的其他基因就不会影响蛋白糖基化，特别是，不能排除弯曲菌以外的物种中存在与该蛋白糖基化有关的基因；其次，世界数据库（World database）中收集和储存的信息并没有囊括所有生物；再次，世界数据库（World database）中收集和储存的信息仅表明弯曲菌是能够产生“pg1B基因”的特定结构的唯一人类病原体，并不能表明其他生物不会产生本申请的“七糖”。此外，参考文献1仅表明空肠弯曲菌菌株之间的相似性，并不能够使得本领域技术人员可以确认本申请所述七糖的抗体具有抗原特异性。也就是说，请求人没有提供令人信服的能够证明本申请所述七糖的抗体具有抗原特异性的理由和证据。在不能证明所述抗体具有某种抗原特异性的情况下，本领域技术人员无法仅依据所述七糖的分子特征便能够确认其抗体可提供免疫保护性。(3) 此外，请求人在答复国家知识产权局原审查部门发出的《第一次审查意见通知书》时认为，本领域技术人员已知（参见《微生物学》，高等教育出版社，1987年10月第2版，1992年3月6次印刷，第

18 和 21 页)，大部分革兰氏阳性菌及部分革兰氏阴性菌的细胞壁的主要成分为肽聚糖，肽聚糖由 N-乙酰葡萄糖胺、N-乙酰胞壁酸以及少数氨基酸短肽链组成的亚单位聚合而成。其中，N-乙酰葡萄糖胺、N-乙酰胞壁酸相间排列，形成肽聚糖多糖链。而本发明的七糖为表面糖蛋白的一个成分（参见实施例 3)，结构为 GalNAc-α1，4-GalNAc-α1，4-［Glc-β1，3］GalNAc-α1，4-GalNAc-α1，4-GalNAc-α1，3-Bac（其中，Bac 为 2，4-二乙酰氨基-2，4，6-三脱氧-D-吡喃型葡萄糖)。比较可知，本申请的七糖与上述肽聚糖多糖链完全不同。所以，本申请的七糖是弯曲菌所特有的，本领域技术人员没有理由会认为本发明的七糖的特异性抗体会与其他菌属的细菌发生交叉反应，或者与弯曲菌属的结合与对照菌株相比在滴度、效价等指标上会产生相似的结果。因此，本发明的七糖可以作为弯曲菌的一个指标，从而用于弯曲菌的检测或分析。对此，合议组认为，请求人的意见仅表明大部分革兰氏阳性菌及部分革兰氏阴性菌中含有与本申请的七糖不同的上述肽聚糖多糖链，并不能够证明除弯曲菌外的所有生物中都不存在本申请所述的七糖，更不能证明本申请所述的七糖的抗体具有抗原特异性。

2008 年 12 月 26 日，请求人针对上述《复审通知书》提交了意见陈述书，同时提交了修改后的权利要求书，其中，将权利要求 7~32 删除，保留权利要求 1~6。此外，请求人还再次提交了参考文献 1 以及参考文献 2（编号续前)：

参考文献 2：（Chapter 13）Protein Glycosylation in Campylobacter，Christine M. Szymanski，etc.，259~273 页，书名不详，出版信息不详，共 15 页。

请求人认为，(1）复审意见中并没有认为本申请说明书未清楚、完整地公开权利要求 6 所要求保护的技术方案。(2）权利要求 1~5 要求保护的均为化合物，本申请说明书清楚记载了本申请化合物的确认和制备（参见说明书第 19~22 行以及实施例 1-5 等内容)。此外，本领域技术人员根据现有技术完全能够合理预测到本申请化合物具有以下两种特定用途：a）可以用于产生抗弯曲菌的抗体；和 b）可以用作指示以检测或分析样品（例如食品等）中是否存在弯曲菌。关于用途 a)：本申请化合物存在于数种弯曲菌菌株中，其并没有存在于其他生物体中，因此具有弯曲菌特异性，为特异性地抗弯曲菌的抗体的产生提供了基础；本领域技术人员可以预测免疫学领域的几个关键方面和本申请化合物的有用性和活性，并能够理解通过采用常规方法，可以容易地产生抗本申请化合物的特异性抗体；特别是，由于做为抗原的本申请化合物已经被公开为数种致病性弯曲菌所特有，由其产生的任何抗体“很可能”有效地、特异性地抗这些弯曲菌菌株，该推测可以得到作为现有技术文献的参考文献 1 的支持。参考文献 1 提供了能够证明聚糖具有免疫效果的证据，其证明，所述蛋白含有 N-连接的聚糖，在对兔子测试时，这些蛋白表现出高度免疫原性；表明所述蛋白的糖基部分形成蛋白免疫优势部分，氨基部分很少诱导产生抗体；由该糖蛋白产生的抗体对弯曲菌显示出特异性。不仅如此，在本申请申请日之后公开的不能作为本申请的现有技术的参考文献 2 表明经所述糖蛋白感染的人对随后的所述糖蛋白接触具有免疫性，从而表明用所述糖蛋白接种能够产生抗体，“由于弯曲菌是唯一已知具有该蛋白的生物，因此表明作为所述糖蛋白中的免疫优势部分的所述聚糖能够有效地产生抗弯曲菌的抗体”；故参考文献 2 可以证实本申请化合物的预期活性。关于用途 b)：本领域技术人员基于本申请化合物的多种弯曲菌菌株共有性和针对弯曲菌（相对于其他生物而言）的特有性，完全能够预测到本发明化合物本身可以作为多种弯曲菌的一个指标而用于多种弯曲菌的检测或分析。综上，本申请说明书对修改后的权利要求所记载的技术方案进行了清楚、完整的说明。

经过上述审查程序，合议组认为本案事实已经清楚，可以作出审查决定。

二、决定的理由

1. 关于审查文本

请求人在答复《复审通知书》时修改了权利要求书，删除了权利要求 7~32，保留了权利要求

1~6,该修改符合专利法第33条的规定。故，本复审决定针对的文本为：请求人于2008年12月26日提交的权利要求第1~6项，进入中国国家阶段时提交的国际申请文件的说明书第1~32页和附图第1~10页，以及2005年1月28日提交的附图第11~12页、摘要附图和摘要。

2. 关于专利法第26条第3款

专利法第26条第3款规定：说明书应当对发明或者实用新型作出清楚、完整的说明，以所属技术领域的技术人员能够实现为准。

对于化学产品申请，说明书中除了应当公开化学产品的确认和化学产品的制备外，还应当充分公开该产品的用途和/或使用效果。如果所属领域技术人员无法根据现有技术预测发明的技术方案能够实现所述用途和/或达到预期效果，说明书中也未记载对于本领域技术人员来说足以证明发明的技术方案可以实现所述用途和/或达到预期效果的定性或者定量实验数据，则该技术方案将被认为无法实现。

就本申请而言，权利要求1~5涉及一种化合物，该化合物包含下式：GalNAc-α1，4-GalNAc-α1，4-［Glc-β1，3］GalNAc-α1，4-GalNAc-α1，4-GalNAc-α1，3-Bac（以下称式I）的七糖或其具有免疫活性的片段，其中，Bac为2，4-二乙酰氨基-2，4，6-三脱氧-D-吡喃型葡萄糖。

本申请说明书在实施例部分中具体描述了所述七糖的制备和鉴定，但对于所述七糖的功能和应用，说明书仅提及如下内容：按照本发明的另一方面，本发明提供了与式I聚糖部分相互作用并特异性结合的抗体或抗原结合性抗体片段（参见本申请说明书第4页第13~14行）；按照本发明的另一方面，本发明提供了减少禽畜体内弯曲菌属细菌的存在的方法，所述方法包括给禽畜施用能与式I聚糖部分相互作用和结合的抗体或抗原结合性抗体片段（参见本申请说明书第5页第4~6行）；另一方面，本发明提供了治疗人体或动物体内由弯曲菌属病原体所引起的疾病的方法，该方法包括给人体施用上述抗体或其抗原结合片段（参见本申请说明书第5页第19~20行）；另一方面，本发明提供了防止地下水被弯曲菌属病原体污染的方法，所述弯曲菌属病原体污染的出现是禽畜的细菌的粪便释放以及之后粪便物进入水源的结果，所述方法包括通过给禽畜施用上述抗体或其抗原结合片段来清除或减少源自禽畜的这种病原体的存在（参见本申请说明书第5页第23~26行）；此外，本发明的抗体和抗体片段也可以用作诊断工具，以用来检测人体和动物体内弯曲菌的存在，以及检测采集自环境例如水的样品或肥料样品中弯曲菌的存在（参见本申请说明书第5页第9行至第6页第1行，和第24页倒数第1行至第25页第2行）；还可以将与氨基酸、寡肽或其他合适的偶联物选择性键合的所述七糖或片段与合适的佐剂和免疫刺激剂结合以作为疫苗施用（参见本申请说明书第25页第3~4行）。但，说明书没有记载任何能够证明所述抗体的抗原特异性和疫苗免疫保护性的实验数据。

合议组认为，刺激机体产生抗体是多糖等生物大分子的共性，只有当所产生的抗体具有某种抗原特异性时才能够用于该抗原的诊断和检测分析。请求人认为本申请权利要求1的化合物可用于产生抗弯曲菌的抗体，或者说作为抗原的本申请权利要求1化合物具有弯曲菌特异性，可用作指示以检测或分析样品中是否存在弯曲菌，但是，本申请中，对于可以将所述抗体和片段用于诊断人类或动物中弯曲菌属细菌的存在，或确定诸如水、土壤或肥料等样品中是否存在弯曲菌，以及与氨基酸、寡肽或其他合适的偶联物选择性键合后再与合适的免疫刺激剂结合以作为疫苗施用等功能，说明书仅仅是泛泛提及，并没有提供能够证明所述抗体的抗原特异性和疫苗免疫保护性的实验证据。对于属于实验科学的生物领域而言，抗体的抗原特异性和疫苗免疫保护性是本领域技术人员难以预期的。因此，所述七糖是否是弯曲菌特异的，其刺激机体产生的抗体是否具有弯曲菌特异性，即仅与弯曲菌属的细菌结合而不与其他菌属的细菌发生交叉反应，或者与弯曲菌属的结合与对照菌株相比在滴度、效价等指标上有明显的区别，是需要经过实验验证的；能否作为疫苗更要通过攻击实验验证确实具有免疫保护作用后才能确定。本申请说明书中没有实验结果证实得到了所述七糖的具有弯曲菌特异性的抗体，也没有实验结果证实与氨基酸、寡肽或其他合适的偶联物选择性键合的所述七糖或片段与合适的免疫刺激剂结合可以引起机体对弯曲菌属细菌的免疫保护性。也就是说，本申请的七糖的功能必须依赖实验证据加以证实才能成立，因此，本申请的说明书未对权利要求1~5要求保护的化合物作出清楚、完整的说明，不符合专利法第26条第3款的规定。

请求人在答复《复审通知书》时提交了参考文献1和2，合议组认为，首先，请求人未提交参考文献1和2所使用部分的中文译文。其次，参考文献2的公开日期无法确认，无法用于证明本申请提出申请之时的所属领域技术状态，并且其也不是本申请说明书记载的内容，合议组对其不予考虑。再者，对于参考文献1，请求人在答复《复审通知书》时认为，该参考文献1公开了参与C. jejuni的多种蛋白的糖基化的基因，参考文献1中证明这些蛋白含有N-连接的聚糖，利用由这些蛋白所制备的超免疫兔血清证实了抗原性变化，这表明当在兔子中进行测试时，这些蛋白表现出高度免疫原性（参见参考文献1第1025页第2栏）；该参考文献1表明，这些蛋白的糖基部分形成蛋白免疫优势部分，氨基酸部分很少诱导产生抗体（参见参考文献1第1027页第2栏第2段至参见第1028页第1栏第1段），由该糖蛋白产生的抗体对弯曲菌显示出特异性。对此，合议组认为，没有证据表明参考文献1中所述聚糖即为本申请要求保护的七糖，因此，对请求人的上述主张不予支持。

综上，请求人没有提供令人信服的能够证明本申请所述七糖的抗体具有抗原特异性的理由和证据，在不能证明所述抗体具有某种抗原特异性的情况下，本领域技术人员无法仅依据所述七糖的分子特征便能够确认其抗体可提供免疫保护性。故，本申请说明书未对本申请权利要求1~5要求保护的技术方案作出清楚、完整的说明，以达到本领域技术人员能够实现的程度，本申请说明书不符合专利法第26条第3款的规定。

根据上述事实和理由，合议组作出如下决定。

三、决定

维持国家知识产权局于2006年12月8日针对03818185.1号发明专利申请作出的驳回决定。

复审请求人对本决定不服的，可以根据专利法第41条第2款的规定，自收到本决定之日起三个月内向北京市第一中级人民法院起诉。

045

杀微生物组合物及其应用

复审请求审查决定（第16649号）

决　定　号　第16649号
决　定　日　2009年4月17日
发明创造名称　杀微生物组合物及其应用
国际分类号　A01N51/00
复审请求人　巴斯福股份公司
申　请　号　200480033208.8
优先权日　2003年11月11日
申　请　日　2004年10月2日
公　开　日　2006年12月13日
合议组组长　孙跃飞
主　审　员　刘　磊
参　审　员　王晓东

法律依据　专利法第22条第3款
决定要点

在判断创造性时，首先要将权利要求的技术方案和最接近的现有技术进行对比，找出二者的区别技术特征；如果该区别技术特征是本领域的技术人员为解决其技术问题，根据现有技术的教导而容易引入的，且其引入没有产生预料不到的技术效果，则该权利要求不具备创造性。反之，则权利要求具备创造性。

一、案由

本复审请求案涉及发明名称为“杀微生物组合物及其应用”的200480033208.8号发明专利申请（下称本申请），申请人为巴斯福股份公司，申请日为2004年10月2日，优先权日为2003年11月11日，公开日为2006年12月13日。

2008年5月9日，针对申请人于2008年4月8日提交的权利要求第1~4项，2006年5月11日进入中国国家阶段时提交的国际申请文件的中文文本说明书第1~15页以及说明书摘要，国家知识产权局以本申请权利要求第1~4项不符合专利法第22条第3款的规定为由驳回了本申请，驳回决定针对的权利要求第1~4项如下：

“1. 一种包含（A）N′-羟基-N-环己基二氮烯鎓氧化物的铜盐（CuHDO）和稀释剂的组合物在工业材料和/或工业过程中防治和/或杀灭细菌、霉菌、酵母和藻类中的用途，其中该组合物的pH至少为4，且其中CuHDO在施用中或介质中使用N′-羟基-N-环已基二氮烯鎓氧化物的水溶性盐和含Cu盐就地产生。

2. 根据权利要求1的用途，其中所述组合物呈糊、乳液或溶液或悬浮液形式。

3. 根据权利要求1的用途，其中所述组合物的pH至少为7。

4. 根据权利要求1的用途，其中所述组合物的pH至少为8~12。”

驳回决定认为，对比文件1（EP0358072A2，公开日为1990年3月14日）公开了一种防治在潮湿条件下生长的微生物如藻类和地衣的方法，通过使用N′-羟基-N-环已基二氮烯鎓氧化物的铜盐或铝盐等金属盐来处理，所述盐可以加入待保护的含水介质或基于有机溶剂的介质如油漆（参见该对比文件的说明书第1页第1~27行，实施例1~3）。本申请权利要求1与对比文件1公开的上述内容相比，区别在于：权利要求1中具体限定了组合物的pH值至少为4和具体限定了CuHDO就地产生。然而，所述pH值范围属于常见的产生范围，对于本领域技术人员来说，选择该参数范围无需付出创造性劳动；使用N′-羟基-N-环已基二氮烯鎓氧化物的水溶性盐和Cu盐生成CuHDO，以及在使用时现时或“就地产生”属于常规的方法；本领域技术人员能够预见Cu盐和HDO反应生成CuHDO的过程是动态可逆的，由于Cu盐的溶解性较低，预制的CuHDO有效成分的含量要低于现配或就地产生的CuHDO。因此，权利要求1不具备突出的实质性特点和显著的进步，不符合专利法第22条第3款有关创造性的规定。权利要求2进一步限定了权利要求1所述的组合物的物理性状，然而“所述组合物呈糊、乳液或溶液或悬浮液形式”都是本领域常见的形式。本领域技术人员将所述组合物配制成上述形式无需付出创造性劳动。因此，在其引用的权利要求1不具备创造性的情况下，权利要求2也不具备专利法第22条第3款规定的创造性。权利要求3和4对权利要求1所述的组合物的pH值做了进一步限定，分别限定了pH值“至少为7”和“至少为8~12”。然而，对于本领域技术人员来说，上述范围属于常规的参数范围，并未给技术方案带来突出的实质性特点和显著的进步，因此，在其引用的权利要求1不具备创造性的情况下，权利要求3和4也不具备专利法第22条第3款规定的创造性。

2008年8月25日，申请人巴斯福股份公司（下称请求人）对上述驳回决定不服，向专利复审委员会提出复审请求，同时提交权利要求书全文替换页，将权利要求1中的“在工业材料和/或工业过程中防治和/或杀灭细菌、霉菌、酵母和藻类中的用途”修改为了“在工业材料和/或工业过程中防治和/或杀灭细菌、霉菌和酵母中的用途”。

请求人认为，本申请权利要求1与对比文件1的区别还在于目标生物的不同；而且由表1可见，就地制备的CuHDO在整个测试pH范围内都可接受，较预制的CuHDO扩展了应用范围；对比文件1以及公知常识均没有给出就地制备的CuHDO在更高的浓度下却没有显示变色的启示；大量工业材料具有“颜色敏感性”，强烈颜色的杀生物剂会导致变色，因此，杀生物剂的颜色问题属于技术问题。由此可见，使用就地制备的CuHDO取得了预料不到的有益效果，权利要求1相对于对比文件1具有突出的实质性特点和显著的进步，具备创造性，符合专利法第22条第3款的规定。权利要求1的从属权利要求2~4自然也具备专利法第22条第3款规定的创造性。

2008年10月14日，经形式审查合格后，专利复审委员会受理了该请求，并向请求人发出了《复审请求受理通知书》，同时将本申请转送至国家知识产权局原审查部门进行前置审查。

在《前置审查意见书》中，国家知识产权局原审查部门认为，杀菌效果是本申请是否能够实现发明目的、解决其技术问题的关键，申请人强调的本申请要求保护的组合物在颜色方面的改进并不能证明在杀菌的用途上具有突出的效果和显著的进步，说明书实施例中的数据也不能证明该组合物在抗菌等方面具有改进。因此，坚持驳回决定。

专利复审委员会依法组成合议组，对本复审请求案进行了审理。

经合议，合议组认为本案事实已经清楚，可以作出审查决定。

二、决定的理由

1. 关于审查文本

请求人在提出复审请求时修改了权利要求书，所作修改没有超出原说明书和权利要求书记载的范围，符合专利法第 33 条的规定，可以被接受。

本复审决定针对的文本为：请求人于 2008 年 8 月 25 日提交的权利要求第 1~4 项和驳回决定所针对的其他申请文本。

2. 关于专利法第 22 条第 3 款

专利法第 22 条第 3 款规定，创造性是指同申请日以前已有的技术相比，该发明具有突出的实质性特点和显著的进步。

在判断创造性时，首先要将权利要求的技术方案和最接近的现有技术进行对比，找出二者的区别技术特征；如果该区别技术特征是本领域的技术人员为解决其技术问题，根据现有技术的教导而容易引入的，且其引入没有产生预料不到的技术效果，则该权利要求不具备创造性。反之，则权利要求具备创造性。

（1）关于权利要求 1。

权利要求 1 请求保护一种包含（A）N′-羟基-N-环己基二氮烯鎓氧化物的铜盐（CuHDO）和稀释剂的组合物在工业材料和/或工业过程中防治和/或杀灭细菌、霉菌和酵母中的用途，其中该组合物 pH 至少为 4，且其中 CuHDO 在施用中或介质中使用 N′-羟基-N-环己基二氮烯鎓氧化物的水溶性盐和含 Cu 盐就地产生。

对比文件 1（EP0358072A2，公开日为 1990 年 3 月 14 日）公开了一种防治在潮湿条件下生长的微生物如藻类和地衣的方法，通过使用 N′-羟基-N-环己基二氮烯鎓氧化物的铜盐或铝盐等金属盐来处理，所述盐可以加入待保护的含水介质或基于有机溶剂的介质如油漆（参见该对比文件的说明书第 1 页第 1~27 行，实施例 1~3）。

将权利要求 1 与对比文件 1 公开的技术方案相比，主要的区别特征为：权利要求 1 中具体限定了 CuHDO 就地产生。

根据本申请说明书中的记载，“本发明该方面的进一步益处是当就地生产化合物时，所观察到的蓝色变色强度降低，这使本发明更适合用于颜色关键的应用如装饰性产品（例如油漆和挥发性漆）中”（参见说明书第 11 页第 11~13 行）。可见，基于上述区别特征，权利要求 1 实际解决的技术问题是使用所述杀生物剂在工业材料和/或工业过程中防治和/或杀灭微生物时如何避免目标材料变色。

根据本申请说明书中表 1 记载的侵染测试数据，浓度同为 1000ppm 的就地产生的 CuHDO 和预制的 CuHDO 在颜色上体现了不同效果，前者为“可接受的非常轻微蓝色调”，后者为“不可接受的清楚可见蓝色调”。在表 5~7 记载的“施用”涂层的耐真菌性、用流水浸提 72 小时后涂层的耐真菌性和耐藻性的数据中，浓度为 0.2% 的预制 CuHDO 在颜色方面的效果为“不可接受的清楚可见蓝色调”，而浓度更高的分别为 0.5% 和 1.0% 的就地产生的 CuHDO 在颜色方面的效果为“完全可接受”。合议组认为，首先，现有证据没有给出就地制备所述杀生物剂能够降低目标材料变色强度的启示。其次，根据本领域技术人员的通常认识，在其他条件相同时，就地制备的试剂相对于预制的试剂活性成分浓度更高，同时对于有色试剂来说，活性成分的浓度越高，着色能力越强，因此本领域技术人员无法预见在应用更高浓度的就地制备的 CuCHO 后，目标材料的变色强度会比较低浓度的预制的 CuCHO 的低，即权利要求 1 的技术方案取得了预料不到的技术效果，因此权利要求 1 相对于对比文件 1 具有突出的实质性特点和显著的进步，具有专利法第 22 条第 3 款规定的创造性。

（2）关于权利要求 2~4。

在权利要求 1 具备创造性的情况下，其从属权利要求 2~4 也具备了创造性，符合专利法第 22 条第 3 款的规定。

根据上述事实和理由，合议组作出如下决定。

三、决定

撤销国家知识产权局于 2008 年 5 月 9 日针对 200480033208.8 号发明专利申请作出的驳回决定，由国家知识产权局原审查部门以 2008 年 8 月 25 日提交的权利要求书以及驳回决定所针对的其他文本为基础继续审查。

复审请求人对本决定不服的，可以根据专利法第 41 条第 2 款的规定，自收到本决定之日起三个月内向北京市第一中级人民法院起诉。

046

多功能生物膜剂

复审请求审查决定（第16737号）

决　定　号　第16737号
决　定　日　2009年5月6日
发明创造名称　多功能生物膜剂
国际分类号　C05G3/00
复审请求人　邓芝山
申　请　号　200410055600.4
申　请　日　2004年8月11日
公　开　日　2006年2月15日
合议组组长　任晓兰
主　审　员　潘　剑
参　审　员　刘　磊

法律依据　专利法第33条
决定要点

如果申请的内容通过增加、改变和/或删除其中的一部分，致使所属技术领域的技术人员看到的信息与原说明书和权利要求书记载的信息不同，而且又不能从原说明书和权利要求书记载的信息中直接地、毫无疑义地确定，则这种修改是不允许的；否则，修改是允许的。

一、案由

本复审请求案涉及发明名称为"多功能生物膜剂"的第200410055600.4号发明专利申请（下称本申请），申请人为邓芝山，申请日为2004年8月11日，公开日为2006年2月15日。

2007年11月9日，针对申请人于2007年4月2日提交的权利要求第1~3项，说明书第1~4页，2004年8月11日提交的说明书摘要（下称驳回文本），国家知识产权局以说明书的修改不符合专利法第33条的规定为由驳回了本申请。

驳回决定认为：申请人删除了原说明书实施实例中记载的"其中3亩采用本发明产品分别于5月用魔芋葡甘聚糖按上述方法配制成胶液，添加叶面肥喷施一次和"的内容。由于说明书实施实例中发明试验效果是由魔芋葡甘聚糖按上述方法配制成胶液和壳聚糖制成的胶液联合产生的，因此，申请人删除上述内容后，说明书记载的内容超出了原说明书和权利要求书记载的范围，不符合专利法第33条的规定。

驳回决定针对的权利要求1如下：

“1. 多功能生物膜剂其特征在于其由壳聚糖与甲酸或乙酸按净重 1：1 在 1：50~1000 水液中配制成胶溶液。”

2008 年 2 月 15 日，申请人邓芝山（下称请求人）对上述驳回决定不服，向专利复审委员会提出复审请求，并提交了一份据称为用户岳宗华所作的证明（复印件共 1 页），请求人在提出复审请求时未对申请文本进行修改。

请求人认为：“说明书已经说明魔芋葡甘聚糖溶胶和壳聚糖溶胶单独分别在 5 月和 8 月进行试验，魔芋葡甘聚糖的膜只有 45~50 天的保留期，3 个月后该膜作用已经消失，才安排壳聚糖胶液的试验，时间长达 5 个多月，单独使用效果更突显”，同时，“叶面施用是本发明二十余项功能之一”，因此，“本发明在根本上是成立的”。

经形式审查合格后，专利复审委员会受理了该请求，并于 2008 年 3 月 11 日向请求人发出了《复审请求受理通知书》，同时将本申请转送至国家知识产权局原审查部门进行前置审查。

在《前置审查意见书》中，国家知识产权局原审查部门坚持驳回决定。

2008 年 12 月 8 日，请求人提交了说明书第 1~4 页替换页。2009 年 4 月 7 日，请求人再次提交了说明书第 1~4 页替换页。2009 年 4 月 23 日，请求人再次提交了说明书第 1~4 页替换页，其中将说明书第 1~4 页的内容恢复为原说明书记载的内容。

至此，合议组认为本案事实清楚，可以作出审查决定。

二、决定的理由

1. 关于文本

本复审决定针对的文本是请求人于 2009 年 4 月 23 日提交的说明书第 1~4 页，2007 年 4 月 2 日提交的权利要求第 1~3 项，2004 年 8 月 11 日提交的说明书摘要。

2. 关于专利法第 33 条

专利法第 33 条规定：申请人可以对其专利申请文件进行修改，但是，对发明和实用新型专利申请文件的修改不得超出原说明书和权利要求书记载的范围。

如果申请的内容通过增加、改变和/或删除其中的一部分，致使所属技术领域的技术人员看到的信息与原说明书和权利要求书记载的信息不同，而且又不能从原说明书和权利要求书记载的信息中直接地、毫无疑义地确定，则这种修改是不允许的；否则，修改是允许的。

就本申请而言，驳回决定认为，由于说明书实施实例中发明试验效果是由魔芋葡甘聚糖配制成的胶液和壳聚糖制成的胶液联合产生的，因此，将说明书实施实例中记载的用魔芋葡甘聚糖配制成的胶液处理作物的内容删除后，使得说明书记载的内容超出了原说明书和权利要求书记载的范围，不符合专利法第 33 条的规定。

请求人于 2008 年 4 月 23 日提交的说明书替换页中，已经将说明书第 4 页的实施实例恢复为原说明书记载的内容，因此，驳回决定所指出的说明书的修改不符合专利法第 33 条规定的理由不再成立。由于说明书第 1~4 页的其余部分均已恢复为原申请记载的内容，因此，说明书全文均符合专利法第 33 条的规定。

根据上述事实和理由，合议组作出如下审查决定。

三、决定

撤销国家知识产权局于 2007 年 11 月 9 日针对 200410055600.4 号发明专利申请作出的驳回决定，由国家知识产权局原审查部门以本复审请求审查决定所针对的文本为基础继续审批程序。

复审请求人对本决定不服的，可以根据专利法第 41 条第 2 款的规定，自收到本决定之日起三个月内向北京市第一中级人民法院起诉。

047

激酶抑制剂

复审请求审查决定（第16745号）

决　　定　　号　第16745号
决　　定　　日　2008年9月22日
发明创造名称　激酶抑制剂
国 际 分 类 号　C07D403/04，C07D403/14，C07D413/14，C07D471/04，A61K31/497，A61P31/12，A61P37/00
复 审 请 求 人　西托匹亚有限公司
申　　请　　号　03817452.9
申　　请　　日　2003年5月23日
优 先 权 日　2002年5月23日
公　　开　　日　2005年9月21日
合 议 组 组 长　张家祥
主　　审　　员　李新芝
参　　审　　员　潘　剑

法 律 依 据　专利法第26条第4款
决 定 要 点

权利要求通常由说明书记载的一个或者多个实施方式或实施例概括而成。在将说明书记载的内容扩展到权利要求的上位概念时，如果本领域技术人员根据说明书公开的内容并结合其掌握的一般知识，能够合理地预期该上位概念所概括的所有实施方式都能解决所要解决的技术问题，并获得基本相同的技术效果，则上述概括是允许的。

一、案由

本复审请求案涉及发明名称为“激酶抑制剂”的03817452.9号发明专利申请（下称本申请），申请人为西托匹亚有限公司，申请日为2003年5月23日，最早的优先权日为2002年5月23日，公开日为2005年9月21日。

2007年1月19日，针对申请人于2006年10月30日提交的权利要求第1~19项、进入中国国家阶段时提交的国际申请文件中文译文的说明书第1~82页、说明书附图第1~2页及说明书摘要，国家知识产权局以权利要求1~3、11~19不符合专利法第26条第4款的规定为由驳回了本申请。

驳回决定认为，（1）在权利要求1~3的式（Ⅰ）和（Ⅱ）化合物中，A定义为芳基或杂芳基（还含有各种取代基），D的定义中包括苯并吡唑基和含氮杂环并咪唑环（D的定义中还包括各种杂环基取代的含氮杂环并咪唑环），以及 R1 的定义中包括环烷基，而根据说明书具体公开的技术情报（实施例 1~61 及表 3 化合物），在本发明化合物中 A 只表示苯基或取代的苯基，D 表示咪唑基、取代的咪唑基、苯并咪唑基或取代的苯并咪唑基，R1 表示氢原子，并且由于有机合成化学的实验性以及药物化学构效关系的复杂性或敏感性，本申请权利要求 1~3 中定义的式（Ⅰ）和（Ⅱ）化合物包含了大量推测和难以预见的内容，因此权利要求 1~3 得不到说明书的支持，不符合专利法第 26 条第 4 款的规定；（2）权利要求 11 请求保护大约 82 个说明书没有充分公开的个别化合物，因此得不到说明书支持，不符合专利法第 26 条第 4 款的规定；（3）同理，权利要求 12~19 也得不到说明书支持，不符合专利法第 26 条第 4 款的规定。

驳回决定针对的权利要求 1~3、11~19 如下：

“1. 一种下述通式所示的化合物或其药物可接受的盐、水合物、溶剂合物、晶体形式或非对映异构体，

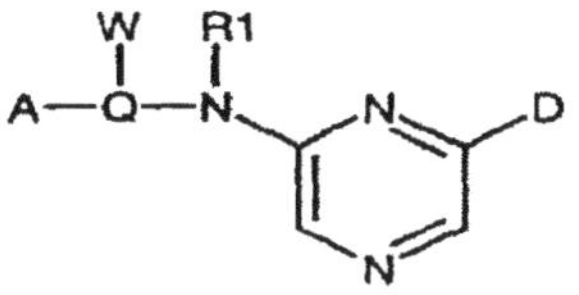

I

其中，D 是选自

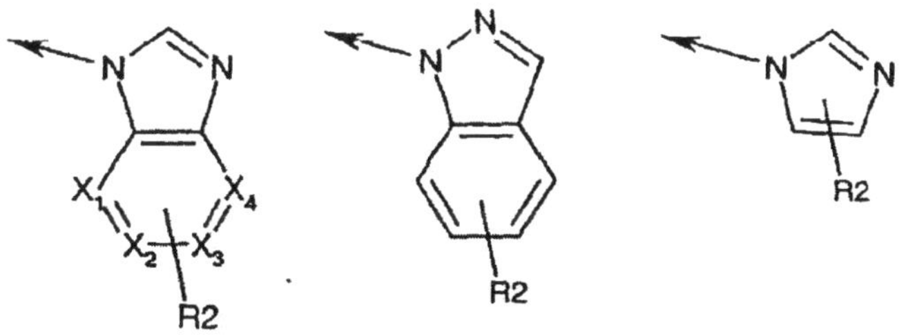

的一个杂环，其中 X_1、X_2、X_3、X_4 是任选地取代的碳，或者 X_1、X_2、X_3、X_4 之一是 N；R2 是 0~4 个独立地选自 H、卤素、C_{1-4}烷基、CH_2F、CHF_2、CF_3、OCF_3、芳基、杂芳基、C_{1-4}烷基 OC_{1-4}烷基、C_{1-4}烷基 O 芳基、C_{1-4}烷基 NR3R4、CO2R3、CONR3R4、CONR3SO2R4、NR3R4、C_{1-4}烷基 NR_3R_4、硝基、NR3COR4、NR5CONR3R4、$NR3SO_2R4$、C_{1-4}烷基 NR3COR4、C_{1-4}烷基 NR5CONR3R4、C_{1-4}烷基 $NR3SO_2R4$ 的取代基；R3、R4 各自独立地是 H、卤素、CH_2F、CHF_2、CF_3、C_{1-4}烷基，C_{1-4}烷基环烷基、C_{1-4}环杂烷基、芳基、C_{1-4}烷基芳基、杂芳基，C_{1-4}烷基杂芳基，或者 R3 和 R4 可以结合形成一个任选地含有一个选自 O、S、NR_6 的原子的任选地取代的 3-8 元（饱和或不饱和）环；R5 选自 H、C_{1-4}烷基、卤素、CH_2F、CHF_2、CF_3、芳基或杂芳基；R6 选自 H、C_{1-4}烷基、芳基、杂芳基、C_{1-4}烷基芳基、C_{1-4}烷基杂芳基；

R1 是 H，C_{1-4}烷基，C_{1-6}环烷基；

Q 是一个键，CH_2，C_{1-4}烷基；

A 是任选地由 0~3 个取代基取代的芳基或杂芳基，所述取代基独立地选自卤素、C_{1-4}烷基、CH_2F、CHF_2、CF_3、OCF_3、CN、NR8R9、芳基、杂芳基、C_{1-4}芳基、C_{1-4}杂芳基、C_{1-4}烷基 NR8R9、OC_{1-4}烷基 NR8R9、硝基、$NR10C_{1-4}$ NR8R9、NR8COR9、NR10CONR8R9、$NR8SO_2R9$、CONR8R9、CO_2R8，其中 R8 和 R9 各自独立地是 H，C_{1-4}烷基，芳基或者 R8 和 R9 一起形成一个可含有选自 O、S、NR11 的一个杂原子的任选地取代的 4-8 元环，其中 R11 是 C_{1-4}烷基，R10 选

自 H，C_{1-4}烷基；

W 选自 H、C_{1-4}烷基、C_{2-6}链烯基；其中 C_{1-4}烷基或 C_{2-6}链烯基可以任选地由 C_{1-4}烷基、OH、OC_{1-4}烷基、NR12R13 取代；R12 和 R13 各自独立地是 H、C_{1-4}烷基，或者 R12 和 R13 可以结合形成一个任选地含有一个选自 O、S、NR14 的原子的任选地取代的 3-8 元环，其中 R14 选自 H、C_{1-4}烷基；

并且其中当 Q 是一个键时，A 不是噻唑基。

2. 权利要求 1 的化合物，其中的杂芳基是包含选自 O 和 N 的一或多个杂原子的未取代的或任选地取代的 5 元或 6 元杂芳环。

3. 通式Ⅱ所示的权利要求 1 或 2 的化合物或其药物可接受的盐、水合物、溶剂合物、晶体形式或非对映异构体，

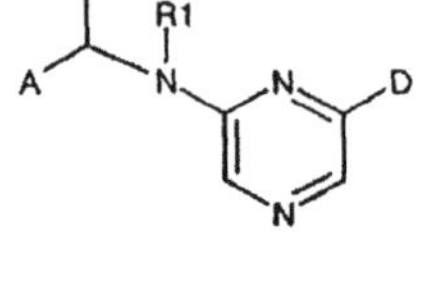

II

其中 D 是选自

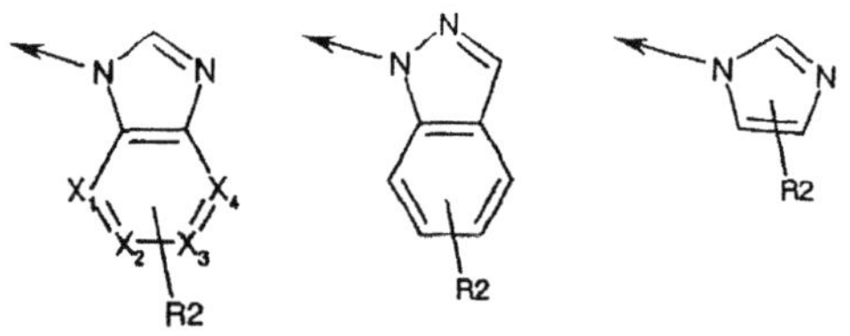

的一个杂环，其中 X_1、X_2、X_3、X_4 是任选地取代的碳，或者 X_1、X_2、X_3、X_4 之一是 N；R_2 是 0~4 个独立地选自 H、卤素、C_{1-4}烷基、CH_2F、CHF_2、CF_3、OCF_3、芳基、杂芳基、C_{1-4}烷基 OC_{1-4}烷基、C_{1-4}烷基 O 芳基、C_{1-4}烷基 NR3R4、CO_2R3、CONR3R4、CONR3SO_2R4、硝基、NR3R4、C_{1-4}烷基 NR3R4、NR3COR4、NR5CONR3R4、NR3SO_2R4、C_{1-4}烷基 NR3COR4、C_{1-4}烷基 NR5CONR3R4、C_{1-4}烷基 NR3SO_2R4 的取代基；R3、R4 各自独立地是 H、卤素、CH_2F、CHF_2、CF_3、C_{1-4}烷基，C_{1-4}烷基环烷基、C_{1-4}环杂烷基、芳基、C_{1-4}烷基芳基、杂芳基，C_{1-4}烷基杂芳基，或者 R3 和 R4 可以结合形成一个任选地含有一个选自 O、S、NR6 的原子的任选地取代的 3-8 元（饱和或不饱和）环；R5 选自 H、C_{1-4}烷基、卤素、CH_2F、CHF_2、CF_3、芳基或杂芳基；R6 选自 H、C_{1-4}烷基、芳基、杂芳基、C_{1-4}烷基芳基、C_{1-4}烷基杂芳基；

R1 是 H，C_{1-4}烷基，C_{1-6}环烷基；

W 是 H，C_{1-4}烷基；

A 是任选地由 0~3 个取代基取代的芳基或杂芳基，所述取代基独立地选自卤素、C_{1-4}烷基、CH_2F、CHF_2、CF_3、OCF_3、CN、硝基、NR8R9、芳基、杂芳基、C_{1-4}芳基、C_{1-4}杂芳基、C_{1-4}烷基 NR8R9、OC_{1-4} 烷 基 NR8R9、NR10C_{1-4} NR8R9、NR8COR9、NR10CONR8R9、NR8SO_2R9、CONR8R9、CO_2R8，其中 R8 和 R9 各自独立地是 H，C_{1-4}烷基，芳基或者 R8 和 R9 一起形成一个可含有选自 O、S、NR11 的一个杂原子的任选地取代的 4-8 元环，其中 R11 是 C_{1-4}烷基，R10 选自 H，C_{1-4}烷基。

11. 选自如下一组的化合物：

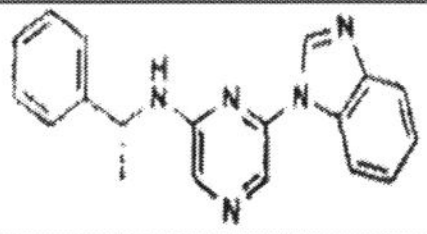	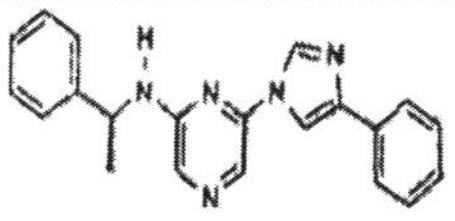
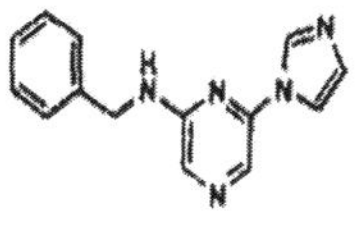	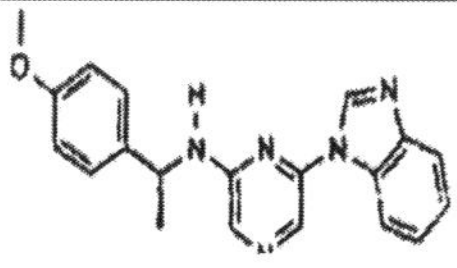
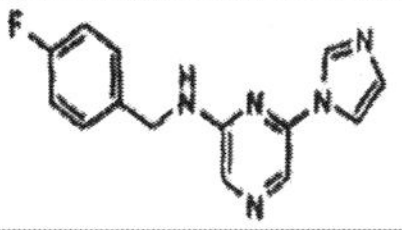	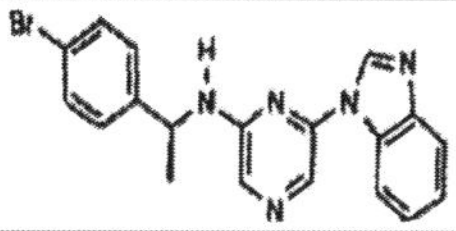
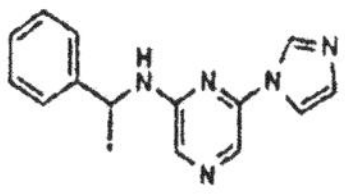	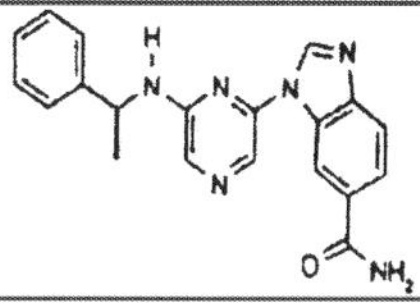
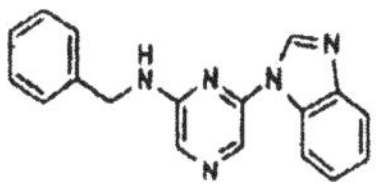	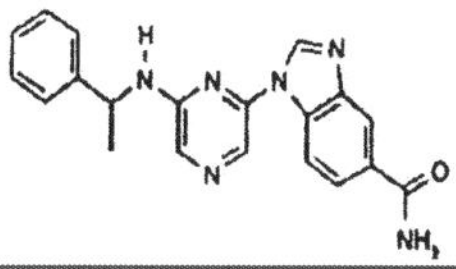
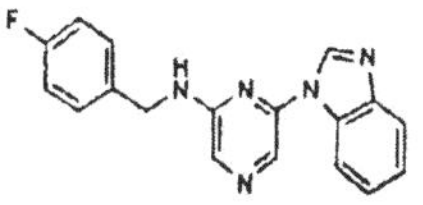	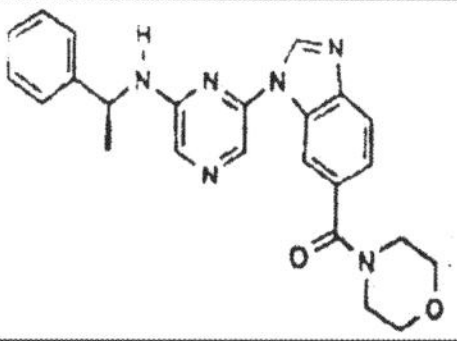
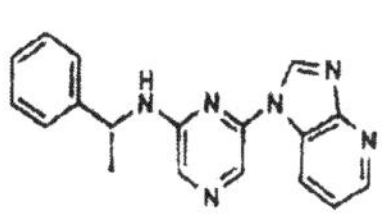	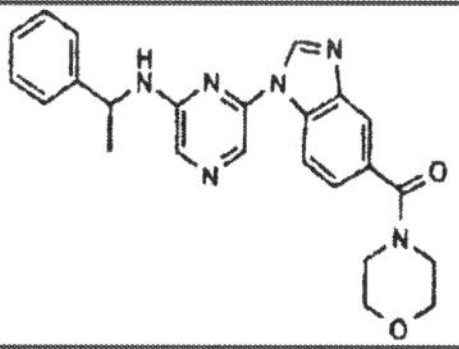
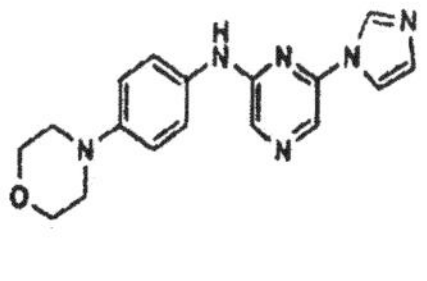	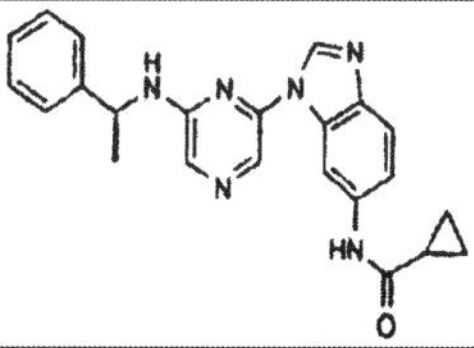
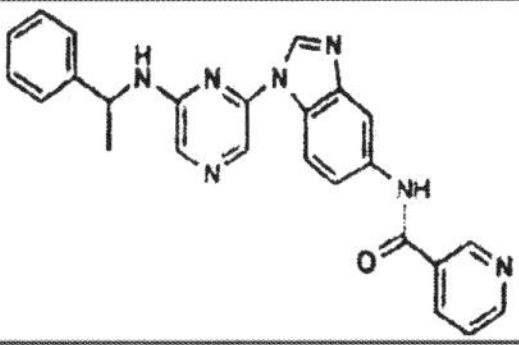	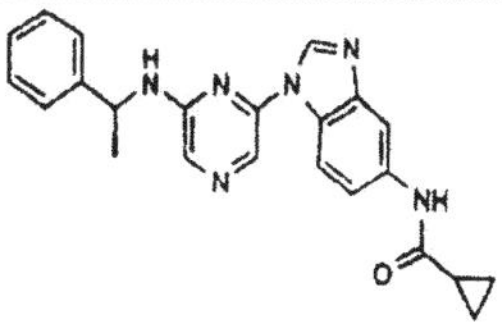
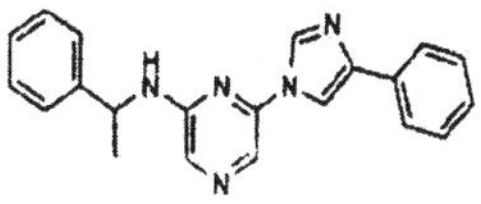	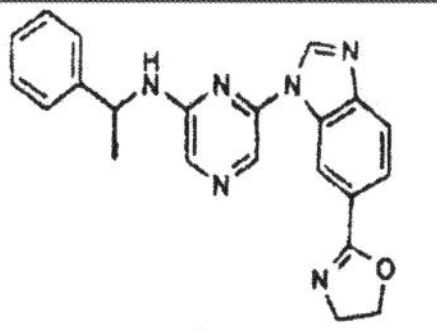
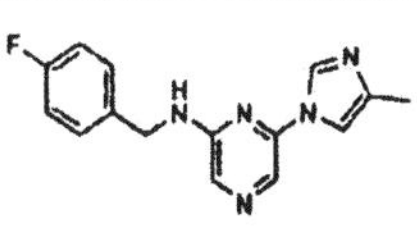	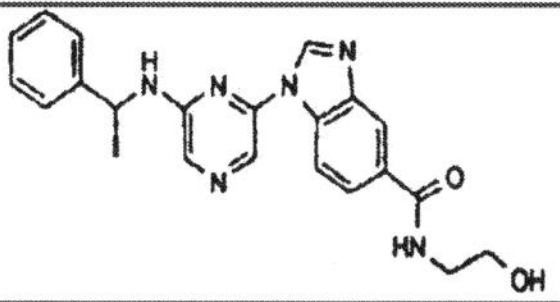

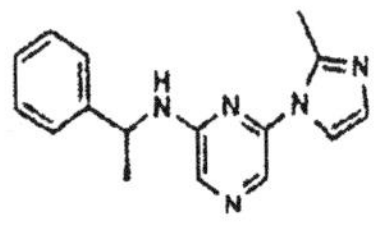	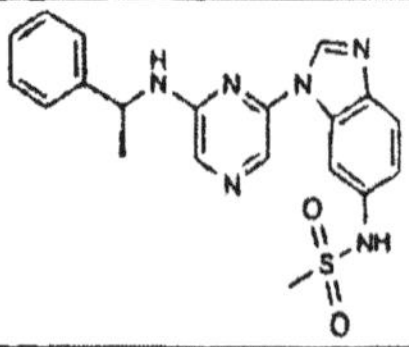
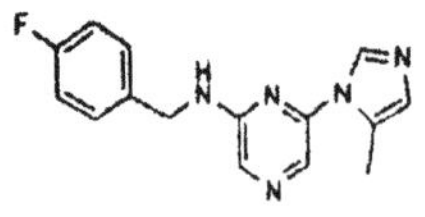	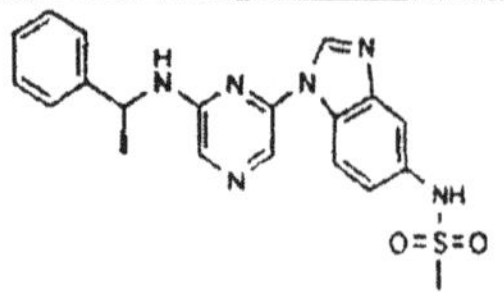
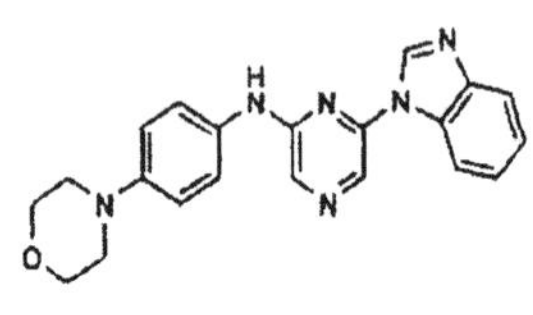	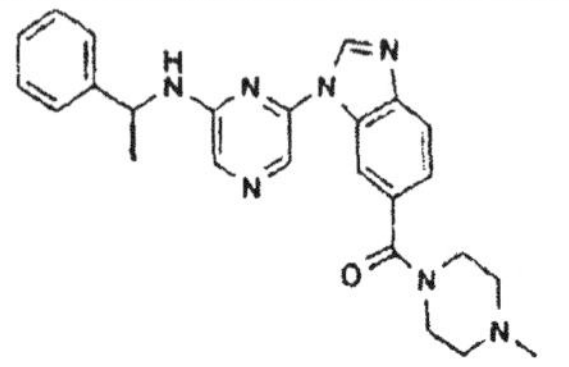
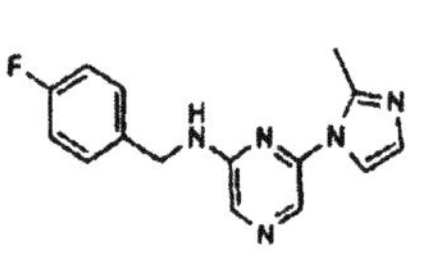	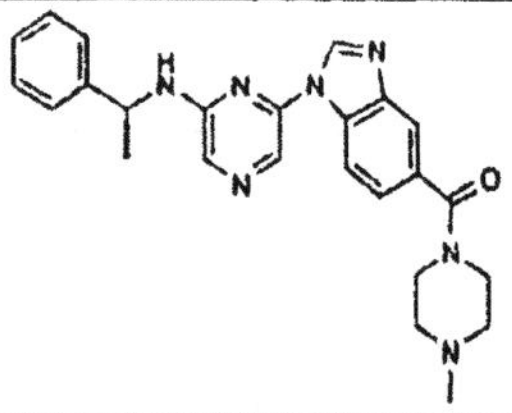
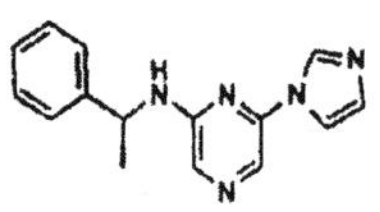	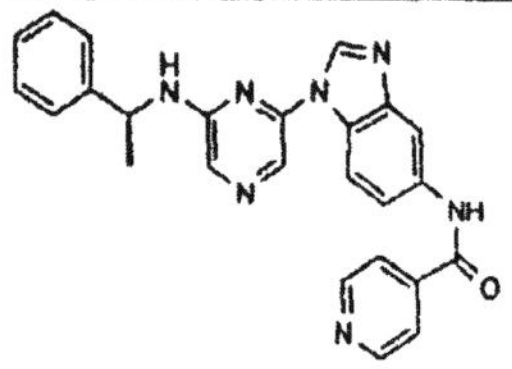
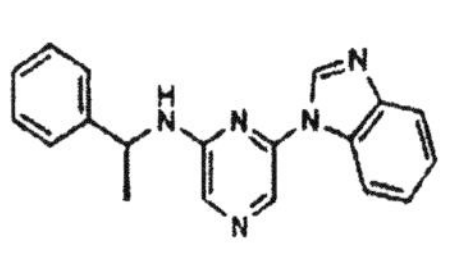	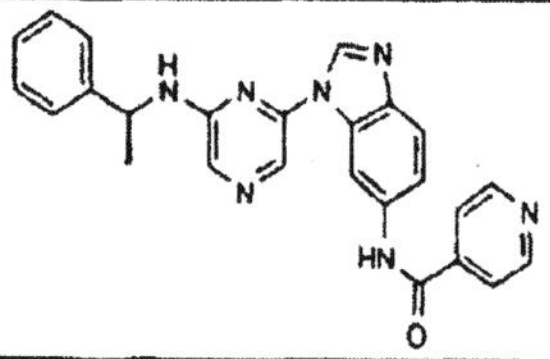
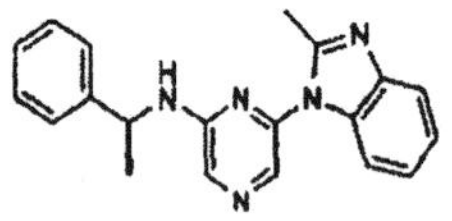	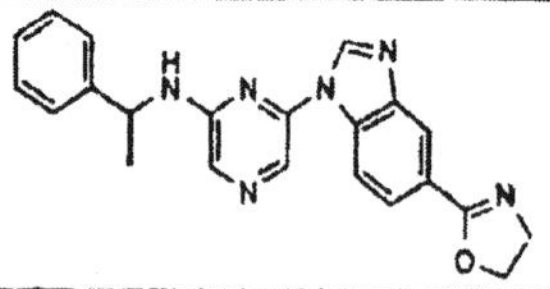
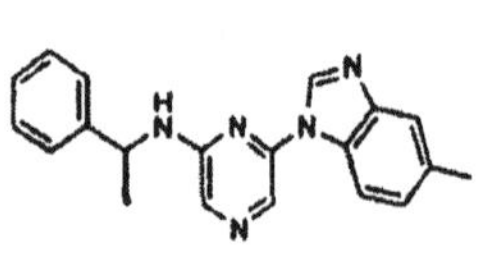	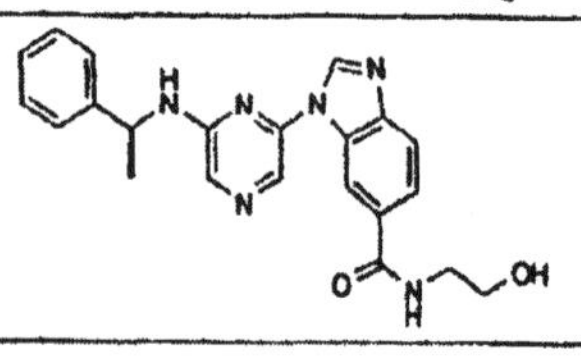

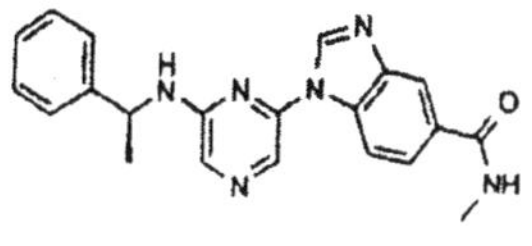	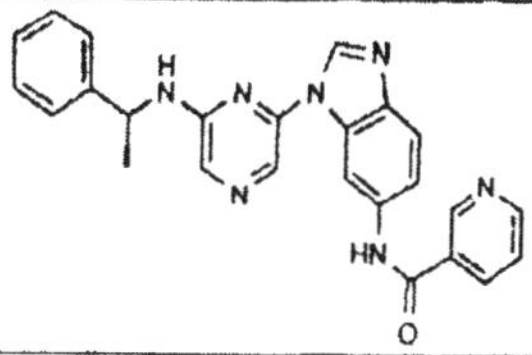
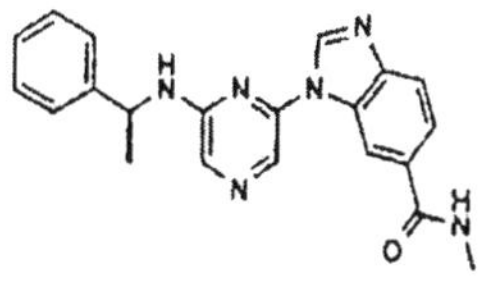	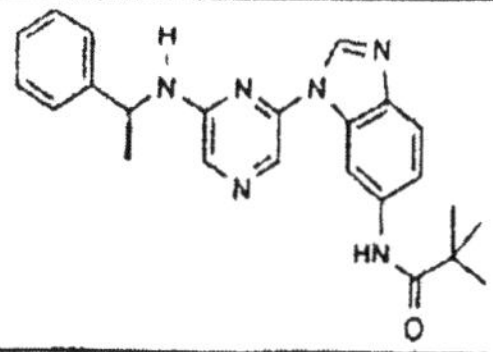
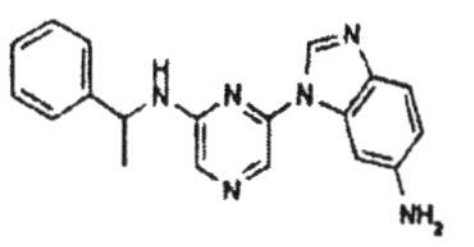	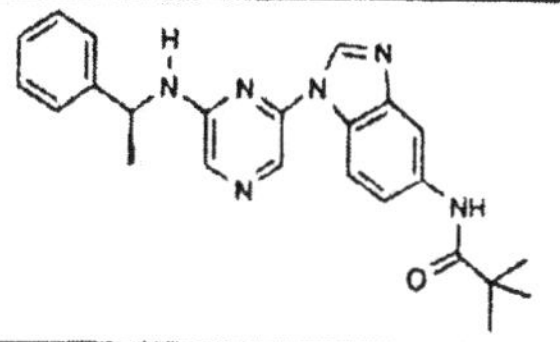
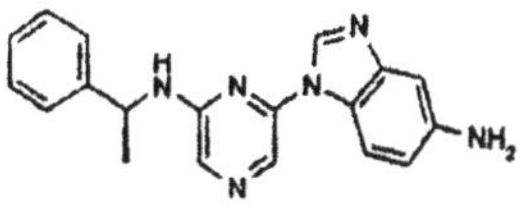	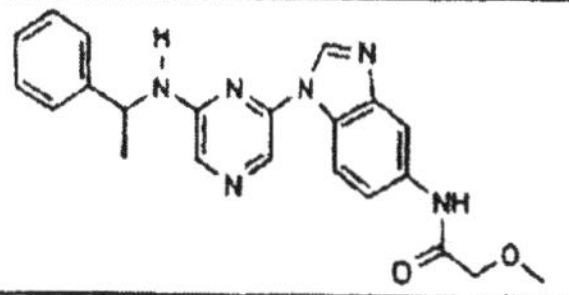
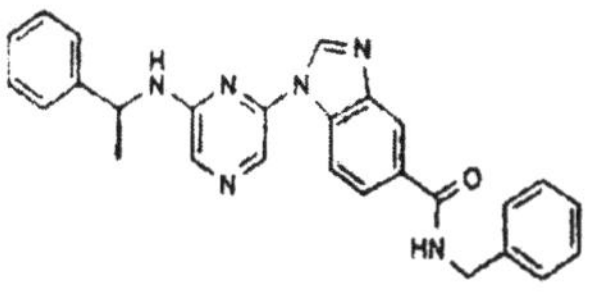	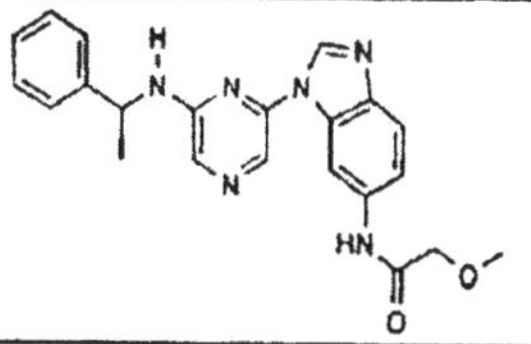
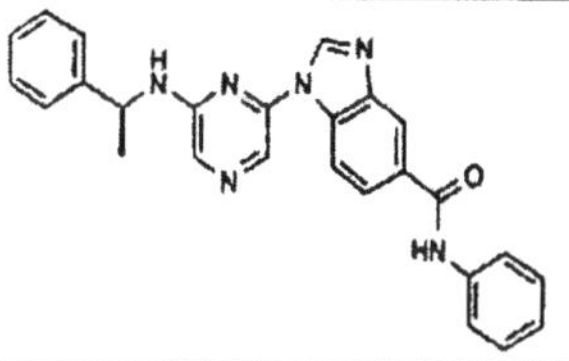	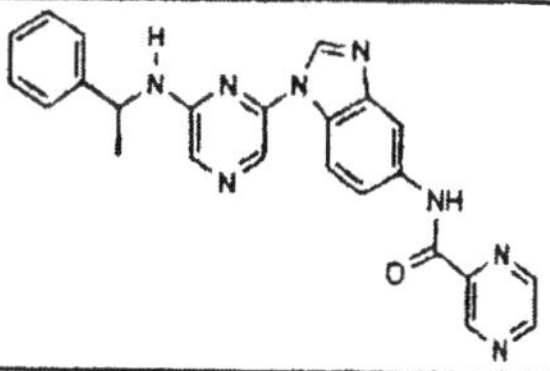
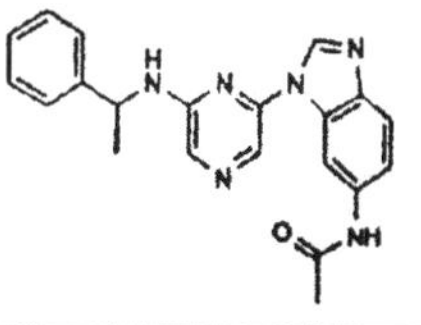	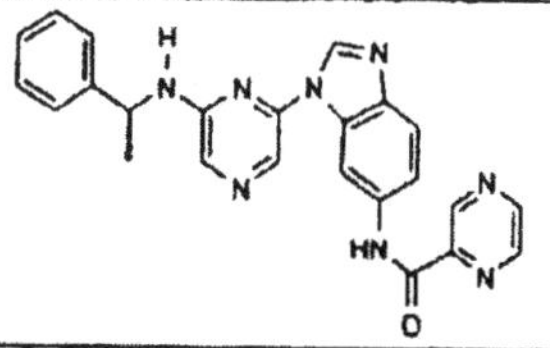
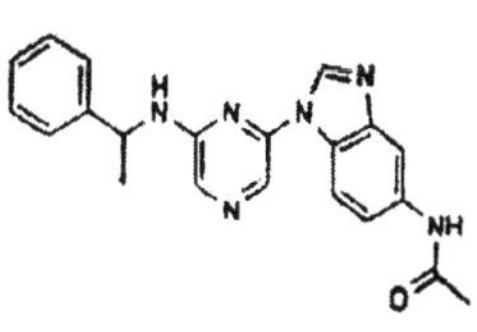	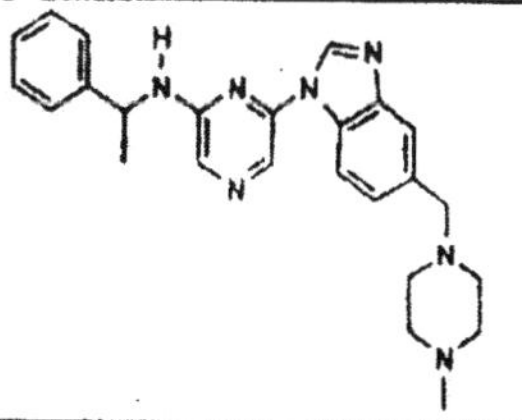

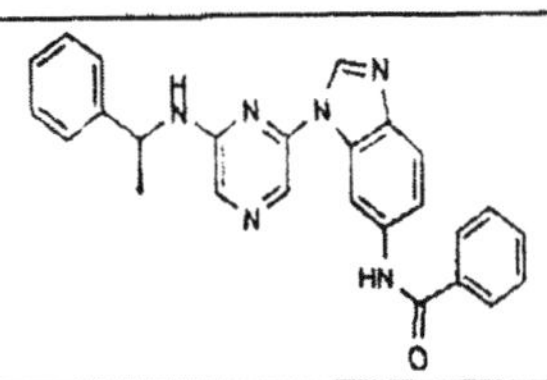	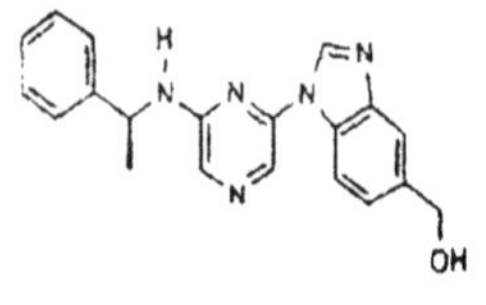
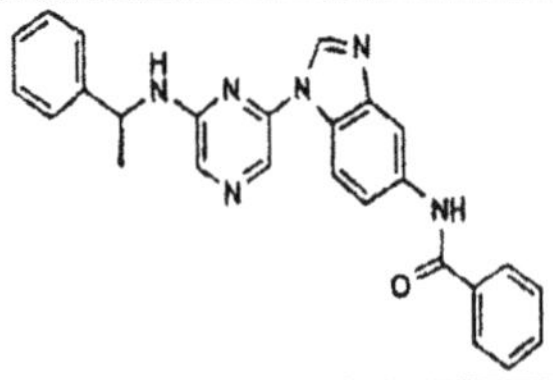	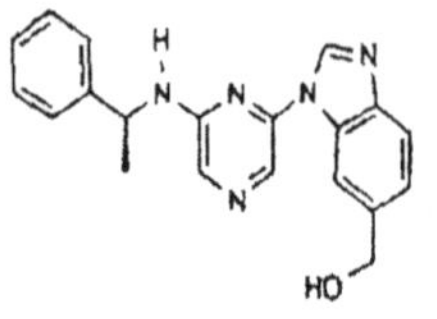
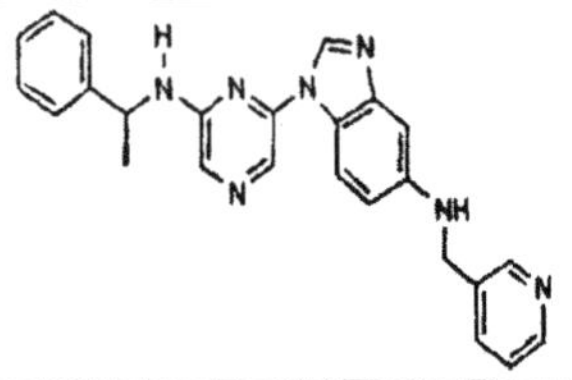	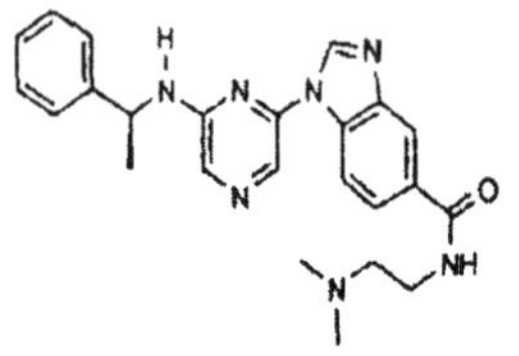
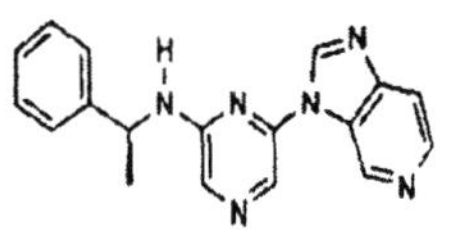	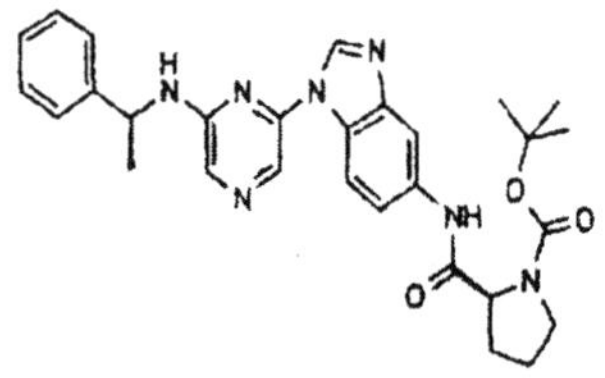
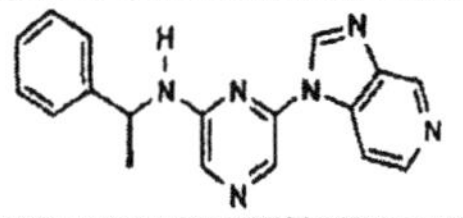	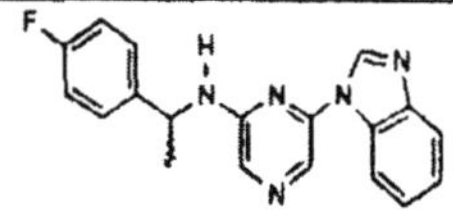
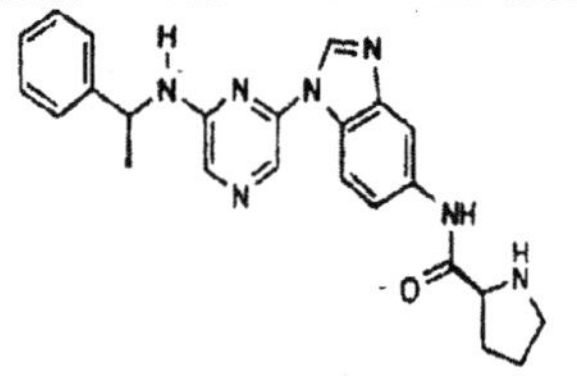	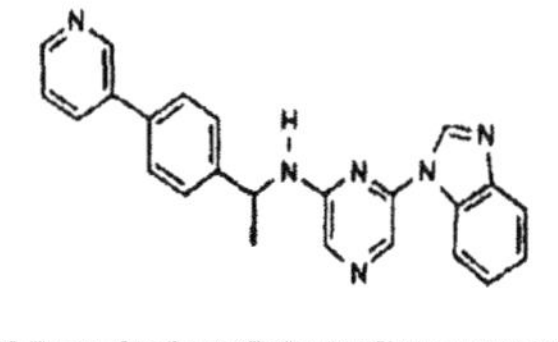
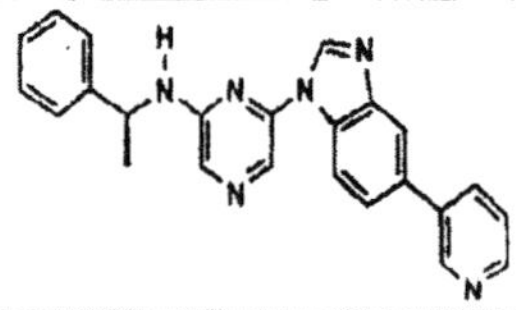	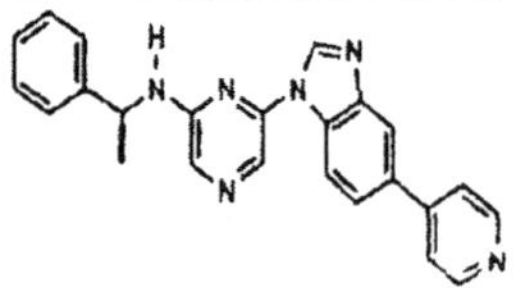
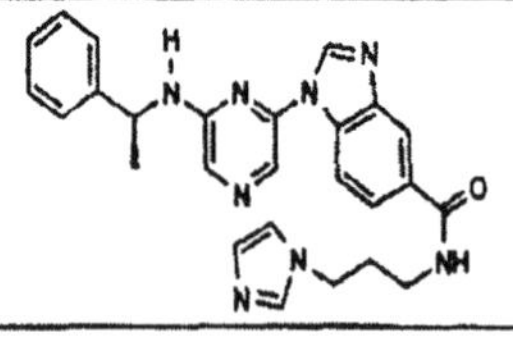	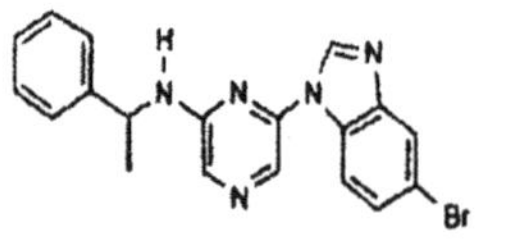

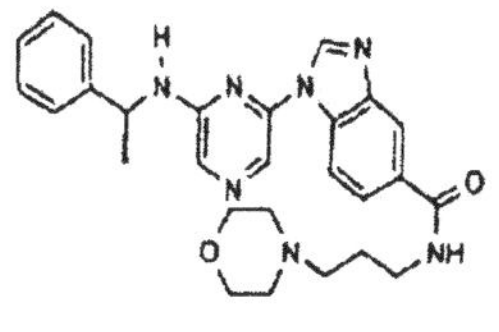	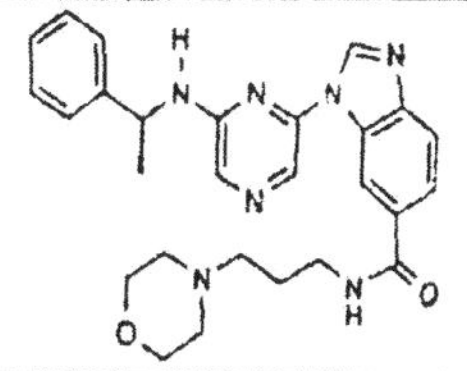
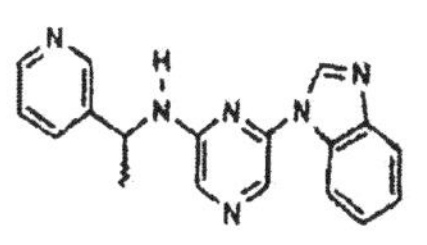	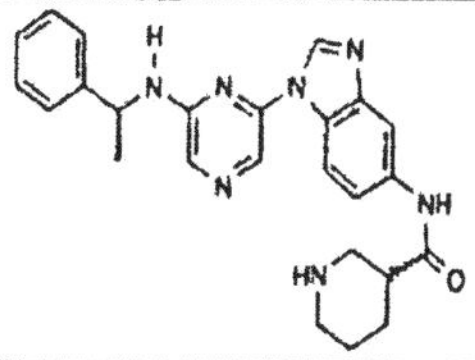
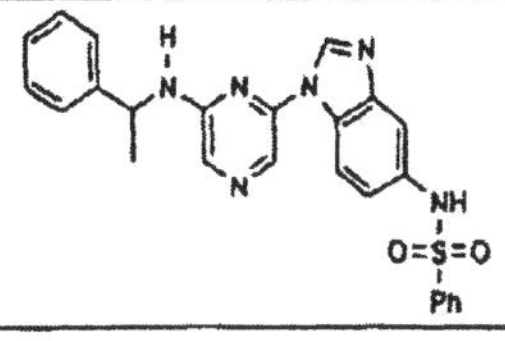	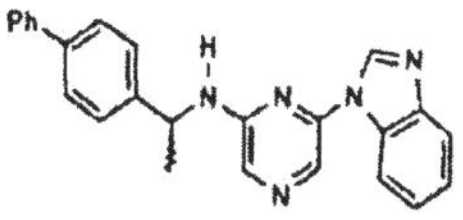
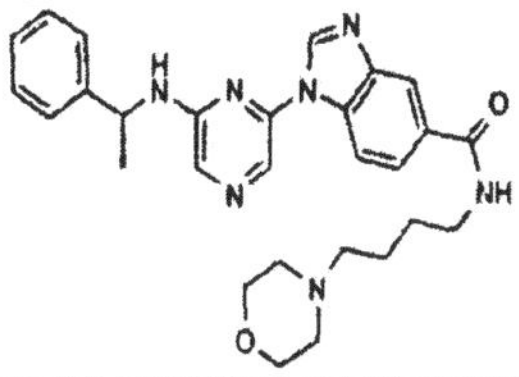	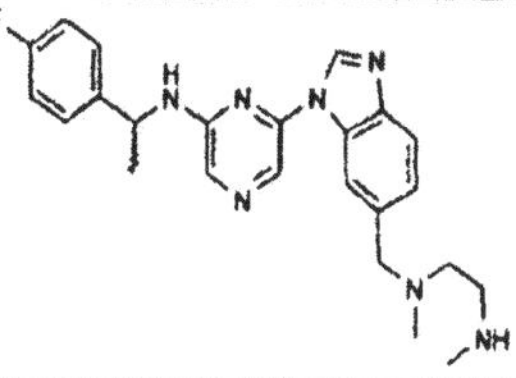
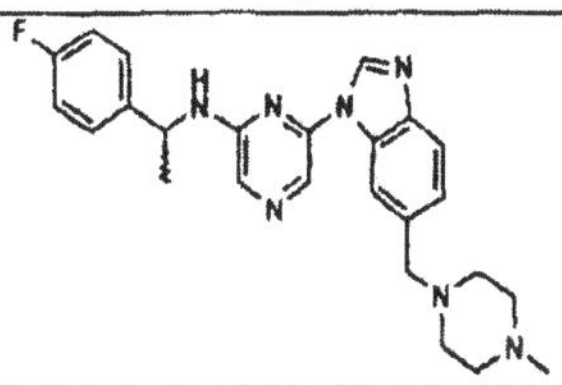	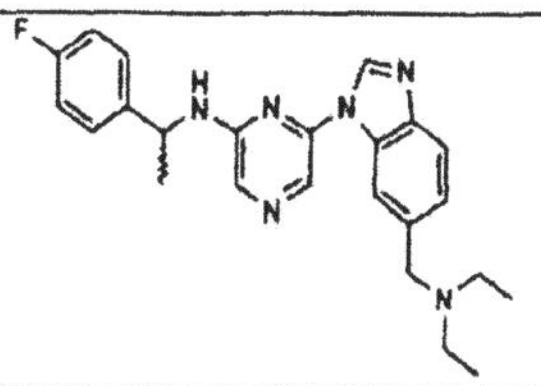
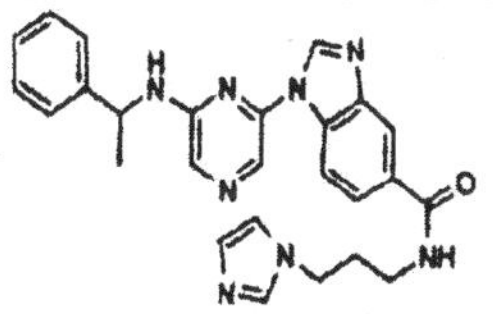	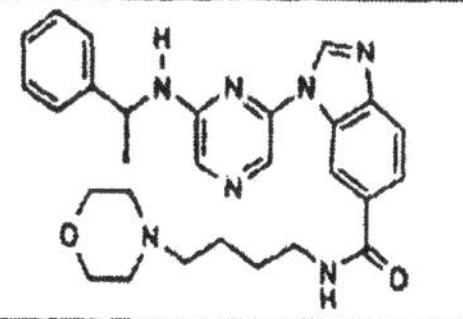

12. 一种药物组合物，其包含一种载体和至少一种权利要求 1～11 任一项的化合物。

13. 一种药物组合物，其包含有效量的能够治疗蛋白激酶相关的疾病状态至少一种权利要求 1～11 任一项的化合物以及药物可接受的载体或稀释剂。

14. 至少一种权利要求 1～10 任一项的化合物在制备用于治疗蛋白激酶相关的疾病状态的药物中的应用。

15. 权利要求 14 的应用，其中所述疾病状态涉及一种受体酪氨酸激酶，所述受体酪氨酸激酶选自 EGF、HER2、HER3、HER4、IR、IGF－1R、IRR、PDGFRα、PDGFRβ、CSFIR、C－Kit、C－fms、Flk－1R、Flk4、KDR/Flk－1、Flt－1、FGFR－1R、FGFR－2R、FGFR－3R 和 FGFR－4R。

16. 权利要求 14 的应用，其中所述疾病状态涉及一种细胞酪酸激酶，所述细胞酪氨酸激酶选自 Src、Frk、Btk、Csk、Abl、ZAP70、Fes/Fps、Fak、Ack、Yes、Fyn、Lyn、Lck、Blk、Hck、Fgr 和 Yrk。

17. 权利要求 14 的应用，其中所述疾病状态涉及一种酪氨酸激酶，所述酪氨酸激酶选自 JAK1、JAK2、JAK3 和 TYK2。

18. 权利要求 14 的应用，其中所述疾病状态涉及一种丝氨酸/苏氨酸激酶，所述丝氨酸/苏氨酸激酶选自 ERK2、c-Jun、p38 MAPK、PKA、PKB、PKC、细胞周期蛋白依赖性激酶、CDK1、CDK2、CDK3、CDK4、CDK5、CDK6、CDK7、CDK8、CDK9、CDK10 和 CDK11。

19. 权利要求 14 的应用，其中所述疾病状态选自特应性，如过敏性哮喘、特应性皮炎（湿疹）和过敏性鼻炎；细胞介导的超敏性，如过敏性接触性皮炎和过敏性肺炎；风湿性疾病，如系统性红斑狼疮（SLE）、类风湿性关节炎、青少年关节炎、SjÖgren's 综合征、硬皮病、多肌炎、强直性脊柱炎、银屑病型关节炎；其他自身免疫性疾病如 I 型糖尿病、自身免疫性甲状腺病和阿尔茨海默氏症；病毒性疾病如 Epstein Barr 病毒（EBV）、乙肝病毒、丙肝病毒、HIV、HTLV1、水痘—带状疱疹病毒（VZV）、人乳头瘤病毒（HPV）；癌症如白血病、淋巴瘤和前列腺癌。"

2007 年 5 月 8 日，申请人西托匹亚有限公司（下称请求人）对上述驳回决定不服，向专利复审委员会提出复审请求，请求人在提出复审请求时对权利要求书进行了修改，其中删除了部分权利要求 1、3 中未在实施例和表 3 中提供具体实施例的取代基团。

修改后的权利要求 1、3 如下：

"1. 一种下述通式所示的化合物或其药物可接受的盐、水合物、溶剂合物、晶体形式或非对映异构体，

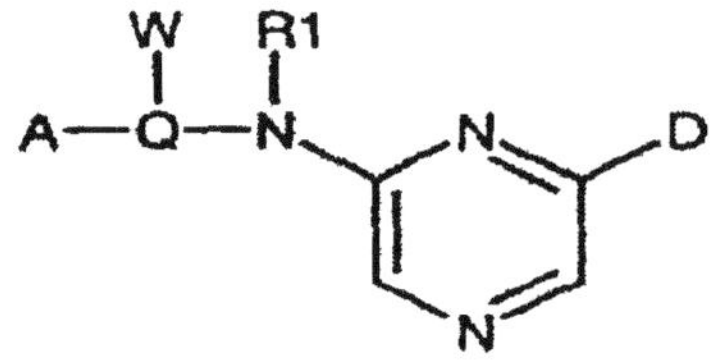

I

其中，D 是选自

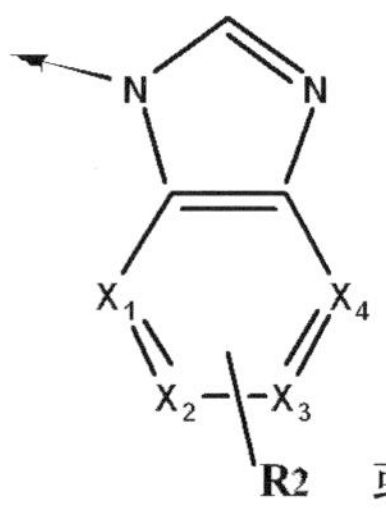

或

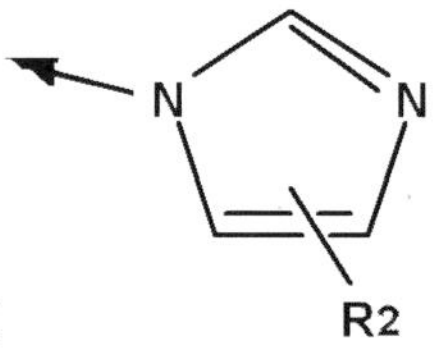

的一个杂环，其中 X_1、X_2、X_3、X_4 是任选地取代的碳，或者 X_1、X_2、X_3、X_4 之一是 N；R2 是 0~4 个独立地选自 H、卤素、C_{1-4}烷基、芳基、杂芳基、C_{1-4}烷基 NR3R4、CONR3R4、NR3R4、NR3COR4、NR3SO_2R4；R3、R4 各自独立地是 H、C_{1-4}烷基，C_{1-4}烷基环烷基、C_{1-4}环杂烷基、芳基、C_{1-4}烷基芳基、杂芳基，C_{1-4}烷基杂芳基，或者 R3 和 R4 可以结合形成一个任选地含有一个选自 O、NR6 的原子的任选地取代的 3-8 元饱和或不饱和环；R6 选自 H、C_{1-4}烷基；

R1 是 H；

Q 是一个键，CH_2，C_{1-4}烷基；

A 是任选地由 0~3 个取代基取代的芳基或杂芳基，所述取代基独立地选自卤素、NR8R9、芳基、杂芳基，其中 R8 和 R9 一起形成一个可含有杂原子 O 的任选地取代的 4-8 元环；

W 选自 H、C_{1-4}烷基、C_{2-6}链烯基；其中 C_{1-4}烷基或 C_{2-6}链烯基可以任选地由 C_{1-4}烷基、OH、OC_{1-4}烷基、NR12R13 取代；R12 和 R13 各自独立地是 H、C_{1-4}烷基，或者 R12 和 R13 可以结合形成一个任选地含有一个选自 O、S、NR_{14}的原子的任选地取代的 3-8 元环，其中 R14 选自 H、C_{1-4}烷基；

并且其中当Q是一个键时，A不是噻唑基。

3. 通式Ⅱ所示的权利要求1或2的化合物或其药物可接受的盐、水合物、溶剂合物、晶体形式或非对映异构体，

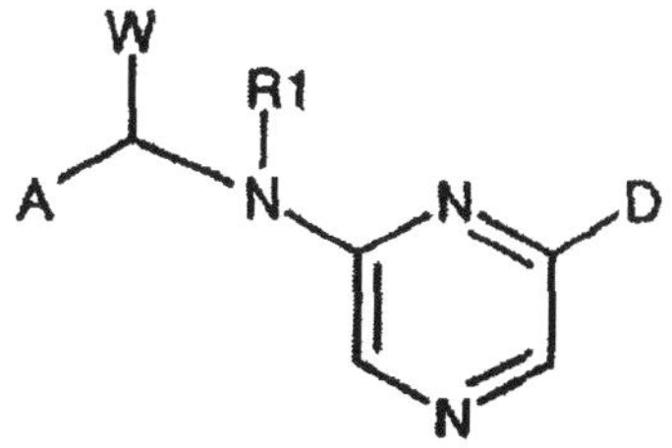

Ⅱ

其中D是选自

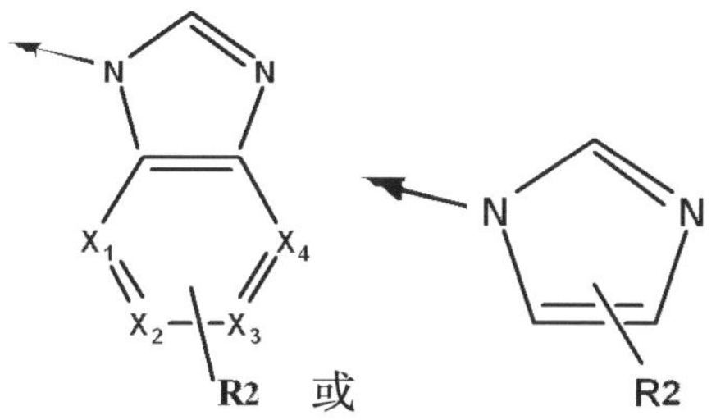

的一个杂环，其中X_1、X_2、X_3、X_4是任选地取代的碳，或者X_1、X_2、X_3、X_4之一是N；R2是0~4个独立地选自H、卤素、C_{1-4}烷基、芳基、杂芳基、C_{1-4}烷基NR3R4、CONR3R4、NR3R4、NR3COR4、$NR3SO_2R4$的取代基；R3、R4各自独立地是H、C_{1-4}烷基，C_{1-4}烷基环烷基、C_{1-4}环杂烷基、芳基、C_{1-4}烷基芳基、杂芳基，C_{1-4}烷基杂芳基，或者R3和R4可以结合形成一个任选地含有一个选自O、NR6的原子的任选地取代的3-8元饱和或不饱和环；R6选自H、C_{1-4}烷基；

R1是H；

W是H、C_{1-4}烷基；

A是任选地由0-3个取代基取代的芳基或杂芳基，所述取代基独立地选自卤素、NR8R9、芳基、杂芳基，其中R8和R9一起形成一个可含有杂原子O的任选地取代的4-8元环。”

请求人认为：（1）修改后权利要求1、3中的各个取代基均得到了说明书中实施例或表3中具体化合物的支持，并具体列举了各取代基概括自说明书的依据，因此权利要求1、3符合专利法第26条第4款的规定；（2）权利要求11中列出的82个化合物即为说明书表3中列出的82个化合物，虽然在实施例1~61中仅列出了其中部分化合物的合成途径及参数，但其他化合物与实施例中列出的化合物相比仅涉及相似取代基的替换，且在表3中列出了82个化合物对JAK的抑制活性的数据，这无疑说明请求人确实得到了这些化合物。因此，基于现有技术和本申请说明书的教导，本领域技术人员应当可以容易地制备权利要求11中的全部82个化合物，因此，权利要求11得到了说明书的支持；（3）基于上述意见，权利要求12~19也得到了说明书的支持，符合专利法第26条第4款的规定。

经形式审查合格后，专利复审委员会受理了该请求，并于2007年6月11日向请求人发出了《复审请求受理通知书》，同时将本申请转送至国家知识产权局原审查部门进行前置审查。

在《前置审查意见书》中，国家知识产权局原审查部门认为驳回决定中的缺陷依然存在，因此坚持驳回决定。

专利复审委员会组成合议组，对本复审请求案进行了审理。

2008年8月13日，请求人再次提交了权利要求书替换页，将说明书第11页倒数第2行至第12页第1行中芳基的定义“未取代的或任选地取代的苯基或萘基”以及杂芳基的定义“未取代的或任选地取代的5或6元芳香杂环，其含有一或多个选自O，N，S的杂原子”加入权利要求1、3中，并删除权利要求2。

修改后的权利要求1、2如下所示：

“1. 一种下述通式所示的化合物或其药物可接受的盐、水合物、溶剂合物、晶体形式或非对映异构体，

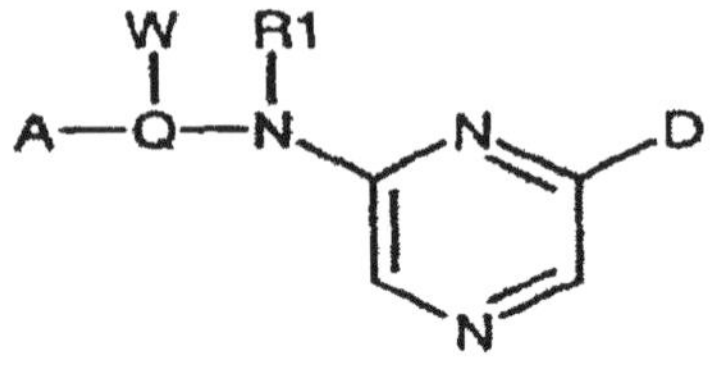

I

其中，D是选自

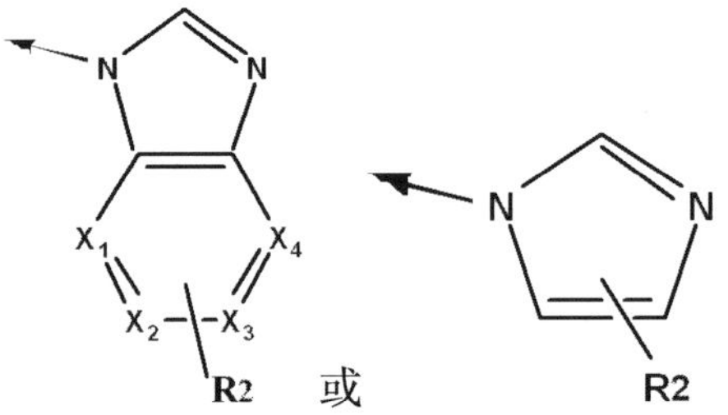

的一个杂环，其中X_1、X_2、X_3、X_4是任选地取代的碳，或者X_1、X_2、X_3、X_4之一是N；R2是0-4个独立地选自H、卤素、C_{1-4}烷基、芳基、杂芳基、C_{1-4}烷基NR3R4、CONR3R4、NR3R4、NR3COR4、$NR3SO_2R4$；R3、R4各自独立地是H、C_{1-4}烷基，C_{1-4}烷基环烷基、C_{1-4}环杂烷基、芳基、C_{1-4}烷基芳基、杂芳基，C_{1-4}烷基杂芳基，或者R3和R4可以结合形成一个任选地含有一个选自O、NR6的原子的任选地取代的3-8元饱和或不饱和环；R6选自H、C_{1-4}烷基；

R1是H；

Q是一个键，CH_2，C_{1-4}烷基；

A是任选地由0~3个取代基取代的芳基或杂芳基，所述取代基独立地选自卤素、NR8R9、芳基、杂芳基，其中R8和R9一起形成一个可含有杂原子O的任选地取代的4-8元环；

W选自H、C_{1-4}烷基、C_{2-6}链烯基；其中C_{1-4}烷基或C_{2-6}链烯基可以任选地由C_{1-4}烷基、OH、OC_{1-4}烷基、NR12R13取代；R12和R13各自独立地是H、C_{1-4}烷基，或者R12和R13可以结合形成一个任选地含有一个选自O、S、NR14的原子的任选地取代的3-8元环，其中R14选自H、C_{1-4}烷基；

当Q是一个键时，A不是噻唑基；

并且所述芳基是未取代的或任选地取代的苯基或萘基，所述杂芳基是未取代的或任选地取代的5或6元芳香杂环，其含有一或多个选自O，N，S的杂原子。

2. 通式Ⅱ所示的权利要求1的化合物或其药物可接受的盐、水合物、溶剂合物、晶体形式或非对映异构体，

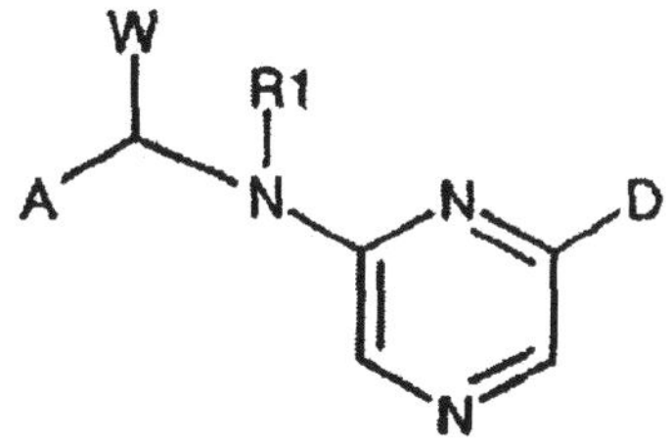

II

其中 D 是选自

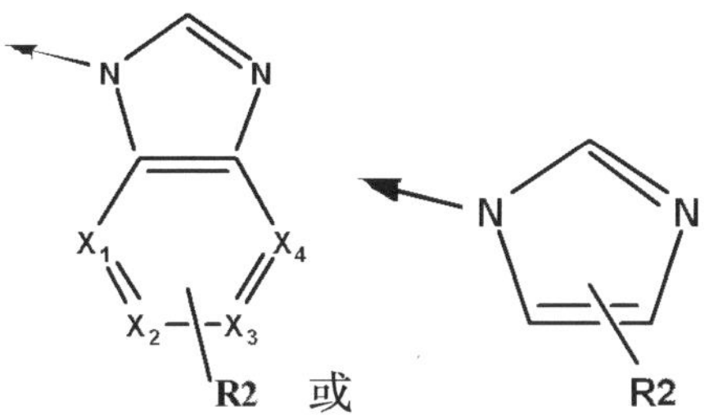

的一个杂环，其中 X_1、X_2、X_3、X_4 是任选地取代的碳，或者 X_1、X_2、X_3、X_4 之一是 N；R2 是 0~4 个独立地选自 H、卤素、C_{1-4} 烷基、芳基、杂芳基、C_{1-4} 烷基 NR3R4、CONR3R4、NR3R4、NR3COR4、NR3SO_2R4 的取代基；R3、R4 各自独立地是 H、C_{1-4}烷基，C_{1-4}烷基环烷基、C_{1-4}环杂烷基、芳基、C_{1-4}烷基芳基、杂芳基，C_{1-4}烷基杂芳基，或者 R3 和 R4 可以结合形成一个任选地含有一个选自 O、NR6 的原子的任选地取代的 3-8 元饱和或不饱和环；R6 选自 H、C_{1-4}烷基；

R1 是 H；

W 是 H、C_{1-4}烷基；

A 是任选地由 0~3 个取代基取代的芳基或杂芳基，所述取代基独立地选自卤素、NR8R9、芳基、杂芳基，其中 R8 和 R9 一起形成一个可含有杂原子 O 的任选地取代的 4-8 元环；

并且所述芳基是未取代的或任选地取代的苯基或萘基，所述杂芳基是未取代的或任选地取代的 5 或 6 元芳香杂环，其含有一或多个选自 O，N，S 的杂原子。”

经合议，合议组认为本案事实清楚，可以作出审查决定。

二、决定的理由

1. 关于审查文本

本复审决定是以请求人于 2008 年 8 月 13 日提交的权利要求第 1~18 项以及驳回决定所针对的其他文本为基础作出的。

2. 关于专利法第 26 条第 4 款

专利法第 26 条第 4 款规定：权利要求书应当以说明书为依据，说明要求专利保护的范围。

权利要求通常由说明书记载的一个或者多个实施方式或实施例概括而成。在将说明书记载的内容扩展到权利要求的上位概念时，如果本领域技术人员根据说明书公开的内容并结合其掌握的一般知识，能够合理地预期该上位概念所概括的所有实施方式都能解决所要解决的技术问题，并获得基本相同的技术效果，则上述概括是允许的。

具体到本申请，《驳回决定》认为原权利要求 1~3 得不到说明书支持的原因主要有三点：（1）在权利要求 1~3 的式（Ⅰ）和式（Ⅱ）化合物中，A 定义为任选各种取代基取代的芳基或杂芳基，而说明书仅具体公开了 A 为苯基或取代苯基的化合物；（2）D 定义中包括苯并吡唑基和含氮杂环并咪唑环，并包括了各种杂环基取代的含氮杂环并咪唑环，而说明书仅具体公开了 D 为咪唑基或取代咪唑基以及苯并咪唑基或取代的苯并咪唑基的化合物；（3） R1 定义中包括环烷基，而说明书仅具体公开了 R1 为氢原子。

对此，合议组认为，在请求人于 2008 年 8 月 13 日提交的权利要求书中，已经对基团 A、D、R1 的定义进行了修改，删除了未在说明书的实施例和表 3 中提供具体实例支持的取代基团，仅保留了在说明书中提供了具体实例支持的取代基，因此修改后的权利要求 1、2 已克服了《驳回决定》所指出的上述缺陷，具体说明如下：

（1）关于基团 A，在修改后的权利要求 1、2 中，请求人已经将基团 A 定义为“A 是任选地由 0~3个取代基取代的芳基或杂芳基，所述取代基独立地选自卤素、NR8R9、芳基、杂芳基，其中 R8 和 R9 一起形成一个可含有杂原子 O 的任选地取代的 4-8 元环”。对于上述基团 A 的定义范围，可从以下三个方面看基团 A 的定义能够得到说明书的支持：

①请求人已经依据说明书第 11 页倒数第 2 行至第 12 页第 1 行的内容对其中的芳基和杂芳基做了明确的限定，“芳基是指未取代的或任选地取代的苯基或萘基”，“杂芳基是指一个未取代的或任选地取代的 5 或 6 元芳香杂环，其含有一或多个选自 O，N，S 的杂原子”；

②在本申请的说明书中已具体提供了 A 为芳基中的苯基或取代苯基（例如说明书实施例和表 3 中提供的大部分化合物）以及 A 为杂芳基中的吡啶基（例如说明书第 79 页化合物 93）的实例；

③对于基团 A 上的取代基团，在本申请说明书中已经具体提供了了 A 被 F 或 Br 取代（例如实施例 6、8、9、16、50 和表 3 中第 69 页的化合物 9 和 19、第 70 页的化合物 111、第 71 页的化合物 7 和 63、第 73 页的化合物 65、第 80 页的化合物 175、第 81 页的化合物 499 和 500、第 82 页的化合物 501）、被吗啉基取代（例如实施例 5、15 和表 3 中第 71 页的化合物 50、第 73 页的化合物 64）、被苯基取代（例如表 3 中第 82 页的化合物 93）、被吡啶基取代（例如表 3 中第 80 页的化合物 177）的化合物。

因此，合议组认为，在无合理理由或相反证据的情况下，根据本申请说明书的实施例及表 3 所公开的 A 基团并结合本领域技术人员所具有的一般知识，是可以概括得到“A 是任选地由 0~3 个取代基取代的芳基或杂芳基，所述取代基独立地选自卤素、NR8R9、芳基、杂芳基，其中 R8 和 R9 一起形成一个可含有杂原子 O 的任选地取代的 4-8 元环”的定义范围的。

（2）对于基团 D，首先，请求人在修改后基团 D 的定义中已经删除了关于苯并吡唑基的定义，仅保留了在实施例和表 3 的化合物中提供了大量实例的咪唑基（例如实施例 2、5、6、7、8 等）、苯并咪唑基（例如实施例 12、13、14、15、16 等）以及 X_1、X_2、X_3、X_4 之一是 N 的吡啶并咪唑基（例如表 3 中第 77 页的化合物 169 以及第 79 页的化合物 170 等）的定义，因此本领域技术人员可以合理概括得到 D 是选自

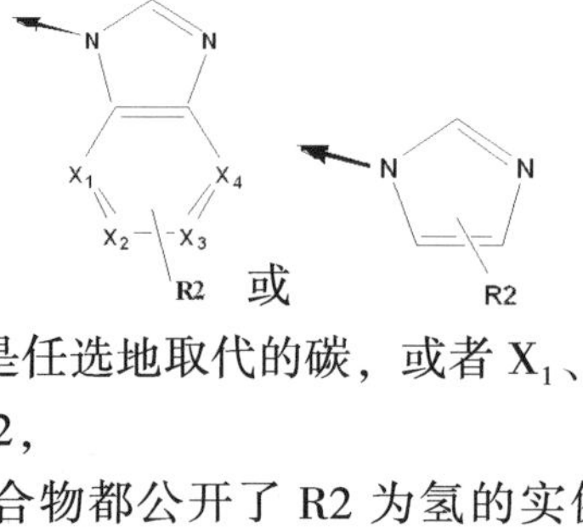

的一个杂环，其中 X_1、X_2、X_3、X_4 是任选地取代的碳，或者 X_1、X_2、X_3、X_4 之一是 N 的范围；

其次，对于基团 D 上的取代基 R2，

（ⅰ）实施例和表 3 中的许多化合物都公开了 R2 为氢的实例（例如实施例 2、5、6、12、13、14、15、16、17 等和表 3 中的化合物 7、8、9、17、18、19、48、110、111 等），因此取代基 R2 为“H”能够得到说明书的支持，（ⅱ）表 3 中第 80 页的化合物 184 公开了 R2 为 Br 的实例，因此 R2 为

“卤素”能够得到说明书的支持，（ⅲ）实施例7~9、18~19和表3中第71页的化合物7、62和63、第73页的化合物65和84公开了R_2为甲基的实例，因此R_2为“C_{1-4}烷基”能够得到说明书的支持，（iv）实施例10和表3中第70页的化合物109、第71页的化合物55公开了R_2为苯基的实例，因此R2为“芳基”能够得到说明书的支持，（v）实施例61和表3中第72页的化合物120、第74页的化合物146、第79页的化合物183、第80页的化合物182公开了R_2为吡啶基或噁唑基的实例，因此R2为“杂芳基”能够得到说明书的支持，（vi）实施例46、52和表3中第78页的化合物162、第81页的化合物499和500、第82页的化合物501公开了R2为$-CH_2-$NR3R4的实例，因此R2为“C_{1-4}烷基NR3R4”能够得到说明书的支持，（vii）实施例21、24、27、29、31和表3中第70页的化合物112-115、第72页的化合物121、第74页的化合物125-126和147、第75页的化合物85-86和93-94、第78页的化合物172、第79页的化合物186和188、第80页的化合物187、第81页的化合物169、194和239公开了R2为CONR3R4的实例，因此R2为“CONR3R4”能够得到说明书的支持，（viii）实施例25、47和表3中第75页的化合物31、第77页的化合物168公开了R2为NR3R4的实例，因此R2为“NR3R4”能够得到说明书的支持，（ix）实施例32~37、39~45和表3中第72页的化合物93和116、第77页的化合物95-96和107-108、第74页的化合物127-128、第71页的化合物148、第76页的化合物149-151、153-154和160、第78页的化合物161和173、第79页的化合物179公开了R2为NR3COR4的实例，因此R2为“NR3COR4”能够得到说明书的支持，（x）实施例60和表3中第72页的化合物122和124、第81页的化合物193公开了R2为NR3SO_2R4的实例，因此R2为“NR3SO_2R4”能够得到说明书的支持。

另外，对于其中的基团R3、R4，（ⅰ）实施例25和表3中第70页的化合物112和113、第75页的化合物31和92均具体公开了R3、R4为氢的实例，因此R3、R4为“H”能够得到说明书的支持，（ⅱ）实施例24、32~33、44~45和表3中第75页的化合物85-86、第76页的化合物150-151、第77页的化合物95-96、第81页的化合物500均具体公开了R3、R4为甲基、二甲基乙基、乙基的实例，因此R3、R4为“C_{1-4}烷基”能够得到说明书的支持，（ⅲ）表3中第72页的化合物116和93具体公开了R3、R4为环丙基的实例，因此R3、R4为“C_{1-4}烷基环烷基”能够得到说明书的支持，（iv）表3中第78页的化合物173、第79页的化合物179、第80页的化合物190公开了R3、R4为C_{1-4}环杂烷基的实例，因此R3、R4为“C_{1-4}环杂烷基”能够得到说明书的支持，（v）实施例29、34、35和表3中第75页的化合物94、第77页的化合物107-108公开了R3、R4为苯基的实例，因此R3、R4为“芳基”能够得到说明书的支持，（vi）实施例27和表3中第75页的化合物93公开了R3、R4为苄基的实例，因此R3、R4为“C_{1-4}烷基芳基”能够得到说明书的支持，（vii）实施例36~37、39~41和表3中第74页的化合物127~128、第71页的化合物148、第76页的化合物149、第78页的化合物161公开了R3、R4为吡啶或吡嗪的实例，因此R3、R4为“杂芳基”能够得到说明书的支持，（viii）实施例47和表3中第77页的化合物168、第79页的化合物186、第81页的化合物169公开了R3、R4为甲基吡啶基或丙基咪唑基的实例，因此R3、R4为“C_{1-4}烷基杂芳基”能够得到说明书的支持，（ix）实施例31和表3中第70页的化合物114-115、第74页的化合物125-126公开了R3和R4结合形成一个含有选自O或NR6的环，其中R6为甲基的实例，因此“R3和R4结合形成一个任选地含有一个选自O、NR6的原子的任选地取代的3-8元饱和或不饱和环，R6选自H、C_{1-4}烷基”能够得到说明书的支持。

（3）对于基团R1。修改后的权利要求1、2中已将R1进一步限定为H，而本申请说明书中的所有实施例和表3中的化合物均公开了R1为氢的实例，因此R1为“H”能够得到说明书的支持。

综上所述，修改后的权利要求1、2中的上述基团A、D、R_1以及其上的各种取代基均是在说明书所公开的各种具体化合物的基础上结合本领域技术人员的一般知识所进行的合理概括，本领域技术人员能够合理地预期该上位概念所概括的所有实施方式都能解决所要解决的技术问题，并获得基本相同的技术效果，所以说这种概括是允许的，因此，权利要求1~2能够得到说明书的支持，符合专利法第26条第4款的规定。

此外，《驳回决定》认为，原权利要求11（即修改后的权利要求10）得不到说明书支持的原因是说明书未充分公开该权利要求所要求保护的82个化合物。

对此，合议组认为，对于该权利要求所要求保护的82个化合物，其相应于说明书中的表3化合物。而对于说明书表3中的部分化合物，例如，表3中的化合物7、9、17、18、19、110、111、50、55、62、121、124、64、65、67、82、125、85、31、93、94、150、151、153、154、96、107、108、168、161、162、164，说明书中已经给出了这些化合物的制备，确认及其用途，例如，这些化合物的制备和确认分别对应于说明书中的制备实施例13、6、2、12、16、51、50、5、10、7、21、60、15、8、14、19、31、24、25、27、29、44、45、42、43、32、35、34、36、41、46、22，并且在表3中给出了上述化合物对于激酶JAK的抑制活性，因此说明书已完整记载了表3中上述化合物的制备、确认及其用途，满足了充分公开的要求。对于表3中仅给出对激酶JAK的抑制活性而未在说明书中给出制备实施例的化合物来说，由于在本申请的说明书第23~25页中已经给出了这些化合物所符合的通式（Ⅰ）化合物的一般制备方法，并在本申请说明书的实施例部分给出了部分代表性通式（Ⅰ）化合物的具体制备实施例，表3中未给出制备实施例的化合物与上述代表性化合物的区别仅涉及一些相似取代基的替换，而这种相似取代基的替换是本领域技术人员的常规技术手段，因此在无相反证据并且说明书已经给出通式化合物和部分具体化合物的制备方法的前提下，应该相信本领域技术人员在此基础上结合其所具有的专业知识也能够制备出表3中未给出具体制备实施例的化合物，而且表3列出了这82个化合物对激酶JAK的抑制活性，这无疑从另一方面证明了请求人依照说明书所教导的方法已经全部得到了这82个化合物，因此，说明书未给出修改后权利要求10中部分化合物制备实施例的缺陷并不足以导致本领域技术人员不能制备并确认本发明化合物的程度。基于此，说明书已经充分公开了权利要求10所要求保护的82个化合物。因此，《驳回决定》所述权利要求10因公开不充分而得不到说明书支持驳回理由不成立。

权利要求11、12和权利要求13~18分别要求包括权利要求1~10的任一项的化合物的药物组合物及其治疗蛋白激酶相关疾病的用途。在权利要求1、2和权利要求10得到说明书支持的前提下，相应地，权利要求11、12和权利要求13~18也能够得到说明书的支持。

根据上述事实和理由，合议组作出如下审查决定。

三、决定

撤销国家知识产权局于2007年1月19日针对03817452.9号发明专利申请作出的驳回决定，由国家知识产权局原审查部门以请求人于2008年8月13日提交的权利要求第1~18项以及驳回决定所针对的其他文本为基础继续审批程序。

复审请求人对本决定不服的，可以根据专利法第41条第2款的规定，自收到本决定之日起三个月内向北京市第一中级人民法院起诉。

048

以氟化物为添加剂制备氨基腈的方法

复审请求审查决定（第 16746 号）

决　定　号　第 16746 号
决　定　日　2008 年 9 月 22 日
发明创造名称　以氟化物为添加剂制备氨基腈的方法
国 际 分 类 号　C07C255/24，C07C253/30，B01J23/74，B01J23/46
复 审 请 求 人　因维斯塔技术有限公司
申　请　号　200410007562.4
申　请　日　2000 年 4 月 25 日
分 案 提 交 日　2004 年 2 月 27 日
最早优先权日　1999 年 4 月 28 日
公　开　日　2004 年 8 月 25 日
合 议 组 组 长　侯　曜
主　审　员　李新芝
参　审　员　高胜华

法 律 依 据　专利法第 22 条第 2 款、第 3 款
决 定 要 点

如果发明与现有技术的相关内容相比，其技术领域、所要解决的技术问题、技术方案和预期效果实质上相同，则该发明不具有新颖性。

如果发明是所属技术领域的技术人员在现有技术的基础上通过逻辑分析、推理或者有限的试验就可以得到的，并且所要求保护的技术方案也没有取得预料不到的技术效果，则该发明不具备突出的实质性特点和显著的进步，不具有创造性。

一、案由

本复审请求案涉及发明名称为“以氟化物为添加剂制备氨基腈的方法”的第 200410007652.4 号发明专利申请（下称本申请），申请人为因维斯塔技术有限公司（由纳幕尔杜邦公司变更而来），申请日为 2000 年 4 月 25 日，分案提交日为 2004 年 2 月 27 日，最早的优先权日为 1999 年 4 月 28 日，公开日为 2004 年 8 月 25 日。

2007 年 1 月 12 日，针对申请人于 2005 年 4 月 11 日提交的权利要求第 1~16 项，2004 年 4 月 27 日提交的说明书第 1 页，2004 年 2 月 27 日提交的说明书第 2~26 页及说明书摘要，国家知识产权局以权利要求 10~12、14、15 不符合专利法第 22 条第 2 款有关新颖性的规定，权利要求 13、16 不符合

专利法第22条第3款有关创造性的规定为由驳回了本申请。

驳回决定针对的权利要求10~16如下：

“10. 一种包含下列组份的催化剂组合物：（1）一种适用于把二腈氢化为氨基腈的氢化催化剂，和（2）一种能改善所说的催化剂在氢化条件下生产氨基腈的收率和/或选择性的添加剂，其特征为用所述添加剂对氢化催化剂进行预处理，所述添加剂是一种氟化物，且其中所述的预处理是通过将催化剂与添加剂接触而完成的，该接触任选在溶剂的存在下以及任选在氢的存在下进行。

11. 权利要求10的催化剂组合物，其特征为氢化催化剂包含一种选自铁、钴、镍、铑的过渡金属以及它们的组合的过渡金属。

12. 权利要求10的催化剂组合物，其特征为催化剂还包含一种或多种选自第VIB族和第VⅡ族金属的促进剂。

13. 权利要求10的催化剂组合物，其特征为氢化催化剂以海绵状金属形态存在。

14. 权利要求10的催化剂组合物，其特征为催化剂金属是载在无机载体上的。

15. 权利要求10的催化剂组合物，其特征为氟化物选自胺的氟化物、氟化铵及其水合物。

16. 权利要求10~15的任意一项的方法，其特征为添加剂对氢化催化剂的重量比在0.001∶1至1∶1的范围内。”

驳回决定认为：对比文件3（US4472529A，公开日为1984年9月18日）公开了一种催化剂组合物，其包括无机氧化物载体、VIB和VⅢ族金属和氟化物组分，其中VⅢ族金属如镍或钴，氟化物可为氟化二胺或氟化氢水溶液，而且公开了氟化物与催化剂预先接触的技术特征，其可在水中进行(参见对比文件3权利要求1、3，说明书第5栏第39~60行以及实施例)，因此对比文件3公开了权利要求10~12，14~15的技术方案，上述权利要求不具备新颖性，不符合专利法第22条第2款的规定。从属权利要求13和16的限定并没有为该申请带来突出的实质性特点和显著的进步，根据该申请公开的内容，催化剂无论采用何种形态存在以及氟化物的用量对于其本身在该申请中的作用没有产生实质性影响，因而不具备创造性，不符合专利法第22条第3款的规定。

2007年4月27日，申请人因维斯塔技术有限公司（下称请求人）对上述驳回决定不服，向专利复审委员会提出复审请求，请求人在提出复审请求时对权利要求书进行了修改，其中将驳回决定所针对的权利要求10中的“该接触任选在溶剂的存在下”中的“任选”删除。

修改后的权利要求10如下：

“10. 一种包含下列组份的催化剂组合物：（1）一种适用于把二腈氢化为氨基腈的氢化催化剂，和（2）一种能改善所说的催化剂在氢化条件下生产氨基腈的收率和/或选择性的添加剂，其特征为用所述添加剂对氢化催化剂进行预处理，所述添加剂是一种氟化物，且其中所述的预处理是通过将催化剂与添加剂接触而完成的，该接触在溶剂的存在下以及任选在氢的存在下进行。”

请求人认为：(1) 对比文件3并没有公开催化剂与氟化物的接触需要在溶剂的存在下进行，因此权利要求10具有新颖性；(2) 催化剂是一种特殊的化学产品，不同的制备方法和制备条件，得到的催化剂的催化活性不同，这种催化活性的不同意味着催化剂功能、性质的不同，本发明的催化剂组合物是由不同于对比文件3的方法制备的，而且本发明催化剂的用途也不同于对比文件3，是用于特定的二腈部分氢化成氨基腈；(3) 根据对比文件3的教导，本领域技术人员会严格按照对比文件3的方法和条件制备催化剂，而不会预料到在溶剂存在下将氟化物与用于二腈部分氢化成氨基腈的氢化催化剂接触所得到的催化剂会显著改善氨基腈的收率和/或选择性。因此权利要求10~16具有新颖性和创造性。

经形式审查合格后，专利复审委员会受理了该请求，并于2007年6月13日向请求人发出了《复审请求受理通知书》，同时将本申请转送至国家知识产权局原审查部门进行前置审查。

在《前置审查意见书》中，国家知识产权局原审查部门认为，本申请与对比文件3的催化剂制备方法无明显不同，二者最终制得的催化剂为相同物质，故坚持驳回决定。

专利复审委员会组成合议组，对本复审请求案进行了审理。

合议组于2008年3月4日向请求人发出《复审通知书》，指出：

（1）权利要求10要求保护一种包含下列组份的催化剂组合物：①一种适用于把二腈氢化为氨基腈的氢化催化剂，和②一种能改善所说的催化剂在氢化条件下生产氨基腈的收率和/或选择性的添加剂，其特征为用所述添加剂对氢化催化剂进行预处理，所述添加剂是一种氟化物，且其中所述的预处理是通过将催化剂与添加剂接触而完成的，该接触在溶剂的存在下以及任选在氢的存在下进行。对比文件3（US4472529A，公开日：1984年9月18日，权利要求1、3，说明书第5栏第39~46行）公开了一种催化剂组合物，该催化剂组合物包括高熔点无机氧化物载体、第VIB族和第VⅢ族金属以及氟化物组分，其中的第VⅢ族金属包括氢化催化剂金属镍或钴，并优选在第VIB族和第VⅢ族金属沉积在无机氧化物载体上后引入氟化物组分，其中可通过使在无机氧化物载体上沉积第VIB族和第VⅢ族金属的复合物与二氟化铵水溶液或氢氟酸水溶液接触来引入氟化物组分。将权利要求10的技术方案与对比文件3中公开的上述内容相对比，两催化剂组合物的具体组成相同，其技术方案实质上是相同的，本领域技术人员根据两者的技术方案可以确定二者能够适用于相同的技术领域，解决相同的技术问题并具有相同的预期效果，所以权利要求10相对于对比文件3不具有新颖性，不符合专利法第22条第2款的规定；

（2）从属权利要求11、12、14和15的附加技术特征均已在对比文件3中公开，因此在其引用的权利要求10不具有新颖性的前提下，从属权利要求11、12、14、15也不具有新颖性，不符合专利法第22条第2款的规定；

（3）从属权利要求13对权利要求10中氢化催化剂金属的形状进一步限定为以海绵状金属形态存在，但氢化催化剂钴等以粉末、海绵状等形态存在是本领域的公知常识，所述对催化剂形状的进一步限定并没有给本发明带来任何预料不到的技术效果，因此在其引用的权利要求10不具有新颖性的前提下，从属权利要求13不具有创造性，不符合专利法第22条第3款的规定；

（4）从属权利要求16对权利要求10~15中添加剂氟化物与氢化催化剂的重量比作了进一步的限定，由于调整各成分之间的比例是本领域技术人员的常规技术手段，同时所述特征也没有给本发明带来任何预料不到的技术效果，因此从属权利要求16不具有创造性，不符合专利法第22条第3款的规定。

针对上述《复审通知书》，请求人于2008年4月9日提交了意见陈述书，并对权利要求书进行了修改，删除了权利要求10~16，仅保留了原权利要求1~9。

请求人认为，鉴于原权利要求10~16已被删除，所以已不再存在与之相关的任何问题。

经合议，合议组认为本案事实已经清楚，可以作出审查决定。

二、决定的理由

1. 决定的文本

本复审决定是以请求人于2008年4月9日提交的权利要求第1~9项，2004年4月27日提交的说明书第1页，2004年2月27日提交的说明书第2~26页和说明书摘要为基础作出的。

2. 关于新颖性和创造性

专利法第22条第2款规定：新颖性，是指在申请日以前没有同样的发明或者实用新型在国内外出版物上公开发表过、在国内公开使用过或者以其他方式为公众所知，也没有同样的发明或者实用新型由他人向国务院专利行政部门提出过申请并且记载在申请日以后公布的专利申请文件中。

专利法第22条第3款规定：创造性是指同申请日以前已有的技术相比，该发明有突出的实质性特点和显著的进步。

就本申请而言，国家知识产权局原审查部门于2007年1月12日发出的《驳回决定》指出：权利要求10~12和14~15不具有专利法第22条第2款规定的新颖性，权利要求13和16不具备专利法第22条第3款规定的创造性。合议组于2008年3月4日发出的《复审通知书》则继续指出，修改后的权利要求10~12和14~15仍不具备专利法第22条第2款规定的新颖性，权利要求13和16不具备专利法第22条第3款规定的创造性。由于请求人于2008年4月9日答复《复审通知书》时所提交的权利要求书替换页中，已删除了与《驳回决定》和《复审通知书》所指缺陷相关的权利要求10~16，仅保留了原权利要求1~9，因此《驳回决定》和《复审通知书》所指缺陷已被克服。

根据上述事实和理由，合议组作出如下审查决定。

三、决定

撤销国家知识产权局于2007年1月12日针对200410007652.4号发明专利申请作出的驳回决定，由国家知识产权局原审查部门以请求人于2008年4月9日提交的权利要求第1~9项，2004年4月27日提交的说明书第1页，2004年2月27日提交的说明书第2~26页和说明书摘要为基础继续审批程序。

复审请求人对本决定不服的，可以根据专利法第41条第2款的规定，自收到本决定之日起三个月内向北京市第一中级人民法院起诉。

049

单体及应用其制造液晶显示面板的方法

复审请求审查决定（第 16796 号）

决　定　号 第 16796 号
决　定　日 2009 年 5 月 4 日
发明创造名称 单体及应用其制造液晶显示面板的方法
国 际 分 类 号 C07C69/533，C07C69/54，C07D303/48，C09K19/10，C09K19/32，G02F1/1333
复 审 请 求 人 友达光电股份有限公司
申　请　号 200610110761.8
申　请　日 2006 年 8 月 11 日
公　开　日 2007 年 1 月 31 日
合 议 组 组 长 李新芝
主　审　员 王　磊
参　审　员 宋　泳

法 律 依 据 专利法第 26 条第 3 款
决 定 要 点

对于要求保护的发明为化学产品本身的，说明书应当记载化学产品的确认、化学产品的制备以及化学产品的用途，即说明书应当记载与发明要解决的技术问题相关的化学、物理性能参数使要求保护的化合物能被清楚地确认，还应当记载至少一种制备方法，说明实施所述方法所用的原料物质、工艺步骤和条件、专用设备等，使本领域技术人员能够实施，并且应当完整的公开该产品的用途和/或使用效果。

一、案由

本复审请求案涉及发明名称为“单体及应用其制造液晶显示面板的方法”的 200610110761.8 号发明专利申请（下称本申请），申请人为友达光电股份有限公司，申请日为 2006 年 8 月 11 日，公开日为 2007 年 1 月 31 日。

国家知识产权局审查部门对本申请进行了实质审查，于 2007 年 11 月 30 日发出《第一次审查意见通知书》，指出：（1）说明书未给出所述通式化合物的理化参数和制备方法，不符合专利法第 26 条第 3 款的规定；（2）权利要求 1、13 中的“上述衍生物”得不到说明书支持，不符合专利法第 26 条第 4 款的规定；（3）权利要求 1、3、5、6、13、18、20 不清楚，不符合专利法实施细则第 20 条第 1 款的规定。

针对《第一次审查意见通知书》，申请人于 2008 年 3 月 12 日提交了意见陈述书和权利要求书替换页以及如下附件1：

附件1：用4-溴-2氟-1-甲氧基苯合成目标化合物（8）的实施例，共4页。

申请人认为：本申请公开了要求保护的通式［1］单体，并在具体实施方式中详细记载了该通式的具体单体化合物［2］-［19］的结构式，使得本领域技术人员能够确认所述化合物，根据这些结构式，本领域技术人员运用常规合成方法可以容易地获得这些单体化合物，因此无需披露这些单体的具体理化参数。在附件1中记载了申请人已经合成的这类单体化合物的方法实例。因此本申请符合专利法第26条第3款的规定。

2008年7月4日，针对申请人于申请日提交的说明书第1~11页、说明书附图第1~5页、说明书摘要和摘要附图，2008年3月12日提交的权利要求书第1~19项，国家知识产权局本申请不符合专利法第26条第3款的规定为由驳回了本申请。

驳回决定认为：(1) 本申请涉及一种具体通式结构的化学单体，说明书仅给出所述单体的结构通式，但没有披露任何相关的理化参数，以至于本领域技术人员不能确认得到的是否是申请人所述的化合物；(2) 说明书没有披露任何一种制备所述化合物的方法，而该化合物的制备方法在现有技术中不是已知的，且该通式化合物结构复杂，需要经过多步反应才能将其合成，期间需要进行原料选择、路线设计以及反应条件选择等诸多步骤，致使所属技术领域的技术人员在不付出创造性劳动的情况下，仅根据说明书公开的内容难以合成该化合物；(3) 不认同申请人所述"本领域技术人员运用常规的合成方法可以非常容易地获得这些单体化合物"的观点，且申请人提交的附件1由于不能确认是申请日之前公开的内容，其内容不予采纳。

驳回决定针对的权利要求书如下：

"1. 一种单体，以化学式［1］表示：

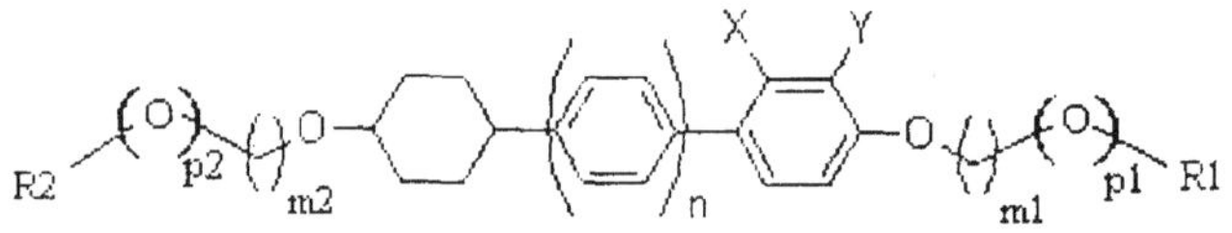
[1]

其中，X及Y选自氢、卤素元素或上述的组合，n为0或1，m1及m2各为1~10的正整数；

其中，p1及p2为1或0，R1及R2选自氢、丙烯酸酯基、甲基丙烯酸酯基、环氧基、二烯基、乙烯氧基、苯乙烯基、或上述的组合。

2. 权利要求1所述的单体，其中m1及m2包含1~5的整数。

3. 权利要求1所述的单体，其中X及Y选自氢、氟或上述的组合。

4. 权利要求1所述的单体，具有实质上为0~3德拜的偶极矩。

5. 权利要求1所述的单体，以化学式［2］、［3］或［4］表示：

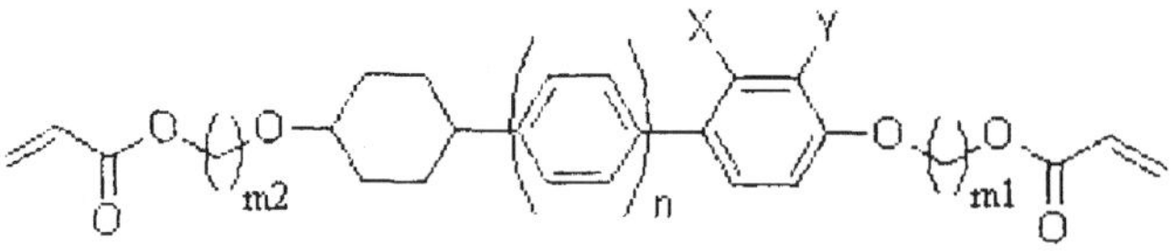
[2]

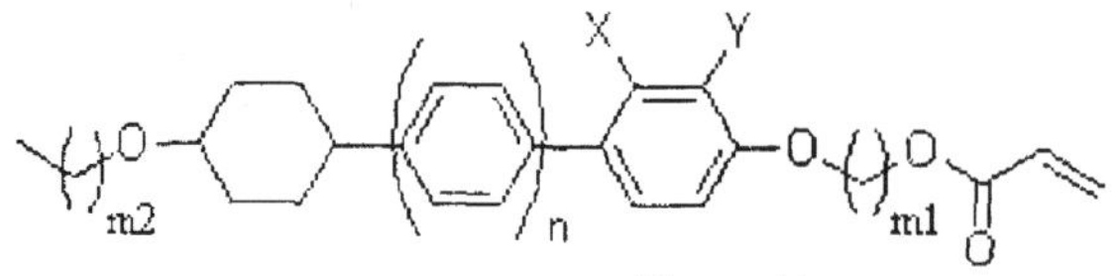
[3]

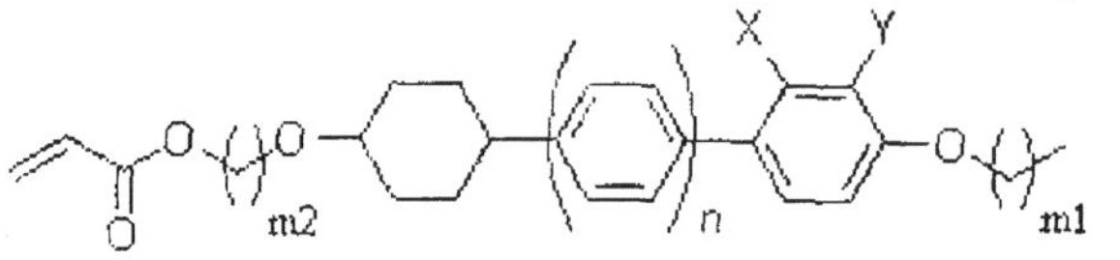
[4]

。

6. 权利要求 1 所述的单体，以化学式［5］、［6］或［7］表示：

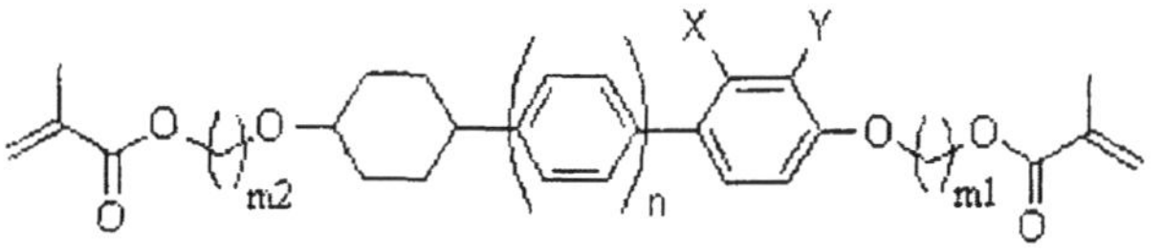
[5]

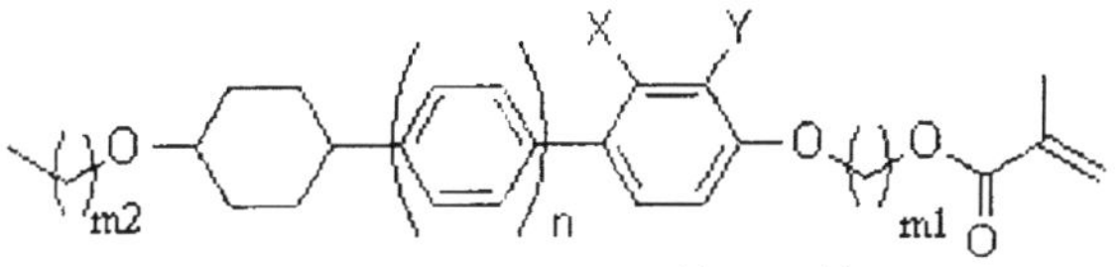
[6]

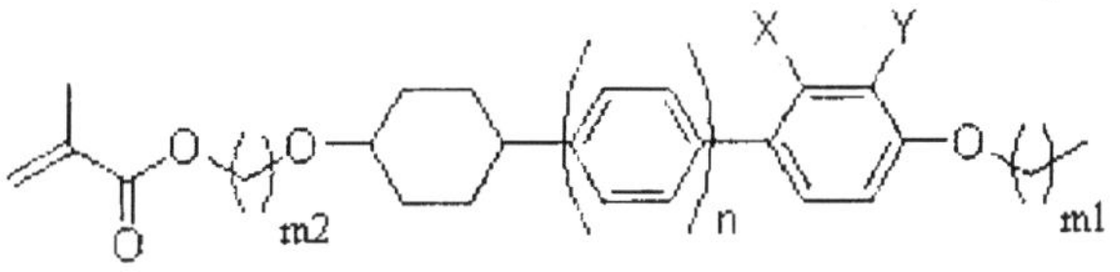
[7]

。

7. 权利要求 1 所述的单体，以化学式［8］、［9］或［10］表示：

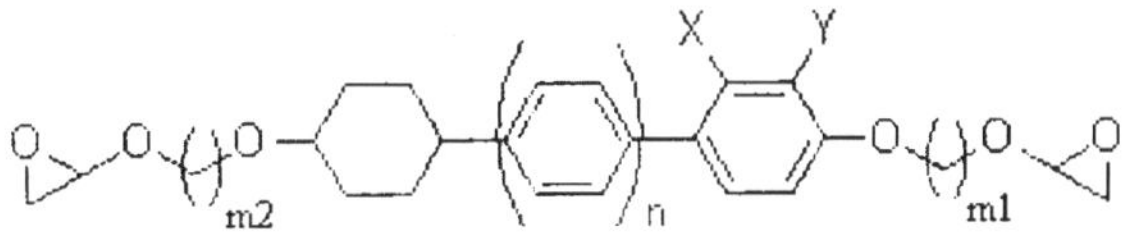
[8]

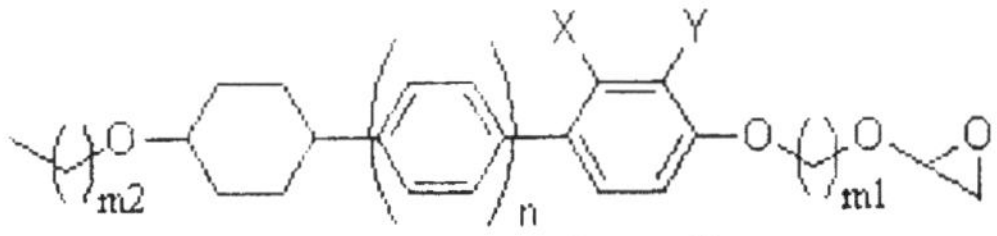
[9]

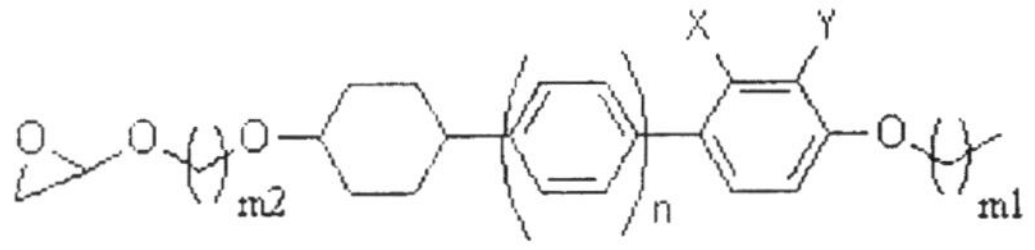
[10]

。

8. 权利要求 1 所述的单体，以化学式［11］、［12］或［13］表示：

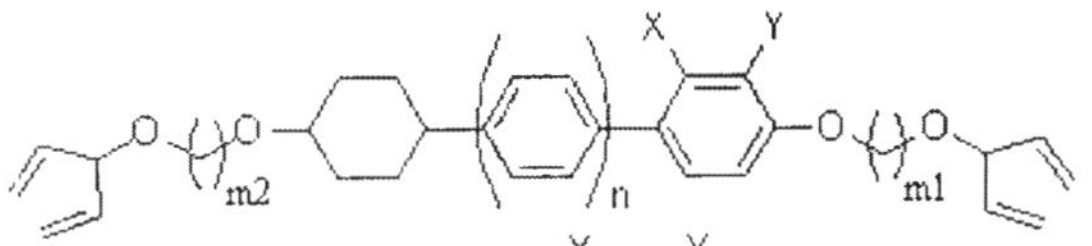
[11]

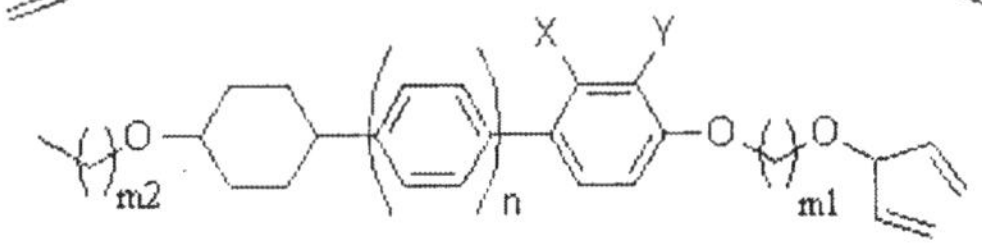
[12]

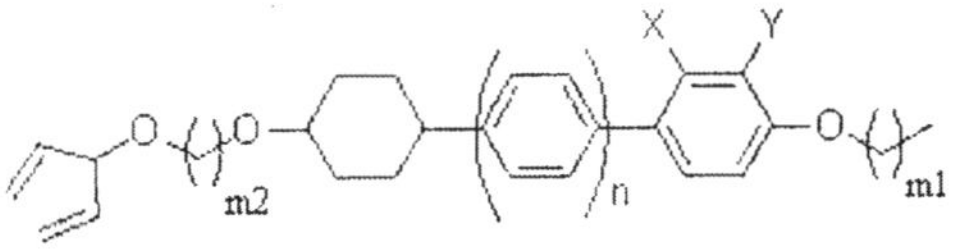
[13]

。

9. 权利要求 1 所述的单体，以化学式［14］、［15］或［16］表示：

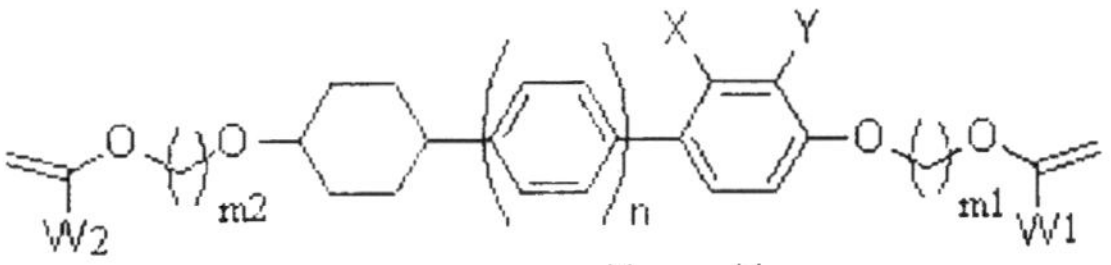
[14]

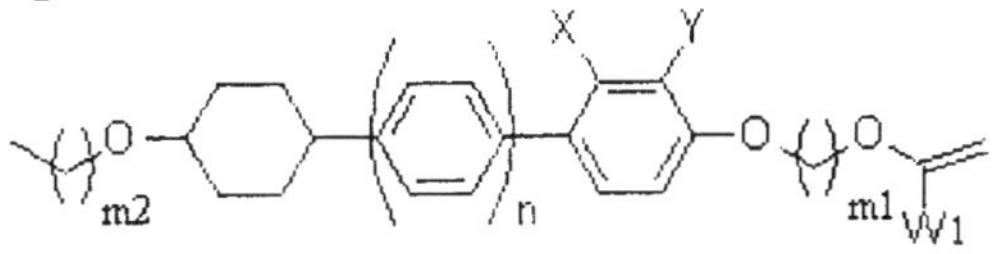
[15]

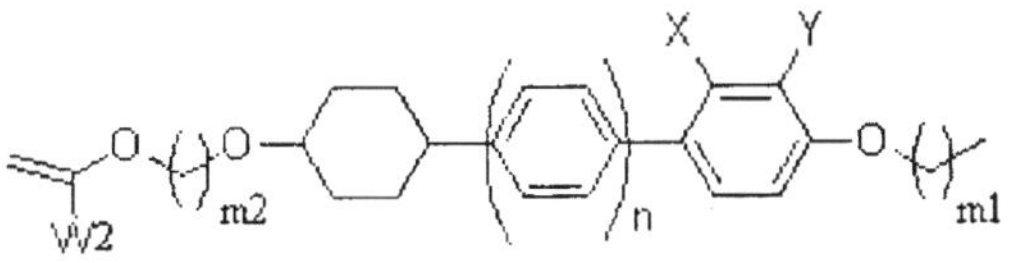
[16]

其中，W1 及 W2 选自卤素元素、烷基或上述的组合。

10. 权利要求 1 所述的单体，以化学式［17］、［18］或［19］表示：

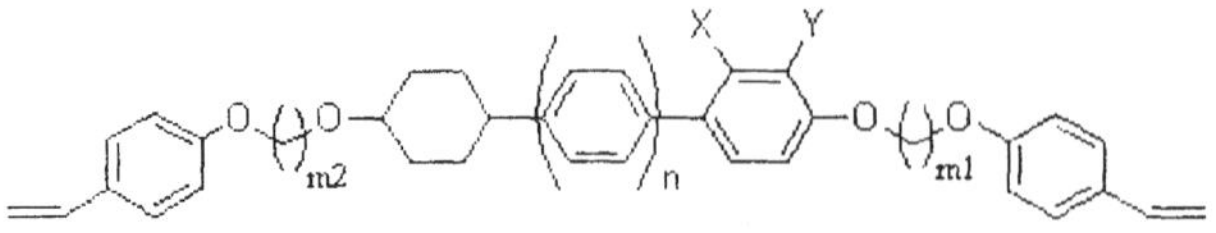

[17]

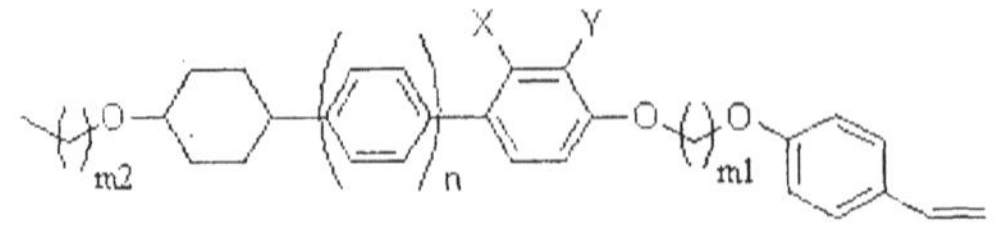

[18]

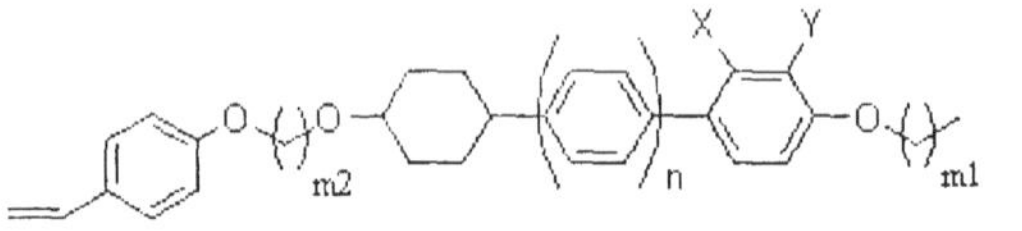

[19]

。

11. 一种液晶显示面板的制造方法，包括：

提供具有第一电极的第一基板及具有第二电极的第二基板；以及

在该第一基板及该第二基板之间夹设液晶层，该液晶层位于该第一电极及该第二电极之间，该液晶层具有多个液晶分子及多个单体，各该单体以化学式［1］表示：

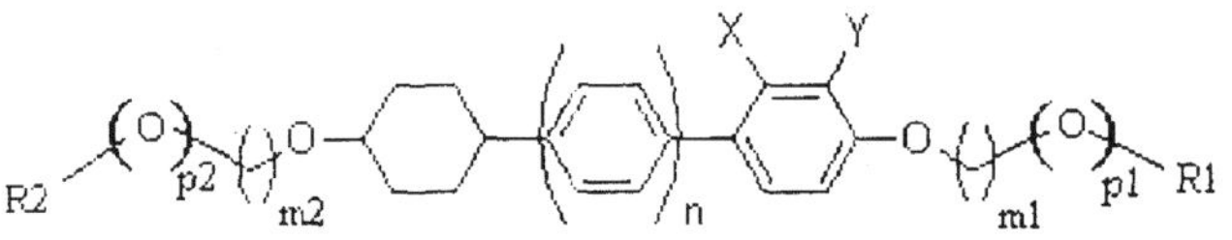

[1]

其中，X 及 Y 选自氢、卤素元素或上述的组合，n 为 0 或 1，m1 及 m2 是各为 1~10 的正整数；

其中，p1 及 p2 为 1 或 0，R1 及 R2 选自于氢、丙烯酸酯基、甲基丙烯酸酯基、环氧基、二烯基、乙烯氧基、苯乙烯基、或上述的组合。

12. 权利要求 11 所述的方法，还包括：施加电压于该第一电极及该第二电极之间。

13. 权利要求 12 所述的方法，还包括：于施加该电压时聚合这些单体。

14. 权利要求 13 所述的方法，还包括：移除该电压。

15. 权利要求 11 所述的方法，其中 m1 及 m2 包含 1~5 的整数。

16. 权利要求 11 所述的方法，其中 X 及 Y 选自氢、氟或上述的组合。

17. 权利要求 11 所述的方法，还包括：分别在该第一电极及该第二电极的表面上形成第一配向膜及第二配向膜。

18. 权利要求 11 所述的方法，还包括：施加紫外光照射该液晶层，使该单体聚合成聚合物层，且各该液晶分子与该聚合物层的表面具有预倾角。

19. 权利要求 11 所述的方法，还包括：施加光源及热源之一于该液晶层，使该液晶分子扰动。”

2008 年 10 月 8 日，申请人友达光电股份有限公司（下称请求人）对上述驳回决定不服，向专利复审委员会提出复审请求，并且没有提交修改文本。

请求人认为：根据《审查指南》的规定，只有在化合物结构不能被清楚描述时，才要求化合物的确认、制备与用途。而本申请要求保护的化学单体结构是清楚的，在实施例中列举了具体单体化合物的结构，并且公开了其关键物理参数偶极矩，即“具有实质上为 0~3.0 德拜的偶极矩”，该物理参数对于这些单体的应用十分关键，控制化学单体的偶极矩的原因是为了增加该化学单体和液晶分子的互溶性。最后，本领域技术人员运用常规合成方法可以容易地获得所述单体化合物，因此本申请说明书符合充分公开的规定。

经形式审查合格后，专利复审委员会受理了该请求，并于 2008 年 11 月 17 日向请求人发出了《复审请求受理通知书》，同时将本申请转送至国家知识产权局原审查部门进行前置审查。

在《前置审查意见书》中，国家知识产权局原审查部门坚持驳回决定。

专利复审委员会组成合议组，对本复审请求案进行了审理，并于2009年3月30日针对驳回文本发出《复审通知书》，其中指出：(1) 由于本申请说明书中仅给出了通式［1］所示单体的分子式结构，没有记载任何关于如何获得该单体的信息，也没有记载任何能够使本领域技术人员确认该单体的理化参数数据，致使本领域技术人员难以确认该单体是否在申请日前由申请人真实地制备得到。因此，本申请说明书对于权利要求1~10中要求保护的通式［1］的单体公开不充分，不符合专利法第26条第3款的规定。(2) 在权利要求1~10所述通式［1］的单体公开不充分的前提下，权利要求11~19所述制造在其液晶层中具有通式［1］所示单体的液晶显示面板的方法也没有充分公开，不符合专利法第26条第3款的规定。(3) 请求人对《审查指南》第二部分第十章第3.1节的上述内容理解有误，该内容是在"(1) 化学产品的确认"一节中，是针对"仅用结构和/或组成不能清楚描述的化学产品"，规定需要进一步记载化学产品的制备方法和/或理化参数来确认该化学产品，而非请求人理解的只要化合物结构清楚就无需记载制备方法、理化参数；说明书第10页第1段记载的所述单体的偶极矩为"约0~约5.0德拜之间"仅是表明需要控制单体偶极矩在上述范围，而说明书中并没有记载测量单体偶极矩的获得方法，也没有实际公开具体单体的偶极矩，因此不能认为说明书中公开了通式［1］所示单体化合物的理化性能参数；附件1的内容并没有记载在申请文件中，也不是现有技术，因此在评价说明书是否充分公开时不予考虑。

针对上述《复审通知书》，请求人于2009年4月10日提交了意见陈述书和如下附件2："液晶材料与应用"学术报告材料，复印件共68页。

请求人认为：(1) 液晶分子23a（结构式［20］）的结构与本申请单体的结构相似，而液晶分子23a的制备方法是现有技术中已知的，本领域技术人员参考该液晶分子的制备方法，采用常规合成方法就能合成出本申请的单体。由附件1可以清楚地看到，本发明单体采用常规合成方法制备。(2) 本申请不仅详细记载了通式［1］的具体化合物［2］~［19］的结构式，而且还给出了这些化学单体的关键物理参数——偶极矩德拜值，其公开的内容对于本领域技术人员是清楚的。(3) 现有技术中通常认为液晶分子的偶极矩德拜值大于6.0以上，附件2第24~40页显示通常液晶分子的德拜值较大。本申请采用了偶极矩较小的液晶分子（德拜值约为3.0），并根据该液晶分子的分子结构特别设计了结构类似的本申请的单体，控制单体的偶极矩在5以下，由此改进液晶分子和单体的互溶性，避免液晶显示面板产生因单体与液晶分子互溶性不好所引发的晶格缺陷问题，并大大地提升液晶显示面板的显示品质。

至此，合议组认为本案事实清楚，可以作出审查决定。

二、决定的理由

1. 审查文本

本复审决定所针对的文本是驳回决定针对的文本，即请求人于申请日提交的说明书第1~11页、说明书附图第1~5页、说明书摘要和摘要附图，2008年3月12日提交的权利要求书第1~19项。

2. 关于专利法第26条第3款

专利法第26条第3款规定：说明书应当对发明或者实用新型作出清楚、完整的说明，以所属技术领域的技术人员能够实现为准。

对于要求保护的发明为化学产品本身的，说明书应当记载化学产品的确认、化学产品的制备以及化学产品的用途，即说明书应当记载与发明要解决的技术问题相关的化学、物理性能参数使要求保护的化合物能被清楚地确认，还应当记载至少一种制备方法，说明实施所述方法所用的原料物质、工艺步骤和条件、专用设备等，使本领域技术人员能够实施。

本案中，权利要求 1~10 要求保护一种通式［1］所述的单体。

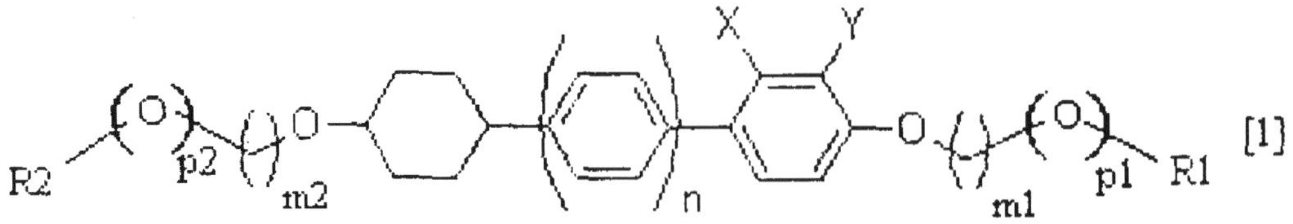

权利要求 11~19 要求保护一种液晶层具有多个液晶分子及通式［1］所示单体的液晶显示面板的制造方法。

根据说明书的记载，本申请涉及一种应用于制造液晶显示面板的单体以及使用该单体制造的液晶显示面板，所述单体的结构与液晶分子结构近似，且具有与液晶分子相同的液晶相，可以使该单体与液晶分子更均匀地混合在一起，从而避免因单体与液晶分子互溶性不好引发的晶格缺陷问题，大大提升液晶显示面板的显示品质（见说明书第 1~2 页）。并且在本申请说明书第 8~10 页列举了具有通式［1］结构的式［2］~式［19］这 18 种具体结构的单体，并在说明书第 10 页第 1 段记载了“单体 24 的偶极矩在其分子短轴上，而对于单体 24 的偶极矩的大小需要控制在约 0~约 5.0 德拜（Debye，D）之间……控制单体 24 的偶极矩在 0~3.0 之间的原因，是因为液晶分子 23a 的偶极矩大概也约为 3.0 左右，因此可以增加液晶分子 23a 及单体 24 的互溶性”。除上述描述外，说明书并没有记载任何一种式［1］所示单体的制备方法，也没有记载任何有关所述单体的理化性能参数。

合议组认为，根据审查指南第二部分第十章第 3.1 节有关化学产品发明的充分公开的规定，对要求保护化学产品本身的发明，说明书应当记载化学产品的确认、化学产品的制备以及化学产品的用途。对于要求公开产品的确认、制备方面以及用途信息，其本意是本领域技术人员根据说明书记载的内容能够确认所述化学产品已经在申请日以前由申请人确实地制备得到并能够依据其理化参数、用途/效果予以确认，由此本领域技术人员才能在不付出创造性劳动的情况下，依据说明书公开的内容重现本发明要求保护的技术方案。本申请对于所要求保护的化学产品公开不充分之处在于：其一，对于本申请要求保护的通式［1］所示的单体，说明书中仅给出了该单体的分子式结构，以及与该单体所对应的具体化合物［2］~［19］的结构式，但是说明书未记载该单体及其具体化合物的制备方法，致使本领域技术人员难以获知如何获得所述结构式表示的单体。其二，对于通式［1］所示的单体的确认，说明书仅在第 10 页第 1 段记载了所述单体的偶极矩为“约 0~约 5.0 德拜之间”，但该内容仅是表明需要控制所述单体偶极矩在上述范围，而说明书中并没有记载单体偶极矩的获得方法，也没有实际测量记载任何一种具体单体的偶极矩，因此认为说明书中并没有公开能够使本领域技术人员确认该单体的理化参数数据。同样的，说明书中也没有公开具体单体的用途/效果数据。由此可见，本申请说明书对于要求保护的单体的确认、制备和用途均未充分公开，致使本领域技术人员难以确认该单体是否在申请日前由申请人真实地制备得到。因此，本申请说明书对于权利要求 1~10 中要求保护的通式［1］的单体公开不充分，不符合专利法第 26 条第 3 款的规定。

在权利要求 1~10 所述通式［1］的单体公开不充分的前提下，权利要求 11~19 所述制造在其液晶层中具有通式［1］所示单体的液晶显示面板的方法也没有充分公开，不符合专利法第 26 条第 3 款的规定。

此外，针对请求人的意见陈述，合议组认为，（1）请求人并没有提供证据表明液晶分子 23a 的制备方法是现有技术中的常规方法，并且本申请通式（Ⅰ）结构的单体与液晶分子 23a 还存在主链骨架和多个取代基的不同，请求人也没有提供能够证明现有技术中通过采用与液晶分子 23a 合成方法类似的方法合成了所述通式［1］单体的证据，因此该主张合议组不予支持；（2）附件 1 和 2 的内容并没有记载在本申请的申请文件中，也没有证据证明其为本申请申请日之前的现有技术，因此不能作为认定本申请说明书是否充分公开的依据。

基于上述理由，合议组作出如下决定。

三、决定

维持国家知识产权局于 2008 年 7 月 4 日针对 200610110761. 8 号发明专利申请作出的驳回决定。

复审请求人如对本决定不服，可以依据专利法第 41 条第 2 款的规定，自收到本决定之日起三个月内向北京市第一中级人民法院起诉。

050

聚烯烃纳米复合材料

复审请求审查决定（第16810号）

决　定　号 第16810号
决　定　日 2009年5月19日
发明创造名称 聚烯烃纳米复合材料
国际分类号 C08K3/34，C08F2/44，C08K7/10
复审请求人 陶氏环球技术公司
申　请　号 99804037.1
优 先 权 日 1998年3月16日
申　请　日 1999年3月16日
公　开　日 2001年5月2日
合议组组长 任晓兰
主　审　员 宋　泳
参　审　员 危　峰

法律依据 专利法第33条，专利法第26条第4款
决定要点

在申请人修改申请文件的情况下，只要修改的内容是所属领域的技术人员能够从原申请文件记载的内容中直接地、毫无疑义地确定的，那么这种修改未超出原申请文件记载的范围。

一、案由

本复审请求案涉及发明名称为“聚烯烃纳米复合材料”的99804037.1号发明专利申请（下称本申请），申请人为陶氏环球技术公司（2004年6月18日由陶氏化学公司变更为此），申请日为1999年3月16日，优先权日为1998年3月16日，公开日为2001年5月2日。

2007年11月30日，针对申请人于2007年10月16日提交的权利要求第1~8项，2000年9月15日进入中国国家阶段时提交的国际申请文件的中文文本的说明书第1~4、6、7页和说明书摘要，以及国际初步审查报告附件的中文译文的说明书第5、8页，国家知识产权局以权利要求1不符合专利法第26条第4款的规定为由驳回了本申请。

驳回决定认为：权利要求1中出现了“纳米复合材料”，而本申请说明书中没有公开或记载能够证明该“纳米复合材料”具有“纳米”粒径或尺寸的实验数据、性能参数，并且在说明书中也没有对这些“纳米复合材料”作进一步的说明，因此本领域技术人员不能够从说明书充分公开的内容中得到或概括得出权利要求1要求保护的技术方案，故权利要求1不符合专利法第26条第4款的规定。

驳回决定针对的权利要求 1 如下：

"1. 一种制备纳米复合材料的方法，该方法包括下述步骤：

（a）将亲水性黏土分散在水中，以使黏土溶胀；

（b）从溶胀的黏土中除去水，制得亲有机物质的黏土；

（c）在对亲有机物质的黏土为惰性的溶剂和烷基铝氧烷的存在下，使亲有机物质的黏土与烷基铝氧烷接触，以形成黏土/烷基铝氧烷复合物；

（d）使该复合物与可促进烯烃聚合的催化剂相接触，以形成黏土/烷基铝氧烷/催化剂复合物；和

（e）在聚合条件下使步骤（d）的复合物与烯烃单体接触，形成纳米复合材料。"

2008 年 3 月 17 日，申请人陶氏环球技术公司（下称请求人）对上述驳回决定不服，向专利复审委员会提出复审请求，并提交了经修改的权利要求书替换页，将上述权利要求 1 中的"纳米复合材料"修改为"复合材料"。修改后的权利要求 1 为：

"1. 一种制备复合材料的方法，该方法包括下述步骤：

（a）将亲水性黏土分散在水中，以使黏土溶胀；

（b）从溶胀的黏土中除去水，制得亲有机物质的黏土；

（c）在对亲有机物质的黏土为惰性的溶剂和烷基铝氧烷的存在下，使亲有机物质的黏土与烷基铝氧烷接触，以形成黏土/烷基铝氧烷复合物；

（d）使该复合物与可促进烯烃聚合的催化剂相接触，以形成黏土/烷基铝氧烷/催化剂复合物；和

（e）在聚合条件下使步骤（d）的复合物与烯烃单体接触，形成复合材料。"

请求人认为修改后的权利要求 1 能够得到说明书充分公开的内容的支持，符合专利法第 26 条第 4 款的规定。

经形式审查合格后，专利复审委员会受理了该请求，并于 2008 年 4 月 11 日向请求人发出了《复审请求受理通知书》，同时将本申请转送至国家知识产权局原审查部门进行前置审查。

在《前置审查意见书》中，国家知识产权局原审查部门坚持了驳回决定，理由为将权利要求 1 中的"纳米复合材料"修改为"复合材料"超出了原说明书和权利要求书记载的范围，不符合专利法第 33 条的规定。

专利复审委员会组成合议组，对本复审请求案进行了审理。

经合议，合议组认为本案事实清楚，可以作出审查决定。

二、决定的理由

1. 关于文本

本复审请求审查决定是以申请人于 2008 年 3 月 17 日提交的权利要求第 1~8 项，2000 年 9 月 15 日进入中国国家阶段时提交的国际申请文件的中文文本的说明书第 1~4、6、7 页和说明书摘要，以及国际初步审查报告附件的中文译文的说明书第 5、8 页为基础作出的。

2. 关于专利法第 33 条

专利法第 33 条规定：申请人可以对其专利申请文件进行修改，但是，对发明和实用新型专利申请文件的修改不得超出原说明书和权利要求书记载的范围。

在申请人修改申请文件的情况下，只要修改的内容是所属领域的技术人员能够从原申请文件记载的内容中直接地、毫无疑义地确定的，那么这种修改未超出原申请文件记载的范围。

就本申请而言，驳回决定认为，由于说明书未对权利要求 1 所得的复合材料是否具有纳米粒径进

行验证，因此驳回文本的权利要求 1 不符合专利法第 26 条第 4 款的规定。为此，请求人于 2008 年 3 月 17 日提出复审请求时，将原权利要求 1 的前序部分和步骤（e）中记载的“纳米复合材料”修改为“复合材料”。前置审查意见认为这一修改不符合专利法第 33 条的规定。

为此，合议组查明：本申请中，纳米复合材料是指在聚烯烃中分散有衍生自金属层状氧化物或金属氧化物盐的纳米填料粒子的复合材料（参见说明书第 2 页第 2 段），其是通过如驳回文本的独立权利要求 1 所述的方法制备的，该方法包括：将亲水性黏土溶胀、除水形成亲有机物质黏土、使亲有机物质黏土与烷基铝氧烷接触形成黏土/烷基铝氧烷复合物、使所述复合物与催化剂接触形成黏土/烷基铝氧烷/催化剂复合物、之后在所述三元复合物存在下使烯烃或苯乙烯单体聚合形成纳米复合材料。由此可见，本申请中所述的“纳米”实质上是指最终的复合材料中所分散的黏土的粒级，属于用上述方法所能达到的效果来对产品进行限定的情形。

现有技术中存在聚合物-黏土纳米复合材料的制备方法，但是本申请记载的复合材料制备方法与现有技术制备纳米复合材料的方法不同（参见说明书第 1 页最后一段至第 3 页第 1 段），因此本领域技术人员不能推测出本申请的方法也能够获得纳米复合材料。同时由于复合材料中的纳米粒子是否具有纳米尺度需要对获得的聚合物-黏土复合材料通过例如电镜照片等方法测量其中黏土的粒径加以证明，而本申请说明书中没有记载任何相关的实验数据来证明本申请制备得到的复合材料为纳米复合材料，因此从说明书公开的内容不能够确定制备得到的复合材料为其中分散有纳米级黏土的复合材料。

但是，从本申请的整体内容来看，尽管其中没有验证产品中黏土的粒级，但是，其通过将黏土粒子溶胀分散和除水处理，再与烯烃聚合催化剂体系接触，然后与聚合所用的单体接触进行烯烃聚合确实原位制备得到了一种复合材料。说明书中记载了该复合材料的制备过程，并在实施例 1 中详细描述了复合材料的具体制备方法，明确提到聚合反应后得到了粉末状的聚乙烯-黏土填料复合材料，并测量了该复合材料的物理性能参数。由此可见，从说明书发明内容和实施例记载的信息中可以毫无疑义地确定本申请的方法能够制备得到聚合物-黏土复合材料。因此，将权利要求 1 中的“纳米复合材料”修改为“复合材料”是所属领域的技术人员能够从原申请文件记载的内容中直接地、毫无疑义地确定的，这种修改未超出原申请文件记载的范围，符合专利法第 33 条的规定。

3. 关于专利法第 26 条第 4 款

专利法第 26 条第 4 款规定：权利要求书应当以说明书为依据，说明要求专利保护的范围。

驳回决定指出，本申请缺少表征“纳米复合材料”的实验数据，导致驳回文本的权利要求 1 得不到说明书的支持。由于修改后的权利要求 1 中已经不存在“纳米”限定，因此修改后的权利要求 1 已经克服了驳回决定所指出的权利要求 1 不符合专利法第 26 条第 4 款的规定的缺陷，驳回理由不再成立。

基于上述理由，合议组作出如下决定。

三、决定

撤销国家知识产权局于 2007 年 11 月 30 日针对 99804037.1 号发明专利申请作出的驳回决定，由国家知识产权局原审查部门以本复审请求审查决定所针对的文本为基础继续审批程序。

复审请求人对本决定不服的，可以根据专利法第 41 条第 2 款的规定，自收到本决定之日起三个月内向北京市第一中级人民法院起诉。

051

通过特定的前列腺素激动剂来预防骨质损失和使骨质康复

复审请求审查决定（第16817号）

决　定　号　第16817号
决　定　日　2009年5月12日
发明创造名称　通过特定的前列腺素激动剂来预防骨质损失和使骨质康复
国际分类号　C07C311/06，C07D333/38，A61K31/18，A61K31/16，C07C59/90，C07C311/04，C07C317/44，C07C323/25，C07C323/59，C07D207/26，C07D213/42，C07D215/12，C07D239/26
复审请求人　辉瑞大药厂
申　请　号　97180792.2
优先权日　1996年12月20日
申　请　日　1997年11月10日
公　开　日　2000年1月12日
合议组组长　任晓兰
主　审　员　蔡　雷
参　审　员　吴红权

法律依据　专利法第26条第3款
决定要点

在化学领域中，要求保护的发明为化学产品本身的，说明书中应当记载化学产品的确认、化学产品的制备以及化学产品的用途。如果所属技术领域的技术人员无法根据现有技术预测所述化学产品能够实现所述用途，则说明书中还应当记载对于本领域技术人员来说，足以证明所述化学产品可以用于所述用途的实验室实验或者临床试验的定性或者定量数据。

一、案由

本复审请求案涉及发明名称为“通过特定的前列腺素激动剂来预防骨质损失和使骨质康复”的第97180792.2号发明专利申请（下称本申请），申请人为辉瑞大药厂，申请日为1997年11月10日，优先权日为1996年12月20日，公开日为2000年1月12日。

2008年3月21日，针对申请人于2008年1月10日提交的权利要求书第1~95项、进入中国国家阶段时提交的国际申请文件的中文文本的说明书第1~236页以及说明书摘要，国家知识产权局以本申请不符合专利法第26条第3款的规定为由驳回了本申请。

驳回决定所针对的涉及产品的独立权利要求 1 和 95 如下：

"1. 式 I 化合物或其可药用盐或其前药

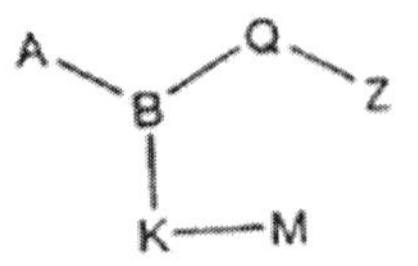

式 I

其中（ i ）：

B 是 N；

A 是（C_1-C_6）烷基磺酰基、（C_3-C_7）环烷基磺酰基、（C_3-C_7）环烷基（C_1-C_6）烷基磺酰基，所述 A 部分在碳上选择性地被羟基、（C_1-C_4）烷基或卤素彼此独立地单取代、二取代或三取代；

Q 是

-（C_2-C_6）亚烷基-W-（C_1-C_3）亚烷基-，

-（C_3-C_8）亚烷基-，所述-（C_3-C_8）亚烷基-选择性地被最多 4 个彼此独立地选自氟或（C_1-C_4）烷基的取代基取代，

-X-（C_1-C_5）亚烷基-，

-（C_1-C_5）亚烷基-X-，

-（C_1-C_3）亚烷基-X-（C_1-C_3）亚烷基-，

-（C_2-C_4）亚烷基-W-X-（C_0-C_3）亚烷基-，

-（C_0-C_4）亚烷基-X-W-（C_1-C_3）亚烷基-，

-（C_2-C_5）亚烷基-W-X-W-（C_1-C_3）亚烷基-，其中所出现的两个 W 可以相同或不同，

-（C_1-C_4）亚烷基-亚乙烯基-（C_1-C_4）亚烷基-，

-（C_1-C_4）亚烷基-亚乙烯基-（C_0-C_2）亚烷基-X-（C_0-C_5）亚烷基-，

-（C_1-C_4）亚烷基-亚乙烯基-（C_0-C_2）亚烷基-X-W-（C_1-C_3）亚烷基-，

-（C_1-C_4）亚烷基-亚乙炔基-（C_1-C_4）亚烷基-，或

-（C_1-C_4）亚烷基-亚乙炔基-X-（C_0-C_3）亚烷基-；

W 是氧；

X 是 5 或 6 元芳环，环中选择性地含有 1 个或 2 个彼此独立地选自氧、氮和硫的杂原子；所述环选择性地被卤素、（C_1-C_3）烷基、三氟甲基、三氟甲氧基、二氟甲氧基、羟基、（C_1-C_4）烷氧基或氨基甲酰基彼此独立地单取代或二取代；

Z 是羧基、（C_1-C_6）烷氧羰基或四唑基；

K 是化学键、（C_1-C_8）亚烷基、硫代（C_1-C_4）亚烷基或氧（C_1-C_4）亚烷基，所述（C_1-C_8）亚烷基是饱和的或单不饱和的，其中 K 选择性地被氟、甲基或氯彼此独立地单取代、二取代或三取代；

M 是-Ar、$-Ar^1-V-Ar^2$、$-Ar^1-S-Ar^2$ 或 $-Ar^1-O-Ar^2$，其中-Ar、Ar^1 和 Ar^2 彼此独立地是部分饱和的、完全饱和的或完全不饱和的 5-6 元环，环中选择性地含有 1~4 个彼此独立地选自氧、硫和氮的杂原子，或是由两个稠合的部分饱和、完全饱和或完全不饱和的 5 或 6 元环组成的双环，环中选择性地含有 1~4 个彼此独立地选自氮、硫和氧的杂原子；

所述 Ar、Ar^1 和 Ar^2 部分在碳上选择性地被最多 3 个取代基取代，如果该部分是单环，取代是在

一个环上，如果该部分是双环，则取代是在一个环或两个环上，所述取代基彼此独立地选自 R^1、R^2 和 R^3，其中 R^1、R^2 和 R^3 是羟基、硝基、卤素、（C_1-C_6）烷氧基、（C_1-C_4）烷氧基（C_1-C_4）烷基、（C_1-C_4）烷氧羰基、（C_1-C_7）烷基、（C_3-C_7）环烷基、（C_3-C_7）环烷基（C_1-C_4）烷基、（C_3-C_7）环烷基（C_1-C_4）烷酰基、甲酰基、（C_1-C_8）烷酰基、（C_1-C_6）烷酰基（C_1-C_6）烷基、（C_1-C_4）烷酰基氨基、（C_1-C_4）烷氧羰基氨基、磺酰氨基、（C_1-C_4）烷基磺酰氨基、氨基、单-N-或二-N，N-（C_1-C_4）烷基氨基、氨基甲酰基、单-N-或二-N，N-（C_1-C_4）烷基氨基甲酰基、氰基、硫醇、（C_1-C_6）烷硫基、（C_1-C_6）烷基亚磺酰基、（C_1-C_4）烷基磺酰基或单-N-或二-N，N-（C_1-C_4）烷基氨基亚磺酰基；

R^1、R^2 和 R^3 在碳上选择性地被卤素或羟基独立地单取代、二取代或三取代；

V 是化学键或选择性地被羟基或氟独立地单取代或二取代的（C_1-C_3）亚烷基，

条件是，当 K 是（C_2-C_4）亚烷基，M 是 Ar 并且 Ar 是环戊-1-基、环己-1-基、环庚-1-基或环辛-1-基时，则所述（C_5-C_8）环烷基取代基不与羟基取代在同一位置上；

条件是当-Q-Z 是-亚苯基-CH_2-COOH，-B-A 不是在亚苯基环上-CH_2-COOH 的临位，并且条件是不包括 N，N-双［3-［4-（乙氧羰基）苯基］丙基］甲磺酰胺；

所述前药是指 Z 基团中的羧基与下列基团一起形成酯：

（C_1-C_4）烷基、（C_2-C_7）链烷酰氧基甲基、含 4~9 个碳原子的 1-（链烷酰氧基）乙基、含 5~10个碳原子的 1-甲基-1-（链烷酰氧基）乙基、含 3~6 个碳原子的烷氧羰基氧甲基、含 4~7 个碳原子的 1-（烷氧羰基氧基）乙基、含 5~8 个碳原子的 1-甲基-1-（烷氧羰基氧基）乙基、含 3~9 个碳原子的 N-（烷氧羰基）氨基甲基、含 4-10 个碳原子的 1-（N-（烷氧羰基）氨基）乙基、3-苯并［c］呋喃酮基、4-巴豆酰内酯基、(-丁酰内酯-4-基、二-N，N-（C_1-C_2）-烷基氨基-（C_2-C_3）烷基、氨基甲酰基-（C_1-C_2）烷基、N，N-二（C_1-C_2）烷基氨基甲酰基-（C_1-C_2）烷基和哌啶基-、吡咯烷基-或吗啉基（C_2-C_3）烷基。

95. 式 IA 化合物或其可药用盐或其前药

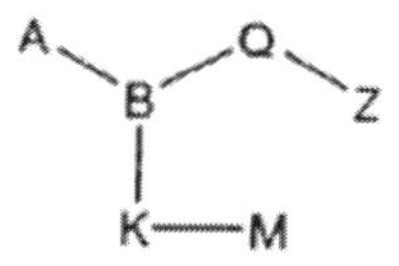

式 IA

其中（ⅰ）：

B 是 N；

A 是（C_1-C_6）烷基磺酰基、（C_3-C_7）环烷基磺酰基、（C_3-C_7）环烷基（C_1-C_6）烷基磺酰基，所述 A 部分在碳上选择性地被羟基、（C_1-C_4）烷基或卤素彼此独立地单取代、二取代或三取代；

Q 是

-（C_2-C_6）亚烷基-W-（C_1-C_3）亚烷基-，

-（C_3-C_8）亚烷基-，所述-（C_3-C_8）亚烷基-选择性地被最多 4 个彼此独立地选自氟或（C_1-C_4）烷基的取代基取代，

-X-（C_1-C_5）亚烷基-，

-（C_1-C_5）亚烷基-X-，

-（C_1-C_3）亚烷基-X-（C_1-C_3）亚烷基-，

-（C_2-C_4）亚烷基-W-X-（C_0-C_3）亚烷基-,
-（C_0-C_4）亚烷基-X-W-（C_1-C_3）亚烷基-,
-（C_2-C_5）亚烷基-W-X-W-（C_1-C_3）亚烷基-，其中所出现的两个W可以相同或不同，
-（C_1-C_4）亚烷基-亚乙烯基-（C_1-C_4）亚烷基-,
-（C_1-C_4）亚烷基-亚乙烯基-（C_0-C_2）亚烷基-X-（C_0-C_5）亚烷基-,
-（C_1-C_4）亚烷基-亚乙烯基-（C_0-C_2）亚烷基-X-W-（C_1-C_3）亚烷基-,
-（C_1-C_4）亚烷基-亚乙炔基-（C_1-C_4）亚烷基-，或
-（C_1-C_4）亚烷基-亚乙炔基-X-（C_0-C_3）亚烷基-;

W是氧；

X是四氢呋喃基或5或6元芳环，环中选择性地含有1个或2个彼此独立地选自氧、氮和硫的杂原子；所述环选择性地被卤素、（C_1-C_3）烷基、三氟甲基、三氟甲氧基、二氟甲氧基、羟基、（C_1-C_4）烷氧基或氨基甲酰基彼此独立地单取代或二取代；

Z是羧基、（C_1-C_6）烷氧羰基、四唑基、1，2，4-噁二唑基、5-氧代-1，2，4-噁二唑基、5-氧代-1，2，4-噻二唑基、（C_1-C_4）烷基磺酰基氨基甲酰基或苯磺酰基氨基甲酰基；

K是化学键、（C_1-C_8）亚烷基、硫代（C_1-C_4）亚烷基或氧（C_1-C_4）亚烷基，所述（C_1-C_8）亚烷基是饱和的或单不饱和的，其中K选择性地被氟、甲基或氯彼此独立地单取代、二取代或三取代；

M是-Ar、-Ar^1-V-Ar^2、-Ar^1-S-Ar^2、-Ar^1-O-Ar^2、-Ar^1-S-（C_1-C_3）-Ar^2-、-Ar^1-（C_1-C_3）-S-Ar^2-或-Ar^1-（C_1-C_3）-S-（C_1-C_3）-Ar^2-，其中-Ar、Ar^1和Ar^2彼此独立地是部分饱和的、完全饱和的或完全不饱和的5-8元环，环中选择性地含有1~4个彼此独立地选自氧、硫和氮的杂原子，或是由两个稠合的部分饱和、完全饱和或完全不饱和的5或6元环组成的双环，环中选择性地含有1~4个彼此独立地选自氮、硫和氧的杂原子；

所述Ar、Ar^1和Ar^2部分在碳上选择性地被最多3个取代基取代，如果该部分是单环，取代是在一个环上，如果该部分是双环，则取代是在一个环或两个环上，所述取代基彼此独立地选自R_1、R_2和R_3，其中R_1、R_2和R_3是氧代、羟基、硝基、卤素、（C_1-C_6）烷氧基、（C_1-C_4）烷氧基（C_1-C_4）烷基、（C_1-C_4）烷氧羰基、（C_1-C_7）烷基、（C_3-C_7）环烷基、（C_3-C_7）环烷基（C_1-C_4）烷基、（C_3-C_7）环烷基（C_1-C_4）烷酰基、甲酰基、（C_1-C_8）烷酰基、（C_1-C_6）烷酰基（C_1-C_6）烷基、（C_1-C_4）烷酰基氨基、（C_1-C_4）烷氧羰基氨基、磺酰氨基、（C_1-C_4）烷基磺酰氨基、氨基、单-N-或二-N，N-（C_1-C_4）烷基氨基、氨基甲酰基、单-N-或二-N，N-（C_1-C_4）烷基氨基甲酰基、氰基、硫醇、（C_1-C_6）烷硫基、（C_1-C_6）烷基亚磺酰基、（C_1-C_4）烷基磺酰基或单-N-或二-N，N-（C_1-C_4）烷基氨基亚磺酰基；

R^1、R^2和R^3在碳上选择性地被卤素或羟基独立地单取代、二取代或三取代；

V是化学键或选择性地被羟基或氟独立地单取代或二取代的（C_1-C_3）亚烷基，

条件是，当K是（C_2-C_4）亚烷基，M是Ar并且Ar是环戊-1-基、环己-1-基、环庚-1-基或环辛-1-基时，则所述（C_5-C_8）环烷基取代基不与羟基取代在同一位置上；

条件是当-Q-Z是-亚苯基-CH_2-COOH，-B-A不是在亚苯基环上-CH_2-COOH的临位，并且条件是不包括N，N-双［3-［4-（乙氧羰基）苯基］丙基］甲磺酰胺；

所述前药是指Z基团中的羧基与下列基团一起形成酯：

（C_1-C_4）烷基、（C_2-C_7）链烷酰氧基甲基、含4~9个碳原子的1-（链烷酰氧基）乙基、含5~10个碳原子的1-甲基-1-（链烷酰氧基）乙基、含3~6个碳原子的烷氧羰基氧甲基、含4~7个碳

原子的1-（烷氧羰基氧基）乙基、含5～8个碳原子的1-甲基-1-（烷氧羰基氧基）乙基、含3～9个碳原子的N-（烷氧羰基）氨基甲基、含4～10个碳原子的1-（N-（烷氧羰基）氨基）乙基、3-苯并［c］呋喃酮基、4-巴豆酰内酯基、(-丁酰内酯-4-基、二-N，N-（C_1-C_2）-烷基氨基-（C_2-C_3）烷基、氨基甲酰基-（C_1-C_2）烷基、N，N-二（C_1-C_2）烷基氨基甲酰基-（C_1-C_2）烷基和哌啶基-、吡咯烷基-或吗啉基（C_2-C_3）烷基。”

驳回决定认为：本申请的技术方案涉及新的化合物，该技术方案必须依赖实验结果加以证实才能成立，仅仅根据化合物的结构本领域技术人员无法预见其是否具有药理活性和具有何种药理活性，因此，本申请说明书公开不充分，不符合专利法第26条第3款的规定。另外，（1）对于化合物技术方案，说明书中应当记载化合物的确认、化合物的制备和化合物的用途或使用效果，对于所属技术领域的技术人员无法根据现有技术预测发明能够实现所述用途和/或使用效果的，说明书还应当记载对于本领域技术人员来说足以证明发明的技术方案可以实现所述用途和/或达到预期效果的定性或定量试验数据；（2）申请人在答复审查意见时提供的药理试验数据由于其未记载在本申请原始公开的申请文件中，因此不能用于克服说明书公开不充分的缺陷。

2008年7月7日，申请人辉瑞大药厂（下称请求人）对上述驳回决定不服，向专利复审委员会提出复审请求，请求人在提出复审请求时没有对申请文件进行修改。

请求人认为：根据专利法第26条第3款的规定，判断说明书是否对发明作出清楚、完整的描述的唯一标准是基于说明书公开的信息，所属技术领域的技术人员能否实现该发明。（1）本发明涉及一种新化合物，基于本申请公开的信息，本领域技术人员只需简单按照本发明的描述而不需要任何创造性劳动完全可以再现本发明，制备得到所述化合物。（2）本申请描述了化合物的药理活性和多种试验方法，本领域技术人员根据说明书公开的内容结合现有技术不需要任何创造性劳动就可以证实本发明化合物的活性或者可以通过本发明介绍的试验方法获得有关生物数据。说明书没有提供生物实验数据不会使得本领域技术人员不能够实现本发明，不会影响本领域技术人员根据本发明的公开内容制备出本发明的化合物、实施目前的权利要求所要求保护的技术方案。（3）本发明相应的日本专利申请已经被授权，这从另一侧面证明了本申请说明书对化合物本身的公开是充分的。

经形式审查合格后，专利复审委员会受理了该请求，并于2008年7月28日向请求人发出了《复审请求受理通知书》，同时将本申请转送至国家知识产权局原审查部门进行前置审查。

在《前置审查意见书》中，国家知识产权局原审查部门认为，对于说明书公开充分的要求需要说明书中记载对本领域技术人员来说足以证明发明的技术方案可以实现所述用途和/或达到预期效果的定性或定量试验数据，而本申请缺少证据证明其治疗用途或效果的定性或定量试验数据，因此坚持驳回决定。

专利复审委员会组成合议组，对本复审请求案进行了审理。

本案合议组于2009年2月16日发出《复审通知书》，指出：本申请说明书没有记载足以证明发明的技术方案可以解决要解决的技术问题并达到预期的技术效果的实验室试验（包括动物试验）或者临床试验的定性或者定量数据，请求人在答复《第一次审查意见通知书》和《第二次审查意见通知书》时提交的试验报告所记载的实验数据并没有记载在原申请文件中，不能用于证明本申请的说明书符合专利法第26条第3款的规定，因此本申请的说明书公开不充分，不符合专利法第26条第3款的规定。另外，与本申请相应的专利申请在日本是否得到授权与本申请是否符合专利法第26条第3款的规定没有关联。

请求人于2009年4月2日提交了意见陈述书，没有对申请文件进行修改。

请求人除了再次陈述提出复审请求时的意见之外，还提出：与本申请相应的专利申请在美国也得到了授权，这说明本申请的化合物已经充分公开。

至此，合议组认为本案事实清楚，可以作出复审决定。

二、决定的理由

1. 文本的认定

本复审请求审查决定是在请求人于 2008 年 1 月 10 日提交的权利要求第 1~95 项、进入中国国家阶段时提交的国际申请文件中文译文的说明书第 1~236 页和说明书摘要的基础上作出的。

2. 关于专利法第 26 条第 3 款

专利法第 26 条第 3 款规定，说明书应当对发明或者实用新型作出清楚、完整的说明，以所属技术领域的技术人员能够实现为准。

在化学领域中，要求保护的发明为化学产品本身的，说明书中应当记载化学产品的确认、化学产品的制备以及化学产品的用途。如果所属技术领域的技术人员无法根据现有技术预测所述化学产品能够实现所述用途，则说明书中还应当记载对于本领域技术人员来说，足以证明所述化学产品可以用于所述用途的实验室实验或者临床试验的定性或者定量数据。

本申请的权利要求 1~94 要求保护式Ⅰ化合物，权利要求 95 要求保护式ⅠA 化合物。关于所述化合物及其药物组合物的医药用途，说明书一般性地描述了化合物对前列腺素 EP2 受体的活性，可用于治疗的一些具体疾病，以及化合物的生物活性测定方法。但对于上述医药用途及所述化合物和药物组合物的药理作用，本申请说明书并没有记载任何实验室试验（包括动物试验）或者临床试验的定性或者定量数据加以证实。

由于药物构效关系、药物作用机理和疾病成因的复杂性，一种新结构化合物是否具有某种活性、能否用于某一用途仅仅从化合物的结构是无法预测的。就本申请而言，说明书仅对化合物对前列腺受体 EP2 具有活性的技术效果进行了一般性的描述，未提供任何实验数据。在此情况下，本领域技术人员无法确信所述化合物是否具有对前列腺 EP2 受体的活性从而可用于治疗所述具体疾病。因此，合议组认为，本申请说明书未公开到本领域技术人员能够实现所述用途的程度，不符合专利法第 26 条第 3 款的规定。

针对申请人在提出复审请求和答复《复审通知书》时所提出的理由，合议组认为：化合物充分公开包括化合物本身的充分公开、化合物制备方法的充分公开及化合物用途和/或使用效果的充分公开，三者缺一不可。说明书对化合物本身和制备的公开并不代表化合物的用途和/或使用效果也得到了充分公开。虽然本申请说明书中记载了测定化合物活性的方法，但仅根据一般性测定方法无法得知测定结果。在说明书没有公开任何试验效果数据的情况下，本领域技术人员完全有理由怀疑该技术方案并非建立在真实科学试验基础上，而仅仅是一种推测，有可能在申请日之前根本就没有去实施所述技术方案。即使本领域技术人员依此方法去实施，由于没有任何可供参考的试验数据，因而也无法对实施结果加以验证以确认是否再现了本申请的技术效果。因此，请求人提出的理由不能克服本申请说明书公开不充分的缺陷。

请求人在答复《第一次审查意见通知书》和《第二次审查意见通知书》时提交了相同的试验报告（下称附件 1）。对于附件 1，合议组认为，上述试验报告所记载的数据并没有记载在原申请文件中。而判断说明书是否充分公开时，申请日之后补交的实验数据不予考虑（参见审查指南第二部分第十章第 3.4 节）。因此附件 1 不能用于证明本申请的说明书符合专利法第 26 条第 3 款的规定。

请求人在答复《复审通知书》时提到本申请相应的日本和美国专利申请已经被授权，对此，合议组认为，本申请依据中国法律进行审查，与本申请相对应的日本和美国申请是否授权无关，故对该理由不予考虑。

至此，基于上述理由，合议组作出如下决定。

三、决定

维持国家知识产权局于 2008 年 3 月 21 日针对 97180792. 2 号发明专利申请作出的驳回决定。

复审请求人对本决定不服的，可以根据专利法第 41 条第 2 款的规定，自收到本决定之日起三个月内向北京市第一中级人民法院起诉。

052

黄芪甲苷的制法及在制备防治糖尿病肾病药物中的应用

复审请求审查决定（第17334号）

决　定　号　第17334号
决　定　日　2009年5月26日
发明创造名称　黄芪甲苷的制法及在制备防治糖尿病肾病药物中的应用
国际分类号　C07J53/00，A61K31/7048，A61K9/16，A61K9/20，A61K9/48，A61K9/08，A61K9/10，A61P3/10
复审请求人　南京医科大学
申　请　号　200410014786.9
申　请　日　2004年4月29日
公　开　日　2005年1月26日
合议组组长　任晓兰
主　审　员　兰　琪
参　审　员　黄　强

法律依据　专利法第22条第3款
决定要点

请求人删除了驳回决定及复审通知书指出的不具备创造性的权利要求，克服了驳回决定及复审通知书指出的缺陷，驳回理由不再成立。

一、案由

本复审请求案涉及发明名称为“黄芪甲苷的制法及在制备防治糖尿病肾病药物中的应用”的200410014786.9号发明专利申请（下称本申请），申请人为南京医科大学，申请日为2004年4月29日，公开日为2005年1月26日。

2007年12月28日，针对申请人于2005年11月2日提交的权利要求第1~7项，说明书第2页，申请日提交的说明书第1、3~13页和说明书摘要（下称驳回文本），国家知识产权局以本申请权利要求1~5不符合专利法第22条第3款的规定为由驳回了本申请。

驳回决定认为：权利要求1请求保护一种黄芪甲苷的制备方法，对比文件2（CN1470241A，公开日为2004年1月28日）公开了与之相近的制备方法，包括制备黄芪粗皂甙，及在温度60~100℃的水浴下水解黄芪粗皂甙的碱水溶液，所得物经沉淀、过滤后，再用甲醇加热回流溶解自然冷却重结晶，得到黄芪甲甙含量大于90%的组合物。二者的区别在于：黄芪粗皂苷制备步骤不同及黄芪粗皂苷水解前的溶剂不同。但黄芪的提取过程已经是比较成熟的技术，其粗皂苷的制备过程对于所属领域技术人员来说是公知并且常用的技术，不需要付出创造性的劳动；并且水解所使用的溶剂只要有利于水解过程并且易于除去即可，其选择不需要付出创造性劳动，同时这种区别未给黄芪甲苷的制备方法带来意想不到的技术效果，因此权利要求1不具备创造性，不符合专利法第22条第3款的规定。在此基础上，从属权利要求2~5也不具备创造性，不符合专利法第22条第3款的规定。

驳回决定针对的权利要求书如下：

"1. 黄芪甲苷的制备方法，其制备步骤如下：

（1）将黄芪粉末用乙醇浸泡回流提取三次，合并提取液减压浓缩，得浓缩液；

（2）加固体 NaOH，回流2小时，将回流液中的乙醇蒸去，得乙醇水解液；

（3）用乙酸乙酯萃取三次，弃去乙酸乙酯后，所得的水解液用水饱和正丁醇分次萃取六次，合并萃取液，用正丁醇饱和的水洗至中性，得中性正丁醇水溶液，并蒸干得粗皂苷；

（4）向粗皂苷内加入乙酸乙酯，于水浴中得加热、搅拌、放冷、滲去杂质，重复2~3次，过滤、沉淀、弃去乙酸乙酯，即得较纯得皂苷；

（5）将较纯的皂苷，用甲醇重结晶二次即得黄芪甲苷。

2. 根据权利要求1所述得黄芪甲苷的制备方法，其特征是在步骤（1）中取黄芪粉末1.0-2.0kg，用60%~95%得乙醇回流提取，减压浓缩至溶液重量相对于药材量的1.5倍。

3. 根据权利要求1所述的黄芪甲苷的制备方法，其特征是在步骤（2）中，加固体 NaOH5~10g。

4. 根据权利要求1所述的黄芪甲苷的制备方法，其特征是在步骤（3）中，用50~300ml的乙酸乙酯萃取。

5. 根据权利要求1所述的黄芪甲苷的制备方法，其特征是在步骤（4）中，向粗皂苷中加入5~10倍的乙酸乙酯，于70℃水浴中搅拌。

6. 根据权利要求1所述的黄芪甲苷的制备方法，其特征是在黄芪甲苷中加入适当的辅料，用常规的制备方法制成片剂、颗粒剂、胶囊剂、口服液。

7. 黄芪甲苷在制备预防和治疗糖尿病肾病的药物中的应用。"

2008年4月1日，申请人南京医科大学（下称请求人）对上述驳回决定不服，向专利复审委员会提出复审请求，请求人在提出复审请求时没有对申请文件进行修改。

请求人认为：权利要求1制备的是黄芪甲苷，而对比文件2公开的是制备黄芪甲苷组合物，由于制备的目标不同，两者所用的提纯手段、方法也不同，不同之处具体表现在：（1）第一步，对比文件2是水提取，本申请是乙醇提取，（2）第二步和第三步，对比文件2是大孔树脂+乙醇洗脱+减压浓缩，而本申请仅用减压浓缩，同时将乙醇大量回收，（3）第四步，对比文件2用碱水加热再通过自然冷却后过滤得白色沉淀，而本申请是将浓缩物加入固体碱，经回流，醋酸乙酯萃取，水饱和的正丁醇溶液进一步萃取，再用中性水溶液洗至中性才获得黄芪总苷，（4）对比文件2没有黄芪甲苷的制备纯化和四大光谱的鉴定过程，而本申请有完整的纯化和鉴定过程。同时，由本申请方法能获得纯度达97%以上的黄芪甲苷，因此相对于对比文件2而言，权利要求1具备专利法第22条第3款所规定的创造性。在此基础上，从属权利要求2~5也具备创造性。此外请求人还对权利要求7所要求保护的黄芪甲苷的新用途具备创造性的理由进行了详细的意见陈述。

经形式审查合格后，专利复审委员会受理了该请求，并于2008年5月8日向请求人发出了《复审请求受理通知书》，同时将本申请转送至国家知识产权局原审查部门进行前置审查。

在《前置审查意见书》中，国家知识产权局原审查部门认为对比文件2公开的也是一种黄芪甲苷的提取方法，而不仅仅涉及黄芪甲苷组合物，且本申请的技术方案相对于对比文件2也未取得任何预料不到的技术效果，权利要求1~5不具备创造性，因此坚持驳回决定。

专利复审委员会组成合议组，对本复审请求案进行了审理。

2009年4月2日，专利复审委员会本案合议组向请求人发出《复审通知书》，指出：本申请权利要求1与对比文件2的区别在于：(1) 权利要求1是将黄芪粉末用乙醇浸泡回流提取、减压浓缩得黄芪总皂苷，而对比文件2公开的是将黄芪薄片先用水提取，再采用乙醇作为洗脱剂从大孔树脂柱上层析分离出黄芪总皂苷；(2) 权利要求1在碱处理后还增加了乙酸乙酯萃取、正丁醇萃取，随后用乙酸乙酯除杂的步骤。基于本申请与对比文件2的制备方法达到的效果相当，由此确定本申请实际解决的技术问题是提供一种单体黄芪甲苷的选择性制备方法，然而将黄芪粉末用乙醇浸泡回流提取、减压浓缩得黄芪总皂苷，以及增加乙酸乙酯萃取、正丁醇萃取，随后用乙酸乙酯除杂的步骤均是提取黄芪甲甙时的常规技术手段，而且从说明书中也看不出其能产生其他意想不到的效果，因此权利要求1相比对比文件2和公知常识的结合不具备创造性，不符合专利法第22条第3款的规定；在此基础上，从属权利要求2~6也不具备创造性，不符合专利法第22条第3款的规定。

针对上述《复审通知书》，请求人于2009年5月12日提交了意见陈述书及权利要求书的修改替换页，删除了原权利要求1~6，将原权利要求7作为新的权利要求1。修改后的权利要求书如下：

“1. 黄芪甲苷在制备预防和治疗糖尿病肾病的药物中的应用。”

请求人认为，同意合议组指出的本申请权利要求1~6不符合专利法第22条第3款的规定的意见，因此，将权利要求1~6删除。

经合议，合议组认为本案事实已经清楚，可以依法作出审查决定。

二、决定的理由

1. 关于审查文本

请求人在答复《复审通知书》时删除驳回文本的权利要求1~6，将其权利要求7编号为新的权利要求1，以上修改符合专利法实施细则第60条第1款和专利法第33条的规定。因此，本复审请求审查决定是以请求人于2009年5月12日提交的权利要求书（共1项），2005年11月2日提交的说明书第2页，2004年4月29日提交的说明书第1、3~13页和说明书摘要为基础作出的。

2. 关于创造性

专利法第22条第3款规定：创造性，是指同申请日以前已有的技术相比，该发明有突出的实质性特点和显著的进步。

就本案而言，《驳回决定》指出，驳回文本的权利要求1~5不具备创造性，《复审通知书》指出，驳回文本的权利要求1~6不具备创造性，为此，请求人于2009年5月12日提交了权利要求书替换页，将驳回文本的权利要求1~6删除，仅保留权利要求7，并将其重新编号为新的权利要求1。经过以上修改，合议组认为新提交的权利要求书已经克服了《驳回决定》和《复审通知书》所指出不符合专利法第22条第3款的规定的缺陷。

根据上述事实和理由，合议组作出如下审查决定。

三、决定

撤销国家知识产权局于2007年12月28日针对200410014786.9号发明专利申请作出的驳回决定，由国家知识产权局原审查部门以本复审请求审查决定所针对的文本为基础继续审批程序。

复审请求人对本决定不服的，可以根据专利法第41条第2款的规定，自收到本决定之日起三个月内向北京市第一中级人民法院起诉。

053

一种脂肪醇聚醚二元酸酯及其合成与应用

复审请求审查决定（第 17362 号）

决　定　号　第 17362 号
决　定　日　2009 年 5 月 27 日
发明创造名称　一种脂肪醇聚醚二元酸酯及其合成与应用
国 际 分 类 号　C07C69/34，C07C67/08，D06M13/165
复 审 请 求 人　中国石油化工集团公司，中国石化集团洛阳石油化工工程公司
申　请　号　200610128326.8
申　请　日　2006 年 12 月 2 日
公　开　日　2007 年 5 月 16 日
合 议 组 组 长　李彦涛
主　审　员　蔡　雷
参　审　员　潘　剑

法 律 依 据　专利法第 26 条第 3 款
决 定 要 点
如果说明书记载了化学产品的制备方法，以及对应于该化学产品的具体用途和/或效果的实验数据，在这种情况下，如果本领域技术人员可以确定，根据该方法必然能够制备得到该化学产品，并能够确认所述效果是由该化学产品直接产生的，则这样的实验数据也可以作为确认该化学产品的依据。

一、案由

本复审请求案涉及发明名称为“一种脂肪醇聚醚二元酸酯及其合成与应用”的第 200610128326.8 号发明专利申请（下称本申请），申请人为中国石油化工集团公司、中国石化集团洛阳石油化工工程公司，申请日为 2006 年 12 月 2 日，公开日为 2007 年 5 月 16 日。

2008 年 8 月 8 日，针对申请人于 2006 年 12 月 2 日提交的权利要求第 1~6 项、说明书第 1~8 页及说明书摘要，国家知识产权局以本申请不符合专利法第 26 条第 3 款的规定为由驳回了本申请。

驳回决定认为：对于化学产品发明，说明书应当记载相关的化学、物理性能参数（例如各种定性或定量数据或谱图等），使所要求保护的化合物能被清楚的确认，在本申请中，申请人未提供任何表征化合物的理化参数，本领域技术人员无法确认所制得的物质即为所述的标题化合物，因此本申请说明书公开不充分，不符合专利法 26 条第 3 款的规定。尽管说明书中给出了该化合物的结构式，合成方法，也给出了几种具体化合物的结构式，但上述内容只是证明化合物公开充分的必要条件，仅仅上述内容是不充分的。即使由于所述的聚醚本身不是纯粹单一的化合物，不可用表征物质的一些参数

来限定，但是对于所制备几种具体化合物说明书中也没有给出可以证明化合物结构的相关参数，综上所述，说明书公开不充分，不符合专利法第26条第3款的规定。

驳回决定针对的权利要求1如下：

“1. 一种脂肪醇聚醚二元酸酯，其特征在于结构式为：

$R_1O(CH_2CH_2O)_m(CH_2(CH_3)CHO)_nOOCR_2COO(CH_2CH_2O)_m(CH_2(CH_3)CHO)_nR_1$

其中 R_1 为 C_4-C_{24} 的烷基，R_2 为 C_2-C_{24} 的亚烷基，m 为 1~30，n 为 0~20。”

2008年10月13日，申请人中国石油化工集团公司、中国石化集团洛阳石油化工工程公司（下称请求人）对上述驳回决定不服，向专利复审委员会提出复审请求，请求人在提出复审请求时没有对申请文件进行修改，提交了实施例1~4、6、8~11化合物的理化参数（附件1）和实施例2、9和10化合物的红外谱图（附件2）。

请求人认为：所属技术领域的普通技术人员根据本发明所公开内容的教导可制备出本发明化合物，并利用公知测试方法可很容易地得到其理化参数和谱图，因此本发明公开是充分的。

经形式审查合格后，专利复审委员会受理了该请求，并于2008年11月21日向请求人发出了《复审请求受理通知书》，同时将本申请转送至国家知识产权局原审查部门进行前置审查。

在《前置审查意见书》中，国家知识产权局原审查部门认为请求人在复审请求中提供的理化参数和图谱不能接受，因此坚持驳回决定。

专利复审委员会成立合议组，对本复审请求案进行了审理。

至此，合议组认为本案事实清楚，可以作出复审决定。

二、决定的理由

1. 文本的认定

本复审请求审查决定是在请求人于2006年12月2日提交的权利要求第1~6项、说明书第1~8页及说明书摘要的基础上作出的。

2. 关于专利法第26条第3款

专利法第26条第3款规定，说明书应当对发明或者实用新型作出清楚、完整的说明，以所属技术领域的技术人员能够实现为准。

如果说明书记载了化学产品的制备方法，以及对应于该化学产品的具体用途和/或效果的实验数据，在这种情况下，如果本领域技术人员可以确定，根据该方法必然能够制备得到该化学产品，并能够确认所述效果是由该化学产品直接产生的，则这样的实验数据也可以作为确认该化学产品的依据。

本申请权利要求1~3要求保护一种脂肪醇聚醚二元酸酯的聚合物，说明书中公开了所述聚合物的的重复单元、结构式、分子量分布和重复单元排列状态（参见说明书第2页倒数第8~12行），合成方法（参见说明书第2页末段至第3页第9行）和利用该方法制备所述聚合物的实施例1~4，6，8~11，其中包括反应原料、步骤和反应条件，并且在上述实施例中给出了所制备的聚合物的重复单元数量测定值，并在实施例5和7中分别公开了实施例4所制得的具体聚合物的应用实验和该应用的效果实验数据。

在此基础上，合议组认为，（1）本申请权利要求要求保护如下结构式的脂肪醇聚醚二元酸酯：$R_1O(CH_2CH_2O)_m(CH_2(CH_3)CHO)_nOOCR_2COO(CH_2CH_2O)_m(CH_2(CH_3)CHO)_nR_1$（详见案由部分），说明书中记载的上述通式的制备方法为：以正构醇作为起始剂，加入环氧乙烷和环氧丙烷以及催化剂进行聚合反应，得到脂肪醇聚醚，然后将所得的脂肪醇聚醚与二元酸进行酯化反应得到脂肪醇聚醚二元酸酯，并对反应条件进行了限定（参见说明书第2页末段至第3页第9行），在制备实施例1~4，6，8~11中公开了符合上述通式定义的具体聚合物的制备方法并公开了制得的具体聚合物的重复单元数量 m 和 n 的测定值，这些测定值落入权利要求中 R_1O（CH_2CH_2O）$_m$（CH_2（CH_3）CHO）$_n$OOCR_2COO（CH_2CH2O）$_m$（CH_2（CH_3）CHO）$_n$$R_1$ 对 m 和 n 的限定范围中，基于以上内容，本领域技术人员根据本领域知识可以判断根据说明书记载的制备方法必然能够制备得到符合 R_1O（CH_2CH_2O）$_m$（CH_2（CH_3）CHO）$_n$OOCR_2COO（CH_2CH_2O）$_m$（CH_2（CH_3）CHO）$_n$R1 这一结构式的脂肪醇聚醚二元酸酯，而且可以确定请求人已经制备得到了所述聚合物并对其 m、n 值进行了测量；（2）实施例 5 公开了将实施例 4 制得的具体聚合物与表面活性剂、抗静电剂和黏合性能改进剂混合得到高速纺锦纶-6 帘子线油剂，实施例 7 公开了该油剂的用途效果实验数据，由于该油剂中只含有本申请的具体聚合物作为油剂中的平滑剂，而化纤油剂中平滑剂是影响纺丝性能和产品质量的重点，因此可以确认所述效果是由该聚合物直接产生的。

综上，合议组认为，说明书记载了要求保护的化学产品的制备方法，以及对应于该化学产品的效果实验数据，而且根据该方法本领域技术人员必然能够制备出该化学产品，并能够确认所述效果是由该化学产品直接产生的，因此该实验数据可以作为确认该化学产品的依据。本申请说明书中已经记载了要求保护的化学产品的确认、制备、用途和/或使用效果，符合专利法第 26 条第 3 款的规定。

基于上述理由，合议组作出如下决定。

三、决定

撤销国家知识产权局于 2008 年 8 月 8 日针对 200610128326.8 号专利申请作出的驳回决定，由国家知识产权局原审查部门以本复审请求审查决定所针对的文本为基础继续审查程序。

复审请求人对本决定不服的，可以根据专利法第 41 条第 2 款的规定，自收到本决定之日起三个月内向北京市第一中级人民法院起诉。

054

一维线形双销（Ⅲ）一水配合物及其制备方法

复审请求审查决定（第17368号）

决　定　号　第17368号
决　定　日　2009年5月31日
发明创造名称　一维线形双销（Ⅲ）一水配合物及其制备方法
国际分类号　C07D471/22，C09K9/02
复审请求人　温州师范学院
申　请　号　200410155329.1
申　请　日　2004年10月9日
公　开　日　2005年6月22日
合议组组长　危　峰
主　审　员　吴红权
参　审　员　赵步真

法律依据　专利法第26条第3款
决定要点

本领域技术人员在阅读说明书公开内容的基础上，结合本领域的现有技术，能够清楚理解权利要求中某一术语的含义，则该术语不会导致权利要求的技术方案不符合专利法第26条第3款规定。

一、案由

本复审请求涉及发明名称为“一维线形双销（Ⅲ）一水配合物及其制备方法”的200410155329.1号发明专利申请（下称本申请），申请人为温州师范学院，申请日为2004年10月9日，公开日为2005年6月22日。

2007年11月9日，针对申请人于2004年10月9日提交的权利要求第1~4项、说明书第1~4页及说明书摘要，国家知识产权局以本申请不符合专利法第26条第3款的规定为由驳回了本申请。

驳回决定认为，说明书没有对其第2页中出现的结构式所示的化合物中的“n”进行定义，因此不清楚该处n到底代表了什么数值或数值范围，而且实施例中也没有明确n到底是什么，由于申请人没有清楚完整的公开其要求保护的技术方案而导致无法确定本申请到底得到了一种什么物质，从而使得所属技术领域的技术人员不能根据说明书公开的内容实现本发明，因此本申请说明书不符合专利法第26条第3款的规定。针对申请人在意见陈述中所述的“对于桥联配合物，可以形成无限结构”，驳回决定认为，本申请申请文件没有对n作出任何定义，因而不清楚n到底是什么，是0，是任何数值或数值范围，还是任何无限大的数值。故本申请说明书没有清楚、完整公开本申请的技术方案，不符合专利法第 26 条第 3 款的规定。

驳回决定针对的权利要求书如下：

“1. 一种一维线形双铕（Ⅲ）一水配合物，其系统名称为一维线形 μ-三（2，2′-联苯二甲酸-O，O’）二水合二（1，10-邻菲咯啉-N，N′）双铕（Ⅲ）一水配合物，其分子式为：$[C_{66}H_{46}N_4O_{15}Eu_2]_n$，其结构示意图如下：

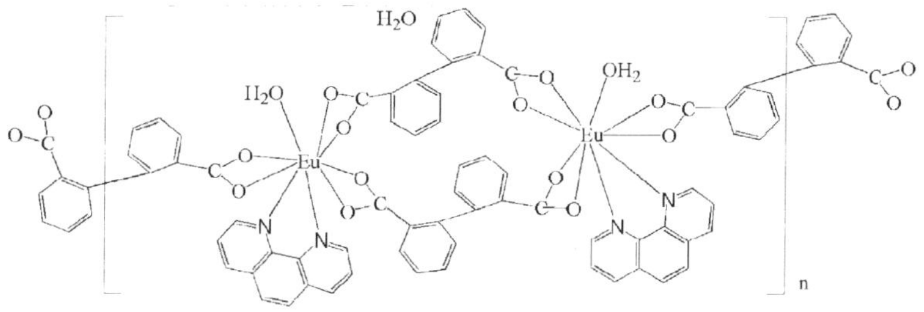

2. 一种一维线形双铕（Ⅲ）一水配合物的制备方法，其特征在于将 $EuCl_3 \cdot 6H_2O$ 晶体和 2，2′-联苯二甲酸分别溶入水和乙醇中，再将二者混合，混合后的溶液加氢氧化钠得到大量沉淀即为铕-2，2′-联苯二甲酸二元配合物，将上一步所得二元配合物与 1，10-邻菲咯啉加热反应即得到大量黄色块状的晶体即为本发明产品。

3. 按照权利要求 2 所述的一维线形双铕（Ⅲ）一水配合物的制备方法，其特征在于将 Eu^2O^3 溶于盐酸中，加热蒸去溶液中多余的盐酸，直至液面有一点晶膜形成，冷却后，抽滤，干燥，即得到 $EuCl_3 \cdot 6H_2O$ 的晶体。

4. 按照权利要求 2 或 3 所述的一维线形双铕（Ⅲ）一水配合物的制备方法，其特征在于 $EuCl^3 \cdot 6H_2O$ 晶体和 2，2′-联苯二甲酸混合后加氢氧化钠调至 pH5~7，二元配合物与 1，10-邻菲咯啉加热温度为 390~430k。”

2008 年 2 月 21 日，申请人温州师范学院（下称请求人）对上述驳回决定不服，向专利复审委员会提出复审请求并提交了附件（《稀土配位化学》，黄春辉著，1997 年 5 月由科学出版社出版发行，封面、出版信息页、及第 47、81 页，复印件共 4 页），请求人在提出复审请求时没有对申请文件进行修改。

请求人认为：对于具有一维线形无限链式结构特点的一维线形双铕（Ⅲ）一水配合物，国内外说明这种具有无限链式结构的物质的惯用做法是用基本单元外加方括号再加字母 n，这得到附件的支持，故本申请说明书公开充分，符合专利法第 26 条第 3 款的规定。

经形式审查合格后，专利复审委员会受理了该请求，并于 2008 年 3 月 18 日向请求人发出了《复审请求受理通知书》，同时将本申请转送至国家知识产权局原审查部门进行前置审查。

在《前置审查意见书》中，国家知识产权局原审查部门坚持驳回决定。

专利复审委员会组成合议组，对本复审请求案进行了审理。

经合议，合议组认为本案事实清楚，可以作出审查决定。

二、决定的理由

1. 关于决定的文本

在复审程序中，复审请求人未对申请文件进行过修改，故本复审决定是针对驳回决定所针对的申请文本作出的。

2. 关于专利法第 26 条第 3 款

专利法第 26 条第 3 款规定，说明书应当对发明作出清楚、完整的说明，以所属技术领域的技术人员能够实现为准。

本领域技术人员在阅读说明书公开内容的基础上，结合本领域的现有技术，能够清楚理解权利要求中某一术语的含义，则该术语不会导致权利要求的技术方案不符合专利法第26条第3款规定。

驳回决定认为，本申请没有对说明书第2页中出现的结构式所示的配合物中的“n”进行定义，导致无法确定所得到的产物是一种什么物质，故不符合专利法第26条第3款的规定。

本案争议焦点在于说明书没有给出配合物结构示意式中n的数值是否就导致了说明书公开不充分。

对于本案而言，权利要求1要求保护一种一维线形双铕（Ⅲ）一水配合物，其系统名称为一维线形μ-三（2，2′-联苯二甲酸-O，O’）二水合二（1，10-邻菲咯啉-N，N′）双铕（Ⅲ）一水配合物；权利要求2~4要求保护其制备方法。本申请说明书给出了最终产物的详细制备方法，给出了最终产物的元素分析值和单晶衍射所得到的晶胞参数以及晶体结构图（参见本申请说明书第2~3页相关内容），从元素分析实验数据可知，本申请化合物的计算值与实测值极为接近。本领域技术人员从本申请所提供的单晶衍射图中可以看出，本申请的配合物的晶体结构与本申请权利要求1所示结构示意图是完全相对应的，即每个单晶中以两个铕为中心，每个铕为9配位，其中6个来自双齿的联苯二甲酸，2个来自邻菲咯啉，另一个来自配位水。由所述晶体结构可以看出，本申请的配合物是以铕为中心由联苯二甲酸链接形成的一维线形结构。

合议组认为，虽然本申请原始权利要求书和说明书都没有记载该n数值的具体数值或范围，但是在阅读本申请说明书公开的内容后，特别是理解本申请所制备最终产物的性质后，本申请制备得到的最终产物是一种稀土金属有机配位化合物，根据金属铕和配体联苯二甲酸的配位性质，在铕和联苯二甲酸之间可以形成一种无限的链式结构，因此n在此表示这种基本结构单元可以无限链接，链接后得到的物质就是本申请要求保护的物质。此外，这种一维线形配合物的表征方式也得到本领域现有技术中关于类似稀土金属有机配合物表征的支持，例如参见请求人在复审请求时所提交的附件第47页和第81页。

综上所述，本申请说明书中没有给出配合物结构示意式中n的数值并不会导致本申请说明书公开不充分。

根据上述事实和理由，合议组作出如下审查决定。

三、决定

撤销国家知识产权局于2007年11月9日针对200410155329.1号发明专利申请作出的驳回决定，由国家知识产权局原审查部门以驳回决定所针对的文本为基础继续审批程序。

复审请求人对本决定不服的，可以根据专利法第41条第2款的规定，自收到本决定之日起三个月内向北京市第一中级人民法院起诉。

055

含有高氯酸铵的气体发生剂

复审请求审查决定（第17449号）

决　定　号　第17449号
决　定　日　2009年6月13日
发明创造名称　含有高氯酸铵的气体发生剂
国 际 分 类 号　C06B 29/22
复 审 请 求 人　奥托里夫ASP股份有限公司
申　　请　号　200480021318.2
优　先　权　日　2003年7月25日
申　　请　日　2004年7月26日
公　　开　日　2006年8月30日
合 议 组 组 长　孙跃飞
主　审　员　王晓东
参　审　员　潘　剑

法 律 依 据　专利法第22条第2款
决 定 要 点

在使用推定不具备新颖性的方式进行判断时，如果从性能、参数等方面无法将要求保护的产品与对比文件公开的技术方案区别开来，通常还应当考虑产品的制备方法是否对产品的结构和/或组成特征产生影响，如果该申请与对比文件的产品的制备方法不同，且该制备方法能够对产品的结构和/或组成特征产生影响，则应认定其具备新颖性。

一、案由

本复审请求案涉及发明名称为“含有高氯酸铵的气体发生剂”的200480021318.2号发明专利申请（下称本申请），申请人为奥托里夫ASP股份有限公司，申请日为2004年7月26日，优先权日为2003年7月25日，公开日为2006年8月30日。

2008年3月7日，针对申请人于2007年9月28日提交的权利要求书第1~33项、2006年1月23日进入中国国家阶段时提交的国际申请文件中文文本的说明书第1~20页以及说明书摘要，国家知识产权局以权利要求1~3、6~9不具备新颖性（实际应为1~3、5~8不具备新颖性）为由驳回了本申请。驳回决定针对的权利要求如下：

“1. 一种含有高氯酸铵的气体发生剂组合物，其包括非叠氮化物的有机含氮燃料，其改进包括：所述高氯酸铵以超过100μm的平均粒径存在，以及所述含有高氯酸铵的气体发生剂组合物还含有氯净化剂，该净化剂的量可在气体发生剂燃烧时有效地使气体排出物基本上不含有氯化氢，其中至少98重量%的氯净化剂是含铜化合物，该化合物选自碱式硝酸铜、氧化铜、二胺二硝酸铜-硝酸铵混合物、二胺双四唑铜、由5-氨基四唑与碱式硝酸铜反应所得的铜-硝酸盐配合物以及它们的组合，其中所述二胺二硝酸铜-硝酸铵混合物中，硝酸铵的量占3重量%~90重量%。

2. 如权利要求1所述的含有高氯酸铵的气体发生剂组合物，其特征在于，所述高氯酸铵以至少200μm的平均粒径存在。

3. 如权利要求1所述的含有高氯酸铵的气体发生剂组合物，其特征在于，所述高氯酸铵以350~450μm的平均粒径存在。

5. 如权利要求1所述的含有高氯酸铵的气体发生剂组合物，其特征在于，所述非叠氮化物的有机含氮燃料选自胺硝酸盐、硝胺、杂环硝基化合物、四唑化合物、以及它们的组合。

6. 如权利要求1所述的含有高氯酸铵的气体发生剂组合物，其特征在于，所述非叠氮化物的有机含氮燃料是硝酸胍。

7. 如权利要求1所述的含有高氯酸铵的气体发生剂组合物，其特征在于，所述含铜化合物是碱式硝酸铜。

8. 如权利要求1所述的含有高氯酸铵的气体发生剂组合物，其特征在于，所述含铜化合物是氧化铜。”

驳回决定认为：权利要求1与对比文件1公开的组合物的区别仅仅在于对比文件1没有限定高氯酸铵的粒径，但是通常使用的化合物都是具有一定粒径的，在没有特殊说明的情况下下，应该为本领域通常设备所能制备的某种直径。本发明的直径范围比较大，例如权利要求1限定为超过100μm。本领域不做特殊用途的话，普通粉碎机粉碎后的粒度就在这个范围内，因此，审查员有理由认为，对比文件1所公开的这种组合物的高氯酸铵的粒径落入了这个范围之中，因此，对比文件1已经完全公开了权利要求1要求保护的组合物，权利要求1不具备新颖性。

权利要求2、3进一步限定了高氯酸铵的粒径范围，对比文件1虽然没有具体测量产品的粒径，但是，没有任何证据证明本发明产品的制备过程与造粒过程和对比文件1所公开的产品有任何区别。因此，权利要求2、3相对于对比文件1不具备新颖性。

权利要求5~8中的附加技术特征都被对比文件1所公开，因此在权利要求1不具备新颖性的情况下，上述权利要求也不具备新颖性。

2008年6月20日，申请人奥托里夫ASP股份有限公司（下称请求人）对上述驳回决定不服，向专利复审委员会提出复审请求，请求人在提出复审请求时没有对申请文件进行修改。

请求人认为：对比文件1中并没有揭示或暗示过其产气剂组合物含有具有权利要求1所限定的所需粒径的高氯酸铵。审查员认为在没有特殊说明的情况下，应为本领域通常设备所能制备的某种直径，普通粉碎机粉碎后的粒度就落在本发明的权利要求限定的粒径范围内，只是审查员的主观判断，审查员并没有提供相应的证据。另外，本申请说明书第15页第1~10行具体讨论了特定粒径的高氯酸铵颗粒所带来的预料不到的益处和优点，而现有技术中没有任何揭示或证据证明较大粒径所能够带来的有益效果，因此本发明权利要求1的技术方案所取得的效果是本领域技术人员意想不到的。在权利要求1具有新颖性的前提下，权利要求2、3、6~9也具有新颖性。

经形式审查合格后，专利复审委员会受理了该请求，并于2008年7月24日向请求人发出了《复审请求受理通知书》，同时将本申请转送至国家知识产权局原审查部门进行前置审查。

在《前置审查意见书》中，国家知识产权局原审查部门认为：申请人没有举证证明本发明组合物的粒径区别于对比文件，申请人没有尽到举证责任，因此坚持驳回决定。

专利复审委员会组成合议组，对本复审请求案进行了审理。

经合议，合议组认为本案事实清楚，可以作出审查决定。

二、决定的理由

1. 关于文本

本复审请求审查决定是在驳回决定针对文本的基础上作出的。

2. 关于新颖性

专利法第 22 条第 2 款规定：新颖性，是指在申请日以前没有同样的发明或者实用新型在国内外出版物上公开发表过、在国内公开使用过或者以其他方式为公众所知，也没有同样的发明或者实用新型由他人向国务院专利行政部门提出过申请并且记载在申请日以后公布的专利申请文件中。

在使用推定不具备新颖性的方式进行判断时，如果从性能、参数等方面无法将要求保护的产品与对比文件公开的技术方案区别开来，通常还应当考虑产品的制备方法是否对产品的结构和/或组成特征产生影响，如果该申请与对比文件的产品的制备方法不同，且该制备方法能够对产品的结构和/或组成特征产生影响，则应认定其具备新颖性。

就本申请而言，权利要求 1 要求保护一种含有高氯酸铵的气体发生剂组合物，其包括非叠氮化物的有机含氮燃料，其改进包括：所述高氯酸铵以超过 100μm 的平均粒径存在，以及所述含有高氯酸铵的气体发生剂组合物还含有氯净化剂，该净化剂的量可在气体发生剂燃烧时有效地使气体排出物基本上不含有氯化氢，其中至少 98 重量% 的氯净化剂是含铜化合物，该化合物选自碱式硝酸铜、氧化铜、二胺二硝酸铜-硝酸铵混合物、二胺双四唑铜、由 5-氨基四唑与碱式硝酸铜反应所得的铜-硝酸盐配合物以及它们的组合，其中所述二胺二硝酸铜-硝酸铵混合物中，硝酸铵的量占 3 重量% ~90 重量%。

对比文件 1（US6241281B1，授权公告日为 2001 年 6 月 5 日）公开了一种气体发生剂组合物，其中含有非叠氮化合物例如硝酸胍（参见第 11 栏第 2 段），高氯酸铵（参见第 8 栏第 3 段）和落入权利要求 1 所述范围内的含铜化合物（参见第 6 栏第 4 行）。

权利要求 1 与对比文件 1 的区别在于进一步限定了组合物中高氯酸铵的粒径超过 100μm，而该技术特征在对比文件 1 中并没有涉及。

合议组研究申请文件和对比文件后发现：申请人在说明书第 17 页第 1 段中指出为了使高氯酸铵保持在所需的粒径范围，应当使用低能输入混合器进行掺混；而对比文件 1 中仅记载“混合可以通过本领域中已知的常规方法和设备来完成”（参见说明书第 12 栏第 5 段）。也就是说，本申请在制备要求保护的组合物时，使用了混合力量小于常规混合器的特殊混合器，即低能混合器。根据通常的理解，使用低能混合器所得到的产品平均粒径应当大于使用常规混合器的粒径。因此，从对比文件 1 中无法得出其隐含公开了“高氯酸铵以超过 100μm 的平均粒径存在”这一特征。相反，可以印证权利要求 1 的高氯酸铵粒径与对比文件 1 的不同，构成了区别技术特征。所以，权利要求 1 相对于对比文件 1 具备新颖性，符合专利法第 22 条第 2 款的规定。

由于权利要求 1 相对于对比文件 1 具备新颖性，因此引用权利要求 1 的从属权利要求 2~3、5~8 也具备专利法第 22 条第 2 款规定的新颖性。

基于以上事实和理由，合议组作出如下审查决定。

三、决定

撤销国家知识产权局于 2008 年 3 月 7 日针对 200480021318. 2 号发明专利申请作出的驳回决定，由国家知识产权局原审查部门以驳回决定所针对的文本为基础继续审批程序。

复审请求人对本决定不服的，可以根据专利法第 41 条第 2 款的规定，自收到本决定之日起三个月内向北京市第一中级人民法院起诉。

056

光学材料用高透明性塑料

复审请求审查决定（第17450号）

决　定　号　第17450号
决　定　日　2009年6月11日
发明创造名称　光学材料用高透明性塑料
国际分类号　C07C 327/22，C07C 333/04，C08F 236/20，C08L 47/00，G02B 1/04
复审请求人　罗姆两合公司
申　请　号　03824115.3
优先权日　2002年11月6日
申　请　日　2003年9月13日
公　开　日　2005年11月30日
合议组组长　张家祥
主　审　员　危　峰
参　审　员　王　磊

法律依据　专利法第26条第4款，专利法实施细则第20条第1款
决定要点

权利要求书中的每一项权利要求所要求保护的技术方案应当是所属技术领域的技术人员能够从说明书充分公开的内容中得到或概括得出的技术方案，并且不得超出说明书公开的范围。

一、案由

本复审请求案涉及发明名称为“光学材料用高透明性塑料”的03824115.3号发明专利申请（下称本申请），申请人为罗姆两合公司，申请日为2003年9月13日，优先权日为2002年11月6日，公开日为2005年11月30日。

2007年9月21日，针对申请人于2007年4月24日提交的权利要求第1~28项，2005年4月12日进入中国国家阶段时提交的国际申请文件的中文文本的说明书第1~43页以及说明书摘要（下称驳回文本），国家知识产权局以权利要求16不符合专利法第26条第4款和专利法实施细则第20条第1款的规定为由驳回了本申请。

《驳回决定》认为：（1）权利要求16中的“R^{20}为直链或支化、脂族或环脂族基团”，“R^{22}为直链或支化的脂族或环脂族基团”，“R^{21}……为直链或支化的脂族或环脂族基团”，“R23为直链或支化的脂族或环脂族基团”未限定具体的碳原子数，并且在说明书中对这些基团定义为“衍生自苯、萘……二键接芳族或杂芳族基团”，其界定范围不清楚，即使结合说明书的描述，本领域技术人员也

不能清楚地知晓权利要求16具体涵盖的范围，因此权利要求16不清楚，不符合专利法实施细则第20条第1款的规定。（2）权利要求16中对通式（XVa）中z的限定概括了一个较宽的范围（z为1～1000的整数），而在本申请说明书中没有相应的实施例说明，本领域技术人员根据本申请公开的内容不能预见该权利要求所概括的技术方案均能实现，因此权利要求16得不到说明书的支持，不符合专利法第26条第4款的规定。

驳回决定针对的权利要求书如下：

“15. 根据权利要求1的混合物，其特征在于所述混合物含有至少一种不同于硫代氨基甲酸酯化合物（T）的烯属不饱和单体（B）作为单体（A）。

16. 根据权利要求15的混合物，其特征在于所述至少一种烯属不饱和单体（B）为式（XIV）的（甲基）丙烯酸酯

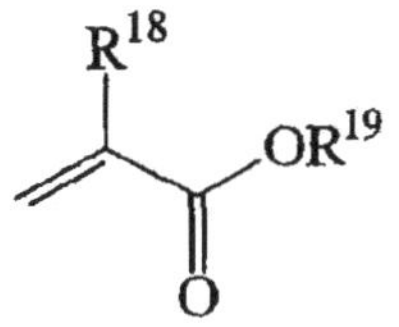

(XIV),

其中R^{18}为氢或甲基且R^{19}为具有1～40个碳原子的直链或支化的烷基、环烷基，

式（XV）的二（甲基）丙烯酸酯

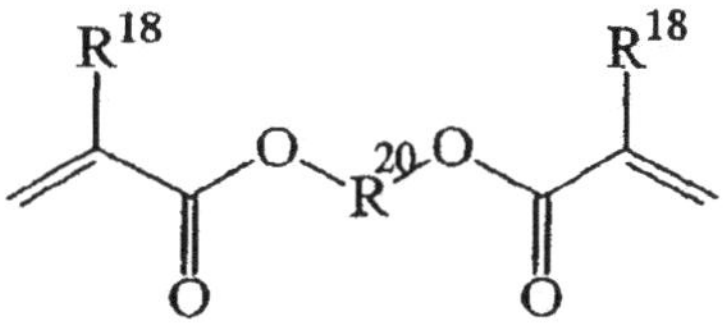

(XV),

其中R^{18}在每种情况下彼此独立地为氢或甲基且R^{20}为直链或支化、脂族或环脂族基团或通式（XVa）的基团

$$\left[\left(R^{21}-X^{1}\right)_{z}R^{22}\right] \quad \text{(XVa)}$$

其中基团R^{22}为直链或支化的脂族或环脂族基团，z为1～1000的整数，

R^{21}在每种情况下彼此独立地为直链或支化的脂族或环脂族基团，基团XI在每种情况下彼此独立地为氧或硫、通式（XVb）、（XVc）的酯基

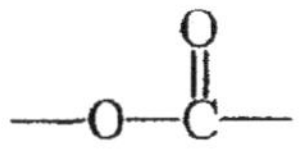

(XVb)

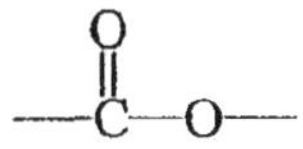

(XVc)

通式（XVd）、（XVe）、（XVf）或（XVg）的氨基甲酸酯基

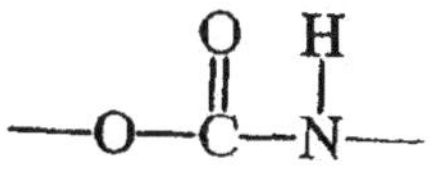

(XVd)

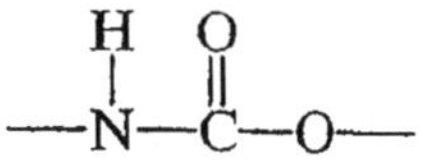 (XVe)

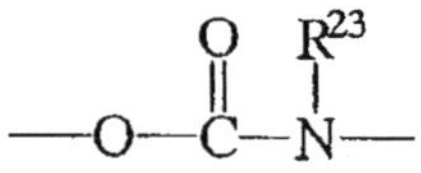 (XVf)

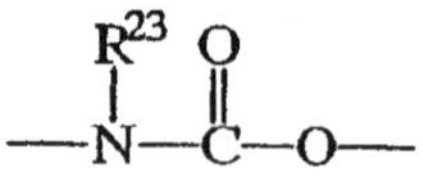 (XVg)

通式（XVh）、（XVｉ）、（XVj）或（XVk）的硫代氨基甲酸酯基

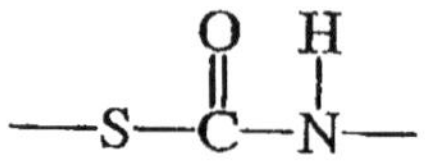 (XVh)

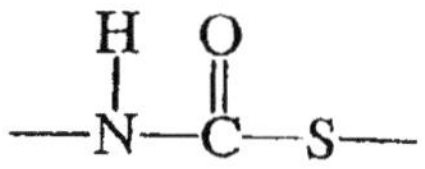 (XVi)

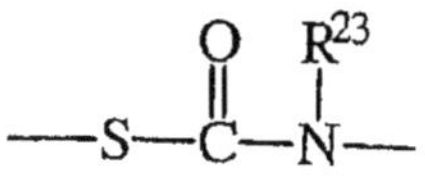 (XVj)

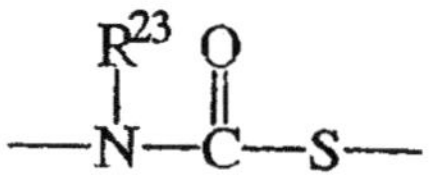 (XVk)

通式（XVl）、（XVm）、（XVn）或（XVo）的二硫代氨基甲酸酯基

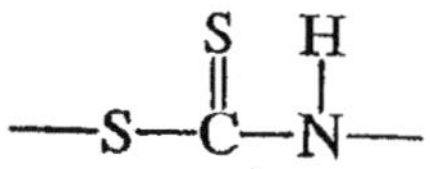 (XVl)

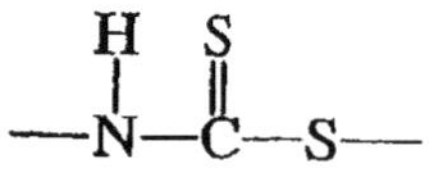 (XVm)

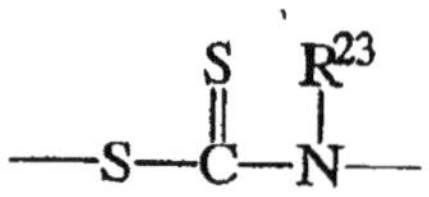 (XVn)

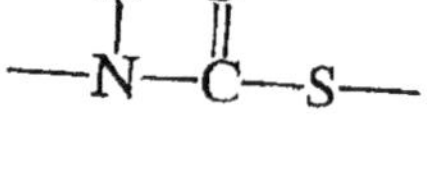 (XVo)

或通式（XVp）、（XVq）、（XVr）或（XVs）的硫代氨基甲酸酯基

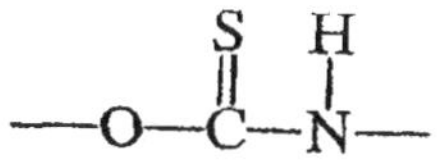

(XVp)

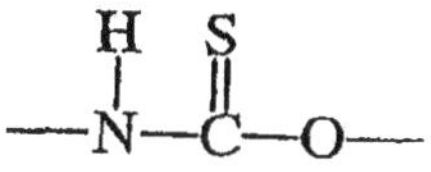

(XVq)

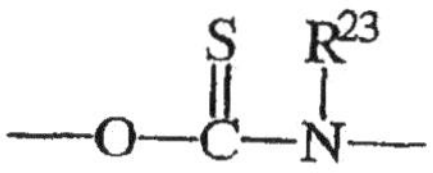

(XVr)

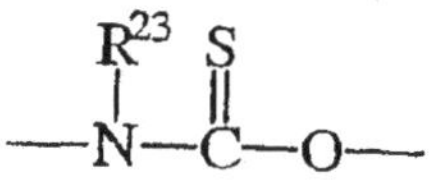

(XVs)

其中 R^{23} 为直链或支化的脂族或环脂族基团，和/或苯乙烯。

17. 根据权利要求 16 的混合物，其特征在于单体（B）为式（XV）的二（甲基）丙烯酸酯。”

2008 年 1 月 7 日，申请人罗姆两合公司（下称请求人）对上述驳回决定不服，向专利复审委员会提出复审请求，请求人在提出复审请求时没有对申请文件进行修改。

请求人认为：（1）虽然本申请说明书第 33～35 页定义了基团 R^{20}、R^{22}、R^{21} 和 R^{23} 可能为芳族或杂芳族基团，但本申请权利要求 16 中明确限定了 R^{22}、R^{21} 和 R^{23} 为“直链或支化的脂族或环脂族基团”，R^{20} 为“直链或支化、脂族或环脂族基团或通式（XVa）的基团”，即权利要求 16 从说明书的定义中进行了选择；而且说明书第 33～35 页列举了如“亚甲基、亚乙基……亚叔丁基或亚环己基基团”或“甲基、乙基……叔丁基或环己基基团”的脂族或环脂族基团，这些基团的具体含义是本领域技术人员公知的，结合所需混合物的性能，也能清楚地知晓这些基团适用的碳原子数。因此，权利要求 16 中这些基团可选的具体碳原子数也是清楚的，从而权利要求 16 符合专利法实施细则第 20 条第 1 款的规定。（2）整数 z 是权利要求 16 中基团 R^{20} 的可选技术方案中的定义，其并不是本申请的发明点所在，且 z 的进一步具体选择也是本领域技术人员可以通过常规分析或实验加以确定的；同时，本申请说明书第 33～37 页对通式（XVa）的基团进行了具体说明，特别是说明书第 36 页作为优选的式（XV）的二甲基丙烯酸酯提及了优选具有分子量为 200～1000g/mol 的聚丙二醇二（甲基）丙烯酸酯和聚乙二醇二（甲基）丙烯酸酯，从中可以推知 z 的示例数值范围，结合本领域公知常识，本领域技术人员能容易地确定和合理推知权利要求 16 中限定的数值范围内的整数 z 所对应的通式（XVa）的基团以及进一步所对应的式（XV）的化合物都能够解决本申请的技术问题，因此权利要求 16 可以得到说明书的支持，符合专利法第 26 条第 4 款的规定。

经形式审查合格后，专利复审委员会受理了该请求，并于 2008 年 2 月 13 日向请求人发出了《复审请求受理通知书》，同时将本申请转送至国家知识产权局原审查部门进行前置审查。

在《前置审查意见书》中，国家知识产权局原审查部门坚持驳回决定。

专利复审委员会组成合议组，对本复审请求案进行了审理。

合议组于 2009 年 3 月 31 日向请求人发出《复审通知书》，指出：本申请说明书仅描述了在使用含有氨基甲酸酯化合物（T）作为单体（A）的混合物时，获得了具有高折光指数和高阿贝值的高透明性塑料，且改善了塑料材料的冲击韧性等机械性能，而未不利地影响其光学性能。然而，说明书并

未给出任何证据表明，在使用进一步含有不同于硫代氨基甲酸酯化合物（T）的烯属不饱和单体（B）作为单体（A）时，同样能获得具有高折光指数和高阿贝值的高透明性塑料，同时能改善塑料材料的机械性能。根据说明书中对现有技术的描述来看，本领域技术人员也难以根据现有技术的状况来预见到权利要求 15 的混合物具有所述效果。因此，本领域技术人员不能确定在使用含有硫代氨基甲酸酯化合物（T）以及不同于硫代氨基甲酸酯化合物（T）的烯属不饱和单体（B）如式（XIV）（甲基）丙烯酸酯、式（XV）二（甲基）丙烯酸酯或苯乙烯等的混合物时，同样能制得具有改善的光学性能和机械性能的高透明性塑料。由此可见，权利要求 15 所概括的技术方案包含了请求人推测的内容，且其效果难于预先确定和评价。因此，权利要求 15 得不到说明书的支持，不符合专利法第 26 条第 4 款的规定。从属权利要求 16~17 进一步限定了权利要求 15 中的烯属不饱和单体（B），基于与评价权利要求 15 相同的理由，权利要求 16~17 也得不到说明书的支持，不符合专利法第 26 条第 4 款的规定。

针对上述《复审通知书》，请求人于 2009 年 5 月 13 日提交了意见陈述书和权利要求书的全文替换页，在驳回文本的基础上删除了权利要求 15~17。

至此，合议组认为本案事实已经清楚，可以作出审查决定。

二、决定的理由

1. 关于文本

在复审程序中，请求人于 2009 年 5 月 13 日提交了权利要求书的全文替换页，其中删除了权利要求 15~17，并相应地修改了权利要求的引用关系。经审查，上述修改符合专利法第 33 条及专利法实施细则第 60 条第 1 款的规定。

故本复审请求审查决定针对的文本是：请求人于 2009 年 5 月 13 日提交的权利要求第 1~25 项，2005 年 4 月 12 日进入中国国家阶段时提交的国际申请文件的中文文本的说明书第 1~43 页以及说明书摘要。

2. 关于专利法第 26 条第 4 款

专利法第 26 条第 4 款规定：权利要求书应当以说明书为依据，说明要求专利保护的范围。

权利要求书中的每一项权利要求所要求保护的技术方案应当是所属技术领域的技术人员能够从说明书充分公开的内容中得到或概括得出的技术方案，并且不得超出说明书公开的范围。

就本案而言，《驳回决定》指出：权利要求 16 中对通式（XVa）中 z 的限定概括了一个较宽的范围（z 为 1~1000 的整数），而在本申请说明书中没有相应的实施例说明，本领域技术人员根据本申请公开的内容不能预见该权利要求所概括的技术方案均能实现，因此，权利要求 16 不符合专利法第 26 条第 4 款的规定。

《复审通知书》指出：根据本申请说明书记载的内容和现有技术的描述，本领域技术人员不能确定在使用含有硫代氨基甲酸酯化合物（T）以及不同于硫代氨基甲酸酯化合物（T）的烯属不饱和单体（B）如式（XIV）（甲基）丙烯酸酯、式（XV）二（甲基）丙烯酸酯或苯乙烯等的混合物时，同样能制得具有改善的光学性能和机械性能的高透明性塑料。由此可见，权利要求 15 所概括的技术方案包含了请求人推测的内容，且其效果难于预先确定和评价。因此，权利要求 15 得不到说明书的支持，不符合专利法第 26 条第 4 款的规定。同理，权利要求 16~17 也得不到说明书的支持，不符合专利法第 26 条第 4 款的规定。

在请求人于 2009 年 5 月 13 日提交的权利要求书中，请求人已删除了上述的权利要求 15~17，由此可见，《驳回决定》和《复审通知书》中指出的上述缺陷已不存在。

3. 关于专利法实施细则第 20 条第 1 款

专利法实施细则第 20 条第 1 款规定：权利要求书应当说明发明或者实用新型的技术特征，清楚、简要地表述请求保护的范围。

《驳回决定》指出：权利要求 16 中的 R^{20} ~ R^{23} 未限定具体的碳原子数，并且在说明书中对这些基团的定义“衍生自苯、萘……二键接芳族或杂芳族基团”的界定范围不清楚，由此本领域技术人员不能清楚地知晓权利要求 16 具体涵盖的范围，因此权利要求 16 不符合专利法实施细则第 20 条第 1 款的规定。

如前文所述，请求人于 2009 年 5 月 13 日提交的权利要求书中已删除了权利要求 15~17，故《驳回决定》指出的权利要求 16 不符合专利法实施细则第 20 条第 1 款规定的缺陷也已被克服。

根据上述事实和理由，合议组作出如下审查决定。

三、决定

撤销国家知识产权局于 2007 年 9 月 21 日针对 03824115.3 号发明专利申请作出的驳回决定，由国家知识产权局原审查部门以本复审决定所针对的文本为基础继续审批程序。

复审请求人对本决定不服的，可以根据专利法第 41 条第 2 款的规定，自收到本决定之日起三个月内向北京市第一中级人民法院起诉。

057

农药组合物

复审请求审查决定（第17454号）

决　定　号　第17454号
决　定　日　2009年6月8日
发明创造名称　农药组合物
国际分类号　A01N43/88，A01P7/04，A01P7/02，A01N57/00，A01N53/00
复审请求人　欣根塔股份合作公司
申　请　号　200610095841.0
申　请　日　1997年4月17日
优先权日　1996年4月29日
公　开　日　2006年12月20日
合议组组长　孙跃飞
主　审　员　王　磊
参　审　员　郭　俭

法律依据　专利法第33条
决定要点

在复审程序中，经过修改的专利申请文件消除了原驳回决定以及复审程序中指出的缺陷，应当撤销原驳回决定，由原实质审查部门继续进行审查程序。

一、案由

本复审请求案涉及发明名称为“农药组合物”的200610095841.0号发明专利申请（下称本申请），申请人为欣根塔股份合作公司，申请日为1997年4月17日，优先权日为1996年4月29日，公开日为2006年12月20日。

2008年5月9日，针对申请人于2008年3月3日提交的权利要求第1~16项和说明书第8、9页，2006年6月30日提交的说明书1~7、10~23页和说明书摘要，国家知识产权局以本申请的修改不符合专利法第33条的规定为由驳回了本申请。

驳回决定认为：（1）说明书第9页第6~10段的内容没有明确记载在原申请文件中，也不能由原申请文件记载的内容直接地、毫无疑义地确定，因此修改不符合专利法第33条的规定。具体为：第6段的“保护植物繁殖体的方法，它包含处理植物繁殖物或繁殖物生长的位点”、“保护植物繁殖体的方法”；第8段的“用防治害虫并保护植物繁殖物的方法处理的植物繁殖物”、“用防治害虫并保护植物繁殖物的方法”、“游离形式和农业上可利用的盐形式的式（A）化合物在制备……”。（2）权利要求9中的“3-甲基”、权利要求12中的“保护植物繁殖体材料的方法，包含用权利要求1~10中任一项的组合物处理植物繁殖体材料或繁殖材料生长的位点”没有明确记载在原申请文件中，也不能由原申请文件记载的内容直接地、毫无疑义地确定，因此修改不符合专利法第33条的规定。

驳回决定针对的权利要求9和12如下：

“9. 根据权利要求1的组合物，它包含

（A.1）5-（2-氯吡啶-5基甲基）-3-甲基-4-硝基亚氨基-全氢-1，3，5-噁二嗪；

（A.2）5-（2-氯噻唑-5基甲基）-3-甲基-4-硝基亚氨基-全氢-1，3，5-噁二嗪；

（A.3）3-甲基-4-硝基亚氨基-5-（1-氧桥-3-吡啶并甲基）-全氢-1，3，5-噁二嗪；

（A.4）5-（2-氯-1-氧桥-5-吡啶并甲基）-3-甲基-4-硝基亚氨基-全氢-1，3，5-噁二嗪；

（A.5）5-（2-氯噻唑-5-基甲基）-3-甲基-4-硝基亚氨基-全氢-1，3，5-噁二嗪；

（A.6）3-甲基-5-（2-甲基吡啶-5-基甲基）-4-硝基亚氨基-全氢-1，3，5-噁二嗪；

（A.7）3-（2-氯吡啶-5-基甲基）-4-硝基亚氨基-全氢-1，3，5-噁二嗪；或是

（A.8）3-（2-氯噻唑-5-基甲基）-4-硝基亚氨基-全氢-1，3，5-噁二嗪。

12. 保护植物繁殖体材料的方法，包含用权利要求1~10中任一项的组合物处理植物繁殖体材料或繁殖材料生长的位点。”

2008年8月19日，申请人欣根塔股份合作公司（下称请求人）对上述驳回决定不服，向专利复审委员会提出复审请求，请求人在提出复审请求时提交了权利要求书和说明书第8~23页的修改替换页，其中主要的修改为将驳回文本中的权利要求9中（A.2）的“3-甲基”改为“3-乙基”，删除了权利要求12、16，删除了说明书第9页第5~9段。

请求人认为：经过上述修改，驳回决定中所指出的问题已不存在。

经形式审查合格后，专利复审委员会受理了该请求，并于2008年10月6日向请求人发出了《复审请求受理通知书》，同时将本申请转送至国家知识产权局原审查部门进行前置审查。

在《前置审查意见书》中，国家知识产权局原审查部门认为：说明书第9页第6段的内容，没有明确记载在原申请文件中，也不能由原申请文件记载的内容直接地、毫无疑义地确定，因此不符合专利法第33条的规定；说明书第8页（A.2）的“3-甲基”修改超范围；权利要求13属于“植物品种”范畴，不符合专利法第25条第1款第4项的规定。因此坚持原驳回决定。

专利复审委员会组成合议组，对本复审请求案进行了审理，并于2009年2月2日向请求人发出《复审通知书》，指出：（1）本申请说明书第8页第6行中的“3-甲基”和说明书第9页第6、7行的内容“本发明还涉及游离形式或农业上可利用的盐形式的式（A）化合物在制备本发明所述组合物中的应用”修改不符合专利法第33条的规定。（2）权利要求13要求保护一种“用权利要求11定义的方法处理的植物繁殖体材料”，其属于专利法第25条第1款第（4）项所述的植物品种的范围。

2009年5月18日，复审请求人针对上述《复审通知书》提交了意见陈述书，并对权利要求书和说明书第8、9页进行了修改，其中主要修改之处为：将说明书中A.2中的“……3-甲基”修改为“……3-乙基”；删除权利要求13；依据原权利要求23修改了说明书中的相应表述。

经审查，合议组认为本案事实已经清楚，可以作出复审决定。

二、决定的理由

1. 决定依据的文本

本复审决定依据的文本是请求人于2009年5月18日提交的权利要求第1~13项和说明书第8、9页，2008年8月19日提交的说明书第10~23页，2006年6月30日提交的说明书1~7页和说明书摘要。

2. 关于专利法第 33 条

专利法第 33 条规定：申请人可以对其专利申请文件进行修改，但是，对发明专利申请文件的修改不得超出原说明书和权利要求书记载的范围。

在复审程序中，经过修改的专利申请文件消除了原驳回决定以及复审程序中指出的缺陷，应当撤销原驳回决定，由原实质审查部门继续进行审查程序。

本案中，驳回决定指出复审请求人于 2008 年 3 月 3 日提交的权利要求第 9、12 项和说明书第 9 页的修改超出了原权利要求书和说明书记载的范围，不符合专利法第 33 条的规定。针对驳回决定所指出的缺陷，复审请求人于 2008 年 8 月 19 日提交了权利要求第 1~14 项和说明书第 8~23 页的修改替换页，其中将驳回文本中的权利要求 9 中（A.2）的“3-甲基”改为“3-乙基”，删除了权利要求 12、16，删除了说明书第 9 页第 5~9 段。

本案合议组针对复审请求人于 2008 年 8 月 19 日提出复审请求时提交的修改文本，在《复审通知书》中指出本申请说明书第 8 页第 6 行的“（A.2）5-（2-氯噻唑-5 基甲基）-3-甲基-4-硝基亚氨基-全氢-1，3，5-噁二嗪”中的“3-甲基”和说明书第 9 页第 6、7 行的内容“本发明还涉及游离形式或农业上可利用的盐形式的式（A）化合物在制备本发明所述组合物中的应用”在原始申请文件中没有记载，也不能从原始申请文件记载的内容中直接地、毫无疑义地确定，因此上述修改不符合专利法第 33 条的规定。

针对上述审查意见，复审请求人于 2008 年 5 月 18 日向专利复审委员会提交了权利要求第 1~13 项和说明书第 8、9 页的修改替换页，在此次修改文本中将说明书第 8 页第 6 行的“（A.2）5-（2-氯噻唑-5 基甲基）-3-甲基-4-硝基亚氨基-全氢-1，3，5-噁二嗪”修改为“（A.2）5-（2-氯噻唑-5 基甲基）-3-乙基-4-硝基亚氨基-全氢-1，3，5-噁二嗪”。并且依据本申请原始申请文本权利要求书中的权利要求 23 修改了说明书第 9 页第 6、7 行的内容，即将说明书第 9 页相应部分修改为“本发明还涉及游离的农业上可利用的盐形式的式（A）化合物在制备本发明所述组合物中的应用”。

合议组经审查，复审请求人于 2009 年 5 月 18 日向专利复审委员会提交的权利要求书和说明书第 8、9 页的修改替换页均在原始申请文本中有明确的记载，因此克服了驳回决定、《复审通知书》中指出的缺陷。具体理由如下：（1）修改后的权利要求 9 的成分（A.2）与请求人于 1997 年 4 月 17 日提交的原始申请文本的权利要求 9 的成分（A.2）表述完全一致，并且驳回文本的权利要求 12 已作删除式修改。驳回决定所指出的权利要求 9、12 修改超范围的缺陷已不存在。（2）对于驳回决定指出的说明书第 9 页第 6~10 段修改超范围，请求人在文本 1 中删除了说明书第 9 页第 5~9 段的内容，并将第 10 段修改为“本发明还涉及游离的农业上可利用的盐形式的式（A）化合物在制备本发明所述组合物中的应用”，该内容能根据原始申请文本的权利要求 18 直接地确定。由此，驳回决定所指出的说明书第 9 页第 6~10 段修改超范围和《复审通知书》中所指出的说明书第 9 页第 6、7 行的内容修改超范围的缺陷已不存在。（3）请求人在文本 1 中将说明书第 8 页第 6 页的“3-甲基”作了和权利要求 9 同样的修改，其与原始申请文本记载的内容一致，故《复审通知书》中所指出的说明书第 8 页修改超范围的缺陷已不存在。

综上所述，复审请求人于 2009 年 5 月 18 日提交的修改文本已经克服了驳回决定、《复审通知书》中所指出的缺陷，其修改符合专利法第 33 条的规定。

3. 关于专利法第 25 条

专利法第 25 条规定：对下列各项，不授予专利权：（1）科学发现；（2）智力活动的规则和方法；（3）疾病的诊断和治疗方法；（4）动物和植物品种；（5）用原子核变换方法获得的物质。对前款第（4）项所列的产品的生产方法，可以依照本法规定授予专利权。

本案合议组在《复审通知书》中指出：本案权利要求 13 要求保护一种“用权利要求 11 定义的方法处理的植物繁殖体材料”。从该权利要求的主题名称来看，明显属于植物品种，其属于专利法第 25 条第 1 款第（4）项所述的植物品种的范围，因此不能被授予专利权。

请求人在 2009 年 5 月 18 日提交的权利要求书修改替换页中删除了权利要求 13。由此，《复审通知书》中指出的权利要求 13 不符合专利法第 25 条第 1 款的规定的缺陷已经不存在。

根据上述事实和理由，本案合议组依法作出以下审查决定。

三、决定

撤销国家知识产权局于 2008 年 5 月 9 日针对 200610095841.0 号发明专利申请作出的驳回决定。由国家知识产权局原审查部门以本复审决定所针对的文本为基础继续审批程序。

复审请求人对本决定不服的，可以根据专利法第 41 条第 2 款的规定，自收到本决定之日起三个月内向北京市第一中级人民法院起诉。

058

苯乙烯共聚物组合物

复审请求审查决定（第 17455 号）

决　定　号　第 17455 号
决　定　日　2009 年 6 月 10 日
发明创造名称　苯乙烯共聚物组合物
国 际 分 类 号　C08L53/02，C08L25/14
复 审 请 求 人　旭化成株式会社
申　请　号　00813477.4
申　请　日　2000 年 6 月 30 日
公　开　日　2002 年 10 月 23 日
合 议 组 组 长　侯　曜
主　审　员　王　磊
参　审　员　潘　剑

法 律 依 据　专利法第 33 条
决 定 要 点

如果申请的内容通过增加、改变和/或删除其中的一部分，致使所属技术领域的技术人员看到的信息与原申请记载的信息不同，而且又不能从原申请记载的信息中直接地、毫无疑义地确定，那么，这种修改是不允许的。

一、案由

本复审请求案涉及发明名称为“苯乙烯共聚物组合物”的 00813477.4 号发明专利申请（下称本申请），申请人为旭化成株式会社，申请日为 2000 年 6 月 30 日，公开日为 2002 年 10 月 23 日。

2007 年 7 月 6 日，针对申请人于 2003 年 8 月 26 日提交的权利要求第 1~16 项和说明书第 6~9、16~17 页，进入中国国家阶段时提交的国际申请文件的中文文本的说明书第 1~5、10~15、18~41 页、说明书附图第 1 页以及说明书摘要（下称为“驳回文本”），国家知识产权局以本申请的修改不符合专利法第 33 条的规定为由驳回了本申请。

驳回决定认为：申请人将权利要求 1、8、9、16 和说明书第 6~9、16~17 页中“所述最大峰值分子量聚合物嵌段”的含量基础由“在所述至少两种聚合物嵌段（A）中的含量”修改为“在所述嵌段共聚物（Ⅱ）中的含量”，修改后的内容不能由原说明书和权利要求书所记载的内容直接地、毫无疑义地确定；申请人所述的“在所述至少两种聚合物嵌段（A）中所述的最大峰值分子量聚合物嵌段”在原申请文件中没有指明重量基础，其在根据实施例数据推导的证明过程中所依据的前提“只存在两种可能的重量基础，（ⅰ）该重量基础为所述至少两种聚合物嵌段（A），（ⅱ）该重量基础为所述嵌段共聚物（Ⅱ）”在原始申请文件中没有记载，也不能由原始申请文件直接地、毫无疑义地确定。因此，修改超出了原说明书和权利要求书记载的范围，不符合专利法第33条的规定。

驳回决定针对的权利要求书第1、8、9、16如下：

“1. 一种苯乙烯共聚物组合物，包含：

（Ⅰ）苯乙烯/丙烯酸正丁基酯共聚物，包含80%～89%重量的苯乙烯单体单元和20%～11%重量的丙烯酸正丁基酯单体单元；和

（Ⅱ）具有包含（A）至少两种分别主要由乙烯基芳烃单体单元组成的聚合物嵌段和（B）至少一种乙烯基芳烃/共轭二烯共聚物嵌段的嵌段构型的不对称嵌段共聚物，所述嵌段共聚物（Ⅱ）包含65%～90%重量的乙烯基芳烃单体单元和35%～10%重量共轭二烯单体单元，其中嵌段共聚物（Ⅱ）的乙烯基芳烃单体单元部分具有1%～25%重量的短链段比率，其中短链段比率定义为包含在至少一种由1～3个乙烯基芳烃单体单元组成的短链段中的乙烯基芳烃单体单元的重量百分数，基于包含在所述嵌段共聚物（Ⅱ）中的乙烯基芳烃单体单元的总重，其中所述至少两种聚合物嵌段（A）包含一种在所述至少两种聚合物嵌段（A）的凝胶渗透色谱中表现出最大峰值分子量并在30000～150000的范围内具有至少一个峰值分子量的最大峰值分子量聚合物嵌段，且所述最大峰值分子量聚合物嵌段在所述嵌段共聚物（Ⅱ）中的含量为20%～50%重量，其中所述至少两种聚合物嵌段（A）具有最大重量聚合物嵌段和最小重量聚合物嵌段，其中所述最大重量聚合物嵌段与所述最小重量聚合物嵌段的重量比为1.2～4.5，且其中所述苯乙烯/丙烯酸正丁基酯共聚物（Ⅰ）与所述嵌段共聚物（Ⅱ）的重量比为10/90～90/10。

8. 一种具有一种嵌段构型的不对称嵌段共聚物，所述嵌段构型包含（A）至少两种分别主要由乙烯基芳烃单体单元组成的聚合物嵌段和（B）至少一种乙烯基芳烃/异戊二烯/1，3-丁二烯共聚物嵌段，所述共聚物嵌段的异戊二烯单体单元/1，3-丁二烯单体单元的重量比在5/11至3/5的范围内，所述嵌段共聚物包含65%～90%重量的乙烯基芳烃单体单元和35%～10%重量的包含异戊二烯单体单元和1，3-丁二烯单体单元的共轭二烯单体单元，所述嵌段共聚物的异戊二烯单体单元与1，3-丁二烯单体单元的重量比在7/25～13/11的范围内，其中所述嵌段共聚物的乙烯基芳烃单体单元部分具有1%～25%重量的短链段比率，其中所述短链段比率定义为包含在至少一种由1～3个乙烯基芳烃单体单元组成的短链段中的乙烯基芳烃单体单元的重量百分数，基于包含在所述嵌段共聚物中的乙烯基芳烃单体单元的总重，其中所述至少两种聚合物嵌段（A）包含一种在所述至少两种聚合物嵌段（A）的凝胶渗透色谱中表现出一个最大峰值分子量并且在30000～150000范围内具有至少一个峰值分子量的最大峰值分子量的聚合物嵌段，且所述最大峰值分子量的聚合物嵌段在所述嵌段共聚物中的含量为20%～50%重量，且其中所述至少两种聚合物嵌段（A）具有最大重量聚合物嵌段和最小重量聚合物嵌段，其中所述最大重量聚合物嵌段与所述最小重量聚合物嵌段的重量比为1.2～4.5。

9. 一种苯乙烯共聚物组合物，包含：

（Ⅰ）苯乙烯/丙烯酸正丁基酯共聚物，包含80%～89%重量的苯乙烯单体单元和20%～11%重量的丙烯酸正丁基酯单体单元；和

（Ⅱ）具有包含（A）至少两种分别主要由乙烯基芳烃单体单元组成的对称聚合物嵌段和（B）至少一种乙烯基芳烃/共轭二烯共聚物嵌段的嵌段构型的嵌段共聚物，所述嵌段共聚物（Ⅱ）包含75%～85%重量的乙烯基芳烃单体单元和25%～15%重量的共轭二烯单体单元，其中所述嵌段共聚物（Ⅱ）的乙烯基芳烃单体单元部分具有10%～20%重量的短链段比率，其中短链段比率定义为包含在至少一种由1～3个乙烯基芳烃单体单元组成的短链段中的乙烯基芳烃单体单元的重量百分数，基于

包含在嵌段共聚物（Ⅱ）中的乙烯基芳烃单体单元的总重，其中所述至少两种聚合物嵌段（A）包含一种在所述至少两种聚合物嵌段（A）的凝胶渗透色谱中表现出在20000~70000范围内的至少一个峰值分子量的具有峰值分子量的聚合物嵌段，且所述具有峰值分子量的聚合物嵌段在所述嵌段共聚物（Ⅱ）中的含量为25%~35%重量，其中所述至少两种聚合物嵌段（A）具有最大重量聚合物嵌段和最小重量聚合物嵌段，其中所述最大重量聚合物嵌段与所述最小重量聚合物嵌段的重量比为1.0至低于1.2，且 其中所述苯乙烯/丙烯酸正丁基酯共聚物（Ⅰ）与所述嵌段共聚物（Ⅱ）的重量比为20/80~60/40。

16. 一种具有一种嵌段构型的对称嵌段共聚物，所述嵌段构型包含（A）至少两种分别主要由乙烯基芳烃单体单元组成的聚合物嵌段和（B）至少一种乙烯基芳烃/异戊二烯/1，3-丁二烯共聚物嵌段，所述嵌段共聚物包含75%~85%重量的乙烯基芳烃单体单元和25%~15%重量的包含异戊二烯单体单元和1，3-丁二烯单体单元的共轭二烯单体单元，所述嵌段共聚物的异戊二烯单体单元与1，3-丁二烯单体单元的重量比在7/18~6/11的范围内，其中所述嵌段共聚物的乙烯基芳烃单体单元部分具有10%~20%重量的短链段比率，其中所述短链段比率定义为包含在至少一种由1~3个乙烯基芳烃单体单元组成的短链段中的乙烯基芳烃单体单元的重量百分数，基于包含在所述嵌段共聚物中的乙烯基芳烃单体单元的总重，其中所述至少两种聚合物嵌段（A）包含一种在所述至少两种聚合物嵌段（A）的凝胶渗透色谱中在20000~70000范围内具有至少一个峰值分子量的具有峰值分子量的聚合物嵌段，且所述具有峰值分子量的聚合物嵌段在所述嵌段共聚物（Ⅱ）中的含量为25%~35%重量，且其中所述至少两种聚合物嵌段（A）具有最大重量聚合物嵌段和最小重量聚合物嵌段，其中所述最大重量聚合物嵌段与所述最小重量聚合物嵌段的重量比为1.0至小于1.2。”

2007年10月22日，申请人旭化成株式会社（下称请求人）对上述驳回决定不服，向专利复审委员会提出复审请求，并且未修改申请文件。

请求人认为：权利要求1、8、9、16以及说明书中的“在所述至少两种聚合物嵌段（A）中的含量”修改为“在所述嵌段共聚物（Ⅱ）中的含量”能够由说明书记载的内容直接并且唯一地得出。权利要求1、8、9、16中的嵌段共聚物（Ⅱ）均包含至少两种分别主要由乙烯基芳烃单体单元组成的聚合物嵌段（A），其中该聚合物嵌段（A）含有在30000~150000（或20000~70000）范围内具有峰值分子量的最大峰值分子量聚合物嵌段，且所述最大峰值分子量聚合物嵌段的含量为20%~50重量%（或25%~35重量%）。虽然根据原权利要求的上下文关系，对于所述最大峰值分子量聚合物嵌段含量的基准存在三种可能性：（1）该至少两种聚合物嵌段（A）；（2）嵌段共聚物（Ⅱ）；和（3）苯乙烯共聚物组合物，但是根据说明书实施例中使用的嵌段共聚物B-3等的最大峰值分子量苯乙烯聚合物嵌段的含量计算结果表明，只有采用嵌段共聚物（Ⅱ）作为重量基准时最大峰值分子量苯乙烯聚合物嵌段的含量才落入上述权利要求的范围内，因此能排除其他两种可能，上述修改能够从说明书记载的内容直接并唯一地得出。

经形式审查合格后，专利复审委员会受理了该请求，并于2007年11月20日向请求人发出了《复审请求受理通知书》，同时将本申请转送至国家知识产权局原审查部门进行前置审查。

在《前置审查意见书》中，国家知识产权局审查部门仍坚持驳回决定。

专利复审委员会组成合议组，对本复审请求案进行了审理，并于2009年1月24日向请求人发出《复审通知书》，指出：（1）请求人将原权利要求1、8、9和16中的“至少两种聚合物嵌段（A）”修改为“嵌段共聚物（Ⅱ）”，将说明书相应部分（第6页第22行、第7页第11行、第8页第9行、第9页第27行）中的“至少两种聚合物嵌段（A）”修改为“嵌段共聚物（Ⅱ）”，将说明书第16页和第17页中共7处“聚合物嵌段（A）”修改为“嵌段共聚物（Ⅱ）”，该修改超出了原说明书和权利要求书记载的范围。（2）权利要求7、8、15、16中的特征“异戊二烯单体单元与1，3-丁二烯单体单元的重量比”超出了原说明书和权利要求书记载的范围。

2009年5月8日，复审请求人针对上述《复审通知书》提交了意见陈述书，并提交了权利要求书的修改替换页，修改后的权利要求书包括权利要求1~12，其中删除了驳回文本的权利要求7、8、15和16，并对权利要求书重新进行编号。修改后的权利要求1、7分别与驳回文本的权利要求1、9完全相同。

请求人认为修改后的权利要求1、7符合专利法第33条的规定，理由是：（1）从权利要求1的上下文同时结合说明书的全文，所述最大峰值分子量聚合物嵌段含量的分母只可能是①该至少两种聚合物嵌段（A）、②不对称嵌段共聚物（Ⅱ）、和③苯乙烯共聚物组合物，且依据本申请的实施例证实了第一种可能的物质和第三种可能的物质均不能作为分母，因此第二种可能的物质（即不对称嵌段共聚物（Ⅱ））必然就是分母。申请人结合说明书表2和注释2计算了对于嵌段共聚物B-1~B-5五种共聚物中最大峰值分子量苯乙烯聚合物嵌段在不对称嵌段共聚物中的含量均在权利要求1的范围内。（2）根据权利要求7中的定义，当所述至少两种聚合物嵌段（A）中存在两种或者更多具有峰值分子量的聚合物嵌段时，只能用一种这样的具有峰值分子量的聚合物嵌段来计算含量，且基于此计算的嵌段共聚物B-6~B-9这四种共聚物中苯乙烯聚合物嵌段在对称嵌段共聚物中的含量均在权利要求7的范围内。

至此，合议组认为本案事实已经清楚，可以作出复审决定。

二、决定的理由

1. 关于审查文本

本复审决定所针对的审查文本为请求人于2009年5月8日提交的权利要求第1~12项，2003年8月26日提交的说明书第6~9、16~17页，进入中国国家阶段时提交的国际申请文件的中文文本的说明书第1~5、10~15、18~41页、说明书附图第1页以及说明书摘要（下称为“决定文本”）。

2. 关于专利法第33条

专利法第33条规定：申请人可以对其专利申请文件进行修改，但是，对发明专利申请文件的修改不得超出原说明书和权利要求书记载的范围。

如果申请的内容通过增加、改变和/或删除其中的一部分，致使所属技术领域的技术人员看到的信息与原申请记载的信息不同，而且又不能从原申请记载的信息中直接地、毫无疑义地确定，那么，这种修改是不允许的。

就本案而言，请求人在答复《第一次审查意见通知书》时将原权利要求1、8、9和16中的“至少两种聚合物嵌段（A）”修改为“嵌段共聚物（Ⅱ）”，将说明书相应部分（第6页第22行、第7页第11行、第8页第9行、第9页第27行）中的“至少两种聚合物嵌段（A）”修改为“嵌段共聚物（Ⅱ）”，将说明书第16页和第17页中共7处“聚合物嵌段（A）”修改为“嵌段共聚物（Ⅱ）”。修改后的权利要求和说明书（即驳回文本）中有关“最大峰值分子量聚合物嵌段”的含量范围由以“聚合物嵌段（A）”为基准改为以“嵌段共聚物（Ⅱ）”为基准。本复审决定针对文本的权利要求1、7与驳回决定针对文本的权利要求1、9的内容完全相同，即其中仍然存在多处将原始文本的“至少两种聚合物嵌段（A）”修改为“嵌段共聚物（Ⅱ）”的情况。

合议组认为：第一，请求人的上述修改与进入中国国家阶段时提交的国际申请文件的中文译文（下称为“原申请文件”）记载的信息不一致；第二，本申请为PCT国际申请，根据专利合作条约的规定，国际申请在每个指定国内自国际申请日起具有正规的国家申请的效力。在国家知识产权局收到的由国际局传送的本申请国际申请文件的日文原件中，上述修改相应部分的原文应译为：“该至少两种聚合物嵌段（A）包含在其凝胶渗透色谱中具有最大峰值分子量的最大峰值分子量聚合物嵌段，该最大峰值分子量聚合物在其色谱中分子量为30000~150000范围内有至少一个峰值分子量，该至少两种聚合物嵌段（A）中该最大峰值分子量聚合物嵌段的含量为20重量%~50重量%”（见PCT/JP0004372公开文本第63、64页）。可见，在国际申请文件中，所述“最大峰值分子量聚合物嵌段”的含量基准与本申请原申请文件记载的内容一致，请求人将“最大峰值分子量聚合物嵌段”的含量修改为以“嵌段共聚物（Ⅱ）”为基准在本申请的国际申请文件并没有依据。基于上述理由，请求人在答复国家知识产权局原审查部门发出的《第一次审查意见通知书》时提交的申请人的证词，以及认为上述修改是基于PCT原始公开说明书第63页第10行至第64页第8行的内容为依据的主张，合议组不予认可。因此，请求人的上述修改的内容既没有记载于原申请文件中，也无法从原申请文件记载的内容直接地、毫无疑义地确定，因此，不符合专利法第33条的规定。

对于请求人在提出复审请求时和答复《复审通知书》时的主张，合议组查明：原申请文件的说明书第17页倒数第2段中记载了“所述具有峰值分子量的聚合物嵌段在聚合物嵌段（A）中的含量可由乙烯基芳烃聚合物组分所得的上述GPC色谱中的峰的面积比，或由用于聚合反应以形成聚合物嵌段（A）的乙烯基芳烃均聚物嵌段的乙烯基芳烃单体的量的重量比而得到”。说明书第34页的注2中记载了对于表2，“嵌段共聚物B-6、B-7、B-8、B-9和B-11所述值表示苯乙烯聚合物嵌段在其凝胶渗透色谱中的峰值分子量（上述嵌段共聚物分别具有单峰分子量）。另一方面，分别对于嵌段共聚物B-1、B-2、B-3、B-4、B-5、B-10、B-12、B-13和B-14，所述值表示具有最大峰值分子量的聚合物的峰值分子量，即，具有最大重量百分数S嵌段的S嵌段的峰值分子量”。

合议组认为：（1）修改的依据首先要看原始申请文本中有无记载，在原始申请文本中没有明确记载的情况下，才能考虑所述修改能否由原始申请文本中直接地、毫无疑义地确定，尽管请求人通过计算表明嵌段共聚物B-1~B-5五种共聚物中最大峰值分子量苯乙烯聚合物嵌段在不对称嵌段共聚物中的含量均在权利要求1的范围内，但是合议组同时也在《复审通知书》中指出了嵌段共聚物B-1中S2嵌段占苯乙烯共聚物组合物的含量也落在权利要求1的保护范围内（为22.3%｛=0.45×（50/（50+50+0.5+0.3+0.3））｝），即依据上述实施例记载的数值既能推导出以嵌段共聚物为基准的最大峰值分子量聚合物嵌段含量在权利要求1的范围内，也能推导出以苯乙烯共聚物组合物为基准的最大峰值分子量聚合物嵌段含量在权利要求1的范围内，显然这并不符合有关修改必须要能从原申请记载的信息中直接地、毫无疑义地确定的要求。（2）说明书表2第5列示出了苯乙烯聚合物的峰值分子量，根据注释2“对于嵌段共聚物B-1……所述值表示具有最大峰值分子量的聚合物的峰值分子量”，请求人计算的依据是“较重的聚合物嵌段（S_2）具有较大的峰值分子量（较重的聚合物嵌段（S_2）），因为当聚合物嵌段具有峰值分子量时，聚合物嵌段的重量集中在具有这一峰值分子量的单体链段上，即聚合物嵌段越重，峰值分子量就越大”。显然有违本领域技术人员的认知，因为嵌段共聚物的峰值分子量是整个聚合物的性质，即对于单个聚合物而言仅有一个峰值分子量，而苯乙烯嵌段仅是该嵌段共聚物中的一个聚合单元，不会存在聚合物中某一单独嵌段的峰值分子量这一参数，而聚合物的峰值分子量也不可能由某一嵌段在聚合物中的比重来决定，本领域技术人员均知晓聚合物的峰值分子量是通过控制聚合反应条件、反应原料、聚合反应类型等多种因素加以控制的。因此，请求人以“较重的聚合物嵌段S_2作为具有最大峰值分子量聚合物嵌段”缺乏证据支持。（3）即使按照请求人的计算方法，将较重的聚合物嵌段S_2作为具有最大峰值分子量聚合物嵌段，并以嵌段共聚物为基准计算其含量，表2中的B-10、B-12、B-13均不在权利要求1的范围内（分别为51%、60%、19%）。因此请求人关于权利要求1的修改并不能得到所有实施例的支持。（4）由上述内容可知，嵌段共聚物B-6、B-7、B-8、B-9和B-11对应于权利要求7中的“对称嵌段共聚物”，根据说明书第

34 页注释 2 的内容，上述嵌段共聚物分别具有单峰分子量，显然对于嵌段共聚物 B-6、B-7、B-8、B-9 和 B-11 而言，其中的苯乙烯嵌段 S_1、S_2 均是满足权利要求 7 中“包含一种在所述至少两种聚合物嵌段(A) ……具有分子量的聚合物嵌段”，因此在计算“具有峰值分子量的聚合物嵌段”含量时应当将所有乙烯基芳烃单体的合计重量进行计算。按照请求人解释的“只能用一种这样的具有峰值分子量的聚合物嵌段来计算含量”只会使权利要求 7 的保护范围不清楚。另外，即使按照请求人的计算方法，只计算一个苯乙烯嵌段在嵌段共聚物中的含量，表 2 的 B-11 的计算结果也超出了权利要求 7 的范围（S1 的含量为 40%，S_2 的含量为 39%）。因此，请求人的上述主张不成立，权利要求 7 的修改也不能从原申请记载的信息中直接地、毫无疑义地确定，不符合专利法第 33 条的规定。

根据以上事实和理由，本案合议组作出如下审查决定。

三、决定

维持国家知识产权局于 2007 年 7 月 6 日针对 00813477.4 号发明专利申请作出的驳回决定。

复审请求人对本决定不服的，可以根据专利法第 41 条第 2 款的规定，自收到本决定之日起三个月内向北京市第一中级人民法院起诉。

059

滑动部件用树脂组合物和滑动部件

复审请求审查决定（第17462号）

决　定　号　第17462号
决　定　日　2009年6月8日
发明创造名称　滑动部件用树脂组合物和滑动部件
国际分类号　C08L67/00，C08J5/14
复审请求人　奥依斯工业株式会社
申　请　号　200480023473.8
优先权日　2003年8月19日
申　请　日　2004年8月5日
公　开　日　2006年9月20日
合议组组长　孙跃飞
主　审　员　宋　泳
参　审　员　李亚林

法律依据　专利法第33条
决定要点
如果申请的内容通过增加、改变和/或删除其中的一部分，使得本领域技术人员看到的信息与原申请记载的信息相同，而且也能够从原申请记载的信息中直接地、毫无疑义地确定，那么这种修改是允许的。

一、案由

本复审请求案涉及发明名称为"滑动部件用树脂组合物和滑动部件"的200480023473.8号发明专利申请（下称本申请），申请人为奥依斯工业株式会社，申请日为2004年8月5日，优先权日为2003年8月19日，公开日为2006年9月20日。

原始提交的权利要求书为：

"1. 一种滑动部件用树脂组合物，其特征在于，含有：

1~10重量%的烃类蜡，0.1~3重量%的选自磷酸盐、硫酸盐和碳酸盐中的任一种，1~20重量%的苯氧基树脂，0.1~5重量%的相容剂，其余部分为聚对苯二甲酸丁二醇酯树脂。

2. 如权利要求1所述的滑动部件用树脂组合物，其特征在于：

含有1~15重量%的芳香族聚酰胺树脂或芳香族聚酯树脂。

3. 如权利要求1或2所述的滑动部件用树脂组合物，其特征在于：

烃类蜡为石蜡、聚乙烯蜡或微晶蜡。

4. 如权利要求 1~3 中任一项所述的滑动部件用树脂组合物，其特征在于：

磷酸盐为磷酸三锂，硫酸盐为硫酸钡，碳酸盐为碳酸锂或碳酸钙。

5. 如权利要求 1~4 中任一项所述的滑动部件用树脂组合物，其特征在于：

所述相容剂为分子内有环氧基的改性烯烃树脂。

6. 如权利要求 5 所述的滑动部件用树脂组合物，其特征在于：

改性烯烃树脂为乙烯-甲基丙烯酸缩水甘油酯共聚物。

7. 如权利要求 2~6 中任一项所述的滑动部件用树脂组合物，其特征在于：

芳香族聚酰胺树脂为聚间苯二甲酰间苯二胺树脂、聚对苯二甲酰对苯二胺树脂、或共聚对苯二甲酰对苯二胺-对苯二甲酰 3，4，-氧联苯二胺树脂。

8. 如权利要求 2~6 中任一项所述的滑动部件用树脂组合物，其特征在于：

芳香族聚酯树脂为对羟基苯甲酸的均聚物。

9. 一种滑动部件，其特征在于：

将权利要求 1~8 中任一项所述的滑动部件用树脂组合物成形而得到。”

国家知识产权局原审查部门对本申请进行实质审查，于 2007 年 4 月 6 日发出《第一次审查意见通知书》，指出：本申请的说明书所记载的滑动部件用树脂组合物仅使用了分子内具有环氧基的改性烯烃树脂作为相容剂，所属领域的技术人员无法预见具有任意类型的相容剂均能达到本发明的效果，因此权利要求 1 不符合专利法第 26 条第 4 款的规定；权利要求 1 中用封闭式方式限定了组分，而权利要求 2 又限定了权利要求 1 中还含有其他组分，因此权利要求 2 与权利要求 1 矛盾，不符合专利法实施细则第 20 条第 1 款的规定。

针对《第一次审查意见通知书》，申请人于 2007 年 8 月 20 日提交了意见陈述书及修改后的权利要求书，将权利要求 5 的附加技术特征加入权利要求 1 中，同时将权利要求 1 修改为开放式的权利要求，并陈述了修改后的权利要求 1 符合专利法第 26 条第 4 款的规定，权利要求 2 符合专利法实施细则第 20 条第 1 款的规定的理由。

2007 年 11 月 9 日，国家知识产权局发出第二次审查意见通知书，指出权利要求 1 由封闭式限定改为了开放式限定，这样的修改不符合专利法第 33 条的规定，权利要求 6 和 7 均引用了权利要求 1 和 2，并分别对权利要求 1 中的“芳香族聚酰胺树脂”及“芳香族聚酯树脂”做了进一步限定，但是权利要求 1 中并未涉及“芳香族聚酰胺树脂”及“芳香族聚酯树脂”，故权利要求 6 和 7 不符合专利法实施细则第 20 条第 1 款的规定。

2008 年 1 月 23 日，申请人针对第二次审查意见通知书，提交了意见陈述书及修改后的权利要求书，进一步限定了权利要求 1 中聚对苯二甲酸丁二醇酯树脂的含量，并陈述了修改后的权利要求符合专利法第 33 条的规定的理由，同时，将权利要求 6 和 7 修改为仅引用权利要求 2。

2008 年 3 月 7 日，针对申请人于 2008 年 1 月 23 日提交的权利要求 1~8 项、进入中国国家阶段时提交的国际申请文件的中文文本的说明书第 1~5、7~16 页及摘要，2008 年 1 月 23 日提交的说明书第 6 页，国家知识产权局以权利要求 1 不符合专利法第 33 条的规定为由驳回了本申请。驳回决定针对的权利要求如下：

“1. 一种滑动部件用树脂组合物，其特征在于，含有 1~10 重量% 的烃类蜡，0. 1~3 重量% 的选自磷酸盐、硫酸盐和碳酸盐中的任一种，1~20 重量% 的苯氧基树脂，0. 1~5 重量% 的相容剂，和 65~90. 5 重量% 的聚对苯二甲酸丁二醇酯树脂，所述相容剂为分子内有环氧基的改性烯烃树脂。”

驳回决定认为：虽然在多个实施例涉及的滑动部件用树脂组合物中，除了权利要求 1 中所述的成分外还含有其他成分，但是其中含有的其他成分是具体的润滑剂等物质，因而这些技术方案仅仅是具体的、个别的技术方案，并不能由这些个别的技术方案直接地、毫无疑义地得到可能包含本申请中未涉及的其他成分的滑动部件用树脂组合物。因此权利要求 1 不符合专利法第 33 条的规定。

2008 年 6 月 23 日，申请人奥依斯工业株式会社（下称请求人）对上述驳回决定不服，向专利复审委员会提出复审请求，请求人在提出复审请求时没有对申请文件进行修改。

请求人认为：说明书中多个实施例中记载了除含有权利要求 1 的成分之外，还含有固体润滑剂、芳香族聚酰胺树脂或芳香族聚酯树脂的情况。由此可以看出，本发明的滑动部件用树脂组合物除了权利要求 1 的成分之外，还可以含有其他成分，因此将权利要求 1 由封闭式改为开放式没有超出原说明书的记载，符合专利法第 33 条的规定。

经形式审查合格后，专利复审委员会受理了该请求，并于 2008 年 7 月 21 日向请求人发出了《复审请求受理通知书》，同时将本申请转送至国家知识产权局原审查部门进行前置审查。

在《前置审查意见书》中，国家知识产权局原审查部门认为，虽然说明书中记载了改滑动部件用树脂组合物除权利要求 1 所述的成分外还可含有芳香族聚氨酯、芳香族聚酯树脂或润滑剂，但是如果将权利要求 1 改为开放式的组合物，即意味着其中可能含有本申请未涉及的其他成分，显然包括这些其他成分的滑动部件用树脂组合物并未记载在原申请文件中，也不能由原申请文件的内容直接地、毫无疑义地确定，因此权利要求 1 的修改不符合专利法第 33 条的规定，故坚持驳回决定。

专利复审委员会组成合议组，对本复审请求案进行了审理。

2009 年 3 月 25 日，请求人提交了权利要求 1~8 的替换页，其中对权利要求 1 进行了修改，修改后的权利要求书如下：

“1. 一种滑动部件用树脂组合物，其特征在于：

含有 1~10 重量% 的烃类蜡，0.1~3 重量% 的选自磷酸盐、硫酸盐和碳酸盐中的任一种，1~20 重量% 的苯氧基树脂，0.1~5 重量% 的相容剂，其余部分为聚对苯二甲酸丁二醇酯树脂，所述相容剂为分子内有环氧基的改性烯烃树脂。

2. 如权利要求 1 所述的滑动部件用树脂组合物，其特征在于：

含有 1~15 重量% 的芳香族聚酰胺树脂或芳香族聚酯树脂。

3. 如权利要求 1 或 2 所述的滑动部件用树脂组合物，其特征在于：

烃类蜡为石蜡、聚乙烯蜡或微晶蜡。

4. 如权利要求 1 或 2 所述的滑动部件用树脂组合物，其特征在于：

磷酸盐为磷酸三锂，硫酸盐为硫酸钡，碳酸盐为碳酸锂或碳酸钙。

5. 如权利要求 1 或 2 所述的滑动部件用树脂组合物，其特征在于：

改性烯烃树脂为乙烯-甲基丙烯酸缩水甘油酯共聚物。

6. 如权利要求 2 所述的滑动部件用树脂组合物，其特征在于：

芳香族聚酰胺树脂为聚间苯二甲酰间苯二胺树脂、聚对苯二甲酰对苯二胺树脂、或共聚对苯二甲酰对苯二胺-对苯二甲酰 3，4，-氧联苯二胺树脂。

7. 如权利要求 2 所述的滑动部件用树脂组合物，其特征在于：

芳香族聚酯树脂为对羟基苯甲酸的均聚物。

8. 一种滑动部件，其特征在于：

将权利要求 1~7 中任一项所述的滑动部件用树脂组合物成形而得到。”

至此，合议组认为本案事实清楚，可以作出审查决定。

二、决定的理由

1. 关于文本

本复审请求审查决定所针对的文本是：申请人于2009年3月25日提交的权利要求1~8项、进入中国国家阶段时提交的国际申请文件的中文文本的说明书第1~5、7~16页及摘要，2008年1月23日提交的说明书第6页。

2. 关于专利法第33条

专利法第33条规定：申请人可以对其专利申请文件进行修改，但是，对发明和实用新型专利申请文件的修改不得超出原说明书和权利要求书记载的范围。

如果申请的内容通过增加、改变和/或删除其中的一部分，使得本领域技术人员看到的信息与原申请记载的信息相同，而且也能够从原申请记载的信息中直接地、毫无疑义地确定，那么这种修改是允许的。

对于本案而言，请求人于2009年3月25日提交的修改后的权利要求书中权利要求1的技术方案即为原始申请文件中权利要求5中引用权利要求1的技术方案，该技术方案在原始申请的权利要求书中有文字记载，而且将该方案作为新的权利要求1后，并没有在其他引用权利要求1的从属权利要求中引入原始权利要求书中未记载的新内容。由此可见，以上修改符合专利法第33条的规定。

此外，合议组注意到，请求人于2009年3月25日提交的权利要求1~2与原始申请提交的权利要求1~2的撰写方式类似，在实质审查过程中，原审查部门曾针对这两个权利要求提出过权利要求的保护范围不清楚，不符合专利法实施细则第20条第1款的规定的审查意见。《第一次审查意见通知书》中指出，权利要求1要求保护一种滑动部件用树脂组合物，该权利要求为封闭式组合物权利要求。权利要求2对权利要求1的技术方案作了进一步限定，所限定的特征是：含有1~15重量%的芳香族聚酰胺树脂或芳香族聚酯树脂，但是由于权利要求1中用封闭方式限定了组分，即不可能再含有其他成分，因而权利要求2与权利要求1矛盾，从而导致权利要求2的保护范围不清楚，不符合专利法实施细则第20条第1款的规定。申请人正是为了克服该缺陷，在答复《第一次审查意见通知书》和《第二次审查意见通知书》时对权利要求1进行修改，最终导致本申请因权利要求1修改超范围而被驳回。由此可见，在本案中，对权利要求2是否符合专利法实施细则第20条第1款规定的认定与权利要求1的修改是否符合专利法第33条的规定密切关联，因此合议组认为有必要在此对权利要求2是否符合专利法实施细则第20条第1款的规定进行评述。

合议组认为，权利要求1请求保护一种滑动部件用树脂组合物，其由5种组分组成：1~10重量%的烃类蜡，0.1~3重量%的选自磷酸盐、硫酸盐和碳酸盐中的任一种，1~20重量%的苯氧基树脂，0.1~5重量%的相容剂和余量的聚对苯二甲酸丁二醇酯树脂。权利要求2采用了引用权利要求1的方式撰写，其特征部分描述了第6种组分：1~15重量%的芳香族聚酰胺树脂或芳香族聚酯树脂。虽然权利要求2中的上述组份不属于封闭式权利要求1中的5种组分，但是本领域技术人员能够理解这种引用的撰写方式并不必然导致权利要求2为权利要求1的从属权利要求，而可以将权利要求2看作实质上的独立权利要求，并由此确定权利要求2的保护范围，即是由6种组分组成的滑动部件用树脂组合物，其含1~10重量%的烃类蜡，0.1~3重量%的选自磷酸盐、硫酸盐和碳酸盐中的任一种，1~20重量%的苯氧基树脂，0.1~5重量%的相容剂、1~15重量%的芳香族聚酰胺树脂或芳香族聚酯树脂，其余部分为聚对苯二甲酸丁二醇酯树脂。由此可见，权利要求2请求保护的范围是清楚的，符合专利法实施细则第20条第1款的规定。

基于上述理由，合议组作出如下决定。

三、决定

撤销国家知识产权局于2008年3月7日针对200480023473.8号发明专利申请作出的驳回决定，由国家知识产权局原审查部门以本复审请求审查决定所针对的文本为基础继续审批程序。

复审请求人对本决定不服的，可以根据专利法第41条第2款的规定，自收到本决定之日起三个月内向北京市第一中级人民法院起诉。

060

连续制备有至少两个官能团的化合物的方法

复审请求审查决定（第17470号）

决 定 号 第17470号
决 定 日 2009年5月21日
发明创造名称 连续制备有至少两个官能团的化合物的方法
国 际 分 类 号 C07C67/347，C07C69/593，C07C67/56，C07C67/303，C07C51/353
复 审 请 求 人 巴斯福股份公司
申 请 号 200480017875.7
优 先 权 日 2003年6月25日
申 请 日 2004年6月11日
公 开 日 2006年8月2日
合 议 组 组 长 李彦涛
主 审 员 沈 钱
参 审 员 王 磊

法 律 依 据 专利法第26条第3款
决 定 要 点

化学方法发明的说明书应当清楚地记载方法所用的原料物质，如果说明书中所记载的原料物质是本领域技术人员通过阅读说明书并运用本领域公知常识能够理解其含义的，则说明书对原料物质的记载是清楚的，其满足充分公开的要求。

一、案由

本复审请求案涉及发明名称为“连续制备有至少两个官能团的化合物的方法”的200480017875.7号发明专利申请（下称本申请），申请人为巴斯福股份公司，申请日为2004年6月11日，优先权日为2003年6月25日，公开日为2006年8月2日。

2008年5月9日，针对申请人于2005年12月26日进入中国国家阶段提交的国际申请文件中文译文的说明书第1~4、6~14页和说明书摘要，2008年1月8日提交的说明书第5页和权利要求第1~29项，国家知识产权局以申请不符合专利法第26条第3款为由驳回了本申请。

驳回决定认为：本申请要求保护“一种连续制备带有至少两个各自独立的选自……官能团的化合物的方法”，但是在对该方法具有具体证明作用的实施例中，申请人将所有实施例的反应原料都缩写为“MA”，而对其含义没有进行解释说明，由于“MA”在化学领域中同时是多种化合物的缩写，例如“MA”可以表示下列任一种化学物质：甲基丙烯酸、丙烯酸甲酯、马来酸酐、丙酮二酸、松香酸甲酯、甲基金刚烷、甲醇、甲基苯胺、泥酸、改性聚丙烯腈纤维、甲基蒽、羟甲基酰胺、混酸，这些物质中不是所有的物质都落在权利要求1所述的反应原料的范围之内，因此本领域普通技术人员无法准确确定所有实施例的反应原料为什么物质，因此本申请的所有实施例没有参考价值，而本申请的技术方案必须依赖实施结果来进行验证。所以，通过权利要求书和说明书所公开的内容，本领域普通技术人员无法证明本申请方法能够实现并且能够达到其所述的技术效果、并能解决其所述的技术问题。此外，申请人提供了在PCT审查过程中递交的实验报告，其中虽然有“MA”含义的解释，但是其并不是申请文本的一部分，不具有与权利要求书和说明书相同的法律效力，因此不能采纳其为说明书公开充分的依据。

因此，本申请说明书未对发明作出清楚、完整的说明，致使所属领域技术人员不能实现该发明，不符合中国专利法第26条第3款的规定。

驳回决定针对的独立权利要求如下：

“1. 一种连续制备带有至少两个各自独立地选自腈基、羧酸基团、羧酸酯基团和羧酰胺基团的官能团的化合物的方法，其包括如下步骤：

a）在根据a3）的适合用作加成催化剂且对反应混合物呈均相的化合物存在下，加成两种带有制备根据a1）的含有至少两个官能团的化合物所需的官能团的端烯烃，得到一种包含如下化合物的混合物：

a1）通过两种所述端烯烃的单加成得到且带有至少两个各自独立地选自腈基、羧酸基团、羧酸酯基团和羧酰胺基团的官能团的化合物，

a2）通过两种所述端烯烃的聚加成得到的化合物，和

a3）适合作为该加成的催化剂且对反应混合物呈均相的化合物，

b）蒸馏在步骤a）中得到的混合物，得到如下组分：

b1）通过两种所述端烯烃的单加成得到且带有至少两个各自独立地选自腈基、羧酸基团、羧酸酯基团和羧酰胺基团的官能团的化合物，其为塔顶产物，和

b2）包含以下化合物的混合物：

b2a）通过两种所述端烯烃的单加成得到且带有至少两个各自独立地选自腈基、羧酸基团、羧酸酯基团和羧酰胺基团的官能团的化合物，

b2b）通过两种所述端烯烃的聚加成得到的化合物，和

b2c）适合作为该加成的催化剂且对反应混合物呈均相的化合物，

c）借助半透膜分离在步骤b2）中得到的全部混合物或其一部分，得到渗透物和保留物，以使供入步骤c）中的混合物b2）中组分b2b）与组分b2c）的重量比小于保留物中的该重量比的方式进行，

d）将在步骤c）中得到的渗透物部分或全部再循环到步骤a）中，和

e）将在步骤b2）中得到的那部分尚未在c）中分离的混合物部分或全部再循 环到步骤a）中

其中所用端烯烃为两种各自独立地具有式 $H_2C=CHR^1$ 的烯烃，其中 R^1 为腈基、羧酸基团、羧酸酯基团或羧酰胺基团。”

2008年8月22日，申请人巴斯福股份公司（下称请求人）对上述驳回决定不服，向专利复审委员会提出复审请求，请求人在提出复审请求时没有对申请文件进行修改。

请求人认为：本领域技术人员在面对本申请说明书实施例中出现的缩写“MA”时，结合其公知常识不难确定缩写MA所代表的含义，即代表丙烯酸甲酯，进而本申请的实施例足以表明本申请方法能够实现并且能够达到其技术效果，并能解决其技术问题。因此，本申请说明书清楚、完整地公开了本发明，其公开程度足以使所述技术领域的技术人员能够实现本发明，因而符合专利法第26条第3

款的规定。请求人同时提交了附件一：《英汉化学化工略语词典》（第三版），朱洪法 李绍雄主编，封面页、首页和第406~407页，化学工业出版社出版，复印件共3页。

经形式审查合格后，专利复审委员会受理了该请求，并于2008年10月24日向请求人发出了《复审请求受理通知书》，同时将本申请转送至国家知识产权局原审查部门进行前置审查。

在《前置审查意见书》中，国家知识产权局原审查部门坚持原驳回决定。

专利复审委员会组成合议组，对本复审请求案进行了审理。

经审查，合议组认为本案事实清楚，可以作出审查决定。

二、决定的理由

1. 关于文本

本复审请求审查决定针对的文本是驳回决定所针对的文本，即请求人于2005年12月26日进入中国国家阶段提交的国际申请文件中文译文的说明书第1~4、6~14页和说明书摘要，2008年1月8日提交的说明书第5页和权利要求第1~29项。

2. 关于专利法第26条第3款

专利法第26条第3款规定：说明书应当对要求保护的发明作出清楚、完整的说明，以所属技术领域的技术人员能够实现为准。

化学方法发明的说明书应当清楚地记载方法所用的原料物质，如果说明书中所记载的原料物质是本领域技术人员通过阅读说明书并运用本领域公知常识能够理解其含义的，则说明书对原料物质的记载是清楚的，其满足充分公开的要求。

就本申请而言，驳回决定认为本申请说明书未对发明作出清楚、完整的说明主要是基于：（1）说明书中没有对原料“MA”进行解释说明；（2）化学领域中“MA”有多种含义，其代表的物质并不都落在权利要求1的反应原料的范围之内，因此本领域技术人员无法确定所有实施例的反应原料为什么物质。即本案的焦点在于本领域技术人员在面对实施例中所描述的“MA”时，是否能够明确其所代表的含义。

合议组查明，本申请请求保护的是一种连续制备带有至少两个各自独立地选自腈基、羧酸基团、羧酸酯基团和羧酰胺基团的官能团的化合物的方法，并为此提供了如权利要求1所述的技术方案。依据本申请说明书的记载，本申请所要解决的技术问题是提供一种以技术上简单且经济上可行的方式连续制备带有至少两个各自独立地选自腈基、羧酸基团、羧酸酯基团和羧酰胺基团的官能团的化合物的方法（参见说明书第1页第1段和说明书第2页第7段）。从上述权利要求的技术方案来看，本申请主要是通过提供以下方法来实现的：a）加成端烯烃，得到混合物，b）蒸馏混合物，c）借助半透膜分离混合物或其一部分，得到渗透物和保留物，d）将在步骤c）中得到的渗透物部分或全部再循环到步骤a）中，和e）将在步骤b2）中得到的那部分尚未在c）中分离的混合物部分或全部再循环到步骤a）中。本申请说明书实施例记载了通过官能化烯烃的二聚，得到了不饱和线性二酯，其中用作端烯烃的原料用英文简称“MA”表示。

合议组认为：（1）本申请权利要求1的方法中的原料为“端烯烃”，在本申请的说明书中已明确说明“所述烯烃各自独立地具有式$H_2C=CHR_1$的烯烃，其中R_1为腈基、羧酸基团、羧酸酯基团和羧酰胺基团”（参见说明书第3页第13~15行），以及“所用具有官能团的端烯烃可以是丙烯酸或其酯”（参见说明书第3页第24行），而驳回决定中指出的“MA”所代表的13种不同含义的化合物（甲基丙烯酸、丙烯酸甲酯、马来酸酐、丙酮二酸、松香酸甲酯、甲基金刚烷、甲醇、甲基苯胺、泥酸、改性聚丙烯腈纤维、甲基蒽、羟甲基酰胺、混酸）中只有丙烯酸甲酯符合该烯烃结构式$H_2C=CHR_1$的定义；（2）本申请实施例1主题是“官能化烯烃的二聚”（参见说明书实施例1标题），并且在实施例1的结果部分记载了得到“流出物包含95%不饱和线性二酯”，在实施例2的结果部分记载了得到“流出物包含63%不饱和线性二酯”，驳回决定指出的“MA”所代表的13种不同含义的化合物中只有甲基丙烯酸和丙烯酸甲酯能够二聚，但是能得到不饱和线性二酯的只有丙烯酸甲酯。由此，结合说明书中对于原料烯烃为结构式 $H_2C=CHR_1$ 的定义，以及实施例中对于反应和产物的描述，可以明确驳回决定指出的“MA”所代表的13种化合物只有丙烯酸甲酯为符合说明书描述和能够满足本发明的要求的化合物。

本领域普通技术人员在阅读了本申请说明书以后，根据说明书的记载和本领域公知常识能够确定说明书中出现的原料物质“MA”为丙烯酸甲酯而不会认为是其他不符合说明书描述和不满足实施例要求的化合物，能够理解说明书中记载的解决技术问题的技术手段，在不花费创造性劳动的情况下，就能够再现权利要求要求保护的技术方案。

综上所述，本申请说明书清楚地记载方法所用的原料物质，所属技术领域的技术人员能够按照说明书中记载的方法去实施所述的方法。驳回决定所指出的缺陷不成立。

根据上述事实和理由，合议组作出如下审查决定。

三、决定

撤销国家知识产权局于2008年5月9日针对200480017875.7号发明专利申请作出的驳回决定，由国家知识产权局原审查部门以驳回决定所针对的文本为基础继续审批程序。

复审请求人对本决定不服的，可根据专利法第41条第2款的规定，自收到本决定之日起三个月内向北京市第一中级人民法院起诉。

061

杀虫、杀菌的含硫、氧肟醚类化合物

复审请求审查决定（第17473号）

决 定 号 第17473号
决 定 日 2009年6月12日
发明创造名称 杀虫、杀菌的含硫、氧肟醚类化合物
国际分类号 C07C251/40，C07C323/11，A01N37/52
复审请求人 湖南化工研究院
申 请 号 200310110647.1
申 请 日 2003年12月12日
公 开 日 2004年11月17日
合议组组长 汪送来
主 审 员 潘 剑
参 审 员 孙丽芳

法律依据 专利法第22条第3款
决定要点

对化合物的创造性判断而言，如果结构上与已知化合物接近的化合物具备预料不到的技术效果，则认为它有创造性，这种预料不到的技术效果可以是对已知化合物的某一已知效果有实质性的改进或提高。

一、案由

本复审请求案涉及发明名称为“杀虫、杀菌的含硫、氧肟醚类化合物”的200310110647.1号发明专利申请（下称本申请），申请人为湖南化工研究院，申请日为2003年12月12日，公开日为2004年11月17日。

2007年1月12日，针对申请人于2005年6月9日提交的权利要求第1~9项，申请日提交的原始申请文件的说明书第1~23页和说明书摘要（下称驳回文本），国家知识产权局以权利要求1~9不符合专利法第22条第3款的规定为由驳回了本申请。

驳回决定认为：（1）对比文件1（CN1288002A，公开日为2001年3月21日）公开了具有相同通式的化合物，并具体公开了这种化合物用于杀虫、杀菌的用途，在对比文件1的基础上，本领域技术人员只需要经过简单的变化、筛选和实验即可得到权利要求1的技术方案，申请人也没有提供证据证明本发明相对于对比文件1具备更好的效果。因此，权利要求1不具备专利法第22条第3款规定的创造性。同理，权利要求2~6也不具备专利法第22条第3款规定的创造性。（2）对比文件1公开

了通式化合物的制备方法（对比文件1说明书第9~10页），权利要求7与对比文件1的差别在于化合物（Ⅲ）中的离去基团不同，本领域技术人员在对比文件1的基础上，选择合适的离去基团属于常规的技能，因此，权利要求7不具备专利法第22条第3款规定的创造性。（3）权利要求8属于用途限定的产品权利要求，其保护范围与其所引用的权利要求相同，因此，权利要求8不具备专利法第22条第3款规定的创造性。（4）权利要求9要求保护化合物的用途，所述用途已经被对比文件1所公开，在化合物不具备创造性的前提下，权利要求9不具备专利法第22条第3款规定的创造性。

驳回决定针对的独立权利要求1、7、8和9如下：

“1. 含硫、氧肟醚类化合物，其特征在于用通式（Ⅰ）表示：

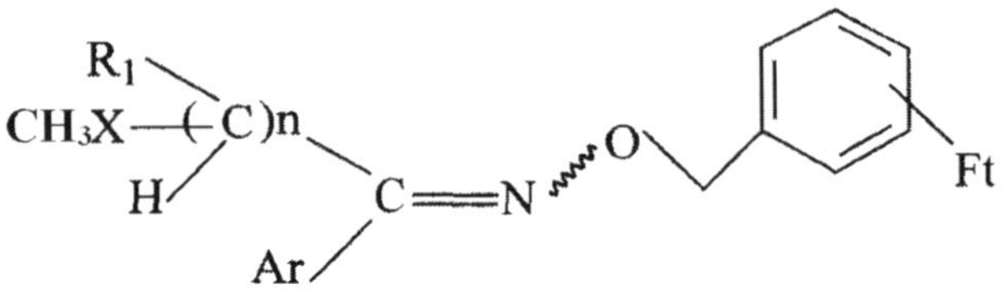

（Ⅰ）

通式（Ⅰ）中：

Ⅰ. Ar代表

（a）（$C_6 \sim C_{12}$）-芳基或带多至10个碳原子的杂芳基；

（b）如在（Ⅰ.a）中所确定的含义，必要时被选自下列中0~3个相同或不同的取代基取代：氢，卤素，烷基，烷氧基，卤代烷基，卤代烷氧基；

Ⅱ. R_1代表氢，烷基；

Ⅲ. F_t代表

（a）下列中0~3个相同或不同的取代基：氢，卤素，烷基，烷氧基，（C_6-C_{12}）-芳基或带多至10个碳原子的杂芳基，（C_6-C_{12}）-芳基氧基或带多至10个碳原子的杂芳基氧基；

（b）如在（Ⅲ.a）中所确定的含义，必要时被选自下列中0~3个相同或不同的取代基取代：氢，卤素，烷基，烷氧基，卤代烷基，卤代烷氧基；

Ⅳ. t代表0~3的整数；

Ⅴ. X代表O、S、SO或SO_2；

Ⅵ. n代表0或1；

当Ft=3-苯氧基，R1=氢或甲基，X=S，n=1时，Ar≠4-氯苯基；

烷基：指具有1~3个碳原子的直链或支链烷基，例如甲基、乙基、正丙基、异丙基；

卤素：指氟、氯、溴和碘；

卤代烷基：指具有1~3个碳原子的直链或支链烷基，在这些烷基上的氢原子可以部分或全部被卤原子取代，例如，C_1卤代烷基诸如氯甲基、溴甲基、氟甲基、二氯甲基、二溴甲基、二氟甲基、三氯甲基、三溴甲基、三氟甲基、氯氟甲基、氯溴甲基、氟氯溴甲基；

烷氧基：指具有1~3个碳原子的直链或支链烷氧基，经氧原子键连接到结构上；

卤代烷氧基：指具有1~3个碳原子的直链或支链烷氧基，在这些烷氧基上的氢原子可以部分或全部被卤原子所取代，例如，C_1卤代烷氧基诸如氯甲氧基、溴甲氧基、氟甲氧基、二氯甲氧基、二溴甲氧基、二氟甲氧基、三氯甲氧基、三溴甲氧基、三氟甲氧基、氯氟甲氧基、氯溴甲氧基、氯氟溴甲氧基；

芳基：指具有6个碳原子的苯基和具备12个碳原子的萘基，联苯基；

杂芳基：指具有1个或多个杂原子的5元环，6元环，例如噻吩基，呋喃基，吡咯基，咪唑基，吡唑基，吡啶基，吡嗪基，嘧啶基，哒嗪基，恶唑基、异恶唑基，噻唑基和异噻唑基。

7. 根据权利要求 1 所述的含硫、氧肟醚类化合物的制备方法，其特征在于：

用式（Ⅱ）所示的化合物与式（Ⅵ）所示的化合物

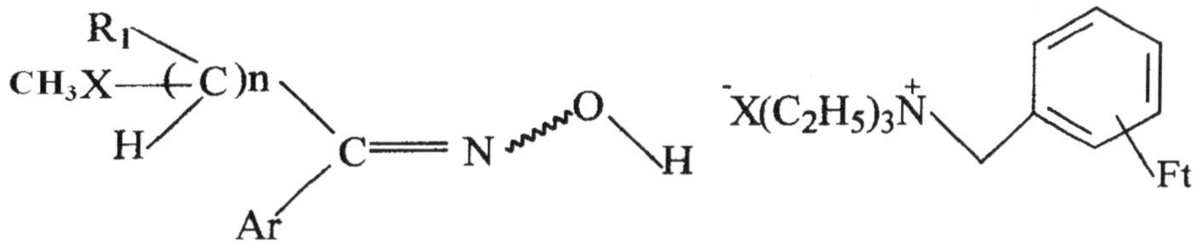

（Ⅱ）　　　　　　　　（Ⅲ）

在一合适碱如氢氧化钠或氢氧化钾存在下，加入合适的溶剂，如水和甲苯混合溶剂，于常压，60~100℃条件下反应 3~10 小时而得；式（Ⅱ）和式（VI）中，Ar、R_1、n、X 和 Ft 如上所述，X 代表一个离去基团，如氯，溴，式（Ⅱ）是用式（Ⅳ）与羟胺盐酸盐或羟胺硫酸盐，在碱金属氢氧化物，碱金属碳酸盐，碱金属碳酸氢盐，吡啶，三乙胺中的一种碱存在下，加入水，醇中的一种或二种，于常压，0~100℃反应 1~10 小时而得，式（Ⅳ）和式（Ⅱ）中 Ar、R_1、n、X 如上所述。

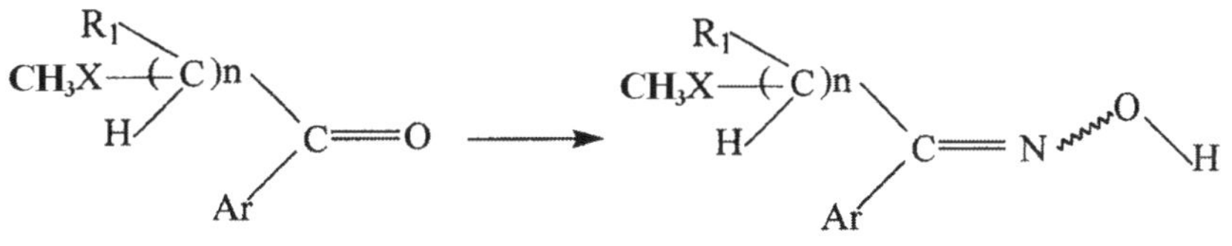

（Ⅳ）　　　　　　　　（Ⅱ）

8. 根据权利要求 1~5 所述的含硫、氧肟醚类化合物，其特征在于具有防治作物上害虫和病原菌的作用。

9. 含有至少一个按照权利要求 1~5 中任一项的化合物及常规的添加剂和助剂物质的杀有害生物药剂在害虫及病原菌上的用途。”

2007 年 4 月 13 日，申请人湖南化工研究院（下称请求人）对上述驳回决定不服，向专利复审委员会提出复审请求，请求人在提出复审请求时提交了《驳回决定》和《第一次审查意见通知书》的复印件，未对申请文本进行修改。

请求人认为：本申请是在对比文件 1 的基础上进一步优化、改进、完善而作出的发明，本申请的个别化合物在对比文件 1 中出现过，但对比文件 1 并未给出它们相应的合成方法、结构确证、物化参数和生物活性数据等，本发明绝大部分杀生物活性的化合物的结构式、结构确证数据、物化参数和生物活性数据等未在对比文件 1 中公开，故希望通过修改得到这些新化合物的专利保护。

经形式审查合格后，专利复审委员会受理了该请求，并于 2007 年 6 月 7 日向请求人发出了《复审请求受理通知书》，同时将本申请转送至国家知识产权局原审查部门进行前置审查。

在《前置审查意见书》中，国家知识产权局原审查部门坚持驳回决定。

专利复审委员会组成合议组，对本复审请求案进行了审理。合议组于 2009 年 3 月 5 日针对驳回文本向请求人发出《复审通知书》，指出：①请求人将权利要求 1 中的 Ar 基团上的取代基个数、F 基团上的取代基个数和表示 F 基团个数的参数 t 由“0~5”修改为“0~3”，将烷基、卤代烷基和烷氧基定义中的碳原子个数由“1~6”修改为“1~3”；将从属权利要求 2 中表示 R_1 基团个数的参数 P 由“0~5”修改为“0~3”，修改后的内容在原申请文件中没有记载，也不能从原申请记载的信息中直接地、毫无疑义地确定。另外，请求人将从属权利要求 2 中的参数 t 的定义“1~5”删除，即修改为权利要求 1 中参数 t 的定义“0~3”；将从属权利要求 3 中参数 t 的定义“1 或 2”删除，即修改为权利要求 1 中参数 t 的定义“0~3”，将 X 的定义“硫或氧”删除，即修改为权利要求 1 中 X 的定义“O、S、SO 或 SO_2”；将从属权利要求 4 中 R_1 的定义“甲基”删除，即修改为权利要求 1 中 R_1 的定义“氢，烷基”，将 X 的定义“硫或氧”删除，即修改为权利要求 1 中 X 的定义“O、S、SO 或 SO_2”，这种修改将原权利要求进行了重新组合，例如权利要求 3 中出现了 X 为 SO 或 SO_2 与权利要求 3 中的其他基团定义组合的化合物，而组合后的化合物技术方案在原申请文件中没有记载，也不能直接地、毫无疑义地确定。因此，权利要求 1~4 的上述修改超出原说明书和权利要求书记载的范围，不符合专利法第 33 条的规定。

②即使请求人通过修改克服了权利要求 1~4 中不符合专利法第 33 条规定的缺陷，修改后的权利要求 1~6，8~9 还不具备专利法第 22 条第 2 款规定的新颖性。对比文件 1 公开了一系列落在权利要求 1 的通式（Ⅰ）范围内的化合物（参见对比文件 1 的化合物 1~416、625~1069、1319~1368、1587~1607），同样具备防治害虫和病原菌的作用（参见对比文件 1 实施例 6~9），因此，对比文件 1 公开的上述化合物使权利要求 1 不具备专利法第 22 条第 2 款规定的新颖性。对比文件 1 公开的上述化合物同样落入权利要求 2~6 的范围内，使得权利要求 2~6 也不具备新颖性。权利要求 8 要求保护权利要求 1~5 所述化合物，其附加技术特征是具备防治作物上害虫和病原菌的作用，该附加技术特征对化合物结构并不具备进一步限定的作用，因此，在权利要求 1~5 不具备新颖性的情况下，权利要求 8 也不具备专利法第 22 条第 2 款规定的新颖性。权利要求 9 要求保护含有至少一个权利要求 1~5 任一项化合物及常规添加剂和助剂物质的杀有害生物药剂在害虫及病原菌上的用途。对比文件 1 公开了所述化合物做成制剂在杀有害生物以及病原菌上的用途（参见对比文件 1 第 10 页倒数第 7 行至第 11 页第 14 行）。因此，在权利要求 1~5 的化合物不具备新颖性的基础上，权利要求 9 不具备专利法第 22 条第 2 款规定的新颖性。

③即使请求人通过修改克服了权利要求 1~6，8~9 不具备新颖性的缺陷，权利要求 1~6，8~9 中具备新颖性的部分仍不具备专利法第 22 条第 3 款规定的创造性。对比文件 1 公开了一系列具备杀有害生物以及病原菌活性的化合物（参见对比文件 1 表 1 化合物），这些化合物和权利要求 1 的化合物相比，具备相同的主体结构，即“苄基肟醚”结构，修改后权利要求 1 的化合物和对比文件 1 公开的上述化合物结构接近，且具备相同的用途，其区别仅在于苄基肟醚结构上的取代基团有所不同。对比文件 1 已经给出了具备“苄基肟醚”结构的化合物具备杀有害生物以及病原菌活性的技术启示，在对比文件 1 的基础上，对该结构上的取代基进行替换，从而得到同样具备杀有害生物以及病原菌活性的权利要求 1 化合物，对于本领域技术人员是显而易见的。而且本申请表 2 和表 3 记载的活性数据和对比文件 1 实施例 6~9 所公开的活性数据的对比也无法证明本申请化合物相对于对比文件 1 实施例 6~9中所测试的化合物具备意想不到的技术效果。综上所述，权利要求 1 相对于对比文件 1 不具备专利法第 22 条第 3 款规定的创造性。修改后的权利要求 2~6，8~9 涉及对权利要求 1 通式（Ⅰ）化合物取代基的进一步限定、具体选择以及包含这些化合物的组合物的杀有害生物以及病原菌的用途，由于这些取代基的限定或具体选择并没有给其技术方案带来突出的实质性特点和意想不到的技术效果，且对比文件 1 已经公开了所述化合物杀有害生物以及病原菌的用途，因此在其引用的独立权利要求 1 不具备创造性的前提下，从属权利要求 2~6 以及权利要求 8~9 也不具备专利法第 22 条第 3 款规定的创造性。

针对上述《复审通知书》，请求人于 2009 年 4 月 9 日提交了意见陈述书和权利要求书全文替换页，删除了驳回文本的权利要求 1~6、8，新增加了要求保护 6 个具体化合物的权利要求 1，对驳回文本的权利要求 7 所要求保护的权利要求 1 化合物的制备方法中的基团定义根据新权利要求 1 作了适应性修改，并将其中第二个结构式的序号由（Ⅲ）修改为（Ⅵ），并对权利要求的序号和引用关系作了相应的修改。同时，请求人提供了权利要求 1 的 6 个化合物与对比文件 1 中部分化合物对粘虫、蚜虫和叶蝉的生物活性（LC50（mg/L））的对比数据。请求人认为，将原权利要求 7 中的序号（Ⅲ）修改为（Ⅵ）属于对笔误的更正；权利要求 1 所要求保护保护的 6 个化合物都不曾在对比文件 1 中公开，因此具备新颖性；所提供的生物活性对比数据表明，权利要求 1 的所有化合物具备较对比文件 1 中化合物更优的生物活性，因此具备创造性。新提交的权利要求书为：

“1. 含硫、氧肟醚类化合物，其特征在于所述的含硫、氧肟醚类化合物具体结构为：

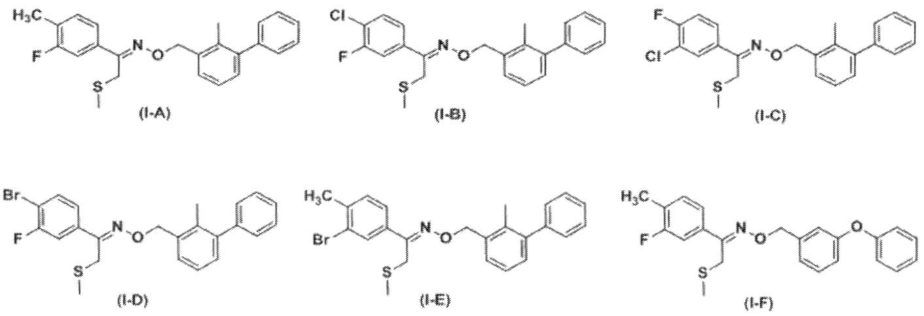

2. 根据权利要求 1 所述的含硫、氧肟醚类化合物的制备方法，其特征在于：

用式（Ⅱ）所示的化合物与式（Ⅵ）所示的化合物

（Ⅱ）　　（Ⅵ）

在一合适碱如氢氧化钠或氢氧化钾存在下，加入合适的溶剂，如水和甲苯混合溶剂，于常压，60~100℃条件下反应 3~10 小时而得；式（Ⅱ）和式（Ⅵ）中，Ar，R_1，n，R，X 和 Ft 如权利要求 1 所述，-X 代表一个离去基团，如氯，溴，式（Ⅱ）是用式（Ⅳ）与羟胺盐酸盐或羟胺硫酸盐，在碱金属氢氧化物，碱金属碳酸盐，碱金属碳酸氢盐，吡啶，三乙胺中的一种碱存在下，加入水，醇中的一种或二种，于常压，0~100℃反应 1~10 小时而得，式（Ⅳ）和式（Ⅱ）中 Ar、R_1、n、R、X 如权利要求 1 所述

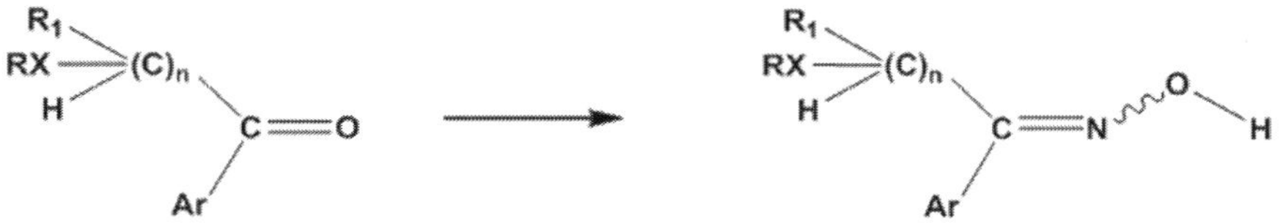

（Ⅳ）　　（Ⅱ）

。

3. 含有至少一个按照权利要求 1 中任一项的化合物及常规的添加剂和助剂物质的杀有害生物药剂在害虫及病原菌上的用途。”

至此，合议组认为本案事实已经清楚，可以作出审查决定。

二、决定的理由

1. 关于文本

经审查，合议组认为在请求人于 2009 年 4 月 9 日提交的权利要求书中，请求人对权利要求 1~3

所作的修改符合专利法实施细则第60条第1款的规定，本复审决定所针对的文本是请求人于2009年4月9日提交的权利要求第1~3项，申请日提交的原始申请文件的说明书第1~23页和说明书摘要。

2. 关于专利法第33条

专利法第33条规定：申请人可以对其专利申请文件进行修改，但是，对发明和实用新型专利申请文件的修改不得超出原说明书和权利要求书记载的范围。

如果申请人对申请文件进行修改后，所属技术领域的技术人员看到的信息与原申请记载的信息相同，或者能够从原申请记载的信息中直接地、毫无疑义地确定，那么，这种修改就是允许的。

《复审通知书》指出，驳回文本的权利要求1~4中的修改不符合专利法第33条的规定（详见案由部分），请求人于2009年4月9日提交的权利要求书中，已经将驳回文本的权利要求1~4删除，因此，《复审通知书》所指出的权利要求1~4不符合专利法第33条规定的缺陷已经不存在。

新权利要求1要求保护6个具体化合物，合议组查明，上述6个具体化合物分别对应于说明书表1中的001、002、003、018、023、063号化合物，且说明书详细公开了上述6个化合物的制备方法和理化参数，也就是说，上述6个化合物在原说明书中有记载，这种修改是允许的。请求人将权利要求2（原权利要求7）中的第2个化学式的序号由（Ⅲ）修改为（Ⅵ），修改后的内容在原说明书第5页第1行中已经记载，是允许的。请求人根据所引用的新权利要求1对权利要求2中基团的定义进行适应性修改，在原说明书中记载了式（Ⅰ）化合物的制备方法是："……c）用式（Ⅱ）所示的一个化合物与式（Ⅵ）所示的化合物……如氯，溴。"（参见说明书第4页第17行至第5页第4行）；式（Ⅱ）化合物的制备方法是："a）用式（Ⅳ）所示的一个化合物……式中Ar如上所述"（参见说明书第5页第6~20行）；说明书第6~9页的实施例1~3分别记载了用权利要求2所述的方法制备权利要求1的式（Ⅰ-A）、（Ⅰ-B）和（Ⅰ-C）化合物的具体技术方案，说明书第10页倒数第7-6行记载了："按照上述方法，合成所有通式（Ⅰ）化合物"，而权利要求1的式（Ⅰ-D）-（Ⅰ-F）化合物均属于通式（Ⅰ）化合物，因此，对权利要求2中基团定义的适应性修改可以从原申请记载的信息中直接地、毫无疑义地确定，因此也是允许的。综上所述，权利要求1~3符合专利法第33条的规定。

3. 关于专利法第22条第2款

专利法第22条第2款规定：新颖性，是指在申请日以前没有同样的发明或者实用新型在国内外出版物上公开发表过、在国内公开使用过或者以其他方式为公众所知，也没有同样的发明或者实用新型由他人向国务院专利行政部门提出过申请并且记载在申请日以后公布的专利申请文件中。

《复审通知书》指出，对比文件1公开了一系列落在驳回文本的权利要求1~6、8范围内的化合物，其可做成制剂防治害虫和病原菌，因此，权利要求1~6、8~9不具备专利法第22条第2款规定的新颖性（详见案由部分）。

请求人于2009年4月9日提交的权利要求书中，已经将驳回文本的权利要求1~6、8删除，新增加的权利要求1要求保护6个具体化合物，其并未在对比文件1中公开，因此，权利要求1相对于对比文件1具备专利法第22条第2款规定的新颖性，在此基础上，要求保护含有权利要求1的任一个化合物及常规添加剂和助剂物质的药剂在害虫及病原菌上的用途的权利要求3（驳回文本的权利要求9），也具备专利法第22条第2款规定的新颖性。因此，《复审通知书》指出的权利要求1~6、8~9不具备新颖性的缺陷已经克服。

4. 关于专利法第22条第3款

专利法第22条第3款规定：创造性，是指同申请日以前已有的技术相比，该发明有突出的实质性特定和显著进步。

对化合物的创造性判断而言，如果结构上与已知化合物接近的化合物具备预料不到的技术效果，则认为它有创造性，这种预料不到的技术效果可以是对已知化合物的某一已知效果有实质性的改进或提高。

就本申请而言，权利要求 1 要求保护 6 个具备苄基肟醚结构的具体化合物，如说明书所述，其具备防治害虫及病原菌的效果。对比文件 1 公开了一系列具备杀有害生物以及病原菌活性的化合物（参见对比文件 1 表 1 化合物），这些化合物与权利要求 1 的化合物具备相同的主体结构，即“苄基肟醚”结构，并具有相同的用途，其是与本申请最接近的对比文件。权利要求 1 的化合物与对比文件 1 公开的上述化合物相比，其区别在于苄基肟醚结构上的取代基团有所不同。但是，由于对比文件 1 表 1 所公开的众多苄基肟醚结构上的取代基各不相同的化合物都有相同的杀有害生物以及病原菌的效果，因此，本领域技术人员可以从中得出在苄基肟醚结构上进行常规的取代基替换仍然能够得到具有所述活性化合物的教导，因此，判断权利要求 1 相对于对比文件 1 公开的化合物是否具有创造性的关键在于权利要求 1 的 6 个化合物相对于对比文件 1 公开的化合物是否具备预料不到的技术效果。

请求人在答复《复审通知书》时提交了权利要求 1 的 6 个化合物与对比文件 1 中部分化合物对粘虫、蚜虫和叶蝉的生物活性（LC_{50}（mg/L））的对比数据，其中，所选取的对比文件 1 的化合物为：No5~8、10、21~23、30~33、46~48、629、632、645、646、654，上述化合物均是对比文件 1 中对粘虫、豆蚜和黑尾叶蝉的杀虫试验实施例 6~8 中所采用的样品化合物。对于该对比数据，合议组认为，原说明书已经记载了上述 6 个化合物对粘虫、蚜虫和叶蝉的杀灭效果数据（参见说明书第 22 页续表 2），也就是说，原申请文件中对权利要求 1 的 6 个化合物杀灭粘虫、蚜虫和叶蝉的用途和效果已经充分公开，请求人在申请日之后提供权利要求 1 的 6 个化合物与对比文件 1 化合物在相同实验条件下的杀灭粘虫、蚜虫和叶蝉的实验数据，仅仅是为了便于与对比文件 1 化合物的技术效果进行对比，这种对比实验数据可作为本申请权利要求创造性的评价依据。

在该对比数据中，每个化合物都至少相对于上述害虫中的两种作了生物活性试验，结果表明，相对于至少一种害虫，权利要求 1 的化合物（Ⅰ-A）、（Ⅰ-B）、（Ⅰ-C）、（Ⅰ-D）和（Ⅰ-E）的 LC_{50} 值都比对比文件 1 化合物的最小 LC_{50} 值还低 1~2 个数量级，而权利要求 1 的化合物（Ⅰ-F）相对于粘虫的 LC_{50} 值 5.89 也小于对比文件 1 化合物相对于粘虫的最小 LC_{50} 值 7.71，且对比文件 1 的大部分化合物相对于粘虫的 LC_{50} 值均远高于最小值 7.71，由此可见，权利要求 1 的化合物相对于对比文件 1 显著地降低了对至少一种害虫的 LC_{50} 值，即提高了对所述害虫的杀虫活性。

由此可见，本申请中将对比文件 1 公开的苄基肟醚结构上的取代基团进行替换得到权利要求 1 的化合物所带来的技术效果是：相同条件下杀灭粘虫、蚜虫和叶蝉中的一种或多种的活性的显著提高，而通过上述基团替换获得这种显著好的活性是本领域技术人员根据对比文件 1 或本领域常识均难以预料到的。因此，相对于对比文件 1 中的化合物，权利要求 1 的化合物对于本领域技术人员来说是非显而易见的。权利要求 1 具备突出的实质性特点和显著的进步，符合专利法第 22 条第 3 款关于创造性的规定。

权利要求 2 要求保护权利要求 1 所述化合物的制备方法，在权利要求 1 的化合物具备创造性的基础上，其制备方法同样具备创造性，因此，权利要求 2 符合专利法第 22 条第 3 款的规定。

权利要求 3 要求保护含有权利要求 1 的任一个化合物及常规添加剂和助剂物质的药剂在害虫及病原菌上的用途，在权利要求 1 的化合物具备创造性的基础上，权利要求 3 也具备专利法第 22 条第 3 款规定的创造性。

综上所述，目前的权利要求书已经克服了《驳回决定》和《复审通知书》中指出的所有缺陷。

根据上述事实和理由，合议组作出如下审查决定。

三、决定

撤销国家知识产权局于2007年1月12日针对200310110647.1号发明专利申请作出的驳回决定，由国家知识产权局原审查部门以本复审决定针对的文本为基础继续审批程序。

复审请求人对本决定不服的，可以根据专利法第41条第2款的规定，自收到本决定之日起三个月内向北京市第一中级人民法院起诉。

062

液体硬质塑料

复审请求审查决定（第17474号）

决　定　号　第17474号
决　定　日　2009年6月11日
发明创造名称　液体硬质塑料
国际分类号　C08K9/00，C08K9/06
复审请求人　德古萨股份公司
申　请　号　02829252.9
申　请　日　2002年7月2日
公　开　日　2005年6月29日
合议组组长　危　峰
主　审　员　潘　剑
参　审　员　兰　琪

法律依据　专利法实施细则第20条第1款
决定要点

如果本领域技术人员根据说明书描述的内容可以清楚确定权利要求中某词的确切含义，则该权利要求是清楚的。

一、案由

本复审请求涉及发明名称为“液体硬质塑料”的02829252.9号发明专利申请（下称本申请），申请人为德古萨股份公司，申请日为2002年7月2日，公开日为2005年6月29日。

2008年6月6日，针对申请人于2008年4月29日提交的权利要求第1~3项、说明书第1~3页，2004年12月30日进入中国国家阶段时提交的国际申请文件的中文文本的说明书第4~17页及其摘要（下称驳回文本），国家知识产权局以权利要求1~2不符合专利法实施细则第20条第1款为由驳回了本申请。

驳回决定认为：权利要求1要求保护的主题是“液体硬质塑料”，而塑料是“以树脂等高分子化合物为基本成分，与配料混合后加热加压而成的、具有一定形状的材料。在常温下不再变形。”（参见《现代汉语词典》），由此定义看出塑料本身在常温下应当是固体，因此，权利要求1中出现的“液体硬质塑料”的含义不清楚，导致权利要求保护范围不清楚，不符合专利法实施细则第20条第1款的规定。基于同样的理由，权利要求2中出现的“液体硬质塑料”含义不清楚，同样导致权利要求保护范围不清楚，不符合专利法实施细则第20条第1款的规定。申请人在意见陈述书中指出“液体硬质塑料”表示的是在反应形成硬质固体之前是液体，而不能理解为反应后得到的塑料还是液体。

因此，液体硬质塑料并不是最终的硬质塑料，其只是用于形成硬质塑料的前体。首先，在所属技术领域中，“液体硬质塑料”不具有通常的含义，说明书中也没有对“液体硬质塑料”作出明确的定义。而且，主题名称中并没有对其为反应前还是反应后状态作出限定，该主题名称中出现的“塑料”对本领域人员来说为经过加工所产生的材料，用“液体”对“塑料”进行修饰并无法限定出其为反应前还是反应后的状态，反而导致主题名称含义矛盾。因此，申请人对此作出的意见陈述不具有说服力，审查员不予采纳。

驳回决定针对的权利要求书如下：

“1. 液体硬质塑料，其特征在于其包括已经用含甲基丙烯酸基团的硅烷进行表面改性的热解法制备的二氧化硅。

2. 权利要求1的液体硬质塑料，其特征在于所述热解法制备的二氧化硅已经被结构改性。

3. 增强硬质塑料的方法，其特征在于制备未交联的树脂与已经用含甲基丙烯酸基团的硅烷进行表面改性的热解法制备的二氧化硅的混合物。”

2008年9月19日，申请人德古萨股份公司（下称请求人）对上述驳回决定不服，向专利复审委员会提出复审请求，同时提交了权利要求书的全文替换页，其中对权利要求1进行了修改，修改后的权利要求1为：

“1. 液体硬质塑料，其特征在于其是未交联的树脂与已经用含甲基丙烯酸基团的硅烷进行表面改性的热解法制备的二氧化硅的混合物。”

请求人认为：①虽然“塑料”的含义是固体，但不能就此说液体塑料就是不清楚的。②即使“液体硬质塑料”是一个在本领域含义不明确的词，但是作为首次出现的外来词也应当被接受，而且本申请的国际公开中已经记载了其英文（liquid duroplastics）。③权利要求1保护的“液体硬质塑料”的含义由其限定部分来定义，本领域技术人员应该知道其范围是“包括已经用……的二氧化硅”的组合物，而通过说明书实施例可以看出，所使用的硬质塑料（组合物）是流体，因此其应是液体的。

经形式审查合格后，专利复审委员会受理了该请求，并于2008年11月14日向请求人发出了《复审请求受理通知书》，同时将本申请转送至国家知识产权局原审查部门进行前置审查。

在《前置审查意见书》中，国家知识产权局原审查部门认为复审请求人于2008年9月19日提交的修改文本不符合专利法第33条的规定；同时认为“液体硬质塑料”的主题名称仍然不清楚，因此坚持驳回决定。

专利复审委员会组成合议组，对本复审请求案进行了审理。

2009年6月3日，专利复审委员会收到请求人提交的权利要求书的全文替换页，其中请求人将权利要求书恢复为驳回文本的权利要求书。

经合议，合议组认为本案事实已经清楚，可以作出审查决定。

二、决定的理由

1. 关于决定的文本

请求人在复审阶段于2009年6月3日所提交的权利要求书已经恢复为驳回文本的权利要求书。经审查，上述修改之后的文本在原权利要求书均有相应记载，因此，该修改符合专利法实施细则第60条第1款的规定和专利法第33条的规定，故《前置审查意见书》指出的关于专利法第33条的缺陷已不存在。

本复审请求审查决定是针对请求人于2009年6月3日提交的权利要求第1~3项、2008年4月29日提交的说明书第1~3页，2004年12月30日进入中国国家阶段时提交的国际申请文件的中文文本的说明书第4~17页及其摘要作出的。

2. 关于专利法实施细则第 20 条第 1 款

专利法实施细则第 20 条第 1 款规定：权利要求书应当说明发明或者实用新型的技术特征，清楚、简要地表述请求保护的范围。

如果本领域技术人员根据说明书描述的内容可以清楚确定权利要求中某词的确切含义，则该权利要求是清楚的。

就本案而言，权利要求 1 请求保护液体硬质塑料，其特征在于其包括已经用含甲基丙烯酸基团的硅烷进行表面改性的热解法制备的二氧化硅。权利要求 2 请求保护权利要求 1 的液体硬质塑料，其特征在于所述热解法制备的二氧化硅已经被结构改性。

驳回决定认为，权利要求 1、2 的保护主题“液体硬质塑料”是不清楚的，因为塑料常温下是固体，“液体硬质塑料”在本领域不具有通常含义，而且说明书也没有对“液体硬质塑料”作出明确的定义。对于申请人在意见陈述书中指出的，液体硬质塑料表示的是在反应形成硬质固体之前是液体，不表示反应后得到的塑料还是液体。驳回决定认为，用“液体”对“塑料”进行修饰并无法限定出其为反应前还是反应后的状态，导致主题名称含义矛盾。

请求人在复审请求书中认为，权利要求 1 和 2 保护的“液体硬质塑料”的含义由其限定部分来定义，本领域技术人员应该知道其范围是“包括已经用……的二氧化硅”的组合物，而通过说明书实施例可以看出，所使用的硬质塑料（组合物）是流体，因此其应是液体的。

对此，合议组认为，权利要求 1 和 2 请求保护的主题是“液体硬质塑料”，表明该权利要求属于产品权利要求，其特征部分已经清楚地限定了所述“液体硬质塑料”的组成，因此，判断权利要求 1 和 2 是否清楚地表述请求保护的范围的关键在于，主题词“液体硬质塑料”是否会导致权利要求的保护范围不清楚。

首先，没有证据表明“液体硬质塑料”在本领域具有通常的含义，因此，必须结合说明书考察该主题词在本申请中是否有特定的明确的含义。说明书第 2 页第 3 段记载“在液体硬质塑料中使用二氧化硅作为增稠剂也是众所周知的”，说明书第 2 页第 4 段记载“本发明描述了用低分子量反应性聚合物（通常为液体）中的不饱和有机基团改性的二氧化硅的使用”。虽然“硬质塑料”在本领域中通常被理解为一种固体物质，但是，通过以上内容，结合权利要求 1 和 2 中“液体硬质塑料”的组成，本领域技术人员可以确定，本申请所述的“液体硬质塑料”是一种液体组合物。

其次，说明书第 1 页第 2 段记载“硬质塑料是指由可固化的树脂制备的所有塑料”，说明书第 8 页第 3 段记载“为了使处理、固化变得容易并且提供所希望的机械性能，本发明的组合物可以包括共聚单体”，通过以上内容，本领域技术人员可以确定，本申请的“液体硬质塑料”需要经过处理、固化才能得到最终的硬质塑料，即本申请所述的“液体硬质塑料”是固化得到硬质塑料前的中间组合物。

再次，说明书具体实施方式部分具体描述了本申请组合物的制备及固化过程，其中描述本发明的实施例 2、3 以及比较例 6 中，均是将符合规定的二氧化硅与特定的树脂混合，得到液体组合物，随后将该液体组合物固化得到固体的薄片。

综上所述，本领域技术人员根据本申请说明书描述的内容，可以清楚地确定权利要求 1 和 2 的主题词“液体硬质塑料”所表示的组合物为固化得到硬质塑料前的中间组合物，其为液态，其固化之后获得通常理解的硬质塑料。因此，权利要求 1 和 2 中的主题词“液体硬质塑料”不会导致其保护范围不清楚。驳回决定指出的权利要求 1、2 不符合专利法实施细则第 20 条第 1 款的规定的缺陷不存在。

根据上述事实和理由，合议组作出如下审查决定。

三、决定

撤销国家知识产权局于 2008 年 6 月 6 日针对 02829252.9 号发明专利申请作出的驳回决定，由国家知识产权局原审查部门以本复审请求审查决定所针对的文本为基础继续审批程序。

复审请求人对本决定不服的，可以根据专利法第 41 条第 2 款的规定，自收到本决定之日起三个月内向北京市第一中级人民法院起诉。

063

乙酸生产方法

复审请求审查决定（第 17475 号）

决　定　号　第 17475 号
决　定　日　2009 年 6 月 3 日
发明创造名称　乙酸生产方法
国 际 分 类 号　C07C51/12，C07C53/08
复 审 请 求 人　英国石油化学品有限公司
申　请　号　03811624.3
申　请　日　2003 年 4 月 9 日
优 先 权 日　2002 年 5 月 20 日
公　开　日　2005 年 8 月 17 日
合 议 组 组 长　吴红权
主　审　员　潘　剑
参　审　员　顾笑璐

法 律 依 据　专利法第 22 条第 2 款
决 定 要 点

如果一项权利要求的技术方案与现有技术公开的技术方案相比存在实质性区别，则该权利要求相对于该现有技术具备新颖性。

一、案由

本复审请求案涉及发明名称为“乙酸生产方法”的 03811624.3 号发明专利申请（下称本申请），申请人为英国石油化学品有限公司，申请日为 2003 年 4 月 9 日，优先权日为 2002 年 5 月 20 日，公开日为 2005 年 8 月 17 日。

2008 年 5 月 9 日，针对申请人按照进入中国国家阶段时提交的国际申请文件的中文文本的说明书第 2~13 页、权利要求书第 1~30 项、说明书附图第 1~2 页、说明书摘要和国际初步审查报告附件的中文译文的说明书第 1 页（下称驳回文本），国家知识产权局以权利要求 1~30 不具备专利法第 22 条第 2 款规定的新颖性为由驳回了本申请。

驳回决定认为：（1）对比文件 1（CN1186800A，公开日为 1998 年 7 月 8 日）公开了一种使用一氧化碳羰基化烷基醇和/或其活性衍生物，尤其是甲醇和/或乙酸乙酯的方法，并具体公开了以下技术特征：①在第一反应区中在高温高压下用一氧化碳羰基化烷基醇和/或其活性衍生物，得到在含有羧酸产物、铱催化剂、烷基卤助催化剂、水、羧酸产物和烷基醇的酯和任选的一种或多种促进剂的液体反应混合物中的羧酸产物；②从第一反应区域排出至少一部分含有溶解和/或夹带的一氧化碳的液体反应混合物，将至少一部分排出的液体反应混合物和一氧化碳输入第二反应区；③在第二反应区域中在高温和高压下使用排出的反应混合物中的至少 1% 溶解和/或夹带的一氧化碳进行进一步的羰基化反应以制备更多的羧酸产物。羧酸产物可由第二反应区域和任选地与第一反应区域一起或单独从第一反应区内通过闪蒸分离回收。在闪蒸分离区域中，含有大部分铱催化剂和大部分任选的促进剂的液体馏份与含有羧酸、可羰基化反应物、水和烷基卤羰基化助催化剂的蒸汽馏份分离，液体馏份循环至第一反应区域，蒸汽馏份通过一个或多个蒸馏区域、在蒸馏区域中，羧酸产物与其他组分分离，将其他组分循环至第一和/或第二反应区（参见对比文件 1 的权利要求 1、说明书第 1 页第 25 行至第 2 页第 4 行、第 4 页第 1~2 行、第 3 页第 25~26 行和说明书第 6 页最后一段，附图 1~2）。权利要求 1 与对比文件 1 公开的上述内容相比，所不同的仅仅是文字表达方式上略有差别，尽管对比文件 1 没有提及根据式 Y>mX+C 保持低压废气中一氧化碳的浓度，但对比文件 1 实际采用的操作条件同样应当符合上式，因此二者的技术方案实质上是相同的，且两者属于相同的技术领域，并能产生相同的技术效果，因此所述权利要求所要求保护的技术方案不具备新颖性。

（2）权利要求 30 要求保护的是低压废气中的一氧化碳的用途，其技术方案和权利要求 1 要求保护的技术方案实质相同，因此基于上述（1）的相同理由，其也不符合专利法第 22 条第 2 款有关新颖性的规定。

（3）从属权利要求 2~3 的附加技术特征已被对比文件 1 的说明书第 2 页第 4 段公开，从属权利要求 4~8 的附加技术特征已被对比文件 1 的说明书第 2 页第 6~7 段公开，从属权利要求 9~11 的附加技术特征已被对比文件 1 的说明书第 3 页第 1 段公开，从属权利要求 12~16 的附加技术特征已被对比文件 1 的说明书第 3 页最后一段至第 4 页第 6 段公开，从属权利要求 17~20 的附加技术特征已被对比文件 1 的说明书第 6 页第 1 段公开，从属权利要求 21~22 的附加技术特征同样已被对比文件 1 的说明书第 6 页第 4 段公开，从属权利要求 29 的附加技术特征同样已被对比文件 1 的说明书第 1 页第 3 段公开。

因此当其引用的权利要求 1 不具备新颖性时，上述从属权利要求所要求保护的技术方案也不具备专利法第 22 条第 2 款所规定的新颖性。

（4）从属权利要求 23~28 对低压废气中的各组分含量作了进一步的限定，尽管对比文件 1 并未测定这些参数，但在反应条件相同的情况下，低压废气中的这些参数同样应当相同，因此当其引用的在先权利要求不具备新颖性时，所述从属权利要求所要求保护的技术方案也不具备专利法第 22 条第 2 款所规定的新颖性。

综上所述，权利要求 1~30 不符合专利法第 22 条第 2 款的规定。

驳回决定针对的权利要求 1 如下：

“1. 一种生产乙酸的方法，该方法包括步骤：

（1）在第一个羰基化反应区内，在包括铱羰基化催化剂、钌促进剂、碘甲烷助催化剂、乙酸甲酯、乙酸和水的液体反应组合物中羰基化甲醇和/或其反应性衍生物；

（2）由所述羰基化反应区取出液体反应组合物连同溶解和/或夹带的一氧化碳和其他气体；

（3）任选使所述取出的液体反应组合物通过一个或多个进一步的反应区，以消耗至少一部分溶解和/或夹带的一氧化碳；

（4）使来自步骤（2）和任选的步骤（3）的所述组合物进入一个或多个闪蒸分离阶段，以形成（ⅰ）含有可冷凝组分和低压废气的蒸气馏分，可冷凝组分包括乙酸产物，和低压废气包括一氧化碳和溶解和/或夹带在取出的液体羰基化反应组合物中的其他气体，和（ⅱ）液体馏分，包括铱羰基化催化剂、钌促进剂和乙酸溶剂；

（5）从低压废气中分离出可冷凝组分；以及

（6）将液体馏分由闪蒸分离阶段再循环至第一羰基化反应区，

其中按照下式维持低压废气中一氧化碳的浓度：

Y>mX+C

其中Y为低压废气中一氧化碳的摩尔浓度，X为液体反应组合物中钌的浓度，以重量计，用ppm表示，m为约0.012，且C为约-8.7。”

2008年8月11日，申请人英国石油化学品有限公司（下称请求人）对上述驳回决定不服，向专利复审委员会提出复审请求，请求人在提出复审请求时未对申请文件进行修改。

请求人认为：虽然对比文件1采用相同机理来制备乙酸，但是本发明对对比文件1的改进之处在于对闪蒸分离的低压废气中的一氧化碳浓度的限定。对比文件1没有对一氧化碳浓度进行限定，也没有有关其与钌促进剂浓度的关系的内容，因此，本申请是对对比文件1的选择发明。本申请通过特定的方程式控制低压废气中一氧化碳相对于钌的水平，从而解决防止催化剂和/或促进剂金属在生产乙酸过程中在产品回收阶段的沉积问题，而对比文件1没有涉及该主题，并且沉淀很可能在对比文件1的方法中发生。因此，本申请相对于对比文件1具备新颖性。

经形式审查合格后，专利复审委员会受理了该请求，并于2008年10月6日向请求人发出了《复审请求受理通知书》，同时将本申请转送至国家知识产权局原审查部门进行前置审查。

在《前置审查意见书》中，国家知识产权局原审查部门坚持驳回决定。

专利复审委员会组成合议组，对本复审请求案进行了审理。

合议组认为本案事实清楚，可以作出审查决定。

二、决定的理由

1. 关于决定的文本

鉴于请求人在复审阶段未对申请文件进行修改，故本复审请求审查决定是以驳回决定所针对的申请文本为基础作出的。

2. 关于专利法第22条第2款

专利法第22条第2款规定：新颖性，是指在申请日以前没有同样的发明或者实用新型在国内外出版物上公开发表过、在国内公开使用过或者以其他方式为公众所知，也没有同样的发明或者实用新型由他人向国务院专利行政部门提出过申请并且记载在申请日以后公布的专利申请文件中。

如果一项权利要求的技术方案与现有技术公开的技术方案相比存在实质性区别，则该权利要求相对于该现有技术具备新颖性。

就本申请而言，权利要求1请求保护一种生产乙酸的方法，该方法包括步骤：（1）在第一个羰基化反应区内，在包括铱羰基化催化剂、钌促进剂、碘甲烷助催化剂、乙酸甲酯、乙酸和水的液体反应组合物中羰基化甲醇和/或其反应性衍生物；（2）由所述羰基化反应区取出液体反应组合物连同溶解和/或夹带的一氧化碳和其他气体；（3）任选使所述取出的液体反应组合物通过一个或多个进一步的反应区，以消耗至少一部分溶解和/或夹带的一氧化碳；（4）使来自步骤（2）和任选的步骤（3）的所述组合物进入一个或多个闪蒸分离阶段，以形成（ⅰ）含有可冷凝组分和低压废气的蒸气馏分，可冷凝组分包括乙酸产物，和低压废气包括一氧化碳和溶解和/或夹带在取出的液体羰基化反应组合物中的其他气体，和（ⅱ）液体馏分，包括铱羰基化催化剂、钌促进剂和乙酸溶剂；（5）从低压废气中分离出可冷凝组分；以及（6）将液体馏分由闪蒸分离阶段再循环至第一羰基化反应区，其中按照下式维持低压废气中一氧化碳的浓度：Y>mX+C，其中Y为低压废气中一氧化碳的摩尔浓度，X为液体反应组合物中钌的浓度，以重量计，用 ppm 表示，m 为约 0.012，且 C 为约-8.7。

对比文件 1（CN1186800A，公开日为 1998 年 7 月 8 日）公开了一种使用一氧化碳羰基化烷基醇和/或其活性衍生物，尤其是甲醇和/或乙酸乙酯的方法，并具体公开了以下技术特征：（a）在第一反应区中在高温高压下用一氧化碳羰基化烷基醇和/或其活性衍生物，得到在含有羧酸产物、铱催化剂、烷基卤助催化剂、水、羧酸产物和烷基醇的酯和任选的一种或多种促进剂的液体反应混合物中的羧酸产物；（b）从第一反应区域排出至少一部分含有溶解和/或夹带的一氧化碳的液体反应混合物，将至少一部分排出的液体反应混合物和一氧化碳输入第二反应区；（c）在第二反应区域中在高温和高压下使用排出的反应混合物中的至少 1% 溶解和/或夹带的一氧化碳进行进一步的羰基化反应以制备更多的羧酸产物。羧酸产物可由第二反应区域和任选地与第一反应区域一起或单独从第一反应区内通过闪蒸分离回收。在闪蒸分离区域中，含有大部分铱催化剂和大部分任选的促进剂的液体馏份与含有羧酸、可羰基化反应物、水和烷基卤羰基化助催化剂的蒸汽馏份分离，液体馏份循环至第一反应区域，蒸汽馏份通过一个或多个蒸馏区域、在蒸馏区域中，羧酸产物与其他组分分离，将其他组分循环至第一和/或第二反应区。其中在第一和第二反应区域中的液体反应混合物最优选还含有钌促进剂（参见对比文件 1 的权利要求 1、说明书第 1 页第 25 行至第 2 页第 4 行、第 4 页第 1~2 行、第 3 页第 25~26 行和说明书第 6 页最后一段，附图 1~2）。

将权利要求 1 的技术方案与对比文件 1 公开的上述技术方案相比较，两者的区别在于：权利要求 1 限定了闪蒸分离时蒸气馏分中的低压废气的一氧化碳浓度，其条件是：Y>mX+C，其中 Y 为低压废气中一氧化碳的摩尔浓度，X 为液体反应组合物中钌的浓度，以重量计，用 ppm 表示，m 为约 0.012，且 C 为约-8.7，对比文件 1 没有对闪蒸分离时蒸气馏分中的低压废气的一氧化碳浓度进行限定。

驳回决定认为，尽管对比文件 1 没有提及根据式 Y>mX+C 保持低压废气中一氧化碳的浓度，但对比文件 1 实际采用的操作条件同样应当符合上式，因此二者的技术方案实质上是相同的，且两者属于相同的技术领域，并能产生相同的技术效果，因此权利要求 1 的技术方案不具备新颖性。驳回决定还认为，该方程式没有要求其他操作条件，即仅根据液体反应组合物中钌的浓度 X 来限定 Y 的值，在其他反应条件相同的情况下，对比文件 1 中低压废气中一氧化碳的摩尔浓度也应符合式 Y>mX+C 的关系，因此，虽然对比文件 1 没有明确公开低压废气中一氧化碳的浓度，但其公开的技术方案实质上落入了权利要求 1 的范围。

请求人认为，本申请对对比文件 1 的改进之处在于对闪蒸分离的低压废气中的一氧化碳浓度的限定。对比文件 1 没有对一氧化碳浓度进行限定，也没有有关其与钌促进剂浓度的关系的内容，因此，本申请是对对比文件 1 的选择发明。本申请通过特定的方程式控制低压废气中一氧化碳相对于钌的水平，从而解决防止催化剂和/或促进剂金属在生产乙酸过程中在产品回收阶段的沉积问题，而对比文件 1 没有涉及该主题，并且沉淀很可能在对比文件 1 的方法中发生。因此，本申请相对于对比文件 1 具备新颖性。

综合双方的观点，合议组认为，本案争议的焦点有：(1)“Y>mX+C，其中 Y 为低压废气中一氧化碳的摩尔浓度，X 为液体反应组合物中钌的浓度，以重量计，用 ppm 表示，m 为约 0.012，且 C 为约-8.7”是否构成权利要求 1 与对比文件 1 所公开技术方案的一个区别技术特征或区别技术手段。(2) 本申请通过式 Y>mX+C 能否实际解决其所声称的技术问题，以及本申请所解决的技术问题是否与对比文件 1 相同。

首先，审查指南第二部分第一章第 2 节规定，技术方案是对要解决的技术问题所采取的利用了自然规律的技术手段的集合。技术手段通常是由技术特征来体现的。审查指南第二部分第三章第 3.1 节规定，被审查的发明与现有技术的相关内容相比，如果其技术领域、所解决的技术问题、技术方案和预期效果实质上相同，则认为二者为同样的发明。需要注意的是，在进行新颖性判断时，审查员首先应当判断被审查专利的技术方案与对比文件的技术方案是否实质上相同，如果专利申请与对比文件公开的内容相比，其权利要求所限定的技术方案与对比文件公开的技术方案实质上相同，所属技术领域的技术人员根据二者的技术方案可以确定二者能够适用于相同的技术领域，解决相同的技术问题，并具有相同的预期效果，则认为二者为同样的发明。

根据审查指南的上述记载，合议组认为，判断一项权利要求是否具有新颖性，除比较二者技术方案是否实质相同外，还要考察二者是否属于相同的技术领域，是否能够解决相同的技术问题以及是否具有相同的预期效果。就本案而言，在请求人已在答复《第一次审查意见通知书》时对本申请所要解决的技术问题进行陈述的情况下，驳回决定并没有对本申请的技术方案所解决的技术问题是否与对比文件 1 的技术方案所解决的技术问题实质相同发表意见。

其次，就本案而言，根据本申请给出的在闪蒸分离阶段一氧化碳浓度和钌促进剂浓度的上述关系式可知，一氧化碳浓度是在闪蒸分离阶段根据钌促进剂的浓度进行的选择，权利要求 1 虽然没有记载在闪蒸分离阶段如何调节一氧化碳浓度的具体操作步骤，但是本领域技术人员为了使一氧化碳浓度符合上述关系式，将必然采取本领域常规的压力调节手段，即权利要求 1 实质隐含了对一氧化碳浓度进行调节的具体操作步骤，而对比文件 1 的技术方案在未限定闪蒸分离阶段的一氧化碳浓度且未记载调节一氧化碳浓度的操作步骤的情况下，不会涉及通过调节压力来对闪蒸分离阶段的一氧化碳浓度进行调节，因此，式 Y>mX+C 构成与对比文件 1 所公开技术方案的一个区别技术特征，导致权利要求 1 的技术方案与对比文件 1 公开的内容实质不同。

再次，如本申请说明书所述，本申请将与助催化剂接触的一氧化碳维持在限定水平之上（即该区别技术特征），从而降低了乙酸产物回收过程中因形成固体而导致的助催化剂和/或催化剂损失（参见说明书第 2 页第 20~21 行，第 1 页第 30~31 行），此外，从本申请说明书第 9~13 页公开的内容可知，只要低压废气中的一氧化碳浓度维持条件 Y>mX+C 的水平，积垢速率显著降低，因此，相对于对比文件 1，该区别技术特征解决了其所声称的技术问题，并取得了预期的技术效果，而对比文件 1 中未涉及积垢速率的问题。综上所述，权利要求 1 和对比文件 1 的技术方案存在实质性区别，因此，权利要求 1 的技术方案相对于对比文件 1 具备新颖性，符合专利法第 22 条第 2 款的规定。

在权利要求 1 相对于对比文件 1 具备新颖性的基础上，其从属权利要求 2~29 相对于对比文件 1 也具备新颖性，符合专利法第 22 条第 2 款的规定。

权利要求 30 请求保护低压废气中的一氧化碳的用途，其技术特征和权利要求 1 相同，因此，基于评述权利要求 1 的相同理由，权利要求 30 相对于对比文件 1 也具备新颖性，符合专利法第 22 条第 2 款的规定。

根据上述事实和理由，合议组作出如下审查决定。

三、决定

撤销国家知识产权局于 2008 年 5 月 9 日针对 03811624.3 号发明专利申请作出的驳回决定，由国家知识产权局原审查部门以驳回文本为基础继续审批程序。

复审请求人对本决定不服的，可以根据专利法第 41 条第 2 款的规定，自收到本决定之日起三个月内向北京市第一中级人民法院起诉。

064

作为 PDF 抑制剂的 N-甲酰基羟胺类化合物

复审请求审查决定（第 17476 号）

决　定　号　第 17476 号
决　定　日　2009 年 6 月 8 日
发明创造名称　作为 PDF 抑制剂的 N-甲酰基羟胺类化合物
国 际 分 类 号　C07D401/12，A61K341/4402，A61P31/04
复 审 请 求 人　维克朗药物公司
申　请　号　02810596.6
最早优先权日　2001 年 6 月 15 日
申　请　日　2002 年 6 月 14 日
公　开　日　2004 年 7 月 7 日
合 议 组 组 长　吴红权
主　审　员　侯　曜
参　审　员　刘　磊

法 律 依 据　专利法第 22 条第 3 款
决 定 要 点

结构上与已知化合物接近的化合物，必须要有预料不到的用途或效果，如果请求人提供的数据不能证明权利要求中的所有化合物的活性相对于现有技术有意想不到的提高，那么该权利要求不具备创造性。

一、案由

本复审请求案涉及发明名称为“作为 PDF 抑制剂的 N-甲酰基羟胺类化合物”的 02810596.6 号发明专利申请（下称本申请），申请人为维克朗药物公司，申请日为 2002 年 6 月 14 日，最早的优先权日为 2001 年 6 月 15 日，公开日为 2004 年 7 月 7 日。

2007 年 8 月 10 日，针对申请人于 2005 年 12 月 30 日提交的权利要求第 1~11 项，进入中国国家阶段时提交的说明书第 1~66 页和说明书摘要，国家知识产权局以权利要求 1~11 不具备创造性，不符合专利法第 22 条第 3 款的规定为由驳回了本申请。

驳回决定针对的权利要求书如下：

“1. 一种式（Ⅰ）的化合物或其药用盐：

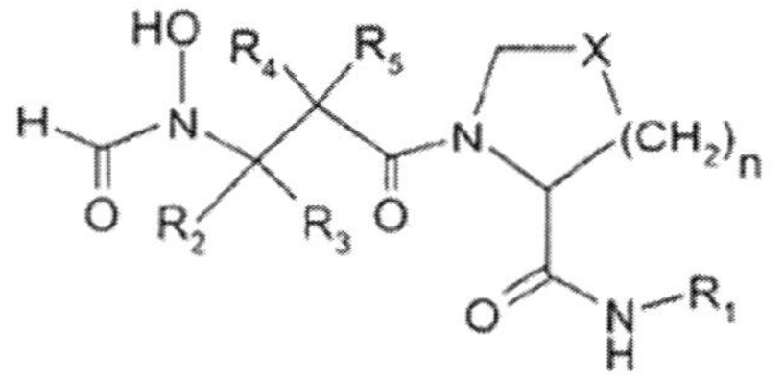

（Ⅰ）

其中，X 是$-CH_2-$、$-S-$、$-CH(OH)-$、$-CH(OR)-$、$-CH(SH)-$、$-CH(SR)-$或$-CH(F)$，其中 R 为C_{1-7}烃基；R_1 为芳基或杂芳基；R_2、R_3、R_4 和 R_5 各自独立地是氢或 C_{1-7}烃基，或（R_2 或 R_3）和（R_4 或 R_5）共同形成 C_{4-7}环烃基；且 n 为 0~3，前提是当 n 是 0 时，X 是$-CH_2-$，其中芳基指具有一个单环或多个稠合环的 6~14 个碳原子的芳香碳环基团，杂芳基指 4~7 元单环芳香杂环或由一个 4~7 元单环芳香杂环和一个稠合苯环组成的双环，该杂芳基具有至少一个杂原子。

2. 权利要求 1 的化合物或其药用盐，其中 X 是$-CH_2-$；R_1 是杂芳基；R_2、R_3 和 R_4 是氢；R_5 是正丁基；且 n 是 1。

3. 权利要求 1 或 2 的化合物或其药用盐，其中杂芳基是式（Ⅱ）的残基

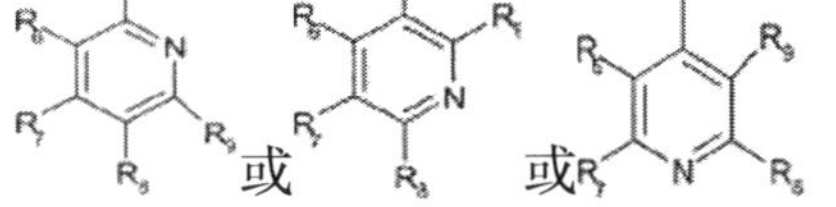

(II)

其中，R_6、R_7、R_8 和 R_9 各自独立地是氢、C_{1-7}烃基、取代 C_{1-7}烃基、羟基、C_{1-7}烃氧基；以$-(O)CR$ 表示的酰基，其中 R 为 C_{1-7}烃基；以$-OC(O)R$ 表示的酰氧基，其中 R 为 C_{1-7}烃基；SCN、卤素、氰基、硝基、硫代 C_{1-7}烃氧基、苯基、杂 C_{1-7}烃基芳基、C_{1-7}烃基磺酰基或甲酰基。

4. 权利要求 1 或 2 的化合物或其药用盐，其中杂芳基是式（Ⅲ）的残基

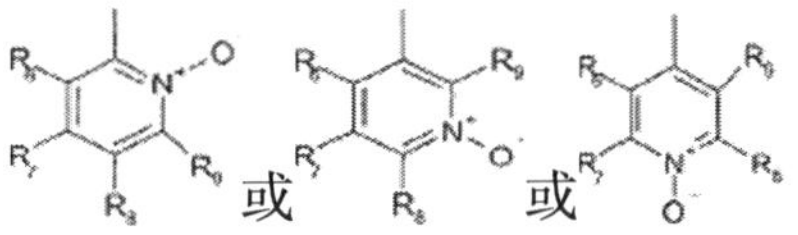

(III)

其中，R_6、R_7、R_8 和 R_9 各自独立地是氢、C_{1-7}烃基、取代 C_{1-7}烃基、苯基、卤素、羟基或 C_{1-7}烃氧基。

5. 权利要求 1 或 2 的化合物或其药用盐，其中 R_1 是式（Ⅱ.1）的杂芳基

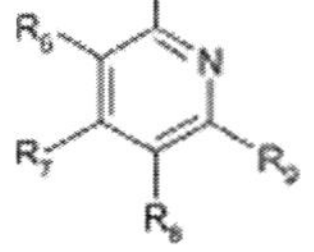

(II.1)

其中 R_6、R_8 和 R_9 是氢，R_7 是乙基或甲氧基。

6. 权利要求 1 或 2 的化合物或其药用盐，其中 R_1 是式（Ⅲ.1）的杂芳基

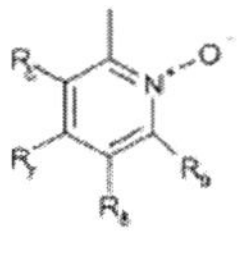

(III.1)

其中 R_6、R_7 和 R_9 是氢，R_8 是氟或三氟甲基。

7. 权利要求 1 的化合物或其药用盐，其中 R_1 是式（Ⅳ）的基团

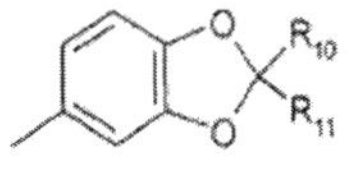

(IV)

其中 R_{10}和 R_{11}独立地是氢或卤素。

8. 一种制备权利要求 1 的式（Ⅰ）化合物的方法，该方法包括：使式（Ⅴ）化合物或其官能衍生物：

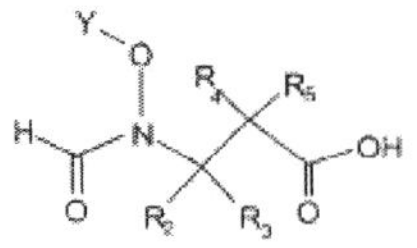

(Ⅴ)

其中 R_2、R_3、R_4 和 R_5 如权利要求 1 所限定，Y 是羟基保护基；与式（Ⅵ）化合物反应：

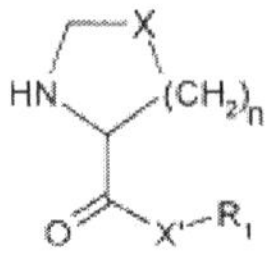

(Ⅵ)

其中 R_1、X 和 n 如权利要求 1 所限定，X’是 NH 或 O，

需要时将以游离形式获得的化合物转化成盐形式，或者将以盐形式获得的化合物转化成游离形式。

9. 一种药物组合物，该组合物包含一种权利要求 1 的式Ⅰ化合物或其可药用盐，及其可药用的稀释剂或载体。

10. 权利要求 1 的式Ⅰ化合物或其可药用盐在制备用于治疗和/或预防宿主的感染性疾病的药物中的用途。

11. 一种细胞培养基，该培养基包含细菌抑制量的式Ⅰ化合物或其可药用盐。”

驳回决定认为：①对比文件 1（CN1298299A，公开日为 2001 年 6 月 6 日）公开了一种具有抗菌活性的 N-甲酰羟胺衍生物，其实施例 12 具体公开了 1-｛2R（或 S）-［（甲酰基-羟基氨基）-甲基］-己酰基｝-吡咯烷-2S-羧酸二甲基酰胺，该化合物与本申请权利要求 1 请求保护的通式（Ⅰ）化合物的主要结构完全相同，具有相同的用途或效果，二者的区别仅在于酰胺基的取代基不同，权利要求 1 的通式（Ⅰ）化合物中酰胺基为单芳基或杂芳基取代，而对比文件 1 实施例 12 中酰胺基为两个甲基取代。可见，本申请实际解决的技术问题是对对比文件 1 中的化合物进行改进以获得具有更好技术效果的化合物。但在该对比文件 1 权利要求 1 指出，其中末端氮原子上带有的取代基还可以为芳基等基团，在该启示下，本领域技术人员得到本申请化合物是显而易见的，权利要求 1 不具备专利法第 22 条第 3 款规定的创造性。虽然申请人在答复《第一次审查意见通知书》时提供了本申请化合物与对比文件 1 中化合物的对比活性数据，但该数据并不是本申请化合物与对比文件 1 中最接近的化合物的对比活性数据，因此，并不能说明本申请化合物相对于对比文件 1 具有突出的实质性特点和显著的进步。②权利要求 2~7 的附加技术特征为对权利要求 1 所述的化合物的取代基做了进一步的限定，由于权利要求 1 不具有创造性，权利要求 2~7 所述化合物也不具备创造性。③对比文件 1 实施例 12 公开的制备方法与本申请化合物的制备方法反应原理相同，其差别仅在于一种原料（甲酰胺衍生物）及所得产物不同，即对比文件 1 中相应的甲酰胺原料和产物中的酰胺基均为双取代，而权利要求 8 中相应的原料和产物中的酰胺基均为单取代，但根据所需产物来使用相应的原料对本领域技术人员而言是显而易见的，在权利要求 1 的化合物不具备创造性的情况下，权利要求 8 也不具备创造性。④对比文件 1 的权利要求 4 公开了包含所述活性成分及载体的药物组合物、说明书第 16 页第 18~19 行公开了化合物用作抗菌剂，并且可以通过敷以或投以抑制细菌 PDF 活性的化合物来治疗细菌感染或污染，因此权利要求 9~11 也不具备创造性。

2007 年 11 月 26 日，申请人维克朗药物公司（下称请求人）对上述驳回决定不服，向专利复审委员会提出复审请求，请求人在提出复审请求时没有修改申请文件 。

请求人认为：①对比文件 1 实施例 12 的化合物在右侧结构的氮原子上连接有两个甲基，本申请化合物的该位置连接有一个芳基或杂芳基。本领域技术人员公知，甲基属于小分子的链状基团，而芳基和杂芳基属于分子相对较大的环状基团，它们的理化性质完全不同，在试图对化合物的结构进行修饰以期获得活性更高、毒性更小的化合物时，本领域技术人员无法产生用芳基或杂芳基取代氮原子上的甲基的动机，更无法预料经过该替代是否还能得到有活性的化合物。②较之对比文件 1 实施例 12 的化合物，实施例 7 的化合物与本申请化合物在结构上更相似，因此在答复《第一次审查意见通知书》时提供了采用实施例 7 的化合物进行的对比试验数据，由此证明本申请化合物具有一定的用途和效果。③虽然在对比文件 1 的权利要求 1 中指出，末端氮原子上带有的取代基还可以为芳基等基团，但是本领域技术人员公知的是，甲基与芳基或杂芳基具有完全不同的性质，故用芳基或杂芳基代替甲基具有非显而易见性。因此，本申请的权利要求相对于对比文件 1 具备创造性。

经形式审查合格后，专利复审委员会受理了该请求，并于 2007 年 12 月 26 日向请求人发出了《复审请求受理通知书》，同时将本申请转送至国家知识产权局原审查部门进行前置审查。

在《前置审查意见书》中，国家知识产权局原审查部门坚持驳回决定。

专利复审委员会依法组成合议组，对本复审请求案进行了审理，并于 2009 年 1 月 20 日向请求人发出了《复审通知书》，指出：（1）权利要求 1~11 相对于对比文件 1 不具备专利法第 22 条第 3 款规定的创造性。（2）在关于结构最接近的化合物的判断中，比较的对象应当是对比文件公开的内容与权利要求所要求保护的所有化合物，仅以本申请优选化合物作为判断结构相似程度的依据是不适当的；即使考虑本申请的优选化合物，根据说明书的记载，本申请的优选化合物为例如实施例 6、8、9、14、15、21、22、28、29 或 36 的化合物，更为优选的是实施例 14 或 36 的化合物（参见说明书第 55 页第 30 行至第 56 页第 1 行）。请求人在答复《第一次审查意见通知书》时提供的对比实验数据中，使用的化合物 1~8 分别对应于本申请说明书实施例 21、1、5、6、23、29、40 和 36，这些化合物的主结构基本上是通式 I 中 R_2、R_3、R_4 为 H，R_5 为 C_4H_9，X 为 CH_2，n 为 1 的结构，主要在 R_1 上进行基团的变化，故本申请实际上关注的是具有上述主结构的化合物上基团 R_1 的改变所带来的效果。在对比文件 1 公开的化合物中，显然应当选择具有相同主结构的实施例 12 的化合物作为最接近的现有技术。请求人在答复《第一次审查意见通知书》时提供的对比实验数据是以对比文件 1 中实施例 7 和 13 的化合物，而不是以与本申请化合物最接近的实施例 12 的化合物作为对照的，因此，所述数据不能证明本申请权利要求 1 的技术方案相对于最接近的现有技术具有预料不到的效果，因而也不能证明所述技术方案的创造性。

针对上述《复审通知书》，请求人于 2009 年 4 月 15 日向专利复审委员会提交了意见陈述书和附件 A（本申请 8 个实施例中涉及的 8 个化合物与对比文件 1 实施例 7 和 12 的化合物的 IC_{50}（大肠杆菌）的对照），以及权利要求书的全文修改替换页，其中相对于驳回决定所针对的权利要求书，从权利要求 1 中基团 X 的定义中删除了“-S-”，其余部分保持不变；请求人没有对权利要求 2~11 作出修改。修改涉及的权利要求 1 如下：

“1. 一种式（Ⅰ）的化合物或其药用盐：

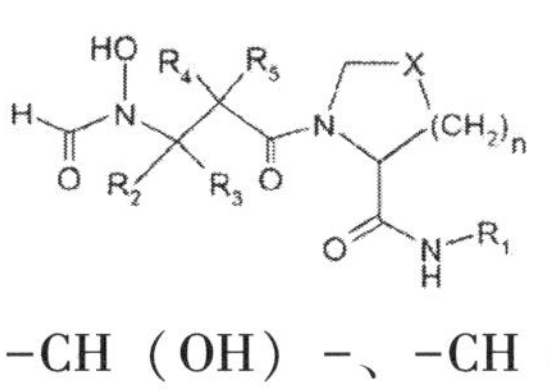

(I)

其中，X 是$-CH_2-$、-CH（OH）-、-CH（OR）-、-CH（SH）-、-CH（SR）-或-CH（F），其中 R 为 C_{1-7}烃基；R_1 为芳基或杂芳基；R_2、R_3、R_4 和 R_5 各自独立地是氢或 C_{1-7}烃基，或（R_2 或

R_3）和（R_4 或 R_5）共同形成 C_{4-7}环烃基；且 n 为 0~3，前提是当 n 是 0 时，X 是$-CH_2-$，其中芳基指具有一个单环或多个稠合环的 6~14 个碳原子的芳香碳环基团，杂芳基指 4~7 元单环芳香杂环或由一个 4~7 元单环芳香杂环和一个稠合苯环组成的双环，该杂芳基具有至少一个杂原子。”

请求人认为：对比文件 1 没有公开含有吡咯烷部分的 N-甲酰基羟胺化合物，并且该吡咯烷部分通过酰胺与芳基或杂芳基部分键接，并且对比文件 1 也没有教导本领域技术人员制备该种化合物以及该种化合物具有附件 A 的试验结果显示出来的显著抗细菌感染效果，本申请化合物的 IC_{50}值范围为 1.9~5.2，本领域技术人员无法预料将对比文件 1 实施例 7 的化合物与实施例 12 的化合物结合得到的新化合物的 IC_{50}值会在上述范围内。因此，本申请权利要求相对于对比文件 1 符合专利法第 22 条第 3 款有关创造性的规定。

至此，合议组认为本案事实已经清楚，可以依法作出审查决定。

二、决定的理由

1. 决定依据的文本

请求人在答复《复审通知书》时提交了权利要求书的全文修改替换页，经审查，所述修改符合专利法第 33 条及专利法实施细则第 60 条第 1 款的规定。因此，本复审请求审查决定以请求人于 2009 年 4 月 15 日提交的权利要求第 1~11 项、进入中国国家阶段时提交的说明书第 1~66 页和说明书摘要作为审查文本。

2. 有关创造性

专利法第 22 条第 3 款规定：创造性，是指同申请日以前已有的技术相比，该发明有突出的实质性特点和显著的进步。

结构上与已知化合物接近的化合物，必须要有预料不到的用途或效果，如果请求人提供的数据不能证明权利要求中的所有化合物的活性相对于现有技术有意想不到的提高，那么该权利要求不具备创造性。

（1）权利要求 1 要求保护一种式（Ⅰ）的化合物或其药用盐：

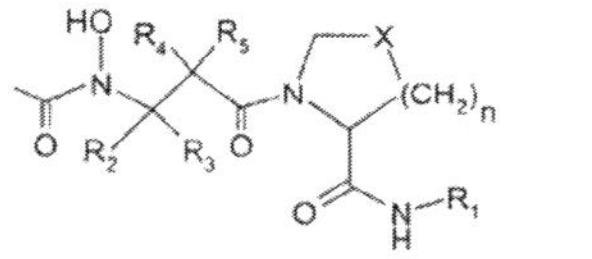

(I)

其中，X 是$-CH_2-$、$-CH(OH)-$、$-CH(OR)-$、$-CH(SH)-$、$-CH(SR)-$或$-CH(F)$，其中 R 为 C_{1-7}烃基；R_1 为芳基或杂芳基；R_2、R_3、R_4 和 R_5 各自独立地是氢或 C_{1-7}烃基，或（R_2 或 R_3）和（R_4 或 R_5）共同形成 C_{4-7}环烃基；且 n 为 0~3，前提是当 n 是 0 时，X 是$-CH_2-$，其中芳基指具有一个单环或多个稠合环的 6~14 个碳原子的芳香碳环基团，杂芳基指 4~7 个单环芳香杂环或由一个 4~7 元单环芳香杂环和一个稠合苯环组成的双环，该杂芳基具有至少一个杂原子。

对比文件 1 公开了一种通过抑制细胞内的细菌多肽脱甲酰基酶而具备抗菌活性的下式化合物，所述化合物对一定范围的革兰氏阳性和革兰氏阴性有机体有抗菌性，部分化合物对于常用抗生素例如万古霉素和 β-内酰胺抗生素抗性的细菌，比如甲氧苯青霉素抗性的金黄色葡萄球菌具有抗菌性，

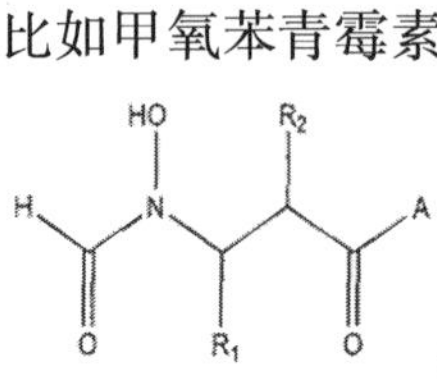

(I)

其中：R_1 代表氢，或 C_1-C_6 烷基，或被一个或多个卤素原子取代的 C_1-C_6 烷基；R_2 代表 $R_{10}-(X)n-(ALK)m-$基团，其中 R_{10}代表氢，或 C_1-C_6 烷基，C_2-C_6 链烯基，C_2-C_6 炔基，环烷基，

芳基，或杂环基团，其中的任意一个可以是非取代的或被（C_1-C_6）烷基，（C_1-C_6）烷氧基，羟基，巯基，（C_1-C_6）烷硫基，氨基，卤素（包括氟、氯、溴和碘），三氟甲基，氰基，硝基，-COOH，-$CONH_2$，-COORA，-NHCORA，-CONHRA，-NHRA，-NRARB，或-CONRARB取代，其中RA和RB分别独立为（C_1-C_6）烷基，而ALK代表直链或支链二价C_1-C_6亚烷基，C_2-C_6亚烯基，C_2-C_6亚炔基，而且可插入一个或多个非相邻的-NH-，-O-或-S-键，而X代表-NH-，-O-或-S-，而m和n分别独立的代表0或1；而A代表（Ⅰ）式（IA），（IB），（IC）或（ID）的一个基团

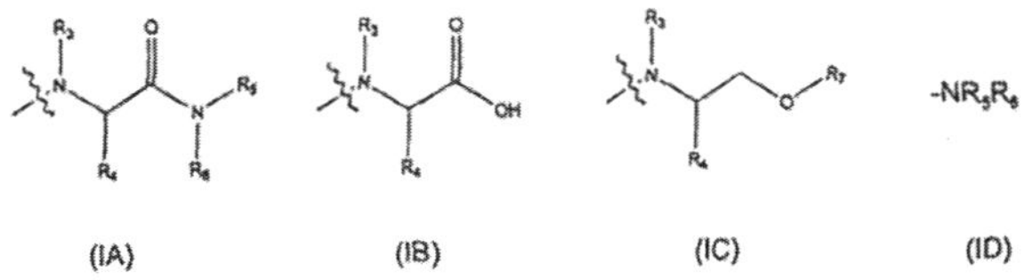

其中：

R_3代表氢，而R_4代表天然或非天然的α氨基酸的侧链，或者，R_3和R_4当与它们分别连接的氮和碳原子结合在一起时，形成一个5~8个原子的可任选取代的饱和杂环，该杂环任选的与碳环或第二个杂环相稠合，

R_5和R_6独立代表氢，或任选取代的C_1-C_8烷基，环烷基，芳基，芳基（C_1-C_6烷基），杂环基，或杂环（C_1-C_6烷基），或者，R_5和R_6当与它们连接的氮原子结合在一起时，形成一个3~8个原子的可任选取代的饱和杂环，该杂环任选的与碳环或第二个杂环相稠合，而

R_7代表氢，C_1-C_8烷基，或酰基基团（参见对比文件1的权利要求1）。

并且，对比文件1的实施例12具体制备了下式化合物1-{2R（或S）-[（甲酰基-羟基氨基）-甲基]-己酰基}-吡咯烷-2S-羧酸二甲基酰胺，

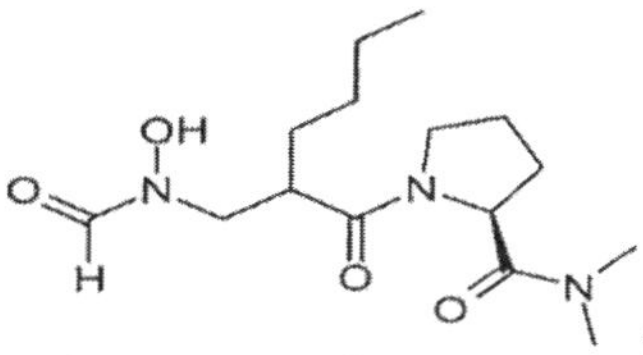
。

将对比文件1中实施例12的化合物与本申请权利要求1的式（Ⅰ）化合物对比可见，二者的区别仅在于对比文件1实施例12化合物是被两个甲基取代的末端酰胺基，而本申请化合物是被H和R_1取代的末端酰胺基，其中R_1是芳基或杂芳基。从本申请说明书公开的内容来看，本申请的目的在于提供新的N-甲酰基羟胺类化合物作为抗菌剂和抗微生物评定和使用的新的PDF（肽脱甲酰基酶）抑制剂（参见本申请说明书第1页第一段至第3页第三段）。因此本发明相对于对比文件1实际解决的技术问题是，通过改变末端酰胺基上的取代基获得用于抑制PDF的新化合物。

如前所述，在对比文件1有关通式（Ⅰ）的定义中，明确指出末端酰胺基的取代基R5和R6独立代表氢，或任选取代的C_1-C_8烷基，环烷基，芳基，芳基（C_1-C_6烷基），杂环基，或杂环（C_1-C_6烷基）。其中术语"芳基"指单-，双-，或三-环的碳环芳基团，也指包含有两个共价连接的单环的碳环芳基团。这些基团的例子有苯基，联苯基和萘基；术语"杂芳基"指5-或6-芳环，其包含一个或多个杂原子，且任选和苯基环或吡啶基环稠合；指包含两个共价连接的5-或6-元芳环，每个都包含一个或多个杂原子的基团；指包括与-5-或6-元，含有一个或多个杂原子的芳环共价相连的单环碳环芳基的基团。这些基团的例子有：噻吩基，呋喃基，吡咯基，咪唑基……和5-异噁唑-3-基噻吩基；术语"杂环基"包括杂芳基，包括上文定义的"杂芳基"，而特别代表包含一或多个选自S，N和O的杂原子的5-7元芳族或非芳族的杂环，而且任选地和一苯环稠合，包括例如：吡咯基，呋喃基，噻吩基，哌啶基……和1，3-二氧-1，3-二氢-异吲哚-2-基基团（参见对比文件1的权利要求

1，说明书第4页第15~16行、第6页第26行至第7页第9行），并且在实施例7中，具体制备了末端酰胺基上的取代基为氢和2-吡啶基的2R（或S）-［（甲酰基-羟基氨基）-甲基］-己酸［2，2-二甲基-1S-吡啶-2-基-氨基甲酰基］-丙基］-酰胺

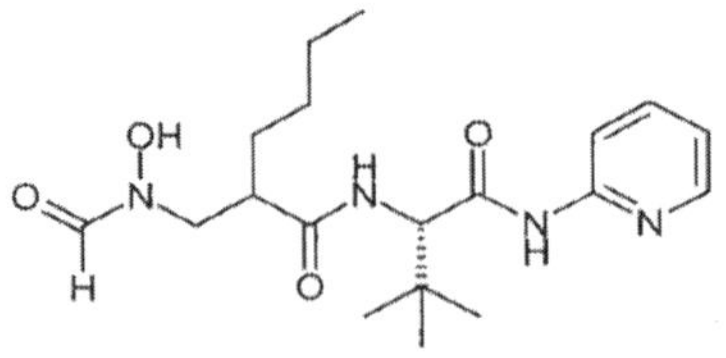

由此可见，对比文件1中已经给出了可以以H和芳基或诸如2-吡啶的杂芳基代替实施例12化合物的末端酰胺基上的两个甲基，以得到同样具有PDF抑制作用的化合物的技术启示。

请求人 在答复《复审通知书》时提交了本申请的8个具体化合物与对比文件1实施例7和12的化合物的IC_{50}（大肠杆菌）的对照，并认为由附件A的对比结果可以看出，对比文件1实施例7和实施例12的化合物的IC_{50}值分别为2和16，而本申请化合物的IC_{50}值为1.9~5.2，本领域技术人员无法预料将实施例7的化合物与实施例12的化合物结合得到的新化合物的IC_{50}值会在上述范围内。对比文件1也没有将其结合的教导或启示，因此，上述结果证明了本申请的创造性。

对此，合议组认为，在上述对比试验中，使用的本申请化合物1~8分别对应于本申请说明书实施例21、1、5、6、23、29、40和36。这些化合物的抗大肠杆菌效果均如请求人所述，显著优于现有技术中最接近的化合物（对比文件1的实施例12的化合物），但由于这些化合物在末端酰胺基上的R_1取代基均为取代（被例如三氟甲基、氟、甲基、苯基等取代）或未取代的2-吡啶基，故上述效果不能证明权利要求1中R_1取代基为芳基的化合物也具有预料不到的PDF抑制效果。因此，在对比文件1已经明确给出可以以H和芳基代替实施例12化合物的末端酰胺基上的两个甲基，以得到同样具有PDF抑制作用的化合物的技术启示，并且也没有证据表明，较之对比文件1实施例12的化合物，R_1取代基为芳基的本申请化合物具有预料不到的PDF抑制效果的情况下，权利要求1不具备创造性，不符合专利法第22条第3款的规定。

（2）从属权利要求7进一步限定了式（Ⅰ）化合物的取代基，如前所述，对比文件1已经公开了所述附加技术特征（参见对比文件1的权利要求1，说明书第4页第15~16行、第6页第26行至第7页第9行，实施例7和12），并且也没有证据证明从属权利要求7中对取代基的进一步选择取得了预料不到的效果，因此在权利要求1不具备创造性的前提下，从属权利要求7也不符合专利法第22条第3款的规定。

（3）权利要求8要求保护一种制备权利要求1的式（Ⅰ）化合物的方法，该方法包括：使式（Ⅴ）化合物或其官能衍生物：

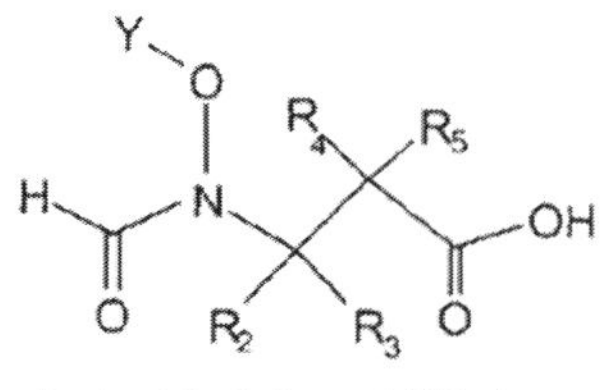

(Ⅴ)

其中R_2、R_3、R_4和R_5如权利要求1所限定，Y是羟基保护基；与式（Ⅵ）化合物反应：

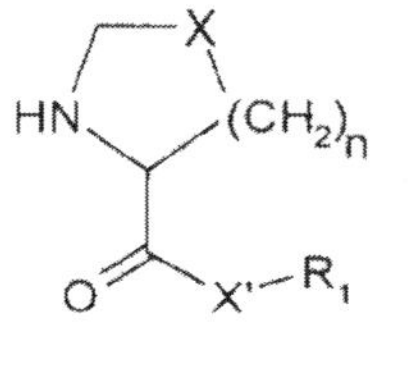

(Ⅵ)

其中 R_1、X 和 n 如权利要求 1 所限定，X’ 是 NH 或 O，需要时将以游离形式获得的化合物转化成盐形式，或者将以盐形式获得的化合物转化成游离形式。

对比文件 1 公开了通过式（Ⅲ）的酸或它的活性衍生物和式（ⅣA）的胺来制备式（Ⅱ）化合物的方法，

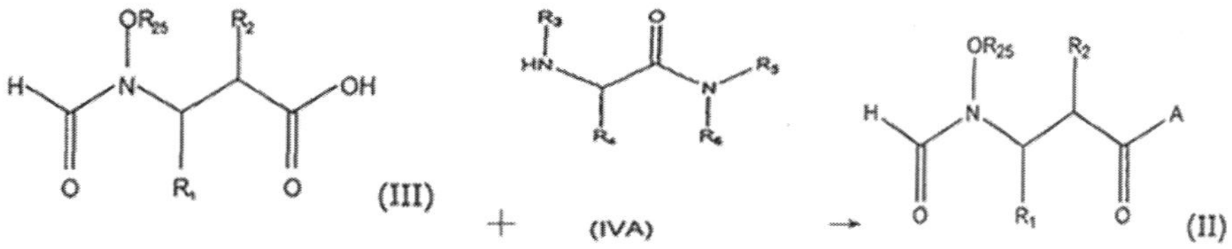

其中 R_1，R_2，R_3，R_4，R_5，R_6，和 A 如通式（Ⅰ）中定义的，R_{25}是一羟基保护基团，可通过氢解或水解除去，留下羟基基团。对于通过氢解除去，苄基是较佳的 R_{25}基团，而叔丁基和四氢吡喃基是通过酸水解除去的较佳基团（参见对比文件 1 的说明书第 12 页第 2~16 行）。并且，在对比文件 1 的实施例 1 和 3 中具体描述了上述制备过程，包括反应条件等，而实施例 12 的化合物是按照实施例 1 和 3 的路径制备的。可见，对比文件 1 已经公开了与本申请权利要求 8 极其相似的制备方法，二者的区别仅在于作为原料的通式化合物的基团定义有所不同，在权利要求 1 的化合物不具备创造性的前提下，权利要求 8 也不符合专利法第 22 条第 3 款的规定。

（4）权利要求 9 要求保护一种药物组合物，其中含一种权利要求 1 的式Ⅰ化合物或其可药用盐，及其可药用的稀释剂或载体。对比文件 1 同样公开了一种抗菌的医药学或兽医学的组合物，其中含对比文件 1 中的化合物以及医药学或兽医学可接受的赋形剂或载体（参见对比文件 1 的权利要求 27），因此，在权利要求 1 不具备创造性的前提下，权利要求 9 也不符合专利法第 22 条第 3 款的规定。

（5）权利要求 10 要求保护权利要求 1 的式Ⅰ化合物或其可药用盐在制备用于治疗和/或预防宿主的感染性疾病的药物中的用途。对比文件 1 也公开了所述化合物具有抗菌活性，能够用于治疗人和非人类哺乳动物的细菌感染（参见对比文件 1 的权利要求 1，说明书第 2 页第 10~18 行），因此，在权利要求 1 不具备创造性的前提下，权利要求 10 也不符合专利法第 22 条第 3 款的规定。

（6）权利要求 11 要求保护一种细胞培养基，其中包含细菌抑制量的式Ⅰ化合物或其可药用盐。对比文件 1 公开了肉汤中测定所述化合物的最小抑制浓度，以及对抗革兰氏阳性菌、阴性菌等细菌活性的生物实验（参见对比文件 1 的说明书第 77~84 页），因此，在权利要求 1 不具备创造性的前提下，权利要求 11 也不符合专利法第 22 条第 3 款的规定。

基于上述理由，合议组作出下述决定。

三、决定

维持国家知识产权局于 2007 年 8 月 10 日针对 02810596.6 号发明专利申请作出的驳回决定。

复审请求人对本决定不服的，可以根据专利法第 41 条第 2 款的规定，自收到本决定之日起三个月内向北京市第一中级人民法院起诉。

065

用于治疗代谢紊乱的化合物

复审请求审查决定（第17488号）

决　定　号　第17488号
决　定　日　2009年6月15日
发明创造名称　用于治疗代谢紊乱的化合物
国际分类号　C07C229/00，C07C205/00，C07C63/00，A01N43/12
复审请求人　维尔斯达医疗公司
申　请　号　200480010732.3
优先权日　2003年4月22日
申　请　日　2004年4月20日
公　开　日　2006年5月24日
合议组组长　汪送来
主　审　员　蔡　雷
参　审　员　娄　宁

法律依据　专利法第22条第3款
决定要点

对于化合物的制药用途发明，如果现有技术公开了一种结构接近的化合物的相同制药用途，则在该用途发明不具有意料不到的技术效果的情况下，该用途发明不具有创造性。同样，对于包括上述化合物的组合物发明，在现有技术公开了包括结构接近的化合物的组合物，且该组合物发明不具有意料不到的用途或效果的情况下，该组合物发明也不具备创造性。

一、案由

本复审请求案涉及发明名称为“用于治疗代谢紊乱的化合物”的200480010732.3号发明专利申请（下称本申请），申请人为维尔斯达医疗公司，申请日为2004年4月20日，优先权日为2003年4月22日，公开日为2006年5月24日。

国家知识产权局对本申请进行实质审查，于2006年9月15日发出《第一次审查意见通知书》，指出：权利要求6~13是疾病的治疗方法，属于专利法第25条不授予专利权的范畴；权利要求1、14、19不符合专利法第26条第4款的规定；权利要求1、14、23不符合专利法实施细则20条第1款的规定。

针对《第一次审查意见通知书》，申请人于2006年12月25日和2007年4月25日先后两次提交了意见陈述书和权利要求书全文替换页。

国家知识产权局于2007年6月8日发出《第二次审查意见通知书》，指出：对比文件1

（WO02100341，公开日为2002年12月19日）公开了化合物XCI的相同制药用途，本申请权利要求1的化合物式I与对比文件1的XCI母体结构相同，区别技术特征仅在于脂肪酸链长的稍有不同以及式I苯环上有简单取代基，而XCI苯环上无取代基，对本领域技术人员来说在决定药物化合物药效的相同母体结构的基础上，进行合理的基团修饰和/或改变是显而易见的，且这些区别技术特征也没有取得意料不到的技术效果，因此权利要求1相对于对比文件1不具备创造性，不符合专利法第22条第3款的规定，相应的，权利要求2~10也不具备创造性，不符合专利法第22条第3款的规定。

针对《第二次审查意见通知书》，申请人于2007年9月29日提交了意见陈述书和附件1（"Fatty acyl-CoA thioesters are ligands of hepatic nuclear factor-4α"，Rchel Hertz等，Nature，392卷512~516，共5页，1998年）。申请人基于附件1中"C16脂肪酸激活HNF-4α的转录活性，而C18脂肪酸则抑制HNF-4α的转录活性，脂肪酸链短于C16的脂肪酸没有活性"认为生物活性对脂肪酸链的长度的变化是非常敏感，本领域的技术人员不能在对比文件1的基础上合理地预见本发明的化合物是与XCI具有相同的活性，还是甚至根本就没有活性，因此本发明的技术方案并不是显而易见的，符合专利法第22条第3款的规定。

2007年11月9日，针对申请人于2007年4月25日提交的权利要求第1~10项、进入中国国家阶段时提交的国际申请文件的中文文本的说明书第1~28页和说明书摘要，国家知识产权局以权利要求1~10不符合专利法第22条第3款的规定为由驳回了本申请。

驳回决定针对的权利要求如下：

"1. 一种生物活性剂在药物制备中的用途，所述药物用于治疗选自胰岛素抵抗综合征和包括Ⅰ型糖尿病和Ⅱ型糖尿病在内的糖尿病的疾病状态；或用于治疗与糖尿病相关的下述疾病状态或用于降低发展为所述与糖尿病相关的疾病状态的可能性，所述疾病状态为动脉 硬化、肥胖症、高血压、高脂血症、脂肪性肝病、肾病、神经性病变、视网膜病变、足溃疡或白内障；或用于治疗选自高脂血症、恶病质或肥胖症的疾病状态；

其中，所述的活性剂是由下式表示的化合物：

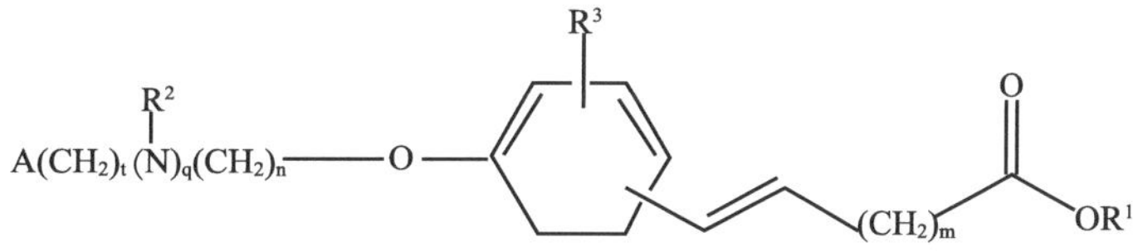

式Ⅰ

其中

n是1或2；

m是2或3；

q是0；

t是0或1；

R^2是具有1~3个碳原子的烷基；

R^3是氢、卤素、具有1~3个碳原子的烷基或者具有1~3个碳原子的烷氧基；

A是2，6-二甲基苯基；并且

R^1是氢或具有1个或2个碳原子的烷基；

或者，当R_1是氢时，该活性剂为所述化合物的药学可接受的盐。

2. 如权利要求1所述的用途，其中n是1；t是0；并且R^3是氢。

3. 如权利要求2所述的用途，其中所述的生物活性剂选自5-［3-（2，6-二甲基苄氧基）-苯基］-戊-4-烯酸乙酯和6-［3-（2，6-二甲基苄氧基）-苯基］-己-5-烯酸乙酯。

4. 如权利要求1所述的用途，其中所述的动脉硬化是动脉粥样硬化。

5. 如权利要求 1~4 任一项所述的用途，其中所述药物配制成用于口服给药的形式。

6. 用于对选自下述的疾病状态进行治疗的药物组合物，所述疾病状态选自胰岛素抵抗综合征、糖尿病、高脂血症、脂肪性肝病、恶病质、肥胖症和动脉硬化，所述药物组合物适宜口服给药，并含有药学可接受的载体以及 1~400mg 的生物活性剂，其中所述生物活性剂为下式所示的化合物：

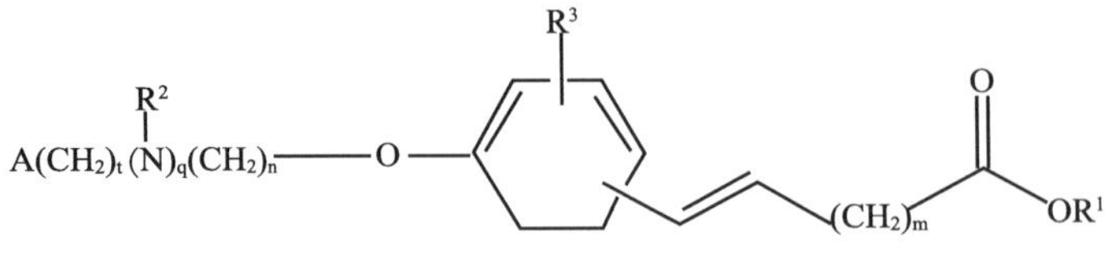

式 I

其中

n 是 1 或 2；

m 是 2 或 3；

q 是 0；

t 是 0 或 1；

R^2 是具有 1~3 个碳原子的烷基；

R^3 是氢、卤素、具有 1~3 个碳原子的烷基或者具有 1~3 个碳原子的烷氧基；

A 是 2，6-二甲基苯基；并且

R^1 是氢或具有 1 个或 2 个碳原子的烷基；

或者，当 R^1 是氢时，该活性剂为所述化合物的药学可接受的盐。

7. 如权利要求 6 所述的药物组合物，其中 n 是 1；t 是 0；并且 R^3 是氢。

8. 如权利要求 7 所述的药物组合物，其中所述的生物活性剂选自 5-［3-（2，6-二甲基苄氧基）-苯基］-戊-4-烯酸乙酯和 6-［3-（2，6-二甲基苄氧基）-苯基］-己-5-烯酸乙酯。

9. 如权利要求 6 所述的药物组合物，其中所述的动脉硬化是动脉粥样硬化。

10. 如权利要求 6~9 任一项所述的药物组合物，该药物组合物为口服剂型。”

驳回决定认为：（1）对比文件 1 公开了化合物 XCI 在药物制备中的用途（参见说明书第 6~7 页、实施例 51、权利要求 92~93、147~160），该药物用来治疗 I 型和Ⅱ型糖尿病，或用来治疗或减轻与糖尿病有关疾病的可能性，所述疾病可为动脉粥样硬化、动脉硬化、肥胖症、高血压、高脂血症、脂肪肝病、肾病、神经病、视网膜病、足溃疡或白内障，或用来治疗选自高脂血症、恶病质或肥胖症的疾病；该药物可为口服制剂。权利要求 1 的化合物 I 与对比文件 1 的化合物 XCI（尤其是实施例 51、权利要求 93 的化合物）相比，两者的母体结构相同，区别技术特征仅仅在于式 I 中 m 为 2 或 3，而 XCI 中 m 为 1，以及 I 苯环上有简单取代基，而 XCI 苯环上无取代基。对本领域技术人员而言，在决定药物化合物药效的相同母体结构的基础上进行合理的基团修饰和/或改变是显而易见的，且这些区别技术特征并没有取得意想不到的技术效果，因此权利要求 1 不具备专利法第 22 条第 3 款规定的创造性。相应的，权利要求 2~10 也不具备专利法第 22 条第 3 款规定的创造性。（2）申请人基于附件 1 中“C16 脂肪酸激活 HNF-4α 的转录活性，而 C18 脂肪酸则抑制 HNF-4α 的转录活性”，来证明“生物活性对脂肪酸链的长度的变化是非常敏感”的结论，由此说明本领域的技术人员不能在对比文件 1 的基础上合理地预见本申请化合物的活性。驳回决定认为，该结论是针对膳食脂肪酸而言的，膳食类脂肪酸与本申请的化合物在结构上差别很大，不能进行同样的类推；创造性的判定应在最接近的现有技术领域进行试验对比，来证明在结构上的微小改变产生了本领域技术人员不能预料的技术效果，而与本申请最接近的化合物是对比文件 1 的化合物而非附件 1 中的化合物。因此，本申请所有权利要求没有因附件 1 和申请人的陈述而具备创造性。

2008 年 2 月 21 日，申请人维尔斯达医疗公司（下称请求人）对上述驳回决定不服，向专利复审委员会提出复审请求，请求人在提出复审请求时没有对申请文件进行修改。

请求人认为：本申请化合物与对比文件 1 的 XCl 相比，其区别在于脂肪酸链的长度，附件 1 报道了“C16 脂肪酸激活 HNF-4α 的转录活性，而 C18 脂肪酸则抑制 HNF-4α 的转录活性，脂肪酸链短于 C16 的脂肪酸没有活性”。由此可知生物活性对脂肪酸链的长度的变化是非常敏感的，因此尽管对基团进行合理的修饰和改变对于本领域的技术人员来说似乎是显而易见的，但是对获得的新化合物的药效活性的判断，本领域的技术人员不能显而易见地作出。本申请化合物包含脂肪酸链，附件 1 中的膳食脂肪酸也包含脂肪酸链，且附件 1 中膳食脂肪酸与本申请化合物的具有相同的适应症，这些都提示了附件 1 关于脂肪酸链长的教导与本申请化合物相关。对本领域技术人员来说，作为药物化合物，在结构上的微小改变，反映在药效上便有很大的改变，这同样能说明本申请的创造性。

经形式审查合格后，专利复审委员会受理了该请求，并于 2008 年 4 月 10 日向请求人发出了《复审请求受理通知书》，同时将本申请转送至国家知识产权局原审查部门进行前置审查。

在《前置审查意见书》中，国家知识产权局原审查部门坚持驳回决定中的意见，同时指出，本申请还包括神经性病变、视网膜病变等与高脂血、胰岛素抵抗相差很大的疾病，不能根据附件 1 类推认为链长与高脂血、胰岛素抵抗之间的关系也适用于其他疾病。因此坚持驳回决定。

专利复审委员会组成合议组，对本复审请求案进行了审理。

本案合议组于 2009 年 4 月 1 日发出《复审通知书》，指出：（1）本申请的式 I 化合物与对比文件 1 的化合物 XCl 母体结构相同，针对的适应症相同，区别技术特征仅仅在于本申请式 I 中 m 为 2 或 3，而 XCI 中 m 为 1。权利要求 1 实际解决的技术问题是提供一类结构相似的化合物的相同制药用途。对本领域技术人员来说，在决定药物化合物药效的相同母体结构的基础上，将其进行合理的基团修饰和/或改变，并预测到基团替换后的化合物具有与原化合物相同或相近的活性，可用于相同的用途，这是显而易见的。因此权利要求 1 相对于对比文件 1 不具备突出的实质性特征和显著的进步，不符合专利法第 22 条第 3 款的规定。相应的，权利要求 2~10 也不符合专利法第 22 条第 3 款的规定。（2）附件 1 是针对膳食脂肪酸，而膳食脂肪酸与本申请化合物所属领域不同，结构差别很大，不能由膳食脂肪酸在脂肪酸链长度上的变化导致活性改变推导出本申请化合物在脂肪酸链长度的变化也会产生相同结果，也没有证据表明类似于对比文件 1 和本申请化合物在结构上的微小变化，药用效果即产生很大的变化，因此对于请求人在复审请求书中的主张，合议组不予支持。

2009 年 5 月 11 日，针对上述《复审通知书》，请求人提交了意见陈述书，没有对申请文件进行修改。

请求人认为：（1）本申请属于药学领域，药物化合物在结构上的微小改变反映在药效上便有很大的改变，因此判断本申请是否具有创造性时应考虑药学领域的特殊性。（2）附件 1 报道了膳食脂肪酸特别调控包括动脉粥样硬化、高脂血、胰岛素抵抗和高血压等疾病，这些疾病也是本申请化合物应用的适应症，因此附件 1 的膳食脂肪酸与本申请化合物属于相同领域。本申请化合物和附件 1 的膳食脂肪酸都包括脂肪酸链，二者应用的适应症也相同，因此附件 1 有关脂肪酸链的教导与本申请的化合物是相关的。而根据附件 1 的教导，脂肪酸链的长度变化对生物活性是非常敏感的，所以本申请的化合物药效活性与 XCl 化合物相比是更好、相同还是不如，在本申请前本领域技术人员是不能显而易见做出回答的。

至此，合议组认为本案事实已经清楚，可以作出复审决定。

二、决定的理由

1. 文本的认定

本复审请求审查决定是在请求人于 2007 年 4 月 25 日提交的权利要求第 1~10 项、进入中国国家阶段时提交的国际申请文件中文译文的说明书第 1~28 页和说明书摘要的基础上作出的。

2. 有关专利法第 22 条第 3 款

专利法第 22 条第 3 款规定：创造性，是指同申请日以前已有的技术相比，该发明有突出的实质性特点和显著的进步，该实用新型有实质性特点和进步。

对于化合物的制药用途发明，如果现有技术公开了一种结构接近的化合物的相同制药用途，则在该用途发明不具有意料不到的技术效果的情况下，该用途发明不具有创造性。同样，对于包括上述化合物的组合物发明，在现有技术公开了包括结构接近的化合物的组合物，且该组合物发明不具有意料不到的用途或效果的情况下，该组合物发明也不具备创造性。

权利要求 1 请求保护一种生物活性剂在药物制备中的用途，所述药物用于治疗选自胰岛素抵抗综合征和包括Ⅰ型糖尿病和Ⅱ型糖尿病在内的糖尿病的疾病状态；或用于治疗与糖尿病相关的下述疾病状态或用于降低发展为所述与糖尿病相关的疾病状态的可能性，所述疾病状态为动脉硬化、肥胖症、高血压、高脂血症、脂肪性肝病、肾病、神经性病变、视网膜病变、足溃疡或白内障；或用于治疗选自高脂血症、恶病质或肥胖症的疾病状态；

其中，所述的活性剂是由下式表示的化合物：

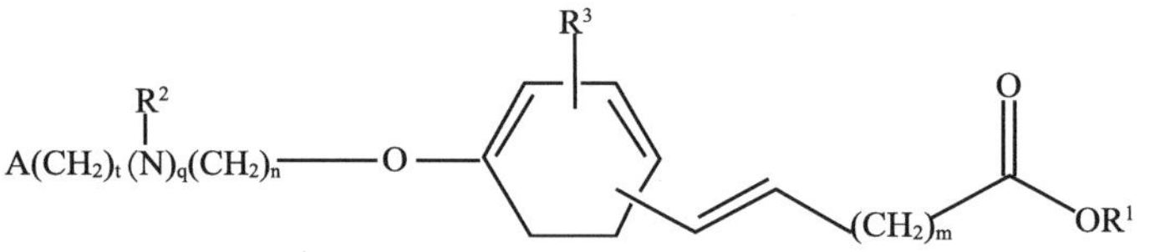
式 I

其中

n 是 1 或 2；

m 是 2 或 3；

q 是 0；

t 是 0 或 1；

R^2 是具有 1~3 个碳原子的烷基；

R^3 是氢、卤素、具有 1~3 个碳原子的烷基或者具有 1~3 个碳原子的烷氧基；

A 是 2，6-二甲基苯基；并且

R^1 是氢或具有 1 个或 2 个碳原子的烷基；

或者，当 R^1 是氢时，该活性剂为所述化合物的药学可接受的盐。

对比文件 1 公开了化合物 XCI，

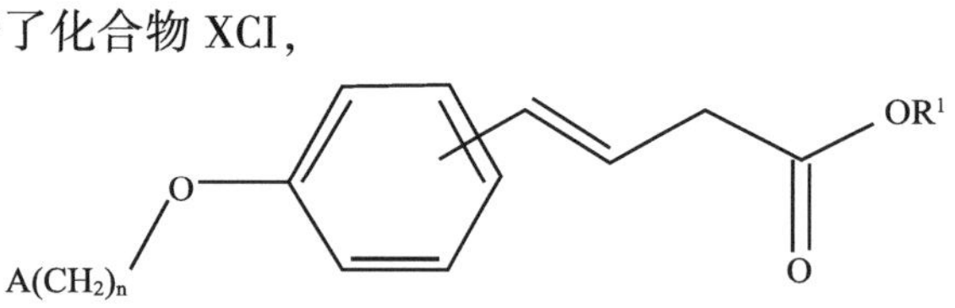
XCI

及其在药物制备中的用途，所述药物用于治疗选自胰岛素抵抗综合征和包括Ⅰ型和Ⅱ型糖尿病在内的糖尿病，或用来治疗与糖尿病相关的疾病或降低发展为糖尿病相关的疾病状态的可能性，所述疾病为动脉粥样硬化、动脉硬化、肥胖症、高血压、高脂血症、脂肪肝病、肾病、神经病、视网膜病、足溃疡或白内障；或用来治疗选自高脂血症、恶病质或肥胖症的疾病；该药物可为口服制剂；包含该化合物的药物组合物；其中实施例 52 公开了具体化合物 4-（3-（2，6-二甲基苄氧基）苯基）-3-丁烯酸（参见说明书第 6~7 页、实施例 52、权利要求 93、147~152、160）。

权利要求 1 的化合物式Ⅰ与对比文件 1 实施例 52 的化合物相比，两者的母体结构相同，区别技术特征仅仅在于化合物式Ⅰ中 m 为 2 或 3，而 XCI 中 m 为 1。

合议组认为，根据说明书的记载，本申请的式Ⅰ化合物用于治疗选自胰岛素抵抗综合征和包括Ⅰ型糖尿病和Ⅱ型糖尿病在内的糖尿病的疾病状态，或用于治疗与糖尿病相关的疾病状态或用于降低发展为所述与糖尿病相关的疾病状态的可能性。对比文件 1 的化合物用于治疗选自胰岛素抵抗综合征和包括Ⅰ型和Ⅱ型糖尿病在内的糖尿病，或用来治疗与糖尿病相关的疾病或降低发展为糖尿病相关的疾病状态的可能性，二者没有差别，权利要求 1 的技术方案并没有取得意想不到的技术效果。可见，权利要求 1 实际解决的技术问题是提供一类结构相似的化合物的相同制药用途。对本领域技术人员来说，在决定药物化合物药效的相同母体结构的基础上，将其进行合理的基团修饰和/或改变，如将亚甲基（m 为 1）替换为亚乙基或亚丙基（m 为 2 或 3）从而得到权利要求 1 的技术方案，并预测到基团替换后的化合物具有与原化合物相同或相近的活性，可用于相同的用途，这是显而易见的。因此权利要求 1 相对于对比文件 1 不具备突出的实质性特征和显著的进步，不符合专利法第 22 条第 3 款的规定。

权利要求 2、3 对权利要求 1 中化合物的取代基进行了进一步限定。而根据说明书公开的内容，看不出这些进一步限定给化合物带来了意料不到的技术效果，基于跟权利要求 1 相同的理由，权利要求 2、3 不符合专利法第 22 条第 3 款的规定。

权利要求 4、5 进一步限定了权利要求 1 的适应症与药物制剂形式，在对比文件 1 公开了所述药物用于治疗动脉粥样硬化和该药物为口服制剂（参见权利要求 147~152、160）以及所引用的权利要求不具备创造性的情况下，权利要求 4、5 不符合专利法第 22 条第 3 款的规定。

权利要求 6 请求保护包含式Ⅰ化合物的药物组合物，对比文件 1 中公开了治疗相同疾病的包含化合物 XCI 的药物组合物（参见权利要求 160），同理，在对比文件 1 的基础上得到权利要求 6 的技术方案对本领域技术人员而言是显而易见的，权利要求 6 相对于对比文件 1 不符合专利法第 22 条第 3 款的规定。

权利要求 7、8 对权利要求 6 的化合物取代基进行了进一步限定，而根据说明书公开的内容，看不出这些进一步限定给组合物带来了意料不到的技术效果，基于与权利要求 6 相同的理由，权利要求 7、8 不符合专利法第 22 条第 3 款的规定。

权利要求 9、10 进一步限定了权利要求 6 的适应症与药物制剂形式，在对比文件 1 公开了所述药物用于治疗动脉粥样硬化和该药物为口服制剂（参见权利要求 147~152、160）以及所引用的权利要求不具备创造性的情况下，权利要求 9、10 不符合专利法第 22 条第 3 款的规定。

针对请求人在提出复审请求和答复复审通知书时所陈述的意见，合议组认为，附件 1 中脂肪酸链的长度变化对生物活性非常敏感的结论针对的是膳食脂肪酸对 HNF-4α 的转录活性产生的影响，膳食脂肪酸与本申请的式Ⅰ化合物在结构上差别很大，并且本申请中并没有表明其化合物的疾病治疗活性与 HNF-4α 的转录活性有关，因此不能由膳食脂肪酸在脂肪酸链长度上的变化导致活性改变推导出式Ⅰ化合物在脂肪酸链长度的变化也会产生相同结果。本领域技术人员知道，通常，在保持母体结构不变的情况下，化合物中的链烷基发生微小变化，仍能基本保持原有的药用效果。请求人没有证据表明类似于对比文件 1 和本申请的化合物在结构上的微小变化，药用效果即会产生很大的变化。因此，请求人的上述意见不能说明本申请权利要求 1~10 符合专利法第 22 条第 3 款的规定。

基于上述事实和理由，合议组作出如下决定。

三、决定

维持国家知识产权局于 2007 年 11 月 9 日针对 200480010732.3 号发明专利申请作出的驳回决定。

复审请求人对本决定不服的，可以根据专利法第 41 条第 2 款的规定，自收到本决定之日起三个月内向北京市第一中级人民法院起诉。

066

仲氨基异丁基烷氧基硅烷的制备

复审请求审查决定（第 17491 号）

决　　定　　号　第 17491 号
决　　定　　日　2009 年 6 月 12 日
发明创造名称　仲氨基异丁基烷氧基硅烷的制备
国 际 分 类 号　C07F7/18
复 审 请 求 人　通用电气公司
申　　请　　号　01809069.9
申　　请　　日　2001 年 5 月 7 日
优 先 权 日　2000 年 5 月 5 日
公　　开　　日　2003 年 7 月 2 日
合 议 组 组 长　吴红权
主　　审　　员　王　磊
参　　审　　员　李亚林

法 律 依 据　专利法第 22 条第 3 款
决 定 要 点

如果发明与现有技术存在区别特征，而现有技术中不存在引入该区别特征以解决发明所要解决的技术问题的启示，则发明具有创造性。

一、案由

本复审请求案涉及发明名称为“仲氨基异丁基烷氧基硅烷的制备”的 01809069.9 号发明专利申请（下称本申请），申请人为通用电气公司（由克鲁普顿公司变更而来），申请日为 2001 年 5 月 7 日，优先权日为 2000 年 5 月 5 日，公开日为 2003 年 7 月 2 日。

2007 年 7 月 6 日，针对申请人于 2007 年 2 月 7 日提交的权利要求第 1~11 项、进入中国国家阶段时提交的说明书第 1~10 页以及说明书摘要，国家知识产权局以本申请的权利要求 1~11 不符合专利法第 22 条第 3 款的规定为由驳回了本申请。

驳回决定认为：（1）对比文件 1（US4481364A，公开日为 1984 年 11 月 6 日）公开了在催化剂存在下使用 N-取代的烯丙胺与三烷氧基硅烷反应制备氨基烷基烷氧基硅烷的方法，其与权利要求 1 的区别仅在于权利要求 1 中使用了下位的 N-乙基-甲代烯丙胺和三甲氧基甲硅烷基，对比文件 1 中已经公开了三烷氧基硅烷可为三甲氧基硅烷，为了得到本申请所述的仲氨基异丁基烷氧基硅烷，本领域技术人员根据对比文件 1 的教导，无需花费创造性劳动就可从对比文件 1 的反应物中选择合适的反应物参加反应，以得到权利要求 1 的技术方案，且权利要求 1 中没有出现任何导致其具有显著进步的反应条件，因此，权利要求 1 不具备创造性。(2) 权利要求 2 进一步限定了反应原料和催化剂，对比文件 1 中已经公开了使用铂作为催化剂，并且为了得到特定的反应产物，对反应原料作出适当选择对于本领域技术人员来说无须花费创造性劳动，因此权利要求 2 相对于对比文件 1 不具有创造性。(3) 权利要求 3、5 进一步限定了催化剂和催化剂用量，本领域技术人员根据对比文件 1 的教导无须创造性劳动就能获得该技术方案，因此权利要求 3、5 相对于对比文件 1 不具有创造性。(4) 权利要求 4、6~11进一步限定反应条件，本领域技术人员依据其惯常使用的公知技术，在对比文件 1 的基础上无需创造性劳动就可以确定这些具体的工艺条件，并且没有任何证据表明这些具体工艺条件的选择或引入给本申请带来了预料不到的效果，因此，审查员同样不能确定权利要求 4、6~11 与对比文件 1 相比具有突出的实质性特点和显著的进步，该权利要求也不具有创造性。

驳回决定针对的权利要求书如下：

“1. 用于制备仲氨基异丁基烷氧基硅烷的方法，包含在有效量硅氢化催化剂的存在下，使仲甲代烯丙胺与氢化烷氧基硅烷硅氢化，其中，该氢化烷氧基硅烷是

$HSiR^3_a(R^2)_{3-a}$,

该仲甲代烯丙胺是

$R^1NH-(U-O_m)_u-CH_2CH(CH_3)=CH_2$,

其中 R^2 代表具有 1~6 个碳原子的烷氧基；R^3 代表具有 1~4 个碳原子的烷基；a 是 0、1 或 2；U 代表 1~6 个碳原子的二价直链、环状或支链烃基，它可以被一个或多个醚氧原子间断和/或被羰基氧原子取代；m 是 0；u 是 0。

2. 权利要求 1 的方法，其中该氢化烷氧基硅烷为三甲氧基硅烷；该仲甲代烯丙胺为 N-乙基甲代烯丙胺；该硅氢化催化剂包含铂。

3. 权利要求 1 的方法，其中该硅氢化催化剂是含有贵金属的催化剂，选自由铂、铑、铱、钌和锇组成的组，所述有效量是 5~500ppm 重量的贵金属，相对于氢化烷氧基硅烷与仲甲代烯丙胺的总重量而言，氢化烷氧基硅烷与仲甲代烯丙胺的摩尔比在 0.2~5 的范围内。

4. 权利要求 3 的方法，其中该硅氢化步骤是在 50~150℃ 的高温和在大气压下进行的。

5. 权利要求 3 的方法，其中该铂催化剂选自由氯铂酸的均匀溶液和铂的乙烯基硅氧烷配合物的均匀溶液组成的组，有效量代表 10~100ppm 重量的铂，相对于氢化烷氧基硅烷与仲甲代烯丙胺的总重量而言。

6. 权利要求 1 的方法，其中在高温下向包含氢化烷氧基硅烷与硅氢化催化剂的混合物加入仲甲代烯丙胺。

7. 权利要求 1 的方法，进一步包含向硅氢化步骤的反应产物加入醇。

8. 权利要求 1 的方法，进一步包含随后纯化仲氨基异丁基烷氧基硅烷。

9. 权利要求 1 的方法，其中所述硅氢化步骤是在高温下进行的。

10. 权利要求 1 的方法，该方法在没有助催化剂的存在下进行。

11. 权利要求 1 的方法，该方法提供异构体纯的氨基异丁基烷氧基硅烷产物。”

2007 年 10 月 17 日，申请人通用电气公司（由克鲁普顿公司变更而来，下称请求人）对上述驳回决定不服，向专利复审委员会提出复审请求，并且提交了权利要求书修改替换页，其中在权利要求 1 中增加了“其所述硅氢化步骤在大气压下进行中”和“R^1 代表具有 1~30 个碳原子的烷基”，删除了权利要求 3 中的“氢化烷氧基硅烷与仲甲代烯丙胺的摩尔比在 0.2~5 的范围内”，并增加了权利要求 5。请求人随复审请求还提交了对比文件 1 的 7 个具体烯丙胺反应物和本申请的 N-乙基-甲代烯丙胺反应物的结构图（NIST），共 8 页。修改后的权利要求书如下：

"1. 用于制备仲氨基异丁基烷氧基硅烷的方法，包含在有效量硅氢化催化剂的存在下，使仲甲代烯丙胺与氢化烷氧基硅烷硅氢化，其所述硅氢化步骤在大气压下进行中，该氢化烷氧基硅烷是

$HSiR^3_a(R^2)_{3-a}$，

该仲甲代烯丙胺是

$R^1NH-(U-O_m)_u-CH_2CH(CH_3)=CH_2$，

其中 R^1 代表具有1~30个碳原子的烷基，R^2 代表具有1~6个碳原子的烷氧基；R^3 代表具有1~4个碳原子的烷基；a是0、1或2；U代表1~6个碳原子的二价直链、环状或支链烃基，它可以被一个或多个醚氧原子间断和/或被羰基氧原子取代；m是0；u是0。

2. 权利要求1的方法，其中该氢化烷氧基硅烷为三甲氧基硅烷；该仲甲代烯丙胺为N-乙基甲代烯丙胺；该硅氢化催化剂包含铂。

3. 权利要求1的方法，其中该硅氢化催化剂是含有贵金属的催化剂，选自由铂、铑、铱、钌和锇组成的组，所述有效量是5~500ppm重量的贵金属，相对于所述氢化烷氧基硅烷与仲甲代烯丙胺的总重量而言。

4. 权利要求3的方法，其中该硅氢化步骤是在50~150℃的高温。

5. 权利要求4的方法，其中所述高温范围为60~120℃。

6. 权利要求3的方法，其中该铂催化剂选自由氯铂酸的均匀溶液和铂的乙烯基硅氧烷配合物的均匀溶液组成的组，有效量代表10~100ppm重量的铂，相对于所述氢化烷氧基硅烷与仲甲代烯丙胺的总重量而言。

7. 权利要求1的方法，其中在高温下向包含氢化烷氧基硅烷与硅氢化催化剂的混合物加入仲甲代烯丙胺。

8. 权利要求1的方法，进一步包含向硅氢化步骤的反应产物加入醇。

9. 权利要求1的方法，进一步包含随后纯化所述仲氨基异丁基烷氧基硅烷。

10. 权利要求1的方法，其中所述硅氢化步骤是在高温下进行的。

11. 权利要求1的方法，该方法在没有助催化剂的存在下进行。

12. 权利要求1的方法，该方法提供异构体纯的氨基异丁基烷氧基硅烷产物。"

请求人认为：（1）对比文件1只是宽范围、泛泛公开了具有通式 $CH_2=CR^4CH_2NR^2R^3$ 的烯丙胺反应物，该通式包含72种可能的亚通式，其中只有一种包括本申请权利要求的N-乙基-甲代烯丙胺反应物，并且对比文件1公开的具体烯丙胺反应物中不包括本申请要求的N-乙基-甲代烯丙胺反应物，其中在使用对比文件1中的甲代烯丙胺作原料时，不能提供硅氢化产物（参见本申请说明书第9页第26行至第10页第1行）；（2）对比文件1中公开的烯丙胺反应物都不是仲甲代烯丙胺，采用该原料得不到仲氨基烷氧基硅烷，而本申请的仲氨基烷氧基硅烷由于只具有一个活性氨氢原子，更适合用于提供聚氨酯树脂，其在湿致固化密封剂中应用更易处理；（3）修改后的权利要求1所述方法采用仲胺在大气压力下进行硅氢化反应制备仲氨基异丁基烷氧基硅烷，无须任何硅氢化催化剂以外的添加剂或助催化剂，使得反应可以以更简单的方式进行。本申请实施例1、3和4在可比的反应时间内，得到了与对比文件1的实施例中那些被促进的反应相比类似的良好产率。

经形式审查合格后，专利复审委员会受理了该请求，并于2007年11月20日向请求人发出了《复审请求受理通知书》，同时将本申请转送至国家知识产权局原审查部门进行前置审查。

在《前置审查意见书》中，国家知识产权局审查部门仍坚持驳回决定。

专利复审委员会组成合议组，对本复审请求案进行了审理。

合议组于2008年12月15日向请求人发出《复审通知书》，指出：（1）请求人在提出复审请求

时将驳回文本的权利要求 3 中的“氢化烷氧基硅烷与仲甲代烯丙胺的摩尔比在 0.2~5 的范围内”删除，并增加了权利要求 5，前者扩大了原权利要求 3 的保护范围，后者属于增加权利要求的情况，二者均不属于为消除驳回决定所指出的缺陷的修改，不符合专利法实施细则第 60 条第 1 款的规定。（2）本申请权利要求 1 中两种反应原料氢化硅氧基硅烷和仲甲代烯丙胺的结构包含在对比文件 1 的通式化合物范围内，并在具体的取代基范围中得以公开。权利要求 1 的技术方案与对比文件 1 公开的技术方案的区别特征在于：第一，权利要求 1 对其中一种原料胺作了进一步限定；第二，对比文件 1 中没有具体公开所述硅氢化步骤的压力范围。这两个区别技术特征均是本领域技术人员在对比文件 1 公开内容的基础上，通过常规选择和实验就能获得的，并且其相对于现有技术也未取得任何预料不到的技术效果。因此，权利要求 1 相对于对比文件 1 不具备创造性。（3）从属权利要求 2~4、6~12 的附加技术特征或者在对比文件 1 中公开，或者是本领域的公知常识，因此该权利要求相对于对比文件 1 和本领域公知常识也不具备创造性。

针对上述《复审通知书》所指出的问题，请求人于 2009 年 3 月 30 日提交了意见陈述书和修改的权利要求书，其中删除了权利要求 5，并将权利要求 3 修改成与驳回决定针对文本的权利要求 3 相同。修改后的权利要求书如下：

“1. 用于制备仲氨基异丁基烷氧基硅烷的方法，包含在有效量硅氢化催化剂的存在下，使仲甲代烯丙胺与氢化烷氧基硅烷硅氢化，其中所述硅氢化步骤在大气压下进行，该氢化烷氧基硅烷是

$HSiR^3_a(R^2)_{3-a}$，

该仲甲代烯丙胺是

$R^1NH-(U-O_m)_u-CH_2CH(CH_3)=CH_2$，

其中 R^1 代表具有 1~30 个碳原子的烷基，R^2 代表具有 1~6 个碳原子的烷氧基；R^3 代表具有1~4 个碳原子的烷基；a 是 0、1 或 2；U 代表 1~6 个碳原子的二价直链、环状或支链烃基，它可以被一个或多个醚氧原子间断和/或被羰基氧原子取代；m 是 0；u 是 0。

2. 权利要求 1 的方法，其中该氢化烷氧基硅烷为三甲氧基硅烷；该仲甲代烯丙胺为 N-乙基甲代烯丙胺；该硅氢化催化剂包含铂。

3. 权利要求 1 的方法，其中该硅氢化催化剂是含有贵金属的催化剂，选自由铂、铑、铱、钌和锇组成的组，所述有效量是 5~500ppm 重量的贵金属，相对于所述氢化烷氧基硅烷与仲甲代烯丙胺的总重量而言，氢化烷氧基硅烷与仲甲代烯丙胺的摩尔比在 0.2~5 的范围内。

4. 权利要求 3 的方法，其中该硅氢化步骤是在 50~150℃的高温下进行。

5. 权利要求 3 的方法，其中该铂催化剂选自由氯铂酸的均匀溶液和铂的乙烯基硅氧烷配合物的均匀溶液组成的组，有效量代表 10~100ppm 重量的铂，相对于所述氢化烷氧基硅烷与仲甲代烯丙胺的总重量而言。

6. 权利要求 1 的方法，其中在高温下向包含氢化烷氧基硅烷与硅氢化催化剂的混合物加入仲甲代烯丙胺。

7. 权利要求 1 的方法，进一步包含向硅氢化步骤的反应产物加入醇。

8. 权利要求 1 的方法，进一步包含随后纯化所述仲氨基异丁基烷氧基硅烷。

9. 权利要求 1 的方法，其中所述硅氢化步骤是在高温下进行的。

10. 权利要求 1 的方法，该方法在没有助催化剂的存在下进行。

11. 权利要求 1 的方法，该方法提供异构体纯的氨基异丁基烷氧基硅烷产物。”

请求人认为：（1）本申请所述仲氨基异丁基烷氧基硅烷的关键特征在于所述硅烷必须具有高纯度、不含 β 异构体，因为 β 异构体在用作端接硅烷基的高分子封端剂时发生不希望的副反应。对比

文件 1 并未公开任何制备本发明产物的实施例，全部实施例都使用烯丙胺或 N-取代的烯丙胺，其实施例 1~17 中制备的终产物具有高水平的 β 异构体。因此，对比文件 1 并未公开或教导用甲基取代所述烯丙胺的 2-位可以除去 β 异构体。并且对比文件 1 并未通过一个具体实施例来证实如使用甲代烯丙胺所述反应能够进行，而本申请对比实施例 1 中公开了甲代烯丙胺与三甲氧基硅烷反应根本不发生。（2）对比文件 1 教导所述硅氢化反应要在高压下进行，本申请对比实施例 1 证明了甲代烯丙胺与三甲氧基硅烷的反应在大气压力下不可行，而本申请权利要求 1 要求所述反应在大气压下进行，具有显著的经济和安全性优势。由此，修改后的权利要求 1~11 具备新颖性和创造性。（3）请求人同时提交了对比文件 1 和本申请的所有制备实施例的结果，在附件 2 的表 1 和表 2 中列出了各制备实施例的原料、催化剂、温度、时间、转化率、收率、γ 异构体的含量及收率，从表 2 中看本申请所述方法制得的产物均为 γ 异构体。

2009 年 5 月 31 日，请求人再一次提交了权利要求书的修改替换页，其中将权利要求 10 和 11 的内容并入到权利要求 1 中，并删除了权利要求 10 和 11，其他权利要求未作修改。修改后的权利要求 1 如下：

“1. 用于制备仲氨基异丁基烷氧基硅烷的方法，包含在有效量硅氢化催化剂的存在下，使仲甲代烯丙胺与氢化烷氧基硅烷硅氢化，其中所述硅氢化步骤在大气压下进行，该氢化烷氧基硅烷是

$HSiR^3_a(R^2)_{3-a}$，

该仲甲代烯丙胺是

$R^1NH-(U-O_m)_u-CH_2CH(CH_3)=CH_2$，

其中 R^1 代表具有 1~30 个碳原子的烷基，R^2 代表具有 1~6 个碳原子的烷氧基；R^3 代表具有1~4 个碳原子的烷基；a 是 0、1 或 2；U 代表 1~6 个碳原子的二价直链、环状或支链烃基，它可以被一个或多个醚氧原子间断和/或被羰基氧原子取代；m 是 0；u 是 0；

该方法在没有助催化剂的存在下进行，提供异构体纯的氨基异丁基烷氧基硅烷产物。”

经审查，合议组认为本案事实已经清楚，可以作出复审决定。

二、决定的理由

1. 关于决定针对的文本

本复审请求审查决定所针对的文本为请求人于 2009 年 5 月 31 日提交的权利要求第 1~9 项、进入中国国家阶段时提交的说明书第 1~10 页以及说明书摘要。

2. 关于专利法实施细则第 60 条第 1 款

在请求人于 2009 年 5 月 31 日提交的权利要求书中，请求人删除了提出复审请求时提交的权利要求书中的权利要求 5，并将权利要求 3 修改成与驳回决定针对权利要求书的权利要求 3 相同。由此，《复审通知书》中指出的请求人的修改不符合专利法实施细则第 60 条第 1 款规定的缺陷已不存在。

3. 关于专利法第 22 条第 3 款

专利法第 22 条第 3 款规定：创造性，是指同申请日以前已有的技术相比，该发明有突出的实质性特点和显著的进步。

如果发明与现有技术存在区别特征，而该区别特征在发明中所解决的技术问题不能从现有技术中得到启示，则发明具有创造性。

就本案而言，本申请权利要求 1 要求保护一种用于制备仲氨基异丁基烷氧基硅烷的方法，包含在有效量硅氢化催化剂的存在下，使仲甲代烯丙胺与氢化烷氧基硅烷硅氢化，其中所述硅氢化步骤在大气压下进行，该氢化烷氧基硅烷是 $HSiR^3_a(R^2)_{3-a}$，该仲甲代烯丙胺是 $R^1NH-(U-O_m)_u-CH_2CH(CH_3)=CH_2$，其中 R^1 代表具有 1~30 个碳原子的烷基，R^2 代表具有 1~6 个碳原子的烷氧基；R^3 代

表具有 1~4 个碳原子的烷基；a 是 0、1 或 2；U 代表 1~6 个碳原子的二价直链、环状或支链烃基，它可以被一个或多个醚氧原子间断和/或被羰基氧原子取代；m 是 0；u 是 0，该方法在没有助催化剂的存在下进行，提供异构体纯的氨基异丁基烷氧基硅烷产物。

对比文件 1 公开了一种使通式 $HSiR^1_a(RO)_{3-a}$表示的硅烷与通式 $CH_2=C(R^4)CH_2NR^2R^3$ 表示的胺反应制备氨基烷基烷氧基硅烷的方法，其中 a 是 0、1 或 2，R 和 R^1 独立地是 1~10 个碳原子的单价烃基，R^2 和 R^3 独立地选自氢、1~10 个碳原子的单价烃基、苯基、取代苯基等，R^4 独立地是氢或甲基，该反应在铂催化剂和可选的反应促进剂存在下、在 110℃~210℃温度范围内进行。说明书第 4 栏中公开了反应压力是反应物沸点的函数，通常反应在密闭体系中进行以避免反应物的蒸发。在说明书实施例中制备产物均是 γ 异构体和 β 异构体的混合物，两种异构体的比例为 2.8：1~15.9：1，其中实施例 4、6 在没有反应促进剂 Na_2CO_3 存在下进行（见对比文件 1 权利要求 1，说明书第 3 栏第 50~60行，第 4 栏第 5~15 行，实施例 1~17 和比较例 A、B）。

对比文件 1 与本申请技术领域相同，同样也涉及采用氢化硅氧基硅烷和烯丙胺这两种主要原料的硅氢化反应来制备氨基烷基烷氧基硅烷的方法。权利要求 1 的技术方案与对比文件 1 公开的内容相比，两者的区别在于：(1) 权利要求 1 中进一步限定了原料之一的烯丙胺是仲甲代烯丙胺，其为对比文件 1 权利要求 1 中所述通式 $CH_2=C(R^4)CH_2NR^2R^3$ 表示的胺的下位概念，且对比文件 1 中未公开以仲甲代烯丙胺制备所述烷氧基硅烷的制备实施例；(2) 权利要求 1 中限定了所述产品为异构体纯的仲氨基异丁基烷氧基硅烷，对比文件 1 中所述方法制备的产品均为包含 β 异构体和 γ 异构体的混合物；(3) 权利要求 1 中限定了所述方法在大气压下进行，对比文件 1 中所述反应在加压条件下进行。

根据本申请说明书的记载，本申请提供一种通过贵金属催化的仲甲代烯丙胺与氢化烷氧基硅烷或氢化烷基烷氧基硅烷的硅氢化作用制备仲氨基异丁基烷氧基硅烷的方法，该反应能在没有正常烯丙胺硅氢化作用所需的添加剂或助催化剂的存在下得到异构体纯的产物（见本申请说明书第 3 页第 4 段）。在实施例 1~10 中记载了在大气压下、惰性氮气氛下 N-烷基甲代烯丙胺与三烷氧基硅烷或烷基二烷氧基硅烷通过铂催化剂的硅氢化作用生成仲氨基异丁基烷氧基硅烷，产物结构经 GC/MS 分析证实，收率为 78% 以上，其中实施例 3 得到 99% 纯度的物料，实施例 4 得到 97% 纯度的物料。相对于对比文件 1，本申请实际解决的技术问题是：提供一种仲甲代烯丙胺与氢化烷氧基硅烷或氢化烷基烷氧基硅烷反应合成异构体纯的仲氨基异丁基烷氧基硅烷的方法，该方法能在大气压下进行，并能高产率地获得异构体纯的仲氨基异丁基烷氧基硅烷。

如前所述，对比文件 1 说明书中记载了所述式 $HSiR'_a(RO)_{3-a}$ 的氢化硅氧基硅烷和式 $CH_2=C(R^4)CH_2NR^2R^3$ 的胺反应会获得 β 异构体和 γ 异构体反应两种异构体的混合物，且其实施例在 N2 加压条件下合成的产物均是 β 异构体和 γ 异构体的混合物，其中 γ 异构体含量最高的实施例 11 的 γ 异构体收率为 63%（=67.5%×15.9/16.9），其他实施例产物中的 γ 异构体收率也都低于本申请实施例中 γ 异构体的收率。对比文件 1 没有给出如何制备 γ 异构体纯产物的启示，在这种情况下，本领域技术人员难以从对比文件 1 中获得任何有关作为式 $CH_2=C(R^4)CH_2NR^2R^3$ 下位概念的仲甲代烯丙胺与氢化硅氧基硅烷按照本申请权利要求 1 描述的反应条件或与其近似的反应条件下，就能高产率地获得异构体纯的反应产物的启示，本申请权利要求 1 的技术方案通过对烯丙胺结构的具体选择实现了合成异构体纯的产物，取得了意想不到的技术效果，因此，权利要求 1 相对于对比文件 1 具有突出的实质性特点和显著的进步，符合专利法第 22 条第 3 款关于创造性的规定。

在权利要求 1 相对于对比文件 1 具备创造性的情况下，其从属权利要求 2~9 相对于对比文件 1 自然也具备创造性，符合专利法第 22 条第 3 款关于创造性的规定。

根据以上事实和理由，本案合议组作出如下审查决定。

三、决定

撤销国家知识产权局于2007年7月6日针对01809069.9号发明专利申请作出的驳回决定。由国家知识产权局原审查部门在本复审决定所针对的审查文本的基础上继续进行审查。

复审请求人对本决定不服的，可以根据专利法第41条第2款的规定，自收到本决定之日起三个月内向北京市第一中级人民法院起诉。

067

含有马来酸酐或马来酸与氟化烯烃的聚合物及含有此聚合物的产品

复审请求审查决定（第17495号）

决　　定　　号　第17495号
决　　定　　日　2009年6月5日
发明创造名称　含有马来酸酐或马来酸与氟化烯烃的聚合物及含有此聚合物的产品
国 际 分 类 号　C08F214/18，C08F222/06
复 审 请 求 人　纳幕尔杜邦公司
申　　请　　号　98120963.7
申　　请　　日　1998年10月15日
最早优先权日　1997年10月15日
公　　开　　日　1999年7月21日
合 议 组 组 长　汪送来
主　　审　　员　赵步真
参　　审　　员　吴红权

法 律 依 据　专利法第33条
决 定 要 点

如果修改的内容可以由原说明书和权利要求书记载的内容直接地、毫无疑义地确定，则这种修改没有超出原说明书和权利要求书记载的范围。

一、案由

本复审请求案涉及发明名称为“含有马来酸酐或马来酸与氟化烯烃的聚合物及含有此聚合物的产品”（由“马来酸酐或马来酸与氟化烯烃的共聚物”变更而来）的98120963.7号发明专利申请（下称本申请），申请人为纳幕尔杜邦公司，申请日为1998年10月15日，最早优先权日为1997年10月15日，公开日为1999年7月21日。

2008年2月1日，针对申请人于2007年12月18日提交的权利要求第1~18项；申请日提交的说明书第3、4、8~22页及说明书摘要；2003年5月15日提交的说明书第2、5~7页；2003年11月19日提交的说明书第1页，国家知识产权局以本申请权利要求1和16的修改不符合专利法第33条的规定为由驳回了本申请。

驳回决定认为：权利要求1、16的修改不符合专利法第33条规定，请求人将原始权利要求1第1行记载的“一种聚合物，它含有衍生自下列各单体的重复单元”修改为“一种聚合物，它含有下列重复单元”，致使经修改的权利要求1的保护范围不同于原权利要求1的保护范围。经修改的权利要求1实际上要求保护一种聚合物，该聚合物含有（a）和（b）中的重复单元以及衍生自（c）中的重复单元；而原始权利要求1实际上要求保护一种聚合物，该聚合物含有衍生自（a）、（b）和（c）中的重复单元。从请求人于2007年12月18日提交的意见陈述书中提及的“原说明书例如第5页第13行至第6页第5行”内容中也不能够直接地、毫无疑义地确定出该修改内容。同样，经修改的权利要求16实际上要求保护一种涂布基片，其中涂料是一种聚合物，该聚合物包含（ⅰ）和（ⅱ）中的重复单元以及衍生自（ⅲ）中的重复单元；而原始权利要求31实际上要求保护一种涂布基片，其中涂料选自下列聚合物：（a）一种聚合物，它包含衍生自（ⅰ）、（ⅱ）和（ⅲ）中的单体的重复单元，以及（b）一种聚合物，它包含衍生自（ⅰ）、（ⅱ）和（ⅲ）中的单体的重复单元。从申请人在2007年12月18日提交的意见陈述书中提及的“原说明书例如第5页第13行至第6页第5行”内容中也不能够直接地、毫无疑义地确定出该修改内容。

驳回决定针对的权利要求1和16如下：

“1. 一种聚合物，它含有下列重复单元：

（a）至少1%摩尔 $-CF(CF_3)CF_2-$；

（b）$-CF_2CF_2-$、$-CFHCH_2-$、$-CFHCF_2-$、$-CH_2CH_2-$、$-CF_2CFC_l-$ 及 $-CF_2CH_2-$ 中的一种或多种，总量为至少1%摩尔；

（c）衍生自马来酸酐、马来酸、二氯马来酸酐或二氯马来酸中的一种或多种单体的重复单元，总量为0.03%~5%摩尔。

16. 一种涂布基片，其中涂料是一种聚合物，它包含下列重复单元：

（ⅰ）至少1%摩尔 $-CF(CF_3)CF_2-$；

（ⅱ）$-CF_2CF_2-$、$-CFHCH_2-$、$-CFHCF_2-$、$-CF_2CFC_l-$、$-CH_2CH_2-$ 及 $-CF_2CH_2-$ 中的一种或多种，总量为至少1%摩尔；

（ⅲ）衍生自马来酸酐、马来酸、二氯马来酸酐或二氯马来酸中的一种或多种单体的重复单元，总量为0.03% ~ 5%摩尔。”

2008年5月16日，申请人纳幕尔杜邦公司（下称请求人）对上述驳回决定不服，向专利复审委员会提出复审请求，请求人在提出复审请求时对权利要求书进行了修改，将所述重复单元改回了采用原权利要求中所用的对应于各种重复单元的单体方式进行限定，调整了权利要求1的表达方式，对权利要求4~6、10、12~16、18也进行了适应性的修改。

修改后的权利要求书为：

“1. 一种聚合物，它含有下列重复单元：

（a）至少1%摩尔衍生自六氟丙烯的重复单元；

（b）衍生自四氟乙烯、氟乙烯、三氟乙烯、乙烯、三氟氯乙烯及偏氟乙烯中的一种或多种的重复单元，总量为至少1%摩尔；

（c）衍生自马来酸酐、马来酸、二氯马来酸酐或二氯马来酸中的一种或多种单体的重复单元，总量为0.03%~5%摩尔。

2. 如权利要求1中所述的聚合物，其中衍生自六氟丙烯的重复单元为所述重复单元的至少30%摩尔。

3. 如权利要求2所述的聚合物，它是无定形的。

4. 如权利要求1所述的聚合物，其中（b）仅为衍生自四氟乙烯的重复单元。

5. 如权利要求1所述的聚合物，其中（b）仅为衍生自偏氟乙烯的重复单元。

6. 如权利要求 1 所述的聚合物，其中（b）为衍生自四氟乙烯和偏氟乙烯的重复单元。

7. 如权利要求 1 所述的聚合物，它还含有一种或多种衍生自下列单体的另外的重复单元：3，3，3-三氟丙烯，2，3，3，3-四氟丙烯，4-溴-3，3，4，4-四氟-1-丁烯，$CH_2=CHO(C=O)R^2$ 式中 R^2 是含 1 ~ 8 个碳原子的全氟正烷基，$CH_2=CHR^3$ 式中 R^3 是含 1 ~ 8 个碳原子的全氟正烷基，$CH_2=CH(C=O)OR^4$，式中 R^4 是 CnFxHy，其中 x + y = 2n + 1 及 n 为 1 ~ 8，三氟氯乙烯，$CF_2=CFR^5$ 式中 R^5 是全氟烷基，其中还可含或不含有 1 个或多个醚基、一个氰基或一个磺酰氟基中的一个或多个，全氟（2-亚甲基-4-甲基-1，3-二氧戊环，全氟（1，3-间二氧杂环戊烯），全氟（2，2-烷基取代的-1，3-间二氧杂环戊烯），4，5-二氟-2，2-双（三氟甲基-1，3-间二氧杂环戊烯），或 $FSO_2CF_2CF_2OCF(CF_3)CF_2OCF=CF_2$，$F_2C=CF(CF_2)_pOCF=CF_2$，式中 p 是 1 或 2，以及 $F_2C=CFOR^7$，式中 R^7 是含 1 ~ 10 个碳原子，并还可含有或不含一个或多个介于碳原子之间的醚氧原子的烷基或卤代烷基。

8. 如权利要求 7 所述的聚合物，其中所述另外的重复单元每一个的量为不大于该聚合物的 10%摩尔，而且另外的重复单元的总量小于 15%摩尔，或者另外的重复单元的总量小于 15%摩尔。

9. 如权利要求 1 所述的聚合物，其中（c）是所述重复单元的 0.1% ~ 2%摩尔。

10. 如权利要求 1 所述的聚合物，它是包含下列重复单元的共聚物：衍生自六氟丙烯的重复单元，衍生自四氟乙烯的重复单元与衍生自马来酸酐或马来酸单体的重复单元的共聚物；衍生自六氟丙烯的重复单元、衍生自四氟乙烯的重复单元、衍生自偏氟乙烯的重复单元与衍生自马来酸酐或马来酸单体的重复单元的共聚物；及衍生自六氟丙烯的重复单元、衍生自偏氟乙烯的重复单元与衍生自马来酸酐或马来酸单体的重复单元的共聚物。

11. 如权利要求 1 所述的聚合物，其中（c）为衍生自马来酸及它的部分盐或完全盐形式的重复单元。

12. 如权利要求 1 所述的聚合物，其中（b）为衍生自四氟乙烯和氟乙烯的重复单元。

13. 如权利要求 1 所述的聚合物，其中（b）为衍生自四氟乙烯和乙烯的重复单元。

14. 如权利要求 1 所述的聚合物，其中（b）为衍生自三氟乙烯的重复单元。

15. 如权利要求 1 所述的聚合物，其中（b）为衍生自四氟乙烯和三氟乙烯的重复单元。

16. 一种涂布基片，其中涂料是一种聚合物，它包含下列重复单元：

（ⅰ）至少 1%摩尔衍生自六氟丙烯的重复单元；

（ⅱ）衍生自四氟乙烯、氟乙烯、三氟乙烯、乙烯、三氟氯乙烯及偏氟乙烯中的一种或多种的重复单元，总量为至少 1%摩尔；

（ⅲ）衍生自马来酸酐、马来酸、二氯马来酸酐或二氯马来酸中的一种或多种单体的重复单元，总量为 0.03 % ~ 5%摩尔。

17. 一种复合结构，它包括权利要求 16 的涂布基片，加上另一基片，后者被黏附到前面提到的基片上的涂层上面。

18. 一种热塑性聚合物与如下聚合物的熔融掺合物，

所述聚合物包含下列重复单元：

（ⅰ）至少 1%摩尔的衍生自六氟丙烯的重复单元；

（ⅱ）衍生自四氟乙烯、氟乙烯、三氟乙烯、三氟氯乙烯、乙烯及偏氟乙烯中的一种或多种的重复单元，总量为至少 1%摩尔；

（ⅲ）衍生自马来酸酐、马来酸、二氯马来酸酐或二氯马来酸中的一种或多种单体的重复单元，其总量为 0.03 % ~ 5%摩尔。”

请求人认为：修改后的权利要求1所用技术特征与原权利要求1几乎完全相同，从聚合物的限定方式看，其用重复单元而非重复单元的原料来直接限定该聚合物，因而能够克服在《第四次审查意见通知书》中所指出的“没有用产品的结构、组成等进行表征”的缺陷，并且，权利要求1中“衍生自”位置的改变在表述的含义上和原权利要求是基本上相同的，修改后的内容也是本领域技术人员能够根据说明书记载内容直接且毫无疑义地确定的。

经形式审查合格后，专利复审委员会受理了该请求，并于2008年8月27日向请求人发出了《复审请求受理通知书》，同时将本申请转送至国家知识产权局原审查部门进行前置审查。

在《前置审查意见书》中，国家知识产权局原审查部门认为，请求人对权利要求1和16中的“它含有下列重复单元”、“衍生自六氟丙烯的重复单元”、“衍生自四氟乙烯……一种或多种的重复单元”、“衍生自马来酸酐……的一种或多种的重复单元”的修改内容在原说明书和权利要求书中没有记载，也不能由原始记载的内容直接地、毫无疑义地确定，不符合专利法第33条的规定。此外，对权利要求4~6、10~15和18的修改也都不符合专利法第33条的规定，因此坚持驳回决定。

专利复审委员会组成合议组，对本复审请求案进行了审理。

2009年4月27日，请求人再次提交了权利要求书全文替换页，相对于2008年5月16日提交的权利要求书，请求人对权利要求10进行了修改，其余项权利要求未作修改。修改后的权利要求10为：

“10. 如权利要求1所述的聚合物，它是下列单体的共聚物：六氟丙烯，四氟乙烯与马来酸酐或马来酸单体；六氟丙烯、四氟乙烯、偏氟乙烯与马来酸酐或马来酸单体；及六氟丙烯、偏氟乙烯与马来酸酐或马来酸单体。”

请求人认为，权利要求10中采用原来的以单体来限定该聚合物的方式应该是更为优选和清楚的。

经合议，合议组认为本案事实已经清楚，可以作出审查决定。

二、决定的理由

1. 关于审查文本

经审查，合议组认为，请求人于2009年4月27日提交的权利要求书符合专利法实施细则第60条第1款的规定，本复审请求审查决定所针对的文本是：请求人于2009年4月27日提交的权利要求1~18项，申请日提交的说明书第3、4、8~22页及说明书摘要，2003年5月15日提交的说明书第2、5~7页，以及2003年11月19日提交的说明书第1页（下称复审文本）。

2. 关于专利法第33条

专利法第33条规定：申请人可以对其专利申请文件进行修改，但是，对发明和实用新型专利申请文件的修改不得超出原说明书和权利要求书记载的范围。

如果修改的内容可以由原说明书和权利要求书记载的内容直接地、毫无疑义地确定，则这种修改没有超出原说明书和权利要求书记载的范围。

就本案而言，本申请的原始权利要求1为：一种聚合物，它含有衍生自下列各单体的重复单元：

（a）至少1%摩尔六氟丙烯；

（b）四氟乙烯、氟乙烯、三氟乙烯、乙烯、三氟氯乙烯及偏氟乙烯中的一种或多种，总量至少为1%摩尔；

（c）马来酸酐、马来酸、二氯马来酸酐或二氯马来酸中的一种或多种，总量至少为0.03%~5%摩尔。

本申请说明书第3页第17~18行对重复单元的聚合方式给出了明确的解释：“衍生自……的重复单元”这里是指所指重复单元（及它们所衍生自的单体）是被加聚反应而不是例如被接枝法而加进

去的。说明书第 5 页第 13 行至第 6 页第 11 行对聚合物中的“重复单元”进行详细的说明：“这里的第一种聚合物必须含有衍生自 HFP 和衍生自 TFE，VF2，三氟乙烯（TF3），乙烯（E）和氟乙烯（VF）中的一种或多种的重复单元。在这种聚合物中，优选的是此聚合物含有至少 20% 摩尔、更优选为至少 30% 摩尔的衍生自 HFP 的重复单元……衍生自 TFE 的重复单元是 $-CF_2CF_2-$，衍生自 VF_2 的重复单元是 $-CF_2CH_2-$……”，并且，在本申请的全部实施例中，都以诸如“聚（HFP/TFE/MAN）”的方式来表示聚合物，并且在其中都用 ^{13}C NMR 测定了诸如 HFP/TFE/MAN 等各种重复单元在整个聚合物中的摩尔%。

合议组认为，基于以上说明书记载的内容，本领域技术人员能够理解，原权利要求 1 聚合物含有下列重复单元：（a）衍生自六氟乙烯的重复单元，（b）衍生自四氟乙烯……的重复单元以及（c）衍生自马来酸酐……的重复单元，并且（a）（b）（c）的重复单元在聚合物中的含量分别为至少 1 摩尔%、至少 1 摩尔% 以及至少 0.03 至约 5 摩尔%，而不会理解为其他的含义。

在复审文本中，权利要求 1 为：

“一种聚合物，它含有下列重复单元：

（a）至少 1% 摩尔衍生自六氟丙烯的重复单元；

（b）衍生自四氟乙烯、氟乙烯、三氟乙烯、乙烯、三氟氯乙烯及偏氟乙烯中的一种或多种的重复单元，总量为至少 1% 摩尔；

（c）衍生自马来酸酐、马来酸、二氯马来酸酐或二氯马来酸中的一种或多种单体的重复单元，总量为 0.03% ~5% 摩尔。”

合议组认为，复审文本中的权利要求 1 更符合中文表达习惯，而且，本领域技术人员对这种表述的理解与其对原始说明书记载的内容以及原权利要求 1 的理解并无不同，因此，修改后的内容可以由原说明书和权利要求书的内容直接地、毫无疑义地确定，符合专利法第 33 条的规定。

基于上述相同的理由，复审文本中的权利要求 16 和 18（分别对应于原权利要求 31 和 33）也没有超出原始申请文件记载的范围，符合专利法第 33 条的规定。

复审文本中的权利要求 4~6 和 11~15 在原权利要求 4~6 和 11~15 的基础上，在表述方式上按权利要求 1 进行了适应性修改，以“重复单元”的形式对聚合物进行限定。同样，这些权利要求的修改也没有超出原始申请文件记载的范围，符合专利法第 33 条的规定。

基于上述事实和理由，合议组作出如下审查决定。

三、决定

撤销国家知识产权局于 2008 年 2 月 1 日针对 98120963.7 号发明专利申请作出的驳回决定，由国家知识产权局原审查部门以上述复审文本为基础继续审批程序。

复审请求人对本决定不服的，可以根据专利法第 41 条第 2 款的规定，自收到本决定之日起三个月内向北京市第一中级人民法院起诉。

068

粘合剂组合物和由它们衍生的胶带和标签

复审请求审查决定（第17499号）

决　定　号　第17499号
决　定　日　2009年6月15日
发明创造名称　粘合剂组合物和由它们衍生的胶带和标签
国际分类号　C09J153/02
复审请求人　克雷顿聚合物研究公司
申　请　号　200480008803.6
最早优先权日　2003年2月21日
申　请　日　2004年2月19日
公　开　日　2006年5月3日
合议组组长　汪送来
主　审　员　顾笑璐
参　审　员　王　磊

法律依据　专利法第33条，专利法第22条第2款
决定要点

如果申请修改的内容在原申请文件中有记载，或能从原申请记载的内容中直接地、毫无疑义地确定，则这种修改未超出原始申请文件记载的范围。

判断一项权利要求的新颖性，应当将该权利要求与现有技术所公开的技术方案单独地进行对比。经过对比，如果发现存在区别技术特征，两者的技术方案实质上不相同，则该权利要求具有新颖性。

一、案由

本复审请求案涉及发明名称为“粘合剂组合物和由它们衍生的胶带和标签”的200480008803.6号发明专利申请（下称本申请），申请人为克雷顿聚合物研究公司，申请日为2004年2月19日，最早优先权日为2003年2月21日，公开日为2006年5月3日。

2008年3月7日，针对申请人于2007年7月23日提交的权利要求第1~28项、2005年9月29日进入国家阶段时提交的国际申请文件中文文本的说明书第1~17页及说明书摘要，国家知识产权局以本申请权利要求1~7不具备新颖性为由驳回了本申请。

驳回决定认为：（1）对比文件1（WO02057386A2，公开日为2002年7月25日）中公开了包含苯乙烯嵌段共聚物、增粘剂树脂和增塑剂的粘合剂组合物，其中公开的粘合剂组合物与本申请权利要求1中请求保护的粘合剂组合物组成相同。（2）对于申请人陈述的“本申请的粘合剂组合物能够成

功地用于在+5℃和更低温度下使用的胶带、标签和绷带，而对比文件1中没有揭示权利要求1的技术方案，并且对于如何获得适用于低温条件的粘合剂组合物也没有任何说明和提示，尤其是并没有揭示本申请中所述的特定树脂与特定增塑剂等并用”，由于对比文件1中公开的粘合剂组合物组成与本申请相同，其中公开的增粘剂树脂与本申请中实际使用的增粘剂完全相同，其性能也应与本申请组合物相同，故申请人的意见不具有说服力。因此，权利要求1的技术方案相对于对比文件1不具备专利法第22条第2款所规定的新颖性。（3）同理，权利要求2~7也不具备新颖性。驳回决定中另外指出：申请人将权利要求1中所述“增塑剂”修改为“石蜡增塑油”，上述修改并不能从原申请文件记载的范围直接地、毫无疑义地确定，因此权利要求1的修改不符合专利法第33条的规定。

驳回决定针对的权利要求如下：

“1. 一种用于在+5℃和更低温度下使用的胶带、标签和绷带的粘合剂组合物，其包含：

（a）至少一种嵌段共聚物，其包含至少两个聚（乙烯基芳香族化合物）末端嵌段和至少一个异戊二烯和丁二烯的无规共聚混合物中间嵌段，其中异戊二烯和丁二烯之间的重量比在30：70~60：40之间，其视情况混合有包含一个聚（乙烯基芳香族化合物）嵌段和一个异戊二烯和丁二烯的无规共聚混合物的二嵌段共聚物，并视情况混合有包含至少一个聚（乙烯基芳香族化合物）嵌段和至少一个聚（丁二烯）或聚（异戊二烯）嵌段的嵌段共聚物，

（b）至少一种混合脂肪族/芳香族增粘树脂或脂肪族和芳香族增粘树脂的一掺合物，其具有在6%和22%之间的芳香族H-NMR含量，其中所述增粘树脂具有在30℃和40℃之间的玻璃化转变温度Tg和在80℃和90℃之间的环球软化点，和

（c）相对于所述粘合剂组合物的重量最多为25重量%的量的石蜡增塑油。

2. 根据权利要求1所述的用于胶带、标签和绷带的粘合剂组合物，其中成分（a）主要由S-（I/B）-S或［S-（I/B）］nX嵌段共聚物组成，其视情况混合有二嵌段共聚物S-（I/B），并视情况混合有少量选自由S-B、S-B-S、S-I和S-I-S组成的群组的一种或一种以上的嵌段共聚物，其中S表示聚（乙烯基芳香族化合物）嵌段，（I/B）表示异戊二烯和丁二烯的无规共聚混合物嵌段，其中异戊二烯和丁二烯的重量比在30：70~60：40之间，并且其中B表示聚（丁二烯）嵌段，其中I表示聚（异戊二烯）嵌段；其中n是大于或等于2的整数，且其中X为偶联剂的残基。

3. 根据权利要求2所述的粘合剂组合物，其中所述S-B、S-I、S-B-S和/或S-I-S嵌段共聚物的含量相对于所述成分（a）的重量在0~50重量%之间。

4. 根据权利要求1所述的粘合剂组合物，其中成分（b）具有在9%和22%之间的芳香族H-NMR含量。

5. 根据权利要求4所述的粘合剂组合物，其中成分（b）具有在9%和18%之间的芳香族H-NMR含量。

6. 根据权利要求1~5任一所述的粘合剂组合物，其中成分（b）所占的比例相对于所述组合物的重量为35~55重量%。

7. 根据权利要求1~5任一所述的粘合剂组合物，其中所述成分（a）的嵌段共聚物中的S嵌段是聚（苯乙烯）嵌段，并且其中所述主要S-（I/B）-S或［S-（I/B）］nX嵌段共聚物中已结合的苯乙烯的比例在10~40重量%之间；其中n是大于或等于2的整数，且其中X为偶联剂的残基。

8. 一种在+5℃或更低温度下使用的胶带，其包含涂在基材层上的粘合剂组合物，所述粘合剂组合物包括：

（a）至少一种嵌段共聚物，其包含至少两个聚（乙烯基芳香族化合物）末端嵌段和至少一个异戊二烯和丁二烯的无规共聚混合物中间嵌段，其中异戊二烯和丁二烯之间的重量比在70：30~30：70

之间，其视情况混合有包含一个聚（乙烯基芳香族化合物）嵌段和一个异戊二烯和丁二烯的无规共聚混合物的二嵌段共聚物，并视情况混合有包含至少一个聚（乙烯基芳香族化合物）嵌段和至少一个聚（丁二烯）或聚（异戊二烯）嵌段的嵌段共聚物，

（b）至少一种混合脂肪族/芳香族增粘树脂或脂肪族和芳香族增粘树脂的一掺合物，其具有在6%和22%之间的芳香族 H-NMR 含量，其中所述增粘树脂具有在30℃和40℃之间的玻璃化转变温度Tg和在80℃和90℃之间的环球软化点，和

（c）相对于所述粘合剂组合物的重量最多为25重量%的量的增塑剂。

9. 根据权利要求8所述的在+5℃或更低温度下使用的胶带，其中所述成分（a）主要由S-（I/B）-S或［S-（I/B）］nX嵌段共聚物组成，其视情况混合有二嵌段共聚物S-（I/B），并视情况混合有少量选自由S-B、S-B-S、S-I和S-I-S组成的群组的一种或一种以上的嵌段共聚物，其中S表示聚（乙烯基芳香族化合物）嵌段，（I/B）表示异戊二烯和丁二烯的无规共聚混合物嵌段，其中异戊二烯和丁二烯的重量比在70：30~30：70之间，并且其中B表示聚（丁二烯）嵌段，其中I表示聚（异戊二烯）嵌段；其中n是大于或等于2的整数，且其中X为偶联剂的残基。

10. 根据权利要求9所述的在+5℃或更低温度下使用的胶带，其中所述S-B、S-I、S-B-S和/或S-I-S嵌段共聚物的含量相对于所述成分（a）的重量在0~50重量%之间。

11. 根据权利要求8所述的在+5℃或更低温度下使用的胶带，其中所述成分（b）具有在9和22%之间的芳香族H-NMR含量。

12. 根据权利要求11所述的在+5℃或更低温度下使用的胶带，其中成分（b）具有在9和18%之间的芳香族H-NMR含量。

13. 根据权利要求8~12所述的在+5℃或更低温度下使用的胶带，其中成分（b）所占的比例相对于所述组合物的重量为35~55重量%。

14. 根据权利要求8~12所述的在+5℃或更低温度下使用的胶带，其中所达成分（a）的嵌段共聚物中的S嵌段是聚（苯乙烯）嵌段，并且其中所述主要S-（I/B）-S或［S-（I/B）］nX嵌段共聚物中已结合的苯乙烯的比例在10~40重量%之间；其中n是大于或等于2的整数，且其中X为偶联剂的残基。

15. 一种在+5℃或更低温度下使用的标签，其包含涂在基材层上的粘合剂组合物，所述粘合剂组合物包括：

（a）至少一种嵌段共聚物，其包含至少两个聚（乙烯基芳香族化合物）末端嵌段和至少一个异戊二烯和丁二烯的无规共聚混合物中间嵌段，其中异戊二烯和丁二烯之间的重量比在70：30~30：70之间，其视情况混合有包含一个聚（乙烯基芳香族化合物）嵌段和一个异戊二烯和丁二烯的无规共聚混合物的二嵌段共聚物，并视情况混合有包含至少一个聚（乙烯基芳香族化合物）嵌段和至少一个聚（丁二烯）或聚（异戊二烯）嵌段的嵌段共聚物，

（b）至少一种混合脂肪族/芳香族增粘树脂或脂肪族和芳香族增粘树脂的一掺合物，其具有在6和22%之间的芳香族H-NMR含量，其中所述增粘树脂具有在30℃和40℃之间的玻璃化转变温度Tg和在80℃和90℃之间的环球软化点，和

（c）相对于所述粘合剂组合物的重量最多为25重量%的量的增塑剂。

16. 根据权利要求15所述的在+5℃或更低温度下使用的标签，其中所述成分（a）主要由S-（I/B）-S或［S-（I/B）］nX嵌段共聚物组成，其视情况混合有二嵌段共聚物S-（I/B），并视情况混合有少量选自由S-B、S-B-S、S-I和S-I-S组成的群组的一种或一种以上的嵌段共聚物，其中S表示聚（乙烯基芳香族化合物）嵌段，（I/B）表示异戊二烯和丁二烯的无规共聚混合物嵌段，其

中异戊二烯和丁二烯的重量比在70：30~30：70之间，并且其中B表示聚（丁二烯）嵌段，其中I表示聚（异戊二烯）嵌段；其中n是大于或等于2的整数，且其中X为偶联剂的残基。

17. 根据权利要求16所述的在+5℃或更低温度下使用的标签，其中所述S-B、S-I、S-B-S和/或S-I-S嵌段共聚物的含量相对于所述成分（a）的重量在0~50重量%之间。

18. 根据权利要求15所述的在+5℃或更低温度下使用的标签，其中所述成分（b）具有在9%和22%之间的芳香族H-NMR含量。

19. 根据权利要求18所述的在+5℃或更低温度下使用的标签，其中成分（b）具有在9%和18%之间的芳香族H-NMR含量。

20. 根据权利要求15~19所述的在+5℃或更低温度下使用的标签，其中成分（b）所占的比例相对于所述组合物的重量为35~55重量%。

21. 根据权利要求15~19所述的在+5℃或更低温度下使用的标签，其中所述成分（a）的嵌段共聚物中的S嵌段是聚（苯乙烯）嵌段，并且其中所述主要S-（I/B）-S或［S-（I/B）］nX嵌段共聚物中已结合的苯乙烯的比例在10~40重量%之间；其中n是大于或等于2的整数，且其中X为偶联剂的残基。

22. 一种在+5℃或更低温度下使用的绷带，其包含涂在基材层上的粘合剂组合物，所述粘合剂组合物包括：

（a）至少一种嵌段共聚物，其包含至少两个聚（乙烯基芳香族化合物）末端嵌段和至少一个异戊二烯和丁二烯的无规共聚混合物中间嵌段，其中异戊二烯和丁二烯之间的重量比在70：30~30：70之间，其视情况混合有包含一个聚（乙烯基芳香族化合物）嵌段和一个异戊二烯和丁二烯的无规共聚混合物的二嵌段共聚物，并视情况混合有包含至少一个聚（乙烯基芳香族化合物）嵌段和至少一个聚（丁二烯）或聚（异戊二烯）嵌段的嵌段共聚物，

（b）至少一种混合脂肪族/芳香族增粘树脂或脂肪族和芳香族增粘树脂的一掺合物，其具有在6和22%之间的芳香族H-NMR含量，其中所述增粘树脂具有在30℃和40℃之间的玻璃化转变温度Tg和在80℃和90℃之间的环球软化点，和

（c）相对于所述粘合剂组合物的重量最多为25重量%的量的增塑剂。

23. 根据权利要求22所述的在+5℃或更低温度下使用的绷带，其中所述成分（a）主要由S-（I/B）-S或［S-（I/B）］nX嵌段共聚物组成，其视情况混合有二嵌段共聚物S-（I/B），并视情况混合有少量选自由S-B、S-B-S、S-I和S-I-S组成的群组的一种或一种以上的嵌段共聚物，其中S表示聚（乙烯基芳香族化合物）嵌段，（I/B）表示异戊二烯和丁二烯的无规共聚混合物嵌段，其中异戊二烯和丁二烯的重量比在70：30~30：70之间，并且其中B表示聚（丁二烯）嵌段，其中I表示聚（异戊二烯）嵌段；其中n是大于或等于2的整数，且其中X为偶联剂的残基。

24. 根据权利要求23所述的在+5℃或更低温度下使用的绷带，其中所述S-B、S-I、S-B-S和/或S-I-S嵌段共聚物的含量相对于所达成分（a）的重量在0~50重量%之间。

25. 根据权利要求22所述的在+5℃或更低温度下使用的绷带，其中所述成分（b）具有在9%和22%之间的芳香族H-NMR含量。

26. 根据权利要求25所述的在+5℃或更低温度下使用的绷带，其中成分（b）具有在9%和18%之间的芳香族H-NMR含量。

27. 根据权利要求22~26所述的在+5℃或更低温度下使用的绷带，其中成分（b）所占的比例相对于所述组合物的重量为35~55重量%。

28. 根据权利要求22~26所述的在+5℃或更低温度下使用的绷带，其中所述成分（a）的嵌段共

聚物中的 S 嵌段是聚（苯乙烯）嵌段，并且其中所述主要 S-（I/B）-S 或［S-（I/B）］nX 嵌段共聚物中已结合的苯乙烯的比例在 10~40 重量% 之间；其中 n 是大于或等于 2 的整数，且其中 X 为偶联剂的残基。”

2008 年 6 月 23 日，申请人克雷顿聚合物研究公司（下称请求人）对上述驳回决定不服，向专利复审委员会提出复审请求，请求人在提出复审请求时没有对申请文件进行修改。

请求人认为：对比文件 1 中指出其组合物中不必须包含增塑剂，并且仅在第 8 页第 33 行笼统地提到可以用具有链烷烃或环烷烃性质的塑化油作为增塑剂。而权利要求 1 中定义的组分（c）能够带来意想不到的技术效果，在温度降至 0℃时，含石蜡增塑剂的聚合物调配物（F-11）的滚球黏性值小于含环烷油增塑剂的聚合物调配物（F-10），表明前者在低温（0℃）下仍具有很好的黏性。因而权利要求 1 具有新颖性和创造性。同理，权利要求 2~28 也具有新颖性和创造性。

经形式审查合格后，专利复审委员会受理了该请求，并于 2008 年 7 月 17 日向请求人发出了《复审请求受理通知书》，同时将本申请转送至国家知识产权局原审查部门进行前置审查。

在《前置审查意见书》中，国家知识产权局原审查部门坚持驳回决定，并进一步指出权利要求 1 中将“增塑剂”修改为“石蜡增塑油”不符合专利法第 33 条的规定。

专利复审委员会组成合议组，对本复审请求案进行了审理。

2009 年 3 月 10 日，请求人提交了权利要求第 1~28 项的修改替换页，其中将权利要求 1、8、15 和 22 中的组分（c）修改为“（c）相对于所述黏合剂组合物的重量为 5~25 重量% 的量的、且由差式扫描量热法所测量的玻璃化转变温度低于-55℃的链烷增塑油”，其余权利要求未作修改。修改后的权利要求 1、8、15 和 22 如下：

“1. 一种用于在+5℃和更低温度下使用的胶带、标签和绷带的黏合剂组合物，其包含：

（a）至少一种嵌段共聚物，其包含至少两个聚（乙烯基芳香族化合物）末端嵌段和至少一个异戊二烯和丁二烯的无规共聚混合物中间嵌段，其中异戊二烯和丁二烯之间的重量比在 30：70~60：40 之间，其视情况混合有包含一个聚（乙烯基芳香族化合物）嵌段和一个异戊二烯和丁二烯的无规共聚混合物的二嵌段共聚物，并视情况混合有包含至少一个聚（乙烯基芳香族化合物）嵌段和至少一个聚（丁二烯）或聚（异戊二烯）嵌段的嵌段共聚物，

（b）至少一种混合脂肪族/芳香族增黏树脂或脂肪族和芳香族增黏树脂的一掺合物，其具有在 6 和 22% 之间的芳香族 H-NMR 含量，其中所述增黏树脂具有在 30℃和 40℃之间的玻璃化转变温度 Tg 和在 80℃和 90℃之间的环球软化点，和

（c）相对于所述黏合剂组合物的重量为 5~25 重量% 的量的、且由差式扫描量热法所测量的玻璃化转变温度低于-55℃的链烷增塑油。

8. 一种在+5℃或更低温度下使用的胶带，其包含涂在基材层上的黏合剂组合物，所述黏合剂组合物包括：

（a）至少一种嵌段共聚物，其包含至少两个聚（乙烯基芳香族化合物）末端嵌段和至少一个异戊二烯和丁二烯的无规共聚混合物中间嵌段，其中异戊二烯和丁二烯之间的重量比在 70：30~30：70 之间，其视情况混合有包含一个聚（乙烯基芳香族化合物）嵌段和一个异戊二烯和丁二烯的无规共聚混合物的二嵌段共聚物，并视情况混合有包含至少一个聚（乙烯基芳香族化合物）嵌段和至少一个聚（丁二烯）或聚（异戊二烯）嵌段的嵌段共聚物，

（b）至少一种混合脂肪族/芳香族增黏树脂或脂肪族和芳香族增黏树脂的一掺合物，其具有在 6 和 22% 之间的芳香族 H-NMR 含量，其中所述增黏树脂具有在 30℃和 40℃之间的玻璃化转变温度 Tg 和在 80℃和 90℃之间的环球软化点，和

（c）相对于所述黏合剂组合物的重量为 5~25 重量% 的量的、且由差式扫描量热法所测量的玻璃化转变温度低于-55℃的链烷增塑油。

15. 一种在+5℃或更低温度下使用的标签，其包含涂在基材层上的黏合剂组合物，所述黏合剂组合物包括：

（a）至少一种嵌段共聚物，其包含至少两个聚（乙烯基芳香族化合物）末端嵌段和至少一个异戊二烯和丁二烯的无规共聚混合物中间嵌段，其中异戊二烯和丁二烯之间的重量比在 70∶30~30∶70 之间，其视情况混合有包含一个聚（乙烯基芳香族化合物）嵌段和一个异戊二烯和丁二烯的无规共聚混合物的二嵌段共聚物，并视情况混合有包含至少一个聚（乙烯基芳香族化合物）嵌段和至少一个聚（丁二烯）或聚（异戊二烯）嵌段的嵌段共聚物，

（b）至少一种混合脂肪族/芳香族增黏树脂或脂肪族和芳香族增黏树脂的一掺合物，其具有在 6 和 22% 之间的芳香族 H-NMR 含量，其中所述增黏树脂具有在 30℃和 40℃之间的玻璃化转变温度 Tg 和在 80℃和 90℃之间的环球软化点，和

（c）相对于所述黏合剂组合物的重量为 5~25 重量% 的量的、且由差式扫描量热法所测量的玻璃化转变温度低于-55℃的链烷增塑油。

22. 一种在+5℃或更低温度下使用的绷带，其包含涂在基材层上的黏合剂组合物，所述黏合剂组合物包括：

（a）至少一种嵌段共聚物，其包含至少两个聚（乙烯基芳香族化合物）末端嵌段和至少一个异戊二烯和丁二烯的无规共聚混合物中间嵌段，其中异戊二烯和丁二烯之间的重量比在 70∶30~30∶70 之间，其视情况混合有包含一个聚（乙烯基芳香族化合物）嵌段和一个异戊二烯和丁二烯的无规共聚混合物的二嵌段共聚物，并视情况混合有包含至少一个聚（乙烯基芳香族化合物）嵌段和至少一个聚（丁二烯）或聚（异戊二烯）嵌段的嵌段共聚物，

（b）至少一种混合脂肪族/芳香族增黏树脂或脂肪族和芳香族增黏树脂的一掺合物，其具有在 6 和 22% 之间的芳香族 H-NMR 含量，其中所述增黏树脂具有在 30℃和 40℃之间的玻璃化转变温度 Tg 和在 80℃和 90℃之间的环球软化点，和

（c）相对于所述黏合剂组合物的重量为 5~25 重量% 的量的、且由差式扫描量热法所测量的玻璃化转变温度低于-55℃的链烷增塑油。”

经审查，合议组认为本案事实已经清楚，可以作出审查决定。

二、决定的理由

1. 关于文本

经审查，合议组认为，请求人于 2009 年 3 月 10 日提交的权利要求书中所作的修改符合专利法实施细则第 60 条第 1 款的规定。

本复审决定依据的文本是：请求人于 2009 年 3 月 10 日提交的权利要求第 1~28 项，2005 年 9 月 29 日进入国家阶段时提交的国际申请文件中文文本的说明书第 1~17 页及说明书摘要。

2. 关于专利法第 33 条

专利法第 33 条规定：申请人可以对其专利申请文件进行修改，但是，对发明和实用新型专利申请文件的修改不得超出原说明书和权利要求书记载的范围。

如果申请修改的内容在原申请文件中有记载，或能从原申请记载的内容中直接地、毫无疑义地确定，则这种修改未超出原始申请文件记载的范围。

就本申请而言，驳回决定和《前置审查意见书》中指出：请求人于 2007 年 7 月 23 日提交的权利要求 1 中将“增塑剂”修改为“石蜡增塑油”不符合专利法第 33 条的规定。

请求人于2009年3月10日提交了新的权利要求书，其中将权利要求1、8、15和22中的组分（c）修改为“（c）相对于所述黏合剂组合物的重量为5~25重量%的量的、且由差式扫描量热法所测量的玻璃化转变温度低于-55℃的链烷增塑油”。在原始申请文件中，与之相关的内容有：说明书第8页第1段中记载的“合适的增塑剂主要包括特征为链烷或环烷（根据DIN 51378测定，碳芳香族分布≤5%，优选≤2%，更优选为0%），和如由差式扫描量热法所测量的玻璃化转变温度低于-55℃的增塑油”、说明书第8页第3段记载的“根据本发明的组合物优选包含相对于整个组合物的重量为5~15重量%重量比例，并且每100重量份嵌段共聚物成分（a）为10~85重量份增塑剂的增塑剂”，以及说明书第3页发明内容部分和原权利要求1中记载的“（c）相对于所述黏合剂组合物的重量最多为25重量%的量的增塑剂”。合议组认为，权利要求1、8、15和25中所作修改可由原说明书和权利要求书记载的上述内容直接地、毫无疑义地确定，新修改的权利要求书符合专利法第33条的规定。

3. 关于专利法第22条第2款

专利法第22条第2款规定：新颖性，是指在申请日以前没有同样的发明或者实用新型在国内外出版物上公开发表过、在国内公开使用过或者以其他方式为公众所知，也没有同样的发明或者实用新型由他人向专利局提出过申请并且记载在申请日以后公布的专利申请文件中。

判断一项权利要求的新颖性，应当将该权利要求与现有技术所公开的技术方案单独地进行对比。经过对比，如果发现存在区别技术特征，两者的技术方案实质上不相同，则该权利要求具有新颖性。

就本案而言，本申请权利要求1请求保护一种用于在+5℃和更低温度下使用的胶带、标签和绷带的黏合剂组合物（具体技术特征参见案由部分）。

对比文件1公开了一种黏合剂组合物，其包括一种或多种苯乙烯嵌段共聚物（ⅰ）、增黏剂树脂（ⅱ）以及一种或多种增塑剂（ⅲ）（参见说明书第3页第24~27行）。所述苯乙烯嵌段共聚物具有通式：A-C-A，或（A-C）n-X所示的结构，其中A独立地为芳族乙烯基化合物的聚合物嵌段，优选苯乙烯嵌段，C为重量比B：Ⅰ为30：70~70：30的丁二烯（B）及异戊二烯（Ⅰ）的混合聚合物嵌段（B/Ⅰ）（参见说明书第4页第8~27行）。在嵌段共聚物中，结合的芳族乙烯基化合物的比例为10~50 wt%（参见说明书第5页第6~8行）。并且组分（Ⅰ）包括上述通式的嵌段共聚物和中间体二嵌段共聚物，其中嵌段共聚物与二嵌段的重量比为100/0~30/70（参见说明书第7页第20~23行），其中所述黏合剂组合物包含100重量份嵌段共聚物（参见说明书第8页第4~7行）、50~400重量份的增黏剂树脂，例如Wingtack 86（参见说明书第8页第23~29行）和至多200重量份，优选5~150重量份，更优选10~130重量份的增塑剂，所述增塑剂包括低芳烃含量的链烷或环烷烃增塑油（参见说明书第8页第33~35行）。并且，所述黏合剂组合物可用于生产各种压敏黏合剂胶带和片材（参见说明书第10页第34行）和标签制造（参见说明书第11页第10行）。实施例9的样品F31为100份嵌段共聚物polymer E、110份W 86（即改性脂族烃树脂Wingtack 86，参见说明书第21页表3第9行）、15份C-956（即环烷烃增塑油CATENEX 956，参见说明书第22页表3第4行）和3份抗氧剂的黏合剂组合物，其他实施例也均采用与实施例9中相同或相似的嵌段共聚物、改性脂族烃树脂（即增黏剂树脂）、环烷烃增塑油和抗氧剂制得相应的黏合剂组合物。

由此可见，对比文件1与权利要求1均涉及黏合剂组合物领域，对比文件1中涉及的组分（ⅰ）、（ⅱ）和（ⅲ）分别相应于本申请权利要求1中的组分（a）、（b）和（c）。其中，对比文件1中作为具体实施方式的实施例9中涉及的组分嵌段共聚物polymer E、W86与权利要求1中所述组分（a）嵌段共聚物和组分（b）增黏剂树脂相同，而对比文件1实施例9中涉及的增塑油为环烷烃增塑油CATENEX 956，权利要求1中涉及的增塑油为“玻璃化转变温度低于-55℃的链烷增塑油”，两者的增塑油不同，尽管对比文件1说明书第8页第33~35行中还公开了“增塑剂（ⅲ）包括低芳烃含量的链烷或环烷烃增塑油”，即，针对增塑剂（ⅲ），可供选择的技术特征为“链烷增塑油”和“环烷烃增塑油”。但是，对比文件1中并未公开“玻璃化转变温度低于-55℃的链烷增塑油”这一技术特征，所有实施例中具体使用的增塑油也均是环烷烃增塑油，与本申请权利要求1不同，也就是说，对比文件1中没有具体公开含有“玻璃化转变温度低于-55℃的链烷增塑油”的粘合剂组合物，由此可见，权利要求1与对比文件1对比存在区别技术特征，两者的技术方案实质上不相同，因此，权利要求1相对于对比文件1具有新颖性，符合专利法第22条第2款的规定。

权利要求2~7为权利要求1的从属权利要求，在其引用的权利要求1具有新颖性的基础上，权利要求2~7也符合专利法第22条第2款有关新颖性的规定。

根据上述事实和理由，合议组作出如下审查决定。

三、决定

撤销国家知识产权局于2008年3月7日针对200480008803.6号发明专利申请作出的驳回决定，由国家知识产权局原审查部门以本复审决定所针对的文本为基础继续审批程序。

复审请求人对本决定不服的，可以根据专利法第41条第2款的规定，自收到本决定之日起三个月内向北京市第一中级人民法院起诉。

069

透明复合材料组合物

复审请求审查决定（第17550号）

决　定　号　第17550号
决　定　日　2009年6月18日
发明创造名称　透明复合材料组合物
国际分类号　C08L 63/00，C08K 3/40，G02F 1/1333
复审请求人　住友电木株式会社
申　请　号　03801776.8
最早优先权日　2002年1月25日
申　请　日　2003年1月22日
公　开　日　2005年4月13日
合议组组长　刘　静
主　审　员　危　峰
参　审　员　李新芝

法律依据　专利法第26条第4款
决定要点

如果所属技术领域的技术人员从说明书充分公开的内容并结合本领域公知常识，能够预期权利要求概括的技术方案都能解决发明所要解决的技术问题，并能达到预期的技术效果，则该权利要求得到了说明书的支持。

一、案由

本复审请求案涉及发明名称为“透明复合材料组合物”的03801776.8号发明专利申请（下称本申请），申请人为住友电木株式会社，申请日为2003年1月22日，最早优先权日为2002年1月25日，公开日为2005年4月13日。

2007年8月10日，针对申请人于2007年7月9日提交的权利要求第1~12项，2004年6月15日进入中国国家阶段时提交的国际申请文件中文文本的说明书第1~8、12~16页和说明书摘要，按照专利合作条约第41条作出修改的说明书第9~11页，国家知识产权局以权利要求1和2不符合专利法第26条第4款的规定为由驳回了本申请。

《驳回决定》认为：权利要求1和2中只记载了透明复合材料组合物“由环氧树脂（a）和玻璃填料（b）构成”，为封闭式的表述方式，表示要求保护的组合物没有其他成分，仅可以带有杂质；但是本申请的说明书尤其是实施例部分的记载表明所述透明复合材料组合物除了包括环氧树脂和玻璃填料之外，至少还有固化剂和/或固化促进剂（其不属于杂质）等，即本申请没有实际实施仅由环氧树脂和玻璃填料构成的透明复合材料组合物，而其结果和技术效果难以预料，因此权利要求1和2的技术方案得不到说明书的支持，不符合专利法第26条第4款的规定。

《驳回决定》针对的权利要求书中权利要求1和2如下：

"1. 一种透明复合材料组合物，其特征在于，由环氧树脂（a）和玻璃填料（b）构成，波长550nm的光线透过率为80%或80%以上，其中，上述玻璃填料（b）为玻璃纤维、玻璃纤维布或玻璃无纺布，固化后的环氧树脂（a）的折射率和玻璃填料（b）的折射率之差为0.01或0.01以下。

2. 一种透明复合材料组合物，由环氧树脂（a）和玻璃填料（b）构成，其特征在于，环氧树脂（a）由固化后的折射率比玻璃填料（b）的折射率低的1种或1种以上的环氧树脂和比玻璃填料（b）的折射率高的1种或1种以上的环氧树脂构成，其中，上述玻璃填料（b）为玻璃纤维、玻璃纤维布或玻璃无纺布，固化后的环氧树脂（a）的折射率和玻璃填料（b）的折射率之差为0.01或0.01以下。"

2007年11月23日，申请人住友电木株式会社（下称请求人）对上述《驳回决定》不服，向专利复审委员会提出复审请求，并提交了权利要求书、说明书第2页和说明书摘要的替换页，其中将权利要求1和2中的"由环氧树脂（a）和玻璃填料（b）构成"修改为"其包括环氧树脂（a）、玻璃填料（b）、及固化剂及/或固化促进剂"，并相应地修改了说明书第2页和说明书摘要。

修改后的权利要求1和2为：

"1. 一种透明复合材料组合物，其特征在于，其包括环氧树脂（a）、玻璃填料（b）、及固化剂及/或固化促进剂，波长550nm的光线透过率为80%或80%以上，其中，上述玻璃填料（b）为玻璃纤维、玻璃纤维布或玻璃无纺布，固化后的环氧树脂（a）的折射率和玻璃填料（b）的折射率之差为0.01或0.01以下。

2. 一种透明复合材料组合物，其包括环氧树脂（a）、玻璃填料（b）、及固化剂及/或固化促进剂，其特征在于，环氧树脂（a）由固化后的折射率比玻璃填料（b）的折射率低的1种或1种以上的环氧树脂和比玻璃填料（b）的折射率高的1种或1种以上的环氧树脂构成，其中，上述玻璃填料（b）为玻璃纤维、玻璃纤维布或玻璃无纺布，固化后的环氧树脂（a）的折射率和玻璃填料（b）的折射率之差为0.01或0.01以下。"

请求人认为：修改后的权利要求1和2的技术方案在说明书中有充分地记载，并且在实施例部分也记载了详实的实施过程，因而该权利要求1和2的技术方案得到了说明书的支持。

经形式审查合格后，专利复审委员会受理了该请求，并于2007年12月27日向请求人发出了《复审请求受理通知书》，同时将本申请转送至国家知识产权局原审查部门进行前置审查。

在《前置审查意见书》中，国家知识产权局原审查部门认为请求人将权利要求1和2由封闭式撰写方式修改为开放式撰写方式超出了原始申请文件记载的范围，不符合专利法第33条的规定，因此坚持《驳回决定》。

2009年3月9日，请求人再次提交了权利要求书、说明书第2页和说明书摘要的替换页，放弃了在提出复审请求时对上述文本所进行的修改，将其修改回到《驳回决定》所针对的文本。请求人认为：（1）权利要求1和2要求保护的对象是一种由环氧树脂（a）及玻璃填料（b）构成的透明复合材料组合物，而不是添加有固化剂或固化剂和固化促进剂的组合物。（2）在实际应用过程中，权利要求1和2要求保护的透明复合材料组合物，是否需要固化剂或固化剂和固化促进剂是根据实际应用情形而定的，且本领域技术人员必然公知在本发明的实施例中的情形下需要或不需要用到固化剂或固化剂和固化促进剂；而本申请说明书实施例描述了所述透明复合材料组合物在应用情形下用到了固化剂或固化剂和固化促进剂。综上，权利要求1和2得到了说明书的支持。

专利复审委员会组成合议组，对本复审请求案进行了审理。

经合议，合议组认为本案事实已经清楚，可以作出审查决定。

二、决定的理由

1. 关于文本

复审程序中，请求人于2009年3月9日再次提交了权利要求书、说明书第2页和说明书摘要的替换页，放弃了2007年11月23日提出复审请求时对上述文本所进行的修改，将其修改回到《驳回决定》所针对的文本。经审查，上述修改之后的文本在原说明书和权利要求书中均有相应记载，该修改符合专利法第33条和专利法实施细则第60条第1款的规定，故《前置审查意见书》指出的本申请的修改不符合专利法第33条的规定的缺陷已不存在。

本复审请求审查决定针对的文本是：请求人于2009年3月9日提交的权利要求第1~12项、说明书第2页、和说明书摘要，2004年6月15日进入中国国家阶段时提交的国际申请文件中文文本的说明书第1、3~8、12~16页，按照专利合作条约第41条作出修改的说明书第9~11页。

2. 关于专利法第26条第4款

专利法第26条第4款规定：权利要求书应当以说明书为依据，说明要求专利保护的范围。

如果所属技术领域的技术人员从说明书充分公开的内容并结合本领域公知常识，能够预期权利要求概括的技术方案都能解决发明所要解决的技术问题，并能达到预期的技术效果，则该权利要求得到了说明书的支持。

就本案而言，本复审决定文本的权利要求1、2与驳回决定文本的权利要求1、2相同，分别要求保护一种透明复合材料组合物，其由环氧树脂（a）和玻璃填料（b）构成。

《驳回决定》认为：权利要求1和2描述的透明复合材料组合物为封闭式撰写方式，表示要求保护的组合物没有其他成分，仅可以带有杂质；但是本申请的说明书尤其是实施例部分的记载表明所述透明复合材料组合物除了包括环氧树脂和玻璃填料之外，至少还有固化剂和/或固化促进剂（其不属于杂质）等，即本申请没有实际实施仅由环氧树脂和玻璃填料构成的透明复合材料组合物，而其结果和技术效果难以预料，因此权利要求1和2的技术方案得不到说明书的支持，不符合专利法第26条第4款的规定。

合议组经审查认为：首先，权利要求1和2分别要求保护的是一种由环氧树脂（a）及玻璃填料（b）构成的透明复合材料组合物，而不是添加有固化剂或固化剂和固化促进剂的组合物；而且，权利要求1和2中所述组成的透明复合材料组合物在本申请说明书第2页第3~5段中已有明确的记载。其次，根据本申请说明书第1~2页记载的内容，现有的用于液晶显示元件、光学元件等的可替代玻璃的环氧树脂组合物存在线膨胀系数大的缺陷，本申请通过对原料的折射率选择，提供了一种由固化后的折射率比玻璃填料（b）低的1种或1种以上的环氧树脂和固化后的折射率比玻璃填料（b）高的1种或1种以上的环氧树脂构成的环氧树脂（a）、与玻璃填料（b）构成的透明复合材料组合物，环氧树脂（a）在固化后与玻璃填料（b）的折射率之差为0.01或0.01以下。本申请的改进点在于通过折射率选择合适的环氧树脂和玻璃填料，使得要求保护的组合物应用于液晶显示元件、光学元件等时具有线膨胀系数小、透明性、耐热性、耐溶剂性优良的效果。虽然本申请权利要求1和2中所述的透明复合材料组合物仅由组分（a）环氧树脂和（b）玻璃纤维二者构成，但是对于本领域技术人员而言，在将权利要求1和2所述的组合物应用于光学元件材料时，必然会添加固化剂或固化剂和固化促进剂使环氧树脂固化。而且，根据本申请说明书第7页第4~8段记载内容来看，对于所述固化剂或固化剂和固化促进剂的选择未作特别限定；同时实施例部分也验证了在本申请的透明复合材料组合物应用过程中添加固化剂或固化剂和固化促进剂时，获得了具有上述优良性能的材料，能够解决所述的技术问题，并达到预期的技术效果。综上所述，《驳回决定》指出的本申请权利要求 1 和 2 不符合专利法第 26 条第 4 款的规定的缺陷并不存在。

根据上述事实和理由，合议组作出如下审查决定。

三、决定

撤销国家知识产权局于 2007 年 8 月 10 日针对 03801776.8 号发明专利申请作出的驳回决定，由国家知识产权局原审查部门以本复审请求审查决定所针对的文本为基础继续审批程序。

复审请求人对本决定不服的，可以根据专利法第 41 条第 2 款的规定，自收到本决定之日起三个月内向北京市第一中级人民法院起诉。

070

杀虫剂（二卤代丙烯基）苯基烷基取代的苯并口恶唑和苯并噻唑衍生物

复审请求审查决定（第17555号）

决　定　号　第17555号
决　定　日　2009年6月18日
发明创造名称　杀虫剂（二卤代丙烯基）苯基烷基取代的苯并口恶唑和苯并噻唑衍生物
国 际 分 类 号　C07D277/82，C07D263/54，A01N43/76，A01N43/78，A01P7/02，A01P7/04
复 审 请 求 人　拜尔农科股份公司
申　请　号　200480011460.9
优 先 权 日　2003年4月30日
申　请　日　2004年4月28日
公　开　日　2006年5月31日
合 议 组 组 长　汪送来
主　审　员　蔡　雷
参　审　员　侯　曜

法 律 依 据　专利法第22条第3款，专利法实施细则第20条第1款
决 决 定 要 点

如果现有技术中公开的具体化合物与权利要求请求保护的化合物结构不同，并且权利要求请求保护的化合物具有预料不到的技术效果，则该权利要求具有突出的实质性特点和显著的进步，具备创造性。

一、案由

本复审请求案涉及发明名称为“杀虫剂（二卤代丙烯基）苯基烷基取代的苯并口恶唑和苯并噻唑衍生物”的200480011460.9号发明专利申请（下称本申请），申请人为拜尔农科股份公司（由FMC有限公司变更而来），申请日为2004年4月28日，优先权日为2003年4月30日，公开日为2006年5月31日。

国家知识产权局对本申请进行实质审查，于2007年1月26日发出《第一次审查意见通知书》，指出：权利要求1~13相对于对比文件1（CN1169147A，公开日1997年12月31日）不具备专利法第22条第3款规定的创造性；权利要求1~2、7、12~13不符合专利法实施细则第20条第1款的规定；权利要求1、10不符合专利法实施细则第22条第3款的规定。

针对《第一次审查意见通知书》，申请人于2007年8月9日提交了意见陈述书和权利要求书全文

替换页，并提交了以下附件：

附件1：本发明的表1中的化合物3与对比文件1的实施例36的化合物对小菜蛾的杀虫活性的生物活性测试结果，共1页；

附件2：申请人声称为杀虫剂手册的第855页的复印件以及其翻译件，共2页，其中涉及对比文件1的实施例36的化合物Pyridalyl的结构、命名以及物理性质。

在对权利要求修改并提交相应附件的基础上，申请人认为：附件1已经证明了本发明的化合物在对小菜蛾的杀虫活性方面要优于对比文件1的实施例36的化合物，因此权利要求1~10具备创造性。

国家知识产权局于2007年9月21日发出《第二次审查意见通知书》，指出：权利要求1~10相对于对比文件1不具备专利法第22条第3款规定的创造性；权利要求1~4不符合专利法实施细则第20条第1款的规定。

针对《第二次审查意见通知书》，申请人于2008年2月13日提交了意见陈述书、权利要求书全文替换页和以下附件：

附件3：本申请化合物和Pyridalyl的烟草蚜虫测试结果，共1页。

在修改的基础上，申请人认为：a）通过测试对比文件1实施例36的化合物以及本发明实施例3对烟草蚜虫的杀虫效果可以发现本发明产生了意想不到的技术效果；b）本申请说明书已公开了本申请化合物对烟草蚜虫的杀虫效果，因此，提供上述对比例应当没有超出原始公开的范围。此外，申请人在申请之时，也不可能完全预见到在实质审查过程中需要提供这样的对比例来证明化合物的意想不到的技术效果，因此，在本申请说明书已公开了本申请化合物对烟草蚜虫具有杀虫效果的情况下，应当可以考虑接受上述对比结果。综上，申请人认为修改后的权利要求具备创造性。

2008年3月28日，针对申请人于2008年2月13日提交的权利要求第1~10项，2005年12月2日提交的说明书摘要，进入国家阶段时提交的国际申请文件的中文文本的说明书第1~28页，国家知识产权局以权利要求1~10不具备专利法第22条第3款规定的创造性和权利要求6不符合专利法实施细则第20条第1款的规定为由驳回了本申请。

驳回决定针对的权利要求书如下：

“1. 一种化学式Ⅰ的化合物，或其农业上可接受的盐：

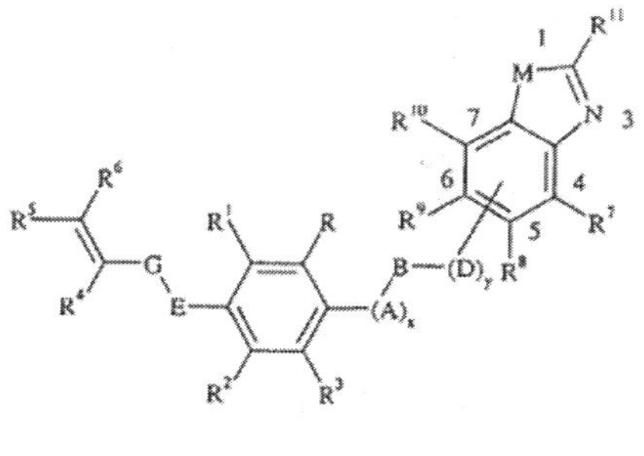

I

式中

-R和R^3独立地选自卤素；

R^1、R^2和R^4是氢；

R^5和R^6独立地选自卤素；

E是O；

G是（CH_2）$_n$，其中n是1；

x是1，A是O；

-B是桥连基＊-（$CR^{16}R^{17}$）$_q$-（$CR^{18}R^{19}$）$_r$-（$CR^{20}R^{21}$）$_s$-L_t-（$CR^{22}R^{23}$）$_u$-（$CR^{24}R^{25}$）$_v$-（$CR^{26}R^{27}$）$_w$-，其中，星号标注连接在A；q、r、s、u、v和w独立地选自0或1；t是0；和当q、r、s、u、v和w是1时，R^{16}~R^{27}是氢；

y是1，和

D是O，其中D连接在化学式I所示苯并稠环部分中5-或6-位上；

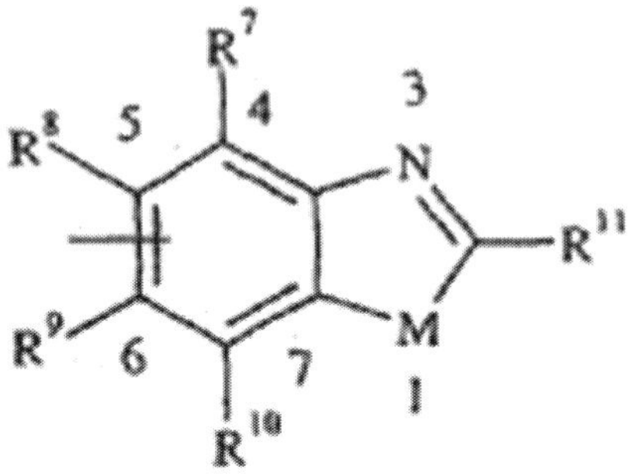

R^7、R^8、R^9和R^{10}是氢；

R^{11}选自（C_1-C_4）烷基和卤代（C_1-C_4）烷基；

-M是O或S。

2. 如权利要求1所述的化合物，其特征在于，R和R^3独立地选自氯和甲基；

R^5和R^6独立地选自氯和溴；

q、r、s、u、v和w是0或1，条件是q、r、s、u、v和w的总和至少为2，最大为6；

t是0；

D是O，其中D连接在化学式I所述苯并环部分中5-或6-位上；

R^7、R^8、R^9和R^{10}是氢；

R^{11}是甲基或三氟甲基。

3. 如权利要求2所述的化合物，其特征在于，R、R^3、R^5和R^6各自是氯；q、r和s是1；u和v是0或1；w是0；M是O，R^{11}是三氟甲基。

4. 如权利要求2所述的化合物，其特征在于，R、R^3、R^5和R^6各自是氯；q、r和s是1；u和v是0或1；w是0；M是S，R^{11}是甲基。

5. 如权利要求1所述的化合物，其特征在于，t是0，D是O，R^5和R^6独立地选自氯、溴和氟；R^7、R^8、R^9和R^{10}独立地选自氢；R^{11}选自（C_1-C_3）烷基和卤代（C_1-C_3）烷基。

6. 如权利要求5所述的化合物，其特征在于，R和R^3独立地选自氯和甲基；

R^5和R^6独立地选自氯和溴；

q、r、s、u、v和w是0或1，条件是q、r、s、u、v和w的总和至少为2，最大为6；

R^7、R^8、R^9和R^{10}是氢；

R^{11}是甲基或三氟甲基。

7. 一种组合物，包含杀虫有效量的权利要求1所述的化合物，以及至少一种农业上可接受的膨胀剂或辅助剂。

8. 如权利要求7所述的组合物，所述组合物还包含一种或多种选自农药、植物生长调节剂、肥料和土壤调理剂的第二化合物。

9. 一种防治昆虫的方法，包括将杀虫有效量的权利要求7所述的组合物，施用于有昆虫出没或认为有昆虫出没的地方。

10. 一种防治昆虫的方法，包括将杀虫有效量的权利要求 8 所述的组合物，施用于有昆虫出没或认为有昆虫出没的地方。”

驳回决定认为：(1) 对比文件 1 公开了用作杀虫剂/杀螨剂的具有类似结构的二卤代丙烯类化合物（参见对比文件 1 说明书第 15~16 行，第 176 页化合物 36、42~43)，其与本申请权利要求 1 的区别在于：权利要求 1 中为苯并噻唑环、苯并噁唑环，而对比文件 1 中为吡啶环。但在对比文件 1 中已经教导了环 A 可以为苯并噻唑或苯并噁唑，并且其上的取代基可以是 C_1-C_4 烷基、C_1-C_4 卤代烷基。本领域的技术人员在对比文件 1 的技术启示下，通过简单的官能团替换很容易得到权利要求 1 请求保护的化合物，本申请说明书中也没有提供证据表明权利要求 1 请求保护的化合物比对比文件 1 公开的化合物具有意想不到的技术效果，因而，权利要求 1 不具备专利法第 22 条第 3 款规定的创造性。(2) 申请人提供的关于本申请化合物的针对烟叶蚜虫在 0.8ppm 这样低浓度下的杀虫活性从未记载在原说明书和权利要求书中，超出了原申请文件记载的范围，因而无法予以考虑。(3) 化合物 3 实际上是本申请中效果最好的一个化合物，而权利要求 1 还存在化合物 1、化合物 4、化合物 7 等与对比文件 1 结构接近的化合物，对于本申请的化合物而言，其随着活性化合物使用浓度的下降，活性急剧下降。而申请人并未提供充分的理由和证据表明涵盖上述化合物的权利要求 1 请求保护的技术方案相对于对比文件 1 公开的化合物具有意想不到的技术效果。基于相同的理由，权利要求 2~10 也不具备专利法第 22 条第 3 款规定的创造性。(4) 权利要求 6 限定基团 R 和 R^3 独立地选自氯和甲基，但在其所引用的权利要求 1 中已经定义了基团 R 和 R^3 为卤素，因此基团 R 和 R^3 定义为甲基的技术方案并未涵盖在权利要求 1 的范围内，不符合专利法实施细则第 20 条第 1 款的规定。

2008 年 7 月 11 日，申请人拜尔农科股份公司（下称请求人）对上述驳回决定不服，向专利复审委员会提出复审请求，并提交了以下附件：

附件 4：PCT/JP95/02080 第 199 页。

请求人在提出复审请求时对权利要求书进行了修改，删除了权利要求 1 中 R^{11} 定义中的“C_{1-4}烷基”，删除了权利要求 2 和 4 中 R^{11} 定义中的甲基，删除了权利要求 5 中 R^{11} 定义中的 C_{1-3}烷基，删除了权利要求 2、6 中 R 和 R^3 定义中的甲基。

请求人认为：(1) 根据对比文件 1 的化合物以及化合物 A 和 B 的结构和试验结果，可以认为对比文件 1 通式Ⅰ的右边部分“Z-取代的苯基-$OCH_2CH=CCl$”是不起杀菌活性的，起活性作用的部分很有可能是 R^1 部分，即包含吡啶基的部分。对比文件 1 虽然公开了 R^1 部分含有苯并噻唑或苯并噁唑环，但既未制备这类化合物，更没有测试其杀虫活性，基于本领域周知的不同的杂环其杀菌原理不尽相同的常识，本领域技术人员完全有理由怀疑对比文件 1 含有苯并噻唑或苯并噁唑环的化合物是否也具有类似吡啶基化合物的性能和功能；通过比较对比文件 1 的试验实施例 3 和本申请第 27 页第 6~18 行的试验，本申请证明了含有苯并噻唑或苯并噁唑环化合物针对烟草蚜虫的杀虫效果远远好于对比文件 1 公开的化合物，是意想不到的。(2) 修改后的权利要求 6 克服了不清楚的缺陷。

经形式审查合格后，专利复审委员会受理了该请求，并于 2008 年 7 月 30 日向请求人发出了《复审请求受理通知书》，同时将本申请转送至国家知识产权局原审查部门进行前置审查。

在《前置审查意见书》中，国家知识产权局原审查部门认为，权利要求 6 中基团 R^{11} 为甲基的定义未涵盖在权利要求 1 范围内，仍不符合专利法实施细则第 20 条第 1 款的规定，因此坚持驳回决定。

专利复审委员会成立合议组，对本复审请求案进行审理。

请求人于 2009 年 4 月 21 日提交了权利要求书全文替换页。将权利要求 5 中 R^{11} 定义中的“卤代（C_1-C_3 烷基）”修改为“卤代（C_1-C_4 烷基）”，将权利要求 6 中 R^{11} 定义中的“甲基”删除。修改后的权利要求书为：

“1. 一种化学式 I 的化合物，或其农业上可接受的盐：

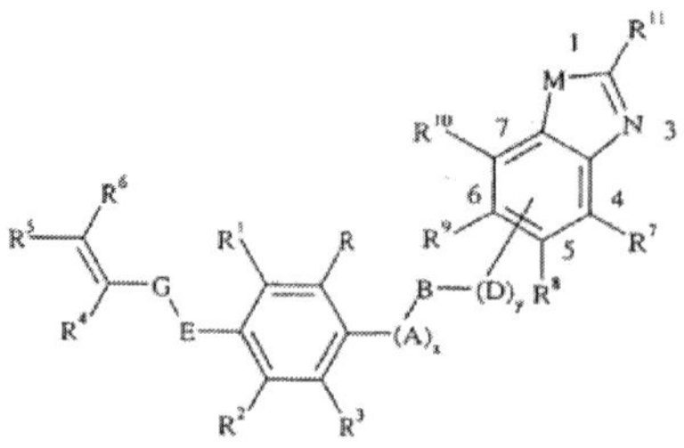

I

式中：

-R 和 R^3 独立地选自卤素；

R^1、R^2 和 R^4 是氢；

R^5 和 R^6 独立地选自卤素；

E 是 O；

G 是 $(CH_2)_n$，其中 n 是 1；

x 是 1，A 是 O；

-B 是桥连基 * $-(CR^{16}R^{17})_q-(CR^{18}R^{19})_r-(CR^{20}R^{21})_s-L_t-(CR^{22}R^{23})_u-(CR^{24}R^{25})_v-(CR^{26}R^{27})_w-$，其中，星号标注连接在 A；q、r、s、u、v 和 w 独立地选自 0 或 1；t 是 0；和当 q、r、s、u、v 和 w 是 1 时，R^{16} ~ R^{27}是氢；

y 是 1，和

D 是 O，其中 D 连接在化学式 I 所示苯并稠环部分中 5-或 6-位上；

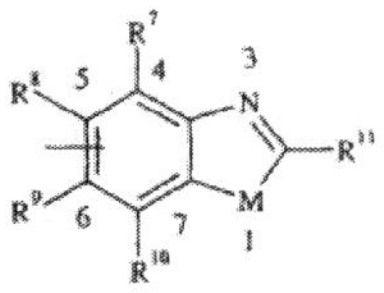

R^7、R^8、R^9 和 R^{10}是氢；

R^{11}选自卤代 (C_1-C_4) 烷基；

-M 是 O 或 S。

2. 如权利要求 1 所述的化合物，其特征在于，R 和 R^3 选自氯；

R^5 和 R^6 独立地选自氯和溴；

q、r、s、u、v 和 w 是 0 或 1，条件是 q、r、s、u、v 和 w 的总和至少为 2，最大为 6；

t 是 0；

D 是 O，其中 D 连接在化学式 I 所述苯并环部分中 5-或 6-位上；

R^7、R^8、R^9 和 R^{10}是氢；

R^{11}是三氟甲基。

3. 如权利要求 2 所述的化合物，其特征在于，R、R^3、R^5 和 R^6 各自是氯；q、r 和 s 是 1；u 和 v 是 0 或 1；w 是 0；M 是 O，R^{11}是三氟甲基。

4. 如权利要求 2 所述的化合物，其特征在于，R、R^3、R^5 和^{R}6 各自是氯；q、r 和 s 是 1；u 和 v

是 0 或 1；w 是 0；M 是 S。

5. 如权利要求 1 所述的化合物，其特征在于，t 是 0，D 是 O，R^5 和 R^6 独立地选自氯、溴和氟；R^7、R^8、R^9 和 R^{10}独立地选自氢；R^{11}选自卤代（C_1-C_4）烷基。

6. 如权利要求 5 所述的化合物，其特征在于，R 和 R^3 选自氯；

R^5 和 R^6 独立地选自氯和溴；

q、r、s、u、v 和 w 是 0 或 1，条件是 q、r、s、u、v 和 w 的总和至少为 2，最大为 6；

R^7、R^8、R^9 和 R^{10}是氢；

R^{11}是三氟甲基。

7. 一种组合物，包含杀虫有效量的权利要求 1 所述的化合物，以及至少一种农业上可接受的膨胀剂或辅助剂。

8. 如权利要求 7 所述的组合物，所述组合物还包含一种或多种选自农药、植物生长调节剂、肥料和土壤调理剂的第二化合物。

9. 一种防治昆虫的方法，包括将杀虫有效量的权利要求 7 所述的组合物，施用于有昆虫出没或认为有昆虫出没的地方。

10. 一种防治昆虫的方法，包括将杀虫有效量的权利要求 8 所述的组合物，施用于有昆虫出没或认为有昆虫出没的地方。”

经审查，合议组认为本案事实已经清楚，可以作出复审决定。

二、决定的理由

1. 关于文本

请求人于 2009 年 4 月 21 日提交了权利要求书全文替换页，经审查，其中所作修改符合专利法第 33 条和专利法实施细则第 60 条第 1 款的规定。

本复审请求审查决定是在请求人于 2009 年 4 月 21 日提交的权利要求第 1~10 项，进入国家阶段时提交的国际申请文件的中文文本的说明书第 1~28 页以及 2005 年 12 月 2 日提交的说明书摘要的基础上作出的。

2. 关于专利法第 22 条第 3 款

专利法第 22 条第 3 款规定：创造性，是指同申请日以前已有的技术相比，该发明有突出的实质性特点和显著的进步。

如果现有技术中公开的具体化合物与权利要求请求保护的化合物结构不同，并且权利要求请求保护的化合物具有预料不到的技术效果，则该权利要求具有突出的实质性特点和显著的进步，具备创造性。

就本申请而言，权利要求 1 要求保护一种化学式 I 的化合物，或其农业上可接受的盐，具体技术方案参见案由部分。

对比文件 1 公开了一种如下通式的二卤丙烯化合物，对于防治有害昆虫、螨和扁虱具有令人满意的杀虫/杀螨活性，

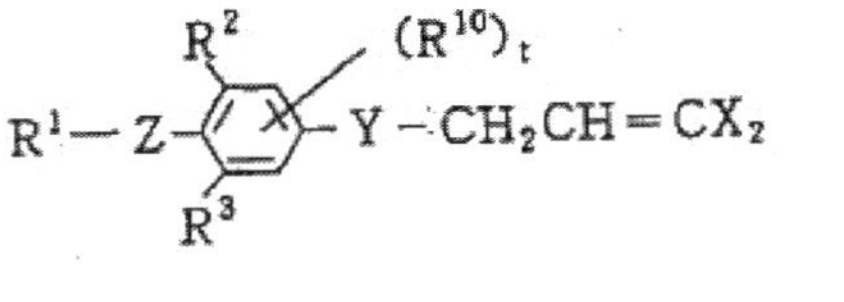
[I]

其中 Z 是氧、硫或 NR^4（其中 R^4 是氢或 C_1-C_3 烷基）；Y 是氧、硫或 NH；X 独立地是氯或溴；

R^2、R^3 和 R^{10}独立地是卤素、C_1-C_3 卤代烷基或 C_1-C_3 烷基；t 是 0～2 的整数；而 R^1 是通式如下的 Q_1、Q_2、Q_3、Q_4、Q_5、Q_6 或 Q_7：

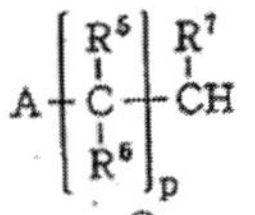

Q_1

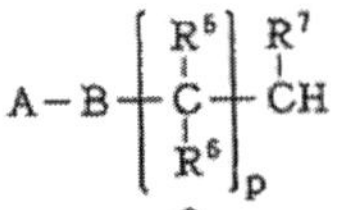

Q_2

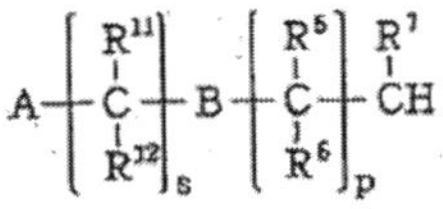

Q_3

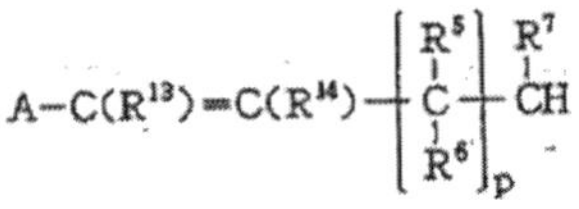

Q_4

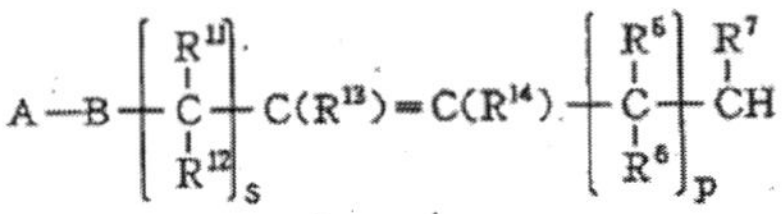

Q_5

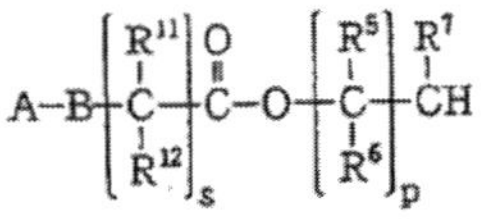

Q_6

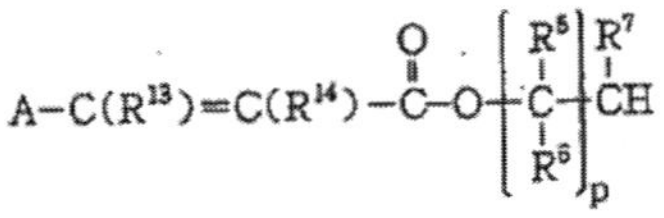

Q_7

其中 A 是任选地取代的杂环基团，条件是当 A 是任选地取代的含有两个氧原子和一个稠合的苯环的杂环基团时，A 是任选地取代的 1，3-苯并二氧戊环-2-基或任选地取代的 1，4-苯并二噁烷-2-基；B 是氧、S（O）$_q$、NR^9、C（$=G^1$）G^2 或 G^1C（$=G^2$）；q 是 0-2 的整数；R^9 是氢、乙酰基或C_1-C_3 烷基；G^1 和 G^2 独立地是氧或硫；R^5、R^6、R^7、R^{11}和 R^{12}独立地氢、C_1-C_3 烷基或三氟甲基；R^{13} 和 R^{14}独立地是氢、C_1-C_3 烷基、三氟甲基或卤素；p 是 0～6 的整数；以及 s 是 1～6 的整数。

在由 A 表示的任选取代的杂环基团中的杂环的实例是异噁唑、异噻唑、噻唑、1，3，4-噻二唑、吡咯、呋喃、噻吩、吡唑、咪唑、1，2，3-三唑、1，2，4-三唑、1，2，3，4-四唑、吡啶、哒嗪、嘧啶、吡嗪、1，2，4-三嗪、1，3，5-三嗪、吲哚、苯并呋喃、硫杂萘、吲唑、苯并咪唑、苯并三唑、苯并异噁唑、苯并噁唑、苯并噻唑、喹啉、异喹啉、喹屋啉、喹唑、哌啶、哌嗪、四氢呋喃、四氢吡喃、吡唑啉、邻苯二甲酰亚胺、二噁烷、二氧戊环和苯并二氧戊环。（参见说明书第 1 页第 14 行至第 2 页第 29 行）。并且，对比文件 1 还公开了 3，5-二氯-4-（3-（5-三氯甲基-2-吡啶氧基）丙氧基）-1-（3，3-二氯-2-丙烯氧基）苯（化合物（36）），3，5-二氯-4-（4-（5-三氯甲基-2-吡啶氧基）丁氧基）-1-（3，3-二氯-2-丙烯氧基）苯（化合物（42））和 3，5-二氯-4-（5-（5-三氯甲基-2-吡啶氧基）戊氧基）-1-（3，3-二氯-2-丙烯氧基）苯（化合物（43））等具体化合物，并在试验实施例 3 中公开了化合物（36）、（42）、（43）对烟芽夜蛾的杀虫试验，包括将 0.2 毫升含有 100ppm 活性成分的稀释液掺入人工食物中，将二期烟芽蛾幼虫喂以上述食物，并在塑料容器中饲养，每次处理使用 10 只昆虫，6 天后测定死亡率。结果发现，化合物（36）、（42）、（43）显示 80% 或更高的死亡率（参见说明书第 176 页化合物（36）、（42）、（43）和第 189 页试验实施例 3）。

将本申请权利要求 1 的化合物与对比文件 1 公开的具体化合物如化合物（36）、（42）、（43）相比可知，二者的区别特征在于本申请权利要求 1 的化合物中 D 上连接的基团为卤代（C1-C4）烷基取代的苯并噻唑或苯并噁唑，而对比文件 1 的具体化合物中相应的基团为其他杂环，如化合物（36）、

（42）、（43）中相应的基团为三氟甲基取代的吡啶基。

本申请说明书第 27～28 页中记载了对植物叶子上的烟草蚜虫的测试试验，包括用测试化合物的溶液以 15psi 喷洒在 9～10 天大的豌豆植物幼苗的叶片上下表面，测试化合物的施用率为 30ppm 或 10ppm，将经测试化合物处理的幼苗叶片和茎置于纸杯中加入二期烟草蚜虫，4 天后测算防治百分数。防治百分数由死去昆虫总数加上垂死昆虫总数，再与测试中的昆虫总数相比算得。其中具有苯并噁唑基团的化合物 1、3、4、6、7、8 在 30ppm 施用率下的防治百分数分别为 95%、100%、55%、95%、100%、95%，具有苯并噁唑基团的化合物 1、3、4、6、7、8 和具有苯并噻唑基团的化合物 12 在 10 ppm 施用率下的防治百分数分别为 31%、100%、15%、70%、10%、55%、15%（参见说明书第 28 页表 4）。

请求人认为，通过比较对比文件 1 的试验实施例 3 和本申请第 27 页第 6～18 行的试验，本申请证明了含有苯并噻唑或苯并噁唑环化合物针对烟草蚜虫的杀虫效果远远好于对比文件 1 公开的化合物，是意想不到的。

对此，合议组认为，本申请说明书第 27～28 页中的对植物叶子上的烟草蚜虫测试试验方法与对比文件 1 实验实施例中实验方法不同，例如本申请中是对豌豆植物幼苗的叶片上下表面进行喷洒，施用率为 30ppm 或 10ppm，而对比文件 1 中是将 0.2 毫升含有 100ppm 活性成分的稀释液掺入人工食物中进行喂食，两者浓度含义不同。并且，本申请中防治百分数包括了垂死的昆虫，而对比文件 1 中没有包括垂死的昆虫。因此，两者实验结果没有可比性。

请求人在答复《第二次审查意见通知书》时提交了附件 3，其中记载了对比文件 1 实施例 36 的化合物与本申请实施例 3 的化合物（即具有苯并噻唑基团的化合物 12）对烟草蚜虫的杀虫效果对比实验和结果，结果显示本申请实施例 3 的化合物在 0.8ppm 的浓度下 7 天后的杀虫效果为 60%，而对比文件 1 实施例 36 的化合物在 0.8ppm 的浓度下 7 天后的杀虫效果为 0。

驳回决定认为说明书中仅测定了本申请化合物在 30ppm、10ppm 浓度下的杀虫活性，本领域技术人员无法预期当浓度低至 0.8ppm 时，其也能具有相应的杀虫活性，因此请求人提供的关于本申请化合物针对烟叶蚜虫在 0.8ppm 这样低浓度下的杀虫活性从未记载在原说明书和权利要求书中，本领域技术人员根据原说明书和权利要求书记载的信息也无法直接地、毫无疑义地确定，因此超出了原申请文件记载的范围，无法予以考虑。

合议组认为，本申请说明书已经公开了其化合物对烟叶蚜虫具有杀虫活性，并给出了化合物 1、3、4、6、7、8 等的杀虫活性实验和结果数据，也就是说，对于杀烟叶蚜虫的用途和效果已经达到了充分公开的要求。鉴于本申请说明书中的测试方法与对比文件 1 中的测试实施例 3 的测试方法不相同，请求人提供相同条件下两者化合物对烟叶蚜虫的杀虫活性的对比试验数据，仅仅是为了进行对比的目的，并没有引入新的内容，应当予以考虑。

驳回决定还认为本申请说明书所记载的化合物 3 实际上是效果最好的一个化合物，而本申请中与对比文件 1 结构接近度相当的化合物 1、4、7 随着使用浓度的下降（由 30ppm～10ppm），其活性急剧下降，因此上述实验数据不能证明本申请要求保护的化合物具有预料不到的技术效果。

对此，合议组认为，首先，上述对比实验中所采用的本申请化合物为实施例 3 的化合物，即化合物 12，而并非化合物 3。其次，对比文件 1 的试验实施例 3 中只公开了化合物使用浓度高达 100ppm 时的活性数据，并没有任何数据表明随着使用浓度的下降化合物的活性不会急剧下降，因此不能仅基于本申请化合物的活性随使用浓度由 30ppm 下降到 10ppm 而降低来认定其不具有预料不到的技术效果，而应当通过对比本申请化合物与对比文件 1 化合物在相同或可比的试验条件下的活性来判断本申请化合物是否具有预料不到的技术效果。

由附件3可知，本申请权利要求1请求保护的具有苯并噁唑和苯并噻唑的化合物较之对比文件1公开的结构相近的具体化合物（36）、（42）、（43）显示出更好的活性，尽管对比文件1的通式Ⅰ中教导了其相应基团可以是苯并噻唑或苯并噁唑，但是对比文件1中既未制备这样的具体化合物，更没有测试其活性，在此情况下，本领域技术人员无法预测具有苯并噻唑或苯并噁唑的通式Ⅰ化合物与对比文件1公开的具体化合物（36）、（42）、（43）相比具有更好的杀烟叶蚜虫的活性，因此本申请权利要求1的化合物相对于对比文件1公开的化合物取得了预料不到的技术效果，具有突出的实质性特点和显著的进步，符合专利法第22条第3款关于创造性的规定。另外，在《前置审查意见书》中，也未坚持驳回决定中有关不具备创造性的意见。

权利要求2~6是权利要求1的从属权利要求，权利要求7~8要求保护包含权利要求1所述化合物的组合物，权利要求9~10要求保护用权利要求7~8的组合物防治昆虫的方法。在权利要求1具有创造性的情况下，权利要求2~10也具有创造性，符合专利法第22条第3款的规定。

3. 关于专利法实施细则第20条第1款

专利法实施细则第20条第1款规定：权利要求书应当说明发明或者实用新型的技术特征，清楚、简明地表述请求保护的范围。

驳回决定中指出，权利要求6限定基团R和R3独立地选自氯和甲基，但在其所引用的权利要求1中已经定义了基团R和R^3为卤素，因此基团R和R^3定义为甲基的技术方案并未涵盖在权利要求1请求保护的范围内，不符合专利法实施细则第20条第1款的规定。《前置审查意见书》指出权利要求6中基团R^{11}为甲基的定义未涵盖在权利要求1范围内，不符合专利法实施细则第20条第1款的规定。请求人在对权利要求书的主动修改中将权利要求6中R^3和R^{11}的甲基定义删除，因此，修改后的权利要求书已经克服了驳回决定和《前置审查意见书》中指出的权利要求6不符合专利法实施细则第20条第1款规定的缺陷。

根据上述事实和理由，合议组作出如下审查决定。

三、决定

撤销国家知识产权局于2008年3月28日针对200480011460.9号发明专利申请作出的驳回决定，由国家知识产权局原审查部门在本复审决定所针对的申请文本的基础上继续审批程序。

复审请求人对本决定不服的，可以根据专利法第41条第2款的规定，自收到本决定之日起三个月内向北京市第一中级人民法院起诉。

071

一种高速耐水纸标签胶及其制备方法

复审请求审查决定（第17564号）

决　定　号　第17564号
决　定　日　2009年6月15日
发明创造名称　一种高速耐水纸标签胶及其制备方法
国际分类号　C09J103/04，B65C3/00
复审请求人　上海天之冠可再生能源有限公司
申　请　号　200610026009.5
申　请　日　2006年4月25日
公　开　日　2006年9月27日
合议组组长　侯　曜
主　审　员　刘　静
参　审　员　黄　强

法律依据　专利法第33条、第26条第4款
决定要点

如果修改后申请文件的内容与原申请记载的信息相同，或者是本领域技术人员能够从原申请记载的信息中直接地、毫无疑义地确定的，那么，这种修改就是允许的。

对于权利要求的概括是否恰当的判断，一方面，应当立足于说明书所公开的全部内容，而不应仅仅局限于具体实施例；另一方面，还应当利用本领域技术人员的普通技术知识进行判断，如果本领域技术人员在申请文件给出的信息基础上，通过本领域普通技术知识能够把说明书记载的特定内容扩展到权利要求限定的整个范围，应当认为权利要求得到了说明书的支持。

一、案由

本复审请求案涉及发明名称为“一种高速耐水纸标签胶及其制备方法”的200610026009.5号发明专利申请（下称本申请），申请人为上海天之冠可再生能源有限公司，申请日为2006年4月25日，公开日为2006年9月27日。原始申请文件的独立权利要求1、6如下：

“1. 一种高速耐水纸标签胶，其特征在于，它的主要组成及重量百分比%为：小麦谷朊粉16～22，变性淀粉0～10，尿素14～22，交联剂0～2.5，水50～62，碳酸钠0～2。

6. 一种权利要求1所述高速耐水纸标签胶的制备方法，按重量百分比，取变性淀粉0～10%，加50%～62%的水，搅拌均匀，在60～100℃水浴中保温搅拌15～150min，降温至5～55℃，加14%～22%的尿素、0～2.5%的交联剂、16%～22%的小麦谷朊粉和的0～2%的碳酸钠，搅拌，成均质浆状

物即得标签胶。”

国家知识产权局原审查部门对本申请进行实质审查，于2007年9月7日发出《第一次审查意见通知书》，指出：(1) 首先，在权利要求1记载的主要组成中，变性淀粉、交联剂和碳酸钠的重量百分比下限值都可以为0，即这些组分分别可以存在或不存在，由此权利要求1的标签胶包含主要组成不同的多种技术方案。然而，根据说明书记载的内容，只有这些组分作为所述标签胶的必要成分同时存在于其中的技术方案，而没有记载其中一种或几种组分重量百分比为0的技术方案。其次，权利要求1记载的组分是用于制备所述标签胶的原料，但是这些原料并非通过简单混合即可得到该标签胶，而是如说明书中记载的那样，通过一定的方法获得，例如是在一定的条件下和以一定的加料顺序来获得。因此，权利要求1的技术方案得不到说明书的支持，不符合专利法第26条第4款的规定。(2) 权利要求7中出现了“根据权利要求5所述高速耐水纸标签胶的制备方法”，然而权利要求5涉及的是“高速耐水纸标签胶”，而非“高速耐水纸标签胶的制备方法”，因此导致权利要求的保护范围不清楚，不符合专利法实施细则第20条第1款的规定。

针对《第一次审查意见通知书》，申请人于2007年9月17日提交了意见陈述书及权利要求书和说明书的修改替换页，其中将权利要求1、6以及说明书中变性淀粉、交联剂和碳酸钠的重量百分比的下限值修改为3、0.1、0.1，将方法特征补入权利要求1，将权利要求7修改为引用权利要求6。修改后的独立权利要求1、6如下：

“1. 一种高速耐水纸标签胶，其特征在于，它的主要组成及重量百分比%为：小麦谷朊粉16~22，变性淀粉3~10，尿素14~22，交联剂0.1~2.5，水50~62，碳酸钠0.1~2；按重量百分比，取变性淀粉，加水，搅拌均匀，在60~100℃水浴中保温搅拌15~150min，降温至5~55℃，加尿素、交联剂、小麦谷朊粉和碳酸钠，搅拌，成均质浆状物即得标签胶。

6. 一种权利要求1所述高速耐水纸标签胶的制备方法，按重量百分比，取变性淀粉3%~10%，加50%~62%的水，搅拌均匀，在60~100℃水浴中保温搅拌15~150min，降温至5~55℃，加14%~22%的尿素、0.1%~2.5%的交联剂、16%~22%的小麦谷朊粉和的0.1%~2%的碳酸钠，搅拌，成均质浆状物即得标签胶。”

2007年10月19日，国家知识产权局发出《第二次审查意见通知书》，指出：申请人在新提交的修改文件中，对原说明书和权利要求书记载的标签胶组成中变性淀粉、交联剂和碳酸钠下限值的修改超出了原说明书和权利要求书记载的范围，不符合专利法第33条的规定。

2007年10月25日，申请人针对《第二次审查意见通知书》，提交了意见陈述书，认为修改后的权利要求1、6只是缩小了三种物质的重量百分比含量的保护范围，且下限值分别依据实施例1、2，没有超出原说明书和权利要求书的记载。

2007年12月7日，针对申请人于2007年9月17日提交的权利要求书第1~7项、说明书第1~3页以及申请日提交的说明书摘要，国家知识产权局以修改不符合专利法第33条的规定为由驳回了本申请。驳回决定认为：(1) 申请人将原说明书和权利要求书中记载的所述标签胶组成中“小麦谷朊粉16~22，变性淀粉0~10，尿素14~22，交联剂0~2.5，水50~62，碳酸钠0~2”改为“小麦谷朊粉16~22，变性淀粉3~10，尿素14~22，交联剂0.1~2.5，水50~62，碳酸钠0.1~2”（见修改后的权利要求1和6，说明书第1页倒数第5~6行，第2页第4~6行），上述修改内容既未明确记载在原说明书和权利要求书中，也不能由原说明书和权利要求书所记载的内容直接地、毫无疑义地确定，因此超出了原说明书和权利要求书记载的范围，不符合专利法第33条的规定。(2) 申请人在意见陈述书中认为，所作修改分别依据实施例1和2，并没有超出原说明书和权利要求书记载的范围。审查员认为，在修改后的技术方案中，相应组分的用量是以其重量百分比来表示的。而在说明书实施例1~3中，记载的是各组分的重量或体积，并没有提及重量百分比，此外也没有记载该制成的标签胶的总重量，由此不能从某一组分在该具体实施例中的用量直接地、毫无疑义地确定其相应的重量百分比。

2007 年 12 月 14 日，申请人上海天之冠可再生能源有限公司（下称请求人）对上述驳回决定不服，向专利复审委员会提出复审请求，请求人在提出复审请求时没有对申请文件进行修改。请求人认为：说明书实施例 1~3 中，已明确记载了各组分的重量和体积，根据水的比重是 1 克/毫升、正丁醇的比重是 0.8g/ml，本领域技术人员只需简单计算即可得出标签胶的总重量，因此修改后数值范围的端点值已在原申请文件中记载。

经形式审查合格后，专利复审委员会受理了该请求，并于 2008 年 1 月 28 日向请求人发出了《复审请求受理通知书》，同时将本申请转送至国家知识产权局原审查部门进行前置审查。

在《前置审查意见书》中，国家知识产权局原审查部门坚持驳回决定。

专利复审委员会组成合议组，对本复审请求案进行了审理。

2009 年 5 月 15 日，请求人提交了意见陈述书及权利要求书、说明书的全文修改替换页，将权利要求书和说明书中变性淀粉、交联剂和碳酸钠的重量百分比的下限值修改为 0（除权利要求 6 和说明书第 2 页第 4 行变性淀粉的下限值仍为 3 外）。请求人认为，在制得的标签胶中小麦谷朊粉、尿素为主要成分，而变性淀粉、交联剂和碳酸钠可作为添加物使标签胶的品质更好，实施例给出的是效果较好的几例，因此修改后的权利要求 1 满足专利法第 26 条第 4 款的规定。

2009 年 5 月 25 日，请求人再次提交意见陈述书及权利要求书、说明书第 2 页的修改替换页，将权利要求 6 和说明书第 2 页第 4 行变性淀粉的下限值修改为 0。修改后的权利要求书如下：

“1. 一种高速耐水纸标签胶，其特征在于，它的主要组成及重量百分比% 为：小麦谷朊粉 16~22，变性淀粉 0~10，尿素 14~22，交联剂 0~2.5，水 50~62，碳酸钠 0~2；按重量百分比，取变性淀粉，加水，搅拌均匀，在 60~100℃ 水浴中保温搅拌 15~150min，降温至 5~55℃，加尿素、交联剂、小麦谷朊粉和碳酸钠，搅拌，成均质浆状物即得标签胶。

2. 根据权利要求 1 所述的高速耐水纸标签胶，其特征在于：还包括 0.01%~1% 苯甲酸钠、0.02%~1% 的消泡剂。

3. 根据权利要求 1 所述的高速耐水纸标签胶，其特征在于：所述变性淀粉为酸解淀粉或磷酸酯淀粉中的一种。

4. 根据权利要求 1 所述的高速耐水纸标签胶，其特征在于：所述交联剂为硫酸锌、氧化锌或氯化锌中的一种。

5. 根据权利要求 2 所述的高速耐水纸标签胶，其特征在于：所述消泡剂为正丁醇。

6. 一种权利要求 1 所述高速耐水纸标签胶的制备方法，按重量百分比，取变性淀粉 0~10%，加 50%~62% 的水，搅拌均匀，在 60~100℃ 水浴中保温搅拌 15~150min，降温至 5~55℃，加 14%~22% 的尿素、0~2.5% 的交联剂、16%~22% 的小麦谷朊粉和 0~2% 的碳酸钠，搅拌，成均质浆状物即得标签胶。

7. 根据权利要求 6 所述高速耐水纸标签胶的制备方法，其特征在于：在搅拌成均质浆状物后再加入 0.02%~1% 的消泡剂和 0.01%~1% 的苯甲酸钠搅拌均匀即得标签胶。”

至此，合议组认为本案事实清楚，可以作出审查决定。

二、决定的理由

1. 关于文本

本复审请求审查决定所针对的文本是：请求人于 2009 年 5 月 25 日提交的权利要求第 1~6 项、说明书第 2 页，2009 年 5 月 15 日提交的说明书第 1、3 页，以及申请日提交的说明书摘要。

2. 关于专利法第 33 条

专利法第 33 条规定，申请人可以对其专利申请文件进行修改，但是，对发明和实用新型专利申请文件的修改不得超出原说明书和权利要求书记载的范围。

如果修改后申请文件的内容与原申请记载的信息相同，或者是本领域技术人员能够从原申请记载的信息中直接地、毫无疑义地确定的，那么，这种修改就是允许的。

驳回决定认为，请求人对变性淀粉、交联剂和碳酸钠的重量百分比下限值的修改不符合专利法第 33 条的规定。

复审程序中，请求人分别于 2009 年 5 月 15 日、2009 年 5 月 25 日提交了修改文本，将权利要求书和说明书中变性淀粉、交联剂和碳酸钠的重量百分比的下限值均修改为 0，与原申请文件记载的数值范围相同，因此本复审决定针对的文本符合专利法第 33 条的规定，已经克服了驳回决定指出的缺陷。

3. 关于专利法第 26 条第 4 款

专利法第 26 条第 4 款规定：权利要求书应当以说明书为依据，说明要求专利保护的范围。

对于权利要求的概括是否恰当的判断，一方面，应当立足于说明书所公开的全部内容，而不应仅仅局限于具体实施例；另一方面，还应当利用本领域技术人员的普通技术知识进行判断，如果本领域技术人员在申请文件给出的信息基础上，通过本领域普通技术知识能够把说明书记载的特定内容扩展到权利要求限定的整个范围，应当认为权利要求得到了说明书的支持。

本案的另一争议点在于权利要求 1 中变性淀粉、交联剂和碳酸钠的重量百分比下限值都可以为 0 是否得到说明书的支持。原审查部门在《第一次审查意见通知书》中曾指出：在权利要求 1 记载的主要组成中，变性淀粉、交联剂和碳酸钠的重量百分比下限值都可以为 0，即这些组分分别可以存在或不存在，由此权利要求 1 的标签胶包含主要组成不同的多种技术方案。然而，根据说明书记载的内容，只有这些组分作为所述标签胶的必要成分同时存在于其中的技术方案，而没有记载其中一种或几种组分重量百分比为 0 的技术方案。因此权利要求 1 的技术方案得不到说明书的支持，不符合专利法第 26 条第 4 款的规定。

对此，合议组认为：

（1）说明书第 1 页背景技术部分提到现有技术中使用的淀粉胶和 PVA 化学胶等固化速度慢、耐冰水性能差，酪素胶虽然性能优异，但原料来源困难、价格昂贵，因此本申请提供一种能克服上述不足、原料来源广泛的高速耐水纸标签胶及其制备方法。本申请由于采用小麦谷朊粉作为原料，成本仅为酪素胶的 1/5，性能与酪素胶相仿，耐冰水性能优异、固化速度快。

（2）本申请的高速耐水纸标签胶的主要组成为（重量百分比）：小麦谷朊粉 16~22，变性淀粉 0~10,尿素 14~22，交联剂 0~2.5，水 50~62，碳酸钠 0~2。本领域技术人员知晓，本申请的标签胶使用的原料小麦谷朊粉含有的蛋白质主要是非水溶性蛋白质，在水中溶解度低，容易吸水呈团块而无法形成均匀的浆状物，加入适量的分散剂（常用的有尿素、双氰胺等）后可以使小麦谷朊粉在水中分散开而形成均匀的浆状物。因此本领域技术人员可以合理预测出以小麦谷朊粉为原料、加入适量的尿素和水后可获得成本低廉而性能较优的浆状物标签胶。而变性淀粉在标签胶中主要是起增加固含量、增稠的作用，交联剂的作用是进一步提高标签胶的耐水性和黏结强度，碳酸钠则是辅助分散剂，而且变性淀粉、交联剂、碳酸钠也是如背景技术提到的酪素胶生产中经常用到的助剂，此类助剂的添加往往是为了进一步改善标签胶的各种性能，可以根据实际需要选择。

（3）本领域技术人员根据说明书公开的内容可以合理预测出以小麦谷朊粉为原料、加入适量的尿素和水后可获得成本低廉而性能较优的浆状物标签胶，即解决本申请所述的技术问题并达到预期的技术效果。虽然说明书没有给出变性淀粉、交联剂、碳酸钠为0时的实施例，但已有的实施例已经给出了若干中间值的具体配方，甚至实施例2中交联剂和碳酸钠的重量百分比在0.1左右时，仍能获得“固化速度：30s内纤维撕裂，耐4℃冰水持久性h≥72”的产品，故本领域技术人员没有合理的理由怀疑本申请中助剂含量的微小变化会导致效果的截然不同。因此虽然请求人在复审阶段将权利要求和说明书中各组分含量的数值范围修改为原始申请文件中的范围，但不会因此带来原审查部门曾经指出的不支持的问题。

基于以上事实和理由，合议组作出如下审查决定。

三、决定

撤销国家知识产权局于2007年12月7日针对200610026009.5号发明专利申请作出的驳回决定，由国家知识产权局原审查部门以本复审请求审查决定所针对的文本为基础继续审批程序。

复审请求人对本决定不服的，可以根据专利法第41条第2款的规定，自收到本决定之日起三个月内向北京市第一中级人民法院起诉。

072

轮胎胎面用橡胶组合物及使用该橡胶组合物的充气轮胎

复审请求审查决定（第17585号）

决 定 号 第17585号
决 定 日 2009年6月12日
发明创造名称 轮胎胎面用橡胶组合物及使用该橡胶组合物的充气轮胎
国 际 分 类 号 C08K3/36，C08K3/00，C08L51/04
复 审 请 求 人 住友橡胶工业株式会社
申 请 号 200310122515.0
优 先 权 日 2002年12月4日
申 请 日 2003年12月4日
公 开 日 2004年7月21日
合 议 组 组 长 刘 静
主 审 员 郭 俭
参 审 员 危 峰

法 律 依 据 专利法第26条第4款
决 定 要 点

在没有证据表明或者没有合理的理由怀疑权利要求所概括要求保护的技术方案不能解决发明所要解决的技术问题，并达到相同的技术效果的情况下，不应主观断言该权利要求得不到说明书的支持。

一、案由

本复审请求案涉及发明名称为“轮胎胎面用橡胶组合物及使用该橡胶组合物的充气轮胎”的200310122515.0号发明专利申请（下称本申请），申请人为住友橡胶工业株式会社，申请日为2003年12月4日，优先权日为2002年12月4日，公开日为2004年7月21日。

2008年3月7日，针对申请人于2007年7月5日提交的权利要求第1~4项和说明书第2页，2005年3月24日提交的说明书第3页及其摘要，2003年12月4日提交的说明书第1、4~18页，国家知识产权局以权利要求1不符合专利法第26条第4款的规定为由驳回了本申请。

驳回决定针对的权利要求1如下：

“1. 一种轮胎胎面用橡胶组合物，其特征在于，所述的轮胎胎面用橡胶组合物包括以下成分：由具有不饱和键的有机化合物接枝共聚的、接枝率为5~50重量%且蛋白质含量以含氮率计在0.10重量%以下的天然橡胶及/或环氧化的、环氧化度为5%~85%且蛋白质含量以含氮率计在0.10重量%

以下的天然橡胶含量在5%重量以上的橡胶成分100重量份，及氮吸附比表面积为70~300m^2/g的碳黑及/或氮的吸附比表面积为100~300m^2/g的二氧化硅5~150重量份。”

驳回决定认为：权利要求1中所涉及的有关接枝共聚的天然橡胶和环氧化的天然橡胶并用的技术方案内容在本申请说明书并没有具体公开，也无法由说明书充分公开的内容概括得出，另外，权利要求1中涉及碳黑和二氧化硅添加量为5~150重量份的技术方案内容也存在概括范围过宽的问题，得不到说明书的支持，不符合专利法第26条第4款的规定，因为从本申请说明书充分公开的内容无法直接获得也无法概括得出涉及碳黑和二氧化硅添加量为5~150重量份的技术方案内容，举例说，碳黑和二氧化硅各自的用量均为2.5份，尽管总量达5份，但不能保证一定能实现发明目的，综上所述，上述内容导致权利要求1得不到说明书的支持，不符合专利法第26条第4款的规定。

2008年6月4日，申请人住友橡胶工业株式会社（下称请求人）对上述驳回决定不服，向专利复审委员会提出复审请求，请求人在提出复审请求时提交了权利要求书的修改替换页（包括权利要求第1~4项）和说明书第2页的修改替换页。相对于驳回文本，请求人将权利要求1和说明书第2页倒数第3行的“5~150重量份”修改为“10~150重量份”，将权利要求1和说明书第2页倒数第6至5行的“天然橡胶及/或环氧化的”修改为“天然橡胶或环氧化的”。修改后的权利要求1为：

“1. 一种轮胎胎面用橡胶组合物，其特征在于，所述的轮胎胎面用橡胶组合物包括以下成分：由具有不饱和键的有机化合物接枝共聚的、接枝率为5~50重量%且蛋白质含量以含氮率计在0.10重量%以下的天然橡胶或环氧化的、环氧化度为5~85%且蛋白质含量以含氮率计在0.10重量%以下的天然橡胶含量在5%重量以上的橡胶成分100重量份，及氮吸附比表面积为70~300m^2/g的碳黑及/或氮的吸附比表面积为100~300m^2/g的二氧化硅10~150重量份。”

请求人认为：上述修改是根据本申请说明书第7~8页的内容作出的，消除了驳回决定中所指出的缺陷。

经形式审查合格后，专利复审委员会受理了该请求，并于2008年7月8日向请求人发出了《复审请求受理通知书》，同时将本申请转送至国家知识产权局原审查部门进行前置审查。

在《前置审查意见书》中，国家知识产权局原审查部门认为：原申请文件没有记载5重量份碳黑和5重量份二氧化硅组合的情形，修改后的“二氧化硅10~150重量份”没有在原申请文件记载，也不能直接地、毫无疑义地导出，不符合审查指南第四部分第二章第4.2节的规定，因此坚持驳回决定。

2009年2月19日，请求人再次提交了《意见陈述书》以及权利要求书的修改替换页（包括权利要求第1~4项）和说明书第2页修改替换页。其中将权利要求1和说明书第2页中的“10~150重量份”修改为“5~150重量份”。修改后的权利要求1如下：

“1. 一种轮胎胎面用橡胶组合物，其特征在于，所述的轮胎胎面用橡胶组合物包括以下成分：由具有不饱和键的有机化合物接枝共聚的、接枝率为5~50重量%且蛋白质含量以含氮率计在0.10重量%以下的天然橡胶或环氧化的、环氧化度为5~85%且蛋白质含量以含氮率计在0.10重量%以下的天然橡胶含量在5%重量以上的橡胶成分100重量份，及氮吸附比表面积为70~300m^2/g的碳黑及/或氮的吸附比表面积为100~300m^2/g的二氧化硅5~150重量份。”

请求人认为，原权利要求1中的“5重量份”应是碳黑和二氧化硅并用的下限值，原权利要求1中关于“5重量份的碳黑和二氧化硅”能够得到说明书的支持，具体理由如下：根据本领域的公知常识，碳黑和二氧化硅是轮胎用橡胶组合物中添加的常规填料，两者具有本质上相同的功能，或者至少对于本发明而言，对两者的选择并不体现不同的发明效果。实际上填料可以是碳黑或者二氧化硅或者两者的任意比例的组合，也即表明是选择碳黑还是二氧化硅或者是两者的某种比例组合，并不影响实现本发明的发明目的/效果。因此权利要求 1 能够得到说明书的支持，符合专利法第 26 条第 4 款的规定。

专利复审委员会组成合议组，对本复审请求案进行了审理。

经合议，合议组认为本案事实已经清楚，可以作出复审决定。

二、决定的理由

1. 决定依据的文本

本复审请求审查决定所针对的文本是：请求人于 2005 年 3 月 24 日提交的说明书第 3 页及其摘要；2003 年 12 月 4 日提交的说明书第 1、4~18 页；2009 年 2 月 19 日提交的权利要求第 1~4 项和说明书第 2 页。

2. 关于专利法第 33 条

专利法第 33 条规定：申请人可以对其专利申请文件进行修改，但是，对发明和实用新型专利申请文件的修改不得超出原说明书和权利要求书记载的范围。

如果专利申请文件修改后的内容在原申请文件中有记载，或者所属技术领域的技术人员能够从原申请文件记载的信息中直接地、毫无疑义地确定，那么这种修改是允许的。

在请求人于 2009 年 2 月 19 日提交的权利要求第 1~4 项和说明书第 2 页修改替换页中，请求人将权利要求 1，倒数第 1 行中"及氮吸附比表面积为 70~300m^2/g 的碳黑及/或氮的吸附比表面积为 100~300m^2/g 的二氧化硅 10~150 重量份"修改成"及氮吸附比表面积为 70~300m^2/g 的碳黑及/或氮的吸附比表面积为 100~300m^2/g 的二氧化硅 5~150 重量份"。同时对说明书的对应内容（即说明书第 2 页倒数第 2 段）做相应的修改。合议组认为，在本申请原始记载的说明书第 7 页第 4~6 段中文字记载的内容均是"本发明的橡胶中，含有碳黑及/ 或二氧化硅"；"作为本发明中使用的碳黑，较好的是，氮吸附比表面积为 70~300m^2/g"；"本发明的橡胶中所含的碳黑的配合量是：对所述橡胶成分 100 重量份，添加 5~150 重量份，较好的是 10~120 重量份"。另外，在本申请原始记载的说明书第 7 页倒数第 2 段至第 8 页第 1 段中文字记载的内容均是"本发明二氧化硅的氮的吸附比表面积以 100~300m^2/g 为宜"；"所述的二氧化硅的配合量是：橡胶成分为 100 重量份的话，添加 5~150 重量份，较好的是 10~120 重量份"；原始权利要求 1 中"及碳黑及/或氮的吸附比表面积为 100~300m^2/g的二氧化硅 5~150 重量份"。因此修改后的权利要求 1 中"及氮吸附比表面积为 70~300m^2/g 的碳黑及/或氮的吸附比表面积为100~300m^2/g 的二氧化硅 5~150 重量份"能够根据原说明书和权利要求书文字记载的内容直接地、毫无疑义地确定，权利要求 1 的上述修改符合专利法第 33 条的规定。

基于以上相同理由，合议组认为，说明书第 2 页倒数第 2 段中"及氮吸附比表面积为 70~300m^2/g 的碳黑及/或氮的吸附比表面积为 100~300m^2/g 的二氧化硅 5~150 重量份"的修改内容能够根据原说明书和权利要求书文字记载的内容直接地、毫无疑义地确定，因此说明书的上述修改符合专利法第 33 条的规定。

所以，《前置审查意见书》中指出的权利要求书和说明书第 2 页的修改文本不符合《审查指南》第四部分第二章第 4. 2 节的规定的缺陷已不存在。

3. 关于专利法第 26 条第 4 款

专利法第 26 条第 4 款规定，权利要求书应当以说明书为依据，说明要求专利保护的范围。

在没有证据表明或者没有合理的理由怀疑权利要求所概括的技术方案不能解决发明所要解决的技术问题，并达到相同的技术效果的情况下，不应主观断言该权利要求得不到说明书的支持。

就本案而言，《驳回决定》认为：（1）两种橡胶并用的技术方案得不到说明书的支持；（2）碳黑和/或二氧化硅添加量的限定也得不到说明书的支持。

首先，请求人在2009年2月19日提交的权利要求1中，将“具有不饱和键的有机化合物接枝共聚的、接枝率为5~50重量%且蛋白质含量以含氮率计在0.10重量%以下的天然橡胶及/或环氧化的、环氧化度为5%~85%且蛋白质含量以含氮率计在0.10重量%以下的天然橡胶含量在5%重量以上的橡胶成分100重量份”修改为“具有不饱和键的有机化合物接枝共聚的、接枝率为5~50重量%且蛋白质含量以含氮率计在0.10重量%以下的天然橡胶或环氧化的、环氧化度为5%~85%且蛋白质含量以含氮率计在0.10重量%以下的天然橡胶含量在5%重量以上的橡胶成分100重量份”。由此，《驳回决定》指出的权利要求1中所涉及的有关接枝共聚的天然橡胶和环氧化的天然橡胶并用的技术内容导致权利要求书不能得到说明书支持、不符合专利法第26条第4款的缺陷已不存在。

其次，根据本申请说明书的记载，本申请所要解决的技术问题和达到的技术效果是，“提供一种轮胎胎面用橡胶组合物，以及使用该橡胶组合物作为轮胎橡胶的充气轮胎，所述轮胎胎面用橡胶组合物及使用该组合物作为胎面橡胶的充气轮胎在不损害加工性、机械性强度等特性的基础上，提高低耗油、耐磨性和优异的湿地抓地等性能（参见说明书第1~2页）。为了解决上述问题，本申请提供了一种轮胎胎面用橡胶组合物，其特征在于，所述的轮胎胎面用橡胶组合物包括以下成分：（A）具有不饱和键的有机化合物接枝共聚的、接枝率为5~50重量%且蛋白质含量以含氮率计在0.10重量%以下的天然橡胶或环氧化的、环氧化度为5%~85%且蛋白质含量以含氮率计在0.10重量%以下的天然橡胶含量在5%（重量）以上的橡胶成分100重量份，及（B）氮吸附比表面积为70~300m^2/g的碳黑及/或氮的吸附比表面积为100~300m^2/g的二氧化硅5~150重量份。其中B组分应当理解为可以是（1）5~150重量份的氮吸附比表面积为70~300m^2/g的碳黑；或者是（2）5~150重量份氮的吸附比表面积为100~300m^2/g的二氧化硅；或者是（3）氮吸附比表面积为70~300m^2/g的碳黑及氮的吸附比表面积为100~300m^2/g的二氧化硅，二者重量份为5~150。对于情形（1）：当权利要求1中的成分（B）仅为“5~150重量份的氮吸附比表面积为70~300m^2/g的碳黑”的时候，根据本申请说明书第7页第4、6段的记载，“本发明的橡胶中，含有碳黑及/或二氧化硅”、“本发明的橡胶中所含的碳黑的配合量是：对所述橡胶成分100重量份，添加5~150重量份，较好的是10~120重量份，更好的是15~100重量份。如果碳黑的配合量不足5重量份，则增强性和耐磨性会下降；而超过150重量份的话，不仅分散性下降，而且也不能得到所需要的特性，因此不理想”。本领域技术人员根据上述记载，尚没有合理的理由怀疑“5~150重量份的氮吸附比表面积为70~300m^2/g的碳黑”所概括的技术方案不能解决本发明所要解决的技术问题并达到相同的技术效果，因此不能主观断言情形（1）时权利要求1得不到说明书的支持，不符合专利法第26条第4款的规定。对于情形（2）：当权利要求1中的成分（B）仅为“5~150重量份氮的吸附比表面积为100~300m^2/g的二氧化硅”的时候，根据本申请说明书第7页倒数第1段的记载，“所述的二氧化硅的配合量是：橡胶成分为100重量份的话，添加5~150重量份，较好的是10~120重量份，更好的是15~100重量份。如果二氧化硅的配合量不足5重量份，则不能得到充分的放热性、湿地抓地性能；而超过150重量份的话，加工性和操作性会下降，因此不理想”。本领域技术人员根据上述记载，尚没有合理的理由怀疑“5~150重量份氮的吸附比表面积为100~300m^2/g的二氧化硅”所概括的技术方案不能解决本发明所要解决的技术问题并达到相同的技术效果，因此不能主观断言情形（2）时权利要求1得不到说明书的支持，不符合专利法第26条第4款的规定。对于情形（3）：当权利要求1中的成分（B）为氮吸附比表面积为70~300m^2/g的碳黑及氮的吸附比表面积为100~300m^2/g的二氧化硅，两者总重量份为5~150的时候，根据本领域技术常识，碳黑或者白碳黑（即二氧化硅）在一般制造橡胶制品组合物（如橡胶轮胎用组合物）中是作为补强填充剂使用的，两者均具有橡胶补强功能，本领域技术人员一般也会根据实际需要调整二者的用量，如前所述，目前没有合理的理由否定权利要求1的（B）组分为上述情形

（1）和（2）时权利要求 1 的技术方案符合专利法第 26 条第 4 款规定，且目前也没有任何相反证据证明或合理理由怀疑权利要求 1 的（B）组分为上述（3）情况时所概括的技术方案不能解决发明所要解决的技术问题并达到相同的技术效果，因此不应主观断言权利要求 1 没有以说明书为依据，不能得到说明书的支持，不符合专利法第 26 条第 4 款的规定。由此，《驳回决定》指出的碳黑和二氧化硅的添加量导致权利要求 1 不符合专利法第 26 条第 4 款规定的理由并不成立。

基于以上事实和理由，合议组作出如下审查决定。

三、决定

撤销国家知识产权局于 2008 年 3 月 7 日针对 200310122515.0. 号发明专利申请作出的驳回决定，由国家知识产权局原审查部门以本复审请求审查决定针对的文本为基础继续审批程序。

复审请求人对本决定不服的，可以根据专利法第 41 条第 2 款的规定，自收到本决定之日起三个月内向北京市第一中级人民法院起诉。

073

烯的分离方法

复审请求审查决定（第17586号）

决　定　号　第17586号
决　定　日　2009年6月16日
发明创造名称　烯的分离方法
国际分类号　C07C7/11，C07C7/148，C07C7/152，C07C67/05，C07C69/01，C07C51/215，C07C53/08
复审请求人　英国石油化学品有限公司
申　请　号　03805140.0
优 先 权 日　2002年3月4日
申　请　日　2003年2月12日
公　开　日　2005年7月13日
合议组组长　吴红权
主　审　员　危　峰
参　审　员　王　磊

法律依据　专利法第22条第3款
决定要点

如果要求保护的技术方案相对于最接近的现有技术存在区别特征，同时现有技术中没有给出将上述区别特征应用到该最接近现有技术以解决其存在的技术问题的启示，并且该要求保护的技术方案能够产生有益的技术效果，则认为该要求保护的技术方案具有突出的实质性特点和显著的进步，符合专利法第22条第3款关于创造性的规定。

一、案由

本复审请求案涉及发明名称为“烯的分离方法”的03805140.0号发明专利申请（下称本申请），申请人为英国石油化学品有限公司，申请日为2003年2月12日，优先权日为2002年3月4日，公开日为2005年7月13日。

2007年7月6日，针对申请人于2006年9月11日提交的权利要求第1~46项，2004年9月3日进入中国国家阶段时提交的国际申请文件中文文本的说明书第1~16页、说明书附图第1页及说明书摘要，国家知识产权局以权利要求1~46不符合专利法第22条第3款的规定为由驳回了本申请。

驳回决定认为：对比文件1（CN1198732A，公开日为1998年11月11日）中已经公开了一种用于生产乙酸和/或乙酸乙烯酯的联合法，权利要求1与对比文件1所公开的技术内容相比，区别仅在于

“使该气流与能够选择性地化学吸收该烯的金属盐溶液接触，得到化学吸收的富烯液流，并从该金属盐溶液中回收富烯物流”，即本申请方法在对比文件1的两个反应区之间增加了接触和分离步骤，然而这种接触和分离步骤的目的就在于从乙烯、乙烷和氧的混合物中通过金属盐溶液吸收分离乙烯，本领域技术人员在 C_2-C_4 烷氧化产生相应的烯和羧酸的方法中，为了从产物中分离烯烃，必然会采取某种方式来进行。现有技术中已经给出了过渡金属能够吸收烯烃的启示，例如对比文件2（CN1056826A，公开日为1991年12月11日）公开了“人们早就知道，铜、钴、镍、锰、银之类的过渡金属能与不饱和化学物质配位”（参见对比文件2说明书第1页），并且对比文件3（CN1239938A，公开日为1999年12月29日）中已经进一步公开了烯烃的化学吸收，然后从金属化学吸收剂溶液中回收该烯烃的方法（参见对比文件3权利要求1、说明书第7页第3段），在该对比文件1的基础上结合上述对比文件2，或者在该对比文件1的基础上结合对比文件3的教导，获得权利要求1所要求保护的技术方案对所属技术领域的技术人员来说是显而易见的，并且这种结合并没有带来任何意料不到的效果，因此该权利要求1不具备突出的实质性特点和显著的进步，不具备创造性。同理，权利要求2~46也不具备创造性。

驳回决定针对的权利要求书如下：

“1. 将 C_2-C_4 烷氧化产生相应的烯和羧酸的方法，该法包括如下步骤：

（a）在氧化反应区内，使烷，含分子氧的气体，任选相应的烯和任选水在至少一种把烷氧化成相应的烯和羧酸的活性催化剂存在下接触，以产生含有烯、羧酸、烷、氧和水的第一产物流；

（b）在初级分离设备中将至少一部分该第一产物流分离成含有烯，烷和氧的气流和含有羧酸的液流；

（c）使该气流与能够选择性地化学吸收该烯的金属盐溶液接触，得到化学吸收的富烯液流；

（d）从该金属盐溶液中回收富烯物流。

2. 一种生产烷基羧酸酯的联合方法，其包括如下步骤：

（a）在氧化反应区中，使烷，含分子氧的气体，任选相应的烯和任选水在至少一种把烷氧化成相应的烯和羧酸的活性催化剂存在下接触，产生含有烯、羧酸、烷、氧和水的第一不可燃的产物流；

（b）在初级分离设备中将至少一部分该第一产物流分离为含有烯、烷和氧的气流和含有羧酸的液流；

（c）使至少一部分该气流与能够选择性地化学吸收该烯的金属盐溶液接触，产生化学吸收的富烯液流；

（d）从该金属盐溶液回收富烯物流；和

（e）在第二反应区内，使至少一部分来自步骤（d）的富烯物流和羧酸，在至少一种生产烷基羧酸酯的活性催化剂存在下接触，产生该烷基羧酸酯。

3. 一种生产烯基羧酸酯的联合方法，该方法包括如下的步骤：

（a）在氧化反应区内，将烷，含分子氧的气体，任选相应的烯和任选水，在至少一种把烷氧化成相应的烯和羧酸的活性催化剂存在下接触，产生含有烯、羧酸、烷、氧和水的第一不可燃的产物流；

（b）在第一分离设备中将至少一部分该第一产物流分离成含有烯、烷和氧的气流和含有羧酸的液流；

（c）将至少一部分所述的气流与能够选择性地化学吸收该烯的金属盐溶液接触，产生化学吸收的富烯液流；

（d）从该金属盐溶液中回收富烯物流；和

（e）在第二反应区内，将至少一部分所述自步骤（d）中得到的富烯物流、羧酸和含分子氧的气体，在至少一种生产烯基羧酸酯的活性催化剂存在下接触，产生所述的烯基羧酸酯。

4. 权利要求3的方法，其中在步骤（e）中该富烯物流是作为一个或多个流，与任选的另外的烯一起供入第二反应区。

5. 权利要求4的方法，其中另外的烯可以是新鲜的烯和/或来自第二反应区的再循环的烯和/或一部分来自氧化反应区的烷和烯流。

6. 权利要求3~5任一项的方法，其中供入第二反应区的烯的浓度至少为向第二反应区总进料的50mol%。

7. 权利要求6的方法，其中烯的浓度至少为向第二反应区总进料的至少60mol%。

8. 权利要求6的方法，其中烯的浓度最高达向第二反应区总进料的85mol%。

9. 权利要求3~5任一项的方法，其中在第二反应区用于产生烯基羧酸酯的含分子氧的气体包括来自步骤（a）的未反应的含分子氧的气体和/或另外的含分子氧的气体。

10. 权利要求9的方法，其中另外的含分子氧的气体是氧气。

11. 权利要求3~5任一项的方法，其中至少某些含分子氧的气体不依赖于烯和羧酸反应物供入第二反应区。

12. 权利要求3~5任一项的方法，其中导入第二反应区的羧酸包括从氧化反应区产生的羧酸。

13. 权利要求2~5任一项的方法，其中的烷选自C_2-C_4烷和其混合物。

14. 权利要求1~5任一项的方法，其中烷是乙烷，相应的烯是乙烯和相应的羧酸是乙酸。

15. 权利要求1~5任一项的方法，其中在步骤（a）中含分子氧的气体是氧气。

16. 权利要求1~5任一项的方法，其中含分子氧的气体的浓度是向氧化反应区总进料的0~20mol%以上，其中所述含分子氧的气体含有新鲜的进料氧和/或再循环氧，所述总进料包括再循环的进料。

17. 权利要求1~5任一项的方法，其中烯的浓度是向氧化反应区总进料的0~50mol%，其中所述的烯含有新鲜的进料烯和/或再循环的烯，所述总进料包括再循环的进料。

18. 权利要求17的方法，其中烯的浓度是向氧化反应区总进料的1~20mol%。

19. 权利要求1~5任一项的方法，其中水的浓度是向氧化反应区总进料的0~50mol%，其中所述的水包括新鲜进料水和/或再循环的水，所述总进料包括再循环的进料。

20. 权利要求19的方法，其中水的浓度是向氧化反应区总进料的0~25mol%。

21. 权利要求1~5任一项的方法，其中烯和水是共同供入氧化反应区的。

22. 权利要求1~5任一项的方法，其中所用的烯和水的比例是1：0.1~250重量。

23. 权利要求1~5任一项的方法，其中在来自第一分离设备的气流中存在的氧浓度至少为0.1mol%。

24. 权利要求23的方法，其中在来自第一分离设备的气流中存在的氧浓度至少是0.2mol%。

25. 权利要求24的方法，其中在来自第一分离设备的气流中存在的氧浓度是0.1~10mol%。

26. 权利要求1~5任一项的方法，其中第一分离设备是膜分离装置，冷凝装置或蒸馏装置。

27. 权利要求26的方法，其中应用的分离设备是冷凝器。

28. 权利要求1~5任一项的方法，其中烯是乙烯和能够选择性地化学吸收吸收该烯的金属盐包含铬，铜（Ⅰ）、锰、镍、铁、汞、银、金、铂、钯、铑、钌、锇、铒、钨或铼。

29. 权利要求28的方法，其中金属盐包括银或铜（Ⅰ）。

30. 权利要求29的方法，其中金属盐是银盐。

31. 权利要求 30 的方法，其中银盐是硝酸银或氟硼酸银。

32. 权利要求 29 的方法，其中金属盐是乙酸铜（Ⅰ）、硝酸铜（Ⅰ）或硫酸铜（Ⅰ）。

33. 权利要求 1~5 任一项的方法，其中金属盐溶液是水溶液或含有有机含氮化合物。

34. 权利要求 1~5 任一项的方法，其中来自第一分离设备的气流与金属盐溶液的接触是在一个吸收塔内进行。

35. 权利要求 34 的方法，其中含有金属盐和乙烯络合物的金属盐溶液从该吸收塔底移出，而烷和氧作为塔顶物流从吸收塔移出。

36. 权利要求 35 的方法，其中烷和含氧的气流作为一个或多个流与另外的烷一起供入氧化反应区。

37. 权利要求 36 的方法，其中在供入氧化反应区之前，烷和含氧的气流被分离成单独的烷和氧气流。

38. 权利要求 36 或 37 的方法，其中另外的烷是新鲜的烷和/或来自氧化反应区的未反应的烷，它是在第一分离设备之后再循环至氧化反应区的。

39. 权利要求 36~37 任一项的方法，其中烷和氧流和另外的烷或是作为独立的进料流或是作为单一的包含烷/氧和其他烷二者的进料流一起导入氧化反应区。

40. 权利要求 1~5 任一项的方法，其中富烯物流通过加热，减压或二者的结合从该金属盐溶液络合物中回收。

41. 权利要求 40 的方法，其中该溶液经受减压，使络合物分解，释放出烯。

42. 权利要求 1~5 任一项的方法，其中富烯物流含有至少 50% 的烯。

43. 权利要求 42 的方法，其中富烯物流含有至少 90% 的烯。

44. 权利要求 1~5 任一项的方法，其中来自第一分离设备的气流在与金属盐溶液接触之前加以处理，以除去选自二氧化碳和氧化产物的组分。

45. 一种生产乙酸乙烯酯的联合方法，该方法包括如下步骤：

（a）在氧化反应区中使乙烷，含分子氧的气体，任选的乙烯和任选水，在至少一种用于把乙烷氧化成乙烯和乙酸的活性催化剂存在下接触，产生含有乙烯、乙酸、乙烷、氧和水的第一不可燃的产物流；

（b）在第一分离设备内把至少一部分的第一产物流分离为含乙烯，乙烷和氧的气流和含乙酸的液流；

（c）将至少一部分所述的气流与能够选择性地化学吸收乙烯的金属盐的溶液接触，产生化学吸收的富烯液流；

（d）从该金属盐溶液中回收富烯物流，和

（e）在第二反应区内将至少一部分所述的在步骤（d）中得到的富烯物流，乙酸和含分子氧的气体在至少一种生产乙酸乙烯酯的活性催化剂存在下接触，产生乙酸乙烯酯。

46. 权利要求 6~8 任一项的方法，其中所述的烯还含有另外的进料烯。”

2007 年 10 月 22 日，申请人英国石油化学品有限公司（下称请求人）对上述驳回决定不服，向专利复审委员会提出复审请求，请求人在提出复审请求时没有对申请文件进行修改。

请求人认为：（1）独立权利要求 1、2、3 和 45 中步骤（a）~（d）都是必需特征，步骤（c）和（d）涉及将烯从含烯、烷和氧的混合物中分离出来。传统方法是，在含烷、烯和氧的气流中，在将烯从烷中分离出来之前，先将氧去除，否则，分离过程可浓集氧，以致气流成为可燃性的或爆炸性的。本申请的方法能够在氧存在下，安全地从烷中分离出烯，对比文件 1 没有公开与本申请步骤

（b）、（c）和（d）类似的步骤，且对比文件 1 教导将来自第一反应器的产物流直接进料到第二反应器，即不需要从来自氧化反应区的产物流中分离乙烯，该教导实际上与本申请背道而驰；对比文件 2 涉及有助于从进料气流分离烯的一种液膜以及相关的从烯/烷气流分离烯的方法；对比文件 3 涉及使用化学吸收法从裂化气中回收烯烃的方法，故本领域技术人员没有任何动机去结合对比文件 1 和 2 或者对比文件 1 和 3。（2）此外，对比文件 2 特别指明涉及的是从烯/烷气流分离烯的方法，对比文件 2 和 3 均未提到从含烯、烷和氧的气体混合物中分离烯，因此，当尝试寻找一种在氧的存在下能安全地从烷中分离出烯的方法时，本领域技术人员不会基于对比文件 2 或者 3 的教导来改进对比文件 1 的方法。综上，本申请权利要求 1 以及 2~46 具备创造性，符合专利法第 22 条第 3 款的规定。

经形式审查合格后，专利复审委员会受理了该请求，并于 2007 年 12 月 5 日向请求人发出了《复审请求受理通知书》，同时将本申请转送至国家知识产权局原审查部门进行前置审查。

在《前置审查意见书》中，国家知识产权局原审查部门认为驳回理由仍然存在，因此坚持驳回决定。

专利复审委员会组成合议组，对本复审请求案进行了审理。

经合议，合议组认为本案事实清楚，可以作出审查决定。

二、决定的理由

1. 关于决定文本

在复审程序中，请求人未对申请文件进行过修改，故本复审请求审查决定针对的文本是驳回决定所针对的文本，即：请求人于 2006 年 9 月 11 日提交的权利要求第 1~46 项，2004 年 9 月 3 日进入中国国家阶段时提交的国际申请文件中文文本的说明书第 1~16 页、说明书附图第 1 页及说明书摘要。

2. 关于专利法第 22 条

专利法第 22 条第 3 款规定：创造性，是指同申请日以前已有的技术相比，该发明有突出的实质性特点和显著的进步。如果要求保护的技术方案相对于最接近的现有技术存在区别特征，同时现有技术中没有给出将上述区别特征应用到该最接近现有技术以解决其存在的技术问题的启示，并且该要求保护的技术方案能够产生有益的技术效果，则认为该要求保护的技术方案发明具有突出的实质性特点和显著的进步，符合专利法第 22 条第 3 款关于创造性的规定。

就本案而言，权利要求 1 要求保护一种将 C_2-C_4 烷氧化产生相应的烯和羧酸的方法，该法包括步骤（a）、（b）、（c）和（d）（具体内容参见案由部分）。

驳回决定引用对比文件 1 和对比文件 2 或者 3 的结合评述权利要求 1 不具备创造性。经核实，对比文件 1 公开了一种用于生产乙酸和/或乙酸乙烯酯的联合法，其包括以下步骤：（a）在第一反应区中将包含乙烯和/或乙烷以及可选的水蒸气的气态原料与含有分子氧的气体在对于乙烯氧化成乙酸和/或乙烷氧化成乙酸和乙烯具有活性的催化剂的存在下接触以生产包含乙酸、水和乙烯（作为未反应的乙烯和/或作为联产的乙烯）和可选的乙烷、一氧化碳、二氧化碳和/或氮气的第一产物流；（b）在第二反应区中，在存在或不存在额外的乙烯和/或乙酸下将至少一部分包含至少乙酸和乙烯以及可选的水、乙烷、一氧化碳、二氧化碳和/或氮气中的一种或多种的第一气态产物流与含有分子氧的气体在对乙酸乙烯酯生产具有活性的催化剂的存在下接触以制得包含乙酸乙烯酯、水、乙酸和可选的乙烯的第二产物流；（c）通过蒸馏将来自步骤（b）的产物流分离成包含乙酸乙烯酯和水的塔顶共沸物馏分和包含乙酸的塔底馏分；（d）或者（ⅰ）将来自步骤（c）中分离的塔底馏分的乙酸回收以及可选地将步骤（c）中分离的共沸物馏分在从中部分或全部分离水后再循环至步骤（c），或者（ⅱ）将来自步骤（c）中分离的共沸物馏分的乙酸乙烯酯回收以及可选地将步骤（c）中分离的塔底馏分再循环至步骤（b），或者（ⅲ）将来自步骤（c）中分离的塔底馏分的乙酸回收以及从步骤（c）中回收的塔顶共沸物馏分中回收乙酸乙烯酯（参见对比文件 1 的说明书第 3 页第 8~28 行）。

由此可见，在对比文件 1 所公开的生产乙酸和/和乙酸乙烯酯的联合法中，也包含了与本申请权利要求 1 中所述相同的、由 C_2-C_4 烷氧化产生相应的烯和羧酸的步骤（a），其与本申请权利要求 1 的不同之处在于，对比文件 1 中由步骤（a）产生的包含烯和羧酸的第一产物流无需进行后处理而直接用于后续乙酸乙烯酯的合成步骤，而本申请权利要求 1 中还包含对由步骤（a）产生的包含烯、羧酸、烷、氧和水的第一产物流进行后处理步骤（b）、（c）和（d）。

如本申请说明书第 1~2 页中所述，在烷/烯气体混合物含有氧时，传统上是在分离烯和烷之前除去氧，如果在烃类分离之前不除去氧，这种分离过程可浓集氧，以致含氧的气流成为可燃的或爆炸性的。在用能够选择性吸收烯的金属盐溶液处理之前，产物流要加以处理，除去如氧和一氧化碳这样的组分，例如 WO00/37399 就公开了一种在用金属盐溶液处理前处理含分子氧气体的分离烯烃的方法（参见其权利要求书）。而本申请方法是基于发现烯可从含有该烯、烷和氧的气体混合物中分离出来而不需要预先除去氧，由此使得能够在氧的存在下安全地分离烯与烷。由此可见，本申请实际解决的技术问题是，采用如权利要求 1 中所述后处理步骤（b）、（c）和（d），实现在氧的存在下安全地分离含有烯和烷的产物流。

如上所述，对比文件 1 中仅涉及由 C_2-C_4 烷氧化产生相应的烯和羧酸的步骤（a），并不涉及对由步骤（a）产生的包含烯和羧酸的第一产物流进行后处理，进一步并不涉及对所述第一产物流中在含有氧时进行后处理。

另一方面，对比文件 2 公开了利用铜、钴、镍、锰、银之类的过渡金属能与不饱和化学物质配位，从含烯烃和烷烃的进料气流中分离烯烃的液膜及相关分离方法（参见对比文件 2 说明书第 1 页），但其并未给出在进料气流含有氧时是否能安全地分离含有烯和烷的产物流的启示。对比文件 3 公开了一种利用金属化学吸收剂从含有烯、氢、烷、炔、二烯烃和较重烃的裂化气流中回收烯烃的方法（参见对比文件 3 权利要求 1、说明书第 7 页第 3 段），但其也未给出在进料气流含有氧时是否能安全地分离含有烯和烷的产物流的启示。

由此，当本领域技术人员面对本申请要解决的技术问题，即在氧的存在下安全地分离含有烯和烷的产物流时，不会从对比文件 1 中得到启示，更不会从对比文件 2 或 3 中得到启示，要采用如本申请权利要求 1 中所述的后处理步骤（b）、（c）和（d），从而能够解决本申请要解决的上述技术问题。

因此，合议组认为，对比文件 1 和对比文件 2 或者 3 的结合没有给出解决本申请技术问题的启示，仅凭对比文件 1~3 并不足以破坏权利要求 1 的创造性，即，权利要求 1 相对于对比文件 1 和对比文件 2 或者 3 的结合具备突出的实质性特点和显著的进步，符合专利法第 22 条第 3 款关于创造性的规定。

权利要求 2 要求保护一种生产烷基羧酸酯的联合方法，如上所述，对比文件 1 公开的是生产乙酸和/和乙酸乙烯酯的联合法，其仅公开了与本申请权利要求 2 中所述相同的、由 C_2-C_4 烷氧化产生相应的烯和羧酸的步骤（a），并未公开本申请权利要求 2 中所述的步骤（b）、（c）、（d）和（e）。如上所述，对比文件 2 和 3 中也未给出本申请权利要求 2 中所述的步骤（b）、（c）、（d）和（e），在进料气流含有氧时安全地分离含有烯和烷的产物流并随后生产烷基羧酸酯的启示。依据与权利要求 1 评述相同的理由，仅凭对比文件 1~3 并不足以破坏权利要求 2 的创造性，即，权利要求 2 相对于对比文件 1 和对比文件 2 或者 3 的结合具备突出的实质性特点和显著的进步，符合专利法第 22 条第 3 款关于创造性的规定。

权利要求 3 和 45 分别要求保护一种生产烯基羧酸酯和乙酸乙烯酯的联合方法，如上所述，对比文件 1 公开的是生产乙酸和/和乙酸乙烯酯的联合法，其仅公开了与本申请权利要求 2 中所述相同的、

由 C_2-C_4 烷氧化产生相应的烯和羧酸的步骤（a）以及在第二反应区中生产烯基羧酸酯（或乙酸乙烯酯）的步骤（e），并未公开本申请权利要求 3 和 45 中所述的步骤（b）、（c）、和（d）。如上所述，对比文件 2 和 3 中也未给出本申请权利要求 3 和 45 中所述的步骤（b）、（c）、和（d），在进料气流含有氧时安全地分离含有烯和烷的产物流并随后生产烯基羧酸酯（或乙酸乙烯酯）的启示。依据与权利要求 1 评述相同的理由，仅凭对比文件 1~3 并不足以破坏权利要求 2 的创造性，即，权利要求 3 和 45 相对于对比文件 1 和对比文件 2 或者 3 的结合具备突出的实质性特点和显著的进步，符合专利法第 22 条第 3 款关于创造性的规定。

在权利要求 1~3 和 45 具备创造性的前提下，从属权利要求 4~44 和 46 也具备创造性，符合专利法第 22 条第 3 款的规定。

根据上述事实和理由，合议组作出如下审查决定。

三、决定

撤销国家知识产权局于 2007 年 7 月 6 日针对 03805140.0 号发明专利申请作出的驳回决定，由国家知识产权局原审查部门以本复审请求审查决定所针对的文本为基础继续审批程序。

复审请求人对本决定不服的，可以根据专利法第 41 条第 2 款的规定，自收到本决定之日起三个月内向北京市第一中级人民法院起诉。

074

高纯度乙酰丙酮制备工艺

复审请求审查决定（第17587号）

决　定　号　第17587号
决　定　日　2009年6月4日
发明创造名称　高纯度乙酰丙酮制备工艺
国际分类号　C07C 45/76 C07C 49/14
复审请求人　宁波王龙集团有限公司
申　请　号　200610051620.3
申　请　日　2006年5月25日
公　开　日　2006年10月25日
合议组组长　吴红权
主　审　员　危　峰
参　审　员　兰　琪

法律依据　专利法第26条第3款
决定要点
对于化学方法发明，说明书中应当说明方法中所用的原料物质的成分以及其制备方法或者来源，使得本领域技术人员能够得到。

一、案由

本复审请求案涉及发明名称为“高纯度乙酰丙酮制备工艺”的200610051620.3号发明专利申请（下称本申请），申请人为宁波王龙集团有限公司，申请日为2006年5月25日，公开日为2006年10月25日。

2008年8月8日，针对申请人于2006年5月25日提交的权利要求第1~4项、说明书第1~4页、说明书附图第1页以及说明书摘要和摘要附图，国家知识产权局以说明书不符合专利法第26条第3款的规定为由驳回了本申请。

驳回决定认为：(1) 本申请中使用了一种“锑钴锰酯催化剂”，而且说明书中也明确指出了这种催化剂是一种“新型酯化合成催化剂”，但是，在说明书中没有提及其组成，也没有提供其制备方法，致使所属技术领域的技术人员无法根据说明书中所记载内容获得该催化剂，进而无法能实现所述制备乙酰丙酮的方法的发明。(2) 申请人在意见陈述书中辩称此催化剂制作工艺简单，用锑、钴、锰的硫酸盐在氢氧化钠溶液中反应，然后煅烧制得，并宣称本领域技术人员可以“顾名思义”地得到该催化剂的制备方法。对此审查员认为，化学反应并不是简单的组合过程，本领域技术人员不可能仅仅根据名称就能得到其制备方法，并且从申请人的意见陈述来看，这种制备方法并没有在现有技术中公开，因此本领域技术人员既不能从现有技术中得到，同时也无法从本申请所记载的内容中获得此催化剂，因此申请人所陈述的理由不能被接受。

驳回决定针对的权利要求书如下：

“1. 高纯度乙酰丙酮制备工艺，含有乙烯酮的制备工艺，其特征是：还含有丙酮的酯化工艺、酯液蒸馏与异构化工艺和乙酰丙酮的精馏工艺；

所述的丙酮的酯化工艺包括有

第一步骤：经新鲜丙酮工序选取的丙酮与回收丙酮工序选取粗蒸来的未反应的丙酮经丙酮配料工序混合，通冷冻剂冷却；

第二步骤：经丙酮配料工序配制好冷丙酮打入酯化釜进入酯化釜工序，同时向酯化釜中加入来自催化剂工序的锑钴锰复合酯化催化剂，并按需求量适当给催化剂工序补充锑钴锰复合酯化催化剂；

第三步骤：将来自纯净乙烯酮工序的纯净的乙烯酮气通入酯化釜工序进行酯化系统吸收，同时开丙酮循环泵从釜底抽出丙酮打入塔顶，如此循环吸收 2~4h；

第四步骤：当混合酯液的折光率达到 1.4920~1.4935 时，即停止吸收，将乙烯酮气导入另一酯化系统；

所述的酯液蒸馏与异构化工艺包括有

第一步骤：来自酯化釜工序的合成好的混合酯液通过过滤分离器工序分离除去锑钴锰酯化催化剂，被分离除去的催化剂送至催化剂工序循环套用，过滤出的酯液打入粗蒸釜粗蒸工序粗蒸，蒸出未反应的丙酮和其他低沸物送至回收丙酮工序，粗蒸后进入醋酸异丙烯酯工序得到醋酸异丙烯酯；

第二步骤：来自醋酸异丙烯酯工序的取用醋酸异丙烯酯加入到异构化釜工序中异构化釜中，并取自稀盐酸工序中稀盐酸加入异构化釜工序中，两者混合后，升温至 260~280℃，反应 2~4h，醋酸异丙烯酯经重排得到粗乙酰丙酮。对来自异构化釜工序中的粗乙酰丙酮经冷却分层分离工序冷却降温至 0℃以下；

第三步骤：冷却静置 1~3h，有机相与水相分层，分离除去稀盐酸，除去的稀盐酸进入稀盐酸工序循环套用；

所述的乙酰丙酮的精馏工艺

第一步骤：来自冷却分层分离工序的有机相打入精馏工序中的 1500 升的精馏系统精馏，进入成品乙酰丙酮工序得到高纯度的乙酰丙酮。

2. 根据权利要求 1 所述的高纯度乙酰丙酮制备工艺，其特征是：所述的经新鲜丙酮工序选取的 99.0%丙酮量为 500kg；回收丙酮工序选取的丙酮量为 200kg；通冷冻剂冷却至 0℃以下；向酯化釜中加入的锑钴锰复合酯化催化剂量为 5~10kg；所述的醋酸异丙烯酯取用量为约 300kg 加入到异构化釜工序中的 1500 升异构化釜中；加入异构化釜工序中量为 600kg 的 5%~10%稀盐酸。

3. 根据权利要求 1 或 2 所述的高纯度乙酰丙酮制备工艺，其特征是：所述的乙烯酮的制备工艺

第一步骤：将来自第一冷却分离工序和第二冷却分离工序的稀醋酸经稀醋酸收集工序收集，再经稀醋酸提浓工序提浓 80%，将浓度为 80%的醋酸与 99%冰醋酸配制成 85%~95%的醋酸，该 85%~95%的醋酸与重量百分比约 10%的磷酸三乙酯按 10∶1 的比例混合，混合物通过 700~1000℃的裂解炉工序高温裂解，醋酸被热裂解为由乙烯酮和水混合的醋酸裂解气；

第二步骤：醋酸裂解气经过第一冷却分离工序迅速冷却至−20℃以下，然后分离除去其中的水，以及未裂解的醋酸，得到纯净的乙烯酮气；未裂解的醋酸送至稀醋酸收集工序；

第三步骤：纯净的乙烯酮气经真空泵输送工序由真空泵经第二冷却分离工序分离得到纯净乙烯

酮，再送入酯化系统被丙酮吸收。

4. 根据权利要求3所述的高纯度乙酰丙酮制备工艺，其特征是：所述的乙酰丙酮的精馏工艺第一步骤还含有经成品包装工序包装；还包括第二步骤：精馏工序精馏后的残液经精馏残液工序收集后作再处理。”

2008年9月25日，申请人宁波王龙集团有限公司（下称请求人）对上述驳回决定不服，向专利复审委员会提出复审请求，请求人在提出复审请求时提交了说明书的全文修改替换页，其中将说明书中涉及的“新型酯化合成催化剂”修改为“酯化合成催化剂”，未对权利要求书进行修改，并提交了以下证据：

证据1：本申请实质审查过程中的《驳回决定》以及请求人针对《第一次审查意见通知书》所作的意见陈述书，复印件3页；

证据2：第00801963.0号中国发明专利说明书的扉页、权利要求书第1~2页以及说明书第1~6页，授权公告日为2004年4月28日，复印件9页；

证据3：第00818204.3号中国发明专利说明书的扉页以及权利要求书第1~5页，授权公告日为2005年12月7日，复印件6页；

证据4：第96190146.2号中国发明专利说明书的扉页、权利要求书第1~2页以及说明书第1~2、4~9页，授权公告日为2002年7月17日，复印件11页。

请求人认为：本申请记载的“锑钴锰酯化催化剂”仅仅是高纯度乙酰丙酮制备工艺所用的催化剂，对于所要求保护的主题来说不起到核心的作用，即使不使用该催化剂，也能实现本发明；而“锑钴锰酯化催化剂”是本领域中现用的一种催化剂，在多篇专利文献中都有明确的记载，尤其是在提交的证据2~4中有描述。因此本申请说明书符合专利法第26条第3款的规定。

经形式审查合格后，专利复审委员会受理了该请求，并于2008年11月17日向请求人发出了《复审请求受理通知书》，同时将本申请转送至国家知识产权局原审查部门进行前置审查。

在《前置审查意见书》中，国家知识产权局原审查部门认为请求人提交的证据不足以说明“锑钴锰酯化催化剂”是本领域公知的催化剂，因此坚持驳回决定。

专利复审委员会组成合议组，对本复审请求案进行了审理。合议组于2009年4月24日向请求人发出《复审通知书》，指出：(1) 本申请权利要求1~4要求保护一种高纯度乙酰丙酮制备工艺，根据本申请说明书第1~2页记载的内容可知，所述丙酮的酯化工艺中催化剂的选择对于本申请技术方案能否顺利实现是至关重要的。然而，本申请说明书仅提及了所采用的催化剂的名称为“锑钴锰酯化催化剂”，既没有提供该催化剂的组成，也没有提供其制备方法或者来源，致使本领域技术人员根据说明书记载的内容无法获得该催化剂，进而无法实现本申请所要求保护的高纯度乙酰丙酮制备工艺。因此，本申请说明书未对发明作出清楚、完整的说明，不符合专利法第26条第3款的规定。(2) 请求人在提出复审请求时提交的4份证据，并不能说明所述“锑钴锰酯化催化剂”是本领域中现用的一种催化剂；此外请求人在答复《第一次审查意见通知书》时陈述的本申请“锑钴锰酯化催化剂”的制作过程并未记载在原始申请文件中，也不是本申请申请日之前的现有技术，其次，即使请求人的该意见在现有技术中有记载，仍需要证明本申请使用的就是现有技术中的“锑钴锰酯化催化剂”，因此，合议组对请求人的主张不予支持。

针对上述《复审通知书》，请求人于2009年5月20日提交了意见陈述书，并提交了下述证据（编号续前）：

证据5：刘大壮、孙培勤编著，《催化工艺开发》，气象出版社，2002年5月第一版第一次印刷，封面、出版信息页、第96~98页，复印件共3页；

证据6：赵九生、时其昌等编著，《催化剂生产原理》，科学出版社，1986年11月第一版第一次印刷，封面、出版信息页、第57~58、169~171页，复印件共4页。

请求人认为：（1）锑钴锰复合催化剂是工业催化剂中很重要的一类催化剂，其通常采用沉淀-过滤-煅烧等过程来制备，根据证据5和6公开的内容，本领域技术人员是能够制得所述锑钴锰复合催化剂的。（2）本申请的核心是工艺过程和工艺条件，而酯化反应的催化剂只是整个生产过程中的一个辅助环节，而且其制备方法如上所述，是能够直接获取的。

至此，合议组认为本案事实已经清楚，可以作出审查决定。

二、决定的理由

1. 关于文本

请求人在提出复审请求时提交了说明书的全文修改替换页，其将说明书中涉及的“新型酯化合成催化剂”修改为“酯化合成催化剂”。经审查，上述修改符合专利法第33条及专利法实施细则第60条第1款的规定，故本复审请求审查决定针对的文本是：请求人于2008年9月25日提交的说明书第1~4页，2006年5月25日提交的权利要求第1~4项、说明书附图第1页以及说明书摘要和摘要附图。

2. 关于专利法第26条第3款

专利法第26条第3款规定：说明书应当对发明或者实用新型作出清楚、完整的说明，以所属技术领域的技术人员能够实现为准。

对于化学方法发明，说明书中应当说明方法中所用的原料物质的成分以及其制备方法或者来源，使得本领域技术人员能够得到。

就本申请而言，权利要求1~4要求保护一种高纯度乙酰丙酮制备工艺，其含有乙烯酮的制备工艺，其特征是：还含有丙酮的酯化工艺、酯液蒸馏与异构化工艺和乙酰丙酮的精馏工艺，其中所述丙酮的酯化工艺包括在锑钴锰复合酯化催化剂的存在下由丙酮和乙烯酮的反应获得醋酸异丙烯酯，随后通过酯液蒸馏与异构化工艺和乙酰丙酮的精馏工艺最终获得所述高纯度乙酰丙酮。

根据本申请说明书第1~2页记载的内容，传统的乙酰丙酮制备工艺中含有的乙烯酮气体的提纯采用惰性溶剂洗涤法，生产成本高，设备投资大；含有的硫酸或萘-1，5-二磺酸作酯化催化剂，反应温度高，副反应多，产品纯度低；含有的高分散钼、四甲基铝、三氟化硼等重排催化剂复杂难得，成本高。本申请技术方案的优点之一在于应用了锑钴锰酯化催化剂，与硫酸或萘-1，5-二磺酸作酯化催化剂相比，反应温度低，副反应少，产品纯度高；并且采用该酯化催化剂使产品的得率提高5%~8%，降低物耗和生产成本，减少因物料的浪费而对环境造成的污染。由此可见，所述丙酮的酯化工艺中催化剂的选择对于本申请技术方案能否顺利实现是至关重要的。

然而，本申请说明书仅提及了所采用的催化剂的名称为“锑钴锰酯化催化剂”，既没有提供该催化剂的组成，也没有提供其制备方法或者来源，致使本领域技术人员根据说明书记载的内容无法获得该催化剂，进而无法实现本申请所要求保护的高纯度乙酰丙酮制备工艺。因此，本申请说明书未对发明作出清楚、完整的说明，不符合专利法第26条第3款的规定。

请求人在提出复审请求时提交了证据1~4，旨在说明“锑钴锰酯化催化剂”是本领域中现用的一种催化剂，在多篇专利文献中都有明确的记载。对此，合议组经审查认为：首先，证据1为本申请实质审查过程中的《驳回决定》以及请求人针对《第一次审查意见通知书》所作的意见陈述书，并不能说明所述“锑钴锰酯化催化剂”是本领域中现用的一种催化剂。请求人在答复《第一次审查意见通知书》时陈述，本申请的“锑钴锰酯化催化剂”由于其制作过程简单，它是一种多孔的陶瓷材料，其主要成分是锑、钴、锰的氧化物，它是由 $Sb_2(SO_4)_3$、$CoSO_4$、$MnSO_4$ 按照等摩尔比混合后，在氢氧化钠溶液中，制成锑钴锰三元氧化物微粒，制成圆球锻烧即可获得。对此，合议组认为，首先，请求人的该意见并未记载在原始申请文件中，也不是本申请申请日之前的现有技术；其次，即使请求人的该意见在现有技术中有记载，仍需要证明本申请使用的就是现有技术中的“锑钴锰酯化催化剂”，因此，对于请求人的上述意见和证据 1 不予支持。其次，证据 2~4 分别涉及分子氧对丙烯醛进行气相催化氧化来生产丙烯酸的催化剂、聚酯聚合催化剂和丙烯醛与分子氧气相催化氧化制备丙烯酸的催化剂，其均不涉及本申请技术方案中所述丙酮的酯化工艺，且上述证据中均未明确公开本申请所使用的“锑钴锰酯化催化剂”，由此证据 2~4 也不足以说明所述“锑钴锰酯化催化剂”是本领域中现用的一种催化剂。因此，合议组对请求人的主张不予支持。

此外，请求人在答复《复审通知书》时提交了证据 5~6，旨在说明本领域技术人员是能够制得所述锑钴锰复合催化剂的；同时，请求人还主张本申请的核心是工艺过程和工艺条件，而酯化反应的催化剂只是整个生产过程中的一个辅助环节。对此，合议组经审查认为：酯化工艺是本申请所述高纯度乙酰丙酮制备工艺中的一个环节，该环节的工艺过程和工艺条件（如催化剂的选择等）对于所述高纯度乙酰丙酮制备工艺将会产生影响，且如上所述，根据本申请说明书第 1~2 页记载的内容可知，所述丙酮的酯化工艺中催化剂的选择对于本申请技术方案能否顺利实现是至关重要的。而证据 5~6 仅描述了金属氧化物催化剂的一般特性和制备工艺，其均未明确公开本申请所使用的“锑钴锰酯化催化剂”及其制备工艺，由此使得本领域技术人员根据说明书记载的内容无法获得该催化剂，进而无法实现本申请所要求保护的高纯度乙酰丙酮制备工艺。因此，合议组对请求人的主张不予支持。

根据上述事实和理由，合议组作出如下审查决定。

三、决定

维持国家知识产权局于 2008 年 8 月 8 日针对 200610051620.3 号发明专利申请作出的驳回决定。

复审请求人对本决定不服的，可以根据专利法第 41 条第 2 款的规定，自收到本决定之日起三个月内向北京市第一中级人民法院起诉。

075

稀土化合物参与的功能化聚烯烃树脂的制备方法

复审请求审查决定（第17590号）

决　定　号　第17590号
决　定　日　2009年6月16日
发明创造名称　稀土化合物参与的功能化聚烯烃树脂的制备方法
国 际 分 类 号　C08F255/02，C08F257/02，C08F2/44，B29C47/00，B29C35/02
复 审 请 求 人　中国科学院长春应用化学研究所
申　请　号　200510016847. X
申　请　日　2005年6月3日
公　开　日　2005年11月9日
合 议 组 组 长　李新芝
主　审　员　王　磊
参　审　员　宋　泳

法 律 依 据　专利法第33条
决 定 要 点
如果对申请文件的修改是本领域技术人员能够从原申请记载的信息中直接地、毫无疑义地确定的，那么，这种修改就是允许的。

一、案由

本复审请求案涉及发明名称为“稀土化合物参与的功能化聚烯烃树脂的制备方法”的200510016847. X号发明专利申请（下称本申请），申请人为中国科学院长春应用化学研究所，申请日为2005年6月3日，公开日为2005年11月9日。

2007年12月28日，针对申请人于2007年9月12日提交的权利要求第1~9项、说明书第2页，2006年7月6日提交的说明书第1、3~11页，2005年6月3日提交的说明书摘要，国家知识产权局以权利要求1的修改不符合专利法第33条的规定为由驳回了本申请。

驳回决定认为：申请人对权利要求1作出的两处修改：（1）将原权利要求中“聚烯烃树脂重量100份作为其他材料重量份数配比的基准”改为“配比的基准”，（2）将“稀土化合物0. 0001~0. 0090摩尔”改为“稀土化合物的摩尔配比为100：0. 0001~0. 0090”，上述修改超出的原说明书和权利要求书记载的范围，不符合专利法第33条的规定。

驳回决定针对的权利要求1如下：

“1. 稀土氧化物参与的功能化聚烯烃树脂的制备方法，其步骤和条件如下：

（a）取聚烯烃树脂重量 100 份，并将其作为其他材料配比的基准，相应再取稀土氧化物 100∶0.0001~0.0090 摩尔，过氧化物引发剂重量 0.05~5 份，功能单体重量 1~15 份；把按上述配比的材料用 Henschel 混合器、转鼓混合器或 V 型混合器中机械混合 2~10min，得到预混树脂；

所述的功能单体指顺丁烯二酸酐、丙烯酸、甲基丙烯酸、甲基丙烯酸甲酯和甲基丙烯酸环氧丙酯中的一种或数种；

（b）将步骤（a）得到的预混树脂加入到反应器中，反应温度为 130~230℃，反应时间为 1.5~10min，聚烯烃树脂在熔融状态与功能单体发生接枝共聚反应，制备得到功能化聚烯烃树脂。"

2008 年 3 月 21 日，申请人中国科学院长春应用化学研究所（下称请求人）对上述驳回决定不服，向专利复审委员会提出复审请求。在提出复审请求的同时，请求人提交了权利要求书和说明书的替换页（下称复审文本），其中将权利要求 1 步骤（a）修改为"取聚烯烃树脂重量 100 份，并将其作为其他材料重量份数配比的基准，取过氧化物引发剂重量 0.05~5 份，功能单体重量 1~15 份；相应地按每 100 克聚烯烃树脂取稀土氧化物 0.0010~0.0080 摩尔……"。请求人认为上述修改符合专利法第 33 条和第 26 条第 4 款的规定。

修改后的权利要求 1~9 如下：

"1. 稀土氧化物参与的功能化聚烯烃树脂的制备方法，其步骤和条件如下：

（a）取聚烯烃树脂重量 100 份，并将其作为其他材料重量份数配比的基准，取过氧化物引发剂重量 0.05~5 份，功能单体重量 1~15 份；相应地按每 100 克聚烯烃树脂取稀土氧化物 0.0010~0.0080 摩尔；把按上述配比的材料加入到 Henschel 混合器、转鼓混合器或 V 型混合器中机械混合 2~10 分钟，得到预混树脂；

所述的功能单体指顺丁烯二酸酐、丙烯酸、甲基丙烯酸、甲基丙烯酸甲酯和甲基丙烯酸环氧丙酯中的一种或数种；

5. 根据权利要求 3 所述的稀土氧化物参与的功能化聚烯烃树脂的制备方法，其特征在于所述过氧化物引发剂为过氧化二异丙苯、过氧化二苯甲酰和 2，5-二甲基-2，5-双（叔丁过氧基）己烷中的一种。

（b）将步骤（a）得到的预混树脂加入到反应器中，反应温度为 130~230℃，反应时间为 1.5~10min，聚烯烃树脂在熔融状态与功能单体发生接枝共聚反应，制备得到功能化聚烯烃树脂。

2. 根据权利要求 1 所述的稀土氧化物参与的功能化聚烯烃树脂的制备方法，其特征在于所述（a）中聚烯烃树脂为聚乙烯、聚丙烯、乙烯的重量含量为 1%~80% 的乙烯-丙烯无规共聚物、乙烯的重量含量为 5%~20% 的乙烯-丙烯嵌段共聚物、乙烯-苯乙烯共聚物、聚苯乙烯及丙烯腈-丁二烯-苯乙烯共聚物树脂中的一种。

3. 根据权利要求 1 或 2 所述的稀土氧化物参与的功能化聚烯烃树脂的制备方法，其特征在于所述的（a）中稀土氧化物是包括除氧化钷外的镧系稀土氧化物、氧化钪和氧化钇中的一种或数种。

4. 根据权利要求 1 或 2 所述的稀土氧化物参与的功能化聚烯烃树脂的制备方法，其特征在于所述过氧化物引发剂为过氧化二异丙苯、过氧化二苯甲酰和 2，5-二甲基-2，5-双（叔丁过氧基）己烷中的一种。

5. 根据权利要求 3 所述的稀土氧化物参与的功能化聚烯烃树脂的制备方法，其特征在于所述过氧化物引发剂为过氧化二异丙苯、过氧化二苯甲酰和 2，5-二甲基-2，5-双（叔丁过氧基）己烷中的一种。

6. 根据权利要求 1 所述的稀土氧化物参与的功能化聚烯烃树脂的制备方法，其特征在于所述（b）中的反应器为开炼机，反应温度为 160~210℃，反应时间为 4~6min。

7. 根据权利要求 1 所述的稀土氧化物参与的功能化聚烯烃树脂的制备方法，其特征在于所述（b）中反应器为密炼机，反应温度为 170~230℃，反应时间为 5~10min。

8. 根据权利要求 1 所述的稀土氧化物参与的功能化聚烯烃树脂的制备方法，其特征在于所述（b）中反应器为单螺杆挤出机，反应温度为 130~230℃，反应时间为 1.5~2.5min。

9. 根据权利要求 1 所述的稀土氧化物参与的功能化聚烯烃树脂的制备方法，其特征在于（b）中反应器为双螺杆挤出机，反应温度为 130~230℃，反应时间为 1.5~2.5min。”

经形式审查合格后，专利复审委员会受理了该请求，并于 2008 年 12 月 10 日向请求人发出了《复审请求受理通知书》，同时将本申请转送至国家知识产权局原审查部门进行前置审查。

在《前置审查意见书》中，国家知识产权局原审查部门认为修改后的说明书实施例 9、10 没有记载在原申请文件中，不符合专利法第 33 条的规定，因此坚持驳回决定。同时还指出权利要求 1、5 不符合专利法实施细则第 20 条第 1 款的规定。

专利复审委员会组成合议组，对本复审请求案进行了审理。

2009 年 5 月 25 日，请求人再次提交了权利要求书和说明书第 6~9 页的替换页。请求人在意见陈述书中表示“使用说明书的以提供的复审稿第 1~5 页及本次修改稿的 6~9 页为准，权利要求书以本次修改稿为准”。此次修改主要为删除了权利要求 1 中（b）步骤前多余的权利要求 5，说明书中第 6 页实施例 8 中的“0.28%~0.32%”恢复为原说明书中记载的“2.8%~3.2%”。删除说明书第 7 页的实施例 9、10，删去说明书第 8 页表 1 附注中的实例 9，删去说明书第 11 页表 7。修改后的权利要求 1 如下：

“1. 稀土氧化物参与的功能化聚烯烃树脂的制备方法，其步骤和条件如下：

（a）取聚烯烃树脂重量 100 份，并将其作为其他材料重量份数配比的基准，取过氧化物引发剂重量 0.05~5 份，功能单体重量 1~15 份；相应地按每 100 克聚烯烃树脂取稀土氧化物 0.0010~0.0080 摩尔；把按上述配比的材料加入到 Henschel 混合器、转鼓混合器或 V 型混合器中机械混合 2~10min，得到预混树脂；

所述的功能单体指顺丁烯二酸酐、丙烯酸、甲基丙烯酸、甲基丙烯酸甲酯和甲基丙烯酸环氧丙酯中的一种或数种；

（b）将步骤（a）得到的预混树脂加入到反应器中，反应温度为 130~230℃，反应时间为 1.5~10min，聚烯烃树脂在熔融状态与功能单体发生接枝共聚反应，制备得到功能化聚烯烃树脂。”

经审查，合议组认为本案事实清楚，可以作出审查决定。

二、决定的理由

1. 审查文本

本复审决定所针对的文本是请求人于 2009 年 5 月 25 日提交的权利要求第 1~9 项和说明书第 6~9 页，2008 年 3 月 21 日提交的说明书第 1~5 页，2005 年 6 月 3 日提交的说明书摘要。

2. 关于专利法第 33 条

专利法第 33 条规定：申请人可以对其专利申请文件进行修改，但是对发明和实用新型专利申请文件的修改不得超出原说明书和权利要求书记载的范围。

如果对申请文件的修改是本领域技术人员能够从原申请记载的信息中直接地、毫无疑义地确定的，那么，这种修改就是允许的。

就本案而言，本申请涉及一种稀土氧化物参与的功能化聚烯烃树脂的制备方法。驳回决定认为：请求人将权利要求 1 中“聚烯烃树脂重量 100 份作为其他材料重量份数配比的基准”改为“配比的基准”，将“稀土化合物 0.0001~0.0090 摩尔”改为“稀土化合物的摩尔配比为 100：0.0001~

0.0090”修改超范围，不符合专利法第33条的规定。

请求人于2009年5月25日提交的权利要求1中，将上述两处超范围的内容分别修改为“取聚烯烃树脂重量100份，并将其作为其他材料重量份数配比的基准”和“相应地按每100克聚烯烃树脂取稀土氧化物0.0010~0.0080摩尔”。对于第一处修改，其与原始申请文本权利要求1中的内容一致，该修改符合专利法第33条的规定；对于第二处修改，合议组查明，在原始申请文本的权利要求1的（a）步骤中记载了“相应地再取稀土化合物0.0001~0.0090摩尔”，并且在说明书实施例1~13以及表1~6中记载了按照100g聚烯烃（具体为聚丙烯PP、线性低密度聚乙烯LLDPE、高抗冲聚苯乙烯HIPS）分别添加0.0010、0.0020、0.0030、0.0045、0.0060、0.0080mol的稀土氧化物的制备例。可见，在原始申请文本的说明书已经记载了包含上述端值的制备实施例的情况下，请求人依据上述实施例中记载的聚烯烃树脂与稀土氧化物原料的配比对权利要求1进行相应的修改，这种修改能够从原始申请文本的说明书直接地、毫无疑义地确定，因此该修改符合专利法第33条的规定。

在《前置审查意见书》中，国家知识产权局原审查部门认为修改后的说明书实施例9、10没有记载在原申请文件中，不符合专利法第33条的规定，因此坚持驳回决定。同时还指出权利要求书中同时出现两个权利要求5的问题。

请求人于2009年5月25日提交的修改文本中删除了说明书中关于实施例9、10和表7的相关内容，并且删除了权利要求书中多余的权利要求5，因此《前置审查意见书》中指出的上述缺陷已经不再成立。

另外，请求人在2009年5月25日提交的修改文本中还对说明书第6页实施例8中的“0.28%~0.32%”作了与原始文本一致的修改，该修改也符合专利法第33条的规定。

基于上述理由，合议组作出如下决定。

三、决定

撤销国家知识产权局于2007年12月28日对200510016847.X号发明专利申请作出的驳回决定。由国家知识产权局审查部门以本复审决定所针对的文本为基础继续审批程序。

复审请求人对本决定不服的，可以根据专利法第41条第2款的规定，自收到本决定之日起三个月内向北京市第一中级人民法院起诉。

076

苯并咪唑衍生物及其用于调节 $GABA_A$ 受体复合物的用途

复审请求审查决定（第 17597 号）

决　　定　　号　第 17597 号
决　　定　　日　2009 年 6 月 16 日
发明创造名称　苯并咪唑衍生物及其用于调节 $GABA_A$ 受体复合物的用途
国 际 分 类 号　C07D403/10，C07D405/10，C07D409/10，C07D413/10，C07D417/10，A61K31/4184，A61K31/42，A61K31/427，A61P25/00
复 审 请 求 人　神经研究公司
申　　请　　号　200480006430.9
申　　请　　日　2004 年 4 月 1 日
优 先 权 日　2003 年 4 月 3 日
公　　开　　日　2006 年 4 月 12 日
合 议 组 组 长　刘　静
主　　审　　员　汪送来
参　　审　　员　李亚林

法 律 依 据　专利法第 26 条第 3 款
决 定 要 点

如果所属技术领域的技术人员无法根据现有技术预测发明能够实现所述的用途，则说明书中应当记载对于本领域技术人员来说足以证明发明的技术方案可以实现所述用途的实验数据。

一、案由

本复审请求案涉及发明名称为“苯并咪唑衍生物及其用于调节 $GABA_A$ 受体复合物的用途”的第 200480006430.9 号发明专利申请（下称本申请），申请人为神经研究公司，申请日为 2004 年 4 月 1 日，优先权日为 2003 年 4 月 3 日，公开日为 2006 年 4 月 12 日。

国家知识产权局对本申请进行实质审查，于 2006 年 9 月 22 日发出《第一次审查意见通知书》，指出：本申请涉及一种用作药物的苯并咪唑衍生物，然而说明书中没有提供任何关于此类化合物的生物活性试验数据，由于只是对化合物的生物活性进行了预测，没有公开足以证明该化合物生物活性的相关实验数据，导致本领域技术人员根据说明书的内容无法实现本发明，因此说明书不符合专利法第 26 条第 3 款的规定。

针对《第一次审查意见通知书》，申请人于 2007 年 1 月 26 日提交了意见陈述书和附件 1（抑制

3H-FNM 结合的体外测试实施例），申请人认为，（1）尽管说明书中没有关于本发明化合物的具体生物试验和数据，但是本发明说明书中详细地公开了本发明化合物的结构、其生物活性、作用机理以及包括具体制备实施例在内的合成本发明化合物的方法，描述了测试本发明化合物结合活性的标准方法和评估方法，由此本领域技术人员能够制备出本发明化合物，并且还可以测定并证实本发明化合物的确具有所述的 $GABA_A$ 受体结合活性，因此说明书符合专利法第 26 条第 3 款的规定。（2）为了进一步佐证上述观点，提供了附件 1 供参考。附件 1 显示了本发明化合物对 $GABA_A$ 受体复合物中的苯并二氮杂卓调节单元具有强烈的结合作用。

2007 年 6 月 8 日，针对申请人于 2005 年 5 月 9 日进入中国国家阶段时提交的国际申请文件中文文本的说明书第 1~36 页及其摘要，依据专利合作条约第 41 条修改的权利要求第 1~10 项，国家知识产权局以说明书不符合专利法第 26 条第 3 款的规定为由驳回了本申请。

驳回决定认为：本申请涉及一种用作药物的苯并咪唑衍生物，在说明书中仅公开了该类化合物的具体制备方案以及生物活性试验的方法，并没有提供任何关于此类化合物的生物活性试验数据。由于没有公开足以证明该化合物生物活性的相关实验数据，导致本领域技术人员无法预测本发明的化合物能够具有所述的性质。另外，申请人提供的化合物生物活性数据由于不能证明是在申请日之前完成的，所以不予接受。也就是说，说明书没有对本发明进行充分的公开，导致所属领域技术人员不能实现本发明，因此不符合专利法第 26 条第 3 款的规定。

驳回决定针对的独立权利要求如下：

“1. 通式（Ⅰ）的化合物或其 N-氧化物，或其任意的异构体，或其异构体的任意混合物，或其药学上可接受的盐：

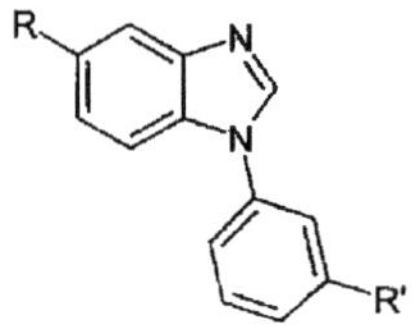

(I)

其中，R 表示羟烷基、烷氧烷基、环烷氧基烷基、环烷基烷氧基烷基、链烯氧基烷基或炔氧基烷基；并且 R′表示 5 元杂环；该杂环任选被一个或多个独立地选自下列的取代基取代：卤素、羟基、氨基、烷氨基、氨基烷基、氰基、硝基、三氟甲基、三氟甲氧基、烷氧基、环烷氧基、烷基、环烷基、环烷基烷基、链烯基及炔基。

7. 药物组合物，包括治疗有效量的如权利要求 1~6 任一项的化合物、或其 N-氧化物、或其任意的异构体、或其异构体的任意混合物、或其药学上可接受的盐，以及至少一种药学上可接受的载体、赋形剂或稀释剂。

8. 权利要求 1~6 任一项的化合物、或其 N-氧化物、或其任意的异构体、或其异构体的任意混合物、或其药学上可接受的盐用于制备药物的用途。”

2007 年 9 月 13 日，申请人神经研究公司（下称请求人）对上述驳回决定不服，向专利复审委员会提出复审请求，请求人在提出复审请求时提交了附件 2（抑制 3H-FNM 结合的体外测试实施例），没有对申请文件进行修改。

请求人重申了答复《第一次审查意见通知书》时所陈述的意见，并指出附件 2 中标注了各个数据的测定日期，可见所有的实验数据均得自本发明的申请日之前，提供附件 2 供参考。

经形式审查合格后，专利复审委员会受理了该请求，并于 2007 年 10 月 12 日向请求人发出了《复审请求受理通知书》，同时将本申请转送至国家知识产权局原审查部门进行前置审查。

在《前置审查意见书》中，国家知识产权局原审查部门坚持驳回决定。

专利复审委员会组成合议组，对本复审请求案进行了审理，于2008年12月23日向请求人发出《复审通知书》，指出：本申请请求保护通式（Ⅰ）的化合物、包括所述化合物的药物组合物以及所述化合物用于制备药物的用途。在本申请说明书第35~36页，给出了3H-氟硝西泮结合抑制的体外实验方法，但是没有给出实验结果数据，并且在说明书中也没有给出任何有关本申请化合物具有治疗、预防或缓解对中枢神经系统中$GABA_A$受体复合物的调节作用有应答的疾病或障碍或病症的实验。也就是说，说明书中没有给出证据证明本申请的化合物具有本申请说明书中所述的生物活性。并且，请求人也没有提供任何现有技术证据证明这一事实。请求人提交的附件1和附件2中公开的内容并非现有技术，也没有在本申请说明书中公开，不能作为本申请说明书已经充分公开了请求保护的技术方案的依据。因此，本申请属于说明书中给出了具体的技术方案，但未给出实验证据，而该方案又必须依赖实验结果加以证实才能成立的情形，请求保护的发明由于缺乏解决技术问题的技术手段而无法实现，说明书不符合专利法第26条第3款的规定。

针对上述《复审通知书》，请求人于2009年4月7日提交了意见陈述书和附件3（国际检索单位的书面意见及所附的美国专利US5554630（公开日为1996年9月10日））。

请求人认为：国际检索单位指出，本申请权利要求1的化合物是US5554630中的权利要求1化合物的选择发明，不同之处在于本申请的化合物在苯并咪唑核上具有烷氧基而不是烷基取代基。本申请的化合物与US5554630的化合物一样用于治疗与焦虑相关的状态。US5554630第7栏的表格和第34栏的表格提供了能够证明其化合物具有抑制3-氟硝西泮结合的证据，该结果可被视作本发明的化合物具有同样的生物活性的证据。因此，在US5554630的基础上，本申请满足了专利法第26条第3款的规定。

至此，合议组认为本案事实已经清楚，可以作出审查决定。

二、决定的理由

1. 审查文本

本复审决定所针对的申请文本是驳回决定所针对的申请文本，即请求人于2005年9月9日进入中国国家阶段时提交的国际申请文件的中文文本的说明书第1~36页和说明书摘要，2005年9月9日提交的依据专利合作条约第41条修改的权利要求第1~10项。

2. 专利法第26条3款

专利法第26条第3款规定：说明书应当对发明或者实用新型作出清楚、完整的说明，以所属技术领域的技术人员能够实现为准。

如果说明书中给出了发明的具体技术方案，但未给出实验证据，而该方案又必须依赖实验结果加以证实才能成立，则认为该发明由于缺乏解决技术问题的技术手段而无法实现。

如果所属技术领域的技术人员无法根据现有技术预测发明能够实现所述的用途，则说明书中应当记载对于本领域技术人员来说足以证明发明的技术方案可以实现所述用途的实验数据。

在本案中，本申请权利要求1~6请求保护通式（Ⅰ）的化合物或其N-氧化物，或其任意的异构体，或其异构体的任意混合物，或其药学上可接受的盐；权利要求7请求保护包括上述化合物的药物组合物；权利要求8~10请求保护上述化合物用于制备药物的用途。

根据说明书的描述，本发明化合物能够调节$GABA_A$受体复合物，可用于治疗、预防或缓解对中枢神经系统中$GABA_A$受体复合物的调节作用有应答的疾病或障碍或病症。具体包括焦虑障碍等（参见说明书第12~13页生物活性部分）。

合议组认为，本领域技术人员不能根据本申请的上述化合物本身的结构确定其具有上述生物活性，因此，本申请请求保护的技术方案只有在有证据证明本申请的上述化合物具有上述生物活性的情况下才能成立。

在本申请说明书第 35~36 页，给出了 3H-氟硝西泮结合抑制的体外实验方法，但是没有给出实验结果数据。在实质审查程序中，请求人在答复《第一次审查意见通知书》时提交了附件 1（抑制 3H-FNM 结合的体外测试实施例），并且在提出复审请求时，提交了附件 2（抑制 3H-FNM 结合的体外测试实施例），供审查员参考。合议组认为，附件 1 和附件 2 中公开的内容并非现有技术，也没有在本申请说明书中公开，因此，不能作为本申请说明书已经充分公开了请求保护的技术方案的依据。

请求人于 2009 年 4 月 7 日提交了附件 3（国际检索单位的书面意见及所附的美国专利 US5554630（公开日为 1996 年 9 月 10 日））作为证据。请求人认为，US5554630 的公开日为 1996 年 9 月 10 日，早于本申请的提交日，本申请权利要求 1 的化合物是 US5554630 中的权利要求 1 化合物的选择发明，不同之处在于苯并咪唑核上具有烷氧基而不是烷基取代基。本申请的化合物与 US5554630 的化合物一样用于治疗与焦虑相关的状态。US5554630 第 7 栏的表格和第 34 栏的表格提供了能够证明其化合物具有抑制 3-氟硝西泮结合的证据，该结果可被视作本发明的化合物具有同样的生物活性的证据。

合议组查明，US5554630 的公开日为 1996 年 9 月 10 日，其中公开了 1-［3-（1-咪唑基）-苯基］-5-甲基-苯并咪唑、1-［3-（1-咪唑基）-苯基］-5-叔丁基-苯并咪唑等具体化合物及其体外特异性抑制 3-氟硝西泮结合大鼠 $GABA_A$ 受体的 IC_{50}、体内特异性抑制 3-氟硝西泮结合小鼠 $GABA_A$ 受体的 ED_{50} 值（分别为 1.2nM、0.8mg/kg；2.4nM、2.1mg/kg）（参见 US5554630 第 6~7 栏、第 33~34 栏）。

合议组认为，US5554630 中公开的内容属于本申请的现有技术，本申请化合物与 US5554630 中的化合物的区别在于，本申请化合物中苯并咪唑环的 5 位上为羟基烷基、烷氧烷基、环烷氧烷基等，US5554630 中的上述化合物中的苯并咪唑环的 5 位上为甲基、叔丁基等，两者结构接近，本领域技术人员基于 US5554630 中的 1-［3-（1-咪唑基）-苯基］-5-甲基-苯并咪唑、1-［3-（1-咪唑基）-苯基］-5-叔丁基-苯并咪唑等化合物对 3-氟硝西泮结合 $GABA_A$ 受体的抑制活性，能够合理地预测本申请的化合物也具有抑制 3-氟硝西泮结合 $GABA_A$ 受体的活性，即本申请的化合物对 $GABA_A$ 受体具有亲和性。但是，US5554630 中并没公开 1-［3-（1-咪唑基）-苯基］-5-甲基-苯并咪唑、1-［3-（1-咪唑基）-苯基］-5-叔丁基-苯并咪唑等化合物属于 $GABA_A$ 受体的激动剂还是拮抗剂，没有公开上述化合物与 $GABA_A$ 受体结合后会产生怎样的治疗活性，因此，即使在 US5554630 公开的内容的基础上，本领域技术人员仍然不能预测本申请的化合物具有治疗、预防或缓解对中枢神经系统中 $GABA_A$ 受体复合物的调节作用有应答的疾病或障碍或病症例如焦虑障碍等的活性，说明书中也没有给出任何有关本申请化合物具有治疗、预防或缓解对中枢神经系统中 $GABA_A$ 受体复合物的调节作用有应答的疾病或障碍或病症的实验。

由此可见，本领域技术人员无法根据现有技术预测本申请的化合物、组合物能够实现治疗、预防或缓解对中枢神经系统中 $GABA_A$ 受体复合物的调节作用有应答的疾病或障碍或病症的用途，而说明书中也没有记载对于本领域技术人员来说，足以证明其可以实现所述用途的实验数据。因此，本申请属于说明书中给出了具体的技术方案，但未给出实验证据，而该方案又必须依赖实验结果加以证实才能成立的情形，请求保护的发明由于缺乏解决技术问题的技术手段而无法实现，说明书不符合专利法第 26 条第 3 款的规定。

根据上述事实和理由，合议组作出如下审查决定。

三、决定

维持国家知识产权局于 2007 年 6 月 8 日针对 200480006430.9 号发明专利申请作出的驳回决定。

复审请求人对本决定不服的，可以根据专利法第 41 条第 2 款的规定，自收到本决定之日起三个月内向北京市第一中级人民法院起诉。

077

棕色氧化物预处理组合物及改进聚酰亚胺表面粘合性的方法

复审请求审查决定（第17605号）

决　定　号 第17605号
决　定　日 2009年6月15日
发明创造名称 棕色氧化物预处理组合物及改进聚酰亚胺表面粘合性的方法
国际分类号 C08K 5/17，C08J 7/12，H05K 3/38
复审请求人 三星电机株式会社
申　请　号 200310120611.1
优 先 权 日 2003年9月5日
申　请　日 2003年12月15日
公　开　日 2005年3月9日
合议组组长 刘　亚
主　审　员 黄　强
参　审　员 危　峰

法律依据 专利法第33条，专利法第22条第3款
决定要点

如果专利申请文件修改后的内容在原申请文件中有记载，或者所属技术领域的技术人员能够从原申请文件记载的信息中直接地、毫无疑义地确定，那么这种修改就是允许的。

一、案由

本复审请求案涉及发明名称为“棕色氧化物预处理组合物及改进聚酰亚胺表面粘合性的方法”的200310120611.1号发明专利申请（下称本申请），申请人为三星电机株式会社，申请日为2003年12月15日，优先权日为2003年9月5日，公开日为2005年3月9日。

2006年8月11日，针对申请人于2006年6月1日提交的权利要求第1~14项、说明书第13页，2006年2月15日提交的说明书第1~12页，2003年12月15日提交的说明书摘要（下称驳回文本），国家知识产权局以权利要求1~6不符合专利法第22条第3款的规定为由驳回了本申请，具体理由为：（1）对比文件1（US5958862，公开日为1999年9月28日）公开了一种基于氢氧化钠的清洁剂组合物，其中同时含有羟基胺和氢氧化钠，还可以进一步包含直至60%的助洗剂。除水以外的起主要作用的胺、氢氧化物、助剂的组分含量数值范围与权利要求1组合物中所述范围相重叠，对本领域技术人员而言，根据清洁的要求确定出与权利要求1相同的水用量从而得到权利要求1的技术方案不需要

付出创造性劳动，是显而易见的，因此权利要求 1 相对于对比文件 1 不具备创造性。(2) 从属权利要求 2 和 3 的附加技术特征在对比文件 1 中已经公开，从属权利要求 4 的附加技术特征在对比文件 1 中存在技术启示，因此，在权利要求 1 不具备创造性的基础上，权利要求 2 和 3 也不具备创造性。(3) 对比文件 2（US4769170，公开日为 1988 年 9 月 6 日）公开了一种清洁剂组合物，其中给出了在含胺和碱的组合物中使用磷酸酯作为消泡剂以及使用酰胺类化合物和醇作为助剂的技术启示，因此，从属权利要求 5 和 6 相对于对比文件 1 和 2 的结合不具备创造性。驳回决定所针对的权利要求书如下：

“1. 一种用于清洁铜表面及改进聚酰亚胺表面粘合性的棕色氧化物预处理组合物，包括：

5~15g/L 的羟基胺；

190~210g /L 的氢氧化物化合物，其选自水溶的碱金属或碱土金属氢氧化物、氢氧化铵、烷基氢氧化铵及其混合物；

至少一种添加剂，选自 3~6g/L 清洁剂助剂、0.1~5g/L 的防沫剂和 1~10g/L 的沉淀抑制剂；和余量水，

其中所述的棕色氧化物预处理组合物为水溶液。

2. 如权利要求 1 用于清洁铜表面及改进聚酰亚胺表面粘合性的棕色氧化物预处理组合物，其中羟基胺选自单乙醇胺、二乙醇胺、三乙醇胺、2-氨基乙醇、N，N-双-2-羟丙基乙醇胺、N-油酰乙醇胺及其混合物。

3. 如权利要求 1 用于清洁铜表面及改进聚酰亚胺表面粘合性的棕色氧化物预处理组合物，其中氢氧化物化合物选自氢氧化钠、氢氧化钾、氢氧化钡、氢氧化铵、四甲基氢氧化铵、四乙基氢氧化铵、四丙基氢氧化铵及其混合物。

4. 如权利要求 1 用于清洁铜表面及改进聚酰亚胺表面粘合性的棕色氧化物预处理组合物，其中清洁剂助剂选自葡糖酸钠、聚乙二醇、乙氧基化脂肪醇、聚乙氧基化单链烷醇酰胺、环氧乙烷/环氧丙烷嵌段共聚物及其混合物中的至少一种。

5. 如权利要求 1 用于清洁铜表面及改进聚酰亚胺表面粘合性的棕色氧化物预处理组合物，其中防沫剂为磷酸烷基酯或脂肪酸硫酸酯。

6. 如权利要求 1 用于清洁铜表面及改进聚酰亚胺表面粘合性的棕色氧化物预处理组合物，其中沉淀抑制剂选自 N-甲基-2-吡咯烷酮、N-环己基-2-吡咯烷酮、2-吡咯烷酮、二甲基甲酰胺、二甲基乙酰胺、四氢呋喃、乙腈、二噁烷、醇及其混合物。

7. 一种用于改进聚酰亚胺表面粘合性的方法，包括将棕色氧化物预处理组合物施加到棕色氧化物工艺中，包括如下步骤：

a）用清洁铜表面及改进聚酰亚胺表面粘合性的棕色氧化物预处理组合物处理印刷电路板 10 秒至 10 分钟；

b）水洗涤 a）的印刷电路板；

c）预浸渍 b）的印刷电路板；

d）在 c）的印刷电路板上形成转化型涂料；

e）水洗涤 d）的印刷电路板；及

f）干燥 e）的印刷电路板，

其中在步骤 a）中使用的用于清洁铜表面及改进聚酰亚胺表面粘合性的棕色氧化物预处理组合物，包括：

5~15g/L 的羟基胺；

190~210g /L 的氢氧化物化合物，其选自水溶的碱金属或碱土金属氢氧化物、氢氧化铵、烷基氢

氧化铵及其混合物；

至少一种添加剂，选自 3~6g/L 清洁剂助剂、0.1~5g/L 的防沫剂和 1~10g/L 的沉淀抑制剂的；和余量水。

8. 一种如权利要求 7，通过将棕色氧化物预处理组合物施加到棕色氧化物工艺中，用于改进聚酰亚胺表面粘合性的方法，进一步包括在预浸渍步骤后的水洗涤步骤。

9. 一种如权利要求 7，通过将棕色氧化物预处理组合物施加到棕色氧化物工艺中，用于改进聚酰亚胺表面粘合性的方法，其中用棕色氧化物预处理组合物处理印刷电路板的步骤 a）在 30~90℃下进行 10 秒~10 分钟。

10. 一种如权利要求 7，通过将棕色氧化物预处理组合物施加到棕色氧化物工艺中，用于改进聚酰亚胺表面粘合性的方法，其中羟基胺选自单乙醇胺、二乙醇胺、三乙醇胺、2-氨基乙醇、N，N-双-2-羟丙基乙醇胺、N-油酰乙醇胺及其混合物。

11. 一种如权利要求 7，通过将棕色氧化物预处理组合物施加到棕色氧化物工艺中，用于改进聚酰亚胺表面粘合性的方法，其中氢氧化物化合物选自氢氧化钠、氢氧化钾、氢氧化钡、氢氧化铵、四甲基氢氧化铵、四乙基氢氧化铵、四丙基氢氧化铵及其混合物。

12. 一种如权利要求 7，通过将棕色氧化物预处理组合物施加到棕色氧化物工艺中，用于改进聚酰亚胺表面粘合性的方法，其中清洁剂助剂选自葡糖酸钠、聚乙二醇、乙氧基化脂肪醇、聚乙氧基化单链烷醇酰胺、环氧乙烷/环氧丙烷嵌段共聚物及其混合物中的至少一种。

13. 一种如权利要求 7，通过将棕色氧化物预处理组合物施加到棕色氧化物工艺中，用于改进聚酰亚胺表面粘合性的方法，其中防沫剂为磷酸烷基酯或脂肪酸硫酸酯。

14. 一种如权利要求 7，通过将棕色氧化物预处理组合物施加到棕色氧化物工艺中，用于改进聚酰亚胺表面粘合性的方法，其中沉淀抑制剂选自 N-甲基-2-吡咯烷酮、N-环己基-2-吡咯烷酮、2-吡咯烷酮、二甲基甲酰胺、二甲基乙酰胺、四氢呋喃、乙腈、二噁烷、醇及其混合物。”

2006 年 11 月 27 日，申请人三星电机株式会社（下称请求人）对上述驳回决定不服，向专利复审委员会提出复审请求，请求人在提出复审请求时没有对申请文件进行修改，请求人认为：（1）本申请组合物中羟基胺的含量必须为 5~15g/L（即 0.5~1.5wt%），氢氧化物化合物的含量必须为190~210 g/L（即 19~21wt%），对比文件 1 和 2 都没有以任何方式公开或暗示使用含有如本申请所述特定含量的这两种化合物的组合物，以改进聚酰亚胺表面的粘合性；对比文件 1 明确指出其中的氢氧化钠的含量优选 28~40wt%，对应于式Ⅱ化合物的含量优选 1~10 wt%，这与本申请中的组分含量明显不同；（2）本申请与对比文件 1 还具有如下不同：对比文件 1 的发明目的是提供基于 NaOH 的糊状清洗剂，用于织物表面和如碟的硬表面，明显不同于本申请发明目的“在棕色氧化工艺中改进聚酰亚胺的粘合性”；与本申请的水溶液不同的是，对比文件 1 的清洗剂为糊状的，对比文件 1 还公开保持清洗剂的黏度；此外，本申请组合物与对比文件 1 的清洗剂作用机理不同。因此，本申请的权利要求 1~6 具备创造性。

2007 年 4 月 5 日，经形式审查合格后，专利复审委员会受理了该请求，向请求人发出了《复审请求受理通知书》，同时将本案转送国家知识产权局原审查部门进行前置审查。

在《前置审查意见书》中，国家知识产权局原审查部门认为，用途的限定并没有给组合物本身带来影响，不能给该技术方案带来新颖性或创造性，故坚持驳回决定。

专利复审委员会组成合议组，对本复审请求案进行了审理，合议组依据驳回文本，于 2008 年 11 月 6 日向请求人发出了《复审通知书》，指出：（1）权利要求 1 中将氢氧化物化合物修改为“选自水溶的碱金属或碱土金属氢氧化物、氢氧化铵、烷基氢氧化铵及其混合物”，而根据原申请文本中记载的内容可知，氢氧化物化合物选自金属氢氧化物，例如氢氧化钠、氢氧化钾、氢氧化钡、氢氧化铵、四甲基氢氧化铵、四乙基氢氧化铵、四丙基氢氧化铵及其混合物，显然权利要求1中关于氢氧化物化合物定义的修改超出了原申请文本记载的范围，因此，权利要求1的修改不符合专利法第33条的规定。基于同样的理由，独立权利要求7、从属权利要求2，4~6、8~10、12~14也不符合专利法第33条的规定。（2）即使请求人通过修改的方式克服了修改超范围的缺陷，例如将权利要求3的附加技术特征补入权利要求1中，或根据说明书第4页第5段的记载将氢氧化物化合物限定为“金属氢氧化物”，修改后的权利要求1~6依然不具备创造性。权利要求1请求保护的是一种用于清洁铜表面及改进聚酰亚胺表面粘合性的棕色氧化物预处理组合物。对比文件1中公开了一种基于氢氧化钠的清洁剂组合物（参见对比文件1说明书第2栏第33行至第4页第42行），当对比文件1的c）组分为单乙醇胺、二乙醇胺或三乙醇胺时，权利要求1要求保护的技术方案与对比文件1公开的技术方案相比，区别仅在于作为溶剂的水的含量不同，权利要求1中水含量在80%以上，形成水溶液状态，对比文件1中水含量为16%~50%，形成含水糊剂。对于本领域技术人员而言，清洁组合物中水仅仅是作为溶剂和载体，水含量的不同不会使清洁组合物本身产生预料不到的技术效果。由此，在对比文件1公开的技术方案的基础上，本领域技术人员可以根据清洁的实际应用领域和应用要求改变水的用量，从而得到权利要求1的技术方案，这是显而易见的，并且该技术方案并没有产生预料不到的技术效果，因此权利要求1要求保护的技术方案相对于对比文件1不具备专利法第22条第3款规定的创造性。在权利要求1不具备创造性的前提下，其从属权利要求2~6的附加技术特征被对比文件1公开或者教导，或者可由对比文件2得到启示，因此权利要求2~6也不具备创造性。（3）对于请求人在复审请求时陈述的意见，合议组认为，请求人在计算氢氧化物化合物和羟基胺的含量时数据有误，本申请权利要求1的组合物与对比文件1的组合物相比唯一区别在于水含量不同，而水含量的不同并未给组合物的清洁效果带来实质影响；尽管对比文件1未提及其组合物具有改善聚酰亚胺表面粘合性的性能，但是在清洁组合物中除溶剂水以外的清洁组分的选择和组分含量均相同的情况下，本领域技术人员应当认为它们均具有相同或相近的性质，能够产生相同或相近的技术效果，因此请求人的意见陈述不能证明本申请的组合物相对于对比文件1的组合物具备创造性。

2008年12月15日，针对上述《复审通知书》，请求人提交了意见陈述书，并同时提交了权利要求书的全文替换页，其主要修改之处在于：删除驳回文本的权利要求1~6、11，将驳回文本的权利要求11的附加技术特征以及“其中所述组合物为水溶液”并入驳回文本的权利要求7中形成新的独立权利要求1，同时对其他权利要求的序号和引用关系做适应性调整。修改后的权利要求书如下：

“1. 一种用于改进聚酰亚胺表面粘合性的方法，包括将棕色氧化物预处理组合物施加到棕色氧化物工艺中，包括如下步骤：

a）用清洁铜表面及改进聚酰亚胺表面粘合性的棕色氧化物预处理组合物处理印刷电路板10秒至10分钟；

b）水洗涤a）的印刷电路板；

c）预浸渍b）的印刷电路板；

d）在c）的印刷电路板上形成转化型涂料；

e）水洗涤d）的印刷电路板；及

f）干燥e）的印刷电路板，

其中在步骤a）中使用的用于清洁铜表面及改进聚酰亚胺表面粘合性的棕色氧化物预处理组合物，包括：

5~15g/L的羟基胺；

190~210g /L 的氢氧化物化合物，其选自氢氧化钠、氢氧化钾、氢氧化钡、氢氧化铵、四甲基氢氧化铵、四乙基氢氧化铵、四丙基氢氧化铵及其混合物；

至少一种添加剂，选自 3~6g/L 清洁剂助剂、0.1~5g/L 的防沫剂和 1~10g/L 的沉淀抑制剂的；和

余量水；

其中所述组合物为水溶液。

2. 一种如权利要求 1，通过将棕色氧化物预处理组合物施加到棕色氧化物工艺中，用于改进聚酰亚胺表面粘合性的方法，进一步包括在预浸渍步骤后的水洗涤步骤。

3. 一种如权利要求 1，通过将棕色氧化物预处理组合物施加到棕色氧化物工艺中，用于改进聚酰亚胺表面粘合性的方法，其中用棕色氧化物预处理组合物处理印刷电路板的步骤 a）在 30~90℃ 下进行 10 秒~10 分钟。

4. 一种如权利要求 1，通过将棕色氧化物预处理组合物施加到棕色氧化物工艺中，用于改进聚酰亚胺表面粘合性的方法，其中羟基胺选自单乙醇胺、二乙醇胺、三乙醇胺、2-氨基乙醇、N，N-双-2-羟丙基乙醇胺、N-油酰乙醇胺及其混合物。

5. 一种如权利要求 1，通过将棕色氧化物预处理组合物施加到棕色氧化物工艺中，用于改进聚酰亚胺表面粘合性的方法，其中清洁剂助剂选自葡糖酸钠、聚乙二醇、乙氧基化脂肪醇、聚乙氧基化单链烷醇酰胺、环氧乙烷/环氧丙烷嵌段共聚物及其混合物中的至少一种。

6. 一种如权利要求 1，通过将棕色氧化物预处理组合物施加到棕色氧化物工艺中，用于改进聚酰亚胺表面粘合性的方法，其中防沫剂为磷酸烷基酯或脂肪酸硫酸酯。

7. 一种如权利要求 1，通过将棕色氧化物预处理组合物施加到棕色氧化物工艺中，用于改进聚酰亚胺表面粘合性的方法，其中沉淀抑制剂选自 N-甲基-2-吡咯烷酮、N-环己基-2-吡咯烷酮、2-吡咯烷酮、二甲基甲酰胺、二甲基乙酰胺、四氢呋喃、乙腈、二噁烷、醇及其混合物。”

请求人认为：（1）修改后的权利要求 1~7 所记载的技术方案可以从原说明书和权利要求书中毫无疑义地得出，符合专利法第 33 条的规定；（2）由于删除了权利要求 1~6，因此克服了合议组指出的关于权利要求 1~6 不具备创造性的意见。

本案合议组经合议后，认为本案事实已经清楚，可以依法作出复审决定。

二、决定的理由

1. 关于文本

本复审决定针对的文本是请求人于 2008 年 12 月 15 日提交的权利要求第 1~7 项、2006 年 6 月 1 日提交的说明书第 13 页，2006 年 2 月 15 日提交的说明书第 1~12 页，2003 年 12 月 15 日提交的说明书摘要（下称复审文本）。

2. 关于专利法第 33 条

专利法第 33 条规定：申请人可以对其专利申请文件进行修改，但是，对发明和实用新型专利申请文件的修改不得超出原说明书和权利要求书记载的范围。

如果专利申请文件修改后的内容在原申请文件中有记载，或者所属技术领域的技术人员能够从原申请文件记载的信息中直接地、毫无疑义地确定，那么这种修改就是允许的。

就本案而言，《复审通知书》指出驳回文本中权利要求 1 中将氢氧化物化合物限定为“选自水溶的碱金属或碱土金属氢氧化物、氢氧化铵、烷基氢氧化铵及其混合物”，而根据原申请文本中记载的内容可知，氢氧化物化合物选自金属氢氧化物，例如氢氧化钠、氢氧化钾、氢氧化钡、氢氧化铵、四甲基氢氧化铵、四乙基氢氧化铵、四丙基氢氧化铵及其混合物，权利要求 1 中关于氢氧化物化合物定

义的修改超出了原申请文本记载的范围，因此，权利要求 1 的修改不符合专利法第 33 条的规定。基于同样的理由，驳回文本的独立权利要求 7、从属权利要求 2，4～6、8～10、12～14 也不符合专利法第 33 条的规定。

针对《复审通知书》指出的上述缺陷，请求人于 2008 年 12 月 15 日提交了权利要求书的全文修改替换页（即复审文本的权利要求书）。请求人删除了驳回文本中权利要求 1～6 的技术方案，将驳回文本的权利要求 7 作为新的独立权利要求 1，并将氢氧化物化合物限定为“氢氧化钠、氢氧化钾、氢氧化钡、氢氧化铵、四甲基氢氧化铵、四乙基氢氧化铵、四丙基氢氧化铵及其混合物”，还限定了“其中所述组合物为水溶液”，同时相应地修改其他权利要求的编号和引用关系，由此形成复审文本的权利要求 1～7。合议组经核实，复审文本的权利要求 1～7 在原申请文本的权利要求 8～9、11～15 以及原申请说明书第 5 页第 21～23 行（即第 6 段）中有记载或可由其直接地、毫无疑义地确定，该修改符合专利法第 33 条的规定，故《复审通知书》指出的驳回文本不符合专利法第 33 条规定的缺陷已被克服。

3. 关于专利法第 22 条第 3 款

专利法第 22 条第 3 款规定：创造性，是指同申请日以前已有的技术相比，该发明有突出的实质性特点和显著的进步。

《驳回决定》指出，驳回文本的权利要求 1～6 不具备专利法第 22 条第 3 款规定的创造性。《复审通知书》指出，即使请求人通过修改的方式克服了修改超范围的缺陷，例如将权利要求 3 的附加技术特征补入权利要求 1 中，或根据说明书第 4 页第 5 段的记载将氢氧化物化合物限定为“金属氢氧化物”，修改后的权利要求 1～6 依然不具备创造性。

在复审文本中，请求人删除了驳回文本中的权利要求 1～6，因此《驳回决定》和《复审通知书》中指出的权利要求 1～6 不具备创造性所针对的事实已不存在。

根据上述事实和理由，合议组作出如下审查决定。

三、决定

撤销国家知识产权局于 2006 年 8 月 11 日针对 200310120611.1 号发明专利申请作出的驳回决定，由国家知识产权局原审查部门以本复审决定所针对的文本为基础继续审批程序。

复审请求人对本决定不服的，可以根据专利法第 41 条第 2 款的规定，自收到本决定之日起三个月内向北京市第一中级人民法院起诉。

078

吡咯烷双环化合物

复审请求审查决定（第17608号）

决　　定　　号　第17608号
决　　定　　日　2009年6月12日
发明创造名称　吡咯烷双环化合物
国 际 分 类 号　C07D401/14，C07D207/08，A61P31/04
复 审 请 求 人　维克朗药物公司
申　　请　　号　02810990.2
申　　请　　日　2002年6月14日
优　先　权　日　2001年6月15日
公　　开　　日　2004年7月14日
合 议 组 组 长　刘　静
主　　审　　员　潘　剑
参　　审　　员　李亚林

法 律 依 据　专利法第31条第1款，专利法实施细则第20条第1款
决 定 要 点

鉴于请求人对权利要求修改后仅保留了驳回决定指出的不具备单一性的多项技术方案中的一项，因此，驳回决定指出的不具备单一性的驳回理由已被克服。

一、案由

本复审请求案涉及发明名称为“吡咯烷双环化合物”的02810990.2号发明专利申请（下称本申请），申请人为维克朗药物公司，申请日为2002年6月14日，优先权日为2001年6月15日，公开日为2004年7月14日。

2006年10月13日，针对申请人于2005年5月30日提交的权利要求书第1~13项、按照进入中国国家阶段时提交的国际申请文件的中文文本的说明书第1~45页以及说明书摘要（下称驳回文本），国家知识产权局以权利要求1~2不具备单一性，不符合专利法第31条第1款的规定为由驳回了本申请。

驳回决定认为：权利要求1~2的化合物结构中，由于没有证据表明含氮杂环4-7烷或硫杂氮杂环4-7烷在本申请的相关技术中被认为属于一类化合物，相反由相关领域的常识知道具有这些基团的化合物可以有多种多样的功能，因此，具有上述这些结构的权利要求1~2化合物不能被认为具有相同的功能或作用；另外由X所组成的氮杂环结构的不确定性，因此也不能认为含有这些结构的权利

要求1~2化合物具有相同的结构单元，而且这些化合物在本申请所述领域也不能被公认为同一化合物类别，因此，权利要求1~2不具备单一性，不符合专利法第31条第1款的规定。

驳回决定针对的权利要求1、2如下：

“1. 一种N-［1-氧-（任选2-氮杂）-2-烃基-3-（羧基或硫羟基或羟基氨基羰基或N-羟基甲酰基氨基）-丙基］-（芳基或杂芳基）-氮杂环4-7烷或硫杂氮杂环4-7烷、其盐或其前药。

2. 权利要求1的化合物或其盐或其前药，所述化合物具有式（Ⅰ）：

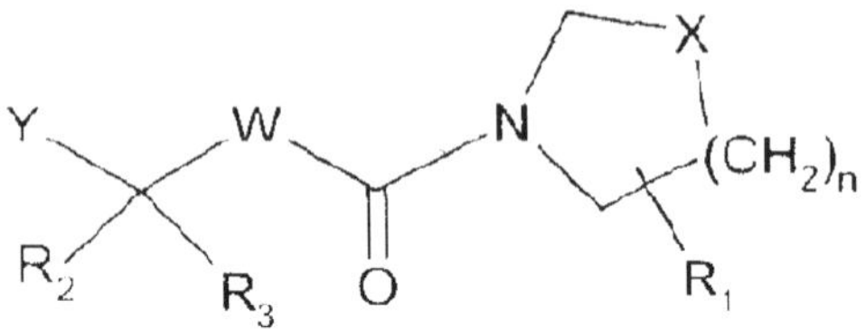

(I)

其中

R_1 为与环氮原子的 α 位或 β 位连接的芳基或杂芳基；

R_2 为氢、卤素或羟基；

R_3 为氢、卤素、C_{1-10}烃基、C_{1-10}杂烃基，或 R_2 和 R_3 共同形成 C_{4-7}环烷基，前提是当 R_3 为卤素时，R_2 不为羟基；

X 是$-CH_2-$或-S-；

W 是 NR_5 或 CR_4R_5，其中 R_4 是氢、卤素、C_{1-10}烃基或 C_{1-10}杂烃基，R_5 是 C_{1-10}烃基，或 R_4 和 R_5 共同形成 C_{4-7}环烷基，前提是当 W 是 NR_5 时，R_2 和 R_3 是氢、C_{1-10}烃基或杂烃基；

Y 是-COOH、-SH、-N（OH）-CHO或-CO-NH（OH），前提是当Y是-N（OH）-CHO或-SH时，R_2 是氢，R_3 是氢、C_{1-10}烃基或 C_{1-10}杂烃基；

n 为0至3，前提是当n是0时，X是$-CH_2-$。”

2007年1月10日，申请人维克朗药物公司（下称请求人）对上述驳回决定不服，向专利复审委员会提出复审请求，同时提交了附件1：药物化学，仉文升、李安良主编，1999年10月第1版第1次印刷，高等教育出版社，出版信息页、第29页，复印件共2页。请求人在提出复审请求时未对申请文件进行修改。

请求人认为：本领域技术人员通常认为，氮原子和硫原子均属于有机化学领域经常所指的杂原子，在对杂环进行定义时，常常将其描述为含有选自一个或多个氮、硫和氧的杂原子，所以，有机化学领域的技术人员通常会认为它们具有相似的性质，并根据附件1第29页的内容引入了生物电子等排的概念，而-N-和-S-属于公知的生物电子等排体的二价原子，据此认为氮杂环4-7烷或硫杂氮杂环4-7烷具有相同的性能和作用，满足马库什权利要求单一性的要求，因此，权利要求1、2符合专利法第31条第1款的规定。

经形式审查合格后，专利复审委员会受理了该请求，并于2007年2月13日向请求人发出了《复审请求受理通知书》，同时将本申请转送至国家知识产权局原审查部门进行前置审查。

在《前置审查意见书》中，国家知识产权局原审查部门认为，附件1所述巴比妥类药物所代表的杂环结构不能一概推导得到所有吡咯、咪唑或噁唑环都具有相同的性质。另外，即使权利要求1的通式化合物具有共同的生物活性，但是它们分别为四元、五元、六元或七元环化合物，不具有共同的结构，并且不是公认的同一类别化合物，因此，坚持驳回理由。

专利复审委员会组成合议组，对本复审请求案进行了审理。合议组于2009年2月27日向请求人发出《复审通知书》，指出：（1）权利要求1对于化合物的命名中所述的“（任选2-氮杂）-2-烃基”含义不清楚，当“2-氮杂”存在时，2位的结构不明。其次，该权利要求对于化合物的命名中的所有基团或结构均未限定为可取代，但是，由说明书记载的化合物以及引用权利要求1的权利要求2可知，其中数个基团或结构是可取代的，例如2位上的烃基，在权利要求2中就可以被卤素或C_{1-10}杂烃基取代。由此，对于权利要求1中的各基团或结构是否可取代将存在两种理解：可取代或未取代。因此，权利要求1保护范围不清楚，不符合专利法实施细则第20条第1款的规定。(2) 权利要求2属于可选择要素为化合物的马库什权利要求，其中，式（Ⅰ）化合物不具有共同的结构，其主结构中的杂环部分有多种可选择的结构类型，在这些可选择的结构类型中，氮杂环烷和硫杂氮杂环烷之间以及四、五、六、七元的氮杂环或硫杂氮杂环之间的结构和性质差异很大，而且请求人也没有提供现有技术证明具有上述各类结构的化合物对于本申请所要保护的发明来说其表现是相同的一类化合物，相反地，由本领域的现有技术可知，具有这些基团的化合物可以有多种多样的功能，例如CN1006930A（公开日为1987年1月14日）中的“吡咯烷”类化合物用于治疗癫痫；CN1106008A（公开日为1995年8月2日）中的“哌啶”类化合物具有松弛神经的作用；EP0537802A（公开日为1989年4月6日）中的“硫杂氮杂五元环”类化合物用于治疗健忘症；CN1147379A（公开日为1997年4月16日）中的“全氢噻嗪”类化合物用于治疗炎症。由此可见根据本领域的知识不能预期具有式（Ⅰ）结构的各马库什化合物之间相互代替后能得到相同的结果，也就是说，式（Ⅰ）结构的各马库什化合物不属于公认的同一化合物类别，因此权利要求2不具有单一性，不符合专利法第31条第1款的规定。(3) 对于请求人在复审请求书中的意见，合议组认为，生物电子等排的概念对设计和筛选不同结构的化合物具有一定的指导作用，但是如前文所述，权利要求2所要求保护的式（Ⅰ）化合物的各类电子等排的杂环化合物并不必然具有相同的药理性质，也就是说，在没有现有技术证明这些杂环化合物在本发明的技术领域中具有相同的表现的情况下，本领域技术人员只能分类逐个用实验加以验证却不能预期式（Ⅰ）化合物的每个成员所要达到的效果是相同的。因此请求人在请求书中的意见陈述不足以证明权利要求2具有单一性。

针对上述《复审通知书》，请求人于2009年4月16日提交了意见陈述书和权利要求书替换页，新提交的权利要求书包括权利要求第1～11项，其中相对于驳回文本的权利要求书，请求人删除了权利要求1、5，删除了权利要求2、7的保护主题之一“或其前药”，删除了权利要求2中X为“-S-”的定义和n取值的前提条件，并将n的值限定为1，并对保留的权利要求重新进行了编号以及调整了相互间的引用关系。请求人认为新提交的权利要求书克服了《复审通知书》中所指出的缺陷。

新提交的权利要求1为：

“1. 式（Ⅰ）化合物或其盐：

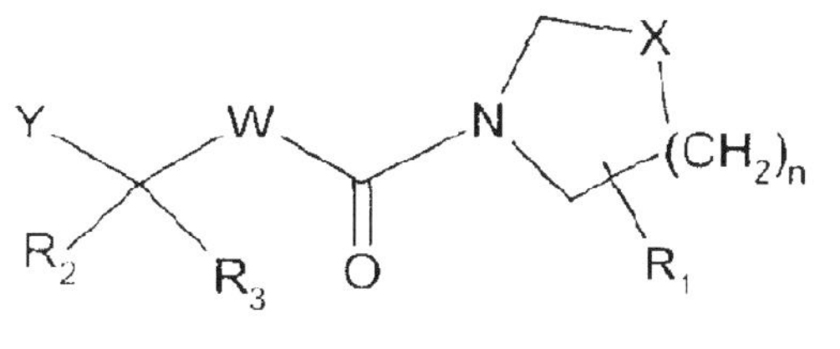

(I)

其中

R_1为与环氮原子的α位或β位连接的芳基或杂芳基；

R_2为氢、卤素或羟基；

R_3为氢、卤素、C_{1-10}烃基、C_{1-10}杂烃基，或R_2和R_3共同形成C_{4-7}环烷基，前提是当R_3为卤素时，R_2不为羟基；

X 是$-CH_2$；

W 是 NR_5 或 CR_4R_5，其中 R_4 是氢、卤素、C_{1-10}烃基或 C_{1-10}杂烃基，R_5 是 C_{1-10}烃基，或 R_4 和 R_5 共同形成 C_{4-7}环烷基，前提是当 W 是 NR_5 时，R_2 和 R_3 是氢、C_{1-10}烃基或杂烃基；

Y 是-COOH、-SH、-N（OH）-CHO 或-CO-NH（OH），前提是当 Y 是-N（OH）-CHO 或-SH 时，R_2 是氢，R_3 是氢、C_{1-10}烃基或 C_{1-10}杂烃基；

n 为 1。”

至此，合议组认为本案事实清楚，可以作出审查决定。

二、决定的理由

1. 关于文本

经审查，请求人于 2009 年 4 月 16 日提交的权利要求书符合专利法第 33 条和专利法实施细则第 60 条第 1 款的规定，因此，本复审决定是以请求人于 2009 年 4 月 16 日提交的权利要求第 1～11 项、按照中国国家阶段时提交的国际申请文件的中文文本的说明书第 1～45 页以及说明书摘要为基础作出的。

2. 关于专利法实施细则第 20 条第 1 款

专利法实施细则第 20 条第 1 款规定：权利要求书应当说明发明或者实用新型的技术特征，清楚、简要地表述请求保护的范围。

《复审通知书》指出，驳回文本的权利要求 1 不符合专利法实施细则第 20 条第 1 款的规定（参见案由部分），请求人于 2009 年 4 月 16 日提交的权利要求书中，已经删除了该项权利要求，因此，克服了《复审通知书》所指出的权利要求不符合专利法实施细则第 20 条第 1 款的缺陷。

3. 关于专利法第 31 条第 1 款

专利法第 31 条第 1 款规定：一件发明或者实用新型专利申请应当限于一项发明或者实用新型。属于一个总的发明构思的两项以上的发明或者实用新型，可以作为一件申请提出。

驳回决定和《复审通知书》均指出，驳回文本的权利要求 2 所要求保护的通式化合物中，结构为氮杂环烷的化合物和硫杂氮杂环烷的化合物之间以及四、五、六、七元的氮杂环化合物或硫杂氮杂环化合物之间结构差异很大，不具有共同结构，且不属于本领域公认的同一化合物类别，因此不具有单一性，不符合专利法第 31 条第 1 款的规定（参见案由部分）。

请求人于 2009 年 4 月 16 日提交的权利要求书中，删除了原权利要求 2 中 X 为“-S-”的定义和 n 取值的前提条件，并将 n 的值限定为 1，即，新提交的权利要求书中，请求人仅保留了含有吡咯烷结构的通式化合物的技术方案，该权利要求亦即驳回文本的权利要求 5 的化合物。

鉴于上述修改仅保留了驳回决定和《复审通知书》指出的不具备单一性的多项技术方案中的一项，因此，已经克服了驳回决定和《复审通知书》指出的权利要求不符合专利法第 31 条第 1 款的缺陷。

根据上述事实和理由，合议组作出如下审查决定。

三、决定

撤销国家知识产权局于 2006 年 10 月 13 日针对 02810990.2 号发明专利申请作出的驳回决定，由国家知识产权局原审查部门以本复审请求审查决定所针对的文本为基础继续审批程序。

复审请求人对本决定不服的，可以根据专利法第 41 条第 2 款的规定，自收到本决定之日起三个月内向北京市第一中级人民法院起诉。

079

用于酸化土壤的高效碱性有机磷复肥

复审请求审查决定（第17609号）

决　定　号　第17609号
决　定　日　2009年6月11日
发明创造名称　用于酸化土壤的高效碱性有机磷复肥
国 际 分 类 号　C05F15/00，C05G1/00
复 审 请 求 人　刘永定
申　请　号　200310122158.8
申　请　日　2003年12月29日
公　开　日　2005年7月6日
合 议 组 组 长　刘　亚
主　审　员　潘　剑
参　审　员　孙丽芳

法 律 依 据　专利法第33条，专利法实施细则第20条第1款
决 定 要 点
如果申请人对申请文件进行修改后，所属技术领域的技术人员看到的信息与原申请记载的信息相同，或者能够从原申请记载的信息中直接地、毫无疑义地确定，那么，这种修改就是允许的。

一、案由

本复审请求案涉及发明名称为“用于酸化土壤的高效碱性有机磷复肥”的200310122158.8号发明专利申请（下称本申请），申请人为刘永定，申请日为2003年12月29日，公开日为2005年7月6日。

2006年8月4日，针对申请人于2006年5月29日提交的权利要求第1~6项、说明书第1~4页及2006年1月17日提交的说明书摘要（下称驳回文本），国家知识产权局以说明书的修改不符合专利法第33条的规定以及权利要求1不符合专利法实施细则第20条第1款的规定为由驳回了本申请。

驳回决定认为：2006年5月29日提交的说明书替换页中，实施例部分关于“2000g碱金属的盐，如硫酸钾；陈化1~30小时”的修改超出了原始说明书和权利要求书记载的范围，不符合专利法第33条的规定；同时，权利要求1中记载的各成分百分含量不符合“某一成分的下限+其他成分的上限≥100%”的规定，致使保护范围包含了不可能实现的数据区间，不符合专利法实施细则第20条第1款的规定。

驳回决定针对的权利要求1如下：

“1. 一种有机磷复合肥，其特征在于：它的质量组成：

有机磷肥 60% ~70%

微量元素 0.1% ~1%

化肥 5% ~39%，

所述的有机磷肥是由下述原料制成：

有机质；

碱金属或碱土金属的盐；

磷矿粉或钙镁磷肥；

其中，有机质可从以下任意选择一种：

腐殖酸类有机质；

经高温好氧发酵处理有机质；

所述的碱金属的盐是氯化钾、硫酸钾、硝酸钾或高锰酸钾；

所说的碱土金属的盐是氧化钙、碳酸钙、氧化镁、碳酸镁、白云石、菱苦土或重质氧化镁。”

2006 年 10 月 27 日，申请人刘永定（下称请求人）对上述驳回决定不服，向专利复审委员会提出复审请求，请求人在提出复审请求时对权利要求书和说明书进行了修改，相比较驳回文本，请求人修改了权利要求 1 中微量元素和化肥含量以及碱性有机磷肥的组成和含量；删除了权利要求 2~3，修改后的权利要求 2 改写为进一步限定碱性有机磷肥原料中碱金属钾盐为硫酸钾；保留权利要求 4 中部分并列技术方案并将其编号为修改后的权利要求 3，然后对权利要求重新编号。同时根据修改后的权利要求书对说明书进行了适应性修改。修改后的权利要求书包括权利要求 1~5 项，其中权利要求 1 为：

“1. 一种用于酸化土壤的碱性有机磷复合肥，其特征在于：它的质量组成是碱性有机磷肥、微量元素和化肥：

碱性有机磷肥 60% ~70%

微量元素 1%

化肥 29% ~39%；

其中，碱性有机磷肥原料的质量组成：

腐殖酸类有机质或经高温好氧发酵处理有机质 80% ~90%

碱金属的钾盐 0% ~10%

磷矿粉或钙镁磷肥 10%。”

请求人认为：修改后的文本克服了缺陷。

经形式审查合格后，专利复审委员会受理了该请求，并于 2006 年 12 月 29 日向请求人发出了《复审请求受理通知书》，同时将本申请转送至国家知识产权局原审查部门进行前置审查。

在《前置审查意见书》中，国家知识产权局原审查部门认为 2006 年 10 月 27 日提交的修改文本中权利要求 1 和说明书第 2、4 页中关于“碱金属的钾盐 0~10%”和“硼砂”的内容仍然存在不符合专利法第 33 条规定的修改，因此坚持驳回决定。

专利复审委员会组成合议组，对本复审请求案进行了审理。

2008 年 10 月 21 日，请求人提交了权利要求书和说明书的全文替换页。2008 年 10 月 30 日，请求人再次提交了权利要求书和说明书的全文替换页。2008 年 11 月 25 日，请求人再一次提交了权利要求书和说明书的全文替换页。

2009 年 5 月 18 日，请求人又一次提交了权利要求书和说明书的全文替换页。此次提交的修改的权利要求书如下：

“1. 一种用于酸化土壤的碱性有机磷复合肥，其特征在于：它的质量组成是碱性有机磷肥、微量元素和化肥：

碱性有机磷肥 60% ~95%

微量元素 0.1% ~1%

化肥 5% ~39%；

各组分之和为 100%；

其中，碱性有机磷肥原料的质量组成如下，各组分含量之和为 100%：

腐殖酸类有机质或经高温好氧发酵处理有机质；80% ~90%

硫酸钾 5% ~10%

磷矿粉或钙镁磷肥 5% ~10%。

2. 按照权利要求 1 所述的用于酸化土壤的碱性有机磷复合肥，其特征在于：所述的化肥是尿素或普通过磷酸钙或重过磷酸钙。

3. 按照权利要求 1 所述的用于酸化土壤的碱性有机磷复合肥，其特征在于：所说的微量元素是铜、锌、钼、铁、锰、镁、钴和硼。

4. 按照权利要求 1 所述的用于酸化土壤的碱性有机磷复合肥的制造方法，其特征在于：它包括下述步骤：

（1）①按上述计量选取经高温好氧发酵处理有机质、K 盐、磷矿粉混合搅拌，至 pH 值为 7~9，含水份 40% ~65%，碳氮比 C / N 为 1/20~35；

②在 40~75℃温度下，经好氧发酵处理，周期为 4~40 天；

③发酵物料进行粉碎，依次进行粗细分离，粗颗粒经振动磨细，生产出碱性有机磷肥；或

（2）①选取腐殖酸类有机质或经高温好氧发酵处理有机质与钙镁磷肥混合搅拌，相互充分吸附，溶解，至 pH 值 7~9，水分 15% ~30%；

②陈化 1~30 小时；

③粉碎，粗细分离，粗颗粒经振动磨细粉，生产出碱性有机磷肥；

（3）选取①或②方法生产出的碱性有机磷肥和微量元素混合搅拌，然后进行造粒、烘干、冷却、筛分，与化肥混合，一并产出成品。”

经合议，合议组认为本案事实清楚，可以作出审查决定。

二、决定的理由

1. 关于文本

本复审请求审查决定针对的文本是：请求人于 2009 年 5 月 18 日提交的权利要求第 1~4 项、说明书第 1~4 页，2006 年 1 月 17 日提交的说明书摘要（下称决定文本）。

2. 关于专利法第 33 条

专利法第 33 条规定：申请人可以对其专利申请文本进行修改，但是，对发明和实用新型专利申请文件的修改不得超出原说明书和权利要求书的记载。

如果申请人对申请文件进行修改后，所属技术领域的技术人员看到的信息与原申请记载的信息相同，或者能够从原申请记载的信息中直接地、毫无疑义地确定，那么，这种修改就是允许的。

就本申请而言，原始申请文件的权利要求书如下：

“1. 一种用于酸化土壤的高效碱性有机磷复合肥，其特征在于：它的质量组成：

碱性有机磷肥 60% ~95%

微量元素 0.1% ~1%

化肥 5%~39%。

2. 按照权利要求 1 所述的用于酸化土壤的高效碱性有机磷复合肥，其特征在于：所述的碱性有机磷肥是由下述原料制成：

有机质；

碱金属或碱土金属的盐；

磷矿粉或钙镁磷肥；

其中，有机质可从以下任意选择一种：

腐殖酸类有机质；

经高温好氧发酵处理有机质；

高浓度有机废液经生化处理浓缩后的有机质；

所说的原料的质量组成：

有机质 80%~90%

碱金属或碱土金属的盐 5%~10%

磷矿粉或钙镁磷肥 5%~10%。

3. 按照权利要求 2 所述的用于酸化土壤的高效碱性有机磷复合肥，其特征在于：所述的有机质是经高温好氧发酵处理有机质。

4. 按照权利要求 2 所述的用于酸化土壤的高效碱性有机磷复合肥，其特征在于：所述的碱金属的盐是氯化钾、硫酸钾、硝酸钾或高锰酸钾。

5. 按照权利要求 2 所述的用于酸化土壤的高效碱性有机磷复合肥，其特征在于：所说的碱土金属的盐是氧化钙、碳酸钙、氧化镁、碳酸镁、白云石、菱苦土或重质氧化镁。

6. 按照权利要求 1 所述的用于酸化土壤的高效碱性有机磷复合肥，其特征在于：所说的化肥尿素、硫酸铵、硝酸铵、氯化铵或碳酸氢氨；普通过磷酸钙或重过磷酸钙；氯化钾、硫酸钾或硝酸钾；磷酸-铵或磷酸二铵。

7. 按照权利要求 1 所述的用于酸化土壤的高效碱性有机磷复合肥，其特征在于：所说的微量元素是铜、锌、钼、铁、锰、镁、钴或硼。

8. 权利要求 1 所述的用于酸化土壤的高效碱性有机磷复合肥的制造方法，其特征在于：它包括下述步骤：

（1）①按上述计量选取经高温好氧发酵处理有机质、K、Ca、Mg 碱金属或碱土金属的盐、磷矿粉混合搅拌，至 pH 值为 7~9，含水份 40%~65%，碳氮比（C / N）为 1/20~35；

②在 40~75℃温度下，经好氧发酵处理，周期为 4~40 天；

③发酵物料进行粉碎，依次进行粗细分离，粗颗粒经振动磨细，生产出碱性有机磷肥；或

①选取上述任一有机质与钙镁磷肥混合搅拌，相互充分吸附，溶解，至 pH 值 7~9，水分 15%~30%；

②陈化 1~30 小时；

③粉碎，粗细分离，粗颗粒经振动磨细粉，生产出碱性有机磷肥；

（2）选取利用第一种方法或者第二种方法生产出的碱性有机磷肥和微量元素混合搅拌，然后进行造粒、烘干、冷却、筛分，与化肥混合，一并产出成品。”

驳回决定认为，驳回文本的说明书实施例部分关于“2000g 碱金属的盐，如硫酸钾；陈化 1~30 小时”的修改超出了原始说明书和权利要求书记载的范围，不符合专利法第 33 条的规定。

请求人在复审程序所提交的决定文本中，说明书实施例 1 已由驳回文本中所述的“2000g 碱金属

的盐，如硫酸钾”修改为“1000g 碱金属的盐（硫酸钾）”，实施例 2 中已由驳回文本中所述的“陈化 1~30 小时”修改为“陈化 25 小时”，而上述修改后的内容与原申请文件说明书关于实施例 1 和 2 的记载完全相同，因此，该修改符合专利法第 33 条的规定，驳回决定指出的上述缺陷不再存在。

另外，决定文本的权利要求书相比于原申请文件的权利要求书，还进行了以下修改：(1) 决定文本的权利要求 1 相对于原权利要求 4，①将其中各组分的含量修改为与原权利要求 4 一致；②删除了有机质为“高浓度有机废液经生化处理浓缩后的有机质”、碱金属的盐是“氯化钾”、“硝酸钾”或“高锰酸钾”的并列选择方案，仅保留了有机质为“腐殖酸类有机质”或“经高温好氧发酵处理有机质”，碱金属的盐是“硫酸钾”的并列选择方案，并限定碱性有机磷复合肥以及碱性有机磷肥原料的各组份含量之和为 100%。上述修改内容已记载在原权利要求 4 中，或者可以由原权利要求 4 记载的内容直接地、毫无疑义地确定，并未超出原说明书和权利要求书记载的范围。而且，上述修改内容①还克服了驳回文本中“有机磷肥 60%~70%”的修改内容不符合专利法第 33 条规定的缺陷。因此，权利要求 1 的上述修改符合专利法第 33 条的规定。

(2) 决定文本的权利要求 2 相对于原权利要求 6 保留了化肥组分为“尿素”或“普通过磷酸钙”或“重过磷酸钙”的并列选择方案，删除了其他并列选择方案，上述修改可以由原权利要求 6 记载的内容直接地、毫无疑义的确定，并未超出原说明书和权利要求书记载的范围。因此，权利要求 2 的修改符合专利法第 33 条的规定。

(3) 决定文本的权利要求 3 相对于原权利要求 7 的内容，将微量元素之间的关系由并列选择的“或”修改为“和”。根据原实施例 1 记载的“100g 微量元素（$CuSO_4$、$ZnSO_4$、$(NH_4)_2MoO_4$、$FeSO_4$、$MnSO_4$、$MgSO_4$、$CoCl_3$ 或硼酸各 12.5g）”的内容可知，本申请的具体实施方式是同时使用含铜、锌等微量元素的混合物，并不是择一或部分选择的关系，上述修改可以由原申请文件说明书记载的内容直接地、毫无疑义地确定，并未超出原申请文件说明书记载的范围。因此，权利要求 3 的修改符合专利法第 33 条的规定。

(4) 决定文本的权利要求 4 相对于原权利要求 8，修改了原权利要求 8 中出现的大写数字编号，在内容上将步骤一中所述的“按上述计量选取经高温好氧发酵处理有机质、K、Ca、Mg 碱金属或碱土金属的盐、磷矿粉混合搅拌”修改为“按上述计量选取经高温好氧发酵处理有机质、K 盐、磷矿粉混合搅拌”、将步骤二中所述的“选取上述任一有机质与钙镁磷肥混合搅拌”修改为“选取腐殖酸类有机质或经高温好氧发酵处理有机质与钙镁磷肥混合搅拌”。由于权利要求 4 是制造权利要求 1 所述碱性有机磷复合肥的方法，在权利要求 1 修改不超范围的前提下，权利要求 4 的上述修改仅仅是为了适应保护范围缩小后的权利要求 1 而进行的相应修改，并且这种修改可以得到原申请文件说明书实施例 1 的支持，因此，权利要求 4 的修改可以由原申请文件记载的内容直接地、毫无疑义地确定，符合专利法第 33 条的规定。

此外，决定文本的说明书第 1~4 页相对于原申请文件的说明书第 1~4 页，在发明内容部分，删除了决定文本的权利要求书中不再请求保护的并列技术方案的描述，并对保留的技术方案根据决定文本的权利要求书作了适应性修改。由于决定文本的权利要求 1~4 请求保护的技术方案是可以由原申请文件记载的内容直接地、毫无疑义地确定的，并未超出原申请文件记载的范围，因此，在说明书中删除不再请求保护的技术方案并根据权利要求书所作的适应性修改，并未引入新的内容，这种修改应当允许，符合专利法第 33 条的规定。

3. 关于专利法实施细则第 20 条第 1 款

专利法实施细则第 20 条第 1 款规定：权利要求书应当说明发明或者实用新型的技术特征，清楚、简要地表述请求保护的范围。

就本申请而言，决定文本的权利要求1中增加了限定条件："各组分（含量）之和为100%"，已经排除了驳回决定所指出的不符合"某一成分的下限+其他成分的上限≥100%"的点值，因此，克服了驳回决定指出的缺陷，符合专利法实施细则第20条第1款的规定。

根据上述事实和理由，合议组作出如下审查决定。

三、决定

撤销国家知识产权局于2006年8月4日针对200310122158.8号发明专利申请作出的驳回决定，由国家知识产权局原审查部门以本次复审决定所针对的文本为基础继续审批程序。

复审请求人对本决定不服的，可以根据专利法第41条第2款的规定，自收到本决定之日起三个月内向北京市第一中级人民法院起诉。

080

阀接头以及包括这种接头的用于分配流体产品的装置

复审请求审查决定（第17610号）

决　定　号　第17610号
决　定　日　2009年6月15日
发明创造名称　阀接头以及包括这种接头的用于分配流体产品的装置
国 际 分 类 号　C09K3/10，B65D83/14
复 审 请 求 人　瓦卢瓦有限合伙公司
申　请　号　200480018138.9
申　请　日　2004年6月2日
优 先 权 日　2003年6月6日
公　开　日　2006年8月2日
合 议 组 组 长　汪送来
主　审　员　潘　剑
参　审　员　王　静

法 律 依 据　专利法第26条第3款
决 定 要 点

如果说明书中给出了具体的技术方案，而该方案又必须依赖实验结果加以证实才能成立时，说明书应当给出实验证据来证实其所述的用途以及效果，否则将无法达到能够实现的要求。

一、案由

本复审请求案涉及发明名称为“阀接头以及包括这种接头的用于分配流体产品的装置”的200480018138.9号发明专利申请（下称本申请），申请人为瓦卢瓦有限合伙公司，申请日为2004年6月2日，优先权日为2003年6月6日，公开日为2006年8月2日。

2007年11月9日，针对申请人于进入中国国家阶段时提交的国际申请文件的中文文本的说明书第1~4页以及说明书摘要，2007年6月25日提交的权利要求第1~15项（下称驳回文本），国家知识产权局以说明书不符合专利法第26条第3款的规定为由驳回了本申请。

驳回决定针对的独立权利要求1、8、9、14如下：

“1. 一种用于流体产品气溶胶分配器的阀接头，其特征在于所述接头包括基于乙烯丙烯（EP）和/或乙烯丙烯二烯单体（EPDM）的弹性体以及基于石英（SiO_2）和高岭石（$Al_4[(OH)_8Si_4O_{10}]$）的矿物填料。

8. 一种用于流体产品气溶胶分配器的剂量测量阀，其特征在于它包括至少权利要求1~7中任一项的阀接头。

9. 一种用于分配流体产品的分配器，它包括装有流体产品和推进剂气体的储器，以及安装在所述储器上的阀，优选剂量测定阀，其特征在于所述阀包括至少权利要求 1~7 中任一项的阀接头。

14. 用于流体产品气溶胶分配器的阀接头的生成方法，其特征在于该方法包括下述步骤：

制备包括基于乙烯丙烯（EP）和/或乙烯丙烯二烯单体（EPDM）的弹性体以及基于石英（SiO_2）和高岭石（$Al_4[(OH)_8Si_4O_{10}]$）的矿物填料的接头，并且

使该接头进行表面氯化处理。”

驳回决定认为：说明书及其引用的对比文件 1（EP969069A2，公开日为 2000 年 1 月 5 日）都没有记载弹性体中矿物填料 Stillitin、推进气体以及乙醇等醇类物质的质量比例关系，没有记载流体分配器的具体结构、形成同时为粒状和层状结构矿物填料的证据参数以及在哪些方面改进了接头的哪些具体性能和改进的结果或者说明本申请技术方案的使用效果，也没有披露填料 Stillitin 的来源和具体的理化参数，仅有简单的语言描述无法确信仅将对比文件 1 的矿物填料的部分成分改变就能得到技术效果明显改进的技术方案。因此，本领域技术人员根据说明书的记载，不能实施本发明，说明书不符合专利法第 26 条第 3 款的规定。

2008 年 2 月 25 日，申请人瓦卢瓦有限合伙公司（下称请求人）对上述驳回决定不服，向专利复审委员会提出复审请求，请求人在提出复审请求时未对申请文本作出修改。

请求人认为：（1）矿物填料是接头的一部分，推进气体和醇类物质是流体产品（配置剂）的一部分，两者的组成无关联。（2）流体分配器的具体结构是本领域公知的，对比文件 1 中公开的流体分配器的结构也是公知的，本发明可以使用例如对比文件 1 中公开的同样的流体分配器。（3）Sillitin 的粒状和层状结构是 Sillitin 的固有性能，对于本领域技术人员来说是众所周知的，说明书第 3 页第 8~9行解释了 Sillitin 是石英与高岭石的天然混合物，表明其存在于自然界，说明书第 3 页给出了化学式、化学分析、pH 值及颗粒的平均尺寸。（4）说明书第 1 页倒数第 6~7 行、第 3 页第 6~8 行和第 3 页倒数第 1~3 行已经指出接头的密封性能、弹性性能和有效性得到了改进。（5）填料与弹性体的比例关系并不是本发明的目标，该比例可以与现有技术的相同，本领域技术人员拥有所有必要的指示来用本发明的矿物填料替代对比文件 1 的矿物填料。

经形式审查合格后，专利复审委员会受理了该请求，并于 2008 年 3 月 18 日向请求人发出了《复审请求受理通知书》，同时将本申请转送至国家知识产权局原审查部门进行前置审查。

在《前置审查意见书》中，国家知识产权局原审查部门坚持驳回决定。

专利复审委员会组成合议组，对本复审请求案进行了审理。合议组于 2008 年 10 月 20 日向请求人发出《复审通知书》，指出：如说明书所述，矿物填料“Sillitin”是天然混合物，但是，说明书并没有公开其来源，而且该名称不属于本领域具有确定指代含义的规范术语，因此，本领域技术人员将无法得到矿物填料“Sillitin”，更无法确定其化学组成是否为说明书所述的石英（80%）与高岭石（20%），并同时具有粒状和层状结构，从而也就无法确定采用矿物填料“Sillitin”的阀接头具有如说明书所述的效果。即使请求人能够提供证据证明“Sillitin”的可获得性，但是，说明书仅仅给出了使用“Sillitin”作为矿物填料可以改进阀接头的弹性特征和密封性能的结论，并没有记载对于本领域技术人员来说，足以证实本申请的技术方案相对于现有技术具有更高的弹性和密封性的实验数据。因此，本申请的说明书不符合专利法第 26 条第 3 款的规定。

针对上述《复审通知书》，请求人于 2008 年 12 月 4 日提交了意见陈述书，同时提交了以下附件，附件 1：涉及高岭石（Kaolinite）的维基百科（Wikipedia）网页复印件 1 页、附件 2：HOFFMANN-MINERAL 公司网页复印件 2 页、附件 3：填料为高岭土和高岭石的 EPDM 接头的弹性和密封性能对

比表。请求人认为：附件 1 证明高岭石是本领域技术人员公知的最常用的矿物之一，因而可以非常容易的生产基于石英和高岭石的矿物填料的阀接头，附件 2 提供了各种类型的“Sillitin”，术语“Sillitin”是 HOFFMANN-MINERAL 公司的注册商标，已在本领域技术人员当中变成了通用语，本领域技术人员可以从该公司商购得到 Sillitin。本领域技术人员通过将对比文件 1 中的矿物填料替换为本发明的矿物填料就能够实施本发明。《复审通知书》指出的本发明是否公开充分的标准应当属于对本发明创造性所考虑的问题，不属于专利法第 26 条第 3 款的范畴，不过作为辅助性说明，附件 3 显示本发明的 EPDM 接头至少在 100% 模量（Mpa）和压缩永久变形方面提供了比现有技术更好的效果。综上所述，本申请说明书符合专利法第 26 条第 3 款的规定。

至此，合议组认为本案事实已经清楚，可以作出审查决定。

二、决定的理由

1. 关于文本

请求人在复审程序中未对申请文件进行修改，本复审决定是以驳回文本为基础作出的。

2. 关于专利法第 26 条第 3 款

专利法第 26 条第 3 款规定：说明书应当对发明或者实用新型作出清楚、完整的说明，以所属技术领域的技术人员能够实现为准。

如果说明书中给出了具体的技术方案，而该方案又必须依赖实验结果加以证实才能成立时，说明书应当给出实验证据来证实其所述的用途以及效果，否则将无法达到能够实现的要求。

就本案而言，本申请权利要求书包括权利要求 1～15，其中独立权利要求 1 要求保护一种用于流体产品气溶胶分配器的阀接头，其特征在于所述接头包括基于乙烯丙烯（EP）和/或乙烯丙烯二烯单体（EPDM）的弹性体以及基于石英（SiO_2）和高岭石（$Al_4[(OH)_8Si_4O_{10}]$）的矿物填料；独立权利要求 8 要求保护一种剂量测量阀，其包括至少权利要求 1～7 任一项的阀接头；独立权利要求 9 要求保护一种分配器，其包括阀，所述阀包括至少权利要求 1～7 任一项的阀接头；独立权利要求 14 要求保护阀接头的生产方法，所述阀接头的组成和权利要求 1 所述的阀接头相同。因而，权利要求 1 所要求保护的阀接头能够实现是权利要求 2～15 所要求保护的技术方案能够实现的必要条件，因此，本案的焦点在于说明书是否对权利要求 1 所要求保护的阀接头作出了清楚、完整的说明，使所属技术领域的技术人员能够实现。

由本申请说明书第 1 页第 3 段可知，现有技术的阀接头包括 EPDM 以及矿物填料，该矿物填料包括硅酸镁和/或高岭土。本申请要解决的技术问题是提高阀接头的弹性和密封性，由此采用的技术方案是使用不同的矿物填料（参见说明书第 1 页最后三段）。其中，权利要求 1 的技术方案所使用的矿物填料是：基于石英和高岭石的矿物填料，而说明书给出的具体技术方案所使用的矿物填料是“Sillitin”（参见说明书第 3 页第 6～10 行）。但是，本申请没有提供充分的理由说明基于石英和高岭石的矿物填料（例如“Sillitin”）的化学组成和结构与阀接头的弹性、密封性之间有何必然联系，本领域技术人员也无法仅从化学组成和结构上预测基于石英和高岭石的矿物填料能使请求保护的阀接头具有比现有技术更高的弹性和密封性。因此，权利要求 1 所要求保护的阀接头的技术方案是否成立，取决于是否有证据证明本申请请求保护的阀接头相对于现有技术具有更高的弹性和密封性。

请求人在答复《复审通知书》时提供了一份填料分别为高岭土和高岭石的 EPDM 接头的弹性和密封性能对比表，即附件 3，并声称其中填料为高岭土的 EPDM 阀接头为现有技术，而填料为高岭石的 EPDM 接头为本申请的阀接头。对此，合议组认为：首先，附件 3 所述的对比表并未记载于本申请说明书中，请求人也没有提供证据证明其为本申请的现有技术，因此，附件 3 不能作为证明本申请说明书已经充分公开的依据。其次，从附件 3 的内容上来看，请求人声称高岭石为本申请阀接头所用的填料，但是，实际上本申请记载并要求保护的阀接头所用的填料是石英和高岭石，两者所用的填料组成不同，因此，附件 3 的对比结果也不能证明本申请的阀接头的弹性和密封性效果。

从本申请说明书记载的内容来看，本申请说明书描述了使用“Sillitin”作为矿物填料的阀接头的效果。合议组认为，首先，附件 2 中没有表明其公开时间，请求人也没有提供证据证明其公开时间，因此无法认定附件 2 中的内容属于本申请的现有技术。其次，即使附件 1~2 可以证明在本申请的申请日之前公众对“Sillitin”的可获得性，但是，说明书仅仅在第 3 页第 6~7 行给出了使用“Sillitin”作为矿物填料可以改进阀接头的弹性特征和密封性能的结论，并没有记载对于本领域技术人员来说，足以证实本申请的技术方案相对于现有技术具有更高的弹性和密封性的实验数据，也就是说，说明书没有给出实验证据来证实其所述的效果，而仅仅是给出了结论性的描述。因此，说明书给出的使用“Sillitin”为矿物填料的阀接头不能证明本申请阀接头具有上述效果。本申请请求保护的发明属于说明书给出了具体的技术方案，却没有提供实验证据来证实其所述的效果，而该方案又必须依赖实验结果加以才能成立的情形，这些发明由于缺乏解决技术问题的技术手段而无法实现。

请求人认为，对“请求保护的阀接头相对于现有技术具有更高的弹性和密封性”的要求属于创造性所考虑的问题。对此，合议组认为，如上所述，本申请要解决的技术问题是提高阀接头的弹性和密封性，因此，在不能基于现有技术确定本申请请求保护的技术方案在弹性和密封性方面的效果的情况下，说明书中必须提供实验证据证明本申请在弹性和密封性方面的效果，才能使得本领域技术人员能够实现本发明，因此，对于请求人的该主张，合议组不予支持。

综上所述，合议组认为，本申请说明书不符合专利法第 26 条第 3 款的规定。

根据上述事实和理由，合议组作出如下审查决定。

三、决定

维持国家知识产权局于 2007 年 11 月 9 日针对 200480018138.9 号发明专利申请作出的驳回决定。

复审请求人对本决定不服的，可以根据专利法第 41 条第 2 款的规定，自收到本决定之日起三个月内向北京市第一中级人民法院起诉。

081

乙酸的制备工艺

复审请求审查决定（第17612号）

决　定　号　第17612号
决　定　日　2009年6月15日
发明创造名称　乙酸的制备工艺
国际分类号　C07C51/12，C07C53/08，B01J23/46
复审请求人　英国石油化学品有限公司
申　请　号　03813044.0
申　请　日　2003年5月29日
优　先　权　日　2002年6月6日
公　开　日　2005年8月24日
合议组组长　汪送来
主　审　员　赵步真
参　审　员　李新芝

法律依据　专利法第26条第4款
决定要点

权利要求书应当以说明书为依据，是指权利要求应当得到说明书的支持。对于用上位概念概括或用并列选择方式概括的权利要求，如果权利要求的概括包含申请人推测的内容，而其效果又难以预先确定和评价，应当认为这种概括超出了说明书公开的范围。如果本领域技术人员根据说明书的内容可合理地确认权利要求所概括的整个技术方案均能够解决发明所要解决的技术问题，并达到预期的技术效果，则可以认为该权利要求得到了说明书的支持。

一、案由

本复审请求案涉及发明名称为“乙酸的制备工艺”的03813044.0号发明专利申请（下称本申请），申请人为英国石油化学品有限公司（下称请求人），申请日为2003年5月29日，优先权日为2002年6月6日，公开日为2005年8月24日。

2008年1月11日，针对申请人于2007年3月27日提交的权利要求第1~21项、进入中国国家阶段时提交的国际申请文件中文文本的说明书第2~16页，说明书附图1~2页及说明书摘要，专利性国际初步报告的附件的说明书1，1a页，国家知识产权局以权利要求1、2、21不符合专利法第26条第4款的规定为由驳回了本申请。

驳回决定认为：权利要求1使用上位概念“具有式（Ⅰ）的双膦酸酯化合物”基其基团定义中

的“有机官能团”、未指明取代基的“任选取代的……”概括了一个较宽的保护范围。所谓的有机官能团，根据说明书的解释，可以是非取代或取代的烃基，也可以包含氮、氧、硫原子或它们的组合(参见说明书第4页第3页第25行至说明书第4页第17行)，因此其中包含符合上述条件的所有基团，远比本申请涉及的甲基要多并且复杂；而未指明取代基的“任选取代的 C_1-C_{10} 亚烷基或 C_6-C_{10} 芳基”，根据本领域技术人员的理解，包含了以任意结构的取代基取代的 C_1-C_{10} 亚烷基或 C_6-C_{10} 芳基，以及未取代的 C_1-C_{10} 亚烷基或 C_6-C_{10} 芳基，其得到的Y基团远比本申请的苯基要多且复杂。本发明的目的在于提供一种通过羰基化甲醇和/或其活性衍生物来制备乙酸的工艺，通过在羰基化过程中加入特定的双膦酸酯化合物而减少乙酸回收段和任选的另外的反应区中的一氧化碳分压，且双膦酸酯化合物通过降低催化剂和助催化剂金属在液体反应组合物中的沉积而提高了它们的稳定性。说明书仅具体公开了双膦酸酯化合物“双-二甲氧基磷酰基苯”涉及的具体实施方式，本领域技术人员难以推导出权利要求1概括的双膦酸酯化合物所涉及的技术方案均能实现本发明的目的。权利要求1使用的“有机官能团”、未指明取代基的“任选取代的……”等上位概念所概括涉及的技术方案显然超出了说明书实施方式的等同替代方式或明显变型方式的范围，包含了申请人推测的内容，因此，权利要求1无法得到说明书的支持。基于上述相同的理由，权利要求2和21也得不到说明书的支持，不符合专利法第26条第4款的规定。

驳回决定针对的权利要求书如下：

“1. 通过在羰基化反应器内于液体反应组合物中羰基化甲醇和/或其选自乙酸甲酯、二甲醚和甲基碘的活性衍生物来制备乙酸的工艺，所述液体反应组合物包含铱羰基化催化剂、甲基碘、乙酸甲酯、水、乙酸，及至少一种选自钌、铼和锇的助催化剂，其特征在于反应组合物中还存在具有式（Ⅰ）的双膦酸酯化合物，

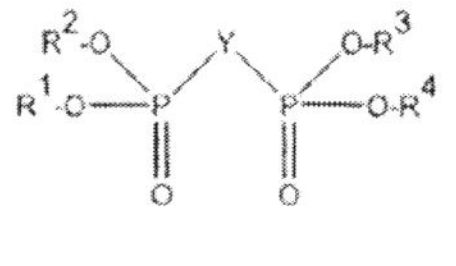

其中 R^1、R^2、R^3、R^4 独立地是氢或有机官能团；Y是任选取代的 C^1-C^{10} 亚烷基或 C^6-C^{10} 芳基。

2. 根据权利要求1的工艺，其中该工艺还包括下述的步骤：

（a）将液体反应组合物与溶解的和/或夹带的一氧化碳及其他气体一起从所述羰基化反应器中抽出；

（b）任选使所述抽出的液体反应组合物通过一个或多个另外的反应区以消耗至少一部分溶解的和/或夹带的一氧化碳；

（c）来自步骤（a）和任选步骤（b）的所述组合物进入一个或多个闪蒸分离段，以形成（ⅰ）包含可冷凝组分和低压尾气的蒸汽部分，所述可冷凝组分包含乙酸产物和包含一氧化碳及抽出的液体羰基化反应组合物中溶解和/或夹带的其他气体的低压尾气，和（ⅱ）包含铱羰基化催化剂、助催化剂和乙酸溶剂的液体部分；

（d）从所述低压尾气中分离可冷凝组分；及

（e）将液体部分从闪蒸分离段循环到羰基化反应器。

3. 根据权利要求1或权利要求2的工艺，其中 R^1、R^2、R^3、R^4 独立地是选自非取代的烃基和取代的烃基的有机官能团。

4. 根据权利要求1或权利要求2的工艺，其中 R^1、R^2、R^3、R^4 各自是氢或非取代的烃基。

5. 根据权利要求4的工艺，其中非取代的烃基各自是 $-CH_3-$ 基团或 $CH(CH_3)_2-$ 基团。

6. 根据权利要求 5 的工艺，其中 Y 是选自非取代的 C_1-C_{10}亚烷基基团、任选取代的 C_6-C_{10}芳基和任选非取代的 C_3-C_{10}环烷基。

7. 根据权利要求 6 的工艺，其中非取代的 C_1-C_{10}亚烷基基团选自 $-CH_2-$、$(CH_2)_2-$。

8. 根据权利要求 6 的工艺，其中任选取代的 C_6-C_{10}芳基是取代的苯。

9. 根据权利要求 1 或权利要求 2 的工艺，其中 Y 选自非取代的 C_1-C_{10}亚烷基基团、任选取代的 C_3-C_{10}环烷基和任选取代的 C_6-C_{10}芳基，且 R^1、R^2、R^3、R^4 各自是氢或各自是非取代的烃基。

10. 根据权利要求 8 的工艺，其中非取代的烃基各自是甲基基团。

11. 根据权利要求 1 或权利要求 2 的工艺，其中所述双膦酸酯选自四异丙基 1，2 亚乙基二膦酸酯、亚甲基二膦酸和双 1，2 二甲氧基磷酰基苯。

12. 根据权利要求 1 至 11 中的任何一项的工艺，其中所述双膦酸酯在液体反应组合物中原位形成。

13. 根据权利要求 12 的工艺，其中所述双膦酸酯由共轭的双膦酸形成。

14. 根据权利要求 1 至 13 中的任何一项的工艺，其中所述双膦酸酯化合物与铱在液体反应组合物中的摩尔比为 0.1 至 10∶1。

15. 根据权利要求 14 的工艺，其中所述双膦酸酯化合物与铱的摩尔比为 0.5 至 5∶1。

16. 根据权利要求 14 或权利要求 15 的工艺，其中所述双膦酸酯化合物与铱的摩尔比为 0.5 至 2∶1。

17. 根据权利要求 1 至 16 中的任何一项的工艺，其中所述助催化剂与铱在液体反应组合物中的摩尔比为最高至 10∶1。

18. 根据权利要求 17 的工艺，其中所述助催化剂与铱的摩尔比为 3 至 10∶1。

19. 根据权利要求 1 或权利要求 2 的工艺，其中所述双膦酸酯化合物与铱的摩尔比为 0.5 至 5∶1，且所述助催化剂与铱的摩尔比为 3 至 10∶1。

20. 根据权利要求 2 至 19 的工艺，其中所述低压尾气中一氧化碳的浓度小于 40 mol%，且助催化剂的浓度最高达 8000 ppm，以重量计。

21. 下式的双膦酸酯化合物在乙酸制备工艺中的用途，以用于减少副产物丙酸的量和/或使催化剂体系稳定：

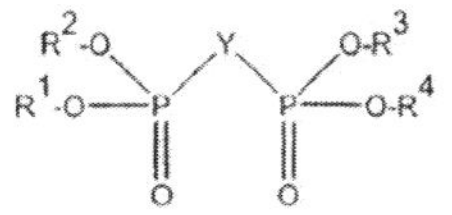

其中 R^1、R^2、R^3、R^4 独立地是氢或有机官能团；Y 是任选取代的 C_1-C_{10}亚烷基或 C_6-C_{10}芳基，所述工艺包含以下步骤：

（a）在羰基化反应器内于液体反应组合物中羰基化甲醇和/或其选自乙酸甲酯、二甲醚和甲基碘的活性衍生物，所述液体反应组合物包含铱羰基化催化剂、甲基碘、乙酸甲酯、水、乙酸，及至少一种选自钌、铼和锇的助催化剂，将液体反应组合物与溶解的和/或夹带的一氧化碳及其他气体一起从所述羰基化反应器中抽出；

（b）任选使所述抽出的液体反应组合物通过一个或多个另外的反应区以消耗至少一部分溶解的和/或夹带的一氧化碳；

（c）来自步骤（a）和任选步骤（b）的所述组合物进入一个或多个闪蒸分离段，以形成（ⅰ）包含可冷凝组分和低压尾气的蒸汽部分，所述可冷凝组分包含乙酸产物和包含一氧化碳及抽出的液体羰基化反应组合物中溶解和/或夹带的其他气体的低压尾气，和（ⅱ）包含铱羰基化催化剂、助催化剂和乙酸溶剂的液体部分；

（d）从所述低压尾气中分离可冷凝组分；及

（e）将液体部分从闪蒸分离段循环利用到羰基化反应器。”

2008年4月8日，申请人英国石油化学品有限公司（下称请求人）对上述驳回决定不服，向专利复审委员会提出复审请求，请求人在提出复审请求时没有对申请文件进行修改。

请求人认为：本发明要解决的技术问题是提供一种改进的羰基化方法，其中乙酸回收阶段的CO分压降低。本发明解决该技术问题的方案是在反应组合物中使用双膦酸酯化合物。本发明的效果（增加催化剂和助催化剂稳定性以及降低乙酸回收段的一氧化碳分压）的实现就取决于两个膦酸酯基团的存在，虽然其他基团定义中包含了众多基团，但是这些基团对所得化合物的功能基本上没有影响，因此，本领域技术人员完全能够推断本发明在权利要求书请求保护范围具有可行性，因此，权利要求书得到了说明书的支持，符合专利法第26条第4款的规定。

经形式审查合格后，专利复审委员会受理了该请求，并于2008年5月8日向请求人发出了《复审请求受理通知书》，同时将本申请转送至国家知识产权局原审查部门进行前置审查。

在《前置审查意见书》中，国家知识产权局原审查部门认为，虽然复审请求人在复审请求理由中指出本发明效果的实现就取决于两个膦酸酯基团的存在，其他基团对所得化合物的功能基本上没有影响，但是在本申请的说明书中并没有足够的证据支持该观点；化合物的每个取代基对于化合物的性质都至关重要，对于本案，权利要求中所使用的“有机基团”、“任选取代的……”等的上位概念明显超出了根据唯一具体公开化合物“双-二甲氧基磷酰基苯”所能合理概括的程度，因此坚持驳回决定。

专利复审委员会组成合议组，对本复审请求案进行了审理。

合议组于2009年3月20日向请求人发出《复审通知书》，指出：对于权利要求1，“有机官能团”包含了大量结构和性质差异巨大的基团，对于Y定义中的“任选取代”，应当被理解为被任意取代基取代，但结构和性质不同的任意取代基的引入会对分子的整体性质产生何种影响也是无法预料的，根据本申请中唯一实施的1，2二甲氧基磷酰基苯，本领域技术人员无法预期如权利要求1所定义的如此宽泛的式（Ⅰ）化合物都能运用于本发明的方法，并且能够取得预期的效果（即使在低一氧化碳分压时，也可减少所产生的丙酸副产物，并且改进催化剂体系的稳定性）。因此，权利要求1得不到说明书的支持，不符合专利法第26条第4款的规定。类似地，权利要求3~4、6、8、9、21也都得不到说明书的支持，不符合专利法第26条第4款的规定。

针对上述《复审通知书》，请求人于2009年4月20日提交了意见陈述书和权利要求书全文替换页，将之前文本中权利要求1和21中R^1-R^4的定义限定为氢、CH_3或$CH(CH_3)_2$，将Y的定义限定为选自$-CH_2-$、$-(CH_2)_2-$或C_6芳基，删除了权利要求3~10，重新调整了权利要求的编号及引用关系，其中之前文本中的权利要求1和21分别对应于新权利要求1和13，修改后的权利要求1和13为：

“1. 通过在羰基化反应器内于液体反应组合物中羰基化甲醇和/或其选自乙酸甲酯、二甲醚和甲基碘的活性衍生物来制备乙酸的工艺，所述液体反应组合物包含铱羰基化催化剂、甲基碘、乙酸甲酯、水、乙酸，及至少一种选自钌、铼和锇的助催化剂，其特征在于反应组合物中还存在具有式（Ⅰ）的双膦酸酯化合物，

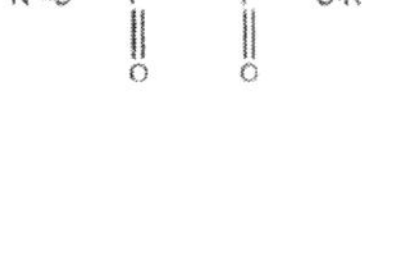

其中R^1、R^2、R^3、R^4独立地是氢、CH_3或CH（CH_3）$_2$；Y选自$-CH_2-$、-（CH_2）$_2$-或C_6芳基。

13. 下式的双膦酸酯化合物在乙酸制备工艺中的用途，以用于减少副产物丙酸的量和/或使催化剂体系稳定：

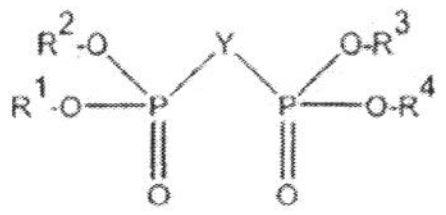

其中R^1、R^2、R^3、R^4独立地是氢、CH_3或CH（CH_3）$_2$；Y选自$-CH_2-$、-（CH_2）$_2$-或C_6芳基，所述工艺包含以下步骤：

（a）在羰基化反应器内于液体反应组合物中羰基化甲醇和/或其选自乙酸甲酯、二甲醚和甲基碘的活性衍生物，所述液体反应组合物包含铱羰基化催化剂、甲基碘、乙酸甲酯、水、乙酸，及至少一种选自钌、铼和锇的助催化剂，将液体反应组合物与溶解的和/或夹带的一氧化碳及其他气体一起从所述羰基化反应器中抽出；

（b）任选使所述抽出的液体反应组合物通过一个或多个另外的反应区以消耗至少一部分溶解的和/或夹带的一氧化碳；

（c）来自步骤（a）和任选步骤（b）的所述组合物进入一个或多个闪蒸分离段，以形成（ⅰ）包含可冷凝组分和低压尾气的蒸汽部分，所述可冷凝组分包含乙酸产物和包含一氧化碳及抽出的液体羰基化反应组合物中溶解和/或夹带的其他气体的低压尾气，和（ⅱ）包含铱羰基化催化剂、助催化剂和乙酸溶剂的液体部分；

（d）从所述低压尾气中分离可冷凝组分；及

（e）将液体部分从闪蒸分离段循环利用到羰基化反应器。”

请求人认为：上述修改后的权利要求书已经克服了复审通知书中指出的缺陷，因此符合专利法第26条第4款的规定。

至此，合议组认为本案事实已经清楚，可以作出审查决定。

二、决定的理由

1. 关于审查文本

经审查，合议组认为，请求人于2009年4月20日提交的权利要求第1~13项符合专利法第33条以及专利法实施细则第60条第1款的规定。

本复审决定所针对的申请文本是：请求人于2009年4月20日提交的权利要求第1~13项，进入中国国家阶段时提交的国际申请文件中文文本的说明书第2~16页、说明书附图1~2页及说明书摘要，专利性国际初步报告的附件的说明书1，1a页。

2. 关于专利法第26条第4款

专利法第26条第4款规定：权利要求应当以说明书为依据，说明要求专利保护的范围。

权利要求书应当以说明书为依据，是指权利要求应当得到说明书的支持。对于用上位概念概括或用并列选择方式概括的权利要求，如果权利要求的概括包含申请人推测的内容，而其效果又难以预先确定和评价，应当认为这种概括超出了说明书公开的范围。如果本领域技术人员根据说明书的内容可合理地确认权利要求所概括的整个技术方案均能够解决发明所要解决的技术问题，并达到预期的技术效果，则可以认为该权利要求得到了说明书的支持。

就本案而言，驳回决定所针对的权利要求1请求保护一种制备乙酸的工艺，其中在反应组合物中式（Ⅰ）双膦酸酯化合物的定义中，将R^1-R^4定义为“氢或有机官能团”并且将Y定义为“任选取

代的 C_1-C_{10}亚烷基或 C_6-C_{10}芳基”。其中“有机官能团”包含了大量结构和性质差异巨大的基团，根据说明书的记载，适宜的“有机官能团”是非取代或取代的烃基，烃基可以是烷基、芳基或环烷基等，且烃基又可被 $-NH_2$、$-NO_2$……的取代基取代，有机官能团可包含氮、氧、硫原子或它们的组合，等等（参见说明书第3页第25行至第4页第17行）；而“任选取代”应当被理解为任意基团的取代，而说明书中并没有对“任选取代”的相应的说明。但是在本申请具体公开的内容中，仅仅只涉及 R_1-R_4 为甲基，Y 为苯基的技术方案。在此基础上，本领域技术人员难以预期在相同位置上引入结构、性质可存在巨大差异的基团都能获得相同的效果，因此权利要求1得不到说明书的支持，不符合专利法第26条第4款的规定。在权利要求3~4、6、8、9、21中，也存在类似的“烃基”、“取代的”、“任选取代的”以及“有机官能团”的上位概念的概括，其中同样包含了大量请求人推测的内容，但其效果难以预先确定和评价，因此，权利要求3~4、6、8、9、21也都得不到说明书的支持，不符合专利法第26条第4款的规定。

2009年4月20日，请求人针对《复审通知书》进行了答复，修改了权利要求书，将权利要求1（对应于原权利要求1）和13（对应于原权利要求21）中 R^1-R^4 定义中的“有机基团”修改为“CH_3 或 $CH(CH_3)_2$”，将 Y 定义中的“任选取代的 C_1-C_{10}亚烷基或 C_6-C_{10}芳基”修改为“选自 $-CH_2-$、$-(CH_2)_2-$或 C_6 芳基”，并且删除了权利要求3~10。对此，合议组认为，修改后的权利要求1和21中已不存在诸如“有机基团”、“任选取代”等的上位宽泛定义。本申请的发明目的就在于在制备乙酸的工艺中使用式（Ⅰ）的双膦酸酯化合物以减少乙酸回收段的CO分压/增加催化剂、助催化剂的稳定性。其说明书第4页倒数第1段明确说明了合适的双膦酸酯化合物是四异丙基1，2亚乙基二膦酸酯、亚甲基二膦酸和双1，2二甲氧基磷酰基苯，它们所对应的 R^1-R^4 分别为异丙基、H 和 $-CH_3$，Y 分别为 $-CH_2CH_2-$、$-CH_2-$和亚苯基，并且，本发明具体实施了 R^1-R^4 为甲基，Y 为亚苯基的技术方案，修改后保留的 R^1-R^4 定义中的氢和 $CH(CH_3)_2$ 与甲基的性质较为相似，Y 定义中的“$-CH_2-$、$-(CH_2)_2-$”与苯基相似，也是结构对称化合物中的常用连接基团，本领域技术人员可以合理地确认，无论是 R^1-R^4 还是 Y 基团的这些变化，都不至于显著影响到该双膦酯类化合物在本申请中所起的作用，因此，本领域技术人员在本申请具体公开内容的基础上，能够合理地确定修改后权利要求1、13方案能够达到本申请中所述的技术效果，权利要求1和13能够得到说明书的支持，符合专利法第26条第4款的规定。

《复审通知书》所针对的权利要求3~4、6、8~9已被删除，因此，合议组认为，请求人对于权利要求书的修改已经克服了驳回决定以及复审通知书中所指出的所有缺陷。

根据上述事实和理由，合议组作出如下审查决定。

三、决定

撤销国家知识产权局于2008年1月11日针对03813044.0号发明专利申请作出的驳回决定，由国家知识产权局原审查部门以本复审决定所针对的文本为基础继续审批程序。

复审请求人对本决定不服的，可以根据专利法第41条第2款的规定，自收到本决定之日起三个月内向北京市第一中级人民法院起诉。

082

无填充物聚乙烯醇复配彩色涂层艺术油画布及其生产工艺

复审请求审查决定（第17613号）

决　定　号　第17613号
决　定　日　2009年5月22日
发明创造名称　无填充物聚乙烯醇复配彩色涂层艺术油画布及其生产工艺
国际分类号　D06N3/18，D06N7/04，B44D2/00
复审请求人　宋健、宋奇、宋磊
申　请　号　200610085900.6
申　请　日　2006年5月28日
公　开　日　2006年11月8日
合议组组长　李彦涛
主　审　员　宋　泳
参　审　员　黄　强

法律依据　专利法第26条第3款
决定要点

判断说明书是否充分公开了要求保护的技术方案时，应当根据说明书的整体内容并结合本领域技术人员的公知常识来加以判断。如果本领域技术人员在说明书整体内容的基础上已经能够获得足够的信息，明悉实现发明的技术手段、解决其技术问题，并预期到其技术效果，则本发明已经满足了充分公开的要求。

一、案由

本复审请求案涉及发明名称为“无填充物聚乙烯醇复配彩色涂层艺术油画布及其生产工艺”的200610085900.6号发明专利申请（下称本申请），申请人为宋健，宋奇，宋磊，申请日为2006年5月28日，公开日为2006年11月8日。

国家知识产权局原审查部门对本申请进行实质审查，于2007年6月22日发出了《第一次审查意见通知书》，指出说明书不符合专利法第26条第3款、专利法实施细则第18条的规定，权利要求1、4不符合专利法实施细则第20条第1款的规定。

针对《第一次审查意见通知书》，申请人于2007年10月8日提交了意见陈述书及申请文件的全文替换页，其中对权利要求1、4进行了修改，同时对说明书进行了适应性修改，并陈述了修改后的说明书和权利要求书符合专利法相关规定的理由。

2008年2月15日，国家知识产权局发出《第二次审查意见通知书》，指出说明书不符合专利法

第26条第3款的规定，权利要求1、4和说明书相应部分的修改不符合专利法第33条的规定。

针对《第二次审查意见通知书》，申请人于2008年4月11日提交了意见陈述书及申请文件的全文替换页，并陈述了修改后的说明书和权利要求书符合专利法相关规定的理由；同时提供了以下附件：

附件1：聚乙烯醇溶液（美术涂层胶）的产品标签复印件，共1页；

附件2：苯丙乳液的产品标签复印件，共2页；

附件3：江苏省室内装饰材料有害物质检测中心出具的聚乙烯醇溶液（美术涂层胶）的检测报告复印件，发报告日期为2007年8月25日，共2页；

附件4：江苏增值税专用发票复印件，开票日期为2006年12月24日，货物名称为聚乙烯醇溶液，共1页；

附件5：江苏增值税专用发票复印件，开票日期为2005年2月17日，货物名称为苯丙乳液、纯丙乳液，共1页；

附件6：江苏增值税专用发票复印件，开票日期为2005年1月4日，货物名称为纯丙乳液，共1页；

附件7：江苏增值税专用发票复印件，开票日期为2005年5月30日，货物名称为苯丙乳液，共1页；

附件8：江苏增值税专用发票复印件，开票日期为2004年7月27日，货物名称为水性丙烯酸树脂液、苯丙乳液、水性丙烯酸树脂液，共1页。

2008年7月11日，针对申请人于2008年4月11日提交的权利要求1~4项，说明书第1~6页及说明书摘要，国家知识产权局以说明书不符合专利法第26条第3款为由驳回了本申请。驳回决定针对的权利要求如下：

“1. 一种无填充物聚乙烯醇复配彩色涂层艺术油画布，其特征是其组分以重量百分数计：

（1）底涂涂层料：取聚乙烯醇溶液为：30%~50%、苯乙烯-丙烯酸酯共聚物乳液为：10%~25%、乙烯-乙酸乙烯酯共聚物乳液为：15%~30%、颜料浆为：0.01%~5%、乳化蜡为：0.01%~1.0%、甘油为：0.01%~0.5%、苯甲酸钠为：0.01%~0.5%、水为：15%~30%；

（2）中间涂层涂层料：取聚乙烯醇溶液为：30%~60%、苯乙烯-丙烯酸酯共聚物乳液或丙烯酸酯共聚物乳液为：10%~25%、乙烯-乙酸乙烯酯共聚物乳液为：10%~25%、颜料浆为：0.01%~5%、甘油为：0.01%~0.5%、苯甲酸钠为：0.01%~0.5%、水为：15%~30%；

（3）罩面涂层涂层料：取聚乙烯醇溶液为：25%~45%、丙烯酸酯共聚物乳液为：20%~40%、乙烯-乙酸乙烯酯共聚物乳液为：10%~20%、颜料浆为：0.01%~5%、甘油为：0.01%~0.5%、苯甲酸钠为：0.01%~0.5%、乳化蜡为：0.01%~1.0%、水为：15%~30%；

采用在基底布上涂布底涂层，经烘干；再涂布一至三层的中间涂层，再经烘干；最后再涂布一至二层罩面涂层，烘干为成品。

2. 据权利要求1所述的无填充物聚乙烯醇复配彩色涂层艺术油画布，其特征在于所述的基底布采用纯天然动植物纤维材料或合成纤维材料或采用混纺纤维纺织成。

3. 根据权利要求1所述的无填充物聚乙烯醇复配彩色涂层艺术油画布，其特征在于所述的基底布的颜色是本色或漂白或染色。

4. 一种按权利要求1所述的无填充物聚乙烯醇复配彩色涂层艺术油画布的生产工艺，其特征在于采用以下工艺：

（1）底、中、罩面涂层涂层料配制：

（a）底涂层料：取聚乙烯醇溶液为：30%～50%、苯乙烯－丙烯酸酯共聚物乳液为：10%～25%、乙烯－乙酸乙烯酯共聚物乳液为：15%～30%、颜料浆为：0.01%～5%、乳化蜡为：0.01%～0.1%、甘油为：0.01%～0.5%、苯甲酸钠为：0.01%～0.5%、水为：15%～30%；将聚乙烯醇溶液加热至75～85℃，加入乳化蜡混合均匀制成聚乙烯醇乳液；再加入苯乙烯－丙烯酸酯共聚物乳液、乙烯－乙酸乙烯酯共聚物混合均匀；再将苯甲酸钠溶解于水，并加入颜料浆、甘油及上述混合物，在常温下搅拌混合均匀，待用；

（b）中间涂层涂层料：取聚乙烯醇溶液为：30%～60%、苯乙烯－丙烯酸酯共聚物乳液或丙烯酸酯共聚物乳液为：10%～25%、乙烯－乙酸乙烯酯共聚物乳液为：10%～25%、颜料浆为：0.01%～5%、甘油为：0.01%～0.5%、苯甲酸钠为：0.01%～0.5%、水为：15%～30%；将聚乙烯醇溶液，加入苯乙烯－丙烯酸酯共聚物乳液或丙烯酸酯共聚物乳液、乙烯－乙酸乙烯酯共聚物混合均匀；再将苯甲酸钠溶解与水，并加入颜料浆、甘油及上述混合物，在常温下搅拌混合均匀，待用；

（c）罩面涂层涂层料：取聚乙烯醇溶液为：25%～45%、丙烯酸酯共聚物乳液为：20%～40%、乙烯－乙酸乙烯酯共聚物为：10%～20%、颜料浆为：0.01%～5%、甘油为：0.01%～0.5%、苯甲酸钠为：0.01%～0.5%、乳化蜡为：0.01%～1.0%、水为：15%～30%；将聚乙烯醇溶液加热至75～85℃,加入乳化蜡混合均匀制成聚乙烯醇乳液；再加入丙烯酸酯共聚物乳液、乙烯－乙酸乙烯酯共聚物混合均匀；再将苯甲酸钠溶解与水，并加入颜料浆、甘油及上述混合物，在常温下搅拌混合均匀，待用；

（2）生产工艺：

（a）在基底布上涂布底涂层；涂层机进布速度为：3～15米/分钟；涂层厚度为：0.01～0.5mm；

（b）底涂层后进入烘房或流通热风干燥处理；烘干温度为：65～200℃；

（c）烘干后进行涂布中间涂层，中间涂层涂布一至三层；涂层机进布速度为：3～15米/分钟；每一层涂层厚度为：0.01～0.5mm；

（d）涂布中间涂层后进入烘房或流通热风干燥处理；烘干温度为：65～200℃；

（e）中间涂层后进行涂布罩面涂层，罩面涂层涂布一至二层；涂层机进布速度为：3～15米/分钟；每一层涂层厚度为：0.01～0.5mm；

（f）涂布罩面涂层后再进入烘房或流通热风干燥处理后为成品，烘干温度为：65～200℃。”

驳回决定认为：（1）本发明所述配方成分包括多种“乳液”、“溶液”以及“水”，由于“乳液”的分散相是“水”，所述“聚乙烯醇溶液”的溶剂也是水，而本发明限定了乳液和溶液的份额，又限定了乳液和溶液以外的“水”的份额，乳液和溶液中水的份额无法确定，本领域技术人员无法根据说明书的描述实现本发明；（2）虽然申请人解释本发明中的多种乳液、溶液是市售产品，作为配方单体按比例直接加入，然而市售产品中包括多种形式的比例，在本申请中没有给出任何所使用的商品型号；（3）申请人提供了所用乳液和溶液的标签和发票的复印件，但本申请中没有出现过任何有关所用产品型号的描述，因此该证据不足以采纳，因此说明书公开不充分，不符合专利法第26条第3款的规定。

2008年10月9日，申请人宋健，宋奇，宋磊（下称请求人）对上述驳回决定不服，向专利复审委员会提出复审请求，请求人在提出复审请求时没有对申请文件进行修改。

请求人认为：（1）说明书中记载的苯丙乳液、纯丙乳液等丙烯酸共聚物乳液、乙烯－乙酸乙烯共聚物乳液（EVA）及聚乙烯醇溶液等均是国内常规的产品，市售的产品浓度相近，虽然厂家所标注的型号、商品名可能不相同，但浓度基本相同，本行业无特殊精细要求，因此申请文件中无须特别规定乳液、溶液中水的份额；（2）申请文件中规定的水与乳液、溶液中的水在实施中无关，组分中的水是另外加入，用于湿润填料和溶胀羟丙基纤维素辅料的，在实施过程中乳液、溶液中的水无须分离开，因此该溶液、乳液作为单体加入，与水无关；（3）所有这些水在实施过程中均要蒸发干燥去除，最终产品是均匀涂布的油画布，因此不会导致本申请无法实施，说明书符合专利法第 26 条第 3 款的规定。

经形式审查合格后，专利复审委员会受理了该请求，并于 2008 年 11 月 21 日向请求人发出了《复审请求受理通知书》，同时将本申请转送至国家知识产权局原审查部门进行前置审查。

在《前置审查意见书》中，国家知识产权局原审查部门认为说明书公开不充分，不符合专利法第 26 条第 3 款的规定，因此坚持驳回决定，理由与驳回决定正文所述理由相同。

专利复审委员会组成合议组，对本复审请求案进行了审理。

经合议，合议组认为本案事实清楚，可以作出审查决定。

二、决定的理由

1. 关于审查文本

本复审请求审查决定所针对的文本为驳回文本，即申请人于 2008 年 4 月 11 日提交的权利要求 1~4项，说明书第 1~6 页及说明书摘要。

2. 关于专利法第 26 条第 3 款

专利法第 26 条第 3 款规定：说明书应当对发明或者实用新型作出清楚、完整的说明，以所属技术领域的技术人员能够实现为准。

本案争议的焦点在于，在涂层料配方中包含含有水的溶液、乳液，同时还包含另外添加的水等组分的情况下，本领域技术人员能否明悉如何进行涂层料的制备，从而实现本发明。

对此，合议组认为：在判断说明书是否充分公开了要求保护的技术方案时，应当根据说明书的整体内容并结合本领域技术人员的公知常识来加以判断。如果本领域技术人员在说明书整体内容的基础上已经能够获得足够的信息，明悉实现发明的技术手段、解决其技术问题，并预期到其技术效果，则本发明已经满足了充分公开的要求。

本申请涉及一种彩色涂层艺术油画布，其属于绘画用品领域。本申请的背景技术部分记载（参见说明书第 1 页背景技术部分）了现有技术中已经采用在基底布料上直接涂白色涂层料的方法来制备白色涂层油画布，其中白色涂层料是采用聚合物乳液如聚乙烯醇、乙烯乙酸均聚物乳液、苯乙烯-丙烯酸酯共聚物乳液及丙烯酸酯共聚物乳液的单组分、双组分乳液作为涂层基胶加入较多数量填充物混合而成。由此可见，聚乙烯醇、乙烯乙酸均聚物乳液、苯乙烯-丙烯酸酯共聚物乳液及丙烯酸酯共聚物乳液已经是本领域制备油画布的常用涂层料的组分，在本领域中，它们的含义确定，并且可以轻易获得，而且本领域技术人员知晓在涂布画布时仅需将市售品直接用于配制涂层料即可，并不需要对其进行进一步的提纯或分离。虽然在说明书中没有记载上述聚乙烯醇溶液（美术涂层胶）、苯乙烯-丙烯酸酯共聚物乳液（苯丙乳液）、纯丙烯酸酯共聚物乳液（纯丙乳液）、乙烯-乙酸乙烯酯共聚物乳液所使用的商品型号，但上述溶液和乳液均是国内常规的产品，市售的产品浓度相近，例如纯丙烯酸酯共聚物乳液或纯丙丙烯酸酯共聚物乳液的浓度在所有厂家基本上都是 50±2%（固含量），少数为 40±2%（固含量），乙烯-乙酸乙烯酯共聚物乳液的浓度为 55%~60%（固含量），聚乙烯醇溶液的浓度为 8%~15%（固含量）之内。因此虽然厂家标注的型号、商品名可能不相同，但本行业无特殊精细要求，例如如果使用浓度较低的乳液时，可以通过多次涂布等方法使得干燥后的油画布达到预定的涂层厚度。

因此，本领域技术人员在实施本发明时，只需按照实施例记载的工艺步骤将上述溶液和乳液和用于湿润填料和溶胀羟丙基纤维素辅料的水直接按照配比量加入到涂层料中，并进行简单的涂布即可。

综上所述，该底涂涂层料、中间涂层涂层料、罩面涂层涂层料配方中各种乳液和溶液的份额和水的份额是清楚明确的，而且本领域技术人员采用常规的原料配合常规的简单涂层方法即可实施本发明，获得本申请的油画布，解决其技术问题，并产生预期的技术效果。

基于以上事实和理由，合议组作出如下审查决定。

三、决定

撤销国家知识产权局于2008年7月11日针对200610085900.6号发明专利申请作出的驳回决定，由国家知识产权局原审查部门以本复审决定所针对的文本为基础继续审批程序。

复审请求人对本决定不服的，可以根据专利法第41条第2款的规定，自收到本决定之日起三个月内向北京市第一中级人民法院起诉。

083

原料预处理

复审请求审查决定（第 17614 号）

决　　定　　号　第 17614 号
决　　定　　日　2009 年 6 月 16 日
发明创造名称　原料预处理
国 际 分 类 号　C07C7/13，C07C2/66，C07C15/073
复 审 请 求 人　埃克森美孚化学专利公司
申　　请　　号　200480007965.8
优　先　权　日　2003 年 3 月 24 日
申　　请　　日　2004 年 3 月 22 日
公　　开　　日　2006 年 4 月 26 日
合 议 组 组 长　汪送来
主　　审　　员　宋　泳
参　　审　　员　张家祥

法　律　依　据　专利法第 22 条第 2 款
决　定　要　点

当对比文件中对构成技术方案的某技术特征以并列选择的方式概括了多种选择时，如果本领域技术人员无法预见该技术特征的每种选择分别与其他技术特征所构成的各个具体技术方案的确切技术效果，则不能认为对比文件公开了该技术特征的每种选择与其他技术特征所构成的各个具体技术方案。

一、案由

本复审请求案涉及发明名称为“原料预处理”的 200480007965.8 号发明专利申请（下称本申请），申请人为埃克森美孚化学专利公司，申请日为 2004 年 3 月 22 日，优先权日为 2003 年 3 月 24 日，公开日为 2006 年 4 月 26 日。

2008 年 2 月 1 日，针对申请人于 2007 年 6 月 20 日提交的权利要求第 1～10 项、进入中国国家阶段时提交的国际申请文件中文文本的说明书第 1～2、5～12 页及说明书摘要，国际初步审查报告附件的说明书第 13 页，2006 年 12 月 19 日提交的说明书第 4 页，2007 年 6 月 20 日提交的说明书第 3、3a 页，国家知识产权局以权利要求 1～10 不符合专利法第 22 条第 2 款的规定为由驳回了本申请。驳回决定针对的权利要求书如下：

“1. 一种含杂质的芳烃流的烷基化方法，所述方法包括：

（a）使芳烃与孔径至少 6 埃的第一分子筛接触，然后与孔径小于 6 埃的第二分子筛接触，生产处理过的芳烃；

（b）任选地使烷基化试剂与一种或多种分子筛接触，生产处理过的烷基化试剂；和

（c）在烷基化催化剂存在下，在烷基化条件下使处理过的芳烃与烷基化试剂，或者任选地与处理过的烷基化试剂接触，生产烷基化的芳烃；

其中第一分子筛选自 MCM-22、MCM-36、MCM-49、MCM-56、ITQ-1、ITQ-2、PSH-3、SSZ-25、沸石 β、丝光沸石、沸石 Ω、US-Y、Linde X 型分子筛及其结合；和第二分子筛选自 ZSM-5、Linde A 型分子筛及其结合。

2. 权利要求 1 的方法，其中 Linde X 型分子筛是 13X。

3. 权利要求 1 的方法，其中 Linde A 型分子筛选自 3A、4A、5A，及其结合。

4. 权利要求 1 的方法，其中第一分子筛是 Linde X 型分子筛 13X 和第二分子筛是 Linde A 型分子筛 4A。

5. 权利要求 1 的方法，其中第一分子筛是 Linde X 型分子筛 13X 和第二分子筛是 MCM-22。

6. 一种含杂质的芳烃流的烷基化方法，所述方法包括：

（a）使芳烃与孔径小于 6 埃的第一分子筛接触，然后与孔径至少 6 埃的第二分子筛接触，生产处理过的芳烃；

（b）任选地使烷基化试剂与一种或多种分子筛接触，生产处理过的烷基化试剂；和

（c）在烷基化催化剂存在下，在烷基化条件下使处理过的芳烃与烷基化试剂，或者任选地与处理过的烷基化试剂接触，生产烷基化的芳烃。

7. 权利要求 6 的方法，其中第一分子筛选自 ZSM-5、Linde A 型分子筛及其结合。

8. 权利要求 7 的方法，其中 Linde A 型分子筛选自 3A、4A、5A 及其结合。

9. 权利要求 6 的方法，其中第二分子筛选自 MCM-22、MCM-36、MCM-49、MCM-56、ITQ-1、ITQ-2、PSH-3、SSZ-25、沸石 β、丝光沸石、沸石 Ω、US-Y、Linde X 型分子筛及其结合。

10. 权利要求 9 的方法，其中 Linde X 型分子筛是 13X。”

驳回决定认为：（1）对比文件 1（CN1228073A，公开日为 1999 年 9 月 8 日）公开了一种制备烷基苯或烷基苯混合物的方法，包括在预处理区将苯原料与固体酸接触，形成预处理的苯原料，然后在烷基化催化剂的存在下，在足以生成烷基苯或烷基苯混合物的反应条件下将预处理的苯原料在烷基化区与烷基化试剂接触，生成烷基苯，其中，当烷基化物流中含有过多水分时，最好先用干燥剂例如 13X 型 Linde 沸石（相当于本申请的第一分子筛）来降低烷基化物流中的水分，然后再用固体酸如 MCM-22 沸石（相当于本申请的第二分子筛）接触苯原料，以除去杂质如有机产氧化物，从而延长催化剂的寿命。因此权利要求 1 不具备新颖性。（2）对比文件 1 中公开了干燥剂例如为 Linde A 型分子筛（相当于本申请的第一分子筛），固体酸例如为 MCM-22 沸石（相当于本申请的第二分子筛），对比文件 1 中公开的 Linde A 型（LTA）分子筛就是孔径小于 6 埃的第一分子筛，MCM-22 沸石就是孔径至少 6 埃的第二分子筛，因此权利要求 6 不具有新颖性。权利要求 2～5，7～10 的附加技术特征已在对比文件 1 中公开，因此这些权利要求也不具备新颖性。

2008 年 4 月 22 日，申请人埃克森美孚化学专利公司（下称请求人）对上述驳回决定不服，向专利复审委员会提出复审请求，同时对申请文件进行了修改，相对于驳回决定所针对的权利要求书，请求人将权利要求 7 的附加技术特征修改为“其中第一分子筛选自 ZSM-5，以及 ZSM-5 与 Linda A 型分子筛的组合”，并将修改后的权利要求 7 以及权利要求 9 的附加技术特征限定到权利要求 6 中，相应地删除了权利要求 7 和权利要求 9，修改后的权利要求书如下：

“1. 一种含杂质的芳烃流的烷基化方法，所述方法包括：

（a）使芳烃与孔径至少6埃的第一分子筛接触，然后与孔径小于6埃的第二分子筛接触，生产处理过的芳烃；

（b）任选地使烷基化试剂与一种或多种分子筛接触，生产处理过的烷基化试剂；和

（c）在烷基化催化剂存在下，在烷基化条件下使处理过的芳烃与烷基化试剂，或者任选地与处理过的烷基化试剂接触，生产烷基化的芳烃；

其中第一分子筛选自MCM-22、MCM-36、MCM-49、MCM-56、ITQ-1、ITQ-2、PSH-3、SSZ-25、沸石β、丝光沸石、沸石Ω、US-Y、Linde X型分子筛、及其结合；和第二分子筛选自ZSM-5、Linde A型分子筛及其结合。

2. 权利要求1的方法，其中Linde X型分子筛是13X。

3. 权利要求1的方法，其中Linde A型分子筛选自3A、4A、5A，及其结合。

4. 权利要求1的方法，其中第一分子筛是Linde X型分子筛13X和第二分子筛是Linde A型分子筛4A。

5. 权利要求1的方法，其中第一分子筛是Linde X型分子筛13X和第二分子筛是MCM-22。

6. 一种含杂质的芳烃流的烷基化方法，所述方法包括：

（a）使芳烃与孔径小于6埃的第一分子筛接触，然后与孔径至少6埃的第二分子筛接触，生产处理过的芳烃；

（b）任选地使烷基化试剂与一种或多种分子筛接触，生产处理过的烷基化试剂；和

（c）在烷基化催化剂存在下，在烷基化条件下使处理过的芳烃与烷基化试剂，或者任选地与处理过的烷基化试剂接触，生产烷基化的芳烃；

其中第一分子筛选自ZSM-5、以及ZSM-5与Linde A型分子筛的结合；和第二分子筛选自MCM-22、MCM-36、MCM-49、MCM-56、ITQ-1、ITQ-2、PSH-3、SSZ-25、沸石β、丝光沸石、沸石Ω、US-Y、Linde X型分子筛及其结合。

7. 权利要求6的方法，其中Linde A型分子筛选自3A、4A、5A及其结合。

8. 权利要求6的方法，其中Linde X型分子筛是13X。”

请求人认为：新的权利要求1要求保护的方法中使用了特定孔径的第一和第二分子筛，而且被处理的芳烃流先与第一分子筛接触，然后与第二分子筛接触。而在对比文件1中使用的固体酸MCM-22沸石不是本发明的第二分子筛，因此对比文件1没有公开权利要求1的特定的第一和第二分子筛的组合，因此独立权利要求1具有新颖性。新的权利要求6中排除了Linde A型分子筛作为第一分子筛的技术方案，因此权利要求6也具有新颖性。在权利要求1和权利要求6具有新颖性的基础上，其后的从属权项也具有新颖性。

经形式审查合格后，专利复审委员会受理了该请求，并于2008年5月15日向请求人发出了《复审请求受理通知书》，同时将本申请转送至国家知识产权局原审查部门进行前置审查。

在《前置审查意见书》中，国家知识产权局原审查部门认为，相对于对比文件1，权利要求1、2、5没有新颖性，权利要求3~4，6~8不具备创造性，因此坚持驳回决定。

专利复审委员会组成合议组，对本复审请求案进行了审理。

2009年4月23日，请求人提交了新的权利要求书，删除了权利要求5，并对权利要求书重新编号。修改后的权利要求书如下：

“1. 一种含杂质的芳烃流的烷基化方法，所述方法包括：

（a）使芳烃与孔径至少6埃的第一分子筛接触，然后与孔径小于6埃的第二分子筛接触，生产处理过的芳烃；

（b）任选地使烷基化试剂与一种或多种分子筛接触，生产处理过的烷基化试剂；和

（c）在烷基化催化剂存在下，在烷基化条件下使处理过的芳烃与烷基化试剂，或者任选地与处理过的烷基化试剂接触，生产烷基化的芳烃；

其中第一分子筛选自MCM-22、MCM-36、MCM-49、MCM-56、ITQ-1、ITQ-2、PSH-3、SSZ-25、沸石β、丝光沸石、沸石Ω、US-Y、Linde X型分子筛、及其结合；和第二分子筛选自ZSM-5、Linde A型分子筛及其结合。

2. 权利要求1的方法，其中Linde X型分子筛是13X。

3. 权利要求1的方法，其中Linde A型分子筛选自3A、4A、5A，及其结合。

4. 权利要求1的方法，其中第一分子筛是Linde X型分子筛13X和第二分子筛是Linde A型分子筛4A。

5. 一种含杂质的芳烃流的烷基化方法，所述方法包括：

（a）使芳烃与孔径小于6埃的第一分子筛接触，然后与孔径至少6埃的第二分子筛接触，生产处理过的芳烃；

（b）任选地使烷基化试剂与一种或多种分子筛接触，生产处理过的烷基化试剂；和

（c）在烷基化催化剂存在下，在烷基化条件下使处理过的芳烃与烷基化试剂，或者任选地与处理过的烷基化试剂接触，生产烷基化的芳烃；

其中第一分子筛选自ZSM-5、以及ZSM-5与Linde A型分子筛的结合；和第二分子筛选自MCM-22、MCM-36、MCM-49、MCM-56、ITQ-1、ITQ-2、PSH-3、SSZ-25、沸石β、丝光沸石、沸石Ω、US-Y、Linde X型分子筛及其结合。

6. 权利要求6的方法，其中Linde A型分子筛选自3A、4A、5A及其结合。

7. 权利要求6的方法，其中Linde X型分子筛是13X。”

至此，合议组认为本案事实已经清楚，可以作出审查决定。

二、决定的理由

1. 关于审查文本

经审查，合议组认为，请求人于2009年4月23日提交的权利要求书符合专利法实施细则第60条第1款和专利法第33条的规定，本复审请求审查决定所针对的文本是：请求人于2009年4月23日提交的权利要求1~7项、进入中国国家阶段时提交的国际申请文件的中文文本的说明书第1~2、5~12页及说明书摘要，国际初步审查报告附件的说明书第13页，2006年12月19日提交的说明书第4页，2007年6月20日提交的说明书第3、3a页。

2. 关于专利法第22条第2款

专利法第22条第2款规定：新颖性，是指在申请日以前没有同样的发明或者实用新型在国内外出版物上公开发表过、在国内公开使用过或者以其他方式为公众所知，也没有同样的发明或者实用新型由他人向国务院专利行政部门提出过申请并且记载在申请日以后公布的专利申请文件中。

当对比文件中对构成技术方案的某技术特征以并列选择的方式概括了多种选择时，如果本领域技术人员无法预见该技术特征的每种选择分别与其他技术特征所构成的各个具体技术方案的确切技术效果，则不能认为对比文件公开了该技术特征的每种选择与其他技术特征所构成的各个具体技术方案。

本申请的权利要求1请求保护一种含杂质的芳烃流的烷基化方法，所述方法包括（a）将芳烃与孔径至少6埃的第一分子筛接触，然后与孔径小于6埃的第二分子筛接触，生产处理过的芳烃；（b）任选使烷基化试剂与一种或多种分子筛接触，生产处理过的烷基化试剂；在烷基化催化剂存在下，（c）在烷基化催化剂存在下，在烷基化条件下使处理过的芳烃与烷基化试剂，或者任选地与处理过

的烷基化试剂接触，生产烷基化的芳烃；其中第一分子筛选自 MCM－22、MCM－36、MCM－49、MCM-56、ITQ-1、ITQ-2、PSH-3、SSZ-25、沸石 β、丝光沸石、沸石 Ω、US-Y、Linde X 型分子筛及其结合；和第二分子筛选自 ZSM-5、Linde A 型分子筛及其结合。

对比文件 1（参见说明书第 4 页倒数第 4 段至第 6 页）公开了一种制备烷基苯或烷基苯混合物的方法，包括在 130~300℃的条件下在预处理区将苯原料与固体酸接触，形成预处理的苯原料，然后在烷基化催化剂的存在下，在足以生成烷基苯或烷基苯混合物的反应条件下将预处理的苯原料在烷基化区与烷基化试剂接触，生成烷基苯，其中，当烷基化物流中含有过多水分时，最好先用干燥剂（如固体干燥剂）在 10~90℃条件下来降低烷基化物流中的水分，使之少于约 200ppm，然后再用固体酸接触苯原料，以除去杂质如有机环氧化物，从而延长催化剂的寿命。其中合适的固体干燥剂包括氧化铝、二氧化硅、二氧化硅-氧化铝和沸石，合适的沸石包括 Linde 13X 型和 Linde A（LTA）型分子筛，例如 3A、4A、5A，合适的固体酸包括微孔（4 埃~20 埃）的沸石，例如斜发沸石、镁碱沸石、辉沸石、EU-1、NU-87、钠菱沸石、钙霞石、L 型、MCM-22、MCM-49、MCM-56、沸石 β、丝光沸石、沸石 Ω、ZSM-5 型分子筛；也可以是中孔（20 埃~200 埃）硅铝酸盐。

驳回决定认为，对比文件 1 中已经记载了当烷基化物流中含有过多水分时，最好先用干燥剂例如 13X 型 Linde 沸石（相当于本申请的第一分子筛）来降低烷基化物流中的水分，然后再用固体酸如 ZSM-5 沸石（相当于本申请的第二分子筛）接触苯原料，以除去杂质如有机环氧化物，从而延长催化剂的寿命，因此权利要求 1 中的全部技术特征均被对比文件 1 公开，权利要求 1 不具有新颖性，不符合专利法第 22 条第 2 款的规定。

合议组认为：对比文件 1 中对固体干燥剂和固体酸所选择分子筛的种类以并列选择的方式进行了整体概括，没有记载对分子筛的孔径的选择，其中对比文件 1 中记载的固体干燥剂可以为多种选择，例如可以为本申请的第一分子筛（如 Linde 13X 型分子筛）或第二分子筛（如 Linde A 型（LTA）分子筛）或其他干燥剂（如氧化铝、毛沸石），固体酸也可以为多种选择，例如可以为本申请的第一分子筛（如 MCM-22、MCM-49、MCM-56、沸石 β、丝光沸石、沸石 Ω）或第二分子筛（如 ZSM-5）或其他种类的沸石（如斜发沸石、镁碱沸石、钠菱沸石）中的一种，由于本领域技术人员无法预见固体干燥剂的每种选择与固体酸的每种选择所构成的各个具体技术方案所能够达到的确切的技术效果，因此不能认为对比文件 1 公开了固体干燥剂的每种选择与固体酸的每种选择所构成的各个具体技术方案。例如对于固体干燥剂和固体酸同时选择第一分子筛的技术方案、固体干燥剂和固体酸同时选择第二分子筛的技术方案、固体干燥剂选择第二分子筛，固体酸选择第一分子筛的技术方案、或者固体干燥剂选择第一分子筛，固体酸选择第二分子筛的技术方案，由于本领域技术人员无法预测以上四种技术方案的确切技术效果，因此不能够认为对比文件 1 中公开了以上四种具体的技术方案，而且对比文件 1 的实施例中也没有具体公开任何同时使用固体干燥剂和固体酸的技术方案。综上所述，对比文件 1 中没有具体公开固体干燥剂选择孔径至少 6 埃的第一分子筛（例如 13X 型 Linde 沸石）、固体酸选择孔径小于 6 埃的第二干燥剂（例如 ZSM-5 沸石）来处理苯原料的技术方案。而本申请权利要求 1 中，对第一分子筛和第二分子筛进行了具体的选择，即第一分子筛的孔径为至少 6 埃，第二分子筛的孔径小于 6 埃，并对以上两种分子筛的种类进行了具体限定，由此可见对比文件 1 中没有具体公开本申请权利要求 1 的技术方案，因此权利要求 1 具有新颖性，符合专利法第 22 条第 2 款的规定。

权利要求 2~4 对第一分子筛和第二分子筛的种类作了进一步的限定，在权利要求 1 具有新颖性的基础上，权利要求 2~4 也具有新颖性，符合专利法第 22 条第 2 款的规定。

权利要求 5 请求保护一种含杂质的芳烃流的烷基化方法，所述方法包括将芳烃与孔径小于 6 埃的第一分子筛接触，然后与孔径至少 6 埃的第二分子筛接触，生产处理过的芳烃；任选使烷基化试剂与一种或多种分子筛接触，生产处理过的烷基化试剂；在烷基化催化剂存在下，在烷基化条件下使处理过的芳烃与烷基化试剂，或者任选地与处理过的烷基化试剂接触，生产烷基化的芳烃；其中第一分子筛选自 ZSM-5，以及 ZSM-5 与 Linde A 型分子筛的结合；和第二分子筛选自 MCM-22、MCM-36、MCM-49、MCM-56、ITQ-1、ITQ-2、PSH-3、SSZ-25、沸石 β、丝光沸石、沸石 Ω、US-Y、Linde X 型分子筛及其结合。基于与权利要求 1 的评述中的相同理由，对比文件 1 中也没有具体公开使用孔径小于 6 埃的第二分子筛作为固体干燥剂，孔径为至少 6 埃的第一分子筛作为固体酸的技术方案，因此权利要求 5 具有新颖性，符合专利法第 22 条第 2 款的规定。在权利要求 5 具有新颖性的基础上，其从属权利要求 6、7 也具有新颖性，符合专利法第 22 条第 2 款的规定。

基于以上事实和理由，合议组作出如下审查决定。

三、决定

撤销国家知识产权局于 2008 年 2 月 1 日针对 200480007965.8 号发明专利申请作出的驳回决定，由国家知识产权局原审查部门以本复审决定所针对的文本为基础继续审批程序。

复审请求人对本决定不服的，可以根据专利法第 41 条第 2 款的规定，自收到本决定之日起三个月内向北京市第一中级人民法院起诉。

084

苯并咪唑衍生物、含有它们的组合物、它们的制备以及它们的用途

复审请求审查决定（第17633号）

决　定　号　第17633号
决　定　日　2009年6月18日
发明创造名称　苯并咪唑衍生物、含有它们的组合物、它们的制备以及它们的用途
国际分类号　C07D 235/08，C07D 401/06，C07D 405/06，A61K 31/4184，A61P 25/00
复审请求人　阿斯利康（瑞典）有限公司
申　请　号　200480016327.2
申　请　日　2004年6月9日
优 先 权 日　2003年6月10日
公　开　日　2006年7月19日
合议组组长　侯　曜
主　审　员　张家祥
参　审　员　潘　剑

法律依据　专利法第26条第3款
决定要点

如果说明书中给出了发明的具体技术方案，但未给出实验证据，而该方案又必须依赖实验结果加以证实才能成立，则该发明由于缺乏解决技术问题的技术手段而无法实现。

一、案由

本复审请求案涉及发明名称为“苯并咪唑衍生物、含有它们的组合物、它们的制备以及它们的用途”的200480016327.2号发明专利申请（下称本申请），申请人为阿斯利康（瑞典）有限公司，申请日为2004年6月9日，优先权日为2003年6月10日，公开日为2006年7月19日。

2008年3月28日，针对申请人于2008年2月15日提交的权利要求第1~6项，进入中国国家阶段时提交的国际申请文件中文译文的说明书第1~48页和说明书摘要，国家知识产权局以本申请的说明书不符合专利法第26条第3款的规定为由驳回了本申请。

驳回决定所针对的权利要求书如下：

“1. 式I的化合物或其药学上可接受的盐：

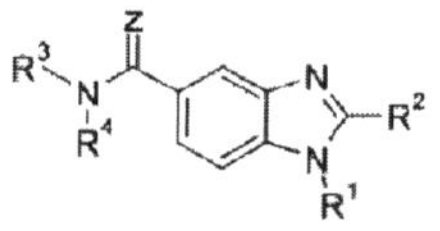

I

其中

Z 选自 O=；

R^1 选自 C_{3-10}环烷基-C_{1-6}烷基和 C_{3-6}杂环基-C_{1-6}烷基；其中在 R^1 定义中使用的所述的 C_{3-10}环烷基-C_{1-6}烷基和 C_{3-6}杂环基-C_{1-6}烷基任选被一个或多个选自卤素和甲基的基团所取代；

R^2 选自 C_{1-10}烷基；

R^3 和 R^4 独立地选自-H、R^8 和-O-R^8；其中 R^8 独立地选自 C_{1-6}烷基和二价 C_{1-6}基团，该二价 C_{1-6}基团与另一个二价 R^8 基团一起形成环的一部分；其中 R^3 和 R^4 不同时为氢；或 R^3 和 R^4 与其相连的氮一起形成 5-或 6-员环的一部分，其中所述环任选被一个或多个选自甲基和羟基的基团所取代。

2. 根据权利要求 1 的化合物或其药学上可接受的盐，其中

Z 是 O=；

R^1 选自 C_{3-10}环烷基-C_{1-4}烷基和 C_{3-6}杂环基-C_{1-4}烷基；其中在 R^1 定义中使用的所述的 C_{3-10}环烷基-C_{1-4}烷基和 C_{3-6}杂环基-C_{1-4}烷基任选被一个或多个选自卤素和甲基的基团所取代；

R^2 选自 C_{1-6}烷基；

R^3 和 R^4 独立地选自 C_{1-6}烷基和 C_{1-6}烷氧基，或 R^3 和 R^4 与其相连的氮一起形成 5-或 6-员环的一部分，其中所述环任选被一个或多个选自甲基和羟基的基团所取代。

3. 根据权利要求 1 的化合物或其药学上可接受的盐，其中

Z 为 O=；

R^1 选自 C_{3-6}环烷基-C_{1-4}烷基和 C_{3-6}杂环基-C_{1-4}烷基；其中在 R^1 定义中使用的所述的 C_{3-6}环烷基-C_{1-4}烷基和 C_{3-6}杂环基-C_{1-4}烷基任选被一个或多个选自卤素和甲基所取代；

R^2 选自 C_{1-6}烷基；

R^3 和 R^4 独立地选自 C_{1-6}烷基和 C_{1-6}烷氧基；或 R^3 和 R^4 与其相连的氮一起形成 5-或 6-员环的一部分，其中所述环任选被一个或多个选自甲基和羟基的基团所取代。

4. 根据权利要求 1 的化合物或其药学上可接受的盐，其中

Z 是 O=；

R^1 选自环己基甲基、环戊基甲基、环丁基甲基、环丙基甲基、金刚烷基甲基、四氢吡喃基甲基、四氢呋喃基甲基、4-吡啶基甲基、2-吡啶基甲基、1-吡咯基乙基、1-吗啉代乙基、4，4-二氟-环己基甲基、2-吡咯烷基甲基、N-甲基-2-吡咯烷基甲基、2-哌啶基甲基、N-甲基-2-哌啶基甲基、3-噻吩基甲基、（1-甲基-1H-咪唑-2-基）甲基和 5-（2-甲基噻吩基）；

R^2 选自叔丁基、正丁基、2-甲基-2-丁基、正戊基和异戊基；以及

R^3 和 R^4 独立地选自甲基、乙基、甲氧基和乙氧基；或 R^3 和 R^4 与其相连的氮一起形成选自异噁唑烷-2-基、4-羟基-异噁唑烷-2-基、4-羟基-4-甲基-异噁唑烷-2-基和 N-吗啉基的基团。

5. 选自下列的化合物或其药学上可接受的盐：

2-叔丁基-N，N-二乙基-1-｛［（2R）-1-甲基哌啶-2-基］甲基｝-1H-苯并咪唑-5-甲酰胺，

2-叔丁基-1-（环己基甲基）-N，N-二乙基-1H-苯并咪唑-5-甲酰胺，

2-叔丁基-1-（环己基甲基）-N-甲氧基-N-甲基-1H-苯并咪唑-5-甲酰胺，

1-（环己基甲基）-2-（1，1-二甲基丙基）-N-甲氧基-N-甲基-1H-苯并咪唑-5-甲酰胺，

1-（环己基甲基）-2-（1，1-二甲基丙基）-N-甲氧基-N-甲基-1H-苯并咪唑-5-甲酰胺，

1-（环己基甲基）-2-（1，1-二甲基丙基）-N-吗啉-4-基-1H-苯并咪唑-5-甲酰胺，

1-（环己基甲基）-2-（1，1-二甲基丙基）-5-（吗啉-4-基羰基）-1H-苯并咪唑，

1-（环己基甲基）-5-［（2，6-二甲基吗啉-4-基）羰基］-2-（1，1-二甲基丙基）-1H-苯并咪唑，

1-（环己基甲基）-5-｛［（2R，6S）-2，6-二甲基吗啉-4-基］羰基｝-2-（1，1-二甲基丙基）-1H-苯并咪唑，

1-（环己基甲基）-2-（1，1-二甲基丙基）-5-（异噁唑烷-2-基羰基）-1H-苯并咪唑，

（4R）-2-｛［1-（环己基甲基）-2-（1，1-二甲基丙基）-1H-苯并咪唑-5-基］羰基｝-4-甲基异噁唑烷-4-醇，

（4S）-2-｛［1-（环己基甲基）-2-（1，1-二甲基丙基）-1H-苯并咪唑-5-基］羰基｝-4-甲基异噁唑烷-4-醇，

2-叔丁基-1-（环己基甲基）-N-甲氧基-1H-苯并咪唑-5-甲酰胺，

2-叔丁基-1-（环己基甲基）-N-乙氧基-1H-苯并咪唑-5-甲酰胺，

2-叔丁基-1-（环己基甲基）-N-乙基-N-甲基-1H-苯并咪唑-5-甲酰胺，

（4R）-2-｛［2-叔丁基-1-（环己基甲基）-1H-苯并咪唑-5-基］羰基｝异噁唑烷-4-醇，

（4S）-2-｛［2-叔丁基-1-（环己基甲基）-1H-苯并咪唑-5-基］羰基｝异噁唑烷-4-醇，

2-叔丁基-1-（环己基甲基）-5-（异噁唑烷-2-基羰基）-1H-苯并咪唑-，

（4R）-2-｛［2-叔丁基-1-（环己基甲基）-1H-苯并咪唑-5-基］羰基｝-4-甲基异噁唑烷-4-醇，

（4S）-2-｛［1-（环己基甲基）-2-（1，1-二甲基丙基）-1H-苯并咪唑-5-基］羰基｝异噁唑烷-4-醇，

2-叔丁基-1-（环己基甲基）-N-乙氧基-N-乙基-1H-苯并咪唑-5-甲酰胺，

2-叔丁基-N-甲氧基-N-甲基-1-（四氢-2H-吡喃-4-基甲基）-1H-苯并咪唑-5-甲酰胺，

2-叔丁基-5-（异噁唑烷-2-基羰基）-1-（四氢-2H-吡喃-4-基甲基）-1H-苯并咪唑，

2-叔丁基-1-［（4，4-二氟环己基）甲基］-N-甲氧基-N-甲基-1H-苯并咪唑-5-甲酰胺。

6. 制备式Ⅱ化合物的方法，

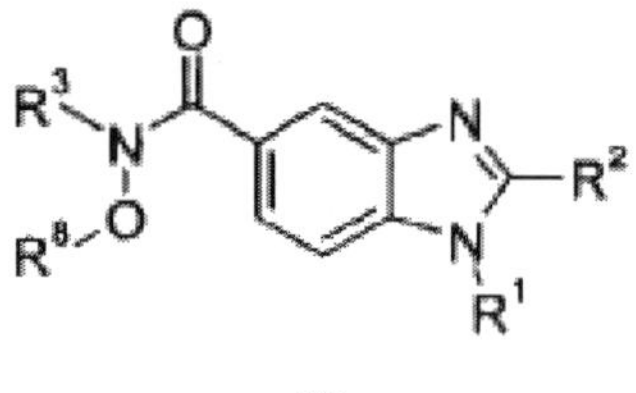

Ⅱ

所述方法包括步骤：使式Ⅲ化合物与化合物 R^3NHOR^8 反应，形成式Ⅱ化合物，

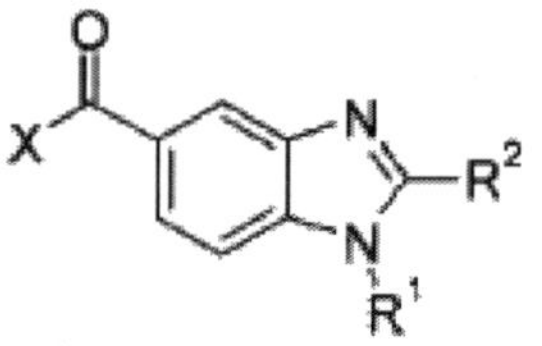

Ⅲ

其中

X 选自 Cl、Br、I 和 OH；

R^1 选自 C_{3-10}环烷基-C_{1-6}烷基和 C_{3-6}杂环基-C_{1-6}烷基；其中在 R^1 定义中使用的所述的 C_{3-10}环烷基-C_{1-6}烷基和 C_{3-6}杂环基-C_{1-6}烷基任选被一个或多个卤素所取代；

R^2 选自 C_{1-10}烷基；

R^3 选自 C_{1-6}烷基和二价 C_{1-6}基团，该二价 C_{1-6}基团与二价 R^8 一起形成环的一部分；和 R^8 选自-H、C_{1-6}烷基和二价 C_{1-6}基团，该二价 C_{1-6}基团与二价 R^3 一起形成环的一部分。”

驳回决定认为：(1) 说明书中给出了所述化合物的具体制备例以及证明其结构的理化参数，记载了测定 hCB_1 和 hCB_2 受体结合、hCB_1 和 $hCB_2GTP\gamma S$ 结合的实验模型以及被测化合物是否具有活性的判断标准，但没有记载任何具体的药物活性测试过程和相应的具体实验数据以证实化合物具有说明书所述的药物作用，而在现有技术中也没有与其活性相关的内容，因此，本申请属于审查指南第二部分第二章第 2.1.3 节中的第（5）种情况，不符合专利法第 26 条第 3 款的规定。(2) 通式Ⅰ、Ⅱ所示的苯并咪唑类化合物实质上包含了成千上万种可能的化合物，这意味着说明书中的生物实验所采用的具体化合物是未知的，本领域的技术人员根据说明书记载的内容无法确定哪些化合物进行了药理活性试验以及哪些化合物能够具有相应的活性。(3) 申请人所谓的现有技术其公开日期并不能确定在本申请的优先权日之前，而且该现有技术只是批露了 CB_1 受体调节与疼痛控制的关系，由此并不能确定本申请化合物具有所述活性。

2008 年 7 月 11 日，申请人阿斯利康（瑞典）有限公司（下称请求人）对上述驳回决定不服，向专利复审委员会提出复审请求，同时提交了附件 1（本申请实施例化合物 1~23 的 IC_{50}数据），但未对申请文件进行修改。请求人认为：本申请说明书已经披露了要求保护的苯并咪唑类化合物的结构式、制备方法、医药用途、药理功效、有效量、使用方法、多个制备实施例，以及 hCB_1 和 $hCB_2GTP\gamma S$ 测定方法，并且本申请的说明书还披露了本申请的大多数化合物对人 CB_1 受体的 Ki 的测量结果在 36~5700nM 的范围内，对人 CB_2 受体的 Ki 的测量结果在约 1.6~36nM 的范围内，对 CB_1 受体的 IC_{50}值通常在 16.2nM~5655.7nM 的范围内，这些数据是具体的实验结果，是对本申请实施例的具体化合物的测量结果进行概括而得到的，不是一般性的描述；由附件 1 可知，说明书中对 CB_1 受体的 IC_{50}值的两个端点分别对应于化合物 1 和 20 的测量结果，证实了说明书中所述的 Ki 值和 IC_{50}值是采用具体化合物通过具体实验而得到的；尽管式Ⅰ、式Ⅱ化合物包含很多化合物，但一般情况下，说明书中给出的活性数据或试验结果是由效果较好的化合物得出的，可见本申请说明书已经证实了实施例中的具体化合物具有所述的活性，而通式Ⅰ化合物与实施例中的化合物在结构上相似，故通式Ⅰ化合物也应具有所述的药理学活性。

经形式审查合格后，专利复审委员会受理了该请求，并于 2008 年 7 月 31 日向请求人发出了《复审请求受理通知书》，同时将本申请转送至国家知识产权局原审查部门进行前置审查。

在《前置审查意见书》中，国家知识产权局原审查部门认为，附件 1 没有相应的公开日期，不能确定是现有技术，且所提供的数据不能补入说明书中，也不能作为本申请公开的一部分，因此，坚持驳回决定。

专利复审委员会组成合议组，对本复审请求案进行了审理。合议组于 2009 年 4 月 7 日向请求人发出《复审通知书》，指出：(1) 说明书中虽然给出了某些具体化合物的制备方法和确认数据以及可用来证明所述化合物具有所述用途的试验方法，但没有清楚地记载所述实验是采用哪种或哪些具体化合物进行的，本领域技术人员无法确定所要求保护的化合物能够实现所述发明效果和用途。另外，说明书中也没有记载所述化合物能够减缓疼痛和治疗癌症、腹泻等疾病的实验模型及疗效试验数据，并且由说明书所提供的现有技术也无法推知本申请的化合物具有所述用途或效果，故本申请由于缺乏解决技术问题的技术手段而无法实现，说明书不符合专利法第26条第3款的规定。（2）附件1是申请日之后补交的实验数据，故合议组不予考虑；请求人在答复两次审查意见通知书时均提及以下文献（Rice ASC et al，Cannabinoids and pain. Progr Pain Res Man，Vol. 24，IASP Press，Seattle，2003，pp. 437~468），但并未提交该文献，如果请求人坚持使用该文献来证明CB1受体调节与疼痛控制的关系，请求人应提交该文献的原文和中文译文，并根据所使用的内容具体进行阐述，否则合议组对该文献不予考虑，请求人还需确认所述文献的公开日在本申请的优先权日之前，必要时应提供证据来证明。

针对上述《复审通知书》，请求人于2009年5月22日提交了意见陈述书，同时提交了附件2（“大麻的疼痛调制作用及其机制”，毛应启梁，《国外医学·生理、病理科学与临床分册》，第23卷第1期，2003年2月，第79~81页，复印件共3页），请求人除坚持复审理由中的相关意见外，还认为：本领域技术人员只要按照本申请说明书所披露的内容对实施例化合物进行试验，就能够发现所述化合物对CB_1的IC_{50}值落在16.2~5655.7的范围内，附件1也证实了这一点；CB_1受体的调节作用与缓解或抑制疼痛的关系是本领域已知的，附件2也表明了CB_1受体与痛觉调制作用之间的关系，在本申请化合物对CB_1的调节作用得以证实的情况下，其对疼痛等的作用也就能够确定。

至此，合议组认为本案事实已经清楚，可以作出审查决定。

二、决定的理由

1. 关于审查文本

本复审请求审查决定针对的文本是驳回决定所针对的文本，即：请求人于2008年2月15日提交的权利要求第1~6项，进入中国国家阶段时提交的国际申请文件中文译文的说明书第1~48页和说明书摘要。

2. 关于专利法第26条第3款

专利法第26条第3款规定：说明书应当对发明或者实用新型作出清楚、完整的说明，以所属技术领域的技术人员能够实现为准。

如果说明书中给出了发明的具体技术方案，但未给出实验证据，而该方案又必须依赖实验结果加以证实才能成立，则该发明由于缺乏解决技术问题的技术手段而无法实现。

就本申请而言，权利要求1要求保护式Ⅰ的化合物或其药学上可接受的盐。权利要求2~4对权利要求1中的化合物作了进一步限定。权利要求5要求保护多种具体的化合物或其药学上可接受的盐。权利要求6要求保护制备式Ⅱ化合物的方法。

如说明书所述，本申请提供在治疗疼痛和其他有关症状或疾病中有用的CB_1受体配体；说明书的发明内容部分记载了式Ⅰ的化合物、其药学上可接受的盐、其合成方案、含有该化合物的药物组合物以及该化合物作为药物的活性，特别是作为调节剂或配体如CB_1受体的激动剂、部分激动剂、反激动剂或拮抗剂，可用于缓解各种疼痛和治疗癌症、腹泻等疾病；说明书的实施例具体描述了多种化合物的制备方法和确认所述化合物的理化参数；生物学评价部分则给出了hCB_1和hCB_2受体结合以及hCB_1和$hCB_2GTP\gamma S$结合的试验方法，使用该试验，本申请绝大多数化合物对人CB_1受体的Ki的测量结果在36~5700nM的范围内，绝大多数化合物对人CB_2受体的Ki的测量结果在约1.6~36nM的范围内，大部分化合物对CB_1受体的IC_{50}值通常在16.2~5655.7nM的范围。

合议组认为：本申请要求保护的苯并咪唑化合物包括众多的具体化合物，说明书中虽然给出了某些具体化合物的制备方法和确认数据以及可用来证明所述化合物具有所述用途的试验方法，但由于说明书中没有清楚地记载所述实验是采用哪种或哪些具体化合物进行的，本领域技术人员无法确定所要求保护的化合物能够实现所述发明效果及所述用途。另外，本申请要求保护的苯并咪唑化合物是一种药物化合物，说明书中没有记载该化合物能够减缓疼痛和治疗癌症、腹泻等疾病的实验模型及疗效试验数据，并且由说明书所提供的现有技术也无法推知本申请的化合物具有所述用途或效果。因此，上述情况属于审查指南第二部分第二章第 2. 1. 3 节（5）所述的说明书中给出了发明的具体技术方案，但未给出实验证据，而该方案又必须依赖实验结果加以证实才能成立的情形，故本申请由于缺乏解决技术问题的技术手段而无法实现，说明书不符合专利法第 26 条第 3 款的规定。

请求人提交的附件 1 是申请日之后补交的实验数据，故合议组在判断说明书是否公开时不予考虑。请求人在答复《复审通知书》时没能提交文献（Rice ASC et al，Cannabinoids and pain. Progr Pain Res Man，Vol. 24，IASP Press，Seattle，2003，pp. 437~468）的原文和中文译文，更未提及所使用的内容，合议组对该文献也不予考虑。虽然附件 2 中记载了 CB_1 受体与大麻镇痛的关系，但并不能证明本申请的化合物能够与 CB_1/CB_2 受体结合，从而具有减缓疼痛和治疗癌症、腹泻等疾病的用途。

另外，需要指出的是，对于根据现有技术和发明的内容无法预测用途或技术效果的发明，应当提供实验证据加以证实，不能留待本领域技术人员来验证，否则不能认定为已完成的发明。

根据上述事实和理由，合议组作出如下审查决定。

三、决定

维持国家知识产权局于 2008 年 3 月 28 日针对 200480016327. 2 号发明专利申请作出的驳回决定。

复审请求人对本决定不服的，可以根据专利法第 41 条第 2 款的规定，自收到本决定之日起三个月内向北京市第一中级人民法院起诉。

085

选择性除草组合物

复审请求审查决定（第17635号）

决　定　号　第17635号
决　定　日　2009年6月8日
发明创造名称　选择性除草组合物
国际分类号　A01N43/713，A01N47/10，A01N57/10
复审请求人　日本拜耳农药株式会社
申　请　号　99106800.9
申　请　日　1999年5月21日
优先权日　1998年5月21日
公　开　日　1999年12月8日
合议组组长　侯　曜
主　审　员　王　静
参　审　员　李新芝

法律依据　专利法第26条第4款，专利法实施细则第21条第2款
决定要点

如果修改后的权利要求能够从说明书公开的内容中得到或概括得出，则修改后的权利要求符合专利法第26条第4款的规定。

对于由两种除草剂组成的农药增效组合物发明而言，如果增效作用与各组分比例密切相关，那么选择组分以及确定组分之间的比例均是解决技术问题所不可缺少的技术特征。

一、案由

本复审请求案涉及发明名称为“选择性除草组合物”的99106800.9号发明专利申请（下称本申请），申请人为日本拜耳农药株式会社，申请日为1999年5月21日，优先权日为1998年5月21日，公开日为1999年12月8日。

2006年8月18日，针对申请人于2005年12月19日提交的权利要求第1~8项以及1999年5月21日提交的说明书第1~14页和说明书摘要，国家知识产权局以本申请权利要求1~8不符合专利法第26条第4款的规定以及独立权利要求1不符合专利法实施细则第21条第2款的规定为由驳回了本申请。

驳回决定所针对的权利要求书为：

“1. 除草组合物，其特征在于，它包含作为有效成分的

（a）通式（Ⅰ）的四唑啉酮，和

（b）至少一种选自苯氧基丙酸酯类除草化合物的化合物，

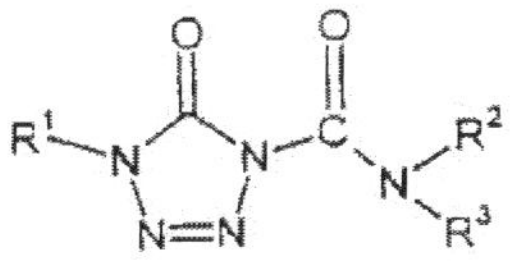

(I)

其中

R^1表示C_1–C_8–烷基、苯基、C_3–C_7–环烷基、C_3–C_7–环烯基或苯基–C_1–C_4–烷基，它们任选由C_1–C_4–烷基和/或卤素取代，

R^2和R^3相互独立地表示C_1–C_6烷基、C_3–C_7–环烷基、C_3–C_6–链烯基、C_3–C_6–炔基或苯基，它们任选由卤素取代，或

R^2和R^3与它们键合的氮原子一起形成5–或6–元杂环，该环任选含有另一杂原子且任选由一或多个C_1–C_4–烷基取代。

2. 根据权利要求1的组合物，其中式（a）是通式（Ⅰ）的四唑啉酮，其中

R^1表示由卤素取代的苯基，其中卤素原子是在该苯基部分的邻位，

R^2表示乙基或正丙基，和

R^3表示环己基或环戊基。

3. 根据权利要求1的组合物，其中成分（a）是1–（2–氯苯基）–4–（N–环己基–N–乙基氨基甲酰基）–5（4H）–四唑啉酮。

4. 根据权利要求3的组合物，其中，组（b）的化合物是（R）–2–［4–（4–氰基–2–氟苯氧基）苯氧基］丙酸酯。

5. 根据权利要求1~4中任一项所述的组合物，对于1份重量的四唑啉酮（a），它含有0.2~30份重量组（b）的苯氧基丙酸酯类除草化合物。

6. 选择性防治杂草的方法，其特征在于，使根据权利要求1至5中任意一项所述的组合物作用于杂草和/或其栖生地。

7. 权利要求1~5中任意一项所述的组合物用于选择性防治杂草的应用。

8. 制备除草组合物的方法，其特征在于，将权利要求1至5中任意一项所述的组合物与填充剂和/或表面活性剂混合。”

驳回决定认为：（1）权利要求1中使用的四唑啉酮和苯氧基丙酸酯类除草化合物包含了大量的不同化合物，本领域技术人员根据本申请记载的内容难于预见这些化合物均能达到本发明的目的，因此权利要求1未得到说明书的支持，同理，权利要求2~8也未得到说明书的支持，不符合专利法第26条第4款的规定。（2）权利要求6使用上位概念“杂草”概括了较宽的保护范围，依据本申请文件记载的内容，本申请组合物对于稻中杂草有一定选择性除草作用，本领域技术人员难于预见该上位概念所概括的除本申请实施例之外的所有方式均能达到本发明的目的，因此权利要求6未得到说明书的支持，同理，权利要求7也未得到说明书的支持，不符合专利法第26条第4款的规定。（3）要达到本发明的目的，“有效成分的配比”是必不可少的技术特征，但是独立权利要求1未记载该必要技术特征，因此，独立权利要求1不符合专利法实施细则第21条第2款的规定。

申请人日本拜耳农药株式会社（下称请求人）对上述驳回决定不服，于2006年12月4日向专利复审委员会提出复审请求，同时提交了权利要求书全文替换页，将驳回决定针对的权利要求书中的权利要求3~4并入权利要求1，将权利要求6~7中的杂草限定为“水稻田中的杂草”，并对权利要求重

新编号。

修改后的权利要求书如下：

“1. 除草组合物，其特征在于，它包含作为有效成分的

（a）1-（2-氯苯基）-4-（N-环己基-N-乙基氨基甲酰基）-5（4H）-四唑啉酮，和

（b）（R）-2-［4-（4-氰基-2-氟苯氧基）苯氧基］丙酸酯。

2. 根据权利要求1所述的组合物，对于1份重量的（a），它含有0.2~30份重量的（b）。

3. 选择性防治水稻田中的杂草的方法，其特征在于，使根据权利要求1或2所述的组合物作用于所述杂草和/或其栖生地。

4. 权利要求1或2所述的组合物用于选择性防治水稻田中的杂草的应用。

5. 制备除草组合物的方法，其特征在于，将权利要求1或2所述的组合物与填充剂和/或表面活性剂混合。”

请求人认为：（1）通过对权利要求1中的（a）四唑啉酮和（b）苯氧基丙酸酯类除草化合物这两种成分进行限定，并对杂草进行限定，使得修改后的权利要求得到了说明书的支持，符合专利法第26条第4款的规定。（2）根据本申请说明书第1页第23~32行、第5页第13~15行的记载，本申请发现了与单独使用（a）或（b）成分的除草效果和两者单一效力之和的计算值相比，（a）和（b）的组合表现出大大提高的除草效果，但（a）和（b）成分的混合比可以在相对宽的范围内变化，由此可知，权利要求1中（a）与（b）的配比不是实现本申请目的的必不可少的技术特征，权利要求1符合专利法实施细则第21条第2款的规定。

经形式审查合格后，专利复审委员会受理了该请求，并于2007年1月4日向请求人发出《复审请求受理通知书》，同时将本申请转送至国家知识产权局原审查部门进行前置审查。

在《前置审查意见书》中，国家知识产权局原审查部门认为，修改后的权利要求1仍然未记载“有效成分的配比”这一必要技术特征，不符合专利法实施细则第21条第2款的规定，故坚持驳回决定。

专利复审委员会组成合议组，对本复审请求案进行了审理，并于2009年3月18日向请求人发出了《复审通知书》。

合议组在《复审通知书》中指出：权利要求1技术方案中仅限定了除草组合物的组分，没有限定具有增效作用的两组分之间的比例，使得权利要求1没有从整体上反映发明的技术方案，不符合专利法实施细则第21条第2款的规定。

2009年4月20日，请求人提交了意见陈述书并提交了修改后的权利要求书，将提出复审请求时提交的文本中的权利要求2的附加技术特征并入权利要求1中，并相应地对权利要求3至5的编号及其引用关系进行了修改。

经合议，合议组认为本案事实已经清楚，可以作出审查决定。

二、决定的理由

1. 关于审查文本

请求人于2009年4月20日答复《复审通知书》时提交了权利要求书全文替换页，经审查，其中所作修改符合专利法第33条和专利法实施细则第60条第1款的规定。因此，本复审决定以请求人于2009年4月20日提交的权利要求第1~4项、1999年5月21日提交的说明书第1~14页和说明书摘要为基础进行。

2. 关于专利法第26条第4款

专利法第26条第4款规定：权利要求书应当以说明书为依据，说明要求专利保护的范围。

如果修改后的权利要求能够从说明书公开的内容中得到或概括得出，则修改后的权利要求符合专利法第 26 条第 4 款的规定。

复审请求人在提出复审请求时，对权利要求进行了修改，将原权利要求 1 要求保护的除草组合物的两组分分别限定为 1-（2-氯苯基）-4-（N-环己基-N-乙基氨基甲酰基）-5（4H）-四唑啉酮和（R）-2-［4-（4-氰基-2-氟苯氧基）苯氧基］丙酸酯，将权利要求 3-4 中的杂草限定为水稻田中的杂草。本申请说明书试验实施例 2 中具体给出了 1-（2-氯苯基）-4-（N-环己基-N-乙基氨基甲酰基）-5（4H）-四唑啉酮和（R）-2-［4-（4-氰基-2-氟苯氧基）苯氧基］丙酸酯组成的除草组合物，并对其施用浓度、对稻田稗的除草效果以及在水中的残效期进行了测定，而且说明书中还列举了可以用于防除水稻田中的各种杂草的名称（参见本申请说明书第 6 页第 4 行至第 7 页第 5 行），本领域技术人员能够预见如前所述的这种除草组合物对于水稻田中的其他杂草具有同样的除草效果。因此，修改后的权利要求 1~4 的技术方案能够从说明书公开的内容中概括得出，符合专利法第 26 条第 4 款的规定。《前置审查意见书》中也未坚持驳回决定的上述观点，因此，修改后的权利要求 1~4 克服了驳回决定所指出的权利要求 1~8 不符合专利法第 26 条第 4 款的缺陷。

3. 关于专利法实施细则第 21 条第 2 款

专利法实施细则第 21 条第 2 款规定：独立权利要求应当从整体上反映发明或者实用新型的技术方案，记载解决技术问题的必要技术特征。

对于由两种除草剂组成的农药增效组合物发明而言，如果增效作用与各组分比例密切相关，那么选择组分以及确定组分之间的比例均是解决技术问题所不可缺少的技术特征。

就本案而言，根据说明书记载的内容，本申请的发明目的在于改善除草组合物在杂草防治过程中的除草效果，降低对稻作物的药害，提供了一种由两种活性物质（除草剂）组成的农药增效除草组合物。由于组合物发明的特征不仅在于由哪些组分组成，还在于各组分的含量或配比关系，增效作用与各组分比例密切相关，因而组分及其含量均为发明的必要技术特征，都应当写入独立权利要求。对于由两种除草剂组成的农药增效组合物发明而言，发明的任务不仅要选择组分，而且要确定组分之间的比例，因为它们不是在任意比例范围内均能获得协同效果，因此在农药组合物及其制备方法的独立权利要求中必须同时限定组分和组分之间的比例。

本申请权利要求 1 要求保护除草组合物，复审请求人在答复《复审通知书》时对权利要求 1 进行了修改，使得修改后的权利要求 1 技术方案中既写明了两种组分的名称，又限定了具有增效作用的两组分之间的比例，即记载了解决技术问题所需的全部技术特征，因此，权利要求 1 符合专利法实施细则第 21 条第 2 款的规定，克服了《驳回决定》及《复审通知书》中所指出的权利要求 1 不符合专利法实施细则第 21 条第 2 款规定的缺陷。

三、决定

撤销国家知识产权局于 2006 年 8 月 18 日针对 99106800.9 号发明专利申请作出的驳回决定，由国家知识产权局原审查部门以本决定所针对的文本为基础继续审批程序。

复审请求人如对本决定不服，可以依据专利法第 41 条第 2 款的规定，自收到本决定之日起三个月内向北京市第一中级人民法院起诉。

086

新药物

复审请求审查决定（第17656号）

决　　定　　号　第17656号
决　　定　　日　2009年6月18日
发明创造名称　新药物
国 际 分 类 号　C07D 417/12，A61K 31/427，A61P 3/10
复 审 请 求 人　史密丝克莱恩比彻姆有限公司
申　　请　　号　00801933.9
优 先 权 日　1999年4月20日
申　　请　　日　2000年4月19日
公　　开　　日　2001年12月19日
合 议 组 组 长　刘　亚
主　　审　　员　李亚林
参　　审　　员　刘　磊

法 律 依 据　专利法第22条第3款
决 定 要 点

在判断一项化学方法权利要求是否具有创造性时，首先，应当确定与该权利要求最接近的现有技术；继而，将该权利要求和该最接近的现有技术进行特征分析，确定二者之间的区别技术特征；若二者的区别在于某一或某些工艺条件如温度、压力、时间、各工艺步骤中所需的助剂等的不同，而这些工艺条件的选择在本领域技术人员的实践操作能力之内，且该权利要求的方法没有导致技术效果的变化或者技术效果的变化是本领域技术人员可预料到的，则该权利要求不具备创造性。

一、案由

本复审请求案涉及发明名称为“新药物”的00801933.9号发明专利申请（下称本申请），申请人为史密丝克莱恩比彻姆有限公司，申请日为2000年4月19日，优先权日为1999年4月20日，公开日为2001年12月19日。

2007年3月9日，针对申请人于2004年12月28日提交的权利要求第1~9项，进入中国国家阶段时提交的国际申请文件中文译文的说明书第1~9页、说明书附图1~2页和说明书摘要，国家知识产权局以本申请权利要求1~6和9不符合专利法第22条第2款的规定为由驳回了本申请。

驳回决定认为：对比文件1（J. CHEM. SOC. PERKIN TRANDS. 1，1994年，第3319~3324页）公开了本申请权利要求1~6和9的全部技术特征，因此，权利要求1~6和9不具备新颖性。

驳回决定针对的权利要求书如下：

“1. 5-［4-［2-（N-甲基-N-（2-吡啶基）氨基）乙氧基］苄基］噻唑烷-2，4-二酮盐酸盐一水合物，其特征在于：

（ⅰ）其提供了包括位于3358、2764、1245、833和760cm -1的峰的红外光谱；和/或

（ⅱ）其提供了包括位于15.0、17.7、23.0、30.0和31.4°2θ的峰的X-射线粉末衍射（XRPD）图案。

2. 权利要求1的水合物，其提供的红外峰位置如下：3358，3124，2764，1762，1747，1707，1644，1614，1587，1544，1511，1414，1333，1302，1268，1245，1181，1154，1142，1108，1075，1054，1033，1012，988，938，905，859，833，817，760，738，716，663，652，636，620，605，564，540，525和505cm -1。

3. 权利要求1和2的水合物，其提供的X-射线粉末衍射（XRPD）图案包括位于8.8，12.1，14.1，14.3，15.0，16.5，17.7，19.1，19.9，20.7，21.3，21.7，23.0，23.8，24.3，24.9，25.6，27.0，27.6，28.9，30.0，31.4，32.2和33.1°2θ的峰。

4. 权利要求1~3中任一项的水合物，为纯形式或与其他物质混合。

5. 权利要求4的水合物，为纯形式

6. 权利要求1~5中任一项的水合物，为结晶形式。

7. 制备权利要求1的水合物的方法，其特征在于，在作为溶剂的乙酸中用盐酸离子源处理5-［4-［2-（N-甲基-N-（2-吡啶基）氨基）乙氧基］苄基］噻唑烷-2，4-二酮（化合物I）。

8. 包含有效无毒量的权利要求1的水合物和其可药用载体的药物组合物。

9. 权利要求1的水合物在制备用于治疗和/或预防糖尿病、与糖尿病有关的病症及其一些并发症，包括肾病、糖尿病性肾病、肾小球性肾炎、肾小球硬化、肾病性综合症、高血压性肾硬化、和晚期肾病的药物中的用途。”

2007年6月20日，申请人史密丝克莱恩比彻姆有限公司（下称请求人）向专利复审委员会提出复审请求，请求人在提出复审请求时提交了权利要求书的修改替换页。请求人删除了《驳回决定》所指出的不具备新颖性的权利要求1~6和9，将驳回决定针对的权利要求7和8改写为修改后的权利要求1和7，并相应增加了进一步限定修改后的权利要求1和7的从属权利要求2~6和8~12。修改后的权利要求书如下：

“1. 制备5-［4-［2-（N-甲基-N-（2-吡啶基）氨基）乙氧基］苄基］噻唑烷-2，4-二酮盐酸盐一水合物的方法，其中所述一水合物：

（ⅰ）提供了包括位于3358、2764、1245、833和760cm -1的峰的红外光谱；和/或

（ⅱ）提供了包括位于15.0、17.7、23.0、30.0和31.4°2θ的峰的X-射线粉末衍射（XRPD）图案，

所述方法的特征在于，在作为溶剂的乙酸中用盐酸离子源处理5-［4-［2-（N-甲基-N-（2-吡啶基）氨基）乙氧基］苄基］噻唑烷-2，4-二酮。

2. 权利要求1的方法，其中所述一水合物提供的红外峰位置如下：3358，3124，2764，1762，1747，1707，1644，1614，1587，1544，1511，1414，1333，1302，1268，1245，1181，1154，1142，1108，1075，1054，1033，1012，988，938，905，859，833，817，760，738，716，663，652，636，620，605，564，540，525和505cm -1 。

3. 权利要求1或2的方法，其中所述一水合物提供的X-射线粉末衍射（XRPD）图案包括位于8.8，12.1，14.1，14.3，15.0，16.5，17.7，19.1，19.9，20.7，21.3，21.7，23.0，23.8，24.3，

24.9，25.6，27.0，27.6，28.9，30.0，31.4，32.2 和 33.1°2θ 的峰。

4. 权利要求 1 或 2 的方法，其中所述一水合物为纯形式或与其他物质混合。

5. 权利要求 4 的方法，其中所述一水合物为纯形式

6. 权利要求 1 或 2 的方法，其中所述一水合物为结晶形式。

7. 包含有效无毒量的 5-［4-［2-（N-甲基-N-（2-吡啶基）氨基）乙氧基］苄基］噻唑烷-2，4-二酮盐酸盐一水合物和其可药用载体的药物组合物，其中所述一水合物：

（ⅰ）提供了包括位于 3358、2764、1245、833 和 760cm-1 的峰的红外光谱；和/或

（ⅱ）提供了包括位于 15.0、17.7、23.0、30.0 和 31.4°2θ 的峰的 X-射线粉末衍射（XRPD）图案。

8. 权利要求 7 的组合物，其中所述一水合物提供的红外峰位置如下：3358，3124，2764，1762，1747，1707，1644，1614，1587，1544，1511，1414，1333，1302，1268，1245，1181，1154，1142，1108，1075，1054，1033，1012，988，938，905，859，833，817，760，738，716，663，652，636，620，605，564，540，525 和 505cm -1 。

9. 权利要求 7 或 8 的组合物，其中所述一水合物提供的 X-射线粉末衍射（XRPD）图案包括位于 8.8，12.1，14.1，14.3，15.0，16.5，17.7，19.1，19.9，20.7，21.3，21.7，23.0，23.8，24.3，24.9，25.6，27.0，27.6，28.9，30.0，31.4，32.2 和 33.1°2θ 的峰。

10. 权利要求 7 或 8 的组合物，其中所述一水合物为纯形式或与其他物质混合。

11. 权利要求 10 的组合物，其中所述一水合物为纯形式

12. 权利要求 7 或 8 的组合物，其中所述一水合物为结晶形式。”

请求人认为：修改后的独立权利要求 1 涉及具有新颖性的制备化合物的方法；独立权利要求 7 涉及所述化合物的潜在医学用途，这两个权利要求相对于对比文件 1 均是非显而易见的。请求人还认为，对比文件 1 中有关一水合物单一异构体的公开只涉及一水合物作为保护二酮化合物立体特异性构型的手段的用途，它只是用作立体特异性分离程序中的中间工具，对比文件 1 没有启示其作为治疗剂的任何价值。

经形式审查合格后，专利复审委员会受理了该请求，并于 2007 年 7 月 20 日向请求人发出了《复审请求受理通知书》，同时将本申请转送至国家知识产权局原审查部门进行前置审查。

在《前置审查意见书》中，国家知识产权局原审查部门认为修改后的全部权利要求不具备创造性，故坚持驳回决定。

专利复审委员会组成合议组，对本复审请求案进行审理。

2008 年 10 月 23 日，合议组向请求人发出《复审通知书》，指出：本申请权利要求 1~12 相对于对比文件 1（J. CHEM. SOC. PERKIN TRANS. I，1994 年，第 3319~3324 页）不具备创造性。

2009 年 2 月 6 日，请求人提交了意见陈述书，认为，本申请的罗格列酮盐酸盐一水合物是外消旋化合物，不同于对比文件 1 中的 R-异构体，本申请的水合物特别适于批量制备和加工。请求人同时提交如下附件：

附件 1：国际公开号为 WO94/05659A1 的 PCT 国际专利申请公布说明书，公开日为 1994 年 3 月 17 日，复印件 16 页；

附件 2：公开号为 EP 0 306 228 A1 的欧洲专利申请说明书，公开日为 1989 年 3 月 8 日，复印件 47 页；

附件 3：“Organic Chemistry”，R. T. Morrison & R. N. Boyd，ALLYN AND BACON，INC.，第三版，1980 年，首页、版权页、第 226~228 页和相应的公证页，复印件 8 页；

附件4：国际公开号为WO 99/23095 A1的PCT国际专利申请公布说明书，公开日为1999年5月14日，复印件11页；

附件5：国际公开号为WO 98/37073 A1的PCT国际专利申请公布说明书，公开日为1998年8月27日，复印件26页；

附件6：Oljan Repic，Principles of Process Research and Chemical Development in the Pharmaceutical Industry，John Wiley & Sons，Inc.，1998，封面、扉页、出版信息页及第99~100页，复印件5页；

附件7：D. J. Parks等，"DIFFERENTIAL ACTIVITY OF ROSIGITAZONE ENANTIOMERS AT PPARγ"，Biorganic & Medicinal Chemistry Letters，1998，8，第3657~3658页，复印件2页；

附件8：Chem. Pharm. Bull.，1984，32（11），第4460~4465页，复印件6页；

附件9：R. W. Abbott等，"A Note on CHIRAL HPLC ANALYSIS OF BRL49653 AND ITS ENANTIOMERS IN MOUSE，RAT，DOG AND HUMAN PLASMA"，Methodol. Surv. Bioanal. Drugs，1994，信息页及第255~256页，复印件3页；

附件10：G. Pifferi等，"The cost benefit ratio of enantiomeric drugs"，European Journal of Drug Metabolism and Pharmacokinetics，1995，20（1），第15~25页，复印件11页。

经合议，合议组认为本案事实清楚，可以作出审查决定。

二、决定的理由

1. 关于文本

在复审程序中，请求人于2007年6月20日提交了权利要求书全文替换页。经审查，上述修改符合专利法第33条的规定。

本复审请求审查决定针对的文本是：请求人于2007年6月20日提交的权利要求第1~12项，2001年5月10日进入中国国家阶段时提交的国际申请文件中文译文的说明书第1~9页、说明书附图1~2页和说明书摘要。

2. 关于专利法第22条第3款

专利法第22条第3款规定：创造性，是指同申请日以前已有的技术相比，该发明有突出的实质性特点和显著的进步。

（1）关于权利要求1~6。

在判断一项化学方法权利要求是否具有创造性时，首先，应当确定与该权利要求最接近的现有技术；继而，将该权利要求和该最接近的现有技术进行特征分析，确定二者之间的区别技术特征；若二者的区别在于某一或某些工艺条件如温度、压力、时间、各工艺步骤中所需的助剂等的不同，而这些工艺条件的选择在本领域技术人员的实践操作能力之内，且该权利要求的方法没有导致技术效果的变化或者技术效果的变化是本领域技术人员可预料到的，则该权利要求不具备创造性。

权利要求1要求保护制备5-［4-［2-（N-甲基-N-（2-吡啶基）氨基）乙氧基］苄基］噻唑烷-2，4-二酮盐酸盐一水合物（下称罗格列酮盐酸盐一水合物）的方法，其中所述一水合物：（ⅰ）其提供了包含位于3358、2764、1245、833和760cm-1的峰的红外光谱；和/或（ⅱ）其提供了包含位于15.0、17.7、23.0、30.0和31.4°2θ的峰的X-射线粉末衍射（XRPD）图案，所述方法的特征在于，在作为溶剂的乙酸中用盐酸离子源处理5-［4-［2-（N-甲基-N-（2-吡啶基）氨基）乙氧基］苄基］噻唑烷-2，4-二酮。

对比文件1公开了在作为溶剂的水中用盐酸处理R-罗格列酮从而制备R-罗格列酮盐酸盐一水合物的方法。

本申请权利要求1中虽然用参数（红外峰位和/或X-射线粉末衍射峰位）对其罗格列酮盐酸盐一

水合物进行了定义，但在原审查部门质疑由该参数定义的罗格列酮盐酸盐一水合物相对于对比文件1的R-罗格列酮盐酸盐一水合物不具备新颖性的情况下，请求人没有证明该由参数定义的化学产品能够从化学结构上与已知化学产品区别开，并在提出复审请求时删除了涉及由参数定义的罗格列酮一水合物的权利要求。

请求人在针对《复审通知书》进行答辩时辩称，本申请的罗格列酮一水合物是外消旋化合物，即在同一晶体中以1∶1的比例兼含有R-异构体和S-异构体。

但是，在本申请权利要求1中并未记载其水合物为请求人所述的外消旋化合物，甚至在原申请文件中均无关于外消旋化合物的文字记载。而且，从本申请记载的内容来看，也不能确认权利要求1所涉及的就是外消旋化合物，其可能是单一异构体，也可能是外消旋混合物，甚至可能是不同比例的不同异构体的混合物。可见，请求人所主张的关于外消旋化合物的内容在本申请中没有依据，无法区别本申请权利要求1的一水合物与对比文件1的一水合物。由此，判断权利要求1的一水合物与对比文件1的一水合物是否具有实质区别的关键在于所述参数能否使得二者区别开。

权利要求1中的一水合物采用红外峰位和/或X-射线粉末衍射峰位进行定义，其包括三种情形：①红外峰位定义，②X-射线粉末衍射峰位定义，③红外峰位与X-射线粉末衍射峰位共同定义。

对于情形①，对比文件1中仅列出了5个红外峰：3360、3200、2500（br）、1745和1700cm-1。而本申请权利要求1的定义为：包含位于3358、2764、1245、833和760cm-1的峰的红外光谱。本领域技术人员已知，红外吸收的产生缘于原子间振动能级的跃迁，其主要受分子结构的影响，由于对比文件1与本申请权利要求1所涉及的分子结构均为罗格列酮盐酸盐一水合物，可以合理预期理论上二者应具有相同或基本相同的红外光谱。在此情况下，权利要求1的红外峰位的定义无法排除对比文件1的化合物，请求人也没能举证证明对比文件1的化合物必然不具有本申请权利要求1中所述的5个红外峰，因此，权利要求1中红外峰位的定义无法将所述罗格列酮盐酸盐与对比文件1的化合物区别开。

对于情形②，请求人采用软件预测了对比文件1中R-异构体的XRPD，首先，该预测图谱的准确性和客观性无法确定，其次，单从请求人提供的预测图可见，R-异构体在约15、17、23°2θ处均有峰，在30~32°2θ之间有若干峰，据此也无法得出权利要求1的XRPD峰排除了对比文件1的化合物的结论。

对于情形③，鉴于情形①和情形②均无法将权利要求1的罗格列酮盐酸盐一水合物与对比文件1区别开，情形③同样也无法区别开。

综上，在权利要求1所述的三种情形中，均无法表明对比文件1的R-罗格列酮盐酸盐一水合物未落入本申请权利要求1的方法所得的化学产品中。

故，本申请权利要求1与对比文件1中方法的区别仅在于：对比文件1方法的溶剂为水，本申请权利要求1方法的溶剂为乙酸。由于水和乙酸不参与反应，其作用仅为分散反应物，使得反应物之间相接触，无论水、乙酸或是其他常见溶剂比如醇类、丙酮、乙腈等均是合成反应中常见的溶剂，而且本领域技术人员也已知常规的选择适宜溶剂的标准，在常见溶剂之间进行的替代不会给发明带来任何突出的实质性特点，请求人也没能证明选用不同的溶剂能够带来预料不到的技术效果。由此，权利要求1不具备创造性，不符合专利法第22条第3款的规定。

请求人在答复《复审通知书》时提交了附件1~10意图说明本申请的罗格列酮盐酸盐一水合物相对于对比文件1的化合物具备创造性。如前所述，在无法将权利要求1中定义的罗格列酮盐酸盐一水合物与对比文件1的化合物区别开的情况下，该一水合物不构成与对比文件1的区别技术特征，请求人就此所陈述的理由和提交的附件1~10均无法证明本申请权利要求1具备创造性。

权利要求2~6是权利要求1的从属权利要求，分别对于权利要求1的方法得到的一水合物的红外峰位、X-射线粉末衍射峰位以及一水合物的形式进行了定义，但这些附加技术特征均没有使得上述权利要求制得的化学产品从化学结构上与对比文件1的R-罗格列酮盐酸盐一水合物区别开，基于评价权利要求1创造性相同的理由，权利要求2~6也不符合专利法第22条第3款有关创造性的规定。

（2）关于权利要求7~12

对于药物组合物权利要求而言，如果其中活性成分为已知化合物，而且本领域技术人员可以确定该已知化合物在治疗某一疾病方面具有效果，则要求保护该已知化合物和药学上可接受载体的药物组合物权利要求不具备创造性。

权利要求7要求保护包含有效无毒量的5-［4-［2-（N-甲基-N-（2-吡啶基）氨基）乙氧基］苄基］噻唑烷-2，4-二酮盐酸盐一水合物和其可药用载体的药物组合物，其中所述一水合物：（ⅰ）其提供了包含位于3358、2764、1245、833和760cm-1的峰的红外光谱；和/或（ⅱ）其提供了包含位于15.0、17.7、23.0、30.0和31.4°2θ的峰的X-射线粉末衍射（XRPD）图案。

对比文件1公开了R-罗格列酮盐酸盐一水合物（即，R-BRL49653盐酸盐一水合物），如本文评价权利要求1的创造性的理由中所述，对比文件1的R-罗格列酮盐酸盐一水合物无法与本申请权利要求7所定义的一水合物区别开。此外，在对比文件1第3319页公开了BRL49653（即，罗格列酮）及其类似物具有治疗非胰岛素依赖型糖尿病的潜在用途，由于对比文件1中的R-罗格列酮盐酸盐一水合物与BRL49653具有相同的母体结构，故本领域技术人员可以确定R-罗格列酮盐酸盐一水合物也具有治疗非胰岛素依赖型糖尿病的潜在用途，在将R-罗格列酮盐酸盐一水合物用于糖尿病的治疗时必然要采用某一制剂形式，这包括与可药用载体相混合，而且，治疗糖尿病的药物中活性成分的量理应是有效低毒甚至无毒的。由此，本领域技术人员根据对比文件1教导的内容得到本申请权利要求7的技术方案无须付出创造性劳动，其达到的技术效果是可以预料的，因此，权利要求7不符合专利法第22条第3款有关创造性的规定。

权利要求8~12是权利要求7的从属权利要求，分别对于权利要求7中一水合物的红外峰位、X-射线粉末衍射峰位以及一水合物的形式进行了定义，但这些附加技术特征均没有使得上述权利要求中的一水合物从化学结构上与对比文件1的R-罗格列酮盐酸盐一水合物区别开，基于评价权利要求7创造性相同的理由，权利要求8~12也不符合专利法第22条第3款有关创造性的规定。

根据上述事实和理由，合议组作出如下审查决定。

三、决定

维持国家知识产权局于2007年3月9日针对00801933.9号发明专利申请作出的驳回决定。

复审请求人对本决定不服的，可以根据专利法第41条第2款的规定，自收到本决定之日起三个月内向北京市第一中级人民法院起诉。

087

从受控分布嵌段共聚物制备的制品

复审请求审查决定（第17658号）

决　　定　　号　第17658号
决　　定　　日　2009年6月18日
发明创造名称　从受控分布嵌段共聚物制备的制品
国 际 分 类 号　C08F297/04，C08F287/00，C08L 53/00，C08L 91/00，C08L 23/00，C08L 25/00，C08L101/00
复 审 请 求 人　克拉通聚合物研究有限公司
申　　请　　号　03807460.5
最早优先权日　2002年2月7日
申　　请　　日　2003年2月7日
公　　开　　日　2005年7月20日
合 议 组 组 长　李亚林
主　　审　　员　刘　磊
参　　审　　员　王晓东

法 律 依 据　专利法实施细则第20条第1款
决 定 要 点

如果根据权利要求的文字描述以及说明书中对于某些术语的定义，本领域技术人员能够理解该权利要求的含义，确定其保护范围，则该权利要求是清楚的。

一、案由

本复审请求案涉及发明名称为“从受控分布嵌段共聚物制备的制品”的03807460.5号发明专利申请（下称本申请），申请人为克拉通聚合物研究有限公司，申请日为2003年2月7日，最早优先权日为2002年2月7日，公开日为2005年7月20日。

2008年6月6日，针对申请人于2004年9月29日进入中国国家阶段时提交的说明书第1~3、5~6和9~28页及说明书摘要，2006年10月10日提交的说明书第4、7、8和8a页，以及2007年8月21提交的权利要求第1~9项，国家知识产权局以权利要求1不符合专利法实施细则第20条第1款的规定为由驳回了本申请。

驳回决定针对的权利要求第1、4和5项如下：

“1. 一种制品，所述制品是如下形式的制品：膜、片材、涂层、带材、条、型材、模塑件、泡沫、带子、织物、丝线、长丝、带状物、纤维、多个纤维或纤维性纤网，和所述制品包括至少一种嵌段共聚物和非必要地至少一种选自如下的其他组分：烯烃聚合物、苯乙烯聚合物、增粘树脂、聚合物填充油和工程热塑性树脂，其中该嵌段共聚物含有至少一个 A 嵌段和至少一个 B 嵌段，和其中（a）每个 A 嵌段是单烯基芳烃均聚物嵌段和每个 B 嵌段是至少一种共轭二烯烃和至少一种单烯基芳烃的受控分布共聚物嵌段；（b）每个 A 嵌段的平均分子量为 3000~60000 和每个 B 嵌段的平均分子量为 30000~300000；（c）每个 B 嵌段包括邻近 A 嵌段、富含共轭二烯烃单元的末端区域和一个或多个不邻近 A 嵌段、富含单烯基芳烃单元的区域，其中富含共轭二烯烃单元的末端区域包括 B 嵌段的前 15%~25%；（d）嵌段共聚物中单烯基芳烃的总数量是 20~80wt%；和（e）B 嵌段中单烯基芳烃的重量百分比是 10%~75%。

4. 根据权利要求 2 的制品，其中嵌段 B 的苯乙烯嵌段度小于 40mol%，该苯乙烯嵌段度指数定义为在聚合物链上含有两个苯乙烯邻接部分的嵌段 B 中苯乙烯单元的比例。

5. 根据权利要求 4 的制品，其中 B 嵌段中苯乙烯的重量百分比是 10%~40%，和嵌段 B 的苯乙烯嵌段度指数小于 10。"

驳回决定认为，权利要求 1 的技术特征 c："每个 B 嵌段包括邻近 A 嵌段、富含共轭二烯烃单元的末端区域和一个或多个不邻近 A 嵌段、富含单烯基芳烃单元的区域"中涉及"邻近 A 嵌段的末端区域"和"不邻近 A 嵌段的区域"两种区域，该两种区域的范围如何划定不清楚；申请人在权利要求 1 中引入了限定特征"其中富含共轭二烯烃单元的末端区域包括 B 嵌段的前 15%~25%"，该限定是对于富含共轭二烯烃单元的末端区域的描述，未涉及不邻近 A 嵌段的并且富含烯基芳烃的区域，与是否确定存在"不邻近 A 嵌段、富含单烯基芳烃单元的区域"无关，仍不能解决不清楚的问题；因此，权利要求 1 不符合专利法实施细则第 20 条第 1 款的规定。

2008 年 9 月 22 日，申请人克拉通聚合物研究有限公司（下称请求人）对上述驳回决定不服，向专利复审委员会提出复审请求，同时提交权利要求书全文替换页。其中，（1）将权利要求 1 中的"其中富含共轭二烯烃单元的末端区域包括 B 嵌段的前 15%~25%"修改为"其中富含共轭二烯烃单元的末端区域包括在 B 嵌段两个末端的 B 嵌段的前 15%~25%，和富含单烯基芳烃单元的区域包括在末端区域之间的 B 嵌段的剩余部分"；（2）将权利要求 4 中的"嵌段 B 的苯乙烯嵌段度小于 40mol%"修改为"嵌段 B 的苯乙烯嵌段度小于 40%"；（3）将权利要求 5 中的"嵌段 B 的苯乙烯嵌段度指数小于 10"修改为"嵌段 B 的苯乙烯嵌段度指数小于 10%"。

请求人认为：上述修改（1）的修改依据为说明书第 5 页第 3 段，修改（2）的修改依据为 PCT 原始公开的权利要求 4，修改（3）的修改依据为 PCT 原始公开的权利要求 5。此外，修改后的权利要求 1 中，"富含共轭二烯烃单元的末端区域包括在 B 嵌段两个末端的 B 嵌段的前 15%~25%，和富含单烯基芳烃单元的区域包括在末端区域之间的 B 嵌段的剩余部分"，如其中所述，在 B 嵌段中，单烯基芳烃单元的比例沿聚合物链逐渐增加到靠近嵌段中间或中心的最大值和然后逐渐降低直到聚合物嵌段完全聚合。由此可见，权利要求 1 中的"邻近 A 嵌段"和"不邻近 A 嵌段"的含义是清楚的，符合专利法实施细则第 20 条第 1 款的规定。

2008 年 11 月 5 日，经形式审查合格后，专利复审委员会受理了该请求，并向请求人发出了《复审请求受理通知书》，同时将本申请转送至国家知识产权局原审查部门进行前置审查。

在《前置审查意见书》中，国家知识产权局原审查部门认为，请求人在提出复审请求时提交的权利要求书中将权利要求 1 中的"其中富含共轭二烯烃单元的末端区域包括 B 嵌段的前 15%~25%"修改为"其中富含共轭二烯烃单元的末端区域包括在 B 嵌段两个末端的 B 嵌段的前 15%~25%，和富含单烯基芳烃单元的区域包括在末端区域之间的 B 嵌段的剩余部分"，该修改超出原说明书和权利要求书记载的范围，不符合专利法第 33 条规定。原说明书第 5 页记载的是"典型地邻近 A 嵌段的区域包括嵌段的前15%~25%和包括二烯烃富集区域，而剩余部分被认为富集芳烃”，其中“前”对应与PCT申请原文中“first”一词，所以原申请文件实质上记载的是：典型地邻近A嵌段的区域包括嵌段的“一侧”的前15%~25%，而没有记载上述嵌段的两侧（或者两末端）的前15%~25%的情况。相应地，增加“富含单烯基芳烃单元的区域包括在末端区域之间的B嵌段的剩余部分”的修改亦不符合专利法第33条的规定。因此坚持驳回决定。

专利复审委员会依法组成合议组，对本复审请求案进行了审理。

2009年4月9日，请求人再次提交复审意见陈述，同时提交了修改后的权利要求书全文替换页，其中，在2008年9月22日提交的文本的基础上将权利要求1中的“其中富含共轭二烯烃单元的末端区域包括在B嵌段两个末端的B嵌段的前15%~25%，和富含单烯基芳烃单元的区域包括在末端区域之间的B嵌段的剩余部分”修改为“其中富含共轭二烯烃单元的末端区域包括B嵌段的前15%~25%”。修改后的权利要求1、4和5如下：

“1. 一种制品，所述制品是如下形式的制品：膜、片材、涂层、带材、条、型材、模塑件、泡沫、带子、织物、丝线、长丝、带状物、纤维、多个纤维或纤维性纤网，和所述制品包括至少一种嵌段共聚物和非必要地至少一种选自如下的其他组分：烯烃聚合物、苯乙烯聚合物、增粘树脂、聚合物填充油和工程热塑性树脂，其中该嵌段共聚物含有至少一个A嵌段和至少一个B嵌段，和其中（a）每个A嵌段是单烯基芳烃均聚物嵌段和每个B嵌段是至少一种共轭二烯烃和至少一种单烯基芳烃的受控分布共聚物嵌段；（b）每个A嵌段的平均分子量为3000~60000和每个B嵌段的平均分子量为30000~300000；（c）每个B嵌段包括邻近A嵌段、富含共轭二烯烃单元的末端区域和一个或多个不邻近A嵌段、富含单烯基芳烃单元的区域，其中富含共轭二烯烃单元的末端区域包括B嵌段的前15%~25%；（d）嵌段共聚物中单烯基芳烃的总数量是20~80wt%；和（e）B嵌段中单烯基芳烃的重量百分比是10%~75%。

4. 根据权利要求2的制品，其中嵌段B的苯乙烯嵌段度小于40%，该苯乙烯嵌段度指数定义为在聚合物链上含有两个苯乙烯邻接部分的嵌段B中苯乙烯单元的比例。

5. 根据权利要求4的制品，其中B嵌段中苯乙烯的重量百分比是10%~40%，和嵌段B的苯乙烯嵌段度指数小于10%。”

经合议，合议组认为本案事实已经清楚，可以作出审查决定。

二、决定的理由

1. 关于审查文本

请求人于2009年4月9日提交了权利要求书全文替换页，相对于驳回决定所针对的权利要求，其仅对权利要求4和5进行了修改，经合议组查明，修改后的内容在原始提交的国际申请的权利要求书中有明确记载，符合专利法第33条的规定。该文本可以被接受。

本复审决定针对的文本为：请求人于2009年4月9日提交的权利要求第1~9项，2004年9月29日进入中国国家阶段时提交的说明书第1~3、5~6和9~28页及说明书摘要，以及2006年10月10日提交的说明书第4、7、8和8a页。

2. 关于专利法实施细则第20条第1款

专利法实施细则第20条第1款规定：权利要求书应当说明发明或者实用新型的技术特征，清楚、简要地表述请求保护的范围。

如果根据权利要求的文字描述以及说明书中对于某些术语的定义，本领域技术人员能够理解该权利要求的含义，确定其保护范围，则该权利要求是清楚的。

就本案而言，权利要求1要求保护一种制品，其具体内容参见案由部分。

驳回决定认为，在权利要求1包括的如下内容中：“（c）每个B嵌段包括邻近A嵌段、富含共轭二烯烃单元的末端区域和一个或多个不邻近A嵌段、富含单烯基芳烃单元的区域，其中富含共轭二烯烃单元的末端区域包括B嵌段的前15%~25%”（下称技术特征c），所述的“邻近A嵌段的末端区域”和“不邻近A嵌段的区域”两种区域的范围如何划定不清楚；“不邻近A嵌段、富含单烯基芳烃单元的区域”无法确定；因此，权利要求1不符合专利法实施细则第20条第1款的规定。

对此，合议组认为，（1）根据权利要求1的技术特征c的文意即可理解：B嵌段包括邻近A嵌段的末端区域和不邻近A嵌段的区域，不邻近A嵌段与邻近A嵌段两者是相对的，在邻近A嵌段的末端区域被定义为“包括B嵌段的前15%~25%”的情况下，不邻近A嵌段的区域的含义不言自明，显然应为除所述邻近A嵌段的末端区域以外的区域。说明书中记载的如下内容也证明了该观点：“受控分布聚合物嵌段含有邻近A嵌段的二烯烃富集区域和不邻近A嵌段、和典型地靠近嵌段中心的芳烃富集区域。典型地邻近A嵌段的区域包括嵌段的前15%~25%和包括二烯烃富集区域，而剩余部分被认为富集芳烃”（参见说明书第6页第16~19行）。（2）“富含单烯基芳烃单元的区域”的含义也是清楚的。说明书第4页第2~3行给出了富含的定义：“‘富含’定义为大于平均数量，优选大于平均数量5%”，则技术特征c中所述富含单烯基芳烃单元的区域的含义即为，B嵌段中，单烯基芳烃单元含量大于平均数量的区域。此外，对于“富含”这一措辞，无论是在权利要求中出现的，还是在说明书的上述定义中，其均用于描述受控分布的B嵌段，本领域技术人员可以理解，本申请“富含”的定义中的平均数量是指某一单体在B嵌段内的平均数量。（3）综（1）和（2）所述，在“不邻近A嵌段”和“富含单烯基芳烃单元”的含义均清楚地情况下，“不邻近A嵌段、富含单烯基芳烃单元的区域”的含义也是清楚的，没有造成权利要求1保护范围不清楚，对于某一具体的嵌段共聚物而言，本领域技术人员能够确定其是否含有这样的区域。

综上，驳回决定指出的本申请权利要求1不符合专利法实施细则第20条第1款的理由不成立。

根据上述事实和理由，合议组作出如下审查决定。

三、决定

撤销国家知识产权局于2008年6月6日针对03807460.5号发明专利申请作出的驳回决定，由国家知识产权局原审查部门以请求人于2009年4月9日提交的权利要求第1~9项，2004年9月29日进入中国国家阶段时提交的说明书第1~3、5~6和9~28页及说明书摘要，以及2006年10月10日提交的说明书第4、7、8和8a页为基础继续审批程序。

复审请求人对本决定不服的，可以根据专利法第41条第2款的规定，自收到本决定之日起三个月内向北京市第一中级人民法院起诉。

088

用于预防和治疗肝癌和肝病的营养药

复审请求审查决定（第17659号）

决　定　号　第17659号
决　定　日　2009年6月22日
发明创造名称　用于预防和治疗肝癌和肝病的营养药
国 际 分 类 号　A01N65/00，A 61K 36/81，A61K131/00
复 审 请 求 人　卡翁·Q·比伊
申　请　号　200480020018.2
优 先 权 日　2003年6月13日
申　请　日　2004年6月10日
公　开　日　2006年8月23日
合 议 组 组 长　张家祥
主　审　员　李亚林
参　审　员　郭　俭

法 律 依 据　专利法第33条
决 定 要 点

如果申请的内容通过增加、改变和/或删除其中的一部分，致使所属技术领域的技术人员看到的信息与原申请记载的信息不同，而且又不能从原申请记载的信息中直接地、毫无疑义地确定，那么这种修改是不允许的。

一、案由

本复审请求案涉及申请日为2004年6月10日、发明名称为“用于预防和治疗肝癌和肝病的营养药”的200480020018.2号发明专利申请（下称本申请），申请人为卡翁·Q·比伊（由坎·V·比伊、卡翁·Q·比伊变更而来），优先权日为2003年6月13日，公开日为2006年8月23日。

2008年6月27日，针对申请人于2006年1月12日进入中国国家阶段时提交的国际申请文件中文文本的权利要求第1~31项、说明书第1~29页、说明书附图第1~6页和说明书摘要，国家知识产权局以说明书不符合专利法第26条第3款的规定为由驳回了本申请。

驳回决定认为：(1) 说明书的实验效果和具体实施方式（即实施例1和2）涉及的实验药剂（即实施例1和2所述的“表I的液体形式的组合物”和“液体提取物形式的所述组合物”）的内容无法确定，表I没有给出各组分的配比含量尤其是芦荟的含量，同时表I中“X”、“ ”和“-”含义不明确；(2) 实施例1和2所针对的施用对象只是某一个体，其所述效果不具有统计学意义。由此导致本申请的说明书不符合专利法第26条第3款的规定。

驳回决定所针对文本的独立权利要求如下：

“1. 一种组合物，其含有：甘蓝22.95±11%，胡萝卜32.78±15%，旱芹24.59±12%，皱叶欧芹<1±0.5%，菠菜11.47±5%，甜菜8.19±4%，芦荟<1±0.5%，和蜂蜜<1±0.5%。

7. 一种食品添加剂，其含有有效量的权利要求1的组合物。

12. 含有药学有效量的权利要求1的组合物和药学可接受的载体的药物组合物。

23. 一种治疗肝癌的方法，包括施用根据权利要求1~6中任意一项的组合物，结合其他已知的、标准的或实验性的肝癌治疗方案。

24. 一种治疗肝癌的方法，包括施用根据权利要求1~6中任意一项的组合物作为过渡治疗，以使不能手术切除的肝癌的大小降至可切除或可移植的大小。

25. 一种治疗化疗栓塞引起的肝损害的方法，包括施用根据权利要求1~6中任意一项的组合物以帮助肝脏化疗栓塞中损伤的正常肝实质的肝再生。

26. 一种治疗肝胆系统疾病的方法，包括施用根据权利要求1~6中任意一项的组合物。

27. 此处公开的组合物及其使用方法，可以与其他已知的、标准的或实验性的用于其他癌症的治疗方案结合使用。

28. 此处公开的组合物及其使用方法，可以与其他已知的、标准的或实验性的用于其他癌症的预防方案结合使用。

29. 一种治疗肝癌的方法，包括口服根据权利要求1~6中任意一项的组合物。

30. 一种治疗肝硬化的方法，包括口服根据权利要求1~6中任意一项的组合物。

31. 一种治疗肝炎的方法，包括口服根据权利要求1~6中任意一项的组合物。”

2008年10月10日，申请人卡翁·Q·比伊（下称请求人）对上述驳回决定不服，向专利复审委员会提出复审请求并提交了权利要求书的全文修改替换页，其中，相对于驳回决定所针对文本的权利要求书，请求人将权利要求1中皱叶欧芹、芦荟、蜂蜜的含量由“皱叶欧芹<1±0.5%”、“芦荟<1±0.5%”、“蜂蜜<1±0.5%”修改为“皱叶欧芹1±0.5%”、“芦荟1±0.5%”、“蜂蜜1±0.5%”，删除了权利要求27和28，并将权利要求23~26和29~31修改为制药用途权利要求。

修改后的独立权利要求为：

“1. 一种组合物，其含有：甘蓝22.95±11%，胡萝卜32.78±15%，旱芹24.59±12%，皱叶欧芹1±0.5%，菠菜11.47±5%，甜菜8.19±4%，芦荟1±0.5%，和蜂蜜1±0.5%。

7. 一种食品添加剂，其含有有效量的权利要求1的组合物。

12. 含有药学有效量的权利要求1的组合物和药学可接受的载体的药物组合物。

23. 根据权利要求1~6中任意一项的组合物在制备治疗肝癌的药物中的用途。

24. 根据权利要求1~6中任意一项的组合物在制备用于过渡治疗，以使不能手术切除的肝癌的大小降至可切除或可移植的大小的药物中的用途。

25. 根据权利要求1~6中任意一项的组合物在制备用于帮助肝脏化疗栓塞中损伤的正常肝实质的肝再生的药物中的用途。

26. 根据权利要求1~6中任意一项的组合物在制备治疗肝胆系统疾病的药物中的用途。

27. 根据权利要求1~6中任意一项的组合物在制备治疗肝癌的口服药物中的用途。

28. 根据权利要求1~6中任意一项的组合物在制备治疗肝硬化的口服药物中的用途。

29. 根据权利要求1~6中任意一项的组合物在制备治疗肝炎的口服药物中的用途。”

请求人同时提交如下附件：

附件 1："Encyclopedia of Foods：A guide to Healthy Nutrition"，Academic Press，2001 年，首页、版权信息页、第 248、226、219、217、258 页，复印件共 7 页；

附件 2：记载了附件 1 相关信息的网页打印件，1 页；

附件 3：请求人声称来自附件 1 的植物营养数据以及请求人认为组成 30 液量盎司组合物（提取）的每种组分的含量（干重），2 页。

请求人认为：（1）实施例 1 和 2 使用了表 I 的组合物，表 I 中列出了各种植物组分的营养贡献（例如蛋白质克数、碳水化合物克数和纤维克数等），且现有技术已知植物营养值的数据（如，附件 3 表 A 表明 33 克甘蓝含有大约 2 克碳水化合物），由此可以计算出表 I 的组合物中的各植物组分的量，表 I 中的芦荟的含量可以通过用 100% 减去其余组分所占比例而得，芦荟的含量可以通过 100% 减去其余组分所占比例的总和而获得，且表 I 组合物是权利要求 1 范围内的一个实施方案；（2）本申请提供了在不同人体中的效果实验数据，没有理由怀疑这样的效果。此外，表 I 中符号的含义不影响本领域技术人员实施本发明。因此，本申请说明书已经对发明作出了清楚、完整的说明，符合专利法第 26 条第 3 款的规定。

经形式审查合格后，专利复审委员会受理了该请求，并于 2008 年 11 月 17 日向请求人发出了《复审请求受理通知书》，同时将本申请转送至国家知识产权局原审查部门进行前置审查。

在《前置审查意见书》中，国家知识产权局原审查部门认为请求人提交的修改文本不符合要求，且未克服驳回决定所述的缺陷，故坚持驳回决定。

专利复审委员会组成合议组，对本复审请求案进行了审理。合议组于 2009 年 4 月 29 日向请求人发出《复审通知书》，指出：

（1）请求人对权利要求 1 进行了修改，将组合物中皱叶欧芹、芦荟和蜂蜜的含量均由"<1±0.5%"修改为"1±0.5%"。修改后组合物中皱叶欧芹、芦荟和蜂蜜的含量显然与修改之前不同，而这样的修改在原申请文件中没有依据，无法从原申请记载的信息中直接地、毫无疑义地确定，这样的修改不符合专利法第 33 条的规定。

（2）基于节约程序的原则，合议组依据驳回决定所针对的文本，对本申请说明书是否符合专利法第 26 条第 3 款的规定进行了审查。合议组总结出驳回决定与请求人的争辩焦点有二：①实施例 1 和 2 中的组合物是否记载清楚，②实施例 1 和 2 能否证明本申请组合物具有所述的预防和治疗肝癌和肝病的效果。

对于焦点①，合议组认为，首先，本申请说明书中没有记载表 I 组合物的制备方法，只是在"发明详述和优选实施方案"部分记载了本发明的组合物可以含有植物或植物提取物，也可以含有所述植物的汁液提取物。但是，植物不同部位的提取物以及不同的提取方法将导致所得组合物成分的不同，在此情况下，无法简单套用附件 3 表 A 所述的植物营养数据，因为，本申请表 I 的组合物作为液体形式的组合物，其所含营养成分无法与附件 3 表 A 建立直接的联系，因此，请求人所述的计算方法不适用，无法计算得到表 I 组合物所需的各种植物的含量。其次，根据说明书的记载，无法确定表 I 的组合物中各植物组分的比例，无法确定表 I 的组合物中含有芦荟，更无法确定其含量。可见，虽然表 I 记载了各植物的营养贡献，但本领域技术人员无法确定表 I 组合物的组分和含量，不知晓获得该组合物的方法，故本申请说明书没有对表 I 的组合物作出清楚、完整的说明，本领域技术人员无法重复获得表 I 的组合物。

对于焦点②，合议组认为，首先，在表 I 组合物记载不清楚、本领域技术人员不清楚该组合物的组分含量的情况下，实施例 1 和 2 中的实验结果缺乏待证事实的基础，无法为本申请组合物的效果提供任何证明。其次，单就专利法第 26 条第 3 款对于组合物实验结果的要求来看，实验结果应足以证明发明的技术方案可以实现所述用途和/或达到预期效果。本申请实施例 1 和 2 分别以一名患者为实验对象，结果是晚期肝细胞癌伴双肺转移患者以及肝胆管癌患者病情好转，虽然实施例 1 和 2 中均强调患者在服用本申请组合物期间未进行其他形式的治疗，但是，病情好转的原因可能是复杂的，不同患者之间存在的个体差异也可能很大，单就本申请说明书记载的两例样本，尚无法确定实施例 1 和 2 的病情好转是由于本申请组合物的治疗效果所直接带来的，更无法确定实施例 1 和 2 的病情好转在其他患者身上是否同样适用。也就是说，在没有排除个体差异和偶然因素的情况下，仅依据两例样本，尚不足以证明本申请的组合物可以实现所述的预防和治疗肝癌和肝病的效果。

此外，合议组注意到，本申请在“发明详述和优选实施方案”部分还记载了实施例 3，表明甘蓝和菠菜的各自提取物在体外阻止 HepG2 细胞增殖的能力以及甘蓝、胡萝卜、旱芹和菠菜的各自提取物的抗氧化活性。但是，甘蓝和菠菜对于 HepG2 细胞的 EC50 值过高，依据此体外实验结果或者依据甘蓝、胡萝卜、旱芹和菠菜的各自提取物的抗氧化活性无法证明本申请组合物在人体内具有预防和治疗肝癌和肝病的效果。

本申请在“作用机制”部分还记载了类视黄醇、芦荟大黄素、维生素 K、维生素 C 等活性物质的抗癌和预防作用机制，这些机制均是已知的现有技术，由这些现有技术也无法证明本申请组合物具有所述效果。

综上，本申请的说明书不符合专利法第 26 条第 3 款的规定。

2009 年 6 月 15 日，请求人针对《复审通知书》提交了意见陈述书，并提交了说明书第 17 页和权利要求书全文的修改替换页。在说明书第 17 页第 14~15 行增加了“该组合物可以含有 1% 的蜂蜜±0.5%、±0.25%”的内容，相对于 2008 年 10 月 10 日提交的权利要求书，请求人修改了权利要求 1 和 12，删除了权利要求 13~29。修改后的权利要求 1 和 12 如下：

“1. 一种组合物，其含有：甘蓝成分、旱芹成分、菠菜成分、胡萝卜成分、甜菜成分、皱叶欧芹成分和蜂蜜成分，其中甘蓝成分含有 1031.48 mg 钾，旱芹成分含有 979.8 mg 钾，菠菜成分含有 885.1 mg 钾，胡萝卜成分含有 1043 mg 钾，甜菜成分含有 347.06 mg 钾，皱叶欧芹成分含有 89.46 mg 钾，蜂蜜成分含有 11 mg 钾。

12. 一种组合物，其含有：甘蓝成分、旱芹成分、菠菜成分、胡萝卜成分、甜菜成分、皱叶欧芹成分和蜂蜜成分，其中甘蓝成分含有 144.6 mg 钙，旱芹成分含有 136.3 mg 钙，菠菜成分含有 159.0 mg 钙，胡萝卜成分含有 119.2 mg 钙，甜菜成分含有 18.76 mg 钙，皱叶欧芹成分含有 21.3 mg 钙，蜂蜜成分含有 1 mg 钙。”

请求人同时提交了如下附件（编号续前）：

附件 4：“草药组合物 CT-630 能够延长晚期转移性 IV 期肝细胞癌病人的存活期并改善其生活质量”的报告摘要，2 页。

请求人认为：（1）修改后的权利要求 1 和 12 能够得到说明书第 16 页表 1 的支持，符合专利法第 33 条的规定。（2）本领域技术人员可以根据表 I 所列出的各种植物组分的营养含量（例如钾含量或钙含量）经简单计算确定该组合物中各种植物组分的含量；实施例 1~3 描述了本申请组合物的效果，而且，说明书第 22 页第 21 行的记载：“上述实验都是一式三份进行的”，可见所有实验数据都是用统计手段获得的；附件 4 是本申请的组合物在巴西进行的一项临床试验的报告摘要，供合议组参考，结果证明本申请的组合物具有治疗效果。综上，本申请的说明书符合专利法第 26 条第 3 款的规定。

至此，合议组认为本案事实清楚，可以作出审查决定。

二、决定的理由

1. 关于审查文本

本复审请求审查决定针对的文本是：请求人于 2009 年 6 月 15 日提交的权利要求第 1~12 项、说明书第 17 页，进入中国国家阶段时提交的国际申请文件的中文文本的说明书第 1~16 页、第 18~29 页、说明书附图第 1~6 页和说明书摘要。

2. 关于专利法第 33 条

专利法第 33 条规定：申请人可以对其专利申请文件进行修改，但是，对发明和实用新型专利申请文件的修改不得超出原说明书和权利要求书记载的范围。

如果申请的内容通过增加、改变和/或删除其中的一部分，致使所属技术领域的技术人员看到的信息与原申请记载的信息不同，而且又不能从原申请记载的信息中直接地、毫无疑义地确定，那么这种修改是不允许的。

具体到本案，请求人对权利要求 1 进行了修改，修改后的权利要求 1 为：一种组合物，其含有：甘蓝成分、旱芹成分、菠菜成分、胡萝卜成分、甜菜成分、皱叶欧芹成分和蜂蜜成分，其中甘蓝成分含有 1031.48 mg 钾，旱芹成分含有 979.8 mg 钾，菠菜成分含有 885.1 mg 钾，胡萝卜成分含有 1043 mg 钾，甜菜成分含有 347.06 mg 钾，皱叶欧芹成分含有 89.46 mg 钾，蜂蜜成分含有 11 mg 钾。

请求人认为，权利要求 1 的修改依据来自说明书第 16 页表 I。

合议组查明，说明书对表 I 的描述为“每 30 盎司液体形式的组合物含有：”，说明书第 16 页表 I 的第一行为甘蓝、旱芹、菠菜、胡萝卜、甜菜、皱叶欧芹、蜂蜜和芦荟等植物组分，表 I 的第一列为卡路里、蛋白质、碳水化合物、纤维、钙、铁、镁、磷、钾、钠、硒、硫胺、核黄素、烟酸、维生素 B6、叶酸以及一些维生素等营养成分，表 I 中列出了第一行的各植物组分中所含各营养成分的量。说明书第 17 页为表 I 续表，列出了甜菜、甘蓝、胡萝卜、旱芹、皱叶欧芹和菠菜中光化学物质的含量。

以甘蓝为例，表 I 中所记载的甘蓝在含有 1031.48 mg 钾的同时还含有 9.64 g 蛋白质，19.28 g 碳水化合物，144.6 mg 钙，77.12 mg 镁，212.08 mg 磷，86.76 mg 钠，9.64 mg 硒，221.72μg 叶酸以及若干量的维生素和光化学物质。所有上述的营养成分及其含量均构成对表 I 中甘蓝的限定。

而修改后的权利要求 1 中，对于甘蓝仅使用钾含量进行限定，仅以钾含量限定的甘蓝显然不同于表 I 中的甘蓝，而且，在表 I 对甘蓝同时具有限定作用的营养成分达十数种之多的情况下，也无法直接地、毫无疑义地确定仅以其中之一的钾限定甘蓝的信息，由此，权利要求 1 中关于甘蓝的修改内容超出了原申请文件记载的范围。同理，权利要求 1 中关于旱芹、菠菜、胡萝卜、甜菜、皱叶欧芹、蜂蜜的修改内容也超出了原申请文件记载的范围。

此外，表 I 第一行记载有芦荟，并在表 I 之后记载了“芦荟和芦荟提取物含有如下化合物：蒽醌（芦荟素，芦荟大黄素）、树脂、鞣质、多糖、aloectin B”，可见，表 I 的液体形式的组合物中含有芦荟成分，请求人在提出复审请求时也认为表 I 的组合物中含有芦荟，而修改后的权利要求 1 中却未记载其组合物中含有芦荟，这样的改变也超出了原申请文件记载的范围。

综上所述，权利要求 1 的修改不符合专利法第 33 条的规定。

同理，权利要求 12 也不符合专利法第 33 条的规定。

根据上述事实和理由，合议组作出如下审查决定。

三、决定

维持国家知识产权局于 2008 年 6 月 27 日针对 200480020018.2 号发明专利申请作出的驳回决定。

复审请求人对本决定不服的，可以根据专利法第 41 条第 2 款的规定，自收到本决定之日起三个月内向北京市第一中级人民法院起诉。

北京市第一中级人民法院
行政判决书

（2010）一中知行初字第36号

原告卡翁·Q·比伊，男，1972年6月30日，住所地美利坚合众国纽约州锡拉丘兹市，马道234号，13214。

委托代理人陈文平，北京市金杜律师事务所律师。

委托代理人李勇，北京市金杜律师事务所律师。

被告中华人民共和国国家知识产权局专利复审委员会，住所地中华人民共和国北京市海淀区北四环西路9号银谷大厦。

法定代表人张茂于，副主任。

委托代理人李亚林，中华人民共和国国家知识产权局专利复审委员会审查员。

委托代理人程强，中华人民共和国国家知识产权局专利复审委员会审查员。

原告卡翁·Q·比伊不服被告中华人民共和国国家知识产权局专利复审委员会（简称专利复审委员会）于2009年6月22日作出的第17659号复审请求审查决定（简称第17659号决定），于法定期限内向本院提起诉讼。本院于2009年12月25日受理后，依法组成合议庭，并于2010年1月21日公开开庭进行了审理。原告卡翁·Q·比伊的委托代理人陈文平，被告专利复审委员会的委托代理人李亚林、程强到庭参加了诉讼。本案现已审理终结。

第17659号决定系被告专利复审委员会针对原告卡翁·Q·比伊所提复审申请而作出的，该决定中认定：

（1）关于审查文本。

本复审请求审查决定针对的文本是：卡翁·Q·比伊于2009年6月15日提交的权利要求第1至12项、说明书第17页，进入中国国家阶段时提交的国际申请文件的中文文本的说明书第1至16页、第18至29页、说明书附图第1至6页和说明书摘要。

（2）关于《中华人民共和国专利法》（简称《专利法》）第三十三条。

卡翁·Q·比伊对权利要求1进行了修改，修改后的权利要求1为：一种组合物，其含有：甘蓝成分、旱芹成分、菠菜成分、胡萝卜成分、甜菜成分、皱叶欧芹成分和蜂蜜成分，其中甘蓝成分含有1031.48mg钾，旱芹成分含有979.8mg钾，菠菜成分含有885.1mg钾，胡萝卜成分含有1043mg钾，甜菜成分含有347.06mg钾，皱叶欧芹成分含有89.46mg钾，蜂蜜成分含有11mg钾。

卡翁·Q·比伊认为，权利要求1的修改依据来自说明书第16页表Ⅰ。

专利复审委员会查明，说明书对表Ⅰ的描述为“每30盎司液体形式的组合物含有”，说明书第16页表Ⅰ的第一行为甘蓝、旱芹、菠菜、胡萝卜、甜菜、皱叶欧芹、蜂蜜和芦荟等植物组分，表Ⅰ的第一列为卡路里、蛋白质、碳水化合物、纤维、钙、铁、镁、磷、钾、钠、硒、硫胺、核黄素、烟酸、维生素B6、叶酸以及一些维生素等营养成分，表Ⅰ中列出了第一行的各植物组分中所含各营养成分的量。说明书第17页为表Ⅰ续表，列出了甜菜、甘蓝、胡萝卜、旱芹、皱叶欧芹和菠菜中光化学物质的含量。

以甘蓝为例，表Ⅰ中所记载的甘蓝在含有1031.48mg钾的同时还含有9.64g蛋白质，19.28g碳水化合物，144.6mg钙，77.12mg镁，212.08mg磷，86.76mg钠，9.64mg硒，221.72μg叶酸以及若干量的维生素和光化学物质。所有上述的营养成分及其含量均构成对表Ⅰ中甘蓝的限定。

而修改后的权利要求1中，对于甘蓝仅使用钾含量进行限定，仅以钾含量限定的甘蓝显然不同于表Ⅰ中的甘蓝，而且，在表Ⅰ对甘蓝同时具有限定作用的营养成分达十数种之多的情况下，也无法直接地、毫无疑义地确定仅以其中之一的钾限定甘蓝的信息，由此，权利要求1中关于甘蓝的修改内容超出了原申请文件记载的范围。同理，权利要求1中关于旱芹、菠菜、胡萝卜、甜菜、皱叶欧芹、蜂蜜的修改内容也超出了原申请文件记载的范围。

此外，表Ⅰ第一行记载有芦荟，并在表Ⅰ之后记载了“芦荟和芦荟提取物含有如下化合物：蒽醌（芦荟素，芦荟大黄素）、树脂、鞣质、多糖、aloectin B”，可见，表Ⅰ的液体形式的组合物中含有芦荟成分，卡翁·Q·比伊在提出复审请求时也认为表Ⅰ的组合物中含有芦荟，而修改后的权利要求1中却未记载其组合物中含有芦荟，这样的改变也超出了原申请文件记载的范围。

综上所述，权利要求1的修改不符合《专利法》第三十三条的规定。

同理，权利要求12也不符合《专利法》第三十三条的规定。

在此基础上，专利复审委员会维持国家知识产权局原审查部门于2008年6月27日对申请号为200480020018.2、名称为“用于预防和治疗肝癌和肝病的营养药”的发明专利申请（简称本申请）作出的驳回决定。

卡翁·Q·比伊不服第17659号决定，于法定期限内向本院提起诉讼，其诉称：（1）专利复审委员会作出第17659号决定的理由与原驳回决定不符，违反了请求原则。根据《审查指南》的相关规定，专利复审委员会在审查复审案件时，一般应针对驳回决定所依据的证据和理由进行审查。原驳回决定的理由系认为本申请不符合《专利法》第二十六条第三款的规定，因此专利复审委员会适用《专利法》第三十三条的规定进行审查属适用法律错误。专利复审委员会在复审程序中认为申请人对权利要求的修改不符合规定的情况下，应当以修改前的文本作为审查基础，而不应当以修改超范围为由直接作出复审决定。（2）第17659号决定“在修改文本的基础上维持驳回决定”的结论形式不符合《审查指南》第四部分第二章第5节规定的复审决定类型。（3）第17659号决定认定的实体内容有误，本申请权利要求书在复审阶段的修改并未超出本申请原始文本所记载的范围。综上，卡翁·Q·比伊请求法院判决撤销第17659号决定。

被告专利复审委员会答辩称：（1）根据《审查指南》第四部分第二章第4.2节的规定及《中华人民共和国专利法实施细则》（简称《专利法实施细则》）第六十二条的规定，其可以对修改文本是否符合《专利法》第三十三条进行审查，第17659号决定作出的结论形式亦符合法律规定的形式。（2）本申请权利要求的修改不符合《专利法》第三十三条的规定。第17659号决定认定事实清楚，适用法律正确，审理程序合法，专利复审委员会请求法院判决维持该决定。

本院经审理查明如下事实：

本申请的申请日为2004年6月10日，发明名称为“用于预防和治疗肝癌和肝病的营养药”，申请号为200480020018.2，申请人为卡翁·Q·比伊（由坎·V·比伊、卡翁·Q·比伊变更而来），优先权日为2003年6月13日，公开日为2006年8月23日。

2008年6月27日，针对卡翁·Q·比伊于2006年1月12日进入中国国家阶段时提交的国际申请文件中文文本的权利要求第1至31项、说明书第1至29页、说明书附图第1至6页和说明书摘要，中华人民共和国国家知识产权局（简称国家知识产权局）以说明书不符合《专利法》第二十六条第三款的规定为由驳回了本申请。

驳回决定所针对的本申请原始文本中的独立权利要求如下：

“1. 一种组合物，其含有：甘蓝22.95±11%，胡萝卜32.78±15%，旱芹24.59±12%，皱叶欧芹<1±0. 5%，菠菜 11. 47±5%，甜菜 8. 19±4%，芦荟<1±0. 5%，和蜂蜜<1±0. 5%。

7. 一种食品添加剂，其含有有效量的权利要求 1 的组合物。

12. 含有药学有效量的权利要求 1 的组合物和药学可接受的载体的药物组合物。

23. 一种治疗肝癌的方法，包括施用根据权利要求 1~6 中任意一项的组合物，结合其他已知的、标准的或实验性的肝癌治疗方案。

24. 一种治疗肝癌的方法，包括施用根据权利要求 1~6 中任意一项的组合物作为过渡治疗，以使不能手术切除的肝癌的大小降至可切除或可移植的大小。

25. 一种治疗化疗栓塞引起的肝损害的方法，包括施用根据权利要求 1~6 中任意一项的组合物以帮助肝脏化疗栓塞中损伤的正常肝实质的肝再生。

26. 一种治疗肝胆系统疾病的方法，包括施用根据权利要求 1~6 中任意一项的组合物。

27. 此处公开的组合物及其使用方法，可以与其他已知的、标准的或实验性的用于其他癌症的治疗方案结合使用。

28. 此处公开的组合物及其使用方法，可以与其他已知的、标准的或实验性的用于其他癌症的预防方案结合使用。

29. 一种治疗肝癌的方法，包括口服根据权利要求 1~6 中任意一项的组合物。

30. 一种治疗肝硬化的方法，包括口服根据权利要求 1~6 中任意一项的组合物。

31. 一种治疗肝炎的方法，包括口服根据权利要求 1~6 中任意一项的组合物。”

2008 年 10 月 10 日，卡翁・Q・比伊对上述驳回决定不服，向专利复审委员会提出复审请求并提交了权利要求书的全文修改替换页，其中，相对于驳回决定所针对文本的权利要求书，卡翁・Q・比伊将权利要求 1 中皱叶欧芹、芦荟、蜂蜜的含量由“皱叶欧芹<1±0. 5%”、“芦荟<1±0. 5%”、“蜂蜜<1±0. 5%”修改为“皱叶欧芹 1±0. 5%”、“芦荟 1±0. 5%”、“蜂蜜 1±0. 5%”，删除了权利要求 27 和 28，并将权利要求 23 至 26 和 29 至 31 修改为制药用途权利要求。其同时提交了 3 份附件。

经形式审查合格后，专利复审委员会受理了该请求，并于 2008 年 11 月 17 日向卡翁・Q・比伊发出《复审请求受理通知书》，同时将本申请转送至国家知识产权局原审查部门进行前置审查。国家知识产权局原审查部门认为卡翁・Q・比伊提交的修改文本不符合要求，且未克服驳回决定所述的缺陷，故坚持驳回决定。

专利复审委员会对本复审请求案进行了审理并于 2009 年 4 月 29 日向卡翁・Q・比伊发出《复审通知书》，该《复审通知书》的主要理由为：

1. 卡翁・Q・比伊在提出复审请求的同时对其权利要求书进行了修改，修改后的权利要求 1 与原始申请文件中的权利要求 1 相比，将组合物中皱叶芹菜、芦荟和蜂蜜的含量均由“<±0. 5%”修改为“1±0. 5%”。修改后组合物中上述成份的含量与修改之前不同，这样的修改在原始文件中没有依据，无法从原始文件中直接地、毫无疑义地确定，这样的修改不符合《专利法》第三十三条的规定。

2. 本申请说明书中没有记载表 I 组合物的制备方法，该表虽然记载了各植物的营养贡献，但本领域技术人员无法确定该表中组合物的组分和含量。故本申请说明书没有对表 I 的组合物作出清楚、完整的说明，本领域技术人员无法重复获得表 I 的组合物。在表 I 组合物记载不清楚、本领域技术人员不清楚该组合物的组分含量的情况下，实施例 1 和 2 的实验结果缺乏待证事实基础，无法为本申请组合物的效果提供任何证明。

3. 本申请在“发明详述和优选实施方案”部分还记载了实施例 3，表明甘蓝和菠菜的各自提取物在体外阻止 HepG2 细胞增殖的能力以及甘蓝、胡萝卜、旱芹和菠菜的各自提取物的抗氧化活性。但是，甘蓝和菠菜对于 HepG2 细胞的 EC50 值过高，依据此体外实验结果或者依据甘蓝、胡萝卜、旱芹和菠菜的各自提取物的抗氧化活性无法证明本申请组合物在人体内具有预防和治疗肝癌和肝病的效果。

本申请在“作用机制”部分还记载了类视黄醇、芦荟大黄素、维生素 K、维生素 C 等活性物质的抗癌和预防作用机制，均为已知现有技术，由这些现有技术也无法证明本申请组合物所述效果。

因此，本申请说明书不符合《专利法》第二十六条第三款的规定。

2009 年 6 月 15 日，卡翁 · Q · 比伊针对上述《复审通知书》提交了意见陈述书，在意见陈述书中，其表示本申请的修改符合《专利法》第三十三条的相关规定。同时，卡翁 · Q · 比伊在意见陈述中提交了说明书第 17 页和权利要求书全文的修改替换页。在说明书第 17 页第 14~15 行增加了“该组合物可以含有 1% 的蜂蜜±0. 5%、±0. 25%”的内容，相对于 2008 年 10 月 10 日提交的权利要求书，卡翁 · Q · 比伊修改了权利要求 1 和 12，删除了权利要求 13 至 29。修改后的权利要求 1 和 12 如下：

“1. 一种组合物，其含有：甘蓝成分、旱芹成分、菠菜成分、胡萝卜成分、甜菜成分、皱叶欧芹成分和蜂蜜成分，其中甘蓝成分含有 1031. 48mg 钾，旱芹成分含有 979. 8mg 钾，菠菜成分含有 885. 1mg 钾，胡萝卜成分含有 1043mg 钾，甜菜成分含有 347. 06mg 钾，皱叶欧芹成分含有 89. 46mg 钾，蜂蜜成分含有 11mg 钾。

12. 一种组合物，其含有：甘蓝成分、旱芹成分、菠菜成分、胡萝卜成分、甜菜成分、皱叶欧芹成分和蜂蜜成分，其中甘蓝成分含有 144. 6mg 钙，旱芹成分含有 136. 3mg 钙，菠菜成分含有 159. 0mg 钙，胡萝卜成分含有 119. 2mg 钙，甜菜成分含有 18. 76mg 钙，皱叶欧芹成分含有 21. 3mg 钙，蜂蜜成分含有 1mg 钙。”其同时提交了 1 份附件。

卡翁 · Q · 比伊认为：（1）修改后的权利要求 1 和 12 能够得到说明书第 16 页表 1 的支持，符合《专利法》第三十三条的规定。（2）本领域技术人员可以根据表 I 所列出的各种植物组分的营养含量（例如钾含量或钙含量）经简单计算确定该组合物中各种植物组分的含量；实施例 1 至 3 描述了本申请组合物的效果，而且，说明书第 22 页第 21 行的记载：“上述实验都是一式三份进行的”，可见所有实验数据都是用统计手段获得的；附件 4 是本申请的组合物在巴西进行的一项临床试验的报告摘要，供合议组参考，结果证明本申请的组合物具有治疗效果。综上，本申请的说明书符合《专利法》第二十六条第三款的规定。

在上述意见陈述书中，卡翁 · Q · 比伊并未请求专利复审委员会如果在本申请的本次修改文本不符合法律规定的情况下重新对本申请的原始文本进行审查。

专利复审委员会经过审查，于 2009 年 6 月 22 日作出第 17659 号决定。卡翁 · Q · 比伊不服该决定，于 2009 年 12 月 25 日向本院提起行政诉讼。

在开庭审理时，原告表示对于第 17659 号决定记载的事实部分无异议。

上述事实有本申请的原始申请文本、国家知识产权局的驳回决定、复审请求书、专利复审委员会于 2009 年 4 月 29 日发出的《复审通知书》、原告对上述《复审通知书》的意见陈述书（即本申请的第二次修改文本）及第 17659 号决定及庭审笔录在案佐证。本院认为，本案涉及以下焦点：

1. 本案的法律适用问题

2008 年 12 月 27 日修改的《专利法》（简称 2009 年《专利法》）已于 2009 年 10 月 1 日起施行，鉴于本申请的申请时间以及本案受理时间处于 2001 年《专利法》施行期间，而本案审理时间处于 2009 年《专利法》施行期间，因此本案的审理涉及 2001 年与 2009 年《专利法》之间的适用问题。

《中华人民共和国立法法》第八十四条规定，法律、行政法规、地方性法规、自治条例和单行条例、规章不溯及既往，但为了更好地保护公民、法人和其他组织的权利和利益而作的特别规定除外。

依据上述规定，国家知识产权局制定了《施行修改后的专利法的过渡办法》，该过渡办法于 2009 年 10 月 1 日起施行。根据该过渡办法，对于专利权是否有效的审查，申请日在 2009 年 10 月 1 日前的专利申请以及根据该专利申请授予的专利权适用 2001 年《专利法》的规定；申请日在 2009 年 10 月 1 日以后（含该日）的专利申请以及根据该专利申请授予的专利权适用 2009 年《专利法》的规定。

鉴于本案属于专利确权行政纠纷，本专利的申请日在 2009 年 10 月 1 日前，因此依据《中华人民共和国立法法》第八十四条之规定，并参照上述过渡办法的相关规定，本案应适用 2001 年《专利法》进行审理。

2. 被告作出第 17659 号决定是否违反法定程序

原告主张，在本申请修改文本不符合法律规定的情况下，被告应当对本申请原始文本进行审查，而不应当在修改文本的基础上依据《专利法》第三十三条的规定直接作出第 17659 号决定。对此本院认为，首先，原告在 2009 年 6 月 15 日向被告提交的意见陈述书中对本申请的权利要求进行了修改，且其并未提出如果在本专利修改本文不符合法律规定的情况下，被告应对本申请的原始文本进行审查，且现有法律并未规定被告在专利申请修改文本不符合法律规定的情况下应当对专利申请的原始文本重新进行审查。其次，《审查指南》第四部分第二章第 4. 3 节第二款第（4）项规定：“根据《专利法实施细则》第六十二条的规定，有下列情形之一的，合议组应当发出复审通知书（包括复审请求口头审理通知书）或者进行口头审理……（4）需要引入驳回决定未提出的理由或者证据。”被告于 2009 年 4 月 29 日向原告发出《复审通知书》，在该通知书中，被告已经告知原告对本申请权利要求 1 的修改不符合《专利法》第三十三条的规定，被告已就《专利法》第三十三条的理由给予了原告陈述意见的机会，且原告在随后提交的《意见陈述书》中亦针对上述条款陈述了意见。因此，原告在对本申请再次进行修改时，应当注意到被告已经指出的本申请所存在的上述缺陷。原告再次对本申请进行修改后，被告以其修改仍不符合《专利法》第三十三条为理由作出第 17659 号决定符合上述《审查指南》的规定。综上，被告以本申请的修改文本作为审查文本并依据《专利法》第三十三条作出第 17659 号决定并未违反法律的相关规定。原告的前述诉讼理由缺乏事实和法律依据，本院不予支持。

3. 本申请是否符合《专利法》第三十三条的规定

《专利法》第三十三条规定：“申请人可以对其专利申请文件进行修改，但是，对于发明和实用新型专利申请文件的修改不得超出原说明书及权利要求书记载的范围。”

首先，本案中，原告对本申请的权利要求 1 和 12 进行了修改，相对于本申请的原始文本，修改后的权利要求 1 和 12 分别以钾和钙的具体数值含量对组合物中甘蓝、旱芹、菠菜等组成成分进行了限定。参照本申请说明书第 16 页中的表 I，本申请权利要求 1 和 12 中组合物的甘蓝、旱芹、菠菜等各个组成成分除了含有钾和钙以外，还分别含有卡路里、蛋白质、碳水化合物、纤维、铁、镁、磷、钠、硒、维生素 B6 等十几种营养成分，而且该表 I 也列出了上述营养成分的具体含量。本申请修改后的权利要求 1 和 12 仅分别以钾和钙一种营养成分的数值对甘蓝、旱芹等组成成分进行限定，以此种限定方式确定的甘蓝等成分与本申请说明书第 16 页表 I 中确定的甘蓝等成分明显不同，本领域技术人员也无法仅凭借钾或钙一种营养成分的具体含量来直接地、毫无疑义地确定甘蓝、旱芹等组成成分的具体含量和信息。

其次，本申请说明书第 16 页的表 I 中含有芦荟及其提取物的成分，而修改后的权利要求 1 和 12 与原始文本相比删除了芦荟。原告认为，本申请原始文本权利要求 1 中芦荟的量被限定为小于 1±0. 5%，包括了缺乏芦荟成分的技术方案，因此，修改文本并未超出原申请文件记载的范围。对此本院认为，原始文本权利要求 1 中芦荟的含量虽然被限定为小于 1±0. 5%，但上述技术方案包括含有一定量芦荟成分及不含有芦荟成分的两种情况，修改文本中将芦荟成分删除后，仍旧超出了原始文本的记载范围。

因此，本申请修改文本中权利要求 1 和 12 的修改超出了原始文本记载的范围，其不符合《专利法》第三十三条的规定。第 17659 号决定的相关认定正确，本院应予支持。原告主张本申请的修改符合《专利法》第三十三条规定的诉讼理由缺乏事实依据，本院不予支持。

原告另主张第 17659 号决定的结论形式不符合《审查指南》第四部分第二章第 5 节的规定。对此本院认为，《专利法实施细则》第六十二条第一款规定："……经陈述意见或者进行修改后，专利复审委员会认为仍不符合专利法和本细则有关规定的，应当作出维持原驳回决定的复审决定。"依据上述规定，被告经审查，认为本申请的修改不符合《专利法》第三十三条的规定，并在此基础上作出维持国家知识产权局驳回决定的第 17659 号决定亦无不当。原告的前述诉讼理由缺乏法律依据，本院亦不予支持。

综上，原告的起诉理由均不能成立，本院不予支持。被告作出的第 17659 号决定认定事实清楚，适用法律正确，本院依法予以维持。依照《中华人民共和国行政诉讼法》第五十四条第（一）项之规定，本院判决如下：

维持被告中华人民共和国国家知识产权局专利复审委员会作出的第 17659 号驳回复审请求审查决定。

案件受理费人民币 100 元，由原告卡翁·Q·比伊负担（已交纳）。

如不服本判决，原告卡翁·Q·比伊可在本判决书送达之日起 30 日内，被告中华人民共和国国家知识产权局专利复审委员会可在本判决送达之日起 15 日内，向本院提交上诉状及副本并交纳上诉案件受理费人民币 100 元，上诉于中华人民共和国北京市高级人民法院。

审 判 长　芮松艳
代理审判员　殷 悦
人民陪审员　汪妍瑜
二〇一〇年三月二十日
书 记 员　陈文煊

089

官能化的弹性体纳米复合材料

复审请求审查决定（第17660号）

决　定　号　第17660号
决　定　日　2009年6月22日
发明创造名称　官能化的弹性体纳米复合材料
国际分类号　C08K3/34，C08F8/00，C08C19/28
复审请求人　埃克森美孚化学专利公司
申　请　号　03815768.3
优先权日　2002年7月5日
申　请　日　2003年5月30日
公　开　日　2005年9月7日
合议组组长　李亚林
主　审　员　吴红权
参　审　员　蔡　雷

法律依据　专利法第33条
决定要点
如果修改的内容在原申请文件中有记载，或者是所属技术领域的技术人员能够从原申请文件记载的信息中直接地、毫无疑义地确定，那么这种修改是允许的。

一、案由

本复审请求涉及发明名称为“官能化的弹性体纳米复合材料”的03815768.3号发明专利申请（下称本申请），申请人为埃克森美孚化学专利公司，申请日为2003年5月30日，优先权日为2002年7月5日，公开日为2005年9月7日。

2008年6月6日，针对申请人于2008年4月28日提交的权利要求第1~69项、进入中国国家阶段时提交的国际申请文件的中文文本的说明书第1~27页及说明书摘要，国家知识产权局以权利要求1~3、6、8、22、30、32、34、48、52、53、56、58的修改不符合专利法第33条的规定为由驳回了本申请。

驳回决定认为：

（1）权利要求1、22和48中将弹性体限定为“该弹性体包含C_2-C_{10}烯烃和苯乙烯属单体的无规共聚物……”的内容修改超范围，不符合专利法第33条的规定。说明书第2页倒数第9行和第3页第5行以及原权利要求书中的“包含”是指“所述弹性体包含 C_2 至 C_{10}烯烃衍生的单元”，其表示该弹性体包含有烯烃单元，并且开放式的还含有其他单体单元，而修改后的权利要求中的“包含”是指“该弹性体包含 C_2-C_{10}烯烃和苯乙烯属单体的无规共聚物……”，其表示该弹性体包含有这种无规共聚物，并且开放式的还含有其他种类的无规共聚物，因此权利要求1、22和48的修改超范围。

（2）权利要求1~3、6、8、22、30、32、34、48、52、53、56、58中有关“……无规共聚物”的内容与原申请所记载的这些信息不同，并且也不能从原申请记载的信息中直接地，毫无疑义地确定，因此权利要求1~3、6、8、22、30、32、34、48、52、53、56、58的修改超出了原说明书和权利要求书记载的范围，不符合专利法第33条的规定。

驳回决定针对的权利要求第1~69项如下：

“1. 一种纳米复合材料，包含黏土和弹性体，该弹性体包含 C_2-C_{10}烯烃和苯乙烯属单体的无规共聚物，其中至少80%的苯乙烯属单体是对甲基苯乙烯，并且其中苯乙烯属单体衍生的单元以基于所述无规共聚物的总重量计3wt%至20wt%的量存在于所述无规共聚物中；其中所述的弹性体还包含官能化的单体单元，该官能化的单体单元具有侧挂到弹性体E的官能团，选自下列：

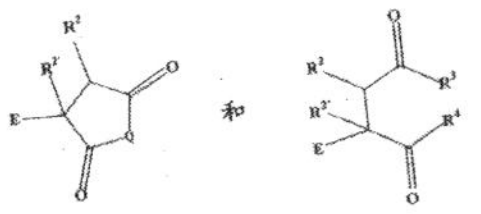

其中Q选自O和 NR^1 基团，其中 R^1 选自氢，C_1 至 C_{20}的烷基、链烯基或芳基，取代的 C_1 至 C_{20}的烷基、链烯基或芳基；R^2 和 $R^{2\prime}$相同或不同，并选自氢，C_1 至 C_{20}的烷基、链烯基或芳基，取代的 C_1 至 C_{20}的烷基、链烯基或芳基，羟基和 C_1 至 C_{20}的烷氧基；并且其中 R^3 和 R^4 相同或不同，并选自-OR^5 和-NHR^5，其中 R^5 定义如上面的 R^1，并且其中所述纳米复合材料在硫化后在40℃具有小于130mm · cm/（m^2 · 天）的渗透率。

2. 权利要求1的纳米复合材料，其中所述的弹性体包含异丁烯-对甲基苯乙烯的无规共聚物。

3. 权利要求2的纳米复合材料，其中至少95%重量的所述无规共聚物具有在所述无规共聚物平均对甲基苯乙烯含量的10%范围内的对甲基苯乙烯含量。

4. 权利要求1的纳米复合材料，其中所述的弹性体是没有卤化的。

5. 权利要求1的纳米复合材料，其中所述的烯烃选自下列中的一种或多种：异丁烯、2-甲基-1-丁烯、3-甲基-1-丁烯、2-甲基-2-丁烯和4-甲基-1-戊烯、乙烯、丙烯、1-丁烯、1-己烯和1-辛烯。

6. 权利要求2的纳米复合材料，其中所述无规共聚物具有2至20的分子量分布。

7. 权利要求2的纳米复合材料，其中所述共聚物具有25000至750000g/mol的数均分子量。

8. 权利要求2的纳米复合材料，其中所述对甲基苯乙烯衍生的单元的存在量为5wt%至12wt%，基于所述无规共聚物的总重量计。

9. 权利要求1的纳米复合材料，其中所述的弹性体在纳米复合材料中的存在量为10至100phr。

10. 权利要求1的纳米复合材料，其中所述官能化的单元在所述弹性体上的存在量为所述弹性体的0.01 wt%至15 wt%。

11. 权利要求1的纳米复合材料，其中所述的黏土已用页状剥离剂处理以形成页状剥离的黏土。

12. 权利要求11的纳米复合材料，其中所述的页状剥离剂选自铵离子、烷基胺、烷基铵离子，脂族、芳香族或芳基脂族的膦和硫化物的鏻或锍衍生物，及它们的掺混物。

13. 权利要求1的纳米复合材料，其中所述的黏土的存在量为所述纳米复合材料的0.1 wt%至50 wt%。

14. 权利要求 1 的纳米复合材料，其中所述的黏土的存在量为所述纳米复合材料的 0.2 wt% 至 10 wt% 。

15. 权利要求 1 的纳米复合材料，其中所述的黏土的存在量为所述纳米复合材料的 1 wt% 至 30 wt% 。

16. 权利要求 1 的纳米复合材料，还包含选自炭黑、改性炭黑、二氧化硅、沉淀法二氧化硅及其掺混物的填料。

17. 权利要求 1 的纳米复合材料，还包含硫化剂。

18. 权利要求 17 的纳米复合材料，其中所述的硫化剂包括锌、硬脂酸锌、脂肪酸、硫、二胺和二胺衍生物，及它们的混合物。

19. 权利要求 1 的纳米复合材料，还包含选自下列物质的第二橡胶：天然橡胶、聚丁二烯橡胶、丁腈橡胶、硅橡胶、聚异戊二烯橡胶、丁苯橡胶、异戊二烯-丁二烯共聚物橡胶、苯乙烯-异戊二烯-丁二烯橡胶、乙丙橡胶、溴化丁基橡胶、氯化丁基橡胶、卤化的异戊二烯橡胶、卤化的异丁烯共聚物、聚氯丁二烯、星型支化的聚异丁烯橡胶、星型支化的溴化丁基橡胶、异丁烯-异戊二烯共聚物橡胶；卤化的异丁烯-对甲基苯乙烯共聚物、乙丙橡胶，及其混合物。

20. 一种包含权利要求 1 的纳米复合材料的轮胎内衬。

21. 一种包含权利要求 1 的纳米复合材料的内胎。

22. 一种形成纳米复合材料的方法，该方法包括使下列组分接触：

（a）弹性体，其中所述弹性体包含 C_2-C_{10}烯烃和苯乙烯属单体的无规共聚物，其中至少 80% 的苯乙烯属单体是对甲基苯乙烯，并且其中苯乙烯属单体衍生的单元以基于所述无规共聚物的总重量计 3wt% 至 20wt% 的量存在于所述无规共聚物中；

（b）至少一种选自不饱和酸酐、不饱和酯、不饱和酰亚胺及它们的混合物的官能化化合物；

（c）至少一种自由基引发剂；和

（d）黏土，

以产生纳米复合材料，该纳米复合材料在硫化后在 40℃具有小于 130mm · cm/（m^2 · 天）的渗透率。

23. 权利要求 22 的方法，其中所述的弹性体首先与官能化化合物接触，接着与黏土接触。

24. 权利要求 22 的方法，其中所述的弹性体、黏土和官能化化合物同时接触。

25. 权利要求 23 或 24 的方法，其中所述弹性体和所述官能化化合物增溶在稀释剂中。

26. 权利要求 22 的方法，其中所述弹性体和所述官能化化合物被熔融共混。

27. 权利要求 22 的方法，其中所述自由基引发剂是选自二酰基过氧化物、酮过氧化物、过氧化酯、过氧化二碳酸酯、二烷基过氧化物、氢过氧化物、过氧缩酮中的过氧化物。

28. 权利要求 22 的方法，其中所述的官能化化合物选自：

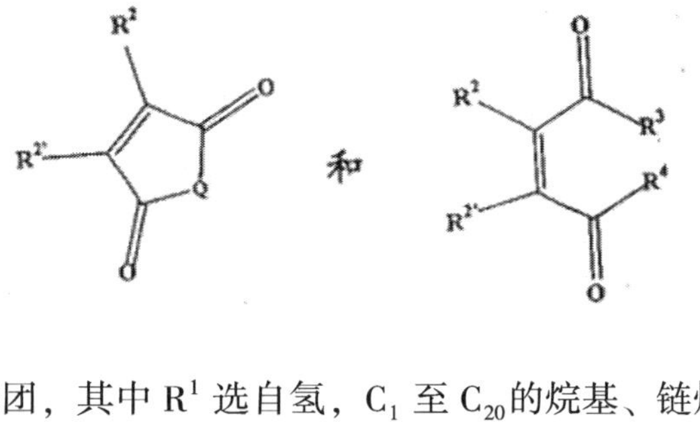

其中 Q 选自 O 和 NR^1 基团，其中 R^1 选自氢，C_1 至 C_{20}的烷基、链烯基或芳基，取代的 C_1 至 C_{20}

的烷基、链烯基或芳基；R^2 和 $R^{2\prime}$相同或不同，并选自氢，C_1 至 C_{20}的烷基、链烯基或芳基，取代的 C_1 至 C_{20}的烷基、链烯基或芳基，羟基和 C_1 至 C_{20}的烷氧基；并且其中 R^3 和 R^4 相同或不同，并选自$-OR^5$和$-NHR^5$，其中 R^5 定义如上面的 R^1。

29. 权利要求 22 的方法，其中所述的官能化化合物选自马来酸单甲酯、马来酸二甲酯、马来酸二乙酯、马来酸二苯酯、富马酸二丁酯、马来酰亚胺、柠康酸酐、衣康酸酐、马来酸酐、N，N′-亚苯基二马来酰亚胺、N-甲基马来酰亚胺、N-苯基马来酰亚胺、马来酸、衣康酸，及其金属羧酸衍生物。

30. 权利要求 22 的方法，其中所述的弹性体包含异丁烯-对甲基苯乙烯的无规共聚物。

31. 权利要求 22 的方法，其中所述的烯烃选自下列中的一种或多种：异丁烯、异戊二烯、环戊二烯、2-甲基-1-丁烯、3-甲基-1-丁烯、2-甲基-2-丁烯和 4-甲基-1-戊烯、乙烯、丙烯、1-丁烯、1-己烯和 1-辛烯。

32. 权利要求 30 的方法，其中所述无规共聚物具有 2 至 20 的分子量分布。

33. 权利要求 30 的方法，其中所述共聚物具有 25000 至 750000g/mol 的数均分子量。

34. 权利要求 30 的方法，其中所述对甲基苯乙烯衍生的单元的存在量为 5wt% 至 12wt%，基于所述无规共聚物的总重量计。

35. 权利要求 22 的方法，其中所述的弹性体在纳米复合材料中的存在量为 10 至 100phr。

36. 权利要求 22 的方法，其中所述的弹性体通过与官能化化合物接触来官能化，其中所述官能团在弹性体上的存在量为所述弹性体的 0.01 wt% 至 15 wt%。

37. 权利要求 22 的方法，其中所述的黏土已用页状剥离剂处理以形成页状剥离的黏土。

38. 权利要求 37 的方法，其中所述的页状剥离剂选自铵离子、烷基胺、烷基铵离子，脂族、芳香族或芳基脂族的膦和硫化物的鏻或锍衍生物，及其掺混物。

39. 权利要求 22 的方法，其中所述的黏土的存在量为所述纳米复合材料的 0.1 wt% 至 50 wt%。

40. 权利要求 22 的方法，其中所述的黏土的存在量为所述纳米复合材料的 0.2 wt% 至 10 wt%。

41. 权利要求 22 的方法，其中所述的黏土的存在量为所述纳米复合材料的 1 wt% 至 30 wt%。

42. 权利要求 22 的方法，还包括使选自炭黑、改性炭黑、二氧化硅、沉淀法二氧化硅及其掺混物的填料与所述组分接触。

43. 权利要求 22 的方法，还包括使硫化剂与所述组合接触。

44. 权利要求 43 的方法，其中所述的硫化剂包括锌、硬脂酸锌、脂肪酸、硫、二胺和二胺衍生物，及其混合物。

45. 权利要求 22 的方法，还包括使选自下列的第二橡胶与所述组分接触：天然橡胶、聚丁二烯橡胶、丁腈橡胶、硅橡胶、聚异戊二烯橡胶、丁苯橡胶、异戊二烯-丁二烯共聚物橡胶、苯乙烯-异戊二烯-丁二烯橡胶、乙丙橡胶、溴化丁基橡胶、氯化丁基橡胶、卤化的异戊二烯橡胶、卤化的异丁烯共聚物、聚氯丁二烯、星型支化的聚异丁烯橡胶、星型支化的溴化丁基橡胶、异丁烯-异戊二烯共聚物橡胶；卤化的异丁烯-对甲基苯乙烯共聚物，及其混合物。

46. 一种包含由权利要求 22 的方法形成的纳米复合材料的轮胎内衬。

47. 一种包含由权利要求 22 的方法形成的纳米复合材料的内胎。

48. 一种纳米复合材料，包含黏土和一种反应产物，所述反应产物是使一种弹性体与至少一种自由基引发剂及选自不饱和酸酐、不饱和酯、不饱和酰亚胺及它们的混合物的官能化化合物接触的反应产物，该弹性体包含 C_2-C_{10}烯烃和苯乙烯属单体的无规共聚物，其中至少 80% 的苯乙烯属单体是对甲基苯乙烯，并且其中苯乙烯属单体衍生的单元以基于所述无规共聚物的总重量计 3wt% 至 20wt% 的量存在于所述无规共聚物中，并且其中所述纳米复合材料在硫化后在40℃具有小于130mm·cm/（m^2·天）的渗透率。

49. 权利要求48的纳米复合材料，其中所述的官能化化合物选自：

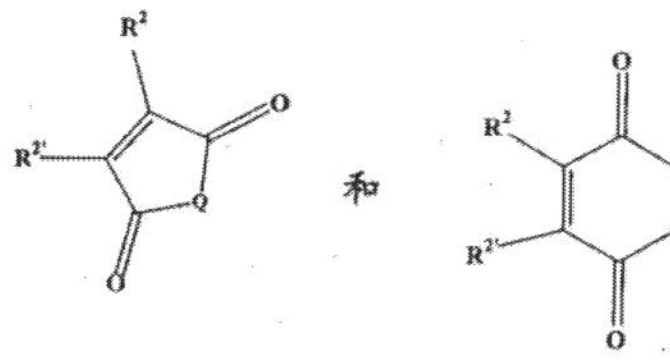

其中Q选自O和NR^1基团，其中R^1选自氢，C_1至C_{20}的烷基、链烯基或芳基，取代的C_1至C_{20}的烷基、链烯基或芳基；R^2和$R^{2\prime}$相同或不同，并选自氢，C_1至C_{20}的烷基、链烯基或芳基，取代的C_1至C_{20}的烷基、链烯基或芳基，羟基和C_1至C_{20}的烷氧基；并且其中R^3和R^4相同或不同，并选自$-OR^5$和$-NHR^5$，其中R^5定义如上面的R^1。

50. 权利要求48的纳米复合材料，其中所述的官能化化合物选自马来酸单甲酯、马来酸二甲酯、马来酸二乙酯、马来酸二苯酯、富马酸二丁酯、马来酰亚胺、柠康酸酐、衣康酸酐、马来酸酐、N，N′-亚苯基二马来酰亚胺、N-甲基马来酰亚胺、N-苯基马来酰亚胺、马来酸、衣康酸，及其金属羧酸衍生物。

51. 权利要求48的纳米复合材料，其中所述自由基引发剂是过氧化物，所述过氧化物选自二酰基过氧化物、酮过氧化物、过氧化酯、过氧化二碳酸酯、二烷基过氧化物、氢过氧化物、过氧缩酮。

52. 权利要求48的纳米复合材料，其中所述的弹性体包含异丁烯-对甲基苯乙烯的无规共聚物。

53. 权利要求52的纳米复合材料，其中至少95%重量的所述无规共聚物具有在所述无规共聚物平均对甲基苯乙烯含量的10%范围内的对甲基苯乙烯含量。

54. 权利要求48的纳米复合材料，其中所述的弹性体是没有卤化的。

55. 权利要求48的纳米复合材料，其中所述的烯烃选自异丁烯、异丁烯、异戊二烯、环戊二烯、2-甲基-1-丁烯、3-甲基-1-丁烯、2-甲基-2-丁烯和4-甲基-1-戊烯、乙烯、丙烯、1-丁烯、1-己烯和1-辛烯中的一种或多种。

56. 权利要求52的纳米复合材料，其中所述无规共聚物具有2至20的分子量分布。

57. 权利要求52的纳米复合材料，其中所述共聚物具有25000至750000g/mol的数均分子量。

58. 权利要求52的纳米复合材料，其中所述对甲基苯乙烯衍生的单元的存在量为5wt%至12wt%，基于所述无规共聚物的总重量计。

59. 权利要求48的纳米复合材料，其中所述的弹性体在纳米复合材料中的存在量为10至100phr。

60. 权利要求48的纳米复合材料，其中所述官能化的单元在所述弹性体上的存在量为所述弹性体的0.01 wt%至15 wt%。

61. 权利要求48的纳米复合材料，其中所述的黏土已用页状剥离剂处理以形成页状剥离的黏土。

62. 权利要求61的纳米复合材料，其中所述的页状剥离剂选自铵离子、烷基胺、烷基铵离子，脂族、芳香族或芳基脂族的膦和硫化物的鏻或锍衍生物，及其掺混物。

63. 权利要求48的纳米复合材料，其中所述黏土的存在量为所述纳米复合材料的0.1 wt%至50 wt%。

64. 权利要求48的纳米复合材料，其中所述黏土的存在量为所述纳米复合材料的0.2 wt%至10 wt%。

65. 权利要求48的纳米复合材料，其中所述黏土的存在量为所述纳米复合材料的1 wt%至

30 wt%。

66. 权利要求 48 的纳米复合材料，还包含选自炭黑、改性炭黑、二氧化硅、沉淀法二氧化硅及其掺混物的填料。

67. 权利要求 48 的纳米复合材料，还包含硫化剂。

68. 权利要求 67 的纳米复合材料，其中所述硫化剂包括锌、硬脂酸锌、脂肪酸、硫、二胺和二胺衍生物，及其混合物。

69. 权利要求 48 的纳米复合材料，还包含选自下列的第二橡胶：天然橡胶、聚丁二烯橡胶、丁腈橡胶、硅橡胶、聚异戊二烯橡胶、丁苯橡胶、异戊二烯-丁二烯共聚物橡胶、苯乙烯-异戊二烯-丁二烯橡胶、乙丙橡胶、溴化丁基橡胶、氯化丁基橡胶、卤化的异戊二烯橡胶、卤化的异丁烯共聚物、聚氯丁二烯、星型支化的聚异丁烯橡胶、星型支化的溴化丁基橡胶、异丁烯-异戊二烯共聚物橡胶；卤化的异丁烯-对甲基苯乙烯共聚物，及其混合物。”

2008 年 9 月 22 日，申请人埃克森美孚化学专利公司（下称请求人）对上述驳回决定不服，向专利复审委员会提出复审请求，请求人在提出复审请求时对申请文件进行了修改，提交了权利要求书的全文替换页，其中相对于驳回决定所针对的权利要求书，请求人将权利要求 1 第 1 行、权利要求 22 第 2 行和权利要求 48 第 4 行中的“包含”修改为“是”，其余权利要求未作修改。

请求人认为：（1）将权利要求 1、22 和 48 中的“弹性体包含……的无规共聚物”修改为“弹性体是……的无规共聚物”克服了驳回决定指出的缺陷；（2）权利要求 1、22 和 48 中限定所述的弹性体是 C_2-C_{10}烯烃和苯乙烯属单体的无规共聚物（但是所述复合材料可能还含有其他弹性体，例如权利要求 19 中提到的第二橡胶），因此说明书第 5 页第 14~16 行公开的内容可以用来支持权利要求 1~3、6、8、22、30、32、34、48、52、53、56 和 58 中涉及“无规共聚物”的限定，故修改后的权利要求书克服了驳回决定所指出的缺陷；（3）苯乙烯属单体衍生的单元的存在量得到说明书第 5 页倒数第 3~4 行的记载的支持，对权利要求 3 的修改（至少 95%……）得到说明书第 6 页倒数第 5~7 行的支持，虽然在说明书的该部分内容中提到的是“对烷基苯乙烯”，但是在讨论异丁烯-对甲基苯乙烯共聚物（如权利要求 2 所要求的）时，该“对烷基苯乙烯”应理解为“对甲基苯乙烯”。

经形式审查合格后，专利复审委员会受理了该请求，并于 2008 年 11 月 14 日向请求人发出了《复审请求受理通知书》，同时将本申请转送至国家知识产权局原审查部门进行前置审查。

在《前置审查意见书》中，国家知识产权局原审查部门认为请求人仅修改了驳回理由中所涉及的部分内容，对于其他多处内容并未修改，且陈述的理由也不够充分，因此坚持驳回决定。

专利复审委员会组成合议组，对本复审请求案进行了审理。

2009 年 6 月 18 日，请求人再次提交了权利要求书全文修改替换页，相对于复审请求时提交的权利要求书，请求人将权利要求 1、22 和 48 中的特征“所述纳米复合材料在硫化后在 40℃具有小于 130mm · cm/（m^2 · 天）的渗透率”修改为“所述纳米复合材料在 40℃具有小于 130mm · cm/（m^2 · 天)的渗透率”，其余权利要求保持不变。

经合议，合议组认为本案事实清楚，可以作出审查决定。

二、决定的理由

1. 关于决定的文本

本复审请求审查决定是针对请求人于 2009 年 6 月 18 日提交的权利要求第 1~69 项、进入中国国家阶段时提交的国际申请文件的中文文本的说明书第 1~27 页及说明书摘要作出的。

2. 关于专利法第 33 条

专利法第 33 条规定，申请人可以对其专利申请文件进行修改，但是，对发明和实用新型专利申请文件的修改不得超出原说明书和权利要求书记载的范围。

如果修改的内容在原申请文件中有记载，或者是所属技术领域的技术人员能够从原申请文件记载的信息中直接地、毫无疑义地确定，那么这种修改是允许的。

就本案而言，权利要求 1 请求保护一种纳米复合材料，包含黏土和弹性体，该弹性体是 C_2-C_{10}烯烃和苯乙烯属单体的无规共聚物，其中至少 80% 的苯乙烯属单体是对甲基苯乙烯，并且其中苯乙烯属单体衍生的单元以基于所述无规共聚物的总重量计 3wt% 至 20wt% 的量存在于所述无规共聚物中；其中所述的弹性体还包含官能化的单体单元，该官能化的单体单元具有侧挂到弹性体 E 的官能团，选自下列：（省略结构图）其中 Q 选自 O 和 NR^1 基团，其中 R^1 选自氢，C_1 至 C_{20}的烷基、链烯基或芳基，取代的 C_1 至 C_{20}的烷基、链烯基或芳基；R^2 和 $R^{2\prime}$相同或不同，并选自氢，C_1 至 C_{20}的烷基、链烯基或芳基，取代的 C_1 至 C_{20}的烷基、链烯基或芳基，羟基和 C_1 至 C_{20}的烷氧基；并且其中 R^3 和 R^4 相同或不同，并选自 $-OR^5$ 和 $-NHR^5$，其中 R^5 定义如上面的 R^1，并且其中所述纳米复合材料在 40℃具有小于 130mm · cm/（m^2 · 天）的渗透率。

原始权利要求 1 请求保护一种纳米复合材料，包含黏土和含 C_2 至 C_{10}烯烃衍生的单元的弹性体；其中所述的弹性体还包含官能化的单体单元，该官能化的单体单元具有侧挂到弹性体 E 的官能团，选自下列：（省略结构图）其中 Q 选自 O 和 NR^1 基团，其中 R^1 选自氢，C_1 至 C_{20}的烷基、链烯基或芳基，取代的 C_1 至 C_{20}的烷基、链烯基或芳基；R^2 和 $R^{2\prime}$相同或不同，并选自氢，C_1 至 C_{20}的烷基、链烯基或芳基，取代的 C_1 至 C_{20}的烷基、链烯基或芳基，羟基和 C_1 至 C_{20}的烷氧基；并且其中 R^3 和 R^4 相同或不同，并选自 $-OR^5$ 和 $-NHR^5$，其中 R^5 定义如上面的 R^1。

相对于原权利要求 1，请求人作了如下修改：删除了内容 a“含 C_2 至 C_{10}烯烃衍生的单元的”，增加了内容 b“该弹性体是 C_2-C_{10}烯烃和苯乙烯属单体的无规共聚物，其中至少 80% 的苯乙烯属单体是对甲基苯乙烯，并且其中苯乙烯属单体衍生的单元以基于所述无规共聚物的总重量计 3wt% 至 20wt% 的量存在于所述无规共聚物中”和增加了内容 c“并且其中所述纳米复合材料在 40℃具有小于 130mm · cm/（m^2 · 天）的渗透率”。

对于删除的内容 a，由于该删除的内容已经在后面增加的内容中体现，故该修改属于表述方式的调整，对权利要求 1 的保护范围并未产生实质影响，应允许。对于增加的内容 c，其在原说明书第 26 页第 3 段有相同记载。

对于增加的内容 b，原说明书第 5 页第 15 行至第 17 行记载了如下内容：“在本发明的一个实施方案中，所述弹性体是选自 C_2 至 C_{10}烯烃衍生的单元（下文中，乙烯或 C_2 被称为烯烃衍生的单元）的单元，与苯乙烯属衍生单位如对-烷基苯乙烯衍生的单元的无规共聚物；其中所述对-烷基苯乙烯衍生的单元优选为含至少 80%……的对-异构体的对-甲基苯乙烯”；原说明书第 5 页第 19 至 22 行记载了如下内容：“在本发明的另一实施方案中，所述弹性体是 C_4 至 C_7 异烯烃如异丁烯，与苯乙烯属单体如对-烷基苯乙烯共聚单体，优选含至少 80%……的对异构体的对-甲基苯乙烯的无规共聚物”；原说明书第 5 页第 26~27 行记载了如下内容：“在一个实施方案中，苯乙烯衍生的单元的存在量为基于聚合物总重量的 3wt% 至 20wt%……”。

对此，合议组认为，首先，虽然原说明书第 5 页第 15~17 行没有出现“单体”这样的表述，但本领域在表述聚合物时，通常仅给出单体的名称，结合本申请原说明书其他地方公开的内容，所属技术领域的技术人员可以确定，在本申请的一个实施方案中，所述弹性体可以是一种无规共聚物，并且该无规共聚物可以由 C_2-C_{10}烯烃衍生的单体和苯乙烯属衍生的单体制备得到的，故根据原说明书上述记载的内容，所属技术领域的技术人员可以直接地、毫无疑义地确定“该弹性体是 C_2-C_{10}烯烃和苯乙烯属单体的无规共聚物”。其次，从原说明书第 5 页第 16~19 行记载的内容“与苯乙烯属衍生单元如对-烷基苯乙烯衍生的单元……；其中所述对-烷基苯乙烯衍生的单元优选为含至少 80%……的对-异构体的对-甲基苯乙烯”可知，对-烷基苯乙烯衍生的单元为苯乙烯属单体衍生的单元的一个例子，而对-烷基苯乙烯衍生的单元优选含至少 80% 的对-甲基苯乙烯，故所属技术领域的技术人员根据原说明书记载的上述信息中可直接地、毫无疑义地确定“其中至少 80% 的苯乙烯属单体是对甲基苯乙烯”的内容。再次，虽然原说明书第 5 页第 26 行至第 27 行记载的内容是基于聚合物的总重量而不是基于无规共聚物的总重量，但是当本申请的弹性体被限定为聚合物的更下位的无规共聚物时，本领域技术人员依据此处记载的内容，可以直接地、毫无疑义地确定苯乙烯衍生的单元的存在量在更下位的无规共聚物中时也可以为 3wt% 至 20wt%。合议组认为，虽然增加的整个内容 b 不是在一个实施方案中记载，但是通过阅读本申请原说明书可知，说明书仅是在不同实施方案中对各特征分别表述，所增加的内容中各特征之间并没有紧密联系，将这些特征组合到一起不会导致本申请出现新的发明，是允许的，故增加的内容 b 是所属技术领域的技术人员可以根据原说明书记载的内容直接地、毫无疑义地确定的。

综上所述，修改后的权利要求 1 的技术方案是所属技术领域的技术人员根据原说明书和权利要求书记载的内容能够直接地、毫无疑义地确定，符合专利法第 33 条的规定。同理，对权利要求 22 和 48 的修改也符合专利法第 33 条的规定。

权利要求 2 的修改内容在原说明书第 5 页第 19~23 行中有记载，因此权利要求 2 的技术方案可由原申请文件记载的内容直接地、毫无疑义地确定，符合专利法第 33 条的规定，同理，权利要求 30、52 的修改也符合专利法第 33 条的规定。

权利要求 3 的附加技术特征在原说明书第 6 页倒数第 1 段中有记载，因此权利要求 3 的技术方案可由原申请文件记载的内容直接地、毫无疑义地确定，符合专利法第 33 条的规定，同理，权利要求 53 的修改也符合专利法第 33 条的规定。

权利要求 5 的修改在于删除了多余的一个“异丁烯”，这种删除符合专利法第 33 条的规定，应允许，同理，31 的修改也应允许。

权利要求 6~9 的附加技术特征见原说明书第 6 页倒数第 1 段、原说明书第 7 页第 2 段、原说明书第 8 页最后一段，因此权利要求 6~9 的技术方案可由原申请文件记载的内容直接地、毫无疑义地确定，符合专利法第 33 条的规定，同理，权利要求 32~35、56~59 的修改也符合专利法第 33 条的规定。

权利要求 12 的修改在于删除了导致不清楚缺陷的内容，这样的修改符合专利法第 33 条的规定，同理，权利要求 38、62 的修改也符合专利法第 33 条的规定。

权利要求 42、43 和 45 是请求人所作的主动修改，目的是克服方法权利要求不清楚的缺陷，修改后的权利要求 42、43 和 45 的内容与原权利要求 42、43 和 45 并未实质改变，也是本领域技术人员根据原申请文件的内容可以直接地、毫无疑义地确定的，故对权利要求 42~43 和 45 的修改应允许。

权利要求 46 和 47 是请求人做的适应性修改，这种修改并未实质改变原权利要求 46~47 的保护范围，故应允许。

相对于原始提交的权利要求书，权利要求 4、10~11、13~21、23~29、36~37、39~41、44、49~51、54~55、60~61、63~69 在整个实审过程中以及复审请求阶段未作修改。

针对驳回决定第 1 点理由，合议组认为，相对于驳回决定所针对的权利要求 1、22 和 48，请求人在提交复审请求时已将权利要求 1、22 和 48 中的“该弹性体包含 C_2-C_{10}烯烃和苯乙烯属单体的无规共聚物”修改为“该弹性体是 C_2-C_{10}烯烃和苯乙烯属单体的无规共聚物”，克服了驳回决定所指出的“包含”修改超范围的缺陷。

针对驳回决定所指出的第 2 点理由，合议组认为，基于前述关于权利要求 1 所增加内容 b 的评述，所属技术领域的技术人员可以从原说明书第 5 页第 15~22 行记载的信息中直接地、毫无疑义地确定无规共聚物的内容。此外，原说明书第 6 页第 20~21 行记载的完整内容是“适合用于本发明的弹性体的一个实例是异丁烯-对甲基苯乙烯共聚物，或“XP50”（ExxonMobil Chemical Company, Houston TX）”，所属技术领域的技术人员已知，埃克森美孚化学公司的该产品“XP50”是一种无规共聚物，并且本申请全部实施例中所使用的共聚物均为 XP50，因此，所属技术领域的技术人员也可由本申请说明书其他部分的内容直接地、毫无疑义地确定本申请弹性体中的共聚物优选为无规共聚物，故权利要求 1~3、6、8、22、30、32、34、48、52、53、56、58 中对无规共聚物的修改符合专利法第 33 条的规定。

根据上述事实和理由，合议组作出如下审查决定。

三、决定

撤销国家知识产权局于 2008 年 6 月 6 日针对 03815768.3 号发明专利申请作出的驳回决定，由国家知识产权局原审查部门以请求人于 2009 年 6 月 18 日提交的权利要求第 1~69 项、进入中国国家阶段时提交的国际申请文件的中文文本的说明书第 1~27 页及说明书摘要为基础继续审批程序。

复审请求人对本决定不服的，可以根据专利法第 41 条第 2 款的规定，自收到本决定之日起三个月内向北京市第一中级人民法院起诉。

090

纳米特玛粒、麦饭石、磁多元合纤及其制备工艺和织物

复审请求审查决定（第17661号）

决　定　号　第17661号
决　定　日　2009年6月20日
发明创造名称　纳米特玛粒、麦饭石、磁多元合纤及其制备工艺和织物
国际分类号　D01F 1/10
复审请求人　雷新琦，雷新玮
申　请　号　200580003662.3
申　请　日　2005年3月21日
优先权日　2004年9月23日
公　开　日　2007年2月14日
合议组组长　李亚林
主　审　员　张家祥
参　审　员　蔡　雷

法律依据　专利法第26条第3款
决定要点

对于发明的技术方案中的某一术语而言，如果说明书中给出了其准确的定义，则即使该术语不是本领域的专业术语，也不会导致本领域技术人员不能清楚、正确地理解该发明。

一、案由

本复审请求案涉及发明名称为“纳米特玛粒、麦饭石、磁多元合纤及其制备工艺和织物”的200580003662.3号发明专利申请（下称本申请），申请人为雷新琦、雷新玮，申请日为2005年3月21日，优先权日为2004年9月23日，公开日为2007年2月14日。

2008年7月4日，针对申请人于2006年7月31日进入中国国家阶段时提交的国际申请文件中文文本的权利要求第1~8项、说明书第1~3页和说明书摘要，国家知识产权局以本申请的说明书不符合专利法第26条第3款的规定为由驳回了本申请。

驳回决定所针对的权利要求书如下：

“1. 纳米特玛粒、麦饭石、永久生物磁多元素多功能合纤，由常规合纤生化母粒和上述三种物质组成，其特征在于，三种混合元素所占合纤生化母粒的重量百分比为：3%~40%。

2. 根据权利要求1所述的一种纳米特玛粒、麦饭石、永久生物磁多元素多功能合纤，其特征在于，所述常规合纤生化母粒指聚丙烯。

3. 根据权利要求 1 或 2 所述的一种纳米特玛粒、麦饭石、永久生物磁多元素多功能合纤，其特征在于，三种混合元素所占合纤生化母粒的最佳重量百分比为：8% ~21% 。

4. 根据权利要求 1 或 2 所述的纳米特玛粒、麦饭石、永久生物磁多元素多功能合纤，其特征在于，可以纺制成 20 旦 ~1600 旦的系列功能合纤。

5. 一种纳米特玛粒、麦饭石、永久生物磁多元素多功能合纤的制备工艺，其特征为，将特玛粒、麦饭石、永久生物磁筛选提取，制成纳米粉体，将三种纳米粉体与常规合纤生化母粒按照设计添加的百分比共混合，然后构架聚合物即成纳米多元素多功能生化母粒；而后进行抽丝，冷却固化，卷绕，牵伸，最后制成纳米特玛粒、麦饭石、永久生物磁多元素多功能合纤。

6. 纳米特玛粒、麦饭石、永久生物磁多元素多功能保健织物，其特征为，采用纳米特玛粒、麦饭石、永久生物磁多元素多功能合纤编织而成。

7. 根据权利要求 6 所述的纳米特玛粒、麦饭石、永久生物磁多元素多功能保健织物，其特征为，厚度为 30 ~2000g/m^2。

8. 纳米特玛粒、麦饭石、永久生物磁多元素多功能保健用品，其特征为，采用纳米特玛粒、麦饭石、永久生物磁多元素多功能保健织物缝制成。”

驳回决定认为，本申请要解决的问题是提供一种纳米特玛粒、麦饭石、永久生物磁多元素多功能合纤及其制备工艺，而其中一种重要的原料“永久生物磁”具体为何种物质、如何制备是不清楚的，致使本领域技术人员根据上述内容甚至结合本领域的常规技术不能实现该发明，本申请的说明书不符合专利法第 26 条第 3 款的规定。

2008 年 10 月 12 日，申请人雷新琦、雷新玮（下称请求人）对上述驳回决定不服，向专利复审委员会提出复审请求，同时提交了附件 1（99125506.2 号发明专利说明书，授权公告日为 2002 年 1 月 30 日，共 7 页）以及新修改的权利要求书，其中，将原权利要求 1 要求保护的主题由“纳米特玛粒、麦饭石、永久生物磁多元素多功能合纤”修改为“多元素多功能合纤”，并对该权利要求重新划界。修改后的权利要求书为：

“1. 一种多元素多功能合纤，由常规合纤生化母粒和磁微粒组成，其特征在于，还含有纳米特玛粒、麦饭石两种混合元素，所述的三种混合元素所占合纤生化母粒的重量百分比为：3% ~40% 。

2. 根据权利要求 1 所述的多元素多功能合纤，其特征在于，所述常规合纤生化母粒指聚丙烯。

3. 根据权利要求 1 或 2 所述的多元素多功能合纤，其特征在于，三种混合元素所占合纤生化母粒的最佳重量百分比为：8% ~21% 。

4. 根据权利要求 1 或 2 所述的多元素多功能合纤，其特征在于，可以纺制成 20 旦 ~1600 旦的系列功能合纤。

5. 一种多元素多功能合纤的制备工艺，其特征为，将特玛粒、麦饭石、磁微粒筛选提取，制成纳米粉体，将三种纳米粉体与常规合纤生化母粒按照设计添加的百分比共混合，然后构架聚合物即成纳米多元素多功能生化母粒；而后进行抽丝，冷却固化，卷绕，牵伸，最后制成纳米特玛粒、麦饭石、磁微粒多元素多功能合纤。

6. 多元素多功能保健织物，其特征为，采用纳米特玛粒、麦饭石、磁微粒多元素多功能合纤编织而成。

7. 根据权利要求 6 所述的多元素多功能保健织物，其特征为，厚度为 30 ~2000g/m^2。

8. 多元素多功能保健用品，其特征为，采用多元素多功能保健织物缝制成。”

请求人认为：（1）附件 1 是本申请背景技术中提到的专利文件，其中涉及一种磁性保健纤维，其特征是该纤维中植入有永久性磁性微粒，磁性微粒可以是 0.5 ~2μm 的锶氧铁、钡氧铁、钴氧铁或钕铁硼。其中的“磁性微粒”与本申请所述的“磁微粒”均具有自己的N、S极，二者是同一种物质。(2) 本申请所述的“永久生物磁”是指能够对人体产生保健作用的磁场的永磁体，本申请说明书第2页第5~7行有相应的记载，在附件1中也可以看到类似的表达“永久性磁性微粒”。

经形式审查合格后，专利复审委员会受理了该请求，并于2008年12月18日向请求人发出了《复审请求受理通知书》，同时将本申请转送至国家知识产权局原审查部门进行前置审查。

在《前置审查意见书》中，国家知识产权局原审查部门认为：本申请没有任何明示或暗示其中的“永久性生物磁”即为附件1中的“磁性微粒”；请求人将权利要求书中的“永久性生物磁”修改为“磁微粒”超出了原说明书和权利要求书记载的范围，不符合专利法第33条的规定。因此，坚持驳回决定。

专利复审委员会组成合议组，对本复审请求案进行了审理。

2009年4月29日，请求人再次提交了修改的权利要求书，将其恢复为进入中国国家阶段时提交的国际申请文件的中文文本。

至此，合议组认为本案事实已经清楚，可以作出审查决定。

二、决定的理由

1. 关于审查文本

请求人于2009年4月29日提交了修改的权利要求书，将其恢复为进入中国国家阶段时提交的国际申请文件的中文文本，经审查，上述修改符合专利法第33条和专利法实施细则第60条第1款的规定。

本复审请求审查决定针对的文本是：请求人于2009年4月29日提交的权利要求第1~8项、2006年7月31日进入中国国家阶段时提交的国际申请文件中文文本的说明书第1~3页和说明书摘要。

2. 关于专利法第26条第3款

专利法第26条第3款规定：说明书应当对发明或者实用新型作出清楚、完整的说明，以所属技术领域的技术人员能够实现为准。

对于发明的技术方案中的某一术语而言，如果说明书中给出了其准确的定义，则即使该术语不是本领域的专业术语，也不会导致本领域技术人员不能清楚、正确地理解该发明。

本申请要求保护纳米特玛粒、麦饭石、永久生物磁多元素多功能合纤、其制备工艺以及由其制成的保健织物和保健用品（具体参见案由部分）。

驳回决定认为，本申请要解决的问题是提供一种纳米特玛粒、麦饭石、永久生物磁多元素多功能合纤及其制备工艺，而其中一种重要的原料“永久生物磁”具体为何种物质、如何制备是不清楚的，致使本领域技术人员根据上述内容甚至结合本领域的常规技术不能实现该发明，本申请的说明书不符合专利法第26条第3款的规定。

根据本申请说明书第2页第5~7行的记载，“所述永久生物磁元素，其特征是在每一个磁微粒中，都有自己的N-S极，无数磁微粒（在保健织物中）所产生的磁力线形成立体交叉的弱磁力网，并由N极到S极形成磁性回路，构成生物磁场”。

由上述内容可知，“永久生物磁”是众多磁微粒的集合。每个磁微粒都有N、S极，并形成磁性回路。也就是说，本申请的说明书中已经给出了“永久生物磁”的定义。而制备超微粉体的方法已非常成熟，本领域技术人员依据常规的技术手段即可获得纳米级的磁微粒。由此，本领域技术人员根据说明书所公开的内容能够知晓“永久生物磁”的含义并能够获得所述的纳米“永久生物磁”，故驳回决定中指出的本申请的说明书不符合专利法第26条第3款规定的驳回理由不成立。

合议组注意到，原审查部门在前置审查意见中认为：本申请内容中没有任何明示或暗示所述的

“永久生物磁”即为附件1中的“磁性微粒”。对此，合议组认为，附件1公开了一种磁性保健纤维，其在本申请的“背景技术”部分作为磁性纤维的例子被引用，本申请指出其存在因元素单一而保健功能不很明显的缺点，针对该缺点，本申请所采取的技术手段是将各自具有不同或相同保健功能的多元素（包括纳米特玛粒、麦饭石、永久生物磁）进行组合，而根据说明书可知，所述的三种元素均是已知的。附件1作为已知的磁性保健纤维的例子在本申请中被引用，其中的功能元素（磁性微粒）自然与本申请的磁性元素（永久生物磁）相关，附件1中定义的磁性微粒（磁性微粒为0.5~2μm的锶氧铁、钡氧铁、钴氧铁或钕铁硼，参见该附件的第2页第2~3行）应被理解为本申请永久生物磁定义中“磁微粒”的一种举例。

根据上述事实和理由，合议组作出如下审查决定。

三、决定

撤销国家知识产权局于2008年7月4日针对200580003662.3号发明专利申请作出的驳回决定，由国家知识产权局原审查部门以本复审请求审查决定所依据的文本为基础继续审批程序。

复审请求人对本决定不服的，可以根据专利法第41条第2款的规定，自收到本决定之日起三个月内向北京市第一中级人民法院起诉。

091

作为治疗试剂的取代吡咯衍生物

复审请求审查决定（第17662号）

决　定　号　第17662号
决　定　日　2009年6月18日
发明创造名称　作为治疗试剂的取代吡咯衍生物
国际分类号　C07D233/54，C07D263/32，C07D401/12，C07D403/12，C07D407/12，A61K3/40
复审请求人　特兰斯泰克制药公司
申　请　号　200480004085.5
申　请　日　2004年2月12日
优先权日　2003年2月12日
公　开　日　2006年3月15日
合议组组长　刘　静
主　审　员　王　磊
参　审　员　娄　宁

法律依据　专利法第26条第3款
决定要点

对于化合物的用途和/或使用效果的公开，如果说明书中说明了实验所采用的具体化合物、实验方法及所取得的实验效果，同时给出的实验证据能够证实所述化合物可以用于该用途，并能够解决发明要解决的技术问题或达到预期的效果，则认为说明书对于该化合物的用途和/或使用效果的公开满足充分公开的要求。

一、案由

本复审请求案涉及发明名称为“作为治疗试剂的取代吡咯衍生物”的200480004085.5号发明专利申请（下称本申请），申请人为特兰斯泰克制药公司，申请日为2004年2月12日，优先权日为2003年2月12日，公开日为2006年3月15日。

国家知识产权局对本申请进行了实质审查，于2007年3月30日发出《第一次审查意见通知书》，指出：（1）权利要求47~63不符合专利法第25条第1款的规定；（2）说明书中没有提供本申请具体化合物的实验数据，导致说明书公开不充分，不符合专利法第26条第3款的规定。

针对《第一次审查意见通知书》，申请人于2007年10月15日提交了意见陈述书，并递交了权利要求书的修改替换页，其中删除了权利要求13~15，将权利要求47~63改写为物质的制药用途类型的权利要求，对其他权利要求也进行了修改。申请人认为：（1）本申请的说明书中第266~267页详细描述了鉴别抑制某些磷酸酶活性的本发明通式1的化合物的实验，给出了进行该实验的具体条件（温度、反应物浓度、反应时间），并且指出“在上述分析中，通常在六个浓度处对试验化合物进行检测”，对该化合物的用途和/或技术效果给出了总体描述，即“本发明化合物抑制PTP1B的抑制效能（IC50）为约0.01μM至约20μM”，“采用测量PTP1B活性抑制的标准初步/二次分析的测试步骤，确定了通式1的化合物治疗或抑制涉及抗胰岛素性或高血压的病症的潜在能力”，同时结合现有技术的有关教导“PTPase，尤其是PTP1B涉及Ⅱ型糖尿病特征性的胰岛素不敏感性”，由此本发明说明书的描述充分证实了本发明化合物的用途及效果，本领域技术人员结合现有技术能够预测发明能实现所述用途和/或使用效果。（2）本申请包含的实验数据证明说明书表1所鉴定的各个化合物能以20μM或低于20μM的浓度抑制50% PTP 1B活性，是满足用于治疗PTP 1B所介导的疾病的活性要求的有用的化合物。

2008年1月4日，针对申请人于2007年10月15日提交的权利要求第1~60项，2005年10月8日提交的说明书第1~4、6~9、11~18、20~277页及说明书摘要，2005年11月14日提交的说明书第5、10、19页，国家知识产权局以本申请的说明书不符合专利法第26条第3款的规定为由驳回了本申请。

驳回决定认为：本申请说明书仅在第266~267页对生物活性实验进行了描述，并且在第267页第8~15行中使用模糊的字样描述了实验结果，没有给出具体化合物的实验数据，导致说明书公开不充分，不符合专利法第26条第3款的规定。

驳回决定针对的权利要求书如下：

“1. 通式（Ⅰ）的化合物：

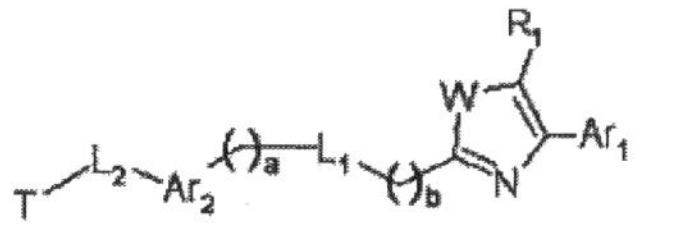

（Ⅰ）

其中a和b各自独立地等于0，其中数值0表示直接键；

W是$-N(R_2)-$，其中R_2是a）-烷基；b）$-L_3-D-G$；c）$-L_3-D-$烷基；d）$-L_3-D-$芳基；e）$-L_3-D-$杂芳基；f）$-L_3-D-$环烷基；g）$-L_3-D-$杂环基；h）$-L_3-D-$亚芳基-烷基；i）$-L_3-D-$亚烷基-亚芳基-烷基；j）$-L_3-D-$亚烷基-芳基；k）$-L_3-D-$烷基$-G$；l）$-L_3-D-$芳基$-G$；m）$-L_3-D-$杂芳基$-G$；n）$-L_3-D-$环烷基$-G$；o）$-L_3-D-$杂环基$-G$；p）$-L_3-D-$亚芳基-烷基$-G$；q）$-L_3-D-$亚烷基-亚芳基-烷基$-G$；或r）$-L_3-D-$亚烷基-芳基$-G$；

其中L_3是-亚烷基，-亚烯基或-亚炔基；D是直接键，$-CH_2-$，$-O-$，$-N(R_5)-$，$-C(O)-$，$-CON(R_5)-$，$-N(R_6)C(O)-$，$-N(R_6)CON(R_5)-$，$-N(R_5)C(O)O-$，$-OC(O)N(R_5)-$，$-N(R_5)SO_2-$，$-SO_2N(R_5)-$，$-C(O)-O-$，$-O-C(O)-$，$-S-$，$-S(O)-$，$-S(O_2)-$或$-N(R_5)SO_2N(R_6)-$，$-N=N-$或$-N(R_5)-N(R_6)-$；其中R_5和R_6各自独立地选自-氢，-烷基，-芳基，-亚芳基-烷基，-亚烷基-芳基和-亚烷基-亚芳基-烷基；且G是氢，$-CN$，$-SO_3H$，$-P(O)(OH)_2$，$-P(O)(O-$烷基$)(OH)$，$-CO_2H$，$-CO_2-$烷基，酸电子等排体，$-NR_7R_8$，或

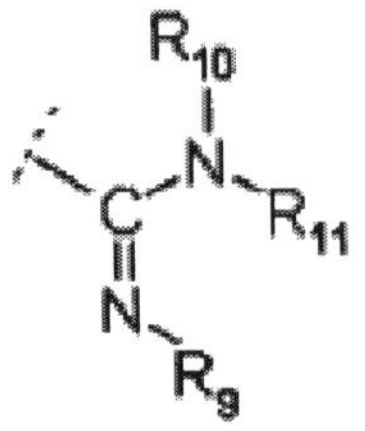

其中 R_7 和 R_8 各自独立地选自氢，-烷基，$-L_4-E-$烷基，$-L_4-E-$芳基，-C（O）-烷基，-C（O）-芳基，$-SO_2-$烷基，$-SO_2-$芳基，和

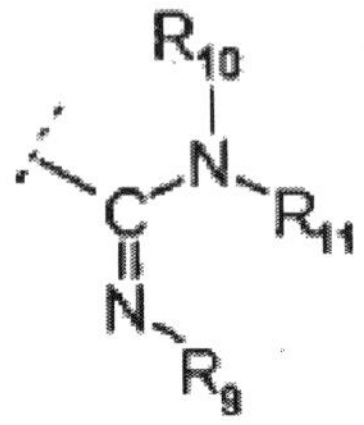

其中 R_9、R_{10}和 R_{11}各自独立地选自-氢，-烷基，-芳基，-亚芳基-烷基，-亚烷基-芳基和-亚烷基-亚芳基-烷基；L_4 是直接键，-亚烷基，-亚烯基，或-亚炔基；E 是直接键，$-CH_2-$，-O-，-N（R_{12}）-，-C（O）-，-CON（R_{12}）-，-N（R_{12}）C（O）-，-N（R_{12}）CON（R_{13}）-，-N（R_{12}）C（O）O-，-OC（O）N（R_{12}）-，-N（R_{12}）SO_2-，$-SO_2N$（R_{12}）-，-C（O）-O-，-O-C（O）-，-S-，-S（O）-，-S（O_2）-，-N（R_{12}）SO_2N（R_{13}）-，-N=N-，或者-N（R_{12}）-N（R_{13}）-。

其中 R_{12}和 R_{13}独立地选自-氢，-烷基，-芳基，-亚芳基-烷基，-亚烷基-芳基和-亚烷基-亚芳基-烷基；R_1 是 a）-氢；b）-氟；c）-氯；d）-溴；e）-碘；f）-氰基；g）-烷基；h）-芳基；i）-亚烷基-芳基；j）-杂芳基；k）-亚烷基-杂芳基；l）-环烷基；m）-亚烷基-环烷基；n）-杂环基；或 o）-亚烷基-杂环基；L_1 选自：

21. 包含权利要求 1 的化合物的药物组合物。

44. 如权利要求 1 的化合物在制备用于抑制蛋白酪氨酸磷酸酶的药物中的应用。

45. 权利要求 1 的式（Ⅰ）化合物在制备用于预防和/或治疗 PTPase 介导的人体疾病的药物中的应用，所述治疗包含使由该病症引起的一种或多种症状减缓，直至该特定病症完全治愈或防止该病症的发作。

46. 权利要求 44 的应用，其中所述化合物与至少一种辅药和/或其他治疗试剂一起用于制药。

47. 权利要求 1 的式（Ⅰ）化合物在制备用于治疗 PTPase 介导的疾病的药物中的应用，所述治疗包含向需要的患者施用治疗有效量的如权利要求 1 的式（Ⅰ）化合物，并与选自下列治疗剂的一种或多种结合使用：烷基化剂、抗代谢物、植物碱、抗生素、激素、生物应答调节剂、止痛剂、NSAIDs、DMARDs、糖皮质激素、磺酰脲类、双胍类、阿卡糖、PPAR 激动剂、DPP-IV 抑制剂、GK 活化剂、胰岛素、类胰岛素作用药物、胰岛素促分泌剂、胰岛素敏化剂、GLP-1、类 GLP-1、胆碱酯酶抑制剂、抗精神病药、抗抑郁药、抗惊厥药、HMG CoA 还原酶抑制剂、考来烯胺以及贝特类药（fibrate）。”

2008 年 4 月 18 日，申请人特兰斯泰克制药公司（下称请求人）对上述驳回决定不服，向专利复审委员会提出复审请求，没有修改申请文件。

请求人认为：（1）如说明书第 267 页第 25~27 行所述“本发明的实施方案验证了在抑制蛋白酪氨酸磷酸酶 PTP1B 中的使用。发现实施例中所述的本发明化合物抑制蛋白酪氨酸磷酸酶 PTP1B 的抑制效能（IC50）为约 0.01μM 至约 20μM”。上述 IC50 值范围为本发明实施例化合物经实际检测得到的实验数据。本领域技术人员根据说明书教导的 PTP1B 的分析方法（参见说明书第 267 页第 2~23 行），无须创造性劳动就可验证本发明实施例化合物的 IC50 值处于上述实验数值的范围内。（2）请求人在意见陈述中列出了本发明多个实施例化合物的 IC50 值，以证明该数据全部落入说明书中所述 IC50 值范围内。（3）结合说明书给出的实验数据，本领域技术人员能确认本发明通式 I 化合物具有蛋白质酪氨酸磷酸酶抑制活性，再鉴于现有技术教导的 PTP1B 与多种疾病的关联（参见说明书第 2 页第 3~9 行），本领域技术人员可以预见该化合物能够治疗由 PTPase 活性介导的疾病。因此，本申请说明书满足了充分公开的要求。

经形式审查合格后，专利复审委员会受理了该请求，并于 2008 年 5 月 15 日向请求人发出了《复审请求受理通知书》，同时将本申请转送至国家知识产权局审查部门进行前置审查。

在《前置审查意见书》中，国家知识产权局审查部门认为：（1）说明书第 267 页记载的 PTP1B 抑制效能仅是一种概括性的范围描述，并没有表明具体哪个化合物的 IC50 值，现有技术也未给出结构类似的化合物具有抑制蛋白酪氨酸磷酸酶 PTP1B 的活性。（2）意见陈述中的数据不属于原始公开的内容，说明书仍然公开不充分，仍坚持驳回决定。

专利复审委员会组成合议组，对本复审请求案进行了审理，并于 2009 年 2 月 4 日向请求人发出《复审通知书》，指出：（1）由于说明书中没有清楚记载所述实验是采用哪种或者哪些具体化合物进行的，对进行 PTP1B 活性分析实验的结果也没有客观、清楚地描述，并且现有技术中也没有任何关于本发明式 I 化合物及其对应的具体化合物对 PTPase 活性有抑制作用的信息，使得所属领域技术人员无法确定请求保护的哪些具体化合物具有蛋白酪氨酸磷酸酶 PTP1B 的抑制效果，更无法据此推测出所述通式化合物中的哪些具有所述用途，因此说明书对通式 I 化合物用于抑制蛋白酪氨酸磷酸酶的药物中的用途公开不充分；（2）本申请没有提供任何实验数据以证明通式 I 的化合物可用于治疗具体的适应症，并且由于引起糖尿病、免疫机能障碍的因素有多种，本领域技术人员依据现有技术不能推断出抑制 PTPase 的过度活性就必然能治疗Ⅱ型糖尿病、免疫系统功能等疾病，即说明书对通式 I 化合物在制备用于处理、治疗、控制或辅助治疗由 PTPase 活性介导的疾病的药物中的用途也公开不充分。因此，本申请对于通式 I 化合物的用途公开不充分，从而导致通式 I 的化合物未充分公开，不符合专利法第 26 条第 3 款的规定，同理，本申请对于包含式 I 的药物组合物的技术方案也未充分公开，不符合专利法第 26 条第 3 款的规定。

2009 年 5 月 6 日，请求人针对上述《复审通知书》提交了意见陈述书，但是未提交修改文本。同时请求人提交了如下附件：

附件 1："Protein tyrosine phosphatase 1B interacts with the activated insulin receptor", B. L. Seely et al., Diabetes 45, n10, 1996 年 10 月，复印件 9 页。

附件 2："Osmotic Loading of Neutralizing Antibodies Demonstrates a Role for Protein-tyrosine Phosphatase 1B in Negative Regulation of the Insulin Action Pathway", Faiyaz Ahmad et al., the journal of biological chemistry，第 270 卷第 35 期，第 20503~20508 页，1995 年，复印件 6 页。

附件 3："Increased Insulin Sensitivity and Obesity Resistance in Mice Lacking the Protein Tyrosine Phosphatase-1B Gene", Mounib Elchebly et al., Science，第 283 卷，首页、第 1544~1548 页，1999 年 3 月，复印件 6 页。

附件 4："Increased Energy Expenditure, Decreased Adiposity, and Tissue-Specific Insulin Sensitivity in Protein-Tyrosine Phosphatase 1B-Deficient Mice", L. D. Klaman et al., Molecular and Cellular Biology，第 20 卷第 15 期，第 5479~5489 页，2000 年 8 月，复印件 11 页。

附件 5："PTP1B Regulates Leptin Signal Transduction In Vivo", J. M. Zabolotny et al., Developmental

Cell，第 2 卷，第 489~495 页，2002 年 4 月，复印件 7 页。

附件 6：“PTP1B antisense oligonucleotide lower PTP1B protein，normalizes blood glucose，and improves insulin sensitivity in diabetic mice”，B. A. Zinker et al.，PNAS，第 99 卷第 17 期，第 11357~11362 页，2002 年 8 月，复印件 6 页。

附件 7：公开号为 WO0218323A2 的 PCT 国际申请文本的摘要信息页，公开日为 2002 年 3 月 7 日，复印件 1 页。

附件 8：“Discovery and Structure-Activity Relationship of Oxalylarylaminobenzoic Acid as Inhibitors of Protein Tyrosine Phosphatase 1B”，GangLiu et al.，Journal of Medicinal Chemistry，第 46 卷第 11 期，摘要信息页、第 2093~2103 页，2003 年 4 月，复印件 12 页。

附件 9：“Protein-tyrosine Phosphatases PTP1B and Syp Are Modulators of Insulin-stimulated Translocation of GLUT4 in Transfected Rat Adipose Cells”，Hui Chen et al.，The Journal of Biological Chemistry，第 272 卷第 12 期，第 8026~8031 页，1997 年 3 月，复印件 6 页。

请求人认为：附件 1、2 表明，通过体外研究和使用 PTP1B 中和抗体进行的体内研究已经将 PTP1B 鉴定为是参予胰岛素 RTK 调节的主要磷酸酶中的至少一种。附件 3、4 表明，PTP1B 剔除小鼠在高脂饮食调节下具有增加的葡萄糖耐量、增加的胰岛素敏感性和降低的体重增加。附件 5 表明 PTP1B 抑制可能在降低瘦素抵抗力和胰岛素抵抗力两方面都是有效的。附件 6 表明，在使用新型反义寡核苷酸的胰岛素靶组织中 PTP1B 的抑制已经在临床前糖尿病啮齿类动物模型中显示出增强的胰岛素信号转导和葡萄糖耐量。附件 7、8 暗示 PTP1B 的抑制对于 2 型糖尿病和肥胖症的治疗都具有治疗益处。证据 9 表明 PTP1B 的超表达或活性改变可能对于包括胰岛素抵抗力和糖尿病在内的各种病症的进展有所贡献，例如在分离的大鼠脂肪细胞中 PTP1B 的超表达干扰胰岛素信号转导。由此可知，PTP1B 的生物学效果在申请日前已被本领域技术人员所充分了解，具有 PTP1B 的 IC50 的已知化合物可用于治疗所述多种疾病，本申请说明书公开是充分的。

至此，合议组认为本案事实已经清楚，可以作出复审决定。

二、决定的理由

1. 审查文本

请求人在复审阶段没有提交修改文本，本复审决定依据的审查文本是驳回决定所针对的文本，即申请人于 2007 年 10 月 15 日提交的权利要求第 1~60 项、2005 年 10 月 8 日提交的说明书第 1~4、6~9、11~18、20~277 页及说明书摘要、2005 年 11 月 14 日提交的说明书第 5、10、19 页。

2. 关于专利法第 26 条第 3 款

专利法第 26 条第 3 款规定，说明书应当对发明或者实用新型作出清楚、完整的说明，以所属技术领域的技术人员能够实现为准。

对于化合物的用途和/或使用效果的公开，如果说明书中说明了实验所采用的具体化合物、实验方法及所取得的实验效果，同时给出的实验证据能够证实所述化合物可以用于该用途，并能够解决发明要解决的技术问题或达到预期的效果，则认为说明书对于该化合物的用途和/或使用效果的公开满足充分公开的要求。

就本案而言，权利要求 1~20 要求保护通式 I 的化合物，权利要求 21~43 要求保护包含式 I 化合物的药物组合物，权利要求 44、46 要求保护式 I 化合物在制备用于抑制蛋白酪氨酸磷酸酶的药物中的应用，权利要求 45、47~60 要求保护式 I 化合物在制备用于预防和/或治疗 PTPase 介导的人体疾病、急性和/或慢性炎症、I 型或 II 型糖尿病、免疫机能障碍等若干具体疾病的药物中的应用。

（1）驳回决定认为本申请说明书公开不充分的理由主要在于“说明书仅在第 266~267 页对生物

活性实验进行了描述，并且在第267页第8~15行中使用模糊的字样描述了实验结果，没有给出具体化合物的实验数据”。

对此，请求人在意见陈述中认为：①如说明书第267页第25~27行所述“本发明的实施方案验证了在抑制蛋白酪氨酸磷酸酶PTP1B中的使用。发现实施例中所述的本发明化合物抑制蛋白酪氨酸磷酸酶PTP1B的抑制效能（IC50）为约0.01μM至约20μM”。上述IC50值范围为本发明实施例化合物经实际检测得到的实验数据。本领域技术人员根据说明书教导的PTP1B的分析方法（参见说明书第267页第2~23行），无须创造性劳动就可验证本发明实施例化合物的IC50值处于上述实验数值的范围内。②结合说明书给出的实验数据，本领域技术人员能确认本发明通式Ⅰ化合物具有蛋白质酪氨酸磷酸酶抑制活性，再鉴于现有技术教导的PTP1B与多种疾病的关联（参见说明书第2页第3~9行），本领域技术人员可以预见该化合物能够治疗由PTPase活性介导的疾病。

合议组查明，对于要求保护通式Ⅰ的化合物的技术方案而言，说明书中记载了式Ⅰ化合物及其对应的具体化合物的结构、组成、合成线路，并在实施例1~375中给出具体化合物的合成方法与理化参数。根据说明书的记载，本申请的化合物可用作蛋白质酪氨酸磷酸酶（PTPase）抑制剂，所述化合物可用于由PTPase过度活性引起的疾病的处理、治疗、控制或辅助治疗。在说明书第2页记载了“PTPase，尤其是PTP1B，与Ⅱ型糖尿病的胰岛素不敏感特性有关……还参与免疫系统功能……还与某些癌症有关”，“因而，对于抑制蛋白质酪氨酸磷酸酶作用的试剂存在需求。此类试剂可用于治疗Ⅰ型糖尿病、Ⅱ型糖尿病……”。在说明书第19页记载了“列于表1中的通式（Ⅰ）代表性化合物，采用测量PTP-1B活性抑制的标准初步/二次分析测试步骤，确定了通式（Ⅰ）化合物治疗或抑制涉及抗胰岛素性或高血糖的病症的潜在能力”。在说明书第266~277页记载了鉴别能有效抑制某些磷酸酶活性的通式Ⅰ化合物的分析方法，说明书中关于实验数据记载了如下内容：“如实施例所例证，本发明的实施方案验证了在抑制蛋白酪氨酸磷酸酶PTP1B中的使用。发现实施例中所述的本发明化合物抑制蛋白酪氨酸磷酸酶PTP1B的抑制效能（IC50）为约0.01μM至约20μM。通常，能用于药物使用的本发明实施方案对相关蛋白具有的抑制效能（IC50）低于约100，或在某个实施方案中低于约50μM。对于特定的应用，抑制效能越低则更有用，因而抑制蛋白酪氨酸磷酸酶PTP1B的抑制效能（IC50）范围为约0.1μM至约10μM的化合物可能较有用”。

合议组认为，说明书的上述描述已经清楚地说明了对本申请所述化合物进行PTP1B活性抑制分析的具体实验方法；并且清楚地说明了实验所用的物质为“实施例中所述的本发明化合物”，说明书中也明确列出了实施例1~375的具体化合物的结构式及名称，因此可以认为说明书已经清楚说明了实验所用的具体物质；同时说明书给出了定量实验数据（IC50值范围），虽然说明书中没有具体列出每个特定实施例的IC50值，但是根据说明书第267页第7行的描述，本领域技术人员应能理解采用所述PTP1B分析实验测试实施例中具体化合物的IC50值应在0.01μM~20μM之间。因此，说明书第267页对实验结果的描述是清楚的、可以接受的。另一方面，判断化合物用途是否充分公开的基准并非局限于具体化合物的具体实验效果，而是在于本领域技术人员依据说明书记载的内容能否确认所述化合物具备所述效果。本案中申请人已经在说明书中明确了按照其所述方法测试的实施例化合物的IC50值在0.01μM~20μM之间，据此本领域技术人员可以确定本申请的实施例化合物具有抑制PTP1B活性的效果。因此，驳回决定所指出的“使用模糊的字样描述实验结果”导致公开不充分的缺陷不成立。

（2）《复审通知书》还指出了本申请没有提供任何实验数据以证明通式Ⅰ的化合物可用于治疗具体的适应症，因此，本申请对于通式Ⅰ化合物的用途公开不充分，从而导致通式Ⅰ的化合物未充分公开，不符合专利法第26条第3款的规定。对此，请求人在答复《复审通知书》时提交了附件1~9，认为依据附件1~9能够表明PTP1B的生物学效果在申请日前已被本领域技术人员所充分了解，具有PTP1B的IC50的已知化合物可用于治疗本申请所述的多种疾病，因此本申请说明书公开是充分的。

对此，合议组查明：本申请说明书在第2页的背景技术部分描述了现有技术中存在“PTPase（蛋白质酪氨酸磷酸酶）尤其是PTP1B与Ⅱ型糖尿病的胰岛素不敏感特性有关”，以及“PTPase抑制剂可用于处理、治疗、控制和辅助治疗由PTPase活性介导的疾病，此类疾病包括I型糖尿病……”的技术信息。请求人于2009年5月6日提交的附件1~6、9均是本申请申请日前公开的期刊文献，附件7是本申请申请日前公开的专利文献，上述文献可以作为本申请的现有技术。其中附件1、2表明，通过体外研究和使用PTP1B中和抗体进行的体内研究已经将PTP1B鉴定为是参予胰岛素RTK调节的主要磷酸酶中的至少一种。附件3、4表明，PTP1B剔除小鼠在高脂饮食调节下具有增加的葡萄糖耐量、增加的胰岛素敏感性和降低的体重增加。附件5表明PTP1B抑制可能在降低瘦素抵抗力和胰岛素抵抗力两方面都是有效的。附件6表明，在使用新型反义寡核苷酸的胰岛素靶组织中PTP1B的抑制已经在临床前糖尿病啮齿类动物模型中显示出增强的胰岛素信号转导和葡萄糖耐量。附件9表明PTP1B的超表达或活性改变可能对于包括胰岛素抵抗力和糖尿病在内的各种病症的进展有所贡献，例如在分离的大鼠脂肪细胞中PTP1B的超表达干扰胰岛素信号转导。根据上述现有技术和本申请说明书背景技术的内容可知，在本申请申请日以前本领域技术人员业已知晓抑制PTP1B酶的机理与治疗包括糖尿病在内的具体适应症之间的对应关系，在本申请说明书充分公开了所述式I化合物的抑制PTP1B活性的效果数据的情况下，本领域技术人员显然能够确认其用于治疗相关适应症方面的治疗效果。因此，《复审通知书》所指出的缺陷也不再成立。

基于上述理由，合议组作出如下决定。

三、决定

撤销国家知识产权局于2008年1月4日对200480004085.5号发明专利申请作出的驳回决定。由国家知识产权局审查部门以驳回决定所针对的文本为基础继续审批程序。

复审请求人对本决定不服的，可以根据专利法第41条第2款的规定，自收到本决定之日起三个月内向北京市第一中级人民法院起诉。

092

氯化氢和光气混合物的分离

复审请求审查决定（第17664号）

决　　定　　号　第17664号
决　　定　　日　2009年6月19日
发明创造名称　氯化氢和光气混合物的分离
国 际 分 类 号　C07C263/10，B01D53/70，C01B7/07
复 审 请 求 人　巴斯福股份公司
申　　请　　号　200380106804.X
优　先　权　日　2002年12月19日
申　　请　　日　2003年12月13日
公　　开　　日　2006年2月1日
合 议 组 组 长　刘　亚
主　　审　　员　吴红权
参　　审　　员　李亚林

法 律 依 据　专利法第33条
决 定 要 点

如果申请的内容通过增加、改变和/或删除其中的一部分，致使所属技术领域的技术人员看到的信息与原申请记载的信息不同，而且又不能从原申请记载的信息中直接地、毫无疑义地确定，那么这种修改就是不允许的。

一、案由

本复审请求涉及发明名称为"氯化氢和光气混合物的分离"的200380106804.X号发明专利申请（下称本申请），申请人为巴斯福股份公司，申请日为2003年12月13日，优先权日为2002年12月19日，公开日为2006年2月1日。

2007年8月10日，针对申请人于2007年7月5日提交的权利要求第1~25项、进入中国国家阶段时提交的国际申请文件的中文文本的说明书第1~13页及说明书摘要（下称驳回文本），国家知识产权局原审查部门以权利要求1不符合专利法第33条的规定为由驳回了本申请。

驳回决定认为：国家知识产权局原审查部门曾在《第三次审查意见通知书》中指出，请求人于2007年2月9日提交的修改的权利要求书中，权利要求1删除了"可能的溶剂"、"可能的低沸物"和"一般在通过胺与光气反应制备异氰酸酯的过程获得的惰性物"，删去该部分内容后的技术方案和原技术方案相比有实质性区别，扩大了原权利要求1的保护范围，超出了原说明书和权利要求书记载的范围，不符合专利法第33条的规定。申请人于2007年7月5日针对《第三次审查意见通知书》提交了意见陈述书和修改的权利要求书，未对上述权利要求1作出修改。申请人的答辩理由是，“原权利要求1中“可能的溶剂”包括“有溶剂”和“无溶剂”两种情况，因此在是否含有溶剂方面对权利要求不构成限定，删去“可能的溶剂”的表述后的权利要求1的保护范围完全相同”。但申请人的上述答辩理由不成立，原因在于：首先，即使不考虑“可能的溶剂”和“可能的低沸物”，从权利要求1中删除的“如一般在通过胺与光气反应制备异氰酸酯的过程获得的惰性物”代表了明确的含义，而申请人通过将其从权利要求1中删除，改变了这部分的原意和该权利要求所要求保护的范围，即原权利要求1所分离的物质中至少包括了氯化氢、光气和上述惰性物三种，而修改后的权利要求1所分离的物质中变成氯化氢和光气这两种物质，并且由于申请人未对该包含光气和氯化氢等成分的混合物进行任何限定，即意味着光气和氯化氢可能与任意的物质混合，在此前提下，即使是“可能的溶剂”和“可能的低沸物”，其对于权利要求1还是存在限定作用，因为其限定了如果在这些物质存在的条件下，这些物质的类别是溶剂和低沸物，而不是其他的例如固体颗粒和高沸点物质等等。由此可知，上述删除后的内容不能从原申请记载的信息中直接地、毫无疑义地确定，所以这种修改是不允许的。

驳回决定针对的权利要求1如下：

“1. 一种用于部分或完全分离包含氯化氢和光气的混合物的方法，其中包括首先进行光气的部分或完全冷凝，然后在塔内进行蒸馏或气提步骤以将氯化氢从底部产物光气中除去并随后通过用氯苯、二氯苯、两者的混合物或甲苯对顶部产物氯化氢进行洗涤将光气吸收于氯苯、二氯苯、两者的混合物或甲苯中。”

2007年11月22日，申请人巴斯福股份公司（下称请求人）对上述驳回决定不服，向专利复审委员会提出复审请求，请求人在提出复审请求时没有对申请文件进行修改。

请求人认为：由本申请说明书第1页第7、8行内容可知，本申请原始记载的范围不仅包括分离氯化氢、光气和“如一般在通过胺与光气反应制备异氰酸酯的过程获得的惰性物”，还包括“例如在制备氯化有机物如酰基氯或氯甲酸酯中获得”的“类似的光气和氯化氢的混合物”，因此，驳回决定认为原始申请记载的范围仅限于分离氯化氢、光气和“如一般在通过胺与光气反应制备异氰酸酯的过程获得的惰性物”是错误的。将本申请的方法用于分离通过胺与光气反应制备异氰酸酯以外的方法得到的光气和氯化氢的混合物是本领域技术人员可以从申请文件的内容直接地、毫无疑义地确定的。权利要求1删除的不是必要技术特征。本领域技术人员可以意识到“溶剂”和实施本申请权利要求1的技术方案之间并无关联，不是权利要求1的必要技术特征。综上，请求人删除的仅仅是非必要技术特征，这种修改符合专利法第33条的规定。

经形式审查合格后，专利复审委员会受理了该请求，并于2007年12月27日向请求人发出了《复审请求受理通知书》，同时将本申请转送至国家知识产权局原审查部门进行前置审查。

在《前置审查意见书》中，国家知识产权局原审查部门坚持驳回决定。

专利复审委员会组成合议组，对本复审请求案进行了审理。

合议组以驳回文本为基础于2009年4月28日向请求人发出《复审通知书》，指出：

（1）本申请涉及一种用于部分和完全分离下述气态和完全或部分冷凝混合物的方法：氯化氢，光气和可能的惰性气体和/或低沸物以及有意或无意存在的溶剂，其中以例如的方式记载了具体的低沸物和溶剂。接着记载了本申请的混合物的两种来源（所述混合物一般在脂族或芳族胺与光气反应形成相应异氰酸酯的过程中获得；类似的光气和氯化氢的混合物还例如在制备氯化有机化合物如酰基氯或氯甲酸酯中获得），说明书第1页第3段至说明书第8页第4段的内容也证实了本申请说明书仅涉及上述两种来源，本申请实施例所适用的混合物也仅是来源于制备异氰酸酯合成物流，本申请说明书第 10 页第 3 段记载了用于本申请方法的光气和氯化氢混合物一般包含氯化氢和光气以及可能的溶剂如二氯苯、氯苯、甲苯或其他和可能的低沸物和惰性气体如氮、一氧化碳、甲烷、四氯化碳或氯仿，因此，从本申请说明书记载的内容可知，本申请的分离方法所采用的混合物不是包含氯化氢和光气的任何混合物，本申请说明书仅记载了来自两种来源的包含光气和氯化氢的混合物，没有记载任何来源的包含氯化氢和光气的任何混合物，本申请说明书也没有记载包含任何来源的氯化氢和光气的任何混合物均适用本申请的方法进行分离，本领域技术人员也不能由说明书记载的内容直接地、毫无疑义地确定出包含光气和氯化氢的任何混合物都适用本申请的方法，因此，请求人于 2007 年 7 月 5 日提交的权利要求书中对权利要求 1 的修改不符合专利法第 33 条的规定。

（2）修改后的权利要求 1 中的“包含光气和氯化氢的混合物”相比原申请文件中的“包含氯化氢和光气、可能的溶剂、可能的低沸物和如一般在通过胺与光气反应制备异氰酸酯的过程获得的惰性物的混合物”保护范围实质扩大了，扩大后的范围在原申请文件中没有记载，并且也不能由原申请记载的信息直接地、毫无疑义地确定。修改后的混合物实质上保护包含光气和氯化氢的来自任何领域的任何混合物，而本申请文件仅记载，本申请的方法适用于来自两种特定领域的包含光气和氯化氢的混合物，而不是来自任何领域的包含光气和氯化氢的混合物。此外，本申请的“可能的溶剂”应理解为“无溶剂”和“有特定来源的溶剂”，因此，“可能的溶剂”对权利要求构成限制。

（3）请求人于 2007 年 7 月 5 日提交的权利要求书中，权利要求 8 修改为“权利要求 1~4 中任意一项的方法，其中通过用惰性气体和/或氯苯和/或二氯苯和/或氯苯和二氯苯的混合物和/或甲苯的蒸气和/或光气气提将氯化氢从光气中除去”，其中出现特征“其中通过用惰性气体和/或氯苯和/或二氯苯和/或氯苯和二氯苯的混合物和/或甲苯的蒸气和/或光气气提将氯化氢从光气中除去”。而原权利要求书相应特征为“其中通过用惰性气体如氮气、加工溶剂蒸气、光气或其他气态或可蒸发物质气提将氯化氢从光气中除去”，原说明书第 10 页第 21 行至 22 行记载了“作为选择，氯化氢还可以通过用惰性气体如氮气、加工溶剂蒸气、光气或其他气态或蒸发物质气提从再循环光气中除去”，因此，从原说明书和权利要求书记载的内容可知，原申请文件记载的是并列选择关系，采用“或”的逻辑关系，而修改后的内容除“或”的逻辑关系后，还有“与”的逻辑关系，不能从原申请文件中直接地、毫无疑义地确定，故权利要求 8 修改超范围，不符合专利法第 33 条的规定。

（4）即使请求人将权利要求 1 修改回原申请文件克服不符合专利法第 33 条的缺陷，权利要求 1 中“可能的溶剂、可能的低沸物和如一般在通过胺与光气反应制备异氰酸酯的过程获得的惰性物的混合物”的表述是不清楚的，不符合专利法实施细则第 20 条第 1 款的规定。

针对上述《复审通知书》，请求人于 2009 年 6 月 11 日提交了意见陈述书和权利要求书的全文替换页，相比驳回文本的权利要求书，请求人对权利要求 1 进行了修改，其余权利要求未作修改。修改后的权利要求 1 如下：

“1. 一种用于部分或完全分离包含氯化氢和光气以及任选的溶剂和任选的低沸物和低沸物的混合物的方法，其中所述任选的溶剂和任选的低沸物和低沸物是一般在通过胺与光气反应制备异氰酸酯的过程获得的，其中包括首先进行光气的部分或完全冷凝，然后在塔内进行蒸馏或气提步骤以将氯化氢从底部产物光气中除去并随后通过用氯苯、二氯苯、两者的混合物或甲苯对顶部产物氯化氢进行洗涤将光气吸收于氯苯、二氯苯、两者的混合物或甲苯中。”

至此，合议组认为本案事实已经清楚，可以作出审查决定。

二、决定的理由

1. 关于决定的文本

本复审请求审查决定是针对请求人于 2009 年 6 月 11 日提交的权利要求第 1~25 项，进入中国国家阶段时提交的国际申请文件的中文译文的说明书第1~13页及说明书摘要作出的（下称复审文本）。

2. 关于专利法第33条

专利法第33条规定，申请人可以对其专利申请文件进行修改，但是，对发明和实用新型专利申请文件的修改不得超出原说明书和权利要求书记载的范围。

如果申请的内容通过增加、改变和/或删除其中的一部分，致使所属技术领域的技术人员看到的信息与原申请记载的信息不同，而且又不能从原申请记载的信息中直接地、毫无疑义地确定，那么这种修改就是不允许的。

就本案而言，合议组于2009年4月28日向请求人发出《复审通知书》，曾指出驳回文本的权利要求8修改超范围，不符合专利法第33条的规定。请求人于2009年6月11日答复《复审通知书》时提交了修改的权利要求书（即复审决定文本的权利要求书），其中未对驳回文本的权利要求8作任何修改。

合议组查明，复审决定文本的权利要求8为“权利要求1~4中任意一项的方法，其中通过用惰性气体和/或氯苯和/或二氯苯和/或氯苯和二氯苯的混合物和/或甲苯的蒸气和/或光气气提将氯化氢从光气中除去”，其中的修改内容“其中通过用惰性气体和/或氯苯和/或二氯苯和/或氯苯和二氯苯的混合物和/或甲苯的蒸气和/或光气气提将氯化氢从光气中除去”在原说明书和权利要求书中没有文字记载，而原权利要求书相应特征为“其中通过用惰性气体如氮气、加工溶剂蒸气、光气或其他气态或可蒸发物质气提将氯化氢从光气中除去”，原说明书第10页第21行至22行记载了“作为选择，氯化氢还可以通过用惰性气体如氮气、加工溶剂蒸气、光气或其他气态或蒸发物质气提从再循环光气中除去”，从原说明书和权利要求书记载的内容可知，原申请文件记载的是并列选择关系，采用“或”的逻辑关系，而上述修改后的内容除“或”的逻辑关系外，还有“与”的逻辑关系，不能从原申请文件中直接地、毫无疑义地确定，故权利要求8的修改超出了原申请文件中记载的范围，不符合专利法第33条的规定。

根据上述事实和理由，合议组作出如下审查决定。

三、决定

维持国家知识产权局于2007年8月10日针对200380106804.X号发明专利申请作出的驳回决定。

复审请求人对本决定不服的，可以根据专利法第41条第2款的规定，自收到本决定之日起三个月内向北京市第一中级人民法院起诉。

093

（对苯二甲酸－乙二醇－异山梨醇）共聚酯聚合物的制备方法

复审请求审查决定（第 17686 号）

决　定　号　第 17686 号
决　定　日　2009 年 6 月 21 日
发明创造名称　（对苯二甲酸－乙二醇－异山梨醇）共聚酯聚合物的制备方法
国 际 分 类 号　C08G63/183，C08G63/16，C08G63/86，C08G63/80
复 审 请 求 人　纳幕尔杜邦公司
申　请　号　03819324.8
优 先 权 日　2002 年 6 月 14 日
申　请　日　2003 年 6 月 12 日
公　开　日　2005 年 9 月 28 日
合 议 组 组 长　孙跃飞
主　审　员　郭　俭
参　审　员　李亚林

法 律 依 据　专利法第 22 条第 2 款
决 定 要 点

对于包含方法特征的产品权利要求而言，如果其方法与现有技术存在区别技术特征，且依据该区别技术特征可以确定权利要求请求保护的产品的结构和/或组成不同于现有技术的产品，则该权利要求相对于所述现有技术具有新颖性。

一、案由

本复审请求涉及发明名称为“（对苯二甲酸－乙二醇－异山梨醇）共聚酯聚合物的制备方法”的 03819324.8 号发明专利申请（下称本申请），申请人为纳幕尔杜邦公司，申请日为 2003 年 6 月 12 日，优先权日为 2002 年 6 月 14 日，公开日为 2005 年 9 月 28 日。

2008 年 5 月 9 日，针对申请人于 2007 年 8 月 9 日提交的权利要求第 1～37 项、进入中国国家阶段时提交的国际申请文件中文文本的说明书第 1～15 页及其摘要，国家知识产权局以本申请权利要求 27 不符合专利法第 22 条第 2 款的规定为由驳回了本申请。驳回决定针对的权利要求书如下：

“1. 一种制备（对苯二甲酸－乙二醇－异山梨醇）共聚酯的熔融聚合方法，所述方法包括：

a）提供一种包含对苯二甲酸或其烷基酯、乙二醇和异山梨醇的混合物，其中二醇和对苯二甲酸或其烷基酯的摩尔比率为 1.05：1～1.3：1，乙二醇和异山梨醇的摩尔比率为 1.2：1～24：1；

b）在惰性气氛下、温度为 180～255℃、压力为 0～60psig 下使所述混合物反应，同时除去包含对苯二甲酸或其酯与乙二醇和异山梨醇反应产生的水或挥发性链烷醇产物的馏出液，其中所述馏出液包含少于5%重量的乙二醇和少于1%重量的异山梨醇；和

c）在除去至少90%的挥发性反应产物后，在缩聚催化剂存在下、压力为0.25~2mmHg、温度为260~275℃下继续反应生成亨特b * 色值为-2.0~+2.0的（对苯二甲酸-乙二醇-异山梨醇）共聚酯。

2. 权利要求1的方法，其中所述混合物包含对苯二甲酸、乙二醇和异山梨醇，其中所述馏出液包含水。

4. 权利要求2的方法，其中所述混合物还包含选自乙酸钠、氢氧化钠和氢氧化四甲基铵的碱。

26. 权利要求1的方法，其中所述乙二醇和异山梨醇的摩尔比率为6：1~18：1。

27. 按照权利要求26的方法制备的（对苯二甲酸-乙二醇-异山梨醇）共聚酯聚合物，其中所述亨特b * 色值为-1.0至+1.0。”

驳回决定认为：对比文件1（CN1298416A，公开日2001年6月6日）公开了一种共聚酯及其制备方法。由于权利要求27要求保护的共聚酯是用制备方法进行表征的，其要求保护的共聚酯与对比文件1公开的共聚酯相比二者仅是制备方法略有不同，但权利要求27并未记载可与对比文件1进行比较的参数以证明二者所述共聚酯不同（虽然权利要求27记载了共聚酯的亨特b * 色值，这在对比文件1中没有提及，但并不能依据该参数将权利要求27所述共聚酯与对比文件1公开的共聚酯将它们区别开），也没有表明由于制备方法上的区别为产品带来任何功能、性质上的改变，因此，权利要求27不具有专利法第22条第2款规定的新颖性。

2008年8月8日，申请人纳幕尔杜邦公司（下称请求人）对上述驳回决定不服，向专利复审委员会提出复审请求，请求人在提出复审请求时对权利要求书进行了修改，将权利要求27改为引用权利要求4。修改后的权利要求书如下：

“1. 一种制备（对苯二甲酸-乙二醇-异山梨醇）共聚酯的熔融聚合方法，所述方法包括：

a）提供一种包含对苯二甲酸或其烷基酯、乙二醇和异山梨醇的混合物，其中二醇和对苯二甲酸或其烷基酯的摩尔比率为1.05：1~1.3：1，乙二醇和异山梨醇的摩尔比率为1.2：1~24：1；

b）在惰性气氛下、温度为180~255℃、压力为0~60psig下使所述混合物反应，同时除去包含对苯二甲酸或其酯与乙二醇和异山梨醇反应产生的水或挥发性链烷醇产物的馏出液，其中所述馏出液包含少于5%重量的乙二醇和少于1%重量的异山梨醇；和

c）在除去至少90%的挥发性反应产物后，在缩聚催化剂存在下、压力为0.25~2mmHg、温度为260~275℃下继续反应生成亨特b * 色值为-2.0~+2.0的（对苯二甲酸-乙二醇-异山梨醇）共聚酯。

2. 权利要求1的方法，其中所述混合物包含对苯二甲酸、乙二醇和异山梨醇，其中所述馏出液包含水。

4. 权利要求2的方法，其中所述混合物还包含选自乙酸钠、氢氧化钠和氢氧化四甲基铵的碱。

26. 权利要求1的方法，其中所述乙二醇和异山梨醇的摩尔比率为6：1~18：1。

27. 按照权利要求4的方法制备的（对苯二甲酸-乙二醇-异山梨醇）共聚酯聚合物，其中所述亨特b * 色值为-1.0至+1.0”。

请求人认为：申请人将权利要求27修改为引用权利要求4，权利要求4在制备本发明共聚酯的混合物中含有碱，而在该制备中并不将加入的碱除去，因此所述碱将留在聚合物中，从而作为其组成部分之一。对比文件1在制备的聚合物中将不会含有碱，因此修改后的权利要求27相对于对比文件1具有新颖性。

经形式审查合格后，专利复审委员会受理了该请求，并于2008年9月22日向请求人发出了《复审请求受理通知书》，同时将本申请转送至国家知识产权局原审查部门进行前置审查。

在《前置审查意见书》中，国家知识产权局原审查部门认为：虽然新提交的权利要求27要求保护的是由包含对苯二甲酸或其烷基酯、乙二醇、异山梨醇以及权利要求4所述的选自乙酸钠等碱的混合物制备的共聚酯，但由于在生成共聚酯的缩聚反应中，实际发生反应的仍然是多元酸和多元醇，该碱虽然存在于反应混合物中，但不会进入产物共聚酯的结构中或对产物共聚酯的结构产生影响，仍然无法将权利要求27要求保护的共聚物与对比文件1公开的共聚酯区别开，权利要求27仍然不具有新颖性，因此坚持驳回决定。

专利复审委员会组成合议组，对本复审请求案进行了审理。

经合议，合议组认为本案事实清楚，可以作出审查决定。

二、决定的理由

1. 决定依据的文本

在复审程序中，复审请求人于2008年8月8日提交了权利要求书修改替换页，其中对权利要求第27项进行了修改。请求人将权利要求27的主题名称——“按照权利要求26的方法制备的（对苯二甲酸-乙二醇-异山梨醇）共聚酯聚合物”修改成“按照权利要求4的方法制备的（对苯二甲酸-乙二醇-异山梨醇）共聚酯聚合物”。经审查，上述修改符合专利法第33条及专利法实施细则第60条第1款的规定。

本复审请求审查决定所针对的文本是请求人于2008年8月8日提交的权利要求第1~37项、进入中国国家阶段时提交的国际申请文件中文文本的说明书第1~15页及其摘要。

2. 关于专利法第22条第2款

专利法第22条第2款规定，新颖性，是指在申请日以前没有同样的发明或者实用新型在国内外出版物上公开发表过、在国内公开使用或者以其他方式为公众所知，也没有同样的发明或者实用新型由他人向国务院专利行政部门提出过申请并且记载在申请日以后公布的专利申请文件中。

对于包含方法特征的产品权利要求而言，如果其方法与现有技术存在区别技术特征，且依据该区别技术特征可以确定权利要求请求保护的产品的结构和/或组成不同于现有技术的产品，则该权利要求相对于所述现有技术具有新颖性。

就本案而言，权利要求27请求保护一种（对苯二甲酸—乙二醇—异山犁醇）共聚酯聚合物，该共聚酯聚合物由（对苯二甲酸—乙二醇—异山犁醇）共聚酯的熔融聚合方法制备，所述方法包括：

①提供一种包含对苯二甲酸、乙二醇和异山梨醇的混合物，其中二醇和对苯二甲酸的摩尔比率为1.05：1~1.3：1，乙二醇和异山梨醇的摩尔比率为1.2：1~24：1，混合物还包含选自乙酸钠、氢氧化钠和氢氧化四甲基铵的碱；

②在惰性气氛下、温度为180~255℃、压力为0~60psig下使所述混合物反应，同时除去包含对苯二甲酸与乙二醇和异山梨醇反应产生的水或挥发性链烷醇产物的馏出液，其中所述馏出液包含少于5%重量的乙二醇和少于1%重量的异山梨醇，且所述馏出液包含水；和

③在除去至少90%的挥发性反应产物后，在缩聚催化剂存在下、压力为0.25~2mmHg、温度为260~275℃下继续反应生成亨特b * 色值为-1.0~+10的（对苯二甲酸—乙二醇—异山梨醇）共聚酯。

可见，权利要求27是含有方法特征和参数特征的产品权利要求，对于其主题名称（对苯二甲酸—乙二醇—异山犁醇）共聚酯聚合物，应理解为反应所得的具有特定性能的聚合物混合物，而不应理解为单一的（对苯二甲酸—乙二醇—异山犁醇）共聚酯聚合物。

对比文件1（CN1298416A，公开日2001年6月6日）公开了通过含有乙二醇部分、异山梨醇部分和对苯二酰部分的单体混合物的熔融缩合反应而制备的聚酯聚合物的方法，并由此制得了共聚物（参见说明书第4页第1段）。对比文件1还公开了（对苯二甲酸—乙二醇—异山梨醇）共聚物也能够通过熔融聚合反应方法制备，并且公开了制备该共聚物的单体原料用量比例（参见说明书第6页第2行至26行）。对比文件1说明书第9页第26行至第10页第23行一般性地描述了以对苯二甲酸作为对苯二酰部分单体与乙二醇和异山梨醇单体进行反应的流程，并在实施例部分具体描述了几个制备实施例，其方法如下：将对苯二甲酸、乙二醇和异山梨醇混合物在惰性气氛（例如氮气）和稍高压（自生压力，约25~50psig）下进行，形成双（2—羟乙基对苯二甲酸酯）和低聚物的酯化反应在升高的温度（自生压力下介于室温和约220℃~265℃）下进行，聚合物在约275~285℃的温度范围内在高真空（小于10托，优选小于1托）下制备；需要真空除去残留乙二醇、异山梨醇和来自反应的水蒸气，以提高分子量；使用的催化剂包括Co（Ⅱ）和Sb（Ⅲ）的乙酸盐或其他链烷酸盐、Sb（Ⅲ）和Ge（Ⅳ）的氧化物等。尤其是该对比文件1说明书实施例2公开了一种制备（对苯二甲酸—乙二醇—异山梨醇）共聚物的方法，该方法包括，将对苯二甲酸：异山梨醇：乙二醇的摩尔比为1：0.12：1.18的单体混合物在催化剂组分下，氮气气氛中进行聚合反应（参见说明书第13页实施例2）。

将权利要求27要求保护的共聚酯聚合物与对比文件1所制得的共聚物相比，两者在制备方法上至少存在一个区别技术特征：权利要求27的反应混合物中还包含“选自乙酸钠、氢氧化钠和氢氧化四甲基铵的碱”，而对比文件1的反应混合物中则不包含上述碱。

对于本申请权利要求27请求保护的共聚酯聚合物而言，上述区别技术特征是制备方法中的原料特征，由于权利要求27的制备过程中不包含除去或者能够除去所加入的碱的工艺步骤，因此，在权利要求27的反应原料中所引入的碱或者以反应前的原形式或者以反应后的转化形式存在于权利要求27请求保护的最终产物共聚酯聚合物混合物中，成为其组成部分之一。而对比文件1在制备的聚合物过程中没有加入所述碱，则其最终产物将不会含有所述碱或其转化形式。综上，权利要求27中的方法区别技术特征导致其共聚酯聚合物的组成不同于对比文件1的共聚物，二者实质不同，因此权利要求27相对于对比文件1具有专利法第22条第2款规定的新颖性。

综上所述，请求人于2008年8月8日提交的权利要求书修改文本已经克服了《驳回决定》中指出的本申请权利要求27不符合专利法第22条第2款规定的缺陷，故合议组作出下述决定。

三、决定

撤销国家知识产权局于2008年5月9日针对03819324.8号发明专利申请作出的驳回决定，由国家知识产权局原审查部门以本复审决定所针对的文本为基础继续审批程序。

复审请求人对本决定不服的，可以根据专利法第41条第2款的规定，自收到本决定之日起三个月内向北京市第一中级人民法院起诉。

094

具有改善性能的丙烯聚合物树脂

复审请求审查决定（第17698号）

决　定　号　第17698号
决　定　日　2009年6月19日
发明创造名称　具有改善性能的丙烯聚合物树脂
国际分类号　C08F297/08，C08F210/06
复审请求人　北方技术股份有限公司
申　请　号　02812889.3
优 先 权 日　2001年6月27日
申　请　日　2002年6月26日
公　开　日　2004年8月11日
合议组组长　刘　静
主　审　员　危　峰
参　审　员　吴红权

法 律 依 据　专利法第22条第3款
决 定 要 点

如果要求保护的技术方案相对于最接近的现有技术存在区别特征，同时现有技术中没有给出将上述区别特征应用到该最接近现有技术以解决本发明实际解决的技术问题的启示，并且要求保护的技术方案能够产生有益的技术效果，则认为该发明具有突出的实质性特点和显著的进步，符合专利法第22条第3款关于创造性的规定。

一、案由

本复审请求案涉及发明名称为“具有改善性能的丙烯聚合物树脂”的02812889.3号发明专利申请（下称本申请），申请人为北方技术股份有限公司，申请日为2002年6月26日，优先权日为2001年6月27日，公开日为2004年8月11日。

2006年5月19日，针对申请人于2006年1月24日提交的权利要求第1~9项、说明书第1~13页和说明书附图第1~2页，以及2003年12月26日提交的说明书摘要，国家知识产权局原审查部门以权利要求1~6、8~9不符合专利法第22条第2款的规定和权利要求7不符合专利法第22条第3款的规定为由驳回了本申请。

驳回决定认为：权利要求1~6、8~9相对于对比文件1（CN 1267311A，公开日为2000年9月20日）不具备新颖性，权利要求7相对于对比文件1和对比文件2（EP 0115940 A1，公开日为1984年

8 月 15 日）的结合不具备创造性。

（1）对比文件 1 公开了一种制备丙烯聚合物的方法，包括使用基于串联连接的至少一个淤浆反应器和至少一个气相反应器。所述的淤浆反应器是在高温或超临界温度下操作的本体回路反应器，在该反应器中的共聚产物和含未反应单体的反应介质通过管道传输至气相反应器中，淤浆反应器中的生产量优选 40% ~60% 重量；所述的高温为至少 75℃，优选 80~100℃，且气相反应器的反应温度可以高于回路反应器的温度，例如回路反应器温度为 80℃，GPR 反应器温度为 90℃；其中聚合产物中含有至少 0.5% 重量的共聚用单体（见对比文件 1 说明书第 16 页第 25 行，第 6 页第 24 行或 WO98/58976 说明书第 21 页第 6 行），所述的共聚用单体可以是乙烯。由此权利要求 1 记载的方案已被对比文件 1 公开，不具备新颖性。

从属权利要求 2~5、8~9 的附加技术特征同样已被对比文件 1 公开；从属权利要求 6 的附加技术特征为“浆液反应器和气相反应器中的产物的乙烯含量均为 0.05~0.5wt%”，但当对比文件 1 中的聚合产物中的乙烯含量为 0.5% 重量时，必然要求上述反应器中的制得产物的乙烯含量小于或等于 0.5% 重量，即该附加技术特征也已被对比文件 1 公开。因此，权利要求 2~6、8~9 记载的方案也已被对比文件 1 公开，不具备新颖性。

（2）从属权利要求 7 相对于对比文件 1 公开的现有技术，其区别特征是将产物中乙烯含量限定为 0.15~0.4wt%，本申请实际所要解决的技术问题是通过加入少量的乙烯，改变产物的结晶度，从而改善产物的机械性能和热成型性能。对比文件 2 公开了一种用于制备具有良好的拉伸性能和抗热收缩性能的薄膜的乙烯－丙烯共聚物，其中包括乙烯含量在 0.1% ~2.0% 摩尔范围内，经计算即约为 0.07~1.3wt% 范围内。虽然对比文件 2 中制备乙烯－丙烯共聚物的方法与本申请不同，但是对比文件 2 中已经公开了通过在丙烯聚合物中加入少量的乙烯共聚单体，来调整丙烯聚合物的结晶性，从而使得制备的丙烯聚合物具有优异的拉伸性能和抗热收缩性能的方案。由此可见，该区别特征已被对比文件 2 公开，二者所属的领域相同，解决的技术问题相同，采用的方法相同，达到的效果相同。本领域技术人员可以从对比文件 2 中得到启示，将其应用于对比文件 1 中的方法，从而获得权利要求 7 要求保护的方案，这种结合是显而易见的。因此权利要求 7 不具备专利法第 22 条第 3 款规定的创造性。

驳回决定针对的权利要求书如下：

“1. 一种在多级聚合过程中制备丙烯聚合物的方法，其包括在催化剂存在下在含有至少一个浆液反应器的第一反应区中使丙烯聚合生成第一聚合产物，将所述第一产物传输到含有至少一个气相反应器的第二反应区中，并在所述第一聚合产物存在下在气相中继续对丙烯进行聚合，其特征在于浆液和气相反应器中的温度均为至少 75℃，且至少一个反应器中的产物的乙烯含量在 0.05~0.5wt% 范围内。

2. 根据权利要求 1 的方法，其特征在于气相反应器的温度比浆液反应器的温度高。

3. 根据权利要求 1 的方法，其特征在于气相反应器中的温度比浆液反应器中的温度高出至少 3℃。

4. 根据权利要求 1 的方法，其特征在于浆液反应器和气相反应器中的温度均为至少 80℃。

5. 根据权利要求 1 的方法，其特征在于浆液反应器中的温度为 80℃，而气相反应器中的温度为 85℃。

6. 根据权利要求 1 的方法，其特征在于浆液反应器和气相反应器中的产物的乙烯含量均在 0.05~0.5wt% 范围内。

7. 根据权利要求 1 的方法，其特征在于反应产物的乙烯含量在 0.15~0.4wt% 范围内。

8. 根据权利要求 1 的方法，其特征在于浆液反应器是本体反应器。

9. 根据权利要求 1 的方法，其特征在于浆液反应器与气相反应器之间的产量分成为 70 : 30~40 : 60。”

2006年9月11日，申请人北方技术股份有限公司（下称请求人）对上述驳回决定不服，向专利复审委员会提出复审请求，请求人在提出复审请求时对权利要求书进行了修改，将权利要求1和6中乙烯含量上限均修改为“0.4wt%”。修改后的权利要求书为：

“1. 一种在多级聚合过程中制备丙烯聚合物的方法，其包括在催化剂存在下在含有至少一个浆液反应器的第一反应区中使丙烯聚合生成第一聚合产物，将所述第一产物传输到含有至少一个气相反应器的第二反应区中，并在所述第一聚合产物存在下在气相中继续对丙烯进行聚合，其特征在于浆液和气相反应器中的温度均为至少75℃，且至少一个反应器中的产物的乙烯含量在0.05~0.4wt%范围内。

2. 根据权利要求1的方法，其特征在于气相反应器的温度比浆液反应器的温度高。

3. 根据权利要求1的方法，其特征在于气相反应器中的温度比浆液反应器中的温度高至少3℃。

4. 根据权利要求1的方法，其特征在于浆液反应器和气相反应器中的温度均为至少80℃。

5. 根据权利要求1的方法，其特征在于浆液反应器中的温度为80℃，而气相反应器中的温度为85℃。

6. 根据权利要求1的方法，其特征在于浆液反应器和气相反应器中的产物的乙烯含量均在0.05~0.4wt%范围内。

7. 根据权利要求1的方法，其特征在于反应产物的乙烯含量在0.15~0.4wt%范围内。

8. 根据权利要求1的方法，其特征在于浆液反应器是本体反应器。

9. 根据权利要求1的方法，其特征在于浆液反应器与气相反应器之间的产量分成为70：30~40：60。”

请求人认为，（1）修改后的权利要求1中记载的乙烯含量“0.05~0.4wt%”没有记载在对比文件1中，因此，权利要求1~6和8~9相对于对比文件1具备新颖性。（2）权利要求1~9相对于对比文件1和2的结合也具备创造性：①对比文件1的目的是消除单反应器和多反应器操作的现有技术中存在的问题以及提供一种制备丙烯均聚物和共聚物的方法，涉及使用高含量共聚单体时存在的问题以及如何解决这些问题；而本申请的目的是提供生产具有改进的黏结性能的丙烯聚合物树脂的方法，由此对比文件1并未给出教导。②对比文件2涉及膜成形丙烯聚合物以及生产该膜的方法，并未给出有关聚丙烯树脂的黏结性能的问题或者由这种树脂产生的可用于形成无纺布的纤维的暗示或者指示；且对比文件2采用的是一步聚合法，其并未暗示或者指示本申请的多种反应器的组合。③对比文件1和对比文件2的结合并不是显而易见的，因为对比文件1中没有暗示或者指示使用相当少量的乙烯作为共聚单体，且对比文件2中并未有根据对比文件1或者本申请使用两步法的暗示或者指示。并且，本领域技术人员将对比文件1和对比文件2组合时，由于对比文件2实施例中所公开的实现其目的的三个乙烯含量值0.3mol%（0.20wt%）、0.5mol%（0.33wt%）和0.9mol%（0.60wt%）并非都在本申请要求保护的范围（即，0.05~0.4wt%）之内，由此将不能得到启示而获得本申请权利要求1的特定主题。④另外，本申请权利要求1要求保护在至少使用一个反应器的产物中存在特定含量的乙烯，而对比文件2只公开了终产物中乙烯的含量。并且，对比文件1中也未给出启示，使得本领域技术人员从对比文件2出发而选择两步法并将其与对比文件2中有关乙烯含量的教导相结合。

经形式审查合格后，专利复审委员会受理了该请求，并于2006年11月15日向请求人发出了《复审请求受理通知书》，同时将本申请转送至国家知识产权局原审查部门进行前置审查。

在《前置审查意见书》中，国家知识产权局原审查部门认为修改后的权利要求1~9相对于对比文件1和2的结合不具备创造性，因此坚持驳回决定。

专利复审委员会组成合议组，对本复审请求案进行了审理。

经合议，合议组认为本案事实清楚，可以作出审查决定。

二、决定的理由

1. 关于文本

在复审程序中，请求人在2006年9月11日提出复审请求时提交了权利要求书的全文替换页，请求人在驳回决定所针对的权利要求书的基础上，将权利要求1和6中乙烯含量上限均修改为“0.4wt%”，未对上述文本的其他权利要求进行修改。经审查，上述修改后的乙烯含量上限在原权利要求7和说明书第7页第5段中有记载，该修改符合专利法第33条及专利法实施细则第60条第1款的规定。故，本复审请求审查决定针对的文本是：请求人于2006年9月11日提交的权利要求第1~9项，2006年1月24日提交的说明书第1~13页和说明书附图第1~2页，以及2003年12月26日提交的说明书摘要。

2. 专利法第22条第3款

专利法第22条第3款规定：创造性，是指同申请日以前已有的技术相比，该发明有突出的实质性特点和显著的进步

如果要求保护的技术方案相对于最接近的现有技术存在区别特征，同时现有技术中没有给出将上述区别特征应用到该最接近现有技术以解决本发明实际解决的技术问题的启示，并且要求保护的技术方案能够产生有益的技术效果，则认为该发明具有突出的实质性特点和显著的进步，符合专利法第22条第3款关于创造性的规定。

就本案而言，权利要求1要求保护一种在多级聚合过程中制备丙烯聚合物的方法（具体内容参见案由部分）。

对比文件1公开了一种制备丙烯聚合物的方法，包括使用基于串联连接的至少一个淤浆反应器和至少一个气相反应器。所述的淤浆反应器是在高温或超临界温度下操作的本体回路反应器，在该反应器中的共聚产物和含未反应单体的反应介质通过管道传输至气相反应器中，淤浆反应器中的生产量优选40%~60%重量；所述的高温优选为80~100℃，且气相反应器的反应温度可以高于回路反应器的温度，例如回路反应器温度为80℃，GPR反应器温度为90℃；其中聚合产物中含有至少0.5%重量的共聚用单体、特别是至少2%重量、优选高至20%重量、一般为约2%~16%重量，所述的共聚用单体是一种或多种其他的C_2-C_{16}烯烃例如乙烯（参见对比文件1的权利要求1，说明书第3页第3~4段、第6页第6段、第8页第4段、第10页第2段、和第16页第6段，以及实施例6）。

将本申请权利要求1与对比文件1公开的技术方案相比可知，相同之处在于二者均是采用多级聚合工艺来制备丙烯聚合物，不同之处在于：权利要求1中限定在至少一个反应器中的产物的乙烯含量在0.05~0.4wt%范围内；而对比文件1中公开的是聚合产物中含有至少0.5%重量的共聚单体（如乙烯）。

本申请说明书第3~4页中提到，本申请的方法和聚合物使得可以制备具有改进黏结性能的聚丙烯纤维，从而可以制得具有更高黏结速率和/或具有改进机械性能、特别是机械强度的含有这种纤维的无纺布。本申请实施例部分也证实了在丙烯聚合物中引入如权利要求1中所限定含量的乙烯共聚单体之后获得的聚合物在相同纺纱速度下显示更高胶结指数。由此可见，本申请要解决的技术问题是，由丙烯聚合物生产聚丙烯纤维时需要改善其黏结性能。本申请通过在丙烯聚合物中引入少量的乙烯共聚单体（0.05~0.4wt%），从而解决了这一技术问题。

对比文件1说明书第1~2页背景技术部分提到，丙烯基聚合物的耐冲击性能可通过将丙烯与其他烯烃诸如乙烯等共聚来提高。但随着共聚用单体比例的上升，会因为溶胀、积聚而产生输送上的问题。对比文件1的目的是提供一种具有高的共聚用单体含量、且改善耐冲击性的丙烯聚合物的制备。

由此可见，对比文件 1 是希望提高共聚用单体含量，至少是 0.5% 重量、特别是至少 2% 重量、优选高至 20% 重量。对比文件 1 没有给出降低共聚用单体（如乙烯）含量可改善丙烯聚合物在生产聚丙烯纤维时的黏结性能的启示，本领域技术人员在面对生产具有改善黏结性能的聚丙烯纤维的丙烯聚合物这一问题时，根据对比文件 1 没有动机去降低乙烯含量。

对比文件 2 公开了一种由主要量的丙烯和少量（如 0.3mol%、0.5mol%、0.9mol%）的乙烯组成的成膜用丙烯聚合物，所述聚合物具有优异的拉伸性能、刚性、透明性、抗冲强度和抗热收缩性能，其实施例 1~3 采用浆液聚合，即采用一步法的制备方法（参见对比文件 2 说明书第 1 页第 1 段、第 16 页第 2 段以及表 1~2）。可见，对比文件 2 仅涉及成膜用的丙烯聚合物，引入所述用量的乙烯的目的在于改善丙烯聚合物的上述成膜性能；且对于本领域技术人员而言，公知成膜用聚合物并不期望其具有较高的黏结性能。由此可见，对比文件 2 并未给出在丙烯聚合物中引入 0.05~0.4wt% 的乙烯共聚单体，从而提供用于生产具有改善黏结性能的聚丙烯纤维的丙烯聚合物的启示；而且对比文件 2 仅使用浆液聚合，即仅使用一个反应器，与本申请使用浆液反应器和气相反应器的两步法完全不同，没有可比性。

因此，当本领域技术人员面对本申请实际要解决的技术问题，提供用于生产具有改善黏结性能的聚丙烯纤维的丙烯聚合物时，不会从对比文件 2 中得到启示，要将 0.05~0.4wt% 的乙烯共聚单体引入丙烯聚合物中，采用浆液反应器和气相反应器结合的两步法，从而能够解决本申请要解决的上述技术问题。

综上所述，合议组认为，对比文件 1 和 2 都没有给出在丙烯聚合物中引入 0.05~0.4wt% 的乙烯单体以改善黏结性能的启示，同时权利要求 1 的技术方案也产生了有益的技术效果：本申请丙烯聚合物在相同纺纱速度下显示更高胶结指数。因此，对比文件 1 和 2 并不足以否定权利要求 1 的创造性，即，权利要求 1 相对于对比文件 1 或对比文件 2 或对文件 1 和 2 的结合具备突出的实质性特点和显著的进步，符合专利法第 22 条第 3 款关于创造性的规定。

在权利要求 1 具备创造性的前提下，其从属权利要求 2~9 也具备创造性，符合专利法第 22 条第 3 款的规定。

根据上述事实和理由，合议组作出如下审查决定。

三、决定

撤销国家知识产权局于 2006 年 5 月 19 日针对 02812889.3 号发明专利申请作出的驳回决定，由国家知识产权局原审查部门以本复审请求审查决定所针对的文本为基础继续审批程序。

复审请求人对本决定不服的，可以根据专利法第 41 条第 2 款的规定，自收到本决定之日起三个月内向北京市第一中级人民法院起诉。

095

含粘合剂/润滑剂的改进的冶金组合物及其制备方法

复审请求审查决定（第17703号）

决　定　号　第17703号
决　定　日　2009年6月17日
发明创造名称　含粘合剂/润滑剂的改进的冶金组合物及其制备方法
国际分类号　C08K9/10，C08L91/06，B22F1/02，B05D7/14，B32B15/08
复审请求人　赫格纳斯公司，阿韦卡公司
申　请　号　98810359.1
申　请　日　1998年9月16日
优先权日　1997年10月21日
公　开　日　2001年6月27日
合议组组长　任晓兰
主　审　员　赵步真
参　审　员　刘　磊

法律依据　专利法第33条
决定要点

如果修改后的内容在原申请文件中有记载或者能够从原申请记载的信息中直接地、毫无疑义地确定，则这种修改没有超出原始申请记载的范围。

一、案由

本复审请求案涉及发明名称为“含粘合剂/润滑剂的改进的冶金组合物及其制备方法”的98810359.1号发明专利申请（下称本申请），申请人为赫格纳斯公司、阿韦卡公司，申请日为1998年9月16日，优先权日为1997年10月21日，公开日为2001年6月27日。

2007年11月2日，针对申请人于2007年8月24日提交的权利要求第1~30项、进入中国国家阶段时提交的国际申请文件的中文文本的说明书第1~19页及其摘要，国家知识产权局以本申请权利要求1、9、19不符合专利法第33条为由驳回了本申请。

驳回决定针对的权利要求1、9和19如下：

“1. 一种具有改进抗偏析性和抗尘性的含有通过一种粘合剂与金属基粉末结合的合金粉末的冶金组合物，该组合物包含：

（a）至少80重量%的金属基粉末；

（b）0.25~4.0重量%的合金粉末；和

（c）0.05~2 重量% 的用于金属基粉末和合金粉末的粘合剂，其中该粘合剂是一种具有低于150℃的软化温度的固态、低熔点的聚合物或蜡，并在至少一维上具有小于 100 微米的平均颗粒尺寸。

9. 一种制备权利要求 1 所述的具有抗偏析性和抗尘性的冶金粉末组合物的方法，该方法包括：

（a）预备一种金属基粉末和至少一种合金粉末的混合物；以及

（b）将粘合剂与所说金属基粉末和所说至少一种合金粉末混合以形成一种初始混合物，其中所述粘合剂是一种具有低于 150℃的软化温度的固态、低熔点的聚合物或蜡，并且该粘合剂在至少一个方向上具有低于 100 微米的平均颗粒尺寸；

（c）将所述初始混合物升温至至少 50℃但低于所述粘合剂的熔点温度以通过所述粘合剂将所述金属基粉末与至少一种合金粉末有效地结合；和

（d）将该混合物的温度降至室温以形成所述冶金粉末组合物，其中以冶金粉末组合物的总重量为基准，所述金属基粉末以至少 80 重量% 的量存在，合金粉末以 0.25~4 重量% 的量存在，所述粘合剂以 0.05~2 重量% 的量存在。

19. 权利要求 9 的方法，其中的粘合剂是一种具有低于 150℃的软化温度的固态、低熔点聚合物或蜡，并且所述粘合剂具有在至少一个方向上低于 50 微米的平均颗粒大小；以及

其中所述混合步骤在高于 49℃但低于所述粘合剂的熔点的温度下进行，从而实施所述金属基粉末和至少一种合金粉末在粘合剂作用下的粘接”。

驳回决定认为：（1）权利要求 1 的主题名称“一种具有改进抗偏析性和抗尘性的含有通过一种粘合剂与金属基粉末结合的合金粉末的冶金组合物”的修改内容、（2）权利要求 9 第 4~5 行中“将粘合剂与所说……初始混合物”的修改内容、第 8~9 行中“（C）将所述……有效地结合”的修改内容、第 11 行中“将该混合物……组合物”的修改内容以及（3）权利要求 19 第 2~6 行中“并且所述……粘接”的修改内容既未明确地记载在原说明书和权利要求书中，也不能由原说明书和权利要求书所记载的内容直接地、毫无疑义地确定，因此该修改内容超出了原权利要求书和说明书记载的范围，不符合专利法 33 条的规定。

2008 年 2 月 18 日，申请人赫格纳斯公司、阿韦卡公司（下称请求人）对上述驳回决定不服，向专利复审委员会提出复审请求，请求人在提出复审请求时提交了权利要求书全文替换页（下称复审请求文本），其中对权利要求 1 和 9 进行了修改，修改后的权利要求 1 和 9 分别为：

“1. 一种具有改进抗偏析性和抗尘性的含有通过一种粘合剂粘合至金属基粉末的合金粉末的冶金组合物，该组合物包含：

（a）至少 80 重量% 的金属基粉末；

（b）0.25~4.0 重量% 的合金粉末；和

（c）0.05~2 重量% 的用于金属基粉末和合金粉末的粘合剂，其中该粘合剂是一种具有低于150℃的软化温度的固态、低熔点的聚合物或蜡，并在至少一维上具有小于 100 微米的平均颗粒尺寸。

9. 一种制备权利要求 1 所述的具有抗偏析性和抗尘性的冶金粉末组合物的方法，该方法包括：

（a）预备一种金属基粉末和至少一种合金粉末的混合物；以及

（b）将粘合剂与所说金属基粉末和所说至少一种合金粉末混合以形成一种初始混合物，其中所述粘合剂是一种具有低于 150℃的软化温度的固态、低熔点的聚合物或蜡，并且该粘合剂在至少一个方向上具有低于 100 微米的平均颗粒尺寸；

（c）将所述初始混合物升温至至少 50℃但低于所述粘合剂的熔点温度以通过所述粘合剂将所述金属基粉末与至少一种合金粉末有效地粘合；和

（d）将该混合物的温度降至室温以形成所述冶金粉末组合物，其中以冶金粉末组合物的总重量为

基准，所述金属基粉末以至少 80 重量% 的量存在，合金粉末以 0.25~4 重量% 的量存在，所述粘合剂以 0.05~2 重量% 的量存在。”

请求人认为：根据说明书第 6 页第 27~29 行的记载“粉末冶金组合物含有……，和一种用于将合金粉末粘合在金属基粉末上的粘合剂”，本领域技术人员能够直接地、毫无疑义地确定修改后的权利要求 1 的主题。基于相同的理由，将权利要求 9 步骤（c）中的“结合”改为“粘合”也没有超出原始申请文件的记载范围，对于权利要求 9 中“将粘合剂与所说……初始混合物”、“将该混合物……组合物”以及“所述粘合剂以 0.05~2 重量% 的量存在”的修改都能在说明书的相应位置找到支持。对于权利要求 19 中“并且所述混合步骤在高于 49℃但……粘接”的修改依据可见说明书第 6 页第 5~16 行。

经形式审查合格后，专利复审委员会受理了该请求，并于 2008 年 4 月 25 日向请求人发出了《复审请求受理通知书》，同时将本申请转送至国家知识产权局原审查部门进行前置审查。

在《前置审查意见书》中，国家知识产权局原审查部门认为驳回决定中所指出的修改超范围之处依然存在，因此坚持驳回决定。

专利复审委员会组成合议组，对本复审请求案进行了审理。

合议组于 2009 年 4 月 2 日向请求人发出《复审通知书》，指出：复审请求文本的权利要求 19 是权利要求 9 的从属权利要求，其中限定“所述混合步骤在高于 49℃但低于所述粘合剂的熔点的温度下进行，从而实施所述金属基粉末和至少一种合金粉末在粘合剂作用下的粘接”。而权利要求 9 中存在两个混合步骤（b）和（c），在权利要求 19 未明确其中进一步限定的“混合步骤”是指哪一步骤时，对该特征在限定对象上存在至少以下三种不同的理解：（1）“混合步骤”是指权利要求 9 中的步骤（b）；（2）“混合步骤”是指权利要求 9 中的步骤（c）；（3）“混合步骤”是指权利要求 9 中的步骤（b）和（c）。因此，权利要求 19 的表达方式存在歧义，导致该权利要求没有清楚地表明其请求保护的范围，因此不符合专利法实施细则第 20 条第 1 款的规定。如果请求人将所述“混合步骤”明确为步骤（c），则权利要求 19 并非真正意义上的从属权利要求，如果请求人将所述“混合步骤”明确为步骤（b），则权利要求 19 将不符合专利法第 33 条的规定。

针对上述《复审通知书》，请求人于 2009 年 5 月 11 日提交了意见陈述书和权利要求书全文替换页，其中仅针对权利要求 19 进行修改，删除了权利要求 19 中的技术特征“所述混合步骤在高于 49℃但低于所述粘合剂的熔点的温度下进行……”，修改后的权利要求 19 为：

“19. 权利要求 9 的方法，其中的粘合剂是一种具有低于 150℃的软化温度的固态、低熔点聚合物或蜡，并且所述粘合剂具有在至少一个方向上低于 50 微米的平均颗粒大小。”

请求人认为：修改后的权利要求 19 已经克服了表达不清楚的缺陷。

至此，合议组认为本案事实已经清楚，可以作出审查决定。

二、决定的理由

1. 关于审查文本

请求人于 2009 年 5 月 11 日提交的权利要求第 1~30 项符合专利法实施细则第 60 条第 1 款的规定。本复审决定所针对的文本是：请求人于 2009 年 5 月 11 日提交的权利要求第 1~30 项，进入中国国家阶段时提交的国际申请文件的中文文本的说明书第 1~19 页及其摘要（下称复审文本）。

2. 关于专利法第 33 条

专利法第 33 条规定：申请人可以对其专利申请文件进行修改，但是，对发明和实用新型专利申请文件的修改不得超出原说明书和权利要求书记载的范围。

如果修改后的内容在原申请文件中有记载或者能够从原申请记载的信息中直接地、毫无疑义地确定，则这种修改没有超出原始申请文件记载的范围。

就本案而言，驳回决定和前置意见认为本申请权利要求1、9和19的修改超出原申请文件记载的范围，具体为：

(1) 权利要求1的主题（参见案由部分）。

对此，合议组认为，本申请说明书第6页第27~29行记载：“粉末冶金组合物含有一种与至少一种合金粉末混合的金属基粉末，优选一种铁基金属粉末，和一种用于将合金粉末粘合在金属基粉末上的粘合剂”；说明书第11页第23~27行提到：“在粉末冶金应用中，为了混合过程中有助于粘合剂与铁粉和合金粉末之间的接触，粘合剂……，但是已经发现在此情况下，为了确保足够的粘合，混合过程的温度应当提高”。由此可以确定，本申请的冶金组合物包含合金粉末与金属基粉末，两者是借助于粘合剂粘合在一起的。因此，请求人对于权利要求1主题的修改没有超出原始申请文件记载的范围，符合专利法第33条的规定。

(2) 权利要求9第4~5行、第8~9行和第11行的内容，具体为步骤（b）和（d）的第一句话以及步骤（c）。

合议组查明，复审文本的权利要求9总体上请求保护一种先使粘合剂与金属基粉末和合金粉末混合形成初始混合物，然后升温粘合，再降温形成冶金粉末组合物的方法。

本申请说明书第12页第16~26行记载：“金属基粉末可以在周围环境条件下与或在较高的混合温度下先与合金粉末形成均匀混合物。然后可以将或者部分预热或者全部预热的粘合剂与金属基和合金粉末在一个合适的容器中混合……直到获得均匀的混合物。或者，粘合剂可以与金属基和合金粉末在开始时混合，然后可以将该混合物加热到合适的选定混合温度，在该温度或温度范围内进行混合直到获得均匀的混合物。不论在哪种过程中，都是然后用间歇或连续的混合将混合的组合物冷却至环境温度”。由此可见，说明书此处的内容实际上记载了两种不同的混合方式：(1) 先将金属基粉末与合金粉末混合，之后与粘合剂热粘合，然后冷却形成合金组合物；(2) 先将金属基粉末和合金粉末混合，然后与粘合剂预混，之后升温粘合，最后冷却形成合金组合物。后者显然对应的是权利要求9的技术方案，因此，权利要求9步骤（b）的第一句话和步骤（d）的第一句话能够在说明书的上述位置找到依据。

至于步骤（c）中升温粘合的温度和金属基粉末与合金粉末的结合方式，首先，如对于权利要求1的评述中所指出的，金属基粉末与合金粉末之间的结合为粘合；其次，说明书第6页第14~16行提到，粘合剂与金属基粉末和合金粉末接触混合的温度为至少大约120°F，至低于粘合剂的熔点，原权利要求9提到，所述混合步骤为高于约50℃。由此可以确定，粘合剂与金属基粉末和合金粉末之间的粘合温度可以为50℃至粘合剂的熔点。即，由原申请文件的内容可以确定步骤（c），因此，请求人对权利要求9的修改也符合专利法第33条的规定。

(3) 权利要求19第2~6行的内容。

首先，请求人已经删除了权利要求19第4~6行的内容，克服了《复审通知书》指出的不清楚和修改超范围的缺陷。

其次，针对权利要求19第2~3行粘合剂的颗粒大小，不仅原权利要求16中有相应的记载，而且原说明书第6页第1~3行提到，“固态涂覆材料优选的是减小至其至少一维的平均颗粒尺寸小于100或200微米，优选的是在0.01~50微米”，由此可见，原说明书已经公开了50微米的端值，请求人将其修改为小于50微米是可以毫无疑义地确定的，因此，权利要求19的修改也符合专利法第33条的规定。

根据上述事实和理由，合议组作出如下审查决定。

三、决定

撤销国家知识产权局于2007年11月2日针对98810359.1号发明专利申请作出的驳回决定，由国家知识产权局原审查部门以请求人于2009年5月11日提交的权利要求第1~30项以及驳回决定所针对说明书及其摘要为基础继续审批程序。

复审请求人对本决定不服的，可以根据专利法第41条第2款的规定，自收到本决定之日起三个月内向北京市第一中级人民法院起诉。

096

2，4-二氢-［1，2，4］三唑-3-硫酮衍生物作为酶髓过氧化物酶（MPO）抑制剂的用途

复审请求审查决定（第17704号）

决　定　号　第17704号
决　定　日　2009年6月22日
发明创造名称　2，4-二氢-［1，2，4］三唑-3-硫酮衍生物作为酶髓过氧化物酶（MPO）抑制剂的用途
国际分类号　C07D249/12，A61K31/4196，A61P25/16，A61P25/28
复审请求人　阿斯利康（瑞典）有限公司
申　请　号　200480011110.2
申　请　日　2004年4月22日
优先权日　2003年4月25日
公　开　日　2006年5月31日
合议组组长　李新芝
主　审　员　兰　琪
参　审　员　王　磊

法律依据　专利法第22条第3款
决定要点

权利要求所要求保护的化合物相对于最接近的已知化合物存在区别特征，同时现有技术中没有给出将上述区别特征应用到该最接近的化合物中以解决其存在的技术问题的启示，并且要求保护的化合物能够产生有益的技术效果，则认为权利要求所要求保护的化合物具有突出的实质性特点和显著的进步，该权利要求的技术方案符合专利法第22条第3款关于创造性的规定。

一、案由

本复审请求案涉及发明名称为“2，4-二氢-［1，2，4］三唑-3-硫酮衍生物作为酶髓过氧化物酶（MPO）抑制剂的用途”的200480011110.2号发明专利申请（下称本申请），申请人为阿斯利康（瑞典）有限公司，申请日为2004年4月22日，优先权日为2003年4月25日，公开日为2006年5月31日。

2008年1月4日，针对申请人于2007年11月29日提交的权利要求第1~11项、2005年10月25日进入中国国家阶段时提交的国际申请文件的中文文本的说明书第1~78页及说明书摘要，国家知识产权局以权利要求1~11不具备专利法第22条第3款所规定的创造性为由驳回了本申请。

驳回决定认为：（1）对比文件 2（US5489598A，公开日为 1996 年 2 月 6 日）公开了与权利要求 1 极其类似的化合物或其可药用盐，二者的区别仅在于：权利要求 1 的化合物中 5 位取代的苯基和三唑环之间还存在亚甲基连接基团，而对比文件 2 公开的化合物中 5 位的苯基和三唑环之间是直接键连的。该区别技术特征在对比文件 1（WO02066447A1，公开日为 2002 年 8 月 29 日）中公开，对比文件 1 公开了具有治疗中性神经鞘磷脂酶紊乱相关疾病的通式化合物，其中说明书第 37 页实施例 1（13）公开了一种具体的 2，4-二氢-［1，2，4］三唑-3-硫酮化合物，该化合物中 5 位取代的苯基和三唑环之间存在亚甲基连接基团。对比文件 2 的说明书第 1 页左栏第 4 段和权利要求 9~11 公开了所述化合物可用于治疗胃炎、多发性硬化，缺血、移植排斥等，对比文件 1 的说明书第 4 页公开了所述化合物可用于治疗动脉硬化、脑缺血、心脏缺血、移植排斥反应等，可见，对比文件 2 和 1 中包括的化合物具有相同的用途，都可用于治疗动脉硬化、缺血、移植排斥等，二者属于相同的技术领域，因此根据对比文件 1 的技术启示，可以合理地预期出当对比文件 2 中所述的化合物的 5 位取代的苯基和三唑环之间存在亚甲基连接基团时，得到的化合物也同样能够具有和对比文件 2 同样的效果，即也可用于治疗动脉硬化、缺血、移植排斥等疾病。因此，本领域的技术人员在对比文件 2 的基础上，结合对比文件 1 的技术启示和本领域的普通技术知识（当取代基不是化合物药效基团时，性质类似的基团之间可以进行等效替代），得到本申请权利要求 1 的化合物是显而易见的，因此权利要求 1 相对于对比文件 1 和 2 的结合不具备专利法第 22 条第 3 款所规定的创造性；在此基础上，权利要求 2~11 也不具备创造性。（2）对于可作为治疗某种疾病的药物的化合物，这种疾病指的是化合物能够用于治疗的最终适应症，而非内在机理，不同的作用机理仅仅是一种科学发现，不能作为本申请化合物的新的用途或者效果来考虑。

驳回决定针对的权利要求书如下：

“1. 式（Ia）化合物或其可药用的盐：

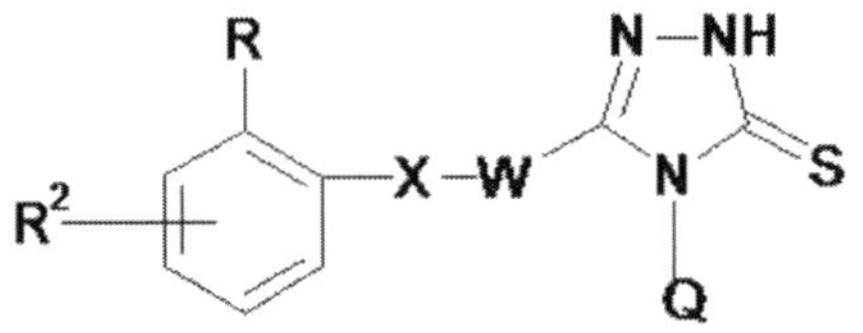

(Ia)

其中：

Q 表示被 1~3 个取代基任选取代的苯基，所述取代基独立地选自卤素、CN、C_{1-6}烷基、C_{1-6}烷氧基、C_{1-6}烷硫基、CO_2R^6、COR^7、CH_2OH、Ph、NO_2、NR^8R^9 和 $SO_2NR^{10}R^{11}$；所述烷基或烷氧基任选进一步被一个或多个氟原子取代；

W 表示 CH_2；

X 表示键；

R 表示卤素、OH、C_{1-6}烷基、C_{3-6}环烷基、C_{1-6}烷氧基、C_{1-6}烷硫基、CH_2OH、C_{2-6}烷酰基、Ph、NO_2、C（O）$NR^{12}R^{13}$或 NR^4R^5；所述烷基、环烷基、烷氧基和烷硫基任选进一步被一个或多个氟原子取代；

R^2 表示 H 或一个或多个取代基，其独立地选自卤素、OH、C_{1-6}烷基、C_{3-6}环烷基、C_{1-6}烷氧基、C_{1-6}烷硫基、CH_2OH、C_{2-6}烷酰基、Ph、NO_2、C（O）$NR^{12}R^{13}$或 NR^4R^5；所述烷基、环烷基、烷氧基和烷硫基任选进一步被一个或多个氟原子取代；

每个 R^4、R^5、R^6、R^7、R^{12}和 R^{13}独立地表示 H 或 C_{1-6}烷基；

每个 R^8、R^9、R^{10}和 R^{11}独立地表示 H 或 C_{1-6}烷基；或基团 NR^8R^9 或 $NR^{10}R^{11}$一起表示饱和 5 或 6 元氮杂环，其任选包括一个选自 O、S 和 N 的其他杂原子，并任选被一个或多个 C_{1-6}烷基取代；

其前提是排除如下化合物：

5-（（2-氯苯基）甲基（-2，4-二氢-4-苯基-3H-1，2，4-三唑-3-硫酮；

5-（（2-氯-6-氟苯基）甲基（-2，4-二氢-4-苯基-3H-1，2，4-三唑-3-硫酮。

2. 权利要求 1 的化合物或其可药用的盐，所述化合物是：

5-（2，5-二甲氧基苄基）-4-［3-（甲硫基）苯基］-2，4-二氢-［1，2，4］三唑-3-硫酮；

5-（2，5-二甲氧基苄基）-4-（4-碘苯基）-2，4-二氢-［1，2，4］三唑-3-硫酮；

4-（4-羧基苯基）-5-（2，4，6-三甲基苄基）-2，4-二氢-［1，2，4］三唑-3-硫酮；

5-（2，5-二甲氧基苄基）-4-［4-（哌啶子基磺酰基）苯基］-2，4-二氢-［1，2，4］三唑-3-硫酮；

5-（2，4，6-三甲基苄基）-4-（4-氨磺酰基苯基）-2，4-二氢-［1，2，4］三唑-3-硫酮；

4-［2-氯-5-（三氟甲基）苯基］-5-（2，5-二甲氧基苄基）-2，4-二氢-［1，2，4］三唑-3-硫酮；

5-（2-溴苄基）-4-（4-氨磺酰基苯基）-2，4-二氢-［1，2，4］三唑-3-硫酮；

5-（2，5-二甲氧基苄基）-4-（3，4，5-三甲氧基苯基）-2，4-二氢-［1，2，4］三唑-3-硫酮；

5-（2-氯苄基）-4-（2-乙氧基苯基）-2，4-二氢-［1，2，4］三唑-3-硫酮；

5-（2-氯苄基）-4-（3-乙酰基苯基）-2，4-二氢-［1，2，4］三唑-3-硫酮；

5-（2-氯苄基）-4-（4-氟苯基）-2，4-二氢-［1，2，4］三唑-3-硫酮；

5-（2-氯苄基）-4-（2-甲氧基-5-甲基苯基）-2，4-二氢-［1，2，4］三唑-3-硫酮；

5-（2-氯苄基）-4-（-3-甲氧基羰基）苯基-2，4-二氢-［1，2，4］三唑-3-硫酮；

5-（2-氯苄基）-4-（2-甲氧基苯基）-2，4-二氢-［1，2，4］三唑-3-硫酮；

5-（2-氯苄基）-4-（3-甲基苯基）-2，4-二氢-［1，2，4］三唑-3-硫酮；

5-（2-氯苄基）-4-（3-甲氧基苯基）-2，4-二氢-［1，2，4］三唑-3-硫酮；

5-（2-氯苄基）-4-（2-甲基苯基）-2，4-二氢-［1，2，4］三唑-3-硫酮；

5-（2-氯苄基）-4-（3-羟基甲基苯基）-2，4-二氢-［1，2，4］三唑-3-硫酮；

5-（2-氯苄基）-4-（3-氯苯基）-2，4-二氢-［1，2，4］三唑-3-硫酮；

5-（2-氟苄基）-4-苯基-2，4-二氢-［1，2，4］三唑-3-硫酮；

5-（2-溴-5-甲基苄基）-4-苯基-2，4-二氢-［1，2，4］三唑-3-硫酮；

5-（2-溴苄基）-4-苯基-2，4-二氢-［1，2，4］三唑-3-硫酮；

5-（2-氯-6-氟-3-甲基苄基）-4-苯基-2，4-二氢-［1，2，4］三唑-3-硫酮；

5-（2-氯苄基）-4-（4-甲基苯基）-2，4-二氢-［1，2，4］三唑-3-硫酮；

5-（2，3-二氯苄基）-4-苯基-2，4-二氢-［1，2，4］三唑-3-硫酮；

5-（2-甲基苄基）-4-（2-甲氧基苯基）-2，4-二氢-［1，2，4］三唑-3-硫酮；

5-（2，6-二甲基苄基）-4-苯基-2，4-二氢-［1，2，4］三唑-3-硫酮；

5-（2-甲基苄基）-4-苯基-2，4-二氢-［1，2，4］三唑-3-硫酮；

5-（2-氯苄基）-4-（4-氯苯基）-2，4-二氢-［1，2，4］三唑-3-硫酮；

5-（2-氯苄基）-4-（2-氯苯基）-2，4-二氢-［1，2，4］三唑-3-硫酮；

5-（2-氯苄基）-4-苯基-2，4-二氢-［1，2，4］三唑-3-硫酮；

5-（2-甲氧基苄基）-4-苯基-2，4-二氢-［1，2，4］三唑-3-硫酮；

5-（2-丁氧基苄基）-4-苯基-2，4-二氢-［1，2，4］三唑-3-硫酮；

5-（2-氯-5-甲氧基苄基）-4-苯基-2，4-二氢-［1，2，4］三唑-3-硫酮；

5-（2-氯-6-氟-3-甲基苄基）-4-苯基-2，4-二氢-［1，2，4］三唑-3-硫酮；

5-（2，3-二甲氧基苄基）-4-苯基-2，4-二氢-［1，2，4］三唑-3-硫酮；

4-苯基-5-（2，3，4-三甲氧基苄基）-2，4-二氢-［1，2，4］-三唑-3-硫酮。

3. 药物组合物，其含有与可药用的辅料、稀释剂或载体混合的权利要求 1 或 2 的式（Ia）化合物。

4. 权利要求 1 或 2 的式（Ia）化合物或其可药用的盐在制备治疗或预防其中抑制酶髓过氧化物酶是有效的疾病或病症的药物中的用途。

5. 权利要求 4 的用途，其中所述疾病或病症是神经炎性疾病或病症。

6. 权利要求 4 的用途，其中所述疾病或病症是多发性硬化。

7. 权利要求 4 的用途，其中所述疾病或病症是帕金森病。

8. 权利要求 4 的用途，其中所述疾病或病症是肌萎缩性侧索硬化。

9. 权利要求 4 的用途，其中所述疾病或病症是慢性阻塞性肺病。

10. 权利要求 4 的用途，其中所述疾病或病症是胞囊纤维变性。

11. 权利要求 4 的用途，其中所述疾病或病症是动脉粥样硬化。”

2008 年 4 月 21 日，申请人阿斯利康（瑞典）有限公司（下称请求人）对上述驳回决定不服，向专利复审委员会提出复审请求，请求人在提出复审请求时没有对申请文件进行修改。

请求人认为：对比文件 1 披露了作为中性鞘磷脂酶抑制剂的化合物，其作用靶标是中性鞘磷脂酶，其与本申请的药物化合物作用的靶标 MPO 酶完全不同，本领域技术人员在进行药物设计时，在对比文件 2 的基础上，没有动机参考对比文件 1，以从对比文件 1 中得到技术启示以将对比文件 1 所披露的亚甲基连接基插入到对比文件 2 的化合物结构中，来获得本申请的作为 MPO 抑制剂的化合物；此外，本领域的技术人员根据对比文件 1 的教导无法得出，亚甲基连接基与该化合物具有所述的治疗作用相关，并且对比文件 2 也没有披露或暗示在 5 位取代基和三唑之间存在亚甲基连接基的化合物也具有治疗活性，因此在对比文件 2 和 1 教导的基础上，本领域技术人员是无法得知本申请的化合物具有酶 MPO 抑制性，从而具有所述治疗作用，因此本申请权利要求 1~11 相对于对比文件 2 和 1 是非显而易见的，其具有创造性的。

经形式审查合格后，专利复审委员会受理了该请求，并于 2008 年 5 月 15 日向请求人发出了《复审请求受理通知书》，同时将本申请转送至国家知识产权局原审查部门进行前置审查。

在《前置审查意见书》中，国家知识产权局原审查部门认为请求人提交复审请求时并没有提出新的理由，因此坚持驳回决定。

专利复审委员会组成合议组，对本复审请求案进行了审理。

经审查，合议组认为本案事实已经清楚，可以作出审查决定。

二、决定的理由

1. 关于审查文本

请求人在复审程序中未对申请文件进行过修改，因此本复审请求审查决定所针对的文本为驳回决定所针对的文本，即请求人于 2007 年 11 月 29 日提交的权利要求第 1~11 项，2005 年 10 月 25 日进入中国国家阶段时提交的国际申请文件的中文文本的说明书第 1~78 页及说明书摘要。

2. 关于专利法第 22 条第 3 款的规定

专利法第 22 条第 3 款规定，创造性是指同申请日以前已有的技术相比，该发明有突出的实质性特点和显著的进步。

权利要求所要求保护的化合物相对于最接近的已知化合物存在区别特征，同时现有技术中没有给出将上述区别特征应用到该最接近的化合物中以解决其存在的技术问题的启示，并且要求保护的化合物能够产生有益的技术效果，则认为权利要求所要求保护的化合物具有突出的实质性特点和显著的进步，该权利要求的技术方案符合专利法第 22 条第 3 款关于创造性的规定。

就本申请而言，权利要求 1 要求保护式（Ia）化合物或其可药用的盐（具体见案由部分）。

对比文件 2 公开了一种如下通式Ⅱ的硫酮类化合物或其可药用盐，

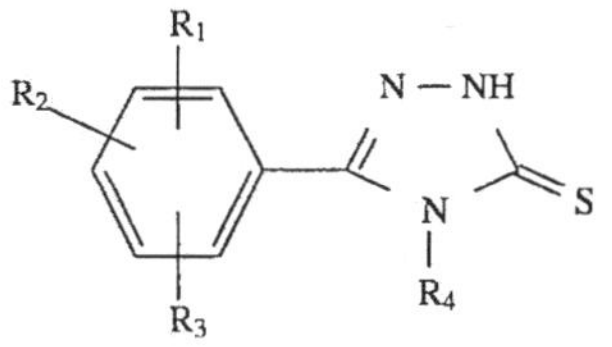

Ⅱ

该化合物是 4 位和 5 位均可被取代的 2，4-二氢-［1，2，4］芳基三唑-3-硫酮，其中 4 位上的取代基团 R_4 可以为苯基或经取代的苯基，5 位苯基上的取代基 R_1、R_2、R_3 可独立为氢、羟基、C_{1-4} 烷基、C_{1-4}烷氧基、C_{1-4}烷硫基、硝基、氨基、C_{1-4}烷氨基、二 C_{1-4}烷氨基、C_{1-4}烷酰基氨基、苯氧基、三氟甲基、吡咯-1-基、-N（CH_2）n，其中 n 为 3、4、5 或 6，或卤素（参见对比文件 2 的权利要求 1-2，说明书的 2 栏第 32~57 行），该化合物抑制 Mac-1（一种整联蛋白）粘附于内皮细胞，充当对由 Mac-1 介导的疾病的细胞保护剂，所述疾病为胃炎、炎性肠炎、溃疡性结肠炎、局部缺血、再灌注、移植排异、多发性硬化、风湿性关节炎（参见权利要求书和说明书第 1 栏第 5~43 行）。

本申请权利要求 1 与对比文件 2 的技术方案相比，区别在于：本申请权利要求 1 要求保护的化合物中 5 位取代的苯基和三唑环之间还存在亚甲基连接基团，而对比文件 2 公开的化合物中 5 位的苯基和三唑环之间是直接键连的。

根据本申请说明书的记载，本申请旨在提供式（Ia）化合物（即 2，4-二氢-［1，2，4］三唑-3-硫酮类化合物）或其可药用的盐在制备用于治疗或预防其中髓过氧化物酶（下简称为“MPO”）抑制是有效的疾病或病症的药物中的用途，以及某些新的 2，4-二氢-［1，2，4］三唑-3-硫酮衍生物及其制备方法。与 MPO 相关的疾病为神经炎性响应的神经疾病，例如多发性硬化、阿尔茨海默病等，以及其他炎性疾病如哮喘、慢性阻塞性肺病、炎性肠病、类风湿性关节炎等，WO 01/85146 公开了属于 MPO 抑制剂的多种化合物，其用于治疗慢性阻塞性肺病（参见本申请说明书第 1 页第 10 行至第 3 页第 28 行，第 25 页第 9~24 行）。本申请实施例中的试验结果表明，本申请制备实施例 1~138 的化合物对 MPO 的抑制中浓低于 60μM，其中部分化合物对 MPO 的抑制中浓更低，可见，本申请实施例验证了本申请的化合物对 MPO 具有抑制作用。因此，本申请相对于对比文件 1 实际解决的技术问题是提供一种不同结构的三唑-3-硫酮类化合物，其可以通过抑制 MPO 来治疗与 MPO 相关的疾病。在本申请中该技术问题是通过提供用亚甲基代替对比文件 2 所公开化合物中的 5 位苯基和三唑环之间的直键的化合物而解决的。因此，判断本申请是否具备创造性的关键在于：判断现有技术中是否存在通过用亚甲基代替直接键合苯基与三唑环而获得权利要求 1 的式 Ia 化合物，并能将其用于抑制 MPO 并治疗相关疾病的启示。

对比文件 1 中公开了对中性神经鞘磷脂酶具有抑制活性的硫酮类通式化合物（参见权利要求 1），其中说明书第 37 页实施例 1（13）公开了一种具体的 2，4-二氢-［1，2，4］三唑-3-硫酮类化合物，该化合物5位取代的苯基和三唑环之间存在亚甲基连接基团，而其苯基上不具有取代基，其中中性神经鞘磷脂酶抑制剂用于预防和/或治疗多种疾病如动脉硬化、脑缺血、心脏缺血、肺损伤、肾损伤、移植物抗宿主病、移植排斥反应、艾滋病等（参加说明书第4页第2段），并具体公开了该硫酮类化合物对中性神经鞘磷脂酶抑制活性的实施例（参见说明书表1和表2）。

对比文件1要解决的技术问题是提供一种对中性神经鞘磷脂酶具有抑制作用的化合物，这与本申请所要解决的提供一种通过抑制MPO来达到治疗多种与MPO相关的疾病的化合物的技术问题完全不同。因此当本领域技术人员面对本申请要解决的技术问题时，不会从对比文件1得到启示，将对比文件2中对Mac-1具有抑制作用的化合物中的5位取代的苯基和三唑环之间的直键替换成对比文件1所公开化合物相应处的亚甲基，而使所获得的化合物对MPO具有抑制作用，从而解决本申请要解决的上述技术问题。因此本领域技术人员在对比文件2的基础上结合对比文件1得到权利要求1的技术方案是非显而易见的，并且权利要求1的化合物可用于治疗或预防与酶MPO抑制相关的疾病或病症，具有有益的技术效果，因此权利要求1的技术方案满足创造性的要求，符合专利法第22条第3款的规定。

驳回决定认为：（1）对比文件2和对比文件1所公开的化合物均可以用于部分相同的疾病，二者属于相同的技术领域，因此二者结合所得到的化合物也可用于相应疾病的治疗，因此本领域技术人员在对比文件2的基础上，结合对比文件1的技术启示和本领域的普通技术知识（当取代基团不是化合物药效基团时，性质类似的基团之间可以进行等效替代），得到权利要求1的化合物是显而易见的；（2）对于可作为治疗某种疾病的药物的化合物，疾病指的是化合物所能够用于治疗的最终适应症，而非内在机理；申请人所发现的所述化合物不同于对比文件2和1的作用机理仅仅是一种科学发现，不能作为本申请化合物的新的用途或者效果来考虑，从而得出本申请权利要求1的技术方案相比对比文件2和1的结合不具备创造性的结论。

对此，合议组认为，（1）对比文件2所公开化合物的作用机理是通过抑制Mac-1粘附于内皮细胞，从而充当对由Mac-1介导的疾病的细胞保护剂，所述由Mac-1介导的疾病为胃炎、炎性肠炎、溃疡性结肠炎、局部缺血、再灌注、移植排斥、多发性硬化、风湿性关节炎；对比文件1所公开化合物的作用机理是抑制中性神经鞘磷脂酶，而中性神经鞘磷脂酶抑制剂用于预防和/或治疗的疾病为动脉硬化、脑缺血、心脏缺血、肺损伤、肾损伤、移植物抗宿主病、移植排斥反应、艾滋病等。由此可以看出，二者所对应的疾病虽然存在少部分重合，即均对缺血和移植排斥疾病有作用。然而对比文件1和对比文件2所公开的化合物及其治病机理均不同于本申请权利要求1的化合物，并且对比文件1和对比文件2中均未给出所述化合物能基于抑制MPO酶的机理治疗与MPO酶相关的疾病的启示，这从两者所公开的适应症大多不同于本申请的适应症可以看出。因此本领域技术人员在对比文件1和对比文件2的基础上得不到将哪部分结构进行置换获得的化合物就能抑制MPO酶的启示。

（2）作为治疗某类疾病的药物化合物，其往往是通过某种作用机理来起作用的，若所属技术领域的技术人员根据现有技术，通过化合物的作用机理能够推测出其所对于具体的适应症也具有治疗作用，则其可以作为该化合物的效果来考虑，如本申请说明书提到WO 01/85146公开了属于MPO抑制剂的多种化合物，其用于治疗慢性阻塞性肺病（参见本申请说明书第2页第2段），即对于本领域技术人员来说，现有技术已经验证了该作用机理与所对应适应症的关系，因此本申请的所述化合物不同于对比文件2和1的作用机理可以作为本申请化合物的新的用途或效果来考虑，正是这种用途或效果上的不同体现了本申请所要解决的技术问题和技术效果。

因此，合议组认为，本领域技术人员没有动机将对比文件2和对比文件1相结合以得到本申请权利要求1的技术方案，因此本申请权利要求1相对于对比文件2和1的结合符合专利法第22条第3

款有关创造性的规定。

权利要求2是权利要求1的从属权利要求，在权利要求1具有创造性的情况下，权利要求2也符合专利法第22条第3款的规定。

权利要求3要求保护含有权利要求1或2的式（Ia）化合物的药物组合物，权利要求4~11要求保护权利要求1或2的式（Ia）化合物或其可药用盐的用途，在权利要求1~2具备创造性的情况下，权利要求3~11当然也具备创造性，符合专利法第22条第3款的规定。

根据上述事实和理由，合议组作出如下审查决定。

三、决定

撤销国家知识产权局于2008年1月4日针对200480011110.2号发明专利申请作出的驳回决定，由国家知识产权局原审查部门以驳回决定所针对的文本为基础继续审批程序。

复审请求人对本决定不服的，可以根据专利法第41条第2款的规定，自收到本决定之日起三个月内向北京市第一中级人民法院起诉。

097

生产具有高丹宁含量的粉末的方法及其应用

复审请求审查决定（第17712号）

决　　定　　号　第17712号
决　　定　　日　2009年6月21日
发明创造名称　生产具有高丹宁含量的粉末的方法及其应用
国 际 分 类 号　C08L97/02
复 审 请 求 人　株式会社伍德第一，莫纳施大学
申　　请　　号　03107146.5
优 先 权 日　2002年3月8日
申　　请　　日　2003年3月7日
公　　开　　日　2003年9月24日
合 议 组 组 长　刘　静
主　　审　　员　赵步真
参　　审　　员　张家祥

法 律 依 据　专利法第22条第3款
决 定 要 点

判断发明是否具有创造性，要从最接近的现有技术和发明实际解决的技术问题出发，判断要求保护的发明是否显而易见，如果现有技术整体上不存在促使本领域技术人员获得本发明的技术启示，则要求保护的发明具有创造性。

一、案由

本复审请求案涉及发明名称为“生产具有高丹宁含量的粉末的方法及其应用”的03107146.5号发明专利申请（下称本申请），申请人为株式会社伍德第一、莫纳施大学，申请日为2003年3月7日，优先权日为2002年3月8日，公开日为2003年9月24日。

2008年2月15日，针对申请人于2006年8月21日提交的权利要求第1~13项、申请日提交的说明书1~11页及其摘要，国家知识产权局以权利要求1~9不符合专利法第22条第3款的规定为由驳回了本申请。

驳回决定认为：对比文件1（US 2，510，119，公开日为1950年6月6日）公开了一种生产具有高丹宁含量的粉末的方法，包括粉碎含丹宁的植物资源并将粉碎的植物资源分级，对比文件1还进一步公开了丹宁粉末的粒度为1毫米或更小。对比文件1没有公开具体的含丹宁的植物资源，然而这种区别是一种公知常识，可见，在对比文件的基础上结合公知常识以获得该权利要求的技术方案，对本

领域技术人员是显而易见的，对比文件2（US2，563，086，公开日为1951年8月7日）和本申请技术领域、要解决的技术问题相同，对比文件2公开了粒度小于0.01毫米的丹宁粉末和生产该粉末的方法（第1栏第33~41行和第49~56行）。可见，对比文件2公开了对比文件1与本申请的区别技术特征，本领域技术人员可以显而易见的结合对比文件1、2和公知常识，形成该权利要求的技术方案，因此权利要求1不具备不具备专利法第22条第3款规定的创造性。权利要求2~9的技术特征也都已经被对比文件1或2公开或者其选择对于本领域技术人员而言是现而易见的，因此，权利要求2~9也都不具备创造性，不符合专利法第22条第3款的规定。

驳回决定针对的权利要求书如下：

"1. 一种生产具有高丹宁含量的粉末的方法，包括将选自栲树、刺槐、辐射松、松树、落叶松、桉树、橡树、铁杉和白雀木的含丹宁的植物资源粉碎成粒度为1毫米或更小的颗粒，并将粉碎的植物资源分级，以获得粒度为100微米或更小的粉末。

2. 根据权利要求1的方法，其中粉碎为机械粉碎。

3. 根据权利要求2的方法，其中机械粉碎通过使用选自锤磨机、Wiley磨、球磨机、轧制机和高速旋转粉碎机的设备进行。

4. 根据权利要求1的方法，其中分级通过使用分级器进行。

5. 根据权利要求4的方法，其中分级器为选自筛选机以及基于重力分级、惯性分级和离心分级的干式分级器中的一种。

6. 根据权利要求5的方法，其中筛选机包括转鼓筛和摇筛机。

7. 根据权利要求1的方法，其中粉碎和分级的具有高丹宁含量的粉末的粒度为60~70微米或更小。

8. 根据权利要求1的方法，其中含丹宁的植物资源为辐射松的树皮。

9. 根据权利要求8的方法，其中含丹宁的植物资源为辐射松的外皮。

10. 由根据权利要求1的方法得到的具有高丹宁含量的粉末。

11. 根据权利要求10的具有高丹宁含量的粉末，其中该粉末的粒度为100微米或更小，并且丹宁含量为80%或更高。

12. 根据权利要求10的具有高丹宁含量的粉末，其中该粉末的粒度为100微米或更小，并且丹宁含量为90%或更高。

13. 根据权利要求10的具有高丹宁含量的粉末在制备粘合剂、黏结剂、模制品、模制品黏结剂、填料、粘合增强剂、保健食品和药物中的用途。"

2008年5月30日，申请人株式会社伍德第一、莫纳施大学（下称请求人）对上述驳回决定不服，向专利复审委员会提出复审请求，提交了权利要求书的修改替换页以及附件1（本申请对应的欧洲申请的审查报告，共8页）。请求人删除了驳回决定所针对文本中的权利要求7，同时修改了相关权利要求的编号和引用关系，另外，请求人在对权利要求书的修改及说明中指出，已将原权利要求1中记载的粒度修改为70微米或更小，然而在实际提交的权利要求书替换页中，权利要求1中的粒度与驳回所针对文本的权利要求1是相同的，并未作出修改。

对于本申请的创造性问题，请求人认为：对比文件1是粉碎胡桃等壳体，将壳体本身部分和壳的内衬部分和/或果肉与果肉间的分隔部分相分离，获得含丹宁含量较高的壳内侧部分，并且实施例中获得的500μm或其以下的部分中，丹宁的含量也是不清楚的。因此本发明方法和对比文件1方法所用的原料，制备的产物，粒度（所采用的技术手段）等都是完全不一致的，并且根据对比文件1，也无法预见本发明生产的产品所具有的有益效果。对比文件2中公开的粒度技术特征与本发明中的粒度技术特征虽然数值上相似，但对比文件2的技术方案和本发明的技术方案是目的、手段完全不同的技术方案，该粒度技术特征在各自方案中所解决的技术问题也完全不同，对比文件2既没有公开待分离颗粒的来源和生产方法，也没有明示这一粒度范围的小颗粒具有高丹宁含量，其单纯是一种从粉末中分离出小颗粒的方法，并没有教导所得小颗粒是否具有更高的丹宁含量。本发明的实质是将本申请方法所记载的植物资源粉碎和分级之后，粉末粒度小于等于70微米的粉末级分具有高丹宁含量，故选取这一级分，而对比文件1和2都没有教导或暗示这一发明构思，本领域技术人员完全没有理由结合对比文件1和2而得到本发明的技术方案。因此，权利要求1~12符合专利法第22条第3款的规定。

2008年6月19日，请求人提交了权利要求书的替换页，将权利要求1中的“100微米”修改为“70微米”。

经形式审查合格后，专利复审委员会受理了该请求，并于2008年6月26日向请求人发出了《复审请求受理通知书》，同时将本申请转送至国家知识产权局原审查部门进行前置审查。

在《前置审查意见书》中，国家知识产权局原审查部门认为请求人于2008年5月30日提交的权利要求1实质上并未作出修改，驳回缺陷依然存在，因此坚持驳回决定。

专利复审委员会组成合议组，对本复审请求案进行了审理。

2009年4月23日，请求人再次提交了权利要求书的替换页，将权利要求10和11中的“100微米”修改为“70微米”，使之与权利要求1相对应。修改后的权利要求书为：

“1. 一种生产具有高丹宁含量的粉末的方法，包括将选自栲树、刺槐、辐射松、松树、落叶松、桉树、橡树、铁杉和白雀木的含丹宁的植物资源粉碎成粒度为1毫米或更小的颗粒，并将粉碎的植物资源分级，以获得粒度为70微米或更小的粉末。

2. 根据权利要求1的方法，其中粉碎为机械粉碎。

3. 根据权利要求2的方法，其中机械粉碎通过使用选自锤磨机、Wiley磨、球磨机、轧制机和高速旋转粉碎机的设备进行。

4. 根据权利要求1的方法，其中分级通过使用分级器进行。

5. 根据权利要求4的方法，其中分级器为选自筛选机以及基于重力分级、惯性分级和离心分级的干式分级器中的一种。

6. 根据权利要求5的方法，其中筛选机包括转鼓筛和摇筛机。

7. 根据权利要求1的方法，其中含丹宁的植物资源为辐射松的树皮。

8. 根据权利要求8的方法，其中含丹宁的植物资源为辐射松的外皮。

9. 由根据权利要求1的方法得到的具有高丹宁含量的粉末。

10. 根据权利要求9的具有高丹宁含量的粉末，其中该粉末的粒度为70微米或更小，并且丹宁含量为80%或更高。

11. 根据权利要求9的具有高丹宁含量的粉末，其中该粉末的粒度为70微米或更小，并且丹宁含量为90%或更高。

12. 根据权利要求9的具有高丹宁含量的粉末在制备粘合剂、黏结剂、模制品、模制品黏结剂、填料、粘合增强剂、保健食品和药物中的用途。”

经审查，合议组认为本案事实已经清楚，可以作出审查决定。

二、决定的理由

1. 关于审查文本

请求人于2009年4月23日提交了修改后的权利要求第1~12项，请求人在复审阶段所做的修改如下：删除权利要求7，将权利要求1、10、11中的“100微米或更小”修改为“70微米或更小”，由于原说明书第3页倒数第6行公开了“70微米”的端值，因此请求人在复审阶段进行的上述修改符合专利法第33条和专利法实施细则第60条第1款的规定。

本决定依据的审查文本为请求人于2009年4月23日提交的权利要求第1~12项，申请日提交的说明书第1~11页及其摘要。

2. 关于专利法第22条第3款

专利法第22条第3款规定：创造性是指同申请日以前已有的技术相比，该发明有突出的实质性特点和显著的进步，该实用新型有实质性特点和进步。

判断发明是否具有创造性，要从最接近的现有技术和发明实际解决的技术问题出发，判断要求保护的发明是否显而易见，如果现有技术整体上不存在促使本领域技术人员获得本发明的技术启示，则要求保护的发明具有创造性。

就本申请而言，权利要求1请求保护一种生产具有高丹宁含量的粉末的方法，包括将选自栲树、刺槐、辐射松、松树、落叶松、桉树、橡树、铁杉和白雀木的含丹宁的植物资源粉碎成粒度为1毫米或更小的颗粒，并将粉碎的植物资源分级，以获得粒度为70微米或更小的粉末。本申请说明书第1~2页提到，现有技术将植物资源粉碎获得丹宁后，使用溶剂提取丹宁并过滤，已知孔径为20~60微米的过滤器会引起堵塞问题，使用本申请的方法获得的丹宁粉末级分无需提取直接用作粘合剂成分时，具有与常规经提取制得的丹宁粘合剂相同或更好的黏结强度，而且本申请的丹宁粉末含有高的丹宁含量。本申请实施例1使用辐射松树皮为原料，在锤磨机中粉碎到粒度为1.6毫米以下后将外皮粉末分成八个粒度级分，结果发现53~63微米的外皮粉末级分产率最高，Stiasny值最高，且直接作为粘合剂时黏度与常规丹宁粘合剂相同，粘合强度和木材断裂均与常规丹宁粘合剂或酚树脂粘合剂相同或更高。

对比文件1中公开了通过粉碎胡桃等坚果类植物资源的壳体，过筛之后获取含丹宁材料级分的方法（参见第1~2栏，以及实施例1~3）。坚果含有丹宁，提取其中丹宁的方法一般是将其粉碎然后萃取，但存在诸多问题，如萃取液使用量大。因此，对比文件1发明人发现，坚果的不同部分丹宁含量不同，外壳中少，而内衬中高，于是开发出将坚果分成不同的部分，取其内衬部分的方法，这样就可以通过少量的萃取物质得到浓度较高的纯丹宁。对比文件1实施例1~3分别将胡桃壳、榛子壳使用锤式粉碎机粉碎并筛分后分级，根据其实施例1~3的描述，得到的产品分为约500微米或以上部分（+28×30 Tyler mesh）和约500微米或以下部分（-28×30 Tyler mesh）。

通过本申请权利要求1方法和对比文件1方法的对比可知，权利要求1和对比文件1方法的主要区别在于所用的植物资源不同以及所选择级分的粒度不同。

从对比文件1来看，其公开的是一种从胡桃等坚果壳体中获取一定粒度含丹宁材料的方法，虽然对比文件1第1栏第35~37行指出：在“某些情况下”所得丹宁富含物在不提取的情况下可直接用作丹宁材料，但其并没有明确“某些情况”是何种情况，需要满足何种条件（例如：粒度大小，丹宁材料用途，能够取得何种技术效果），而对比文件1分离得到的粒度是小于等于约500微米的产品（参见对比文件1实施例1~3），这显然与权利要求1的小于等于70微米有很大差异，而且，对比文件1也不涉及粒度小于等于70微米这样一个特定粒度范围的丹宁粉末，更没有提及70微米及以下的粉末可直接用于粘合剂的领域。由此可以确定，本发明实际解决的技术问题是：从特定植物资源（即“栲树、刺槐……”）中，在粉碎分级后选择粒度小于等于70微米的级分，获得一种特定的产品，该产品含有高丹宁含量（说明书第2页第12~14行，第3页最后一段，表1，表6），可直接用于粘合剂领域，而不需要进一步的对所分离的含丹宁材料进一步提取，且效果与常规丹宁粘合剂或酚树脂粘合剂相当或更好（说明书第2页第15~22行，表2-5，表7-9）。

由上述描述可知，对比文件 1 与本申请的发明目的完全不同，而且对比文件 1 使用的均为胡桃壳、榛子壳，与本申请使用栲槐、刺槐、辐射松等的树皮完全不同，同时，对比文件 1 得到的粒度为 500 微米左右，与权利要求 1 的“70 微米或更小”具有本质区别，而且对比文件 1 从整体上并没有给出从权利要求 1 指定的植物中分离小于等于 70 微米粒度产品，从而得到具有高丹宁含量，可直接用于粘合剂，并具有较常规丹宁提取物更好效果的技术启示。

对比文件 2 公开了一种粉末的分离方法（参见对比文件 2 权利要求 1 以及第 1 栏第 1~6 行），其研究的目的是从粗粒中分离微细颗粒，尤其是分离粒度小于 10 微米的颗粒的机械方法，其中提到了实验对象为丹宁粉末（第 1 栏第 36~41 行，实施例 1），分离得到小于等于 10 微米，尤其是小于等于 5 微米的丹宁粉末。但是，该特定粒度的丹宁粉末在该文献中只是作为分离得到的对象而存在，对比文件 2 并没有提供所分离粉末的来源和作用（用途），也没有阐述分离后小于等于 10 微米的粉末有何特殊的作用，因此，该“小于等于 10 微米的丹宁粉末”这一技术特征在对比文件 2 中所起的作用，所解决的技术问题（即，作为分离的目标）完全不同于本申请中粒度小于等于 70 微米的丹宁粉末所解决的技术问题（即，具有高丹宁含量，可直接用于粘合剂，且与常规丹宁粘合剂或酚树脂粘合剂相比具有相当或更好的效果），所以，合议组认为，对比文件 2 并没有给出从特定植物资源中粉碎分级获得小于等于 70 微米的丹宁粉末从而可直接用于粘合剂的启示。

综上所述，对比文件 1、对比文件 2 以及公知常识都没有给出引入上述区别特征 1、2 从而解决本申请实际解决的技术问题的启示，而且根据实施例的对比试验，本申请的方法获得了有益的技术效果，因此，权利要求 1 相对于对比文件 1 和 2 以及公知常识的结合具备创造性，符合专利法第 22 条第 3 款的规定。从属权利要求 2~8 是对权利要求 1 方法中的粉碎方式和粉碎装置、分级装置，以及植物资源的进一步限定，在权利要求 1 具备创造性的基础上，权利要求 2~8 也具备创造性，符合专利法第 22 条第 3 款的规定。

根据以上事实和理由，本案合议组作出如下审查决定。

三、决定

撤销国家知识产权局于 2008 年 2 月 15 日针对 03107146.5 号发明专利申请作出的驳回决定。由国家知识产权局原审查部门以请求人于 2009 年 4 月 23 日提交的权利要求第 1~12 项、申请日提交的说明书第 1~11 页及其摘要为基础继续审批程序。

复审请求人对本决定不服的，可以根据专利法第 41 条第 2 款的规定，自收到本决定之日起三个月内向北京市第一中级人民法院起诉。

098

α-烯烃的连续气相聚合方法

复审请求审查决定（第 17717 号）

决　定　号　第 17717 号
决　定　日　2009 年 6 月 20 日
发明创造名称　α-烯烃的连续气相聚合方法
国 际 分 类 号　C08F 10/00
复 审 请 求 人　埃克森美孚化学专利公司
申　请　号　94192274. X
最早优先权日　1993 年 4 月 26 日
申　请　日　1994 年 4 月 25 日
公　开　日　1996 年 9 月 11 日
合 议 组 组 长　刘　静
主　审　员　张家祥
参　审　员　危　峰

法 律 依 据　专利法第 22 条第 3 款
决 定 要 点

如果发明与现有技术相比存在区别特征，但是现有技术中给出了采用该区别特征来解决该发明所解决的技术问题的技术启示，并且该区别特征的引入也没有产生预料不到的技术效果，则该发明不具有创造性。

一、案由

本复审请求案涉及发明名称为“α-烯烃的连续气相聚合方法”的第 94192274. X 号发明专利申请（下称本申请），申请人为埃克森美孚化学专利公司，申请日为 1994 年 4 月 25 日，最早优先权日为 1993 年 4 月 26 日，公开日为 1996 年 9 月 11 日。

国家知识产权局于 2001 年 8 月 24 日发出《第二次审查意见通知书》，指出：本申请权利要求 1 的聚合方法与对比文件 1（US4543399，公开日为 1985 年 9 月 24 日）的区别在于：本申请使用了茂金属催化剂，而对比文件 1 使用了普通的齐格勒-纳塔催化剂，催化剂性能的改变不会对消除反应热的方式带来必然和本质影响，而且对比文件 2（EP0206794A1，公开日为 1986 年 12 月 30 日）给出了将茂金属催化剂负载在二氧化硅载体上用于烯烃气相流化床聚合的方法的启示，因此，权利要求 1 相对于对比文件 1 和 2 不具备创造性，不符合专利法第 22 条第 3 款的规定。权利要求 2~28 中进一步限定的送入反应器的各组份及用量，反应操作步骤及工艺条件等在对比文件 1 中均有所公开，因此，权利要求 2~28 也不具备创造性，不符合专利法第 22 条第 3 款的规定。

针对《第二次审查意见通知书》，申请人于2002年3月6日提交了意见陈述书、权利要求书和说明书第8页的修改替换页以及附件1（The Polyolefin Revolution，Chemical Week，1992年5月13日，第52~53页，复印件共2页）。申请人认为：根据本申请优先权日时的现有技术状况，本领域技术人员并不能显而易见地从齐格勒-纳塔催化剂推知金属茂催化剂可用于连续冷凝式操作，因为当金属茂发展成为新型催化剂技术后，这种催化剂在不同类型的工业规模方法中的应用又遇到一些严重的问题（参见附件1）：金属茂催化剂由于其活性较低而难以应用在气相方法中，由于金属茂催化剂能溶于烃体系中，该催化剂易于在工业化的淤浆、溶液和气相反应中引起问题。由于本领域技术人员能够预见到金属茂、铝氧烷及其反应产物能溶解于对比文件1中用作露点升高组分的饱和烃，故不会认为金属茂催化剂适用于该方法，而本申请则克服了这一技术偏见。

国家知识产权局于2004年5月21日发出《第三次审查意见通知书》，指出：对比文件2已经公开可以将负载在二氧化硅上的茂金属催化剂用于烯烃气相流化床聚合方法中，不存在茂金属催化剂不能用于烯烃气相聚合方法的问题，至于茂金属催化剂溶于烃的问题可以通过载体化得以解决，这是本领域的一般常识，申请人所附的附件1中也明确提到了这一点，因此，权利要求1~28与对比文件1和2相比不具备创造性，不符合专利法第22条第3款的规定。

针对《第三次审查意见通知书》，申请人于2004年10月8日提交了意见陈述书和如下的附件（编号续前）：

附件2：金属茂催化剂在己烷中的萃取试验，共2页；

附件3：Exhibit A-K：

Exhibit A：US5071808，公开日为1991年12月10日，复印件共7页；

Exhibit B：US5627246A，公开日为1997年5月6日，复印件共10页；

Exhibit C：US5719095A，公开日为1998年2月17日，复印件共9页；

Exhibit D：US6043180A，公开日为2000年3月28日，复印件共18页；

Exhibit E：US6087291A，公开日为2000年7月11日，复印件共13页；

Exhibit F：US6117955A，公开日为2000年9月12日，复印件共10页；

Exhibit G：US6300436B1，公开日为2001年10月9日，复印件共21页；

Exhibit H：Nina V. Semikolenova和Vladimir A. Zakharov，“On the interaction of supported zirconocene catalysts with alkylaluminium co-catalysts”，Macromol. Chem. Phys.，198，第2889~2987页，1997年，复印件共3页；

Exhibit I：E. A. Benham等人，“Commercialization of Metallocene Based LLDPE from Phillips Slurry Technology”，Metallocene Technology，1997年6月16~17日，复印件共9页；

Exhibit J-K：Proceedings of 5th International Congress on Metallocene Polymers，1998年3月31日至4月1日，Düsseldorf，Germany，目录页、第71、73~92、121、123~148页，复印件共52页。

申请人认为：本领域的常识认为金属茂催化剂会从二氧化硅载体上溶解下来，将对连续气相流化床、冷凝模式烯烃聚合工艺产生干扰，导致反应器操作性问题（参见附件2的试验结果）；对比文件1没有将冷凝模式技术与金属茂催化剂相结合的教导；Exhibit A-K用于证明当金属茂催化剂负载在二氧化硅载体上时，在聚合过程中易于从载体上溶出而导致反应器结垢；虽然对比文件2中提到气相聚合反应可以在催化剂流化床中进行，但其主要涉及的是负载催化剂的制备方法，不会使本领域技术人员用负载的金属茂催化剂代替对比文件1中教导的按冷凝模式操作的连续气相聚合方法中的齐格勒-纳塔催化剂。

2005年3月11日，针对申请人于2002年3月6日提交的权利要求第1~28项、说明书第8页，

1999年8月4日提交的说明书第1、6~7、10、12、12a、12b、21页，1995年12月27日提交的说明书第2~5、9、11、13~14页，进入中国国家阶段时提交的国际申请文件中文译文的说明书第15~20、22~25页以及说明书摘要，国家知识产权局以权利要求1~28不符合专利法第22条第3款的规定为由驳回了本申请。

驳回决定所针对的权利要求书如下：

“1. α-烯烃的连续气相聚合方法，该方法使用负载的金属茂催化剂、在气相流化床反应器中使α-烯烃聚合，其中将有液相和气相的循环物流送入反应器，使得按循环物流的总重计，液体的重量百分数为2.0%~50%重量，并且循环物流含有2.0%~60%摩尔的选自C_3-C_{10}饱和烃的露点升高组分。

2. 根据权利要求1的方法，其中通过所述反应器中的流化床的循环物流含有5%~60%摩尔的露点升高组分。

3. 根据权利要求2的方法，其中所述露点升高组分比物流中的最高级α-烯烃至少少一个碳原子。

4. 根据权利要求2的方法，其中所述的循环物流组合物含有共聚单体，使Cx/Cy比小于0.2，其中Cx、Cy分别为共聚单体和单体的摩尔百分数。

5. 根据权利要求4的方法，其中所述的循环物流组合物含有5%~40%摩尔的露点升高组分。

6. 根据权利要求4的方法，其中循环物流还含有氢H_2，H_2/C_y的摩尔比小于0.01。

7. 根据权利要求6的方法，其中氢气的用量为10~10000ppm摩尔。

8. 根据权利要求6的方法，其中所述的循环物流的（C_x+H_2）/C_y比小于0.2。

9. 根据权利要求8的方法，其中所述的循环物流的（C_x+H_2）/C_y比小于0.1。

10. 根据权利要求1的方法，其中按循环物流的总重计，液体的重量百分数为2.5%~50%重量。

11. 根据权利要求10的方法，其中所述的重量百分数为5%~50%重量。

12. 根据权利要求11的方法，其中所述的重量百分数为20%~50%重量。

13. 根据权利要求1的方法，其中所述催化剂是金属茂，其反应性比小于2。

14. 根据权利要求1的方法，其中所述金属茂催化剂的生产率大于2000克聚合物/克所述的催化剂。

15. 根据权利要求1的方法，其中所述α-烯烃单体的摩尔百分数为10%~90%摩尔，单体的分压在482.8~1655.2千帕范围内。

16. 根据权利要求15的方法，其中所述α-烯烃单体的摩尔百分数为20%~80%摩尔。

17. 根据权利要求16的方法，其中所述α-烯烃单体的摩尔百分数为25%~75%摩尔。

18. 根据权利要求15的方法，其中所述循环物流还含有5%~50%摩尔的氮气。

19. 根据权利要求15的方法，其中所述的聚合物产物的CDBI为50%~80%和/或密度为0.850~0.970克/毫升和/或熔体指数至少为0.01分克/分且小于1000分克/分。

20. 根据权利要求4~19中任一项的方法，其中所述的至少两种α-烯烃单体是C_4和C_2 α-烯烃，其比值为0.001~0.2，或者其中所述的至少两种α-烯烃单体是C_5和C_2 α-烯烃，其比值为0.001~0.15，或者其中所述的至少两种α-烯烃单体是C_6和C_2 α-烯烃，其比值为0.001~0.1，或者其中所述的至少两种α-烯烃单体是C_8和C_2 α-烯烃，其比值为0.001~0.05。

21. 根据权利要求1的方法，它是一种乙烯与至少一种可共聚的α-烯烃共聚单体在按冷凝方式操作的气相流化床反应器中连续聚合的方法，该共聚单体有3~15个碳原子，所述的方法包括以下步骤：

a）让循环物流通过所述反应器中的流化床层，所述循环物流的 C_x/C_2 比小于 0.2，还可有不可冷凝的惰性物，构成所述循环物流的其余部分，其中 C_x 和 C_2 分别是共聚单体和乙烯的摩尔百分数；

b）在反应条件下将金属茂催化剂送入所述的反应器，使所述的循环物流聚合成聚合物产物；

c）从反应器中取出含有未反应的单体的所述循环物流，

d）将补充的单体送入所述的循环物流中，以补充已聚合的单体，使所述循环物流保持所述的比值；

e）将所述的循环物流再次送入所述的反应器；和

f）从所述的反应器中取出所述的聚合物产物。

22. 根据权利要求 21 的方法，其中在步骤 a）中所述循环物流的 C_x/C_2 比小于 0.1。

23. 根据权利要求 21 的方法，其中所述的金属茂催化剂与铝氧烷或离子活化的配合物一起使用。

24. 根据权利要求 21 的方法，其中共聚单体为 1-己烯，反应性比小于 2，聚合物产物的密度在 0.88~0.970 克/毫升范围内，熔体指数为 0.1~1000 分克/分，或者其中共聚单体为 1-辛烯，反应性比小于 1，聚合物产物的密度在 0.88~0.97 克/毫升范围内，熔体指数为 0.1~1000 分克/分。

25. 根据权利要求 21~24 中任一项的方法，其中 H_2/C_2 摩尔比小于 0.01。

26. 根据权利要求 1 的方法，它是一种乙烯与至少一种可共聚的 α-烯烃共聚单体在气相流化床反应器中连续聚合的方法，该共聚单体有 3~15 个碳原子，所述的方法包括以下步骤：

a）让一种循环物流通过所述的反应器，所述的循环物流的（C_x+H_2）$/C_2$ 小于 0.2，不可冷凝的惰性物构成所述循环物流的其余部分，其中 C_x、H_2 和 C_2 分别是共聚单体、氢气和乙烯的摩尔百分数；

b）将金属茂催化剂体系在反应条件下送入所述的反应器，使所述的循环物流聚合成聚合物产物，

c）从反应器中取出含有未反应的单体的所述循环物流，

d）压缩和冷却所述的循环物流，形成液相和气相，按液体在循环物流中的总重计，液体的重量百分数为 2.0%~50% 重量，再将所述的循环物流送入所述的反应器，

e）将补充的单体送入所述的循环物流，以补充已聚合的单体，保持所述物流的所述比值，

f）从所述的反应器取出所述的聚合物产物。

27. 根据权利要求 26 的方法，其中将液相和气相分别送入反应器。

28. 根据权利要求 26 或 27 的方法，其中聚合物产物的密度小于 0.910 克/毫升和/或熔体指数大于 3 分克/分。"

驳回决定认为：(1) 权利要求 1 与对比文件 1（说明书第 3~4 栏，实施例 7）的区别在于权利要求 1 的聚合方法具体使用了茂金属催化剂，而对比文件 1 使用了普通齐格勒-纳塔催化剂，但对比文件 1 还公开了适用于该方法的其他类型的催化剂，作为齐格勒-纳塔催化剂改进一代的茂金属催化剂显然也适用于该方法，催化剂性能的改进并不会对消除聚合反应热的方式带来必然和本质影响。而且，将茂金属催化剂负载在二氧化硅载体上用于烯烃气相流化床聚合的方法在对比文件 2（说明书第 12 页第 10 行）中也有启示，因此，对于本领域技术人员而言，在烯烃流化床聚合反应中选用茂金属催化剂，并采用现有技术中公开的包含饱和烃的循环物流消除反应热的方法是显而易见的，故权利要求 1 不具备创造性，不符合专利法第 22 条第 3 款的规定。权利要求 2~28 中进一步限定的送入反应器的各组份及用量，反应操作步骤及工艺条件等在对比文件 1 中均有公开（参见说明书第 7~10 栏，表 1），因此，权利要求 2~28 也不具备创造性。(2) 申请人的意见陈述及提供的证据不具有说服力，所述附件涉及的都是液相聚合（或溶液聚合）的情况，而本申请的聚合方法属于气相聚合，尽管在循环气流中含有一些液态微滴；即便是采用液相聚合方法，现有技术也没有明确排除使用负载茂金属催

化剂的可能性，尽管这种应用并不是完美无缺的；申请人提供的现有技术文件许多都是在本申请之后公开的，无法对申请人构成影响，而对比文件1、2则在本申请之前明确启示本领域技术人员将负载的茂金属催化剂应用于气相聚合，包括采用特殊的消除聚合反应热手段的气相聚合。

2005年6月27日，申请人埃克森美孚化学专利公司（下称请求人）对上述驳回决定不服，向专利复审委员会提出复审请求，请求人在提出复审请求时没有对申请文件进行修改。

请求人在复审理由中除坚持答复《第二次审查意见通知书》和《第三次审查意见通知书》的意见外，还认为：本领域技术人员在研究一种催化剂是否适合用于某一特定的聚合工艺时，会考虑到催化剂、工艺方法的特性以及所使用的设备等各方面的因素，齐格勒-纳塔催化剂和金属茂催化剂的化学结构不同使得它们在许多特性、尤其是溶解性方面是不同的，而以连续冷凝模式操作的流化床气相聚合方法是液相和气相在该方法中循环，反应体系涉及许多循环管线，金属茂催化剂是否适用于以连续冷凝模式操作的流化床气相聚合方法需要考虑是否会引起结垢现象，另外，冷凝模式的操作不能在小规模的实验装置中进行，因此，本领域技术人员不会显而易见地选用金属茂催化剂并推知出本申请的聚合方法。

经形式审查合格后，专利复审委员会受理了该请求，并于2005年11月3日向请求人发出了《复审请求受理通知书》，同时将本申请转送至国家知识产权局原审查部门进行前置审查。

在《前置审查意见书》中，国家知识产权局原审查部门认为，没有证据能够明确地证明本领域技术人员存在请求人所述的偏见，本领域技术人员在解决技术问题（如本申请涉及的消除聚合反应热问题）时首先考虑的是要解决或更好地解决技术问题，不会因为技术方案或手段可能不够完美而不予尝试并因而形成偏见，因此坚持驳回决定。

专利复审委员会组成合议组，对本复审请求案进行了审理。

合议组于2009年2月27日以驳回决定所针对的文本为基础向请求人发出《复审通知书》，指出：权利要求1与对比文件1的区别在于：权利要求1将茂金属催化剂具体使用到所述聚合方法，而对比文件1中则使用了普通的齐格勒-纳塔催化剂。对比文件2公开了一种茂金属/铝氧烷催化剂，该催化剂可负载在二氧化硅载体上，用于烯烃聚合的气相流化床方法中。另外，对比文件1还公开了其他类型的烯烃聚合催化剂也可适用于该方法，而作为齐格勒-纳塔烯烃聚合催化剂改进一代的茂金属催化剂显然也是适用的。因此，权利要求1相对于对比文件1和2不具有创造性，不符合专利法第22条第3款的规定。同理，权利要求2、10~11也不具有创造性。权利要求3~9和12~28均直接或间接引用权利要求1，本领域技术人员根据所需目标产物的CBDI、密度或熔体指数，能够选择适合反应性和生产率的茂金属催化剂，并根据实际情况来调整循环物流的组分比和反应条件（包括反应压力等），从而尽可能地提高生产率，在权利要求1不具有创造性的情况下，权利要求3~9和12~28相对于对比文件1和2也不具有创造性，不符合专利法第22条第3款的规定。请求人所提供的附件1~3不能证明本申请相对于对比文件1和2具有创造性。

针对《复审通知书》指出的问题，请求人于2009年5月11日提交了意见陈述书，但未修改申请文件。请求人认为，本申请与对比文件1的区别在于本申请的方法包含金属茂催化剂，而对比文件1中没有公开或暗示使用金属茂催化剂；本领域技术人员在Exhibit A的基础上，能够预见在以连续冷凝模式操作的气相流化床反应器中，金属茂催化剂和单体在流化床中的循环，势必与循环气流中的冷凝介质惰性烃的液态微滴发生接触。

至此，合议组认为本案事实已经清楚，可以作出审查决定。

二、决定的理由

1. 关于审查文本

本复审请求审查决定是以驳回决定所针对的文本为基础作出的，即请求人于2002年3月6日提交的权利要求第1~28项、说明书第8页，1999年8月4日提交的说明书第1、6~7、10、12、12a、12b、21页，1995年12月27日提交的说明书第2~5、9、11、13~14页，进入中国国家阶段时提交的国际申请文件中文译文的说明书第15~20、22~25页以及说明书摘要。

2. 关于专利法第22条第3款

专利法第22条第3款规定，发明的创造性，是指同申请日以前已有的技术相比，该发明有突出的实质性特点和显著的进步。

如果发明与现有技术相比存在区别特征，但是现有技术中给出了采用该区别特征来解决该发明所解决的技术问题的技术启示，并且该区别特征的引入也没有产生预料不到的技术效果，则该发明不具有创造性。

就本申请而言，权利要求1要求保护α-烯烃的连续气相聚合方法，该方法使用负载的金属茂催化剂、在气相流化床反应器中使α-烯烃聚合，其中将有液相和气相的循环物流送入反应器，使得按循环物流的总重计，液体的重量百分数为2.0%~50%重量，并且循环物流含有2.0%~60%摩尔的选自C_3-C_{10}饱和烃的露点升高组分。

对比文件1公开了一种在气相流化床反应器中催化烯烃聚合的方法，该方法包括在循环物流中加入可冷凝的，对反应物、生成物及催化剂均为惰性的流体，该流体为丁烷和异戊烷，其总含量高达16.5%摩尔，循环物流中的液体含量为11.5%重量，用于上述聚合方法的烯烃为乙烯和1-丁烯，所用的催化剂为四氢呋喃、用二乙基氯化铝和三正丁基铝还原的氯化镁和氯化钛的络合物（即齐格勒-纳塔催化剂），浸渍在三乙基铝处理的二氧化硅上（参见说明书第3~4栏，实施例7）。

将权利要求1所要求保护的技术方案与对比文件1所公开的技术内容进行对比，二者的区别仅在于：权利要求1将茂金属催化剂具体使用于上述聚合方法，而对比文件1中则使用了普通的齐格勒-纳塔催化剂。根据本申请说明书的记载，本申请的聚合方法可提高生产速率和循环物流的冷却能力、生产更宽密度和熔体指数范围的聚合物，而对比文件1所述的聚合方法也能够增强循环物流的冷却能力，从而提高时空产率，因此，本申请相对于对比文件1实际解决的技术问题是如何进一步扩大聚合物的类型。

对比文件2公开了一种茂金属/铝氧烷催化剂，用于制备低、中、高密度的聚乙烯以及乙烯与α-烯烃的共聚物，该催化剂可负载在二氧化硅载体上，用于烯烃聚合的气相流化床方法中（参见说明书第3页第1~7行，第4页第20~34行，第12页第10行）。

另外，对比文件1同时还公开了其他类型的烯烃聚合催化剂（如配位、离子、自由基催化剂，参见说明书第3栏第1~11行）也可适用于该方法，而作为齐格勒-纳塔烯烃聚合催化剂改进一代的茂金属催化剂（配位阴离子催化剂）显然也是适用的。

基于上述内容，本领域技术人员在对比文件1的基础上将对比文件2中的负载在二氧化硅上的茂金属催化剂应用于对比文件1中以解决本申请实际解决的技术问题是显而易见的，并且上述茂金属催化剂基于其本身的特点在本申请中所起的作用与对比文件2相同，也没有产生预料不到的技术效果，因此，权利要求1相对于对比文件1和2的结合不具有突出的实质性特点和显著的进步，不符合专利法第22条第3款的规定。

请求人在历次意见陈述书以及复审理由中认为，茂金属催化剂可溶于烃类溶剂，在不同类型的工业规模方法中会遇到一些严重的问题，由请求人的试验结果可知，即使将茂金属催化剂负载于二氧化硅载体上并干燥，该催化剂还是会从二氧化硅载体上溶解出来，从而导致流化床反应体系的结垢问题。Exhibit A-K用于说明当茂金属负载在二氧化硅载体上时，茂金属催化剂易于在聚合过程中被溶出，本领域技术人员在Exhibit A的基础上，能够预见在以连续冷凝模式操作的气相流化床反应器中，金属茂催化剂和单体在流化床中的循环，势必与循环气流中的冷凝介质惰性烃的液态微滴发生接触。对比文件2的实施例中只是实验室规模上的间歇聚合方法，其中的负载催化剂的制备方法并不能为本领域技术人员提供使用茂金属催化剂代替齐格勒-纳塔催化剂的启示。在对比文件1的基础上，本领域技术人员不能显而易见地推知茂金属催化剂可用于对比文件1的方法中，而本申请则克服了这一技术偏见。

合议组认为：首先，Exhibit B-K 的公开日均在本申请的申请日之后，故不能作为本申请的现有技术，而 Exhibit A 涉及液相聚合方法，本申请是气相聚合，二者不具有可比性。其次，在附件2的试验结果中，虽然茂金属催化剂能够被己烷从二氧化硅载体上萃取出来，但并不能说明茂金属催化剂一定能够造成气相流化床反应体系的结垢，况且对比文件1中的液态丁烷和异戊烷在循环物流中只占一少部分，通过入口加入反应器时会由于吸热而汽化，即使会出现茂金属催化剂与惰性饱和烃的液态微滴接触，与己烷萃取试验也有本质的区别。再者，附件1中虽然存在关于茂金属催化剂活性较低而难以应用在气相方法中的文字记载，但并不能说明该催化剂一定不能使用于该方法，更不能说是一种技术偏见，对比文件2就给出了负载在二氧化硅载体上的茂金属催化剂可以用于烯烃聚合的气相流化床方法中的技术方案。最后，本申请所用的催化剂也是负载在二氧化硅载体上的茂金属催化剂，因此，本申请的聚合方法同样可能会出现请求人所述的问题。故合议组对于请求人的上述主张不予支持。

权利要求2、10~11对权利要求1中饱和烃的摩尔百分比、液体重量百分比作了进一步限定，但上述特征都已被对比文件1所公开，因此，基于与评述权利要求1的相同理由，权利要求2、10~11也不具有创造性，不符合专利法第22条第3款的规定。

权利要求3~9和12~28均直接或间接引用权利要求1，分别对如下的技术特征作了进一步限定：循环物流组合物中的共聚单体、单体、氢气、氮气、露点升高组分、其含量和比例，催化剂的类型、反应性和生产率，单体的分压，聚合物的CDBI、密度或熔体指数以及生产步骤。

对比文件1公开了烯烃聚合方法的步骤（说明书第3栏第17~27行）、循环物流的组分（包括氮气、氢气、共聚单体、单体和露点升高组分等，参见说明书第9栏第51~61行以及第11~14栏的表），聚合物的密度为0.95~0.97g/cm^3，流化床反应器的压力为100~350psi（说明书第7栏第52~60行），聚合物的生产速率取决于催化剂加入的量和循环物流中单体的浓度。

另外，如请求人在说明书中所述，操作温度、共聚单体与单体比和氢与单体比的目标值由要生产的聚合物和催化剂来决定，生产率受乙烯分压的影响，提高催化剂活性与良好的共聚单体加入能力和氢敏感性结合可使整个压力或乙烯分压降低。可控制聚合物的生产速率和特性以得到所需的熔体指数和密度，有过高氢敏感性或产生氢的金属茂催化剂可使该聚合法限制到生产高熔体指数的聚合物，通过调节进料气体物流或循环物流的组成可得到宽的产物范围。

因此，本领域技术人员根据所需目标产物的CBDI、密度或熔体指数，能够选择适合反应性和生产率的茂金属催化剂，并根据实际情况来调整循环物流的组分比和反应条件（包括反应压力等），从而尽可能地提高生产率，此外，上述权利要求的附加特征的引入也没有产生预料不到的技术效果，因此，在权利要求1不具有创造性的情况下，权利要求3~9和12~28相对于对比文件1和2也不具有创造性，不符合专利法第22条第3款的规定。

综上所述，合议组认为，本申请的权利要求1~28均不符合专利法第22条第3款的规定。

根据上述事实和理由，合议组作出如下审查决定。

三、决定

维持国家知识产权局于2005年3月11日对94192274.X号发明专利申请作出的驳回决定。

复审请求人对本决定不服的，可以根据专利法第41条第2款的规定，自收到本决定之日起三个月内向北京市第一中级人民法院起诉。

099

包含4-碘-2-［3-（4-甲氧基-6-甲基-1，3，5-三嗪-2-基）脲基磺酰基］苯甲酸酯的除草组合物

复审请求审查决定（第17718号）

决　定　号　第17718号
决　定　日　2009年6月20日
发明创造名称　包含4-碘-2-［3-（4-甲氧基-6-甲基-1，3，5-三嗪-2-基）脲基磺酰基］苯甲酸酯的除草组合物
国际分类号　A01N 47/36
复审请求人　赫彻斯特-舍林农业发展有限公司
申　请　号　96195183.4
申　请　日　1996年6月5日
优先权日　1995年6月8日
公　开　日　1998年8月5日
合议组组长　刘　静
主　审　员　张家祥
参　审　员　黄　强

法律依据　专利法第31条第1款，第26条第4款
决定要点

对于一项农药组合物或农药混合物马库什权利要求而言，在作为马库什要素的可选择化合物不具有共同的结构的情况下，如果它们不能满足下列标准，则该马库什权利要求不具有单一性（a）所有可选择化合物具有共同的性能或作用；和（b）所有可选择化合物应属于该发明所属领域中公认的同一化合物类别。

权利要求书中的每一项权利要求所要求保护的技术方案应当是所属技术领域的技术人员能够从说明书充分公开的内容中得到或概括得出的技术方案，并且不得超出说明书公开的范围。如果权利要求的概括包含申请人推测的内容，而其效果又难于预先确定和评价，应当认为这种概括超出了说明书公开的范围。

一、案由

本复审请求案涉及发明名称为“包含4-碘-2-［3-（4-甲氧基-6-甲基-1，3，5-三嗪-2-基）脲基磺酰基］苯甲酸酯的除草组合物”的96195183.4号发明专利申请（下称本申请），申请人为赫彻斯特-舍林农业发展有限公司，申请日为1996年6月5日，优先权日为1995年6月8日，公开日

为 1998 年 8 月 5 日。

国家知识产权局原审查部门对本申请进行实质审查，于 2000 年 12 月 8 日发出《分案通知书》，指出权利要求 1~26 不具有单一性，不符合专利法第 31 条第 1 款的规定。

针对上述《分案通知书》，申请人于 2001 年 2 月 22 日提交了意见陈述书，认为权利要求 1~26 属于一个总的发明构思，具有共同的特定技术特征，符合专利法第 31 条第 1 款有关单一性的规定。

2003 年 6 月 6 日，国家知识产权局发出《第一次审查意见通知书》，其中指出：（1）权利要求 1 相对于对比文件 1（WO9213845，公开日为 1992 年 8 月 20 日）不具有创造性，不符合专利法第 22 条第 3 款的规定，在此基础上，权利要求 2~7、9~13、15、17~21、28~35 也不具备创造性。（2）权利要求 1 中使用的 A）和 B）组化合物包含了大量的不同化合物，依据本申请文件所记载的内容，本领域技术人员难于预见上述两组所包括的除本申请实施例之外的所有化合物均能达到本发明的目的；权利要求 1 中涉及“至少一种 A”和“至少一种 B”的组合方案未得到说明书的支持；权利要求 1 中记载了一个较宽的数值范围“1：2500 至 20：1”，而说明书中的实施例只公开了其中的“1：500 至 3：1”，而且这一比例范围并非适用全部的组合物，依据本申请文件所记载的内容，本领域技术人员难于预见采用该数值范围内的所有数值均能达到本发明的目的。因此，权利要求 1 得不到说明书的支持；同理，权利要求 2~35 均未得到说明书的支持。（3）权利要求 4~5、29 中的“优选”，权利要求 24 中的“增效活性量”，权利要求 26 中的“常规加工辅助剂”、权利要求 27 中的“类似地”为含义不确定的措辞，从而导致其保护范围不清楚，因此，上述权利要求不符合实施细则第 20 条第 1 款的规定；权利要求 24~35 本身是多项从属权利要求，它引用了在前的多项从属权利要求 23，不符合实施细则第 23 条第 2 款的规定，权利要求 25~35 也存在同样的问题；权利要求 25 中的“A 和 B 化合物的重量比为 1：2500 至 20：1”已记载在被引用的权利要求 1 中，不符合实施细则第 20 条第 1 款的规定。

2003 年 10 月 21 日，针对上述《第一次审查意见通知书》，申请人提交了意见陈述书和权利要求书的全文替换页（包括权利要求第 1~38 项），申请人认为权利要求 1~35 能够得到说明书的支持，并且已经克服了《第一次审查意见通知书》指出的其他缺陷。

2006 年 9 月 29 日，针对申请人于 2003 年 10 月 21 日提交的权利要求第 1~38 项、进入中国国家阶段时提交的国际申请文件中文译文的说明书第 1~69 页和说明书摘要，国家知识产权局以权利要求 1~38 不符合专利法第 26 条第 4 款的规定和权利要求 26 不符合专利法实施细则第 20 条第 1 款的规定为由驳回了本申请。驳回决定所针对的权利要求 1~4、11、13 和 26 如下：

“1. 一种除草组合物，它包含

A）至少一种来自式 I 的取代苯基磺酰基脲及其农业上可耐受（即可接受）的盐的组的物质

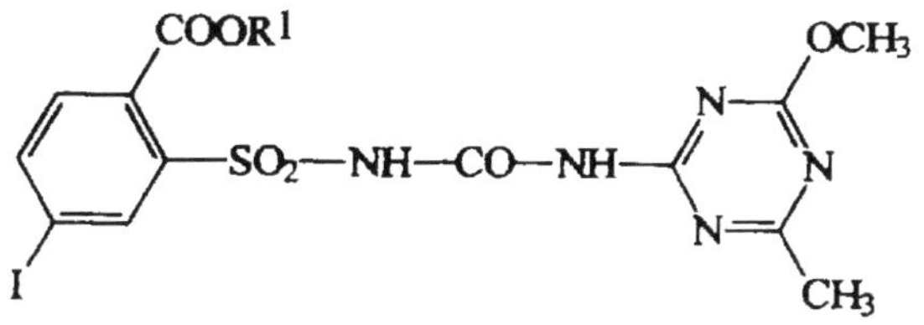

（I），

其中

R^1 是（C_1-C_8）烷基、（C_3-C_4）链烯基、（C_3-C_4）炔基或由选自卤素和（C_1-C_2）烷氧基组成的组的基团单至四取代的（C_1-C_4）烷基，

和

B）至少一种来自下列这组化合物的除草活性化合物

Ba）选择性地作用于禾谷类和/或玉米中的禾草的除草剂，

Bb）选择性地作用于禾谷类和/或玉米中的双子叶植物的除草剂，

Bc）选择性地作用于禾谷类和/或玉米中的禾草和双子叶植物的除草剂，

Bd）非选择性地作用于非作物区域和/或选择性地作用于转基因作物中的禾草和阔叶杂草的除草剂。

2. 根据权利要求 1 中所要求的组合物，其中，在式（Ⅰ）除草剂或其盐中，R^1 是甲基、乙基、正或异丙基、正-、叔-、2-丁基或异丁基、正戊基、异戊基、正己基、异己基、1，3-二甲基丁基、正庚基、1-甲基己基或 1，4-二甲基戊基。

3. 根据权利要求 1 或 2 中所要求的组合物，其中，在式（Ⅰ）除草剂或其盐中，R^1 是甲基。

4. 根据前述权利要求之一或多项中所要求的组合物，其中式（Ⅰ）除草剂的盐是通过用来源于碱金属、碱土金属和铵的阳离子替代其中-SO_2-NH-基团中的氢而形成的。

11. 根据权利要求 1 至 4 之一或多项中所要求的组合物，它包含作为 B 类的一或多种除草剂，所述的除草剂选择性地作用于禾谷类和/或玉米中的双子叶植物且来自由下列除草剂组成的组：芳氧基烷基羧酸类、羟基苯基腈类、二苯醚类、唑类和吡唑类、吡氟草胺和灭草松。

13. 根据权利要求 1 至 4 或 11 之一或多项中所要求的组合物，它包含一种或多种选择性地作用于禾谷类和/或玉米中的双子叶植物的且是来自由下列除草剂组成的组的除草剂

B22）碘苯腈

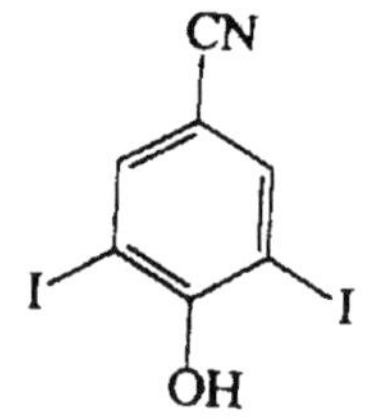

和

B23）溴苯腈

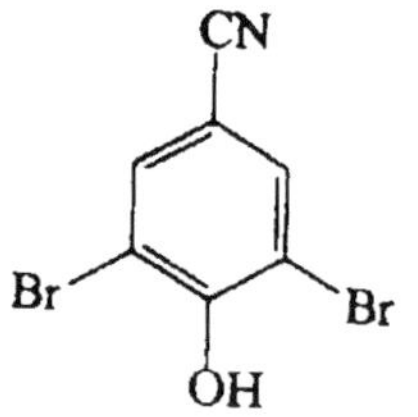

。

26. 根据权利要求 1 所要求的组合物，它包含增效活性量的式 I 化合物或其盐（A 类化合物）与来自 B 组的化合物的组合。”

驳回决定认为：（1）权利要求 1~38 不符合专利法第 26 条第 4 款的规定。权利要求 1 中使用的 A）和 B）组化合物包含了大量的不同化合物，依据本申请文件所记载的内容，本领域技术人员难于预见上述两组所包括的除本申请实施例之外的所有化合物均能达到本发明的目的；权利要求 1 中涉及“至少一种 A”和“至少一种 B”的组合方案未得到说明书的支持；权利要求 1 中记载了一个较宽的数值范围“1：2500 至 20：1”，而说明书中的实施例只公开了其中的“1：500 至 3：1”，而且这一比例范围并非适用全部的组合物，依据本申请文件所记载的内容，本领域技术人员难于预见采用该数值范围内的所有数值均能达到本发明的目的。因此，权利要求 1 得不到说明书的支持；同理，权利要求 2~38 均未得到说明书的支持。（2）权利要求 26 中出现的“增效活性量”为含义不确定的措辞，

导致了该权利要求的保护范围不清楚，不符合专利法实施细则第 20 条第 1 款的规定。

2007 年 1 月 15 日，申请人赫彻斯特-舍林农业发展有限公司（下称请求人）对上述驳回决定不服，向专利复审委员会提出复审请求，请求人在提出复审请求时没有对申请文件进行修改。

请求人认为：(1) 本申请的生物实施例部分已证明了多种 A 和 B 的组合显示了增效作用，所实施的数值端点分别接近要求保护的数值范围的上下限，本领域技术人员利用常规实验和分析方法，可以将实施例记载的内容扩展到权利要求 1 的保护范围，也可以想到本申请的组合物可以包括一种以上的 A 化合物和/或一种以上的 B 化合物，并且其效果是可以预见的；在各组合物作为一项发明在权利要求 1 中要求保护的情况下，显然不能分别定义各种组合物的比例范围，考虑到说明书中对本申请的各种具体组合中 A 与 B 类化合物的比例范围有明确的教导，本领域技术人员在实施时可以正确选择 A 与 B 类化合物的混合比例以获得增效效果。因此，权利要求 1~38 能够得到说明书的支持。(2)"增效活性量"是在本领域中被广泛接受的功能性特征，除此之外不能更准确地定义所述特征，应该被允许。

经形式审查合格后，专利复审委员会受理了该请求，并于 2007 年 2 月 8 日向请求人发出了《复审请求受理通知书》，同时将本申请转送至国家知识产权局原审查部门进行前置审查。

在《前置审查意见书》中，国家知识产权局原审查部门坚持驳回决定。

专利复审委员会组成合议组，对本复审请求案进行了审理，于 2008 年 12 月 2 日向请求人发出《复审通知书》，指出：(1) 权利要求 1 中的组分 A）和组分 B）分别限定了多个并列的可选择要素，从而构成了马库什权利要求，该权利要求应当满足马库什权利要求单一性的要求。根据本申请说明书的记载，组分 A）和组分 B）都是已知的除草剂，但组分 B）除草剂显然不具有与现有技术构成区别的"共同的结构"，并且也不属于公认的同一化合物类别，因此，权利要求 1 不具有单一性，不符合专利法第 31 条第 1 款的规定。同理，权利要求 2~38 也不符合专利法第 31 条第 1 款的规定。(2) 即使请求人对权利要求的 B 组分进行修改，使其满足了单一性的要求，权利要求仍然会存在不符合专利法第 26 条第 4 款规定的缺陷。例如，如果请求人将权利要求 13 的附加技术特征补入权利要求 1 中，则修改后的权利要求 1 要求保护一种除草组合物，包含 A）至少一种选自式 I 的取代苯基磺酰基脲及其农业上可接受的盐的物质和 B）溴苯腈或碘苯腈。在本申请说明书的实施例中，能够证明 4-碘-2-［3-（4-甲氧基-6-甲基-1，3，5-三嗪-2-基）脲基磺酰基］苯甲酸甲酯钠盐与碘苯腈组合具有增效作用的重量比仅为 10：125 和 10：250，本领域技术人员无法推测权利要求 1 中的组分 A）和组分 B）以任何配比组合均能达到本发明所述的增效效果，因此，权利要求 1 得不到说明书的支持，不符合专利法第 26 条第 4 款的规定。(3) 权利要求 26 中的"增效活性量"是对所述除草组合物中活性成分配比的功能性限定，在组分 A）和组分 B）的含量可以直接给出比例的情况下，请求人使用"增效活性量"这种功能性限定是不允许的，故权利要求 26 得不到说明书的支持，不符合专利法第 26 条第 4 款的规定。

针对《复审通知书》指出的问题，请求人于 2009 年 3 月 17 日提交了意见陈述书和权利要求书的全文替换页，其中，相对于驳回决定所针对的权利要求书，请求人在权利要求 1 中进一步限定了 Ba）~Bd)，并增加了化合物 A、B 的比例限定，同时删除了权利要求 26。修改后的权利要求 1 为：

"1. 一种除草组合物，它包含

A）至少一种来自式 I 的取代苯基磺酰基脲及其农业上可耐受（即可接受）的盐的组的物质

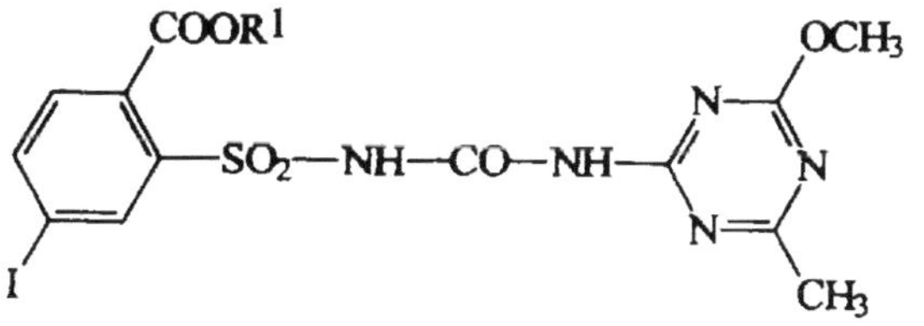

(I)，

其中

R^1 是（C_1-C_8）烷基、（C_3-C_4）链烯基、（C_3-C_4）炔基或由选自卤素和（C_1-C_2）烷氧基组成的组的基团单至四取代的（C_1-C_4）烷基，

和

B）至少一种来自下列这组化合物的除草活性化合物

Ba）选择性地作用于禾谷类和/或玉米中的禾草的除草剂恶唑禾草灵、高恶唑禾草灵、异丙隆、禾草灵、clodinafop、clodinafop 与 cloquintocet 的混合物、绿麦灵、甲基苯噻隆、咪草酯、肟草酮、双苯唑快、麦草伏、麦草伏 M、二甲戊乐灵、烟嘧黄隆、rimsulfuron，氟嘧黄隆，

Bb）选择性地作用于禾谷类和/或玉米中的双子叶植物的除草剂 2 甲 4 氯丙酸、高 2 甲 4 氯丙酸、2 甲 4 氯、2，4-滴丙酸、高 2，4-滴丙酸、2，4-滴、麦草畏、氟草烟、碘苯腈、溴苯腈、甲羧除草醚、乙羧除草醚、三氟羧草醚、乳氟禾草灵、氟黄胺草醚、乙氧氟草醚、ET-751、式Ⅱ的唑类、吡氟草胺、灭草松，

Bc）选择性地作用于禾谷类和/或玉米中的禾草和双子叶植物的除草剂异丙甲草胺、嗪草酮、莠去津、特丁津、甲草胺、乙草胺、dimethenamid、amidosulfuron、甲黄隆、苯黄隆、噻黄隆、醚黄隆、绿黄隆、prosulfuron 或 CGA-152005、式Ⅲ的磺酰脲类、flupyrsulfuron（DPX-KE459）、sulfosulfuron（MON37500）、KIH-2003，

Bd）非选择性地作用于非作物区域和/或选择性地作用于转基因作物中的禾草和阔叶杂草的除草剂草铵膦、高草铵膦、草甘膦。

其中该除草组合物包含总量比为 1：2500 至 20：1 的式 I 化合物或其盐（A 类化合物）和来自 B 组的化合物。”

请求人认为：(1) 原审查部门于 2001 年 3 月 23 日以本申请不具有单一性为由作出过驳回决定，专利复审委员会在第 2520 号复审决定书中撤销了上述驳回决定，故合议组不应再对本申请的单一性提出异议；专利法实施细则第 35 条中的技术上相互关联包括所有对现有技术作出贡献的共有特定技术特征，不仅包括结构上的相互关联，也包括功能上的相互关联，本申请所有可供选择的方案属于以同样的方式起作用的一类化合物（B 类化合物），因此满足了专利法实施细则第 35 条中要求的技术上相互关联；本申请第一次提供了包含式 I 的苯磺酰脲（A 类化合物）和至少一种 B 类除草剂的除草组合物，B 类化合物用作式 I 苯磺酰脲增效剂的这一功能上的相互关联使得权利要求 1 中的各组合物在技术上相互关联，从而赋予本申请组合物单一性。(2) 权利要求 1 中已限定了 A 类化合物与 B 类化合物的比例，考虑到实施例中证实了例如 3：1500（见表 3）至 10：3（见表 9）范围内的众多数据，故权利要求 1 能够得到说明书的支持。

至此，合议组认为本案事实清楚，可以作出审查决定。

二、决定的理由

1. 关于审查文本

请求人于 2009 年 3 月 17 日提交了修改后的权利要求书，相对于驳回决定所针对的权利要求书，请求人在权利要求 1 中进一步限定了 Ba）~Bd)，并增加了化合物 A、B 的比例限定，同时删除了权利要求 26，修改后的内容在原申请文件的说明书中有记载，符合专利法第 33 条和专利法实施细则第 60 条第 1 款的规定。

本复审决定所针对的文本是：请求人于 2009 年 3 月 17 日提交的权利要求第 1~37 项、进入中国国家阶段时提交的国际申请文件中文译文的说明书第 1~69 页和说明书摘要。

2. 关于专利法第 31 条第 1 款

专利法第 31 条第 1 款规定：一件发明或者实用新型专利申请应当限于一项发明或者实用新型。属于一个总的发明构思的两项以上的发明或者实用新型，可以作为一件申请提出。

对于一项农药组合物或农药混合物马库什权利要求而言，在作为马库什要素的可选择化合物不具有共同的结构的情况下，如果它们不能满足下列标准，则该马库什权利要求不具有单一性：（a）所有可选择化合物具有共同的性能或作用；和（b）所有可选择化合物应属于该发明所属领域中公认的同一化合物类别。

就本申请而言，权利要求 1 要求保护一种除草组合物，包含 A）至少一种选自式 I 的取代苯基磺酰基脲及其农业上可接受的盐的组的物质和 B）至少一种下述的除草剂：Ba）选择性地作用于禾谷类和/或玉米中的禾草的除草剂恶唑禾草灵、高恶唑禾草灵、异丙隆、禾草灵、clodinafop、clodinafop 与 cloquintocet 的混合物、绿麦灵、甲基苯噻隆、咪草酯、肟草酮、双苯唑快、麦草伏、麦草伏 M、二甲戊乐灵、烟嘧黄隆、rimsulfuron、氟嘧黄隆，Bb）选择性地作用于禾谷类和/或玉米中的双子叶植物的除草剂 2 甲 4 氯丙酸、高 2 甲 4 氯丙酸、2 甲 4 氯、2，4-滴丙酸、高 2，4-滴丙酸、2，4-滴、麦草畏、氟草烟、碘苯腈、溴苯腈、甲羧除草醚、乙羧除草醚、三氟羧草醚、乳氟禾草灵、氟黄胺草醚、乙氧氟草醚、ET-751、式Ⅱ的唑类、吡氟草胺、灭草松，Bc）选择性地作用于禾谷类和/或玉米中的禾草和双子叶植物的除草剂异丙甲草胺、嗪草酮、莠去津、特丁津、甲草胺、乙草胺、dimethenamid、amidosulfuron、甲黄隆、苯黄隆、噻黄隆、醚黄隆、绿黄隆、prosulfuron 或 CGA-152005、式Ⅲ的磺酰脲类、flupyrsulfuron（DPX-KE459）、sulfosulfuron（MON37500）、KIH-2003，Bd）非选择性地作用于非作物区域和/或选择性地作用于转基因作物中的禾草和阔叶杂草的除草剂草铵膦、高草铵膦、草甘膦，其中该除草组合物包含总量比为 1∶2500 至 20∶1 的式 I 化合物或其盐（A 类化合物）和来自 B 组的化合物。由此可见，权利要求 1 中的组分 A）和组分 B）分别限定了多个并列的可选择要素，从而构成了马库什权利要求，该权利要求应当满足马库什权利要求单一性的要求（可参见审查指南第二部分第十章第 8.1 节）。

根据本申请说明书的记载，组分 A）和组分 B）都是已知的除草剂。由本领域的常识可知，上述已知的组分 B）除草剂均具有除草活性，但显然不具有与现有技术构成区别的“共同的结构”，并且也不属于公认的同一化合物类别，按照化学结构类型，上述除草剂应当分属于磺酰脲类（如烟嘧黄隆、砜嘧黄隆、氟嘧黄隆、酰嘧黄隆、苯黄隆、绿黄隆等）、咪唑啉酮类（如咪草酯等）、二苯醚类（如甲羧除草醚、乙羧除草醚、三氟羧草醚、乳氟禾草灵等）、三嗪类（如莠去津等）、苯氧羧酸类（如 2 甲 4 氯丙酸、2 甲 4 氯、2，4-滴丙酸等）、芳氧苯氧丙酸酯类（如恶唑禾草灵等）、酰胺类（甲草胺、异丙甲草胺等）、脲类（如异丙隆等）、二硝基苯胺类（如二甲戊乐灵等）除草剂等。因此，权利要求 1 不具有单一性，不符合专利法第 31 条第 1 款的规定。

请求人认为：原审查部门于 2001 年 3 月 23 日以本申请不具有单一性为由作出过驳回决定，专利复审委员会在第 2520 号复审决定书中撤销了上述驳回决定，故合议组不应再对本申请的单一性提出异议；专利法实施细则第 35 条中的技术上相互关联包括所有对现有技术作出贡献的共有特定技术特征，不仅包括结构上的相互关联，也包括功能上的相互关联，本申请所有可供选择的方案属于以同样的方式起作用的一类化合物（B 类化合物），因此满足了专利法实施细则第 35 条中要求的技术上相互关联；本申请第一次提供了包含式 I 的苯磺酰脲（A 类化合物）和至少一种 B 类除草剂的除草组合物，B 类化合物用作式 I 苯磺酰脲增效剂的这一功能上的相互关联使得权利要求 1 中的各组合物在技术上相互关联，从而赋予本申请组合物单一性。

合议组认为：（1）原审查部门曾于 2000 年 12 月 8 日发出过《分案通知书》，指出本申请不符合专利法第 31 条第 1 款的规定。根据审查指南第四部分第二章第 4.1 节的规定，如果审查文本中存在足以用在驳回决定作出前已告知过申请人的其他理由及其证据予以驳回的缺陷，合议组可以对与之有关的理由及其证据进行审查。虽然第 2520 号复审决定书中撤销了所述的驳回决定，但该决定的作出是在原审查部门同意撤销驳回决定的基础上作出的，并没有进行合议审查，也就是说，专利复审委员会从未对本申请是否符合专利法第 31 条第 1 款的规定发表过意见。（2）如前文所述，权利要求 1 中的 B 类化合物是已知的除草剂，既不具有“共同的结构”，又不属于公认的同一化合物类别，从而导致权利要求 1 的组合物在技术上无相互关联，不能满足马库什权利要求有关单一性的要求。

3. 关于专利法第 26 条第 4 款

专利法第 26 条第 4 款规定：权利要求书应当以说明书为依据，说明要求专利保护的范围。

权利要求书中的每一项权利要求所要求保护的技术方案应当是所属技术领域的技术人员能够从说明书充分公开的内容中得到或概括得出的技术方案，并且不得超出说明书公开的范围。如果权利要求的概括包含申请人推测的内容，而其效果又难于预先确定和评价，应当认为这种概括超出了说明书公开的范围。

合议组在《复审通知书》中指出，即使请求人将引用权利要求 1 的从属权利要求 13 的附加技术特征补入权利要求 1 中，克服了单一性的缺陷，修改后的权利要求 1（即未修改的权利要求 13）也不符合专利法第 26 条第 4 款的规定。具体而言，本申请权利要求 13 是权利要求 1 的从属权利要求，要求保护一种除草组合物，包含 A）至少一种选自式 I 的取代苯基磺酰基脲及其农业上可接受的盐的物质和 B）溴苯腈或碘苯腈，二者的重量比为 1∶2500 至 20∶1。

根据本申请说明书的记载，R_1 为甲基的式 I 化合物、溴苯腈和碘苯腈都是已知的除草剂。在说明书的生物实施例部分，4-碘-2-［3-（4-甲氧基-6-甲基-1，3，5-三嗪-2-基）脲基磺酰基］苯甲酸甲酯钠盐（R_1 为甲基的式 I 化合物的钠盐）与碘苯腈以 10∶125 和 10∶250 的重量比组合用于防除猪殃殃，试验数据表明上述除草组合物表现出了增效作用（参见说明书第 65 页的表 7）。

然而，对于农药组合物而言，两种活性成分组合后可能会产生增效、拮抗或加合三种效果，也就是说，二者组合能否产生增效作用是不可预期的，即使产生了增效作用，也不是所有的配比均能达到该效果。在本申请说明书的实施例中，能够证明 4-碘-2-［3-（4-甲氧基-6-甲基-1，3，5-三嗪-2-基）脲基磺酰基］苯甲酸甲酯钠盐与碘苯腈组合具有增效作用的重量比仅为 10∶125 和 10∶250，在此情况下，本领域技术人员无法推测权利要求 13 中的组分 A）和组分 B）以 1∶2500 至 20∶1 的配比范围内均能达到本发明所述的增效效果，因此，权利要求 13 的概括包含了请求人推测的内容，而其效果又难于预先确定和评价，故权利要求 13 得不到说明书的支持，不符合专利法第 26 条第 4 款的规定。

请求人在答复《复审通知书》的意见陈述中认为：权利要求中已限定了 A 类化合物与 B 类化合物的比例，考虑到实施例中证实了例如 3∶1500（见表 3）至 10∶3（见表 9）范围内的众多数据，故权利要求能够得到说明书的支持。

对此，合议组认为：表 3 中的 3∶1500 和表 9 中的 10∶3 分别是 4-碘-2-［3-（4-甲氧基-6-甲基-1，3，5-三嗪-2-基）脲基磺酰基］苯甲酸甲酯钠盐与异丙隆、甲基隆甲酯组合的增效活性数据，而权利要求 13 要求保护的是 A）至少一种选自式 I 的取代苯基磺酰基脲及其农业上可接受的盐的物质和 B）溴苯腈或碘苯腈的组合，鉴于溴苯腈、碘苯腈与异丙隆、甲基隆甲酯的结构差异较大，在除草剂领域分属于不同的化合物类别，本领域技术人员根据表 3、9 的试验数据无法推知权利要求 13 的组合物在 3∶1500、10∶3 的比例下也能产生增效作用，因此，对于请求人的上述主张合议组不予支持。

根据上述事实和理由，合议组作出如下审查决定。

三、决定

维持国家知识产权局于 2006 年 9 月 29 日针对 96195183.4 号发明专利申请作出的驳回决定。

复审请求人对本决定不服的，可以根据专利法第 41 条第 2 款的规定，自收到本决定之日起三个月内向北京市第一中级人民法院起诉。

100

用于保存器官、生物组织或者活细胞的培养基

复审请求审查决定（第 17720 号）

决　定　号　第 17720 号
决　定　日　2009 年 6 月 22 日
发明创造名称　用于保存器官、生物组织或者活细胞的培养基
国际分类号　A01N1/02
复审请求人　斯塔姆阿尔法公司
申　请　号　200480019120.0
申　请　日　2004 年 3 月 23 日
优 先 权 日　2003 年 7 月 4 日
公　开　日　2006 年 8 月 9 日
合议组组长　李彦涛
主　审　员　兰　琪
参　审　员　李亚林

法律依据　专利法第 22 条第 2 款、第 3 款
决定要点

如果权利要求所要求保护的技术方案与对比文件公开的技术方案存在区别技术特征，从而导致二者实质上不同，则该权利要求具备新颖性。

在判断一项权利要求的创造性时，首先应当将权利要求所述的技术方案与最接近的现有技术进行比较，找出它们的区别技术特征，确定本发明实际所要解决的技术问题，然后再考察现有技术中是否存在着将上述区别技术特征应用到该最接近的现有技术中以解决本发明实际所要解决的技术问题的技术启示。如果不存在这样的技术启示，则该权利要求具备创造性。

一、案由

本复审请求案涉及发明名称为“用于保存器官、生物组织或者活细胞的培养基”的 200480019120.0 号发明专利申请（下称本申请），申请人为斯塔姆阿尔法公司，申请日为 2004 年 3 月 23 日，优先权日为 2003 年 7 月 4 日，公开日为 2006 年 8 月 9 日。

2008 年 6 月 6 日，针对申请人于 2006 年 1 月 4 日进入中国国家阶段时提交的国际申请文件的权利要求第 1~14 项、说明书第 1~16 页和说明书摘要，国家知识产权局以权利要求 1、5、7 和 10 不具备专利法第 22 条第 2 款所规定的新颖性，权利要求 2、6、8~9 和 11~14 不具备专利法第 22 条第 3 款所规定的创造性为由驳回了本申请。

驳回决定认为：（1）对比文件1（WO9632929A1，公开日为1996年10月24日）公开了一种混合物，该混合物含有透明质酸和氯化钠，其中不含动物来源的成分，并且包含必要的液体营养基质如葡萄糖，氯化钾，氯化镁，氯化钙，柠檬酸钠，盐酸和/或氢氧化钠，腺苷，谷胱甘肽，改性纤维素（如甲基纤维素）和水等。其中必要的营养物质如葡萄糖、氯化钾等即为权利要求1所述的液体营养基质。由此可见，对比文件1公开了权利要求1的全部技术特征，二者属于相同的技术领域，因此权利要求1不符合专利法第22条第2款的规定，在此基础上，从属权利要求5、7和10也不具备新颖性；

针对申请人在答复一通时认为权利要求1与对比文件1所涉及的用途不同，驳回决定认为，对比文件1公开了所述溶液可以保持组织的稳定性以及保持内皮细胞的完整性和角膜厚度等作用，并且权利要求1所涉及的用途由产品本身固有的特性决定，而且该用途特征没有隐含产品在结构和/或组成上发生改变，用途特征限定的产品仍然不具备新颖性。

（2）从属权利要求2、6、8~9的附加技术特征均是本领域的常规技术手段，而且从本申请文件记载的内容也看不出该附加技术特征产生预料不到的技术效果，因此权利要求2、6、8~9相对于对比文件1不具备创造性；独立权利要求11~14要求保护的是混合物即培养基的应用，由于该混合物已经被对比文件1公开，所述权利要求所要求保护的上述应用只是使用了这种已知混合物的公知性质，这对本领域技术人员来说是显而易见的，因此权利要求11~14相对于对比文件1而言不具备创造性。

驳回决定针对的权利要求书如下：

“1. 包含液体营养基质的用于活器官、生物组织和细胞的保存培养基，其中所述培养基包含高分子量透明质酸和氯化钠并且所述培养基不包含动物来源的成分。

2. 根据权利要求1所述的保存培养基，其中所述培养基包含：

80~4000mg/l、优选地100~200mg/l、优选地100~160mg/l的高分子量透明质酸，和

4500~9000mg/l、优选地5500~9000mg/l、优选地7000mg/l的氯化钠。

3. 根据权利要求1或2所述的保存培养基，其中所述培养基还包含普罗沙姆188。

4. 根据权利要求3所述的保存培养基，其中所述培养基包含200~75000mg/l、优选地450~50000mg/l的普罗沙姆188。

5. 根据权利要求1~4中任意一项所述的保存培养基，其中所述培养基还包含甲基纤维素。

6. 根据权利要求5所述的保存培养基，其中所述培养基包含210~5000mg/l、优选地1900~2500mg/l并且优选地2205mg/l的甲基纤维素。

7. 根据权利要求1~6中任意一项所述的保存培养基，其中所述培养基具有300~465mOsm±40mOsm的摩尔渗透压浓度。

8. 根据权利要求1~7中任意一项所述的保存培养基，其中所述培养基在20℃下具有1~15厘泊、优选地2.5~10厘泊的Brookfield黏度。

9. 根据权利要求1~8中任意一项所述的保存培养基，其中所述培养基包含痕量元素、氨基酸、维生素和稳定pH的缓冲液。

10. 根据权利要求1~9中任意一项所述的保存培养基，其中所述培养基不包含葡聚糖。

11. 根据权利要求1~10中任意一项所述的保存培养基的用途，其用于保存活的人角膜。

12. 根据权利要求1~10中任意一项所述的保存培养基的用途，其用于活器官、生物组织和细胞尤其是活的人角膜的器官培养。

13. 根据权利要求1~10中任意一项所述的保存培养基的用途，其用于活器官、生物组织和细胞

尤其是活的人角膜的运输。

14. 根据权利要求 1~10 中任意一项所述的保存培养基的用途，其用于活器官、生物组织和细胞尤其是活的人角膜的去肿胀。”

2008 年 9 月 18 日，申请人斯塔姆阿尔法公司（下称请求人）对上述驳回决定不服，向专利复审委员会提出复审请求，请求人在提出复审请求时对权利要求书进行了修改，将原从属权利要求 9 的附加技术特征加入到独立权利要求 1 中。修改后的权利要求 1 为：

“1. 包含液体营养基质的用于活器官、生物组织和细胞的保存培养基，其中所述培养基包含高分子量透明质酸和氯化钠并且所述培养基不包含动物来源的成分，其中所述培养基包含痕量元素、氨基酸、维生素和稳定 pH 的缓冲液。”

请求人认为：（1）关于本申请技术方案的新颖性：本申请涉及的是体外保存活细胞的培养基，而对比文件 1 涉及的是用于体内施用的、尽可能类似于天然体液的组合物，由于体内外环境不同，二者不具有相同的组成及其性质，此外为了强调二者的差异，将对比文件 1 未提及的原权利要求 9 的附加技术特征加入到权利要求 1 中，因此经修改的权利要求 1 具备新颖性，在此基础上，权利要求 2~13 也具备新颖性；

（2）关于本申请技术方案的创造性：本申请的培养基旨在用于体外维持活细胞的存活和生长，而对比文件 1 的组合物旨在施用于活体上以减少手术创伤，因此对比文件 1 的组合物对于本发明的培养基无论在组成上还是在功能上均不具有启示；此外，在对比文件 1 中，透明质酸的功能旨在于体内用作眼睛房水的替代物，其对眼睛内皮的保护作用和角膜厚度的保持作用来源于其降低了眼睛内皮暴露于创伤性环境变化的作用，由于体内外环境的差别，本领域技术人员不可能预见到作为房水天然成分的透明质酸在体外条件下对离体细胞具有保护作用，从而不可能预见到其在培养基中的应用，因此本申请的技术方案具备创造性。

经形式审查合格后，专利复审委员会受理了该请求，并于 2008 年 11 月 5 日向请求人发出了《复审请求受理通知书》，同时将本申请转送至国家知识产权局原审查部门进行前置审查。

在《前置审查意见书》中，国家知识产权局原审查部门认为修改后的权利要求 1~13 实质上就是原权利要求 9~14，基于驳回决定中的相同理由，其仍然不具备专利法第 22 条第 3 款所规定的创造性，因此坚持驳回决定。

专利复审委员会组成合议组，对本复审请求案进行了审理。

经审查，合议组认为本案事实清楚，可以作出审查决定。

二、决定的理由

1. 关于审查文本

请求人在提出复审请求时将原权利要求 9 的附加技术特征加入到原权利要求 1 中，将其编号为新的权利要求 1，原权利要求 10~14 重新按顺序编号为新的权利要求 9~13，以上修改符合专利法实施细则第 60 条第 1 款和专利法第 33 条的规定。本复审请求审查决定针对的文本是：2008 年 9 月 18 日提交的权利要求书第 1~13 项，2006 年 1 月 4 日进入中国国家阶段时提交的国际申请文件的说明书第 1~16 页以及说明书摘要。

2. 关于专利法第 22 条第 2 款的规定

专利法第 22 条第 2 款规定：新颖性，是指在申请日以前没有同样的发明或者实用新型在国内外出版物上公开发表过、在国内公开使用过或者以其他方式为公众所知，也没有同样的发明或者实用新型由他人向国务院专利行政部门提出过申请并记载在申请日以后公布的专利申请文件中。

如果权利要求所要求保护的技术方案与对比文件公开的技术方案存在区别技术特征，从而导致二者实质上不同，则该权利要求具备新颖性。

就本申请而言，权利要求 1 要求保护一种包含液体营养基质的用于活器官、生物组织和细胞的保存培养基，其中所述培养基包含高分子量透明质酸和氯化钠并且所述培养基不包含动物来源的成分，其中所述培养基包含痕量元素、氨基酸、维生素和稳定 pH 的缓冲液。

对比文件 1（WO9632929A1，公开日为 1996 年 10 月 24 日）公开了一种用于眼科手术进行灌流以防止手术创伤的混合物，其含有作为眼睛房水天然成分的透明质酸或其盐，并且可以包含钠离子、钾离子、葡萄糖和谷胱甘肽等多种生理相容性物质，该混合物能保护角膜内皮细胞和保持角膜厚度（参见说明书第 2 页第 2 段、第 5 页第 2~3 段、第 6 页倒数第 1 段至第 7 页第 2 段，第 8 页第 2 段），优选的混合物包含按重量计的 0.1%~5.0% 的透明质酸盐、0.01%~1.0% 的氯化钠、0.01%~1.0% 的氯化钾、0.01%~1.0% 的干燥磷酸钠、0.01%~1.0% 的氯化钙、0.01%~1.0% 的氯化镁、0.01%~1.0% 的葡萄糖、0.005%~0.5% 的谷胱甘肽、0.01%~1.0% 的碳酸氢钠、调节 pH 值的氢氧化钠或盐酸，适量的净化水（参见说明书第 7 页第 3~4 段）。

经对比可知，本申请权利要求 1 的保存培养基与对比文件 1 中公开的技术方案存在如下区别技术特征：（1）权利要求 1 的培养基不包含动物来源的成分，而对比文件 1 无此限定；（2）权利要求 1 的培养基还包含痕量元素、氨基酸和维生素等营养基质，而对比文件 1 不含有前述营养基质。基于上述区别，本申请权利要求 1 的技术方案与对比文件 1 公开的技术方案实质上是不相同的，权利要求 1 相对于对比文件 1 具有新颖性，符合专利法第 22 条第 2 款的规定。

在权利要求 1 具备新颖性的前提下，对权利要求 1 作进一步限定的从属权利要求 2~9 以及涉及要求保护权利要求 1~9 的保存培养基的用途的权利要求 10~13 也具备新颖性，符合专利法第 22 条第 2 款的规定。

3. 关于专利法第 22 条第 3 款的规定

专利法第 22 条第 3 款规定，创造性是指同申请日以前已有的技术相比，该发明有突出的实质性特点和显著的进步。

在判断一项权利要求的创造性时，首先应当将权利要求所述的技术方案与最接近的现有技术进行比较，找出它们的区别技术特征，确定本发明实际所要解决的技术问题，然后再考察现有技术中是否存在着将上述区别技术特征应用到该最接近的现有技术中以解决本发明实际所要解决的技术问题的技术启示。如果不存在这样的技术启示，则该权利要求具备创造性。

基于前面评述本申请权利要求 1 与对比文件 1 存在如上的两点区别，根据本申请说明书的记载，本申请旨在提供一种保存活细胞活力的保存培养基。由于目前使用的这类培养基大多包含动物来源的成分，因而难于保证其医学安全性，并且这类培养基易受传染性介质污染，而本申请的培养基不包含动物来源的成分，例如透明质酸是植物来源的高分子量的透明质酸；此外，该培养基中还包含在器官和细胞培养物保存培养基中经典使用的液体化学营养基质如氨基酸、维生素、痕量金属、糖等（参见本申请说明书第 1 页第 15 行至第 4 页第 12 行），本申请实施例中的试验结果表明，本申请的培养基在长时间保存角膜时，内皮细胞损失率低。可见，本申请实施例验证了本申请的培养基能够在长时间内保证内皮细胞的存活力。因此，本申请实际解决的技术问题是提供一种能长时间保存活细胞，并且安全无菌的保存培养基。在本申请中该技术问题是通过“采用非动物来源的透明质酸和氯化钠，并且加入适用于培养基的液体营养基质来制备保存培养基”的技术手段来解决的。

对比文件 1 提供的是一种用于眼科手术进行灌流以防止手术创伤的混合物，所述混合物包含除未明确来源的透明质酸外，还包含适用于体内使用的生理相容性物质，例如氯化钠等。其是为了解决在眼科手术中，减少在手术时创伤处与外部环境的接触，达到保护角膜内皮细胞的作用，从而防止手术创伤的技术问题（参见对比文件 1 说明书第 2 页第 2 段、第 5 页第 2~3 段和实施例）。对比文件 1 是通过在混合物中包含作为眼睛房水天然成分的透明质酸和生理相容性物质来解决该技术问题的，其中透明质酸的功能在于在体内用作眼睛房水的替代物，其对眼睛内皮的保护作用和角膜厚度的保持作用来源于其降低了眼睛内皮暴露于创伤性环境变化的作用。可见，对比文件 1 的混合物是在眼科手术中施用的，其施用对象是手术中的眼部组织，并不离体；而本申请权利要求 1 的培养基则是用于保存离体的器官、组织或细胞的。二者的施用对象不同，所要解决的技术问题以及所取得的技术效果不同。同时对比文件 1 并未给出将透明质酸、氯化钠与液体营养基质相组合制备成保存培养基来长时间保存离体活细胞的启示，也没有对动物来源、细菌来源或者植物来源的透明质酸进行区分，没有教导不含动物来源成分的培养基具有安全性高和不易受传染性介质污染的优点。因此，根据对比文件 1 公开的技术信息，本领域技术人员在寻求保存培养基时，尚无法显而易见地得到本申请权利要求 1 的保存培养基。

综上所述，对比文件 1 没有给出解决本申请技术问题的启示，同时本申请权利要求 1 的技术方案产生了有益的技术效果，即具有良好的安全性并且不易受传染性介质污染，能长时间地保持内皮细胞存活。因此，本申请权利要求 1 相对于对比文件 1 具备突出的实质性特点和显著的进步，符合专利法第 22 条第 3 款关于创造性的规定。

权利要求 2~9 是权利要求 1 的从属权利要求，在权利要求 1 具有创造性的情况下，权利要求 2~9 也符合专利法第 22 条第 3 款的规定。

权利要求 10~13 要求保护权利要求 1~9 的保存培养基的用途，在权利要求 1~9 具备创造性的情况下，权利要求 10~13 也具备创造性，符合专利法第 22 条第 3 款的规定。

根据上述事实和理由，合议组作出如下审查决定。

三、决定

撤销国家知识产权局于 2008 年 6 月 6 日针对 200480019120.0 号发明专利申请作出的驳回决定，由国家知识产权局原审查部门以复审决定所针对的文本为基础继续审批程序。

复审请求人对本决定不服的，可以根据专利法第 41 条第 2 款的规定，自收到本决定之日起三个月内向北京市第一中级人民法院起诉。

101

导电性热塑性聚合物组合物

复审请求审查决定（第17721号）

决 定 号 第17721号
决 定 日 2009年6月20日
发明创造名称 导电性热塑性聚合物组合物
国际分类号 C08K3/10，C08K7/06，H01B1/20，H01B1/22，H01B1/24
复审请求人 陶氏环球技术公司
申 请 号 02822494.9
申 请 日 2002年9月20日
优 先 权 日 2001年11月13日
公 开 日 2005年2月23日
合议组组长 孙跃飞
主 审 员 兰 琪
参 审 员 危 峰

法 律 依 据 专利法第22条第3款
决 定 要 点

在判断创造性时，首先要将权利要求所要求保护的技术方案与所确定的最接近的现有技术相比较，确定区别技术特征和发明实际要解决的技术问题，进而考察现有技术中是否存在将该区别技术特征引入到所述最接近的现有技术中以解决上述技术问题的启示，以及该区别技术特征的引入是否产生了有益的效果。

一、案由

本复审请求案涉及发明名称为“导电性热塑性聚合物组合物”的02822494.9号发明专利申请（下称本申请），申请人为陶氏环球技术公司，申请日为2002年9月20日，优先权日为2001年11月13日，公开日为2005年2月23日。

2007年11月30日，针对申请人于2006年8月22日提交的权利要求第1~14项，2004年5月13日进入中国国家阶段时提交的国际申请文件的说明书第1~3，5~6页以及说明书摘要，根据国际初步审查报告附件所提交的说明书第4、7~9页（下称驳回文本）。国家知识产权局以权利要求1~13不符合专利法第22条第3款的规定，权利要求14不符合专利法第22条第2款的规定为由驳回了本申请。

驳回决定认为：（1）权利要求1请求保护一种生产导电性热塑性结构的方法，对比文件1

（CN1031548A，公开日为 1989 年 3 月 8 日）公开了一种用于模塑的导电树脂组合物以及由该组合物模制的电磁波干扰屏蔽结构，其中该模制组合物含有热塑性树脂，铁基、铜基金属纤维和涂金属纤维等，并且其可以采用普通的注射成型、传递成型、真空压制成型或薄片挤压成型等。二者的区别在于：本申请成型方法采用直接从熔融共混装置加工成型。然而在对比文件 1 中已提到可以将其用于模塑的导电树脂组合物进行注射成型的情况下，本领域技术人员必然会根据实际应用、所需性能及工艺成本等，对其加工方法进行选择，并且将树脂组合物直接混合注塑也是一种常规技术，因此权利要求 1 不具备创造性，不符合专利法第 22 条第 3 款的规定。在此基础上，从属权利要求 2~13 也不具备创造性，不符合专利法第 22 条第 3 款的规定；

（2）独立权利要求 14 请求保护一种导电性热塑性结构，对比文件 1 已经公开了该权利要求的全部技术特征，并且二者属于相同领域，并能产生相同的技术效果，因此权利要求 14 不具备专利法第 22 条第 2 款所规定的新颖性。

驳回决定针对的权利要求书如下：

“1. 一种生产注射模塑的导电性热塑性结构的方法，其包括以下步骤：

（ⅰ）将热塑性树脂以及金属纤维和金属涂敷纤维的协同组合物加入到注射模塑机中，并且

（ⅱ）直接从注射模塑机加工成型为导电性热塑性结构。

2. 根据权利要求 1 所述的方法，其中热塑性树脂是聚乙烯、聚丙烯、乙烯和苯乙烯共聚体、聚氯乙烯、聚苯乙烯、抗冲击聚苯乙烯、苯乙烯和丙烯腈共聚物、丙烯腈，丁二烯和苯乙烯的三元共聚物、聚酯、聚碳酸酯、共聚酯聚碳酸酯、聚酰胺、热塑性聚氨酯、环氧树脂、聚丙烯酸酯、多芳基化醚砜、多芳基化醚酮、聚亚苯基醚、聚酰胺-酰亚胺、聚醚-酰亚胺，或其共混物。

3. 根据权利要求 1 所述的方法，其中所述热塑性树脂是聚碳酸酯、丙烯腈、丁二烯和苯乙烯三元共聚物或其混合物。

4. 根据权利要求 1 所述的方法，其中所述金属纤维是铝、锌、铜、银、镍、不锈钢、金、铬及其和金。

5. 根据权利要求 1 所述的方法，其中所述金属纤维是不锈钢纤维。

6. 根据权利要求 1 所述的方法，其中所述金属涂敷纤维包含在非金属纤维上的金属涂层。

7. 根据权利要求 6 所述的方法，其中所述金属涂层的厚度是 0. 1 微米到 2 微米。

8. 根据权利要求 6 所述的方法，其中所述金属涂层是银、镍、铝、铬、锡、铅、铜及其合金。

9. 根据权利要求 6 所述的方法，其中所述非金属纤维是碳、玻璃或聚合物纤维。

10. 根据权利要求 1 所述的方法，其中所述金属涂敷纤维是镍涂敷碳纤维。

11. 根据权利要求 1 所述的方法，其中以导电性热塑性聚合物的量计，给出的金属纤维的重量百分比为从 2 到 15。

12. 根据权利要求 1 所述的方法，其中所述金属涂敷纤维给出量占所述导电性热塑性结构总量的重量百分比为 3 到 25。

13. 根据权利要求 1 所述的方法，其中所述导电性热塑性结构是注塑制品。

14. 一种导电性热塑性结构，其根据权利要求 1 的方法生产。”

2008 年 3 月 17 日，申请人陶氏环球技术公司（下称请求人）对上述驳回决定不服，向专利复审委员会提出复审请求，请求人在提出复审请求时提交了权利要求书的全文替换页，对权利要求 1 和 4 中的部分特征进行了修改，并将原权利要求 11~14 修改为新的权利要求 11~16，修改后的权利要求书为：

“1. 一种生产导电性热塑性注塑制品、挤出片材、或挤出型材的方法，其包括以下步骤：

（ⅰ）将热塑性树脂以及金属纤维和金属涂敷纤维的协同组合物加入到注射模塑机中，并且

（ⅱ）直接从注射模塑机加工成型为导电性热塑性注塑制品、挤出片材、或挤出型材。

4. 根据权利要求 1 所述的方法，其中所述金属纤维是铝、锌、铜、银、镍、不锈钢、金、铬及其合金。

11. 根据权利要求 1 所述的方法，其中所述熔融共混装置是挤出或注塑模塑机。

12. 根据权利要求 1 所述的方法，其中以导电性热塑性聚合物的量计，给出的金属纤维的重量百分比为从 2 到 15。

13. 根据权利要求 1 所述的方法，其中所述金属涂敷纤维给出量占所述导电性热塑性结构总量的重量百分比为 3 到 25。

14. 根据权利要求 11 的方法，其中所述熔融装置是挤出机，而且导电性热塑性结构是片材或型材。

15. 根据权利要求 14 所述的方法，其进一步包含以下步骤：

（ⅲ）热成型、真空成型或压缩成型为片材。

16. 根据权利要求 11 所述的方法，其中所述熔融共混装置是注射模塑机，而且导电性热塑性结构是注塑制品。”

请求人认为：本申请所要求保护的生产导电性热塑性的方法与对比文件 1 所公开的方法不同：对比文件 1 是两步骤方法，即（1）首先在挤压机中加入组合物并且熔融挤出以形成颗粒，（2）然后在模制条件下，将所述颗粒模制成所需结构；而本申请所涉及的是单步骤方法，即组合物在相同的装置中进行熔融混合以及成型，同时结合所提交的如下附件 1~2 的效果试验数据认为本申请的方法具有意料不到的技术效果，因此本申请的技术方案相比对比文件 1 符合专利法第 22 条第 3 款的规定。

附件 1：由申请人 Richard T. Fox 就申请号为 10/247，905 的美国专利申请向美国专利商标局提交的意见陈述，英文，复印件 10 页；

附件 2：美国专利号 US6，936，191B2 的公开文本，公开日为 2005 年 8 月 30 日，英文，复印件 5 页。

经形式审查合格后，专利复审委员会受理了该请求，并于 2008 年 4 月 10 日向请求人发出了《复审请求受理通知书》，同时将本申请转送至国家知识产权局原审查部门进行前置审查。

在《前置审查意见书》中，国家知识产权局原审查部门认为经修改的权利要求 1 和 15 中的部分内容修改超范围，不符合专利法第 33 条的规定；经修改的权利要求 1 相对于驳回决定扩大了保护范围，不符合专利法实施细则第 60 条第 1 款的规定，因此坚持驳回决定。

专利复审委员会组成合议组，对本复审请求案进行了审理。

2009 年 2 月 13 日，专利复审委员会本案合议组向请求人发出《复审通知书》，指出：

（1）请求人于复审请求时提交的权利要求书存在如下缺陷：权利要求 1、11、14~16 的修改不符合专利法实施细则第 60 条第 1 款的规定；权利要求 1 的修改不符合专利法第 33 条的规定；权利要求 11、14 和 16 不符合专利法实施细则第 20 条第 1 款有关清楚的规定；

（2）驳回文本存在如下缺陷：本申请权利要求 1 与对比文件 1 的区别在于：权利要求 1 是将各组分混合后直接进行注塑成型，而对比文件 1 是先将各组分混合挤出造粒后，再注塑成型，即本申请采用一步法成型，对比文件 1 采用二步法成型。因此本申请实际解决的技术问题是“在注塑前将各组分进行干混，从而以直接注塑的一步法成型来制得模塑制品”，然而在制备这类模塑制品时，采用一步法成型代替二步法成型属于常规技术手段，本申请说明书中也没有任何证据表明上述区别技术特征能给本申请带来预料不到的技术效果，因此权利要求 1 相比对比文件 1 不具备专利法第 22 条第 3 款规

定的创造性；在此基础上，从属权利要求2~13也不具备专利法第22条第3款规定的创造性；请求人在提出复审请求时所提交的附件1~2均为外文文件，均未提交中文译文，因此对其内容不予考虑，仅就请求人在意见陈述书中陈述的试验数据来看，由于在原申请文件中没有对由该一步法成型相比二步法成型所带来的有益效果进行明确并有依据的描述，因此其不能作为证明本申请的技术方案具有创造性的试验证据；独立权利要求14请求保护一种导电性热塑性结构，对比文件1已经公开了该权利要求的全部技术特征，并且二者属于相同领域，并能产生相同的技术效果，因此权利要求14不具备专利法第22条第2款所规定的新颖性。

针对上述《复审通知书》，请求人于2009年5月31日提交了意见陈述书以及权利要求书的全文替换页（共13项），其中将提复审请求时提交的权利要求1、12~13和16分别修改为驳回文本的权利要求1、11~13，并删除了权利要求11和14~15，未对上述文本的其他权项进行修改。修改后的权利要求书如下：

"1. 一种生产注射模塑的导电性热塑性结构的方法，其包括以下步骤：

（ⅰ）将热塑性树脂以及金属纤维和金属涂敷纤维的协同组合物加入到注射模塑机中，并且

（ⅱ）直接从注射模塑机加工成型为导电性热塑性结构。

11. 根据权利要求1所述的方法，其中以导电性热塑性聚合物的量计，给出的金属纤维的重量百分比为从2到15。

12. 根据权利要求1所述的方法，其中所述金属涂敷纤维给出量占所述导电性热塑性结构总量的重量百分比为3到25。

13. 根据权利要求1所述的方法，其中所述导电性热塑性结构是注塑制品。"

请求人认为，（1）经修改后的权利要求书已经克服了《复审通知书》中所指出的不符合专利法实施细则第60条第1款规定的缺陷；（2）关于创造性问题：在现有技术中不存在将单个组分直接干混，从而以直接注塑的一步法成型来制得模塑制品的技术启示；根据本申请说明书特别是实施例部分的描述，本申请的制备方法中所使用的组分均是通过干混而进行制备的，其证实了本申请所要求保护的这一优选技术方案，因此本申请的技术方案符合专利法第22条第3款的规定。

经合议，合议组认为本案事实已经清楚，可以作出复审决定。

二、决定的理由

1. 关于审查文本

复审程序中，请求人于2009年5月31日答复《复审通知书》时提交了权利要求书的全文替换页（共13项）。经审查，权利要求1~13均分别对应于驳回文本的权利要求1~13，删除了驳回文本的权利要求14，同时将驳回文本的权利要求4中的"和金"修改为"合金"，故请求人对权利要求的修改符合专利法实施细则第60条第1款的规定；此外，权利要求1~13在原申请文件中有记载或能够毫无疑义地确定，该修改符合专利法第33条的规定。

故，本复审请求审查决定针对的文本是：请求人于2009年5月31日提交的权利要求第1~13项，2004年5月13日进入中国国家阶段时提交的国际申请文件的说明书第1~3，5~6页以及说明书摘要，根据国际初步审查报告附件所提交的说明书第4、7~9页（下称复审文本）。

2. 关于专利法第22条第3款

专利法第22条第3款规定：创造性，是指同申请日以前已有的技术相比，该发明有突出的实质性特点和显著的进步。

在判断创造性时，首先要将权利要求所要求保护的技术方案与所确定的最接近的现有技术相比较，确定区别技术特征和发明实际要解决的技术问题，进而考察现有技术中是否存在将该区别技术特

征引入到所述最接近的现有技术中以解决上述技术问题的启示，以及该区别技术特征的引入是否产生了有益的效果。

就本案而言，权利要求 1 要求保护一种生产注射模塑的导电性热塑性结构的方法，其包括两个步骤：（1）将热塑性树脂以及金属纤维和金属涂覆纤维的协同组合物加入到注射模塑机中，并且（2）直接从注射模塑机加工成型为导电性热塑性结构。

对比文件 1（CN1031548A，公开日为 1989 年 3 月 8 日）公开了一种用于模塑的导电树脂组合物及由该组合物模制的电磁波干扰屏蔽结构，其中该模制组合物含有热塑性树脂，铁基、铜基金属纤维和涂金属纤维等，在双轴挤压机中将上述组合物加工成具有一定长度的柱状颗粒（参见说明书第 15 页），此外该对比文件中还提到，由该特殊长度的颗粒采用普通的注射成型、传递成型、真空压制成型或薄片挤压成型等方法可以很容易模制出电磁波干扰屏蔽结构（参见说明书第 14 页）。

将权利要求 1 请求保护的技术方案与对比文件 1 所公开的技术方案进行对比可以看出，二者的技术领域相同，均涉及导电性模塑结构的制备，二者的区别在于：权利要求 1 是将各组分混合后直接进行注塑成型，而对比文件 1 是先将各组分混合挤出造粒后，再注塑成型，即本申请采用一步法成型，对比文件 1 采用二步法成型。因此本申请实际解决的技术问题是“在注塑前将各组分进行干混，从而以直接注塑的一步法成型来制得模塑制品”，即本案的焦点在于判断现有技术中是否存在将各组分直接干混，从而以直接注塑的一步法成型来制得模塑制品技术启示。对于本领域技术人员而言，在制备这类模塑制品时，塑化前需要对各组分进行混合属于必不可少的步骤，其目的均是为了将各组分混合充分以便于塑化。至于混合方式，不管是干混还是为达到混合更充分的预先混合造粒均是本领域的常规混合方式，本领域技术人员可以根据实际需要加以选择。由于对比文件 1 中已经公开了将各组分预先混合造粒后再注塑成型出电磁波干扰屏蔽结构的方法，当本领域技术人员面临本申请实际解决的技术问题时，结合对比文件 1 给出的启示和常规技术手段，容易想到采用进行干混来代替预先混合造粒的方式，即采用一步法成型代替二步法成型，从而获得权利要求 1 的技术方案；此外，本申请说明书中也没有任何证据表明上述区别技术特征能给本申请带来预料不到的技术效果，因此权利要求 1 相比对比文件 1 和公知常识的结合不具备突出的实质性特点和显著的进步，不具备专利法第 22 条第 3 款所规定的创造性。

请求人在答复《复审通知书》时指出：（1）对于本领域技术人员而言，通常能够理解的是将一步法成型制备方法结合现有技术的基础上可以得到二步法成型的制备方法，而不可能将二步法成型的制备方法中的一个步骤取消，即现有技术不存在将单个组分直接干混，从而以直接注塑的一步法成型来制得模塑制品的技术启示；（2）根据本申请说明书特别是实施例部分的描述，本申请的制备方法中所使用的组分均是通过干混而进行制备的，其证实了本申请所要求保护的这一优选技术方案，因此本申请的技术方案符合专利法第 22 条第 3 款的规定。

对此，合议组认为：（1）在模塑制品的制备领域中，将各组分干混来直接注塑的一步法成型和将各组分预先混合造粒再注塑的二步法成型属于并列的两种常规方法；（2）在本申请说明书中涉及该模塑制品制备方法的描述时也提到“各组分可以直接进入熔融共混装置，如注射机或挤出机，以制造本申请的导电性热塑性结构，也可以在单独的挤出机中预先混合以进行造粒，造好的粒料随后可以通过注射或挤出成型为片材或型材来生产本申请的导电性热塑性结构（参见说明书第 4 页倒数第 2 段）”，由此可以看出，在本申请的说明书中也明确记载了在制备本申请的模塑制品时，可以采用一步法成型或二步法成型这两种方法，供本领域技术人员在实际制备过程中根据实际需要进行选择；（3）本申请说明书中没有任何证据表明采用一步法成型能给本申请带来预料不到的技术效果，在本申请说明书中同时涉及一步法成型或二步法成型的基础上，本申请实施例所采用的一步法成型制备方法仅仅是一种具体的实施方式，因此合议组对请求人的主张不予支持。

从属权利要求 2~6、8~13 也不具备专利法第 22 条第 3 款所规定的创造性，理由在于：对比文件 1 公开了热塑性树脂为聚碳酸酯、聚丙烯、聚亚苯基醚树脂等（参见权利要求 10 和说明书第 15 页），金属纤维为不锈钢纤维或铜纤维，金属涂覆纤维为涂镍碳纤维（参见说明书第 15 页），金属纤维与热塑性树脂的混合比率为 1~10 重量%（参见说明书第 13 页），即权利要求 2~6、8~13 的附加技术特征均被对比文件 1 公开了，在它们所引用的权利要求不具备创造性时，权利要求 2~6、8~13 也不具备创造性。

从属权利要求 7 的附加技术特征对金属涂层的厚度作了进一步的限定，虽然对比文件 1 没有公开涂层厚度，然而对于本领域技术人员来说，在制备这类导电性模塑制品时，可以根据实际需要来调整金属涂覆纤维的金属涂层厚度，该厚度是可以通过简单的、有限次的试验来加以确定的，并且从说明书中也看不出采用具有所述厚度的金属涂覆纤维能给本申请带来带来何种预料不到的技术效果，因此在权利要求 7 引用的权利要求 6 不具备创造性时，权利要求 7 也不具备创造性。

综上所述，合议组认为：本申请权利要求 1~13 不符合专利法第 22 条第 3 款的规定。

基于以上事实和理由，合议组作出如下审查决定。

三、决定

维持国家知识产权局于 2007 年 11 月 30 日针对 02822494.9 号发明专利申请作出的驳回决定。

复审请求人对本决定不服的，可以根据专利法第 41 条第 2 款的规定，自收到本决定之日起三个月内向北京市第一中级人民法院起诉。

102

多孔特别是高比表面复合产品的制备方法

复审请求审查决定（第 17722 号）

决　　定　　号　第 17722 号
决　　定　　日　2009 年 6 月 17 日
发明创造名称　多孔特别是高比表面复合产品的制备方法
国 际 分 类 号　C08J5/18
复 审 请 求 人　鲍劳赫公司
申　　请　　号　01122509. 2
申　　请　　日　1998 年 2 月 5 日
优 先 权 日　1997 年 2 月 6 日
分 案 提 交 日　2001 年 6 月 26 日
公　　开　　日　2002 年 3 月 27 日
合 议 组 组 长　刘　静
主　　审　　员　兰　琪
参　　审　　员　李新芝

法 律 依 据　专利法第 26 条第 4 款
决 定 要 点

对于权利要求的概括是否恰当的判断，不应仅仅局限于具体实施例，还应当利用本领域技术人员的普通技术知识进行判断，如果所属技术领域的技术人员能够从说明书充分公开的内容中概括得出权利要求的技术方案，并且其效果是可以预先确定和评价的，则应当认为该权利要求得到了说明书的支持。

一、案由

本复审请求案涉及发明名称为“多孔特别是高比表面复合产品的制备方法”的 01122509. 2 号发明专利申请（下称本申请），申请人为鲍劳赫公司，申请日为 1998 年 2 月 5 日，优先权日为 1997 年 2 月 6 日，分案提交日为 2001 年 6 月 26 日，公开日为 2002 年 3 月 27 日。

2007 年 6 月 22 日，针对申请人于 2006 年 1 月 25 日提交的权利要求书第 1~8 项、说明书第 1~3、3a、3b、3c、3d、4 页，2001 年 6 月 26 日提交的说明书第 5~13 页和说明书摘要，国家知识产权局以权利要求 1 不符合专利法第 26 条第 4 款的规定为由驳回了本申请。

驳回决定认为：权利要求 1 所限定的多种具体的“不溶性聚合物”、“可溶性聚合物”、“溶剂”得不到说明书的支持，首先，不溶性聚合物中聚烯烃、聚酰胺、聚酰亚胺、乙烯基共聚物、丙烯酸类共聚物和芳香族聚合物由于聚合单体不同，在高分子领域不属于一类相同的聚合物，其相互替代后不具有相同的性能或作用，也不一定具有相同的不良溶剂，因为共聚物的溶或不溶是相对的，对于不同的溶剂具有不同的溶解性能，如二甲基甲酰胺就可以同时溶解不溶性聚合物中的苯乙烯、丙烯酸类所有非交联聚合物、聚酰胺和可溶性聚合物中的聚醚、聚醇；同时，不同的溶剂由于具有不同的基团而极性不同对不同的聚合物也具有不同的溶解性能；其次，说明书实施例仅实施了可溶性聚合物为“聚氧亚乙基”、不溶性聚合物为“乙烯-丙烯共聚物”、溶剂为“水”的技术方案，本领域的所属技术人员不能认为该技术方案可以推导、概括出使用权利要求 1 限定的任何一种“不溶性聚合物”、“可溶性聚合物”、“溶剂”都能实现本发明的技术方案并具有相同的技术效果，因此权利要求 1 不符合专利法第 26 条第 4 款有关支持的规定。

驳回决定针对的权利要求书如下：

“1. 多孔复合膜的制备方法，其特征在于：

a）形成含有一种或多种不溶聚合物、一种或多种可溶聚合物和一种或多种填料的均匀混合物，所述不溶聚合物选自聚烯烃、聚酰胺、聚酰亚胺、乙烯基共聚物、丙烯酸类共聚物和芳香族聚合物，所述可溶聚合物选自聚醚和聚醇，所述不溶聚合物与可溶聚合物的重量比为 0. 1~5，且所述混合物含有 20~60wt% 的所述填料，所述填料为比表面积大于 $1000m^2/g$ 的活性炭，

b）挤塑所述混合物以便形成膜，

c）利用溶剂从所述膜中除去可溶聚合物以便形成孔隙，所述溶剂选自水、醇、二甲基甲酰胺、二甲基亚砜、四氢呋喃和丙酮，

d）回收多孔复合膜，该多孔聚合膜的比表面积大于 $10m^2/g$，体积孔隙率大于 5%，平均孔径小于 1μm。

2. 权利要求 1 的制备方法，其特征在于通过使所述膜与所述溶剂接触实施除去步骤 c）。

3. 权利要求 2 的制备方法，其特征在于所述溶剂为水。

4. 权利要求 1 的制备方法，其特征在于步骤 b）以两步实施：

第一步挤塑（ⅰ），包括形成颗粒，

第二步挤塑（ⅱ），包括形成膜。

5. 权利要求 4 的制备方法，其特征在于第一步挤塑（ⅰ）在一个同向转动的双螺杆挤塑机中进行，而第二步挤塑（ⅱ）在单螺杆挤塑机中进行。

6. 权利要求 1 的制备方法，其特征在于借助于混合机或双螺杆挤塑机来实施步骤 a），保证聚合物和填料均匀混合。

7. 权利要求 1 的制备方法，其特征在于不溶聚合物与可溶聚合物的重量比为 0. 1~2。

8. 权利要求 1~7 中任一项的制备方法，其特征在于在回收步骤 d）之后，卷绕多孔复合膜。”

2007 年 9 月 30 日，申请人鲍劳赫公司（下称请求人）对上述驳回决定不服，向专利复审委员会提出复审请求，请求人在提出复审请求时没有对申请文件进行修改。

请求人认为：本申请说明书中已经明确描述了权利要求 1 中所限定的具体的不溶聚合物、可溶聚合物以及溶剂，对于其性能，本领域技术人员是熟知的，基于说明书中描述的内容，本领域技术人员可以适当选择所述不溶聚合物、可溶聚合物以及溶剂来制备所述多孔复合膜，从而具体实施本发明的方法；本申请说明书的实施例仅起到举例证明的作用，本领域技术人员可以利用所述可供选择的公知不溶聚合物、可溶聚合物以及溶剂来代替实施例中的原料来重复实施例的步骤，因此，在本申请说明书中已经描述各物质的具体选择情况并通过实施例验证了所述方案的可行性的情况下，本申请说明书的内容完全支持权利要求 1 的技术方案；此外，本申请相对现有技术的改进在于使用了大量的具有高

比表面积的填料，从而可以使用缠绕技术获得均匀的呈非纤维状、具有高比表面积及良好机械性能的多孔复合膜，基于改进发明，权利要求 1 中已经针对上述发明点限定了填料在步骤 a）中所形成的均匀混合物中的含量，并且填料为比表面积大于 $1000m^2/g$ 的活性炭，因此本申请权利要求 1 能够得到说明书的支持，符合专利法第 26 条第 4 款的规定。

经形式审查合格后，专利复审委员会受理了该请求，并于 2007 年 11 月 15 日向请求人发出了《复审请求受理通知书》，同时将本申请转送至国家知识产权局原审查部门进行前置审查。

在《前置审查意见书》中，国家知识产权局原审查部门坚持驳回决定。

专利复审委员会组成合议组，对本复审请求案进行了审理。

2009 年 4 月 30 日，请求人提交了意见陈述书和权利要求书替换页，将权利要求 1 中的“乙烯基共聚物”进一步修改为“高乙烯单体含量的乙烯基共聚物”，请求人认为该修改是基于本申请说明书第 5 页最后两行的内容所作出的，符合专利法第 33 条的规定。修改后的权利要求 1 如下：

“1. 多孔复合膜的制备方法，其特征在于：

a）形成含有一种或多种不溶聚合物、一种或多种可溶聚合物和一种或多种填料的均匀混合物，所述不溶聚合物选自聚烯烃、聚酰胺、聚酰亚胺、高乙烯单体含量的乙烯基共聚物、丙烯酸类共聚物和芳香族聚合物，所述可溶聚合物选自聚醚和聚醇，所述不溶聚合物与可溶聚合物的重量比为 0.1～5，且所述混合物含有 20～60wt% 的所述填料，所述填料为比表面积大于 $1000m^2/g$ 的活性炭，

b）挤塑所述混合物以便形成膜，

c）利用溶剂从所述膜中除去可溶聚合物以便形成孔隙，所述溶剂选自水、醇、二甲基甲酰胺、二甲基亚砜、四氢呋喃和丙酮，

d）回收多孔复合膜，该多孔聚合膜的比表面积大于 $10m^2/g$，体积孔隙率大于 5%，平均孔径小于 1μm。”

经合议，合议组认为本案事实清楚，可以作出审查决定。

二、决定的理由

1. 关于审查文本

经审查，请求人于 2009 年 4 月 30 日提交的权利要求书全文替换页符合专利法第 33 条和专利法实施细则第 60 条第 1 款的规定，因此本复审请求审查决定所针对的文本是：请求人于 2009 年 4 月 30 日提交的权利要求书第 1～8 项，2006 年 1 月 25 日提交的说明书第 1～3、3a、3b、3c、3d、4 页，2001 年 6 月 26 日提交的说明书第 5～13 页和说明书摘要。

2. 关于专利法第 26 条第 4 款

专利法第 26 条第 4 款规定：权利要求书应当以说明书为依据，说明要求专利保护的范围。

对于权利要求的概括是否恰当的判断，不应仅仅局限于具体实施例，还应当利用本领域技术人员的普通技术知识进行判断，如果所属技术领域的技术人员能够从说明书充分公开的内容中概括得出权利要求的技术方案，并且其效果是可以预先确定和评价的，则应当认为该权利要求得到了说明书的支持。

就本申请而言，权利要求 1 要求保护一种多孔复合膜的制备方法，其特征在于：

（1）形成含有一种或多种不溶聚合物、一种或多种可溶聚合物和一种或多种填料的均匀混合物，所述不溶聚合物选自聚烯烃、聚酰胺、聚酰亚胺、高乙烯单体含量的乙烯基共聚物、丙烯酸类共聚物和芳香族聚合物，所述可溶聚合物选自聚醚和聚醇，所述不溶聚合物与可溶聚合物的重量比为 0.1～5，且所述混合物含有 20～60wt% 的所述填料，所述填料为比表面积大于 $1000m^2/g$ 的活性炭，

（2）挤塑所述混合物以便形成膜，

（3）利用溶剂从所述膜中除去可溶聚合物以便形成孔隙，所述溶剂选自水、醇、二甲基甲酰胺、

二甲基亚砜、四氢呋喃和丙酮，

（4）回收多孔复合膜，该多孔聚合膜的比表面积大于 $10m^2/g$，体积孔隙率大于 5%，平均孔径小于 1μm。

根据本申请说明书的记载，由聚合物制得的低密度多孔膜可以应用于电极领域是现有技术已知的，但由目前方法所制得的多孔膜的缺点是很难适合于使用缠绕技术、电极的厚度、均匀性和规整性难以控制（参见说明书第 2 页第 11~12 行）。本发明旨在克服现有技术的不足，提供一种具有高比表面、高填料含量，能够使用缠绕技术的复合膜的制备方法。

为此，本申请要求保护的多孔复合膜的制备方法包括如下步骤：a）形成含有不溶聚合物、可溶聚合物和填料的混合物，b）挤塑所述混合物以便形成膜，c）利用溶剂从所述膜中除去可溶聚合物以便形成孔隙，d）回收多孔复合膜。本申请中所述的不溶聚合物指的是保证其不溶于步骤 c）所使用的溶剂中、从而在步骤 c）中不被除去，并且最终存在于所制得的复合膜中的聚合物，并列举了多种不溶聚合物（参见说明书第 5 页第 9 段至第 6 页第 2 段）；所述的可溶聚合物指的是将要在步骤 c）中通过溶于溶剂而被大部分除去的聚合物，以形成孔隙，同时也列举了多种可溶聚合物以及相应的用于步骤 c）的溶剂（参见说明书第 7 页第 26 行）。在具体的实施例中，采用乙烯-丙烯共聚物作为不溶聚合物、聚氧亚乙基作为可溶聚合物、活性炭作为填料以及水为溶剂，以上述制备方法制得复合膜，并同时测定了该复合膜中的各成分含量、比表面积、缠绕强度等数据。

由上述内容可知，本申请说明书公开了权利要求 1 中所限定的不溶聚合物、可溶聚合物以及溶剂，并验证了由乙烯-丙烯共聚物、聚氧亚乙基和水利用本申请的方法所制得的复合膜的能够达到所需的物理性能。因此，本案争议的焦点在于：在说明书已经验证了一种由具体的可溶聚合物、不溶聚合物和溶剂所制得的复合膜能够达到所需的物理性能的情形下，权利要求 1 中记载的多种可溶聚合物、不溶聚合物和溶剂能否得到说明书的支持。

对此，合议组认为：

（1）专利法第 26 条第 4 款设置目的在于确保权利要求概括的范围与说明书公开的范围相适应，其不应宽到超出说明书公开的范围，也不应窄到有损于申请人因公开其发明而应当获得的权益。因此，在判断权利要求是否得到说明书的支持时，应当站在本领域技术人员的角度上，不仅要考虑权利要求的范围、说明书充分公开的内容，还应当考虑例如，发明的核心、现有技术的状况、本领域技术人员的公知常识等，在综合考虑这些诸多因素的基础上，判断权利要求概括的技术方案是否均能解决发明要解决的技术问题。

（2）在本申请中，使用权利要求 1 中所示的聚合物制备多孔复合膜在现有技术中是已知的。例如背景技术中提到的现有技术中，EP-A-283 187 公开了在第一种热塑性聚合物和第二种热塑性聚合物混合物熔融温度下通过挤塑然后借助于适当的溶剂除去第二种聚合物所得到的低密度多孔膜；日文文献 JP-A-57100142 公开了制备多孔膜的方法，其中包括将 15~60 体积% 的聚烯烃树脂、3~40 体积% 的聚醚、20~80 体积% 的细分散可提取粉末、0.5~10 体积% 的不溶性粉末进行混合挤塑，然后提取出聚醚和可提取粉末，但该方法得不到含有高填料含量的同时其机械性能不受到影响的片状物。由此可见，采用适宜的溶剂除去由可溶聚合物、不溶聚合物组成的混合物中的可溶聚合物以便形成孔隙的制备方法在现有技术中是已知的，并不是本申请的发明点，本申请相对于上述现有技术的改进之处在于将 20~60wt% 比表面积大于 $1000m^2/g$ 的活性炭填料与现有技术已知的不溶聚合物、可溶聚合物一起挤塑成膜，除去可溶聚合物后获得具有高比表面积、高填料含量、能够使用缠绕技术的薄膜。因此本申请方法的关键并非在于对可溶聚合物、不溶聚合物和溶剂的选择。当本领域技术人员实施本申请的方法时，会参考其知晓的现有技术选择适当的可溶聚合物、不溶聚合物和溶剂。

（3）本申请权利要求 1 中所示的聚合物的物理性能均是已知的，其相对于所选定溶剂的溶解度也是已知的，当本领域技术人员在制备本申请的多孔复合膜时，根据现有技术和常识，能够选择并确定适当的不溶聚合物、可溶聚合物以及相应的溶剂。即使，如驳回决定所述，二甲基甲酰胺可以同时溶解不溶性聚合物中的芳香族聚合物中的苯乙烯、丙烯酸类所有非交联聚合物、聚酰胺和可溶性聚合物中的聚醚、聚醇，本领域技术人员在实施本申请的技术方案时，若选择了二甲基甲酰胺作为溶剂，则根据其常识会从权利要求 1 中所述的多种不溶聚合物中选择不溶于该溶剂的聚合物如聚酰亚胺作为不溶聚合物。

（4）在本申请的实施例中采用本申请的制备方法，以具体的不溶聚合物、可溶聚合物和溶剂作为原料制得复合膜，从其结果可以看出，例如在实施例 1 的复合膜中，活性炭（填料）的含量由占原料中的 40 重量% 增至占膜产品的 52 重量%，膜的比表面积为 $28m^2/g$，缠绕强度为 0.05g/μm/mm，因此该实施例有代表性地证明了采用本申请的制备方法所制得的复合膜能够达到具有高比表面、高填料含量，能够使用缠绕技术的效果。

综上所述，本领域技术人员根据说明书公开的内容能够合理预测到本申请权利要求 1 中的多种不溶聚合物、可溶聚合物和溶剂能够得到说明书的支持，符合专利法第 26 条第 4 款的规定。

根据上述事实和理由，合议组作出如下审查决定。

三、决定

撤销国家知识产权局于 2007 年 6 月 22 日针对 01122509.2 号发明专利申请作出的驳回决定，由国家知识产权局原审查部门以本复审请求审查决定所针对的复审文本为基础继续审批程序。

复审请求人对本决定不服的，可以根据专利法第 41 条第 2 款的规定，自收到本决定之日起三个月内向北京市第一中级人民法院起诉。

103

油悬浮剂

复审请求审查决定（第17724号）

决　定　号　第17724号
决　定　日　2009年6月19日
发明创造名称　油悬浮剂
国际分类号　A01N47/36，A01N47/38，A01N25/04，A01N43/56，A01N25/32，A01N25/30
复审请求人　拜尔作物科学股份公司
申　请　号　200380105611.2
申　请　日　2003年11月28日
最早优先权日　2002年12月13日
公　开　日　2006年1月18日
合议组组长　侯　曜
主　审　员　王　磊
参　审　员　王　静

法律依据　专利法第22条第3款
决定要点
如果发明仅是从现有技术中已知的几种方案中进行选择，而选出的方案又未能取得预料不到的技术效果，则该发明不具备创造性。

一、案由

本复审请求案涉及发明名称为“油悬浮剂”的200380105611.2号发明专利申请（下称本申请），申请人为拜尔作物科学股份公司（由拜尔作物科学有限公司变更而来），申请日为2003年11月28日，最早优先权日为2002年12月13日，公开日为2006年1月18日。

2007年4月27日，针对申请人于2006年8月15日提交的权利要求第1~14项和进入中国国家阶段时提交的国际申请文件中文译文的说明书第1~101页和说明书摘要，国家知识产权局以权利要求第1~14项不符合专利法第22条第3款的规定为由驳回了本申请。

驳回决定认为：(1) 权利要求1与对比文件1（CN1382016A，公开日为2002年11月27日）的区别特征是：权利要求1的油悬浮剂包含一种或多种磺基琥珀酸盐或酯，本申请实际要解决的技术问题是进一步提高作物保护组合物制剂的化学稳定性。对比文件2（WO0182693A2，公开日为2001年11月8日）公开了一种液体制剂，其中的磺基丁二酸酯化合物起稳定该液体制剂的作用，与上述区别技术特征在本申请中所起的作用相同。因此，对比文件2给出了将上述区别特征应用于对比文件1

以解决发明实际解决的技术问题的启示，权利要求1相对于对比文件1和2的结合不具有创造性，不符合专利法第22条第3款的规定。(2) 权利要求2~6的附加技术特征已经在对比文件1、2中公开了，权利要求7的油悬浮剂的制备方法、权利要求8、13的控制有害植物的方法、权利要求9~11、14的用途、权利要求12的除草组合物的特征部分均已经在对比文件1中被公开，在其所引用的权利要求不具有创造性的情况下，权利要求2~14也不具备创造性。(3) 对比文件2公开了作为悬浮液存在的磺酰脲类制剂，并且本申请制剂中也包括磺酰脲的至少部分以溶解形式的方案，因此本申请剂型和对比文件2的剂型实质上相同。(4) 对组合物中某一组分作用机理的发现并不能使组合物具有创造性，而加入磺基丁二酸酯稳定剂来提高本申请组合物的化学稳定性属于常规的技术手段。

驳回决定针对的权利要求书如下：

"1. 油悬浮剂，其特征在于包含

a) 一种或多种悬浮形式的磺酰胺类除草活性化合物，

b) 一种或多种安全剂，

c) 一种或多种有机溶剂，和

d) 一种或多种磺基琥珀酸盐或酯。

2. 根据权利要求1的油悬浮剂，其特征在于，包含作为组分a) 的一种或多种选自苯磺酰胺类的除草活性化合物，优选苯基磺酰基氨基羰基三唑啉酮和苯磺酰脲类，或选自杂芳基磺酰胺类的除草活性化合物，优选杂芳基磺酰基氨基羰基三唑啉酮类或杂芳基磺酰脲类。

3. 根据权利要求1或2的油悬浮剂，其特征在于，包含作为组分b) 的一种或多种选自二氯苯基吡唑啉-3-羧酸及其酯类、5，5-二苯基-2-异噁唑啉-3-羧酸及其酯类和8-喹啉氧基乙酸及其酯类的安全剂。

4. 根据权利要求1或2所述的油悬浮剂，其特征在于，包含作为组分c) 的一种或多种选自未经取代或经取代的烃类、非质子极性溶剂和脂肪酸酯类的溶剂。

5. 根据权利要求1或2所述的油悬浮剂，其特征在于，包含作为组分d) 的一种或多种选自磺基琥珀酸单-和二酯的磺基琥珀酸酯。

6. 根据权利要求1或2所述的油悬浮剂，其特征在于，另外包含e) 一种或多种不同于a) 和b) 的农业化学活性化合物，和/或f) 常规助剂和添加剂。

7. 制备权利要求1~6任一项所述的油悬浮剂的方法，其特征在于，该方法包括混合和视需要研磨各组分。

8. 控制有害植物的方法，其特征在于包括将有效量的权利要求1~6任一项所述的油悬浮剂施用至有害植物、植物局部、植物种子植物生长区域。

9. 将权利要求1~6任一项所述的油悬浮剂用于控制有害植物的用途。

10. 将权利要求1~6任一项所述的油悬浮剂用于制备除草组合物的用途。

11. 根据权利要求10的用途，其特征在于，该除草组合物为悬浮剂、乳剂、悬乳剂或溶液。

12. 除草组合物，其特征在于，包含权利要求1~6任一项所述的油悬浮剂。

13. 控制有害植物的方法，其特征在于包括将有效量的权利要求12所述的除草组合物施用至有害植物、植物局部、植物种子、植物生长区域。

14. 将权利要求12所述的除草组合物用于控制有害植物的用途。"

2007年8月13日，申请人拜尔作物科学股份公司（下称请求人）对上述驳回决定不服，向专利复审委员会提出复审请求，但没有修改申请文件。请求人认为：(1) 本申请的"油悬浮剂"是基于有机溶剂的悬浮剂，对比文件2仅证实其乳油组合物具备可靠的稳定性，但所使用的稳定剂能否在其他稳定的液体体系中进一步提高稳定性是无法预见的。（2）本申请的组合物剂型与对比文件2的组合物不是同一组合物剂型，组合物成分也不同。对于作用机理的新发现不能赋予同一技术方案以新颖性不适于创造性评述的理由。（3）对比文件2的磺基丁二酸酯化合物在其组合物中用于防止磺酰胺类化合物的降解反应，而对比文件1所提供的胶体悬浮液制剂不涉及磺酰类化合物的降解问题，因此本领域技术人员不会想到采用对比文件2中用于防止降解的磺基丁二酸酯来维持对比文件1的制剂中磺酰类化合物的高浓度，即用于解决磺酰类化合物在油悬浮剂中的物理稳定性问题。因此，权利要求1~14相对于对比文件1和2具备创造性。

经形式审查合格后，专利复审委员会受理了该请求，并于2007年9月17日向请求人发出了《复审请求受理通知书》，同时将本申请转送至国家知识产权局原审查部门进行前置审查。

在《前置审查意见书》中，国家知识产权局原审查部门认为对比文件2与本申请涉及的组合物的剂型有重叠，磺基琥珀酸酯作用机理的发现不能使组合物具有创造性，且其作为稳定剂属于常规的技术手段，因此本申请权利要求1~14仍然不具备创造性，故坚持驳回决定。

专利复审委员会组成合议组，对本复审请求案进行了审理，并于2009年1月23日向请求人发出《复审通知书》，指出：（1）对比文件2的实施例Ⅱ与本申请权利要求1要求保护的方案的的区别在于：实施例Ⅱ的液体制剂中不含安全剂成分，而权利要求1中有一种或多种安全剂成分；实施例Ⅱ的液体制剂是乳油形式，而权利要求1的制剂是油悬浮剂形式。由于对比文件2明确给出了在含有除草活性化合物的液体制剂中加入安全剂并将所述液体制剂制成油悬浮剂的启示，而且上述特征的引入也没有产生预料不到的技术效果。因此，本申请权利要求1相对于对比文件2不具有专利法第22条第3款规定的创造性。（2）在此基础上，权利要求2~14相对于对比文件2也不具有创造性。

2009年3月9日，请求人针对上述《复审通知书》提交了意见陈述书，并提交了如下附件，但并未修改申请文件：

附件1：公开号为WO0182693A2（注：即对比文件2）的PCT申请的部分国际公开文本的复印件5页，公开日为2001年11月8日。

附件2：公开号为WO2004054364的PCT申请的部分国际公开文本（注：即本申请的国际公开文本）的复印件2页。

附件3：源自互联网的“PESTICIDE SPECIFICATIONS”，2006年3月的修正版，复印件4页。

附件4：“Catalogue of pesticide formulation types and international coding system”，复印件3页。

附件5：2008年6月20日由Dr. Roland Deckwer提交的声明以及其进行的比较实验，复印件8页。

附件6：“THE COLLOIDAL DOMAIN”，D. F. Evans和H. Wennerstrom，WILEY-VCH出版，1999年，封面、出版信息页、第66~67页，复印件4页。

附件7：“COLLOIDAL DISPERSIONS”，I. D. Morrison和S. Ross，John Wiley & Sons公司出版，2002年，封面、出版信息页，第151~152页，复印件4页。

附件8：“COLLOIDAL DISPERSIONS”，I. D. Morrison和S. Ross，John Wiley & Sons公司出版，2002年，封面、出版信息页、第444页，复印件3页。

附件9：“Growth and Coarsening”，L. Ratke和P. W. Voorhees，Springer出版，封面、第117~126页，复印件11页。

请求人认为：（1）对比文件2中的实施例XⅡ~XIV的液体制剂中只有碘甲磺隆作为唯一的ALS抑制剂存在而列于制剂配方中，这表明ALS抑制剂是以溶解形式存在的，所称的分散体只是指制剂的助剂如表面活性剂以分散体形式存在，实施例X和XI的剂型是乳油，与实施例XⅡ~XIV的液体制剂是类似的，因此对比文件2的液体制剂不是以悬浮剂型存在的。(2) 本申请说明书第1页中表示“该制剂具有高的化学稳定性和高的生物有效性，以及作物相容性”，并不意味着本申请解决的仅涉及现有技术中磺酰胺类在制剂中的降解问题。对于不溶性分散体剂型涉及的分散颗粒凝聚而导致的“晶体”析出对于本领域技术人员而言是本申请说明书明确提及的物理稳定性的问题。并且依据附件5的表4表明本申请的制剂抑制了结晶形成并因此抑制了形成斑块。(3) 依据附件3、4，本申请中的“油悬浮剂”是指活性成分在与水不能混合的液体中形成的稳定悬浮液，而对比文件2涉及液体乳油制剂，其活性物质是以溶解形式存在的，因此本领域技术人员从对比文件2中不能意识到本申请涉及的剂型中所潜在的物理稳定性问题。(4) 依据附件6~9，本申请的分散于有机液体中的磺基琥珀酸盐/酯和活性成分未显示Ostward熟化，即相对于沉淀作用是稳定的，这对于现有技术来说是令人惊讶的结果。本申请说明书第99~101页的稳定性实验也反映了该制剂的物理稳定性。由此认为本申请权利要求1相对于对比文件1和对比文件2具备创造性。

至此，合议组认为本案事实已经清楚，可以作出复审决定。

二、决定的理由

1. 审查文本

请求人在复审阶段没有提交修改文本，本复审决定依据的文本是驳回决定针对的文本，即2006年8月15日提交的权利要求第1~14项和进入中国国家阶段时提交的国际申请文件的中文译文的说明书第1~101页和说明书摘要。

2. 关于专利法第22条第3款

专利法第22条第3款规定：创造性，是指同申请日以前已有的技术相比，该发明有突出的实质性特点和显著的进步，该实用新型有实质性特点和进步。

如果发明仅是从现有技术中已知的几种方案中进行选择，而选出的方案又未能取得预料不到的技术效果，则该发明不具备创造性。

本案中，权利要求1要求保护一种油悬浮剂，其包含a) 一种或多种悬浮形式的磺酰胺类除草活性化合物，b) 一种或多种安全剂，c) 一种或多种有机溶剂，和d) 一种或多种磺基琥珀酸盐或酯。

对比文件2公开了一种含有除草活性化合物的液体制剂，其中，实施例Ⅱ具体公开了包含8.39g的mesosulfuron·Na（磺酰脲类化合物，相当于本申请权利要求1中的成分a，见对比文件2说明书第19页第2行）、69.95g的Triton GR 7 ME®（二-(2-乙基己基)磺基丁二酸钠，见对比文件2说明书第10页第6~8行，相当于本申请权利要求1中的成分d）和21.66g的THF醇（四氢糠醇，相当于本申请权利要求1中的成分c）的乳油形式的液体制剂。

将对比文件2的实施例Ⅱ与本申请权利要求1要求保护的方案相比，二者的区别在于：(1) 实施例Ⅱ的液体制剂中不含安全剂成分，而权利要求1中有一种或多种安全剂成分（下称区别特征一）；(2) 实施例Ⅱ的液体制剂是乳油形式，而权利要求1的制剂是油悬浮剂形式（下称区别特征二）。

从本申请说明书公开的内容来看，本申请的油悬浮剂包含作为组分b) 的安全剂，其适用于降低或防止对作物的损害。适宜的安全剂是已知的，优选的安全剂为吡咯二酸、解草唑、双苯噁唑酸、喹氧乙酸及其C_1-C_{10}-烷基酯，尤其是吡咯二酸二乙酯(S1-1)、解草唑-乙酯(S1-6)、双苯噁唑酸-乙酯(S1-9)、喹氧乙酸-甲己酯(S2-1)和(S3-1)（参见本申请说明书第14页第五段至第18页倒数第二段）。此外，根据本申请说明书的记载，本申请提供一种具有高的化学稳定性、生物有效性以及作物相容性的油悬浮剂。通过将磺酰胺以悬浮形式存在于有机溶剂中，获得的油悬浮剂在制备和储藏期间具有优良的化学稳定性，并适用于具有不同物理化学性能的活性化合物的组合物中。实施例1~3给出了以制备前后活性化合物浓度来表征的油悬浮剂的化学稳定性（见本申请说明书第1页倒数第2、3行，第2页第12~14行，第98页倒数第5、6行，实施例1~3）。因此，本申请实际要解决的技术问题是通过在含磺酰胺类除草活性化合物、有机溶剂和磺基琥珀酸盐或酯的组合物中使用一种或多种安全剂并将所述组合物制成油悬浮剂，以降低或防治对作物的损害，并使得所述制剂在制备和储藏期间具有优良的化学稳定性。

对于区别特征一而言，合议组查明，对比文件2中已经公开了一种含有磺基丁二酸酯、磺酰脲类活性化合物、有机溶剂、安全剂等成分的除草用液体制剂，而该液体制剂可以是以分散体形式存在的，该液体制剂包括（a）0.1~80重量%的一种或多种多元羧酸衍生物、（b）0.001~50重量%的一种或多种优选为磺酰脲类的活性化合物、（c）0~60重量%的附加表面活性剂和/或聚合物、（d）0~90重量%的有机溶剂、（e）0~50重量%的不同于自乙酰乳酸合成酶抑制剂（下称ALS抑制剂）的农药、（f）0~20重量%的常规制剂助剂、和/或（g）0~50重量%的水（见对比文件2权利要求8）。在对比文件2的说明书第28~29页中公开了a）~o）等15类安全剂成分，其能作为成分（e）与其他成分一起形成含有农药活性成分的除草用液体制剂，其中包括例如1-（2，4-二氯苯基）-5-（乙氧基羰基）-5-甲基-2-吡唑啉-3-羧酸乙酯（S1-1）、解草唑，即1-（2，4-二氯苯基）-5-三氯甲基-（1H）-1，2，4-三唑-3-羧酸乙酯（S1-6）和相关化合物、5，5-二苯基-2-异噁唑啉羧酸乙酯（S1-9）等。可见，对比文件2公开了与本申请组成相同的安全剂成分，该安全剂成分在对比文件2的液体制剂中所起的作用也是为了防止对作物的损害（见对比文件2说明书第30~31页），与本申请权利要求1中的安全剂所起的作用相同。即，对比文件2中已经给出了可以在所述除草液体制剂中使用安全剂的启示，本领域技术人员只要依照该启示在对比文件2实施例Ⅱ中混入公知的安全剂，就能获得权利要求1所述组成的试剂，并且这种结合并没有带来任何意想不到的技术效果。因此，该区别特征的存在不能使权利要求1具备创造性。

对于区别特征二，合议组查明，对比文件2提供一种磺酰脲类除草活性化合物的液体制剂，该液体制剂不易降解并具有良好操作性能。所述的液体制剂可以例如溶液、乳油或分散体的形式存在，如乳剂或悬浮剂。在实施例XⅡ~XIV中公开了分散体形式的液体制剂的稳定性数据（见对比文件2说明书第1页第3段至第3页第3段，第20页第1段，第33页第2段，实施例XⅡ~XIV）。可见，对比文件2中已经明确给出了可以将所述液体制剂制成包含不溶于连续相的活性成分的分散体剂型（由于对比文件2实施例中的活性成分就是本申请使用的碘甲磺隆，溶剂也是本申请中使用的有机溶剂如“Edenor MESU”，因此该分散体实质上就是本申请所述的油悬浮剂），从而解决制剂化学稳定性问题的启示，并且在实施例中实际制备得到了所述分散体剂型的液体制剂，本领域技术人员在对比文件2实施例Ⅱ的基础上，结合上述启示就能获得本申请权利要求1要求保护的油悬浮剂，这种结合也没有带来任何意想不到的技术效果。因此，区别特征二的存在不能使权利要求1具备创造性。

综上所述，对比文件2明确给出了在含有除草活性化合物的液体制剂中加入安全剂并将所述液体制剂制成油悬浮剂的启示，上述特征的引入也没有产生预料不到的技术效果。因此，本申请权利要求1相对于对比文件2不具有突出的实质性特点和显著的进步，不符合专利法第22条第3款的规定。

请求人在提出复审请求和答复《复审通知书》时认为：（1）对比文件2中的实施例XⅡ~XIV的液体制剂中只有碘甲磺隆作为唯一的ALS抑制剂存在而列于制剂配方中，这表明ALS抑制剂是以溶解形式存在的，所称的分散体只是指制剂的助剂如表面活性剂以分散体形式存在，实施例X和XI的剂型是乳油，与实施例XⅡ~XIV的液体制剂是类似的，因此对比文件2的液体制剂是以悬浮剂型存在的观点是不正确的。（2）本申请说明书第1页中表示“该制剂具有高的化学稳定性和高的生物有效性，以及作物相容性”，并不意味着本申请解决的仅涉及现有技术中磺酰胺类在制剂中的降解问题。对于不溶性分散体剂型涉及的分散颗粒凝聚而导致的“晶体”析出对于本领域技术人员而言是本申请说明书明确提及的物理稳定性的问题。并且附件 5 的表 4 表明本申请的制剂抑制了结晶形成并因此抑制了形成斑块。(3) 依据附件 3、4，本申请中的“油悬浮剂”是指活性成分在与水不能混合的液体中形成的稳定悬浮液，而对比文件 2 涉及液体乳油制剂，其活性物质是以溶解形式存在的，因此本领域技术人员从对比文件 2 中不能意识到本申请涉及的剂型所潜在的物理稳定性问题。依据附件 6~9，本申请的分散于有机液体中的磺基琥珀酸盐/酯和活性成分未显示 Ostward 熟化，即相对于沉淀作用是稳定的，这对于现有技术来说是令人惊讶的结果。本申请说明书第 99~101 页的稳定性实验也反映了该制剂的物理稳定性。由此认为本申请权利要求 1 相对于对比文件 1 和对比文件 2 具备创造性。

对此，合议组认为：(1) 对比文件 2 说明书第 19 页最后一段至第 20 页第 1 段记载了“本发明的液体制剂可包含例如一种或多种离子或非离子表面活性剂……不溶于连续相并且可用的成分是例如阴离子表面活性剂如 Hostapur OSB…… 通过将不溶于连续相的成分或其他不溶的活性成分掺入制剂中，可获得分散体。因此，本发明还包含分散体。”并且对比文件 2 实施例 XⅡ~XIV 中已经明确公开了包含磺基琥珀酸酯和活性化合物的分散体。从对比文件 2 说明书来看，所述液体制剂的剂型为乳油或分散体是并列的技术方案，分别对应于具体的乳剂或悬浮剂，实施例 I~XI 和 XV 获得的是乳油，实施例 XⅡ~XIV 获得的是分散体，即对比文件 2 公开了包含不溶活性成分的分散体剂型的技术方案即实施例 XⅡ~XIV 的方案，并且实施例 XⅡ~XIV 所使用的活性成分（iodosulfuron）和有机溶剂磺基琥珀酸酯（Triton GR 7 ME®）均与本申请实施例相同且用量又相近的情况下，本领域技术人员没有理由认为对比文件 2 公开的制剂剂型与本申请的剂型不同。因此请求人有关实施例 XⅡ~XIV 的分散体中活性成分是以溶解的形式存在的观点不成立。另一方面，对比文件 2 的这些实施例均给出了稳定性数据，例如实施例 XⅡ~XIV 中活性成分磺酰脲在 54℃下贮藏 14 天后的终值较之初值均变化不大，本领域技术人员根据这些数据能够预见将对比文件 2 的技术方案选择组合后获得的权利要求 1 的方案也能获得类似的稳定性效果。(2) 本申请说明书中记载的发明所要解决的技术问题是克服现有技术中磺酰胺类在制剂中的降解问题，即制剂化学稳定性的问题，说明书实施例中对制剂效果的表征也是通过制备前后活性成分的浓度来进行的，即说明书中仅给出了有关制剂化学稳定性的效果数据，对于没有在说明书中提及的“晶体析出”和“物理稳定性”的技术问题，其不能作为认定本申请技术方案具有创造性的依据。(3) 请求人于 2009 年 3 月 9 日提交的附件 3 的公开日晚于本申请的申请日，附件 4、9 没有提供与出版信息相关的信息，因此无法确定其公开日，上述证据不能作为本申请的现有技术，因此，对于上述证据，合议组不予考虑。(4) 附件 5 是在本申请的申请日后提交的比较实验，请求人依据该附件的实施例 5（表 4）主张添加 Triton® GR-7M E（磺基琥珀酸盐/酯成分）的油悬浮剂相比未添加的粒径明显减小了，暗示抑制了斑块形成，从而使其化学稳定性得到提高。合议组认为，该对比实验并非是本申请相对于对比文件 2 所作的对比实验，因此并不能依据该附件得出本申请相对于对比文件 2 具有更好的化学稳定性的结论。(5) 对于请求人依据附件 6~8 主张本申请的分散于有机液体中的磺基琥珀酸盐/酯和活性成分未显示 Ostward 熟化即相对于沉淀作用是稳定的内容，该效果显然也没有记载在原始申请文件中，同样不能作为判断本申请权利要求具备创造性的依据。因此请求人的上述主张不成立。

从属权利要求 2~5 进一步限定了组分 a) ~d)。对比文件 2 公开了以下内容，所述成分 (b) 可以是苄嘧磺隆、氯磺隆、氯嘧磺隆等苯磺酰脲类和吡嘧磺隆、四唑嘧磺隆、烟嘧磺隆等杂芳基磺酰脲类（相当于权利要求 2 中的组分 a，见对比文件 2 说明书第 14 页 b1)、第 16 页 b3) 和 b5)；成分 (e) 包括下列安全剂：二氯苯基吡唑啉-3-羧酸类化合物、5，5-二苯基-2-异噁唑啉羧酸乙酯、8-喹啉氧乙酸类化合物（相当于权利要求 3 中的组分 b，见对比文件 2 说明书第 28 页 a)、第 29 页 d)

和e)；所述成分（d）可以是脂族或芳族烃、酯类或质子惰性的偶极溶剂（相当于权利要求4中的组分c，见对比文件2说明书第20页第2段）；所述成分（a）优选磺基丁二酸酯类化合物，可以用脂族、环脂族、芳族醇酯化一次或两次（相当于权利要求5中的组分d，见对比文件2说明书第6页第3段、第8页最后一段）。可见，上述附加技术特征均已被对比文件2公开，在引用的权利要求相对于对比文件2不具备创造性的情况下，权利要求2~5也不具有突出的实质性特点和显著的进步，不符合专利法第22条第3款的规定。

权利要求6在权利要求1或2的基础上进一步限定了所述油悬浮剂还包含一种或多种不同于a)和b)的农业化学活性化合物，和/或f)常规助剂和添加剂。如上所述，对比文件2的权利要求8公开了上述特征。因此，在权利要求1和2相对于对比文件2不具备创造性的情况下，权利要求6相对于对比文件2不具有突出的实质性特点和显著的进步，不符合专利法第22条第3款的规定。

权利要求7要求保护制备如权利要求1~6中所述的油悬浮剂的方法，其包括混合和视需要研磨各组分。对比文件2公开了“将表1所示量的成分彼此混合，在实施例XⅡ至XIV中随后研磨”（见对比文件2说明书第37页第1、2行）。可见，对比文件2公开了通过混合、研磨制备液体制剂的方法，在权利要求1~6要求保护的产品相对于对比文件2不具备创造性的情况下，权利要求7要求保护的方法相对于对比文件2也不符合专利法第22条第3款的规定。

权利要求8~11、13、14要求保护使用本申请的油悬浮剂控制有害植物的方法和该悬浮剂控制有害植物、制备除草组合物的用途。对比文件2公开了所述液体制剂优选除草剂制剂，“本发明的液体制剂可用于防治不想要的植物。为此，将有效量的本发明的制剂施用到种子、植物、植物部分或栽培区”，其剂型可以是溶液、乳剂、悬浮剂（见对比文件2说明书第3页第5段、第36页第2段）。可见对比文件2已经公开了所述液体制剂用于制备除草组合物的用途，并且公开了在使用所述液体制剂用于控制有害植物时施用区域以及液体制剂的各种剂型。因此，在所述油悬浮剂产品不具备创造性的情况下，权利要求8~10、13、14相对于对比文件2也不符合专利法第22条第3款的规定。

权利要求12要求保护包含所述油悬浮剂的除草组合物。如上所述，对比文件2的液体制剂实际上就是用作除草组合物。因此，在所述油悬浮剂产品不具备创造性的情况下，权利要求12相对于对比文件2也不符合专利法第22条第3款的规定。

基于上述理由，合议组作出如下决定。

三、决定

维持国家知识产权局于2007年4月27日针对200380105611.2号发明专利申请作出的驳回决定。

复审请求人对本决定不服的，可以根据专利法第41条第2款的规定，自收到本决定之日起三个月内向北京市第一中级人民法院起诉。

104

物理作用方式的杀虫剂

复审请求审查决定（第17726号）

决　定　号　第17726号
决　定　日　2008年8月25日
发明创造名称　物理作用方式的杀虫剂
国际分类号　A01N25/04，A01N65/00
复审请求人　布鲁克·钱德勒·墨菲，托德·C·斯特克勒
申　请　号　200480016819.1
申　请　日　2004年6月4日
优先权日　2003年6月18日
公　开　日　2006年7月19日
合议组组长　刘　静
主　审　员　李新芝
参　审　员　黄　强

法律依据　专利法第26条第3款
决定要点

对于化学产品发明，应当完整的公开该产品的用途和/或使用效果。如果所属技术领域的技术人员无法根据现有技术预测发明能够实现所述用途和/或使用效果，则说明书中还应当记载对于本领域技术人员来说，足以证明本发明的技术方案可以实现所述用途和/或达到预期效果的定性或者定量实验数据，否则无法达到能够实现的要求。

一、案由

本复审请求案涉及发明名称为“物理作用方式的杀虫剂”的200480016819.1号发明专利申请（下称本申请），申请人为布鲁克·钱德勒·墨菲、托德·C·斯特克勒，申请日为2004年6月4日，优先权日为2003年6月18日，公开日为2006年7月19日。

2007年3月2日，针对申请人进入中国国家阶段时提交的国际申请文件的中文文本的权利要求第1~27项、说明书第1~11页、说明书附图第1~2页及说明书摘要，国家知识产权局以申请的说明书不符合专利法第26条第3款的规定为由驳回了本申请。

驳回决定认为：本发明是一种物理作用方式的杀虫剂，说明书中给出了两个制备该杀虫剂的实施例，但没有任何使用该杀虫剂防治昆虫的试验数据，因此尽管说明书中给出了具体的技术方案，但该方案必须依赖实验结果加以证实才能成立，而说明书未提供有关试验数据，导致所属技术领域的技术

人员不能实现该发明，因此说明书不符合专利法第 26 条第 3 款的规定。

驳回决定所针对的独立权利要求 1 如下：

"1. 一种通过物理作用方式进行杀伤的杀虫剂，其包括：（a）活性成分，其包含浓度小于 0.10% 重量比的聚合物；（b）表面活性剂；（c）共溶剂；以及（d）稀释剂，其中所述的聚合物以胶体混悬液中的微团形式存在。"

2007 年 6 月 4 日，申请人布鲁克·钱德勒·墨菲、托德·C·斯特克勒（下称请求人）对上述驳回决定不服，向专利复审委员会提出复审请求，请求人在提出复审请求时没有对申请文件进行修改，但提交了以下参考文件 1~5。

参考文件 1：Product Guide of CAL-AGRI Product，2003 年 2 月，复印件 2 页；

参考文件 2：EWSN Newsletter，2001 年 9 月，复印件 2 页；

参考文件 3：CAL-AGRI-50 的介绍，复印件 1 页；

参考文件 4：Evaluating a new non-toxic pesticide for Integrated Control of Bemesia tabaci in Protected Agriculture in Morocco，复印件 4 页；

参考文件 5：Evaluating the mode of action for a novel，non-toxic whitefly pesticide，复印件 1 页。

请求人认为，参考文件 1~5 可以证明在本发明的优先权日（2003 年 6 月 18 日）之前已有用物理方式杀虫的杀虫剂，其效果和试验数据已经公开。其中参考文件 1、2 公开了 AGRI-50 可通过干燥方式杀虫，这与本发明杀虫剂的作用机理相同，并且提供了不同浓度 AGRI-50 的杀虫数据；参考文件 3~5说明物理方式杀虫剂的杀虫效果已广为本领域技术人员所知。本发明是对现有物理方式杀虫剂的改进，因此本领域技术人员结合现有技术和本发明说明书的内容可以实现本发明。

经形式审查合格后，专利复审委员会受理了该请求，并于 2007 年 7 月 9 日向请求人发出了《复审请求受理通知书》，同时将本申请转送至国家知识产权局原审查部门进行前置审查。

在《前置审查意见书》中，国家知识产权局原审查部门认为驳回决定中的缺陷依然存在，因此坚持驳回决定。

专利复审委员会组成合议组，对本复审请求案进行了审理，并于 2008 年 3 月 12 日向请求人发出《复审通知书》，指出：（1）本申请的发明目的在于提供一种能够克服现有技术缺陷的通过物理作用方式进行杀伤的杀虫剂，该杀虫剂的特点即在于活性成分在低浓度下就能起效，从而克服了因活性物质浓度过高而引起农作物损失。本申请的说明书中仅仅提供了该杀虫剂的两个制备实施例，并没有记载任何能够证明本申请权利要求 1 的方案可以在活性成分浓度低的情况下有效用于物理方式杀虫的实验数据，而且也未阐述本申请何以就能以低于现有技术的活性物质浓度的方式起效，本领域技术人员根据现有技术也无法预测本申请权利要求 1 的技术方案可以达到在低浓度下起效的物理方式杀虫效果，因此，本申请的说明书无法达到能够实现的要求。（2）请求人提交的参考文件 1~5 不能证明本申请的说明书符合专利法第 26 条第 3 款的规定。

针对上述《复审通知书》，请求人于 2008 年 4 月 28 日提交了意见陈述书，请求人在提交意见陈述书时对权利要求书进行了修改，将权利要求 2 和 9 的技术特征补充到权利要求 1 中，并根据说明书第 6 页第 7 行的内容进一步限定了多聚糖的含量，同时根据说明书第 6 页第 12 行的内容，添加了新的从属权利要求 2。

修改后的独立权利要求 1 如下：

"1. 一种通过物理作用方式进行杀伤的杀虫剂，其包括：（a）活性成分，其包含浓度为 0.0001~0.10% 重量比的多聚糖；（b）表面活性剂；（c）共溶剂；（d）稀释剂；和（e）靶向成分，其中所述的多聚糖以胶体混悬液中的微团形式存在。"

请求人认为：（1）审查指南第二部分第十章第 3.1 节对化学产品发明的充分公开的要求是“记载化学产品的确认、化学产品的制备和化学产品的用途”。本申请的说明书完全符合上述要求：①权利要求 1 所要求的杀虫剂成分清楚；②根据说明书公开的内容，本领域技术人员可以制备出本申请权利要求 1 所要求的杀虫剂；③该杀虫剂的用途是杀虫，其方法和原理是将本发明的杀虫剂喷在虫子上，随着溶剂蒸发，多聚糖糊住昆虫表皮，导致其死亡。（2）本发明清楚地说明了使用本发明的杀虫剂杀死了昆虫。例如本发明的图 2 和图 3 示例了在处理的叶片放大区，覆盖及围绕粉虱蛹的喷雾液和水状凝胶混悬液蒸发后被多聚糖胶压缩层包被的昆虫，这更加验证了本发明的杀虫剂完全可以起到将昆虫包被的作用，从而达到使其干燥、死亡的效果；（3）根据说明书第 6 页第 5~17 行的内容，本发明之所以在低浓度下起效是因为使用了高分子量多聚糖与靶向成分和稀释剂的组合，其中靶向成分可以为多聚糖微团提供对特定靶点的亲和力，而且由于多聚糖微团在水溶液中悬浮形成水状胶体，保持了均匀的分布，从而解决了以前一直未能解决的难题。

经合议，合议组认为本案事实清楚，可以作出审查决定。

二、决定的理由

1. 关于审查文本

本复审决定是以请求人于 2008 年 4 月 28 日提交的权利要求第 1~26 项以及驳回决定所针对的其他文本为基础作出的。

2. 关于专利法第 26 条第 3 款

专利法第 26 条第 3 款规定：说明书应当对发明或者实用新型作出清楚、完整的说明，以所属技术领域的技术人员能够实现为准。

对于化学产品发明，应当完整的公开该产品的用途和/或使用效果。如果所属技术领域的技术人员无法根据现有技术预测发明能够实现所述用途和/或使用效果，则说明书中还应当记载对于本领域技术人员来说，足以证明本发明的技术方案可以实现所述用途和/或达到预期效果的定性或者定量实验数据，否则无法达到能够实现的要求。

就本案而言，独立权利要求 1 要求保护一种通过物理作用方式进行杀伤的杀虫剂，其包括：（a）活性成分，其包含浓度为 0.00001~0.10%重量比的多聚糖；（b）表面活性剂；（c）共溶剂；（d）稀释剂，和（e）靶向成分，其中所述的多聚糖以胶体混悬液中的微团形式存在。说明书第 2 页背景技术部分提到，现存的物理杀灭的杀虫剂因组合物中所用的物理性控制的活性物质的浓度过高对农作物造成损伤，如本申请说明书所述，本申请的发明目的在于提供一种能够克服上述缺陷的通过物理作用方式进行杀伤的杀虫剂，该杀虫剂的特点即在于活性成分在低浓度下就能起效，从而克服了因活性物质浓度过高而引起农作物损失。但在本申请的说明书中仅仅提供了该杀虫剂的两个制备实施例，并没有记载任何能够证明本申请权利要求 1 的上述方案可以在活性成分浓度低的情况下有效用于物理方式杀虫的实验数据，而且也未阐述本申请何以就能以低于现有技术的活性物质浓度的方式起效，本领域技术人员根据现有技术也无法预测本申请权利要求 1 的技术方案可以达到在低浓度下起效的物理方式杀虫效果，因此，本申请的说明书无法达到能够实现的要求。

请求人在提出复审请求时提交了 5 篇参考文件，以证明在本发明的优先权日（2003 年 6 月 18 日）之前已有用物理方式杀虫的杀虫剂，其效果和试验数据已经公开。其中参考文件 1、2 公开了 AGRI-50 可通过干燥方式杀虫，这与本发明杀虫剂的作用机理相同，并且提供了不同浓度 AGRI-50 的杀虫数据；参考文件 3~5 说明物理方式杀虫剂的杀虫效果已广为本领域技术人员所知。本发明是对现有物理方式杀虫剂的改进，因此本领域技术人员结合现有技术和本发明说明书的内容可以实现本发明。

对此，合议组认为，（1）对于参考文件1和2，其仅仅能够证明 AGRI-50 可通过物理方式杀虫，但由于在参考文件1中仅仅公开了 AGRI-50 由1.0%的磷酸钾（CAS NO. 7778-77-0）和99.0%的惰性成分组成，而本申请权利要求1的活性成分为浓度小于0.10%重量比的聚合物，上述组成中的活性成分及含量与本申请权利要求1并不相同，因此本领域技术人员依据参考文件1或2无法预测本申请权利要求1所述的组成也具有低浓度下物理杀虫的用途；（2）对于参考文件3~5，首先，由于其出处和公开日期不详，因此合议组无法确认其是否可作为本申请的现有技术；其次，即使参考文件3~5可以作为现有技术使用，由于参考文件3~5仅仅公开了物理杀虫剂 CAL-AGR-50 和 AGRI-777E 的杀虫效果，但未公开其具体组成，因此不能确定本申请权利要求1所述的技术方案与 CAL-AGR-50 或 AGRI-777E 之间有任何的关联性，所以本领域技术人员依据参考文件3~5也无法预测本申请权利要求1所述的组成具有低浓度下物理杀虫的用途。

此外，对于请求人答复《复审通知书》时的意见陈述，合议组认为，（1）如请求人所述，审查指南第二部分第十章第3.1节规定，对化学产品发明的充分公开的要求是“记载化学产品的确认、化学产品的制备和化学产品的用途”，但该部分同时规定，如果所属技术领域的技术人员无法根据现有技术预测发明能够实现所述用途和/或使用效果，则说明书中还应当记载对于本领域技术人员来说，足以证明发明的技术方案可以实现所述用途和/或达到预期效果的定性或者定量实验数据。因此如前所述，由于在本申请的说明书中并没有记载任何能够证明本申请权利要求1的上述方案可以在活性成分浓度低的情况下有效用于物理方式杀虫的实验数据，本领域技术人员根据现有技术也无法预测本申请权利要求1的技术方案可以达到在低浓度下起效的物理方式杀虫效果，因此，本申请的说明书无法达到能够实现的要求。（2）对于本发明的图2和图3，说明书中仅提及了“图2描述了处理的植物叶片的放大区域，显示了覆盖及围绕粉虱蛹的喷雾液”、“图3描述了水状凝胶混悬液蒸发后被多聚糖胶压缩层包被的昆虫”，本领域技术人员依据图2和图3并无法得出经本发明物理方式的杀虫剂处理后的昆虫必然死亡的结论；（3）说明书第6页第5~17行的内容并未从原理或机制上阐述本申请权利要求1中各组分的组合必然就能够以低于现有技术的活性物质浓度的方式起效，其仅仅提及“令人惊讶地发现，水状凝胶混悬液中约0.00001%~1.0%重量比范围内的非常低浓度的高分子量多聚糖，再加上靶向成分以及稀释剂即可作为有效的物理性杀虫剂和杀菌剂”，说明书的上述描述属于断言性描述，不属于审查指南规定的足以证明发明技术方案可以实现所述用途和/或效果的定性或定量数据。

根据上述事实和理由，合议组作出如下审查决定。

三、决定

维持国家知识产权局于2007年3月2日针对200480016819.1号发明专利申请作出的驳回决定。

复审请求人对本决定不服的，可以根据专利法第41条第2款的规定，自收到本决定之日起三个月内向北京市第一中级人民法院起诉。

105

一种糖精钠生产工艺

复审请求审查决定（第17728号）

决　定　号　第17728号
决　定　日　2009年6月17日
发明创造名称　一种糖精钠生产工艺
国际分类号　C07D275/06
复审请求人　齐化多，张卫民
申　请　号　03126239.2
申　请　日　2003年7月3日
公　开　日　2004年3月3日
合议组组长　任晓兰
主　审　员　顾笑璐
参　审　员　潘　剑

法律依据　专利法第22条第3款
决定要点

在判断创造性时，首先要将权利要求的技术方案和最接近的现有技术进行对比，确定区别技术特征和所述技术方案实际要解决的技术问题，如果所述区别技术特征是本领域解决该技术问题的常规技术手段，则该权利要求不具有创造性。

一、案由

本复审请求案涉及发明名称为“一种糖精钠生产工艺”的03126239.2号发明专利申请（下称本申请），申请人为齐化多、张卫民，申请日为2003年7月3日，公开日为2004年3月3日。

2007年6月8日，针对申请人于2005年1月20日提交的权利要求第1项、2003年7月3日提交的说明书第1~4页以及说明书附图第1页、说明书摘要及摘要附图，国家知识产权局以权利要求1不符合专利法第22条第3款为由驳回了本申请。

驳回决定认为：权利要求1要求保护一种糖精钠的生产工艺。对比文件2中公开了一种制备糖精的方法（参见说明书第1栏第54~65行，第2栏第61行至第3栏第12行，实施例1）。本申请权利要求1与对比文件2的区别在于：（1）权利要求1中糖精与碳酸钠反应是在加热状态下，而对比文件2中未提到，（2）权利要求1含有步骤2）~4）的过滤、结晶等步骤，而对比文件2中未给出。由此可知本发明实际解决的技术问题是如何将糖精与碳酸钠的反应应用到糖精钠的工业生产中。上述区别（1）中的加热步骤仅是为了加快反应速度，这是本领域技术人员的常用手段，区别（2）中过滤、结晶等步骤均是本领域的技术人员在分离纯化时的常用手段。在对比文件2的基础上结合上述公知常识得到权利要求1请求保护的技术方案，对所属技术领域的技术人员来说是显而易见的，因此权利要求1相对于对比文件2不具有突出的实质性特点和显著的进步，不符合专利法第22条第3款的有关规定。

驳回决定针对的权利要求如下：

“1. 一种糖精钠生产工艺，其特征包括如下工艺步骤，

（1）在反应釜中加水或糖精钠母液，再加碳酸钠和糖精，搅拌并加热，进行化学反应；

（2）在60～100℃的温度范围内进行热过滤；

（3）进行结晶或重结晶；

（4）分离晶粒与母液，去除晶粒表面附着水，制得成品，该成品为糖精钠二水合物。”

2007年9月4日，申请人齐化多、张卫民（下称请求人）对上述驳回决定不服，向专利复审委员会提出复审请求并提交了以下附件：凌关庭主编，“食品添加剂手册”，化学工业出版社出版，1997年2月第一次印刷，出版信息页、第1172、1173、1104、1113页复印件5页。请求人在提出复审请求时没有对申请文件进行修改。

请求人认为：（1）本申请与对比文件2的区别在于本申请要解决的主题是提供一种糖精钠的生产方法，对比文件2的主题是提供一种糖精的生产方法。对本领域的普通技术人员来说，从对比文件2中根本无法得到本发明的任何启示，要解决本申请的技术问题，本领域普通技术人员需要付出创造性的劳动；（2）对比文件2中没有出现“糖精钠”一词，其实施例1中仅提到用稀释的碳酸钠溶液“溶解”滤饼，将糖精“溶解”在10%的碳酸钠溶液中，由于溶解是指一种物质均匀地分散到一种液体中，因此，本领域技术人员从对比文件2无法得出“糖精与碳酸钠反应得到糖精钠”的结论；（3）附件1证明，在对比文件2的实施例中，碳酸钠仅被用作食品工业用加工助剂，起到助滤、澄清和pH调节剂的助剂作用。

经形式审查合格后，专利复审委员会受理了该请求，并于2007年10月8日向请求人发出了《复审请求受理通知书》，同时将本申请转送至国家知识产权局原审查部门进行前置审查。

在《前置审查意见书》中，国家知识产权局原审查部门认为不能仅根据字面理解“溶解”一词；糖精之所以溶解在碳酸钠溶液中，是因为糖精与碳酸钠反应得到了糖精钠，因此，对比文件2已经公开了糖精可以与碳酸钠反应得到糖精钠。因此坚持驳回决定。

专利复审委员会组成合议组，对本复审请求案进行了审理。

2009年4月8日，专利复审委员会本案合议组向请求人发出《复审通知书》，指出：（1）本申请权利要求1的技术方案相对于对比文件2公开的技术内容结合本领域的常规技术手段是显而易见的，并且未产生预料不到的技术效果，因而权利要求1的技术方案不具有创造性；（2）对于请求人在提出复审请求时所提出的理由和相应的附件1，合议组认为：①糖精是生产糖精钠的原料，本领域技术人员在探索糖精钠生产工艺的过程中，不可避免地会查找与生产糖精钠的原料—糖精相关的技术资料，查找所需信息，例如糖精的物理化学性质、糖精的制备工艺等等，因此，本领域技术人员不会将对比文件2排除在考虑范围之外；②对比文件2中未提到“糖精钠”并不等于对比文件2中不存在“糖精钠”，也不等于本领域技术人员根据对比文件2的内容不能确定其中存在糖精钠；对于“溶解”是否等于“反应”，应该根据如下几种情况考虑：a. 在物质A本身可以溶于水的情况下，如果将A加入到B的水溶液中，在A与B不发生任何化学反应的情况下则物质A以其本身固有的形式存在于B的水溶液中，即物质A与物质B共存于水溶液中，此时溶解仅为物理意义上的溶解而不等于反应；如果A与B在相应条件下，在水溶液中必然会发生化学反应且所得到的产物能够溶于水，则此时溶

解既是物理意义上的溶解也是化学意义上的反应；b. 在物质 A 本身不溶于水且 A 与 B 能够发生反应的情况下，如果将 A 加入到 B 的水溶液中并且获得溶液，则 A 显然并不是以本身固有的形式存在于 B 的水溶液中，而是以其与 B 的反应产物的形式溶于所述溶液中，此时溶解即是化学意义上的反应。考虑到糖精不溶于水且糖精能够与碳酸钠反应，而糖精钠又能够溶于水，那么根据对比文件 2 中所述的糖精能够首先溶解在碳酸钠水溶液中，之后又在加入酸的条件下从碱溶液中析出糖精这些事实，可以确信糖精与碳酸钠的确发生了化学反应；③附件 1 仅能说明碳酸钠可以作为加工助剂，具有食品添加剂应该具有的一般用途。并不能说明碳酸钠在对比文件 2 中所起的作用仅是请求人所述的助滤、澄清、pH 调节剂的作用，因而附件 1 不能直接或间接证明碳酸钠与糖精不能发生化学反应；（3）请求人在答复《第三次审查意见通知书》时提到：本申请的发明点在于，由碳酸钠代替碳酸氢钠与糖精进行反应得到糖精钠，克服了碳酸氢钠与糖精反应的不足，具体优点在于①有效地控制糖精钠母液体积的增长；②减少 CO_2 的产生，不易溢釜，便于操作；③减少大气污染，具有环保效益；④有效降低成本。对此，合议组认为，即使如申请人所述，其发明点在于使用碳酸钠代替碳酸氢钠，本申请的权利要求 1 也不具有创造性，理由是：如本申请背景技术中所述使用碳酸氢钠与糖精反应制备糖精钠是公知技术，例如《糖精的制造》（陈任之，中国工业出版社，公开日为 1963 年 10 月）中明确记载了使用碳酸氢钠与糖精制备糖精钠的具体工艺（参见第 63 页第 13 行至第 68 页第 18 行），而对比文件 2 中教导了可以使用碳酸钠与糖精反应制备糖精钠，因而本领域技术人员在对比文件 2 的这一教导下用碳酸钠代替碳酸氢钠从而获得权利要求 1 的技术方案并不需要花费创造性的劳动；而且，请求人所强调的诸如减少 CO_2 的产生，有效控制糖精钠母液体积的增长等优点实际上均是使用碳酸钠作为原料直接产生的技术效果，本领域技术人员在基于对比文件 2 的教导获得权利要求 1 的技术方案的前提下，获得上述技术效果是可预料到的。

针对上述《复审通知书》，请求人于 2009 年 5 月 21 日提交了意见陈述书。请求人认为：（1）本领域技术人员的动机不能作为判断本申请是否具有创造性的标准或依据，只有对比文件 2 的作者或者实验者的动机目的或实验行为才是评价本发明相对于对比文件 2 是否具有创造性的依据；（2）对比文件 2 的作者并不认为溶有滤饼的碳酸钠溶液是糖精钠溶液，其称之为“碳酸钠”溶液而不是糖精钠溶液。由于糖精为亚胺而非弱酸、碳酸钠为盐类而非碱，因而糖精与碳酸钠是否发生反应是非显而易见的；（3）碳酸钠是广泛的化学助剂，对比文件 2 并未教导可以使用碳酸钠代替碳酸氢钠生产糖精钠。

至此，合议组认为本案事实已经清楚，可以作出审查决定。

二、决定的理由

1. 关于审查文本

本复审决定所针对的申请文本是：请求人于 2005 年 1 月 20 日提交的权利要求第 1 项、2003 年 7 月 3 日提交的说明书第 1~4 页、说明书附图第 1 页和说明书摘要。

2. 专利法第 22 条第 3 款

专利法第 22 条第 3 款规定，创造性，是指同申请日以前已有的技术相比，该发明有突出的实质性特点和显著的进步。

在判断创造性时，首先要将权利要求的技术方案和最接近的现有技术进行对比，确定区别技术特征和所述技术方案实际要解决的技术问题，如果所述区别技术特征是本领域解决该技术问题的常规技术手段，则该权利要求不具有创造性。

就本申请而言：权利要求 1 要求保护一种糖精钠生产工艺（具体技术特征参见案由部分）。其步骤主要包括将糖精与碳酸钠在水或糖精钠母液中加热搅拌制备糖精钠溶液以及糖精钠溶液的过滤、结晶、分离等后处理的工艺步骤。

对比文件 2 中公开了一种制备糖精的方法，其中包括：使邻甲苯磺酰胺与硫酸和固体粗制铬酸进行反应，之后将生成的粗制糖精过滤得到糖精滤饼，然后将该滤饼在室温下分散在碳酸钠溶液中，搅拌 20min 之后使糖精溶解并过滤以除去未溶解的邻甲苯磺酰胺。然后添加硫酸酸化以使糖精从碳酸钠滤液中沉淀出来（参见实施例 1）。

将权利要求 1 要求保护的技术方案与对比文件 2 公开的技术方案进行对比可知，权利要求 1 涉及糖精与碳酸钠反应生产糖精钠的方法，对比文件 2 则涉及利用碳酸钠与糖精的反应纯化制备糖精的方法，二者的技术领域相近。二者的区别在于：（1）权利要求 1 的产品为糖精钠二水合物，而对比文件 2 在纯化糖精过程中使糖精与碳酸钠反应，未明确提到反应产物为糖精钠；（2）权利要求 1 中具体描述了糖精与碳酸钠在加热下搅拌和对制得的糖精钠进行过滤、结晶、分离等后处理工艺以进一步提纯而获得最终产品，而对比文件 2 中糖精与碳酸钠在室温下搅拌反应之后，所得产物作为中间体进入下一步反应。

由于本领域技术人员已知糖精是一种弱酸，糖精与碳酸钠之间必然会发生酸碱中和反应，因此对比文件 2 中糖精实际上是以糖精钠的形式存在于溶液中。因此权利要求 1 的技术方案实际解决的技术问题是：将对比文件 2 中的中间体糖精钠分离提纯作为最终产品。在权利要求 1 的技术方案中解决该技术问题的技术手段是通过将糖精与碳酸钠在加热下搅拌和将糖精钠溶液进行过滤、结晶、分离等后处理。

因此，判断本申请是否具有创造性，其焦点在于：（1）本领域技术人员是否有动机将糖精钠作为最终产品。（2）在将糖精钠作为最终产品时，是否有动机对某些工艺条件进行改变并进一步分离提纯。

对于焦点问题（1），首先由于糖精较难溶于冷水，味道特殊，不适宜食用，因此市售的商品糖精实际上大多以糖精钠（通常是糖精钠二水合物）的形式销售。而由于糖精钠是一种市售产品，因而本领域技术人员有动机将对比文件 2 中产生的糖精钠作为最终产品。对于焦点问题（2），当本领域技术人员将糖精钠作为最终产品时，由于对比文件 2 已经教导了糖精与碳酸钠的反应，在此基础上，对某些反应条件做微小改变，例如加热搅拌，并在获得粗产物后，用常规的纯化方法，例如过滤、结晶、分离等对其进行提纯处理是本领域常规采用的技术手段，不需要花费创造性劳动，并且本申请说明书中也没有证据表明采用加热搅拌、过滤、结晶、分离等工艺会给权利要求 1 的技术方案带来意料不到的技术效果，因此，本领域技术人员根据对比文件 2 公开的技术内容结合本领域的常规技术手段获得权利要求 1 的技术方案是显而易见的，因此，权利要求 1 的技术方案不具有突出的实质性特点和显著的进步，不具备专利法第 22 条第 3 款规定的创造性。

针对请求人答复《复审通知书》时所陈述的理由，合议组认为，（1）审查指南第二部分第四章第 2.4 节中指出，发明是否具备创造性，应当基于所属技术领域的技术人员的知识和能力进行评价，因此，对比文件的作者或实验者的动机或实验行为不是判断发明是否具有创造性的依据；（2）首先，糖精和碳酸钠尽管分属于亚胺和盐类，但其水溶液却分别呈弱酸性和碱性，因而无论将两者如何归类都不能否认两者可以发生酸碱中和的必然性；其次，如本申请说明书所述，现有技术中通常使用糖精与碳酸氢钠反应制备糖精钠，即糖精与碳酸氢钠可以发生酸碱中和反应形成糖精钠；而碳酸钠碱性强于碳酸氢钠，因而在相同或相似反应情况下本领域技术人员能够预测到糖精应当也可以与碳酸钠发生酸碱中和反应获得糖精钠，因此，对比文件 2 中未提到“糖精钠”并不等于本领域技术人员根据对比文件 2 的内容不能确定其公开的技术方案中生成了糖精钠；（3）碳酸钠可以作为广泛的加工助剂并不能说明碳酸钠在对比文件 2 中所起的作用仅是请求人所述的助滤、澄清、pH 调节剂的作用，因而不能直接或间接证明碳酸钠与糖精不能发生化学反应。综上所述，对于请求人答复《复审通知书》中的理由，合议组不予支持。

根据上述事实和理由，合议组作出如下审查决定。

三、决定

维持国家知识产权局于 2007 年 6 月 8 日针对 03126239.2 号发明专利申请作出的驳回决定。

复审请求人对本决定不服的，可以根据专利法第 41 条第 2 款的规定，自收到本决定之日起三个月内向北京市第一中级人民法院起诉。

106

无填充物乙酸丁酯-聚乙烯醇共聚物乳液复配涂层油画布及其生产工艺

复审请求审查决定（第17731号）

决　定　号　第17731号
决　定　日　2009年6月22日
发明创造名称　无填充物乙酸丁酯-聚乙烯醇共聚物乳液复配涂层油画布及其生产工艺
国际分类号　D06N3/08，B44D2/00
复审请求人　宋健，宋奇，宋磊
申　请　号　200610085901.0
申　请　日　2006年5月28日
公　开　日　2006年11月8日
合议组组长　李彦涛
主　审　员　汪送来
参　审　员　宋　泳

法律依据　专利法第26条第3款
决定要点

在判断说明书是否充分公开了请求保护的技术方案时，应当根据说明书公开的内容结合所属技术领域的技术人员所掌握的普通知识来加以判断。如果本领域技术人员在说明书公开的内容的基础上结合其掌握的普通知识能够实施请求保护的技术方案，解决其技术问题，并达到预期的技术效果，则说明书满足充分公开的要求。

一、案由

本复审请求案涉及发明名称为"无填充物乙酸丁酯-聚乙烯醇共聚物乳液复配涂层油画布及其生产工艺"的200610085901.0号发明专利申请（下称本申请），申请人为宋健、宋奇、宋磊，申请日为2006年5月28日，公开日为2006年11月8日。

国家知识产权局原审查部门对本申请进行实质审查，于2007年6月22日发出了《第一次审查意见通知书》，指出：本发明所述配方成分包括多种"乳液"以及"水"，"乳液"的分散相是"水"，而本发明限定了乳液的份额，又限定了乳液以外的"水"的份额，乳液中的水份额无法确定，本领域技术人员无法根据说明书的描述实现本发明，因此说明书不符合专利法第26条第3款。另外，还指出了说明书不符合专利法实施细则第18条的规定、权利要求1、4不符合专利法实施细则第20条第1款的规定。

针对《第一次审查意见通知书》，申请人于2007年10月8日提交了意见陈述书及申请文件的全文替换页，其中将权利要求1、4和说明书中的“乙酸乙烯-乙烯共聚物”修改为“乙烯-乙酸乙烯酯共聚物”，将“纯丙烯酸酯共聚物乳液”修改为“丙烯酸酯共聚物乳液”，删除了权利要求1中的“（1）”。申请人指出，本发明配方中包括的“聚乙烯醇溶液”和多种“乳液”均是市售商品，它们都作为配方单元按比例直接加入，水也是一样按比例加入。

2008年2月15日，国家知识产权局发出《第二次审查意见通知书》，指出：本发明所述配方成分包括多种“乳液”以及“水”，“乳液”的分散相是“水”，“聚乙烯醇溶液”的溶剂也是水，而本发明限定了乳液和溶液的份额，又限定了乳液和溶液以外的“水”的份额，乳液和溶液中的水份额无法确定，本领域技术人员无法根据说明书的描述实现本发明。虽然申请人解释本发明中的多种乳液、溶液是市售产品，作为配方单元按比例直接加入，然而市售产品包括多种形式的比例，本申请中没有给出任何所使用的商品型号。因此说明书不符合专利法第26条第3款的规定。

针对《第二次审查意见通知书》，申请人于2008年4月11日提交了意见陈述书及以下附件：

附件1：聚乙烯醇溶液（美术涂层胶）的产品标签复印件，共1页，出厂日期为2005年2月10日；

附件2：苯丙乳液的产品标签复印件，共2页。生产日期为2004年；

附件3：江苏省室内装饰材料有害物质检测中心出具的聚乙烯醇溶液（美术涂层胶）的检测报告复印件，发报告日期为2007年8月25日，共2页；

附件4：江苏增值税专用发票复印件，开票日期为2006年12月24日，货物名称为聚乙烯醇溶液，共1页；

附件5：江苏增值税专用发票复印件，开票日期为2005年2月17日，货物名称为苯丙乳液、纯丙乳液，共1页；

附件6：江苏增值税专用发票复印件，开票日期为2005年1月4日，货物名称为纯丙乳液，共1页；

附件7：江苏增值税专用发票复印件，开票日期为2005年5月30日，货物名称为苯丙乳液，共1页；

附件8：江苏增值税专用发票复印件，开票日期为2004年7月27日，货物名称为水性丙烯酸树脂液、苯丙乳液、水性丙烯酸树脂液，共1页。

申请人重申，本发明配方中的乳液及聚乙烯醇溶液均为市售商品，其规格是常用的，无特别要求，乳液、水、聚乙烯醇溶液分别是配方中单独的组分。

2008年7月11日，针对申请人于2007年10月8日提交的权利要求第1~4项，说明书第1~6页及说明书摘要，国家知识产权局以说明书不符合专利法第26条第3款的规定为由驳回了本申请。驳回决定针对的权利要求如下：

“1. 一种无填充物乙酸丁酯-聚乙烯醇共聚物乳液复配涂层油画布，其特征是其组分配比以重量百分数计：

底、中、罩面涂层涂层料配制：

（a）底涂涂层料：取苯乙烯-丙烯酸酯共聚物乳液或丙烯酸酯共聚物乳液为：8%~20%、乙酸丁酯-聚乙烯醇共聚物乳液为：50%~70%、乙烯-乙酸乙烯酯共聚物乳液为：10%~20%、苯甲酸钠为：0.01%~0.5%、甘油为：0.01%~0.5%、乳化蜡为：0.01%~1%、水为：10%~25%；

（b）中间涂层涂层料：取苯乙烯-丙烯酸酯共聚物乳液或丙烯酸酯共聚物乳液为：10%~25%、乙酸丁酯-聚乙烯醇共聚物乳液为：50%~70%、苯甲酸钠为：0.01%~0.5%、水为：10%~25%；

（c）罩面涂层涂层料：取乙烯-乙酸乙烯酯共聚物乳液为：10%～20%、乙酸丁酯-聚乙烯醇共聚物乳液为：30%～50%、丙烯酸酯共聚物乳液为：20%～40%、苯甲酸钠为：0.01%～0.5%、甘油为：0.01%～0.5%、乳化蜡为：0.01%～1%、水为：10%～25%；

采用在基底布上涂布底涂层，经烘干；再涂布一至三层的中间涂层，再经烘干；最后再涂布一至二层罩面涂层，烘干为成品。

2. 据权利要求1所述的无填充物乙酸丁酯-聚乙烯醇共聚物乳液复配涂层油画布，其特征在于所述的基底布采用纯天然动植物纤维材料或合成纤维材料或采用混纺纤维纺织成。

3. 根据权利要求1所述的无填充物乙酸丁酯-聚乙烯醇共聚物乳液复配涂层油画布，其特征在于所述的基底布的颜色是本色或漂白或染色。

4. 一种按权利要求1所述的无填充物乙酸丁酯-聚乙烯醇共聚物乳液复配涂层油画布的生产工艺，其特征在于采用以下工艺：

（1）底、中、罩面涂层涂层料配制：

（a）底涂层料：取苯乙烯-丙烯酸酯共聚物乳液或丙烯酸酯共聚物乳液为：8%～20%、乙酸丁酯-聚乙烯醇共聚物乳液为：50%～70%、乙烯-乙酸乙烯酯共聚物乳液为：10%～20%、苯甲酸钠为：0.01%～0.5%、甘油为：0.01%～0.5%、乳化蜡为：0.01%～1%、水为：10%～25%；先将水加热75～85℃，加入乳化蜡搅拌混合均匀，再加入苯乙烯-丙烯酸酯共聚物乳液或丙烯酸酯共聚物乳液、乙酸丁酯-聚乙烯醇共聚物乳液、乙烯-乙酸乙烯酯共聚物乳液混合，最后加入苯甲酸钠、甘油在常温下搅拌混合均匀，待用；

（b）中间涂层涂层料：取苯乙烯-丙烯酸酯共聚物乳液或丙烯酸酯共聚物乳液为：10%～25%、乙酸丁酯-聚乙烯醇共聚物乳液为：50%～70%、苯甲酸钠为：0.01%～0.5%、水为：10%～25%；先将苯甲酸钠溶解于水，然后加入苯乙烯-丙烯酸酯共聚物乳液或丙烯酸酯共聚物乳液、乙酸丁酯-聚乙烯醇共聚物乳液，在常温下搅拌混合均匀，待用；

（c）罩面涂层涂层料：取乙烯-乙酸乙烯酯共聚物乳液为：10%～20%、乙酸丁酯-聚乙烯醇共聚物乳液为：30%～50%、丙烯酸酯共聚物乳液为：20%～40%、苯甲酸钠为：0.01%～0.5%、甘油为：0.01%～0.5%、乳化蜡为：0.01%～1%、水为：10%～25%；先将水加热75～85℃，加入乳化蜡搅拌混合均匀，再加入乙酸丁酯-聚乙烯醇共聚物乳液、丙烯酸酯共聚物乳液、乙烯-乙酸乙烯酯共聚物乳液混合，最后加入苯甲酸钠、甘油在常温下搅拌混合均匀，待用；

（2）生产工艺：

（a）在基底布上涂布底涂层；涂层机进布速度为：3～15米/分钟；每一层涂层厚度为：0.01～0.5mm；

（b）底涂层后进入烘房干燥或流通热风干燥处理；烘干温度为：65～200℃；

（c）烘干后进行涂布中间涂层，中间涂层涂布一至三层；涂层机进布速度为：3～15米/分钟；每一层涂层厚度为：0.01～0.5mm；

（d）涂布中间涂层后进入烘房干燥或流通热风干燥处理；烘干温度为：65～200℃；

（e）中间涂层后进行涂布一至二层罩面涂层，涂层机进布速度为：3～15米/分钟；每一层涂层厚度为：0.01～0.5mm；

（f）涂布罩面涂层后再进入烘房干燥或流通热风干燥处理后为成品。烘干温度为：65～200℃。”

驳回决定的理由如《第二次审查意见通知书》中所述，并指出，本申请中没有出现过任何有关所用产品型号的描述，申请人的解释和提供的乳液和溶液的标签和发票复印件不能采纳。

2008年10月9日，申请人宋健，宋奇，宋磊（下称请求人）对上述驳回决定不服，向专利复审委员会提出复审请求，请求人在提出复审请求时没有对申请文件进行修改。

请求人认为：（1）申请文件中涉及的苯丙乳液、纯丙乳液等丙烯酸共聚物乳液、乙烯-乙酸乙烯共聚物乳液（EVA），及聚乙烯醇溶液等均是国内常规的产品，市售的产品浓度（固含量）相近，虽然厂家所标注的型号、商品名可能不相同，但浓度基本相同，本行业无特殊精细要求，因此申请文件中无需特别规定乳液、溶液中水的份额；（2）申请文件中规定的水与乳液、溶液中的水在实施中无关，组份中的水是另外加入，用于湿润填料和溶胀羟丙基纤维素辅料的，在实施过程中乳液、溶液中的水无需分离开，其作为单体加入，与水无关；（3）所有这些水在实施过程中均要蒸发干燥去除，最终产品是均匀涂布在底布上制成的油画布，因此不会导致本申请无法实施，说明书符合专利法第26条第3款的规定。

经形式审查合格后，专利复审委员会受理了该请求，并于2008年12月5日向请求人发出了《复审请求受理通知书》，同时将本申请转送至国家知识产权局原审查部门进行前置审查。

在《前置审查意见书》中，国家知识产权局原审查部门坚持驳回决定。

专利复审委员会组成合议组，对本复审请求案进行了审理。

2009年6月15日，请求人提交了权利要求书、说明书和说明书摘要全文替换页，将其中所有的"丙烯酸酯共聚物乳液"修改为"纯丙烯酸酯共聚物乳液"。

经合议，合议组认为本案事实清楚，可以作出审查决定。

二、决定的理由

1. 关于审查文本

请求人于2009年6月15日提交了权利要求书、说明书和说明书摘要全文替换页，经审查，修改的内容与原始申请文件中记载的内容完全一致，符合专利法第33条的规定。并且，合议组认为，驳回决定所针对的申请文件中的"丙烯酸酯共聚物乳液"在原申请文件中没有记载，也不能由原申请文件中记载的"纯丙烯酸酯共聚物乳液"直接地、毫无疑义地确定，不符合专利法第33条的规定。请求人于2009年6月15日提交的申请文件中所作的修改是为了克服这种缺陷而作的修改，符合专利法实施细则第60条第1款的规定。

本复审请求审查决定所针对的文本为请求人于2009年6月15日提交的权利要求第1~4项，说明书第1~6页及说明书摘要。

2. 关于专利法第26条第3款

专利法第26条第3款规定：说明书应当对发明或者实用新型作出清楚、完整的说明，以所属技术领域的技术人员能够实现为准。

在判断说明书是否充分公开了请求保护的技术方案时，应当根据说明书公开的内容结合所属技术领域的技术人员所掌握的普通知识来加以判断。如果本领域技术人员在说明书公开的内容的基础上结合其掌握的普通知识能够实施请求保护的技术方案，解决其技术问题，并达到预期的技术效果，则说明书满足充分公开的要求。

本申请请求保护一种无填充物乙酸丁酯-聚乙烯醇共聚物乳液复配涂层油画布及其生产工艺，具体技术方案参见案由部分。

合议组查明，在请求保护的技术方案中，其中的涂层料配方中包括苯乙烯-丙烯酸酯共聚物乳液、纯丙烯酸酯共聚物乳液等多种乳液，以及单独添加的水，并且限定了其使用比率。但是，本申请中并不涉及任何溶液，因此，对于驳回决定中指出的有关溶液中水份额无法确定而导致公开不充分的内容，合议组不再评述。本案争议的焦点在于，在本申请请求保护的技术方案的涂层料配方包括含水的乳液、单独添加的水以及它们的使用比率，而申请中没有给出乳液中的水含量的情况下，本领域技术人员能否明悉如何进行涂层料的制备，从而实现本发明。

根据本申请说明书的描述，传统的白色涂层油画布主要是在基底布料上直接涂白色涂层料，白色涂层料采用聚合物乳液如聚乙烯醇，乙烯乙酸均聚物乳液，苯乙烯—丙烯酸酯共聚物乳液及纯丙烯酸酯共聚物乳液的单组分、双组分乳液作为涂层胶基加入较多数量填充物混合制成。这种白色涂层的艺术画布的缺陷是涂层膜的致密性不理想，绘画时常常容易发生背渗、吸油；因为含较多固体粉未填充物，容易发生涂层的龟裂、折裂和剥落；白色涂层容易泛黄。为克服上述不足之处，本申请提供了如权利要求 1 和权利要求 4 中所述的无填充物乙酸丁酯-聚乙烯醇共聚物乳液复配涂层油画布及其生产工艺，其中给出了底、中、罩面涂层料的配方，以及底涂层、中涂层、罩面涂层的制作工艺。

虽然本申请说明书中没有对苯乙烯-丙烯酸酯共聚物乳液等各乳液及其购买渠道、商品型号进行说明，但是这些乳液是本领域制备油画布的常用涂层料的组分。另外，对于请求人提供的乳液的产品的标签和发票证据，请求人并没有主张本申请中使用的就是这些标签或发票中标示的产品，在驳回决定中不考虑这些证据不妥。由请求人提供的附件 2、附件 5~8 可以证明，在本申请的申请日之前，苯丙乳液、纯丙乳液等乳液是可以从市场上购买获得的。本发明解决的技术问题也不是提供一种新的乳液，而是将这些已知的乳液进行复配，制成具有“三文治”涂层结构的艺术油画布，而且不使用填充物，从而克服上述现有技术中存在的缺陷。本领域技术人员在本申请公开的内容的基础上，结合其掌握的普通知识，可以选择合适的苯乙烯-丙烯酸酯共聚物乳液等各乳液用于本申请中，以实施本申请的技术方案，解决其技术问题，并达到预期的技术效果。

驳回决定中指出，“乳液”的分散相是“水”，而本发明限定了乳液的份额，又限定了乳液以外的“水”的份额，乳液中的水份额无法确定，本领域技术人员无法根据说明书的描述实现本发明。

对此，合议组认为，本申请请求保护的技术方案中的水的量，是独立于乳液而单独使用的水的量，而并非包括乳液中的水在内的水的总量，其本身是清楚的。而且，如上所述，在本领域技术人员能够选择合适的乳液用于本申请的情况下，乳液中的水含量或者所使用的总的水的量对于满足充分公开的要求并非必要。本领域技术人员在实施本发明时，只需按照本申请中记载的工艺步骤进行操作即可。因此，本申请中没有限定乳液中水的份额，不致于导致说明书没有充分公开请求保护的技术方案。

综上所述，本领域技术人员根据说明书中公开的内容，结合其掌握的普通知识，能够实施本申请的技术方案，解决其技术问题，并产生预期的技术效果。驳回决定中有关本申请说明书不符合专利法第 26 条第 3 款规定的理由不成立。

基于以上事实和理由，合议组作出如下审查决定。

三、决定

撤销国家知识产权局于 2008 年 7 月 11 日针对 200610085901. 0 号发明专利申请作出的驳回决定，由国家知识产权局原审查部门以本复审决定所针对的文本为基础继续审批程序。

复审请求人对本决定不服的，可以根据专利法第 41 条第 2 款的规定，自收到本决定之日起三个月内向北京市第一中级人民法院起诉。

107

甲基化聚苯乙烯构成的杀微生物粒子

复审请求审查决定（第 17733 号）

决　定　号 第 17733 号
决　定　日 2009 年 6 月 22 日
发明创造名称 甲基化聚苯乙烯构成的杀微生物粒子
国 际 分 类 号 A01N 43/76，A01N43/66，A01N43/64，A01N43/50，A01N59/00，C08L25/06，C08L25/18
复 审 请 求 人 奥本大学
申　请　号 200380102397.5
申　请　日 2003 年 10 月 30 日
优 先 权 日 2002 年 10 月 31 日
公　开　日 2005 年 12 月 14 日
合 议 组 组 长 汪送来
主　审　员 王　静
参　审　员 危　峰

法 律 依 据 专利法第 22 条第 3 款，第 31 条第 1 款
决 定 要 点

在无法认定多个权利要求之间相同的技术特征是否是对现有技术作出贡献的技术特征的情况下，不能得出这些权利要求之间不具备单一性的结论。

一、案由

本复审请求涉及发明名称为“甲基化聚苯乙烯构成的杀微生物粒子”的 200380102397.5 号发明专利申请（下称本申请），申请人为奥本大学，申请日为 2003 年 10 月 30 日，优先权日为 2002 年 10 月 31 日，公开日为 2005 年 12 月 14 日。

2007 年 6 月 8 日，针对申请人于 2006 年 9 月 13 日提交的权利要求第 1~78 项、说明书第 1~16 页和说明书摘要，国家知识产权局以权利要求 1~9 相对于对比文件 1（US4826924A，公开日为 1989 年 5 月 2 日）和对比文件 2（US6294185B1，公开日为 2001 年 9 月 25 日）的结合不具备专利法第 22 条第 3 款规定的创造性以及权利要求 10、19、38、42、52、57、68、72、76~78 不符合专利法第 31 条第 1 款的规定为由驳回了本申请。

驳回决定所针对的权利要求书为：

“1. 带有 N-卤代胺前体侧基的甲基化聚苯乙烯，其中所述的聚苯乙烯具有至少 3% 的交联度。

2. 权利要求 1 的甲基化聚苯乙烯，其中 N-卤代胺前体基团包括乙内酰脲基团。

3. 权利要求 1 的甲基化聚苯乙烯，其中 N-卤代胺前体基团包括咪唑烷酮基团。

4. 权利要求 1 的甲基化聚苯乙烯，其中 N-卤代胺前体基团包括异氰脲酸酯基团。

5. 权利要求 1 的甲基化聚苯乙烯，其中 N-卤代胺前体基团包括噁唑烷酮基团。

6. 权利要求 1 的甲基化聚苯乙烯，其中聚苯乙烯为交联聚苯乙烯。

7. 权利要求 6 的甲基化聚苯乙烯，其中聚苯乙烯经用二乙烯基苯交联。

8. 权利要求 6 的甲基化聚苯乙烯，其中聚苯乙烯具有 3 至 10% 的交联度。

9. 权利要求 6 的甲基化聚苯乙烯，其中聚苯乙烯具有 5 至 8% 的交联度。

10. 带有 N-卤代胺侧基的杀微生物甲基化聚苯乙烯，其中所述聚苯乙烯具有至少 3% 的交联度。

19. 具有如下重复单元的聚合物，该重复单元具有如下通式：

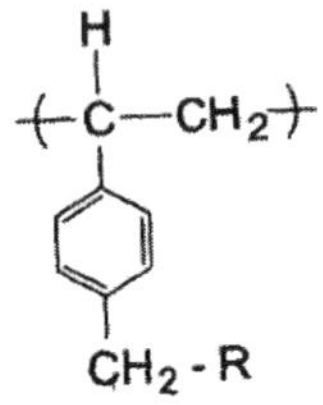

其中 R 包括乙内酰脲基团、咪唑烷酮基团、噁唑烷酮基团，或异氰脲酸酯基团，其中所述的聚合物具有至少 3% 的交联度。

38. 制备带有 N-卤代胺前体侧基的甲基化聚苯乙烯的方法，其包括：将具有至少 3% 的交联度的官能化甲基化聚苯乙烯与 N-卤代胺前体和碱金属碱反应以生成带有 N-卤代胺前体侧基的甲基化聚苯乙烯。

42. 制备带有 N-卤代胺侧基的杀微生物甲基化聚苯乙烯的方法，其包括：将具有至少 3% 的交联度的官能化甲基化聚苯乙烯与 N-卤代胺前体和碱金属碱反应以生成带有 N-卤代胺前体侧基的甲基化聚苯乙烯，并且将带有 N-卤代胺前体侧基的甲基化聚苯乙烯卤化以生成带有 N-卤代胺侧基的杀微生物甲基化聚苯乙烯。

52. 制备带有 N-卤代胺前体侧基的甲基化聚苯乙烯的方法，其包括：将 N-卤代胺前体与碱金属碱反应以生成 N-卤代胺前体的碱金属盐，并且将 N-卤代胺前体的碱金属盐与具有至少 3% 的交联度的官能化甲基化聚苯乙烯反应以生成带有 N-卤代胺前体侧基的甲基化聚苯乙烯。

57. 制备带有 N-卤代胺侧基的杀微生物甲基化聚苯乙烯的方法，其包括：将 N-卤代胺前体与碱金属碱反应以生成 N-卤代胺前体的碱金属盐；将 N-卤代胺前体的碱金属盐与具有至少 3% 的交联度的官能化甲基化聚苯乙烯反应以生成带有 N-卤代胺前体侧基的甲基化聚苯乙烯，并且将带有 N-卤代胺前体侧基的甲基化聚苯乙烯卤化以生成带有 N-卤代胺侧基的杀微生物甲基化聚苯乙烯。

68. 一种吸收制品，其包含具有至少 3% 的交联度的带有 N-卤代胺前体侧基的甲基化聚苯乙烯。

72. 一种吸收制品，其包含具有至少 3% 的交联度的带有 N-卤代胺侧基的杀微生物甲基化聚苯乙烯。

76. 带有 N-卤代胺前体基团的聚苯乙烯，所述 N-卤代胺前体基团通过亚甲基基团键接到聚苯乙烯的至少一些苯环上，其中所述聚苯乙烯具有至少 3% 的交联度。

77. 带有杀微生物的 N-卤代胺基团的聚苯乙烯，所述 N-卤代胺基团通过亚甲基基团键接到聚苯乙烯的至少一些苯环上，其中所述聚苯乙烯具有至少 3% 的交联度。

78. 包含如下重复单元的甲基化聚苯乙烯，所述的重复单元具有如下通式：

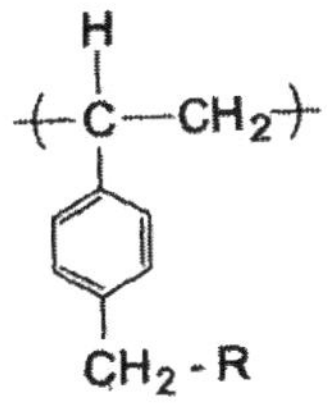

其中 R 包括乙内酰脲基团、咪唑烷酮基团、噁唑烷酮基团，或异氰脲酸酯基团，其中所述聚苯乙烯具有至少 3% 的交联度。”

驳回决定认为：

(1) 对比文件 1 公开了一种交联甲基化聚苯乙烯与有抗菌作用的化合物 B 相连接的抗菌聚合物（参见其说明书第 2 栏第 22 行至第 3 栏第 65 行）。权利要求 1 与对比文件 1 的区别在于：二者的聚合物中连接到甲基化聚苯乙烯上的基团不同，权利要求 1 中是 N-卤代胺前体，而对比文件 1 中是化合物 B，另外对比文件 1 没有限定聚苯乙烯的交联度。但是对比文件 2 公开了一种带有 N-卤代胺前体侧基的交联聚苯乙烯（参见其说明书第 5 栏第 25 行至第 17 栏第 2 行），其在对比文件 2 中所起的作用与其在本发明中为解决其技术问题所起的作用相同，都是作为抗菌聚合物的抗菌基团，本领域技术人员很容易想到将 N-卤代胺前体基团连接到交联甲基化聚苯乙烯上的技术方案。至于交联度，本领域技术人员完全能够根据需要来确定，而且本发明所使用的交联甲基化聚苯乙烯能够在市场上购买，本领域技术人员也能够根据经验进行选择，这不需要创造性劳动。因此，在对比文件 1 的基础上结合对比文件 2 以及本领域的公知常识，得出该权利要求的技术方案，对本技术领域的技术人员来说是显而易见的，权利要求 1 所要求保护的技术方案不具有突出的实质性特点和显著的进步，权利要求 1 不具备专利法第 22 条第 3 款规定的创造性。权利要求 2~9 的附加技术特征也在对比文件 1 或对比文件 2 中公开，或者是本领域技术人员根据需要能够确定的，因此，权利要求 2~9 相对于对比文件 1 和对比文件 2 以及本领域公知常识也不具备创造性，不符合专利法第 22 条第 3 款的规定。

(2) 独立权利要求 10、19、38、42、52、57、68、72、76 至 78 之间相同或相应的技术特征是将 N-卤代胺或其前体键接至甲基化交联聚苯乙烯，但是如前所述，以上技术特征不具备创造性，不再是对现有技术作出贡献的技术特征，即不再是特定技术特征。也就是说独立权利要求 10、19、38、42、52、57、68、72、76 至 78 不再具有相同或者相应的特定技术特征，不属于一个总的发明构思，不符合专利法第 31 条第 1 款有关单一性的规定。

申请人奥本大学（下称请求人）对上述驳回决定不服，于 2007 年 9 月 24 日向专利复审委员会提出复审请求，提交了权利要求书的全部替换页和 1 份参考文献（David C. Sherrington, Preparation, structure and morphology of polymer supports, Chem. Commun., 1998, 第 2275~2286 页，复印件 12 页），相对于《驳回决定》针对的权利要求书，删除了权利要求 1~18 和 68~78，将权利要求 19~37 修改为涉及含有具有特定化学式的不溶性聚合物的珠粒，将权利要求 38~67 修改为涉及将 N-卤代胺前体连接到多孔珠粒上的方法，增加了 7 个从属权利要求，并对权利要求重新编号，其中修改后的权利要求 1、20、24、34 和 39 分别对应于驳回决定所针对的权利要求 19、38、42、52 和 57。

修改后的权利要求书如下：

“1. 一种珠粒，其包含不溶性聚合物，该聚合物具有多个如下通式的单元

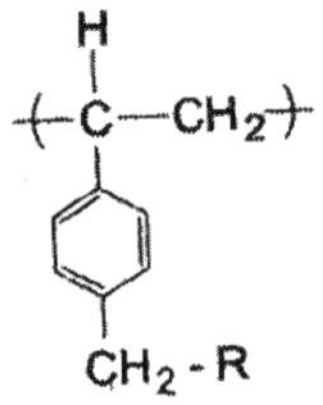

其中 R 包括乙内酰脲基团、咪唑烷酮基团、噁唑烷酮基团，或异氰脲酸酯基团，并且该珠粒包含孔。

20. 制备带有 N-卤代胺前体侧基的多孔甲基化聚苯乙烯珠粒的方法，其包括：将不溶性且多孔的官能化甲基化聚苯乙烯珠粒与 N-卤代胺前体和碱金属碱反应以生成带有 N-卤代胺前体侧基的多孔甲基化聚苯乙烯珠粒。

24. 制备带有 N-卤代胺侧基的多孔杀微生物甲基化聚苯乙烯珠粒的方法，其包括：将不溶性且多孔的官能化甲基化聚苯乙烯珠粒与 N-卤代胺前体和碱金属碱反应以生成带有 N-卤代胺前体侧基的多孔甲基化聚苯乙烯珠粒，并且将带有 N-卤代胺前体侧基的多孔甲基化聚苯乙烯珠粒卤化以生成带有 N-卤代胺侧基的多孔杀微生物甲基化聚苯乙烯珠粒。

34. 制备带有 N-卤代胺前体侧基多孔甲基化聚苯乙烯珠粒的方法，其包括：将 N-卤代胺前体与碱金属碱反应以生成 N-卤代胺前体的碱金属盐，并且将 N-卤代胺前体的碱金属盐与不溶性且多孔的官能化甲基化聚苯乙烯珠粒反应以生成带有 N-卤代胺前体侧基的多孔甲基化聚苯乙烯珠粒。

39. 制备带有 N-卤代胺侧基的多孔杀微生物甲基化聚苯乙烯珠粒的方法，其包括：将 N-卤代胺前体与碱金属碱反应以生成 N-卤代胺前体的碱金属盐；将 N-卤代胺前体的碱金属盐与不溶性且多孔的官能化甲基化聚苯乙烯珠粒反应以生成带有 N-卤代胺前体侧基的多孔甲基化聚苯乙烯珠粒，并且将带有 N-卤代胺前体侧基的多孔甲基化聚苯乙烯珠粒卤化以生成带有 N-卤代胺侧基的多孔杀微生物甲基化聚苯乙烯。

50. 权利要求 4 的珠粒，其中孔的尺寸范围为 10nm~100nm。

51. 权利要求 24 的方法，其中多孔杀微生物甲基化聚苯乙烯珠粒包含尺寸为 10nm~100nm 的孔。

52. 权利要求 39 的方法，其中多孔杀微生物甲基化聚苯乙烯珠粒包含尺寸为 10nm~100nm 的孔。

53. 权利要求 24 的方法，其中所述多孔甲基化聚苯乙烯珠粒的卤化包括采用溴源进行的卤化。

54. 权利要求 39 的方法，其中所述多孔甲基化聚苯乙烯珠粒的卤化包括采用溴源进行的卤化。

55. 权利要求 24 的方法，其中所述多孔甲基化聚苯乙烯珠粒的卤化包括采用氯源进行的卤化。

56. 权利要求 39 的方法，其中所述多孔甲基化聚苯乙烯珠粒的卤化包括采用氯源进行的卤化。”

请求人认为：通过上述修改，克服了驳回决定所指的全部缺陷，并陈述了修改后的权利要求相对于对比文件 1 和对比文件 2 具有新颖性和创造性的理由，主要区别技术特征是珠粒具有多孔结构。根据参考文献的内容可知，聚苯乙烯和二乙烯基苯的反应不必定导致多孔的结构，除非在反应中存在合适用量的合适有机溶剂。对比文件 1 和对比文件 2 均没有公开也没有暗示在聚甲基苯乙烯珠粒中包括孔以实现可以连接 N-卤代胺前体基团，修改后的权利要求 1 的珠粒不是显而易见的，并且该珠粒具有有益的技术效果，使得可以进行有效的非均相反应（参见说明书第 9 页第 4 段）。另外，修改后的所有独立权利要求都包含了相同的特定技术特征，即珠粒具有多孔结构，符合专利法第 31 条第 1 款关于单一性的规定。

经形式审查合格后，专利复审委员会受理了该请求，并于 2007 年 10 月 25 日向请求人发出《复审请求受理通知书》，同时将本申请转送至国家知识产权局原审查部门进行前置审查。

在《前置审查意见书》中，国家知识产权局原审查部门认为，请求人提交的修改文本中将与驳回决定针对的权利要求所限定的技术方案缺乏单一性的技术方案作为修改后的权利要求，因此，上述修改不符合专利法实施细则第 60 条第 1 款的规定。故坚持驳回决定。

专利复审委员会组成合议组对本复审请求案进行了审理。

2009 年 4 月 20 日，请求人提交了补充意见陈述书，同时提交了权利要求书全文替换页，请求人在提出复审请求时提交的权利要求书的基础上，对权利要求 1 作了进一步的修改，并删除了权利要求 50~56。修改后的权利要求 1 如下：

“1. 一种不溶性珠粒，其是具有如下重复单元的聚合物，该重复单元具有如下通式：

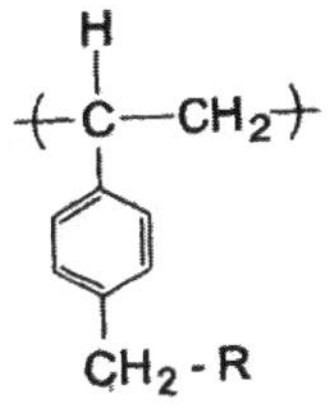

其中 R 包括乙内酰脲基团、咪唑烷酮基团、噁唑烷酮基团，或异氰脲酸酯基团，并且所述聚合物具有至少 3% 的交联度且该珠粒是多孔的。”

经审查，合议组认为本案事实已经清楚，可以作出审查决定。

二、决定的理由

1. 关于审查文本

请求人于 2009 年 4 月 20 日提交了权利要求全文替换页，包括权利要求第 1~49 项，将权利要求的主题变更为不溶性珠粒、制备带有 N-卤代胺前体侧基的多孔甲基化聚苯乙烯珠粒的方法和制备带有 N-卤代胺侧基的多孔杀微生物甲基化聚苯乙烯珠粒的方法。由于原说明书第 7 页第 3 段记载了本发明的甲基化聚苯乙烯是高度交联的，并因此是不溶的聚合物珠粒，在一个实施方案中，带有 N-halamine 侧基的甲基化聚苯乙烯为杀微生物的聚合物珠粒，而且第 9 页多处提及高度交联的甲基化聚苯乙烯是多孔的，原权利要求 19 也限定了该聚合物的交联度至少为 3%。因此，本领域技术人员根据原说明书和权利要求书记载的内容能够直接、毫无疑义的确定权利要求 1~49 的技术方案，因此，权利要求 1~49 的修改符合专利法第 33 条的规定。

《前置审查意见书》中指出：请求人在 2007 年 9 月 24 日提出复审请求时提交的修改文本中将与驳回决定针对的权利要求所限定的技术方案缺乏单一性的技术方案作为修改后的权利要求，因此，上述修改不符合专利法实施细则第 60 条第 1 款的规定。对此，合议组认为，首先，修改后的权利要求 1~49在驳回决定中存在对应的权利要求，即权利要求 19~67，而并非新增加的与驳回决定中的权利要求不具备单一性的权利要求。其次，驳回决定中指出第一组权利要求 1~9 不具备专利法第 22 条第 3 款规定的创造性，进而指出其余的独立权利要求 10、19、38、42、52、57、68、72、76 至 78 之间相同或相应的技术特征未对现有技术作出贡献，因此，不符合专利法第 31 条第 1 款有关单一性的规定。在请求人于 2009 年 4 月 20 日提交的权利要求书中，相对于驳回决定所针对的权利要求书，删除了权利要求 1~18 和 68~78，同时对其余权利要求进行了修改，修改后进一步限定了共同的技术特征“多孔甲基化聚苯乙烯珠粒”，由此可见，请求人的上述修改是为克服驳回决定指出的权利要求不符合专利法第 22 条第 3 款和第 31 条第 1 款的规定的缺陷而作出的修改，上述修改符合专利法实施细则第 60 条第 1 款的规定。

因此，本决定所针对的文本为请求人于 2009 年 4 月 20 日提交的权利要求第 1~49 项和 2006 年 9

月 13 日提交的说明书第 1～16 页及说明书摘要。

2. 关于专利法第 22 条第 3 款

专利法第 22 条第 3 款规定：创造性，是指同申请日以前已有的技术相比，该发明有突出的实质性特点和显著的进步，该实用新型有实质性特点和进步。

就本案而言，驳回决定指出：权利要求 1～9 不符合专利法第 22 条第 3 款的规定。请求人于 2009 年 4 月 20 日提交的权利要求书中，已删除了驳回决定所针对的权利要求 1～9，因此，驳回决定中所指出的本申请不符合专利法第 22 条第 3 款规定的缺陷已经被克服。

3. 关于专利法第 31 条第 1 款

专利法第 31 条第 1 款规定：一件发明或者实用新型专利申请应当限于一项发明或者实用新型。属于一个总的发明构思的两项以上的发明或者实用新型，可以作为一件申请提出。

在无法认定多个权利要求之间相同的技术特征是否是对现有技术作出贡献的技术特征的情况下，不能得出这些权利要求之间不具备单一性的结论。

就本案而言，驳回决定指出：独立权利要求 10、19、38、42、52、57、68、72、76 至 78 之间相同或相应的技术特征是将 N-卤代胺或其前体键接至甲基化交联聚苯乙烯，但是该技术特征不是特定技术特征，因此，独立权利要求 10、19、38、42、52、57、68、72、76 至 78 不符合专利法第 31 条第 1 款有关单一性的规定。修改后的权利要求 1、20、24、34 和 39 之间相同的技术特征除了包括将 N-卤代胺或其前体键接至甲基化交联聚苯乙烯之外，还包括多孔甲基化聚苯乙烯珠粒。由于驳回决定仅评述了权利要求 1～9 不具备创造性，没有对权利要求 10～78 的新颖性和创造性发表意见，因此，合议组对于新提交的权利要求 1～49（对应于驳回决定所针对的权利要求 19～67）的新颖性和创造性不进行评述。因此，在合议组不对权利要求 1～49 的新颖性和创造性进行评述，并且驳回决定在单一性评价中没有涉及“多孔甲基化聚苯乙烯珠粒”的共同特征的情况下，合议组无法认定“多孔甲基化聚苯乙烯珠粒”是否是对现有技术作出贡献的技术特征，从而无法得出上述独立权利要求不符合专利法第 31 条第 1 款的规定的结论。在此情况下，驳回决定中有关权利要求不符合专利法第 31 条第 1 款规定的理由不再成立。

三、决定

撤销国家知识产权局于 2007 年 6 月 8 日针对 200380102397.5 号发明专利申请作出的驳回决定，由国家知识产权局原审查部门以本决定所依据的文本为基础继续审批程序。

复审请求人如对本决定不服，可以依据专利法第 41 条第 2 款的规定，自收到本决定之日起三个月内向北京市第一中级人民法院起诉。

108

聚合体，化学增幅型抗蚀组成物及形成方法

复审请求审查决定（第 17734 号）

决　定　号　第 17734 号
决　定　日　2009 年 6 月 23 日
发明创造名称　聚合体，化学增幅型抗蚀组成物及形成方法
国 际 分 类 号　C07D317/34，C07D317/72，C07D319/06，C07D319/08，C07D325/00，C08G63/00
复 审 请 求 人　三菱丽阳株式会社
申　请　号　200510090805.0
申　请　日　2002 年 10 月 22 日
最早优先权日　2001 年 10 月 23 日
公　开　日　2006 年 2 月 22 日
合 议 组 组 长　汪送来
主　审　员　王　磊
参　审　员　沈　钱

法 律 依 据　专利法第 33 条，专利法实施细则第 43 条第 1 款
决 定 要 点

如果对申请文件的修改是本领域技术人员能够从原申请记载的信息中直接地、毫无疑义地确定的，那么，这种修改就是允许的。

一、案由

本复审请求案涉及发明名称为“聚合体，化学增幅型抗蚀组成物及形成方法”的 200510090805.0 号发明专利申请（下称本申请），申请人为三菱丽阳株式会社，申请日为 2002 年 10 月 22 日，最早优先权日为 2001 年 10 月 23 日，公开日为 2006 年 2 月 22 日。

2008 年 6 月 6 日，针对申请人于 2005 年 8 月 16 日提交的说明书第 1~5、11~22、25~28、30~32、47~51、53~81 页、附图第 1~6 页和说明书摘要，2007 年 11 月 29 日提交的权利要求第 1~11 项和说明书第 6~10、23、24、29、35 页，2007 年 8 月 16 日提交的说明书第 33、34、36~46、52 页，国家知识产权局以修改不符合专利法第 33 条的规定为由驳回了本申请。

驳回决定认为：(1) 申请人将权利要求 1~4、6 和说明书相应部分的“直接结合 1~6（或1~3）碳的亚甲链”修改为“相邻的氧及碳原子直接结合或 1~6（或 1~3）碳的亚甲链”，该表述不能从原

始表述的“直接结合（指于 W^x 相邻的氧及碳原子直接结合）CH_2、CH_2CH_2、……”中直接地、毫无疑义地确定，该修改不符合专利法第 33 条的规定；（2）申请人有关原表述存在笔误、遗漏一个顿号的主张不予支持。

驳回决定针对的权利要求 1~4、6 如下：

“1. 一种聚合体，其特征在于所述聚合体的平均分子量为 1000~100000，且含有从通式（11）所表示的单位中选择一种以上组成单位，通式（11）如下所示

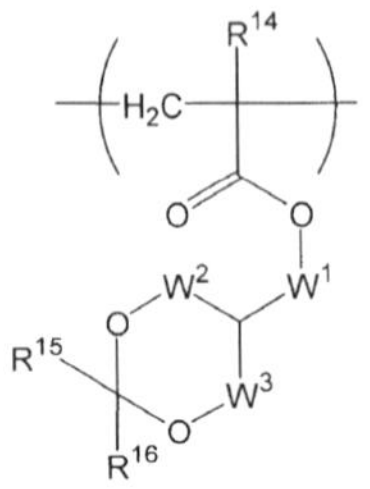

(11)

其中，W^1 表示相邻的氧及碳原子直接结合或 1~6 碳的亚甲链，

W^2 表示相邻的氧及碳原子直接结合或 1~3 碳的亚甲链，

W^3 表示 1~3 碳的亚甲链，

R^{14}表示氢原子或甲基，

R^{15}表示 4~16 碳的桥连环烃或含有 4~16 碳的桥连环烃的 1~6 碳的直链或分支烷基，

R^{16}表示氢原子或 1~6 碳的直链或分支烷基，

R^{15}和 R^{16}相结合形成 4~16 碳的桥连环烃。

2. 一种聚合体，其特征在于所述聚合体的平均分子量为 1000~100000，且含有从通式（12）所表示的单位中选择一种以上组成单位，通式（12）如下所示

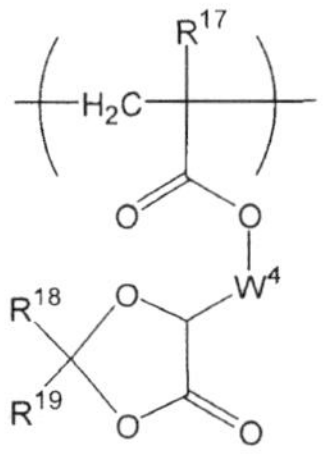

(12)

其中，W^4 表示相邻的氧及碳原子直接结合或 1~6 碳的亚甲链，

R^{17}表示氢原子或甲基，

R^{18}、R^{19}相同或不同，指氢原子或 1~6 碳的直链或分支烷基，4~16 碳的环烃或含有 4~16 碳的环烃的 1~6 碳的直链或分支烷基，

R^{18}和 R^{19}相结合形成 4~16 碳的桥连环烃。

3. 一种聚合体，其特征在于所述聚合体的平均分子量为 1000~100000，且含有选自通式（13）所表示的一种以上的结构单位和自通式（8）~（10）中所表示的单位中选择一种以上的结构单位：

通式（13）如下所示

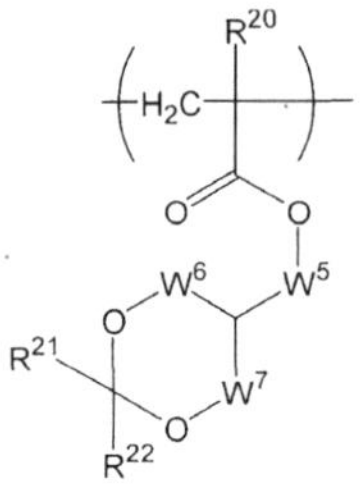

(13)

其中，W^5 表示相邻的氧及碳原子直接结合或1~6碳的亚甲链，

W^6 表示相邻的氧及碳原子直接结合或1~3碳的亚甲链，

W^7 表示1~3碳的亚甲链，

R^{20}指氢原子或甲基，

R^{21}、R^{22}相同或不同，指氢原子或1~6碳的直链或分支烷基、4~16碳的环烃或含有4~16碳的环烃的1~6碳的直链或分支烷基，

R^{21}和R^{22}相结合形成4~16碳的环烃；

通式（8）如下所示

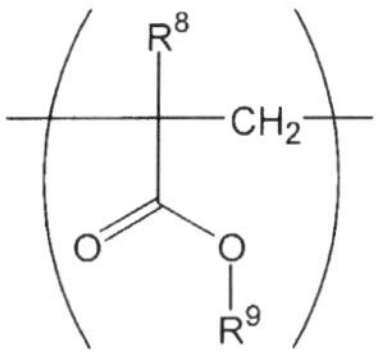

(8)

其中，R^8 表示氢原子或甲基，

R^9 表示1~6碳的直链或分支烷基、4~8碳的环烃、4~16碳的桥连环烃，

所述烷基、环烃、桥连环烃是含有1~6碳的直链或分支烷基，还含有羟基、羧基或1~6碳的醇或被酯化的羧基；

通式（9）如下所示

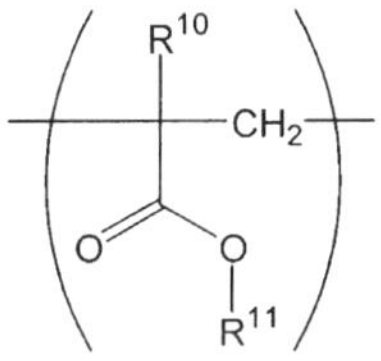

(9)

其中，R^{10}表示氢原子或甲基，

R^{11}表示氢原子、亲水官能团或含有亲水官能团的1~6碳的直链或分支烷基、4~8碳的环烃，4~16碳的桥连环烃，

所述烷基、环烃、桥连环烃或亲水官能团的1~6碳的直链或分支烷基，还含有羟基、羧基或1~6碳的醇或被酯化的羧基；

通式（10）如下所示

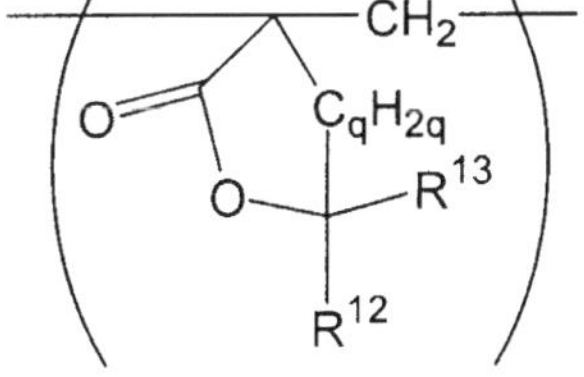

(10)

其中，q表示1~4的整数，

R^{12}、R^{13}表示各种氢原子、甲基或乙基。

4. 如权利要求3所述的聚合体，其特征在于所述通式（13）所表示的单位为通式（11）或通式（12）中所表示的单位：

通式（11）如下所示

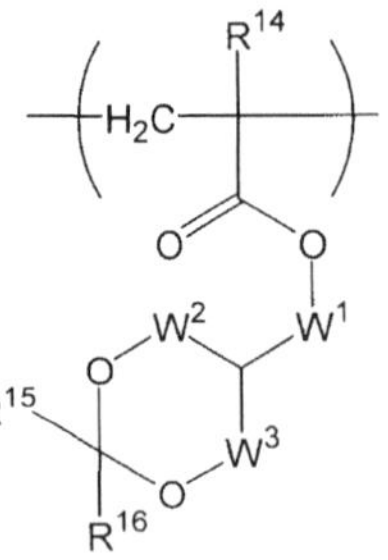

(11)

其中，W^1 表示相邻的氧及碳原子直接结合或 1~6 碳的亚甲链，

W^2 表示相邻的氧及碳原子直接结合或 1~3 碳的亚甲链，

W^3 表示 1~3 碳的亚甲链，

R^{14}表示氢原子或甲基，

R^{15}表示 4~16 碳的桥连环烃或含有 4~16 碳的桥连环烃的 1~6 碳的直链或分支烷基，

R^{16}表示氢原子或 1~6 碳的直链或分支烷基，

R^{15}和 R^{16}相结合形成 4~16 碳的桥连环烃，

通式（12）如下所示

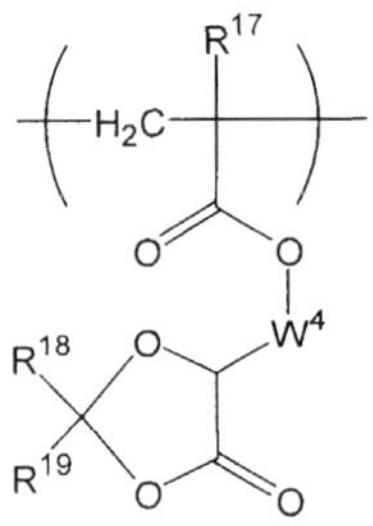

(12)

其中，W^4 表示相邻的氧及碳原子直接结合或 1~6 碳的亚甲链，

R^{17}表示氢原子或甲基，

R^{18}、R^{19}相同或不同，指氢原子或 1~6 碳的直链或分支烷基，4~16 碳的环烃或 4~16 碳的环烃的 1~6 碳的直链或分支烷基，

R^{18}和 R^{19}相结合形成 4~16 碳的桥连环烃。

6. 一种抗蚀组成物，其特征在于所述抗蚀组成物的平均分子量为 1000~100000，且含有如通式（13）所表示的单位选择一种以上组成单位的聚合体

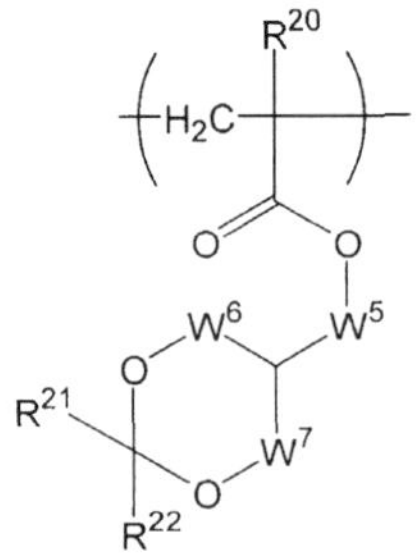

(13)

其中，W^5 表示相邻的氧及碳原子直接结合或 1~6 碳的亚甲链，

W^6 表示相邻的氧及碳原子直接结合或 1~3 碳的亚甲链，

W^7 表示 1~3 碳的亚甲链，

R^{20}指氢原子或甲基，

R^{21}、R^{22}相同或不同，指氢原子或 1~6 碳的直链或分支烷基、4~16 碳的环烃或含有 4~16 碳的环烃的 1~6 碳的直链或分支烷基，

R^{21}和R^{22}相结合形成4~16碳的环烃。”

2008年9月11日，申请人三菱丽阳株式会社（下称请求人）对上述驳回决定不服，向专利复审委员会提出复审请求。在提出复审请求的同时，请求人提交了权利要求书和说明书的替换页，其中相对于驳回文本，将权利要求1~4、6和说明书中的“相邻的氧及碳原子直接结合”修改为“直接结合”，请求人认为原始表述“直接结合1~6（或1~3）碳的亚甲链”是明显打字错误，本领域技术人员从说明书整体和上下文能够看出“直接结合”与“1~6碳的亚甲链”之间应该插入“或”，上述修改能从原始记载的内容唯一地确定，因此修改后的文本符合专利法第33条的规定。

修改后的权利要求1~4、6为：

“1. 一种聚合体，其特征在于所述聚合体的平均分子量为1000~100000，且含有从通式（11）所表示的单位中选择一种以上组成单位，通式（11）如下所示

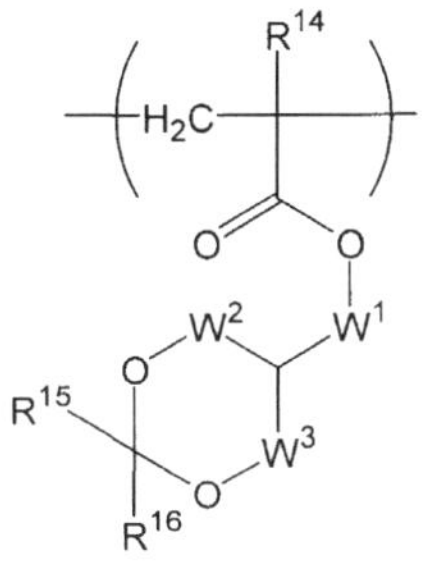

(11)

其中，W^1表示直接结合或1~6碳的亚甲链，

W^2表示直接结合或1~3碳的亚甲链，

W^3表示1~3碳的亚甲链，

R^{14}表示氢原子或甲基，

R^{15}表示4~16碳的桥连环烃或含有4~16碳的桥连环烃的1~6碳的直链或分支烷基，

R^{16}表示氢原子或1~6碳的直链或分支烷基，

R^{15}和R^{16}相结合形成4~16碳的桥连环烃。

2. 一种聚合体，其特征在于所述聚合体的平均分子量为1000~100000，且含有从通式（12）所表示的单位中选择一种以上组成单位，通式（12）如下所示

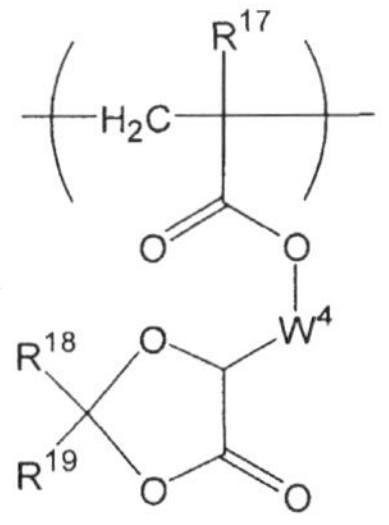

(12)

其中，W^4表示直接结合或1~6碳的亚甲链，

R^{17}表示氢原子或甲基，

R^{18}、R^{19}相同或不同，指氢原子或1~6碳的直链或分支烷基，4~16碳的环烃或含有4~16碳的环烃的1~6碳的直链或分支烷基，

R^{18}和R^{19}相结合形成4~16碳的桥连环烃。

3. 一种聚合体，其特征在于所述聚合体的平均分子量为1000~100000，且含有选自通式（13）所表示的一种以上的结构单位和自通式（8）~（10）中所表示的单位中选择一种以上的结构单位：

通式（13）如下所示

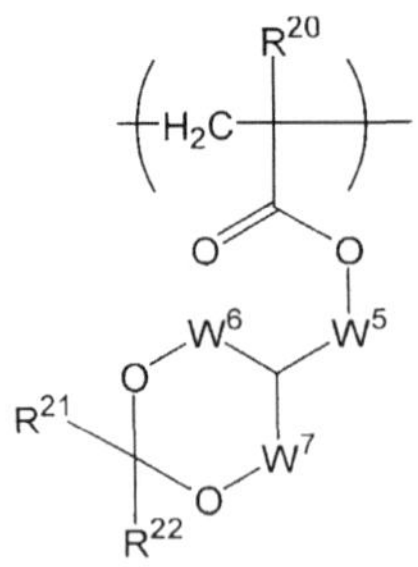

(13)

其中，W^5 表示直接结合或 1~6 碳的亚甲链，

W^6 表示直接结合或 1~3 碳的亚甲链，

W^7 表示 1~3 碳的亚甲链，

R^{20}指氢原子或甲基，

R^{21}、R^{22}相同或不同，指氢原子或 1~6 碳的直链或分支烷基、4~16 碳的环烃或含有 4~16 碳的环烃的 1~6 碳的直链或分支烷基，

R^{21}和 R^{22}相结合形成 4~16 碳的环烃；

通式（8）如下所示

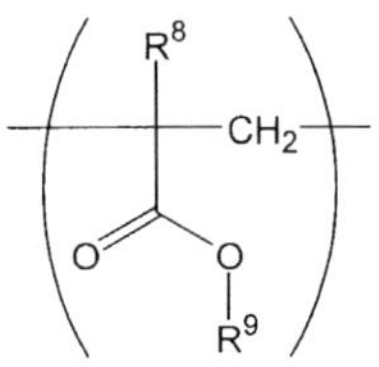

(8)

其中，R^8 表示氢原子或甲基，

R^9 表示 1~6 碳的直链或分支烷基、4~8 碳的环烃、4~16 碳的桥连环烃，

所述烷基、环烃、桥连环烃是含有 1~6 碳的直链或分支烷基，还含有羟基、羧基或 1~6 碳的醇或被酯化的羧基；

通式（9）如下所示

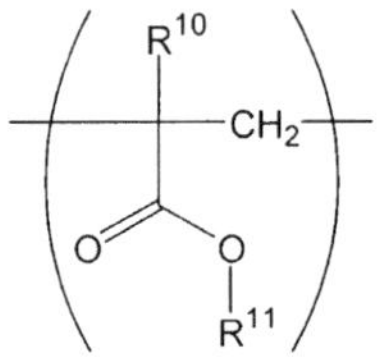

(9)

其中，R^{10}表示氢原子或甲基，

R^{11}表示氢原子、亲水官能团或含有亲水官能团的 1~6 碳的直链或分支烷基、4~8 碳的环烃，4~16碳的桥连环烃，

所述烷基、环烃、桥连环烃或亲水官能团的 1~6 碳的直链或分支烷基，还含有羟基、羧基或1~6 碳的醇或被酯化的羧基；

通式（10）如下所示

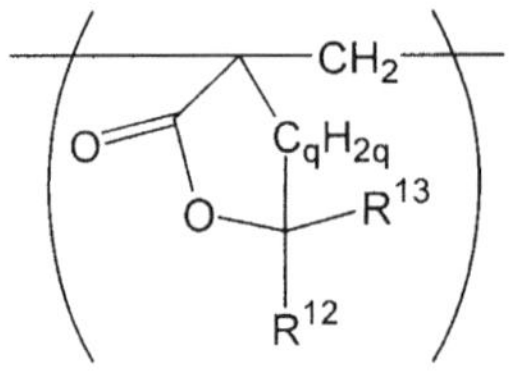

(10)

其中，q 表示 1~4 的整数，

R^{12}、R^{13}表示各种氢原子、甲基或乙基。

4. 如权利要求3所述的聚合体，其特征在于所述通式（13）所表示的单位为通式（11）或通式（12）中所表示的单位：

通式（11）如下所示

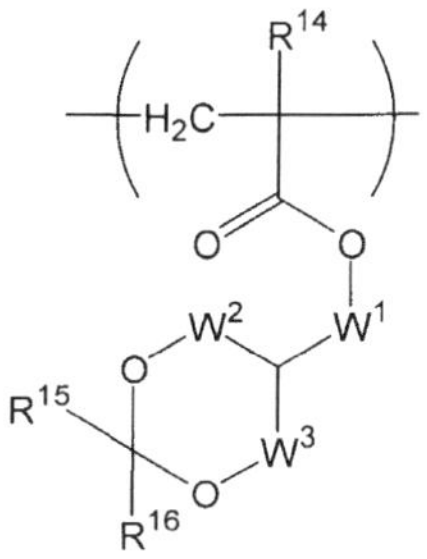

(11)

其中，W^1 表示直接结合或 1~6 碳的亚甲链，

W^2 表示直接结合或 1~3 碳的亚甲链，

W^3 表示 1~3 碳的亚甲链，

R^{14}表示氢原子或甲基，

R^{15}表示 4~16 碳的桥连环烃或含有 4~16 碳的桥连环烃的 1~6 碳的直链或分支烷基，

R^{16}表示氢原子或 1~6 碳的直链或分支烷基，

R^{15}和 R^{16}相结合形成 4~16 碳的桥连环烃，

通式（12）如下所示

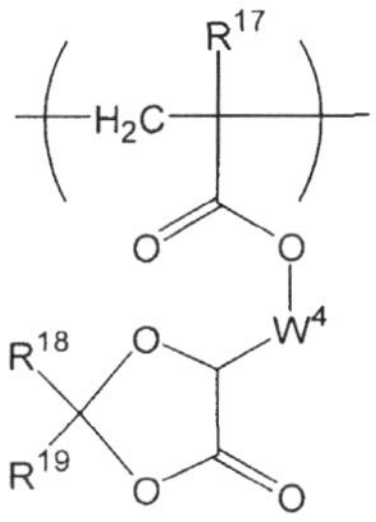

(12)

其中，W^4 表示直接结合或 1~6 碳的亚甲链，

R^{17}表示氢原子或甲基，

R^{18}、R^{19}相同或不同，指氢原子或 1~6 碳的直链或分支烷基，4~16 碳的环烃或 4~16 碳的环烃的 1~6 碳的直链或分支烷基，

R^{18}和 R^{19}相结合形成 4~16 碳的桥连环烃。

6. 一种抗蚀组成物，其特征在于所述抗蚀组成物的平均分子量为 1000~100000，且含有如通式（13）所表示的单位选择一种以上组成单位的聚合体

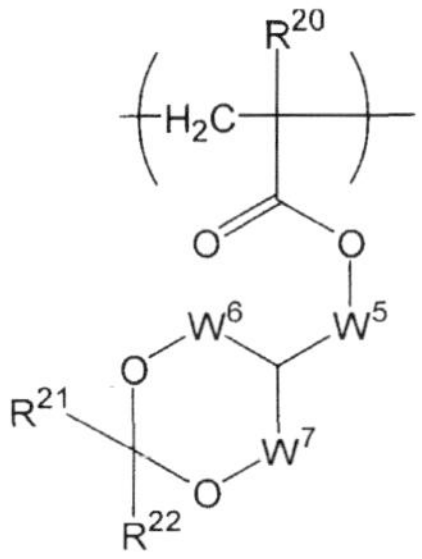

(13)

其中，W^5 表示直接结合或 1~6 碳的亚甲链，

W^6 表示直接结合或 1~3 碳的亚甲链，

W^7 表示 1~3 碳的亚甲链，

R^{20}指氢原子或甲基，

R^{21}、R^{22}相同或不同，指氢原子或 1~6 碳的直链或分支烷基、4~16 碳的环烃或含有 4~16 碳的环烃的 1~6 碳的直链或分支烷基，

R^{21}和 R^{22}相结合形成 4~16 碳的环烃。”

经形式审查合格后，专利复审委员会受理了该请求，并于 2008 年 11 月 5 日向请求人发出了《复审请求受理通知书》，同时将本申请转送至国家知识产权局原审查部门进行前置审查。

在《前置审查意见书》中，国家知识产权局原审查部门坚持驳回决定。

专利复审委员会组成合议组，对本复审请求案进行了审理。

2009 年 6 月 22 日，请求人提交了说明书第 23、24、29、35 页的修改替换页，其中将说明书中括号内的多处“直接结合”修改为“相邻的氧及碳原子直接结合”。

经审查，合议组认为本案事实清楚，可以作出审查决定。

二、决定的理由

1. 审查文本

在复审程序中，复审请求人于 2008 年 9 月 11 日和 2009 年 6 月 22 日提交了申请文件的修改替换页。经审查，请求人在复审程序中所作的修改符合专利法实施细则第 60 条第 1 款的规定。

本复审决定所针对的文本是请求人于 2009 年 6 月 22 日提交的说明书第 23、24、29、35 页，2008 年 9 月 11 日提交的权利要求第 1~11 项、说明书第 6~8、34 页，2005 年 8 月 16 日提交的说明书第 1~5、11~22、25~28、30~32、47~51、53~81 页、说明书附图第 1~6 页和说明书摘要，2007 年 11 月 29 日提交的说明书第 9、10 页，2007 年 8 月 16 日提交的说明书第 33、36~46、52 页。

2. 关于专利法第 33 条、专利法实施细则第 43 条第 1 款

专利法第 33 条规定，申请人可以对其专利申请文件进行修改，但是对发明和实用新型专利申请文件的修改不得超出原说明书和权利要求书记载的范围。

专利法实施细则第 43 条第 1 款规定，依照本细则第 42 条规定提出的分案申请，可以保留原申请日，享有优先权的，可以保留优先权日，但是不得超出原申请公开的范围。

如果对申请文件的修改是本领域技术人员能够从原申请记载的信息中直接地、毫无疑义地确定的，那么，这种修改就是允许的。

本案中，驳回决定指出，请求人将权利要求 1~4、6 和说明书相应部分的“直接结合 1~6（或 1~3）碳的亚甲链”修改为“相邻的氧及碳原子直接结合或 1~6（或 1~3）碳的亚甲链”，该表述不能从原始表述的“直接结合（指于 W^x 相邻的氧及碳原子直接结合）CH_2、CH_2CH_2、……”中直接地、毫无疑义地确定，该修改不符合专利法第 33 条的规定

针对驳回决定指出的缺陷，请求人在提出复审请求时将权利要求 1~4、6 和说明书中有关 W^1、W^2、W^4、W^5、W^6 定义中的“相邻的氧及碳原子直接结合”修改为“直接结合”。

在《前置审查意见书》中，国家知识产权局原审查部门指出：(1) 请求人将原始申请文件中的“直接结合 1~6（或 1~3）碳的亚甲链”修改为“直接结合或 1~6（或 1~3）碳的亚甲链”并不能从原始说明书和权利要求的相应描述“直接结合（指与 W^x 相邻的氧及碳原子直接结合）CH_2、CH_2CH_2、……”中直接地、毫无疑义地确定，因此该修改不符合专利法第 33 条的规定。(2) 请求人指出说明书中“直接结合（指与 W^x 相邻的氧及碳原子直接结合）CH_2、……”中存在笔误，漏了一个顿号，从而在修改文本中增加了顿号。但是从说明书相应描述和上下文并不能说明存在明显笔误。

2009年6月22日，请求人提交了说明书第23、24、29、35页的修改替换页，其中将说明书第23、24、29、35页中括号内的多处“直接结合”重新修改为“相邻的氧及碳原子直接结合”。

归纳起来，请求人在复审阶段对申请文本所作的修改主要为：(1) 将权利要求1~4、6和说明书第6~8、34页和第23页第1~2行中有关W^1、W^2、W^4、W^5、W^6定义中的“相邻的氧及碳原子直接结合”修改为“直接结合”（下称修改一）；(2) 将说明书第23、24、29、35中“直接结合（指与W^x相邻的氧及碳原子直接结合）CH_2、CH_2CH_2……”修改为“直接结合（指与W^x相邻的氧及碳原子直接结合）、CH_2、CH_2CH_2……”，即在括号后增加顿号（下称修改二）。

合议组查明：对于修改一，权利要求1~4、6和说明书第6~8、34页和第23页第1~2行中对于W^1、W^2、W^4、W^5、W^6的定义与本申请的原始文本（指申请人于2002年10月22日提交的母案申请的申请文本，母案申请号为02146580.0，下同）的差别在于“直接结合”与“1~6碳的亚甲链”（或“1~3碳的亚甲链”）之间增加了“或”。对于修改二，其与本申请的原始文本的差别在于说明书第23、24、29、35相应定义的括号后增加了顿号。上述修改后的文本均将W^1、W^2、W^4、W^5、W^6定义为“直接结合或1~6碳（或1~3碳）的亚甲链”。

在本申请原始文本的说明书第22页最后一段记载了“上述通式（11）中作为W^1的示例直接结合（指与W^1相邻的氧及碳原子直接结合）CH_2、CH_2CH_2……”；在第23页第2段记载了“作为W^2的示例直接结合（指与W^2相邻的氧及碳原子直接结合）CH_2、C（O）、……”；在第24~26页中记载了以下内容：“此聚合体为下述通式（18）

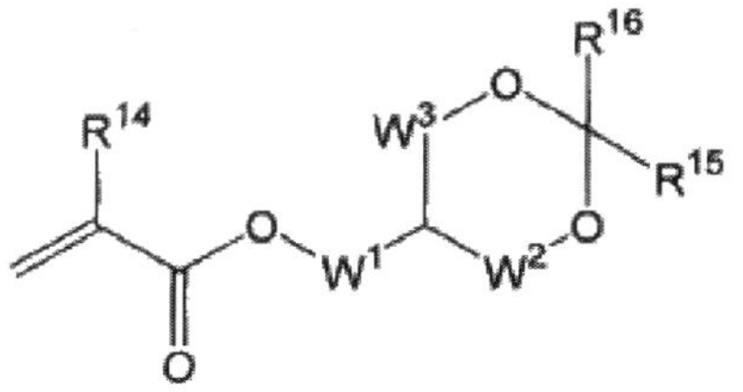

(18)

其中，$W^{1\sim3}$、$R^{14\sim16}$与通式（11）中相同。从所表示的单体中选择一种以上进行重合……上述通式（18）的单体的示例为下述通式（I-1）~（I-45）所表示的单体……”

合议组认为，由“上述通式（11）中作为W^1的示例直接结合（指与W^1相邻的氧及碳原子直接结合）CH_2、CH_2CH_2……”可知，W^1定义中的直接结合实际含义是指将与W^1相邻的氧及碳原子直接连接的键。W^2定义中直接结合的含义也是如此。另外，通式I-38、I-39所对应的单体中W^1、W^2为单键连接，由这样的单体聚合获得的由通式（11）所限定的聚合体中的W^1、W^2也一定为单键连接；通式I-13、I-14所对应的单体中W^1、W^2为亚甲基，由这样的单体聚合获得的由通式（11）所限定的聚合体中的W^1、W^2也一定为亚甲基。说明书实施例10中给出了单体中相应W^1、W^2位置为单键的聚合物的合成实例。由此可见，原始权利要求书中对于具有通式（11）所示结构的聚合体，其中“W^1表示直接结合1~6碳的亚甲链，W^2表示直接结合1~3碳的亚甲链”的表述属于明显的文字错误，根据说明书对于所述通式的说明，其本义应是W^1、W^2既能表示直接的键连接，又能表示亚甲链，因此上述修改能够从原说明书记载的内容中直接地、毫无疑义地确定，符合专利法实施细则第43条第1款和专利法第33条的规定。

同理，根据说明书第30~32页中关于包含W^4的通式（19）聚合单体的列举，W^4的本义应是“直接结合或1~6碳的亚甲链”；对于原权利要求中关于W^5、W^6定义根据说明书上下文的意思也能看出其为明显的文字错误，本领域技术人员能够明确其本义应分别表示“直接结合或1~6碳的亚甲链”和“直接结合或1~3碳的亚甲链”，该修改也是请求人唯一能够明确权利要求保护范围的修改方式。因此修改一能够从原说明书记载的内容中直接地、毫无疑义地确定，符合专利法实施细则第43

条第 1 款和专利法第 33 条的规定。

基于相同的理由，修改二通过增加顿号明确了 W^1、W^2、W^4、W^5、W^6 的示例为“直接结合、CH_2、CH_2CH_2……”，该修改也能从原申请文本记载的内容直接地、毫无疑义地确定，符合专利法实施细则第 43 条第 1 款和专利法第 33 条的规定。

综上所述，经请求人修改的后的文本（即本复审决定针对的文本）符合专利法实施细则第 43 条第 1 款和专利法第 33 条的规定，驳回决定中的驳回理由不成立。

基于上述理由，合议组作出如下决定。

三、决定

撤销国家知识产权局于 2008 年 6 月 6 日针对 200510090805.0 号发明专利申请作出的驳回决定。由国家知识产权局审查部门以本复审决定所针对的文本为基础继续审批程序。

复审请求人对本决定不服的，可以根据专利法第 41 条第 2 款的规定，自收到本决定之日起三个月内向北京市第一中级人民法院起诉。

109

作物保护的组合物和方法

复审请求审查决定（第17744号）

决　定　号　第17744号
决　定　日　2009年6月22日
发明创造名称　作物保护的组合物和方法
国际分类号　A01N 25/08，A01N 59/06
复审请求人　卢泽内克美国公司
申　请　号　200480032125.7
申　请　日　2004年8月27日
优先权日　2003年8月29日
公　开　日　2006年12月6日
合议组组长　李亚林
主　审　员　张家祥
参　审　员　蔡　雷

法律依据　专利法第26条第3款
决定要点

所属技术领域的技术人员能够实现，是指所属技术领域的技术人员按照说明书记载的内容，就能够实现该发明或者实用新型的技术方案，解决其技术问题，并且产生预期的技术效果。

一、案由

本复审请求案涉及发明名称为“作物保护的组合物和方法”的200480032125.7号发明专利申请（下称本申请），申请人为卢泽内克美国公司，申请日为2004年8月27日，优先权日为2003年8月29日，公开日为2006年12月6日。

国家知识产权局对本申请进行实质审查，于2007年9月14日发出《第一次审查意见通知书》，指出：(1) 说明书实施例1~7未说明所述滑石组合物中使用的具体滑石产品、各组分的配比含量以及如何配制，实施例8未说明所述滑石组合物使用的具体滑石产品以及该组合物的丸粒与水以何配比含量“形成浆液”，实施例9使用概念含糊的“SURROUND产品”，导致说明书缺少实现发明所需的内容；(2) 根据上述理由，实施例1~8本身不清楚，尽管说明书提供了基于实施例8的实施例9~11，但实质上说明书未提供足以证明发明的技术方案可以达到预期要解决的技术问题或效果的试验数据，如所述组合物的理化性能数据以及所述浆液与常规浆液对比效果数据等，致使本领域技术人员根据说明书记载的内容无法具体实施。因此，本申请的说明书公开不充分，不符合专利法第26条第3

款的规定。

针对《第一次审查意见通知书》，申请人于 2008 年 1 月 29 日提交了意见陈述书和下述的附件1~4：

附件 1：Merriam-Webster’ s 11th Collegiate Dictionary，网络打印件，共 1 页；

附件 2：《英汉辞海》下册 Q-Z，王同亿主编译，国防工业出版社，封面页、第 5378 页，复印件共 2 页；

附件 3：2006 Minerals Yearbook，Talc and Pyrophyllite，U. S. Geological Survey，2007 年 7 月，封面页、75. 2、75. 4、75. 6 页，复印件共 4 页；

附件 4：Specimen Label，Surround WP Crop Protectant 和 Surround CF Crop Protectant，复印件共 8 页。

申请人认为：（1）实施例 1~7 所述滑石组合物中使用的具体滑石产品是天然矿物质并且是本领域技术人员公知的（参见附件 1 ~ 3），而不是任何特殊的滑石配制物；实施例 9 所述的“SURROUND”是一种公知的基于高岭土的产品（参见附件 4）；原说明书第 16 页第 19 行至第 17 页第 2 行已经具体描述了实施例 8 所述的滑石组合物，表 7 显示了本申请的浆液组合物与 SURROUND 产品的比较；浆液形成的关键并不在于丸粒与水的配比，因为滑石丸粒可以以很宽范围的组成有效地分散在水中，这一点在说明书第 10 页第 24~25 行中给出了说明。（2）实施例 9 阐述了按照 SURROUND 产品插页所推荐的量和方式喷雾在灰树叶上，并将其结果与本申请的浆液组合物进行比较，实施例 9~11 中包含了定性而不是定量的测定。

2008 年 7 月 11 日，针对申请人于 2006 年 4 月 28 日进入中国国家阶段时提交的国际申请文件中文文本的权利要求第 1~68 项、说明书第 1~18 页和说明书摘要，国家知识产权局以本申请的说明书不符合专利法第 26 条第 3 款的规定为由驳回了本申请。

驳回决定所针对的权利要求书如下：

“1. 用于保护作物的浆液组合物，其包含：

页硅酸盐矿物；

螯合剂；和

多价离子

其中所述组合物具有大约 9. 0 至大约 11. 6 的 pH。

2. 权利要求 1 的组合物，其中所述页硅酸盐矿物选自高岭石、滑石、绿泥石、叶腊石、蒙脱石、蒙皂石和蛭石中的一种或多种。

3. 权利要求 1 的组合物，其中所述页硅酸盐矿物是滑石。

4. 权利要求 1 的组合物，其中所述页硅酸盐矿物包含大约 50 干重% 至大约 99. 9 干重% 。

5. 权利要求 1 的组合物，其中所述页硅酸盐矿物包含大约 97 干重% 。

6. 权利要求 1 的组合物，其中所述组合物另外包含苏打灰。

7. 权利要求 1 的组合物，其中所述螯合剂选自马来酸钠、柠檬酸、柠檬酸钠、铝酸钠、硅酸钠、EDTA、DTPA 和其混合物中的一种或多种。

8. 权利要求 1 的组合物，其中所述螯合剂是柠檬酸。

9. 权利要求 8 的组合物，其中所述组合物包含大约 500ppm 至大约 2000ppm 的柠檬酸。

10. 权利要求 8 的组合物，其中所述组合物包含大约 1000ppm 至大约 1250ppm 的柠檬酸。

11. 权利要求 1 的组合物，其中所述多价离子包含选自镁离子和铝离子中的一种或多种阳离子。

12. 权利要求 1 的组合物，其中所述多价离子包含选自硫酸根离子和柠檬酸根离子中的一种或多种阴离子。

13. 权利要求1的组合物，其中所述多价离子来自七水合硫酸镁。

14. 权利要求13的组合物，其中以大约1000ppm至大约4000ppm的量加入七水合硫酸镁。

15. 权利要求13的组合物，其中以大约2000ppm至大约3000ppm的量加入七水合硫酸镁。

16. 权利要求13的组合物，其中以大约2500ppm的量加入七水合硫酸镁。

17. 权利要求1的组合物，其中所述螯合剂是柠檬酸而所述多价离子是来自泻盐的镁离子和硫酸根离子，而且其中柠檬酸和泻盐以柠檬酸：泻盐大约1：0.5至大约1：10的比例存在。

18. 权利要求1的组合物，其进一步包含油。

19. 用于产生保护作物的浆液的组合物，其包含：

页硅酸盐矿物；

螯合剂；和

多价离子的来源。

20. 权利要求19的组合物，其中所述页硅酸盐矿物选自高岭石、滑石、绿泥石、叶腊石、蒙脱石、蒙皂石和蛭石中的一种或多种。

21. 权利要求19的组合物，其中所述页硅酸盐矿物是滑石。

22. 权利要求19的组合物，其中所述页硅酸盐矿物包含大约50干重%至大约99.9干重%。

23. 权利要求19的组合物，其中所述页硅酸盐矿物包含大约97干重%。

24. 权利要求19的组合物，其中所述组合物另外包含苏打灰。

25. 权利要求19的组合物，其中所述螯合剂选自马来酸钠、柠檬酸、柠檬酸钠、铝酸钠、硅酸钠、EDTA、DTPA和其混合物中的一种或多种。

26. 权利要求19的组合物，其中所述螯合剂是柠檬酸。

27. 权利要求19的组合物，其中所述多价离子包含选自镁离子和铝离子中的一种或多种阳离子。

28. 权利要求19的组合物，其中所述多价离子包含选自硫酸根离子和柠檬酸根离子中的一种或多种阴离子。

29. 权利要求19的组合物，其中多价离子的来源包含七水合硫酸镁。

30. 权利要求19的组合物，其中所述螯合剂是柠檬酸而所述多价离子是来自泻盐的镁离子和硫酸根离子，而且其中柠檬酸和泻盐以柠檬酸：泻盐大约1：0.5至大约1：10的比例存在。

31. 权利要求19的组合物，其中所述组合物为丸粒的形式。

32. 用于作物保护的方法，其包括将有效量的浆液组合物施加到作物的至少一部分表面，所述浆液组合物包含：

页硅酸盐矿物；

螯合剂；

多价离子；

其中所述组合物具有大约9.0至大约11.6的pH。

33. 权利要求32的方法，其中所述页硅酸盐矿物选自高岭石、滑石、绿泥石、叶腊石、蒙脱石、蒙皂石和蛭石中的一种或多种。

34. 权利要求32的方法，其中所述页硅酸盐矿物是滑石。

35. 权利要求32的方法，其中所述页硅酸盐矿物包含大约50干重%至大约99.9干重%。

36. 权利要求32的方法，其中所述页硅酸盐矿物包含大约97干重%。

37. 权利要求32的方法，其中所述组合物另外包含苏打灰。

38. 权利要求 32 的方法，其中所述螯合剂选自马来酸钠、柠檬酸、柠檬酸钠、铝酸钠、硅酸钠、EDTA、DTPA 和其混合物中的一种或多种。

39. 权利要求 32 的方法，其中所述螯合剂是柠檬酸。

40. 权利要求 39 的方法，其中所述组合物包含大约 500ppm 至大约 2000ppm 的柠檬酸。

41. 权利要求 39 的方法，其中所述浆液包含大约 100ppm 至大约 1250ppm 的柠檬酸。

42. 权利要求 32 的方法，其中所述多价离子包含选自镁离子和铝离子中的一种或多种阳离子。

43. 权利要求 32 的方法，其中所述多价离子包含选自硫酸根离子和柠檬酸根离子中的一种或多种阴离子。

44. 权利要求 32 的方法，其中所述多价离子来自七水合硫酸镁。

45. 权利要求 44 的方法，其中以大约 1000ppm 至大约 4000ppm 的量加入七水合硫酸镁。

46. 权利要求 44 的方法，其中以大约 2000ppm 至大约 3000ppm 的量加入七水合硫酸镁。

47. 权利要求 44 的方法，其中以大约 2500ppm 的量加入七水合硫酸镁。

48. 权利要求 32 的方法，其中所述螯合剂是柠檬酸而所述多价离子是来自泻盐的镁离子和硫酸根离子，而且其中柠檬酸和泻盐以柠檬酸：泻盐为大约 1：0.5 至大约 1：10 的比例存在。

49. 权利要求 32 的方法，其中所述组合物进一步包含油。

50. 权利要求 32 的方法，其中施加的步骤通过选自喷雾、涂抹和浸渍中的一种或多种的方法进行。

51. 权利要求 32 的方法，其中所述作物选自水果、蔬菜、谷类、豆类、树、灌木、花、草、根、园林植物、观赏植物和作物植物中的一种或多种。

52. 保护作物免于受冻的方法，其包括将有效量的浆液组合物施加到作物的至少一部分表面，所述浆液组合物包含：

页硅酸盐矿物；

螯合剂；

多价离子；

其中所述组合物具有大约 9.0 至大约 11.6 的 pH。

53. 权利要求 52 的方法，其中所述方法与另一种防冻技术相结合来实施。

54. 权利要求 53 的方法，其中另一种防冻技术选自覆盖植物和燃烧烟熏罐中的一种或多种。

55. 保护作物免于虫害的方法，其包括将有效量的浆液组合物施加到作物的至少一部分表面，所述浆液组合物包含：

页硅酸盐矿物；

螯合剂；

多价离子；

其中所述组合物具有大约 9.0 至大约 11.6 的 pH。

56. 涂覆的基材，其包含园艺基材，其中该基材至少一部分表面涂有组合物，所述组合物包含浆液组合物的残余物，所述浆液组合物包含页硅酸盐矿物；螯合剂；和多价离子。

57. 权利要求 55 的涂覆的基材，其中所述园艺基材选自水果、蔬菜、谷类、豆类、树、灌木、花、草、根、园林植物、观赏植物和作物植物中的一种或多种。

58. 权利要求 55 的涂覆的基材，其中所述页硅酸盐矿物是滑石。

59. 权利要求 55 的涂覆的基材，其中所述螯合剂选自马来酸钠、柠檬酸、柠檬酸钠、铝酸钠、硅酸钠、EDTA、DTPA 和其混合物中的一种或多种。

60. 权利要求55的涂覆的基材，其中所述多价离子包含选自镁离子和铝离子中的一种或多种阳离子。

61. 权利要求55的涂覆的基材，其中所述多价离子包含选自硫酸根离子和柠檬酸根离子中的一种或多种阴离子。

62. 权利要求55的涂覆的基材，其中所述多价离子来自七水合硫酸镁。

63. 施加于作物的组合物，其包含：

滑石；

柠檬酸；

七水合硫酸镁；和

苏打灰。

64. 权利要求63的组合物，其中滑石以大约75干重%至大约99干重%的量存在，柠檬酸以大约500ppm至大约2000ppm的量存在，七水合硫酸镁以大约1000ppm至大约4000ppm的量存在，而苏打灰以大约1干重%至大约4干重%的量存在。

65. 权利要求63的组合物，其中滑石以大约97.125干重%的量存在，柠檬酸以大约0.125干重的量存在，七水合硫酸镁以大约0.25干重%的量存在，而苏打灰以大约2.5干重%的量存在。

66. 权利要求63的组合物，其中所述组合物为丸粒的形式。

67. 权利要求63的组合物，其中所述组合物是进一步包含水的浆液。

68. 权利要求67的组合物，其中所述浆液具有大约9.0至大约11.6的pH。"

驳回决定认为：(1) 说明书实施例1~7未说明所述滑石组合物中使用的具体滑石产品、各组分的配比含量以及如何配制，实施例8未说明所述滑石组合物使用的具体滑石产品以及该组合物的丸粒与水以何配比含量"形成浆液"，实施例9使用了概念含糊的"SURROUND产品"，而滑石是本申请所述组合物的有效成分，其与一种或多种添加剂以及溶剂如水配制成浆液施用于植物以保护植物免于受冻和虫害等，用水润湿滑石以产生施加于植物的浆液可能是困难的，并且滑石产品的杂质如白云石或菱镁矿中碳酸盐矿物的存在会影响所得浆液的稳定性和稳定化化学品的比例，所以申请人应该公开上述的具体滑石产品、各组分的配比含量尤其是滑石在组合物中的含量、如何"将干粉状的滑石用加入的添加剂泻盐和/或苏打灰配制得到所述滑石组合物"，以及实施例8中所述组合物的丸粒如何与水"形成浆液"(尤其两者的配比含量)，因此，本申请的说明书由于缺少实现发明所需的内容而不完整；(2) 根据上述理由，实施例1~8本身不清楚，尽管说明书提供了基于实施例8的实施例9~11，但实质上说明书未提供足以证明发明的技术方案可以达到预期要解决的技术问题或效果的试验数据，如所述组合物的理化性能数据以及所述浆液与常规浆液对比效果数据等，由于所使用的浆液、对照药剂以及浆液与对照药剂的使用浓度、使用量和使用方式是本领域技术人员无法确定的，致使本领域的技术人员无法根据现有技术预测能够实现所述用途和/或使用效果。因此，说明书未对发明作出清楚、完整的说明，不符合专利法第26条第3款的规定。(3) 附件1~2和4自身无法确定其公开时间，附件3的公开日为2007年7月，在本申请的优先权日之后，所以附件1~4不属于本申请的现有技术。既使所述滑石组合物中使用的具体滑石产品和"SURROUND"产品是现有技术，但由于说明书中实质上未提供有关实验数据，本领域技术人员仍然不能实现该发明。

2008年10月27日，申请人卢泽内克美国公司（下称请求人）对上述驳回决定不服，向专利复审委员会提出复审请求，请求人未修改申请文件，但提交了以下附件（编号续前）：

附件5：The Condensed Chemical Dictionary，第5版，Reinhold Publishing Corporation，Chapman & Hall，Ltd.，London，1956年，复印件共2页；

附件 6：发明人 Gregory S. Hunter 对申请号为 200480032125.7、名称为“作物保护的组合物和方法”的发明专利申请所作的声明及其中文译文，共 3 页。

请求人认为：如附件 5 所述，滑石的分子式均为 $Mg_3Si_4O_{10}(OH)_2$，其为天然无水的硅酸镁，通常以硅酸镁岩石的天然变形物或变形的白云石的形式存在；市场上可获得的滑石均具有一定的粒径分布，该粒径范围内的滑石不管其种类和杂质的含量如何，均能够用于本申请中；本申请要解决的技术问题之一是提供改进的滑石的水悬浮液，其包含滑石和一种或多种添加剂，该添加剂为螯合剂和多价离子等；如果滑石中存在非正常量的杂质，可以通过使用较多量的螯合剂和多价离子等来稳定滑石，从实施例 1~7 可以看出，本申请的滑石组合物着眼于添加剂及其含量的选择；从本申请产品的用途和实施例 8~9 所述的涂覆层可以看出，本申请的产品并非要求浆液是特别持久的，如实施例 9~11 所述，所得到的滑石溶液能够被涂覆和沉积形成均匀的涂覆层，取得了预期的效果；实施例 1~7 的目的是说明不同的添加剂对滑石组合物的润湿和分散特性的影响，各滑石组合物中的滑石是相同的；实施例 8 详细描述了如何制备丸粒，至于如何将丸粒快速而完全地分散在水中以形成浆液，即所采用的水的比例如何，是本领域技术人员能够确定的；滑石是本申请与最接近的现有技术共有的技术特征，可以不作详细的描述。

经形式审查合格后，专利复审委员会受理了该请求，并于 2008 年 11 月 25 日向请求人发出了《复审请求受理通知书》，同时将本申请转送至国家知识产权局原审查部门进行前置审查。

在《前置审查意见书》中，国家知识产权局原审查部门坚持驳回决定。

专利复审委员会组成合议组，对本复审请求案进行了审理。

经合议，合议组认为本案事实已经清楚，可以作出审查决定。

二、决定的理由

1. 关于审查文本

本复审请求审查决定所针对的文本是：请求人于 2006 年 4 月 28 日进入中国国家阶段时提交的国际申请文件中文文本的权利要求第 1~68 项、说明书第 1~18 页和说明书摘要。

2. 关于专利法第 26 条第 3 款

专利法第 26 条第 3 款规定：说明书应当对发明或者实用新型作出清楚、完整的说明，以所属技术领域的技术人员能够实现为准。

所属技术领域的技术人员能够实现，是指所属技术领域的技术人员按照说明书记载的内容，就能够实现该发明或者实用新型的技术方案，解决其技术问题，并且产生预期的技术效果。

就本申请而言，权利要求 1~18 要求保护用于保护作物的浆液组合物，其包含页硅酸盐矿物、螯合剂和多价离子，所述组合物具有大约 9.0 至大约 11.6 的 pH；权利要求 19~31 要求保护用于产生保护作物的浆液的组合物；权利要求 32~51 要求保护用于作物保护的方法；权利要求 52~54 要求保护作物免于受冻的方法；权利要求 55 要求保护作物免于虫害的方法；权利要求 56~62 要求保护涂覆的基材，其包含园艺基材；权利要求 63~68 要求保护施加于作物的组合物。

在本申请说明书的背景技术中，反射涂层可施加于水果和蔬菜的表面以减少过量的热和光，力图防止“晒伤”。滑石是天然疏水的矿物并抵抗被水润湿，但用水润湿滑石以产生施加于植物的浆液是困难的，置于水中的滑石会显示缓慢的变小（加入水以形成浆液时的延迟的悬浮）和“硬底”（重悬后形成的沉积物）。本申请通过使用添加剂提供了改进的滑石的水悬浮液，从而防止和/或减少和/或最小化阳光/或热对作物的不良影响以及虫害和/或对植物产品的损害。

驳回决定认为：（1）说明书实施例 1~7 未说明所述滑石组合物中使用的具体滑石产品、各组分的配比含量以及如何配制，实施例 8 未说明所述滑石组合物使用的具体滑石产品以及该组合物的丸粒与水以何配比含量“形成浆液”，实施例 9 使用了概念含糊的“SURROUND 产品”，而滑石是本申请所述组合物的有效成分，其与一种或多种添加剂以及溶剂如水配制成浆液施用于植物以保护植物免于受冻和虫害等，用水润湿滑石以产生施加于植物的浆液可能是困难的，并且滑石产品的杂质如白云石或菱镁矿中碳酸盐矿物的存在会影响所得浆液的稳定性和稳定化化学品的比例，所以申请人应该公开上述的具体滑石产品、各组分的配比含量尤其是滑石在组合物中的含量、如何“将干粉状的滑石用加入的添加剂泻盐和/或苏打灰配制得到所述滑石组合物”，以及实施例 8 中所述组合物的丸粒如何与水“形成浆液”（尤其两者的配比含量），因此，本申请的说明书由于缺少实现发明所需的内容而不完整；（2）根据上述理由，实施例 1~8 本身不清楚，尽管说明书提供了基于实施例 8 的实施例 9~11，但实质上说明书未提供足以证明发明的技术方案可以达到预期要解决的技术问题或效果的试验数据，如所述组合物的理化性能数据以及所述浆液与常规浆液对比效果数据等，由于所使用的浆液、对照药剂以及浆液与对照药剂的使用浓度、使用量和使用方式是本领域技术人员无法确定的，致使本领域的技术人员无法根据现有技术预测能够实现所述用途和/或使用效果。

对此，合议组认为：（1）本申请要求保护的浆液组合物包含页硅酸盐矿物、螯合剂和多价离子，所述组合物的 pH 为 9.0~11.6。而根据本申请说明书的记载，实施例 1 中的添加剂是苏打灰（碳酸钠）和/或泻盐（七水合硫酸镁），实施例 2 中的添加剂是硼砂和泻盐，实施例 3 中的添加剂是柠檬酸和/或泻盐，实施例 4 中的添加剂是 EDTA、硫酸钠、硬脂酸钠，实施例 5 中的添加剂是明矾和/或柠檬酸，实施例 6 中的添加剂是明矾、柠檬酸、玉米淀粉、泻盐，实施例 7 中的添加剂是苏打灰、明矾、泻盐。由此可见，实施例 1~2 中不含螯合剂，实施例 2~7 的 pH 均不在 9.0~11.6 的范围内，故上述实施例的组合物不能视为本申请要求保护的浆液组合物的具体实施方式。（2）滑石对于本领域技术人员而言是公知的，在市场上可以购得，如附件 5 所述，滑石的分子式为 $Mg_3Si_4O_{10}(OH)_2$，其为天然无水的硅酸镁，通常以硅酸镁岩石的天然变形物或变形的白云石的形式存在；本申请的发明点并不在于滑石本身，而是选择适用于滑石的添加剂，因此，在没有特别限定的情况下，本领域技术人员根据其具体用途会选用适合的，而不是含有大量杂质、影响浆液稳定性的滑石产品。（3）本申请说明书的实施例 8 具体描述了以丸粒的形式制备本申请的作物保护剂组合物的方法：“通过制备 531.6 磅水、2.8 磅柠檬酸和 5.2 磅泻盐的盐水预混物制成组合物。在此混合物中，加入 50 磅苏打灰。然后将得到的溶液与滑石以 21∶79 的溶液：滑石重量比混合。滑石已经过预处理以产生 Mistron Vapor 粉末。此组合物具有大约 pH 10.4 至大约 10.5 的 pH。然后将完全的组合物制成粒状并在 200℃ 炉中干燥至小于 5% 的水分含量”。说明书的上述内容清楚地描述了丸粒形式的作物保护组合物的制备方法，本领域技术人员据此内容即可制得该组合物。此外，实施例 8 还记载了该丸粒组合物的施用形式（浆液）的制备方法：“此组合物的丸粒快速而完全地分散以在水中形成浆液”、“将此组合物的丸粒加入水以产生浆液”，虽然如驳回决定所指出的，实施例 8 未说明丸粒与水的配比，但是，本申请的说明书第 10 页第 24~25 行记载了“本发明的浆液的固体含量可为用于以获得预期的作物保护的任何合适的固体含量而具体的变化范围，可为大约 5% 至大约 55%”，本领域技术人员根据说明书的内容可以确定浆液所需的水含量。（4）由实施例 9~11 可知，与 SURROUND 相比，实施例 8 的组合物在灰树叶和苹果上的涂覆层具有更好的均一性，该组合物以实施例 9 的方法分别喷射灰树上的蛹群和蚜虫后，蛹在一天之内变得固定而干燥，蚜虫的腹部、腿部和胸部的各个区域被滑石涂覆，被喷射的昆虫不断刮擦被涂覆的身体部分，但不能去除滑石凝聚物，第二天，被喷射的蚜虫已离开了喷过的树叶，与对照相比大多数被喷射的蚜虫具有新生的翅膀，但看上去是变形的。可见实施例 8 的组合物具有较好的防虫效果。虽然实施例 9~11 中没有具体记载所述浆液的施用量，但在已经公开了所用浆液、施用对象、防治对象、施用方式的情况下，本领域技术人员可以根据本领域常用的施用量去具体实施。综上所述，本申请的说明书已经公开了所要求保护的浆液组合物、其制备方法和防虫效果，本领域技术人员根据说明书记载的内容能够实现所要求保护的技术方案，解决其技术问题，并且产生预期的技术效果，因此，驳回决定中指出的本申请的说明书不符合专利法第 26 条第 3 款规定的驳回理由不成立。

根据上述事实和理由，合议组作出如下审查决定。

三、决定

撤销国家知识产权局于 2008 年 7 月 11 日针对 200480032125.7 号发明专利申请作出的驳回决定，由国家知识产权局原审查部门以本复审请求审查决定所依据的文本为基础继续审批程序。

复审请求人对本决定不服的，可以根据专利法第 41 条第 2 款的规定，自收到本决定之日起三个月内向北京市第一中级人民法院起诉。

110

酰胺连接基过氧化物酶体增殖物激活受体调节剂

复审请求审查决定（第17749号）

决　定　号　第17749号

决　定　日　2009年6月23日

发明创造名称　酰胺连接基过氧化物酶体增殖物激活受体调节剂

国际分类号　C07C235/20，C07C235/22，C07C235/24，C07D295/18，C07C235/26，C07C235/34，C07C233/18，C07C69/734，C07C323/41，C07D333/20，C07D211/32，C07D217/06，C07D317/58，C07D277/82，C07D213/40，C07D285/12，C07D277/46，A61K31/16，A61K31/425，A61K31/495，A61K31/38，A61K31/435，A61K31/14，A61P3/10

复审请求人　伊莱利利公司

申　请　号　03814173.6

优先权日　2002年6月19日

申　请　日　2003年6月11日

公　开　日　2005年8月31日

合议组组长　刘　亚

主　审　员　侯　曜

参　审　员　娄　宁

法律依据　专利法第26条第3条

决定要点

对于化学产品发明，说明书应当完整地公开该产品的用途和/或使用效果；如果所属技术领域的技术人员无法根据现有技术预测该化学产品发明能够实现所述用途和/或使用效果，则说明书中还应当记载对于本领域技术人员来说，足以证明该发明的技术方案可以实现所述用途和/或达到预期效果的定性或者定量数据；否则应当认为说明书未充分公开该化学产品发明以达到本领域技术人员能够实现的程度。

一、案由

本复审请求案涉及发明名称为“酰胺连接基过氧化物酶体增殖物激活受体调节剂”的03814173.6号发明专利申请（下称本申请），申请人为伊莱利利公司，申请日为2003年6月11日，优先权日为2002年6月19日，公开日为2005年8月31日。

2007年7月20日，针对申请人于2007年5月17日提交的权利要求第1~25项、2006年8月22

日提交的说明书第 4 页和第 8 页，按专利性国际初步报告的附件提交的说明书第 71～73、85 页和第 122～123 页，进入中国国家阶段时提交的国际申请文件中文译文的说明书第 1～3、5～7、9～70、74～84、86～121 页和第 124～135 页以及说明书摘要，国家知识产权局以本申请说明书不符合专利法第 26 条第 3 款的规定为由驳回了本申请。

驳回决定针对的独立权利要求 1 如下：

“1. 结构式 I 的化合物：

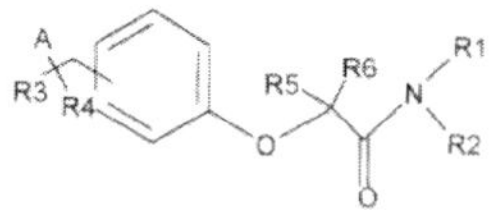

式 I

（a）R1 是氢、

（b）R2’各自独立地选自 C_1-C_5 烷基、C_3-C_6 环烷基、C_1-C_5 烷氧基、芳基 C_{0-2}-烷氧基、卤代 C_1-C_3 烷基、卤素、芳基、-C（O）C_1-C_5 烷基、-C（O）-芳基、卤代 C_1-C_5 烷氧基，芳基 C_1-C_5 烷基和二芳基 C_1-C_5 烷基；其中所述-C（O）-芳基是未取代的或被 1～3 个各自独立选自卤素、C_1-C_5 烷基、卤代 C_1-C_5 烷基、C_1-C_5 烷氧基和-C（O）C_1-C_5 烷基的取代基所取代；并且所述 C_1-C_5 烷基、芳基 C_1-C_5 烷基、二芳基 C_1-C_5 烷基、和芳基各自独立是未取代的或被 1～3 个各自独立选自卤素、C_1-C_8 烷基、芳基、卤代 C_1-C_5 烷基、三卤代 C_1-C_3 烷基、C_1-C_5 烷氧基和芳基 C_1-C_5 烷基的取代基所取代；而且所述芳基是未取代的或被 1～3 个各自独立选自卤素、C_1-C_8 烷基、芳基、卤代 C_1-C_5 烷基、三卤代 C_1-C_3 烷基、C_1-C_5 烷氧基和芳基 C_1-C_5 烷基的取代基所取代；

（c）R2 选自 C_1-C_8 烷基、C_3-C_6 环烷基、芳基-C_{0-4}-烷基、杂芳基-C_{0-4}-烷基、杂 C_1-C_6 环烷基芳基、杂 C_1-C_6 环烷基芳基 C_1-C_4 烷基、氨基 C_1-C_4 烷基、C_3-C_6 环烷基芳基-C_{0-2}-烷基、芳基杂 C_1-C_8 烷基、C_{0-4}-烷基-C（O）杂 C_1-C_8 烷基、-CH（C（O）OCH_3）苄基、和-CH_2-C（O）-R15”-R16”；并且所述 C_1-C_8 烷基、C_3-C_6 环烷基、芳基-C_{0-4}-烷基、杂 C_1-C_6 环烷基芳基、杂 C_1-C_6环烷基芳基 C_1-C_4 烷基、杂芳基-C_{0-4}-烷基、氨基 C_1-C_4 烷基、C_3-C_6 环烷基芳基-C_{0-2}-烷基、芳基杂 C_1-C_8 烷基、C_{0-4}-烷基-C（O）杂 C_1-C_8 烷基和-CH_2-C（O）-R15”-R16”各自独立地是未取代的或被 1～3 个各自独立选自 R2’的取代基所取代；

（d）R15”是 O 或 NH；

（e）R16”是 C_1-C_2 烷基或苄基，这些 C_1-C_2 烷基和苄基各自是未取代的或被 1～3 个各自独立选自 R16’的取代基所取代；

（f）R7’和 R7”各自独立选自 C_1-C_4 烷基和 C_1-C_4 卤代烷基；

（g）m 是 0；

（h）A 是（CH_2）mCOOR14；

（j）R3 选自 H、C_1-C_5 烷基、C_1-C_5 链烯基、和 C_1-C_6 烷氧基；

（k）R4 选自 H、卤素、C_1-C_5 烷基、C_1-C_6 烷氧基、C_3-C_6 环烷基、芳基 C_{0-4}烷基、和 C_{0-4}烷氧基芳基，并且其中的 C_1-C_5 烷基、C_1-C_5 烷氧基、C_3-C_6 环烷基、芳基 C_{0-4}烷基、和 C_{0-4}烷氧基芳基各自独立地是未取代的或被 1～4 个各自独立选自 R4’的取代基所取代；或者 R3 和 R4 结合形成 C_3-C_6 环烷基；

（l）R5 和 R6 各自独立选自氢、C_1-C_8 烷基和芳基-C_{0-4}烷基；

（m）R4’选自 C_1-C_5 烷基、C_1-C_5 烷氧基、C_1-C_5 卤代烷基、C_1-C_5 卤代烷氧基、硝基、氰基、CHO、羟基、C_1-C_4 链烷酸、苯基、芳氧基、SO_2R7’、SR7”、芳基 C_0-C_2 烷氧基、C_1-C_6 烷基甲酰氨基、和 COOH；

（n）R16’选自卤素、C_1-C_8烷基、芳基、卤代烷基、三卤代C_1-C_3烷基、C_1-C_5烷氧基和芳基C_1-C_5烷基；

（o）R17和R18各自独立选自C_1-C_8烷基、芳基-C_{0-4}烷基、杂芳基-C_{0-4}烷基、C_3-C_6环烷基芳基-C_{0-2}-烷基和C_3-C_6环烷基-C_{0-2}-烷基；

（p）R14选自氢和C_1-C_4烷基，其中所述C_1-C_4烷基各自独立地是未取代的或被1~3个各自独立选自R13′的取代基独立取代；

（q）R13′选自C_1-C_5烷基、C_3-C_6环烷基、C_1-C_5卤代烷基、C_1-C_5烷氧基、芳氧基、卤素、芳基、-C（O）C_1-C_5烷基、-C（O）-芳基、卤代C_1-C_5烷氧基、芳基C_1-C_5烷基、和C_1-C_5烷基二芳基，并且所述-C（O）-芳基、芳基、芳基C_1-C_5烷基和C_1-C_5烷基二芳基各自独立地是未取代的或被1~3个各自独立选自R13”的取代基所取代；和

（r）R14′选自卤素、C_1-C_8烷基、C_1-C_5卤代烷基、C_1-C_5烷氧基和芳基C_0-C_4烷基；或

（s）其可药用盐。”

驳回决定认为：本申请要求保护酰胺连接基过氧化物酶体增殖物激活受体调节剂化合物及其作为制备药物的用途、包含该化合物的药物组合物，由于在说明书的生物测定实验部分（说明书第116~122页）中，没有写明上述生物测定实验中所用的该发明的化合物是该发明的哪个具体化合物，而只是提到“本发明的化合物”，致使所属技术领域的技术人员根据该申请说明书公开的内容，不能确认生物测定实验中的化合物是该申请的哪个具体化合物，从而不能确认该申请所要求保护的化合物是否具有生物测定实验中所述的药效，进而不能确认该申请所要求保护的化合物是否具有该申请说明书中所述的预防和/或治疗疾病的效果，致使所属技术领域的技术人员不能实现该发明，不符合专利法第26条第3款的规定。

2007年10月30日，申请人伊莱利利公司（下称请求人）对上述驳回决定不服，向专利复审委员会提出复审请求，请求人在提出复审请求时没有修改申请文件。

请求人认为：说明书中给出的数据是对本申请公开的大量化合物进行生物活性实验后总结归纳得出的具有统计学意义的定量分析数据，对于本领域技术人员来说，足以证明本申请化合物可以用于所述用途并能解决要解决的技术问题或者达到所述效果。因此，本申请符合充分公开的要求。

经形式审查合格后，专利复审委员会受理了该请求，并于2007年12月18日向请求人发出了《复审请求受理通知书》，同时将本申请转送至国家知识产权局原审查部门进行前置审查。

在《前置审查意见书》中，国家知识产权局原审查部门坚持驳回决定。

专利复审委员会依法组成合议组，对本复审请求案进行了审理，并于2009年2月6日向请求人发出《复审通知书》，指出：对于本申请要求保护的通式化合物、其制药用途和药物组合物而言，其中包括众多的具体化合物，说明书虽然给出了其中某些具体化合物的制备方法和确认数据（参见说明书第20~115页），也给出了上述可用来证明本发明化合物具有所述用途的实验方法和上述实验结论，但实验结论中，相当一部分实验结果仅仅采用了断言性或推论性描述，不是属于实验结果的定性数据或定量数据；还有一部分是定量结果，但说明书中并未清楚记载这些实验是采用哪个或者哪些具体化合物进行的，本领域技术人员根据说明书的记载无法确定请求保护的哪个或哪些化合物能够实现上述结果。故本申请未能充分公开请求保护的发明，不符合专利法第26条第3款的规定。

2009年5月21日，请求人针对上述《复审通知书》提交了意见陈述书，以及修改后的权利要求书全文替换页，与驳回决定所针对的文本相比，修改主要在于请求人删除了权利要求17、19和20，修改了权利要求25的表述，并相应调整了权利要求的编号。请求人认为：（1）在本申请说明书给出的实验结果中，一部分是对于实验结果的表述，是基于实验结果的观测和分析后给出的定性实验结

果，是能够体现实验结果和有关测试目的，包括血糖水平降低与否或体重的变化等的定性陈述，不是所谓“断言性或推论性”描述。(2) 尽管本申请说明书中没有记载实验是采用哪个或那些化合物进行的，但说明书中给出了要求保护的通式化合物，也给出了其中优选的化合物的教导，并在实施例中给出了具体化合物的例子，对于本领域技术人员来说，可以理解优选级别的确定是与发明目的的实现密切相关的，也可以理解一般来说说明书中给出的具体数据或实验结果是由实施例列出的化合物给出的。因此，本申请给出的定量分析数据都是根据本申请实施例化合物得到的实验结果经过统计学分析和计算后得到的结果，本领域技术人员能够理解这些带有分析偏差的数据是基于一定数量的比较实验的实验数据得到的，在涉及药物的专利中，这种表述活性数据的方式是常用的和广为接受的。另外，本申请实施例化合物数量是有限的，本领域技术人员只需付出少量的重复实验就能够理解本申请的技术方案，无需付出过量和创造性劳动。因此，本申请说明书符合专利法第 26 条第 3 款的规定。

经过上述审查程序，合议组认为本案事实已经清楚，可以依法作出复审决定。

二、决定的理由

1. 决定依据的文本

请求人答复《复审通知书》时提交了权利要求书的全文修改替换页，经审查，所作修改符合专利法第 33 条和专利法实施细则第 60 条第 1 款的规定。因此，本复审决定依据的文本是请求人于 2009 年 5 月 21 日提交的权利要求第 1~22 项、2006 年 8 月 22 日提交的说明书第 4 页和第 8 页，按专利性国际初步报告的附件提交的说明书第 71~73、85 页和第 122~123 页，进入中国国家阶段时提交的国际申请文件中文译文的说明书第 1~3、5~7、9~70、74~84、86~121 页和第 124~135 页以及说明书摘要。

2. 关于专利法第 26 条第 3 款

专利法第 26 条第 3 款规定，说明书应当对发明或者实用新型作出清楚、完整的说明，以所属技术领域的技术人员能够实现为准。

对于化学产品发明，说明书应当完整地公开该产品的用途和/或使用效果；如果所属技术领域的技术人员无法根据现有技术预测该化学产品发明能够实现所述用途和/或使用效果，则说明书中还应当记载对于本领域技术人员来说，足以证明该发明的技术方案可以实现所述用途和/或达到预期效果的定性或者定量数据；否则应当认为说明书未充分公开该化学产品发明以达到本领域技术人员能够实现的程度。

就本申请而言，权利要求 1 要求保护下式 I 的化合物或其可药用盐

式 I：

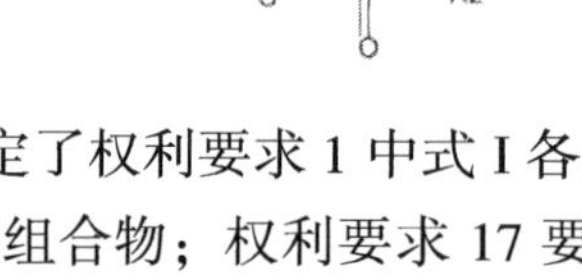

；

权利要求 2~16、18~21 进一步限定了权利要求 1 中式 I 各基团的范围；权利要求 22 要求保护含权利要求 1 化合物或其可药用盐的药物组合物；权利要求 17 要求保护权利要求 1 的化合物或其可药用盐在治疗哺乳动物糖尿病的药物中的用途。

合议组查明，根据说明书的描述，式 (I) 化合物是 PPAR 选择性或双重选择性激动剂；本发明的化合物能有效地用于治疗和预防（针对下述疾病易感患者而言）X 综合症、II 型糖尿病、高血糖、高脂血症、肥胖症、凝血病、高血压、动脉粥样硬化以及与 X 综合症和心血管疾病有关的其他病症。另外，与目前用于治疗这些病症的化合物相比，预期本发明化合物能伴随产生更有利的临床安全性和

效力分布曲线。此外，本发明化合物可用于降低血纤蛋白原水平、增加 HDL 水平，治疗肾病，控制理想体重，治疗脱髓梢性疾病，治疗一些病毒感染和治疗肝病（参见说明书第 1 页背景技术，第 8 页第 19~25 行）。在说明书第 20~115 页的实施例中具体描述了一些具体化合物的制备过程以及 NMR 和 MS 数据。并且，在说明书第 116~122 页详细描述了测定本发明化合物各种生物活性的方法并给出了一些有关实验结论的描述。具体地：

在说明书第 116 页描述了如何进行“对本发明化合物进行的结合和共转染实验”，并提供以下结论“对于可用于调节 PPARα 受体的本发明化合物，发现它们的结合和共转染效力分别≤100nM 和≥50%。当需要协同激动剂调节剂时，相对于 γ 或其他需要的 PPAR 受体亚型的选择性平衡上述值”。

在说明书第 116~118 页描述了如何进行“对 HuapoAI 转基因小鼠体内甘油三酯降低和 HDL 胆固醇增高的评价”，并得出以下结论，“比较给药本发明化合物的小鼠与接受赋形剂的小鼠的体内甘油三酯血清水平以鉴别特别适用于降低甘油三酯的化合物。一般情况下，与对照组相比，施用 30mg/kg 剂量后甘油三酯的降低量大于或等于 30%（百分之三十），这表明化合物特别适用于降低甘油三酯水平。将接受本发明化合物的小鼠体内 HDLc 血清水平的增加百分率与接受赋形剂的小鼠进行比较，以鉴别特别适用于升高 HDL 水平的化合物。一般来讲，与对照组相比，施用 30mg/kg 剂量后 HDLc 水平的增加大于或等于 25%（百分之二十五），这表明化合物特别适用于增加甘油三酯水平”。

在说明书第 118~119 页描述了如何进行“b/db 小鼠体内葡萄糖水平的评价”，并得出以下结论，“试验结果表明，本发明化合物能显著降低 db/db 小时的血糖水平，同时体重的增加小于已知标准物的观测结果”。

在说明书第 119~120 页描述了如何进行“评价本发明化合物对 Ay 小鼠体重、脂肪质量、葡萄糖和胰岛素水平的影响”，并得出以下结论，“间接比色法测定表明，在黑暗周期期间，受治疗动物的呼吸系数（RQ）显著降低［0.864±0.013（对照组）vs. 0.803±0.007（处理组）；p<0.001］。RQ 的降低是动物活性（暗）周期期间脂肪利用增加的指示。此外，处理动物显示出显著高于对照组动物的能量消耗速率（分别是 17.40±0.49 与 13.62±0.26kcal/kg/hr）”。

在说明书第 120~121 页描述了如何评价“降低 LDL-胆固醇、总胆固醇和甘油三酯的作用的方法”，并得出以下结论，“特别优选的本发明化合物的 LDL 降低效力显著高于非诺贝特。与载体相比，能够将 LDL 水平降低≥30%的本发明化合物可能是特别需要的。将本发明化合物处理 14 天后得到总胆固醇和甘油三酯水平降低的数据与赋形剂组进行比较，以鉴别出特别理想的化合物。测定已知对照物的作用”。

在说明书第 121~122 页描述了如何进行“证明 PPAR 调节剂减少血纤蛋白原的作用的方法”，并得出以下结论，“本发明化合物能够体内降低血纤蛋白原水平。降低血纤蛋白原水平的能力大于赋形剂的化合物是特别需要的。本发明化合物在 Zucker 大鼠中也产生降低胆固醇和甘油三酯的作用”。

在说明书第 122 页描述了如何进行“证明本发明化合物抗体重增加和抗食欲作用的方法”，并得出以下结论，“使用该测定，可以鉴别特别需要的本发明化合物，并发现本发明化合物能够显著降低体重”。

合议组认为，对于本申请要求保护的通式化合物、其制药用途和药物组合物而言，其中包括众多的具体化合物，说明书虽然给出了其中某些具体化合物的制备方法和确认数据（参见说明书第 20~115 页），也给出了上述可用来证明本发明化合物具有所述用途的实验方法，包括实验使用的试剂、实验动物、具体实验步骤和所用仪器等信息和上述实验结论，但是，通过阅读这些信息可以发现，本申请中给出的实验结论存在以下问题：

首先，在上述实验结论中，相当一部分实验结果仅仅采用了例如，“试验结果表明，本发明化合物能显著降低 db/db 小时的血糖水平，同时体重的增加小于已知标准物的观测结果”、“本发明化合物能够体内降低血纤蛋白原水平……本发明化合物在 Zucker 大鼠中也产生降低胆固醇和甘油三酯的作用”或者“本发明化合物能够显著降低体重”等断言性或推论性描述，这些不是属于实验结果的定性数据或定量数据。

其次，尽管上述实验结论中，还有一部分是定量结果，例如“对于可用于调节 PPARα 受体的本发明化合物，发现它们的结合和共转染效力分别≤约 100nM 和≥50%”、“与对照组相比，施用 30mg/kg 剂量后甘油三酯的降低量大于或等于 30%……施用 30mg/kg 剂量后 HDLc 水平的增加大于或等于 25%”、“间接比色法测定表明，在黑暗周期期间，受治疗动物的呼吸系数（RQ）显著降低［0.864 ±0.013（对照组）vs. 0.803±0.007（处理组）；p<0.001］。RQ 的降低是动物活性（暗）周期期间脂肪利用增加的指示。此外，处理动物显示出显著高于对照组动物的能量消耗速率（分别是 17.40±0.49 与 13.62±0.26kcal/kg/hr）”等，但说明书中并未清楚记载这些实验是采用哪个或者哪些具体化合物进行的，本领域技术人员根据说明书的记载无法确定请求保护的哪个或哪些化合物能够实现上述结果。因此，在本领域技术人员根据现有技术无法预测本申请要求保护的化合物具有预期的用途或者能够达到预期的技术效果的情况下，尽管说明书中记载了式Ⅰ化合物的有效量、给药方法、以及制备方法，甚至描述了具体的能够用以验证特定活性的实验方法，但由于缺乏足以证明上述用途或预期效果的定量或者定性数据，本领域的技术人员仍然难以预测包含众多不同化合物的式Ⅰ化合物及含式Ⅰ化合物的药物具有预期用途或者能够达到预期的技术效果，故本申请未能充分公开请求保护的发明，不符合专利法第 26 条第 3 款的规定。

对于请求人在答复《复审通知书》时陈述的意见，合议组认为：（1）定性数据是指一般描述事物属性的数据，它可以分为名义数据和有序数据，名义数据是对事物属性的观测值；有序数据是对事物属性顺序关系的观测值，但这些数值或符号只表述顺序或程度，彼此之间不能运算，即定性数据一般不能用有统一单位的数值表示，因此本申请说明书中如“本发明化合物能显著降低 db/db 小时的血糖水平，同时体重的增加小于已知标准物的观测结果”、“本发明化合物能够体内降低血纤蛋白原水平……本发明化合物在 Zucker 大鼠中也产生降低胆固醇和甘油三酯的作用”或者“本发明化合物能够显著降低体重”的描述仅为结论性的声称，而非定性数据。况且，按照本申请说明书中对于获得上述结论的实验方法（参见说明书第 121~122 页）的描述可知，如果按照说明书记载的方法测定，得到的测定结果均应当是定量的实验数据。说明书中既没有记载这样的定量实验数据，更没有在数据的基础上进行分析，这进一步佐证了说明书中给出的仅仅是断言式的结论，不能称之为定性结果。（2）尽管本申请以权利要求的技术方案，说明书第 135~133 页列举以及实施例的方式给出了本申请的优选化合物，但并未指出是采用这些优选化合物中的哪些来进行实验的，本领域技术人员甚至无法获知说明书提供的“带有分析偏差的数据”是基于多少数量的比较实验而获得的。专利申请说明书公开的意义在于指导本领域技术人员实施和再现要求保护的技术方案，而不是在没有有效的实验效果数据的情况下，让本领域技术人员从说明书公开的大量技术信息，例如本申请实施例合成的 100 多个化合物中通过反复试验来验证并最终发现申请人实际要求保护的技术方案，即如本申请说明书所述，“选择或鉴别出特别需要的本发明化合物”（参见说明书第 117 页第 29~30 行、第 118 页第 6 行、第 120 页第 15 行、第 121 页第 15 行）。因此，请求人的上述主张不具有说服力。

综上所述，本申请权利要求 1~22 要求保护的技术方案在说明书中未能充分公开到本领域技术人员能够实现的程度，说明书不符合专利法第 26 条第 3 款的规定。

基于上述理由，合议组作出下述决定。

三、决定

维持国家知识产权局于 2007 年 7 月 20 日针对第 03814173.6 号发明专利申请作出的驳回决定。

复审请求人对本决定不服的，可以根据专利法第 41 条第 2 款的规定，自收到本决定之日起三个月内向北京市第一中级人民法院起诉。

111

增效除草组合物

复审请求审查决定（第17751号）

决　定　号　第17751号
决　定　日　2009年6月15日
发明创造名称　增效除草组合物
国际分类号　A01N 41/10
复审请求人　拜尔作物科学股份公司
申　请　号　02824348.X
优先权日　2001年12月7日
申　请　日　2002年11月25日
公　开　日　2005年3月23日
合议组组长　汪送来
主　审　员　王晓东
参　审　员　李新芝

法律依据　专利法第31条第1款
决定要点

对于涉及农药组合物的马库什权利要求，在作为马库什要素的可选择化合物不具有共同结构的情况下，如果所有可选择的化合物不属于该发明领域中公认的同一化合物类别，则该马库什权利要求不具有单一性。“公认的同一化合物类别”是指根据本领域的知识可以预期到该类的成员对于要求保护的发明来说其表现是相同的一类化合物。请求人通过删除选择项的方式克服了驳回决定和《复审通知书》所指出的缺陷。

一、案由

本复审请求案涉及发明名称为“增效除草组合物”的02824348.X号发明专利申请（下称本申请），申请人为拜尔作物科学股份公司（由拜尔作物科学有限公司变更而来），申请日为2002年11月25日，优先权日为2001年12月7日，公开日为2005年3月23日。

2007年12月7日，针对申请人于2006年8月2日提交的权利要求第1~7项，2004年6月4日进入国家阶段时提交的国际申请文件中文文本的说明书第1~14页以及说明书摘要，国家知识产权局以权利要求1不符合专利法第31条第1款的规定为由驳回了本申请。驳回决定针对的权利要求书如下：

“1. 一种除草组合物，其特征在于，包含有效量的

A）化合物2-［2-氯-3-（2，2，2-三氟乙氧甲基）-4-甲磺酰基-苯甲酰基］环己烷-1，3-二酮或其农业上常规的盐（组分A）

和

B）至少一种选自下组的化合物（组分B）

B2 光合作用电子传导抑制剂：

莠灭净、阿特拉津、溴苯腈、草净津、敌草隆、六嗪酮、赛克津、达草止、特丁津；

其中组合物含有组分A或其盐和B1~B14组的化合物，其重量比为1∶2000~2000∶1。

2. 根据权利要求1的除草组合物，其特征在于，包含作为组分B的阿特拉津、溴苯腈、特丁津。

3. 根据权利要求1或2的除草组合物，其特征在于，组分A和B的重量比A∶B的范围为1∶20至50∶1。

4. 根据权利要求1~3任一项的除草组合物，其特征在于，包含0.1~99重量%的组分A和B以及99~0.1重量%的在作物保护中的常规制剂助剂。

5. 根据权利要求1~4任一项的除草组合物，其特征在于，包含式（I）或（II）的化合物

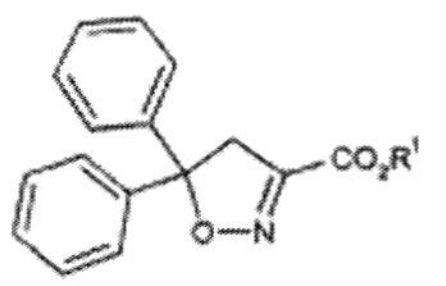

(I)

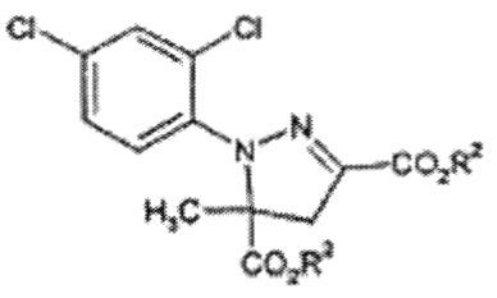

(II)

其中R^1为氢、甲基或乙基以及R^2为甲基或乙基。

6. 一种用于控制不需要的植物的方法，其特征在于，包括施用组分A和一种或多种组分B于有害植物、有害植物局部或种植区域，其中组分A和B的组合如权利要求1~5任一项所定义。

7. 组分A和B的组合作为除草组合物用于控制不需要的植物的用途，其特征在于，组分A和B的组合如权利要求1~5任一项所定义。”

驳回决定认为：（1）植物光合作用电子传导是一个复杂的过程，B2组除草剂虽然都属于光合作用电子传导抑制剂，但它们各自作用的阶段并不尽相同，它们只是在上位概念中属于同一大类，它们的功能也并不真正相同，结构也不同；（2）它们相互替代后，根据现有技术不能够预期到这些化合物对于本发明来说具有相同的表现，即保证本发明组合物预期所要达到的效果一定相同。因此权利要求1不符合专利法第31条第1款的规定。

2008年3月24日，申请人拜尔作物科学股份公司（下称请求人）对上述驳回决定不服，向专利复审委员会提出复审请求，请求人在提出复审请求时没有对申请文件进行修改。

请求人认为：（1）光合作用电子传导抑制剂抑制杂草的作用模式是相同的，即破坏了光合作用电子传导链，从而使杂草不能进行光合作用而达到除草目的，因此B2组除草剂在农业化学领域属于公认的同一化合物类别；（2）本发明发现除草剂A抑制杂草生长的除草效果与除草剂B2组的使杂草不能进行光合作用的除草效果产生了协同的除草作用，并且阿特拉津和溴苯腈的共同作用机制是本申请权利要求1的特定技术特征，因此在本说明书的揭示下能够预见到除草剂A与光合作用电子传导抑制剂具有协同除草作用。

经形式审查合格后，专利复审委员会受理了该请求，并于2008年4月21日向请求人发出了《复审请求受理通知书》，同时将本申请转送至国家知识产权局原审查部门进行前置审查。

在《前置审查意见书》中，国家知识产权局原审查部门认为：组分B分别作用于光合作用的不

同过程，分别属于不同的化合物类别，根据本领域的知识不能预期这些化合物对要求包含的发明来说表现是相同的，因此权利要求 1 不符合专利法第 31 条第 1 款关于单一性的规定，仍坚持驳回决定。

专利复审委员会组成合议组，对本复审请求案进行了审理，并于 2009 年 3 月 20 日发出了《复审通知书》。《复审通知书》指出，就本申请而言，权利要求 1 要求保护的除草组合物中包含组分 A 和组分 B，其中组分 B 为选自九种不同结构的光合作用电子传导抑制剂。作为马库什要素的组分 B 化合物，它们在本发明中的表现应当是它们与组分 A 结合使用时具有协同增效的效果。虽然组分 B 中的九种化合物都是光合作用电子传导抑制剂，但是现有技术中没有关于增效作用与电子传导抑制机理相关性的理论研究；而且，由于“光合作用电子传导抑制剂”本身还包含多种具体的作用机理，因此不能够根据光合作用电子传导机制预期所有光合作用电子传导抑制剂都能够在本发明中产生增效的效果，继而不能够预见组分 B 的化合物在本发明中的表现相同，即它们不属于公认的同一化合物类别。所以，权利要求 1 不具有单一性，不符合专利法第 31 条第 1 款的规定。基于相同的理由，权利要求 2 也不具有单一性，不符合专利法第 31 条第 1 款的规定。

针对《复审通知书》指出的问题，请求人于 2009 年 5 月 4 日提交了意见陈述书及权利要求书的修改替换页（包括权利要求 1~6），其中将权利要求 1 中的组分 B 化合物限定为“溴苯腈”，并删除了之前文本中的权利要求 2，同时相应修改了其他权利要求的引用关系。请求人认为，修改后本申请已经克服了《复审通知书》指出的全部缺陷。修改后的权利要求书如下：

“ 1. 一种除草组合物，其特征在于，包含有效量的

A）化合物 2-［2-氯-3-（2，2，2-三氟乙氧甲基）-4-甲磺酰基-苯甲酰基］环已烷-1，3-二酮或其农业上常规的盐（组分 A）

和

B）溴苯腈（组分 B）；

其中组合物含有组分 A 或其盐和组分 B，其重量比为 1：2000~2000：1。

2. 根据权利要求 1 的除草组合物，其特征在于，组分 A 和 B 的重量比 A：B 的范围为 1：20~50：1。

3. 根据权利要求 1 的除草组合物，其特征在于，包含 0. 1~99 重量% 的组分 A 和 B 以及 99~0. 1 重量% 的在作物保护中的常规制剂助剂。

4. 根据权利要求 1~3 任一项的除草组合物，其特征在于，包含式（I）或（II）的化合物

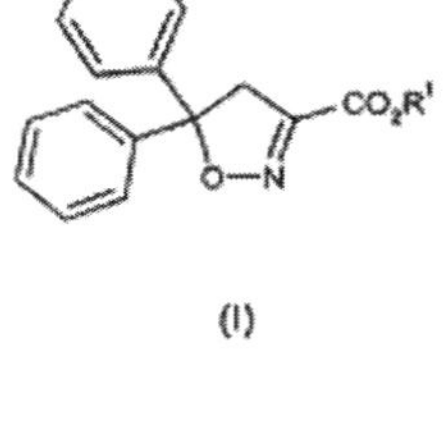

(I)

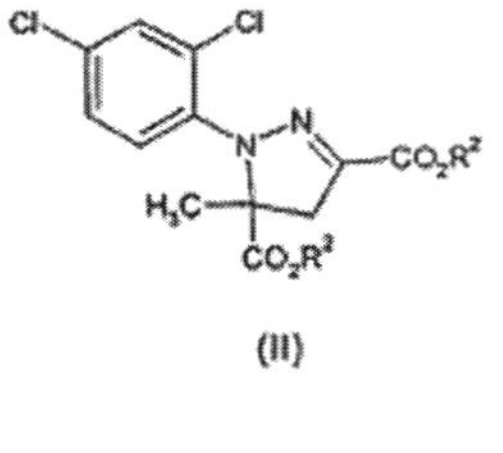

(II)

其中 R^1 为氢、甲基或乙基以及 R^2 为甲基或乙基。

5. 一种用于控制不需要的植物的方法，其特征在于，包括施用组分 A 和组分 B 于有害植物、有害植物局部或种植区域，其中组分 A 和 B 的组合如权利要求 1~4 任一项所定义。

6. 组分 A 和 B 的组合作为除草组合物用于控制不需要的植物的用途，其特征在于，组分 A 和 B 的组合如权利要求 1~4 任一项所定义。”

至此，合议组认为本案事实已经清楚，可以作出审查决定。

二、决定的理由

1. 关于审查文本

经审查，合议组认为请求人于2009年5月4日提交的权利要求书符合专利法第33条、专利法实施细则第60条第1款的规定，故本复审请求审查决定所针对的文本是：请求人于2009年5月4日提交的权利要求书，2004年6月4日进入国家阶段时提交的国际申请文件中文文本的说明书第1~2、4~6、9~10、12~14页以及说明书摘要，2005年5月12日提交的说明书第3、7、8、11页。

2. 关于单一性

专利法第31条第1款规定：一件发明或者实用新型专利申请应当限于一项发明或者实用新型。属于一个总的发明构思的两项以上的发明或者实用新型，可以作为一件申请提出。

对于一项农药组合物或农药混合物马库什权利要求，在作为马库什要素的可选择化合物不具有共同的结构的情况下，如果所有可选择化合物不属于该发明所属领域中公认的同一化合物类别，则该马库什权利要求不具有单一性。"公认的同一化合物类别"是指根据本领域的知识可以预期到该类的成员对于要求保护的发明来说其表现是相同的一类化合物。也就是说，每个成员都可以互相替代，而且可以预期所要达到的效果是相同的。

驳回决定及《复审通知书》认为：在请求人于2006年8月2日提交的权利要求书中，权利要求1组分B中的各马库什要素不属于公认的同一化合物类别，因此权利要求1不具备单一性。《复审通知书》中指出权利要求2同样存在该缺陷。

请求人于2009年5月4日提交的权利要求书中，对权利要求1进行了修改，仅保留一种组分B化合物：溴苯腈，删除了其他的可选择要素，同时删除了之前文本中的权利要求2。因此修改后的权利要求书克服了驳回决定和《复审通知书》指出的所有缺陷。

基于以上事实和理由，本案合议组作出如下审查决定。

三、决定

撤销国家知识产权局于2007年12月7日针对02824348.X号发明专利申请作出的驳回决定。由原审查部门在本复审决定所针对的文本的基础上继续进行审查。

复审请求人对本决定不服的，可以根据专利法第41条第2款的规定，自收到本决定之日起三个月内向北京市第一中级人民法院起诉。

112

芯壳结构型功能纤维制备技术

复审请求审查决定（第17755号）

决　　定　　号　第17755号
决　　定　　日　2009年6月24日
发明创造名称　芯壳结构型功能纤维制备技术
国 际 分 类 号　D01F 1/08
复 审 请 求 人　龚文忠
申　　请　　号　02149756.7
申　　请　　日　2002年12月27日
公　　开　　日　2004年7月14日
合 议 组 组 长　刘　静
主　　审　　员　张家祥
参　　审　　员　王　磊

法 律 依 据　专利法第22条第3款
决 定 要 点

如果发明与现有技术相比存在区别特征，但是现有技术中给出了采用该区别特征来解决该发明所解决的技术问题的技术启示，并且该区别特征的引入也没有产生预料不到的技术效果，则该发明不具有创造性。

一、案由

本复审请求案涉及发明名称为“芯壳结构型功能纤维制备技术”的第02149756.7号发明专利申请（下称本申请），申请人为龚文忠，申请日为2002年12月27日，公开日为2004年7月14日。

2007年6月8日，针对申请人于2007年3月29日提交的权利要求第1~7项，2006年6月23日提交的说明书第1页、说明书摘要，2002年12月27日提交的说明书第2~9页和说明书附图第1页，国家知识产权局以权利要求1~7不符合专利法第22条第3款的规定为由驳回了本申请。

驳回决定所针对的权利要求书如下：

“1. 一种芯壳结构型功能纤维制备方法，其特征在于：

（a）所用纤维是局部纤维壁中具有通孔的中空纤维长丝或两端具有开口的中空纤维丝段，中空纤维长丝中纤维壁中具有通孔的相邻的局部延纤维轴向之间的距离或中空纤维丝段的长度为0.1米至100米；

（b）所用灌注材料是由功能材料和辅助材料或无辅助材料组成的液体或胶体；

（c）将（a）所述的中空纤维长丝中相邻的纤维壁中有通孔的局部部分或中空纤维丝段两端开口部分用密封胶分别密封于彼此不相连通的容器中；

（d）在（c）所述的容器中选择部分容器加入（b）所述的灌注材料，其他容器空置，使得（a）所述的中空纤维长丝中相邻的纤维壁中有通孔的局部或中空纤维丝段两端开口分别处在加有（b）所述的灌注材料的容器中和空置容器中，并使处在加有灌注材料的容器中的中空纤维长丝的纤维壁中有通孔的部分或中空纤维丝段的端部开口部分完全浸没在（b）所述的液体或胶体之中；

（e）用压缩气体给（d）所述的加有灌注材料的容器加压，同时或不同时给（d）所述的空置容器抽真空，在（a）所述的中空纤维长丝中相邻的有通孔的局部之间的纤维段两端或中空纤维丝段的两端产生压力差；使（b）所述的液体或胶体灌入（a）所述的中空纤维的空腔中，形成芯壳结构的纤维；

（f）可对（e）所述的灌注好的处在（c）所述的容器之外的芯壳结构纤维直接进行物理或化学处理或者毋须处理，或将封入容器中与灌注材料和密封胶接触的局部清洗后，对纤维整体进行物理或化学处理或者毋须处理，获得芯壳结构型功能纤维。

2. 根据权利要求 1 所述的方法，其特征在于：所述的中空纤维可以是丙纶、涤纶、锦纶制备的中空纤维，包括单孔或多孔中空纤维，可是单丝或复丝；包括处在单一或多种类纤维集合体或纤维制成品中的中空纤维；中空纤维的皮层材料组成中可以包含为改善纤维性能而加入的各种有机或无机添加组份；皮层外表面可以是光滑的，也可以是具有一定规则的几何形态或无规则的几何形态。

3. 根据权利要求 1 所述的方法，其特征在于：所述的功能材料包括可用物理或化学方法处理成液体或胶体的无机功能材料、有机功能材料、生物活性材料、生化制剂以及药物和香料，所述无机功能材料、有机功能材料、生物活性材料、生化制剂以及药物和香料包括各种功能性色素、场反应材料、生物酶及细胞、西药及中药提纯制剂、动植物提纯油精，可以同时使用一种或一种以上的功能材料。

4. 根据权利要求 1 所述的方法，其特征在于：所述的辅助材料包括有助于功能材料性能发挥、有助于应用本发明方案进行功能纤维制备并能溶解或乳化所用功能材料或能与功能材料共溶的有机或无机材料及生物活性材料，所述有机或无机材料及生物活性材料包括各种溶剂、表面活性剂、聚合物单体、高分子聚合物、引发剂、催化剂、功能性助剂以及有机或无机填料，可以同时使用一种或一种以上的辅助材料。

5. 根据权利要求 1 所述的方法，其特征在于：所用密封胶是各种天然或合成的密封胶，可以是反应型密封胶、溶液型密封胶、乳液型密封胶、热熔型密封胶或增塑糊型密封胶。

6. 根据权利要求 1 所述的方法，其特征在于：所述的灌注过程可以在低于所用中空纤维的熔点温度条件下进行。

7. 根据权利要求 1 所述的方法，其特征还在于：所述的灌注过程完成后，大部分中空纤维的表面与密封胶和灌注材料没有接触。”

驳回决定认为：对比文件 1（JP 特开昭 62-61008A，公开日为 1987 年 3 月 17 日）公开了一种光纤维制作方法，其中包括将中空的塑性毛细管的一段浸入环氧树脂中，另一段与真空泵相连，使纤维两端产生压力差，从而环氧树脂注入毛细管中形成芯部分，并对塑性毛细管固化以形成光纤维。虽然对比文件 1 没有公开中空纤维的长度，但本领域技术人员根据实际需要制得相应长度的纤维是本领域的常规技术，所以二者的区别在于：权利要求 1 在浸渍功能材料液体的容器中进行加压，而增大压力以使功能液体更容易注入是本领域的公知常识，通过在容器中加压也是本领域常用的技术，所以在对比文件 1 的基础上结合常规的技术得到权利要求 1 的技术方案对本领域技术人员而言是显而易见的，权利要求 1 不具备专利法第 22 条第 3 款规定的创造性。权利要求 2~7 是权利要求 1 的从属权利要求，对比文件 1 公开了聚丙烯树脂制备的毛细管中空纤维、环氧树脂溶液、20~50℃、及大部分中空纤维与环氧树脂溶液没有接触等与权利要求 2~4、7 相同的附加技术特征，且权利要求 5 所列举的密封胶属于本领域常用的，所以在权利要求 1 不具备创造性的条件下，权利要求 2~7 也不具备创造性，不符合专利法第 22 条第 3 款的规定。

2007 年 8 月 16 日，申请人龚文忠（下称请求人）对上述驳回决定不服，向专利复审委员会提出复审请求，同时提交了权利要求书、说明书和说明书摘要的全文替换页。上述修改文本与驳回文本完全相同。

请求人认为：（1）对比文件 1 公开的是一种光纤维的制作方法，光纤的内径为 0.1~2mm，而本申请的功能纤维的直径约 0.02mm，二者的直径相差非常大，从而导致二者的应用领域和功能完全不同；根据有关的公知文献，对比文件 1 中的塑料管不能称之为纤维，只是俗称为光纤。（2）本申请权利要求 2 中的丙纶、涤纶和锦纶是纺织行业中对化学纤维的命名，其直径小于 100μm，由于这是专业常识，故没有明确限定直径；本申请的方法处理后的中空纤维具有多种不同的功能，其应用领域不限于纺织行业，故将其视为一般的功能纤维材料；功能纤维是指具有特殊功能的化学纤维或天然纤维，对比文件 1 是一种制备具有导光功能的光导纤维的方法，而本申请则实现了包括实施例在内的几十种功能纤维的制造。因此，本申请的权利要求 1~7 具备创造性，符合专利法第 22 条第 3 款的规定。

经形式审查合格后，专利复审委员会受理了该请求，并于 2007 年 9 月 14 日向请求人发出了《复审请求受理通知书》，同时将本申请转送至国家知识产权局原审查部门进行前置审查。

在《前置审查意见书》中，国家知识产权局原审查部门坚持驳回决定，认为：（1）权利要求 1 中的纤维本身是一个宽的范围，《化工词典》（王箴，2000 年 8 月第四版，化学工业出版社）第 985 页给出的纤维定义为“工业上是指柔韧、纤细的丝状物”，没有证据证明权利要求 1 中的纤维即为纺织纤维，也没有证据证明光纤不属于纤维。（2）对比文件 1 中已经公开了通过真空泵使功能液体进入纤维，而为了使液体更容易的进入到更小的空间如细管或纤维中，采用增大液体的压力与抽真空起到的作用相同，该技术也属于本领域的常规技术。

专利复审委员会组成合议组，对本复审请求案进行了审理。

合议组于 2009 年 4 月 17 日向请求人发出《复审通知书》，指出：（1）权利要求 1 与对比文件 1 的区别在于：权利要求 1 的中空纤维丝段的长度为 0.1~100 米，并利用压缩气体给灌注材料的容器加压，而对比文件 1 没有上述限定。然而，使用压缩气体加压和抽真空都是产生压力差的最常用方法，鉴于对比文件 1 已公开了利用真空泵抽真空来吸入环氧树脂，本领域技术人员很容易想到将上述两种方法结合使用以产生更大的压力差，此外，权利要求 1 的中空纤维丝段的长度是本领域常见的长度范围。因此，本领域技术人员在对比文件 1 的基础上获得权利要求 1 的技术方案是显而易见的，权利要求 1 相对于对比文件 1 不具备创造性，不符合专利法第 22 条第 3 款的规定。（2）权利要求 2~7 是权利要求 1 的从属权利要求，其中权利要求 2~3、6~7 的附加技术特征在对比文件 1 中已经公开了，而权利要求 4~5 中的辅助材料和密封胶都是本领域常用的材料，因此，权利要求 2~7 也不具备创造性，不符合专利法第 22 条第 3 款的规定。（3）纤维本身是一个相对宽泛的概念，《化工辞典》（王箴主编，2000 年 8 月第四版，化学工业出版社，第 985 页）中的定义是指柔韧、纤细的丝状物，因此，光纤也是一种纤维。

2009 年 5 月 22 日，请求人提交了针对上述《复审通知书》的意见陈述书和修改的权利要求书，其中，相对于 2007 年 8 月 16 日提交的权利要求书，请求人将权利要求 2 中的“可以是丙纶、涤纶、锦纶制备的中空纤维”移入到了权利要求 1 中。修改后的权利要求 1~2 为：

“1. 一种芯壳结构型功能纤维制备方法，其特征在于：

（a）所用纤维是局部纤维壁中具有通孔的中空纤维长丝或两端具有开口的中空纤维丝段，中空纤维长丝中纤维壁中具有通孔的相邻的局部延纤维轴向之间的距离或中空纤维丝段的长度为 0.1 米至 100 米，所述的中空纤维可以是丙纶、涤纶、锦纶制备的中空纤维；

（b）所用灌注材料是由功能材料和辅助材料或无辅助材料组成的液体或胶体；

（c）将（a）所述的中空纤维长丝中相邻的纤维壁中有通孔的局部部分或中空纤维丝段两端开口部分用密封胶分别密封于彼此不相连通的容器中；

（d）在（c）所述的容器中选择部分容器加入（b）所述的灌注材料，其他容器空置，使得（a）所述的中空纤维长丝中相邻的纤维壁中有通孔的局部或中空纤维丝段两端开口分别处在加有（b）所述的灌注材料的容器中和空置容器中，并使处在加有灌注材料的容器中的中空纤维长丝的纤维壁中有通孔的部分或中空纤维丝段的端部开口部分完全浸没在（b）所述的液体或胶体之中；

（e）用压缩气体给（d）所述的加有灌注材料的容器加压，同时或不同时给（d）所述的空置容器抽真空，在（a）所述的中空纤维长丝中相邻的有通孔的局部之间的纤维段两端或中空纤维丝段的两端产生压力差；使（b）所述的液体或胶体灌入（a）所述的中空纤维的空腔中，形成芯壳结构的纤维；

（f）可对（e）所述的灌注好的处在（c）所述的容器之外的芯壳结构纤维直接进行物理或化学处理或者毋须处理，或将封入容器中与灌注材料和密封胶接触的局部清洗后，对纤维整体进行物理或化学处理或者毋须处理，获得芯壳结构型功能纤维。

2. 根据权利要求 1 所述的方法，其特征在于：所述的中空纤维包括单孔或多孔中空纤维，可是单丝或复丝；包括处在单一或多种类纤维集合体或纤维制成品及其他材料中的中空纤维；中空纤维的皮层材料组成中可以包含为改善纤维性能或为其他目的而加入的各种有机或无机添加组分；皮层外表面可以是光滑的，也可以是具有一定规则的几何形态或无规则的几何形态。”

请求人认为：（1）权利要求 1 与对比文件 1 的本质区别在于：对比文件 1 采用抽真空的手段，给灌注液施加的是负压，灌注液被吸入细管内，而权利要求 1 为加压与抽真空相结合的方法，给灌注液施加的主要是正压力，灌注液被压入中空纤维空腔内。上述区别产生了如下的技术效果：①抽真空的最大压差为 1 个大气压，而加压所能产生的压差是无限的，由此可知，对比文件 1 所能灌注的细管的长度和灌注液的黏度是有限的，而权利要求 1 的方法却能适应许多种类的功能材料和较长的灌注长度；②采用对比文件 1 的方法灌注含有挥发性强的助剂或溶剂的灌注液时，吸入细管内的灌注液会因溶剂的挥发而黏度升高，使得灌注过程难以持续，而权利要求 1 中的灌注作用是由压力产生的，不存在上述缺陷；③对比文件 1 涉及的密封只是真空密封，密封材料不会与环氧树脂接触，不用考虑灌注液对密封材料的溶解或破坏，而权利要求 1 是向容器施压的方法，由于表面吸附作用，灌注液会向密封材料渗透，因此对密封方式、密封材料的耐压、耐溶剂性有特殊的要求。另外，如果采用加压的方法向对比文件 1 的细管中灌注环氧树脂，极易在芯层和皮层之间产生缝隙或气泡，所以对比文件 1 不能采用加压的方法。（2）权利要求 2~7 的附加技术特征在对比文件 1 中没有公开；对比文件 1 涉及的是塑料细管，而本申请权利要求 2 中已限定了“所用纤维为丙纶、涤纶或涤纶”，同时本申请实施例中所用中空纤维的规格是“100D/24F”，这是纺织材料行业特有的规格指标，而中国高等纺织院校的教材（《纺织材料学》，纺织工业出版社，1980 年 2 月第 1 版，统一书号 15041-1071，第 1 页）对纤维材料的定义为：直径细到几微米或几十微米，而长度比细度大许多倍的物体，一般叫做纤维，因此光导纤维显然不同于纺织纤维，二者属于不同的技术领域。

至此，合议组认为本案事实清楚，可以作出审查决定。

二、决定的理由

1. 关于审查文本

复审阶段中，请求人于2009年5月22日提交了修改的权利要求书（将权利要求2中的“可以是丙纶、涤纶、锦纶制备的中空纤维”移入到了权利要求1中），2007年8月16日提交了说明书第1~9页（与驳回文本内容相同）及说明书摘要的全文替换页，经审查，请求人在复审阶段中所做的上述修改符合专利法第33条的规定和专利法实施细则第60条第1款的规定。

因此，本复审请求审查决定所针对的文本是：请求人于2009年5月22日提交的权利要求第1~7项、2007年8月16日提交的说明书第1~9页和说明书摘要以及2002年12月27日提交的说明书附图第1页。

2. 关于专利法第22条第3款

专利法第22条第3款规定：发明的创造性，是指同申请日以前已有的技术相比，该发明有突出的实质性特点和显著的进步。

如果发明与现有技术相比存在区别特征，但是现有技术中给出了采用该区别特征来解决该发明所解决的技术问题的技术启示，并且该区别特征的引入也没有产生预料不到的技术效果，则该发明不具有创造性。

就本申请而言，权利要求1要求保护一种芯壳结构型功能纤维制备方法，其特征在于：(a) 所用纤维是局部纤维壁中具有通孔的中空纤维长丝或两端具有开口的中空纤维丝段，中空纤维长丝中纤维壁中具有通孔的相邻的局部延纤维轴向之间的距离或中空纤维丝段的长度为0.1~100m，所述的中空纤维可以是丙纶、涤纶、锦纶制备的中空纤维；(b) 所用灌注材料是由功能材料和辅助材料或无辅助材料组成的液体或胶体；(c) 将 (a) 所述的中空纤维长丝中相邻的纤维壁中有通孔的局部部分或中空纤维丝段两端开口部分用密封胶分别密封于彼此不相连通的容器中；(d) 在 (c) 所述的容器中选择部分容器加入 (b) 所述的灌注材料，其他容器空置，使得 (a) 所述的中空纤维长丝中相邻的纤维壁中有通孔的局部或中空纤维丝段两端开口分别处在加有 (b) 所述的灌注材料的容器中和空置容器中，并使处在加有灌注材料的容器中的中空纤维长丝的纤维壁中有通孔的部分或中空纤维丝段的端部开口部分完全浸没在 (b) 所述的液体或胶体之中；(e) 用压缩气体给 (d) 所述的加有灌注材料的容器加压，同时或不同时给 (d) 所述的空置容器抽真空，在 (a) 所述的中空纤维长丝中相邻的有通孔的局部之间的纤维段两端或中空纤维丝段的两端产生压力差；使 (b) 所述的液体或胶体灌入 (a) 所述的中空纤维的空腔中，形成芯壳结构的纤维；(f) 可对 (e) 所述的灌注好的处在 (c) 所述的容器之外的芯壳结构纤维直接进行物理或化学处理或者毋须处理，或将封入容器中与灌注材料和密封胶接触的局部清洗后，对纤维整体进行物理或化学处理或者毋须处理，获得芯壳结构型功能纤维。

对比文件1公开了一种塑料光纤的制备方法，其中，分别利用内径1mm、外径3mm的氯乙烯细管、聚乙烯细管、特氟龙细管作为皮层用的细管，使用实验用真空泵抽真空压为500~1000mmHg，将热固性透明环氧树脂保温在20~50℃下降低其黏度的状态下，将细管一端插入树脂中，另一端连接真空泵，由此在细管中吸入热固性透明环氧树脂，接着用热风干燥机在100~200℃温度下固化30分钟至3小时，获得传导损失为1~5dB/m的塑料光纤（参见该对比文件的实施例）。

将权利要求1所要求保护的技术方案与对比文件1所公开的技术内容进行对比，二者均涉及芯壳结构型纤维的制备方法，对比文件1中的环氧树脂属于一种功能材料，虽然该对比文件未明确记载用于盛放环氧树脂和抽真空的密封容器，但由于灌注环氧树脂需要真空泵抽真空，本领域技术人员可以从中直接地、毫无疑义地确定上述密封容器，由此可见，二者的区别在于：(1) 权利要求1的中空纤维丝段的长度为 0.1~100 米，并利用压缩气体给灌注材料的容器加压，而对比文件 1 没有上述限定。(2) 权利要求 1 的中空纤维可以是丙纶、涤纶、锦纶制备的中空纤维，对比文件 1 实施例中采用的是氯乙烯等。由于对比文件 1 的发明概述部分公开了中空纤维可由聚丙烯树脂（即丙纶）制备(参见对比文件 1 第 1 页右栏第 14~15 行)，因此对比文件 1 已明确给出了中空纤维可以为丙纶的启示，而且由本申请的说明书也看不出纤维材质的选择为本申请的方法带来了预料不到的效果。故本案判断创造性的焦点在于区别特征 (1) 的引入是否为本申请带来了创造性。

根据说明书的记载，本申请采用加压和抽真空相结合的方法，以解决灌注黏度更高的液体或胶体、灌注纤维长度更长的问题。然而，本领域技术人员知晓，使用压缩气体加压和抽真空都是产生压力差的最常用方法，鉴于对比文件 1 已公开了利用真空泵抽真空来吸入环氧树脂，本领域技术人员很容易想到将上述两种方法结合使用以产生更大的压力差，从而促使环氧树脂更快更长地注入所述的细管中。此外，权利要求 1 的中空纤维丝段的长度是本领域常见的长度范围，且本领域技术人员可根据实际需要选择适当长度的中空纤维。因此，本领域技术人员在对比文件 1 的基础上同时施用压缩气体加压以解决本申请要解决的技术问题是显而易见的，并且上述区别特征的引入也没有产生预料不到的技术效果，因此，权利要求 1 相对于对比文件 1 不具有突出的实质性特点和显著的进步，不符合专利法第 22 条第 3 款有关创造性的规定。

权利要求 2~7 均是权利要求 1 的从属权利要求。其中，权利要求 2~3、6~7 分别对权利要求 1 中的中空纤维、功能材料、灌注温度、灌注过程进行了限定，而对比文件 1 中公开了用氯乙烯、聚乙烯、聚丙烯、特氟龙等树脂作为塑料细管（参见第 1 页右栏第 14~15 行)，将热固性透明环氧树脂保温在 20~50℃降低其黏度的状态下，将细管一端插入环氧树脂中，另一端连接真空泵（参见实施例)，显然大部分中空纤维与环氧树脂没有接触，可见权利要求 2~3、6~7 的附加技术特征在对比文件 1 中已经公开了，因此，上述权利要求相对于对比文件 1 也不具备创造性；权利要求 4~5 分别对权利要求 1 中的辅助材料、密封胶进行了限定，但上述辅助材料和密封胶都是本领域常用的材料，对本领域技术人员而言是显而易见的，因此，权利要求 4~5 也不具备创造性，不符合专利法第 22 条第 3 款的规定。

请求人认为：(1) 对比文件 1 公开的是一种光纤维的制作方法，光纤的内径为 0.1~2mm，而本申请的功能纤维的直径约 0.02mm，二者的直径相差非常大；本申请权利要求中的丙纶、涤纶和锦纶是纺织行业中对化学纤维的命名，其直径小于 100 微米，由于这是专业常识，故没有明确限定直径；根据有关的公知文献，对比文件 1 中的塑料管不能称之为纤维，只是俗称为光纤，而本申请实施例中所用中空纤维的规格是“100D/24F”，这是纺织材料行业特有的规格指标。因此，光导纤维显然不同于纺织纤维，二者属于不同的技术领域。(2) 本申请的方法处理后的中空纤维具有多种不同的功能，其应用领域不限于纺织行业，故将其视为一般的功能纤维材料；功能纤维是指具有特殊功能的化学纤维或天然纤维，对比文件 1 是一种制备具有导光功能的光导纤维的方法，而本申请则实现了包括实施例在内的几十种功能纤维的制造。(3) 对比文件 1 所能灌注的细管的长度和灌注液的黏度是有限的，而权利要求 1 的方法能适应许多种类的功能材料和较长的灌注长度；采用对比文件 1 的方法灌注含有挥发性强的助剂或溶剂的灌注液时，吸入细管内的灌注液会因溶剂的挥发而黏度升高，使得灌注过程难以持续，而权利要求 1 中的灌注作用是由压力产生的，不存在上述缺陷；对比文件 1 涉及的密封只是真空密封，密封材料不会与环氧树脂接触，不用考虑灌注液对密封材料的溶解或破坏，而本申请权利要求 1 是向容器施压的方法，由于表面吸附作用，灌注液会向密封材料渗透，因此对密封方式、密封材料的耐压、耐溶剂性有特殊的要求；如果采用加压的方法向对比文件 1 的细管中灌注环氧树脂，极易在芯层和皮层之间产生缝隙或气泡。

对此，合议组认为：(1) 评价一项发明的创造性时，应当将发明要求保护的技术方案与现有技术进行对比，而不是发明的具体实施例，由于本申请权利要求1的技术方案中并没有限定中空纤维的直径，故看不出其与对比文件1的光纤存在直径上的差别，也无法认定二者的应用领域和功能完全不同；请求人所提供的相关文献主要是针对纺织纤维进行的定义，而纤维本身是一个相对宽泛的概念，《化工辞典》(王箴主编，2000年8月第四版，化学工业出版社，第985页) 中的定义是指柔韧、纤细的丝状物，因此，光纤也是一种纤维。(2) 对比文件1中的光导纤维具有导光功能，根据请求人所述的功能纤维的定义，光导纤维也应当属于一般的功能纤维的范畴，况且本申请要求保护的主题是一种芯壳结构型功能纤维的制备方法，其发明点在于灌注功能材料的方法，而不在于所用的皮层材料。(3) 在对比文件1的基础上同时施用压缩气体加压使得该方法能适应更多种类的功能材料（包括含有挥发溶剂的灌注液）和较长的灌注长度是本领域技术人员可以预期的效果；即使如请求人所述，本申请的灌注液会向密封材料渗透，采用加压的方法向对比文件1的细管中灌注环氧树脂极易产生缝隙或气泡，但由于二者的中空纤维相同，且均使用了密封材料，通常情况下，二者应存在相同的问题，况且本领域技术人员也可以根据需要选用适合的密封材料。因此，对于请求人的上述观点合议组不予支持。

根据上述事实和理由，合议组作出如下审查决定。

三、决定

维持国家知识产权局于2007年6月8日对02149756.7号发明专利申请作出的驳回决定。

复审请求人对本决定不服的，可以根据专利法第41条第2款的规定，自收到本决定之日起三个月内向北京市第一中级人民法院起诉。

113

作为3型17β-羟基类固醇脱氢酶抑制剂用于治疗雄激素依赖疾病的哌啶乙酰胺类化合物和哌嗪乙酰胺类化合物

复审请求审查决定（第17757号）

决　定　号　第17757号
决　定　日　2009年6月23日
发明创造名称　作为3型17β-羟基类固醇脱氢酶抑制剂用于治疗雄激素依赖疾病的哌啶乙酰胺类化合物和哌嗪乙酰胺类化合物
国际分类号　C07D401/06，A61K31/495
复审请求人　先灵公司
申　请　号　02820557.X
优先权日　2001年10月17日
申　请　日　2002年10月15日
公　开　日　2005年1月26日
合议组组长　刘　静
主　审　员　吴红权
参　审　员　刘　磊

法律依据　专利法第33条，专利法第26条第3款
决定要点

如果申请改变和/或删除后的内容是所属技术领域的技术人员能够从原申请记载的信息中直接地、毫无疑义地确定，那么这种修改是允许的。

对于具体化合物，如果本领域技术人员在阅读说明书对其相关信息的描述后，确信该具体化合物已经制备得到，并且制备得到的化合物就是该具体化合物，则认为说明书对该具体化合物的公开充分，符合专利法第26条第3款的规定。

一、案由

本复审请求涉及发明名称为“作为3型17β-羟基类固醇脱氢酶抑制剂用于治疗雄激素依赖疾病的哌啶乙酰胺类化合物和哌嗪乙酰胺类化合物”的02820557.X号发明专利申请（下称本申请），申请人为先灵公司，申请日为2002年10月15日，优先权日为2001年10月17日，公开日为2005年1月26日。

2007年4月6日，针对申请人于2006年12月22日提交的权利要求书第1~20项、进入中国国家阶段时提交的国际申请文件的说明书第1~56页及说明书摘要，国家知识产权局以权利要求第8~9、

11、13~14 项不符合专利法第 26 条第 4 款的规定为由驳回了本申请。

驳回决定认为：权利要求 8~9、11 和 13~14 请求保护一系列具体的式上标明 1 或 2 的化合物。说明书没有给出所得结果的表征数据，这些化合物在说明书中未公开其确认（例如旋光度，ee 值等），制备例 43 和 44 虽然给出了分离条件，但根据制备例中所述化合物的质谱数据并不能确认单个立体异构体的构型，两种异构体具有相同的构造，仅仅是构型不同，故不仅每种立体异构体具有此质谱数据，它们的混合物同样也具有此质谱数据，根据此数据并不能对立体异构体进行区分，质谱数据并不是区分立体异构体的有效数据，因此所述立体异构体由说明书公开的内容并不能得到确认。因此，权利要求 8~9、11 和 13~14 中式上标 1 或 2 的化合物未在说明书中充分公开，导致权利要求 8~9、11 和 13~14 得不到说明书支持，不符合专利法第 26 条第 4 款的规定。

驳回决定针对的权利要求第 8~9、11、13~14 项如下：

“8. 根据权利要求 1 的化合物或其可药用盐，其选自：

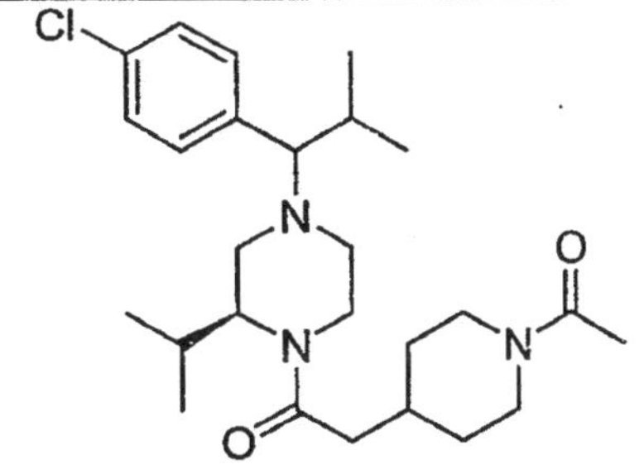	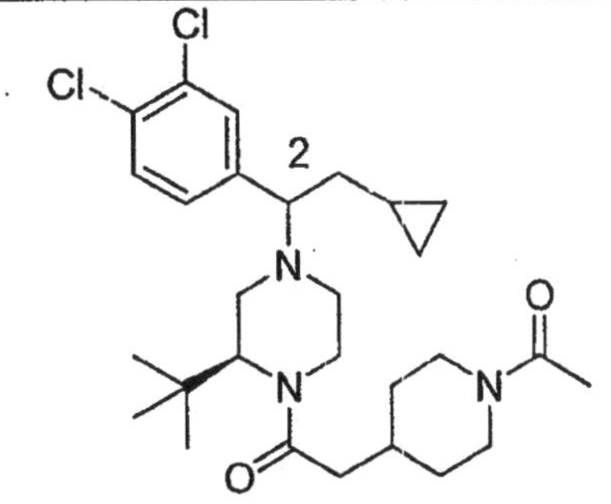
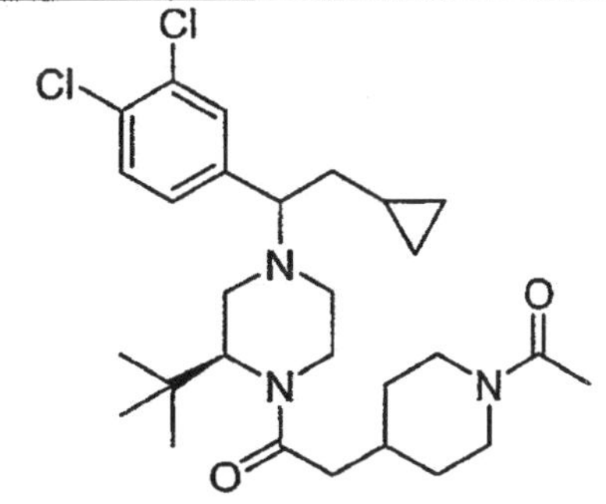	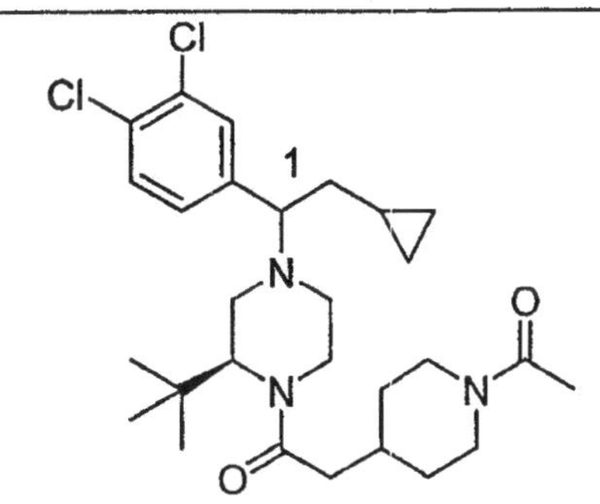
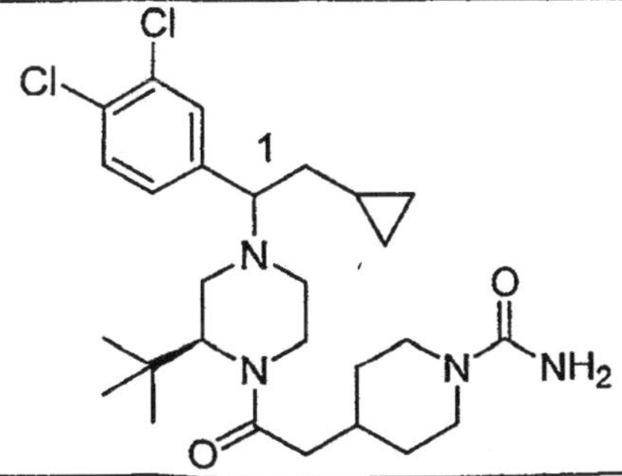	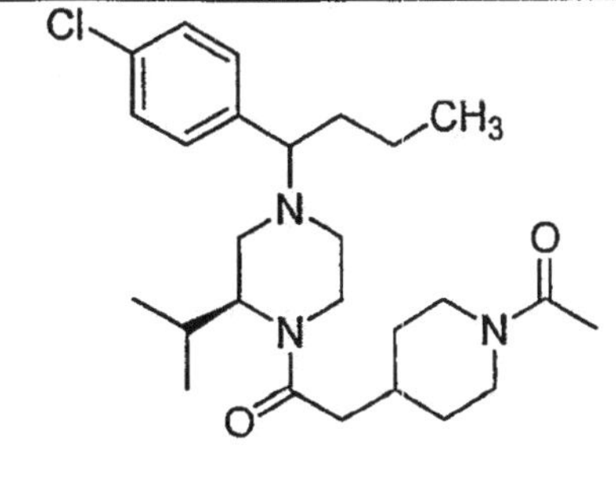

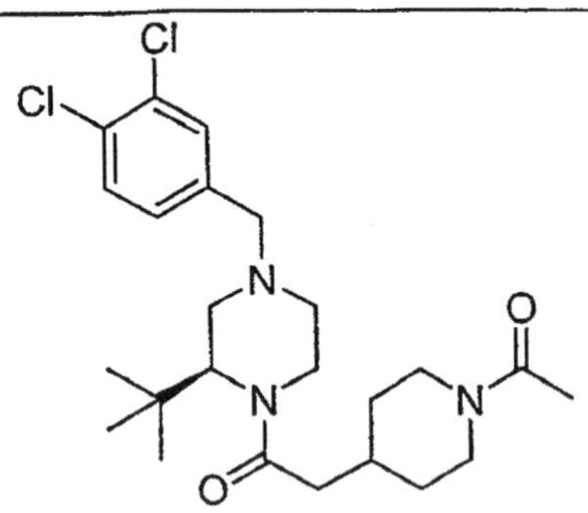	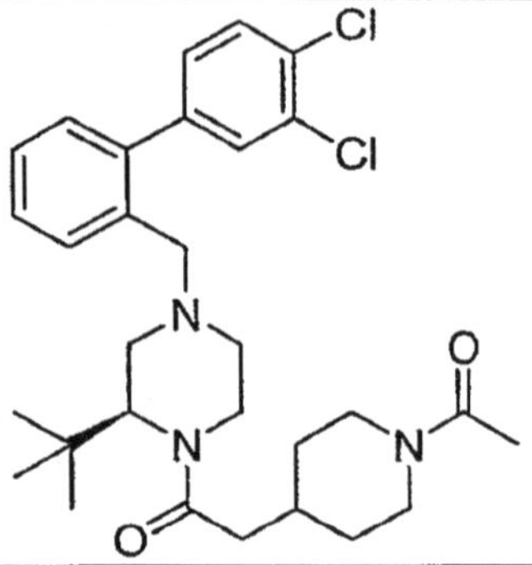
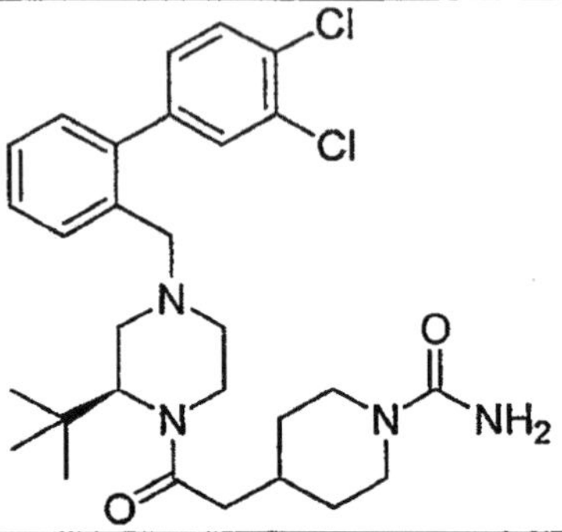	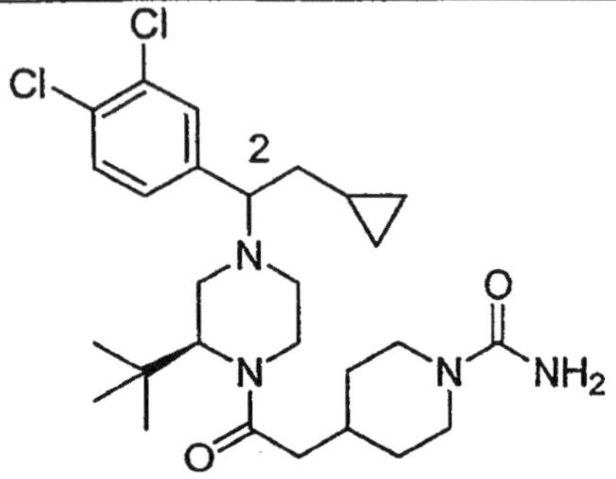
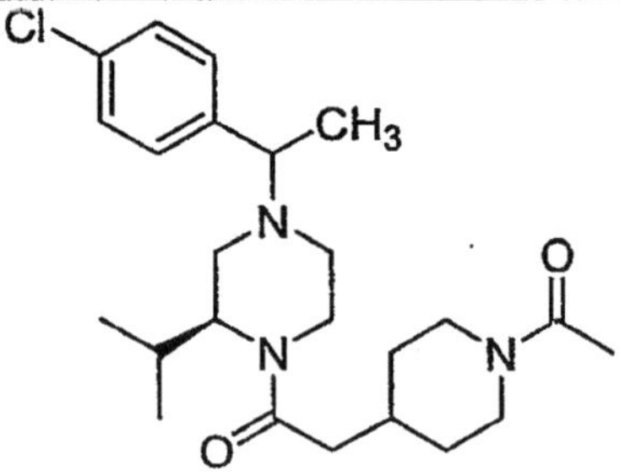	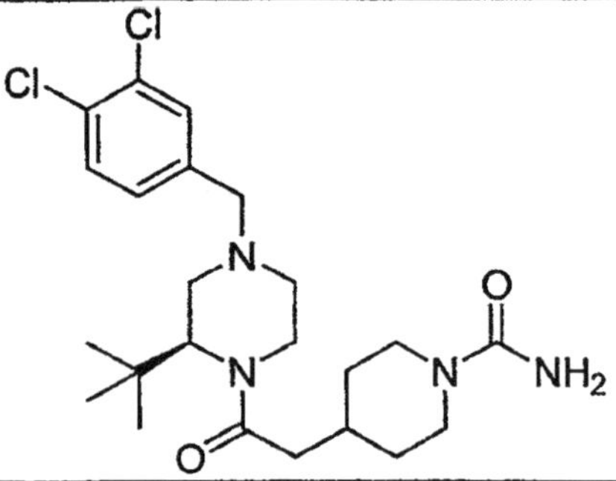
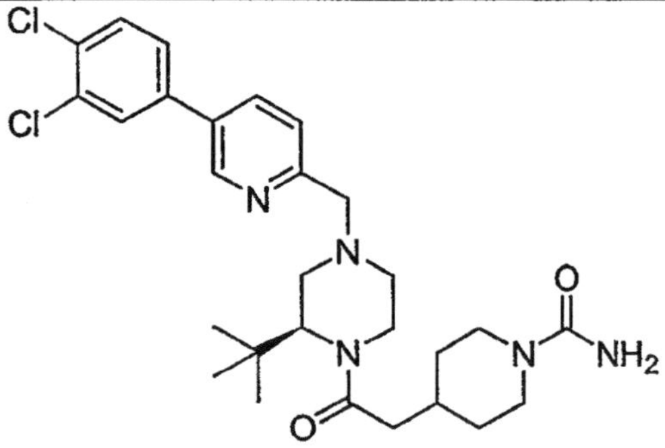	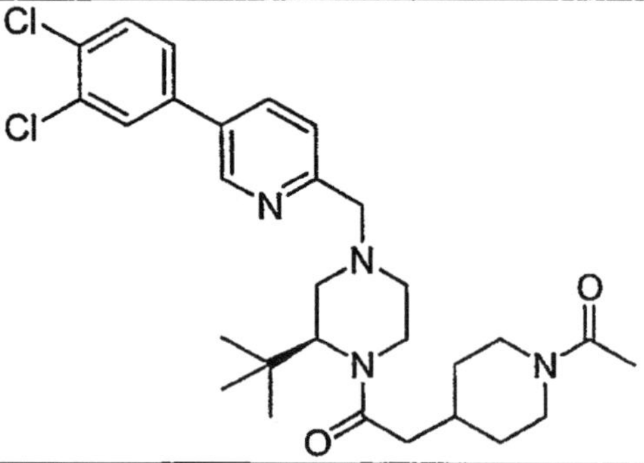
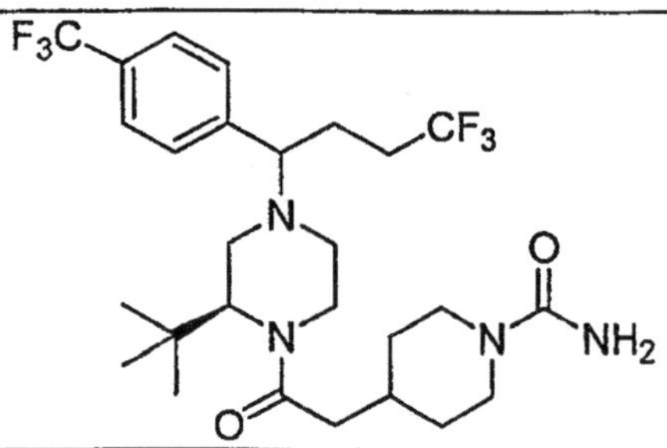	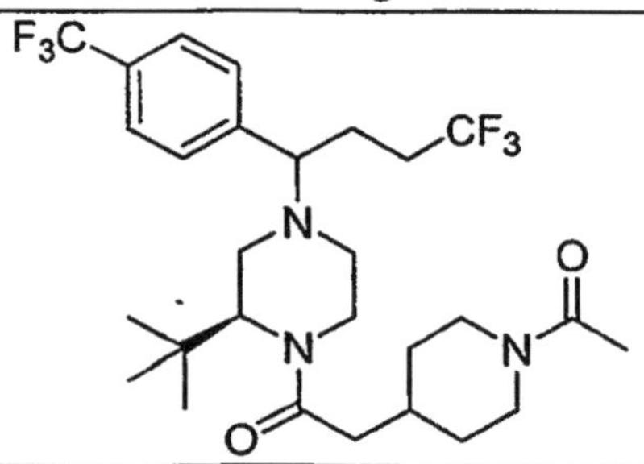

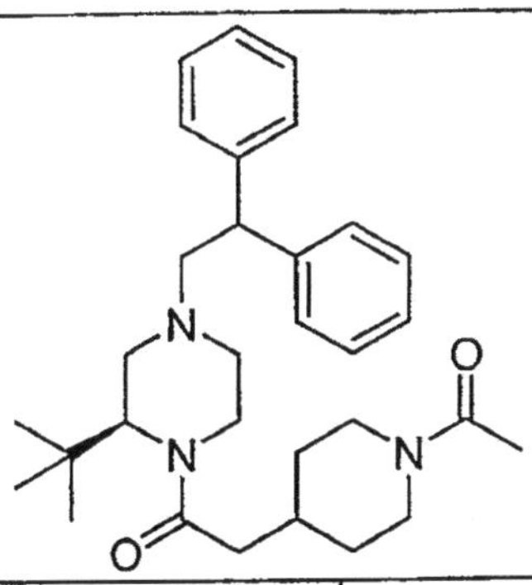	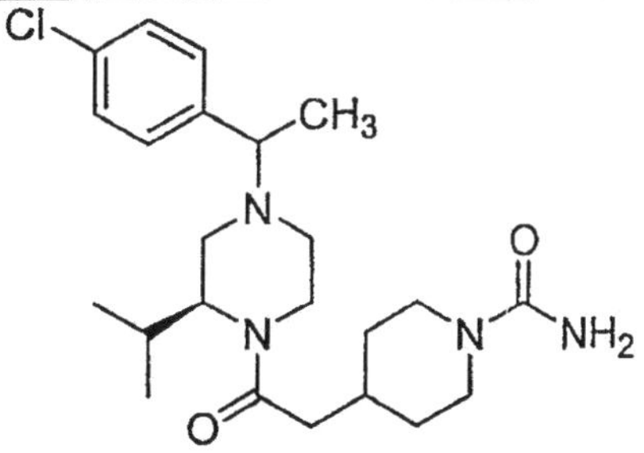

和

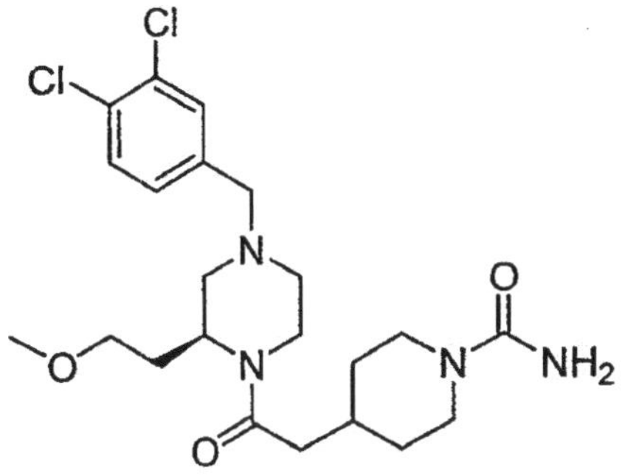

。

9. 根据权利要求 1 的化合物或其可药用盐，其选自：

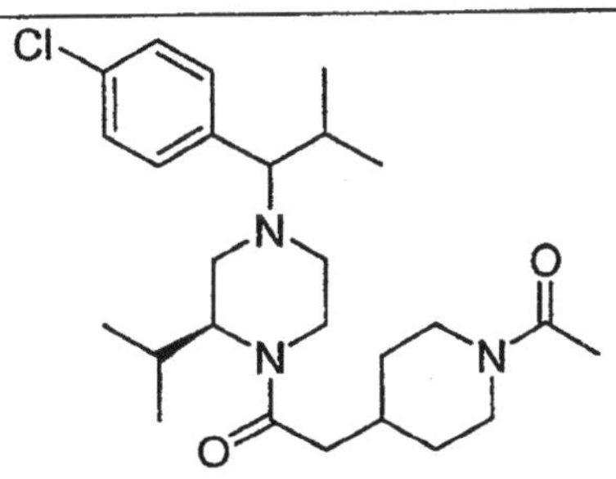	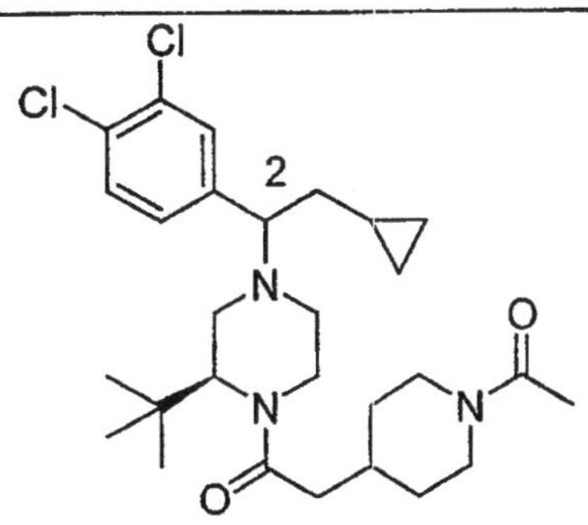
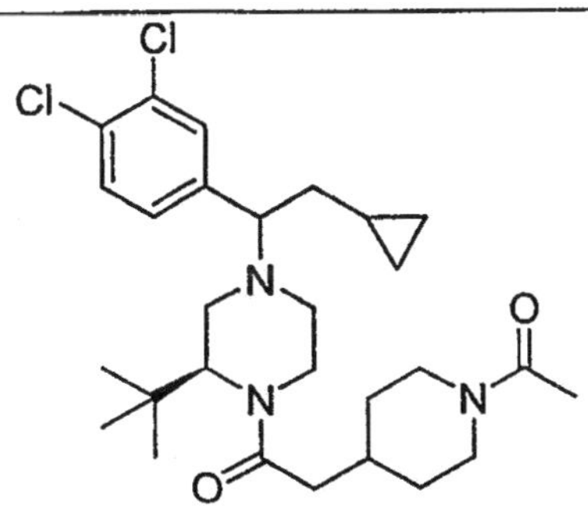	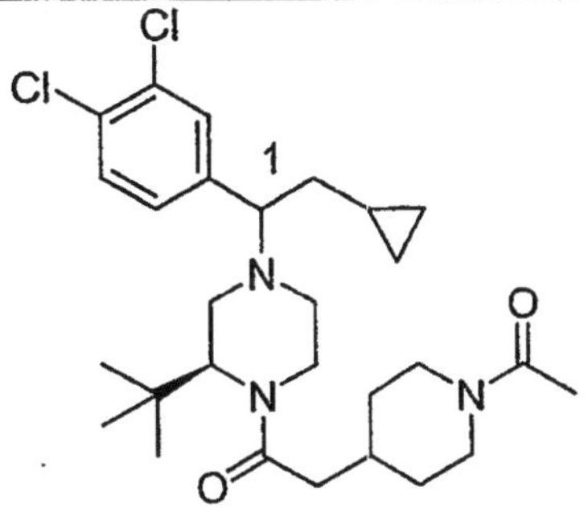

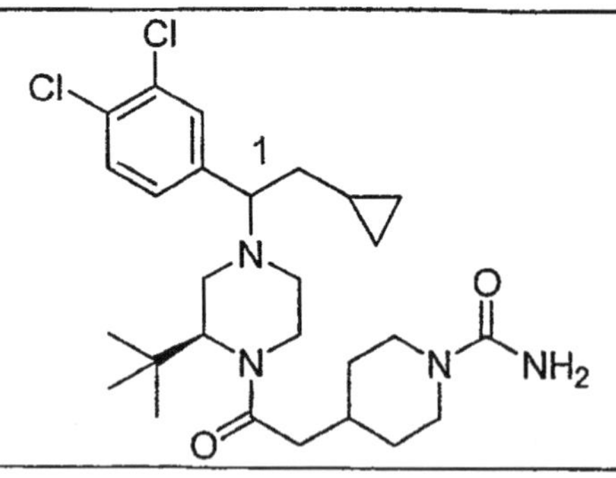

和

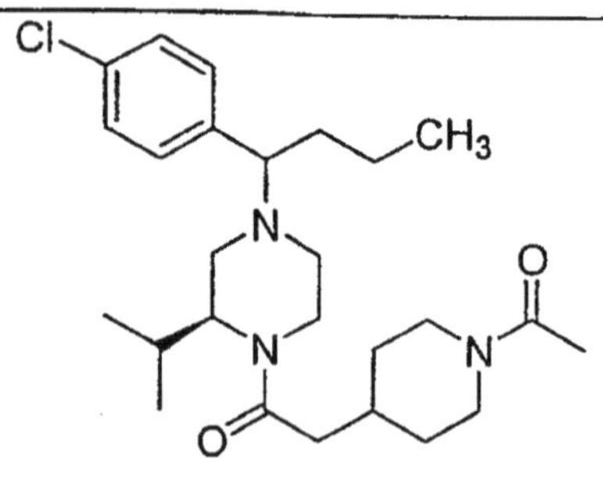

。

11. 根据权利要求 9 的化合物或其可药用盐，其是：

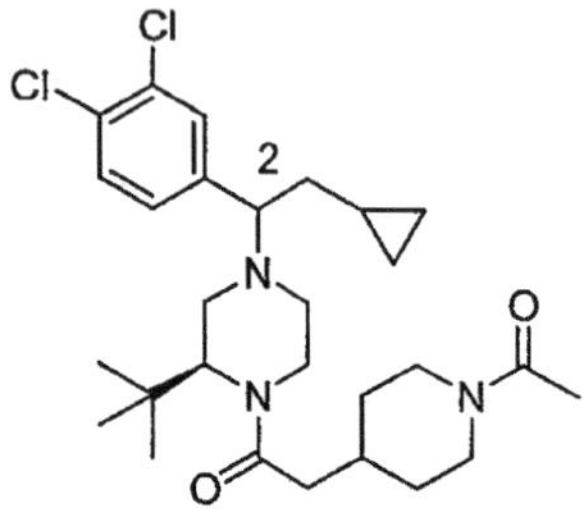

。

13. 根据权利要求 9 的化合物或其可药用盐，其是：

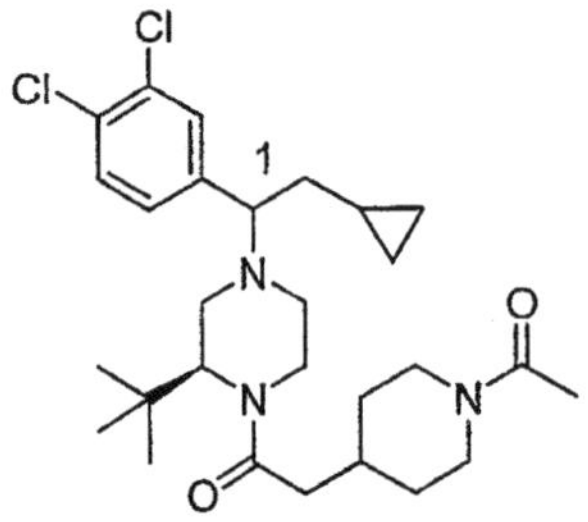

。

14. 根据权利要求 9 的化合物或其可药用盐，其是：

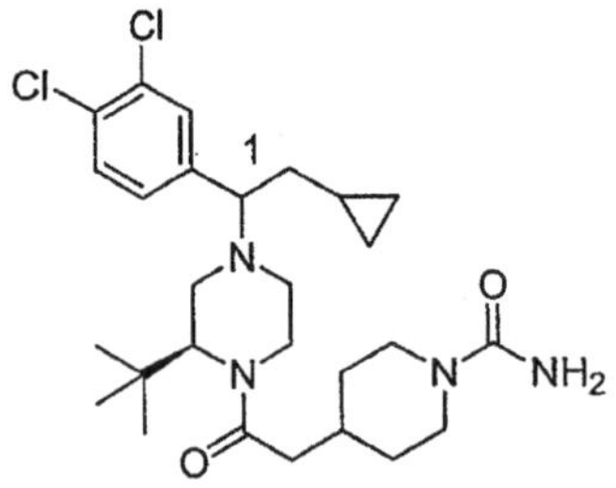

。”

2007 年 7 月 23 日，申请人先灵公司（下称请求人）对上述驳回决定不服，向专利复审委员会提出复审请求，请求人在提出复审请求时没有对申请文件进行修改。

请求人认为：

（1）没有手性碳的化合物 19 在 MeOH/THF 中用 $NaBH_4$ 还原成化合物 20，其具有一个手性碳。公知的是，用 $NaBH_4$ 还原酮是非立体选择性的，即得到的化合物 20 是一种外消旋混合物，其具有约 50% 的 R-构型和约 50% 的 S-构型。化合物 20 与 CH_3SO_2Cl 的反应不影响手性碳原子，因此其不改变立体构型。化合物 24 与 11 在 K_2CO_3 和 KI 的存在下在 CH_3CN 中的反应应该是一个 SN_2 型的取代反应，所述手性碳应该进行构型的翻转，即 S-构型变成 R-构型以及 R-构型变成 S-构型。尽管如此，产物化合物 42 仍然是一个具有约 50% 的 R-构型和约 50% 的 S-构型的外消旋混合物。

（2）化合物 42 可以用手性柱进行分离（CHAIRALPAK AD），以得到化合物 43 和 44。这两个流出异构体已经通过质谱仪进行了确认。

（3）即使申请人在说明书中提供了所述两个异构体的特定旋光度，但是用两个化合物的绝对构型基于已知的知识将两个分离出来的异构体相互关连起来也是困难的。此外，ee 值涉及的仅是光学纯度，其也不能用来确认两个化合物的绝对构型。

（4）综上，化合物 43 和 44 得到说明书支持，所述权利要求都得到说明书支持，符合专利法第 26 条第 4 款的规定。

经形式审查合格后，专利复审委员会受理了该请求，并于 2007 年 8 月 30 日向请求人发出了《复审请求受理通知书》，同时将本申请转送至国家知识产权局原审查部门进行前置审查。

在《前置审查意见书》中，国家知识产权局原审查部门认为：说明书仅给出了洗脱出的异构体的质谱数据，而根据该数据并无法确认得到的化合物是原外消旋混合物、其中一种非对映异构体为优势组分或者是纯非对映异构体，即无法确认所得到的物质为非对映异构体，由于化合物未得到充分确认，导致化合物公开不充分，权利要求得不到说明书的支持，因此坚持驳回决定。

专利复审委员会组成合议组，对本复审请求案进行了审理。

合议组于 2009 年 4 月 14 日向请求人发出《复审通知书》，指出：（1）权利要求 1 请求保护式（I）化合物或其可药用盐，其中 R^9 和 R^{10}各自独立选自：H，F，$-CF_3$，$-CHF_2$，CH_2F 和烷基。对于其中的基团定义“CH_2F”，其在原申请文件中并未有记载，本领域技术人员也不能从原申请文件记载的信息中直接地、毫无疑义地确定，故该处修改超范围，不符合专利法第 33 条的规定。（2）对于权利要求 1 中出现的“术语芳基是指具有 3~15 个碳原子的单环或双环芳族体系”，其在原申请文件中并没有记载，本领域技术人员也不能从原申请文件记载的信息中直接地、毫无疑义地确定，故该处修改超范围，不符合专利法第 33 条的规定。（3）权利要求 5 对基团 R_4、R_5 的定义中出现了两个“杂烷基”，不符合专利法实施细则第 20 条第 1 款的规定。

针对上述《复审通知书》，请求人于 2009 年 5 月 29 日提交了意见陈述书和权利要求书全文修改替换页，其中相对于驳回决定所针对的权利要求书，请求人删除了权利要求 1 中 R^9 和 R^{10}基团中的 CH_2F；将权利要求 1 中的术语“芳基”定义为苯基、萘基、茚基、四氢萘基、2，3-二氢化茚基、蒽基或芴基；将权利要求 5 中 R_4 和 R_5 中的“杂烷基，和杂烷基”修改为“杂烷基，和杂环烷基”，其余权利要求没有修改。请求人认为：权利要求 5 的 R^4 和 R^5 定义中的两个“杂烷基”属于笔误，其中一个杂烷基应为杂环烷基，支持可参见原权利要求 1~4 和答复第二次审查意见通知书时的意见陈述书。

至此，合议组认为本案事实已经清楚，可以作出审查决定。

二、决定的理由

1. 关于复审文本

本复审请求审查决定是针对请求人于 2009 年 5 月 29 日提交的权利要求第 1~20 项、进入中国国家阶段时提交的国际申请文件的说明书第 1~56 页及说明书摘要作出的。

2. 关于专利法第 33 条

专利法第 33 条规定，申请人可以对其专利申请文件进行修改，但是，对发明和实用新型专利申请文件的修改不得超出原说明书和权利要求书记载的范围。

如果申请改变和/或删除后的内容是所属技术领域的技术人员能够从原申请记载的信息中直接地、毫无疑义地确定，那么这种修改是允许的。

就本案而言，针对驳回决定所针对的权利要求书，合议组于 2009 年 4 月 14 日发出《复审通知书》，指出：（1）权利要求 1 的 R^9 和 R^{10} 中的基团定义“CH_2F”，其在原申请文件中并未有记载，本领域技术人员也不能从原申请文件记载的信息中直接地、毫无疑义地确定，故该处修改超范围，不符合专利法第 33 条的规定。（2）权利要求 1 中出现的“术语芳基是指具有 3~15 个碳原子的单环或双环芳族体系”，其在原申请文件中并没有记载，本领域技术人员也不能从原申请文件记载的信息中直接地、毫无疑义地确定，故该处修改超范围，不符合专利法第 33 条的规定。（3）权利要求 5 对基团 R^4、R^5 的定义中出现了两个“杂烷基”，不符合专利法实施细则第 20 条第 1 款的规定。

针对上述《复审通知书》，请求人于 2009 年 5 月 29 日提交了意见陈述书和权利要求书的全文修改替换页，其中相对于驳回决定所针对的权利要求书，请求人所作的修改如下：（1）删除了权利要求 1 中 R^9 和 R^{10} 基团中的 CH_2F；（2）将权利要求 1 中的术语“芳基”定义为苯基、萘基、茚基、四氢萘基、2，3-二氢化茚基、蒽基或芴基。经核实，修改后的芳基定义在原说明书第 8 页第 2 段中有记载；（3）将权利要求 5 中 R^4 和 R^5 中的“杂烷基，和杂烷基”修改为“杂烷基，和杂环烷基”。原权利要求 1~4 对基团 R^4 和 R^5 定义中存在杂环烷基，请求人在此将其修改为“杂环烷基”没有超出原申请文件记载的范围，并且克服了权利要求 5 不清楚的缺陷。因此，请求人在复审阶段所作的修改符合专利法第 33 条的规定，并且《复审通知书》所指出的缺陷都已克服。

3. 关于专利法第 26 条第 3 款的规定

专利法第 26 条第 3 款规定，说明书应当对发明作出清楚、完整的说明，以所属技术领域的技术人员能够实现为准。

对于具体化合物，如果本领域技术人员在阅读说明书对其相关信息的描述后，确信该具体化合物已经制备得到，并且制备得到的化合物就是该具体化合物，则认为说明书对该具体化合物的公开充分，符合专利法第 26 条第 3 款的规定。

就本案而言，驳回决定认为，权利要求 8~9、11、13~14 请求保护一系列具体的式上标明 1 或 2 的化合物。但是本申请说明书没有给出所得结果的表征数据，这些化合物在说明书中未公开其确认（例如旋光度，ee 值等），制备例 43 和 44 中所述化合物的质谱数据并不能对立体异构体进行区分，质谱数据并不是区分立体异构体的有效数据，即所述立体异构体由说明书公开的内容并不能得到确认。导致权利要求 8~9、11、13~14 得不到说明书的支持，不符合专利法第 26 条第 4 款的规定。

本案的争议点在于权利要求中标明 1 或 2 的化合物在说明书中能否满足确认的要求，对此，合议组认为：（1）驳回决定虽以专利法第 26 条第 4 款驳回，但驳回决定实质是认为这些权利要求中的化合物在说明书中公开不充分，不符合专利法第 26 条第 3 款的规定。驳回决定质疑的权利要求 8~9、11、13~14 的式上标明 1 或 2 的化合物，都是由制备例 43 和 44 得到的异构体制得，因此，首先需要判断制备例 43 和 44 洗脱出的两种异构体能否满足确认的要求。本申请说明书第 44 页制备例 43 和 44 公开了使用手性色谱柱（CHIRALPAK AD）以含 0.2% DEA 的 98：2 的已烷：IPA 作洗脱剂，经制备用 HPLC 分离制备例 42 的产物，进行立体异构体拆分，得到制备例 43 和制备例 44。从制备例 43 和 44 的结构来看，其化学结构仅存在一个手性中心，因此仅可能存在两个立体异构体，在说明书提供了第一洗出物的异构体和第二洗出物的异构体的质谱数据后，根据说明书的上述描述，本领域技术人员可知，通过手性色谱柱（HAIRALPAK AD），本申请确实对该化合物进行了立体异构体拆分，得到了所述化合物的两个立体异构体。（2）本领域技术人员已知，CHIRALPAK AD 为手性色谱柱，在有机化合物制备过程中通常用于分离立体异构体，在没有足够理由怀疑 CHIRALPAK AD 手性柱不能分离制备例 42 化合物的立体异构体的情况下，以及在制备例 43 和 44 已经给出了具体所使用的手性柱、具体所使用的洗脱溶剂、第一洗脱物和第二洗脱物的质谱数据的情况下，本领域技术人员应当确定所述化合物的两个立体异构体已经分离得到并可据此再现该制备例 43 和 44 得到两种立体异构体。(3) 根据说明书制备例 46 以及制备例 47~54 记载内容的教导，去叔丁氧羰基（BOC）反应并不会改变其立体异构性，在能够确认制备例 43 和 44 得到的立体异构体的情况下，本领域技术人员能够确认标明 1 或 2 的化合物在本申请说明书中已经制备出来。(4) 针对驳回理由，孤立地看，仅有质谱数据并不能将立体异构体表征清楚，但是结合本申请说明书公开的上述内容，本领域技术人员可以确信本申请所述立体异构体已经制备出来并且进行了确认，已经满足化合物公开充分的要求，符合专利法第 26 条第 3 款的规定。此外，对于化合物立体异构体的确认，现有技术也没有教导仅能通过旋光度或 ee 值来表征清楚。

根据上述事实和理由，合议组作出如下审查决定。

三、决定

撤销国家知识产权局于 2007 年 4 月 6 日针对 02820557. X 号发明专利申请作出的驳回决定，由国家知识产权局原审查部门以请求人于 2009 年 5 月 29 日提交的权利要求第 1~20 项、进入中国国家阶段时提交的国际申请文件的说明书第 1~56 页及说明书摘要为基础继续审批程序。

复审请求人对本决定不服的，可以根据专利法第 41 条第 2 款的规定，自收到本决定之日起三个月内向北京市第一中级人民法院起诉。

114

取代的硫代乙酰胺

复审请求审查决定（第 17758 号）

决　定　号 第 17758 号
决　定　日 2009 年 6 月 21 日
发明创造名称 取代的硫代乙酰胺
国 际 分 类 号 C07C323/60，C07C317/44，C07D333/18，C07D277/26，C07D417/06，C07D231/54，A61K31/165，A61K31/381，A61K31/416，A61K31/427，A61P1/14，A61P9/10，A61P25/16
复 审 请 求 人 赛福伦公司
申　请　号 01809625.5
申　请　日 2001 年 5 月 16 日
最早优先权日 2000 年 5 月 16 日
公　开　日 2003 年 7 月 9 日
合 议 组 组 长 刘　静
主　审　员 兰　琪
参　审　员 王　磊

法 律 依 据 专利法第 33 条
决 定 要 点

如果申请文件中修改的内容能够从原申请记载的信息中直接地、毫无疑义地确定，则这种修改是允许的。

一、案由

本复审请求案涉及发明名称为“取代的硫代乙酰胺”的第 01809625.5 号发明专利申请（下称本申请），申请人为赛福伦公司，申请日为 2001 年 5 月 16 日，最早优先权日为 2000 年 5 月 16 日，公开日为 2003 年 7 月 9 日。

2008 年 2 月 29 日，针对申请人于 2005 年 11 月 25 日提交的权利要求第 1~35 项，2003 年 2 月 20 日提交的说明书第 2、7、14~15 页，2002 年 11 月 18 日进入中国国家阶段时提交的国际申请文件中文译文的说明书第 1、3~6、8~13、16~79 页、说明书摘要、摘要附图以及说明书附图第 1~2 页（下称驳回文本），国家知识产权局以说明书第 14~15 页和权利要求 3、29~30 不符合专利法第 33 条的规定为由驳回了本申请。

驳回决定认为：在原始提交的申请文件中没有出现“R_{14}”或“R_{15}”的表述，因此说明书第14~15页以及权利要求3、29~30中涉及“R_{14}”或“R_{15}”的修改超出了原始说明书和权利要求书记载的范围，不符合专利法第33条的规定。

驳回决定针对的权利要求书中的权利要求1、3、16~17、28~30如下：

“1. 化学式（I-A）的化合物：

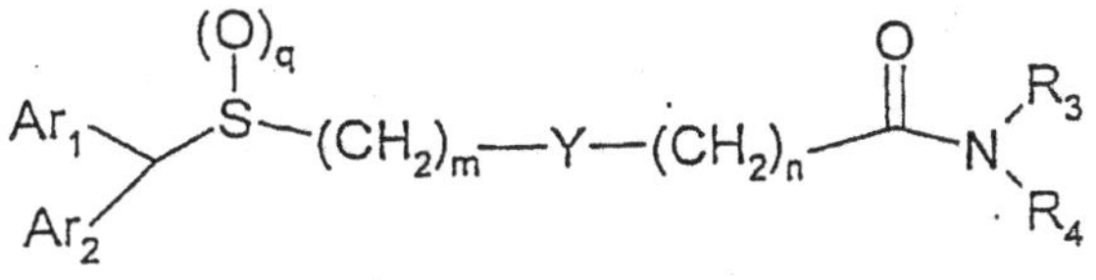

(I-A)

其中：

Ar_1 和 Ar_2 各自独立地选自 C_6-C_{10}芳基或杂芳基；

其中每一个 Ar_1 或 Ar_2 可以独立地任选被1~3个独立地选自以下所列的取代基取代：

a）H，C_6-C_{10} 芳基，杂芳基，F，Cl，Br，I，$-CN$，$-CF_3$，$-NO_2$，$-OH$，$-OR_7$，$-O(CH_2)_pNR_9R_{10}$，$-OC(=O)R_7$，$-OC(=O)NR_9R_{10}$，$-O(CH_2)_pOR_8$，$-CH_2OR_8$，$-NR_9R_{10}$，$-NR_8S(=O)_2R_7$，$-NR_8C(=O)R_7$，或$-NR_8C(=S)R_7$；

b）$-CH_2OR_{11}$；

c）$-NR_8C(=O)NR_9R_{10}$，$-NR_8C(=S)NR_9R_{10}$，$-CO_2R_{12}$，$-C(=O)R_{13}$，$-C(=O)NR_9R_{10}$，$-C(=S)NR_9R_{10}$，$-CH=NOR_{12}$，$-CH=NR_7$，$-(CH_2)pNR_9R_{10}$，$-(CH_2)pNHR_{11}$，$-CH=NNR_{12}R_{12A}$，$-C(=NR_8)NR_{8A}R_{8B}$$-NR_8C(=NH)R_{8A}$，$-NR_8C(=NH)NR_{8A}R_{8B}$，

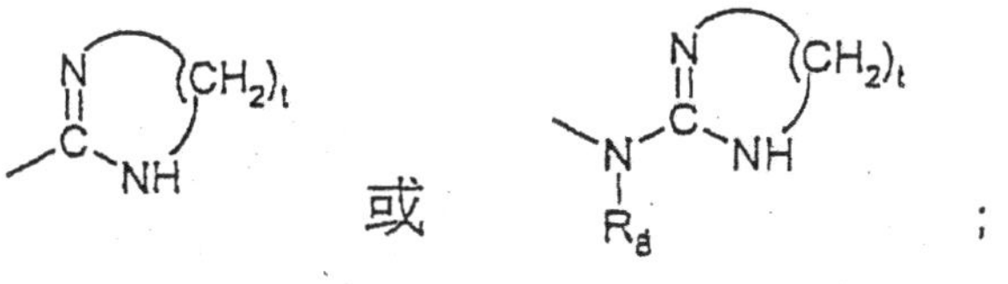

d）$-S(O)_yR_7$，$-(CH_2)_pS(O)_yR_7$，$-CH2_S(O)_yR_7$；和

e）C_1-C_8 烷基，C_2-C_8 烯基，或 C_2-C_8 炔基，其中：

1）每一烷基、烯基或炔基是未被取代的；或

2）每一烷基、烯基或炔基独立地被1~3个独立地选自以下所列的基团取代：C_6-C_{10}芳基，杂芳基，F，Cl，Br，I，CF_3，$-CN$，$-NO_2$，$-OH$，$-OR_7$，$-CH_2OR_8$，$-NR_9R_{10}$，$-O-(CH_2)_p-OH$，$-S-(CH_2)_p-OH$，$-X_1(CH_2)_pOR_7$，$X_1(CH_2)_pNR_9R_{10}$，$-X_1(CH_2)_pC(=O)NR_9R_{10}$，$-X_1(CH_2)_pC(=S)NR_9R_{10}$，$-X_1(CH_2)_pOC(=O)NR_9R_{10}$，$-X_1(CH_2)_pCO_2R_8$，$X_1(CH_2)_pS(O)yR_7$，$-X_1(CH_2)_pNR_8C(=O)NR_9R_{10}$，$-C(=O)R_{13}$，$-CO_2R_{12}$，$-OC(=O)R_7$，$-C(=O)NR_9R_{10}$，$-OC(=O)NR_{12}R_{12A}$，O-四氢吡喃基，$-C(=S)NR_9R_{10}$，$-CH=NNR_{12}R_{12A}$，$-CH=NOR_{12}$，$-CH=NR_7$，$-CH=NNHCH(N=NH)NH_2$，$-NR_8CO_2R_7$，$-NR_8C(=O)NR_9R_{10}$，$-NR_8C(=S)NR_9R_{10}$，$-NHC(=NH)NH_2$，$-NR_8C(=O)R_7$，$-NR_8C(=S)R_7$，$-NR_8S(=O)_2R_7$，$-S(O)_yR_7$，$-S(=O)_2NR_{12}R_{12A}$，$-P(=O)(OR_8)_2$，$-OR_{11}$，和 C_5-C_7 单糖，其中所述单糖的每一羟基独立地是未被取代的或者被H、C_1-C_4 烷基、C_1-C_4 烷氧基或$-O-C(=O)R_7$ 取代；

X_1 是-O-，-S-，-N（R8）-；

Y 选自 C_1-C_4 亚烷基、-C（R_1）（R_2）-、C_6-C_{10}亚芳基、亚杂芳基、C_3-C_8 亚环烷基、亚杂环基、-O-、-N（R_8）-、-S（O）$_y$、$-CR_{8A}=CR_8B-$、-CH=CH-CH（R_8）-、-CH（R_8）-CH=CH-或-C≡C-，其中 R_1 和 R_2 各自独立地为 H 或 C_1-C_6 烷基；前提是当 Y 是-O-、-N（R_8）-、或-S（O）y 时，m 和 n 不能为 0；

R_3 和 R_4 相同或不同，各自选自 H、C_1-C_6 烷基、-OH 和-CH（R_6）$CONR_{8A}R_{8B}$，条件是 R_3 和 R_4 不同时是 OH；或 R_3 和 R_4 与和它们连接的氮一起形成 3~7 元杂环；

R_6 是 H，C_1-C_4 烷基或 α-氨基酸的侧链；

R_7 是 C_1-C_6 烷基，C_6-C_{10}芳基，或杂芳基；

R_8、R_{8A}和 R_{8B}各自独立地为 H、C_1-C_4 烷基或 C_6-C_{10}芳基；

R_9 和 R_{10}独立地选自 H、C_1-C_4 烷基和 C_6-C_{10}芳基；或 R_9 和 R_{10}与和它们连接的氮一起形成 3~7 元杂环；

R_{11}为除去羧基的羟基后氨基酸的残基；

R_{12}和 R_{12A}各自独立地选自 H、C_1-C_6 烷基、环烷基、C_6-C_{10}芳基和杂芳基；或 R_{12}和 R_{12A}与和它们连接的氮一起形成 5~7 元杂环；

R_{13}为 H、C_1-C_6 烷基、环烷基、C_6-C_{10}芳基、杂芳基、-C（=O）R_7、-C（=O）NR_9R_{10}或-C（=S）NR_9R_{10}；

m 是 0、1、2 或 3；

n 是 0、1、2 或 3；

p 是 1、2、3 或 4；

q 是 0、1 或 2；

t 是 2、3 或 4；

y 是 0、1 或 2；

前提是当 Ar_1 是苯基和 Ar_2 是苯基或吡啶基时，那么 Y 不能是 C_1-C_4 亚烷基；

进一步的前提是当 Ar_1 和 Ar_2 是苯基，q=1，m 和 n=0，Y 是

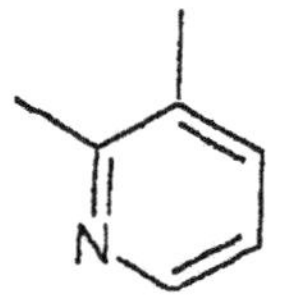

且 R_3 是 H 时，那么 R_4 不是 C_1-C_6 烷基；

以及其立体异构化形式、立体异构化形式的混合物、或其药理上可接受的盐和酯的形式。

3. 化学式（II-A）的化合物：

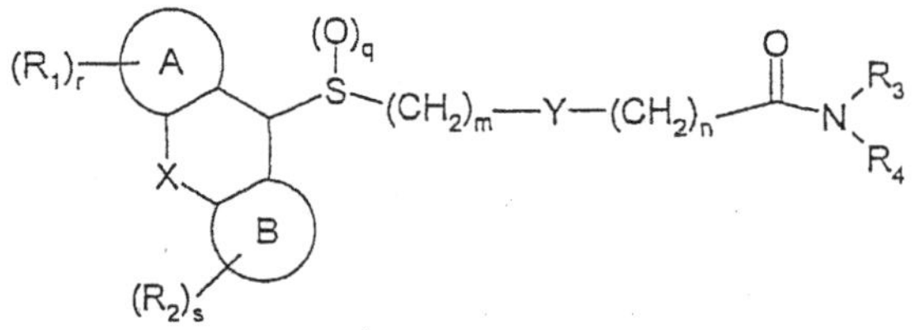

(II-A)

其中：

X 是键，$-CH_2CH_2-$，-O-，-S（O）$_y$-，-N（R_8）-，-CHN（R_8）-，-CH=CH-，$-CH_2-CH=CH-$，C（=O），-C（R_8）=N-，-N=C（R_8）-，-C（=O）-N（R_8）-，或$-NR_8-C$（=O）-；

环 A 和 B 与它们所连接的碳原子一起各自独立地选自：

a）6 元芳香碳环，其中 1~3 个碳原子可以被选自氧、氮和硫的杂原子替代；和

b）5 元芳香碳环，其中或者：

i）一个碳原子可以被氧、氮、或硫原子代替；

ii）两个碳原子可以被硫和氮原子、氧和氮原子、或两个氮原子替代；或

iii）三个碳原子可以被三个氮原子、一个氧和两个氮原子、或一个硫和两个氮原子替代；

R_1 和 R_2 各自独立地选自：

a）H，C_6-C_{10} 芳基，杂芳基，F，Cl，Br，I，$-CN$，$-CF_3$，$-NO_2$，$-OH$，$-OR_7$，$-O(CH_2)_pNR_9R_{10}$，$-OC(=O)R_7$，$-OC(=O)NR_9R_{10}$，$-O(CH_2)_pOR_8$，$-CH_2OR_8$，$-NR_9R_{10}$，$-NR_8S(=O)_2R_7$，$-NR_8C(=O)R_7$，或$-NR_8C(=S)R_7$；

b）$-CH_2OR_{11}$；

c）$-NR_8C(=O)NR_9R_{10}$，$-NR_8C(=S)NR_9R_{10}$，$-CO_2R_{12}$，$-C(=O)R_{13}$，$-C(=O)NR_9R_{10}$，$-C(=S)NR_9R_{10}$，$-CH=NOR_{12}$，$-CH=NR_7$，$-(CH_2)_pNR_9R_{10}$，$-(CH_2)$ pNHR$_{11}$，$-CH=NNR_{12}R_{12A}$，$-C(=NR_8)NR_{8A}R_{8B}-NR_8C(=NH)R_{8A}$，$-NR_{8C}(=NH)NR_{8A}R_{8B}$，

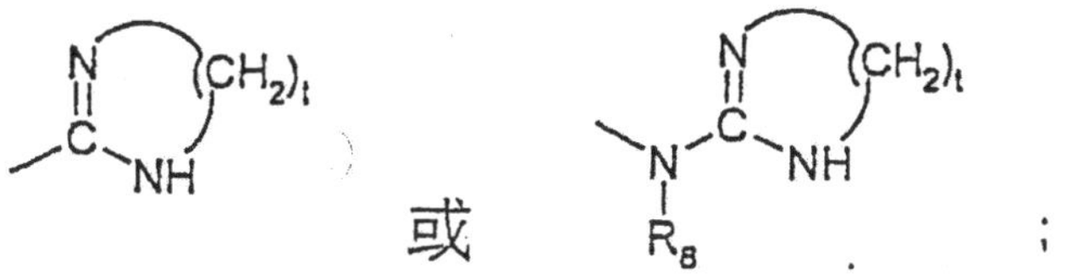

d）$-S(O)_yR_7$，$-(CH_2)_pS(O)$ yR_7，$-CH_2S(O)_yR_7$；和

e）C_1-C_8 烷基，C_2-C_8 烯基，或 C_2-C_8 炔基，其中：

1）每一烷基、烯基或炔基是未被取代的；或

2）每一烷基、烯基或炔基独立地被 1~3 个独立地选自以下所列的基团取代：C_6-C_{10}芳基、杂芳基，F，Cl，Br，I，CF_3，$-CN$，$-NO_2$，$-OH$，$-OR_7$，$-CH_2OR_8$，$-NR_9R_{10}$，$-O-(CH_2)_p-OH$，$-S-(CH_2)_p-OH$，$-X_1(CH_2)_pOR_7$，$X_1(CH_2)_pNR_9R_{10}$，$-X_1(CH_2)_pC(=O)NR_9R_{10}$，$-X_1(CH_2)_pC(=S)NR_9R_{10}$，$-X_1(CH_2)_pOC(=O)NR_9R_{10}$，$-X_1(CH_2)_pCO_2R_8$，X1$(CH_2)_pS(O)_yR_7$，$-$X1$(CH_2)_pNR_8C(=O)NR_9R_{10}$，$-C(=O)R_{13}$，$-CO_2R_{12}$，$-OC(=O)R_7$，$-C(=O)NR_9R_{10}$，$-OC(=O)NR_{12}R_{12A}$，O-四氢吡喃基，$-C(=S)NR_9R_{10}$，$-CH=NNR_{12}R_{12A}$，$-CH=NOR_{12}$，$-CH=NR_7$，$-CH=NNHCH(N=NH)NH_2$，$-NR_8CO_2R_7$，$-NR_8C(=O)NR_9R_{10}$，$-NR_8C(=S)NR_9R_{10}$，$-NHC(=NH)NH_2$，$-NR_8C(=O)R_7$，$-NR_8C(=S)R_7$，$-NR_8S(=O)_2R_7$，$-S(O)_yR_7$，$-S(=O)_2NR_{12}R_{12A}$，$-P(=O)(OR_8)_2$，$-OR_{11}$，和 C_5-C_7 单糖，其中单糖的每一羟基独立地是未被取代的或者被 H、C_1-C_4 烷基、C_1-C_4 烷氧基或$-O-C(=O)R_7$ 取代；

R_3 和 R_4 相同或不同，各自选自 H，C_1-C_6 烷基，$-OH$，$-CH(R_6)-CONR_8AR_8B$，条件是 R_3 和 R_4 不同时为 OH，或 R_3 和 R_4 与它们所连接的氮一起形成 3~7 元杂环；

R_6 是 H，C_1-C_4 烷基或 α-氨基酸的侧链；

R_7 是 C_1-C_6 烷基，C_6-C_{10}芳基，或杂芳基；

R_8、R_{8A}和 R_{8B}各自独立地为 H、C_1-C_4 烷基、或 C_6-C_{10}芳基；

R_9 和 R_{10}独立地选自 H、C_1-C_4 烷基、和 C_6-C_{10}芳基；或 R_9 和 R_{10}与和它们连接的氮一起形成 3~7元杂环；

R_{11}为除去羧基的羟基后氨基酸的残基；

R_{12}和 R_{12}A 各自独立地选自 H，C_1-C_6 烷基，环烷基，C_6-C_{10}芳基，和杂芳基；或 R_{12}和 R_{12}A 与

它们所连接的氮一起形成5~7元杂环；

R_{13}为H，C_1-C_6烷基，环烷基，C_6-C_{10}芳基，杂芳基，-C（=O）R_7，-C（=O）NR_9R_{10}，或-C（=S）NR_9R_{10}；

X_1是-O-，-S-，-N（R_8）-；

Y选自C_1-C_4亚烷基，-C（R_{14}）（R_{15}）-，C_6-C_{10}亚芳基，亚杂芳基，C_3-C_8亚环烷基、亚杂环基，-O-，-N（R_8）-，-S（O）$_y$，-CR_{8A}=CR_{8B}-，-CH=CH-CH（R_8）-，-CH（R_8）-CH=CH-，或-C≡C-，其中R_{14}和R_{15}各自独立地为H或C_1-C_6烷基；前提是当Y是-O-、-N（R_8）-、或-S（O）$_y$时，m和n不能为0；

m是0、1、2或3；

n是0、1、2或3；

p是1~4；

q是0、1、2；

r是0、1、2或3；

s是0、1、2或3；

t是2、3或4；

y是0、1或2；

条件是：

（a）当环A和B均为亚苯基时，X为-CH_2CH_2-，q、m以及n为0，并且Y为CH_2，R_3和R_4不全是CH_2CH_3，以及R_3和R_4不会与所连接的氮一起形成哌啶基、哌嗪基或N-甲基哌嗪基环；以及

（b）当环A和B均为亚苯基时，两者之一为一个取代基所取代，所述取代基选自H和Cl构成的组，X为-CH_2CH_2-或-CH=CH-，以及所述-（CH_2）m-Y-（CH_2）n部分为-CH_2-或-CH_2CH_2-，所述-N（R_3）R_4部分不是-$NHCH_3$或-N（CH_3）$_2$；

以及其立体异构化形式、立体异构化形式的混合物、或其药理上可接受的盐和酯的形式。

16. 权利要求1的化合物，其中Y是C（R_1）（R_2），其中R_1和R_2各自独立地为H或C_1-C_6烷基；m和n=0。

17. 权利要求16的化合物，其中R_1或R_2与R_3或R_4结合形成5~7元杂环。

28. 权利要求3的化合物，其中Y为C_1-C_4亚烷基。

29. 权利要求28的化合物，其中Y是C（R_{14}）（R_{15}），其中R_{14}和R_{15}各自独立地为H或C_1-C_6烷基；m和n=0。

30. 权利要求29的化合物，其中R_{14}或R_{15}与R_3或R_4结合形成5~7元杂环。

2008年6月16日，申请人赛福伦公司（下称请求人）对上述驳回决定不服，向专利复审委员会提出复审请求，请求人在提出复审请求时没有对申请文件进行修改。

请求人认为：权利要求3、29~30和说明书第14~15页的修改仅是澄清性修改，并未引入任何新的内容。原说明书的通式II-A中包括了与环A和B相连的基团“R_1”、“R_2”，以及基团“Y”，并且分别进行了定义。但是在原说明书中对通式I-A和II-A中的基团“Y”作了进一步的定义：“在化学式（I-A）或（II-A）的某些实施方案中，Y=-C（R_1）（R_2），其中R_1和R_2各自独立地选自H或C_1-C_6烷基；并且任选，R_1或R_2可以与R_3或R4结合形成5~7元杂环”。显而易见，针对通式II-A中的基团“Y”上的基团“R_1”和“R_2”的定义是与通式II-A中连接到环A和B上的基团“R_1”和“R_2”的定义是不相同的，即在权利要求书中存在对基团“R_1”和“R_2”的双重定义导致相互混淆，为了清楚起见将通式II-A中基团“Y”上的基团“R_1”和“R_2”重新命名为“R_{14}”和“R_{15}”。上述

修改尽管没有文字记载在原始公开的说明书和权利要求书中，但本领域技术人员可以毫无疑义地导出，因此是修改不超范围的。

经形式审查合格后，专利复审委员会受理了该请求，并于2008年7月14日向请求人发出了《复审请求受理通知书》，同时将本申请转送至国家知识产权局原审查部门进行前置审查。

在《前置审查意见书》中，国家知识产权局原审查部门坚持驳回决定。

专利复审委员会组成合议组，对本复审请求案进行了审理。

2009年5月14日，请求人提交了权利要求书第2页、说明书第7页和第15页的修改替换页，其中将驳回文本的权利要求1和说明书第7页中的"Y选自……$-C(R_1)(R_2)-$……，其中R_1和R_2各自……"修改为"Y选自……$-C(R_{14})(R_{15})-$……，其中R_{14}和R_{15}各自……"；将驳回文本的说明书第15页中第20~25行的内容修改回原始说明书相应处的内容，同时将其中的"R_1"修改为"R_{14}"，将"R_2"修改为"R_{15}"（包括将文字下方结构式中的"R_2"修改为"R_{15}"）。

2009年6月2日，请求人提交了权利要求书的全文修改替换页，在2009年5月14日提交的权利要求书的基础上对权利要求16、17做了适应性修改，将权利要求16、17中的"R_1"修改为"R_{14}"，将"R_2"修改为"R_{15}"。修改后的权利要求1、16和17为：

"1. 化学式（I-A）的化合物：

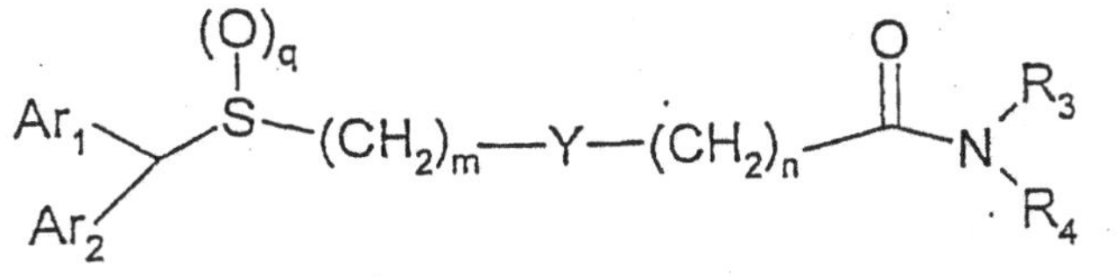

(I-A)

其中：

Ar_1和Ar_2各自独立地选自C_6-C_{10}芳基或杂芳基；

其中每一个Ar_1或Ar_2可以独立地任选被1~3个独立地选自以下所列的取代基取代：

a）H，C_6-C_{10}芳基，杂芳基，F，Cl，Br，I，$-CN$，$-CF_3$，$-NO_2$，$-OH$，$-OR_7$，$-O(CH_2)_pNR_9R_{10}$，$-OC(=O)R_7$，$-OC(=O)NR_9R_{10}$，$-O(CH_2)_pOR_8$，$-CH_2OR_8$，$-NR_9R_{10}$，$-NR_8S(=O)_2R_7$，$-NR_8C(=O)R_7$，或$-NR_8C(=S)R_7$；

b）$-CH_2OR_{11}$；

c）$-NR_8C(=O)NR_9R_{10}$，$-NR_8C(=S)NR_9R_{10}$，$-CO_2R_{12}$，$-C(=O)R_{13}$，$-C(=O)NR_9R_{10}$，$-C(=S)NR_9R_{10}$，$-CH=NOR_{12}$，$-CH=NR_7$，$-(CH_2)_pNR_9R_{10}$，$-(CH_2)_pNHR_{11}$，$-CH=NNR_{12}R_{12A}$，$-C(=NR_8)NR_{8A}R_{8B}-NR_8C(=NH)R_{8A}$，$-NR_8C(=NH)NR_{8A}R_{8B}$，

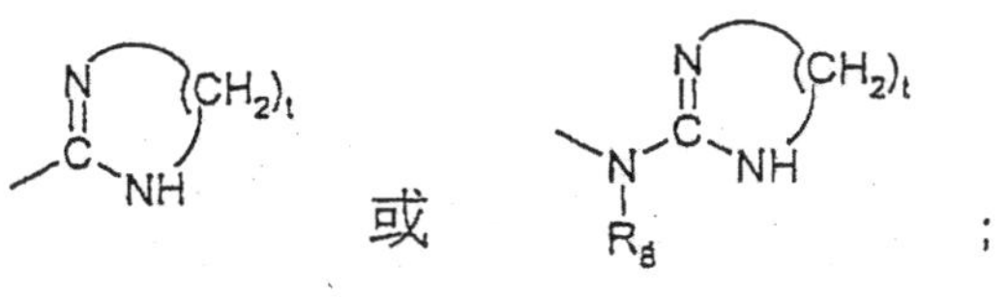

d）$-S(O)_yR_7$，$-(CH_2)_pS(O)_yR_7$，$-CH_2S(O)_yR_7$；和

e）C_1-C_8烷基，C_2-C_8烯基，或C_2-C_8炔基，其中：

1）每一烷基、烯基或炔基是未被取代的；或

2）每一烷基、烯基或炔基独立地被1-3个独立地选自以下所列的基团取代：C_6-C_{10}芳基，杂芳基，F，Cl，Br，I，CF_3，-CN，$-NO_2$，-OH，$-OR_7$，$-CH_2OR_8$，$-NR_9R_{10}$，-O-（CH_2）$_p$-OH，-S-（CH_2）$_p$-OH，$-X_1$（CH_2）$_pOR_7$，X_1（CH_2）$_pNR_9R_{10}$，$-X_1$（CH_2）$_p$C（=O）NR_9R_{10}，$-X_1$（CH_2）pC（=S）NR_9R_{10}，$-X_1$（CH_2）$_p$OC（=O）NR_9R_{10}，$-X_1$（CH_2）$_pCO_2R_8$，X_1（CH_2）$_p$S（O）$_yR_7$，$-X_1$（CH_2）$_pNR_8$C（=O）NR_9R_{10}，-C（=O）R_{13}，$-CO_2R_{12}$，-OC（=O）R_7，-C（=O）NR_9R_{10}，-OC（=O）$NR_{12}R_{12A}$，O-四氢吡喃基，-C（=S）NR_9R_{10}，$-CH=NNR_{12}R_{12A}$，$-CH=NOR_{12}$，$-CH=NR_7$，-CH=NNHCH（N=NH）NH_2，$-NR_8CO_2R_7$，$-NR_8$C（=O）NR_9R_{10}，$-NR_8$C（=S）NR_9R_{10}，-NHC（=NH）NH_2，$-NR_8$C（=O）R_7，$-NR_8$C（=S）R_7，$-NR_8$S（=O）$_2R_7$，-S（O）$_yR_7$，-S（=O）$_2NR_{12}R_{12A}$，-P（=O）（OR_8）$_2$，$-OR_{11}$，和C_5-C_7单糖，其中所述单糖的每一羟基独立地是未被取代的或者被H、C_1-C_4烷基、C_1-C_4烷氧基或-O-C（=O）R_7取代；

X_1是-O-，-S-，-N（R_8）-；

Y选自C_1-C_4亚烷基、-C（R_{14}）（R_{15}）-、C_6-C_{10}亚芳基、亚杂芳基、C_3-C_8亚环烷基、亚杂环基、-O-、-N（R_8）-、-S（O）$_y$、$-CR_{8A}=CR_{8B}-$、-CH=CH-CH（R_8）-、-CH（R_8）-CH=CH-或-C≡C-，其中R_{14}和R_{15}各自独立地为H或C_1-C_6烷基；前提是当Y是-O-、-N（R_8）-、或-S（O）y时，m和n不能为0；

R_3和R_4相同或不同，各自选自H、C_1-C_6烷基、-OH和-CH（R_6）$CONR_{8A}R_{8B}$，条件是R_3和R_4不同时是OH；或R_3和R_4与和它们连接的氮一起形成3~7元杂环；

R_6是H，C_1-C_4烷基或α-氨基酸的侧链；

R_7是C_1-C_6烷基，C_6-C_{10}芳基，或杂芳基；

R_8、R_{8A}和R_{8B}各自独立地为H、C_1-C_4烷基或C_6-C_{10}芳基；

R_9和R_{10}独立地选自H、C_1-C_4烷基和C_6-C_{10}芳基；或R_9和R_{10}与和它们连接的氮一起形成3~7元杂环；

R_{11}为除去羧基的羟基后氨基酸的残基；

R_{12}和R_{12A}各自独立地选自H、C_1-C_6烷基、环烷基、C_6-C_{10}芳基和杂芳基；或R_{12}和R_{12}A与和它们连接的氮一起形成5~7元杂环；

R_{13}为H、C_1-C_6烷基、环烷基、C_6-C_{10}芳基、杂芳基、-C（=O）R_7、-C（=O）NR_9R_{10}或-C（=S）NR_9R_{10}；

m是0、1、2或3；

n是0、1、2或3；

p是1、2、3或4；

q是0、1或2；

t是2、3或4；

y是0、1或2；

前提是当Ar_1是苯基和Ar_2是苯基或吡啶基时，那么Y不能是C_1-C_4亚烷基；

进一步的前提是当Ar_1和Ar_2是苯基，q=1，m和n=0，Y是

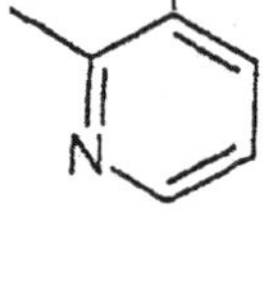

且 R_3 是 H 时，那么 R_4 不是 C_1-C_6 烷基；

以及其立体异构化形式、立体异构化形式的混合物、或其药理上可接受的盐和酯的形式。

16. 权利要求 1 的化合物，其中 Y 是 C（R_{14}）（R_{15}），其中 R_{14} 和 R_{15} 各自独立地为 H 或 C_1-C_6 烷基；m 和 n=0。

17. 权利要求 16 的化合物，其中 R_{14} 或 R_{15} 与 R_3 或 R_4 结合形成 5~7 元杂环。”

经合议，合议组认为本案事实清楚，可以作出审查决定。

二、决定的理由

1. 关于审查文本

本复审请求审查决定针对的文本是：请求人于 2009 年 6 月 2 日提交的权利要求第 1~35 项、2009 年 5 月 14 日提交的说明书第 7 页和第 15 页，2003 年 2 月 20 日提交的说明书第 2 页和第 14 页，2002 年 11 月 18 日进入中国国家阶段时提交的国际申请文件中文译文的说明书第 1、3~6、8~13、16~79 页、说明书摘要、摘要附图以及说明书附图第 1~2 页（下称复审文本）。

2. 关于专利法第 33 条

专利法第 33 条规定：申请人可以对其专利申请文件进行修改，但是，对发明专利申请文件的修改不得超出原说明书和权利要求书记载的范围。

如果申请文件中修改的内容能够从原申请记载的信息中直接地、毫无疑义地确定，则这种修改是允许的。

就本申请而言，驳回决定认为：在本申请的原始提交的申请文件中没有出现“R_{14}”或“R_{15}”的表述，因此驳回文本的权利要求 3、29~30 以及说明书第 14~15 页中涉及“R14”或“R15”的修改超出了原始说明书和权利要求书记载的范围，不符合专利法第 33 条的规定。

在复审文本中，请求人进行了如下修改：

（1）将驳回文本的权利要求 1 以及说明书第 7 页中的“Y 选自……-C（R_1）（R_2）-……，其中 R_1 和 R_2 各自……”修改为“Y 选自……-C（R_{14}）（R_{15}）-……，其中 R_{14} 和 R_{15} 各自……”；

（2）将驳回文本的权利要求 16、17 中的“R_1”修改为“R_{14}”，“R_2”修改为“R_{15}”；

（3）将驳回文本的说明书第 15 页中第 20~25 行的内容修改回原始说明书相应处的内容，同时将其中的“R_1”修改为“R_{14}”、“R_2”修改为“R_{15}”（包括将文字下方结构式中的“R_2”修改为“R_{15}”）。

即在复审文本中，权利要求第 1、3、16~17、29~30 项，以及说明书第 7、14~15 页将取代基 Y 定义为“C（R_1）（R_2）”时均相应地将“R_1”修改为“R_{14}”、将“R_2”修改为“R_{15}”。故本案的焦点在于：复审文本的权利要求第 1、3、16~17、29~30 项和说明书第 7、14~15 页中所涉及的取代基 Y 定义中的“R_{14}”和“R_{15}”的修改是否存在修改超范围的问题。

根据本申请说明书的记载，本申请涉及取代的硫代乙酰胺、包括该化合物的组合物及其在治疗疾病方面的用途。在具体实施方案中，本申请提供如下通式（I-A）和（II-A）的化合物：

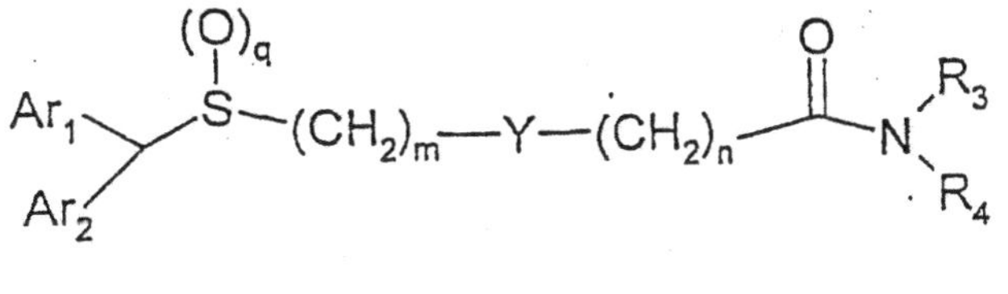

(I-A)

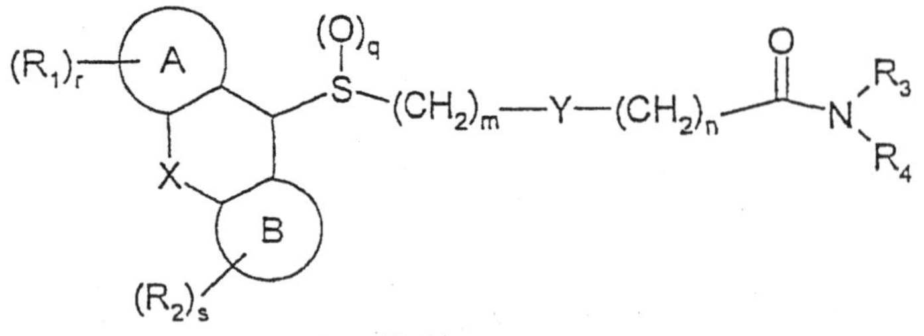

(II-A)

，

本申请原说明书中分别对通式（I-A）和（II-A）的取代基进行了定义，其中对基团 Y 的定义为“Y 选自 C_1-C_4 亚烷基、C_6-C_{10}亚芳基……，m 和 n 不能为 0”（参见原说明书第 7 页第 21~24 行和第 14 页第 10~13 行），在原说明书第 15 页第 23~26 行进一步限定“在化学式（I-A）或（II-A）的某些实施方案中，Y=-C（R_1）（R_2）-，其中 R_1 和 R_2 各自独立地选自 H 或 C_1-C_6 烷基；并且任选，R_1 和 R_2 可以与 R_3 和 R_4 结合形成 5-7 元杂环……”，即原始说明书中已经记载了在通式（I-A）和（II-A）中，基团 Y 的定义存在“Y=-C（R_1）（R_2）-，其中 R_1 和 R_2 各自独立地选自 H 或 C_1-C_6 烷基”的情形。但是，由上述通式（II-A）可以看出，其中 A、B 环上存在取代基 R_1、R_2，原说明书第 12 页第 28 行至第 13 页第 25 行以及权利要求 3 对式（II-A）化合物中与环 A 和 B 相连接的基团“R_1”和“R_2”进行了定义，R_1 和 R_2 可以选自 a）-e）五类情况。可以看出，在原说明书中针对通式（I-A）和（II-A）中的基团“Y”上的基团“R_1”和“R_2”的定义与通式（II-A）中与环 A 和 B 相连接的基团“R_1”和“R_2”的定义是不相同的，请求人为了克服原申请文件在表达通式 II-A 时对基团“R_1”和“R_2”双重定义的缺陷，而在复审文本中将所有涉及上述两个通式中的基团 Y 为 C（R_1）（R_2）时的基团“R_1”修改为“R_{14}”、“R_2”修改为“R_{15}”，并且将 R_{14}和 R_{15}定义为“其中 R_{14}和 R_{15}各自独立地选自 H 或 C_1-C_6 烷基”。

合议组认为，虽然在原申请文件中并没有出现过“R_{14}”和“R_{15}”的表述，但基团“R_{14}”和“R_{15}”仅是一种符号，其本质是代表具体的基团，即如原申请文件中所定义的“各自独立地选自 H 或 C_1-C_6 烷基”的基团。因此对于基团“Y”而言，在原说明书第 15 页第 23~25 行的具体定义中，无论在该定义中采用原申请文件中的符号“R_1”和“R_2”，还是采用复审文本中的符号“R_{14}”和“R_{15}”，其均代表“各自独立地选自 H 或 C_1-C_6 烷基”的基团，即修改前后在基团“Y”的具体定义中，其所代表的具体基团并未改变。

综上所述，请求人在复审文本中为克服原申请文件在表达通式 II-A 时，对“R_1”和“R_2”双重定义的缺陷而将 Y 为 C（R_1）（R_2）定义中的“R_1”修改为“R_{14}”、“R_2”修改为“R_{15}”是能够由原申请记载的信息中直接地、毫无疑义地确定，即复审文本的权利要求第 1、3、16~17、29~30 项和说明书第 7、14~15 页中所涉及的“R_{14}”和“R_{15}”的修改符合专利法第 33 条的规定。故驳回决定中指出的涉及“R_{14}”或“R_{15}”的修改不符合专利法第 33 条规定的驳回理由不成立。

根据上述事实和理由，合议组作出如下审查决定。

三、决定

撤销国家知识产权局于 2008 年 2 月 29 日针对 01809625.5 号发明专利申请作出的驳回决定，由国家知识产权局原审查部门以本复审请求审查决定所针对的文本为基础继续审批程序。

复审请求人对本决定不服的，可以根据专利法第 41 条第 2 款的规定，自收到本决定之日起三个月内向北京市第一中级人民法院起诉。

115

光学纯α-二氟甲基胺和高立体选择性制备的方法

复审请求审查决定（第17759号）

决 定 号 第17759号
决 定 日 2009年6月16日
发明创造名称 光学纯α-二氟甲基胺和高立体选择性制备的方法
国 际 分 类 号 C07C211/52，C07C209/00，C07C209/68，C07C233/66
复 审 请 求 人 中国科学院上海有机化学研究所
申 请 号 200510027599.9
申 请 日 2005年7月7日
公 开 日 2006年1月25日
合 议 组 组 长 刘 亚
主 审 员 兰 琪
参 审 员 吴红权

法 律 依 据 专利法实施细则第20条第1款
决 定 要 点

如果一项权利要求中某一技术特征的含义对本领域技术人员来说是清楚的，那么该技术特征不会由此导致该项权利要求不符合专利法实施细则第20条第1款的规定。

一、案由

本复审请求案涉及发明名称为“光学纯α-二氟甲基胺和高立体选择性制备的方法”的200510027599.9号发明专利申请（下称本申请），申请人为中国科学院上海有机化学研究所，申请日为2005年7月7日，公开日为2006年1月25日。

2008年2月15日，针对申请人于2008年1月3日提交的权利要求书第1~4项；2007年1月5日提交的说明书第1、3、4页和说明书摘要；申请日提交的说明书第2页和第5~13页（下称驳回文本），国家知识产权局以权利要求1~2不符合专利法实施细则第20条第1款的规定为由驳回了本申请。

驳回决定认为：权利要求1中对R的定义存在R为C_{1-6}的烷氧基取代的芳基，且芳基为苯基或萘基，而该基团不可能仅具有1~6个碳原子，该表述是不清楚的；权利要求2中的基团R1、R2并不存在于其所涉及的化合物当中，而其仍旧保留了对该基团的定义，该表述也是不清楚的，因此权利要求1~2不符合专利法实施细则第20条第1款的规定。

驳回决定针对的权利要求书如下：

“1. 一种光学纯 α-二氟甲基胺或其衍生物，其特征是具有如下结构式：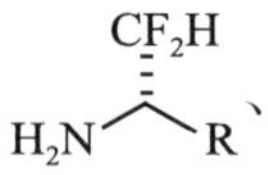、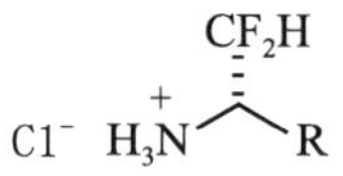

或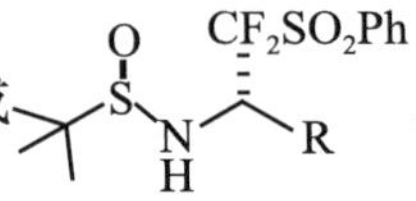，其中，R=$C_{1\sim12}$的烷基，$C_{1\sim6}$的烷氧基取代的芳基，卤代芳基或呋喃基，所述的芳基是苯基或萘基。

2. 一种如权利要求 1 所述的光学纯 α-二氟甲基胺或其衍生物的制备方法，其特征是采用下述（1）、（1）～（2），以及（1）～（3）三种方法制备。

（1）在有机溶剂中，-78℃至室温时和碱存在下，以二氟甲基苯基砜、（R）或者（S）-叔丁基亚砜基醛亚胺反应 0.1～1 小时，获得结构式为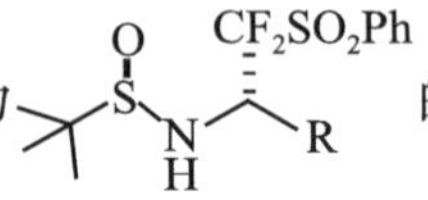的化合物；所述的二氟甲基苯基砜、（R）或者（S）-叔丁基亚砜基醛亚胺和碱的摩尔比为 1：0.8～1.5：1～5；所述的碱是六甲基二硅胺锂、丁基锂、叔丁醇钾、二异丁基胺锂或氢氧化钠；所述的（R）或者（S）-叔丁基亚砜基醛亚胺具有如下的结构式：

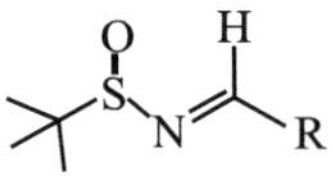

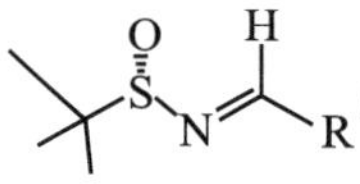；

（2）将结构式为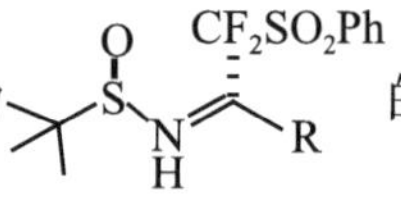的化合物在有机溶剂中，0℃至室温时，$C_{1\sim4}$醇和一价金属存在下反应 0.1～1 小时生成光学纯 α-二氟甲基胺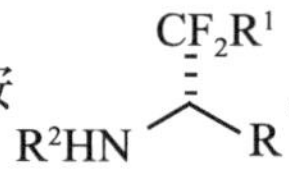，所述的一价金属是钾或钠；其中，R^1 为 H 或 SO_2Ph；R^2=H 或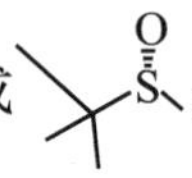；

（3）上述（2）的反应产物在 $C_{1\sim4}$醇溶液和过量经过盐酸反应 0.1～1 小时，生成光学纯的α-二氟甲基胺的盐酸盐；

其中，R 与权利要求 1 具有相同的定义。

3. 如权利要求 2 所述的光学纯 α-二氟甲基胺或其衍生物的制备方法，其特征是所述的有机溶剂是乙醚、甲苯、二氯甲烷、乙腈或四氢呋喃。

4. 如权利要求 1 所述的光学纯 α-二氟甲基胺及其衍生物的用途，其特征是用于手性药物合成。”

2008 年 6 月 10 日，申请人中国科学院上海有机化学研究所（下称请求人）对上述驳回决定不服，向专利复审委员会提出复审请求，请求人在提出复审请求的同时提交了权利要求书的全文修改替换页。相较于驳回文本的权利要求书，请求人在权利要求 2 的步骤（3）中增加了（R）或者（S）-叔丁基亚砜基醛亚胺的结构式，即，增加了以下内容“所述的（R）或者（S）-叔丁基亚砜基醛亚胺结构式如下：

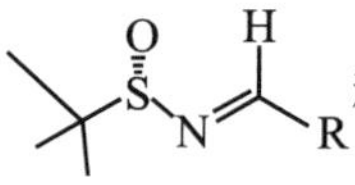和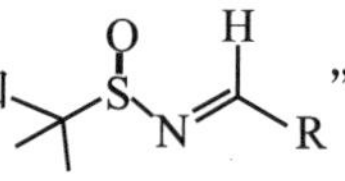”。请求人认为：已根据审查员的意见修改了权利要求书。

经形式审查合格后，专利复审委员会受理了该请求，并于 2008 年 9 月 5 日向请求人发出了《复

审请求受理通知书》，同时将本申请转送至国家知识产权局原审查部门进行前置审查。

在《前置审查意见书》中，国家知识产权局原审查部门认为复审请求时所提交的权利要求书全文修改替换页仍未克服驳回决定中所指出的缺陷，权利要求1和2仍存在不清楚之处，不符合专利法实施细则第20条第1款的规定，因此坚持驳回决定。

专利复审委员会组成合议组，对本复审请求案进行了审理。

2009年4月30日，请求人提交了意见陈述书和权利要求书全文修改替换页。相较于驳回文本的权利要求书，请求人所作的修改在于：将权利要求2中步骤（2）的反应产物光学纯α-二氟甲基胺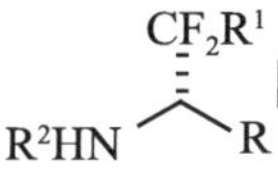限定为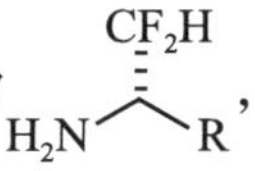，并且相应地删除了对R^1和R^2的定义。修改后的权利要求书如下：

“1. 一种光学纯α-二氟甲基胺或其衍生物，其特征是具有如下结构式：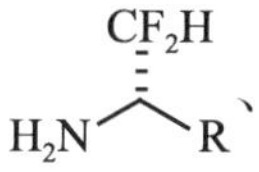、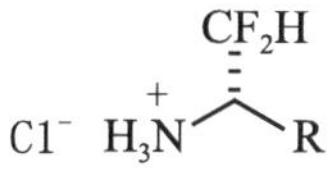或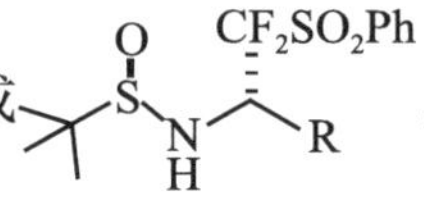，其中，R=$C_{1\sim12}$的烷基，$C_{1\sim6}$的烷氧基取代的芳基，卤代芳基或呋喃基，所述的芳基是苯基或萘基。

2. 一种如权利要求1所述的光学纯α-二氟甲基胺或其衍生物的制备方法，其特征是采用下述（1）、（1）~（2），以及（1）~（3）三种方法制备。

（1）在有机溶剂中、-78℃~室温时和碱存在下，以二氟甲基苯基砜、（R）或者（S）-叔丁基亚砜基醛亚胺反应0.1~1小时，获得结构式为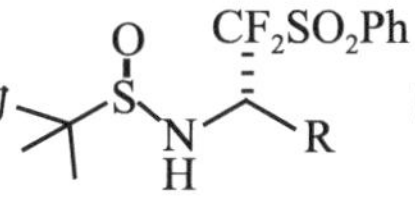的化合物；所述的二氟甲基苯基砜、（R）或者（S）-叔丁基亚砜基醛亚胺和碱的摩尔比为1：0.8~1.5：1~5；所述的碱是六甲基二硅胺锂、丁基锂、叔丁醇钾、二异丁基胺锂或氢氧化钠；所述的（R）或者（S）-叔丁基亚砜基醛亚胺具有如下的结构式：

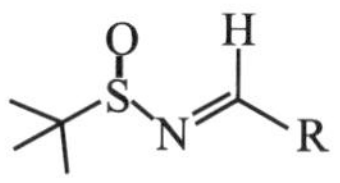

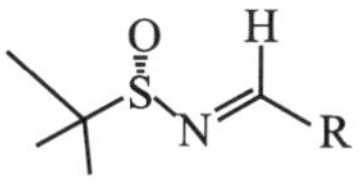

（2）将结构式为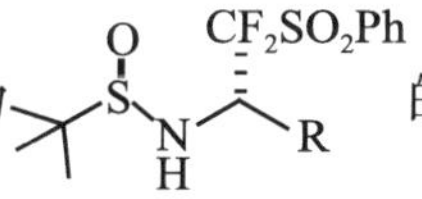的化合物在有机溶剂中，0℃至室温时，$C_{1\sim4}$醇和一价金属存在下反应0.1~1小时生成光学纯α-二氟甲基胺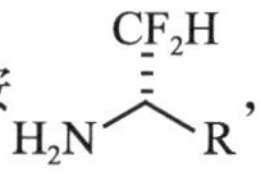，所述的一价金属是钾或钠；

（3）上述（2）的反应产物在$C_{1\sim4}$醇溶液和过量经过盐酸反应0.1~1小时，生成光学纯的α-二氟甲基胺的盐酸盐；

其中，R与权利要求1具有相同的定义。

3. 如权利要求2所述的光学纯α-二氟甲基胺或其衍生物的制备方法，其特征是所述的有机溶剂是乙醚、甲苯、二氯甲烷、乙腈或四氢呋喃。

4. 如权利要求1所述的光学纯α-二氟甲基胺及其衍生物的用途，其特征是用于手性药物合成。”

经合议，合议组认为本案事实已经清楚，可以作出审查决定。

二、决定的理由

1. 关于审查文本

请求人在复审阶段于2009年4月30日所提交的权利要求书中将驳回文本的权利要求2的步骤（2）的反应产物光学纯α-二氟甲基胺中的R^1和R^2均修改为H，并同时删除了对R^1和R^2的定义。经审查，所述修改后的内容可以从原申请文件记载的信息中直接地、毫无疑义地确定，因此以上修改符合专利法第33条的规定，并且该修改是针对驳回决定所指出的权利要求2存在不清楚之处的缺陷而进行的修改，亦符合专利法实施细则第60条第1款的规定。

故，本复审请求审查决定是针对请求人于2009年4月30日提交的权利要求第1~4项，2007年1月5日提交的说明书第1、3、4页和说明书摘要，申请日提交的说明书第2页和第5~13页（下称复审文本）作出的。

2. 关于专利法实施细则第20条第1款

专利法实施细则第20条第1款规定，权利要求书应当说明发明或者实用新型的技术特征，清楚、简要地表述请求保护的范围。

如果一项权利要求中某一技术特征的含义对本领域技术人员来说是清楚的，那么该技术特征不会由此导致该项权利要求不符合专利法实施细则第20条第1款的规定。

就本申请而言，（1）驳回决定指出驳回文本的权利要求1中对R的定义存在"R为$C_{1\sim6}$的烷氧基取代的芳基"，"且芳基为苯基或萘基"，而该基团不可能仅具有1~6个碳原子，因此权利要求1存在不清楚的缺陷。

复审文本的权利要求1中对R的定义同样存在"R为$C_{1\sim6}$的烷氧基取代的芳基"，"所述的芳基为苯基或萘基"，考察该权利要求1中对R的上述定义，仅从字面理解似乎存在"$C_{1\sim6}$"可以修饰烷氧基，也可以修饰芳基或烷氧基取代的芳基的问题，但是化学领域的技术人员公知芳基不可能存在C_1的情形，包含芳基的基团的总碳原子数也不可能存在C_1的情形，而且上述对R的定义中已限定芳基为苯基或萘基，这表示R可以是$C_{1\sim6}$的烷氧基取代的苯基或萘基，无论苯基、萘基抑或烷氧基取代的苯基或萘基，本领域技术人员公知其总碳原子数不会低于6，因此化学领域的技术人员在阅读该段文字的时候，不会将其理解成"$C_{1\sim6}$"是修饰芳基或烷氧基取代的芳基，而仅会将其理解为修饰烷氧基，因此"R为$C_{1\sim6}$的烷氧基取代的芳基"，"所述的芳基为苯基或萘基"所表示的含义应理解成R为具有$C_{1\sim6}$的烷氧基作为取代基的芳基，其中芳基为苯基或萘基，"$C_{1\sim6}$"仅仅是限定烷氧基中的碳原子数，例如作为取代基的烷氧基可以为甲氧基、乙氧基等；本申请说明书表1中列举了多种具体的α-二氟甲基胺化合物，其中产物3b为具体的二氟甲基胺化合物，在该具体化合物中，R为甲氧基苯基，即其表示R为具有1个碳原子的烷氧基作为取代基的苯基，这进一步佐证了上述观点，即在本申请中，"R为$C_{1\sim6}$的烷氧基取代的芳基"中的碳原子数是指烷氧基的碳原子数。因此复审文本的权利要求1中所限定的R基团的含义对本领域技术人员是清楚的，不会由此导致权利要求1不符合专利法实施细则第20条第1款的规定。即，驳回决定关于驳回文本的权利要求1对R的定义存在"R为$C_{1\sim6}$的烷氧基取代的芳基"，"所述的芳基为苯基或萘基"而导致权利要求1不符合专利法实施细则第20条第1款的驳回理由不成立。

（2）驳回决定还指出，驳回文本的权利要求2中的基团R^1、R^2并不存在于其所涉及的化合物当中，而其仍旧保留了对该基团的定义，该表述也是不清楚的。对此，请求人在复审程序中对上述权利要求2进行了修改，复审文本已将该权利要求步骤（2）的反应产物中的R^1和R^2均修改为H，并删除了对R^1和R^2的限定，即复审文本的权利要求2中已不存在基团R^1和R^2，故克服了驳回决定中所指出的该缺陷。即，驳回决定关于驳回文本的权利要求2中基团R^1、R^2的定义导致权利要求2不符合专利法实施细则第 20 条第 1 款的驳回理由已不再成立。

根据上述事实和理由，合议组作出如下审查决定。

三、决定

撤销国家知识产权局于 2008 年 2 月 15 日针对 200510027599.9 号发明专利申请作出的驳回决定，由国家知识产权局原审查部门以本复审请求审查决定所针对的文本为基础继续审批程序。

复审请求人对本决定不服的，可以根据专利法第 41 条第 2 款的规定，自收到本决定之日起三个月内向北京市第一中级人民法院起诉。

116

基于 Prothioconazole 的杀真菌混合物

复审请求审查决定（第 17760 号）

决　定　号　第 17760 号
决　定　日　2009 年 6 月 24 日
发明创造名称　基于 Prothioconazole 的杀真菌混合物
国际分类号　A01N43/653，A01N43/84，A01N43/40，A01N43/653//A01N43：84，43：40
复审请求人　巴斯福股份公司
申　请　号　03805066.8
优先权日　2002 年 3 月 1 日
申　请　日　2003 年 2 月 26 日
公　开　日　2005 年 7 月 13 日
合议组组长　刘　静
主　审　员　沈　钱
参　审　员　王　磊

法律依据　专利法第 33 条
决定要点
请求人提交的修改文本已经克服了驳回决定和《复审通知书》中所指出的修改超范围缺陷，因此，撤销驳回决定。

一、案由

本复审请求案涉及发明名称为“基于 Prothioconazole 的杀真菌混合物”的 03805066.8 号发明专利申请（下称本申请），申请人为巴斯福股份公司，申请日为 2003 年 2 月 26 日，优先权日为 2002 年 3 月 1 日，公开日为 2005 年 7 月 13 日。

国家知识产权局原审查部门对本申请进行实质审查，于 2005 年 11 月 25 日发出《第一次审查意见通知书》，指出：（1）本申请说明书存在不清楚之处，如表 2 的试验数据中“化合物 I+丁苯吗啉 1+0.6ppm的混合物”的配合比应为 1：0.6，而不是本申请表中所列的“1：1.6”；0.25+0.15ppm 的剂量的配合比也如是。在本申请实施例表格中，凡是化合物 1 的用量多于吗啉类杀菌剂的情况，配合比的表示都出现了颠倒的情况，从配合比看化合物 1 的比例含量反而低于吗啉类化合物（见说明书表 2 和表 3），上述缺陷导致本申请说明书不符合专利法第 26 条第 3 款的规定；（2）“有效成分的配合比”是必不可少的技术特征，因此独立权利要求 1、6、9 缺少达到发明目的的必要技术特征，不符合专利法实施细则第 21 条第 2 款的规定；（3）权利要求 5 得不到说明书的支持，不符合专利法第 26 条第 4 款的规定。

针对《第一次审查意见通知书》，申请人于 2006 年 4 月 10 日提交了意见陈述书和修改文件，修改之处在于：（1）申请人将原说明书第 9 页表 2 及说明书第 11、12 页表 4 中所有比例“1：1.6”修改为“1：0.6”，以及将所有“0.25+0.6ppm”之后的比例“1：2.5”修改为“1：2.4”，申请人认为上述修改属于对明显错误的修改；（2）将权利要求 5 并入权利要求 1，并删除权利要求 5；3）将原说明书第 9 页最后两个框和原说明书第 12 页表中最后三个框中的“化合物Ⅲ＝十三吗啉”替换为“化合物Ⅳ＝苯锈啶”，申请人认为其属于对明显错误的修改，并且经修改的申请文件已经克服了《第一次审查意见通知书》所指出的缺陷。

国家知识产权局原审查部门于 2006 年 10 月 13 日发出《第二次审查意见通知书》，指出：新提交的申请文件中的下述内容“将化合物Ⅲ－十三吗啉替换为化合物Ⅳ－苯锈啶”（见修改后的说明书第 9、11 和 12 页）既未明确地记载在原说明书和权利要求书中，也不能由原说明书和权利要求书所记载的内容直接导出，因此不符合专利法第 33 条的规定。

针对《第二次审查意见通知书》，申请人于 2006 年 12 月 25 日提交了意见陈述书和说明书第 12 页的修改替换页，考虑到原说明书第 12 页表 1 第 1 行涉及的信息与第 11 页表倒数第 4 行涉及的信息完全一致，申请人将原说明书第 12 页表 1 中第 1 行中涉及的“化合物Ⅳ＝苯锈啶”修改回“化合物Ⅲ＝十三吗啉”。申请人认为：对本申请说明书的修改全部属于对明显错误的修改，符合专利法第 33 条的规定。

2008 年 2 月 15 日，针对申请人于进入中国国家阶段提交的国际申请文件的中文译文的说明书第 1～8、10 页、说明书摘要，于 2006 年 4 月 10 日提交的权利要求书 1～8 项、说明书第 9、11 页，于 2006 年 12 月 25 日提交的说明书第 12 页，国家知识产权局以申请的修改不符合专利法第 33 条的规定为由驳回了本申请。驳回决定针对的权利要求书如下：

“1. 一种杀真菌混合物，包含如下组分：

（1）式Ⅰ的 2-［2-（1-氯环丙基）-3-（2-氯苯基）-2-羟基丙基］-2，4-二氢-［1，2，4］-三唑-3-硫酮（Prothioconazole）或其盐或加合物：

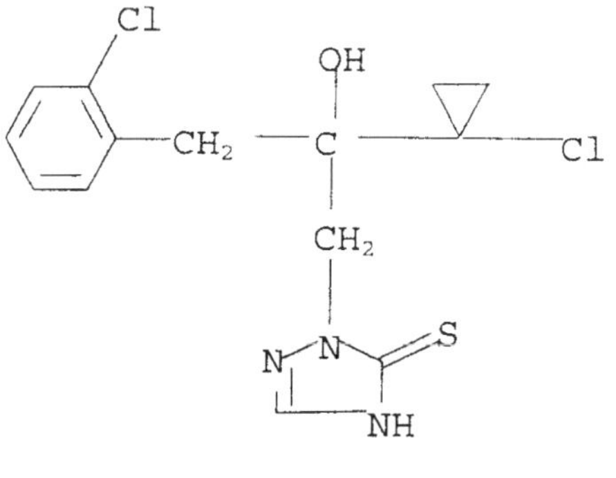

（Ⅰ）

和至少一种选自如下的其他杀真菌剂或其盐或加合物：

（2）式Ⅱ的丁苯吗啉：

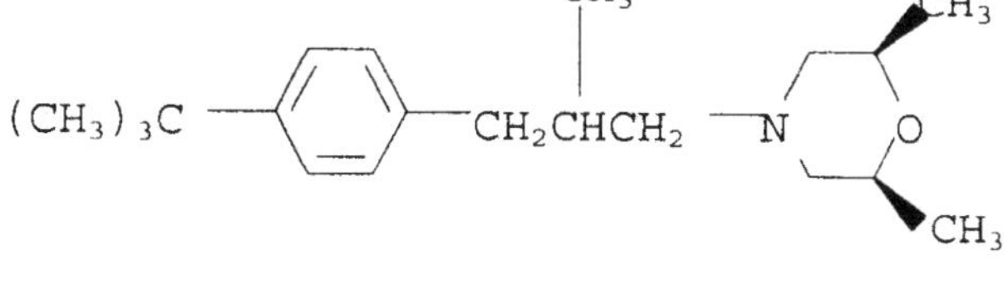

（Ⅱ）

和

（3）式 III 的十三吗啉：

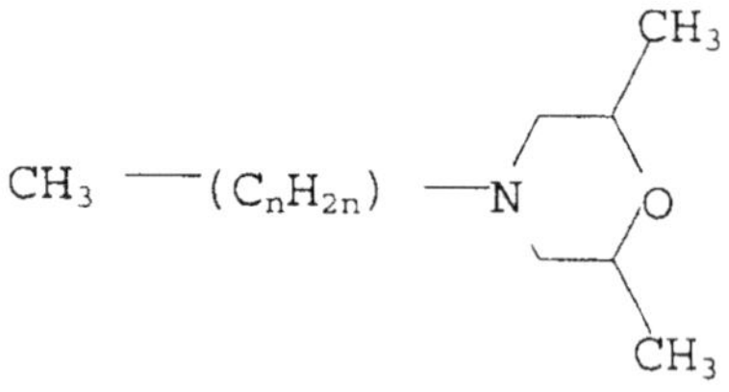

（III）

n = 10、11、12（60% ~70%）或 13

和

（4）式 IV 的苯锈啶：

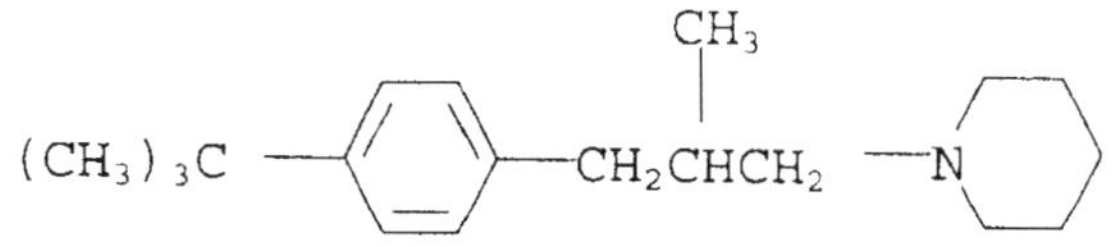

（IV）

其中式 I 的 Prothioconazole

与式 II 的丁苯吗啉的重量比为 20：1~1：20，

与式 III 的十三吗啉的重量比为 20：1~1：20，和

与式 IV 的苯锈啶的重量比为 20：1~1：20。

2. 如权利要求 1 所要求的杀真菌混合物，包含式 I 的 Prothioconazole 和式 II 的丁苯吗啉。

3. 如权利要求 1 所要求的杀真菌混合物，包含式 I 的 Prothioconazole 和式 III 的十三吗啉。

4. 如权利要求 1 所要求的杀真菌混合物，包含式 I 的 Prothioconazole 和式 IV 的苯锈啶。

5. 一种防治有害真菌的方法，包括用如权利要求 1 所要求的杀真菌混合物处理有害真菌、其栖息地或需要防治它们的植物、种子、土壤、区域、材料或空间。

6. 如权利要求 5 所要求的方法，其中将如权利要求 1 所述的式 I 化合物和如权利要求 1 所述的式 II、III 或 IV 化合物中的至少一种同时，即一起或单独，或依次施用。

7. 如权利要求 5 或 6 所要求的方法，其中以 0.01 ~ 8kg/ha 的量施用如权利要求 1 所要求的杀真菌混合物或式 I 化合物和式 II、III 或 IV 化合物中的至少一种。

8. 一种杀真菌组合物，包含如权利要求 1 所要求的杀真菌混合物和固体或液体载体。”

驳回决定认为：申请人于 2006 年 4 月 10 日提交的修改文本超出了原说明书和权利要求书记载的范围，不符合专利法第 33 条的规定。申请人于 2006 年 12 月 25 日再次对说明书第 12 页进行了修改。其中说明书第 9、11 页和第 12 页的内容在原说明书和权利要求书既没有明确地记载，也不能由原说明书和权利要求书所记载的内容直接导出。上述修改所针对的不是明显错误，而且修改的方式也不是唯一的，因此上述修改超出了原说明书和权利要求书记载的范围。

2008 年 5 月 22 日，申请人巴斯福股份公司（下称请求人）对上述驳回决定不服，向专利复审委员会提出复审请求，请求人在提出复审请求时没有对申请文件进行修改。

请求人认为：原始说明书第 9 页表 2 的倒数第 2 行与第 9 页倒数第 5 行记载的混合物的组成和组

份完全相同，但是混合物的观测效力数据不同，属于明显错误，而根据上下文内容和撰写习惯能够判定说明书第9页倒数第2行的活性化合物组合必定是式Ⅰ化合物与式Ⅳ苯锈啶的组合，而说明书第9页倒数第1行和说明书第12页第2、3行的修改也能够推导出来，因此本申请说明书的修改没有超出原始公开的范围，符合专利法第33条的规定。

经形式审查合格后，专利复审委员会受理了该请求，并于2008年6月13日向请求人发出了《复审请求受理通知书》，同时将本申请转送至国家知识产权局原审查部门进行前置审查。

在《前置审查意见书》中，国家知识产权局原审查部门坚持原驳回决定。

针对上述复审请求，专利复审委员会依法成立合议组对本案进行了审理。本案合议组于2009年4月1日发出复审通知书，其中指出：（1）结合上下文内容可知，说明书表2中记载了将化合物Ⅱ~Ⅳ与化合物Ⅰ以不同浓度组合使用对小麦白粉病的活性测试数据，每种组合都有其相应的观测值，原始申请文本中并没有记载将1ppmm化合物Ⅰ和0.6ppmm的化合物Ⅳ混合后观测到效力为100的内容，“化合物Ⅰ=Prothioconazole+化合物Ⅲ=十三吗啉”的化合物组合与“化合物Ⅰ=Prothioconazole+化合物Ⅳ=苯锈啶”的化合物组合明显是不同的，上述修改后的内容与原申请记载的不同，没有明确的记载在原说明书和权利要求书中。（2）原始文本的表2中对于将1ppmm化合物Ⅰ和0.6ppmm的化合物Ⅲ混合后的实验值分别为74和100，从说明书公开的信息并不能确定该结果是何种因素引起的。即使本领域技术人员认为说明书中数据有错误时，对错误原因可以有多种分析，请求人提出的如通过上文的撰写顺序推导出下文的撰写顺序，也就是通过撰写习惯判断，这只是一种推测，其中并不排除观测值74是错误数值的可能性。而利用表1中的数据根据Colby公式对原始申请文本中说明书第9页倒数第2组的数据的计算效力与表1吻合来判定“倒数第2行中的活性化合物组合必定是本申请式Ⅰ化合物与式Ⅳ苯锈啶的组合”也仅仅是其中的一种可能，并不能排除浓度和化合物种类变化后计算效力变化或者计算效力计算错误等各种情况。因此，由原说明书和权利要求书所记载的内容无法直接地、毫无疑义地确定上述修改后的内容，该修改不符合专利法第33条的规定。同理，说明书第9页表2中倒数第1组以及说明书第12页中表4中第2、3组的修改也不符合专利法第33条的规定。

针对上述复审通知书，复审请求人于2009年5月14日提交了意见陈述书和说明书第9、12页的修改替换页，删除了说明书第9页表2中倒数第1、2组和说明书第12页表4中第1、2、3组的数据。

复审请求人在2009年6月23日再次提交了说明书第9和12页的修改替换页，其中将说明书第9页表2中倒数第1、2组和说明书第12页表4中第2、3组的化合物组合恢复到原始文本记载的“化合物Ⅰ=Prothioconazole+化合物Ⅲ=十三吗啉”。复审请求人在意见陈述书中认为经过上述修改，本申请已经克服了修改超范围的缺陷，请求在修改后说明书的基础上，撤销驳回决定。

至此，合议组认为本案事实已经清楚，现依法作出审查决定。

二、决定的理由

1. 关于文本

本复审决定所针对的审查文本是：复审请求人于进入中国国家阶段提交的国际申请文件的中文译文的说明书第1~8、10页，说明书摘要，于2006年4月10日提交的权利要求第1~8项，说明书第11页；于2009年6月23日提交的说明书第9、12页。

2. 关于专利法第33条

专利法第33条规定：申请人可以对其专利申请文件进行修改，但是，对发明和实用新型专利申请文件的修改不得超出原说明书和权利要求书记载的范围。

本案中，驳回决定指出，申请人于2006年12月25日，对说明书中的一些内容进行了修改。其中说明书中第9、11页和第12页的内容在原说明书和权利要求书既没有明确地记载也不能由原说明书和权利要求书所记载的内容直接导出，上述修改所针对的不是明显错误，而且修改的方式也不是唯一的，因此修改的上述内容超出了原说明书和权利要求书记载的范围。

请求人在提出复审请求时未对申请文件进行修改。在此基础上，《复审通知书》中进一步指出，驳回文本中对说明书第 9、12 页的修改超出了原申请文件记载的范围，具体为说明书第 9 页表 2 中倒数第 1 和 2 组及说明书第 12 页表 4 中第 2 和 3 组中的化合物组合“化合物Ⅰ=Prothioconazole+化合物Ⅲ=十三吗啉”修改为“化合物Ⅰ=Prothioconazole+化合物Ⅳ=苯锈啶”，修改后的内容明显与原申请记载的不同，没有明确的记载在原说明书和权利要求书中，也无法由原说明书和权利要求书所记载的内容直接地、毫无疑义地确定，因此，上述修改不符合专利法第 33 条的规定。

针对上述《复审通知书》，复审请求人分别于 2009 年 5 月 14 日、2009 年 6 月 23 日提交了意见陈述书和说明书第 9、12 页的修改替换页，将《复审通知书》和《驳回决定》指出的将“化合物Ⅲ=十三吗啉”修改为“化合物Ⅳ=苯锈啶”导致超范围之处修改回原始文本记载的化合物组合。本复审决定文本的说明书第 9、11、12 页与原始提交的说明书相比，修改之处在于：（1）将原说明书第 9、11、12 页中“0.25+0.6ppm 混合物 1∶2.5”均修改为“0.25+0.6ppm 混合物 1∶2.4”、“0.25+0.15ppm 混合物 1∶1.6”均修改为“0.25+0.15ppm 混合物 1∶0.6”、“1+0.6ppm 混合物 1∶1.6”均修改为“1+0.6ppm 混合物 1∶0.6”；由于原说明书第 9、11、12 页存在比例计算的错误，上述修改是对明显错误的修改，而且上述修改后的比例也与原说明书第 8 页表 1 给出的配比情况一致，因此上述修改是允许的修改，符合专利法第 33 条的规定。（2）删除了原说明书第 12 页第 1 组数据，由于原说明书第 12 页第 1 组数据与原说明书第 11 页倒数第 4 组数据完全相同，因此上述删除不会带来超范围的问题，符合专利法第 33 条的规定。

综上所述，本复审决定文本中说明书第 9、11、12 页的修改符合专利法第 33 条的规定，《驳回决定》和《复审通知书》指出的缺陷均已克服。

根据上述事实和理由，合议组作出如下审查决定。

三、决定

撤销国家知识产权局于 2008 年 2 月 15 日针对 03805066.8 号发明专利申请作出的驳回决定，由国家知识产权局原审查部门以复审决定所针对的文本为基础继续审批程序。

复审请求人对本决定不服的，可根据专利法第 41 条第 2 款的规定，自收到本决定之日起三个月内向北京市第一中级人民法院起诉。

117

一种聚合度为2~8的低聚木糖各组分的制备分离方法

复审请求审查决定（第17761号）

决 定 号 第17761号
决 定 日 2009年6月18日
发明创造名称 一种聚合度为2~8的低聚木糖各组分的制备分离方法
国 际 分 类 号 C07H3/00，C08B37/00，B01D61/14，B01D15/08
复 审 请 求 人 南京林业大学
申 请 号 200510094118.6
申 请 日 2005年8月30日
公 开 日 2006年10月18日
合 议 组 组 长 刘 亚
主 审 员 顾笑璐
参 审 员 黄 强

法 律 依 据 专利法第33条
决 定 要 点

如果申请的内容通过增加、改变和/或删除其中的一部分，致使所属技术领域的技术人员看到的信息与原申请记载的信息不同，而且又不能从原申请记载的信息中直接地、毫无疑义地确定，那么这种修改是不允许的；反之，则是允许的。

一、案由

本复审请求案涉及发明名称为“一种聚合度为2~8的低聚木糖各组分的制备分离方法”的200510094118.6号发明专利申请（下称本申请），申请人为南京林业大学，申请日为2005年8月30日，公开日为2006年10月18日。

国家知识产权局原审查部门对本申请进行实质审查，于2007年6月29日发出《第一次审查意见通知书》，指出：①申请人于2006年9月5日提交的修改文本中将原申请文件的附图2-E修改为聚合度为6的低聚木糖的图谱，但是在原说明书和权利要求书中并未记载聚合度为6的低聚木糖的图谱，也不能由原说明书和权利要求书所记载的内容直接导出修改后的附图2-E就是聚合度为6的低聚木糖的图谱。因此对说明书附图的修改超出了原说明书和权利要求书记载的范围，不符合专利法第33条的规定；②权利要求1相对于对比文件1（南京林业大学研究生硕士学位论文，卜晓莉，“低聚木糖各组分的层析分离及对双歧杆菌的增殖”，2005年6月）和对比文件2（《中国生物工程杂志》，第24卷第8期，张军华等，“低聚木糖分离纯化的研究进展”，2004年8月）不符合专利法第22条第3

款的规定。

针对《第一次审查意见通知书》，申请人于2007年8月7日提交了意见陈述书，认为：原始文本中出现了明显的图谱粘贴错误，为了更科学、正确地反映有关组分的真实图谱，希望能允许已提交的相关补正；同时在意见陈述书中论述了权利要求1具有创造性的理由。

国家知识产权局原审查部门于2008年1月4日发出《第二次审查意见通知书》，指出：①申请人于2006年9月5日提交的修改文本将原申请文件的附图2-E修改为聚合度为6的低聚木糖的图谱，该修改超出了原说明书和权利要求书记载的范围，不符合专利法第33条的规定；②权利要求1相对于对比文件2不符合专利法第22条第3款的规定。

针对《第二次审查意见通知书》，申请人于2008年2月25日提交了意见陈述书，其中对于说明书附图修改超范围的审查意见，申请人并没有进行相应地意见陈述，而是指出“如果不能允许对申请人的疏忽作出相应更正，申请人虽然感到非常遗憾，但也只能同意该意见了”，并且坚持认为权利要求1的技术方案是非显而易见的，具有创造性。

2008年4月4日，针对申请人于2005年8月30日提交的权利要求第1项、说明书第1~4页、说明书附图第1页及说明书摘要，2006年4月5日提交的说明书附图第2~3、5~6页以及2006年9月5日提交的说明书附图第4页（下称驳回文本），国家知识产权局以说明书附图的修改不符合专利法第33条为由驳回了本申请。

驳回决定认为：申请人对原申请文件的附图2-E进行了修改，改为聚合度为6的低聚木糖的图谱，但是在原说明书和权利要求书中并未记载聚合度为6的低聚木糖的图谱，也不能由原说明书和权利要求书所记载的内容直接地、毫无疑义地确定聚合度为6的低聚木糖的图谱就是修改后的附图2-E。因此对附图的修改超出了原说明书和权利要求书记载的范围。

驳回决定针对的权利要求书如下：

“1. 一种将聚合度为2~8的低聚木糖混合物中的木二糖、木三糖、木四糖、木五糖、木六糖、木七糖和木八糖制备分离的方法，其特征在于：

a. 用截留分子量为5000的超滤膜，将低聚木糖和未降解的高聚物分离，获得纯度较高的聚合度为2~8的低聚木糖混合物；

b. 将超滤得到的聚合度为2~8的低聚木糖混合物，用聚丙烯酰胺凝胶为层析介质在层析分离柱上进行多次制备分离。”

2008年4月23日，申请人南京林业大学（下称请求人）对上述驳回决定不服，向专利复审委员会提出复审请求，请求人在提出复审请求时没有对申请文件进行修改，但提交了2008年2月25日请求人答复《第二次审查意见通知书》的意见陈述书。

请求人认为：其在答复《第二次审查意见通知书》时已作出明确表态：“如果不能允许对申请人的疏忽作出相应更正，申请人虽然感到非常遗憾，但也只能同意该意见了”。

经形式审查合格后，专利复审委员会受理了该请求，并于2008年6月3日向请求人发出了《复审请求受理通知书》，同时将本申请转送至国家知识产权局原审查部门进行前置审查。

在《前置审查意见书》中，国家知识产权局原审查部门认为对附图2-E的修改仍不符合专利法第33条的规定，因此坚持驳回决定。

专利复审委员会组成合议组，对本复审请求案进行了审理。

2009年5月20日，请求人提交了说明书第2页和说明书附图第2~6页的修改替换页，请求人所做修改为：①将驳回文本说明书附图第4页中的图2-E删除，并且将驳回文本说明书附图第4页的图2-F和第5页的图2-G重新编号和命名为修改后的说明书附图第4页的图2-E和图2-F；②将驳回文本说明书第2页附图说明部分第2段的“图2为聚合度2~8的低聚木糖各组分分别进行两次制备分离后的洗脱图谱”修改为“图2为聚合度2~5，7~8的低聚木糖各组分分别进行两次制备分离后的洗脱图谱”，“A~G分别为聚合度为2~8的低聚木糖各组分”修改为“A~D、E~F分别为聚合度为2~5，7~8的低聚木糖各组分”。

经合议，合议组认为本案事实已经清楚，可以作出审查决定。

二、决定的理由

1. 关于审查文本

本复审请求审查决定针对的文本是：请求人于2005年8月30日提交的权利要求第1项，说明书第1、3~4页和说明书附图第1页及说明书摘要；2009年5月20日提交的说明书第2页以及说明书附图第2~6页。

2. 关于专利法第33条

专利法第33条规定，申请人可以对其专利申请文件进行修改，但是，对发明和实用新型专利申请文件的修改不得超出原说明书和权利要求书记载的范围。

如果申请的内容通过增加、改变和/或删除其中的一部分，致使所属技术领域的技术人员看到的信息与原申请记载的信息不同，而且又不能从原申请记载的信息中直接地、毫无疑义地确定，那么这种修改是不允许的；反之，则是允许的。

驳回决定认为：请求人将原申请文件的附图2-E修改为聚合度为6的低聚木糖的图谱，该修改超出了原说明书和权利要求书记载的范围，即，驳回文本的说明书附图第4页中的图2-E的修改超出了原说明书和权利要求书记载的范围。

请求人于2009年5月20日提交了说明书第2页和说明书附图第2~6页的修改替换页，其中将驳回文本的说明书附图第4页中的图2-E删除，故驳回决定指出的修改超范围的缺陷所针对的事实已不存在。此外，请求人还将驳回文本的说明书附图第4页的图2-F和第5页的图2-G重新编号和命名为修改后的说明书附图第4页的图2-E和图2-F，并将驳回文本的说明书第2页附图说明部分第2段的“图2为聚合度2~8的低聚木糖各组分分别进行两次制备分离后的洗脱图谱”修改为“图2为聚合度2~5，7~8的低聚木糖各组分分别进行两次制备分离后的洗脱图谱”、“A~G分别为聚合度为2~8的低聚木糖各组分”修改为“A~D、E~F分别为聚合度为2~5，7~8的低聚木糖各组分”。对此，合议组查明，原申请文件的图2包括A~G的七幅图，其中图D与图E完全相同。虽然原申请说明书第2页的附图说明第2段记载了“图2是聚合度为2~8的低聚木糖各组分分别进行两次制备分离后的洗脱图谱”和“A~G分别为聚合度为2~8的低聚木糖各组分”，但实际上图2中图D和图E均为木五糖组分（聚合度为5的低聚木糖组分）的洗脱图谱。即，原申请文件的图2中并不存在木六糖组分（聚合度为6的低聚木糖组分）的洗脱图谱，图2中A~D、F~G分别是聚合度为2~5、7~8的低聚木糖组分。因此，合议组认为，上述修改后的内容与原说明书和权利要求书记载的信息相比仅仅是表达方式上的不同，其技术内容的实质能够从原说明书和权利要求书记载的信息中直接地、毫无疑义地确定。因此，请求人对于说明书附图和说明书第2页作出的上述修改符合专利法第33条的规定。

根据上述事实和理由，合议组作出如下审查决定。

三、决定

撤销国家知识产权局于2008年4月4日针对200510094118.6号发明专利申请作出的驳回决定，由国家知识产权局原审查部门以本复审请求审查决定针对的文本为基础继续审批程序。

复审请求人对本决定不服的，可以根据专利法第41条第2款的规定，自收到本决定之日起三个月内向北京市第一中级人民法院起诉。

118

具有增效效果的除草混合物

复审请求审查决定（第 17763 号）

决　　定　　号　第 17763 号
决　　定　　日　2009 年 6 月 23 日
发明创造名称　具有增效效果的除草混合物
国 际 分 类 号　A01N43/56，A01N43/74
复 审 请 求 人　巴斯福股份公司
申　　请　　号　200410057587.6
优 先 权 日　1998 年 6 月 16 日
申　　请　　日　1999 年 6 月 12 日
公　　开　　日　2005 年 3 月 16 日
合 议 组 组 长　李亚林
主　　审　　员　刘　磊
参　　审　　员　蔡　雷

法 律 依 据　专利法第 26 条第 4 款
决 定 要 点

如果一项权利要求请求保护的技术方案中涵盖了产生不了预期技术效果或其效果难于确定的技术方案，则该权利要求的概括不合理，其范围超出了说明书公开的范围。

一、案由

本复审请求案涉及发明名称为“具有增效效果的除草混合物”的 200410057587.6 号发明专利申请（下称本申请），申请人为巴斯福股份公司，申请日为 1999 年 6 月 12 日，优先权日为 1998 年 6 月 16 日，公开日为 2005 年 3 月 16 日。

2008 年 6 月 27 日，针对申请人于 2004 年 8 月 20 日提交的说明书第 1~76 页和说明书摘要，2007 年 11 月 22 日提交的权利要求第 1~11 项（下称驳回文本），国家知识产权局以权利要求 1 不符合专利法第 26 条第 4 款的规定为由驳回了本申请。

驳回决定针对的权利要求书如下：

“1. 一种增效除草混合物，包含

A）式 I 的 3-杂环基-取代的苯甲酰基衍生物：

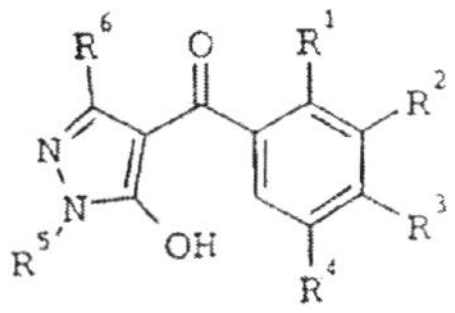

I

其中可变项具有下列含意：

R^1 为 Cl 或 CH_3；

R^2 为4，5-二氢异噁唑-3-基；

R^3 为 SO_2CH_3；

R^4 为氢；

R^5 为 CH_3；

R^6 为氢；

或其可与环境相容的盐之一；

和

B）增效有效量的至少一种选自脲类的光合成抑制剂，

所述增效有效量在纯的增效除草混合物的施用情形下为250至1600克活性物质/公顷，产生增效作用的重量比A：B为1：1~1：320。

2. 根据权利要求1的增效除草混合物，包含作为组分B）的选自敌草隆或异丙隆的除草化合物或其可与环境相容的盐。

3. 根据权利要求1的增效除草混合物，包含作为组分A）的4-［2-氯-3-（4，5-二氢异噁唑-3-基）-4-甲基磺酰基苯甲酰基］-1-甲基-5-羟基-1H-吡唑。

4. 根据权利要求1的增效除草混合物，包含作为组分A）的4-［2-甲基-3-（4，5-二氢异噁唑-3-基）-4-甲基磺酰基苯甲酰基］-1-甲基-5-羟基-1H-吡唑。

5. 根据权利要求1的增效除草混合物，其中组分A）与组分B）的重量比为1：1.67~1：64。

6. 一种除草组合物，包含根据权利要求1~5任一项的增效除草混合物，至少一种惰性液体和/或固体载体和任选地至少一种表面活性剂。

7. 根据权利要求6的增效除草混合物，其中组分A）与组分B）的重量比为1：1~1：320。

8. 根据权利要求7的增效除草混合物，其中组分A）与组分B）的重量比为1：1.67~1：64。

9. 一种制备权利要求6~8任一项的除草组合物的方法，包含将组分A）、组分B）、至少一种惰性液体和/或固体载体和任选地至少一种表面活性剂混合。

10. 一种防治在作物中的阔叶杂草和禾本科杂草的方法，它包含将权利要求1~5任一项的增效除草混合物在所述杂草萌发前、期间和/或后施用，其中可将除草活性化合物组分A）与B）同时或依次施用。

11. 根据权利要求10的防治在作物中的阔叶杂草和禾本科杂草的方法，其中处理作物和所述杂草的叶子。”

驳回决定认为：说明书仅提供了化合物Ia.33和敌草隆以1：4混配，以及化合物Ia.3与异丙隆以1：13混配的技术方案及试验效果，而权利要求中概括得到的组分B）“脲类光合成抑制剂”包含了除敌草隆和异丙隆以外的多种除草剂，本领域技术人员难以预见其包括的所有除草剂与组分A）式I化合物（为化合物Ia.33或化合物Ia.3，或其可与环境相容的盐之一）在1：1~1：320范围内混配均能解决本发明的技术问题，因此权利要求1未得到说明书的支持，不符合专利法第26条第4款的规定。此外，国家知识产权局原审查部门在驳回决定中补充提到，权利要求10中防治杂草的方法，包含将权利要求 1~5 的混合物依次施用的技术方案，但权利要求 1~5 为混合物，即其中的组分 A 和 B 是混合在一起的，不可能再依次使用，因此权利要求 10 的保护范围不清楚，不符合专利法实施细则第 20 条第 1 款的规定。

2008 年 10 月 13 日，申请人巴斯福股份公司（下称请求人）对上述驳回决定不服，向专利复审委员会提出复审请求，同时提交权利要求书全文替换页。修改主要在于：删除了权利要求 1 中“至少一种”的限定；将权利要求 1 中组分 B）具体限定为若干具体化合物；将权利要求 1 中的“重量比 A：B为 1：1~1：320”修改为之前的权利要求 5 中记载的“重量比 A：B 为 1：1.67~1：64”；将权利要求 9 分写为新的权利要求 6 和 7；删除了权利要求 5、7 和 8；相应调整权利要求序号和引用关系。修改后的权利要求书如下：

“1. 一种增效除草混合物，包含

A）式 I 的 3-杂环基-取代的苯甲酰基衍生物：

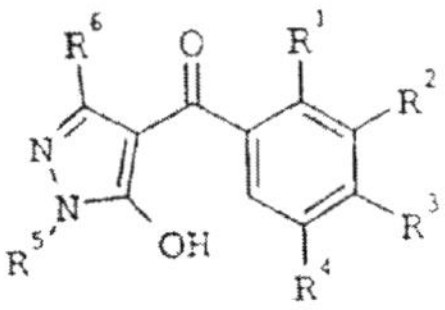

I

其中可变项具有下列含意：

R^1 为 Cl 或 CH_3；

R^2 为 4，5-二氢异噁唑-3-基；

R^3 为 SO_2CH_3；

R^4 为氢；

R^5 为 CH_3；

R^6 为氢；

或其可与环境相容的盐之一；

和

B）增效有效量的选自下组的脲类光合成抑制剂：氯溴隆、绿麦隆、枯莠隆、噁唑隆、敌草隆、非草隆、氟草隆、异丙隆、利谷隆、吡喃隆、甲氧隆、绿谷隆、草不隆或环草隆，

所述增效有效量在纯的增效除草混合物的施用情形下为 250~1600 克活性物质/公顷，产生增效作用的重量比 A：B 为 1：1.67~1：64。

2. 根据权利要求 1 的增效除草混合物，包含作为组分 B）的选自敌草隆或异丙隆的除草化合物或其可与环境相容的盐。

3. 根据权利要求 1 的增效除草混合物，包含作为组分 A）的 4-［2-氯-3-（4，5-二氢异噁唑-3-基）-4-甲基磺酰基苯甲酰基］-1-甲基-5-羟基-1H-吡唑。

4. 根据权利要求 1 的增效除草混合物，包含作为组分 A）的 4-［2-甲基-3-（4，5-二氢异噁唑-3-基）-4-甲基磺酰基苯甲酰基］-1-甲基-5-羟基-1H-吡唑。

5. 一种除草组合物，包含根据权利要求 1~4 任一项的增效除草混合物，至少一种情性液体和/或固体载体和任选地至少一种表面活性剂。

6. 一种制备权利要求 5 的除草组合物的方法，包含将组分 A）、组分 B）、至少一种惰性液体和/或固体载体混合。

7. 一种制备权利要求 6 的除草组合物的方法，还混合至少一种表面活性剂。

8. 一种防治在作物中的阔叶杂草和禾本科杂草的方法，它包含将权利要求 1~4 任一项的增效除

草混合物在所述杂草萌发前、期间和/或后施用，其中可将除草活性化合物组分 A）与 B）同时或依次施用。

9. 根据权利要求 8 的防治在作物中的阔叶杂草和禾本科杂草的方法，其中处理作物和所述杂草的叶子。”

请求人认为：使用说明书中第 5 页提到的脲类光合成抑制剂中的苯基脲类进一步限定了权利要求 1 的组分 B，进一步限定后的组分 B 首先符合马库什要素的规定，属于公认的同一化合物类别；另外，权利要求 1 对组分 B 的限定采用了具体组成成份的限定与功能性限定相结合的方式，功能性限定“增效有效量”，排除了“拮抗、加和”的效果；再则，说明书中表 62 和 63 分别提供了作为组分 A 的 Ia. 3 和 Ia. 33 与作为组分 B 的苯基脲除草剂的实施例，由此证明敌草隆和异丙隆与式 I 化合物混配的增效作用，本领域技术人员完全可以据此预见结构式高度相似的活性化合物具备相同的效果；综上，本领域技术人员在说明书公开内容的教导下，在本领域技术知识和常规试验手段的背景下，能够得出修改的权利要求 1 中不仅具有相同结构而且具有相同作用机制的苯基脲类化合物与式 I 化合物混配均可达到增效的结论，因此，权利要求 1 得到了说明书的支持。此外，针对驳回决定中关于本申请不符合专利法实施细则第 20 条第 1 款规定的补充意见，请求人认为，本申请说明书第 36 页倒数第 2 段记载了“活性成分 A）和 B）可以一起加工，但也可以分别加工，和/或一起或分别施用于植物、其生长环境和/或种子。优选的是同时施用活性成分。然而，同样也可以分别施用之”。本领域中所述混合物通常是由商家以分别包装各组分的形式一起提供，施用者在混合施用前，原地进行混配。因此，本领域技术人员对于“混合物”的理解也可以是在大包装或配套提供中的分别包装的各组分的混合。本领域技术人员根据说明书的解释和背景知识不会对原权利要求 10 的产生疑惑。因此，原权利要求 10 是清楚的。

2008 年 11 月 21 日，经形式审查合格后，专利复审委员会受理了该请求，并向请求人发出了《复审请求受理通知书》，同时将本申请转送至国家知识产权局原审查部门进行前置审查。

在《前置审查意见书》中，国家知识产权局原审查部门认为：（1）修改后的权利要求 1 中脲类光合成剂包含多种除草剂，然而同一类化合物与同一种化合物复配产生不同效果的例子很多，在有限的实验效果前提下，本领域技术人员难以预见到所列举的所有脲类光合成剂与式 I 化合物混配均能解决本发明的技术问题，因此权利要求 1 仍不符合专利法第 26 条第 4 款的规定。坚持驳回决定。（2）权利要求 1 中增加的技术特征“所述增效有效量在纯的增效除草混合物的施用情形下为 250~1600克活性物质/公顷”在原说明书和权利要求书中没有记载，也不能从原始申请文件记载的信息中直接地、毫无疑义地确定，因此该修改不符合专利法第 33 条的规定。（3）混合物的含义是“由两种或两种以上的单质或化合物混合而成的物质”，混合本身的含义是“掺杂在一起”（根据现代汉语词典），显然，混合物中的各组分不可能再依次施用，因此权利要求 8 不符合专利法实施细则第 20 条第 1 款的规定。

专利复审委员会依法组成合议组，对本复审请求案进行了审理。

2009 年 4 月 2 日，专利复审委员会本案合议组向请求人发出《复审通知书》，指出：对于本申请权利要求 1 所述的包括组分 A）和 B）的增效除草组合物而言，在说明书中仅公开了化合物 Ia. 33 和敌草隆的混合物这一实例。由于除草混合物是否具有增效效果需依赖试验结果加以证实。因此，请求人根据敌草隆与化合物 Ia. 33 混配的试验效果即得出所述多种脲类光合成抑制剂与所述式 I 化合物混配均可实现增效的结论，这种概括包含请求人推测的内容。本领域技术人员根据说明书中充分公开的单个实例无法进行任何合理的概括，更无法预见所概括的除敌草隆与化合物 Ia. 33 之外的所有组合方式均具有增效除草的活性，因此，权利要求 1 得不到说明书的支持，不符合专利法第 26 条第 4 款规定。基于同样理由，权利要求2~9也不符合专利法第26条第4款规定。

2009年5月18日，请求人针对上述复审通知书提交了意见陈述书，同时提交权利要求书全文替换页，其中，修改后的权利要求1将组分A）限定为了化合物Ia.33或其可与环境相容的盐之一，将组分B）限定为了敌草隆；删除了权利要求2~4；相应调整了权利要求的序号和引用关系。修改后的权利要求书如下：

"1. 一种增效除草混合物，包含

A）式I的3-杂环基-取代的苯甲酰基衍生物：

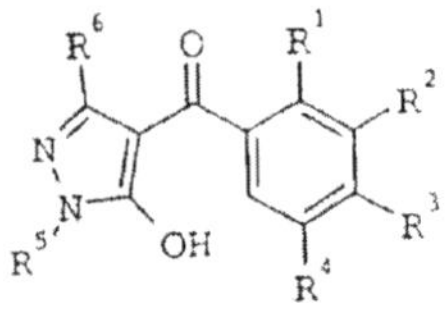

I

其中可变项具有下列含意：

R^1 为 CH_3；

R^2 为4，5-二氢异噁唑-3-基；

R^3 为 SO_2CH_3；

R^4 为氢；

R^5 为 CH_3；

R^6 为氢；

或其可与环境相容的盐之一；

和

B）增效有效量的敌草隆，

所述增效有效量在纯的增效除草混合物的施用情形下为250~1600克活性物质/公顷，产生增效作用的重量比A：B为1：1.67~1：64。

2. 一种除草组合物，包含根据权利要求1的增效除草混合物，至少一种情性液体和/或固体载体和任选地至少一种表面活性剂。

3. 一种制备权利要求3的除草组合物的方法，包含将组分A）、组分B）、至少一种惰性液体和/或固体载体混合。

4. 一种制备权利要求3的除草组合物的方法，还混合至少一种表面活性剂。

5. 一种防治在作物中的阔叶杂草和禾本科杂草的方法，它包含将权利要求1的增效除草混合物在所述杂草萌发前、期间和/或后施用，其中可将除草活性化合物组分A）与B）同时或依次施用。

6. 根据权利要求5的防治在作物中的阔叶杂草和禾本科杂草的方法，其中处理作物和所述杂草的叶子。"

请求人认为：修改后的权利要求1进一步限定了组分A）为Ia.33化合物，组分B）为敌草隆，从而得到了说明书的支持，基于同样理由，权利要求2~6也得到了说明书的支持。

经合议，合议组认为本案事实已经清楚，可以作出审查决定。

二、决定的理由

1. 关于审查文本

请求人在答复《复审通知书》时提交了权利要求书全文替换页，修改后的权利要求第1~6项在原申请文件中有记载或者能够从原申请文件记载的信息中直接地、毫无疑义地确定。其中，权利要求1的所增加的技术特征"所述增效有效量在纯的增效除草混合物的施用情形下为250~1600克活性物质/公顷”用于限定组分 B）敌草隆的用量，而本申请说明书第 49 页的表格中记载了敌草隆作为组分 B）的施用剂量为 250~1600g/ha.。因此，请求人所做的修改没有超出原申请文件记载的范围，符合专利法第 33 条的规定。

本复审决定针对的文本为：请求人于 2009 年 5 月 18 日提交的权利要求第 1~6 项以及 2004 年 8 月 20 日提交的说明书第 1~76 页和说明书摘要，下称复审文本。

2. 关于专利法第 26 条第 4 款

专利法第 26 条第 4 款规定，权利要求书应当以说明书为依据，说明要求专利保护的范围。

如果一项权利要求请求保护的技术方案中涵盖了产生不了预期技术效果或其效果难于确定的技术方案，则该权利要求的概括不合理，其范围超出了说明书公开的范围。

就本申请而言，针对驳回文本的权利要求 1（具体参见案由部分），驳回决定认为，说明书仅提供了化合物 Ia. 33 和敌草隆以 1∶4 混配，以及化合物 Ia. 3 与异丙隆以 1∶13 混配的技术方案及试验效果，而权利要求中概括得到的组分 B）“脲类光合成抑制剂”包含了除敌草隆和异丙隆以外的多种除草剂，本领域技术人员难以预见其包括的所有除草剂与组分 A）式 I 化合物（为化合物 Ia. 33 或化合物 Ia. 3，或其可与环境相容的盐之一）在 1∶1~1∶320 范围内混配均能解决本发明的技术问题，因此权利要求 1 未得到说明书的支持，不符合专利法第 26 条第 4 款的规定。

请求人在提出复审请求时，将权利要求 1 中组分 B）具体限定为了包括敌草隆和异丙隆的一些具体化合物，并将权利要求 1 中的“重量比 A∶B 为 1∶1~1∶320”修改为之前文本的权利要求 5 中的“重量比 A∶B 为 1∶1. 67~1∶64”。

随后，原审查部门在《前置审查意见书》中指出，修改后的权利要求 1 中组分 B）脲类光合成剂包含多种除草剂，然而同一类化合物与同一种化合物复配产生不同效果的例子很多，在有限的实验效果前提下，本领域技术人员难以预见到所列举的所有脲类光合成剂与式 I 化合物混配均能解决本发明的技术问题，因此权利要求 1 仍不符合专利法第 26 条第 4 款的规定。

合议组在《复审通知书》中指出，对于权利要求 1 所述的包括组分 A）和 B）的增效除草组合物而言，在说明书中仅公开了化合物 Ia. 33 和敌草隆的混合物这一有效实例。由于除草混合物是否具有增效效果需依赖试验结果加以证实。因此，请求人根据敌草隆与化合物 Ia. 33 混配的试验效果即得出所述多种脲类光合成抑制剂与所述式 I 化合物混配均可实现增效的结论，这种概括包含请求人推测的内容。即，权利要求 1 得不到说明书的支持，不符合专利法第 26 条第 4 款规定。

随后，请求人在答复《复审通知书》时，也即在复审文本的权利要求 1 中，将组分 A）中的化合物 Ia. 3 排除，并将组分 B）限定为敌草隆，权利要求 1 的具体内容参见案由部分。

由此可见，复审文本的权利要求 1 克服了驳回决定、《前置审查意见书》和《复审通知书》所指出的其不符合专利法第 26 条第 4 款规定的缺陷；基于同样理由，复审文本的权利要求 2~6 亦不存在《复审通知书》所指出的不符合专利法第 26 条第 4 款规定的缺陷。

3. 关于专利法实施细则第 20 条第 1 款

专利法实施细则第 20 条第 1 款规定：权利要求书应当说明发明或实用新型的技术特征，清楚、简要地表述请求保护的范围。

就本申请而言，权利要求 5 要求保护一种防治在作物中的阔叶杂草和禾本科杂草的方法，它包含将权利要求 1 的增效除草混合物在所述杂草萌发前、期间和/或后施用，其中可将除草活性化合物组分 A）与 B）同时或依次施用。

国家知识产权局原审查部门在驳回决定中附加指出了，驳回文本中的权利要求 10（复审文本的权利要求 5 与之相应）所述的防治杂草的方法，包含将权利要求 1~5 的混合物依次施用的技术方案，但权利要求1~5为混合物，即其中的组分A和B是混合在一起的，不可能再依次使用，因此权利要求10的保护范围不清楚，不符合专利法实施细则第20条第1款的规定。并在前置意见中指出，混合物的含义是“由两种或两种以上的单质或化合物混合而成的物质”，混合本身的含义是“掺杂在一起”（根据现代汉语词典），显然，混合物中的各组分不可能再依次施用。

虽然上述关于本申请不符合专利法实施细则第20条第1款规定的理由并非驳回理由，但鉴于请求人在提出复审请求时针对该意见进行了意见陈述，而原审查部门在前置意见中对请求人的意见持否定观点，这也构成了本案的争辩焦点之一，合议组就该争议焦点进行了审查。请求人认为，本申请说明书第36页倒数第2段记载了“活性成分A）和B）可以一起加工，但也可以分别加工，和/或一起或分别施用于植物、其生长环境和/或种子。优选的是同时施用活性成分。然而，同样也可以分别施用之”；本领域中所述混合物通常是由商家以分别包装各组分的形式一起提供，施用者在混合施用前，原地进行混配；因此，本领域技术人员对于“混合物”的理解也可以是在大包装或配套提供中的分别包装的各组分的混合，也就是说，本领域技术人员根据说明书的解释和背景知识不会对原权利要求10的产生疑惑，原权利要求10是清楚的。合议组认为，本领域技术人员根据权利要求5中“可将除草活性化合物组分A）与B）依次施用”的描述即可理解到，在所述施用前，权利要求1的增效除草混合物中的组分A）与B）未被混合到无法相互区分的程度。请求人对这样的混合方式进行的解释合乎实际常情。故，上述关于本申请不符合专利法实施细则第20条第1款规定的理由不成立。

根据上述事实和理由，合议组作出如下决定。

三、决定

撤销国家知识产权局于2008年6月27日针对200410057587.6号发明专利申请作出的驳回决定，由国家知识产权局原审查部门以请求人于2009年5月18日提交的权利要求第1~6项以及驳回决定所针对的其他文本为基础继续审查。

复审请求人对本决定不服的，可以根据专利法第41条第2款的规定，自收到本决定之日起三个月内向北京市第一中级人民法院起诉。

119

新苯并咪唑和咪唑并吡啶衍生物及其作为药物的用途

复审请求审查决定（第 17765 号）

决　　定　　号　第 17765 号
决　　定　　日　2009 年 6 月 23 日
发明创造名称　新苯并咪唑和咪唑并吡啶衍生物及其作为药物的用途
国 际 分 类 号　C07D235/30，C07D471/04，A61K31/4184，A61P3/04，A61P25/18
复 审 请 求 人　科学研究和应用咨询公司
申　　请　　号　200480005413.3
申　　请　　日　2004 年 2 月 25 日
优 先 权 日　2003 年 2 月 26 日
公　　开　　日　2006 年 3 月 29 日
合 议 组 组 长　侯　曜
主　　审　　员　王　磊
参　　审　　员　沈　钱

法 律 依 据　专利法第 26 条第 3 款
决 定 要 点

对于化学产品发明，说明书应当完整地公开该产品的用途和/或使用效果。如果所属技术领域的技术人员无法根据现有技术预测发明能够实现所述用途和/或使用效果，则说明书中还应当记载对于本领域技术人员来说，足以证明发明的技术方案可以实现所述用途和/或达到预期效果的定性或者定量实验数据；在缺乏上述实验数据时，将认为说明书对于发明的公开不符合专利法第 26 条第 3 款的规定。

一、案由

本复审请求案涉及发明名称为“新苯并咪唑和咪唑并吡啶衍生物及其作为药物的用途”的第 200480005413.3 号发明专利申请（下称本申请），申请人为科学研究和应用咨询公司，申请日为 2004 年 2 月 25 日，优先权日为 2003 年 2 月 26 日，公开日为 2006 年 3 月 29 日。

2008 年 7 月 4 日，针对申请人于进入国家阶段时提交的说明书第 2～168 页以及说明书摘要，2007 年 3 月 27 日提交的说明书第 1 页、权利要求第 2～9、12～42 项，2008 年 2 月 1 日提交的权利要求第 1、10～11 项，国家知识产权局以说明书不符合专利法第 26 条第 3 款的规定为由驳回了本申请。

驳回决定认为：(1) 对比文件 1（WO0121634A1，公开日为 2001 年 3 月 29 日）作为本申请的最接近现有技术，对所述苯并咪唑化合物的用途仅采用宽泛的描述，而其中提及的黑皮质素受体活性有待于进一步筛选，并且由于对比文件1公开的苯并咪唑化合物与本申请化合物结构不同，本领域技术人员不能推知本申请化合物是否还具有与对比文件1相同的生物活性。(2) 对比文件1本身没有清楚认定和筛选出所述化合物对哪种黑皮质素受体亚型具有特定活性，本领域技术人员不能从对比文件1推导出本申请化合物对哪种黑皮质素受体亚型（尤其是MC4）具有特定活性，更不能推导出本申请化合物可以根据其MC4受体活性来治疗炎性疾病、体重疾病、性活动障碍等疾病。(3) 本申请说明书仅仅公开了如何设计测定本申请化合物对MC4受体的亲合活性的方案，而并没有给出实施该方案后获得的具体试验结果，即说明书中没有公开任何药理学试验数据来证明所述化合物具有对MC4受体的亲合活性，其中对本申请化合物效果的描述仅属于一般性文字描述，不是定性试验数据。(4) 申请人在答复《第一次审查意见通知书》时提交了按照说明书中药理学研究的试验方案，用大鼠MC4受体所获得的相关试验数据的附件1（实施例1、9、32、33……534的Ki值是否低于100nM的定性结果），但附件1的内容没有记载在原始的说明书中，对该数据不予考虑。总之，本申请说明书没有对发明作出清楚、完整的说明，不符合专利法第26条第3款的规定。

驳回决定针对的独立权利要求1如下：

“1. 通式（I）的化合物或其药学上可接受的盐：

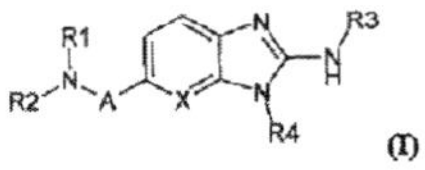

(I)

所述通式（I）化合物为外消旋、对映体形式或这些形式的任意组合且其中：

A表示$-CH_2-$、-C（O）-、-C（O）-C（R_a）（R_b）-；

X表示-CH-或-N-；

R_a和R_b独立地表示氢原子或（C_1-C_6）烷基；

R_1表示：氢原子；任选被羟基或一个或多个相同或不同的卤素基团取代的（C_1-C_8）烷基；（C_2-C_6）链烯基；或式-（CH_2）n-X_1的基团；

R_2表示：任选被羟基或一个或多个相同或不同的卤素基团取代的（C_1-C_8）烷基；（C_2-C_6）链烯基；或式-（CH_2）n-X_1的基团；

X_1各自独立地表示（C_1-C_6）烷氧基、（C_3-C_7）环烷基、金刚烷基、杂环烷基、芳基或杂芳基；

所述（C_3-C_7）环烷基、杂环烷基、芳基和杂芳基任选被一个或多个相同或不同的取代基取代，所述取代基选自：-（CH_2）n’-V_1-Y_1、卤素、硝基、氰基和芳基；

V_1表示-O-、-S-或共价键；

Y_1表示任选被一个或多个相同或不同的卤素基团取代的（C_1-C_6）烷基；

n表示0~6的整数且n′表示0-2的整数，条件是当n等于0时，则X_1不表示烷氧基；

或R_1和R_2与它们所连接的氮原子一起形成任选被一个或多个相同或不同的取代基取代的杂环烷基或杂双环烷基，所述取代基选自：羟基、任选被羟基取代的（C_1-C_6）烷基、（C_1-C_6）烷氧基-羰基、杂环烷基和-C（O）NV_1′Y_1′，其中V_1′和Y_1′独立地表示氢原子或（C_1-C_6）烷基；或R_1和R_2一起形成下式的基团：

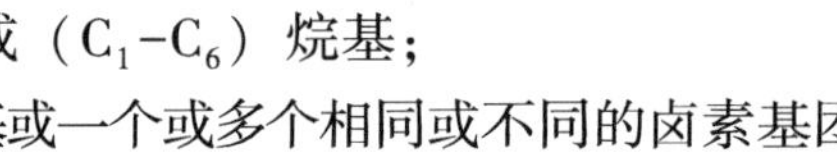

R_3表示-Z_3、-C（RZ_3）（$R'Z_3$）-Z_3、-C（RZ_3）（$R'Z_3$）-（CH_2）p-Z_3或-C（O）-Z'_3；

RZ_3和R′Z3独立地表示氢原子或（C_1-C_6）烷基；

Z_3表示Z_3a、Z_3b、Z_3c、Z_3d或Z_3e；

Z_3a 表示（C_1-C_6）烷基；

Z_3b 表示（C_1-C_6）烷氧基、（C_1-C_6）烷硫基、（C_1-C_6）烷氨基或二（（C_1-C_6）烷基）氨基；

Z_3c 表示芳基或杂芳基；

Z_3d 表示（C_1-C_6）烷氧基-羰基、氨基-羰基、（C_1-C_6）烷氨基羰基、二（（C_1-C_6）烷基）氨基-羰基、（C_1-C_6）烷基-C（O）-NH-、（C_3-C_7）环烷基或杂环烷基；

所述（C_3-C_7）环烷基和杂环烷基任选被一个或多个相同或不同的取代基取代，所述取代基选自：卤素；硝基；任选被一个或多个相同或不同的卤素基团取代的（C_1-C_6）烷氧基；任选被一个或多个相同或不同的卤素基团取代的（C_1-C_6）烷基；（C_1-C_6）烷基-羰基；（C_1-C_6）烷氧基-羰基；氨基-羰基；（C_1-C_6）烷氨基-羰基；二（（$C-C_6$）烷基）氨基-羰基；和氧基；

所述芳基和杂芳基任选被一个或多个相同或不同的取代基取代，所述取代基选自：卤素、氰基、硝基、叠氮基、氧基、（C_1-C_6）烷氧基-羰基-（C_1-C_6）链烯基、（C_1-C_6）烷氨基-羰基-（C_1-C_6）链烯基、$-SO_2-NR_{31}R_{32}$、杂环烷基、杂芳基或-（CH_2）$p'-V_3-Y_3$；

R_{31} 和 R_{32} 与它们所连接的氮原子一起形成杂环烷基；

V_3 表示-O-、-S-、-C（O）-、-C（O）-O-、-O-C（O）-、$-SO_2-$、$-SO_2NH-$、$-NR'3-SO_2-$、$-NR'3-$、$-NR'3-C$（O）-、-C（O）$-NR'_3-$、-NH-C（O）$-NR'_3-$或共价键；

Y_3 表示：氢原子；任选被一个或多个相同或不同的卤素基团取代的（C_1-C_6）烷基；任选被一个或多个相同或不同的取代基取代的芳基，所述取代基选自卤素、硝基、（C_1-C_6）烷基和（C_1-C_6）烷氧基；或任选被一个或多个相同或不同的取代基取代的芳基-（C_1-C_6）烷基，所述取代基选自：卤素、硝基、（C_1-C_6）烷基和（C_1-C_6）烷氧基；

Z_3e 表示下式的基团：

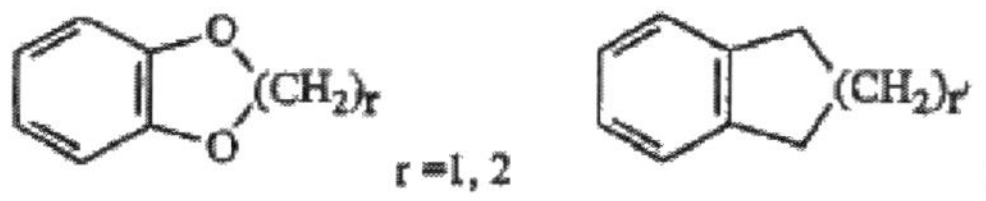

r =1, 2　　　　r'= 1,2

Z'_3 表示任选被一个或多个相同或不同的取代基取代的芳基，所述取代基选自：卤素、硝基和-（CH_2）p”$-V'_3-Y'_3$；

V'_3 表示-O-、-C（O）-、-C（O）-O-、-C（O）$-NR'_3-$、-NH-C（O）$-NR'_3-$或共价键；

Y'_3 表示氢原子或任选被一个或多个相同或不同的卤素基团取代的（C_1-C_6）烷基；

R'_3 表示氢原子、（C_1-C_6）烷基或（C_1-C_6）烷氧基；

p 表示 1~4 的整数；p′和 p″独立地表示 0~4 的整数；

R_4 表示式-（CH_2）$s-R'_4$ 的基团；

R'_4 表示：胍基；含有至少一个氮原子且任选被（C_1-C_6）烷基或芳烷基取代的杂环烷基；含有至少一个氮原子且任选被（C_1-C_6）烷基取代的杂芳基；或式$-NW_4W'_4$ 的基团；

W_4 表示氢原子或（C_1-C_8）烷基；

W'_4 表示式-（CH_2）$s'-Z_4$ 的基团；

Z_4 表示：氢原子；任选被一个或多个相同或不同的取代基取代的（C_1-C_8）烷基，所述取代基选自：（C_1-C_6）烷氧基、（C_1-C_6）烷硫基和羟基；（C_2-C_6）链烯基；任选被一个或多个相同或不同的（C_1-C_6）烷基取代基取代的（C_3-C_7）环烷基；环己烯；杂芳基；和芳基；

所述芳基和杂芳基任选被一个或多个相同或不同的基团取代，所述基团选自：-（CH_2）$s''-V_4-Y_4$、羟基、卤素、硝基和氰基；

V_4 表示-O-、-S-、-NH-C（O）-、$-NV_4'-$或共价键；

Y_4 表示氢原子或任选被一个或多个相同或不同的卤素基团取代的（C_1-C_6）烷基；

V_4'表示氢原子或（C_1-C_6）烷基；

S" 表示 0~4 的整数；

或 Z_4 表示下式的基团：

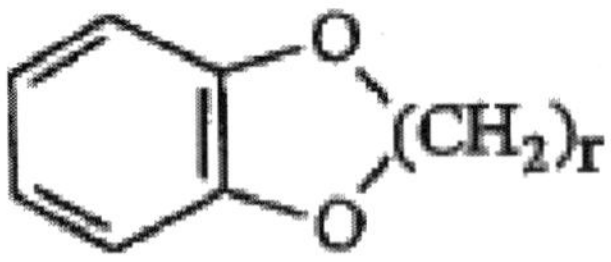

r=1, 2

s 和 s'独立地表示 0~6 的整数；

且 i）当 R_3 表示-C（O）-Z'_3 且 R_4 表示式-（CH_2）s-$NW_4W'_4$ 且 W_4 和 W'_4 独立地表示氢原子或（C_1-C_6）烷基时，则-（CH_2）s 既不表示亚乙基，也不表示-（CH_2）-CH（（C_1-C_4）烷基）-；且 ii）当 R_3 表示-Z_{3c} 且 Z_{3c} 表示苯基或萘基时，则苯基和萘基不被氰基取代；且当 R_3 表示-Z_{3d} 时，则 Z_{3d} 仅表示一个（C_3-C_7）环烷基或杂环烷基。"

2008 年 10 月 13 日，申请人科学研究和应用咨询公司（下称请求人）对上述驳回决定不服，向专利复审委员会提出复审请求，并且未修改申请文件。

请求人认为：（1）判断一项发明是否能够达到预期技术效果，试验数据仅仅是其中一种可选方式而非唯一允许的方式，可以通过发明技术方案的理论分析加以阐明。而判断说明书公开是否充分，应当充分考虑本领域技术人员应掌握的知识和能力，以及其基于相关现有技术能够作出的合理判断。对于药物产品发明，明确允许在技术效果能够由本领域技术人员预测的情况下无需提供证明所涉及医药用途或药理作用的试验数据。（2）基于本申请说明书公开的化合物的定义、制备方法、用途和药理学实验部分的说明，本领域技术人员完全能够制备并确认本发明的化合物、实施其用途及验证其技术效果，因此说明书符合充分公开的要求。

经形式审查合格后，专利复审委员会受理了该请求，并于 2008 年 11 月 26 日向请求人发出了《复审请求受理通知书》，同时将本申请转送至国家知识产权局审查部门进行前置审查。

在《前置审查意见书》中，国家知识产权局审查部门仍坚持驳回决定。

专利复审委员会组成合议组，对本复审请求案进行了审理，并于 2009 年 4 月 22 日向请求人发出《复审通知书》，指出：（1）本领域技术人员根据本申请说明书背景技术提供的信息以及对比文件 1 并不能预测出本申请权利要求 1 的化合物能够对某些黑皮质素亚型、特别是 MC4 受体具有良好的亲合性，进而能够实现治疗体重疾病、精神卫生问题或性活动障碍的用途。因此，在本申请没有给出有关权利要求 1 所述化合物对 MC 受体具有良好亲合性的实验证据的情况下，请求人对于用途的结论性描述属于推测，本领域技术人员难以预测该化合物具有预期的用途或技术效果。（2）对于仅记载了公知的测试活性的方法而没有记载活性测试的结果的申请，本领域技术人员仍然需要付出大量的劳动来对通式 I 对应的化合物一一进行测试来验证其活性的有无，因此不能认为在本申请申请日前已经完成了本申请化合物的用途或效果的测试，不能认为已经完成了该技术方案。

2009 年 6 月 8 日，请求人提交了意见陈述书，认为：（1）专利法和审查指南均未将公开充分的标准具体化至试验数据，在技术方案本身具有可实施性的前提下，技术效果是技术方案的直接必然结果，判断说明书对技术方案公开地是否充分，本领域技术人员根据说明书是否能够实施该技术方案才是关键所在。（2）在药理学试验部分，本申请的确研究了所要求保护化合物对黑皮质素受体的亲和性，其中在药理学试验部分详细公开了试验方法和活性测定方法即实施技术方案的技术手段，这些验证本发明技术效果的技术手段的公开程度，已足以令本领域技术人员能够实施并获得技术方案所必然具有的技术效果。

经审查，合议组认为本案事实已经清楚，可以作出复审决定。

二、决定的理由

1. 审查文本

由于请求人在复审阶段没有对申请文件进行修改，本复审决定针对的审查文本为驳回决定所针对的文本，即请求人于进入国家阶段时提交的说明书第2~168页以及说明书摘要；2007年3月27日提交的说明书第1页，权利要求第2~9、12~42项；2008年2月1日提交的权利要求第1、10~11项。

2. 关于专利法第26条第3款

专利法第26条第3款规定：说明书应当对发明或者实用新型作出清楚、完整的说明，以所属技术领域的技术人员能够实现为准。

对于化学产品发明，说明书应当完整地公开该产品的用途和/或使用效果。如果所属技术领域的技术人员无法根据现有技术预测发明能够实现所述用途和/或使用效果，则说明书中还应当记载对于本领域技术人员来说，足以证明发明的技术方案可以实现所述用途和/或达到预期效果的定性或者定量实验数据；在缺乏上述实验数据时，将认为说明书对于发明的公开不符合专利法第26条第3款的规定。

就本案而言，独立权利要求1要求保护通式I的化合物或其药学上可接受的盐，

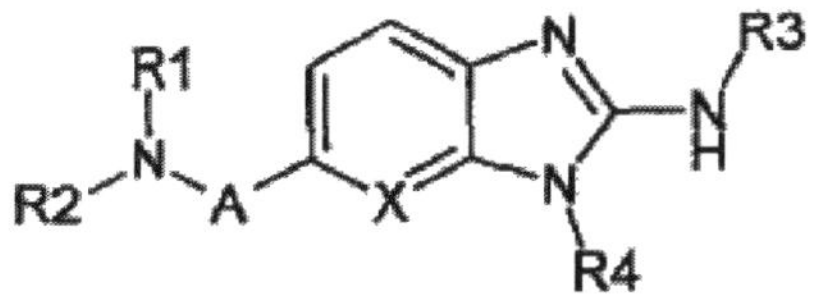

(I)

独立权利要求35要求保护制备式I化合物的方法，独立权利要求36要求保护含有作为活性成分的至少一种权利要求1~34之一的化合物以及药学上可接受的载体的药物组合物，独立权利要求37要求保护权利要求1~34之一的化合物在制备用于治疗体重疾病、精神卫生问题或性活动障碍的药物中的用途，独立权利要求41要求保护通式I′的化合物或其药学上可接受的盐在制备用于治疗体重疾病、精神卫生问题、疼痛或性活动障碍的药物中的用途。

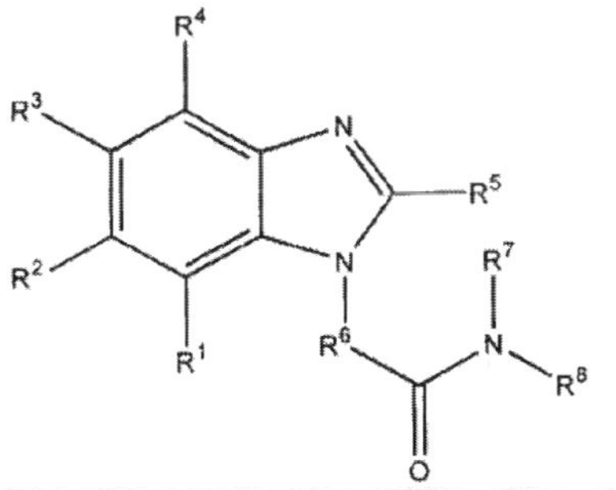

(I)

根据说明书的记载，本申请涉及新的苯并咪唑和咪唑并-吡啶衍生物，这些产物对某些黑皮质素受体亚型、特别是MC4受体具有良好的亲合性，它们特别可用于治疗涉及一种或多种黑皮质素受体的病理状况或疾病。本申请还涉及含有所述产物的药物组合物及其在制备药物中的用途（参见本申请说明书第1页第1段）。在说明书第16~59页公开了合成式I化合物的7种合成路线A~G，并且在说明书第70~166页以表格形式公开了535个具体化合物的分子式，并通过保留时间（rt）及质谱法测定的分子峰（MH+）表征了这些化合物。但是，对于式I化合物的用途，仅在说明书第2页第1

段、第65页倒数第2段至第66页第3段结论性地说明式I化合物“对黑皮质素受体具有良好的亲和性，它们优选作用于MC4受体。所述化合物，即黑皮质素受体的激动剂或拮抗剂可以用于治疗涉及一种或多种黑皮质素的代谢、神经系统的病理状况或疾病或皮肤病……”，以及在说明书第166~168页记载了“通过测定MC4受体转染的CHO-K1细胞产生的环AMP来测定本发明化合物对MC4受体的激动剂或拮抗剂活性”的方法，和“MC受体产生胞内环AMP的测定”方法，但是没有给出任何用该方法测试本申请化合物的实验数据。

合议组认为：审查指南第二部分第十章3.1节有关化学产品发明的充分公开中规定：要求保护的发明为化学产品本身的，说明书中应当记载化学产品的确认、化学产品的制备以及化学产品的用途。其中关于化学产品的用途和/或使用效果，还规定：如果所属技术领域的技术人员无法根据现有技术预测发明能够实现所述用途和/或使用效果，则说明书中还应当记载对于本领域技术人员来说，足以证明发明的技术方案可以实现所述用途和/或达到预期效果的定性或者定量实验数据。

从本申请说明书背景技术的描述来看，“本申请要求保护一种新的苯并咪唑和咪唑并-吡啶衍生物，该化学产品对某些黑皮质素受体亚型，特别是MC4受体具有良好的亲合性”。现有技术中“已经克隆并表征了称作MC1-MC5的5种受体亚型。这些受体在其组织分布和不同黑皮质素的亲和力方面不同……尽管各受体的特异性功能作用未得到完全阐明，但对病理状况或疾病的治疗可能与对某些亚型的亲和力有关……治疗营养性病症与MC3和MC4受体相关，使用激动剂治疗肥胖且使用拮抗剂治疗恶病质和食欲缺乏”（见说明书第1页第1~3段）。此外，说明书中并未提供任何现有技术的信息，能够使本领域技术人员预测本申请化合物具有上述效果。

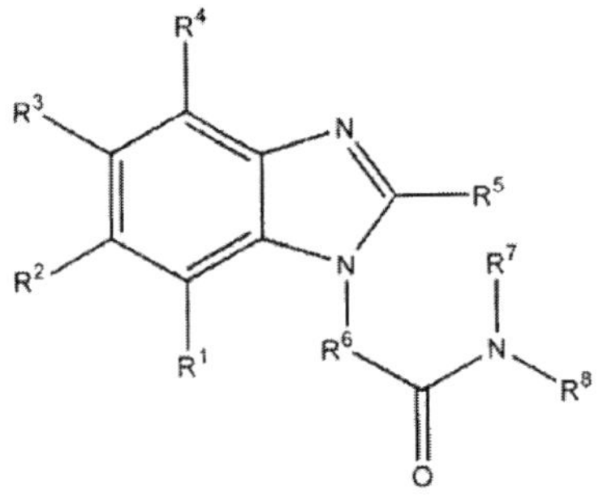

(I)

目前，对比文件1是本申请最接近的现有技术，其涉及一种四环苯并咪唑衍生物，其结构与本申请权利要求1的化合物存在较多不同之处，并且对比文件1的说明书中并没有记载所述化合物能作为黑皮质素受体亚型的激动剂或拮抗剂从而用于治疗炎性病症、体重疾病、性活动障碍等的用途，即对比文件1所述化合物的用途不同于本申请的化合物。可见本领域技术人员根据本申请说明书提供的信息以及对比文件1并不能预测出本申请权利要求1的化合物能够对某些黑皮质素亚型、特别是MC4受体具有良好的亲合性，进而能够实现治疗体重疾病、精神卫生问题或性活动障碍的用途。因此，在本申请没有给出有关权利要求1所述化合物对MC受体具有良好亲合性的实验证据的情况下，请求人对于用途的结论性描述属于推测，本领域技术人员难以预测该化合物具有预期的用途或技术效果。

对于请求人在提出复审请求和答复《复审通知书》时的观点，合议组认为：（1）诚然，审查指南并未规定对于所有的化合物发明均要给出具体的用途和/或效果数据，但是该种情况的前提是本领域技术人员根据现有技术能够预测出所述化合物的用途、效果，经上述分析可知，正是由于根据现有技术和说明书的内容难以使本领域技术人员预期式I化合物的治疗效果，而恰恰这一点也是请求人未能证明的，因此提供相应的试验数据来证明所要求保护的式I化合物的用途是本申请说明书满足充分公开的必要条件，也就是说需要在原始申请文件中记载实验方法、实验方法针对的化合物以及所述化合物的定量、定性实验结果，这才能够符合充分公开的要求。（2）对于仅记载了公知的测试活性的方法而没有记载活性测试的结果的申请，本领域技术人员据此并不能够确认本申请的式Ⅰ化合物/实施例的535个具体化合物中哪个是对MC4受体有活性，即仍然需要付出大量的劳动来对通式Ⅰ对应的化合物一一进行测试来验证其活性的有无，显然不能认为在本申请申请日前已经完成了本发明化合物的用途或效果的测试，不能认为已经完成了该技术方案，对此申请授予专利权将有悖于专利法公开充分的基本要求。(3) 对于附件1，由于这些数据并没有记载在申请文件中，也不是现有技术，不能作为认定本申请说明书符合专利法第26条第3款规定的依据。

综上所述，本申请通式Ⅰ化合物的用途和/或效果在说明书中未能充分公开，本申请说明书不符合专利法第26条第3款的规定。

基于上述理由，合议组作出如下决定。

三、决定

维持国家知识产权局于2008年7月4日对200480005413.3号发明专利申请作出的驳回决定。

复审请求人对本决定不服的，可以根据专利法第41条第2款的规定，自收到本决定之日起三个月内向北京市第一中级人民法院起诉。

120

天然非棉纤维素纤维的酶漂白

复审请求审查决定（第17782号）

决　　定　　号　第17782号
决　　定　　日　2008年12月8日
发明创造名称　天然非棉纤维素纤维的酶漂白
国 际 分 类 号　C12S11/00，D06L3/11，D06M16/00
复 审 请 求 人　金克克国际有限公司
申　　请　　号　00817564.0
申　　请　　日　2000年12月16日
最早优先权日　1999年12月23日
公　　开　　日　2003年4月23日
合 议 组 组 长　刘　静
主　　审　　员　李新芝
参　　审　　员　吴红权

法 律 依 据　专利法第22条第3款
决 定 要 点

如果发明是所属技术领域的技术人员在现有技术的基础上通过合乎逻辑的分析、推理或者有限的试验可以得到的，则该发明是显而易见的，不具备突出的实质性特点。

一、案由

本复审请求案涉及发明名称为“天然非棉纤维素纤维的酶漂白”的00817564.0号发明专利申请（下称本申请），申请人为金克克国际有限公司，申请日为2000年12月16日，最早的优先权日为1999年12月23日，公开日为2003年4月23日。

2007年2月9日，针对申请人于2005年5月8日提交的权利要求书第1~16项、进入中国国家阶段时提交的说明书第1~7页和说明书摘要，国家知识产权局以权利要求1~16不符合专利法第22条第3款的规定为由驳回了本申请。

驳回决定认为：

（1）权利要求1要求保护一种漂白非棉纤维素纺织纤维、纱线或织物的方法。对比文件1（JP6-166978A，公开日：1994年6月14日）公开了一种亚麻纤维纸浆的漂白方法，并具体公开了以下技术特征：用浓度为每千克含100U的木聚糖酶和每千克含2~4U的纤维素酶处理亚麻纤维纸浆以达到漂白目的，其中隐含了将木聚糖酶与亚麻纤维接触一定时间的技术特征（参见该对比文件的摘要）。

由此可见，权利要求1与对比文件1的技术方案的差别在于：前者是将木聚糖酶用于织物纤维的漂白，后者是将木聚糖酶用于造纸纤维的漂白。虽然漂白对象的最终形态不同，但无论是织物还是纸浆它们都主要由植物纤维组成，而木聚糖酶的漂白作用是通过对植物纤维的漂白体现出来，因此无论是在织物还是纸浆中利用的都是木聚糖漂白植物纤维的共性，所以本领域技术人员在对比文件1的启示下将木聚糖酶漂白用于纺织领域得到权利要求1的技术方案是显而易见的，其没有创造性。至于对比文件1中未提到的纱线、织物是本领域常用的材料的形式，它们的主体都是由纤维构成，因此在对比文件1的启示下，在使用木聚糖酶漂白这些材料得到权利要求的技术方案也是显而易见的，其没有创造性。

（2）权利要求9要求保护一种漂白非棉纤维素纺织纤维、纱线或织物的用途。对比文件1公开了一种将木聚糖酶用于亚麻纤维纸浆漂白的用途，如上述对于权利要求1的评述，本领域技术人员在对比文件1的启示下得到该权利要求的技术方案也是显而易见的，故权利要求9没有创造性。

（3）从属权利要求2、10的附加技术特征已在对比文件1中公开（见对比文件1摘要），因此在其引用的权利要求不具有创造性时，从属权利要求2、10也不具有创造性。至于对比文件1中未提到的其他黄麻、苎麻、亚麻布是本领域常用的材料，因此在对比文件1的启示下，使用木聚糖酶漂白这些材料得到这些权利要求的技术方案是显而易见的，故没有创造性。

（4）从属权利要求3~7、11~15的附加技术特征是本领域的常用技术手段，因此本领域技术人员在对比文件1的启示下结合公知常识得到这些权利要求的技术方案是显而易见的，故从属权利要求3~7、11~15也不具有创造性。

（5）从属权利要求8、16的附加技术特征已在对比文件1中公开（见对比文件1摘要），因此在其引用的权利要求不具有创造性时，从属权利要求8、16也不具有创造性。至于对比文件1中未提到的其他酶是本领域常用的酶，因此在对比文件1的启示下，在使用木聚糖酶的同时使用这些酶得到权利要求的技术方案是显而易见的，故没有创造性。

（6）申请人在意见陈述中强调，对比文件1只给出了“木聚糖酶本身仅是漂白助剂”的启示。由于在说明书中申请人定义：“漂白指的是通过除去、修饰或掩盖纤维素纤维中引起色彩的化合物使织物变白”（见说明书第5页第3段）。正如申请人在意见陈述中提到的“本领域公知，木质素是含有发色基团或引起颜色的基团的纤维或木质纸浆的主要成分”，而本领域公知木质纤维材料中的木质素块是通过半纤维素链结合的，半纤维素大多由木聚糖组成，木聚糖酶能将这些木聚糖催化水解为木糖，从而释放并减少木质素纤维材料中的木质素。因此本领域技术人员能够知晓，用在对比文件1中木聚糖酶处理纤维的步骤即能达到本发明说明书所定义的“漂白作用”。因此申请人关于“现有技术教导的是木糖聚酶本身仅仅是漂白助剂，其本身并不具有漂白纤维的作用”的结论不能被接受。

驳回决定针对的权利要求1~16如下：

“1. 一种漂白非棉纤维素纺织纤维、纱线或织物的方法，该方法是在适合漂白所述纺织纤维、纱线或织物的条件下通过将木聚糖酶与所述纺织纤维、纱线或织物接触一定时间来进行的。

2. 根据权利要求1的方法，其中所述纺织纤维、纱线或织物包括亚麻、黄麻、苎麻或亚麻布。

3. 根据权利要求1的方法，其中所述漂白在生产纺织产品之前进行。

4. 根据权利要求1的方法，其中所述漂白在干净的无污染的纺织产品上进行。

5. 根据权利要求3的方法，其中所述纺织纤维、纱线或织物随后被加工成成品的纺织产品。

6. 根据权利要求1的方法，其中所述纺织纤维、纱线或织物用木聚糖酶连续处理。

7. 根据权利要求1的方法，其中所述纺织纤维、纱线或织物用木聚糖酶分批处理。

8. 根据权利要求1的方法，其中在所述木聚糖酶漂白之前、同时或之后，用纤维素酶、蛋白酶、淀粉酶、脂酶、氧化-还原酶或酯酶处理所述纤维、纱线或织物。

9. 木聚糖酶用于漂白非棉纤维素纺织纤维、纱线或织物的用途，其是在适合漂白所述纺织纤维、纱线或织物的条件下通过将木聚糖酶与所述纺织纤维、纱线或织物接触一定时间来进行的。

10. 根据权利要求 9 的用途，其中所述纺织纤维、纱线或织物包括亚麻、黄麻、苎麻或亚麻布。

11. 根据权利要求 9 的用途，其中所述漂白在生产纺织产品之前进行。

12. 根据权利要求 9 的用途，其中所述漂白在干净的无污染的纺织产品上进行。

13. 根据权利要求 11 的用途，其中所述纺织纤维、纱线或织物随后被加工成成品的纺织产品。

14. 根据权利要求 9 的用途，其中所述纺织纤维、纱线或织物用木聚糖酶连续处理。

15. 根据权利要求 9 的用途，其中所述纺织纤维、纱线或织物用木聚糖酶分批处理。

16. 根据权利要求 9 的用途，其中在所述木聚糖酶漂白之前、同时或之后，用纤维素酶、蛋白酶、淀粉酶、脂酶、氧化-还原酶或酯酶处理所述纤维、纱线或织物。”

2007 年 5 月 24 日，申请人金克克国际有限公司（下称请求人）对上述驳回决定不服，向专利复审委员会提出复审请求，请求人在提出复审请求时没有对申请文件进行修改，但提交了如下附件 1：

附件 1：“Extraction in aqueous two-phase systems of alkaline xylanase produced by Bacillus pumilus and its application in kraft pulp bleaching”, Journal of Chromatography B, 743（2000）, pp. 349～356, 复印件共 8 页。

请求人认为：(1) 在对比文件 1 中所述木聚糖的“生物漂白”只能减少后续漂白步骤中氯或其他漂白剂的消耗，并不能完全替代氯漂白，其仅仅是漂白助剂，而不是漂白剂，而且由作为现有技术的附件 1 也知道，所谓漂白的实现并不能仅仅依靠木聚糖酶来实现，所述处理中还需要进一步的化学漂白。即现有技术中仅仅公开了木聚糖酶是漂白助剂，而不是审查员所认定的漂白剂。(2) 对比文件 1 涉及用木聚糖酶处理纸浆的方法，而不是用木聚糖酶处理纺织纤维、织物或纺线的方法，与本发明属于不同的技术领域，此外，对比文件 1 也完全没有任何如下教导：木聚糖酶自身具有漂白纺织纤维、纺线或织物的技术效果，故对比文件 1 不足以破坏本发明权利要求的创造性。

经形式审查合格后，专利复审委员会受理了该请求，并于 2007 年 7 月 20 日向请求人发出了《复审请求受理通知书》，同时将本申请转送至国家知识产权局原审查部门进行前置审查。

在《前置审查意见书》中，国家知识产权局原审查部门认为原驳回决定中的缺陷依然存在，因此坚持驳回决定。

专利复审委员会组成合议组，对本复审请求案进行了审理。

合议组于 2008 年 2 月 28 日向请求人发出《复审通知书》，指出：

(1) 权利要求 1 与对比文件 1 的区别在于以下两点：①本申请木聚糖酶的处理对象为纺织纤维、纱线或织物，而对比文件 1 木聚糖酶的处理对象为纸浆，其具体形态不同；②在对比文件 1 中并未具体提及用木聚糖酶进行漂白。从本申请解决的技术问题看，其就是要提供一种漂白非棉纤维素纤维、纱线和/或织物的酶学方法。对此，合议组认为，首先对于上述区别①而言，虽然从宏观上看，木聚糖酶的作用对象的具体形态不同，但织物与造纸工艺中很多处理方法是相同或相似的，本申请权利要求 1 的技术方案与对比文件 1 也均是采用木聚糖酶对麻纤维进行处理，因此由对比文件 1 公开的木聚糖酶处理麻纤维纸浆的方法很容易想到木聚糖酶可以用于处理麻纤维织物；而对于上述区别②，虽然对比文件 1 仅提及用木聚糖酶对麻浆液进行预处理，未具体提及其漂白作用，但本领域技术人员已知的是，木聚糖酶是通过攻击半纤维素与木质素之间的键对植物纤维中含发色基团的木质素的溶出具有促进作用，而且正是由于其促进了植物纤维中木质素的溶出，其预处理对于植物纤维本身必然具有漂白作用，而且现有技术中也存在大量将木聚糖酶用于漂白的文献，例如《环境污染与防治》，19

(5)，1997 年 10 月，pp. 6~7；《生物工程学报》，12（4），1996 年，pp. 377。由此可见，对比文件 1 中所提及的酶的预处理实际上起到的是预漂白的作用。因此，本领域技术人员在对比文件 1 已经给出了使用木聚糖酶对麻纤维纸浆进行预漂白处理的技术启示的前提下，很容易想到利用木聚糖酶对非棉的麻纤维或其纱线、织物等进行漂白、因此权利要求 1 的技术方案是显而易见的，不具有创造性，不符合专利法第 22 条第 3 款的规定。

（2）从属权利要求 2、8 的附加技术特征已在对比文件 1 中已经公开（参见对比文件 1 摘要，说明书第 2 栏），因此在其引用的权利要求 1 不具有创造性的前提下，从属权利要求 2、8 也不具有创造性，不符合专利法第 22 条第 3 款的规定。

（3）从属权利要求 3 的附加技术特征是本领域技术人员的常规技术手段，而且该附加技术特征也没有给本发明带来任何预料不到的技术效果，因此在其引用的权利要求 1 不具有创造性的前提下，从属权利要求 3 也不具有创造性，不符合专利法第 22 条第 3 款的规定。

（4）从属权利要求 4~7 的附加技术特征分别对漂白对象、加工成成品纺织产品的时机以及木聚糖酶的处理方式进行限定，基于与上述从属权利要求 3 相同的评述，从属权利要求 4~7 也不具有创造性，不符合专利法第 22 条第 3 款的规定。

（5）权利要求 9~16 要求保护木聚糖酶用于漂白非棉纤维素纺织纤维、纱线或织物的用途，基于与上述权利要求 1~8 相同的评述，权利要求 9~16 也不具有创造性，不符合专利法第 22 条第 3 款的规定。

此外，针对请求人的复审理由，合议组认为，（1）如本申请说明书所述，“漂白”指的是处理纤维、织物和/或纱线使之颜色更浅的方法，因此，如前所述，木聚糖酶通过攻击半纤维素与木质素之间的键对植物纤维中含发色基团的木质素的溶出具有促进作用，而且正是由于其促进了植物纤维中木质素的溶出，其对于植物纤维本身必然具有使颜色更浅的作用，而能否完全替代氯漂白仅仅是漂白程度的问题，是由所需的白度决定的；（2）对于请求人提交的附件 1，首先，由于其公开日（2000 年）在本申请的优先权日（1999 年）之后，因此不能作为现有技术使用，其次，从附件 1 第 349 页的如下内容“Currently，the most important application of xylanase is in the prebleaching of kraft pulp. Xylanase prebleaching technology is now in use at several mills，mainly in Scandinavia and Canada”来看，木聚糖酶也是起到预漂白的作用，附件 1 并不能说明木聚糖酶仅仅是漂白助剂，本身不起漂白作用；（3）关于技术领域的问题，虽然本申请与对比文件 1 的技术领域并不完全相同，但对比文件 1 涉及的也是使用木聚糖酶处理麻纤维，而且其也能够实现本发明所声称的漂白功能，同时在对比文件 1 中公开了本发明的大多数技术特征，因此对比文件 1 所属的技术领域与本申请相近，可以作为最接近的现有技术评价本申请权利要求 1~16 的创造性。

针对上述《复审通知书》，请求人于 2008 年 6 月 16 日提交了意见陈述书和对比文件 1 的中译文，但未对申请文件进行修改。

请求人认为：（1）对比文件 1 的方法与本申请权利要求 1 的方法的区别在于：①漂白工艺不同。对比文件 1 的工艺包括酶处理和氯漂白，而本申请权利要求 1 仅涉及酶处理，不涉及氯漂白，本领域技术人员由对比文件 1 并不能预期酶处理本身就能够实现漂白；②酶处理所用的酶不同。对比文件 1 所用的酶为木聚糖酶和微晶纤维素酶，微晶纤维素酶对于酶处理提高麻纸浆白度是必不可少的，而权利要求 1 所用酶仅仅为木聚糖酶，因此由对比文件 1 不可能预期仅使用木聚糖酶就能提高麻纸浆白度；③酶处理的对象不同。对比文件 1 的酶处理对象是化学蒸解麻得到的麻纸浆，而本申请权利要求 1 酶处理的对象为纺织纤维、纱线或织物，本领域技术人员公知，亚麻、黄麻等的加工工艺与麻纸浆的加工工艺显著不同，因此产品结构不同，而酶对底物有较高的要求，不同结构的底物会产生不同的效果，即使使用相同的酶（木聚糖酶+微晶纤维素酶）处理，对亚麻、黄麻、苎麻或亚麻布织物产生的效果和对麻纸浆产生的效果也会不同，何况本发明使用不同的酶（单木聚糖酶），因此本发明使用木聚糖酶漂白亚麻、黄麻、苎麻或亚麻布织物的方法是非显而易见的；④酶处理的效果不同。对比文件1中酶处理对氯漂白的改善效果有限，如表1所示，在两种酶同时存在的情况下，氯漂白的效果仅从77%提高到80.9%，而本发明酶处理显示出对生天然亚麻织物显著的漂白作用。综上所述，本发明的技术方案与对比文件1相比具有实质性的不同，具有创造性；（2）合议组所声称的“木聚糖酶通过攻击半纤维素与木质素之间的键对植物纤维中含发色基团的木质素的溶出具有促进作用，而且正是由于其促进了植物纤维中木质素的溶出，其对于植物纤维本身必然具有使颜色更浅的作用”为没有依据的主观认定；（3）请求人认为，尽管在本申请中“漂白”定义为处理纤维、织物和/或纱线使之颜色更浅的方法，但该漂白显然不包括在相关工业上毫无意义的、微不足道的颜色变浅；（4）请求合议组在作出维持原驳回决定的复审决定之前对本案进行一次口头审理。

至此，合议组认为通过书面审理的方式本案事实已经清楚，无需进行口头审理，可以依法作出审查决定。

二、决定的理由

1. 关于审查文本

本复审请求审查决定是以驳回决定所针对的文本为基础作出的。

2. 关于专利法第22条第3款

专利法第22条第3款规定：创造性，是指同申请日以前已有的技术相比，该发明有突出的实质性特点和显著的进步。

如果发明是所属技术领域的技术人员在现有技术的基础上通过合乎逻辑的分析、推理或者有限的试验可以得到的，则该发明是显而易见的，不具备突出的实质性特点。

具体到本申请而言，权利要求1要求保护一种漂白非棉纤维素纺织纤维、纱线或织物的方法，该方法是在适合漂白所述纺织纤维、纱线或织物的条件下通过将木聚糖酶与所述纺织纤维、纱线或织物接触一定时间来进行的。对比文件1（JP6-166978A，公开日：1994年6月14日）公开了一种漂白麻纸浆的方法，并具体公开了以下技术特征：用浓度为每千克纸浆含100U以上木聚糖酶和每千克纸浆含2~4U微晶纤维素酶处理麻纸浆后进行漂白，可达到减少氯系漂白剂使用和提高白度的目的，其中所述麻可为亚麻、黄麻和大麻（参见该对比文件的摘要，说明书第2栏）。由此可知，权利要求1与对比文件1的技术方案的区别在于：前者是用木聚糖酶对包括亚麻、黄麻等的纺织纤维、纱线或织物进行漂白，而后者是用木聚糖酶对包括亚麻、黄麻等的麻纤维纸浆进行氯漂之前的预处理。也就是说，本申请与对比文件1的区别在于以下两点：（1）本申请木聚糖酶的处理对象为纺织纤维、纱线或织物，而对比文件1木聚糖酶的处理对象为纸浆，其具体形态不同；（2）在对比文件1中并未具体提及用木聚糖酶进行漂白。从本申请解决的技术问题看，其就是要提供一种漂白非棉纤维素纤维、纱线和/或织物的酶学方法。对此，合议组认为，首先对于上述区别（1）而言，虽然从宏观上看，木聚糖酶的作用对象的具体形态不同，但织物与造纸工艺中很多处理方法是相同或相似的，本申请权利要求1的技术方案与对比文件1也均是采用木聚糖酶对麻纤维进行处理，因此由对比文件1公开的木聚糖酶处理麻纤维纸浆的方法很容易想到木聚糖酶可以用于处理麻纤维织物；而对于上述区别（2），虽然对比文件1仅提及用木聚糖酶对麻浆液进行预处理，未具体提及其漂白作用，但本领域技术人员已知的是，木聚糖酶是通过攻击半纤维素与木质素之间的键对植物纤维中含发色基团的木质素的溶出具有促进作用，而且正是由于其促进了植物纤维中木质素的溶出，其预处理对于植物纤维本身必然具有漂白作用，现有技术中也存在大量将木聚糖酶用于漂白的文献，例如《环境污染与防治》，19

(5)，1997 年 10 月，pp. 6~7；《生物工程学报》，12（4），1996 年，pp. 377。由此可见，对比文件 1 中所提及的酶的预处理实际上起到的是预漂白的作用。因此，本领域技术人员在对比文件 1 已经给出了使用木聚糖酶对麻纤维纸浆进行预漂白处理的技术启示的前提下，会很容易想到利用木聚糖酶对非棉的麻纤维或其纱线、织物等进行漂白，因此权利要求 1 的技术方案是显而易见的，不具有创造性，不符合专利法第 22 条第 3 款的规定。

从属权利要求 2、8 对权利要求 1 作了进一步的限定，“所述纺织纤维、纱线或织物包括亚麻、黄麻、苎麻或亚麻布”、“在所述木聚糖酶漂白之前、同时或之后，用纤维素酶、蛋白酶、淀粉酶、脂酶、氧化-还原酶或酯酶处理所述纤维、纱线或织物”，上述附加技术特征已在对比文件 1 中已经公开（参见对比文件 1 摘要，说明书第 2 栏），因此在其引用的权利要求 1 不具有创造性的前提下，从属权利要求 2、8 也不具有创造性，不符合专利法第 22 条第 3 款的规定。

从属权利要求 3 对权利要求 1 的方法进一步限定为“漂白在生产纺织产品之前进行”，在生产纺织产品之前进行漂白是本领域技术人员的常规技术手段，而且该附加技术特征也没有给本发明带来任何预料不到的技术效果，因此在其引用的权利要求 1 不具有创造性的前提下，从属权利要求 3 也不具有创造性，不符合专利法第 22 条第 3 款的规定。

从属权利要求 4~7 的附加技术特征分别对漂白对象、加工成成品纺织产品的时机以及木聚糖酶的处理方式进行限定，基于与上述从属权利要求 3 相同的评述，从属权利要求 4~7 也不具有创造性，不符合专利法第 22 条第 3 款的规定。

权利要求 9~16 要求保护木聚糖酶用于漂白非棉纤维素纺织纤维、纱线或织物的用途，基于与上述权利要求 1~8 相同的评述，权利要求 9~16 也不具有创造性，不符合专利法第 22 条第 3 款的规定。

此外，针对请求人的意见陈述，合议组认为，（1）对于请求人所认定的区别特征①，如前所述，对比文件 1 的酶预处理过程实质上就是酶漂白过程，因此，如果单独考察对比文件 1 的酶预处理过程，则其与本申请一样均系酶漂白法，而是否需要进一步氯漂是由所需的白度决定的，因此请求人所声称的区别特征①并不存在；对于请求人所声称的区别特征②，从本申请权利要求 1 的描述来看，所述漂白方法是通过将木聚糖酶与所述纺织纤维、纱线或织物接触一定时间来进行的，而对比文件 1 也是通过将木聚糖酶与底物接触来进行，而且本申请权利要求 1 的技术方案也未排除同时使用两种酶的情况，其从属权利要求 8 就提到，在所述木聚糖酶漂白之前、同时或之后，可以用纤维素酶处理所述纺织纤维、纱线或织物，因此请求人所声称的区别特征②并不存在；请求人认定的区别特征③即为《复审通知书》和决定理由部分认定的区别特征①；对于请求人所声称的区别特征④，即酶处理效果的不同，其并不构成专利法意义上的区别技术特征，在对比文件 1 与本申请的酶漂白对象均为麻的情况下，其漂白程度是由漂白对象的具体形态或状况决定的，在对比文件 1 的漂白对象为蒸煮后的麻纸浆，而本申请的漂白对象为生天然亚麻织物的情况下，漂白程度不具有可比性，但这并不妨碍本领域技术人员在对比文件 1 的基础上得到如下启示，即可以采用木聚糖酶对麻纤维或其织物进行漂白。因此合议组关于本申请权利要求 1 与对比文件 1 区别技术特征的认定并无不当。（2）现有技术已明确记载，“木聚糖酶对分解纸浆中的半纤维素起着重要的作用。由于半纤维素和木质素之间存在着某种共价键连接，它们之间形成了接枝共聚物，主要为苯醚键和苯酯键连接。因此纸浆中半纤维素的水解有利于木质素的去除，从而达到降低漂白剂用量的目的”（参见《环境污染与防治》，19（5），1997 年 10 月，pp. 6），“木聚糖酶可作为生物漂白剂用于造纸工业”、“用木聚糖酶进行生物漂白的机理还不完全清楚，但比较普遍被人们接受的是由 Reid 等人提出的理论，部分木聚糖与残留的木质素间以化学键相连，即存在着木质素-木聚糖复合体。以这种形式存在的木质素难以漂白，而木聚糖酶使得这些复合体中的木聚糖部分降解，进而有利于后续漂白药剂对木质素进行漂白”（参见《生物工程学报》，12（4），1996 年，pp. 377）。因此，合议组所述的“木聚糖酶通过攻击半纤维素与木质素之间的键对植物纤维中含发色基团的木质素的溶出具有促进作用，而且正是由于其促进了植物纤维中木质素的溶出，其对于植物纤维本身必然具有使颜色更浅的作用”具有理论依据，而非主观断言。（3）本申请说明书对于“漂白”已经进行了明确的定义，即为使颜色变浅，因此合议组不认同请求人关于“该漂白显然不包括在相关工业上毫无意义的、微不足道的颜色变浅”的解释，而且请求人所述“在相关工业上毫无意义的、微不足道的颜色变浅”也是一种含糊的措辞，无法界定。

根据上述事实和理由，合议组作出如下审查决定。

三、决定

维持国家知识产权局于 2007 年 2 月 9 日针对第 00817564.0 号发明专利申请作出的驳回决定。

复审请求人对本决定不服的，可以根据专利法第 41 条第 2 款的规定，自收到本决定之日起三个月内向北京市第一中级人民法院起诉。

121

含有碱土金属和 IIIB 族金属的氧化物的荧光粉和光源

复审请求审查决定（第 17810 号）

决　定　号　第 17810 号
决　定　日　2008 年 11 月 18 日
发明创造名称　含有碱土金属和 IIIB 族金属的氧化物的荧光粉和光源
国际分类号　C09K11/78
复审请求人　通用电气公司
申　请　号　03148051.9
优先权日　2002 年 6 月 28 日
申　请　日　2003 年 6 月 27 日
公　开　日　2004 年 1 月 28 日
合议组组长　张家祥
主　审　员　孙丽芳
参　审　员　王静

法律依据　专利法第 22 条第 2 款、第 31 条第 1 款、第 33 条，专利法实施细则第 60 条第 1 款

决定要点

审查指南第四部分第二章 4.2 节规定：将与驳回决定针对的权利要求所限定的技术方案缺乏单一性的技术方案作为修改后的权利要求不符合专利法实施细则第 60 条第 1 款的规定。而对于驳回决定所针对的权利要求书中已经存在的权利要求，则不适用于上述情形。

一、案由

本复审请求案涉及发明名称为"含有碱土金属和 IIIB 族金属的氧化物的荧光粉和光源"的第 03148051.9 号发明专利申请（下称本申请），申请人为通用电气公司，申请日为 2003 年 6 月 27 日，优先权日为 2002 年 6 月 28 日，公开日为 2004 年 1 月 28 日。

2007 年 6 月 8 日，针对申请人于 2003 年 6 月 27 日提交的权利要求第 1~64 项、说明书第 1~9 页、说明书附图第 1~4 页及说明书摘要，国家知识产权局以权利要求 1~8 不具备专利法第 22 条第 2 款规定的新颖性以及权利要求 9、10、17、18、28、40、51、61、64 和权利要求 1 之间不具备专利法第 31 条第 1 款规定的单一性为由驳回了本申请。

驳回决定认为：（1）本申请的独立权利要求 1 要求保护一种荧光粉，通式为$(M_{1-x}RE_x)_yD_2O_4$，对比文件 1（US5788882A，公开日为 1998 年 8 月 4 日）的说明书第 8 栏第 11~16 行和第 9 栏的 13~

15 行公开了化学式组成为 $Sr_{0.89}Eu_{0.01}Ga_2O_4$ 和 $Ca_{0.89}Eu_{0.01}Ga_2O_4$ 的荧光粉，对比文件 2（CN1095748A，公开日为 1994 年 11 月 30 日）的实施例部分公开了化学式组成为 $SrAl_2O_4$：Eu、$CaAl_2O_4$：Eu，Nd（Eu：0.005mol，Nd：0.01mol）等的荧光体，由此可见，对比文件 1 和对比文件 2 分别公开了权利要求 1 的通式表示的具体荧光粉组成，因此权利要求 1 相对于对比文件 1 或 2 不具备专利法第 22 条第 2 款规定的新颖性。(2) 从属权利要求 2 是对荧光粉性能的进一步限定，虽然对比文件 1 或 2 中没有公开具体的波长范围，但是相同组成的物质具有相同的性能，因此权利要求 2 也不具备新颖性；从属权利要求 3~6 是对共掺杂剂的进一步限定，对比文件 2 的实施例 2~11 中已经公开了 Ce、Nd、Dy、Lu、La 或 Yb 等多种稀土共掺杂剂，并且具体公开了 0.5mol%、0.01mol%、2.5mol% 等多个数值，因此权利要求 3~6 相对于对比文件 2 不具备新颖性；对比文件 2 的实施例10~12公开了 $Sr_{0.5}Mg_{0.5}Al_2O_4$：Eu，Dy（Eu：0.5mol% Dy：0.5mol%）的荧光粉，因此权利要求 7~8 也不具备专利法第 22 条第 2 款规定的新颖性。(3) 在权利要求 1 不具备新颖性的情况下，独立权利要求 9、10、17、18、28、40、51、59、61、64 和独立权利要求 1 之间不再属于一个总的发明构思，没有相同或者相应的特定技术特征，不符合专利法第 31 条第 1 款的规定。

驳回决定针对的权利要求 1~8、9、10、17、18、28、40、51、59、61 和 64 如下：

"1. 一种包括至少一种碱土金属的氧化物和至少一种 IIIB 族金属的氧化物的荧光粉，其中所述碱土金属选自锶、钡、钙、及其组合，所述 IIIB 族金属选自铝、镓、铟及其组合，所述荧光粉是用至少包括铕的至少一种稀土金属的离子激活的，所述荧光粉具有以下通式：

$(M_{1-x}RE_x)_yD_2O_4$。

其中 M 是所述至少一种碱土金属；RE 是至少包括铕的所述稀土金属；D 是所述至少一种 IIIB 族的金属；$0.001<x<0.3$，并且 y 满足选自 $0.75<y<1$ 和 $1<y<1.1$ 的一种条件。

2. 根据权利要求 1 的荧光粉，其中所述荧光粉吸收在从约 350~480nm 的波长范围内的电磁辐射，并具有在从约 500~600nm 的波长范围内的发射峰值。

3. 根据权利要求 1 的荧光粉，其中所述荧光粉还可用至少一种附加稀土金属掺杂，该稀土金属选自铈、镨、钕、钐、钆、镝、钬、铒、铥、镱、和镥。

4. 根据权利要求 3 的荧光粉，其中所述至少一种附加稀土金属包括所述至少一种碱土金属、所述铕和所述至少一种附加稀土金属的总量的约 0.001~30 原子百分比。

5. 根据权利要求 3 的荧光粉，其中所述至少一种附加稀土金属包括所述至少一种碱土金属、所述铕和所述至少一种附加稀土金属的总量的约 0.001~20 原子百分比。

6. 根据权利要求 3 的荧光粉，其中所述至少一种附加稀土金属包括所述至少一种碱土金属、所述铕和所述至少一种附加稀土金属的总量的约 0.001~10 原子百分比。

7. 根据权利要求 1 的荧光粉，其中所述荧光粉还包括镁。

8. 根据权利要求 7 的荧光粉，其中所述镁包括所述至少一种碱土金属的约 0.001~20 原子百分比。

9. 一种荧光粉，包括锶和铝的氧化物并用铕离子激活，所述荧光粉具有以下通式：

$(Sr_{1-x}Eu_x)_yA1_2O_4$；

其中 $0.001<x<0.3$，y 满足选自 $0.75<y<1$ 和 $1<y<1.1$ 的一种条件。

10. 一种荧光粉混合物，包括：

(a) 第一荧光粉，其包括至少一种碱土金属的氧化物和至少一种 IIIB 族金属的氧化物，其中所述碱土金属选自锶、钡、钙、及其组合，所述 IIIB 族金属选自铝、镓、铟及其组合，所述荧光粉是用至少包括铕的至少一种稀土金属的离子激活的，所述荧光粉具有以下通式：

$(M_{1-x}RE_x)_yD_2O_4$；

其中 M 是所述至少一种碱土金属；RE 是至少包括铕的所述稀土金属；D 是所述至少一种 IIIB 族的金属；$0.001<x<0.3$，并且 y 满足选自 $0.75<y<1$ 和 $1<y<1.1$ 的一种条件；和

（b）至少一种附加荧光粉，其选自可由具有在约 315 到约 480nm 范围内的波长的辐射激发的荧光粉，其中所述荧光粉具有在蓝、蓝-绿、绿、黄-橙和红光波长的至少之一中的峰值发射。

17. 一种荧光粉混合物，包括 $Sr_{0.8}Eu_{0.1}Al_2O_4$、$Ca_5(PO_4)_3Cl:Mn^{2+}$，Eu^{2+}、和 $(Sr, Ba, Ca,)_5(PO_4)_3(Cl, OH):Eu^{2+}$。

18. 一种荧光粉的制造方法，所述方法包括：

（a）提供以下成分的适量的含氧化合物：至少包括铕的至少一种稀土金属；至少选自锶、钡、钙及其组合的至少一种碱土金属；和选自铝、镓、铟及其组合的至少一种 IIIB 族金属；

（b）将所述含氧化合物混合在一起形成混合物；和

（c）在一定温度下和时间内、在还原气氛中焙烧所述混合物，其中焙烧温度和时间足以使所述混合物转换成具有以下通式的所述荧光粉：

$(M_{1-x}RE_x)_yD_2O_4$；

其中 M 是所述至少一种碱土金属；RE 是至少包括铕的所述稀土金属；D 是所述至少一种 IIIB 族的金属；$0.001<x<0.3$，并且 y 满足选自 $0.75<y<1$ 和 $1<y<1.1$ 的一种条件。

28. 一种制造荧光粉的方法，所述方法包括：

（a）提供以下成分的适量的化合物：至少包括铕的至少一种稀土金属；至少选自锶、钡、钙及其组合的至少一种碱土金属；和至少一种选自铝、镓、铟及其组合的 IIIB 族金属；

（b）将所述化合物混合在一起形成混合物；

（c）加热所述混合物以将所述混合物转换成氧化物的混合物；和

（d）在一定温度和时间内在还原气氛中焙烧所述氧化物混合物，所述温度和时间足以保证将所述化合物转换成具有以下通式的所述荧光粉：

$(M_{1-x}RE_x)_yD_2O_4$；

其中 M 是所述至少一种碱土金属；RE 是至少包括铕的所述稀土金属；D 是所述至少一种 IIIB 族的金属；$0.001<x<0.3$，并且 y 满足选自 $0.75<y<1$ 和 $1<y<1.1$ 的一种条件。

40. 一种荧光粉的制造方法，所述方法包括：

（a）提供包含以下成分的化合物的第一溶液：至少包括铕的至少一种稀土金属；选自锶、钡、钙及其组合的至少一种碱土金属；和至少一种选自铝、镓、铟及其组合的 IIIB 族金属，所述化合物选自硝酸盐、硫酸盐、乙酸盐、柠檬酸盐、氯酸盐、高氯酸盐、卤氧化物、含有 1~6 个碳原子的有机酸盐、含有 1~6 个碳原子的二羧酸酯、具有 1 或 2 个芳香环的芳香酸盐、乙酰丙酮化合物、醇盐、酚盐及其组合；

（b）提供包括选自氢氧化铵、碳酸铵、草酸铵、甲醇胺、乙醇胺、丙醇胺、二甲醇胺、二乙醇胺、二丙醇胺、三甲醇胺、三乙醇胺或三丙醇胺及其混合物的材料的第二溶液；

（c）向所述第一溶液中添加所述第二溶液以形成沉淀物；和

（d）在一定温度和时间内在还原气氛中焙烧所述沉淀物，所述温度和所述时间足以保证将所述混合物转换成具有以下通式的所述荧光粉：

$(M_{1-x}RE_x)_yD_2O_4$；

其中 M 是所述至少一种碱土金属；RE 是至少包括铕的所述稀土金属；D 是所述至少一种 IIIB 族的金属；$0.001<x<0.3$，并且 y 满足选自 $0.75<y<1$ 和 $1<y<1.1$ 的一种条件。

51. 一种光源（10），包括：

（a）至少一种个 LED（100），其可发射具有在从约 315~480nm 范围内的波长的辐射；和

（b）荧光粉铸件（160），其包括透明材料（180）和荧光粉混合物的颗粒（200），该荧光粉混合物颗粒包括：

（1）包括选自锶、钡、钙及其组合的至少一种碱土金属的氧化物和选自铝、镓、铟及其组合的至少一种 IIIB 族金属的氧化物的第一荧光粉，所述荧光粉是用包括至少铕的至少一种稀土金属的离子激活的，所述荧光粉具有以下通式：

$(M_{1-x}RE_x)_yD_2O_4$；

其中 M 是所述至少一种碱土金属；RE 是至少包括铕的所述稀土金属；D 是所述至少一种 IIIB 族的金属；$0.001<x<0.3$，并且 y 满足选自 $0.75<y<1$ 和 $1<y<1.1$ 的一种条件；和

（2）选自由具有在约 315~480nm 范围内的波长的辐射激发的荧光粉的至少一种附加荧光粉，其中所述荧光粉具有在蓝、蓝-绿、绿、黄-橙、以及红光波长的至少之一内的峰值发射。

59. 一种光源（10），包括：

（a）能发射具有在约 315~480nm 范围内的波长的辐射的至少一种个 LED（100）；和

（b）荧光粉铸件（160），包括透明材料（180）和荧光粉混合物的颗粒（200），该荧光粉混合物包括 $Sr_{0.8}Eu_{0.1}Al_2O_4$、$Ca_5(PO_4)_3Cl:Mn^{2+}$，Eu^{2+}、和（Sr，Ba，Ca，）5（PO_4）$_3$（Cl，OH）：Eu^{2+}。

61. 一种光源（10），包括：

（a）固定到反射面板上的多个 LED（100），所述 LED 可以发射具有在约 315~480nm 范围内的波长的辐射；和

（b）荧光粉涂层（180），其包括聚合物粘接剂和分散在其中的荧光粉混合物的颗粒（200），所述涂层（180）设置在从所述 LED（100）发射的辐射的方向中，所述荧光粉混合物包括：

（1）包括选自锶、钡、钙及其组合的至少一种碱土金属的氧化物和选自铝、镓、铟及其组合的至少一种 IIIB 族金属的氧化物的第一荧光粉，所述荧光粉是用包括至少铕的至少一种稀土金属的离子激活的，所述荧光粉具有以下通式：

$(M_{1-x}RE_x)_yD_2O_4$；

其中 M 是所述至少一种碱土金属；RE 是至少包括铕的所述稀土金属；D 是所述至少一种 IIIB 族的金属；$0.001<x<0.3$，并且 y 满足选自 $0.75<y<1$ 和 $1<y<1.1$ 的一种条件；和

（2）选自由具有在约 315~480nm 范围内的波长的辐射激发的荧光粉的至少一种附加荧光粉，其中所述荧光粉具有在蓝、蓝-绿、绿、黄-橙、以及红光波长的至少之一内的峰值发射。

64. 一种光源，包括：

（a）固定到反射面板上的多个 LED，所述 LED 可发射具有在约 315~480nm 范围内的波长的辐射；和

（b）荧光粉涂层，其包括聚合物粘接剂和分散在其中的荧光粉混合物的颗粒，所述涂层设置在从所述 LED 发射的辐射的方向中，所述荧光粉混合物包括 $Sr_{0.8}Eu_{0.1}Al_2O_4$、$Ca_5(PO_4)_3Cl:Mn^{2+}$，Eu^{2+}、和（Sr，Ba，Ca，）$_5$（PO_4）$_3$（Cl，OH）：Eu^{2+}。”

2007 年 9 月 24 日，申请人通用电气公司（下称请求人）对上述驳回决定不服，向专利复审委员会提出复审请求，请求人在提出复审请求时对权利要求书进行了修改，相对于驳回决定针对的权利要求书，删除了权利要求 1~9 和 18~50，保留权利要求 10~17 和 51~64 并重新编号（共 22 项）。

请求人认为：修改后的独立权利要求中保护的是一种荧光粉混合物以及包括所述荧光粉混合物的光源，包括以下特定技术特征“至少一种附加荧光粉，其选自可由具有在约 315~480nm 范围内的波

长的辐射激发的荧光粉，其中所述荧光粉具有在蓝、蓝-绿、绿、黄-橙和红光波长的至少之一中的峰值发射”，对比文件1和2均未批露该特定技术特征，因此修改后的权利要求具备新颖性和创造性，同时也符合单一性的要求。

经形式审查合格后，专利复审委员会受理了该请求，并于2007年10月25日向请求人发出了《复审请求受理通知书》，同时将本申请转送至国家知识产权局原审查部门进行前置审查。

在《前置审查意见书》中，国家知识产权局原审查部门认为：（1）新提交的权利要求1是原权利要求10，驳回决定已经指出原权利要求1和10之间不具备单一性，请求人将原权利要求10作为新的权利要求1提交，不符合审查指南第四部分第二章4.2节的规定。（2）新提交的权利要求17在原说明书和权利要求书中没有记载，也不能从原申请文件记载的内容直接地、毫无疑义地得出该技术方案。因此坚持驳回决定。

专利复审委员会组成合议组，对本复审请求案进行了审理。

经合议，合议组认为本案事实清楚，可以作出审查决定。

二、决定的理由

1. 关于文本

本复审请求审查决定针对的文本是：请求人于2007年9月24日提交的权利要求第1~22项，2003年6月27日提交的说明书第1~9页、说明书附图第1~4页和说明书摘要。

2. 关于专利法第22条第2款

专利法第22条第2款规定：新颖性，是指在申请日以前没有相同的发明或实用新型在国内外出版物上公开发表过、在国内公开使用过或者以其他方式为公众所知，也没有相同的发明或者实用新型由他人向国务院专利行政部门提出过申请并且记载在申请日以后公布的专利申请文件中。

就本案而言，驳回决定指出，权利要求1~8不具备专利法第22条第2款规定的新颖性。在请求人于2007年9月24日提交的权利要求书中，已经删除了上述权利要求1~8，因此，驳回决定指出的权利要求1~8不符合专利法第22条第2款规定的缺陷已不存在。

3. 关于专利法第31条第1款

专利法第31条第1款的规定：一件发明或者实用新型应当限于一项发明或者实用新型。属于一个发明构思的两项以上的发明或者实用新型，可以作为一件申请提出。

驳回决定指出，在权利要求1不具备新颖性的情况下，独立权利要求9、10、17、18、28、40、51、59、61、64和独立权利要求1之间不再属于一个总的发明构思，没有相同或者相应的特定技术特征，不符合专利法第31条第1款的规定。

在请求人于2007年9月24日提交的权利要求书中，相对于驳回决定针对的权利要求书，请求人删除了权利要求1~9和18~50，因此，驳回决定所指出的独立权利要求1与其他独立权利要求之间不具备单一性的缺陷也已被克服。

4. 关于专利法实施细则第60条第1款

专利法实施细则第60条第1款规定：请求人在提出复审请求或者在对专利复审委员会的复审通知书作出答复时，可以修改专利申请文件；但是，修改应当仅限于消除驳回决定或者复审通知书指出的缺陷。

审查指南第四部分第二章4.2节规定：将与驳回决定针对的权利要求所限定的技术方案缺乏单一性的技术方案作为修改后的权利要求不符合专利法实施细则第60条第1款的规定。而对于驳回决定所针对的权利要求书中已经存在的权利要求，则不适用于上述情形。

原审查部门在《前置审查意见书》中认为，新提交的权利要求1是原权利要求10，驳回决定已经指出原权利要求 1 和 10 之间不具有单一性，而请求人将原权利要求 10 作为新的权利要求 1，故不符合审查指南第四部分第二章 4.2 节的规定。

对此，合议组认为：驳回决定中指出权利要求 1 和 10 之间不具备单一性，不符合专利法第 31 条第 1 款的规定，在此基础上，请求人删除与权利要求 10 不具有单一性的权利要求 1 是为了克服驳回决定的缺陷而作出的修改，并且，权利要求 10 是驳回决定所针对的权利要求书中已经存在的权利要求，不是新修改的权利要求，故不属于专利法实施细则第 60 条第 1 款所禁止的情形。因此，对于上述前置意见，合议组不予支持。

5. 关于专利法第 33 条

专利法第 33 条规定：申请人可以对其专利申请文件进行修改，但是，对发明和实用新型专利申请文件的修改不得超出原说明书和权利要求书记载的范围。

《前置审查意见书》中还指出，新提交的权利要求 17 在原说明书中没有记载，也不能从原申请文件记载的内容直接地、毫无疑义地得出该技术方案。

经合议组查明，上述权利要求 17 的技术方案与原权利要求 59 记载的内容完全相同，因此，前置意见中指出的上述缺陷不存在。

根据上述事实和理由，合议组作出如下审查决定。

三、决定

撤销国家知识产权局于 2007 年 6 月 8 日针对第 03148051.9 号发明专利申请作出的驳回决定，由国家知识产权局原审查部门以请求人 2007 年 9 月 24 日提交的权利要求第 1~22 项和 2003 年 6 月 27 日提交的说明书第 1~9 页、说明书附图第 1~4 页和说明书摘要为基础继续审批程序。

复审请求人对本决定不服的，可以根据专利法第 41 条第 2 款的规定，自收到本决定之日起三个月内向北京市第一中级人民法院起诉。

122

环维黄杨星D晶体，其一甲醇结晶体，其制备和用途

复审请求审查决定（第17839号）

决　定　号　第17839号
决　定　日　2009年7月13日
发明创造名称　环维黄杨星D晶体，其一甲醇结晶体，其制备和用途
国际分类号　C07J53/00，A61K31/57，A61K9/00，A61P9/00，A61P9/10
复审请求人　高华，王孟昉
申　请　号　200410049481.1
申　请　日　2004年6月18日
公　开　日　2005年3月16日
合议组组长　汪送来
主　审　员　李亚林
参　审　员　危　峰

法律依据　专利法第22条第2款，专利法第26条第4款，专利法第33条
决定要点

对于用制备方法和/或参数定义的产品权利要求，其新颖性审查应针对该产品本身进行。如果该制备方法和参数无法使得权利要求的产品与现有技术的产品区别开，则该产品权利要求不具备新颖性。纯度通常不能使产品具备新颖性。

一、案由

本复审请求案涉及申请日为2004年6月18日、发明名称为"环维黄杨星D晶体，其一甲醇结晶体，其制备和用途"的200410049481.1号发明专利申请（下称本申请），申请人为高华、王孟昉，公开日为2005年3月16日。

2007年3月16日，针对申请人于2006年11月28日提交的权利要求第1~18项，2004年6月18日提交的说明书第1~23页、附图第1~10页和说明书摘要，国家知识产权局以权利要求9~13、16不符合专利法第22条第2款的规定，权利要求17不符合专利法第22条第3款的规定，权利要求5、7和17不符合专利法第26条第4款的规定为由驳回了本申请。

驳回决定认为：（1）权利要求9~13的实质为纯度相对于现有物质得到提高的环维黄杨星D晶体，该晶体与已知晶体的区别仅仅在于纯度不同，对于小分子有机化合物而言，本领域技术人员可以采用精馏、色谱、重结晶等常规方法实现化合物纯度的提高，因此不同纯度的化合物不具备新颖性；在权利要求9化合物没有新颖性的前提下，该化合物的用途由于也被对比文件2公开，因此权利要求

16也不具备新颖性。（2）权利要求17要求保护权利要求9的环维黄杨星D作为前体制备其他药物的用途，这对于本领域技术人员而言是显而易见的，因此不具备创造性。（3）权利要求5要求保护环维黄杨星D一甲醇结晶体作为药物制剂的用途，药物制剂是一个范围很宽广的概念，而在说明书中仅提及其用于治疗心血管系统疾病，因此该权利要求无法得到说明书的支持。权利要求7和17也均属于相同的情况，均得不到说明书支持。

驳回决定针对的权利要求书如下：

"1. 一种环维黄杨星D一甲醇结晶体，其化学式为C27H50N2O2，属于单斜晶系，空间群P2（1），晶胞尺寸约为 a = 7.2538（15）A、b = 7.8851（16）A、c = 23.069（5）A、$\alpha = \gamma = 90°$、$\beta = 94.30°$，

其经105℃干燥后的粉末在X射线发生器为铜钯1.5418的X射线衍射仪上进行粉末衍射测定，在2θ衍射角为15.317±2%、13.034±2%、14.526±2%、20.930±2%、16.280±2%有衍射峰，峰强度按照上述顺序依次排列减小，

其所采用TLC色谱的检测系统为：薄层板采用硅胶G薄层板、展开剂采用氯仿：己烷：甲醇：氨水=2.5：4：1：0.1溶剂、显色剂采用稀碘化铋钾试液，点样量在100~250μg之间的进行检测，其薄层板上的主斑点与不可去除杂质斑点之间没有杂质斑点出现，产品的杂质斑点的个数小于3，其药品对照品级别的产品的杂质斑点的个数为1。

2. 一种权利要求1结晶体的制备方法，包括将市售环维黄杨星D溶于有机溶剂，以重结晶方式进行溶液生长，其中溶剂包括至少80wt%的甲醇。

3. 根据权利要求2的方法，其特征在于结晶体生长时的冷却速度为0.2~15℃/hr。

4. 根据权利要求2的方法，其特征在于所述溶剂是甲醇。

5. 一种权利要求1环维黄杨星D一甲醇结晶体的用途，用于药物制剂的制造用途。

6. 根据权利要求5环维黄杨星D一甲醇结晶体的用途，用于制备治疗心血管系统的药物。

7. 一种权利要求1环维黄杨星D一甲醇结晶体的用途，将其作为前体物质制备其他药物。

8. 一种权利要求1环维黄杨星D一甲醇结晶体的用途，用于制备由两个环维黄杨星D分子形成晶胞的高纯度环维黄杨星D和其晶体产物。

9. 由环维黄杨星D一甲醇结晶体进一步转化生成的高纯度环维黄杨星D产品，其采用与权利要求1所采用的色谱系统相同的TLC色谱系统进行检测，点样量在100~250μg之间，检测的薄层板上的主斑点与不可去除杂质斑点之间没有杂质斑点出现，并且杂质斑点的个数小于3。

10. 根据权利要求9的高纯度环维黄杨星D产品，采用权利要求9的TLC色谱检测系统，并采用自身对照法进行纯度测定，其高纯度环维黄杨星D产品的纯度为98%以上。

11. 根据权利要求9的高纯度环维黄杨星D产品，经105℃干燥2小时后，在X射线发生器为铜靶1.5418的X射线衍射仪上进行粉末衍射测定，其晶体粉末的X射线衍射检测的第二最大衍射峰即2θ衍射角为16.32±2%处的相对强度小于49.42%、第三最大衍射峰即2θ衍射角为15.41±2%处的相对强度小于33.17%。

12. 根据权利要求9的高纯度环维黄杨星D产品进行单晶测定，其单晶晶体测定参数的Reflections collected/unique数值大于2908/2851、［R（int）大于0.043］，

其单晶晶体测定参数的2θ=25.00的完整度大于79.6%，

其单晶晶体测定参数的Final R indices［I>2sigma（I）］R1小于0.073、wR2小于0.1723，

其单晶晶体测定参数的R indices（all data）R1小于0.129、wR2小于0.199，

其单晶晶体测定参数的Abosolute structure parameter大于-5（5）。

13. 根据权利要求 9 的纯度为 98% 以上的一种高纯度环维黄杨星 D 产品，其特征在于高纯度环维黄杨星 D 产品的晶体三维尺寸至少在毫米级。

14. 一种权利要求 9 环维黄杨星 D 结晶体产品的制备方法，包括首先以权利要求 2 的方法生长环维黄杨星 D 一甲醇结晶体，然后将其作为原料进行溶液生长高纯度环维黄杨星 D 晶体，使用能够溶解环维黄杨星 D 一甲醇结晶体的乙醇、甲醇、氯仿、丙酮、环已烷或其混和物的有机溶剂，在制备过程中使用 TLC 色谱法作为检测系统进行质量控制。

15. 根据权利要求 14 的方法，其特征在于制备过程中采用 TLC 色谱的检测系统为与权利要求 1 所描述的 TLC 色谱系统相同，点样量在 100～250μg 之间。

16. 一种权利要求 9 环维黄杨星 D 产品的用途，用于药物制剂的制造用途。

17. 一种权利要求 9 环维黄杨星 D 产品的用途，将其作为前体化学物质制备其他药物的用途。

18. 根据权利要求 5～7、16～17 的任一用途，其中所述制备药物的剂型选自片剂、胶囊剂、舌下片、口含片、快速口崩片、分散片、滴丸剂、干混悬剂固体口服药物制剂以及口服液体制剂和注射剂。"

2007 年 3 月 26 日，申请人高华、王孟昉（下称请求人）对上述驳回决定不服，向专利复审委员会提出复审请求，并提交了权利要求书的全文修改替换页，其中对权利要求 11～14 进行了修改，修改后的权利要求 11～14 如下：

"11. 根据权利要求 9、10 的高纯度环维黄杨星 D 产品，经 105℃ 干燥 2 小时后，在 X 射线发生器为铜靶 1.5418 的 X 射线衍射仪上进行粉末衍射测定，其晶体粉末的 X 射线衍射检测的第二最大衍射峰即 2θ 衍射角为 16.32±2% 处的相对强度小于 49.42%、第三最大衍射峰即 2θ 衍射角为 15.41±2% 处的相对强度小于 33.17%。

12. 根据权利要求 9、10、11 的高纯度环维黄杨星 D 产品进行单晶测定，其单晶晶体测定参数的 Reflections collected/unique 数值大于 2908/2851、[R（int）大于 0.043]，

其单晶晶体测定参数的 2θ=25.00 的完整度大于 79.6%，

其单晶晶体测定参数的 Final R indices［I>2sigma（I）］R1 小于 0.073、wR2 小于 0.1723，

其单晶晶体测定参数的 R indices（all data）R1 小于 0.129、wR2 小于 0.199，

其单晶晶体测定参数的 Abosolute structure parameter 大于-5（5）。

13. 根据权利要求 9、10、11、12 的纯度为 98% 以上的一种高纯度环维黄杨星 D 产品，其特征在于高纯度环维黄杨星 D 产品的晶体三维尺寸至少在毫米级。

14. 一种权利要求 9、10、11、12 的环维黄杨星 D 结晶体产品的制备方法，包括首先以权利要求 2 的方法生长环维黄杨星 D 一甲醇结晶体，然后将其作为原料进行溶液生长高纯度环维黄杨星 D 晶体，使用能够溶解环维黄杨星 D 一甲醇结晶体的乙醇、甲醇、氯仿、丙酮、环已烷或其混和物的有机溶剂，在制备过程中使用 TLC 色谱法作为检测系统进行质量控制。"

请求人认为：（1）权利要求 9 要求保护环维黄杨星 D 高纯度新产品，而非环维黄杨星 D 晶体，新产品特征与晶体结构无关。本申请采用物理化学参数表征的环维黄杨星 D 高纯度产品与现有环维黄杨星 D 产品之间存在显著差异，且制备方法完全不同，因此，权利要求 9 具备新颖性。在权利要求 9 具备新颖性的条件下，权利要求 10～13 和 16 也具备新颖性。（2）权利要求 17 具备创造性，原因在于使用高纯度环维黄杨星 D 产品作为基础化合物进行新药物的制造时，则杂质难以剔除的困扰就不复存在，产生了预料不到的技术效果。（3）说明书中就权利要求 1 和 9 的化学产品在药物制剂和作为药物前体的应用都有直接的文字描述，尤其是药物制剂，说明书中列举了 14 个例子，故，权利要求 5、7 和 17 得到说明书支持。

经形式审查合格后，专利复审委员会受理了该请求，并于2007年6月15日向请求人发出了《复审请求受理通知书》，同时将本申请转送至国家知识产权局原审查部门进行前置审查。

在《前置审查意见书》中，国家知识产权局原审查部门坚持驳回决定。

专利复审委员会依法组成合议组，对本复审请求案进行了审理。合议组于2009年5月6日向请求人发出《复审通知书》，指出，

（1）权利要求10中“其高纯度环维黄杨星D产品的纯度为98%以上”的技术特征、权利要求12的特征部分除“R1小于0.129”外的技术特征、权利要求13中“纯度为98%以上”的技术特征在原申请文件中没有记载，而且不能从原申请记载的信息中直接地、毫无疑义地确定，这样的修改不符合专利法第33条的规定。

（2）权利要求9、11和16不符合专利法第22条第2款的规定。理由如下：

①对比文件2（CN1438236A，公开日为2003年8月27日）公开了一种环维黄杨星D的纯化方法，包括将黄杨宁（含约40%~70%左右的环维黄杨星D）经色谱柱分离纯化，然后浓缩、结晶、烘干即得到高纯度的环维黄杨星D。

将本申请权利要求9与对比文件2相比可见，对比文件2中没有公开权利要求9的制备方法及其由TLC色谱系统检测的有关数据。但是，本申请权利要求9中的方法特征和纯度特征对权利要求9的产品的影响体现在纯度上，而对比文件2所公开的也是一种高纯度的环维黄杨星D，本申请权利要求9所定义的产品在纯度上无法与对比文件2的产品区别开。此外，请求人认为，本申请中证明并阐述了不经过环维黄杨星D一甲醇结晶体就无法制备出纯度达到99%（或者98%）以上的高纯度产品的原因。合议组组注意到本申请中对现有环维黄杨星D产品与本申请产品进行过比对检测，但是，本申请中所进行的比对检测不是基于对比文件2的经色谱法纯化的产品，无法证明本申请的产品不同于对比文件2的产品，无法证明对比文件2的方法不能得到本申请所述的高纯度产品。此外，在本申请说明书第5页倒数第10行记载：徐新军等人所得出的结论：“重结晶难于提高环维黄杨星D含量，而柱色谱则为降低有关物质，提高环维黄杨星D含量的有效方法。”可见，现有技术已知色谱分离法是较重结晶更为有效的纯化方法，尽管请求人在说明书认为对比文件2（即，CN03113000.3，参见本申请说明书第3页第7~11行）的“高纯度”的品质受到质疑，但是，对比文件2公开了经色谱法纯化环维黄杨星D的具体条件，本领域技术人员根据对比文件2公开的技术内容即可得到经色谱法纯化后的环维黄杨星D，而该环维黄杨星D预期将具有较其现有技术中的重结晶法所得产品更高的纯度，该环维黄杨星D无法与本申请权利要求9的产品区别开。

即使请求人能够证明对比文件2的产品在纯度方面不如本申请权利要求9的产品，权利要求9仍可能不具备新颖性。原因如下：本领域技术人员已知现实实践中并不存在绝对纯的化合物，也不存在纯度绝对相同的两个化学产品。而且，由于杂质并非化学产品的本身属性，人们在制备化学产品时，并不会尽一切努力去获得最纯的产品，考虑到成本等因素，人们通常只会根据实际需要使产品达到能够实现其使用目的的纯度，但这并不表明根据现有技术只能达到这一纯度，也不能认为当需要时人们没有动机去获得更纯的化合物。正因如此，在评价两个产品是否相同时，通常不会考虑两者的纯度是否完全一样，只要可以确定两者都是基本上纯的同一化合物，则可以认定两者是相同的化学产品。也就是说，化合物纯度的不同通常不能作为评价化学产品的新颖性的依据，除非有证据表明根据现有技术的任何方法绝对不可能获得请求保护的纯度的产品，该纯度使产品性能发生了质的改变。而请求人并未提供证据证明本领域技术人员根据现有技术不可能获得权利要求9所述纯度的环维黄杨星D，本申请说明书中也没有证据表明所述纯度使环维黄杨星D在性能上发生了质的变化。

因此，本申请权利要求9不具备新颖性，不符合专利法第22条第2款的规定。

②权利要求 11 是权利要求 9 的从属权利要求，用 X 射线衍射峰对权利要求 9 的产品进行了限定，但这些参数依然无法将权利要求 11 要求保护的产品与对比文件 2 中经色谱法纯化的环维黄杨星 D 区别开，请求人也未提供证据证明本领域技术人员根据现有技术不可能获得权利要求 11 的产品以及表明所述纯度使环维黄杨星 D 在性能上发生了质的变化，因此，权利要求 11 不具备新颖性，不符合专利法第 22 条第 2 款的规定。

③权利要求 16 要求保护权利要求 9 环维黄杨星 D 产品用于药物制剂的制造用途，对比文件 2 公开了含有环维黄杨星 D 的制剂，在权利要求 9 的环维黄杨星 D 产品相对于对比文件 2 不具备新颖性的情况下，权利要求 16 也不具备新颖性，不符合专利法第 22 条第 2 款的规定。

（3）权利要求 5~7 和 17 不符合专利法第 26 条第 4 款的规定。

①本申请权利要求 5 要求保护权利要求 1 环维黄杨星 D 一甲醇结晶体用于药物制剂的制造用途。权利要求 6 要求保护权利要求 1 环维黄杨星 D 一甲醇结晶体用于制备治疗心血管系统的药物的用途。

但本申请中没有公开任何关于环维黄杨星 D 一甲醇结晶体具有药学活性的实验结果，根据本申请说明书公开的内容，也无法合理预期环维黄杨星 D 一甲醇结晶体具有治疗心血管系统疾病的疗效，相反，本领域已知甲醇对人体有害，本领域技术人员所能预期的是该结晶体不适于被制成药物，在此基础上，权利要求 5 和 6 的技术方案没有以说明书为依据，不符合专利法第 26 条第 4 款的规定。

②权利要求 7 要求保护权利要求 1 环维黄杨星 D 一甲醇结晶体用于作为前体药物制备其他药物的用途。权利要求 17 要求保护权利要求 9 环维黄杨星 D 产品用于作为前体药物制备其他药物的用途。

但是，本申请没有制备出以本发明产品作为药物前体的任一药物，更没有以本发明产品作为前体制备的药物的任何活性实验结果，可见，权利要求 7 和 17 所要求保护的技术方案仅是一种构思或推断，在说明书中没有充分公开的内容的支持，权利要求 7 和 17 不符合专利法第 26 条第 4 款的规定。

2009 年 6 月 2 日，请求人提交了意见陈述书和权利要求书全文替换页，2009 年 7 月 2 日，请求人再次提交了权利要求书全文替换页。在请求人于 2009 年 7 月 2 日提交的权利要求书中，删除了《驳回决定》及《复审通知书》所针对的权利要求书中的权利要求 5~7、9~13、15~18，修改后的权利要求书如下：

“1. 一种环维黄杨星 D 一甲醇结晶体，其化学式为 $C_{27}H_{50}N_2O_2$，属于单斜晶系，空间群 P2（1），晶胞尺寸约为 a=7. 2538（15）A、b=7. 8851（16）A、c=23. 069（5）A、α=γ=90°、β=94. 30°，

其经 105℃干燥后的粉末在 X 射线发生器为铜钯 1. 5418 的 X 射线衍射仪上进行粉末衍射测定，在 2θ 衍射角为 15. 317±2%、13. 034±2%、14. 526±2%、20. 930±2%、16. 280±2%有衍射峰，峰强度按照上述顺序依次排列减小，

其所采用 TLC 色谱的检测系统为：薄层板采用硅胶 G 薄层板、展开剂采用氯仿：己烷：甲醇：氨水=2. 5：4：1：0. 1 溶剂、显色剂采用稀碘化铋钾试液，点样量在 100~250μg 之间的进行检测，其薄层板上的主斑点与不可去除杂质斑点之间没有杂质斑点出现，产品的杂质斑点的个数小于 3，其药品对照品级别的产品的杂质斑点的个数为 1。

2. 一种权利要求 1 结晶体的制备方法，包括将市售环维黄杨星 D 溶于有机溶剂，以重结晶方式进行溶液生长，其中溶剂包括至少 80wt% 的甲醇。

3. 根据权利要求 2 的方法，其特征在于结晶体生长时的冷却速度为 0. 2~15℃/hr。

4. 根据权利要求 2 的方法，其特征在于所述溶剂是甲醇。

5. 一种权利要求 1 环维黄杨星 D 一甲醇结晶体的用途，用于制备由两个环维黄杨星 D 分子形成晶胞的高纯度环维黄杨星 D 和其晶体产物。

6. 一种由环维黄杨星 D 一甲醇结晶体进一步转化生成的高纯度环维黄杨星 D 产品的制备方法，

该产品采用与权利要求1所采用的色谱系统相同的TLC色谱系统进行检测，点样量在100~250μg之间，检测的薄层板上的主斑点与不可去除杂质斑点之间没有杂质斑点出现，并且杂质斑点个数小于3，该方法包括首先以权利要求2的方法生长环维黄杨星D一甲醇结晶体，然后将其作为原料进行溶液生长高纯度环维黄杨星D晶体，使用能够溶解环维黄杨星D一甲醇结晶体的乙醇、甲醇、氯仿、丙酮、环己烷或其混和物的有机溶剂，在制备过程中使用TLC色谱法作为检测系统进行质量控制。”

至此，合议组认为本案事实已经清楚，可以作出审查决定。

二、决定的理由

1. 审查文本

请求人于2009年7月2日提交了权利要求书替换页，其修改在于删除了《驳回决定》及《复审通知书》所针对的权利要求书中的权利要求5~7、9~13、15~18。经审查，上述修改符合专利法第33条及专利法实施细则第60条第1款的规定。

本复审决定以请求人于2009年7月2日提交的权利要求第1~6项，2004年6月18日提交的说明书第1~23页、附图第1~10页和说明书摘要为基础作出的。

2. 决定的理由

本申请的驳回理由在于：权利要求9~13、16不符合专利法第22条第2款的规定，权利要求17不符合专利法第22条第3款的规定，权利要求5、7和17不符合专利法第26条第4款的规定。

合议组在《复审通知书》中指出：权利要求10、12和13不符合专利法第33条的规定，权利要求9、11和16不符合专利法第22条第2款的规定，权利要求5~7和17不符合专利法第26条第4款的规定。

在请求人于2009年7月2日提交的权利要求书中，删除了《驳回决定》和《复审通知书》所针对的权利要求5~7、9~13、15~18，即删除了《驳回决定》和《复审通知书》中所指出的存在缺陷的权利要求，因此，驳回理由不再成立。

根据上述事实和理由，合议组作出如下审查决定。

三、决定

撤销国家知识产权局于2007年3月16日针对第200410049481.1号发明专利申请作出的驳回决定，由国家知识产权局原审查部门以本复审决定所针对的文本为基础继续审批程序。

复审请求人对本决定不服的，可以根据专利法第41条第2款的规定，自收到本决定之日起三个月内向北京市第一中级人民法院起诉。

123

塔佐泰勒三水合物

复审请求审查决定（第17852号）

决　定　号　第17852号
决　定　日　2009年7月9日
发明创造名称　塔佐泰勒三水合物
国际分类号　C07D305/14
复审请求人　阿文蒂斯药物股份有限公司
申　请　号　03120639.5
优先权日　1993年3月22日
原案申请号　94191548.4
申　请　日　1994年3月18日
分案提交日　2003年3月18日
公　开　日　2004年6月16日
合议组组长　李亚林
主　审　员　吴红权
参　审　员　兰琪

法律依据　专利法第26条第3款
决定要点

对于要求保护的发明为化学产品本身的，说明书中应当记载化学产品的确认、化学产品的制备以及化学产品的用途。对于具体化合物确认，如果本领域技术人员根据其制备过程无法直接确定获得了该化合物，且说明书中没有记载表征该化合物的物化性能参数，也没有记载其他信息表明已制备得到该化合物，则该化合物无法得到确定。

一、案由

本复审请求涉及发明名称为“塔佐泰勒三水合物”的第03120639.5号发明专利申请（下称本申请），申请人为阿文蒂斯药物股份有限公司（由罗纳-布朗克 罗莱尔股份有限公司变更而来），申请日为1994年3月18日，优先权日为1993年3月22日，分案提交日为2003年3月18日，公开日为2004年6月16日。

国家知识产权局原审查部门针对申请人于2003年3月18日提交的文本对本申请进行实质审查，于2005年1月7日发出《第一次审查意见通知书》，指出：说明书中仅公开了塔佐泰勒三水合物的化学名称和纯化过程，没有公开该化合物的结构式，以及化学、物理性能参数，本领域技术人员无法根据说明书公开的内容直接确认该化合物，因此本申请说明书公开不充分，不符合专利法第26条第3款的规定。

针对《第一次审查意见通知书》，申请人于2005年7月21日提交了意见陈述书，同时提交了相关实验数据共5页，其中：塔佐泰勒试验数据共1页；资料1：具有不同水含量的塔佐泰勒的稳定性，共1页；资料2：RP56976的不同晶体形式的DX、DSC、ATG、红外光谱和拉曼光谱的特性曲线，共3页。申请人认为：（1）虽然在原说明书中未具体提供各种定性或定量数据和谱图，但是说明书（尤其是实施例1和2）中，详细描述了提纯塔佐泰勒三水合物的步骤，本领域技术人员根据该描述实施该方法必然会得到该化合物；（2）由所提供的实验数据可以看出，本申请化合物得到了充分的公开。

2005年10月12日，应原审查部门要求，申请人提交了说明书摘要和塔佐泰勒三水合物的结构式。

国家知识产权局原审查部门于2005年12月16日发出《第二次审查意见通知书》，指出：（1）申请人在意见陈述书中所提供的实验数据和谱图没有记载在原申请文件中，也不能由原申请文件的记载中直接推测得到，因此所提交的实验数据不能作为本申请说明书已经充分公开的证明；（2）本申请说明书没有记载关于化合物鉴定的实验数据，本领域技术人员无法确认塔佐泰勒三水合物，因此说明书公开不充分。

针对《第二次审查意见通知书》，申请人于2006年4月28日提交了意见陈述书，同时提交了资料1~6，其中：

资料1：邢其毅等编著《基础有机化学》，第2版第1章，高等教育出版社，1993年11月第2版，封面页、出版信息页和第1~9页，共11页；

资料2：Taylor，E. C. 等 J. Am. Chem. Soc.（1954），76，1872~1873，共2页；

资料3：Wang，H-K 等 J. Med. Chem.（1996），39，1975~1980，共6页；

资料4：Bois，F 等 J. Med. Chem.（1998），41，4161~4164，共4页；

资料5：US 6 265 399 B1，公开日为2001年7月24日，共33页；

资料6：由中华人民共和国国家知识产权局专利复审委员会作出的第6468号无效宣告请求决定，发文日期为2004年10月20日，共10页。

申请人认为：（1）如何获得化合物的理化数据和根据理化数据鉴定结构的内容是本领域技术人员的常识，无需在说明书中公开；（2）结构鉴定内容属于三水合物本身的固有性质，如果能制备出该物质，那么测定其结构相关参数并通过这些参数确定结构是本领域技术人员应具备的能力，结构鉴定内容（数据）对于鉴定结构固然是有用的，但是并非必须经过创造性劳动才能获得的，对于再现技术方案本身并非必要，因此提供这些数据不是必要的；（3）资料2~5表明，确定分子式的方法有多种，给出分子式就意味着通过实验进行了确定，无需就此进一步提供数据。

2006年5月23日，申请人对答复《第二次审查意见通知书》的意见陈述进行了修改，提及了新的资料7以替换资料2：

资料7：Albright，A. R.，J. Am. Chem. Soc.（1933），55，1736~1737，共2页。

申请人陈述：原资料2的文献中，并无申请人陈述的关于干燥失水的内容，根据修改后的意见陈述书以及重新提交的资料7，克服上述缺陷。

2006年7月7日，针对申请人于2003年3月18日提交的权利要求第1项、说明书第1~7页及其摘要，国家知识产权局以本申请不符合专利法第26条第3款的规定为由驳回了本申请。

驳回决定认为：（1）原申请文件中没有提供实验数据和谱图对塔佐泰勒三水合物进行确认；

（2）申请人在意见陈述书中所提供的实验数据和谱图没有记载在原申请文件中，也不能由原申请文件的记载中直接推测得到，因此所提交的实验数据不能作为本申请说明书已经充分公开的证明。

驳回决定针对的权利要求 1 如下：

“1.（2R，3S）3-叔丁氧羰基氨基-3-苯基-2-羟基丙酸（4-乙酸基-2α-苯甲酸基-5β，20-桥氧基-1β，7β，10β-三羟基-9-氧代-11-紫杉烯-13α-基）酯的三水合物或塔佐泰勒的三水合物。”

2006 年 10 月 23 日，申请人阿文蒂斯药物股份有限公司（下称请求人）对上述驳回决定不服，向专利复审委员会提出复审请求，请求人在提出复审请求时没有对申请文件进行修改。

请求人认为：（1）驳回决定未评述请求人答复《第二次审查意见通知书》时所陈述的观点，不符合听证原则；（2）再次重复陈述了在答复《第二次审查意见通知书》时所陈述的理由。

经形式审查合格后，专利复审委员会受理了该请求，并于 2006 年 11 月 21 日向请求人发出了《复审请求受理通知书》，同时将本申请转送至国家知识产权局原审查部门进行前置审查。

在《前置审查意见书》中，国家知识产权局原审查部门认为原驳回理由依然成立，因此坚持驳回决定。

专利复审委员会组成合议组，对本复审请求案进行了审理。

2009 年 3 月 4 日，合议组向请求人发出《复审通知书》，指出：权利要求 1 要求保护塔佐泰勒的三水合物，但塔佐泰勒的三水合物是一种新的物质，本申请说明书没有提供任何数据或谱图对要求保护的新物质进行表征，故本申请说明书公开不充分，不符合专利法第 26 条第 3 款的规定。

2009 年 6 月 18 日，请求人针对上述《复审通知书》陈述了意见，未对申请文件进行修改。请求人同时还提交了答复《第二次审查意见通知书》时所提交的资料 2~4 的中文译文共 26 页，以及据称是一些化合物专利的著录项目资料（资料 A）及其中文译文共 25 页。请求人认为：本申请虽未在原始说明书中提供具体的测定数据，但本申请的化合物是新的，说明书已详细描述了塔佐泰勒三水合物的制备过程和塔佐泰勒三水合物的分子式，并且给出了具体实施例，基于说明书所公开的上述技术信息，本领域技术人员只需简单地按照本申请的描述就可再现本申请，制得塔佐泰勒三水合物，无需进行合成产物的鉴定。资料 A 表明在许多专利文件中也没有提供化合物的理化数据，而仅仅是记载了化合物的元素分析，从所提供的文献可知，通过测定干燥失水确定化合物的分子式是已知的技术。

经合议，合议组认为本案事实已经清楚，可以作出审查决定。

二、决定的理由

1. 关于决定的文本

本复审决定是针对请求人于 2003 年 3 月 18 日提交的权利要求第 1 项、说明书第 1~7 页和说明书摘要作出的。

2. 关于专利法第 26 条第 3 款

专利法第 26 条第 3 款规定，说明书应当对发明或者实用新型作出清楚、完整的说明，以所属技术领域的技术人员能够实现为准。

对于要求保护的发明为化学产品本身的，说明书中应当记载化学产品的确认、化学产品的制备以及化学产品的用途。对于具体化合物确认，如果本领域技术人员根据其制备过程无法直接确定获得了该化合物，且说明书中没有记载表征该化合物的物化性能参数，也没有记载其他信息表明已制备得到该化合物，则该化合物无法得到确定。

就本案而言，权利要求 1 要求保护塔佐泰勒的三水合物。根据本申请说明书所述，虽然塔佐泰勒是一种已知物质，但塔佐泰勒的三水合物是一种新的物质，本申请说明书没有提供任何数据或谱图对要求保护的新物质-塔佐泰勒的三水合物进行表征。

审查指南第二部分第十章第 3.1 节规定，要求保护的发明为化学产品本身的，说明书中应当记载化学产品的确认、化学产品的制备以及化学产品的用途。对于具体化合物确认，说明书应当说明该化合物的化学名称、结构式或分子式，并应当记载该化合物的物化性能参数，以使请求保护的化合物能被清楚地确认。通过阅读本申请说明书实施例 1 和 2 公开的内容可知，本申请要求保护的塔佐泰勒三水合物如下制备：首先通过（2R，3S）-3-叔丁氧基羰基氨基-3-苯基-2-羟基-丙酸［4-乙酸基-2-苯甲酸基-5、20-桥氧基-1-羟基-7，10-双-（2，2，2-三氯乙氧基羰基氧）-9-氧代-11-紫杉烯-13-基］酯与锌反应，接着将通过一系列后处理得到的沫状物加入到乙酸乙酯、甲醇、正庚烷和水的混合物中进行离心分配色谱分离、收集特定的馏分后浓缩、过滤后制得。在整个过程中，有化学反应发生，也有使用溶剂混合物的离心分配色谱过程，最后还有收集特定馏分的过程。由于化学是一门实验科学，鉴于本申请制备目标产物过程的复杂性，以及分离过程中也会存在产物与其他溶剂结合而形成有机溶剂合物而非水合物的情况，因此，对于最终得到的产物是什么，在没有公开该最终产物的表征数据的情况下，本领域技术人员不能确认所制备得到的产物就是塔佐泰勒三水合物。

请求人在复审请求时认为，表征数据对于鉴定结构固然是有用的，但并非必须经过创造性劳动才能获得的，对于再现发明的技术方案本身并无必要，因此提供这些数据并非必要。对此，合议组认为，审查指南中已经明确规定化合物的充分公开包括化合物的确认，在没有目标产物的表征数据也没有其他信息表明已制备得到目标产物的情况下，该目标产物无法得到确认。

请求人在答复《第一次审查意见通知书》时提交了塔佐泰勒三水合物的表征数据，但是这些数据并不是原始申请文件中记载的内容，也不能由原始申请文件记载的内容直接、唯一地确定得到，因此，请求人所提交的这些实验数据不能证明本申请说明书公开充分。

请求人在答复《第二次审查意见通知书》时提交了资料 1~7，用于说明本申请说明书无需公开表征塔佐泰勒三水合物的表征数据就已经充分公开了权利要求 1 的技术方案，并且在答复《复审通知书》时进一步提供了资料 2~4、7 的中文译文和资料 A。对此，合议组认为，首先，请求人所提交的资料 5 属于外文资料，请求人未提供其相关的中文译文；其次，请求人也未针对资料 1~7 和资料 A 中的内容进行具体说明；再次，从资料 1~7 和资料 A 中也不能确定本申请说明书实施例中所制备的产物就是塔佐泰勒三水合物；最后，由元素分析结果可以确定由分子式表示的目标产物，但分子式不等同于元素分析；基于上述理由，合议组对请求人提交的资料 1~7 和资料 A 用于证明本申请说明书公开充分的理由不予采信。

请求人在复审理由中认为驳回决定未评述请求人答复《第二次审查意见通知书》时所陈述的观点，不符合听证原则。合议组查明，在本申请的实质审查程序中，《第一次审查意见通知书》指出，本申请因无法确认塔佐泰勒三水合物的结构而导致公开不充分，在《第二次审查意见通知书》中坚持了同样的审查意见，并在驳回决定中基于同样的事实和理由驳回了本申请。可见，驳回决定所依据的事实和理由在《第一次审查意见通知书》中已告知请求人并给予请求人两次陈述意见和/或修改申请文件的机会，在此基础上作出驳回决定，没有损害请求人程序上的权利，不违背听证原则。

请求人在答复《第二次审查意见通知书》时，阐述了其自身对专利法第 26 条第 3 款的理解，认为本申请符合充分公开的要求，并提交资料 1~7 以支持其主张。请求人对专利法第 26 条第 3 款的理解不同于审查意见中的理解，驳回决定中坚持之前的审查意见，即是对请求人的理解的否定。至于请求人提交的资料 1~7，驳回决定中未予评述，合议组认为，驳回决定的撰写确实存在缺陷，但如前所述，根据资料 1~7 不能确定本申请所制备的产物就是塔佐泰勒三水合物，可见，尽管驳回决定中没有对资料 1~7 进行评述，但资料 1~7 对于本申请的审查结论没有影响，请求人的实体权利也没有受到损害。综上，请求人认为驳回决定不符合听证原则的主张不成立。

根据上述事实和理由，合议组作出如下审查决定。

三、决定

维持国家知识产权局于2006年7月7日针对第03120639.5号发明专利申请作出的驳回决定。

复审请求人对本决定不服的，可以根据专利法第41条第2款的规定，自收到本决定之日起三个月内向北京市第一中级人民法院起诉。

124

聚合物

复审请求审查决定（第 17899 号）

决　　定　　号　第 17899 号
决　　定　　日　2009 年 7 月 15 日
发明创造名称　聚合物
国 际 分 类 号　C08G73/00，C08G61/00，C08G61/12，H01L51/00，H01L51/30
复 审 请 求 人　默克专利有限公司
申　　请　　号　200480008649.2
优 先 权 日　2003 年 5 月 30 日
申　　请　　日　2004 年 5 月 28 日
公　　开　　日　2006 年 5 月 3 日
合 议 组 组 长　李彦涛
主　　审　　员　顾笑璐
参　　审　　员　危　峰

法 律 依 据　专利法第 26 条第 4 款
决 定 要 点

权利要求书中的每一项权利要求所要求保护的技术方案应当是所属技术领域的技术人员能够从说明书充分公开的内容得到或概括得出的技术方案，并且不得超出说明书公开的范围。

一、案由

本复审请求案涉及发明名称为“聚合物”的第 200480008649.2 号发明专利申请（下称本申请），申请人为默克专利有限公司（由科文有机半导体有限公司变更而来），申请日为 2004 年 5 月 28 日，优先权日为 2003 年 5 月 30 日，公开日为 2006 年 5 月 3 日。

2008 年 6 月 6 日，针对申请人于 2008 年 5 月 8 日提交的权利要求第 1~6 项，2005 年 9 月 28 日进入中国国家阶段时提交的国际申请文件中文文本的说明书第 1~21 页及说明书摘要，国家知识产权局以权利要求 1 不符合专利法第 26 条第 4 款的规定为由驳回了本申请。

驳回决定认为：权利要求 1 对基团 Ar、Ar^1、Ar^2 的限定中各自记载了“取代或未取代的……”，即上述基团可以各自具有取代基。然而，本申请的说明书对于这些基团上带有的取代基仅仅列举了有限的一些实例。由此，权利要求 1 中记载的“取代的苯基或联苯基”、“取代的苯基、芴、螺二芴、茚并芴和杂芳基”分别概括了一个较宽的保护范围，但是根据说明书记载的内容，无法概括成那样宽的范围。因此，权利要求 1 得不到说明书的支持，不符合专利法第 26 条第 4 款的规定。此外，申请人没有提供任何具体理由或任何证据来表明在各种可能取代的情况下所述共聚物均能解决本申请的技术问题并达到相同的技术效果。术语“取代”概括了很宽的保护范围，其没有指明具体的取代基，也没有指明具体的取代位置，在不同的可供取代的位置上带有不同的可用取代基的情况下物质的性质差异很大，由此可见所述共聚物的性质会差异很大，所属技术领域的技术人员难于预见所概括的除本申请所述实施方式以外的所有方式均能解决本申请的技术问题，并达到预期的技术效果。

驳回决定针对的权利要求书如下：

“1. 一种共聚物，包括通式（Ir）的第一重复单元和第二重复单元 Ar^2：

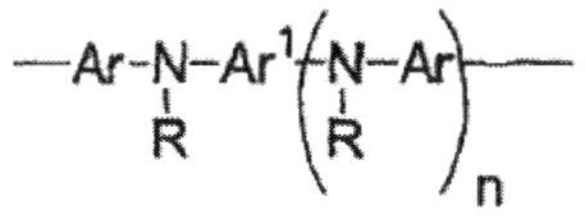

（Ir）

其中，每个 Ar 是相同或不同的，分别为取代或未取代的苯基或联苯基；

Ar^1 是取代或未取代的苯基或联苯基；

每个 R 是通式为（II）的基团：

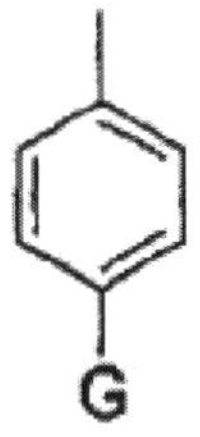

（Ⅱ）

其中 G 是氢或取代基，并且取代基 G 为选自 C_{1-20}烷基；C_{1-20}烷氧基；C_{1-20}氟代烷基；C_{1-20}全氟代烷基和氟的基团；

n 至少为 2；

Ar^2 表示取代或未取代的苯基、芴、螺二芴、茚并芴和杂芳基，其骨架由芳基或杂芳基组成并直接与通式（Ir）第一重复单元的 Ar 连接和共轭。

2. 一种光学器件，包括用于注入第一类载荷子的第一电极，用于注入第二类载荷子的第二电极，和位于第一和第二电极之间的如权利要求 1 的聚合物。

3. 一种形成光学器件的方法，包括：

将权利要求 1 的聚合物从溶液中沉积到基质上，该基质带有用于注入第一类载荷子的第一电极，和

在聚合物上沉积用于注入第二类载荷子的第二电极。

4. 一种包括权利要求 1 的聚合物的开关器件。

5. 一种场效应晶体管，该场效应晶体管依次包括栅电极；绝缘体；如权利要求 1 的聚合物；及聚合物上的漏电极和源电极。

6. 一种集成电路，包括权利要求 5 的场效应晶体管。”

2008 年 9 月 22 日，申请人默克专利有限公司（下称请求人）对上述驳回决定不服，向专利复审委员会提出复审请求，请求人在提出复审请求时没有对申请文件进行修改。

请求人认为：本申请要求保护的共聚物由两种重复单元“（Ir）”和“Ar^2”限定。两种重复单元均清楚地由它们的结构单元限定。在所述结构单元中，已经限定了可能的变化情况。仅有的不确定可能性是对于限定的基团中 Ar、Ar^1 和 Ar^2 可以是“未取代的”或“取代的”。即使这些取代基可以在极宽泛的范围内变化，所述聚合物的核心，即两种不同重复单元也总是相同的。因而权利要求 1 的技术方案符合专利法第 26 条第 4 款的规定；同时，请求人指出本申请相应的欧洲专利申请已获得授权。

经形式审查合格后，专利复审委员会受理了该请求，并于 2008 年 11 月 5 日向请求人发出了《复审请求受理通知书》，同时将本申请转送至国家知识产权局原审查部门进行前置审查。

在《前置审查意见书》中，国家知识产权局原审查部门认为：基团 Ar、Ar^1、Ar^2 是“取代的”时，在不同的可供取代的位置上带有不同的可用取代基的情况下物质的性质差异很大，所属技术领域的技术人员难于预见所概括的除本申请所述实施方式以外的所有方式均能解决本申请的技术问题，并达到预期的技术效果，因此权利要求 1 不符合专利法第 26 条第 4 款的规定，由此坚持驳回决定。

专利复审委员会组成合议组，对本复审请求案进行了审理，并于 2009 年 5 月 8 日向请求人发出《复审通知书》，指出：①权利要求 1 不符合专利法第 26 条第 4 款的规定，理由如下：权利要求 1 要求保护一种共聚物，包括通式（Ir）的第一重复单元和第二重复单元 Ar^2，其中所涉及的基团 Ar、Ar^1 和 Ar^2 均采用“取代或未取代的”这一术语进行了较宽的概括。而根据本申请说明书第 1 页第 2 段以及第 4 页记载的内容来看，本申请旨在提供改进了空穴传输能力的聚合物。本申请在实施例部分证实了通过引入含氮的第一重复单元，聚合物的 HOMO 能级较接近真空而且电能带隙更宽，或者由聚合物制备的器件具有明显较低的驱动电压和更高的最大外部量子效应，即改进了聚合物的空穴传输能力；但是，实施例部分中 Ar 和 Ar^1 均未被取代且 Ar^2 为烷基、烷芳基取代或未被取代。对于本领域技术人员来说，由于说明书中未对权利要求 1 中涉及的“取代的……”进行定义；故应理解为可被任意取代基在任意位置所取代。仅就“任意取代基”的范围而言，其有可能包括对发明效果产生负面影响的取代基，也可能包括本领域技术人员难以预测其效果的“活性基团”，例如影响聚合物的空穴传输能力的基团。现有技术中已知的空穴传输共聚物所涉及的基团 Ar 和 Ar^1 均为未取代的亚苯基和/或亚联苯基，所涉及的重复单元 Ar^2 均为烃基取代。因而，现有技术中均未公开相关空穴传输共聚物中涉及的 Ar、Ar^1 和 Ar^2 基团能被任意取代基取代的情形。另外，由于本申请聚合物中 Ar、Ar^1 和 Ar^2 均为共轭基团，其上存在取代基的位置及其种类均将导致聚合物共轭链上的电子云分布发生改变并且在其中引入取代基之后由于空间位阻效应将导致聚合物共轭平面变形，进而影响聚合物的空穴传输能力，这一点同样也可通过本申请说明书在实施例（III）中进一步指出的信息“中央联苯基可有如烷基或烷氧基的取代基，如 Macromol. Symp. 1997，125，第 157~164 报道的，这些取代基诱导联苯关于彼此扭曲，因此破坏沿重复单元骨架的共轭”得以证实。因此，本领域技术人员不能推测出由具有任意的取代基的上述重复单元构成的聚合物均能达到改进空穴输出能力的技术效果；②本申请在其他国家被授权并不意味着本申请必然符合中国专利法的相关规定。

针对上述《复审通知书》，请求人于 2009 年 6 月 15 日提交了意见陈述书和权利要求 1~6 的修改替换页，其中将驳回决定所针对的权利要求 1 中基团定义中的限定词“取代或未取代的”删除，未对上述文本的其他权利要求进行修改。修改后的权利要求 1 如下：

“1. 一种共聚物，包括通式（Ir）的第一重复单元和第二重复单元 Ar^2：

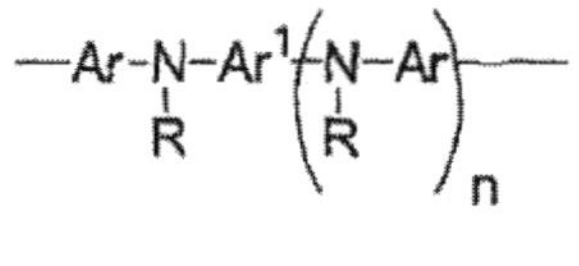

（Ir）

其中，每个 Ar 是相同或不同的，分别为苯基或联苯基；

Ar^1 是苯基或联苯基；

每个 R 是通式为（II）的基团：

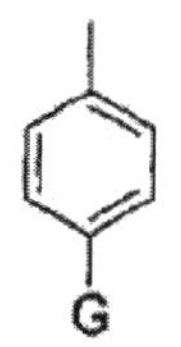

（II）

其中 G 是氢或取代基，并且取代基 G 为选自 C_{1-20}烷基；C_{1-20}烷氧基；C_{1-20}氟代烷基；C_{1-20}全氟代烷基和氟的基团；

n 至少为 2；

Ar^2 表示苯基、芴、螺二芴、茚并芴和杂芳基，其骨架由芳基或杂芳基组成并直接与通式（Ir）第一重复单元的 Ar 连接和共轭。”

至此，合议组认为本案事实已经清楚，可以作出审查决定。

二、决定的理由

1. 审查针对的文本

请求人于 2009 年 6 月 15 日提交了权利要求书的全文替换页，其中将驳回决定所针对的权利要求 1 中基团定义中的限定词“取代或未取代的”删除，未对上述文本的其他权利要求进行修改。经审查，合议组认为，请求人为了克服权利要求 1 不符合专利法第 26 条第 4 款的规定，将驳回决定所针对的权利要求 1 中基团定义中的限定词“取代或未取代的”删除，符合专利法实施细则第 60 条第 1 款的规定；而对基团进行限定时删除“取代或未取代的”这一术语之后，其含义等同于原权利要求 1 和说明书中所述“未取代”的情形，因而，修改后权利要求 1 的技术方案可以由原申请文件直接确定，因而，权利要求 1 的修改符合专利法第 33 条的规定。综上，合议组认为，请求人于 2009 年 6 月 15 日提交的权利要求书中所作的修改符合专利法实施细则第 60 条第 1 款和专利法第 33 条的规定。

故本复审请求审查决定针对的文本是：请求人于 2009 年 6 月 15 日提交的权利要求第 1～6 项，2005 年 9 月 28 日进入中国国家阶段时提交的国际申请文件中文文本的说明书第 1～21 页及说明书摘要。

2. 关于专利法第 26 条第 4 款

专利法第 26 条第 4 款规定，权利要求书应当以说明书为依据，说明要求专利保护的范围。

权利要求书中的每一项权利要求所要求保护的技术方案应当是所属技术领域的技术人员能够从说明书充分公开的内容得到或概括得出的技术方案，并且不得超出说明书公开的范围。

就本案而言，权利要求 1 要求保护一种共聚物（具体内容参见案由部分），驳回决定认为：权利要求 1 对基团 Ar、Ar^1、Ar^2 的限定中各自记载了“取代或未取代的……”。本申请说明书中对于这些基团上带有的取代基仅仅列举了有限的一些实例；此外，申请人没有提供任何具体理由或任何证据来表明在各种可能取代的情况下所述共聚物均能解决本申请的技术问题并达到相同的技术效果。由于术语“取代”概括了很宽的保护范围，其没有指明具体的取代基，也没有指明具体的取代位置，在不同的可供取代的位置上带有不同的可用取代基的情况下物质的性质差异很大，由此可见所述共聚物的性质会差异很大，所属技术领域的技术人员难于预见所概括的除本申请所述实施方式以外的所有方式均能解决本申请的技术问题，并达到预期的技术效果。合议组在《复审通知书》中也指出，权利要求 1 中所涉及的基团 Ar、Ar^1 和 Ar^2 均采用“取代或未取代的”这一术语进行了较宽的概括，而实施例部分中 Ar 和 Ar^1 均未被取代且 Ar^2 为烷基、烷芳基取代或未被取代，现有技术中均未公开相关空穴传输共聚物中涉及的 Ar、Ar^1 和 Ar^2 基团能被任意取代基取代的情形。由于本申请聚合物中 Ar、Ar^1 和 Ar^2 均为共轭基团，其上存在取代基的位置及其种类均会影响聚合物的空穴传输能力，因此本领域技术人员不能推测出由具有任意的取代基的上述重复单元构成的聚合物均能达到改进空穴输出能力的技术效果，因而权利要求 1 不符合专利法第 26 条第 4 款的规定。

请求人于 2009 年 6 月 15 日提交的权利要求书替换页，针对《驳回决定》和《复审通知书》所指出的缺陷，将权利要求 1 中导致权利要求概括范围过宽，从而得不到说明书支持的用词“取代或未取代的”删除。因而修改后的权利要求 1 已经克服了《驳回决定》和《复审通知书》所指出的权利要求 1 不符合专利法第 26 条第 4 款规定的缺陷。

根据上述事实和理由，合议组作出如下审查决定。

三、决定

撤销国家知识产权局于 2008 年 6 月 6 日针对第 200480008649.2 号发明专利申请作出的驳回决定，由国家知识产权局原审查部门以复审请求审查决定所针对的文本为基础继续审批程序。

复审请求人对本决定不服的，可以根据专利法第 41 条第 2 款的规定，自收到本决定之日起三个月内向北京市第一中级人民法院起诉。

125

一种能抗菌除菌的纳米改性竹炭

复审请求审查决定（第 17911 号）

决　定　号　第 17911 号
决　定　日　2009 年 6 月 15 日
发明创造名称　一种能抗菌除菌的纳米改性竹炭
国际分类号　A01N59/00
复审请求人　周　娟
申　请　号　200410037684.9
申　请　日　2004 年 4 月 29 日
公　开　日　2005 年 11 月 2 日
合议组组长　汪送来
主　审　员　兰　琪
参　审　员　娄　宁

法律依据　专利法第 26 条第 3 款
决定要点

如果能够证明说明书中描述的原料成分是申请日前可以从市场购买得到的商品，则说明书已对发明作出了清楚、完整的说明，符合专利法第 26 条第 3 款的规定。

一、案由

本复审请求涉及发明名称为“一种能抗菌除菌的纳米改性竹炭”的第 200410037684.9 号发明专利申请（下称本申请），申请人为周娟，申请日为 2004 年 4 月 29 日，公开日为 2005 年 11 月 2 日。

国家知识产权局原审查部门对本申请进行实质审查，于 2007 年 8 月 17 日发出《第一次审查意见通知书》，指出：本申请要求保护一种能抗菌除菌的纳米改性竹炭，在制备该竹炭的工艺中使用了化学物质纳米二氧化钛抗菌剂，而本申请说明书中未清楚描述所使用的纳米二氧化钛抗菌剂为何种物质，因此说明书未对发明作出清楚、完整的说明，不符合专利法第 26 条第 3 款的规定。

针对《第一次审查意见通知书》，申请人于 2007 年 9 月 13 日提交了意见陈述书，申请人在意见陈述书中分别对原料即竹炭、纳米 TiO_2 材料和纳米级氧化锌材料的来源进行了描述，其中“纳米 TiO_2 材料”是来自南京海泰纳米材料有限公司的产品，其中列举了型号为 HTTi-01 的产品，其为纳米 TiO_2 掺杂某些金属或金属氧化物制成的纳米级粉体。申请人在提交意见陈述书的同时提交了国家知识产权局发出的《第一次审查意见通知书》的复印件（共 3 页）以及如下证据 1~6：

证据 1：国家环保产品质量监督检验中心对“福建省建瓯市特艺竹炭有限公司”的送检样品“纳

米改性竹炭”作出的检验报告，报告签发日期：2005 年 9 月 2 日，复印件 4 页；

证据 2：南京海泰纳米材料有限公司质检中心对本公司生产部的送检样品“HTZn（01）”作出的检验报告，报告日期：2007 年 5 月 20 日，复印件 1 页；

证据 3：江苏省疾病预防控制中心对“南京海泰纳米材料有限公司”的送检样品“纳米二氧化钛（HTTi）”作出的检验报告，检验完成日期：2004 年 6 月 14 日，复印件 6 页；

证据 4：江苏省产品质量监督检验中心所对“南京海泰纳米材料有限公司”的送检样品“二氧化钛”作出的检验报告，复印件 5 页；

证据 5：特艺竹木生产流程表，产品名称：纳米改性竹炭，复印件 1 页；

证据 6：高精度竹炭和纳米改性竹炭分类和用途，复印件 1 页。

2008 年 3 月 7 日，针对申请人于 2004 年 6 月 30 日提交的权利要求第 1～4 项、说明书第 1～3 页以及说明书摘要，国家知识产权局以说明书不符合专利法第 26 条第 3 款的规定为由驳回了本申请。驳回决定指出，本申请说明书没有描述“纳米二氧化钛抗菌剂”的制备方法，也没有提供该抗菌剂是市场可以购得产品的证据，因此在缺少该原料的情况下，本领域技术人员无法重现本申请；此外申请人提供的证据 1～3 不是申请日前公开的文献，证据 4～6 的公开日期不清楚，而且这些文献也没有证明纳米二氧化钛抗菌剂是现有技术。因此，说明书对原料纳米二氧化钛抗菌剂的描述不清楚，说明书不符合专利法第 26 条第 3 款的规定。

驳回决定针对的权利要求书如下：

“1. 一种能抗菌除菌的纳米改性竹炭，其特征在于：它以 20～400 目粉粒状竹炭为主要原料，配以适当比例的纳米二氧化钛和纳米二氧化钛抗菌剂制成，加工时先按比例将纳米二氧化钛放入沸水中，经搅拌溶化后，再加入纳米二氧化钛抗菌剂，再搅拌制得纳米二氧化钛混合乳液，然后按比例将竹炭粉粒倒入沸水中搅拌制得竹炭悬浮液，再将竹炭悬浮液注入 100℃ 的纳米二氧化钛混合乳液中，搅拌制得纳米改性竹炭乳液，最后经常规蒸发、干燥后，即得到能抗菌除菌的纳米改性竹炭。

2. 根据权利要求 1 所述的一种能抗菌除菌的纳米改性竹炭，其特征在于：竹炭中各成分的含量（重量）百分比为：纳米二氧化钛 1.5%～5%、纳米二氧化钛抗菌剂 1.8%～3.5%、竹炭粉粒 91.5%～96.7%。

3. 根据权利要求 1 所述的一种能抗菌除菌的纳米改性竹炭，其特征在于：纳米二氧化钛与沸水的重量比为 1∶8～9；竹炭粉粒与沸水的重量比为 1∶1～1.5。

4. 根据权利要求 2 所述的一种能抗菌除菌的纳米改性竹炭，其特征在于：纳米二氧化钛和纳米二氧化钛抗菌剂所占比例与所用竹炭目数有关，竹炭目数越大，纳米二氧化钛和纳米二氧化钛抗菌剂所占比例越大。”

2008 年 6 月 12 日，申请人周娟（下称请求人）对上述驳回决定不服，向专利复审委员会提出复审请求，请求人在提出复审请求时没有对申请文件进行修改。

请求人认为：本专利申请是申请人在 2004 年 2 月 19 日取得南京林业大学申请的专利 200310112754.8 的实施许可后，在此基础上开发并研制的，技术方案中所用的纳米二氧化钛抗菌剂是该专利中早已用过的现有技术，在其说明书，说明书摘要和权利要求书中均有描述，因此以未对纳米二氧化钛抗菌剂作出清楚描述为由驳回专利申请是不合适的。同时提交了如下证据 7～8（编号续前）：

证据 7：南京林业大学竹材工程研究中心与建瓯市特艺竹木有限公司签订的第 2003112754.8 号中国专利权的转让协议书，复印件 2 页；

证据 8：第 200310112754.8 号中国专利发明专利证书及发明专利说明书，授权公告日为 2006 年

9 月 13 日，复印件共 7 页。

经形式审查合格后，专利复审委员会受理了该请求，并于 2008 年 7 月 24 日向请求人发出了《复审请求受理通知书》，同时将本申请转送至国家知识产权局原审查部门进行前置审查。

在《前置审查意见书》中，国家知识产权局原审查部门认为申请人所提供的证据 8 的公开日为 2004 年 12 月 15 日，晚于本申请的申请日，不能构成本申请的现有技术，因此该文献无法作为克服本申请公开不充分的证据，因此坚持驳回决定。

专利复审委员会组成合议组，对本复审请求案进行了审理。

2009 年 4 月 14 日，专利复审委员会本案合议组向请求人发出《复审通知书》，指出：本申请说明书未对“纳米二氧化钛抗菌剂”的具体组成成分、各成分之间的配比以及具体的制备方法进行清楚、完整的描述，其次，也未记载其作为商品所应当注明的型号、规格及制造单位，因此本申请说明书公开不充分，不符合专利法第 26 条第 3 款的规定。

2009 年 5 月 13 日，请求人针对上述《复审通知书》提交了意见陈述书，同时提交了如下证据 9（编号续前）：

证据 9：南京海泰纳米材料有限公司对“纳米二氧化钛抗菌剂（HTB-032）”出具的证明材料，证明日期：2008 年 8 月 18 日，复印件 2 页；

请求人认为：本申请技术方案中所用纳米二氧化钛抗菌剂是从南京海泰纳米材料有限公司购进的一种原料，其是市售商品，其中银离子含量≥7.8%，该公司早在 2002 年就将该产品投放市场，是现有技术。

至此，合议组认为本案事实已经清楚，可以作出复审决定。

二、决定的理由

1. 关于审查文本

请求人在复审程序中未对申请文件进行过修改，本复审请求审查决定是在驳回决定所针对文本的基础上作出的。

2. 专利法第 26 条第 3 款

专利法第 26 条第 3 款规定：说明书应当对发明或者实用新型作出清楚、完整的说明，以所属技术领域的技术人员能够实现为准。

如果能够证明专利申请中所用的原料是申请日前可以从市场上购买得到的产品，则不应基于说明书中未对该原料进行详细说明而认定说明书不符合专利法第 26 条第 3 款的规定。

就本申请而言，权利要求 1~4 要求保护一种能抗菌除菌的纳米改性竹炭，该纳米改性竹炭以粉粒状竹炭作为主要原料，配以适当比例的纳米二氧化钛和纳米二氧化钛抗菌剂制备而成。根据本申请说明书第 1~2 页记载的内容，本申请的目的在于“提供一种使用范围广泛、抗菌除菌效果好、成本低、使用方便，易被推广使用的纳米改性竹炭”，该目的是通过采用如下技术方案来实现的：以粉粒状竹炭为主要原料，配以少量纳米二氧化钛和纳米二氧化钛抗菌剂制成。

驳回决定认为：本申请说明书没有描述“纳米二氧化钛抗菌剂”的制备方法，也没有提供该抗菌剂是市场可以购得产品的证据，因此在缺少该原料的情况下，本领域技术人员无法重现本申请。

请求人在提出复审请求时以及答复《复审通知书》时提供了如下证据：发明专利说明书（证据 8）、南京海泰纳米材料有限公司出具的证明材料（证据 9），以证明“纳米二氧化钛抗菌剂”是申请日前市场上可购得的商品。

根据本申请说明书第 2 页第 2 段中的描述，纳米二氧化钛抗菌剂是在纳米二氧化钛材料的基础上，通过吸附或者离子交换方式生产出的载银等金属离子抗菌剂，其抑菌、杀菌能力更为明显。

证据8为专利号为200310112754.8中国发明专利说明书的授权文本，该专利的申请日为2003年12月25日，申请公开日为2004年12月15日，而本申请的申请日为2004年4月29日，即证据8的专利申请日早于本申请的申请日，公开日晚于本申请的申请日。证据8中记载了“纳米抗菌剂是在纳米二氧化钛材料的基础上，通过吸附或者离子交换方式生产出的载银等金属离子抗菌剂，其抑菌、杀菌能力更为明显”（参见说明书第1页第16~17行），同时具体实施方式部分还记载了纳米TiO_2抗菌剂（HTB-01）是南京海泰纳米材料有限公司生产的，也就是说，南京海泰纳米材料有限公司在本申请的的申请日前已经销售纳米TiO_2抗菌剂；并且该纳米TiO_2抗菌剂属于本申请中所述的“在纳米二氧化钛材料的基础上，通过吸附或者离子交换方式生产出的载银等金属离子抗菌剂”。

证据9为南京海泰纳米材料有限公司出具的证明材料，其以证言的形式陈述了型号为HTB-032的“纳米二氧化钛抗菌剂”于2002年开始供应市场，并且在其所附的检测报告中给出型号为HTB-032的“纳米二氧化钛抗菌剂”中的银离子含量≥7.8%，并且含有少量的其他金属离子。

合议组认为，由证据8和证据9可以证明，在本申请的申请日以前，在中国市场上有本申请所述的纳米TiO_2抗菌剂在销售。在本申请说明书已经公开了纳米二氧化钛抗菌剂是在纳米二氧化钛材料的基础上通过吸附或者离子交换方式生产出的载银等金属离子抗菌剂，并且市场上有这种产品销售的情况下，本领域技术人员在实施本发明时，会从市场上去寻找并且也能够从市场上购买得到本申请中所用的“纳米二氧化钛抗菌剂”产品，从而可以将其与粉粒状竹炭和纳米二氧化钛相混合制成本申请的纳米改性竹炭产品。在此情况下，不能基于说明书未对“纳米二氧化钛抗菌剂”进行详细说明，而认定说明书不符合专利法第26条第3款的规定。

基于上述事实和理由，本案合议组作出如下决定。

三、决定

撤销国家知识产权局于2008年3月7日针对第200410037684.9号发明专利申请作出的驳回决定，由国家知识产权局原审查部门以驳回决定所针对的文本为基础继续审批程序。

复审请求人对本决定不服的，可以根据专利法第41条第2款的规定，自收到本决定之日起三个月内向北京市第一中级人民法院起诉。

126

一种水剂农药

复审请求审查决定（第17915号）

决　定　号　第17915号
决　定　日　2009年7月9日
发明创造名称　一种水剂农药
国际分类号　A01N 43/90，A01N25/02
复审请求人　金中北
申　请　号　200410071726.0
申　请　日　2004年7月15日
公　开　日　2005年3月2日
合议组组长　孙跃飞
主　审　员　王　静
参　审　员　蔡　雷

法律依据　专利法第33条
决定要点
如果申请的内容通过增加、改变和/或删除其中的一部分，致使所属技术领域的技术人员看到的信息与原申请公开的信息不同，而且又不能从原申请公开的信息中直接地、毫无疑义地确定，那么，这种修改就是不允许的。

一、案由

本复审请求涉及发明名称为"一种水剂农药"的200410071726.0号发明专利申请（下称本申请），申请人为金中北，申请日为2004年7月15日，公开日为2005年3月2日。

2008年4月11日，针对申请人于2004年7月15日提交的说明书摘要和说明书第1~3页以及2007年9月5日提交的权利要求第1~8项，国家知识产权局以权利要求1不符合专利法第26条第4款的规定和权利要求1~8不符合专利法第22条第3款的规定为由驳回了本申请。

驳回决定所针对的权利要求书为：

"1. 一种水剂农药，其特征在于由抗生素类农药，氯代烟碱类农药，昆虫生长调节剂，溶剂，乳化剂，短链醇，助剂制成，其中抗生素为0.4%~1.5%，氯代烟碱类为3.0%~20.0%，昆虫生长调节剂为5.0%，溶剂为10.0%~40.0%，乳化剂为17.0%~24.0%，短链醇为5.0%~63.6%，助剂为1.5%~10.0%。

2. 权利要求1所述的水剂农药，其特征在于所述的抗生素类农药为阿维菌素或甲氨基阿维菌素苯甲酸盐，适用范围为0.4%~1.5%。

3. 权利要求1所述的水剂农药，其特征在于所述的氯代烟碱类农药为啶虫咪，适用范围为3.0%~20.0%。

4. 权利要求1所述的水剂农药，其特征在于所述的昆虫生长调节剂氟铃脲为5.0%。

5. 权利要求1所述的水剂农药，其特征在于所述的溶剂为二甲基甲酰胺，适用范围为10.0%~40.0%。

6. 权利要求1所述的水剂农药，其特征在于所述的乳化剂为阴离子的脂肪酸二乙醇酰胺、十二烷基苯磺酸和非离子的脂肪醇聚氧乙烯醚、烷基酚聚氧乙烯醚的混合物，适用范围为17.0%~24.0%。

7. 权利要求1所述的水剂农药，其特征在于所述的短链醇为甲醇或乙醇，适用范围为5.0%~63.6%。

8. 权利要求1所述的水剂农药，其特征在于所述的助剂为高金噻酮或有机胺，适用范围为1.5%~10.0%。”

驳回决定认为：

（1）权利要求1要求保护一种水剂农药，其采用“由……组成”的形式，即封闭式撰写该权利要求，该组合物中包括3种主剂农药，即“抗生素类农药0.4%~1.5%，氯代烟碱类农药3.0%~20.0%，昆虫生长调节剂5.0%”，而本申请说明书实施例只公开了阿维+啶虫脒；甲维盐+啶虫脒，甲维盐+氟铃脲3种两两复配水剂农药配方和其杀虫效果，因此该技术方案的3种主剂农药组合与实施例公开的具体技术方案的复配组合不一致，而且由于权利要求1中的上位概念“抗生素类农药”，“氯代烟碱类农药”，“昆虫生长调节剂”，“溶剂”，“乳化剂”，“短链醇”和“助剂”概括了大量不同的化合物，由于各化合物的理化性质差异较大，根据本申请说明书的记载内容，本领域的技术人员难以预见这些上位概念所概括的除本申请实施例之外的所有方式均能达到本发明目的，获得水剂农药，因此权利要求1得不到说明书的实质性支持，不符合专利法第26条第4款的规定。

（2）对比文件1（CN1480040A，公开日2004年3月10日）公开了一种甲氨基阿维菌素苯甲酸盐-氟铃脲混合杀虫剂，具体公开了以下技术特征“甲氨基阿维菌素苯甲酸盐与氟铃脲的重量比为1：5~30，混剂中含甲氨基阿维菌素苯甲酸盐和氟铃脲的量为1%~6%，含助剂和溶剂为99%~94%；所述助剂包括乳化剂0201、农乳500……助溶剂甲醇、乙醇、二甲基甲酰胺、剂型为水乳剂，微乳剂”（参见对比文件1权利要求1~8）。权利要求1所要求保护的技术方案与对比文件1公开的技术内容相比，仅是助剂略有不同。由于对比文件1给出了将甲氨基阿维菌素苯甲酸盐即甲维盐，与氟铃脲混合杀虫的启示，而且权利要求1所要求保护的组合物在说明书中也看不出其组合产生何种预料不到的效果，因此，权利要求1所要求保护的甲维盐与氟铃脲复配的技术方案相对于对比文件1不具备突出的实质性特点和显著的进步，不符合专利法第22条第3款的规定。

（3）对比文件2（《现代农药》，2002年，第4期，第34~35页，韩丽娟等）公开了1.5%阿（阿维菌素）啶（啶虫脒）ME（江苏新沂农药公司）防治蔬菜害虫的田间药效（参见对比文件2摘要，表1）。权利要求1所要求保护的技术方案与对比文件2公开的技术内容相比，仅是助剂略有不同。由于对比文件2给出了将阿维与啶虫脒复配防治蔬菜害虫的启示，而且权利要求1所要求保护的组合物在说明书中也看不出其组合能产生何种预料不到的效果，因此，权利要求1所要求保护的阿维与啶虫脒复配的技术方案相对于对比文件2不具备突出的实质性特点和显著的进步，不符合专利法第22条第3款关于创造性的规定。同时，阿维菌素的盐形式是甲维盐，由于对比文件2给出了将阿维与啶虫脒复配防治蔬菜害虫的启示，本领域技术人员很容易想到使用阿维菌素的盐形式即甲维盐，与啶虫脒复配来防治蔬菜害虫，而且其效果是可以预料的，因此，权利要求1所要求保护的甲维盐与啶虫脒复配的技术方案相对于对比文件2也不具备突出的实质性特点和显著的进步，不符合专利法第22条第3款的规定。

（4）权利要求2~8对权利要求1进行了进一步限定，如上所述，其附加技术特征在对比文件1或2中已经公开，且其所用助剂均是本领域的常用助剂，在对比文件1或对比文件2公开的基础上，本领域技术人员容易获得权利要求2~8的技术方案，因此权利要求2~8也不具备创造性，不符合专利法第22条第3款的规定。

申请人金中北（下称请求人）对上述驳回决定不服，于2008年6月16日向专利复审委员会提出复审请求，提交了申请文件的全部替换页，包括权利要求书第1~8项、说明书第1~3页和说明书摘要。其中，相较于驳回文本的权利要求书，请求人将权利要求1第1行中的“由”修改为“有”，将权利要求6第2行“脂肪酸二乙醇酰胺”中的“醇”修改为“酸”。请求人认为，虽然权利要求1包括了大量不同的化合物，但是在从属权利要求2~8中作了说明，因此，权利要求1能够得到说明书的支持，并再次从“剂型”、“质点”、“乳化剂”、“助剂”、“载体”、“配方实施例”和“适用作物和防治对象”等多方面论述了本申请技术方案与对比文件1或2之间的区别，认为从对比文件1或2公开的内容无法预料得到本申请的技术方案，权利要求1~8具备专利法第22条第3款规定的创造性。

经形式审查合格后，专利复审委员会受理了该请求，并于2008年7月18日向请求人发出《复审请求受理通知书》，同时将本申请转送至国家知识产权局原审查部门进行前置审查。

在《前置审查意见书》中，国家知识产权局原审查部门坚持驳回决定。

2008年8月5日，请求人主动提交了补充意见陈述书及申请文件全文替换页。经对比，上述文本与2008年6月16日请求人向专利复审委员会提出复审请求时提交的申请文件内容完全相同。

专利复审委员会组成合议组，对本复审请求案进行了审理，并于2009年5月19日向请求人发出《复审通知书》，《复审通知书》指出：修改后的权利要求1的技术方案在原说明书和权利要求书中均没有明确的文字记载，尽管各组分含量的端值中除了短链醇的下限值5.0%未在实施例中出现之外，其他端值均在4个实施例中采用，但是实施例公开的都是具体的单点，而原说明书和权利要求书中均没有记载较权利要求1数值范围相同或更大的数值范围，而且也没有公开短链醇用量为5.0%的单点，因此，根据本申请原说明书和权利要求书记载的内容，本领域技术人员也无法直接、毫无疑义地确定如修改后组成的权利要求1的水剂农药这一方案，故权利要求1的修改超出了原说明书和权利要求书记载的范围，不符合专利法第33条的规定。基于与前述同样的理由，权利要求2~8的修改也超出了原说明书和权利要求书记载的范围，不符合专利法第33条的规定。

2009年6月19日，请求人提交了意见陈述书和权利要求书全文替换页，同时还提交了由国家知识产权局原审查部门发出的《第一次审查意见通知书》的表格和正文复印件共2页。请求人认为，(1) 针对审查意见中所指出的权利要求1未得到说明书的支持以及权利要求1缺少必要技术特征的问题，对权利要求1进行了修改，增补了各组分的含量范围，其中杀虫剂、溶剂、助剂和乳化剂的用量范围记载在原说明书摘要中，但因疏忽漏写了成分水。(2) 数值范围可以从四个实施例的各个单点概括出来，并计算得出组分水和醇的用量范围，同时指出虽然修改后的权利要求1的内容与原说明书实施例记载的内容不同，但本领域技术人员熟知农药这一行，可以根据实施例记载的具体内容概括出各种有效成分的数值范围，况且请求人已在说明书摘要中对各有效成分的数值范围作了记载。修改后的权利要求书为：

“1. 一种水剂农药由杀虫剂、溶剂、乳化剂、助剂、短链醇和水组成。

2. 权利要求1，所述的水剂农药，其特征在于所述的杀虫剂为甲氨基阿维菌素苯甲酸盐（甲维盐）、阿维菌素（阿维）、啶虫咪、氟铃脲，用量范围为 3.4% ~21.5%。

3. 权利要求 1 所述的水剂农药，其特征在于所述的溶剂为二甲基甲酰胺（DMF），用量范围为 10.0% ~40.0%。

4. 权利要求 1 所述的水剂农药，其特征在于所述的乳化剂为阴离子的脂肪酸二乙醇酰胺 6501、十二烷基苯磺酸和非离子的脂肪醇聚氧乙烯醚（AE）、烷基酚聚氧乙烯醚（APE）的混合物，用量范围为 17.0% ~24.0%。

5. 权利要求 1 所述的水剂农药，其特征在于所述的助剂为高金塞酮或有机胺（ms-8），用量范围为 1.5% ~10.0%。

6. 权利要求 1 所述的水剂农药，其特征在于所述的短链醇为甲醇或乙醇，用量范围为40.0% ~68.1%。

7. 权利要求 1 所述的水剂农药，其特征在于所述的水为去离子水或纯净水，用量范围为4.5% ~68.1%。”

至此，合议组认为本案事实已经清楚，可以作出审查决定。

二、决定的理由

1. 关于文本

请求人于2009 年 6 月 19 日提交了权利要求书全文替换页，并于2008 年 8 月 5 日提交了说明书和说明书摘要的全文替换页，因而合议组以请求人于 2009 年 6 月 19 日提交的权利要求第 1~7 项、2008 年 8 月 5 日提交的说明书第 1~3 页及说明书摘要为基础进行审查。

2. 关于专利法第 33 条

专利法第 33 条规定：申请人可以对其专利申请文件进行修改，但是，对发明和实用新型专利申请文件的修改不得超出原说明书和权利要求书记载的范围。

如果申请的内容通过增加、改变和/或删除其中的一部分，致使所属技术领域的技术人员看到的信息与原申请公开的信息不同，而且又不能从原申请公开的信息中直接地、毫无疑义地确定，那么，这种修改就是不允许的。

就本案而言，请求人于 2009 年 6 月 19 日提交的权利要求书中的多处修改超出了原说明书和权利要求书记载的范围，不符合专利法第 33 条的规定。具体而言，（1）权利要求 1 中限定所述水剂农药由杀虫剂、溶剂、乳化剂、助剂、短链醇和水组成，但是本申请原说明书和权利要求书中仅记载了水剂农药由抗生素类农药、氯代烟碱类农药，昆虫生长调节剂、溶剂、乳化剂、短链醇、助剂及水等组成，其中修改后的“杀虫剂”是较“抗生素类农药、氯代烟碱类农药和昆虫生长调节剂”的范围更宽泛的一类农药组分，本领域技术人员根据原说明书和权利要求书的内容无法直接地、毫无疑义地确定如权利要求 1 所述的技术方案，因此，权利要求 1 的修改超出了原说明书和权利要求书记载的范围，不符合专利法第 33 条的规定。（2）从属权利要求 2~4 和 6 进一步限定了杀虫剂、溶剂、乳化剂和短链醇的具体组成及用量数值范围，其中各组分的具体组成与原说明书和权利要求书中记载的内容一致，但是原说明书和权利要求书中未明确记载各组分的用量数值范围。虽然本申请说明书 4 个实施例涉及不同组分用量，但是原说明书和权利要求书均没有记载覆盖上述从属权利要求中的组分含量范围的数值范围。因此，本领域技术人员根据原说明书和权利要求书的内容无法直接地、毫无疑义地确定如权利要求 2~4 和 6 所述的技术方案，权利要求 2~4 和 6 的修改也超出了原说明书和权利要求书记载的范围，不符合专利法第 33 条的规定。（3）从属权利要求 5 进一步限定了助剂的具体组成及用量数值范围，但是由于权利要求 1 存在前述（1）的问题，相应的引用权利要求 1 的从属权利要求 5 也存在相同的问题，不符合专利法第 33 条的规定。（4）从属权利要求 7 进一步限定了水为去离子水或纯净水，并写明其用量范围，但是原说明书中仅记载了组分中包括水，未提及去离子水或纯净水的内容，本领域技术人员根据原说明书和权利要求书的内容也无法直接地、毫无疑义地确定使用的就是去离子水或纯净水，而且基于与前述相同的理由，也无法直接地、毫无疑义地确定组分水的用量范围，因此，权利要求 7 的修改也超出了原说明书和权利要求书记载的范围，不符合专利法第 33 条的规定。

请求人认为，说明书摘要中已经写明该水剂农药由杀虫剂、溶剂、助剂和乳化剂组成，并记载了各有效成分的含量范围，可以作为权利要求书修改的依据。对此，合议组认为，专利法第 33 条已经就申请文件修改的依据进行了明文规定，即修改后的内容应当限于原说明书和权利要求书记载的范围。因此，尽管本申请说明书摘要中确实写明“该水剂农药由 3.4%~21.5% 的杀虫剂，10.0%~40.0% 的溶剂，1.5%~10.0% 的助剂，17.0%~24.0% 的乳化剂和醇、水组成”，但是这些内容不能作为修改的依据。

此外，请求人认为，本领域技术人员熟知农药这一行，可以根据实施例记载的具体内容概括出各种有效成分的数值范围。对此，合议组认为，对于含有数值范围技术特征的权利要求中数值范围的修改，只有在修改后数值范围的两个端值在原说明书和/或权利要求书中已确实记载且修改后的数值范围在原数值范围之内的前提下，才是允许的。本案中，原说明书和权利要求书中仅记载了助剂的用量数值范围，未记载其他各组分的用量数值范围，因此，仅仅根据实施例的具体单点概括出的杀虫剂、溶剂、乳化剂和短链醇的数值范围的修改是不能允许的。

对于请求人提交的《第一次审查意见通知书》的表格和正文复印件，合议组认为，请求人旨在证明对于权利要求的修改是针对审查意见进行的，但是这与权利要求的修改是否超出了原说明书和权利要求书记载的范围无关，因此，对上述文件不予考虑。

综上所述，本申请权利要求 1~7 不符合专利法第 33 条的规定。合议组作出如下审查决定。

三、决定

维持国家知识产权局于 2008 年 4 月 11 日针对第 200410071726.0 号发明专利申请作出的驳回决定。

复审请求人如对本决定不服，可以依据专利法第 41 条第 2 款的规定，自收到本决定之日起三个月内向北京市第一中级人民法院起诉。

127

作用于胆碱能系统的具有毒蕈碱拮抗活性的氮杂螺环化合物

复审请求审查决定（第17939号）

决　定　号　第17939号
决　定　日　2009年7月21日
发明创造名称　作用于胆碱能系统的具有毒蕈碱拮抗活性的氮杂螺环化合物
国际分类号　C07D471/10，A61K31/435，C07D498/10，C07D453/02，C07D497/10，C07D513/10
复审请求人　以色列国有生物学研究所
申　请　号　94192839.X
申　请　日　1994年7月15日
优先权日　1993年7月20日
公　开　日　1996年8月28日
合议组组长　李　越
主　审　员　汪送来
参　审　员　刘　磊

法律依据　专利法第33条，专利法第26条第4款，专利法实施细则第60条第1款，专利法实施细则第20条第1款
决定要点
如果申请文件中的修改内容在原申请文件中有记载，或者能够由从原申请记载的信息直接地、毫无疑义地确定，则这种修改是允许的。

一、案由

本复审请求案涉及发明名称为“作用于胆碱能系统的具有毒蕈碱拮抗活性的氮杂螺环化合物”的第94192839.X号发明专利申请（下称本申请），申请人为以色列国有生物学研究所，申请日为1994年7月15日，优先权日为1993年7月20日，公开日为1996年8月28日。

2002年2月22日，针对申请人于2002年1月10日提交的权利要求第1~10项、1994年7月15日提交的说明书第1~147页及其摘要，国家知识产权局以本申请权利要求1的修改不符合专利法第33条的规定为由驳回了本申请。

驳回决定所针对的权利要求1如下：

“1. 一种如下通式所示的化合物：

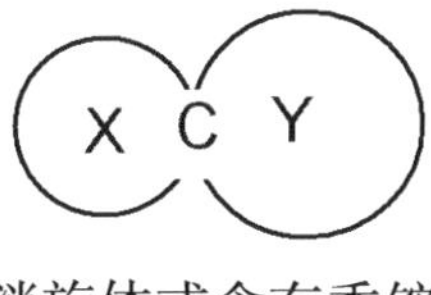

或其药学上可接受的盐，对映体或外消旋体或含有季铵原子的化合物，

其中环 X 通过螺-碳原子连接至环 Y，所述环 X 选自 3-乙基海因、1-乙酰基海因、3-甲基海因、3-炔丙基海因、2，4-二硫海因、2-硫海因、噁唑烷-2-硫酮、3-乙基噁唑烷-2-酮、噁唑烷-2，4-二酮、3-乙基噁唑烷-2，4-二酮、2-甲基-1，4-噁唑烷-3-酮、2-甲基-1，4-噻唑烷-3-酮、2，4-二甲基-1，4-噻唑烷-3-酮、2-乙基-1，4-噻唑烷-3-酮、2-乙基-4-甲基-1，4-噻唑烷-3-酮，3-甲基-1，4-氧硫杂戊环-2-酮、2-乙基-1，4-噻唑烷-3-酮、2-甲基-3-氧代-1，4-噻唑烷-1-氧化物、5-甲基-1，3-噁唑烷、4-乙基-1，3-噁唑烷、3-乙基-1，4-氧硫杂戊环-2-酮、5-甲基-1，3-二氧戊环-4-酮、N-甲基琥珀酰亚胺、N-乙基琥珀酰亚胺、3-叔丁基海因、3-（4-吡咯烷-2-丁炔基）海因、3-（2-丁炔基）-海因、2，5-二（甲硫基）-4H-咪唑、3-乙基-4-硫海因、4-甲硫基咪唑啉-2-硫酮、3-乙基-2，4 二硫海因、4-乙硫基-3-咪唑啉-2-硫酮、1-乙基-2-乙硫基-2-咪唑啉-5-硫酮、2-硫-4-β-羟乙基亚氨基海因、2，5-二（氨基甲基）-4H-咪唑、2-甲基-2-噻唑啉、2-甲基-2-咪唑啉、2-甲基-2-噁唑烷-4-酮、2-甲基-4H（5H）-咪唑-5（4）-酮、2-甲硫基-5-甲氧基-4H-咪唑、2-甲硫基-5-氨基-4H-咪唑、2-甲硫基-5-氨基甲基-4H-咪唑、2-硫酮-3-乙基海因、2-硫酮-3-叔丁基海因、2-甲硫基-2-咪唑啉-5（4）-酮、1-乙基-2-乙硫基-2-咪唑啉-5-酮和 1-乙基-2-咪唑啉-5-酮；而且其中环 Y 通过螺-碳原子连接至环 X，所述环 Y 选自如下含氮原子饱和环体系：

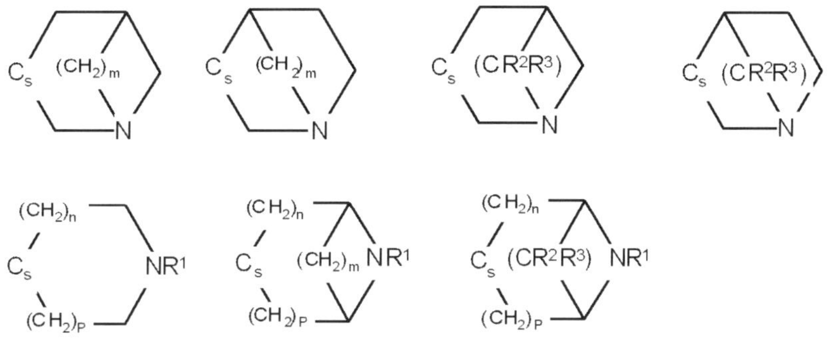

其中，每一个所述含氮原子饱和环体系含有 1~3 个取代基，该取代基选自 C_{1-6}烷基和羟基，m 为 1、2 或 3；n 和 p 分别独立为 0、1、2 或 3，条件是 $o<n+p<4$；R1 选自氢、C_{1-6}-烷基、C_{2-6}-烯基、C_{2-6}-炔基、C_{3-7}环烷基、由 1~6 位卤原子取代的 C_{1-6}烷基、羟基-C_{1-6}-烷基、C_{1-6}-烷氧基、C_{1-6}烷基硫、C_{1-6}-烷基、羧基-C_{1-6}-烷基、（C_{1-6}-烷氧基）羰基-C_{1-6}-烷基、氨基-C_{1-6}-烷基、单-（C_{1-6}-烷基）氨基-C_{1-6}-烷基、二-（C_{1-6}烷基），2-氧代-吡咯烷-1-基-甲基，芳基，二芳基羟甲基，被一个或两个芳基取代的 C_{1-6}-烷基，C_{1-6}烷酰基和芳基羰基；芳基是指未取代的苯基或被 1~3 个选自卤素、C_{1-6}烷基、C_{1-6}烷氧基和 CF_3 取代基取代的苯基；R_2 和 R_3 独立地选自 C_{1-4}烷基；以及

Cs 表示螺-碳原子，环 Y 通过该碳原子连接至环 X。”

驳回决定认为：权利要求 1 中的全新的范围更大的通式，在原说明书和权利要求书中从未提及，本领域技术人员也不能在阅读了原申请说明书和权利要求书后便能将本发明化合物归纳总结为该通式结构的化合物，因此这种修改超出了原说明书和权利要求书记载的范围，不符合专利法第 33 条的规定。

2002 年 6 月 10 日，以色列国有生物学研究所（下称请求人）对上述驳回决定不服，向专利复审委员会提出复审请求，请求人在提出复审请求时没有对申请文件进行修改。请求人认为：在新权利要求1中，所述通式表示为经螺碳原子连接的环X和环Y，而且明确限定“所述环X选自3-乙基海因……1-乙基-2-咪唑啉-5-酮”，五元环X部分均可由原权利要求1中的通式I-IX所示的桥环或非桥环中五元环部分表征，对通式I-IX所示的桥环或非桥环中的五元环部分的X、T、Y、Z、W、Q和Q′以及X′和Z′进行选择性组合即可得到表示五元环X的各具体化合物基团；环Y等同于原权利要求1中的A环；进一步地，代表五元环的各具体化合物基团已包括在原权利要求2、7、12和13所记载的各具体化合物中，新权利要求1所限定的具体化合物仅为原权利要求1保护范围的一部分。因此权利要求1得到说明书的实质性支持，并且所述修改没有超出原说明书和权利要求书所记载的范围，符合专利法第33条的规定。

经形式审查合格后，专利复审委员会受理了该请求，并于2002年7月8日向请求人发出了《复审请求受理通知书》，同时将本申请转送至国家知识产权局原审查部门进行前置审查。

在《前置审查意见书》中，国家知识产权局原审查部门认为，修改后的权利要求1在原申请文件中未记载，也不能由原申请文件推导出，例如环Y所表示的结构式中，第1和第2个结构式就是修改后新增加的，由新的Y组成的权利要求1化合物也出现了原申请文件所未记载的部分，因此修改超出了原申请文件记载的范围，不符合专利法第33条的规定，坚持驳回决定。

专利复审委员会组成合议组，对本复审请求案进行了审理，于2004年3月3日向请求人发出《复审通知书》，指出：（1）请求人于2002年1月10日提交的修改文本中，部分修改后的权利要求书的内容在原说明书和权利要求书中没有记载，也不能从原说明书和权利要求书的内容毫无疑义地导出，例如权利要求1中的“3-甲基-1，4-氧硫杂戊环-2-酮”等，不符合专利法第33条的规定；（2）修改后的权利要求1中用X和Y表示环，而在原说明书和权利要求书中，同时存在X和Y又代表取代基团的情况，在一份专利申请文件中，X、Y同时代表两种含义，使得权利要求1不清楚；权利要求1中存在两个完全一样的备选取代基“C_{1-6}烷基”，导致权利要求1不简要；权利要求1中的“R_1”、“R_2”、“R_3”在原申请文件中没有记载，与其相应的应当为“R_1”、“R_2”、“R_3”，因而不符合专利法实施细则第20条第1款的规定。（3）权利要求1所述通式在说明书中没有相应记载，从形式上不能得到说明书的支持，不符合专利法第26条第4款的规定。

针对上述《复审通知书》，请求人于2004年6月4日提交了意见陈述书和整个权利要求书替换页，请求人认为：（1）所作的修改得到了原始公开说明书的支持，具体为：通式I见原说明书第2页中的通式，其中所包含的环A和基团W、X、Y和Z，W可以是-NR0-，X可以是-S-，Y可以是-CRR’-，Z可以是-C（=O）-，在新的权利要求1和9中的环A，见说明书第4页和5页中关于环A的定义。权利要求4~6、8、13~16和21~23中引用的对映体和化合物见实施例。（2）同时也克服了权利要求不清楚的缺陷。（3）在审查员同意修改的权利要求后，再将权利要求书记载的完整技术方案加到说明书适当的部分。

2007年9月21日，专利复审委员会向请求人发出《第二次复审通知书》，指出，（1）在请求人于2004年6月4日提交的经修改的权利要求书中，对权利要求1~8、11~12、17~23的修改不符合专利法实施细则第60条第1款的规定，该修改文本不能被接受。（2）由请求人于2004年6月4日提交的权利要求1可知，在式（I）中，只要n+p=2，则环A即为哌啶。由此可见，修改后权利要求1的式（I）化合物除了包括n=1，p=1，R=乙基，R′=H，R1=甲基以及R^0为H和甲基的式（I）化合物（即化合物AF267和化合物AF272）以外，还存在其他的环A为取代或者未取代的哌啶，且-W-Z-Y-X-为-NR^0-C（=O）-CRR′-S-的式（I）化合物，例如当n=0，p=2或者n=2，p=0时的式（I）化合物。而这些化合物在原始国际申请文件中是被排除的，即没有记载在原始国际申请文件中，并且也不能从原申请记载的信息中直接地、毫无疑义地确定。因此，修改后的权利要求 1 不符合专利法第 33 条的规定。同理，权利要求 9 不符合专利法第 33 条的规定。

针对上述《第二次复审通知书》，请求人于 2007 年 12 月 28 日提交了意见陈述书和整个权利要求书替换页，请求人认为，修改后的权利要求书符合专利法实施细则第 60 条第 1 款、专利法第 33 条的规定。

2009 年 6 月 9 日，请求人再次提交了权利要求书替换页，修改后的权利要求书如下：

“1. 下式（I）的化合物，包括其药学上可接受的盐及由结构上具有叔氮原子的化合物得到的季铵化合物、对映体和外消旋体：

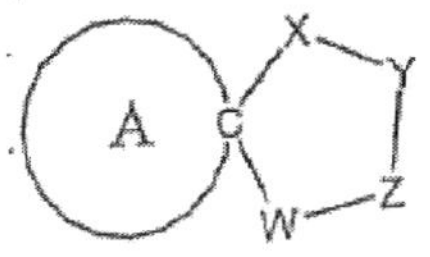

其中 X 是-S-，Y 是-CRR（-，Z 是-C（=O）-，和 W 是-N（R^0）-；

其中 R 选自 H、C_{1-6}烷基、C_{1-6}烷氧基、C_{2-6}羟烷基、C_{2-6}烯基、C_{2-6}炔基、苯基和被 1、2 或 3 个苯基取代的 C_{1-6}烷基；

R（选自 H、C_{1-6}烷基、C_{1-6}烷氧基、C_{2-6}羟烷基、C_{2-6}烯基、C_{2-6}炔基、苯基和被 1、2 或 3 个苯基取代的 C_{1-6}烷基；和

R^0 选自 H、C_{1-6}烷基、C_{1-6}烷氧基、C_{2-6}羟烷基、C_{2-6}烯基、C_{2-6}炔基、苯基和被 1、2 或 3 个苯基取代的 C_{1-6}烷基、和 C_{1-6}烷酰基；和

A 是下面的（M）环：

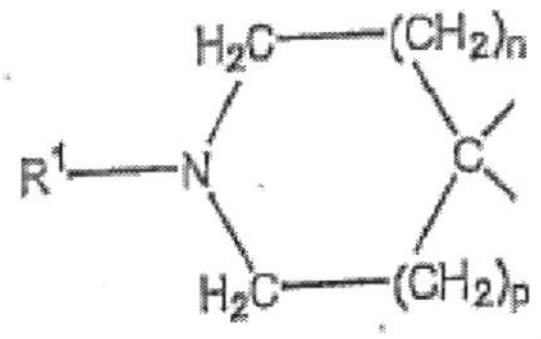

其是未取代的或被 1~3 个选自 C_{1-6}烷基和羟基的取代基取代，其中 n 和 p 每个是 0、1、2 或 3，前提是 n+p 等于 1~3；以及

R^1 选自 H、C_{1-6}烷基、C_{2-6}烯基、C_{2-6}炔基、C_{3-7}环烷基、被 1~6 个卤原子取代的 C_{1-6}烷基、羟基-C_{1-6}烷基、C_{1-6}烷氧基、C_{1-6}烷硫基、C_{1-6}烷氧基-C_{1-6}烷基、羧基-C_{1-6}烷基、（C_{1-6}烷氧基）羰基-C_{1-6}烷基、氨基-C_{1-6}烷基、单（C_{1-6}烷基）氨基-C_{1-6}烷基、二（C_{1-6}烷基）氨基-C_{1-6}烷基、2-氧代吡咯烷-1-基甲基、芳基、二芳基羟甲基、被 1 或 2 个芳基取代的 C_{1-6}烷基、C_{1-6}烷酰基和芳基羰基，其中芳基是指未取代的苯基或是被 1~3 个选自卤素、C_{1-6}烷基、C_{1-6}烷氧基和 CF_3 的取代基取代的苯基；

前提是 A 环不是哌啶环。

2. 权利要求 1 的化合物的对映体。

3. 化合物 AF267，即下式的化合物：

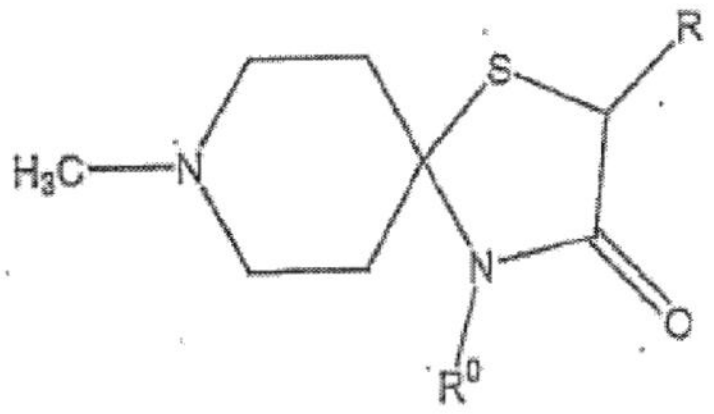

其中 R 为乙基和 R^0 为氢。

4. 权利要求 3 所述化合物 AF267 的盐酸盐。

5. 权利要求 3 所述化合物 AF267 的对映体，其为 AF267B，即（-）AF267。

6. 化合物 AF272，即下式的化合物：

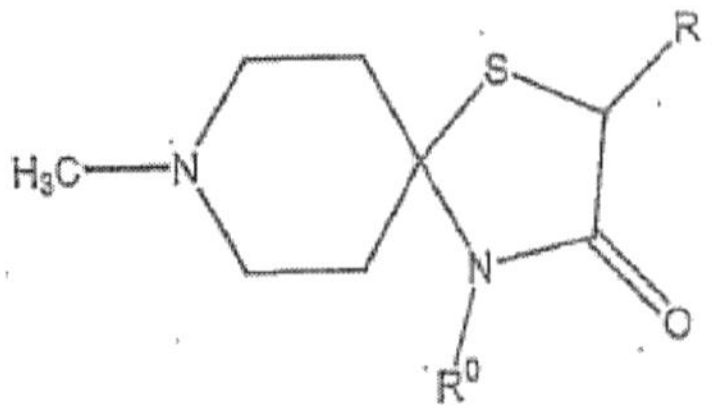

其中 R 为乙基和 R^0 为甲基。

7. 一种药物组合物，其特征在于包括权利要求 1~6 中任一所述的至少一种化合物，以及至少一种药物上可接受的稀释剂、载体或赋形剂。

8. 如权利要求 1~6 中任一所述的化合物在用于制备具有毒蕈碱拮抗活性的药物的用途。

9. 如权利要求 8 的化合物的用途，其特征在于所述药物进一步包括类神经营养或与 NGF 的增效活性，淀粉前体蛋白质（APP）分泌活性和 β-淀粉递减活性，增加脱磷酸 τ 蛋白质比例的活性以及类 NGF 活性等生物活性。”

至此，合议组认为本案已经事实清楚，可以作出审查决定。

二、决定的理由

1. 审查文本

本复审决定是以请求人于 2009 年 6 月 9 日提交的权利要求第 1~9 项、1996 年 1 月 22 日提交的说明书第 1~147 页和说明书摘要为基础作出的（以下称为复审文本）。

2. 专利法实施细则第 60 条第 1 款

在《第二次复审通知书》中，合议组指出，驳回决定和第一次《复审通知书》指出的缺陷均没有涉及驳回决定所针对的申请文本中的权利要求 8（组合物类型的权利要求）和权利要求 9~10（化合物用途类型的权利要求），而在请求人于 2004 年 6 月 4 日提交的经修改的权利要求书中，存在权利要求 1~8 共 8 项化合物用途类型的权利要求以及权利要求 17~23 共 7 项组合物类型的权利要求。该修改不但增加了化合物用途类型和组合物类型的权利要求，并且每一项权利要求均与驳回决定所针对的申请文本中相应的权利要求不相同。另外，请求人还增加了权利要求 11~12 这两项疾病治疗方法类型的权利要求，这一类型的权利要求在驳回决定所针对的文本中并不存在。上述修改相对于驳回决定所针对的申请文本增加了权利要求，且所作修改针对的是驳回决定和第一次《复审通知书》指出的缺陷未涉及到的权利要求，不是为了克服驳回决定和第一次《复审通知书》所指出的缺陷而必须进行的修改。因此，请求人对权利要求 1~8、11~12、17~23 的修改不符合专利法实施细则第 60 条第 1 款的规定，该修改文本不能被接受。

在复审文本中，请求人删除了《第二次复审通知书》所针对的申请文本中的权利要求 1~8、11~12、17~23。复审文本中的权利要求书共包括 9 项权利要求，其中权利要求 1-6 涉及化合物，权利要求 7 涉及药物组合物，权利要求 8~9 涉及权利要求 1~6 的化合物的用途，这些权利要求是请求人基于驳回决定所针对的权利要求 1~10 为了克服驳回决定和复审通知书所指出的缺陷修改而来的，因此这些修改符合专利法实施细则第 60 条第 1 款的规定。

3. 专利法第 33 条

专利法第 33 条规定：申请人可以对其专利申请文件进行修改，但是，对发明和实用新型专利申请文件的修改不得超出原说明书和权利要求书记载的范围。

如果申请文件中的修改内容在原申请文件中有记载，或者能够由从原申请记载的信息直接地、毫无疑义地确定，则这种修改是允许的。

驳回决定、第一次《复审通知书》指出了驳回决定所针对的申请文本中的权利要求 1 的修改不符合专利法第 33 条的规定，《第二次复审通知书》指出了请求人于 2004 年 6 月 4 日提交的权利要求 1、9 的修改不符合专利法第 33 条的规定。

在原申请文件的权利要求 1 中，记载了式 I、II、III、IV、V、VI、VII、VIII 和 IX 化合物及其药学上可接受的盐、季铵化合物、对映体及消旋体，原权利要求 11 引用原权利要求 1，请求保护式（I）化合物及其药学上可接受的盐、季铵化合物、对映体及消旋体，其用于制备具有选自下述生物活性的药物：（a）毒蕈碱拮抗活性，（b）类神经营养或与 NGF 的增效活性，（c）淀粉样前体蛋白质（APP）分泌活性和 β 淀粉样降低活性，（d）增加脱磷酸 τ 蛋白质比例的活性，（e）类 NGF 活性，药物活性，并对-W-Z-Y-X-进行了限定。

在复审文本中，权利要求 1 中的内容是由原权利要求 1 和 11 及说明书第 3 页的相应内容通过删除并列选择项的方式修改而来的，即保留了式 I 化合物及其药学上可接受的盐、季铵化合物、对映体及消旋体，删除了式 II、III、IV、V、VI、VII、VIII 和 IX 的化合物及其相应的衍生物，并且，将 X 限定为-S-，Y 限定为-CRR’-，Z 限定为-（C=O）-，W 限定为-N（R0）-，将 X、Y、Z 和 W 中定义的其他基团删除，将 A 环限定为结构式（M）表示的基团，删除了结构式 K、L、N、P 和 S 表示的基团，并排除了 A 为哌啶环的情形。合议组认为，这种以删除并列选择项的方式对权利要求进行的修改可以由原权利要求 1 和 11 及说明书相应部分记载的内容直接地、毫无疑义地确定，因此符合专利法第 33 条的规定。同样，对权利要求 2 的修改也符合专利法第 33 条的规定。

权利要求 3~5 请求保护化合物 AF267 及其盐酸盐以及（-）AF267 对映体，权利要求 6 请求保护化合物 AF272，在原权利要求 12 中，记载了化合物选自……1-甲基哌啶-4-螺-5′-（2′-乙基-1′，4′-噻唑烷-3′-酮）（即化合物 AF267）；1-甲基哌啶-4-螺-5′-（2′-乙基-4-甲基-1′，4′-噻唑烷-3′-酮）（即化合物 AF272），原权利要求 13 中记载了被拆分的右旋和左旋对映体，选自 d 和 l 对映体 1-甲基哌啶-4-螺-5′-（2′-乙基-1′，4′-噻唑烷-3′-酮）。原说明书中还记载了化合物 AF267、其盐酸盐、（-）AF267 对映体以及化合物 AF272（（参见说明书第 19 页第 1 段以及实施例 43、实施例 44、实施例 55）。因此，修改后的权利要求 3~6 在原申请文件中有记载，上述修改符合专利法第 33 条的规定。

原权利要求 14 中记载了一种药物组合物，“包括至少一种权利要求 11~13 任何一项中定义的化合物，包括其药物上可接受的盐，由结构上具有叔氮原子的所述化合物衍生的季铵化合物，其对映体和外消旋体，它们具有权利要求 11 中定义的生物活性，以及至少一种成分下列（i）和（ii）：

（i）至少一种药物上可接受的稀释剂，载体或赋形剂，

（ii）至少一种其他的药物活性化合物，选自……。”

综合考虑上述内容可以发现，在权利要求 1~6 的修改符合专利法第 33 条规定的情况下，复审文本中的权利要求 7~9 也可以由原权利要求 11~14 直接地、毫无疑义地确定。

综上所述，在复审文本中，驳回决定和复审通知书中指出的权利要求的修改不符合专利法第 33 条规定的缺陷均已被克服。

另外，第一次《复审通知书》中还指出，权利要求 1 中用 X 和 Y 表示环，而在原说明书和权利

要求书中，同时存在 X 和 Y 又代表取代基团的情况，在一份专利申请文件中，X、Y 同时代表两种含义，使得权利要求 1 不清楚；权利要求 1 中存在两个完全一样的备选取代基“C_{1-6}烷基”，导致权利要求 1 不简要；权利要求 1 中的“R_1”、“R_2”、“R_3”在原申请文件中没有记载，与其相应的应当为“R^1”、“R^2”、“R^3”，因而不符合专利法实施细则第 20 条第 1 款的规定。权利要求 1 所述通式在说明书中没有相应记载，从形式上不能得到说明书的支持，不符合专利法第 26 条第 4 款的规定。

由于复审文本中已经不存在包括 X、Y 环的通式、R_1、R_2 和 R_3，并且在同一取代基选项中也不存在两个相同的“C_{1-6}烷基”，因此第一次《复审通知书》中指出的上述缺陷也已经被克服。

根据上述事实和理由，合议组作出如下审查决定。

三、决定

撤销国家知识产权局于 2002 年 2 月 22 日针对第 94192839.X 号发明专利申请作出的驳回决定，由国家知识产权局原审查部门以复审文本为基础继续审批程序。

复审请求人对本决定不服的，可以根据专利法第 41 条第 2 款的规定，自收到本决定之日起三个月内向北京市第一中级人民法院起诉。

128

多晶型药物

复审请求审查决定（第18642号）

决　定　号　第18642号
决　定　日　2009年8月6日
发明创造名称　多晶型药物
国 际 分 类 号　C07D277/24，C07D277/28，C07D277/30，C07D277/36，C07D277/40，C07D277/42，A61K31/425
复 审 请 求 人　艾博特公司
申　请　号　99808927.3
申　请　日　1999年7月19日
最早优先权日　1998年7月20日
公　开　日　2001年8月29日
合 议 组 组 长　侯　曜
主　审　员　王　磊
参　审　员　宋　泳

法 律 依 据　专利法第26条第4款
决 定 要 点
请求人对权利要求进行删除式修改，克服了驳回决定和《复审通知书》所指出的缺陷，在此基础上撤销驳回决定。

一、案由

本复审请求案涉及发明名称为“多晶型药物”的第99808927.3号发明专利申请（下称本申请），申请人为艾博特公司，申请日为1999年7月19日，最早优先权日为1998年7月20日，公开日为2001年8月29日。

2008年4月11日，针对申请人于2008年2月20日提交的权利要求第1~8项、说明书第1~6页，进入国家阶段时提交的国际申请文件中文文本的说明书第7~13页、附图第1~10页以及说明书摘要，国家知识产权局以本申请的权利要求1、3~8不符合专利法第26条第4款的规定为由驳回了本申请。

驳回决定认为：（1）权利要求1要求保护一个用粉末X射线衍射图谱特征峰表征的（2S，3S，5S）-5-（N-（N-（（N-甲基-N-（（2-异丙基-4-噻唑基）甲基）氨基）羰基）-L-缬氨酰）氨基）-2-（N-（（5-噻唑基）甲氧羰基）氨基）-1，6-二苯基-3-羟基己烷的结晶多晶型物。在晶体领域某种化合物是否存在晶体形式、存在多少种晶体形式以及存在何种晶体形式不具有可预期性，即便是采用精确计算堆积能等方法来进行晶体结构上的预测，也是非常困难的，故化合物晶体的发现或其制备带有偶然性，某种新晶型的获得一般需要依赖实验结果加以确定；对于化学结构较复杂的有机化合物的结晶，它们的粉末X-射线衍射图谱存在很多个峰，在权利要求中仅采用少数几个特征峰来表征化合物晶体，并不能确定由这些峰表征的晶体就是申请人实际制备得到的结晶，其可能还包括了本申请中没有公开的申请人未制备得到的其他形式的晶体，因此，本领域技术人员无法将说明书中公开的实际制得的特定晶型概括为权利要求1中仅仅用某些粉末X-射线衍射图谱峰表征所包括的多种结晶形态，权利要求1得不到说明书的支持，不符合专利法第26条第4款的规定。(2) 由于晶体的形成与其制备条件关系特别密切，条件的细微差别有可能导致完全不同的结果，本领域技术人员无法根据说明书中公开的申请人实际制得的特定晶型的方法概括得出权利要求3~8的技术方案，因此权利要求3~8也不符合专利法第26条第4款的规定。(3) 权利要求2中缺少相应的2θ值数据，权利要求1缺少句号，导致以上权利要求不清楚，不符合专利法实施细则第20条第1款的规定。

驳回决定针对的权利要求书如下：

“1. 在下列2θ值具有粉末X-射线衍射图谱特征峰，纯度大于90%的（2S，3S，5S）-5-（N-（N-（（N-甲基-N-（（2-异丙基-4-噻唑基）甲基）氨基）羰基）-L-缬氨酰）氨基）-2-（N-（（5-噻唑基）甲氧羰基）氨基）-1，6-二苯基-3-羟基己烷的结晶多晶型物：

8.67°±0.1°，9.88°±0.1°，16.11°±0.1°，16.70°±0.1°，17.36°±0.1°，17.78°±0.1°，18.40°±0.1°，18.93°±0.1°，20.07°±0.1°，20.65°±0.1°，21.71°±0.1°和25.38°±0.1°。

2. 权利要求1的结晶多晶型物，其纯度大于90%，在下列2θ值具有粉末X-射线衍射图谱特征峰：

3. 权利要求1的结晶多晶型物的制备方法，包括向利托那韦溶液中加入（2S）-N-（（1S）-1-苄基-2-（（4S，5S）-4-苄基-2-氧代-1，3-噁唑烷-5-基）乙基）-2-（（（（2-异丙基-1，3-噻唑-4-基）甲基）氨基）羰基）氨基）-3-甲基丁酰胺晶种，晶种的加入量为使在利托那韦溶液中存在未溶的晶种。

4. 权利要求1的结晶多晶型物的制备方法，包括向利托那韦的C1-C3醇溶液中加入（2S）-N-（（1S）-1-苄基-2-（（4S，5S）-4-苄基-2-氧代-1，3-噁唑烷-5-基）乙基）-2-（（（（2-异丙基-1，3-噻唑-4-基）甲基）氨基）羰基）氨基）-3-甲基丁酰胺晶种，晶种的加入量为使在利托那韦溶液中存在未溶的晶种。

5. 权利要求4的方法，其中C1-C3醇是乙醇。

6. 权利要求1的结晶多晶型物的制备方法，包括向利托那韦溶液中加入II型利托那韦晶种，然后加入反溶剂。

7. 权利要求1的结晶多晶型物的制备方法，包括向利托那韦的乙酸乙酯溶液中加入II型利托那韦晶种，然后加入庚烷。

8. 权利要求1的结晶多晶型物的制备方法，包括在50~55℃向利托那韦的乙酸乙酯溶液中加入II型利托那韦晶种，然后加入庚烷并冷却至25℃。”

2008年7月28日，申请人艾博特公司（下称请求人）对上述驳回决定不服，向专利复审委员会提出复审请求，并且提交了权利要求书的修改替换页，其中增加了权利要求2中的特征峰值和权利要求9。修改后的权利要求书为：

“1. 在下列2θ值具有粉末X-射线衍射图谱特征峰，纯度大于90%的（2S，3S，5S）-5-（N-（N-（（N-甲基-N-（（2-异丙基-4-噻唑基）甲基）氨基）羰基）-L-缬氨酰）氨基）-2-（N-

（（5-噻唑基）甲氧羰基）氨基）-1，6-二苯基-3-羟基己烷的结晶多晶型物：

8.67°±0.1°，9.88°±0.1°，16.11°±0.1°，16.70°±0.1°，17.36°±0.1°，17.78°±0.1°，18.40°±0.1°，18.93°±0.1°，20.07°±0.1°，20.65°±0.1°，21.71°±0.1°和25.38°±0.1°。

2. 权利要求1的结晶多晶型物，其纯度大于90%，在下列2θ值具有粉末X-射线衍射图谱特征峰：

8.67°±0.1°，9.51°±0.1°，9.88°±0.1°，10.97°±0.1°，13.74°±0.1°，16.11°±0.1°，16.70°±0.1°，17.36°±0.1°，17.78°±0.1°，18.40°±0.1°，18.93°±0.1°，19.52°±0.1°，19.80°±0.1°，20.07°±0.1°，20.65°±0.1°，21.49°±0.1°，21.71°±0.1°，22.23°±0.1°，25.38°±0.1°，26.15°±0.1°和28.62°±0.1°。

3. 权利要求1的结晶多晶型物的制备方法，包括向利托那韦溶液中加入（2S）-N-（（1S）-1-苄基-2-（（4S，5S）-4-苄基-2-氧代-1，3-噁唑烷-5-基）乙基）-2-（（（（2-异丙基-1，3-噻唑-4-基）甲基）氨基）羰基）氨基）-3-甲基丁酰胺晶种，晶种的加入量为使在利托那韦溶液中存在未溶的晶种。

4. 权利要求1的结晶多晶型物的制备方法，包括向利托那韦的C1-C3醇溶液中加入（2S）-N-（（1S）-1-苄基-2-（（4S，5S）-4-苄基-2-氧代-1，3-噁唑烷-5-基）乙基）-2-（（（（2-异丙基-1，3-噻唑-4-基）甲基）氨基）羰基）氨基）-3-甲基丁酰胺晶种，晶种的加入量为使在利托那韦溶液中存在未溶的晶种。

5. 权利要求4的方法，其中C1-C3醇是乙醇。

6. 权利要求1的结晶多晶型物的制备方法，包括向利托那韦溶液中加入II型利托那韦晶种，然后加入反溶剂。

7. 权利要求1的结晶多晶型物的制备方法，包括向利托那韦的乙酸乙酯溶液中加入II型利托那韦晶种，然后加入庚烷。

8. 权利要求1的结晶多晶型物的制备方法，包括在50~55℃向利托那韦的乙酸乙酯溶液中加入II型利托那韦晶种，然后加入庚烷并冷却至25℃。

9. 具有如图2所示的粉末X射线衍射图的（2S，3S，5S）-5-（N-（N-（（N-甲基-N-（（2-异丙基-4-噻唑基）甲基）氨基）羰基）-L-缬氨酰）氨基）-2-（N-（（5-噻唑基）甲氧羰基）氨基）-1，6-二苯基-3-羟基己烷的结晶多晶型物。”

请求人认为：（1）权利要求1中引用了总计12个主要的峰，权利要求2引用了总计21个峰，本领域技术人员会认同在权利要求1中引用的峰足以定义利托那韦的晶型II，这些峰已经构成了利托那韦晶型II的“指纹图谱”，图2中显示但没有在权利要求1中引用的其他峰也能够用来定义利托那韦晶型II，但是它们不是必须的。（2）没有证明支持“不同的晶型产生了权利要求1中引用的12个峰的不同峰，而且是这些晶型的混合物产生了所有这12个峰”。依据附件3的表II中所示，其中产生了与本申请权利要求1所述相同的12个峰，本领域技术人员会理解不同晶型的混合物与纯的晶型II具有相同的12个峰的一致性如果不是不可能，也是极低的。（3）通过使用高通量技术广泛筛选了利托那韦多晶型物（参见附件4），目前仅识别出五种多晶型物，即利托那韦晶型I、II、III、IV和V，晶型I、III、IV和V都不具有如权利要求1所述的12个特征峰，例如这些晶体在2θ为8.67和25.38处都没有峰。因此权利要求1中引用的峰足以定义利托那韦晶型II，也足以区别于其他的晶型，权利要求1~8能够得到说明书的支持。

请求人提交的附件如下：

附件1：“Ritonavir：An Extraordinary Example of Conformational Polymorphism”，John Bauer等，

Pharmaceutical Research，第 18 卷第 6 期，第 859~866 页，2001 年，复印件 8 页。

附件 2："Elucidation of crystal form diversity of the HIV protease inhibitor ritonavir by high-throughput crystallization"，Sherry L. Morissette 等，Applied Physical Sciences，第 100 卷第 5 期，第 2180~2184 页，2003 年 3 月 4 日，复印件 5 页。

附件 3：EP1097148B1，公开日为 2004 年 3 月 17 日（注：即本申请相应的欧洲专利）。

附件 4：US6894171B1，公开日为 2005 年 5 月 17 日（注：即本申请相应的美国专利）。

经形式审查合格后，专利复审委员会受理了该请求，并于 2008 年 9 月 8 日向请求人发出了《复审请求受理通知书》，同时将本申请转送至国家知识产权局原审查部门进行前置审查。

在《前置审查意见书》中，国家知识产权局审查部门指出，权利要求 1、3~8 仍得不到说明书支持，不符合专利法第 26 条第 4 款的规定，权利要求 12 的增加不符合专利法实施细则第 60 条第 1 款的规定，因此坚持驳回决定。

专利复审委员会组成合议组，对本复审请求案进行了审理。合议组于 2009 年 5 月 13 日发出《复审通知书》，指出：（1）请求人在提出复审请求时对权利要求书进行了修改，其中新增了权利要求 9，不符合专利法实施细则第 60 条第 1 款的规定。（2）由于权利要求 1 中记载的衍射峰数目和位置与说明书的相应描述不一致，本领域技术人员无法将说明书中实际制得的特定晶型概括为权利要求 1 中仅仅用某些粉末 X-射线衍射图谱峰表征的多种可能的结晶形态。并且，权利要求 1 中要求保护纯度大于 90% 的利托那韦晶体，而并非纯净的一种晶型，其可能为 II 型利托那韦与 I 型或无定型的混合物，本领域技术人员难以确定由权利要求 1 定义的利托那韦晶体是否对应于说明书记载的实际制备的 II 型晶体。因此，权利要求 1 得不到说明书的支持，不符合专利法第 26 条第 4 款的规定。（3）在权利要求 1 要求保护的利托那韦结晶多晶型物得不到说明书支持的基础上，权利要求 3~8 也没有以说明书为依据，不符合专利法第 26 条第 4 款的规定。

2009 年 6 月 29 日，请求人提交了意见陈述书和权利要求书的全文替换页，其中删除了权利要求 1、3~9，请求人认为上述修改克服了《复审通知书》所指出的缺陷。修改后的权利要求书如下：

"1. 在下列 2θ 值具有粉末 X-射线衍射图谱特征峰，纯度大于 90% 的（2S，3S，5S）-5-（N-（N-（（N-甲基-N-（（2-异丙基-4-噻唑基）甲基）氨基）羰基）-L-缬氨酰）氨基）-2-（N-（（5-噻唑基）甲氧羰基）氨基）-1，6-二苯基-3-羟基己烷的结晶多晶型物：

8.67°±0.1°，9.51°±0.1°，9.88°±0.1°，10.97°±0.1°，13.74°±0.1°，16.11°±0.1°，16.70°±0.1°，17.36°±0.1°，17.78°±0.1°，18.40°±0.1°，18.93°±0.1°，19.52°±0.1°，19.80°±0.1°，20.07°±0.1°，20.65°±0.1°，21.49°±0.1°，21.71°±0.1°，22.23°±0.1°，25.38°±0.1°，26.15°±0.1°和 28.62°±0.1°。"

经审查，合议组认为本案事实已经清楚，可以作出复审决定。

二、决定的理由

1. 关于审查文本和专利法实施细则第 60 条第 1 款

专利法实施细则第 60 条第 1 款规定：请求人在提出复审请求或者在对专利复审委员会的复审通知书作出答复时，可以修改专利申请文件；但是，修改应当仅限于消除驳回决定或者复审通知书指出的缺陷。

本案中，《复审通知书》指出：请求人在提出复审请求时对权利要求书进行了修改，其中新增了权利要求 9。显然请求人增加权利要求 9 的修改属于审查指南中列出的不符合专利法实施细则第 60 条第 1 款规定的情形。

在请求人于 2009 年 6 月 29 日提交的权利要求书中删除了该权利要求，上述修改克服了《复审通知书》指出的权利要求 9 不符合专利法实施细则第 60 条第 1 款规定的缺陷。

此外，在 2009 年 6 月 29 日提交的权利要求书中，还删除了权利要求 1、3~8，经审查，上述修改符合专利法第 33 条和专利法实施细则第 60 条第 1 款的规定。

因此，本复审决定所针对的审查文本为请求人于 2009 年 6 月 29 日提交的权利要求第 1 项，2008 年 2 月 20 日提交的说明书第 1~6 页，进入国家阶段时提交的国际申请文件中文文本的说明书第 7~13 页、附图第 1~10 页以及说明书摘要。

2. 关于专利法第 26 条第 4 款

专利法第 26 条第 4 款规定：权利要求书应当以说明书为依据，说明要求专利保护的范围。

本案中，驳回决定和《复审通知书》均指出权利要求 1、3~8 得不到说明书支持，不符合专利法第 26 条第 4 款的规定。请求人在于 2009 年 6 月 29 日提交的权利要求书中删除了这些权利要求。修改后的权利要求中限定的利托那韦晶体具有的粉末 X-射线衍射图谱特征峰 2θ 值与本申请说明书图 2 所示的本申请实际获得的利托那韦 II 型多晶形结晶的 X-射线衍射图谱特征峰相一致，即权利要求 1 的概括能得到说明书的支持。显然，修改后的权利要求 1 已经克服了驳回决定和《复审通知书》所指出的缺陷，符合专利法第 26 条第 4 款的规定。

根据以上事实和理由，本案合议组作出如下审查决定。

三、决定

撤销国家知识产权局于 2008 年 4 月 11 日对 99808927.3 号发明专利申请作出的驳回决定。由原审查部门在本复审决定所针对的审查文本的基础上继续进行审查。

复审请求人对本决定不服的，可以根据专利法第 41 条第 2 款的规定，自收到本决定之日起三个月内向北京市第一中级人民法院起诉。

129

含磷元素阻燃剂环氧树脂组合物

复审请求审查决定（第18655号）

决　定　号　第18655号
决　定　日　2008年11月24日
发明创造名称　含磷元素阻燃剂环氧树脂组合物
国 际 分 类 号　C08L63/00，C08G59/32，C08G59/30，C08J5/24，H01L23/29
复 审 请 求 人　陶氏环球技术公司
申　请　号　00818302.3
申　请　日　2000年12月11日
优 先 权 日　1999年12月13日
公　开　日　2003年6月11日
合 议 组 组 长　刘　静
主　审　员　李新芝
参　审　员　刘　磊

法 律 依 据　专利法第26条第4款、专利法实施细则第20条第1款
决 定 要 点

权利要求书应当以说明书为依据，是指权利要求应当得到说明书的支持。权利要求通常由说明书记载的一个或者多个实施方式或实施例概括而成，且权利要求的概括不能包含申请人推测并且效果难于预先确定和评价的内容。

一、案由

本复审请求案涉及发明名称为“含磷元素阻燃剂环氧树脂组合物”的00818302.3号发明专利申请（下称本申请），申请人为陶氏环球技术公司，申请日为2000年12月11日，优先权日为1999年12月13日，公开日为2003年6月11日。

2007年4月6日，针对申请人于2007年2月14日提交的权利要求第1~40项，2005年10月31日提交的说明书第18页，进入中国国家阶段时提交的国际申请文件的中文文本的说明书第1~17、19~20页及说明书摘要，国家知识产权局以申请不符合专利法第26条第4款和专利法实施细则第20条第1款的规定为由驳回了本申请。

驳回决定认为：（1）权利要求1、2、29、36、37、39不符合专利法实施细则第20条第1款的规定，理由如下：权利要求1、36对组分（B）的限定前后矛盾，同时未清楚限定组分（C）的“还氧、含磷元素的芳族化合物”为何物质，并且将不是芳族化合物的“亚磷酸二甲酯”、“乙烯基膦酸”

限定为含磷元素的芳族化合物；权利要求2将反应物和产物均定义为“含磷元素化合物”，因此不清楚；权利要求29的附加技术特征中的“亚磷酸二甲酯”、“乙烯基膦酸”并不属于芳族化合物，而权利要求1中已经限定含磷元素化合物都是含磷元素的芳族化合物，因此不清楚；权利要求37、39将不是芳族化合物的“亚磷酸二甲酯”、“乙烯基膦酸”限定为含磷元素的芳族化合物，并且最后一段对反应基团的限定属于重复限定；（2）权利要求1、36不符合专利法第26条第4款的规定，理由如下：在本申请的实施例中，使用的含磷元素的芳族化合物均为HCA-HQ或PD3710，由于不同结构的含磷元素的芳族化合物的阻燃性有很大不同，因此在树脂组合物中采用组分（A）或（B）时，权利要求1、36中的上位概念“含磷元素的芳族化合物”中的其他物质是否也能够达到与HCA-HQ或PD3710同样的阻燃效果，所属技术领域的技术人员难于预料，因此组分（A）、（B）中概括过宽的上位概念“含磷元素的芳族化合物”导致权利要求1、36得不到说明书支持。

驳回决定针对的权利要求1、2、29、36、37、39如下：

“1. 一种基本不含卤素的含磷元素阻燃剂环氧树脂组合物，包括：

（I）选自如下的非卤化环氧树脂材料：

（A）如下物质的反应产物：

（1）非卤化环氧树脂，和

（2）含磷元素的芳族化合物；

（B）如下物质的反应产物：

（1）非卤化不含磷元素环氧树脂，和

（2）含磷元素的芳族化合物，其中（B1）不与（B2）反应；或

（C）还氧、含磷元素的芳族化合物其中所述含磷元素的芳族化合物选自9，10-二氢-9-噁-10-磷杂菲-10-氧化物、10-（2′，5′-二羟苯基）-9，10-二氢-9-噁-10-磷杂菲-10-氧化物、双（4-羟苯基）膦氧化物、三（2-羟苯基）膦氧化物、二甲基-1-双（4-羟苯基）-1-苯基甲基磷酸脂、三（2-羟基-4/5-甲基苯基）膦氧化物、亚磷酸二甲酯、乙烯基膦酸、三（4-羟苯基）膦氧化物、双（2-羟苯基）苯基膦氧化物、双（2-羟苯基）苯基次膦酸酯、三（2-羟基-5-甲基苯基）膦氧化物；或其混合物；

（II）（A）羟基官能度至少为2的多官能酚类交联剂；

（B）在加热时形成羟基官能度至少为2的多官能酚类交联剂的材料；或

（C）组分（A）和（B）的混合物；

（III）能够促进多官能酚类交联剂的酚/羟基基团与环氧树脂材料的环氧基团的反应的催化剂；和

（IV）路易斯酸抑制剂。

2. 如权利要求1的组合物，其中所述含磷元素化合物包括如下物质的反应产物：

（A）含磷元素化合物，和

（B）环氧氯丙烷。

29. 如权利要求1的组合物，其中非卤化含磷元素环氧树脂材料是如下物质的反应产物：（i）环氧线形酚醛树脂、三（羟苯基）甲烷的环氧、二环戊二烯改性的环氧线形酚醛树脂、四苯酚乙烷的缩水甘油基、双酚A的二缩水甘油醚、或双酚F的二缩水甘油醚，和（ii）选自如下的含磷元素化合物：10-（2′，5′-二羟苯基）-9，10-二氢-9-噁-10-磷杂菲-10-氧化物、双（4-羟苯基）膦氧化物、三（2-羟苯基）膦氧化物、二甲基-1-双（4-羟苯基）-1-苯基甲基磷酸脂、三（2-羟基-4/5-甲基苯基）膦氧化物、亚磷酸二甲酯、乙烯基膦酸、三（4-羟苯基）膦氧化物、双（2-羟苯基）苯

基膦氧化物、双（2-羟苯基）苯基次膦酸酯、三（2-羟基-5-甲基苯基）膦氧化物、或其混合物。

36. 一种基本不含卤素的含磷元素阻燃剂环氧树脂组合物的制备方法，包括混合如下物质的步骤：

（I）选自如下的非卤化环氧树脂材料：

（A）如下物质的反应产物：

（1）非卤化环氧树脂，和

（2）含磷元素的芳族化合物；

（B）如下物质的反应产物：

（1）非卤化不含磷元素环氧树脂，和

（2）含磷元素的芳族化合物，其中（B1）不与（B2）反应；或

（C）还氧、含磷元素的芳族化合物其中所述含磷元素的芳族化合物选自9，10-二氢-9-噁-10-磷杂菲-10-氧化物、10-（2′，5′-二羟苯基）-9，10-二氢-9-噁-10-磷杂菲-10-氧化物、双（4-羟苯基）膦氧化物、三（2-羟苯基）膦氧化物、二甲基-1-双（4-羟苯基）-1-苯基甲基磷酸脂、三（2-羟基-4/5-甲基苯基）膦氧化物、亚磷酸二甲酯、乙烯基膦酸、三（4-羟苯基）膦氧化物、双（2-羟苯基）苯基膦氧化物、双（2-羟苯基）苯基次膦酸酯、三（2-羟基-5-甲基苯基）膦氧化物或其混合物；

（II）（A）羟基官能度至少为2的多官能酚类交联剂；

（B）在加热时形成羟基官能度至少为2的多官能酚类交联剂的材料；或

（C）组分（A）和（B）的混合物；

（III）能够促进多官能酚类交联剂的酚/羟基基团与环氧树脂材料的环氧基团的反应的催化剂；和

（IV）路易斯酸抑制剂。

37. 一种能够加入到环氧树脂中的基本不含卤素的阻燃剂硬化剂组合物，包括：

（i）含磷元素化合物，其中所述含磷元素的芳族化合物其中所述含磷元素的芳族化合物选自9，10-二氢-9-噁-10-磷杂菲-10-氧化物、10-（2′，5′-二羟苯基）-9，10-二氢-9-噁-10-磷杂菲-10-氧化物、双（4-羟苯基）膦氧化物、三（2-羟苯基）膦氧化物、二甲基-1-双（4-羟苯基）-1-苯基甲基磷酸脂、三（2-羟基-4/5-甲基苯基）膦氧化物、亚磷酸二甲酯、乙烯基膦酸、三（4-羟苯基）膦氧化物、双（2-羟苯基）苯基膦氧化物、双（2-羟苯基）苯基次膦酸酯、三（2-羟基-5-甲基苯基）膦氧化物或其混合物；

（ii）（A）羟基官能度至少为2的多官能酚类交联剂；

（B）在加热时形成羟基官能度至少为2的多官能酚类交联剂的材料；或

（C）组分（A）和（B）的混合物；和

（iii）路易斯酸抑制剂；

其中所述的含磷元素化合物含有反应基团，所述的反应基团选自可以与环氧基团反应的如下基团：酚基团、酸基团、氨基、酸酐基团、亚磷酸酯基团、次磷酸酯基团、环氧基团、膦基团和羟基。

39. 一种含磷元素环氧树脂加合物，包括如下物质的反应产物：（1）非卤化环氧树脂；（2）芳族含磷元素化合物，其中所述含磷元素的芳族化合物其中所述含磷元素的芳族化合物选自9，10-二氢-9-噁-10-磷杂菲-10-氧化物、10-（2′，5′-二羟苯基）-9，10-二氢-9-噁-10-磷杂菲-10-氧化物、双（4-羟苯基）膦氧化物、三（2-羟苯基）膦氧化物、二甲基-1-双（4-羟苯基）-1-苯基甲基磷酸脂、三（2-羟基-4/5-甲基苯基）膦氧化物、亚磷酸二甲酯、乙烯基膦酸、三（4-羟苯基）

膦氧化物、双（2-羟苯基）苯基膦氧化物、双（2-羟苯基）苯基次膦酸酯、三（2-羟基-5-甲基苯基）膦氧化物或其混合物；和（3）路易斯酸抑制剂；

其中所述的含磷元素化合物含有反应基团，所述的反应基团选自可以与环氧基团反应的如下基团：酚基团、酸基团、氨基、酸酐基团、亚磷酸酯基团、次磷酸酯基团、环氧基团、膦基团和羟基。”

2007年7月20日，申请人陶氏环球技术公司（下称请求人）对上述驳回决定不服，向专利复审委员会提出复审请求，请求人在提出复审请求时对权利要求书进行了修改，修改后的权利要求1、2、29、36、37和39如下：

“1. 一种基本不含卤素的含磷元素阻燃剂环氧树脂组合物，包括：

（I）选自如下的非卤化含磷元素环氧树脂材料：

（A）非卤化含磷元素环氧树脂化合物；

（B）如下物质的混合物：

（1）非卤化不含磷元素环氧树脂，和

（2）含磷元素的芳族化合物，其中（B1）不与（B2）反应；或

（C）如下物质的反应产物：

（1）非卤化环氧树脂，和

（2）含磷元素的芳族化合物；

其中组分（B）和（C）中的所述含磷元素的芳族化合物选自9，10-二氢-9-噁-10-磷杂菲-10-氧化物、10-（2′，5′-二羟苯基）-9，10-二氢-9-噁-10-磷杂菲-10-氧化物、双（4-羟苯基）膦氧化物、三（2-羟苯基）膦氧化物、二甲基-1-双（4-羟苯基）-1-苯基甲基磷酸脂、三（2-羟基-4/5-甲基苯基）膦氧化物、三（4-羟苯基）膦氧化物、双（2-羟苯基）苯基膦氧化物、双（2-羟苯基）苯基次膦酸酯、三（2-羟基-5-甲基苯基）膦氧化物；或其混合物；

（II）（A）羟基官能度至少为2的多官能酚类交联剂；

（B）在加热时形成羟基官能度至少为2的多官能酚类交联剂的材料；或

（C）组分（A）和（B）的混合物；

（III）能够促进多官能酚类交联剂的酚/羟基基团与环氧树脂材料的环氧基团的反应的催化剂；和

（IV）路易斯酸抑制剂。

2. 如权利要求1的组合物，其中所述非卤化含磷元素还氧树脂材料包括如下物质的反应产物：

（1）环氧氯丙烷，和

（2）含磷元素化合物。

29. 如权利要求1的组合物，其中非卤化含磷元素环氧树脂材料是如下物质的反应产物：（i）环氧线形酚醛树脂、三（羟苯基）甲烷的环氧、二环戊二烯改性的环氧线形酚醛树脂、四苯酚乙烷的缩水甘油基、双酚A的二缩水甘油醚、或双酚F的二缩水甘油醚，和（ii）选自如下的含磷元素化合物：10-（2′，5′-二羟苯基）-9，10-二氢-9-噁-10-磷杂菲-10-氧化物、双（4-羟苯基）膦氧化物、三（2-羟苯基）膦氧化物、二甲基-1-双（4-羟苯基）-1-苯基甲基磷酸脂、三（2-羟基-4/5-甲基苯基）膦氧化物、三（4-羟苯基）膦氧化物、双（2-羟苯基）苯基膦氧化物、双（2-羟苯基）苯基次膦酸酯、三（2-羟基-5-甲基苯基）膦氧化物、或其混合物。

36. 一种基本不含卤素的含磷元素阻燃剂环氧树脂组合物的制备方法，包括混合如下物质的步骤：

（I）选自如下的非卤化含磷元素环氧树脂材料：

（A）非卤化含磷元素环氧树脂化合物；

（B）如下物质的混合物：

（1）非卤化不含磷元素环氧树脂，和

（2）含磷元素的芳族化合物，其中（B1）不与（B2）反应；或

（C）如下物质的反应产物：

（1）非卤化环氧树脂，和

（2）含磷元素的芳族化合物；

其中所述含磷元素的芳族化合物选自9，10-二氢-9-噁-10-磷杂菲-10-氧化物、10-（2′，5′-二羟苯基）-9，10-二氢-9-噁-10-磷杂菲-10-氧化物、双（4-羟苯基）膦氧化物、三（2-羟苯基）膦氧化物、二甲基-1-双（4-羟苯基）-1-苯基甲基磷酸脂、三（2-羟基-4/5-甲基苯基）膦氧化物、三（4-羟苯基）膦氧化物、双（2-羟苯基）苯基膦氧化物、双（2-羟苯基）苯基次膦酸酯、三（2-羟基-5-甲基苯基）膦氧化物或其混合物；

（II）（A）羟基官能度至少为2的多官能酚类交联剂；

（B）在加热时形成羟基官能度至少为2的多官能酚类交联剂的材料；或

（C）组分（A）和（B）的混合物；

（III）能够促进多官能酚类交联剂的酚/羟基基团与环氧树脂材料的环氧基团的反应的催化剂；和

（IV）路易斯酸抑制剂。

37. 一种能够加入到环氧树脂中的基本不含卤素的阻燃剂硬化剂组合物，包括：

（i）含磷元素化合物，其中含磷元素的芳族化合物其中所述含磷元素的芳族化合物选自9，10-二氢-9-噁-10-磷杂菲-10-氧化物、10-（2′，5′-二羟苯基）-9，10-二氢-9-噁-10-磷杂菲-10-氧化物、双（4-羟苯基）膦氧化物、三（2-羟苯基）膦氧化物、二甲基-1-双（4-羟苯基）-1-苯基甲基磷酸脂、三（2-羟基-4/5-甲基苯基）膦氧化物、三（4-羟苯基）膦氧化物、双（2-羟苯基）苯基膦氧化物、双（2-羟苯基）苯基次膦酸酯、三（2-羟基-5-甲基苯基）膦氧化物或其混合物；

（ii）（A）羟基官能度至少为2的多官能酚类交联剂；

（B）在加热时形成羟基官能度至少为2的多官能酚类交联剂的材料；或

（C）组分（A）和（B）的混合物；和

（iii）路易斯酸抑制剂；

其中所述的含磷元素化合物含有反应基团，所述的反应基团选自可以与环氧基团反应的如下基团：酚基团、酸基团、氨基、酸酐基团、亚磷酸酯基团、次磷酸酯基团、环氧基团、膦基团和羟基。

39. 一种含磷元素环氧树脂加合物，包括如下物质的反应产物：（1）非卤化环氧树脂；（2）芳族含磷元素化合物，其中所述含磷元素的芳族化合物其中所述含磷元素的芳族化合物选自9，10-二氢-9-噁-10-磷杂菲-10-氧化物、10-（2′，5′-二羟苯基）-9，10-二氢-9-噁-10-磷杂菲-10-氧化物、双（4-羟苯基）膦氧化物、三（2-羟苯基）膦氧化物、二甲基-1-双（4-羟苯基）-1-苯基甲基磷酸脂、三（2-羟基-4/5-甲基苯基）膦氧化物、三（4-羟苯基）膦氧化物、双（2-羟苯基）苯基膦氧化物、双（2-羟苯基）苯基次膦酸酯、三（2-羟基-5-甲基苯基）膦氧化物或其混合物；和（3）路易斯酸抑制剂；

其中所述的含磷元素化合物含有反应基团，所述的反应基团选自可以与环氧基团反应的如下基团：酚基团、酸基团、氨基、酸酐基团、亚磷酸酯基团、次磷酸酯基团、环氧基团、膦基团和羟基。”

请求人认为：修改后的权利要求中已重新限定了组分（A）和（B）中的含磷元素的芳族化合

物，本领域技术人员能够清楚地理解在权利要求 1 和 36 中的所列出的含磷元素化合物是公知的，其能够得到说明书的充分支持。

经形式审查合格后，专利复审委员会受理了该请求，并于 2007 年 9 月 20 日向请求人发出了《复审请求受理通知书》，同时将本申请转送至国家知识产权局原审查部门进行前置审查。

在《前置审查意见书》中，国家知识产权局原审查部门认为：（1）修改后的权利要求 1、36 中对组分（1）列举了三种可选材料（A）、（B）、（C），其中（A）中已经包含了（C），从而导致权利要求 1、36 的保护范围不清楚；（2）权利要求 37、39 中对含磷元素的化合物用具体名称进行了限定，因此上述权利要求最后一段对反应基团的限定属于重复限定，导致其保护范围不清楚；（3）本领域技术人员难于预计权利要求 1、36 中的“非卤化含磷元素环氧树脂化合物”和权利要求 2 中的“含磷元素化合物”所概括的方式均能解决本发明的技术问题，因此权利要求 1、2、36 仍得不到说明书支持，坚持驳回决定。

2007 年 11 月 16 日，请求人再次对权利要求书进行了修改，其中调整了权利要求 11 和 17 的引用关系，使权利要求 11 和 17 从属于独立权利要求 1，并将权利要求 37 中重复表述的“其中所述含磷元素的芳族化合物”删除。

专利复审委员会组成合议组，对本复审请求案进行了审理。

合议组于 2008 年 8 月 11 日向请求人发出《复审通知书》，指出：

（1）权利要求 1 中的非卤化含磷元素环氧树脂材料选自组分（A）、（B）或（C），其中（A）为非卤化含磷元素环氧树脂化合物，但由于组分（C）是非卤化环氧树脂和含磷元素的芳族化合物的反应产物，因此组分（C）必然是一种非卤化含磷元素环氧树脂化合物，即组分（A）为组分（C）的上位概念，这种对上下位概念的并列选择导致该权利要求的保护范围不清楚，不符合专利法实施细则第 20 条第 1 款的规定。基于同样理由，权利要求 36 也没有清楚地表述其保护范围，不符合专利法实施细则第 20 条第 1 款的规定。此外，由于在权利要求 39 中已经对含磷元素的芳族化合物用具体的化学结构名称进行了限定，也就是说，已经限定了其结构中含有至少一种可以与环氧基团反应的上述反应基团，因此该权利要求中最后用反应基团对所述含磷元素的芳族化合物再次进行限定属于重复限定，导致该权利要求的保护范围不清楚，不符合专利法实施细则第 20 条第 1 款的规定。

（2）就本申请而言，其发明目的在于提供一种具有良好阻燃性和足够低吸水作用的含磷元素阻燃剂环氧树脂组合物，为此，本发明提供了如权利要求 1 所述的一种基本不含卤素的含磷元素阻燃剂环氧树脂组合物，其中的组分（I）为选自前述组分（A）、（B）或（C）的非卤化含磷元素环氧树脂材料，组分（II）为前述羟基官能度至少为 2 的多官能酚类交联剂、交联剂形成材料或其混合物，但在本申请的说明书中对于该环氧树脂组合物仅仅给出了使用环氧线形酚醛树脂如 D. E. N. 438 等与含磷元素芳族化合物 Struktol Polydis PD3710（即 9，10-二氢-9-噁-10-磷杂菲-10-氧化物）或 Sanko HCA-HQ（即 10-（2′，5′-二羟苯基）-9，10-二氢-9-噁-10-磷杂菲-10-氧化物）反应得到的非卤化含磷元素环氧树脂材料作为组分（I），符合通式（I）（参见说明书第 6 页）结构的 Perstorp 85. 36. 28 作为组分（II）的制备实施例及其效果数据，由于由不同结构的环氧树脂化合物和不同结构的含磷元素芳族化合物在不同结构的酚类交联剂存在下反应会得到各种各样结构差别很大的非卤化含磷元素环氧树脂材料，而本领域技术人员并不能够预期这些结构各异的非卤化含磷元素环氧树脂材料会具有类似的阻燃性、低吸水性能等性能，因此由该权利要求中选自组分（A）、（B）或（C）的上位概念“非卤化含磷元素环氧树脂材料”以及“羟基官能度至少为 2 的多官能酚类交联剂”所概括的除本申请实施例之外的其他方式能否实现本发明的目的是本领域技术人员难以预期的，其包含了申请人推测并且效果难于预先确定和评价的内容，故不符合专利法第 26 条第 4 款的规定。基于同样理由，权利要求2~40也得不到说明书的支持，不符合专利法第26条第4款的规定。

（3）此外，针对请求人的复审理由，合议组认为，权利要求1和36中的含磷元素芳族化合物是本领域技术人员公知的并不意味着该权利要求必然得到说明书的支持。由于权利要求1和36中的含磷元素芳族化合物结构差别很大，因此，如前所述，其在与不同结构的环氧树脂和酚类交联剂存在下反应时会得到结构差别很大的含磷元素环氧树脂材料，由于这些不同结构的含磷元素环氧树脂材料在阻燃性和吸水性等方面的不可预期性，因此导致权利要求1和36得不到说明书的支持。

针对上述《复审通知书》，请求人于2008年9月26日提交了意见陈述书，并对权利要求书进行了修改，修改后的权利要求书为：

“1. 一种基本不含卤素的含磷元素阻燃剂环氧树脂组合物，包括：

（I）非卤化含磷元素环氧树脂材料，其选自如下物质的反应产物：

（1）环氧线形酚醛树脂，和

（2）含磷元素的芳族化合物，

其中所述含磷元素的芳族化合物选自9，10–二氢–9–噁10–磷杂菲–10–氧化物、10–（2′，5′–二羟苯基）–9，10–二氢–9–噁10–磷杂菲–10–氧化物、或其混合物；

（II）具有如下通式（Ⅰ）结构的多官能酚类交联剂

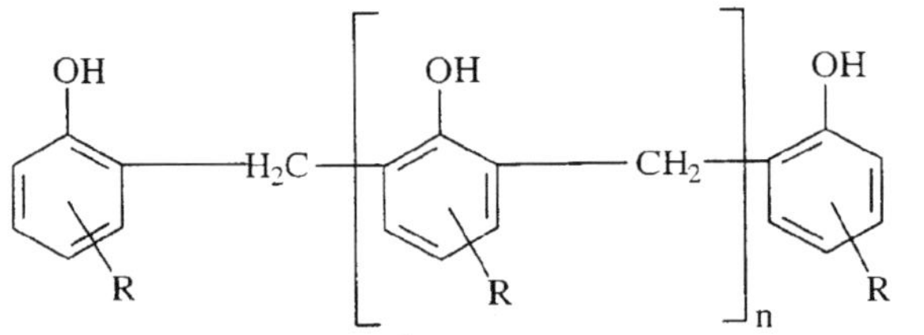

（Ⅰ），

其中R是氢或C_{1-3}烷基，n是0或1–10的整数；

（III）能够促进多官能酚类交联剂的酚/羟基基团与环氧树脂材料的环氧基团的反应的催化剂；和

（IV）路易斯酸抑制剂。

2. 如权利要求1的组合物，其中所述非卤化含磷元素还氧树脂材料包括如下物质的反应产物：

（1）环氧氯丙烷，和

（2）含磷元素的芳族化合物，

其中所述含磷元素的芳族化合物选自9，10–二氢–9–噁–10–磷杂菲–10–氧化物、10–（2′，5′–二羟苯基）–9，10–二氢–9–噁–10–磷杂菲–10–氧化物、或其混合物。

3. 如权利要求1的组合物，其中多官能酚类交联剂的存在量为需要固化环氧树脂的化学计量数量的50%~150%。

4. 如权利要求1的组合物，其中非卤化含磷元素环氧树脂材料的量为30wt%~95wt%，基于存在于组合物中总的固体物质。

5. 如权利要求1的组合物，其中含磷元素的芳族化合物的存在量足以提供固化组合物中0.2wt%~3.5wt%的磷。

6. 如权利要求1的组合物，其中催化剂存在量为0.1wt%~3wt%。

7. 如权利要求1的组合物，其中路易斯酸的存在量至多为4摩尔，相对于每摩尔催化剂。

8. 如权利要求1的组合物，其中催化剂是胺催化剂化合物。

9. 如权利要求1的组合物，其中催化剂是杂环含氮化合物。

10. 如权利要求1的组合物，其中催化剂选自2–苯基咪唑、2–甲基咪唑、2–乙基–4–甲基咪唑和咪唑。

11. 如权利要求 1 的组合物，其中路易斯酸是含硼化合物。

12. 如权利要求 1 的组合物，其中路易斯酸选自硼酸、偏硼酸、环硼氧烷和硼酸烷基酯。

13. 如权利要求 1 的组合物，包括：（V）阻燃剂添加剂。

14. 如权利要求 13 的组合物，其中阻燃剂添加剂（V）选自三氢氧化铝、氢氧化镁、红磷、包覆红磷、多磷酸铵及其混合物。

15. 如权利要求 13 的组合物，其中阻燃剂添加剂（V）是卤化双酚 A，数量小于 10wt%。

16. 如权利要求 13 的组合物，其中阻燃剂添加剂（V）是四溴双酚 A。

17. 如权利要求 1 的组合物，包括：（VI）填料。

18. 如权利要求 17 的组合物，其中填料（VI）是无机填料。

19. 如权利要求 1 的组合物，包括：

（VII）不同于多官能酚类交联剂（II）的多官能共交联剂。

20. 如权利要求 19 的组合物，其中多官能酚类共交联剂（VII）选自酸酐、胺官能度至少为 2 的含氮交联剂和苯乙烯马来酸酐共聚物。

21. 如权利要求 19 的组合物，其中共交联剂（VII）的存在量为需要固化环氧树脂的化学计量数量的 0~40%。

22. 如权利要求 1 的组合物，包括：（VIII）溶剂。

23. 如权利要求 1 的组合物，包括：

（IX）卤化环氧树脂化合物，数量使得环氧树脂组合物中的卤素含量小于 10wt%。

24. 如权利要求 1 的组合物，其中多官能酚类交联剂是 2~10 官能线形酚醛树脂。

25. 如权利要求 1 的组合物，其中非卤化含磷元素环氧树脂材料是如下物质的反应产物：（i）环氧线形酚醛树脂和（ii）9，10-二氢-9-噁-10-磷杂菲-10-氧化物。

26. 如权利要求 1 的组合物，其中非卤化含磷元素环氧树脂材料是如下物质的反应产物：（i）环氧线形酚醛树脂，和（ii）10-（2′，5′-二羟苯基）-9，10-二氢-9-噁-10-磷杂菲-10-氧化物。

27. 如权利要求 1 的组合物，它提供基于 UL94 的 V-O 着火材料等级（垂直测试）。

28. 由权利要求 1 的组合物制备的“B-态”材料。

29. 由权利要求 1 的组合物制备的层压材料。

30. 一种基本不含卤素的含磷元素阻燃剂环氧树脂组合物的制备方法，包括混合如下物质的步骤：

（I）非卤化含磷元素环氧树脂材料，其选自如下物质的反应产物：

（1）环氧线形酚醛树脂，和

（2）含磷元素的芳族化合物，

其中所述含磷元素的芳族化合物选自 9，10-二氢-9-噁-10-磷杂菲-10-氧化物、10-（2′，5′-二羟苯基）-9，10-二氢-9-噁-10-磷杂菲-10-氧化物、双（4-羟苯基）膦氧化物、或其混合物；

（II）具有如下通式（Ⅰ）结构的多官能酚类交联剂

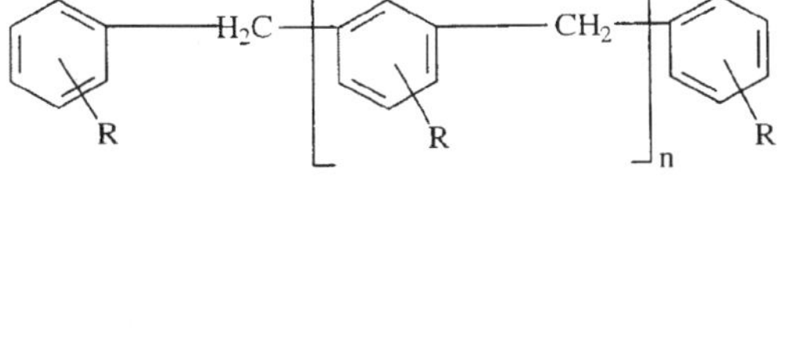

（Ⅰ），

其中 R 是氢或 C_{1-3}烷基，n 是 0 或 1~10 的整数；

（III）能够促进多官能酚类交联剂的酚/羟基基团与环氧树脂材料的环氧基团的反应的催化剂；和

（IV）路易斯酸抑制剂。

31. 一种能够加入到环氧树脂中的基本不含卤素的阻燃剂硬化剂组合物，包括：

（i）含磷元素的芳族化合物，其中含磷元素的芳族化合物选自 9，10–二氢–9–噁–10–磷杂菲–10–氧化物、10–（2′，5′–二羟苯基）–9，10–二氢–9–噁–10–磷杂菲–10–氧化物、或其混合物；

（ii）具有如下通式（Ⅰ）结构的多官能酚类交联剂

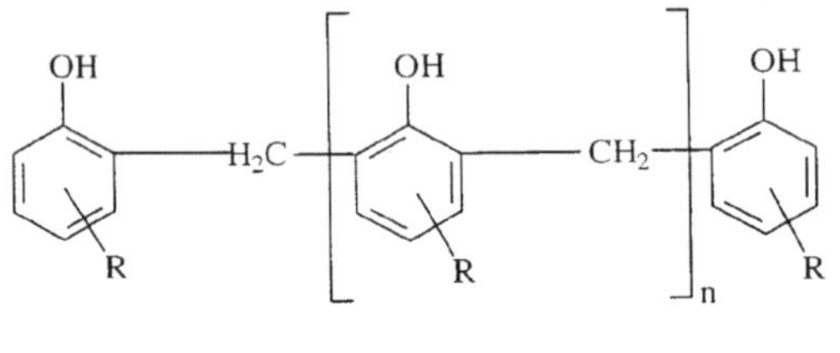

（Ⅰ），

其中 R 是氢或 C_{1-3}烷基，n 是 0 或 1~10 的整数；和

（iii）路易斯酸抑制剂 。

32. 如权利要求 31 的硬化剂，其中含磷元素的芳族化合物是 10–（2′，5′–二羟苯基）–9，10–二氢–9–噁–10–磷杂菲–10–氧化物。

33. 一种含磷元素环氧树脂加合物，包括如下物质的反应产物：（1）环氧线形酚醛树脂；（2）芳族含磷元素化合物，其中所述含磷元素的芳族化合物选自 9，10–二氢–9–噁–10–磷杂菲–10–氧化物、10–（2′，5′–二羟苯基）–9，10–二氢–9–噁–10–磷杂菲–10–氧化物、或其混合物；和（3）路易斯酸抑制剂。

34. 如权利要求 33 的加合物，其中含磷元素化合物是 10–（2′，5′–二羟苯基）–9，10–二氢–9–噁–10–磷杂菲–10–氧化物。”

请求人认为：上述修改已克服《复审通知书》所指出的权利要求的保护范围不清楚以及权利要求得不到说明书支持的问题。

2008 年 11 月 4 日，请求人再次提交了权利要求书替换页，删除了权利要求 2，并删除了权利要求 30 中的“双（4–羟苯基）膦氧化物”。修改后的权利要求书如下：

“1. 一种基本不含卤素的含磷元素阻燃剂环氧树脂组合物，包括：

（I）非卤化含磷元素环氧树脂材料，其选自如下物质的反应产物：

（1）环氧线形酚醛树脂，和

（2）含磷元素的芳族化合物，

其中所述含磷元素的芳族化合物选自 9，10–二氢–9–噁–10–磷杂菲–10–氧化物、10–（2′，5′–二羟苯基）–9，10–二氢–9–噁–10–磷杂菲–10–氧化物或其混合物；

（II）具有如下通式（Ⅰ）结构的多官能酚类交联剂

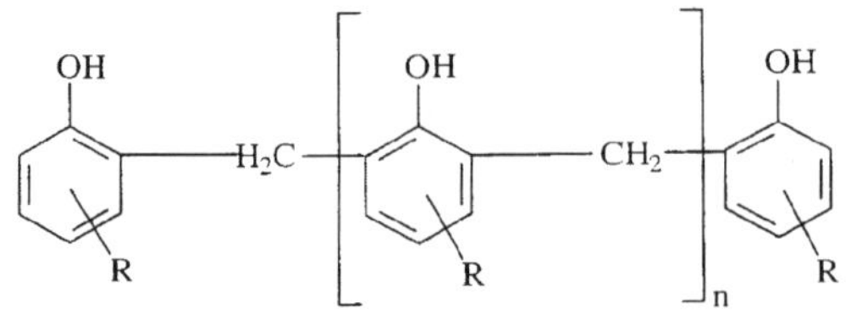

（Ⅰ），

其中 R 是氢或 C_{1-3}烷基，n 是 0 或 1~10 的整数；

（III）能够促进多官能酚类交联剂的酚/羟基基团与环氧树脂材料的环氧基团的反应的催化剂；和

（IV）路易斯酸抑制剂。

2. 如权利要求 1 的组合物，其中多官能酚类交联剂的存在量为需要固化环氧树脂的化学计量数量的 50%～150%。

3. 如权利要求 1 的组合物，其中非卤化含磷元素环氧树脂材料的量为 30wt%～95wt%，基于存在于组合物中总的固体物质。

4. 如权利要求 1 的组合物，其中含磷元素的芳族化合物的存在量足以提供固化组合物中 0.2wt%～3.5wt% 的磷。

5. 如权利要求 1 的组合物，其中催化剂存在量为 0.1wt%～3wt%。

6. 如权利要求 1 的组合物，其中路易斯酸的存在量至多为 4 摩尔，相对于每摩尔催化剂。

7. 如权利要求 1 的组合物，其中催化剂是胺催化剂化合物。

8. 如权利要求 1 的组合物，其中催化剂是杂环含氮化合物。

9. 如权利要求 1 的组合物，其中催化剂选自 2-苯基咪唑、2-甲基咪唑、2-乙基-4-甲基咪唑和咪唑。

10. 如权利要求 1 的组合物，其中路易斯酸是含硼化合物。

11. 如权利要求 1 的组合物，其中路易斯酸选自硼酸、偏硼酸、环硼氧烷和硼酸烷基酯。

12. 如权利要求 1 的组合物，包括：（V）阻燃剂添加剂。

13. 如权利要求 12 的组合物，其中阻燃剂添加剂（V）选自三氢氧化铝、氢氧化镁、红磷、包覆红磷、多磷酸铵及其混合物。

14. 如权利要求 12 的组合物，其中阻燃剂添加剂（V）是卤化双酚 A，数量小于 10wt%。

15. 如权利要求 12 的组合物，其中阻燃剂添加剂（V）是四溴双酚 A。

16. 如权利要求 1 的组合物，包括：（VI）填料。

17. 如权利要求 16 的组合物，其中填料（VI）是无机填料。

18. 如权利要求 1 的组合物，包括：

（VII）不同于多官能酚类交联剂（II）的多官能共交联剂。

19. 如权利要求 18 的组合物，其中多官能酚类共交联剂（VII）选自酸酐、胺官能度至少为 2 的含氮交联剂和苯乙烯马来酸酐共聚物。

20. 如权利要求 18 的组合物，其中共交联剂（VII）的存在量为需要固化环氧树脂的化学计量数量的 0～40%。

21. 如权利要求 1 的组合物，包括：（VIII）溶剂。

22. 如权利要求 1 的组合物，包括：

（IX）卤化环氧树脂化合物，数量使得环氧树脂组合物中的卤素含量小于 10wt%。

23. 如权利要求 1 的组合物，其中多官能酚类交联剂是 2～10 官能线形酚醛树脂。

24. 如权利要求 1 的组合物，其中非卤化含磷元素环氧树脂材料是如下物质的反应产物：（i）环氧线形酚醛树脂和（ii）9，10-二氢-9-噁-10-磷杂菲-10-氧化物。

25. 如权利要求 1 的组合物，其中非卤化含磷元素环氧树脂材料是如下物质的反应产物：（i）环氧线形酚醛树脂，和（ii）10-（2′，5′-二羟苯基）-9，10-二氢-9-噁-10-磷杂菲-10-氧化物。

26. 如权利要求 1 的组合物，它提供基于 UL94 的 V-O 着火材料等级（垂直测试）。

27. 由权利要求 1 的组合物制备的“B-态”材料。

28. 由权利要求 1 的组合物制备的层压材料。

29. 一种基本不含卤素的含磷元素阻燃剂环氧树脂组合物的制备方法，包括混合如下物质的步骤：

(I) 非卤化含磷元素环氧树脂材料，其选自如下物质的反应产物：

(1) 环氧线形酚醛树脂，和

(2) 含磷元素的芳族化合物，

其中所述含磷元素的芳族化合物选自 9，10–二氢–9–噁–10–磷杂菲–10–氧化物、10–（2’，5’–二羟苯基）–9，10–二氢–9–噁–10–磷杂菲–10–氧化物或其混合物；

(II) 具有如下通式（Ⅰ）结构的多官能酚类交联剂

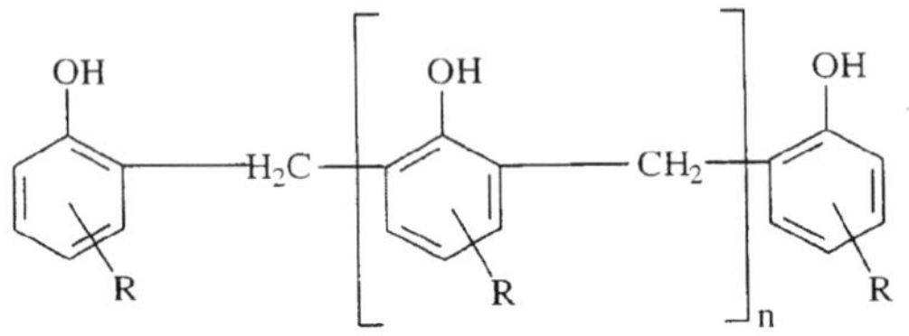

（Ⅰ），

其中 R 是氢或 C_{1-3}烷基，n 是 0 或 1～10 的整数；

(III) 能够促进多官能酚类交联剂的酚/羟基基团与环氧树脂材料的环氧基团的反应的催化剂；和

(IV) 路易斯酸抑制剂。

30. 一种能够加入到环氧树脂中的基本不含卤素的阻燃剂硬化剂组合物，包括：

(i) 含磷元素的芳族化合物，其中含磷元素的芳族化合物选自 9，10–二氢–9–噁–10–磷杂菲–10–氧化物、10–（2′，5′–二羟苯基）–9，10–二氢–9–噁–10–磷杂菲–10–氧化物或其混合物；

(ii) 具有如下通式（Ⅰ）结构的多官能酚类交联剂

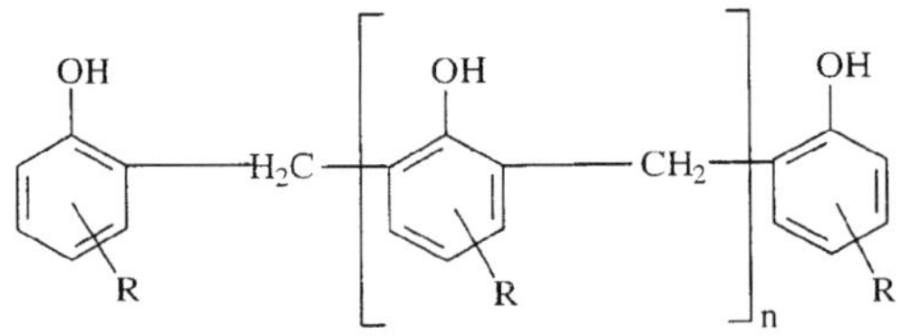

（Ⅰ），

其中 R 是氢或 C_{1-3}烷基，n 是 0 或 1～10 的整数；和

(iii) 路易斯酸抑制剂 。

31. 如权利要求 30 的硬化剂，其中含磷元素的芳族化合物是 10–（2′，5′–二羟苯基）–9，10–二氢–9–噁–10–磷杂菲–10–氧化物。

32. 一种含磷元素环氧树脂加合物，包括如下物质的反应产物：(1) 环氧线形酚醛树脂；(2) 芳族含磷元素化合物，其中所述含磷元素的芳族化合物选自 9，10–二氢–9–噁–10–磷杂菲–10–氧化物、10–（2′，5′–二羟苯基）–9，10–二氢–9–噁–10–磷杂菲–10–氧化物或其混合物；和 (3) 路易斯酸抑制剂。

33. 如权利要求 32 的加合物，其中含磷元素化合物是 10–（2′，5′–二羟苯基）–9，10–二氢–9–噁–10–磷杂菲–10–氧化物。”

至此，合议组认为本案事实清楚，可以作出审查决定。

二、决定的理由

1. 关于审查文本

本复审决定是以请求人于 2008 年 11 月 4 日提交的权利要求第 1～33 项以及驳回决定所针对的其他文本为基础作出的。

2. 关于专利法实施细则第 20 条第 1 款

专利法实施细则第 20 条第 1 款规定：权利要求书应当说明发明或者实用新型的技术特征，清楚、简要地表述请求保护的范围。

就本申请而言，权利要求 1 要求保护一种基本不含卤素的含磷元素阻燃剂环氧树脂组合物，包括：（I）非卤化含磷元素环氧树脂材料，其选自如下物质的反应产物：（1）环氧线形酚醛树脂，和（2）含磷元素的芳族化合物，其中所述含磷元素的芳族化合物选自 9，10-二氢-9-噁-10-磷杂菲-10-氧化物、10-（2′，5′-二羟苯基）-9，10-二氢-9-噁-10-磷杂菲-10-氧化物、或其混合物；（II）具有通式（I）结构的多官能酚类交联剂；（III）能够促进多官能酚类交联剂的酚/羟基基团与环氧树脂材料的环氧基团的反应的催化剂；和（IV）路易斯酸抑制剂。

合议组认为，修改后的权利要求 1 已将组分（I）具体限定为环氧线形酚醛树脂与含磷元素的芳族化合物的反应产物，因此修改后的权利要求 1 已克服《复审通知书》中所指出的由于组分（C）为组分（A）的下位概念而导致的权利要求 1 的保护范围不清楚的缺陷。此外，由于权利要求 1 对组分（I）的具体限定，而且其对含磷元素的芳族化合物的定义已不包括亚磷酸二甲酯和乙烯基膦酸，因此修改后的权利要求 1 中也已不存在《驳回决定》中所述的对组分（B）的限定前后矛盾以及对含磷元素化合物的定义不清楚的问题。基于同样理由，修改后的权利要求 29（对应《驳回决定》的权利要求 36）也克服了《驳回决定》中指出的保护范围不清楚的缺陷。

另外，与《驳回决定》的权利要求 2 相应的权利要求已被删除，修改后的权利要求 25（对应《驳回决定》的权利要求 29）将含磷元素化合物具体限定为 10-（2′，5′-二羟苯基）-9，10-二氢-9-噁-10-磷杂菲-10-氧化物，已不存在“亚磷酸二甲酯”和“乙烯基膦酸”，因此《驳回决定》所指出的缺陷已被克服。同理，修改后的权利要求 30 和 32（分别对应《驳回决定》的权利要求 37 和 39）中已不存在“亚磷酸二甲酯”和“乙烯基膦酸”，并且删除了对反应基团的限定，因此《驳回决定》所指出的缺陷已被克服。

综上所述，《驳回决定》以及《复审通知书》所指出的权利要求书不符合专利法实施细则第 20 条第 1 款的缺陷已全部克服。

3. 关于专利法第 26 条第 4 款

专利法第 26 条第 4 款规定：权利要求书应当以说明书为依据，说明要求专利保护的范围。

权利要求书应当以说明书为依据，是指权利要求应当得到说明书的支持。权利要求通常由说明书记载的一个或者多个实施方式或实施例概括而成，且权利要求的概括不能包含申请人推测并且效果难于预先确定和评价的内容。

就本申请而言，其发明目的在于提供一种具有良好阻燃性和足够低吸水作用的含磷元素阻燃剂环氧树脂组合物，为此，本发明提供了如权利要求 1 所述的一种基本不含卤素的含磷元素阻燃剂环氧树脂组合物，包括：（I）非卤化含磷元素环氧树脂材料，其选自如下物质的反应产物：（1）环氧线形酚醛树脂，和（2）含磷元素的芳族化合物，其中所述含磷元素的芳族化合物选自 9，10-二氢-9-噁-10-磷杂菲-10-氧化物、10-（2′，5′-二羟苯基）-9，10-二氢-9-噁-10-磷杂菲-10-氧化物、或其混合物；（II）具有通式（I）结构的多官能酚类交联剂；（III）能够促进多官能酚类交联剂的酚/羟基基团与环氧树脂材料的环氧基团的反应的催化剂；和（IV）路易斯酸抑制剂。首先，修改后的权利要求 1 将含磷元素的芳族化合物具体限定为 9，10-二氢-9-噁-10-磷杂菲-10-氧化物、10-（2′，5′-二羟苯基）-9，10-二氢-9-噁-10-磷杂菲-10-氧化物、或其混合物，《驳回决定》指出的上位概念“含磷元素的芳族化合物”导致权利要求得不到说明书支持的缺陷已经克服；其次，本申请说明书实施例中给出了使用环氧线形酚醛树脂如 D. E. N. 438、DER330、DER354LV、DEN431 等与含磷元素芳族化合物 Struktol Polydis PD3710（即 9，10－二氢－9－噁－10－磷杂菲－10－氧化物）或 Sanko HCA－HQ（即 10－（2′，5′－二羟苯基）－9，10－二氢－9－噁－10－磷杂菲－10－氧化物）反应得到的非卤化含磷元素环氧树脂材料作为组分（I），符合通式（I）（参见说明书第 6 页）结构的 Perstorp 85.36.28 作为组分（II）的制备实施例及其效果数据，在此基础上，请求人将非卤化含磷元素环氧树脂材料限定为本申请实施例中所示的由环氧线形酚醛树脂和选自 9，10－二氢－9－噁－10－磷杂菲－10－氧化物、10－（2′，5′－二羟苯基）－9，10－二氢－9－噁－10－磷杂菲－10－氧化物的含磷元素的芳族化合物反应得到的"非卤化含磷元素环氧树脂材料"、将组分 II 限定为"具有通式（I）结构的多官能酚类交联剂"能够得到说明书的支持，符合专利法第 26 条第 4 款的规定。

基于同样理由，权利要求 2~33 也得到了说明书的支持，符合专利法第 26 条第 4 款的规定，《驳回决定》以及《复审通知书》所指出的权利要求书不符合专利法第 26 条第 4 款规定的缺陷已经全部克服。

根据上述事实和理由，合议组作出如下审查决定。

三、决定

撤销国家知识产权局于 2007 年 4 月 6 日针对 00818302.3 号发明专利申请作出的驳回决定，由国家知识产权局原审查部门以本复审决定所针对的文本为基础继续审批程序。

复审请求人对本决定不服的，可以根据专利法第 41 条第 2 款的规定，自收到本决定之日起三个月内向北京市第一中级人民法院起诉。

130

制备含有高岭土的硅橡胶组合物的方法

复审请求审查决定（第 18657 号）

决　定　号　第 18657 号
决　定　日　2009 年 8 月 6 日
发明创造名称　制备含有高岭土的硅橡胶组合物的方法
国际分类号　C08K3/34，C08K9/00
复审请求人　陶氏康宁公司
申　请　号　200480036156.X
优先权日　2003 年 12 月 5 日
申　请　日　2004 年 12 月 2 日
公　开　日　2007 年 1 月 3 日
合议组组长　李彦涛
主　审　员　顾笑璐
参　审　员　危　峰

法律依据　专利法第 33 条
决定要点

如果专利申请文件修改后的内容在原申请文件中有记载，或者所属技术领域的技术人员能够从原申请文件记载的信息中直接地、毫无疑义地确定，那么这种修改就是允许的。

一、案由

本复审请求案涉及发明名称为"制备含有高岭土的硅橡胶组合物的方法"的 200480036156.X 号发明专利申请（下称本申请），申请人为陶氏康宁公司，申请日为 2004 年 12 月 2 日，优先权日为 2003 年 12 月 5 日，公开日为 2007 年 1 月 3 日。

2008 年 6 月 6 日，针对申请人于 2007 年 12 月 18 日提交的权利要求第 1～10 项、2006 年 6 月 5 日进入国家阶段时提交的国际申请文件中文文本的说明书第 1～2、4～19 页和说明书摘要，按照 PCT 条约第 41 条作出修改的说明书第 3 页，国家知识产权局以权利要求 1～2 的修改不符合专利法第 33 条为由驳回了本申请。

驳回决定认为：将原申请文件权利要求 1 所记载的"$R_2R^1SiO[(R_2SiO)_x(RViSiO)]_ySiR_2R^1$"改为"$R_2R^1SiO[(R_2SiO)_x(RViSiO)_y]SiR_2R^1$"和将原利要求 2 中所记载的"$R_2ViSi(R_2SiO)_xSiR_2Vi$"改为"$R_2ViSiO(R_2SiO)_xSiR_2Vi$"，改变后的内容不能由原说明书所记载的内容直

接地、毫无疑义地确定，因此超出了原说明书和权利要求书记载的范围，不符合专利法第 33 条的规定。

驳回决定针对的权利要求 1~2 如下：

“1. 一种含处理的高岭土的硅橡胶组合物，该组合物基本上由下述物质组成：

（i）一种或多种聚合物，所述聚合物具有化学式 R_2R^1SiO［（R_2SiO）$_x$（RViSiO）$_y$］SiR_2R^1，其中每一 R 相同或者不同，且是含有 1~6 个碳原子的烷基，苯基或 3，3，3-三氟烷基；R^1 是羟基或链烯基；x 是整数和 y 是 0 或整数，且 x+y 介于 700~10000；Vi 代表乙烯基；

（ii）处理的高岭土

（iii）固化剂；和

（iv）选自一种或多种流变改性剂、颜料、着色剂、抗粘合剂、增塑剂、粘合促进剂、发泡剂、阻燃剂和干燥剂的任选的添加剂，

该组合物基本上不含增强填料。

2. 权利要求 1 的组合物，其特征在于所述聚合物包括具有化学式 R_2ViSiO［（R_2SiO）$_x$（RViSiO）$_y$］SiR_2Vi 和化学式 R_2ViSiO（R_2SiO）$_xSiR_2Vi$ 的两种聚硅氧烷胶的混合物，其中在每一化学式中，R 代表含有 1~6 个碳原子的烷基，Vi 代表乙烯基，和 x 与 y 各自具有 500-1，000 的值。”

2008 年 9 月 22 日，申请人陶氏康宁公司（下称请求人）对上述驳回决定不服，向专利复审委员会提出复审请求并提交了附件 1（《Chemistry and Technology of Silicones》，WALTER NOLL，首页、386~387、390~391 等，复印件 6 页），请求人在提出复审请求时没有对申请文件进行修改。

请求人认为：权利要求 1 的修改是对明显打印错误的修改，原因在于：①若 x+y 之和满足 700~10000 的条件时，原错误的化学式表达的聚合物将具有甚至上亿的分子量，对本领域技术人员而言，这显然是不可能的；②就原来错误的化学式而言，当 y=0 时，将导致不存在任何聚合物链单元，从而作为组分（i）的聚合物也就不存在了；③本申请说明书第［0012］段中公开了聚合物对应于 x 或者 x+y 的值，只有在经修改的正确的化学式中，x+y 才表示聚合度，否则 x+y 没有任何意义；④从许多硅氧烷的现有技术中可以显然看出 y 的正确位置，请求人提交的关于硅氧烷化学和技术的现有技术中讨论了硅橡胶的类型，尤其在第 390 页涉及其中存在甲基乙烯基团的硅橡胶。权利要求 2 的修改也是对明显打印错误的修改，原因在于权利要求 2 为权利要求 1 的从属权利要求，其中对聚合物进行了进一步限定，由权利要求 1 聚合物的化学式显然可以看出，当 y=0 时，得到的聚合物的化学式应该为包括 O 原子的 R_2ViSiO（R_2SiO）$_xSiR_2Vi$。因此，权利要求 1~2 的修改是本领域技术人员能从说明书和权利要求书的上下文看出的唯一的正确答案。

经形式审查合格后，专利复审委员会受理了该请求，并于 2008 年 11 月 5 日向请求人发出了《复审请求受理通知书》，同时将本申请转送至国家知识产权局原审查部门进行前置审查。

在《前置审查意见书》中，国家知识产权局原审查部门认为请求人在提出复审请求时所附的现有技术的文件与本申请不存在必然关系，因此，基于与驳回决定中相同的理由，坚持驳回决定。

专利复审委员会组成合议组，对本复审请求案进行了审理。

经合议，合议组认为本案事实已经清楚，可以作出审查决定。

二、决定的理由

1. 关于文本

本复审请求审查决定是以驳回决定所针对的文本为基础作出的，即请求人于 2007 年 12 月 18 日提交的权利要求第 1~10 项，2006 年 6 月 5 日进入国家阶段时提交的国际申请文件中文文本的说明书第 1~2、4~19 页和说明书摘要，按照 PCT 条约第 41 条作出的修改的说明书第 3 页。

2. 关于专利法第 33 条

专利法第 33 条规定，申请人可以对其专利申请文件进行修改，但是，对发明和实用新型专利申请文件的修改不得超出原说明书和权利要求书记载的范围。

如果专利申请文件修改后的内容在原申请文件中有记载，或者所属技术领域的技术人员能够从原申请文件记载的信息中直接地、毫无疑义地确定，那么这种修改就是允许的。

就本申请而言，驳回决定指出将原权利要求 1 中记载的“$R_2R^1SiO[(R_2SiO)_x(RViSiO)]_ySiR_2R^1$”改为“$R_2R^1SiO[(R_2SiO)_x(RViSiO)_y]SiR_2R^1$”和将原权利要求 2 中记载的“$R_2ViSi(R_2SiO)_xSiR_2Vi$”改为“$R_2ViSiO(R_2SiO)_xSiR_2Vi$”，改变后的内容不能由原说明书所记载的内容直接地、毫无疑义地确定，因此超出了原说明书和权利要求书记载的范围。而请求人认为权利要求 1 和权利要求 2 的修改是对明显打印错误的更正。

合议组认为，归纳驳回决定和复审请求的理由，本案中判断权利要求 1 的修改是否超范围的关键之处在于，原权利要求 1 中记载的聚合物结构式 $R_2R^1SiO[(R_2SiO)_x(RViSiO)]_ySiR_2R^1$ 是否错误，如果是，本领域技术人员能否根据说明书公开的内容直接地、毫无疑义地确定修改后的内容。

为此，合议组查明，原申请文件中记载有如下内容：①说明书第 1 页第 24 行记载的“这种聚硅氧烷胶的聚合度（DP）典型地为 500~10000，其中聚合度代表该聚合物内的重复单元数”；②说明书第 0011 段记载的“所述聚合物优选具有化学式 $R_2R^1SiO[(R_2SiO)_x(RViSiO)]_ySiR_2R^1$……，且 x+y 介于 700~10000 之间”，和“该有机聚硅氧烷是具有化学式 $R_2ViSiO[(R_2SiO)_x(RViSiO)]ySiR_2Vi$ 和化学式 $R_2ViSi(R_2SiO)_xSiR_2Vi$ 的两种聚硅氧烷胶的混合物”；③说明书第［0012］段中记载的“根据本发明优选的代表性聚硅氧烷胶是具有化学式 $Me_2ViSiO[(Me_2SiO)x(MeViSiO)]ySiMe_2Vi$ 的高分子量的胶和具有化学式 $Me_2ViSi(Me_2SiO)_xSiMe_2Vi$ 的高分子量的胶，其中 Me 代表甲基 $-CH_3$，Vi 代表乙烯基 $CH_2=CH-$，且聚合物（DP）为约 1000，即 DP 对应于 x 的值或者 x 与 y 之和”；④实施例中具体使用的聚合物为“50 重量份平均聚合物（dp）为 7000 的二甲基乙烯基甲硅烷氧基封端的二甲基硅氧烷-甲基乙烯基硅氧烷共聚物（其中二甲基硅氧烷单元与甲基乙烯基硅氧烷单元的摩尔比=99.82：0.18）”和“50 重量份平均 dp 为 7000 的二甲基乙烯基甲硅烷氧基封端的聚二甲基硅氧烷”。

合议组认为，首先，根据说明书第 4 页第 5 行所述，本发明的主要特征是使用处理的高岭土填料，即本申请所要解决的技术问题并非体现在有机聚硅氧烷的具体使用上，所述有机聚硅氧烷仅为现有技术中已知的聚硅氧烷聚合物（参见说明书第 0004、0011 和 0012 段）。另外，根据说明书 0004 中所记载，聚合度（DP）代表该聚合物内的重复单元数，而本领域技术人员已知晓，对于实际的聚合物而言，聚合度通常指的是平均聚合度。那么，如果聚硅氧烷是通过共缩聚获得的聚合物，由于获得聚硅氧烷的各单体结构类似，因而所述重复单元数指的是聚合物大分子链中各单体单元总数的平均值。那么，根据说明书公开的内容和原权利要求 1 的记载可知，聚合物内的重复单元数，即聚合度可认为是（x+1）×y，其与以上说明书中所述的“DP 对应于 x 的值或者 x 与 y 之和”相矛盾；并且，若根据原权利要求 1 中记载的“x 为整数和 y 是 0 或整数，且 x+y 介于 700~10000”，那么当 y 为 0 时，原化学式表达的聚合物将仅为无重复单元（即，聚合度为 0）的小分子化合物，而当 x 是整数、y 是整数且 x+y 介于 700 至 10000 时，原化学式表达的聚合物可能具有甚至上亿的分子量，而根据说明书第 0011 段第 9 行中记载的“x 与 y 是 500~1000”时，原化学式表达的聚合物的聚合度至少为 250500，显然，其与说明书中所记载的现有技术“这种聚硅氧烷胶的聚合度（DP）典型地为 500~10000”相矛盾；而本申请中对于 x、y 均有多处定义，同时还给出了 x+y 的定义，相反，在说明书中针对聚硅氧烷的聚合度 DP 有所关注的情况下，并未针对（x+1）y 进行相关定义。显然，在聚硅氧烷是现有技术中已知的情况下，对 x、y 及其聚合度的定义全部错误的可能性很小，并且本申请所给出的聚合物的结构式 R_2R^1SiO［($R_2SiO)_x$（RViSiO）$]_ySiR_2R^1$ 也非本领域针对硅橡胶聚合物常规采用的撰写方式，因而根据说明书记载的信息可知，原权利要求 1 记载的聚合物结构式显然是错误的；

其次，根据本领域技术人员的普通知识可知，原权利要求 1 中记载的聚合物结构式实际上表达的是二烷基硅氧烷单体单元与乙烯基烷基硅氧烷单体单元以如结构式 R_2R^1SiO［（$R_2SiO)_x$（RViSiO）$]_ySiR_2R^1$ 所述的特定方式排列的聚硅氧烷聚合物，而由于获得所述聚合物的两种硅氧烷单体结构类似，在相同的反应条件下，其聚合机理也是类似的，因而对于本领域技术人员而言要制备具有如此排列结构的聚合物是难以实现的；并且，本申请中也未给出获得具有如此结构式的聚合物的制备方法；

因此，权利要求 1 中记载的聚合物结构式 R_2R^1SiO［（R_2SiO）x（RViSiO）］ $ySiR_2R^1$ 是错误的。

而本领域技术人员根据说明书公开的内容，可以直接地、毫无疑义地确定修改后权利要求 1 中记载的聚合物结构式为 R_2R^1SiO［（$R_2SiO)_x$（$RViSiO)_y$］SiR_2R^1，原因在于：首先，由于原权利要求 1 以及说明书第 0011 段中记载的聚合物结构式 R_2R^1SiO［（$R_2SiO)_x$（RViSiO）$]_ySiR_2R^1$ 是错误的，而根据该聚合物结构式，可以确定聚合物内必然存在 R_2SiO 和 RViSiO 两种相对独立地单体单元（前者为二烷基硅氧烷，后者为具有两个不同取代基的烷基硅氧烷）；其次，根据说明书第 0012 段中记载的“DP 对应于 x 的值或者 x 与 y 之和”，可以确定聚合物内存在两种单体单元，其聚合度分别为 x 和 y，而由于 x 和 y 同处于同一个聚合物结构式内，因而当聚合度仅为 x 时，其条件必然是聚合度 $y=0$；再次，根据说明书第 0011 和 0012 段中的记载，当聚合物中仅存在一种单体单元时，其分别为 R_2SiO 和 Me_2SiO，即二烷基硅氧烷，由此可确定二烷基硅氧烷单体单元在聚合物结构式中的聚合度为 x，根据以上所述可知，则另一种单体单元——具有两个不同取代基的烷基硅氧烷 RViSiO 的聚合度为 y。另外，根据说明书实施例中所述可知，所用聚合物分别为 Me_2ViSiO［（Me_2SiO）7000×99. 82%（MeViSiO）7000×0. 18%］$SiMe_2Vi$ 和 Me_2ViSi（Me_2SiO）$7000SiMe_2Vi$，其进一步证实所述聚合物中独立存在两种重复单体单元——二烷基硅氧烷 Me_2SiO 和具有两个不同取代基的烷基硅氧烷 MeViSiO，聚合物的聚合度等于两单体重复单元数之和（即 x+y），并且当聚合物中仅存在一种单体单元——二烷基硅氧烷 Me_2SiO 时，聚合物的聚合度仅为该单体的重复单元数（即 x）。

综上可知，将原权利要求 1 中记载的“R_2R1SiO［（$R_2SiO)_x$（RViSiO）$]_ySiR_2R^1$”改为“R_2R^1SiO［（$R_2SiO)_x$（RViSiO）$_y$］SiR_2R^1”改变后的内容可以由原说明书所记载的内容直接地、毫无疑义地确定，因而权利要求 1 的修改符合专利法第 33 条的规定。

此外，将原利要求 2 中所记载的“R_2ViSi（R_2SiO）$xSiR_2Vi$”改为“R_2ViSiO（R_2SiO）$xSiR_2Vi$”改变后的内容可以由原说明书所记载的内容直接地、毫无疑义地确定，原因在于：根据以上所述，在权利要求 1 的修改符合专利法第 33 条的规定的基础上，则正确的聚合物结构式为 R_2R^1SiO［（$R_2SiO)_x$（$RViSiO)_y$］SiR_2R^1，由于权利要求 2 为权利要求 1 的从属权利要求，其中所述的聚合物属于权利要求 1 中所述聚合物的下位概念，此时权利要求 2 中所述聚合物的聚合度为 x，其中仅存在一种单体单元，则其前提必然是 $y=0$，而对于权利要求 1 中所涉及的聚合物而言，当 $y=0$ 时，其封端基团中必然含有 O；另外根据实施例中作为其具体实例而使用的具有一种单体单元的聚合物——二甲基乙烯基甲硅烷氧基封端的聚二甲基硅氧烷 Me_2ViSiO（Me_2SiO）$7000SiMe_2Vi$ 可知，权利要求 2 中聚合物结构式 R_2ViSi（R_2SiO）$xSiR_2Vi$ 的封端基团中必然含有 O。因此，权利要求 2 的修改也符合专利法第 33 条的规定。

根据上述事实和理由，合议组作出如下审查决定。

三、决定

撤销国家知识产权局于2008年6月6日针对第200480036156.X号发明专利申请作出的驳回决定，由国家知识产权局原审查部门以驳回决定所针对的文本为基础继续审批程序。

复审请求人对本决定不服的，可以根据专利法第41条第2款的规定，自收到本决定之日起三个月内向北京市第一中级人民法院起诉。

131

聚乙烯醇复配彩色涂层艺术油画布及其生产工艺

复审请求审查决定（第18664号）

决　　定　　号　第18664号
决　　定　　日　2009年7月28日
发明创造名称　聚乙烯醇复配彩色涂层艺术油画布及其生产工艺
国 际 分 类 号　D06N3/04，B44D2/00
复 审 请 求 人　宋健，宋奇，宋磊
申　　请　　号　200610085904.4
申　　请　　日　2006年5月28日
公　　开　　日　2006年11月15日
合 议 组 组 长　刘　静
主　　审　　员　宋　泳
参　　审　　员　王　静

法 律 依 据　专利法第26条第3款
决 定 要 点

判断说明书是否充分公开了要求保护的技术方案，应当基于说明书的整体内容并结合本领域技术人员的普通技术知识来加以判断，如果本领域技术人员通过阅读说明书整体内容并结合其所掌握的普通技术知识能够获得足够的信息，明悉实现发明的技术手段、解决其技术问题，并预期到其技术效果，则说明书满足充分公开的要求。

一、案由

本复审请求案涉及发明名称为“聚乙烯醇复配彩色涂层艺术油画布及其生产工艺”的200610085904.4号发明专利申请（下称本申请），申请人为宋健、宋奇和宋磊，申请日为2006年5月28日，公开日为2006年11月15日。

2008年7月11日，针对申请人于2008年4月11日提交的权利要求第1~4项，说明书第1~8页及摘要，国家知识产权局以说明书不符合专利法第26条第3款的规定为由驳回了本申请。驳回决定针对的权利要求书如下：

“1. 一种聚乙烯醇复配彩色涂层艺术油画布，其特征是其组分配比以重量百分数计：

底涂涂层料：聚乙烯醇溶液为：10%~25%、苯乙烯-丙烯酸酯共聚物乳液或丙烯酸酯共聚物乳液为：5%~20%、乙烯-乙酸乙烯酯共聚物乳液为5%~15%、颜料浆为：0.05%~8%、钛白粉为：4%~10%、立德粉为：8%~15%、碳酸钙为：15%~30%、滑石粉为：10%~20%、乙醇为：

0.01%～0.5%、六偏磷酸钠为：0.01%～0.5%、聚丙烯酸钠为：0.01%～0.5%、苯甲酸钠为：0.01%～0.5%、羟丙基纤维素为：0.05%～2%、甘油为：0.01%～0.5%、乳化蜡为：0.01%～1%、水为：10%～20%；

中间涂层涂层料：聚乙烯醇溶液为：10%～25%、苯乙烯-丙烯酸酯共聚物乳液或丙烯酸酯共聚物乳液为：5%～15%、乙烯-乙酸乙烯酯共聚物乳液为：5%～15%、颜料浆为：0.05%～8%、钛白粉为：4～10%、立德粉为：8～15%、碳酸钙为：15%～30%、滑石粉为：5%～10%、乙醇为：0.01%～0.5%、六偏磷酸钠为：0.01%～0.5%、聚丙烯酸钠为：0.01%～0.5%、苯甲酸钠为：0.01%～0.5%、羟丙基纤维素为：0.05%～2%、甘油为：0.01%～0.5%、水为：15%～30%；

罩面涂层涂层料：聚乙烯醇溶液为：10%～20%、丙烯酸酯共聚物乳液为：12%～25%、乙烯-乙酸乙烯酯共聚物乳液为：10%～20%、颜料浆为：0.5%～8%、钛白粉为：4%～10%、立德粉为：8%～15%、碳酸钙为：10%～25%、滑石粉为：10%～20%、乙醇为：0.01%～0.5%、六偏磷酸钠为：0.01%～0.5%、聚丙烯酸钠为：0.01%～0.5%、苯甲酸钠为：0.01%～0.5%、羟丙基纤维素为：0.05%～2%、甘油为：0.01%～0.5%、乳化蜡为：0.01%～1%、水为：15%～30%；

采用在基底布上涂布底涂层，经烘干；再涂布一至三层中间涂层，再经烘干；最后再涂布一至二层罩面涂层，烘干为成品。

2. 根据权利要求1所述的聚乙烯醇复配彩色涂层艺术油画布，其特征在于所述的基底布采用纯天然动植物纤维材料或合成纤维材料或混纺纤维材料纺织成。

3. 根据权利要求1所述的聚乙烯醇复配彩色涂层艺术油画布，其特征在于所述的基底布颜色是本色或漂白或染色。

4. 一种按权利要求所述的聚乙烯醇复配彩色涂层艺术油画布的生产工艺，其特征在于采用以下工艺：

（1）底、中、罩面涂层涂层料配制：

底涂层料：取聚乙烯醇溶液为：10%～25%、苯乙烯-丙烯酸酯共聚物乳液或丙烯酸酯共聚物乳液为：5%～20%、乙烯-乙酸乙烯酯共聚物乳液为：5%～15%、颜料浆为：0.01%～8%、钛白粉为：4%～10%、立德粉为：8%～15%、碳酸钙为：15%～30%、滑石粉为：10%～20%、乙醇为：0.01%～0.5%、六偏磷酸钠为：0.01%～0.5%、聚丙烯酸钠为：0.01%～0.5%、苯甲酸钠为：0.01%～0.5%、羟丙基纤维素为：0.05%～2%、甘油为：0.01%～0.5%、乳化蜡为：0.01%～1%、水为：10%～20%；取聚乙烯醇溶液加热至75～85℃，再加入乳化蜡混合均匀制成聚乙烯醇乳液；取羟丙基纤维素用总量水的一半充分溶胀后加入聚乙烯醇乳液、苯乙烯-丙烯酸酯共聚物乳液、乙烯-乙酸乙烯酯共聚物乳液混合均匀；钛白粉、立德粉、碳酸钙、滑石粉用另一半水完全湿润后加入上述混合物中，然后再加入六偏磷酸钠、聚丙烯酸钠、苯甲酸钠、甘油、颜料浆，在边搅拌时加入乙醇，并在常温下搅拌混合均匀，待用；

中间涂层涂层料：取聚乙烯醇溶液为：10%～25%、苯乙烯-丙烯酸酯共聚物乳液或丙烯酸酯共聚物乳液为：5%～15%、乙烯-乙酸乙烯酯共聚物乳液为：5%～15%、颜料浆为：0.05%～8%、钛白粉为：4%～10%、立德粉为：8%～15%、碳酸钙为：15%～30%、滑石粉为：5%～10%、乙醇为：0.01%～0.5%、六偏磷酸钠为：0.01%～0.5%、聚丙烯酸钠为：0.01%～0.5%、苯甲酸钠为：0.01%～0.5%、羟丙基纤维素为：0.05%～2%、甘油为：0.01%～0.5%、水为：15%～30%；取羟丙基纤维素用总量水的一半充分溶胀后加入聚乙烯醇溶液、苯乙烯-丙烯酸酯共聚物乳液、乙烯-乙酸乙烯酯共聚物乳液混合均匀；钛白粉、立德粉、碳酸钙、滑石粉用另一半水完全湿润后加入上述混合物中，然后再加入六偏磷酸钠、聚丙烯酸钠、苯甲酸钠、甘油、颜料浆，在边搅拌时加入乙醇，并在常温下搅拌混合均匀，待用；

罩面涂层涂层料：取聚乙烯醇溶液为：10%~20%、丙烯酸酯共聚物乳液为：12%~25%、乙烯-乙酸乙烯酯共聚物乳液为：10%~20%、颜料浆为：0.5%~8%、钛白粉为：4%~10%、立德粉为：8%~15%、碳酸钙为：10%~25%、滑石粉为：10%~20%、乙醇为：0.01%~0.5%、六偏磷酸钠为：0.01%~0.5%、聚丙烯酸钠为：0.01%~0.5%、苯甲酸钠为：0.01%~0.5%、羟丙基纤维素为：0.05%~2%、甘油为：0.01%~0.5%、乳化蜡为：0.01%~1%、水为：15%~30%；取聚乙烯醇溶液加热至75~85℃，再加入乳化蜡混合均匀制成聚乙烯醇乳液；取羟丙基纤维素用总量水的一半充分溶胀后加入聚乙烯醇乳液、苯乙烯-丙烯酸酯共聚物乳液、乙烯-乙酸乙烯酯共聚物乳液混合均匀；钛白粉、立德粉、碳酸钙、滑石粉用另一半水完全湿润后加入上述混合物中，然后再加入六偏磷酸钠、聚丙烯酸钠、苯甲酸钠、甘油、颜料浆，在边搅拌时加入乙醇，并在常温下搅拌混合均匀，待用；

（2）生产工艺：

（a）在基底布上涂布底涂层；涂层机进布速度为：3~15米/分钟；每一层涂层厚度为：0.01~0.5mm；

（b）底涂层后进入烘房干燥或流通热风干燥处理；烘干温度为：65~200℃；

（c）烘干后进行涂布中间涂层，中间涂层涂布一至三层；涂层机进布速度为：3~15米/分钟；每一层涂层厚度为：0.01~0.5mm；

（d）涂布中间涂层后进入烘房干燥或流通热风干燥处理；烘干温度为：65~200℃；

（e）中间涂层后进行涂布罩面涂层，罩面涂层涂布一至二层；涂层机进布速度为：3~15米/分钟；每一层涂层厚度为：0.01~0.5mm；

（f）涂布罩面涂层后再进入烘房干燥或流通热风干燥处理后为成品，

烘干温度为：65~200℃。”

驳回决定认为：（1）本发明所述配方成分包括多种“乳液”、“溶液”以及“水”，由于“乳液”的分散相是“水”，所述“聚乙烯醇溶液”的溶剂也是水，而本发明限定了乳液和溶液的份额，又限定了乳液和溶液以外的“水”的份额，乳液和溶液中水的份额无法确定，本领域技术人员无法根据说明书的描述实现本发明；（2）虽然申请人解释本发明中的多种乳液、溶液是市售产品，作为配方单体按比例直接加入，然而市售产品中包括多种形式的比例，在本申请中没有给出任何所使用的商品型号；（3）申请人提供了所用乳液和溶液的标签和发票的复印件，但本申请中没有出现过任何有关所用产品型号的描述，该证据不足以采纳，因此说明书公开不充分，不符合专利法第26条第3款的规定。

2008年10月9日，申请人宋健、宋奇和宋磊（下称请求人）对上述驳回决定不服，向专利复审委员会提出复审请求，请求人在提出复审请求时没有对申请文件进行修改。

请求人认为：（1）说明书中记载的苯丙乳液、纯丙乳液等丙烯酸共聚物乳液、乙烯-乙酸乙烯共聚物乳液（EVA）、及聚乙烯醇溶液等均是国内常规的产品，市售的产品浓度相近，虽然厂家的型号、商品名可能不相同，但浓度基本相同，本行业无特殊精细要求，因此申请文件中无需特别规定乳液、溶液中水的份额；（2）申请文件中规定的水与乳液、溶液中的水在实施中无关，组份中的水是另外加入，用于湿润填料和溶胀羟丙基纤维素辅料的，在实施过程中乳液、溶液中的水无需分离开，因此该溶液、乳液作为单体加入，与水无关；（3）所有这些水在实施过程中均要蒸发干燥去除，最终产品是均匀涂布的油画布，因此不会导致本申请无法实施，说明书符合专利法第26条第3款的规定。

经形式审查合格后，专利复审委员会受理了该请求，并于2008年11月21日向请求人发出了

《复审请求受理通知书》，同时将本申请转送至国家知识产权局原审查部门进行前置审查。

在《前置审查意见书》中，国家知识产权局原审查部门坚持驳回决定，理由与驳回决定正文所述理由相同。

专利复审委员会组成合议组，对本复审请求案进行了审理。

2009年5月4日，请求人提交了修改后的权利要求书、说明书和说明书摘要的全文替换页，将申请文件中的“丙烯酸酯共聚物乳液”修改为“纯丙烯酸酯共聚物乳液”。

经合议，合议组认为本案事实清楚，可以作出审查决定。

二、决定的理由

1. 关于审查文本

本复审请求审查决定以请求人于2009年5月4日提交的权利要求第1~4项，说明书第1~8页及说明书摘要为基础作出的。

请求人在复审阶段的修改仅在于将申请文件中的“丙烯酸酯共聚物乳液”修改为“纯丙烯酸酯共聚物乳液”，与申请日提交的申请文本的表述一致，因此上述修改符合专利法第33条的规定。经核实，“纯丙烯酸酯共聚物乳液”是涂料行业常用的纯丙乳液的全称，因此，“纯丙烯酸酯共聚物乳液”这一术语本身是清楚、规范的。

2. 关于专利法第26条第3款

专利法第26条第3款规定：说明书应当对发明或者实用新型作出清楚、完整的说明，以所属技术领域的技术人员能够实现为准。

判断说明书是否充分公开了要求保护的技术方案，应当基于说明书的整体内容并结合本领域技术人员的普通技术知识来加以判断，如果本领域技术人员通过阅读说明书整体内容并结合其所掌握的普通技术知识能够获得足够的信息，明悉实现发明的技术手段、解决其技术问题，并预期到其技术效果，则说明书满足充分公开的要求。

对于本申请而言，权利要求1~3请求保护一种聚乙烯醇复配彩色涂层艺术油画布，该油画布是通过在基底布上涂布底涂层，烘干后再涂布一至三层中间涂层，再经烘干后最后涂布一至二层罩面涂层，然后烘干为成品；其中底涂涂层料和中间涂层涂层料、罩面涂层涂层料中均含有聚乙烯醇溶液、纯丙烯酸酯共聚物乳液、乙烯-乙酸乙烯酯共聚物乳液、水等组分。权利要求4请求保护该油画布的生产工艺。本申请在说明书（参见说明书第1页最后一段至第4页第5段）中详细记载了底涂涂料层、中间涂层涂料层、罩面涂层涂层料的配方及其配制方法以及彩色涂层艺术油画布的涂布工艺，并在实施例中记载了以上三种涂层料的具体配制和涂布过程。而且，本申请说明书第4页第6段提到，与已有技术相比，本发明通过采用多种高分子聚合物复配并结合“三文治”结构涂层工艺来解决油画布的涂层膜致密性不好，涂层易龟裂、泛黄的技术问题，达到涂布层性能稳定，色泽度好，不发生折裂等技术效果。

驳回决定认为：（1）本发明所述配方成分包括多种“乳液”、“溶液”以及“水”，由于“乳液”的分散相是“水”，所述“聚乙烯醇溶液”的溶剂也是水，而本发明限定了乳液和溶液的份额，又限定了乳液和溶液以外的“水”的份额，乳液和溶液中水的份额无法确定，本领域技术人员无法根据说明书的描述实现本发明；（2）虽然申请人解释本发明中的多种乳液、溶液是市售产品，作为配方单体按比例直接加入，然而市售产品中包括多种形式的比例，在本申请中没有给出任何所使用的商品型号；（3）申请人提供了所用乳液和溶液的标签和发票的复印件，但本申请中没有出现过任何有关所用产品型号的描述，该证据不足以采纳。

可见，本案关于专利法第26条第3款争议的焦点在于，在涂层料配方中包含含有水的溶液、乳液，同时还包含另外添加的水等组份的情况下，本领域技术人员能否明悉如何进行涂层料的配制，从而实现本发明。

对此，合议组认为：在判断说明书是否充分公开了要求保护的技术方案时，不应当仅仅限于说明书的文字描述，而是应当根据说明书的整体内容并结合本领域技术人员的普通技术知识来加以判断。如果本领域技术人员在说明书整体内容的基础上结合其普通技术知识已经能够获得足够的信息，明悉实现发明的技术手段、解决其技术问题，并预期到其技术效果，则本发明已经满足了充分公开的要求。

（1）就本案而言，说明书第1页背景技术部分已经公开了现有技术中采用在基底布料上直接涂白色涂层料的方法来制备白色涂层油画布，其中白色涂层料是采用聚合物乳液如聚乙烯醇、乙烯乙酸均聚物乳液、苯乙烯-丙烯酸酯共聚物乳液及纯丙烯酸酯共聚物乳液的单组分、双组分乳液作为涂层基胶加入较多数量填充物混合而成。由此可见，聚乙烯醇、乙烯乙酸均聚物乳液、苯乙烯-丙烯酸酯共聚物乳液及纯丙烯酸酯共聚物乳液已经是本领域制备油画布的常用涂层料的组分。因此，本申请并不是提供一种新的乳液、溶液，而是将这些已知的溶液、乳液进行复配。本申请所使用的聚乙烯醇溶液（美术涂层胶）、苯乙烯-丙烯酸酯共聚物乳液（苯丙乳液）、纯丙烯酸酯共聚物乳液（纯丙乳液）、乙烯-乙酸乙烯酯共聚物乳液等均是绘画用品领域中常用的涂布聚合物，而且本领域技术人员知晓在涂布画布时仅需将上述市售的溶液、乳液等组分按照其重量百分比直接用于配制涂层料即可，并不需要对其进行进一步的提纯或分析。也就是说，是否知晓上述溶液或乳液中水的含量与本申请是否充分公开没有必然关系。本领域技术人员在实施本申请的技术方案时，自然会将上述溶液和乳液以及用于湿润填料和溶胀羟丙基纤维素辅料的水直接按照配比量加入到涂层料中，并进行简单的涂布、干燥后制备得到本申请的油画布。此外，根据权利要求书以及说明书中的描述，本领域技术人员可以理解本申请各配方中“水”的份额是指除各种溶液、乳液中的水以外需要添加的水的量，其本身也是清楚的。由此可见，该底涂涂层料、中间涂层涂层料、罩面涂层涂层料配方中各种乳液和溶液的份额以及水的份额是清楚明确的，本领域技术人员完全能够依据说明书的描述实现本发明，解决其技术问题，并获得预期的技术效果。

（2）虽然本申请说明书中没有记载上述聚乙烯醇溶液（美术涂层胶）、苯乙烯-丙烯酸酯共聚物乳液（苯丙乳液）、纯丙烯酸酯共聚物乳液（纯丙乳液）、乙烯-乙酸乙烯酯共聚物乳液所使用的商品型号，但上述溶液和乳液均是常规的市售产品，浓度相近，例如纯丙烯酸酯共聚物乳液或纯丙丙烯酸酯共聚物乳液的浓度在所有厂家基本上都是50±2%（固含量），少数为40±2%（固含量），乙烯-乙酸乙烯酯共聚物乳液的浓度为55%～60%（固含量），聚乙烯醇溶液的浓度为8%～15%（固含量）之内。因此虽然厂家的型号、商品名可能不相同，但浓度基本相同，且本行业无特殊精细要求，例如如果使用浓度较低的乳液时，可以通过多次涂布等方法使得干燥后的油画布达到预定的涂层厚度。因此在说明书中没有记载所用溶液和乳液的商品型号、浓度等信息的情况下也不会导致说明书公开不充分。

基于以上事实和理由，合议组作出如下审查决定。

三、决定

撤销国家知识产权局于2008年7月11日针对第200610085904.4号发明专利申请作出的驳回决定，由国家知识产权局原审查部门以本复审决定所针对的文本为基础继续审批程序。

复审请求人对本决定不服的，可以根据专利法第41条第2款的规定，自收到本决定之日起三个月内向北京市第一中级人民法院起诉。

132

硫、氮杂环并萘酰亚胺类化合物及其在肿瘤细胞中应用

复审请求审查决定（第18697号）

决　定　号　第18697号
决　定　日　2009年8月5日
发明创造名称　硫、氮杂环并萘酰亚胺类化合物及其在肿瘤细胞中应用
国际分类号　C07D513/04，A61K31/4365，A61P35/00，C07D221/00，C07D277/00
复审请求人　华东理工大学，中国科学院上海药物研究所，大连理工大学
申　请　号　200410089353.X
申　请　日　2004年12月10日
公　开　日　2006年6月14日
合议组组长　任晓兰
主　审　员　宋　泳
参　审　员　潘　剑

法律依据　专利法第26条第4款，专利法实施细则第20条第1款
决定要点

权利要求所要求保护的技术方案应当是所属技术领域的技术人员能够从说明书充分公开的内容中得到或者概括得出的技术方案，如果权利要求所要求保护的技术方案与说明书充分公开的内容不同且不能从中概括得出，那么该权利要求得不到说明书的支持。如果请求人从权利要求中删除了得不到说明书支持的技术方案，则所述权利要求不符合专利法第26条第4款的理由不再成立。

一、案由

本复审请求案涉及发明名称为“硫、氮杂环并萘酰亚胺类化合物及其在肿瘤细胞中应用”的200410089353.X号发明专利申请（下称本申请），申请人为华东理工大学、中国科学院上海药物研究所、大连理工大学，申请日为2004年12月10日，公开日为2006年6月14日。

2008年4月11日，针对申请人于申请日提交的说明书第1~14页及说明书附图第1页、说明书摘要，2007年3月9日提交的权利要求第1~4项，国家知识产权局以权利要求1、2不符合专利法第26条第4款为由驳回了本申请。

驳回决定针对的权利要求如下

“1. 一种硫、氮杂环并萘酰亚胺类化合物，其具有如下结构式

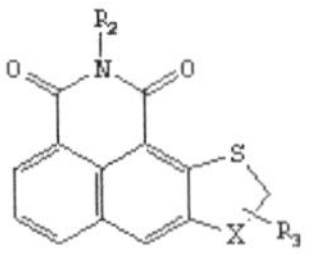

(1)

式（1）中 R_2 为 $C_1 \sim C_6$ 的烷基或由式（2）所示的基团

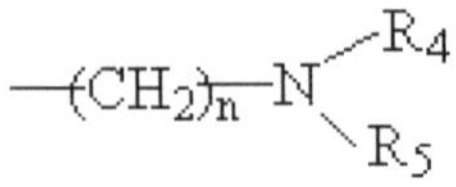

(2)

式（2）中 n=1~6，R_4 和 R_5 分别选自 $C_1 \sim C_6$ 的烷基中一种或 R_4 和 R_5 结合为至少含一个 N 的 5~6 元杂环；X 为 N 或 C；

当 X 为 N 时，R_3 为氨基，由式（2）所示的基团、其中 n=1~6，R_4 和 R_5 分别选自 $C_1 \sim C_6$ 的烷基中一种，$C_1 \sim C_6$ 的烷氧基、羟基、卤素、硝基、腈基、酰基、酰氧基、磺酸基或三氟甲基；

当 X 为 C 时，R_3 为并 5~6 元芳环，并稠或杂环，或并由 $C_1 \sim C_6$ 的烷基、$C_1 \sim C_6$ 的烷氧基、羟基、氨基、$C_1 \sim C_6$ 的烷基取代的胺基、卤素、硝基、腈基、酰基、酰氧基、磺酸基或三氟甲基取代的 5~6 元芳环，稠环或杂环。

2. 如权利要求 1 所述的化合物，其特征在于，R_2 为由式（2）所示的基团，其中 n=1~3、R_4 和 R_5 分别选自 $C_1 \sim C_3$ 的烷基中一种或 R_4 和 R_5 结合为至少含一个 N 的六元杂环；

当 X 为 N 时，R_3 为氨基、羟基、$C_1 \sim C_3$ 的烷氧基、卤素或由式（2）所示的基团、其中 n=1~3、R_4 和 R_5 分别选自 $C_1 \sim C_3$ 的烷基中一种；

当 X 为 C 时，R_3 为并苯。

3. 如权利要求 2 所述的化合物，其特征在于，所述化合物为所述化合物为 N-（N′，N′-二甲基胺基乙基）-9—胺基噻唑并萘酰亚胺、N-（N′，N′-二甲基胺基丙基）-9—胺基噻唑并萘酰亚胺、N-（N′，N′-二甲基胺基乙基）-9—羟基噻唑并萘酰亚胺、N-（N′，N′-二甲基胺基乙基）-9—氯噻唑并萘酰亚胺、N-（N′，N′-二甲基胺基乙基）-9—（N′，N′-二甲基胺基乙基胺基）噻唑并萘酰亚胺或 N-（N′，N′-二甲基胺基乙基）-9—（甲氧基）噻唑并萘酰亚胺；

其中，所说的 N-（N′，N′-二甲基胺基乙基）-9—胺基噻唑并萘酰亚胺的结构如式（c）所示

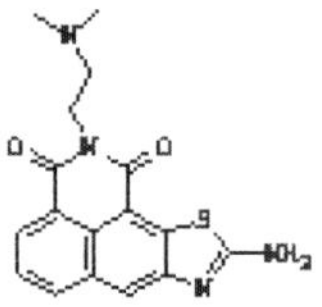

(c)

所说的 N-（N′，N′-二甲基胺基丙基）-9—胺基噻唑并萘酰亚胺的结构如式（d）所示

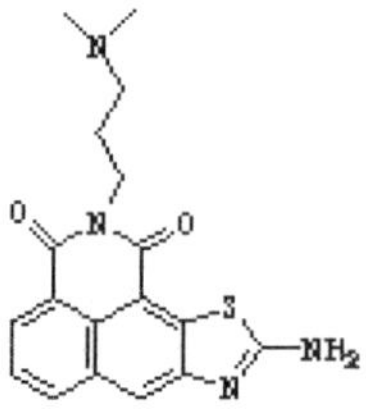

(d)。

4. 如权利要求 1~3 中任意一项所说的化合物在制备哺乳动物的肿瘤细胞和遗传变异细胞生长抑

制剂中的应用。”

驳回决定的主要理由为（1）权利要求1中X可以为N或C，并且和X相连的都是单键。但是，当X为N时，说明书具体实施方案中没有记载和N为单键连接的化合物，所制备的化合物都是双键相连的；（2）化合物的结构是以结构式来清楚表示的，标注为单键的并不能认为其也能表示双键；因此权利要求1~2得不到说明书的支持，不符合专利法第26条第4款的规定；（3）另外，权利要求1中定义了R_3为5~6元芳环或者并稠或杂环，但是实施例中仅涉及了并苯的情况，因此R_3为并稠环或杂环的化合物得不到说明书的支持。

2008年5月16日，申请人华东理工大学，中国科学院上海药物研究所，大连理工大学（下称请求人）对上述驳回决定不服，向专利复审委员会提出复审请求（未对申请文本进行修改），陈述了权利要求1、2符合专利法第26条第4款规定的理由。

请求人认为（1）由于X并不表示具体的原子，其化合价没有确定，因此与X的连线并不表示具体的化学键，仅表示连接位或连接关系。（2）当X为C时，只要满足C的化合价的结构式均应包括在内，即与X相连的键可以是单键或双键，基于实施例中支持的化合物均为双键连接的化合物，因此权利要求1的保护范围也限定为该化合物，当X为N时，同样如此。（3）驳回中涉及的关于R_3概括的问题，由于在《第一次审查意见通知书》和《第二次审查意见通知书》中均未提及，因此，不能构成驳回理由。

经形式审查合格后，专利复审委员会受理了该请求，并于2008年6月13日向请求人发出了《复审请求受理通知书》，同时将本申请转送至国家知识产权局原审查部门进行前置审查。在《前置审查意见书》中，国家知识产权局原审查部门认为请求人的复审理由不成立，因此坚持驳回决定。

专利复审委员会组成合议组，对本复审请求案进行了审理。

2009年5月15日，专利复审委员会发出《复审通知书》，指出：

（1）权利要求1中记载的结构式（1）的化合物根据X的不同，可能存在如下5种情形：

当X=N时，R_3为氨基、由式（2）所示的基团，其中：

	R_3取代基在X上	R_3取代基在9位C上
X为N时	可能存在（情形1）	不可能存在，因为不满足N的化合价，在此情况下，N只能为NH（情形2）或以=N的形式存在（情形3）

当X为C时，R_3为并5~6元芳环，并稠或杂环，或并由C_1~C_6的烷基、C_1~C_6的烷氧基、羟基、氨基、C_1~C_6的烷基取代的胺基、卤素、硝基、腈基、酰基、酰氧基、磺酸基或三氟甲基取代的5~6元芳环，稠环或杂环，其结构只能是：

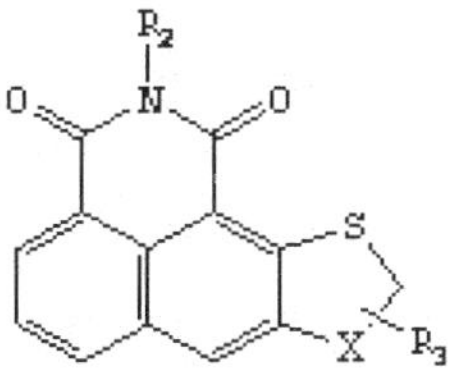

在该结构式中，X可能是=C（情形4）或–CH（情形5）。

其中存在大量理论上不可行或者结构难以确定的化合物，因此，权利要求1中结构式（1）的定义是含混不清的，不符合专利法实施细则第20条第1款的规定。在此基础上，权利要求2~4也不符合专利法实施细则第20条第1款的规定。

（2）根据说明书第 2 页最后一段至第 3 页第 1 段记载的权利要求 1 中结构式（1）化合物的合成方法可知，不可能制备得到 N 与 9 位 C 原子为单键连接的情形 1 和情形 2 化合物，也不可能制备得到 X 与 9 位碳原子为单键连接的情形 5 的化合物，因此情形 1、2、5 的化合物得不到说明书的支持，从而导致权利要求 1 不符合专利法第 26 条第 4 款的规定，在此基础上，权利要求 2、4 也不符合专利法第 26 条第 4 款的规定。

针对上述《复审通知书》，请求人于 2009 年 6 月 15 日提交了权利要求 1~4 的修改替换页，其中对权利要求 1 的结构式（1）进行了修改，删除了 X 为 C 的定义，根据驳回决定所针对的权利要求 2 的内容对 R_2 ~ R_5 取代基和 n 进行了限缩性定义；同时根据修改后的权利要求 1 对权利要求 2 的定义作了适应性修改；将权利要求 3 中式（c）、式（d）化合物的编号为修改为式（1a）、式（1b）。修改后的权利要求 1~4 为：

“1. 一种硫、氮杂环并萘酰亚胺类化合物，其具有式（1）所示结构：

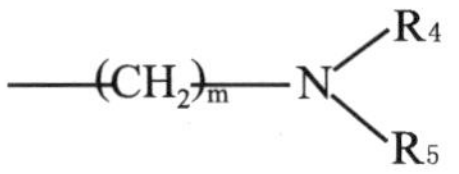

（1）

式（1）中：R_2 为 C_1 ~ C_6 的烷基或由式（2）所示的基团；R_3 为氨基、羟基、C_1 ~ C_3 的烷氧基、卤素或由式（2）所示的基团；

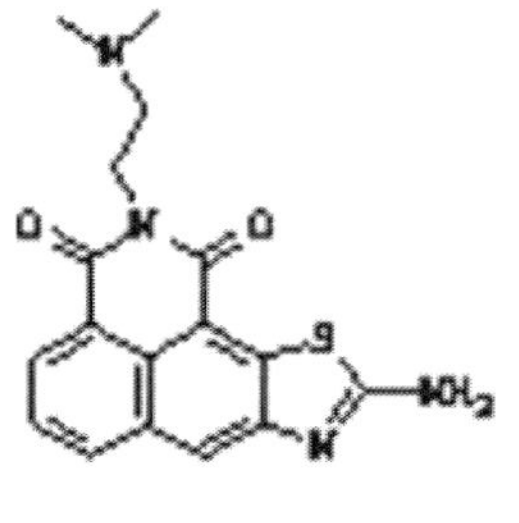

（2）

式（2）中 n =1~3，R_4 和 R_5 分别选自 C_1 ~ C_3 的烷基中一种。

2. 如权利要求 1 所述的化合物，其特征在于，R_2 为由式（2）所示的基团，其中 n =1~3、R_4 和 R_5 分别选自 C_1 ~ C_3 的烷基中一种。

3. 如权利要求 2 所述的化合物，其特征在于，所述化合物为 N-（N′，N′-二甲基胺基乙基）-9-胺基噻唑并萘酰亚胺、N-（N′，N′-二甲基胺基丙基）-9-胺基噻唑并萘酰亚胺、N-（N′，N′-二甲基胺基乙基）-9-羟基噻唑并萘酰亚胺、N-（N′，N′-二甲基胺基乙基）-9-氯噻唑并萘酰亚胺、N-（N′，N′-二甲基胺基乙基）-9-（N′，N′-二甲基胺基乙基胺基）噻唑并萘酰亚胺或 N-（N′，N′-二甲基胺基乙基）-9-（甲氧基）噻唑并萘酰亚胺；

其中，所说的 N-（N′，N′-二甲基胺基乙基）-9-胺基噻唑并萘酰亚胺的结构如式（1a）所示：

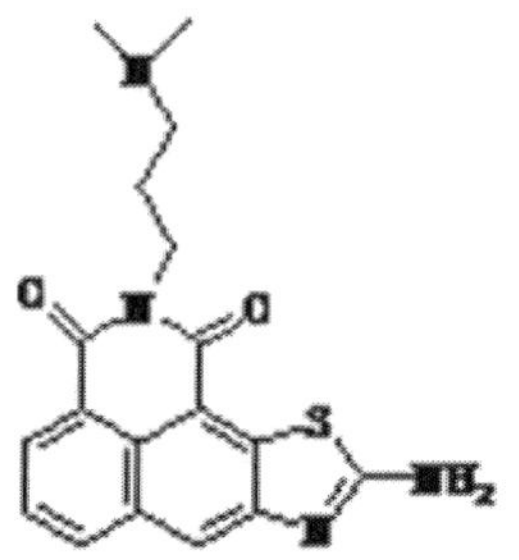

（1a）

所说的 N-（N′，N′-二甲基胺基丙基）-9-胺基噻唑并萘酰亚胺的结构如式（1b）所示

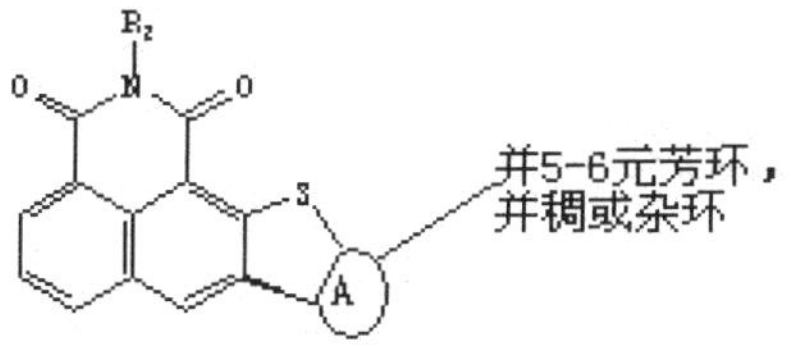

（1b）。

4. 如权利要求 1~3 中任意一项所说的化合物在制备哺乳动物的肿瘤细胞和遗传变异细胞生长抑制剂中的应用。”

至此，合议组认为本案事实已经清楚，可以作出审查决定。

二、决定的理由

1. 关于审查文本

请求人于 2009 年 6 月 15 日提交了权利要求 1~4 的修改替换页，其中对权利要求 1 的结构式（1）进行了修改，删除了 X 为 C 的定义，根据驳回决定所针对的权利要求 2 的内容对 R_2~R_5 取代基和 n 进行了限缩性定义；同时根据修改后的权利要求 1 对权利要求 2 的定义作了适应性修改；将权利要求 3 中式（c）、式（d）化合物的编号为修改为式（1a）、式（1b）。

经审查，所述修改符合专利法第 33 条和专利法实施细则第 60 条第 1 款的规定。

因此，本复审请求审查决定所针对的文本是：请求人于 2004 年 12 月 10 日提交的说明书第 1~14 页及说明书附图第 1 页、说明书摘要，2009 年 6 月 15 日提交的权利要求第 1~4 项。

2. 关于专利法实施细则第 20 条第 1 款

专利法实施细则第 20 条第 1 款规定：权利要求应当说明发明或者实用新型的技术特征，清楚、简要地表达请求保护的范围。

对于涉及具有通式结构的化合物的权利要求而言，通式及其所带基团和/或变量的描述应当使得本领域技术人员能够确定所述化合物的结构。

就本案而言，合议组在复审通知书中指出：权利要求 1 中，根据式（1）中 X 选项的不同，其实际上可能包括 5 种情形（参见案由部分），其中有部分不可能存在或者结构难以确定，为此，请求人对式（1）进行修改，明确了 N 原子与 9 位碳原子之间为双键连接，而且 R_3 取代基连接在 9 位 C 原子上，所属领域技术人员根据通式结构及其取代基的定义能够确定化合物的结构，因此权利要求 1 符合专利法实施细则第 20 条第 1 款的规定。

3. 关于专利法第 26 条第 4 款

专利法第 26 条第 4 款规定，权利要求书应当以说明书为依据，说明要求专利保护的范围。

权利要求所要求保护的技术方案应当是所属技术领域的技术人员能够从说明书充分公开的内容中得到或者概括得出的技术方案，如果权利要求所要求保护的技术方案与说明书充分公开的内容不同且不能从中概括得出，那么该权利要求得不到说明书的支持。如果请求人从权利要求中删除了得不到说明书支持的技术方案，则所述权利要求不符合专利法第 26 条第 4 款的理由不再成立。

驳回决定认为：权利要求 1 和 2 中 X 可以为 N 或 C，并且和 X 相连的都是单键。但是，当 X 为 N 时，说明书具体实施方案中没有记载和 N 为单键连接的化合物，所制备的化合物都是双键相连的，因此权利要求 1~2 得不到说明书的支持，不符合专利法第 26 条第 4 款的规定。

复审通知书认为，根据说明书第 2 页最后一段至第 3 页第 1 段记载的权利要求 1 中结构式（1）化合物的合成方法：

当X=N时，合成结构式（1）所示化合物的方法是：以3-氨基取代的1，8萘酐为原料，首先与硫氢酸钾和溴反应成环得2，3-位的氨基噻唑并萘酐，然后经过重氮化反应引入不同的R_3取代基得到相应的2，3-位噻唑并1，8萘酐，最后与相应的胺缩和生成目标物，此时目标物为R_3取代基连接在9位C原子上，而且N与9位C原子为双键连接的化合物（即得到情形3的化合物）。而情形1和情形2的化合物中，N与9位碳原子均为单键连接的方式，本领域技术人员知晓，通常情况下，N与9位碳原子为单键连接的化合物和N与9位C原子为双键连接化合物相比，由于化学结构的不同，因此在制备方法上会有较大区别，更不用说其用途和/或使用效果了；而且，由该说明书记载的方法不可能制备得到N与9位C原子为单键连接的情形1和情形2化合物，由说明书中验证的噻唑类化合物的用途也难以推测到N与9位碳原子为单键连接的化合物也具有类似的性能，由此可见，情形1和情形2的化合物得不到说明书的支持。

当X=C时，合成结构式（1）所示化合物的方法是：以2-位卤素或硝基取代的1，8萘酐为原料，首先与（取代）邻氨基苯硫酚发生取代反应，然后经过Pschorr重氮化反应得（取代）苯并噻吩并萘酐，最后再与相应的胺反应生成目标物。此时目标物为（取代）苯并噻吩并萘酰亚胺，其中X为=C的形式（即为情形4）。情形5的化合物中，X与9位碳原子为单键连接，基于如上所述类似的理由，基于情形4和情形5的化合物在化学结构上不同，本领域技术人员既无法预期用情形4的化合物的制备方法可以获得情形5的化合物，同时，也无法预期情形5的化合物具有与情形4的化合物类似的用途，因此，情形5的化合物也得不到说明书的支持。

综上所述，权利要求1得不到说明书的支持，不符合专利法第26条第4款的规定，同理，权利要求2和4也不符合专利法第26条第4款的规定。

为此，请求人对权利要求书进行了修改，将权利要求1中式（1）限定为情形3，并对其结构上的取代基根据实施例9~10、12~15进行了相应的限缩，因此，已经克服了驳回决定及复审通知书指出的权利要求1、2、4不符合专利法第26条第4款的缺陷。

根据上述事实和理由，合议组作出如下决定。

三、决定

撤销国家知识产权局于2008年4月11日针对第200410089353.X号发明专利申请作出的驳回决定，由国家知识产权局原审查部门以本复审决定所针对的文本为基础继续审批程序。

复审请求人对本决定不服的，可以根据专利法第41条第2款的规定，自收到本决定之日起三个月内向北京市第一中级人民法院起诉。

133

含荧光增白剂的聚碳酸酯或聚酯碳酸酯

复审请求审查决定（第18730号）

决　　定　　号　第18730号
决　　定　　日　2009年8月14日
发明创造名称　含荧光增白剂的聚碳酸酯或聚酯碳酸酯
国 际 分 类 号　C08K5/34，C08L69/00
复 审 请 求 人　拜尔材料科学股份公司
申　　请　　号　03822676.6
优 先 权 日　2002年9月30日
申　　请　　日　2003年9月17日
公　　开　　日　2005年10月19日
合 议 组 组 长　孙跃飞
主　　审　　员　蔡　雷
参　　审　　员　王　磊

法 律 依 据　专利法第33条
决 定 要 点

如果申请的内容通过增加、改变和/或删除其中的一部分，致使所属技术领域的技术人员看到的信息与原申请记载的信息不同，而且又不能从原申请记载的信息中直接地、毫无疑义地确定，则这种修改是不允许的。反之，这种修改则是允许的。

一、案由

本复审请求案涉及发明名称为“含荧光增白剂的聚碳酸酯或聚酯碳酸酯”的03822676.6号发明专利申请（下称本申请），申请人为拜尔材料科学股份公司，申请日为2003年9月17日，优先权日为2002年9月30日，公开日为2005年10月19日。

2007年9月7日，针对申请人于2007年7月5日提交的权利要求书第1~9项、2006年6月15日提交的说明书第1页、进入国家阶段时提交的国际申请文件的中文译文的说明书第2~12页以及说明书摘要，国家知识产权局以申请的修改不符合专利法第33条的规定为由驳回了本申请。

驳回决定认为：权利要求1中增加了“所述组合物不包含二氧化钛或聚四氟乙烯”，该内容既未明确地记载在原说明书和权利要求书中，也不能由原说明书和权利要求书所记载的内容直接地确定，因此超出了原申请文件记载的范围，不符合专利法第33条的规定。

驳回决定针对的权利要求如下：

“ 1. 包含一种组合物的模塑制品，所述组合物包含，

a）至少 50wt% 的选自聚碳酸酯和聚酯碳酸酯的聚合物以及

b）0. 0001wt% ~0. 2wt% 的荧光增白剂化合物，其选自通式 1 的化合物，

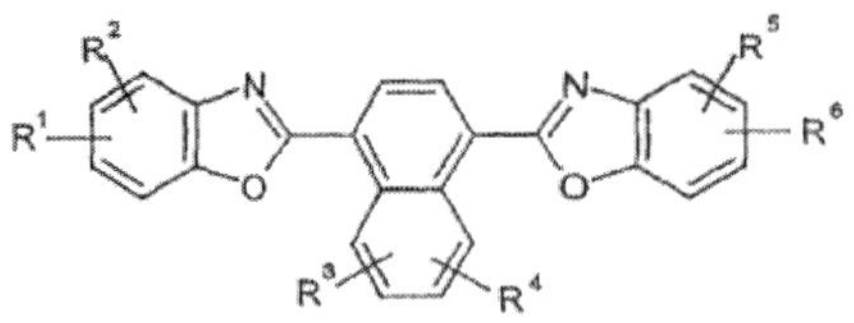

(1)

其中

R^1、R^2、R^5 和 R^6 彼此独立地代表氢、烷基、芳基、杂芳基或卤素，

且其中

R^3 和 R^4 彼此独立地代表氢、烷基、芳基、杂芳基或卤素，

和通式 2 的化合物，

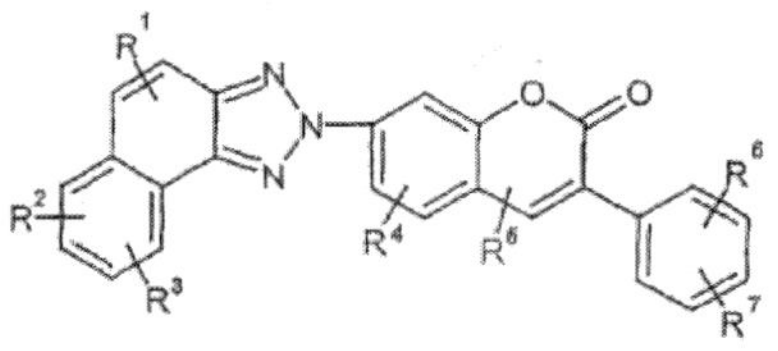

(2)

其中

R^1、R^2、R^3、R^4、R^5、R^6 和 R^7 彼此独立地代表氢、烷基、芳基、杂芳基、卤素或氰基，

所述组合物不包含二氧化钛或聚四氟乙烯。

2. 权利要求 1 的制品，其中荧光增白剂化合物的含量为 0. 0003wt% ~0. 1wt%。

3. 权利要求 2 的制品，其中荧光增白剂化合物的含量为 0. 0005wt% ~0. 05wt%。

4. 权利要求 1 的制品，其中所述聚合物的含量为至少 80wt%。

5. 权利要求 4 的制品，其中所述聚合物的含量为至少 90wt%。

6. 权利要求 1~5 中任一项的制品，其中所述聚合物选自双酚 A 均聚碳酸酯、1，1-双-（4-羟苯基）-3，3，5-三甲基环己烷均聚碳酸酯、4，4，-二羟基联苯均聚碳酸酯和一种共聚碳酸酯，它含有>50 mol% 由选自双酚 A、1，1-双-（4-羟苯基）-3，3，5-三甲基环己烷和 4，4，-二羟基联苯的单体衍生的重复单元。

7. 权利要求 1~5 中任一项的制品，其中所述组合物另外含有

c）紫外吸收剂。

8. 权利要求 1~5 中任一项的制品，其中它是多层的。

9. 权利要求 1~5 中任一项的制品，其中其选自片材、型材或管材。”

2007 年 12 月 24 日，申请人拜尔材料科学股份公司（下称请求人）对上述驳回决定不服，向专利复审委员会提出复审请求，请求人在提出复审请求时没有对申请文件进行修改。

请求人认为：对权利要求 1 进行的修改属于审查指南第二部分第八章第 5. 2. 2. 1 节列举的允许的修改中的第（5）项将独立权利要求相对于最接近的现有技术正确划界，这样的修改不会超出原权利要求和说明书记载的范围，因此是允许的。上述修改符合专利法第 33 条的规定，同时修改后的权利要求 1 相对于对比文件 1 具备创造性。

经形式审查合格后，专利复审委员会受理了该请求，并于2008年2月13日向请求人发出了《复审请求受理通知书》，同时将本申请转送至国家知识产权局原审查部门进行前置审查。

在《前置审查意见书》中，国家知识产权局原审查部门认为：请求人认为在答复第三次审查意见通知书时对权利要求1进行的修改是针对最接近现有技术进行划界，但该修改不符合审查指南第二部分第八章第4.10.2.2节对划界的规定，这种“划界”是由审查员要求申请人进行，并不能用于克服新颖性和/或创造性缺陷，因此修改不符合专利法第33条的规定；不能由审查指南第二部分第八章第5.2.3.3节规定的针对数值范围的具体放弃式修改扩展到针对一般技术特征的修改，请求人的修改不符合专利法第33条的规定，且修改后的权利要求仍不具备专利法第22条第3款规定的创造性，因此坚持驳回决定。

专利复审委员会成立合议组，对本复审请求案进行了审理。

本案合议组于2009年4月20日发出《复审通知书》，指出：（1）权利要求1相比本申请原始文本权利要求1增加了“所述组合物不包含二氧化钛或聚四氟乙烯”，该内容既没有明确地记载在原申请文件中，也不能由原申请文件记载的内容直接地、毫无疑义地确定，因此超出了原说明书和权利要求书记载的范围，不符合专利法第33条的规定。（2）对权利要求1的修改是在其中加入了新的内容，而不是将权利要求1已经记载的技术方案重新划分前序部分和特征部分，这不属于请求人认为的审查指南第二部分第八章第5.2.2.1节列举的允许的修改中的第（5）项所规定的情形。

请求人于2009年6月3日提交了意见陈述书和权利要求书全文替换页，对权利要求书的修改包括：删除了权利要求1中的“所述组合物不包含二氧化钛或聚四氟乙烯”，将权利要求1中的“所述组合物包含”修改为“所述组合物由以下组分组成”，删除了权利要求1中对聚合物含量的限定，在权利要求1中加入“c）任选的紫外吸收剂”，将权利要求7中的“另外含有”修改为“含有”，删除了权利要求4和5，对权利要求进行了重新编号。请求人认为修改后的权利要求符合专利法第33条的规定。

修改后的权利要求如下：

“1. 包含一种组合物的模塑制品，所述组合物由以下组分组成：

a）选自聚碳酸酯和聚酯碳酸酯的聚合物以及

b）0.0001wt%～0.2wt%的荧光增白剂化合物，其选自通式1的化合物，

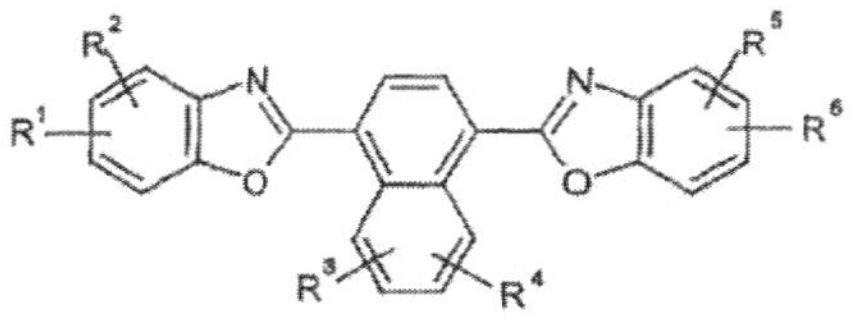

(1)

其中

R^1、R^2、R^5 和 R^6 彼此独立地代表氢、烷基、芳基、杂芳基或卤素，

且其中

R^3 和 R^4 彼此独立地代表氢、烷基、芳基、杂芳基或卤素，

和通式2的化合物，

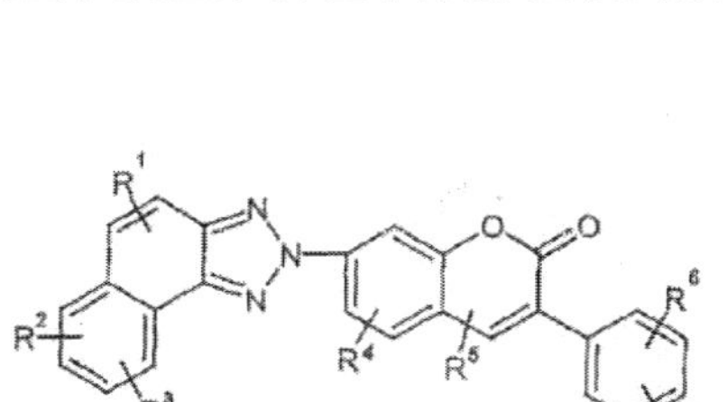

(2)

其中

R^1、R^2、R^3、R^4、R^5、R^6 和 R^7 彼此独立地代表氢、烷基、芳基、杂芳基、卤素或氰基；和

c）任选的紫外吸收剂。

2. 权利要求 1 的制品，其中荧光增白剂化合物的含量为 0.0003wt% ~0.1wt%。

3. 权利要求 2 的制品，其中荧光增白剂化合物的含量为 0.0005wt% ~0.05wt%。

4. 权利要求 1-3 中任一项的制品，其中所述聚合物选自双酚 A 均聚碳酸酯、1，1-双-（4-羟苯基）-3，3，5-三甲基环己烷均聚碳酸酯、4，4，-二羟基联苯均聚碳酸酯和一种共聚碳酸酯，它含有>50 mol%由选自双酚 A、1，1-双-（4-羟苯基）-3，3，5-三甲基环己烷和 4，4，-二羟基联苯的单体衍生的重复单元。

5. 权利要求 1~3 中任一项的制品，其中所述组合物含有。

c）紫外吸收剂。

6. 权利要求 1~3 中任一项的制品，其中它是多层的。

7. 权利要求 1~3 中任一项的制品，其中其选自片材、型材或管材。”

至此，合议组认为本案事实清楚，可以作出复审决定。

二、决定的理由

1. 决定依据的文本

本复审请求审查决定依据的文本是请求人于 2009 年 6 月 3 日提交的权利要求第 1~7 项，2006 年 6 月 15 日提交的说明书第 1 页、进入国家阶段时提交的国际申请文件的中文译文的说明书第 2~12 页以及说明书摘要。

2. 关于专利法第 33 条

专利法第 33 条规定：申请人可以对其专利申请文件进行修改，但是，对发明和实用新型专利申请文件的修改不得超出原说明书和权利要求书记载的范围。

如果申请的内容通过增加、改变和/或删除其中的一部分，致使所属技术领域的技术人员看到的信息与原申请记载的信息不同，而且又不能从原申请记载的信息中直接地、毫无疑义地确定，则这种修改是不允许的。反之，这种修改则是允许的。

就本申请而言，针对驳回决定和《复审通知书》指出的缺陷，请求人于 2009 年 6 月 3 日提交了修改的权利要求书，主要修改针对权利要求 1，具体为：①删除了权利要求 1 中的“所述组合物不包含二氧化钛或聚四氟乙烯”，②将“所述组合物包含”修改为“所述组合物由以下组分组成”，③删除了对聚合物含量的限定，④加入“c）任选的紫外吸收剂”。针对①，此修改克服了驳回决定和《复审通知书》具体指出的修改超范围缺陷；针对②，原始说明书第 8 页第 22~23 行的相应描述为“在一种特定实施方案中，除了所举出的聚合物、OB 化合物和任选地紫外吸收剂之外，本发明组合物不含任何其他物质”，本领域技术人员由原始说明书的内容可以直接地、毫无疑义地确定权利要求 1 的上述内容。针对③，本申请原权利要求 1 并没有包含有关聚合物含量的限定，上述修改后的技术方案能够从原说明书、权利要求书直接地、毫无疑义地确定。针对④，该修改能够从原说明书第 8 页第 22~23 行内容直接地、毫无疑义地确定。综上，权利要求 1 的修改符合专利法第 33 条的规定。

另外，请求人对权利要求 7 的修改和对权利要求 4、5 的删除也符合专利法第 33 条的规定。

此外，对于《前置审查意见书》中指出的本申请修改后的权利要求不符合专利法第 22 条第 3 款规定的缺陷，由于其并不是驳回理由，而且修改后的权利要求技术方案已经发生改变，故合议组在本复审决定中不予评述。

根据上述事实和理由，合议组作出如下审查决定。

三、决定

撤销国家知识产权局于2007年9月7日针对第03822676.6号发明专利申请作出的驳回决定，由国家知识产权局原审查部门以本复审决定针对的文本为基础继续审批程序。

复审请求人对本决定不服的，可以根据专利法第41条第2款的规定，自收到本决定之日起三个月内向北京市第一中级人民法院起诉。

134

含有环糊精基的有机硅化合物

复审请求审查决定（第 18741 号）

决　定　号　第 18741 号
决　定　日　2009 年 8 月 17 日
发明创造名称　含有环糊精基的有机硅化合物
国 际 分 类 号　C08G77/38，C08G77/42，C08B37/00，C07F7/00
复 审 请 求 人　瓦克化学股份公司
申　请　号　03819983.1
优 先 权 日　2002 年 8 月 23 日
申　请　日　2003 年 8 月 14 日
公　开　日　2005 年 10 月 5 日
合 议 组 组 长　刘　静
主　审　员　郭　俭
参　审　员　侯　曜

法 律 依 据　专利法第 26 条第 3 款
决 定 要 点

对于要求保护的发明，如果说明书给出了具体的技术方案，且所属技术领域的技术人员根据说明书记载的内容，能够实现该发明的技术方案，解决其技术问题，并产生预期的技术效果，则应当认为说明书已对发明作出了清楚、完整的说明。

一、案由

本复审请求案涉及发明名称为“含有环糊精基的有机硅化合物”的第 03819983.1 号发明专利申请（下称本申请），申请人为瓦克化学股份公司（由瓦克化学有限公司变更而来），申请日为 2003 年 8 月 14 日，优先权日为 2002 年 8 月 23 日，公开日为 2005 年 10 月 5 日。

2008 年 5 月 9 日，针对申请人进入中国国家阶段时提交的国际申请文件的中文文本的权利要求第 1~15 项、说明书第 1~58 页和说明书摘要，国家知识产权局以本申请说明书不符合专利法第 26 条第 3 款的规定为由驳回了本申请。

驳回决定认为：发明“能够实现”包括三个条件：①能够实现技术方案；②解决要解决的技术问题；③产生预期效果。本申请说明书中没有记载要求保护的“含有环糊精基的有机硅化合物”的确认数据，无法使要求保护的“含有环糊精基的有机硅化合物”能被清楚地确认，虽然本申请说明书实施例部分记载了反应物名称、使用量及反应条件，但也仅仅是满足了上述第一个条件，但对于上述第二个和第三个条件，即，按照本申请说明书记载的操作步骤，是否可以解决要解决的技术问题并产生预期效果（对本申请来说，即确认按照说明书记载的步骤得到的产物确实是本申请要求保护的化合物），本领域技术人员无法判断。因此本申请说明书没有对本申请作出清楚完整的说明，不符合专利法第 26 条第 3 款的规定。虽然申请人在意见陈述中陈述意见认为本申请所采用的各种反应均是本领域技术人员公知的，本领域技术人员可以毫无疑问地直接推导出各个实施例应得的产物，但化学是一门实验科学，某一化学反应的生成产物的具体结构必须通过各种分析测试对产物进行分析证实而不能仅根据主观臆断来推测；另外，尽管本申请说明书记载了所制得产物的粘度和稳定性，但仅凭以上两个方面的性质，本领域技术人员并不能据此证实反应物之间确实发生了希望发生的反应并且生成的产物确实是本申请要求保护的特定结构的化合物。

驳回决定针对的权利要求书如下：

“1. 含有以下通式单元的含有环糊精基的有机硅化合物，

$A_aR_bX_cH_dSiO_{(4-a-b-c-d)/2}$　　（I），

其中

A 可相同或不同并为以下通式的基团，

$CD-R^2-$　　（II）

其中

CD 为经衍生化或未经衍生化的单价或多价环糊精基，R^2是经取代或未经取代、可由氧、硫醇基、氨基、羰基、羧基、亚砜或磺酰基加以间隔的两价烃基，

R 可相同或不同并为经取代或未经取代、可由氧原子、硫原子和/或氮原子加以间隔的烃基，

X 可相同或不同并为通式 $-OR^1$的基团，其中 R^1 是氢原子或者经取代或未经取代、可由醚氧原子取代的烃基，

a 是 0、1 或 2，

b 是 0、1、2 或 3，

c 是 0、1、2 或 3，及

d 是 0、1、2 或 3，

其条件为：

a+b+c+d 的和≤4，

该有机硅化合物每个分子具有至少一个基团 A，

通式（I）的单元不超过 90%，优选为不超过 50%，更优选为不超过 30%，尤优选为不含通式（I）的单元，即 a+b+c+d 的和等于 0，

对于其中 a+b+c+d 的和 = 4 的含有通式（I）单元的有机硅化合物，R^2基不可为三嗪亚基，

对于其中 a+b+c+d≤3 的含有通式（I）单元的有机硅化合物，R^2基不可为纯脂族的，即仅由碳-碳单键构成并由 ω-SiC 与有机硅化合物连接的 α-羧酸衍生物或 α-碳酸衍生物，例如羧酸酯、硫醇羧酸酯、羧酰胺、硫代羧酰胺、氨基甲酸酯、S-硫代氨基甲酸酯或脲衍生物，

对于其中 a+b+c+d≤3 的含有通式（1）单元的有机硅化合物，R^2基不可为选自以下组中的两价烃基：$-CH_2-CHOH-CH_2-O-(CH_2)_3-$、$-(CH_2)_e-$，$-Ar-(CH_2)_e-$、$-Ar-O-(CH_2)_e-$、$-Ar-S-(CH_2)_e-$、$-Ar-NH-(CO)-(CH_2)_e-$或$-(CO)-Ar-O-(CH_2)_e-$，其中 e 是 0 至 16，Ar 是亚苯基、吡啶亚基或呋喃亚基，其中使 CD 与 R^2化学相连的环糊精氧原子可由 S 、NH 或 NR^0取代，其中 R^0与上述 R 的定义相同。

2. 依据权利要求 1 的含有环糊精基的有机硅化合物，其特征为：该有机硅化合物是硅烷，即其

中 a+b+c+d=4 的含有通式（I）的化合物。

3. 依据权利要求 1 的含有环糊精基的有机硅化合物，其特征为：该有机硅化合物是硅氧烷，即其中 a+b+c+d≤3 的含有通式（I）单元的化合物。

4. 一种用以制造依据权利要求 1 至 3 之一的有机硅化合物的方法（方法 1），其特征为：卤代三嗪官能环糊精（衍生物）与含有氨基、硫醇基、羟基、羧基、酐基、糖苷基、酚基、聚二醇基、膦酸酯基或硅内酯基的有机硅化合物反应。

5. 一种用以制造依据权利要求 1 至 3 之一的有机硅化合物的方法（方法 2），其特征为：环氧官能环糊精（衍生物）与含有氨基、硫醇基、羧基、酐基、羟基、糖苷基、酚基、聚二醇基、膦酸酯基或硅内酯基的有机硅化合物反应。

6. 一种用以制造依据权利要求 1 至 3 之一的有机硅化合物的方法（方法 3），其特征为：氨基官能环糊精（衍生物）与环氧官能聚硅氧烷反应。

7. 一种用以制造依据权利要求 1 至 3 之一的有机硅化合物的方法（方法 4），其特征为：乙烯基磺酰基官能环糊精（衍生物）或具有乙烯基磺酰基衍生物官能如 2-硫氧基乙基磺酰基及 2-氯乙基磺酰基的环糊精（衍生物）与含有氨基、硫醇基、羟基、羧基、酐基、糖苷基、酚基、聚二醇基、膦酸酯基或硅内酯基的有机硅化合物反应。

8. 一种用以制造依据权利要求 1 至 3 之一的有机硅化合物的方法（方法 5），其特征为：丙烯酰基或甲基丙烯酰基官能环糊精（衍生物）与含有氨基、硫醇基、羟基、羧基、酐基、糖苷基、酚基、聚二醇基、膦酸酯基或硅内酯基的有机聚硅氧烷反应。

9. 一种用以制造依据权利要求 1 至 3 之一的有机硅化合物的方法（方法 6），其特征为：氨基官能环糊精（衍生物）与含有丙烯酰基或甲基丙烯酰基的有机硅化合物反应。

10. 一种用以处理有机纤维的方法，其特征为：将依据权利要求 1 至 3 之一的或由依据权利要求 4、5、6、7、8 或 9 所述的方法制造的有机硅化合物涂敷在待处理的纤维或布料上。

11. 以有机硅化合物为主要成分的可交联组合物，其包括：

（A）具有至少两个可水解或可缩合并选自有机基氧基及羟基的基团的有机聚硅氧烷，

（B）具有至少两个可水解或可缩合并选自有机基氧基及羟基的基团的且含有环糊精基的有机硅化合物、和/或其部分水解产物或其部分缩合物，需要时的，

（C）交联剂，该交联剂选自：具有至少两个硅键结氢原子的有机聚硅氧烷及具有至少两个可水解或可缩合并选自有机基氧基及羟基的基团的含氨基有机硅化合物，及需要时，

（D）缩合催化剂。

12. 依据权利要求 11 的可交联组合物，其特征为：所述有机聚硅氧烷（A）具有以下通式，

$(R^{3\prime}O)_{3-e'}R^{4\prime}{}_{e'}SiO-[R^{4\prime}{}_2SiO]_{f'}-SiR^{4\prime}{}_{e'}(OR^{3\prime})_{3-e'}$ (I′)

其中，

e′是 0、1 或 2，

$R^{4\prime}$ 为相同或不同的，SiC 键结的、未取代或经卤素原子、氨基、醚基、酯基、环氧基、氰基或（聚）二醇基取代的烃基，其中所述（聚）二醇基是由环氧乙烷和/或环氧丙烷单元构成的，及

$R^{3\prime}$ 可相同或不同并为氢原子或与 $R^{4\prime}$ 的上述定义相同，

f′是 10 至 100，000 的整数，但若 $R^{3\prime}$ 是氢原子，e′仅可为 2。

13. 依据权利要求 11 或 12 的可交联组合物，其特征为：所述有机

硅化合物（B）包括以下通式的单元，

$A'_{a'}R'_{b'}X'_{c'}SiO_{(4-a'-b'-c')/2}$ (II′)，

其中

A′可相同或不同并为以下通式的基团，

CD′-R²′-　　　　　　　　　　　　　　　　(III′)

其中

CD′为经衍生或未经衍生的单价环糊精基，$R^{2\prime}$ 为经取代或未经取代、可由氧、硫醇基、氨基、羰基、羧基、亚砜或磺酰基加以间隔的两价烃基。

R′可相同或不同并为经取代或未经取代、可由氧原子和/或氮原子加以间隔的烃基，

X′可相同或不同并为通式 $-OR^{1\prime}$ 的基团，其中 $R^{1\prime}$ 是氢原子或经取代或未经取代、可由醚氧原子取代的烃基，

a′是 0、1 或 2，

b′是 0、1、2 或 3，及

c′是 0、1、2 或 3，

其条件是：a′+b′+c′≤4，该有机硅化合物每个分子具有至少一个基团 A′且至少两个基团 X′。

14. 依据权利要求 11 至 13 之一的可交联组合物，其特征为：可交联组合物是由下列各成分组成，

（A）100 重量份具有通式（I′）单元的有机聚硅氧烷，

（B）20 至 60 重量份含有通式（II′）单元的含有环糊精基的有机硅化合物，及

（C）1 至 10 重量份选自二烷氧基氨基硅烷及三烷氧基氨基硅烷及其部分水解产物的交联剂。

15. 一种用以处理有机纤维的方法，其特征为：将如权利要求 11 至 14 之一的组合物涂敷在待处理的纤维上并实施交联作用。”

2008 年 8 月 25 日，申请人瓦克化学股份公司（下称请求人）对上述驳回决定不服，向专利复审委员会提出复审请求，请求人在提出复审请求时对权利要求书进行了修改，删除了原权利要求 2、3 和 5~9，并将原权利要求 3 的附加技术特征并入权利要求 1 中，将权利要求 1 中的基团 R^2 进一步限定为“经取代或未取代的亚三嗪基”。修改后的权利要求书为：

“1. 含有以下通式单元的含有环糊精基的有机硅化合物，

$A_a R_b X_c H_d SiO_{(4-a-b-c-d)/2}$　　　　　　　　　　　(I)，

其中

A 可相同或不同并为以下通式的基团，

$CD-R^2-$　　　　　　　　　　　　　　　　(II)

其中

CD 为经衍生化或未经衍生化的单价或多价环糊精基，R^2是经取代或未经取代的亚三嗪基，

R 可相同或不同并为经取代或未经取代、可由氧原子、硫原子和/或氮原子加以间隔的烃基，

X 可相同或不同并为通式 $-OR^1$的基团，其中 R^1是氢原子或者经取代或未经取代、可由醚氧原子取代的烃基，

a 是 0、1 或 2，

b 是 0、1、2 或 3，

c 是 0、1、2 或 3，及

d 是 0、1、2 或 3，

其条件为：

a+b+c+d 的和≤3，即该有机硅化合物是硅氧烷，

该有机硅化合物每个分子具有至少一个基团 A,

通式（I）的单元不超过 90%，优选为不超过 50%，更优选为不超过 30%，尤优选为不含通式（I）的单元，即 a+b+c+d 的和等于 0,

对于其中 a+b+c+d≤3 的含有通式（I）单元的有机硅化合物，R^2基不可为纯脂族的，即仅由碳-碳单键构成并由 ω-SiC 与有机硅化合物连接的 α-羧酸衍生物或 α-碳酸衍生物，例如羧酸酯、硫醇羧酸酯、羧酰胺、硫代羧酰胺、氨基甲酸酯、S-硫代氨基甲酸酯或脲衍生物,

对于其中 a+b+c+d≤3 的含有通式（1）单元的有机硅化合物，R^2基不可为选自以下组中的两价烃基：$-CH_2-CHOH-CH_2-O-(CH_2)_3-$、$-(CH_2)_e-$，$-Ar-(CH_2)_e-$、$-Ar-O-(CH_2)_e-$、$-Ar-S-(CH_2)_e-$、$-Ar-NH-(CO)-(CH_2)_e-$ 或 $-(CO)-Ar-O-(CH_2)_e-$，其中 e 是 0 至 16，Ar 是亚苯基、吡啶亚基或呋喃亚基，其中使 CD 与 R^2化学相连的环糊精氧原子可由 S、NH 或 NR^0取代，其中 R^0与上述 R 的定义相同。

2. 一种用以制造依据权利要求 1 的有机硅化合物的方法（方法 1），其特征为：卤代三嗪官能环糊精（衍生物）与含有氨基、硫醇基、羟基、羧基、酐基、糖苷基、酚基、聚二醇基、膦酸酯基或硅内酯基的有机硅化合物反应。

3. 一种用以处理有机纤维的方法，其特征为：将依据权利要求 1 或 2 所述的方法制造的有机硅化合物涂敷在待处理的纤维或布料上。

4. 以有机硅化合物为主要成分的可交联组合物，其包括：

（A）具有至少两个可水解或可缩合并选自有机基氧基及羟基的基团的有机聚硅氧烷,

（B）具有至少两个可水解或可缩合并选自有机基氧基及羟基的基团的且含有环糊精基的有机硅化合物、和/或其部分水解产物或其部分缩合物，需要时的

（C）交联剂，该交联剂选自：具有至少两个硅键结氢原子的有机聚硅氧烷及具有至少两个可水解或可缩合并选自有机基氧基及羟基的基团的含氨基有机硅化合物，及需要时,

（D）缩合催化剂。

5. 依据权利要求 4 的可交联组合物，其特征为：所述有机聚硅氧烷（A）具有以下通式,

$(R^{3'}O)_{3-e'}R^{4'}{}_{e'}SiO-[R^{4'}{}_2SiO]_{f'}-SiR^{4'}{}_{e'}(OR^{3'})_{3-e'}$（I′）

其中,

e′是 0、1 或 2,

$R^{4'}$ 为相同或不同的，SiC 键结的、未取代或经卤素原子、氨基、醚基、酯基、环氧基、氰基或（聚）二醇基取代的烃基，其中所述（聚）二醇基是由环氧乙烷和/或环氧丙烷单元构成的，及

$R^{3'}$ 可相同或不同并为氢原子或与 $R^{4'}$的上述定义相同,

f′是 10 至 100，000 的整数，但若 $R^{3'}$是氢原子，e′仅可为 2。

6. 依据权利要求 4 或 5 的可交联组合物，其特征为：所述有机

硅化合物（B）包括以下通式的单元,

$A'_{a'}R'_{b'}X'_{c'}SiO_{(4-a'-b'-c')/2}$ （II′），

其中

A′可相同或不同并为以下通式的基团,

$CD'-R^{2'}-$ （III′）

其中

CD′为经衍生或未经衍生的单价环糊精基，$R^{2'}$ 为经取代或未经取代、可由氧、硫醇基、氨基、羰基、羧基、亚砜或磺酰基加以间隔的两价烃基。

R′可相同或不同并为经取代或未经取代、可由氧原子和/或氮原子加以间隔的烃基，

X′可相同或不同并为通式 $-OR^{1\prime}$ 的基团，其中 $R^{1\prime}$ 是氢原子或经取代或未经取代、可由醚氧原子取代的烃基，

a′是 0、1 或 2，

b′是 0、1、2 或 3，及

c′是 0、1、2 或 3，

其条件是：a′+b′+c′≤4，该有机硅化合物每个分子具有至少一个基团 A′且至少两个基团 X′。

7. 依据权利要求 4 至 6 之一的可交联组合物，其特征为：可交联组合物是由下列各成分组成，

（A）100 重量份具有通式（I′）单元的有机聚硅氧烷，

（B）20 至 60 重量份含有通式（II′）单元的含有环糊精基的有机硅化合物，及

（C）1 至 10 重量份选自二烷氧基氨基硅烷及三烷氧基氨基硅烷及其部分水解产物的交联剂。

8. 一种用以处理有机纤维的方法，其特征为：将如权利要求 4 至 7 之一的组合物涂敷在待处理的纤维上并实施交联作用。”

请求人认为：（1）本申请公开的化合物的制备是基于有机化学中的公知的原理，尤其是借助反应性染料对纤维素纤维、丝绸或皮革的染色过程。反应性染料具有化学基团，例如卤砜基、经取代的三嗪基、乙烯基砜基或官能化的乙烯基砜基等，它们可以容易地与亲核基团发生化学反应，例如羟基、氨基或巯基。在反应过程中，在基底的亲核基团（例如在皮革、丝绸或纤维素纤维中的羟基、氨基或巯基）与反应性染料的所谓“反应性锚定基团”之间形成化学键。（2）本申请的环糊精化合物包含上述反应性锚定基团。例如 CAVASOL Ⓡ W7 MCT 包含单氯三嗪基，BETA W7 MAHP 0.1/0.4 主要是甲基丙烯酸官能团。因此环糊精的这些反应性锚定基团必然能够与硅氧烷聚合物的亲核基团反应生成在硅氧烷与环糊精之间的化学键。单氯三嗪基（MCT）的反应原理例如参见实施例 1~5。实施例 6 描述了甲基丙烯酸官能的环糊精与氨基官能团的硅氧烷之间的反应原理，甲基丙烯酸与氨基之间的加成反应也是有机化学中公知的反应。本领域技术人员在阅读本申请说明书之后，根据上述有机化学中基本原理，例如通过环糊精衍生物的用量计算出化合物中环糊精基的数量，不但可以直接推导出在各个实施例的情况下所应得到的具体的产物，而且可以毫无困难地实施本发明的反应而制得本发明的含有环糊精基的有机硅化合物。（3）实施例中不仅给出了所制得产物的粘度数据，还描述了所制产物的状态，即历经数月观察不到任何环糊精自这种硅树脂油结成碎絮或沉淀出来。所制产品均具有“香味历久不衰”及“舒适柔软感”等有益技术效果。所以本申请说明书符合专利法第 26 条第 3 款规定。

经形式审查合格后，专利复审委员会受理了该请求，并于 2008 年 10 月 14 日向请求人发出了《复审请求受理通知书》，同时将本申请转送至国家知识产权局原审查部门进行前置审查。

在《前置审查意见书》中，国家知识产权局原审查部门坚持驳回决定。

专利复审委员会组成合议组，对本复审请求案进行了审理。

经合议，合议组认为本案事实清楚，可以作出审查决定。

二、决定的理由

1. 关于文本

请求人于 2008 年 8 月 25 日提出复审请求时提交了权利要求书的全文替换页，其中相对于驳回决定针对的文本，请求人将权利要求 1 中的“R^2 是经取代或未经取代、可由氧、硫醇基、氨基、羰基、羧基、亚砜或磺酰基加以间隔的两价烃基”修改为“R^2 是经取代或未经取代的亚三嗪基”，修改后对 R^2 的上述定义明确记载在原说明书第 10 页倒数第 5 行；此外，请求人删除了原权利要求 2、3 和 5~

9，并将原权利要求3的附加技术特征并入权利要求1中。经审查上述修改符合专利法第33条的规定和专利法实施细则第60条第1款的规定。因此，本复审请求审查决定所针对的文本是：请求人于2008年8月25日提交的权利要求第1~8项、进入中国国家阶段时提交的国际申请文件的中文文本的说明书第1~58页和说明书摘要。

2. 关于专利法第26条第3款

专利法第26条第3款规定：说明书应当对发明或者实用新型作出清楚、完整的说明，以所属技术领域的技术人员能够实现为准。

对于要求保护的发明，如果说明书给出了具体的技术方案，且所属技术领域的技术人员根据说明书记载的内容，能够实现该发明的技术方案，解决其技术问题，并产生预期的技术效果，则应当认为说明书已对发明作出了清楚、完整的说明。

就本案而言，《驳回决定》认为：本申请说明书中没有记载要求保护的“含有环糊精基的有机硅化合物”的确认数据，无法使要求保护的“含有环糊精基的有机硅化合物”能被清楚地确认，虽然本申请说明书实施例部分记载了反应物名称、使用量及反应条件，但按照本申请说明书记载的操作步骤，是否可以解决要解决的技术问题并产生预期效果（对本申请来说，即确认按照说明书记载的步骤得到的产物确实是本申请要求保护的化合物），本领域技术人员无法判断。因此本申请说明书没有对本申请作出清楚完整的说明，不符合专利法第26条第3款的规定。尽管本申请记载了所制得产物的粘度和稳定性，但仅凭以上两个方面的性质，本领域技术人员不能据此证实反应物之间确实发生了希望发生的反应并且生成的产物确实是本申请要求保护的特定结构的化合物。

对此，合议组查明：

在本申请中，权利要求1要求保护一种含有通式单元的含有环糊精基的有机硅化合物，其中环糊精基上连接有取代或未取代的亚三嗪基；权利要求2要求保护一种用以制造依据权利要求1的有机硅化合物的方法；权利要求3要求保护一种用所述有机硅化合物处理有机纤维的方法；权利要求4~7要求保护一种以有机硅化合物为主要成分的可交联组合物；权利要求8要求保护一种用所述组合物处理有机纤维的方法。

说明书第3页给出了权利要求1请求保护的含有环糊精基的有机硅化合物的结构：$A_a R_b X_c H d SiO_{(4-a-b-c-d)/2}$；说明书第11~19页列举了含有环糊精基的有机硅化合物的实例I至实例XXXII；申请说明书还描述了权利要求1要求保护的化合物的制备方法为“卤代三嗪官能环糊精（衍生物）是与含有氨基、硫醇基、羟基、羧基、酐基、糖苷基、酚基、聚二醇基、膦酸酯基或硅内酯基的有机硅化合物反应”，“所用含有氨基、硫醇基、羟基、羧基、酐基、糖苷基、酚基、聚二醇基、膦酸酯基或硅内酯基的有机硅化合物均是可商购的产品或可由硅化学中的常用方法制得”，“本发明所用卤代三嗪官能环糊精（衍生物）是可商购的产品或可由化学上常用的方法制得”（参见说明书第19页倒数第1行至第20页第3行，说明书第20页倒数第4至2行，说明书第21页倒数第2段）。在本申请说明书第10页倒数第1行至第11页第4行公开了本申请的有机硅化合物的平均分子量Mw优选为至少1000克/摩尔，更优选为至少为2000至50000克/摩尔，该有机硅化合物在室温即20℃下优选为液体、蜡状或固体，且在室温即20℃下本申请所制有机硅聚硅氧烷的粘度优选为200至100000平方毫米/秒。根据本申请说明书第37页倒数第2段至第38页第1段以及说明书第38页倒数第1段的记载，本申请制得的有机硅化合物的优点是：（1）在室温及环境大气压力的情况下可稳定地储存至少一年；（2）可以溶液、乳液及分散液的形式使用；（3）本申请的有机硅化合物具有有机硅化合物，如硅树脂与环糊精结合的特性，所以可用于要求具有硅特性，例如疏水化作用、防尘、保护作用、柔软化等，以及与环糊精结合的特性，例如亲水性等的场合；（4）使用本申请所制有机硅化合物进行加工的纤维素型基材具有舒适的纺织物触感而且可长期储存香精及香料化学品以及可在体热及水分作用之后将这种香精或香料化学品缓慢地出来。

此外，本申请的说明书列举了制备该有机硅化合物的实施例（参见本申请说明书实施例 1~5）。例如，以实施例 1 为例，将 100 克氨基烷基官能化、三甲基甲硅烷基端基的硅树脂油置于玻璃烧瓶内作为初始进料，将表 1 所列数量的环糊精均溶解在 1.2 倍的水中，分散在初始进料内并使该反应混合物彻底反应 90 至 120 分钟，根据所用硅树脂油的粘度，加热温度约 50℃至 80℃，将残留水蒸馏出去使含有环糊精基的硅树脂油类留下，历经数月观察不到任何环糊精自这种硅树脂油结成碎絮或沉淀出来，所制得的环糊精型树脂油的粘度分别为 400、550、5680 和 9750（平方毫米/秒）。

合议组认为：如说明书所述，本申请所要解决的技术问题是：克服原有作为织物柔软剂的有机硅化合物储存稳定性差以及克服原有作为纺织材料或皮革处理剂的环糊精衍生物的储存稳定性差缺陷，提高香料化学品在纺织品上涂敷永久性和提高织物的舒适触感性（舒适柔软感）；解决单纯使用有机硅化合物在作为织物柔软剂时亲水性差的缺陷，可以将本申请的含有环糊精基的有机硅化合物制成乳液，直接加以涂敷等（参见说明书第 1 页第 2 段和第 4 段，说明书第 37 页倒数第 2 段，说明书第 38 页倒数第 1 段至说明书第 39 页第 3 段）。为解决上述技术问题，本申请是将卤代三嗪官能环糊精与含有氨基、硫醇基……的有机硅化合物的亲核基团反应，从而制得权利要求 1 所述的含有环糊精基的有机硅化合物。

从以上合议组查明的事实可以看出：

（1）本申请说明书描述了作为反应原料的卤代三嗪官能环糊精的通式（参见说明书第 21 页）、来源（实施例 1 给出了商品名），也描述了作为反应原料的有机硅化合物的结构（参见说明书第 20 页通式 I1）、来源、分子量范围等，即对于反应原料做出了清楚、完整的说明。

（2）本申请说明书记载了反应产物的结构通式，同时给出了若干实例的具体结构式，以及含环糊精基的有机硅化合物的粘度范围。实施例 1~5 给出了使用一氯三嗪-β-环糊精和官能化的硅树脂油反应制备含有环糊精基的硅树脂油的制备例，上述实施例给出了具体的反应物、反应步骤、反应条件、含环糊精基的硅树脂油的粘度以及稳定性效果——“历时数月观察不到任何环糊精自这种硅树脂油结成碎絮或沉淀出来”。实施例 7~10 给出了本申请制得的含环糊精基的有机聚硅氧烷处理纺织品基材的效果，“香味历久不衰”、“具有舒适感”等等。可见，说明书中对于权利要求 1 要求保护的化合物已经从确认、制备、效果三个方面进行了描述。

（3）本案争议的焦点在于：说明书没有记载“含有环糊精基的有机硅化合物”的理化参数等确认数据（除粘度外）是否导致说明书公开不充分。

对此，合议组认为：说明书中记载有理化参数类确认数据并不是化合物能够确认的一个不可缺少的条件，审查指南第二部分第十章第 3.1 节对于化学产品的确认做了更进一步规定，但其最终的标准还是“应当明确到使本领域的技术人员能够确认该化合物的程度”。就本案而言，说明书中虽然没有记载权利要求 1 化合物除粘度外的理化参数，但记载了该化合物的结构通式、制备方法以及用途和/或效果。例如，实施例 1 中，记载了使用一氯三嗪—β—环糊精和氨基烷基官能化、三甲基甲硅烷基端基的硅树脂油作为原料，制备本申请的有机硅化合物，并记载了该反应产物的粘度。本领域技术人员公知，一氯三嗪—β—环糊精作为亲电试剂，可以容易地与亲核基团氨基发生化学反应而形成化学键，上述亲核型取代反应本身是本技术领域中常规的方法（参见说明书第 19 页第 2 段），即本申请的上述反应原理是本领域技术人员所公知的，而且实施例中反应物之间的反应位点也是确定的，本领域技术人员可以预期实施例 1 中一氯三嗪—β—环糊精与氨基官能化的有机硅必然会发生亲核反应，且只能生成硅氧烷—NH—（三嗪基）—CD 的结构，即该目标产物是唯一确定的。而且本申请实施例中也给出了所制得产物的粘度数据、所制产物的状态以及使用本申请制得的有机硅化合物处理纺织品基材时具有“香味历久不衰”及“舒适触感”的技术效果，这些信息也进一步说明本申请确实制得了含环糊精基的有机硅化合物，上述信息都可以作为确认要求保护的化合物的依据。本领域技术人员综合考虑说明书的全部信息后结合其普通知识知识，应当认为说明书对该化合物的描述使得本领域技术人员能够确认该化合物。

综上所述，本申请说明书给出了具体的技术方案，所属技术领域的技术人员根据说明书记载的内容，能够实现该发明的技术方案，解决其技术问题，并产生预期的技术效果，因此，本申请说明书已对要求保护的发明作出了清楚完整的说明，符合专利法第 26 条第 3 款的规定。

基于以上事实和理由，合议组作出如下审查决定。

三、决定

撤销国家知识产权局于 2008 年 5 月 9 日针对第 03819983.1 号发明专利申请作出的驳回决定，由国家知识产权局原审查部门以请求人于 2008 年 8 月 25 日提交的权利要求第 1~8 项、请求人进入国家阶段时提交的国际申请文件的中文文本说明书第 1~58 页和说明书摘要为基础继续审批程序。

复审请求人对本决定不服的，可以根据专利法第 41 条第 2 款的规定，自收到本决定之日起三个月内向北京市第一中级人民法院起诉。

135

高导电橡胶及其制造方法

复审请求审查决定（第18742号）

决　　定　　号　第18742号
决　　定　　日　2009年8月14日
发明创造名称　高导电橡胶及其制造方法
国 际 分 类 号　C08K3/08，C08L83/04
复 审 请 求 人　李俊稳
申　　请　　号　200410074318.0
申　　请　　日　2004年9月9日
公　　开　　日　2005年4月13日
合 议 组 组 长　李彦涛
主　　审　　员　赵步真
参　　审　　员　潘　剑

法 律 依 据　专利法第33条
决 定 要 点

如果申请的内容通过增加、改变和/或删除其中的一部分，致使所属技术领域的技术人员看到的信息与原申请记载的信息不同，而且又不能从原申请记载的信息中直接地、毫无疑义地确定，那么，这种修改就是不允许的。

一、案由

本复审请求案涉及发明名称为“高导电橡胶及其制造方法”的200410074318.0号发明专利申请（下称本申请），申请人为李俊稳，申请日为2004年9月9日，公开日为2005年4月13日。

2007年12月7日，针对申请人于2006年1月10日提交的权利要求第1~4项、说明书第1~4页及说明书摘要、2004年9月9日提交的说明书附图以及摘要附图，国家知识产权局以说明书和权利要求书修改不符合专利法第33条的规定为由驳回了本申请。驳回决定针对的权利要求书如下：

“1. 一种高导电橡胶，其特征是：该高导电橡胶的成份及其配料重量比为：

导电材料200~600重量份；

双组份硅橡胶100重量份；

该双组分硅橡胶为一组分含有铂化物催化剂，另一组分含有硅烷交联剂的硅橡胶。

2. 根据权利要求1所述的高导电橡胶，其特征是：该导电材料为镀银玻璃粉200~350重量份，或镀银镍粉300~500重量份，或镀银铜粉350~600重量份，或镀银铝粉250~450重量份，或银粉

250～450 重量份。

3. 根据权利要求 1 所述的高导电橡胶的制造方法，其特征是：该制造方法的工艺流程是：

（1）配料：该高导电橡胶的成份及其配料重量比为：双组份硅橡胶 100 重量份；导电材料 200～600 重量份；

（2）混合：将上述配料均匀混合；

（3）成型：将混合均匀的原材料利用挤出机通过成型模挤出成型，该成型模设置有带电加热装置，其温度控制在 100～250℃；或利用针管推挤成型后再进行热处理，热处理温度为 100～200℃；

（4）测试：将成型后的高导电橡胶进行性能测试，其要求为：

（a）体积电阻率≤0.01Ω·cm；

（b）拉断伸长率≥70%；

（5）成品：测试、检验合格的成品，包装送出。

4. 根据权利要求 3 所述的高导电橡胶的制造方法，其特征是：该双组份橡胶为含有铂化物催化剂和硅烷化合物交联剂的硅橡胶；该导电材料为镀银玻璃粉 200～350 重量份，或镀银镍粉 300～500 重量份，或镀银铜粉 350～600 重量份，或镀银铝粉 250～450 重量份，或银粉 250～450 重量份。”

驳回决定认为：申请人于 2006 年 1 月 10 日提交的申请文件中权利要求 1、3～4 和说明书中记载的“硅橡胶”既未明确地记载在原说明书和权利要求书中，也不能由原说明书和权利要求书所记载的内容直接地、毫无疑义地确定；权利要求 3 中记载的“通过成型模挤出成型……或利用针管推挤成型后……”和说明书第 2 页第 8～10 行中记载的“通过成型模挤出成型……”中删除了原始记载的“特制”或“特制的”，致使修改后的技术方案既未明确地记载在原说明书和权利要求书中，也不能由原说明书和权利要求书所记载的内容直接地、毫无疑义地确定。同时，申请人没有提供合理的证据和解释来证明本发明中的硅胶就是硅橡胶，并且也没有提出合理的证据证明“特制的成型模”和“特制针管”和没有限定的成型模和针管相同，因此，上述修改不符合专利法第 33 条的规定。

2008 年 1 月 31 日，申请人李俊稳（下称请求人）对上述驳回决定不服，向专利复审委员会提出复审请求，请求人在提出复审请求时没有对申请文件进行修改。

请求人认为：①本申请原始说明书和权利要求书中已将“双组分硅胶”定义为“含有铂化物催化剂和硅烷交联剂的硅胶”，那么本领域技术人员可清楚地理解，本申请中记载的“硅胶”实际上就是“硅橡胶”，将“硅胶”修改为“硅橡胶”是对明显错误的更正，不能被认为超出了原始说明书和权利要求书记载的范围；②修改后权利要求书舍去“或利用特制针管推挤成型后再进行热处理，热处理温度为 100～200℃”，即舍去了其中一个独立的技术方案，并不影响其他独立地技术方案，符合专利法第 33 条的规定。

经形式审查合格后，专利复审委员会受理了该请求，并于 2008 年 3 月 11 日向请求人发出了《复审请求受理通知书》，同时将本申请转送至国家知识产权局原审查部门进行前置审查。

在《前置审查意见书》中，国家知识产权局原审查部门认为：尽管双组分硅胶含有硅烷交联剂，但不能由此直接且毫无疑义地确定“硅胶”即为“硅橡胶”，原权利要求书和说明书中记载了“特制的成型模”，将其中的“特制”删除导致修改后的技术方案既没有明确记载在原始申请文件中，也不能由原始申请文件记载的内容直接且毫无疑义地确定，并且请求人未对申请文件进行修改，未能克服驳回决定所指出的缺陷，因此坚持驳回决定。

专利复审委员会组成合议组，对本复审请求案进行了审理。并于 2009 年 5 月 12 日向请求人发出《复审通知书》，指出：请求人在 2006 年 1 月 10 日提交的申请文件中，①将原权利要求 1、3～4 和说明书中的“硅胶”修改为“硅橡胶”，并且，②将原权利要求 3 和原说明书第 2 页第 8 行中的“特制的成型模”修改为“成型模”以及将原权利要求3中的“特制针管”修改为“针管”。对于修改①而言，“硅胶”和“硅橡胶”属于界限清晰的两种完全不同的物质，因此，这种修改致使所属技术领域的技术人员看到的信息与原申请记载的信息不同，并且，根据本申请原说明书和权利要求书，并不能直接地、毫无疑义地确定其中所述的“硅胶”就是“硅橡胶”，而不是诸如“硅生胶”等具有其他含义但同样能制备得到导电橡胶的组分。对于修改②而言，“特制”一词通常应被理解为根据特定的用途而量身定制，其对“成型模”和“针管”在结构、功能等方面具有限定作用，而删除“特制”之后，“成型模”和“针管”包含任意的“成型模”和“针管”，其含义远大于“特制的成型模”和“特制针管”，因此，该修改致使本领域技术人员在权利要求和说明书中看到的信息与原申请记载的信息不同，并且根据本申请原始记载的内容，也不能直接地、毫无疑问地确定任意的“成型模”和“针管”都能实现本发明的目的。因此，权利要求1、3~4和说明书的修改超范围，不符合专利法第33条的规定。对于请求人在提出复审请求时的意见陈述，合议组认为，明显错误，是指不正确的内容可以从原说明书、权利要求书的上下文中清楚地判断出来，没有作其他解释或修改的可能。也就是说，明显错误是指一旦所属技术领域的技术人员看到，就能立即发现并能立即知道如何改正的错误。就本案而言，即便本领域技术人员知道硅胶不可能制造导电硅橡胶，也不能毫无疑义地将本申请中所述的“硅胶”认定为“硅橡胶”，因为本领域在类似的组合物中也有使用硅生胶等其他不同定义的物质来制造导电硅橡胶，因此，不能排除作其他解释或修改的可能。所以这种修改不能被认为是对明显错误的更正。而请求人在答复《第二次审查意见通知书》中也认同“特制”一词属于限定词，基于上述的分析，该限定词的删除导致本领域技术人员看到的信息发生变化，并且不能直接地、毫无疑义地确定。请求人在提出复审请求时的意见②与前文所指出的本申请不符合专利法第33条的缺陷不相干，因此不予考虑。

针对上述《复审通知书》，请求人于2009年6月10日提交了意见陈述书，并于2009年6月22日提交了权利要求书、说明书以及说明书摘要的全文替换页，①将原权利要求1、3~4和说明书中的“硅胶”修改为“液态硅橡胶”，并且②将原权利要求3和原说明书第2页第8~10、20~21行以及第3页第22~23行的“……其温度控制在100~250℃；或利用特制针管推挤成型后再进行热处理，热处理温度为100~200℃”修改为“……其温度控制在100~250℃；再进行热处理，热处理温度为100~200℃”。

修改后的权利要求书为：

“1. 一种高导电橡胶，其特征是：该高导电橡胶的成份及其配料重量比为：

导电材料200~600重量份；

双组分液态硅橡胶100重量份；

该双组分液态硅橡胶为一组分含有铂化物催化剂，另一组分含有硅烷交联剂的液态硅橡胶。

2. 根据权利要求1所述的高导电橡胶，其特征是：该导电材料为镀银玻璃粉200~350重量份，或镀银镍粉300~500重量份，或镀银铜粉350~600重量份，或镀银铝粉250~450重量份，或银粉250~450重量份。

3. 根据权利要求1所述的高导电橡胶的制造方法，其特征是：该制造方法的工艺流程是：

（1）配料：该高导电橡胶的成分及其配料重量比为：双组份液态硅橡胶100重量份；导电材料200~600重量份；

（2）混合：将上述配料均匀混合；

（3）成型：将混合均匀的原材料利用挤出机通过成型模挤出成型，该成型模设置有带电加热装置，其温度控制在100~250℃；再进行热处理，热处理温度为100~200℃；

（4）测试：将成型后的高导电橡胶进行性能测试，其要求为：

（a）体积电阻率≤0.01Ω·cm；

（b）拉断伸长率≥70%；

（5）成品：测试、检验合格的成品，包装送出。

4. 根据权利要求3所述的高导电橡胶的制造方法，其特征是：该双组分橡胶为含有铂化物催化剂和硅烷化合物交联剂的液态硅橡胶；该导电材料为镀银玻璃粉200~350重量份，或镀银镍粉300~500重量份，或镀银铜粉350~600重量份，或镀银铝粉250~450重量份，或银粉250~450重量份。”

请求人认为：对于修改①，（1）本申请中已经对“双组分硅胶”进行了几次说明，高导电橡胶只能用橡胶或橡胶生胶制造，因此，本申请的“双组分硅胶”是一种橡胶；（2）本申请原始记载说明制造高导电橡胶所用的橡胶或橡胶生胶是由硅烷化合物交联后的产物，在所有橡胶或橡胶生胶中只有硅橡胶或硅生胶符合这一条件，因此本申请中的“双组分硅胶”只能是硅橡胶或硅生胶；（3）根据本申请的记载，制造高导电橡胶所用的硅橡胶或硅生胶是在铂化物的催化作用下，硅烷化合物与交联剂反应生成的，符合这一特征的只能是加成型硅橡胶，由于生胶呈液态，通常称为液态硅橡胶；（4）原始申请文件已经说明，制造高导电橡胶所用的加成型硅橡胶，是由两个组分组成，一个组分含有铂化物催化剂，另一组分含有交联剂，符合这一特征的加成型硅橡胶只有双组分液态硅橡胶。对于修改②，“将混合均匀的原材料利用挤出机通过特制的成型模挤出成型”可制造高导电橡胶，“利用特制针管推挤成型”也可制造高导电橡胶，去掉后一种制造高导电橡胶的方法，并不影响前一种制造高导电橡胶的方法。因此，修改符合专利法第33条的规定。

至此，合议组认为本案事实已经清楚，可以作出审查决定。

二、决定的理由

1. 关于文本

经审查，请求人于2009年6月22日提交的修改文本符合专利法实施细则第60条第1款的规定。

本复审请求审查决定所针对的文本是：请求人于2009年6月22日提交的权利要求第1~4项、说明书第1~4页以及说明书摘要、2004年9月9日提交的说明书附图以及摘要附图。

2. 关于专利法第33条

专利法第33条规定：申请人可以对其专利申请文件进行修改，但是，对发明和实用新型专利申请文件的修改不得超出原说明书和权利要求书记载的范围。

如果申请的内容通过增加、改变和/或删除其中的一部分，致使所属技术领域的技术人员看到的信息与原申请记载的信息不同，而且又不能从原申请记载的信息中直接地、毫无疑义地确定，那么，这种修改就是不允许的。

就本申请而言，请求人于2009年6月22日提交的申请文件中，①将原权利要求1、3~4和说明书中的“硅胶”修改为“液态硅橡胶”，并且②将原权利要求3和原说明书第2页第8~10行、20~21行以及第3页第22~23行的“……其温度控制在100~250℃；或利用特制针管推挤成型后再进行热处理，热处理温度为100~200℃”修改为“……其温度控制在100~250℃；再进行热处理，热处理温度为100~200℃”。

对于修改①，合议组认为，原始申请文件中通篇使用的都是“硅胶”，而无“液态硅橡胶”的文字记载，“硅胶”和“液态硅橡胶”属于完全不同的物质，因此，这种修改导致所述领域的技术人员看到的信息与原申请记载的信息不同。虽然基于本领域的一般认知，“硅胶”无法用于制造导电硅橡胶，但是，根据本申请原始说明书和权利要求书，并不能直接地、毫无疑义地确定其中所述的“硅胶”必然是“液态硅橡胶”，而不是其他能够用于制造导电硅橡胶的各种可能的“硅橡胶”或“硅生胶”等等。对于修改②，合议组认为，原申请记载的内容“成型：将混合均匀的原材料利用挤出机通过特制的成型模挤出成型，该成型模设置有带电加热装置，其温度控制在100~250℃；或利用特制针管推挤成型后再进行热处理，热处理温度为100~200℃”从中文的表述习惯看，应当理解为成型有两种方案：（1）利用挤出机通过特制的成型模挤出成型，“该成型模设置有带电加热装置，其温度控制在100~250℃”是对该成型步骤的进一步限定，其后用分号将其与另一个技术方案分隔，表明之后并无进一步操作；（2）通过利用特制针管推挤成型，在这种方法中，随后要进行热处理，热处理温度为100~200℃。也就是说“再进行热处理，热处理温度为100~200℃”是仅属于第二种成型方法的步骤。然而，修改后的申请文件中，“再进行热处理，热处理温度为100~200℃”变成了“利用挤出机通过特制的成型模挤出成型”之后的步骤，因此，上述修改改变了原始权利要求3以及原说明书第2页第8~10行、20~21行以及第3页第22~23行中所记载的技术方案，导致所属领域的技术人员看到的信息与原申请记载的信息不同，并且，本申请原始申请文件的其他部分中，仅在说明书第4页第2段涉及了利用挤出机通过特制的成型模挤出成型的步骤，其同样只是控制100~250℃的温度，并无进一步的热处理步骤，因此，根据本申请原始记载的内容也不能直接地、毫无疑义地确定这种修改。因此，权利要求1、3~4以及说明书的修改超范围，不符合专利法第33条的规定。

对于请求人对修改①的意见陈述，请求人在意见（1）和（2）中也同意“双组分硅胶”有可能是“硅橡胶”或者“硅生胶”，但是在请求人进一步分析的意见（3）中认为，如本申请原始文件所述，制造高导电橡胶所用的硅橡胶或硅生胶是在铂化物的催化作用下，硅烷化合物与交联剂反应生成的，符合这一特征的只能是加成型硅橡胶，由于生胶呈液态，通常称为液态硅橡胶。可见，在此处请求人所述“液态硅橡胶”这一概念仅是从“生胶”推导而来。合议组认为，请求人根据原始申请文件中记载的铂化物和硅烷交联剂将反应生成的物质推定为“加成型硅橡胶”，但是并没有提供证据证明“加成型硅橡胶”只能由“生胶”制备，并且，也没有提供证据证明用于制造“加成型硅橡胶”的“生胶”只能是液态的，因此请求人的这一推导结果是不能被唯一确定的。请求人在意见（4）中认为，原始申请文件已经说明，制造高导电橡胶所用的加成型硅橡胶，是由两个组分组成，一个组分含有铂化物催化剂，另一组分含有交联剂，符合这一特征的加成型硅橡胶只有双组分液态硅橡胶。这仅仅是论断性地描述，请求人并没有提供任何证据证明硫化前采用双组分形式的加成型硅橡胶必然是液态的。因此，合议组认为请求人针对修改①的意见陈述不能被接受。

对于修改②，请求人的意见陈述（2）指出，“将混合均匀的原材料利用挤出机通过特制的成型模挤出成型”可制造高导电橡胶，“利用特制针管推挤成型”也可制造高导电橡胶，去掉后一种制造高导电橡胶的方法，并不影响前一种制造高导电橡胶的方法。如前所述，经过上述修改后所得的技术方案并非如请求人所述就是原申请记载的并列技术方案中的前一种技术方案，因此，对于请求人关于修改②的陈述，合议组不予接受。

基于以上事实和理由，合议组作出如下审查决定。

三、决定

维持国家知识产权局于2007年12月7日针对第200410074318.0号发明专利申请作出的驳回决定。

复审请求人对本决定不服的，可以根据专利法第41条第2款的规定，自收到本决定之日起三个月内向北京市第一中级人民法院起诉。

136

杀虫的邻氨基苯甲酰胺

复审请求审查决定（第18751号）

决　定　号　第18751号
决　定　日　2009年8月18日
发明创造名称　杀虫的邻氨基苯甲酰胺
国际分类号　C07C 237/30，C07D 231/14，C07D 213/82，C07D 239/28，C07D 231/06，A01N 37/22，A01N 43/56，A01N 43/40，A01N 43/54
复审请求人　纳幕尔杜邦公司
申　请　号　01807024.8
申　请　日　2001年3月20日
最早优先权日　2000年3月22日
公　开　日　2003年5月21日
合议组组长　刘　静
主　审　员　张家祥
参　审　员　李亚林

法律依据　专利法第22条第3款
决定要点

如果所要求保护的技术方案与最接近的现有技术相比存在区别特征，并且现有技术中没有给出将上述区别特征应用到该最接近的现有技术中的技术启示，同时所要求保护的技术方案也产生了有益的技术效果，则应当认为本领域技术人员由现有技术得到该技术方案是非显而易见的。

一、案由

本复审请求案涉及发明名称为“杀虫的邻氨基苯甲酰胺”的第01807024.8号发明专利申请（下称本申请），申请人为纳幕尔杜邦公司，申请日为2001年3月20日，最早优先权日为2000年3月22日，公开日为2003年5月21日。

国家知识产权局于2007年4月6日发出《第二次审查意见通知书》，指出：权利要求1、22、43不具备专利法第22条第3款规定的创造性。对比文件1（NL9202078A，公开日为1994年6月16日）公开了一种用于杀虫剂的化合物，特别是当其通式中的X为单键、Z为取代胺基时的化合物，该权利要求与对比文件1的区别在于权利要求1通过条件（1）将对比文件1公开的化合物排除，对比文件2（WO96/05170A1，公开日为1996年2月22日）也公开了一种用于植物保护的杀虫剂化合物，特别是第54页公开的化合物33，申请人通过在R5的定义中删除羟基将对比文件2公开的化合物排除。

但对比文件 1、2 与本申请属于同一技术领域，权利要求 1 的通式化合物范围与对比文件 1 极其接近，覆盖了对比文件 2 中公开的化合物，并且对比文件 1、2 所公开化合物的杀虫效果与本申请相似，在结构如此接近的情况下，在对比文件 1、2 的基础上，对其公开的通式化合物进行适当的改变，通过简单的试验和本领域通用的常规技术手段进行操作和选择，以获得相似的杀虫效果，对本领域技术人员来说是显而易见的，因此，权利要求 1、22、43 不具备创造性。同理，权利要求 2~21、23~42 也不具备专利法第 22 条第 3 款规定的创造性。

针对《第二次审查意见通知书》，申请人于 2007 年 7 月 23 日提交了意见陈述书和权利要求书的全文替换页。申请人认为：在对比文件 1 列举的所有化合物中，两个苯环之间都有乙烯连接键，在所有实施例中，两个苯环连接位的邻位都有酸基团或酯基团，而本申请所有的化合物在此位置都具有酰胺基或硫代酰胺基，J 环都直接连接到酰胺或硫代酰胺基团，且对比文件 1 中 R^5-R^9 的定义与本申请的 R^5 基团的定义无交叉，因此，对比文件 1 没有任何教导或启示使得本领域技术人员想到带有酰胺或硫代酰胺基团和本申请所述 R^5 基团的化合物。对比文件 2 公开的化合物相应于本申请的 J 环位置都带有 2-羟基-4-三氟甲基取代的苯环，具有杀真菌和杀虫活性，但大部分化合物所作的测试是杀真菌活性，而不是杀虫活性。本领域技术人员在阅读了对比文件 2 后，会假定苯环上的 2-甲基取代基和 4-三氟甲基取代基对于所述的活性都是重要的，对比文件 2 没有提供任何内容使得本领域技术人员有动机预料到苯环上可以采用不同的取代基，更不会预料到本申请所记载的取代基；对比文件 2 的化合物 33 具有邻位酰胺取代的苯环，但没有公开该化合物的任何试验数据，也没有任何教导或暗示该化合物具有杀真菌或杀虫活性，本领域技术人员没有动机去合成一种具有邻位酰胺基团、而另一苯环上没有 2-羟基基团的化合物；2-羟基取代基对于杀虫活性而言并不是重要的（参见本申请说明书第 72 页起的索引表 A 中化合物的测试结果）。因此，本申请的技术方案相对于对比文件 1 或 2 具备创造性，符合专利法第 22 条第 3 款的规定。

2007 年 12 月 7 日，针对申请人于 2007 年 7 月 23 日提交的权利要求第 1~43 项，2005 年 5 月 23 日提交的说明书第 3~8、18、20、24、172、181、186、195 页，2003 年 7 月 8 日提交的说明书第 37、91~92、188 页，进入中国国家阶段时提交的国际申请文件的中文文本的说明书第 1~2、9~17、19、21~23、25~36、38~90、93~180、182~185、187、188~200 页以及说明书摘要，国家知识产权局以权利要求 1、22、43 不符合专利法第 22 条第 3 款的规定为由驳回了本申请。

驳回决定所针对的权利要求 1、22、43 如下：

“1. 防治节肢动物的方法，包括用杀节肢动物有效剂量的式 1 化合物，它们的 N-氧化物或农业上适用的盐接触节肢动物或它们的环境，

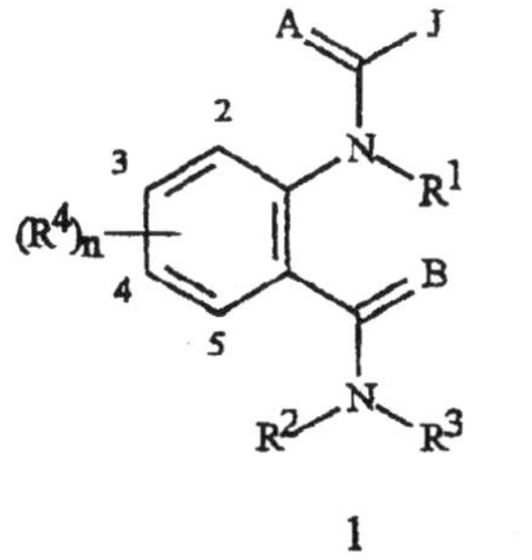

1

其中

A 和 B 各自为 O 或 S；

每个 J 各自为用 1~2 个 R^5 取代和 1~3 个 R^6 任意选择取代的苯基或萘基；

或者每个 J 各自为 5 或 6 元杂芳环或芳族的 8-，9-或 10 元稠合的杂双环系，其中每个环或环系

用1~4个R^7任意选择取代；

n为1~4；

R^1为H；或被C_2-C_4烷氧羰基任意选择取代的C_1-C_6烷基；

R^2为H或C_1-C_6烷基；

R^3为H；G；C_1-C_6烷基，C_2-C_6烯基，C_2-C_6炔基，或C_3-C_6环烷基，每个可用一个或多个选自以下基团的取代基任意选择取代：卤素，G，CN，羟基，C_1-C_4烷氧基，C_1-C_4烷硫基，C_1-C_4烷基磺酰基，C_2-C_6烷氧羰基，C_3-C_6三烷基甲硅烷基，和苯基，或5或6元杂芳环；C_1-C_4烷氧基；C_1-C_4烷氨基；C_2-C_8二烷氨基；或C_2-C_6烷氧基羰基；或

R^2和R^3可以与连接它们的氮一起形成含有2~6碳原子和任选另一个氮或氧原子的环，所说的环可被选自C_1-C_2烷基，卤素，CN，NO_2和C_1-C_2烷氧基的1-4个基团任选取代；

G是5或6元非芳族碳环或杂环，它包括任选的1或2个选自C（=O），SO和$S(O)_2$的环成员，并可用选自C_1-C_2烷基，卤素，CN，NO_2和C_1-C_2烷氧基的1~4个取代基任意选择取代；

每个R^4分别为H，C_1-C_6烷基，C_2-C_6炔基，C_1-C_6卤烷基，卤素，CN，NO_2，C_1-C_4烷氧基，C_1-C_4卤烷氧基，C_1-C_4烷硫基，C_1-C_4烷基亚磺酰基，或C_1-C_4烷基磺酰基；或

每个R^4各自为苯基，被卤素或CN任意选择取代；

每个R^5各自为C_1-C_6卤烷基，CN，NO_2，C_1-C_4卤烷氧基，C_1-C_4烷基磺酰基，C_1-C_4卤烷硫基，C_1-C_4卤烷基亚磺酰基，C_1-C_4卤烷基磺酰基，C_2-C_6烷氧羰基，C_2-C_6烷氨基羰基，或C_3-C_8二烷基氨基羰基；或

当$(R^5)_2$连接于邻近的碳原子时，可作为$-OCF_2O-$或$-OCF_2CF_2O-$连在一起；

每个R^6各自为H，卤素或C_1-C_6烷基，或

每个R^6各自为苯基，5或6元杂芳环或一个芳族的8，9或10元稠合的杂双环体系，每个环用1~3个选自以下的取代基任意选择取代：C_1-C_4烷基，C_3-C_6环烷基，C_1-C_4卤烷基，卤素，CN，C_1-C_4烷氧基，和C_2-C_6烷氧羰基；

每个R^7分别为H，C_1-C_6烷基，C_2-C_6烯基，C_2-C_6炔基，C_3-C_6环烷基，C_1-C_6卤烷基，卤素，CN，C_1-C_4烷氧基，C_1-C_4卤烷氧基，C_1-C_4烷硫基，C_1-C_4烷基磺酰基，C_1-C_4卤烷基磺酰基，C_2-C_8二烷基氨基，或C_2-C_6烷氧羰基；或

每个R^7各自为苯基，苄基，苯氧基，或5或6元杂芳环基或芳族8，9或10元的稠合的杂双环体系，每个环用1~3个选自以下的基团任意选择取代：C_1-C_4烷基，C_2-C_4炔基，C_1-C_4卤烷基，卤素，CN，C_1-C_4烷氧基，C_1-C_4卤烷氧基，C_2-C_6烷氧基羰基，和C_2-C_6烷氨基羰基；

条件是，J不是任意选择取代的1，2，3-噻二唑。

22. 式1的化合物，它们的N-氧化物和农业上适用的盐

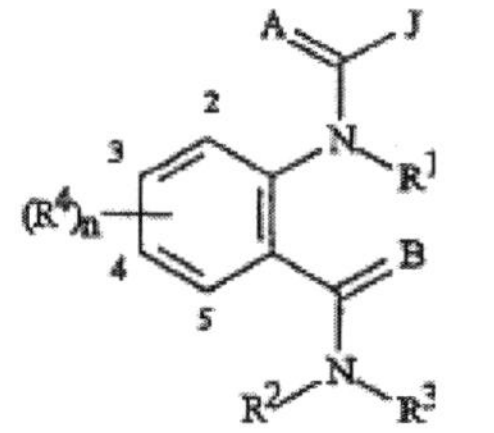

1

其中

A和B各自为O或S；

每个J各自独立地为1~2个R^5取代且为1~3个R^6任选取代的苯基或萘基；

或每个J各自为5或6元含氮、硫和/或氧的杂芳环或芳族8，9或10元稠合的杂双环系，其中每个环或环系用1~4个R^7任选取代；

n为1~4；

R^1为H；或被C_2-C_4烷氧羰基任选取代的C_1-C_6烷基；

R^2为H；C_1-C_6烷基；

R^3为H；C_1-C_6烷基，C_2-C_6烯基，C_2-C_6炔基，或C_3-C_6环烷基，每个用1个或多个选自以下的基团任选取代：卤素，CN，羟基，C_1-C_4烷氧基，C_1-C_4烷硫基，C_1-C_4烷磺酰基，C_2-C_6烷氧羰基，C_3-C_6三烷基甲硅烷基，C_1-C_4烷氧基，C_1-C_4烷氨基，C_2-C_8二烷氨基，或C_2-C_6烷氧羰基；或

R^2和R^3与它们连接的氮连在一起，形成一个含有2-6碳原子和任选另外一个氮或氧原子的环，所说的环可用1~4个选自C_1-C_2烷基，卤素，CN，NO_2和C_1-C_2烷氧基的基团任选取代；

每个R^4各自为H，C_1-C_6烷基，C_2-C_6炔基，C_1-C_6卤烷基，卤素，CN，NO_2，C_1-C_4烷氧基，C_1-C_4卤烷氧基，C_1-C_4烷硫基，C_1-C_4烷亚磺酰基，或C_1-C_4烷磺酰基；或

每个R^4各自为被卤素或CN任选取代的苯基；

每个R^5各自为C_1-C_6卤烷基，C_1-C_4卤烷氧基，C_1-C_4烷磺酰基，C_1-C_4卤烷硫基，C_1-C_6卤烷亚磺酰基，C_1-C_4卤烷磺酰基，CN，NO_2，C_2-C_6烷氧羰基，C_2-C_6烷氨羰基或C_3-C_8二烷氨羰基；或

$(R^5)_2$当连接于邻近的碳原子时，可作为$-OCF_2O-$或$-OCF_2CF_2O-$被连接在一起；

每个R^6各自为卤素或C_1-C_6烷基，或

每个R^6各自为苯基，5或6元杂芳环，或芳族的8，9或10元稠合的杂双环系，每个环用1~3个各选自以下的基团任选取代：C_1-C_4烷基，C_3-C_6环烷基，C_1-C_4卤烷基，卤素，CN，C_1-C_4烷氧基，和C_2-C_6烷氧羰基；

每个R^7各自为H，C_1-C_6烷基，C_2-C_6烯基，C_2-C_6炔基，C_3-C_6环烷基，C_1-C_6卤烷基，卤素，CN，C_1-C_4烷氧基，C_1-C_4卤烷氧基，C_1-C_4烷硫基，C_1-C_4烷磺酰基，C_1-C_4卤烷磺酰基，C_2-C_8二烷氨基，或C_2-C_6烷氧羰基；或

每个R^7各自为苯基，苄基，苯氧基或5或6元杂芳环，或8，9或10元稠合的杂双环系，每个环用1~3个各选自以下的基团任选取代：C_1-C_4烷基，C_2-C_4炔基，C_1-C_4卤烷基，卤素，CN，C_1-C_4烷氧基，C_1-C_4卤烷氧基，C_2-C_6烷氧羰基，和C_2-C_6烷氨基羰基；

条件是

（i）至少1个R^4和至少1个R^7不是H；

（ii）J不是任选取代的1，2，3-噻二唑；

（iii）当J为任选取代的吡啶和R^2为H时，R^3不是H或CH_3；和

（iv）当J为任选取代的吡唑，四唑或嘧啶时，R^2和R^3不能都是氢。

43. 一种杀节肢动物剂的组合物，含有杀节肢动物剂的有效剂量的权利要求22所述的式1化合物和至少一种选自表面活性剂，固体稀释剂和液体稀释剂的其他组分。”

驳回决定认为：对比文件1、2公开的通式化合物与权利要求1的通式化合物具有相同的主结构，并且均涉及苯甲酰胺类衍生物的杀虫作用。对比文件1在对X和Z的定义中均包含了共价键和胺基的内容（参见对比文件1权利要求1，说明书第2页第10、16行），另外，对于专利申请内容的理解并不局限于其实施例的内容，而应当根据实施例的内容和说明书的启示，结合本领域的公知常识合理扩

展而得到。对比文件2的化合物33是申请人实际制备出的化合物之一，表1给出了熔点数据，虽然实施例中未给出其活性数据，但在实施例中其他化合物的实验数据的基础上结合说明书的内容，本领域技术人员可以预期化合物33也具有同等的效果。此外，对比文件2化合物的苯环上具有三氟甲基，其也是本申请化合物J环上的重要取代基，并且结合对比文件1，其通式对于苯环上的取代基没有具体的限定，而其位于苯环邻位的-C（O）Z基（其定义包括酰胺基）出现在其通式（1）中，即对比文件1提示了在苯环邻位上羰基（包括酰胺基）取代的重要性。因此，本领域技术人员在结合了对比文件1和2的基础上，对其公开的通式化合物进行适当的改变，通过简单的试验和本领域通用的常规技术手段进行操作和选择，以获得相似的杀虫效果，对本领域技术人员来说是显而易见的，故权利要求1所要求保护的化合物不具备创造性。权利要求22中的基团定义均在权利要求1的范围内，实质上为权利要求1的从属权利要求，权利要求43涉及包含所述化合物的杀节肢动物组合物，根据权利要求1不具备创造性的理由以及前次通知书中已指出的原因，权利要求22、43也不具备创造性。

2008年3月17日，申请人纳幕尔杜邦公司（下称请求人）对上述驳回决定不服，向专利复审委员会提出复审请求，但未修改申请文件。请求人在复审理由中坚持答复《第二次审查意见通知书》时的意见，认为本申请的权利要求1~43相对于对比文件1、2以及它们的结合具有创造性，符合专利法第22条第3款的规定。

经形式审查合格后，专利复审委员会受理了该请求，并于2008年5月12日向请求人发出了《复审请求受理通知书》，同时将本申请转送至国家知识产权局原审查部门进行前置审查。

在《前置审查意见书》中，国家知识产权局原审查部门坚持驳回决定，认为：（1）请求人将“对比文件1列举的所有化合物”仅局限于对比文件1的实施例化合物是不合理的；（2）没有证据表明本申请要求保护的化合物相对于对比文件1、2具有预料不到的技术效果，本申请的通式化合物、具体化合物都不具备创造性。

专利复审委员会组成合议组，对本复审请求案进行了审理。

合议组于2009年4月21日向请求人发出《复审通知书》，指出：对比文件1公开了一种通式I化合物或其盐防治昆虫的用途，并具体公开了反式-2-［3-（3，4，5-三甲氧基苯基）丙烯酰基氨基］-3，5-二甲氧基苯甲酸甲酯，当权利要求1中的每个J各自为用1-2个R^5取代和1-3个R^6任意选择取代的苯基或萘基时，权利要求1与对比文件1的区别特征在于：（1）对比文件1的化合物中与苯甲酰基相连的基团是甲氧基（酯的形式），而权利要求1所述化合物的相应位置为NR^2R^3，例如可以是NH_2、C_1-C_6烷基氨基等；（2）对比文件1化合物的两苯环之间存在亚乙烯基，而权利要求1中的化合物是直接键；（3）对比文件1的化合物与丙烯酰基相连的苯环上的取代基为三个甲氧基，而权利要求1所述化合物的相应取代基为1-2个R^5或1-3个R^6，R^5、R^6可以是卤素、C_1-C_6烷基、CN、NO_2、苯基、C_1-C_6卤烷基等。本申请相对于对比文件1实际解决的技术问题是提供另一种邻氨基羰基苯甲酰类化合物防治节肢动物的方法。对于区别特征（1）和（2），对比文件1中还公开了所述通式I中的X可以是直接键，Z可以是NH_2、单或二（C_1-C_3烷基）氨基，也就是说，对比文件1中已经给出了将所述化合物的亚乙烯基替换为直接键、甲氧基替换为NH2或烷基氨基的启示；对于区别特征（3），本领域技术人员知道，OH、CN、NO_2、卤素、C_1-C_6烷基、C_1-C_6烷氧基、苯基、C_1-C_6卤烷基等均是有机合成领域中常见的取代基，其替换方法也是本领域公知的，在化合物母核结构一定的情况下，上述取代基的相互替换通常不会对化合物的性质产生实质性的影响，况且对比文件1中的具体化合物也进一步证实了所述苯环上的取代基为H、OH、甲氧基、糖残基时表现出了相似的杀虫活性。因此，在对比文件1所公开内容的基础上将所述苯环上的取代基进行替换以获得权利要求1的技术方案对于本领域技术人员来说是显而易见的，并且也没有证据表明权利要求1中的化合物相对于对比文件1的化合物取得了预料不到的效果，故权利要求1不符合专利法第22条第3款有关创造性的规定。同理，权利要求2~5、22~26以及权利要求21和42中的前两种化合物也不具有创造性。权利要求43涉及一种杀节肢动物的组合物，由于表面活性剂、稀释剂等均是本领域的常规助剂，因此，在其引用的权利要求22不具有创造性的情况下，权利要求43也不具有创造性，不符合专利法第22条第3款的规定。

2009年6月3日，请求人针对上述《复审通知书》提交了意见陈述书和修改的权利要求书，其中，相对于2007年7月23日提交的权利要求书，请求人仅删除了权利要求2~5、23~26，权利要求21、42的前两种化合物以及权利要求1、22中“每个J各自为用1~2个R^5取代和1-3个R^6任意选择取代的苯基或萘基”的技术内容。请求人认为，修改后的权利要求书克服了合议组指出的所有问题。

2009年8月7日，请求人再次提交了修改的权利要求书，其中，相对于2009年6月3日提交的权利要求书，请求人删除了权利要求1、18中的R^5、R^6及其定义。修改后的权利要求1、18、35（对应于驳回决定所针对的权利要求1、22、43）为：

“1. 防治节肢动物的方法，包括用杀节肢动物有效剂量的式1化合物，它们的N-氧化物或农业上适用的盐接触节肢动物或它们的环境，

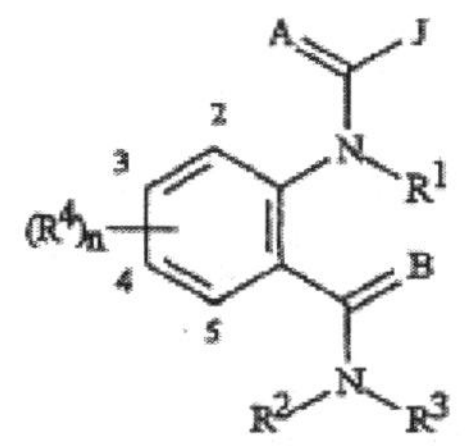

1

其中

A和B各自为O或S；

每个J各自为5或6元杂芳环或芳族的8-，9-或10元稠合的杂双环系，其中每个环或环系用1~4个R^7任意选择取代；

n为1~4；

R^1为H；或被C_2-C_4烷氧羰基任意选择取代的C_1-C_6烷基；

R^2为H或C_1-C_6烷基；

R^3为H；G；C_1-C_6烷基，C_2-C_6烯基，C_2-C_6炔基，或C_3-C_6环烷基，每个可用一个或多个选自以下基团的取代基任意选择取代：卤素，G，CN，羟基，C_1-C_4烷氧基，C_1-C_4烷硫基，C_1-C_4烷基磺酰基，C_2-C_6烷氧羰基，C_3-C_6三烷基甲硅烷基，和苯基，或5或6元杂芳环；C_1-C_4烷氧基；C_1-C_4烷氨基；C_2-C_8二烷氨基；或C_2-C_6烷氧基羰基；或

R^2和R^3可以与连接它们的氮一起形成含有2~6碳原子和任选另一个氮或氧原子的环，所说的环可被选自C_1-C_2烷基，卤素，CN，NO_2和C_1-C_2烷氧基的1~4个基团任选取代；

G是5或6元非芳族碳环或杂环，它包括任选的1或2个选自C（=O），SO和S（O）$_2$的环成员，并可用选自C_1-C_2烷基，卤素，CN，NO_2和C_1-C_2烷氧基的1~4个取代基任意选择取代；

每个R^4分别为H，C_1-C_6烷基，C_2-C_6炔基，C_1-C_6卤烷基，卤素，CN，NO_2，C_1-C_4烷氧基，C_1-C_4卤烷氧基，C_1-C_4烷硫基，C_1-C_4烷基亚磺酰基，或C_1-C_4烷基磺酰基；或

每个R^4各自为苯基，被卤素或CN任意选择取代；

每个 R^7 分别为 H，C_1-C_6 烷基，C_2-C_6 烯基，C_2-C_6 炔基，C_3-C_6 环烷基，C_1-C_6 卤烷基，卤素，CN，C_1-C_4 烷氧基，C_1-C_4 卤烷氧基，C_1-C_4 烷硫基，C_1-C_4 烷基磺酰基，C_1-C_4 卤烷基磺酰基，C_2-C_8 二烷基氨基，或 C_2-C_6 烷氧羰基；或

每个 R^7 各自为苯基，苄基，苯氧基，或 5 或 6 元杂芳环基或芳族 8，9 或 10 元的稠合的杂双环体系，每个环用 1~3 个选自以下的基团任意选择取代：C_1-C_4 烷基，C_2-C_4 炔基，C_1-C_4 卤烷基，卤素，CN，C_1-C_4 烷氧基，C_1-C_4 卤烷氧基，C_2-C_6 烷氧基羰基，和 C_2-C_6 烷氨基羰基；

条件是，J 不是任意选择取代的 1，2，3-噻二唑。

18. 式 1 的化合物，它们的 N-氧化物和农业上适用的盐

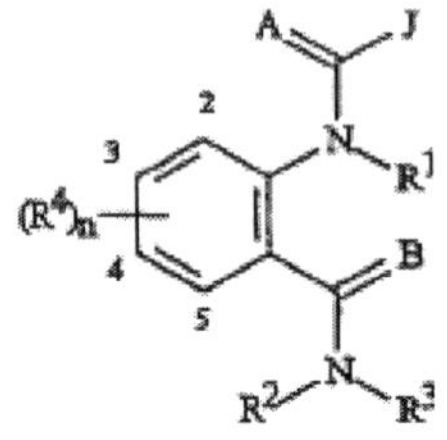

1

其中

A 和 B 各自为 O 或 S；

每个 J 各自为 5 或 6 元含氮、硫和/或氧的杂芳环或芳族 8，9 或 10 元稠合的杂双环系，其中每个环或环系用 1~4 个 R^7 任选取代；

n 为 1~4；

R^1 为 H；或被 C_2-C_4 烷氧羰基任选取代的 C_1-C_6 烷基；

R^2 为 H；C_1-C_6 烷基；

R^3 为 H；C_1-C_6 烷基，C_2-C_6 烯基，C_2-C_6 炔基，或 C_3-C_6 环烷基，每个用 1 个或多个选自以下的基团任选取代：卤素，CN，羟基，C_1-C_4 烷氧基，C_1-C_4 烷硫基，C_1-C_4 烷磺酰基，C_2-C_6 烷氧羰基，C_3-C_6 三烷基甲硅烷基，C_1-C_4 烷氧基，C_1-C_4 烷氨基，C_2-C_8 二烷氨基，或 C_2-C_6 烷氧羰基；或

R^2 和 R^3 与它们连接的氮连在一起，形成一个含有 2~6 碳原子和任选另外一个氮或氧原子的环，所说的环可用 1~4 个选自 C_1-C_2 烷基，卤素，CN，NO_2 和 C_1-C_2 烷氧基的基团任选取代；

每个 R^4 各自为 H，C_1-C_6 烷基，C_2-C_6 炔基，C_1-C_6 卤烷基，卤素，CN，NO_2，$C_1-C4_{烷}$ 氧基，C_1-C_4 卤烷氧基，C_1-C_4 烷硫基，C_1-C_4 烷亚磺酰基，或 C_1-C_4 烷磺酰基；或

每个 R^4 各自为被卤素或 CN 任选取代的苯基；

每个 R^7 各自为 H，C_1-C_6 烷基，C_2-C_6 烯基，C_2-C_6 炔基，C_3-C_6 环烷基，C_1-C_6 卤烷基，卤素，CN，C_1-C_4 烷氧基，C_1-C_4 卤烷氧基，C_1-C_4 烷硫基，C_1-C_4 烷磺酰基，C_1-C_4 卤烷磺酰基，C_2-C_8二烷氨基，或 C_2-C_6 烷氧羰基；或

每个 R^7 各自为苯基，苄基，苯氧基或 5 或 6 元杂芳环，或 8，9 或 10 元稠合的杂双环系，每个环用 1~3 个各选自以下的基团任选取代：C_1-C_4 烷基，C_2-C_4 炔基，C_1-C_4 卤烷基，卤素，CN，C_1-C_4烷氧基，C_1-C_4 卤烷氧基，C_2-C_6 烷氧羰基，和 C_2-C_6 烷氨基羰基；

条件是

（i）至少 1 个 R^4 和至少 1 个 R^7 不是 H；

（ii）J 不是任选取代的 1，2，3-噻二唑；

（iii）当J为任选取代的吡啶和 R^2 为H时，R^3 不是H或 CH_3；和

（iv）当J为任选取代的吡唑，四唑或嘧啶时，R^2 和 R^3 不能都是氢。

35. 一种杀节肢动物剂的组合物，含有杀节肢动物剂的有效剂量的权利要求22所述的式1化合物和至少一种选自表面活性剂，固体稀释剂和液体稀释剂的其他组分。”

至此，合议组认为本案事实清楚，可以作出审查决定。

二、决定的理由

1. 关于审查文本

复审阶段中，请求人分别于2009年6月3日、2009年8月7日提交了修改的权利要求书，经审查，2009年8月7日的修改文本符合专利法第33条和专利法实施细则第60条第1款的规定。

因此，本复审请求审查决定所针对的文本是：请求人于2009年8月7日提交的权利要求第1~35项，2005年5月23日提交的说明书第3~8、18、20、24、172、181、186、195页，2003年7月8日提交的说明书第37、91~92、188页，进入中国国家阶段时提交的国际申请文件的中文文本的说明书第1~2、9~17、19、21~23、25~36、38~90、93~171、173~180、182~185、187、189~194、196~200页以及说明书摘要。

2. 关于专利法第22条第3款

专利法第22条第3款规定，发明的创造性，是指同申请日以前已有的技术相比，该发明有突出的实质性特点和显著的进步。

如果所要求保护的技术方案与最接近的现有技术相比存在区别特征，并且现有技术中没有给出将上述区别特征应用到该最接近的现有技术中的技术启示，同时所要求保护的技术方案也产生了有益的技术效果，则应当认为本领域技术人员由现有技术得到该技术方案是非显而易见的。

由于复审文本中已经删除了“每个J各自为用1~2个 R^5 取代和1~3个 R^6 任意选择取代的苯基或萘基”的内容，因此，《复审通知书》指出的当J为1~2个 R^5 取代和1~3个 R^6 任意选择取代的苯基或萘基时权利要求存在不具备创造性的缺陷已经克服。修改后的权利要求1要求保护一种防治节肢动物的方法，包括用杀节肢动物有效剂量的式1化合物、其N-氧化物或农业上适用的盐接触节肢动物或它们的环境，其中A和B各自为O或S，每个J各自为5或6元杂芳环或芳族的8-，9-或10元稠合的杂双环系，其中每个环或环系用1~4个 R^7 任意选择取代（参见案由部分）。

对比文件1中公开了一种通式I化合物或其盐防治昆虫的用途，其中，R^1-R^9 为H、卤素、C_{1-6}烷基、苯基、OH、C_{1-6}烷氧基、C_{1-7}酰氧基或糖基，X为直接键、C_{1-3}亚烷基、C_{2-3}亚烯基、C_{2-3}亚炔基，任选被一个或多个 C_{1-3}烷基或OH取代，Y为H或 C_{1-6}烷基，Z为H、甲基、OH、C_{1-6}烷氧基、SH、C_{1-6}烷硫基、NH_2 或单、双（C_{1-3}烷基）氨基（参见该对比文件的说明书第2页第4~16行）。

将权利要求1要求保护的技术方案与对比文件1公开的内容进行对比，二者的主要区别在于：权利要求1的式1化合物中的J为5或6元杂芳环或芳族的8-，9-或10元稠合的杂双环系，而对比文件1的式I化合物的相应位置为苯环。

合议组认为，上述区别特征使得权利要求1和对比文件1的化合物分属于两种不同的通式化合物。由对比文件1的式I化合物可知，所述的苯环是固定不变的，苯环上的取代基 R^5-R^9 为H、卤

素、C_{1-6}烷基、苯基、OH、C_{1-6}烷氧基、C_{1-7}酰氧基或糖基，而在具体的实施例化合物中，R^5-R^9 为 H、OH 或甲氧基，只有一个基团为糖基。在此基础上，本领域技术人员通常会更多地关注苯环上取代基的变化，而没有动机去改变苯环，也就是说，对比文件 1 中没有给出可改变通式 I 中苯环结构的启示，更没有给出将苯环替换为 5 或 6 元杂芳环或芳族的 8-，9-或 10 元稠合杂双环系的技术启示，因此，权利要求 1 的技术方案相对于对比文件 1 是非显而易见的，符合专利法第 22 条第 3 款有关创造性的规定。

《第二次审查意见通知书》曾指出，权利要求 1 的通式化合物与对比文件 1 极其接近，并且对比文件 1 与本申请的杀虫效果相似，因此，权利要求 1 不具备创造性。对此，合议组认为：就目前给出的对比文件来看，修改后的本申请的式 1 化合物与对比文件 1 的式 I 化合物相比，化合物的主结构发生了变化，不能认为两者属于结构接近的化合物，而且从本申请说明书给出的试验可以看出，权利要求 1 的化合物具有一定的杀虫效果，在这样的情况下，应当认为权利要求 1 的化合物具备创造性，而不必再要求其具有预料不到的效果。

对比文件 2 公开了一种式（I）所示的 4-三氟甲基苯甲酰胺化合物，其中，Ar 是取代的苯基（参见该对比文件的权利要求 1)，该化合物具有杀虫或杀菌活性。

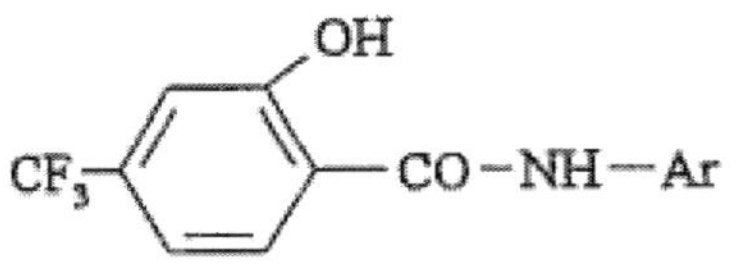

(I)

由此可见，对比文件 2 中式（I）化合物的 2-羟基-4-三氟甲基苯基（对应于本申请通式 1 的 J）是固定不变的基团，只有 Ar 是可变的，因此，对比文件 2 中也没有给出改变苯环的技术启示，权利要求 1 相对于对比文件 2 具有创造性，符合专利法第 22 条第 3 款的规定。

由于对比文件 1、2 均没有给出将苯环替换为 5 或 6 元杂芳环或芳族的 8-，9-或 10 元稠合杂双环系的技术启示，故权利要求 1 相对于对比文件 1、2 的结合也符合专利法第 22 条第 3 款有关创造性的规定。

权利要求 18 要求保护式 1 化合物（具体的式 1 化合物参见案由部分)。权利要求 35 要求保护含有权利要求 18 所述式 1 化合物的杀节肢动物组合物。基于与评述权利要求 1 相同的理由，权利要求 18、35 相对于对比文件 1、2 及其结合也具有创造性，符合专利法第 22 条第 3 款的规定。

综上所述，驳回决定和《复审通知书》所指出的本申请不具有创造性的缺陷已不存在。

根据上述事实和理由，合议组作出如下审查决定。

三、决定

撤销国家知识产权局于 2007 年 12 月 7 日针对第 01807024. 8 号发明专利申请作出的驳回决定，由国家知识产权局原审查部门以本复审决定所针对的文本为基础继续审批程序。

复审请求人对本决定不服的，可以根据专利法第 41 条第 2 款的规定，自收到本决定之日起三个月内向北京市第一中级人民法院起诉。

137

仲胺的制备

复审请求审查决定（第 18755 号）

决　定　号　第 18755 号
决　定　日　2009 年 8 月 19 日
发明创造名称　仲胺的制备
国 际 分 类 号　C07C 209/26
复 审 请 求 人　胡茨曼石油化学公司
申　请　号　03817376. X
申　请　日　2003 年 7 月 21 日
优 先 权 日　2002 年 7 月 22 日
公　开　日　2005 年 9 月 21 日
合 议 组 组 长　汪送来
主　审　员　张家祥
参　审　员　刘　磊

法 律 依 据　专利法第 22 条第 2 款、第 3 款
决 定 要 点

如果发明要求保护的技术方案与现有技术公开的技术方案相比实质上是相同的，本领域技术人员可以确定二者能够适用于相同的技术领域，解决相同的技术问题，并具有相同的预期效果，则该发明相对于现有技术不具有新颖性。

一、案由

本复审请求案涉及发明名称为“仲胺的制备”的第 03817376. X 号发明专利申请（下称本申请），申请人为胡茨曼石油化学公司，申请日为 2003 年 7 月 21 日，优先权日为 2002 年 7 月 22 日，公开日为 2005 年 9 月 21 日。

国家知识产权局于 2007 年 4 月 27 日发出《第二次审查意见通知书》，指出：（1）对比文件 2（US4927912，公开日为 1990 年 5 月 22 日）公开了使用如权利要求 11 中所限定的伯胺与丙酮和 Pd 催化剂于 50～200℃和 100～4000psig 下反应制得仲胺的技术方案，其与权利要求 1 的区别仅在于伯胺结构的差异，然而本申请所要解决的问题不在于对伯胺结构的选取上，而是通过对反应条件的选择从伯胺制备仲胺，尽管申请人将叔胺及仲胺的生成量进行了限定，但这并非构成其技术方案的技术手段，对其技术方案不产生实质性影响，而根据对比文件 2 实施例 4 中的数据，对比文件 2 的仲胺生成率也可达到 96%，因而权利要求 1 相对于对比文件 2 不具备创造性，不符合专利法第 22 条第 3 款的规定；

权利要求 2~10 是对权利要求 1 中反应条件和产生的效果的进一步限定，对比文件 2 已公开伯胺可为二胺或三胺，催化剂可为 Pd/C，酮为丙酮的反应条件，该条件与权利要求 1 的反应条件实质相同，而上述权利要求中对反应效果的限定不是构成技术方案的技术手段，在二者反应条件和物质实质相同的情况下，则必然产生相似或相同的技术效果，因此权利要求 2~10 相对于对比文件 2 也不具备创造性。(2) 如上文所述，对比文件 2 已公开了权利要求 11 的技术方案，虽然申请人加入了技术效果进行限定，但其并非构成其技术方案的技术手段，因而二者技术方案实质相同，也必然产生相似或相同的技术效果，如对比文件 2 的仲胺生成率也可达到 96%，因此权利要求 11 不具备新颖性，不符合专利法第 22 条第 2 款的规定；对比文件 2 也公开了权利要求 13~14、16、18 的技术方案，因此这些权利要求也不具备新颖性；权利要求 12、15、17 是对反应条件和效果的限定，如上文所述，这些权利要求不符合专利法第 22 条第 3 款有关创造性的规定。(3) 权利要求 11 中出现的"可以"导致该权利要求的保护范围不清楚，不符合专利法实施细则第 20 条第 1 款的规定。

针对《第二次审查意见通知书》，申请人于 2007 年 7 月 12 日提交了意见陈述书和权利要求书的全文替换页。其中，删除了权利要求 11 中的"可以"，并在权利要求 1、11 中的"R′和 R″分别选自"之后添加冒号。申请人认为：(1) 权利要求 1 和 11 中羰基化合物的取代基 R′和 R″不同时为氢，可以确定权利要求 1、11 的方法得到的仲胺产品均不是甲基胺，且权利要求 11 中的仲胺产物还含有1~6个碳的桥联基团 R4，因此，权利要求 1~18 符合专利法第 22 条第 2 款有关新颖性的规定。(2) 评价发明的创造性不仅要考虑所采用的技术方案，还要结合所要解决的技术问题和所产生的技术效果，将它们作为一个整体进行评价。本申请的目的是在现有技术的基础上由伯胺选择性制备仲胺，提高目标产物的转化率和收率，减少不希望的产物如叔胺的生成量，基于上述效果，本申请的反应器流出物不需要进一步纯化，可以节约成本，从而提高产品的竞争力，因此，权利要求 1~18 具有创造性，符合专利法第 22 条第 3 款的规定。

2007 年 8 月 24 日，针对申请人于 2007 年 7 月 12 日提交的权利要求第 1~18 项，2006 年 8 月 1 日提交的说明书第 2~5 页，进入中国国家阶段时提交的国际申请文件的中文文本的说明书第 1、6~8 页以及说明书摘要，国家知识产权局以权利要求 11、13~14、16、18 不符合专利法第 22 条第 2 款的规定、权利要求 1~10、12、15、17 不符合专利法第 22 条第 3 款的规定为由驳回了本申请。

驳回决定所针对的权利要求书如下：

"1. 一种制备仲胺产品的方法，该方法包括在含有金属钯的催化有效量的催化剂存在下，以及在约 100~3000psig 的任意压力下，加热含有如下组分的混合物至 80~230℃的任意温度：

a) 氢；

b) 由下式表示的羰基化合物：

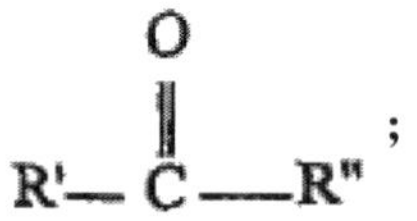

和

c) 由结构式 R-NH_2 表示的伯胺反应物；

其中所述仲胺产品具有如下通式：

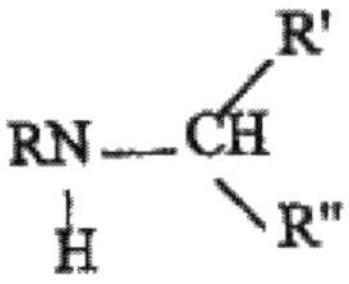

其中 R 为任意直链、支链或环状的烷基、氨基烷基、烷基芳基或氨基烷基芳基；R′和 R″分别选自：氢，直链、支链或环状的 C_1-C_{20}烷基，条件是 R′和 R″不同时为氢；其中在该方法中生成的叔胺的量基于所产生的仲胺总量小于 3.00wt%，且其中生成的仲胺产品的收率基于所产生的全部胺产品至少为 97.00wt%。

2. 权利要求 1 的方法，其中所述催化剂的表面积至少为 $100m^2/g$。

3. 权利要求 1 的方法，其中所述伯胺反应物为二胺。

4. 权利要求 3 的方法，其中所述二胺含有两个 $-NH_2$ 基团。

5. 权利要求 1 的方法，其中生成的叔胺杂质基于所产生的全部胺产品小于 2.0wt%。

6. 权利要求 1 的方法，其中所述催化剂含有负载在碳上的钯。

7. 权利要求 6 的方法，其中所述碳包括木炭。

8. 权利要求 1 的方法，其中所述羰基化合物包括选自如下的酮：丙酮、甲基乙基酮、甲基异丁基酮、甲基异戊基酮、2-丁酮、2-戊酮、2-己酮和 2-乙基己基酮。

9. 权利要求 3 的方法，其中所述伯胺为异佛尔酮二胺，所述羰基化合物为丙酮，产品 N，N′-二异丙基异佛尔酮二胺的收率基于所产生的全部胺产品至少为 97.00wt%。

10. 权利要求 3 的方法，其中所述伯胺为异佛尔酮二胺，所述羰基化合物为丙酮，叔胺杂质的量基于所产生的全部胺产品小于 2.0wt%。

11. 一种由伯胺反应物制备仲胺产品的方法，该方法包括在催化有效量的含有金属钯的催化剂存在下，以及在 100~3000psig 的任意压力下，加热含有如下组分的混合物至 80~200℃的任意温度：

a）氢；

b）由下式表示的羰基化合物：

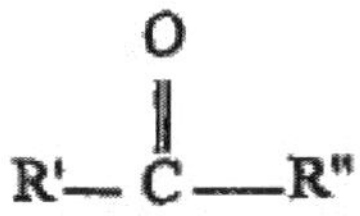

其中 R′和 R″分别选自：氢，直链、支链或环状的 C_1-C_{20}烷基，条件是 R′和 R″不同时为氢，和

c）包括一种或多种烷氧基化胺的胺反应物，其具有伯胺官能团且由下式表示：

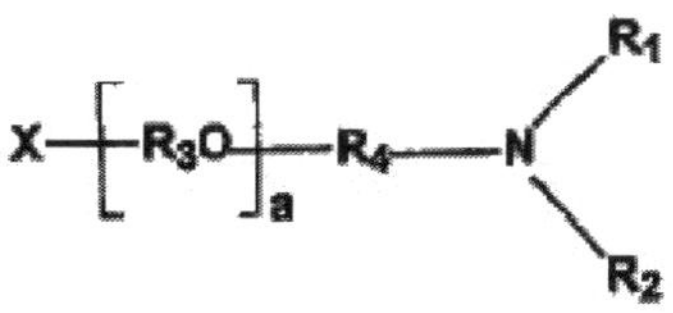

其中 R_1 和 R_2 分别选自：氢；具有 1、2、3、4、5 或 6 个碳原子的直链或支链烷基；或由式 Z- $[R_3O]_q$ $-R_4$-表示的基团，其中 R_3 是具有 1、2、3、4、5 或 6 个碳原子的直链或支链烷基；R4 是具有 1、2、3、4、5 或 6 个碳原子的直链或支链烷基桥联基团；Z 是羟基或具有 1、2、3、4、5 或 6 个碳原子的直链或支链烷基；q 是 0~400 的任意整数；并且其中 X 为：

i）羟基或具有 1、2、3、4、5 或 6 个碳原子的烷基；或

ii）

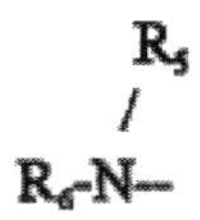

或

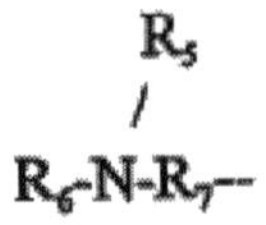

基团，其中 R_5 和 R_6 分别选自：氢；具有 1、2、3、4、5 或 6 个碳原子的直链或支链烷基；或如上面所定义的 Z- $[R_3O]_q$-R_4-，式中 Z 是羟基或具有 1、2、3、4、5 或 6 个碳原子的烷氧基，其中 R7 是具有 1、2、3、4、5 或 6 个碳原子的直链或支链亚烷基桥联基团；或

iii）由下式表示的部分：

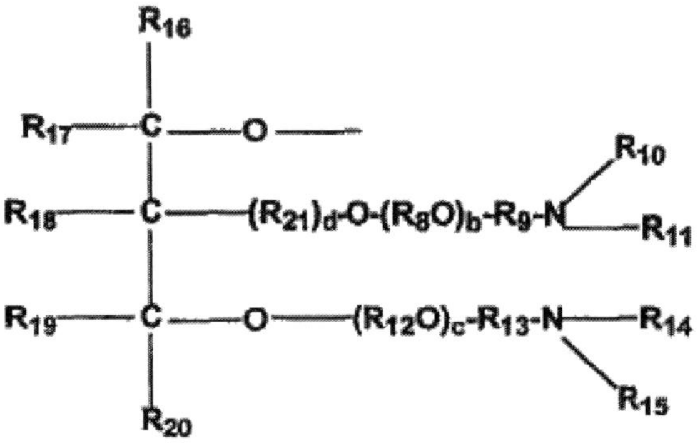

其中 R_{10}、R_{11}、R_{14}和 R15 分别选自：氢；具有 1、2、3、4、5 或 6 个碳原子的直链或支链烷基；如上面所定义的 Z- $[R_3O]_q$-R_4-部分，式中 Z 是羟基或具有 1、2、3、4、5 或 6 个碳原子的烷氧基；R_8 和 R_{12}分别为具有 1、2、3、4、5 或 6 个碳原子的直链或支链烷基；R_9、R_{13}和 R_{21}分别选自具有 1、2、3、4、5 或 6 个碳原子的直链或支链烷基桥联基团；R_{16}、R_{17}、R_{18}、R_{19}和 R_{20}分别选自氢或具有 1、2、3、4、5 或 6 个碳原子的烷基；d 为 0 或 1；a 为 0~100 的任意整数，条件是当 X 是如上面 iii）中所给出的通式部分时，a+b+c 之和为 2~400 之间的任意数，

其中在该方法中生成的叔胺总量基于所产生的仲胺总量小于 3.00wt%，且其中仲胺产品的收率基于所产生的全部胺产品至少为 97.00wt%。

12. 权利要求 11 的方法，其中所述催化剂的表面积至少为 $100m^2/g$。

13. 权利要求 11 的方法，其中所述伯胺反应物为二胺。

14. 权利要求 13 的方法，其中所述二胺含有两个-NH_2 基团。

15. 权利要求 11 的方法，其中叔胺杂质的量基于所产生的全部胺产品小于 2.0wt%。

16. 权利要求 11 的方法，其中所述催化剂含有负载在碳上的钯。

17. 权利要求 16 的方法，其中所述碳包括木炭。

18. 权利要求 11 的方法，其中所述羰基化合物包括选自如下的酮：丙酮、甲基乙基酮、甲基异丁基酮、甲基异戊基酮、2-丁酮、2-戊酮、2-己酮和 2-乙基己基酮。”

驳回决定认为：（1）申请人强调本申请制备的仲胺一定不是甲基胺，但对比文件 2 中制备的也不是甲基胺，且也存在如 R_4 的基团，因此，权利要求 11、13~14、16 和 18 仍然不具备专利法第 22 条第 2 款规定的新颖性。（2）对于独立权利要求 11 及其从属权利要求的技术方案，不存在采用特定原料和工艺的情况，对于独立权利要求 1 及其从属权利要求的技术方案，尽管伯胺的取代基与对比文件 2 不同，然而本领域技术人员为获得权利要求 1 的仲胺产品，很容易通过对比文件 2 的技术提示得到权利要求1的技术方案，解决本申请的技术问题。本申请实质上并非对原料进行了选择，而仅仅是对原料的取代基进行了选择，这与特定方法中对原料进行选取的概念完全不同，该方案的原料的反应性基团未发生任何变化，所选定的取代基对该方案不产生任何实质性影响，该方案的反应机理也没有任何改变。另外，对比文件2在实施例中公开的二胺制备相应仲胺的实施例中收率也达96%，由此也印证了取代基的选取对本申请未产生实质性影响，而至于无需纯化也建立在产率的效果上，因此与对比文件2也没有可比性。因此权利要求1~10、12、15、17仍然不具备专利法第22条第3款规定的创造性。

2007年12月10日，申请人胡茨曼石油化学公司（下称请求人）对上述驳回决定不服，向专利复审委员会提出复审请求，但未修改申请文件。请求人所陈述的复审理由与答复《第二次审查意见通知书》时的意见相同。

经形式审查合格后，专利复审委员会受理了该请求，并于2008年1月8日向请求人发出了《复审请求受理通知书》，同时将本申请转送至国家知识产权局原审查部门进行前置审查。

在《前置审查意见书》中，国家知识产权局原审查部门坚持驳回决定。

专利复审委员会组成合议组，对本复审请求案进行了审理，于2009年5月18日向请求人发出《复审通知书》，指出：（1）将权利要求11的技术方案与对比文件2的技术方案进行对比，二者的反应原料、催化剂、反应条件均相同，收率相当，并可由所采用的技术手段相同推定产物中的叔胺量也相同，因此，对比文件2与权利要求11的技术方案实质上是相同的，权利要求11相对于对比文件2不具有新颖性，不符合专利法第22条第2款的规定。同理，权利要求13~16、18也不具有新颖性。（2）权利要求1与对比文件2的区别仅在于所使用的伯胺反应物不同，然而在对比文件2的基础上，本领域技术人员根据所需的仲胺产物选用适合的伯胺原料从而获得权利要求1的技术方案是显而易见的，权利要求1相对于对比文件2不具有创造性，不符合专利法第22条第3款的规定。同理，权利要求3~6、8~10也不具有创造性。权利要求2和12中所述催化剂的表面积是本领域技术人员根据其掌握的普通知识和常规实验手段可以确定的，权利要求7和17中所述的木炭是钯催化剂常用的碳，当其引用的权利要求不具有新颖性或创造性的情况下，上述权利要求也不具有创造性，不符合专利法第22条第3款的规定。

2009年6月29日，请求人针对上述《复审通知书》提交了意见陈述书和修改的权利要求书，其中，相对于驳回决定针对的权利要求书，请求人仅将权利要求6、16分别并入到了权利要求1、11中。

请求人认为：（1）对比文件2涉及由氧亚烷基三胺制备仲异丙胺的方法，其中的实施例8、12~15是使用Pd/C催化剂的间歇过程，反应很慢，且不是以最佳方式进行的；当使用氧亚烷基伯二胺和三胺原料及丙酮与氢在粒状加氢催化剂固定床存在下，在连续反应器中于特定条件下反应时，反应选择性明显改进，所希望的二和三仲异丙胺反应产物的生产得到改进，其中还表明优选使用含镍的加氢催化剂（参见第14栏第29~47行）；基于对比文件2可以确定其中的方法只适用于低分子量聚醚胺，具体而言，该对比文件的权利要求1将所述三胺分子量限定为至多400，而本申请对聚醚胺的分子量没有限制。（2）本申请是对现有技术的进一步改进，具体效果为由伯胺选择性制备仲胺，提高目标产物的转化率和收率，减少不希望的产物如叔胺的生成量。因此，本申请的权利要求1~16具有新颖性和创造性。

至此，合议组认为本案事实清楚，可以作出审查决定。

二、决定的理由

1. 关于审查文本

在复审程序中，请求人于2009年6月29日提交了修改的权利要求书，经审查，上述修改符合专利法第 33 条和专利法实施细则第 60 条第 1 款的规定。

因此，本复审请求审查决定所针对的文本是：请求人于 2009 年 6 月 29 日提交的权利要求第 1-16 项，2006 年 8 月 1 日提交的说明书第 2~5 页，进入中国国家阶段时提交的国际申请文件的中文文本的说明书第 1、6~8 页以及说明书摘要。

2. 关于专利法第 22 条第 2 款

专利法第 22 条第 2 款规定：新颖性，是指在申请日以前没有同样的发明或者实用新型在国内外出版物上公开发表过、在国内公开使用过或者以其他方式为公众所知，也没有同样的发明或者实用新型由他人向国务院专利行政部门提出过申请并且记载在申请日以后公布的专利申请文件中。

如果发明要求保护的技术方案与现有技术公开的技术方案相比实质上是相同的，本领域技术人员可以确定二者能够适用于相同的技术领域，解决相同的技术问题，并具有相同的预期效果，则该发明相对于现有技术不具有新颖性。

就本申请而言，权利要求 10 要求保护一种由伯胺反应物制备仲胺产品的方法，该方法包括在催化有效量的含有负载在碳上的钯的催化剂存在下，以及在 100~3000 psig 的任意压力下，加热含有如下组分的混合物至 80~200℃的任意温度：a）氢；b）由下式表示的羰基化合物：

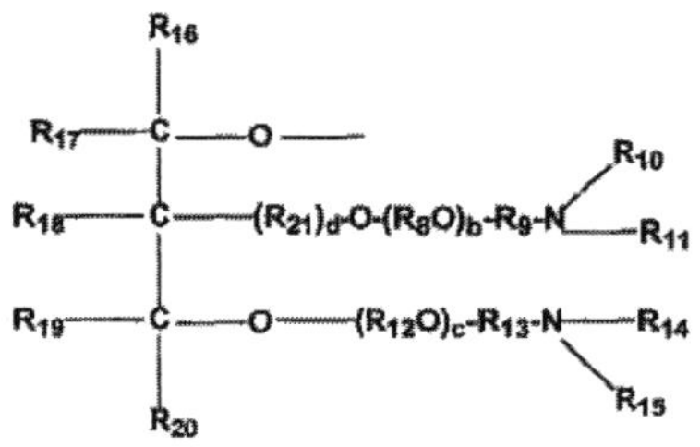

其中 R′和 R″分别选自氢，直链、支链或环状的 C_1-C_{20}烷基，条件是 R′和 R″不同时为氢；和 c）包括一种或多种烷氧基化胺的胺反应物，其具有伯胺官能团且由下式表示：

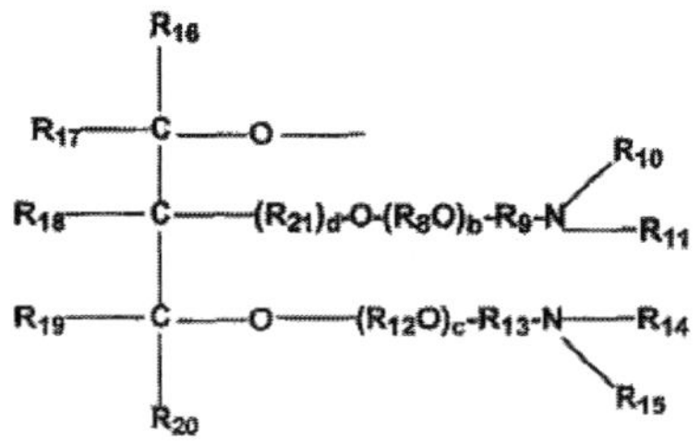

（R_1-R_4 和 X 代表的基团见案由部分）

其中在该方法中生成的叔胺总量基于所产生的仲胺总量小于 3.00wt%，仲胺产品的收率基于所产生的全部胺产品至少为 97.00wt%。

对比文件 2 公开了由三甘醇二胺（296g，2moles）和丙酮（240g，4.1moles）制备仲胺的方法，催化剂为 5% 的钯/炭（92.0g），反应条件为 1500 psi H_2 压、80℃，产物中总胺的量为 7.40meq/g，仲胺的量为 7.08meq/g（参见该对比文件说明书第 9 栏的实施例 4）。由此可见，产物中的仲胺基于总胺的收率为 95.68%。

将权利要求 10 要求保护的技术方案与对比文件 2 公开的技术方案进行对比，对比文件 2 中的丙酮相当于权利要求 10 中的羰基化合物，三甘醇二胺落在了组分 c）的通式范围内，所使用的催化剂和反应条件也相同。权利要求 10 中限定了仲胺基于总胺的收率至少为 97%，叔胺基于仲胺的量小于

3%，在本申请说明书的实施例 7~8 中，仲胺基于总胺的收率分别为 96.88% 和 96.67%，而对比文件 2 中的仲胺基于总胺的收率为 95.68%。合议组认为，权利要求 10 中的原料概括了很大的范围，而不同原料、甚至相同原料不同生产批次，收率浮动 1% 是正常的，故权利要求 10 的收率与对比文件 2 的收率是相当的，没有实质上的区别。另外，对比文件 2 中没有涉及叔胺的含量，鉴于该对比文件所采用的技术手段与权利要求 10 相同，由此可以推定产物中的叔胺基于仲胺的含量也应小于 3%。也就是说，对比文件 2 与权利要求 10 所限定的技术方案实质上是相同的，在此基础上，本领域技术人员可以确定二者能够适用于相同的技术领域，解决相同的技术问题，并具有相同的预期效果，因此，权利要求 10 相对于对比文件 2 不具有新颖性，不符合专利法第 22 条第 2 款的规定。

权利要求 12 将权利要求 10 中的伯胺反应物限定为二胺，权利要求 13 进一步将权利要求 12 中的二胺限定为含有两个 $-NH_2$ 基团，权利要求 14 是权利要求 10 的从属权利要求，其附加技术特征为"叔胺杂质的量基于所产生的全部胺产品小于 2.0wt%"，权利要求 16 将权利要求 10 中的羰基化合物限定为丙酮等。基于与评述权利要求 10 相同的理由，权利要求 12~14、16 相对于对比文件 2 也不具有新颖性，不符合专利法第 22 条第 2 款的规定。

3. 关于专利法第 22 条第 3 款

专利法第 22 条第 3 款规定，发明的创造性，是指同申请日以前已有的技术相比，该发明有突出的实质性特点和显著的进步。

本申请权利要求 1 要求保护一种制备仲胺产品的方法，该方法包括在催化有效量的含有负载在碳上的钯的催化剂存在下，以及在 100~3000 psig 的任意压力下，加热含有如下组分的混合物至 80~230℃ 的任意温度：a）氢；b）由下式表示的羰基化合物：

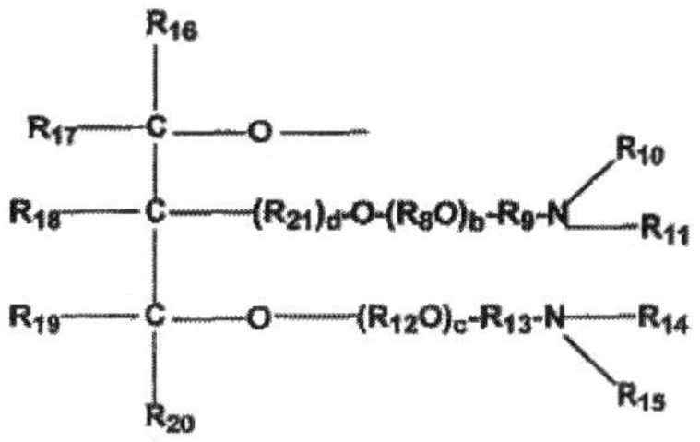

；

和 c）由结构式 $R-NH_2$ 表示的伯胺反应物；所述仲胺产品具有如下通式：

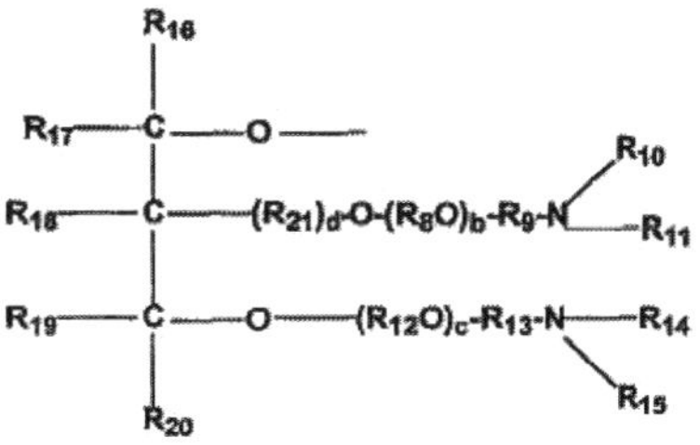

其中 R 为任意直链、支链或环状的烷基、氨基烷基、烷基芳基或氨基烷基芳基；R′和 R″分别选自氢，直链、支链或环状的 C_1~C_{20} 烷基，条件是 R′和 R″不同时为氢；其中在该方法中生成的叔胺的量基于所产生的仲胺总量小于 3.00wt%，仲胺产品的收率基于所产生的全部胺产品至少为 97.00wt%。

如前文所述，对比文件 2 公开了由三甘醇二胺和丙酮制备仲胺的方法（参见该对比文件的实施例 4），将权利要求 1 要求保护的技术方案与对比文件 2 公开的技术方案进行对比，二者均涉及由氢、伯胺和羰基化合物在相同的条件下高选择性地制备仲胺，其区别仅在于所使用的伯胺反应物不同：权利要求1中的伯胺为$R-NH_2$，其中R为任意直链、支链或环状的烷基、氨基烷基、烷基芳基或氨基烷基芳基，而对比文件2中的伯胺为三甘醇二胺。权利要求1的技术方案相对于对比文件2所实际解决的技术问题是利用相同的方法来制备另一种仲胺。合议组认为，在对比文件2的基础上，本领域技术人员会根据所需的仲胺产物选用适合的伯胺原料，从而获得权利要求1的技术方案，并且，基于上述新颖性评述中的相同理由，权利要求1中所述的收率与对比文件2中的收率没有实质区别，在叔胺的量上与对比文件2也无法区分，上述区别特征的引入也没有产生其他预料不到的技术效果，因此，在对比文件2的基础上，权利要求1的技术方案对于本领域技术人员来说是显而易见的，权利要求1相对于对比文件2不具有创造性，不符合专利法第22条第3款的规定。

同理，权利要求3~5、7~9也不具有创造性，不符合专利法第22条第3款的规定。

权利要求2是权利要求1的从属权利要求，权利要求11是权利要求10的从属权利要求，上述权利要求的附加技术特征为“所述催化剂的表面积至少为$100m^2/g$”，合议组认为，催化剂的表面积是本领域技术人员根据其掌握的普通知识和常规实验手段可以确定的，并且该技术特征的引入也没有产生预料不到的技术效果。因此，当其所引用权利要求不具有新颖性或创造性的情况下，权利要求2、11也不具有创造性，不符合专利法第22条第3款的规定。

权利要求6、15分别将权利要求1、10中的碳限定为包括木炭，而木炭是钯催化剂常用的碳，当其所引用权利要求不具有新颖性或创造性的情况下，权利要求6、15也不具有创造性，不符合专利法第22条第3款的规定。

请求人在复审理由以及答复《复审通知书》的意见陈述书中认为：（1）本申请的权利要求1和10均限定了羰基化合物的两个取代基R′和R″不同时为氢，由此可确定所得到的仲胺产品不是甲基胺，与现有技术相比具有新颖性。（2）评价发明的创造性不仅要考虑所采用的技术方案，还要结合所要解决的技术问题和所产生的技术效果，将它们作为一个整体进行评价。本申请的目的是在现有技术的基础上由伯胺选择性制备仲胺，提高目标产物的转化率和收率，减少不希望的产物如叔胺的生成量，基于上述效果，本申请的反应器流出物不需要进一步纯化，可以节约成本，从而提高产品的竞争力。因此，本申请要求保护的技术方案具有创造性。（3）对比文件2涉及由氧亚烷基三胺制备仲异丙胺的方法，其中的实施例8、12~15是使用Pd/C催化剂的间歇过程，反应很慢，且不是以最佳方式进行的；当使用氧亚烷基伯二胺和三胺原料及丙酮与氢在粒状加氢催化剂固定床存在下，在连续反应器中于特定条件下反应时，反应选择性明显改进，所希望的二和三仲异丙胺反应产物的生产得到改进，其中还表明优选使用含镍的加氢催化剂；基于对比文件2可以确定其中的方法只适用于低分子量聚醚胺（其权利要求1将所述三胺分子量限定为至多400），而本申请对聚醚胺的分子量没有限制。

对此，合议组认为：（1）对比文件2中的羰基化合物为丙酮，对应于R′和R″均为甲基的本申请的羰基化合物，由此生成的的仲胺显然不是甲基胺，故二者不存在差别。（2）如前文所述，权利要求1与对比文件2的反应条件是相同的，二者的收率没有实质区别，叔胺的量也无法区分。（3）在关于新颖性和创造性的评价中，合议组使用的是对比文件2实施例4的技术方案，与该对比文件的实施例8、12~15及其权利要求1的内容无关。故对于请求人的上述主张合议组不予支持。

根据上述事实和理由，合议组作出如下审查决定。

三、决定

维持国家知识产权局于2007年8月24日针对第03817376.X号发明专利申请作出的驳回决定。

复审请求人对本决定不服的，可以根据专利法第41条第2款的规定，自收到本决定之日起三个月内向北京市第一中级人民法院起诉。

138

棉病菌毒净农药及制备方法

复审请求审查决定（第18763号）

决　定　号　第18763号
决　定　日　2009年8月4日
发明创造名称　棉病菌毒净农药及制备方法
国际分类号　A01N59/16，A01P3/00，A01N43/08
复审请求人　田养生
申　请　号　200710189931.0
申　请　日　2007年11月1日
公　开　日　2008年3月26日
合议组组长　侯　曜
主　审　员　潘　剑
参　审　员　李新芝

法律依据　专利法第26条第3款
决定要点

说明书是否公开充分，需要根据发明要解决的技术问题，在说明书公开内容的基础上结合本领域的现有技术进行综合考量，如果发明的技术方案是本领域技术人员在说明书公开内容的基础上，结合本领域的现有技术就能实现的，则发明的技术方案公开充分。

一、案由

本复审请求案涉及发明名称为“棉病菌毒净农药及制备方法”的第200710189931.0号发明专利申请（下称本申请），申请人为田养生，申请日为2007年11月1日，公开日为2008年3月26日。

2009年2月6日，针对申请人于2007年11月1日提交的权利要求第1~2项、说明书第1~2页及其摘要，国家知识产权局以说明书不符合专利法第26条第3款的规定为由驳回了本申请。

驳回决定认为：①说明书第1页第4、5段至第2页第1段涉及的有益效果中声称或者断言的药效不属于实验的定性数据，对于实验结果和结论仅仅采用“本发明对棉花植株……一次即好……一次即可治愈……无任何毒副作用”或者“用其治疗时，本发明用喷雾器或其他方式喷洒到病株的叶面上，即可治愈发病较轻的病株。如果病株枯黄病较重时，可以在每个病株根部浇灌50~100克即可一次治愈。用本发明也可用于治疗瓜果类、蔬菜类作物发生的类似病症，无任何毒副作用”的描述属于断言性或推论性描述，不是描述实验结果的定性数据。因此尽管说明书中给出了具体的技术方案，但该方案必须依赖实验结果加以证实才能成立，而说明书中实质上未提供有关实验数据，导致所属技术领域的技术人员不能实现该发明。②此外，驳回决定认为，首先，所属技术领域的技术人员能够实现，是指所属技术领域的技术人员按照说明书记载的内容，就能够实现该发明或实用新型的技术方案，解决其技术问题，并且产生预期的技术效果。本申请必须依赖实验结果加以证实才能成立，即有益效果是必不可少的内容。另外，根据审查指南第二部分第十章第 3.4 节的规定：判断说明书是否充分公开，以原说明书和权利要求书记载的内容为准，申请日之后补交的实施例和实验数据不予考虑。因此申请人提交的补充试验数据不能被接受。因此，本申请的说明书未对发明作出清楚、完整的说明，致使所属技术领域的技术人员不能实现，不符合专利法第 26 条第 3 款的规定。

驳回决定针对的权利要求书如下：

"1. 棉病菌毒净农药，其特征在于：其药物组份按重量比分别有高锰酸钾和呋喃西林各 3~4.5 份，水和乙醇各 100 份。

2. 棉病菌毒净农药的制备方法，其特征在于：它是将 3~4.5 份高锰酸钾加入到 100 份水中，将 3~4.5 份呋喃西林加入到 100 份的乙醇中，分别溶解后备用；然后将上述的两种溶液共同加入到 15000 份的水中，使其浓度达到 200ppm，即可灌装备用。"

2009 年 2 月 20 日，申请人田养生（下称请求人）对上述驳回决定不服，向专利复审委员会提出复审请求，请求人在提出复审请求时没有对申请文件进行修改。

请求人认为：审查指南第二部分第十章第 3.3 节规定："对于化学产品用途发明，在说明书中应当记载所使用的化学产品、使用方法及所得的效果，使得本领域的技术人员能够实施该用途发明……。如果所使用的产品是新的化学产品、则说明书对于该产品的记载应当满足本章第 3.1 节的相关要求。"本申请实质上是一种化学产品用途发明，在说明书中，对于所使用的化学产品，使用方法，及所取得的效果，都是一目了然的。

经形式审查合格后，专利复审委员会受理了该请求，并于 2009 年 4 月 2 日向请求人发出了《复审请求受理通知书》，同时将本申请转送至国家知识产权局原审查部门进行前置审查。

在《前置审查意见书》中，国家知识产权局原审查部门坚持驳回决定。

专利复审委员会组成合议组，对本复审请求案进行了审理。

经合议，合议组认为本案事实已经清楚，可以作出审查决定。

二、决定的理由

1. 关于决定的文本

本复审决定所依据的文本是驳回决定所针对的文本。

2. 关于专利法第 26 条第 3 款

专利法第 26 条第 3 款规定：说明书应当对发明或者实用新型作出清楚、完整的说明，以所属技术领域的技术人员能够实现为准。

说明书是否公开充分，需要根据发明要解决的技术问题，在说明书公开内容的基础上结合本领域的现有技术进行综合考量，如果发明的技术方案是本领域技术人员在说明书公开内容的基础上，结合本领域的现有技术就能实现的，则发明的技术方案公开充分。

就本申请而言，权利要求 1 请求保护一种棉病菌毒净农药，其特征在于：其药物组份按重量比分别有高锰酸钾和呋喃西林各 3~4.5 份，水和乙醇各 100 份。权利要求 2 请求保护棉病菌毒净农药的制备方法：其特征在于：它是将 3~4.5 份高锰酸钾加入到 100 份水中，将 3~4.5 份呋喃西林加入到 100 份的乙醇中，分别溶解后备用；然后将上述的两种溶液共同加入到 15000 份的水中，使其浓度达到 200ppm，即可灌装备用。

根据本申请说明书记载，本申请要解决的技术问题是提供一种能有效治愈棉花植株在生长期内发生的黄萎病、枯萎病的棉病菌毒净农药及制备方法。相应地，说明书记载了如权利要求 1 所述的农药组合物和如权利要求 2 所述的该农药组合物的制备方法，并描述了用本申请的棉病菌毒净农药对棉花植株在各生长期内发生的黄萎病、枯萎病进行治疗时，轻者叶面喷洒一次即好，重者叶面喷洒的同时再进行根部灌浇，一次即可治愈的效果。

驳回决定认为，上述说明书中对于效果的描述属于断言性或推论性描述，不是描述实验结果的定性数据。尽管本申请说明书中给出了具体的技术方案，但该方案必须依赖实验结果加以证实才能成立，而说明书中实质上未提供有关实验数据，导致所属技术领域的技术人员不能实现该发明。

审查指南第二部分第十章第 3.1 节第（3）项第 2 段规定：对于化学产品的用途和/或使用效果，如果所属技术领域的技术人员无法根据现有技术预测发明能够实现所述用途和/或使用效果，则说明书还应当记载对于本领域技术人员来说，足以证明发明的技术方案可以实现所述用途和/或达到预期效果的定性或者定量实验数据。因此，判断本申请是否还需要足以证明上述用途和/或效果的定性或定量数据，首先需要判断本领域技术人员能否根据现有技术预测本申请权利要求 1 所述的棉病菌毒净农药能够实现所述用途和/或使用效果。

为此，合议组查阅了本领域现有技术的状况，其中，对于高锰酸钾，现有技术文件 1（“棉花黄萎病和枯萎病的识别、发生与防治”，陈建军等，《农村科技》，1998 年，第 7 期，第 2~3 页）有关（三）综合防治的第 3 点中指出：“……也可采用高锰酸钾 8 克加 65℃热水 5 千克配成药液……”；现有技术文件 2（“棉花枯黄萎病预防措施”，谢远清，《江西棉花》，1995 年，第 4 期，第 38 页）在第 5 点中指出：“目前防治棉花枯、黄萎病较理想的药剂有：高锰酸钾……。”由此可见，现有技术已经公开了高锰酸钾具有防治棉花黄萎病和枯萎病的效果。对于呋喃西林，本领域公知其是一种广谱杀菌剂，同时，也可以用于植物的病虫害防治，例如现有技术文件 3（“塑料大棚一年五茬菜高效栽培技术”，王尚堃等，《北方园艺》，2006 年，第 5 期，第 77~78 页）第 3.1 节中记载了软腐病可在发病初期喷施呋喃西林可湿性粉剂 800 倍液进行防治。

综合以上现有技术的信息，本领域技术人员有理由相信，现有技术已知的具有防治棉花黄萎病和枯萎病的效果的高锰酸钾与广谱杀菌剂呋喃西林按照权利要求 1 所述的常规比例复配所得的组合物应当具有防治棉花黄萎病和枯萎病的效果，同时在本申请的说明书也描述了权利要求 1 所述棉病菌毒净农药对于棉花黄、枯萎病的治疗效果（参见说明书第 1 页倒数第 2 行至第 2 页第 2 行），故权利要求 1 的棉病菌毒净农药能够实现如说明书所述的用途和效果并解决本申请要解决的技术问题，在说明书已经详细描述了权利要求 1 所述棉病菌毒净农药的组成以及权利要求 2 所述的制备方法的情况下，本申请说明书已经充分公开了权利要求 1~2 的技术方案，满足专利法第 26 条第 3 款的要求。

根据上述事实和理由，合议组作出如下审查决定。

三、决定

撤销国家知识产权局于 2009 年 2 月 6 日针对第 200710189931.0 号发明专利申请作出的驳回决定，由国家知识产权局原审查部门以驳回决定所针对的文本为基础继续审批程序。

复审请求人对本决定不服的，可以根据专利法第 41 条第 2 款的规定，自收到本决定之日起三个月内向北京市第一中级人民法院起诉。

139

C-6 修饰的吲唑基吡咯并三嗪

复审请求审查决定（第 18764 号）

决　定　号　第 18764 号
决　定　日　2009 年 8 月 18 日
发明创造名称　C-6 修饰的吲唑基吡咯并三嗪
国 际 分 类 号　C07D 487/04，A61K 31/53，A61P 13/08，A61P 29/00，A61P 37/00
复 审 请 求 人　布里斯托尔-迈尔斯斯奎布公司
申　请　号　200380105906. X
申　请　日　2003 年 12 月 12 日
优 先 权 日　2002 年 12 月 13 日
公　开　日　2006 年 1 月 25 日
合 议 组 组 长　任晓兰
主　审　员　张家祥
参　审　员　潘　剑

法 律 依 据　专利法第 22 条第 3 款
决 定 要 点

如果发明的技术方案与最接近的现有技术相比存在区别特征，但是现有技术中给出了采用该区别特征来解决该发明所实际解决的技术问题的技术启示，并且该区别特征的引入也没有产生预料不到的技术效果，则该发明不具备创造性。

一、案由

本复审请求案涉及发明名称为“C-6 修饰的吲唑基吡咯并三嗪”的第 200380105906. X 号发明专利申请（下称本申请），申请人为布里斯托尔-迈尔斯斯奎布公司，申请日为 2003 年 12 月 12 日，优先权日为 2002 年 12 月 13 日，公开日为 2006 年 1 月 25 日。

国家知识产权局于 2007 年 2 月 2 日发出《第二次审查意见通知书》，指出：（1）本申请的化合物与对比文件 1（CN1351498A，公开日 2002 年 5 月 29 日）实施例 71 的区别在于吡咯并［2，1-f］［1，2，4］三嗪的 6-位取代基不同，而对比文件 1 披露了吡咯并［2，1-f］［1，2，4］三嗪的 6-位可以为-X-R^2，其中 X 为 NHCO、$NHCO_2$，R^2 为氢、烷基、取代的烷基、芳基、取代的芳基、杂环、取代的杂环、芳烷基，本领域技术人员在上述启示下，将实施例 71 的吡咯并［2，1-f］［1，2，4］三嗪的 6-位取代基进行基团替换从而得到本申请要求保护的技术方案是显而易见的。并且，本申请化合物与对比文件 1 的化合物具有相同的活性，没有产生预料不到的技术效果，因此，权利要求 1~

10 不具备专利法第 22 条第 3 款规定的创造性。(2) 对比文件 1 公开了类似结构的化合物可以抑制生长因子受体如 HER-1、HER-2 的酪氨酸激酶活性、可以单独或者与至少一种以固定剂量配制的其他抗癌药剂或细胞毒素药剂联合使用以治疗增殖性疾病，可以用于治疗与通过生长因子受体操作的信号转导途径有关的疾病，因而当其引用的权利要求 1 不具备创造性时，权利要求 11~20 也不具备创造性。

针对《第二次审查意见通知书》，申请人于 2007 年 6 月 18 日提交了意见陈述书以及附件 1 (Tai W. Wong 等人，"Preclinical Antitumor Activity of BMS-599626，a pan-HER Kinase Inhibitor That Inhibits HER1/HER2 Homodimer and Heterodimer Signaling"，Clin Cancer Res 2006：12 (20)，2006 年 10 月 15 日，复印件 8 页)。申请人认为：对比文件 1 实施例 30、71 和 91 中的化合物不包含本申请化合物的复合侧链，本领域技术人员基于对比文件 1 不能预见本申请的技术方案；本申请化合物相对于对比文件 1 化合物具有更好的效果，发明人 Ashvin Gavai 在会议 (the pacifich 2005 Conference in Honolulu，Hawaii on December 19，2005) 上提交了本申请实施例 163 化合物 (即 BMS-599626) 与最相关的化合物 (式 I 化合物：5-乙基-4- [[1- (苯基甲基) -1H-吲唑-5-基] 氨基] 吡咯并 [2，1-f] [1，2，4] 三嗪-6-羧酸乙酯) 对 HER1 和 HER2 激酶的 IC_{50}，结果显示，BMS-599626 相对于式 I 化合物，其对 HER1 的活性几乎高 10 倍，对 HER2 的活性高 10 倍以上。

2007 年 8 月 10 日，针对申请人于 2006 年 12 月 19 日提交的权利要求第 1~20 项、说明书第 15~16 页，进入中国国家阶段时提交的国际申请文件中文文本的说明书第 1~14、17~69 页和说明书摘要，国家知识产权局以权利要求 1~20 不符合专利法第 22 条第 3 款的规定为由驳回了本申请。

驳回决定所针对的权利要求书如下：

"1. 式 I 的化合物

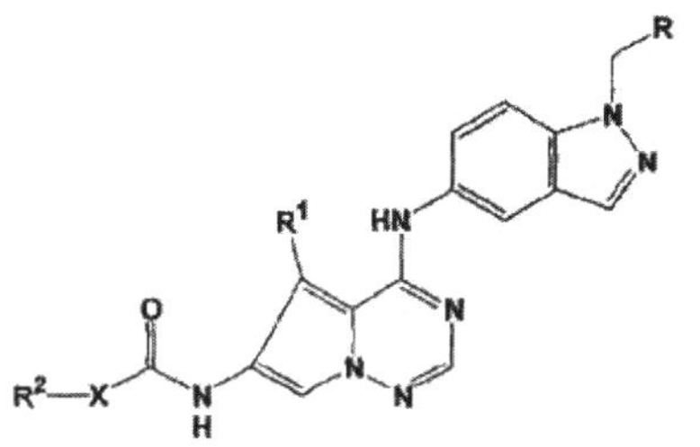

I

其中 R 选自芳基，取代的芳基，杂环，和取代的杂环；

R^1 选自烷基和取代的烷基；

R^2 选自氢，烷基，取代烷基，环烷基，取代环烷基，芳基，取代芳基，芳烷基，杂环，和取代杂环；或者，R^2 可以不存在；

X 选自一根键，O，S，C $(R_3)_2$，C $(R_3)_3$，NR_3；和 N $(R_3)_2$；

R^3 独立地选自氢，烷基，取代烷基，芳基，取代芳基，芳烷基，杂环，和取代的杂环，

和其药学可接受的盐，对映体或非对映体，

以上所述烷基具有 1 到 20 个碳原子；

术语"取代烷基"是指由一至四个下列取代基取代的烷基：卤素，羟基，烷氧基，氧代，烷酰基，芳氧基，烷酰氧基，氨基，烷基氨基，芳氨基，芳烷基氨基，其中 2 个氨基取代基选自烷基、芳

基或芳烷基的二取代的氨基；烷酰基氨基，芳酰基氨基，芳烷酰基氨基，取代的烷酰基氨基，取代的芳氨基，取代的芳烷酰基氨基，硫醇，烷硫基，芳硫基，芳烷基硫基，烷基硫羰基，芳基硫羰基，芳烷基硫羰基，烷基磺酰基，芳基磺酰基，芳烷基磺酰基，磺酰氨基，取代磺酰氨基，硝基，氰基，羧基，氨基甲酰，其中在氮上存在两个选自烷基、芳基或芳烷基的取代基的氨基甲酰基，烷氧羰基，芳基，取代芳基，胍基，杂环和取代的杂环，其中取代基可以进一步被烷基、烷氧基、芳基或芳烷基取代；

术语“芳基”是指在环部分具有6至12个碳原子的单环或双环芳香烃基；

术语“取代的芳基”是指被选自下列的一至四个取代基取代的芳基：烷基，取代的烷基，链烯基，取代的链烯基，炔基，取代的炔基，芳基，取代的芳基，芳烷基，卤素，三氟甲氧基，三氟甲基，羟基，烷氧基，烷酰基，烷酰氧基，芳氧基，芳烷氧基，氨基，烷基氨基，芳氨基，芳烷基氨基，二烷基氨基，烷酰基氨基，硫醇，烷硫基，脲基，硝基，氰基，羧基，羧基烷基，氨基甲酰基，烷氧羰基，烷基硫羰基，芳基硫羰基，芳基磺酰基胺，磺酸，乙醇磺酰基，磺酰氨基和芳氧基，其中这些取代基可以进一步被羟基，卤素，烷基，烷氧基，链烯基，炔基，芳基或芳烷基取代；

术语“芳烷基”是指通过烷基直接键合的芳基或取代的芳基；

术语“环烷基”是指任选取代的饱和环烃环系，优选包含1至3个环、且每个环包含3至7个碳，每个环可以进一步与不饱和的C_3～C_7碳环稠合；

术语“杂环”是指任选被取代的、完全饱和或不饱和的、芳香或非芳香性的环基团，其是4至7元单环、7至11元双环、或10至15元三环系，其在至少一个含碳原子的环中具有至少一个杂原子。

2. 按照权利要求1的化合物，其中R是芳基或取代的芳基，R^1是具有1到4个碳原子的烷基。

3. 按照权利要求2的化合物，其中X是-O-，且R^2是环烷基，取代的环烷基，杂环或取代的杂环。

4. 按照权利要求3的化合物，其中R是苯基或取代的苯基，R^1是甲基或乙基。

5. 按照权利要求1的化合物，其选自下列的化合物：

[5-乙基-4-[[(1-苯基甲基)-1H-吲唑-5-基]氨基]吡咯并[2，1-f][1，2，4]三嗪-6-基]-氨基甲酸，(3S)-3-吗啉基甲基酯，

[5-乙基-4-[[(1-苯基甲基)-1H-吲唑-5-基]氨基]吡咯并[2，1-f][1，2，4]三嗪-6-基]-氨基甲酸，(2R)-2-吡咯烷基甲基酯，

[5-乙基-4-[[(1-苯基甲基)-1H-吲唑-5-基]氨基]吡咯并[2，1-f][1，2，4]三嗪-6-基]-氨基甲酸，(2S)-2-吡咯烷基甲基酯，

[5-乙基-4-[[(1-苯基甲基)-1H-吲唑-5-基]氨基]吡咯并[2，1-f][1，2，4]三嗪-6-基]-氨基甲酸，(3R)-3-吗啉基甲基酯，

[5-乙基-4-[[(1-苯基甲基)-1H-吲唑-5-基]氨基]吡咯并[2，1-f][1，2，4]三嗪-6-基]-氨基甲酸，3-[(3S)-3-羟基-1-吡咯烷基]丙基酯，

[5-乙基-4-[[(1-苯基甲基)-1H-吲唑-5-基]氨基]吡咯并[2，1-f][1，2，4]三嗪-6-基]-氨基甲酸，3-[(3S)-3-羟基-1-哌啶基]丙基酯，

[5-乙基-4-[[(1-苯基甲基)-1H-吲唑-5-基]氨基]吡咯并[2，1-f][1，2，4]三嗪-6-基]-氨基甲酸，(3R)-3-吡咯烷基甲基酯，

[5-乙基-4-[[(1-苯基甲基)-1H-吲唑-5-基]氨基]吡咯并[2，1-f][1，2，4]三嗪-6-基]-氨基甲酸，3-[(3R)-3-羟基-1-吡咯烷基]丙基酯，

[5-乙基-4-[[(1-苯基甲基)-1H-吲唑-5-基]氨基]吡咯并[2，1-f][1，2，4]三嗪-

6-基]-氨基甲酸，[（2S）-1-甲基-2-吡咯烷基]甲基酯，

[5-乙基-4-[[（1-苯基甲基）-1H-吲唑-5-基]氨基]吡咯并[2，1-f][1，2，4]三嗪-6-基]-氨基甲酸，(2S）-2-吗啉基甲基酯，

[5-乙基-4-[[（1-苯基甲基）-1H-吲唑-5-基]氨基]吡咯并[2，1-f][1，2，4]三嗪-6-基]-氨基甲酸，(3S）-3-吡咯烷基甲基酯，

[5-乙基-4-[[（1-苯基甲基）-1H-吲唑-5-基]氨基]吡咯并[2，1-f][1，2，4]三嗪-6-基]-氨基甲酸，(2R）-2-吗啉基甲基酯，

[5-乙基-4-[[（1-苯基甲基）-1H-吲唑-5-基]氨基]吡咯并[2，1-f][1，2，4]三嗪-6-基]-氨基甲酸，[（3R）-1-甲基-3-吡咯烷基]甲基酯，

[5-乙基-4-[[（1-苯基甲基）-1H-吲唑-5-基]氨基]吡咯并[2，1-f][1，2，4]三嗪-6-基]-氨基甲酸，反式-4-氨基环已基酯，

[5-乙基-4-[[（1-苯基甲基）-1H-吲唑-5-基]氨基]吡咯并[2，1-f][1，2，4]三嗪-6-基]-氨基甲酸，(3R）-3-哌啶基酯，

[5-乙基-4-[[（1-苯基甲基）-1H-吲唑-5-基]氨基]吡咯并[2，1-f][1，2，4]三嗪-6-基]-氨基甲酸，(3S）-3-哌啶基酯，

[5-乙基-4-[[（1-苯基甲基）-1H-吲唑-5-基]氨基]吡咯并[2，1-f][1，2，4]三嗪-6-基]-氨基甲酸，顺式-4-氨基环已基，

[5-乙基-4-[[（1-苯基甲基）-1H-吲唑-5-基]氨基]吡咯并[2，1-f][1，2，4]三嗪-6-基]-氨基甲酸，(2R，4R）-2-（羟甲基）-4-哌啶基酯，

[5-乙基-4-[[（1-苯基甲基）-1H-吲唑-5-基]氨基]吡咯并[2，1-f][1，2，4]三嗪-6-基]-氨基甲酸，(2S）-2-（羟甲基）-4-哌啶基酯，

[5-乙基-4-[[（1-苯基甲基）-1H-吲唑-5-基]氨基]吡咯并[2，1-f][1，2，4]三嗪-6-基]-氨基甲酸，顺式-4-（氨甲基）环已基酯，

[5-乙基-4-[[（1-苯基甲基）-1H-吲唑-5-基]氨基]吡咯并[2，1-f][1，2，4]三嗪-6-基]-氨基甲酸，顺式-4-氨基-4-甲基环已基酯，

[5-乙基-4-[[（1-苯基甲基）-1H-吲唑-5-基]氨基]吡咯并[2，1-f][1，2，4]三嗪-6-基]-氨基甲酸，[（2R，4R）-4-（羟基-2-哌啶基]甲基酯，

[5-乙基-4-[[（1-苯基甲基）-1H-吲唑-5-基]氨基]吡咯并[2，1-f][1，2，4]三嗪-6-基]-氨基甲酸，反式-4-（氨甲基）环已基酯，

[5-乙基-4-[[1-（2-噁唑基甲基）-1H-吲唑-5-基]氨基]吡咯并[2，1-f][1，2，4]三嗪-6-基]-氨基甲酸，(3S）-3-吗啉基甲基酯，

[5-乙基-4-[[1-（2-噻吩基甲基）-1H-吲唑-5-基]氨基]吡咯并[2，1-f][1，2，4]三嗪-6-基]-氨基甲酸，(3S）-3-吗啉基甲基酯，

[5-乙基-4-[[1-[（3-氟苯基）甲基]-1H-吲唑-5-基]氨基]吡咯并[2，1-f][1，2，4]三嗪-6-基]-氨基甲酸，(3S）-3-吗啉基甲基酯，

[5-乙基-4-[[1-（4-噻唑基甲基）-1H-吲唑-5-基]氨基]吡咯并[2，1-f][1，2，4]三嗪-6-基]-氨基甲酸，(3S）-3-吗啉基甲基酯，

[5-乙基-4-[[1-（3-噻吩基甲基）-1H-吲唑-5-基]氨基]吡咯并[2，1-f][1，2，4]三嗪-6-基]-氨基甲酸，(3S）-3-吗啉基甲基酯，

[5-乙基-4-[[1-（2-吡啶基甲基）-1H-吲唑-5-基]氨基]吡咯并[2，1-f][1，2，4]三

嗪-6-基］-氨基甲酸，（3S）-3-吗啉基甲基酯，

［5-乙基-4-［［1-（2-噻唑基甲基）-1H-吲唑-5-基］氨基］吡咯并［2，1-f］［1，2，4］三嗪-6-基］-氨基甲酸，（3S）-3-吗啉基甲基酯，

［5-乙基-4-［［1-（3-吡啶基甲基）-1H-吲唑-5-基］氨基］吡咯并［2，1-f］［1，2，4］三嗪-6-基］-氨基甲酸，（3S）-3-吗啉基甲基酯，

［5-乙基-4-［［1-（吡嗪基甲基）-1H-吲唑-5-基］氨基］吡咯并［2，1-f］［1，2，4］三嗪-6-基］-氨基甲酸，（3S）-3-吗啉基甲基酯，

［4-［［1-（3--氟苯基）甲基］-1H-吲唑-5-基氨基］-5-甲基-吡咯并［2，1-f］［1，2，4］三嗪-6-基］-氨基甲酸，反式-4-氨基环己基酯，

［4-［［1-（3-氟苯基）甲基］-1H-吲唑-5-基氨基］-5-甲基-吡咯并［2，1-f］［1，2，4］三嗪-6-基］-氨基甲酸，（2R，4R）-2-（羟甲基）-4-哌啶基酯，

［4-［［1-（3-氟苯基）甲基］-1H-吲唑-5-基氨基］-5-甲基-吡咯并［2，1-f］［1，2，4］三嗪-6-基］-氨基甲酸，（2S，4S）-2-（羟甲基）-4-哌啶基酯，

［4-［［1-（3-氟苯基）甲基］-1H-吲唑-5-基氨基］-5-甲基-吡咯并［2，1-f］［1，2，4］三嗪-6-基］-氨基甲酸，顺式-4-氨基环己基酯，

［4-［［1-（3-氟苯基）甲基］-1H-吲唑-5-基氨基］-5-甲基-吡咯并［2，1-f］［1，2，4］三嗪-6-基］-氨基甲酸，顺式-4-氨基-4-甲基-环己基酯，

［4-［［1-（3-氟苯基）甲基］-1H-吲唑-5-基氨基］-5-甲基-吡咯并［2，1-f］［1，2，4］三嗪-6-基］-氨基甲酸，（2R）-2-氨基丙基酯，

［4-［［1-（3-氟苯基）甲基］-1H-吲唑-5-基氨基］-5-甲基-吡咯并［2，1-f］［1，2，4］三嗪-6-基］-氨基甲酸，（2S）-2-氨基丙基酯，

［4-［［1-（3-氟苯基）甲基］-1H-吲唑-5-基氨基］-5-甲基-吡咯并［2，1-f］［1，2，4］三嗪-6-基］-氨基甲酸，（3S）-3-吗啉基甲基酯，

［4-［［1-（3-氟苯基）甲基］-1H-吲唑-5-基氨基］-5-甲基-吡咯并［2，1-f］［1，2，4］三嗪-6-基］-氨基甲酸，（3R）-3-哌啶基酯，

［4-［［1-（3-氟苯基）甲基］-1H-吲唑-5-基氨基］-5-甲基-吡咯并［2，1-f］［1，2，4］三嗪-6-基］-氨基甲酸，（3S）-3-哌啶基酯，

3-［［［［［4-［［1-［（3-氟苯基）甲基］-1H-吲唑-5-基］氨基］-5-甲基吡咯并［2，1-f］［1，2，4］三嗪-6-基］氨基］羰基］氧基］甲基］-4-吗啉羧酸，（3S）-1，1-二甲基乙基酯，

［4-［［1-（3-氟苯基）甲基］-1H-吲唑-5-基氨基］-5-甲基-吡咯并［2，1-f］［1，2，4］三嗪-6-基］-氨基甲酸，3-吗啉基甲基酯，和

［4-［［1-（3-氟苯基）甲基］-1H-吲唑-5-基氨基］-5-甲基-吡咯并［2，1-f］［1，2，4］三嗪-6-基］-氨基甲酸，（3R）-3-吗啉基甲基酯。

6. 药物组合物，包括权利要求1的化合物和药学可接受的载体。

7. 按照权利要求6的药物组合物，其包括权利要求1的化合物与药学可接受的载体、和至少一种以固定剂量配制的其他抗癌药剂或细胞毒素药剂。

8. 权利要求7的药物组合物，其中所述抗癌药剂或细胞毒素药剂选自：他莫昔芬，托瑞米芬，雷诺昔酚，屈落昔芬，吲哚昔芬，醋酸甲地孕酮，阿那曲唑，来曲唑，硼嗪，依西美坦，氟他胺，尼鲁米特，比卡鲁胺，乙酸赛普龙，乙酸戈舍瑞林，亮丙瑞林，非那雄胺，金属蛋白酶抑制剂，尿激酶纤溶酶原激活物受体功能抑制剂，胰岛素生长受体抑制剂，生长因子抗体，生长因子受体抗体，酪氨

酸激酶抑制剂，丝氨酸/苏氨酸激酶抑制剂，氨甲喋呤，5-氟尿嘧啶，嘌呤和腺苷类似物，阿糖胞苷，亚德利亚霉素，柔毛霉素，表柔比星，伊达比星，丝裂霉素-C，放线菌素，光神霉素，顺铂，卡铂，氮芥子气，米尔法兰，苯丁酸氮芥，马利兰，环磷酰胺，异环磷酰胺，亚硝基脲，硫替派，长春新碱，长春瑞宾，长春碱，长春氟宁，太平洋紫杉醇，多烯紫杉醇，埃坡霉素类似物，discodermolide 类似物，艾榴塞洛素类似物，依托泊苷，表鬼臼毒噻吩糖苷，安吖啶，拓扑替康，依立替康，flavopyridols，蛋白酶体抑制剂。

9. 权利要求 8 的药物组合物，其中所述生长因子受体抗体为阿瓦斯丁或西妥昔单抗。

10. 权利要求 8 的药物组合物，其中所述蛋白酶体抑制剂包括癌症蛋白体抑制剂和生物反应调解物。

11. 权利要求 1 的化合物在制备用于治疗增殖疾病的药物中的用途。

12. 权利要求 11 的用途，其中增殖疾病选自癌症，牛皮癣和类风湿性关节炎。

13. 权利要求 12 的用途，其中增殖疾病是癌症。

14. 权利要求 13 的用途，进一步包括给予需要这种方法的温血物种治疗有效量的、至少一种其他抗癌药剂或细胞毒素药剂结合权利要求 1 化合物。

15. 权利要求 14 的用途，其中所述抗癌药剂或细胞毒素药剂选自：他莫昔芬，托瑞米芬，雷诺昔酚，屈落昔芬，吲哚昔芬，醋酸甲地孕酮，阿那曲唑，来曲唑，硼嗪，依西美坦，氟他胺，尼鲁米特，比卡鲁胺，乙酸赛普龙，乙酸戈舍瑞林，亮丙瑞林，非那雄胺，金属蛋白酶抑制剂，尿激酶纤溶酶原激活物受体功能抑制剂，胰岛素生长受体抑制剂，生长因子抗体，生长因子受体抗体，酪氨酸激酶抑制剂，丝氨酸/苏氨酸激酶抑制剂，氨甲喋呤，5-氟尿嘧啶，嘌呤和腺苷类似物，阿糖胞苷，亚德利亚霉素，柔毛霉素，表柔比星，伊达比星，丝裂霉素-C，放线菌素，光神霉素，顺铂，卡铂，氮芥子气，米尔法兰，苯丁酸氮芥，马利兰，环磷酰胺，异环磷酰胺，亚硝基脲，硫替派，长春新碱，长春瑞宾，长春碱，长春氟宁，太平洋紫杉醇，多烯紫杉醇，埃坡霉素类似物，discodermolide 类似物，艾榴塞洛素类似物，依托泊苷，表鬼臼毒噻吩糖苷，安吖啶，拓扑替康，依立替康，flavopyridols，蛋白酶体抑制剂。

16. 权利要求 15 的用途，其中所述生长因子受体抗体为阿瓦斯丁或西妥昔单抗。

17. 权利要求 15 的用途，其中所述蛋白酶体抑制剂包括癌症蛋白体抑制剂和生物反应调解物。

18. 权利要求 1 的化合物在制备用于调节受体酪氨酸激酶活性的药物中的用途。

19. 权利要求 18 的用途，其中所述受体酪氨酸激酶选自 HER1，HER2 和 HER4。

20. 权利要求 1 的化合物在制备用于治疗与通过生长因子受体运行的信号转导途径有关的疾病的药物中的用途。”

驳回决定认为：（1）权利要求 1 的化合物与对比文件 1 实施例 71 化合物的区别在于：吡咯并［2，1-f］［1，2，4］三嗪的 6-位取代基不同，权利要求 1 中为-NH-CO-X-R^2，对比文件 1 中为甲氧基羰基。但对比文件 1 的权利要求 1 披露了吡咯并［2，1-f］［1，2，4］三嗪的 6-位可以为-X-R^2，其中 X 为 NHCO、$NHCO_2$，R^2 为氢、烷基、取代的烷基、芳基、取代的芳基、杂环、取代的杂环、芳烷基。本领域的技术人员在上述启示下，将实施例 71 的吡咯并［2，1-f］［1，2，4］三嗪的 6-位取代基进行基团替换从而得到本申请权利要求 1 的技术方案是显而易见的。并且，本申请化合物抑制 HER-1 和 HER-2 激酶的 IC_{50}值为 0.001-25μM，而对比文件 1 披露的化合物抑制 HER-1 和 HER-2 激酶的 IC_{50}值为 0.003-25μM。由此可见，权利要求 1 的化合物相对于对比文件 1 并未产生意想不到的技术效果。因此，权利要求 1 不具备专利法第 22 条第 3 款规定的创造性。同理，权利要求 2~5也不具备创造性。（2）对比文件 1 已经披露了权利要求 6~8、10 中除权利要求 1 的化合物以外的技术特征，而阿瓦斯丁和西妥昔单抗是已知的生长因子受体，因此，当其引用的权利要求1不具备创造性时，权利要求6~10也不具备创造性。（3）权利要求11要求保护权利要求1的化合物在制备用于治疗增殖疾病的药物中的用途，权利要求12~17对权利要求11作了进一步限定；权利要求18要求保护权利要求1的化合物在制备用于调节受体酪氨酸激酶活性的药物中的用途，权利要求19对权利要求18作了进一步限定；权利要求20要求保护权利要求1的化合物在制备用于治疗与通过生长因子受体运行的信号转导途径有关的疾病的药物中的用途。基于上述相同的理由，权利要求11~20也不具备专利法第22条第3款规定的创造性。（4）本领域技术人员基于对比文件1能否预见本申请的技术方案，这不仅要取决于对比文件1中公开的与本申请密切相关的一个技术方案（实施例71），而且还取决于对比文件1公开的其他信息，即：需要从对比文件1的整体去考虑，确定对比文件1是否存在某种技术启示。另外，本申请与对比文件1的化合物对于HER1、HER2激酶的IC_{50}值重叠，因而无法看出本申请的化合物产生了预料不到的技术效果。（5）申请人提交的附件1和实验资料的公开时间均在本申请的申请日后，所述内容也未记载在原申请文件中，因而无法予以考虑。

2007年11月26日，申请人布里斯托尔-迈尔斯斯奎布公司（下称请求人）对上述驳回决定不服，向专利复审委员会提出复审请求，同时提交了修改的权利要求书。其中，相对于驳回决定所针对的权利要求书，请求人删除了权利要求1~4，并相应修改了其余权利要求的编号和引用关系。

请求人认为：（1）如驳回理由所述，对比文件1的实施例71公开了5-甲基-4-［［1-（苯基甲基）-1H-吲唑-5-基］氨基］吡咯并［2，1-f］［1，2，4］三嗪-6-羧酸甲酯，本申请化合物的主要区别在于杂环基团的6位有-NH-连接基，将母核与酯基-O_2C-基团连接。（2）根据本申请说明书第5页倒数第3~4行和第20页第31行的记载，优选的化合物具有0.001-5.0μM的IC_{50}值（抑制HER1，HER2和HER4激酶的IC_{50}值），而对比文件1的化合物抑制HER1和HER2激酶的IC_{50}值为0.003-25μM的宽泛范围。由此可见，权利要求1化合物的抑制效果比对比文件1的化合物更优越，因此，权利要求1以及引用权利要求1的从属权利要求相对于对比文件1具有创造性，符合专利法第22条第3款的规定。

经形式审查合格后，专利复审委员会受理了该请求，并于2007年12月27日向请求人发出了《复审请求受理通知书》，同时将本申请转送至国家知识产权局原审查部门进行前置审查。

在《前置审查意见书》中，国家知识产权局原审查部门坚持驳回决定，认为：（1）本申请化合物与对比文件1的实施例71化合物相比，仅在于吡咯并［2，1-f］［1，2，4］三嗪上的取代基不同，但对比文件1已经公开了吡咯并［2，1-f］［1，2，4］三嗪上的各个取代基的替换种类，即对比文件1教导了取代基在对比文件1公开的范围内进行替换能够保留原有的生物活性。（2）本申请化合物抑制HER-1和HER-2激酶的IC_{50}值与对比文件1披露的IC_{50}值范围部分重叠，并无证据表明权利要求1的化合物相对于对比文件1具有意想不到的技术效果。

专利复审委员会组成合议组，对本复审请求案进行了审理。

合议组于2009年4月27日向请求人发出《复审通知书》，指出：（1）权利要求1的化合物与对比文件1实施例71中的化合物相比，其区别在于吡咯并［2，1-f］［1，2，4］三嗪的6-位和5-位取代基不同，但对比文件1中还给出了吡咯并［2，1-f］［1，2，4］三嗪的5-位和6-位取代基可以进行多种基团替换的技术启示，本领域技术人员在对比文件1的基础上得到权利要求1的化合物是显而易见的，故权利要求1不具备创造性，不符合专利法第22条第3款的规定。（2）权利要求2~6要求保护包含权利要求1化合物的药物组合物，权利要求7~16要求保护权利要求1化合物的制药用途，但上述权利要求中除权利要求1化合物之外的其他技术特征外均已在对比文件1中公开或是本领域公知的，因此，权利要求2~16也不具备创造性。（3）本申请化合物的IC_{50}值与对比文件1化合物的

IC_{50}值有重叠，范围的宽窄并不能证明本申请的化合物优于对比文件 1 的化合物；请求人提交的实验数据以及附件 1 在原申请文件中没有记载，且该附件的公开日又在本申请的申请日之后，故上述的实验数据和附件 1 不能接受。

2009 年 6 月 10 日，请求人针对上述《复审通知书》提交了意见陈述书和修改的权利要求书。其中，相对于 2007 年 11 月 26 日提交的权利要求书，请求人删除了权利要求 3～6、10～13 以及权利要求 1 中的化合物 24 和 43，并相应修改了其他权利要求的编号和引用关系。修改后的权利要求书为：

"1. 一种化合物，其选自：

[5-乙基-4-[[(1-苯基甲基)-1H-吲唑-5-基]氨基]吡咯并[2，1-f][1，2，4]三嗪-6-基]-氨基甲酸，(3S)-3-吗啉基甲基酯，

[5-乙基-4-[[(1-苯基甲基)-1H-吲唑-5-基]氨基]吡咯并[2，1-f][1，2，4]三嗪-6-基]-氨基甲酸，(2R)-2-吡咯烷基甲基酯，

[5-乙基-4-[[(1-苯基甲基)-1H-吲唑-5-基]氨基]吡咯并[2，1-f][1，2，4]三嗪-6-基]-氨基甲酸，(2S)-2-吡咯烷基甲基酯，

[5-乙基-4-[[(1-苯基甲基)-1H-吲唑-5-基]氨基]吡咯并[2，1-f][1，2，4]三嗪-6-基]-氨基甲酸，(3R)-3-吗啉基甲基酯，

[5-乙基-4-[[(1-苯基甲基)-1H-吲唑-5-基]氨基]吡咯并[2，1-f][1，2，4]三嗪-6-基]-氨基甲酸，3-[(3S)-3-羟基-1-吡咯烷基]丙基酯，

[5-乙基-4-[[(1-苯基甲基)-1H-吲唑-5-基]氨基]吡咯并[2，1-f][1，2，4]三嗪-6-基]-氨基甲酸，3-[(3S)-3-羟基-1-哌啶基]丙基酯，

[5-乙基-4-[[(1-苯基甲基)-1H-吲唑-5-基]氨基]吡咯并[2，1-f][1，2，4]三嗪-6-基]-氨基甲酸，(3R)-3-吡咯烷基甲基酯，

[5-乙基-4-[[(1-苯基甲基)-1H-吲唑-5-基]氨基]吡咯并[2，1-f][1，2，4]三嗪-6-基]-氨基甲酸，3-[(3R)-3-羟基-1-吡咯烷基]丙基酯，

[5-乙基-4-[[(1-苯基甲基)-1H-吲唑-5-基]氨基]吡咯并[2，1-f][1，2，4]三嗪-6-基]-氨基甲酸，[(2S)-1-甲基-2-吡咯烷基]甲基酯，

[5-乙基-4-[[(1-苯基甲基)-1H-吲唑-5-基]氨基]吡咯并[2，1-f][1，2，4]三嗪-6-基]-氨基甲酸，(2S)-2-吗啉基甲基酯，

[5-乙基-4-[[(1-苯基甲基)-1H-吲唑-5-基]氨基]吡咯并[2，1-f][1，2，4]三嗪-6-基]-氨基甲酸，(3S)-3-吡咯烷基甲基酯，

[5-乙基-4-[[(1-苯基甲基)-1H-吲唑-5-基]氨基]吡咯并[2，1-f][1，2，4]三嗪-6-基]-氨基甲酸，(2R)-2-吗啉基甲基酯，

[5-乙基-4-[[(1-苯基甲基)-1H-吲唑-5-基]氨基]吡咯并[2，1-f][1，2，4]三嗪-6-基]-氨基甲酸，[(3R)-1-甲基-3-吡咯烷基]甲基酯，

[5-乙基-4-[[(1-苯基甲基)-1H-吲唑-5-基]氨基]吡咯并[2，1-f][1，2，4]三嗪-6-基]-氨基甲酸，反式-4-氨基环己基酯，

[5-乙基-4-[[(1-苯基甲基)-1H-吲唑-5-基]氨基]吡咯并[2，1-f][1，2，4]三嗪-6-基]-氨基甲酸，(3R)-3-哌啶基酯，

[5-乙基-4-[[(1-苯基甲基)-1H-吲唑-5-基]氨基]吡咯并[2，1-f][1，2，4]三嗪-6-基]-氨基甲酸，(3S)-3-哌啶基酯，

[5-乙基-4-[[(1-苯基甲基)-1H-吲唑-5-基]氨基]吡咯并[2，1-f][1，2，4]三嗪-6-基]-

氨基甲酸，顺式-4-氨基环己基酯，

［5-乙基-4-［［（1-苯基甲基）-1H-吲唑-5-基］氨基］吡咯并［2，1-f］［1，2，4］三嗪-6-基］-氨基甲酸，（2R，4R）-2-（羟甲基）-4-哌啶基酯，

［5-乙基-4-［［（1-苯基甲基）-1H-吲唑-5-基］氨基］吡咯并［2，1-f］［1，2，4］三嗪-6-基］-氨基甲酸，（2S）-2-（羟甲基）-4-哌啶基酯，

［5-乙基-4-［［（1-苯基甲基）-1H-吲唑-5-基］氨基］吡咯并［2，1-f］［1，2，4］三嗪-6-基］-氨基甲酸，顺式-4-（氨甲基）环己基酯，

［5-乙基-4-［［（1-苯基甲基）-1H-吲唑-5-基］氨基］吡咯并［2，1-f］［1，2，4］三嗪-6-基］-氨基甲酸，顺式-4-氨基-4-甲基环己基酯，

［5-乙基-4-［［（1-苯基甲基）-1H-吲唑-5-基］氨基］吡咯并［2，1-f］［1，2，4］三嗪-6-基］-氨基甲酸，［（2R，4R）-4-（羟基-2-哌啶基］甲基酯，

［5-乙基-4-［［（1-苯基甲基）-1H-吲唑-5-基］氨基］吡咯并［2，1-f］［1，2，4］三嗪-6-基］-氨基甲酸，反式-4-（氨甲基）环己基酯，

［5-乙基-4-［［1-（2-噻吩基甲基）-1H-吲唑-5-基］氨基］吡咯并［2，1-f］［1，2，4］三嗪-6-基］-氨基甲酸，（3S）-3-吗啉基甲基酯，

［5-乙基-4-［［1-［（3-氟苯基）甲基］-1H-吲唑-5-基］氨基］吡咯并［2，1-f］［1，2，4］三嗪-6-基］-氨基甲酸，（3S）-3-吗啉基甲基酯，

［5-乙基-4-［［1-（4-噻唑基甲基）-1H-吲唑-5-基］氨基］吡咯并［2，1-f］［1，2，4］三嗪-6-基］-氨基甲酸，（3S）-3-吗啉基甲基酯，

［5-乙基-4-［［1-（3-噻吩基甲基）-1H-吲唑-5-基］氨基］吡咯并［2，1-f］［1，2，4］三嗪-6-基］-氨基甲酸，（3S）-3-吗啉基甲基酯，

［5-乙基-4-［［1-（2-吡啶基甲基）-1H-吲唑-5-基］氨基］吡咯并［2，1-f］［1，2，4］三嗪-6-基］-氨基甲酸，（3S）-3-吗啉基甲基酯，

［5-乙基-4-［［1-（2-噻唑基甲基）-1H-吲唑-5-基］氨基］吡咯并［2，1-f］［1，2，4］三嗪-6-基］-氨基甲酸，（3S）-3-吗啉基甲基酯，

［5-乙基-4-［［1-（3-吡啶基甲基）-1H-吲唑-5-基］氨基］吡咯并［2，1-f］［1，2，4］三嗪-6-基］-氨基甲酸，（3S）-3-吗啉基甲基酯，

［5-乙基-4-［［1-（吡嗪基甲基）-1H-吲唑-5-基］氨基］吡咯并［2，1-f］［1，2，4］三嗪-6-基］-氨基甲酸，（3S）-3-吗啉基甲基酯，

［4-［［1-（3-氟苯基）甲基］-1H-吲唑-5-基氨基］-5-甲基-吡咯并［2，1-f］［1，2，4］三嗪-6-基］-氨基甲酸，反式-4-氨基环己基酯，

［4-［［1-（3-氟苯基）甲基］-1H-吲唑-5-基氨基］-5-甲基-吡咯并［2，1-f］［1，2，4］三嗪-6-基］-氨基甲酸，（2R，4R）-2-（羟甲基）-4-哌啶基酯，

［4-［［1-（3-氟苯基）甲基］-1H-吲唑-5-基氨基］-5-甲基-吡咯并［2，1-f］［1，2，4］三嗪-6-基］-氨基甲酸，（2S，4S）-2-（羟甲基）-4-哌啶基酯，

［4-［［1-（3-氟苯基）甲基］-1H-吲唑-5-基氨基］-5-甲基-吡咯并［2，1-f］［1，2，4］三嗪-6-基］-氨基甲酸，顺式-4-氨基环己基酯，

［4-［［1-（3-氟苯基）甲基］-1H-吲唑-5-基氨基］-5-甲基-吡咯并［2，1-f］［1，2，4］三嗪-6-基］-氨基甲酸，顺式-4-氨基-4-甲基-环己基酯，

［4-［［1-（3-氟苯基）甲基］-1H-吲唑-5-基氨基］-5-甲基-吡咯并［2，1-f］［1，2，4］

三嗪-6-基］-氨基甲酸，（2R）-2-氨基丙基酯，

［4-［［1-（3-氟苯基）甲基］-1H-吲唑-5-基氨基］-5-甲基-吡咯并［2，1-f］［1，2，4］三嗪-6-基］-氨基甲酸，（2S）-2-氨基丙基酯，

［4-［［1-（3-氟苯基）甲基］-1H-吲唑-5-基氨基］-5-甲基-吡咯并［2，1-f］［1，2，4］三嗪-6-基］-氨基甲酸，（3S）-3-吗啉基甲基酯，

［4-［［1-（3-氟苯基）甲基］-1H-吲唑-5-基氨基］-5-甲基-吡咯并［2，1-f］［1，2，4］三嗪-6-基］-氨基甲酸，（3R）-3-哌啶基酯，

［4-［［1-（3-氟苯基）甲基］-1H-吲唑-5-基氨基］-5-甲基-吡咯并［2，1-f］［1，2，4］三嗪-6-基］-氨基甲酸，（3S）-3-哌啶基酯，

［4-［［1-（3-氟苯基）甲基］-1H-吲唑-5-基氨基］-5-甲基-吡咯并［2，1-f］［1，2，4］三嗪-6-基］-氨基甲酸，3-吗啉基甲基酯，和

［4-［［1-（3-氟苯基）甲基］-1H-吲唑-5-基氨基］-5-甲基-吡咯并［2，1-f］［1，2，4］三嗪-6-基］-氨基甲酸，（3R）-3-吗啉基甲基酯。

2. 药物组合物，包括权利要求1的化合物和药学可接受的载体。

3. 权利要求1的化合物在制备用于治疗增殖疾病的药物中的用途。

4. 权利要求3的用途，其中增殖疾病选自癌症，牛皮癣和类风湿性关节炎。

5. 权利要求4的用途，其中增殖疾病是癌症。

6. 权利要求1的化合物在制备用于调节受体酪氨酸激酶活性的药物中的用途。

7. 权利要求6的用途，其中所述受体酪氨酸激酶选自HER1，HER2和HER4。

8. 权利要求1的化合物在制备用于治疗与通过生长因子受体运行的信号转导途径有关的疾病的药物中的用途。"

另外，请求人再次提交了附件1，还同时提交了附件2，附件2如下：

附件2：Ashvin Gavai，"Pyrrolo［2，1-f］［1，2，4］-triazine-based Dual Inhibitors of HER1 and HER2 Protein Tyrosine Kinases"，Pacifichem 2005，2005年12月19日，幻灯片打印材料共20页。

请求人认为：（1）对比文件1没有教导本领域技术人员从对比文件1宽泛的一般性公开中选择本申请要求保护的化合物。（2）本申请要求保护的43种具体化合物与对比文件1的实施例化合物71相比具有意想不到的、优异的生物活性，在相同实验条件下，本申请的化合物95对HER2的活性是对比文件1化合物的16倍以上，本申请的化合物156对HER1的活性是对比文件1化合物的20倍以上（参见表1），该结果与本申请说明书第8页第30行和第20页第30~31行的记载完全一致。（3）本申请要求保护的化合物具有低的消极副作用，优选化合物中的HERG试验中的IC_{50}值大于1μM（参见说明书第8页倒数第1行至第9页第2行，第21页第6行）。（4）本申请要求保护的化合物具有良好的药理学特性和抗肿瘤活性以及优良的药代动力学特性，化合物157在各种移植肿瘤模型中能够有效抑制肿瘤生长，其中肿瘤移植模型包括唾液腺、结肠、乳腺、胃和非小细胞肺癌肿瘤模型（参见附件1），该化合物在狗的生物利用度为49%，在猴的生物利用度为31%，其半衰期适合一天一次或二次给药（参见附件2）。因此，本申请相对于对比文件1具有创造性。

至此，合议组认为本案事实已经清楚，可以作出审查决定。

二、决定的理由

1. 关于审查文本

复审阶段中，请求人于2009年6月10日提交了修改的权利要求书，经审查，上述修改仅涉及权利要求和技术方案的删除，符合专利法第33条和专利法实施细则第60条第1款的规定。

因此，本复审请求审查决定所针对的文本是：请求人于2009年6月10日提交的权利要求第1~8项，2006年12月19日提交的说明书第15~16页，进入中国国家阶段时提交的国际申请文件中文文本的说明书第1~14、17~69页和说明书摘要。

2. 关于专利法第22条第3款

专利法第22条第3款规定，发明的创造性，是指同申请日以前已有的技术相比，该发明有突出的实质性特点和显著的进步。

如果发明的技术方案与最接近的现有技术相比存在区别特征，但是现有技术中给出了采用该区别特征来解决该发明所实际解决的技术问题的技术启示，并且该区别特征的引入也没有产生预料不到的技术效果，则该发明不具备创造性。

就本申请而言，权利要求1要求保护一种化合物，其选自［5-乙基-4-［［(1-苯基甲基) -1H-吲唑-5-基］氨基］吡咯并［2，1-f］［1，2，4］三嗪-6-基］-氨基甲酸，(3S) -3-吗啉基甲基酯（下称化合物1）等43种具体化合物，根据说明书的描述，所述化合物用于抑制生长因子受体如HER-1、HER-2和HER-4的酪氨酸激酶活性。

对比文件1公开了能够抑制生长因子受体如HER-1、HER-2的酪氨酸激酶活性的化合物（参见该对比文件说明书的实施例30、71、91）。其中，实施例71的化合物为：5-甲基-4-［［1-（苯基甲基）-1H-吲唑-5-基］氨基］吡咯并［2，1-f］［1，2，4］三嗪-6-甲酸甲酯。

将权利要求1中的化合物1与对比文件1实施例71中的化合物相比，其区别仅在于吡咯并［2，1-f］［1，2，4］三嗪的6-位和5-位取代基不同，化合物1的6-位取代基为（3S）-3-吗啉基甲氧基羰基氨基，5-位取代基为乙基，而对比文件1的化合物6-位上的取代基为甲氧基羰基，5-位上的取代基为甲基。

结合本申请说明书中对化合物用途进行测试的结果来看（说明书第13页第19行至第21页第6行），化合物1相对于对比文件1实施例71中的化合物实际解决的技术问题是提供另一种具有抑制生长因子受体的酪氨酸激酶活性的吡咯并［2，1-f］［1，2，4］三嗪类化合物。然而，对比文件1的权利要求1披露了吡咯并［2，1-f］［1，2，4］三嗪的5-位可以是烷基（实施例83~94甚至公开其为乙基），6-位取代基为$-X-R^2$，其中X可以为$NR^{14}CO_2$，R^2为氢、烷基、取代的烷基、芳基、取代的芳基、杂环、取代的杂环、芳烷基等，R14选自氢、烷基等；并且，在该对比文件实施例的化合物中，上述的$-X-R^2$可以是4-甲基哌嗪基羰基（实施例21）、(1-吡咯烷基) 乙基氨基羰基（实施例22、98~99）、苯甲氧基羰基氨基（实施例86、108）、三唑基丙基氨基羰基（实施例128）、(4-吗啉基) 丙基氨基羰基（实施例129、132~133）等，所述化合物抑制HER-1和HER-2激酶的IC_{50}值为0.003~25μM（参见对比文件1的说明书第15页第24~25行）。由此可见，对比文件1化合物中的吡咯并［2，1-f］［1，2，4］三嗪的5-位和6-位取代基可以进行多种基团替换，且替换后的化合物仍具有抑制HER-1和HER-2激酶的活性，因此，本领域技术人员在对比文件1的基础上对吡咯并［2，1-f］［1，2，4］三嗪的5-位和6-位取代基进行基团替换从而得到权利要求1的化合物1是显而易见的，而且，说明书中也没有证据证明这种基团替换给化合物1带来了预料不到的技术效果，故权利要求1的化合物1相对于对比文件1不具备突出的实质性特点和显著的进步，不符合专利法第22条第3款有关创造性的规定。同理，权利要求1中的化合物2~23也不具备创造性。

权利要求1中的化合物24~43对吲唑环上的取代基进行了替换（将化合物1中的苯基替换成噻吩基等杂芳环或者3-氟苯基），由于本申请说明书中未提供证据证明吲唑环上的这种基团替换产生了预料不到的效果，并且这种简单的基团替换对于本领域技术人员而言是不需要付出创造性劳动的，因此，化合物24~43相对于对比文件1也不具备创造性，不符合专利法第22条第3款的规定。

权利要求 2 要求保护包含权利要求 1 的药物组合物，其创造性完全依赖于权利要求 1 的化合物，在权利要求 1 相对于对比文件 1 不具备创造性的情况下，权利要求 2 也不具备创造性。

权利要求 3 要求保护权利要求 1 的化合物在制备用于治疗增殖疾病的药物中的用途，权利要求 6 要求保护权利要求 1 的化合物在制备用于调节受体酪氨酸激酶活性的药物中的用途，权利要求 8 要求保护权利要求 1 的化合物在制备用于治疗与通过生长因子受体运行的信号转导途径有关的疾病的药物中的用途。对比文件 1 已经公开了类似结构的化合物可以抑制生长因子受体如 HER-1、HER-2 的酪氨酸激酶活性，可以单独或者与至少一种以固定剂量配制的其他抗癌药剂或细胞毒素药剂联合使用以治疗增殖性疾病（如癌症），可以用于治疗与通过生长因子受体操作的信号转导途径有关的疾病（参见说明书第 10~13 页），因此，当其引用的权利要求 1 不具备创造性时，上述权利要求也不具备创造性，不符合专利法第 22 条第 3 款的规定。

权利要求 4~5 对权利要求 3 的用途作了进一步限定，但其附加技术特征已经在对比文件 1 中公开（参见说明书第 12 页第 9~14 行），当其引用的权利要求 3 不具备创造性时，权利要求 4~5 也不具备创造性。权利要求 7 对权利要求 6 的用途作了进一步限定，而对比文件 1 中已经公开了受体酪氨酸激酶选自 HER-1、HER-2，当其引用的权利要求 6 不具备创造性时，权利要求 7 也不具备创造性，不符合专利法第 22 条第 3 款的规定。

请求人在复审理由中认为，本申请优选的化合物具有 0.001~5.0μM 的 IC_{50}值，而对比文件 1 的化合物抑制 HER1 和 HER2 激酶的 IC_{50}值为 0.003~25μM 的宽泛范围，可见本申请化合物的抑制效果比对比文件 1 的化合物更优越。合议组认为，本申请说明书中的 IC_{50}值是一范围，并没有给出具体化合物的 IC_{50}值，而且上述范围值与对比文件 1 的 IC_{50}值有重叠，单凭范围的宽窄并不能证明本申请的化合物优于对比文件 1 的化合物。

另外，对于请求人在答复《第二次审查意见通知书》时所提交的实验数据以及附件 1，合议组认为：（1）对比实验效果证据必须针对原申请文件中明确记载且给出了相应实验数据的技术效果，而权利要求 1 中的化合物 43（即附件 1 中的化合物 BMS-599626）抑制 HER1 和 HER2 的具体 IC_{50}值在原始申请文件中没有记载，且该附件的公开日在本申请的申请日之后，故不能认为化合物 43 的上述 IC_{50}值是请求人在申请日时就已经完成得到的实验结果，因此，其与式 I 化合物所作的对比实验不能接受。（2）即使原申请文件中记载了化合物 43 的具体 IC_{50}值，在请求人为克服不具有创造性的缺陷而补交对比实验效果数据时，也应当仅限于对比文件 1 中所述化合物的对比实验效果数据，二者应在相同的实验条件下进行客观地比较。（3）本申请的优选化合物具有 0.001~5.0μM 的 IC_{50}值，而请求人提供的对比文件 1 的式 I 化合物抑制 HER1 的 IC_{50}为 0.19，本申请权利要求 1 的化合物 43 的 IC_{50}值是 0.022，三者进行对比可见，一方面，对比文件 1 中的化合物甚至优于本申请的某些优选化合物，由此无法证明本申请化合物相对于对比文件 1 具备创造性；另一方面，相对于本申请的优选化合物而言，化合物 43 是其中更为优选的，这一信息在原申请说明书中从未暗示和教导过，因此，附件 1 用来证明的是原申请文件中未曾教导的技术效果，不能被接受。

请求人在答复《复审通知书》时认为：（1）由表 1 的实验结果可知，本申请要求保护的化合物与对比文件 1 化合物相比具有意想不到的技术效果，该结果与本申请说明书的记载相一致。（2）本申请要求保护的化合物具有低的消极副作用，优选化合物中的 HERG 试验中的 IC_{50}值大于 1μM。（3）本申请要求保护的化合物（如化合物 157）具有良好的药理学特性和抗肿瘤活性以及优良的药代动力学特性（参见附件 1 和 2）。对此，合议组认为：表 1 所记载的 IC_{50}值以及化合物 157 的良好的药理学特性、抗肿瘤活性和药代动力学特性，在原申请文件中并没有记载，且附件 1 和 2 也不是现有技术，基于上文所述相同的理由，该实验数据同样不能接受。而对于本申请化合物的消极副作用，由于说明书中没有记载 HERG 试验中的具体 IC_{50}值，因此无法与对比文件 1 的化合物进行对比，更不能证明获得了意想不到的技术效果。故对于请求人的上述主张合议组不予支持。

根据上述事实和理由，合议组作出如下审查决定。

三、决定

维持国家知识产权局于 2007 年 8 月 10 日对 200380105906. X 号发明专利申请作出的驳回决定。

复审请求人对本决定不服的，可以根据专利法第 41 条第 2 款的规定，自收到本决定之日起三个月内向北京市第一中级人民法院起诉。

140

罩面涂层无填充物聚乙烯醇复配彩色涂层油画布及其生产工艺

复审请求审查决定（第18766号）

决　定　号　第18766号
决　定　日　2009年8月14日
发明创造名称　罩面涂层无填充物聚乙烯醇复配彩色涂层油画布及其生产工艺
国际分类号　D06N3/04，B44D 2/00
复审请求人　宋健、宋奇、宋磊
申　请　号　200610085902.5
申　请　日　2006年5月28日
公　开　日　2006年11月15日
合议组组长　刘　静
主　审　员　顾笑璐
参　审　员　潘　剑

法律依据　专利法第26条第3款
决定要点

如果所属技术领域的技术人员根据说明书记载的内容并结合本领域的普通技术知识，即使在说明书未明确给出所用原料的商品型号的情况下，也能够实现发明的技术方案，并且能够预期产生的技术效果相同，则说明书满足了充分公开的要求。

一、案由

本复审请求案涉及发明名称为“罩面涂层无填充物聚乙烯醇复配彩色涂层油画布及其生产工艺”的200610085902.5号发明专利申请（下称本申请），申请人为宋健，宋奇，宋磊，申请日为2006年5月28日，公开日为2006年11月15日。

国家知识产权局原审查部门对本申请进行实质审查，于2007年6月29日发出《第一次审查意见通知书》，指出：①由于配方成分中包括多种“乳液”、“溶液”和水，其中涉及的“乳液”、“溶液”中水份额无法确定，“总量水的一半”和“另一半水”也无法确定，本领域技术人员无法根据说明书的描述实现本申请，因此本申请说明书不符合专利法第26条第3款的规定；②权利要求1和4中所述“乙酸乙烯-乙烯共聚物”、“纯丙烯酸酯共聚物”术语不清楚，不符合专利法实施细则第20条第1款的规定；③说明书不符合专利法实施细则第18条的规定。

针对《第一次审查意见通知书》，申请人于2007年10月8日提交了权利要求书第1~3页、说明书第1~7页和说明书摘要的修改替换页，将权利要求1、4及说明书中的“乙酸乙烯-乙烯共聚物”修改为“乙烯-乙酸乙烯酯共聚物”、“纯丙烯酸酯共聚物乳液”修改为“丙烯酸酯共聚物乳液”，将权利要求4及说明书中的“总量水的一半”修改为“水的一半”、“纯丙烯聚乙烯醇溶液”修改为“丙烯酸酯共聚物乳液”。申请人认为：配方中所包括的“聚乙烯醇溶液”和多种“乳液”均为市售商品，它们都作为配方单元按比例直接加入，水也是按比例加入。

国家知识产权局原审查部门于2008年2月15日发出《第二次审查意见通知书》，指出：①市售商品包括多种形式的比例，而本申请中没有给出任何所使用的商品型号，因而本申请说明书仍不符合专利法第26条第3款；②申请人将权利要求4和对应的说明书中的“纯丙烯聚乙烯醇溶液”、“总量水的一半”修改为“丙烯酸酯共聚物乳液”、“水的一半”，上述修改超出了原说明书和权利要求记载的范围，不符合专利法第33条的规定。

针对《第二次审查意见通知书》，申请人于2008年4月11日提交了权利要求书第1~3页、说明书第1~7页和说明书摘要的修改替换页，将“水的一半”修改回“总量水的一半”并提交了意见陈述书及标签和发票的复印件供参考，申请人认为：①配方中所包括的“聚乙烯醇溶液”和多种“乳液”均为市售商品，是作为单元直接加入配方中，其规格为常用，国内厂家通常不表明规格、浓度，对常规使用的“乳液”无特别要求，按本申请中提供的配方可直接用于生产；②申请文件中“纯丙烯聚乙烯醇溶液”为打印错误，实际就是纯丙烯酸酯共聚物乳液。

2008年7月11日，针对申请人于2008年4月11日提交的权利要求第1~4项、说明书第1~7页和说明书摘要，国家知识产权局以本申请说明书不符合专利法第26条第3款的规定为由驳回了本申请。

驳回决定认为：本申请所述配方成分包括多种“乳液”、“溶液”以及“水”，在本领域中，“乳液”的分散相是“水”，所述“聚乙烯醇溶液”的溶剂也是水，而本申请限定了乳液和溶液的份额，又限定了乳液和溶液以外的“水”的份额，乳液和溶液中的水份额无法确定，本领域技术人员无法根据说明书的描述实现本发明，因此，本申请说明书不符合专利法第26条第3款的规定；此外，针对申请人的意见陈述，驳回决定认为：市售产品中包括多种形式的比例，在本申请中没有给出任何所使用的商品型号；并且申请人提供了所用乳液和溶液的标签和发票的复印件，但本申请中没有出现过任何有关所用产品型号的描述，申请人所提出的解释与证据都不足以采纳。

驳回决定针对的权利要求1如下：

“1. 一种罩面涂层无填充物聚乙烯醇复配彩色涂层油画布，其特征是其组分配比以重量百分数计：

（1）底涂涂层料：聚乙烯醇溶液为：10%~25%、苯乙烯-丙烯酸酯共聚物乳液或丙烯酸酯共聚物乳液为：5%~20%、乙烯-乙酸乙烯酯共聚物乳液为：5%~15%、颜料浆为：0.05%~8%、钛白粉为：4%~10%、立德粉为：8%~15%、碳酸钙为：15%~30%、滑石粉为：10%~20%、乙醇为：0.01%~0.5%、六偏磷酸钠为：0.01%~0.5%、聚丙烯酸钠为：0.01%~0.5%、苯甲酸钠为：0.01%~0.5%、羟丙基纤维素为：0.05%~2%、甘油为：0.01%~0.5%、乳化蜡为：0.01%~1%、水为：10%~20%；

（2）中间涂层涂层料：聚乙烯醇溶液为：10%~25%、苯乙烯-丙烯酸酯共聚物乳液或丙烯酸酯共聚物乳液为：5%~15%、乙烯-乙酸乙烯酯共聚物乳液为：5%~15%、颜料浆为：0.05%~8%、钛白粉为：4%~10%、立德粉为：8%~15%、碳酸钙为：15%~30%、滑石粉为：5%~10%、乙醇为：0.01%~0.5%、六偏磷酸钠为：0.01%~0.5%、聚丙烯酸钠为：0.01%~0.5%、苯甲酸钠为：0.01%~0.5%、羟丙基纤维素为：0.05%~2%、甘油为：0.01%~0.5%、水为：15%~30%；

（3）罩面涂层涂层料：取聚乙烯醇溶液为：25%~45%、丙烯酸酯共聚物乳液为：20%~40%、乙烯-乙酸乙烯酯共聚物乳液为：10%~20%、颜料浆为：0.01%~5%、甘油为：0.01%~0.5%、苯甲酸钠为：0.01%~0.5%、乳化蜡为：0.01%~1.0%、水为：15%~30%；

采用在基底布上涂布底涂层，经烘干；再涂布一至三层的中间涂层，再经烘干；最后再涂布一至二层罩面涂层，烘干为成品。"

2008年10月9日，申请人宋健、宋奇、宋磊（下称请求人）对上述驳回决定不服，向专利复审委员会提出复审请求，请求人在提出复审请求时没有对申请文件进行修改。

请求人认为：①申请文件中涉及的多种组分均为国内常规生产的产品，生产厂家极多、供应充裕，所购到的商品浓度相近。故本申请能够实施，达到相同效果，尤其对本行业来讲，无特殊精细要求，故申请文件中无需特别规定乳液、溶液中的水的份额；②申请文件组分中规定的水与乳液、溶液中的水在实施中无关；③所有水均在实施过程中通过加热蒸发干燥去除，最终产品是均匀涂布在底布上制成的油画布，不会导致本申请无法实施。

经形式审查合格后，专利复审委员会受理了该请求，并于2008年12月5日向请求人发出了《复审请求受理通知书》，同时将本申请转送至国家知识产权局原审查部门进行前置审查。

在《前置审查意见书》中，国家知识产权局原审查部门认为基于与驳回决定相同的理由，本申请说明书不符合专利法第26条第3款的规定，因此坚持驳回决定。

专利复审委员会组成合议组，对本复审请求案进行了审理。

2009年6月15日，请求人提交了权利要求第1~4项、说明书第1~7页以及说明书摘要的修改替换页，其中在修改替换页中，将驳回决定所针对的权利要求书、说明书以及说明书摘要中的"丙烯酸酯共聚物乳液"修改为"纯丙烯酸酯共聚物乳液"。同时，请求人还提供了关于苯乙烯-乙酸乙烯共聚物乳液（EVA）、苯乙烯-丙烯酸酯共聚物乳液（苯丙乳液）、纯丙烯酸酯共聚物乳液（纯丙乳液）和聚乙烯醇溶液（文具胶水）的产品信息（复印件，内容包括生产厂家、联系电话、产品浓度）。修改后的权利要求1如下：

"1. 一种罩面涂层无填充物聚乙烯醇复配彩色涂层油画布，其特征是其组分配比以重量百分数计：

（1）底涂涂层料：聚乙烯醇溶液为：10%~25%、苯乙烯-丙烯酸酯共聚物乳液或纯丙烯酸酯共聚物乳液为：5%~20%、乙烯-乙酸乙烯酯共聚物乳液为：5%~15%、颜料浆为：0.05%~8%、钛白粉为：4%~10%、立德粉为：8%~15%、碳酸钙为：15%~30%、滑石粉为：10%~20%、乙醇为：0.01%~0.5%、六偏磷酸钠为：0.01%~0.5%、聚丙烯酸钠为：0.01%~0.5%、苯甲酸钠为：0.01%~0.5%、羟丙基纤维素为：0.05%~2%、甘油为：0.01%~0.5%、乳化蜡为：0.01%~1%、水为：10%~20%；

（2）中间涂层涂层料：聚乙烯醇溶液为：10%~25%、苯乙烯-丙烯酸酯共聚物乳液或纯丙烯酸酯共聚物乳液为：5%~15%、乙烯-乙酸乙烯酯共聚物乳液为：5%~15%、颜料浆为：0.05%~8%、钛白粉为：4%~10%、立德粉为：8%~15%、碳酸钙为：15%~30%、滑石粉为：5%~10%、乙醇为：0.01%~0.5%、六偏磷酸钠为：0.01%~0.5%、聚丙烯酸钠为：0.01%~0.5%、苯甲酸钠为：0.01%~0.5%、羟丙基纤维素为：0.05%~2%、甘油为：0.01%~0.5%、水为：15%~30%；

（3）罩面涂层涂层料：取聚乙烯醇溶液为：25%~45%、纯丙烯酸酯共聚物乳液为：20%~40%、乙烯-乙酸乙烯酯共聚物乳液为：10%~20%、颜料浆为：0.01%~5%、甘油为：0.01%~0.5%、苯甲酸钠为：0.01%~0.5%、乳化蜡为：0.01%~1.0%、水为：15%~30%；

采用在基底布上涂布底涂层，经烘干；再涂布一至三层的中间涂层，再经烘干；最后再涂布一至二层罩面涂层，烘干为成品。"

经合议，合议组认为本案事实已经清楚，可以作出审查决定。

二、决定的理由

1. 关于文本

经审查，合议组认为，请求人于2009年6月15日提交的权利要求书和说明书中所作的修改符合专利法实施细则第60条第1款的规定。

本复审请求审查决定针对的文本是：请求人于2009年6月15日提交的权利要求第1~4项、说明书第1~7页和说明书摘要。

2. 关于专利法第33条

专利法第33条规定：申请人可以对其专利申请文件进行修改，但是，对发明和实用新型专利申请文件的修改不得超出原说明书和权利要求书记载的范围。

如果申请修改的内容在原申请文件中有记载，或能从原申请记载的内容中直接地、毫无疑义地确定，则这种修改未超出原始申请文件记载的范围。

(1) 就本申请而言，请求人在复审阶段的修改仅在于将驳回文本中的“丙烯酸酯共聚物乳液”修改为“纯丙烯酸酯共聚物乳液”，与申请日提交的申请文件表述一致，因此上述修改符合专利法第33条的规定。经核实，“纯丙烯酸酯共聚物乳液”是涂料行业常用的纯丙乳液的全称，因此“纯丙烯酸酯共聚物乳液”这一术语本身是清楚、规范的。

(2)《第二次审查意见通知书》曾指出，请求人将权利要求4及对应的说明书中的“纯丙烯聚乙烯醇乳液”修改为“丙烯酸酯共聚物乳液”不符合专利法第33条的规定。复审文本中，上述相应内容已修改为“纯丙烯酸酯共聚物乳液”，合议组认为上述修改符合专利法第33条的规定，理由如下：

首先，“纯丙烯聚乙烯醇乳液”这一物质在现有技术中并不存在，本领域技术人员可以看出该处存在明显错误；

其次，由于原权利要求1、4以及说明书第2页第3段、第3页第3段中描述罩面涂层涂层料的各组成成分时均指出其中包括纯丙烯酸酯共聚物乳液，但在具体制备步骤中在其他各组成成分均有相应描述的情况下均未涉及“纯丙烯酸酯共聚物乳液”这一技术特征，而是记载了各组成成分中未提及的“纯丙烯聚乙烯醇溶液”，因而本领域技术人员由上下文内容可以直接地、毫无疑义地确定原申请文件权利要求4及说明书相应部分出现的明显错误“纯丙烯聚乙烯醇溶液”实际上应为“纯丙烯酸酯共聚物乳液”，因而权利要求4以及说明书相应部分的修改符合专利法第33条的规定。

3. 关于专利法第26条第3款

专利法第26条第3款规定，说明书应当对发明或者实用新型作出清楚、完整的说明，以所属技术领域的技术人员能够实现为准。

如果所属技术领域的技术人员根据说明书记载的内容并结合本领域的普通技术知识，即使在说明书未明确给出所用原料的商品型号的情况下，也能够实现发明的技术方案，并且能够预期产生的技术效果相同，则说明书满足了充分公开的要求。

就本申请而言，权利要求1要求保护一种罩面涂层无填充物聚乙烯醇复配彩色涂层油画布（具体技术特征参见案由部分）。权利要求2~3为权利要求1的从属权利要求。权利要求4要求保护一种按权利要求1所述的罩面涂层无填充物聚乙烯醇复配彩色涂层油画布的生产工艺。

驳回决定认为：①本申请所述配方成分包括多种“乳液”、“溶液”以及“水”，在本领域中，“乳液”的分散相是“水”，所述“聚乙烯醇溶液”的溶剂也是水，而本申请限定了乳液和溶液的份额，又限定了乳液和溶液以外的“水”的份额，乳液和溶液中的水份额无法确定，本领域技术人员无法根据说明书的描述实现本发明；②市售产品中包括多种形式的比例，在本申请中没有给出任何所使用的商品型号；申请人虽提供了所用乳液和溶液的标签和发票的复印件，但本申请中没有出现过任何有关所用产品型号的描述。

请求人认为：①申请文件中涉及的多种组分均为国内常规生产的产品，生产厂家极多、供应充裕，所购到的商品浓度相近。故本申请能够实施，达到相同效果，尤其对本行业来讲，无特殊精细要求，故申请文件中无需特别规定乳液、溶液中的水的份额；②申请文件组分中规定的水与乳液、溶液中的水在实施中无关；③所有水均在实施过程中通过加热蒸发干燥去除，最终产品是均匀涂布在底布上制成的油画布，不会导致本申请无法实施。

因而，判断本申请说明书是否充分公开，其焦点在于：①配方成分中分别限定了乳液与溶液的份额与水的份额，是否导致本领域技术人员无法实现本发明；②本申请中未给出所使用的各乳液和溶液的商品型号，由于市售产品包括多种形式的比例，是否导致本领域技术人员在实施本申请的技术方案过程中不能实现预期的技术效果。

针对焦点①，首先，说明书中详细描述了用于制备罩面涂层无填充物聚乙烯醇复配彩色涂层油画布的原材料以及制备工艺，并且在说明书最后一段中指出——“本发明使用的原材料为市场所购，设备采用常规设备”。其次，本领域技术人员均已知晓，聚乙烯醇溶液、苯乙烯-丙烯酸酯共聚物乳液或纯丙烯酸酯共聚物乳液、乙酸乙烯-乙烯共聚物乳液等是已知的常用涂层料组分，均可商购获得，因此，本申请并不是提供一种新的乳液、溶液，而是将这些已知的溶液、乳液进行复配。再次，在涂布画布时仅需将上述市售的溶液、乳液等组分按照其重量百分比直接用于配制涂层料即可，并不需要对其进行进一步的提纯或分析，也就是说，是否知晓上述溶液或乳液中水的含量与本申请是否充分公开没有必然关系。本领域技术人员在实施本申请的技术方案时，自然会将上述溶液和乳液以及用于湿润填料和溶胀羟丙基纤维素辅料的水直接按照配比量加入到涂层料中，并进行简单的涂布、干燥后制备得到本申请的油画布。最后，根据权利要求书以及说明书中的描述，本领域技术人员可以理解本申请各配方中“水”的份额是指除各种溶液、乳液中的水以外需要添加的水的量，其本身也是清楚的。由此可见，本申请的底涂涂层料、中间涂层涂层料、罩面涂层涂层料配方中各种乳液和溶液的份额以及水的份额是清楚明确的，本领域技术人员完全能够依据说明书的描述实现本发明，解决其技术问题，并获得预期的技术效果。

对于焦点②，虽然本申请说明书中没有记载上述聚乙烯醇溶液（美术涂层胶）、苯乙烯-丙烯酸酯共聚物乳液（苯丙乳液）、纯丙烯酸酯共聚物乳液（纯丙乳液）、乙烯-乙酸乙烯酯共聚物乳液所使用的商品型号，但上述溶液和乳液均是常规的市售产品，浓度相近，例如纯丙烯酸酯共聚物乳液或苯乙烯-丙烯酸酯共聚物乳液的浓度在所有厂家基本上都是50±2%（固含量），乙烯-乙酸乙烯酯共聚物乳液的浓度为55%~60%（固含量），聚乙烯醇溶液的浓度为8%~15%（固含量）之内。因此虽然厂家的型号、商品名可能不相同，但浓度基本相同，且本行业无特殊精细要求，例如如果使用浓度较低的乳液时，可以通过多次涂布等方法使得干燥后的油画布达到预定的涂层厚度。另外，在本领域中，使用溶液或乳液或者在具体配制中使用水，仅仅是为了方便各原料的调配以及在实际施用中方便涂布并且使涂布后获得的涂层性能均一而已。在实施本申请的技术方案的过程中各涂层均进行烘干这一工艺步骤，因而最终的产品，即油画布中几乎不含水分，因而原材料中所含水分的微小差别不影响本申请的预期技术效果。综上所述，在说明书中没有记载所用溶液和乳液的商品型号、浓度等信息的情况下也不会导致说明书公开不充分。

根据上述事实和理由，合议组作出如下审查决定。

三、决定

撤销国家知识产权局于 2008 年 7 月 11 日针对第 200610085902.5 号发明专利申请作出的驳回决定，由国家知识产权局原审查部门以本复审请求审查决定所针对的文本为基础继续审批程序。

复审请求人对本决定不服的，可以根据专利法第 41 条第 2 款的规定，自收到本决定之日起三个月内向北京市第一中级人民法院起诉。

141

改进热塑性聚合物的消光度的无机填料

复审请求审查决定（第18769号）

决　　定　　号　第18769号
决　　定　　日　2009年8月19日
发明创造名称　改进热塑性聚合物的消光度的无机填料
国 际 分 类 号　C08K 3/00，B05D 1/14，C08L 77/00
复 审 请 求 人　罗狄亚特性纤维公司
申　　请　　号　200480020703.5
优 先 权 日　2003年7月3日
申　　请　　日　2004年6月30日
公　　开　　日　2006年8月30日
合 议 组 组 长　汪送来
主　　审　　员　王晓东
参　　审　　员　黄　强

法 律 依 据　专利法第22条第3款
决 定 要 点

当要求保护的技术方案相对于最接近的对比文件存在区别技术特征时，如果该区别技术特征是所属领域技术人员通过常规实验手段就能够确定的内容，且该区别技术特征也没有为技术方案带来预料不到的技术效果，则要求保护的技术方案不具备创造性。

一、案由

本复审请求案涉及发明名称为“改进热塑性聚合物的消光度的无机填料”的第200480020703.5号发明专利申请（下称本申请），申请人为罗狄亚特性纤维公司，申请日为2004年6月30日，优先权日为2003年7月3日，公开日为2006年8月30日。

2008年3月7日，针对申请人于2008年2月13日提交的权利要求第1~16项、2006年1月17日进入中国国家阶段时提交的国际申请文件中文译文的说明书第1~14页以及说明书摘要（下称驳回文本），国家知识产权局以权利要求1~7、9~11不具备新颖性，权利要求8不具备创造性为由驳回了本申请。驳回决定针对的权利要求书如下：

“1. 相比于包含相等量的单一无机填料的相同的热塑性聚合物组合物，无机填料的组合作为在热塑性聚合物组合物中的添加剂用以改进其消光度的用途，该组合包括至少两种选自硫化锌、二氧化钛、硫酸钡、二氧化硅、氧化铝、高岭土、碳酸钙、硫酸钙和消光粘土中的无机填料。

2. 权利要求 1 的用途，其特征在于，该组合包括至少两种选自硫化锌、二氧化钛、硫酸钡和二氧化硅中的无机填料。

3. 前述任何一项权利要求的用途，其特征在于该组合物包括两种无机填料。

4. 前述任何一项权利要求的用途，其特征在于无机填料的组合选自包括硫化锌和二氧化钛、硫化锌和硫酸钡、硫化锌和二氧化硅的组合以及包括二氧化钛和二氧化硅的那些组合。

5. 前述任何一项权利要求的用途，其中无机填料的组合包括二氧化钛和硫化锌。

6. 前述任何一项权利要求的用途，其中相对于聚合物组合物的总重量，无机填料的组合的重量比例大于 1.5% 重量。

7. 前述任何一项权利要求的用途，其中相对于聚合物组合物的总重量，无机填料的组合的重量比例小于 10% 重量。

8. 前述任何一项权利要求的用途，其中无机填料以从 1：99 到 99：1 的重量比例存在于二元组合中。

9. 前述任何一项权利要求的用途，其中组成聚合物组合物的热塑性基体的热塑性聚合物选自：聚内酯，聚氨酯，聚碳酸酯，聚砜，聚醚，聚酮，聚酰胺，聚酯，聚（亚芳基氧），聚（亚芳基硫醚），聚醚酰亚胺，乙烯基聚合物及其共聚物，乙烯-乙酸乙烯酯共聚物，丙烯酸类聚合物及其共聚物，聚丙烯酸酯及其共聚物，聚烯烃，离聚物，聚（表氯醇），聚（氨酯），聚砜，呋喃树脂，纤维素酯塑料，有机硅和至少两种上述聚合物的共混物。

10. 前述任何一项权利要求的用途，其中组成聚合物组合物的热塑性基体的热塑性聚合物基于聚酰胺。

11. 前述任何一项权利要求的用途，其中组成聚合物的组合物的热塑性基体的热塑性聚合物是选自下述的聚酰胺：聚酰胺 6、聚酰胺 6，6、聚酰胺 11、聚酰胺 12、聚酰胺 4、聚酰胺 4，6、6，10、6，12、6，36 和 12，12 和由对苯二甲酸和/或间苯二甲酸获得的半芳族聚酰胺。

12. 一种热塑性聚合物组合物，它包括相对于聚合物组合物总重量为大于 2% 重量且小于 4% 重量的无机填料组合，其特征在于，该组合包括至少两种选自硫化锌、二氧化钛、二氧化硅、氧化铝、高岭土、碳酸钙、硫酸钙和消光粘土中的无机填料，但排除具有含二氧化钛和硫化锌的二元组合的聚酯基体的聚合物组合物。

13. 权利要求 12 的组合物，其特征在于它包括选自 ZnS/TiO_2、ZnS/SiO_2、$ZnS/SiO_2/TiO_2$ 和 TiO_2/SiO_2 中的无机填料组合，但排除具有含二氧化钛和硫化锌的二元组合的聚酯基体的聚合物组合物。

14. 由一种或多种权利要求 12 或 13 的组合物获得的制品。

15. 权利要求 14 的制品，其为纱、纤维或长丝的形式。

16. 高消光度的植绒表面，它包括一种或多种权利要求 14 和 15 任何一项中定义的制品。”

驳回决定认为：权利要求 1~7、9~11 要求保护无机填料组合作为添加剂改进消光度的用途。对比文件 1（WO0202696A1，公开日为 2002 年 1 月 10 日）中已经公开了一种基于聚酰胺的热塑性组合物，其中提到可以含有二氧化钛/硫化锌的混合物作为消光剂，并且消光剂在组合物中的用量可以为例如 0.2wt% ~0.5 wt%，0.5wt% ~1 wt% 和 1wt% ~2 wt%（参见权利要求书及说明书第 4 页第 30 行至第 5 页第 5 行），由此可见，对比文件 1 公开了权利要求 1~7、9~11 的全部技术特征，且技术领域相同，产生的技术效果相同，因此上述权利要求不具备专利法第 22 条第 2 款规定的新颖性。权利要求 8 进一步限定了混合消光剂中二氧化钛和硫化锌的比例，但是该比例是常用规格，并没有带来预料不到的改进，对于所属领域技术人员来说是显而易见的，因此不具备专利法第 22 条第 3 款规定的创造性。

2008年6月23日，申请人罗狄亚特性纤维公司（下称请求人）对上述驳回决定不服，向专利复审委员会提出复审请求，请求人在提出复审请求时没有对申请文件进行修改。

请求人认为：(1) 对比文件1中含有消光剂或消光剂混合物的组合物相比于不包含任何消光剂的组合物具有改进的消光度，但是没有描述或教导使用消光剂的组合来获得比单独使用同等量的一种消光剂更好的消光度，也没有描述其具有协同效果以及其他的优点，因此本发明具有新颖性和创造性。(2) 本申请在法国、欧洲、印度台湾等国家和地区已经获得授权。

经形式审查合格后，专利复审委员会受理了该请求，并于2008年7月18日向请求人发出了《复审请求受理通知书》，同时将本申请转送至国家知识产权局原审查部门进行前置审查。

在《前置审查意见书》中，国家知识产权局原审查部门坚持驳回决定。

专利复审委员会组成合议组，对本复审请求案进行了审理，并于2009年5月26日发出了《复审通知书》。

《复审通知书》指出，(1) 权利要求1要求保护无机填料的组合物作为在热塑性聚合物组合物中的添加剂用以改善其消光度的用途，对比文件1已经公开了二氧化钛/硫化锌的混合物在热塑性聚合物组合物中作为消光剂的用途，而对于“改进其消光度的用途”和对比文件1公开的“作为消光剂的用途”来说，二者都是在热塑性聚合物组合物中添加所述混合物，以降低产品的表面光泽，因此所属领域技术人员可以预见二者的技术效果以及所解决的技术问题都是相同的。由此可见，对比文件1已经公开了权利要求1的全部技术特征，二者领域相同，解决的技术问题以及产生的技术效果也相同，因此权利要求1不具备专利法第22条第2款规定的新颖性。基于类似的理由，从属权利要求2~7、9~11也不具备专利法第22条第2款规定的新颖性。(2) 权利要求8要求保护前述任何一项的用途，并且限定了无机填料之间的比例，由于对比文件1已经公开了所述用途，无机填料之间的比例是所属领域技术人员根据常规的实验手段就能够确定的内容，并且根据说明书的记载也不能够看出采用权利要求8中比例的技术方案具有何种预料不到的技术效果。因此权利要求8不具备专利法第22条第2款规定的创造性。权利要求12要求保护一种热塑性聚合物组合物，其相对于对比文件1的区别技术特征在于无机填料占聚合物总重的比例不同，而无机填料的含量是所属领域技术人员根据常规的实验手段就能够确定的内容，并且，根据说明书的记载也不能看出该含量范围能够为本发明带来何种预料不到的技术效果，因此权利要求12不具备专利法第22条第3款规定的创造性。基于类似的理由，权利要求13~16也不具备专利法第22条第3款规定的创造性。

针对该《复审通知书》，请求人于2009年7月9日提交了意见陈述书以及权利要求书的修改替换页，所作修改之处在于，将驳回文本中的权利要求1~11删除，将权利要求12~16修改为新的权利要求1~5，同时修改了引用关系。请求人认为：对比文件1中提到使用1%~2%的消光剂将获得“完全无光泽”的效果，这意味着非常高的消光度。对比文件1没有启示本领域技术人员使用大于2%的用量，尤其是2%且小于4%的量。在这个用量范围内，获得了出乎意料的效果，即在消光度的提高方面带来了协同效应。对比文件1没有教导本发明的组合物，也没有教导组合物出人意料的效果，因此新的权利要求1相对于对比文件1具有新颖性和创造性。相应地，其他权利要求也具有新颖性和创造性。修改后的权利要求书如下：

“1. 一种热塑性聚合物组合物，它包括相对于聚合物组合物总重量为大于2%重量且小于4%重量的无机填料组合，其特征在于，该组合包括至少两种选自硫化锌、二氧化钛、二氧化硅、氧化铝、高岭土、碳酸钙、硫酸钙和消光粘土中的无机填料，但排除具有含二氧化钛和硫化锌的二元组合的聚酯基体的聚合物组合物。

2. 权利要求 1 的组合物，其特征在于它包括选自 ZnS/TiO_2、ZnS/SiO_2、$ZnS/SiO_2/TiO_2$ 和 TiO_2/SiO_2 中的无机填料组合，但排除具有含二氧化钛和硫化锌的二元组合的聚酯基体的聚合物组合物。

3. 由一种或多种权利要求 1 或 2 的组合物获得的制品。

4. 权利要求 3 的制品，其为纱、纤维或长丝的形式。

5. 高消光度的植绒表面，它包括一种或多种权利要求 3 和 4 任何一项中定义的制品。”

至此，合议组认为本案事实已经清楚，可以作出审查决定。

二、决定的理由

1. 关于审查文本

经审查，合议组认为请求人于 2009 年 7 月 9 日提交的权利要求书符合专利法第 33 条、专利法实施细则第 60 条第 1 款的规定，故本复审请求审查决定所针对的文本是：请求人于 2009 年 7 月 9 日提交的权利要求第 1~5 项，2006 年 1 月 17 日进入中国国家阶段时提交的国际申请文件中文文本的说明书第 1~14 页以及说明书摘要。

2. 关于创造性

专利法第 22 条第 3 款规定，创造性是指同申请日以前已有的技术相比，该发明有突出的实质性特点和显著的进步。

当要求保护的技术方案相对于最接近的对比文件存在区别技术特征时，如果该区别技术特征是所属领域技术人员通过常规实验手段就能够确定的内容，且该区别技术特征也没有为技术方案带来预料不到的技术效果，则要求保护的技术方案不具备创造性。

就本申请而言，请求人于 2009 年 7 月 9 日提交的权利要求 1 要求保护一种热塑性组合物，它包括相对于聚合物组合物总重量为大于 2% 重量且小于 4% 重量的无机填料组合，其特征在于，该组合包括至少两种选自硫化锌、二氧化钛、二氧化硅、氧化铝、高岭土、碳酸钙、硫酸钙和消光粘土中的无机填料，但排除具有含二氧化钛和硫化锌的二元组合的聚酯基体的聚合物组合物。

对比文件 1（WO0202696A1，公开日为 2002 年 1 月 10 日）公开了一种基于聚酰胺的热塑性聚合物的组合物，其中可以含有二氧化钛和硫化锌的混合物作为消光剂，消光剂的重量含量可以为 1%~2%（参见说明书第 2 页第 12~14 行，说明书第 4 页第 30 行至第 5 页第 5 行）。

将权利要求 1 与对比文件 1 的上述方案进行对比可知，对比文件 1 中公开的不是聚酯基体的聚合物，因此不在排除的范围内，两者的区别技术特征仅在于无机填料占聚合物组合物总重的比例不同。

对比文件 1 中所提到的消光剂用量范围是一般性的描述，并不是针对具体的消光剂或消光剂组合物而言的，而且也没有指明是应用到哪种具体聚酰胺产品中。本领域技术人员可以理解，不同的消光剂或消光剂组合物在不同的聚酰胺聚合物中应用时，其含量范围可能是不同的。虽然消光剂具体的含量范围可能不同，但是本领域技术人员可以根据所要获得的消光效果来确定消光剂的用量，通常消光剂的用量越大，消光效果越明显，这一点在对比文件 1 中也有所提示（参见说明书第 4 页第 30~37 行），故所属领域技术人员通过其所掌握的常规技术手段，只要经过有限次的简单实验，就可以获得本发明所述的含量范围。

本申请说明书仅公开了两组消光剂组合物的消光度评价结果，包括 TiO_2/SiO_2 组和 ZnS/TiO_2 组。对于 TiO_2/SiO_2 组来说，由于其相对于单独使用 TiO_2 没有任何消光度方面的改进，因此不能认为 TiO_2/SiO_2 组在消光度方面具有协同增效的作用。对于 ZnS/TiO_2 组来说，虽然表 Ib 中的数据表明了在 2%~3% 范围内该组合具有协同增效的作用，但是并不能证明在其他范围内无增效作用，尤其是比较组合物与单独使用 ZnS 的结果后发现，在三种比例下组合使用比单独使用都是提高了一个级别的消光度，由此可知增效作用与消光剂占总填料重量的比例关系不大。因此，消光剂的含量没有为要求保护的技术方案带来预料不到的技术效果。

综上，由于权利要求 1 相对于对比文件 1 的区别技术特征是所属领域技术人员通过常规技术手段即能获得的内容，且该特征也没有为要求保护的技术方案带来预料不到的技术效果，因此本领域技术人员获得权利要求 1 要求保护的技术方案是显而易见的，其相对于对比文件 1 不具备突出的实质性特点和显著的进步，不具备专利法第 22 条第 3 款规定的创造性。

同理，由于对比文件 1 中已经公开了二氧化钛和硫化锌的组合，因此从属权利要求 2 也不具备专利法第 22 条第 3 款规定的创造性。

权利要求 3 和 4 要求保护由所述组合物制备的制品。对比文件 1 中已经公开了由类似的组合物制备的纱、纤维和长丝（参见权利要求 1、11、14，说明书第 4 页第 30 行至第 5 页第 5 行）。因此，在其引用的权利要求不具备创造性的情况下，权利要求 3 和 4 也不具备专利法第 22 条第 3 款规定的创造性。

权利要求 5 要求保护包含所述制品的植绒表面。对比文件 1 中已经公开了由类似组合物的纤维组成的植绒表面（参见权利要求 15、说明书第 5 页第 36 行至第 6 页第 2 行）。因此，在其引用的权利要求不具备创造性的情况下，权利要求 5 也不具备专利法第 22 条第 3 款规定的创造性。

基于以上事实和理由，本案合议组作出如下审查决定。

三、决定

维持国家知识产权局于 2008 年 3 月 7 日针对第 200480020703.5 号发明专利申请作出的驳回决定。

复审请求人对本决定不服的，可以根据专利法第 41 条第 2 款的规定，自收到本决定之日起三个月内向北京市第一中级人民法院起诉。

142

牛皮纸蒸煮液中硫化钠的选择性氧化

复审请求审查决定（第18771号）

决　定　号　第18771号
决　定　日　2009年8月14日
发明创造名称　牛皮纸蒸煮液中硫化钠的选择性氧化
国际分类号　C08K5/00，C08K5/353，C07D519/00
复审请求人　科莱恩产品（德国）有限公司
申　请　号　03802199.4
优先权日　2002年2月6日
申　请　日　2003年2月4日
公　开　日　2005年5月11日
合议组组长　李彦涛
主　审　员　潘　剑
参　审　员　兰　琪

法律依据　专利法第33条
决定要点

如果修改的内容是所属技术领域的技术人员能够识别出的明显错误，且对这些错误的修改是所属技术领域的技术人员能从说明书的整体及上下文看出的唯一的正确的答案，则这种修改是允许的。

一、案由

本复审请求涉及发明名称为“牛皮纸蒸煮液中硫化钠的选择性氧化”的第03802199.4号发明专利申请（下称本申请），申请人科莱恩产品（德国）有限公司由科莱恩有限公司变更而来，申请日为2003年2月4日，优先权日为2002年2月6日，公开日为2005年5月11日。

2008年11月7日，针对申请人于2004年7月13日按进入中国国家阶段时提交的国际申请文件的中文文本的说明书第5~28页，国际初步审查报告附件的中文译文的说明书第29页，2005年1月4日提交的说明书第1页，2008年10月13日提交的说明书第3页，2005年12月27日提交的权利要求书第1~18项、说明书第2、4页和说明书摘要，国家知识产权局以本申请的修改不符合专利法第33条为由驳回了本申请。

驳回决定认为：申请人于2005年12月27日提交的修改文本超出了原说明书和权利要求书记载的范围，不符合专利法第33条的规定。申请人将原申请文件的权利要求记载的式（I）和式（III）：

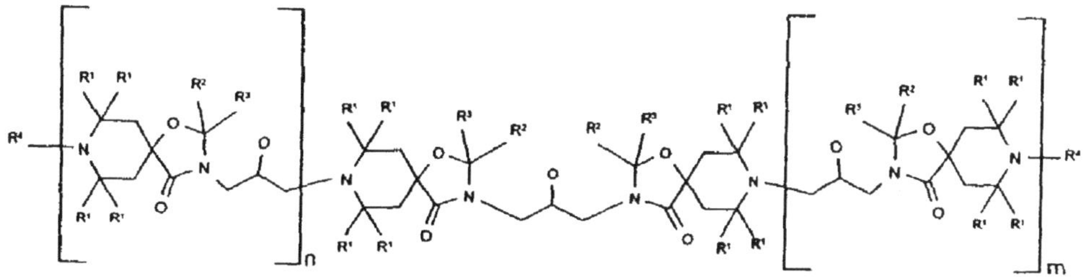

(I)

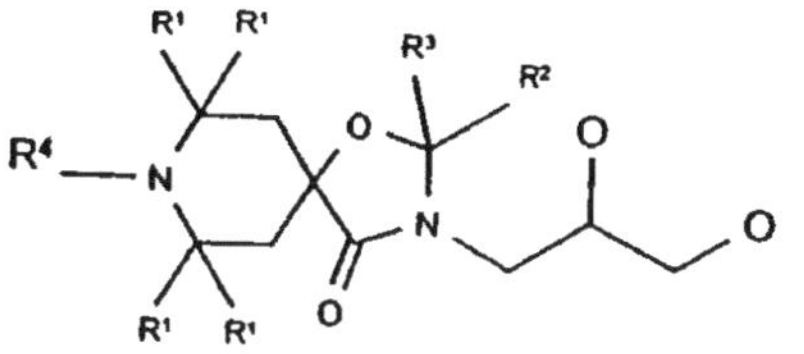

(III)

分别改为：

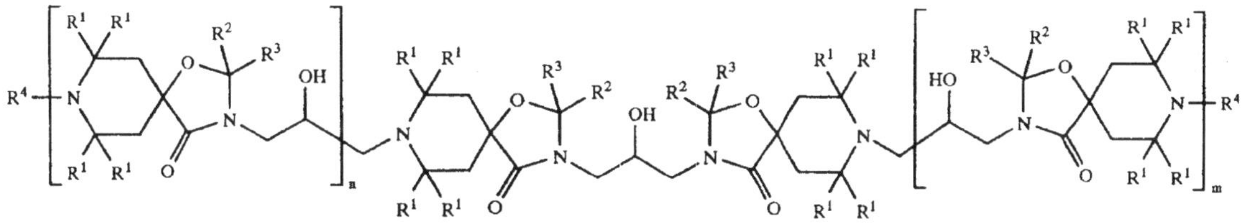

(I)

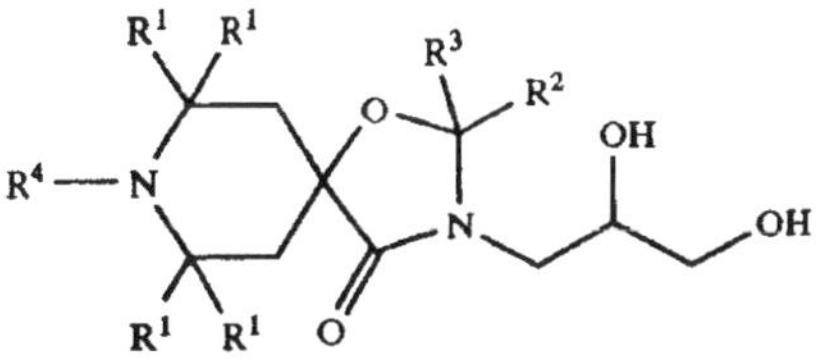

(III)

,

修改后的内容不能由原说明书和权利要求书所记载的内容直接地、毫无疑义地确定，因此超出了原说明书和权利要求书记载的范围。基于同样的理由，申请人将说明书第3~4页记载的式（I）和式（III）的结构式改为新的式（I）和式（III）的结构式同样不符合专利法第33条的规定。对于申请人的意见陈述，驳回决定认为，①本领域技术人员无法确定修改后的内容是唯一的正确答案；②本申请的技术方案与US6174940的技术方案之间不存在必然的对应关系，US6174940的内容不属于本申请说明书和权利要求记载的内容，不能作为修改本申请说明书和权利要求书的依据；③审查指南第二部分第二章第2.2.3节有关引证文件的规定是针对背景技术所作的规定，其引证的内容对请求保护的技术方案没有限定作用。因此认为申请人的陈述不具有说服力。

驳回决定针对的权利要求1如下：

"1. 一种用于制备含有如下通式（I）、（II）和（III）组分的协同性稳定剂混合物的方法，所述混合物包含分数为65至95重量%，优选为75至94重量%，特别是85至94重量%的化合物（I），分数为5至35重量%，优选为5至20重量%，特别是5至12重量%的化合物（II），以及分数为0至10重量%，优选为1至5重量%，特别是1至3重量%的化合物（III），

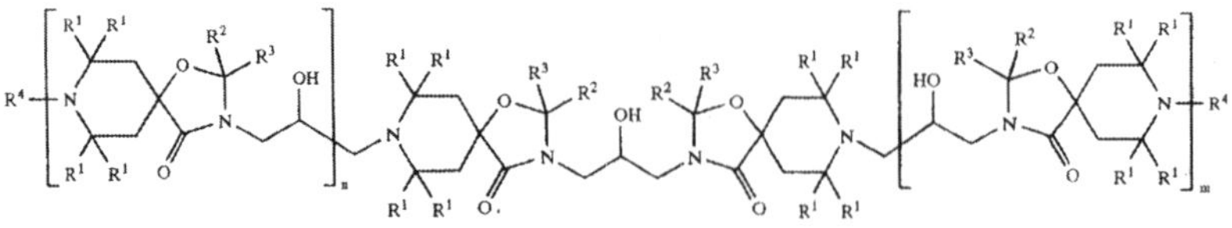

(I)

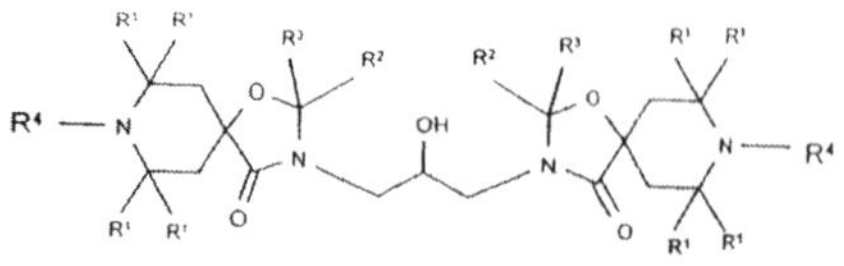

(II)

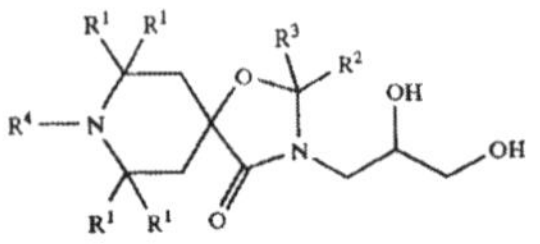

(III)

其中

n 和 m 互相独立地表示 0 至 100 的数，但两者不能都为 0，

R^1 表示氢、C_5–C_7 环烷基或 C_1–C_{12}烷基，

R^2 和 R^3互相独立地表示氢原子，C_1–C_{18}烷基，或是与连接它们的碳原子一起构成一个 5 至 13 元环，或者与将它们接合在一起的碳原子一起构成式（IV）的基团，

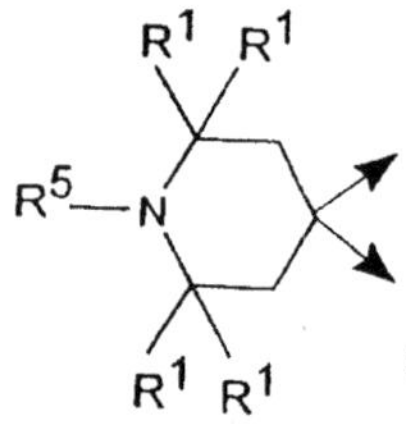

(IV)

R^4 和 R^5互相独立地表示氢或 C_1–C_{22}烷基，氧自由基 O^*、–OH、–NO、$-CH_2CN$、苄基、烯丙基、C_1–C_{30}烷氧基、C_5–C_{12}环烷氧基、C_6–C_{10}芳氧基（其中芳基也可以进一步被取代）、C_7–C_{20}芳基烷氧基（其中芳基也可以进一步被取代）、C_3–C_{10}链烯基、C_3–C_6 炔基、C_1–C_{10}酰基、卤素或是未经取代的苯基或经 C_1–C_4 烷基取代的苯基，

其特征为，在相转移反应中，将式（V）的化合物

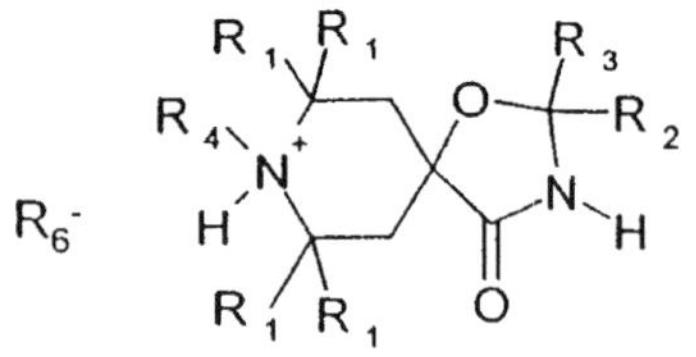

(V)

，

其中 R^1、R^2、R^3 和 R^4 如上所定义，和 R^6–表示质子酸的阴离子，

与式（VI）的表卤代醇反应

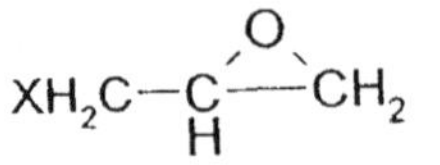

(VI)

，

其中 X 表示氯、溴或碘原子，然后再进行聚合反应，

其中以 2 : 1–1 : 5 的比率使用惰性有机溶剂，相对于化合物（VI）。"

2009 年 2 月 23 日，申请人科莱恩产品（德国）有限公司（下称请求人）对上述驳回决定不服，向专利复审委员会提出复审请求，请求人在提出复审请求时没有对申请文件进行修改。

请求人认为：①本领域技术人员可以明白，将原申请通式（Ⅰ）和（Ⅲ）中的“-O”修改为“-OH”，是对打字错误的更正，通过常规分析即可知道上述通式中连接到氧原子上的就是氢原子。②如本申请说明书第1、3页的现有技术部分和发明内容开头所述，本发明是针对现有技术US6174940所作出的改进。例如，在现有技术中仅着重对比了US6174940的方案，并在第3页现有技术部分的最后提到了US6174940中制备组分（Ⅰ）-（Ⅲ）混合物时的缺点，但是在其后的发明内容中紧接着记载有关这三种组分混合物的新型的制备方法及其能够带来的优异技术效果。因此，本领域技术人员能显而易见本申请所述的三种通式显然应当分别对应于US6174940中的三个组分。③US6174940符合审查指南第二部分第二章第2.2.3节有关引证文件的规定，其内容理应属于本申请说明书记载的范围。又根据审查指南第二部分第八章第5.2.1节第二段中间对于修改要求的规定，修改时要依据原说明书和权利要求书记载的范围，所谓原说明书和权利要求书记载的范围，包括原说明书和权利要求书文字记载的内容，并没有区分现有技术内容与发明部分内容。因此，被引入本申请的US6174940中的正确而毫无疑义的结构式可以作为修改的基础。④根据本申请说明书第5页最后一段至第6页第三段的内容可知，组分（Ⅰ）-（Ⅲ）是通过使式（Ⅴ）的化合物与式（Ⅵ）的表卤代醇在碱金属氢氧化物的存在下，按照1：1至1：2.9的摩尔比预混在有机溶剂中反应而获得。本领域技术人员根据此反应机理和条件可知，反应中必然是式（Ⅵ）表卤代醇上的环氧基团打开，生成一个羟基，从而与式（Ⅴ）结合生成通式（Ⅰ）或（Ⅲ）化合物，并且本发明实施例的方案即是如此。

经形式审查合格后，专利复审委员会受理了该请求，并于2009年3月24日向请求人发出了《复审请求受理通知书》，同时将本申请转送至国家知识产权局原审查部门进行前置审查。

在《前置审查意见书》中，国家知识产权局原审查部门坚持驳回决定。

专利复审委员会组成合议组，对本复审请求案进行了审理。

经合议，合议组认为本案事实已经清楚，可以作出审查决定。

二、决定的理由

1. 关于决定的文本

本复审决定依据的文本是驳回决定所针对的文本。

2. 关于专利法第33条

专利法第33条规定：申请人可以对其专利申请文件进行修改，但是，对发明和实用新型专利申请文件的修改不得超出原说明书和权利要求书记载的范围。

如果修改的内容是所属技术领域的技术人员能够识别出的明显错误，且对这些错误的修改是所属技术领域的技术人员能从说明书的整体及上下文看出的唯一的正确的答案，则这种修改是允许的。

就本案而言，请求人于2005年12月27日提交的申请文件中，将原申请文件的权利要求1以及说明书第2~4页记载的式（I）和式（III）由

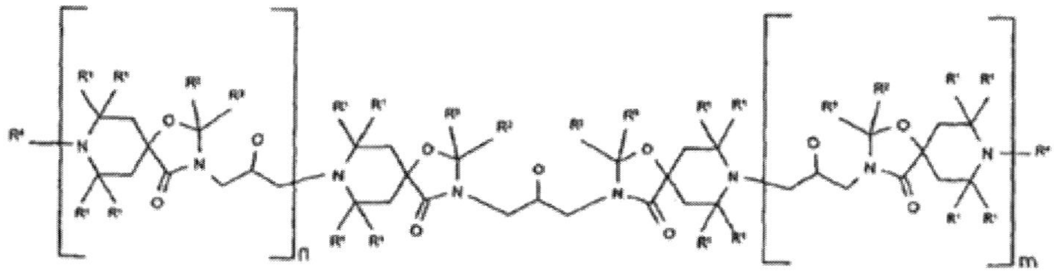

(I)

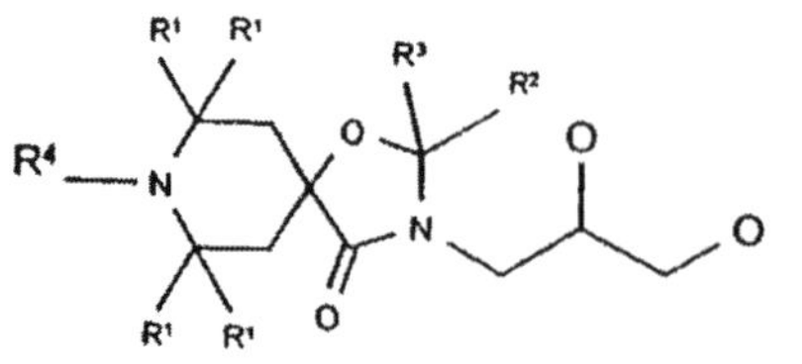

(III)

修改为

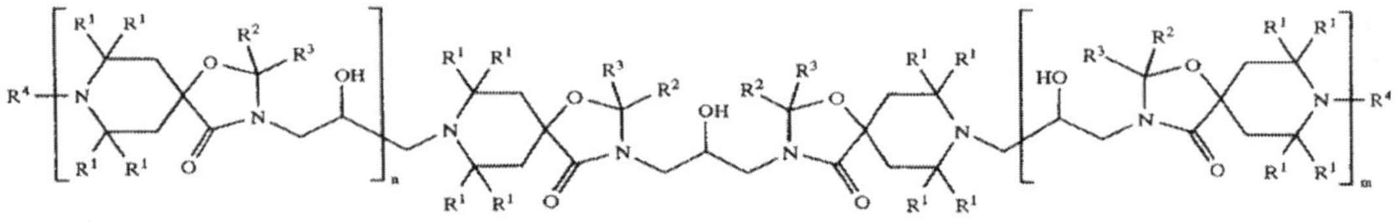

(I)

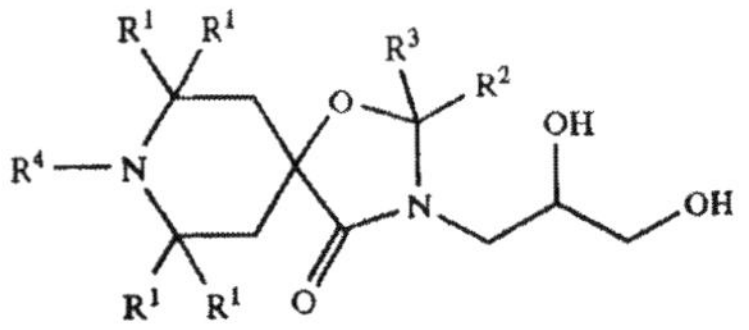

(III)

，其中对两结构式中取代基“O”修改为“OH”。

驳回决定认为，修改后的内容不能由原说明书和权利要求书所记载的内容直接地、毫无疑义地确定，因此不符合专利法第33条的规定。其主要理由是，本申请说明书背景技术部分所引证的专利文献US6174940的技术方案与本申请的技术方案之间不存在必然的对应关系，因此，不能作为修改本申请说明书和权利要求书的依据。由于该引证文件属于背景技术部分，因此对请求保护的技术方案没有限定作用。

对此，合议组认为，首先，本领域技术人员能够判断原申请文件的权利要求1以及说明书第2~4页记载的式（I）和式（III）中的基团“-O”不符合化学领域的价键常识，属于明显的错误。

其次，本领域技术人员在阅读了本申请说明书后，从其整体及上下文可以看出：本申请在背景技术部分，即说明书第1页最后一段引证了专利文献US6174940，并在说明书第2页中描述了该文献所公开的通式（Ⅰ）、（Ⅱ）和（Ⅲ）的混合物，并在说明书第3页最后一段指出了该文献制备通式（Ⅰ）、（Ⅱ）和（Ⅲ）混合物的技术方案的缺点。随后在发明内容部分，即说明书第3页第六段中指出“目前已令人惊奇地发现，组分（Ⅰ）、（Ⅱ）和（Ⅲ）的混合物可通过巧妙的反应方式原位之别，也就是说，无另外的物理过程操作”，并在下文中给出了本申请制备通式（Ⅰ）、（Ⅱ）和（Ⅲ）混合物的方法，从内容上看，其对于通式（Ⅰ）、（Ⅱ）和（Ⅲ）混合物的描述与背景技术所引证的专利文献US6174940中的描述基本相同，唯一的区别在于，发明内容部分的通式（Ⅰ）中存在明显错误的基团“-O”，而背景技术部分的通式（Ⅰ）的相应部分为“-OH”。由此，本领域技术人员可以得出如下结论：本申请提供的技术方案是对US6174940所公开的技术方案的改进，其改进之处是通式（Ⅰ）、（Ⅱ）和（Ⅲ）混合物的制备方法，而非通式（Ⅰ）、（Ⅱ）和（Ⅲ）混合物本身，因此，本申请说明书第3~4页中的通式（Ⅰ）、（Ⅱ）和（Ⅲ）应当为本申请说明书第2页用于描述US6174940中所公开的通式（Ⅰ）、（Ⅱ）和（Ⅲ）。

同时，审查指南第二部分第二章第2.2.3节第三段第（2）项有关背景技术部分引证文件应当满足的要求中指出：所引证的非专利文件和外国专利文件的公开日应当在本申请的申请日之前。并在第四段中指出：如果引证文件满足上述要求，则认为本申请说明书中记载了所引证文件中的内容。合议组查明，US6174940属于外国专利文件，其公开日为2001年1月16日，早于本申请的优先权日，符合审查指南的上述规定，因此，其被引证的内容可以作为本申请说明书中记载的内容。合议组查阅了

US6174940 中被本申请所引证的内容，其在说明书第 1、2 栏中记载了通式（Ⅰ）、（Ⅱ）和（Ⅲ）的结构，其中通式（Ⅰ）和（Ⅲ）的结构与本申请记载的通式（Ⅰ）和（Ⅲ）的结构相比，相应于“-O”的部分均是“-OH”，其余部分的结构相同。因此，基于前文的推论，本领域技术人员可以确定，根据说明书的整体及上下文的分析，说明书第 2~4 页记载的式（I）和式（III）中明显错误的基团“-O”的唯一正确答案是“-OH”。

再次，根据本申请说明书第 5 页倒数第 2 段至第 6 页第 3 段记载的通式（Ⅰ）、（Ⅱ）和（Ⅲ）混合物的制备方法，所述混合物是通过将式（V）的化合物

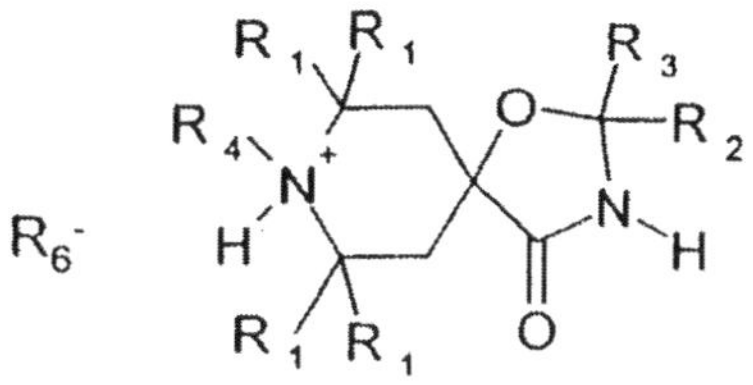

(V)

，

其中 R_{6-} 表示质子酸的阴离子，与式（VI）的表卤代醇

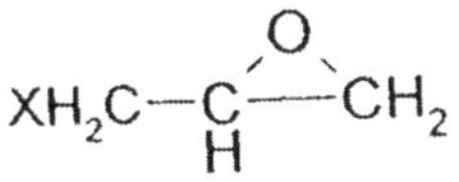

(VI)

，其中 X 表示氯、溴或碘原子，在碱金属氢氧化物以及相转移催化剂存在下进行反应制备得到。结合通式（Ⅰ）、（Ⅱ）和（Ⅲ）的结构，本领域技术人员根据化学反应常识可以判断，式（VI）的表卤代醇在反应中将发生开环反应，其在碱性环境下，可以分别和“OH-”和式（V）的“：N≡”发生亲核反应，从而分别生成“-CHOH-CH_2OH”和“-CHOH-CH_2N≡”结构，因此，本领域技术人员根据化学常识的上述分析以及通式（Ⅱ）的正确结构，也可以确定说明书第 2~4 页记载的式（I）和式（III）中明显错误的基团“-O”的唯一正确答案是“-OH”。基于上述理由，权利要求 1 中记载的式（I）和式（III）中明显错误的基团“-O”的唯一正确答案也是“-OH”。

综上所述，请求人对原申请文件的权利要求 1 以及说明书第 2~4 页记载的式（I）和式（III）所作的上述修改是允许的，符合专利法第 33 条的规定。

根据上述事实和理由，合议组作出如下审查决定。

三、决定

撤销国家知识产权局于 2008 年 11 月 7 日针对第 03802199.4 号发明专利申请作出的驳回决定，由国家知识产权局原审查部门以驳回决定所针对的文本为基础继续审批程序。

复审请求人对本决定不服的，可以根据专利法第 41 条第 2 款的规定，自收到本决定之日起三个月内向北京市第一中级人民法院起诉。

143

具有增效效果的除草组合物

复审请求审查决定（第18775号）

决　定　号　第18775号
决　定　日　2009年8月16日
发明创造名称　具有增效效果的除草组合物
国 际 分 类 号　A01N 43/56，A01N 43/74，A01P 13/00
复 审 请 求 人　巴斯福股份公司
申　请　号　200510113886.1
申　请　日　1999年6月12日
优 先 权 日　1998年6月16日
公　开　日　2006年6月7日
合 议 组 组 长　李亚林
主　审　员　张家祥
参　审　员　蔡　雷

法 律 依 据　专利法第31条第1款
决 定 要 点

对于一项农药组合物或农药混合物马库什权利要求，如果作为马库什要素的可选择化合物满足下列标准，可以认为该马库什权利要求具有单一性（a）所有可选择化合物在要求保护的技术方案中具有共同的性能或作用；和（b）所有可选择化合物属于本领域中公认的同一化合物类别。所谓“公认的同一化合物类别”是指根据本领域的知识可以预期到该类的成员对于要求保护的发明来说其表现是相同的一类化合物。

一、案由

本复审请求案涉及发明名称为“具有增效效果的除草组合物”的第200510113886.1号发明专利申请（下称本申请），申请人为巴斯福股份公司，申请日为1999年6月12日，优先权日为1998年6月16日，公开日为2006年6月7日。

2008年8月8日，针对申请人于2008年6月26日提交的权利要求第1～8项、说明书第2页，2005年10月24日提交的说明书第1、3～76页，以及2006年2月22日提交的说明书摘要，国家知识产权局以权利要求1不符合专利法第31条第1款的规定为由驳回了本申请。驳回决定针对的权利要求书如下：

“1. 一种增效除草混合物，包含

A）至少一种式 I 的 3-杂环基-取代的苯甲酰基衍生物

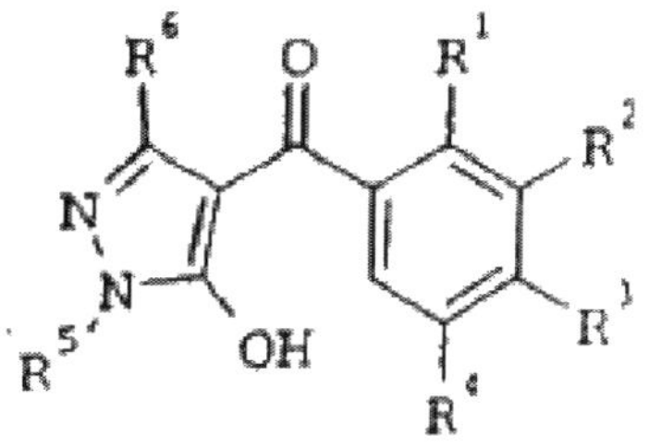

I

其中可变项具有下列含义：

R^1 为 Cl 或 CH_3；

R^2 为 4，5-二氢异噁唑-3-基；

R^3 为 SO_2CH_3；

R^4 为氢；

R^5 为 C_1-C_6-烷基；

R^6 为氢；

或其与环境相容的盐之一；

和

B）至少一种选自 B14 组的生长物质作为除草化合物，

所述 B14 组生长物质为 2，4-滴丁酸、氯甲酰甲胺、2，4-滴丙酸、精 2，4-滴丙酸、fluoroxypyr、2 甲 4 氯、2 甲 4 氯丁酸、2 甲 4 氯丙酸、精 2 甲 4 氯丙酸、三氯吡氧乙酸、草灭畏、麦草畏、二氯喹啉酸或氯甲喹啉酸；

或其与环境相容的盐之一；

其中组分 A）和 B）的重量比为 1∶0.167 至 1∶48。

2. 根据权利要求 1 的增效除草混合物，包含作为组分 B）的至少一种选自下列 B14 组的除草剂：2 甲 4 氯、麦草畏和二氯喹啉酸。

3. 根据权利要求 1 或 2 的增效除草混合物，包含作为组分 A）的 4-［2-氯-3-（4，5-二氢异噁唑-3-基）-4-甲基磺酰基苯甲酰基］-1-甲基-5-羟基-1H-吡唑。

4. 根据权利要求 1 或 2 的增效除草混合物，包含作为组分 A）的 4-［2-甲基-3-（4，5-二氢异噁唑-3-基）-4-甲基磺酰基苯甲酰基］-1-甲基-5-羟基-1H-吡唑。

5. 一种除草组合物，包含根据权利要求 1 至 4 之任一的增效除草混合物，至少一种惰性液体和/或固体载体和任选地至少一种表面活性剂。

6. 一种制备权利要求 5 的增效除草组合物的方法，包含将组分 A）、组分 B）、至少一种惰性液体和/或固体载体和任选地至少一种表面活性剂混合。

7. 一种防治不希望的植物的方法，它包含将权利要求 1 至 4 之任一的增效除草混合物在不希望的植物萌发前、期间和/或后施用，其中可将除草活性化合物组分 A）与 B）同时或依次施用，施用量为 2 至 5000 克活性物质/公顷。

8. 根据权利要求 7 的防治不希望的植物的方法，其中处理作物和不希望的植物的叶子。”

驳回决定认为：权利要求 1 中的组分 B）为至少一种选自 B14 组的生长物质作为除草化合物或其与环境相容的盐之一，由于马库什要素 B 没有共同的结构而分属于苯氧乙酸类（2，4-滴丁酸、2，4-滴丙酸、精 2，4-滴丙酸、2 甲 4 氯、2 甲 4 氯丁酸、2 甲 4 氯丙酸、精 2 甲 4 氯丙酸）、杂环类

(fluoroxypyr、三氯吡氧乙酸)、酰胺类(氯甲酰甲胺)、苯甲酸类(草灭畏、麦草畏)、喹啉羧酸类(二氯喹啉酸或氯甲喹啉酸)化合物，而且也不能根据现有技术预期马库什要素B的各类化合物在作除草成分时可以相互替代并且得到相同结果，所以权利要求1不具有单一性，不符合专利法第31条第1款的规定。

2008年11月24日，申请人巴斯福股份公司(下称请求人)对上述驳回决定不服，向专利复审委员会提出复审请求，同时提交了附件1(即2，4-滴丁酸、三氯吡氧乙酸、氯甲喹啉酸等14种除草剂的化学结构式)，但未修改申请文件。请求人认为：本申请权利要求1中B14组的化合物都是本领域已知的生长物质，具有共同的性能或作用；所有化合物成员都具有共同的结构，即氯代芳族羧酸(参见附件1)，没有证据证明所述共同结构不构成与现有技术的区别特征，也没有证据证明其对于生长物质的性能或作用不是必须的；作为本领域已知的生长物质，它们属于“公认的同一化合物类别”，本领域技术人员能够预期每个B14组成员都可以在本申请的组合物中互相替代，并可以预期所要达到的效果是相同的。因此，本申请的权利要求1具备单一性。

经形式审查合格后，专利复审委员会受理了该请求，并于2008年12月24日向请求人发出了《复审请求受理通知书》，同时将本申请转送至国家知识产权局原审查部门进行前置审查。

在《前置审查意见书》中，国家知识产权局原审查部门认为，根据本申请驳回决定正文所述的驳回理由，本申请不符合专利法第31条第1款的规定，因此坚持驳回决定。

专利复审委员会组成合议组，对本复审请求案进行了审理，于2009年5月6日向请求人发出《复审通知书》，指出：权利要求1中的组分A)和B)均是现有技术已知的具有除草活性的化合物，其中的组分B)除草剂不具有构成它与现有技术的区别特征的共同结构，根据本领域的公知常识，组分B)在本领域分属于苯氧羧酸类(2，4-滴丁酸、2，4-滴丙酸、精2，4-滴丙酸、2甲4氯、2甲4氯丁酸、2甲4氯丙酸、精2甲4氯丙酸)、酰胺类(氯甲酰草胺)、苯甲酸类(麦草畏、草灭畏)、吡啶类(氟草烟、三氯吡氧乙酸)和喹啉羧酸类(二氯喹啉酸、氯甲喹啉酸)除草剂，并且，请求人在附件1中也认可了上述的组分B)在结构上可归为不同的化合物。虽然它们均属于激素型除草剂，但其作用机理非常复杂，鉴于植物体内激素的种类多样，在说明书中没有记载、请求人又没有提供证据表明组分B)的除草剂具有相同作用机理的情况下，本领域技术人员无法根据本领域的知识来预期它们在除草组合物中的表现是相同的，因此，权利要求1的组分B)除草剂在本领域中不属于公认的同一化合物类别，该权利要求不具有单一性，不符合专利法第31条第1款的规定。同理，权利要求2~8也不具有单一性。

针对《复审通知书》指出的问题，请求人于2009年6月22日提交了意见陈述书和修改的权利要求书。其中，相对于驳回决定所针对的权利要求书，请求人将权利要求1中的生长物质限定为苯甲酸类生长物质(即草灭畏、麦草畏)，将组分A)和B)的重量比修改为1∶0.5至1∶32，将权利要求2中的组分B)限定为包含麦草畏。请求人认为，经过修改，本申请已经克服了权利要求1不具备单一性的缺陷。

2009年8月11日，请求人再次提交了修改的权利要求书，其中，相对于2009年6月22日提交的权利要求书，请求人仅将权利要求2中的“组分B)包含麦草畏”修改为“组分B)是麦草畏”。修改后的权利要求书为：

“1. 一种增效除草混合物，包含

A)至少一种式I的3-杂环基-取代的苯甲酰基衍生物

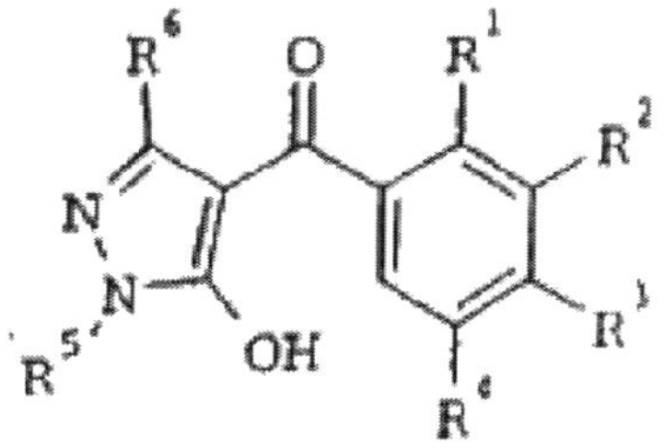

其中可变项具有下列含义：

R^1 为 Cl 或 CH_3；

R^2 为 4，5-二氢异噁唑-3-基；

R^3 为 SO2CH3；

R^4 为氢；

R^5 为 C_1-C_6-烷基；

R^6 为氢；

或其与环境相容的盐之一；

和

B）至少一种选自 B14 组的苯甲酸类生长物质作为除草化合物，

所述苯甲酸类生长物质为草灭畏、麦草畏；

或其与环境相容的盐之一；

其中组分 A）和 B）的重量比为 1∶0.5 至 1∶32。

2. 根据权利要求 1 的增效除草混合物，其中所述组分 B）是麦草畏。

3. 根据权利要求 1 或 2 的增效除草混合物，包含作为组分 A）的 4-［2-氯-3-（4，5-二氢异噁唑-3-基）-4-甲基磺酰基苯甲酰基］-1-甲基-5-羟基-1H-吡唑。

4. 根据权利要求 1 或 2 的增效除草混合物，包含作为组分 A）的 4-［2-甲基-3-（4，5-二氢异噁唑-3-基）-4-甲基磺酰基苯甲酰基］-1-甲基-5-羟基-1H-吡唑。

5. 一种除草组合物，包含根据权利要求 1 至 4 之任一的增效除草混合物，至少一种惰性液体和/或固体载体和任选地至少一种表面活性剂。

6. 一种制备权利要求 5 的增效除草组合物的方法，包含将组分 A）、组分 B）、至少一种惰性液体和/或固体载体和任选地至少一种表面活性剂混合。

7. 一种防治不希望的植物的方法，它包含将权利要求 1 至 4 之任一的增效除草混合物在不希望的植物萌发前、期间和/或后施用，其中可将除草活性化合物组分 A）与 B）同时或依次施用，施用量为 2 至 5000 克活性物质/公顷。

8. 根据权利要求 7 的防治不希望的植物的方法，其中处理作物和不希望的植物的叶子。”

经合议，合议组认为本案事实清楚，可以作出审查决定。

二、决定的理由

1. 关于审查文本

请求人于 2009 年 8 月 11 日提交了修改的权利要求书，经审查，上述修改符合专利法第 33 条和专利法实施细则第 60 条第 1 款的规定。

因此，本复审请求审查决定所针对的文本是：请求人于 2009 年 8 月 11 日提交的权利要求第 1~8 项，2008 年 6 月 26 日提交的说明书第 2 页，2005 年 10 月 24 日提交的说明书第 1、3~76 页，以及 2006 年 2 月 22 日提交的说明书摘要。

2. 关于专利法第 31 条第 1 款

专利法第 31 条第 1 款规定：一件发明或者实用新型专利申请应当限于一项发明或者实用新型。属于一个总的发明构思的两项以上的发明或者实用新型，可以作为一件申请提出。

对于一项农药组合物或农药混合物马库什权利要求，如果作为马库什要素的可选择化合物满足下列标准，可以认为该马库什权利要求具有单一性：（a）所有可选择化合物在要求保护的技术方案中具有共同的性能或作用；和（b）所有可选择化合物属于本领域中公认的同一化合物类别。所谓“公认的同一化合物类别”是指根据本领域的知识可以预期到该类的成员对于要求保护的发明来说其表现是相同的一类化合物。

就本申请而言，针对请求人于 2008 年 6 月 26 日提交的权利要求书，驳回决定认为：权利要求 1 中的组分 B）为至少一种选自 B14 组的生长物质作为除草化合物或其与环境相容的盐之一，由于马库什要素 B 没有共同的结构而分属于苯氧乙酸类（2，4-滴丁酸、2，4-滴丙酸、精 2，4-滴丙酸、2 甲 4 氯、2 甲 4 氯丁酸、2 甲 4 氯丙酸、精 2 甲 4 氯丙酸）、杂环类（fluoroxypyr、三氯吡氧乙酸）、酰胺类（氯甲酰甲胺）、苯甲酸类（草灭畏、麦草畏）、喹啉羧酸类（二氯喹啉酸或氯甲喹啉酸）化合物，而且也不能根据现有技术预期马库什要素 B 的各类化合物在作除草成分时可以相互替代并且得到相同结果，因此，权利要求 1 不具有单一性。

在请求人于 2009 年 8 月 11 日提交的权利要求书中，权利要求 1 要求保护一种增效除草混合物，包含 A）至少一种式 I 的 3-杂芳基取代的苯甲酰基衍生物或其与环境相容的盐之一，和 B）至少一种选自 B14 组的苯甲酸类生长物质作为除草化合物，所述苯甲酸类生长物质为草灭畏、麦草畏，或其与环境相容的盐之一，其中组分 A）和 B）的重量比为 1：0.5 至 1：32。

根据本申请说明书的记载，B14 组中的草灭畏、麦草畏描述于“‘除草剂与植物生长调节剂短评 1991’，Hodogaya Chemicals”（参见本申请说明书第 12 页倒数第 8 行至第 13 页第 4 行）中，其均具有除草性能，而且，由本领域的公知常识可知，草灭畏、麦草畏结构差异较小，且均具有“苯甲酸”结构，在化学结构上可归为同一类化合物，并且它们都属于激素型除草剂，本领域技术人员在此基础上可以预期它们在所述除草组合物中的表现是相同的，能够互相替代并达到相同的的效果，因此，权利要求 1 的组分 B）在本领域中属于公认的同一化合物类别。另外，驳回决定也认可草灭畏、麦草畏均为苯甲酸类化合物，故驳回决定和《复审通知书》指出的权利要求 1 不具有单一性、不符合专利法第 31 条第 1 款规定的缺陷已不存在。

权利要求 2~4 是权利要求 1 的从属权利要求，对权利要求 1 中的组分 A）或 B）作了进一步限定。权利要求 5 要求保护一种除草组合物，包含权利要求 1~4 中任一的增效除草混合物、至少一种惰性液体和/或固体载体和任选地至少一种表面活性剂。权利要求 6 要求保护制备权利要求 5 的除草组合物的方法。权利要求 7~8 要求保护防治不希望的植物的方法，包含将权利要求 1~4 中任一的增效除草混合物施用到不希望的植物上。基于与评述权利要求 1 相同的理由，《复审通知书》指出的权利要求 2~8 不符合专利法第 31 条第 1 款规定的缺陷也已被克服。

根据上述事实和理由，合议组作出如下审查决定。

三、决定

撤销国家知识产权局于 2008 年 8 月 8 日针对 200510113886.1 号发明专利申请作出的驳回决定，由国家知识产权局原审查部门以本复审决定所针对的文本为基础继续审批程序。

复审请求人对本决定不服的，可以根据专利法第 41 条第 2 款的规定，自收到本决定之日起三个月内向北京市第一中级人民法院起诉。

144

从植物和建筑物表面驱赶鸟类的方法

复审请求审查决定（第18777号）

决　定　号　第18777号
决　定　日　2009年8月20日
发明创造名称　从植物和建筑物表面驱赶鸟类的方法
国际分类号　A01N35/06
复审请求人　阿基昂生命科学公司
申　请　号　01811203.X
申　请　日　2001年3月27日
优先权日　2000年4月14日
公　开　日　2006年3月22日
合议组组长　张家祥
主　审　员　王　磊
参　审　员　王　静

法律依据　专利法第22条第3款
决定要点

如果现有技术给出了将发明与最接近现有技术之间的区别技术特征应用于该最接近的现有技术中以解决发明所解决的技术问题的启示，则该发明对于本领域技术人员来说是显而易见的，不具备创造性。

一、案由

本复审请求案涉及发明名称为“从植物和建筑物表面驱赶鸟类的方法”的第01811203.X号发明专利申请（下称本申请），申请人为阿基昂生命科学公司，申请日为2001年3月27日，优先权日为2000年4月14日，公开日为2006年3月22日。

2008年4月4日，针对申请人于2008年1月22日提交的权利要求第1~5项，2007年7月13日提交的说明书第10页，进入中国国家阶段时提交的国际申请文件中文译文的说明书第1~4、7~9、11~15页、附图第1~2页和说明书摘要，国际初步审查报告附件的中文译文的说明书第2a、5、6页，国家知识产权局以权利要求1~5不符合专利法第22条第3款的规定为由驳回了本申请。

驳回决定认为：（1）对比文件1（US5885604A，公开日为1999年3月23日）公开了一种阻止鸟类损伤种植后种子的方法，包括向种植前的种子或覆盖种植后的种子的土地表面施用无毒固体涂覆材料，该材料对鸟类的味觉有驱避作用并且吸收波长范围在300~400nm范围内的光，其中的无毒味觉驱避剂是多环醌或其前体，多环醌选自9，10-蒽醌等，该固体材料的平均粒径不大于约50微米，优选不大于30微米，低至$25mg/m^2$对于种子是有效的，至少$50mg/m^2$是优选的。可见，对比文件1与权利要求1的区别在于鸟类的所在位置和9，10-蒽醌的用量。由于两者均是基于发现9，10-蒽醌对鸟类有驱避作用，而用量是可以通过简单的试验并根据作用对象确定的，因此权利要求1相对于对比文件1不具备创造性，不符合专利法第22条第3款的规定。(2)权利要求2、4、5的附加技术特征属于9，10-蒽醌的固有性质，在对比文件1同样使用9，10-蒽醌的情况下，所述附加技术特征实质上已被对比文件1公开。同样，权利要求3的附加技术特征也已被对比文件1公开，因此权利要求2~5也不具备创造性。

驳回决定针对的权利要求书如下：

“1. 一种用于驱赶在植物和固定表面投宿、活动或栖息的鸟类的方法，包括在所述表面上喷洒一种包含9，10-蒽醌的无毒驱赶剂，该驱赶剂能引起所述鸟类的品尝和/或摄取后反应，其中，所述9，10-蒽醌是平均粒度低于50微米的细碎的颗粒，并且，所述9，10-蒽醌是以0.2毫克/平方米的用量使用的。

2. 如权利要求1的方法，其中，所述9，10-蒽醌能吸收250纳米波长范围内的光线。

3. 如权利要求1的方法，其中，所述9，10-蒽醌以25毫克/平方米的用量喷洒在处理的表面上。

4. 如权利要求1的方法，其中，所述9，10-蒽醌在水中的溶解度不超过1000ppm。

5. 如权利要求1的方法，其中，所述9，10-蒽醌的熔点至少为50℃。”

2008年7月21日，申请人阿基昂生命科学公司（下称请求人）对上述驳回决定不服，向专利复审委员会提出复审请求，请求人在提出复审请求时提交了权利要求书的全文替换页，其中删除了权利要求1中的“植物和”。修改后的权利要求1如下：

“1. 一种用于驱赶在固定表面投宿、活动或栖息的鸟类的方法，包括在所述表面上喷洒一种包含9，10-蒽醌的无毒驱赶剂，该驱赶剂能引起所述鸟类的品尝和/或摄取后反应，其中，所述9，10-蒽醌是平均粒径低于50微米的细碎的颗粒，并且，所述9，10-蒽醌是以0.2毫克/平方米的用量使用的。”

请求人认为：修改后的权利要求仅涉及驱赶在固定表面投宿、活动或栖息的鸟类的方法，对比文件1涉及的是阻止鸟类伤害植物和植物种子的方法，其中没有提到鸟类的活动习性，也没有暗示蒽醌可以以本发明的方式来驱赶鸟类，因此修改后的权利要求具备创造性。

经形式审查合格后，专利复审委员会受理了该请求，并于2008年9月5日向请求人发出了《复审请求受理通知书》，同时将本申请转送至国家知识产权局原审查部门进行前置审查。

在《前置审查意见书》中，国家知识产权局原审查部门坚持驳回决定。

专利复审委员会组成合议组，对本复审请求案进行了审理，并于2009年2月24日向请求人发出《复审通知书》，指出：(1)权利要求1和对比文件1公开的技术方案的区别在于：权利要求1中无毒驱赶剂的施用方式是喷洒，9，10-蒽醌的用量为0.2毫克/平方米，而对比文件1没有公开上述施用方式。然而，对比文件1公开了多环醌的液体分散体可喷洒在种子上，权利要求1中限定的9，10-蒽醌用量是本领域技术人员能根据施用对象适当调节的，且上述区别技术特征的引入也没有带来任何预料不到的技术效果。因此，权利要求1相对于对比文件1不具备创造性，不符合专利法第22条第3款的规定。(2)即使请求人将权利要求1中的“固定表面”修改为说明书中所述的建筑物(如屋顶)表面等，由于本申请与对比文件1中采用的驱赶剂相同，其机理均是利用多环醌能够吸收300-400nm波长范围内的光线以及鸟类食用后产生生理性排斥反应来驱赶鸟类，本领域技术人员很容易从对比文件1中获得将相同的驱赶剂应用于其他场所以达到驱赶鸟类的启示，其仍然不具备创造性。(3) 权利要求2~5的附加技术特征也已被对比文件1公开，在权利要求1不具备创造性的情况下，其从属权利要求2~5也不具备创造性，不符合专利法第22条第3款的规定。

2009年6月11日，请求人针对上述《复审通知书》提交了意见陈述书和权利要求书的全文替换页，其中，相对于2008年7月21日提交的权利要求书，请求人将权利要求1中9，10-蒽醌的用量由“以0.2毫克/平方米”修改为“以0.2毫克/平方米至2.5毫克/平方米”，并增加了“所述固定表面是不可食用的固定表面”的技术特征。

请求人认为：对比文件1公开了用9，10-蒽醌作为鸟类驱赶剂是由于摄取后的反应，而本申请用9，10-蒽醌阻挡鸟类是通过光吸收中的可见的变化，9，10-蒽醌的施用量显示提供本发明阻挡效果的最低量，现有技术没有公开或暗示该最低量。此外，现有技术也没有公开或暗示吸收光的波长范围，本申请的光波长范围低于对比文件1公开的范围。

2009年6月26日，请求人再次提交权利要求书的全文替换页，其中对权利要求1进行了如下修改：将9，10-蒽醌的用量修改为“以0.2毫克/平方米至25毫克/平方米”，并将“不可食用的固定表面”修改为“建筑物表面”。修改后的权利要求1如下：

“1. 一种用于驱赶在固定表面投宿、活动或栖息的鸟类的方法，包括在所述表面上喷洒一种包含9，10-蒽醌的无毒驱赶剂，该驱赶剂能引起所述鸟类的品尝和/或摄取后反应，其中，所述9，10-蒽醌是平均粒度低于50微米的细碎的颗粒，并且，所述9，10-蒽醌是以0.2毫克/平方米至25毫克/平方米的用量使用的，所述固定表面是建筑物表面。”

经合议，合议组认为本案事实已经清楚，可以作出复审决定。

二、决定的理由

1. 关于审查文本

请求人于2009年6月26日提交了修改的权利要求书，经审查，所述修改符合专利法实施细则第60条第1款和专利法第33条的规定。

本复审决定针对的文本是：请求人于2009年6月26日提交的权利要求第1~5项，2007年7月13日提交的说明书第10页，进入中国国家阶段时提交的国际申请文件中文译文的说明书第1~4、7~9、11~15页、附图第1~2页和说明书摘要，国际初步审查报告附件的中文译文的说明书第2a、5、6页。

2. 关于专利法第22条第3款

专利法第22条第3款规定，创造性，是指同申请日以前已有的技术相比，该发明有突出的实质性特点和显著的进步，该实用新型有实质性特点和进步。

如果现有技术给出了将发明与最接近现有技术之间的区别技术特征应用于该最接近的现有技术中以解决发明所解决的技术问题的启示，则该发明对于本领域技术人员来说是显而易见的，不具备创造性。

就本申请而言，权利要求1要求保护一种用于驱赶在固定表面投宿、活动或栖息的鸟类的方法，包括在所述表面上喷洒一种包含9，10-蒽醌的无毒驱赶剂，该驱赶剂能引起所述鸟类的品尝和/或摄取后反应，其中，所述9，10-蒽醌是平均粒度低于50微米的细碎的颗粒，并且，所述9，10-蒽醌是以0.2毫克/平方米至25毫克/平方米的用量使用的，所述固定表面是建筑物表面。

对比文件1公开了一种防止鸟类毁坏种植后种子的方法，包括向种植过种子的地面施用一层无毒固体材料，所述固体材料能排斥鸟类品尝，其具有不大于约50微米的粒径，能吸收波长在300-400nm范围的光，所述无毒固体材料是多环醌，多环醌选自9，10-蒽醌等物质（见对比文件1的权利要求6）。对于所用多环醌的用量，在对比文件1说明书第5栏第42~45行公开了“通常，仅需将小浓度的多环醌或其前体施用于种子上，例如25mg/m^{2}基于种子表面的用量是有效的。”

本申请与对比文件 1 均涉及在固定表面使用包含 9，10-蒽醌的试剂来驱赶鸟类的方法，驱赶鸟类的机理均是多环醌能够吸收 300~400nm 波长范围内的光线以及鸟类品尝多环醌后的排斥。将权利要求 1 的技术方案与对比文件 1 公开的技术方案进行对比，二者的区别在于：权利要求 1 中无毒驱赶剂的施用方式是喷洒于建筑物表面，9，10-蒽醌的用量为 0.2~25 毫克/平方米，而对比文件 1 没有公开上述施用方式。因此，本申请相对于对比文件 1 实际解决的技术问题是提供一种 9，10-蒽醌驱赶鸟类的具体施用方式。

然而，对比文件 1 还公开了多环醌的液体分散体可喷洒在种子上（说明书第 5 栏第 18~29 行），而喷洒也是本领域中最常见的农药施用方式，是本领域技术人员很容易想到的。对于 9，10-蒽醌的用量，对比文件 1 中的相应记载为“基于种子表面积为 $25mg/m^2$”，而根据施用对象适当调节试剂用量是本领域的常规技术手段，并且在本申请说明书第 6 页第 3 段记载了“优选以 0.2~50 毫克/平方米表面的用量将所述多环醌喷洒在要处理的表面上。更优选以 25 毫克/平方米表面的用量将所述多环醌喷洒在要处理的表面上”，可见多环醌的用量是可以在较大范围内进行调节的。对于“建筑物表面”，对比文件 1 已经公开了“种植过种子的地面”，而且由于本申请与对比文件 1 中采用的驱赶剂相同，其机理均是利用多环醌能够吸收 300~400nm 波长范围内的光线以及鸟类食用后产生生理性排斥反应来驱赶鸟类，本领域技术人员很容易从对比文件 1 中获得将相同的驱赶剂应用于其他场所如建筑物表面以达到驱赶鸟类的启示，因此，对比文件 1 已经给出了按照权利要求 1 限定的用量将 9，10-蒽醌喷洒到建筑物表面的启示，本领域技术人员在对比文件 1 的基础上获得权利要求 1 的技术方案是显而易见的，并且从本申请说明书中也看不出上述区别特征的引入带来了预料不到的技术效果。故权利要求 1 相对于对比文件 1 不具备创造性，不符合专利法第 22 条第 3 款的规定。

同理，权利要求 3 也不具备创造性，不符合专利法第 22 条第 3 款的规定。

请求人在答复《复审通知书》时认为：对比文件 1 公开了用 9，10-蒽醌作为鸟类驱赶剂是由于摄取后的反应，而本申请用 9，10-蒽醌阻挡鸟类是通过光吸收中的可见的变化，9，10-蒽醌的施用量显示提供本发明阻挡效果的最低量，现有技术没有公开或暗示该最低量。此外，现有技术也没有公开或暗示吸收光的波长范围，本申请的光波长范围低于对比文件 1 公开的范围。

对此，合议组认为：从本申请和对比文件 1 的说明书可以看出，本申请和对比文件 1 中使用 9，10-蒽醌作为鸟类驱赶剂的机理均是多环醌能够吸收 300~400nm 波长范围内的光线以及鸟类品尝多环醌后的排斥，两者兼而有之。本申请在 9，10-蒽醌的用量上与对比文件 1 是相当的，均在合理可调的范围内。另外，9，10-蒽醌能吸收的光波长范围是其固有的属性，由于所述化合物最终均具有相同的驱赶鸟类的用途，即使请求人发现了其能比对比文件 1 的吸收波长更短也不会给该化合物的上述用途带来创造性。因此，对于请求人的上述主张，合议组不予支持。

权利要求 2、4、5 分别对权利要求 1 中 9，10-蒽醌的吸收光线的范围、溶解度、熔点进行了限定，而上述权利要求的附加技术特征属于 9，10-蒽醌的固有性质，可见该特征已在对比文件 1 中隐含公开。因此，在权利要求 1 不具备创造性的情况下，权利要求 2、4、5 也不具备创造性，不符合专利法第 22 条第 3 款的规定。

基于上述理由，合议组作出如下决定。

三、决定

维持国家知识产权局于 2008 年 4 月 4 日对第 01811203. X 号发明专利申请作出的驳回决定。

当事人对本决定不服的，可以根据专利法第 41 条第 2 款的规定，自收到本决定之日起三个月内向北京市第一中级人民法院起诉。

145

制备含有四烷基铵四氟硼酸盐的电解液组合物的直接方法

复审请求审查决定（第18779号）

决　定　号　第18779号
决　定　日　2009年8月21日
发明创造名称　制备含有四烷基铵四氟硼酸盐的电解液组合物的直接方法
国际分类号　C07C 209/00，C07C 211/63，H01G 9/02
复审请求人　霍尼韦尔特殊化学品西尔兹有限责任公司
申　请　号　200380106821.3
申　请　日　2003年10月31日
优先权日　2002年10月31日
公　开　日　2006年3月8日
合议组组长　刘　静
主　审　员　孙丽芳
参　审　员　刘　磊

法律依据　专利法第22条第2款
决定要点

如果一项发明专利申请与现有技术的相关内容相比，其技术领域、所要解决的技术问题和技术方案实质上相同、预期效果相同，则认为两者为同样的发明。

一、案由

本复审请求案涉及发明名称为"制备含有四烷基铵四氟硼酸盐的电解液组合物的直接方法"的第200380106821.3号发明专利申请（下称本申请），申请人为霍尼韦尔特殊化学品西尔兹有限责任公司，申请日为2003年10月31日，优先权日为2002年10月31日，公开日为2006年3月8日。

2007年3月23日，针对申请人于2007年1月8日提交的权利要求书、2005年6月20日进入中国国家阶段提交的国际申请的中文译文说明书第1~6页及其说明书摘要，国家知识产权局以权利要求8~11不具备专利法第22条第2款规定的新颖性为由驳回了本申请。

驳回决定认为：(1) 权利要求8使用方法技术特征对其要求保护的组合物进行限定，但组合物的新颖性不依赖于其制备方法的新颖性，只要该组合物的各组分和/或含量是公开的，其就不具备新颖性。对比文件1（US5418682A，公开日为1995年5月23日）、对比文件2（US 5705696A，公开日为1998年1月6日）和对比文件3（US4877695A，公开日为1989年10月31日）均公开了含有四烷基铵四氟硼酸盐的电解液，因此，权利要求8不具备新颖性，不符合专利法第22条第2款的规定；

（2）权利要求9和10是使用效果技术特征对权利要求8进行限定，权利要求9中的金属卤化物实质上为杂质，而不是构成该组合物的必要组分，对其含量的限定仅仅是一种效果的表述，因此，权利要求9和10与权利要求8的保护范围是一致的，同样不具备新颖性；（3）对比文件1~3均公开了含有四烷基铵四氟硼酸盐的电解液在电化学领域的应用，因此其公开了权利要求11的技术特征，权利要求11不具备新颖性；（4）申请人仅通过对比分析认为，对比文件2的溶剂和反应方式与本申请不同，对比文件3的领域与该申请不同，即认定上述权利要求具备了新颖性是不正确的，权利要求8~10保护的范围是所有含有四烷基铵四氟硼酸盐的电解液，而对比文件1~3的电解液均含有四烷基铵四氟硼酸盐，因此对比文件1~3破坏了权利要求8~10的新颖性。尽管申请人认为，其电解液是由其限定的方法所制备的，然而本申请的情况并不属于根据审查指南第二部分第十章第4.3（2）节和第5.3（2）节的规定的允许用制备方法来表征化学产品权利要求的情况，制备方法不同并不一定导致产品本身不同。

驳回决定针对的权利要求书如下：

"1. 一种用于制备含有四烷基铵四氟硼酸盐的电解液组合物的方法，其特征在于所述方法包括步骤（i）：

（i）将至少一种四烷基铵卤化物与至少一种金属四氟硼酸盐在至少一种可部分或完全与水混溶的选自腈、二腈、碳酸烷基酯、碳酸亚烷基酯和内酯的有机溶剂中混合。

2. 如权利要求1所述的方法，其特征在于：至少一种四烷基铵卤化物的烷基彼此独立地含有1~10个碳原子。

3. 如权利要求1或2中任意一项所述的方法，其特征在于：所述的至少一种金属四氟硼酸盐为碱金属四氟硼酸盐。

4. 如权利要求1~3中任意一项所述的方法，其特征在于：所述的至少一种四烷基铵卤化物与至少一种金属四氟硼酸盐以2∶1~1∶5的摩尔比例混合。

5. 如权利要求4所述的方法，其特征在于：混合步骤在-50℃至+240℃的温度下进行。

6. 如权利要求1~5中任意一项所述的方法，其特征在于：所述的至少一种有机溶剂为乙腈、1，2-丙二醇的碳酸酯或γ-丁内酯并且所述的至少一种四烷基铵四氟硼酸盐中的1~4个烷基为乙基。

7. 如权利要求1~6中任意一项所述的方法，其特征在于所述方法包括反应步骤（ii）和（iii）中的至少一步：

（ii）分离金属卤化物，

（iii）干燥。

8. 含有四烷基铵四氟硼酸盐的电解液组合物，其特征在于：所述组合物由权利要求1~7中任意一项所述的方法得到。

9. 如权利要求8所述的含有四烷基铵四氟硼酸盐的电解液组合物，其特征在于：所述组合物含有10 ppm至2重量%的金属卤化物，其中所述含量是相对于无溶剂的电解液残余物而言。

10. 如权利要求9所述的含有四烷基铵四氟硼酸盐的电解液组合物，其特征在于：所述组合物在化学电池或电容器中无腐蚀性。

11. 根据权利要求1~7中任意一项所述的方法制备的含有四烷基铵四氟硼酸盐的电解液组合物或者根据权利要求8~10中任意一项所述的含有四烷基铵四氟硼酸盐的电解液组合物 在化学电池或电容器中的应用。"

2007年7月17日，申请人霍尼韦尔特殊化学品西尔兹有限责任公司（下称请求人）对上述驳回决定不服，向专利复审委员会提出复审请求，请求人在提出复审请求时没有对申请文件进行修改。

请求人认为：本申请的发明点在于含有至少一种四烷基铵四氟硼酸盐的电解液组合物始终含有未溶解的金属卤化物部分，该部分并没有使电解液组合物的应用有所削弱，并且不需要进一步纯化除去，现有技术的四烷基铵四氟硼酸盐必须基本上不含卤化物，否则就要考虑其对化学电池或能量储藏装置的腐蚀作用，本申请的上述特点较难使用结构表示，因为是制备方法导致产品的优秀效果。

经形式审查合格后，专利复审委员会受理了该请求，并于2007年8月20日向请求人发出了《复审请求受理通知书》，同时将本申请转送至国家知识产权局原审查部门进行前置审查。

在《前置审查意见书》中，国家知识产权局原审查部门认为对比文件1~3已经公开了电解液溶剂为本申请所述的酯以及腈，而杂质不是构成该组合物的必要成分，对本领域技术人员来说显然存在越少的金属卤化物，对电解液越有利，因此坚持驳回决定。

专利复审委员会组成合议组，对本复审请求案进行了审理。

合议组于2008年8月7日向请求人发出《复审通知书》，指出：（1）权利要求8实质上要求保护四烷基铵四氟硼酸盐与选自腈、二腈、碳酸烷基酯、碳酸亚烷基酯和内酯的有机溶剂混合的电解液组合物。对比文件1公开的电解液包含盐和溶剂，所述溶剂包括琥珀酸腈和第二种二腈的混合物在室温下形成液体，所述盐包括四烷基铵和碱金属离子形成的盐，具体包括四烷基铵四氟硼酸盐。由此可见，对比文件1同样公开了含有四烷基铵四氟硼酸盐和二腈有机溶剂混合的电解液组合物，对比文件1实质上公开了权利要求8请求保护的产品的全部技术特征，权利要求8不具备专利法第22条第2款规定的新颖性；（2）尽管对比文件1中没有具体公开无溶剂的电解液中金属卤化物的含量，但是在对比文件1的制备四烷基铵四氟硼酸盐的实施例中采用了尽可能将产生的氯化钠滤除的步骤，可以预见，对比文件1所公开的电解液组合物中金属卤化物的含量不高，由于不能确定采用上述参数表征的产品与对比文件1的产品区别，因此推定该参数表征的产品权利要求9不具备新颖性；（3）使用技术效果特征限定的权利要求10，由于其特征部分并没用引入新的技术特征，仍然不具备新颖性；（4）由于对比文件1中已经公开了权利要求8~10要求保护的电解液组合物产品，同时公开了使用该电解液组合物的电容器构造，因此，要求保护含有四烷基铵四氟硼酸盐的电解液组合物在化学电池或电容器中的应用的权利要求11不具备专利法第22条第2款规定的新颖性。

针对上述《复审通知书》，请求人于2008年11月24日提交了意见陈述书，未提交修改文件。请求人认为：本申请相对现有技术的贡献正是金属卤化物可以高含量水平留在电解液组合物中，而现有技术教导的是减低金属卤化物的量至几乎无法测到的水平，权利要求8~11中杂质含量的限定使得本申请具备新颖性。

至此，合议组认为本案事实清楚，可以作出审查决定。

二、决定的理由

1. 关于文本

本复审请求审查决定针对的文本是驳回文本，即：请求人2007年1月8日提交的权利要求第1~11项、2005年6月20日进入中国国家阶段提交的国际申请的中文译文说明书第1~6页及其说明书摘要

2. 专利法第22条第2款

专利法第22条第2款规定：新颖性，是指在申请日以前没有相同的发明或实用新型在国内外出版物上公开发表过、在国内公开使用过或者以其他方式为公众所知，也没有相同的发明或者实用新型由他人向国务院专利行政部门提出过申请并且记载在申请日以后公布的专利申请文件中。

如果一项发明专利申请与现有技术的相关内容相比，其技术领域、所要解决的技术问题和技术方案实质上相同、预期效果相同，则认为两者为同样的发明。

就本案而言，权利要求 8 要求保护一种含有四烷基铵四氟硼酸盐的电解液组合物，所述组合物由权利要求 1~7 中任意一项所述的方法得到。权利要求 1 的方法是包括将至少一种四烷基铵卤化物与至少一种金属四氟硼酸盐在至少一种可部分或完全与水混溶的选自腈、二腈、碳酸烷基酯、碳酸亚烷基酯和内酯的有机溶剂中混合。由于四烷基铵卤化物与金属四氟硼酸盐反应的产物为四烷基铵四氟硼酸盐，即，权利要求 8 要求保护四烷基铵四氟硼酸盐与选自腈、二腈、碳酸烷基酯、碳酸亚烷基酯和内酯的有机溶剂混合的电解液组合物。对比文件 1 的权利要求 1 和 3~4 公开了以下内容：电解液包含盐和溶剂，所述溶剂包括琥珀酸腈和第二种二腈的混合物在室温下形成液体，所述盐包括四烷基铵和碱金属离子形成的盐，具体包括四烷基铵四氟硼酸盐。由此可见，对比文件 1 同样公开了含有四烷基铵四氟硼酸盐和二腈有机溶剂混合的电解液组合物，对比文件 1 实质上公开了权利要求 8 请求保护的产品的全部技术特征，且本申请与对比文件 1 均属于电池电解液组合物，对比文件 1 的目的是改进电容量使其具有非常高的单位电容，本申请的电解液组合物也优选用于高能电容器，二者所要解决的技术问题和技术方案实质上相同、预期效果相同，因此，权利要求 8 不具备专利法第 22 条第 2 款规定的新颖性。

请求人认为，本申请的发明点在于含有至少一种四烷基铵四氟硼酸盐的电解液组合物始终含有未溶解的金属卤化物部分，该部分并没有使电解液组合物的应用有所削弱，并且不需要进一步纯化除去，现有技术的四烷基铵四氟硼酸盐必须基本上不含卤化物，否则就要考虑其对化学电池或能量储藏装置的腐蚀作用，本申请的上述特点较难使用结构表示，因为是制备方法导致产品的优秀效果。对此，合议组认为，从本申请说明书第 4 页第 3~6 行的内容来看，本申请方法的“特征在于所述方法包括步骤（ii）和（iii）中的至少一步：（ii）分离金属卤化物，（iii）干燥”，同时，说明书实施例部分描述为“在 20℃下搅拌 15 分钟后，将溶液过滤”，可见，本申请的技术方案也是将金属卤化物的含量尽可能减少，这与对比文件 1 中将氯化钠等金属卤化物滤掉的目的是相同的，可见本申请与对比文件 1 中金属卤化物都不是构成电解液组合物的必要成分，实质上为杂质。将电解液中的杂质尽可能降低以提高其效率是本领域技术人员公知的常识，请求人认为现有技术的四烷基铵四氟硼酸盐电解液中必须基本上不含卤化物，否则的话必须考虑其对化学电池或能量储存装置的腐蚀作用，然而，请求人并未有实验数据表明根据本申请获得的含有一定浓度的金属卤化物的电解液不会对装置产生腐蚀作用。

权利要求 9 是权利要求 8 的从属权利要求，进一步限定了无溶剂的电解液中金属卤化物的含量为 10ppm 至 2 重量%，尽管对比文件 1 中并没有具体公开该参数，但是在对比文件 1 的制备四烷基铵四氟硼酸盐的实施例中采用尽可能将产生的氯化钠滤除的步骤，可以预见，对比文件 1 所公开的电解液组合物中金属卤化物的含量不高，而且，如前所述，本申请与对比文件 1 中金属卤化物都是作为杂质存在的，杂质的含量并非区别电解液组合物的实质特征，因此，在权利要求 8 相对于对比文件 1 不具备新颖性的情况下，权利要求 9 相对于对比文件 1 也不具备新颖性。

请求人在答复《复审通知书》时，认为，现有技术教导要减少金属卤化物至几乎无法侦测的水平，即低于 10ppm，而本申请中，金属卤化物却可以 10 重量 ppm 至 2.0 重量% 的浓度存在，几达 2000 倍之差。对此。合议组认为，首先，对比文件 1 并没有具体公开电解液中残留的金属卤化物浓度，低于 10ppm 的量仅是请求人自己估计的量，请求人并未提供对比实验数据以说明根据对比文件 1 的方法获得的电解液中金属卤化物的量必然低于 10ppm；其次，对比文件 1 已经公开了含有四烷基铵四氟硼酸盐和二腈有机溶剂混合的电解液组合物的制备方法，其中的杂质金属卤化物通过多次分离提纯除去，理论上来看，可以通过控制分离次数以获得杂质含量不同的产品。因此，不能认为权利要求 9 的附加技术特征为本申请的电解液组合物带来了新颖性。

权利要求 10 使用技术效果特征对权利要求 9 进一步限定，而权利要求 9 中所述的金属卤化物实质上为杂质，而不构成组合物的必要组分，在其含量相同的情况下，其技术效果也是相同的，因此，权利要求 10 的附加技术特征部分也不能使其具备新颖性。

权利要求 11 要求保护含有四烷基铵四氟硼酸盐的电解液组合物在化学电池或电容器中的应用，由于对比文件 1 中已经公开了权利要求 8~10 要求保护的电解液组合物产品，同时公开了使用该电解液组合物的电容器构造（参见说明书第 2 栏第 67 行至第 3 栏第 18 行），因此，权利要求 11 的技术方案不具备专利法第 22 条第 2 款规定的新颖性。

根据上述事实和理由，合议组作出如下审查决定。

三、决定

维持国家知识产权局于 2007 年 3 月 23 日针对第 200380106821.3 号发明专利申请作出的驳回决定。

复审请求人对本决定不服的，可以根据专利法第 41 条第 2 款的规定，自收到本决定之日起三个月内向北京市第一中级人民法院起诉。

146

用于电池电解质的可交联组合物

复审请求审查决定（第18781号）

决　　定　　号　第18781号
决　　定　　日　2009年8月17日
发明创造名称　用于电池电解质的可交联组合物
国 际 分 类 号　C08L 83/04，C08L 83/12，H01B 1/04，H01M 8/10，C08G 77/42
复 审 请 求 人　罗狄亚化学公司
申　　请　　号　200480013112.5
优 先 权 日　2003年4月3日
申　　请　　日　2004年3月23日
公　　开　　日　2006年6月14日
合 议 组 组 长　孙跃飞
主　　审　　员　蔡　雷
参　　审　　员　黄　强

法 律 依 据　专利法第22条第3款
决 定 要 点

在判断一项发明是否具有创造性时，首先，应当确定与该发明所述技术方案最接近的现有技术的技术方案，继而，将该发明所述技术方案和最接近的现有技术中的技术方案进行特征分析，找出其区别技术特征；如果这些区别技术特征是本领域的技术人员为解决其技术问题，根据现有技术的教导而容易引入的，且其引入没有产生预料不到的技术效果，则该权利要求所保护的技术方案不具备创造性。

一、案由

本复审请求案涉及发明名称为“用于电池电解质的可交联组合物”的第200480013112.5号发明专利申请（下称本申请），申请人为罗狄亚化学公司，申请日为2004年3月23日，优先权日为2003年4月3日，公开日为2006年6月14日。

2008年3月21日，针对申请人于2007年12月13日提交的权利要求书第1~30项、进入国家阶段时提交的国际申请文件的中文文本说明书第1~14页及说明书摘要，国家知识产权局以权利要求1~18、21~30不符合专利法第22条第3款的规定为由驳回了本申请。

驳回决定认为：权利要求1与对比文件1的区别在于：①权利要求1具体记载了POS（B）的每一个分子中具有至少两个键合到硅上的氢原子；②权利要求1具体记载了其所述a）为聚有机硅氧烷

POS（A），且其每一分子中具有直接键合到硅上的 C_2-C_6 的链烯基以及直接键合到硅上的含聚氧化烯（Poa）醚官能团的基团。对于区别技术特征①，其已公开于对比文件 1 的另一技术方案部分，且在实际解决的技术问题中与权利要求 1 的作用相同，达到的技术效果相同。对于区别技术特征②，对比文件 1 给出了其所述的（B）为具有至少两个链烯基以及至少一个选自亚苯基、甲硅烷氧键、Si-N 键、羰基和酰胺键的化合物的技术启示，即给出了（B）可以为具有至少两个链烯基以及甲硅烷氧键的聚有机硅氧烷的技术启示（相当于权利要求 1 中的 POS（A））；对比文件 1 还公开了如果（B）中含有聚氧化乙烯醚官能团，则会导致离子电导率下降的变化趋势。也就是说，本领域的技术人员由对比文件 1 公开的内容可以得到如下的技术启示：用于电池电解质的组合物中可以包含具有聚氧化乙烯醚官能团和至少两个链烯基的聚有机硅氧烷。尽管包含具有聚氧化乙烯醚官能团和至少两个链烯基的聚有机硅氧烷的技术方案并非对比文件 1 的优选技术方案，但其给出了如果含有至少两个链烯基的聚有机硅氧烷中含有聚氧化乙烯醚官能团，则会导致离子电导率下降的趋势。而本申请的说明书所给出的由含有聚氧化醚基团的聚有机硅氧烷制备得到的电解质的电导率的数值与对比文件 1 所披露的技术内容相比，其也不能证明本申请所述的技术方案具有预料不到的技术效果。虽然对比文件 1 没有明确记载其所述的两个或两个以上的链烯基为直接键合到硅上的 C_2-C_6 链烯基以及聚氧化乙烯醚官能团的键合位置，但本领域的技术人员在对比文件 1 的技术启示下，为制备所要求性能的组合物，容易想到选择具有合适结构的链烯基以及聚氧化乙烯醚官能团的聚有机硅氧烷以解决其技术问题，因此权利要求 1 请求保护的技术方案相对于对比文件 1 不具有突出的实质性特点和显著的进步，不具备创造性。相应的，从属权利要求 2~18，21~26 也不具备创造性。而基于与权利要求 1 相同的评述理由，权利要求 27~29 也不具备创造性，基于权利要求 28~29 不具备创造性，权利要求 30 也不具备创造性。

驳回决定针对的权利要求如下：

“1. 一种通过聚加成反应可聚合和/或交联的用于电池电解质的组合物，所述组合物包括：

a）至少一种聚有机硅氧烷 POS（A），它的每一分子具有至少两个键合到硅上的 C_2-C_6 链烯基和至少一个直接键合到硅原子上的含聚氧化烯 Poa 醚官能团的基团；

b）至少一种聚有机硅氧烷 POS（B），它的每一分子具有至少两个键合到硅上的氢原子；

c）催化有效量的至少一种氢化硅烷化催化剂（C）；和

d）至少一种电解质盐（D）。

2. 权利要求 1 的通过聚加成反应可聚合和/或交联的用于电池电解质的组合物，其特征在于 POS（A）和 POS（B）的比例要使得在 POS（B）中键合到硅上的氢原子的数目与由 POS（A）贡献的链烯基的数目之比为 0.4 至 10。

3. 权利要求 1~2 之一的通过聚加成反应可聚合和/或交联的用于电池电解质的组合物，其特征在于 POS（A）中的聚氧化烯（Poa）醚官能团是聚氧乙烯醚和/或聚氧丙烯醚类型的官能团。

4. 权利要求 1~2 之一的通过聚加成反应可聚合和/或交联的用于电池电解质的组合物，其特征在于 POS（A）是多官能 POS，包括：

a）每一分子至少两个链烯基官能团；

b）至少两个相同或不同的式（I）的单元：

$$(R)_a Y_b X_c SiO_{\frac{4-(a+b+c)}{2}} \qquad (I)$$

其中：

符号 R 相同或者不同，各自表示选自具有 1~6 个碳原子的直链或支链烷基、具有 5~8 个碳原子的环烷基、烷氧基和苯基的单价烃基；

符号 Y 相同或者不同，各自表示 R^1-Poa 基团，其中符号 R^1 表示含 2~50 个碳原子的基团，并且符号 Poa 表示聚氧化烯醚类型的基团；

符号 X 相同或者不同，各自表示键合到硅上的 C_2-C_6 链烯基官能团；

符号 a 和 b 是选自 0、1、2 或 3 的相同或者不同的数；

符号 c 是 0 或 1；和

a+b+c 之和不是 0 且≤3；和

c）任选的至少一个式 $R_kSiO_{(4-k)/2}$的甲硅烷氧基单元，符号 R 具有与以上相同的定义，并且 k 为 1 至 3 的数。

5. 权利要求 4 的通过聚加成反应可聚合和/或交联的用于电池电解质的组合物，其特征在于聚氧化烯醚类型的基团是聚氧乙烯醚和/或聚氧丙烯醚类型的基团。

6. 权利要求 4 的通过聚加成反应可聚合和/或交联的用于电池电解质的组合物，其特征在于该键合到硅上的 C_2-C_6 链烯基官能团是乙烯基或烯丙基。

7. 权利要求 4 的通过聚加成反应可聚合和/或交联的用于电池电解质的组合物，其特征在于-R^1-Poa 基团选自下述基团：

$(CH_2)_3$-O-（CH_2CH_2-O）m -CH_3；-（CH_2）$_2$-O-（$CH_{2C}H_2$-O）m -CH_3；

$(CH_2)_3$-O-（CH（CH_3）-CH_2-O）m -CH_3 和

$(CH_2)_2$-O-（CH（CH_3）-CH_2-O）m -CH_3；

其中 m≤14。

8. 权利要求 1~2 之一的通过聚加成反应可聚合和/或交联的用于电池电解质的组合物，其特征在于 POS（A）是具有下述平均通式（II）的线性的无规、序列或嵌段共聚物：

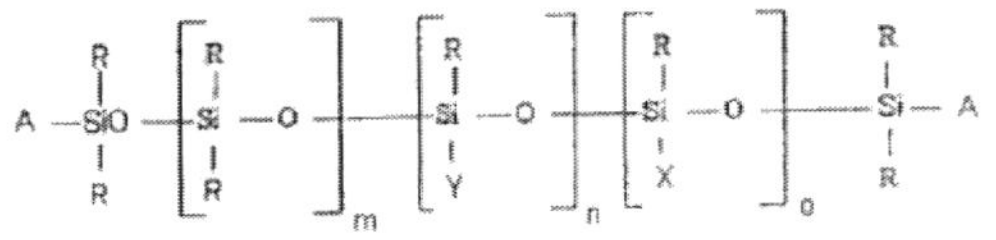
（II）

并且可包括式 $RSiO_{3/2}$（T）的单元，在该式中：

符号 R 相同或者不同，各自表示选自具有 1~6 个碳原子的直链或支链烷基、具有 5~8 个碳原子的环烷基、烷氧基和苯基的单价烃基；

符号 Y 相同或者不同，各自表示 R^1-Poa 基团，其中符号 R^1 表示含 2~50 个碳原子的基团，并且符号 Poa 表示聚氧化烯醚类型的基团；

符号 X 相同或者不同，各自表示键合到硅上的 C_2-C_6 链烯基官能团；

符号 A 相同或者不同，各自表示符号 R、符号 X 或符号 Y，所述符号具有与以上相同的定义；

m 是大于或等于 0 的整数或分数；

n 是大于或等于 1 的整数或分数；和

o 是大于或等于 2 的整数或分数。

9. 权利要求 8 的通过聚加成反应可聚合和/或交联的用于电池电解质的组合物，其特征在于聚氧化烯醚类型的基团是聚氧乙烯醚和/或聚氧丙烯醚类型的基团。

10. 权利要求 8 的通过聚加成反应可聚合和/或交联的用于电池电解质的组合物，其特征在于该键合到硅上的 C_2-C_6 链烯基官能团是乙烯基或烯丙基。

11. 权利要求 8 的通过聚加成反应可聚合和/或交联的用于电池电解质的组合物，其特征在于：

m 是大于或等于 0 且小于或等于 200 的整数或分数；

n 是大于或等于 1 且小于或等于 200 的整数或分数；

o 是大于或等于 2 且小于或等于 200 的整数或分数。

12. 权利要求 8 的通过聚加成反应可聚合和/或交联的用于电池电解质的组合物，其特征在于携带链烯基官能团 X 的单元的数目的选择要使得链烯基官能团 X 的含量以相对于 POS（A）总重量的百分数表示为 0.5%～5%。

13. 权利要求 1～2 之一的通过聚加成反应可聚合和/或交联的用于电池电解质的组合物，其特征在于 POS（B）包括：

a）至少两个相同或不同的式（III）的单元：

$$R_x H SiO_{\frac{4-x}{2}} \qquad (III)$$

在该式中：

符号 R 相同或者不同，各自表示选自具有 1～6 个碳原子的直链或支链烷基、具有 5～8 个碳原子的环烷基和苯基的单价烃基；和

x 是 1 至 3，含端值；和

b）任选的至少一个式 $R_kSiO_{(4-k)/2}$的甲硅烷氧基单元，符号 R 具有与以上相同的定义，并且 k 是 1 至 3 的数。

14. 权利要求 1～2 之一的通过聚加成反应可聚合和/或交联的用于电池电解质的组合物，其特征在于 POS（B）是具有下述平均通式（IV）的线性的无规、序列或嵌段共聚物：

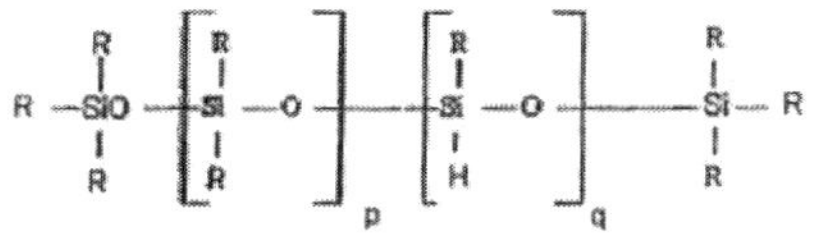

（IV）

在该式中：

符号 R 相同或者不同，各自表示氢、选自具有 1～6 个碳原子的直链或支链烷基、具有 5～8 个碳原子的环烷基和苯基的单价烃基；

p 是大于或等于 0 的整数或分数；和

q 是大于或等于 2 的整数或分数，它任选地等于 0；条件是当 q=0 时，两个端基携带直接键合到硅原子上的氢。

15. 权利要求 1～2 之一的通过聚加成反应可聚合和/或交联的用于电池电解质的组合物，其特征在于电解质盐（D）由下述物质组成：

选自下述的阳离子：金属阳离子、铵离子、脒鎓离子和胍鎓离子；和

选自下述的阴离子：氯根离子、溴根离子、碘根离子、高氯酸根离子、硫氰酸根离子、四氟硼酸根离子、硝酸根离子、AsF_{6-}、PF_{6-}、硬脂基磺酸根离子、三氟甲磺酸根离子、辛基磺酸根离子、十二烷基苯磺酸根离子、R^4SO_{3-}、$(R^4SO_2)(R^5SO_2)N^-$和$(R^4SO_2)(R^5SO_2)(R^6SO_2)C^-$；在每一化学式中，$R^4$、$R^5$ 和 R^6 基团相同或者不同，且表示吸电子基团。

16. 权利要求 15 的通过聚加成反应可聚合和/或交联的用于电池电解质的组合物，其特征在于 R^4、R^5 和 R^6 基团是全氟芳基或全氟烷基类型的吸电子基团，其中该全氟烷基包括 1～6 个碳原子。

17. 权利要求 15 的通过聚加成反应可聚合和/或交联的用于电池电解质的组合物，其特征在于电解质盐（D）包括选自 Chem. & Eng. News，vol. 63，No. 5，26，1985 年 2 月 4 日的周期表第 1 和 2 族的碱金属和碱土金属中的金属阳离子。

18. 权利要求 17 的通过聚加成反应可聚合和/或交联的用于电池电解质的组合物，其特征在于电解质盐（D）包括锂类型的金属阳离子。

19. 权利要求 18 的通过聚加成反应可聚合和/或交联的用于电池电解质的组合物，其特征在于电解质盐（D）的用量的确定要使得 O / Li 的摩尔比为 15 至 40。

20. 权利要求 19 的通过聚加成反应可聚合和/或交联的用于电池电解质的组合物，其特征在于该摩尔比为等于 25。

21. 权利要求 1~2 之一的通过聚加成反应可聚合和/或交联的用于电池电解质的组合物，其特征在于电解质盐（D）选自下述化合物：$LiClO_4$、$LiBF_4$、$LiPF_6$、$LiAsF_6$、$LiCF_3SO_3$、$LiN(CF_3SO_2)_2$、$Li(C_2F_5SO_2)_2$ 和这些化合物的混合物。

22. 权利要求 15 的通过聚加成反应可聚合和/或交联的用于电池电解质的组合物，其特征在于金属阳离子选自过渡金属。

23. 权利要求 22 的通过聚加成反应可聚合和/或交联的用于电池电解质的组合物，其特征在于金属阳离子选自锰、铁、钴、镍、铜、锌、钙和银。

24. 权利要求 1~2 之一的通过聚加成反应可聚合和/或交联的用于电池电解质的组合物，其特征在于它包括有机电解质（E）。

25. 权利要求 24 的通过聚加成反应可聚合和/或交联的用于电池电解质的组合物，其特征在于有机电解质（E）选自下述化合物：碳酸亚丙酯、碳酸亚乙酯、碳酸二乙酯、碳酸二甲酯、碳酸乙基甲酯、γ-丁内酯、1，3-二氧戊环、二甲氧基乙烷、四氢呋喃、二甲亚砜和聚 乙二醇二甲醚。

26. 权利要求 1~2 之一的通过聚加成反应可聚合和/或交联的用于电池电解质的组合物，其特征在于氢化硅烷化催化剂（C）基于铂。

27. 借助于聚加成方法，通过聚合和/或交联权利要求 1~26 之一的可聚合和/或可交联的组合物而获得的用于电池的聚合物电解质，所述聚加成任选地被热活化。

28. 一种聚合物电池，它包括置于阳极和阴极之间的权利要求 27 的聚合物电解质。

29. 权利要求 28 的聚合物电池，其特征在于阴极的至少一种成分选自下述化合物：锂金属、锂合金、含锂插入物的无机材料和含锂插入物的碳酸盐材料。

30. 权利要求 28 或 29 的聚合物电池在同步卫星或电和混合机动车中的用途。”

2008 年 7 月 7 日，申请人罗狄亚化学公司（下称请求人）对上述驳回决定不服，向专利复审委员会提出复审请求，请求人在提出复审请求时对权利要求书进行了修改，将权利要求 1 中的聚有机硅氧烷 POS（B）限定为式（IV）的 POS（B），即将原权利要求 14 的技术特征引入权利要求 1 中。请求人认为修改后的权利要求 1 克服了本发明不具备创造性的缺陷。修改后的权利要求书为：

“1. 一种通过聚加成反应可聚合和/或交联的用于电池电解质的组合物，所述组合物包括：

a）至少一种聚有机硅氧烷 POS（A），它的每一分子具有至少两个键合到硅上的 C_2-C_6 链烯基和至少一个直接键合到硅原子上的含聚氧化烯 Poa 醚官能团的基团；

b）至少一种聚有机硅氧烷 POS（B），它的每一分子具有至少两个键合到硅上的氢原子，该 POS（B）是具有下述平均通式（IV）的线性的无规、序列或嵌段共聚物：

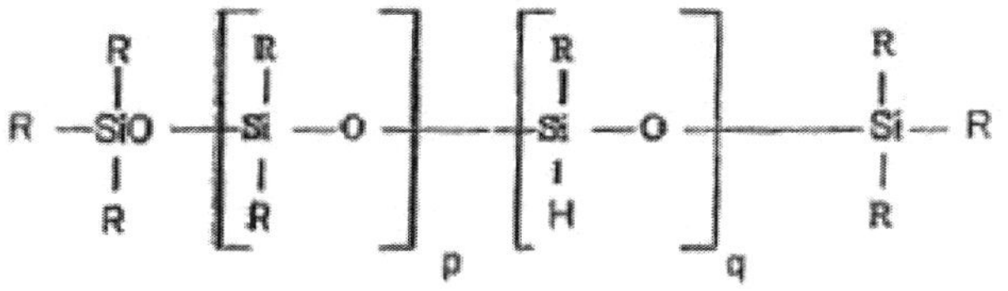

(IV)

在该式中：

符号R相同或者不同，各自表示氢、选自具有1~6个碳原子的直链或支链烷基、具有5~8个碳原子的环烷基和苯基的单价烃基；

p是大于或等于0的整数或分数；和

q是大于或等于2的整数或分数，它任选地等于0；条件是当q=0时，两个端基携带直接键合到硅原子上的氢；

c）催化有效量的至少一种氢化硅烷化催化剂（C）；和

d）至少一种电解质盐（D）。

2. 权利要求1的通过聚加成反应可聚合和/或交联的用于电池电解质的组合物，其特征在于POS（A）和POS（B）的比例要使得在POS（B）中键合到硅上的氢原子的数目与由POS（A）贡献的链烯基的数目之比为0.4至10。

3. 权利要求1~2之一的通过聚加成反应可聚合和/或交联的用于电池电解质的组合物，其特征在于POS（A）中的聚氧化烯Poa醚官能团是聚氧乙烯醚和/或聚氧丙烯醚类型的官能团。

4. 权利要求1~2之一的通过聚加成反应可聚合和/或交联的用于电池电解质的组合物，其特征在于POS（A）是多官能POS，包括：

a）每一分子至少两个链烯基官能团；

b）至少两个相同或不同的式（I）的单元：

$$(R)_a Y_b X_c SiO_{\frac{4-(a+b+c)}{2}} \qquad (I)$$

其中：

符号R相同或者不同，各自表示选自具有1-6个碳原子的直链或支链烷基、具有5-8个碳原子的环烷基、烷氧基和苯基的单价烃基；

符号Y相同或者不同，各自表示R^1-Poa基团，其中符号R^1表示含2~50个碳原子的基团，并且符号Poa表示聚氧化烯醚类型的基团；

符号X相同或者不同，各自表示键合到硅上的C_2-C_6链烯基官能团；

符号a和b是选自0、1、2或3的相同或者不同的数；

符号c是0或1；和

a+b+c之和不是0且≤3；和

c）任选的至少一个式$R_kSiO_{(4-k)/2}$的甲硅烷氧基单元，符号R具有与以上相同的定义，并且k为1至3的数。

5. 权利要求4的通过聚加成反应可聚合和/或交联的用于电池电解质的组合物，其特征在于聚氧化烯醚类型的基团是聚氧乙烯醚和/或聚氧丙烯醚类型的基团。

6. 权利要求4的通过聚加成反应可聚合和/或交联的用于电池电解质的组合物，其特征在于该键合到硅上的C_2-C_6链烯基官能团是乙烯基或烯丙基。

7. 权利要求 4 的通过聚加成反应可聚合和/或交联的用于电池电解质的组合物，其特征在于-R1-Poa 基团选自下述基团：

$(CH_2)_3$-O-（CH_2CH_2-O）m -CH_3；-（CH_2）$_2$-O-（CH_2CH_2-O）m -CH_3；

$(CH_2)_3$-O-（CH（CH_3）-CH_2-O）m -CH_3和

$(CH_2)_2$-O-（CH（CH_3）-CH_2-O）m -CH_3；

其中 m≤14。

8. 权利要求 1~2 之一的通过聚加成反应可聚合和/或交联的用于电池电解质的组合物，其特征在于 POS（A）是具有下述平均通式（II）的线性的无规、序列或嵌段共聚物：

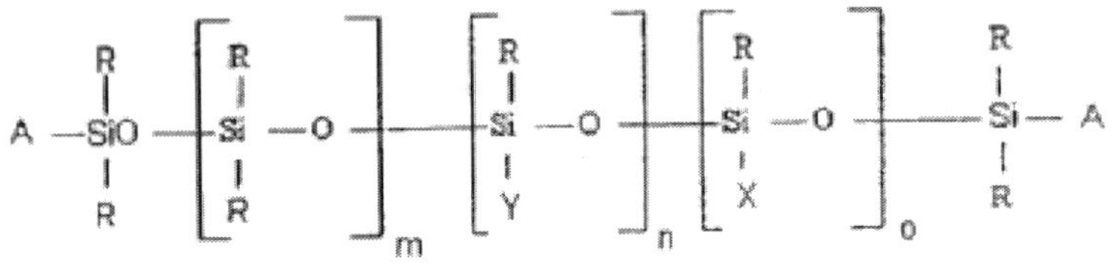

（II）

并且可包括式 $RSiO_{3/2}$（T）的单元，在该式中：

符号 R 相同或者不同，各自表示选自具有 1~6 个碳原子的直链或支链烷基、具有 5~8 个碳原子的环烷基、烷氧基和苯基的单价烃基；

符号 Y 相同或者不同，各自表示 R^1-Poa 基团，其中符号 R^1 表示含 2~50 个碳原子的基团，并且符号 Poa 表示聚氧化烯醚类型的基团；

符号 X 相同或者不同，各自表示键合到硅上的 C_2-C_6 链烯基官能团；

符号 A 相同或者不同，各自表示符号 R、符号 X 或符号 Y，所述符号具有与以上相同的定义；

m 是大于或等于 0 的整数或分数；

n 是大于或等于 1 的整数或分数；和

o 是大于或等于 2 的整数或分数。

9. 权利要求 8 的通过聚加成反应可聚合和/或交联的用于电池电解质的组合物，其特征在于聚氧化烯醚类型的基团是聚氧乙烯醚和/或聚氧丙烯醚类型的基团。

10. 权利要求 8 的通过聚加成反应可聚合和/或交联的用于电池电解质的组合物，其特征在于该键合到硅上的 C_2-C_6 链烯基官能团是乙烯基或烯丙基。

11. 权利要求 8 的通过聚加成反应可聚合和/或交联的用于电池电解质的组合物，其特征在于：

m 是大于或等于 0 且小于或等于 200 的整数或分数；

n 是大于或等于 1 且小于或等于 200 的整数或分数；

o 是大于或等于 2 且小于或等于 200 的整数或分数。

12. 权利要求 8 的通过聚加成反应可聚合和/或交联的用于电池电解质的组合物，其特征在于携带链烯基官能团 X 的单元的数目的选择要使得链烯基官能团 X 的含量以相对于 POS（A）总重量的百分数表示为 0.5%~5%。

13. 权利要求 1~2 之一的通过聚加成反应可聚合和/或交联的用于电池电解质的组合物，其特征在于 POS（B）包括：

a）至少两个相同或不同的式（III）的单元：

$$R_x H SiO_{\frac{4-x}{2}} \quad (III)$$

在该式中：

符号 R 相同或者不同，各自表示选自具有 1~6 个碳原子的直链或支链烷基、具有 5~8 个碳原子的环烷基和苯基的单价烃基；和

x 是 1 至 3，含端值；和

b）任选的至少一个式 $R_kSiO_{(4-k)/2}$ 的甲硅烷氧基单元，符号 R 具有与以上相同的定义，并且 k 是 1~3 的数。

14. 权利要求 1~2 之一的通过聚加成反应可聚合和/或交联的用于电池电解质的组合物，其特征在于电解质盐（D）由下述物质组成：

选自下述的阳离子：金属阳离子、铵离子、脒鎓离子和胍鎓离子；和

选自下述的阴离子：氯根离子、溴根离子、碘根离子、高氯酸根离子、硫氰酸根离子、四氟硼酸根离子、硝酸根离子、AsF_{6-}、PF_{6-}、硬脂基磺酸根离子、三氟甲磺酸根离子、辛基磺酸根离子、十二烷基苯磺酸根离子、R^4SO_{3-}、（R^4SO_2）（R^5SO_2）N^- 和（R^4SO_2）（R^5SO_2）（R^6SO_2）C^-；在每一化学式中，R^4、R^5 和 R^6 基团相同或者不同，且表示吸电子基团。

15. 权利要求 14 的通过聚加成反应可聚合和/或交联的用于电池电解质的组合物，其特征在于 R^4、R^5 和 R^6 基团是全氟芳基或全氟烷基类型的吸电子基团，其中该全氟烷基包括 1~6 个碳原子。

16. 权利要求 14 的通过聚加成反应可聚合和/或交联的用于电池电解质的组合物，其特征在于电解质盐（D）包括选自 Chem. & Eng. News，vol. 63，No. 5，26，1985 年 2 月 4 日的周期表第 1 和 2 族的碱金属和碱土金属中的金属阳离子。

17. 权利要求 16 的通过聚加成反应可聚合和/或交联的用于电池电解质的组合物，其特征在于电解质盐（D）包括锂类型的金属阳离子。

18. 权利要求 17 的通过聚加成反应可聚合和/或交联的用于电池电解质的组合物，其特征在于电解质盐（D）的用量的确定要使得 O / Li 的摩尔比为 15 至 40。

19. 权利要求 18 的通过聚加成反应可聚合和/或交联的用于电池电解质的组合物，其特征在于该摩尔比为等于 25。

20. 权利要求 1~2 之一的通过聚加成反应可聚合和/或交联的用于电池电解质的组合物，其特征在于电解质盐（D）选自下述化合物：$LiClO_4$、$LiBF_4$、$LiPF_6$、LiAsF6、$LiCF_3SO_3$、LiN（CF_3SO_2）$_2$、Li（$C_2F_5SO_2$）$_2$ 和这些化合物的混合物。

21. 权利要求 14 的通过聚加成反应可聚合和/或交联的用于电池电解质的组合物，其特征在于金属阳离子选自过渡金属。

22. 权利要求 21 的通过聚加成反应可聚合和/或交联的用于电池电解质的组合物，其特征在于金属阳离子选自锰、铁、钴、镍、铜、锌、钙和银。

23. 权利要求 1~2 之一的通过聚加成反应可聚合和/或交联的用于电池电解质的组合物，其特征在于它包括有机电解质（E）。

24. 权利要求 23 的通过聚加成反应可聚合和/或交联的用于电池电解质的组合物，其特征在于有机电解质（E）选自下述化合物：碳酸亚丙酯、碳酸亚乙酯、碳酸二乙酯、碳酸二甲酯、碳酸乙基甲酯、γ-丁内酯、1，3-二氧戊环、二甲氧基乙烷、四氢呋喃、二甲亚砜和聚 乙二醇二甲醚。

25. 权利要求 1~2 之一的通过聚加成反应可聚合和/或交联的用于电池电解质的组合物，其特征在于氢化硅烷化催化剂（C）基于铂。

26. 借助于聚加成方法，通过聚合和/或交联权利要求 1~25 之一的可聚合和/或可交联的组合物而获得的用于电池的聚合物电解质，所述聚加成任选地被热活化。

27. 一种聚合物电池，它包括置于阳极和阴极之间的权利要求 26 的聚合物电解质。

28. 权利要求 27 的聚合物电池，其特征在于阴极的至少一种成分选自下述化合物：锂金属、锂合金、含锂插入物的无机材料和含锂插入物的碳酸盐材料。

29. 权利要求 27 或 28 的聚合物电池在同步卫星或电和混合机动车中的用途。”

经形式审查合格后，专利复审委员会受理了该请求，并于 2008 年 7 月 24 日向请求人发出了《复审请求受理通知书》，同时将本申请转送至国家知识产权局原审查部门进行前置审查。

在《前置审查意见书》中，国家知识产权局原审查部门认为修改后的权利要求 1 中 POS（B）与对比文件 1 相比仅是选择了某一具体结构的聚有机硅氧烷，尽管权利要求 1 排除了 POS（B）具有 SiH 基团和聚氧化烯基团的可能性，但由对比文件 1 披露的技术内容可知包含具有聚氧化乙烯结构的聚有机硅氧烷的电解质组合物的离子电导率要高于包含不具有聚氧化乙烯结构的聚有机硅氧烷的电解质的离子电导率，权利要求 1 的技术方案相对于对比文件 1 并没有带来预料不到的技术效果，此外申请人也没有提出新的具有说服力的理由，因此坚持驳回决定。

专利复审委员会组成合议组，对本复审请求案进行了审理。

本案合议组于 2009 年 4 月 27 日发出《复审通知书》，指出：（1）权利要求 1 与对比文件 1 技术方案的区别特征在于：①权利要求 1 记载了组分 POS（A）每一分子中具有至少两个键合到硅上的 C_2-C_6 链烯基和至少一个直接键合到硅上的含聚氧化烯（Poa）醚官能团的基团；②权利要求 1 记载了具体的具有通式（IV）的组分 POS（B），其不含有聚氧乙烯结构。对于区别特征①，对比文件 1 给出了组分（B）可以为具有至少两个链烯基以及甲硅烷氧键的聚有机硅氧烷的技术启示，并公开了如果组分（B）中含有聚氧乙烯结构，则会导致离子电导率下降的变化趋势。因此，本领域的技术人员由对比文件 1 公开的内容可以得到如下的技术启示：用于电池电解质的组合物中可以包含具有聚氧乙烯结构和至少两个链烯基的聚有机硅氧烷。本申请中电解质组合物的离子电导率低于对比文件 1 中组合物的离子电导率，这种技术效果是通过对比文件 1 公开的内容可进行预期的。此外，虽然对比文件 1 没有明确记载其所述的两个或两个以上的链烯基为直接键合到硅上的 C_2-C_6 链烯基以及聚氧乙烯结构的键合位置，但本领域的技术人员在对比文件 1 的技术启示下，为制备所需性能的组合物，容易想到选择具有合适链长和结构的链烯基以及聚氧乙烯官能团的聚有机硅氧烷以解决其技术问题，并能够预料其具有本申请所述的技术效果。对于区别特征②，对比文件 1 给出了包含具有聚氧乙烯结构和 2 个或更多 SiH 基团的聚有机硅氧烷的电解质组合物具有更高的离子电导率的技术启示，且本申请所述的包含具有 2 个或更多 SiH 基团而不具有聚氧乙烯结构的 POS（B）的电解质组合物相对于对比文件 1 的技术方案而言，其效果是可以预期的。换言之，本领域的技术人员在对比文件 1 的技术启示下，能够预料到不采用聚氧乙烯结构的 POS（B）的电解质组合物具有本申请所述的技术效果。因此权利要求 1 相对于对比文件 1 不符合专利法第 22 条第 3 款的规定。相应的，权利要求 2~29 也不符合专利法第 22 条第 3 款的规定。（2）对于请求人在《复审请求书》和答复《第二次审查意见通知书》中的意见，合议组认为，对比文件 1 已经给出了包含具有聚氧乙烯结构和 2 个或更多 SiH 基团的聚有机硅氧烷的电解质组合物具有更高的离子电导率的技术启示，本申请所述的包含具有 2 个或更多 SiH 基团而不具有聚氧乙烯结构的 POS（B）的电解质组合物相对于对比文件 1 没有带来预料不到的技术效果，对比文件 1 只是给出了其所述化合物 B 优选具有低分子量，并没有公开化合物 B 必须具有低分子量，而本申请所述的包含高分子量的聚有机硅氧烷的电解质组合物相对于对比文件 1 所公开的技术内容并没有带来预料不到的技术效果；此外，本领域技术人员由对比文件 1 对组分 A 聚有机硅氧烷的重均分子量和组分 B 的数均分子量的限定能够确定所述化合物 B 可为聚合物，因此对于请求人的主张，合议组不予支持。

2009年6月12日，针对上述《复审通知书》，请求人提交了意见陈述书，没有对申请文件进行修改。

请求人认为：对比文件1中起POS作用的是化合物（A），并没有提及有可能考虑进行两种不同POS的交联；对比文件1清楚地指出使用低分子量化合物（B）以保持离子电导率以及强度和模塑性，对本领域技术人员而言没有理由去考虑化合物（B）为高分子量化合物如POS是有益的；对比文件1的可固化组合物由于掺入四氢呋喃，因而与本申请的离子电导率之间没有可比性。因此本领域技术人员不会被启示使用POS作为化合物（B），本申请的权利要求具有创造性。

至此，合议组认为本案事实已经清楚，可以作出复审决定。

二、决定的理由

1. 文本的认定

本复审请求审查决定是在请求人于2008年7月7日提交的权利要求第1~29项、进入中国国家阶段时提交的国际申请文件中文译文的说明书第1~14页和说明书摘要的基础上作出的。

2. 有关专利法第22条第3款

专利法第22条第3款规定，创造性，是指同申请日以前已有的技术相比，该发明有突出的实质性特点和显著的进步，该实用新型有实质性特点和进步。

在判断一项发明是否具有创造性时，首先，应当确定与该发明所述技术方案最接近的现有技术的技术方案，继而，将该发明所述技术方案和最接近的现有技术中的技术方案进行特征分析，找出其区别技术特征；如果这些区别技术特征是本领域的技术人员为解决其技术问题，根据现有技术的教导而容易引入的，且其引入没有产生预料不到的技术效果，则该权利要求所保护的技术方案不具备创造性。

权利要求1要求保护一种通过聚加成反应可聚合和/或交联的用于电池电解质的组合物，所述组合物包括：

a）至少一种聚有机硅氧烷POS（A），它的每一分子具有至少两个键合到硅上的C_2-C_6链烯基和至少一个直接键合到硅原子上的含聚氧化烯Poa醚官能团的基团；

b）至少一种聚有机硅氧烷POS（B），它的每一分子具有至少两个键合到硅上的氢原子，该POS（B）是具有下述平均通式（IV）的线性的无规、序列或嵌段共聚物：

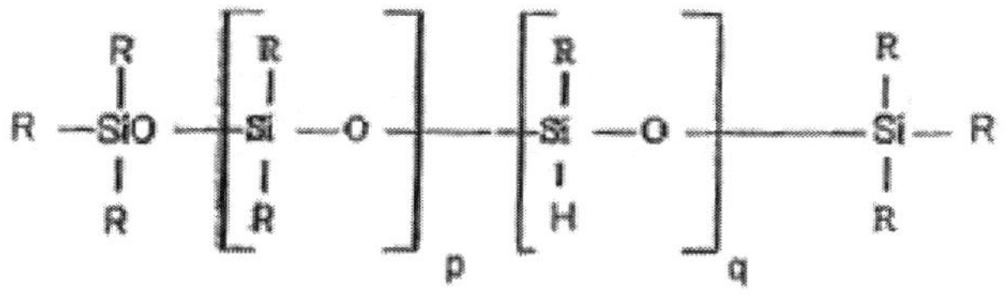

（IV）

在该式中：

符号R相同或者不同，各自表示氢、选自具有1~6个碳原子的直链或支链烷基、具有5~8个碳原子的环烷基和苯基的单价烃基；

p是大于或等于0的整数或分数；和

q是大于或等于2的整数或分数，它任选地等于0；条件是当q=0时，两个M端基携带直接键合到硅原子上的氢；

c）催化有效量的至少一种氢化硅烷化催化剂（C）；和

d）至少一种电解质盐（D）。

对比文件1（US2002/0051911A1，公开日2002年5月2日）公开了一种可交联形成电池聚合物电解质的组合物，并具体公开了如下技术特征：所述的组合物包括（A）含 Si-H 的聚有机硅氧烷，优选含聚氧乙烯结构和两个或以上的 Si-H（对应于权利要求 1 中所述的 POS（B）），（B）含有两个或以上链烯基以及至少一个选自亚苯基、甲硅烷氧键、Si-N 键、羰基和酰胺键的组分，优选具有 80-1000 的数均分子量（对应于权利要求 1 中所述的 POS（A）），（C）氢化硅烷化催化剂，和（D）电解质盐；催化剂（C）的用量优选为 0.00001-0.01mol（相当于权利要求 1 中所述的催化有效量）；组合物通过氢化硅烷化反应（即权利要求 1 所述的聚加成反应）得到聚合物电解质（参见对比文件 1 说明书第 0010~0019 段、0050、0068、0074、0075 段）。

由此可见，权利要求 1 与对比文件 1 技术方案的区别特征在于：①权利要求 1 记载了组分 POS（A）每一分子中具有至少两个键合到硅上的 C_2-C_6 链烯基和至少一个直接键合到硅上的含聚氧化烯（Poa）醚官能团的基团；②权利要求 1 记载了具体的具有通式（IV）的组分 POS（B），其不含有聚氧乙烯结构。

对于区别特征①，首先，对比文件 1 所述的组分（B）为具有至少两个链烯基以及至少一个选自亚苯基、甲硅烷氧键、Si-N 键、羰基和酰胺键的组分，优选具有 80~1000 的数均分子量，即对比文件 1 给出了组分（B）可以为具有至少两个链烯基以及甲硅烷氧键的聚有机硅氧烷的技术启示；其次，对比文件 1 公开了如果组分（B）中含有聚氧乙烯结构，则会导致离子电导率下降的变化趋势（参见说明书第 0051 段）。因此，本领域的技术人员由对比文件 1 公开的内容可以得到如下的技术启示：用于电池电解质的组合物中可以包含具有聚氧乙烯结构和至少两个链烯基的聚有机硅氧烷。尽管包含具有聚氧乙烯官能团和至少两个链烯基的聚有机硅氧烷的技术方案并非对比文件 1 的优选技术方案，但对比文件 1 并未声称组分（B）中必须不含聚氧乙烯结构，只是公开了如果组分（B）中含有至少两个链烯基的聚有机硅氧烷中含有聚氧乙烯结构，则会导致离子电导率下降的趋势。由本申请说明书公开的内容可知，其制得的电解质的离子电导率为 10^{-4} 至 5×10^{-6} 西门子/厘米，而对比文件 1 的电解质的离子电导率最小为 1.5×10^{-4} 西门子/厘米。也就是说，本申请中电解质组合物的离子电导率低于对比文件 1 中组合物的离子电导率，这种技术效果是通过对比文件 1 公开的内容可进行预期的。此外，虽然对比文件 1 没有明确记载其所述的两个或两个以上的链烯基为直接键合到硅上的 C_2-C_6 链烯基以及聚氧乙烯结构的键合位置，但本领域的技术人员在对比文件 1 的技术启示下，为制备所需性能的组合物，容易想到选择具有合适链长和结构的链烯基以及聚氧乙烯官能团的聚有机硅氧烷以解决其技术问题，并能够预料其具有本申请所述的技术效果。

对于区别特征②，对比文件 1 给出了如下技术启示：从高离子电导率的角度来看，组分（A）优选含有聚氧乙烯结构和 2 个或更多 SiH 基团（参见说明书第 0023 段）。因此，对比文件 1 已给出了包含具有聚氧乙烯结构和 2 个或更多 SiH 基团的聚有机硅氧烷的电解质组合物具有更高的离子电导率的技术启示。而由本申请说明书公开的技术内容可知，其制得的电解质的离子电导率为 10^{-4} 至 5×10^{-6} 西门子/厘米，而对比文件 1 的电解质的离子电导率最小为 1.5×10^{-4} 西门子/厘米。也就是说，本申请所述的包含具有 2 个或更多 SiH 基团而不具有聚氧乙烯结构的 POS（B）的电解质组合物相对于对比文件 1 的技术方案而言，其效果是可以预期的。换言之，本领域的技术人员在对比文件 1 的技术启示下，能够预料到不采用聚氧乙烯结构的 POS（B）的电解质组合物具有本申请所述的技术效果。

综上，权利要求 1 要求保护的技术方案相对于对比文件 1 不具有突出的实质性特点和显著的进步，不具备专利法第 22 条第 3 款规定的创造性。

权利要求 2 为权利要求 1 的从属权利要求。对比文件 1 公开了如下技术特征：所述的组合物中（A）/（B）（摩尔比）优选为 0.01~5.0，更优选为 0.05~3.0（参见说明书第 0068 段）；混合组分（A）、（B）、（C）和（D），加热，使之发生氢化硅烷化反应（即权利要求 1 所述的聚加成反应），得到聚合物电解质（参见说明书第0074、0075段）。由此可见，对比文件1给出了组分（A）、（B）之间的反应为硅氢化反应，即通过Si-H上的H与链烯基反应而得到聚合物电解质的技术启示，并给出了组分（A）、（B）之间的合适用量。虽然对比文件1没有明确记载权利要求2所述POS（A）、POS（B）的比例，但本领域的技术人员在对比文件1的技术启示下，为制备所要求性能的组合物，容易想到选择（A）、（B）的合适用量比，从而控制Si-H上的H与链烯基的合适数目比来解决技术问题，且本领域的技术人员经过有限次的试验就容易确定该合适用量比。因此，在引用的权利要求1不具有创造性的前提下，权利要求2请求保护的技术方案相对于对比文件1不具有突出的实质性特点和显著的进步，不具备专利法第22条第3款规定的创造性。

权利要求3为权利要求1或2的从属权利要求。其附加技术特征已被对比文件1所公开（参见说明书第0051段）。因此，在其引用的权利要求1或2不具有创造性的前提下，权利要求3请求保护的技术方案相对于对比文件1不具有突出的实质性特点和显著的进步，不具备专利法第22条第3款规定的创造性。

权利要求4~11是对权利要求1或2中的聚有机硅氧烷POS（A）的进一步限定，与对比文件1相比，其仅仅是选择了某种具体的多官能POS，而这种选择并没有带来预料不到的技术效果。因此，基于与评述权利要求1相同的理由，在引用的权利要求不具有创造性的前提下，权利要求4~11请求保护的技术方案相对于对比文件1均不具有突出的实质性特点和显著的进步，不具备专利法第22条第3款规定的创造性。

权利要求12为权利要求8的从属权利要求。对比文件1虽然没有具体公开其所述的组分（B）中链烯基官能团的含量，但本领域的技术人员为了控制其所述的电解质的交联度进而得到所要求性能的电解质，根据对比文件1公开的内容容易想到选择具有合适含量的链烯基官能团的组分（B）以解决其技术问题，且本领域的技术人员经过有限次的试验就能够确定该合适含量。因此，在引用的权利要求8不具有创造性的前提下，权利要求12请求保护的技术方案相对于对比文件1不具有突出的实质性特点和显著的进步，不具备专利法第22条第3款规定的创造性。

权利要求13为权利要求1或2的从属权利要求。对比文件1公开了其所述的组分（A）为含Si-H基团的聚有机硅氧烷（参见说明书第0011段），并进一步公开了其可以是本领域的任何含有Si-H基团的聚有机硅氧烷（参见说明书第0022段），优选为含有两个或两个以上的Si-H基团的聚有机硅氧烷（参见说明书第0023段）。由此可见，对比文件1已给出了其所述的组分（A）优选含有两个或两个以上的Si-H基团的技术启示。对于权利要求13选择的具体结构的聚有机硅氧烷，其并没有带来预料不到的技术效果，本领域技术人员通过有限次的试验能够确定。因此，基于与评述权利要求1相同的理由，在引用的权利要求1或2不具有创造性的前提下，权利要求13请求保护的技术方案相对于对比文件1不具有突出的实质性特点和显著的进步，不具备专利法第22条第3款规的创造性。

权利要求14~17、20~25均为从属权利要求。对比文件1公开了组分（D）的金属离子优选自周期表中第1和2族的金属阳离子（参见说明书第0065段）。因此，权利要求16的附加技术特征已公开于对比文件1，另外，权利要求14、15、17、20~25的附加技术特征也均已公开于对比文件1（参见说明书第0058段、第0062段~0067段、第0070段）。因此，在其引用的权利要求不具有创造性的前提下，权利要求14~17、20~25请求保护的技术方案相对于对比文件1均不具有突出的实质性特点和显著的进步，不具备专利法第22条第3款规定的创造性。

权利要求18、19对电解质盐（D）的用量进行限定，本领域的技术人员为了得到所需性能的电解质，根据对比文件1公开的内容容易想到选择合适的电解质盐用量，且经过有限次的试验就能够确定该合适用量。因此，在引用的权利要求17不具有创造性的前提下，权利要求18、19请求保护的技术方案相对于对比文件1不具有突出的实质性特点和显著的进步，不具备专利法第22条第3款规定的创造性。

权利要求26请求保护一种通过聚合和/或交联权利要求1~25之一的可聚合和/或可交联的组合物而获得的用于电池的聚合物电解质。本领域的技术人员为制备用于电池的聚合物电解质，根据对比文件1披露的技术内容容易得到权利要求26请求保护的技术方案，并且该技术方案相对于对比文件1并没有带来预料不到的技术效果。因此，权利要求26请求保护的技术方案相对于对比文件1不具有突出的实质性特点和显著的进步，不具备专利法第22条第3款规定的创造性。

权利要求27请求保护一种聚合物电池。本领域的技术人员为制备聚合物电池，根据对比文件1披露的技术内容容易得到权利要求27请求保护的技术方案，并且该技术方案相对于对比文件1并没有带来预料不到的技术效果。因此，权利要求27请求保护的技术方案相对于对比文件1不具有突出的实质性特点和显著的进步，不具备专利法第22条第3款规定的创造性。

权利要求28对权利要求27中的阴极作进一步的限定，其附加技术特征已公开于对比文件1（参见说明书第0084段）。因此，在引用的权利要求27不具有创造性的前提下，权利要求28请求保护的技术方案相对于对比文件1不具有突出的实质性特点和显著的进步，不具备专利法第22条第3款规定的创造性。

权利要求29请求保护权利要求27或28所述的聚合物电池在同步卫星或电和混合机动车中的用途。虽然对比文件1没有具体公开其所述的聚合物电池可以用于权利要求29所述的同步卫星或电和混合机动车中，但对于一种已知的或根据现有技术容易得到的聚合物电池，本领域的技术人员根据其已知的结构等物理化学性质容易确定其合适的应用范围。因此，基于权利要求27或28均不具有创造性的评述理由，权利要求29请求保护的技术方案相对于对比文件1不具有突出的实质性特点和显著的进步，不具备专利法第22条第3款规定的创造性。

申请人在答复《复审通知书》时认为：（1）对比文件1清楚地指出使用低分子量化合物（B）以保持离子电导率以及强度和模塑性，对本领域技术人员而言没有理由去考虑化合物（B）为高分子量化合物如POS是有益的；（2）对比文件1的可固化组合物由于掺入有机电解质四氢呋喃，因而与本申请的离子电导率之间没有可比性。

对此，合议组认为：（1）对比文件1的说明书第0052段只是给出了其所述化合物优选具有低分子量，优选不高于500，并披露了如果分子量较高，离子电导率会降低，并没有公开如申请人所认为的化合物B必须具有低分子量；由对比文件1的说明书第0050段以及第0037段可知，对比文件1所述的化合物B的数均分子量可高达1000，因此本领域技术人员能够确定其所述化合物B可以为聚合物；（2）对比文件1的实施例1~3中明确记载混合物经减压蒸发四氢呋喃后得到无色透明薄膜状基质，再测定离子电导率，因此其测得的离子电导率并没有受到四氢呋喃的影响。因此，合议组对请求人的上述主张不予支持。

基于上述事实和理由，合议组作出如下决定。

三、决定

维持国家知识产权局于2008年3月21日针对第200480013112.5号发明专利申请作出的驳回决定。

复审请求人对本决定不服的，可以根据专利法第41条第2款的规定，自收到本决定之日起三个月内向北京市第一中级人民法院起诉。

147

高分子聚乙烯反复使用隔离膜

复审请求审查决定（第 18782 号）

决　定　号　第 18782 号
决　定　日　2009 年 8 月 18 日
发明创造名称　高分子聚乙烯反复使用隔离膜
国 际 分 类 号　C08J5/22，C08L 23/06，C08K5/20
复 审 请 求 人　蒋晓明
申　请　号　200610038503.3
申　请　日　2006 年 2 月 27 日
公　开　日　2006 年 7 月 26 日
合 议 组 组 长　汪送来
主　审　员　顾笑璐
参　审　员　李新芝

法 律 依 据　专利法第 22 条第 3 款
决 定 要 点

在判断创造性时，首先要将权利要求的技术方案和最接近的现有技术相比较，确定区别技术特征和所述技术方案实际要解决的技术问题。对于组合物权利要求而言，如果所述区别技术特征仅在于各组分含量的不同，而各组分的含量与现有技术和本领域公知的使用量差别很小，并且组分含量的不同并未产生预料不到的技术效果，则该权利要求的技术方案不具备创造性。

一、案由

本复审请求案涉及发明名称为“高分子聚乙烯反复使用隔离膜”的 200610038503.3 号发明专利申请（下称本申请），申请人为蒋晓明，申请日为 2006 年 2 月 27 日，公开日为 2006 年 7 月 26 日。

2008 年 2 月 15 日，针对申请人于 2006 年 2 月 27 日提交的说明书第 2~3 页，2007 年 6 月 11 日提交的权利要求第 1 项、说明书第 1 页及说明书摘要，国家知识产权局以权利要求 1 不符合专利法第 22 条第 3 款和专利法实施细则第 20 条第 1 款的规定为由驳回了本申请。

驳回决定认为：（1）根据本领域技术人员的公知常识，线性聚乙烯中既包括低密度聚乙烯，也包括高密度聚乙烯，由此可知，权利要求 1 中的“低密度聚乙烯”、“高密度聚乙烯”、“线性型聚乙烯”之间存在相互重叠，因而导致权利要求 1 的保护范围不清楚。申请人仅指出“低密度聚乙烯”、“高密度聚乙烯”等为市场上购买的成品，既没有给出牌号、来源等产品信息，也未对其组成、性能等结构特征进行任何披露，不能明确它们与权利要求 1 中的“线性型聚乙烯”之间的关系；因而权利要求 1 不符合专利法实施细则第 20 条第 1 款的规定；（2）权利要求 1 要求保护一种用于轮胎生产过程中的高分子聚乙烯反复使用隔离膜，对比文件 2（CN1468896A，公开日为 2004 年 1 月 21 日）公开了一种橡胶用塑料保鲜隔离膜，虽然其油酸酰胺的含量与权利要求 1 不同，但其在该技术方案中的作用在于改善橡胶片的剥离性能，其用量可根据本领域技术人员的普通知识和具体情况进行选择和调节，无需付出创造性劳动；虽然对比文件 2 中所述低密度聚乙烯、高密度聚乙烯以及线性低密度聚乙烯的具体组成与权利要求 1 不尽相同，但由于权利要求 1 中所述添加的“特殊回料”与其中所含的其他组分相同，因而其中所含各组分的实际含量极有可能落在对比文件 2 所披露的范围内；而且根据申请人在说明书中所指出的添加所述回料之后的效果，本领域技术人员无法确定和评价其加入会给本申请带来怎样突出的实质性特点和显著的进步，因此权利要求 1 相对于对比文件 2 不具有创造性，不符合专利法第 22 条第 3 款的规定。

驳回决定针对的权利要求 1 如下：

“1. 用于轮胎生产过程中的高分子聚乙烯反复使用隔离膜，其特征是：该隔离膜主要由低密度聚乙烯 40% ~48%、高密度聚乙烯 14% ~21%、线性型聚乙烯 13% ~20%、特殊回料 17.6% ~27.6%、油酸酰胺 0.4% ~0.5%组成，所述特殊回料为低密度聚乙烯、高密度聚乙烯及线性型聚乙烯中的一种或多种混合的废料。”

2008 年 5 月 29 日，申请人蒋晓明（下称请求人）对上述驳回决定不服，向专利复审委员会提出复审请求，请求人在提出复审请求时对权利要求书进行了修改，修改后的权利要求书为：

“1. 用于轮胎生产过程中的高分子聚乙烯反复使用隔离膜的生产方法，其特征是：

a. 混料：按工艺配方单要求，将原料一起倒入拌料机中，经过 5~10 分钟的搅拌，使原料拌得更均匀；所述原料为低密度聚乙烯 40% ~48%、高密度聚乙烯 14% ~21%、线性型聚乙烯 13% ~20%、特殊回料 17.6% ~27.6%、油酸酰胺 0.4% ~0.5%；所述特殊回料为低密度聚乙烯、高密度聚乙烯及线性型聚乙烯中的一种或几种混合的废料；

b. 温控：针对内、中、外三层不同的原料挤出状况，同时对内、中、外区域的温度进行相应的控制，其中，内层 175~195℃、中层 185~205℃，外层 180~200℃；升温时间控制在 2.50~3.50 时之间；

c. 加料：将上述搅拌好的原料分批量加入主机料戽中；

d. 拉膜：在膜头经过温升将原料融化挤出后，把膜捏紧团在一起，然后再将膜拉起；

e. 定型：在将膜拉出后，随着主机风机，上牵引及主机转速的逐渐提速，膜也达到技术工艺所规定的要求而定型；

f. 分切：将吹出的筒子膜分切开；

g. 收卷：将分切开的膜进行两边收卷。”

请求人认为：虽然审查员认为，本申请的产品部分已经由对比文件所公开，但是通过将本申请的主题改为“用于轮胎生产过程中的高分子聚乙烯反复使用隔离膜的生产方法”，由于本申请的制备方法是申请人通过潜心研究后形成的，是一种全新的制备方法，特别是本申请的温控步骤和升温时间，利用该独特的制备方法制造出本申请的产品，使产品具备了传统产品所没有的一些特性。因此符合专利法所规定的新颖性与创造性的要求。

经形式审查合格后，专利复审委员会受理了该请求，并于 2008 年 6 月 19 日向请求人发出了《复审请求受理通知书》，同时将本申请转送至国家知识产权局原审查部门进行前置审查。

在《前置审查意见书》中，国家知识产权局原审查部门认为新修改的权利要求 1 不符合专利法第 33 条的规定并且改变了权利要求的类型，因此坚持驳回决定。

专利复审委员会组成合议组，对本复审请求案进行了审理。

2009 年 5 月 4 日，专利复审委员会本案合议组向请求人发出《复审通知书》，指出：(1) 请求人在提交复审请求时将权利要求 1 的类型由产品权利要求改为方法权利要求，该修改改变了权利要求的类型，不符合专利法实施细则第 60 条第 1 款的规定。(2) 提交复审请求时经修改的权利要求 1 的技术方案并未文字记载在原说明书和权利要求书中，而是针对说明书具体实施方式中公开的具体实施例进行的重新概括，由于各实施例的具体操作条件不同，并且请求人还删除了部分工艺步骤，显然这种重新概括的技术方案并不能由说明书文字记载的内容直接地、毫无疑义地确定，因而权利要求 1 的修改超出原说明书和权利要求书记载的范围，不符合专利法第 33 条的规定；并且，驳回决定所针对的权利要求 1 将原权利要求 1 的主题"高分子聚乙烯反复使用隔离膜"修改为"用于轮胎生产过程中的高分子聚乙烯反复使用隔离膜"，原申请文件中与此相关的技术信息为"本发明涉及子午线轮胎的生产技术，具体地说是一种在子午线轮胎生产过程中所用的能反复使用的隔离膜"。由于轮胎的种类有很多种，因此该修改后的技术方案也不能由说明书文字记载的内容直接地、毫无疑义地确定，因而驳回决定所针对的权利要求 1 的修改超出原说明书和权利要求书记载的范围，不符合专利法第 33 条的规定。(3) 驳回决定所针对的权利要求 1 中涉及"低密度聚乙烯"、"高密度聚乙烯"和"线性型聚乙烯"三个技术特征。由于本领域技术人员均已知晓，根据聚乙烯的密度及制造压力，可将其分为六类：低密度聚乙烯、高密度聚乙烯、线性低密度聚乙烯、中密度聚乙烯、超高分子量聚乙烯和很低密度的聚乙烯，而对于线性型聚乙烯，其根据密度可以分为线性低密度聚乙烯和线性高密度聚乙烯，由于高密度聚乙烯本身是线性的，因而线性型聚乙烯包含高密度聚乙烯，即高密度聚乙烯与线性型聚乙烯范围有重叠，由此导致权利要求 1 的保护范围不清楚，不符合专利法实施细则第 20 条第 1 款的规定。(4) 驳回决定所针对的权利要求 1 的技术方案相对于对比文件 2 公开的技术内容结合本领域的常规技术手段是显而易见的，并且未产生预料不到的技术效果，因而权利要求 1 的技术方案不具有创造性，不符合专利法第 22 条第 3 款的规定。

针对上述《复审通知书》，请求人于 2009 年 6 月 17 日提交了意见陈述书、权利要求书和说明书的全文替换页以及如下附件：附件 1：盖有"无锡华润塑料制品有限公司"红章的关于"高分子聚乙烯反复使用隔离膜"的对比试验，共 2 页；附件 2：盖有"杭州中策橡胶有限公司"红章的高分子聚乙烯反复使用隔离膜在杭州中策轿车半钢胎的应用说明，共 1 页。在权利要求书修改替换页中，请求人将主题名称修改为"用于轮胎生产过程中的高分子聚乙烯反复使用隔离膜"、将"线性型聚乙烯"修改为"线性低密度聚乙烯"并将说明书具体实施方式部分中工艺步骤的内容添加到新的权利要求 1 中，并将其中一些不确定概念加以剔除；在说明书全文修改替换页中，请求人进行了适应性修改，即将新的权利要求书的内容复制到说明书的"发明内容"部分第 3 段后面，并将"线性型聚乙烯"修改为"线性低密度聚乙烯"。

请求人认为：(1) 将本申请的权利要求的主题名称修改为"用于轮胎生产过程中的高分子聚乙烯反复使用隔离膜"与原始文本的发明主题相符；(2) 根据说明书第 2 也第 3~5 段的内容以及现有技术可以唯一推导"线性型聚乙烯"就是"线性低密度聚乙烯"；(3) 通过附件 1 的对比试验可证明本申请的配方与对比文件所述的配方相比具有本申请说明书中所述的效果。附件 2 用于证明本申请隔离膜与橡胶既粘连又易剥离，且可反复使用达 20 多次，纵横向强度高于其他隔离膜，降低了成本且环保节能。本申请技术方案中各原料的用量配比以及部分制备工艺都是申请人经过潜心研究得到，其中对于低密度聚乙烯、线性低密度聚乙烯以及特殊回料和油酸酰胺的用量都是经过反复试验筛选得到的优选结果，并非显而易见，并且本申请利用独特温控的制备方法使得产品具备了传统产品所没有的一些特性，因此符合专利法所规定的新颖性和创造性的要求。

2009年7月2日，请求人补充提交了意见陈述书和权利要求书的替换页。其中所陈述的意见与2009年6月17日所陈述的意见相同，在权利要求书的替换页中将权利要求1的原料具体限定为具体实施方式部分的内容。修改后的权利要求书如下：

"1. 用于子午线轮胎生产过程中的高分子聚乙烯反复使用隔离膜，其特征是：

a. 混料：按工艺配方单要求，将原料一起倒入拌料机中，经过5~10分钟的搅拌，使原料拌得更均匀；所述原料为：

A：低密度聚乙烯45%、高密度聚乙烯15%、线性低密度聚乙烯18%、特殊回料21.5%、油酸酰胺0.5%；

或B：低密度聚乙烯40%、高密度聚乙烯17%、线性低密度聚乙烯15%、特殊回料27.6%、油酸酰胺0.4%；

或C：低密度聚乙烯43%、高密度聚乙烯16%、线性低密度聚乙烯20%、特殊回料20.5%、油酸酰胺0.5%；

或D：低密度聚乙烯47%、高密度聚乙烯14%、线性低密度聚乙烯17%、特殊回料21.6%、油酸酰胺0.4%；

或E：低密度聚乙烯41%、高密度聚乙烯18%、线性低密度聚乙烯16%、特殊回料24.5%、油酸酰胺0.5%；

或F：低密度聚乙烯48%、高密度聚乙烯21%、线性低密度聚乙烯13%、特殊回料17.6%、油酸酰胺0.4%；

所述特殊回料为低密度聚乙烯、高密度聚乙烯及线性低密度聚乙烯中的一种或几种混合的废料；

b. 温控：混料时间规定为8~10分钟；目的是将料拌得更均匀、针对内、中、外三层不同的原料挤出状况，同时对区域的温度进行了相应的控制，分别为内层175~195℃、中层185~205℃，外层180~200℃；加升温时间控制在2.50~3.50时之间；各配方温控温度为A：175~198℃；B：178~200℃；C：179~203℃；D：176~205℃；E：177~201℃；F：179~202℃；

c. 加料：将搅拌好的原料分批量加入主机料斥中；

d. 拉膜：在膜头经过温升将原料融化挤出后，把膜捏紧团在一起，然后再将膜拉起；

e. 在将膜拉出后，随着主机风机，上牵引及主机转速的逐渐提速，膜也随之达到技术工艺所规定的要求而定型；

f. 分切：将吹出的筒子膜分切开；

g. 收卷：将分切开的膜进行两边收卷；

h. 检验：按工艺单技术要求，用测厚仪、钢卷尺及拉力测试机，对生产出的膜进行检验，看是否达到所规定的技术指标要求；

i. 压花：对隔离膜的表面进行了压花处理；

j. 验料：在流入下道生产工序前，对所述膜的半成品验料，以防出现不必要的失误；

k. 收卷：在压花成型后，进行正常的收卷，使所述膜达到所规定的成品长度要求；

l. 检验、包装：对最终成品由专职检验员对其进行检验，并经盖章后进行包装入库。"

经合议，合议组认为本案事实已经清楚，可以作出审查决定。

二、决定的理由

1. 关于文本

请求人于2009年6月17日提交了说明书和权利要求书的全文替换页，其中对说明书的修改是针对权利要求书进行的适应性修改，请求人于2009年7月2日再次提交了权利要求书的全文替换页。

经审查，合议组认为：（1）在2009年7月2日提交的权利要求书中，请求人为了克服《复审通知书》所指出的缺陷，将权利要求1的主题名称修改为“用于子午线轮胎生产过程中的高分子聚乙烯反复使用隔离膜”，其与驳回决定所针对的权利要求1的主题类型一致，因而权利要求1的修改符合专利法实施细则第60条第1款的规定；（2）在2009年7月2日提交的权利要求1中涉及将原权利要求1中的“线性型聚乙烯”修改为“线性低密度聚乙烯”，根据原申请说明书第2页第2~4段的记载“聚乙烯（PE）树脂是一类……习惯上主要分为高压低密度聚乙烯（LDPE）、高密度聚乙烯（HDPE）、线性低密度聚乙烯（LLDPE）三大类”和“原聚乙烯隔离膜配方中所用的材料为：低密度聚乙烯，高密度聚乙烯，线性型低密度聚乙烯和油酸酰胺等原料制成，现工艺中的配方用料在原有基础上根据该产品的特殊性进行了创新，又增添了回料……”可知，原权利要求1中的“线性型聚乙烯”即为“线性低密度聚乙烯”，此修改可以由原申请文件记载的内容直接地、毫无疑义地确定，并且修改后的权利要求1是在说明书具体实施方式部分的内容的基础上，删除一些非本申请技术方案的技术特征、不确定的用词“等”和有关效果等的描述性用语而得出，修改后的权利要求1的技术方案也能够由原申请文件记载的内容直接地、毫无疑义地确定，因而权利要求书的修改符合专利法第33条的规定；2009年6月17日提交的说明书中将“线性型聚乙烯”修改为“线性低密度聚乙烯”并且增加了该日提交的权利要求书的全部内容，如上所述，说明书中涉及“线性低密度聚乙烯”这一技术特征的修改以及权利要求书的内容的增加也符合专利法第33条的规定。

故本复审请求审查决定针对的文本是：2009年7月2日提交的权利要求第1项、2009年6月17日提交的说明书第1~4页以及2007年6月11日提交的说明书摘要。

2. 专利法第22条第3款

专利法第22条第3款规定，创造性，是指同申请日以前已有的技术相比，该发明有突出的实质性特点和显著的进步。

在判断创造性时，首先要将权利要求的技术方案和最接近的现有技术相比较，确定区别技术特征和所述技术方案实际要解决的技术问题。对于组合物权利要求而言，如果所述区别技术特征仅在于各组分含量的不同，而各组分的含量与现有技术和本领域公知的使用量差别很小，并且组分含量的不同并未产生预料不到的技术效果，则该权利要求的技术方案不具备创造性。

就本申请而言，权利要求1要求保护用于子午线轮胎生产过程中的高分子聚乙烯反复使用隔离膜（具体内容参见案由部分）。

对比文件2公开了一种橡胶轮胎用聚乙烯隔离膜，其由低密度聚乙烯70%、高密度聚乙烯20%、线性低密度9.94%、油酸酰胺0.06%，单位为重量百分数（参见实施例6）。其操作过程为：在常压下，温度5~40℃间，将低密度聚乙烯、高密度聚乙烯、线性低密度聚乙烯、油酸酰胺一次加入搅拌机内，搅拌15分钟即可（参见对比文件2第3页倒数第1段）。

将权利要求1请求保护的技术方案与对比文件2实施例6所公开的具体技术方案进行对比可以看出，二者的技术领域相同，均涉及轮胎用聚乙烯隔离膜。由于权利要求1中所述特殊回料为低密度聚乙烯、高密度聚乙烯及线性型聚乙烯中的一种或多种混合的废料，在请求人没有证据表明所述废料与低密度聚乙烯、高密度聚乙烯及线性型聚乙烯中的一种或多种的混合物有何不同的情况下，特殊回料可以认定为低密度聚乙烯、高密度聚乙烯、线性型聚乙烯的一种或多种的混合物，此时权利要求1中所述原料组分低密度聚乙烯、高密度聚乙烯和线性低密度聚乙烯的含量范围应该在原基础上可增加所述特殊回料的含量值。由此可见，权利要求1的高分子聚乙烯反复使用隔离膜与对比文件2的橡胶轮胎用隔离膜的组分相同，其区别仅在于：各组分的含量不同以及隔离膜的制备工艺不同。

本申请说明书中指出，本发明涉及一种在子午线轮胎生产过程中能够反复使用的隔离膜（参见本申请说明书第 1 页第 3~4 行)，油酸酰胺能够以其特有的性能中和在聚乙烯之内，确保聚乙烯的使用效果（参见本申请说明书第 3 页第 7~8 行)，并且本发明的配方用料在原有基础上根据该产品的特殊性进行了创新，又增添了回料，加入这种回料后，不仅增强了产品的纵横向强度、又不易打滑、容易剥离，尤其是提高了本产品的使用性能，由原来的一次性使用，改进成能反复使用达 15 次的最佳效果（参见本申请说明书第 3 页第 12~15 行)。对比文件 2 中指出，油酸酰胺能增加聚乙烯保鲜隔离膜的滑爽性，使隔离膜能方便地从橡胶片上剥离下来（参见对比文件 2 说明书第 2 页第 8~9 行)。由于请求人在说明书中未给出相关的实验数据并且也不能通过理论分析推导证实本申请的技术方案由于各组分含量的不同而相对于对比文件 2 具有上述显著的技术效果，并且根据说明书公开的内容看不出并且也没有证据表明制备方法会对最终产品的结构和/或组成产生影响。因而本申请实际解决的技术问题是提供一种相对于对比文件 2 而言在各组分相同的情况下仅组分含量略有不同的隔离膜。而判断本申请是否具有创造性，关键在于考察现有技术中所述组分含量的改变是否显而易见？

首先，本领域技术人员公知油酸酰胺是聚乙烯用爽滑剂、开口剂和薄膜抗粘接剂，用量为 0.2~0.5 份，参见例如《精细化工产品手册．橡塑助剂》，周学良主编，2002 年 4 月第 1 版，第 253 页。因而本领域技术人员在对比文件 2 所公开信息的基础上结合本领域公知常识，进一步提高隔离膜中油酸酰胺的用量直至本领域公知的使用量以提高其剥离性能是显而易见的；其次，在对比文件 2 中还指出线性低密度聚乙烯的含量可以为 0~25%（参见对比文件 2 第 1 页最后一行至第 2 页第 1 行)，由此可见，权利要求 1 中各实施方案中所述各组分含量与对比文件 2 中所公开的低密度聚乙烯、高密度聚乙烯、线性低密度聚乙烯以及本领域公知的油酸酰胺的使用量差别很小，而对于本领域技术人员而言，在对比文件 2 和本领域所公知的技术信息的基础上对上述组分进行微调以获得权利要求 1 的技术方案是显而易见的，因而权利要求 1 的技术方案不具有创造性，不符合专利法第 22 条第 3 款的规定。

针对请求人答复《复审通知书》时所陈述的理由，合议组认为，(1) 请求人提交的附件 1 仅结论性描述地给出了本申请的技术方案具有重复使用率达到 20 次以上、粘性及抗打滑性能较好等效果，但没有给出具体对比试验，也没有给出证实其相较于对比文件 2 具有预料不到技术效果的具体实验数据。(2) 附件 2 是一份由单位出具的证明，首先，其仅盖有杭州中策橡胶有限公司的公章，没有负责人的签字或盖章，形式上不符合要求；其次，附件 2 不能证实其相较于对比文件 2 所公开的隔离膜具有预料不到的技术效果。(3) 请求人有关“权利要求 1 所要求保护的隔离膜是经过反复实验筛选得到的优选结果并且由于通过利用独特的制备方法而具有传统产品所没有的特性”的主张需要证据加以证实，在请求人没有提供任何有意义的对比实验数据的情况下，合议组对于请求人的这一主张不予认可。综上所述，对于请求人答复《复审通知书》中关于本申请具有创造性的理由，合议组不予支持。

根据上述事实和理由，合议组作出如下审查决定。

三、决定

维持国家知识产权局于 2008 年 2 月 15 日针对第 200610038503.3 号发明专利申请作出的驳回决定。

复审请求人对本决定不服的，可以根据专利法第 41 条第 2 款的规定，自收到本决定之日起三个月内向北京市第一中级人民法院起诉。

148

新的咪唑衍生物、其制备方法和其作为药物的用途

复审请求审查决定（第 18787 号）

决　定　号　第 18787 号
决　定　日　2009 年 8 月 18 日
发明创造名称　新的咪唑衍生物、其制备方法和其作为药物的用途
国 际 分 类 号　C07D233/64，A61K31/4164，A61P35/00，C07D403/10，C07D405/10，C07D409/10
复 审 请 求 人　科学研究和应用咨询公司
申　请　号　200480014632.8
最早优先权日　2003 年 5 月 27 日
申　请　日　2004 年 5 月 26 日
公　开　日　2006 年 6 月 28 日
合 议 组 组 长　任晓兰
主　审　员　孙丽芳
参　审　员　潘　剑

法 律 依 据　专利法第 26 条第 3 款
决 定 要 点

对于新的药物化合物或者药物组合物，如果所属领域技术人员无法根据现有技术预测发明能够实现所述用途和/或达到预期效果，则说明书应当记载对于所属领域技术人员来说足以证明所述药物化合物或药物组合物能够实现所述用途和/或达到预期效果的定性和/或定量数据。如果说明书提供的实验结果与预期的用途和/或使用效果不存在对应关系，则该实验结果不足以说明所述药物化合物或药物组合物具有所述用途和/或效果。

一、案由

本复审请求涉及发明名称为“新的咪唑衍生物、其制备方法和其作为药物的用途”的第 200480014632.8 号发明专利申请（下称本申请），申请人为科学研究和应用咨询公司，申请日为 2004 年 5 月 26 日，最早优先权日为 2003 年 5 月 27 日，公开日为 2006 年 6 月 28 日。

2007 年 11 月 30 日，针对申请人于进入中国国家阶段时提交的国际申请文件的中文译文的权利要求书第 1~23 项、说明书第 1~40 页及其摘要，国家知识产权局以本申请不符合专利法第 26 条第 3 款的规定为由驳回了本申请。

驳回决定认为：本申请要求保护一种具有抗肿瘤活性的通式化合物 I、其制备方法及其制备药物

的用途，虽然在说明书第39~40页提供了“药理学研究”实施例，但是对于相关的药理学试验数据，申请人仅仅以含糊的方式“大多数化合物所得的IC_{50}值从1μM至10nM不等”描述了本发明化合物的抗肿瘤活性效果，对于本领域技术人员来说，不能清楚得知“大多数化合物”指那些化合物，更不能确定“大多数化合物”必然都是本发明通式I化合物，因此，这样的实验数据无法作为本发明通式I化合物具有抗肿瘤活性的有效的实验证据。其次，对比文件1（WO 0144201A1，公开日2001年6月21日）中公开了与本申请的通式化合物I主结构完全相同的咪唑衍生物，但是，该化合物并不具有抗肿瘤活性，而是作为神经肽YY5受体拮抗剂，用于治疗饮食紊乱和糖尿病，与本发明的通式I化合物用途完全不同。而对比文件2（WO 9902155A1，公开日1999年1月21日）和对比文件3（J. Med. Chem., Vol. 45, 2002, 1697-1711）公开了和本申请通式I化合物用途相同的咪唑衍生物，但是，对比文件2和3中的化合物和本发明通式I化合物的主结构却不同，因此，对于所属技术领域的技术人员，根据现有技术公开的技术信息，也无法推知本发明要求保护的通式I化合物具有说明书所述的抗肿瘤活性。因此，本申请说明书的内容不符合专利法第26条第3款的规定。

驳回决定针对的独立权利要求1如下：

“1. 通式（I）的化合物：

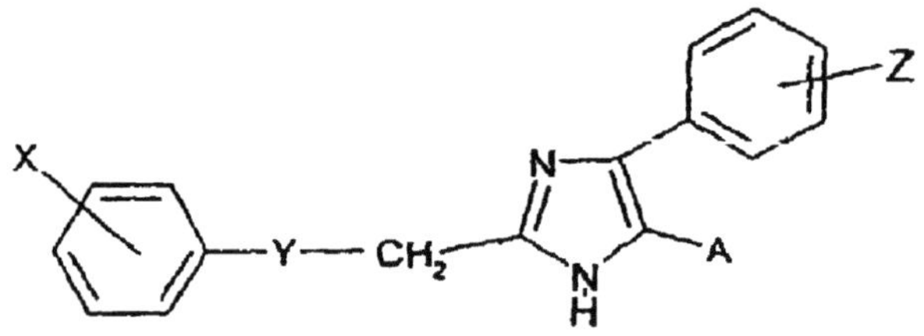

(I)

其为外消旋、对映体形式或这些形式的任意组合，其中：

X代表一个或多个相同或不同的选自H和卤素的取代基；

Y代表 -O- 或 -S- ；

A代表H或（C_1-C_6）烷基；

Z代表一个或多个相同或不同的选自以下的取代基：

（C_1-C_6）烷基，其任选地被一个或多个相同或不同的卤素残基取代；

芳基，其任选地被一个或多个相同或不同的选自以下的残基取代：

卤素、硝基、氰基、羟基、任选地被一个或多个相同或不同的卤素残基取代的（C_1-C_6）烷基、-（CH_2）n -NR_3R_4、（C_1-C_6）烷基磺酰基、（C_1-C_6）烷硫基、任选地被一个或多个相同或不同的卤素残基取代的（C_1-C_6）烷氧基、（C_1-C_6）烷氧基羰基、磷酸根、硫酸根、苷和-NH-C（O）-CH（RA）-NR_5R_6；

芳基-（C_1-C_6）烷基；

杂芳基；

-Z_1-Z'_1；

-NR_N-C（O）-Z'_2；或者

-Z_2-Z'_2；

Z_1代表-O-、-C（O）-O-、-NR_N-C（O）-或-C（O）-NR_{N-}；

或其药学上可接受的盐，

排除其中A代表氢原子且Z代表 -3-CF_3 残基的化合物。”

2008 年 2 月 21 日，申请人科学研究和应用咨询公司（下称请求人）对上述驳回决定不服，向专利复审委员会提出复审请求，请求人在提出复审请求时没有对申请文件进行修改。

请求人认为：（1）本申请的说明书公开了本发明通式化合物的结构、其制备方法、医药用途和剂型，并给出了“药理学研究”实施例，以及明确述及“大多数化合物所得的 IC_{50}值从 1μM 至 10nM 不等”，据此，本领域技术人员完全可以确定本发明化合物的抗肿瘤效果；（2）由测定的标题“利用以下实验方法测定本发明化合物的亲合性”可知，其中所述的“大多数化合物”毫无疑义地是指本发明通式 I 化合物范围内的化合物；（3）本申请说明书中明确说明本发明大多数化合物的 IC_{50}值从 1μM 至 10nM 不等，表明本发明的大多数化合物活性较高，而对于活性数据不在该范围的化合物也不表明他们没有活性，仅是表明活性没有这些化合物的活性高而已；（4）审查指南并没有规定一定要给出每一种化合物的实验数据，相反，在实践中，专利申请人在说明书中也常常是测定通式化合物中的部分化合物，而不可能穷举通式中的每一种化合物。因此，本申请符合专利法第 26 条第 3 款的规定。

经形式审查合格后，专利复审委员会受理了该请求，并于 2008 年 3 月 18 日向请求人发出了《复审请求受理通知书》，同时将本申请转送至国家知识产权局原审查部门进行前置审查。

在《前置审查意见书》中，国家知识产权局原审查部门坚持驳回决定。

专利复审委员会组成合议组，对本复审请求案进行了审理。

合议组于 2008 年 9 月 24 日向请求人发出《复审通知书》，指出：所属技术领域的技术人员根据现有技术无法预测本申请要求保护的通式（I）化合物具有抗肿瘤活性，因此，说明书应当记载对于所属技术领域的技术人员来说，足以确信通式（I）化合物具有抗肿瘤活性的定性和/或定量数据，而说明书仅在最后一段记载了“大多数化合物所得的 IC_{50}值从 1μM 至 10nM 不等”的结论，这种针对非特定样品的实验结果不足以证明要求保护的通式（I）化合物能实现所述抗肿瘤活性，特别是具有抑制微管蛋白聚合的活性，而且，由该结论也不能明确得知没有包含在“大多数化合物”范围内的那些化合物是否在该亲合性试验中具有活性，更不能够得知这些化合物是否具有请求人所述的抗肿瘤活性，因此，本申请说明书不符合专利法第 26 条第 3 款的规定。

针对上述《复审通知书》，请求人于 2008 年 12 月 9 日提交了意见陈述书，请求人认为：无论是专利法、专利法实施细则还是审查指南均未要求在实验样品与实验结果之间一定要存在对应关系，本申请中，虽然给出的数据未指明是那些化合物的活性数据，但根据记载的“大多数化合物所得的 IC_{50}值从 1μM 至 10nM 不等”，本领域普通技术人员不需要创造性劳动完全能够确认本发明式 I 化合物的 IC_{50}值在微摩尔至纳摩尔水平，即具有很高的生物学活性，并列举了（2004）一中行初字第 884 号和（2006）高行终字第 519 号两份判决支持其观点。同样，专利法、专利法实施细则和审查指南中也没有要求测定要求保护的通式中的“所有化合物”，本领域技术人员根据本申请公开的内容完全可以实施本发明并获得所需的效果。

至此，合议组认为本案事实已经清楚，可以作出审查决定。

二、决定的理由

1. 关于决定的文本

本复审决定是针对请求人于 2005 年 11 月 28 日进入中国家阶段时提交的国际申请文件的中文译文的权利要求书第 1~23 项、说明书第 1~40 页及其摘要作出的。

2. 关于专利法 26 条 3 款

专利法第 26 条第 3 款规定：说明书应当对发明或者实用新型作出清楚、完整的说明，以所属技术领域的技术人员能够实现为准。

所属技术领域的技术人员能够实现，是指所属技术领域的技术人员按照说明书记载的内容，就能够实现该发明或实用新型的技术方案，解决其技术问题，并且产生预期的技术效果。

对于新的药物化合物或者药物组合物，如果所属领域技术人员无法根据现有技术预测发明能够实现所述用途和/或达到预期效果，则说明书应当记载对于所属领域技术人员来说足以证明所述药物化合物或药物组合物能够实现所述用途和/或达到预期效果的定性和/或定量数据。如果说明书提供的实验结果与预期的用途和/或使用效果不存在对应关系，则该实验结果不足以说明所述药物化合物或药物组合物具有所述用途和/或效果。

本申请的独立权利要求分别要求保护一种通式（I）的化合物或其药学上可接受的盐、其制备方法、包含该化合物的药物组合物及其作为药物的用途。

通式（I）的化合物如下：

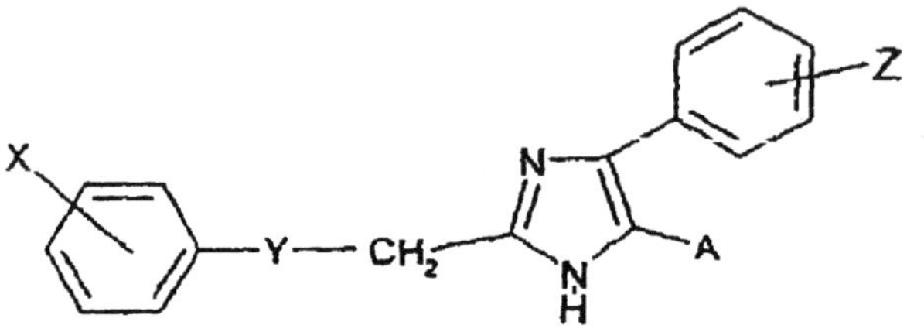

(I)

根据说明书公开的内容可知，本申请中通式（I）化合物具有抗肿瘤活性，特别是具有抑制微管蛋白聚合的活性。

本申请说明书公开了通式（I）化合物的结构、通式（I）化合物范围内部分具体化合物的制备实施例和其预期的用作抗肿瘤药物的医药用途，在说明书第39~40页提供了“药理学研究”方法，对于相关的药理学试验数据，说明书仅仅给出“大多数化合物所得的IC_{50}值从1μM至10nM不等”的结论。

根据该说明书的记载，本申请的通式（I）化合物为新化合物，也就是说，请求人认为现有技术中不存在与本申请通式（I）化合物结构类似、但具有相同活性的化合物。另外，从驳回决定引用的对比文件1中可以看出，尽管对比文件1公开了与本申请的通式（I）化合物主结构完全相同的咪唑衍生物（参见对比文件1的权利要求1，结构通式见图（Ⅱ），其中X可以为=CH-；Y可以为三卤代烷基或C_1-C_6烷基；R可以为-（CH_2）n-O-（R^9-苯基），-（CH_2）n-S-（R^9-苯基），n可以为1，R9可以为氢或卤素），但是，对比文件1中的化合物并不具有抗肿瘤活性，而是作为神经肽YY5受体拮抗剂，用于治疗饮食紊乱和糖尿病（参见对比文件1说明书第17页和权利要求13），与本申请的通式（I）化合物用途完全不同。因此，所属技术领域的技术人员根据现有技术无法预测本申请要求保护的通式（I）化合物具有抗肿瘤活性，在这种情况下，说明书应当记载对于所属领域技术人员来说足以确信通式（I）化合物能具有抗肿瘤活性的定性和/或定量数据。

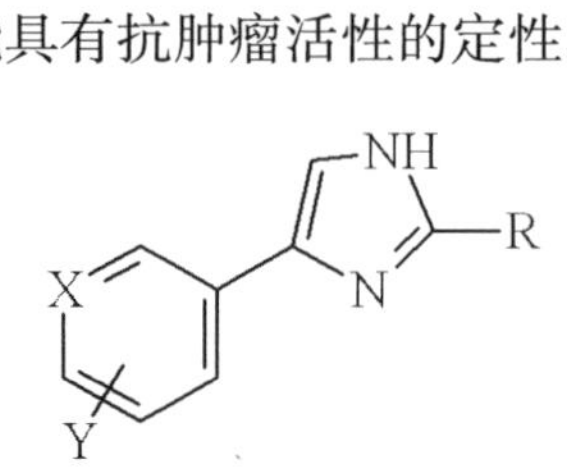

（Ⅱ）

然而，说明书仅在最后一段记载“大多数化合物所得的IC_{50}值从1μM至10nM不等”，请求人在提出复审请求时认为，①由说明书中药理学研究下面的标题“利用以下实验方法测定本发明化合物的亲合性”可知，其中所述的“大多数化合物”毫无疑义地是指本发明的化合物，即涵盖在本发明的通式I化合物范围内；②审查指南要求记载实现所述用途和/或达到预期效果的定性或者定量实验数据，但是，并没有规定一定要给出每一种化合物的实验数据，本申请说明书中明确说明本申请大多数化合物的IC_{50}值从1μM至10nM不等，表明本发明的大多数化合物活性较高，而对于活性数据不在该范围的化合物也不表明它们没有活性，仅是表明活性没有这些化合物的活性高而已。

对此，合议组认为，首先，本申请仅记载“大多数化合物所得的IC_{50}值从1μM至10nM不等”，并没有指出这一结果针对的是本申请要求保护的哪一（些）药物化合物，即，哪一些化合物属于说明书所述的“大多数化合物”。在试验用样品与试验结果之间不存在相应的对应关系的情况下，所述结果不能称之为真正的定性或定量实验数据，而仅是一种泛泛的实验结论，与仅仅记载“化合物具有抗肿瘤活性”没有实质的区别；其次，所属领域的技术人员根据说明书所记载的“大多数化合物所得的IC_{50}值从1μM至10nM不等”这一内容也不能明确得知没有包含在“大多数化合物”范围内的那些化合物是否在该亲合性试验中具有活性，更不能够得知这些化合物是否具有请求人所述的抗肿瘤活性，因此，上述针对非特定样品的实验结果不足以证明要求保护的通式（I）化合物能实现所述用途和/或效果，即，本申请说明书没有清楚、完整地记载使所属领域的技术人员确信能够实现发明用途和/或使用效果的实验数据。

请求人在答复《复审通知书》时认为，无论是专利法、专利法实施细则，还是审查指南均未要求在试验用样品与试验结果之间一定要存在相应的对应关系，以及本申请给出的数据虽未指明是哪些化合物的活性数据，但是根据记载的“大多数化合物所得的IC_{50}值从1μM至10nM不等”，本领域普通技术人员不需要创造性劳动完全能够确认本发明的式I化合物的IC_{50}值在微摩尔至纳摩尔水平。对此，合议组认为，将试验用样品与试验结果之间对应表达是科学研究过程中最基本的要求，如果没有对应关系，所做出来的实验数据将毫无意义，对本领域的其他研究人员将毫无参考价值；在本申请仅记载了“大多数化合物所得的IC_{50}值从1μM至10nM不等”的内容、而未记载具体对应关系的情况下，一方面，本领域技术人员无法确信请求保护的化合物具有请求人声称的用途和/或效果；另一方面，本领域技术人员需要付出巨大劳动，通过反复实验、比较、验证才可能最终发现可能达到上述结论的化合物，如此困难的实施和再现完全超越了专利法关于“充分公开”的意义。

另外，请求人还引用（2004）一中行初字第884号和（2006）高行终字第519号证明其上述主张，对此，合议组认为，首先，请求人并未提供上述两份判决的相关内容，而且，每份判决或决定的结论都是基于特定的案情而作出的，一份判决或决定的结论能否适用于另一案件很大程度上取决于具体的案情；其次，合议组通过查阅上述两份判决查明，本申请与上述涉案专利案情并不相同，上述涉案专利给出了取代基变化范围很小的第四级化合物，在第四级化合物基础上，进一步给出了第五级，即9个具体化合物的优选范围。基于此，判决中认定，说明书中出现的“特别优选的化合物”的试验数据和效果描述应属于第五级化合物。与此相反，本申请说明书未给出任何小范围优选化合物的效果数据，本领域技术人员无法确定“大多数化合物”指的是哪些化合物。因此，对于请求人的上述意见，合议组不予支持。

此外，复审通知书中提到的由“大多数化合物所得的IC_{50}值从1μM至10nM不等”的结论无法得知没有包含在“大多数化合物”范围内的那些化合物是否具有抗肿瘤活性，意指由于“大多数化合物”的指代不清楚而无法使本领域技术人员确信权利要求1的化合物具有说明书中所声称的活性，而并非如请求人所强调的是在要求请求人提供通式范围内所有化合物的测试数据。

综上，合议组认为，本申请的说明书没有对要求保护的发明作出清楚、完整的说明，致使所属技术领域的技术人员无法实现该发明，因此本申请不符合专利法第26条第3款的规定。

根据上述事实和理由，合议组作出如下审查决定。

三、决定

维持国家知识产权局于 2007 年 11 月 30 日针对第 200480014632.8 号发明专利申请作出的驳回决定。

复审请求人对本决定不服的，可以根据专利法第 41 条第 2 款的规定，自收到本决定之日起三个月内向北京市第一中级人民法院起诉。

149

制备二苯甲基硫代乙酰胺的改良方法

复审请求审查决定（第18801号）

决　定　号　第18801号
决　定　日　2009年8月20日
发明创造名称　制备二苯甲基硫代乙酰胺的改良方法
国 际 分 类 号　C07C323/52，C07C317/44
复 审 请 求 人　马林克罗特公司
申　请　号　200480031352.8
最早优先权日　2003年10月23日
申　请　日　2004年10月22日
公　开　日　2006年11月29日
合 议 组 组 长　刘　静
主　审　员　顾笑璐
参　审　员　危　峰

法 律 依 据　专利法第26条第3款
决 定 要 点

对于已知化合物的制备方法而言，如果本领域技术人员根据说明书记载的内容以及现有技术的信息能够确定该方法能够顺利实施，即该方法制备的产物就是目标化合物，那么应当认为该制备方法符合专利法第26条第3款的规定。

一、案由

本复审请求案涉及发明名称为“制备二苯甲基硫代乙酰胺的改良方法”的第200480031352.8号发明专利申请（下称本申请），申请人为马林克罗特公司，申请日为2004年10月22日，最早优先权日为2003年10月23日，公开日为2006年11月29日。

2008年2月15日，针对申请人于2006年4月24日进入国家阶段时提交的国际申请文件的中文译文的权利要求第1~33项、说明书第1~9页以及说明书摘要，国家知识产权局以本申请说明书不符合专利法第26条第3款为由驳回了本申请。

驳回决定认为：本申请通过一种与现有技术不同的方法制备得到了二苯甲基硫代乙酸甲酯，因此其获得必须通过实验数据才能加以证实，但在本申请的实施例中没有任何能够证实该化合物获得的理化参数或图谱数据，导致所属领域技术人员不能确认该化合物，不能实现本申请的技术方案。因此说明书中涉及权利要求1~13的制备二苯甲基硫代乙酸酯的内容不清楚。同样地，由于二苯甲基硫代乙酰胺和莫达非尼也需基于二苯甲基硫代乙酸酯而获得，而在实施例中缺少确认上述三种化合物的实验数据，仅在实施例2中描述了HPLC分析显示二苯甲基硫代乙酰胺纯度为89%，但申请人并未提供HPLC的图谱及其数据。因而说明书中涉及权利要求14~33的制备莫达非尼的方法也是不清楚的，因此说明书不符合专利法第26条第3款的规定。

驳回决定针对的权利要求书如下：

“1. 制备二苯甲基硫代乙酸酯的方法，其包括使二苯甲基硫代甲脒盐和卤代乙酸酯在反应介质中反应，所述反应介质包含有机溶剂和有机碱或无机碱式盐。

2. 权利要求1的方法，其中所述碱选自硫酸钠、硫酸钙、硫酸镁、硫化钠、硫化镁、硫化钙、磷酸钠、磷酸镁、磷酸钙、磷酸钾、碳酸氢钠、碳酸氢钙、碳酸氢镁、硝酸钠、硝酸钙、硝酸镁、膦酸钠、膦酸钾、膦酸镁、膦酸钙、次磷酸钠、次磷酸钾、次磷酸钙、次磷酸镁、硫酸钾、硫化钾、碳酸氢钾、硝酸钾、三聚磷酸钾、三聚磷酸钠、硫代磷酸钠、柠檬酸钾、焦磷酸四钾、磷酸铵、氯化铵、硫酸铵、碳酸氢铵、次磷酸铵、二甲基甲酰胺、膦酸铵、三乙胺、许尼希碱。

3. 权利要求1的方法，其中所述碱式盐选自碱金属和碱土金属的硫酸盐、硫化物、磷酸盐、碳酸盐、碳酸氢盐、硝酸盐、膦酸盐和次磷酸盐。

4. 权利要求1的方法，其中卤代乙酸酯选自氯代-、溴代-、氟代-和碘代乙酸酯。

5. 权利要求1的方法，其中卤代乙酸酯选自在酯基团中具有1~5个碳原子的乙酸烷基酯。

6. 权利要求1的方法，其中卤代乙酸酯是2-氯乙酸酯。

7. 权利要求6的方法，其中2-氯乙酸酯是2-氯乙酸甲酯。

8. 权利要求3的方法，其中碱式盐是钾盐。

9. 权利要求8的方法，其中碱式盐是碳酸氢钾盐。

10. 权利要求1的方法，其中碱式盐的存在量以与二苯甲基硫代甲脒盐的摩尔当量比计为大于约0.1当量/当量二苯甲基硫代甲脒盐。

11. 权利要求10的方法，其中碱式盐的存在量以摩尔当量比计为约2当量/当量二苯甲基硫代甲脒盐。

12. 权利要求1的方法，其中有机溶剂选自低级烷醇、丙酮、二甲基甲酰胺、二乙基甲酰胺和三乙胺。

13. 权利要求12的方法，其中低级烷醇选自甲醇、丙醇、异丙醇、乙醇、丁醇、仲丁醇、叔丁醇。

14. 制备莫达非尼的方法，其包括下述步骤：

a）使二苯基甲醇与硫脲在卤化氢的存在下反应，得到二苯甲基硫代甲脒卤化物；

b）使卤代乙酸酯与步骤a）的产物在有机溶剂中反应，得到二苯甲基硫代乙酸酯，所述有机溶剂中溶解有有机碱或无机碱式盐，然后在不分离的条件下，酰胺化该乙酸酯，以得到二苯甲基硫代乙酰胺；和

c）氧化步骤b）的产物，得到二苯甲基亚磺酰乙酰胺。

15. 权利要求14的方法，其中所述碱选自硫酸钠、硫酸钙、硫酸镁、硫化钠、硫化镁、硫化钙、磷酸钠、磷酸镁、磷酸钙、磷酸钾、碳酸氢钠、碳酸氢钙、碳酸氢镁、硝酸钠、硝酸钙、硝酸镁、膦酸钠、膦酸钾、膦酸镁、膦酸钙、次磷酸钠、次磷酸钾、次磷酸钙、次磷酸镁、硫酸钾、硫化钾、碳酸氢钾、硝酸钾、三聚磷酸钾、三聚磷酸钠、硫代磷酸钠、柠檬酸钾、焦磷酸四钾、磷酸铵、氯化铵、硫酸铵、碳酸氢铵、次磷酸铵、二甲基甲酰胺、膦酸铵、三乙胺、许尼希碱。

16. 权利要求14的方法，其中所述碱式盐选自碱金属和碱土金属的硫酸盐、硫化物、磷酸盐、

碳酸盐、碳酸氢盐、硝酸盐、膦酸盐和次磷酸盐。

17. 权利要求 14 的方法，其中卤代乙酸酯是 2-氯乙酸酯。

18. 权利要求 14 的方法，其中卤代乙酸酯选自氯代-、溴代-、氟代-和碘代乙酸酯。

19. 权利要求 14 的方法，其中卤代乙酸酯选自在酯基团中具有 1~5 个碳原子的乙酸烷基酯。

20. 权利要求 16 的方法，其中碱式盐是选自钠盐或钾盐。

21. 权利要求 19 的方法，其中 2-氯乙酸酯是 2-氯乙酸甲酯。

22. 权利要求 20 的方法，其中碱式盐是碳酸氢钾盐。

23. 权利要求 16 的方法，其中碱式盐的存在量以与二苯甲基硫代甲脒盐的摩尔当量比计为大于 0.1。

24. 权利要求 23 的方法，其中碱式盐的存在量以与二苯甲基硫代甲脒的摩尔当量比计为约 2。

25. 权利要求 14 的方法，其中有机溶剂选自低级烷醇、丙酮和二甲基甲酰胺。

26. 权利要求 14 的方法，其进一步包括纯化步骤 c）的产物的步骤，该步骤包括使粗制产物与卤代有机溶剂接触，然后从溶剂中分离莫达非尼。

27. 权利要求 26 的方法，其中将产物和卤代有机溶剂的混合物的温度升高到回流温度。

28. 权利要求 27 的方法，其中维持回流温度约 30 分钟。

29. 权利要求 26 的方法，其中卤代有机溶剂选自氯仿、二氯甲烷和二氯乙烷。

30. 权利要求 26 的方法，其进一步包含向混合物中添加脂肪族溶剂的步骤。

31. 权利要求 30 的方法，其中在使产物与卤代有机溶剂接触之前将脂肪族溶剂加入产物中，并将混合物的温度升高到回流温度。

32. 权利要求 31 的方法，其中脂肪族溶剂选自戊烷、己烷、庚烷和辛烷。

33. 权利要求 32 的方法，其中卤代有机溶剂是氯仿，并且脂肪族溶剂是庚烷。”

2008 年 6 月 2 日，申请人马林克罗特公司（下称请求人）对上述驳回决定不服，向专利复审委员会提出复审请求，请求人在提出复审请求时没有对申请文件进行修改。

请求人认为：说明书第 2~3 页对本发明的方法的原料、工艺步骤、条件进行了清楚完整的说明。在说明书第 3 页第 2 段详细清楚地描述了形成二苯甲基硫代乙酰胺的反应过程，结合说明书第 3 页的反应流程图本领域技术人员完全可理解本发明的反应过程，因此，说明书对权利要求 1~13 的技术方案作了清楚完整的说明；另外，说明书实施例 2 公开了形成二苯甲基硫代乙酰胺的制备过程并且经 HPLC 分析显示，二苯甲基硫代乙酰胺的纯度为 89%，因此说明书已对权利要求 14~33 的技术方案作了清楚完整的说明。因此说明书符合专利法第 26 条第 3 款的规定。

经形式审查合格后，专利复审委员会受理了该请求，并于 2008 年 6 月 26 日向请求人发出了《复审请求受理通知书》，同时将本申请转送至国家知识产权局原审查部门进行前置审查。

在《前置审查意见书》中，国家知识产权局原审查部门认为本申请说明书中对于所述二苯甲基硫代乙酸酯的制备方法的公开不充分，不符合专利法第 26 条第 3 款的规定，因此坚持驳回决定。

专利复审委员会组成合议组，对本复审请求案进行了审理。

经合议，合议组认为本案事实已经清楚，可以作出审查决定。

二、决定的理由

1. 关于审查文本

本复审请求审查决定针对的申请文本是驳回决定所针对的文本，即请求人于 2006 年 4 月 24 日进入国家阶段时提交的国际申请文件的中文译文的权利要求第 1~33 项、说明书第 1~9 页以及说明书摘要。

2. 关于专利法第 26 条第 3 款

专利法第 26 条第 3 款规定：说明书应当对发明或者实用新型作出清楚、完整的说明，以所属技术领域的技术人员能够实现为准。

对于已知化合物的制备方法而言，如果本领域技术人员根据说明书记载的内容以及现有技术的信息能够确定该方法能够顺利实施，即该方法制备的产物就是目标化合物，那么应当认为该制备方法符合专利法第 26 条第 3 款的规定。

根据本申请说明书的描述，本申请涉及制备莫达非尼的方法，其包括如下四步反应：

反应 1：在卤化氢存在下二苯基甲醇与硫脲反应得到二苯甲基硫代甲脒盐；

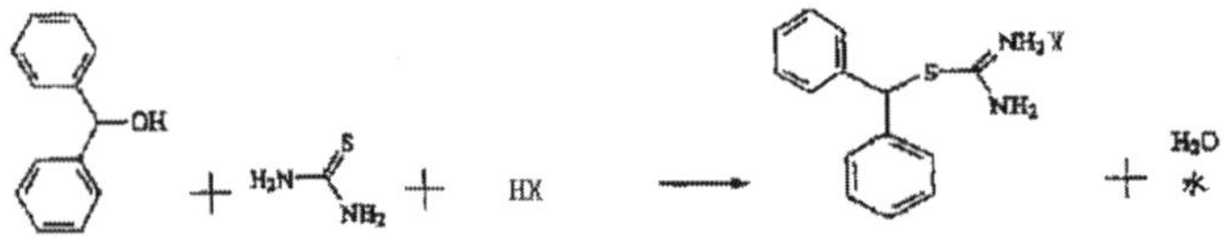

反应 2：在有机碱或无机碱式盐、有机溶剂的存在下使二苯甲基硫代甲脒盐与 2-氯乙酸甲酯反应得到二苯甲基硫代乙酸甲酯；

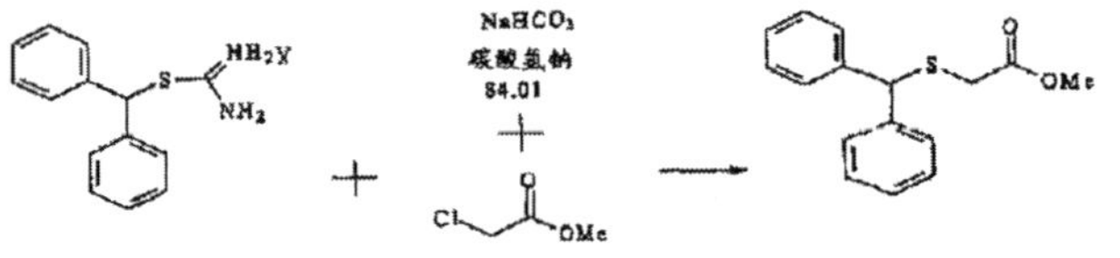

反应 3：使用氨将二苯甲基硫代乙酸甲酯转化为二苯甲基硫代乙酰胺；

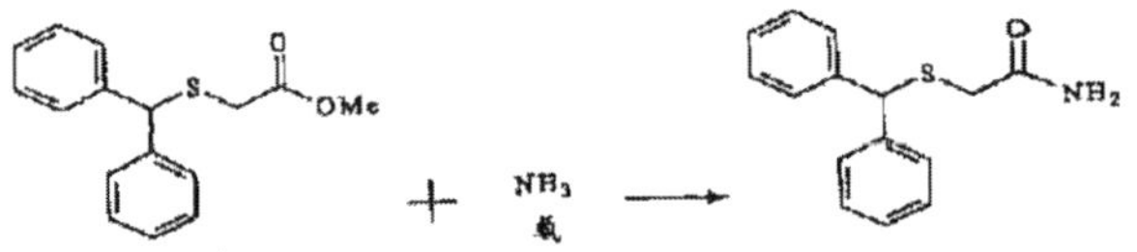

反应 4：在乙酸存在下使二苯甲基硫代乙酰胺与过氧化氢反应制备莫达非尼

。

就本申请而言，权利要求 1~13 要求保护使二苯甲基硫代甲脒盐和卤代乙酸酯在反应介质中反应制备二苯甲基硫代乙酸酯的方法（即反应 2）。权利要求 14~33 要求保护制备莫达非尼的方法，该方法包括使二苯基甲醇与硫脲在卤化氢存在下反应得到二苯甲基硫代甲脒盐；使二苯甲基硫代甲脒盐和卤代乙酸酯在有机溶剂中反应得到二苯甲基硫代乙酸酯，然后在不进行分离的条件下使其酰胺化得到二苯甲基硫代乙酰胺；和使二苯甲基硫代乙酰胺氧化制备莫达非尼（即反应 1~4）。

本申请背景技术部分提到的现有技术 US2002/0183552A1 中已经公开了莫达非尼可通过如下步骤制备获得：（1）在溴化氢中使二苯甲醇与硫脲反应制备二苯甲基硫代甲脒溴化物（参见其参考实施例 1，相当于上述反应 1）；（2）使二苯甲基硫代甲脒溴化物在碱性条件下与氯代乙酰胺反应制备二苯甲基硫代乙酰胺（参见其实施例 1a-1d）；（3）二苯甲基硫代乙酰胺使用过氧化氢氧化制备莫达非尼（参见其参考实施例 2，相当于上述反应 4）。由此可见，本申请涉及的反应 1、4 均为现有技术，本申请与上述现有技术的不同之处在于反应 2 和 3。此外，合议组查明：上述现有技术（US2002/0183552A1）公开了如下与本申请反应 2 类似的反应：①二苯甲基硫代甲脒溴化物在碱性条件下与氯代乙酰胺反应可制备二苯甲基硫代乙酰胺（参见其实施例 1a-1d）；和②二苯甲基硫代甲脒溴化物与氯代乙酸在碱性条件下反应可获得二苯甲基硫代乙酸（参见其说明书第 0007 段），即：

①二苯甲基硫代甲脒溴化物 + 氯代乙酰胺 → 二苯甲基硫代乙酰胺

②二苯甲基硫代甲脒溴化物 + 氯代乙酸 → 二苯甲基硫代乙酸。

本申请背景技术部分提到的美国专利 4927855 公开了如下与本申请反应 3 类似的反应：（-）二苯甲基亚磺酰乙酸甲酯与氨气发生酰氨基交换反应制备（-）二苯甲基亚磺酰乙酰胺（参见其制备例 1，步骤（d）），即：（-）二苯甲基亚磺酰乙酸甲酯 + 氨气 →（-）二苯甲基亚磺酰乙酰胺。

（1）驳回决定认为：本申请通过一种与现有技术不同的方法制备得到了二苯甲基硫代乙酸甲酯（即反应 2），因此其获得必须通过实验数据才能加以证实，但在本申请的实施例中没有任何能够证实该化合物获得的理化参数或图谱数据，导致所属领域技术人员不能确认该化合物，不能实现本申请的技术方案。因此说明书中涉及权利要求 1~13 的制备二苯甲基硫代乙酸酯的内容不清楚（即反应 2 不清楚）。

对此，合议组认为：

首先，说明书第 3 页第 2 段记载了“将二苯甲基硫代甲脒溴化物 3 盐固体用水洗涤，然后和 2-氯醋酸甲酯 4、碱式盐和有机溶剂例如甲醇一起至于反应容器中。搅拌该混合物，使溴化物盐溶解并使其反应以得到二苯甲基硫代甲酸甲酯”这一技术方案，并且在实施例 2 中还详细描述了“向 1 升的三颈园底烧瓶中加入 86.5g 的由实施例 1 得到的二苯甲基硫代甲脒溴化物、35.3g 氯乙酸甲酯、93.5g 碳酸钾和 300ml 甲醇。将反应混合物在水浴中维持在室温，并在室温下连续搅拌 24 小时。得到的溶液显示出淡粉色。然后将反应混合物冷却至 15℃，向反应中以高速率通入氨气 1 小时。将反应用 600ml 水稀释。形成沉淀物，过滤反应混合物得到 58g 产物。HPLC 分析显示，二苯甲基硫代乙酰胺以纯度 89% 存在”，可见说明书中已经记载了反应 2~3 的原料物质、工艺步骤、工艺条件和最终反应产物。而且，合议组经核实，以实施 2 为例，反应 2 的原料二苯甲基硫代甲脒溴化物（其 CAS NO. 为 90280-15-2，STN 收录时间为 1984 年 11 月 16 日）和产物二苯甲基硫代乙酸甲酯（其 CAS NO. 为 118286-24-1，STN 收录时间为 1989 年 1 月 6 日）均为已知化合物、反应 3 的产物二苯甲基硫代乙酰胺也是已知化合物（如前所述，US2002/0183552A1 中已提到并进行表征）。可见，反应 2、3 是制备已知化合物的制备方法，对于该类方法的充分公开，产物（已知化合物）的确认数据并不是必不可少的。

其次，如前所述，根据 US2002/0183552A1 所公开的反应①和②可知，两反应与本申请反应 2 相比，区别仅在于前者使用氯代乙酰胺、氯代乙酸，后者使用氯代乙酸甲酯，从而使得反应产物也略有不同，由于氯代乙酸甲酯与氯代乙酰胺和氯代乙酸均存在活性基团 Cl，在其所参与的反应底物（二苯甲基硫代甲脒溴化物）相同、反应条件基本相同（碱性条件下）的情况下，本领域技术人员可以预期两者发生的反应进程也是类似的，即本领域技术人员能够合理预期二苯甲基硫代甲脒溴化物与氯代乙酸甲酯在碱性条件反应可以得到二苯甲基硫代乙酸甲酯。同样，根据美国专利 4927855 所公开的反应可知，该反应与本申请反应 3 也极其类似，本领域技术人员也能够在此现有技术的基础上合理预期二苯甲基硫代乙酸甲酯也可以与氨气发生酰氨基转化反应得到二苯甲基硫代乙酰胺。

最后，本申请实施例 2 通过 HPLC 分析显示，二苯甲基硫代乙酰胺以纯度 89% 存在，这也进一步证实通过反应 2、3 获得了二苯甲基硫代乙酰胺。

综上所述，反应 2~3 均为制备已知化合物的方法，本领域技术人员根据说明书记载的内容和现有技术的信息可以确定其能够顺利实现，而且实施例2也证实通过反应2、3确实获得了目标产物，因此应当认为说明书对反应2、3的公开满足充分公开的要求。

（2）驳回决定中还认为：由于二苯甲基硫代乙酰胺和莫达非尼也需基于二苯甲基硫代乙酸酯而获得，而在实施例中缺少确认上述三种化合物的实验数据，仅在实施例2中描述了HPLC分析显示二苯甲基硫代乙酰胺纯度为89%，但申请人并未提供HPLC的图谱及其数据。因而说明书中涉及权利要求14~33的制备莫达非尼的方法也是不清楚的。

对此，合议组认为，如上所述，在根据说明书记载的内容和现有技术的信息能够确定反应2~3的顺利实施，而二苯甲基硫代甲脒溴化物的制备（即反应1）以及二苯甲基硫代乙酰胺通过后续反应制备莫达非尼（即反应4）均属于现有技术，因而权利要求14~33的技术方案也能够实现。

综上所述，本领域技术人员根据本申请说明书记载的内容和现有技术能够实现权利要求1~33要求保护的技术方案，本申请说明书对上述技术方案已作出了清楚完整的说明，符合专利法第26条第3款的规定。

根据上述事实和理由，合议组作出如下审查决定。

三、决定

撤销国家知识产权局于2008年2月15日针对第200480031352.8号发明专利申请作出的驳回决定，由国家知识产权局原审查部门以本复审请求审查决定针对的文本为基础继续审批程序。

复审请求人对本决定不服的，可以根据专利法第41条第2款的规定，自收到本决定之日起三个月内向北京市第一中级人民法院起诉。

150

弹性体组合物

复审请求审查决定（第 18802 号）

决　　定　　号　第 18802 号
决　　定　　日　2009 年 8 月 19 日
发明创造名称　弹性体组合物
国 际 分 类 号　C08F8/20，C08F8/22
复 审 请 求 人　埃克森美孚化学专利公司
申　　请　　号　02824597.0
优　先　权　日　2001 年 12 月 10 日，2002 年 5 月 17 日
申　　请　　日　2002 年 12 月 9 日
公　　开　　日　2005 年 3 月 30 日
合 议 组 组 长　任晓兰
主　　审　　员　郭　俭
参　　审　　员　李新芝

法　律　依　据　专利法第 22 条第 2 款
决　定　要　点

对于产品权利要求而言，如果该产品与现有技术存在区别技术特征，且依据该区别技术特征可以确定权利要求请求保护的产品的结构和/或组成不同于现有技术的产品，则该权利要求相对于所述现有技术具有新颖性。

一、案由

本复审请求案涉及发明名称为“弹性体组合物”的 02824597.0 号发明专利申请（下称本申请），申请人为埃克森美孚化学专利公司，申请日为 2002 年 12 月 9 日，优先权日为 2001 年 12 月 10 日和 2002 年 5 月 17 日，公开日为 2005 年 3 月 30 日。

2007 年 12 月 7 日，针对申请人于 2007 年 7 月 3 日提交的权利要求第 1～114 项、进入中国国家阶段时提交的国际申请文件中文译文的说明书第 1～38 页、说明书附图第 1 页及说明书摘要，国家知识产权局以权利要求第 1、3、6～18、20、23、25、28～33、35～41、43、93～102 项不符合专利法第 22 条第 2 款的规定以及权利要求第 2、4、5、19、21、22、24、26、27、34、42、44～92、103、104 项不符合专利法第 22 条第 3 款的规定为由驳回了本申请。驳回决定针对的权利要求 1 如下：

“1. 一种硫化的弹性体组合物，其包括由 C_4-C_8 异烯烃衍生单元，C_4-C_{14} 多元烯烃衍生单元，和对烷基苯乙烯衍生单元形成的卤化的三元共聚物，其中该三元共聚物的数均分子量为 80000～

1000000，该组合物在含硫硫化体系下硫化，和硫化组合物在100℃对SBR的粘合力数值大于70N/mm。

驳回决定认为：（1）对比文件1（WO01/21672A1，公开日为2001年3月29日）公开了一种卤化丁基聚合物及其可硫化混合物和由所述硫化混合物得到的硫化产品。权利要求1相对于对比文件1仅进一步限定了所述硫化的弹性体组合物的粘合参数，对于本领域技术人员而言，无法依据该参数对由该参数表征的产品与对比文件1公开的产品进行比较，从而不能确定采用该参数表征的产品与对比文件产品的区别，因而权利要求1不符合专利法第22条第2款关于新颖性的规定。（2）权利要求3、6~11、15和20的附加技术特征均在对比文件1中被公开，权利要求12~14、16~18分别采用物理参数对所述硫化组合物进行进一步限定，基于（1）的理由，这些权利要求也不符合专利法第22条第2款关于新颖性的规定。（3）权利要求2、4~5和19的附加技术特征均为本领域（即卤化丁基橡胶在轮胎生产中的应用）公知常识，对于本领域一般技术人员来说，结合对比文件1所公开的内容和本领域公知常识，获得权利要求2、4~5和19的技术方案是显而易见的。因此，权利要求2、4~5和19不符合专利法第22条第3款关于创造性的规定。（4）权利要求21和22分别要求保护一种内衬层和内胎，其包括权利要求1的硫化组合物。对比文件1公开了所述卤化丁基聚合物，并且通过硫化所述卤化丁基聚合物可以获得适用于轮胎生产领域中应用的硫化组合物。由此可见，对于本领域一般技术人员来说，通过对比文件1的公开，并结合本领域公知常识，获得权利要求21和22所要求保护的技术方案是显而易见的，因而，权利要求21和22不符合专利法第22条第3款关于创造性的规定。（5）与以上评述类似，权利要求23、25、28~33、35~41、43、93~102不符合专利法第22条第2款关于新颖性的规定；权利要求24、26~27、34、42、44~92、103~104不符合专利法第22条第3款关于创造性的规定。

2008年3月24日，申请人埃克森美孚化学专利公司（下称请求人）对上述驳回决定不服，向专利复审委员会提出复审请求，请求人在提出复审请求时没有对申请文件进行修改。

请求人认为：对比文件1公开了一种卤化丁基聚合物及其可硫化混合物和由所述硫化混合物得到的硫化产品，所述可硫化混合物包含卤化丁基聚合物、填料和硫化剂。虽然对比文件1中的卤化丁基聚合物由包含如下单体的混合物聚合并卤化获得：$C_4 \sim C_8$单烯烃单体（最优选异丁烯）、$C_4 \sim C_{14}$多烯烃单体（最优选异戊二烯）和苯乙烯类单体，但对比文件1进一步指出其相应的硫化产品是通过混合所述卤化丁基聚合物和炭黑和/或其他已知成分（添加剂）并使其与常规固化剂交联而获得的。相比之下，但本发明权利要求1要求保护的硫化的弹性体组合物是在含硫硫化体系的存在下进行硫化而获得的，二者采用的硫化体系不同。对比文件1没有教导或暗示在含硫硫化体系的存在下进行卤化三元共聚物的硫化。基于对比文件1的公开内容，本领域技术人员不会主动地采用含硫硫化体系来代替其中使用的常规硫化剂，从而获得本发明权利要求1的技术方案。因此权利要求1相对于对比文件1具有新颖性和创造性。在权利要求1具有新颖性和创造性的基础上，其后的从属权项和具有相应特定技术特征的其他权项也具有新颖性和创造性。

经形式审查合格后，专利复审委员会受理了该请求，并于2008年4月25日向请求人发出了《复审请求受理通知书》，同时将本申请转送至国家知识产权局原审查部门进行前置审查。

在《前置审查意见书》中，国家知识产权局原审查部门认为：驳回理由依然成立，因此坚持驳回决定。

专利复审委员会组成合议组，对本复审请求案进行了审理。

经合议，合议组认为本案事实清楚，可以作出审查决定。

二、决定的理由

1. 关于依据的文本

本复审请求审查决定是在驳回决定所针对文本的基础上作出的。

2. 关于专利法第22条第2款

专利法第22条第2款规定：新颖性，是指在申请日以前没有同样的发明或者实用新型在国内外出版物上公开发表过、在国内公开使用或者以其他方式为公众所知，也没有同样的发明或者实用新型由他人向国务院专利行政部门提出过申请并且记载在申请日以后公布的专利申请文件中。

对于产品权利要求而言，如果该产品与现有技术存在区别技术特征，且依据该区别技术特征可以确定权利要求请求保护的产品的结构和/或组成不同于现有技术的产品，则该权利要求相对于所述现有技术具有新颖性。

就本案而言，《驳回决定》认为：对比文件1（见说明书第1页第13行至第3页第21行，实施例2-4和表1）公开了一种由三元共聚物卤化形成的卤化丁基聚合物及其可硫化混合物和由所述硫化混合物得到的硫化产品。由实施例可知，所述三元共聚物的数均分子量在129000~182000之间；且通过混合所述卤化丁基聚合物和炭黑和/或其他已知成分（添加剂）并使其与常规固化剂交联可获得适用于轮胎生产领域的硫化组合物。在所述三元共聚物已经被对比文件1公开的情况下，其能否用硫硫化以及其他应用是所述三元共聚物本身固有的特性，即对比文件1中所公开的可硫化混合物也可用硫硫化并具有本发明的组合物所具有的用途。因此，权利要求1相对于对比文件1仅进一步限定了所述硫化的弹性体组合物的粘合参数，对于本领域技术人员而言，无法依据该参数对由该参数表征的产品与对比文件1公开的产品进行比较，从而不能确定采用该参数表征的产品与对比文件产品的区别，因而权利要求1不符合专利法第22条第2款关于新颖性的规定。（2）在此基础上，权利要求3、6~18、20、23、25、28~33、35~41、43和93~102相对于对比文件1不符合具备专利法第22条第2款关于新颖性的规定；（3）权利要求2、4、5、19、21、22、24、26、27、34、42、44~92、103和104相对于对比文件1和公知常识的结合不符合专利法第22条第3款有关规定的创造性的规定。由此可见，所有的驳回理由均建立在权利要求1不具备新颖性的基础之上。

请求人认为，权利要求1与对比文件1的硫化体系不同，因此，权利要求1相对于对比文件1具有新颖性和创造性，在此基础上，其他权利要求也具有新颖性和创造性。

为此，合议组查明：

本申请权利要求1请求保护一种硫化的弹性体组合物，其包括由C_4-C_8异烯烃衍生单元，C_4-C_{14}多元烯烃衍生单元，和对烷基苯乙烯衍生单元形成的卤化的三元共聚物，其中该三元共聚物的数均分子量为80000~1000000，该组合物在含硫硫化体系下硫化，和硫化组合物在100℃对SBR的粘合力数值大于70N/mm。

对比文件1公开了一种具有改进硫化和/或老化性能的卤化丁基聚合物及其制备方法，首先由含有C_4-C_8单烯烃单体、C_4-C_{14}多烯烃单体和苯乙烯类单体的单体混合物与催化剂体系接触而制备三元共聚物，之后卤化该三元共聚物制得卤化丁基聚合物（参见说明书第1页第23~31行）。优选，单体混合物含有约80~99重量的C_4-C_8单烯烃单体，约0.5~5重量%的C_4-C_{14}多烯烃单体，和约0.5~15重量%的苯乙烯类单体（参见说明书第2页倒数第1段）。其中优选的C_4-C_8单烯烃单体可选自异丁烯，优选的C_4-C_{14}多烯烃单体可选自异戊二烯和环戊二烯，优选的苯乙烯类单体选自对-甲基苯乙烯（参见说明书第3页第2~4段）。优选丁基聚合物被溴化或氯化，卤素的量为约0.5~4重量%（参见说明书第3页第5段）。同时，对比文件1还公开了其卤化丁基橡胶可用于生产硫化橡胶制品，例如通过使卤化丁基橡胶与碳黑和/或其他已知组分（添加剂）进行混合，并以通常方式用通常的固化剂使混合物交联来生产有用的硫化橡胶（参见说明书第 4 页倒数第 1 段）。

在对比文件 1 说明书第 7 页倒数第 1 段还披露了如下内容：对于每一个实施例，通过在设定 40℃ 的研磨机上向溴化聚合物中加入 1phr 硬脂酸和 5phr 氧化锌（即在硫化过程中未使用填料或油）来制备硫化胶。对比文件 1 的表 1 中还列举了实施例 2~4 是采用异丁烯、异戊二烯和对甲基苯乙烯单体进行共聚合反应之后，该共聚物的重均分子量（Mw）分别为 440000、375000 和 400000，Mw/Mn 分别为 2.9、2.9 和 2.2。经过换算，实施例 2~4 的共聚物的数均分子量 Mn 在 129000~182000 范围内。

将权利要求 1 要求保护的技术方案与对比文件 1 公开的上述内容相比，二者均涉及使用含有卤化丁基聚合物的组合物生产轮胎用硫化胶，因此属于相同的技术领域。但是，二者存在以下区别：(1) 对比文件 1 仅提到可以使用常规的固化剂进行交联，其实施例中使用的是硬脂酸和氧化锌，未公开使组合物在含硫的硫化体系下硫化；(2) 对比文件 1 没有公开本申请权利要求 1 中“硫化组合物在 100℃对 SBR 的粘合力数值大于 70N/mm”的内容。

由于对比文件 1 中并未关注硫化后的组合物对于 SBR 的粘合力，因此，仅凭权利要求 1 中“硫化组合物在 100℃对 SBR 的粘合力数值大于 70N/mm”这一效果或参数特征，并不能将权利要求 1 的产品与对比文件 1 的产品区分开来。因此，判断本申请权利要求 1 是否具有新颖性，其焦点在于：权利要求 1 中的“组合物在含硫硫化体系下硫化”的技术特征是否导致权利要求 1 的产品在组成和/或结构上与对比文件 1 相的区别。

根据本领域技术常识，本申请权利要求 1 所述的“组合物在含硫硫化体系下硫化”意味着“硫化的弹性体组合物”在硫化之前包含所述卤化的三元共聚物的组分和含硫硫化剂组分。权利要求 1 要求保护的“一种硫化的弹性体组合物”实际上是将“包括由 C_4-C_8异烯烃衍生单元，C_4-C_{14}多元烯烃衍生单元，和对烷基苯乙烯衍生单元形成的卤化的三元共聚物”的组分与“含硫硫化剂”组分形成的组合物进行硫化之后所得的硫化后的弹性体组合物，在该硫化后的弹性体组合物中，所述卤化三元共聚物之间的交联键中含有硫原子，而如前所述，对比文件 1 仅公开了通过使用常规的固化剂进行交联，并且公开了使用硬脂酸和氧化锌的体系进行交联的技术步骤，因此，其中并未公开“卤化三元共聚物之间的交联键中含有硫原子”的内容。因此，基于权利要求 1 中的特征“组合物在含硫硫化体系下硫化”内容没有在对比文件 1 中公开，且依据该特征可以确定权利要求 1 要求保护的组合物在结构和/或组成上不同于对比文件 1 公开的产品，因此，《驳回决定》认为硫化体系不构成权利要求 1 与对比文件 1 的区别的认定不正确，基于此而认为中权利要求 1 不具有新颖性的理由不成立。

基于《驳回决定》中对权利要求 2~104 不具有新颖性或创造性的评述均基于对“含硫硫化体系”是否构成区别的事实认定，所以，在以上事实认定出现偏差的情况下，《驳回决定》关于权利要求2~104 不具有新颖性或创造性的理由以及前置审查意见中关于权利要求 2~114 不具有新颖性和创造性的理由也不再成立。

基于以上事实和理由，合议组作出如下审查决定。

三、决定

撤销国家知识产权局于 2007 年 12 月 7 日针对 02824597.0 号发明专利申请作出的驳回决定，由国家知识产权局原审查部门以驳回决定所针对的文本为基础继续审批程序。

复审请求人对本决定不服的，可以根据专利法第 41 条第 2 款的规定，自收到本决定之日起三个月内向北京市第一中级人民法院起诉。

151

用于预防和治疗败血症的方法与组合物

复审请求审查决定（第18821号）

决　定　号　第18821号
决　定　日　2009年8月17日
发明创造名称　用于预防和治疗败血症的方法与组合物
国际分类号　A01N37/18，A61K38/00
复审请求人　唐纳士公司，梅迪诺瓦公司
申　请　号　200480012684.1
申　请　日　2004年5月14日
优先权日　2003年5月15日
公　开　日　2006年6月14日
合议组组长　李新芝
主　审　员　侯　曜
参　审　员　宋　泳

法律依据　专利法第33条，第26条第3款
决定要点

如果修改文本中的内容与原申请记载的信息相同，或者是所属领域的技术人员能够从原申请记载的信息中直接地、毫无疑义地确定的，那么应当认为这种修改是允许的，符合专利法第33条的规定。

所属技术领域的技术人员能够实现，是指所属领域的技术人员按照说明书记载的内容，就能够实现该发明或者实用新型的技术方案，解决其技术问题，并且能够产生预期的技术效果。

一、案由

本复审请求案涉及发明名称为“用于预防和治疗败血症的方法与组合物”的第200480012684.1号发明专利申请（下称本申请），申请人为唐纳士公司和梅迪诺瓦公司（由唐纳士公司变更而来），申请日为2004年5月14日，优先权日为2003年5月15日，公开日为2006年6月14日。

2008年7月11日，针对申请人于2007年7月19日提交的权利要求第1~25项，进入中国国家阶段时提交的国际申请文件中文文本的说明书第1~24页和说明书摘要，国家知识产权局以本申请的修改不符合专利法第33条，以及说明书不符合专利法第26条第3款的规定为由驳回了本申请。驳回决定针对的权利要求书如下：

“1. 一种用于预防或治疗败血症的组合物，其包括一或多种补体抑制剂和一或多种CD14途径抑制剂。

2. 如权利要求 1 所述的组合物，其中所述补体抑制剂包括抗体或其结合片段。

3. 如权利要求 2 所述的组合物，其中所述补体抑制剂包括抗 C5 抗体或其结合片段、抗 C5a 抗体或其结合片段、抗 C5a 受体抗体或其结合片段、抗 C3a 抗体或其结合片段、抗 C3a 受体抗体或其结合片段、抗 C6 抗体或其结合片段、抗 C7 抗体或其结合片段、抗 C8 抗体或其结合片段、抗 C9 抗体或其结合片段、抗备解素抗体或其结合片段、或抗 D 因子抗体或其结合片段。

4. 如权利要求 2 所述的组合物，其中所述补体抑制剂包括抗 C5a 抗体或其结合片段。

5. 如权利要求 1 所述的组合物，其中所述补体抑制剂包括 C5a 受体拮抗剂。

6. 如权利要求 1 所述的组合物，其中所述补体抑制剂为补体抑制素、C1q 抑制剂、C1 抑制剂、C1r 抑制剂、C1s 抑制剂、sCR1、膜辅因子蛋白（MCP）、衰变加速因子（DAF）、MCP-DAF 融合蛋白（CAB-2）、C4bp、H 因子、I 因子、羧肽酶 N、玻璃粘连蛋白（S 蛋白）、群集素或 CD59。

7. 如权利要求 1 所述的组合物，其中所述 CD14 途径抑制剂为 LPS 拮抗剂、LBP 拮抗剂、CD14 反义核酸序列、CD14 siRNA 或 CD14 RNAi。

8. 如权利要求 1 所述的组合物，其中所述 CD14 途径抑制剂包括抗体或其结合片段。

9. 如权利要求 3 或权利要求 8 所述的组合物，其中所述组合物包括一具有改变的效应器功能的抗体。

10. 权利要求 8 所述的组合物，其中所述 CD14 抑制剂包括抗 LPS 抗体或其结合片段、抗 LBP 抗体或其结合片段、抗 CD14 抗体或其结合片段、抗 TLR4 抗体或其结合片段、抗 MD2 抗体或其结合片段、抗 TLR2 抗体或其结合片段、或抗 TLR6 抗体或其结合片段。

11. 如权利要求 8 所述的组合物，其中所述 CD14 途径抑制剂包括抗 CD14 抗体或其结合片段。

12. 如权利要求 8 所述的组合物，其中所述 CD14 途径抑制剂包括抗 LPS 抗体或其结合片段。

13. 如权利要求 1 所述的组合物，其中所述补体抑制剂包括抗 C5a 抗体或其结合片段，且所述 CD14 途径抑制剂包括抗 CD14 抗体或其结合片段。

14. 如权利要求 1 所述的组合物，其中所述补体抑制剂包括抗 C5a 抗体或其结合片段，且所述 CD14 途径抑制剂包括抗 LPS 抗体或其结合片段。

15. 一种包括一双特异性抗体的组合物，所述双特异性抗体包括作为补体抑制剂的一种结合位点和作为 CD14 途径抑制剂的另一种结合位点。

16. 如权利要求 15 所述的组合物，其中所述作为补体抑制剂的一种结合位点可结合 C5a。

17. 如权利要求 15 所述的组合物，其中所述作为 CD14 途径抑制剂的另一种结合位点可结合 CD14。

18. 如权利要求 1 所述的组合物，其进一步包括一或多种医药上可接受的佐剂、载剂、赋形剂及/或稀释剂。

19. 一种试剂盒，其包括如权利要求 1 所述的组合物。

20. 如权利要求 19 所述的试剂盒，其中所述补体抑制剂和所述 CD-14 途径抑制剂可分开提供。

21. 如权利要求 19 所述的试剂盒，其中所述补体抑制剂包括抗 C5a 抗体。

22. 如权利要求 19 所述的试剂盒，其中所述 CD14 途径抑制剂包括抗 CD14 抗体。

23. 如权利要求 19 所述的试剂盒，其中补体抑制剂或 CD14 途径抑制剂的量足以提供每天每公斤体重约 1 至约 50 毫克的剂量。

24. 如权利要求 19 所述的试剂盒，其中补体抑制剂或 CD14 途径抑制剂的量足以提供每天每公斤体重约 10 至约 200 毫克的剂量。

25. 一种如权利要求 1 至 18 中任一项所述的组合物用于制备一用于治疗或预防败血症的药物中

的用途。”

驳回决定认为：(1) 权利要求2~4、8、10~14中的“或其结合片段”，以及权利要求9的修改超出了原申请文件记载的范围，不符合专利法第33条的规定。(2) 该申请涉及一种用于预防和治疗败血症的组合物，其包括一或多种补体抑制剂和一或多种CD14途径抑制剂，其进一步包括一或多种医药上可接受的佐剂、载剂、赋形剂和稀释剂。说明书第17页最后1段至第18页第2段提供了制备所述组合物可能的所用原料物质，并给出了与其所解决的技术问题相关的应用方向，但并未提供任何相关的制备方法，如说明实施所述制备方法所用的原料物质及其配比含量、工艺步骤和条件、专用设备等。在该申请文件的其他部分也没有关于制备的方法或专用设备方面的指示或指导，所属技术领域的技术人员即使结合其所具有的一般水平的专业知识和技能，也无法按照说明书制备、实施该发明。因此本申请不符合专利法第26条第3款的规定。(3) 此外，权利要求7中的“CD14反义核酸序列、CD14siRNA”、权利要求2~5、8和10~14中的“……包括……”、权利要求3中的“抗C6抗体或其结合片段、抗C7抗体或其结合片段、抗C8抗体或其结合片段、抗C9抗体或其结合片段、抗备解素抗体或其结合片段、或抗D因子抗体或其结合片段”、权利要求13和14中所述的“或其结合片段”、权利要求15~17中的“一种包括一双特异性抗体的组合物……权利要求18中的“及/或”以及权利要求19~24的修改同样不符合专利法第33条的规定。

2008年10月23日，申请人唐纳士公司、梅迪诺瓦公司（下称请求人）对上述驳回决定不服，向专利复审委员会提出复审请求，并同时提交了权利要求书全文替换页，其中基于驳回决定的文本（下称驳回文本），将权利要求2~4、8、10~14中的“或其结合片段”改回原始申请文件中的“或其功能等效片段”；将权利要求9修改为“如权利要求8所述的组合物，其中所述抗体在其氨基酸序列的恒定区具有一个或多个改变从而改变效应器的功能”；将权利要求7中的“CD14反义核酸序列、CD14siRNA”改为“多种CD14反义核酸、CD14siRNAs”；将权利要求2~6、13和14中的“其中所述补体抑制剂”改为“其中所述一种或多种补体抑制剂”；将权利要求7~8和10~12中的“其中所述CD14途径抑制剂”改为“其中所述一种或多种CD14途径抑制剂”；将权利要求15修改为引用权利要求1。

提出复审请求时提交的权利要求书如下：

“1. 一种用于预防或治疗败血症的组合物，其包括一或多种补体抑制剂和一或多种CD14途径抑制剂。

2. 如权利要求1所述的组合物，其中所述一种或多种补体抑制剂包括抗体或其功能等效片段。

3. 如权利要求2所述的组合物，其中所述一种或多种补体抑制剂包括抗C5抗体或其功能等效片段、抗C5a抗体或其功能等效片段、抗C5a受体抗体或其功能等效片段、抗C3a抗体或其功能等效片段、抗C3a受体抗体或其功能等效片段、抗C6抗体或其功能等效片段、抗C7抗体或其功能等效片段、抗C8抗体或其功能等效片段、抗C9抗体或其功能等效片段、抗备解素抗体或其功能等效片段、或抗D因子抗体或其功能等效片段。

4. 如权利要求2所述的组合物，其中所述一种或多种补体抑制剂包括抗C5a抗体或其功能等效片段。

5. 如权利要求1所述的组合物，其中所述一种或多种补体抑制剂包括C5a受体拮抗剂。

6. 如权利要求1所述的组合物，其中所述一种或多种补体抑制剂为补体抑制素、C1q抑制剂、C1抑制剂、C1r抑制剂、C1s抑制剂、sCR1、膜辅因子蛋白（MCP）、衰变加速因子（DAF）、MCP-DAF融合蛋白（CAB-2）、C4bp、H因子、I因子、羧肽酶N、玻璃粘连蛋白（S蛋白）、群集素或CD59。

7. 如权利要求 1 所述的组合物，其中所述一种或多种 CD14 途径抑制剂为 LPS 拮抗剂、LBP 拮抗剂、多种 CD14 反义核酸、CD14 siRNAs 或 CD14 RNAi。

8. 如权利要求 1 所述的组合物，其中所述一种或多种 CD14 途径抑制剂包括抗体或其功能等效片段。

9. 如权利要求 8 所述的组合物，其中所述抗体在其氨基酸序列的恒定区具有一个或多个改变从而改变效应器的功能。

10. 权利要求 8 所述的组合物，其中所述一种或多种 CD14 途径抑制剂包括抗 LPS 抗体或其功能等效片段、抗 LBP 抗体或其功能等效片段、抗 CD14 抗体或其功能等效片段、抗 TLR4 抗体或其功能等效片段、抗 MD2 抗体或其功能等效片段、抗 TLR2 抗体或其功能等效片段或抗 TLR6 抗体或其功能等效片段。

11. 如权利要求 8 所述的组合物，其中所述一种或多种 CD14 途径抑制剂包括抗 CD14 抗体或其功能等效片段。

12. 如权利要求 8 所述的组合物，其中所述一种或多种 CD14 途径抑制剂包括抗 LPS 抗体或其功能等效片段。

13. 如权利要求 1 所述的组合物，其中所述一种或多种补体抑制剂包括抗 C5a 抗体或其功能等效片段，且所述 CD14 途径抑制剂包括抗 CD14 抗体或其功能等效片段。

14. 如权利要求 1 所述的组合物，其中所述一种或多种补体抑制剂包括抗 C5a 抗体或其功能等效片段，且所述 CD14 途径抑制剂包括抗 LPS 抗体或其功能等效片段。

15. 如权利要求 1 所述的组合物，其包括一双特异性抗体，所述双特异性抗体包括作为补体抑制剂的一种结合位点和作为 CD14 途径抑制剂的另一种结合位点。

16. 如权利要求 15 所述的组合物，其中所述一种结合位点可结合 C5a。

17. 如权利要求 15 所述的组合物，其中所述另一种结合位点可结合 CD14。

18. 如权利要求 1 所述的组合物，其进一步包括一或多种医药上可接受的佐剂、载剂、赋形剂及/或稀释剂。

19. 一种试剂盒，其包括如权利要求 1 所述的组合物。

20. 如权利要求 19 所述的试剂盒，其中所述补体抑制剂和所述 CD-14 途径抑制剂可分开提供。

21. 如权利要求 19 所述的试剂盒，其中所述补体抑制剂包括抗 C5a 抗体。

22. 如权利要求 19 所述的试剂盒，其中所述 CD14 途径抑制剂包括抗 CD14 抗体。

23. 如权利要求 19 所述的试剂盒，其中所述补体抑制剂或 CD14 途径抑制剂的量足以提供每天每公斤体重约 1 至约 50 毫克的剂量。

24. 如权利要求 19 所述的试剂盒，其中所述补体抑制剂或 CD14 途径抑制剂的量足以提供每天每公斤体重约 10 至约 200 毫克的剂量。

25. 一种如权利要求 1 至 18 中任一项所述的组合物用于制备一用于治疗或预防败血症的药物中的用途。”

请求人认为：（1）经过上述修改，克服了驳回决定指出的权利要求 2~4、8、10~14 中关于“或其结合片段”的修改超范围的缺陷。（2）本申请说明书第 11 页第二段至第 16 页第三段详细描述了常规单克隆、多克隆抗体的制备方法，常用的骨髓瘤细胞系的来源，常用的细胞系的培养基等，并引用了多种出版物、专利文献作为支持。因此根据说明书对本申请技术方案的描述，并结合上述常规的本领域的关于抗体制备的公知技术，本领域技术人员能够制备本申请要求保护的补体抑制剂组合物。其次，对于制剂组合物中使用的各类佐剂和载体等，以及佐剂与补体抑制剂的配比和制剂组合物的工艺步骤，设备等也是本申请申请日之前的公知技术，如说明书第17页第三段至第18页第二段中所述，本领域技术人员能制备得到本申请要求保护的补体抑制剂的组合物的各种类型，另外，如本申请引用的参考文献所述，调配物及其各种制剂也是本领域的公知技术，因此本申请说明书对所述技术方案的公开是充分的。(3) 关于驳回决定指出的其他问题，请求人在提出复审请求时提交的权利要求7已经克服了超范围的缺陷，但不能认同关于权利要求2~5、8和10~14中的“包括”、权利要求3、13和14的“抗体或其功能等效片段”、权利要求15~24修改超范围的理由。

经形式审查合格后，专利复审委员会受理了该请求，并2008年11月25日向请求人发出了《复审请求受理通知书》，同时将本申请转送至国家知识产权局原审查部门进行前置审查。

在《前置审查意见书》中，国家知识产权局原审查部门认为修改后的权利要求2~5、7~17和19~24中修改超范围的缺陷依然存在，故坚持驳回决定。

专利复审委员会依法组成合议组，对本复审请求案进行了审理。合议组于2009年5月7日向请求人发出《复审通知书》，指出，请求人在提出复审请求时提交的权利要求书中，权利要求7、9、23和24不符合专利法第33条的规定。

2009年7月17日，请求人提交了意见陈述书，同时提交了权利要求书全文替换页，其中在提出复审请求时提交的文本（下称复审文本）基础上，将权利要求7中的“多种CD14反义核酸”修改为“多个CD14反义核甘酸”、将权利要求9中的“抗体”修改为“抗-CD14抗体”、将权利要求23中的“或CD14途径抑制剂”删除、将权利要求24中的“补体抑制剂或”删除、将从属权利要求2和6的附加技术特征进一步限定权利要求1中的“补体抑制剂”、删除了权利要求5和6，并相应修改了权利要求的引用关系。此次修改后的权利要求书如下：

“1. 一种用于预防或治疗败血症的组合物，其包括一种或多种补体抑制剂和一种或多种CD14途径抑制剂，其中所述一种或多种补体抑制剂是抗体或其功能等效片段、C1q抑制剂、C1抑制剂、C1r抑制剂、C1s抑制剂、sCR1、膜辅因子蛋白（MCP）、衰变加速因子（DAF）、MCP-DAF融合蛋白（CAB-2）、C4bp、H因子、I因子、羧肽酶N、玻璃粘连蛋白（S蛋白）、群集素或CD59。

2. 如权利要求1所述的组合物，其中所述一种或多种补体抑制剂包括抗体或其功能等效片段。

3. 如权利要求2所述的组合物，其中所述一种或多种补体抑制剂包括抗C5抗体或其功能等效片段、抗C5a抗体或其功能等效片段、抗C5a受体抗体或其功能等效片段、抗C3a抗体或其功能等效片段、抗C3a受体抗体或其功能等效片段、抗C6抗体或其功能等效片段、抗C7抗体或其功能等效片段、抗C8抗体或其功能等效片段、抗C9抗体或其功能等效片段、抗备解素抗体或其功能等效片段、或抗D因子抗体或其功能等效片段。

4. 如权利要求2所述的组合物，其中所述一种或多种补体抑制剂包括抗C5a抗体或其功能等效片段。

5. 如权利要求1所述的组合物，其中所述一种或多种CD14途径抑制剂为LPS拮抗剂、LBP拮抗剂、多个CD14反义核苷酸、CD14 siRNAs或CD14 RNAi。

6. 如权利要求1所述的组合物，其中所述一种或多种CD14途径抑制剂包括抗体或其功能等效片段。

7. 如权利要求6所述的组合物，其中所述抗体是抗CD14抗体，且其在氨基酸序列的恒定区具有一个或多个改变从而改变效应器的功能。

8. 权利要求6所述的组合物，其中所述一种或多种CD14途径抑制剂包括抗LPS抗体或其功能等效片段、抗LBP抗体或其功能等效片段、抗CD14抗体或其功能等效片段、抗TLR4抗体或其功能等效片段、抗MD2抗体或其功能等效片段、抗TLR2抗体或其功能等效片段、或抗TLR6抗体或其功能等效片段。

9. 如权利要求 6 所述的组合物，其中所述一种或多种 CD14 途径抑制剂包括抗 CD14 抗体或其功能等效片段。

10. 如权利要求 6 所述的组合物，其中所述一种或多种 CD14 途径抑制剂包括抗 LPS 抗体或其功能等效片段。

11. 如权利要求 1 所述的组合物，其中所述一种或多种补体抑制剂包括抗 C5a 抗体或其功能等效片段，且所述 CD14 途径抑制剂包括抗 CD14 抗体或其功能等效片段。

12. 如权利要求 1 所述的组合物，其中所述一种或多种补体抑制剂包括抗 C5a 抗体或其功能等效片段，且所述 CD14 途径抑制剂包括抗 LPS 抗体或其功能等效片段。

13. 如权利要求 1 所述的组合物，其包括一双特异性抗体，所述双特异性抗体包括作为补体抑制剂的一种结合位点和作为 CD14 途径抑制剂的另一种结合位点。

14. 如权利要求 13 所述的组合物，其中所述一种结合位点可结合 C5a。

15. 如权利要求 13 所述的组合物，其中所述另一种结合位点可结合 CD14。

16. 如权利要求 1 所述的组合物，其进一步包括一或多种医药上可接受的佐剂、载剂、赋形剂及/或稀释剂。

17. 一种试剂盒，其包括如权利要求 1 所述的组合物。

18. 如权利要求 17 所述的试剂盒，其中所述补体抑制剂和所述 CD-14 途径抑制剂可分开提供。

19. 如权利要求 17 所述的试剂盒，其中所述补体抑制剂包括抗 C5a 抗体。

20. 如权利要求 17 所述的试剂盒，其中所述 CD14 途径抑制剂包括抗 CD14 抗体。

21. 如权利要求 17 所述的试剂盒，其中所述补体抑制剂的量足以提供每天每公斤体重约 1 至约 50 毫克的剂量。

22. 如权利要求 17 所述的试剂盒，其中所述 CD14 途径抑制剂的量足以提供每天每公斤体重约 10 至约 200 毫克的剂量。

23. 一种如权利要求 1 至 16 中任一项所述的组合物于制备一用于治疗或预防败血症的药物中的用途。”

请求人认为，上述修改克服了《驳回决定》和《复审通知书》指出的全部缺陷。

经审查，合议组认为本案事实已经清楚，可以依法作出复审决定。

二、决定的理由

1. 关于专利法第 33 条以及决定依据的文本

专利法第 33 条规定，申请人可以对其专利申请文件进行修改，但是，对发明和实用新型专利申请文件的修改不得超出原说明书和权利要求书记载的范围，对外观设计专利申请文件的修改不得超出原图片或者照片表示的范围。

如果修改文本中的内容与原申请记载的信息相同，或者是所属领域的技术人员能够从原申请记载的信息中直接地、毫无疑义地确定的，那么应当认为这种修改是允许的，符合专利法第 33 条的规定。

（1）在驳回文本中，权利要求 2~4、8 和 10~14 涉及的技术方案如前所述。《驳回决定》认为，在这些权利要求对应的原始申请文件中，相应的表述为“抗体或其功能等效片段”。根据本申请说明书第 7 页倒数第 4 段和第 10 页第 2 段，术语“功能等效片段（a functionally equivalent fragment）”表示能够以与完整抗体实质相同的方式结合至补体系统或 CD14 途径组分上并抑制补体激活或 CD14 途径功能的补体片段；因此，所述片段尽管涉及“结合”，但不仅限于“结合”，其表示能够以与完整抗体实质相同的方式结合至补体系统或 CD14 途径组分上并抑制补体激活或 CD14 途径功能的补体片段，即指具有一定限制条件的片段。而上述权利要求中的“或其结合片段”代表没有任何限制条件的单纯的结合片段，扩大了保护范围。

在复审文本以及请求人于2009年7月17日答复《复审通知书》时提交的文本（下称决定文本）中，将上述权利要求中的“抗体或其结合片段”修改为与原始申请文件一致的“抗体或其功能等效片段”（对应于决定文本中的权利要求2~4、6、8~12）。《前置审查意见书》也未坚持该理由，因此，合议组认为，《驳回决定》指出的上述缺陷已被克服。

（2）在驳回文本中，权利要求9要求保护一种“如权利要求3或权利要求8所述的组合物，其中所述组合物包括一具有改变的效应器功能的抗体。”《驳回决定》认为，根据原始申请文件中权利要求12和32的记载，“所述抗CD14抗体是在Fc区中氨基酸序列有所变化而可改变抗体效应器功能的抗体”。而权利要求9中的“具有改变抗体效应器功能的抗体”，前者表示一种抗CD14抗体，其在Fc区中氨基酸序列有所变化而可改变抗体效应器功能，即具有在Fc区中氨基酸序列有所变化而可改变抗体效应器功能的抗CD14抗体，后者表示一种抗体，其具有改变抗体效应器功能，即具有改变抗体效应器功能的抗体，可见，后者是前者的上位概念，权利要求9的保护范围的扩大超出了原始申请文件记载的范围。

在复审文本中，请求人将权利要求9修改为“如权利要求8所述的组合物，其中所述抗体在其氨基酸序列的恒定区具有一个或多个改变从而改变效应器的功能”，并认为，修改后的内容可以从原始申请文件的权利要求11和12，以及说明书第10页倒数第二段的记载直接地、毫无疑义地确定。

对此，《前置意见书》认为，此时，权利要求9限定的是“一种抗体，在其氨基酸序列的恒定区具有一个或多个改变从而改变效应器的功能”，仍与原始申请文件的记载不一致。

合议组在《复审通知书》中指出，复审文本中，权利要求9引用的权利要求8的内容为“如权利要求1所述的组合物，其中所述一种或多种CD14途径抑制剂包括抗体或其功能等效片段。”可见，权利要求9限定的是技术方案应当是，“作为CD14途径抑制剂的抗体或其功能等效片段，其氨基酸序列的恒定区具有一个或多个改变从而改变效应器的功能”。

根据原始申请文件的权利要求11、12、31和32的记载，“所述抗CD14抗体是在所述抗CD14抗体恒定区中氨基酸序列有所改变的抗体。所述抗CD14抗体是在Fc区中氨基酸序列有所变化而可改变抗体效应器功能的抗体”。说明书第10页第三段也记载了，“在另一实施例中，所述CD14途径抑制剂是在抗CD14抗体恒定区、较佳在CH2和CH3区且最佳在Fc区中具有氨基酸序列改变的抗CD14抗体。这些“变体”抗CD14抗体的氨基酸序列中有一或多个氨基酸不同于其天然对应物，包括修饰、取代、插入和删除。这些变体具有可改变抗体Fc区效应器功能（例如，结合补体、结合到巨噬细胞和单核细胞上的细胞受体，及诸如此类）的经改变氨基酸序列。较佳地，所述变体抗体具有降低的结合Fc受体及/或激活补体的能力。”可见，在原始申请文件中，在其恒定区，具体为Fc区的氨基酸序列具有改变从而可改变效应器功能的是抗CD14抗体。

根据原始申请文件的权利要求9和29，以及说明书第9页倒数第1段至第10页第2段的记载，“所述CD14途径抑制剂是抗体或其功能等效片段。所述抗体选自抗LPS抗体、抗LBP抗体、抗CD14抗体、抗TLR4抗体、抗MD2抗体、抗TLR2抗体和抗TLR6抗体”可知，抗CD14抗体仅为本申请中列举的CD14途径抑制剂中的一种。因此，权利要求9将在氨基酸序列中具有改变从而可改变效应器功能的抗CD14抗体扩大为所有CD14途径抑制剂，与原始申请文件记载的内容不一致，而且本领域技术人员也不能从原申请文件中直接地、毫无疑义地确定，不符合专利法第33条的规定。

在决定文本中，将复审文本的权利要求9修改为“如权利要求6所述的组合物，其中所述抗体是抗CD14抗体，且其在氨基酸序列的恒定区具有一个或多个改变从而改变效应器的功能”（见决定文本的权利要求7）。

因此，合议组认为，决定文本的权利要求7的内容与原始申请文件的权利要求11、12、31和32的记载，以及说明书第10页第3段的相应记载一致，《驳回决定》和《复审通知书》中指出的相关缺陷已经被克服。

（3）驳回文本中，权利要求7要求保护“如权利要求1所述的组合物，其中所述CD14途径抑制剂为LPS拮抗剂、LBP拮抗剂、CD14反义核酸序列、CD14 siRNA或CD14 RNAi。”

《驳回决定》认为，原始申请文件中相应的记载为“CD14反义核苷酸、CD14siRNAs”，是由国际申请文件中的“CD14 antisense nucleotides”翻译而来，而“nucleotides”通常译为“核苷酸”，或者“核苷酸基”和“核苷酸酶”，没有译为“核酸序列”的，“核酸”的英文单词为“nucleic acid”，“核酸序列”的英文单词通常为“sequence of nucleic acid”。而且核苷酸是指由与磷原子团结合并形成DNA和RNA的基本成分的核苷构成的化合物，核酸是指所有活的细胞和病毒中都能找到的复合化合物，由嘌呤、嘧啶、碳水化合物和磷酸构成，脱氧核糖核酸和核糖核酸形式的核酸控制细胞的功能和遗传，核酸序列又可称核酸顺序，由此可见，“CD14反义核苷酸”与“CD14反义核酸序列”两者概念不一致并且也没有修改的依据。

在复审文本中，将权利要求7中相应特征修改为“……多种CD14反义核酸、CD14 siRNAs……”。

对此，《前置意见书》认为，原始申请文件记载的“CD14反义核苷酸”与修改后的“多种CD14反义核酸”概念不一致且没有修改依据。

合议组在《复审通知书》中指出，本领域技术人员都知道，核苷酸是一个杂环碱基、戊糖和磷酸三者组成的化合物，是核酸的组成单位，可由核酸水解而得，也可以以单体形式存在于生物体内。可见，核苷酸和核酸的含义不同，因此，权利要求7中的“多种CD14反义核酸”与原始申请文件记载的内容不一致，而且本领域技术人员也不能从原申请文件中直接地、毫无疑义地确定，不符合专利法第33条的规定。

在决定文本中，请求人将复审文本的权利要求7修改为“……多个CD14反义核苷酸、CD14 siRNAs……”（对应于决定文本的权利要求5），并认为其对应于国际申请文件权利要求7的“CD14 antisense nucleotides”。

合议组认为，决定文本的权利要求5中，①CD14反义核苷酸和CD14 siRNAs均与原始申请文件的记载一致。②“多个CD14反义核苷酸”在国际申请文件中的相应原文为“CD14 antisense nucleotides”，其中nucleotides本身就是复数形式，且本申请说明书第7页也指出，除非上下文中另有明确说明，否则，本文和随附权利要求书中所用的单数形式“一”、“一个”和“所述”皆包括其复数。可见，本领域技术人员可以直接地、毫无疑义地确定，CD14反义核苷酸可以为多个。因此，决定文本的权利要求5已经克服了《驳回决定》和《复审通知书》指出的缺陷。

（4）驳回文本中，权利要求2~5、8、10~14中限定了“所述……抑制剂包括……”。

《驳回决定》认为，原始申请文件中相应的记载为“所述……抑制剂是……”（见原始国际申请文件中的权利要求22~26、28~30和33~35），改为“包括”后可能包含原来限定的内容之外的任何物质，扩大了权利要求的保护范围。

请求人认为，上述内容能够从说明书第9页倒数第1段的记载直接地、毫无疑义地确定，因此未对上述内容进行修改。

《前置审查意见书》坚持驳回决定的观点。

合议组认为，本申请说明书第8页第14行至第10页第25行，特别是第8页第16和25行，第9

页第 16、19、25 和 26 行均记载，本申请中的“抑制剂包括……”。可见，本申请中的补体抑制剂和 CD14 途径抑制剂分别为具有补体抑制作用和 CD14 途径抑制作用的一类物质，本领域技术人员能够直接地、毫无疑义地确定，说明书和权利要求书中列举的具体一种或几种属于上述一类物质中的并列可选项，因此，上述权利要求（对应于决定文本的权利要求 2~4、6、8~12）中限定的“所述……抑制剂包括……”没有超出原始申请文件记载的范围，《驳回决定》和《前置审查意见书》指出的上述缺陷不成立。

（5）驳回文本中，权利要求 3、13 和 14 要求保护的技术方案如前所述。《驳回决定》认为，权利要求 3 中的下述技术特征：“抗 C6 抗体或其结合片段、抗 C7 抗体或其结合片段、抗 C8 抗体或其结合片段、抗 C9 抗体或其结合片段、抗备解素抗体或其结合片段、或抗 D 因子抗体或其结合片段”以及权利要求 13 和 14 中所述的“或其结合片段”超出了原说明书和权利要求书记载的范围。

请求人认为，原始申请文件中权利要求 22 明确记载了权利要求 3 的上述内容，权利要求 13 和 14 的上述内容得到了说明书第 9 页第 12~14 行和第 10 页第 6~9 行的支持，因此未对上述内容进行修改。

《前置审查意见书》坚持《驳回决定》中关于权利要求 13 和 14 的观点。

合议组认为，（1）根据原始申请文件中权利要求 22 和说明书第 8 页第 21~23 行的记载，补体抑制剂包括抗 C6 抗体及其功能等效片段、抗 C7 抗体及其功能等效片段、抗 C8 抗体及其功能等效片段、抗 C9 抗体及其功能等效片段、抗备解素抗体及其功能等效片段、抗 D 因子抗体及其功能等效片段，故权利要求 3（即决定文本的权利要求 3）的上述内容没有超出原申请文件记载的范围。（2）尽管原始申请文件中权利要求 34 和 35 中（对应于驳回文本中权利要求 13 和 14）仅限定了作为补体抑制剂的抗 C5a 抗体分别与作为 CD14 抑制剂的抗 CD14 抗体和抗 LPS 抗体的具体组合，并未提及它们各自的功能等效片段。但是根据说明书第 9 页第 5~9 行和第 13~15 行的记载，“较佳地，所述补体抑制剂是可结合至或抑制一或多种在补体连锁反应中发挥作用的蛋白质（例如 C1、C2、C4、C3、C3a、C5、C5a、D 因子、B 因子、备解素、MBL 或其组分、MASP 或其组分、蛋白酶解离产物和受体）的抗体或其功能等效片段。……所述补体抑制剂最佳是一可结合到 C5a 上并抑制其在补体连锁反应中的作用的抗 C5a 抗体或其功能等效片段”；以及说明书第 10 页第 6~9 行和第 13~15 行，“在一实施例中，CD14 途径抑制剂是可结合至并抑制一或多种在 CD14 途径中发挥作用的蛋白质（例如，LPS、脂多糖结合蛋白质（LBP）、CD14、TLR4 和 MD2（对于革兰氏阴性败血症）及 CD14、TLR2 和 TLR6（对于革兰氏阳性败血症））的抗体或其功能等效片段……较佳地，所述抗体选自由抗 LPS 抗体、抗 LPB 抗体、抗 CD14 抗体、抗 TLR4 抗体、抗 MD2 抗体、抗 TLR2 抗体、抗 TLR6 抗体及其功能等效片段所组成的群组”，本领域技术人员能够直接地、毫无疑义地确定权利要求 13 和 14 的技术方案。故权利要求 13 和 14（对应于决定文本的权利要求 11 和 12）的上述内容没有超出原申请文件记载的范围。因此，《驳回决定》和《前置审查意见书》中关于权利要求 3、13 和 14 不符合专利法第 33 条的理由不成立。

（6）驳回文本中，权利要求 15~17 的技术方案如前所述。《驳回决定》认为，由原始申请文件的权利要求 36~37 和说明书第 16 页第 2 段的内容不能直接地、毫无疑义地确定权利要求 15~17 的内容。

请求人认为，根据说明书第 16 页第 9~12 行的内容能够确定上述权利要求的技术方案，因此在提出复审请求时未修改上述权利要求。

《前置审查意见书》中坚持《驳回决定》的上述观点。

对此，合议组认为，根据说明书第 16 页第 9~12 行的记载，“一般而言，本发明的补体抑制剂是一双特异性抗体上的一抗补体组分结合位点，而本发明的 CD14 途径抑制剂是一双特异性抗体上的一抗 CD14 组分结合位点。较佳地，双特异性抗体具有一种对 C5a 的结合特异性及另一种对 CD14 的结合特异性”，本领域技术人员能够直接地、毫无疑义地确定，在本申请的双特异性抗体上存在两个特异性结合位点，一个为抗补体组分结合位点，即起补体抑制剂的作用，其优选是对 C5a 的结合特异性；另一个为抗 CD14 组分结合位点，即起 CD14 途径抑制剂的作用，其优选是对 CD14 的结合特异性。因此，上述权利要求（对应于决定文本的权利要求 13~15）没有超出原始申请文件记载的范围，《驳回决定》和《前置审查意见书》中的上述理由不成立。

（7）驳回文本中，权利要求 18 要求保护“如权利要求 1 所述的组合物，其进一步包括一或多种医药上可接受的佐剂、载剂、赋形剂及/或稀释剂”。《驳回决定》认为，原始申请文件中的权利要求 21 的内容为“如权利要求 20 所述的组合物，其进一步包括一或多种医药上可接受的佐剂、载剂、赋形剂和稀释剂。”因此，权利要求 18 中的“及/或”超出了原申请文件记载的范围。

请求人认为，说明书第 17 页第 17~18 行的内容与权利要求 18 一致，因此在提出复审请求时未对上述内容进行修改。

《前置审查意见书》未坚持《驳回决定》中的观点。

对此，合议组认为，根据说明书第 17 页第 16~18 行的记载，“另一方面，本发明提供一种可用来预防和治疗败血症的组合物，所述组合物包括一或多种补体抑制剂、一或多种 CDl4 途径抑制剂，且较佳还包括一或多种医药上可接受的佐剂、载剂、赋形剂及/或稀释剂。”可见，该权利要求（对应于决定文本的权利要求 16）的内容与说明书的记载一致，《驳回决定》》和《前置审查意见书》中的上述理由不成立。

（8）驳回文本中，权利要求 19~24 的内容如前所述。《驳回决定》认为，由原始申请文件的权利要求 38~39 的内容不能直接地、毫无疑义地确定权利要求 15~17 的内容。

请求人认为，原始申请文件的权利要求 18、19、38 和 39，以及说明书第 18 页第 26 行至第 19 页第 4 行记载了试剂盒、补体抑制剂和 CD14 抑制剂分开提供及其剂量，权利要求 19~24 的内容没有超出原始申请文件的范围，因此在提出复审请求时未对上述权利要求进行修改。

《前置审查意见书》坚持了驳回决定的上述观点。

合议组在《复审通知书》中指出，关于补体抑制剂和 CD14 途径抑制剂的剂量，说明书的记载为，“一般而言，补体抑制剂按每天每公斤体重约 1 至 50 毫克的剂量（mg/kg）施用给患者，较佳约 5 至 30mg/kg/天。”“一般而言，CD14 途径抑制剂按每天每公斤体重约 10 至 200 毫克的剂量（mg/kg）施用给患者，较佳约 25 至 100mg/kg/天。”“在一较佳实施例中，每天向患者施用抗 C5a 抗体和抗 CD14 抗体的混合物（含约 25mg/kg 抗 C5a 抗体和约 40mg/kg 抗 CD14 抗体）以预防或治疗败血症。”（参见说明书第 18 页第 16~17、19~20、23~24 行）。由此可见，权利要求 23 中 CD14 途径抑制剂的剂量，以及权利要求 24 中补体抑制剂的剂量与原申请文件记载的内容不一致，本领域技术人员也不能直接地、毫无疑义地确定，故不符合专利法第 33 条的规定。

在决定文本中，请求人将权利要求 23 中的“或 CD14 途径抑制剂”删除，将权利要求 24 中的“补体抑制剂或”删除。

合议组认为，本申请说明书第 6 页第 18 行记载了，“本发明的又一目的是提供一种可用于预防和治疗败血症的试剂盒。”说明书第 18 页第 26 行至第 19 页第 2 行记载了，“由于补体抑制剂和 CD14 途径抑制剂可分开施用，因此本发明另一方面还提供一种用于向患者施用败血症预防或治疗用组合物的呈试剂盒形式的制造物件，其包括置于单独容器中呈单一包装形式的补体抑制剂和 CD14 途径抑制剂。”说明书还记载了补体抑制剂和 CD14 途径抑制剂分开提供及其剂量，“一般而言，补体抑制剂按每天每公斤体重约1至50毫克的剂量（mg/kg）施用给患者，较佳约5至30mg/kg/天。”“一般而言，CD14途径抑制剂按每天每公斤体重约10至200毫克的剂量（mg/kg）施用给患者，较佳约25至100mg/kg/天。”“在一较佳实施例中，每天向患者施用抗C5a抗体和抗CD14抗体的混合物（含约25mg/kg抗C5a抗体和约40mg/kg抗CD14抗体）以预防或治疗败血症。”（参见第18页第16~17、19~20、23~24行）。本领域技术人员根据上述记载可以直接地、毫无疑义地确定，本申请中用于预防和治疗败血症的组合物可以以试剂盒形式提供，补体抑制剂和CD14途径抑制剂可以分开提供，其中补体抑制剂的剂量是每天每公斤体重约1至50毫克并且可以是抗C5a抗体，CD14途径抑制剂的剂量是每天每公斤体重约10至200毫克并且可以是抗CD14抗体。可见，《复审通知书》中指出的权利要求23和24（对应于决定文本的权利要求21和22）修改超范围的缺陷已被克服，《驳回决定》中其他关于权利要求19~24（对应于决定文本的权利要求17~22）修改超范围的理由均不成立。

综上所述，上述决定文本符合专利法第33条以及专利法实施细则第60条第1款的规定，本复审决定是以请求人于2009年7月17日提交的权利要求第1~23项，进入中国国家阶段时提交的国际申请文件中文文本的说明书第1~24页和说明书摘要为基础作出的。

2. 关于专利法第26条第3款

专利法第26条第3款规定，说明书应当对发明或者实用新型作出清楚、完整的说明，以所属技术领域的技术人员能够实现为准。

所属技术领域的技术人员能够实现，是指所属领域的技术人员按照说明书记载的内容，就能够实现该发明或者实用新型的技术方案，解决其技术问题，并且能够产生预期的技术效果。

根据本申请说明书的记载，“本发明提供一种用于预防和治疗败血症的方法。所述方法包括联合向一患者施用一或多种败血症预防或治疗量的补体抑制剂和一或多种败血症预防或治疗量的CD14途径抑制剂。本发明基于下述新颖发现，即免疫系统补体组分和CD14途径二者在败血症形成过程中发挥重要作用以及用来抑制或防止补体激活的方法和组合物必须与用来抑制CD14途径的方法和组合物联合使用从而有效预防或治疗败血症。单独使用补体抑制剂或CD14途径抑制剂不会有效预防或治疗所述疾病。所述方法和组合物可用于降低易患或正患有败血症的患者的发病率和死亡率”（参见说明书第8页第6~13行）。

对于所述补体抑制剂，说明书指出，“本发明补体抑制剂是已知可于一患者中抑制补体激活的任何分子。一般而言，补体抑制剂是有机小分子、肽、蛋白质、抗体、抗体片段或可作为补体抑制剂发挥作用的其他分子。可用补体抑制剂包括……”（参见说明书第8页第14行至第9页第22行）；对于所述CD14途径抑制剂，说明书指出，“本发明CD14途径抑制剂是已知可在一患者中抑制CD14途径的任何分子。一般而言，CD14途径抑制剂是有机小分子、肽、蛋白质、抗体、抗体片段或可作为CD14途径抑制剂发挥作用的其他分子。可用CD14途径抑制剂包括……”（参见说明书第9页第23行-第10页第25行）。此外，在本申请的说明书第11页第3行至第17页第3行还记载了用于产生抗体的方法，在说明书第17页第4行至第19页第4行记载了本申请方法的给药方式、组合物的配置方法、助剂的选择以及活性成分剂量等。并且，在说明书第19页至第23页的实例部分进行了“人类全血炎症模型中由大肠杆菌而非LPS（源自完整细菌的内毒素）诱发的补体激活”实验（实例1）和“暴露于大肠杆菌或LPS的粒细胞和单核细胞的不同激活途径”实验（实例2）。实例1的数据显示，大肠杆菌可诱发补体激活和TCC形成，而LPS不能。mAb137-26并不抑制由大肠杆菌诱发的流体相TCC形成。CVF可诱发流体相TCC形成（经由激活旁路补体途径）。总之，结果表明，完整细菌（诸如大肠杆菌）可激活补体，而LPS则不能激活。因此，在败血症中存在由菌血症和内毒素血症触发的两种不同的发炎机制（参见说明书第20页最后一段）。实例2的结果表明，大肠杆菌（菌血症）

可通过补体激活诱发 C5a 的产生，并因此主要激活粒细胞而对单核细胞的激活程度较低，而细菌 LPS 则主要通过 CD14 相依途径（不依赖于补体）激活单核细胞（参见说明书第 23 页最后一段）。

可见，本申请说明书提供了用于预防和治疗败血症的组合物，包括所述组合物中活性成分的来源、制备和用量、助剂的来源、组合物施用方法；此外，在实施例中采用人类全血炎症模型模拟了败血症的发炎机制以及粒细胞和单核细胞的不同激活途径，并详细描述了实验过程，包括所用试剂的来源、用量、分析方法和设备等，因而本领域技术人员按照说明书记载的内容及提供的参考文献，结合其所掌握的专业知识，能够获得本申请权利要求 1 的组合物，解决前述技术问题并获得预期的效果，即用于预防和治疗败血症。《驳回决定》指出的“本申请说明书缺少有关原料物质及其配比含量、工艺步骤和条件、专用设备的描述，使得本领域技术人员无法制备和实施该发明”的观点不成立。

综上所述，本申请要求保护的组合物在说明书中已经充分公开，符合专利法第 26 条第 3 款的规定。原审查部门应当对本申请是否符合授予专利权的所有实质性条件继续进行审查

三、决定

撤销国家知识产权局于 2008 年 7 月 11 日针对第 200480012684.1 号发明专利申请作出的驳回决定，由国家知识产权局原审查部门以本复审决定所依据的文本为基础继续审查。

复审请求人对本决定不服的，可以根据专利法第 41 条第 2 款的规定，自收到本决定之日起三个月内向北京市第一中级人民法院起诉。

152

一种包覆有机高分子的纳米氧化亚铜及其制备方法和应用

复审请求审查决定（第18837号）

决　定　号　第18837号
决　定　日　2009年8月3日
发明创造名称　一种包覆有机高分子的纳米氧化亚铜及其制备方法和应用
国际分类号　C09C3/10，C09D5/16
复审请求人　中国海洋大学
申　请　号　200510043885.4
申　请　日　2005年6月21日
公　开　日　2005年11月30日
合议组组长　孙跃飞
主　审　员　王　磊
参　审　员　宋　泳

法律依据　专利法第22条第3款
决定要点

在判断一项权利要求的创造性时，首先应当将权利要求要求保护的技术方案与最接近的现有技术进行比较，找出它们的区别技术特征，确定本发明实际所要解决的技术问题，然后再考察现有技术中是否存在着将上述区别技术特征应用到该最接近的现有技术中以解决本发明实际所要解决的技术问题的技术启示。如果不存在这样的技术启示，则该权利要求具备创造性。

一、案由

本复审请求案涉及发明名称为“一种包覆有机高分子的纳米氧化亚铜及其制备方法和应用”的第200510043885.4号发明专利申请（下称本申请），申请人为中国海洋大学，申请日为2005年6月21日，公开日为2005年11月30日。

2008年10月10日，针对申请人于2007年11月28日提交的权利要求第1~5项、申请日提交的说明书第1~3页和说明书摘要，国家知识产权局以本申请权利要求1、4、5不符合专利法第22条第3款的规定为由驳回了本申请。

驳回决定认为：（1）权利要求1请求保护一种包覆有机高分子的纳米氧化亚铜。对比文件1（JP昭61-64763A，公开日为1986年4月3日）公开了一种氧化亚铜，并公开了颗粒平均粒径为100nm的氧化亚铜表面被树脂、油等高分子物质包覆，其比例关系为100：（1-30）重量份。权利要求1与对比文件1的区别在于权利要求1中具体限定了有机高分子化合物壳聚糖、羧甲基壳聚糖……聚丙烯酰胺。而这些有机高分子化合物是常规的颗粒包覆/覆膜材料，本申请说明书中也没有给出采用上述有机高分子化合物相对于其他化合物的预料不到技术效果的有益证明。因此权利要求1相对于对比文件1不具备创造性。(2) 权利要求4、5要求保护权利要求1所述纳米氧化亚铜的应用，该用途已在对比文件1中公开，因此该权利要求也不具备创造性。

驳回决定针对的权利要求书如下：

"1. 一种包覆有机高分子的纳米氧化亚铜，其特征是氧化亚铜颗粒粒径为1~100nm，氧化亚铜颗粒被有机高分子包覆，它们的重量比范围为60~90：0.1~18，所述的有机高分子化合物为壳聚糖、羧甲基壳聚糖、羟乙基壳聚糖、羟丙基壳聚糖、羧甲基纤维素、羟乙基纤维素、羟丙基纤维素、水溶性蛋白、聚乙烯醇或聚丙烯酰胺。

2. 权利要求1所述的包覆有机高分子的纳米氧化亚铜的制备方法，其特征是在有机高分子化合物的水溶液中，在碱金属的卤化物、碱金属的弱酸盐存在下，使二价铜盐和还原剂发生氧化还原反应，分离出反应产物；所述反应的反应温度为10~100℃，反应时间为1~8小时，反应液的pH值为5~7；所述的有机高分子化合物为壳聚糖、羧甲基壳聚糖、羟乙基壳聚糖、羟丙基壳聚糖、羧甲基纤维素、羟乙基纤维素、羟丙基纤维素、水溶性蛋白、聚乙烯醇或聚丙烯酰胺。

3. 如权利要求2所述的制备方法，其特征在于所述的铜盐为硫酸铜、氯化铜或醋酸铜；所述的碱金属的弱酸盐为碳酸钠、醋酸钠、碳酸钾或醋酸钾；所述的碱金属的卤化盐为氯化钠、氯化钾、溴化钠或溴化钾；所述的还原剂为亚硫酸钠、亚硫酸钾或水合肼。

4. 权利要求1所述的包覆有机高分子的纳米氧化亚铜在制备海洋防污涂料中的应用。

5. 如权利要求4所述的应用，其特征是所述的海洋防污涂料由树脂溶液、增塑剂、一种或几种填充料和一种或几种本发明的包覆有机高分子的氧化亚铜组成，它们的重量百分比范围分别为20~60、1~20、1~30和1~50。"

2009年1月23日，申请人中国海洋大学（下称请求人）对上述驳回决定不服，向专利复审委员会提出复审请求，请求人未提交申请文件的修改替换页。

请求人认为：(1) 对于驳回决定指出的"权利要求1与对比文件1的区别仅在于：权利要求1中具体限定的有机高分子化合物为壳聚糖、羧甲基壳聚糖……聚丙烯酰胺"。审查员在审查过程中并没有提到其他对比文件说明本发明公开的这些具体有机高分子化合物。(2) 本发明是一种选择性发明，由本申请说明书第3页表的数据表明，在一年内挂在深海网箱养殖区的实验样板没有附着任何海洋生物，而空白对照的海洋生物附着面积已达到实验样板的40%，两年空白对照达到100%，而本申请仅仅6%，这个数据充分地说明了本发明取得了预料不到的技术效果，因此该发明具有创造性。(3) 基于上述理由，要求保护所述产品用途的权利要求4、5具备创造性，要求保护产品制备方法的权利要求2、3具备新颖性和创造性。

经形式审查合格后，专利复审委员会受理了该请求，并于2009年3月4日向请求人发出了《复审请求受理通知书》，同时将本申请转送至国家知识产权局原审查部门进行前置审查。

在《前置审查意见书》中，国家知识产权局原审查部门认为本申请并没有给出由于包覆材料的不同而产生预料不到技术效果的证明，而且权利要求1中列出的包覆材料均是本领域公知的包覆材料，选择适当的包覆材料是本领域常规的技术手段，因此权利要求1、4、5仍不具备创造性，因此坚持驳回决定。

专利复审委员会组成合议组，对本复审请求案进行了审理。

合议组认为本案事实已经清楚，可以作出复审决定。

二、决定的理由

1. 审查文本

请求人在复审阶段没有提交修改文本，本复审决定依据的审查文本是驳回决定所针对的文本，即

请求人于2007年11月28日提交的权利要求第1~5项、申请日提交的说明书第1~3页和说明书摘要

2. 关于专利法第22条第3款

专利法第22条第3款规定，创造性是指同申请日以前已有的技术相比，该发明有突出的实质性特点和显著的进步。

在判断一项权利要求的创造性时，首先应当将权利要求要求保护的技术方案与最接近的现有技术进行比较，找出它们的区别技术特征，确定本发明实际所要解决的技术问题，然后再考察现有技术中是否存在着将上述区别技术特征应用到该最接近的现有技术中以解决本发明实际所要解决的技术问题的技术启示。如果不存在这样的技术启示，则权利要求具备创造性。

就本案而言，权利要求1要求保护一种包覆有机高分子的纳米氧化亚铜（具体见案由部分）。对比文件1公开了一种氧化亚铜组合物，该组合物是用船底涂料用有机系树脂、油类、松香和增塑剂中的一种或二种以上的处理剂表面包覆氧化亚铜制得的，比例为100重量份的氧化亚铜用1~30重量份的处理剂包覆。所述氧化亚铜的平均粒径为0.1~10μm（即100nm~10000nm）。用作处理剂的有机系树脂列举有氯化橡胶、环氧、氯乙烯、醋酸乙烯和氯乙烯的共聚物、丙烯酸系树脂、以及三丁基锡甲基丙烯酸酯共聚物、三苯基锡甲基丙烯酸共聚物等有机锡化合物接枝聚合到甲基丙烯酸酯上的共聚物等。油类的原料列举有妥尔油、大豆油、亚麻子油和蓖麻油等干性油和脱水蓖麻油、环氧化油、苯乙烯化油等改性油。松香能使用妥尔油、松香和橡胶松香。作为增塑剂能使用磷酸三甲苯酯、邻苯二甲酸二辛酯、氯化石蜡等（见对比文件1权利要求1、2，说明书第2页右上栏第5段~右下栏第3段）。

可见，对比文件1同样公开了一种可用于船底涂料的氧化亚铜组合物，该氧化亚铜的平均粒径的下限（100nm）和本申请权利要求1限定的粒径范围重叠，并且其公开的包覆材料与氧化亚铜的用量范围也与权利要求1中限定的重量比范围重叠。权利要求1与对比文件1的区别在于：对比文件1中并没有公开用权利要求1所限定的具体的有机高分子化合物包覆氧化亚铜。

驳回决定在认定了上述区别技术特征之后认为："在对比文件1中公开了通过在氧化亚铜表面包裹有机树脂达到氧化亚铜颗粒在海洋防污涂料中良好分散性和稳定性，对于有机树脂的选用仅仅是根据实际需要，利用现有技术已知材料的公知性质的常规选择，且本申请所限定的多种有机高分子化合物对所属领域技术人员来说也是常规的颗粒包裹/覆膜材料，是很容易想到的，另外，根据本申请说明书的记载，其中也没有给出采用上述有机高分子化合物相对于其他化合物预料不到技术效果的有益证明，因此，对于本领域技术人员在对各种高分子材料性质均熟悉的条件下，根据实际需要调节包覆氧化亚铜颗粒的外表面材料是显而易见的，由此，权利要求1相对于对比文件1不具备突出的实质性特点和显著的进步，因而不具备创造性。"

对此，合议组认为：根据本申请说明书的记载，本发明的目的是提供一种包覆有机高分子的纳米氧化亚铜及其制备方法，并将其应用于制备海洋防污涂料，以弥补现有技术中氧化亚铜在涂料中的分散性不够好、易于聚集沉降、易被氧化影响储存及其防污效果的不足。而对比文件1说明书中记载了其发明目的是为了改良在船底涂料中使用的现有的氧化亚铜因添加大量防氧化剂引起损害涂膜物性等操作性差的问题。由此可见，本发明相对于对比文件1实际要解决的技术问题是提供一种能同样用于海洋防污涂料的、用不同的包覆材料包覆的纳米氧化铜，使得包含该纳米氧化铜的防污涂料能达到持久的防污效果。

考察对比文件1中公开的处理剂可知，其主要包括有机系树脂、油类、松香和增塑剂，从说明书第2页列举的和实施例中实际使用具体处理剂来看其均为非水溶性的处理剂，根据对比文件1说明书第1~2页的记载，使用这些非水溶性处理剂包覆氧化亚铜的主要目的是在氧化亚铜颗粒表面形成抗氧化保护层以防止氧化亚铜在空气中长期放置时被氧化，并且降低防氧化剂大量添加对涂膜物性和铜

对海水渗出率的影响，即在对比文件1中的处理剂是作为改进的防氧化剂添加到氧化亚铜组合物中的，由于其使用的处理剂均是水不溶性的高分子/大分子，能够在氧化亚铜颗粒表面形成憎水性的覆盖层（如实施例5、6），在氧化亚铜制备、保存以及涂膜浸渍在海水中时不受空气、海水的侵蚀、提供持久的抗氧化层保护。相反，本申请权利要求1中限定的有机高分子均是水溶性的高分子，属于与对比文件1中的处理剂完全不同的处理剂，最根本的差别是由于这些有机高分子的水溶性，其在氧化亚铜表面形成的覆盖层在海水中是能够逐渐溶解的，对于本领域技术人员来说，使用这些水溶性高分子替代对比文件1中的处理剂不仅需要解决对比文件1中所述的防止氧化亚铜被氧化的问题，还需要解决在这些水溶性高分子逐渐被海水溶解的情况下如何持久保持氧化亚铜的抗污效果。根据本申请说明书第3页表中的记载，涂刷了本申请所述防污涂料的样板在12个月内没有海洋生物附着，在24个月仅有6%的面积被海洋生物附着，该效果至少不逊于对比文件1表9所列的实际实验效果。因此，一方面，从对比文件1公开的内容本领域技术人员得不到可以将所述处理剂替换为完全不同的水溶性高分子来包覆氧化亚铜并用于海洋防污涂料的启示；另一方面，即使结合现有技术，尽管权利要求1所限定的有机高分子均是常规的高分子材料，但是对于包含氧化亚铜的海洋防污涂料这一特定的领域，现有技术也没有记载使用权利要求1所述的有机高分子也能用于包覆氧化亚铜以防止其制备、保存中被氧化，并且在浸渍于海水中仍能提供涂膜持久的防污效果的启示。由于对比文件1和现有技术中均没有提供这样的启示，因此，权利要求1相对于对比文件1具备突出的实质性特点和显著的进步，符合专利法第22条第3款的规定。

驳回决定还认为权利要求4、5相对于对比文件1不具备创造性。合议组认为：权利要求4、5要求保护权利要求1所述纳米氧化亚铜产品在制备海洋防污涂料中的应用，在产品权利要求1具备创造性的情况下，权利要求4、5同样具备创造性，符合专利法第22条第3款的规定。

基于上述理由，合议组作出如下决定。

三、决定

撤销国家知识产权局于2008年10月10日对200510043885.4号发明专利申请作出的驳回决定。由国家知识产权局原审查部门在本复审决定所针对的审查文本的基础上继续进行审查。

复审请求人对本决定不服的，可以根据专利法第41条第2款的规定，自收到本决定之日起三个月内向北京市第一中级人民法院起诉。

153

天然海鞘素和相关化合物的合成

复审请求审查决定（第18923号）

决　　定　　号　第18923号
决　　定　　日　2009年9月11日
发明创造名称　天然海鞘素和相关化合物的合成
国 际 分 类 号　C07D515/22，A61K31/50，A61P35/00
复 审 请 求 人　马尔药品公司
申　　请　　号　03807576.8
申　　请　　日　2003年2月4日
优 先 权 日　2002年2月4日
公　　开　　日　2005年7月27日
合议组组长　侯　曜
主　　审　　员　兰　琪
参　　审　　员　潘　剑

法 律 依 据　专利法第33条
决 定 要 点

如果申请的内容通过增加、改变和/或删除其中的一部分，致使所属技术领域的技术人员看到的信息与原申请记载的信息不同，而且又不能从原申请记载的信息中直接地、毫无疑义地确定，那么这种修改是不允许的；反之，则是允许的。

一、案由

本复审请求案涉及发明名称为“天然海鞘素和相关化合物的合成”的第03807576.8号发明专利申请（下称本申请），申请人为马尔药品公司，申请日为2003年2月4日，优先权日为2002年2月4日，公开日为2005年7月27日。

2008年2月15日，针对申请人于2007年5月17日提交的权利要求第1~12项、2004年11月17日提交的改正译文错误请求书所附的说明书第1~7页、进入中国国家阶段时提交的国际申请文件的中文文本的说明书第8~129页和说明书摘要（下称驳回文本），国家知识产权局以权利要求1~2、5不符合专利法第33条的规定为由驳回了本申请。

驳回决定认为：

（1）权利要求1中的“芳基”限定为“含6~18个碳原子的芳基”或“C_6-C_{18}芳基”、在“所述被取代的基团被选自以下的取代基取代……”中的“含6至18个碳原子的碳环芳基”、将“杂环基”

限定为“含有 5~10 个环原子和 1，2 和 3 个选自 N、O 或 S 原子的杂原子的杂环基”以及取代基 R^{12b} 定义中的“C_1-C_{12}烷氧基烷基”和“碳酸根”均未记载在原申请文件中，也无法直接地、毫无疑义地根据原申请文件所记载的信息确定；

（2）权利要求 2 中的“芳基”限定为“C_6-C_{18}芳基”未记载在原申请文件中，也无法直接地、毫无疑义地根据原申请文件所记载的信息确定；

（3）权利要求 2、5 中 R^5 和 R^{12b} 所述及的优选范围未记载在原申请文件中，也不能从原申请文件所记载的信息中直接地、毫无疑义地确定该优选范围；

（4）权利要求 5 中的“取代或未取代 C_1-C_{12}烷基或取代或未取代 C_1-C_{12}烯基”也超出了原申请文件所记载的范围；

综上，权利要求 1~2、5 中存在多处修改超范围的情形，不符合专利法第 33 条的规定。

驳回决定针对的权利要求书如下：

“1. 一种化合物，该化合物具有以下结构式：

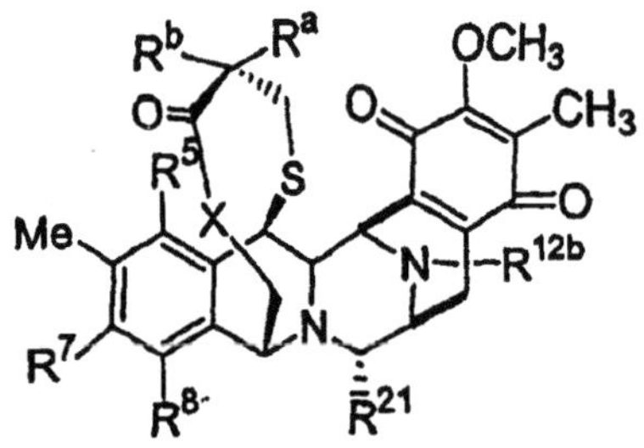

其中：

R^a 和 R^b 与其连接的碳原子一起构成以下基团：

基团-CH（RC），其中 R^C 是 OX_1 或 N（X_1X_2），其中每个 X_1 和 X_2 各自独立为 H、取代或未取代的 C_1-C_{18}烷基、取代或未取代的 C_2-C_{18}烯基、取代或未取代的 C_2-C_{18}炔基或取代或未取代的 C_6-C_{18}芳基，或-C（=O）R′，其中 R′选自 H、OH、NO_2、NH_2、SH、CN、卤素、C_1-C_6 烷基、C_2-C_6 烯基、C_2-C_6 炔基、C_6-C_{18}芳基、其中芳基含 6~18 个碳原子和烷基含 1~6 个碳原子的芳烷基、和含有 5~10 个环原子和 1，2 和 3 个选自 N，O 或 S 原子的杂原子的杂环基；或

X 为 NH 或-O-；

R^5 是 OX_1，其中 X_1 为 H、取代或未取代的 C_1-C_{18}烷基、取代或未取代的 C_2-C_{18}烯基、取代或未取代的 C_2-C_{18}炔基、取代或未取代的 C_6-C_{18}芳基，或-C（=O）R′，其中 R′选自 H、OH、NO_2、NH_2、SH、CN、卤素、C_1-C_6 烷基、C_2-C_6 烯基、C_2-C_6 炔基、C_6-C_{18}芳基、其中芳基含 6-18 个碳原子和烷基含 1~6 个碳原子的芳烷基和含有 5-10 个环原子和 1，2 和 3 个选自 N，O 或 S 原子的杂原子的杂环基；

R^7 为-OCH_3 且 R^8 为-OH，或者 R^7 和 R^8 一起构成-O-CH_2-O-基团；

R^{12b} 是氢、C_1-C_{12}烷基、C_1-C_{12}卤代烷基、C_1-C_{12}烷氧基烷基、C_1-C_{12}卤代烷氧基烷基、芳基亚烷基、卤代烷基芳基亚烷基、酰基、卤代酰基、碳酸根、氨基甲酸酯、芳基烷基、C_2-C_{12}烯基或氨基酸残基；

R^{21} 是-H、-OH 或-CN；

其中，所述被取代的基团被选自以下的取代基取代：

卤素；氰基；羟基；硝基；叠氮基；烷酰基；酰胺基；含 1 至 6 个碳原子的烷基；含 2 至 6 个碳原子的链烯基或链炔基；含 1 至 6 个碳原子的烷氧基；其中芳基含 6~18 个碳原子的芳氧基；含 1 至 6 个碳原子的烷硫基团；含 1 至 6 个碳原子的烷基亚磺酰基团；含 1 至 6 个碳原子的烷基磺酰基；含

1 至 6 个碳原子的氨基烷基；含 6 至 18 个碳原子的碳环芳基；以及其中芳基含 6~18 个碳原子和烷基含 1~6 个碳原子的芳烷基。

2. 权利要求 1 的化合物，其中 R^5 是-OH 或-OC（=O）R′，其中 R′选自 H、OH、NO_2、NH_2、SH、CN、卤素、C_1-C_6 烷基、C_2-C_6 烯基、C_2-C_6 炔基、C_6-C_{18}芳基、芳烷基和含有 1，2 和 3 个选自 N，O 或 S 原子的杂原子的杂环基。

3. 权利要求 2 的化合物，其中 R^5 是-OAc。

4. 权利要求 1 的化合物，其中 R^7和 R^8 一起构成-O-CH_2-O-基团。

5. 权利要求 1 的化合物，其中 R^{12b}是氢、取代或未取代 C_1-C_{12}烷基或取代或未取代 C_2-C_{12}烯基、氨基酸残基或酰基。

6. 权利要求 5 的化合物，其中 R^{12b}是甲基。

7. 权利要求 1 的化合物，其中 R^{21}是-OH 或-CN。

8. 权利要求 1 的化合物，其中 X 是-O-。

9. 权利要求 1 的化合物，其具有下式：

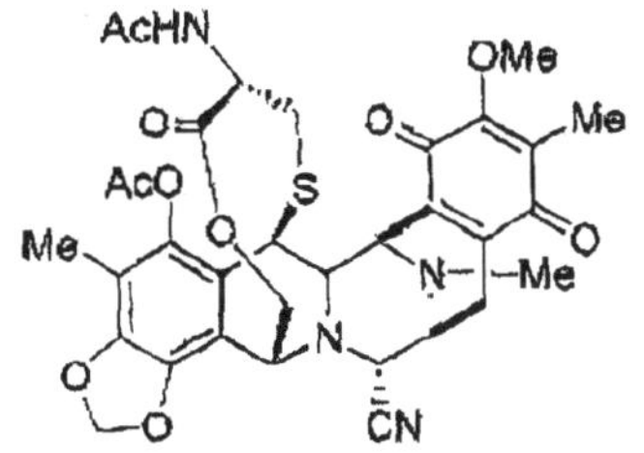

。

10. 权利要求 1 的化合物，其具有下式：

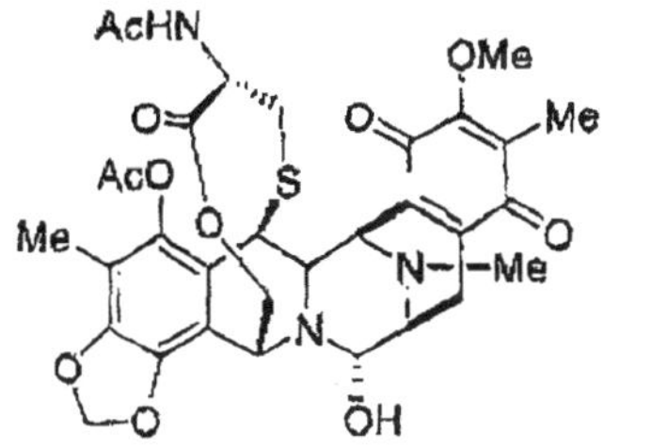

。

11. 药物组合物，其含有一种前述权利要求任一项的化合物和一种药学上的载体。

12. 权利要求 1~10 任一项的化合物在制备治疗癌症的药物中的用途。”

2008 年 5 月 29 日，申请人马尔药品公司（下称请求人）对上述驳回决定不服，向专利复审委员会提出复审请求，同时提交了权利要求书全文修改替换页，其中对权利要求 1 中的部分取代基的定义进行了修改，删除了驳回文本的权利要求 2 和 5，同时对其余各权利要求重新按顺序编号。修改后的权利要求 1 为：

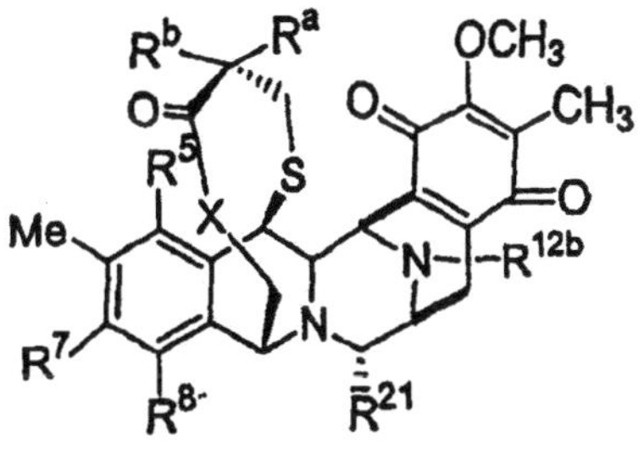

“1. 一种化合物，该化合物具有以下结构式：

其中：Ra 和 Rb 与其连接的碳原子一起构成以下基团：

基团-CH（RC），其中RC是OX_1或N（X_1X_2），其中每个X_1和X_2各自独立为H、取代或未取代的C_1-C_{18}烷基、取代或未取代的C_2-C_{18}烯基、取代或未取代的C_2-C_{18}炔基、取代或未取代的C_6-C_{18}芳基，或-C（=O）R′，其中R′选自H、OH、NO_2、NH_2、SH、CN、卤素、C_1-C_6烷基、C_2-C_6烯基、C_2-C_6炔基、芳基、芳烷基和含有5~10个环原子和其中1~4个为杂原子的杂环基；或

X为NH或-O-；

R^5是OX_1，其中X_1为H、取代或未取代的C_1-C_{18}烷基、取代或未取代的C_2-C_{18}烯基、取代或未取代的C_2-C_{18}炔基、取代或未取代的芳基，或-C（=O）R′，其中R′选自H、OH、NO_2、NH_2、SH、CN、卤素、C_1-C_6烷基、C_2-C_6烯基、C_2-C_6炔基、芳基、芳烷基和含有5-10个环原子和其中1~4个为杂原子的杂环基；

R^7为$-OCH_3$且R^8为-OH，或者R^7和R^8一起构成$-O-CH_2-O-$基团；

R^{12b}是氢、C_1-C_{12}烷基、C_1-C_{12}卤代烷基、烷氧基烷基、卤代烷氧基烷基、芳基亚烷基、卤代烷基芳基亚烷基、酰基、卤代酰基、碳酸酯、氨基甲酸酯、芳基烷基、C_2-C_{12}烯基或氨基酸残基；

R^{21}是-H、-OH或-CN；

其中，所述被取代的基团被选自以下的取代基取代：

卤素；氰基；羟基；硝基；叠氮基；C_1-C_6烷酰基；酰胺基；含1至6个碳原子的烷基；含2至6个碳原子的链烯基或链炔基；含1至6个碳原子的烷氧基；芳氧基；含1至6个碳原子的烷硫基团；含1至6个碳原子的烷基亚磺酰基团；含1至6个碳原子的烷基磺酰基；含1至6个碳原子的氨基烷基；碳环芳基；以及芳烷基；

其中所述芳基或碳环芳基含1~3个独立或稠合环和含6~18个环碳原子；

其中所述芳烷基的芳基是含1~3个独立或稠合环和含6~18个环碳原子的碳环芳基，并且所述芳烷基的烷基含1~6个碳原子。”

请求人认为：通过删除驳回文本的权利要求2和5，所述权利要求中的缺陷已经不再存在；对驳回文本的权利要求1中出现的芳基、碳环芳基、杂环基、取代基R^{12b}的定义进行了修改，同时还将权利要求1中基团取代基部分中的“烷酰基”修改为“C_1-C_6烷酰基”，上述修改后的权利要求没有超出申请文件原始公开的范围，符合专利法第33条的规定。

经形式审查合格后，专利复审委员会受理了该请求，并于2008年6月26日向请求人发出了《复审请求受理通知书》，同时将本申请转送至国家知识产权局原审查部门进行前置审查。

在《前置审查意见书》中，国家知识产权局原审查部门认为修改后的权利要求1中仍然存在修改超范围的“C_6-C_{18}芳基”，因此坚持驳回决定。

专利复审委员会组成合议组，对本复审请求案进行了审理。

2009年6月1日，请求人再次提交意见陈述书和权利要求书的全文修改替换页，其中将权利要求1中的“C_6-C_{18}芳基”修改为“芳基”，将权利要求1第22行的“氨基酸残基”修改为“氨基酸”，并且将权利要求8中的化合物结构式用墨迹更清楚的结构式替换。请求人认为，修改后的内容在原申请文件中均有记载，符合专利法第33条的规定。修改后的权利要求1、8如下：

“1. 一种化合物，该化合物具有以下结构式：

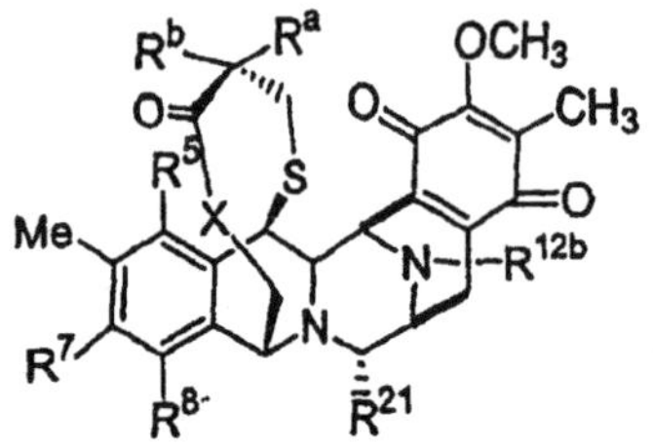

其中：

R^a和R^b与其连接的碳原子一起构成以下基团：

基团-CH（RC），其中RC是OX_1或N（X_1X_2），其中每个X_1和X_2各自独立为H、取代或未取代的C_1-C_{18}烷基、取代或未取代的C_2-C_{18}烯基、取代或未取代的C_2-C_{18}炔基、取代或未取代的芳基，或-C（=O）R′，其中R′选自H、OH、NO_2、NH_2、SH、CN、卤素、C_1-C_6烷基、C_2-C_6烯基、C_2-C_6炔基、芳基、芳烷基和含有5-10个环原子和其中1-4个为杂原子的杂环基；或

X为NH或-O-；

R^5是OX_1，其中X_1为H、取代或未取代的C_1-C_{18}烷基、取代或未取代的C_2-C_{18}烯基、取代或未取代的C_2-C_{18}炔基、取代或未取代的芳基，或-C（=O）R′，其中R′选自H、OH、NO_2、NH_2、SH、CN、卤素、C_1-C_6烷基、C_2-C_6烯基、C_2-C_6炔基、芳基、芳烷基和含有5-10个环原子和其中1-4个为杂原子的杂环基；

R^7为$-OCH_3$且R^8为-OH，或者R^7和R^8一起构成$-O-CH_2-O-$基团；

R^{12b}是氢、C_1-C_{12}烷基、C_1-C_{12}卤代烷基、烷氧基烷基、卤代烷氧基烷基、芳基亚烷基、卤代烷基芳基亚烷基、酰基、卤代酰基、碳酸酯、氨基甲酸酯、芳基烷基、C_2-C_{12}烯基或氨基酸；

R^{21}是-H、-OH或-CN；

其中，所述被取代的基团被选自以下的取代基取代：

卤素；氰基；羟基；硝基；叠氮基；C_1-C_6烷酰基；酰胺基；含1至6个碳原子的烷基；含2至6个碳原子的链烯基或链炔基；含1至6个碳原子的烷氧基；芳氧基；含1至6个碳原子的烷硫基团；含1至6个碳原子的烷基亚磺酰基团；含1至6个碳原子的烷基磺酰基；含1至6个碳原子的氨基烷基；碳环芳基；以及芳烷基；

其中所述芳基或碳环芳基含1~3个独立或稠合环和含6~18个环碳原子；

其中所述芳烷基的芳基是含1~3个独立或稠合环和含6~18个环碳原子的碳环芳基，并且所述芳烷基的烷基含1~6个碳原子。

8. 权利要求1的化合物，其具有下式：

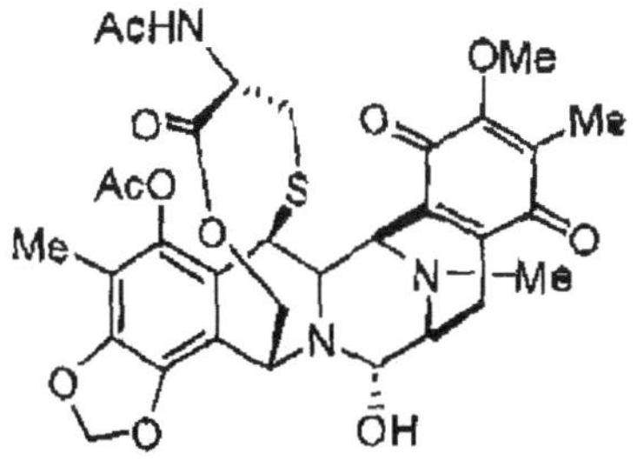

。”

至此，合议组认为本案事实已经清楚，可以作出审查决定。

二、决定的理由

1. 关于审查文本

请求人于2009年6月1日提交了权利要求第1~10项，经审查，合议组认为，上述申请文件的修改符合专利法实施细则第60条第1款的规定。

本复审请求审查决定针对的文本是：请求人于2009年6月1日提交的权利要求第1~10项、2004年11月17日提交的说明书第1~7页、进入中国国家阶段时提交的国际申请文件的中文文本的说明书第8~129页和说明书摘要（下称复审文本）。

2. 关于专利法第 33 条

专利法第 33 条规定，申请人可以对其专利申请文件进行修改，但是，对发明专利申请文件的修改不得超出原说明书和权利要求书记载的范围。

如果申请的内容通过增加、改变和/或删除其中的一部分，致使所属技术领域的技术人员看到的信息与原申请记载的信息不同，而且又不能从原申请记载的信息中直接地、毫无疑义地确定，那么这种修改是不允许的；反之，则是允许的。

就本申请而言，驳回决定认为：

（1）权利要求 1 中的“芳基”限定为“含 6~18 个碳原子的芳基”或“C_6-C_{18}芳基”、在“所述被取代的基团被选自以下的取代基取代……”中所记载的“含 6 至 18 个碳原子的碳环芳基”、将“杂环基”限定为“含有 5~10 个环原子和 1，2 和 3 个选自 N、O 或 S 原子的杂原子的杂环基”以及在权利要求 1 中的取代基 R^{12b}定义中记载的“C_1-C_{12}烷氧基烷基”和“碳酸根”均未记载在原申请文件中，也无法直接地、毫无疑义地根据原始申请文件所记载的信息确定；

（2）权利要求 2 中的“芳基”限定为“C_6-C_{18}芳基”未记载在原申请文件中，也无法直接地、毫无疑义地根据原始申请文件所记载的信息确定；

（3）权利要求 2、5 从属于权利要求 1，分别对取代基 R^5 和 R^{12b}作进一步的限定，然而原申请文件中并没有记载过权利要求 2 和 5 所涉及的优选范围，并且也不能从原申请文件记载的信息中直接地、毫无疑义地确定该优选范围；

（4）权利要求 5 中的“取代或未取代 C_1-C_{12}烷基或取代或未取代 C_1-C_{12}烯基”也超出了原始申请文件所记载的范围；

综上，权利要求 1~2、5 中存在多处修改超范围的情形，不符合专利法第 33 条的规定。

相对于驳回文本的权利要求 1，在复审文本的权利要求 1 中，请求人进行了如下修改：

（1）将 X_1 和 X_2 基团定义中的“取代或未取代的 C_6-C_{18}芳基”修改为“取代或未取代的芳基”，并且随后定义“其中芳基含 1~3 个独立或稠合环和含 6~18 个环碳原子”。对此，合议组查明，本申请原说明书第 7 页第 15~17 行记载了“其中 X_1 和 X_2 为 H……取代或未取代的芳基或……”，以及原说明书第 14 页第 23~24 行对碳环芳基作了进一步的定义：“典型的碳环芳基团包含 1~3 个独立或稠合环并含有 6 至约 18 个碳环原子”，并且随后列举了一系列具体的碳环芳基。在本领域中，“芳基”通常理解为“碳环芳基”，因此根据原始说明书所记载的内容，修改后的内容能够由原始申请文件所记载的信息毫无疑义地确定；

（2）将 R′基团定义中的“C_6-C_{18}芳基”修改为“芳基”，并且随后定义“其中芳基含 1~3 个独立或稠合环和含 6~18 个环碳原子”，将“其中芳基含 6~18 个碳原子和烷基含 1~6 个碳原子的芳烷基”修改为“芳烷基”，并且随后定义“其中芳烷基的芳基是含 1~3 个独立或稠合环和含 6~18 个碳环芳基，并且所述芳烷基的烷基含 1~6 个碳原子”。对此，合议组查明，本申请原说明书第 12 页第 1~3 行记载了“R′基团独立选自……芳基、芳烷基……”，以及原说明书第 14 页第 23~24 行记载了“典型的碳环芳基团包含 1~3 个独立或稠合环并含有 6 至约 18 个碳环原子”。在本领域中，“芳基”通常理解为“碳环芳基”，因此根据原始说明书所记载的内容，修改后的内容也能够由原始申请文件所记载的信息毫无疑义地确定；

（3）将 R′基团定义中的“含有 5~10 个环原子和 1，2 和 3 个选自 N、O 或 S 原子的杂原子的杂环基”修改为“含有 5~10 个环原子和其中 1~4 个为杂原子的杂环基”。对此，合议组查明，本申请原说明书第 12 页第 1~3 行记载了“R′基团独立选自……杂环”，以及原说明书第 16 页第 1~3 行记载了“杂环基团……尤其是具有 5~10 个环原子和其中 1~4 个为杂原子的基团”，即修改后的内容在原申请文件中有明确记载；

（4）将取代基 R^{12b} 定义中记载的"C_1-C_{12} 烷氧基烷基"修改为"烷氧基烷基"、"C_1-C_{12} 卤代烷氧基烷基"修改为"卤代烷氧基烷基"、"碳酸根"修改为"碳酸酯"、"氨基酸残基"修改为"氨基酸"。对此，合议组查明，本申请原说明书第 12 页第 15～17 行中记载了"R^{12b} 为 H……烷氧基烷基、卤代烷氧基烷基……碳酸酯……和氨基酸"，即修改后的内容在原申请文件中有明确记载；

（5）将"所述被取代的基团被选自以下的取代基取代……"中的"烷酰基"修改为"C_1-C_6 烷酰基"、"其中芳基含 6～18 个碳原子的芳氧基"修改为"芳氧基"，以及"含 6 至 18 个碳原子的碳环芳基"修改为"碳环芳基"，并且随后定义"其中碳环芳基含 1～3 个独立或稠合环和含 6～18 个环碳原子"。对此，合议组查明，本申请原说明书第 15 页第 6～17 行记载了"所述合适基团例如卤素……烷酰基例如 C_1-C_6 烷酰基……芳氧基例如苯氧基……碳环芳基……"，以及原说明书第 14 页第 23～24 行记载了"典型的碳环芳基团包含 1～3 个独立或稠合环并含有 6 至约 18 个碳环原子"，即修改后的内容在原申请文件中均有明确记载。

因此复审文本中的权利要求 1 的上述修改或与原申请文件的记载一致，或者能够从原说明书所记载的内容直接地、毫无疑义地确定，从而克服了《驳回决定》中所指出的权利要求 1 修改超范围的缺陷，符合专利法第 33 条的规定。

在复审文本的权利要求书中，删除了驳回文本的权利要求 2 和 5，从而克服了《驳回决定》所指出的涉及权利要求 2 和 5 的缺陷。

综上所述，复审文本已经克服了《驳回决定》所指出的权利要求 1～2、5 不符合专利法第 33 条规定的缺陷。同时，《前置审查意见书》中所指出的权利要求 1 中存在超范围的"C_6-C_{18} 芳基"的缺陷也已得到克服。

根据上述事实和理由，合议组作出如下审查决定。

三、决定

撤销国家知识产权局于 2008 年 2 月 15 日针对 03807576.8 号发明专利申请作出的驳回决定，由国家知识产权局原审查部门以本复审请求审查决定所针对的文本为基础继续审批程序。

复审请求人对本决定不服的，可以根据专利法第 41 条第 2 款的规定，自收到本决定之日起三个月内向北京市第一中级人民法院起诉。

154

在植物中抑制乙烯反应的方法

复审请求审查决定（第18927号）

决　　定　　号　第18927号
决　　定　　日　2009年9月16日
发明创造名称　在植物中抑制乙烯反应的方法
国 际 分 类 号　A01N 27/00，A01N 29/02，A01N 31/04，A01N 33/04
复 审 请 求 人　罗姆和哈斯公司，北卡罗来纳州大学
申　　请　　号　02801778.1
申　　请　　日　2002年2月25日
优 先 权 日　2001年2月26日
公　　开　　日　2003年12月24日
合 议 组 组 长　汪送来
主　　审　　员　张家祥
参　　审　　员　王　磊

法 律 依 据　专利法第22条第3款
决 定 要 点

如果发明的技术方案与最接近的现有技术相比存在区别特征，但是现有技术中给出了采用该区别特征来解决该发明所实际解决的技术问题的技术启示，并且该区别特征的引入也没有产生预料不到的技术效果，则该发明不具备创造性。

一、案由

本复审请求案涉及发明名称为“在植物中抑制乙烯反应的方法”的第02801778.1号发明专利申请（下称本申请），申请人为罗姆和哈斯公司、北卡罗来纳州大学，申请日为2002年2月25日，优先权日为2001年2月26日，公开日为2003年12月24日。

2007年9月7日，针对申请人于2006年10月19日提交的权利要求第1~8项，进入中国国家阶段时提交的国际申请文件中文文本的说明书第1~13页以及说明书摘要，国家知识产权局以权利要求1~8不符合专利法第22条第3款的规定为由驳回了本申请。

驳回决定所针对的权利要求书如下：

“1. 在植物中抑制乙烯反应的方法，其包括用有效抑制乙烯反应的量的下式化合物或它的对映体、立体异构体、盐或其混合物或其组合物接触植物：

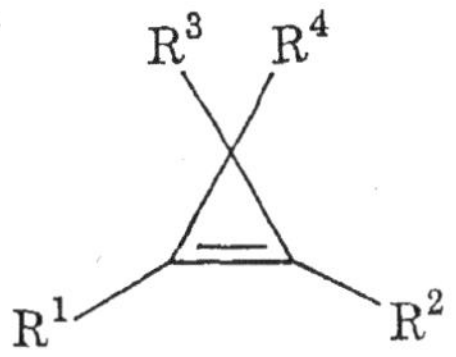

其中：

a）R^1，R^2，R^3 和 R^4 中的1到4个分别独立选自下列组：一卤代甲基，二卤代甲基，三卤代甲基，一卤代乙基，二卤代乙基，一卤代丙基，一卤代异丙基，1-羟基甲基，1-羟基乙基，2-羟基乙基，1-羟基丙基，2-羟基丙基，3-羟基丙基，1-羟基-1-甲基乙基，2-羟基-1-甲基乙基，1-氨基-2-羟基乙基，1-卤-2-羟基乙基，2-氨基-1-羟基乙基，2-卤-1-羟基乙基，1，2-二羟基乙基，1-甲氧基甲基，1-乙氧基甲基，1-甲氧基乙基，2-甲氧基乙基，1-氨基甲基，1-氨基乙基，2-氨基乙基，1-氨基-丙基，2-氨基丙基，3-氨基丙基，1-氨基-1-甲基乙基，2-氨基-1-甲基乙基，1，2-二氨基乙基，1-甲基氨基甲基，1-乙基氨基甲基，1-甲基氨基乙基，2-甲基氨基乙基，二甲基氨基甲基，$-CH=NOH$，$-CMe=NOH$，$-CH_2CH=NOH$，$-CH=NOMe$，$-NHNH_2$，$-NMeNH_2$，$-NHNHMe$，$-NEtNH_2$，$-NHNHEt$，$-NHNMe_2$，$-NMeNHMe$，$-CH_2NHNH_2$，$-CH_2CH_2NHNH_2$，$-CH_2NMeNH_2$，$-CH_2NHNHMe$，$-CONH_2$，$-CH_2CONH_2$，$-NHCOR$，$-NHCOMe$，$-NMeCOH$，$-CONHMe$，$-CO_2Me$，OCO_2R，$-OCOH$，$-OCOMe$，1-氰甲基，1-氰乙基，2-氰乙基，$-CH_2CO_2H$；未取代的或取代的硝基（C_1-C_{12}）-烷基，未取代的或取代的硝基（C_1-C_{12}）烯基，未取代的或取代的硝基（C_1-C_{12}）炔基，未取代的或取代的叠氮（C_1-C_{12}）烷基，未取代的或取代的叠氮（C_1-C_{12}）-烯基，未取代的或取代的叠氮（C_1-C_{12}）-炔基，其中取代基为1到5个，且选自卤素、氰基、亚硝基、氯酸根、溴酸根、碘酸根、异氰酸根合、isocyanido、异硫氰酸根合、五氟硫基；且

b）其余 R^1，R^2，R^3 和/或 R^4 分别独立选自下列组：氢；（C_1-C_4）烷基、（C_1-C_4）烯基、（C_1-C_4）炔基、卤素、（C_1-C_3）烷氧基，$-OCH_2CH=CH_2$，$-OCH_2C\equiv CH$，$-NH_2$，$-NHMe$，$-NHEt$，$-NH(n\text{-}Pr)$，$-NH(i\text{-}Pr)$，$-NMe_2$，$-NMeEt$，$-CO_2H$，或$-NO_2$。

2. 权利要求1的方法，其中 R^1，R^2，R^3 和 R^4 中的两个是氢。

3. 权利要求1的方法，其中 R^1 和 R^2 是氢或者 R^3 和 R^4 是氢。

4. 权利要求1的方法，其中 R^2，R^3 和 R^4 是氢。

5. 权利要求1的方法，其中 R^1，R^2 和 R^4 是氢。

6. 权利要求1的方法，其中乙烯反应是一或多种：花、果和蔬菜的成熟和/或老化；叶、花和果实的脱落；装饰性植物，插花、灌木丛、种子和休眠幼苗寿命的缩短；抑制生长；刺激生长；生长素活性；抑制顶生枝；控制顶端优势；增加分枝；增加分蘖；改变植物形态，改造植物对如真菌等病原体的易感性，改变生化组成；败育或抑制开花和种子发育；倒伏效应，刺激种子发芽和中断休眠；激素效应；和偏上性效应。

7. 权利要求1的方法，其中 R^1 是一卤代甲基，二卤代甲基，三卤代甲基，一卤代乙基，二卤代乙基，一卤代丙基，一卤代异丙基，1-羟基甲基，1-羟基乙基，2-羟基乙基，1-羟基丙基，2-羟基丙基，3-羟基丙基，1-羟基-1-甲基乙基，2-经基-1-甲基乙基，1-氨基-2-羟基乙基，1-卤-2-羟基乙基，2-氨基-1-羟基乙基，2-卤-1-羟基乙基，1，2-二羟基乙基，1-甲氧基甲基，1-乙氧基甲基，1-甲氧基乙基，2-甲氧基乙基，1-氨基甲基，1-氨基乙基，2-氨基乙基，1-氨基-丙基，2-氨基丙基，3-氨基丙基，1-氨基-1-甲基乙基，2-氨基-1-甲基乙基，1，2-二氨基乙基，1-甲基氨基甲基，1-乙基氨基甲基，1-甲基氨基乙基，2-甲基氨基乙基，或二甲基氨基甲基；而 R^2，R^3 和 R^4 是氢。

8. 权利要求 1 的方法，其中 R1 是羟基甲基或者 2-羟基乙基。”

驳回决定认为：（1）权利要求 1 要求保护在植物中抑制乙烯反应的方法，对比文件 1（US5518988A，公开日为 1996 年 5 月 21 日）和对比文件 2（US6017849A，公开日为 2000 年 1 月 25 日）分别公开了利用环丙烯化合物，特别是甲基环丙烯抑制植物中乙烯反应的方法，其中，环丙烯上的取代基可以选自氢原子、饱和或不饱和的 C_{1-4}烷基、羟基、卤素、烷氧基、氨基和羧基。本领域的技术人员在对比文件 1 或 2 的基础上容易想到将环丙烯上的取代基团稍做改变，进而得到权利要求 1 中的技术方案，因此，权利要求 1 相对于对比文件 1 或 2 不具备创造性，不符合专利法第 22 条第 3 款的规定。同理，权利要求 2~8 也不具备创造性，不符合专利法第 22 条第 3 款的规定。（2）权利要求 1 中环丙烯上的取代基如一卤代甲基等并不复杂，并且如申请人所述，提供乙烯抑制活性的关键结构单元是环丙烯，本领域技术人员基于对比文件 1 或 2 可以得出环丙烯上的取代基还可为其他基团的技术启示，而申请人并未提供实验数据来证明本申请化合物具有更好的技术效果。另外，一般情况下，同系列的化合物分子量越大，熔点和沸点就越高，这是本领域的公知常识，因此，本申请化合物相对于 1-甲基环丙烯挥发性较小是本领域技术人员可以预见的。

2007 年 12 月 19 日，申请人罗姆和哈斯公司、北卡罗来纳州大学（下称请求人）对上述驳回决定不服，向专利复审委员会提出复审请求，同时提交了修改的权利要求书和如下的附件 1~2：

附件 1：“Inhibitors of ethylene responses in plants at the receptor level: Recent developments”, E. C. Sisler 和 M. Serek, PHYSIOLOGIA PLANTARUM 100：第 577~582 页，1997 年；

附件 2：“Ethylene Biosynthesis and Signaling Networks”, Kevin L. -C. Wang 等, The Plant Cell, S131-S151, Supplement 2002。

在修改后的权利要求书中，相对于驳回决定所针对的权利要求书，请求人进一步限定了权利要求 1 中的 R^1，R^2，R^3 和 R^4，并删除了权利要求 2~3 和 5，修改后的权利要求书为：

“ 1. 在植物中抑制乙烯反应的方法，其包括用有效抑制乙烯反应的量的下式化合物或它的对映体、立体异构体、盐或其混合物或其组合物接触植物：

其中：

a）R^1 或 R^2 或这两者选自下列组：一卤代甲基，二卤代甲基，三卤代甲基，一卤代乙基，二卤代乙基，一卤代丙基，一卤代异丙基，1-羟基甲基，1-羟基乙基，2-羟基乙基，1-羟基丙基，2-羟基丙基，3-羟基丙基，1-羟基-1-甲基乙基，2-羟基-1-甲基乙基，1-氨基-2-羟基乙基，1-卤-2-羟基乙基，2-氨基-1-羟基乙基，2-卤-1-羟基乙基，1，2-二羟基乙基，1-甲氧基甲基，1-乙氧基甲基，1-甲氧基乙基，2-甲氧基乙基，1-氨基甲基，1-氨基乙基，2-氨基乙基，1-氨基-丙基，2-氨基丙基，3-氨基丙基，1-氨基-1-甲基乙基，2-氨基-1-甲基乙基，1，2-二氨基乙基，1-甲基氨基甲基，1-乙基氨基甲基，1-甲基氨基乙基，2-甲基氨基乙基，二甲基氨基甲基，$-CH=NOH$，$-CMe=NOH$，$-CH_2CH=NOH$，$-CH=NOMe$，$-NHNH_2$，$-NMeNH_2$，$-NHNHMe$，$-NEtNH_2$，$-NHNHEt$，$-NHNMe_2$，$-NMeNHMe$，$-CH_2NHNH_2$，$-CH_2CH_2NHNH_2$，$-CH_2NMeNH_2$，$-CH_2NHNHMe$，$-CONH_2$，$-CH_2CONH_2$，$-NHCOR$，$-NHCOMe$，$-NMeCOH$，$-CONHMe$，$-CO_2Me$，OCO_2R，$-OCOH$，$-OCOMe$，1-氰甲基，1-氰乙基，2-氰乙基和$-CH_2CO_2H$；

b）余下的 R^1 或 R^2 选自下列组：氢；（C_1-C_4）烷基、（C_1-C_4）烯基、（C_1-C_4）炔基、卤素、（C_1-C_3）烷氧基，$-OCH_2CH=CH_2$，$-OCH_2C\equiv CH$，$-NH_2$，$-NHMe$，$-NHEt$，$-NH(n-Pr)$，$-NH(i-Pr)$，$-NMe_2$，$-NMeEt$，$-CO_2H$，或$-NO_2$；

c）R^3 和 R^4 是氢。

2. 权利要求 1 的方法，其中 R^2，R^3 和 R^4 是氢。

3. 权利要求 1 的方法，其中乙烯反应是以下一或多种：花、果和蔬菜的成熟和/或老化；叶、花和果实的脱落；装饰性植物，插花、灌木丛、种子和休眠幼苗寿命的缩短；抑制生长；刺激生长；生长素活性；抑制顶生枝；控制顶端优势；增加分枝；增加分蘖；改变植物形态，改造植物对真菌和病原体的易感性，改变生化组成；败育或抑制开花和种子发育；倒伏效应，刺激种子发芽和中断休眠；激素效应；和偏上性效应。

4. 权利要求 1 的方法，其中 R^1 是一卤代甲基，二卤代甲基，三卤代甲基，一卤代乙基，二卤代乙基，一卤代丙基，一卤代异丙基，1-羟基甲基，1-羟基乙基，2-羟基乙基，1-羟基丙基，2-羟基丙基，3-羟基丙基，1-羟基-1-甲基乙基，2-经基-1-甲基乙基，1-氨基-2-羟基乙基，1-卤-2-羟基乙基，2-氨基-1-羟基乙基，2-卤-1-羟基乙基，1，2-二羟基乙基，1-甲氧基甲基，1-乙氧基甲基，1-甲氧基乙基，2-甲氧基乙基，1-氨基甲基，1-氨基乙基，2-氨基乙基，1-氨基-丙基，2-氨基丙基，3-氨基丙基，1-氨基-1-甲基乙基，2-氨基-1-甲基乙基，1，2-二氨基乙基，1-甲基氨基甲基，1-乙基氨基甲基，1-甲基氨基乙基，2-甲基氨基乙基，或二甲基氨基甲基；而 R^2，R^3 和 R^4 是氢。

5. 权利要求 1 的方法，其中 R^1 是羟基甲基或者 2-羟基乙基。"

请求人认为：（1）对比文件 1 和 2 所公开的环丙烯化合物仅限于非常简单的取代，其中并没有教导除此之外的其他取代基也能在植物中抑制乙烯反应，也没有提及在受压缩时存在爆炸危险，而本申请环丙烯的取代基相对于对比文件 1 更为复杂，且所得环丙烯的挥发性小，在使用中更安全，同时还能保持乙烯抑制活性。（2）由附件 1 可知，1-甲基环丙烯的乙烯反应拮抗活性比 3，3-二甲基环丙烯高出 1000 倍之多，环张力是影响取代环丙烯的抗乙烯反应效力的重要因素，估计是 3，3-二甲基环丙烯的立构效应和甲基的供电子效应降低了环张力，从而消弱了该化合物的乙烯反应拮抗活性，因此，综合考虑立构效应和电子效应，无法预计除小烷基（如甲基）单取代之外，其他取代是破坏还是保留其生物活性；附件 2 讲述了植物内的乙烯生物合成路径，对比文件 1、对比文件 2 和附件 2 明显提示，可作为乙烯反应拮抗剂的取代环丙烯其环上取代通常是参与了植物内乙烯生物合成路径的取代环丙烯上的那些，尤其是对比文件 1、2 和附件 1 中揭示的甲基单取代环丙烯。

经形式审查合格后，专利复审委员会受理了该请求，并于 2008 年 3 月 6 日向请求人发出了《复审请求受理通知书》，同时将本申请转送至国家知识产权局原审查部门进行前置审查。

在《前置审查意见书》中，国家知识产权局原审查部门坚持驳回决定。

专利复审委员会组成合议组，对本案的复审请求进行了审理，并于 2009 年 7 月 3 日向请求人发出《复审通知书》，指出：（1）权利要求 1 的技术方案与对比文件 1 所公开内容的区别仅在于环丙烯 1-、2-位上的取代基不同，对比文件 1 中的 1-位为甲基，2-位为氢，而权利要求 1 中的 1-位为一卤代甲基、1-羟基甲基等基团，2-位上除了氢之外还可以为（C_1-C_4）烷基等基团。然而，对比文件 1 还公开了一种式（I）化合物（被（R）n 取代的环丙烯），其中 R 选自氢、饱和或不饱和的 C_1-C_4 烷基、羟基、卤素、烷氧基、氨基和羧基，n 为 1-4，优选 n 为 1-2。由此可见，对比文件 1 中已经给出了环丙烯的 1-、2-位取代基可以进行多种基团替换的技术启示，因此，本领域技术人员在对比文件 1 的基础上获得权利要求 1 的技术方案是显而易见的，故权利要求 1 相对于对比文件 1 不具备创造性，不符合专利法第 22 条第 3 款的规定。（2）权利要求 2、4~5 分别对权利要求 1 中的 R^1、R^2 作了进一步限定，基于相同理由，上述权利要求也不具备创造性。权利要求 3 对权利要求 1 中的乙烯反应作了进一步限定，但所述的乙烯反应已经被对比文件 1 所公开，因此，权利要求 3 也不具备创造性。（3）针对请求人的意见，合议组认为：①本申请环丙烯上的取代基如一卤代甲基等在有机合成领域中是非常简单且常用的，本领域技术人员在对比文件 1 的基础上进行常规的基团替换并不需要付出创造性的劳动；没有证据表明本申请的环丙烯不会发生爆炸，其挥发性小等效果也是本领域技术人员可以预期的。②请求人并没有提交附件1和2的中文译文，也未指出所使用内容的具体位置，如果请求人坚持使用上述附件来证明本申请的创造性，应提供其中文译文并指出所使用的具体内容，否则合议组不予考虑。由于3，3-二甲基环丙烯的效果比1-甲基环丙烯差，当开发新的环丙烯类乙烯反应拮抗剂时，本领域技术人员会更容易想到在环丙烯的1-、2-位上进行取代；如请求人所述，提供乙烯抑制活性的关键结构单元是环丙烯，结合对比文件1中的环丙烯的活性，本领域技术人员可推知本申请的化合物应具有相同的技术效果，这也进一步证明了本申请相对于对比文件1不具备创造性的结论；附件2所述的植物内乙烯生物合成路径中的取代环丙烯并不能说明环丙烯环上的取代基不能改变，而且，对比文件1也给出了环丙烯环上的取代基可以进行多种基团替换的启示。

针对《复审通知书》指出的问题，请求人于2008年8月18日提交了意见陈述书和经修改的权利要求书，其中，将所述方法使用的环丙烯衍生物限定到实施例中的化合物2-3、5-6。修改后的权利要求书为：

“1. 在植物中抑制乙烯反应的方法，其包括用有效抑制乙烯反应的量的环丙烯衍生物或它的对映体、立体异构体、盐或其混合物或其组合物接触植物，所述环丙烯衍生物选自：

1-（2-羟基乙基）-环丙烯；

1-（羟基甲基）-2-乙基环丙烯；

1-（溴甲基）-2-乙基环丙烯；和

1-（N，N-二甲基氨基甲基）-2-乙基环丙烯。

2. 权利要求1的方法，其中乙烯反应是以下一或多种：花、果和蔬菜的成熟和/或老化；叶、花和果实的脱落；装饰性植物，插花、灌木丛、种子和休眠幼苗寿命的缩短；抑制生长；刺激生长；生长素活性；抑制顶生枝；控制顶端优势；增加分枝；增加分蘖；改变植物形态，改造植物对真菌和病原体的易感性，改变生化组成；败育或抑制开花和种子发育；倒伏效应，刺激种子发芽和中断休眠；激素效应；和偏上性效应。”

请求人认为：（1）不同取代基的环丙烯衍生物在给定的使用浓度并非具有相同的效果，对比文件1和2都仅实施了采用甲基环丙烯的方法，本领域技术人员无法预见除甲基取代以外的环丙烯衍生物在特定使用浓度下的抗乙烯反应效果，权利要求1的四种化合物在结构和电子活性上都不同于对比文件；羟基、卤素、氨基和羧基等基团不必直接与丙烯环相连，当它们与丙烯环的取代基（如烷基）相连或参与到丙烯环上的取代基中时，仍能够增强抗乙烯反应活性。（2）对比文件1和2都没有提及现有取代环丙烯受压缩时存在爆炸危险，而本申请的复杂取代环丙烯都是油状物，挥发性低，加工性好，储运安全。

至此，合议组认为本案事实清楚，可以作出审查决定。

二、决定的理由

1. 关于审查文本

请求人于2009年8月18日提交了修改的权利要求书，相对于2007年12月19日提交的权利要求书，将其中的环丙烯衍生物限定到了实施例中的化合物2-3、5-6，经审查，上述修改符合专利法第33条和专利法实施细则第60条第1款的规定。

因此，本复审请求审查决定所针对的文本是：请求人于2009年8月18日提交的权利要求第1~2项，进入中国国家阶段时提交的国际申请文件中文文本的说明书第1~13页以及说明书摘要。

2. 关于专利法第22条第3款

专利法第22条第3款规定：创造性，是指同申请日以前已有的技术相比，该发明有突出的实质性特点和显著的进步。

如果发明的技术方案与最接近的现有技术相比存在区别特征，但是现有技术中给出了采用该区别特征来解决该发明所实际解决的技术问题的技术启示，并且该区别特征的引入也没有产生预料不到的技术效果，则该发明不具备创造性。

就本申请而言，权利要求 1 要求保护在植物中抑制乙烯反应的方法，其包括用有效抑制乙烯反应的量的环丙烯衍生物或它的对映体、立体异构体、盐或其混合物或其组合物接触植物，所述环丙烯衍生物选自 1-（2-羟基乙基）-环丙烯、1-（羟基甲基）-2-乙基环丙烯、1-（溴甲基）-2-乙基环丙烯和 1-（N，N-二甲基氨基甲基）-2-乙基环丙烯。

对比文件 1 公开了利用 1-甲基环丙烯阻止康乃馨衰老的方法，将康乃馨暴露于外源乙烯中至少 6 小时，可见到明显的衰老迹象，用 3nl/l 的 1-甲基环丙烯处理后足以阻止该衰老过程。仅用乙烯处理的康乃馨表现出花瓣卷曲（in-rolling），而先用乙烯、后用 1-甲基环丙烯处理的康乃馨则没有明显的衰老现象（参见该对比文件的说明书第 7-8 栏的实施例 6）。

将权利要求 1 所要求保护的技术方案与对比文件 1 所公开的技术内容进行对比，二者的区别仅在于环丙烯 1-、2-位上的取代基不同，以 1-（羟基甲基）-2-乙基环丙烯为例，对比文件 1 中的 1-位为甲基，2-位为氢，而权利要求 1 中的 1-位为羟基甲基，2-位为乙基。因此，本申请相对于对比文件 1 实际解决的技术问题是提供另一种环丙烯化合物来抑制植物的乙烯反应。

然而，对比文件 1 还公开了一种式（I）化合物

其中 R 选自氢、饱和或不饱和的 C_1-C_4 烷基、羟基、卤素、烷氧基、氨基和羧基，n 为 1-4，优选 n 为 1-2（参见说明书第 2 栏第 62 行至第 3 栏第 5 行），上述化合物可用于抵抗多种乙烯反应。由此可见，对比文件 1 中已经给出了环丙烯的 1-、2-位取代基可以进行多种基团替换，且替换后仍具有抑制乙烯反应活性的技术启示，因此，本领域技术人员在对比文件 1 的基础上对环丙烯的 1-位和 2-位取代基进行常规的基团替换从而得到权利要求 1 的技术方案是显而易见的，而且，说明书中也没有证据证明这种基团替换给所述方法带来了预料不到的技术效果，故权利要求 1 相对于对比文件 1 不具备突出的实质性特点和显著的进步，不符合专利法第 22 条第 3 款有关创造性的规定。

权利要求 2 对权利要求 1 中的乙烯反应作了进一步限定，但所述的乙烯反应已经被对比文件 1 所公开（参见说明书第 3 栏第 37~46 行），因此，在权利要求 1 不具备创造性的情况下，权利要求 2 也不具备创造性，不符合专利法第 22 条第 3 款的规定。

请求人在复审理由以及答复《复审通知书》的意见陈述书中认为：（1）对比文件 1 所公开的环丙烯化合物仅限于非常简单的取代，其中并没有教导除此之外的其他取代基也能在植物中抑制乙烯反应，而本申请环丙烯的取代基相对于对比文件 1 更为复杂，且所得环丙烯都是油状物，挥发性低、加工性好，在使用中更安全，同时还能保持乙烯抑制活性。羟基、卤素、氨基和羧基等基团不必直接与丙烯环相连，当它们与丙烯环的取代基（如烷基）相连或参与到丙烯环上的取代基中时，仍能够增强抗乙烯反应活性。（2）由附件 1 可知，1-甲基环丙烯的乙烯反应拮抗活性比 3，3-二甲基环丙烯高出 1000 倍之多，环张力是影响取代环丙烯的抗乙烯反应效力的重要因素，估计是 3，3-二甲基环丙烯的立构效应和甲基的供电子效应降低了环张力，从而消弱了该化合物的乙烯反应拮抗活性，因此，综合考虑立构效应和电子效应，无法预计除小烷基（如甲基）单取代之外，其他取代是破坏还是保留其生物活性；附件 2 讲述了植物内的乙烯生物合成路径，对比文件 1、对比文件 2 和附件 2 明显提示，可作为乙烯反应拮抗剂的取代环丙烯其环上取代通常是参与了植物内乙烯生物合成路径的取代环丙烯上的那些，尤其是对比文件 1、2 和附件 1 中揭示的甲基单取代环丙烯。（3）不同取代基的环丙烯衍生物在给定的使用浓度并非具有相同的效果，对比文件 1 和 2 都仅实施了采用甲基环丙烯的方法，本领域技术人员无法预见除甲基取代以外的环丙烯衍生物在特定使用浓度下的抗乙烯反应效果，

权利要求1的四种化合物在结构和电子活性上都不同于对比文件。

对此，合议组认为：（1）本申请环丙烯上的取代基并不复杂，如羟基甲基、溴甲基等，其中的羟基、溴等虽然没有与丙烯环直接相连，但上述取代基在有机合成领域中仍是非常简单且常用的，本领域技术人员在对比文件1的基础上进行常规的基团替换并不需要付出创造性的劳动；没有证据表明本申请的环丙烯不会发生爆炸，而通常情况下，同系列的化合物，分子量越大，其熔点和沸点就越高，因此，本申请环丙烯的挥发性小、加工性好等效果也是本领域技术人员可以预期的。（2）请求人并没有提交附件1和2的中文译文，在答复《复审通知书》时也未坚持使用附件1和2来证明本申请的创造性，因此，对于上述附件合议组不予考虑。（3）权利要求1的技术方案中并没有记载环丙烯衍生物的具体使用浓度，从本申请说明书第13页记载的效果也看不出本申请权利要求1的化合物在使用浓度的降低上优于对比文件1的化合物，也没有证据表明所述技术方案相对于对比文件1取得了预料不到的技术效果。故对于请求人的上述主张合议组不予支持。

根据上述事实和理由，合议组作出如下审查决定。

三、决定

维持国家知识产权局于2007年9月7日对第02801778.1号发明专利申请作出的驳回决定。

复审请求人对本决定不服的，可以根据专利法第41条第2款的规定，自收到本决定之日起三个月内向北京市第一中级人民法院起诉。

专利复审和无效审查决定汇编丛书

专利复审和无效审查决定汇编

（2009）

化　学（第二卷）

国家知识产权局专利复审委员会　编

知识产权出版社
全国百佳图书出版单位

图书在版编目（CIP）数据

专利复审和无效审查决定汇编．2009．化学/国家知识产权局专利复审委员会编．—北京：知识产权出版社，2016.5

ISBN 978-7-5130-1614-8

Ⅰ．①专…　Ⅱ．①国…　Ⅲ．①专利权法—案例—中国　Ⅳ．①D923.425

中国版本图书馆 CIP 数据核字（2012）第 246947 号

内容提要

本书汇集了专利复审委员会2009年作出的化学专利复审和无效审查决定及相关审查决定和司法判决（根据法律规定需要保密的除外），比较全面地反映了专利复审委员会的审查工作和人民法院专利行政案件审理工作取得的进展，对专利工作者具有一定的借鉴和指导作用，也有利于当事人及广大公众对专利复审委员会的审查工作进行监督。

责任编辑：崔开丽　　　**责任出版**：孙婷婷

封面设计：品　序

专利复审和无效审查决定汇编丛书

专利复审和无效审查决定汇编（2009）

化　学（第二卷）

国家知识产权局专利复审委员会　编

出版发行：知识产权出版社有限责任公司	**网　　址**：http://www.ipph.cn
社　　址：北京市海淀区西外太平庄55号	**邮　　编**：100081
责编电话：010-82000860转8377	**责编邮箱**：cui_kaili@sina.com
发行电话：010-82000860转8101/8102	**发行传真**：010-82000893/82005070/82000270
印　　刷：北京中献拓方科技发展有限公司	**经　　销**：各大网上书店、新华书店及相关专业书店
开　　本：880mm×1230mm　1/16	**印　　张**：115
版　　次：2016年5月第1版	**印　　次**：2016年5月第1次印刷
字　　数：3270千字	**定　　价**：450.00元（全2卷）

ISBN 978-7-5130-1614-8

本书编委会

前　言

随着经济全球化和我国国民经济的飞速发展，专利制度在经济活动中的作用和地位越来越突出，国民的专利意识也在不断增强。目前，我国专利申请总量超过1170万件，每年专利复审与无效宣告请求案件已超过2万件，2012年达到20261件。作为专利复审和无效宣告请求案件审查的专属机构，专利复审委员会每年都要作出数以千计的审查决定。与之相应，人民法院每年要作出数百篇司法判决。每一篇审查决定和判决书都凝聚着审查员和审判人员的心血和智慧。通过审查员和审判人员结合具体案情的创作型劳动，生硬的法律条文变得鲜活和丰满，形成一笔宝贵的精神财富和公共资源，并不断有专利代理机构、专利代理人以及审查员希望专利复审委员会能够出版专利复审和无效审查决定，作为学习和工作时的重要参考资料。

除根据法律规定需要保密的外，《专利复审和无效审查决定汇编（2009）》汇集了专利复审委员会2009年作出的审查决定，包括针对相应审查决定的司法判决，以便读者了解审查决定的法律状态并对照阅读和分析。本汇编按照技术专业领域将分为8大册，共28分卷：机械（4卷）、电学（5卷）、通信（2卷）、医药（4卷）、化学（2卷）、材料（4卷）、光电（3卷）、外观设计（4卷）。因此，本汇编比较全面地反映了专利复审委员会的审查工作和人民法院专利行政案件审理工作取得的进展。

我们相信，本汇编对专利工作者具有一定的借鉴和指导作用，也有利于当事人及广大公众对专利复审委员会的审查工作进行监督。本汇编也将为推动专利复审委员会的发展，促进专利代理业务水平的提高，为《国家知识产权战略纲要》进一步实施尽微薄之力。

本书编委会

2013年8月

目　　录

无效宣告请求审查决定

155

含有取代的噻吩-3-基磺酰基氨基（硫代）羰基三唑啉（硫）酮化合物的除草剂

复审请求审查决定（第18937号）

决　定　号　第18937号
决　定　日　2009年9月10日
发明创造名称　含有取代的噻吩-3-基磺酰基氨基（硫代）羰基三唑啉（硫）酮化合物的除草剂
国际分类号　A01N47/38
复审请求人　拜尔农作物科学股份公司
申　请　号　02823158.9
优　先　权　日　2001年9月21日
申　请　日　2002年9月10日
公　开　日　2005年3月2日
合议组组长　汪送来
主　审　员　侯　曜
参　审　员　黄　强

法律依据　专利法第22条第2款
决定要点

当对比文件中对构成技术方案的一个或多个技术特征给出多种选择时，对于每种选择的组合能否构成对比文件所公开的具体技术方案，应根据不同的情形确定。对于技术效果可预见水平较低的技术领域，不能认为对比文件公开了每个技术特征的每种选择与其他技术特征一起所构成的多个具体技术方案。

一、案由

本复审请求案涉及发明名称为“含有取代的噻吩-3-基磺酰基氨基（硫代）羰基三唑啉（硫）酮化合物的除草剂”的第02823158.9号发明专利申请（下称本申请），申请人为拜尔农作物科学股份公司，申请日为2002年9月10日，优先权日为2001年9月21日，公开日为2005年3月2日。

2008年10月17日，针对申请人于2008年8月21日提交的权利要求第1~5项，以及进入中国国家阶段时提交的国际申请文件的中文文本的说明书第1~90页和说明书摘要，国家知识产权局以权利要求1~5不具备专利法第22条第2款规定的新颖性为由驳回了本申请。

驳回决定针对的权利要求书如下：

“1. 一种组合物，其中包含活性化合物组合，所述组合包含

a）通式（I）取代的噻吩-3-基磺酰基氨基（硫代）羰基三唑啉（硫）酮化合物，即化合物I-2：

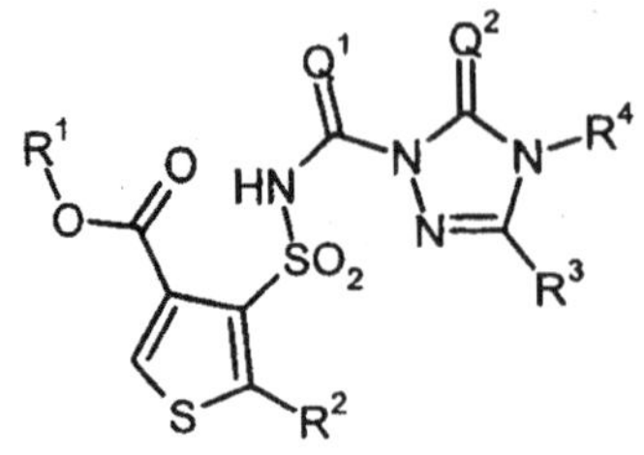

(I)

其中

取代基 R^1、R^2、R^3、R^4、Q^1 和 Q^2 具有下列含义：

$Q^1=O$；$Q^2=O$；$R^1=CH_3$；$R^2=CH_3$；$R^3=OCH_3$；$R^4=CH_3$；

-以及式（I）化合物的盐-（“组1活性化合物”）和b）由下列活性化合物组成的第二组除草剂中的一种或多种化合物：

Flucarbazone-sodium、磺氨黄隆、治草醚、溴苯腈、氟酮唑草、2，4-D、麦草畏、高2，4-滴丙酸、吡氟草胺、噁唑禾草灵、高噁唑禾草灵、Florasulam、Flufenacet、氟啶黄隆、氟草烟、草甘膦、呋草酮、Foramsulfuron、咪草啶酸、Iodosulfuron-methyl-sodium、异噁氟草、2甲4氯丙酸钾、Mesosulfuron、Mesotrione、唑草磺胺、赛克津、甲黄隆、烟嘧黄隆、Picolinafen、propoxycarbazone-sodium、氟唑草酯、玉嘧黄隆、磺草酮、草硫膦、特丁津、噻黄隆、苯黄隆、Tritosulfuron、4-（4，5-二氢-4-甲基-5-氧代-3-三氟甲基-1H-1，2，4-三唑-1-基）-2-（乙基磺酰基氨基）-5-氟苯硫代甲酰胺（HWH4991）、2-氯-N-［1-（2，6-二氯-4-二氟甲基苯基）-4-硝基-1H-吡唑-5-基］-丙烷甲酰胺（SLA5599），（“组2活性化合物”）。

2. 权利要求1的组合物，其特征在于，第二组除草剂的活性化合物是溴苯腈或唑草磺胺。

3. 权利要求1的组合物在防治不需要的植物中的应用。

4. 防治不需要的植物的方法，其特征在于，将权利要求1的组合物作用于不需要的植物和/或它们的栖息地。

5. 制备除草组合物的方法，其特征在于，将权利要求1的组合物与表面活性剂和/或增量剂混合。”

驳回决定认为：对比文件1（WO0105788A，公开日为2001年1月25日）公开了具体化合物I-2（参见对比文件1表1中的I-2化合物），同时，对比文件1说明书的第1页第11行至第10页第3行和第22页第24行至第28页第30行公开了“用于控制杂草的通式I所示的取代的噻吩-3-基磺酰基氨基（硫代）羰基三唑啉（硫）酮化合物可与已知除草剂混合使用，其中所述的已知除草剂（参见对比文件1第26页第26行至第28页第6行）例如F1ucarbazone、磺氨黄隆（Amidosulfuron）、治草醚（Bifenox）、溴苯腈（Bromoxynil）、氟酮唑草（Carfentrazone - ethyl）、2，4 - D、麦草畏（Dicamba）、高2，4-滴丙酸（Dichlorprop-P）、吡氟草胺（Diflufenican）、噁唑禾草灵（Fenoxaprop-ethyl）、高噁唑禾草灵（Fenoxaprop-（P）-ethyl）、Florasulam、F1ufcnacot……等，防治不需要的植物的应用；以及用其防治不需要的植物的方法；和将活性化合物与增量剂混合制备除草混合物的方法”。可见，对比文件1已经公开了权利要求1的全部技术特征，权利要求1不具备新颖性。权利要求2~5的技术方案也在对比文件1中公开，因此也不具备新颖性。

2009年2月1日，申请人拜尔农作物科学股份公司（下称请求人）对上述驳回决定不服，向专利复审委员会提出复审请求，未修改申请文件。

请求人认为：（1）尽管对比文件1提及本申请权利要求1所定义的化合物I-2，但其在对比文件

1 中并不是优选化合物；对比文件 1 还提及所述式 I 化合物可能与其他除草剂组合，但并未提及本领域技术人员这样做的原因以及与这些一般性列举的除草剂组合产生的效果；此外，对比文件 1 还提及了式 I 化合物与杀真菌剂、杀虫剂、杀螨剂、杀线虫剂等的组合，但并未公开任何有关这些混合物的生物数据。对比文件公开的数据都仅证明式 I 定义下的几个化合物的表现，包括关于防治杂草和作物安全性方面的效果。（2）对比文件 1 中关于配对除草剂的名单较之本申请更宽泛；本申请已对可能的化合物 I-2 的配对混合物进行了选择，并且经生物数据所证实；本申请权利要求 1 中要求保护的数个配对组合物，例如高 2，4-滴丙酸、噁唑禾草灵等甚至没有在对比文件 1 的一般名单中提及。因此，本申请是从对比文件 1 有关式 I 给出的巨大名单中所作的选择，并且也是从潜在混合配对物的巨大名单中作出的选择，具有新颖性。

经形式审查合格后，专利复审委员会受理了该请求，并于 2009 年 2 月 25 日向请求人发出了《复审请求受理通知书》，同时将本申请转送至国家知识产权局原审查部门进行前置审查。

在《前置审查意见书》中，国家知识产权局原审查部门坚持驳回决定。

专利复审委员会依法组成合议组，对本复审请求案进行审理。

经合议，合议组认为本案事实已经清楚，可以依法作出复审决定。

二、决定的理由

1. 关于审查文本

请求人在提出复审请求时未提交修改文件，本复审请求审查决定以驳回决定针对的文本，即请求人 2008 年 8 月 21 日提交的权利要求第 1~5 项，以及进入中国国家阶段时提交的国际申请文件的中文文本的说明书第 1~90 页和说明书摘要作为审查文本。

2. 关于专利法第 22 条第 2 款

专利法第 22 条第 2 款规定，新颖性，是指在申请日以前没有同样的发明或者实用新型在国内外出版物上公开发表过、在国内公开使用过或者以其他方式为公众所知，也没有同样的发明或者实用新型由他人向国务院专利行政部门提出过申请并且记载在申请日以后公布的专利申请文件中。

当对比文件中对构成技术方案的一个或多个技术特征给出多种选择时，对于每种选择的组合能否构成对比文件所公开的具体技术方案，应根据不同的情形确定。对于技术效果可预见水平较低的技术领域，不能认为对比文件公开了每个技术特征的每种选择与其他技术特征一起所构成的多个具体技术方案。

（1）本申请权利要求 1 要求保护一种组合物，其中包含活性化合物组合，所述组合包含化合物 I-2和选自组 2 活性化合物的一种或多种化合物（参见案由部分）。

对比文件 1 公开了一种通式（I）的取代的噻吩-3-基磺酰基氨基（硫代）羰基三唑啉（硫）酮类化合物，及其作为除草剂的应用，

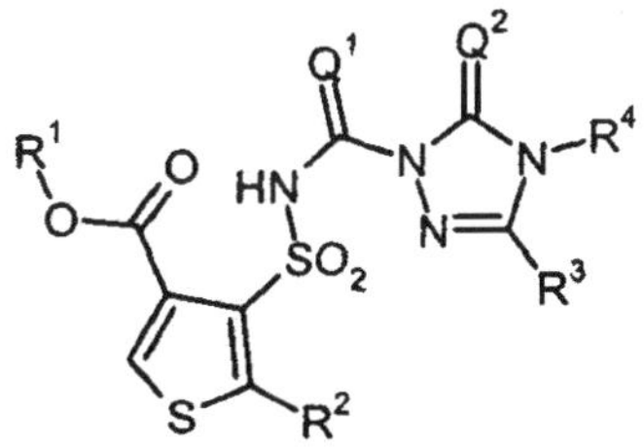

(I)

并且在制备实施例中制备了多种具体化合物，其中实施例 2 的化合物中 $Q^1=O$；$Q^2=O$；$R^1=CH_3$；$R^2=CH_3$；$R^3=OCH_3$；$R^4=CH_3$，其熔点为 201℃，以及在应用实施例中测试了化合物的抗杂草活性，实验结果表明，“例如制备实施例 1、2、3、4、5、6、7、8、9、10、11 和 12 的化合物表现出

非常强的抗杂草活性，并且它们当中有某些化合物被农作物例如棉花、大麦和小麦良好地耐受”（参见对比文件 1 的说明书第 1 页第 1~15 行、第 30 页表 1 和实施例部分）。此外，对比文件 1 还公开了“为了控制杂草，本发明活性化合物（自身或在其制剂中）可以作为与已知除草剂的混合物使用，其中成品制剂或罐装混合物都是可行的。所述混合物的可能组分是已知的除草剂，例如：乙草胺、三氟羧草醚、苯草醚、甲草胺、禾草灭、莠灭净、Amidochlor、酰嘧磺隆、莎稗磷、磺草灵、莠去津、Azafenidin、四唑嘧磺隆、草除灵、呋草黄、苄嘧磺隆、苯达松、Benzobicyclon、吡草酮、新燕灵、双丙胺膦、治草醚、双草醚、溴丁酰草胺、溴酚肟、溴草腈、丁草胺、Butroxydim、苏达灭、苯酮唑、Caloxydim、双酰草胺、Carfentrazone（-ethyl）、甲氧除草醚、豆科畏、氯草敏、氯嘧磺隆、草枯醚、绿黄隆、绿麦隆、Cinidon（-ethyl）、环庚草醚、醚磺隆、Clefoxydim、烯草酮、炔草酸、异噁草松、氯甲酰草胺、二氯吡啶酸、Clopyrasulfuron（-methyl）、Cloransulam（-methyl）、Cumyluron、氰乙酰肼、Cybutryne、草减特、环丙嘧磺隆、噻草酮、氰氟草酯、2，4-D……”（参见对比文件 1 的说明书第 26 页第 20 行至第 28 页第 6 行）。

对比本申请权利要求 1 的技术方案与对比文件 1 公开的内容可以发现，对比文件 1 的实施例 2 制备的化合物即权利要求 1 中的式 I-2 化合物，对比文件 1 中以列举方式概括的能够与式 I 化合物结合使用的已知除草剂也与权利要求 1 中的组 2 化合物部分相同。因此，判断权利要求 1 相对于对比文件 1 是否具备新颖性，关键在于判断对本领域本领域技术人员而言，能否认为对比文件 1 公开了包括式 I-2 化合物在内的式 I 的每种具体化合物与其他已知除草剂一起所构成的具体组合物。

根据本申请说明书的记载，取代的噻吩-3-基磺酰基氨基（硫代）羰基三唑啉（硫）酮化合物是已知的有效除草剂（参见 WO-A-01/05788，注，即对比文件 1）。然而，这些化合物的活性不总是令人完全满意。令人惊奇的是，现在已经发现，当与一些除草活性化合物一起使用时，多种选自取代的噻吩-3-基磺酰基氨基（硫代）羰基三唑啉（硫）酮化合物的活性化合物在抗杂草活性方面表现出协同作用，并且可特别有利地作为广谱活性组合制剂用于选择性防治有用作物例如棉花、大麦、马铃薯、玉米、油籽油菜、稻、黑麦、大豆、向日葵、小麦、甘蔗和甜菜中的单子叶和双子叶杂草，还可用于在半选择性和非选择性田地中防治单子叶和双子叶杂草（参见本申请说明书第 1 页第 2~3 段）。在应用实施例部分，本申请还研究了式 I-2 化合物与溴苯腈、唑草磺胺、Flucarbazone-Sodium、磺氨黄隆、氟酮唑草等已知除草剂对不同植物，例如白藜、苘麻、雀麦、阿拉伯婆婆纳、Viola arbensis 的除草活性，结果表明，虽然单独的活性化合物表现出弱的除草作用，但是其组合后都表现出超过单独的作用加和的非常良好的除草作用，即认为除草剂始终存在协同作用（参见本申请说明书第 43 页第 28~32 行，第 44 页第 18 行至第 90 页第 5 行）。

而如前所述，对比文件 1 的发明点在于式 I 化合物及其除草活性，式 I 实际上包含了数量巨大的化合物，式 I-2 化合物仅为具体制备的多达几十种的化合物中的一种。即使考虑应用实施例部分，对比文件 1 也仅仅是笼统地论述了实施例 1-12 化合物的效果，其实施例 2 中的化合物并不是作为效果最佳的例子出现的。本领域技术人员根据对比文件 1 的实验结果也得不出其实施例 2 的化合物的除草效果优于其他具体化合物的结论。并且，对比文件 1 中只是提及式 I 化合物可以与已知除草剂混合使用，类似地，还提到式 I 化合物与其他已知活性化合物例如杀真菌剂、杀虫剂、杀螨剂、杀线虫剂、驱鸟剂、植物营养素和改善土壤结构的活性剂的混合物也是可行的（参见对比文件 1 说明书第 28 页第 8-10 行）。可见，在对比文件 1 中，众多式 I 化合物以及已知除草剂、杀真菌剂、杀虫剂、杀螨剂等常见农用试剂均是以并列选择的方式出现的，每种组分都存在很多选择。而对比文件 1 仅仅是一般性地描述了本领域认为能够与式 I 化合物配合使用的试剂，并没有真正关注其与其他已知除草剂组合使用的方案以及组合后的效果，也没有公开任何有关式 I 化合物与其他已知除草剂组合使用的实施例，本领域技术人员显然无法从中预见每种式Ⅰ化合物与已知除草剂组合后的确切效果。

因此，合议组认为，对本领域技术人员而言，对比文件1公开的内容仅仅是概述性的，不能认为其公开了含有每个具体式Ⅰ化合物与每种已知除草剂组的具体组合的除草组合物，当然也不能认为其公开了其中的实施例2的化合物与每种已知除草剂组合的具体除草组合物。而本申请权利要求1中请求保护的是这种具体组合的除草组合物。因此权利要求1具有新颖性，符合专利法第22条第2款的规定。

从属权利要求2对第二组除草剂的种类作了进一步的限定；权利要求3要求保护权利要求1的组合物的应用；权利要求4要求保护使用权利要求1的组合物防治不需要的植物的方法；权利要求5要求保护制备含权利要求1组合物的除草组合物的方法，在权利要求1具有新颖性的基础上，权利要求2~5也具有新颖性，符合专利法第22条第2款的规定。

驳回决定认为，对比文件1公开了作为除草剂的式Ⅰ-2化合物，同时指出该化合物可与已知除草剂混合使用，因此，权利要求1的技术方案与对比文件1公开的技术方案实质上相同，二者能够适用于相同的技术领域，解决相同的技术问题并具有相同的预期效果。

对此，除了前述有关新颖性的论述之外，还需要指出的是：如果将现有技术公开的宽范围中以并列选择形式并列存在的窄范围或更具体的方案均视为具体公开的技术方案，且不考虑从中选择来进行组合的难易程度以及组合后技术效果的可预测水平，则实际上排除了在后申请人在现有技术的基础上进行选择发明的可能性，这显然与现行的专利制度不符。因此合议组对驳回决定的上述意见不予支持。

基于上述理由，合议组作出下述决定。

三、决定

撤销国家知识产权局于2008年10月17日针对02823158.9号发明专利申请作出的驳回决定，由国家知识产权局原审查部门以本复审决定所依据的申请文本为基础继续审查。

复审请求人对本决定不服的，可以根据专利法第41条第2款的规定，自收到本决定之日起三个月内向北京市第一中级人民法院起诉。

156

从地龙中提取氨基酸的方法

复审请求审查决定（第18950号）

决　　定　　号　第18950号
决　　定　　日　2009年9月10日
发明创造名称　从地龙中提取氨基酸的方法
国 际 分 类 号　C07C227/28，C07C229/00
复 审 请 求 人　黄虹富
申　　请　　号　200510022060.4
申　　请　　日　2005年11月14日
公　　开　　日　2006年4月19日
合 议 组 组 长　刘　静
主　　审　　员　赵步真
参　　审　　员　潘　剑

法 律 依 据　专利法第22条第3款
决 定 要 点

如果权利要求的技术方案与现有技术的区别技术特征对于本领域技术人员来说属于公知常识或者是在现有技术基础上于常规技术范围内进行的替换或选择，并且其效果可以预料，则该权利要求不具备创造性。

一、案由

本复审请求案涉及发明名称为“从地龙中提取氨基酸的方法”的200510022060.4号发明专利申请（下称本申请），申请人为黄虹富，申请日为2005年11月14日，公开日为2006年4月19日。

2008年4月4日，针对申请人于申请日提交的权利要求第1~3项、说明书第1~3页以及说明书附图第1页、说明书摘要及摘要附图，国家知识产权局以权利要求1~3不符合专利法第22条第3款为由驳回了本申请。驳回决定针对的权利要求书如下：

“1. 一种从地龙体内提取活性生物液的方法，其特征在于该方法使用溶剂浸出法从地龙中提取富含氨基酸和多种微量元素的活性生物营养液，溶剂浸出法使用的溶剂浸出液由泉水、姜汁、葱汁、石膏、枯矾、白糖组成。

2. 按权利要求1所述的从地龙体内提取活性生物液的方法，其特征在于其溶剂浸出液成分的重量百分比为泉水80%~96%，姜汁3%~5.2%，葱汁0.6%~1.5%，石膏0.02%~0.06%，枯矾0.075%~0.18%，白糖2%~3.5%。

3. 按权利要求 2 所述的从地龙体内提取活性生物液的方法其特征在于其溶剂浸出液与地龙的重量百分比为 1∶0.6~1∶1.5。”

驳回决定认为：权利要求 1 和对比文件 1（CN1416825 A，公开日为 2003 年 5 月 14 日）权利要求 1~2 和说明书所记载的技术方案的区别仅仅在于提取地龙所用的溶剂成分稍有区别，本申请权利要求 1 使用的是白糖、石膏、枯矾，在现有技术中，有使用白糖的的先例存在，而石膏、枯矾都是常见化学物质，而本申请也没有记载因这些区别而带来突出的实质性特点和显著的进步，所以这些区别都是一些公知常识，因此，权利要求 1 不具备创造性。权利要求 2 和 3 的附加技术特征或被对比文件 1 公开，数值范围交叉重叠或是本领域的公知常识，因此，权利要求 2 和 3 也不具备创造性。申请人答第二次审查意见通知书时用结论性的语句来提及本申请的效果、用途，但是这些并没有记载在原始说明书中，也不是“从地龙体内提取活性生物液的方法”这技术方案具有创造性的依据；补充的检测报告因内容仅对样品负责以及该检测样品是否在申请日前完成等因素而不能被采用作为本发明具有创造性的依据。

2008 年 4 月 20 日，申请人黄虹富（下称请求人）对上述驳回决定不服，向专利复审委员会提出复审请求，请求人在提出复审请求时并没有对申请文件进行修改，同时提交了《情况补充说明》1 份（共 1 页）和感谢信若干。请求人认为：本申请与美日等国提取地龙方法相比具有优势，是世界上最进步的，具有创造性。

经形式审查合格后，专利复审委员会受理了该请求，并于 2008 年 7 月 23 日向请求人发出了《复审请求受理通知书》，同时将本申请转送至国家知识产权局原审查部门进行前置审查。

在《前置审查意见书》中，国家知识产权局原审查部门坚持驳回决定。

专利复审委员会组成合议组，对本复审请求案进行了审理。并于 2009 年 6 月 3 日向请求人发出《复审通知书》，指出：（1）本申请权利要求 1 与对比文件 1 的技术方案的区别在于①本申请采用泉水作为提取溶剂而对比文件 1 使用酒精类物质；②本申请权利要求 1 的浸出液中含有石膏和枯矾，而对比文件 1 中没有，上述区别仅仅是部分替换了现有技术中的溶剂和添加剂，这些溶剂和添加剂都是本领域常规使用的溶剂和添加剂，它们所具有的功效为本领域技术人员所熟知，因此，在寻找新的提取地龙氨基酸方法的过程中，在对比文件 1 的基础上，结合本领域的公知常识，获得本发明权利要求 1 的技术方案对于本领域技术人员来说是显而易见的，并且本领域技术人员也能够预期到这种替代所带来的效果，因此权利要求 1 不具备创造性。（2）从属权利要求 2 和 3 对权利要求 1 中浸出液成分重量百分比以及溶剂浸出液与地龙重量百分比作了进一步限定，然而，这些都是本领域的常规技术手段，本领域技术人员完全可以根据需要进行适当的选择，并且说明书也没有任何证据表明上述限定给技术方案带来了意想不到的技术效果。因此，在权利要求 1 不具备创造性的基础上，权利要求 2~3 也不具备创造性，不符合专利法第 22 条第 3 款的规定。（3）此外，请求人在提出复审请求时并未针对审查员所引用的最接近的现有技术（对比文件 1）说明本发明的创造性所在；由于请求人所述的美日提取方法并不是审查员所认定的最接近的现有技术，因此，请求人所述本申请相对于美日的提取工艺具有优势并不能证明本申请的创造性。对于《情况补充说明》和感谢信，其和本案上述事实的认定无关。综上，合议组对请求人的复审请求理由不予支持。

针对上述《复审通知书》，请求人于 2009 年 7 月 2 日提交了意见陈述书，未对申请文件作出任何修改，同时提交了华西医科大学公共卫生学院分析测试中心出具的《检测报告》（复印件共 3 页）、《纯天然活性氨基酸母液的急性毒性试验》（复印件共 1 页）以及《关于组建四川资阳市生物工程研究所的请示》（复印件共 1 页）。

请求人认为：对比文件 1 公开的技术方案中采用了酒精、蒜、柠檬、食盐、面粉等，酒精能杀死活性地龙液中的活性霉菌，蒜可使地龙液生霉、发臭，柠檬会腐烂变质发臭，面粉易发酵，会影响活性地龙液的质量，故而采用对比文件 1 公开的方法制备的地龙浸出液生物活性低，提取液浑浊，极易腐败，变质，发臭等。按照对比文件 1 所述的技术方案是不能达到说明书中所述的效果，是不能实现的。本申请权利要求 1 的溶剂浸出液中采用泉水而不是采用酒精，使钙、镁等微量元素更加丰富，大大提高了浸出液的生物活性；采用枯矾使浸出液具有杀菌、解毒等功效；使用石膏使浸出液具有杀菌、解毒、保险等功效；石膏、枯矾本身无色无味，不会影响浸出液的口感，性味，浸出液晶莹如琼浆。本发明权利要求 1 所述方法生产的活性生物液集营养、保健功能与一体，所含氨基酸达十八种之多，且无腐烂变质成分，保质期可达 10～20 年。华西医科大学公共卫生学院分析测试中心于 2001 年 5 月 28 日提供的《检测报告》是在本申请的申请日（2005 年 11 月 14 日）以前，该报告由华西医科大学公共卫生学院分析测试中心盖章，由该报告可知，由四川资阳市生物工程研究所所送式样 1 或 2 确实是属于在本申请申请日之前完成的工作。从《纯天然活性氨基酸母液的急性毒性试验》所记载的内容可知，送试样品是由发明人之一的黄保本所送，送试验样品日期确实在本申请的申请日之前，从《检测报告》可知所送样品中所含有十八种氨基酸和微量元素是合格的，ig 纯天然活性氨基酸母液最大量后无任何毒性反应。因此，请求认为本申请权利要求 1 具备创造性。

至此，合议组认为，本案事实已经清楚，可以作出审查决定。

二、决定的理由

1. 关于文本

请求人在复审程序中并未提交任何修改文件。因此，本复审请求审查决定所针对的文本是驳回决定所针对的文本，即请求人于 2005 年 11 月 14 日提交的权利要求第 1～3 项、说明书第 1～3 页、说明书附图第 1 页以及说明书摘要。

2. 关于专利法第 22 条第 3 款

专利法第 22 条第 3 款规定：创造性是指同申请日以前已有的技术相比，该发明有突出的实质性特点和显著的进步。

如果权利要求的技术方案与现有技术的区别技术特征对于本领域技术人员来说属于公知常识或者是在现有技术基础上于常规技术范围内进行的替换或选择，并且其效果可以预料，则该权利要求不具备创造性。

就本申请而言，权利要求 1 请求保护一种从地龙体内提取活性生物液的方法，其特征在于该方法使用溶剂浸出法从地龙中提取富含氨基酸和多种微量元素的活性生物营养液，溶剂浸出法使用的溶剂浸出液由泉水、姜汁、葱汁、石膏、枯矾、白糖组成。

对比文件 1（CN1416825 A，公开日为 2003 年 5 月 14 日）也公开了一种活性地龙液的制备方法，其特征在于：取鲜活蚯蚓漂洗干净后，在 5～50℃条件，不损伤蚯蚓体的前提下，加入酒精类物质（0～50%），蔗糖（0～20%），生姜（0～50%），葱或蒜（0～30%），柠檬（0～50%）等具有一定刺激作用物质混匀后，经过 0.5～0.6h 后将排净体腔液的蚯蚓分离出去，所得液体粗滤后，再用灭菌膜进行过滤灭菌，即得本发明的产品（具体参见权利要求 1～4 和说明书第 1 页）。

通过对比可见，本申请权利要求 1 与对比文件 1 上述技术方案的区别在于，①本申请采用泉水作为提取溶剂而对比文件 1 使用酒精类物质；②本申请权利要求 1 的浸出液中含有石膏和枯矾，而对比文件 1 中没有。

合议组认为，对于区别技术特征①，由于在各自的技术方案中，水和酒精类物质均是用来提取地龙中的有效成分，说明书也没有证据表明使用水作为提取剂给技术方案带来了意想不到的技术效果，因此，该区别技术特征实际所起的作用只是提供了一种不同于酒精类的提取剂。水和酒精类物质

(例如乙醇) 是本领域提取有效成分的常用提取剂，在使用提取剂制备含氨基酸等营养物质的地龙活性液的现有技术中，水和醇也是两种普遍使用的提取溶剂，与酒精相似，水能溶出地龙中所含的蛋白质等营养物质，并且在地龙本身的水解酶的作用下，能进一步将蛋白质水解为氨基酸，因此，就提取出地龙中的氨基酸这一目的而言，用水与酒精之间的可替代性对于本领域技术人员来说是显而易见的，至于使用普通水还是泉水，本领域技术人员完全可以根据实际需要进行选择，其在作为提取剂的性质方面并没有实质性区别，因此，本领域技术人员在对比文件 1 的基础上引入区别技术特征①是显而易见的。

对于区别技术特征②，石膏和枯矾都是中药提取液中普遍使用的添加剂，这些物质所具有的“杀菌、解毒、保鲜、清凉化痰”等的功效都是本领域的公知常识，它们在中药配制品中所起到的效果也是可以预见的。因此，本领域技术人员在对比文件 1 的基础上引入区别技术特征②并预料其具有石膏和枯矾所带来的特性是显而易见的。

综上所述，从权利要求 1 的技术方案来看，仅仅是部分替换了现有技术中的溶剂和添加剂，在寻找新的提取地龙氨基酸方法的过程中，在对比文件 1 的基础上，结合本领域的公知常识，获得本发明的技术方案对于本领域技术人员来说是显而易见的，并且本领域技术人员也能够预期到这种替代所带来的效果。并且，在本申请的原始申请文件中，仅仅在说明书第 3 页第 2 段泛泛地提到了根据本发明方法获得的产品性状和功用，而所述的这些积极效果也都是现有技术中地龙提取液具有的共性。因此，权利要求 1 不具备创造性，不符合专利法第 22 条第 3 款的规定。

从属权利要求 2 和 3 对权利要求 1 中浸出液成分重量百分比以及溶剂浸出液与地龙重量百分比作了进一步限定，然而，这些都是本领域的常规技术手段，本领域技术人员完全可以根据需要进行适当的选择，并且说明书也没有任何证据表明上述限定给技术方案带来了意想不到的技术效果。因此，在权利要求 1 不具备创造性的基础上，权利要求 2~3 也不具备创造性，不符合专利法第 22 条第 3 款的规定。

请求人认为，对比文件 1 公开的技术方案中采用了酒精、蒜、柠檬、食盐、面粉等，酒精能杀死活性地龙液中的活性霉菌，蒜可使地龙液生霉、发臭，柠檬会腐烂变质发臭，面粉易发酵，会影响活性地龙液的质量，故而采用对比文件 1 公开的方法制备的地龙浸出液生物活性低，提取液浑浊，极易腐败，变质，发臭等。按照对比文件 1 所述的技术方案是不能达到说明书中所述的效果，是不能实现的。本申请权利要求 1 的溶剂浸出液中采用泉水而不是采用酒精，使钙、镁等微量元素更加丰富，大大提高了浸出液的生物活性；采用枯矾使浸出液具有杀菌、解毒等功效；使用石膏使浸出液具有杀菌、解毒、保险等功效；石膏、枯矾本身无色无味，不会影响浸出液的口感，性味，浸出液晶莹如琼浆。本发明权利要求 1 所述方法生产的活性生物液集营养、保健功能与一体，所含氨基酸达十八种之多，且无腐烂变质成分，保质期可达 10~20 年。

对此，合议组认为，首先，请求人只是泛泛地描述对比文件 1 技术方案的缺陷，从而断言对比文件 1 所述的方案不能实现，但是并没有提供任何有说服力的证据证明所述对比文件 1 方案缺陷的客观存在以及该方法确实无法实现；而且对比文件 1 中的酒精、蒜、柠檬、面粉等都可以根据实际需要选择使用或不使用。其次，虽然请求人陈述了本申请采用泉水、枯矾和石膏所获得的效果，但是，上述材料均为本领域常规选择的材料，本领域技术人员在对现有技术进行改进时，很容易想到将这些常规材料用于本发明的配制品中以发挥其各自的作用，而且它们所能取得的效果都是由其本身具有的性质可以预见的。而请求人所述的“集营养、保健功能与一体，所含氨基酸达十八种之多”都是地龙氨基酸提取液所应具有的共性，本申请中也没有证据证明用本发明方法制备的地龙活性生物液中所含有的氨基酸种类和数量与现有技术具有本质上的不同。而对于“无腐烂变质成分，保质期可达 10~20

年”的意见陈述，在原申请文件中没有记载，不能作为其具备创造性的依据。

对于华西医科大学公共卫生学院分析测试中心出具的《检测报告》、《纯天然活性性氨基酸母液的急性毒性试验》以及《关于组建四川资阳市生物工程研究所的请示》，请求人认为，华西医科大学公共卫生学院分析测试中心于 2001 年 5 月 28 日提供的《检测报告》是在本申请的申请日（2005 年 11 月 14 日）以前，该报告由华西医科大学公共卫生学院分析测试中心盖章，有该报告可知，由四川资阳市生物工程研究所所送式样 1 或 2 确实是属于在本申请申请日之前完成的工作。从《纯天然活性氨基酸母液的急性毒性试验》所记载的内容可知，送试样品是由发明人之一的黄保本所送，送试验样品日期确实在本申请的申请日之前，从《检测报告》可知所送样品中所含有十八种氨基酸和微量元素是合格的，用纯天然活性氨基酸母液最大量灌胃后无任何毒性反应。

对此，合议组认为，请求人并未提供有证明力的证据证明上述实验中所用的样品就是通过本申请请求保护方法所制得的产品，另外，这些文件本身内容仅限于对所声称产品的分析，并不能体现与对比文件 1 的产品相比具有预料不到的技术效果，因此这些实验结果并不能证明权利要求 1~3 具有创造性。

基于以上事实和理由，合议组作出如下审查决定。

三、决定

维持国家知识产权局于 2008 年 4 月 4 日针对第 200510022060.4 号发明专利申请作出的驳回决定。

复审请求人对本决定不服的，可以根据专利法第 41 条第 2 款的规定，自收到本决定之日起三个月内向北京市第一中级人民法院起诉。

157

聚酯路用工程纤维的生产工艺

复审请求审查决定（第18954号）

决　定　号 第18954号
决　定　日 2009年8月20日
发明创造名称 聚酯路用工程纤维的生产工艺
国际分类号 D01F 6/62，C08L 95/00
复审请求人 陈成泗，胡开波，陈建锋
申　请　号 03137550.2
申　请　日 2003年6月18日
公　开　日 2004年1月14日
合议组组长 刘　亚
主　审　员 王晓东
参　审　员 张家祥

法律依据 专利法第33条，专利法第22条第3款
决定要点

如果修改后的技术方案在原说明书和权利要求书中有明确的文字记载，或者能够由原说明书和权利要求书记载的内容直接、毫无疑义地确定，则其符合专利法第33条的规定。

当要求保护的技术方案与对比文件之间存在区别特征，现有技术中没有给出将上述区别特征应用到对比文件以获得该要求保护的技术方案的启示，且该要求保护的技术方案还产生了有益的技术效果，则该要求保护的技术方案具备创造性。

一、案由

本复审请求案涉及发明名称为“聚酯路用工程纤维的生产工艺”的第03137550.2号发明专利申请（下称本申请），申请人为陈成泗、胡开波、陈建锋，申请日为2003年6月18日，公开日为2004年1月14日。

2006年12月15日，针对申请人于2004年10月11日提交的权利要求第1~4项，2003年6月18日提交的说明书第1~4页、附图第1页以及说明书摘要，国家知识产权局以权利要求1、3不具备专利法第22条第3款规定的创造性为由驳回了本申请。驳回决定针对的权利要求书如下：

“1. 一种聚酯路用工程纤维的生产工艺，专应用于沥青混合料中起加强作用，又称涤纶短纤维和PET路用短纤维，其特征在于：纤维选用原料包括：聚酯切片、涤纶原料、PET切片。

2. 根据权利要求1所述的聚酯路用工程纤维的生产工艺，其特征在于：工艺过程包括聚酯料真

空干燥，达到含水量少于0.2‰，增粘特性粘度0.8以上；由螺杆熔融挤压纺丝组件、喷丝环吹冷却、风道预拉伸、卷绕成型、集束、涨力、牵伸、油浴拉伸、过热拉伸、涨力、压制输送、干燥定型、切断、成品包装。

3. 根据权利要求1所述的聚酯路用工程纤维的生产工艺，其特征在于：在工艺过程中需添加助剂，所述的助剂包括抗老化剂、活化剂、有机硅、硅氧烷、分散剂、平平加、涤纶油剂。

4. 根据权利要求1所述的聚酯路用工程纤维的生产工艺，其特征在于：纤维切断规格为2 mm、3 mm、4 mm、6 mm、8 mm、12 mm。"

驳回决定认为：权利要求1与对比文件1（CN1067449C，授权公告日为2001年6月20日）的区别在于：纤维选用原料包括聚酯切片、涤纶原料、PET切片。但该区别特征为本领域的常规技术手段，在该对比文件的基础上结合上述常规技术手段以获得该权利要求所要求保护的技术方案，对于本领域技术人员来说是显而易见的，因此权利要求1不具备专利法第22条第3款规定的创造性。从属权利要求3进一步限定了工艺中添加助剂的种类，但这些特征是所属技术领域中的常规选择，在权利要求1不具备创造性的情况下，从属权利要求3也不具备专利法第22条第3款规定的创造性。申请人在意见陈述书中列举了本申请相对于对比文件的创新点和应用效果，但是这些内容均没有体现在权利要求1、3中，因此权利要求1、3不具备创造性。

2007年3月13日，申请人陈成泗、胡开波、陈建锋（下称请求人）对上述驳回决定不服，向专利复审委员会提出复审请求，请求人在提出复审请求时对权利要求书进行了修改：在驳回决定针对的权利要求1中删除了"专用于沥青混合料中起加强作用"，增加了三个工艺步骤的生产工艺过程；将驳回决定针对的权利要求4重新编号为权利要求2，将驳回决定针对的权利要求2和3的附加技术特征修改为进一步限定热活化剂和牵伸机并重新编号为权利要求3和4。修改后的权利要求书为：

"1. 一种聚酯路用工程纤维的生产工艺，纤维选用原料包括聚酯切片、涤纶原料和PET切片，其特征在于，生产工艺过程包括：

（1）原料的预处理：先用密封设备真空、增粘干燥工艺，将原料达到干燥率小于0.2‰，特性粘度0.8以上；

（2）将已真空、增粘干燥的原料投入密封纺丝料仓，由螺杆将熔融挤压至纺丝箱体组件，然后经过喷丝、环吹冷却、风道预拉伸、卷绕成型为面条丝；

（3）将已卷绕成型的面条丝集束后，通过涨力混匀送到第一台牵伸机，通过热油槽进行油浴拉伸，再到第二台牵伸机进行拉伸，加入热活化剂，到第三台牵伸机进行拉伸，加入热活化剂过热拉伸，再经涨力、压制输送，到定型干燥器干燥定型，经切断，成品包装。

2. 根据权利要求1所述的聚酯路用工程纤维的生产工艺，其特征在于：所述纤维切断规格为2 mm、3 mm、4 mm、6 mm、8 mm、12 mm。

3. 根据权利要求1所述的聚酯路用工程纤维的生产工艺，其特征在于：所述热活化剂包括：活化剂、有机硅、硅氧烷、分散剂、平平加、吸油剂。

4. 根据权利要求1所述的聚酯路用工程纤维的生产工艺，其特征在于：所述牵伸机为五辊牵伸机。"

请求人认为：上述修改后的权利要求书记载了本发明的发明要点，要求保护一种全新的聚酯路用工程纤维的生产工艺，相对于对比文件具备创造性，且未超出原说明书和权利要求书记载的范围。

经形式审查合格后，专利复审委员会受理了该请求，并于2007年10月12日向请求人发出了《复审请求受理通知书》，同时将本申请转送至国家知识产权局原审查部门进行前置审查。

在《前置审查意见书》中，国家知识产权局原审查部门认为：请求人于复审请求时提交的权利要求书虽然克服了创造性缺陷，但是由于在权利要求1中删除了“专用于沥青混合料中起加强作用”，并且没有限定聚酯的熔点，缺少这些内容的技术方案与原技术方案有实质性区别，因此该修改超出了原申请文件记载的范围，不符合专利法第33条的规定，故坚持驳回决定。

专利复审委员会组成合议组，对本复审请求案进行了审理。

2009年7月15日，请求人再次提交了权利要求书的修改替换页，其中相较于复审请求时提交的权利要求书，请求人在权利要求1中补入了“专应用于沥青混合料中起加强作用”、“集束成60～70万旦”、“五辊牵伸机”等特征，另外还删除了权利要求4。修改后的权利要求书为：

“1. 一种聚酯路用工程纤维的生产工艺，专应用于沥青混合料中起加强作用，纤维选用原料包括聚酯切片、涤纶原料和PET切片，其特征在于，生产工艺过程包括：

（1）原料的预处理：先用密封设备真空、增粘干燥工艺，将原料达到干燥率小于0.2‰，特性粘度0.8以上；

（2）将已真空、增粘干燥的原料投入密封纺丝料仓，由螺杆熔融挤压至纺丝箱体组件，然后经过喷丝、环吹冷却、风道预拉伸、卷绕成型为面条丝；

（3）将已卷绕成型的面条丝集束成60～70万旦后，通过涨力混匀送到第一台五辊牵伸机，通过热油槽进行油浴拉伸，再到第二台五辊牵伸机进行拉伸，加入热活化剂，到第三台五辊牵伸机进行拉伸，加入热活化剂过热拉伸，再经涨力、压制输送，到定型干燥器干燥定型，经切断，成品包装。

2. 根据权利要求1所述的聚酯路用工程纤维的生产工艺，其特征在于：所述纤维切断规格为2 mm、3 mm、4 mm、6 mm、8 mm、12 mm。

3. 根据权利要求1所述的聚酯路用工程纤维的生产工艺，其特征在于：所述热活化剂包括：活化剂、有机硅、硅氧烷、分散剂、平平加、吸油剂。”

经合议，合议组认为本案事实已经清楚，可以作出审查决定。

二、决定的理由

1. 关于文本

本复审请求审查决定所针对的文本是：请求人于2009年7月15日提交的权利要求第1～3项，2003年6月18日提交的说明书第1～4页、附图第1页以及说明书摘要（下称复审文本）。

2. 关于专利法第33条

专利法第33条规定：申请人可以对其专利申请文件进行修改，但是，对发明和实用新型专利申请文件的修改不得超出原说明书和权利要求书记载的范围。

如果修改后的技术方案在原说明书和权利要求书中有明确的文字记载，或者能够由原说明书和权利要求书记载的内容直接、毫无疑义地确定，则其符合专利法第33条的规定。

就本申请而言，请求人于2009年7月15日提交的修改后的权利要求1要求保护一种聚酯路用工程纤维的生产工艺，其中涉及了纤维选用原料和由聚酯原料的预处理、拉伸、后欠伸以及干燥定型等工艺步骤构成的生产工艺过程（具体参见案由部分）。

原说明书第2页第3～7行记载：

“一种聚酯路用工程纤维的生产工艺，专应用于沥青混合料中起加强作用，又称涤纶短纤维和PET路用短纤维，其纤维选用原料包括：聚酯切片、涤纶原料、PET切片。工艺过程包括聚酯料真空干燥，由螺杆熔融挤压纺丝组件、喷丝环吹冷却、风道预拉伸、卷绕成型、集束、涨力、牵伸、油浴拉伸、过热拉伸、涨力、压制输送、干燥定型、切断、成品包装。”

第8～12行描述了添加助剂的种类，纤维切断规格，所用聚酯原料的特性粘度和熔点之后，接下来，第13～22行记载：

“聚酯原料的预处理：先用密封设备真空、增粘干燥工艺，将原料达到干燥率小于0.2‰，并确保特性粘度0.8以上。将已真空、增粘干燥过的原料，投入密封纺丝料仓，由螺杆熔融挤压至纺丝箱体组件，然后经过喷丝、环吹冷却、风道预拉伸、卷绕成型为面条丝。后欠身部分生产流程：将已卷绕成型的面条丝，集束成60~70万旦（即30~40桶），通过涨力混匀送到第一台五辊欠伸机，通过热油槽进行油浴拉伸，到第二台五辊欠伸机进行拉伸，加入热活化剂，到第三台五辊欠伸机进行拉伸，加入热活化剂，过热拉伸，涨力、压制输送，到定型干燥器干燥定型，切断，成品包装。”

本领域技术人员通过阅读上述内容能够明了，上述内容记载了聚酯路用工程纤维的生产工艺，其中第3~7行说明了纤维选用原料的来源，并且简要地叙述了工艺中所采用的各个步骤，而第13-22行具体描述了所涉及的这些工艺步骤，第8~12行则以列举和优选的方式描述了添加的助剂、纤维切断的规格、选用的聚酯原料，第3~7行和第13~22行记载的内容已经涵盖了整个聚酯路用工程纤维产品的制备过程。本领域技术人员可以确信，复审文本的权利要求1的各项特征在原说明书第2页有明确的文字记载，根据原说明书中记载的上述内容可以直接、毫无意义地确定复审文本中权利要求1的技术方案，因此，请求人于2009年7月15日对权利要求1进行的修改符合专利法第33条的规定。

前置审查意见认为复审请求时提交的权利要求缺少对聚酯材料熔点的限定，导致修改后的方案与原方案有实质性区别，因此超出了原申请文件记载的范围。对此，合议组认为：原说明书第2页第3~7行中记载了一种概括范围较宽的聚酯路用工程纤维的生产工艺，其中原料选用生产聚酯路用工程纤维通常所采用的“聚酯切片、涤纶原料、PET切片”；第8~12行和第13~22行记载了具体的、优选的实施方式，其中第8~12行限定了所选用聚酯原料的特性粘度和熔点、“添加助剂”和/或“纤维切断规格”等具体的特征，第13~22行限定了由更为具体的工艺步骤构成的完整的生产过程。尽管复审文本的权利要求1也未限定所选用聚酯原料的熔点，但请求人是以原说明书第2页第3~7行和第13~22行记载的技术方案作为修改的依据，复审文本的权利要求1的技术方案能够从原说明书记载的上述内容直接、毫无疑义地确定，因此符合专利法第33条的规定。请求人未选择原说明书中关于聚酯原料的最佳选用方式作为修改的内容和依据，并不说明复审文本的权利要求1的修改就不符合专利法第33条的规定。

3. 关于专利法第22条第3款

专利法第22条第3款规定：创造性是指同申请日以前已有的技术相比，该发明有突出的实质性特点和显著的进步。

当要求保护的技术方案与对比文件之间存在区别特征，现有技术中没有给出将上述区别特征应用到对比文件以获得该要求保护的技术方案的启示，且该要求保护的技术方案还产生了有益的技术效果，则该要求保护的技术方案具备创造性。

驳回决定认为由于驳回所针对的权利要求1、3中没有记载本申请相对于对比文件1的创新点以及产品的应用效果，因此其不具备创造性。

请求人在复审请求时提交的权利要求书中，在权利要求1中补入了预处理、熔融挤压、油浴拉伸、干燥定型等具体的工艺步骤，权利要求3仅作个别文字修改，原审查部门在前置审查意见书中认为修改后的权利要求书已经克服了不具有创造性的缺陷。

复审文本的权利要求书相比于复审请求时提交的权利要求书，修改主要在于在权利要求1中补入了“专应用于沥青混合料中起加强作用”、“集束成60~70万旦”、“五辊牵伸机”等特征，删除了权利要求4。合议组认为，一方面，由此可知复审文本的权利要求1~3所限定的工艺步骤更加具体，范围更窄，在此情况下，复审文本的权利要求1和3理应也具备专利法第22条第3款规定的创造性。

另一方面，具体而言，复审文本的权利要求1要求保护一种聚酯路用工程纤维的生产工艺（具体内容参见案由部分）。对比文件1（CN1067449C，授权公告日为2001年6月20日）中公开的是一种用于沥青面层的合成纤维支承，由两层聚酯纤维无纺布卷层组成，该无纺布卷层是短纤维型的（参见对比文件1的权利要求1、4），其中还提到所述的支承由两层无纺聚酯纤维布卷层短纤或连续纱线形成，通过穿纱，热收缩或其他相应的紧固形式紧连在一起（参见对比文件1的说明书第2页第23~25行）。

对比发现，本申请权利要求1中所限定的步骤（1）~（3）与对比文件1的方法步骤完全不同，且对比文件1中也没有公开其他聚酯纤维的制备方法，因此权利要求1与对比文件1公开的内容相比，其区别技术特征在于：对比文件1未提到所述纤维在沥青料中起到加强作用；对比文件1未公开纤维选用原料包括：聚酯切片、涤纶原料和PET切片；对比文件1未公开具体的制备步骤（1）~（3）。

研究本发明和对比文件1可以发现，聚酯短纤维在对比文件1中是用于形成无纺布卷层的材料（参见图2或3中的部件1和2），在沥青面层中，该无纺布卷材主要是起支撑作用，而两个卷材之间平行分布的长丝（参见图2或3中的部件3）才是起加强作用的；但是本发明中的聚酯路用工程纤维（又称涤纶短纤维、PET路用短纤维）是一种在沥青混合料中起加强作用的短纤维。由于二者在沥青中所起的作用不同，因此对产品性能的要求也不同。本发明的产品需要通过权利要求1所限定的生产工艺才能获得较高的强度，例如具有较大的弹性模量，从而实现在沥青中起加强作用的功能，而对比文件1不需要这样的功能，因此，其不需要使用本发明所述的方法来制备聚酯路用工程纤维材料，继而其没有给出使用权利要求1所限定的步骤制备所述产品的启示。另外，也没有证据表明通过权利要求1所限定的步骤制备聚酯路用工程纤维是本领域公知的常识。因此，权利要求1要求保护的技术方案相对于对比文件1是非显而易见的。同时，权利要求1所限定的技术方案能够制备在沥青混合料中起加强作用的聚酯路用工程纤维产品，取得了有益效果，因此权利要求1具有突出的实质性特点和显著的进步，符合专利法第22条第3款有关创造性的规定。从属权利要求3进一步对权利要求1所述方法中的热活化剂进行了限定，在权利要求1具备创造性的情况下，从属权利要求3也具备专利法第22条第3款规定的创造性。

综上所述，请求人于2009年7月15日提交的权利要求书已经克服了驳回决定和前置审查意见书中所指出的全部缺陷。

基于以上事实和理由，合议组作出如下审查决定。

三、决定

撤销国家知识产权局于2006年12月15日针对第03137550.2号发明专利申请作出的驳回决定，由国家知识产权局原审查部门以请求人于2009年7月15日提交的权利要求第1~3项，2003年6月18日提交的说明书第1~4页、附图第1页以及说明书摘要为基础继续审批程序。

复审请求人对本决定不服的，可以根据专利法第41条第2款的规定，自收到本决定之日起三个月内向北京市第一中级人民法院提前诉讼。

158

具机能性织物的加工方法

复审请求审查决定（第18957号）

决　定　号　第18957号
决　定　日　2009年9月21日
发明创造名称　具机能性织物的加工方法
国际分类号　D06N 7/04，D06M 11/45，D06P 5/24
复审请求人　厚生股份有限公司
申　请　号　200510082840.8
申　请　日　2005年7月11日
公　开　日　2007年1月17日
合议组组长　李亚林
主　审　员　张家祥
参　审　员　宋　泳

法律依据　专利法第33条
决定要点
如果申请的内容通过增加、改变和/或删除其中的一部分，致使所属技术领域的技术人员看到的信息与原申请记载的信息不同，而且又不能从原申请记载的信息中直接地、毫无疑义地确定，那么，这种修改是不允许的。

一、案由

本复审请求案涉及发明名称为“具机能性织物的加工方法”的第200510082840.8号发明专利申请（下称本申请），申请人为厚生股份有限公司，申请日为2005年7月11日，公开日为2007年1月17日。

2008年8月8日，针对申请人于2008年5月13日提交的权利要求第1~10项、说明书第1~4页，2005年7月11日提交的说明书附图第1页、说明书摘要和摘要附图，国家知识产权局以说明书不符合专利法第26条第3款的规定以及权利要求4、10和说明书的修改不符合专利法第33条的规定为由驳回了本申请。

驳回决定所针对的权利要求书如下：

“1. 一种具机能性织物的加工方法，其步骤包括有：

A. 于一基布表面涂布一具有防水透湿功能的聚氨酯层；

B. 将一种以上的陶瓷粉末与一载体进行混合，以形成一混合物；以及

C. 采用凹版印刷，将步骤 B 所制得的该混合物转印于该聚氨酯层/该基布另一侧表面上，随后进行干燥处理，以获得一具机能性织物。

2. 如权利要求 1 所述的具机能性织物的加工方法，其中该基布可为聚酯布、尼龙布、棉布、聚酯/尼龙混纺纱布及其他不同组成纤维的混纺梭织布。

3. 如权利要求 1 所述的具机能性织物的加工方法，其中该基布可以为平织布、横纹、格子布、斜纹布、缇花布、N/T 交织布、色纱交织布、塔夫塔、牛津布和缎纹布。

4. 如权利要求 1 所述的具机能性织物的加工方法，其中该载体包含有聚氨酯 100 份、催化剂 0.5~2份、架桥剂 2~5 份，溶剂 10~100 份。

5. 如权利要求 4 所述的具机能性织物的加工方法，其中该催化剂可为有机系列或无机系列。

6. 如权利要求 4 所述的具机能性织物的加工方法，其中该架桥剂可为带有 NCO 及 NH2 官能基的树脂。

7. 如权利要求 1 所述的具机能性织物的加工方法，其中该陶瓷粉末与该载体的混合比例为4：6。

8. 如权利要求 1 所述的具机能性织物的加工方法，其中该干燥处理为烘箱加热干燥处理。

9. 如权利要求 8 所述的具机能性织物的加工方法，其中该加热温度为 100~150℃，停留时间 80~120秒。

10. 如权利要求 1 所述的具机能性织物的加工方法，其中该聚氨酯层的材质为聚氨酯。”

驳回决定认为：（1）本申请的发明内容在于提供一种机能性织物的加工方法，而该方法步骤 A 中的“具有防水透湿功能”的树脂层在说明书及其附图中既指聚酰胺树脂，又指“PU（polyurethane）”（聚氨酯）树脂，因此造成该树脂到底为哪种物质不清楚，致使本领域技术人员根据以上内容甚至结合本领域的常规技术也不能实现该发明，故本申请的说明书不符合专利法第 26 条第 3 款的规定。（2）申请人将说明书中的“二氧化铝”改为“二氧化铝与陶瓷粉末的混合物”，虽然实施例中记载了“陶瓷粉末”，但包含二氧化铝和陶瓷粉末的技术方案在原说明书和权利要求书中并没有记载，也不能根据原说明书和权利要求书文字记载的内容直接地、毫无疑义地确定，因此，上述修改后的内容超出了原说明书和权利要求书记载的范围，不符合专利法第 33 条的规定。另外，申请人将权利要求 4 和 10 中的“聚酰胺”改为“聚氨酯”，由于本申请中的树脂到底为“聚酰胺”还是“聚氨酯”是不清楚的，因此无法根据原说明书和权利要求书文字记载的内容直接地、毫无疑义地确定树脂层和载体中的树脂即为聚氨酯，上述修改后的内容也不符合专利法第 33 条的规定。

2008 年 11 月 21 日，申请人厚生股份有限公司（下称请求人）对上述驳回决定不服，向专利复审委员会提出复审请求，同时提交了权利要求书和说明书的全文替换页，其中，相对于驳回决定所针对的权利要求书和说明书，请求人删除了权利要求 4~6 和 10 以及说明书发明内容部分记载的“该机能性材料为二氧化铝与陶瓷粉末的混合物”和“聚氨酯层的材质为聚氨酯”，并将说明书中的“聚酰胺树脂”均修改为“聚氨酯”，以明确本申请的防水透湿功能的树脂层是指“聚氨酯”，另外还将说明书中的“机能性材料”修改为“陶瓷粉末”。修改后的权利要求书为：

“1. 一种具机能性织物的加工方法，其步骤包括有：

A. 于一基布表面涂布一具有防水透湿功能的聚氨酯层；

B. 将一种以上的陶瓷粉末与一载体进行混合，以形成一混合物；以及

C. 采用凹版印刷，将步骤 B 所制得的该混合物转印于该聚氨酯层/该基布另一侧表面上，随后进行干燥处理，以获得一具机能性织物。

2. 如权利要求 1 所述的具机能性织物的加工方法，其中该基布可为聚酯布、尼龙布、棉布、聚酯/尼龙混纺纱布及其他不同组成纤维的混纺梭织布。

3. 如权利要求1所述的具机能性织物的加工方法，其中该基布可以为平织布、横纹、格子布、斜纹布、缇花布、N/T交织布、色纱交织布、塔夫塔、牛津布和缎纹布。

4. 如权利要求1所述的具机能性织物的加工方法，其中该陶瓷粉末与该载体的混合比例为4∶6。

5. 如权利要求1所述的具机能性织物的加工方法，其中该干燥处理为烘箱加热干燥处理。

6. 如权利要求5所述的具机能性织物的加工方法，其中该加热温度为100~150℃，停留时间80~120秒。"

请求人认为，原申请文件中提及了用聚氨酯作防水透湿层，将所述的树脂层修改为聚氨酯层只是澄清，而不是补充新的技术特征，故没有超出原申请文件记载的范围；关于陶瓷粉末的技术方案在原说明书和权利要求书中有记载，因此是允许的。

经形式审查合格后，专利复审委员会受理了该请求，并于2008年12月24日向请求人发出了《复审请求受理通知书》，同时将本申请转送至国家知识产权局原审查部门进行前置审查。

在《前置审查意见书》中，国家知识产权局原审查部门认为：（1）请求人将说明书中的多处"聚酰胺（PU）"或"聚酰胺（polyurethane）"改为"聚氨酯"，修改后的内容超出了原说明书和权利要求书记载的范围，不符合专利法第33条的规定。（2）与驳回理由相同，本申请的说明书不符合专利法第26条第3款的规定。

专利复审委员会组成合议组，对本复审请求案进行了审理。

合议组于2009年7月24日向请求人发出《复审通知书》，指出：（1）请求人将原权利要求1所述方法步骤A中的"防水透湿功能的树脂层"修改为"防水透湿功能的聚氨酯层"。而根据原权利要求书和说明书的记载，一方面，"树脂层"在上述方法步骤C中的相应描述是PU树脂层，即聚氨酯层；另一方面，在对该方法进一步限定的内容中，该树脂层的材质为聚酰胺树脂。由此可见，权利要求1中的"树脂层"究竟是聚氨酯层还是聚酰胺树脂层对于本领域技术人员来说是不清楚的，并且，由本领域的常识可知，聚酰胺树脂和聚氨酯是两种完全不同的材质。因此，修改后的内容与原申请记载的信息不同，也不能从原申请记载的信息中直接地、毫无疑义地确定，权利要求1的上述修改不符合专利法第33条的规定。另外，请求人还将原说明书中的"聚酰胺树脂"均修改为"聚氨酯"，基于相同理由，说明书的修改也不符合专利法第33条的规定。（2）即使请求人将权利要求书中的"防水透湿功能的聚氨酯层"、说明书中的"聚氨酯"修改回"防水透湿功能的树脂层"、"聚酰胺树脂"，本申请还存在公开不充分的缺陷：根据原说明书的记载，权利要求1步骤A中的树脂层在步骤C中的相应描述为PU，而在所述方法的进一步限定中为聚酰胺树脂，另外，在说明书的具体实施方式部分以及说明书附图中，该树脂层为聚酰胺树脂（PU）防水透湿层，如前文所述，聚酰胺树脂和聚氨酯是两种完全不同的材质，究竟使用何种材料对于本领域技术人员来说是不清楚的。因此，上述情况属于审查指南第二部分第二章2.1.3（2）所述的说明书中给出了技术手段，但对所属技术领域的技术人员来说，该手段是含糊不清的，根据说明书记载的内容无法具体实施的情形，故本申请由于缺乏解决技术问题的技术手段而无法实现，说明书不符合专利法第26条第3款的规定。

2009年8月12日，请求人针对上述《复审通知书》提交了意见陈述书和权利要求书、说明书的全文替换页，其中，相对于驳回决定所针对的权利要求书和说明书，请求人删除了权利要求10及其在说明书中相应的技术方案，并将权利要求书和说明书中的"聚氨酯"（包括PU和polyurethane）均修改为"聚酰胺树脂"。修改后的权利要求书为：

"1. 一种具机能性织物的加工方法，其步骤包括有：

A. 于一基布表面涂布一具有防水透湿功能的聚酰胺树脂层；

B. 将一种以上的陶瓷粉末与一载体进行混合，以形成一混合物；以及

C. 采用凹版印刷，将步骤B所制得的该混合物转印于该聚酰胺树脂层/该基布另一侧表面上，随后进行干燥处理，以获得一具机能性织物。

2. 如权利要求1所述的具机能性织物的加工方法，其中该基布可为聚酯布、尼龙布、棉布、聚酯/尼龙混纺纱布及其他不同组成纤维的混纺梭织布。

3. 如权利要求1所述的具机能性织物的加工方法，其中该基布可以为平织布、横纹、格子布、斜纹布、缇花布、N/T交织布、色纱交织布、塔夫塔、牛津布和缎纹布。

4. 如权利要求1所述的具机能性织物的加工方法，其中该载体包含有聚酰胺树脂100份、催化剂0.5~2份、架桥剂2~5份，溶剂10~100份。

5. 如权利要求4所述的具机能性织物的加工方法，其中该催化剂可为有机系列或无机系列。

6. 如权利要求4所述的具机能性织物的加工方法，其中该架桥剂可为带有NCO及NH2官能基的树脂。

7. 如权利要求1所述的具机能性织物的加工方法，其中该陶瓷粉末与该载体的混合比例为4∶6。

8. 如权利要求1所述的具机能性织物的加工方法，其中该干燥处理为烘箱加热干燥处理。

9. 如权利要求8所述的具机能性织物的加工方法，其中该加热温度为100~150℃，停留时间80~120秒。"

至此，合议组认为本案事实已经清楚，可以作出审查决定。

二、决定的理由

1. 关于审查文本

本复审请求审查决定针对的文本是：请求人于2009年8月12日提交的权利要求第1~9项、说明书第1~4页，2005年7月11日提交的说明书附图第1页、说明书摘要和摘要附图。

2. 关于专利法第33条

专利法第33条规定：申请人可以对其专利申请文件进行修改，但是，对发明和实用新型专利申请文件的修改不得超出原说明书和权利要求书记载的范围。

如果申请的内容通过增加、改变和/或删除其中的一部分，致使所属技术领域的技术人员看到的信息与原申请记载的信息不同，而且又不能从原申请记载的信息中直接地、毫无疑义地确定，那么，这种修改是不允许的。

就本申请而言，权利要求1要求保护一种具机能性织物的加工方法，其步骤包括有：

A. 于一基布表面涂布一具有防水透湿功能的聚酰胺树脂层；

B. 将一种以上的陶瓷粉末与一载体进行混合，以形成一混合物；以及

C. 采用凹版印刷，将步骤B所制得的该混合物转印于该聚酰胺树脂层/该基布另一侧表面上，随后进行干燥处理，以获得一具机能性织物。

将该权利要求与原权利要求1进行对比可知，请求人将原权利要求1所述方法步骤A中的"防水透湿功能的树脂层"修改为"防水透湿功能的聚酰胺树脂层"，将步骤C中的"PU"修改为"聚酰胺树脂"。而根据原权利要求书和说明书的记载，一方面，"树脂层"在上述方法步骤C中的相应描述是PU树脂层（参见原权利要求1和原说明书第2页第9行），即聚氨酯层；另一方面，在对该方法进一步限定的内容中，该树脂层的材质为聚酰胺树脂（参见原权利要求11和原说明书第3页第1行）。由此可见，原权利要求1中的"树脂层"究竟是聚氨酯层还是聚酰胺树脂层对于本领域技术人员来说是不清楚的，并且，由本领域的常识可知，聚酰胺树脂和聚氨酯是两种完全不同的材质。因此，修改后的内容与原申请记载的信息不同，也不能从原申请记载的信息中直接地、毫无疑义地确定，权利要求1的上述修改不符合专利法第33条的规定。

另外，请求人将原说明书中的“聚氨酯”均修改为“聚酰胺树脂”，基于上述相同的理由，说明书的上述修改也不符合专利法第33条的规定。

请求人还将原说明书第2页第11行的“该机能性材料为二氧化铝”修改为“该机能性材料为二氧化铝与陶瓷粉末的混合物”，虽然说明书实施例中记载了该机能性材料是“陶瓷粉末”，但包含二氧化铝和陶瓷粉末两种物质的技术方案在原说明书和权利要求书中并没有记载，也不能从中直接地、毫无疑义地确定，因此，上述修改超出了原说明书和权利要求书记载的范围，也不符合专利法第33条的规定。

根据上述事实和理由，合议组作出如下审查决定。

三、决定

维持国家知识产权局于2008年8月8日针对第200510082840.8号发明专利申请作出的驳回决定。

复审请求人对本决定不服的，可以根据专利法第41条第2款的规定，自收到本决定之日起三个月内向北京市第一中级人民法院起诉。

159

塑料结构体的抗菌保护

复审请求审查决定（第18958号）

决　定　号　第18958号
决　定　日　2009年8月31日
发明创造名称　塑料结构体的抗菌保护
国际分类号　A01N25/10，A01N25/34，A61L29/04，A61L31/04
复审请求人　阿奇化工公司
申　请　号　200480035134.1
优先权日　2003年11月26日
申　请　日　2004年11月23日
公　开　日　2006年12月27日
合议组组长　汪送来
主　审　员　郭　俭
参　审　员　王　磊

法律依据　专利法第26条第3款
决定要点

作为帮助本领域技术人员理解如何实施发明以及用于证明该发明能够解决所要解决的技术问题并达到预期技术效果的实施例，应当如实、具体、完整地给出其中所用的材料、实验步骤和条件以及结果等。然而，如果实施例中没有清楚给出的技术内容属于本领域技术人员根据说明书及其掌握的普通知识可以确定的内容，并且这部分技术内容的常规改变不会对发明技术问题的解决产生决定性影响，则不能仅因为实施例不清楚、完整而认定申请的说明书公开不充分。

一、案由

本复审请求案涉及发明名称为“塑料结构体的抗菌保护”的第200480035134.1号发明专利申请（下称本申请），申请人为阿奇化工公司，申请日为2004年11月23日，优先权日为2003年11月26日，公开日为2006年12月27日。

2008年5月9日，针对请求人进入国家阶段时提交的国际申请文件中文文本的权利要求第1~32项、说明书第1~9页和说明书摘要，国家知识产权局以本申请说明书不符合专利法第26条第3款的规定为由驳回了本申请。驳回决定针对的独立权利要求1和17如下：

“1. 将杀菌剂的金属盐掺入到挤出或模塑塑料产品的外表面上或者多孔的里面部分内的方法，其特征在于下述步骤：

（a）在挤出机或模具内，在升高的温度下，挤出或模塑含金属的形成塑料的组合物，以提供含金属的挤出或模塑产品，

（b）使来自步骤（a）的挤出或模塑的产品与水溶性抗微生物剂的水溶液接触，以便引起水溶性抗微生物剂与在温热的挤出或模塑产品的外表面上或者多孔的里面部分内的至少一部分金属反应或螯合，从而在其表面上和/或在其多孔的里面部分内形成具有抗微生物剂的水不溶性金属盐的抗菌保护的塑料产品。

17. 一种抗菌保护的含金属的塑料结构体，其通过下述步骤产生：使所述金属的至少一部分与水溶性抗微生物剂反应，在该制品的外表面上或者在该制品的多孔的里面部分内形成抗微生物剂的水不溶性金属盐，其中与水溶性抗微生物剂的释放速度相比，所述抗微生物剂中的水不溶性金属盐显示出从制品的表面或者里面部分抗微生物剂的缓慢释放速度。”

《驳回决定》认为：说明书未详细描述本发明的具体实施方式，尤其是复合材料各组分的配比含量和必要的制备条件如复合材料的挤出温度等。虽然实施例中提供了相应的试验数据，但由于制备的样品本身是不清楚的，所以其试验结果也是不清楚的。因此，本申请说明书公开不充分，不符合专利法第26条第3款的规定。

2008年8月25日，申请人阿奇化工公司（下称请求人）对上述驳回决定不服，向专利复审委员会提出复审请求，请求人在提出复审请求时没有对申请文件进行修改。

请求人认为：（1）判断申请说明书是否充分公开，应当将说明书公开的信息作为一个整体来加以判断。本发明具体涉及将抗微生物剂的不溶金属盐或配合物掺入到挤出塑料产品的表面或者多孔结构内的方法，通过这样的方法，出人意料地发现本发明塑料材料抗菌保护效果。本发明的关键之处在于金属与水溶性抗菌剂反应形成抗微生物剂的水不溶性金属盐或配合物，而且说明书公开了水溶性抗菌剂的种类、基于塑料产品表面积的含量、金属的类型和含量、聚合物树脂和添加剂的类型以及模塑产品的处理工序，提供了抗菌保护的机理等。实施例详细地说明了本发明的技术方案，足以指导本领域技术人员如何实施并达到本发明的技术效果。（2）对于本发明而言，形成塑料的组合物中各组分的配比和挤出温度等的制备条件与上述作为本发明关键的金属与水溶性抗菌剂之间的反应是无关的。水溶性抗菌剂（如巯氧吡啶）是与金属反应而不是与形成塑料的组合物的树脂、填料以及其他添加剂反应，并且各种塑料材料的挤出温度是本领域公知的，其对于水溶性抗菌剂与金属之间的反应也不是关键的。本领域技术人员在阅读了本发明说明书公开的内容的基础上能够很好地理解本发明，并实现所述的技术效果，因此本申请说明书符合专利法第26条第3款的规定。

经形式审查合格后，专利复审委员会受理了该请求，并于2008年10月22日向请求人发出了《复审请求受理通知书》，同时将本申请转送至国家知识产权局原审查部门进行前置审查。

在《前置审查意见书》中，国家知识产权局原审查部门坚持驳回决定。

专利复审委员会组成合议组，对本复审请求案进行了审理。

经合议，合议组认为本案事实清楚，可以作出审查决定。

二、决定的理由

1. 关于审查文本

请求人在复审阶段未提交修改文本，本复审请求审查决定是在驳回决定针对文本的基础上作出的。

2. 关于专利法第26条第3款

专利法第26条第3款规定：说明书应当对发明或者实用新型作出清楚、完整的说明，以所属技术领域的技术人员能够实现为准。

作为帮助本领域技术人员理解如何实施发明以及用于证明该发明能够解决所要解决的技术问题并达到预期技术效果的实施例，应当如实、具体、完整地给出其中所用的材料、实验步骤和条件以及结果等。然而，如果实施例中没有清楚给出的技术内容属于本领域技术人员根据说明书及其掌握的普通知识可以确定的内容，并且这部分技术内容的常规改变不会对发明技术问题的解决产生决定性影响，则不能仅因为实施例不清楚、完整而认定申请的说明书公开不充分。

就本案而言，本申请权利要求1~16请求保护一种将杀菌剂的金属盐掺入到挤出或模塑塑料产品的外表面上或者多孔的里面部分内的方法；权利要求17~32请求保护一种抗菌保护的含金属的塑料结构体。

根据说明书的描述，本申请为了克服以往技术中消耗相对大量的抗菌材料；在抗菌剂用量较高时，产品的尺寸强度可能受到负面影响；在挤出机中有机抗菌剂暴露于升高的温度下，使抗菌剂经历可能引起变色、分解和损失效率的热历史（即有机抗菌剂在挤出或模塑过程中经历热分解）；将配制的抗菌涂料施涂到所制造的塑料表面时，需要对塑料表面预先加工等缺陷，提供了将抗菌组合物掺入到塑料产品的表面上和多孔结构体内的方法以及由该方法获得的塑料产品（见说明书第2页第2段至第4页第3段）。本发明的技术效果是，塑料产品和形成塑料的组合物合适地与在抗菌剂水溶液内的水溶性抗菌剂（例如巯氧吡啶钠）接触，水溶性抗菌剂通过与在塑料产品的外表面上和/或内部的多孔部分内存在的金属离子螯合，从而合适地转化成水不溶性抗菌剂（例如，巯氧吡啶锌）。所得抗菌剂的水不溶性金属盐（或配合物）显示出从塑料产品中缓慢释放，从而紧跟着在挤出或模塑之后，和在储存、分配和使用过程中，提供塑料材料抗菌保护。所得含抗菌剂的塑料产品抵抗损害表面的微生物，并减少抗菌剂的用量（具体见说明书第4页倒数第1段）。

本申请说明书第3页倒数第3行至第7页第7行公开了要求保护发明的具体实施方式和/或制备方法，并在说明书中列举了二个实施例及其实验效果数据。在实施例1中，将含橡树粉、聚乙烯树脂、填料和2.5%硬脂酸锌的复合材料加热到挤出温度，然后分别经含有2%、0.8%、0.4%和0.2%巯氧吡啶钠的冷却浴内冷却2分钟，经后处理得到样品A~D，并制备了在仅含有水而不含巯氧吡啶钠的冷却浴中冷却2分钟的样品E。将从污染的盖板上分离7株真菌喷洒在该样品A~E上，样品E在培养4天之后显示出肉眼容易可见的生长，而样品B~D在一周之后通过显微镜检查时，开始显示出痕迹的生长，样品A在第2周时在显微镜下检查出显示出生长，但没有肉眼可见的生长。在4周末，样品A~D容易与样品E相区分，其中后者显示出严重的微生物生长。在实施例2中，加热上述复合材料到挤出温度，然后分别在0.19%和1.9%巯氧吡啶钠冷却浴中冷却5分钟之后，得到说明书第8页表中所示的巯氧吡啶锌的表面覆盖率。

然而，在该实施例1和2中没有说明实验样品“含橡树粉、聚乙烯树脂、填料和2.5%硬脂酸锌的复合材料”中各成分的配比用量以及填料的具体种类，并且也没有说明复合材料的挤出温度。

《驳回决定》认为：说明书未详细描述本发明的具体实施方式，尤其是复合材料各组分的配比含量和必要的制备条件如复合材料的挤出温度等。虽然实施例中提供了相应的试验数据，但由于制备的样品本身是不清楚的，所以其试验结果也是不清楚的。因此，本申请说明书公开不充分，不符合专利法第26条第3款的规定。

对此，合议组认为，作为帮助本领域技术人员理解如何实施发明以及用于证明本发明能够解决所要解决的技术问题并达到预期技术效果的实施例，应如实、具体、完整地给出其中所用的材料、实验步骤和条件以及结果等。本申请实施例1和实施例2中没有给出复合材料中所用填料的种类、各组分的配比以及挤出温度等，不能视为完整的实施例，采用由该复合材料制备的样品获得的实验数据，在绝对数值的意义上也是不清楚的。然而，本发明解决技术问题的关键在于，在复合材料中掺入硬脂酸锌等金属化合物，使模塑塑料产品中存在可以与抗菌剂螯合的金属离子，抗菌剂与模塑塑料产品表面或内部多孔中存在的金属离子螯合，形成抗菌剂的水不溶性金属盐或配合物，使其从塑料产品中缓慢释放，从而发挥抗菌作用。而复合材料中所用填料的种类、各组分的配比以及挤出温度，是本领域技术人员根据说明书记载的内容及其掌握的普通知识可以确定的，而且填料的种类、各组分的配比以及挤出温度的常规改变，对本发明技术问题的解决不会产生决定性影响。并且，实施例 1 和实施例 2 是在平行条件下进行的对比实验，也就是说除了冷却浴溶液不同以外，其他条件相同，虽然获得的实验数据在绝对数值的意义上是不清楚的，但是作为对比实验具有可比性。实施例 1 可以证明用巯氧吡啶钠溶液冷却浸泡过的样品比没有经巯氧吡啶钠溶液冷却浸泡过的样品抗菌效果好，实施例 2 可以证明作为抗菌剂的巯氧吡啶钠被吸附至复合材料中。即证明了本发明能够解决其所要解决的技术问题并达到预期的技术效果。

由此可见，尽管本申请存在实施例 1 和 2 中没有给出复合材料中填料的种类、各成分的配比用量和该复合材料的挤出温度等而不清楚、完整的问题，但是，其不至于导致本领域技术人员无法实现本发明。因此，驳回决定中有关本申请说明书公开不充分、不符合专利法第 26 条第 3 款规定的理由不成立。

基于以上事实和理由，合议组作出如下审查决定。

三、决定

撤销国家知识产权局于 2008 年 5 月 9 日针对第 200480035134.1 号发明专利申请作出的驳回决定，由国家知识产权局原审查部门以本复审决定针对的文本为基础继续审批程序。

复审请求人对本决定不服的，可以根据专利法第 41 条第 2 款的规定，自收到本决定之日起三个月内向北京市第一中级人民法院起诉。

160

芳氧基苯氧基丙酸酯和安全剂的组合物及其用于提高杂草控制的用途

复审请求审查决定（第18959号）

决　　定　　号　第18959号
决　　定　　日　2009年9月4日
发明创造名称　芳氧基苯氧基丙酸酯和安全剂的组合物及其用于提高杂草控制的用途
国 际 分 类 号　A01N43/76，A01N43/56
复 审 请 求 人　拜尔作物科学股份公司
申　　请　　号　200380101682.5
优　先　权　日　2002年10月19日
申　　请　　日　2003年10月1日
公　　开　　日　2006年2月1日
合 议 组 组 长　侯　曜
主　　审　　员　蔡　雷
参　　审　　员　张家祥

法 律 依 据　专利法第22条第2款、第3款
决 定 要 点

如果专利申请与对比文件公开的内容相比，其权利要求所限定的技术方案与对比文件公开的技术方案实质上相同，所属技术领域的技术人员根据两者的技术方案可以确定两者能够适用于相同的技术领域，解决相同的技术问题，并具有相同的预期效果，则认为两者为同样的发明。

在判断创造性时，首先应当确定与权利要求的技术方案最接近的现有技术，分析二者的区别特征，然后从最接近的现有技术和发明实际解决的技术问题出发，判断现有技术中是否给出将该区别特征应用到该最接近的现有技术中以解决存在的技术问题的启示。如果现有技术中存在这样的启示，则权利要求不具备创造性。

一、案由

本复审请求案涉及发明名称为“芳氧基苯氧基丙酸酯和安全剂的组合物及其用于提高杂草控制的用途”的第200380101682.5号发明专利申请（下称本申请），申请人为拜尔作物科学股份公司（由拜尔作物科学有限公司变更而来），申请日为2003年10月1日，优先权日为2002年10月19日，公开日为2006年2月1日。

2008年1月4日，针对申请人于2006年10月30日提交的权利要求第1~7项、进入国家阶段时

提交的国际申请文件的中文文本的说明书第1~23页以及说明书摘要，国家知识产权局以权利要求1~7不符合专利法第22条第2款的规定为由驳回了本申请。

驳回决定针对的权利要求书如下：

“1. 将式（I）化合物或其盐（化合物（B））用于提高一种或多种芳氧基苯氧基丙酸酯除草剂（A）或其农业上可接受的盐的杂草控制的用途：

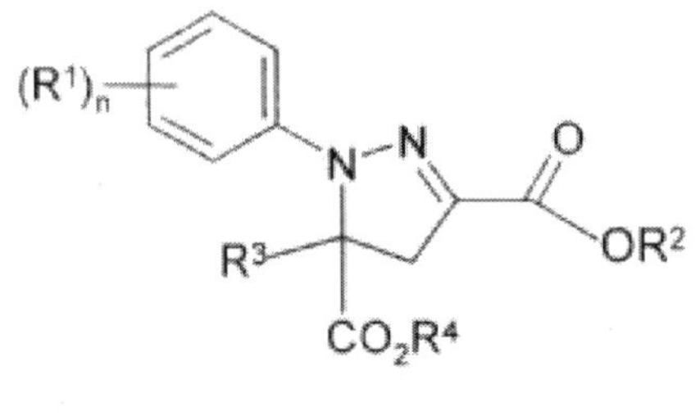

(I)

其中

(R^1) n为n个R^1基团，其中R^1是相同或不同的并且均为卤素或(C_1-C_4)-卤烷基，

n为1至3的整数，

R^2 为氢、(C_1-C_6)-烷基

R^3 为甲基，和

R^4 为氢或(C_1-C_{12})-烷基，

所述化合物（A）选自下组：炔草酯、氰氟草酯、禾草灵、禾草灵、精恶唑禾草灵、精 恶唑禾草灵、恶唑禾草灵、恶唑禾草灵、吡氟禾草灵、吡氟禾草灵、精吡氟禾草灵、氟吡禾灵、氟吡乙禾灵、精氟吡甲禾灵、恶草酸、喹禾灵、喹禾灵、精喹禾灵、精喹禾灵和喹禾糠酯，或上述酸化合物农业上可接受的盐。

2. 根据权利要求1的用途，其特征在于，一种或多种化合物（A）选自下组：炔草酯、禾草灵和精恶唑禾草灵。

3. 根据权利要求1或2的用途，其特征在于，化合物（A）是精恶唑禾草灵。

4. 根据权利要求1至3任一所述的用途，其特征在于，化合物（B）为1-（2，4-二氯苯基）-5-（乙氧基羰基）-5-甲基-2-吡唑啉-3-甲酸乙酯。

5. 根据权利要求1至4任一所述的用途，其特征在于，包含重量比为1∶10至100∶1的活性化合物（A）和（B）。

6. 根据权利要求1至5任一所述的用途，其特征在于，控制有用作物中的杂草。

7. 根据权利要求6所述的用途，其特征在于，控制谷类作物中的杂草。”

驳回决定认为：（1）权利要求1要求保护将式（I）化合物或其盐用于提高一种或多种芳氧基丙酸酯除草剂A或其农业上可接受的盐的杂草控制的用途，而对比文件1（CN1052115A，公开日1991年6月12日）公开了一种组合物的用途，该组合物由杂芳氧基苯氧基羧酸衍生物除草剂和通式（I）化合物吡唑啉类化合物以1∶10至10∶1的比例制成，用于提高谷类作物中杂草的控制，因此对比文件1的技术方案披露了权利要求1要求保护的技术方案的全部技术特征，权利要求1不具备新颖性；从属权利要求2~7的附加技术特征也被对比文件1公开，不具备新颖性。（2）对比文件1公开了在除草剂中添加可用作安全剂的化合物B，可以大大扩大传统除草剂的应用范围，因此化合物B实质上就是提高了除草剂A的杂草控制能力；此外由于权利要求1~7根本没有涉及“除草增效的用途”，所以不能证明其符合专利法第22条的有关规定。

2008年4月21日，申请人拜尔作物科学股份公司（下称请求人）对上述驳回决定不服，向专利复审委员会提出复审请求。请求人在提出复审请求时提交了权利要求书的全文替换页，其中，在权利要求1中增加了“通过增效作用提高”，修改后的权利要求1为：

“1. 将式（I）化合物或其盐（化合物（B））用于提高一种或多种芳氧基苯氧基丙酸酯除草剂（A）或其农业上可接受的盐通过增效作用提高杂草控制的用途：

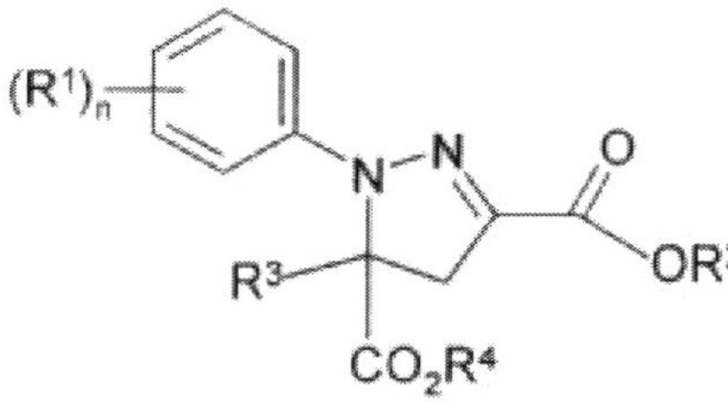

(I)

其中

（R^1）n为n个R^1基团，其中R^1是相同或不同的并且均为卤素或（C_1-C_4）-卤烷基，

n为1至3的整数，

R^2为氢、（C_1-C_6）-烷基

R^3为甲基，和

R^4为氢或（C_1-C_{12}）-烷基，

所述化合物（A）选自下组：炔草酯、氰氟草酯、禾草灵、禾草灵、精恶唑禾草灵、精 恶唑禾草灵、恶唑禾草灵、恶唑禾草灵、吡氟禾草灵、吡氟禾草灵、精吡氟禾草灵、氟吡禾灵、氟吡乙禾灵、精氟吡甲禾灵、恶草酸、喹禾灵、喹禾灵、精喹禾灵、精喹禾灵和喹禾糠酯，或上述酸化合物农业上可接受的盐。”

请求人认为：对比文件1揭示的是除草剂A与安全剂B的组合，而本发明发现安全剂B可作为除草剂A的除草增效剂，起到增强除草剂A控制杂草的有效性的作用，因此本发明的发现与对比文件1的发现对用户使用A和B的组合物的影响相反；权利要求1要求保护的是组分B作为组分A的除草增效剂的用途，因此相对于对比文件1具有新颖性。

经形式审查合格后，专利复审委员会受理了该请求，并于2008年5月15日向请求人发出了《复审请求受理通知书》，同时将本申请转送至国家知识产权局原审查部门进行前置审查。

在《前置审查意见书》中，国家知识产权局原审查部门认为：权利要求1~7的修改超出了原说明书和权利要求书记载的范围，不符合专利法第33条的规定；并且，由于“通过增效作用”仅仅是控制杂草的作用机理或者是一种控制杂草的原因，而控制杂草的用途本身不随着作用机理或原因而变化，其结果都是达到控制杂草的用途，所以权利要求1~7仍不具备新颖性。因此坚持驳回决定。

专利复审委员会组成合议组，对本复审请求案进行了审理。

本案合议组于2009年3月31日发出《复审通知书》，指出：（1）对比文件1公开的技术方案与权利要求1所限定的技术方案实质上是相同的，本领域技术人员可以确定两者适用于相同的技术领域，解决相同的技术问题，并具有相同的预期效果，因此权利要求1相对于对比文件1不具备专利法第22条第2款规定的新颖性，从属权利要求4~7的附加技术特征也已被对比文件1公开，也不具备专利法第22条第2款规定的新颖性；（2）从属权利要求2、3进一步限定化合物（A）选自炔草酯、禾草灵和精噁唑禾草灵，对比文件1中记载了与式（I）化合物一起使用的除草剂包括上述除草剂，因此在对比文件1的启示下，选择上述几种除草剂与式（I）化合物一起使用从而得到权利要求2、3

的技术方案，对本领域技术人员而言是显而易见的，权利要求2、3不具备专利法第22条第3款规定的创造性；（3）权利要求1中化合物B对化合物A通过除草增效作用提高杂草控制只是一种机理发现，不能构成技术特征，对技术方案也没有限定作用，权利要求1所限定的技术方案在A和B的混合制剂的使用方式和作用对象上均无法与对比文件1区分开。

2009年7月15日，针对上述《复审通知书》，请求人提交了意见陈述书，并提交了权利要求书全文替换页，其中，在前一文本的基础上，将原权利要求1的“用于提高一种或多种芳氧基苯氧基丙酸酯除草剂（A）或其农业上可接受的盐通过增效作用提高杂草控制的用途”修改为“用于增效地提高一种或多种芳氧基苯氧基丙酸酯除草剂（A）针对杂草的除草功效的用途”，将原权利要求5并入权利要求1中，增加了新的权利要求5和6并相应修改了原权利要求6、7的引用关系。修改后的权利要求书如下：

“1. 将式（I）化合物或其盐（化合物（B））用于增效地提高一种或多种芳氧基苯氧基丙酸酯除草剂（A）针对杂草的除草功效的用途：

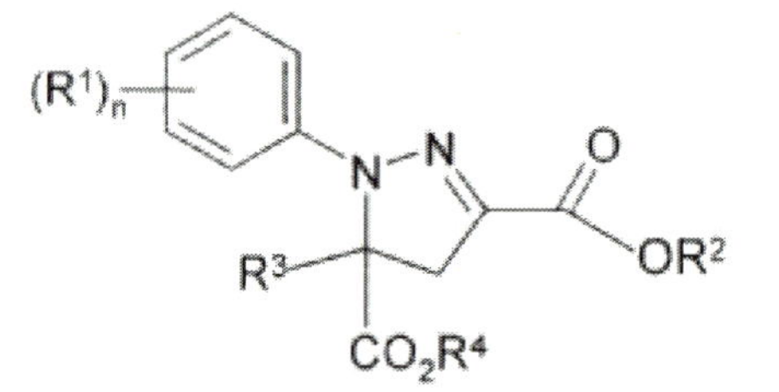

(I)

其中

（R^1）n为n个R^1基团，其中R^1是相同或不同的并且均为卤素或（C_1-C_4）-卤烷基，

n为1至3的整数，

R^2为氢、（C_1-C_6）-烷基

R^3为甲基，和

R^4为氢或（C_1-C_{12}）-烷基，

所述化合物（A）选自下组：炔草酯、氰氟草酯、禾草灵、禾草灵、精恶唑禾草灵、精 恶唑禾草灵、恶唑禾草灵、恶唑禾草灵、吡氟禾草灵、吡氟禾草灵、精吡氟禾草灵、氟吡禾灵、氟吡乙禾灵、精氟吡甲禾灵、恶草酸、喹禾灵、喹禾灵、精喹禾灵、精喹禾灵和喹禾糠酯，或上述酸性化合物农业上可接受的盐，其中活性化合物（A）与（B）以1：10至100：1的重量比使用。

2. 根据权利要求1的用途，其特征在于，一种或多种化合物（A）选自下组：炔草酯、禾草灵和精恶唑禾草灵。

3. 根据权利要求1或2的用途，其特征在于，化合物（A）是精恶唑禾草灵。

4. 根据权利要求1至3任一所述的用途，其特征在于，化合物（B）为1-（2，4-二氯苯基）-5-（乙氧基羰基）-5-甲基-2-吡唑啉-3-甲酸乙酯。

5. 根据权利要求1至4任一所述的用途，其特征在于，以重量比为1：2至20：1包含活性化合物（A）精恶唑禾草灵或炔草酯和（B）。

6. 根据权利要求1至4任一所述的用途，其特征在于以重量比为1：1至15：1包含活性化合物（A）精恶唑禾草灵和（B）。

7. 根据权利要求1至6任一所述的用途，其特征在于，控制有用作物中的杂草。

8. 根据权利要求7所述的用途，其特征在于，控制谷类作物中的杂草。”

请求人认为：(1) 对比文件1揭示的是通式（I）化合物在芳氧基苯氧基丙酸酯类除草剂A的使用中对有用植物的保护作用，本领域技术人员根据对比文件1的教导，会在添加通式（I）化合物的情形下加大相应的除草剂A的施用量或再联合其他除草剂以提高防效。本发明揭示的是通式（I）化合物在芳氧基苯氧基丙酸酯类除草剂A的使用中增效除草剂A的灭除有害植物的除草作用，该增效性能教导本领域技术人员在实施例1和2的情形下仅需少量通式（I）化合物的存在就足以将除草剂A的防效提高到满意程度。本申请说明书教导了本申请技术人员对该增效性能的应用，权利要求1在A和B的混合制剂在施用量和使用方式上能够与对比文件1区分开。(2) 权利要求1中化合物B增效地提高化合物A的除草作用是一种性能发现，与对比文件1已知的安全剂用途的作用机理和药理作用不同，故增效性能对技术方案有限定作用。相对于对比文件1，本领域技术人员按权利要求1的技术方案可以延长施用时间，降低用量，具有更有利的经济性和生态性，因此即使权利要求1和对比文件1都没有记载具体用量，本领域技术人员也能够区分两种技术方案存在不同。因此修改后的权利要求1具备新颖性。

至此，合议组认为本案事实已经清楚，可以作出审查决定。

二、决定的理由

1. 文本的认定

请求人于2009年7月15日提交了修改后的权利要求1~8，原审查部门在《前置审查意见书》中指出，请求人在提出复审请求时进行的下述修改超范围，不符合专利法第33条的规定：①将驳回文本中权利要求1的主题名称“将……用于提高……的盐的杂草控制的用途”修改为含义不明确的主题名称“将……用于提高……的盐通过增效作用提高杂草控制的用途”，②用说明书涉及的具体化合物的取代基团对原通式化合物（I）进行限定尤其是R^2和R^3，属于修改超范围，不符合专利法第33条的规定。

合议组认为，对于①，原始申请文件的相应描述为“被包含的除草活性化合物的控制有害植物的活性显著优于除草剂（A）单独施用的活性，即增效作用”（参见说明书第6页第4段），以及“其特征在于包括利用增效除草活性量的一种或多种式（I）化合物或其盐（化合物（B））与一种或多种除草剂（A）相组合”（参见说明书第6页第5段），本领域技术人员由原说明书的内容可以直接地、毫无疑义地确定权利要求1的上述内容；对于②，原申请文件中权利要求1的相应记载“R^2为氢、(C_1-C_6)-烷基……和R^3为氢、(C_1-C_6)-烷基……”，本领域技术人员由原申请文件的内容可以直接地、毫无疑义地确定R^2可以为氢、(C_1-C_6)-烷基，R^3可以为甲基。综上，权利要求1的修改符合专利法第33条的规定。

另外，经审查，权利要求1~8的其他修改也符合专利法第33条的规定，因此本复审请求审查决定是在请求人于2009年7月15日提交的权利要求第1~8项、进入中国国家阶段时提交的国际申请文件中文译文的说明书第1~23页和说明书摘要的基础上作出的。

2. 关于专利法实施细则第60条第1款

专利法实施细则第60条第1款规定，请求人在提出复审请求或者在对专利复审委员会的复审通知书作出答复时，可以修改专利申请文件；但是，修改应当仅限于消除驳回决定或者复审通知书指出的缺陷。

驳回决定指出权利要求1~7不符合专利法第22条第2款的规定，复审通知书指出权利要求1、4~7不符合专利法第22条第2款的规定，权利要求2、3不符合专利法第22条第3款的规定，请求人在答复复审通知书时增加了新的从属权利要求5和6，该修改并不是为了消除驳回决定和复审通知书指出的缺陷，因此不符合专利法实施细则第60条第1款的规定，合议组对其不予考虑。

3. 关于专利法第 22 条第 2 款

专利法第 22 条第 2 款规定，新颖性，是指在申请日以前没有同样的发明或者实用新型在国内外出版物上公开发表过、在国内公开使用过或者以其他方式为公众所知，也没有同样的发明或者实用新型由他人向国务院专利行政部门提出过申请并且记载在申请日以后公布的专利申请文件中。

如果专利申请与对比文件公开的内容相比，其权利要求所限定的技术方案与对比文件公开的技术方案实质上相同，所属技术领域的技术人员根据两者的技术方案可以确定两者能够适用于相同的技术领域，解决相同的技术问题，并具有相同的预期效果，则认为两者为同样的发明。

本申请权利要求 1 要求保护将式（I）化合物或其盐（化合物（B））用于增效地提高一种或多种芳氧基苯氧基丙酸酯除草剂（A）针对杂草的除草功效的用途（参见案由部分）。

对比文件 1 公开了“含有式（I）所示的 4，5-吡唑啉-3-羧酸酯衍生物的植物保护剂”：

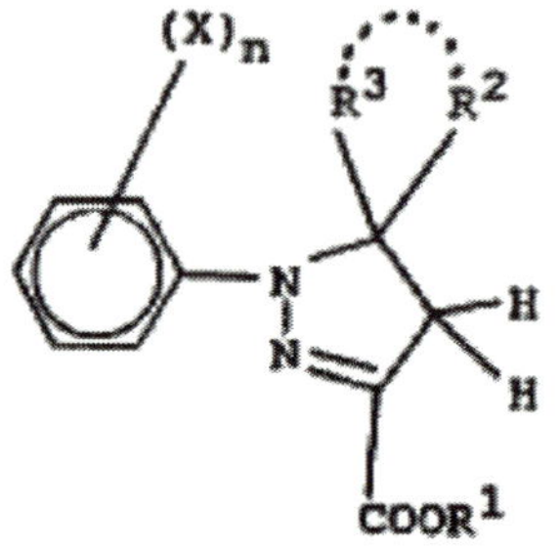

（I）

“借助式（I）化合物可以减少其药害的除草剂有氨基甲酸酯类，硫代氨基甲酸酯类，卤代乙酰替苯胺类，取代苯氧基羧酸类衍生物，取代萘氧基羧酸类衍生物，取代苯氧基苯氧基羧酸类衍生物，以及杂芳氧基苯氧基羧酸类衍生物”，“安全剂（通式（I）化合物）与除草剂的重量比可以在较大范围变动，但以 1：10 至 10：1 的比例较佳。2：1 至 1：10 的比例为最佳”，“安全剂的应用范围首先是粮食作物如小麦，黑麦，大麦，燕麦，大米，玉米，高粱，它也适用于棉花，甜菜，甘蔗和大豆”，尤其是实施例 2 中公开了噁唑禾草灵和 1-（2，4-二氯苯基）-5-甲基-5-乙氧基羰基-吡唑啉-3-羧酸乙酯分别以 2.0：1.0、2.0：0.25、0.2：1.0 和 0.2：0.25 的重量比混用对小麦和大麦的除草效果（参见对比文件 1 说明书第 7 页倒数第 1 段、第 12 页倒数第 1 段第 15 页第 13～20 行和第 32 页表 3 第四组制剂数据）。

对照本申请权利要求 1 的技术方案和对比文件 1 公开的上述内容可以发现，1-（2，4-二氯苯基）-5-甲基-5-乙氧基羰基-吡唑啉-3-羧酸乙酯即是本申请权利要求 1 定义的化合物（B）的一种具体化合物，噁唑禾草灵即是本申请权利要求 1 中化合物（A）的一种具体除草剂，可见对比文件 1 公开的技术方案与权利要求 1 所限定的技术方案实质上是相同的，从而本领域技术人员可以确定两者适用于相同的技术领域，解决相同的技术问题，并具有相同的预期效果，因此权利要求 1 相对于对比文件 1 不具备专利法第 22 条第 2 款规定的新颖性。

从属权利要求 4 进一步限定化合物（B）为 1-（2，4-二氯苯基）-5-（乙氧基羰基）-5-甲基-2-吡唑啉-3-甲酸乙酯，从属权利要求 7、8 进一步限定所控制的杂草，如前文所述，对比文件 1 实施例 2 的技术方案公开了上述附加技术特征，因此在其引用的权利要求 1 不具备新颖性的前提下，权利要求 4、7、8 也不具备专利法第 22 条第 2 款规定的新颖性。

4. 关于专利法第 22 条第 3 款

专利法第 22 条第 3 款规定，创造性，是指同申请日以前已有的技术相比，该发明有突出的实质性特点和显著的进步，该实用新型有实质性特点和进步。

在判断创造性时，首先应当确定与权利要求的技术方案最接近的现有技术，分析二者的区别特征，然后从最接近的现有技术和发明实际解决的技术问题出发，判断现有技术中是否给出将该区别特征应用到该最接近的现有技术中以解决存在的技术问题的启示。如果现有技术中存在这样的启示，则权利要求不具备创造性。

从属权利要求2、3进一步限定化合物（A）选自炔草酯、禾草灵和精噁唑禾草灵，对比文件1中列举了一些与式（I）化合物一起使用的除草剂，包括2-（4-（2，4-二氯苯氧基）-苯氧基）-丙酸甲酯（禾草灵）、2-（4-（6-氯苯并噁唑-2-基氧）-苯氧基）-丙酸乙酯（精噁唑禾草灵）和2-（4-（5-氯-3-氟吡啶基-2-氧）-苯氧基）-丙酸炔丙酯（炔草酯），并指出优先考虑2-（4-（6-氯苯并噁唑-2-基氧）-苯氧基）-丙酸乙酯（精噁唑禾草灵）作为混用的除草剂（参见对比文件1说明书第13页第9、19行，第14页第2行，第15页第6~8行），可见在对比文件1的启示下，选择上述几种除草剂与式（I）化合物一起使用，从而得到权利要求2、3的技术方案对本领域技术人员而言是显而易见的，因此在引用的权利要求1不具备新颖性的前提下，权利要求2、3不具备专利法第22条第3款规定的创造性。

对于请求人在答复《复审通知书》时的意见，合议组认为，（1）新颖性的判断针对的是权利要求所限定的技术方案，新用途的发现通常表现在适用对象发生变化或产生了新的使用方式。而通过分析本申请权利要求1的技术方案可以发现，权利要求1所限定的技术方案实质上和对比文件1公开的内容一样，仍然是将化合物B和化合物A的混合制剂用于杂草控制，也就是说，无论在A和B的混合制剂的使用方式和作用对象上均无法与对比文件1区分开，而权利要求1中化合物B对化合物A通过除草增效作用提高杂草控制只是一种机理发现，不能构成技术特征，对技术方案也没有限定作用。（2）判断一项权利要求是否具备新颖性，应当判断权利要求所限定的方案与对比文件公开的技术方案是否实质上相同。本案中，尽管请求人认为该发现影响到用户对该组合物的具体使用方式如施用时间的延长，施用量的降低等，但在权利要求1的技术方案没有记载这些可能构成与对比文件1的技术方案存在差别的特征的情况下，本领域技术人员尚无法区分两种技术方案存在不同，因此，合议组对请求人的上述主张不予支持。

基于上述事实和理由，合议组作出如下决定。

三、决定

维持国家知识产权局于2008年1月4日针对第200380101682.5号发明专利申请作出的驳回决定。

复审请求人对本决定不服的，可以根据专利法第41条第2款的规定，自收到本决定之日起三个月内向北京市第一中级人民法院起诉。

161

用于耐性或抗性玉米作物的除草组合物

复审请求审查决定（第18969号）

决　　定　　号　第18969号
决　　定　　日　2009年9月22日
发明创造名称　用于耐性或抗性玉米作物的除草组合物
国 际 分 类 号　A01N 57/20
复 审 请 求 人　拜尔作物科学股份公司
申　　请　　号　200510003944.5
申　　请　　日　1999年8月10日
优　先　权　日　1998年8月13日，1999年4月30日
公　　开　　日　2005年7月27日
合 议 组 组 长　李亚林
主　　审　　员　张家祥
参　　审　　员　王晓东

法 律 依 据　专利法第26条第4款
决 定 要 点

权利要求书应当以说明书为依据，是指权利要求应当得到说明书的支持。权利要求书中的每一项权利要求所要求保护的技术方案应当是所属技术领域的技术人员能够从说明书充分公开的内容中得到或概括得出的技术方案，并且不得超出说明书公开的范围。如果权利要求的概括包含申请人推测的内容，而其效果又难于预先确定和评价，应当认为这种概括超出了说明书公开的范围。

一、案由

本复审请求案涉及发明名称为“用于耐性或抗性玉米作物的除草组合物”的第200510003944.5号发明专利申请（下称本申请），申请人为拜尔作物科学股份公司（由阿温提斯作物科学有限公司变更而来），申请日为1999年8月10日，优先权日为1998年8月13日、1999年4月30日，公开日为2005年7月27日。

2008年7月11日，针对申请人于2005年1月12日提交的权利要求第1~6项、说明书第1~38、40页和说明书摘要，以及2007年1月22日提交的说明书第39页，国家知识产权局以权利要求1~6不符合专利法第26条第4款的规定为由驳回了本申请。驳回决定针对的权利要求书如下：

“1. 除草混剂控制玉米作物中有害植物的用途，其中该除草混剂含有增效活性量的

（A）选自下列一组化合物的一种或多种广谱除草剂

（A2）结构式（A2）化合物及其盐，

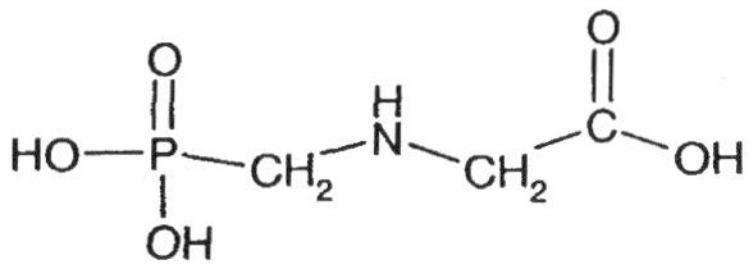

(A2)

以及

（B）选自下列一组化合物的一种或多种除草剂

（B1）选自由噻唑草酰胺，磺草酮和甲基磺草酮组成的组的除草剂，

（B2）选自由二甲戊灵，异噁氟草，嗪草酮和 florasulam 组成的组的除草剂和

（B3）选自由溴苯腈，2，4-D，二氯吡啶酸，噻磺隆，氟酮唑草，MCPA 和乙黄黄隆组成的组的除草剂

以及玉米作物对构成混剂组分的除草剂（A）和（B）具有耐受性，混剂中非必要地含有安全剂。

2. 权利要求 1 的用途，其中活性物质（A）使用草甘膦异丙胺盐。

3. 权利要求 1 或 2 的用途，其中除草混剂中包括其他作物保护活性成分。

4. 权利要求 1～3 中任一项的用途，其中除草混剂中包括作物保护中常用的添加剂和助剂。

5. 控制耐药性玉米作物中有害植物的方法，其中包括将下列除草混剂中的除草剂，一起或分别，在苗前，苗后或苗前和苗后施用至植物，植物的各部分，植物的种子或栽培区域，所述除草混剂含有：

（A）选自下列一组化合物的一种或多种广谱除草剂

（A2）结构式（A2）化合物及其盐，

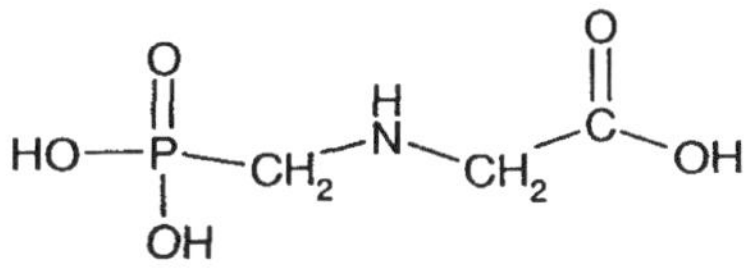

(A2)

以及

（B）选自下列一组化合物的一种或多种除草剂

（B1）选自由噻唑草酰胺，磺草酮和甲基磺草酮组成的组的除草剂，

（B2）选自由二甲戊灵，异噁氟草，嗪草酮和 florasulam 组成的组的除草剂和

（B3）选自由溴苯腈，2，4-D，二氯吡啶酸，噻磺隆，氟酮唑草，MCPA 和乙黄黄隆组成的组的除草剂

以及玉米作物对构成混剂组分的除草剂（A）和（B）具有耐受性，混剂中非必要地含有安全剂。

6. 除草组合物，其中包括一种或多种除草剂（A），

（A）选自下列一组化合物的一种或多种广谱除草剂

（A2）结构式（A2）化合物及其盐，

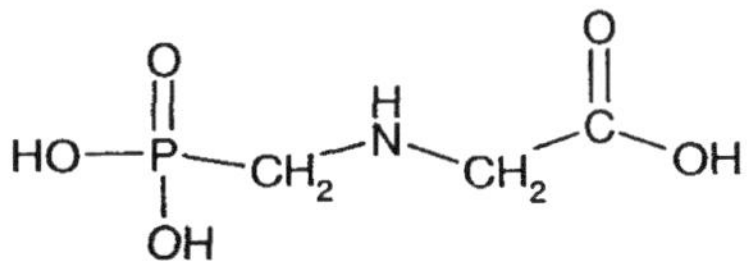

(A2)

以及一种或多种下列除草活性物质

（B1）选自由噻唑草酰胺，磺草酮和甲基磺草酮组成的组的除草剂，

（B2）选自由二甲戊灵，异噁氟草，嗪草酮和 florasulam 组成的组的除草剂和

（B3）选自由溴苯腈，2，4-D，二氯吡啶酸，噻磺隆，氟酮唑草，MCPA 和乙黄黄隆组成的组的除草剂。”

驳回决定认为：（1）权利要求 1 的除草混剂含有（A）选自（A2）的一种或多种广谱除草剂，以及（B）选自（B1）、（B2）和（B3），说明书仅提供了草甘膦（A2.1）和 iodosulfuron-methyl（B2.3）的除草活性试验数据，而化合物相互组合以及以何种配比含量组合具有增效作用是本领域技术人员无法预期的，必须通过大量的试验才能证实，因此，本领域技术人员无法预期权利要求 1 的技术方案能够解决本发明的技术问题并达到预期的技术效果，权利要求 1 未以说明书为依据，不符合专利法第 26 条第 4 款的规定。同理，权利要求 2~4 也不符合专利法第 26 条第 4 款的规定。权利要求 5 和 6 分别要求保护一种控制耐药性玉米作物中有害植物的方法和一种组合物，由于存在与权利要求 1 相同的缺陷，故基于相同的理由，权利要求 5~6 也不符合专利法第 26 条第 4 款的规定。（2）申请人于 2005 年 1 月 12 日提交了一份试验数据，以说明和证实本发明混合物的增效作用。根据审查指南第二部分第十章第 3.4 节的规定：判断说明书是否充分公开，以原说明书和权利要求书记载的内容为准，申请日之后补交的实施例和实验数据不予考虑。由于本申请的申请日为 1999 年 8 月 1 日，且上述试验数据也不是本领域技术人员能够从原始申请文件和现有技术中获得的，因此该实验数据不能被接受。（3）申请人在意见陈述书中认为，（A1）化合物和化合物（B）的混剂的试验数据明显建议了对于（A2）化合物的混剂也可以获得类似的增效作用，但由于权利要求 1~6 中所述（A2）化合物和化合物（B）的混剂是否具有增效作用是无法预期的，并且（A1）化合物和（A2）化合物既不属于类似结构的化合物，也不属于本领域公认的同一类化合物，本领域技术人员基于（A1）化合物和化合物（B）的混剂的试验数据无法推出（A2）化合物和化合物（B）的混剂也具有增效作用。

2008 年 10 月 27 日，申请人拜尔作物科学股份公司（下称请求人）对上述驳回决定不服，向专利复审委员会提出复审请求，同时提交了修改的权利要求书。其中，相对于驳回决定所针对的权利要求书，请求人将除草混剂中的组分（B）限定为 iodosulfuron、氟磺隆、噻磺隆、氯吡嘧磺隆和乙黄黄隆，并根据说明书第 15 页第 11~14 行的内容将（A）与（B）的用量比限定为 2000：1~1：50。修改后的权利要求书为：

“1. 除草混剂控制玉米作物中有害植物的用途，其中该除草混剂含有增效活性量的

（A）选自下列一种或多种的广谱除草剂

（A2）结构式（A2）化合物及其盐，

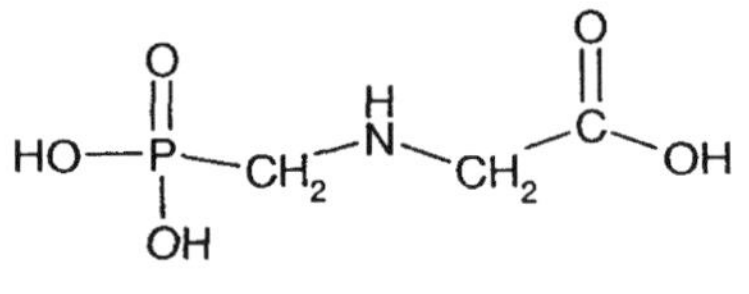

(A2)

以及

（B）选自下列一种或多种的除草剂

iodosulfuron，氟磺隆，噻磺隆，氯吡嘧磺隆和乙黄黄隆，

其中所述增效活性量（A）：（B）为 2000：1~1：50，

以及玉米作物对构成混剂组分的除草剂（A）和（B）具有耐受性，混剂中非必要地含有安全剂。

2. 权利要求 1 的用途，其中活性物质（A）使用草甘膦异丙胺盐。

3. 权利要求 1 或 2 的用途，其中除草混剂中包括其他作物保护活性成分。

4. 权利要求 1~3 中任一项的用途，其中除草混剂中包括作物保护中常用的添加剂和助剂。

5. 控制耐药性玉米作物中有害植物的方法，其中包括将下列除草混剂中的除草剂，一起或分别，在苗前，苗后或苗前和苗后施用至植物，植物的各部分，植物的种子或栽培区域，所述除草混剂含有：

（A）选自下列一种或多种的广谱除草剂

（A2）结构式（A2）化合物及其盐，

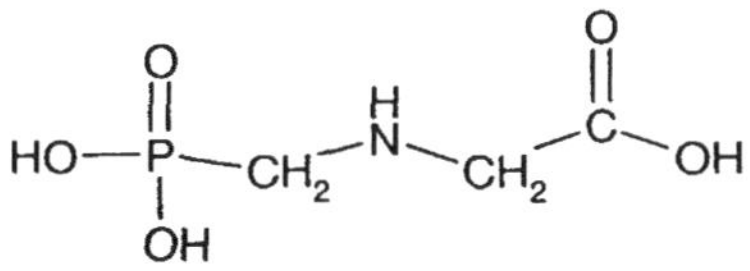

(A2)

以及

（B）选自下列一种或多种的除草剂

选自由 iodosulfuron，氟磺隆，噻磺隆，氯吡嘧磺隆和乙黄黄隆组成的组的除草剂

其中（A）：（B）为 2000：1~1：50，

以及玉米作物对构成混剂组分的除草剂（A）和（B）具有耐受性，混剂中非必要地含有安全剂。

6. 除草组合物，其中包括一种或多种除草剂（A），

（A）选自下列一种或多种广谱除草剂

（A2）结构式（A2）化合物及其盐，

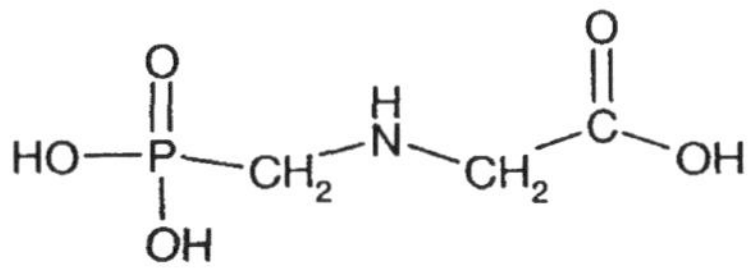

(A2)

以及一种或多种下列除草活性物质

（B）选自由 iodosulfuron，氟磺隆，噻磺隆，氯吡嘧磺隆和乙黄黄隆组成的组的除草剂

其中（A）：（B）为 2000：1~1：50。”

请求人认为，（1）氟磺隆、噻磺隆、氯吡嘧磺隆和乙黄黄隆与碘甲磺隆的用途和结构及其相似，可以相互替代。（2）本申请的组合物对现有技术的贡献在于发现（A）与（B）具有增效作用，其用量是本领域技术人员通过常规试验易于确定的。

经形式审查合格后，专利复审委员会受理了该请求，并于 2008 年 11 月 25 日向请求人发出了《复审请求受理通知书》，同时将本申请转送至国家知识产权局原审查部门进行前置审查。

在《前置审查意见书》中，国家知识产权局原审查部门坚持驳回决定。

专利复审委员会组成合议组，对本复审请求案进行了审理，于 2009 年 5 月 4 日向请求人发出《复审通知书》，指出：（1）权利要求 1 中的除草组合物包括了式（A2）化合物及其盐分别与碘甲磺隆、氟磺隆、噻磺隆、氯吡嘧磺隆和乙黄黄隆组合的多种组合方式，而说明书中只给出了草甘膦异丙胺盐与 iodosulfuron-methyl（碘甲磺隆）的配比为（400+2.5）g/ha 的除草活性数据。显然，权利要求 1 的技术方案包含了请求人推测的内容。而在农药领域中，两种或多种活性成分组合后能否产生增效作用是不可预期的，即使能够产生增效作用，也并不是任意配比均能达到该效果。因此，氟磺隆、噻磺隆、氯吡嘧磺隆、乙黄黄隆与草甘膦的组合以及碘甲磺隆与草甘膦的其他配比是否具有增效作用是难于预先确定和评价的，故权利要求 1 得不到说明书的支持，不符合专利法第 26 条第 4 款的规定。基于相同理由，权利要求 2~6 也不符合专利法第 26 条第 4 款的规定。（2）对于请求人的复审理由，合议组认为，在说明书仅给出草甘膦异丙胺盐与碘甲磺隆的配比为（400+2.5）g/ha 的活性数据的情

况下，本领域技术人员有理由怀疑草甘膦与氟磺隆等组合以及草甘膦和碘甲磺隆以 20001–150 范围内的其他配比混合时不能产生增效作用。另外，上述实施例也不能证明本申请除草组合物的增效效果是由草甘膦和磺酰脲除草剂组合所带来的。(3) 对于请求人于 2005 年 1 月 12 日提交的试验数据，合议组认为，本申请的申请日为 1999 年 8 月 10 日，上述试验数据既未记载在原申请文件中，又不属于现有技术，故对于上述试验数据合议组不予接受。

针对《复审通知书》指出的问题，请求人于 2009 年 8 月 18 日提交了意见陈述书和修改的权利要求书。其中，相对于 2008 年 10 月 27 日提交的权利要求书，请求人将除草混剂中的组分（B）限定为 iodosulfuron，并根据说明书第 15 页第 11 ~ 12 行的内容将增效活性量（A）：（B）进一步限定为 300：1~1：20。请求人认为，经过修改，本申请已经克服了《复审通知书》所指出的缺陷。修改后的权利要求书为：

"1. 除草混剂控制玉米作物中有害植物的用途，其中该除草混剂含有增效活性量的

（A）选自下列一种或多种的广谱除草剂

（A2）结构式（A2）化合物及其盐，

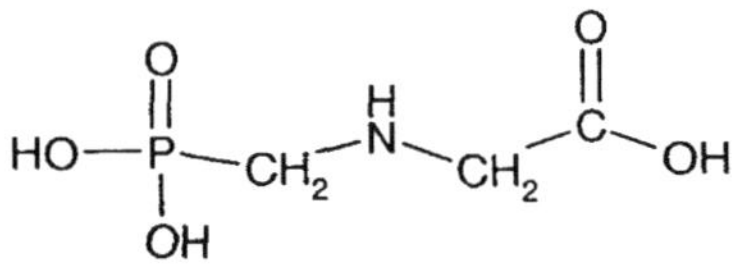

(A2)

以及

（B）除草剂

iodosulfuron,

其中所述增效活性量（A）：（B）为 300：1~1：20，

以及玉米作物对构成混剂组分的除草剂（A）和（B）具有耐受性，混剂中非必要地含有安全剂。

2. 权利要求 1 的用途，其中活性物质（A）使用草甘膦异丙胺盐。

3. 权利要求 1 或 2 的用途，其中除草混剂中包括其他作物保护活性成分。

4. 权利要求 1~3 中任一项的用途，其中除草混剂中包括作物保护中常用的添加剂和助剂。

5. 控制耐药性玉米作物中有害植物的方法，其中包括将下列除草混剂中的除草剂，一起或分别，在苗前，苗后或苗前和苗后施用至植物，植物的各部分，植物的种子或栽培区域，所述除草混剂含有：

（A）选自下列一种或多种的广谱除草剂

（A2）结构式（A2）化合物及其盐，

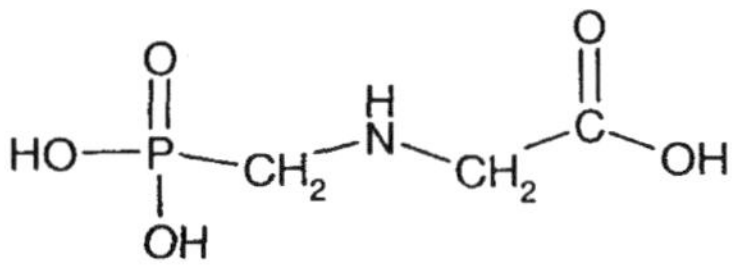

(A2)

以及

（B）除草剂

iodosulfuron,

其中（A）：（B）为 300：1~1：20，

以及玉米作物对构成混剂组分的除草剂（A）和（B）具有耐受性，混剂中非必要地含有安全剂。

6. 除草组合物，其中包括一种或多种除草剂（A），

（A）选自下列一种或多种广谱除草剂

（A2）结构式（A2）化合物及其盐，

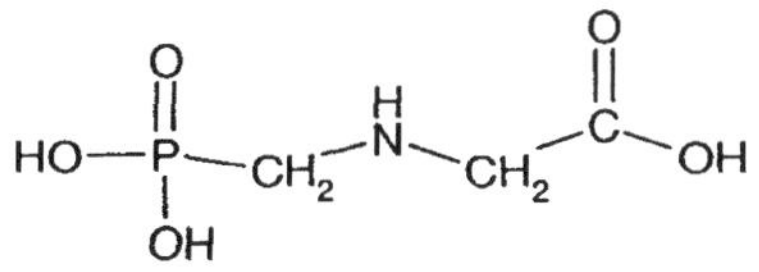

(A2)

以及除草活性物质

（B）iodosulfuron，

其中（A）：（B）为 300：1~1：20。”

至此，合议组认为本案事实已经清楚，可以作出审查决定。

二、决定的理由

1. 关于审查文本

请求人于 2009 年 8 月 18 日提交了修改的权利要求书，经审查，上述修改符合专利法第 33 条和专利法实施细则第 60 条第 1 款的规定。

因此，本复审请求审查决定所针对的文本是：请求人于 2009 年 8 月 18 日提交的权利要求第 1~6 项，2007 年 1 月 22 日提交的说明书第 39 页，以及 2005 年 1 月 12 日提交的说明书第 1~38、40 页和说明书摘要。

2. 关于专利法第 26 条第 4 款

专利法第 26 条第 4 款规定：权利要求书应当以说明书为依据，说明要求专利保护的范围。

权利要求书应当以说明书为依据，是指权利要求应当得到说明书的支持。权利要求书中的每一项权利要求所要求保护的技术方案应当是所属技术领域的技术人员能够从说明书充分公开的内容中得到或概括得出的技术方案，并且不得超出说明书公开的范围。如果权利要求的概括包含申请人推测的内容，而其效果又难于预先确定和评价，应当认为这种概括超出了说明书公开的范围。

就本申请而言，权利要求 1 要求保护除草混剂控制玉米作物中有害植物的用途，其中该除草混剂含有增效活性量的（A）选自一种或多种结构式（A2）的化合物及其盐

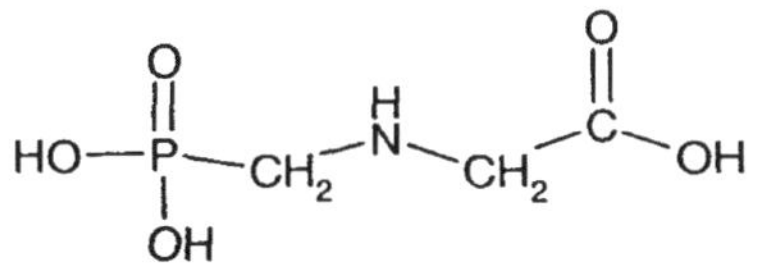

(A2)

和（B）iodosulfuron，所述增效活性量（A）：（B）为 300：1~1：20，以及玉米作物对构成混剂组分的除草剂（A）和（B）具有耐受性，混剂中非必要地含有安全剂。

根据说明书的记载，本申请提供一种可产生增效作用并降低单一活性物质施用量的增效除草组合物，并提供所述组合物控制玉米作物中有害植物的用途和方法。在本申请的除草组合物中，式（A2）化合物及其盐与 iodosulfuron 都是已知的具有除草活性的化合物，说明书第 15 页第 11~12 行记载了二者的配比优选 20001-150，特别优选 3001-120。本申请的除草组合物对经济重要的广谱的单子叶和双子叶有害植物具有显著的除草活性。生物实施例（参见表 19）中公开了草甘膦异丙胺盐与碘甲磺隆的玉米田间试验的除草活性数据，该活性数据表明，草甘膦异丙胺盐与碘甲磺隆以 1601 的量（即 400+2.5g/ha）施用于宝盖草时获得了增效效果。

合议组认为，权利要求 1 所述除草混剂中的“增效活性量（A）：（B）为 300：1~1：20”概括了一个较大的保护范围，而说明书中只给出了草甘膦异丙胺盐与碘甲磺隆的配比为 1601 的除草活

性数据。虽然，说明书中记载了式（A2）化合物与 iodosulfuron 的配比特别优选 300：1~1：20，但说明书中同时记载了该优选比例是根据式（A）除草剂和式（B）除草剂各自的施用量而推导出来的(参见说明书第 14 页倒数第 3~4 行)。显然，权利要求 1 概括的技术方案包含了请求人推测的内容，而非是基于说明书充分公开的内容所进行的合理概括。在农药领域中，两种或多种活性成分组合后能否产生增效作用是不可预期的，也有可能是加合甚至是拮抗作用。即使两种活性成分组合后能够产生增效作用，也并不是任意配比均能达到该效果，这在本领域是公知的。因此，本申请 iodosulfuron 与草甘膦除生物实施例之外的其他配比是否具有增效作用是难于预先确定和评价的，权利要求 1 的概括超出了说明书公开的范围。故权利要求 1 得不到说明书的支持，不符合专利法第 26 条第 4 款的规定。

权利要求 2~4 是权利要求 1 的从属权利要求，权利要求 5~6 要求保护权利要求 1 所述的组合物及其控制耐药性玉米作物中有害植物的方法，基于相同理由，上述权利要求也得不到说明书的支持，不符合专利法第 26 条第 4 款的规定。

请求人在复审理由中认为，本申请的组合物对现有技术的贡献在于发现（A）与（B）具有增效作用，其用量是本领域技术人员通过常规试验易于确定的。

合议组认为，如前文所述，本申请除草组合物的发明点在于活性成分的组合和配比。因此，在说明书仅给出草甘膦异丙胺盐与碘甲磺隆的配比为（400+2.5）g/ha 的活性数据的情况下，本领域技术人员有理由怀疑草甘膦和碘甲磺隆以 3001-120 范围内的其他配比混合时不能产生增效作用。

请求人还认为，式（A1）化合物和式（A2）化合物具有相似的作用模式，在相关领域中属于同一类除草剂，由式（A1）化合物与化合物（B）混剂的试验数据明显建议了式（A2）化合物的混剂也可以获得类似的增效作用。

对此，合议组认为，草甘膦和草铵膦虽然均为广谱性除草剂，但草甘膦是通过内吸、传导杀死植物，而草铵膦是触杀性除草剂，是一种谷氨酰胺合成抑制剂，二者的作用机理不同，另外，鉴于两种活性成分组合后能否产生增效作用的不确定性，由式（A1）化合物的数据无法推知式（A2）化合物与化合物（B）的混剂也具有相同的增效作用。

根据上述事实和理由，合议组作出如下审查决定。

三、决定

维持国家知识产权局于 2008 年 7 月 11 日针对第 200510003944.5 号发明专利申请作出的驳回决定。

复审请求人对本决定不服的，可以根据专利法第 41 条第 2 款的规定，自收到本决定之日起三个月内向北京市第一中级人民法院起诉。

162

用接枝聚合物改性的阻燃聚碳酸酯模塑组合物

复审请求审查决定（第 18972 号）

决　定　号　第 18972 号
决　定　日　2009 年 9 月 21 日
发明创造名称　用接枝聚合物改性的阻燃聚碳酸酯模塑组合物
国际分类号　C08K5/521，C08L69/00
复审请求人　拜尔材料科学股份公司
申　请　号　03823701.6
优 先 权 日　2002 年 8 月 5 日
申　请　日　2003 年 7 月 23 日
公　开　日　2005 年 10 月 26 日
合议组组长　刘　亚
主　审　员　李亚林
参　审　员　王　磊

法 律 依 据　专利法第 22 条第 3 款
决 定 要 点

在判断一项发明是否具有创造性时，首先，应当确定与该发明所述技术方案最接近的现有技术的技术方案，继而，将该发明所述技术方案与最接近的现有技术的技术方案进行特征分析，找出其区别技术特征；如果这些区别技术特征是本领域的技术人员为解决其技术问题，根据现有技术的教导而容易引入的，且其引入没有产生预料不到的技术效果，则该发明不具备创造性。

一、案由

本复审请求案涉及发明名称为“用接枝聚合物改性的阻燃聚碳酸酯模塑组合物”的第 03823701.6 号发明专利申请（下称本申请），申请人为拜尔材料科学股份公司，本申请的优先权日为 2002 年 8 月 5 日，申请日为 2003 年 7 月 23 日，公开日为 2005 年 10 月 26 日。

2006 年 11 月 17 日，针对申请人于 2006 年 7 月 18 日提交的权利要求书第 1～19 项，进入中国国家阶段时提交的国际申请中文译文的说明书第 1～20 页和说明书摘要，国家知识产权局以权利要求 1～19不符合专利法第 22 条第 3 款的规定为由驳回了本申请。

驳回决定所针对的独立权利要求 1 如下：

“1. 接枝聚合物改性的并包含具有下式（I）的磷化合物的聚碳酸酯模塑组合物：

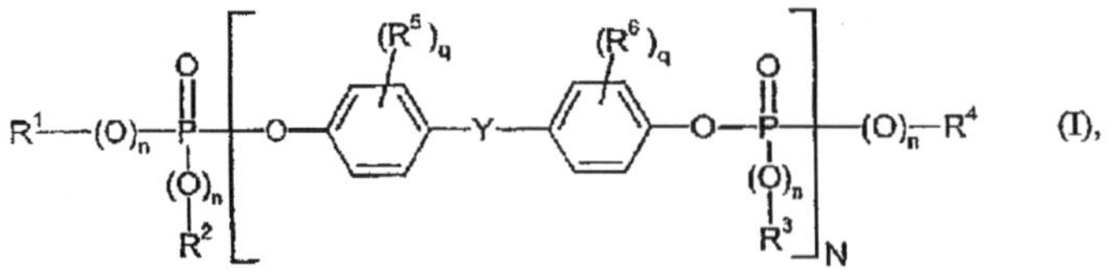

其中

R^1，R^2，R^3 和 R^4 彼此独立地代表任选卤素取代的 C_1-C_8-烷基或任选卤素取代的和/或烷基取代的 C_5-C_6-环烷基，C_6-C_{10}-芳基或 C_7-C_{12}-芳烷基，

n 彼此独立地是 0 或 1，

q 彼此独立地是 0，1，2，3 或 4，

N 是 0-10，

R^5 和 R^6 彼此独立地是 C_1-C_4-烷基或卤素，和

Y 是 C_1-C_7-烷叉基，C_1-C_7-亚烷基，C_5-C_{12}-环亚烷基，C_5-C_{12}-环烷叉基，-O-，-S-，-SO-，-SO_2-或-CO-，

和以与聚烷基（甲基）丙烯酸酯混合物形式的氟化聚烯烃。”

驳回决定认为：权利要求 1 与对比文件 1（CN1345352A，公开日为 2002 年 4 月 17 日）的区别在于对比文件 1 只是概括公开了氟代聚烯烃与（甲基）丙烯酸烷基酯的凝胶混合物或预混物，虽然申请人陈述该区别特征产生了应力开裂性方面的差异，但是从其所描述的说明书相关内容并不能看出该效果的差异，然而由对比文件 1 中表 1 内容明显可见其应力开裂性效果反而等于或高于本申请，同时该区别特征已被对比文件 2（US6180702B1，公开日为 2001 年 1 月 30 日）的权利要求 1 公开，且该特征在对比文件 2 中所起的作用与其在本申请中为解决其技术问题所起的作用相同，权利要求 1 相对于对比文件 1 和 2 的结合不具备创造性。在权利要求 1 不具备创造性的情况下，权利要求 2~19 相对于对比文件 1 和 2 的结合也不具备创造性。

2007 年 3 月 2 日，申请人拜尔材料科学股份公司（下称请求人）向专利复审委员会提出复审请求，同时提交了权利要求书全文修改替换页。

修改后的权利要求书如下：

“1. 热塑性模塑组合物，其由下列成分组成

A）40~99 重量份的芳族聚碳酸酯和/或聚酯碳酸酯，

B）0.5~60 重量份的由以下成分形成的接枝聚合物

B. 1）5wt%~95wt% 的一种或多种乙烯基单体接枝到

B. 2）95wt%~5wt% 的一种或多种具有玻璃化转变温度 <10℃ 的接枝基上，

C）0~5 重量份的至少一种选自乙烯基（共）聚物和聚亚烷基对苯二酸酯的热塑性聚合物，

D）0.5~20 重量份具有下式（I）的磷化合物：

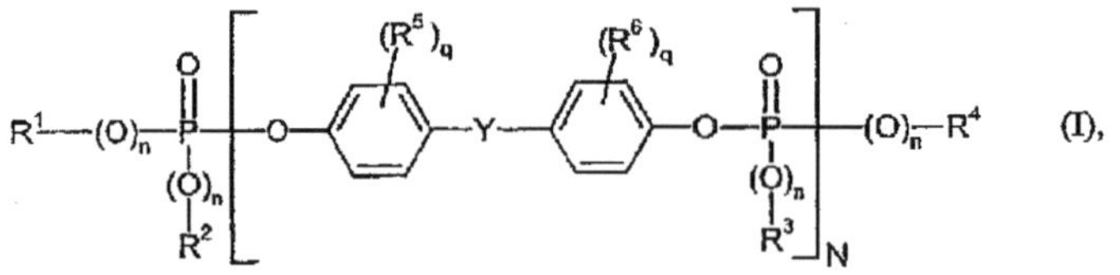

其中

R^1，R^2，R^3 和 R^4 彼此独立地代表任选卤素取代的 C_1-C_8-烷基或任选卤素取代的和/或烷基取代

的 C_5-C_6-环烷基，C_6-C_{10}-芳基或 C_7-C_{12}-芳烷基，

n 彼此独立地是 0 或 1，

q 彼此独立地是 0，1，2，3 或 4，

N 是 0~10，

R^5 和 R^6 彼此独立地是 C_1-C_4-烷基或卤素，和

Y 是 C_1-C_7-烷叉基，C_1-C_7-亚烷基，C_5-C_{12}-环亚烷基，C_5-C_{12}-环烷叉基，-O-，-S-，-SO-，$-SO_2$-或-CO-，

E）0.01-3 重量份的氟化聚烯烃与聚烷基（甲基）丙烯酸的酯混合物，该聚烷基（甲基）丙烯酸酯选自甲基丙烯酸 C_1-C_8-烷基酯和丙烯酸 C_1-C_8-烷基酯，和

F）至少一种选自下列成分的添加剂：稳定剂，颜料，脱模剂，流动助剂，抗静电剂，填料，增强材料，润滑剂，脱模剂，成核剂，染料和颜料，和基于总的模塑组合物最高 35wt.% 的另一种阻燃剂。

2. 根据权利要求 1 的模塑组合物，包含氟化聚烯烃或聚烯烃混合物，其中氟化聚烯烃或聚烯烃混合物作为

1）聚烷基（甲基）丙烯酸酯乳液与氟化聚烯烃乳液的凝固混合物，或

2）氟化聚烯烃和聚烷基（甲基）丙烯酸酯的预混物。

3. 根据权利要求 1 的模塑组合物，包含 0.05~2 重量份（基于 100 重量份总的组合物）的氟化聚烯烃。

4. 根据权利要求 1~3 之一的模塑组合物，其中式（I）中的 N 具有 0.5~5 的平均值。

5. 根据权利要求 1~3 之一的模塑组合物，其中式（I）中的 N 具有 0.9~3 的平均值。

6. 根据权利要求 1~3 之一的模塑组合物，包含一种或多种由以下成分形成的接枝聚合物：

B.1　5~95wt.% 的至少一种乙烯基单体接枝到

B.2　95~5wt.% 的一种或多种具有玻璃化转变温度<10℃接枝基上。

7. 根据权利要求 6 的模塑组合物，包含以下成分的混合物作为乙烯基单体 B.1：

B.1.1　50~99 重量份的乙烯基芳族化合物和/或在环上取代的乙烯基芳族化合物和/或（甲基）丙烯酸-（C_1-C_8）-烷基酯，和

B.1.2　1~50 重量份的乙烯基氰和/或（甲基）丙烯酸-（C_1-C_8）-烷基酯和/或不饱和羧酸的衍生物。

8. 根据权利要求 1~3 之一的模塑组合物，包含作为接枝基 B.2 的二烯橡胶，丙烯酸酯橡胶，硅橡胶或乙烯/丙烯/二烯橡胶或其混合物。

9. 根据权利要求 1~3 之一的模塑组合物，其中式（I）中的 Y 是异丙叉基或亚甲基。

10. 根据权利要求 9 的模塑组合物，其中式（I）中的 Y 是异丙叉基。

11. 根据权利要求 1 的模塑组合物，包含作为聚烷基（甲基）丙烯酸酯的聚甲基丙烯酸甲酯。

12. 根据权利要求 1~3 之一的模塑组合物，包含至少一种下列单体的乙烯基（共）聚物：乙烯基芳族化合物，乙烯基氰，（甲基）丙烯酸-（C_1-C_8）-烷基酯，不饱和羧酸和不饱和羧酸的衍生物。

13. 根据权利要求 12 的模塑组合物，其中不饱和羧酸的衍生物是酸酐和酰亚胺。

14. 根据前面权利要求之一的模塑组合物用于生产模制件的应用。

15. 由根据前面权利要求之一的模塑组合物可获得的模制件。”

请求人认为，对比文件 1 中所述氟化聚烯烃是凝胶混合物形式或者预混物的形式，而本申请权利

要求1则是物理混合物的形式，本申请说明书第20页表1中比较例1/实施例2和比较例3/实施例4的结果支持了本申请组合物具有优越的应力开裂特性的效果，因此，本申请相对于对比文件1具有创造性。此外，对比文件2要解决的技术问题不同于本申请，本领域技术人员不会受到启示将对比文件1和2结合起来，而且，对比文件2的组合物需要加入有机酸的碱金属盐作为基本组分，而本申请修改后的权利要求1没有加入有机酸的碱金属盐，因此，本申请相对于对比文件1和2的结合具有创造性。

经形式审查合格后，专利复审委员会受理了该请求，并于2007年4月17日向请求人发出了《复审请求受理通知书》，同时将本申请转送至国家知识产权局原审查部门进行前置审查。

在《前置审查意见书》中，国家知识产权局原审查部门认为请求人并无有力的证据证明本申请具备创造性，因此坚持驳回决定。

专利复审委员会组成合议组，对本复审请求案进行了审理。合议组于2009年4月16日发出《复审通知书》，指出，本申请权利要求1中组分E采用了与对比文件1中组分E实质相同的混合方式，请求人认为二者混合物形式不同的主张不成立。本申请权利要求1与对比文件1相比区别在于组分E的组成不同，本申请权利要求1中组分E由氟化聚烯烃与聚烷基（甲基）丙烯酸酯组成，而对比文件1中组分E由氟代聚烯烃与组分A-C中至少一种组成。由于对比文件1教导了氟代聚烯烃可以与甲基丙烯酸（C_1-C_8）-烷基酯单体和丙烯酸（C_1-C_8）-烷基酯单体的聚合物形成预混物作为组分E，故权利要求1相对于对比文件1不具备创造性。在此情况下，权利要求2~15相对于对比文件1也不具备创造性。另外，由本申请比较例与实施例的试验结果可知，二者 ε_x 值均在可接受的尺度范围内，尚不能构成显著差异；且比较例1的应力开裂性能稍差于实施例2也是本领域技术人员结合其所具有的普通知识能够预期的；本申请比较例与实施例的对比尚不能证明本申请模塑组合物较对比文件1具有预料不到的技术效果。

2009年5月31日，请求人提交意见陈述书，同时提交权利要求书全文修改替换页。修改在于：将权利要求1的组分E）由“0.01~3重量份的氟化聚烯烃与聚烷基（甲基）丙烯酸的酯混合物”修改为“0.01~3重量份的氟化聚烯烃与聚烷基（甲基）丙烯酸酯的混合物”。请求人认可本申请权利要求1中组分E与对比文件1中组分E的混合形式相同，认为本申请是对比文件1的选择发明，比较例1/实施例2和比较例3/实施例4的结果支持了本申请组合物具有优越的应力开裂特性的效果，并且实施例2显示了在UL94V试验中短得多的余辉时间、优越的开裂特性（ε_x）和改进的焊接强度（a_n）的组合，即本申请组合物显示了物理性质的预料不到的改进，因此，本申请相对于对比文件1具有创造性。

经合议，合议组认为本案事实已经清楚，可以作出审查决定。

二、决定的理由

1. 关于文本

请求人于2009年5月31日提交了权利要求书修改替换页，经审查，上述修改符合专利法第33条及专利法实施细则第60条第1款的规定。故本复审请求审查决定针对的文本是：请求人于2009年5月31日提交的权利要求第1~15项，进入中国国家阶段时提交的国际申请中文译文的说明书第1~20页和说明书摘要。

2. 关于专利法第22条第3款

专利法第22条第3款规定创造性，是指同申请日以前已有的技术相比，该发明有突出的实质性特点和显著的进步，该实用新型有实质性特点和进步。

在判断一项发明是否具有创造性时，首先，应当确定与该发明所述技术方案最接近的现有技术的技术方案，继而，将该发明所述技术方案与最接近的现有技术的技术方案进行特征分析，找出其区别技术特征；如果这些区别技术特征是本领域的技术人员为解决其技术问题，根据现有技术的教导而容易引入的，且其引入没有产生预料不到的技术效果，则该发明不具备创造性。

（1）关于权利要求 1。

本申请权利要求 1 要求保护热塑性模塑组合物（具体内容参见案由部分）。

对比文件 1 公开了一种热塑性模塑组合物（参见对比文件 1 权利要求 6、9、16），其具有与本申请上述权利要求 1 相同种类及重量份的组分 A、B、C、D 和 F，并且对比文件 1 说明书第 15 页第 2~17 行不仅公开了组合物可含有至少一种传统添加剂，还教导了组合物可含有相对于总量最多 35wt% 的其他阻燃剂。

本申请权利要求 1 与对比文件 1 相比区别在于组分 E 的组成不同，本申请权利要求 1 中组分 E 由氟化聚烯烃与聚烷基（甲基）丙烯酸酯组成，而对比文件 1 中组分 E 由氟代聚烯烃与组分 A~C 中至少一种组成。

本申请发明目的在于提供具有非常好的机械性能、高度耐火性和非常好的应力开裂性能的接枝聚合物改性 PC 模塑组合物（参见本申请说明书第 2 页第 3 段），对比文件 1 也记载了其目的在于提供具有非常好的机械性能、提高的阻燃性和非常好的应力开裂行为连同提高的耐热性的 PC 模塑组合物（参见对比文件 1 说明书第 2 页第 3 段）。二者声称要解决的技术问题相同。由此可以确定，本申请相对于对比文件 1 实际解决的技术问题是选择组分 E 的组成从而提供一种可供替换的热塑性模塑组合物，该组合物具有良好的机械性能、高阻燃性能和良好的应力开裂性能。

合议组注意到，对比文件 1 中对于组分 E 的定义中记载了如下内容："对于氟代聚烯烃 E 来说优选的制备物是与接枝聚合物 B 或乙烯基（共）聚合物 C 的凝胶混合物"（参见对比文件 1 说明书第 14 页第 11~12 行）；对比文件 1 中对于组分 C 中乙烯基（共）聚合物的定义中记载了如下内容："适合的乙烯基（共）聚合物 C. 1 是至少一种选自乙烯基芳族化合物、乙烯基氰化物（不饱和腈）、（甲基）丙烯酸（（C_1-C_8）-烷基酯、不饱和羧酸及其衍生物（如酸酐和酰胺）的单体的聚合物"（参见对比文件 1 说明书第 10 页第 20~22 行）。由此可知，对比文件 1 已经给出了氟代聚烯烃可以与（甲基）丙烯酸（C_1-C_8）-烷基酯单体的均聚物或共聚物形成凝胶混合物作为组分 E 的教导，即，对比文件 1 教导了氟代聚烯烃可以与甲基丙烯酸（C_1-C_8）-烷基酯单体和丙烯酸（C_1-C_8）-烷基酯单体的聚合物形成预混物作为组分 E。本领域技术人员只需在此教导基础上根据需要对与氟代聚烯烃混合的成分进行选择，就能获得权利要求 1 的技术方案，从本申请说明书记载的内容来看，这种选择也没有使得最终产品在效果上有预料不到之处。因此，本申请权利要求 1 的技术方案是显而易见的，权利要求 1 不符合专利法第 22 条第 3 款有关创造性的规定。

请求人认为，根据本申请表 1 中比较例 1/实施例 2 和比较例 3/实施例 4 的模塑组合物的性能数据可见，本申请的组合物在余辉时间、应力开裂特性和焊接强度等方面均显示了物理性质的预料不到的改进。对此合议组认为，首先，实施例 2 中的组分 D 为 BDP 和 TPP 以 75∶25 的重量比的混合物，实施例 2 不在权利要求 1 要求保护的范围内，本申请比较例 1 与实施例 2 的对比无法证明权利要求 1 具备创造性。其次，实施例 4 与比较例 3 在 E 组分的组成及含量上均有很大差别（实施例 4 为 0. 8wt% 的 1∶1 的 PMMA/PTFE，比较例 3 为 4. 0wt% 的 9∶1 的 ABS/PTFE），在 B 组分和 C 组分的含量上亦有差别（实施例 4 的 B 组分和 C 组分均为 5. 0wt%，比较例 3 的 B 组分和 C 组分分别为 8. 6wt% 和 4. 6wt%），故不能确定实施例 4 相对于比较例 3 在性能上的优势是否是仅由 E 组分的组成上的差别带来的。此外，实施例 4 与比较例 3 分别为本申请权利要求 1 与对比文件 1 的组合物范围内的一个具有具体组成和含量的例子，这两个实施例的比较结果无法表明本申请权利要求 1 范围内的组合物在整体上较对比文件 1 均具有更好的技术效果；即使以实施例 4 与比较例 3 相比，二者组合物的预-伸展百分率 εx 分别为 2. 4% 和 2. 0%，焊接强度分别为 7. 7 KJ/m^2 和 7. 2 KJ/m^2，这两项物理性质的差别均在可接受的尺度范围内，尚未构成显著差异，虽然，实施例 4 与比较例 3 在余辉时间上的差异较大，二者在 1. 2 mm 时的余辉时间分别为 V-0 级 36 秒和 V-1 级 103 秒，但对比文件 1 表 1 公开的组合物在 1. 6 mm 时的余辉时间均在 V-0 级 19~29 秒范围内，可见，比较例 3 即使在某些物理性质上劣于实施例 4，也不能表明对比文件 1 的组合物的效果劣于实施例 4，更不能证明本申请权利要求 1 较对比文件 1 具有预料不到的技术效果。综上，本申请表 1 的实施例对比不能证明本申请的模塑组合物较对比文件 1 具有预料不到的技术效果，请求人依据本申请组合物的性能论证本申请权利要求 1 创造性的主张不成立。

（2）关于权利要求 2~15。

权利要求 2~13 是权利要求 1 的从属权利要求，对于权利要求 1 中的组分和含量作了进一步地限定，其附加技术特征在对比文件 1 权利要求书中均已公开或有教导，在权利要求 1 相对于对比文件 1 不具备创造性的情况下，权利要求 2~13 也不符合专利法第 22 条第 3 款有关创造性的规定。

权利要求 14 要求保护权利要求 1~13 任一项的模塑组合物用于生产模制件的应用，对比文件 1 权利要求 17 公开了其模塑组合物的相同用途；权利要求 15 要求保护由权利要求 1~13 任一项的模塑组合物可获得的模制件，对比文件 1 权利要求 18 公开了相同来源的模制件；在权利要求 1~13 的模塑组合物相对于对比文件 1 不具备创造性的情况下，权利要求 14~15 也不符合专利法第 22 条第 3 款有关创造性的规定。

根据上述事实和理由，合议组作出如下审查决定。

三、决定

维持国家知识产权局于 2006 年 11 月 17 日针对第 03823701. 6 号发明专利申请作出的驳回决定。

复审请求人对本决定不服的，可以根据专利法第 41 条第 2 款的规定，自收到本决定之日起三个月内向北京市第一中级人民法院起诉。

163

防治哺乳动物、特别是狗和猫蚤的杀虫组合物

复审请求审查决定（第18973号）

决　　定　　号　第18973号
决　　定　　日　2009年9月18日
发明创造名称　防治哺乳动物、特别是狗和猫蚤的杀虫组合物
国 际 分 类 号　A01N47/02，A01N43/56
复 审 请 求 人　梅瑞尔公司
申　　请　　号　97190271.2
最早优先权日　1996年3月29日
申　　请　　日　1997年3月26日
公　　开　　日　1998年6月24日
合 议 组 组 长　刘　亚
主　　审　　员　李亚林
参　　审　　员　黄　强

法 律 依 据　专利法第33条
决 定 要 点

如果申请的内容通过增加、改变和/或删除其中的一部分，致使所属技术领域的技术人员看到的信息与原申请记载的信息不同，而且又不能从原申请记载的信息中直接地、毫无疑义地确定，那么这种修改是不允许的。

一、案由

本复审请求案涉及申请日为1997年3月26日、发明名称为“防治哺乳动物、特别是狗和猫蚤的杀虫组合物”的第97190271.2号发明专利申请（下称本申请），申请人为梅瑞尔公司，其最早优先权日为1996年3月29日，公开日为1998年6月24日。

2004年10月15日，针对申请人于2003年7月18日提交的权利要求第1~45项，进入中国国家阶段时提交的国际申请文件中文译文的说明书第1~13页和说明书摘要，国家知识产权局驳回了本申请，驳回理由如下：权利要求1、40和42属于马库什权利要求，不具备单一性，不符合专利法第31条第1款的规定；权利要求38涉及化合物A和B制备组合物的用途，其与权利要求1之间不具备单一性，不符合专利法第31条第1款的规定；权利要求1~16和40均已被对比文件1（JP7179307A，公开日为1995年7月18日）公开，不具备新颖性，不符合专利法第22条第2款的规定；权利要求20~34、37、41~45相对于对比文件1不具备创造性，不符合专利法第22条第3款的规定；权利要求

1~35、37、40~45 中使用的通式化合物 A 和昆虫生长调节剂类型杀卵化合物 B 包含了大量的不同化合物，本领域技术人员难于预见除实施例外所有化合物均能达到本发明目的，这些权利要求不符合专利法第 26 条第 4 款的规定；权利要求 17~19 中关于各种成分浓度的功能性限定导致其不符合专利法实施细则第 20 条第 1 款的规定。

驳回决定所针对的权利要求 1 如下：

“1. 用于长期对小哺乳动物，特别是狗和猫提供保护作用以免受到蚤侵扰的组合物，其特征在于在一种动物可接受的，适于局部皮肤涂敷的流体赋形剂中，该组合物含有至少一种属于式（I）的化合物（A），和至少一种昆虫生长调节剂类型杀卵化合物（B），其中式（I）的化合物（A）与化合物（B）的重量比为 0.1/40 至 40/0.1：

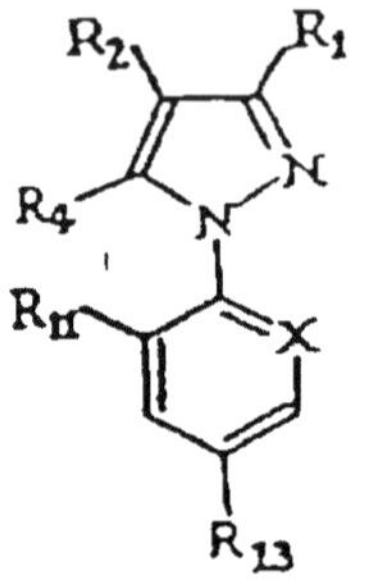

(I)

式中：

R_1 是 CN 或甲基或一个卤素原子；

R_2 是 S（O）$_n R_3$ 或 4，5-二氰基咪唑-2-基或卤代烷基；

R_3 是烷基或卤代烷基；

R_4 代表氢原子或卤素原子；或 NR_5R_6、S（O）$_m R_7$、C（O）R_7 或 C（O）O-R_7 基，烷基、卤代烷基或 OR_8 或-N=C（R_9）（R_{10}）基；

R_5 和 R_6 各自代表氢原子或烷基、卤代烷基、C（O）烷基、烷氧基羰基、S（O）$_r$-CF_3；或 R_5 和 R_6 可以一起构成一个二价亚烷基，它可以被一个或两个二价杂原子（如氧或硫）阻断；

R_7 代表烷基或卤代烷基；

R_8 代表烷基、卤代烷基或氢原子；

R_9 代表烷基或氢原子；

R_{10}代表苯基或杂芳基，该基或许被一个或多个卤素原子或如 OH、-O-烷基、S-烷基、氰基或烷基之类的基团取代；

R_{11}和 R_{12}各自代表氢原子，或卤素原子，或可能 CN 或 NO_2；

R_{13}代表卤素原子或卤代烷基、卤代烷氧基、S（O）$_q CF_3$ 或 SF_5；

m、n、q、r 各自代表等于 0、1 或 2 的一个整数；

X 代表一个三价氮原子或 C-R_{12}基，该碳原子的其他三个价构成芳环的部分，

其条件是，当 R_1 是甲基，或者 R_3 是卤代烷基，R_4 是 NH_2，R_{11}是 C_1，R_{13}是 CF_3 和 X 是 N；或者 R_2 是 4，5-二氰基咪唑-2-基，R_4 是 C_1，R_{11}是 C_1，R_{13}是 CF_3 和 X 是=C-C_1。”

2005 年 1 月 28 日，申请人梅瑞尔公司（下称请求人）对上述驳回决定不服，向专利复审委员会提出复审请求，同时提交权利要求书全文修改替换页（共 42 项权利要求）和如下附件：

附件 1：专利号为 US6，096，329 的美国专利公告说明书，公告日为 2000 年 8 月 1 日，复印件共 5 页；

附件2：在相应的美国专利申请审查过程中递交的发明人Marchiondo的声明，复印件共24页；

附件3："Efficacy of fipronil/（S）-methoprene combination spot-on for dogs against shed eggs, emerging and existing adult cat fleas"，Young DR et al，Vet Parasitol. 125（3-4），2004年11月10日，摘要，复印件共2页；

附件4："clinical applications™ COMPARATIVE STUDY FIPRONIL/（S）- METHOPRENE，IMIDACLOPRID/PERMETHRIN，AND IMIDACLOPRID"，NAVC clinician's brief™ THE OFFICAL PUBLICATION OF THE NORTH AMERICAN VETERINARY CONFERENCE，2004年5月增刊，复印件共4页。

相对于驳回决定所针对的权利要求书，请求人删除了权利要求17~19，对权利要求38的表述进行了修改，并将权利要求1修改为：

"1. 用于长期对小哺乳动物，特别是狗和猫提供保护作用以免受到蚤侵扰的点滴施用的协同组合物，其特征在于在一种兽医学可接受的、用于点滴施用于皮肤的流体赋形剂中，该组合物含有至少一种属于式（I）的化合物（A），和至少一种昆虫生长调节剂类型杀卵化合物（B），所述组合物还含有至少一种点滴施用型制剂的助剂，式（I）化合物结构如下：

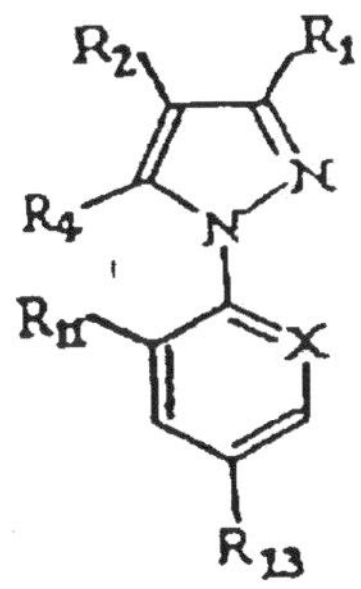

(I)

式中：

R_1 是CN或甲基或一个卤素原子；

R_2 是S（O）$_n$$R_3$ 或4，5-二氰基咪唑-2-基或卤代烷基；

R_3 是烷基或卤代烷基；

R_4 代表氢原子或卤素原子；或NR_5R_6、S（O）$_m$$R_7$、C（O）$R_7$ 或C（O）O-R_7 基，烷基、卤代烷基或OR_8 或-N=C（R_9）（R_{10}）基；

R_5 和R_6 各自代表氢原子或烷基、卤代烷基、C（O）烷基、烷氧基羰基、S（O）$_r$-CF_3；或R_5 和R_6 可以一起构成一个二价亚烷基，它可以被一个或两个二价杂原子（如氧或硫）阻断；

R_7 代表烷基或卤代烷基；

R_8 代表烷基、卤代烷基或氢原子；

R_9 代表烷基或氢原子；

R_{10}代表苯基或杂芳基，该基或许被一个或多个卤素原子或如OH、-O-烷基、S-烷基、氰基或烷基之类的基团取代；

R_{11}和R_{12}各自独立地代表氢原子，或卤素原子，或可能CN或NO_2；

R_{13}代表卤素原子或卤代烷基、卤代烷氧基、S（O）$_q$$CF_3$ 或SF_5；

m、n、q、r各自独立地代表等于0、1或2的一个整数；

X代表一个三价氮原子或C-R_{12}基，该碳原子的其他三个价构成芳环的一部分，

其条件是，当R_1 是甲基，或者R_3 是卤代烷基，R_4 是NH_2，R_{11}是Cl，R_{13}是CF_3 和X是N；或者R_2 是4，5-二氰基咪唑-2-基，R_4 是Cl，R_{11}是Cl，R_{13}是CF_3 和X是=C-Cl。"

请求人认为：（1）修改后的权利要求书中将权利要求 1 的组合物限定成用于点滴施用的化合物 A 和化合物 B 的协同组合物，其中还含有点滴施用制剂的助剂。对比文件 1 中从未提及或暗示本申请权利要求 1 所述的点滴施用制剂，而且本申请说明书实施例 1-5 显示了协同效果。含有 fipronil 和烯虫酯的本申请点滴施用制剂已经成功地以 FrontlinePlus 的商品名进行销售，因此具有很大的商业价值。附件 2-4 表明 fipronil 与 S-methoprene 合用时具有协同作用和长效作用。由此，本发明的技术方案具有新颖性和创造性。（2）化合物 A 满足马库什要素的两个条件，化合物 B 在相关技术中被认为是同一类化合物，也满足马库什要素的条件，因此，修改后的权利要求 1、37 和 39（对应于驳回决定针对的权利要求 1、40 和 42）具备单一性，修改后的权利要求 35（对应于驳回决定针对的权利要求 38）与权利要求 1 之间也具备单一性，并且权利要求 1 及其从属权利要求亦符合专利法第 26 条第 4 款的规定，由于驳回决定所针对的权利要求 17~19 已被删除，驳回决定所指出的不符合专利法实施细则第 20 条第 1 款的缺陷也已被克服。

经形式审查合格后，专利复审委员会受理了该请求，并于 2005 年 3 月 16 日向请求人发出了《复审请求受理通知书》，同时将本申请转送至国家知识产权局原审查部门进行前置审查。

在《前置审查意见书》中，国家知识产权局原审查部门坚持驳回决定。

专利复审委员会组成合议组，对本复审请求案进行了审理。

2007 年 12 月 11 日，合议组以请求人于 2005 年 1 月 28 日提交的权利要求书和驳回决定针对的说明书及其摘要为基础，向请求人发出《复审通知书》，指出，（1）本申请的下列修改不符合专利法第 33 条的规定：在权利要求 1 和 35 中将原来的“组合物”修改为“协同组合物”，在权利要求 1 中增加的“所述组合物还含有至少一种点滴施用型制剂的助剂”。（2）为了节约程序，合议组对驳回决定所针对的权利要求书进行审查，认为权利要求 1 组合物中含有可直接施用于皮肤的流体赋形剂，而对比文件 1（JP7179307A，公开日为 1995 年 7 月 18 日）并未对赋形剂作出这样的限定，二者存在区别，但是本申请全部权利要求 1~45 相对于对比文件 1 不具备创造性，不符合专利法第 22 条第 3 款的规定。请求人提交的附件 3 和 4 不能作为现有技术，附件 2 不能证明权利要求 1 相对于对比文件 1 具备创造性。

2008 年 3 月 26 日，请求人提交了意见陈述书、权利要求书全文修改替换页（共 25 项权利要求）以及如下附件：

附件 a：Marchiondo 的声明，复印件共 27 页；

附件 b：“Efficacy of fipronil/（S）-methoprene combination spot-on for dogs against shed eggs, emerging and existing adult cat fleas”，Young 等，Vet Parasitol. 2004 Nov 10；125（3-4）：397-407，摘要，复印件共 2 页；

附件 c：“Efficacy of fipronil/（S）-methoprene combination spot-on for dogs against shed eggs, emerging and existing adult cat fleas”，Young DR 等，Vet Parasitol. 2004 Nov 10；125（3-4）：397-407，复印件共 11 页；

附件 d：North American Veterinary Conference’s Clinician’s Brief（May 2004 supplement）（“Clinician’s Brief”），复印件共 4 页；

附件 e：“Comparative Efficacy of a Combination of fipronil/（S）-methoprene，a Combination of Imidacloprid/Permethrin，and Imidacloprid Against Fleas and Ticks When Administered Topically to Dogs”，John W. McCall 等，The Journal of Applied Research in Veterinary Medicine，2004，2（1）：74~79，复印件共 4 页；

附件 f：有关 FRONTLINE PLUS 的商业成功的资料，复印件共 13 页。

修改后的权利要求 1 如下：

“1. 一种使狗或猫免受蚤和虱侵扰的协同的点滴施用的组合物，该组合物基本上由下列成分组成：

（i）至少一种具有式（I）的化合物（A）：

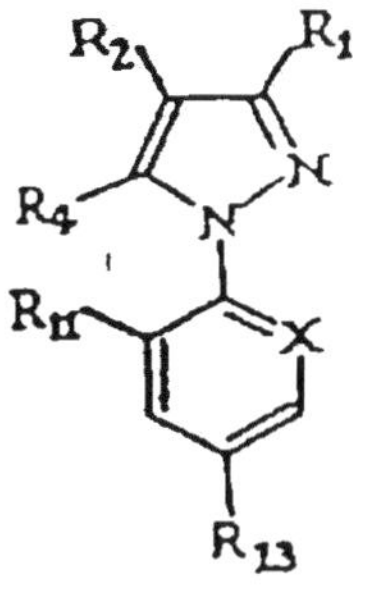

(I)

式中：

R_1 是 CN；

R_2 是 S（O）$_nR_3$；

R_3 是 C_{1-6}烷基或卤代 C_{1-6}烷基；

R_4 是 NH_2；

R_{11}和 R_{12}各自独立地代表卤素原子；

R_{13}是卤代 C_{1-6}烷基；

n 是等于 0、1 或 2 的一个整数；

X 是 C-R_{12}基，该碳原子的其他三个价位构成芳环的一部分；

（ii）至少一种化合物（B），所述化合物（B）是一种模拟保幼激素的昆虫生长调节剂类型杀卵化合物；

组合物中所述化合物（A）与（B）的重量比为 80/20 至 20/80；以及

（iii）一种兽医学可接受的、用于局部点滴施用所述协同组合物的流体赋形剂；

这样化合物（A）和化合物（B）为在兽医学可接受的流体赋形剂中的溶液，并且化合物（A）和化合物（B）溶解于猫或狗的皮脂中而不结晶，从而覆盖猫或狗并浓缩在皮脂腺中。”

请求人认为，（1）修改后的权利要求书符合专利法第 33 条的规定。（2）附件 a~f 可证明本发明的协同作用和意想不到的效果，而且，本发明的发明人 Marchiondo 首先发现化合物（A）和化合物（B）两者结合可以溶解于猫或狗的皮脂中而不结晶，从而可以覆盖猫或狗并集中在它们的皮脂腺中，而对比文件 1 从未教导或暗示过上述内容，故本申请符合专利法第 22 条第 3 款的规定。

2008 年 5 月 14 日，请求人认为本案技术内容复杂，提交了要求口头审理的书面请求。

合议组经合议决定对本案继续进行书面审理，于 2008 年 7 月 14 日再次发出《复审通知书》，指出，（1）权利要求 1 和 25 主题中涉及“虱”的修改内容不符合专利法第 33 条的规定。（2）本申请全部权利要求 1~25 相对于对比文件 1 不符合专利法第 22 条第 3 款的规定。理由如下：①对比文件 1（JP7179307A，公开日为 1995 年 7 月 18 日）公开了一种可用于防治害虫的组合物，在说明书第 1 段记载了其组合物可用于防治环卫方面的害虫也可用于防治寄生在动物（如宠物）身上的吸血害虫（如扁蚤、跳蚤等），在试验例 1 中具体公开了包含 fipronil（本申请权利要求 1 中化合物（A）的下位概念）和 1-（2，6-二氟苯甲酰基）-3-（2-氟-4-三氟甲基）苯基脲（属于几丁质合成抑制剂的昆虫生长调节剂类型杀卵化合物）作为活性成分、并包含表面活性剂、二甲苯和水的液体组合物，其中三个实施方式中活性成分1-（2，6-二氟苯甲酰基）-3-（2-氟-4-三氟甲基）苯基脲与fipronil的重量比分别为70/30、50/50或30/70。本申请权利要求1与对比文件1的技术方案的区别在于：（i）本申请权利要求1中为模拟保幼激素的昆虫生长调节剂类型杀卵化合物，对比文件1的测试实施例1和2中采用的则是几丁质合成抑制剂1-（2，6-二氟苯甲酰基）-3-（2-氟-4-三氟甲基）苯基脲；（ii）本申请权利要求1组合物中含有兽医学可接受的、用于局部点滴施用的流体赋形剂，而对比文件1并未对赋形剂作出这样的限定。对于区别（i），根据本领域的普通知识、对比文件1公开的信息可知模拟保幼激素的化合物与几丁质合成抑制剂活性相近可以互相替换，本申请说明书中亦将模拟保幼激素化合物与几丁质合成抑制剂同归IGR类型化合物。在此基础上，权利要求1不会因删除以1-（2，6-二氟苯甲酰基）-3-（2-氟-4-三氟甲基）苯基脲为代表的几丁质合成抑制剂而仅保留模拟保幼激素化合物而具备突出的实质性特点。对于区别（ii），对比文件1教导了其活性成分可以与液体载体相混合制备成油剂或乳剂等，在制备用于防治寄生在宠物体表的吸血害虫的液体制剂时，选用兽医学可接受的液体载体对于本领域技术人员来说是显而易见的，而在将液体制剂用于防治寄生在宠物体表的吸血害虫时，“点滴施用”或“涂敷施用”该液体制剂均为常见的施用手段，权利要求1不会因其对于赋形剂的限定而具备突出的实质性特点。此外，本申请并没有提供任何实验结果表明本申请组合物具有协同作用，请求人所提交附件a~f也无法证明本申请的组合物相对于对比文件1具有预料不到的效果。综上，本申请权利要求1不符合专利法第22条第3款有关创造性的规定。②权利要求2~8对于权利要求1中的化合物（A）或化合物（B）作出了进一步限定，权利要求9~24对于组合物中活性化合物的量、结晶抑制剂的含量及种类、所含溶剂的性质及用量等作出了进一步限定，这些附加技术特征或者在对比文件1中公开了，或者为本领域技术人员的常规选择，且从本申请说明书中并不能得出这些附加技术内容给本申请权利要求2~24的技术方案带来了预料不到的技术效果的结论，因此，权利要求2~24也不符合专利法第22条第3款有关创造性的规定。③权利要求25要求保护施用权利要求1~24任一项所述的组合物的控制狗或猫免受蚤等侵扰的方法，对比文件1中教导了其组合物可用于防治寄生在动物（如宠物）身上的吸血害虫（如扁蚤、跳蚤等），可见权利要求25的方法在对比文件1中已有教导，而且根据说明书记载的内容也无法得出权利要求25的技术方案较对比文件1具有显著的进步的结论，因此，权利要求25也不符合专利法第22条第3款有关创造性的规定。

2008年10月29日，请求人提交意见陈述书、权利要求书全文修改替换页（共24项权利要求）以及说明书第8和9页的修改替换页。请求人对权利要求1进行了修改，删除了权利要求5~6，增加了新的从属权利要求24。修改后的权利要求1和24如下：

“1. 一种使狗或猫在至少一个月期间免受蚤和蜱侵扰的协同的点滴施用的组合物，该组合物基本上由下列成分组成：

（i）至少一种具有式（I）的化合物（A）：

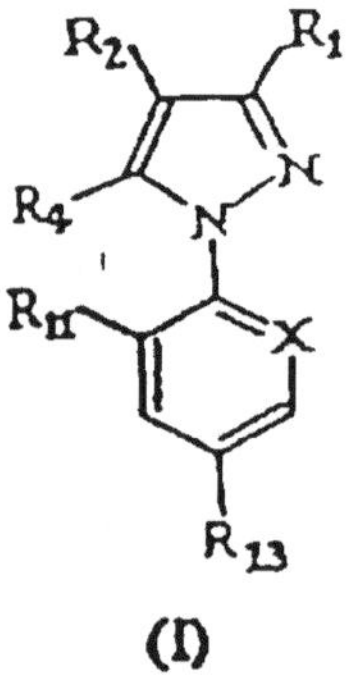

(I)

式中：

R_1 是 CN；

R_2 是 S（O）$_n$$R_3$；

R_3 是 C_{1-6}烷基或卤代 C_{1-6}烷基；

R_4 是 NH_2；

R_{11}和 R_{12}各自独立地代表卤素原子；

R_{13}是卤代 C_{1-6}烷基；

n 是等于 0、1 或 2 的一个整数；

X 是 C-R_{12}基，该碳原子的其他三个价位构成芳环的一部分；

（ii）至少一种化合物（B），所述化合物（B）是一种模拟保幼激素的昆虫生长调节剂类型杀卵化合物，选自烯虫乙酯、烯虫酯和蚊蝇醚；

组合物中所述化合物（A）与（B）的重量比为 80/20 至 20/80；以及

（iii）一种兽医学可接受的、用于局部点滴施用所述协同组合物的流体赋形剂；

这样化合物（A）和化合物（B）为在兽医学可接受的流体赋形剂中的溶液，并且当所述组合物当所述组合物施用于猫或狗身体上时其在整个动物身体上扩散，然后干燥，既不结晶也不改变皮毛的外观和触感

化合物（A）和化合物（B）溶解于猫或狗的皮脂中而不结晶，从而覆盖猫或狗并浓缩在皮脂腺中。

24. 根据权利要求 19 的协同的点滴施用的组合物，其中所述有机溶剂为乙二醇单甲醚。”

请求人认为，将权利要求 1 中的“虱”改为“蜱”，与原始中文文本一致，权利要求 1 中其他修改以及增加的权利要求 24 也均符合专利法第 33 条的规定。请求人同时重申了本申请具备创造性的理由。

至此，合议组认为本案事实清楚，可以作出审查决定。

二、决定的理由

1. 关于文本

本复审请求审查决定针对的文本是：请求人于 2008 年 10 月 29 日提交的权利要求第 1~24 项、说明书第 8~9 页，进入中国国家阶段时提交的国际申请文件中文译文的说明书第 1~7、10~13 页和说明书摘要。

2. 关于专利法第 33 条

专利法第 33 条规定，申请人可以对其专利申请文件进行修改，但是，对发明和实用新型专利申请文件的修改不得超出原说明书和权利要求书记载的范围。

如果申请的内容通过增加、改变和/或删除其中的一部分，致使所属技术领域的技术人员看到的信息与原申请记载的信息不同，而且又不能从原申请记载的信息中直接地、毫无疑义地确定，那么这种修改是不允许的。

请求人于 2008 年 10 月 29 日提交的权利要求 1 的主题为：“一种使狗或猫在至少一个月期间免受蚤和蜱侵扰的协同的点滴施用的组合物”，其中增加了“在至少一个月期间”这一特征。

合议组查明，该内容并没有记载在原申请文件中。

请求人认为其修改依据在于说明书第 5 页倒数第 2 段、第 6 页第 3 段和第 13 页最后一段。

为此，合议组核实了说明书的相应段落，其内容如下：“更可取的是每两个月，优选地每三个月对狗和猫按照本发明进行处理”（参见说明书第 5 页倒数第 2 段），“在实施本发明的另一种方式中，

化合物（A）和化合物（B）的使用可随时间而不同，还可分开使用。这样，更可取的是以一定的间隔交替使用，例如两次使用间隔为一个月，第一优选采用化合物（A）”（参见说明书第 6 页第 3 段），“采用实施例 1 和 2 的组合物根据同样的方案处理狗，结果表明，在涂该组合物后两个月具有同样的功效”（参见说明书第 13 页最后一段）。

可见，说明书第 5 页倒数第 2 段并不涉及“至少一个月”的内容；说明书第 6 页第 3 段描述了化合物（A）和化合物（B）的交替给药间隔，而没有对其起效时间或对其功效的持续时间作出说明，由此不能直接地、毫无疑义地确定本申请的点滴施用的组合物使猫或狗免受蚤和蜱侵扰的持续时间为至少一个月；说明书第 13 页最后一段仅是对实施例 1 和 2 的组合物（均为 fipronil 与蚊蝇醚的组合）的功效所进行的说明，且功效持续时间为 2 个月，无法由此直接地、毫无疑义地确定本申请化合物（A）与化合物（B）的组合物点滴施用于猫或狗时发挥功效的持续时间为“至少一个月”。综上，合议组不能认可请求人所主张的修改依据。

此外，根据本申请原申请文件的其他内容也无法直接地、毫无疑义地确定“一种使狗或猫在至少一个月期间免受蚤和蜱侵扰的协同的点滴施用的组合物”的修改内容，因此，权利要求 1 的修改不符合专利法第 33 条的规定。

根据上述事实和理由，合议组作出如下审查决定。

三、决定

维持国家知识产权局于 2004 年 10 月 15 日针对第 97190271.2 号发明专利申请作出的驳回决定。

复审请求人对本决定不服的，可以根据专利法第 41 条第 2 款的规定，自收到本决定之日起三个月内向北京市第一中级人民法院起诉。

164

热塑性人造皮革的制法

复审请求审查决定（第18976号）

决　定　号　第18976号
决　定　日　2009年8月20日
发明创造名称　热塑性人造皮革的制法
国际分类号　D06N3/14
复审请求人　王水木
申　请　号　200410015429.4
申　请　日　2004年2月19日
公　开　日　2005年8月24日
合议组组长　张家祥
主　审　员　李亚林
参　审　员　王　静

法律依据　专利法第22条第3款
决定要点

在判断一项发明是否具有创造性时，首先要将该发明与最接近的现有技术进行特征对比，找出二者的区别技术特征，确定发明实际要解决的技术问题，进而考察在现有技术中是否存在将所述区别技术特征引入到所述最接近的现有技术中以解决所述技术问题的启示，如果现有技术存在这样的启示，则该发明不具备创造性。

一、案由

本复审请求案涉及发明名称为“热塑性人造皮革的制法”的第200410015429.4号发明专利申请（下称本申请），申请人为王水木，申请日为2004年2月19日，公开日为2005年8月24日。

2007年10月19日，针对申请人于2006年12月28日提交的权利要求第1~12项，2004年2月19日提交的权利要求第13项、说明书第1~4页、说明书附图第1~6页以及说明书摘要和摘要附图，国家知识产权局以本申请的权利要求1~13不符合专利法第22条第3款的规定为由驳回了本申请。

驳回决定认为：对比文件1（DD298578A7，公开日为1992年3月5日，说明书第2页，图1）公开了一种热塑性人造皮革的制备方法，本申请权利要求1所要求保护的技术方案与对比文件1所公开的技术内容相比，其区别仅在于权利要求1中膜到达织物之前是通过在金属导轮上运行一段距离并被冷却的，而对比文件1是从押出机向下经一段距离到达织物的，通过空气进行冷却的。该区别的作用在于发现了另一种控制膜在织物载体中的渗透深度的方式。对比文件3（US3075864A，公开日为

1963 年 1 月 29 日，参见说明书的第 3 栏第 52~57 行，图 3）公开了一种在聚乙烯膜与基层贴合前，置于冷却压辊（相当于带有冷却系统的金属导轮）上运行圆周的一部分之后，再与基层贴合到一起，使熔融的聚乙烯充分冷却以达到部分渗透到基层的目的，这暗示了在与基层层压之前，热塑性聚合物膜被降温，以达到控制热塑性涂层组分在基层上渗透深度的另外一种方式。所以在对比文件 1 的基础上结合对比文件 3 以获得权利要求 1 所要求保护的技术方案，对本领域技术人员来说是显而易见的，而且所起的作用是相同的，因此权利要求 1 不具备创造性，不符合专利法第 22 条第 3 款的规定。权利要求 2~13 是权利要求 1 的从属权利要求，其附加技术特征均为本领域的常用技术，在权利要求 1 不具备创造性的情况下，权利要求 2~13 也不具备创造性。

驳回决定所针对的权利要求书如下：

“1. 一种热塑性人造皮革的制法，其包括有：

a. 准备膜片原料：是以热塑性聚合材料、着色剂构成的配合料，于混合后，经由押出机制出膜片；

b. 成膜：将前述膜片导至压延机的金属导轮上，配合该金属导轮持续转动一转动行程，而输送至与转轮接点处，藉由该金属导轮中介的转动行程设定，使膜片会呈厚度均匀分布、及稍降温，同时以金属导轮的冷却系统对该膜片降温而控制在所需的温度；

c. 贴合：将降温膜片贴合于相接转轮的基布上，该贴合方式是以膜片压着基布，使两者结合成人造皮革。

2. 如权利要求 1 所述热塑性人造皮革的制法，其特征在于：其于 a. 准备膜片原料制程中添加有发泡剂。

3. 如权利要求 1 所述热塑性人造皮革的制法，其特征在于：其所制造的人造皮革具有多孔性材质。

4. 如权利要求 1 所述热塑性人造皮革的制法，其特征在于：其 b. 成膜程序是将膜片导至压延机的金属导轮上，该导入位置是控制在 1-89 度转动行程范围内。

5. 如权利要求 1 所述热塑性人造皮革的制法，其特征在于：其冷却系统是籍由金属导轮轴心输入冷却水而达到定温控制膜片温度。

6. 如权利要求 1 所述热塑性人造皮革的制法，其特征在于：其在 c. 贴合程序后进行 d. 表面处理程序。

7. 如权利要求 1 所述热塑性人造皮革的制法，其特征在于：其金属导轮以转速数值控制设定膜片的温度。

8. 如权利要求 1 所述热塑性人造皮革的制法，其特征在于：其热塑性聚合材料是以塑性聚氨酯弹性体树脂（TPU）、二苯乙烯-丁烯橡胶（SBR）构成。

9. 如权利要求 1 所述热塑性人造皮革的制法，其特征在于：其热塑性聚合材料是以塑性聚氨酯弹性体树脂（TPU）、苯乙烯（SEBS）构成。

10. 如权利要求 1 所述热塑性人造皮革的制法，其特征在于：其热塑性聚合材料是以塑性聚氨酯弹性体树脂（TPU）、热可塑性橡胶（TPR）构成。

11. 如权利要求 1 所述热塑性人造皮革的制法，其特征在于：其热塑性聚合材料是以塑性聚氨酯弹性体树脂（TPU）、人造橡胶（EPDM）构成。

12. 如权利要求 1 所述热塑性人造皮革的制法，其特征在于：其是同一水平面设置的金属导轮、转轮进行垂直贴合作业。

13. 如权利要求 1 所述热塑性人造皮革的制法，其特征在于：其是以非同一水平面设置的金属导轮、转轮进行非垂直贴合作业。”

2008 年 1 月 18 日，申请人王水木（下称请求人）对上述驳回决定不服，向专利复审委员会提出复审请求，但未对申请文件进行修改。请求人认为，首先对比文件 3 公开的是纸质复合材料，与本申请分属不同技术领域，不能结合对比文件 1 作为评价本申请创造性的证据。其次，对比文件 3 的冷却辊是为了产生最小的黏着效果，其必须配合黏贴材料，不能揭示膜片在无黏着剂下控制渗透的结合布层技术。此外，对比文件 3 没有揭示本申请导轮延时设定降温、金属导轮籍由金属接触散热、以及籍水冷直接进行相乘的快速热交换技术，而无法实现本申请的技术效果，故即使结合对比文件 3 与对比文件 1 也不能轻易得到本申请权利要求的技术方案，因此，权利要求 1 具备创造性，符合专利法第 22 条第 3 款的规定。在权利要求 1 具备创造性的基础上，其从属权利要求 2~13 也具备创造性。

经形式审查合格后，专利复审委员会受理了该请求，并于 2008 年 3 月 11 日向请求人发出了《复审请求受理通知书》，同时将本申请转送至国家知识产权局原审查部门进行前置审查。

在《前置审查意见书》中，国家知识产权局原审查部门坚持驳回决定。

专利复审委员会组成合议组，对本复审请求案进行了审理。

2009 年 5 月 6 日，合议组向请求人发出《复审通知书》，指出，权利要求 1~13 相对于对比文件 1 和对比文件 3 的结合均不符合专利法第 22 条第 3 款的规定。同时，指出请求人在提出复审请求时的主张均不成立，理由如下：（1）两份现有技术能否结合评价一项发明的创造性，判断的依据不在于二者是否属于相同的技术领域，而在于现有技术中是否给出将一现有技术中的技术特征应用到另一现有技术以解决其存在的技术问题的启示，就本案而言，现有技术中存在这样的启示，对比文件 3 可以与对比文件 1 结合。（2）对比文件 3 使用冷却压辊所实际产生的技术效果在于高效率地冷却聚乙烯，本领域技术人员自然会将实现该效果的技术手段应用于对比文件 1 的方法中。（3）本申请权利要求 1 中并没有对其冷却方式进行任何限定，请求人所述的冷却方式不同没有依据，此外，即使请求人将从属权利要求中的冷却方式限定到权利要求 1 中，也不能使权利要求 1 具备创造性。

2009 年 6 月 19 日，请求人提交了意见陈述书和权利要求书全文修改替换页，请求人对权利要求 1 进行了修改，同时删除了权利要求 6 和 7，修改后的权利要求书如下：

“1. 一种热塑性人造皮革的制法，其包括有：

a. 准备膜片原料：是以热塑性聚合材料、着色剂构成的配合料，于混合后，经由押出机制出膜片；

b. 成膜：将前述膜片导至压延机的金属导轮上，配合该金属导轮持续转动一转动行程，而输送至与转轮接点处，藉由控制该押出机于金属导轮上方的水平移动距离以控制膜片于该金属导轮上的转动行程，同时以金属导轮的冷却系统及转速数值的控制将该膜片降温并控制在所需的温度，及使膜片的厚度均匀公布，该冷却系统是由金属导轮的轴心输入冷却水来达到将膜片降温的目的；

c. 贴合：将降温膜片贴合于相接转轮的基布上，该贴合方式是以膜片压着基布，使两者结合成人造皮革。

2. 如权利要求 1 所述热塑性人造皮革的制法，其特征在于：其于 a. 准备膜片原料制程中添加有发泡剂。

3. 如权利要求 1 所述热塑性人造皮革的制法，其特征在于：其所制造的人造皮革具有多孔性材质。

4. 如权利要求 1 所述热塑性人造皮革的制法，其特征在于：其 b. 成膜程序是将膜片导至压延机的金属导轮上，该导入位置是控制在 1~89 度转动行程范围内。

5. 如权利要求 1 所述热塑性人造皮革的制法，其特征在于：其在 c. 贴合程序后进行 d. 表面处理程序。

6. 如权利要求1所述热塑性人造皮革的制法，其特征在于：其热塑性聚合材料是以塑性聚氨酯弹性体树脂（TPU）、二苯乙烯-丁烯橡胶（SBR）构成。

7. 如权利要求1所述热塑性人造皮革的制法，其特征在于：其热塑性聚合材料是以塑性聚氨酯弹性体树脂（TPU）、苯乙烯（SEBS）构成。

8. 如权利要求1所述热塑性人造皮革的制法，其特征在于：其热塑性聚合材料是以塑性聚氨酯弹性体树脂（TPU）、热可塑性橡胶（TPR）构成。

9. 如权利要求1所述热塑性人造皮革的制法，其特征在于：其热塑性聚合材料是以塑性聚氨酯弹性体树脂（TPU）、人造橡胶（EPDM）构成。

10. 如权利要求1所述热塑性人造皮革的制法，其特征在于：其是同一水平面设置的金属导轮、转轮进行垂直贴合作业。

11. 如权利要求1所述热塑性人造皮革的制法，其特征在于：其是以非同一水平面设置的金属导轮、转轮进行非垂直贴合作业。”

请求人认为，对比文件3没有明确描述其冷却压辊的结构，因此其能否达到本申请“该冷却系统由金属导轮的轴心输入冷却水，可使由内而外透过金属导轮降温的结构而使金属导轮的表面温度较为平均，而且不易受到工作环境温度变化的影响，进而可使膜片能整面均匀的降温，使其能获得均匀厚度的膜片”的效果是受到质疑的，而且，冷却压辊只能对膜片进行粗略的降温，而对于本申请“利用控制该押出机于金属导轮上方的水平移动距离以及控制该金属导轮的转速数值，以进一步借由控制该膜片与该金属导轮的接触时间，来达到微调膜片温度的效果”的方法，则未曾见于对比文件1和3中，故修改后的权利要求1具有创造性，符合专利法第22条第3款的规定。在权利要求1具有创造性的基础上，权利要求2~11亦具有创造性。

经合议，合议组认为本案事实清楚，可以作出审查决定。

二、决定的理由

1. 关于文本

本复审请求审查决定针对的文本是：请求人于2009年6月19日提交的权利要求第1~11项，2004年2月19日提交的说明书第1~4页、说明书附图第1~6页以及说明书摘要和摘要附图。

2. 关于专利法第22条第3款

专利法第22条第3款规定：创造性，是指同申请日以前已有的技术相比，该发明有突出的实质性特点和显著的进步。

在判断一项发明是否具有创造性时，首先要将该发明与最接近的现有技术进行特征对比，找出二者的区别技术特征，确定发明实际要解决的技术问题，进而考察在现有技术中是否存在将所述区别技术特征引入到所述最接近的现有技术中以解决所述技术问题的启示，如果现有技术存在这样的启示，则该发明不具备创造性。

（1）本申请权利要求1要求保护一种热塑性人造皮革的制法（详见案由）。

对比文件1公开了一种热塑性人造皮革的制备方法，并具体公开了a：由压出机3将热塑性材料制成膜4；b：将制成的膜4传送到织物载体6上，到达织物载体6之前的区域膜4被降温，但没有降到失去热塑性的程度；c：通过织物传递辊2和压层辊5的压合作用，将织物载体6与膜4贴合，形成人造皮革；其中膜在织物载体中的渗透深度在10%~80%之间（参见说明书第2页和图1）。

将权利要求1要求保护的技术方案与对比文件1公开的内容进行对比，二者的区别在于对热塑性材料膜片的冷却方式不同，对比文件1是从压出机向下经一段距离到达织物通过空气进行冷却，而权利要求 1 的膜片在金属导轮上运行一段距离并通过金属导轮内的冷却系统进行冷却，具体方式为：通过控制膜片在金属导轮上的转动行程、金属导轮的转速以及由金属导轮的轴心输入的冷却水从而使得膜片降温。

带冷却系统的金属导轮显然较空气具有更好的冷却效率，据上述区别技术特征可以看出，本申请相对于对比文件 1 实际解决的技术问题在于提高对热塑性材料膜片的冷却效率。

合议组注意到，本申请说明书“背景技术”部分提到热塑性材料膜片高温压合于基布时会导致人工皮革较硬、具有流动波纹等缺点。需要指出的是，对比文件 1 明确记载了其热塑性材料膜片在与织物压合前被降温至没有失去热塑性的程度的内容，可见，对比文件 1 中的热塑性材料膜片并非以高温状态与织物进行压合，本申请说明书中所述的上述缺点在对比文件 1 的技术方案中并不存在。

由此，判断本申请是否具有创造性的焦点在于：现有技术中是否存在使用带冷却系统的金属导轮替代空气冷却的技术启示？

如前文所述，对比文件 1 记载了其热塑性材料膜片在与织物压合前被降温至没有失去热塑性的程度的内容，可见，对比文件 1 给出了对热塑性材料膜片进行降温的技术启示，本领域技术人员在实施对比文件 1 的方法时，如果发现存在热塑性材料膜片温度过高而导致其流动性过大、从而造成流动波纹的情况，显然会寻求提高对热塑性材料膜片的冷却效率的技术手段。

对比文件 3 公开了一种将热塑性材料——聚乙烯膜压合于基材网上的方法，其中，热融的聚乙烯从标准的膜挤出装置中被挤出，置于冷却压辊（原文为“chilled roll”，即，被冷却的压辊）上运行圆周的一部分之后，再与基材网压合到一起。对比文件 3 接着描述了将聚乙烯膜施加于冷却压辊表面的效果在于使聚乙烯膜被运送至基材网之前部分固化。可见，对比文件 3 公开了使用冷却压辊冷却热塑性材料的技术内容。对比文件 3 为压制包装纸的方法，其将不同性能的片层压制在一起，而本申请的方法也是将不同性能的片层压制在一起，二者属于相近的技术领域。当本领域技术人员在面对提高冷却效率的技术问题时，自然会在相同或相近的技术领域中寻找类似的技术手段，因而，将对比文件 3 中用冷却压辊进行冷却的手段替代对比文件 1 中空气冷却的手段是无需付出创造性劳动的。尽管对比文件 3 中没有明确描述其冷却压辊的冷却系统，但显然可知，该冷却压辊具有较高的冷却效率。此外，本申请权利要求 1 中虽然对其冷却系统冷却膜片的具体方式进行了描述——通过控制膜片在金属导轮上的转动行程、金属导轮的转速以及由金属导轮的轴心输入的冷却水从而使得膜片降温，但是，水是本领域最常用的冷却介质，而且通过控制转轮的转动行程和转速从而控制膜在辊上的冷却时间以控制冷却温度也是常规的技术，可见，权利要求 1 中冷却系统的构成以及所采用的技术手段为本领域的常规选择，其所产生的技术效果与对比文件 3 中的冷却压辊相似，此外，在本申请说明书中也未提供任何确切的证据表明其冷却系统产生了何种意想不到的技术效果。

综上，现有技术已经公开了在制造人造皮革中通过空气冷却热塑性材料膜片的方法，而且，现有技术已知使用冷却压辊冷却热塑性膜片的方法且该方法较空气冷却具有更高的效率，本领域技术人员在解决提高冷却效率的问题的时候，显然会将上述两现有技术结合，并根据其所具有的普通技术知识和常规实验能力对冷却压辊进行适当改造，因此，本申请权利要求 1 相对于对比文件 1 和 3 的结合不具备创造性，不符合专利法第 22 条第 3 款的规定。

请求人认为，本申请权利要求 1 的制法因冷却系统的不同而具有如下效果：“该冷却系统由金属导轮的轴心输入冷却水，可使由内而外透过金属导轮降温的结构而使金属导轮的表面温度较为平均，而且不易受到工作环境温度变化的影响，进而可使膜片能整面均匀的降温，使其能获得均匀厚度的膜片”，此外，对比文件 3 利用冷却压辊只能对膜片进行粗略的降温，而本申请的方法“利用控制该押出机于金属导轮上方的水平移动距离以及控制该金属导轮的转速数值，以进一步借由控制该膜片与该金属导轮的接触时间，来达到微调膜片温度的效果”，而这些效果未曾见于对比文件 1 和 3 中，故修改后的权利要求 1 具有创造性。

对此，合议组认为：首先，请求人所述的效果并没有记载在申请文件中，其次，“金属导轮的表面温度较为平均”、“不易受到工作环境温度变化的影响” 等效果是冷却压辊自身具有的功能，通过控制转轮的转动行程和转速从而控制膜在辊上的冷却时间以控制冷却温度是常规的技术，由此所产生的技术效果均是本领域技术人员可以预期的，无法使本申请具备创造性。

（2）权利要求 2 和 3 是权利要求 1 的从属权利要求，对权利要求 1 的膜片原料作了进一步限定。虽然对比文件 1 和 3 没有公开在膜片中加入发泡剂以制成多孔性的人造皮革，但在涂层法制造人造皮革领域内通过在涂层内加入发泡剂使制成品呈多孔状是常用的技术。在其引用的权利要求 1 不具备创造性的情况下，权利要求 2~3 也不具备专利法第 22 条第 3 款规定的创造性。

（3）权利要求 4~5 是权利要求 1 的从属权利要求，对权利要求 1 的步骤作了进一步限定。对比文件 3（图 3）公开了在权利要求 4 所限定角度范围内的角度，而且，对层压后的人造皮革进行表面处理也属于本领域常用的技术，在其引用的权利要求 1 不具备创造性的情况下，上述权利要求也不具备专利法第 22 条第 3 款规定的创造性。

（4）权利要求 6~9 是权利要求 1 的从属权利要求，对权利要求 1 中的聚合材料作了具体限定。虽然对比文件 1 和 3 公开的是 PVC 聚氯乙烯、聚乙烯不同的热塑性聚合材料，但在对比文件 1 和 3 公开方法的基础上，本领域技术人员根据需要选择其他的热塑性聚合材料应用于该方法中是无需付出创造性劳动的，在其引用的权利要求 1 不具备创造性的情况下，上述权利要求也不具备专利法第 22 条第 3 款规定的创造性。

（5）权利要求 10 和 11 是权利要求 1 的从属权利要求，是对权利要求 1 贴合方式的具体限定。对比文件 3（图 3）公开了同样的水平面设置的导轮、转轮相同的垂直方向的贴合方式，虽然未公开非同一水平面的层压辊、导布辊进行非垂直贴合的方式，但这在本领域实际操作中是很容易想到的，所起的作用也是相同的，在其引用的权利要求 1 不具备创造性的情况下，权利要求 10~11 也不具备专利法第 22 条第 3 款规定的创造性。

根据上述事实和理由，合议组作出如下审查决定。

三、决定

维持国家知识产权局于 2007 年 10 月 19 日针对第 200410015429.4 号发明专利申请作出的驳回决定。

复审请求人对本决定不服的，可以根据专利法第 41 条第 2 款的规定，自收到本决定之日起三个月内向北京市第一中级人民法院起诉。

165

基于取代的芳基磺酰基氨基羰基三唑啉酮类化合物和安全剂的选择性除草剂

复审请求审查决定（第18984号）

决 定 号 第18984号
决 定 日 2009年9月21日
发明创造名称 基于取代的芳基磺酰基氨基羰基三唑啉酮类化合物和安全剂的选择性除草剂
国 际 分 类 号 C07C311/51，C07D307/66，A01N41/06，A01N43/653，C07D249/08
复 审 请 求 人 拜尔农作物科学股份公司
申 请 号 02821699.7
优 先 权 日 2001年9月3日
申 请 日 2002年8月21日
公 开 日 2005年2月9日
合 议 组 组 长 吴红权
主 审 员 李亚林
参 审 员 黄 强

法 律 依 据 专利法第22条第3款
决 定 要 点

在判断一项权利要求是否具有创造性时，首先，应当确定与该权利要求所述技术方案最接近的现有技术，继而，对该权利要求的技术方案和最接近的现有技术进行特征分析，找出区别技术特征；分析确定本申请实际解决的技术问题，并判断现有技术中是否存在将所述区别技术特征引入所述最接近的现有技术的启示，如果所述区别技术特征是本领域的技术人员根据现有技术的教导而容易引入的，且其引入没有产生预料不到的技术效果，则该权利要求所保护的技术方案不具备创造性。

一、案由

本复审请求案涉及发明名称为“基于取代的芳基磺酰基氨基羰基三唑啉酮类化合物和安全剂的选择性除草剂”的第02821699.7号发明专利申请（下称本申请），其申请人为拜尔农作物科学股份公司，优先权日为2001年9月3日，申请日为2002年8月21日，公开日为2005年2月9日。

国家知识产权局原审查部门对本申请进行了实质审查，先后发出三次审查意见通知书，指出本申请全部权利要求相对于对比文件1（US6162762A，公开日为2000年12月19日）和对比文件3（CN1219840A，公开日为1999年6月16日）的结合以及对比文件2（WO0115533A，公开日为2001年3月8日）和对比文件3的结合不符合专利法第22条第3款的规定，以及若干权利要求不符合专利法第 26 条第 4 款和专利法实施细则第 20 条第 1 款的规定。

2007 年 4 月 27 日，针对申请人于 2007 年 3 月 15 日提交的权利要求第 1~7 项、进入中国国家阶段时提交的国际申请文件中文文本的说明书第 1~47 页以及说明书摘要，国家知识产权局以本申请权利要求 1 不符合专利法第 26 条第 4 款的规定为由驳回了本申请。

驳回决定认为权利要求 1 请求保护一种含有通式（Ⅰ）除草剂和通式（Ⅱ）安全剂的组合物，通式（Ⅱ）定义中包括了 IIa 和 IIb 的众多化合物，但本申请说明书中仅具体公开了由 2-甲氧基-N-［4-（2-甲氧基苯甲酰基氨基磺酰基）苯基］乙酰胺（即式 IIa-101）所代表的通式（Ⅱ）的具体化合物，所属技术领域的技术人员难以预见权利要求 1 通式（Ⅱ）中 IIb 类结构的化合物以及除本申请实施例之外的所有 IIa 类化合物都能够达到本发明的目的，因此，权利要求 1 得不到说明书的支持。

驳回决定所针对的权利要求 1 如下：

“1. 组合物，其特征在于它们包含有效量的活性化合物组合，所述组合包含

（a）一种或多种下列化合物丙氧基卡巴腙（I-1）、丙氧基卡巴腙-钠（I-1-Na 盐）、氟卡巴腙（I-2）和氟卡巴腙-钠（I-2-Na 盐），

组 1 活性化合物；

和

（b）至少一种能提高作物相容性的化合物，所述化合物选自下列通式（IIa）化合物或通式（IIb）化合物作为安全剂

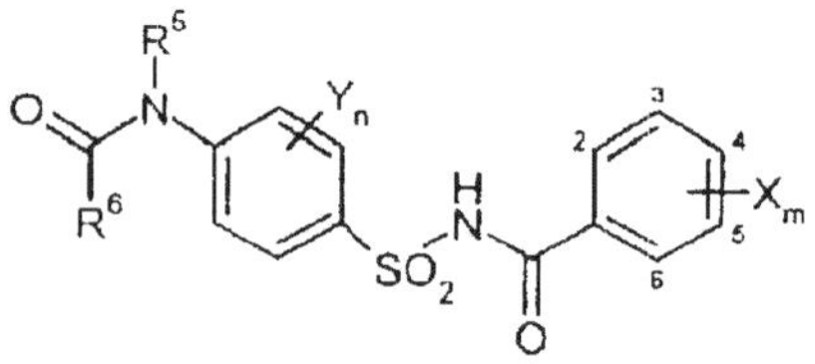

(IIa)

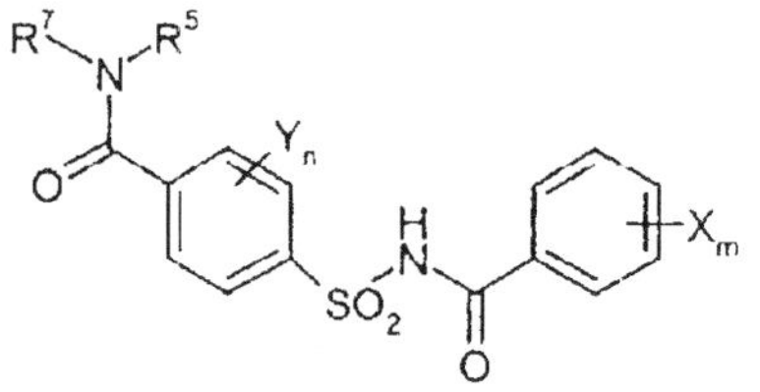

(IIb)

，

组 2 的活性化合物。

权利要求 1 中通过列表方式描述了数百个具有通式（IIa）或通式（IIb）结构的具体化合物。

2007 年 8 月 7 日，申请人拜尔农作物科学股份公司（下称请求人）不服驳回决定，向专利复审委员会提出复审请求并提交了权利要求书全文替换页，相对于驳回决定所针对的权利要求书，请求人删除了权利要求 1 中具有通式（IIb）结构的具体化合物。

请求人认为，经过上述修改，本申请权利要求 1 符合专利法第 26 条第 4 款的规定。

经形式审查合格后，专利复审委员会受理了该请求，并于 2007 年 8 月 30 日向请求人发出了《复审请求受理通知书》，同时将本申请转送至国家知识产权局原审查部门进行前置审查。

在《前置审查意见书》中，国家知识产权局原审查部门认为，通式（IIa）化合物对于 R6 取代基的定义可归纳为烷基、环烷基、烷氧基烷基、卤代烷基、烷氧基和烷硫基等类型，而说明书中唯一具体公开的 IIa-101 属于其中 R^6 为烷氧基烷基的情形，本领域技术人员难以预见除 IIa-101 一类之外所有 IIa 化合物都能够达到本发明的目的，因此，权利要求 1 仍不符合专利法第 26 条第 4 款的规定，故坚持驳回决定。

专利复审委员会组成合议组，对本复审请求案进行审理。

2008年6月24日，合议组发出《复审通知书》，指出，本申请权利要求1~7相对于对比文件1和对比文件3的结合或者对比文件2和对比文件3的结合不符合专利法第22条第3款有关创造性的规定。

2008年10月8日，请求人提交了意见陈述书和权利要求书的全文修改替换页，将权利要求书修改为驳回决定所针对的权利要求书，即在权利要求1中增加了提出复审请求时所删除的具有通式（IIb）结构的具体化合物。请求人同时提交了在有和没有Cyprosulfamide的情况下丙氧基卡巴腙对玉米的芽后损害的对比实验数据。请求人认为本申请权利要求1具备创造性，理由为：（1）对比文件1和对比文件2中安全剂含有脲-基团，结构不同于本申请的安全剂。（2）对比文件3所述的磺酰胺除草剂包含大量的化合物，本领域普通技术人员将不得不花费大量的劳动以便在成千上万个化合物中最终选择氟卡巴腙或丙氧基卡巴腙。（3）对比文件1、2和3中均没有公开式（IIb）的安全剂，所提交的对比实验数据证明cyprosulfamide（即，本申请的化合物IIb-82）与丙氧基卡巴腙相结合在玉米中具有不可预期的安全效果。

2009年5月7日，合议组第二次发出《复审通知书》，指出，请求人于2008年10月8日提交了权利要求书的全文修改替换页，相对于复审请求所提交的文本，其修改在于在权利要求1中通过增加通式（IIb）结构的表格化合物从而增加了一类并列选择的技术方案，这样的修改不是为了消除《复审通知书》所指出的权利要求1不符合专利法第22条第3款规定的缺陷，故请求人对权利要求1的修改不符合专利法实施细则第60条第1款的规定，该文本不予接受。

2009年6月24日，专利复审委员会收到请求人提交的意见陈述书，请求人没有对申请文件进行修改。请求人同时提交了证明丙氧基卡巴腙与cyprosulfamide（即，本申请的化合物IIb-82）的组合具有不可预期的增效作用的附件1~2及其中文译文。

经合议，合议组认为本案事实清楚，可以作出审查决定。

二、决定的理由

1. 关于审查文本

请求人在复审程序中分别于2007年8月7日和2008年10月8日提交了权利要求书的全文修改替换页，其中，如第二次《复审通知书》中所指出的，2008年10月8日提交的权利要求书不符合专利法实施细则第60条第1款的规定，该文本不为专利复审委员会所接受。故，本复审请求审查决定针对的文本是请求人于2007年8月7日提交的权利要求第1~7项、进入中国国家阶段时提交的国际申请文件中文文本的说明书第1~47页以及说明书摘要。

2. 关于专利法第22条第3款

专利法第22条第3款规定创造性，是指同申请日以前已有的技术相比，该发明有突出的实质性特点和显著的进步。

在判断一项权利要求是否具有创造性时，首先，应当确定与该权利要求所述技术方案最接近的现有技术，继而，对该权利要求的技术方案和最接近的现有技术进行特征分析，找出区别技术特征；分析确定本申请实际要解决的技术问题，并判断现有技术中是否存在将所述区别技术特征引入所述最接近的现有技术的启示，如果所述区别技术特征是本领域的技术人员根据现有技术的教导而容易引入的，且其引入没有产生预料不到的技术效果，则该权利要求所保护的技术方案不具备创造性。

权利要求1要求保护一种含有除草剂和安全剂的组合物，其中除草剂选自丙氧基卡巴腙、丙氧基卡巴腙-钠、氟卡巴腙和氟卡巴腙-钠中的一种或多种，其中安全剂选自下式IIa的化合物

对比文件1（US6162762A，公开日为2000年12月19日）说明书第22栏表B3和第24栏表B7公开了含有氟卡巴腙和编号为4.001的安全剂的组合物的选择作用，据表B3和表B7可见，含有安全

剂的组合物降低了氟卡巴腙对于作物的损害。

将权利要求 1 的技术方案与对比文件 1 公开的内容相比，其区别仅在于安全剂的结构不同，具体而言，本申请的安全剂与对比文件 1 的安全剂的 R^6 基团不同本申请安全剂的 R^6 基团为烷基、环烷基、烷氧基烷基、卤代烷基、烷氧基和烷硫基，而对比文件 1 中相应的 R^6 基团则为甲胺基。

下表列出了本申请实施例中具体公开的与丙氧基卡巴腙-钠或氟卡巴腙-钠相组合的式 IIa 安全剂以及对比文件 1 中的安全剂的结构

本申请权利要求 1 中的式 IIa 化合物	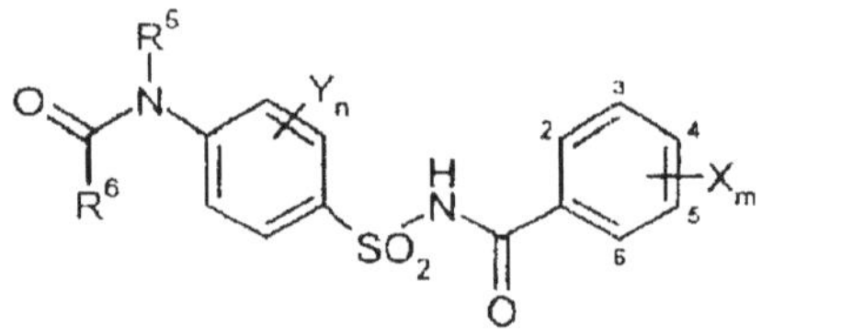 (IIa)
本申请实施例中的安全剂（IIa-101）	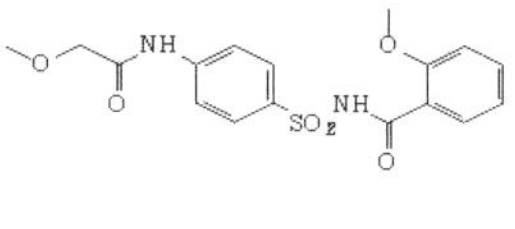
对比文件 1 中的安全剂（4.001 号）	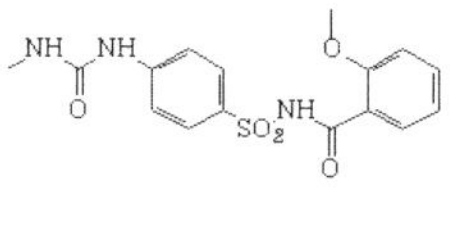

本申请实际解决的技术问题是对已知组合物中的安全剂进行替换，从而提供选择性相当或者更好的除草组合物。本申请说明书记载的技术效果也与该技术问题相符："在大量已知的能拮抗除草剂对作物破坏作用的安全剂或解毒剂中，特别是上面所列的式（II）化合物几乎完全抵消了取代的芳基磺酰基氨基羰基三唑啉酮类化合物对作物的破坏作用"（参见说明书第 43 页第 8~11 行）。说明书还给出了活性实验结果证明其组合物解决了上述技术问题并实现技术效果，实施例表明：IIa-101 与氟卡巴腙-钠联用后，使得氟卡巴腙-钠对于大麦的毒性由 40% 降低至 20%。

对比文件 3（CN1219840A，公开日为 1999 年 6 月 16 日）公开了与本申请式 II（a）结构相同的 N-酰基氨磺酰类除草剂安全剂，指出其安全剂可以与一种或多种除草剂构成组合物，并可将除草剂损害减少 30%~100%。

对比文件 3 第 1 页倒数第 3 段介绍了现有技术比如 EP365484A 中已知的 N-酰基氨磺酰-苯基脲类安全剂，接着记载了："近期的实验工作令人完全意外地表明，N-（酰基氨磺酰苯基）脂胺类化合物突出地适合用于显著减轻或完全避免农药的药害副作用"，并在第 41 页第 15~19 行记载了 N-（酰基氨磺酰苯基）脂胺类安全剂使得除草剂损害减少 30%~100%。根据对比文件 3 中记载的上述内容，可见，对比文件 3 基于已知的安全剂尤其是可与各类除草剂组合的 N-酰基氨磺酰-苯基脲类安全剂，提供了一种可与多类除草剂组合的 N-（酰基氨磺酰苯基）脂胺类安全剂，该安全剂的效果更加优越，可使得除草剂损害减少 30%~100%。在此情况下，本领域技术人员自然会想到将对比文件 3 中的 N-（酰基氨磺酰苯基）脂胺类安全剂用于已知的除草组合物中，而对比文件 1 中公开的除草组合物中所用的 4.001 号安全剂正是 N-酰基氨磺酰-苯基脲类安全剂，本领域技术人员可以合理地预期，使用 N-（酰基氨磺酰苯基）脂胺类安全剂替换对比文件 1 中的 N-酰基氨磺酰-苯基脲类安全剂后，除草剂的选择性应将得以改善。

从另一方面看，对比文件 3 中例举了其安全剂可与之相组合的大量除草剂：如磺酰脲类、咪唑啉酮类、（杂）芳氧苯氧基烷烃羧酸衍生物类、环己二酮类、苯甲酰环己二酮类、三唑嘧啶磺酰胺类、嘧啶基氧嘧啶羧酸和-苯甲酸衍生物类以及 S-（N-芳基-N-烷基氨基甲酰甲基）-二硫代磷酸酯类，并在活性实施例中具体例举了若干磺酰脲类除草剂。在农药领域，氟卡巴腙-钠（即，氟酮磺隆）作为乙酰乳酸合成酶抑制剂主要用于防除禾本科杂草和一些阔叶杂草，其被归属为磺酰脲类除草剂。在对比文件 3 中明确教导了 N-（酰基氨磺酰苯基）脂胺类安全剂与磺酰脲类除草剂的组合物的情况，选择作为其下位概念的某一具体的磺酰脲类除草剂与 N-（酰基氨磺酰苯基）脂胺类安全剂形成组合物是显而易见的。

综上所述，对比文件 3 中给出了其 N-（酰基氨磺酰苯基）脂胺类安全剂可以与氟卡巴腙等除草剂相组合的教导。

因此，权利要求 1 相对于对比文件 1 和对比文件 3 的结合不具备突出的实质性特点和显著的进步，不符合专利法第 22 条第 3 款关于创造性的规定。

对比文件 2 中公开了丙氧基卡巴腙和表 4 中编号为 4.001 的安全剂（与对比文件 1 中的 4.001 号安全剂相同）的组合物，基于前述同样的理由，在对比文件 3 教导了 N-（酰基氨磺酰苯基）脂胺类安全剂可以替换对比文件 2 中的 4.001 号安全剂且将取得更好效果的情况下，丙氧基卡巴腙与式 IIa 化合物的组合物也是显而易见的。

因此，权利要求 1 相对于对比文件 2 和对比文件 3 的结合也不具备突出的实质性特点和显著的进步，不符合专利法第 22 条第 3 款关于创造性的规定。

请求人认为本申请权利要求具备创造性的理由归纳如下：（1）对比文件 1 和对比文件 2 中安全剂是具有连接于苯环上的脲部分的 N-酰化的苯磺酰胺，而本申请的式 II 安全剂则具有甲酰胺基或 N-酰化的氨基的苯磺酰胺类化合物，对比文件 1 或对比文件 2 没有教导这一关键结构上的区别。（2）对比文件 3 中没有提及其安全剂可以与氟卡巴腙或丙氧基卡巴腙等除草剂配伍，且对比文件 3 所述的磺酰胺除草剂包含大量的化合物，本领域普通技术人员将不得不花费大量的劳动以便在成千上万个化合物中最终选择氟卡巴腙或丙氧基卡巴腙。（3）本申请的表 2 显示 IIa-101 使得氟卡巴腙-钠的损害从 40% 降低到 20%，该效果较对比文件 1（由 40% 降低到 30%）更为显著。（4）有证据表明丙氧基卡巴腙与 cyprosulfamide（即本申请的化合物 IIb-82）的组合具有不可预期的安全效果和增效作用。

对此合议组认为：（1）本申请权利要求 1 中的式 IIa 化合物为现有技术中用作除草安全剂的已知化合物，如前所述，为了得到安全性更好的除草剂和安全剂的组合物，本领域技术人员自然会想到使用式 IIa 化合物替换对比文件 1 中结构相似的安全剂。（2）对比文件 3 中虽没有提及其安全剂与氟卡巴腙或丙氧基卡巴腙等除草剂配伍的方案，但如前所述，对比文件 3 已给出了其 N-（酰基氨磺酰苯基）脂胺类安全剂可以与磺酰胺类除草剂（氟卡巴腙或丙氧基卡巴腙的上位概念）相组合的教导。而且，对比文件 3 教导了 N-（酰基氨磺酰苯基）脂胺类安全剂较对比文件 1 和 2 中的 N-酰基氨磺酰-苯基脲类安全剂具有更加优越的效果，在此教导下，本领域技术人员会有动机将对比文件 1 或 2 的组合物中的安全剂替代为 N-（酰基氨磺酰苯基）脂胺类以获得效果更好的除草组合物。（3）对比文件 3 教导了其 N-（酰基氨磺酰苯基）脂胺类安全剂是对于已知的 N-酰基氨磺酰-苯基脲类等安全剂的改进，且记载了与磺酰胺类除草剂组合时，可使得除草剂损害减少 30%～100%，结合对比文件 1 可见现有技术教导了式 IIa 化合物与氟卡巴腙的除草组合物将具有更好的效果，本申请所述的效果是本领域技术人员可以合理预期的。（4）由于请求人所提供的 IIb82 与丙氧基卡巴腙的组合物不在权利要求 1 请求保护的范围内，其无法用以证明权利要求 1 的技术方案具有不可预期的技术效果。因此，对于请求人的主张，合议组均不予以支持。

综上，权利要求 1 相对于对比文件 1 和对比文件 3 的结合或者对比文件 2 和对比文件 3 的结合不符合专利法第 22 条第 3 款有关创造性的规定。

权利要求 2~4 是权利要求 1 的从属权利要求，分别对于权利要求 1 中的除草剂以及式 IIa 化合物做了进一步的限定，但这些附加技术特征在对比文件 1 和对比文件 3 或者对比文件 2 和对比文件 3 中均已公开了，在权利要求 1 相对于对比文件 1 和对比文件 3 或者对比文件 2 和对比文件 3 不具备创造性的情况下，权利要求 2~4 也不符合专利法第 22 条第 3 款有关创造性的规定。

权利要求 5 要求保护权利要求 1~4 任一项的组合物在防治不需要的植物中的应用，权利要求 6 要求保护防治不需要的植物方法，权利要求 7 要求保护制备除草组合物的方法。对比文件 1 和对比文件 2 中均公开了其组合物在除草方面的应用，施用方法以及将组合物与增量剂等混合得到除草组合物的方法，在权利要求 1~4 的组合物相对于对比文件 1 和对比文件 3 或者对比文件 2 和对比文件 3 不具备创造性的情况下，本申请权利要求 5~7 要求保护的应用或方法也不具备突出的实质性特点和显著的进步，不符合专利法第 22 条第 3 款有关创造性的规定。

根据上述事实和理由，合议组作出如下审查决定。

三、决定

维持国家知识产权局于 2007 年 4 月 27 日针对第 02821699.7 号发明专利申请作出的驳回决定。

复审请求人对本决定不服的，可以根据专利法第 41 条第 2 款的规定，自收到本决定之日起三个月内向北京市第一中级人民法院起诉。

166

一种植物抗病毒营养液

复审请求审查决定（第18999号）

决　　定　　号　第18999号
决　　定　　日　2009年9月24日
发明创造名称　一种植物抗病毒营养液
国 际 分 类 号　C05G 3/00，C05C 9/00，C05D 1/02，C05D 9/02
复 审 请 求 人　丁方军
申　　请　　号　200710013316.4
申　　请　　日　2007年2月13日
公　　开　　日　2007年10月10日
合 议 组 组 长　李亚林
主　　审　　员　张家祥
参　　审　　员　王　磊

法 律 依 据　专利法第26条第3款
决 定 要 点

所属技术领域的技术人员能够实现，是指所属技术领域的技术人员按照说明书记载的内容，就能够实现该发明或者实用新型的技术方案，解决其技术问题，并且产生预期的技术效果。

如果说明书中给出了发明的技术手段，但对所属技术领域的技术人员来说，该手段是含糊不清的，根据说明书记载的内容无法具体实施，则该发明由于缺乏解决技术问题的技术手段而无法实现。

一、案由

本复审请求案涉及发明名称为“一种植物抗病毒营养液”的第200710013316.4号发明专利申请（下称本申请），申请人为丁方军，申请日为2007年2月13日，公开日为2007年10月10日。

2008年9月5日，针对申请人于2007年5月29日提交的权利要求第1项、说明书第1~4页，2007年2月13日提交的说明书附图第1页、说明书摘要和摘要附图，国家知识产权局以本申请的说明书不符合专利法第26条第3款的规定为由驳回了本申请。

驳回决定所针对的权利要求书如下：

“1. 一种植物抗病毒营养液，由水溶性植物生长调节剂和螯合型微量元素营养液组成，其特征是水溶性植物生长调节剂含植物生长调节剂激活素0.25份，无水乙醇20份，热水60份，乳化剂20份；螯合型微量元素营养液含五水硫酸铜2.4份，七水硫酸锌14份，七水硫酸亚铁10份，氯化钾56份，浓硝酸2份，螯合剂20份，硼酸8份，104份尿素，热水96份；将以上水溶性植物生长调节剂和螯合型微量元素营养液混合均匀即得本植物抗病毒营养液。”

驳回决定认为：（1）本申请的主题涉及一种植物抗病毒营养液，它的原料成分包括“激活素（SWS）”，虽然说明书中指出激活素（SWS）作为有机溶剂，传统上被单一用作植物生长调节剂来抵抗植物病毒、增加植物抗逆性等，且是合格市售产品，但是说明书中并未提供具体关于激活素（SWS）的商品说明，如生产厂家、商品名称、产品性质等。由于所谓的激活素只是具有激发生物活性功能的物质的总称，其包括众多类别，如淋巴激活素、基因激活素、生发激活素等，而且本发明所述的“激活素（SWS）”又不是本领域常用或公知的原料，因而本领域技术人员根据说明书所公开的内容无法确定和获得原料组分“激活素（SWS）”。故本申请说明书给出的技术手段是含糊不清的，本领域技术人员根据说明书中的记载无法实施该发明。（2）申请人在意见陈述中指出：本申请说明书中的原材料SWS激活素是本行业通用的商品名称的缩称，是本行业的常规产品，有具体的国家标准明确规定其产品性能及指标，因而未在说明书中列出详细的性能及指标，且只要是符合国标的产品均可实现本发明。但是，根据对现有技术的检索及本领域的技术常识，本行业中并不存在申请人所述的“SWS激活素”的商品名称，同时，申请人也未提供任何现有技术文件证明其主张。

2008年10月25日，申请人丁方军（下称请求人）对上述驳回决定不服，向专利复审委员会提出复审请求，同时提交了如下附件：

附件1：三十烷醇产品性质，共1页；

附件2：青岛石喜精细化工有限公司农药乳化剂R401说明书，共1页。

请求人认为，“激活素（SWS）”为三十烷醇，是为技术保密而起的内部名称，其产品性质参见附件1；“乳化剂R401”为购自青岛石喜精细化工有限公司的产品，厂家的产品说明书参见附件2。

经形式审查合格后，专利复审委员会受理了该请求，并于2008年12月29日向请求人发出了《复审请求受理通知书》，同时将本申请转送至国家知识产权局原审查部门进行前置审查。

在《前置审查意见书》中，国家知识产权局原审查部门认为，“激活素（SWS）”为三十烷醇的信息在原申请文件中并未记载，本申请的说明书仍不符合专利法第26条第3款的规定，因此坚持驳回决定。

专利复审委员会组成合议组，对本复审请求案进行了审理，并于2009年7月14日向请求人发出《复审通知书》，指出：（1）权利要求1中的植物生长调节剂激活素在说明书中的相应记载为“激活素（SWS）”，且所述的水溶性植物生长调节剂是通过激活素（SWS）制得的。虽然说明书中指出所用原料均为合格的市售产品，但并未提供关于激活素（SWS）的商品说明。由于激活素（SWS）并不是本领域常用或公知的原料，而且，如请求人在复审理由中所述，代号激活剂（SWS）是为技术保密而起的内部名称，从而导致本领域技术人员在申请日前不能确定和获得该原料组分，更无法制备所述的植物抗病毒营养液。因此，本申请的说明书不符合专利法第26条第3款的规定。（2）附件1没有记载其公开时间，也不能确定其为何种出版物，因此不能视为申请日前公众能够得知的技术内容，故合议组对于该附件不予采信。

2009年8月27日，请求人针对上述《复审通知书》提交了意见陈述书和如下附件（编号续前）：

附件3：淄博乾盛化工有限公司三十烷醇产品简介，共1页。

请求人认为，本申请说明书中的SWS激活素为植物生长调节剂三十烷醇，是本行业常用的产品，厂家众多，在互联网上可搜到多家的产品信息及其使用说明，故在提出复审请求时只提供了三十烷醇的性质而未提供其厂家；本申请所用三十烷醇的供应商之一为山东淄博乾盛化工有限公司，其产品说明书参见附件3。

至此，合议组认为本案事实已经清楚，可以作出审查决定。

二、决定的理由

1. 关于审查文本

由于请求人在复审程序中未修改申请文件，故本复审请求审查决定针对的文本是驳回决定所针对的文本，即：请求人于2007年5月29日提交的权利要求第1项、说明书第1~4页，2007年2月13日提交的说明书附图第1页、说明书摘要和摘要附图。

2. 关于专利法第26条第3款

专利法第26条第3款规定：说明书应当对发明或者实用新型作出清楚、完整的说明，以所属技术领域的技术人员能够实现为准。

所属技术领域的技术人员能够实现，是指所属技术领域的技术人员按照说明书记载的内容，就能够实现该发明或者实用新型的技术方案，解决其技术问题，并且产生预期的技术效果。

如果说明书中给出了发明的技术手段，但对所属技术领域的技术人员来说，该手段是含糊不清的，根据说明书记载的内容无法具体实施，则该发明由于缺乏解决技术问题的技术手段而无法实现。

就本申请而言，权利要求1要求保护一种植物抗病毒营养液，由水溶性植物生长调节剂和螯合型微量元素营养液组成，其特征是水溶性植物生长调节剂含植物生长调节剂激活素0.25份，无水乙醇20份，热水60份，乳化剂20份；螯合型微量元素营养液含五水硫酸铜2.4份，七水硫酸锌14份，七水硫酸亚铁10份，氯化钾56份，浓硝酸2份，螯合剂20份，硼酸8份，104份尿素，热水96份；将以上水溶性植物生长调节剂和螯合型微量元素营养液混合均匀即得本植物抗病毒营养液。

根据说明书的记载，本申请的发明目的是克服现有技术中肥不治病、药不增产的弊端，提供一种将有机的植物生长调节剂加工成水溶剂与微量元素螯合体有机结合的，集增加肥效和抗病毒于一身的水溶性螯合态植物抗病毒营养液。其制备方法为：将激活素（SWS）溶解于无水乙醇中，加水加热至一定温度范围维持一定时间，加入热乳化剂（R401）搅拌制备水溶性植物生长调节剂，再将硫酸铜、硫酸锌、硫酸亚铁、氯化钾依次溶解于热水中，视混合液颜色，使用浓硝酸调整pH值6~7，依次溶解一定量的柠檬酸、硼酸、尿素后，搅拌混匀得到螯合型微量元素营养液，上述原料均为合格市售产品。然后将水溶性植物生长调节剂与螯合型微量元素营养液按照1∶3的比例混合即得本植物抗病毒营养液。该抗病毒营养液可以显著提高作物的营养能力，增加抗病、抗毒能力，有利于各种作物增绿、增产、提高品质和增加效益。

由上述内容可知，权利要求1中的植物生长调节剂激活素在说明书中的相应记载为“激活素（SWS）”，且所述的水溶性植物生长调节剂是通过激活素（SWS）制得的。

合议组认为：虽然说明书中指出所用原料均为合格的市售产品，但并未提供关于激活素（SWS）的商品说明，如生产厂家、商品名称、产品性质等，也就是说，激活素（SWS）为植物生长调节剂三十烷醇的信息在原申请文件中并没有记载，而且，如请求人在复审理由中所述，代号激活剂（SWS）是为技术保密而起的内部名称，其并非本领域技术人员已知的原料名称，从而导致本领域技术人员依据说明书公开的信息无法确定激活素（SWS）的组成，更无法制备所述的植物抗病毒营养液。因此，上述情况属于审查指南第二部分第二章2.1.3（2）所述的说明书中给出了技术手段，但对所属技术领域的技术人员来说，该手段是含糊不清的，根据说明书记载的内容无法具体实施的情形，故本申请由于缺乏解决技术问题的技术手段而无法实现，说明书不符合专利法第26条第3款的规定。

对于请求人提交的附件1~3，合议组认为，上述附件没有记载其公开时间，也不能确定其为何种出版物，因此不能视为申请日前公众能够得知的技术内容，即不属于专利法意义上的现有技术。而且，上述附件没有记载关于激活素（SWS）的组成的信息，故无法证明本领域技术人员在申请日之前已经知晓激活素（SWS）的组成，无法克服本申请说明书公开不充分的缺陷。

另外，需要指出的是，为了获得发明创造专利权，请求人应以充分公开其发明创造来换取相应的专利保护，从而有利于发明创造的推广应用，促进科学技术进步和创新，否则公众的利益将会由于含有保密内容的专利权存在而受到损失。

根据上述事实和理由，合议组作出如下审查决定。

三、决定

维持国家知识产权局于 2008 年 9 月 5 日针对第 200710013316.4 号发明专利申请作出的驳回决定。

复审请求人对本决定不服的，可以根据专利法第 41 条第 2 款的规定，自收到本决定之日起三个月内向北京市第一中级人民法院起诉。

167

生产聚烯烃的方法

复审请求审查决定（第19014号）

决　定　号　第19014号
决　定　日　2009年8月19日
发明创造名称　生产聚烯烃的方法
国际分类号　C08F2/00，C08F2/14，C08F10/00
复审请求人　阿托菲纳研究公司
申　请　号　00814160.6
申　请　日　2000年9月8日
优先权日　1999年9月10日
公　开　日　2002年11月6日
合议组组长　李新芝
主　审　员　潘　剑
参　审　员　危　峰

法律依据　专利法第22条第3款
决定要点

在判断一项权利要求的创造性时，如果该权利要求所述的技术方案和最接近的现有技术相比存在区别技术特征，并且对于本领域技术人员来讲，现有技术已经给出将上述区别技术特征引入到该最接近的现有技术以解决其存在的技术问题的启示，而且该区别技术特征的引入并未给权利要求的技术方案带来任何预料不到的效果，则该权利要求的技术方案不具备创造性。

一、案由

本复审请求案涉及发明名称为"生产聚烯烃的方法"的第00814160.6号发明专利申请（下称本申请），申请人为阿托菲纳研究公司，申请日为2000年9月8日，优先权日为1999年9月10日，公开日为2002年11月6日。

2007年4月6日，针对申请人于2003年7月29日提交的权利要求第1~26项、说明书第1~5、7页，2002年4月11日进入中国国家阶段时提交的国际申请文件的中文文本的说明书第6、8~16页、附图第1~2页、摘要以及摘要附图（下称驳回文本），国家知识产权局以权利要求1~26不具备创造性，不符合专利法第22条第3款的规定为由驳回了本申请。

驳回决定认为：对比文件1（CN1115986A，公开日为1996年1月31日）公开了一种具有双峰分子量分布的高密度聚乙烯的生产方法，所用设备是串联的两个全液体环形反应器（相当于本申请的回路反应器)，聚合工艺中将第一个反应器中获得的乙烯聚合物（固体浓度为25%～45%）通过沉降柱输送到第二个环形反应器中，与第二个反应器中聚合出不同分子量的乙烯聚合物混合，最后得到具有双峰型分子量分布的聚乙烯，反应器中使用的惰性稀释剂可为丙烷、异丁烷等。对比文件1和权利要求1的区别仅在于对比文件1的聚合条件是稀释剂处于超临界状态。对比文件2（US5391654，公开日为1995年2月21日）公开了一种用回路反应器制备乙烯均聚物或共聚物的方法，其中聚合反应在使由稀释剂、聚合单体和氢等组成的反应液处于超临界状态下进行，并且使用超临界的反应条件使反应更容易控制和聚合产物更易于沉降，其和权利要求1中的使稀释剂处于超临界状态的反应条件所起的作用相同。因此在对比文件1的基础上，结合对比文件2得出权利要求1的技术方案对本领域技术人员来说是显而易见的，而且也没产生预料不到的技术效果，因此，权利要求1不具备创造性。

权利要求2的附加技术特征是絮状物浓缩装置选自向下连接的沉降支管、旋风分离器等，对比文件1公开了环形聚合反应器上使用了用于聚合产物浓缩和传输的沉降柱；权利要求3和4的附加技术特征为絮状物浓缩装置包括一个阀门，对比文件1公开了其反应器的沉降柱中反应产物在达到一定浓度时才输出的作用，与权利要求3和4中阀门所起的作用类似；权利要求5和6的附加技术特征分别为稀释剂包括至少一种具有1～4个碳原子的链烷或丙烯和稀释剂包括异丁烷，对比文件1公开了类似的稀释剂并在实施例终使用了异丁烷；权利要求7～11对临界状态的压力或温度作了进一步限定，对比文件2公开了在用环形反应器生产聚乙烯时，使稀释剂处于90～110℃，60～80巴的超临界状态下；权利要求12～17的附加技术特征对所引用的权利要求的操作条件作了进一步限定，对比文件2已经公开了两个串联的环形反应器上使稀释剂处于超临界状态下时生产聚乙烯的方法，至于附加技术特征中所述的稀释剂回收、将回收的稀释剂送回反应器重新使用和第二回路反应器装有相应的絮状物浓缩装置为本领域公知常识；权利要求18～22的附加技术特征是稀释剂在液体状态下操作，对比文件2中在超临界状态下稀释剂也处于液体状态。因此，在权利要求2～22所引用的权利要求不具备创造性的基础上，权利要求2～22也不具备创造性。

权利要求23～26分别要求保护超临界稀释剂的一种用途。对比文件1公开了稀释剂存在下利用环形反应器生产双峰型分子量分布聚乙烯的方法，对比文件3（WO9634895A，公开日为1996年11月7日）公开了在稀释剂处于超临界状态下生成聚烯烃的方法，其中说明书第2页最后一行至第3页第23行指出，在超临界状态下，可以降低聚合物稀释剂的相溶性，这将必然会加强沉降管中聚合物的沉降浓缩作用，降低整个反应体系中共聚单体的浓度和导致沉降管中聚合产物的加速沉降，提高沉降中聚合产物的相对含量，从而减少第一反应器向第二反应器转移溶液中共聚单体的含量，减少第一反应器向第二反应器转移溶液中氢的含量，减少需要从反应器的沉降管中回收的稀释剂的量。因此本领域技术人员在对比文件1的基础上结合对比文件3得出权利要求23～26的技术方案是显而易见的，而且也没有产生预料不到的技术效果，因此权利要求23～26不具备创造性。

驳回决定针对的权利要求书如下：

“1. 一种生产具有双峰型分子量分布的聚烯烃的方法，该方法包括在第一回路反应器中在催化剂的存在下生产第一部分聚烯烃，在与第一回路反应器相串联并在其下游的第二回路反应器中在催化剂的存在下生产第二部分聚烯烃，第一与第二部分聚烯烃在第二回路反应器中相共混而形成具有双峰型分子量分布的聚烯烃，至少第一回路反应器含有超临界条件下的稀释剂，该稀释剂沿着该反应器的回路循环，和其中至少第一回路反应器装有与回路相连通的絮状物浓缩装置并且其中第一部分的聚烯烃絮状物在超临界稀释剂中被浓缩，并将第一部分聚烯烃的聚烯烃絮状物与一定量的超临界稀释剂一起从第一回路反应器的絮状物浓缩装置输送到第二回路反应器中。

2. 权利要求1的方法，其中絮状物浓缩装置选自向下连接的沉降支管、旋风分离器或水力旋流器和离心机中的一种或它们的组合。

3. 权利要求 1 的方法，其中絮状物浓缩装置包括一个阀门，用于将一定量聚烯烃絮状物与一定量超临界稀释剂定期地从絮状物浓缩装置除去。

4. 权利要求 2 的方法，其中絮状物浓缩装置包括一个阀门，用于将一定量聚烯烃絮状物与一定量超临界稀释剂定期地从絮状物浓缩装置除去。

5. 权利要求 1~4 中任一项的方法，其中稀释剂包括至少一种具有 1~4 个碳原子的链烷烃或丙烯。

6. 权利要求 5 的方法，其中稀释剂包括异丁烷。

7. 权利要求 1~4 中任一项的方法，其中超临界稀释剂的压力为 3.7×105 帕至 107 帕。

8. 权利要求 6 的方法，其中超临界稀释剂的压力为 3.7×105 帕至 107 帕。

9. 权利要求 1~4 中任一项的方法，其中超临界稀释剂的温度为 70~140℃。

10. 权利要求 8 的方法，其中超临界稀释剂的温度为 70~140℃。

11. 权利要求 9 的方法，其中超临界稀释剂的温度为 70~140℃。

12. 权利要求 1~4 中任一项的方法，其中在第二回路反应器中的稀释剂是在超临界状态下操作的，且第二回路反应器装有相应的絮状物浓缩装置。

13. 权利要求 10 的方法，其中在第二回路反应器中的稀释剂是在超临界状态下操作的，且第二回路反应器装有相应的絮状物浓缩装置。

14. 权利要求 11 的方法，其中在第二回路反应器中的稀释剂是在超临界状态下操作的，且第二回路反应器装有相应的絮状物浓缩装置。

15. 权利要求 12 的方法，还包括使在除去聚烯烃絮状物时，从第二回路反应器的絮状物浓缩装置中除去的任何稀释剂再循环到第一和第二回路反应器的步骤。

16. 权利要求 13 的方法，还包括使在除去聚烯烃絮状物时，从第二回路反应器的絮状物浓缩装置中除去的任何稀释剂再循环到第一和第二回路反应器的步骤。

17. 权利要求 14 的方法，还包括使在除去聚烯烃絮状物时，从第二回路反应器的絮状物浓缩装置中除去的任何稀释剂再循环到第一和第二回路反应器的步骤。

18. 权利要求 1~4 中任一项的方法，其中在第二回路反应器中的稀释剂是在液体状态下操作的，并且第二回路反应器装有相应的絮状物浓缩装置。

19. 权利要求 5 的方法，其中在第二回路反应器中的稀释剂是在液体状态下操作的，并且第二回路反应器装有相应的絮状物浓缩装置。

20. 权利要求 6 的方法，其中在第二回路反应器中的稀释剂是在液体状态下操作的，并且第二回路反应器装有相应的絮状物浓缩装置。

21. 权利要求 8 的方法，其中在第二回路反应器中的稀释剂是在液体状态下操作的，并且第二回路反应器装有相应的絮状物浓缩装置。

22. 权利要求 11 的方法，其中在第二回路反应器中的稀释剂是在液体状态下操作的，并且第二回路反应器装有相应的絮状物浓缩装置。

23. 一种稀释剂的用途，所述稀释剂在一对串联的回路反应器中，所述反应器用于在催化剂存在下聚合烯烃，生产具有双峰型分子量分布的聚烯烃，所述聚烯烃包括在第一回路反应器中生产的第一部分聚烯烃和第一回路反应器下游的第二回路反应器中生产的第二部分聚烯烃，所述稀释剂至少在第一回路反应器中处于超临界条件下，所述稀释剂用于增加至少第一回路反应器的相应的絮状物浓缩装置中聚烯烃絮状物的沉降。

24. 一种稀释剂的用途，所述稀释剂在一对串联的回路反应器中，所述反应器用于在催化剂存在下聚合烯烃，生产具有双峰型分子量分布的聚乙烯，所述聚乙烯包括在第一回路反应器中生产的包含聚乙烯共聚物的第一部分聚烯烃和第一回路反应器下游的第二回路反应器中生产的包含聚乙烯均聚物的第二部分聚烯烃，所述稀释剂至少在第一回路反应器中处于超临界条件下，所述稀释剂用于减少从该第一回路反应器向第二回路反应器转移的该稀释剂溶液中共聚单体的量。

25. 一种稀释剂的用途，所述稀释剂在一对串联的回路反应器中，所述反应器用于在催化剂存在下聚合烯烃，生产具有双峰型分子量分布的聚乙烯，所述聚乙烯包括在第一回路反应器中生产的包含聚乙烯共聚物的第一部分聚烯烃和第一回路反应器下游的第二回路反应器中生产的包含聚乙烯均聚物的第二部分聚烯烃，所述稀释剂至少在第一回路反应器中处于超临界条件下，所述稀释剂用于减少从该第一回路反应器向第二回路反应器转移的该稀释剂溶液中氢的量。

26. 所述稀释剂在一对串联的回路反应器中，所述反应器用于在催化剂存在下聚合烯烃，生产具有双峰型分子量分布的聚烯烃，所述聚烯烃包括在第一回路反应器中生产的第一部分聚烯烃和第一回路反应器下游的第二回路反应器中生产的第二部分聚烯烃，所述稀释剂在第一和第二回路反应器中处于超临界条件下，所述稀释剂用于减少在从第二回路反应器絮状物浓缩装置中除去聚烯烃絮状物的稀释剂的混合物后循环到回路反应器的稀释剂的量。”

2007 年 7 月 23 日，申请人阿托菲纳研究公司（下称请求人）对上述驳回决定不服，向专利复审委员会提出复审请求，请求人在提出复审请求时对权利要求书进行了修改，修改后的权利要求书包括权利要求第 1~22 项，其中删除了驳回文本的权利要求 23~26，权利要求 1~22 和驳回文本的权利要求 1~22 相同。

请求人认为：如说明书第 10 页第 9~12 行和第 11 页第 7~10 行所述，本申请中利用超临界状态的第一回路反应器，可使得第一回路反应器和第二回路反应器中生成的聚烯烃的密度增大，这样产生的双峰型聚烯烃具有改善的机械性能。对比文件 1 没有披露在第一回路反应器中使用超临界条件。本申请由于使用超临界状态的稀释剂，不仅烯烃的沉降效率得到改善，而且聚烯烃絮状物的堆积度与亚临界状态相比增加了 2 倍（说明书第 9 页第 12 行），从而使更少的稀释剂转移到第二反应器中。此外，在第一回路反应器中使用超临界条件使得各反应器更加相互独立地运行，表明第一和第二部分聚烯烃间的密度和分子量差异更大。由本申请说明书内容可知，在第一回路反应器中使用超临界条件的最直接作用是，增大第一和第二反应器内生成的聚烯烃的密度和分子量，从而改善所得聚合物的机械性质。对比文件 1 没有暗示使用超临界状态的稀释剂能够达到上述的效果。对比文件 2 中使用超临界的丙烷的目的是：避免了相分离和压力冲击，烃类与聚合物颗粒的分离更有效，也就是说，对比文件 2 中使用超临界状态的目的不同于本发明，因此，在对比文件 1 的基础上，本领域技术人员面临本发明所要解决的技术问题时，不会有动机去参考对比文件 2。说明书表 1 显示，与使用液态稀释剂相比，使用超临界稀释剂时，较少的已烯被转移到第二反应器内；说明书第 15 页第 14~16 行显示，实施例 1 所得的聚乙烯在宽缺口蠕变试验中，呈现出 600~100 小时的断裂前时间，而现有技术的树脂的断裂前时间仅为 200~300 小时，这表明本申请制备的聚烯烃具有意料不到的效果，因此，权利要求 1 具备创造性，权利要求 2~22 对权利要求 1 作了进一步限定，也具备创造性。

经形式审查合格后，专利复审委员会受理了该请求，并于 2007 年 9 月 11 日向请求人发出了《复审请求受理通知书》，同时将本申请转送至国家知识产权局原审查部门进行前置审查。

在《前置审查意见书》中，国家知识产权局原审查部门坚持驳回决定，理由是：对比文件 2 中使用超临界状态这一反应条件的作用是使反应更容易控制和聚合产物更易于沉降，与本申请中的使稀释剂处于超临界状态这一聚合条件所起的作用一样。上述促进聚合产物沉降的效果导致了聚合产物的高熔体指数（暗示了聚合物分子量或密度的提高），另外可推知，沉降作用导致由第一反应器向第二反应器输送的单体量下降（因为沉降部位的聚合产物的相对量增加了），因此第二反应器中的反应更具有独立性，即，使两个反应器中的聚合物差异变大。请求人陈述的有关效果相对于对比文件 1 和 2 的结合是显而易见的，因此，权利要求 1~22 仍不具备专利法第 22 条第 3 款规定的创造性。

专利复审委员会组成合议组，对本复审请求案进行了审理。合议组于 2009 年 3 月 13 日向请求人发出《复审通知书》，指出：

①权利要求 7、8 限定超临界稀释剂的压力值为“3. 7×105 帕至 107 帕”在原权利要求 6 和原说明书第 7 页第 10 行中记载的超临界稀释剂压力为“37~100 巴”，根据压力单位“帕”和“巴”的换算关系：1 巴＝105 帕，原权利要求 6 的压力值换算成“帕”为单位应该为 3. 7×106 帕至 107 帕，因此，权利要求 7、8 所述的上述压力值与原申请记载的信息不同，而且又不能从原申请记载的信息中直接地、毫无疑义地确定，因此，这种修改是不允许的。请求人对说明书第 7 页第 10 行中的压力值作了相同的修改，同样是不允许的。因此，权利要求 7、8 和说明书的修改不符合专利法第 33 条的规定。如果请求人按照上述审查意见克服了权利要求 7、8 和说明书不符合专利法第 33 条规定的缺陷，则本申请还存在以下创造性问题。

②对比文件 1 公开了一种生产具有双峰型分子量分布的高密度聚乙烯的方法（参见权利要求 1，说明书第 3 页倒数第 2 段，第 4 页倒数第 1~3 段，第 5 页倒数第 1 段，实施例 1），该方法的聚合设备是两个串联的全液体环形反应器（相当于权利要求 1 的两个回路反应器），聚合工艺中将第一个反应器中获得的乙烯聚合物通过沉降柱（相当于权利要求 1 的絮状物浓缩装置）输送到第二个反应其中，与第二个反应器中的乙烯聚合物混合，得到具有双峰型分子量分布的聚乙烯，反应可在惰性稀释剂中完成，例如丙烷、丁烷、已烷等。权利要求 1 和对比文件 1 公开的技术方案相比，区别仅在于，权利要求 1 中至少在第一回路反应器中使用超临界条件下的稀释剂，而对比文件 1 使用常规的惰性稀释剂。由说明书第 9 页第 1 段，第 10 页第 2 段，第 11 页第 3 段可知，在第一回路反应器中使用超临界条件的稀释剂所要解决的技术问题是增大两个反应器中聚合物的密度和分子量差，增加第二回路反应器中聚合反应的去偶合性或独立性。对比文件 3 公开了一种生产乙烯共聚物的方法，其中公开了使用超临界条件的稀释剂能够通过乙烯浓度控制分子量的效果，得到的聚合物具有极好的沉降性能和高效的反应器操作性，可最大限度地减少稀释剂流入反应器中（参见说明书第 3 页第 2、3 段），并公开了如果使用串联的两个反应器，高分子量部分在具有高乙烯浓度的反应器中进行，低分子量部分在具有低乙烯浓度和高氢浓度的反应器中进行（参见说明书第 4 页第 3 段）。从对比文件 3 的上述内容，本领域技术人员可以得到这样的技术启示：在需要高分子量的反应器中，即权利要求 1 所述的第一回路反应器中，使用超临界条件的稀释剂，能增大聚合产物的堆积度和分子量，并可使用尽可能少的稀释剂，从而减少流入低分子量的反应器，即权利要求 1 所述的第二回路反应器中的稀释剂以及溶解于其中的聚合单体的量，这必然加大了低分子量的反应器中聚合反应的去偶合性或独立性。因此，对比文件 3 公开的上述内容已经给出了将上述区别技术特征，即至少在第一回路反应器中使用超临界条件下的稀释剂的技术启示以解决其存在的技术问题，而且说明书也没有证据表明引入该区别技术特征给权利要求 1 的技术方案带来了任何预料不到的技术效果，因此，权利要求 1 相对于对比文件 1 和对比文件 3 的结合不具备专利法第 22 条第 3 款规定的创造性。

对比文件 1 的上述技术方案中已经公开了权利要求 2、5、6 的附加技术特征，对比文件 3 说明书第 4 页第 2 段已经公开了权利要求 9 的附加技术特征，在其所引用的权利要求不具备创造性的基础上，权利要求 2、5、6 也不具备创造性。

权利要求 12 是权利要求 1~4 的从属权利要求，其附加技术特征是在第二回路反应器中的稀释剂在超临界条件下操作，且第二回路反应器装有相应的絮状物浓缩装置。由本申请说明书可知，在第二回路反应器中使用超临界条件稀释剂所要解决的技术问题是改善聚乙烯絮状物的沉降，减少需要与聚乙烯树脂一起从第二回路反应器中被排出的稀释剂的量（参见本申请说明书第 12 页第 3 段），如评价权利要求 1 部分所述，对比文件 3 已经给出了使用超临界条件稀释剂能够解决上述技术问题的技术启示，而且在第二回路反应器使用超临界条件稀释剂后再设置相应的絮状物浓缩装置也是本领域技术人员容易想到的，说明书也没有证据表明权利要求 12 的上述附加技术特征给技术方案带来了任何预料不到的技术效果，因此在权利要求 1~4 不具备创造性的基础下，权利要求 12 也不具备创造性。同理，权利要求 13、14 也不具备创造性。

权利要求 3、4、7、8、15~17 的附加技术特征是本领域的惯用技术手段，说明书也没有证据表明上述附加技术特征会给技术方案带来任何预料不到的技术效果，因此在其所引用的权利要求不具备创造性的基础上，权利要求 3、4、7、8、15~17 也不具备创造性。

权利要求 18 是权利要求 1~4 的从属权利要求，其附加技术特征限定第二回路反应器中的稀释剂是在液体状态下操作，且第二回路反应器装有相应的絮状物浓缩装置。对比文件 3 虽然没有明确说明稀释剂的形态，但是从其对催化剂的描述，例如“减少稀释剂流入反应器中”、“在稀释剂中的溶解性”等（参见说明书第 3 页第 2、3 段），可以判定其所用的稀释剂为液态，而且从其应用稀释剂的步骤来看，采用液态也是常规选择，此外，如评价权利要求 12 部分所述，在第二回路反应器设置相应的絮状物浓缩装置也是本领域技术人员容易想到的，因此，在权利要求 1~4 不具备创造性的基础上，权利要求 18 也不具备创造性。同理，权利要求 19~22 也不具备创造性。

针对上述《复审通知书》，请求人于 2009 年 6 月 26 日提交了意见陈述书，同时提交了权利要求第 1~22 项和说明书第 7 页的修改替换页，其中，将权利要求 7、8 和说明书第 7 页中的“3. 7×105 帕”修改为“3. 7×106 帕”。请求人认为，①上述修改克服消除了《复审通知书》中所指出的本申请不符合专利法第 33 条规定的缺陷；②本申请相对于对比文件 1 所要解决的技术问题是：通过使用超临界状态的稀释剂，不仅改善烯烃的沉降效率，而且聚烯烃絮状物的堆积度为亚临界状态的 2 倍，从而使更少的稀释剂转移到第二反应器中，因此，反应器可彼此更加独立地运行，意味着第一和第二部分聚烯烃间的密度和分子量差更大，从而产生具有更好机械性能的聚烯烃。对比文件 3 的目的仅在于改善金属茂聚合方法的效率，其不涉及改善产品的机械性能，而且对比文件 3 也没有提及絮状物浓缩装置和沉降腿，因此，对比文件 3 没有给出在第一反应器中使用沉降腿和超临界的条件的组合获得更好机械性能的双峰型聚烯烃的技术启示，因此，对比文件 1 和对比文件 3 的组合是非显而易见的。对比文件 3 没有提及超临界条件可以改善聚烯烃絮状物在沉降腿中的堆积度，因此即使将对比文件 1 和对比文件 3 组合，本领域技术人员不经过创造性劳动也无法将对比文件 3 的超临界状态引用于对比文件 1 得到权利要求 1 的技术方案。对比文件 3 在第 3 页第 4、5 段公开了“使用高聚合温度降低在稀释剂中聚合物的溶解度”和“更高的温度意味着更高的催化剂产率、更好的共聚单体反应性、更快的等级变化和有效的操作”，在第 3 页第 2 段公开了“使用超临界条件提供额外的益处……使用超临界条件容许更宽地控制分子量”。由此可见，对比文件 3 中聚合物的良好沉降性能是通过高聚合温度得到的，而不是由超临界条件得到的，而且对比文件 3 的所有实施例都涉及聚合温度的变化而未使用超临界状态。本发明相对于对比文件 1 和对比文件 3 取得了预料不到的技术效果，即通过超临界状态的使用得到具有更好机械性能的聚烯烃，其在实施例 1 中得到证明。因此，权利要求 1~22 符合专利法第 22 条第 3 款的规定。

至此，合议组认为本案事实已经清楚，可以作出审查决定。

二、决定的理由

1. 关于文本

经审查，请求人于 2009 年 6 月 26 日提交的权利要求第 1～22 项和说明书第 7 页符合专利法实施细则第 60 条第 1 款的规定，本复审审查决定所针对的文本是请求人于 2009 年 6 月 26 日提交的权利要求第 1～22 项、说明书 7 页，2003 年 7 月 29 日提交的说明书第 1～5 页、进入中国国家阶段时提交的国际申请文件的中文文本的说明书第 6、8～16 页、附图第 1～2 页、摘要以及摘要附图。

2. 关于专利法第 33 条

专利法第 33 条规定：申请人可以对其专利申请文件进行修改，但是，对发明和实用新型专利申请文件的修改不得超出原说明书和权利要求书记载的范围。

《复审通知书》指出，请求人于 2007 年 7 月 23 日提交的权利要求 7、8 和驳回文本的说明书第 7 页中，请求人将原申请记载的压力值“37～100 巴”修改为“3. 7×105 帕至 107 帕”，根据压力单位“帕”和“巴”的换算关系：1 巴 = 105 帕，原申请的压力值换算成以“帕”为单位应该为 3. 7×106 帕至 107 帕，因此，请求人对权利要求 7、8 和说明书第 7 页的上述压力值所作的修改不符合专利法第 33 条的规定。

请求人于 2009 年 6 月 26 日提交的权利要求 7、8 和说明书第 7 页中，已经将上述压力值修改为“3. 7×106 帕至 107 帕”，和原申请记载的压力值“37～100 巴”相一致，因此，已经消除了《复审通知书》所指出的不符合专利法第 33 条规定的缺陷。

3. 关于专利法第 22 条第 3 款

专利法第 22 条第 3 款规定：创造性，是指同申请日以前已有的技术相比，该发明有突出的实质性特定和显著进步。

在判断一项权利要求的创造性时，如果该权利要求所述的技术方案和最接近的现有技术相比存在区别技术特征，并且对于本领域技术人员来讲，现有技术已经给出将上述区别技术特征引入到该最接近的现有技术以解决其存在的技术问题的启示，而且该区别技术特征的引入并未给权利要求的技术方案带来任何预料不到的效果，则该权利要求的技术方案不具备创造性。

就本申请而言，权利要求 1 要求保护一种生产具有双峰型分子量分布的聚烯烃的方法，该方法包括在第一回路反应器中在催化剂的存在下生产第一部分聚烯烃，在与第一回路反应器相串联并在其下游的第二回路反应器中在催化剂的存在下生产第二部分聚烯烃，第一与第二部分聚烯烃在第二回路反应器中相共混而形成具有双峰型分子量分布的聚烯烃，至少第一回路反应器含有超临界条件下的稀释剂，该稀释剂沿着该反应器的回路循环，和其中至少第一回路反应器装有与回路相连通的絮状物浓缩装置并且其中第一部分的聚烯烃絮状物在超临界稀释剂中被浓缩，并将第一部分聚烯烃的聚烯烃絮状物与一定量的超临界稀释剂一起从第一回路反应器的絮状物浓缩装置输送到第二回路反应器中。

对比文件 1 公开了一种生产具有双峰型分子量分布的高密度聚乙烯的方法（参见权利要求 1，说明书第 3 页倒数第 2 段，第 4 页倒数第 1～3 段，第 5 页倒数第 1 段，实施例 1），该方法的聚合设备是两个串联的全液体环形反应器（相当于权利要求 1 的两个回路反应器），聚合工艺中将第一个反应器中获得的乙烯聚合物通过沉降柱（相当于权利要求 1 的絮状物浓缩装置）输送到第二个反应其中，与第二个反应器中的乙烯聚合物混合，得到具有双峰型分子量分布的聚乙烯，反应可在惰性稀释剂中完成，例如丙烷、丁烷、己烷等。将两者相比较，其区别仅在于，权利要求 1 中至少在第一回路反应器中使用超临界条件下的稀释剂，而对比文件 1 使用常规的惰性稀释剂。

由说明书可知，在第一回路反应器使用超临界条件的稀释剂能增加聚乙烯絮状物的沉降速度，增加絮状物浓缩装置中聚乙烯絮状物的堆积度，从而使第一部分聚烯烃和第二部分聚烯烃之间的密度和分子量差异加大，减少从第一回路反应器向第二回路反应器输送的稀释剂的量和共聚单体的量，同时增加第二回路反应器中聚合反应的去偶合性或独立性，提高产品的机械性能（参见本申请说明书第9页第1段，第10页第2段，第11页第3段）。由此可见，在第一回路反应器中使用超临界条件的稀释剂所要解决的技术问题是增大两个反应器中聚合物的密度和分子量差，增加第二回路反应器中聚合反应的去偶合性或独立性。

对比文件3公开了一种生产乙烯共聚物的方法，其中公开了使用超临界条件的稀释剂能够通过乙烯浓度控制分子量的效果，得到的聚合物具有极好的沉降性能和高效的反应器操作性，可最大限度地减少稀释剂流入反应器中（参见说明书第3页第2、3段），并公开了如果使用串联的两个反应器，高分子量部分在具有高乙烯浓度的反应器中进行，低分子量部分在具有低乙烯浓度和高氢浓度的反应器中进行（参见说明书第4页第3段）。

从对比文件3的上述内容，本领域技术人员可以得到这样的技术启示：在需要高分子量的反应器中，即权利要求1所述的第一回路反应器中，使用超临界条件的稀释剂能增大聚合产物的堆积度和分子量，并可使用尽可能少的稀释剂，从而减少流入低分子量的反应器，即权利要求1所述的第二回路反应器中的稀释剂以及溶解于其中的聚合单体的量，这必然加大了低分子量的反应器中聚合反应的去偶合性或独立性。因此，对比文件3公开的上述内容已经给出了将上述区别技术特征，即至少在第一回路反应器中使用超临界条件下的稀释剂的技术启示以解决其存在的技术问题，而且说明书也没有证据表明引入该区别技术特征给权利要求1的技术方案带来了任何预料不到的技术效果，因此，权利要求1相对于对比文件1和对比文件3的结合不具备专利法第22条第3款规定的创造性。

权利要求2是权利要求1的从属权利要求，其附加技术特征对絮状物浓缩装置作了限定，其选自“向下附设的沉降支管……中的一种或它们的组合”。如评价权利要求1部分所述，对比文件1在两个反应器之间使用了沉降柱，因此，对比文件1已经公开了权利要求2的附加技术特征，在权利要求1不具备创造性的基础上，权利要求2也不具备创造性。

权利要求3、4分别是权利要求1、2的从属权利要求，其附加技术特征为絮状物浓缩装置包括一个阀门，用于将一定量聚烯烃絮状物与一定量超临界稀释剂定期地从絮状物浓缩装置除去。在絮状物浓缩装置上安装用于除去里面的物质的阀门是本领域的惯用技术手段，说明书也没有证据表明絮状物浓缩装置包括阀门会给技术方案带来任何预料不到的技术效果，因此在权利要求1、2不具备创造性的基础上，权利要求3、4也不具备创造性。

权利要求5是权利要求1~4的从属权利要求，其附加技术特征是稀释剂包括至少一种具有1~4个碳原子的链烷烃或丙烯；权利要求6是权利要求5的从属权利要求，其附加技术特征是稀释剂包括异丁烷，如评价权利要求1部分所述，对比文件1公开的稀释剂包括丁烷，并在实施例1中具体使用了异丁烷，因此，对比文件1已经公开了权利要求5、6的附加技术特征，因此，在权利要求1~4不具备创造性的基础上，权利要求5、6也不具备创造性。

权利要求7是权利要求1~4的从属权利要求，其附加技术特征对超临界稀释剂的压力进行了限定，超临界稀释剂的压力是本领域的常规选择，说明书也没有证据表明对压力进行所述限定后会给技术方案带来预料不到的技术效果，因此，在权利要求1~4不具备创造性的基础上，权利要求7也不具备创造性。同理，权利要求8也不具备创造性。

权利要求9是权利要求1~4的从属权利要求，其附加技术特征限定超临界稀释剂的温度为70~140℃，对比文件3公开了超临界稀释剂的温度是95~110℃，优选96~105℃（参见说明书第4页第2段），因此，对比文件3已经公开了权利要求9的附加技术特征，因此，在权利要求1~4不具备创造性的基础上，权利要求9也不具备创造性。同理，权利要求10~11也不具备创造性。

权利要求12是权利要求1~4的从属权利要求，其附加技术特征是在第二回路反应器中的稀释剂在超临界条件下操作，且第二回路反应器装有相应的絮状物浓缩装置。由本申请说明书可知，在第二回路反应器中使用超临界条件稀释剂所要解决的技术问题是改善聚乙烯絮状物的沉降，减少需要与聚乙烯树脂一起从第二回路反应器中被排出的稀释剂的量（参见本申请说明书第12页第3段），如评价权利要求1部分所述，对比文件3已经给出了使用超临界条件稀释剂能够解决上述技术问题的技术启示，而且在第二回路反应器使用超临界条件稀释剂后再设置相应的絮状物浓缩装置也是本领域技术人员容易想到的，说明书也没有证据表明权利要求12的上述附加技术特征给技术方案带来了任何预料不到的技术效果，因此在权利要求1~4不具备创造性的基础下，权利要求12也不具备创造性。同理，权利要求13、14也不具备创造性。

权利要求15是权利要求12的从属权利要求，其附加技术特征是还包括在除去聚烯烃絮状物时的稀释剂再循环步骤，为了提高稀释剂的利用率而进行再循环是本领域的惯用技术手段，说明书也没有证据表明权利要求15的上述附加技术特征给技术方案带来了任何预料不到的技术效果，因此，在权利要求12不具备创造性的基础上，权利要求15也不具备创造性。同理，权利要求16、17也不具备创造性。

权利要求18是权利要求1~4的从属权利要求，其附加技术特征限定第二回路反应器中的稀释剂是在液体状态下操作，且第二回路反应器装有相应的絮状物浓缩装置。对比文件3虽然没有明确说明稀释剂的形态，但是从其对催化剂的描述，例如“减少稀释剂流入反应器中”、“在稀释剂中的溶解性”等（参见说明书第3页第2、3段），可以判定其所用的稀释剂为液态，而且从其应用稀释剂的步骤来看，采用液态也是常规选择，此外，如评价权利要求12部分所述，在第二回路反应器设置相应的絮状物浓缩装置也是本领域技术人员容易想到的，因此，在权利要求1~4不具备创造性的基础上，权利要求18也不具备创造性。同理，权利要求19~22也不具备创造性。

请求人在答复《复审通知书》的意见陈述书中认为：①本申请相对于对比文件1所要解决的技术问题是：通过使用超临界状态的稀释剂，不仅改善烯烃的沉降效率，而且聚烯烃絮状物的堆积度为亚临界状态的2倍，从而使更少的稀释剂转移到第二反应器中，因此，反应器可彼此更加独立地运行，意味着第一和第二部分聚烯烃间的密度和分子量差更大，从而产生具有更好机械性能的聚烯烃。对比文件3的目的仅在于改善金属茂聚合方法的效率，其不涉及改善产品的机械性能，而且对比文件3也没有提及絮状物浓缩装置和沉降腿，因此，对比文件3没有给出在第一反应器中使用沉降腿和超临界的条件的组合获得更好机械性能的双峰型聚烯烃的技术启示，因此，对比文件1和对比文件3的结合是非显而易见的。②对比文件3在第3页第4、5段公开了“使用高聚合温度降低在稀释剂中聚合物的溶解度”和“更高的温度意味着更高的催化剂产率、更好的共聚单体反应性、更快的等级变化和有效的操作”，在第3页第2段公开了“使用超临界条件提供额外的益处……使用超临界条件容许更宽地控制分子量”。由此可见，对比文件3中聚合物的良好沉降性能是通过高聚合温度得到的，而不是由超临界条件得到的，而且对比文件3的所有实施例都涉及聚合温度的变化而未使用超临界状态。

对此，合议组认为，对于意见①，如说明书第10页第2段所述，聚乙烯絮状物沉降的改善能减少从第一回路反应器向第二回路反应器输送的共聚单体量，使第一和第二回路反应器聚合物间的密度差增加，从而使成品复合树脂的密度可以按需要值来选择，这样使聚烯烃产品机械性能得到改善。如前文所述，对比文件3已经公开了使用超临界状态稀释剂可以增加聚合物沉降性，减少流入反应器中的共聚单体的量，因此，虽然对比文件3没有明确记载使用超临界状态稀释剂可以改变产品的机械性能，但是，本领域技术人员根据对比文件3公开的内容所得到技术启示，在使用超临界状态稀释剂，取得如对比文件 3 所述的技术效果后，将必然得到机械性能改善的聚烯烃产品。对于意见②，高聚合温度是实现对比文件 3 的技术效果的手段之一，其是否有效并不能否认同样已经在对比文件 3 中记载的超临界状态稀释剂所能达到的技术效果。因此，对于请求人的上述意见陈述，合议组不予支持。

根据上述事实和理由，合议组作出如下审查决定。

三、决定

维持国家知识产权局于 2007 年 4 月 6 日针对第 00814160. 6 号发明专利申请作出的驳回决定。

复审请求人对本决定不服的，可以根据专利法第 41 条第 2 款的规定，自收到本决定之日起三个月内向北京市第一中级人民法院起诉。

168

具有抗细菌和抗真菌活性的制品

复审请求审查决定（第 19033 号）

决　定　号　第 19033 号
决　定　日　2009 年 7 月 7 日
发明创造名称　具有抗细菌和抗真菌活性的制品
国际分类号　D01F1/10，D01F6/60
复审请求人　罗迪亚尼尔公司
申　请　号　200380106967.8
申　请　日　2003 年 11 月 5 日
优先权日　2002 年 11 月 8 日
公　开　日　2006 年 2 月 1 日
合议组组长　危　峰
主　审　员　李新芝
参　审　员　兰　琪

法律依据　专利法第 22 条第 2 款
决定要点
如果权利要求的技术方案和现有技术的内容相比，存在区别技术特征，两技术方案实质上不相同，则该权利要求具有新颖性。

一、案由

本复审请求案涉及发明名称为“具有抗细菌和抗真菌活性的制品”的第 200380106967.8 号发明专利申请（下称本申请），申请人为罗迪亚尼尔公司，申请日为 2003 年 11 月 5 日，优先权日为 2002 年 11 月 8 日，公开日为 2006 年 2 月 1 日。

2008 年 3 月 28 日，针对申请人于 2007 年 10 月 31 日提交的权利要求第 1~33 项，2005 年 6 月 20 日进入中国国家阶段时提交的国际申请文件的中文文本的说明书第 1~16 页及说明书摘要，国家知识产权局以权利要求 1~33 不符合专利法第 22 条第 2 款有关新颖性的规定为由驳回了本申请。

驳回决定针对的权利要求 1~33 如下：

“1. 聚合物基体中的颗粒形式的硫化锌在制备纱、纤维、丝或至少由纱、纤维、和/或丝得到的制品中的应用。

2. 权利要求 1 的应用，其特征在于，相对于要用来形成纱、纤维、丝或制品的组合物的总重量，硫化锌的重量比例为 0.01% ~10%。

3. 权利要求1或2的应用，其特征在于，相对于要用来形成纱、纤维、丝或制品的组合物的总重量，硫化锌的重量比例为0.2%~5%。

4. 权利要求1或2的应用，其特征在于，聚合物基体是热塑性基体。

5. 权利要求3的应用，其特征在于，聚合物基体是热塑性基体。

6. 权利要求1或2的应用，其特征在于，聚合物基体包括至少一种选自以下的热塑性聚合物：聚酰胺，聚酯；聚烯烃；PVC；它们的共聚物和共混物。

7. 权利要求3的应用，其特征在于，聚合物基体包括至少一种选自以下的热塑性聚合物：聚酰胺，聚酯；聚烯烃；PVC；它们的共聚物和共混物。

8. 权利要求4的应用，其特征在于，聚合物基体包括至少一种选自以下的热塑性聚合物：聚酰胺，聚酯；聚烯烃；PVC；它们的共聚物和共混物。

9. 权利要求5的应用，其特征在于，聚合物基体包括至少一种选自以下的热塑性聚合物：聚酰胺，聚酯；聚烯烃；PVC；它们的共聚物和共混物。

10. 权利要求1或2的应用，其特征在于，聚合物基体包括至少一种选自以下的聚酰胺：聚酰胺6、聚酰胺6，6、聚酰胺11、聚酰胺12、聚酰胺4、聚酰胺4-6、6-10、6-12、6-36和12-12；它们的共聚物和共混物。

11. 权利要求3的应用，其特征在于，聚合物基体包括至少一种选自以下的聚酰胺：聚酰胺6、聚酰胺6，6、聚酰胺11、聚酰胺12、聚酰胺4、聚酰胺4-6、6-10、6-12、6-36和12-12；它们的共聚物和共混物。

12. 权利要求4的应用，其特征在于，聚合物基体包括至少一种选自以下的聚酰胺：聚酰胺6、聚酰胺6，6、聚酰胺11、聚酰胺12、聚酰胺4、聚酰胺4-6、6-10、6-12、6-36和12-12；它们的共聚物和共混物。

13. 权利要求5的应用，其特征在于，聚合物基体包括至少一种选自以下的聚酰胺：聚酰胺6、聚酰胺6，6、聚酰胺11、聚酰胺12、聚酰胺4、聚酰胺4-6、6-10、6-12、6-36和12-12；它们的共聚物和共混物。

14. 权利要求6的应用，其特征在于，聚合物基体包括至少一种选自以下的聚酰胺：聚酰胺6、聚酰胺6，6、聚酰胺11、聚酰胺12、聚酰胺4、聚酰胺4-6、6-10、6-12、6-36和12-12；它们的共聚物和共混物。

15. 权利要求7的应用，其特征在于，聚合物基体包括至少一种选自以下的聚酰胺：聚酰胺6、聚酰胺6，6、聚酰胺11、聚酰胺12、聚酰胺4、聚酰胺4-6、6-10、6-12、6-36和12-12；它们的共聚物和共混物。

16. 权利要求8的应用，其特征在于，聚合物基体包括至少一种选自以下的聚酰胺：聚酰胺6、聚酰胺6，6、聚酰胺11、聚酰胺12、聚酰胺4、聚酰胺4-6、6-10、6-12、6-36和12-12；它们的共聚物和共混物。

17. 权利要求9的应用，其特征在于，聚合物基体包括至少一种选自以下的聚酰胺：聚酰胺6、聚酰胺6，6、聚酰胺11、聚酰胺12、聚酰胺4、聚酰胺4-6、6-10、6-12、6-36和12-12；它们的共聚物和共混物。

18. 权利要求1或2的应用，其特征在于，硫化锌是用至少一种无机化合物和/或有机化合物涂覆和/或包封的颗粒形式。

19. 权利要求3的应用，其特征在于，硫化锌是用至少一种无机化合物和/或有机化合物涂覆和/或包封的颗粒形式。

20. 权利要求 4 的应用，其特征在于，硫化锌是用至少一种无机化合物和/或有机化合物涂覆和/或包封的颗粒形式。

21. 权利要求 5 的应用，其特征在于，硫化锌是用至少一种无机化合物和/或有机化合物涂覆和/或包封的颗粒形式。

22. 权利要求 6 的应用，其特征在于，硫化锌是用至少一种无机化合物和/或有机化合物涂覆和/或包封的颗粒形式。

23. 权利要求 7 的应用，其特征在于，硫化锌是用至少一种无机化合物和/或有机化合物涂覆和/或包封的颗粒形式。

24. 权利要求 8 的应用，其特征在于，硫化锌是用至少一种无机化合物和/或有机化合物涂覆和/或包封的颗粒形式。

25. 权利要求 9 的应用，其特征在于，硫化锌是用至少一种无机化合物和/或有机化合物涂覆和/或包封的颗粒形式。

26. 权利要求 10 的应用，其特征在于，硫化锌是用至少一种无机化合物和/或有机化合物涂覆和/或包封的颗粒形式。

27. 权利要求 11 的应用，其特征在于，硫化锌是用至少一种无机化合物和/或有机化合物涂覆和/或包封的颗粒形式。

28. 权利要求 12 的应用，其特征在于，硫化锌是用至少一种无机化合物和/或有机化合物涂覆和/或包封的颗粒形式。

29. 权利要求 13 的应用，其特征在于，硫化锌是用至少一种无机化合物和/或有机化合物涂覆和/或包封的颗粒形式。

30. 权利要求 14 的应用，其特征在于，硫化锌是用至少一种无机化合物和/或有机化合物涂覆和/或包封的颗粒形式。

31. 权利要求 15 的应用，其特征在于，硫化锌是用至少一种无机化合物和/或有机化合物涂覆和/或包封的颗粒形式。

32. 权利要求 16 的应用，其特征在于，硫化锌是用至少一种无机化合物和/或有机化合物涂覆和/或包封的颗粒形式。

33. 权利要求 17 的应用，其特征在于，硫化锌是用至少一种无机化合物和/或有机化合物涂覆和/或包封的颗粒形式。”

驳回决定认为：对比文件 2（US5180585A，公开日：1993 年 1 月 19 日）公开了一种具有抗菌性能的制品，该制品包括纤维、单丝等，其包含聚合物基体和抗菌组合物，而该抗菌组合物的芯部颗粒可选用硫化锌，即公开了聚合物基体中的硫化锌在制备具有抗菌性能的纤维、丝等制品中的应用（参见对比文件 2 权利要求 1，说明书第 8 栏第 40 行至第 9 栏第 43 行）。由此可知，对比文件 2 公开了权利要求 1 的全部技术特征，因此权利要求 1 不具备新颖性，不符合专利法第 22 条第 2 款的规定。从属权利要求 2~33 的附加技术特征均已在对比文件 2 中公开（参见对比文件 2 权利要求 1，说明书第 8 栏第 59 行至第 9 栏第 43 行），因此从属权利要求 2~33 也不具备新颖性，不符合专利法第 22 条第 2 款的规定。

2008 年 7 月 14 日，申请人罗迪亚尼尔公司（下称请求人）对上述驳回决定不服，向专利复审委员会提出复审请求，请求人在提出复审请求时未对申请文件进行修改。

请求人认为，对比文件 2 的实施例没有描述锌化合物尤其是硫化锌作为活性剂的用途，也没有描述锌化合物尤其是硫化锌作为活性剂提供具有抗细菌和真菌活性的纱、纤维、丝或制品的用途，因此权利要求 1 具有新颖性。同时，对比文件 2 没有描述硫化锌本身具有抗菌性能，其仅仅提及银、铜和锌的化合物具有抗菌性能，因此对比文件 2 没有暗示硫化锌作为活性剂制备具有抗细菌和抗真菌活性的纱、纤维、丝或制品中的用途，权利要求 1 具有创造性。

经形式审查合格后，专利复审委员会受理了该请求，并于 2008 年 7 月 30 日向请求人发出了《复审请求受理通知书》，同时将本申请转送至国家知识产权局原审查部门进行前置审查。

在《前置审查意见书》中，国家知识产权局原审查部门认为，由于请求人未对权利要求书进行修改，坚持驳回决定。

专利复审委员会组成合议组，对本复审请求案进行了审理。

合议组于 2009 年 3 月 5 日向请求人发出《复审通知书》，指出：

（1）请求人于 2007 年 10 月 31 日提交的权利要求 1 与原申请文件中的权利要求 11 相比，删除了权利要求 11 中的技术特征“具有抗细菌和抗真菌性能”，而从原申请文件记载的内容来看，原申请文件中仅仅记载了聚合物基体中的颗粒形式的硫化锌在制备具有抗细菌和抗真菌性能的纱、纤维、丝及其制品中的应用，并没有记载聚合物基体中的颗粒形式的硫化锌在制备具有其他性能的纱、纤维、丝及其制品中的应用，本领域技术人员无法直接、毫无疑义地得到权利要求 1 的技术方案，因此请求人对权利要求 1 的修改超出了原申请文件记载的范围，不符合专利法第 33 条的规定。在权利要求 1 修改超范围的基础上，直接或间接引用权利要求 1 的权利要求 2~33 也不符合专利法第 33 条的规定。

（2）即使请求人将技术特征“具有抗细菌和抗真菌性能”限定到修改后的权利要求 1 中，合议组认为，如此修改后的权利要求 1~33 仍存在如下新颖性问题：

①修改后的权利要求 1 要求保护聚合物基体中的颗粒形式的硫化锌在制备具有抗细菌和抗真菌性能的纱、纤维、丝或至少由纱、纤维和/或丝得到的制品中的应用。对比文件 2 公开了一种具有内层和外层的颗粒状抗菌组合物，作为芯的无机颗粒可以是钛、铝、锌、铜的氧化物；钙、锶、钡的硫酸盐；硫化锌等；赋予抗菌性的内层可以是金属银或铜或银、铜和锌的化合物，其中抗菌成分应释放抗菌有效量的银、铜或锌离子，满足上述标准的组分为银、氧化银、卤化银、铜、氧化亚铜、氧化铜、硫化铜、氧化锌、硫化锌、硅酸锌及其混合物。外层选自氧化硅、硅酸盐、硼硅酸盐、铝硅酸盐、氧化铝、磷酸铝或其混合物。外层起到抗菌颗粒与聚合物基体之间的屏障作用，以尽可能减少抗菌颗粒与聚合物基体的相互作用。通过将该抗菌颗粒加入到聚合物基体中可得到具有抗菌活性的聚合物制品。该颗粒状抗菌组合物可在多种产品中使用，例如油漆、涂料、堵头（caulks）、泥浆、砂浆、水泥、和 masonary 产品以及非限制性包括膜、隔膜、纤维和单丝的成型聚合物制品（参见对比文件 2 说明书第 3 栏第 60 行至第 4 栏第 48 行，第 8 栏第 42~50 行）。由此可知，对比文件 2 中已经明确公开了可利用满足其抗菌标准的硫化锌作为其所述抗菌颗粒的芯和内层，这时的抗菌颗粒也就相当于涂覆有无机材料的外层的硫化锌颗粒，并且对比文件 2 还明确公开了可将该抗菌颗粒用于聚合物基体中以制备纤维、单丝等。因此，权利要求 1 所述的技术方案已完全在对比文件 2 中公开，而且二者所属技术领域相同，本领域技术人员可以预期二者能够解决相同的技术问题并具有相同的预期效果，所以权利要求 1 不具有新颖性，不符合专利法第 22 条第 2 款的规定。

②从属权利要求 2 和 3 的附加技术特征已在对比文件 2 中公开（参见对比文件 2 第 9 栏第 40~43 行），因此在其引用的权利要求 1 不具有新颖性的前提下，从属权利要求 2、3 也不具有新颖性，不符合专利法第 22 条第 2 款的规定。

③从属权利要求 4~17 的附加技术特征已在对比文件 2 中公开（参见对比文件 2 第 8 栏第 61 行至第 9 栏第 2 行），因此在其引用的权利要求 1~3 不具有新颖性的前提下，从属权利要求 4~17 也不具有新颖性，不符合专利法第 22 条第 2 款的规定。

④参见前述对于权利要求1的评述，从属权利要求18～33的附加技术特征均已在对比文件2中公开，因此在其引用的权利要求1～17不具有新颖性的前提下，从属权利要求18～33也不具有新颖性，不符合专利法第22条第2款的规定。

针对上述《复审通知书》，请求人于2009年4月15日提交了意见陈述书，同时提交了权利要求书全文替换页，其中对权利要求1进行了修改，加入了技术特征“具有抗细菌和真菌性能的”和“所述颗粒形式的硫化锌不包含无机涂层”。

修改后的权利要求1如下：

“1. 聚合物基体中的颗粒形式的硫化锌在制备具有抗细菌和真菌性能的纱、纤维、丝或至少由具有抗细菌和真菌性能的纱、纤维和/或丝得到的制品的应用，所述颗粒形式的硫化锌不包含无机涂层。”

请求人认为，（1）请求人在权利要求1中加入了技术特征“具有抗细菌和真菌性能的”，从而克服了《复审通知书》中指出的修改超范围问题；（2）对比文件2公开的颗粒是具有无机材料的外层的颗粒，而修改后的权利要求1排除了对比文件2所公开的颗粒，因此权利要求1具有新颖性，符合专利法第22条第2款的规定；（3）对比文件2所公开的球形颗粒非常复杂，不易制备，而本申请权利要求1使用简单的硫化锌颗粒，同时对比文件2中记载了第二涂层是必需的，其教导与本申请权利要求所述的技术方案相反，因此修改后权利要求1的技术方案相对于对比文件2是非显而易见的，具备创造性。

2009年6月10日，请求人再次提交了权利要求书全文替换页，其中对权利要求18～33进行了修改，删除了其中的技术特征“至少一种无机化合物和/或”。

修改后的权利要求18～33如下所示：

“18. 权利要求1或2的应用，其特征在于，硫化锌是用有机化合物涂覆和/或包封的颗粒形式。

19. 权利要求3的应用，其特征在于，硫化锌是用有机化合物涂覆和/或包封的颗粒形式。

20. 权利要求4的应用，其特征在于，硫化锌是用有机化合物涂覆和/或包封的颗粒形式。

21. 权利要求5的应用，其特征在于，硫化锌是用有机化合物涂覆和/或包封的颗粒形式。

22. 权利要求6的应用，其特征在于，硫化锌是用有机化合物涂覆和/或包封的颗粒形式。

23. 权利要求7的应用，其特征在于，硫化锌是用有机化合物涂覆和/或包封的颗粒形式。

24. 权利要求8的应用，其特征在于，硫化锌是用有机化合物涂覆和/或包封的颗粒形式。

25. 权利要求9的应用，其特征在于，硫化锌是用有机化合物涂覆和/或包封的颗粒形式。

26. 权利要求10的应用，其特征在于，硫化锌是用有机化合物涂覆和/或包封的颗粒形式。

27. 权利要求11的应用，其特征在于，硫化锌是用有机化合物涂覆和/或包封的颗粒形式。

28. 权利要求12的应用，其特征在于，硫化锌是用有机化合物涂覆和/或包封的颗粒形式。

29. 权利要求13的应用，其特征在于，硫化锌是用有机化合物涂覆和/或包封的颗粒形式。

30. 权利要求14的应用，其特征在于，硫化锌是用有机化合物涂覆和/或包封的颗粒形式。

31. 权利要求15的应用，其特征在于，硫化锌是用有机化合物涂覆和/或包封的颗粒形式。

32. 权利要求16的应用，其特征在于，硫化锌是用有机化合物涂覆和/或包封的颗粒形式。

33. 权利要求17的应用，其特征在于，硫化锌是用有机化合物涂覆和/或包封的颗粒形式。”

经合议，合议组认为本案事实已经清楚，可以作出审查决定。

二、决定的理由

1. 决定的文本

在请求人于2009年6月10日提交的权利要求书替换页中，将技术特征“具有抗细菌和真菌性能的”加入权利要求1中，如此修改克服了前述《复审通知书》中所指出的权利要求1因删除技术特征“具有抗细菌和抗真菌性能的”而导致的修改超范围问题；此外，请求人加入权利要求1中的技术特征“所述颗粒形式的硫化锌不包含无机涂层”明确记载在原说明书第6页倒数第2段中；同时为与修改后权利要求1的技术方案一致，请求人删除了权利要求18~33中“硫化锌是用无机化合物涂覆和/或包封的颗粒形式”的技术方案，因此修改后的权利要求书符合专利法第33条的规定。

本复审决定是以请求人于2009年6月10日提交的权利要求第1~33项，2005年6月20日进入中国国家阶段时提交的国际申请文件的中文文本的说明书第1~16页及其摘要为基础作出的。

2. 关于专利法第22条第2款

专利法第22条第2款规定：新颖性，是指在申请日以前没有同样的发明或者实用新型在国内外出版物上公开发表过、在国内公开使用过或者以其他方式为公众所知，也没有同样的发明或者实用新型由他人向国务院专利行政部门提出过申请并且记载在申请日以后公布的专利申请文件中。

如果权利要求的技术方案和现有技术的内容相比，存在区别技术特征，两技术方案实质上不相同，则该权利要求具有新颖性。

就本申请而言，权利要求1要求保护聚合物基体中的颗粒形式的硫化锌在制备具有抗细菌和真菌性能的纱、纤维、丝或至少由具有抗细菌和真菌性能的纱、纤维和/或丝得到的制品的应用，所述颗粒形式的硫化锌不包含无机涂层。对比文件2公开了一种具有内层和外层的颗粒状抗菌组合物，作为芯的无机颗粒可以是钛、铝、锌、铜的氧化物；钙、锶、钡的硫酸盐；硫化锌等；赋予抗菌性的内层可以是金属银或铜或银、铜和锌的化合物，其中抗菌成分应释放抗菌有效量的银、铜或锌离子，满足上述标准的组分为银、氧化银、卤化银、铜、氧化亚铜、氧化铜、硫化铜、氧化锌、硫化锌、硅酸锌及其混合物。外层选自氧化硅、硅酸盐、硼硅酸盐、铝硅酸盐、氧化铝、磷酸铝或其混合物。外层起到抗菌颗粒与聚合物基体之间的屏障作用，以尽可能减少抗菌颗粒与聚合物基体的相互作用。通过将该抗菌颗粒加入到聚合物基体中可得到具有抗菌活性的聚合物制品。该颗粒状抗菌组合物可在多种产品中使用，例如油漆、涂料、堵头（caulks）、泥浆、砂浆、水泥、和masonary产品以及非限制性包括膜、隔膜、纤维和单丝的成型聚合物制品（参见对比文件2说明书第3栏第60行至第4栏第48行，第8栏第42~50行）。由此可知，在对比文件2的抗菌颗粒的芯和内层均使用硫化锌时，该抗菌颗粒相当于涂覆有无机材料的外层的硫化锌颗粒，而本申请权利要求1的技术方案则是直接使用颗粒形式的硫化锌，且所述颗粒形式的硫化锌不包含无机涂层，因此权利要求1的技术方案与对比文件2相比存在区别技术特征，两者属于实质上不相同的技术方案，所以权利要求1相对于对比文件2具备新颖性，符合专利法第22条第2款的规定。

从属权利要求2~33对权利要求1作了进一步的限定，在其引用的权利要求1相对于对比文件2具备新颖性的基础上，从属权利要求2~33相对于对比文件2也具备新颖性，符合专利法第22条第2款的规定。

综上所述，《驳回决定》和《复审通知书》所指出的权利要求1~33不具备新颖性以及权利要求1~33修改超范围的缺陷均已被克服。

根据上述事实和理由，合议组作出如下审查决定。

三、决定

撤销国家知识产权局于2008年3月28日针对第200380106967.8号发明专利申请作出的驳回决定，由国家知识产权局原审查部门以本复审决定所针对的文本为基础继续审批程序。

复审请求人对本决定不服的，可以根据专利法第41条第2款的规定，自收到本决定之日起三个月内向北京市第一中级人民法院起诉。

169

封端多异氰酸酯

复审请求审查决定（第19034号）

决　定　号　第19034号
决　定　日　2009年5月21日
发明创造名称　封端多异氰酸酯
国际分类号　C08G18/80，C08G18/79，C09D175/04，C08G18/62
复审请求人　拜尔材料科学股份公司
申　请　号　200480017914.3
申　请　日　2004年6月16日
优 先 权 日　2003年6月27日
公　开　日　2006年8月2日
合议组组长　侯　曜
主　审　员　李新芝
参　审　员　王　磊

法律依据　专利法第33条，专利法实施细则第20条第1款
决定要点
以删除方式修改后的权利要求克服了《驳回决定》及《复审通知书》指出的缺陷，驳回理由不再成立。

一、案由

本复审请求案涉及发明名称为“封端多异氰酸酯”的第200480017914.3号发明专利申请（下称本申请），申请人为拜尔材料科学股份公司，申请日为2004年6月16日，优先权日为2003年6月27日，公开日为2006年8月2日。

2008年6月6日，针对申请人于2007年7月13日提交的权利要求第1~14项和进入中国国家阶段时提交的国际申请文件的中文文本的说明书第1~20页及其摘要，国家知识产权局以权利要求6的修改不符合专利法第33条的规定为由驳回了本申请。

驳回决定所针对的权利要求书中的权利要求1、6如下：

“1. 通式（I）的封端多异氰酸酯

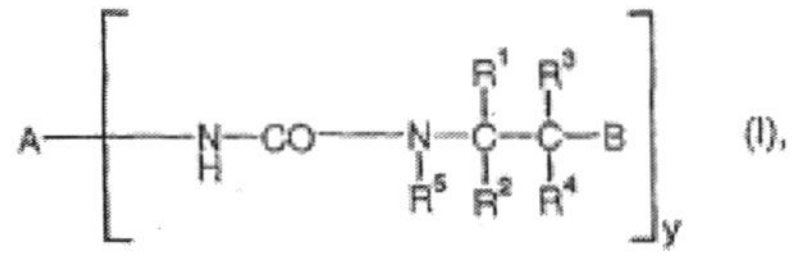

其中，互相独立地，R^1-R^4 可等同或不同，表示氢、C_1-C_6 烷基或环烷基，R^5 表示 C_1-C_{10}烷基、C_3-C_{10}环烷基，y 表示从 1 至 8 的数字，A 表示官能度为 y 的异氰酸酯基，B 表示

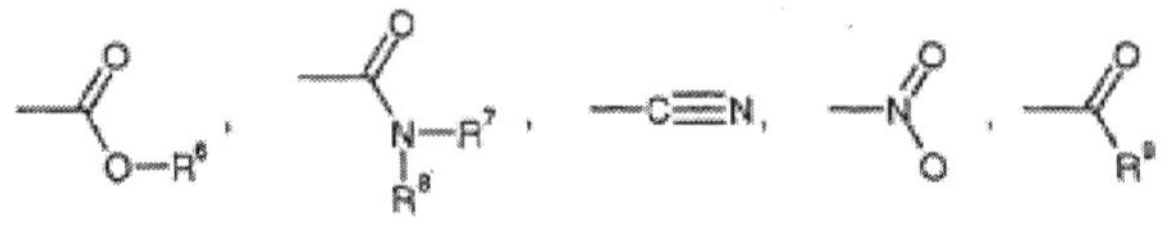

其中，互相独立地，R^6-R^8 可等同或不同，表示 C_1-C_6 烷基和/或 C_3-C_6 环烷基，R^9 表示氢或 C_1-C_6烷基或 C_3-C_6 环烷基。

6. 如权利要求 1 所述的封端多异氰酸酯，其特征在于，所述封端多异氰酸酯还包含游离羟基基团，并且封端多异氰酸酯基团和游离羟基基团存在于一个分子中。"

驳回决定认为：(1) 权利要求 6 中增加的技术特征"所述封端多异氰酸酯还含有游离羟基"既没有明确记载在原权利要求书和说明书中，也不能由原权利要求书和说明书记载的内容直接地、毫无疑义地确定，因此，这一修改超出了原权利要求书和说明书记载的范围，不符合专利法第 33 条的规定；(2) 一并提及的是，根据结构式 (I)，该申请权利要求 1 所述封端多异氰酸酯已经被完全封端，从而引用权利要求 1 的权利要求 6 所述的"封端多异氰酸酯基团和游离羟基基团存在于一个分子中"与权利要求 1 所限定的封端多异氰酸酯（结构式）之间相互矛盾，因此权利要求 6 不符合专利法实施细则第 20 条第 1 款的规定。

2008 年 9 月 22 日，申请人拜尔材料科学股份公司（下称请求人）对上述驳回决定不服，向专利复审委员会提出复审请求，请求人在提出复审请求时提交了权利要求书全文替换页，其中将权利要求 6 修改为：

"6. 如权利要求 1 所述的封端多异氰酸酯，其特征在于，所述封端多异氰酸酯还包含既含有游离羟基基团又含有封端 NCO 基团的聚合物，其中封端多异氰酸酯基团和游离羟基基团存在于一个分子中。"

请求人认为，根据本申请说明书第 6 页第 11~21 行的记载，本申请实际上包括如下两种制备封端多异氰酸酯的方法，第一种制备方法得到的是如权利要求 1 中通式 (I) 所示的封端多异氰酸酯，其中所有游离 NCO 基团均完全被本申请的封端剂所封端；第二种制备方法是使多异氰酸酯中的一部分游离 NCO 基团与封端剂反应，并将其余的游离 NCO 基团与过量的含羟基聚合物反应得到既含有游离羟基基团又含有封端 NCO 基团的聚合物。权利要求 1 的产物与第一种制备方法相对应，权利要求 6 的产物与第二种制备方法相对应。

经形式审查合格后，专利复审委员会受理了该请求，并于 2008 年 10 月 31 日向请求人发出了《复审请求受理通知书》，同时将本申请转送至国家知识产权局原审查部门进行前置审查。

在《前置审查意见书》中，国家知识产权局原审查部门认为修改后的权利要求 6 仍不符合专利法第 33 条的规定，因为上述第二种方法制备的封端多异氰酸酯与通式 (I) 所示结构不同，权利要求 1 所限定的范围是通式 (I) 所示、上述第一种制备方法得到的封端多异氰酸酯，其中并不包括上述第二种方法制备得到的权利要求 6 的封端多异氰酸酯。故坚持驳回决定。

专利复审委员会组成合议组，对本复审请求案进行了审理。

2009 年 3 月 19 日，专利复审委员会本案合议组向请求人发出《复审通知书》，认为从属权利要求6的保护范围不清楚，不符合专利法实施细则第20条第1款的规定。

针对上述《复审通知书》，请求人于2009年5月4日提交了意见陈述书，并提交了权利要求书全文替换页，其中删除了权利要求6，并对其余的权利要求依次重新编号。

至此，合议组认为本案事实已经清楚，可以依法作出审查决定。

二、决定的理由

1. 关于审查文本

经审查，请求人于2009年5月4日提交了权利要求书全文替换页，其中所做修改符合专利法实施细则第60条第1款的规定，故本复审请求审查决定是以请求人于2009年5月4日提交的权利要求第1~13项，进入中国国家阶段时提交的国际申请文件的中文文本的说明书第1~20页和说明书摘要为基础作出的。

2. 关于专利法实施细则第20条第1款，专利法第33条

专利法实施细则第20条第1款规定：权利要求书应当说明发明或者实用新型的技术特征，清楚、简要地表述请求保护的范围。

以删除方式修改后的权利要求克服了《驳回决定》及《复审通知书》指出的缺陷，驳回理由不再成立。

具体到本申请而言，针对请求人于2007年7月13日提交的权利要求书，《驳回决定》认为权利要求6修改超范围，不符合专利法第33条的规定，并一并指出，从属权利要求6的保护范围不清楚，不符合专利法实施细则第20条第1款的规定。针对请求人在提复审请求时提交的权利要求书，《复审通知书》指出：从本申请权利要求1的技术方案来看，其要求保护一种通式（I）的封端多异氰酸酯，其中A表示官能度为y的异氰酸酯基，如该权利要求中通式（I）的结构所示，通式（I）中A的异氰酸酯基均已被式（I）中所示的仲胺封端剂封端，因此权利要求1的封端多异氰酸酯不可能如复审请求人在复审理由中所述的那样，A中的一部分游离多异氰酸酯基团与封端剂反应，其余未封端的游离异氰酸酯基团与过量含羟基的聚合物反应，从而形成既含有游离羟基基团又含有封端NCO基团的聚合物。基于此，该封端多异氰酸酯中的封端多异氰酸酯基团和游离羟基也就不可能如权利要求6所限定的那样存在于一个分子中。故从属权利要求6的保护范围不清楚，不符合专利法实施细则第20条第1款的规定。为此，请求人于2009年5月4日提交的权利要求书替换页中删除了权利要求6，从而克服了《驳回决定》及《复审通知书》所指出的缺陷，《驳回决定》中有关该权利要求不符合专利法第33条规定的理由不再成立。

根据上述事实和理由，合议组作出如下审查决定。

三、决定

撤销国家知识产权局于2008年6月6日针对第200480017914.3号发明专利申请作出的驳回决定，由国家知识产权局原审查部门以本复审请求审查决定所针对的文本为基础继续审批程序。

复审请求人对本决定不服的，可以根据专利法第41条第2款的规定，自收到本决定之日起三个月内向北京市第一中级人民法院起诉。

170

乙苯和二甲苯的异构化

复审请求审查决定（第 19060 号）

决　定　号　第 19060 号
决　定　日　2009 年 9 月 16 日
发明创造名称　乙苯和二甲苯的异构化
国际分类号　C07C5/27，C07C 15/08
复审请求人　埃克森美孚化学专利公司
申　请　号　200480009963. 2
优先权日　2003 年 4 月 16 日
申　请　日　2004 年 3 月 17 日
公　开　日　2006 年 5 月 17 日
合议组组长　任晓兰
主　审　员　顾笑璐
参　审　员　李亚林

法律依据　专利法第 22 条第 3 款
决定要点

在判断创造性时，首先要将权利要求的技术方案和最接近的现有技术进行对比，找出二者的区别技术特征，确定所述技术方案实际解决的技术问题，进而考察现有技术中是否存在将该区别技术特征引入到所述最接近的现有技术中以解决上述技术问题的启示，如果现有技术中存在这样的启示，则该权利要求不具备创造性。

一、案由

本复审请求案涉及发明名称为“乙苯和二甲苯的异构化”的第 200480009963. 2 号发明专利申请（下称本申请），申请人为埃克森美孚化学专利公司，申请日为 2004 年 3 月 17 日，优先权日为 2003 年 4 月 16 日，公开日为 2006 年 5 月 17 日。

2008 年 1 月 4 日，针对申请人于 2007 年 2 月 28 日提交的权利要求第 1～23 项、说明书第 8～9 页、2005 年 10 月 14 日进入中国国家阶段时提交的国际申请文件中文译文的说明书第 1～7、10 页及说明书摘要，国家知识产权局以权利要求 1～23 不符合专利法第 22 条第 3 款为由驳回了本申请。

驳回决定认为：对比文件 1（US4101595A，公开日为 1978 年 7 月 18 日）公开了一种包括乙苯和二甲苯异构体混合物转化为更高对二甲苯含量和更低乙苯含量的产品的方法（参见说明书第 5 栏第 63～65 行，第 7 栏第 12～28 行、第 7 栏第 61 行至第 8 栏第 41 行，第 14 栏第 16 行至第 15 栏第 24

行）。其与权利要求1的区别在于：权利要求1公开了原料混合物中乙苯的含量为20%～80wt%以及异构化的条件，上述区别特征并没有为该申请相对于对比文件1带来突出的实质性特点和显著的进步，因此权利要求1～23相对于对比文件1而言不具备创造性。

驳回决定针对的权利要求如下：

“1. 一种对包括20wt%～80wt%乙苯、和二甲苯异构体混合物的原料进行异构化的方法，所述方法包括：

（a）在二甲苯异构化条件下，使所述原料与第一催化剂组合物接触，以制备与原料相比具有更高对二甲苯浓度的中间产物，所述二甲苯异构化条件包括温度为250～600℃，压力为100～3550kPa，重时空速为0.05～50hr^{-1}，以及氢H_2与烃HC的摩尔比为0.05～20，然后

（b）在乙苯异构化条件下，使至少部分所述中间产物与第二催化剂组合物接触，该第二催化剂组合物包括氢化–脱氢组分和具有10元环孔隙的分子筛，用以将中间产物中的至少部分乙苯选择性异构化为对二甲苯，从而制得进一步的产品，且该产品的对二甲苯浓度大于所述乙苯异构化条件下的对二甲苯平衡浓度，其中乙苯异构化条件包括温度为250～600℃，压力为100～3550kPa，重时空速为0.01～20hr^{-1}，以及氢H_2与烃HC的摩尔比为0.05～20。

2. 如权利要求1所述的方法，其中所述原料含有25wt%～45wt%的乙苯。

3. 如上述任意权利要求所述的方法，其中所述二甲苯异构体混合物包括少于90wt%的间二甲苯。

4. 如权利要求3所述的方法，其中所述二甲苯异构体混合物包括少于60wt%的间二甲苯。

5. 如上述任意权利要求所述的方法，其中所述二甲苯异构体混合物包括10wt%～30 wt%的邻二甲苯。

6. 如上述任意权利要求所述的方法，其中所述接触（a）使原料中少于35wt%的乙苯发生转化，以及所述接触（b）使中间产物中多于35wt%的乙苯发生转化。

7. 如权利要求6所述的方法，其中所述接触（a）使原料中少于20wt%的乙苯发生转化，以及所述接触（b）使中间产物中多于50wt%的乙苯发生转化。

8. 如上述任意权利要求所述的方法，其中所述第一催化剂组合物包括约束指数近似在1～12范围内的分子筛。

9. 如上述任意权利要求所述的方法，其中所述第一催化剂组合物的α值为5～80。

10. 如上述任意权利要求所述的方法，其中所述第二催化剂组合物的分子筛具有一维10元环孔隙。

11. 如权利要求10所述的方法，其中所述第二催化剂组合物的分子筛选自SAPO–11、ZSM–23、ZSM–22、NU–87、ZSM–11、ZSM–50、ZSM–57、SAPO–41、ZSM–48及其混合物。

12. 如权利要求11所述的方法，其中所述第二催化剂组合物的分子筛包括ZSM–48。

13. 如权利要求1～9所述的方法，其中所述第二催化剂组合物包括与ZSM–5结合的ZSM–48核心，该ZSM–5与ZSM–48相比具有更高的二氧化硅/氧化铝摩尔比。

14. 如上述任意权利要求所述的方法，其中所述第二催化剂组合物包括0.01wt%～10wt%的所述氢化组分。

15. 如权利要求14所述的方法，其中所述第二催化剂组合物包括0.03wt%～3wt%的所述氢化组分。

16. 如权利要求15所述的方法，其中所述第二催化剂组合物包含0.2wt%～1wt%的所述氢化组分。

17. 如权利要求14～16所述的方法，其中所述氢化组分包括第VIII族金属。

18. 如权利要求 17 所述的方法，其中所述氢化组分包括铂。

19. 如上述权利要求所述的方法，其中所述第二催化剂组合物的分子筛的 α 值为 0.1~20。

20. 如权利要求 19 所述的方法，其中所述第二催化剂组合物的分子筛的 α 值为 1~5。

21. 如上述任意权利要求所述的方法，其中所述第二催化剂组合物不同于第一催化剂组合物。

22. 如权利要求 1 所述的方法，其用于异构化包括乙苯、和二甲苯异构体混合物的原料，所述方法包括：

（a）在二甲苯异构化条件下，使所述原料与包括 ZSM-5 的第一催化剂接触，以制备与原料相比具有更高对二甲苯浓度的中间产物，然后

（b）在乙苯异构化条件下，使至少部分所述中间产物与第二催化剂组合物接触，该第二催化剂组合物包括氢化-脱氢组分和选自 SAPO-11、ZSM-23、ZSM-22、NU-87、ZSM-11、ZSM-50、ZSM-57、SAPO-41、ZSM-48 及其混合物的分子筛，从而制得进一步的产品，且该产品的对二甲苯浓度大于所述乙苯异构化条件下对二甲苯的平衡浓度。

23. 如权利要求 22 所述的方法，其中所述第二催化剂组合物中的分子筛是 ZSM-48。”

2008 年 4 月 21 日，申请人埃克森美孚化学专利公司（下称请求人）对上述驳回决定不服，向专利复审委员会提出复审请求，请求人在提出复审请求时没有对申请文件进行修改。

请求人认为：本申请方法的各个阶段与对比文件 1 的各个阶段不同。对比文件 1 在第一阶段中，包含乙苯和二甲苯的原料进行乙苯转化，将乙苯转化为苯和 C_2 或二甲苯。在第二阶段中，由第一阶段获得的产物进行二甲苯异构化；尽管对比文件 1 指出使获得的二甲苯异构化之后的微小部分的滑溜进入乙苯转化器转化，但其与本申请的二阶段转化方法是完全不同的，因此，本领域技术人员不经创造性劳动不可能显而易见地预见到本申请权利要求 1 的技术方案，从而获得对二甲苯浓度高于平衡浓度的最终产物。

经形式审查合格后，专利复审委员会受理了该请求，并于 2008 年 5 月 15 日向请求人发出了《复审请求受理通知书》，同时将本申请转送至国家知识产权局原审查部门进行前置审查。

在《前置审查意见书》中，国家知识产权局原审查部门认为权利要求 1~23 仍不具有创造性，因此坚持驳回决定。

专利复审委员会组成合议组，对本复审请求案进行了审理。

合议组于 2009 年 4 月 9 日向请求人发出《复审通知书》，指出：（1）对比文件 1 公开了一种将乙苯经异构化反应转化为对二甲苯的方法，本申请权利要求 1 与对比文件 1 的区别在于：权利要求 1 在乙苯异构化之前进行了二甲苯异构化。对比文件 1 中除了公开通过乙苯异构化可以使产物中对二甲苯的浓度高于其平衡浓度，还公开了对于分离脱除了对二甲苯之后的对二甲苯含量降低的物流可以通过将其引入二甲苯异构化单元中进行二甲苯异构化以提高对二甲苯浓度的步骤，由此给出了可以在乙苯异构化之前可以进行二甲苯异构化的启示，由于权利要求 1 以及对比文件 1 中所涉及的二甲苯异构化工艺均为本领域常规采用的技术手段，同时在说明书中也未提供证据证明在乙苯异构化之前进行二甲苯异构化除了可以预期地使最终的乙苯异构化产物中对二甲苯浓度高于其平衡浓度之外，还能给本发明带来其他意料不到的技术效果，因而，权利要求 1 相对于对比文件 1 不具有突出的实质性特点和显著的进步，不符合专利法第 22 条第 3 款创造性的规定；（2）权利要求 2~23 为权利要求 1 的从属权利要求，其附加技术特征或已在对比文件 1 中被公开，或为本领域常规采用的技术手段并且未给本申请带来任何预料不到的技术效果，因而在权利要求 1 不具有创造性的基础上，权利要求 2~23 也不符合专利法第 22 条第 3 款创造性的规定。

针对上述《复审通知书》，请求人于 2009 年 7 月 24 日提交了意见陈述书和权利要求书的全文替

换页，其中，针对请求人提出复审请求时所提交的权利要求书，将权利要求1和22的步骤（b）中的第二催化剂组合物限定为包括氢化-脱氢组分和ZSM-48分子筛，同时删除了权利要求10~13、19~20和23并对其他权利要求进行了适应性修改。修改后的权利要求为：

“1. 一种对包括20wt%~80wt%乙苯、和二甲苯异构体混合物的原料进行异构化的方法，所述方法包括：

（a）在二甲苯异构化条件下，使所述原料与第一催化剂组合物接触，以制备与原料相比具有更高对二甲苯浓度的中间产物，所述二甲苯异构化条件包括温度为250~600℃，压力为100~3550kPa，重时空速为0.05~50hr^{-1}，以及氢H_2与烃HC的摩尔比为0.05~20，然后

（b）在乙苯异构化条件下，使至少部分所述中间产物与第二催化剂组合物接触，该第二催化剂组合物包括氢化-脱氢组分和ZSM-48分子筛，用以将中间产物中的至少部分乙苯选择性异构化为对二甲苯，从而制得进一步的产品，且该产品的对二甲苯浓度大于所述乙苯异构化条件下的对二甲苯平衡浓度，其中乙苯异构化条件包括温度为250~600℃，压力为100~3550kPa，重时空速为0.01~20hr^{-1},以及氢H2与烃HC的摩尔比为0.05~20。

2. 如权利要求1所述的方法，其中所述原料含有25wt%~45wt%的乙苯。

3. 如上述任意权利要求所述的方法，其中所述二甲苯异构体混合物包括少于90wt%的间二甲苯。

4. 如权利要求3所述的方法，其中所述二甲苯异构体混合物包括少于60wt%的间二甲苯。

5. 如上述任意权利要求所述的方法，其中所述二甲苯异构体混合物包括10wt%~30 wt%的邻二甲苯。

6. 如上述任意权利要求所述的方法，其中所述接触（a）使原料中少于35wt%的乙苯发生转化，以及所述接触（b）使中间产物中多于35wt%的乙苯发生转化。

7. 如权利要求6所述的方法，其中所述接触（a）使原料中少于20wt%的乙苯发生转化，以及所述接触（b）使中间产物中多于50wt%的乙苯发生转化。

8. 如上述任意权利要求所述的方法，其中所述第一催化剂组合物包括约束指数近似在1~12范围内的分子筛。

9. 如上述任意权利要求所述的方法，其中所述第一催化剂组合物的α值为5~80。

10. 如上述任意权利要求所述的方法，其中所述第二催化剂组合物包括0.01wt%~10wt%的所述氢化组分。

11. 如权利要求10所述的方法，其中所述第二催化剂组合物包括0.03wt%~3wt%的所述氢化组分。

12. 如权利要求11所述的方法，其中所述第二催化剂组合物包含0.2wt%~1wt%的所述氢化组分。

13. 如权利要求10~12所述的方法，其中所述氢化组分包括第VIII族金属。

14. 如权利要求13所述的方法，其中所述氢化组分包括铂。

15. 如上述任意权利要求所述的方法，其中所述第二催化剂组合物不同于第一催化剂组合物。

16. 如权利要求1所述的方法，其用于异构化包括乙苯、和二甲苯异构体混合物的原料，所述方法包括：

（a）在二甲苯异构化条件下，使所述原料与包括ZSM-5的第一催化剂接触，以制备与原料相比具有更高对二甲苯浓度的中间产物，然后

（b）在乙苯异构化条件下，使至少部分所述中间产物与第二催化剂组合物接触，该第二催化剂组合物包括氢化-脱氢组分和ZSM-48分子筛，从而制得进一步的产品，且该产品的对二甲苯浓度大

于所述乙苯异构化条件下对二甲苯的平衡浓度。”

请求人认为：①从整体工艺看，对比文件 1 更关注于乙苯异构化，二甲苯异构化作为乙苯异构化的补充。虽然对比文件 1 的工艺是一个连续的循环过程，但本领域技术人员在对比文件 1 公开内容的基础上没有动机忽略主要的工艺路线而主动去将作为补充的二甲苯异构化作为 C8 芳族化合物进料首先经历的工艺步骤；②本发明产物中对二甲苯浓度显著高于对二甲苯的平衡浓度，原因主要在于原料中乙苯的浓度和两个异构化反应的顺序对二甲苯的产率有影响，原料中乙苯浓度越高，乙苯异构化步骤产物中对二甲苯浓度越高，这是在 EB 异构化步骤于二甲苯异构化步骤之后发生时才有的益处，而使用对比文件 1 公开的方法，即使原料中具有高 EB 浓度也不会提高最终产物中的对二甲苯浓度，因为过量的对二甲苯将在第二步骤（二甲苯异构化）中再次失去，使最终产物的对二甲苯再次仅仅为平衡浓度和在平衡浓度之下；③在对比文件 1 的方法中，通常的原料混合物包含 17% 的乙苯，由于八个碳原子的芳族化合物（乙苯、对二甲苯、间二甲苯和邻二甲苯）之间的热力学平衡在 427℃下是大约 9% 乙苯、21.4% 对二甲苯、69.6% 间二甲苯和邻二甲苯（两者比例为 2：1），因此，如果对二甲苯与乙苯+对二甲苯的比率大于或等于约 71%，从热力学上来讲，在不引入非 8 个碳原子的芳族化合物下使用任何异构化催化剂都不能使乙苯异构化为对二甲苯，例如，将乙苯选择性异构化为对二甲苯所需的最小乙苯浓度为 18%（对于含 40% 间二甲苯和邻二甲苯的原料而言）。如果乙苯在原料中含量为 17%，则由于热力学限制，没有乙苯能被选择性转化为对二甲苯。因此，申请人认为本发明权利要求 1 中要求原料包括 20wt% ~80wt% 的乙苯不能显而易见地预见到的；④本申请相应的美国专利申请已获得了授权，专利号为 US6，660，890。

至此，合议组认为本案事实已经清楚，可以作出审查决定。

二、决定的理由

1. 关于文本

请求人于 2009 年 7 月 24 日提交了权利要求书的全文替换页，其中，针对请求人提出复审请求时所提交的权利要求书，将权利要求 1 和 22 的步骤（b）中的第二催化剂组合物限定为包括氢化-脱氢组分和 ZSM-48 分子筛，同时删除了权利要求 10~13、19~20 和 23 并对其他权利要求进行了适应性修改。经审查，上述修改符合专利法实施细则第 60 条第 1 款和专利法第 33 条的规定。

2009 年 7 月 24 日提交的权利要求第 1~16 项、2007 年 2 月 28 日提交的说明书第 8~9 页、2005 年 10 月 14 日进入中国国家阶段时提交的国际申请文件中文译文的说明书第 1~7、10 页及说明书摘要。

2. 关于专利法第 22 条第 3 款

专利法第 22 条第 3 款规定，创造性，是指同申请日以前已有的技术相比，该发明有突出的实质性特点和显著的进步，该实用新型有实质性特点和进步。

在判断创造性时，首先要将权利要求的技术方案和最接近的现有技术进行对比，找出二者的区别技术特征，确定所述技术方案实际解决的技术问题，进而考察现有技术中是否存在将该区别技术特征引入到所述最接近的现有技术中以解决上述技术问题的启示，如果现有技术中存在这样的启示，则该权利要求不具备创造性。

就本申请而言，权利要求 1 要求保护一种对包括 20wt% ~80wt% 乙苯、和二甲苯异构体混合物的原料进行异构化的方法（具体参见案由部分）。

对比文件 1（US4101595A，公开日为 1978 年 7 月 18 日）公开了一种将乙苯经异构化反应转化为对二甲苯的方法（见第 4 栏第 44 行至第 5 栏第 32 行），其中指出在乙苯异构化中使用的 C8 芳烃为重整石油馏分经蒸馏之后的窄馏分的溶剂提取物，该进料由乙苯与三种二甲苯异构体的近似平衡混合物

（其中乙苯的平衡含量为10wt%~32wt%）构成（见第1栏第44~49行和第14栏第20~24行），所述进料经乙苯异构化之后获得对二甲苯比例高于平衡值的产物（见第14栏第21~31行）；其中氢气与进料烃的摩尔比为0.1~15，与催化剂的接触温度为650~1000℉，压力为50~500psig，体积时空速率为1.0~100^{-1}（见第5栏第41~49行），所用催化剂为第VIII族贵金属（实施例中具体使用了0.7%的Pt和Re）与二氧化硅/氧化铝比至少12且约束指数1~12的结晶硅铝酸盐沸石（优选ZSM-11、ZSM-12、ZSM-35等）的组合物（见第5栏第50~53行和第12栏第22~24行），并且所述沸石的α值为0.05-1并且具有10元环孔隙（见第5栏第65行和第7栏第18行）。

权利要求1与对比文件1的区别在于：①在乙苯异构化催化剂组合物中，权利要求1具体使用ZSM-48分子筛，而对比文件1中指出所用乙苯异构化催化剂包含诸如ZSM-11、ZSM-12、ZSM-35等具有10元环孔隙的二氧化硅/氧化铝比至少12且约束指数1~12的结晶硅铝酸盐沸石；②权利要求1在乙苯异构化之前进行了二甲苯异构化，而对比文件1中在乙苯异构化之前并未进行二甲苯异构化。

根据本申请说明书背景技术部分和实施例的相关内容以及请求人在答复时所争辩的意见，本申请实际解决的技术问题是使产物中对二甲苯的浓度高于其平衡浓度并由此而提高最终产物中对二甲苯的浓度。因此，判断本申请权利要求1是否具有创造性的焦点在于，现有技术中是否存在于乙苯异构化之前进行二甲苯异构化以及使用ZSM-48分子筛作为异构化催化剂以提高最终产物中对二甲苯浓度的启示。

由于本领域已知在C8芳烃混合物中，对二甲苯是有商业价值的化学原料，本领域技术人员有动机尽可能地提高其收率。对比文件1中除了公开通过乙苯异构化可以使产物中对二甲苯的浓度高于其平衡浓度（参见对比文件1第14栏第20~31行），还公开了对于分离脱除了对二甲苯之后的对二甲苯含量降低的物流可以通过将其引入二甲苯异构化单元中进行二甲苯异构化以提高对二甲苯浓度的步骤（参见第14栏第65行至第15栏第17行以及说明书附图），其中提到将经分离对二甲苯之后对二甲苯含量减少的物料在很少或几乎没有乙苯转化的条件下先进行二甲苯异构化以达到三种二甲苯异构体的平衡浓度，然后进行乙苯异构化。由此可以推知，第一，对比文件1中进行乙苯异构化的进料实质上包括两部分：①C8芳烃和②经二甲苯异构化处理的物料。由于C8芳烃中乙苯和三种二甲苯异构体呈近似平衡状态，因此，第二种原料的加入使得进行乙苯异构化的进料中对二甲苯的浓度相比C8芳烃原料已经得到提高，而所述对二甲苯浓度的提高恰恰是通过上述二甲苯异构化实现的；第二，对比文件1也暗示了在乙苯异构化之前可以进行二甲苯异构化。同时，根据权利要求1中描述的二甲苯异构化的目的“以制备与原料相比具有更高对二甲苯浓度的中间产物”，以及本申请说明书第4页第10~15行的记载“乙苯异构化过程中很少或没有二甲苯发生异构化”和“二甲苯异构化中很少或没有乙苯发生转化”，可见两步异构化之间相对独立，互不影响。因而，权利要求1中也仅是基于二甲苯异构化的步骤增加了对二甲苯的含量，该对二甲苯进入到最终的反应产物中，从而增加了最终产物中对二甲苯的含量。由此可见，对比文件1中使对二甲苯浓度提高所使用的手段与本申请是完全相同的。由于权利要求1以及对比文件1中所涉及的二甲苯异构化工艺均为本领域常规采用的技术手段，同时在说明书中也未提供证据证明在乙苯异构化之前进行二甲苯异构化除了可以预期地使最终的乙苯异构化产物中对二甲苯浓度高于其平衡浓度之外，还能给本发明带来其他意料不到的技术效果。因此，区别特征②的引入对本领域技术人员而言是显而易见的。

对于区别特征①，本申请权利要求1和对比文件1中均涉及具有10元环孔隙的分子筛，虽然对比文件1中未提及具体类型ZSM-48，但对于本领域技术人员而言，在现有技术已知可将具有10元环孔隙的分子筛应用于乙苯异构化的前提下，使用具体类型ZSM-48是一种常规选择，并且在本申请中指出，对于乙苯异构化所用的催化剂组合物，其通常包括具有一维 10 元环孔隙的分子筛，其实例包括 SAPO-11、ZSM-23、ZSM-22、NU-87、ZSM-11、ZSM-50……（参见本申请说明书第 6 页第 26~29行），本申请说明书中除了在实施例中具体使用了 ZSM-48，并没有提供任何证据表明使用包含 ZSM-48 的乙苯异构化催化剂相较于包含其他具有一维 10 元环孔隙的分子筛，例如 ZSM-11 等的乙苯异构化催化剂具有何种预料不到的技术效果，因此，区别特征①的引入对本领域技术人员而言也是显而易见的。

综上，合议组认为，权利要求 1 相对于对比文件 1 不具有突出的实质性特点和显著的进步，不符合专利法第 22 条第 3 款关于创造性的规定。

从属权利要求 2、10~15 进一步限定了乙苯含量和第二催化剂组合物（即进行乙苯异构化的催化剂组合物）的组分及其含量，其附加技术特征均已在对比文件 1 中被公开（参见对比文件 1 第 1 栏第 44~49 行和实施例），因而在权利要求 1 不具有创造性的基础上，权利要求 2、10~15 也不具有突出的实质性特点和显著的进步，不符合专利法第 22 条第 3 款关于创造性的规定。

从属权利要求 3~5 进一步限定了异构化原料中间二甲苯和邻二甲苯的含量，由于原料中间二甲苯和邻二甲苯的含量为通常状况下进行异构化的 C8 馏分中的常规含量，并且没有证据表明该含量的进一步限定给本申请带来了预料不到的技术效果，因而权利要求 3~5 不具有突出的实质性特点和显著的进步，不符合专利法第 22 条第 3 款关于创造性的规定。

从属权利要求 6~7 进一步限定了两步异构化中的乙苯转化率，由于对比文件 1 中已经指出二甲苯异构化过程中很少或几乎没有乙苯转化，而乙苯异构化过程中获得的二甲苯浓度高于平衡值（参见第 14 栏第 20~31 行和第 15 栏第 11~13 行），同时两种异构化方法中乙苯异构化的结果很大程度上取决于所用的催化剂和反应条件。在反应条件完全相同、所用催化剂均为包含氢化组分和具有 10 元环孔隙的分子筛的催化剂组合物并且没有证据表明本申请使用的包含具体类型 ZSM-48 的催化剂组合物能够产生预料不到的技术效果的情况下，异构化过程中乙苯转化率应当相差无几，因而，在权利要求 1 不具有创造性的基础上，权利要求 6~7 也不具有突出的实质性特点和显著的进步，不符合专利法第 22 条第 3 款关于创造性的规定。

从属权利要求 8~9 进一步限定了第一催化剂组合物（即用于二甲苯异构化的催化剂组合物）中分子筛的约束指数和第一催化剂组合物的 α 值。由于本申请所述第一催化剂组合物仅是一些常规的二甲苯异构化催化剂，同时，本申请中也指出所采用的第一催化剂不是关键的，仅是该催化剂组合物应能够使原料中的邻和间二甲苯向对二甲苯的异构化达到最大化，同时使乙苯的转化最小化（见本申请说明书第 5 页第 1 段），这与对比文件 1 中对于二甲苯异构化中催化剂的要求是完全一样的（参见对比文件 1 第 14 栏第 65 行至第 15 栏第 13 行）。另外，本申请中并未指出采用上述的分子筛以及第一催化剂组合物给本申请带来任何预料不到的技术效果，因而在权利要求 1 不具有创造性的基础上，权利要求 8~9 也不符合专利法第 22 条第 3 款关于创造性的规定。

从属权利要求 16 进一步限定了第一催化剂组合物，基于与权利要求 1、8~9 不具有创造性相同的理由，权利要求 22 也不符合专利法第 22 条第 3 款关于创造性的规定。

对于请求人在答复《复审通知书》时所陈述的理由，合议组认为：(1) 从表面来看，对比文件 1 似乎更关注于乙苯异构化，二甲苯异构化作为乙苯异构化的补充，使乙苯异构化的原料包含 C8 芳烃原料和二甲苯异构化产物。相比之下，本申请中更关注反应顺序，即，C8 芳烃原料先进行二甲苯异构化，之后二甲苯异构化产物进行乙苯异构化。但是，首先，两步异构化是一个完整的工艺，尽管相互独立，但却相互依存，互为补充；其次，就乙苯异构化而言，二者所要解决的技术问题相同——由含有乙苯的原料获得对二甲苯浓度高于平衡值的产物料流，采取的技术手段相同——主要采用双组分催化剂在一定的乙苯异构化条件下进行乙苯异构化，产生的技术效果也相同——最终获得对二甲苯浓度高于平衡值的产物料流。此外，就反应顺序而言，如前所述，对比文件 1 中已经公开二甲苯异构化后的物流可以作为乙苯异构化的原料，在这一启示下，本领域技术人员容易想到可以适当地调整原料的反应顺序；并且对比文件 1 中由于二甲苯异构化之后的滑溜与原料流混合进行乙苯异构化，客观上也提高了两步反应后最终的对二甲苯收率。因此，本领域技术人员既有动机对对比文件 1 进行改进，也能够预期到异构化顺序调整之后将会使对二甲苯最终浓度提高的效果。(2) 如上所述，对比文件 1 中乙苯异构化之后得到对二甲苯浓度高于平衡值的产物料流，分离出对二甲苯之后将减少对二甲苯含量的料流进行二甲苯异构化获得平衡浓度的三种二甲苯。对于对二甲苯的最终产率而言，显然获得了高于平衡浓度的对二甲苯，而非请求人所认为的乙苯异构化之后过量的对二甲苯在二甲苯异构化之后再次失去。(3) 对比文件 1 中使用的原料为 C8 芳烃混合物，其为通过蒸馏重整石脑油的产物的窄馏分的溶剂提取物，该进料由近似平衡的乙苯和三种二甲苯异构体构成（参见对比文件 1 第 14 栏第 20~27行），尽管在其第 3 栏第9~12行提到异构化反应器的典型进料包含 17wt% 的乙苯，但对比文件 1 同时也已明确指出，异构化的主要原料为催化重整的石脑油和热解蒸馏物，所述来源的 C8 芳烃馏分组成上通常包含 10wt% ~32wt% 的乙苯以及二甲苯（参见对比文件 1 第 1 栏第 44~49 行)，这一浓度范围与本申请的含 20% ~80% 的乙苯的范围相重叠，并不构成本申请与对比文件 1 的区别特征；(4) 本申请在其他国家被授权并不意味着本申请必然符合专利法的相关规定。因此，对于请求人的所述主张，合议组均不予支持。

根据上述事实和理由，合议组作出如下审查决定。

三、决定

维持国家知识产权局于 2008 年 1 月 4 日针对第 200480009963.2 号发明专利申请作出的驳回决定。

复审请求人对本决定不服的，可以根据专利法第 41 条第 2 款的规定，自收到本决定之日起三个月内向北京市第一中级人民法院起诉。

171

晒衣器

复审请求审查决定（第19954号）

决　　定　　号　第19954号
决　　定　　日　2009年9月10日
发明创造名称　晒衣器
国 际 分 类 号　D06F 57/08
复 审 请 求 人　曹晓刚
申　　请　　号　200410085475.1
申　　请　　日　2004年10月20日
公　　开　　日　2005年10月5日
优 先 权 日　2004年10月9日
合议组组长　弓　玮
主　　审　　员　孙建梅
参　　审　　员　程跃新

法 律 依 据　专利法第22条第3款，专利法实施细则第20条第1款
决 定 要 点

如果权利要求所要求保护的技术方案与现有技术公开的技术方案之间存在区别技术特征，该区别技术特征可以带来有益的技术效果，现有技术没有给出得出所述技术方案的技术启示，本领域技术人员需要付出创造性劳动才能得出该权利要求所述的技术方案，则该技术方案具有创造性。

一、案由

本复审请求涉及发明名称为“晒衣器”的申请号为200410085475.1的发明专利申请（下称本申请），申请人为曹晓刚，申请日为2004年10月20日，公开日为2005年10月5日，优先权日为2004年10月9日。

经实质审查，国家知识产权局原审查部门于2009年1月16日，针对申请人于申请日提交的说明书摘要，2005年5月16日提交的摘要附图、说明书附图第1~6页，2008年9月29日提交的说明书第1~3页、权利要求1~4，以权利要求1~4不符合专利法第22条第3款的规定以及权利要求1、4不符合专利法实施细则第20条第1款的规定为由驳回了本申请。驳回决定引用的对比文件为CN2071662U（1991年2月20日公开）。

驳回决定所针对的权利要求为：

“1. 一种晒衣器，晒衣器由扇形晒衣架、吊索、绳索轮系组合而成。其特征是：通过晒衣器支架

上左、右两侧绕线轮不同方向的回转来实现晒衣器呈扇形的展开和回收。绳索的总长度和任意两晒衣杆间绳索的长度可以决定晒衣器展开的状态。亦即，该晒衣器可以有多种展开状态。

2. 根据权利要求 1 所述的晒衣器，其特征是：扇形晒衣架中，7 根晒衣杆的一端分别装配在晒衣器支架的中心轴上，中心轴安装在晒衣器支架上，组成一个扇形晒衣架。

3. 根据权利要求 1 所述的晒衣器，其特征是：用 7 根独立的吊索分别连接 7 根晒衣杆的另一端，将吊索固定在晒衣器的上方，让吊索呈斜拉的状态，让晒衣杆能始终保持在水平状态下围绕中心轴自由的转动。

4. 根据权利要求 1 所述的晒衣器，绳索轮系由 2 个绕线轮、2 个导向轮、绳索等组成。2 个绕线轮和 2 个导向轮分别安装在晒衣器支架的左、右两侧。绳索的一端固定在晒衣器支架左侧的绕线轮上，绳索的另一端分别通过晒衣器支架左，右两侧的导向轮与晒衣器支架右侧的绕线轮连接。左、右导向轮之间的绳索分别与晒衣杆的端部作等距离的连接，且该连接能很方便的解开。把晒衣器左侧的导向轮设计成伸出安装的型式。”

驳回决定的主要理由是：权利要求 1 所请求保护的技术方案与对比文件 1 相比不具备创造性，从属权利要求 2~4 的附加技术特征是本领域普通常识，也不具备创造性；另外，权利要求 1、4 中出现多个句号，权利要求 4 中存在“等”字，因此都不符合专利法实施细则第 20 条第 1 款的规定。

申请人曹晓刚（下称复审请求人）对上述驳回决定不服，于 2009 年 4 月 1 日向专利复审委员会提出复审请求。在提出复审请求时，复审请求人对权利要求书作了修改，修改时克服了驳回决定中指出的形式缺陷。复审请求人提出的复审请求理由是：权利要求 1 与对比文件 1 相比，区别应在于晒衣架和绳索轮系；权利要求 1 的方案能够实现一根晒衣杆到多根晒衣杆的多组合、大角度、任意位置的多种展开状态；对比文件 1 的方案有诸多技术问题如不能实现衣杆和旋转板的速度匹配、不能实现晒衣杆围绕中心轴自由旋转等；从属权利要求 2~4 涉及的技术特征的特点和效果已在说明书中作了说明。修改后的权利要求为：

“1. 一种晒衣器，晒衣器由扇形晒衣架、吊索、绳索轮系组合而成，其特征是：通过晒衣器支架上左、右两侧绕线轮不同方向的回转来实现晒衣器呈扇形的展开和回收，绳索的总长度和任意两晒衣杆间绳索的长度可以决定晒衣器展开的状态，亦即，该晒衣器可以有多种展开状态。

2. 根据权利要求 1 所述的晒衣器，其特征是：扇形晒衣架中，7 根晒衣杆的一端分别装配在晒衣器支架的中心轴上，中心轴安装在晒衣器支架上，组成一个扇形晒衣架。

3. 根据权利要求 1 所述的晒衣器，其特征是：用 7 根独立的吊索分别连接 7 根晒衣杆的另一端，将吊索固定在晒衣器的上方，让吊索呈斜拉的状态，让晒衣杆能始终保持在水平状态下围绕中心轴自由的转动。

4. 根据权利要求 1 所述的晒衣器，绳索轮系由 2 个绕线轮、2 个导向轮、绳索组成。2 个绕线轮和 2 个导向轮分别安装在晒衣器支架的左、右两侧，绳索的一端固定在晒衣器支架左侧的绕线轮上，绳索的另一端分别通过晒衣器支架左，右两侧的导向轮与晒衣器支架右侧的绕线轮连接，左、右导向轮之间的绳索分别与晒衣杆的端部作等距离的连接，且该连接能很方便的解开，把晒衣器左侧的导向轮设计成伸出安装的型式。”

经形式审查合格，专利复审委员会受理了该复审请求，于 2009 年 5 月 8 日向复审请求人发出《复审请求受理通知书》，同时向原审查部门发出前置审查通知书，将本案转送至原审查部门进行前置审查。

原审查部门在前置审查意见书中认为：申请人在提出复审请求时未能克服驳回决定中指出的权利要求不符合专利法第 22 条第 3 款及专利法实施细则第 20 条第 1 款的规定，因此坚持驳回决定。

随后，专利复审委员会依法成立合议组对本案进行审查。

在上述程序的基础上，合议组认为本案事实已经清楚，可以作出复审决定。

二、决定的理由

1. 关于审查文本

复审请求人提出复审请求时对权利要求1~4所作的修改未超出原说明书和权利要求书记载的范围，符合专利法第33条以及专利法实施细则第60条第1款的规定。因此合议组以申请日提交的说明书摘要，2005年5月16日提交的摘要附图、说明书附图第1~6页，2008年9月29日提交的说明书第1~3页，2009年4月1日提交的权利要求1~4为基础作出本复审决定。

2. 关于权利要求1、4是否符合专利法实施细则第20条第1款的规定

专利法实施细则第20条第1款规定：权利要求书应当说明发明或者实用新型的技术特征，清楚、简要地表述请求保护的范围。

驳回决定认为：权利要求1、4中出现多个句号以及权利要求4中出现的“等”导致权利要求所要求保护的范围不清楚，不符合专利法实施细则第20条第1款的规定。

合议组认为，复审请求人在提交复审请求时，提交了修改文本，将权利要求1、4中多余的句号改为逗号，将权利要求4中的“等”字删除，即修改文本已经克服了驳回决定中所指出的缺陷，因此，权利要求1、4符合专利法实施细则第20条第1款的规定。

3. 关于权利要求1~4是否符合专利法第22条第3款的规定

专利法第22条第3款规定：创造性，是指同申请日以前已有的技术相比，该发明有突出的实质性特点和显著的进步，该实用新型有实质性特点和进步。

如果权利要求所要求保护的技术方案与现有技术公开的技术方案之间存在区别技术特征，该区别技术特征可以带来有益的技术效果，现有技术没有给出得出所述技术方案的技术启示，本领域技术人员需要付出创造性劳动才能得出该权利要求所述的技术方案，则该技术方案具有创造性。

驳回决定认为：对比文件1（CN2071662U）公开了一种扇形晒衣架。权利要求1所要求保护的技术方案与该对比文件所公开的技术内容相比，其区别在于绳索轮系，然而权利要求1并没有描述所说的绳索轮系的结构特征，而且根据本领域技术人员的普通常识，该区别技术特征所实现的“晒衣架呈扇形的展开和回收”的效果在对比文件1中也能实现，因此其对本发明的改进来说没有任何实质性的效果，即该区别技术特征对于权利要求1的创造性来说无任何实质性作用，因而权利要求1所要求保护的技术方案相对于对比文件1不具备创造性；从属权利要求2~4进一步限定的技术特征对本发明的改进来说没有任何实质性的效果，即它们对于权利要求的创造性来说无任何实质性作用。因此，这些权利要求也不具备专利法第22条第3款规定的创造性。

对此，合议组的相应意见如下：

独立权利要求1请求保护一种扇形晒衣架。对比文件1（CN2071662U）也公开了一种扇形晒衣架（参见该对比文件的说明书第1页第4段至第3页第1段，附图1），并公开了以下技术特征：该晒衣架包括扇形晒衣架（包括支杆1、搁架3等）、吊索（对比文件中称铅丝）、绳索2，其中通过手工拉扯位于晒衣架悬浮端的绳索来实现晒衣架呈扇形的展开和回收，绳索的总长度以及衣杆间绳索的长度决定晒衣器展开的状态，也即，晒衣架根据需要可以有多种展开状态（比如，晾晒衣物时，单根支杆转到合适受光的角度，晾晒重衣物时，两根或几根支杆合并使用）。

权利要求1所要求保护的技术方案与对比文件1公开的技术内容相比，其区别在于：本申请中，晒衣器还包括绳索轮系，晒衣器的展开和回收通过晒衣器支架上左、右两侧绕线轮不同方向的回转来实现。

对于上述区别特征，合议组认为，本发明的目的是提供一种扇形晒衣器，其中扇形晒衣架能够通过绳索轮系实现扇形的展开和回收。权利要求1所要求保护的技术方案中，指出在晒衣器中设置绳索轮系，其中晒衣器的展开和回收“通过晒衣器支架上左、右两侧绕线轮不同方向的回转”来实现，也即该权利要求进一步限定了关于绳索轮系的特征：在晒衣器支架上有左、右两侧绕线轮，绕线轮不同方向的回转可以展开和回收晒衣器；而对比文件1中，没有在晒衣架中设置绳索轮系，虽然“晒衣架呈扇形的展开和回收”的效果在对比文件1中也能实现，但其展开和回收是依靠简单的手工拉扯位于晒衣杆末端的绳索来实现的。也即，本申请的技术方案采用了一种通过晒衣器支架上左、右两侧绕线轮不同方向的回转来展开和回收扇形晒衣器的特殊方式，该方式有别于现有技术中的扇形展开和回收的方式，并带来了有益的技术效果：使得晒衣杆的操作相对现有技术来说更简单方便。由此可见，审查员目前提供的现有技术中没有在晒衣架中设置有关“绳索轮系”这一技术特征的技术启示，本领域技术人员在现有技术的基础上需要付出创造性劳动才能得出权利要求1所要求保护的技术方案，因此权利要求1所要求保护的技术方案相对于对比文件1来说是非显而易见的，权利要求1具备突出的实质性特点和显著的进步，因此符合专利法第22条第3款的规定。

相应地，引用权利要求1的从属权利要求2~4也具备创造性，符合专利法第22条第3款的规定。

基于上述事实和理由，合议组作出如下决定。

三、决定

撤销国家知识产权局于2009年1月16日针对200410085475.1号发明专利申请作出的驳回决定，由原审查部门在复审请求人于申请日提交的说明书摘要，2005年5月16日提交的摘要附图、说明书附图第1~6页，2008年9月29日提交的说明书第1~3页，2009年4月1日提交的权利要求1~4的基础上继续进行审查。

复审请求人对本决定不服的，可根据专利法第41条第2款的规定，自收到本决定之日起三个月内向北京市第一中级人民法院起诉。

172

在双金属氰化物催化工艺中起始物进料流的酸化

复审请求审查决定（第19997号）

决　定　号　第19997号
决　定　日　2009年9月21日
发明创造名称　在双金属氰化物催化工艺中起始物进料流的酸化
国际分类号　C07C43/02，C07C41/02，B01J27/26，C08G65/04，C08G18/48，C09D175/08，C09J175/08，C09K3/10
复审请求人　拜尔材料科学有限责任公司
申　请　号　200510056003.8
优先权日　2004年3月19日
申　请　日　2005年3月21日
公　开　日　2005年9月21日
合议组组长　任晓兰
主　审　员　沈　钱
参　审　员　张家祥

法律依据　专利法第26条第4款
决定要点

权利要求书中的每一项权利要求所要求保护的技术方案应当是所属技术领域的技术人员能够从说明书充分公开的内容中得到或概括得出的技术方案，并且不得超出说明书公开的范围。如果权利要求的概括包含申请人推测的内容，而其效果又难于预先确定和评价，应当认为这种概括超出了说明书公开的范围。

一、案由

本复审请求案涉及发明名称为“在双金属氰化物催化工艺中起始物进料流的酸化”的第200510056003.8号发明专利申请（下称本申请），申请人为拜尔材料科学有限责任公司，申请日为2005年3月21日，优先权日为2004年3月19日，公开日为2005年9月21日。

2008年2月15日，针对申请人于2007年12月24日提交的权利要求第1~19项、2005年3月21日提交的说明书第1~11页及其摘要，国家知识产权局以权利要求1~19不符合专利法第26条第4款的规定为由驳回了本申请。

驳回决定针对的独立权利要求1、19如下：

“1. 一种使低分子量起始物多元醇聚烷氧基化的方法，包括：

在烷氧基化反应器中在双金属氰化物催化剂存在下建立烷氧基化条件；

向所述反应器中连续加入至少一种环氧烷烃和低分子量起始物多元醇，其用无机质子无机酸和有机酸中的至少一种酸化，其中所述酸占约 200ppm 到约 2000ppm，以所述低分子量起始物多元醇的重量为基准计；和

回收烷氧基化的低分子量起始物聚醚产物，

其中所述低分子量起始物的分子量低于约 400Da。

19. 在通过至少一种异氰酸酯和至少一种异氰酸酯反应性化合物的反应生产聚氨酯的方法中，其改进之处包括通过下述步骤生产异氰酸酯反应性化合物：

在烷氧基化反应器中在双金属氰化物催化剂存在下建立烷氧基化条件；

向所述反应器中连续加入至少一种环氧烷烃和低分子量起始物多元醇，其用无机质子无机酸和有机酸中的至少一种酸化，其中所述酸占约 100ppm 以上，以低分子量起始物多元醇的重量为基准计；和

回收烷氧基化的低分子量起始物聚醚产物，

其中所述低分子量起始物的分子量低于约 400Da”。

驳回决定认为：(1) 根据说明书的记载，原料流含有适量的酸可以促进催化剂的效用，防止其钝化。对于权利要求 1 中酸的使用范围约 200ppm 到约 2000ppm，由于说明书中仅给出了酸量为 60ppm 和 240ppm 的实施例，本领域技术人员根据公知常识以及实施例的数据，既无法预测酸量的下限和上限，也无法确证其在这一范围内的变化趋势；(2) 申请人在答复《第二次审查意见通知书》时提交的酸量为 500ppm 的试验数据因未记载在原始申请文件中，因而不能用于证明权利要求能否得到说明书的支持。故权利要求 1~19 不符合专利法第 26 条第 4 款的规定。

2008 年 6 月 2 日，申请人拜尔材料科学有限责任公司（下称请求人）对上述驳回决定不服，向专利复审委员会提出复审请求，请求人在提出复审请求时对权利要求书进行了修改，将驳回文本权利要求 1 中的“约 200ppm 到约 2000ppm”以及权利要求 19 中的“约 100ppm 以上”修改为“200ppm 到 300ppm”，删除了权利要求 8，并相应地调整了其他权利要求的编号和引用关系。

请求人认为：新修改范围的两个端点值 200ppm 和 300ppm 在原说明书中已经明确公开，并且一个中间值 240ppm 已经在实施例中进行了测试，因此上述范围可以得到说明书的充分支持。

经形式审查合格后，专利复审委员会受理了该请求，并于 2008 年 6 月 19 日向请求人发出了《复审请求受理通知书》，同时将本申请转送至国家知识产权局原审查部门进行前置审查。

在《前置审查意见书》中，国家知识产权局原审查部门认为请求人对酸用量的修改未克服驳回决定所指出的缺陷，因此坚持驳回决定。

专利复审委员会组成合议组，对本复审请求案进行了审查。合议组于 2009 年 6 月 4 日向请求人发出《复审通知书》，指出：权利要求 1 要求保护一种使低分子量起始物多元醇聚烷基化的方法，其中限定用于酸化起始物多元醇的酸的用量为低分子量起始物多元醇重量的 200ppm 到 300ppm。但是，在说明书公开的内容的基础上，本领域技术人员不能预测到中和碱性物质的酸为 200~300ppm 范围的技术方案均能解决本申请的技术问题。虽然原说明书和权利要求书中有关于酸的用量为200~300ppm 的相关记载，但在没有充分理由和证据能够证明采用该范围的权利要求 1 的技术方案都能够解决本申请要解决的技术问题的情况下，在说明书中有一致性的表述不能成为说明权利要求 1 得到了说明书的支持的理由。在此基础上，权利要求 1~18 得不到说明书的支持，不符合专利法第 26 条第 4 款的规定。

针对《复审通知书》指出的问题，请求人于 2009 年 7 月 14 日提交了意见陈述书，但是没有修改

申请文件，请求人认为：（1）权利要求1所要求保护的酸量范围（200~300ppm）已经非常窄。实施例C1中所用的酸量（60ppm）仅仅是权利要求1中范围下限值的30%，明显小于实施例2中所用的酸量（240ppm）或者权利要求1范围的下限值（200ppm）。权利要求1所要求保护的范围200~300ppm相当接近实施例2中所用的酸量240ppm，基于实施例2中举例说明的优异的反应效果，本领域技术人员得出围绕该用量的小范围也会产生优异反应效果的结论是合情理的；（2）现有技术并未公开高于本申请所要求保护的上限值（300ppm）的范围或量，而本申请在原始说明书和权利要求书中公开了可以使用高达2000ppm的酸量，因此，在本领域技术人员阅读说明书后得知高达2000ppm的酸量不会钝化催化剂，从而得出300ppm可能使催化剂钝化的结论不符合逻辑。综上所述，权利要求1所要求保护的酸量范围是合理的，符合专利法第26条第4款的规定。同理，权利要求2~18也符合专利法第26条第4款的规定。

经合议，合议组认为本案事实清楚，可以作出审查决定。

二、决定的理由

1. 关于审查文本

请求人于2008年6月2日提交了修改的权利要求书，经审查，上述修改符合专利法第33条和专利法实施细则第60条第1款的规定，因此，本复审请求审查决定针对的文本是请求人于2008年6月2日提交的权利要求第1~18项、2005年3月21日提交的说明书第1~11页及其摘要。

2. 关于专利法第26条第4款

专利法第26条第4款规定，权利要求书应当以说明书为依据，说明要求专利保护的范围。

权利要求书中的每一项权利要求所要求保护的技术方案应当是所属技术领域的技术人员能够从说明书充分公开的内容中得到或概括得出的技术方案，并且不得超出说明书公开的范围。如果权利要求的概括包含申请人推测的内容，而其效果又难以预先确定和评价，应当认为这种概括超出了说明书公开的范围。

就本申请而言，权利要求1要求保护一种使低分子量起始物多元醇聚烷基化的方法，其包括向所述反应器中连续加入至少一种环氧烷烃和低分子量起始物多元醇，其用无机质子无机酸和有机酸中的至少一种酸化，其中所述酸占低分子量起始物多元醇的重量的200ppm到300ppm。

如说明书所述，背景技术中公开了现有技术的状况与缺陷：DMC催化烷氧基化反应中，强碱使DMC催化剂钝化；通过用合适量的酸以中和碱性杂质，可以促进催化剂的效用，防止其钝化，现有技术（US6077978A，公开日为2000年6月20日）中公开了一种类似的制备方法，其中教导“需要加入100ppm以下酸，以总低分子量起始物为基准计，优选约5~50ppm，最优选约10~30ppm”，但其中未提到可以“加入比中和碱性物质所需要的酸更大量的酸”（参见本申请说明书第3页第1段、第4页第1段）。

故而，请求人指出，本申请的方法通过采用以低分子量起始物的重量为基准计，其量大于恰恰中和低分子量起始物碱性所需要的量的酸，可以达到预料不到的技术效果，即由低分子量起始物得到低分子量（250~2500）多元醇产物，并且不发生催化剂钝化，高分子量尾和多元醇产物的分散性也没有显著增加。

因此，本申请所要解决的技术问题是提供一种制造较低分子量DMC催化多元醇的方法，所述分子量低于迄今采用非酸化连续加入起始物（CAOS）进料能够达到的分子量，并且改善了双金属氰化物（“DMC”）催化剂活性，采用的技术手段是向CAOS进料流中加入过量于中和低分子量起始物碱性所需要的酸。

说明书发明内容部分一般性地记载本申请的方法，其中提到，通过向CAOS进料流中加入过量于中和低分子量起始物碱性所需量的酸，对于给定工艺可以使用比迄今需要的少的催化剂；说明书具体实施方式部分记载了本申请方法中加入的酸的量为过量于仅仅中和甘油所需要的酸的量，即 100ppm 以上，优选 100ppm 以上至 2000ppm，最优选 200~300ppm（参见说明书第 7 页第 4 段）。说明书实施例进行了加入不同量酸的对比试验，结果表明：比较实施例 C1 中加入 60ppm 磷酸没能完成反应，实施例 2 中加入 240ppm 磷酸取得良好的反应效果。

因此，判断权利要求 1 是否能够得到说明书支持的焦点在于：在说明书公开的上述内容的基础上，本领域技术人员能否预测到中和碱性物质的酸为 200~300ppm 范围的技术方案均能解决上述问题。

合议组认为：在比较实施例 C1 中，酸的量为 60ppm，大于中和起始物碱性所需的量，批料期间反应器的最大压力为 45psia，仍然没能完成反应；在实施例 2 中，酸的量为 240ppm，大于中和起始物碱性所需的量，批料期间反应器的最大压力为 32psia，批料正常完成反应。将上述两个结果进行对比，并结合本申请的相关描述，可知：（1）中和起始物碱性所需的酸量并非从 100ppm 开始而是低于 60ppm；（2）当酸的量为 60ppm 时会发生催化剂钝化，因此并非如本申请中所述那样，加入“恰恰过量于中和低分子量起始物碱性所需酸”量的酸时会避免催化剂钝化；基于此，尽管酸的量为 240ppm 时，避免催化剂钝化结果优于加入 60ppm 的酸的情况，但本领域技术人员由此无法确定当超出中和起始物碱性所需的量达到何种程度时，才能避免催化剂钝化，产生本申请所述的技术效果，即本领域技术人员不通过实验，无法确定加入的酸量从 60~240ppm 之间的哪一数值开始催化剂不再发生钝化，因此也不能确定加入 200ppm 的酸时能够达到本申请所述的效果；（3）由 US6077978A 中公开的内容（加入的酸量为 100ppm 以下，优选 5~50ppm，最优选 10~30ppm）可知，当加入的酸量为 30~50ppm时，将会优于酸量为 60ppm。而本申请对比实施例 C1 和实施例 2 的对比结果却表明加入 240ppm 的酸将会优于加入 60ppm 的酸，因此，当请求人没有其他的数据点来证明催化剂活化的效果趋势是随着酸量的增加而直线上升的情况下，仅由对比实施例 C1 和实施例 2，尚不能确定酸的量为 300ppm 时仍然能避免催化剂钝化。因此，权利要求 1 的技术方案包括了请求人推测的内容，其效果又难以预先确定和评价，该权利要求 1 得不到说明书的支持，不符合专利法第 26 条第 4 款的规定。

对于请求人提出复审请求和针对《复审通知书》提交的意见陈述 ，合议组认为：权利要求能否得到说明书的支持，既不是指权利要求本身概括范围的大小，也不是指权利要求的内容在说明书中是否存在一致性表述，而是指权利要求所概括的范围内是否包括了效果难以预先确定和评价的内容。如果本领域技术人员在说明书公开内容的基础上，即使结合其了解的现有技术状况和常识也不足以确定权利要求中概括的所有技术方案据能解决其要解决的技术问题，达到所预期的技术效果，则即使权利要求的技术方案在说明书中存在一致性表述，或者权利要求概括的范围很小，也不足以说明其能得到说明书的支持。本案中，在 CAOS 进料流中加入的酸的量是本申请的关键所在，是本申请所述方法区别于现有技术的发明点。申请人宣称加入 200~300ppm 的酸时会产生预料不到的技术效果，但是由说明书中仅给出的 60ppm 和 240ppm 的实施例，特别是能解决技术问题的 240ppm 的实施例，本领域技术人员无法对 200~300ppm 数值范围所对应的所有情形和趋势进行推测，具体理由如前文所述。因此，虽然权利要求 1 中酸量范围（200~300ppm）是围绕 240ppm 这个值的一个小范围区域，在本领域技术人员有合理的理由怀疑且请求人未提供充分理由和证据证明采用该范围的权利要求 1 的技术方案都能够解决本申请所述的技术问题的情况下，概括的范围即使再小也不能成为说明权利要求 1 能够得到说明书支持的理由；另外，没有现有技术公开高于本申请所要求保护的上限值（300ppm）的范围或量，本申请在原始说明书和权利要求书中公开的可以使用高达 300ppm 或 2000ppm 的酸量也仅是请求人的预测，在本领域技术人员根据现有技术及说明书确切的数据无法推测其能够解决本申请技术问题的情况下，无论是2000ppm还是300ppm的上限值，均不能成为权利要求的概括基础。鉴于此，对于请求人的上述主张，合议组不予支持。

同理，权利要求2~18也得不到说明书的支持，不符合专利法第26条第4款的规定。

根据上述事实和理由，合议组作出如下审查决定。

三、决定

维持国家知识产权局于2008年2月15日对200510056003.8号发明专利申请作出的驳回决定。

复审请求人对本决定不服的，可以根据专利法第41条第2款的规定，自收到本决定之日起三个月内向北京市第一中级人民法院起诉。

173

桥连的茚并吡咯并咔唑

复审请求审查决定（第20000号）

决　定　号　第20000号
决　定　日　2009年10月9日
发明创造名称　桥连的茚并吡咯并咔唑
国际分类号　A61K 31/55，C07D 498/22
复审请求人　赛福伦公司
申　请　号　99807036.X
优先权日　1998年6月5日，1999年6月3日
申　请　日　1999年6月4日
公　开　日　2001年7月18日
合议组组长　卢　阳
主　审　员　王　冬
参　审　员　李瑛琦

法律依据　专利法第26条第4款
决定要点

请求人删除了驳回决定中指出的不符合专利法第26条第4款规定的权利要求，克服了驳回决定中指出的缺陷。

一、案由

本复审请求涉及1999年6月4日申请、2001年7月18日公开、名称为“桥连的茚并吡咯并咔唑”的第99807036.X号发明专利申请（下称本申请），申请人为赛福伦公司，本申请的优先权日为1998年6月5日和1999年6月3日。

针对申请人于2007年9月21日提交的权利要求1~20，2000年12月5日进入国家阶段时提交的说明书第1~31、33~54页、附图第1~9页以及说明书摘要，2003年9月24日提交的说明书第32页，国家知识产权局于2007年11月9日以本申请权利要求10~19不符合专利法第26条第4款的规定为由驳回了本申请。驳回决定所针对的权利要求书为：

“1. 式I化合物：

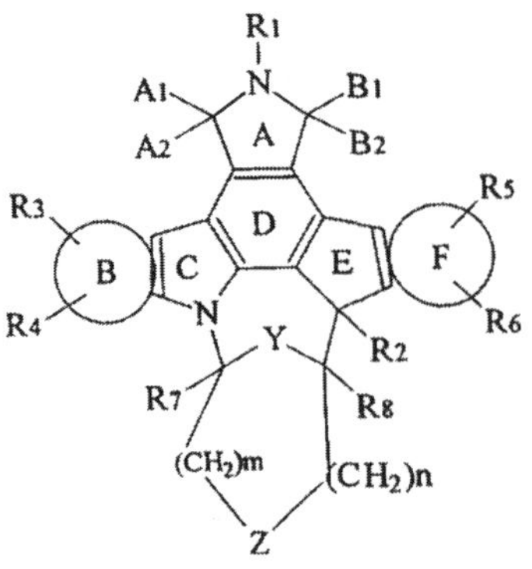

I

其中：

B 环和 F 环为苯环；

R^1、R^4、R^6 和 R^7 各自为 H；

R^2 选自 H，1~4 个碳原子烷基或羟基；

R^3 选自 H、卤素、$-CH_2OEt$ 或 3-（3′-NH_2-Ph）；

R^5 选自 H 或甲氧基；

R^8 选自 H、甲基，CH_2OH 或 CO_2Et；

m 为 1 或 2：

n 为 1；

Y 为 O；

Z 选自单键或-O-；

A^1A^2 和 B^1B^2 独立地为 H，H 或一起形成=O，且 A^1A^2 和 B^1B^2 中的至少一对形成=O。

2. 权利要求 1 的化合物，具有下式的非对映异构体：

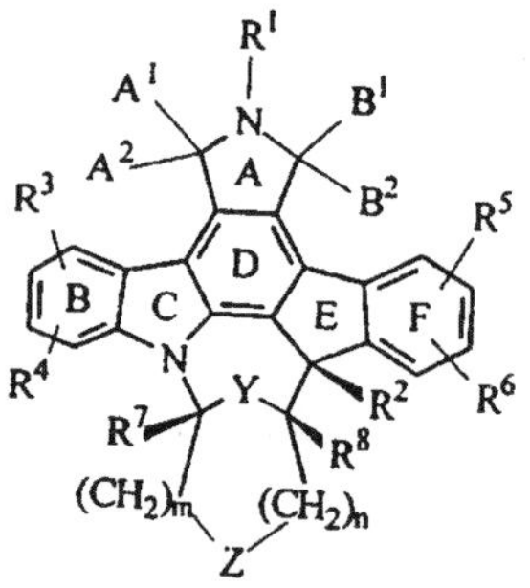

或

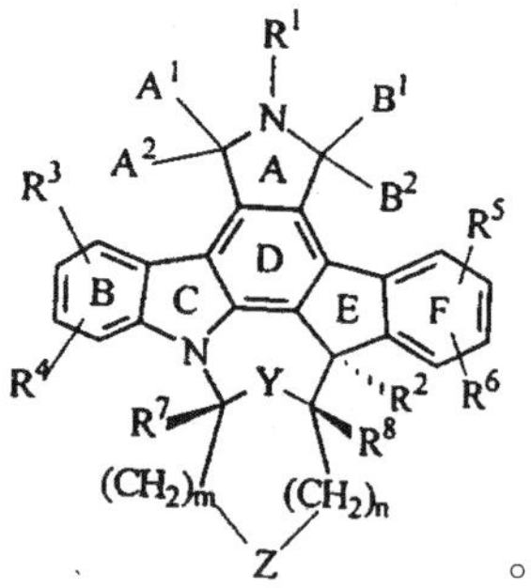

。

3. 权利要求 1 的化合物，具有下式的非对映异构体：

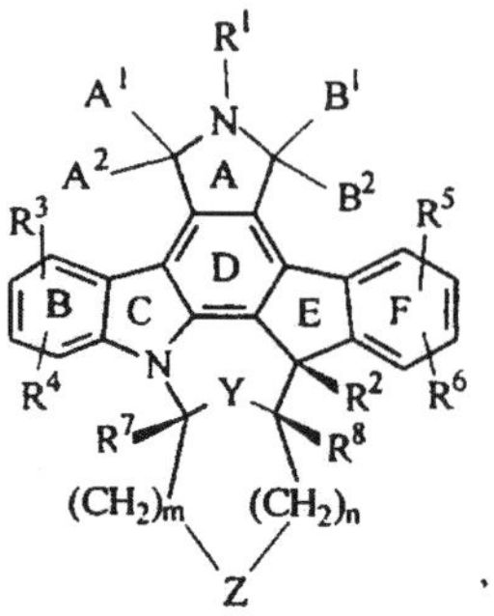

，

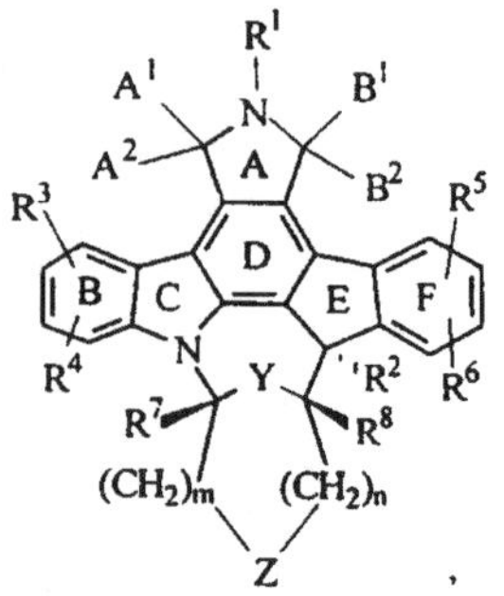

，

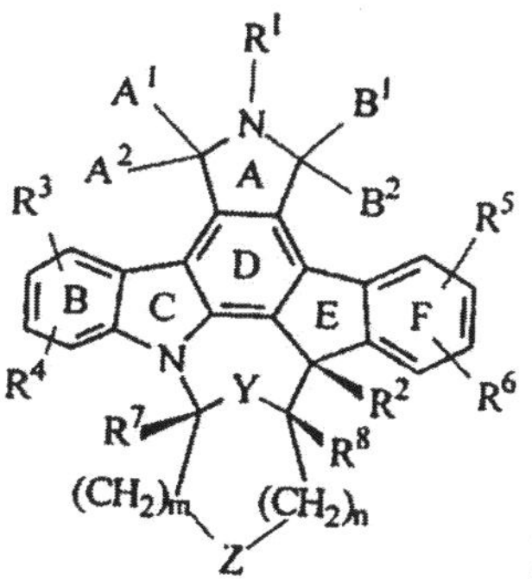

或

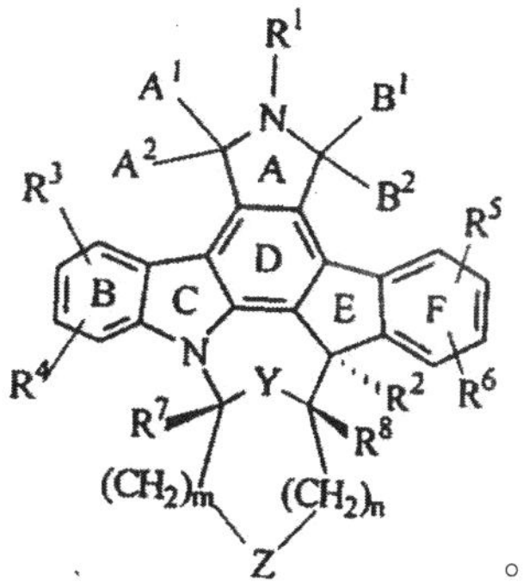

。

4. 下式表示的一种化合物：

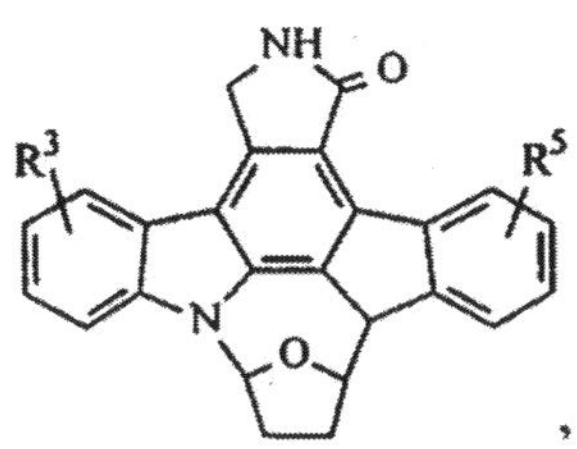

，

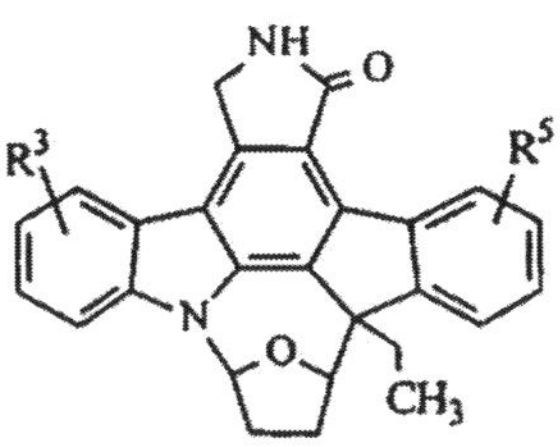

，

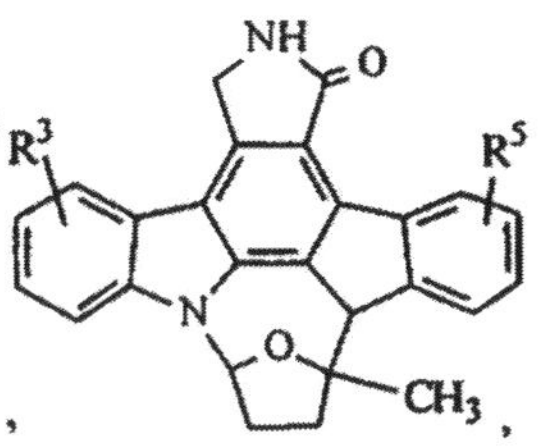

，

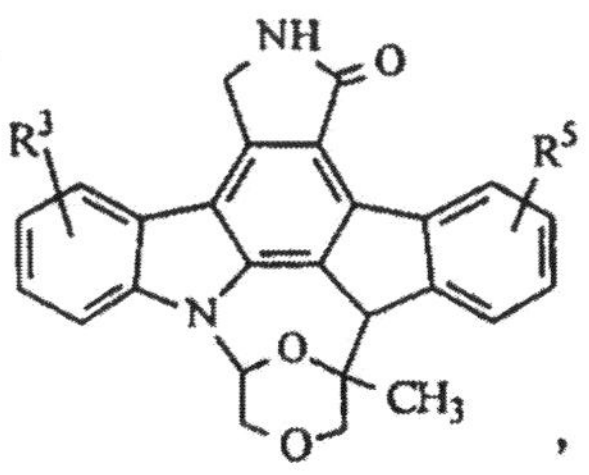

，

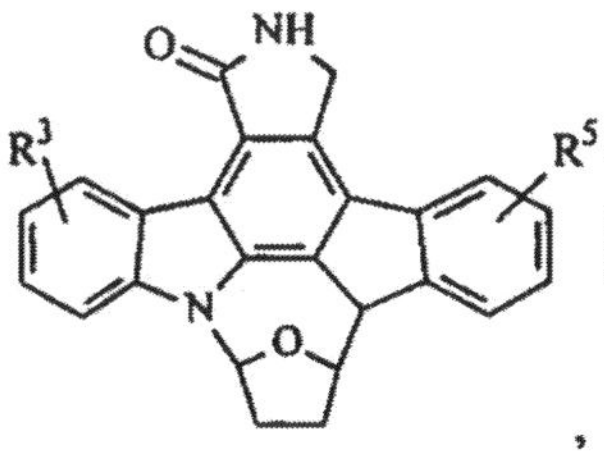

，

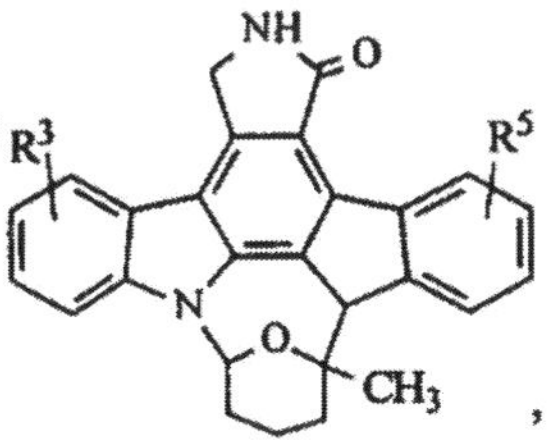

，

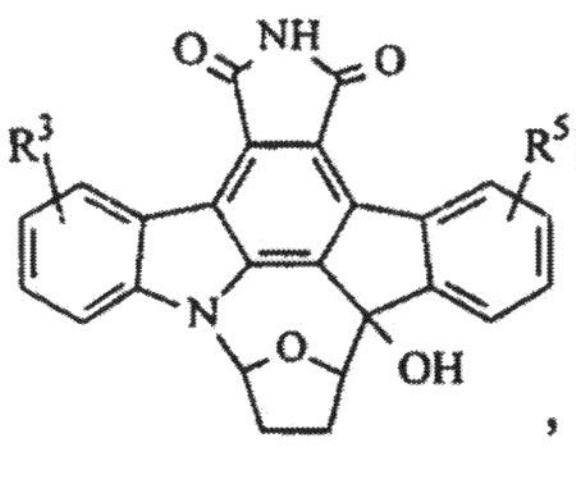

，

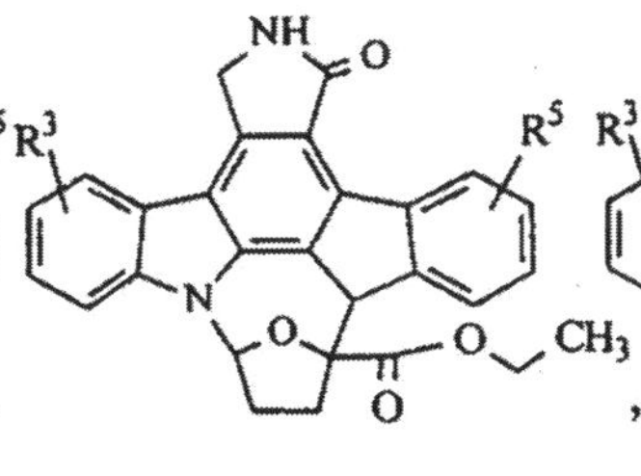

，

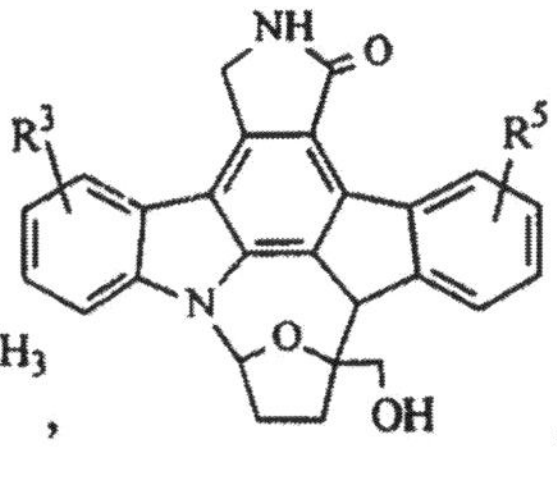

，

或

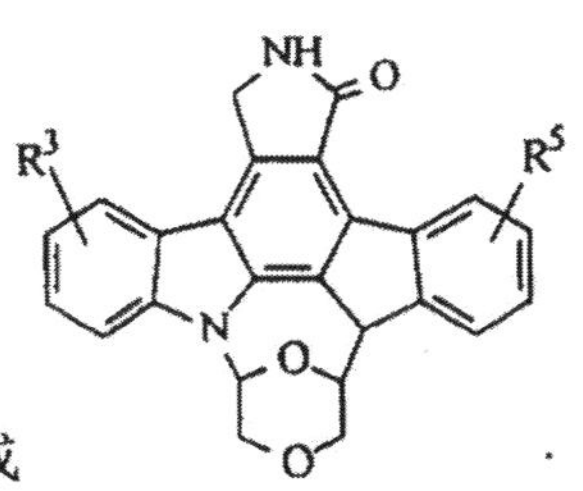

.

其中

R^3 选自 H、卤素、$-CH_2OEt$ 或 3-（3′-NH_2-Ph）；

R^5 选自 H 或甲氧基。

5. 权利要求 4 的化合物，具有下式：

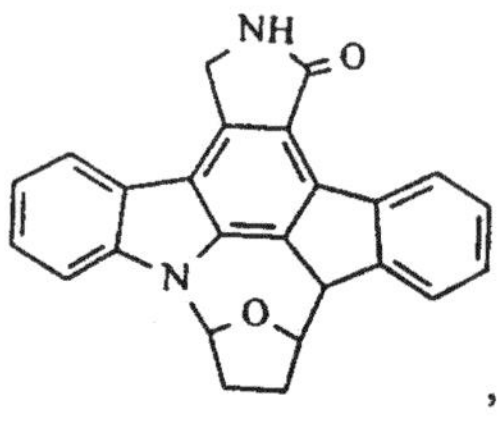
，
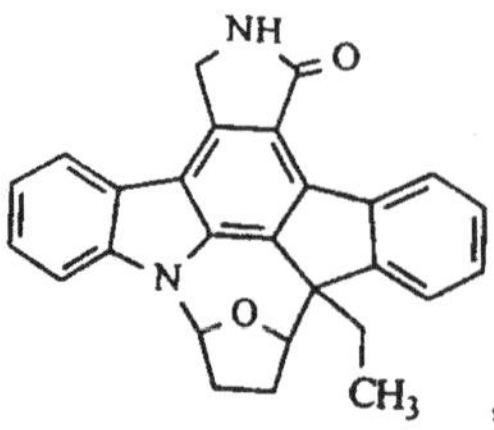
，
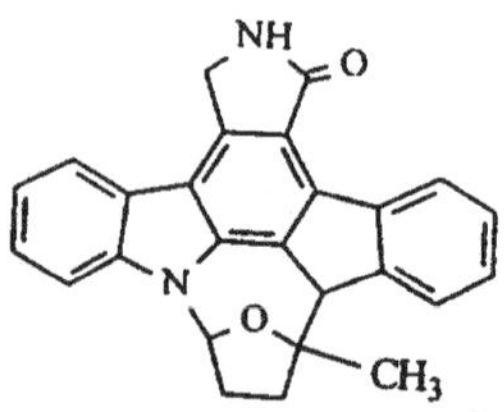
，
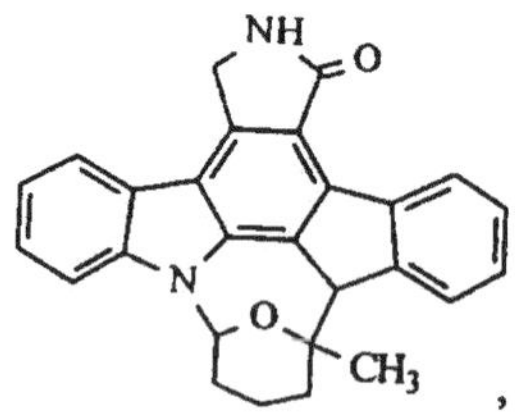
，
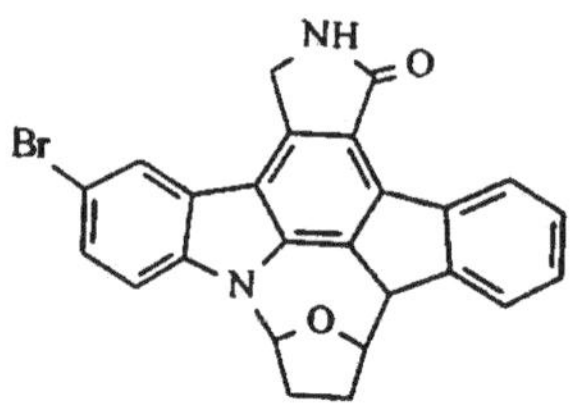
，
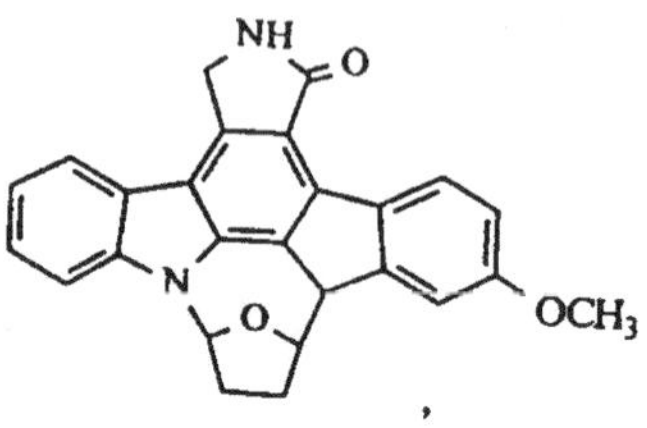
，
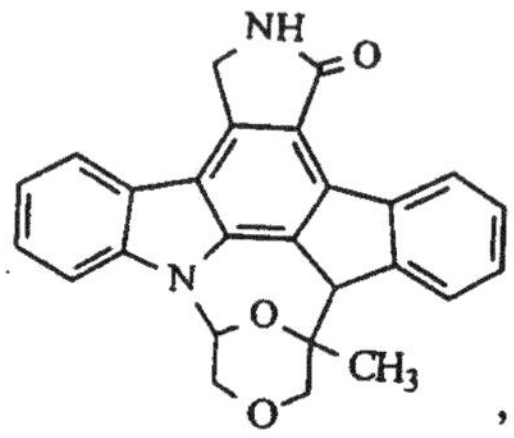
，
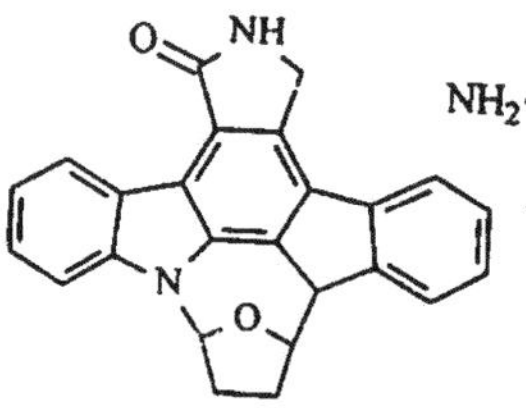
，
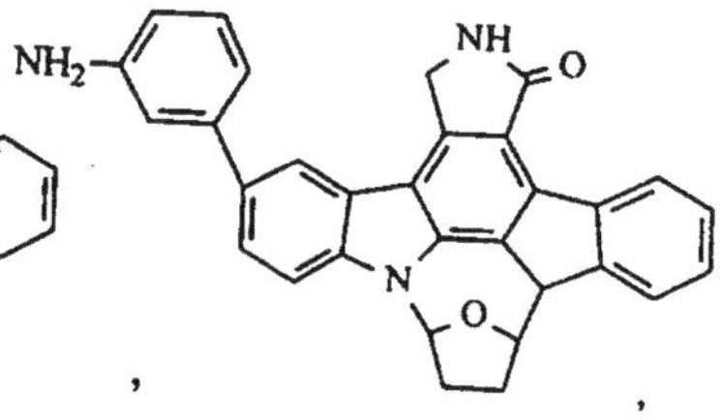
，
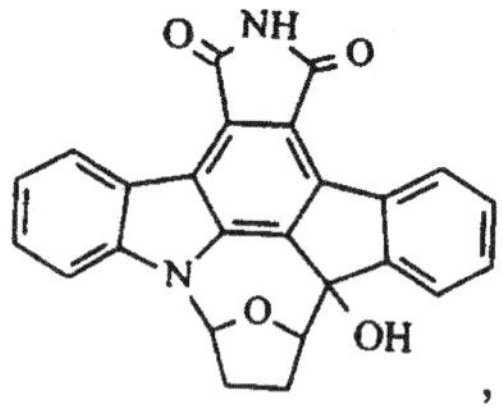
，
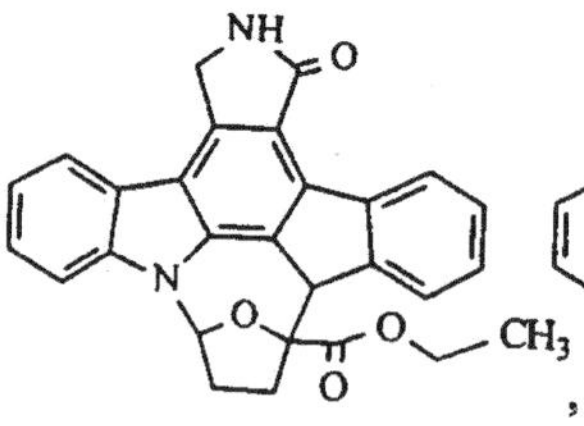
，
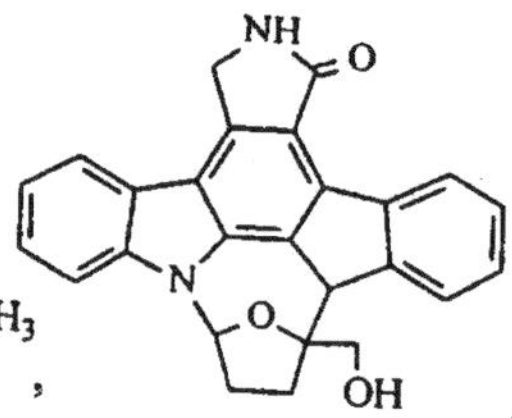
，
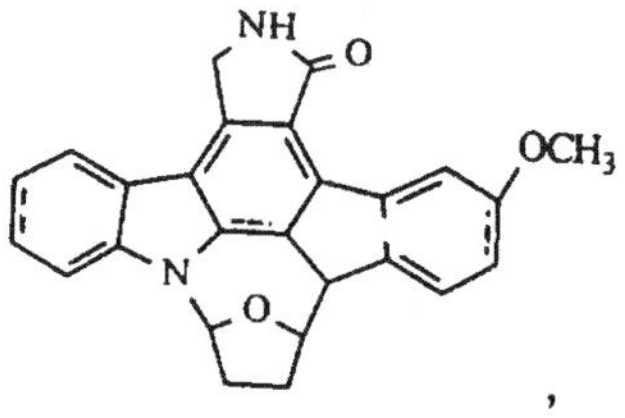
，
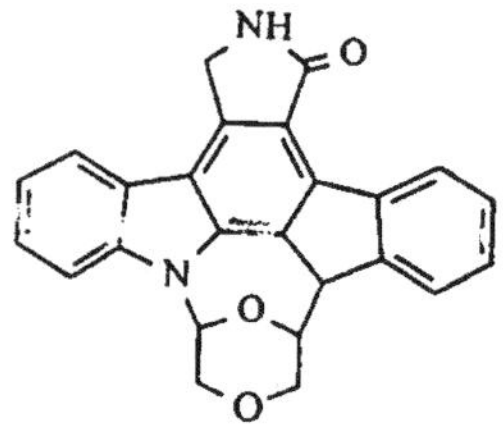
或
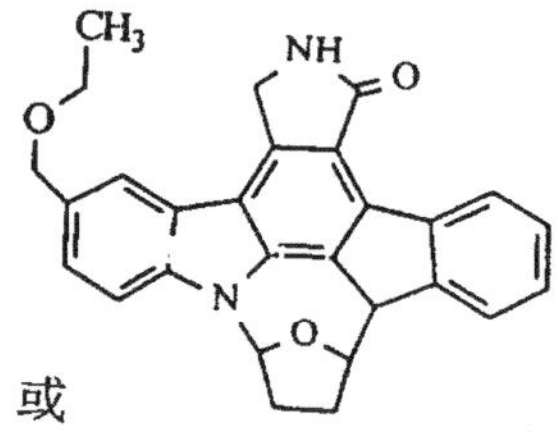
。

6. 权利要求 5 的化合物，具有下式的对映异构体：

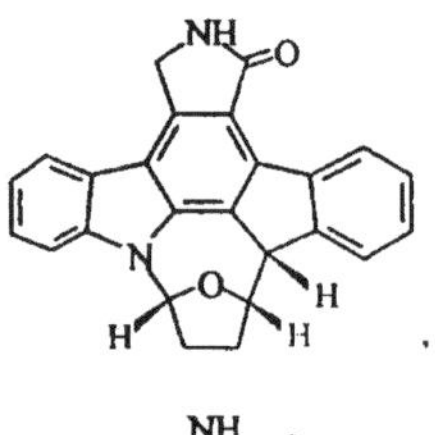
，
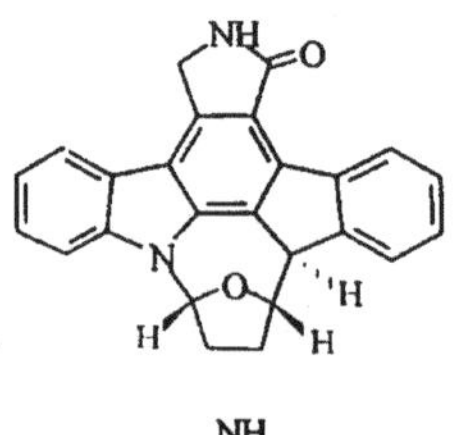
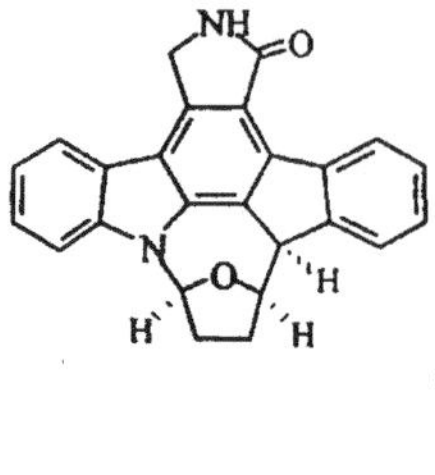
或
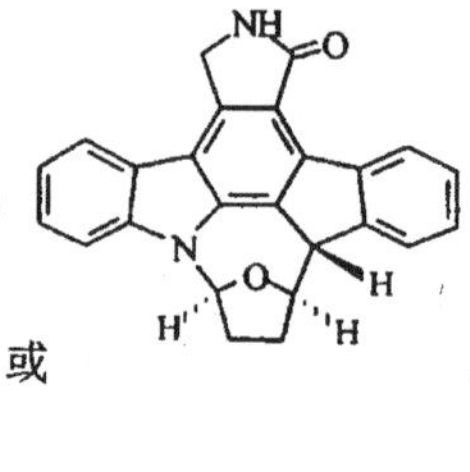
。

7. 权利要求5的化合物，具有下式的非对映异构体：

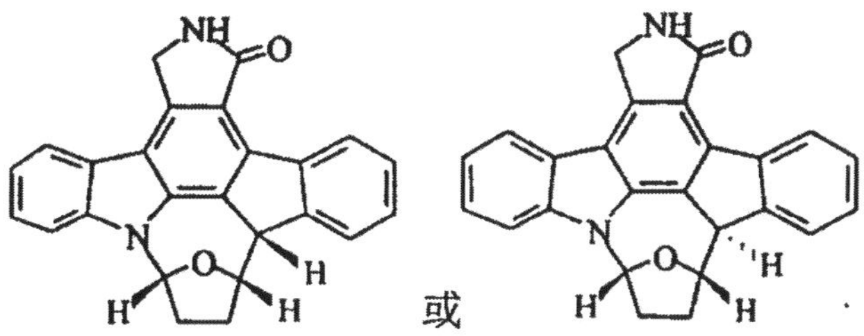

。

8. 药物组合物，含有权利要求1的化合物和可药用载体。

9. 药物组合物，含有权利要求5的化合物和可药用载体。

10. 权利要求1的化合物在制备用于治疗或预防前列腺疾病的药物中的用途。

11. 权利要求10的用途，其中的前列腺疾病为前列腺癌或良性的前列腺增生。

12. 权利要求1的化合物在制备用于治疗或预防血管生成性疾病的药物中的用途。

13. 权利要求12的用途，其中的血管生成性疾病为固体肿瘤、子宫内膜异位、糖尿病视网膜病、牛皮癣、成血管细胞瘤、眼科疾病或斑状变性。

14. 权利要求1的化合物在制备用于治疗或预防瘤形成、类风湿关节炎、肺纤维变性、脊髓纤维变性、意外创伤的愈合、动脉粥样硬化或再狭窄的药物中的用途。

15. 权利要求1的化合物在制备用于治疗或预防阿尔茨海默氏病、肌萎缩性侧索硬化、帕金森病、中风、局部缺血、亨廷顿舞蹈病、爱滋病痴呆、癫痫、多发性硬化、末稍神经病、脑损伤或脊索损伤的药物中的用途。

16. 权利要求1的化合物在制备用于抑制trk激酶活性的药物中的用途。

17. 权利要求16的用途，其中trk激酶是trk A。

18. 权利要求16的用途，其中提供权利要求1的化合物用来治疗炎症。

19. 权利要求1的化合物在制备用于治疗或预防缘于PDGFR活性的疾病的药物中的用途。

20. 权利要求1的化合物在制备用于治疗或预防具有异常ChAT活性特征的疾病的药物中的用途。”

驳回决定指出：(1) 权利要求10要求保护权利要求1的化合物在制备用于治疗或预防前列腺疾病的药物中的用途，但根据说明书的记载，本申请只是通过①trkA酪氨酸激酶活性抑制试验；②在全细胞制备过程中，NGF-激励的trk磷酸化作用的抑制；③血管内皮生长因子受体（VEGFR）激酶的抑制试验；④PKC活性抑制试验；⑤PDGFR抑制试验五方面对化合物II-1至II-16进行了体外的受体抑制实验。本领域普通技术人员已知一种疾病可能与多种作用机理有关，可能与多种受体、酶等相关，抑制其中的某个受体与治疗该疾病之间是否产生直接的联系是需要药理学、临床等多方面的大量实验论证的，而现有技术中并没有抑制这些受体与前列腺疾病直接相关的证据，并且说明书中进行实验化合物的体外实验表明它们的生物活性之间存在差异，有的甚至几个数量级（参见表2~6），这些化合物是否能够在具体的疾病中发挥药效是无法预知的。因此权利要求10包含了推测的内容，而其效果又难于预先确定和评价，不符合专利法第26条第4款的规定。基于的相同理由，权利要求11~15的技术方案也得不到说明书的支持，不符合专利法第26条第4款的规定。(2) 权利要求16要求保护权利要求1的化合物在制备用于抑制trk激酶活性的药物中的用途，虽然说明书第18页指出对trk的抑制作用意味着疾病用途：前列腺疾病如前列腺癌和良性前列腺增生，以及治疗炎症疼痛。但是基于评述权利要求10的理由，现有技术中并没有抑制trk激酶活性与说明书所述疾病直接相关的证据，并且说明书中进行实验化合物的体外实验表明它们的生物活性之间存在差异，这些化合物是否能够在具体的疾病中发挥药效是无法预知的，因此权利要求16包含了推测的内容，而其效果又难于预先确定和评价，不符合专利法第26条第4款的规定。基于相同的理由，权利要求17~18也不符合专利法第26条第4款的规定。（3）权利要求19要求保护权利要求1的化合物在制备用于治疗或预防缘于PDGFR活性的疾病的药物中的用途。虽然说明书第18页指出对血小板生成的生长因子受体（PDGFR）的抑制作用意味着疾病用途，例如，瘤形成、类风湿关节炎、肺纤维变性、脊髓纤维变性、意外创伤愈合，与心血管端岔相关的疾病，如粥样动脉硬化、再狭窄、血管成形术后再狭窄等。但是显然现有技术中并没有PDGFR活性与说明书所述众多疾病直接相关的证据，并且说明书中进行实验化合物的体外实验表明它们的生物活性之间存在差异，这些化合物是否能够在具体的疾病中发挥药效是无法预知的，因此权利要求19包含了推测的内容，而其效果又难于预先确定和评价，不符合专利法第26条第4款的规定。

2008年2月25日，申请人赛福伦公司（下称请求人）不服上述驳回决定，向专利复审委员会提出复审请求，提交了权利要求书的修改替换页（共10项），其中删除了驳回决定所针对的权利要求10~19，请求人认为删除了上述权利要求10~19，使得驳回决定中指出的缺陷不复存在，应撤销驳回决定。此次修改后的权利要求书内容如下：

"1. 式I化合物：

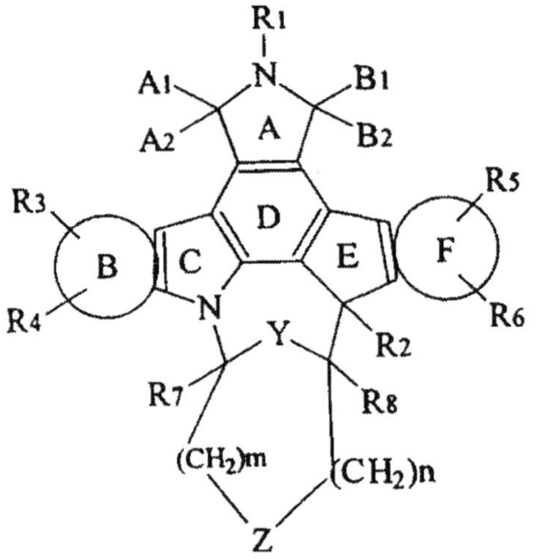

I

其中：

B环和F环为苯环；

R^1、R^4、R^6和R^7各自为H；

R^2选自H，1~4个碳原子烷基或羟基；

R^3选自H、卤素、$-CH_2OEt$或3-（3′-NH_2-Ph）；

R^5选自H或甲氧基；

R^8选自H、甲基，CH_2OH或CO_2Et；

m为1或2；

n为1；

Y 为 O；

Z 选自单键或-O-；

A^1A^2 和 B^1B^2 独立地为 H，H 或一起形成=O，且 A^1A^2 和 B^1B^2 中的至少一对形成=O。

2. 权利要求 1 的化合物，具有下式的非对映异构体：

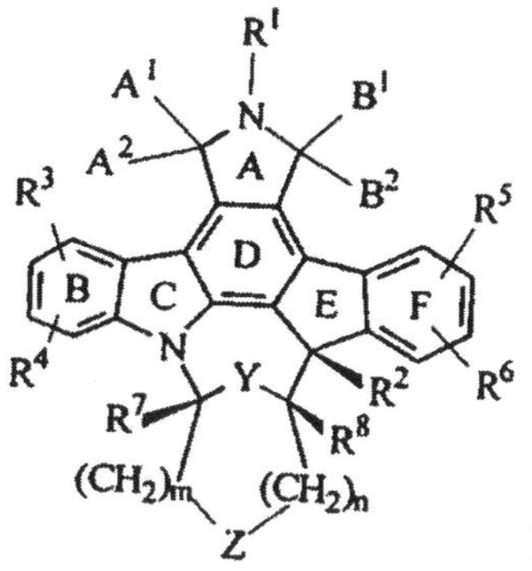

或

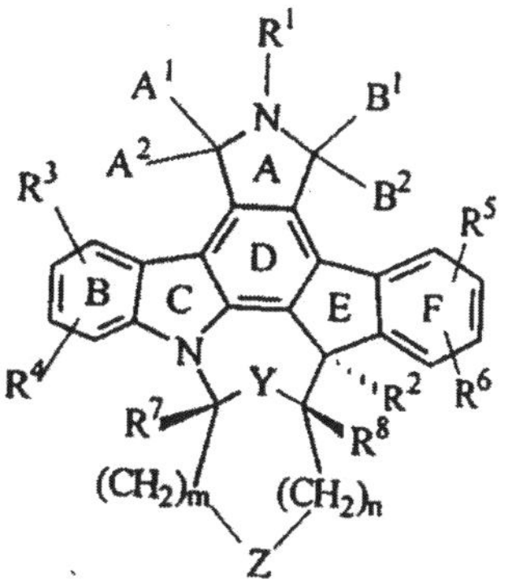

。

3. 权利要求 1 的化合物，具有下式的非对映异构体：

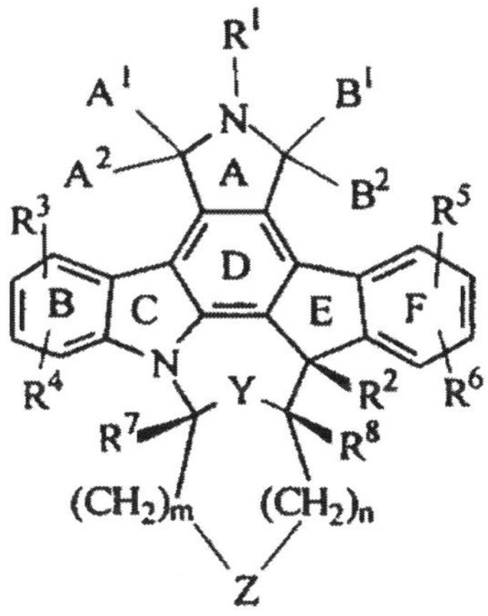

，

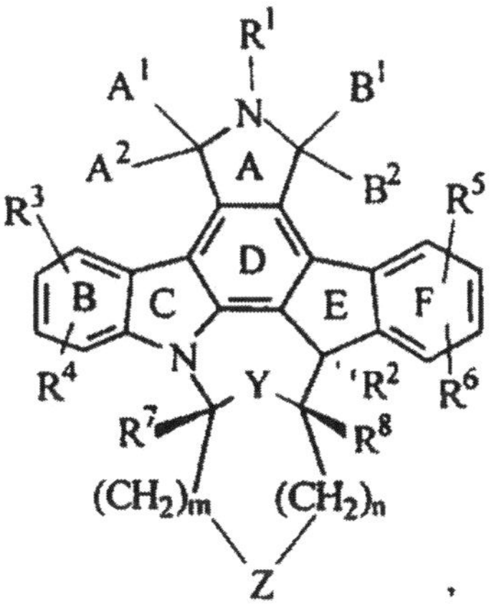

，

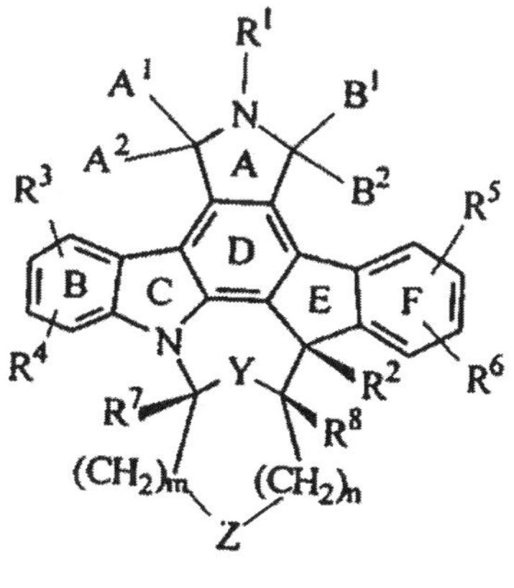

或

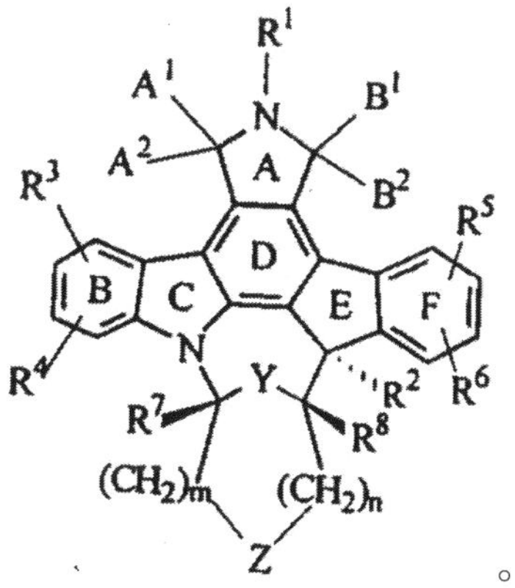

。

4. 下式表示的一种化合物：

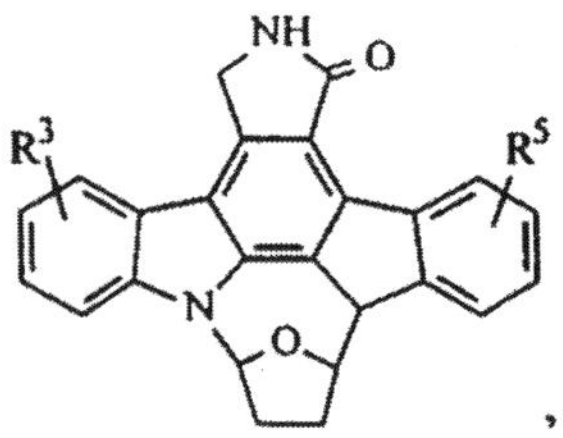，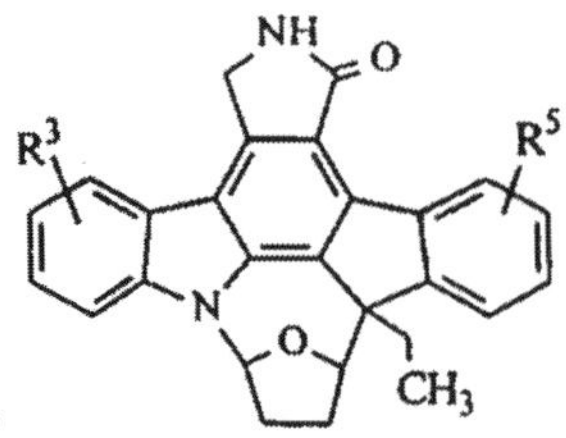，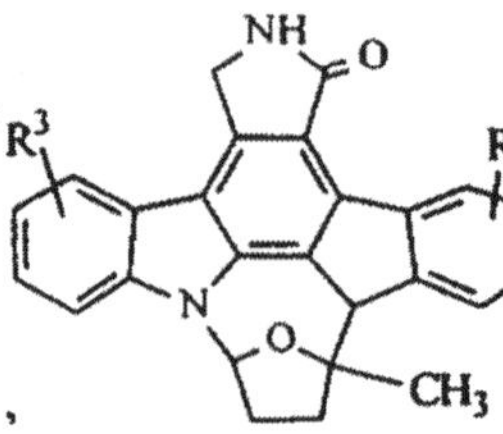，

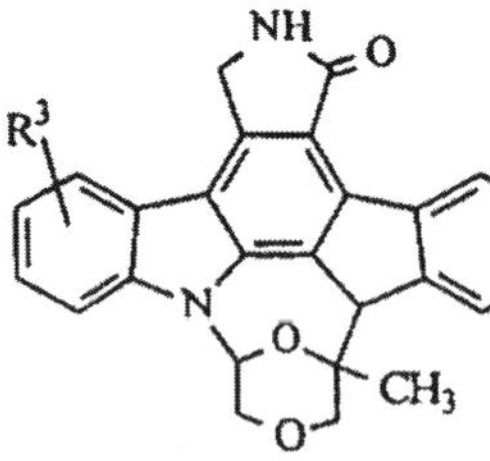，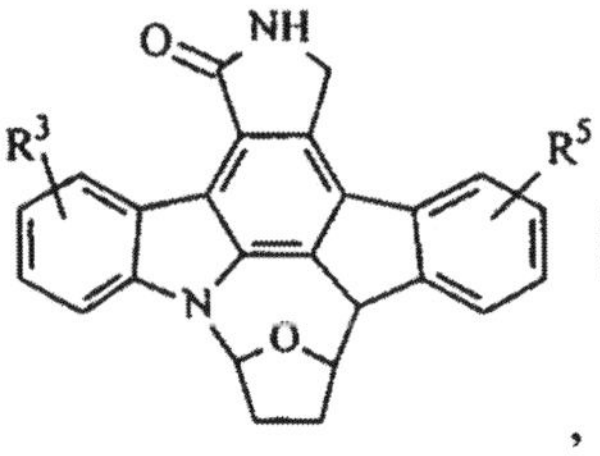，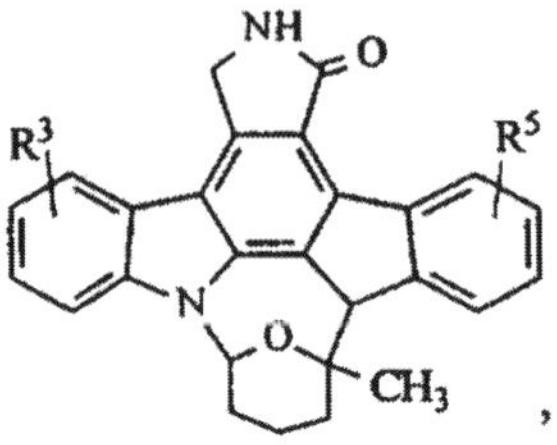，

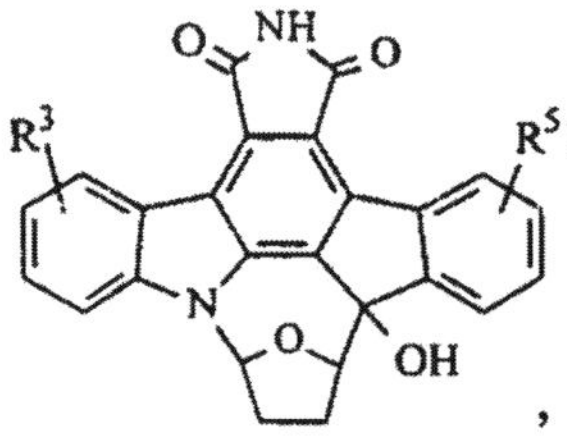，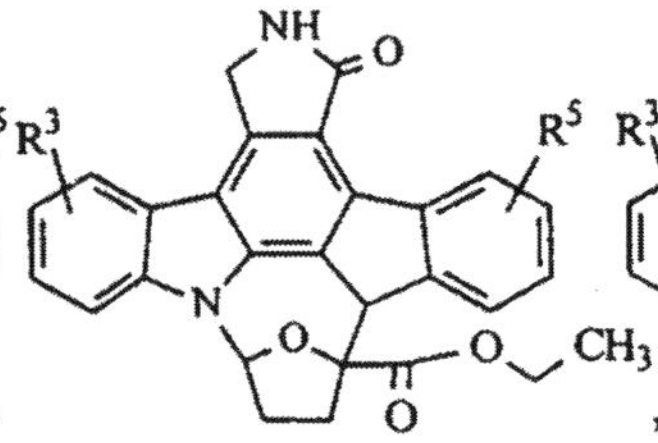，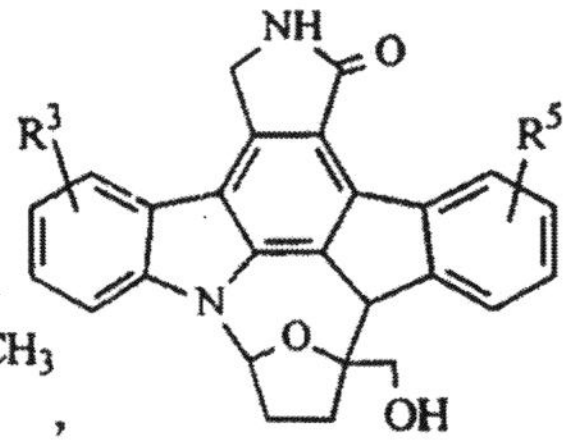，

或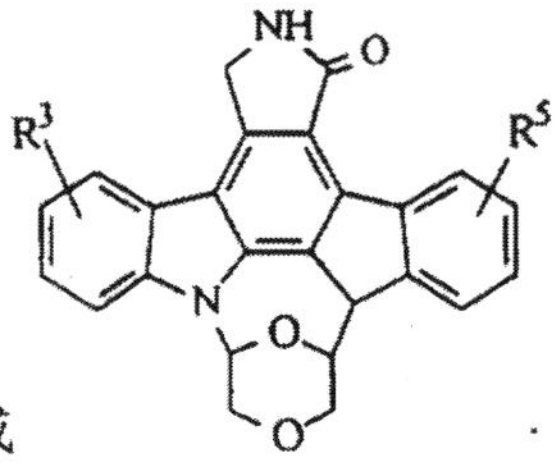。

其中

R^3 选自 H、卤素、$-CH_2OEt$ 或 3-（3′-NH_2-Ph）；

R^5 选自 H 或甲氧基。

5. 权利要求 4 的化合物，具有下式：

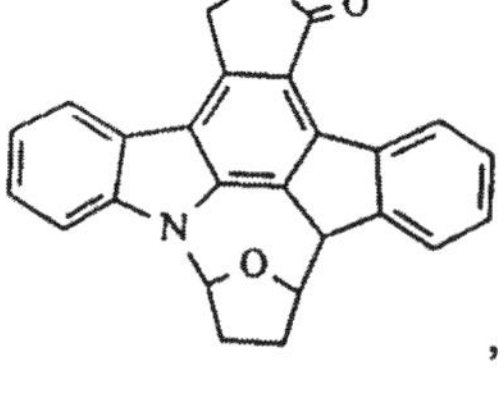，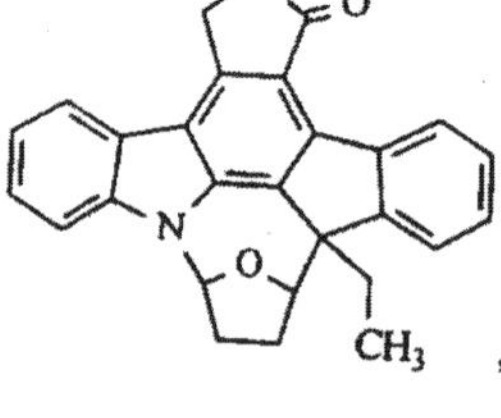，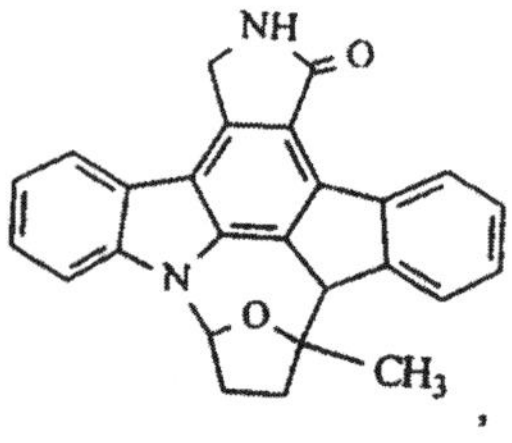，

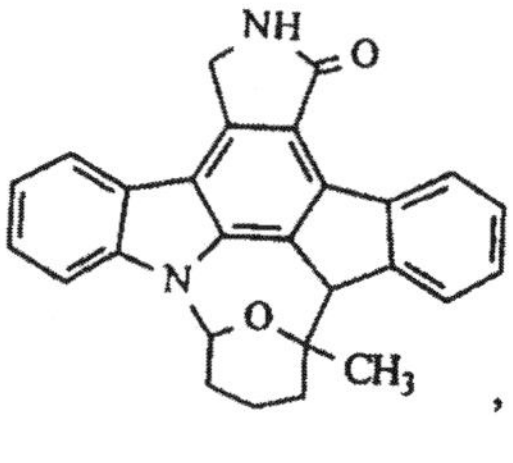，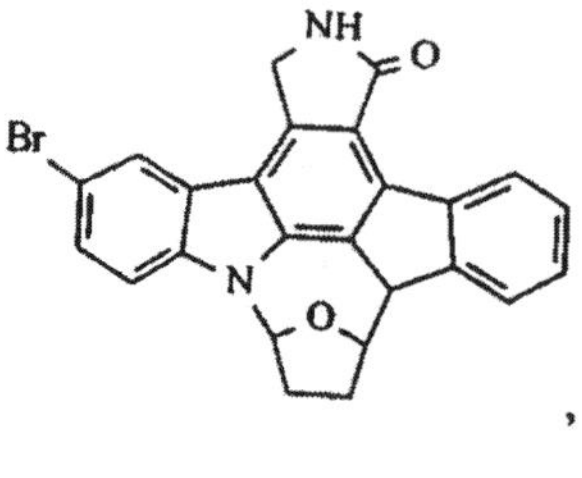，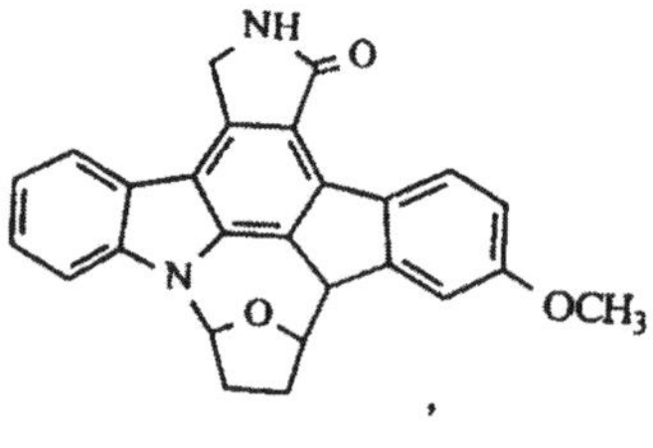，

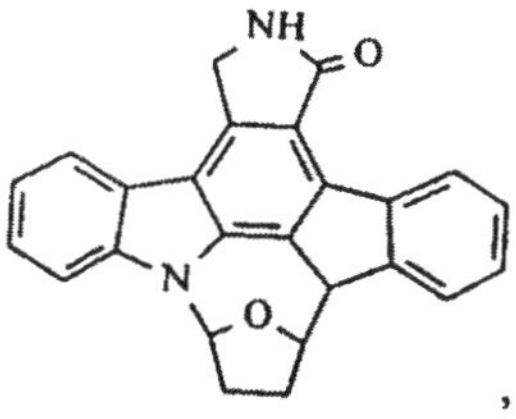

，

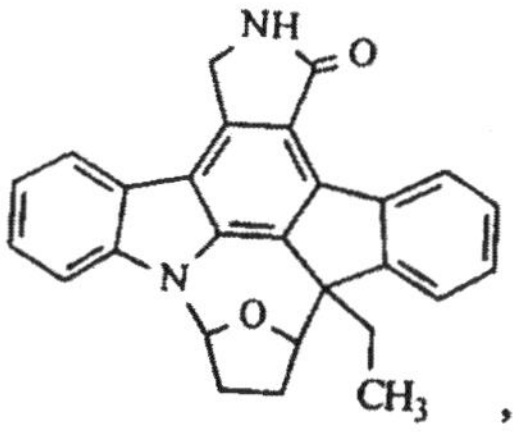

，

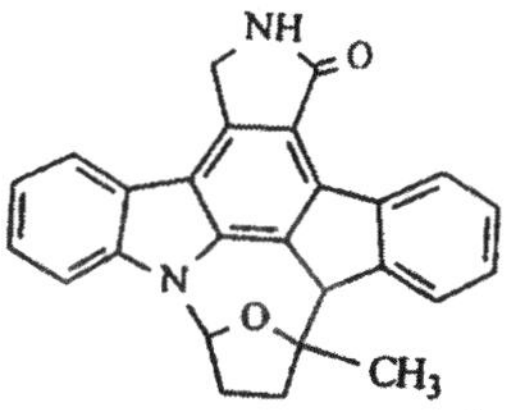

，

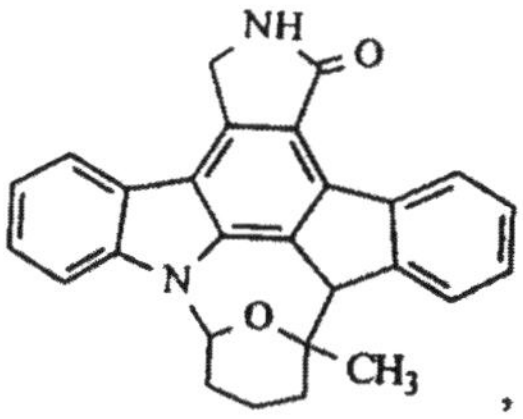

，

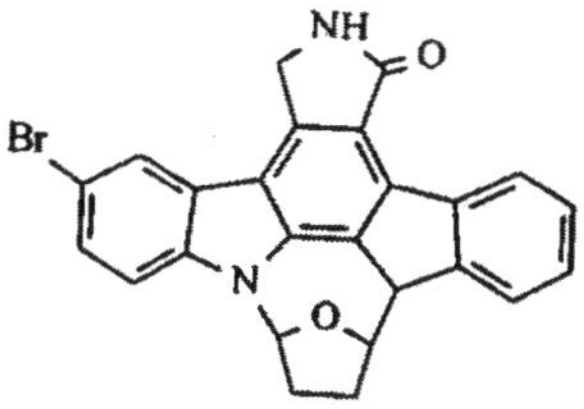

，

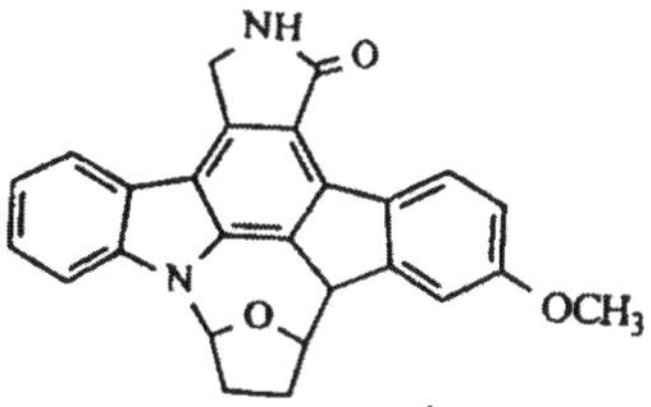

，

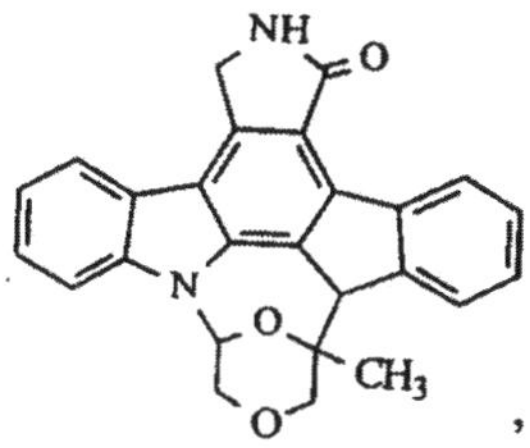

，

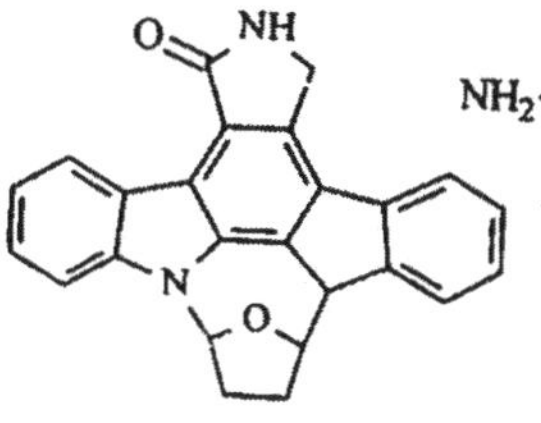

，

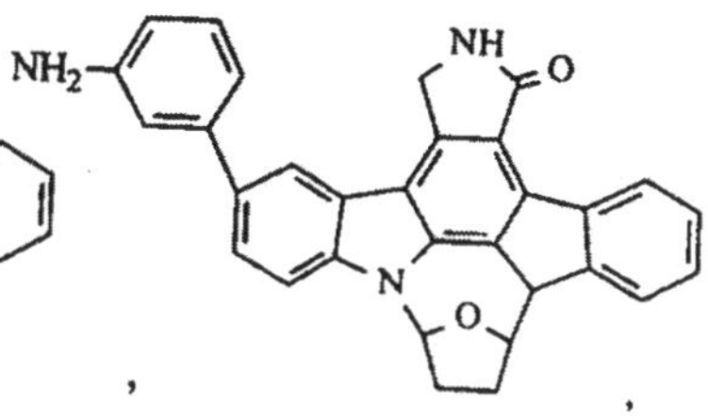

，

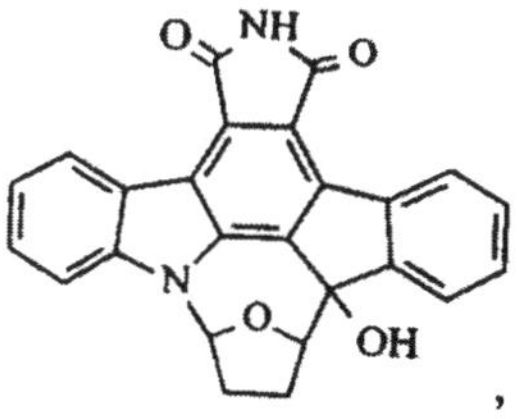

，

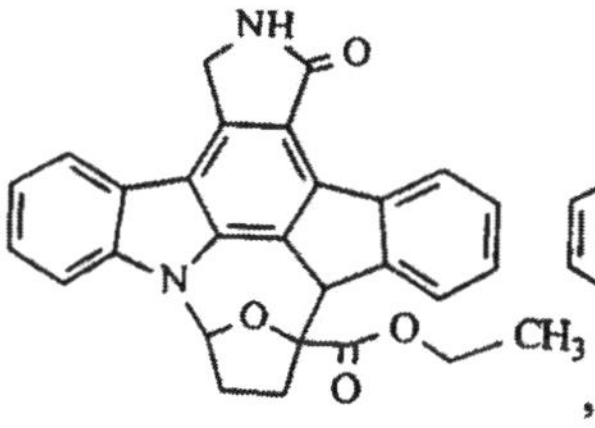

，

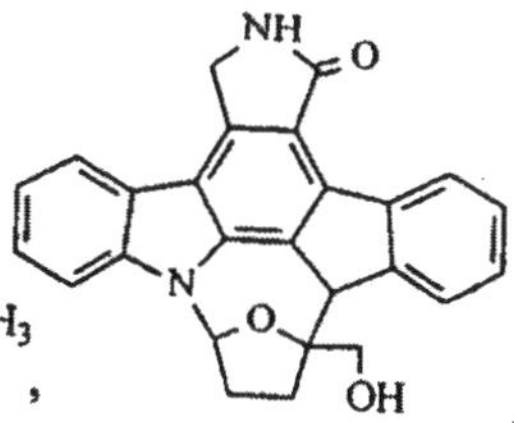

，

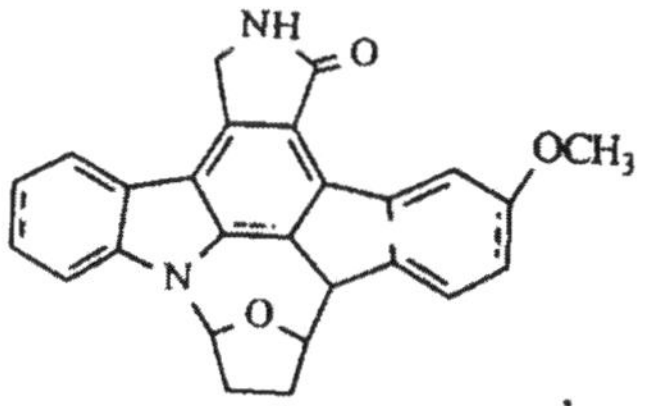

，

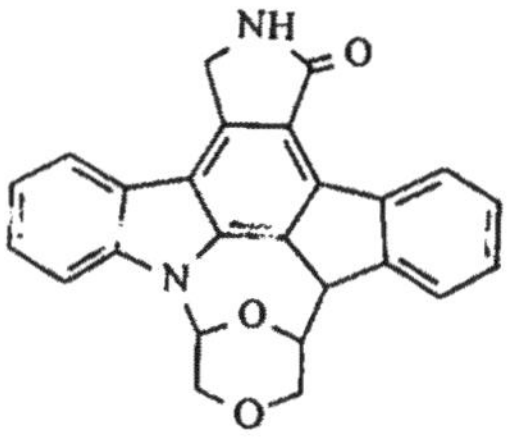

或

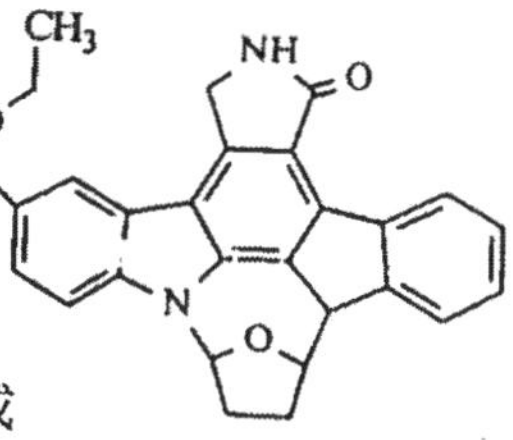

。

6. 权利要求 5 的化合物，具有下式的对映异构体：

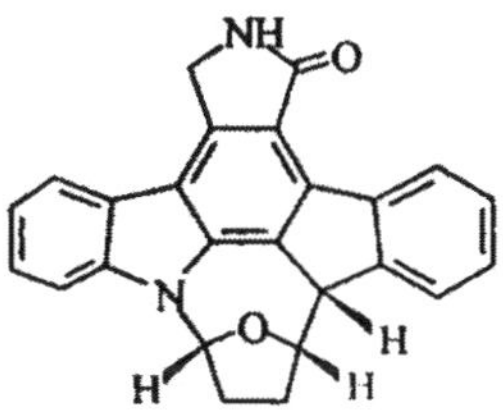

，

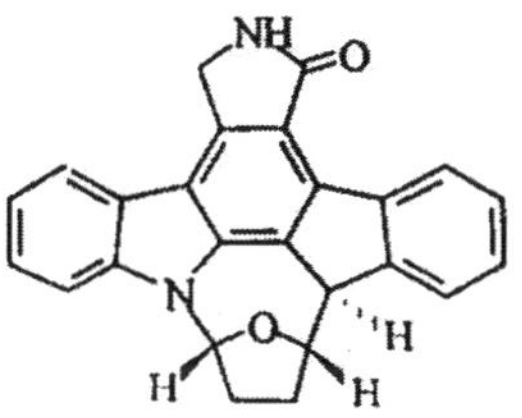

，

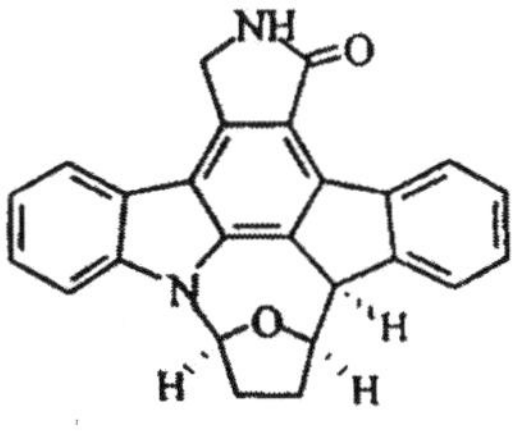

或

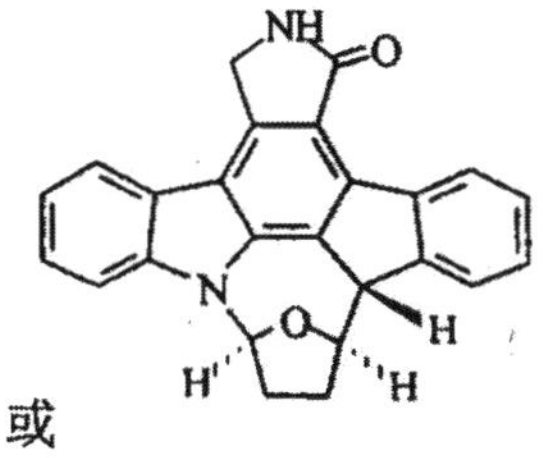

。

7. 权利要求 5 的化合物，具有下式的非对映异构体：

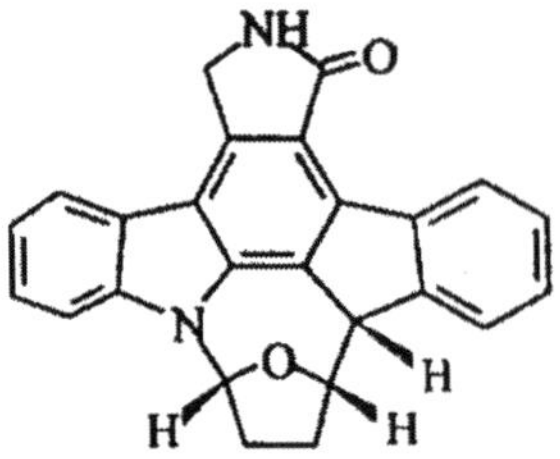

或

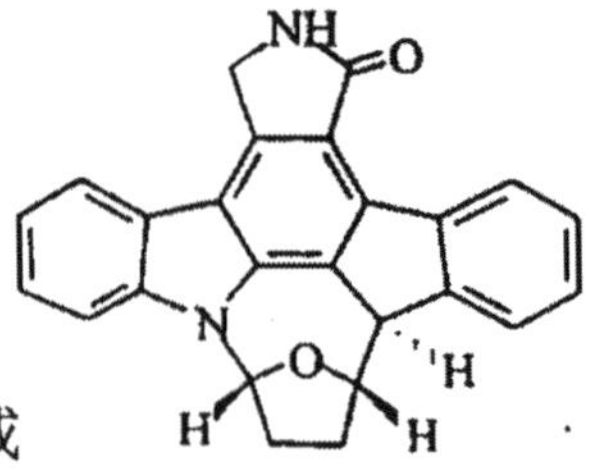

。

8. 药物组合物，含有权利要求 1 的化合物和可药用载体。

9. 药物组合物，含有权利要求 5 的化合物和可药用载体。

10. 权利要求 1 的化合物在制备用于治疗或预防具有异常 ChAT 活性特征的疾病的药物中的用途。”

经形式审查合格后，专利复审委员会受理了此复审请求，并于 2008 年 3 月 24 日向请求人发出《复审请求受理通知书》，同时将本申请案卷移交原审查部门进行前置审查。

原审查部门对本复审请求进行了前置审查，指出：修改后的权利要求 10（对应于驳回决定所针对权利要求书中的权利要求 20）是以机理性功能限定的疾病，根据现有技术无法判断其所指代疾病的具体种类，造成权利要求保护范围不清楚；即使请求人根据说明书记载的内容添加了疾病的种类，基于与驳回决定中制药用途的权利要求 10~19 相同的理由，根据说明书记载的内容，由于没有相关的药理学等试验证据仍然无法证明该化合物可以治疗的疾病，因此权利要求 10 得不到说明书的支持，不符合专利法第 26 条第 4 款的规定，故坚持原驳回决定。

至此，合议组认为本案事实清楚，可以作出审查决定。

二、决定的理由

1. 关于审查文本

请求人在提出复审请求时对权利要求书的修改仅限于删除了驳回决定所针对的权利要求 10~19，上述修改符合专利法第 33 条和专利法实施细则第 60 条第 1 款的规定，因此本决定的审查文本为：请求人于 2008 年 2 月 25 日提交的权利要求 1~10，2000 年 12 月 5 日进入国家阶段时提交的说明书第 1~31、33~54 页、附图第 1~9 页以及说明书摘要，2003 年 9 月 24 日提交的说明书第 32 页。

2. 关于专利法第 26 条第 4 款

专利法第 26 条第 4 款规定：权利要求书应当以说明书为依据，说明要求专利保护的范围。

驳回决定指出权利要求 10~19 得不到说明书的支持，不符合专利法第 26 条第 4 款的规定。请求人在于 2008 年 2 月 25 日提交的权利要求书中，删除了驳回决定所针对的权利要求 10~19，因此，该权利要求书已经克服了驳回决定所指出的全部缺陷。

此外，对于前置意见中针对权利要求 10（即驳回决定所针对的权利要求书中的权利要求 20）所提出的意见，由于驳回决定中并未涉及上述权利要求，其不属于审查指南第 4 部分第 2 章第 3.3（4）节规定的例外情况，故合议组对其不予评述。

基于上述理由，合议组作出如下决定。

三、决定

撤销国家知识产权局于 2007 年 11 月 9 日对第 99807036.X 号发明专利申请作出的驳回决定。由原审查部门在本决定所依据的文本的基础上进行审查。

复审请求人对本决定不服的，可以根据专利法第 41 条第 2 款的规定，自收到本决定之日起 3 个月内向北京市第一中级人民法院起诉。

174

葡糖醛酸葡聚糖的聚合物复合物

复审请求审查决定（第 20004 号）

决 定 号 第 20004 号
决 定 日 2009 年 10 月 20 日
发明创造名称 葡糖醛酸葡聚糖的聚合物复合物
国 际 分 类 号 C08B37/00，A61K47/36，A61K7/00，A61K9/02，A61K9/16，A61K9/20，C08J9/00，A61K6/097
复 审 请 求 人 阿尔平斯托克控股有限公司
申 请 号 99808685.1
优 先 权 日 1998 年 7 月 21 日
申 请 日 1999 年 7 月 21 日
公 开 日 2001 年 8 月 22 日
合 议 组 组 长 吴红权
主 审 员 孙丽芳
参 审 员 潘 剑

法 律 依 据 专利法第 22 条第 2 款、第 3 款
决 定 要 点

如果修改后的权利要求相对于对比文件存在区别技术特征，并且该区别技术特征在现有技术中也没有教导和启示，则该权利要求相对于该对比文件具有新颖性和创造性。

一、案由

本复审请求案涉及发明名称为“葡糖醛酸葡聚糖的聚合物复合物”的第 99808685.1 号发明专利申请（下称本申请），申请人为阿尔平斯托克控股有限公司，申请日为 1999 年 7 月 21 日，优先权日为 1998 年 7 月 21 日，公开日为 2001 年 8 月 22 日。

2007 年 6 月 22 日，针对申请人于 2005 年 4 月 28 日提交的权利要求第 1~21、36~42 项、说明书第 3、5 页，2005 年 5 月 13 日提交的权利要求第 22~35 项，进入中国国家阶段时提交的说明书中文译文第 1~2、4、6-39 页及其说明书摘要，国家知识产权局以权利要求 1、14~25、27、40 相对于对比文件 1（J. G. Domszy 等，“Ionic interaction between chitosan and oxidised cellulose” CHITIN NAT. TECHNOL.（PROC. INT. CONF. CHITIN CHITOSAN）会议时间 1985 年，第 331 - 336 页，XP0021119106）不具备专利法第 22 条第 2 款规定的新颖性，权利要求 1~2、8~13、18~26、28~32、39~41 相对于对比文件 2（WO9800180A，公开日期为 1998 年 1 月 8 日）不具备专利法第 22 条第 2

款规定的新颖性，权利要求 33~38、42 相对于对比文件 1 或 2 不具备专利法第 22 条第 3 款规定的创造性为由驳回了本申请。

驳回决定认为：（1）对比文件 1 公开了壳聚糖与具有各种羧基含量的氧化纤维素之间的离子相互作用。壳聚糖吸附在氧化纤维素基材上，并研究了各种参数对所述吸收和对所得络合物结构的影响。研究针对在造纸工业中壳聚糖作为添加剂的用途以及一些变量对吸收的影响，但实际上所测试的产品是通过壳聚糖上的胺基与氧化纤维素上的羧基之间的离子相互作用达成吸收平衡的吸收络合物，且在纤维素和壳聚糖之间平均存在 2~3 个离子键（参见图 1 和 2）。因此权利要求 1 请求保护的聚合物复合物的两种组分已在对比文件 1 中被公开，不符合专利法第 22 条第 2 款有关新颖性的规定，基于相同的理由，权利要求 14~25、27、40 也已在对比文件 1 中被公开，不符合专利法第 22 条第 2 款有关新颖性的规定；（2）对比文件 2 公开了氧化纤维素和结构蛋白质如胶原、纤连蛋白、纤维蛋白、昆布氨酸或弹性蛋白的络合物在制备治疗伤口如溃疡的药物中的应用（参见权利要求 1~14 和 19），其中胶原包括分子量范围为 5000-100000 的部分水解的水溶性胶原（参见权利要求 16），而胶原的水解产物是一种水溶性蛋白质明胶，因此权利要求 1 请求保护的聚合物复合物的两种组分已在对比文件 2 中被公开，不符合专利法第 22 条第 2 款有关新颖性的规定，基于相同的理由，权利要求 2、8~13、18~26、28~32、39、40 和 41 也已在对比文件 2 中被公开，不符合专利法第 22 条第 2 款有关新颖性的规定；（3）对比文件 1 或 2 虽然没有公开将所述聚合物络合物用作抗血脂组合物、栓剂配方、片剂、丸剂、颗粒剂、微球或牙钉，但将已知的聚合物络合物只是改变产品的最终形态，以适合不同的需求场合，并没有给本发明带来实质性的特点，因此，权利要求 33~38 和 42 没有突出的实质性特点和显著的进步，不符合专利法第 22 条第 3 款的规定；（4）申请人关于本申请中的明胶分子量低于 5000、而对比文件 2 中的结构蛋白分子量至少为 10000 的观点缺少证据，不予接受；（5）申请人关于对比文件 1 描述的是非生物相容的强度增强的纸、并且不是分子间复合物的观点不正确，不予接受。

驳回决定针对的权利要求书如下：

“1. 生物相容的分子间聚合物复合物，组成如下：

一种包括线性或支链多糖链的阴离子组分，其中多糖链中至少 5% 的基本结构单元是葡萄糖醛酸；和

一种包括线性或支链的天然、半合成或合成低聚体或聚合物的非蛋白质阳离子组分。

2. 权利要求 1 所述的复合物，其中阳离子组分含氮，该氮或者带有正电荷，或者通过与多糖阴离子组分接触而在其中诱导产生正电荷。

3. 权利要求 2 所述的复合物，其中阳离子组分选自丙烯酰胺、甲基丙烯酰胺的衍生物和它们的共聚物。

4. 权利要求 3 所述的复合物，其中阳离子组分选自聚丙烯酰胺、甲基丙烯酸羟乙酯和羟丙基甲基丙烯酰胺的共聚物、丙烯酰胺、丙烯酸丁酯、马来酸酐和/或甲基丙烯酸甲酯的共聚物。

5. 权利要求 2 所述的复合物，其中阳离子组分是阳离子化的天然多糖。

6. 权利要求 5 所述的复合物，其中多糖为淀粉、纤维素或树胶。

7. 权利要求 6 所述的复合物，其中树胶是氯化瓜耳树胶羟丙基三铵。

8. 权利要求 1 所述的复合物，其中阳离子组分是合成或半合成的聚氨基酸。

9. 权利要求 8 所述的复合物，其中阳离子组分是聚赖氨酸、聚精氨酸或 α，β-聚［N-（2-羟乙基）-DL-天冬酰胺］。

10. 权利要求 1 所述的复合物，其中阳离子组分是一种合成的抗纤维蛋白溶解剂。

11. 权利要求 10 所述的复合物，其中抗纤维蛋白溶解剂是 hexadimethrindibromide（polybren）。

12. 权利要求 1 所述的复合物，其中阳离子组分是一种天然或半合成的肽。

13. 权利要求 12 所述的复合物，其中肽是鱼精蛋白、明胶、血纤维蛋白肽或它们的衍生物。

14. 权利要求 1 所述的复合物，其中阳离子组分是一种氨基葡聚糖或其衍生物。

15. 权利要求 14 所述的复合物，其中氨基葡聚糖是分级的壳多糖或其被脱乙酰化后衍生的脱乙酰壳多糖。

16. 权利要求 14 或 15 所述的复合物，其中氨基葡聚糖来源于微生物或从节肢动物的壳分离。

17. 权利要求 16 所述的复合物，其中节肢动物为蟹。

18. 权利要求 1 所述的复合物，其中阴离子组分是聚脱水葡萄糖醛酸［PAGA］。

19. 权利要求 18 所述的复合物，其中聚脱水葡萄糖醛酸和其盐在它们的聚合链中含重量百分比 8% 到 30% 的羧基基团，至少重量百分比 80% 的这些基团是糖醛型的，含至多重量百分比 5% 的羰基基团，以及至多重量百分比 0.5% 的结合氮。

20. 权利要求 18 所述的复合物，其中聚脱水葡萄糖醛酸及盐在它们的聚合链中含有至多重量百分比 0.2% 的结合氮。

21. 权利要求 19 或 20 所述的复合物，其中阴离子组分的聚合链的分子量为 1×103 到 3×105 道尔顿。

22. 权利要求 21 所述的复合物，其中阴离子组分的聚合链的分子量范围是 5×103 到 1.5×105 道尔顿。

23. 权利要求 19 到 22 中任何权利要求所述的复合物，其中羧基基团的含量范围为重量百分比 12% 到 26%，至少 95% 的这些基团是糖醛型的。

24. 权利要求 19 到 23 任一项权利要求所述的复合物，其中阴离子组分含有至多重量百分比 1% 的羰基基团。

25. 权利要求 19 到 24 任一项权利要求所述的复合物，其中羰基基团为分子内和分子间 2，6 和 3，6 半缩醛、2，4-半缩醛和 C2-C3 醛。

26. 权利要求 1 所述的复合物，其中阳离子组分是水解明胶。

27. 权利要求 1 所述的复合物，其中阳离子组分是脱乙酰壳多糖。

28. 一种药物或化妆品组合物，包括如权利要求 1 所述的生物相容的复合物。

29. 权利要求 28 所述的组合物，包括至少一种生物相容的生物学活性物质。

30. 权利要求 28 或 29 所述的组合物，包括至少一种生物学可接受的辅料。

31. 一种用于预防或治疗胃溃疡的药物组合物，其包括权利要求 1 所述的复合物。

32. 一种缓释配方，其包括如权利要求 1 所述的复合物。

33. 一种抗血脂组合物，其包括如权利要求 1 所述的复合物。

34. 一种栓剂配方，其包括如权利要求 1 所述的复合物。

35. 一种片剂，其包括如权利要求 1 所述的复合物。

36. 一种丸剂，其包括如权利要求 1 所述的复合物。

37. 一种颗粒剂，其包括如权利要求 1 所述的复合物。

38. 一种微球，其包括如权利要求 1 所述的复合物。

39. 一种扁平弹性材料，其包括如权利要求 1 所述的复合物。

40. 一种类纺织品的织物，其包括如权利要求 1 所述的复合物。

41. 一种泡沫，其包括如权利要求 1 所述的复合物。

42. 一种牙钉，其包括如权利要求 1 所述的复合物。”

2007 年 10 月 8 日，申请人阿尔平斯托克控股有限公司（下称请求人）对上述驳回决定不服，向专利复审委员会提出复审请求，请求人在提出复审请求时没有对申请文件进行修改。

请求人认为，（1）对比文件 2 提到的用于与氧化纤维素复合的蛋白质包括诸如纤连蛋白、胶原蛋白等的结构蛋白，本领域技术人员清楚，术语“结构蛋白”指分子量至少为 10000 的蛋白质，因此，对比文件 2 中术语“结构蛋白”与本申请所提到的分子量 5000 至 100000 是不一致的；尽管对比文件 2 提到了分子量范围为 3000 至 10000 的胶原蛋白片段和水溶性低分子量片段，但是没有公开肽或明胶，也没有暗示打算使用明胶，因此，对比文件 2 没有公开权利要求 1 的技术方案，权利要求 1~2、8~13、17~25、28~30、32~33 和 40~42 具备新颖性；（2）本申请说明书第 6 页第 3 段讨论了硬蛋白的定义包括胶原蛋白和诸如弹性蛋白和角蛋白的其他不溶性蛋白，端肽的去除只能部分地解决与胶原蛋白或胶原蛋白片段有关的抗原性问题，与对比文件 2 中所描述的结构蛋白相比，本申请的聚合物阳离子的使用避免了可能的污染或对外来蛋白的不利生物反应，因此本申请相对于对比文件 2 具有有益的技术效果，具备创造性；（3）对比文件 1 提到了多个变量对用于造纸工业中使用的氧化纤维素上脱乙酰壳多糖吸收的影响，没有公开或暗示将这种产品用于药物或化妆品方面，其技术方案与本申请不是一个技术领域，对比文件 1 描述的产品是强度增强的纸，其不是生物相容的，并且实际上其根本不是分子间复合物。

经形式审查合格后，专利复审委员会受理了该请求，并于 2007 年 10 月 8 日向请求人发出了《复审请求受理通知书》，同时将本申请转送至国家知识产权局原审查部门进行前置审查。

在《前置审查意见书》中，国家知识产权局原审查部门认为请求人的复审意见与答复《第一次审查意见通知书》相同，该意见已在驳回决定中评述过，因此坚持驳回决定。

专利复审委员会组成合议组，对本复审请求案进行了审理。

合议组于 2008 年 10 月 28 日向请求人发出《复审通知书》，指出：（1）权利要求 1~2、12~13、18、26、28~31、35~42 相对于对比文件 2 不符合专利法第 22 条第 2 款的规定；（2）合议组对请求人声称的关于对比文件 2 中的结构蛋白与本领域术语不同以及本申请的聚合物阳离子相比对比文件 2 可以避免污染或不利的生物反应的主张不予支持；（3）审查员根据本国相应的专利法及其实施细则进行专利的行政审查程序，与他国的审批结果无关。

针对上述《复审通知书》，请求人于 2009 年 2 月 23 日提交了意见陈述书，并提交了权利要求书的修改替换页，其中，将驳回决定针对的权利要求书中的权利要求 1 删除，将权利要求 18、19 合并为新的权利要求 1，相应调整了其他权利要求的序号和引用关系，请求人认为：经过上述修改，复审通知书中指出的问题已经完全得到克服。

修改后的独立权利要求 1 如下：

“1. 生物相容的分子间聚合物复合物，组成如下：

一种包括聚脱水葡萄糖醛酸［PAGA］的阴离子组分，其中所述聚脱水葡萄糖醛酸和其盐在它们的聚合链中含重量百分比 8% 到 30% 的羧基基团，至少重量百分比 80% 的这些基团是糖醛型的，含至多重量百分比 5% 的羰基基团，以及至多重量百分比 0.5% 的结合氮；和

一种包括线性或支链的天然、半合成或合成低聚体或聚合物的非蛋白质阳离子组分。”

至此，合议组认为本案事实清楚，可以作出审查决定。

二、决定的理由

1. 关于文本

请求人于 2009 年 2 月 12 日提交的权利要求书符合专利法第 33 条和专利法实施细则第 60 条第 1 款的规定，因此，本复审请求审查决定针对的文本是：请求人于 2009 年 2 月 12 日提交的权利要求第

1~40 项、2005 年 4 月 28 日提交的说明书第 3、5 页、进入中国家阶段时提交的说明书中文译文第 1~2、4、6~39 页及说明书摘要。

2. 关于专利法第 22 条第 2 款、第 3 款

专利法第 22 条第 2 款规定：新颖性，是指在申请日以前没有相同的发明或实用新型在国内外出版物上公开发表过、在国内公开使用过或者以其他方式为公众所知，也没有相同的发明或者实用新型由他人向国务院专利行政部门提出过申请并且记载在申请日以后公布的专利申请文件中。

专利法第 22 条第 3 款规定：创造性，是指同申请日以前已有技术相比，该发明有有突出的实质性特点和显著的进步，该实用新型有实质性特点和进步。

如果修改后的权利要求相对于对比文件存在区别技术特征，并且该区别技术特征在现有技术中也没有教导和启示，则该权利要求相对于该对比文件具有新颖性和创造性。

针对请求人在提出复审请求时提交的权利要求书，《复审通知书》中指出：

(1) 权利要求 1 要求保护一种生物相容的分子间聚合物复合物，组成如下：一种包括线性或支链多糖链的阴离子组分，其中多糖链中至少 5% 的基本结构单元是葡萄糖醛酸；和一种包括线性或支链的天然、半合成或合成低聚体或聚合物的非蛋白质阳离子组分。

对比文件 2 公开了氧化纤维素及其与结构蛋白质如胶原、纤连蛋白、纤维蛋白、层粘连蛋白或弹性蛋白的复合物在制备治疗慢性伤口如溃疡的伤口敷料中的应用，其中胶原包括分子量范围为 5000~100000的部分水解的水溶性胶原（参见权利要求 1~16 和 19，说明书第 6 页第 32 行至第 7 页第 15 行），由于氧化纤维素为由葡糖醛酸基本结构单元组成的多糖链，其中纤维素的 C2-、C3-、C6-位羟基容易氧化为羧基，C6-位伯羟基甚至可以 100% 氧化为羧基，因此作为阴离子组分的氧化纤维素多糖链中至少 5% 的基本结构单元是葡萄糖醛酸，另外，胶原的水解产物是一种水溶性蛋白质明胶，与本申请中作为天然聚合物非蛋白质阳离子组分的下位概念明胶并无区别，并且氧化纤维素和明胶本身均为生物相容性聚合物，由此可见，权利要求 1 请求保护的聚合物复合物已经在对比文件 2 中公开，由于二者均涉及生物相容的分子间聚合物复合物，均是通过制备聚合物分子间复合物产品用于治疗伤口等生物学应用，采用了相同的技术方案，达到了相同的技术效果，因此，权利要求 1 相对于对比文件 2 不符合专利法第 22 条第 2 款有关新颖性的规定。

(2) 权利要求 2 的附加技术特征是阳离子组分含氮，该氮或者带有正电荷，或者通过与多糖阴离子组分接触而在其中诱导产生正电荷。由于对比文件 2 中所述的水溶性胶原、层粘连蛋白等分子结构含有氮原子，并可产生正电荷，因此，该附加技术特征已在对比文件 2 中公开，在引用的权利要求 1 不具备新颖性的基础上，权利要求 2 同样不具备新颖性。

(3) 权利要求 12 的附加技术特征为阳离子组分是天然或半合成的肽，权利要求 13 的附加技术特征具体限定了肽可以为明胶等，由于对比文件 2 中已经公开可以使用部分水解的水溶性胶原，而胶原的水解产物为水溶性蛋白质明胶，因此，权利要求 12 和 13 的附加技术特征已经在对比文件 2 中公开，在引用的权利要求 1 不具备新颖性的基础上，权利要求 12 和 13 同样不具备新颖性。

(4) 权利要求 18 的附加技术特征为所述复合物中阴离子组分是聚脱水葡萄糖醛酸，对比文件 2 中的阴离子组分为氧化纤维素，纤维素本身主要结构单元为脱水 D-六环葡萄糖，氧化后为聚脱水葡萄糖醛酸结构，因此，权利要求 18 的附加技术特征已在对比文件 2 中公开，在引用的权利要求 1 不具备新颖性的基础上，权利要求 18 同样不具备新颖性。

(5) 权利要求 26 的附加技术特征是所述复合物中阳离子组分是水解明胶，由于对比文件 2 中已经公开制备复合物时可以使用部分水解的水溶性胶原，因此，在引用的权利要求 1 不具备新颖性的基础上，权利要求 26 同样不具备新颖性。

（6）权利要求 28 要求保护包括权利要求 1 所述的生物相容的复合物的药物或化妆品组合物。对比文件 2 公开的复合物用于治疗伤口如溃疡等，在权利要求 1 所述复合物不具备新颖性的基础上，权利要求 28 所述的组合物同样不具备新颖性。

（7）权利要求 29 和 30 是权利要求 28 的从属权利要求，其附加技术特征是所述的组合物中包含生物学活性物质或生物学可接受的辅料。对本领域技术人员来说，药物组合物中含有上述物质是不言而喻的，同时在对比文件 2 的说明书第 5 页第 10～21 行中公开形成的复合物中可以包括增塑剂等辅料以及治疗创伤剂如非固醇类抗感染剂等活性物质，因此，在权利要求 28 所述组合物不具备新颖性的基础上，权利要求 29 和 30 同样不具备新颖性。

（8）权利要求 31 要求保护包括权利要求 1 所述复合物的用于预防或治疗胃溃疡是药物组合物，由于对比文件 2 已经公开所述复合物可用于治疗溃疡等慢性疾病，在权利要求 1 所述复合物不具备新颖性的基础上，权利要求 31 所述的组合物同样不具备新颖性。

（9）权利要求 35～42 分别要求保护包括权利要求 1 复合物的栓剂、片剂、丸剂、颗粒剂、微球、扁平弹性材料、类纺织品的织物、泡沫、牙钉。对比文件 2 的说明书第 5 页第 28～34 行公开其中所述的复合物材料可以任何常规形式使用，如粉末、微球、薄片、膜、半固态、药膏等形式，因此，在权利要求 1 不具备新颖性的基础上，权利要求 35～42 同样不具备新颖性。

（10）请求人在复审请求中认为，对比文件 2 提到的用于与氧化纤维素复合的分子量为 5000 至 100000 的“结构蛋白”与本领域中该术语指的是分子量至少为 10000 的蛋白质不一致；另外，尽管对比文件 2 提到了分子量范围为 3000 至 10000 的胶原蛋白片段和水溶性低分子量片段，但是没有公开肽是明胶；本申请说明书第 6 页第 3 段讨论了硬蛋白的定义包括胶原蛋白和诸如弹性蛋白和角蛋白的其他不溶性蛋白，端肽的去除只能部分地解决与胶原蛋白或胶原蛋白片段有关的抗原性问题，与对比文件 2 中所描述的结构蛋白相比，本申请的聚合物阳离子的使用避免了可能的污染或对外来蛋白的不利生物反应，因此本申请相对对比文件 2 具有有益的技术效果，具备创造性。

对此，合议组认为，首先，请求人并没有提交、说明书中也没有公开关于本申请中的明胶分子量低于 5000 的证据，也没有提交对比文件 2 中的结构蛋白是分子量至少为 10000 的蛋白质的证据，相反对比文件 2 的权利要求 16 中公开了胶原包括分子量范围为 5000～100000 的部分水解的水溶性胶原；其次，按照说明书实施例 2～6、9、10 的记载和请求人答复《第一次审查意见通知书》时的解释，本申请中部分水解的明胶就是一种小分子肽，是一种非蛋白质，因此权利要求 1 请求保护的聚合物复合物的两种组分已在对比文件 2 中公开，同时由于对比文件 2 中公开的络合物可用于制备治疗伤口如溃疡的药物，它必然具有生物相容性，因此，权利要求 1 的技术方案已在对比文件 2 中公开；另外，本申请说明书第 6 页第 3 段并没有关于硬蛋白的定义，亦没有证据显示使用本申请的聚合物阳离子可以避免污染或对外来蛋白的不利生物反应，因此，合议组对请求人的上述主张不予支持。

请求人于 2009 年 2 月 12 日提交的权利要求书修改替换页中，将《驳回决定》和《复审通知书》所针对的权利要求 18 和 19 合并为新的权利要求 1，新权利要求 1 中增加的技术特征“其中所述聚脱水葡萄糖醛酸和其盐在它们的聚合链中含重量百分比 8% 到 30% 的羧基基团，至少重量百分比 80% 的这些基团是糖醛型的，含至多重量百分比 5% 的羰基基团，以及至多重量百分比 0.5% 的结合氮”在对比文件 1 或 2 的权利要求书或说明书中并无公开，亦不能由本领域技术人员根据阴离子组分是聚脱水葡萄糖醛酸即可合理推测、得出，因此，权利要求 1 相对于对比文件 1 或 2 具备专利法第 22 条规定的新颖性和创造性。在此基础上，权利要求 1 的从属权利要求 2～28 以及要求保护的主题包括权利要求 1 的所述复合物的权利要求 29～40 也具备专利法第 22 条规定的新颖性和创造性。

即请求人于 2009 年 2 月 12 日提交的权利要求书修改替换页克服了《驳回决定》和《复审通知

书》指出的权利要求不符合专利法第 22 条第 2 款或第 3 款规定的缺陷。

根据上述事实和理由，合议组作出如下审查决定。

三、决定

撤销国家知识产权局于 2007 年 6 月 22 日针对第 99808685.1 号发明专利申请作出的驳回决定，由国家知识产权局原审查部门以本复审决定针对的文本为基础继续审批程序。

复审请求人对本决定不服的，可以根据专利法第 41 条第 2 款的规定，自收到本决定之日起三个月内向北京市第一中级人民法院起诉。

175

一种高活性抗旱营养素及其制作方法

复审请求审查决定（第 20006 号）

决　定　号　第 20006 号
决　定　日　2009 年 10 月 15 日
发明创造名称　一种高活性抗旱营养素及其制作方法
国际分类号　C05G3/00
复审请求人　武兴战
申　请　号　02139388.5
申　请　日　2002 年 8 月 27 日
公　开　日　2004 年 3 月 3 日
合议组组长　刘　亚
主　审　员　王　磊
参　审　员　刘　磊

法律依据　专利法第 26 条第 3 款
决定要点

如果说明书中没有对其记载的技术术语进行解释，但是本领域技术人员根据本领域的技术常识可以确切地知道该技术术语的含义，能够实现该发明，那么该发明符合充分公开的要求。

一、案由

本复审请求涉及名称为“一种高活性抗旱营养素及其制作方法”的第 02139388.5 号发明专利申请（下称本申请），申请人为武兴战，申请日为 2002 年 8 月 27 日，公开日为 2004 年 3 月 3 日。

2007 年 3 月 9 日，针对申请人于 2006 年 3 月 31 日提交的权利要求第 1~4 项，申请日提交的说明书第 1~5 页及附图，摘要以及摘要附图，国家知识产权局以说明书公开不充分不符合专利法第 26 条第 3 款为由驳回了该申请。被驳回的权利要求书如下：

“1. 一种高活性抗旱营养素，其特征在于包括以下各组分：腐酸铵（HA35%）500kg、包膜尿素（N46%）150kg、钙镁磷肥（P14）100kg、磷铵（N17、P44）100kg、甲壳素（脱脂处理）20kg、苦参素（80 目）20kg、膨润土（含胶质价>50ml/5g）30kg、工艺水 380kg、有机质（55%）50kg、骨粉（120 目）40kg、稀土（99.9%）1.2kg、麦饭石 30kg。

2. 根据权利要求 1 所述的一种高活性抗旱营养素的制作方法，其特征在于包括以下操作步骤：先按需制成腐酸铵，然后加入包膜尿素、钙镁磷肥、磷铵，在充分搅拌时加入甲壳素、苦参素、有机质、骨粉、稀土、麦饭石，最后加入膨润土，成颗粒后自动滚出造粒机，并进入干燥机烘干、风干后包装，其中反应温度为80℃，反应时间为8小时。

3. 一种高活性抗旱营养素，其特征在于包括以下各组分：黄腐酸（HA35%）25kg、氨基酸（MAA12%）5kg、苦参素9kg、生物碱5kg、壳聚糖7.25kg、工艺水1000kg、有机氮（N46%）8.5kg、钙（CA99%）1.5kg、硼（B99%）1.5kg、锰（Mn98.9%）1.75kg、锌（Zn98.9%）0.15kg、有机质6kg、稀土（99%）0.15kg。

4. 根据权利要求3所述的一种高活性抗旱营养素的制作方法，其特征在于包括以下操作步骤：

将上述原料经过处理分为三组反应物：

第一组：将黄腐酸和氨基酸中和置放反应釜中处理；

第二组：将苦参素、生物碱、壳聚糖在充分反应过程中不停搅拌；

第三组：将有机氮、钙、硼、锰、锌、有机质、稀土混合反应；

其中反应时间为8小时，反应后将第一组反应物与第三组反应物混合并不停的搅拌以防止沉淀，再缓慢地加入第二组反应物，经沉淀分离后即可灌装为成品。”

驳回决定认为：本发明所涉及的技术方案中包括原料工艺水，但说明书未对其成分、制备方法或来源等作任何说明；说明书所涉及的技术方案中还包括原料组分有机质和有机氮，但有机质和有机氮都属于有机原料物质中含有的营养成分，虽然肥料行业技术人员清楚含有有机氮和有机质的常用原料，但由于说明书中未对有机质和有机氮的具体来源作任何说明，而含有有机氮和有机质的原料种类繁多并具有不同的性质，这些均致使本领域技术人员无法理解所述有机氮和有机质的具体来源，从而导致无法实施该发明。因此本申请不符合专利法第26条第3款的规定。

申请人武兴战（以下称请求人）对上述驳回决定不服，于2007年6月22日向专利复审委员会提出了复审请求。请求人在提出复审请求时未对权利要求进行修改。请求人提出的复审请求理由为：工艺水、有机质和有机氮均为现有技术成熟产品，市场上均有销售。工艺水主要是食品、化工等领域需要纯度较高的水，其仅为溶剂，不会影响技术方案的实施；有机质和有机氮也为市售的公知产品，作为一种辅料其对发明的技术方案的实施不构成影响。

请求人同时还提交了如下附件：

附件1：涉及工艺水的网页打印材料4页；

附件2：涉及有机质的网页打印材料2页；

附件3：涉及有机氮农药的网页打印材料2页。

形式审查合格后，专利复审委员会受理了该复审请求，并于2007年8月22日向请求人发出《复审请求受理通知书》。同时，将本申请送回国家知识产权局原审查部门进行前置审查。

原审查部门对本复审请求进行了前置审查，在前置审查中，原审查部门坚持原驳回决定。

专利复审委员会组成合议组，对本复审请求案进行了审理。

2009年8月28日，请求人提交了权利要求书的全文替换页，其中删除了前一文本中的权利要求4，修改后的权利要求书如下：

“1. 一种高活性抗旱营养素，其特征在于包括以下各组分：腐酸铵（HA35%）500kg、包膜尿素（N46%）150kg、钙镁磷肥（P14）100kg、磷铵（N17、P44）100kg、甲壳素（脱脂处理）20kg、苦参素（80目）20kg、膨润土（含胶质价>50ml/5g）30kg、工艺水380kg、有机质（55%）50kg、骨粉（120目）40kg、稀土（99.9%）1.2kg、麦饭石30kg。

2. 根据权利要求1所述的一种高活性抗旱营养素的制作方法，其特征在于包括以下操作步骤：先按需制成腐酸铵，然后加入包膜尿素、钙镁磷肥、磷铵，在充分搅拌时加入甲壳素、苦参素、有机质、骨粉、稀土、麦饭石，最后加入膨润土，成颗粒后自动滚出造粒机，并进入干燥机烘干、风干后包装，其中反应温度为80℃，反应时间为8小时。

3. 一种高活性抗旱营养素，其特征在于包括以下各组分：黄腐酸（HA35%）25kg、氨基酸（MAA12%）5kg、苦参素9kg、生物碱5kg、壳聚糖7.25kg、工艺水1000kg、有机氮（N46%）8.5kg、钙（CA99%）1.5kg、硼（B99%）1.5kg、锰（Mn98.9%）1.75kg、锌（Zn98.9%）0.15kg、有机质6kg、稀土（99%）0.15kg。”

经审理，合议组认为本案事实清楚，可以作出复审决定。

二、决定的理由

1. 关于文本

请求人在复审阶段对权利要求书进行了修改，其中删除了驳回决定所针对的文本的权利要求4，请求人的上述修改符合专利法第33条的规定。本复审请求审查决定是以下述文本为基础作出的，即请求人于2009年8月28日提交的权利要求第1~3项，申请日提交的说明书第1~5页及附图，摘要以及摘要附图。

2. 关于专利法第26条第3款

专利法第26条第3款规定：说明书应当对发明或者实用新型作出清楚、完整的说明，以所属技术领域的技术人员能够实现为准。

如果说明书中没有对其记载的技术术语进行解释，但是本领域技术人员根据本领域的技术常识可以确切地知道该技术术语的含义，能够实现该发明，那么该发明符合充分公开的要求。

本案中，驳回决定中指出本申请说明书不符合专利法第26条第3款的规定的理由主要为：说明书未对本发明技术方案中包括的原料工艺水的成分、制备方法或来源作任何说明，对于原料组分有机质和有机氮的具体来源也未作任何说明，从而导致无法实施本发明。

对此，合议组查明：本申请要求保护的是一种高活性抗旱营养素及其制作方法，该营养素包含“腐酸铵、包膜尿素、磷肥、磷铵、甲壳素、苦参素、膨润土、工艺水”等组分，还可以包括有机氮、营养元素、有机质、稀土等组分。说明书第3页记载了本发明固体、液体两种产品的配方以及制备的工艺流程、制备实施例。说明书没有对其记载的“工艺水”进行文字解释或说明。

合议组认为，对于“工艺水”这一术语的含义，在说明书未对其作进一步解释或说明的情况下，应当基于本领域的技术常识结合说明书记载的内容来理解。本发明要制备的产品是一种高活性抗旱营养素，该产品具有保水作用，在抗旱和供应养分上具有持久性和可控性。在本申请说明书第3页记载的工艺流程中包括“颗粒干燥”这最后一个步骤，实施例1中也记载了最后进行烘干和风干来制备所述营养素产品，该产品中的工艺水应在最后一步中基本除去，由此可见，工艺水仅是本发明生产工艺中用到的溶剂，并非其有效成分，并且现有技术中已有工艺水这一术语，本领域技术人员在阅读了本申请说明书后能够知晓“工艺水”是起到溶解其他成分作用的工艺用水，在普通的工艺流程中大量使用并容易获得。因此，本申请的“工艺水”含义明确，也能够为本领域技术人员所获得，满足充分公开的要求。

关于本申请要求保护的高活性抗旱营养素中包含的组分“有机氮”、“有机质”，首先，有机氮、有机质均属于有机原料物质中含有的营养成分，本领域技术人员均清楚哪些常用原料中会含有有机氮、有机质，驳回决定对此亦认可，因此，该成分是本领域技术人员有能力获得的，在获得了该常规成分后本领域技术人员能够按照本申请记载的工艺方法制得所述的营养素产品，从而实现本发明。其次，驳回决定认为种类繁多的有机质和有机氮具有不同的性质，合议组认为仅据此尚不足以使本领域技术人员对本申请所述高活性抗旱营养素能够解决本发明所要解决的技术问题产生合理怀疑，即未公开有机质、有机氮的具体来源并不会导致本领域技术人员不能按照说明书记载的内容来制备所述营养素并产生其效果，因此，本申请中对组分“有机氮”、“有机质”的公开也满足充分公开的要求。

综上所述，驳回决定认为本申请说明书公开不充分的理由不成立。

基于上述理由，合议组作出如下决定。

三、决定

撤销国家知识产权局于2007年3月9日对02139388.5号发明专利申请作出的驳回决定。由原审查部门根据驳回决定所针对的文本继续审查程序。

复审请求人对本决定不服的，可以根据专利法第41条第2款的规定，自收到本决定之日起三个月内向北京市第一中级人民法院起诉。

176

粘合剂

复审请求审查决定（第 20019 号）

决　定　号　第 20019 号
决　定　日　2009 年 10 月 27 日
发明创造名称　粘合剂
国际分类号　C09J 131/04
复审请求人　雅马哈株式会社
申　请　号　01111779.6
最早优先权日　2000 年 3 月 17 日
申　请　日　2001 年 3 月 16 日
公　开　日　2001 年 9 月 26 日
合议组组长　危　峰
主　审　员　孙丽芳
参　审　员　蔡　雷

法律依据　专利法第 33 条
决定要点

如果申请文件的修改内容是所属技术领域的技术人员可以从原申请记载的信息中直接地、毫无疑义地确定的，那么，这种修改是允许的；对于权利要求中数值范围的技术特征的修改，只有在修改后数值范围的两个端值在原说明书和/或权利要求书中已确实记载且修改后的数值范围在原数值范围之内的前提下，才是允许的。

一、案由

本复审请求案涉及发明名称为“粘合剂”的第 01111779.6 号发明专利申请（下称本申请），申请人为雅马哈株式会社，申请日为 2001 年 3 月 16 日，最早优先权日为 2000 年 3 月 17 日，公开日为 2001 年 9 月 26 日。

2008 年 8 月 8 日，针对申请人于 2008 年 7 月 1 日提交的权利要求第 1~7 项，2005 年 7 月 26 日提交的说明书第 7~8 页，2001 年 3 月 16 日提交的说明书第 1~6、9~11 页及说明书摘要（下称驳回文本），国家知识产权局以申请文件的修改不符合专利法第 33 条的规定为由驳回了本申请。

《驳回决定》认为：（1）申请人将说明书第 7~8 页的表格 1~4 中记载的“（B）改性聚乙烯基乳液”修改为“（B）改性聚醋酸乙烯酯乳液”不符合专利法第 33 条的规定；（2）权利要求 6 中“其中 A：B：C：D 的质量比是 A：B：C：D=30：（64~156）：（67~155）：（12~33）”，在原说明书和权利要求书中并没有记载，上述范围是申请人根据说明书表 4 中各个离散的数值修改而来的连续数值范围，不符合专利法第 33 条的规定。

除驳回理由外，《驳回决定》还附带的其他问题包括：（3）权利要求 1 和 4 之间不属于一个总的发明构思，不符合专利法第 31 条第 1 款的规定；（4）权利要求 1 中所述的组分“（C）聚乙烯醇水溶液”得不到说明书的支持，不符合专利法第 26 条第 4 款的规定；（5）权利要求 7 所引用的权利要求 9 并不存在，导致该权利要求不清楚，不符合专利法实施细则第 20 条第 1 款的规定。

《驳回决定》针对的权利要求书如下：

“1. 一种粘合剂，包含（A）聚合 MDI，（B）改性聚醋酸乙烯酯乳液，（C）聚乙烯醇水溶液和（D）稻壳。

2. 根据权利要求 1 的粘合剂，其中 A：（B+C）的当量比是 1：30~1：120。

3. 根据权利要求 1 的粘合剂，其中 A：B：C：D 的质量比是 30：（60~160）：（50~160）：（10~140），条件是聚乙烯醇水溶液（C）的浓度是 10% 质量。

4. 一种粘合剂，包含（A）聚合 MDI，（B）改性聚醋酸乙烯酯乳液，（C）聚乙烯醇水溶液和（D）选自研磨过的粒状矿渣和二氧化硅的至少一种的填料。

5. 用权利要求 1 的粘合剂粘合其各部件的木制品。

6. 一种粘合剂，包含（A）聚合二苯基甲烷二异氰酸酯，（B）改性聚醋酸乙烯酯乳液，（C）聚乙烯醇水溶液和（D）稻壳，其中 A：B：C：D 的质量比是 A：B：C：D=30：（64~156）：（67~155）：（12~33）。

7. 根据权利要求 9 的粘合剂，其中 A：B：C：D 的质量比是 A：B：C：D=30：（64~156）：（67~155）：（12~33）。”

2008 年 11 月 24 日，申请人雅马哈株式会社（下称请求人）对上述驳回决定不服，向专利复审委员会提出复审请求，请求人在提出复审请求时对权利要求书进行了修改，同时提交了本申请的优先权文件复印件特开 2002-206082A（申请号 2001-29525）。修改后的权利要求书为：

“1. 一种粘合剂，包含（A）聚合 MDI，（B）改性聚醋酸乙烯酯乳液，（C）10% 质量的部分皂化的聚乙烯醇水溶液，其皂化度是 85~92mol%，和（D）稻壳。

2. 根据权利要求 1 的粘合剂，其中 A：（B+C）的当量比是 1：30~1：120。

3. 根据权利要求 1 的粘合剂，其中 A：B：C：D 的质量比是 30：（60~160）：（50-160）：（10~140）。

4. 用权利要求 1 的粘合剂粘合其各部件的木制品。

5. 一种粘合剂，包含（A）聚合二苯基甲烷二异氰酸酯，（B）改性聚醋酸乙烯酯乳液，（C）10% 质量的部分皂化的聚乙烯醇水溶液，其皂化度是 85~92mol%，和（D）稻壳，其中 A：B：C：D 的质量比是 A：B：C：D=30：（64~156）：（67~155）：（12~33）。

6. 根据权利要求 5 的粘合剂，其中 A：B：C：D 的质量比是 A：B：C：D=30：100：100：20。”

请求人认为：（1）本发明涉及一种粘合剂，其包括（A）聚合 MDI，（B）改性聚醋酸乙烯酯乳液，（C）聚乙烯醇水溶液，和（D）填料，应当认为实施例中的表 1~4 中的组分（B）改性聚乙烯基乳液不是旨在包括其他的改性聚乙烯基乳液，而是本说明书记载的组分（B）改性聚醋酸乙烯酯乳液，这种修改没有扩大和/或改变原始信息，因此符合专利法第 33 条的规定；（2）此外，所提交的本申请优先权文本（2001-29525）中，实施例和表中组分（B）为改性聚醋酸乙烯酯乳液；（3）权利要求 6 的数值范围是基于权利要求 3 的连续范围，并结合表 4 的数据作出的进一步限定，因此符合专利法第 33 条的规定。

经形式审查合格后，专利复审委员会受理了该请求，并于2008年12月17日向请求人发出了《复审请求受理通知书》，同时将本申请转送至国家知识产权局原审查部门进行前置审查。

在《前置审查意见书》中，国家知识产权局原审查部门认为说明书的修改仍不符合专利法第33条的规定，因此坚持驳回决定。

专利复审委员会组成合议组，对本复审请求案进行了审理。

经合议，合议组认为本案事实已经清楚，可以作出审查决定。

二、决定的理由

1. 关于文本

本复审请求审查决定针对的文本是：请求人于2008年11月24日提交的权利要求第1~6项，2005年7月26日提交的说明书第7~8页，2001年3月16日提交的说明书第1~6、9~11页及说明书摘要。

2. 关于专利法第33条

专利法第33条规定：申请人可以对其专利申请文件进行修改，但是，对发明和实用新型专利申请文件的修改不得超出原说明书和权利要求书记载的范围。

如果申请文件的修改内容是所属技术领域的技术人员可以从原申请记载的信息中直接地、毫无疑义地确定的，那么，这种修改是允许的；对于权利要求中数值范围的技术特征的修改，只有在修改后数值范围的两个端值在原说明书和/或权利要求书中已确实记载且修改后的数值范围在原数值范围之内的前提下，才是允许的。

就本案而言，《驳回决定》认为，申请人将说明书第7~8页的表格1~4中记载的“（B）改性聚乙烯基乳液”修改为“（B）改性聚醋酸乙烯酯乳液”后的技术方案在原说明书和权利要求书中并没有记载，表1~4中记载的“（B）改性聚乙烯基乳液”涵盖了改性聚醋酸乙烯酯乳液以及其他改性聚乙烯基乳液，从说明书中文字记载的内容，也并不能直接地、毫无疑义地确定说明书表格1-4中记载的“（B）改性聚乙烯基乳液”这一上位概念唯一地指代“（B）改性聚醋酸乙烯酯乳液”这一下位概念，因此，该修改不符合专利法第33条的规定。

合议组认为，原权利要求1中已记载了组分（B）为改性聚醋酸乙烯酯乳液的技术方案；同时在说明书第2页第4行、第3页第22、32行以及第4页第16行等处均明确记载组分（B）为改性聚醋酸乙烯酯乳液，整个说明书中除表1~4外，没有组分（B）可以为其他成分的上位和/或下位概念描述，而说明书第7~8页实施例部分的表1~4旨在描述本发明使用具体组分（A）~（D）后获得的粘合剂所具有的技术效果，应当认为表1~4中描述为“聚乙烯基乳液”的组分（B）是说明书其他部分中所述组分（B）“改性聚醋酸乙烯酯乳液”的指代，不应理解为包括上位概念的聚乙烯基乳液，这种修改是本领域技术人员根据说明书的整体信息能够直接地、毫无疑义地确定的，因此，上述修改没有超出原申请文件记载的范围，符合专利法第33条的规定。

《驳回决定》还认为，权利要求5（即，驳回文本中的权利要求6）中第3行所述的“A：B：C：D的质量比是A：B：C：D=30：（64~156）：（67~155）：（12~33）”的内容是请求人根据说明书表4中各个离散的数值修改而成的连续数值范围，该连续数值范围、特别是其中涵盖的除表4中公开的离散数值之外的其他数值在原说明书和权利要求书中并无记载，也不能根据原说明书和权利要求书记载的内容直接地、毫无疑义地确定，因此，该修改不符合专利法第33条的规定。对此，合议组认为，一方面，权利要求5中修改后数值范围的两个端值在原说明书中确已记载（参见表4中组分（B）、（C）和（D）的质量比选择），且修改后的数值范围在原权利要求3记载的数值范围（A：B：C：D的质量比是30：（60~160）：（50~160）：（10~140））之内。另一方面，表4中各组分的质量比均以组分（A）为30计，相对组分（A）而言，其他组分范围端值变化范围均明确记载于表4的实施例中，因此，上述修改应当是允许的，符合专利法第33条的规定。

另一方面，复审请求时，请求人将权利要求1和5中组分（C）进行进一步限定为“10%质量的部分皂化的聚乙烯醇水溶液，其皂化度是85~92mol%”，将权利要求6中A：B：C：D的质量比限定为“A：B：C：D=30：100：100：20”，上述修改后的内容分别记载于说明书第2页第9~10行以及说明书第8页表4实施例22中，因此，该修改符合专利法第33条的规定。

鉴于《驳回决定》所依据的本申请的修改不符合专利法第33条规定的缺陷并不存在，对于《驳回决定》提及的其他审查意见，由于前置审查意见中不再坚持，合议组不再予以评述。

根据上述事实和理由，合议组作出如下审查决定。

三、决定

撤销国家知识产权局于2008年8月8日针对第01111779.6号发明专利申请作出的驳回决定，由国家知识产权局原审查部门以本复审决定所针对的文本为基础继续审批程序。

复审请求人对本决定不服的，可以根据专利法第41条第2款的规定，自收到本决定之日起三个月内向北京市第一中级人民法院起诉。

177

O-（5，6，7，8-四氢-2-萘基）-N-（6-甲氧基-2-吡啶基）-N-甲基硫代氨基甲酸酯及其制法

复审请求审查决定（第20022号）

决　定　号　第20022号
决　定　日　2009年10月22日
发明创造名称　O-（5，6，7，8-四氢-2-萘基）-N-（6-甲氧基-2-吡啶基）-N-甲基硫代氨基甲酸酯及其制法
国际分类号　C07D 213/75
复审请求人　东曹株式会社
申　请　号　200510070187.3
申　请　日　2005年5月10日
优先权日　2004年5月12日
公　开　日　2005年11月16日
合议组组长　汪送来
主　审　员　张家祥
参　审　员　沈　钱

法律依据　专利法第22条第2款
决定要点

如果权利要求的技术方案与现有技术公开的技术方案相比存在区别特征，导致二者实质上是不同的，则该权利要求相对于现有技术具有新颖性。

一、案由

本复审请求案涉及发明名称为“O-（5，6，7，8-四氢-2-萘基）-N-（6-甲氧基-2-吡啶基）-N-甲基硫代氨基甲酸酯及其制法”的第200510070187.3号发明专利申请（下称本申请），申请人为东曹株式会社，申请日为2005年5月10日，优先权日为2004年5月12日，公开日为2005年11月16日。

2008年8月8日，针对申请人于2005年5月10日提交的权利要求第1~12项、说明书第1~23页和说明书摘要，国家知识产权局以权利要求1~7不符合专利法第22条第2款的规定为由驳回了本申请。

驳回决定所针对的权利要求1~7如下

“1. 一种O-（5，6，7，8-四氢-2-萘基）-N-（6-甲氧基-2-吡啶基）-N-甲基硫代氨基甲酸

酯，其白色度（WB 值、JIS 基准）为 90 或 90 以上、且用下述通式（I）所示

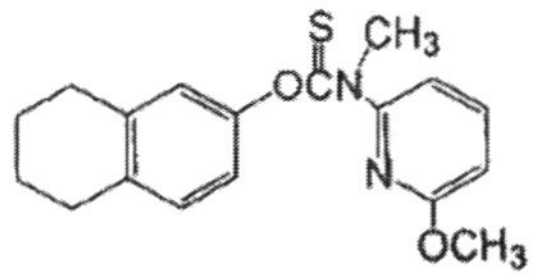
（I）

。

2. 按照权利要求 1 记载的 O-（5，6，7，8-四氢-2-萘基）-N-（6-甲氧基-2-吡啶基）-N-甲基硫代氨基甲酸酯，其纯度为 99.96 重量% 或 99.96 重量% 以上。

3. 按照权利要求 1~2 中任一项记载的 O-（5，6，7，8-四氢-2-萘基）-N-（6-甲氧基-2-吡啶基）-N-甲基硫代氨基甲酸酯，其中下述通式（II）所示的 O-萘基-N-（6-甲氧基-2-吡啶基）-N-甲基硫代氨基甲酸酯的含有量不足 0.1 重量%，

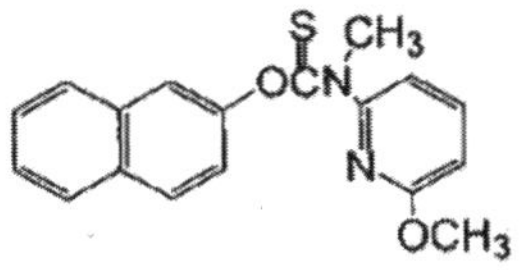
（II）

。

4. 按照权利要求 1 或 2 记载的 O-（5，6，7，8-四氢-2-萘基）-N-（6-甲氧基-2-吡啶基）-N-甲基硫代氨基甲酸酯，其中无机盐含有量为 300ppm 或 300ppm 以下。

5. 按照权利要求 1 或 2 记载的 O-（5，6，7，8-四氢-2-萘基）-N-（6-甲氧基-2-吡啶基）-N-甲基硫代氨基甲酸酯，其中重金属含有量不到 2ppm。

6. 按照权利要求 1 或 2 记载的 O-（5，6，7，8-四氢-2-萘基）-N-（6-甲氧基-2-吡啶基）-N-甲基硫代氨基甲酸酯，其特征在于，粒径的 90% 或 90% 以上在 10~150μm 的范围。

7. 按照权利要求 1 或 2 记载的 O-（5，6，7，8-四氢-2-萘基）-N-（6-甲氧基-2-吡啶基）-N-甲基硫代氨基甲酸酯，其特征在于，具有表 1 所示的 X 射线衍射图，

表 1

衍射各 2θ（°）	面间隔 d，（Å）	峰强度 —
7.70	11.47	中强
8.25	10.71	强
14.10	6.28	弱
17.05	5.20	弱
17.75	4.99	中强
18.05	4.91	中强
18.70	4.74	弱
20.20	4.39	弱
21.90	4.05	中强
22.25	3.99	中强
23.35	3.81	中强

续表

衍射各 2θ（°）	面间隔 d，（Å）	峰强度 —
23. 40	3. 80	中强
24. 20	3. 67	弱
25. 60	3. 48	弱
27. 75	3. 21	弱
28. 50	3. 13	弱
28. 80	3. 10	弱

驳回决定认为，化合物 O-（5，6，7，8-四氢-2-萘基）-N-（6-甲氧基-2-吡啶基）-N-甲基硫代氨基甲酸酯是已知的，本申请的目的在于提供一种不同于现有技术的提纯方法，使其纯度达到 99. 96 或 99. 96 重量% 以上，在该纯度时其表现为白色度 90 或 90 以上，含有的杂质含量更低，化合物的粒径更小，X 射线衍射峰中杂质峰少、目的化合物峰强度强等。对比文件 1（JP 平 2-15065A，公开日为 1990 年 1 月 18 日）同样是对该已知化合物利拉萘酯进行提纯，并且实施例 1-3 得到的化合物纯度为 100. 0%，落入到权利要求 2 所述的 99. 96 重量或 99. 96 重量% 以上的范围之内，从而破坏了权利要求 2 的新颖性，其表现的白色度、含有的杂质等也落入了权利要求 1、3～7 的保护范围之内，因此，权利要求 1～7 均不具有新颖性。

申请人认为，测定方法的不同导致了本申请与对比文件 1 化合物的纯度不同，且本申请的化合物是结晶形态，而对比文件 1 的化合物是“纯化产品溶液”状态。对此，驳回决定认为，二者采用的分析方法均是液相色谱法，洗脱液几乎完全相同，故二者的纯度是基于平行实验作出的；对比文件 1 的精制产物通过液相色谱分析纯度为 100%，已经达到了本申请的纯度范围，上述的精制产物除去洗脱液后也必然是结晶形式的固态。另外，申请人强调二者的白色度不同，而对比文件 1 中纯度为 100% 的化合物是固态，申请人没有证据证明该化合物的白色度排除在本申请的白色度以外。

2008 年 11 月 24 日，申请人东曹株式会社（下称请求人）对上述驳回决定不服，向专利复审委员会提出复审请求，同时提交了修改的权利要求书以及说明书第 5 页的替换页，其中，请求人将原权利要求 7 的内容并入到原权利要求 1 中，并将所述的白色度限定为 90～93. 7。另外，请求人还提交了一份用于证明本申请与对比文件 1 的化合物不同的实验报告书。

请求人认为（1）对比文件 1 实施例 1 所述的产物与本申请硫代氨基甲酸酯的衍射图案并不相同（参见实验报告书表 2）；（2）对比文件 1 中没有公开 90～93. 7 的白色度，且具有较高的纯度并不等于具有较高的白色度；（3）由 SEM 观察的结果可知，本申请的结晶为大结晶，而对比文件 1 中除去洗脱液后得到的产物为微细结晶的集合物，二者的结晶形态也不相同。

经形式审查合格后，专利复审委员会受理了该请求，并于 2008 年 12 月 30 日向请求人发出了《复审请求受理通知书》，同时将本申请转送至国家知识产权局原审查部门进行前置审查。

在《前置审查意见书》中，国家知识产权局原审查部门认为本申请权利要求 1 的化合物的 X 射线衍射角与对比文件 1 完全相同，证明二者的结构是相同的，强度的不同是由实验操作过程带来的；所限定的白色度也不能对化合物的结构产生影响，无法与对比文件 1 的化合物相区分。因此，权利要求 1 相对于对比文件 1 不具有新颖性，如驳回决定所述，权利要求 2～6 也不具有新颖性，故坚持驳回决定。

专利复审委员会组成合议组，对本复审请求案进行了审理，于 2009 年 7 月 28 日向请求人发出《复审通知书》，指出首先，根据本申请说明书的记载，杂质 O-萘基-N-（6-甲氧基-2-吡啶基）-N-甲基硫代氨基甲酸酯是产品着色、经时劣化的原因，可见本申请和对比文件 1 化合物的白色度不同是由杂质导致的，而且，杂质并非化学产品的本身属性，现实实践中化合物在杂质方面也不可能绝对相同，因此，杂质方面的不同通常不能作为二者的区别。其次，由请求人提供的实验报告书（表 2）可知，本申请化合物与对比文件 1 干燥物的衍射角即所对应的峰位置相同，而某些峰的强度略有差异。在同一化合物晶体的不同次 X 射线衍射实验中，化合物的峰位置通常不易发生改变，而峰强度的变化相对较大，甚至会出现某些峰强度的强、弱互换的情况，鉴于本申请与对比文件 1 化合物的峰位置相同，仅仅是某些峰的强度略有不同不足以说明两者是不同的晶体。另外，结晶条件的不同可以导致晶体的形态、大小的不同，而本申请的权利要求 1 并没有限定晶体的形态、大小。故本领域技术人员可以推定权利要求 1 与对比文件 1 中的化合物实质上是相同的，权利要求 1 相对于对比文件 1 不具备新颖性，不符合专利法第 22 条第 2 款的规定。同样，权利要求 2~5 中化合物的纯度、杂质也不能作为与对比文件 1 化合物的区别，因此，权利要求 2~5 也不具备新颖性。

2009 年 9 月 1 日，请求人针对上述《复审通知书》提交了意见陈述书和修改的权利要求书，其中，相对于 2008 年 11 月 24 日提交的权利要求书，请求人将权利要求 6 并入到了权利要求 1 中，同时删除了该权利要求中非必要的括号。修改后的权利要求 1~5（对应于驳回决定所针对的权利要求1~7）为

“1. 一种 O-（5，6，7，8-四氢-2-萘基）-N-（6-甲氧基-2-吡啶基）-N-甲基硫代氨基甲酸酯，其 JIS 基准的白色度即 WB 值为 90~93.7、且用下述通式（I）所示

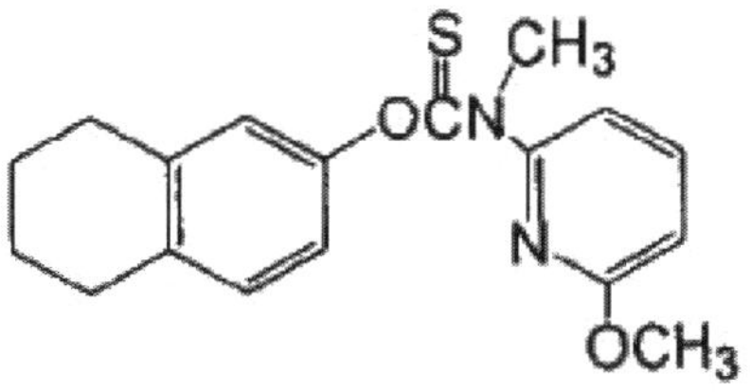

（I）

，

并具有表 1 所示的 X 射线衍射图，粒径的 90% 或 90% 以上在 10~150μm 的范围，

表 1

衍射各 2θ（°）	面间隔 d，（Å）	峰强度 —
7.70	11.47	中强
8.25	10.71	强
14.10	6.28	弱
17.05	5.20	弱
17.75	4.99	中强
18.05	4.91	中强
18.70	4.74	弱
20.20	4.39	弱
21.90	4.05	中强

续表

衍射各 2θ（°）	面间隔 d，（Å）	峰强度 —
22.25	3.99	中强
23.35	3.81	中强
23.40	3.80	中强
24.20	3.67	弱
25.60	3.48	弱
27.75	3.21	弱
28.50	3.13	弱
28.80	3.10	弱

。

2. 按照权利要求1记载的O-（5，6，7，8-四氢-2-萘基）-N-（6-甲氧基-2-吡啶基）-N-甲基硫代氨基甲酸酯，其纯度为99.96重量%或99.96重量%以上。

3. 按照权利要求1~2中任一项记载的O-（5，6，7，8-四氢-2-萘基）-N-（6-甲氧基-2-吡啶基）-N-甲基硫代氨基甲酸酯，其中下述通式（II）所示的O-萘基-N-（6-甲氧基-2-吡啶基）-N-甲基硫代氨基甲酸酯的含有量不足0.1重量%，

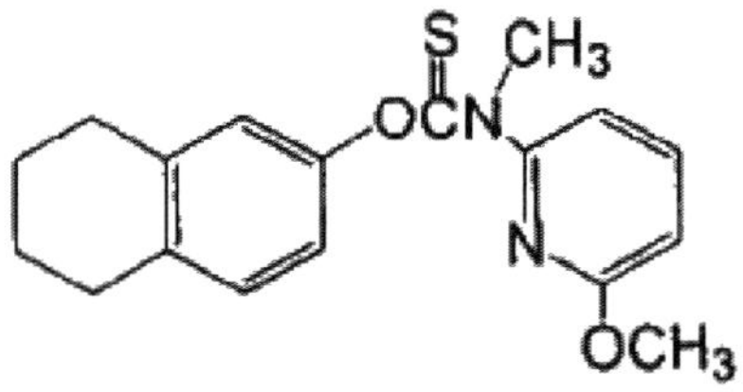

（II）

。

4. 按照权利要求1或2记载的O-（5，6，7，8-四氢-2-萘基）-N-（6-甲氧基-2-吡啶基）-N-甲基硫代氨基甲酸酯，其中无机盐含有量为300ppm或300ppm以下。

5. 按照权利要求1或2记载的O-（5，6，7，8-四氢-2-萘基）-N-（6-甲氧基-2-吡啶基）-N-甲基硫代氨基甲酸酯，其中重金属含有量不到2ppm。”

请求人认为，对比文件1没有公开“粒径的90%以上在10~150μm的范围”这一技术特征；本申请的结晶为大结晶，而对比文件1为微细结晶的集合物，实验报告书中的图5是本申请化合物的SEM照片，其中大结晶的粒径约100μm，较小的粒径也在30μm左右，图6是对比文件1化合物的SEM照片，微细结晶集合物的粒径基本上为10μm左右，单个微细结晶的粒径应低于10μm。因此，二者的粒径及其分布范围是不同的，权利要求1相对于对比文件1具有新颖性，相应地，引用权利要求1的权利要求也具有新颖性。

至此，合议组认为本案事实清楚，可以作出审查决定。

二、决定的理由

1. 关于审查文本

在复审程序中，请求人于2008年11月24日提交了说明书第5页的修改替换页，并于2009年9月1日提交了修改的权利要求书，经审查，上述修改符合专利法第33条和专利法实施细则第60条第

1 款的规定。

因此，本复审请求审查决定所针对的文本是：请求人于 2009 年 9 月 1 日提交的权利要求第 1~10 项，2008 年 11 月 24 日提交的说明书第 5 页，以及 2005 年 5 月 10 日提交的说明书第 1~4、6~23 页和说明书摘要。

2. 关于专利法第 22 条第 2 款

专利法第 22 条第 2 款规定：新颖性，是指在申请日以前没有同样的发明或者实用新型在国内外出版物上公开发表过、在国内公开使用过或者以其他方式为公众所知，也没有同样的发明或者实用新型由他人向国务院专利行政部门提出过申请并且记载在申请日以后公布的专利申请文件中。

如果权利要求的技术方案与现有技术公开的技术方案相比存在区别特征，导致二者实质上是不同的，则该权利要求相对于现有技术具有新颖性。

就本申请而言，权利要求 1 要求保护一种 O-（5，6，7，8-四氢-2-萘基）-N-（6-甲氧基-2-吡啶基）-N-甲基硫代氨基甲酸酯（参见案由部分）。

对比文件 1 公开了一种精制的 O-（5，6，7，8-四氢-2-萘基）-N-（6-甲氧基-2-吡啶基）-N-甲基硫代氨基甲酸酯，经液相色谱分析，其纯度为 100%（参见该对比文件的说明书实施例 1）。

将权利要求 1 要求保护的技术方案与对比文件 1 公开的技术方案进行对比，二者均涉及 O-（5，6，7，8-四氢-2-萘基）-N-（6-甲氧基-2-吡啶基）-N-甲基硫代氨基甲酸酯，且纯度相同。但是，权利要求 1 中限定了所述化合物的粒径的 90% 或 90% 以上在 10~150μm 的范围，而对比文件 1 没有给出化合物的粒径方面的信息。根据请求人的测定，对比文件 1 的结晶粒径基本上为 10μm 左右。在没有证据表明请求人的测量结果有误的情况下，可以认定两者在粒径上存在区别。粒径是晶体化合物本身的特征，这一区别导致了权利要求 1 的技术方案与对比文件 1 公开的技术方案实质上是不同的，因此，权利要求 1 相对于对比文件 1 具有新颖性，符合专利法第 22 条第 2 款的规定。

权利要求 2~5 是权利要求 1 的从属权利要求，在权利要求 1 具有新颖性的情况下，权利要求 2~5 也具有新颖性，符合专利法第 22 条第 2 款的规定。

根据上述事实和理由，合议组作出如下审查决定。

三、决定

撤销国家知识产权局于 2008 年 8 月 8 日针对第 200510070187.3 号发明专利申请作出的驳回决定，由国家知识产权局原审查部门以本复审决定所针对的文本为基础继续审批程序

复审请求人对本决定不服的，可以根据专利法第 41 条第 2 款的规定，自收到本决定之日起三个月内向北京市第一中级人民法院起诉。

178

一种四乙基四氟硼酸铵的制备方法

复审请求审查决定（第 20026 号）

决　定　号　第 20026 号
决　定　日　2009 年 10 月 10 日
发明创造名称　一种四乙基四氟硼酸铵的制备方法
国 际 分 类 号　C07C 211/63，C07C 209/20
复 审 请 求 人　陈耀华，赖向军，梁泽生
申　请　号　200510086517.8
申　请　日　2005 年 9 月 26 日
公　开　日　2006 年 4 月 26 日
合 议 组 组 长　吴红权
主　审　员　刘　磊
参　审　员　李新芝

法 律 依 据　专利法第 22 条第 3 款
决 定 要 点

如果驳回决定认为权利要求相对于对比文件的区别技术特征是公知常识，并由此得出该权利要求不具备创造性的结论，但没有给出支持该区别属于公知常识的任何证据，在申请人不认可的情况下也未进行充分说明，则驳回决定有关权利要求不具备创造性的认定，证据不足、理由不充分。

一、案由

本复审请求案涉及发明名称为“一种四乙基四氟硼酸铵的制备方法”的第 200510086517.8 号发明专利申请（下称本申请），申请人为陈耀华、赖向军、梁泽生，申请日为 2005 年 9 月 26 日，公开日为 2006 年 4 月 26 日。

2007 年 4 月 13 日，国家知识产权局原审查部门发出《第二次审查意见通知书》，指出权利要求第 1~3 项相对于对比文件 1 和 2 以及公知常识的结合不具备创造性。

2007 年 6 月 21 日，申请人针对《第二次审查意见通知书》陈述了意见，认为复分解反应和精制是本领域的公知常识，但不认为权利要求 1 中的步骤（3）和（4）属于本领域的公知常识。

2007 年 8 月 10 日，针对申请人于 2007 年 6 月 21 日提交的权利要求第 1~3 项和说明书第 4 页，2006 年 9 月 28 日提交的说明书第 3 页，2005 年 9 月 26 日提交的说明书第 1~2、5~6 页以及说明书摘要，国家知识产权局以本申请的权利要求 1~3 不符合专利法第 22 条第 3 款为由驳回了本申请。驳回决定针对的权利要求第 1~3 项如下：

“1. 一种四乙基四氟硼酸铵的制备方法，其特征在于：其为用于制备电子元件的电子级试剂

（1）硼酸的精制：将工业硼酸溶于煮沸的去离子水中，然后过滤，滤液降至室温，结晶，过滤，并用去离子水进行洗涤，然后将滤饼重新溶于煮沸的去离子水中，降温、结晶，重复三次重结晶过程，得到纯度为99.8%的精制硼酸；

（2）氟硼酸的制备：称取浓度为40%的氢氟酸加入带有搅拌、冷凝回流装置和冷却盘管的聚四氟材质或带防腐内衬的反应器中，边搅拌边分批加入硼酸，反应温度为30~40℃，加毕硼酸以后，继续搅拌半小时，然后在室温下静置2小时，过滤、除去不溶物杂质，即得33%±1浓度的氟硼酸水溶液，氢氟酸与硼酸用量按摩尔比为1∶1；

（3）四乙基四氟硼酸铵的制备：四乙基四氟硼酸铵的制备是在聚四氟材质反应器内进行，首先按重量1∶2比例加入四乙基卤化铵晶体和醇类有机溶剂，于10~50℃，缓慢滴加氟硼酸水溶液，氟硼酸水溶液与四乙基卤化铵晶体的用量按重量比为1∶1，加毕氟硼酸后，继续反应2小时，然后，减压浓缩，温度控制30~90℃，反应结束后，再加入与四乙基卤化铵晶体相等重量的醇类有机溶剂搅拌2小时进行晶化，晶化液经过滤，并用醇类有机溶剂洗涤滤饼，去除带有杂质的母液，得到的湿粉——四乙基氟硼酸铵晶体（粗品）；

（4）四乙基四氟硼酸铵的精制：在带有冷凝回流装置的容器中加入乙醇溶液，同时加入经乙醇溶剂洗涤的四乙基四氟硼酸铵盐湿粉，升温煮沸，待固体全部溶解后，边搅拌边降温至室温，并在室温下进行晶化、过滤，并用室温下的乙醇溶液洗涤，重复重结晶过程两次，得到的晶体在真空条件下于40~80℃进行干燥，即得精制的四乙基四氟硼酸铵，其中精制的四乙基四氟硼酸铵纯度：≥99.5%；水含量≤10ppm；Fe≤1.0ppm；Si≤3.0ppm；Na≤3.0ppm；K≤3.0ppm。

2. 根据权利要求所述的一种四乙基四氟硼酸铵的制备方法，其特征在于：四乙基卤化铵是四乙基氯化铵、四乙基溴化铵或四乙基氟化铵。

3. 根据权利要求所述的一种四乙基四氟硼酸铵的制备方法，其特征在于：醇类有机溶剂是异丁醇、丁醇或辛醇。”

驳回决定认为：对比文件1（“由硼砂生产硼酸”，《化学教学》，安建国，1995年，第8期，第40~41页）公开了硼酸在水中的溶解度随温度升高而增大，且受温度影响大，可以控制适宜的温度，使硼酸从水中溶液中结晶析出，在给出的工艺流程图中清楚列出了精制硼酸的过程（参见对比文件1第40~41页）；由此公开和教导了可以制备出高纯度的硼酸，结合对比文件2（CN1099721A，公开日1995年3月8日）公开了一种高浓度氟硼酸的生产方法（参见对比文件2说明书第1~2页），而氟硼酸、四乙基四氟硼酸铵都是常见的已知化合物，它们的制备、提纯或精制也是本领域普通技术人员的公知常识，氟硼酸和四乙基卤化铵通过复分解反应制备得到四乙基四氟硼酸铵，而复分解反应和精制四乙基四氟硼酸铵是本领域普通技术人员的公知常识，可见，在对比文件1和2的基础上结合本领域的公知常识，把现有技术的简单叠加结合公知常识得出权利要求1的技术方案，对本技术领域的技术人员来说是显而易见的，并且权利要求1的技术方案没有产生预料不到的效果，因此权利要求1不具备突出的实质性特点和显著的进步，不符合专利法第22条第3款有关创造性的规定。权利要求2和3都是权利要求1的从属权利要求，其附加技术特征都是本领域普通技术人员的公知常识，基于同样理由，权利要求2和3也不具备创造性。

2007年11月23日，申请人陈耀华、赖向军和梁泽生（下称请求人）对上述驳回决定不服，向专利复审委员会提出复审请求，同时提交了附件1（《北京化工研究院分析报告》，复印件共5页），但未对申请文件进行修改。

请求人认为，（1）对比文件1并没有公开和教导如何能够通过硼酸的精制或者何种纯度的硼酸

可以经过反应及精制最终得到修改后的本申请权利要求 1 的四乙基四氟硼酸铵；附件 1 表明，如果不进行原材料的精制，最终产品是不能达到上述指标的；另外，季铵盐类的合成过程，一般采用水为介质进行重结晶过程，而本发明采用乙醇为介质进行重结晶。（2）对比文件 2 公开了高浓度氟硼酸的生产方法，为解决其技术问题，硼酸在整个反应体系中的量必然大于等于按化学计量所需的量，也就是说，对比文件 2 公开的技术方案不能获得高浓度的氟硼酸。基于上述存在的技术问题，本申请提供一种获得高纯度合格的电子级试剂四乙基四氟硼酸铵的技术方案，其不是现有技术的简单叠加，每一步骤的工艺条件及其合理结合是为上述目的服务的，采用其他方式和材料进行最终产品的合成与精制，达不到技术指标。对比文件 1 和 2 以及公知技术并没有给出结合得到权利要求 1 的技术方案的启示和教导。

2008 年 1 月 28 日，经形式审查合格后，专利复审委员会受理了该请求，并向请求人发出了《复审请求受理通知书》，同时将本申请转送至国家知识产权局原审查部门进行前置审查。

在《前置审查意见书》中，国家知识产权局原审查部门坚持驳回决定。

专利复审委员会依法组成合议组，对本复审请求案进行了审理。

经合议，合议组认为本案事实已经清楚，可以作出审查决定。

二、决定的理由

1. 关于审查文本

本复审请求审查决定针对的文本为请求人于 2007 年 6 月 21 日提交的权利要求第 1~3 项和说明书第 4 页，2006 年 9 月 28 日提交的说明书第 3 页，2005 年 9 月 26 日提交的说明书第 1~2 和 5~6 页以及说明书摘要。

2. 关于专利法第 22 条第 3 款

专利法第 22 条第 3 款规定，创造性，是指同申请日以前已有的技术相比，该发明具有突出的实质性特点和显著的进步。

如果驳回决定认为权利要求相对于对比文件的区别技术特征是公知常识，并由此得出该权利要求不具备创造性的结论，但没有给出支持该区别属于公知常识的任何证据，在申请人不认可的情况下也未进行充分说明，则驳回决定有关权利要求不具备创造性的认定，证据不足、理由不充分。

就本申请而言，权利要求 1 请求保护一种作为用于制备电子元件的电子级试剂的四乙基四氟硼酸铵的制备方法（具体内容参见上述案由部分）。

驳回决定指出，在对比文件 1 和 2 的基础上结合本领域的公知常识，得出权利要求 1 的技术方案，对本领域技术人员是显而易见的（具体参见上述案由部分）。经核实，对比文件 1 公开了硼酸在水中的溶解度随温度升高而增大，且受温度影响大，可以控制适宜的温度，使硼酸从水中溶液中结晶析出；并公开了可通过重结晶处理粗品得到成品（参见对比文件 1 第 40~41 页）。对比文件 2 公开了一种高浓度氟硼酸的生产方法，包括按照氢氟酸（40%）和硼酸理论摩尔比进行配料，在不断搅拌下，将硼酸缓缓加入到氢氟酸中进行反应，控制反应温度使不超过 40℃，所得到的氟硼酸浓度的最高含量只能达到 40%，一般为 30% 左右（参见对比文件 2 说明书第 1 页）。因此，对比文件 1 教导了可以通过用水溶解硼酸粗品再降温进行重结晶来提纯得到高纯度的硼酸，即对比文件 1 实际上仅涉及本申请权利要求 1 中的步骤（1）。对比文件 2 实际上仅涉及权利要求 1 中的步骤（2）。

然而，对比文件 1 和 2 并没有公开或教导权利要求 1 中的步骤（3）和步骤（4）。步骤（3）和（4）为本申请目标产品的合成及精制工艺，同样属于构成权利要求 1 的技术方案的实质性部分，对于解决本申请的技术问题（获得高纯度的四乙基四氟硼酸铵）是必不可少的。驳回决定认为，步骤（3）和（4）所涉及的氟硼酸和四乙基卤化铵通过复分解反应制备得到四乙基四氟硼酸铵以及精制所获四乙基四氟硼酸铵为本领域的公知常识。对此，合议组认为，步骤（3）和（4）中涉及许多具体的工艺参数，说明书中给出了包括步骤（3）和（4）的技术方案带来的技术效果。而驳回决定未给出关于步骤（3）和（4）内容的任何现有技术文献，也没有给出步骤（3）和（4）为公知常识的任何证据；请求人在答复《第二次审查意见通知书》和复审请求时认可了复分解反应和精制是本领域的公知常识，但并不认可步骤（3）和（4）的内容是本领域的公知常识；因此，合议组认为，驳回决定中有关对比文件1结合对比文件2加上公知常识破坏本申请权利要求1的创造性的认定，证据不足、理由不充分。

在驳回决定关于独立权利要求1不具备创造性的理由不成立的情况下，驳回决定关于从属权利要求2和3不符合专利法第22条第3款规定的理由亦不成立。

根据上述事实和理由，合议组作出如下决定。

三、决定

撤销国家知识产权局于2007年8月10日针对第200510086517.8号发明专利申请作出的驳回决定，由国家知识产权局原审查部门以本复审请求审查决定所针对的申请文本为基础继续审查。

复审请求人对本决定不服的，可以根据专利法第41条第2款的规定，自收到本决定之日起三个月内向北京市第一中级人民法院起诉。

179

制备枯烯的方法

复审请求审查决定（第 20028 号）

决　　定　　号　第 20028 号
决　　定　　日　2009 年 10 月 26 日
发明创造名称　制备枯烯的方法
国 际 分 类 号　C07C2/66，C07C15/085，B01J29/06
复 审 请 求 人　埃克森美孚化学专利公司
申　　请　　号　200610077774. X
优 先 权 日　2001 年 7 月 11 日
申　　请　　日　2002 年 5 月 20 日
公　　开　　日　2006 年 10 月 4 日
合 议 组 组 长　危　峰
主　　审　　员　潘　剑
参　　审　　员　赵步真

法 律 依 据　专利法第 26 条第 4 款
决 定 要 点
权利要求书中的每一项权利要求所要求保护的技术方案应当是所属技术领域的技术人员能够从说明书充分公开的内容中得到或者概括得出的技术方案，如果权利要求的概括包含申请人推测的内容，而其效果又难于预先确定和评价，则这种概括得不到说明书的支持。

一、案由

本复审请求涉及发明名称为“制备枯烯的方法”的第 200610077774. X 号发明专利申请（下称本申请），申请人为埃克森美孚化学专利公司，申请日为 2002 年 5 月 20 日，优先权日为 2001 年 7 月 11 日，公开日为 2006 年 10 月 4 日。

2008 年 5 月 9 日，针对申请人于 2007 年 12 月 18 日提交的权利要求第 1～9 项，2006 年 4 月 24 日提交的说明书第 1～5 页及其摘要，国家知识产权局以权利要求 1～9 不符合专利法第 26 条第 4 款的规定为由驳回了本申请。

驳回决定认为：独立权利要求 1 和 4 涉及制备枯烯的方法，其中可采用的催化剂选自多种分子筛，说明书实施例仅提供了 MCM-49 作为催化剂从而实现本发明的方法，对于权利要求 1 和 4 中记载的催化剂是否同样能够实现本发明，本领域技术人员难于预见。申请人在意见陈述中指出可通过现有技术推知这些化合物具有相同的催化效果，但是，通过说明书公开的内容，本领域技术人员仅能够得知这些催化剂可以催化所述反应，但其能否与 MCM-49 具有相同的优越的催化效果，是无法预先推知的。因而权利要求 1 和 4 得不到说明书的实质性支持，相应地，其从属权利要求也得不到说明书的实质性支持。因而，权利要求 1~9 均不符合专利法第 26 条第 4 款的规定。

驳回决定针对的权利要求书如下：

"1. 一种制备枯烯的方法，其包括如下步骤：

在至少部分液相烷基化条件下使苯和丙烯与颗粒状分子筛烷基化催化剂接触，其中所述烷基化催化剂的所述分子筛选自 MCM-22、PSH-3、SSZ-25、MCM-36 和 MCM-56，所述烷基化催化剂颗粒具有约 80 至低于 200 英寸$^{-1}$的表面积体积比。

2. 权利要求 1 的方法，其中所述烷基化催化剂的颗粒具有约 100 至约 150 英寸$^{-1}$的表面积体积比。

3. 权利要求 1 的方法，其中所述烷基化条件包括约 10℃至约 125℃的温度、约 1 至约 30 大气压的压力、以及苯的重量小时空速为约 5hr^{-1}至约 50hr^{-1}。

4. 一种制备枯烯的方法，其包括如下步骤：

（i）在至少部分液相烷基化条件下使苯和丙烯与颗粒状分子筛烷基化催化剂接触以提供含有枯烯和多异丙基苯馏分的产品，其中所述烷基化催化剂的所述分子筛选自 MCM-22、PSH-3、SSZ-25、MCM-36 和 MCM-56，所述烷基化催化剂颗粒具有约 80 至低于 200 英寸$^{-1}$的表面积体积比；

（ii）从产品中分离多异丙基苯馏分；以及

（iii）在至少部分液相烷基转移条件下使多异丙基苯馏分和苯与颗粒状分子筛烷基转移催化剂接触。

5. 权利要求 4 的方法，其中所述烷基化催化剂颗粒具有约 100 至约 150 英寸-1 的表面积体积比。

6. 权利要求 4 的方法，其中所述烷基化条件包括约 10℃至约 125℃的温度、约 1 至约 30 大气压的压力、以及苯的重量小时空速为约 5hr^{-1}至约 50hr^{-1}。

7. 权利要求 4 的方法，其中所述烷基转移催化剂具有约 80 至低于 200 英寸-1 的表面积体积比。

8. 权利要求 4 的方法，其中烷基转移催化剂的分子筛选自 MCM-22、PSH-3、SSZ-25、MCM-36、MCM-49、MCM-56、ZSM-5、八面沸石、丝光沸石和沸石 β。

9. 权利要求 4 的方法，其中所述烷基转移条件包括约 100℃至约 200℃的温度、20 至 30 巴表压的压力、以总进料计的重量小时空速为 1 至 10 以及苯/多异丙基苯的重量比为 1：1 至 6：1。"

2009 年 8 月 25 日，申请人埃克森美孚化学专利公司（下称请求人）对上述驳回决定不服，向专利复审委员会提出复审请求，请求人在提出复审请求时没有对申请文件进行修改。

请求人认为：本发明对现有技术的改进之处在于对烷基化催化剂颗粒的表面积体积比的选择，如说明书第 3 页第 2 段所述，可以在不过量增加第一催化剂床层压降的情况下，缩短颗粒内扩散距离，从而提高苯并基化的催化剂活性，同时降低对不希望产物的选择性。本申请实施例以 MCM-49 分子筛为例，实施了具有不同表面积体积比的催化剂。本发明的目的是对现有技术的烷基化催化剂分子筛的表面积体积比进行选择，而不是对所述烷基化催化剂分子筛本身的选择。权利要求 1、4 所涉及的烷基化催化剂分子筛 MCM-22、PSH-3、SSZ-25、MCM-36 和 MCM-56 均是本领域常用的烷基化催化剂，均属于分子筛的 MWW 家族，具有相同或类似的物理化学组成。因此，本领域技术人员可以根据说明书已经实施的具有不同表面积体积比的 MCM-49 预期上述分子筛在符合所述表面积体积比的情况下，均可用于实施本发明的技术方案，达到相应的技术效果。

经形式审查合格后，专利复审委员会受理了该请求，并于 2008 年 10 月 15 日向请求人发出了《复审请求受理通知书》，同时将本申请转送至国家知识产权局原审查部门进行前置审查。

在《前置审查意见书》中，国家知识产权局原审查部门坚持驳回决定。

专利复审委员会组成合议组，对本复审请求案进行了审理。

合议组于2009年5月18日向请求人发出《复审通知书》，指出：如说明书所述，本申请通过对烷基化催化剂颗粒表面积体积比的选择，提高苯丙基化的催化剂活性，同时降低催化剂对不希望的多烷基化物质如二异丙基苯（DIPB）的选择性，在说明书实施例部分，仅将MCM-49分子筛和氧化铝混合制成烷基化催化剂，结果证明在苯基丙基化反应中，实施例2的表面积体积比为120英寸$^{-1}$的催化剂具有比实施例1的表面积体积比为72英寸$^{-1}$的催化剂更好的动力学速率常数和更低的DIPB选择性。本领域技术人员可以确定实施例2中具有较高表面积体积比的含MCM-49分子筛的催化剂能够达到说明书所述的技术效果。但是，首先，仅通过一个特定的实施例，本领域技术人员无法确定该效果的取得仅仅是表面积体积比的选择带来的，还是表面积体积比和分子筛类型的共同选择而带来的；其次，如说明书第3页第2段所述，苯的液相丙基化对颗粒内（人孔）扩散的限制是很敏感的，本申请通过催化剂表面积体积比的选择，在不过量增加第一催化剂床层压降的情况下，可以缩短颗粒内扩散的距离，从而可以提高苯甲基化的催化剂的活性，同时降低催化剂对二异丙基苯的选择性。然而，现有技术中，具有较高的表面积体积比的成型催化剂颗粒在所述方法中的扩散性具有局限性（参见说明书第1页第4段，以及上述说明书中所引用的US3996644），由此可见，现有技术甚至给出了提高催化剂的表面积体积比不利于达成说明书所述技术效果的教导。综上所述，通过说明书公开的内容，本领域技术人员无法预知说明书的技术效果仅仅是表面积体积比的选择带来的，在本申请说明书没有提供权利要求1中所采用的分子筛MCM-22、PSH-3、SSZ-25、MCM-36和MCM-56在烷基化催化剂颗粒具有约80至低于200英寸$^{-1}$的情况下用于苯基丙基化的实验证据的情况下，权利要求1的技术方案包含了申请人推测的内容，而本领域技术人员难于预先确定和评价仅仅通过表面积体积比的选择，采用上述分子筛的权利要求1的技术方案均能达到说明书所述的技术效果。因此，权利要求1得不到说明书的支持，不符合专利法第26条第4款的规定。基于评述权利要求1的相同理由，权利要求2~9也不符合专利法第26条第4款的规定。对于请求人在复审请求书中的理由，合议组认为，在说明书仅提供一个特定的实施例的情况下，本领域技术人员无法预知仅仅通过催化剂表面积体积比的选择就能达到说明书所述的技术效果，况且，现有技术甚至给出了提高催化剂表面积体积比不利于达到说明书所述的技术效果的教导，因此，对于上述意见，合议组不予支持。

针对上述《复审通知书》，请求人于2009年8月11日提交了意见陈述书和附件：US3966644，公开日为1976年6月29日，复印件17页，同时提交了权利要求书全文替换页，相对于驳回决定所针对的文本，删除了独立权利要求1、4，将权利要求2、5重新编号为权利要求1、3，并相应调整了其他权利要求的编号和引用关系，请求人认为：①通过本申请实施例1~2完全可以确定本申请的发明效果是由于催化剂颗粒的表面积体积比不同导致的。权利要求1、3所涉及的烷基化催化剂分子筛均属于MWW沸石结构类型，具有相同或类似的物理化学组成，本领域技术人员完全可以预期与MCM-49同族的其他烷基化催化剂也可以通过选择其表面积体积比为特定值而实现本发明的效果；②对于《复审通知书》所指出的本申请说明书第1页第4段及现有技术US3966644给出了提高催化剂表面积体积比不利于达到本发明技术效果的教导，请求人指出该教导是因为原始译文不恰当导致的，本申请PCT原文第1页第19~20行的内容的正确翻译应当为“可以在扩散受限的方法例如残油加氢中产生改进的效果”，因此，其与本发明的机理并不相悖，并且本发明也不是单纯提高催化剂的表面积体积比，而是选择特定的表面积体积比。另外，现有技术US3966644涉及的是具有特定形状和孔特征的多孔催化剂和渣油加氢处理方法，完全不同于本发明的制备枯烯的方法，因此，也不能给出其中教导与本发明相同或相反的结论。

至此，合议组认为本案事实已经清楚，可以作出审查决定。

二、决定的理由

1. 关于决定的文本

本案中，请求人在答复《复审通知书》时对权利要求书进行了修改，删除了独立权利要求1、4，将权利要求2、5重新编号为权利要求1、3，并相应调整了其他权利要求的编号和引用关系。合议组经审查，上述修改符合专利法第33条和专利法实施细则第60条第1款的规定，故，本复审决定是针对请求人于2009年8月11日提交的权利要求第1~7项，2006年4月24日提交的说明书第1~5页及其摘要作出的。

2. 关于专利法第26条第4款

专利法第26条第4款规定：权利要求书应当以说明书为依据，说明要求专利保护的范围。

权利要求书中的每一项权利要求所要求保护的技术方案应当是所属技术领域的技术人员能够从说明书充分公开的内容中得到或者概括得出的技术方案，如果权利要求的概括包含申请人推测的内容，而其效果又难于预先确定和评价，则这种概括得不到说明书的支持。

就本案而言，权利要求1请求保护一种制备枯烯的方法，其包括如下步骤：在至少部分液相烷基化条件下使苯和丙烯与颗粒状分子筛烷基化催化剂接触，其中所述烷基化催化剂的所述分子筛选自MCM-22、PSH-3、SSZ-25、MCM-36和MCM-56，所述烷基化催化剂具有约100至低于150英寸$^{-1}$的表面积体积比。

如说明书所述，本申请通过采用约80至低于约200英寸$^{-1}$，优选约100至约150英寸$^{-1}$表面积体积比的烷基化催化剂颗粒，可以提高苯丙基化的催化剂活性，同时可以降低催化剂对不希望的多烷基化物质如二异丙基苯（DIPB）的选择性（参见说明书第2页最后一段至第3页第2段），相应地，在说明书实施例部分，仅将MCM-49分子筛和氧化铝混合制成烷基化催化剂，分别使其具有72和120英寸$^{-1}$的表面积体积比，结果证明在苯基丙基化反应中，烷基化催化剂的表面积体积比为120英寸$^{-1}$的实施例2具有比烷基化催化剂的表面积体积比为72英寸$^{-1}$的实施例1更好的动力学速率常数和更低的DIPB选择性。

通过实施例1、2的对比，本领域技术人员可以确定实施例2中具有较高表面积体积比的含MCM-49分子筛的催化剂能够达到说明书所述的技术效果。但是，仅通过一个特定的实施例，本领域技术人员无法确定该效果的取得仅仅是表面积体积比的选择带来的，还是表面积体积比和分子筛类型的共同选择而带来的，因此，通过说明书公开的内容，本领域技术人员无法预知说明书的技术效果仅仅是表面积体积比的选择带来的，在本申请说明书没有提供权利要求1中所采用的分子筛MCM-22、PSH-3、SSZ-25、MCM-36和MCM-56在烷基化催化剂颗粒具有约100至低于150英寸$^{-1}$的情况下用于苯丙基化的实验证据的情况下，权利要求1的技术方案包含了申请人推测的内容，而本领域技术人员难于预先确定和评价仅仅通过表面积体积比的选择，采用上述分子筛的权利要求1的技术方案均能达到说明书所述的技术效果。因此，权利要求1得不到说明书的支持，不符合专利法第26条第4款的规定。

权利要求2是权利要求1的从属权利要求，由于其在烷基化中同样采用了权利要求1中所述的分子筛，因此，基于评述权利要求1的相同理由，权利要求2也不符合专利法第26条第4款的规定。

权利要求3请求保护一种制备枯烯的方法，相对于权利要求1，权利要求3进一步包括了副产物多异丙基苯馏分的处理步骤，由于权利要求3的烷基化步骤和权利要求1相同，因此，基于评述权利要求1的相同理由，权利要求3也不符合专利法第26条第4款的规定。

权利要求4~7是权利要求3的从属权利要求，由于其在烷基化步骤中都采用了权利要求3中所述的分子筛，因此，基于评述权利要求3的相同理由，权利要求4~7也不符合专利法第26条第4款的规定。

请求人在答复《复审通知书》的意见陈述书中认为，通过本申请实施例1~2完全可以确定本申请的发明效果是由于催化剂颗粒的表面积体积比不同导致的。权利要求1、3所涉及的烷基化催化剂分子筛均属于MWW沸石结构类型，具有相同或类似的物理化学组成，本领域技术人员完全可以预期与MCM-49同族的其他烷基化催化剂也可以通过选择其表面积体积比为特定值而实现本发明的效果。对此，合议组认为，如前文所述，在说明书仅提供一个特定的实施例的情况下，本领域技术人员无法预知说明书所述的技术效果的取得仅仅是通过催化剂表面积体积比的选择而达到的，权利要求1~7所用的沸石和实施例使用的MCM-49虽然都具有MWW沸石结构，但这仅能说明它们均具有符合MWW沸石定义的结构和组成，但不必然能够说明在表面积体积比发生变化的情况下，将表现出相同或类似的催化活性的变化。因此，对于请求人的上述意见，合议组不予支持。

根据上述事实和理由，合议组作出如下审查决定。

三、决定

维持国家知识产权局于2008年5月9日针对第200610077774.X号发明专利申请作出的驳回决定。

复审请求人对本决定不服的，可以根据专利法第41条第2款的规定，自收到本决定之日起三个月内向北京市第一中级人民法院起诉。

180

导热性有机硅组合物

复审请求审查决定（第20041号）

决　定　号　第20041号
决　定　日　2009年10月22日
发明创造名称　导热性有机硅组合物
国 际 分 类 号　C08L83/04
复 审 请 求 人　迈图高新材料日本合同公司
申　请　号　200480028296.2
优 先 权 日　2003年9月29日
申　请　日　2004年9月29日
公　开　日　2006年11月8日
合 议 组 组 长　汪送来
主　审　员　宋　泳
参　审　员　潘　剑

法 律 依 据　专利法第33条
决 定 要 点

如果修改后的内容是原说明书和权利要求书记载的内容，或是所属领域技术人员能够从原申请记载的内容中直接地、毫无疑义地确定的内容，那么这样的修改就是允许的。

一、案由

本复审请求案涉及发明名称为“导热性有机硅组合物”的第200480028296.2号发明专利申请（下称本申请），申请人为迈图高新材料日本合同公司，申请日为2004年9月29日，优先权日为2003年9月29日，公开日为2006年11月8日。

2008年5月9日，针对申请人于2008年3月20日提交的权利要求第1~5项，说明书第1~10页，2007年11月21日提交的说明书摘要，国家知识产权局以说明书的修改不符合专利法第33条的规定为由驳回了本申请。驳回决定所涉及的权利要求1如下：

“1. 一种导热性有机硅组合物，其特征在于：含有下述通式（1）所示含水解性基团的硅氧烷和作为具有固化性官能团的基础聚合物的含乙烯基的聚有机硅氧烷，

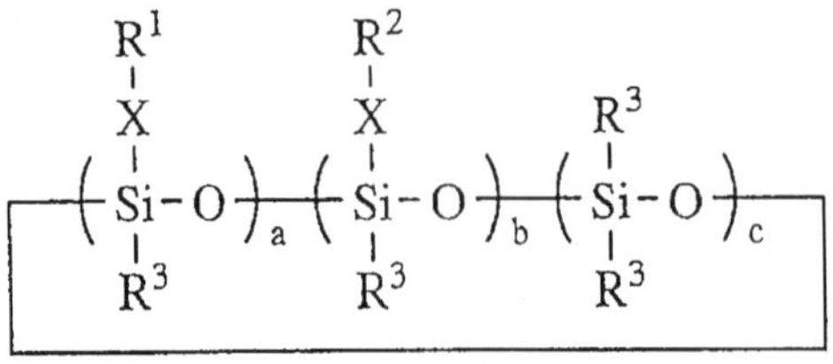

（1）

R^1：含有碳原子数为 1~4 的烷氧基甲硅烷基的基团；

R^2：下述通式（2）所示硅氧烷或碳原子数为 6~18 的 1 价烃基；

X：碳原子数为 2~10 的 2 价烃基；

a、b：1 以上的整数；

c：0 以上的整数；

a+b+c 之和：4 以上的整数；

R^3：碳原子数为 1~6 的 1 价烃基或氢原子，各个 R^3 可以相同也可以不同；

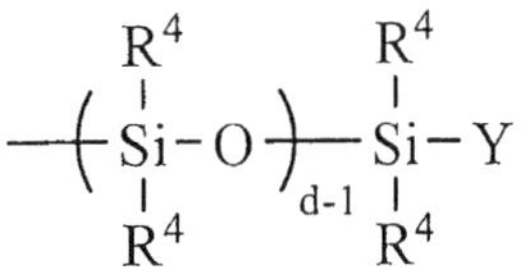

（2）

R^4：碳原子数为 1~12 的 1 价烃基；

Y：选自甲基、乙烯基和 R^1 的基团；

d：2~500 的整数。”

驳回决定的理由为：说明书第 3 页仅是对 R^1 进行举例，从整个说明书来看并不能确定对变量 R^1 的定义所列举的 9 个分子式与说明书第 4、5、8 页有关分子式存在明确的对应关系，因此申请人对说明书第 4、5、8 页的修改不能由原申请文件的内容直接地、毫无疑义地确定，因此不符合专利法第 33 条的规定。

2008 年 8 月 21 日，申请人迈图高新材料日本合同公司（下称请求人）对上述驳回决定不服，向专利复审委员会提出复审请求，请求人在提出复审请求时未对申请文件进行修改。

请求人认为：由于 R^2 为权利要求 1 和说明书中通式 2 所示基团，通式 2 中已经明确记载了硅原子与氧原子相连，因此将说明书 4、5、8 页中对应的 R^2 部分的修改应该是没有疑义的。同时，说明书第 3 页中对变量 R^1 的定义例举了 9 个具体基团，本领域技术人员可以毫无疑义的分辨出说明书第 4、5、8 页中的相应化合物的 R^1 对应于所列 9 个基团中的第一个基团或第二个基团，这些 R^1 基团都是以羰基的碳原子与 X 的的亚烃基连接的，因此对说明书第 4、5、8 页的分子式所作的修改都是对明显错误的修改，可以通过说明书中所记载的各变量的定义唯一地、毫无疑义地确定，符合专利法第 33 条的修改。

经形式审查合格后，专利复审委员会受理了该请求，并于 2008 年 10 月 10 日向请求人发出了《复审请求受理通知书》，同时将本申请转送至国家知识产权局原审查部门进行前置审查。

在《前置审查意见书》中，国家知识产权局原审查部门认为，从整个说明书来看，不能确定说明书中第 3 页所例举的 R^1 基团与说明书第 4、5、8 页相关的分子式存在明确的对应关系，并不能由原申请文件直接地、毫无疑义地得到申请人所修改的第 4、5、8 页相关分子式，该修改超出了原说明书和权利要求书记载的范围，因此坚持驳回决定。

专利复审委员会组成合议组，对本复审请求案进行了审理。

2009 年 5 月 5 日，专利复审委员会发出《复审通知书》，指出：申请人将权利要求 1、说明书第 2、3 页和说明书摘要中记载的“烷氧基甲硅烷氧基”修改为“烷氧基甲硅烷基”，修改了说明书第 4~5、8 页中记载的含水解基团的硅氧烷化合物的结构式，包括将第 4、8 页中记载的结构式中“（Si（CH_3）$_2$）$_{70}$-Si（CH_3）$_3$”基团修改为“Si（CH_3）$_2$O）$_{70}$-Si（CH_3）$_3$”基团，将“（Si（CH_3）$_2$）$_{20}$-Si（CH_3）$_3$”基团修改为“Si（CH_3）$_2$O）$_{20}$-Si（CH_3）$_3$”基团；和将第 4、5、8 页中记载的结构式中的“O-CO-（CH_2）$_3$-Si（OCH_3）$_3$”基团修改为“CO-O-（CH_2）$_3$-Si（OCH_3）$_3$”基团。修改后的内容与原说明书公开的信息不同，而且又不能从原说明书公开的信息中直接地、毫无疑义地确定，因此这样的修改不符合专利法第 33 条的规定。

针对上述《复审通知书》，请求人于 2009 年 6 月 10 日提交了意见陈述书及权利要求书和说明书第 2~5、8 页的修改替换页，其中将权利要求 1 的 R^1 基团限定为说明书第 3 页所列出的 9 个具体结构式，并将说明书第 2~5、8 页恢复为与原始申请文件一致，其中修改后的权利要求 1 为：

“1. 一种导热性有机硅组合物，其特征在于：含有下述通式（1）所示含水解性基团的硅氧烷和作为具有固化性官能团的基础聚合物的含乙烯基的聚有机硅氧烷，

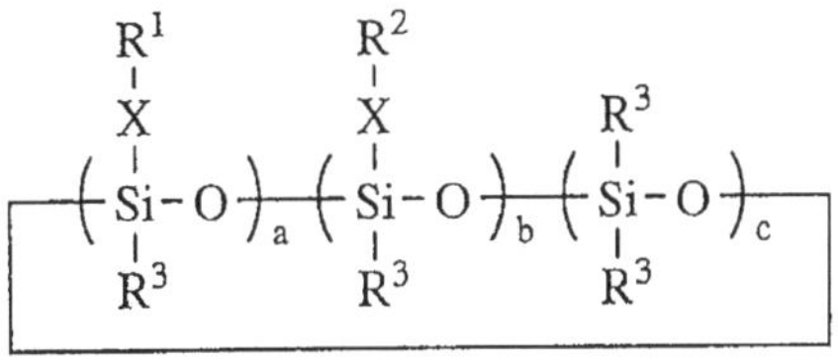
（1）

R^1：选自下述结构式的基团：

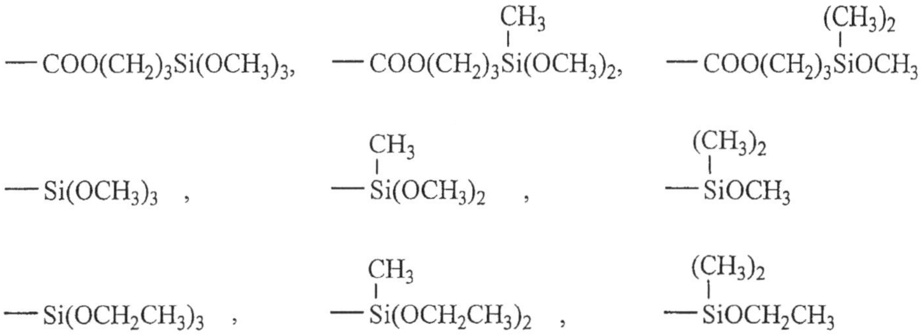

R^2：下述通式（2）所示硅氧烷或碳原子数为 6~18 的 1 价烃基；

X：碳原子数为 2~10 的 2 价烃基；

a、b：1 以上的整数；

c：0 以上的整数；

a+b+c 之和：4 以上的整数；

R^3：碳原子数为 1~6 的 1 价烃基或氢原子，各个 R^3 可以相同也可以不同；

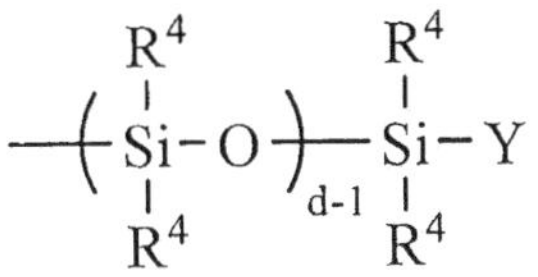
（2）

R^4：碳原子数为 1~12 的 1 价烃基；

Y：选自甲基、乙烯基和 R^1 的基团；

d：2~500 的整数。”

请求人表示接受合议组的意见，将说明书第 3 页所列出的 9 个具体结构式限定到权利要求 1 中，对变量 R^1 作进一步的限定的修改符合专利法第 33 条的规定，放弃了审查员认为超范围的说明书修改。

2009 年 8 月 21 日，请求人再次提交了说明书全文替换页，使说明书上下文衔接一致。

至此，合议组认为本案事实已经清楚，可以作出审查决定。

二、决定的理由

1. 关于文本

经审查，合议组认为，请求人于 2009 年 6 月 10 日提交的申请文件中，对权利要求 1~5 所作的修改符合专利法实施细则第 60 条第 1 款的规定，请求人于 2009 年 8 月 21 日提交的申请文件中，对说明书所作的修改符合专利法实施细则第 60 条第 1 款的规定。因此本复审请求审查决定针对文本是：请求人于 2009 年 6 月 10 日提交的权利要求第 1~5 项，2009 年 8 月 21 日提交的说明书第 1~10 页，2007 年 11 月 21 日提交的说明书摘要。

2. 关于专利法第 33 条

专利法第 33 条规定：申请人可以对其专利申请文件进行修改，但是，对发明和实用新型专利申请文件的修改不得超出原说明书和权利要求书记载的范围。

如果修改后的内容是原说明书和权利要求书记载的内容，或是所属领域技术人员能够从原申请记载的内容中直接地、毫无疑义地确定的内容，那么这样的修改就是允许的。

在请求人于 2009 年 6 月 10 日提交的权利要求书中，权利要求 1 中的 R^1 基团被限定为 9 个具体的结构式。

对此，合议组查明，原说明书第 3 页中记载了权利要求 1 所限定的 9 个具体结构，这些结构式是针对通式（I）中 R^1 的定义而例举的基团，请求人将说明书第 3 页所列出 R^1 的 9 个具体结构式限定到权利要求 1 中而对变量 R^1 作进一步的限定的修改，是所属领域技术人员能够从原申请记载的信息中直接地、毫无疑义地确定的内容，因此该修改符合专利法第 33 条的规定。

另外，在 2009 年 8 月 21 日提交的说明书中，请求人已经将说明书第 2~5、8 页的内容修改为原始申请中记载的内容，因此，当前的文本已经克服了驳回决定和《复审通知书》指出的本申请不符合专利法第 33 条的缺陷。

基于以上事实和理由，合议组作出如下审查决定。

三、决定

撤销国家知识产权局于 2008 年 5 月 9 日针对第 200480028296.2 号发明专利申请作出的驳回决定，由国家知识产权局原审查部门以本复审请求审查决定所针对的文本为基础继续审批程序。

复审请求人对本决定不服的，可以根据专利法第 41 条第 2 款的规定，自收到本决定之日起三个月内向北京市第一中级人民法院起诉。

181

用脂肪组织来源的细胞治疗心血管疾病的方法

复审请求审查决定（第20070号）

决　定　号　第20070号
决　定　日　2009年10月15日
发明创造名称　用脂肪组织来源的细胞治疗心血管疾病的方法
国际分类号　A01N 63/00，C12N 5/00
复审请求人　马克罗珀尔生物外科公司
申　请　号　200480010610.4
最早优先权日　2003年2月20日
申　请　日　2004年2月20日
公　开　日　2007年1月24日
合议组组长　刘　亚
主　审　员　王晓东
参　审　员　蔡　雷

法律依据　专利法第33条
决定要点

如果修改后的技术方案在原说明书和权利要求书中有明确的文字记载，或者能够由原说明书和权利要求书文字记载的内容直接地、毫无疑义地确定，则其满足专利法第33条的规定。

一、案由

本复审请求案涉及发明名称为“用脂肪组织来源的细胞治疗心血管疾病的方法”的第200480010610.4号发明专利申请（下称本申请），申请人为马克罗珀尔生物外科公司，最早优先权日为2003年2月20日，申请日为2004年2月20日，公开日为2007年1月24日。

2007年8月31日，国家知识产权局发出《第一次审查意见通知书》，其中指出，权利要求1中涉及的“浓缩的脂肪来源的细胞群体”既未明确地记载在原说明书和权利要求书中，也不能由原始记载的信息直接地、毫无疑义地确定，不符合专利法第33条的规定；权利要求22～27分别限定通过基因转移修饰脂肪来源的内皮祖细胞以及修饰所造成的改变，该内容既未明确地记载在原说明书和权利要求书中，也不能由原始记载的信息直接地、毫无疑义地确定，不符合专利法第33条的规定；以及其他一些不符合专利法第26条第4款规定的缺陷。

2008年1月15日，申请人针对上述《第一次审查意见通知书》作出答复，在所提交的意见陈述书中申请人认为，在本申请说明书第12页第25～26行描述了所述浓缩的脂肪来源的细胞群体，因此权利要求 1 没有超出原说明书和权利要求书记载的范围；权利要求 22~27 得到了说明书第 6 页第 7~14 行以及原始公开权利要求 23~28 的支持，因此没有超出原说明书和权利要求书记载的范围。

2008 年 8 月 1 日，针对申请人于 2007 年 4 月 9 日提交的权利要求第 1~27 项，2005 年 10 月 20 日进入中国国家阶段时提交的原始国际申请中文译文的说明书第 1~50 页、说明书摘要以及 2006 年 1 月 6 日提交的说明书附图第 1~9 页（下称驳回文本），国家知识产权局以权利要求 1、22~27 不符合专利法第 33 条的规定为由驳回了本申请。驳回决定针对的权利要求书如下：

“1. 含有浓缩的脂肪来源的细胞（ADC）群体的组合物在制备用于恢复被确定为患有局部缺血的受试者中的血流的药物中的用途，其中所述浓缩的脂肪来源的细胞（ADC）群体从所述受试者获得，且所述浓缩的脂肪来源的细胞（ADC）群体包含浓缩的脂肪来源的干细胞和祖细胞。

2. 根据权利要求 1 的用途，其中所述浓缩的细胞群体包含至少 500 内皮祖细胞/百万脂肪来源的细胞。

3. 根据权利要求 1 的用途，其中所述局部缺血状况包含充血性心力衰竭。

4. 根据权利要求 1 的用途，其中所述局部缺血状况是心肌梗死。

5. 根据权利要求 1 的用途，其中所述受试者是患糖尿病的。

6. 根据权利要求 1 的用途，其中所述受试者是肥胖的。

7. 根据权利要求 1 的用途，其中所述组合物包含所述脂肪来源的细胞的快速浓注。

8. 根据权利要求 1 的用途，其中所述组合物提供 55000 至 550000 个脂肪来源的干细胞。

9. 根据权利要求 1 的用途，其中所述组合物进一步包含一种或多种血管发生因子。

10. 根据权利要求 1 的用途，其中所述细胞群体的特征在于当培养时表达血管内皮生长因子（VEGF）。

11. 根据权利要求 1 的用途，其中所述细胞群体的特征在于当培养时表达胎盘生长因子（PLGF）。

12. 根据权利要求 1 的用途，其中所述组合物进一步包含一种或多种动脉发生因子。

13. 根据权利要求 1 的用途，其中所述组合物进一步包含一种或多种免疫抑制药物。

14. 根据权利要求 1 的用途，其中所述脂肪来源的细胞在细胞培养物中生长。

15. 根据权利要求 1 的用途，其中所述脂肪来源的细胞在促进向肌细胞表型的分化的培养条件下生长。

16. 根据权利要求 15 的用途，其中所述肌细胞表型是心肌细胞表型。

17. 根据权利要求 15 的用途，其中所述肌细胞表型是骨骼肌细胞表型。

18. 根据权利要求 15 的用途，其中所述肌细胞表型是血管平滑肌细胞表型。

19. 根据权利要求 14 的用途，其中所述细胞培养条件促进向内皮细胞表型的分化。

20. 根据权利要求 14 的用途，其中在支架材料上进行所述细胞培养以产生可以置于心脏上或心脏内的二维或三维构造。

21. 根据权利要求 20 的用途，其中所述支架材料是在体内可再吸收的。

22. 根据权利要求 1 的用途，其中通过基因转移修饰脂肪来源的内皮祖细胞。

23. 根据权利要求 22 的用途，其中所述修饰导致血管生成的改变。

24. 根据权利要求 22 的用途，其中所述修饰导致动脉生成的改变。

25. 根据权利要求 22 的用途，其中所述修饰导致凋亡的改变。

26. 根据权利要求 25 的用途，其中所述修饰的脂肪来源的内皮祖细胞可以分化为具有改变的凋亡的心肌细胞。

27. 根据权利要求 22 的用途，其中所述修饰导致所述脂肪来源的细胞的归巢性质改变。”

驳回决定认为：权利要求 1 中出现的“浓缩的脂肪来源的细胞群体”既未明确记载在原说明书和权利要求书中，也不能由原说明书和权利要求书所记载的信息直接地、毫无疑义地确定。原说明书第 12 页最后一段中记载了“浓缩的干细胞可以在组合物中使用”，但是“浓缩的干细胞”不等于“浓缩的脂肪来源的细胞群体”，因此权利要求 1 的上述修改内容超出了原说明书和权利要求书记载的范围，不符合专利法第 33 条的规定。权利要求 22~27 中分别限定了通过基因转移修饰脂肪来源的内皮祖细胞，以及修饰所造成的改变，这些修改内容既未明确记载在原说明书和权利要求书中，也不能由原说明书和权利要求书所记载的信息直接地、毫无疑义地确定。申请人认为原说明书第 6 页第 7~14行以及原始权利要求第 23~28 能够支持上述修改，但是说明书第 6 页第 7~14 行描述的是本发明脂肪来源的干细胞和祖细胞的 7 项用途，并认为可以用于治疗心血管疾病和病症，这与权利要求 22~27的通过基因转移修饰内皮祖细胞的内容并不相关；而原始权利要求 23~28 所描述的是“通过基因转移修饰脂肪来源的细胞”，并未具体指明是“内皮祖细胞”，而且，权利要求 26 中限定的内容并未记载于原说明书第 6 页和原权利要求 23~28 中，因此权利要求 22~27 的上述修改内容超出了原说明书和权利要求书记载的范围，不符合专利法第 33 条的规定。

除了上述驳回理由以外，驳回决定在结论部分之后另外还指出：权利要求 1、10、11 中出现不必要的括号，不符合专利法实施细则第 20 条第 1 款的规定；权利要求 1 中从受试者获得浓缩的脂肪来源的细胞群体，包含了外科手术的方法，属于专利法第 25 条第 1 款第（3）项规定的疾病的诊断和治疗方法范畴，不能被授予专利权。

2008 年 11 月 17 日，申请人马克罗珀尔生物外科公司（下称请求人）对上述驳回决定不服，向专利复审委员会提出复审请求，请求人在提出复审请求时对权利要求书进行了修改：将驳回文本的权利要求 1 中的“浓缩的脂肪来源的细胞（ADC）群体”修改为“浓缩的脂肪来源的干细胞和祖细胞群体”，并删除了“所述浓缩的脂肪来源的细胞（ADC）群体从所述受试者获得”，删除了驳回文本的权利要求 22~27，同时删除了驳回文本的权利要求 1、10、11 中不必要的括号，并相应地修改了驳回文本的权利要求 2、7、10、14、15、19、20 中关于细胞或细胞群体的描述。修改后的权利要求书为：

“1. 含有浓缩的脂肪来源的干细胞和祖细胞群体的组合物在制备用于恢复被确定为患有局部缺血的受试者中的血流的药物中的用途。

2. 根据权利要求 1 的用途，其中所述浓缩的干细胞和祖细胞群体包含至少 500 内皮祖细胞/百万脂肪来源的细胞。

3. 根据权利要求 1 的用途，其中所述局部缺血状况包含充血性心力衰竭。

4. 根据权利要求 1 的用途，其中所述局部缺血状况是心肌梗死。

5. 根据权利要求 1 的用途，其中所述受试者是患糖尿病的。

6. 根据权利要求 1 的用途，其中所述受试者是肥胖的。

7. 根据权利要求 1 的用途，其中所述组合物包含所述脂肪来源的干细胞和祖细胞的快速浓注。

8. 根据权利要求 1 的用途，其中所述组合物提供 55000 至 550000 个脂肪来源的干细胞。

9. 根据权利要求 1 的用途，其中所述组合物进一步包含一种或多种血管发生因子。

10. 根据权利要求 1 的用途，其中所述干细胞和祖细胞群体的特征在于当培养时表达血管内皮生长因子。

11. 根据权利要求 1 的用途，其中所述干细胞和祖细胞群体的特征在于当培养时表达胎盘生长因子。

12. 根据权利要求 1 的用途，其中所述组合物进一步包含一种或多种动脉发生因子。

13. 根据权利要求 1 的用途，其中所述组合物进一步包含一种或多种免疫抑制药物。

14. 根据权利要求 1 的用途，其中所述脂肪来源的干细胞和祖细胞在细胞培养物中生长。

15. 根据权利要求 1 的用途，其中所述脂肪来源的干细胞和祖细胞在促进向肌细胞表型的分化的培养条件下生长。

16. 根据权利要求 15 的用途，其中所述肌细胞表型是心肌细胞表型。

17. 根据权利要求 15 的用途，其中所述肌细胞表型是骨骼肌细胞表型。

18. 根据权利要求 15 的用途，其中所述肌细胞表型是血管平滑肌细胞表型。

19. 根据权利要求 14 的用途，其中所述干细胞和祖细胞培养条件促进向内皮细胞表型的分化。

20. 根据权利要求 14 的用途，其中在支架材料上进行所述干细胞和祖细胞培养以产生可以置于心脏上或心脏内的二维或三维构造。

21. 根据权利要求 20 的用途，其中所述支架材料是在体内可再吸收的。”

请求人认为：(1) 根据说明书第 6 页第 5~6 行、第 36 页第 15 行，以及原始权利要求 50、59、66 和 73 的记载，将权利要求 1 中“浓缩的脂肪来源的细胞（ADC）群体”修改为“浓缩的脂肪来源的干细胞和祖细胞群体”的修改内容没有超出原说明书和权利要求书记载的范围。从原始权利要求 44、54、63 和 70 中可以看出浓缩的脂肪来源的干细胞和祖细胞群体不必是从受试者获得的，完全可以从人工培养的离体样品中得到，因此删除了权利要求 1 中的“所述浓缩的脂肪来源的细胞群体从所述受试者获得”不会导致权利要求 1 修改超范围；(2) 修改后的权利要求 1、10、11 克服了不清楚的缺陷；(3) 本领域技术人员知道可以从整容手术和肥胖治疗所去除的多余脂肪组织中获得脂肪来源的细胞群体，且所述细胞可以长期保存并可以被工业化，本领域技术人员可以不以受试者为实施对象而完成本发明，因此删除了“所述浓缩的脂肪来源的细胞（ADC）群体从所述受试者获得”后的权利要求 1 不属于专利法第 25 条第 1 款第 (3) 项规定的情形。

经形式审查合格后，专利复审委员会受理了该请求，并于 2008 年 12 月 15 日向请求人发出了《复审请求受理通知书》，同时将本申请转送至国家知识产权局原审查部门进行前置审查。

在《前置审查意见书》中，国家知识产权局原审查部门认为：修改后的权利要求 1 中出现的“浓缩的脂肪来源的干细胞和祖细胞群体”没有在原申请文件中出现过，因此这样的修改不能够克服修改超范围的缺陷，故坚持驳回决定。

专利复审委员会组成合议组，对本复审请求案进行了审理。

2009 年 8 月 10 日，请求人再次提交了权利要求书的修改替换页，就复审请求时提交的权利要求书而言，请求人删除了权利要求 1~2 中的“浓缩的”，并在权利要求 2 中增加“脂肪来源的”限定，同时删除了权利要求 5 和 6，并对权利要求书重新编号。修改后的权利要求书为：

“1. 含有脂肪来源的干细胞和祖细胞群体的组合物在制备用于恢复被确定为患有局部缺血的受试者中的血流的药物中的用途。

2. 根据权利要求 1 的用途，其中所述脂肪来源的干细胞和祖细胞群体包含至少 500 内皮祖细胞/百万脂肪来源的细胞。

3. 根据权利要求 1 的用途，其中所述局部缺血状况包含充血性心力衰竭。

4. 根据权利要求 1 的用途，其中所述局部缺血状况是心肌梗死。

5. 根据权利要求 1 的用途，其中所述组合物包含所述脂肪来源的干细胞和祖细胞的快速浓注。

6. 根据权利要求 1 的用途，其中所述组合物提供 55000 至 550000 个脂肪来源的干细胞。

7. 根据权利要求 1 的用途，其中所述组合物进一步包含一种或多种血管发生因子。

8. 根据权利要求 1 的用途，其中所述干细胞和祖细胞群体的特征在于当培养时表达血管内皮生长因子。

9. 根据权利要求 1 的用途，其中所述干细胞和祖细胞群体的特征在于当培养时表达胎盘生长因子。

10. 根据权利要求 1 的用途，其中所述组合物进一步包含一种或多种动脉发生因子。

11. 根据权利要求 1 的用途，其中所述组合物进一步包含一种或多种免疫抑制药物。

12. 根据权利要求 1 的用途，其中所述脂肪来源的干细胞和祖细胞在细胞培养物中生长。

13. 根据权利要求 1 的用途，其中所述脂肪来源的干细胞和祖细胞在促进向肌细胞表型的分化的培养条件下生长。

14. 根据权利要求 13 的用途，其中所述肌细胞表型是心肌细胞表型。

15. 根据权利要求 13 的用途，其中所述肌细胞表型是骨骼肌细胞表型。

16. 根据权利要求 13 的用途，其中所述肌细胞表型是血管平滑肌细胞表型。

17. 根据权利要求 12 的用途，其中所述干细胞和祖细胞培养条件促进向内皮细胞表型的分化。

18. 根据权利要求 12 的用途，其中在支架材料上进行所述干细胞和祖细胞培养以产生可以置于心脏上或心脏内的二维或三维构造。

19. 根据权利要求 18 的用途，其中所述支架材料是在体内可再吸收的。”

经合议，合议组认为本案事实已经清楚，可以作出审查决定。

二、决定的理由

1. 关于文本

本复审请求审查决定所针对的文本是：请求人于 2009 年 8 月 10 日提交的权利要求第 1~19 项，2005 年 10 月 20 日进入中国国家阶段时提交的原始国际申请中文译文的说明书第 1~50 页、说明书摘要以及 2006 年 1 月 6 日提交的说明书附图第 1~9 页。

2. 关于专利法第 33 条

专利法第 33 条规定：申请人可以对其专利申请文件进行修改，但是，对发明和实用新型专利申请文件的修改不得超出原说明书和权利要求书记载的范围。

如果修改后的技术方案在原说明书和权利要求书中有明确的文字记载，或者能够由原说明书和权利要求书文字记载的内容直接地、毫无疑义地确定，则其满足专利法第 33 条的规定。

就本申请而言，驳回决定认为驳回文本的权利要求 1 中“浓缩的脂肪来源的细胞群体”超出了原申请记载的范围，前置审查意见认为请求人于 2008 年 11 月 17 日提出复审请求时提交的权利要求 1 中“浓缩的脂肪来源的干细胞和祖细胞群体”超出了原申请记载的范围。对此，请求人在 2009 年 8 月 10 日提交的权利要求 1 中将“浓缩的”删除，由于“脂肪来源的干细胞和祖细胞群体”在原始提交的权利要求 50 以及说明书第 6 页第 8~11 行等多处都有记载，请求人于 2009 年 8 月 10 日提交的权利要求 1 的技术方案能够由原说明书和权利要求书文字记载的内容直接地、毫无疑义地确定，因此克服了驳回决定和前置审查意见中所指出的权利要求 1 修改超范围的缺陷。

驳回决定认为驳回文本的权利要求 22~27 的修改超出了原申请记载的范围，请求人于 2009 年 8 月 10 日提交的权利要求书中已经不存在上述权利要求 22~27 所涉及的内容。因此，请求人于 2009 年 8 月 10 日提交的权利要求书已经克服了驳回决定中所指出的权利要求 22~27 修改超范围的缺陷。

综上，请求人于 2009 年 8 月 10 日提交的权利要求书克服了驳回决定和前置审查意见中指出的所有涉及专利法第 33 条的缺陷，驳回所依据的理由已经不再成立。

在此需要说明的是，除了驳回所依据的理由以外，驳回决定还在决定结论部分之后指出驳回文本的权利要求1、10、11不符合专利法实施细则第20条第1款的规定，驳回文本的权利要求1属于专利法第25条第1款第（3）项的不授权主题，对此，合议组认为：（1）在复审程序中，合议组一般仅针对驳回决定所依据的理由和证据进行审查，上述两条缺陷并不是驳回决定中驳回的理由部分指出的缺陷；（2）在驳回决定作出之前，原审查部门并未将上述两条缺陷所涉及的事实和理由通知请求人，并给请求人至少一次陈述意见和/或修改申请文件的机会；（3）请求人在提出复审请求时针对上述两条缺陷进行了意见陈述和修改申请文件，而原审查部门在前置审查意见书中对此也没有发表进一步的意见。鉴于此，本案合议组在本复审请求审查决定中对上述问题不予评述，请原审查部门在此基础上对本申请是否符合授权条件继续进行审查。

基于以上事实和理由，合议组作出如下审查决定。

三、决定

撤销国家知识产权局于2008年8月1日针对第200480010610.4号发明专利申请作出的驳回决定，由国家知识产权局原审查部门以请求人于2009年8月10日提交的权利要求第1~19项，2005年10月20日进入中国国家阶段时提交的原始国际申请中文译文的说明书第1~50页、说明书摘要以及2006年1月6日提交的说明书附图第1~9页为基础继续审批程序。

复审请求人对本决定不服的，可以根据专利法第41条第2款的规定，自收到本决定之日起三个月内向北京市第一中级人民法院提起诉讼。

182

含有 HPPD-抑制剂和氯乙酰胺除草剂的悬乳剂

复审请求审查决定（第 20125 号）

决　定　号　第 20125 号
决　定　日　2009 年 11 月 5 日
发明创造名称　含有 HPPD-抑制剂和氯乙酰胺除草剂的悬乳剂
国 际 分 类 号　A01N41/10，A01P13/02，A01N37/22，A01N25/04
复 审 请 求 人　辛根塔参与股份公司
申　请　号　200580005662.7
优 先 权 日　2004 年 3 月 15 日
申　请　日　2005 年 3 月 3 日
公　开　日　2007 年 2 月 28 日
合 议 组 组 长　李彦涛
主　审　员　赵步真
参　审　员　潘　剑

法 律 依 据　专利法第 26 条第 3 款
决 定 要 点

所属技术领域的技术人员能够实现，是指所属技术领域的技术人员按照说明书记载的内容，就能够实现该发明或者实用新型的技术方案，解决其技术问题，并且产生预期的技术效果。如果说明书给出了具体的技术方案，但未给出实验证据，而该方案又必须依赖实验结果加以证实才能成立，则该发明将由于缺乏解决技术问题的技术手段而被认为无法实现，不符合专利法第 26 条第 3 款的规定。

一、案由

本复审请求案涉及发明名称为“含有 HPPD-抑制剂和氯乙酰胺除草剂的悬乳剂”的第 200580005662.7 号发明专利申请（下称本申请），申请人为辛根塔参与股份公司，申请日为 2005 年 3 月 3 日，优先权日为 2004 年 3 月 15 日，公开日为 2007 年 2 月 28 日。

2008 年 11 月 21 日，针对申请人于进入中国国家阶段时提交的国际申请文件中文文本的权利要求第 1~19 项、说明书第 1~14 页及其摘要，国家知识产权局以本申请不符合专利法第 26 条第 3 款的规定为由驳回了本申请。《驳回决定》所针对的权利要求 1 为：

“1. 一种化学和物理稳定的悬乳剂，不含分子量为 10000~1000000 道尔顿的聚合稳定剂，该悬乳剂含有：

(i) 连续相，

（ii）不溶于连续相的 HPPD-抑制除草剂，

（iii）氯乙酰胺，和

（iv）一种或多种芳族乙氧基化物或其衍生物。

其中不包括含有非离子形式的具有 6~14 摩尔乙氧基化物的所有三苯乙烯基酚-乙氧基化物，和阴离子或酸形式的具有 14~18 摩尔乙氧基化物的三苯乙烯基苯酚-乙氧基化物的硫酸酯或磷酸酯形式，和二烷基-磺基丁二酸盐的制剂。”

《驳回决定》认为：本申请要求保护一种化学和物理稳定的悬乳剂，但是说明书中仅给出了产品的成分配比和制备方法，并未给出任何能够证明产品化学和物理稳定的实验数据。众所周知，农药制剂领域中实验数据占有非常重要的地位，制剂发明是否解决了所要解决的技术问题并产生了预期技术效果通常需要依赖实验结果进行证实。因此，如果本领域技术人员无法根据现有技术预测发明能够实现所述技术效果，则说明书应当记载足以证明发明技术方案可以到预期技术效果的实验室试验或者田间应用实验的定性或者定量数据。对于本发明来说，现有技术中已经公开了含有相同有效成分的悬乳剂的制备方法，只是需要在制剂中加入 10000~100000 道尔顿的聚合稳定剂以保持悬乳剂的化学和物理稳定性。本发明的主要改进之处就在于不需要加入上述稳定剂而仍能保持悬乳剂稳定，但是本领域技术人员根据现有技术无法预测本发明悬乳剂在不含聚合稳定剂的情况下也能保持稳定，这只能通过实验数据加以证明。因此尽管说明书中给出了具体的技术方案，但该方案必须依赖实验结果加以证实才能成立，而说明书中未提供有关实验数据，导致所属技术领域的技术人员不能实现该发明。因此，说明书不符合专利法第 26 条第 3 款的规定。

2009 年 3 月 6 日，申请人辛根塔参与股份公司（下称请求人）对上述驳回决定不服，向专利复审委员会提出复审请求，请求人在提出复审请求时没有对申请文件进行修改。

请求人认为：①本申请要求保护一种化学和物理稳定的悬乳剂，说明书中已经给出了制剂产品的成分配比和制备方法，尤其是在本申请说明书的实施例部分，以实施例的形式详细说明了制备所述悬乳剂的原料，制备过程（步骤）以及最终制剂的获得（参见说明书第 8 页第 7 行至第 14 页）。对于所述技术领域的技术人员而言，本申请的上述公开信息足以使其无需创造性劳动即能够实施本发明，即制备并获得本发明的制剂产品，而对于审查员所提出的稳定性数据，则不是关键的，因为不论说明书中是否给出了相关的定性或定量实验数据，这一技术效果都将是客观存在的。并且，请求人在意见陈述书中给出了本申请说明书实施例 1.2 中制备出的最终制剂产品的定性特征，以证明本发明悬乳剂是化学和物理稳定的。②根据本发明的产品已经商业化，其在欧洲的市售产品名称为 CAMIX。

经形式审查合格后，专利复审委员会受理了该请求，并于 2009 年 3 月 31 日向请求人发出了《复审请求受理通知书》，同时将本申请转送至国家知识产权局原审查部门进行前置审查。

在《前置审查意见书》中，国家知识产权局原审查部门坚持驳回决定。

专利复审委员会组成合议组，对本复审请求案进行了审理，并于 2009 年 9 月 2 日向请求人发出《复审通知书》，指出：（1）如本申请说明书第 2 页第 2 段所述，本发明的目的是提供一种含有 HPPD-抑制除草剂作为活性成分之一的化学上和物理上稳定的悬乳剂。但本申请声称能达到的悬乳剂化学和物理稳定的技术效果不能由本申请要求保护的技术方案本身得到确认，现有技术中也没有教导诸如权利要求 1 所述的配方，甚至在没有聚合稳定剂的情况下，其必然能实现如说明书中所述的化学和物理两方面都稳定的效果。因而，本申请提供的悬乳剂是否能达到化学和物理两个方面都稳定的效果必须通过实验结果加以证实。然而，本申请说明书中并未公开任何足以证明本发明的悬乳剂具有化学和物理两方面稳定性的定性或定量实验数据，并且本领域技术人员也难以预测，采用如权利要求 1 所述的配方，在不含有聚合稳定剂的情况下，本发明的悬乳剂必然会具有化学和物理的稳定性，也就是说，本领域技术人员无法确定本申请的技术方案是否解决了其所声称要解决的技术问题并能产生预期的效果。因此，本申请的说明书没有对发明作出清楚、完整的说明，不符合专利法第26条第3款的规定。(2) 针对请求人在意见陈述中所指出的两点意见，合议组认为，首先，请求人在意见陈述书中提供的实施例1.2最终制剂产品的定性特征在原说明书中并未记载，不属于原说明书公开的内容，也不能确信其是申请日前已经完成的技术内容，因此在考察本申请说明书是否充分公开的问题时不予考虑。其次，本发明的产品是否已在欧洲商业化与本专利申请是否符合中国专利法第26条第3款的规定无必然的联系。因此，对于请求人的以上意见陈述合议组不予支持。

针对上述《复审通知书》，请求人于2009年10月19日提交了意见陈述书，并未对申请文件作出修改，请求人认为：①对于本申请的产品，说明书已经给出了明确的结构性定义，其成分、含量等都是确定的，实施例部分也举例说明了该产品的制备，本领域技术人员完全能够再现本发明的技术方案；②本领域技术人员根据本发明的特征完全可以制备出本发明的最终产品，无论说明书是否给出了所述定性或定量的技术效果的试验证据或数据，本发明的技术效果都是客观存在的，只要制备出来，其有关稳定性的技术效果将不言自明；③复审理由中的试验报告只是进一步佐证所要求保护的制剂具有良好物理稳定性这一已经在说明书中公开的定性结论，该结果对于本领域技术人员而言不需要花费创造性劳动即可获得；④《复审通知书》中审查员所指的“现有技术中也没有教导诸如权利要求1所述的配方，甚至在没有聚合稳定剂的情况下，其必然能实现如说明书中所述的化学和物理两方面都稳定的效果”以及“本领域技术人员也难以预测，采用如权利要求1所述的配方，在不含有聚合稳定剂的情况下，本发明的悬乳剂必然会具有化学和物理的稳定性”乃发明相对于现有技术的创造性问题而非说明书是否公开充分的问题；⑤合议组“足以证明本发明的悬乳剂具有化学和物理两方面稳定性的定性或定量试验数据”的要求不符合国际法和国内法的规定。

至此，合议组认为本案事实已经清楚，可以作出审查决定。

二、决定的理由

1. 关于文本

请求人在提出复审请求以及答复《复审通知书》时均未对申请文件作出修改，因此，本复审请求审查决定是在《驳回决定》所针对文本的基础上作出的。

2. 关于专利法第26条第3款

专利法第26条第3款规定：说明书应当对发明或者实用新型作出清楚、完整的说明，以所属技术领域的技术人员能够实现为准。

所属技术领域的技术人员能够实现，是指所属技术领域的技术人员按照说明书记载的内容，就能够实现该发明或者实用新型的技术方案，解决其技术问题，并且产生预期的技术效果。如果说明书给出了具体的技术方案，但未给出实验证据，而该方案又必须依赖实验结果加以证实才能成立，则该发明将由于缺乏解决技术问题的技术手段而被认为无法实现，不符合专利法第26条第3款的规定。

就本申请而言，独立权利要求1请求保护一种化学和物理稳定的悬乳剂，不含分子量为10000~1000000道尔顿的聚合稳定剂，该悬乳剂含有：

(i) 连续相，

(ii) 不溶于连续相的HPPD-抑制除草剂，

(iii) 氯乙酰胺，和

(iv) 一种或多种芳族乙氧基化物或其衍生物

其中不包括其中不包括含有非离子形式的具有6~14摩尔乙氧基化物的所有三苯乙烯基酚-乙氧基化物，和阴离子或酸形式的具有14~18摩尔乙氧基化物的三苯乙烯基苯酚-乙氧基化物的硫酸酯或磷酸酯形式，和二烷基-磺基丁二酸盐的制剂。

如本申请说明书第 2 页第 2 段所述，本发明的目的是提供一种含有 HPPD-抑制除草剂作为活性成分之一的化学上和物理上稳定的悬乳剂。说明书实施例 1~5 记载了符合权利要求 1 定义的悬乳剂的制备方法以及具体组成。然而，正如本申请说明书第 1 页第 19 行至第 2 页第 7 行所述，在将本发明的活性成分（优选甲基磺草酮）配制成悬乳剂时会遇到特殊的问题，其中甲基磺草酮可以游离酸或金属盐的形式存在，游离酸在一定范围的 pH 条件下和/或浓度下在水介质中是化学不稳定的，该问题可以通过将游离酸与金属螯合剂螯合来解决，但是向组合物中引入金属盐意外地导致所得悬乳剂在物理稳定性方面严重新增困难，可能会导致杂絮凝化/凝结或直接杂絮凝化。因此，本申请声称能达到的悬乳剂化学和物理稳定的技术效果不能由本申请要求保护的技术方案本身得到确认，现有技术中也没有教导诸如权利要求 1 所述的配方，甚至在没有聚合稳定剂的情况下，其必然能实现如说明书中所述的化学和物理两方面都稳定的效果。因而，本申请提供的悬乳剂是否能达到化学和物理两个方面都稳定的效果必须通过实验结果加以证实。然而，本申请说明书中并未公开任何足以证明本发明的悬乳剂具有化学和物理两方面稳定性的定性或定量实验数据，并且本领域技术人员也难以预测，采用如权利要求 1 所述的配方，在不含有聚合稳定剂的情况下，本发明的悬乳剂必然会具有化学和物理的稳定性，也就是说，本领域技术人员无法确定本申请的技术方案是否解决了其所声称要解决的技术问题并能产生预期的效果。因此，本申请的说明书没有对发明作出清楚、完整的说明，不符合专利法第 26 条第 3 款的规定。

针对请求人答复《复审通知书》时的意见陈述，合议组认为，如上所述，本申请所请求保护的是一种“化学和物理稳定”的悬乳剂，而在所属技术领域的技术人员根据现有技术无法预测该技术方案能够实现所述效果的情形下，说明书中应当公开足以证明本发明的技术方案可以达到预期效果的定性或定量试验数据，请求人意见陈述①和②中“再现”的概念不同于《专利法》及《审查指南》中所指的“实现”，“实现”的要求是所属技术领域的技术人员能够“预测”而非通过“再现”的手段去进行验证该效果是否客观存在；对于意见③，合议组认为，说明书中有关“化学上和物理上”稳定的表述仅仅属于论断性地描述，并无实际证据的支持，其与审查指南中所述的“定性或定量的试验数据”有本质不同，且《复审请求书》中的实验数据并非属于申请日之前已经公开的内容，因此不予考虑；而对于意见④，合议组所指的“现有技术中也没有教导诸如权利要求 1 所述的配方，甚至在没有聚合稳定剂的情况下，其必然能实现如说明书中所述的化学和物理两方面都稳定的效果”以及“本领域技术人员也难以预测，采用如权利要求 1 所述的配方，在不含有聚合稳定剂的情况下，本发明的悬乳剂必然会具有化学和物理的稳定性”旨在表明，在判断本申请方案是否属于《审查指南》所指“必须依赖实验结果加以证实才能成立”的情形时，所属领域的技术人员在现有技术的基础上，无法“预测”到本申请的技术方案具有所述的“化学上和物理上的稳定性”这一效果，而并非在评价本申请的创造性问题。综上，合议组对于请求人的上述意见不予支持。

基于以上事实和理由，合议组作出如下审查决定。

三、决定

维持国家知识产权局于 2008 年 11 月 21 日针对第 200580005662.7 号发明专利申请作出的驳回决定。

复审请求人对本决定不服的，可以根据专利法第 41 条第 2 款的规定，自收到本决定之日起三个月内向北京市第一中级人民法院起诉。

183

一种抑制植物中乙烯反应的方法

复审请求审查决定（第20126号）

决　定　号　第20126号
决　定　日　2009年10月28日
发明创造名称　一种抑制植物中乙烯反应的方法
国际分类号　C07C 13/00，A01N 27/00，A01N 29/00，A01N 31/00，A01N 33/00，A01N 43/00，A01N 55/00，A01N 57/00
复审请求人　罗姆和哈斯公司
申　请　号　02801969.5
申　请　日　2002年2月25日
优先权日　2001年2月26日
公　开　日　2003年12月24日
合议组组长　吴红权
主　审　员　张家祥
参　审　员　王　磊

法律依据　专利法第26条第4款
决定要点

每一项权利要求所要求保护的技术方案，应当是所属技术领域的技术人员能够从说明书充分公开的内容中得到或概括得出的技术方案，并且不得超出说明书公开的范围，即不应包含那些在所属技术领域技术人员看来属于推测的且其技术效果难于预先确定和评价的内容。

一、案由

本复审请求案涉及发明名称为“一种抑制植物中乙烯反应的方法”的第02801969.5号发明专利申请（下称本申请），申请人为罗姆和哈斯公司，申请日为2002年2月25日，优先权日为2001年2月26日，公开日为2003年12月24日。

2008年3月28日，针对申请人于2008年1月29日提交的权利要求第1~7项、进入中国国家阶段时提交的国际申请文件中文文本的说明书第1~71页和说明书摘要，国家知识产权局以权利要求1~2不符合专利法第26条第4款的规定为由驳回了本申请。

驳回决定所针对的权利要求书如下：

“1. 一种下式的化合物：

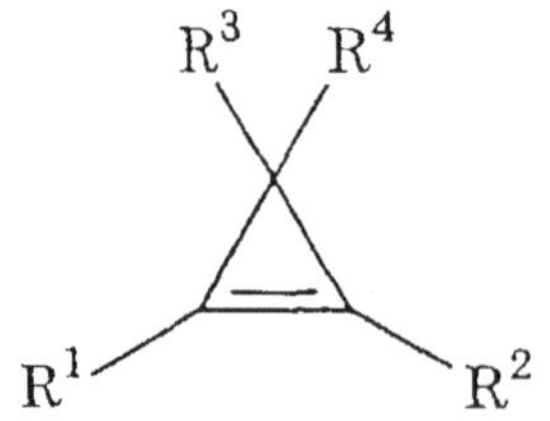

其中：

a）R^1 和 R^3 之一为H，且 R^2、R^4 与 R^1 和 R^3 中的另一个独立地选自H和选自下组的基团：链烯基，烷基，炔基，乙酰氨基链烯基，乙酰氨基烷基，乙酰氨基炔基，链烯氧基，烷氧基，炔氧基，烷氧基烷氧基烷基，烷氧基链烯基，烷氧基烷基，烷氧基炔基，烷氧基羰基链烯基，烷氧基羰基烷基，烷氧基羰基炔基，烷基羰基，烷基羰基氧基烷基，烷基（烷氧基亚氨基）烷基，羧基链烯基，羧基烷基，羧基炔基，二烷基氨基，卤代烷氧基链烯基，卤代烷氧基烷基，卤代烷氧基炔基，卤代链烯基，卤代烷基，卤代炔基，羟基链烯基，羟基烷基，羟基炔基，三烷基甲硅烷基链烯基，三烷基甲硅烷基烷基，三烷基甲硅烷基炔基，二烷基膦酸根合（phosphonato），二烷基磷酸根合（phosphato），二烷硫基磷酸根合，二烷基氨基烷基，烷基磺酰基烷基，烷硫基链烯基，烷硫基烷基，烷硫基炔基，二烷基氨基磺酰基，卤代烷硫基链烯基，卤代烷硫基烷基，卤代烷硫基炔基，烷氧基羰基氧基；环链烯基，环烷基，环炔基，乙酰氨基 环链烯基，乙酰氨基环烷基，乙酰氨基环炔基，环链烯氧基，环烷氧基，环炔氧基，烷氧基烷氧基环烷基，烷氧基环链烯基，烷氧基环烷基，烷氧基环炔基，烷氧基羰基环链烯基，烷氧基羰基环烷基，烷氧基羰基环炔基，环烷基羰基，烷基羰基氧基环烷基，羧基环链烯基，羧基环烷基，羧基环炔基，二环烷基氨基，卤代环烷氧基环链烯基，卤代环烷氧基环烷基，卤代环烷氧基环炔基，卤代环链烯基，卤代环烷基，卤代环炔基，羟基环链烯基，羟基环烷基，羟基环炔基，三烷基甲硅烷基环链烯基，三烷基甲硅烷基环烷基，三烷基甲硅烷基环炔基，二烷基氨基环烷基，烷基磺酰基环烷基，环烷基羰基氧基烷基，环烷基磺酰基烷基，烷硫基环链烯基，烷硫基环烷基，烷硫基环炔基，二环烷基氨基磺酰基，卤代烷硫基环链烯基，卤代烷硫基环烷基，卤代烷硫基环炔基；芳基，链烯基芳基，烷基芳基，炔基芳基，乙酰氨基芳基，芳基氧基，烷氧基烷氧基芳基，烷氧基芳基，烷氧基羰基芳基，芳基羰基，烷基羰基氧基芳基，羧基芳基，二芳基氨基，卤代烷氧基芳基，卤代芳基，羟基芳基，三烷基甲硅烷基芳基，二烷基氨基芳基，烷基磺酰基芳基，芳基磺酰基烷基，烷硫基芳基，芳基硫基烷基，二芳基氨基磺酰基，卤代烷硫基芳基；杂芳基，链烯基杂芳基，烷基杂芳基，炔基杂芳基，乙酰氨基杂芳基，杂芳基氧基，烷氧基烷氧基杂芳基，烷氧基杂芳基，烷氧基羰基杂芳基，杂芳基羰基，烷基羰基氧基杂芳基，羧基杂芳基，二杂芳基氨基，卤代烷氧基杂芳基，卤代杂芳基，羟基杂芳基，三烷基甲硅烷基杂芳基，二烷基氨基杂芳基，烷基磺酰基杂芳基，杂芳基磺酰基烷基，烷硫基杂芳基，杂芳基硫基烷基，二杂芳基氨基磺酰基，卤代烷硫基杂芳基；杂环基，链烯基杂环基（heteroycycyl），烷基杂环基（heteroycycyl），炔基杂环基（heteroycycyl），乙酰氨基杂环基，杂环基氧基，烷氧基烷氧基杂环，烷氧基杂环基，烷氧基羰基杂环基，杂环基羰基，烷基羰基氧基杂环基，羧基杂环基，二杂环基氨基，卤代烷氧基杂环基，卤代杂环基，羟基杂环基，三烷基甲硅烷基杂环基，二烷基氨基杂环基，烷基磺酰基杂环基，烷硫基杂环基，杂环基硫基烷基，二杂环基氨基磺酰基，卤代烷硫基杂环基；氢，氟，氯，溴，碘，氰基，硝基，亚硝基，叠氮基，氯酸根合（chlorato），溴酸根合（bromato），碘酸根合（iodato），异氰酸根合，异氰化物，异硫氰酸根合，五氟硫基；乙酰氧基，羰乙氧基，氰酸根合，硝酸基，亚硝酸基，高氯酸根合，丙二烯基；丁基巯基，二乙基磷酸根合，二甲基苯基甲硅烷基，异喹啉基，巯基，萘基，苯氧基，苯基，哌啶基，吡啶基，喹啉基，三乙基甲硅烷基，三甲基甲硅烷基；及其取代的类似物其中，碳环和杂环基各自独立地选自：未取代的和取代的环丙基，环丁基，环戊基，环己基，环庚基，环戊-3-烯-1-基，环己-1-基，苯基，萘基，吡啶-2-基，吡啶-3-基，吡啶-4-基，吡嗪基，嘧啶-2-基，嘧啶-4-基，嘧啶-5-基，哒嗪基，三唑-1-基，咪唑-1-基，噻吩-2-基，噻吩-3-基，呋喃-2-基，呋喃-3-基，吡咯基，噁唑基，异噁唑基，噻唑基，异噻唑基，氧杂二唑基，硫杂二唑基，喹啉基，异喹啉基，四氢呋喃基，吡咯烷基，哌啶基，四氢吡喃基，吗啉基，哌嗪基，二氧杂环戊烷基，二噁烷基，二氢吲哚基和5-甲基-6-苯并二氢吡喃基，金刚烷基和降冰片基；其中，取代基的总数为0到5；和

b）在每个化合物中的非氢原子的总数为50或更少；和

c）R^1、R^2、R^3 或 R^4 每一个中杂原子的总数为0到4；和

d）以下任何条件之一：

i）R^1 或 R^3 包含至少一个所述碳环或杂环基；或

ii）R^1、R^2、R^3 和 R^4 中至少一个包含选自甲硅烷基、硫代、膦酸根合、磺酰基或巯基的基团；或

iii）至少一个 R^1、R^2、R^3 和 R^4 包含1到4个非氢原子以及至少一个 R^1、R^2、R^3 和 R^4 包含超过四个非氢原子；和

及其对映体、立体异构体、盐和其混合物；

或其组合物；

条件是：

a）R^1、R^2、R^3 和 R^4 不是三甲基甲硅烷基，三甲基甲硅烷基磺酰基或硫醇；且

b）R^1 不是苯磺酰基，苯基硫乙基，二苯基羟基甲基，苯并［g］喹啉-7-醇-1-甲基，丙二酸酯衍生物，取代的3-氨基环己烯酮，二烷氧基苄基氨基羰基；和

c）R^3 不是2-苯基-乙烯基，苯硫基，（4-溴代-2-甲基苯基）氨基甲酸N-羰基，（4-溴代-2-甲基苯基）氨基甲酸乙酯N-羰基，丙二酸酯衍生物，芳氧基，或二烷氧基苄基氨基羰基；和

还有一个条件是，R^1、R^2、R^3 和 R^4 中至少一个不是饱和的或不饱和的直链或支链的未取代或取代的 C_5-C_{20}烷基、链烯基或炔基，其中 R^1、R^2、R^3 和 R^4 基团中一种或多种的一个或多个碳被以下基团取代：酯、腈、胺、胺盐、酸、酸盐、酸酯、羟基、卤素或选自氧或氮的杂原子，或其中所述 R^1、R^2、R^3 或 R^4 基团含有羟基、醚、酮、醛、酯、酸、酸盐、胺、胺盐、酰胺、肟、腈或卤素基团。

2. 一种抑制植物中的乙烯效应的方法，包括用抑制乙烯效应有效量的下式的环丙烯衍生物或其组合物与植物接触的步骤：

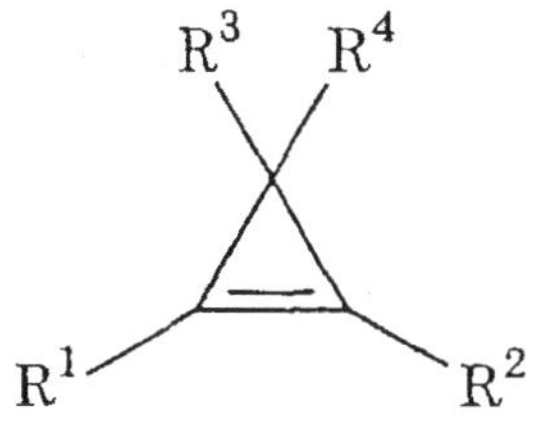

其中：

a）R^1 和 R^3 之一为H，且 R^2、R^4 与 R^1 和 R^3 中的另一个独立地选自H和选自下组的基团：链烯基，烷基，炔基，乙酰氨基链烯基，乙酰氨基烷基，乙酰氨基炔基，链烯氧基，烷氧基，炔氧基，烷氧基烷氧基烷基，烷氧基链烯基，烷氧基烷基，烷氧基炔基，烷氧基羰基链烯基，烷氧基羰基烷基，烷氧基羰基炔基，烷基羰基，烷基羰基氧基烷基，烷基（烷氧基亚氨基）烷基，羧基链烯基，羧基

烷基，羧基炔基，二烷基氨基，卤代烷氧基链烯基，卤代烷氧基烷基，卤代烷氧基炔基，卤代链烯基，卤代烷基，卤代炔基，羟基链烯基，羟基烷基，羟基炔基，三烷基甲硅烷基链烯基，三烷基甲硅烷基烷基，三烷基甲硅烷基炔基，二烷基膦酸根合（phosphonato），二烷基磷酸根合（phosphato），二烷硫基磷酸根合，二烷基氨基烷基，烷基磺酰基烷基，烷硫基链烯基，烷硫基烷基，烷硫基炔基，二烷基氨基磺酰基，卤代烷硫基链烯基，卤代烷硫基烷基，卤代烷硫基炔基，烷氧基羰基氧基；环链烯基，环烷基，环炔基，乙酰氨基 环链烯基，乙酰氨基环烷基，乙酰氨基环炔基，环链烯氧基，环烷氧基，环炔氧基，烷氧基烷氧基环烷基，烷氧基环链烯基，烷氧基环烷基，烷氧基环炔基，烷氧基羰基环链烯基，烷氧基羰基环烷基，烷氧基羰基环炔基，环烷基羰基，烷基羰基氧基环烷基，羧基环链烯基，羧基环烷基，羧基环炔基，二环烷基氨基，卤代环烷氧基环链烯基，卤代环烷氧基环烷基，卤代环烷氧基环炔基，卤代环链烯基，卤代环烷基，卤代环炔基，羟基环链烯基，羟基环烷基，羟基环炔基，三烷基甲硅烷基环链烯基，三烷基甲硅烷基环烷基，三烷基甲硅烷基环炔基，二烷基氨基环烷基，烷基磺酰基环烷基，环烷基羰基氧基烷基，环烷基磺酰基烷基，烷硫基环链烯基，烷硫基环烷基，烷硫基环炔基，二环烷基氨基磺酰基，卤代烷硫基环链烯基，卤代烷硫基环烷基，卤代烷硫基环炔基；芳基，链烯基芳基，烷基芳基，炔基芳基，乙酰氨基芳基，芳基氧基，烷氧基烷氧基芳基，烷氧基芳基，烷氧基羰基芳基，芳基羰基，烷基羰基氧基芳基，羧基芳基，二芳基氨基，卤代烷氧基芳基，卤代芳基，羟基芳基，三烷基甲硅烷基芳基，二烷基氨基芳基，烷基磺酰基芳基，芳基磺酰基烷基，烷硫基芳基，芳基硫基烷基，二芳基氨基磺酰基，卤代烷硫基芳基；杂芳基，链烯基杂芳基，烷基杂芳基，炔基杂芳基，乙酰氨基杂芳基，杂芳基氧基，烷氧基烷氧基杂芳基，烷氧基杂芳基，烷氧基羰基杂芳基，杂芳基羰基，烷基羰基氧基杂芳基，羧基杂芳基，二杂芳基氨基，卤代烷氧基杂芳基，卤代杂芳基，羟基杂芳基，三烷基甲硅烷基杂芳基，二烷基氨基杂芳基，烷基磺酰基杂芳基，杂芳基磺酰基烷基，烷硫基杂芳基，杂芳基硫基烷基，二杂芳基氨基磺酰基，卤代烷硫基杂芳基；杂环基，链烯基杂环基（heteroycycyl），烷基杂环基（heteroycycyl），炔基杂环基（heteroycycyl），乙酰氨基杂环基，杂环基氧基，烷氧基烷氧基杂环，烷氧基杂环基，烷氧基羰基杂环基，杂环基羰基，烷基羰基氧基杂环基，羧基杂环基，二杂环基氨基，卤代烷氧基杂环基，卤代杂环基，羟基杂环基，三烷基甲硅烷基杂环基，二烷基氨基杂环基，烷基磺酰基杂环基，烷硫基杂环基，杂环基硫基烷基，二杂环基氨基磺酰基，卤代烷硫基杂环基；氢，氟，氯，溴，碘，氰基，硝基，亚硝基，叠氮基，氯酸根合（chlorato），溴酸根合（bromato），碘酸根合（iodato），异氰酸根合，异氰化物，异硫氰酸根合，五氟硫基；乙酰氧基，羰乙氧基，氰酸根合，硝酸基，亚硝酸基，高氯酸根合，丙二烯基；丁基巯基，二乙基磷酸根合，二甲基苯基甲硅烷基，异喹啉基，巯基，萘基，苯氧基，苯基，哌啶基，吡啶基，喹啉基，三乙基甲硅烷基，三甲基甲硅烷基；及其取代的类似物

其中，碳环和杂环基各自独立地选自：未取代的和取代的环丙基，环丁基，环戊基，环己基，环庚基，环戊-3-烯-1-基，环己-1-基，苯基，萘基，吡啶-2-基，吡啶-3-基，吡啶-4-基，吡嗪基，嘧啶-2-基，嘧啶-4-基，嘧啶-5-基，哒嗪基，三唑-1-基，咪唑-1-基，噻吩-2-基，噻吩-3-基，呋喃-2-基，呋喃-3-基，吡咯基，噁唑基，异噁唑基，噻唑基，异噻唑基，氧杂二唑基，硫杂二唑基，喹啉基，异喹啉基，四氢呋喃基，吡咯烷基，哌啶基，四氢吡喃基，吗啉基，哌嗪基，二氧杂环戊烷基，二噁烷基，二氢吲哚基和5-甲基-6-苯并二氢吡喃基，金刚烷基和降冰片基；其中，取代基的总数为0到5；和

b）在每个化合物中的非氢原子的总数为50或更少；和

c）R^1、R^2、R^3 或 R^4 每一个中杂原子的总数为0到4；和

d）以下任何条件之一：

i）R^1 或 R^3 包含至少一个所述碳环或杂环基；或

ii）R^1、R^2、R^3 和 R^4 中至少一个包含选自甲硅烷基、硫代、膦酸根合、磺酰基或巯基的基团；或

iii）至少一个 R^1、R^2、R^3 和 R^4 包含 1 到 4 个非氢原子以及至少一个 R^1、R^2、R^3 和 R^4 包含超过四个非氢原子；和

及其对映体、立体异构体、盐和其混合物；

或其组合物；

条件是：

R^1、R^2、R^3 和 R^4 中至少一个不是饱和的或不饱和的直链或支链的未取代或取代的 C_5-C_{20}烷基、链烯基或炔基，其中 R^1、R^2、R^3 和 R^4 基团中一种或多种的一个或多个碳被以下基团取代：酯、腈、胺、胺盐、酸、酸盐、酸酯、羟基、卤素或选自氧或氮的杂原子，或其中所述 R^1、R^2、R^3 或 R^4 基团含有羟基、醚、酮、醛、酯、酸、酸盐、胺、胺盐、酰胺、肟、腈或卤素基团。

3. 根据权利要求 2 的方法，其中乙烯效应为以下的一种或多种：花、果实和蔬菜的成熟和/或衰老；叶、花和果实的脱落；观赏植物、插花、灌木、种子和休眠的幼苗的存活寿命的缩短；生长的抑制；生长的刺激作用；生长素活性；末端生长的抑制作用；顶端优势的控制；分枝的增加；分蘖的增加；改变植物的形态，调节对植物病原体例如真菌的敏感性；改变生化组成；花或种子发育的中止或抑制作用；倒伏作用；种子萌芽的刺激作用；打破休眠；激素作用；以及偏上生长作用。

4. 根据权利要求 2 的方法，其中，R^2、R^3 和 R^4 为氢或 R^1、R^2 和 R^3 为氢。

5. 根据权利要求 2 的方法，其中，所述碳环或杂环基各自独立地选自取代或未取代的；五，六，或七元；芳基，杂芳基，杂环基，或环烷基环。

6. 根据权利要求 5 的方法，其中，所述碳环或杂环基各自独立地选自取代或未取代的苯基，吡啶基、环己基、环戊基、吡咯基、呋喃基、苯硫基、三唑基、吡唑基、1，3-二氧戊环基、或吗啉基。

7. 根据权利要求 5 的方法，其中取代基，当出现的时候，独立地选自 1 到 3 个甲基，甲氧基和卤素。"

驳回决定认为：（1）权利要求 1 中的取代基 R^1、R^2、R^3、R^4 的定义过宽，说明书中 R^1、R^2、R^3、R^4 仅涉及-CXY-Z、-CO-Z、-CS-Z、-NX-Z、-O-Z、-S-Z、SiXY-Z 或-SO2-Z，Z 仅涉及氢、卤素或者 G，基团 G 也概括了较大的保护范围，说明书中仅涉及苯基、环已基、吡啶基、吡唑基、呋喃基、1，3-二氧戊环基，其他定义的基团没有实施例支持并且与实施例已有基团的结构和性质存在较大的差异，因此上述概括是不合理的，本领域技术人员无法确定含其他取代基的化合物也能用于本发明，并产生与前述列举基团的化合物同样的抑制植物乙烯反应的作用，故权利要求 1 得不到说明书的支持，不符合专利法第 26 条第 4 款的规定。同理，权利要求 2 也得不到说明书的支持，不符合专利法第 26 条第 4 款的规定。（2）目前的权利要求 1 和 2 只是改变了原权利要求 1 和 2 的取代基团 R^1、R^2、R^3、R^4 的限定形式，由（-（L）n-Z）修改为具体的取代基团，而实质上仍然不符合专利法第 26 条第 4 款的规定。

2008 年 7 月 7 日，申请人罗姆和哈斯公司（下称请求人）对上述驳回决定不服，向专利复审委员会提出复审请求，但未对申请文件进行修改。请求人认为，在本申请实施例中公开的 87 个具有不同取代基、但均在极低的剂量水平显示出所需活性的环丙烯化合物的基础上，本领域技术人员能够合理地预见到，导致该化合物具有所需效果的关键性结构部分是环丙烯单元，具有不同取代基的环丙烯化合物均具有所需活性，而哪些具体取代基与环丙烯单元连接并不重要，并且，权利要求 1~2 限定了取代的环丙烯含有不超过 50 个非氢原子，进一步将要求保护的环丙烯化合物限定在一个合理的而

不是无限大的范围内；权利要求1要求保护的化合物的取代基与实施例中具体化合物的取代基相同或相似，本领域技术人员能够合理地预见到，包括在权利要求1范围内但没有在说明书中给出实验验证的环丙烯化合物也应当具有抑制乙烯反应的活性。因此，权利要求1~2符合专利法第26条第4款的规定。

经形式审查合格后，专利复审委员会受理了该请求，并于2008年9月5日向请求人发出了《复审请求受理通知书》，同时将本申请转送至国家知识产权局原审查部门进行前置审查。

在《前置审查意见书》中，国家知识产权局原审查部门坚持驳回决定。

专利复审委员会组成合议组，对本复审请求案进行了审理，并于2009年7月3日向请求人发出《复审通知书》，指出：(1) 权利要求1~2中的"ii) R^1、R^2、R^3和R^4中至少一个包含选自甲硅烷基、硫代、膦酸根合、磺酰基或巯基的基团"和"还有一个条件是，R^1、R^2、R^3和R^4中至少一个不是饱和的或不饱和的直链或支链的未取代或取代的C_5-C_{20}烷基、链烯基或炔基，其中R^1、R^2、R^3和R^4基团中一种或多种的一个或多个碳被以下基团取代：酯、腈、胺、胺盐、酸、酸盐、酸酯、羟基、卤素或选自氧或氮的杂原子，或其中所述R^1、R^2、R^3或R^4基团含有羟基、醚、酮、醛、酯、酸、酸盐、胺、胺盐、酰胺、肟、腈或卤素基团"在原申请文件中没有记载，也不能从中直接地、毫无疑义地确定，因此超出了原申请文件记载的范围，不符合专利法第33条的规定。另外，权利要求1~2中的"环己-1-基"也不符合专利法第33条的规定。(2) 为了节约程序，即使请求人通过修改克服了修改超范围的缺陷，本申请还存在下述问题：权利要求1的通式概括了大量的化合物，而说明书只给出了83种化合物的试验数据，该权利要求的技术方案显然包括了请求人推测的内容。由于取代基的大小、位置和复杂程度所带来的位阻效应、立构效应和电子效应均会影响所得环丙烯化合物的生物活性，因此，除实施例化合物之外的其他环丙烯能否稳定存在以及是否具有抑制乙烯反应的效果是本领域技术人员难于预先确定和评价的，故权利要求1得不到说明书的支持，不符合专利法第26条第4款的规定。同理，权利要求2~7也不符合专利法第26条第4款的规定。

针对上述《复审通知书》，请求人于2009年8月18日提交了意见陈述书和修改的权利要求书，请求人在原始权利要求1的基础上对权利要求1~2进行了修改，同时将其中的R^3和R^4基团限定为H，对n和m也作了进一步的限定，修改后的权利要求书如下：

"1. 一种下式的化合物：

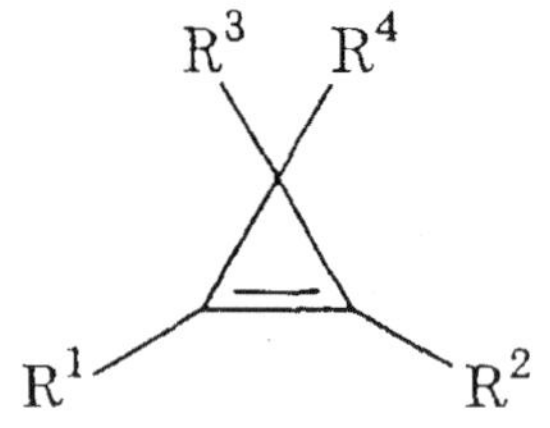

其中：

a) R^3和R^4是H，R^1和R^2独立地选自H和下式的基团：

$-(L)n-Z$

其中：

i) n为1到7的整数；

ii) L各自独立地选自基团D1，D2，E或J中的一个，其中：

D1为下式的基团：

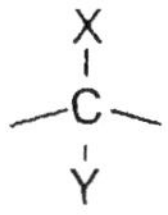 , 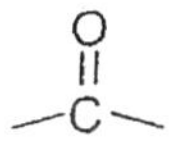 ,

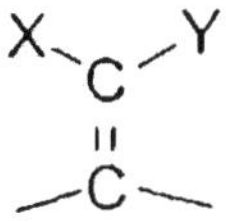 , 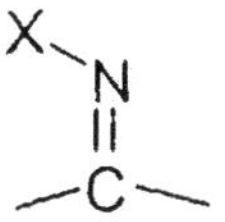 , 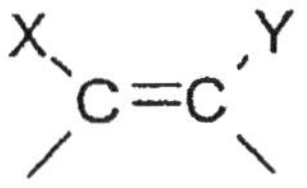 ,

或

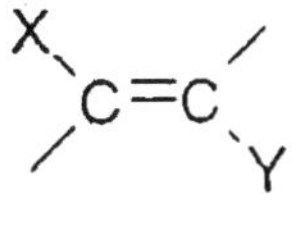 ;

D2 为下式的基团：

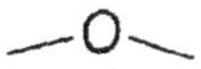 ,

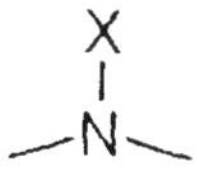 ,

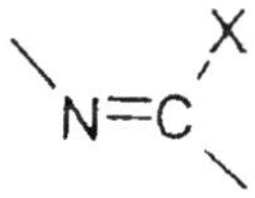

或

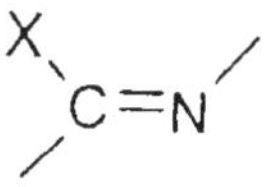 ;

E 为下式的基团：

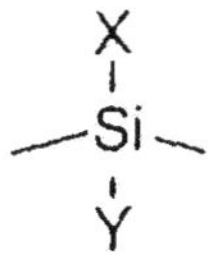 ,

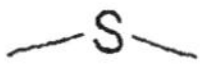 ,

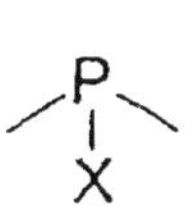 ,

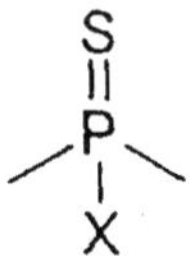 或 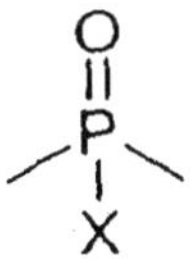 ;

J 为下式的基团：

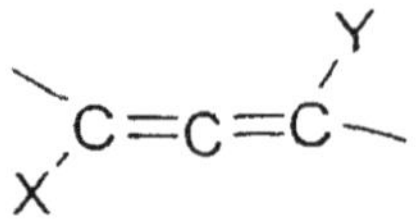

或 -C≡C- ；

其中：

A）X 和 Y 各自独立地为下式的基团：

-（L）m -Z；

且

B）m 为 0 到 2 的整数；和

C）至多两个 D2 或 E 基团彼此相邻，且没有 J 基团彼此相邻；

iii）Z 各自独立地选自：

A）氢，卤素，氰基，硝基，亚硝基，叠氮基，氯酸根，溴酸根，碘酸根，异氰酸根合，异氰化物，异硫氰酸根合，五氟硫基，或

B）基团 G，其中 G 为环丙基，环丁基，环戊-3-烯-1-基，3-甲氧基环己-1-基，苯基，4-氯苯基，4-氟苯基，4-溴苯基，3-硝基苯基，2-甲氧基苯基，2-甲基苯基，3-甲基苯基，4-甲基苯基，4-乙基苯基，2-甲基-3-甲氧基苯基，2，4-二溴苯基，3，5-二氟苯基，3，5-二甲基苯基，2，4，6-三氯苯基，4-甲氧基苯基，萘基，2-氯萘基，2，4-二甲氧基苯基，4-（三氟甲基）苯基，2-碘代-4-甲基苯基，吡啶-2-基，吡啶-3-基，吡啶-4-基，吡嗪基，嘧啶-2-基，嘧啶-4-基，嘧啶-5-基，哒嗪基，三唑-1-基，咪唑-1-基，噻吩-2-基，噻吩-3-基，呋喃-2-基，呋喃-3-基，吡咯基，噁唑基，异噁唑基，噻唑基，异噻唑基，氧杂二唑基，硫杂二唑基，喹啉基，异喹啉基，四氢呋喃基，吡咯烷基，哌啶基，四氢吡喃基，吗啉基，哌嗪基，二氧杂环戊烷基，二噁烷基，二氢吲哚基和 5-甲基-6-苯并二氢吡喃基，金刚烷基，降冰片基；

b）在每个化合物中的非氢原子的总数为 50 或更少；且

c）在-（L）n-Z 中的杂原子的总数为 0 到 4；以及

d）以下任何条件之一：

i）R^1 包含至少一个基团 G；或

ii）至少一个 L 基团为 E 基团；或

iii）至少一个 R^1 和 R^2 包含一到四个非氢原子以及至少一个 R^1 和 R^2 包含超过四个非氢原子；

及其对映体、立体异构体、盐和其混合物；

或其组合物；

条件是：

R^1 不是苯磺酰基，苯基硫乙基，二苯基羟基甲基，苯并［g］喹啉-7-醇-1-甲基，丙二酸酯衍生物，取代的 3-氨基环己烯酮，二烷氧基苄基氨基羰基；

其中，R^1 和 R^2 选自：链烯基，烷基，炔基，乙酰氨基链烯基，乙酰氨基烷基，乙酰氨基炔基，链烯氧基，烷氧基，炔氧基，烷氧基烷氧基烷基，烷氧基链烯基，烷氧基烷基，烷氧基炔基，烷氧基羰基链烯基，烷氧基羰基烷基，烷氧基羰基炔基，烷基羰基，烷基羰基氧基烷基，烷基（烷氧基亚氨基）烷基，羧基链烯基，羧基烷基，羧基炔基，二烷基氨基，卤代烷氧基链烯基，卤代烷氧基烷基，卤代烷氧基炔基，卤代链烯基，卤代烷基，卤代炔基，羟基链烯基，羟基烷基，羟基炔基，三烷基甲硅烷基链烯基，三烷基甲硅烷基烷基，三烷基甲硅烷基炔基，二烷基膦酸根合，二烷基磷酸根

合，二烷硫基磷酸根合，二烷基氨基烷基，烷基磺酰基烷基，烷硫基链烯基，烷硫基烷基，烷硫基炔基，二烷基氨基磺酰基，卤代烷硫基链烯基，卤代烷硫基烷基，卤代烷硫基炔基，烷氧基羰基氧基；环链烯基，环烷基，环炔基，乙酰氨基环链烯基，乙酰氨基环烷基，乙酰氨基环炔基，环链烯氧基，环烷氧基，环炔氧基，烷氧基烷氧基环烷基，烷氧基环链烯基，烷氧基环烷基，烷氧基环炔基，烷氧基羰基环链烯基，烷氧基羰基环烷基，烷氧基羰基环炔基，环烷基羰基，烷基羰基氧基环烷基，羧基环链烯基，羧基环烷基，羧基环炔基，二环烷基氨基，卤代环烷氧基环链烯基，卤代环烷氧基环烷基，卤代环烷氧基环炔基，卤代环链烯基，卤代环烷基，卤代环炔基，羟基环链烯基，羟基环烷基，羟基环炔基，三烷基甲硅烷基环链烯基，二烷基甲硅烷基环烷基，三烷基甲硅烷基环炔基，二烷基氨基环烷基，烷基磺酰基环烷基，环烷基羰基氧基烷基，环烷基磺酰基烷基，烷硫基环链烯基，烷硫基环烷基，烷硫基环炔基，二环烷基氨基磺酰基，卤代烷硫基环链烯基，卤代烷硫基环烷基，卤代烷硫基环炔基；芳基，链烯基芳基，烷基芳基，炔基芳基，乙酰氨基芳基，芳基氧基，烷氧基烷氧基芳基，烷氧基芳基，烷氧基羰基芳基，芳基羰基，烷基羰基氧基芳基，羧基芳基，二芳基氨基，卤代烷氧基芳基，卤代芳基，羟基芳基，三烷基甲硅烷基芳基，二烷基氨基芳基，烷基磺酰基芳基，芳基磺酰基烷基，烷硫基芳基，芳基硫基烷基，二芳基氨基磺酰基，卤代烷硫基芳基；杂芳基，链烯基杂芳基，烷基杂芳基，炔基杂芳基，乙酰氨基杂芳基，杂芳基氧基，烷氧基烷氧基杂芳基，烷氧基杂芳基，烷氧基羰基杂芳基，杂芳基羰基，烷基羰基氧基杂芳基，羧基杂芳基，二杂芳基氨基，卤代烷氧基杂芳基，卤代杂芳基，羟基杂芳基，三烷基甲硅烷基杂芳基，二烷基氨基杂芳基，烷基磺酰基杂芳基，杂芳基磺酰基烷基，烷硫基杂芳基，杂芳基硫基烷基，二杂芳基氨基磺酰基，卤代烷硫基杂芳基；杂环基，链烯基杂环基，烷基杂环基，炔基杂环基，乙酰氨基杂环基，杂环基氧基，烷氧基烷氧基杂环，烷氧基杂环基，烷氧基羰基杂环基，杂环基羰基，烷基羰基氧基杂环基，羧基杂环基，二杂环基氨基，卤代烷氧基杂环基，卤代杂环基，羟基杂环基，三烷基甲硅烷基杂环基，二烷基氨基杂环基，烷基磺酰基杂环基，烷硫基杂环基，杂环基硫基烷基，二杂环基氨基磺酰基，卤代烷硫基杂环基；氢，氟，氯，溴，碘，氰基，硝基，亚硝基，叠氮基，氯酸根合，溴酸根合，碘酸根合，异氰酸根合，异氰化物，异硫氰酸根合，五氟硫基；乙酰氧基，羰乙氧基，氰酸根合，硝酸基，亚硝酸基，高氯酸根合，丙二烯基；丁基巯基，二乙基磷酸根合，二甲基苯基甲硅烷基，异喹啉基，巯基，萘基，苯氧基，苯基，哌啶基，吡啶基，喹啉基，三乙基甲硅烷基，三甲基甲硅烷基；及其取代的类似物；

其中，各G选自环丙基，环丁基，环戊-3-烯-1-基，3-甲氧基环己-1-基，苯基，4-氯苯基，4-氟苯基，4-溴苯基，3-硝基苯基，2-甲氧基苯基，2-甲基苯基，3-甲基苯基，4-甲基苯基，4-乙基苯基，2-甲基-3-甲氧基苯基，2，4-二溴苯基，3，5-二氟苯基，3，5-二甲基苯基，2，4，6-三氯苯基，4-甲氧基苯基，萘基，2-氯萘基，2，4-二甲氧基苯基，4-（三氟甲基）苯基，2-碘代-4-甲基苯基，吡啶-2-基，吡啶-3-基，吡啶-4-基，吡嗪基，嘧啶-2-基，嘧啶-4-基，嘧啶-5-基，哒嗪基，三唑-1-基，咪唑-1-基，噻吩-2-基，噻吩-3-基，呋喃-2-基，呋喃-3-基，吡咯基，噁唑基，异噁唑基，噻唑基，异噻唑基，氧杂二唑基，硫杂二唑基，喹啉基，异喹啉基，四氢呋喃基，吡咯烷基，哌啶基，四氢吡喃基，吗啉基，哌嗪基，二氧杂环戊烷基，二噁烷基，二氢吲哚基和5-甲基-6-苯并二氢吡喃基，金刚烷基，降冰片基，和它们的取代类似物。

2. 一种抑制植物中的乙烯效应的方法，包括用抑制乙烯效应有效量的下式的环丙烯衍生物或其组合物与植物接触的步骤：

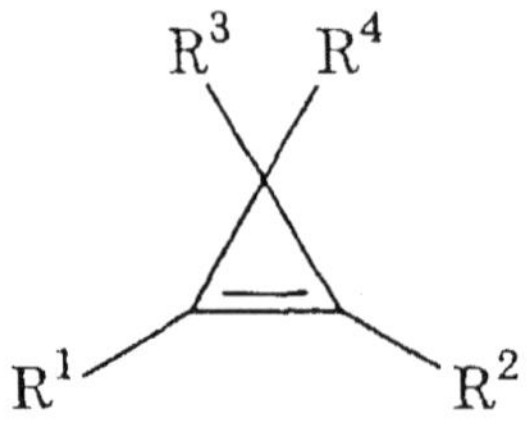

其中：

a）R^3 和 R^4 是 H，R^1 和 R^2 独立地选自 H 和下式的基团：

－（L）n －Z

其中：

i）n 为 1 到 7 的整数；

ii）L 各自独立地选自基团 D1，D2，E 或 J 中的一个，其中：

D1 为下式的基团：

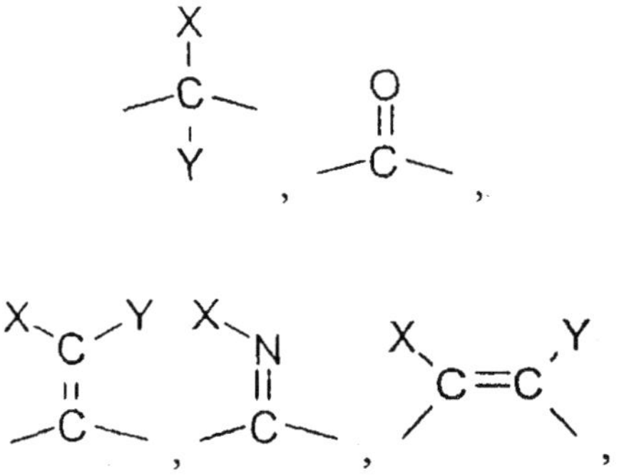

或

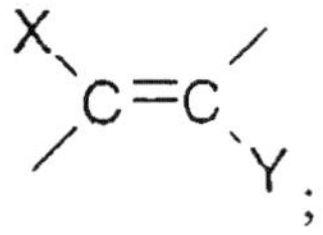

D2 为下式的基团：

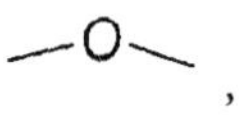

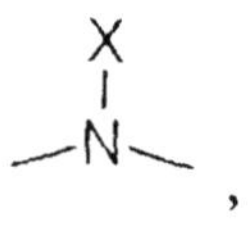

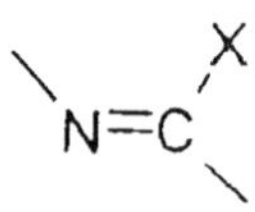

或

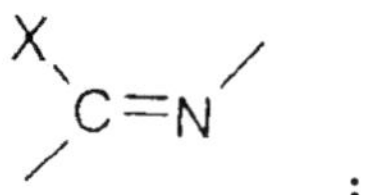

E 为下式的基团：

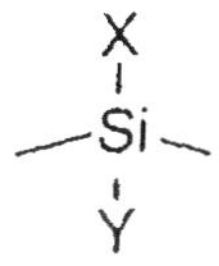

，

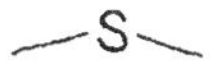

，

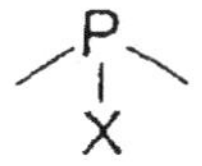

，

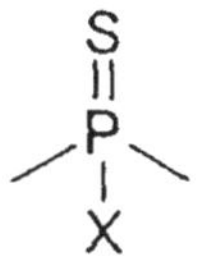 或 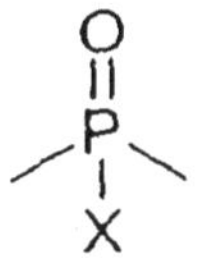 ；

J 为下式的基团：

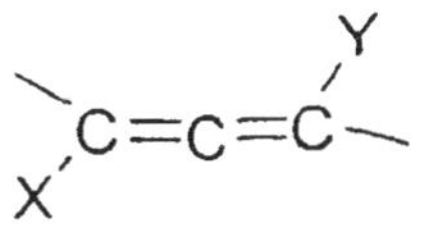

或 -C≡C- ；

其中：

A）X 和 Y 各自独立地为下式的基团：

-（L）m -Z；

且

B）m 为 0 到 2 的整数；和

C）至多两个 D2 或 E 基团彼此相邻，且没有 J 基团彼此相邻；

iii）Z 各自独立地选自：

A）氢，卤素，氰基，硝基，亚硝基，叠氮基，氯酸根，溴酸根，碘酸根，异氰酸根合，异氰化物，异硫氰酸根合，五氟硫基，或

B）基团 G，其中 G 为环丙基，环丁基，环戊-3-烯-1-基，3-甲氧基环己-1-基，苯基，4-氯苯基，4-氟苯基，4-溴苯基，3-硝基苯基，2-甲氧基苯基，2-甲基苯基，3-甲基苯基，4-甲基苯基，4-乙基苯基，2-甲基-3-甲氧基苯基，2，4-二溴苯基，3，5-二氟苯基，3，5-二甲基苯基，2，4，6-三氯苯基，4-甲氧基苯基，萘基，2-氯萘基，2，4-二甲氧基苯基，4-（三氟甲基）苯基，2-碘代-4-甲基苯基，吡啶-2-基，吡啶-3-基，吡啶-4-基，吡嗪基，嘧啶-2-基，嘧啶-4-基，嘧啶-5-基，哒嗪基，三唑-1-基，咪唑-1-基，噻吩-2-基，噻吩-3-基，呋喃-2-基，呋喃-3-基，吡咯基，噁唑基，异噁唑基，噻唑基，异噻唑基，氧杂二唑基，硫杂二唑基，喹啉基，异喹啉基，四氢呋喃基，吡咯烷基，哌啶基，四氢吡喃基，吗啉基，哌嗪基，二氧杂环戊烷基，二噁烷基，二氢吲哚基和 5-甲基-6-苯并二氢吡喃基，金刚烷基，降冰片基；

b）在每个化合物中的非氢原子的总数为 50 或更少；且

c）在-（L）n-Z 中的杂原子的总数为 0 到 4；以及

d）以下任何条件之一：

i）R^1 包含至少一个基团 G；或

ii）至少一个 L 基团为 E 基团；或

iii）至少一个 R^1 和 R^2 包含一到四个非氢原子以及至少一个 R^1 和 R^2 包含超过四个非氢原子；

及其对映体、立体异构体、盐和其混合物；

或其组合物；

条件是：

R^1 不是苯磺酰基，苯基硫乙基，二苯基羟基甲基，苯并［g］喹啉-7-醇-1-甲基，丙二酸酯衍生物，取代的 3-氨基环己烯酮，二烷氧基苄基氨基羰基；

其中，R^1 和 R^2 选自：链烯基，烷基，炔基，乙酰氨基链烯基，乙酰氨基烷基，乙酰氨基炔基，链烯氧基，烷氧基，炔氧基，烷氧基烷氧基烷基，烷氧基链烯基，烷氧基烷基，烷氧基炔基，烷氧基羰基链烯基，烷氧基羰基烷基，烷氧基羰基炔基，烷基羰基，烷基羰基氧基烷基，烷基（烷氧基亚氨基）烷基，羧基链烯基，羧基烷基，羧基炔基，二烷基氨基，卤代烷氧基链烯基，卤代烷氧基烷基，卤代烷氧基炔基，卤代链烯基，卤代烷基，卤代炔基，羟基链烯基，羟基烷基，羟基炔基，三烷基甲硅烷基链烯基，三烷基甲硅烷基烷基，三烷基甲硅烷基炔基，二烷基膦酸根合，二烷基磷酸根合，二烷硫基磷酸根合，二烷基氨基烷基，烷基磺酰基烷基，烷硫基链烯基，烷硫基烷基，烷硫基炔基，二烷基氨基磺酰基，卤代烷硫基链烯基，卤代烷硫基烷基，卤代烷硫基炔基，烷氧基羰基氧基；环链烯基，环烷基，环炔基，乙酰氨基环链烯基，乙酰氨基环烷基，乙酰氨基环炔基，环链烯氧基，环烷氧基，环炔氧基，烷氧基烷氧基环烷基，烷氧基环链烯基，烷氧基环烷基，烷氧基环炔基，烷氧基羰基环链烯基，烷氧基羰基环烷基，烷氧基羰基环炔基，环烷基羰基，烷基羰基氧基环烷基，羧基环链烯基，羧基环烷基，羧基环炔基，二环烷基氨基，卤代环烷氧基环链烯基，卤代环烷氧基环烷基，卤代环烷氧基环炔基，卤代环链烯基，卤代环烷基，卤代环炔基，羟基环链烯基，羟基环烷基，羟基环炔基，三烷基甲硅烷基环链烯基，二烷基甲硅烷基环烷基，三烷基甲硅烷基环炔基，二烷基氨基环烷基，烷基磺酰基环烷基，环烷基羰基氧基烷基，环烷基磺酰基烷基，烷硫基环链烯基，烷硫基环烷基，烷硫基环炔基，二环烷基氨基磺酰基，卤代烷硫基环链烯基，卤代烷硫基环烷基，卤代烷硫基环炔基；芳基，链烯基芳基，烷基芳基，炔基芳基，乙酰氨基芳基，芳基氧基，烷氧基烷氧基芳基，烷氧基芳基，烷氧基羰基芳基，芳基羰基，烷基羰基氧基芳基，羧基芳基，二芳基氨基，卤代烷氧基芳基，卤代芳基，羟基芳基，三烷基甲硅烷基芳基，二烷基氨基芳基，烷基磺酰基芳基，芳基磺酰基烷基，烷硫基芳基，芳基硫基烷基，二芳基氨基磺酰基，卤代烷硫基芳基；杂芳基，链烯基杂芳基，烷基杂芳基，炔基杂芳基，乙酰氨基杂芳基，杂芳基氧基，烷氧基烷氧基杂芳基，烷氧基杂芳基，烷氧基羰基杂芳基，杂芳基羰基，烷基羰基氧基杂芳基，羧基杂芳基，二杂芳基氨基，卤代烷氧基杂芳基，卤代杂芳基，羟基杂芳基，三烷基甲硅烷基杂芳基，二烷基氨基杂芳基，烷基磺酰基杂芳基，杂芳基磺酰基烷基，烷硫基杂芳基，杂芳基硫基烷基，二杂芳基氨基磺酰基，卤代烷硫基杂芳基；杂环基，链烯基杂环基，烷基杂环基，炔基杂环基，乙酰氨基杂环基，杂环基氧基，烷氧基烷氧基杂环，烷氧基杂环基，烷氧基羰基杂环基，杂环基羰基，烷基羰基氧基杂环基，羧基杂环基，二杂环基氨基，卤代烷氧基杂环基，卤代杂环基，羟基杂环基，三烷基甲硅烷基杂环基，二烷基氨基杂环基，烷基磺酰基杂环基，烷硫基杂环基，杂环基硫基烷基，二杂环基氨基磺酰基，卤代烷硫基杂环基；氢，氟，氯，溴，碘，氰基，硝基，亚硝基，叠氮基，氯酸根合，溴酸根合，碘酸根合，异氰酸根合，异氰化物，异硫氰酸根合，五氟硫基；乙酰氧基，羰乙氧基，氰酸根合，硝酸基，亚硝酸基，高氯酸根合，丙二烯基；丁基巯基，二乙基磷酸根合，二甲基苯基甲硅烷基，异喹啉基，巯基，萘基，苯氧基，苯基，哌啶基，吡啶基，喹啉基，三乙基甲硅烷基，三甲基甲硅烷基；及其取代的类似物；

其中，各 G 选自环丙基，环丁基，环戊-3-烯-1-基，3-甲氧基环己-1-基，苯基，4-氯苯基，

4-氟苯基，4-溴苯基，3-硝基苯基，2-甲氧基苯基，2-甲基苯基，3-甲基苯基，4-甲基苯基，4-乙基苯基，2-甲基-3-甲氧基苯基，2，4-二溴苯基，3，5-二氟苯基，3，5-二甲基苯基，2，4，6-三氯苯基，4-甲氧基苯基，萘基，2-氯萘基，2，4-二甲氧基苯基，4-（三氟甲基）苯基，2-碘代-4-甲基苯基，吡啶-2-基，吡啶-3-基，吡啶-4-基，吡嗪基，嘧啶-2-基，嘧啶-4-基，嘧啶-5-基，哒嗪基，三唑-1-基，咪唑-1-基，噻吩-2-基，噻吩-3-基，呋喃-2-基，呋喃-3-基，吡咯基，噁唑基，异噁唑基，噻唑基，异噻唑基，氧杂二唑基，硫杂二唑基，喹啉基，异喹啉基，四氢呋喃基，吡咯烷基，哌啶基，四氢吡喃基，吗啉基，哌嗪基，二氧杂环戊烷基，二噁烷基，二氢吲哚基和5-甲基-6-苯并二氢吡喃基，金刚烷基，降冰片基，和它们的取代类似物。

3. 根据权利要求2的方法，其中乙烯效应为以下的一或多种：花、果实和蔬菜的成熟和/或衰老；叶、花和果实的脱落；观赏植物、插花、灌木、种子和休眠的幼苗的存活寿命的缩短；生长的抑制；生长的刺激作用；生长素活性；末端生长的抑制作用；顶端优势的控制；分枝的增加；分蘖的增加；改变植物的形态，调节对植物病原体例如真菌的敏感性；改变生化组成；花或种子发育的中止或抑制作用；倒伏作用；种子萌芽的刺激作用；打破休眠；激素作用；以及偏上生长作用。

4. 权利要求2的方法，其中 R^2、R^3 和 R^4 为氢或 R^1、R^2 和 R^3 为氢。

5. 权利要求2的方法，其中所述碳环或杂环基各自独立地为取代或未取代的；五，六或七元；芳基，杂芳基，杂环基，或环烷基环。

6. 权利要求5的方法，其中所述碳环或杂环基各自独立地为取代或未取代的苯基，吡啶基，环己基，环戊基，吡咯基，呋喃基，苯硫基，三唑基，吡唑基，1，3-二氧戊环基，或吗啉基。

7. 权利要求5的方法，其中取代基，当出现的时候，独立地选自1到3个甲基，甲氧基和卤素。”

请求人认为：（1）上述修改后的文本没有超出原始公开的范围；（2）从本发明具体测试的化合物的结构可以看出，虽然本发明化合物取代基的大小、数目、位置和复杂程度不同，但它们都显示出了所需的活性，本领域技术人员在此基础上能够合理预见权利要求中的其他化合物也具有所需的活性；说明书第13~17页对本申请化合物的制备方法进行了描述，并用56个制备例来加以证实，本领域技术人员根据这些内容以及本领域周知的起始材料、技术手段和方法能够制备本申请要求保护的化合物。因此，本申请的权利要求1~2符合专利法第26条第4款的规定。

至此，合议组认为本案事实已经清楚，可以作出审查决定。

二、决定的理由

1. 关于审查文本

本复审决定所针对的文本是：请求人于2009年8月18日提交的权利要求第1~7项、进入中国国家阶段时提交的国际申请文件中文文本的说明书第1~71页和说明书摘要。

2. 关于专利法第26条第4款

专利法第26条第4款规定，权利要求书应当以说明书为依据，说明要求专利保护的范围。

每一项权利要求所要求保护的技术方案，应当是所属技术领域的技术人员能够从说明书充分公开的内容中得到或概括得出的技术方案，并且不得超出说明书公开的范围，即不应包含那些在所属技术领域技术人员看来属于推测的且其技术效果难于预先确定和评价的内容。

本申请权利要求1要求保护一种下式的化合物（具体内容参见案由部分）。

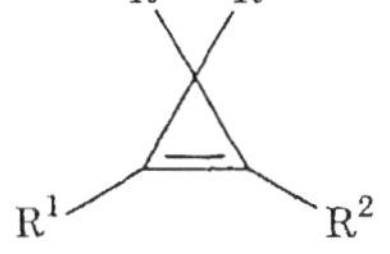

根据本申请说明书的记载，上述化合物可通过多种方法来制备，可用于调节植物的各种不同的乙烯反应。说明书的实施例公开了 87 种具体化合物的制备方法、NMR 数据以及西红柿偏上生长的试验数据，结果表明，被测的化合物大多数表现出保护植物以阻碍乙烯诱导的偏上生长的活性。

合议组认为，权利要求 1 的通式概括了大量的化合物，而在说明书的西红柿偏上生长试验中，具有阻碍乙烯诱导的偏上生长活性且落入该通式范围内的化合物为 1~5、8~15、17~18、21~39、42~64、67~71、74~77、80~87（其中，化合物 14 的活性没有测定），故权利要求 1 的技术方案显然包括了请求人推测的内容。通过进一步分析上述的具体化合物发现：化合物 1~5、9、12~13、15、17~18、21~36、42~44、47~59、61~64、68~70、82、85 的 R^2、R^3、R^4 均为氢；当化合物中的一个取代基较大、较复杂时，另一个取代基则相对较小、较简单。权利要求 1 的技术方案应当在上述充分公开的化合物的基础上进行合理地概括，使其保护范围不超出说明书公开的范围。本领域技术人员公知，在化学领域，当化合物的母核一定时，取代基的不同往往会赋予化合物难以预料的效果，对于环丙烯而言，取代基的大小、位置和复杂程度所带来的位阻效应、立构效应和电子效应均会影响所得化合物的生物活性，这一点在本申请说明书中也有所体现，有的化合物在 10ppm 即能达到完全保护，而有的化合物则需要 1000ppm（参见本申请说明书的表 3）。因此，取代基大小、数目、位置、复杂程度不同的环丙烯化合物（除实施例化合物之外）能否稳定存在以及是否具有抑制乙烯反应的效果是本领域技术人员难于预先确定和评价的，故权利要求 1 的概括超出了本申请原始公开的范围，得不到说明书的支持，不符合专利法第 26 条第 4 款的规定。

权利要求 2 要求保护抑制植物中的乙烯效应的方法，权利要求 3~7 对权利要求 2 作了进一步限定，基于评述权利要求 1 相同的理由，上述权利要求也得不到说明书的支持，不符合专利法第 26 条第 4 款的规定。

请求人在复审理由中认为：在本申请实施例中公开的 87 个具有不同取代基、但均在极低的剂量水平显示出所需活性的环丙烯化合物的基础上，本领域技术人员能够合理地预见到，导致该化合物具有所需效果的关键性结构部分是环丙烯单元，具有不同取代基的环丙烯化合物均具有所需活性，而哪些具体取代基与环丙烯单元连接并不重要，并且，权利要求 1~2 限定了取代的环丙烯含有不超过 50 个非氢原子，进一步将要求保护的环丙烯化合物限定在一个合理的而不是无限大的范围内；权利要求 1 要求保护的化合物的取代基与实施例中具体化合物的取代基相同或相似，本领域技术人员能够合理地预见到，包括在权利要求 1 范围内但没有在说明书中给出实验验证的环丙烯化合物也应当具有抑制乙烯反应的活性。

对此，合议组认为：与本申请权利要求 1 或 2 的通式化合物的保护范围相比，实施例公开的具体化合物仅占其非常小的一部分，如说明书所述，本申请需要克服的缺陷之一是避免化合物的爆炸危险，而从本申请背景技术部分所提供的现有技术可知，仅具有环丙烯单元的化合物并不能克服化合物的爆炸危险，因此，仅具备环丙烯单元的化合物并不能解决本申请所要解决的化合物爆炸危险的技术问题；从本申请化合物的制备来看，例如实施例公开的制备方法，制备得到的化合物并非仅通过简单的一步反应制得，而是需要制备许多中间体化合物，由于权利要求书中各取代基的保护范围非常宽泛，本领域技术人员在制备权利要求所要求保护的所有化合物时，势必面临选择众多原料和制备众多中间体化合物的问题，本领域技术人员并不能预期所有这些原料在现有技术中都是已知可得的，也不能预期这些中间体是简单易制的；权利要求 1~2 中虽然限定了取代的环丙烯不超过 50 个非氢原子，但仍然包括了众多的结构不同且较复杂的取代基，请求人没有进一步说理或具体阐明所述取代基与实施例化合物的取代基的相似性，并且，从实施例所给出的具体化合物的取代基来看，R^1–R^4 中仅有一个基团较大，而其余都为小基团如氢、甲基等，因此，由实施例公开的具体化合物尚不能概括得出权利要求这样宽泛的保护范围。

请求人在答复《复审通知书》时认为，首先，R^3 和 R^4 已限定为氢且 n 和 m 作了进一步限定，修改后的范围已大大缩小；其次，从具体测试的化合物的结构可以看出，虽然取代基的大小、数目、位置和复杂程度不同，但它们都显示出了所需的活性，本领域技术人员在此基础上能够合理预见权利要求中的其他没有测试活性的化合物也具有所需的活性；再次，说明书第 13～17 页对本申请化合物的制备方法进行了描述，并用 56 个制备例来加以证实，本领域技术人员根据这些内容以及本领域周知的起始材料、技术手段和方法能够制备本申请要求保护的化合物。

对此，合议组认为，首先，虽然在修改后的权利要求 1 中，R^3 和 R^4 已被限定为氢且 n 和 m 作了进一步限定，但是对本领域技术人员来说，在修改后的权利要求 1 中，R^1 和 R^2 基团的定义仍过于宽泛，定义了一个包括许多类型基团的范围，故仍得不到说明书的实质支持；其次，本申请说明书提供的试验数据仅能证明所述的具体化合物能够制备并在西红柿上表现出阻碍乙烯诱导的偏上生长的活性，但是，当环丙烯化合物 1、2-位上的取代基（即 R^1、R^2）较大、较复杂时，例如取代的杂芳基、杂环基等，由于取代基的位阻效应、立构效应和电子效应，该化合物能否制得、稳定存在并具有抑制乙烯反应的活性对于本领域技术人员而言是不可预期的；再次，说明书虽记载了 56 个制备例，但是，从本申请化合物的制备来看，例如实施例公开的制备方法，制备得到的化合物并非仅通过简单的一步反应制得，而是需要制备许多中间体化合物，由于权利要求书中各取代基的保护范围非常宽泛，本领域技术人员在制备权利要求所要求保护的所有化合物时，势必面临选择众多原料和制备众多中间体化合物的问题，本领域技术人员并不能预期所有这些原料在现有技术中都是已知可得的，也不能预期这些中间体是简单易制的。因此，由上述的具体化合物尚不能概括得出所要求保护的技术方案，对于请求人的上述主张合议组不予支持。

根据上述事实和理由，合议组作出如下审查决定。

三、决定

维持国家知识产权局于 2008 年 3 月 28 日针对第 02801969.5 号发明专利申请作出的驳回决定。

复审请求人对本决定不服的，可以根据专利法第 41 条第 2 款的规定，自收到本决定之日起三个月内向北京市第一中级人民法院起诉。

184

聚苯并咪唑-苯甲酰胺共聚物及其制备方法和由该共聚物制备的电解质膜及其制备方法

复审请求审查决定（第20159号）

决 定 号 第20159号
决 定 日 2009年10月22日
发明创造名称 聚苯并咪唑-苯甲酰胺共聚物及其制备方法和由该共聚物制备的电解质膜及其制备方法
国际分类号 C08G73/06
复审请求人 LG化学株式会社
申 请 号 200580001070.8
申 请 日 2005年11月21日
优先权日 2004年12月7日
公 开 日 2006年11月8日
合议组组长 汪送来
主 审 员 王 磊
参 审 员 沈 钱

法律依据 专利法第26条第3款
决定要点
对于化合物发明，说明书中应当说明该化合物的化学名称及结构式或者分子式，对化学结构的说明应当明确到使本领域的技术人员能确认该化合物的程度，使本领域的技术人员能够实施。

一、案由

本复审请求案涉及发明名称为"聚苯并咪唑-苯甲酰胺共聚物及其制备方法和由该共聚物制备的电解质膜及其制备方法"的第200580001070.8号发明专利申请（下称本申请），申请人为LG化学株式会社，申请日为2005年11月21日，优先权日为2004年12月7日，公开日为2006年11月8日。

2008年7月11日，针对申请人于进入国家阶段时提交的权利要求第1~6项、说明书第1~8页、说明书附图第1~2页以及说明书摘要，2008年3月24日提交的权利要求第7~8项，国家知识产权局以本申请的说明书不符合专利法第26条第3款的规定为由驳回了本申请。

驳回决定认为：本申请说明书技术方案中仅给出了所述聚苯并咪唑-苯甲酰胺共聚物的结构式，而未记载与发明要解决的技术问题相关的化学、物理性能参数（例如各种定性或者定量数据和谱图等），所属技术领域的技术人员根据说明书中的记载，无法确认反应得到的产物就是要求保护的共聚物。同时说明书中虽然公开了该共聚物的制备方法，但根据该方法并不能够确定制备出本申请要求保护的聚苯并咪唑-苯甲酰胺共聚物，因此该方法的技术手段含糊不清，所属技术领域的技术人员根据说明书中的记载无法实施该发明，导致说明书不符合专利法第 26 条第 3 款的规定。

驳回决定针对的权利要求书如下：

“1. 一种由下面通式 1 表示的重复单元组成的聚苯并咪唑-苯甲酰胺共聚物：

［通式 1］

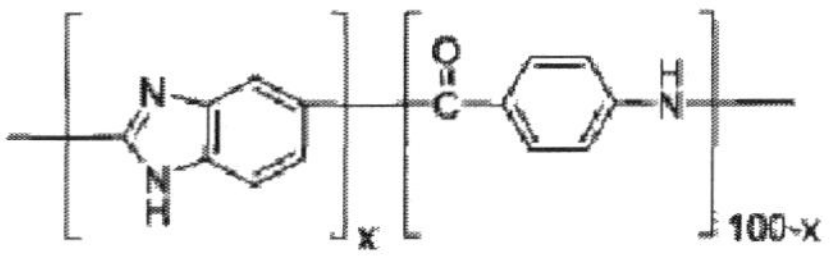

其中，x 为 0.1~99.9。

2. 一种权利要求 1 所述的聚苯并咪唑-苯甲酰胺共聚物的制备方法，其特征是，包括如下制备步骤：将在 200℃~250℃、氮气存在下纯化的二氨基苯甲酸溶解于多磷酸中；与氨基苯甲酸混合并搅拌该混合物 6 小时以上。

3. 一种聚合物电解质膜，其特征是，由权利要求 1 的共聚物制备。

4. 一种聚苯并咪唑-苯甲酰胺共聚物电解质膜的制备方法，其特征是，包括如下步骤：在权利要求 1 所述的共聚物聚合完成之后，立刻将聚合溶液置于玻璃板或不锈钢板上，将该板放入 50~150℃的烘箱中 1 分钟~3 天以由溶液形成膜，及除去膜中的多磷酸。

5. 如权利要求 4 所述的制备方法，其中还包括在除去膜中的多磷酸的步骤之前通过室温下冷却使膜硬化的步骤。

6. 如权利要求 4 所述的制备方法，其中还包括在除去多磷酸之后掺入磷酸、硫酸或多磷酸的步骤。

7. 一种使用权利要求 4 或权利要求 5 所述方法制备的聚苯并咪唑-苯甲酰胺共聚物电解质膜制备的膜电极装置。

8. 一种燃料电池系统，其特征是，包括权利要求 7 的膜电极装置。”

2008 年 10 月 24 日，申请人 LG 化学株式会社（下称请求人）对上述驳回决定不服，向专利复审委员会提出复审请求，并且未修改申请文件。

请求人认为：本发明的发明点在于：基于聚苯并咪唑电解质膜的质子传导率不高，而将聚苯并咪唑改造成由苯并咪唑重复单元和苯甲酰胺重复单元组成的共聚物。虽然本申请说明书中没有公开高分子化合物的分子量及其分布和重复单元的排列状态，但本领域技术人员基于对聚苯并咪唑和聚苯甲酰胺的知识，完全能够根据制备电解质膜的实际需要，通过常规实验选择，确定聚合物的适宜分子量及其分布，合适长度的苯并咪唑嵌段、合适长度的苯甲酰胺嵌段及其排列，并且由上述制备方法制得聚苯并咪唑-苯甲酰胺共聚物，而不需要付出创造性的劳动。另外，说明书第 6~7 页测定了本发明聚苯并咪唑-苯甲酰胺共聚物制得的聚合物电解质膜的质子传导率、粘度、机械强度和热重分析，这些数据表明本发明的聚合物电解质膜具有与仅包含聚苯并咪唑的聚合物电解质相同的优异的机械性能，同时表现出高的化学和热稳定性（见表 1 和图 2），图 1 表明质子传导率提高了，因此实现了本发明的目的，即本申请对说明书作出清楚、完整的说明书，符合专利法第 26 条第 3 款的规定。

经形式审查合格后，专利复审委员会受理了该请求，并于 2008 年 12 月 17 日向请求人发出了《复审请求受理通知书》，同时将本申请转送至国家知识产权局审查部门进行前置审查。

在《前置审查意见书》中，国家知识产权局审查部门仍坚持驳回决定。

专利复审委员会组成合议组，对本复审请求案进行了审理，并于2009年7月6日向请求人发出《复审通知书》，指出：由于本申请说明书通篇所述的通式1所示重复单元结构不足以清楚地表示所要求保护的聚苯并咪唑-苯甲酰胺共聚物的聚合物结构，因此本申请说明书对要求保护的聚苯并咪唑-苯甲酰胺共聚物公开不充分，即未充分公开权利要求1~4、7、8的技术方案，不符合专利法第26条第3款的规定。

2009年8月21日，请求人提交了意见陈述书以及附件1（“Enhanced conductivity in polyanion-containing polybenzimidazoles. Improved materials for proton-exchange membranes and PEM fuel cells”，Juan Antonio Asensio等，Electrochemistry Communications，第5期第967~972页，2003年）。请求人认为：（1）通过列举了三个不同的实验条件下分别制备聚（2，5-苯并咪唑）、聚苯并咪唑-苯甲酰胺无规共聚物、聚苯并咪唑-苯甲酰胺嵌段共聚物的方法，其中聚苯并咪唑-苯甲酰胺无规共聚物和嵌段共聚物的制备方法的差别在于前者的氨基苯甲酸与二氨基苯甲酸同时加入，后者氨基苯甲酸在添加二氨基苯甲酸后10分钟时再加入，在聚合完成后进行了TEM分析，其中聚苯并咪唑-苯甲酰胺嵌段共聚物的TEM照片显示出清晰的相分离。由此证实了本发明的聚苯并咪唑-苯甲酰胺共聚物为嵌段共聚物，本领域技术人员可以知晓苯并咪唑重复单元和苯甲酰胺重复单元的分布。虽然说明书没有记载所述共聚物的分子量及其分布以及重复单元的排列状态，但在明确所述共聚物为嵌段共聚物的情况下，苯并咪唑重复单元数和苯甲酰胺重复单元数的范围限定了，从而能确定分子量。（2）依据附件1证实二氨基苯甲酸和氨基苯甲酸在多磷酸的作用下能获得聚（2，5-苯并咪唑），由此在所得的聚苯并咪唑嵌段，在进一步后加入的氨基苯甲酸单体混合、聚合，在苯并咪唑嵌段上进一步生成苯甲酰胺嵌段，制得权利要求1通式1表示的共聚物。即根据本发明实施例描述的共聚物的聚合步骤所得到的共聚物与由权利要求1通式1表示的结构一致，从而能够实现本发明。说明书对本发明作出了清楚、完整的说明，符合专利法第26条第3款的规定。

经审查，合议组认为本案事实已经清楚，可以作出复审决定。

二、决定的理由

1. 审查文本

请求人在复审阶段没有提交修改文本，本决定依据的审查文本是驳回决定所针对的文本，即请求人于进入国家阶段时提交的权利要求第1~6项、说明书第1~8页、说明书附图第1~2页以及说明书摘要，2008年3月24日提交的权利要求第7~8项。

2. 关于专利法第26条第3款

专利法第26条第3款规定，说明书应当对发明或者实用新型作出清楚、完整的说明，以所属技术领域的技术人员能够实现为准。

对于化合物发明，说明书中应当说明该化合物的化学名称及结构式或者分子式，对化学结构的说明应当明确到使本领域的技术人员能确认该化合物的程度，使本领域的技术人员能够实施。

就本案而言，独立权利要求1要求保护由通式1表示的重复单元组成的聚苯并咪唑-苯甲酰胺共聚物，其中，x为0.1~99.9。

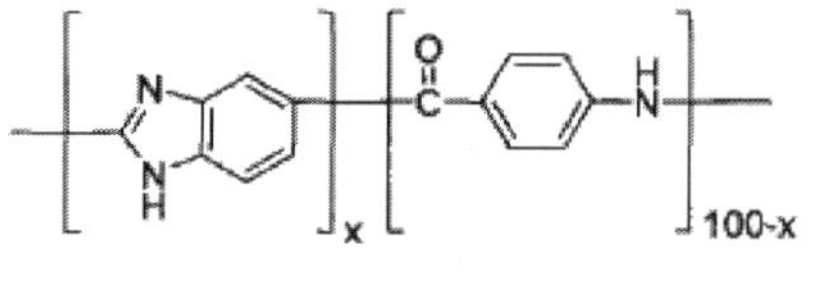

权利要求2要求保护上述聚苯并咪唑-苯甲酰胺共聚物的制备方法，权利要求3要求保护由上述共聚物制备的聚合物电解质膜，权利要求4~6要求保护上述电解质膜的制备方法，权利要求7要求保护使

用上述电解质膜制备的膜电极装置，权利要求 8 要求保护包括上述膜电极装置的燃料电池系统。

根据说明书的记载，本申请的目的在于提供一种适用于燃料电池的电解质膜的、由通式 I 表示的重复单元组成的聚苯并咪唑-苯甲酰胺共聚物及其制备方法，采用该聚苯并咪唑-苯甲酰胺共聚物制备的聚合物电解质膜与常规的聚苯并咪唑聚合物电解质膜相比，具有类似或更高的质子传导率（见说明书第 3 页第 1~2 段）。聚苯并咪唑-苯甲酰胺共聚物由含有0. 1%~99. 9%的苯并咪唑和 99. 9%的苯甲酰胺的通式 1 表示的重复单元组成。对于聚苯并咪唑-苯甲酰胺共聚物的制备方法，说明书仅在实施例 1 记载了“在 220℃下加热烧瓶中的 95g 多磷酸，向其中加入 5g 的 5wt%的二氨基苯甲酸……随着聚合进行，溶液变成暗红色高粘性的溶液”。在试验实施例 1~3 分别测定了由所述共聚物制备的电解质膜的质子传导率、粘度和机械强度，在表 1 中给出了所得电解质膜的抗张强度和粘度，图 1-2 分别说明本发明聚合物电解质膜的质子传导率-温度相关性和热稳定性。

合议组认为：对于本申请要求保护的通式 1 所示结构的聚苯并咪唑-苯甲酰胺共聚物，其公开不充分主要表现在其结构未在说明书中充分公开。首先，根据说明书实施例中有关所述共聚物聚合步骤的描述，合成该共聚产物的反应原料是二氨基苯甲酸和氨基苯甲酸，根据本领域技术人员通常的理解，其中二氨基苯甲酸是获得聚苯并咪唑嵌段的原料，之后添加的氨基苯甲酸中的氨基和羧基分别与聚苯并咪唑的活性终端羧基或氨基缩合反应形成另一聚合嵌段，而这样形成的聚合物显然与权利要求 1 所述由通式 1 表示的重复单元组成的聚苯并咪唑-苯甲酰胺共聚物的结构不符，因为通式 1 中显示的结构为氨基苯甲酸的羰基与苯并咪唑的苯环直接相连，本领域技术人员常规理解的缩聚方式是该苯并咪唑嵌段末端应当残留有羧基或氨基才能与氨基苯甲酸的氨基或羧基进一步缩合反应，两嵌段之间必须通过酰胺结构相连。由于本领域技术人员根据说明书仅有的制备实施例 1 的反应步骤难以获得由权利要求 1 通式 1 所表示的共聚物，即本申请说明书通篇所述的通式 1 所示重复单元结构不足以清楚地表示本申请中的聚苯并咪唑-苯甲酰胺共聚物的聚合物结构，导致本申请说明书对要求保护的聚苯并咪唑-苯甲酰胺共聚物公开不充分。其次，对于本申请要求保护的聚苯并咪唑-苯甲酰胺共聚物，说明书中仅是以“含有苯并咪唑和苯甲酰胺的通式 1 表示的重复单元组成”进行定义的，并未记载重复单元数或分子量及其分布、重复单元排列状态等其他信息，通式 1 中的 x 表示的是嵌段的含量比率，因此本领域技术人员即使按照实施例 1 中公开的反应步骤也难以确认所获得共聚物的重复单元数、分子量及其分布的信息。再次，对于所述共聚物的制备方法，说明书第 4 页仅是简单地描述“该共聚物按下面方法制得：将在 200℃~250℃、氮气存在下纯化的二氨基苯甲酸溶解于多磷酸中，并与氨基苯甲酸混合，接着搅拌 6 小时以上”，更多的篇幅用于描述聚合物电解质膜的制备方法，而在实施例 1 中仅有“在 220℃下加热烧瓶中的 95g 多磷酸，向其中加入 5g 的 5wt%的二氨基苯甲酸，然后搅拌。10 分钟后，加入 0. 25g 的 5wt%的氨基苯甲酸。随着聚合进行，溶液变成暗红色高粘性的溶液”这一简单的合成步骤说明，并没有记载用于表征所制备的共聚物的理化参数，这使得本领域技术人员根据该实施例的内容难以确认其得到的共聚物的结构。因此，本申请说明书对要求保护的聚苯并咪唑-苯甲酰胺共聚物公开不充分，权利要求 1 不符合专利法第 26 条第 3 款的规定。

在此基础上，说明书也未充分公开独立权利要求 2~4、7、8 要求保护的技术方案，不符合专利法第 26 条第 3 款的规定。

请求人在提出复审请求时认为：本发明的发明点在于：基于聚苯并咪唑电解质膜的质子传导率不高，而将聚苯并咪唑改造成由苯并咪唑重复单元和苯甲酰胺重复单元组成的共聚物。虽然本申请说明书中没有公开高分子化合物的分子量及其分布和重复单元的排列状态，但本领域技术人员基于对聚苯并咪唑和聚苯甲酰胺的知识，完全能够根据制备电解质膜的实际需要，通过常规实验选择，确定聚合物的适宜分子量及其分布，合适长度的苯并咪唑嵌段、合适长度的苯甲酰胺嵌段及其排列，并且由上述制备方法制得聚苯并咪唑-苯甲酰胺共聚物，而不需要付出创造性的劳动。另外，说明书第6~7页测定了本发明聚苯并咪唑-苯甲酰胺共聚物制得的聚合物电解质膜的质子传导率、粘度、机械强度和热重分析，这些数据表明本发明的聚合物电解质膜具有与仅包含聚苯并咪唑的聚合物电解质相同的优异的机械性能，同时表现出高的化学和热稳定性（见表1和图2），图1表明质子传导率提高了，因此实现了本发明的目的，即本申请对说明书作出清楚、完整的说明，符合专利法第26条第3款的规定。

合议组认为：由于本申请要求保护一种新的聚苯并咪唑-苯甲酰胺共聚物，在说明书中准确地公开其结构是聚合物充分公开的基本要求，这些基本的确认要素的公开才能使请求保护的共聚物得以明确，相应的本领域技术人员才能对其进行性能测试以确认是否满足发明目的。同时，申请人并没有证据证明适合制备电解质膜的聚苯并咪唑-苯甲酰胺共聚物其结构单元的连接方式和结构单元的排列状态是本领域公知常识，因此本领域技术人员依据本申请记载的内容和现有技术公开的信息仍然无法完成发明要求保护的技术方案。另外，表1、图1和图2记载的粘度等性质是针对电解质膜产品而言的，由这些性质不能确认所述共聚物产品的结构。因此，请求人的主张不能成立。

请求人在答复《复审通知书》时认为：（1）通过列举了三个不同的实验条件下分别制备聚（2，5-苯并咪唑）、聚苯并咪唑-苯甲酰胺无规共聚物、聚苯并咪唑-苯甲酰胺嵌段共聚物的方法，其中聚苯并咪唑-苯甲酰胺无规共聚物和嵌段共聚物的制备方法的差别在于前者的氨基苯甲酸与二氨基苯甲酸同时加入，后者氨基苯甲酸在添加二氨基苯甲酸后10分钟时再加入，在聚合完成后进行了TEM分析，其中聚苯并咪唑-苯甲酰胺嵌段共聚物的TEM照片显示出清晰的相分离。由此证实了本发明的聚苯并咪唑-苯甲酰胺共聚物为嵌段共聚物，本领域技术人员可以知晓苯并咪唑重复单元和苯甲酰胺重复单元的分布。虽然说明书没有记载所述共聚物的分子量及其分布以及重复单元的排列状态，但在明确所述共聚物为嵌段共聚物的情况下，苯并咪唑重复单元数和苯甲酰胺重复单元数的范围限定了，从而能确定分子量。（2）依据附件1证实二氨基苯甲酸和氨基苯甲酸在多磷酸的作用下能获得聚（2，5-苯并咪唑），由此在所得的聚苯并咪唑嵌段，在进一步后加入的氨基苯甲酸单体混合、聚合，在苯并咪唑嵌段上进一步生成苯甲酰胺嵌段，制得权利要求1通式1表示的共聚物。即根据本发明实施例描述的共聚物的聚合步骤所得到的共聚物与由权利要求1通式1表示的结构一致，从而能够实现本发明。说明书对本发明作出了清楚、完整的说明，符合专利法第26条第3款的规定。

对此，合议组认为：对于请求人在意见陈述书中提交的三个比较实验，特别是涉及本申请的聚苯并咪唑-苯甲酰胺共聚物的实验以及TEM分析的结果，由于这些内容并没有记载在申请文件中，也不是现有技术，不能作为认定本申请说明书符合专利法第26条第3款规定的依据。其次，TEM（透射电子显微术）是以高能电子束穿透试样时发生散射、吸收、干涉和衍射，使得在相平面形成衬度，显示出图像的技术，由TEM图像能提供的信息为晶体形貌、微孔尺寸分布、多相结构和晶格与缺陷等，从中并不能获得重复单元排列状态的信息，因此仅依据图3不能确认本申请实施例1所制得共聚物的重复单元结构、排列方式、共聚物分子量及其分布。最后，请求人所陈述的反应机理更进一步证实了苯并咪唑嵌段与苯甲酰胺嵌段需要以酰胺键才能相连并链增长，如上所述，即使形成共聚物也不可能获得权利要求1通式1结构的共聚物。因此，请求人的主张不成立。

基于上述理由，合议组作出如下决定。

三、决定

维持国家知识产权局于2008年7月11日对第200580001070.8号发明专利申请作出的驳回决定。

当事人对本决定不服的，可以根据专利法第41条第2款的规定，自收到本决定之日起三个月内向北京市第一中级人民法院起诉。

185

防火橡胶-强化苯乙烯树脂组合物

复审请求审查决定（第20171号）

决　定　号　第20171号
决　定　日　2009年11月3日
发明创造名称　防火橡胶-强化苯乙烯树脂组合物
国际分类号　C08L25/06，C08K5/521，C08K5/5317，C08L71/12，C08L51/04
复审请求人　第一毛织株式会社
申　请　号　200380110425.8
优先权日　2003年8月14日
申　请　日　2003年12月9日
公　开　日　2006年8月16日
合议组组长　危　峰
主　审　员　赵步真
参　审　员　黄　强

法律依据　专利法第33条
决定要点

如果修改的内容在原权利要求书或说明书中有记载，或者可以由原申请记载的信息直接地、毫无疑义地确定，则修改的内容没有超出原申请文件记载的范围。

一、案由

本复审请求案涉及发明名称为“防火橡胶-强化苯乙烯树脂组合物”的第200380110425.8号发明专利申请（下称本申请），申请人为第一毛织株式会社，申请日为2003年12月9日，优先权日为2003年8月14日，公开日为2006年8月16日。

2008年12月5日，针对申请人于2008年4月3日提交的权利要求第1项、2008年1月7日提交的权利要求第2~6项，进入中国国家阶段时提交的国际申请文件中文文本的说明书第1、3~9页和说明书摘要，以及2008年10月17日提交的说明书第2页，国家知识产权局以权利要求1的修改不符合专利法第33条的规定为由驳回了本申请。驳回决定针对的权利要求1如下：

“1. 一种阻燃橡胶改性聚苯乙烯树脂组合物，主要包括：

（A）70~100重量份的橡胶改性聚苯乙烯树脂；

（B）0.1~10重量份的环形烷基膦酸酯化合物，其用下列结构式（I）表示：

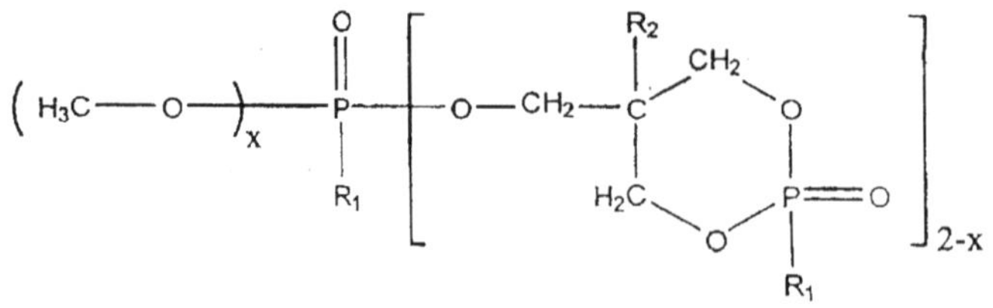

（I）

其中，R_1 和 R_2 彼此独立地为 C_1-C_4 烷基，并且 x 为 0 或 1；以及

（C）0.1~10 重量份芳香族磷酸酯化合物，其用下列结构式（II）表示：

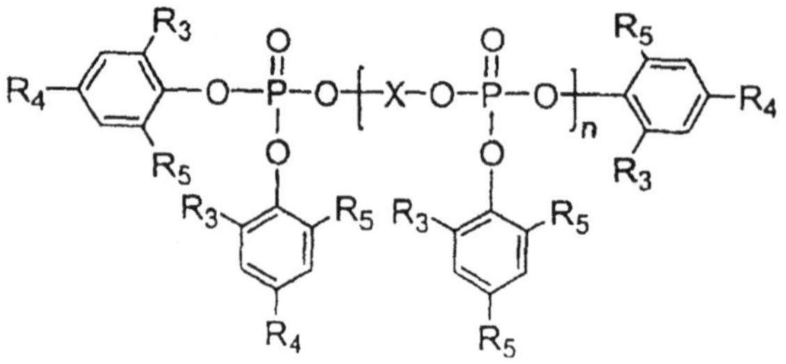

（II）

其中，R_3、R_4 和 R_5 彼此独立地为 H 或 C_1-C_4 烷基；X 为 C_6-C_{20}芳基或烷基取代的 C_6-C_{20}芳基，其衍生自二醇衍生物；以及 n 为 0~4，

并且所述组合物不包含聚碳酸酯树脂和酚醛清漆树脂。”

《驳回决定》认为：请求人于 2008 年 4 月 3 日提交的权利要求 1 中使用了具体放弃的修改方式，从原权利要求 1 记载的组合物中排除了存在聚碳酸酯树脂和酚醛清漆树脂的情况。但根据审查指南第 2 部分第 8 章 5.2.3.3（3）中关于具体放弃的规定可知，该规定仅仅是针对数值范围而言的，并不包括本申请权利要求 1 中存在的情况。因此，本申请权利要求 1 的这种修改不属于审查指南第 2 部分第 8 章 5.2.3.3（3）中规定的情况，不能允许。

2009 年 3 月 4 日，申请人第一毛织株式会社（下称请求人）对上述驳回决定不服，向专利复审委员会提出复审请求，请求人在提出复审请求时没有对申请文件进行修改，但提交了专利号为 99810842.1、99803887.3、98804582.6 和 98804880.9 的中国专利的部分公开文本和相应的授权文本作为审查参考文件。

请求人认为：具体放弃这种修改方式在中国专利实践特别是化学领域的专利实践中是很常见的，具体放弃的方式并不局限于数值范围，所提交的几个中国授权专利可支持该结论；请求人认为审查指南第 2 部分第 8 章中关于具体放弃的规定中文字记载的是“数值范围”，但是这仅仅是举例，化学领域中的化合物虽然不是“数值”，但其与“数值范围”是相似的；审查指南是一种依据和标准，具有通用性，所以其中提及的条款不能仅理解为字面的意思；此外，修改后的权利要求 1 也具备新颖性和创造性，因此该修改符合专利法第 33 条的规定。

经形式审查合格后，专利复审委员会受理了该请求，并于 2009 年 4 月 2 日向请求人发出了《复审请求受理通知书》，同时将本申请转送至国家知识产权局原审查部门进行前置审查。

在《前置审查意见书》中，国家知识产权局原审查部门坚持驳回决定。

专利复审委员会组成合议组，对本复审请求案进行了审理。

2009 年 9 月 7 日，请求人进行了补充意见陈述，并修改了权利要求 1，并提交了权利要求书的全文替换页，其中删除了权利要求 1 中涉及放弃式修改的内容，未对其他权利要求进行修改。修改后的权利要求 1 为：

“1. 一种阻燃橡胶改性聚苯乙烯树脂组合物，主要包括：

（A）70~100 重量份的橡胶改性聚苯乙烯树脂；

（B）0. 1~10 重量份的环形烷基膦酸酯化合物，其用下列结构式（I）表示：

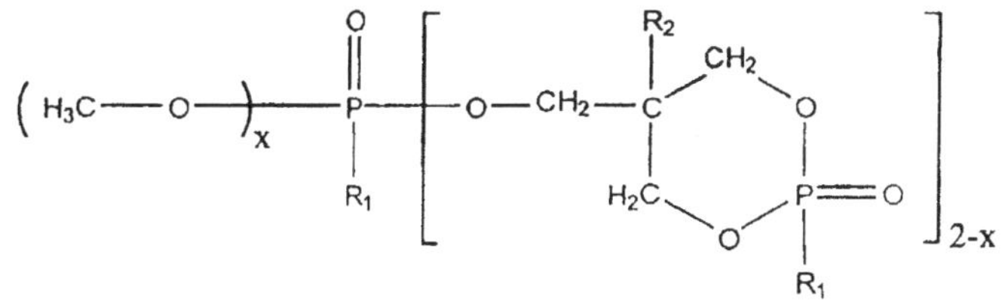

（I）

其中，R_1 和 R_2 彼此独立地为 C_1-C_4 烷基，并且 x 为 0 或 1；以及

（C）0. 1~10 重量份芳香族磷酸酯化合物，其用下列结构式（II）表示：

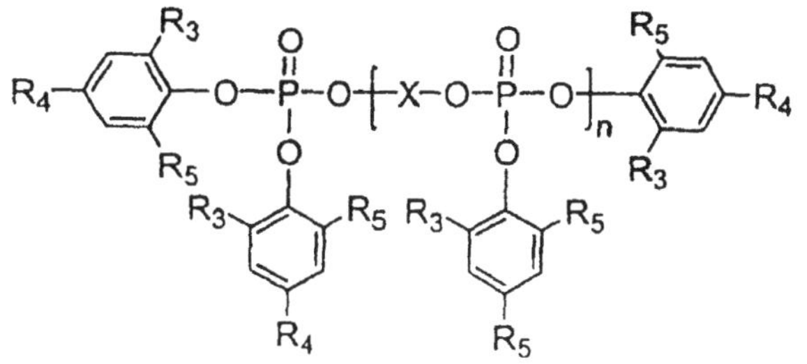

（II）

其中，R_3、R_4、和 R_5 彼此独立地为 H 或 C_1-C_4 烷基；X 为 C_6-C_{20} 芳基或烷基取代的 C_6-C_{20} 芳基，其衍生自二醇衍生物；以及 n 为 0~4。”

请求人认为：修改后的权利要求 1 删除了表述“并且所述组合物不包含聚碳酸树脂和酚醛清漆树脂”，因此该修改符合专利法第 33 条的规定，并且修改后的权利要求 1~6 具备创造性。

经合议，合议组认为本案事实已经清楚，可以作出审查决定。

二、决定的理由

1. 关于文本

经合议组审查，请求人于 2009 年 9 月 7 日提交的申请文本符合专利法实施细则第 60 条第 1 款的规定，故本复审请求审查决定所针对的文本是：请求人于 2009 年 9 月 7 日提交的权利要求第 1~7 项，进入中国国家阶段时提交的国际申请文件中文文本的说明书第 1、3~9 页和说明书摘要，以及 2008 年 10 月 17 日提交的说明书第 2 页（下称复审文本）。

2. 关于专利法第 33 条

专利法第 33 条规定：申请人可以对其专利申请文件进行修改，但是，对发明和实用新型专利申请文件的修改不得超出原说明书和权利要求书记载的范围。

如果修改的内容在原权利要求书或说明书中有记载，或者可以由原申请记载的信息直接地、毫无疑义地确定，则修改的内容没有超出原申请文件记载的范围。

《驳回决定》指出，请求人于 2008 年 4 月 3 日提交的权利要求 1 中使用了具体放弃的修改方式，从原权利要求 1 记载的组合物中排除了存在聚碳酸酯树脂和酚醛清漆树脂的情况，这种修改超出了原始说明书和权利要求书记载的范围，不符合专利法第 33 条的规定。

合议组查明，请求人于 2009 年 9 月 7 日提交的权利要求 1 中，已经删除了《驳回决定》所指的放弃式限定内容“并且所述组合物不包含聚碳酸树脂和酚醛清漆树脂”，因此，《驳回决定》所指的缺陷已被克服。

基于以上事实和理由，合议组作出如下审查决定。

三、决定

撤销国家知识产权局于 2008 年 12 月 5 日针对第 200380110425.8 号发明专利申请作出的驳回决定，由国家知识产权局原审查部门以复审文本为基础继续审批程序。

复审请求人对本决定不服的，可以根据专利法第 41 条第 2 款的规定，自收到本决定之日起三个月内向北京市第一中级人民法院起诉。

186

葡萄糖酸锑钠的生产新工艺

复审请求审查决定（第 20182 号）

决　定　号　第 20182 号
决　定　日　2009 年 11 月 13 日
发明创造名称　葡萄糖酸锑钠的生产新工艺
国际分类号　C07C 59/105，C07C 51/41
复审请求人　王绍胜
申　请　号　200310119493.2
申　请　日　2003 年 12 月 26 日
公　开　日　2005 年 7 月 6 日
合议组组长　李新芝
主　审　员　黄　强
参　审　员　宋　泳

法律依据　专利法第 33 条
决定要点
如果申请的内容通过增加、改变和/或删除其中的一部分，致使所属技术领域的技术人员看到的信息与原申请记载的信息不同，而且又不能从原申请记载的信息中直接地、毫无疑义地确定，那么，这种修改是不允许的；反之，则是允许的。

一、案由

本复审请求案涉及发明名称为“葡萄糖酸锑钠的生产新工艺”的第 200310119493.2 号发明专利申请（下称本申请），其申请人为王绍胜，申请日为 2003 年 12 月 26 日，公开日为 2005 年 7 月 6 日。

2008 年 5 月 9 日，针对申请人于 2005 年 10 月 13 日提交的权利要求第 1 项，说明书第 2 页，2003 年 12 月 26 日提交的说明书第 1，3~4 页和说明书摘要（下称驳回文本），国家知识产权局以权利要求书和说明书的修改不符合专利法第 33 条的规定为由驳回了本申请。驳回决定所针对的权利要求书如下：

“1. 一种葡萄糖酸锑钠的生产新工艺，其特征是配料重量比如下：

葡萄糖酸钠 G-OONa	1；
水 H_2O	1-1.5；
三氯化锑 $SbCl_3$	1-1.2；
氢氧化钠 NaOH	0.5-0.7；
过氧化氢 $H2O_2$	0.5-0.9；

甲醇 CH_3OH　　　　　　　　　10-20.1；

生产方法：将水加入反应罐，然后投入葡萄糖酸钠，搅拌溶解后加入三氯化锑，控制内温在28~48℃，加入浓度为40%~60%的氢氧化钠至pH在9.3~11.3，滴加结束，保温搅拌20~40分钟，然后降内温至22~36℃滴加过氧化氢至pH在4.6~6.0，搅拌20~40分钟，加入配料重量比为0.05~0.1的甲醇，经检测合格后过滤得葡萄糖酸锑钠溶液，将该溶液加入10~20倍的甲醇中，结晶、甩滤并用甲醇洗至氯离子 CL^- 合格，经60~90℃烘干即成。”

驳回决定认为，本申请不符合专利法第33条的规定。申请人将权利要求和说明书相应部分的“甲醇10~20”改为“甲醇10~20.1”，然而本申请的原说明书和权利要求中并没明确记载10~20.1这个范围，因而这种修改超出了原说明书和权利要求书记载的范围。同样，将“加入甲醇”改为“加入配料重量比为0.05~0.1的甲醇”也超出了原说明书和权利要求书记载的范围。

2008年8月28日，申请人王绍胜（下称请求人）向专利复审委员会提出复审请求，同时提交了权利要求书和说明书第2~4页的修改替换页。请求人认为，其对专利申请文件的修改符合专利法第33条的规定。修改后的权利要求书如下：

“1. 一种葡萄糖酸锑钠的生产新工艺，其特征是：将按配料重量比为1~1.5的水加入反应罐，然后投入配料重量比为1的葡萄糖酸钠，搅拌溶解后加入配料重量比为1~1.2的三氯化锑，控制内温在28~48℃，加入浓度为40%~60%、配料重量比为0.5~0.7的氢氧化钠至pH在9.3~11.3，滴加结束，保温搅拌20~40分钟，然后降内温至22~36℃，滴加配料重量比为0.5~0.9的过氧化氢至pH在4.6~6.0，搅拌20~40分钟，加入配料重量比为0.05或0.075或0.1的甲醇，经检测合格后过滤得葡萄糖酸锑钠溶液，将该溶液加入10~20倍的甲醇中，结晶、甩滤并用甲醇洗至氯离子 CL^- 合格，经60~90℃烘干即成。”

经形式审查合格后，专利复审委员会受理了该请求，并于2008年10月22日向请求人发出了《复审请求受理通知书》，同时将本申请转送至国家知识产权局原审查部门进行前置审查。

在《前置审查意见书》中，国家知识产权局原审查部门认为，在修改后的权利要求1中，配料重量比为0.05或0.075或0.1的甲醇与10~20倍的甲醇的组合不能从原申请记载的信息中直接地、毫无疑义地确定。

专利复审委员会组成合议组，对本复审请求案进行了审理。

2009年8月10日，合议组依据请求人于2008年8月28日提交的权利要求第1项，说明书第2~4页，2003年12月26日提交的说明书第1页和说明书摘要，向请求人发出《复审通知书》，指出：权利要求1请求保护一种葡萄糖酸锑钠的生产新工艺，其中在工艺中三次提及甲醇，第一次是在滴加过氧化氢搅拌后加入甲醇，第二次是将过滤得到的葡萄糖酸锑钠溶液加入10~20倍甲醇中，第三次是在结晶、甩滤后用甲醇洗涤，关于第一次加入甲醇的修改内容，即“加入配料重量比为0.05或0.075或0.1的甲醇”这一技术特征既未记载在原说明书和权利要求书中，也不能由原说明书和权利要求书记载的内容直接地、毫无疑义地确定，因而超出了原申请记载的范围。由于说明书第2页第2段与权利要求1的内容相对应，基于同样的理由，说明书第2页第2段的涉及第一次甲醇用量的修改也不符合专利法第33条的规定。

2009年9月9日，针对上述《复审通知书》，请求人提交了意见陈述书以及权利要求书和说明书的全文替换页。修改后的权利要求书如下：

“1. 一种葡萄糖酸锑钠的生产新工艺，其特征是：将60公斤水加入反应罐，然后投入40公斤葡萄糖酸钠，搅拌溶解后加入40公斤三氯化锑，控制内温在35℃，加入浓度为60%的氢氧化钠至pH在9.8，滴加结束，保温搅拌30分钟，然后降内温至26℃滴加过氧化氢至PH在6.0，搅拌30分钟，加入3公斤甲醇，经检测合格后过滤得葡萄糖酸锑钠溶液，将该溶液加入20倍的甲醇中，结晶、甩滤并用甲醇洗至氯离子 CL^-合格，经 85℃烘干即成。

2. 一种葡萄糖酸锑钠的生产新工艺，其特征是：将 55 公斤水加入反应罐，然后投入 40 公斤葡萄糖酸钠，搅拌溶解后加入 40.08 公斤三氯化锑，控制内温在 37℃，加入浓度为 60% 的氢氧化钠至 pH 在 9.6，滴加结束，保温搅拌 36 分钟，然后降内温至 28℃滴加过氧化氢至 pH 在 5.7，搅拌 30 分钟，加入 2 公斤甲醇，经检测合格后过滤得葡萄糖酸锑钠溶液，将该溶液加入 20 倍的甲醇中，结晶、甩滤并用甲醇洗至氯离子 CL^-合格，经 85℃烘干即成。

3. 一种葡萄糖酸锑钠的生产新工艺，其特征是：将 50 公斤水加入反应罐，然后投入 40 公斤葡萄糖酸钠，搅拌溶解后加入 40.03 公斤三氯化锑，控制内温在 40℃，加入浓度为 40% 的氢氧化钠至 pH 在 9.5，滴加结束，保温搅拌 30 分钟，然后降内温至 26℃滴加过氧化氢至 pH 在 5.5，搅拌 30 分钟，加入 4 公斤甲醇，经检测合格后过滤得葡萄糖酸锑钠溶液，将该溶液加入 15 倍的甲醇中，结晶、甩滤并用甲醇洗至氯离子 CL^-合格，经 85℃烘干即成。”

请求人认为，为克服《复审通知书》指出的缺陷，请求人以说明书实施例 1~3 记载的内容为依据修改权利要求书，修改后的内容符合专利法第 33 条的规定。

至此，合议组认为本案事实已经清楚，可以作出审查决定。

二、决定的理由

1. 关于审查文本

本复审请求审查决定针对的文本是请求人于 2009 年 9 月 9 日提交的权利要求第 1~3 项、说明书第 1~4 页，以及 2003 年 12 月 26 日提交的说明书摘要（下称复审文本）。

2. 关于专利法第 33 条

专利法第 33 条规定：申请人可以对其专利申请文件进行修改，但是，对发明专利申请文件的修改不得超出原说明书和权利要求书记载的范围。

如果申请的内容通过增加、改变和/或删除其中的一部分，致使所属技术领域的技术人员看到的信息与原申请记载的信息不同，而且又不能从原申请记载的信息中直接地、毫无疑义地确定，那么，这种修改是不允许的；反之，则是允许的。

就本申请而言，（1）驳回决定指出，驳回文本中关于“甲醇 10~20.1”以及“加入配料重量比为 0.05~0.1 的甲醇”的修改超出了原说明书和权利要求书记载的范围，而复审文本中已删除了包含上述内容的技术方案，因此驳回决定所针对的事实已不存在。（2）前置审查意见书和复审通知书中指出，权利要求 1 和说明书第 2 页第 2 段中“加入配料重量比为 0.05 或 0.075 或 0.1 的甲醇”这一技术特征的修改超出了原说明书和权利要求书记载的范围。如上文所述，复审文本中已删除了包含上述内容的技术方案，因此前置审查意见书和复审通知书所针对的事实已不存在。（3）合议组经核实，复审文本中权利要求 1~3 以及说明书第 2 页的相应修改内容与原说明书实施例 1~3 记载的内容一致，因此，合议组认为，复审文本已克服了驳回决定、前置审查意见书以及复审通知书所指出的缺陷，复审文本的修改符合专利法第 33 条的规定。

根据上述事实和理由，合议组作出如下审查决定。

三、决定

撤销国家知识产权局于 2008 年 5 月 9 日针对第 200310119493.2 号发明专利申请作出的驳回决定，由国家知识产权局原审查部门以复审文本为基础继续审批程序。

复审请求人对本决定不服的，可以根据专利法第 41 条第 2 款的规定，自收到本决定之日起三个月内向北京市第一中级人民法院起诉。

187

活性染料以及其制备方法和用途

复审请求审查决定（第20183号）

决　定　号　第20183号
决　定　日　2009年9月10日
发明创造名称　活性染料以及其制备方法和用途
国际分类号　C07D251/18，C07D251/50，C09B62/445，C09B67/22
复审请求人　西巴特殊化学品控股有限公司
申　请　号　200380104773.4
申　请　日　2003年11月24日
优先权日　2002年12月2日
公　开　日　2006年1月11日
合议组组长　李彦涛
主　审　员　李新芝
参　审　员　赵步真

法律依据　专利法第26条第3款，第22条第3款
决定要点
在判断一项权利要求的创造性时，如果该权利要求的技术方案和现有技术相比存在区别技术特征，而对于本领域技术人员来讲，引入上述区别技术特征得到该权利要求的技术方案是非显而易见的，则该权利要求具备创造性。

一、案由

本复审请求案涉及发明名称为"活性染料以及其制备方法和用途"的第200380104773.4号发明专利申请（下称本申请），申请人为西巴特殊化学品控股有限公司，申请日为2003年11月24日，优先权日为2002年12月2日，公开日为2006年1月11日。

2008年7月4日，针对申请人于2007年2月12日提交的权利要求第1～10项、进入中国国家阶段时提交的国际申请文件的中文文本的说明书第1～17页和说明书摘要，国家知识产权局以权利要求1～10不符合专利法第22条第3款的规定为由驳回了本申请。

驳回决定针对的权利要求书如下：

"1. 一种式（1）的活性染料

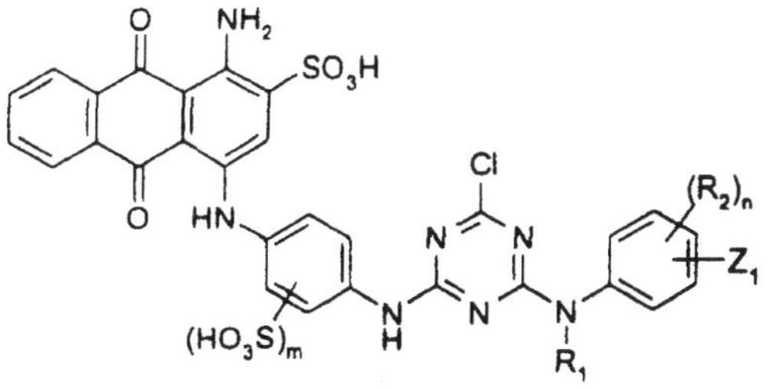

(1),

其中

R_1 为未取代的或被羟基、磺基、硫酸根合、氰基或羧基取代的 C_1-C_4 烷基，

R_2 为卤素、C_1-C_4 烷基、C_1-C_4 烷氧基或磺基，

Z_1 为下式的基团，

$-SO_2-Y$　　　　　　　　　（2a），

$-CO-NH-(CH_2)k-SO_2-Y$　　（2b），

$-NH-CO-CH(Hal)-CH_2-Hal$（2c），或

$-NH-CO-C(Hal)=CH_2$　　　（2d），

其中

Hal 为氯或溴，

Y 为乙烯基或基团 $-CH_2CH_2-U$，并且 U 为碱性条件下可离去的基团，

k 为 2、3、4、5 或 6，

n 为 0、1 或 2，并且

m 为 0 或 1。

2. 根据权利要求 1 的活性染料，其中 R_1 为甲基或乙基。

3. 根据权利要求 1 或 2 的活性染料，其中 Z_1 为式（2a）的基团，其中 Y 为乙烯基。

4. 根据权利要求 1 或 2 的活性染料，其中 m 为 1 并且 n 为 0。

5. 一种制备权利要求的式（1）的活性染料的方法，其包括使下式（2）化合物

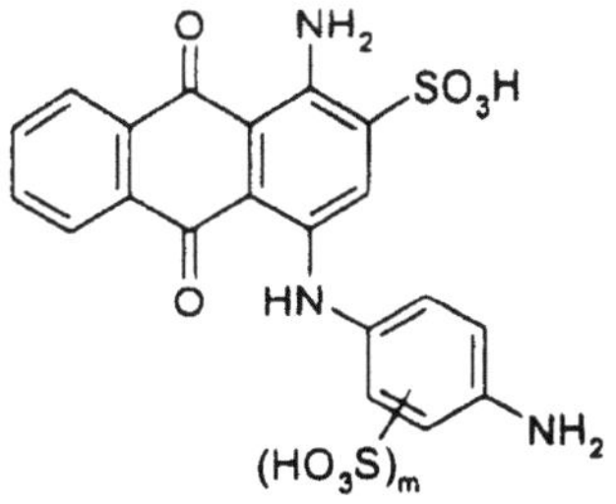

（2）

和式（3）化合物

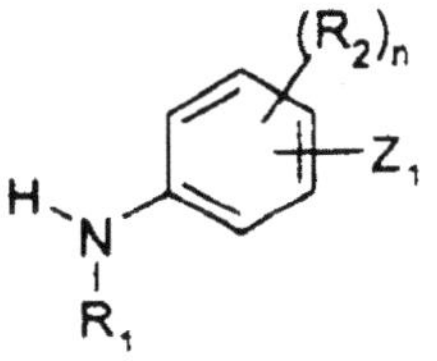

（3）

与氰尿酰氯反应，其中 R_1、R_2、Z_1、m 和 n 的定义如权利要求 1 所述。

6. 根据权利要求 1~4 任意一项的活性染料在含羟基或含氮纤维材料的染色或印花中的应用。

7. 根据权利要求 6 的应用，其中染色或印花的纤维材料是天然或合成聚酰胺纤维材料。

8. 一种染色或印花含羟基或含氮纤维材料的方法，其包括使用至少一种下式（1）的活性染料，

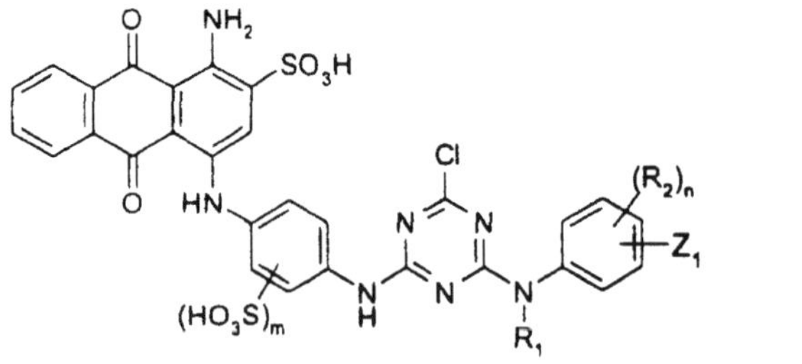

(1),

其中

R_1 为未取代的或被羟基、磺基、硫酸根合、氰基或羧基取代的 C_1-C_4 烷基，

R_2 为卤素、C_1-C_4 烷基、C_1-C_4 烷氧基或磺基，

Z_1 为下式的基团，

$-SO_2-Y$ (2a)，

$-CO-NH-(CH_2)k-SO_2-Y$ (2b)，

$-NH-CO-CH(Hal)-CH_2-Hal$ (2c)，或

$-NH-CO-C(Hal)=CH_2$ (2d)，

其中

Hal 为氯或溴，

Y 为乙烯基或基团 $-CH_2CH_2-U$，并且 U 为碱性条件下可离去的基团，

k 为 2、3、4、5 或 6，

n 为 0、1 或 2，并且

m 为 0 或 1

和至少一种选自下列组中的活性染料

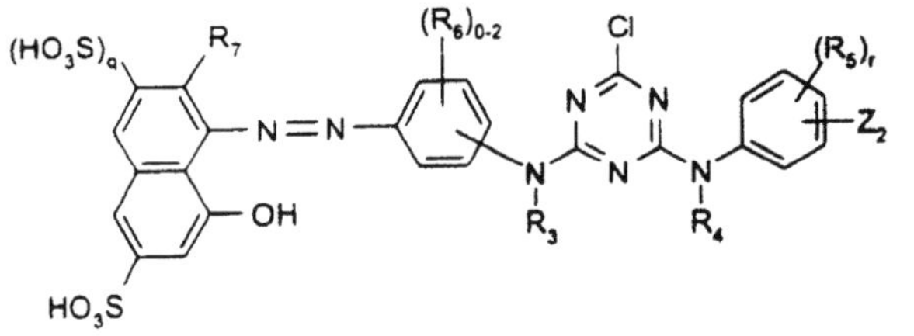

(4),

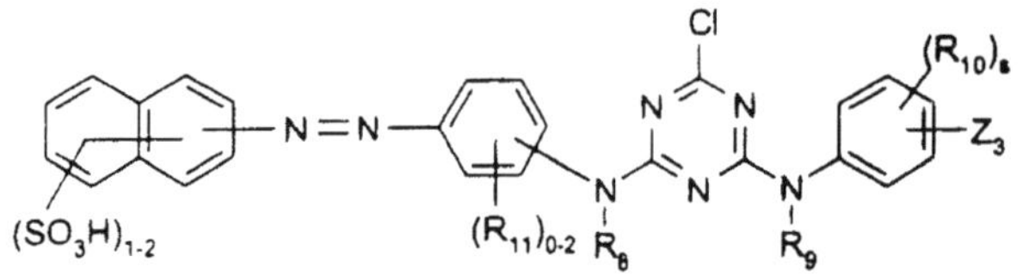

(5),

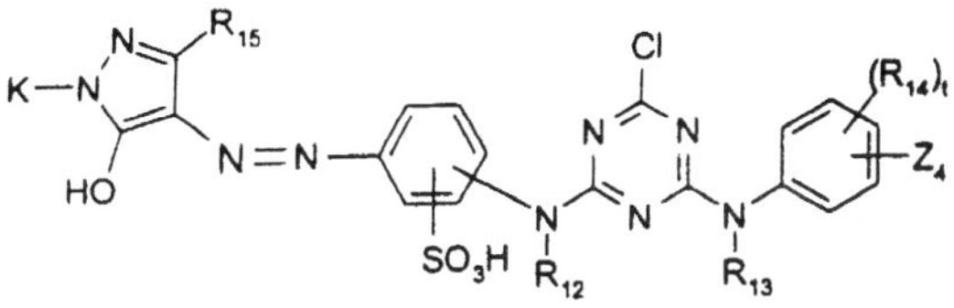

(6) 和

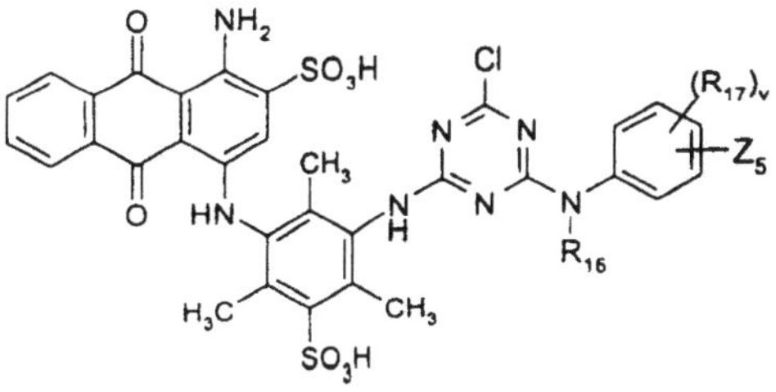

(7)

其中

R_3、R_4、R_8、R_9、R_{12}、R_{13}和R_{16}分别独立地为氢或未取代或被羟基、磺基、硫酸根合、氰基或羧基取代的C_1-C_4烷基，

R_5、R_{10}、R_{14}和R_{17}分别独立地为卤素、C_1-C_4烷基、C_1-C_4烷氧基或磺基，

（R_6）$_{0-2}$和（R_{11}）$_{0-2}$分别独立地为0、1或2个选自下组的取代基：C_1-C_4烷基、C_1-C_4烷氧基、C_2-C_4烷酰基氨基、脲基、氨磺酰、卤素、磺基和羧基，

R_7为氨基或N-单-或N，N-二-C_1-C_4烷氨基，

R_{15}为C_1-C_4烷基、羧基、未取代的C_1-C_4烷氧基或被羧基取代的C_1-C_4烷氧基，

K为苯基，其被0、1、2或3个选自下组的取代基取代：C_1-C_4烷基、C_1-C_4烷氧基、氨磺酰、氨基甲酰基、卤素、磺基和羧基，或为被1、2或3个磺基取代的萘基，

Z_2、Z_3、Z_4和Z_5彼此独立地具有Z_1的定义，

q为0或1，并且

r、s、t和v彼此独立地为0、1或2。

9. 根据权利要求8的方法，其包括使用至少一种式（1）的活性染料和式（6）的活性染料，其中R_1、R_2、R_{12}、R_{13}、R_{14}、R_{15}、K、Z_1、Z_4、m、n和t的定义如权利要求8所述。

10. 根据权利要求8或9的方法，其中染色或印花的纤维材料是天然或合成聚酰胺纤维材料。”

驳回决定认为：

对比文件1（US5779740A，公开日为1998年7月14日）披露了一种下式（1）结构的蒽醌活性染料：

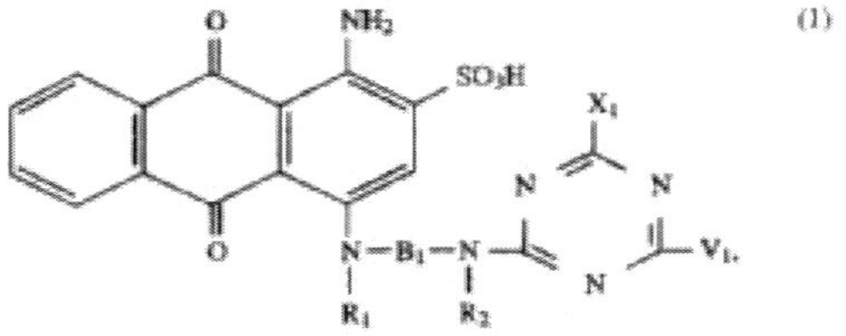

说明书第1栏第33行-第5栏第57行对上式化合物中的各基团进行了定义，在B_1为 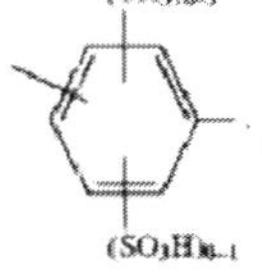 且其

中的甲基数为 0，R_1 和 R_2 各自独立为氢，X_1 为氯，V_1 为式（2c）、（2d）所示的基团，R_4为未取代的或被羧基、氰基、羟基、磺基、硫酸根合取代的 C_1-C_4 烷基，Arylene 为未取代的或被磺基、C_1-C_4 烷基、C_1-C_4 烷氧基、卤素取代的亚苯基，R_4' 为氢，Z 为乙烯基或乙酰氧基、磺酸基等碱性条件下可离去的基团，X 为对比文件 1 第 3 栏第 50~55 行所述的基团时，对比文件 1 中的式（1）所示的蒽醌活性染料含有权利要求 1 所请求保护的活性染料，唯一的区别在于对比文件 1 通式化合物中的亚苯基 B_1 的连接位置没有明确为 1，4 对位，而是包含了邻、间、对位等的连接情况，但是在对比文件 1 说明书第 45~46 栏中公开的具体化合物 144 明确了其中的亚苯基为 1，4 位连接的情况，在此启示下，本领域技术人员很容易想到将对比文件 1 式（1）所示的蒽醌活性染料中的亚苯基都可以采用为 1，4 位连接，再结合上述对比文件 1 中所给出的基团定义，本领域技术人员能够很容易的得到权利要求 1 的化合物，而且对比文件 1 说明书第 20 栏第 44~58 行中公开了所述活性染料用于对天然和合成聚酰胺纤维材料的染色，因此权利要求 1 相对于对比文件 1 不具备突出的实质性特点和显著的进步，不符合专利法第 22 条第 3 款有关创造性的规定。

权利要求 2~4 对权利要求 1 作出进一步限定，参考上述对权利要求 1 的评述意见，权利要求 2~4 也不符合专利法第 22 条第 3 款有关创造性的规定。

权利要求 5 请求保护制备权利要求 1 中的活性染料的方法。对比文件 1 说明书第 14 栏第 1~22 行中披露了一种式（22）化合物与式（23）化合物反应制备式（1）蒽醌活性染料的方法，其与权利要求 5 制备方法的反应原理相同，参考上述对权利要求 1 的评述意见，在权利要求 1 没有创造性的前提下，权利要求 5 也不符合专利法第 22 条第 3 款有关创造性的规定。

权利要求 6~7 请求保护权利要求 1 所述活性染料的应用。在对比文件 1 说明书第 20 栏第 44~58 行中公开了其中的活性染料用于对天然和合成聚酰胺纤维材料的染色或印花的用途，因此在权利要求 1 不具备创造性的前提下，权利要求 6~7 也不符合专利法第 22 条第 3 款有关创造性的规定。

权利要求 8~10 请求保护权利要求 1 所述活性染料与其他活性染料一起对所述纤维材料进行染色或印花的方法。在对比文件 1 说明书第 7 栏第 46 行~第 9 栏第 31 行中公开了其中式（1）的活性染料与式（8）~（13）中的至少一种对天然和合成聚酰胺纤维材料的进行染色或印花的方法，在说明书第 9 栏第 32 行至第 13 栏第 50 行和说明书第 15 栏~第 16 栏以及实施例 1~101 中进一步公开了各种具体的其他活性染料，这些公开的其他活性染料中有权利要求 8 中的式（4）、式（5）的活性染料，而且这种活性染料联合使用的方法是本领域常见的技术手段，其他活性染料也是本领域常用的活性染料，因此在权利要求 1 不具备创造性的前提下，权利要求 8~10 也不符合专利法第 22 条第 3 款有关创造性的规定。

2008 年 10 月 14 日，申请人西巴特殊化学品控股有限公司（下称请求人）对上述驳回决定不服，向专利复审委员会提出复审请求，同时提交了权利要求书全文替换页，其中将权利要求 1、8 和 9 中的活性染料具体限定为实施例 1~5 中举例说明的式（101）、（102）、（103）、（104）和（105）的活性染料，删除了权利要求 2~4，重新调整了权利要求的编号和引用关系，并对权利要求的表述进行了调整。

修改后的权利要求书如下：

"1. 下式的活性染料

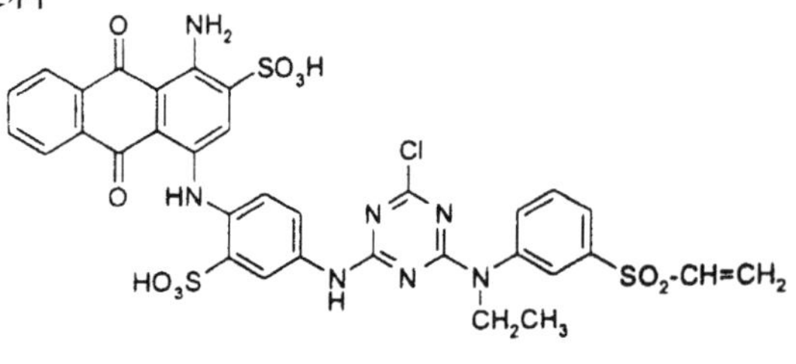

(101)

2 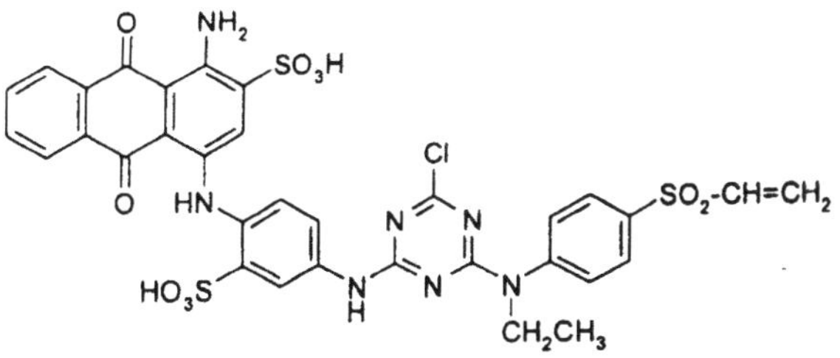 (102)

3 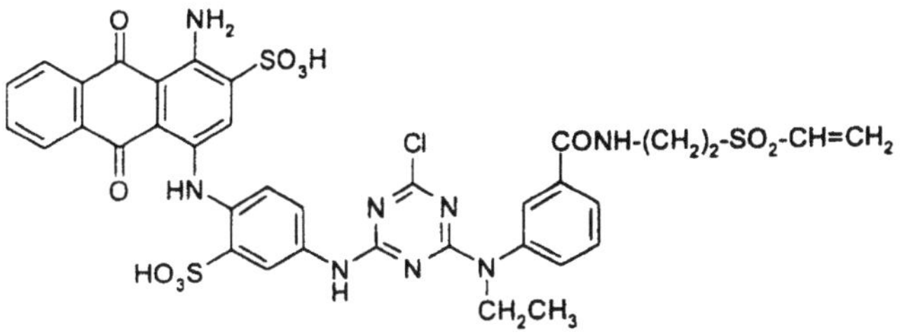 (103)

4 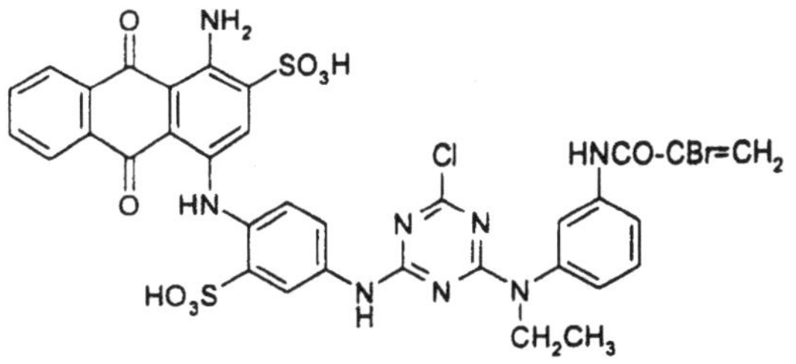 (104)

5 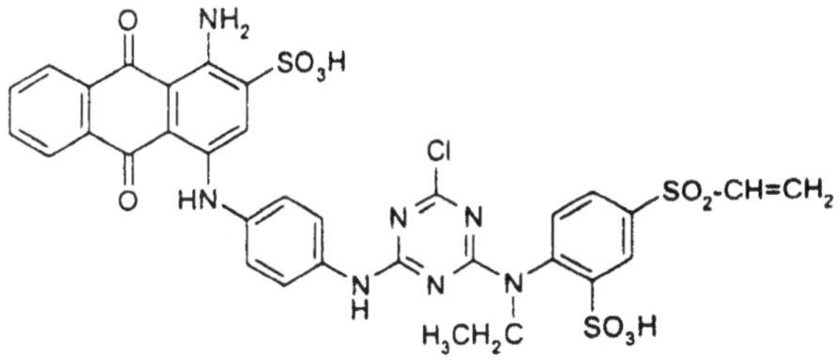 (105)

。

2. 一种制备权利要求 1 的活性染料的方法，其包括使下式（2）化合物

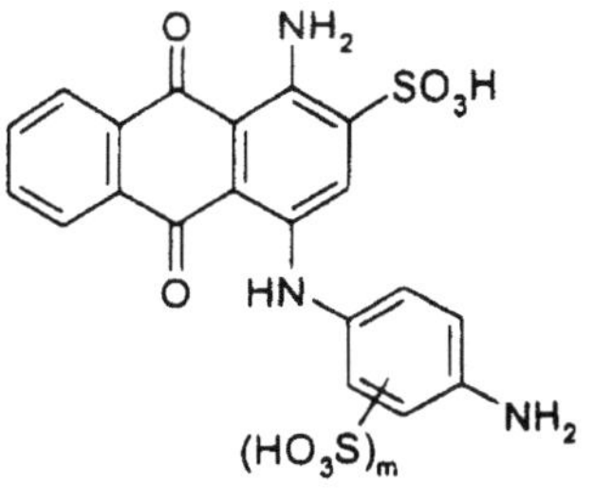

（2）

和式（3）化合物

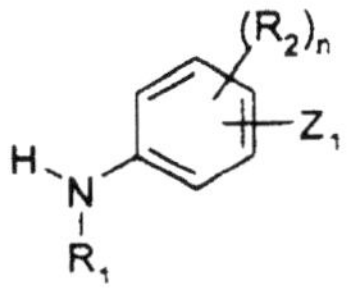

（3）

与氰尿酰氯反应，其中 R_1、R_2、Z_1、m 和 n 的定义使得反应产物为权利要求 1 所述的活性染料。

3. 根据权利要求 1 的活性染料在含羟基或含氮纤维材料的染色或印花中的应用。

4. 根据权利要求 3 的应用，其中染色或印花的纤维材料是天然或合成聚酰胺纤维材料。

5. 一种染色或印花含羟基或含氮纤维材料的方法，其包括使用至少一种下式的活性染料，

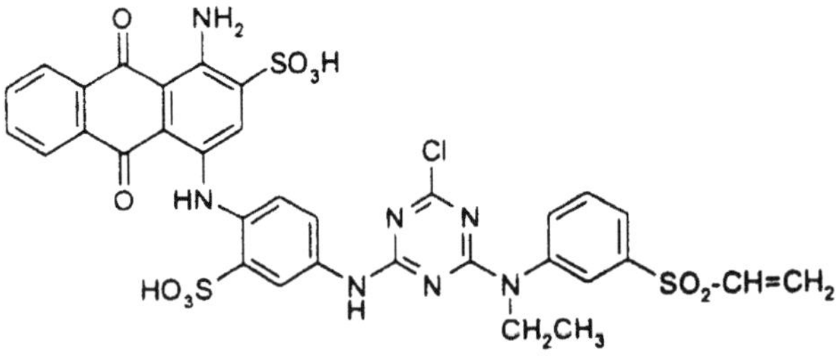

(101)

2

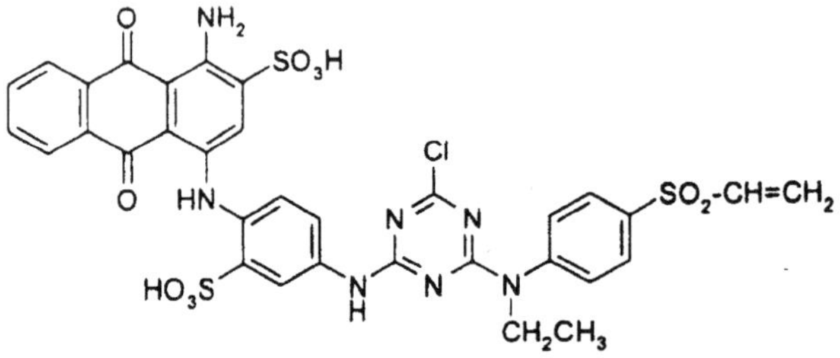

(102)

3

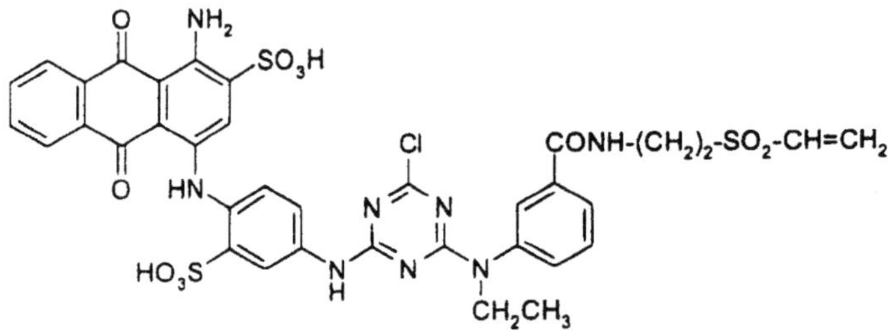

(103)

4

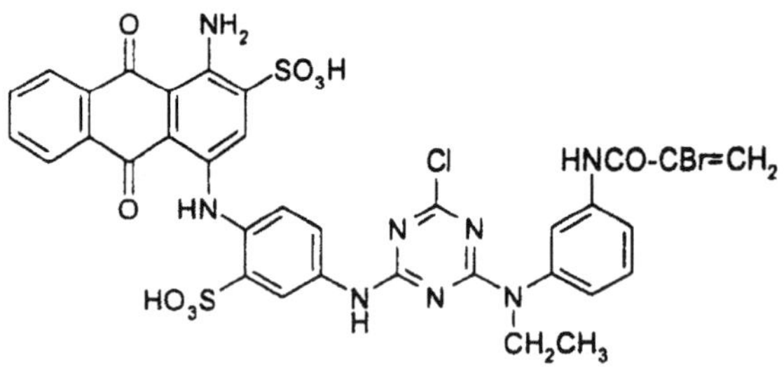

(104)

5

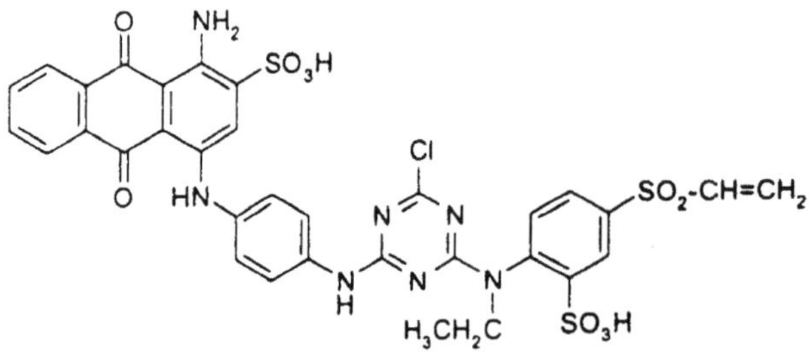

(105),

和至少一种选自下列组中的活性染料

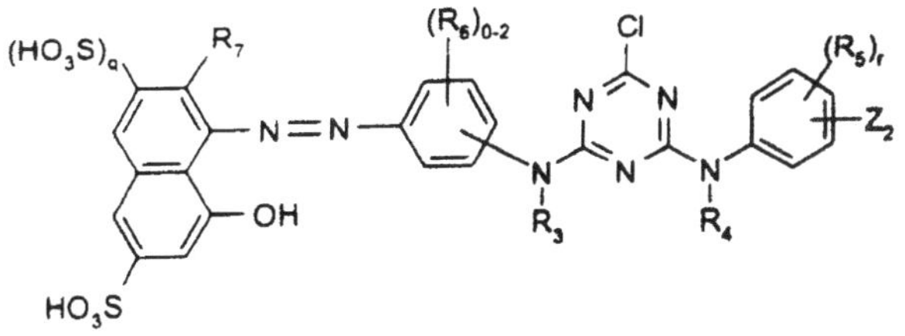

(4),

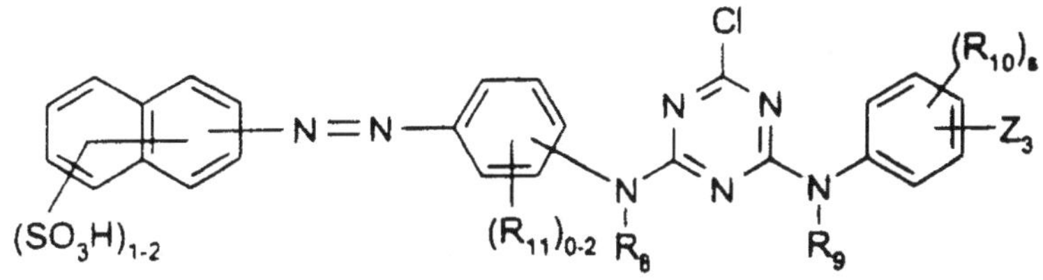

(5),

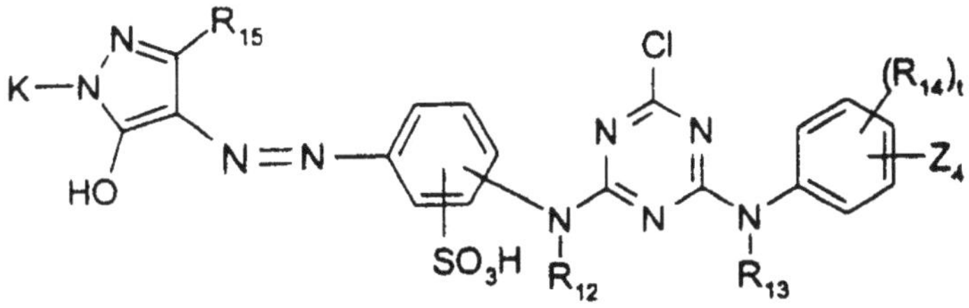

(6) 和

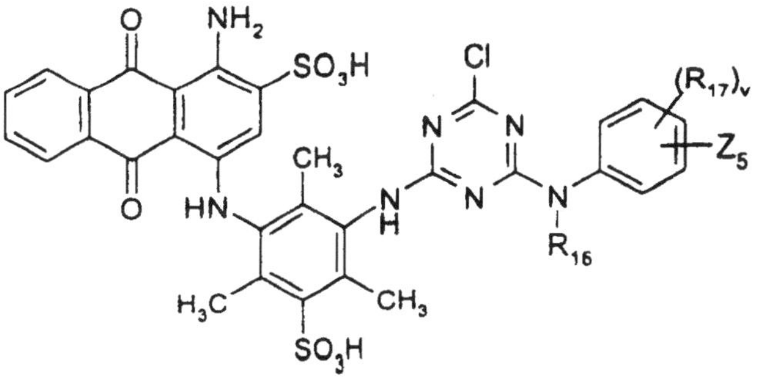

(7)

其中

R_3、R_4、R_8、R_9、R_{12}、R_{13}和 R16 分别独立地为氢或未取代或被羟基、磺基、硫酸根合、氰基或羧基取代的 C_1-C4 烷基，

R_5、R_{10}、R_{14}和 R_{17}分别独立地为卤素、C_1-C_4 烷基、C_1-C_4 烷氧基或磺基，

（R_6）0-2 和（$R_1$1）0-2 分别独立地为 0、1 或 2 个选自下组的取代基：C_1-C_4 烷基、C_1-C_4 烷氧基、C_2-C_4 烷酰基氨基、脲基、氨磺酰、卤素、磺基和羧基，

R_7 为氨基或 N-单-或 N，N-二-C_1-C_4 烷氨基，

R_{15}为 C_1-C_4 烷基、羧基、未取代的 C_1-C_4 烷氧基或被羧基取代的 C_1-C_4 烷氧基，

K 为苯基，其被 0、1、2 或 3 个选自下组的取代基取代：C_1-C_4 烷基、C_1-C_4 烷氧基、氨磺酰、氨基甲酰基、卤素、磺基和羧基，或为被 1、2 或 3 个磺基取代的萘基，

Z_2、Z_3、Z_4 和 Z_5 彼此独立地具有 Z1 的定义，

q 为 0 或 1，并且

r、s、t 和 v 彼此独立地为 0、1 或 2。

6. 根据权利要求 5 的方法，其包括使用式（101）、（102）、（103）、（104）或（105）的至少一种活性染料和式（6）的活性染料，其中 $R_1$2、R_{13}、R_{14}、R_{15}、K、Z_1、Z_4 和 t 的定义如权利要求 5 所述。

7. 根据权利要求 5 或 6 的方法，其中染色或印花的纤维材料是天然或合成聚酰胺纤维材料。”

请求人认为：（1）修改后权利要求 1 中的活性染料的 R_1 为乙基，而对比文件 1 举例说明的化合物中相应于 R_1 的基团 R_4 为氢，另外，对比文件 1 举例说明的化合物中与端亚苯基连接的纤维反应性基团 V_1 或桥接成员 B_1 的取代基也不同于本申请的活性染料的相应基团，因此对比文件 1 并非最接近的对比文件，US3222470 才是最接近的现有技术。（2）US3222470 中最接近本申请活性染料的实施例 9 的染料也不同于本申请的活性染料，其相应于 R1 的基团为氢。请求人在答复《第一次审查意见通知书》时，已提供试验报告证明本发明的染料相对于 US3223470 中实施例 9 的染料具有意想不到的技术效果。

经形式审查合格后，专利复审委员会受理了该请求，并于 2008 年 12 月 17 日向请求人发出了《复审请求受理通知书》，同时将本申请转送至国家知识产权局原审查部门进行前置审查。

在《前置审查意见书》中，国家知识产权局原审查部门认为原驳回决定中的缺陷依然存在，因此坚持驳回决定。

专利复审委员会组成合议组，对本复审请求案进行了审理。

2009 年 5 月 6 日，合议组向请求人发出《复审通知书》，指出：

（1）对于权利要求 1 所要求保护的式（102）~（105）的四个具体化合物而言，本申请说明书的描述无法达到本领域技术人员能够实现的要求，不符合专利法第 26 条第 3 款的规定。

（2）对于权利要求 1 所要求保护的式（101）化合物而言，其与对比文件 1 实施例 6 中式（108）的蓝色染料相比，区别仅在于如下三点：①作为桥联基团的苯基上磺基取代位置的不同；②桥联基团苯基上的三嗪氨基取代位置的不同；③三嗪环上取代基 V1 的不同：本申请为 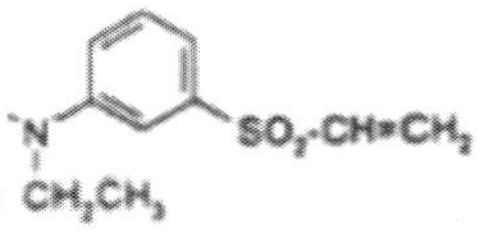

，而对比文件 1 实施例 6 为 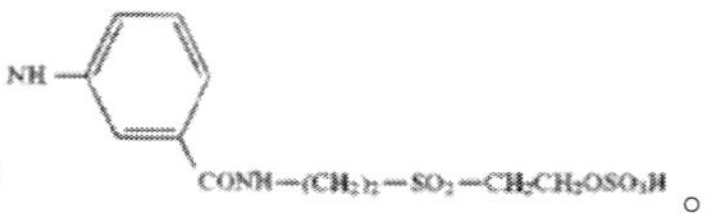

。其中，对于上述区别①，即桥联基团上磺基位置的不同，在对比文件 1 的说明书中已经公开了桥联基团优选为 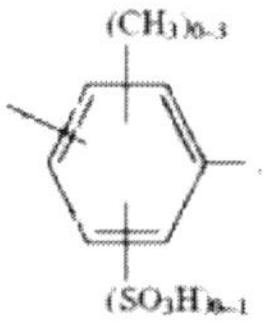

（参见对比文件 1 说明书第 3 栏第 1~10 行），即磺基可在作为桥联基团的苯基的任选位置取代；对于上述区别②，合议组注意到，对比文件 1 中通式（1）的作为桥联基团的 B_1 上取代基位置并非进行限定，且其式（144）号化合物中三嗪氨基的取代位置正与本申请相同（参见对比文件 1 第 45 栏）；对于上述区别③，即三嗪环上的取代基 V_1，在对比文件 1 中已经公开了 V_1 可为 $-N(R_4)$-arylene-SO_2-Z，，其中 R_4 优选为 C_1-C_4烷基，arylene 优选为亚苯基，Z 为$-CH_2=CH_2$ 或$-CH_2-CH_2-Y$（参见对比文件说明书第 3 栏第

20 行至第 4 栏第 21 行）。由此可知，对比文件 1 也已经给出了三嗪环上的取代基 V1 可为

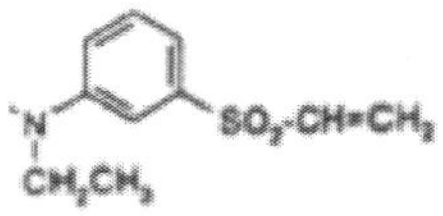

的技术启示，因此本领域技术人员在对比文件 1 所公开的式（108）化合物的基础上得到本申请权利要求 1 所示的（101）化合物是显而易见的，而且其相对于对比文件 1 所公开的式（108）化合物也未取得任何预料不到的技术效果，所以权利要求 1 不具有创造性，不符合专利法第 22 条第 3 款的规定。

权利要求 2 要求保护制备权利要求 1 的活性染料的方法，其包括使下式（2）化合物

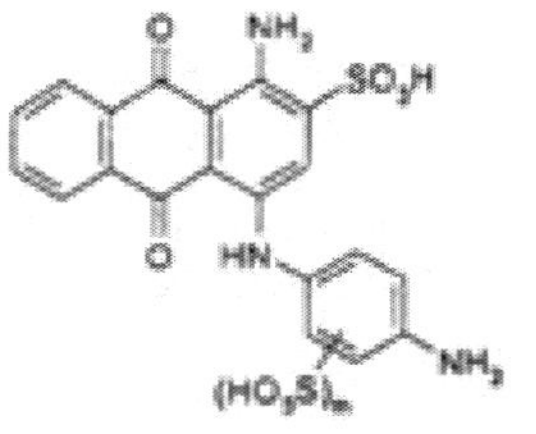

(2)

和式（3）化合物

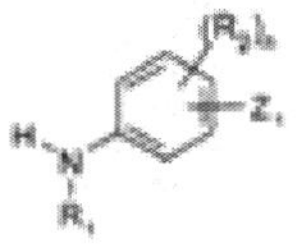

(3)

与氰尿酰氯反应。对比文件 1 公开了制备上述式（1）化合物的方法，包括使下式（22）的化合物

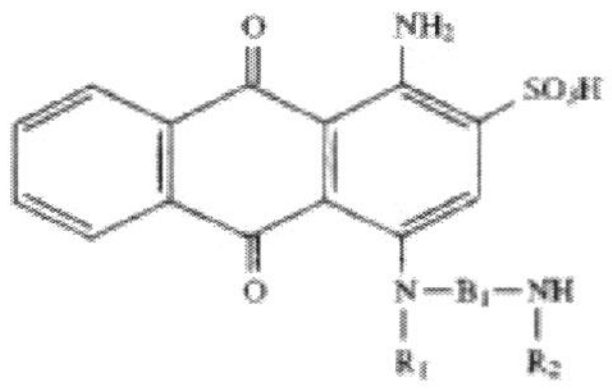

(22)

和 H-V_1 与氰尿酰氯反应（参见对比文件 1 第 14 栏第 1～22 行），结合前述对比文件 1 中对于 B_1、V_1 以及 R_1 和 R_2 基团的定义可知，在对比文件 1 中公开了与权利要求 2 的反应机理相同的制备方法，因此权利要求 2 的创造性依赖于其所引用的权利要求 1 的化合物本身。在权利要求 1 所要求保护的（101）化合物相对于对比文件 1 不具有创造性的前提下，权利要求 2 所要求保护的权利要求 1 的化合物的制备方法也不具有创造性，不符合专利法第 22 条第 3 款的规定。

权利要求 3 要求保护权利要求 1 的活性染料在含羟基或含氮纤维材料的染色或印花中的应用。权利要求 4 对权利要求 3 做了进一步的限定，“其中染色或印花的纤维材料是天然或合成聚酰胺材料”。参见上述对于权利要求 1 的评述，在对比文件 1 中已经公开了将式（1）的蒽醌活性染料用于天然或合成聚酰胺材料的染色或印花中的应用，因此在权利要求 1 的化合物不具有创造性的前提下，权利要求 3、4 所述的活性染料的应用也不具有创造性，不符合专利法第 22 条第 3 款的规定。

权利要求 5 要求保护一种染色或印花含羟基或含氮纤维材料的方法，其特征在于联合使用式（101）的化合物和至少一种选自式（4）、（5）、（6）和（7）的活性染料。对比文件 1 公开了前述与本发明式（101）化合物结构接近的式（108）蓝色染料与式（102）红色染料（相对于本申请权利要求 5 中的式（4）化合物）以及式（109）黄色染料（相对于本申请权利要求 5 中的式（6）化合物）

联合使用用于羊毛纤维染色的方法（参见对比文件 1 实施例 6），同时在对比文件 1 还公开了将与本发明式（101）化合物结构接近的式（108）蓝色染料与式（102）红色染料（相对于本申请权利要求 5 中的式（4）化合物）以及式（106）的黄色染料（相对于本申请权利要求 5 中的式（5）化合物）联合使用用于羊毛纤维染色的方法（参见对比文件 1 实施例 8）。由此可知，对比文件 1 已经给出了将式（101）化合物与至少一种选自式（4）、（5）或（6）的活性染料用于聚酰胺纤维染色的技术启示，因此权利要求 5 的染色或印花方法也不具有创造性，不符合专利法第 22 条第 3 款的规定。

从属权利要求 6、7 对权利要求 5 的技术方案做了进一步的限定，参见上述对于权利要求 5 的评述，从属权利要求 6、7 的附加技术特征已在对比文件 1 中公开，因此在其引用的权利要求 5 的技术方案不具有创造性的前提下，从属权利要求 6、7 也不具有创造性，不符合专利法第 22 条第 3 款的规定。

此外，针对请求人的意见陈述，合议组认为，（1）请求人并没有提供证据证明本申请权利要求 1 的化合物相对于对比文件 1 的化合物具有任何预料不到的技术效果，而且如上对于权利要求 1 的评述，在本申请权利要求 1 的化合物与对比文件 1（108）化合物的区别仅在于取代基或取代位置的不同且对比文件 1 本身已经给出了所述取代位置或取代基替换的技术启示的情况下，本申请权利要求 1 的技术方案不具有创造性；（2）请求人所提交的试验报告中的化合物（B）并非对比文件 1 中的化合物，因此不能证明本申请权利要求 1 的化合物与对比文件 1 相比具有创造性，而且化合物（B）也非请求人所声称的 US3223470 中实施例 9 的化合物。

2009 年 7 月 28 日，请求人针对上述《复审通知书》提交了意见陈述书、权利要求书全文替换页以及对比实验报告（复印件共 4 页），其中删除了权利要求 1、5 中的化合物（102）~（105）。修改后的权利要求书如下：

“1. 下式的活性染料

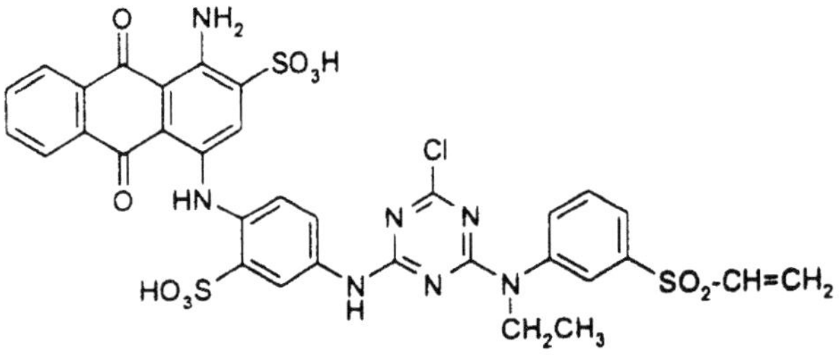

(101).

。

2. 一种制备权利要求 1 的活性染料的方法，其包括使下式（2）化合物

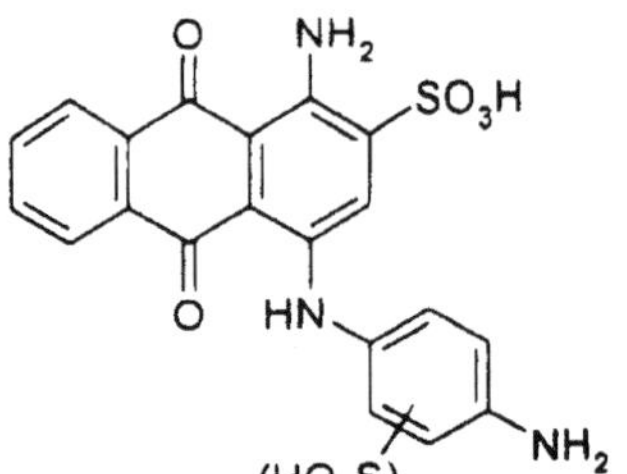

（2）

和式（3）化合物

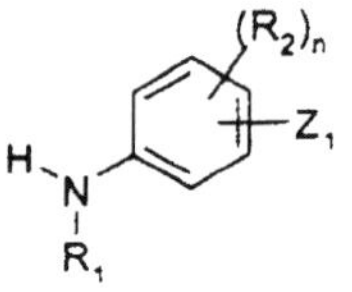

（3）

与氰尿酰氯反应，其中 R_1、R_2、Z_1、m 和 n 的定义使得反应产物为权利要求 1 所述的活性染料。

3. 根据权利要求 1 的活性染料在含羟基或含氮纤维材料的染色或印花中的应用。

4. 根据权利要求 3 的应用，其中染色或印花的纤维材料是天然或合成聚酰胺纤维材料。

5. 一种染色或印花含羟基或含氮纤维材料的方法，其包括使用下式的活性染料，

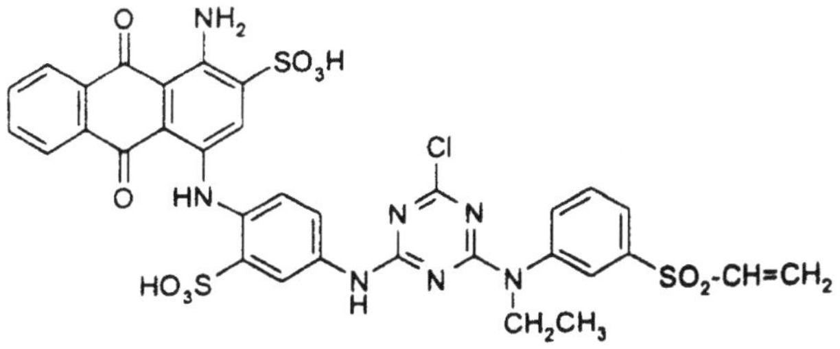

(101).

，

和至少一种选自下列组中的活性染料

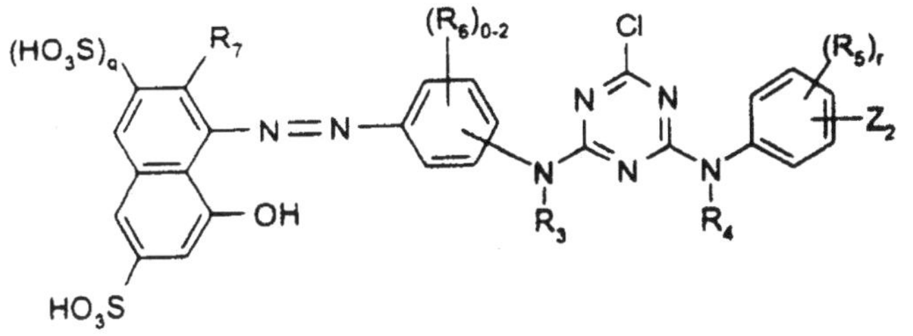

(4),

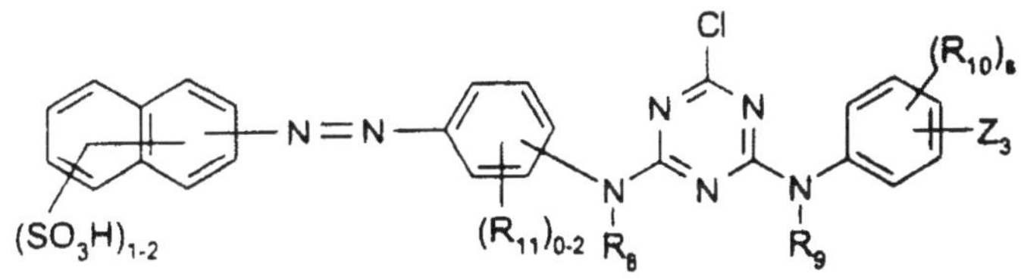

(5),

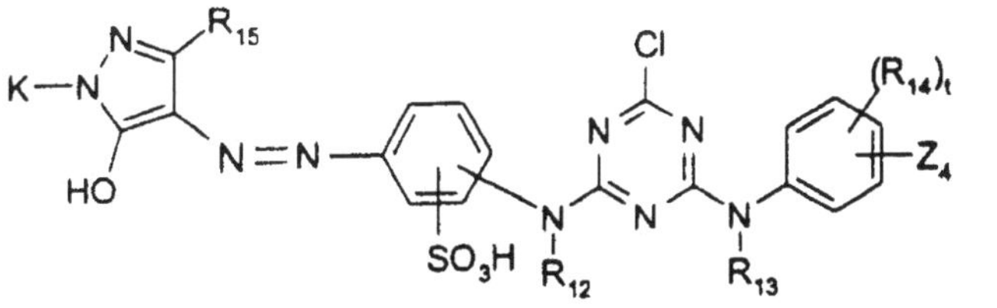

(6) 和

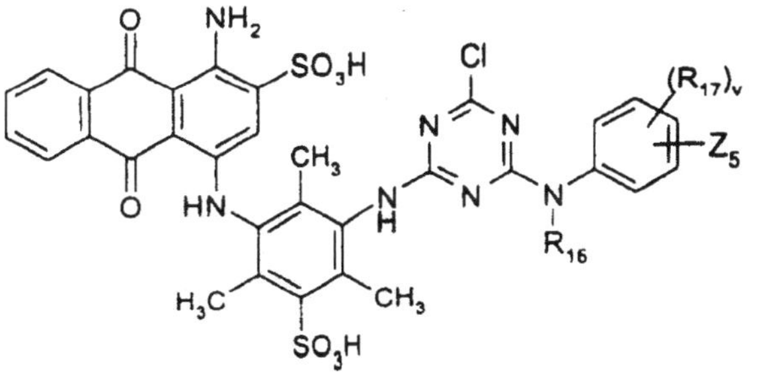

(7)

其中

R_3、R_4、R_8、R_9、R_{12}、R_{13}和 R_{16}分别独立地为氢或未取代或被羟基、磺基、硫酸根合、氰基或

羧基取代的 C_1-C_4 烷基，

R_5、R_{10}、R_{14}和 R_{17}分别独立地为卤素、C_1-C_4 烷基、C_1-C_4 烷氧基或磺基，

（R_6）$_{0-2}$和（R_{11}）$_{0-2}$分别独立地为 0、1 或 2 个选自下组的取代基：C_1-C_4 烷基、C_1-C_4 烷氧基、C_2-C_4 烷酰基氨基、脲基、氨磺酰、卤素、磺基和羧基，

R_7 为氨基或 N-单-或 N，N-二-C_1-C_4 烷氨基，

R_{15}为 C_1-C_4 烷基、羧基、未取代的 C_1-C_4 烷氧基或被羧基取代的 C_1-C_4 烷氧基，

K 为苯基，其被 0、1、2 或 3 个选自下组的取代基取代：C_1-C_4 烷基、C_1-C_4 烷氧基、氨磺酰、氨基甲酰基、卤素、磺基和羧基，或为被 1、2 或 3 个磺基取代的萘基，

Z_2、Z_3、Z_4 和 Z_5 彼此独立地具有 Z_1 的定义，

q 为 0 或 1，并且

r、s、t 和 v 彼此独立地为 0、1 或 2。

6. 根据权利要求 5 的方法，其包括使用式（101）的活性染料和式（6）的活性染料，其中 R_{12}、R_{13}、R_{14}、R_{15}、K、Z_1、Z_4 和 t 的定义如权利要求 5 所述。

7. 根据权利要求 5 或 6 的方法，其中染色或印花的纤维材料是天然或合成聚酰胺纤维材料。”

请求人认为，（1）修改后的权利要求书删除了涉及式（102）~（105）的染料的技术方案，从而对于请求保护的技术方案，说明书不再存在公开不充分的问题；（2）对比试验数据表明，为获得给定的颜色强度，仅需要非常低量的染料 A（权利要求 1 式（101）化合物），但却要大量的现有技术染料 B（对比文件 1 实施例 6 中的（108）染料）。如表 3 所示，为获得与本申请染料相同的颜色深度，需要 4 倍量的现有技术染料。由此可见，对比文件 1 的染料（108）并不适于染色聚酰胺纤维，而本申请的染料却能够提供高的固着率和高纤维-染料结合稳定性，并且所获得的染品还具有良好色牢度，因此本申请染料获得了意想不到的效果，具有创造性。

经合议，合议组认为本案事实已经清楚，可以作出审查决定。

二、决定的理由

1. 关于审查文本

对于请求人于 2009 年 7 月 28 日提交的权利要求书替换页，经审查，符合专利法第 33 条和专利法实施细则第 60 条第 1 款的规定。因此，本复审决定是以请求人于 2009 年 7 月 28 日提交的权利要求第 1~7 项，进入中国国家阶段时提交的国际申请文件的中文文本的说明书第 1~17 页和说明书摘要为基础作出的。

2. 关于专利法第 26 条第 3 款

专利法第 26 条第 3 款规定：说明书应当对发明或者实用新型作出清楚、完整的说明，以所属技术领域的技术人员能够实现为准。

以删除方式修改后的权利要求克服了说明书公开不充分的问题，《复审通知书》所指出的缺陷不再成立。

具体到本申请而言，《复审通知书》认为，对于权利要求 1 所要求保护的式（102）~（105）的四个具体化合物，本申请说明书仅仅提及“以类似于实施例 1 中所述的方法，能够得到式（102）~（105）的染料”，但并未提供这四个化合物的具体制备实施例以及这些具体化合物的物化性能参数，也没有提供式（102）~（105）化合物的任何应用实施例或效果实验数据，本领域技术人员难以确认请求人在本申请的申请日之前已实际制备得到权利要求 1 中所述的式（102）~（105）的四个具体化合物，因此，对于权利要求 1 所要求保护的式（102）~（105）的四个具体化合物而言，本申请说明书的描述无法达到本领域技术人员能够实现的要求，不符合专利法第 26 条第 3 款的规定。在修改

后的独立权利要求1和5中，请求人已删除了涉及上述式（102）～（105）染料的技术方案，使得上述染料不再处于本申请请求保护的范围之内。因此，对于权利要求1和5请求保护的技术方案，说明书不再存在公开不充分的问题，《复审通知书》所指出的说明书公开不充分的缺陷已被克服。

3. 关于专利法第22条第3款

专利法第22条第3款规定：创造性是指同申请日以前已有的技术相比，该发明有突出的实质性特点和显著的进步。

在判断一项权利要求的创造性时，如果该权利要求的技术方案和现有技术相比存在区别技术特征，而对于本领域技术人员来讲，引入上述区别技术特征得到该权利要求的技术方案是非显而易见的，则该权利要求具备创造性。

就本申请而言，权利要求1要求保护下式的活性染料

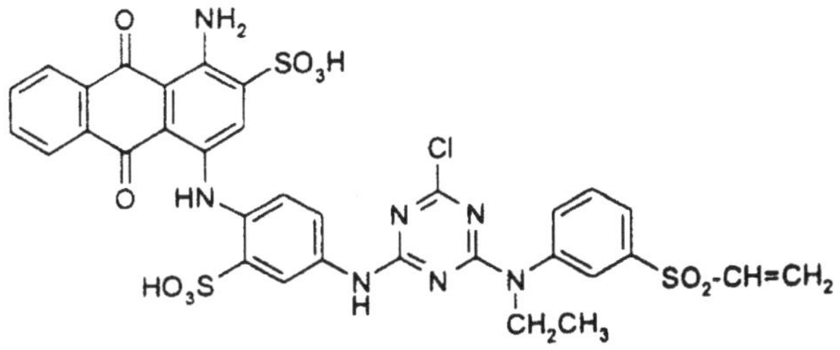

(101).

对比文件1实施例6公开了下式（108）化合物

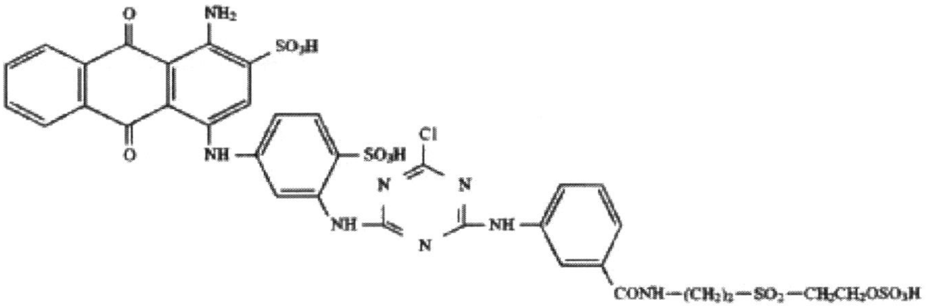

。

权利要求1式（101）的活性染料与对比文件1实施例6式（108）的蓝色染料相比，存在如下三点区别：①作为桥联基团的苯基上磺基取代位置的不同；②桥联基团苯基上的三嗪氨基取代位置的不同；③三嗪环上取代基V1的不同：本申请为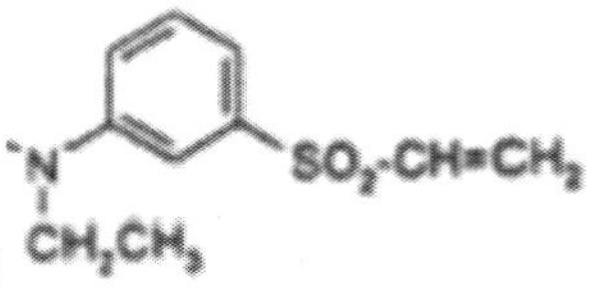，而对比文件1实施例6为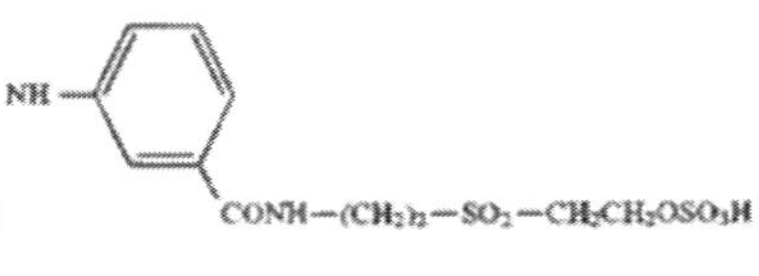。

本申请说明书第1页第12～14行记载了如下内容：“本发明要解决的问题是开发用于纤维材料的染色和印染并具有上述高质量特征的改进的新型活性染料。这种染料尤其应当具有高固着率和高纤维/染料结合稳定性而区别于其他染料”。并且本申请说明书中的染色方法I、II以及方法实施例1～10均表明本申请式（101）化合物具聚酰胺纤维染色有优异的牢度。在存在上述区别技术特征的情况下，由请求人提交的对比试验报告中的表3可以看出，为实现BZT=1.0的颜色强度，基于底物聚酰胺-6，6-纤维材料（Meryl，5-3101/7）的量，需要10.50%的染料B（相应于对比文件1的式

（108）染料），但仅需要2.43%的染料A（相应于本申请的式（101）染料），也就是说，为获得与本申请相同的颜色深度，约需要4倍量的现有技术的染料B。该对比试验数据证实了如本申请说明书发明目的部分所述的本申请染料在固着率和纤维/染料结合性方面明显高于现有技术的优点，而且该优点是本领域技术人员无法简单地通过式（108）化合物而推知的。因此，本申请的式（101）染料与对比文件1的式（108）染料相比在对聚酰胺纤维的染色方面具有预料不到的技术效果，本领域技术人员引入上述区别技术特征得到本申请权利要求1的技术方案是非显而易见的，故本申请权利要求1相对于对比文件1具有创造性，符合专利法第22条第3款的规定。

在权利要求1的式（101）化合物相对于对比文件1具有创造性的前提上，权利要求2~7相对于对比文件1也具有创造性，符合专利法第22条第3款的规定。

根据上述事实和理由，合议组作出如下审查决定。

三、决定

撤销国家知识产权局于2008年7月4日针对第200380104773.4号发明专利申请作出的驳回决定，由国家知识产权局原审查部门以本复审决定所针对的文本为基础继续审批程序。

复审请求人对本决定不服的，可以根据专利法第41条第2款的规定，自收到本决定之日起三个月内向北京市第一中级人民法院起诉。

188

含阴离子配体的有机发光材料

复审请求审查决定（第20184号）

决　定　号　第20184号
决　定　日　2009年6月17日
发明创造名称　含阴离子配体的有机发光材料
国际分类号　C07F11/00，C07F13/00，C07F15/00，H01J1/62，H01L31/00，H01L33/00
复审请求人　南加利福尼亚大学
申　请　号　03822403.8
申　请　日　2003年8月18日
优先权日　2002年8月16日
公　开　日　2005年10月12日
合议组组长　吴红权
主　审　员　李新芝
参　审　员　潘　剑

法律依据　专利法第26条第4款
决定要点

如果本领域技术人员根据说明书公开的内容，能够合理地预期由基团上位概念所概括得到的化合物都具有相同的性能或用途，则上述概括是允许的。

一、案由

本复审请求案涉及发明名称为“含阴离子配体的有机发光材料”的第03822403.8号发明专利申请（下称本申请），申请人为南加利福尼亚大学，申请日为2003年8月18日，优先权日为2002年8月16日，公开日为2005年10月12日。

2007年8月10日，针对申请人于2007年7月3日提交的权利要求第1~39项、进入中国国家阶段时提交的国际申请文件的中文文本的说明书第1~27页、说明书附图第1~2页及说明书摘要，国家知识产权局以权利要求1~39不符合专利法第26条第4款的规定为由驳回了本申请。

驳回决定认为，(1) 权利要求1通式（I）化合物中的X和Y定义为“杂原子、含杂原子的基团或杂环”、对J定义为“金属或非金属”、对C-N的取代基的定义包括“杂芳基、取代的芳基、取代的杂芳基或杂环基中的一个或多个取代”和“环状基团是环杂烷基、杂芳基”、对R′和R″的定义包括“杂芳基”，上述对各基团的定义中均使用了宽范围的上位概念，使其所定义的式（I）化合物包含了大量的化合物，而本领域技术人员不能根据说明书所提供的少量实施例（C-N为2-苯基吡啶、M为Ir、X和Y均为吡唑、Z为

H 或者 J 为硼且 R′和 R″均为吡唑且 p 和 q 均为 1、m 为 2、n 为 1）预知式（I）包含的所有化合物均能由说明书公开的方法直接制备得到并且能够达到和实施例相同的效果，其中包含了申请人推测的方案，其效果难于预先确定和评价，因此，权利要求 1 得不到说明书的支持，不符合专利法第 26 条第 4 款的规定；（2）从属权利要求 2~14 要求保护的化合物分别对独立权利要求 1 或者其引用的权利要求作了进一步限定和选择，但是权利要求 2~14 中定义的化合物的范围仍然过于广泛，其中包含不能由说明书公开的内容直接得到或者概括得出的方案，其效果难于预先确定和评价，因此，权利要求 2~14 同样得不到说明书的支持，不符合专利法第 26 条第 4 款的规定；（3）权利要求 15~24 要求保护的化合物同样定义非常广泛，其中包含了申请人推测的方案（参见对权利要求 1 的评述），因此权利要求 15~24 也得不到说明书的支持，不符合专利法第 26 条第 4 款的规定；（4）权利要求 25 要求保护一种含有通式化合物表示的有机层的发光器件，其中的通式化合物包含的范围过于广泛，根据本申请文件记载的内容，本领域技术人员不能预见到所有该通式化合物均能作为有机层应用到发光器件中并起到相应的作用，达到本发明的目的，因此，权利要求 25 得不到说明书的支持，不符合专利法第 26 条第 4 款的规定，同理，权利要求 26~39 也得不到说明书的支持，不符合专利法第 26 条第 4 款的规定。

驳回决定针对的权利要求 1~39 如下：

“1. 式（I）所示的化合物

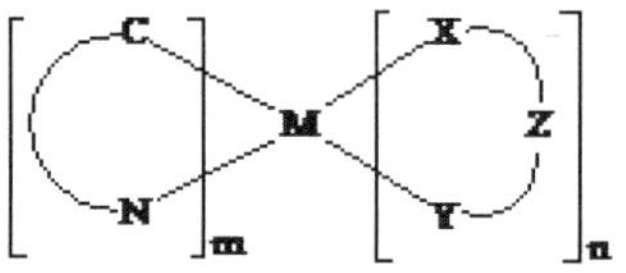

I

其中

是环状金属化配体，所述环状金属化配体选自

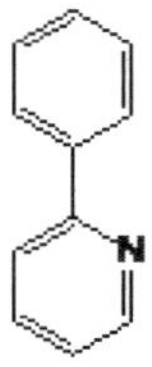

或

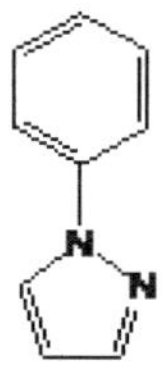

，

其可以任选地被烷基、烯基、炔基、烷基芳基、CN、CF_3、CO_2R、C（O）R、NR_2、NO_2、OR、卤素、芳基、杂芳基、取代的芳基、取代的杂芳基或杂环基中的一个或多个取代，并且另外地，或作为选择地，任何两个相邻的取代位置独立地一起形成稠合的 5-至 6-元环状基团，其中上述环状基团是环烷基、环杂烷基、芳基或杂芳基，且其中稠合的 5-到 6-元环状基团可以任选地被烷基、烯基、炔基、烷基芳基、CN、CF_3、CO_2R、C（O）R、NR_2、NO_2、OR 或卤素中一个或多个取代，每个 R 独立地是烷基、烯基、炔基、芳烷基和芳基，

M 是选自 Ir、Pt、Pd、Rh、Re、Os、Tl、Pb、Bi、In、Sn、Sb、Te、Ag 和 Au 的金属，

X 和 Y 各自独立地选自杂原子、含杂原子的基团或杂环，

Z 是式 JR′pR″q 的基团，其中 J 是氢，或者金属或非金属，R′和 R″各自独立地是烯基、杂芳基、羟基、烷氧基、芳氧基、氨基、烷基氨基、芳基氨基、硫基、烷基硫基、芳基硫基、膦基、烷基膦基或芳基膦基，p 和 q 是 0 到 2 之间的整数，

m 和 n 是选自 1 和 2 的整数，其中 n+m 之和是 2 或 3，

前提条件是

是阴离子。

2. 权利要求 1 的化合物，其中 J 是硼。

3. 权利要求 1 的化合物，其中含杂原子的基团选自 OR、SR、NR_2 和 PR_2，其中 R 是烷基、芳基或杂芳基。

4. 权利要求 3 的化合物，其中 R 是 C_1-C_6 烷基、芳基或杂芳基。

5. 权利要求 1 的化合物，其中 R′和 R″是杂芳基。

6. 权利要求 5 的化合物，其中 R′和 R″选自烷基、芳基和吡唑，p 和 q 各自为 1。

7. 权利要求 4 的化合物，其中 R′是吡唑，R″是吡唑，p 和 q 各自为 1。

8. 权利要求 5 的化合物，其中 X 和 Y 是吡唑。

9. 权利要求 5 的化合物，其中 Z 是氢。

10. 权利要求 1 的化合物，其中金属是 Ir。

11. 权利要求 1 的化合物，其中金属是 Pt。

12. 权利要求 1 的化合物，具有式 III 所示的结构：

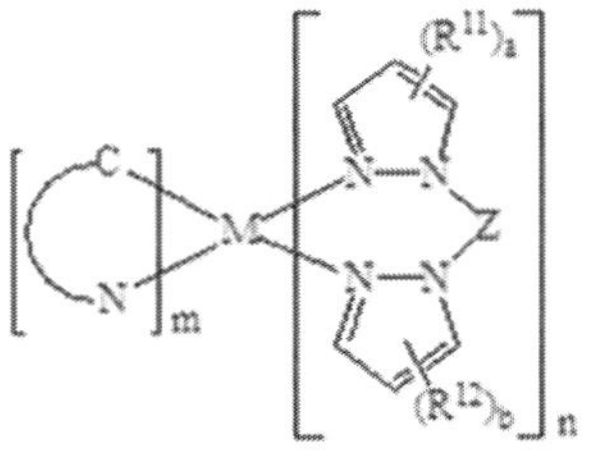

III

其中 R_{11} 和 R_{12} 各自独立地选自烷基、烯基、炔基、烷基芳基、CN、CF_3、CO_2R、C（O）R、NR_2、NO_2、OR、卤素、芳基、杂芳基、取代的芳基、取代的杂芳基或杂环基，并且另外地，或做为选择地，任何两个相邻的取代位置独立地一起形成稠合的 5-至 6-元环状基团，其中所述环状基团是环烷基、环杂烷基、芳基或杂芳基，且其中稠合的 5-到 6-元环状基团可以任选地被一个或多个烷基、烯基、炔基、烷基芳基、CN、CF_3、CO_2R、C（O）R、NR_2、NO_2、OR 或卤素取代；每个 R 独立地是烷基、芳基或杂芳基；下标 a 和 b 独立地选自 0、1、2 和 3。

13. 权利要求 5 的化合物，具有式 IV 所示的结构：

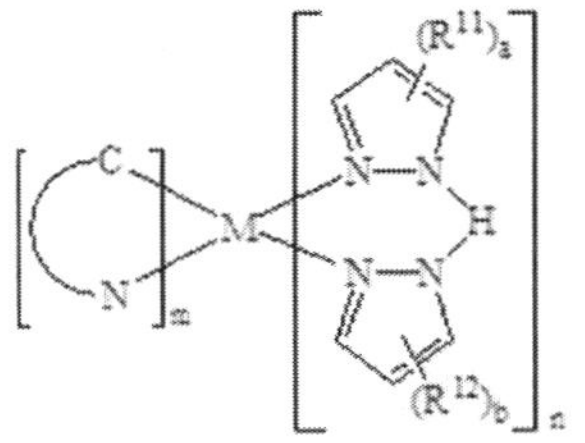

IV 。

。

14. 权利要求 1 的化合物，具有式 V 所示的结构：

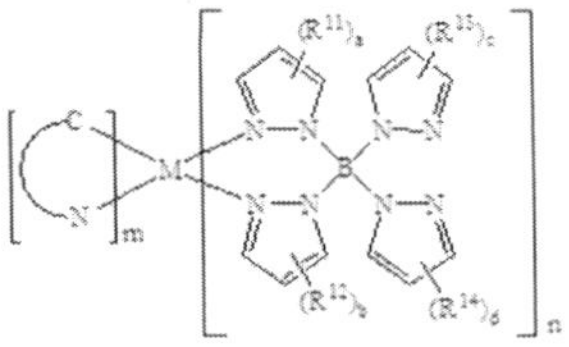

V

。

其中 R^{11}、R^{12}、R^{13}和 R^{14}各自独立地选自烷基、烯基、炔基、烷基芳基、CN、CF_3、CO_2R、C（O）R、NR_2、NO_2、OR、卤素、芳基、杂芳基、取代的芳基、取代的杂芳基或杂环基，并且另外地，或做为选择地，任何两个相邻的取代位置独立地一起形成稠合的 5-至 6-元环状基团，其中所述环状基团是环烷基、环杂烷基、芳基或杂芳基，且其中稠合的 5-到 6-元环状基团可以任选地被烷基、烯基、炔基、烷基芳基、CN、CF_3、CO_2R、C（O）R、NR_2、NO_2、OR 或卤素中的一个或多个取代；每个 R 独立地是烷基、芳基或杂芳基；下标 a、b、c 和 d 独立地选自 0、1、2 和 3。

15. 式（I）所示的化合物

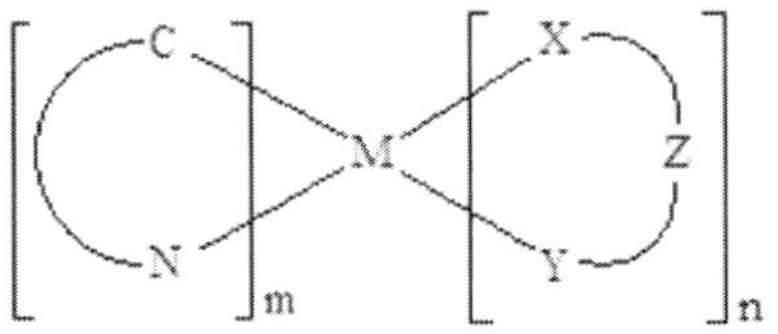

(I)

其中 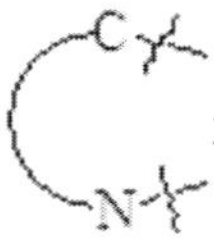 是环状金属化配体，所述环状金属化配体选自

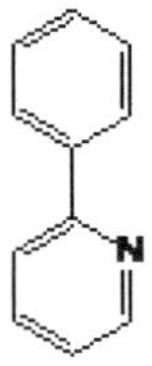 或 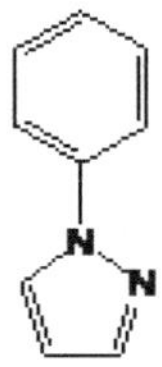，

其可以任选地被烷基、烯基、炔基、烷基芳基、CN、CF_3、CO_2R、C（O）R、NR_2、NO_2、OR、卤素、芳基、杂芳基、取代的芳基、取代的杂芳基或杂环基中的一个或多个取代，并且另外地，或做为选择地，任何两个相邻的取代位置独立地一起形成稠合的 5-至 6-元环状基团，其中上述环状基团是环烷基、环杂烷基、芳基或杂芳基，且其中稠合的 5-到 6-元环状基团可以任选地被烷基、烯基、炔基、烷基芳基、CN、CF_3、CO_2R、C（O）R、NR_2、NO_2、OR 或卤素中一个或多个取代，每个 R 独立地是烷基、烯基、炔基、芳烷基和芳基，

M 是选自 Ir、Pt、Pd、Rh、Re、Os、Tl、Pb、Bi、In、Sn、Sb、Te、Ag 和 Au 的金属，

X 和 Y 各自独立地选自含杂原子的基团或杂环，

m 和 n 是选自 1 和 2 的整数，其中 n+m 之和是 2 或 3，

Z 是氢或 JR′pR″q，其中 J 是氢，或者金属或非金属，其中 J 选自 Al、Ga、In、Zn、Cd、Hg、Cu、Ag 和 Au，R′和 R″各自独立地是 H、烷基、烯基、杂芳基、卤素、羟基、烷氧基、芳氧基、氨基、烷基氨基、芳基氨基、硫基、烷基硫基、芳基硫基、膦基、烷基膦基或芳基膦基，p 和 q 是 0 和 2 之间的整数，

前提条件是是阴离子。

16. 权利要求 15 的化合物，其中 X 和 Y 是杂环。

17. 权利要求 16 的化合物，其中 X 和 Y 是吡唑。

18. 权利要求 17 的化合物，其中 R′是吡唑，R″是吡唑，p 和 q 各自为 1。

19. 权利要求 15 的化合物，其中 R′选自二齿烷基、芳基和羰基配体以及螯合配体，p 等于 1 且 q 等于 0。

20. 权利要求 15 的化合物，其中 R′和 R″选自烷基、芳基和吡唑，p 和 q 各自为 1。

21. 权利要求 15 的化合物，其中 Z 是氢。

22. 权利要求 15 的化合物，其中金属是 Ir。

23. 权利要求 15 的化合物，其中金属是 Pt。

24. 权利要求 15 的化合物，具有式（II）所示的结构：

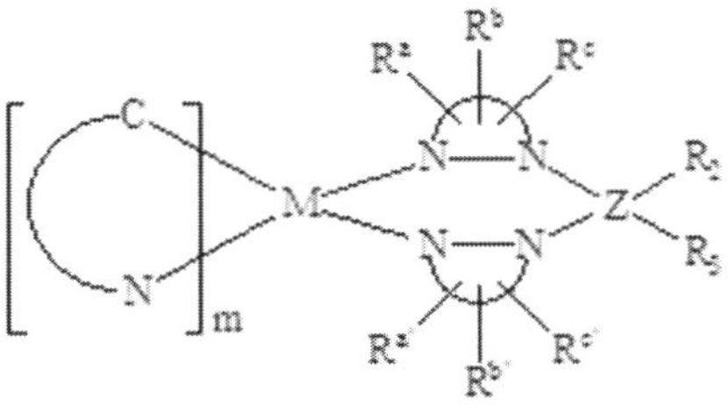

(II)

其中

是环状金属化配体，所述环状金属化配体选自

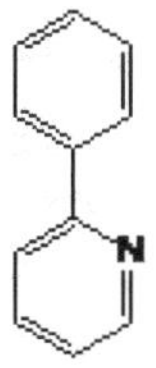 或 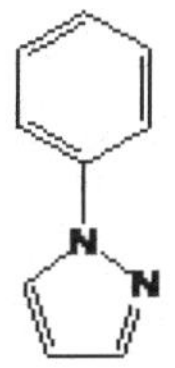，

其可以任选地被烷基、烯基、炔基、烷基芳基、CN、CF_3、CO_2R、C（O）R、NR_2、NO_2、OR、卤素、芳基、杂芳基、取代的芳基、取代的杂芳基或杂环基中的一个或多个取代，并且另外地，或做为选择地，任何两个相邻的取代位置独立地一起形成稠合的 5-至 6-元环状基团，其中上述环状基团是环烷基、环杂烷基、芳基或杂芳基，且其中稠合的 5-到 6-元环状基团可以任选地被烷基、烯基、炔基、烷基芳基、CN、CF_3、CO_2R、C（O）R、NR_2、NO_2、OR 或卤素中一个或多个取代，每个 R 独立地是烷基、烯基、炔基、芳烷基和芳基，

M 是选自 Ir、Pt、Pd、Rh、Re、Os、Tl、Pb、Bi、In、Sn、Sb、Te、Ag 和 Au 的金属，

m 是 1 或 2，

R_a、R_b、R_c、R'_a、R'_b 和 R'_c，如果存在，选自 H、烷基、芳基、杂芳基、卤素、烷氧基、氨基、烷基氨基、芳基氨基、硫基、烷基硫基、芳基硫基、膦基、烷基膦基或芳基膦基，

前提条件是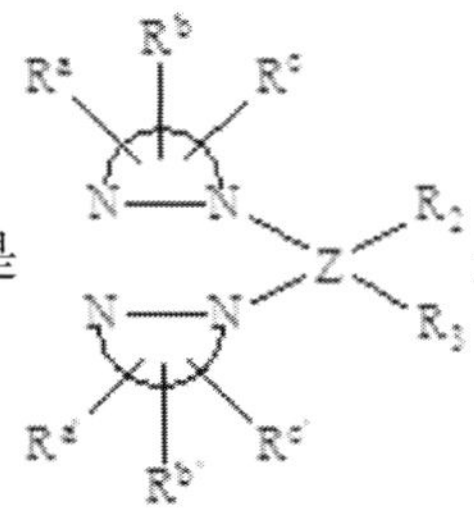是阴离子。

25. 一种含有机层的发光器件，所述有机层包括下式结构所示的组分：

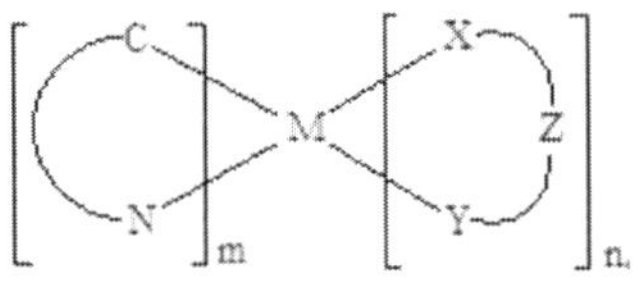

其中是环状金属化配体，所述环状金属化配体选自

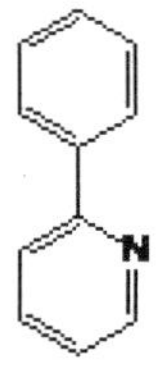 或 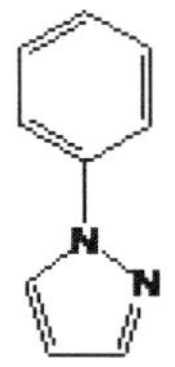，

其可以任选地被烷基、烯基、炔基、烷基芳基、CN、CF_3、CO_2R、C（O）R、NR_2、NO_2、OR、卤素、芳基、杂芳基、取代的芳基、取代的杂芳基或杂环基中的一个或多个取代，并且另外地，或做为选择地，任何两个相邻的取代位置独立地一起形成稠合的5-至6-元环状基团，其中上述环状基团是环烷基、环杂烷基、芳基或杂芳基，且其中稠合的5-到6-元环状基团可以任选地被烷基、烯基、炔基、烷基芳基、CN、CF_3、CO_2R、C（O）R、NR_2、NO_2、OR或卤素中一个或多个取代，每个R独立地是烷基、烯基、炔基、芳烷基和芳基，

M是选自Ir、Pt、Pd、Rh、Re、Os、Tl、Pb、Bi、In、Sn、Sb、Te、Ag和Au的金属，

X和Y各自独立地是含杂原子的基团或杂环，

Z是式$JR'_pR''_q$的基团，其中J是氢，或者金属或非金属，R′和R″各自独立地是烯基、杂芳基、羟基、烷氧基、芳氧基、氨基、烷基氨基、芳基氨基、硫基、烷基硫基、芳基硫基、膦基、烷基膦基或芳基膦基，p和q是0到2之间的整数，

m和n是选自1和2的整数，其中n+m之和是2或3，

前提条件是

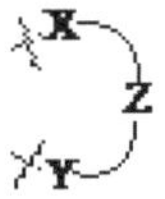

是阴离子。

26. 权利要求25的发光器件，其中J选自H、Ag、Zn、Al、B、Ga、In、Cd、Hg、Cu、Au。

27. 权利要求25的发光器件，其中X和Y是杂环。

28. 权利要求27的发光器件，其中X和Y是吡唑。

29. 权利要求25的发光器件，其中J是硼。

30. 权利要求 29 的器件，其中 X 和 Y 均为吡唑。

31. 权利要求 30 的发光器件，其中 R′是吡唑，b 等于 0 且 a 等于 2。

32. 权利要求 25 的发光器件，其中 R′选自二齿烷基、芳基和羧基配体以及螯合配体，b 等于 0 且 a 等于 1。

33. 权利要求 25 的发光器件，其中 R′和 R″选自烷基、芳基和吡唑，p 和 q 各自为 1。

34. 权利要求 25 的发光器件，其中 Z 是氢。

35. 权利要求 34 的发光器件，其中 X 和 Y 是吡唑。

36. 权利要求 25 的发光器件，其中金属是 Ir。

37. 权利要求 25 的发光器件，其中金属是 Pt。

38. 权利要求 25 的发光器件，其中 X 和 Y 中的至少一个选自 OR、SR、NR_2、PR_2。

39. 权利要求 38 的发光器件，其中 R 选自 H、烷基、芳基、杂芳基、卤素、烷氧基、氨基、烷基氨基、芳基氨基、硫基、烷基硫基、芳基硫基、膦基、烷基膦基或芳基膦基。”

2007 年 11 月 26 日，申请人南加利福尼亚大学（下称请求人）对上述驳回决定不服，向专利复审委员会提出复审请求，请求人在提出复审请求时对权利要求书进行了修改，其中进一步限定了权利要求 1、15、25，删除了权利要求 3、16、26，并对权利要求重新编号。

修改后的权利要求书如下：

“1. 式（I）所示的化合物

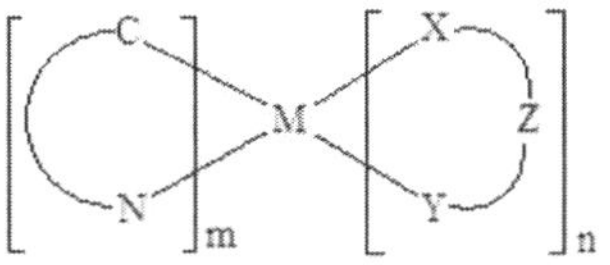

I

其中是环状金属化配体，所述环状金属化配体选自

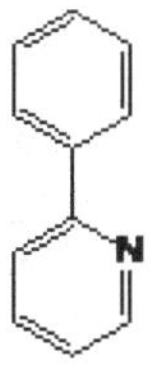

或

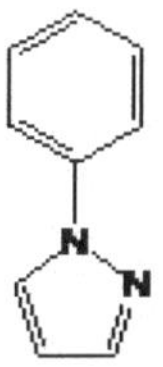

，

其可以任选地被烷基、烯基、炔基、烷基芳基、CN、CF_3、CO_2R、C（O）R、NR_2、NO_2、OR、卤素、芳基、杂芳基、取代的芳基、取代的杂芳基或杂环基中的一个或多个取代，并且另外地，或做为选择地，任何两个相邻的取代位置独立地一起形成稠合的 5-至 6-元环状基团，其中上述环状基团是环烷基、环杂烷基、芳基或杂芳基，且其中稠合的 5-到 6-元环状基团可以任选地被烷基、烯基、炔基、烷基芳基、CN、CF_3、CO_2R、C（O）R、NR_2、NO_2、OR 或卤素中一个或多个取代，每个 R 独立地是烷基、烯基、炔基、芳烷基和芳基，

M 是选自 Ir、Pt、Pd、Rh、Re、Os、Tl、Pb、Bi、In、Sn、Sb、Te、Ag 和 Au 的金属，

X 和 Y 各自独立地选自杂原子、含杂原子的基团或杂环，其中所述杂原子选自 S、O、N 和 P，所述含杂原子的基团选自 OR、SR、NR2 和 PR_2，R 是烷基、芳基或杂芳基，所述杂环是含至少一个选自 S、O、N 和 P 的杂原子的 3~7 元芳环或非芳环，

Z 是式 $JR'_pR''_q$ 的基团，其中 J 是氢、Ag、Zn、Al、B、Ga、In、Cd、Hg、Cu 或 Au，R′和 R″各自独立地是烯基、杂芳基、羟基、烷氧基、芳氧基、氨基、烷基氨基、芳基氨基、硫基、烷基硫基、

芳基硫基、膦基、烷基膦基或芳基膦基，p 和 q 是 0 到 2 之间的整数，

m 和 n 是选自 1 和 2 的整数，其中 n+m 之和是 2 或 3，

前提条件是  是阴离子。

2. 权利要求 1 的化合物，其中 J 是硼。

3. 权利要求 1 的化合物，其中 R 是 C_1-C_6 烷基、芳基或杂芳基。

4. 权利要求 1 的化合物，其中 R′和 R″是杂芳基。

5. 权利要求 4 的化合物，其中 R′和 R″选自烷基、芳基和吡唑，p 和 q 各自为 1。

6. 权利要求 3 的化合物，其中 R′是吡唑，R″是吡唑，p 和 q 各自为 1。

7. 权利要求 4 的化合物，其中 X 和 Y 是吡唑。

8. 权利要求 4 的化合物，其中 Z 是氢。

9. 权利要求 1 的化合物，其中金属是 Ir。

10. 权利要求 1 的化合物，其中金属是 Pt。

11. 权利要求 1 的化合物，具有式 III 所示的结构：

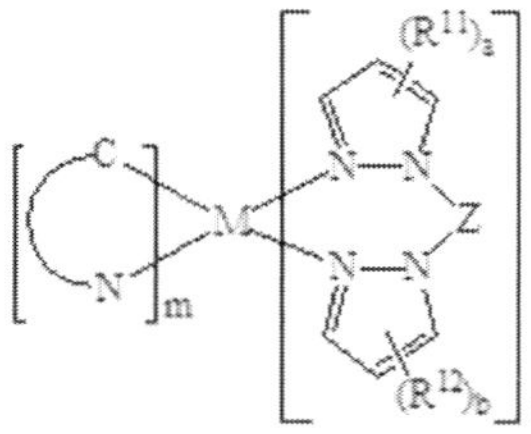

III,

其中 R_{11} 和 R_{12} 各自独立地选自烷基、烯基、炔基、烷基芳基、CN、CF_3、CO_2R、C（O）R、NR_2、NO_2、OR、卤素、芳基、杂芳基、取代的芳基、取代的杂芳基或杂环基，并且另外地，或作为选择地，任何两个相邻的取代位置独立地一起形成稠合的 5-至 6-元环状基团，其中所述环状基团是环烷基、环杂烷基、芳基或杂芳基，且其中稠合的 5-到 6-元环状基团可以任选地被一个或多个烷基、烯基、炔基、烷基芳基、CN、CF_3、CO_2R、C（O）R、NR_2、NO_2、OR 或卤素取代；每个 R 独立地是烷基、芳基或杂芳基；下标 a 和 b 独立地选自 0、1、2 和 3。

12. 权利要求 4 的化合物，具有式 IV 所示的结构：

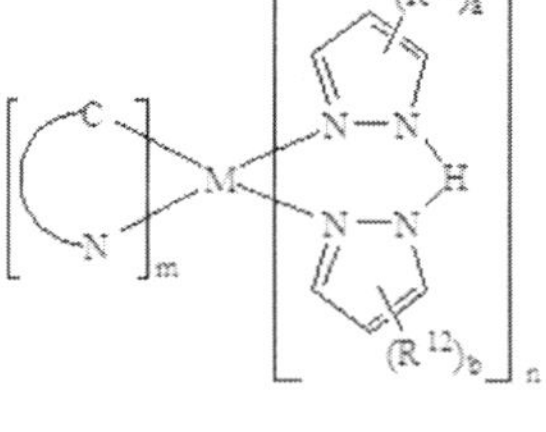

IV 。 。

13. 权利要求 1 的化合物，具有式 V 所示的结构：

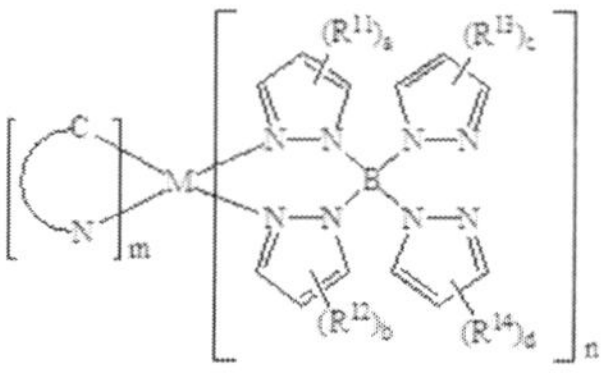

V

其中 R^{11}、R^{12}、R^{13}和 R^{14}各自独立地选自烷基、烯基、炔基、烷基芳基、CN、CF_3、CO_2R、C（O）R、NR_2、NO_2、OR、卤素、芳基、杂芳基、取代的芳基、取代的杂芳基或杂环基，并且另外地，或做为选择地，任何两个相邻的取代位置独立地一起形成稠合的 5-至 6-元环状基团，其中所述环状基团是环烷基、环杂烷基、芳基或杂芳基，且其中稠合的 5-到 6-元环状基团可以任选地被烷基、烯基、炔基、烷基芳基、CN、CF_3、CO_2R、C（O）R、NR_2、NO_2、OR 或卤素中的一个或多个取代；每个 R 独立地是烷基、芳基或杂芳基；下标 a、b、c 和 d 独立地选自 0、1、2 和 3。

14. 式（I）所示的化合物

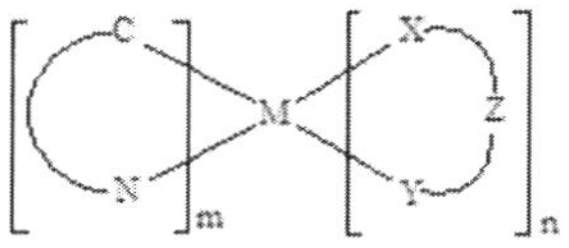

(I)

其中是环状金属化配体，所述环状金属化配体选自

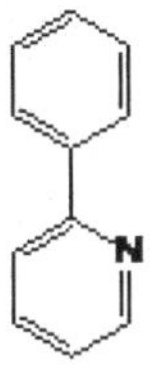 或 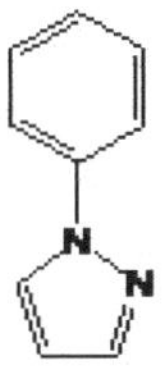，

其可以任选地被烷基、烯基、炔基、烷基芳基、CN、CF_3、CO_2R、C（O）R、NR_2、NO_2、OR、卤素、芳基、杂芳基、取代的芳基、取代的杂芳基或杂环基中的一个或多个取代，并且另外地，或做为选择地，任何两个相邻的取代位置独立地一起形成稠合的 5-至 6-元环状基团，其中上述环状基团是环烷基、环杂烷基、芳基或杂芳基，且其中稠合的 5-到 6-元环状基团可以任选地被烷基、烯基、炔基、烷基芳基、CN、CF_3、CO_2R、C（O）R、NR_2、NO_2、OR 或卤素中一个或多个取代，每个 R 独立地是烷基、烯基、炔基、芳烷基和芳基，

M 是选自 Ir、Pt、Pd、Rh、Re、Os、Tl、Pb、Bi、In、Sn、Sb、Te、Ag 和 Au 的金属，

X 和 Y 各自独立地是杂环，其中所述杂环是含至少一个选自 S、O、N 和 P 的杂原子的 3-7 元芳环或非芳环，

m 和 n 是选自 1 和 2 的整数，其中 n+m 之和是 2 或 3，

Z 是氢或 $JR'_pR''_q$，其中 J 是氢、Al、Ga、In、Zn、Cd、Hg、Cu、Ag 或 Au，R′和 R″各自独立地是 H、烷基、烯基、杂芳基、卤素、羟基、烷氧基、芳氧基、氨基、烷基氨基、芳基氨基、硫基、烷基硫基、芳基硫基、膦基、烷基膦基或芳基膦基，p 和 q 是 0 和 2 之间的整数，

前提条件是是阴离子。

15. 权利要求 14 的化合物，其中 X 和 Y 是吡唑。

16. 权利要求 15 的化合物，其中 R′是吡唑，R″是吡唑，p 和 q 各自为 1。

17. 权利要求 14 的化合物，其中 R′选自二齿烷基、芳基和羧基配体以及螯合配体，p 等于 1 且 q 等于 0。

18. 权利要求 14 的化合物，其中 R′和 R″选自烷基、芳基和吡唑，p 和 q 各自为 1。

19. 权利要求 14 的化合物，其中 Z 是氢。

20. 权利要求 14 的化合物，其中金属是 Ir。

21. 权利要求 14 的化合物，其中金属是 Pt。

22. 权利要求 14 的化合物，具有式（II）所示的结构：

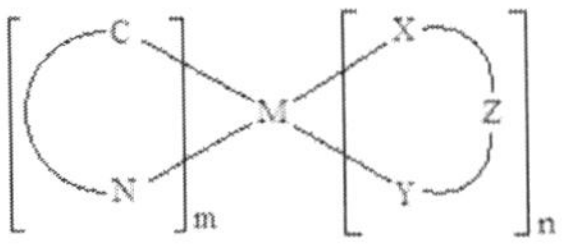

(I)

其中 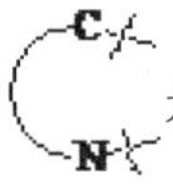 是环状金属化配体，所述环状金属化配体选自

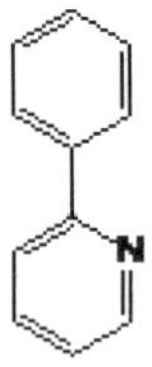 或 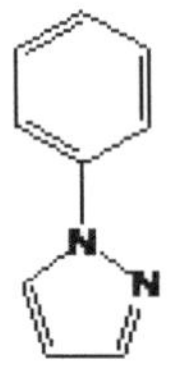，

其可以任选地被烷基、烯基、炔基、烷基芳基、CN、CF_3、CO_2R、C（O）R、NR_2、NO_2、OR、卤素、芳基、杂芳基、取代的芳基、取代的杂芳基或杂环基中的一个或多个取代，并且另外地，或作为选择地，任何两个相邻的取代位置独立地一起形成稠合的 5-至 6-元环状基团，其中上述环状基团是环烷基、环杂烷基、芳基或杂芳基，且其中稠合的 5-到 6-元环状基团可以任选地被烷基、烯基、炔基、烷基芳基、CN、CF_3、CO_2R、C（O）R、NR_2、NO_2、OR 或卤素中一个或多个取代，每个 R 独立地是烷基、烯基、炔基、芳烷基和芳基，

M 是选自 Ir、Pt、Pd、Rh、Re、Os、Tl、Pb、Bi、In、Sn、Sb、Te、Ag 和 Au 的金属，

m 是 1 或 2，

R_a、R_b、R_c、R'_a、R'_b 和 R'_c，如果存在，选自 H、烷基、芳基、杂芳基、卤素、烷氧基、氨基、烷基氨基、芳基氨基、硫基、烷基硫基、芳基硫基、膦基、烷基膦基或芳基膦基，

前提条件是

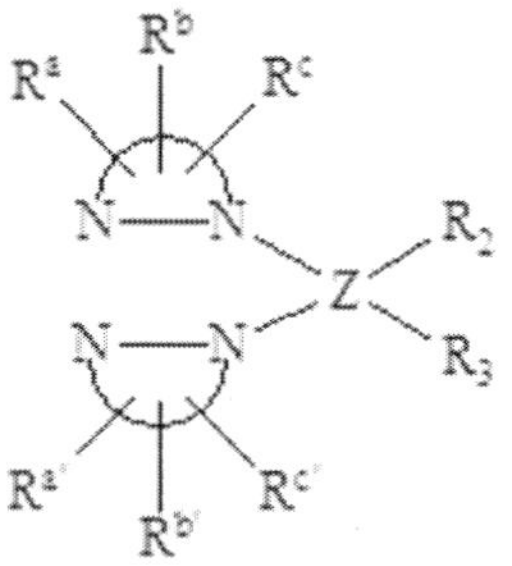

是阴离子，

其中

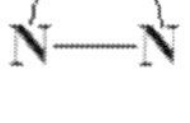

代表的环状结构是含两个相邻氮原子的 5-或 6-元环，该环还可以包括其他杂原子，环上任何两个相邻取代基位置可以独立地一起形成稠合的 5-至 6-元环状基团，其中所述环状基团是环烷基、环杂烷基、芳基或杂芳基。

23. 一种含有机层的发光器件，所述有机层包括下式结构所示的组分：

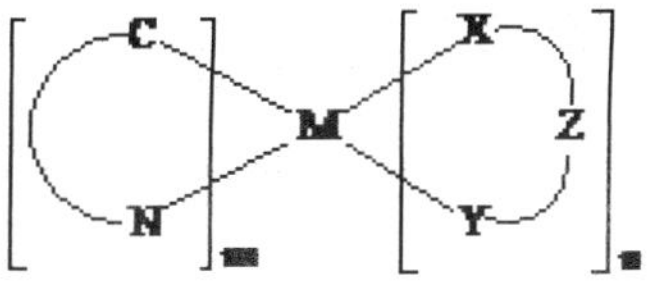

其中

是环状金属化配体，所述环状金属化配体选自

其可以任选地被烷基、烯基、炔基、烷基芳基、CN、CF_3、CO_2R、C（O）R、NR_2、NO_2、OR、卤素、芳基、杂芳基、取代的芳基、取代的杂芳基或杂环基中的一个或多个取代，并且另外地，或作为选择地，任何两个相邻的取代位置独立地一起形成稠合的5-至6-元环状基团，其中上述环状基团是环烷基、环杂烷基、芳基或杂芳基，且其中稠合的5-到6-元环状基团可以任选地被烷基、烯基、炔基、烷基芳基、CN、CF_3、CO_2R、C（O）R、NR_2、NO_2、OR或卤素中一个或多个取代，每个R独立地是烷基、烯基、炔基、芳烷基和芳基，

M是选自Ir、Pt、Pd、Rh、Re、Os、Tl、Pb、Bi、In、Sn、Sb、Te、Ag和Au的金属，

X和Y各自独立地是杂原子、含杂原子的基团或杂环，其中所述杂原子选自S、O、N和P，所述含杂原子的基团选自OR、SR、NR_2和PR_2，R是烷基、芳基或杂芳基，所述杂环是含至少一个选自S、O、N和P的杂原子的3-7元芳环或非芳环，

Z是式$JR'_pR''_q$的基团，其中J是氢、Ag、Zn、Al、B、Ga、In、Cd、Hg、Cu或Au，R′和R″各自独立地是烯基、杂芳基、羟基、烷氧基、芳氧基、氨基、烷基氨基、芳基氨基、硫基、烷基硫基、芳基硫基、膦基、烷基膦基或芳基膦基，p和q是0到2之间的整数，

m和n是选自1和2的整数，其中n+m之和是2或3，

前提条件是

是阴离子。

24. 权利要求23的发光器件，其中X和Y是杂环。

25. 权利要求24的发光器件，其中X和Y是吡唑。

26. 权利要求23的发光器件，其中J是硼。

27. 权利要求26的器件，其中X和Y均为吡唑。

28. 权利要求27的发光器件，其中R′是吡唑，b等于0且a等于2。

29. 权利要求23的发光器件，其中R′选自二齿烷基、芳基和羧基配体以及螯合配体，b等于0且a等于1。

30. 权利要求 23 的发光器件，其中 R′和 R″选自烷基、芳基和吡唑，p 和 q 各自为 1。

31. 权利要求 23 的发光器件，其中 Z 是氢。

32. 权利要求 31 的发光器件，其中 X 和 Y 是吡唑。

33. 权利要求 23 的发光器件，其中金属是 Ir。

34. 权利要求 23 的发光器件，其中金属是 Pt。

35. 权利要求 23 的发光器件，其中 X 和 Y 中的至少一个选自 OR、SR、NR_2、PR_2。

36. 权利要求 35 的发光器件，其中 R 选自 H、烷基、芳基、杂芳基、卤素、烷氧基、氨基、烷基氨基、芳基氨基、硫基、烷基硫基、芳基硫基、膦基、烷基膦基或芳基膦基。”

请求人认为：(1) 在进一步缩小了 X、Y、Z 的定义的情况下，基于目前 C-N、M、X、Y、Z、m 和 n 的定义，本领域技术人员根据说明书的教导能够对各种基团进行选择，用常规的实验和分析方法，就能够制备得到修改后的权利要求 1 的式 I 化合物，并对所得化合物的性能进行评价，从而实现本发明，而无需创造性的劳动。也就是说，在说明书特别是实施例的公开的基础上，结合现有技术（例如，F. A. Cotton 和 G. Wilkinson 的教科书 Advanced Inorganic Chemistry，John Wiley&Sons），本领域技术人员能够从说明书充分公开的内容中得到或者概括得到修改后权利要求 1 的技术方案，因此权利要求 1 能够得到说明书的实质性支持，符合专利法第 26 条第 4 款的规定；(2) 基于同样理由，修改后的权利要求 2~36 也能够得到说明书的实质性支持，符合专利法第 26 条第 4 款的规定；(3) 请求人将权利要求 24 中的“”限定为“代表的环状结构是含两个相邻氮原子的 5-或 6-元环，该环还可以包括其他杂原子，环上任何两个相邻取代基位置可以独立地一起形成稠合的 5-至 6-元环状基团，其中所述环状基团是环烷基、环杂烷基、芳基或杂芳基”，该修改至少可以得到说明书第 17 页第 1 段内容的支持。

经形式审查合格后，专利复审委员会受理了该请求，并于 2007 年 12 月 27 日向请求人发出了《复审请求受理通知书》，同时将本申请转送至国家知识产权局原审查部门进行前置审查。

在《前置审查意见书》中，国家知识产权局原审查部门认为，虽然请求人对 X、Y、J 的定义作了进一步限定，但其定义的范围依然较宽泛和不合理，并且 C-N 的取代基的定义、对 R′和 R″的定义范围没有修改，依然使用宽范围的上位概念“杂芳基、取代的芳基、取代的杂芳基、杂环基、杂环烷基”，且“取代的”没有具体指代取代基的范围，因此权利要求 1~36 仍得不到说明书的支持，坚持驳回决定。

专利复审委员会组成合议组，对本复审请求案进行了审理。

合议组于 2009 年 1 月 21 日向请求人发出《复审通知书》，指出：(1) 根据本申请说明书记载，本申请的发明目在于提供一种改进的电致发光的磷光发射有机金属化合物以及使用该磷光发射有机金属化合物的有机发光器件，该有机金属化合物在发射光中产生蓝移。在本申请说明书所有关于式 I 化合物的四个制备实施例中，有关该磷光的发射有机金属化合物均是其中 为甲氧基（二氟苯基）吡啶（MeOfppy）、（二氟苯基）吡啶（fppy）或二甲基氨基（二氟苯基）吡啶（dmafppy），M 为 Ir，为 pz_2Bpz_2 和 pz_2H 的实施例，并且说明书也仅仅提供了将上述制备得到的四种有机金属化合物用于 OLED 器件制造的应用实施例。此外，本申请说明书仅仅提供了在 和 M 相同的情况下本申请实施例 1、2、3、4 的化合物与使用传统配体乙酰丙酮（acac）的有机金属化合物的对比光学数据。由于在本申请的说明书中未对本申请制备得到的有机金属化合物能在发射光中产生蓝移的原理作出具体详细的描述，也未提供足够的证据支持，而在有机电致发光材料领域，本领域技术人员已知的是，化合物的母体结构及其取代基对于有机电致发光材料的吸收波长区域和光学常数均有重要影响，分析本申请说明书实施例 1~4 所提供的四个具体化合物的结构，本申请所制得的这四个具体化合物的结构非常接近，许多基团的定义都完全相同，由四个结构非常相近的化合物概括得出一个范围非常宽泛的通式化合物，超出了所属技术领域的技术人员的预期，因此权利要求1得不到说明书的支持，不符合专利法第26条第4款的规定；（2）基于与权利要求1同样的评述，权利要求2~36也得不到说明书的支持，不符合专利法第26条第4款的规定。

针对上述《复审通知书》，请求人于2009年5月5日提交了意见陈述书和权利要求书全文替换页，其中修改了权利要求1、23，将环状金属化配体C-N限定为选自任选被取代的苯基吡啶，将M限定为Ir，将阴离子配体X-Z-Y限定为选自pz_2Bpz_2和pz_2H，同时删除了权利要求2~22和24~36，并对权利要求重新编号。修改后的权利要求书如下：

“1. 式（I）所示的化合物

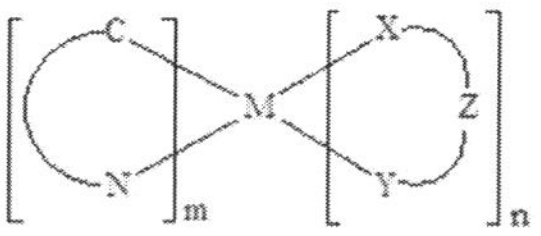

（I）

（I）

其中

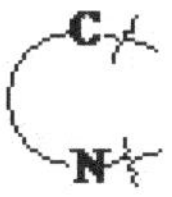

是环状金属化配体，所述环状金属化配体选自

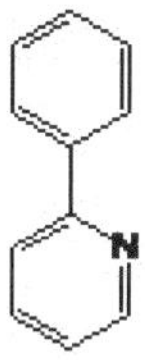

，

其可以任选地被烷基、烯基、炔基、烷基芳基、CN、CF_3、CO_2R、C（O）R、NR_2、NO_2、OR、卤素、芳基、杂芳基、取代的芳基、取代的杂芳基或杂环基中的一个或多个取代，并且另外地，或作为选择地，任何两个相邻的取代位置独立地一起形成稠合的5-至6-元环状基团，其中上述环状基团是环烷基、环杂烷基、芳基或杂芳基，且其中稠合的5-到6-元环状基团可以任选地被烷基、烯基、炔基、烷基芳基、CN、CF_3、CO_2R、C（O）R、NR_2、NO_2、OR或卤素中的一个或多个取代，每个R独立地是烷基、烯基、炔基、芳烷基和芳基，

M是Ir，

m和n是选自1和2的整数，其中n+m之和是2或3，和

是阴离子并且选自

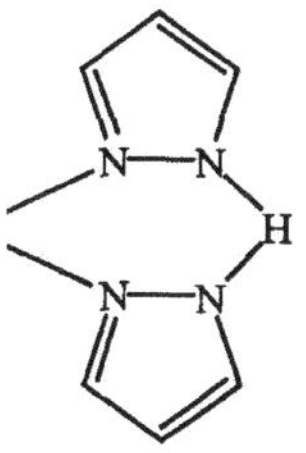

和

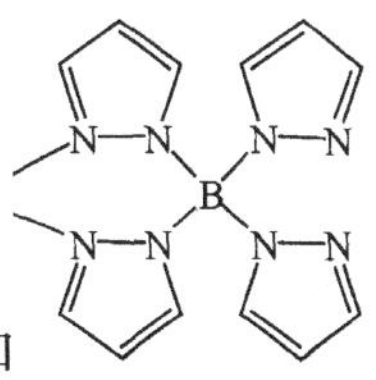

。

2. 一种含有机层的发光器件，所述有机层包括下式结构所示的组分：

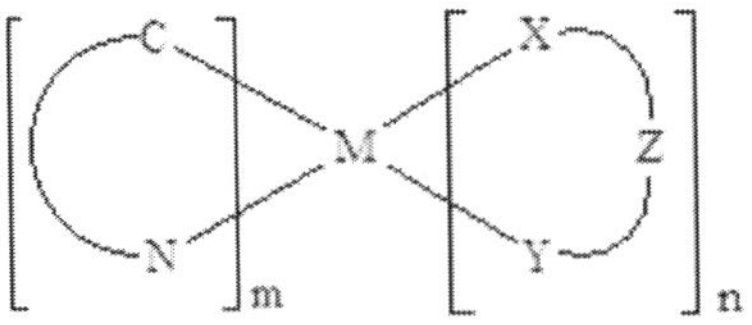

其中

是环状金属化配体，所述环状金属化配体选自

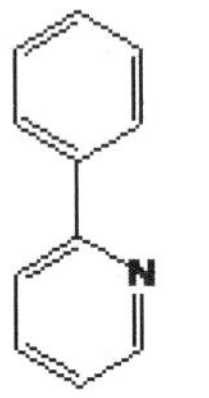

，

其可以任选地被烷基、烯基、炔基、烷基芳基、CN、CF_3、CO_2R、C（O）R、NR_2、NO_2、OR、卤素、芳基、杂芳基、取代的芳基、取代的杂芳基或杂环基中的一个或多个取代，并且另外地，或作为选择地，任何两个相邻的取代位置独立地一起形成稠合的5-至6-元环状基团，其中上述环状基团是环烷基、环杂烷基、芳基或杂芳基，且其中稠合的5-到6-元环状基团可以任选地被烷基、烯基、炔基、烷基芳基、CN、CF_3、CO_2R、C（O）R、NR_2、NO_2、OR或卤素中的一个或多个取代，每个R独立地是烷基、烯基、炔基、芳烷基和芳基，

M是Ir，

m和n是选自1和2的整数，其中n+m之和是2或3，和

是阴离子并且选自

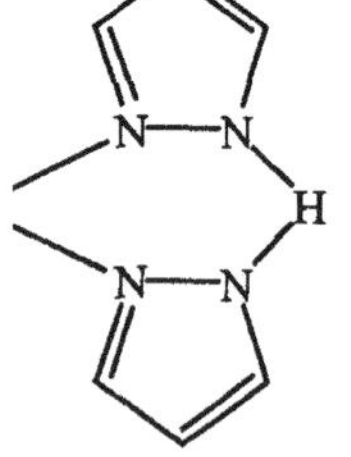

和

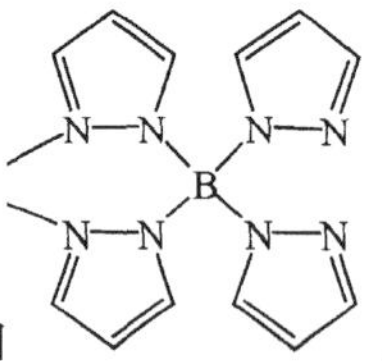

。”

请求人认为：权利要求1涉及的式I化合物是一种磷光有机金属发光材料，具有一个或多个阴离子配体（即X-Z-Y），其在所述磷光有机金属发光材料的发射光中产生蓝移。根据说明书的公开，本领域技术人员可以预料X-Z-Y配体（例如pz2H和pz2Bpz2）在材料中导致两性离子结构的作用适用于具有任选被取代的苯基吡啶的化合物范围。也就是说，本领域技术人员可以预见到，对于具有任选被取代的苯基吡啶作为C-N环金属化配体的发射材料也将由于在发射材料中存在X-Z-Y配体（例如pz_2H和pz_2Bpz_2）而导致发射光谱中的蓝移，即达到本发明的目的。因此修改后的权利要求1和2能够得到说明书的支持，符合专利法第26条第4款的规定。

2009年6月2日，请求人再次提交了意见陈述书和权利要求书全文修改替换页，其中将权利要求1、2所涉及通式化合物中任选被取代的苯基吡啶上的取代基限定为“烷基、NR_2、OR或卤素中的一个或多个”，并且“每个R独立地是烷基”。

修改后的权利要求书如下：

“1. 式（I）所示的化合物

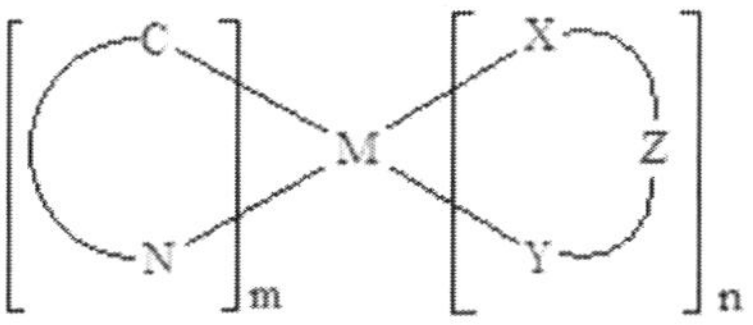

（I）

其中

是环状金属化配体，所述环状金属化配体选自

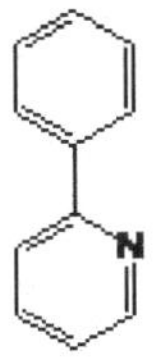

，

其可以任选地被烷基、NR_2、OR或卤素中的一个或多个取代，每个R独立地是烷基，

M是Ir，

m和n是选自1和2的整数，其中n+m之和是2或3，和

是阴离子并且选自

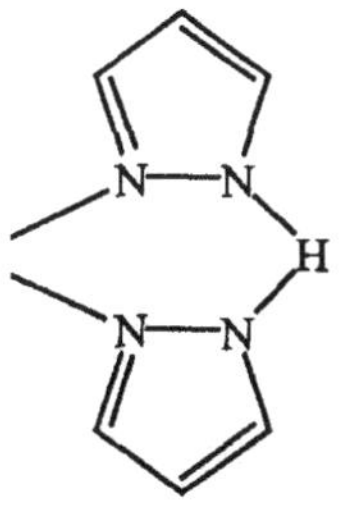

和

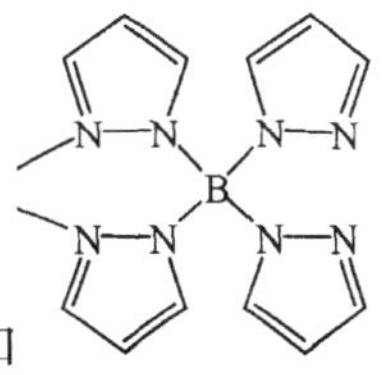

。

2. 一种含有机层的发光器件，所述有机层包括下式结构所示的组分：

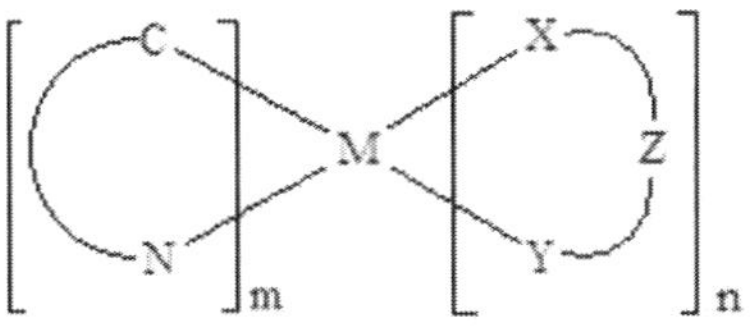

其中

是环状金属化配体，所述环状金属化配体选自

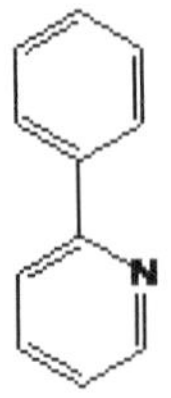

，

其可以任选地被烷基、NR_2、OR 或卤素中的一个或多个取代，每个 R 独立地是烷基，

M 是 Ir，

m 和 n 是选自 1 和 2 的整数，其中 n+m 之和是 2 或 3，和

是阴离子并且选自

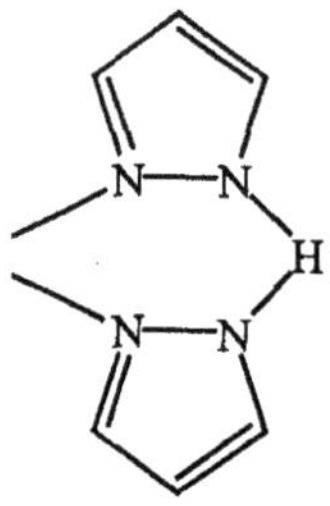

和

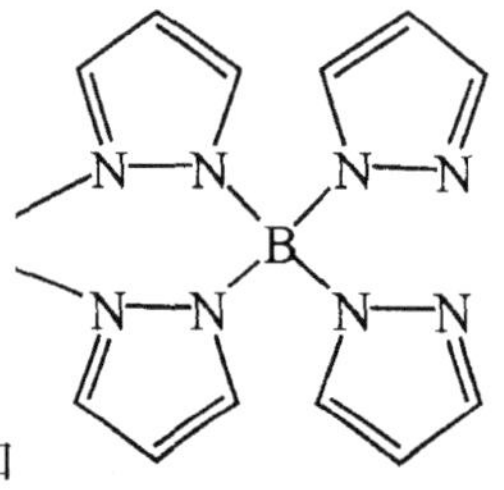

。”

请求人认为，修改后的权利要求书能够得到说明书的支持，符合专利法第 26 条第 4 款的规定。

经合议，合议组认为本案事实已经清楚，可以作出审查决定。

二、决定的理由

1. 关于审查文本

请求人于 2009 年 6 月 2 日提交了权利要求书全文修改替换页，经审查，请求人提交的上述权利要求书修改替换页符合专利法第 33 条和专利法实施细则第 60 条第 1 款的规定，因此本复审请求审查决定是以请求人于 2009 年 6 月 2 日提交的权利要求第 1~2 项、进入中国国家阶段时提交的国际申请文件的中文文本的说明书第 1~27 页、说明书附图第 1~2 页及说明书摘要为基础作出的。

2. 关于专利法第 26 条第 4 款

专利法第 26 条第 4 款规定：权利要求书应当以说明书为依据，说明要求专利保护的范围。

如果本领域技术人员根据说明书公开的内容能够合理地预期由基团上位概念所概括得到的所有化合物都具有相同的性能或用途，则上述概括是允许的。

就本申请而言，请求人于 2009 年 6 月 2 日提交了权利要求书，在权利要求 1 中，通式（I）化合物各基团的定义在实施例中均有相应的下位概念的基团支持，例如，在实施例具体公开了甲氧基（二氟苯基）吡啶、(二氟苯基）吡啶或二甲基氨基（二氟苯基）吡啶的情况下，本领域技术人员可以预期将上述基团中的氟概括为属于同一族的上位概念卤素以及将上述基团中涉及的甲基概括为与甲基性质相似的上位概念烷基后所得到的化合物也能实现本发明的发明目的，并具有与实施例化合物相

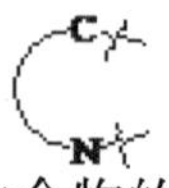

同的性能或用途，因此，在权利要求 1 中式 I 化合物的各基团定义已经依据说明书所提供的四个实施例为甲氧基（二氟苯基）吡啶（MeOfppy）、（二氟苯基）吡啶（fppy）或二甲基氨基（二氟苯基）

吡啶（dmafppy），M 为 Ir，

为 pz_2Bpz_2 和 pz_2H 做了进一步的限定的情况下，本领域技术人员根据说明书公开的内容能够概括得到该限定后的技术方案并预期其具有相同的性能或用途，因此权利要求 1 能够得到说明书的支持，符合专利法第 26 条第 4 款的规定。基于与权利要求 1 相同的理由，权利要求 2 也能够得到说明书的支持，符合专利法第 26 条第 4 款的规定。

根据上述事实和理由，合议组作出如下审查决定。

三、决定

撤销国家知识产权局于 2007 年 8 月 10 日针对第 03822403.8 号发明专利申请作出的驳回决定，由国家知识产权局原审查部门以本复审决定所针对的文本为基础继续审批程序。

复审请求人对本决定不服的，可以根据专利法第 41 条第 2 款的规定，自收到本决定之日起三个月内向北京市第一中级人民法院起诉。

189

含氮化合物、其制备以及在氨基-醛树脂中的应用

复审请求审查决定（第 20187 号）

决　定　号　第 20187 号
决　定　日　2009 年 11 月 18 日
发明创造名称　含氮化合物、其制备以及在氨基-醛树脂中的应用
国 际 分 类 号　C07D 251/54，C07C 275/16，C08G 12/38
复 审 请 求 人　DSMIP 财产有限公司
申　请　号　03812646. X
优 先 权 日　2002 年 5 月 30 日
申　请　日　2003 年 5 月 28 日
公　开　日　2005 年 8 月 24 日
合 议 组 组 长　危　峰
主　审　员　黄　强
参　审　员　刘　静

法 律 依 据　专利法第 31 条第 1 款，专利法第 33 条
决 定 要 点

如果申请的内容通过增加、改变和/或删除其中的一部分，致使所属技术领域的技术人员看到的信息与原申请记载的信息不同，而且又不能从原申请记载的信息中直接地、毫无疑义地确定，那么，这种修改就是不允许的；反之，则是允许的。

一、案由

本复审请求案涉及发明名称为“含氮化合物、其制备以及在氨基-醛树脂中的应用”的第 03812646. X 号发明专利申请（下称本申请），申请人为 DSM IP 财产有限公司，其优先权日为 2002 年 5 月 30 日，申请日为 2003 年 5 月 28 日，公开日为 2005 年 8 月 24 日。

2008 年 3 月 7 日，针对申请人于 2007 年 9 月 27 日提交的权利要求第 1~22 项，2007 年 9 月 19 日提交的说明书第 2 页，国际初步审查报告附件的中文文本的说明书第 1、3~4 页，进入中国国家阶段时提交的国际申请文件的中文文本的说明书第 5~7 页以及说明书摘要（下称驳回文本），国家知识产权局以本申请不符合专利法第 31 条第 1 款的规定为由驳回了本申请，驳回决定针对的权利要求书如下：

“1. 以下通式的化合物：

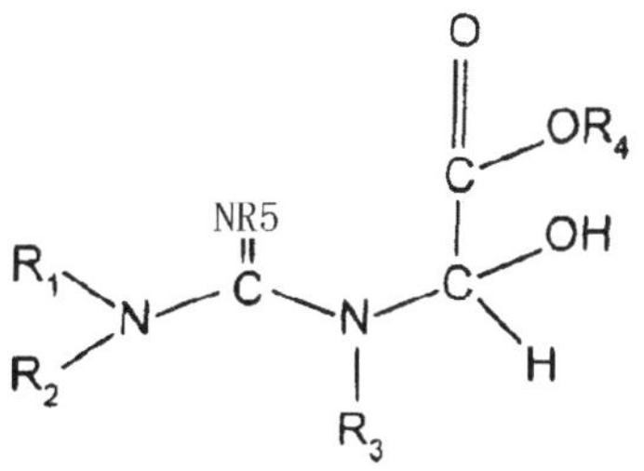

其中：

R_4 是 C_1–C_{12}烷基、芳基、芳烷基或环烷基；

R_1、R_2、R_3、R_5 是 H、烷基、环烷基、芳基或杂环基；

其中，任选地，R_1、R_2、和 R_5，或 R_1、R_2、和 R_3 一起形成杂环基。

2. 根据权利要求 1 的化合物，特征在于 R_4 是 C_1–C_{12}烷基。

3. 根据权利要求 2 的化合物，特征在于 R_4 是甲基或乙基。

4. 根据权利要求 1~3 中任何一项的化合物，特征在于 R_1、R_2、和 R_5 形成杂环。

5. 根据权利要求 4 的化合物，特征在于 R_1、R_2、和 R_5 形成三聚氰胺环。

6. 根据权利要求 1~3 中任何一项的化合物，特征在于 R_1、R_2、R_3、和 R_5 是 H 。

7. 通过氨基化合物与以下通式的链烷醇半缩醛反应制备权利要求 1 的化合物的方法，

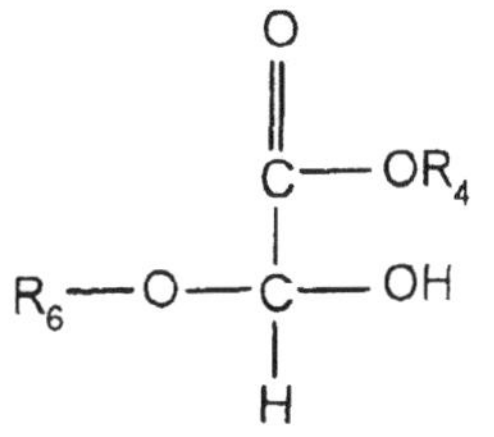

(II)

其中 R_4 是 C_1–C_{12}烷基、芳基、芳烷基或环烷基，R_6 是 C_1–C_{12}烷基、芳烷基或环烷基，在该方法中释放出相应的烷基醇、芳烷基醇或环烷基醇。

8. 根据权利要求 7 所述的方法，特征在于 R_4 是 C_1–C_{12}烷基。

9. 根据权利要求 7 所述的方法，特征在于 R_4 是甲基或乙基。

10. 根据权利要求 7 的方法，特征在于三嗪、或胍用作氨基化合物。

11. 根据权利要求 7 的方法，特征在于选自由三聚氰胺、蜜白胺、蜜勒胺、三聚氰酸二酰胺、三聚氰酸一酰胺和脲基三聚氰胺组成的化合物用作氨基化合物。

12. 根据权利要求 11 的方法，特征在于三聚氰胺用作氨基化合物。

13. 制备氨基–醛树脂的方法，特征在于使用通式（III）的氨基化合物：

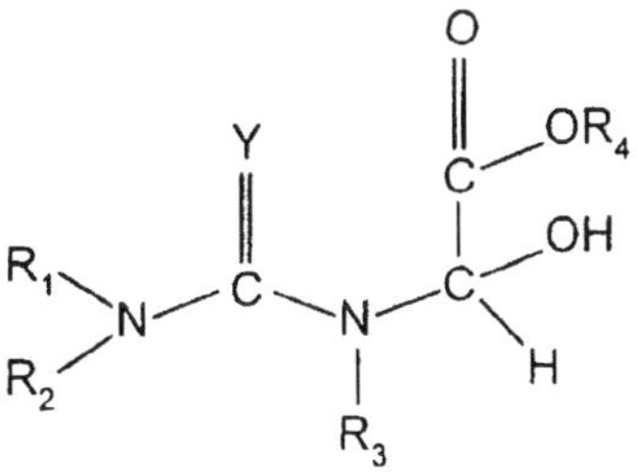

(III)

其中：

Y 是 NR_5；

R_4 是 C_1-C_{12}烷基、芳基、芳烷基或环烷基；

R_1、R_2、R_3、R_5 是 H、烷基、环烷基、芳基或杂环基；其中，

R_1、R_2、R_3、R_5 中的至少一个是 H，

任选地，R_1、R_2、和 R_5，或 R_1、R_2、和 R_3 一起形成杂环基，

所述方法在室温和100℃之间的温度下进行。

14. 根据权利要求 13 的方法，特征在于脲和/或三聚氰胺用于制备通式（III）化合物。

15. 根据权利要求 13 或 14 制备的氨基醛树脂。

16. 根据权利要求 15 的氨基醛树脂，特征在于氨基化合物与醛化合物的摩尔比为 1∶0.1~1∶3.00。

17. 根据权利要求 16 的氨基醛树脂，特征在于氨基化合物与醛化合物的摩尔比为 1∶0.5~1∶2.0。

18. 用权利要求 15~17 任何一项的氨基-醛树脂制备的层压材料。

19. 由权利要求 15~17 任何一项的氨基-醛树脂制备的成型制品。

20. 权利要求 15~17 任何一项的氨基-醛树脂用作为涂料。

21. 含有权利要求 15~17 任何一项的氨基-醛树脂的粘合剂组合物。

22. 基于权利要求 15~17 任何一项的氨基-醛树脂的粘合剂组合物，特征在于脲和/或三聚氰胺被另外用作氨基化合物。”

驳回决定认为，权利要求 1~12 涉及通式 I 化合物及其制备方法，权利要求 13~22 涉及氨基醛树脂、制备方法及其用途，通式 I 的小分子化合物与氨基醛树脂类高分子化合物之间不具有相同或相应的特定技术特征，因此权利要求 1~12 的技术方案与权利要求 13~22 的技术方案之间不存在相同或相应的特定技术特征，不属于一个总的发明构思，不具备专利法第 31 条第 1 款规定的单一性。

2008 年 6 月 20 日，申请人 DSM IP 财产有限公司（下称请求人）对上述驳回决定不服，向专利复审委员会提出复审请求，同时提交了权利要求书的全文替换页。修改后的权利要求书如下：

“1. 以下通式的化合物：

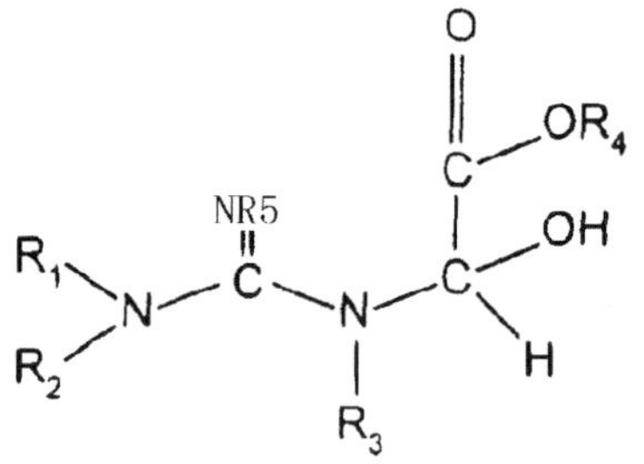

其中：

R_4 是 C_1-C_{12}烷基、芳基、芳烷基或环烷基；

R_1、R_2、R_3、R_5 是 H、烷基、环烷基、芳基或杂环基；

其中，任选地，R_1、R_2、和 R_5，或 R_1、R_2、和 R_3 一起形成杂环基。

2. 根据权利要求 1 的化合物，特征在于 R_4 是 C_1-C_{12}烷基。

3. 根据权利要求 2 的化合物，特征在于 R_4 是甲基或乙基。

4. 根据权利要求 1~3 中任何一项的化合物，特征在于 R_1、R_2、和 R_5 形成杂环。

5. 根据权利要求 4 的化合物，特征在于 R_1、R_2、和 R_5 形成三聚氰胺环。

6. 根据权利要求 1~3 中任何一项的化合物，特征在于 R_1、R_2、R_3、和 R_5 是 H 。

7. 通过氨基化合物与以下通式的链烷醇半缩醛反应制备权利要求 1 的化合物的方法，

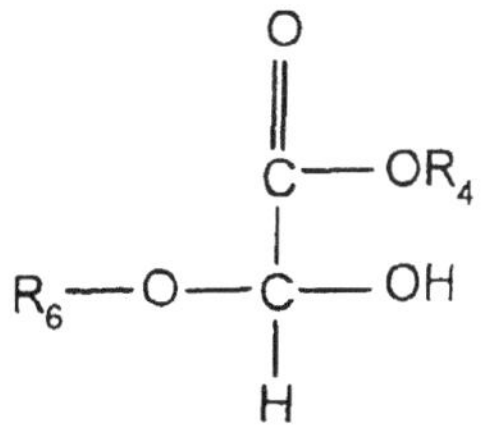

(II)

其中 R_4 是 C_1-C_{12}烷基、芳基、芳烷基或环烷基，R_6 是 C_1-C_{12}烷基、芳烷基或环烷基，在该方法中释放出相应的烷基醇、芳烷基醇或环烷基醇。

8. 根据权利要求 7 所述的方法，特征在于 R_4 是 C_1-C_{12}烷基。

9. 根据权利要求 7 所述的方法，特征在于 R_4 是甲基或乙基。

10. 根据权利要求 7 的方法，特征在于三嗪、或胍用作氨基化合物。

11. 根据权利要求 7 的方法，特征在于选自由三聚氰胺、蜜白胺、蜜勒胺、三聚氰酸二酰胺、三聚氰酸一酰胺和脲基三聚氰胺组成的化合物用作氨基化合物。

12. 根据权利要求 11 的方法，特征在于三聚氰胺用作氨基化合物。

13. 根据权利要求 7~12 中任一项所述的方法，特征在于氨基化合物与醛化合物的摩尔比为 1：0.1~1：3.00。

14. 根据权利要求 13 所述的方法，特征在于氨基化合物与醛化合物的摩尔比为 1：0.5~1：2.0。”

请求人的修改方式如下：保留涉及通式 I 的化合物及其制备方法的权利要求 1~12，此外，保留了原从属权利要求 16 和 17，并将其修改为权利要求 7 的从属权利要求。请求人认为，上述修改基础参见说明书第 4 页第 25~26 行，修改后的申请文件已克服了驳回决定指出的缺陷。

经形式审查合格后，专利复审委员会受理了该请求，并于 2008 年 7 月 14 日向请求人发出了《复审请求受理通知书》，同时将本申请转送至国家知识产权局原审查部门进行前置审查。

在《前置审查意见书》中，国家知识产权局原审查部门认为修改后的权利要求 13 和 14 不符合专利法第 33 条的规定，故坚持驳回决定。

专利复审委员会组成合议组，对本复审请求案进行了审理。

2009 年 6 月 8 日，合议组向请求人发出《复审通知书》，指出：从权利要求书的整体内容和引用关系来看，权利要求 13 和 14 均是限定在制备权利要求 1 化合物的方法中，氨基化合物与式（II）的链烷醇半缩醛的比例。首先，原申请文件的权利要求 14 和 15 均是限定在氨基醛树脂中氨基化合物与醛化合物的比例，而不是在制备权利要求 1 化合物的方法中氨基化合物与式（II）的链烷醇半缩醛的比例，同时原说明书中也没有明确记载修改后的权利要求 13 和 14 所述的方法，由此可见，权利要求 13 和 14 的技术方案致使本领域技术人员看到的信息与原申请记载的信息不同。其次，请求人在提出复审请求时指出，权利要求 13 和 14 的修改基础参见说明书第 4 页第 25~26 行。为此，合议组查明，原说明书第 4 页第 25~26 行记载的是“氨基化合物与醛化合物的摩尔比一般为 1：0.1~1：3.0。该摩尔比优选为 1：0.5~1：2”。从说明书的上下文关系可以看出（参见原说明书第 3 页第 14 行至第 4 页 31 行），此处的氨基化合物与醛化合物均是指在制备氨基-醛树脂的过程中，氨基化合物与醛化合物的比例。此外，根据原说明书第 4 页第 2 段的记载可知，在氨基-醛树脂的制备过程中，氨基化合物包括通式（III）化合物以及其他的氨基化合物如脲和/或三聚氰胺（参见原说明书第 4 页第 10~11 行），醛化合物包括通式（II）的不同链烷醇半缩醛的混合物或甲醛和一种或多种上述链烷醇半缩醛的混合物（参见原说明书第4页第6~8行）。而根据原说明书第2页第10行至第3页第13行的记载，在权利要求1的化合物的制备过程中，氨基化合物是指作为制备原料的含有至少一个NH或NH_2基团的化合物，显然不包括通式（III）化合物本身，而醛化合物仅定义为通式（II）的链烷醇半缩醛本身，并不包括通式（II）的不同链烷醇半缩醛的混合物或甲醛和一种或多种上述链烷醇半缩醛的混合物。由此可见，氨基-醛树脂的制备过程中的氨基化合物与醛化合物与权利要求1化合物制备过程中氨基化合物与醛化合物具有不同的定义，两者是不同的。因此，根据说明书第4页第25~26行记载的信息，本领域技术人员不能直接地、毫无疑义地确定权利要求13和14的技术方案。权利要求13和14的技术方案既未明确地记载在原说明书和权利要求书中，也不能由原说明书和权利要求书记载的内容直接地、毫无疑义地确定，因而超出了原申请记载的范围，不符合专利法第33条的规定。

针对上述《复审通知书》，请求人于2009年7月21日提交了意见陈述书以及权利要求书的修改替换页，其中删除了权利要求13和14，请求人认为经过上述修改已克服了《复审通知书》指出的缺陷。修改后的权利要求书为：

“1. 以下通式的化合物：

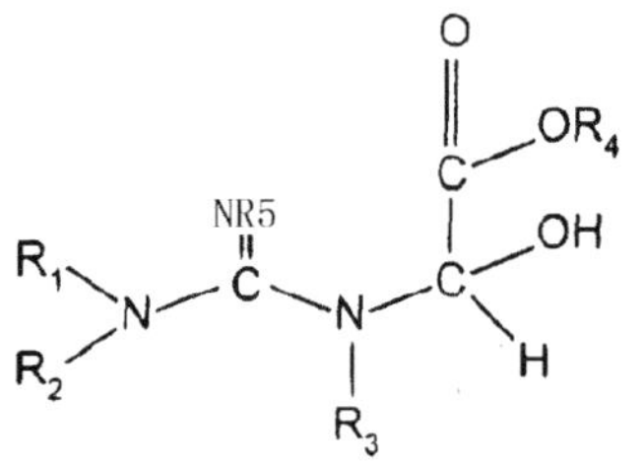

其中：

R_4 是 C_1-C_{12}烷基、芳基、芳烷基或环烷基；

R_1、R_2、R_3、R_5 是 H、烷基、环烷基、芳基或杂环基；

其中，任选地，R_1、R_2、和 R_5，或 R_1、R_2、和 R_3 一起形成杂环基。

2. 根据权利要求1的化合物，特征在于 R_4 是 C_1-C_{12}烷基。

3. 根据权利要求2的化合物，特征在于 R_4 是甲基或乙基。

4. 根据权利要求1~3中任何一项的化合物，特征在于 R_1、R_2、和 R_5 形成杂环。

5. 根据权利要求4的化合物，特征在于 R_1、R_2、和 R_5 形成三聚氰胺环。

6. 根据权利要求1~3中任何一项的化合物，特征在于 R_1、R_2、R_3、和 R_5 是 H 。

7. 通过氨基化合物与以下通式的链烷醇半缩醛反应制备权利要求1的化合物的方法，

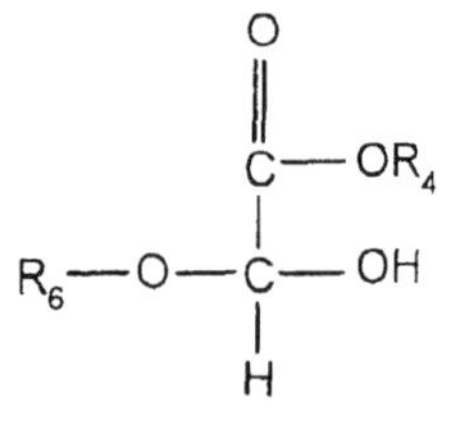

(II)

其中 R_4 是 C_1-C_{12}烷基、芳基、芳烷基或环烷基，R_6 是 C_1-C_{12}烷基、芳烷基或环烷基，在该方法中释放出相应的烷基醇、芳烷基醇或环烷基醇。

8. 根据权利要求7所述的方法，特征在于 R_4 是 C_1-C_{12}烷基。

9. 根据权利要求7所述的方法，特征在于 R_4 是甲基或乙基。

10. 根据权利要求 7 的方法，特征在于三嗪、或胍用作氨基化合物。

11. 根据权利要求 7 的方法，特征在于选自由三聚氰胺、蜜白胺、蜜勒胺、三聚氰酸二酰胺、三聚氰酸一酰胺和脒基三聚氰胺组成的化合物用作氨基化合物。

12. 根据权利要求 11 的方法，特征在于三聚氰胺用作氨基化合物。"

经合议，合议组认为本案事实已经清楚，可以作出审查决定。

二、决定的理由

1. 关于审查文本

本复审请求审查决定针对的文本是请求人于 2009 年 7 月 21 日提交的权利要求第 1~12 项，2007 年 9 月 19 日提交的说明书第 2 页，国际初步审查报告附件的中文文本的说明书第 1、3~4 页，进入中国国家阶段时提交的国际申请文件的中文文本的说明书第 5~7 页以及说明书摘要（下称复审文本）。

2. 关于专利法第 31 条第 1 款

专利法第 31 条第 1 款规定：一件发明或者实用新型专利申请应当限于一项发明或者实用新型。

就本申请而言，《驳回决定》指出，驳回文本的权利要求 1~12 的技术方案与权利要求 13~22 的技术方案之间不具备专利法第 31 条第 1 款规定的单一性。

在复审文本中，请求人删除了驳回文本中的权利要求 13~22，因此《驳回决定》中指出的权利要求 1~12 与权利要求 13~22 之间不具备单一性所针对的事实已不存在。

3. 关于专利法第 33 条

专利法第 33 条规定：申请人可以对其专利申请文件进行修改，但是，对发明专利申请文件的修改不得超出原说明书和权利要求书记载的范围。

如果申请的内容通过增加、改变和/或删除其中的一部分，致使所属技术领域的技术人员看到的信息与原申请记载的信息不同，而且又不能从原申请记载的信息中直接地、毫无疑义地确定，那么，这种修改就是不允许的；反之，则是允许的。

就本申请而言，《前置审查意见书》和《复审通知书》指出请求人在提出复审请求时提交的权利要求 13 和 14 的修改超出了原申请文件记载的范围，不符合专利法第 33 条的规定。

在复审文本中，请求人删除了提出复审请求时提交的权利要求 13 和 14，因此《前置审查意见书》和《复审通知书》指出的权利要求 13 和 14 修改超范围所针对的事实已不存在。

根据上述事实和理由，合议组作出如下审查决定。

三、决定

撤销国家知识产权局于 2008 年 3 月 7 日针对第 03812646. X 号发明专利申请作出的驳回决定，由国家知识产权局原审查部门以复审文本为基础继续审批程序。

复审请求人对本决定不服的，可以根据专利法第 41 条第 2 款的规定，自收到本决定之日起三个月内向北京市第一中级人民法院起诉。

190

盐酸维拉帕米的精制方法

复审请求审查决定（第 20195 号）

决　　定　　号　第 20195 号
决　　定　　日　2009 年 11 月 16 日
发明创造名称　盐酸维拉帕米的精制方法
国 际 分 类 号　C07C253/34，C07C255/43
复 审 请 求 人　天津市中央药业有限公司
申　　请　　号　200710056839.7
申　　请　　日　2007 年 2 月 16 日
公　　开　　日　2007 年 8 月 8 日
合 议 组 组 长　李亚林
主　　审　　员　孙丽芳
参　　审　　员　刘　磊

法 律 依 据　专利法第 33 条
决 定 要 点
如果申请文件的修改内容在原申请文件中有明确记载，那么，这种修改是允许的。

一、案由

本复审请求涉及发明名称为“盐酸维拉帕米的精制方法”的第 200710056839.7 号发明专利申请（下称本申请），申请人为天津市中央药业有限公司，申请日为 2007 年 2 月 16 日，公开日为 2007 年 8 月 8 日。

2009 年 1 月 16 日，针对申请人于 2008 年 9 月 16 日提交的权利要求第 1～8 项、说明书第 5～6 页，2008 年 6 月 26 日提交的说明书第 7 页，2007 年 2 月 16 日提交的说明书第 1～4 页及说明书摘要，国家知识产权局以申请的修改不符合专利法第 33 条的规定为由驳回了本申请。

驳回决定认为：申请人 2008 年 9 月 16 日提交的申请文本中，权利要求 1 和说明书第 5 页中所述的“醇类或酮类：水＝1：0.01～0.5（v/v）”在原说明书和权利要求书既没有明确地记载也不能由原说明书和权利要求书所记载的信息中直接地、毫无疑义地确定。因为原申请文件中仅记载了丙酮：水或异丙醇：水＝1：0.01～0.5（v/v），不能据此推出醇类或酮类与水的比例，因此，该修改不符合专利法第 33 条的规定。

驳回决定针对的权利要求 1 如下：

“盐酸维拉帕米式①的精制方法，

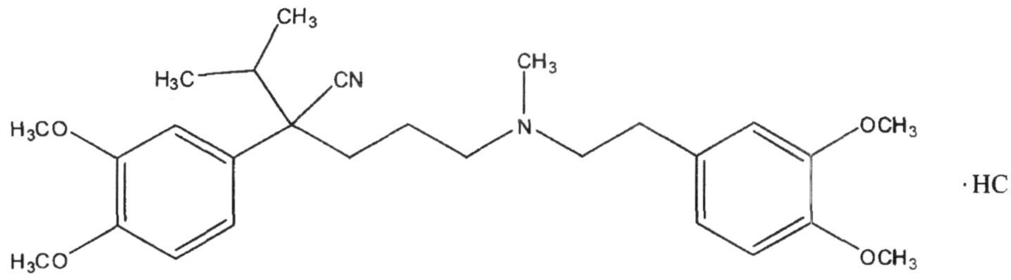

其特征在于将式①化合物的粗品，加入装有搅拌和回流冷凝器的的圆底反应瓶中，加入用有机溶剂和水组成的混合溶剂，加热回流使其溶解，其比例为醇类或酮类：水 = 1：0.01~0.5（v/v）；混合溶剂的用量以体积计是盐酸维拉帕米的 1.5~20 倍，加活性炭过滤，搅拌下冷却至 15℃析出结晶；过滤，异丙醇淋洗，100℃干燥得盐酸维拉帕米。”

2009 年 4 月 17 日，申请人天津市中央药业有限公司（下称请求人）对上述驳回决定不服，向专利复审委员会提出复审请求，请求人在提出复审请求时对权利要求书进行了修改，将权利要求 1 中所述的“醇类或酮类：水 = 1：0.01~0.5（v/v）”修改为“有机溶剂：水 = 1：0.01~0.5（v/v），所述的有机溶剂是丙酮或异丙醇”。修改后的权利要求 1 为：

“盐酸维拉帕米式①的精制方法，

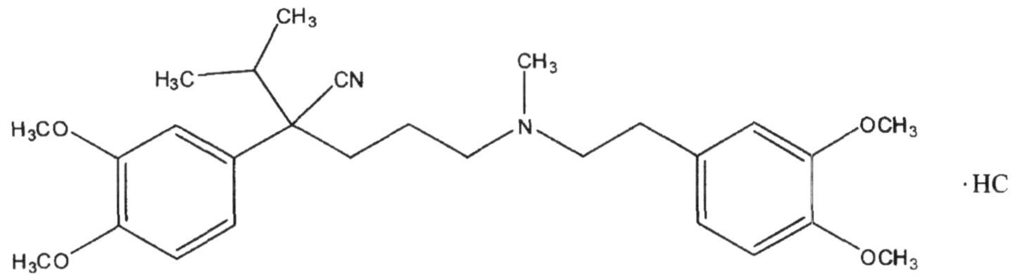

其特征在于将式①化合物的粗品，加入装有搅拌和回流冷凝器的的圆底反应瓶中，加入用有机溶剂和水组成的混合溶剂，加热回流使其溶解，其比例为有机溶剂：水 = 1：0.01~0.5（v/v），所述的有机溶剂是丙酮或异丙醇；混合溶剂的用量以体积计是盐酸维拉帕米的 1.5~20 倍，加活性炭过滤，搅拌下冷却至 15℃析出结晶；过滤，异丙醇淋洗，100℃干燥得盐酸维拉帕米。”

请求人认为：经过上述修改，已克服《驳回决定》指出的缺陷。

经形式审查合格后，专利复审委员会受理了该请求，并于 2009 年 5 月 26 日向请求人发出了《复审请求受理通知书》，同时将本申请转送至国家知识产权局原审查部门进行前置审查。

在《前置审查意见书》中，国家知识产权局原审查部门认为说明书第 5 页的修改内容仍不符合专利法第 33 条的规定，因此坚持驳回决定。

专利复审委员会组成合议组，对本复审请求案进行了审理。

2009 年 10 月 30 日，请求人提交了说明书第 5~7 页的修改替换页，将驳回文本中说明书第 5 页记载的“其比例为醇类或酮类：水 = 1：0.01~0.5（v/v）”修改为“有机溶剂：水 = 1：0.01~0.5（v/v），所述的有机溶剂是丙酮或异丙醇”，同时删除“所述的盐酸维拉帕米的精制方法，其特征在于所述的与水组成混合溶剂的醇类是甲醇或乙醇或异丙醇；酮类是丙酮或丁酮”。

经合议，合议组认为本案事实清楚，可以作出审查决定。

二、决定的理由

1. 关于决定的文本

本复审请求审查决定针对的文本是：请求人于2009年4月17日提交的权利要求第1~7项，2009年10月30日提交的说明书第5~7页，2007年2月16日提交的说明书第1~4页及说明书摘要。

2. 关于专利法第33条

专利法第33条规定：申请人可以对其专利申请文件进行修改，但是，对发明和实用新型专利申请文件的修改不得超出原说明书和权利要求书记载的范围。

如果申请文件的修改内容在原申请文件中有明确记载，那么，这种修改是允许的。

就本案而言，《驳回决定》认为，驳回文本中，权利要求1和说明书第5页中所述的“醇类或酮类：水=1：0.01~0.5（v/v）”在原说明书和权利要求书既没有明确地记载也不能由原说明书和权利要求书所记载的信息中直接地、毫无疑义地确定。而请求人2008年4月17日提交的权利要求书和2009年10月30日提交的说明书第5~7页中，已将上述内容修改为“有机溶剂：水=1：0.01~0.5（v/v），所述的有机溶剂是丙酮或异丙醇”，修改后的内容在原说明书第6页第2段和第4段中有明确记载，该修改符合专利法第33条的规定，《驳回决定》指出的缺陷已被克服。

根据上述事实和理由，合议组作出如下审查决定。

三、决定

撤销国家知识产权局于2009年1月16日针对第200710056839.7号发明专利申请作出的驳回决定，由国家知识产权局原审查部门以本复审决定所针对的文本为基础继续审批程序。

复审请求人对本决定不服的，可以根据专利法第41条第2款的规定，自收到本决定之日起三个月内向北京市第一中级人民法院起诉。

191

合成丙烯酰胺衍生物的方法

复审请求审查决定（第 20212 号）

决　定　号　第 20212 号
决　定　日　2009 年 11 月 17 日
发明创造名称　合成丙烯酰胺衍生物的方法
国际分类号　C07C231/02
复审请求人　通用电气健康护理生物科学股份公司
申　请　号　200480031474.7
优先权日　2003 年 10 月 23 日
申　请　日　2004 年 10 月 18 日
公　开　日　2006 年 11 月 29 日
合议组组长　侯　曜
主　审　员　赵步真
参　审　员　王晓东

法律依据　专利法第 22 条第 3 款
决定要点

如果要求保护的发明与现有技术的技术方案相比存在区别特征，而现有技术中不存在引入所述区别特征以解决发明实际要解决技术问题的启示，则该权利要求具有创造性。

一、案由

本复审请求案涉及发明名称为“合成丙烯酰胺衍生物的方法”的第 200480031474.7 号发明专利申请（下称本申请），申请人为通用电气健康护理生物科学股份公司，申请日为 2004 年 10 月 18 日，优先权日为 2003 年 10 月 23 日，公开日为 2006 年 11 月 29 日。

2007 年 12 月 7 日，针对申请人于 2007 年 10 月 9 日提交的权利要求第 1~10 项、进入中国国家阶段时提交的国际申请文件的中文文本的说明书第 1~6 页及其摘要，国家知识产权局以申请不符合专利法第 22 条第 3 款为由驳回了本申请。

驳回决定所针对的权利要求书为：

“1. 合成丙烯酰胺基固定剂的方法，从在水中溶解亲核性的胺的盐而形成水溶液开始，并且使用碱将所述水溶液脱盐，包括以下步骤：

a）将溶解的活化的丙烯酸衍生物加入到所述溶液中；

b）酸化水相；和

c）萃取所述的水相。

2. 根据权利要求 1 的方法，其中所述的丙烯酰胺衍生物是丙烯酰胺基胍基丁胺。

3. 根据权利要求 2 的方法，其中所述的盐是胍基丁胺盐。

4. 根据权利要求 1~3 任何一项的方法，其中萃取步骤 c）使用有机溶剂进行。

5. 根据权利要求 4 的方法，其中有机溶剂是甲基异丁基酮。

6. 根据权利要求 1~3 任何一项的方法，其中所述的丙烯酸衍生物是活化的丙烯酸衍生物，选自丙烯酰氯、丙烯酸 N-羟基琥珀酰亚胺酯、丙烯酸五氟苯基酯、丙烯酸五氯苯基酯、丙烯酸 4-硝基苯基酯。

7. 根据权利要求 1~3 任何一项的方法，其中所述的脱盐使用 NaOH 、三乙基胺、二异丙基乙基胺或 K_2CO_3。

8. 根据权利要求 1~3 任何一项的方法，还包括固定 pH 到 7。

9. 根据权利要求 1~3 任何一项的方法，包括在步骤 b）以前，

i）碱化水相到 pH 超过有机碱的 pKa，和

ii）使用有机溶剂萃取水相以除去有机碱。

10. 根据权利要求 1~3 任何一项的方法，其中将胍基丁胺硫酸盐溶解，使用 K_2CO_3脱盐并且包括以下步骤：

a）加入丙烯酰氯；

b）酸化到 pH1~4，优选 pH2. 3；

c）过滤；

d）使用 MIBK 萃取；和

e）将 pH 调节到 pH7。”

驳回决定认为：权利要求 1 为化合物的制备方法类型的权利要求，涉及丙烯酸类物质的制备方法，对比文件 1（WO03035013 A1，公开日为 2003 年 5 月 1 日）所公开的制备方法在技术方案方面与本申请的方法几乎完全相同，而不同的丙烯酰胺衍生物应用于不同的用途，这是由其各自不同的结构特征所带来的，如申请人所述的在固定剂方面的应用，这些均为现有技术已知的内容。即对于何种丙烯酰胺化合物能够应用于固定剂的用途，本领域技术人员均可以从现有技术中获取，然后其通过结合对比文件 1 所公开的制备方法，制备出对应的丙烯酰胺化合物，这对于本领域技术人员来说是显而易见的，因此权利要求 1 不具备创造性。同样地，根据《第一次审查意见通知书》中已指出的意见，从属权利要求 2~10 也不具备创造性。

2008 年 3 月 21 日，申请人通用电气健康护理生物科学股份公司（下称请求人）对上述驳回决定不服，向专利复审委员会提出复审请求，请求人在提出复审请求时对权利要求书进行了修改，将权利要求 1 的主题由“合成丙烯酰胺基固定剂的方法”改为“生产丙烯酰胺基固定剂的方法”，并且在权利要求 1 中加入了步骤“d）将所述丙烯酰胺基固定剂加入到等电聚焦分离材料中”。修改后的权利要求 1 为：

“1. 生产丙烯酰胺基固定剂的方法，从在水中溶解亲核性的胺的盐而形成水溶液开始，并且使用碱将所述水溶液脱盐，包括以下步骤：

a）将溶解的活化的丙烯酸衍生物加入到所述溶液中；

b）酸化水相；和

c）萃取所述的水相，

d）将所述丙烯酰胺基固定剂加入到等电聚焦分离材料中。”

请求人认为：修改后的权利要求具有新颖性和创造性。

经形式审查合格后，专利复审委员会受理了该请求，并于2008年4月10日向请求人发出了《复审请求受理通知书》，同时将本申请转送至国家知识产权局原审查部门进行前置审查。

在《前置审查意见书》中，国家知识产权局原审查部门认为：修改后的权利要求1仍然是丙烯酰胺基化合物的制备方法，新增加的步骤d）并没有对权利要求1的主题起到限定作用，驳回理由仍然存在，因此坚持驳回决定。

专利复审委员会组成合议组，对本复审请求案进行了审理，并于2009年6月16日向请求人发出《复审通知书》，指出：本申请权利要求1方法与对比文件1方法实施例3均涉及丙烯酰胺衍生物的制备，二者的区别仅在于，（1）权利要求1原料中使用胺盐从而含有相应的脱盐步骤，而对比文件1使用胺为原料，无脱盐步骤；（2）权利要求1中在萃取前酸化水相，而对比文件1则先萃取，再用酸洗涤有机相；（3）权利要求1方法中还存在“将所述丙烯酰胺基固定剂加入到等电聚焦分离材料”的步骤。合议组认为：（1）对于区别特征1而言，将胺盐脱盐后，反应物即转变为相应的胺，此时，本申请方法与对比文件1方法并没有本质的区别，并且如果原料含有盐，则首先需要使含有盐的原料脱盐，这对于本领域技术人员来说是显而易见的。（2）对于区别特征2而言，对比文件1中先萃取，再用酸洗涤，已经给出了除去反应体系中的副产物应当进行酸化的启示，而本发明所用的先酸化，再萃取所实际所起到的作用是相同的（即除去反应中生成的过量丙烯酸），操作顺序上的不同仅仅是本领域解决相同问题的不同方式，顺序的调整也未取得预料不到的技术效果。（3）对于区别特征3而言，“将所述丙烯酰胺基固定剂加入到等电聚焦分离材料”是用途限定，而非方法特征。也就是说，在该步骤之前，丙烯酰胺的制备已经完成，因此其对“生产丙烯酰胺基固定剂的方法”的方法本身也没有限定作用。并且，根据本申请具体公开的内容，也不能得出上述区别技术特征给本发明方法带来了任何预料不到的技术效果的结论。因此，权利要求1不具备创造性，不符合专利法第22条第3款的规定。权利要求2~10是对权利要求1方法中产物、原料、萃取溶剂、丙烯酸衍生物、步骤等的进一步限定，然而这些附加技术特征或被对比文件1所公开，或者属于本领域的常规选择，也没有给本发明带来任何预料不到的技术效果，因此，在权利要求1方法不具备创造性的前提下，权利要求2~10也都不具备创造性，不符合专利法第22条第3款的规定。

针对上述《复审通知书》，请求人于2009年9月1日提交了意见陈述书及权利要求书全文替换页，其中，将权利要求1的主题限定为“生产包括pKa≥9.5的丙烯酰胺基固定剂的等电聚焦分离材料的方法”，修改后的权利要求书为：

“1. 生产包括pKa≥9.5的丙烯酰胺基固定剂的等电聚焦分离材料的方法，从在水中溶解亲核性的胺的盐而形成水溶液开始，并且使用碱将所述水溶液脱盐，包括以下步骤：

a）将溶解的活化的丙烯酸衍生物加入到所述溶液中；

b）酸化水相；和

c）萃取所述的水相，

d）将所述丙烯酰胺基固定剂加入到等电聚焦分离材料中。

2. 根据权利要求1的方法，其中所述的丙烯酰胺衍生物是丙烯酰胺基胍基丁胺。

3. 根据权利要求2的方法，其中所述的盐是胍基丁胺盐。

4. 根据权利要求1~3任何一项的方法，其中萃取步骤c）使用有机溶剂进行。

5. 根据权利要求4的方法，其中有机溶剂是甲基异丁基酮。

6. 根据权利要求1~3任何一项的方法，其中所述的丙烯酸衍生物是活化的丙烯酸衍生物，选自丙烯酰氯、丙烯酸N-羟基琥珀酰亚胺酯、丙烯酸五氟苯基酯、丙烯酸五氯苯基酯、丙烯酸4-硝基苯基酯。

7. 根据权利要求 1~3 任何一项的方法，其中所述的脱盐使用 NaOH 、三乙基胺、二异丙基乙基胺或 K_2CO_3。

8. 根据权利要求 1~3 任何一项的方法，还包括固定 pH 到 7。

9. 根据权利要求 1~3 任何一项的方法，包括在步骤 b）以前，

i）碱化水相到 pH 超过有机碱的 pKa，和

ii）使用有机溶剂萃取水相以除去有机碱。

10. 根据权利要求 1~3 任何一项的方法，其中将胍基丁胺硫酸盐溶解，使用 K_2CO_3脱盐并且包括以下步骤：

a）加入丙烯酰氯；

b）酸化到 pH1~4，优选 pH2.3；

c）过滤；

d）使用 MIBK 萃取；和

e）将 pH 调节到 pH7。"

请求人认为：从说明书一般性描述和实施例可以看出，修改后的权利要求 1 构成了本发明的优选实施方式。为了获得本发明的等电聚焦分离材料，重要的是权利要求 1 中的步骤以所述的精确顺序来进行，例如，不可能如对比文件 1 所建议的那样在萃取以后进行酸化，只有以权利要求 1 所述顺序才能得到高产率和高纯度的等电聚焦分离材料，这样能够以非常碱性的 pH 范围，甚至是超过 pH10 的范围（根据等电点值）进行蛋白质分离，因此，要求保护的发明具有创造性。

至此，合议组认为本案事实清楚，可以作出审查决定。

二、决定的理由

1. 关于文本

经审查，请求人于 2009 年 9 月 1 日提交的权利要求 1~10 符合专利法第 33 条以及专利法实施细则第 60 条第 1 款的规定，因此，本复审请求审查决定所针对的文本是：请求人于 2009 年 9 月 1 日提交的权利要求第 1~10 项、进入中国国家阶段时提交的国际申请文件的中文文本的说明书第 1~6 页及其摘要。

2. 关于专利法第 22 条第 3 款

专利法第 22 条第 3 款规定：创造性，是指同申请日以前已有技术相比，该发明有突出的实质性特点和显著的进步。

如果要求保护的发明与现有技术的技术方案相比存在区别特征，而现有技术中不存在引入所述区别特征以解决发明实际要解决技术问题的启示，则该权利要求具有创造性。

就本案而言，请求人于 2009 年 9 月 1 日提交的权利要求 1 请求保护生产包括 pKa≥9.5 的丙烯酰胺基固定剂的等电聚焦分离材料的方法，从在水中溶解亲核性的胺的盐而形成水溶液开始，并且使用碱将所述水溶液脱盐，包括以下步骤：

a）将溶解的活化的丙烯酸衍生物加入到所述溶液中；

b）酸化水相；和

c）萃取所述的水相，

d）将所述丙烯酰胺基固定剂加入到等电聚焦分离材料中。

对比文件 1 涉及一种 pH 最高为 2 的自腐蚀、自清洁的牙科粘合剂组合物，该组合物中包含可聚合 N-取代烷基丙烯酸或丙烯酸酰胺单体以及固化系统（具体参见对比文件 1 说明书第 6 页最佳实施方式部分），其中，实施例 3 中公开了化合物 N-［2-（二乙氧基磷酰基）-乙基］丙烯酰胺的制备，该方法是

向（2-氨基乙基）膦酸二乙酯的二氯甲烷溶液中搅拌加入丙烯酰氯的二氯甲烷溶液和氢氧化钠的水溶液，使反应温度保持在0~5℃。然后在室温下再搅拌该混合物2小时，加水终结反应，加入一些氯化钠，分离有机相，并且用二氯甲烷萃取水层两次，用盐酸、碳酸氢钠以及水等洗涤合并的有机相，进一步干燥、过滤并且蒸发溶剂，然后过硅胶柱获得所述产物（参见说明书第27~28页）。

通过对比可以看出，权利要求1请求保护的技术方案与对比文件1所公开的技术方案相比，其中均涉及丙烯酰胺基衍生物的制备，二者的区别在于：（1）权利要求1请求保护的是生产等电聚焦分离材料的方法，因此权利要求1中还相应地包括将丙烯酰胺固定剂加入到等电聚焦分离材料中的步骤，而对比文件1涉及制备牙科粘合剂组合物的方法；（2）权利要求1中涉及的等电聚焦分离材料包括pKa≥9.5的丙烯酰胺基固定剂，根据本申请说明书第2页倒数第3段的记载，pKa≥9.5的丙烯酰胺基固定剂所规定的pH梯度/间隔延伸到pH>10，而对比文件1要求所制备的产品pH最高为2；（3）产品中所包含的丙烯酰胺衍生物的制备步骤有所不同，权利要求1原料中使用胺盐从而含有相应的脱盐步骤，而对比文件1使用胺为原料，无脱盐步骤；权利要求1中在萃取前酸化水相，而对比文件1则先萃取，再用酸洗涤有机相。

对此，合议组认为，本申请权利要求1涉及生产等电聚焦分离材料的方法，而对比文件1涉及牙科粘合剂组合物的生产方法，两个技术方案所涉及的领域完全不同，根据本申请说明书第4页第3~5行的描述，“对于制备丙烯酰胺基固定剂，当使用所述物质制备2D电泳时，污染的丙烯酸是重要的参数”；按照本发明，“NaOH、TEA、DIPEA或K_2CO_3作为碱用于原料的脱盐以及捕获在丙烯酰氯和脱盐的原料之间的反应期间游离出来的质子，改进了反应过程从而得到了高纯度、高产率和允许的放大，过量的丙烯酰氯在酸化水相以后通过使用MIBK萃取而被除去”（参见本申请说明书第3页最后一段至第4页第1~3行）。而根据对比文件1说明书第1页第2段的描述，“双组份自蚀、自清洁牙科粘合剂系统可以按顺序施用或者在混合两组份后一步施用，但是，由于可能发生于相继步骤中的临床并发症，或者由于要求在施用自蚀粘合剂之前进行混合时的剂量问题，这两种方法存在内在的缺陷。为了克服这些临床问题，有利地是提供一种不需要按顺序施用或预混合的单组份系统自蚀粘合剂”。由此可见，二者实际所解决的技术问题也不同；虽然两个方案中均涉及丙烯酰胺衍生物的制备，但是，权利要求1的丙烯酰胺固定剂通过其中的pH-缓冲基团使其满足pKa≥9.5（根据说明书记载，相当于所规定的pH梯度/间隔延伸到pH>10），而对比文件1的丙烯酰胺衍生物则需达到pH不高于2的标准，也就是说，权利要求1所述丙烯酰胺固定剂和对比文件1的丙烯酰胺衍生物在缓冲基团（即结构）的选择上必然存在差异，而本领域技术人员能够了解，这种差异会导致对具体合成方法具有不同的要求，此外，对比文件1也没有教导其合成的丙烯酰胺衍生物可用于等电聚焦分离材料中，因此，本领域技术人员在面对生产等电聚焦分离材料的技术问题时，没有动在对比文件1的基础上对其进行变化从而得到权利要求1的技术方案。因而，对比文件1不足以破坏修改后权利要求1的创造性，权利要求1相对于对比文件1符合专利法第22条第3款的规定。

在权利要求1相对于对比文件1具有创造性的前提下，从属权利要求2~10也都具备创造性，符合专利法第22条第3款的规定。

基于以上事实和理由，合议组作出如下审查决定。

三、决定

撤销国家知识产权局于2007年12月7日针对第200480031474.7号发明专利申请作出的驳回决定，由国家知识产权局原审查部门以本复审请求审查决定所依据的文本为基础继续审批程序。

复审请求人对本决定不服的，可以根据专利法第41条第2款的规定，自收到本决定之日起三个月内向北京市第一中级人民法院起诉。

192

埃坡霉素B的制备、分离和纯化的方法，及埃坡霉素B的X-射线晶体结构

复审请求审查决定（第20228号）

决　定　号　第20228号
决　定　日　2009年11月4日
发明创造名称　埃坡霉素B的制备、分离和纯化的方法，及埃坡霉素B的X-射线晶体结构
国际分类号　C07D 417/06
复审请求人　布里斯托尔-迈尔斯斯奎布公司
申　请　号　03822662.6
优先权日　2002年9月23日
申　请　日　2003年9月22日
公　开　日　2005年12月7日
合议组组长　危　峰
主　审　员　孙丽芳
参　审　员　蔡　雷

法律依据　专利法第33条
决定要点
如果申请文件的修改内容是所属技术领域的技术人员可以从原申请文件记载的信息中直接地、毫无疑义地确定的，那么，这种修改是允许的。

一、案由

本复审请求案涉及发明名称为“埃坡霉素B的制备、分离和纯化的方法，及埃坡霉素B的X-射线晶体结构”的第03822662.6号发明专利申请（下称本申请），申请人为布里斯托尔-迈尔斯斯奎布公司，申请日为2003年9月22日，优先权日为2002年9月23日，公开日为2005年12月7日。

2008年8月1日，针对申请人于2008年5月15日提交的权利要求第1~10项，2005年3月23日进入中国国家阶段时提交的国际申请文件中文文本的说明书第1~48页、说明书附图第1~16页及说明书摘要，国家知识产权局以权利要求1~10的修改不符合专利法第33条的规定为由驳回了本申请。

《驳回决定》认为：（1）权利要求1的技术方案较原始权利要求1增加了技术特征“其中生成埃坡霉素B/A的比例为至少1.0的埃坡霉素B与埃坡霉素A”、“其中所述发酵步骤还包括进料能够提高产出的埃坡霉素B的量的添加剂，这是与产出的埃坡霉素A的量相比较而言的，其中所述添加剂为丙酸盐或丙酸酯”，并删去步骤（d）的技术特征“在色谱步骤之前”。修改后的权利要求1的技术

方案在原说明书和权利要求书中没有记载。也并不能根据原说明书和权利要求书记载的技术内容直接地、毫无疑义地确定添加剂的使用能够达到权利要求1所述的生成埃坡霉素B/A的比例为至少1.0的技术效果。因此，权利要求1的修改不符合专利法第33条的规定。相同理由，在权利要求2中增加“其中生成埃坡霉素B/A的比例为至少1.5的埃坡霉素B与埃坡霉素A”的技术特征的修改，也不符合专利法第33条的规定；（2）权利要求3、4、6~10直接或间接的引用了权利要求1的技术方案，因此权利要求3、4、6~10也不符合专利法第33条的规定；（3）权利要求5中限定了产埃坡霉素B的微生物是“纤维堆囊菌菌株ATCC号PTA-3880或纤维堆囊菌菌株ATCC号PTA-3881”。但是本申请中并未具体实施纤维堆囊菌菌株ATCC号PTA-3881在进料添加剂情况下生产埃坡霉素B，也未记载进料添加剂情况下纤维堆囊菌菌株ATCC号PTA-3881生产埃坡霉素B时的埃坡霉素B/A的值。根据本申请中的原说明书和权利要求书记载的技术内容并不能直接地、毫无疑义地确定纤维堆囊菌菌株ATCC号PTA-3881生产埃坡霉素时能够使生成的埃坡霉素B/A的比例为至少1.0，因此修改后的权利要求5的技术方案超出了原说明书和权利要求书记载的范围，不符合专利法第33条的规定。另外，申请人在附件中提供的数据是申请日之后提交的，并不能作为判断权利要求5是否超范围的依据。

《驳回决定》针对的权利要求书如下：

“1. 一种从产埃坡霉素的微生物中分离埃坡霉素B的方法，该方法包括：

（a）在树脂存在的情况下使产埃坡霉素的微生物菌株发酵，所述树脂通过疏水作用吸附 埃坡霉素B，其中生成埃坡霉素B/A比例为至少1.0的埃坡霉素B与埃坡霉素A；

（b）收集水基介质中的树脂；

（c）用选择用来萃取埃坡霉素B且使其与水基介质分离的溶剂萃取树脂；和

（d）使埃坡霉素B从萃取相中结晶出来，

其中所述发酵步骤还包括进料能够提高产出的埃坡霉素B的量的添加剂，这是与产出的埃坡霉素A的量相比较而言的，其中所述添加剂为丙酸盐或丙酸酯。

2. 权利要求1的方法，其中生成埃坡霉素B/A比例为至少1.5的埃坡霉素B与埃坡霉素A。

3. 权利要求1的方法，其中树脂用极性溶剂萃取。

4. 权利要求1的方法，其中产埃坡霉素的微生物是纤维堆囊菌（Sorangium cellulosum）。

5. 权利要求4的方法，其中所述微生物是纤维堆囊菌菌株ATCC号PTA3880或纤维堆囊菌菌株ATCC号PTA3881。

6. 权利要求1的方法，其中所述步骤（d）包括：

（i）加入另一种埃坡霉素B在其中不溶或微溶的溶剂；

（ii）除去至少一部分萃取溶剂；和

（iii）将所得溶剂或溶剂混合物的温度转变至埃坡霉素B结晶的温度。

7. 权利要求6的方法，其中萃取溶剂为乙酸乙酯或MTBE，且所述的另一种溶剂为甲苯。

8. 制备下式的衍生物2或其溶剂合物的方法，所述方法包括通过权利要求1的方法获得埃坡霉素B，以及将埃坡霉素B或其溶剂合物转化成下式的衍生物2或其溶剂合物：

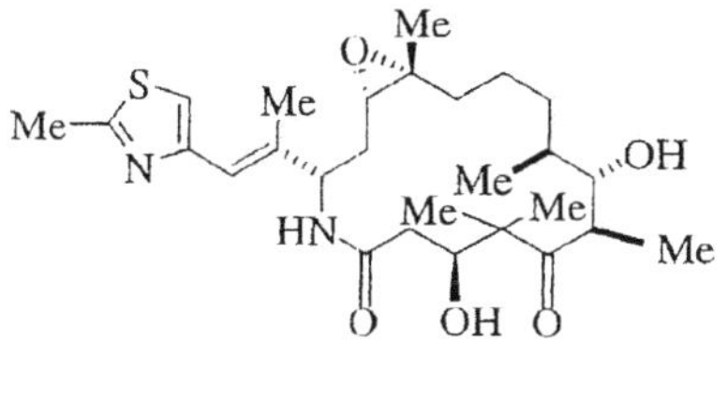

衍生物2

。

9. 制备下式的衍生物1或其溶剂合物的方法，所述方法包括通过权利要求1的方法获得埃坡霉素B，以及将埃坡霉素B或其溶剂合物转化成下式的衍生物1或其盐或溶剂合物：

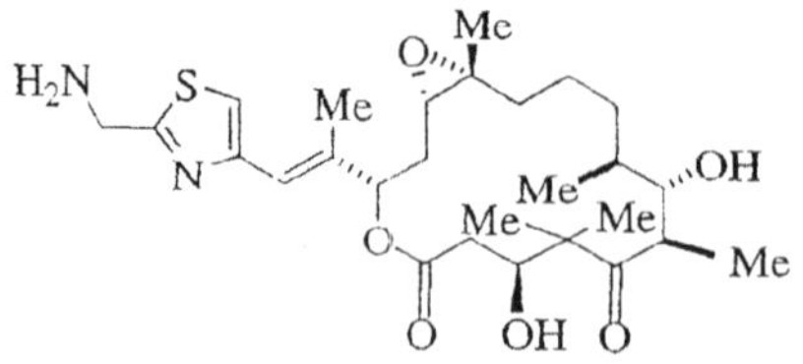

衍生物1

。

10. 制备下式的衍生物3或其溶剂合物的方法，所述方法包括通过权利要求1的方法获得埃坡霉素B，以及将埃坡霉素B或其溶剂合物转化成下式的衍生物3或其溶剂合物：

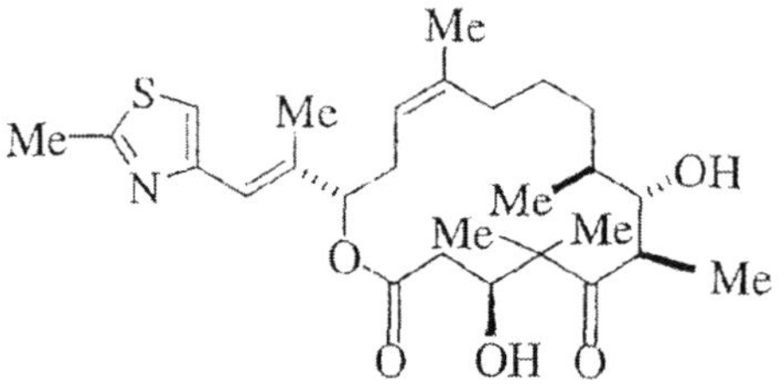

衍生物3

。”

2008年11月17日，申请人布里斯托尔-迈尔斯斯奎布公司（下称请求人）对上述驳回决定不服，向专利复审委员会提出复审请求，请求人在提出复审请求时对权利要求书进行了修改，修改后的权利要求书为：

“1. 一种从产埃坡霉素的微生物中分离埃坡霉素B的方法，该方法包括：

（a）在树脂存在的情况下使产埃坡霉素的微生物菌株发酵，所述树脂通过疏水作用吸附 埃坡霉素B，其中生成埃坡霉素B/A比例为至少1.0的埃坡霉素B与埃坡霉素A，所述产埃坡霉素的微生物是纤维堆囊菌菌株ATCC号PTA3880；

（b）收集水基介质中的树脂；

（c）用选择用来萃取埃坡霉素B且使其与水基介质分离的溶剂萃取树脂；和

（d）使埃坡霉素B从萃取相中结晶出来，

其中所述发酵步骤还包括进料添加剂，其中所述添加剂为丙酸盐或丙酸酯。

2. 权利要求1的方法，其中生成埃坡霉素B/A比例为至少1.5的埃坡霉素B与埃坡霉素A。

3. 权利要求1的方法，其中树脂用极性溶剂萃取。

4. 权利要求1的方法，其中所述步骤（d）包括：

（i）加入另一种埃坡霉素B在其中不溶或微溶的溶剂；

（ii）除去至少一部分萃取溶剂；和

（iii）将所得溶剂或溶剂混合物的温度转变至埃坡霉素B结晶的温度。

5. 权利要求4的方法，其中萃取溶剂为乙酸乙酯或MTBE，且所述的另一种溶剂为甲苯。

6. 制备下式的衍生物2或其溶剂合物的方法，所述方法包括通过权利要求1的方法获得埃坡霉素B，以及将埃坡霉素B或其溶剂合物转化成下式的衍生物2或其溶剂合物：

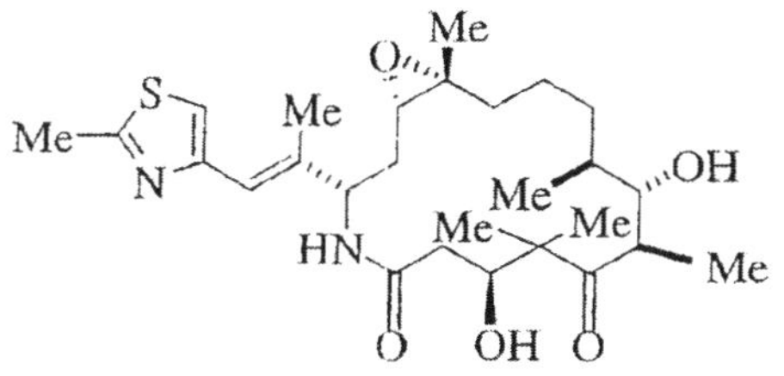

衍生物 2

。

7. 制备下式的衍生物 1 或其溶剂合物的方法，所述方法包括通过权利要求 1 的方法获得埃坡霉素 B，以及将埃坡霉素 B 或其溶剂合物转化成下式的衍生物 1 或其盐或溶剂合物：

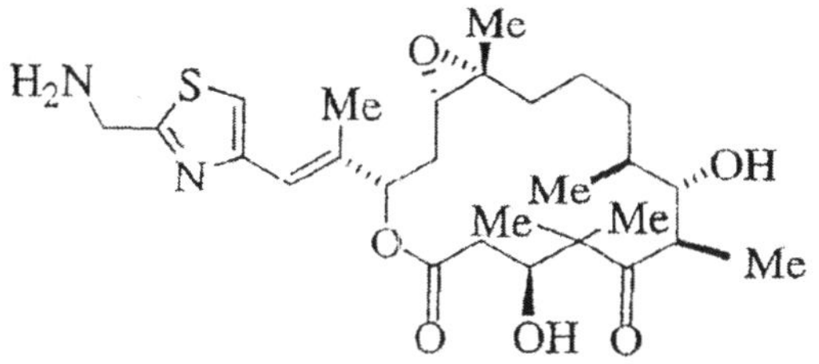

衍生物 1

。

8. 制备下式的衍生物 3 或其溶剂合物的方法，所述方法包括通过权利要求 1 的方法获得埃坡霉素 B，以及将埃坡霉素 B 或其溶剂合物转化成下式的衍生物 3 或其溶剂合物：

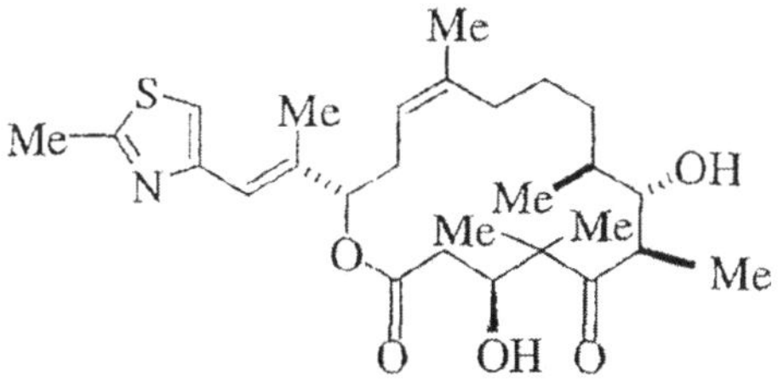

衍生物 3

。”

请求人认为，修改后的权利要求 1 没有超出原说明书和权利要求书的记载范围。

经形式审查合格后，专利复审委员会受理了该请求，并于 2008 年 12 月 15 日向请求人发出了《复审请求受理通知书》，同时将本申请转送至国家知识产权局原审查部门进行前置审查。

在《前置审查意见书》中，国家知识产权局原审查部门认为修改后的权利要求 1 仍然不符合专利法第 33 条的规定，权利要求 3~8 直接或间接地引用了权利要求 1 的技术方案，也不符合专利法第 33 条的规定，因此坚持驳回决定。

专利复审委员会组成合议组，对本复审请求案进行了审理。

合议组于 2009 年 8 月 13 日向请求人发出《复审通知书》，指出：(1) 请求人于 2008 年 11 月 17 日提出复审请求时提交的权利要求书中，删除了原权利要求 1 步骤（d）中“在色谱步骤之前”的技术特征，而该技术特征是对工艺步骤顺序的限定，删除该技术特征后，造成对权利要求保护范围的扩大，不符合专利法第33条的规定。(2) 另外，权利要求1中增加的技术特征“其中生成埃坡霉素B/A比例为至少1.0的埃坡霉素B与埃坡霉素A”不能由原说明书和权利要求书直接地、毫无疑义地确定，不符合专利法第33条的规定。说明书第6页倒数第2段落仅记载了“在一实施方案中本发明提供产生5mg埃坡霉素B/g树脂的埃坡霉素B、或产生5mg/g树脂的埃坡霉素B且埃坡霉素B/A的比例为至少1.0的菌株”，至于采用哪种具体的菌株和工艺条件并没有具体说明，本领域技术人员并不能根据说明书记载的内容毫无疑义地确定仅在树脂存在的情况下使产埃坡霉素的微生物菌株ATCC号PTA3880发酵，即可生成埃坡霉素B/A比例为至少1.0的埃坡霉素B与埃坡霉素A，因此，权利要求1的上述修改不符合专利法第33条的规定；相同理由，权利要求2中“生成埃坡霉素B/A比例为至少1.5的埃坡霉素B与埃坡霉素A”的内容同样不能由原说明书和权利要求书直接地、毫无疑义地确定，因此，权利要求2的修改不符合专利法第33条的规定。(3) 权利要求3~10直接或间接引用了权利要求1，在权利要求1的修改不符合专利法第33条的规定的基础上，上述权利要求同样不符合专利法第33条的规定。

针对上述《复审通知书》，请求人于2009年9月28日提交了意见陈述书和权利要求书修改替换页，在权利要求1的步骤（d）中重新加入“在色谱步骤之前”的技术特征，删除权利要求1中“其中生成埃坡霉素B/A比例为至少1.0的埃坡霉素B与埃坡霉素A”的技术特征以及删除权利要求2，将其余权利要求重新编号。

修改后的权利要求书如下：

“1. 一种从产埃坡霉素的微生物中分离埃坡霉素B的方法，该方法包括：

（a）在树脂存在的情况下使产埃坡霉素的微生物菌株发酵，所述树脂通过疏水作用吸附 埃坡霉素B，所述产埃坡霉素的微生物是纤维堆囊菌菌株ATCC号PTA3880；

（b）收集水基介质中的树脂；

（c）用选择用来萃取埃坡霉素B且使其与水基介质分离的溶剂萃取树脂；和

（d）在色谱步骤之前使埃坡霉素B从萃取相中结晶出来，

其中所述发酵步骤还包括进料添加剂，其中所述添加剂为丙酸盐或丙酸酯。

2. 权利要求1的方法，其中树脂用极性溶剂萃取。

3. 权利要求1的方法，其中所述步骤（d）包括：

（i）加入另一种埃坡霉素B在其中不溶或微溶的溶剂；

（ii）除去至少一部分萃取溶剂；和

（iii）将所得溶剂或溶剂混合物的温度转变至埃坡霉素B结晶的温度。

4. 权利要求3的方法，其中萃取溶剂为乙酸乙酯或MTBE，且所述的另一种溶剂为甲苯。

5. 制备下式的衍生物2或其溶剂合物的方法，所述方法包括通过权利要求1的方法获得埃坡霉素B，以及将埃坡霉素B或其溶剂合物转化成下式的衍生物2或其溶剂合物：

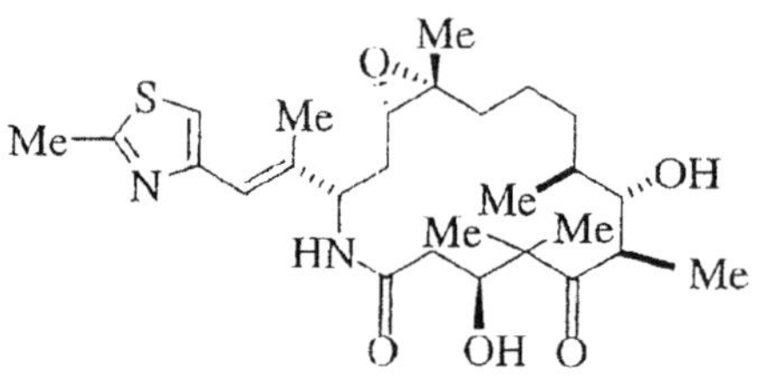

衍生物2

。

6. 制备下式的衍生物1或其溶剂合物的方法，所述方法包括通过权利要求1的方法获得埃坡霉素素 B，以及将埃坡霉素 B 或其溶剂合物转化成下式的衍生物 1 或其盐或溶剂合物：

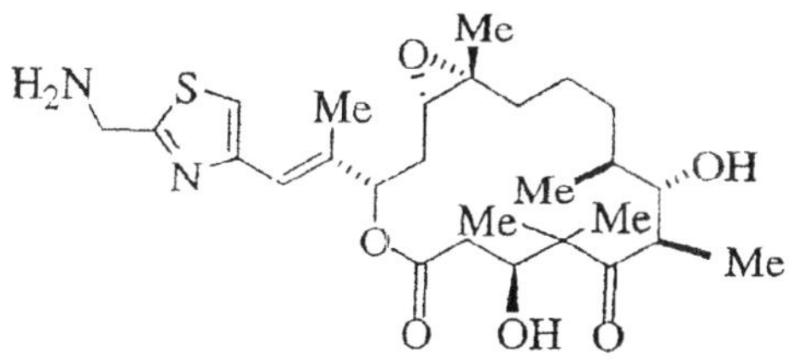

衍生物 1

。

7. 制备下式的衍生物 3 或其溶剂合物的方法，所述方法包括通过权利要求 1 的方法获得埃坡霉素 B，以及将埃坡霉素 B 或其溶剂合物转化成下式的衍生物 3 或其溶剂合物：

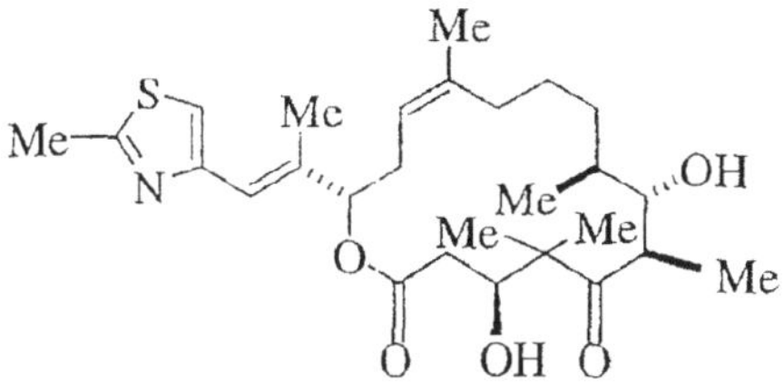

衍生物 3

。”

至此，合议组认为本案事实已经清楚，可以作出审查决定。

二、决定的理由

1. 关于文本

本复审请求审查决定针对的文本是：请求人于 2009 年 9 月 28 日提交的权利要求第 1~7 项，2005 年 3 月 23 日进入中国国家阶段时提交的国际申请文件中文文本说明书第 1~48 页、说明书附图第 1~16 页及说明书摘要。

2. 关于专利法第 33 条

专利法第 33 条规定：申请人可以对其专利申请文件进行修改，但是，对发明和实用新型专利申请文件的修改不得超出原说明书和权利要求书记载的范围。

如果申请文件的修改内容是所属技术领域的技术人员可以从原申请文件记载的信息中直接地、毫无疑义地确定的，那么，这种修改是允许的。

就本案而言，请求人于 2009 年 9 月 28 日提交了权利要求书的修改替换页，其中权利要求 1 请求保护的技术方案实质上是在原始提交的权利要求 12 的基础上进一步限定“其中所述发酵步骤还包括进料添加剂，其中所述添加剂为丙酸盐或丙酸酯”，上述技术特征在原权利要求 4、7 以及说明书第 6~7页已有记载，如说明书第 6 页第 31~32 行至第 7 页第 1 行记载了“本发明还涉及通过对发酵供给添加剂提高纤维堆囊菌生产的埃坡霉素 B 与埃坡霉素 A 的比例的方法。在优选的实施方案中，添加剂包括丙酸盐”的内容，相同段落（说明书第 7 页第 5~8 行、第 12~14 行）中，进一步记载如下内容：“通过供给丙酸盐或丙酸钠能明显提高埃坡霉素尤其是埃坡霉素 B 的滴度，以及在振摇烧瓶、14L 发酵罐和生产发酵罐中产生的 B/A 比例是本发明的特点之一” 和 “此外，还发现其他丙酸盐相关的化合物包括但不限于丙酸甲酯和丙酸乙酯能提高埃坡霉素 B 生产量和 B/A 比例”，因此，权利要求 1 的修改可以由原申请文件记载的信息中直接地、毫无疑义地确定，符合专利法第 33 条的规定。

同时，由于权利要求 2~4 的附加技术特征分别记载于原权利要求 3、16~17 中，在权利要求 1 的修改符合专利法第 33 条的规定的基础上，直接或间接引用权利要求 1 的权利要求 2~4 的修改同样符合专利法第 33 条的规定。

权利要求 5~7 对应于原权利要求 20~22，同时说明书第 13~14 页记载了本发明包括生产埃坡霉素 B 的方法，其中埃坡霉素 B 被转化为衍生物 1、2 或 3 的内容，由此可以确定将原权利要求 20 中记载的"权利要求 1 的方法，还包括将埃坡霉素 B 或其溶剂合物转化成下式的衍生物 2 或其盐或溶剂合物"修改为权利要求 5 中所述的"制备下式的衍生物 2 或其溶剂合物的方法，所述方法包括通过权利要求 1 的方法获得埃坡霉素 B，以及将埃坡霉素 B 或其溶剂合物转化成下式的衍生物 2 或其溶剂合物"的内容是可以由原说明书记载的信息中直接地、毫无疑义地确定的，权利要求 5 的修改符合专利法第 33 条的规定；同样的，权利要求 6~7 的修改也符合专利法第 33 条的规定。

根据上述事实和理由，合议组作出如下审查决定。

三、决定

撤销国家知识产权局于 2008 年 8 月 1 日针对第 03822662.6 号发明专利申请作出的驳回决定，由国家知识产权局原审查部门以本复审决定所针对的文本为基础继续审批程序。

复审请求人对本决定不服的，可以根据专利法第 41 条第 2 款的规定，自收到本决定之日起三个月内向北京市第一中级人民法院起诉。

193

无卤膨胀型阻燃聚烯烃复合物

复审请求审查决定（第 20325 号）

决　　定　　号　第 20325 号
决　　定　　日　2009 年 12 月 3 日
发明创造名称　无卤膨胀型阻燃聚烯烃复合物
国 际 分 类 号　C08K 5/527，C08K5/3492，C08L51/06
复 审 请 求 人　四川大学
申　　请　　号　200510021216.7
申　　请　　日　2005 年 7 月 5 日
公　　开　　日　2005 年 12 月 21 日
合 议 组 组 长　李新芝
主　　审　　员　潘　剑
参　　审　　员　顾笑璐

法 律 依 据　专利法第 33 条
决 定 要 点

如果申请的内容通过增加、改变和/或删除其中的一部分，致使所属技术领域的技术人员看到的信息与原申请记载的信息不同，而且又不能从原申请记载的信息中直接地、毫无疑义地确定，则这种修改是不允许的。反之，则是允许的。

一、案由

本复审请求案涉及发明名称为“无卤膨胀型阻燃聚烯烃复合物”的第 200510021216.7 号发明专利申请（下称本申请），申请人为四川大学，申请日为 2005 年 7 月 5 日，公开日为 2005 年 12 月 21 日。

2008 年 11 月 21 日，针对申请人于 2008 年 7 月 23 日提交的权利要求第 1 项、说明书第 2~3 页，2007 年 12 月 19 日提交的说明书第 4 页，2007 年 1 月 2 日提交的说明书第 7、9 页，2005 年 7 月 5 日提交的说明书第 1、5、6、8、10 页，说明书附图第 1 页及说明书摘要，国家知识产权局以权利要求 1 及说明书的修改不符合专利法第 33 条的规定为由驳回了本申请。

驳回决定认为：权利要求 1 中限定无卤膨胀型阻燃剂是由无卤成炭型阻燃剂、无卤含氮阻燃剂和聚磷酸铵组成，三者的重量比为 1：1：1~5.5，上述重量比在原说明书和权利要求书中没有记载，原说明书和权利要求书记载的比值范围为 1~6：0.5~2：0.5~2，另外，实施例还记载了 1：1：5.5 这个具体的点，但 1：1：1~5.5 不在 1~6：0.5~2：0.5~2 范围内，由原说明书和权利要求书记载的比值范围 1~6：0.5~2：0.5~2 和离散的点 1：1：5.5 不能直接、毫无疑义地确定出 1：1：1~5.5 这一范围，因此，权利要求 1 的修改超出原说明书和权利要求书记载的范围；同理，说明书相应部分的适应性修改也超出原权利要求书和说明书记载的范围。

驳回决定针对的权利要求书如下：

"1. 一种无卤膨胀型阻燃聚烯烃复合物，该复合物含有热塑性聚烯烃基材和无卤膨胀型阻燃剂，其特征在于含有的热塑性聚烯烃基材为 50~90 份，含有的无卤膨胀型阻燃剂为 10~50 份，该复合物还含有改性树脂 0~14 份，多壁碳纳米管 0~8 份，所用份数均为重量份，所述改性树脂为马来酸酐接枝改性聚乙烯或马来酸酐接枝改性聚丙烯或乙烯醋酸乙烯酯共聚物，且无卤膨胀型阻燃剂是由无卤成炭型阻燃剂、无卤含氮阻燃剂和聚磷酸铵组成，三者的重量比含量为 1：1：1~5.5，其中无卤成炭型阻燃剂是具有以下重复结构单元的聚合物：

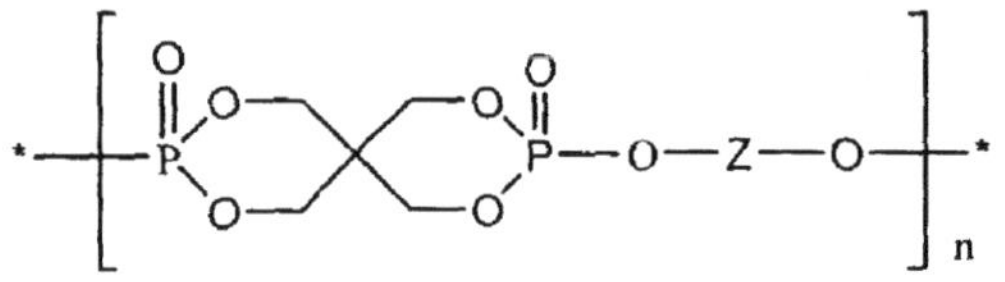

式中 Z 为二价芳族基，聚合度 n 为 1~30，而二价芳族基，在聚合反应前为下列二酚类化合物中的任一种：

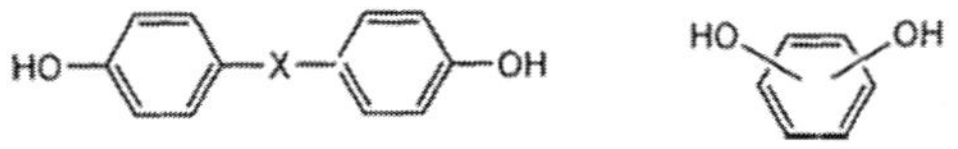

(I)

式中 X 为碳原子数 1~6 的直链烷基、砜基或硫原子；其中无卤含氮阻燃剂的分子结构式如下：

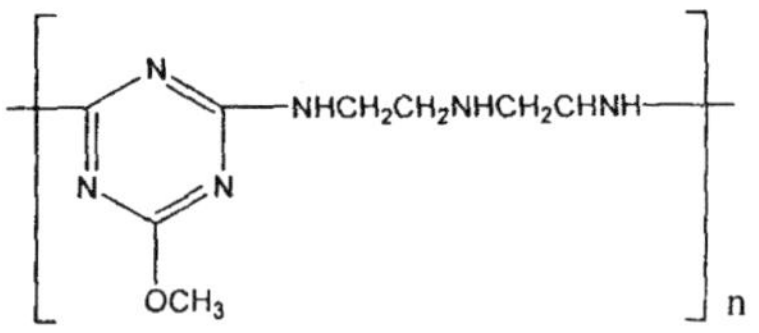

其中聚合度 n 值为 1~30。"

2009 年 2 月 27 日，申请人四川大学（下称请求人）对上述驳回决定不服，向专利复审委员会提出复审请求，请求人在提出复审请求时没有对申请文件进行修改，除了提交本申请的缴费收据复印件外，还提交了本申请的第二次和第三次审查意见通知书的复印件、请求人答复上述通知书的意见陈述书的复印件、本申请说明书第 7~9 页的复印件共 9 页。

请求人认为：由于校稿疏忽，原申请所述的无卤成炭型阻燃剂、无卤含氮阻燃剂和聚磷酸铵的重量比含量"1~6：0.5~2：0.5~2"的排列顺序应为"0.5~2：0.5~2：1~6"，在此基础上，本申请表 1、3~6 的实施例给出了修改后的比例的端值，这种纠正错误的修改属于审查指南第 5.2.2.2-(11) 的规定"是所属技术领域的技术人员能从说明书整体及上下文看出的唯一正确的答案"，因此，是允许的。

经形式审查合格后，专利复审委员会受理了该请求，并于 2009 年 3 月 31 日向请求人发出了《复审请求受理通知书》，同时将本申请转送至国家知识产权局原审查部门进行前置审查。

在《前置审查意见书》中，国家知识产权局原审查部门坚持驳回决定。

专利复审委员会组成合议组，对本复审请求案进行了审理。

合议组于 2009 年 8 月 3 日向请求人发出《复审通知书》，指出：请求人将权利要求 1 中无卤成炭型阻燃剂、无卤含氮阻燃剂和聚磷酸铵的重量比含量由"1~6：0.5~2：0.5~2"修改为"1：1：1~5.5"，合议组查明，修改后的重量比在原说明书和权利要求书中没有记载，虽然说明书表 1 中的第 1 和第 5 个实施例分别记载了"1：1：1"和"1：1：5.5"两个具体的重量比点值，但是，由于修改后的“1：1：5.5”并不落在原数值范围“1~6：0.5~2：0.5~2”内，因此，不能据此将三者的重量比由“1~6：0.5~2：0.5~2”修改为“1：1：1~5.5”，即，将上述三种组分的重量比含量由“1~6：0.5~2：0.5~2”修改为“1：1：1~5.5”是不允许的，因此，权利要求1不符合专利法第33条的规定。

对于请求人在复审请求书中陈述的理由，合议组认为，虽然说明书一部分实施例中，无卤成炭型阻燃剂、无卤含氮阻燃剂和聚磷酸铵的重量比不符合原权利要求1记载的比值“1~6：0.5~2：0.5~2”，但是另有一部分实施例的比值是符合该范围的，例如表1的第4、5个实施例，因此，在说明书和权利要求书没有记载其他比值范围的情况下，不能据此确定原权利要求1记载的比值“1~6：0.5~2：0.5~2”是错误的，更不能确定“0.5~2：0.5~2：1~6”是唯一正确的答案，因此，请求人以比值“0.5~2：0.5~2：1~6”为基础修改得到的“1：1：1~5.5”是不允许的。

针对上述《复审通知书》，请求人于2009年8月31日提交了意见陈述书，同时提交了权利要求书和说明书的全文替换页，其中，将说明书全文修改为和原说明书的内容完全相同，将权利要求1中无卤成炭型阻燃剂、无卤含氮阻燃剂和聚磷酸铵的重量比含量修改为“1：1：1~1.75”，请求人认为，对权利要求1的修改可以得到说明书实施例表1记载的比值的支持。

新提交的权利要求书如下：

“1. 一种无卤膨胀型阻燃聚烯烃复合物，该复合物含有热塑性聚烯烃基材和无卤膨胀型阻燃剂，其特征在于含有的热塑性聚烯烃基材为50~90份，含有的无卤膨胀型阻燃剂为10~50份，该复合物还含有改性树脂0~14份，多壁碳纳米管0~8份，所用份数均为重量份，所述改性树脂为马来酸酐接枝改性聚乙烯或马来酸酐接枝改性聚丙烯或乙烯醋酸乙烯酯共聚物，且无卤膨胀型阻燃剂是由无卤成炭型阻燃剂、无卤含氮阻燃剂和聚磷酸铵组成，三者的重量比含量为1：1：1~1.75，其中无卤成炭型阻燃剂是具有以下重复结构单元的聚合物：

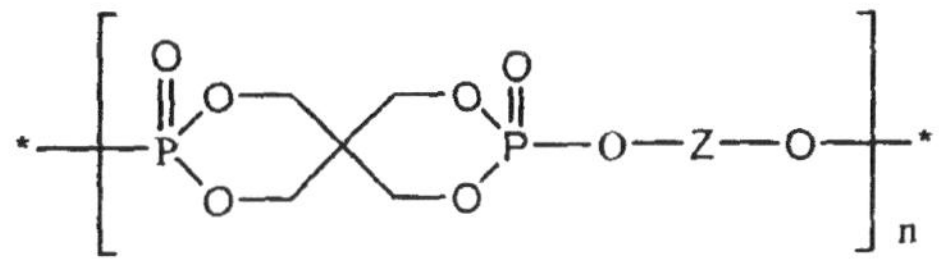

式中Z为二价芳族基，聚合度n为1–30，而二价芳族基，在聚合反应前为下列二酚类化合物中的任一种：

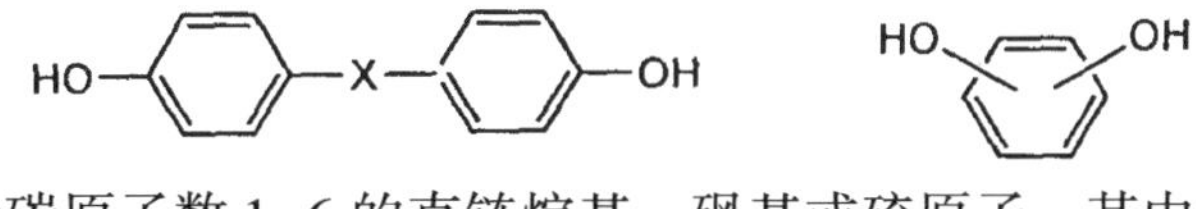
(Ⅰ)

式中X为碳原子数1–6的直链烷基、砜基或硫原子；其中无卤含氮阻燃剂的分子结构式如下：

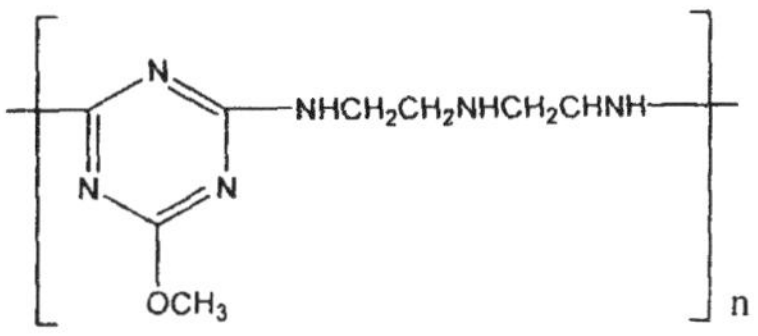

其中聚合度n值为1~30。”

至此，合议组认为本案事实已经清楚，可以作出审查决定。

二、决定的理由

1. 关于决定的文本

经审查，请求人于2009年8月31日提交的说明书和权利要求书全文替换页符合专利法实施细则第60条第1款的规定。因此，本复审决定是针对请求人于2009年8月31日提交的权利要求第1项，说明书第1~10页，2005年7月5日提交的说明书附图第1页和说明书摘要作出的。

2. 关于专利法第33条

专利法第33条规定：申请人可以对其专利申请文件进行修改，但是，对发明和实用新型专利申请文件的修改不得超出原说明书和权利要求书记载的范围。

如果申请的内容通过增加、改变和/或删除其中的一部分，致使所属技术领域的技术人员看到的信息与原申请记载的信息不同，而且又不能从原申请记载的信息中直接地、毫无疑义地确定，则这种修改是不允许的。反之，则是允许的。

就本案而言，请求人于2009年8月31日提交的权利要求1中，将无卤成炭型阻燃剂、无卤含氮阻燃剂和聚磷酸铵的重量比含量修改为“1：1：1~1.75”。合议组查明，原权利要求1中记载的上述三者的重量比含量为“1~6：0.5~2：0.5~2”，并且说明书表1中的第4和第5个实施例分别记载了“1：1：1.75”和“1：1：1”两个具体的重量比含量点值，也就是说，修改后的重量比含量的数值范围的两个端值在原说明书中已确实记载且修改后的数值范围在原数值范围之内，因此，这种修改是允许的。

此外，合议组经核实，请求人于2009年8月31日提交的说明书第1~10页已经还原为与原说明书一致。

综上，《驳回决定》和《复审通知书》指出的本申请不符合专利法第33条规定的缺陷已经被克服。

根据上述事实和理由，合议组作出如下审查决定。

三、决定

撤销国家知识产权局于2008年11月21日针对第200510021216.7号发明专利申请作出的驳回决定，由国家知识产权局原审查部门以本复审请求审查决定所针对的文本为基础继续审批程序。

复审请求人对本决定不服的，可以根据专利法第41条第2款的规定，自收到本决定之日起三个月内向北京市第一中级人民法院起诉。

194

液晶聚酯树脂组合物及其模塑制品

复审请求审查决定（第 20330 号）

决　定　号　第 20330 号
决　定　日　2009 年 8 月 13 日
发明创造名称　液晶聚酯树脂组合物及其模塑制品
国际分类号　C09K19/38
复审请求人　住友化学工业株式会社
申　请　号　02142849.2
优先权日　2001 年 9 月 21 日
申　请　日　2002 年 9 月 19 日
公　开　日　2003 年 4 月 9 日
合议组组长　孙跃飞
主　审　员　顾笑璐
参　审　员　王　磊

法律依据　专利法第 22 条第 3 款
决定要点

在判断创造性时，首先要将权利要求的技术方案和最接近的现有技术进行对比，找出二者的区别特征，确定所述技术方案实际要解决的技术问题，进而考察现有技术中是否存在将该区别特征引入到所述最接近的现有技术中以解决上述技术问题的启示；如果现有技术中不存在这样的启示，则该权利要求具备创造性。

一、案由

本复审请求案涉及发明名称为“液晶聚酯树脂组合物及其模塑制品”的第 02142849.2 号发明专利申请（下称本申请），申请人为住友化学工业株式会社，申请日为 2002 年 9 月 19 日，优先权日为 2001 年 9 月 21 日，公开日为 2003 年 4 月 9 日。

2008 年 2 月 15 日，针对申请人于 2002 年 9 月 19 日提交的权利要求第 1~14 项、说明书第 1~18 页及说明书摘要，国家知识产权局以本申请不符合专利法第 22 条第 3 款为由驳回了本申请。

驳回决定认为：（1）对比文件 1（CN1199079A，公开日为 1998 年 11 月 18 日）公开了一种液晶聚酯树脂组合物，权利要求 1 与对比文件 1 的区别在于：权利要求 1 的组合物中含有稳定剂亚磷酸酯及其含量范围未被对比文件 1 公开，但该区别特征已被对比文件 2（US5889095A，公开日为 1999 年 3 月 30 日）公开，对比文件 2 属于有机材料稳定剂领域，其中 100 份有机材料中含有亚磷酸酯稳定剂

0.01～5份，其中的有机材料可以是聚酯树脂，而且该区别特征在对比文件2中所起的作用与其在本发明中为解决其技术问题所起的作用相同，都是用作聚酯树脂组合物中的稳定剂、抗氧化剂，也就是说对比文件2给出了将该区别技术特征用于对比文件1以解决其技术问题的启示。因此权利要求1相对于对比文件1与对比文件2的结合不具备创造性；（2）对比文件2中亚磷酸酯化合物用于减少聚合物在加热、氧化等条件下的原料变质本身就与申请人声称的赋予聚酯以高耐焊性的含义是相同的，而且亚磷酸酯在100份有机材料中所占份数范围与本申请范围有重叠，因此对比文件2给出了足够的技术启示以解决液晶聚酯树脂的高热稳定性问题。

驳回决定针对的权利要求如下：

“1. 一种液晶聚酯树脂组合物，其包含100重量份的形成各向异性熔体相的液晶聚酯，和

不小于0.01重量份且小于0.2重量份的至少一种由下式（I）定义的亚磷酸酯化合物：

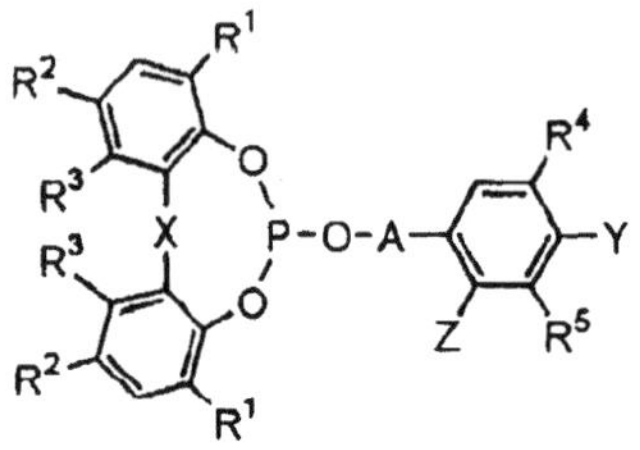

(I)

（其中，R^1、R^2、R^4和R^5各自独立地表示氢原子、含有1～8个碳的烷基、含有5～8个碳原子的环烷基、含有6～12个碳的烷基环烷基、含有7～12个碳的芳烷基或苯基，R^3表示氢原子或含有1～8个碳的烷基，X表示直接键合、硫原子或由下式（I-1）定义的二价基团：

(I-1)

（其中，R^6表示氢原子，含有1～8个碳的烷基或含有5～8个碳的环烷基），A表示含有2～8个碳的亚烷基或由通式（I-2）定义的二价基团：

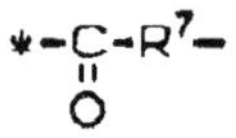

(I-2)

（其中，R^7表示直接键合或含有1～8个碳的亚烷基，＊表示该基团在这一侧与氧原子键合），

Y和Z的任一个表示羟基、含有1～8个碳的烷基、含有1～8个碳的烷氧基或含有7～12个碳的芳基烷氧基，Y和Z的另一个表示氢原子或含有1～8个碳的烷基）。

2. 根据权利要求1的液晶聚酯树脂组合物，其中，形成各向异性熔体相的液晶聚酯是包含衍生自芳香族羟基羧酸的重复单元、衍生自芳香族二醇的重复单元和衍生自二羧酸的重复单元的液晶聚酯。

3. 根据权利要求2的液晶聚酯树脂组合物，其中，衍生自芳香族羟基羧酸的重复单元是衍生自对羟基苯甲酸的重复单元，衍生自芳香族二醇的重复单元是衍生自选自对苯二酚、间苯二酚、4，4′-二羟基联苯、双酚A和双酚S的至少一种的重复单元，衍生自二羧酸的重复单元是衍生自选自对苯二甲酸、间苯二甲酸和萘二甲酸的至少一种的重复单元。

4. 根据权利要求3的液晶聚酯树脂组合物，其中，衍生自对羟基苯甲酸的重复单元的量在所述液晶聚酯树脂中为30～80摩尔%，衍生自选自对苯二酚、间苯二酚、4，4′-二羟基联苯、双酚A和双酚S的至少一种的重复单元的量在所述液晶聚酯树脂中为10～35摩尔%，衍生自选自对苯二甲酸、

间苯二甲酸和萘二甲酸的至少一种的重复单元的量在所述液晶聚酯树脂中为10~35摩尔%。

5. 根据权利要求1的液晶聚酯树脂组合物，其中，由式（I）定义的亚磷酸酯化合物的量为0.1~0.15重量份。

6. 根据权利要求2的液晶聚酯树脂组合物，其中，形成各向异性熔体相的液晶聚酯是通过在相对于羟基存在过量脂肪酸酐的条件下使芳香族羟基羧酸和芳香族二醇酰化并进行在酰化的化合物与羧酸之间的酯基转移反应获得的液晶聚酯。

7. 根据权利要求6的液晶聚酯树脂组合物，其中，芳香族羟基羧酸是对羟基苯甲酸，芳香族二羧酸包含50~100摩尔%的对苯二甲酸和0~50摩尔%的其他芳香族二羧酸（条件是芳香族二羧酸的总量为100摩尔%），并且芳香族二醇包含50~100摩尔%的4，4′-二羟基联苯和0~50摩尔%的其他芳香族二醇（条件是芳香族二醇的总量为100摩尔%）。

8. 根据权利要求1的液晶聚酯树脂组合物，其中，还含有一种填料。

9. 根据权利要求8的液晶聚酯树脂组合物，其中，所述填料是玻璃纤维。

10. 根据权利要求8的液晶聚酯树脂组合物，其中，所述填料的量按液晶聚酯、由式（I）定义的亚磷酸酯化合物和填料的总量计为10~80重量%。

11. 一种由根据权利要求1或8的液晶聚酯树脂组合物形成的模塑制品。

12. 一种改善液晶聚酯树脂组合物的热稳定性的方法，包括向100重量份的形成各向异性熔体相的液晶聚酯中加入不小于0.01重量份且小于0.2重量份的至少一种由式（I）定义的亚磷酸酯化合物并获得所述液晶聚酯树脂组合物。

13. 根据权利要求12的方法，其中，所述形成各向异性熔体相的液晶聚酯是通过由过量的脂肪酸酐使芳香族羟基羧酸、芳香族二醇和二羧酸的单体羟基酰化并进行在酰化的化合物与反应体系的羧酸之间的酯基转移反应所获得的液晶聚酯。

14. 根据权利要求13的方法，其中，芳香族羟基羧酸是对羟基苯甲酸，芳香族二羧酸包含50~100摩尔%的对苯二甲酸和0~50摩尔%的其他芳香族二羧酸（条件是芳香族二羧酸的总量为100摩尔%），芳香族二醇包含50~100摩尔%的4，4′-二羟基联苯和0~50摩尔%的其他芳香族二醇（条件是芳香族二醇的总量为100摩尔%）。”

2008年6月2日，申请人住友化学工业株式会社（下称请求人）对上述驳回决定不服，向专利复审委员会提出复审请求，并提交了附件1（“环氧树脂化学结构与特性的关系”，《DIC Technical Review》2001年第7期，小栋一朗，复印件12页）以及其相关部分的中文译文，请求人在提出复审请求时没有对申请文件进行修改。

请求人认为：①对比文件2中未公开亚磷酸酯稳定剂可用于液晶聚酯中，也未认识到亚磷酸酯稳定剂能够赋予液晶聚酯以高耐焊性。对比文件2和本申请的优选含量也是不同的，至少就液晶聚酯中亚磷酸酯化合物的加入量而言是一个选择发明；②对比文件2中亚磷酸酯稳定剂被用于包括常用聚合物的有机物料中，其目的在于减少由于加热、氧化和NOx气等引起的原料变质；③根据附件1，影响耐焊性的因素有很多，其不仅仅取决于耐热性和耐氧化性，还取决于诸如液晶聚酯组合物的吸水性、热膨胀、熔点和机械强度等其他因素，没有理由认为本领域技术人员会选择对比文件1和2相结合并且在面临诸如耐焊性等技术问题时会使用对比文件2中的亚磷酸酯稳定剂。并且即使将对比文件1和2相结合也不会达到本发明技术方案中的特定技术特征并预计到这些技术特征导致的优良技术效果（包括耐焊性）。

经形式审查合格后，专利复审委员会受理了该请求，并于2008年6月26日向请求人发出了《复审请求受理通知书》，同时将本申请转送至国家知识产权局原审查部门进行前置审查。

在《前置审查意见书》中，国家知识产权局原审查部门认为：①本申请相对于100份聚酯亚磷酸酯的含量范围的端点值0.01已经被对比文件2公开，且对比文件2还公开了所述稳定剂可用于芳香族聚酯材料，本申请的液晶聚酯属于芳香族聚酯，即对比文件2给出了技术启示；②耐热和氧化性是考量耐焊性的主要因素，由此请求人的意见陈述不能接受。因此，本申请仍不具有创造性。因此坚持驳回决定。

专利复审委员会组成合议组，对本复审请求案进行了审理。

2009年6月1日，专利复审委员会本案合议组向请求人发出《复审通知书》，指出：①权利要求12要求保护一种改善液晶聚酯树脂组合物的热稳定性的方法，对比文件1公开了一种包括金属薄片和由液晶聚酯树脂组合物制成的层的层压制品（参见对比文件1权利要求1、说明书第20页第1段、实施例1）。本申请权利要求12与对比文件1的技术方案的区别在于，权利要求12中为了改善液晶聚酯树脂组合物的热稳定性向液晶聚酯树脂组合物中添加了不小于0.01重量份且小于0.2重量份的至少一种由式（I）定义的亚磷酸酯化合物，而对比文件1中并未提及在液晶聚酯组合物中添加所述亚磷酸酯化合物。对比文件2公开了一种有效用于稳定有机材料以防止热老化和氧化劣化的式（I）的亚磷酸酯稳定剂（等同于本申请中所述的亚磷酸酯化合物），所述有机材料包括热塑性树脂例如芳香族聚酯树脂（参见说明书第12栏第7~10、43行）。当有机材料用亚磷酸酯（I）稳定时，亚磷酸酯（I）通常以基于100重量份有机材料，约0.01~5重量份，优选约0.03~3重量份，更优选约0.05~1重量份的量进行配制（参见说明书第13栏第64行至第14栏第2行）。可见，本领域技术人员在对比文件1的基础上能够从对比文件2获得相应的技术启示，将对比文件2中公开的式I的亚磷酸酯稳定剂添加到液晶聚酯中以获得权利要求12的技术方案。因而权利要求12相对于对比文件1与2的结合不具有创造性，不符合专利法第22条第3款的规定。②权利要求13是权利要求12的从属权利要求，其中进一步限定液晶聚酯的制备方法。由对比文件1中所公开的内容可知（参见对比文件1说明书第20页第1~2段），对比文件1中液晶聚酯的制备与本申请基本类似，仅是未具体指出是通过乙酸还是乙酸酐或是能够与羟基反应的其他乙酸衍生物与所述芳香族羟基羧酸和芳香族二醇反应而使其酰化，但对于本领域技术人员而言采用乙酸酐使其酰化是常规技术手段，并且说明书中并未指出而且也没有证据表明采用乙酸酐进行酰化反应获得液晶聚酯给本发明带来意料不到的技术效果，因而在权利要求12不具有创造性的基础上，权利要求13的技术方案也不具有突出的实质性特点和显著的进步，不符合专利法第22条第3款的规定。③权利要求14是权利要求13的从属权利要求，其中进一步限定了合成液晶聚酯的芳香族化合物原料，其所有附加技术特征在对比文件1中被公开（参见对比文件1说明书第20页第1~2段），在权利要求13不具有创造性的基础上，权利要求14的技术方案也不具有突出的实质性特点和显著的进步，不符合专利法第22条第3款的规定。

针对上述《复审通知书》，请求人于2009年7月16日提交了权利要求书的修改替换页，其中相对于驳回决定所针对的权利要求书，请求人删除了权利要求12~14，对驳回决定针对的权利要求1~11未作修改。

经合议，合议组认为本案事实已经清楚，可以作出审查决定。

二、决定的理由

1. 关于文本

请求人于2009年7月16日提交了权利要求书的全文替换页，其中相对于驳回决定所针对的权利要求书，请求人删除了权利要求12~14。经审查，合议组认为，请求人为了克服《复审通知书》中指出的权利要求12~14不具有创造性的缺陷，将驳回决定所针对的权利要求12~14删除，符合专利法实施细则第60条第1款的规定；同时也符合专利法第33条的规定。

故本复审请求审查决定针对的文本是：2009 年 7 月 16 日提交的权利要求第 1~11 项、2002 年 9 月 19 日提交的说明书第 1~18 页及说明书摘要。

2. 关于专利法第 22 条第 3 款

专利法第 22 条第 3 款规定：创造性，是指同申请日以前已有的技术相比，该发明有突出的实质性特点和显著的进步。

在判断创造性时，首先要将权利要求的技术方案和最接近的现有技术进行对比，找出二者的区别特征，确定所述技术方案实际要解决的技术问题，进而考察现有技术中是否存在将该区别特征引入到所述最接近的现有技术中以解决上述技术问题的启示；如果现有技术中不存在这样的启示，则该权利要求具备创造性。

就本申请而言，权利要求 1 要求保护一种液晶聚酯树脂组合物，其包含 100 重量份的形成各向异性熔体相的液晶聚酯，和不小于 0.01 重量份且小于 0.2 重量份的至少一种由式（I）定义的亚磷酸酯化合物（具体参见案由部分）。

对比文件 1 公开了一种包括金属薄片和由液晶聚酯树脂组合物制成的层的层压制品，该液晶聚酯树脂组合物包括 88 重量% 的液晶聚酯和 12 重量% 的橡胶，所述液晶聚酯通过将 10.8kg（60 摩尔）对乙酸基苯甲酸、2.49kg（15 摩尔）对苯二酸、0.83kg（5 摩尔）间苯二酸和 5.45kg（20.2 摩尔）的 4，4′-二乙酸基联苯放在具有梳状捏合叶片的聚合容器中制备获得。液晶聚酯树脂与橡胶熔融挤压获得混合料，然后在装有环形模具的单螺杆挤出机中挤压并拉伸成膜（参见对比文件 1 权利要求 1，说明书第 20 页第 1 段，实施例 1）。

本申请权利要求 1 与对比文件 1 的技术方案相比，区别在于权利要求 1 的液晶聚酯树脂组合物中添加了式（I）所定义的亚磷酸酯化合物，而对比文件 1 中并未提及在液晶聚酯组合物中添加所述亚磷酸酯化合物。

本申请说明书第 1 页第 19~22 行中指出，含有所述液晶聚酯树脂和亚磷酸酯化合物的树脂组合物在形成模塑制品时，提供了高温下的优异热稳定性，并且在焊接过程中不会导致模塑制品中产生气泡。同时在说明书实施例部分根据耐焊性（在焊料中浸渍时气泡的产生）和熔体粘度的稳定性（热稳定性指数）对树脂的性能进行评价，通过实施例以及对比实施例所给出的实验数据证实本申请的液晶聚酯树脂组合物耐焊性优异并且具有高的热稳定性。由此可知，本申请实际解决的技术问题是提供一种具有优异的耐焊性和高的热稳定性的液晶聚酯树脂组合物。该技术问题是通过在液晶聚酯树脂组合物中添加式（I）的亚磷酸酯化合物的技术手段得以解决。判断权利要求 1 是否具备创造性，焦点在于判断现有技术中是否存在技术启示，促使本领域技术人员将式（I）的亚磷酸酯化合物加入到液晶聚酯树脂组合物中以提高耐焊性和热稳定性。

对比文件 2 公开了一种用于稳定有机材料以使其耐热老化和氧化劣化的式（I）的亚磷酸酯稳定剂（等同于本申请中所述的亚磷酸酯化合物），所述有机材料包括聚酯树脂例如芳香族聚酯树脂（参见对比文件 2 说明书第 12 栏第 7~10、43 行）。当有机材料用亚磷酸酯（I）稳定时，亚磷酸酯（I）通常以基于 100 重量份有机材料，约 0.01~5 重量份，优选约 0.03~3 重量份，更优选约 0.05~1 重量份的量进行配制（参见说明书第 13 栏第 64 行至第 14 栏第 2 行）。

合议组认为：虽然对比文件 2 中指出所述亚磷酸酯化合物可改善有机材料的热稳定性，但是本申请的液晶聚酯树脂组合物还具有优异的耐焊性。由于耐焊性是考察在模塑制品焊料中浸渍时气泡的产生，所述气泡是液晶聚酯树脂组合物成型成模塑制品时，由于稳定剂亚磷酸酯化合物在高温下分解产生气体而发生的（参见本申请说明书第 1 页第 13~14 行以及第 14 页第 27 行），并且耐焊性不仅取决于耐热性和耐氧化性，而且还取决于诸如液晶聚酯组合物的吸水性、热膨胀、熔点和机械强度等其他因素（参见请求人提交的附件 1）；而热稳定性是指材料能承受温度的剧烈变化而不致于破坏的能力，在本申请中体现在液晶聚酯树脂组合物的熔体粘度随时间的变化上（参见本申请说明书第 14 页第 31 行至第 15 页第 2 行）。由此可见，耐焊性与热稳定性的考察对象并不相同，并不能简单地认为耐热和氧化是考量耐焊性的主要因素。而对比文件 1 和对比文件 2 均未记载向液晶聚酯树脂组合物中添加式（I）的亚磷酸酯化合物以提高其耐焊性的相关信息，因此，就目前的证据来看，现有技术没有给出将所述区别技术特征应用到对比文件 1 以提高耐焊性的启示，本领域技术人员并无动机根据对比文件 1 和 2 的启示获得权利要求 1 的组合物，驳回决定和《前置审查意见书》中指出的权利要求 1 相对于对比文件 1 与对比文件 2 的结合不具有创造性的理由不成立。因而权利要求 1 符合专利法第 22 条第 3 款的规定。

在权利要求 1 具备创造性的基础上，其从属权利要求 2~10 也具备创造性，符合专利法第 22 条第 3 款的规定；独立权利要求 11 涉及由权利要求 1 或 8 的液晶聚酯树脂组合物的模塑制品，在权利要求 1 或 8 均具备创造性的基础上，权利要求 11 也具备创造性，符合专利法第 22 条第 3 款的规定。

根据上述事实和理由，合议组作出如下审查决定。

三、决定

撤销国家知识产权局于 2008 年 2 月 15 日针对第 02142849.2 号发明专利申请作出的驳回决定，由国家知识产权局原审查部门以本复审请求审查决定所针对的文本为基础继续审批程序。

复审请求人对本决定不服的，可以根据专利法第 41 条第 2 款的规定，自收到本决定之日起三个月内向北京市第一中级人民法院起诉。

195

低分子海藻酸钾及其应用

复审请求审查决定（第 20341 号）

决 定 号 第 20341 号
决 定 日 2009 年 11 月 25 日
发明创造名称 低分子海藻酸钾及其应用
国 际 分 类 号 C08B37/04，A23L1/0532
复 审 请 求 人 赵 波
申 请 号 200410060761.2
申 请 日 2004 年 8 月 20 日
公 开 日 2005 年 3 月 23 日
合 议 组 组 长 李新芝
主 审 员 侯 曜
参 审 员 顾笑璐

法 律 依 据 专利法第 26 条第 3 条
决 定 要 点

所属技术领域的技术人员能够实现，是指所属技术领域的技术人员按照说明书记载的内容，能够实现该发明的技术方案，解决其技术问题，并且产生预期的技术效果。

一、案由

本复审请求案涉及发明名称为“低分子海藻酸钾及其应用”的第 200410060761.2 号发明专利申请（下称本申请），申请人为赵波，申请日为 2004 年 8 月 20 日，公开日为 2005 年 3 月 23 日。

2008 年 10 月 17 日，针对申请人于 2008 年 7 月 1 日提交的权利要求第 1~2 项、2004 年 8 月 20 日提交的说明书第 1~3 页以及说明书摘要，国家知识产权局以本申请说明书不符合专利法第 26 条第 3 款的规定为由驳回了本申请。

驳回决定针对的权利要求书如下：

“1. 低分子海藻酸钾，其生产原料为海带、昆布、可食用海藻，其特征是它采用如下工艺步骤制成：首先将上述原料用热水提取，保温 1~5 小时，然后分离，再减压浓缩，得海藻酸，再加钾盐，得海藻酸钾，用固化酶进行降解，变成低分子海藻酸钾，再用复合酶进行降解，得到低分子海藻酸钾。

2. 根据权利要求 1 所述的低分子海藻酸钾，其特征是应用低分子海藻酸钾制成的胶囊、冲剂、片剂、散、丸，补钾排钠，降压稳压，应用到食品中作为一种食品添加剂，制成功能性保健食品。”

驳回决定认为：（1）根据现有技术的记载可知，本申请中所述海藻酸是一种不溶于水的高分子纤维，因此，按照本申请所述方案"将可食用海藻用热水提取，保温 1~5 小时"所得到的应为褐藻多糖硫酸酯等水溶性物质，而无法得到不溶于水的海藻酸。可见，说明书中给出的技术手段并不能解决所述的技术问题，致使所属技术领域的技术人员根据说明书中的记载，不能实现该发明。申请人的意见陈述及所附证据均不能证明海藻胶在热水提取的情况下会降解，不能克服本发明说明书公开不充分的缺陷。（2）本申请说明书中未具体公开降解海藻酸所使用的复合酶的类型，致使本领域技术人员根据说明书的记载不能实现本发明。申请人在意见陈述书中声称复合酶采用复合葡萄糖还原酶，并认为这是现有技术中已知的，但并未提供任何证据加以证明。因此，本申请说明书公开不充分的缺陷依然存在。

2009 年 1 月 22 日，申请人赵波（下称请求人）对上述驳回决定不服，向专利复审委员会提出复审请求并提交以下附件，但没有修改申请文件：

附件 1：授权公告号为 CN1157415C 的中国发明专利说明书，授权公告日为 2004 年 7 月 14 日，复印件 17 页；

附件 2：日本专利公开特许公报 JP6-237783A，公开日为 1994 年 8 月 30 日，复印件 8 页。

此外，请求人在本案实质审查过程中还曾经提交过以下附件（编号续前）：

附件 3：授权公告号为 CN1255057C 的中国发明专利说明书，申请日为 2004 年 5 月 14 日，授权公告日为 2006 年 5 月 10 日，复印件 6 页；

附件 4：从海带中提取高粘度海藻酸钠，张善明等，《食品加工》，第 23 卷第 3 期第 86~87 页，2002 年 3 月；

附件 5：酶解技术用于马尾藻提取海藻酸工艺的研究，邓富文，《广西化工》，第 28 卷第 2 期第 11~13 页，1999 年 6 月；

附件 6：从马尾藻中提取高粘度海藻酸钠，侯振建等，《食品科学》，第 18 卷第 9 期第 47~48 页，1997 年。

附件 7：在答复《第二次审查意见通知书》时提交的有关海藻酸水溶性的实验。

请求人认为：（1）海藻酸在热水中，特别是长时间在热水中提取，海藻胶会降解，生成相对低分子量的海藻酸，此海藻酸是可溶的，采用热水、热碱水和热酸水工艺，或者热水加氧化、热水加超声的方式提取海藻酸是常规的。附件 1、4~6 证明，海藻降解为海藻酸的工艺是现有技术中常见的工艺，因此将海藻热水降解为海藻酸并不存在技术障碍。在答复《第二次审查意见通知书》时提交的热水提取低分子海藻酸的过程证明可以获得水溶性海藻酸。即使海藻胶不能仅通过热水的方式溶解，本领域技术人员还可以采用上述常规技术降解海藻胶。因此，本申请中采用热水得到海藻胶的工艺对本领域技术人员来说是可以实现的。（2）附件 1 和 2 证明，固化酶用于将海藻降解为海藻酸是常规技术。现有技术中采用一次或二次降解步骤（物理降解、化学降解和固定化酶等）将大分子海藻酸降解成小分子海藻酸，而本申请采用复合酶对固化酶降解的海藻酸钾进行二次降解，使海藻酸分子量进一步降低，增加具有治疗作用的低分子海藻酸的量。本申请中，采用的固化酶是常规的可以分解藻酸的酶类，复合酶采用例如复合葡萄糖还原酶，这些酶均是现有技术已知的。（3）一项发明的技术方案是否公开充分，应当将该技术方案的特征放在现有技术的背景下来考虑，本申请的方法是现有技术的集成，根据说明书的公开，结合现有技术，本领域技术人员完全可以再现本申请的技术方案，解决技术问题并产生技术效果。因此本申请说明书公开充分。

经形式审查合格后，专利复审委员会受理了该请求，并于 2009 年 2 月 27 日向请求人发出了《复审请求受理通知书》，同时将本申请转送至国家知识产权局原审查部门进行前置审查。

在《前置审查意见书》中，国家知识产权局原审查部门坚持驳回决定。

专利复审委员会依法组成合议组，对本复审请求案进行了审理，并于2009年8月4日向请求人发出《复审通知书》，指出：褐藻酸（海藻酸）是基本上不溶于水和有机溶剂的溶胶，本领域技术人员难以理解，本申请中仅采用热水浸泡，就能破坏和软化藻体的细胞壁纤维组织，并从中提取出基本不溶于水的海藻酸。此外，在本申请中，并未具体涉及固化酶和复合酶的具体种类，本领域技术人员无从获知本申请中究竟采用了哪种酶。因此，本领域技术人员按照说明书记载的内容，不能实现本申请的技术方案，解决其技术问题，并且产生预期的技术效果。本申请说明书公开不充分，不符合专利法第26条第3款的规定。

2009年9月15日，请求人针对上述《复审通知书》提交了意见陈述书，但未修改申请文件。请求人认为：(1) 请求人已经提供证据如附件1、3~6证明，海藻降解为海藻酸的工艺是现有技术中的常见工艺，因此，将海藻热水降解为海藻酸并不存在技术障碍。即使认为海藻胶不能仅通过热水的方式溶解，根据现有技术的教导，本领域技术人员同样可以在热水中加酸、碱、氧化剂或超声，达到将海藻胶降解为海藻酸的目的。因此，本申请中采用热水得到海藻酸的工艺对本领域技术人员来说是可以实现的。(2) 例如附件1和2证明，固化酶降解已常规用于海藻降解成海藻酸的工艺中。本申请采用的固化酶是常规的可分解藻酸的酶类，复合酶是复合葡萄糖还原酶，这些酶均是现有技术中已知的。在判断技术方案是否公开时，完全抛开现有技术有失偏颇。因此，本申请说明书符合专利法第26条第3款的规定。

经过上述审查程序，合议组认为本案事实已经清楚，可以依法作出复审决定。

二、决定的理由

1. 决定依据的文本

请求人在复审请求审查阶段未修改申请文件，因此，本复审决定依据的文本是驳回决定所针对的文本，即请求人于2008年7月1日提交的权利要求第1~2项、2004年8月20日提交的说明书第1~3页以及说明书摘要。

2. 关于专利法第26条第3款

专利法第26条第3款规定，说明书应当对发明或者实用新型作出清楚、完整的说明，以所属技术领域的技术人员能够实现为准。

所属技术领域的技术人员能够实现，是指所属技术领域的技术人员按照说明书记载的内容，能够实现该发明的技术方案，解决其技术问题，并且产生预期的技术效果。

就本申请而言，权利要求1要求保护低分子海藻酸钾，其生产原料为海带、昆布、可食用海藻，其特征是它采用如下工艺步骤制成：首先将上述原料用热水提取，保温1~5小时，然后分离，再减压浓缩，得海藻酸，再加钾盐，得海藻酸钾，用固化酶进行降解，变成低分子海藻酸钾，再用复合酶进行降解，得到低分子海藻酸钾。

本申请说明书中记载的提取过程基本与权利要求1中描述的提取方法相同（参见说明书第1页倒2段）；在实施例1和2中，分别使用海带和紫菜为原料，热水保温4和5小时，再采用权利要求1中提取方法的后续步骤，获得低分子海藻酸钾。通过以上描述，本领域技术人员能够获知，本申请是以海带等海藻为原料，通过用热水提取、保温、分离、减压浓缩、加钾盐得海藻酸钾、固化酶降解、复合酶降解等一系列步骤来获得低分子海藻酸钾的；其中，热水提取~减压浓缩步骤获得海藻酸，加钾盐~复合酶降解步骤获得低分子海藻酸钾。

但是，本领域技术人员都知道，褐藻酸（海藻酸）是基本上不溶于水和有机溶剂的溶胶。如合议组在《复审通知书》中引用的现有技术（《海藻利用与加工》，金骏，林美娇主编，科学出版社出版，1993 年 10 月）所述，室温下在 100g 水中，海藻酸的溶解度为 0.071g，即使在煮沸情况下，其溶解度也仅为 0.3g；以水浸泡海带，只能使海带中的甘露醇、碘盐、氯化钾等可溶性成分溶于水中，一般需要采用甲醛、酸、碱进行前处理才能提取出藻体内含海藻酸的藻胶（参见该书的第 71 页表 3.1.1，第 83~87 页 1. 前处理）。因此，本领域技术人员难以理解，本申请中仅采用热水浸泡，就能破坏和软化藻体的细胞壁纤维组织，并从中提取出基本不溶于水的海藻酸。此外，在本申请中，并未具体涉及固化酶和复合酶的具体种类，本领域技术人员无从获知本申请中究竟采用了哪种酶。因此，本领域技术人员按照说明书记载的内容，不能实现本申请的技术方案，解决其技术问题，并且产生预期的技术效果。本申请说明书公开不充分，不符合专利法第 26 条第 3 款的规定。

权利要求 2 进一步限定了权利要求 1 中低分子海藻酸钠的用途，在权利要求 1 的技术方案未能充分公开的前提下，该权利要求的技术方案也没有在说明书中得到充分公开，不符合专利法第 26 条第 3 款的规定。

对于请求人提出的"海藻酸在热水中，特别是长时间在热水中提取，海藻胶会降解，生成相对低分子量的海藻酸，此海藻酸是可溶的"的观点，合议组认为：（1）就附件 1、3~6 公开的内容来看，附件 1 涉及以高分子量海藻酸为原料，通过降解（包括物理方法：超声波处理或高速剪切、光化学方法：光辐射和催化、固定化酶方法或化学方法）、碱处理、氧化剂降解、超滤、纳米滤膜过滤等步骤获得低分子量海藻酸盐；附件 3（其公开日为 2006 年 5 月 10 日，晚于本申请的申请日 2004 年 8 月 20 日）涉及使用海藻浆原料替代现有技术中的浸提物，直接从步骤 3 的海藻浆原料中提取海藻酸，常规过滤、沉淀、干燥后即得海藻酸，其中海藻浆原料是通过将鲜海藻至于高压容器罐中，密封通入高压蒸汽，使得压力达到 0.5~1.5MPa，保压 1~15 分钟得到的细胞结构解体的海藻细胞浆；附件 4 涉及通过浸泡、切菜、消化、兑稀、过滤漂白、钙析、离子交换、烘干、粉碎等步骤从海带中提取高粘度海藻酸钠的过程，其中消化步骤是在 $Na_2CO_3$10%，常温 6 小时并加少量反应促进剂的条件下进行的；附件 5 涉及酶解技术用于马尾藻提取海藻酸的工艺，使用木瓜酶对马尾藻粉进行酶解预处理，再进行常规提取海藻酸的工艺（包括碳酸钠浸提、过滤、漂白、酸析、过滤等步骤）；附件 6 涉及从马尾藻中提取高粘度海藻酸钠的工艺，其中浸泡步骤改变了"过去采用中性水浸泡工艺"，采用加酸短时浸泡，消化步骤的条件为 $Na_2CO_3$2.5%，60℃下 2 小时。通过上述附件的内容来看，均未涉及直接用热水浸泡就能使海藻胶降解并溶于水中的内容。（2）相反，附件 1 中海藻酸的降解是采用包括物理方法、光化学方法、光辐射和催化、固定化酶方法或化学方法等各种方法才能实现的；附件 3 采用的是通过高压来使海藻细胞结构解体；附件 4~6 在对藻类原料进行处理的步骤中，分别采用了甲醛浸泡后加碱和促反应剂进行消化、酶预处理后加碳酸钠浸提、加酸浸泡后加碱消化的步骤以将不溶于水的海藻酸转化为可溶的海藻酸钠，尽管附件 4 中有"在此工艺流程中，消化过程采用加温消化的方法，温度 50~65℃，此温度下海藻胶降解严重"的描述（参见附件 4 第 86 页左栏第 2 段），但根据该页右栏第 1.2.2 节的描述可知，此时的消化条件为"$Na_2CO_3$10%，常温（15~20℃），6h，加少量反应促进剂"，即同样是碱性环境。这些内容进一步证实了合议组的前述观点，即仅凭热水浸泡不能使藻体中不溶于水的海藻酸降解为溶于水，并提取出来。（3）请求人试图以附件 7 证明低分子海藻酸是部分溶解的。但是，该实验采用的原料已经是低分子海藻酸，加热条件为 80℃回流，而本申请中是热水浸泡藻类原料直接提取，实验条件完全不同，而且本申请的藻类原料中的海藻酸也不可能全部为实验中采用的低分子海藻酸，并且上述实验也没有给出实验结果。因此该实验也不能证明请求人"热水能将海藻降解为海藻酸"，故请求人的上述观点不成立。

对于请求人认为"固化酶用于将海藻降解为海藻酸是常规技术，这些酶均是现有技术已知"的观点，合议组认为，对本领域技术人员而言，"固定化酶"仅代表该酶的存在状态是被固定在载体上的；“复合酶”仅代表该酶是复合而成的，但根据上述名称并不能获知本申请中所述的“固定化酶”和“复合酶”究竟是何种酶。而本领域技术人员显然需要知道酶的具体种类才能实施本申请的技术方案。附件1和附件2中使用的是藻酸分解酶（参见附件1的实施例15，附件2的权利要求1），而根据请求人的意见陈述，本申请中使用的“固定化酶”是固定化葡萄糖异构酶，“复合酶”是复合葡萄糖还原酶。也就是说，即使参考附件1和2的内容，本领域技术人员也无从知道本申请中实际使用的酶的种类。

对于请求人认为“在判断技术方案是否公开时，不能完全抛开现有技术，应当将现有技术中能够达到相同目的的已知技术考虑在内”的观点，合议组认为，审查指南第二部分第二章2.1.3中规定，说明书应当清楚地记载发明或者实用新型的技术方案，详细地描述实现发明或者实用新型的具体实施方式，完整地公开对于理解和实现发明或者实用新型必不可少的技术内容，达到所属技术领域的技术人员能够实现该发明或者实用新型的程度。就本申请而言，诚如请求人所称，“即使海藻酸不能仅通过热水的方式溶解，本领域技术人员还可以采用上述常规技术降解海藻胶”，但此时本领域技术人员采用的技术方案已经与本申请说明书记载以及权利要求要求保护的方案完全不同。并且，尽管现有技术中已知很多能够分解海藻酸的酶，但本领域技术人员根据说明书的描述，只能知道本申请在分解海藻酸时使用了两种具体的酶，并不能就此获知本申请采用的是哪种酶、该酶是否与现有技术相同以及与哪份现有技术相同。因此，不能认为说明书关于上述两项技术特征的公开是充分的。专利申请说明书公开的意义在于指导本领域技术人员实施和再现要求保护的技术方案，而不是仅给出模糊甚至是相反的教导，让本领域技术人员在大量的现有技术中摸索和实验，甚或是在该教导不能实施的情况下，直接用现有技术中能够实施的手段进行替换。

综上所述，本申请权利要求1~2要求保护的技术方案在说明书中未能充分公开到本领域技术人员能够实现的程度，说明书不符合专利法第26条第3款的规定。

基于上述理由，合议组作出下述决定。

三、决定

维持国家知识产权局于2008年10月17日针对第200410060761.2号发明专利申请作出的驳回决定。

复审请求人对本决定不服的，可以根据专利法第41条第2款的规定，自收到本决定之日起三个月内向北京市第一中级人民法院起诉。

新颖的芳基-与杂芳基-哌嗪

复审请求审查决定（第 20342 号）

决　定　号　第 20342 号
决　定　日　2009 年 11 月 25 日
发明创造名称　新颖的芳基-与杂芳基-哌嗪
国际分类号　C07D295/04，C07D213/72，C07D215/38，C07D241/44，C07D237/20，C07D471/04，A61K 31/495
复审请求人　高点制药有限责任公司
申　请　号　03803360.7
最早优先权日　2002 年 2 月 5 日
申　请　日　2003 年 2 月 5 日
公　开　日　2005 年 6 月 15 日
合议组组长　侯　曜
主　审　员　潘　剑
参　审　员　黄　强

法律依据　专利法第 26 条第 3 款
决定要点

如果根据现有技术，所属领域技术人员无法预测请求保护的化合物能够实现所述用途和/或使用效果，则说明书应当记载足以证明所述化合物能够实现所述用途和/或达到预期效果的定性或定量实验数据。对于实验数据，说明书应当记载实验所采用的具体化合物，如果所属领域技术人员无法获知实验结果由何种样品获得，导致所述领域技术人员无法确信请求保护的化合物具有声称的用途和/或效果，则说明书不符合专利法第 26 条第 3 款的规定。

一、案由

本复审请求案涉及发明名称为“新颖的芳基-与杂芳基-哌嗪”的第 03803360.7 号发明专利申请（下称本申请），申请人为高点制药有限责任公司（由诺沃挪第克公司变更为转化技术制药公司，再由转化技术制药公司变更于此），申请日为 2003 年 2 月 5 日，最早优先权日为 2002 年 2 月 5 日，公开日为 2005 年 6 月 15 日。

2007 年 11 月 9 日，针对申请人于 2006 年 10 月 24 日提交的权利要求第 1~72 项、2004 年 8 月 5 日进入中国国家阶段时提交的国际申请文件的中文文本的说明书第 1~119 页及说明书摘要，国家知识产权局以本申请说明书不符合专利法第 26 条第 3 款的规定为由驳回了本申请。

驳回决定认为：本申请请求保护一种芳基-与杂芳基-哌嗪化合物，该化合物由于与组胺H3受体具有的高的选择性结合亲和性从而能够用于治疗涉及组胺H3受体的疾病。首先，由于本申请请求保护的是一种新化合物，因而在现有技术中没有与其活性相关的内容；其次，尽管在本申请的说明书中公开了通式化合物的结构式（参见说明书第7~35页）、通式化合物的制备方法（参见说明书第46~48页）、通式化合物的具体医药用途、药理功效、有效量及使用方法（参见说明书第36~45页），制备了多个实施例（参见说明书48~112页），并且在说明书中还设计了验证本发明化合物与组胺H3受体相互作用能力的生物测定方法，但在说明书中却未提供相应的数据加以验证，即：说明书中没有提供对于本领域技术人员来说，足以证明发明的技术方案可以达到预期要解决的技术问题或效果的实验室试验或者临床试验的定性或定量数据。对本领域技术人员来说，说明书公开的上述内容不足以证明本发明的化合物能够对组胺H3具有高结合亲和性，进而能够用于治疗相关的疾病。因此，所属技术领域的技术人员根据说明书记载的内容并结合现有技术无法实现本申请所请求保护的技术方案，解决其技术问题，并且产生预期的技术效果，因而说明书公开不充分，不符合专利法第26条第3款的规定。

驳回决定针对的权利要求1如下：

"1. 通式（II）化合物：

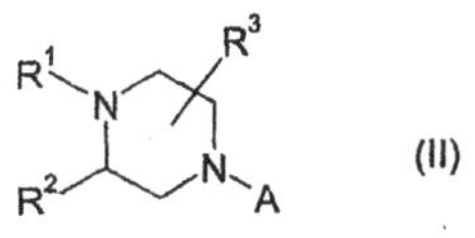

其中

R^2 是氢或 C_{1-4-}烷基，

（i）R^1 代表

支链 C_{4-6-}烷基、支链 C_{4-6-}烯基或支链 C_{4-6-}炔基，其条件是 R^1 不是异丁基，

C_{3-5-}环烷基、C_{3-7-}环烯基、C_{3-6-}环烷基-C_{1-3-}烷基或 C_{3-6-}环烯基-C_{1-3-}烷基，

R^1 和 R^2 一起构成 C_{3-6-}亚烷基桥，和

A 代表

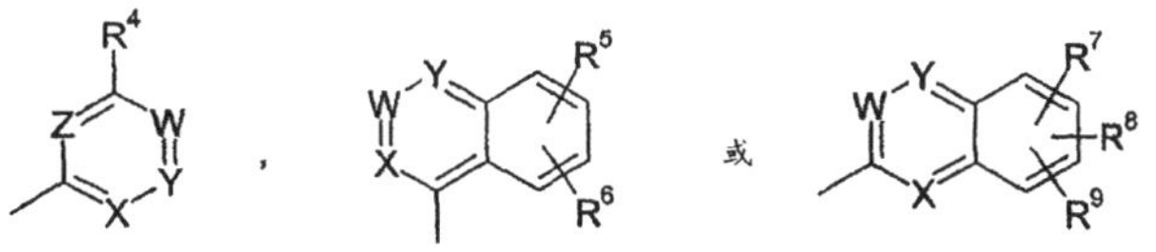

或者

（ii）R^1 代表

乙基、正丙基或异丙基，

R^1 和 R^2 一起构成 C_{3-6-}亚烷基桥，和

A 代表

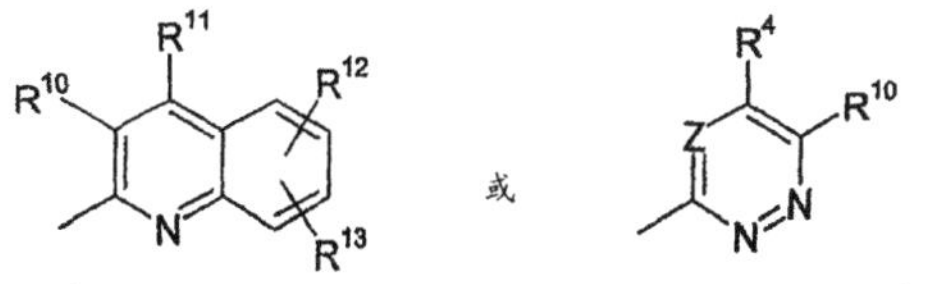

R^3 是氢、卤素、羟基、三氟甲基、三氟甲氧基、C_{1-10-}烷基、C_{2-10-}烯基、C_{3-8-}环烷基、C_{1-6-}烷氧基、芳基、芳基-C_{1-6-}烷基、氨基、C_{1-6-}烷基氨基、二-C 1-6-烷基氨基、C_{3-8-}环烷基、C_{3-8-}环烷氧

基、氰基、硝基、C_{1-6-}烷硫基或C_{1-6-}烷基磺酰基，

Z和X独立地代表-N=、-C（H）=、-C（F）=、-C（Cl）=、-C（CN）=或-C（CF_3）=，

W代表-N=或-C（R_{10}）=，

Y代表-N=或-C（R_{11}）=，

R^4、R^5、R^6、R^7、R^8、R^9、R^{10}、R^{11}、R^{12}和R^{13}独立地代表

氢、卤素、羟基、三氟甲基、三氟甲氧基、-SCF3、氨基、氰基、硝基或-C（=O）NR14R15，

C_{1-10-}烷基、C_{2-10-}烯基、C^3-8-环烷基、C_{1-6-}烷氧基、C_{3-8-}环烷基-C_{1-6-}烷氧基、C_{1-6-}烷基氨基、二-C_{1-6-}烷基氨基、C_{3-8-}环烷氧基、C_{1-6-}烷硫基、C_{1-6-}烷基磺酰基、C_{2-10-}烷酰基、C_{4-9-}环烷酰基、C_{3-8-}杂环基或C_{4-9-}杂环烷酰基、C_{4-9}杂环烷氧基，它们可以可选地被一个或多个选自$R^1$6的取代基取代，

芳基、芳基-C_{1-6-}烷基、芳基-C_{1-6-}烷氧基或杂芳基，它们可以可选地被一个或多个选自R^{17}的取代基取代，

芳酰基、杂芳酰基、芳氧基、杂芳氧基、芳基氨基或杂芳基氨基，它们可以可选地被一个或多个选自R^{18}的取代基取代，

或者R^5、R^6、R^7、R^8、R^9、R^{10}、R^{11}、R^{12}和R^{13}中相邻位置的两个一起构成C_{1-6-}亚烷基桥或-O-C_{1-6-}亚烷基-O-桥，

R^{14}和R^{15}独立地是氢、C_{1-6-}烷基、芳基-C_{1-6-}烷基，或者R^{14}和R^{15}可以一起构成C_{3-6-}亚烷基桥，

R^{16}独立地选自芳基、杂芳基、C_{3-8-}环烷基、卤素、三氟甲基、三氟甲氧基、$NR^{19}R^{20}$和C_{1-6-}烷氧基，

R^{17}独立地选自卤素、羟基、三氟甲基、三氟甲氧基、C_{1-6-}烷氧基、C_{1-6-}烷基、氨基、C_{1-6-}烷基磺酰基、C_{1-6-}烷基氨基、二-C_{1-6-}烷基氨基、氰基、芳基、杂芳基和C_{3-8-}环烷基，

R^{18}独立地选自芳基、杂芳基、C_{1-10-}烷基、C_{3-8-}环烷基、卤素、三氟甲基、三氟甲氧基、C_{1-6-}烷氧基、氰基、氨基、C_{1-6-}烷基氨基、二-C_{1-6-}烷基氨基和羟基，

R^{19}和R^{20}独立地是氢或C_{1-6-}烷基，R^{19}和R^{20}可以一起构成C_{3-6-}亚烷基桥，

其条件是该化合物必须不是

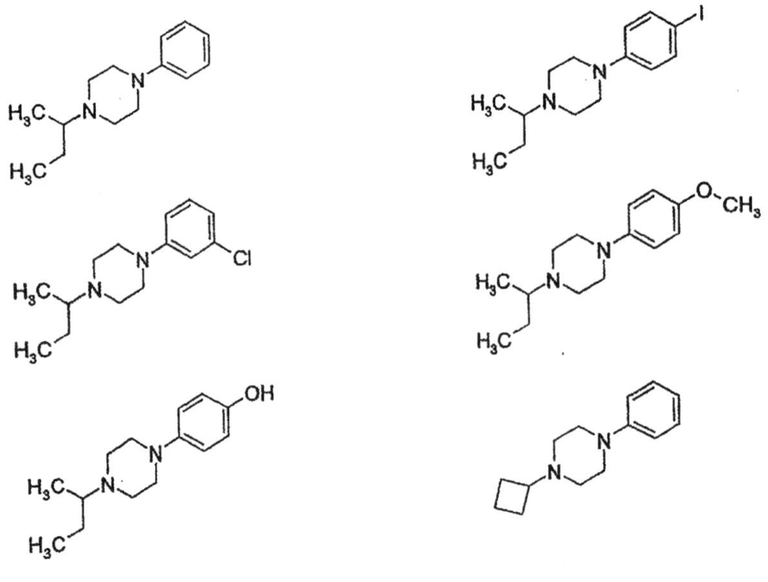

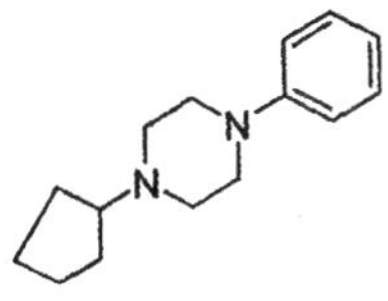

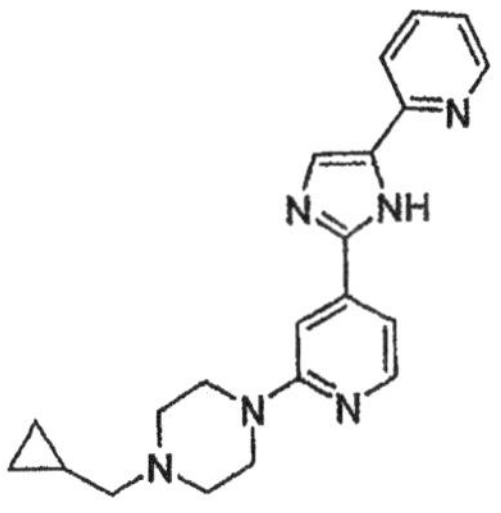

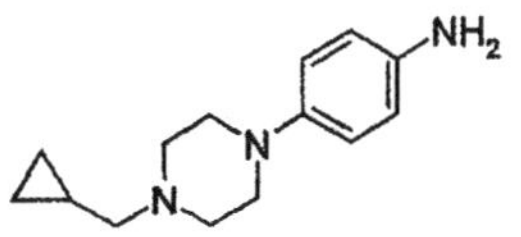

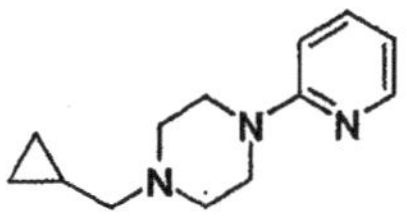

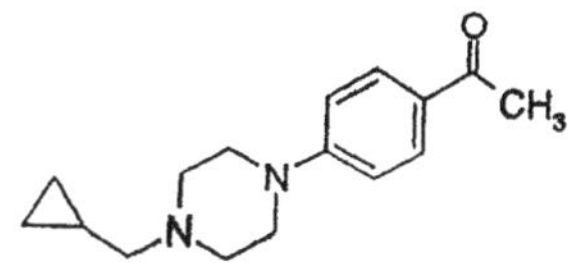

,

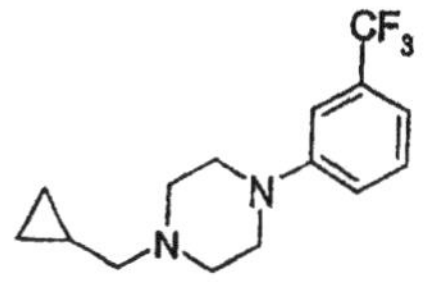

,

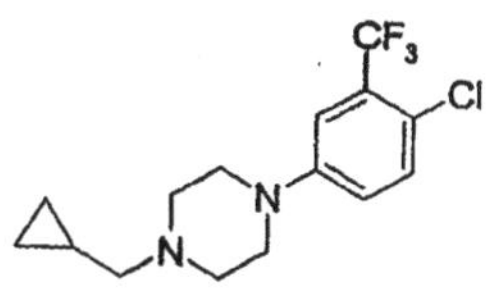

,

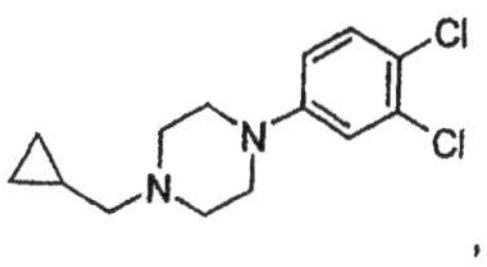

,

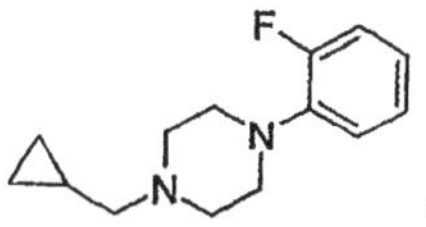

,

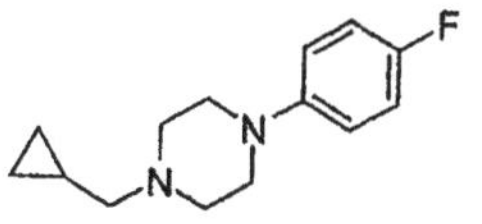

,

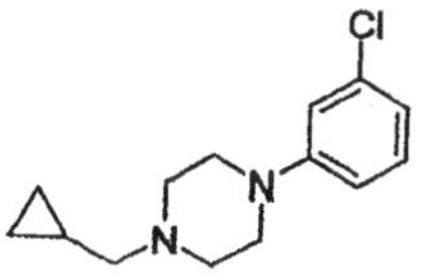

,

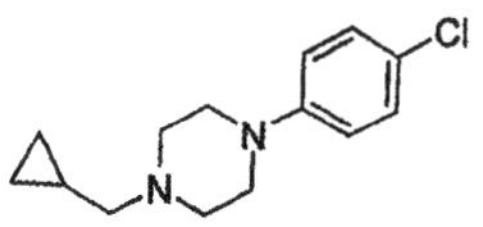

,

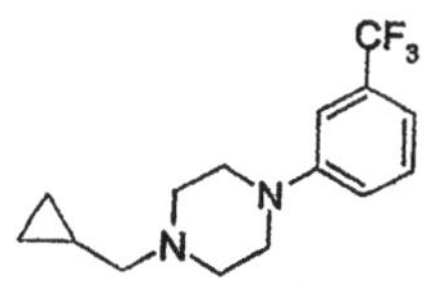

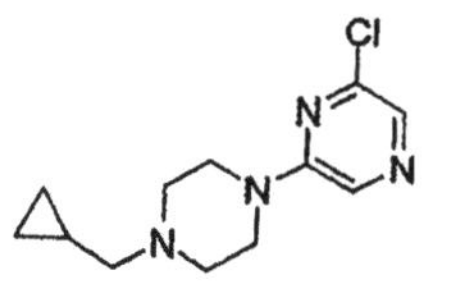

,

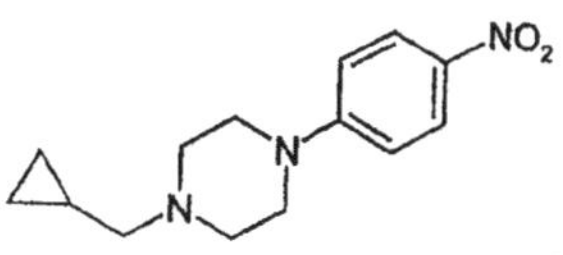

,

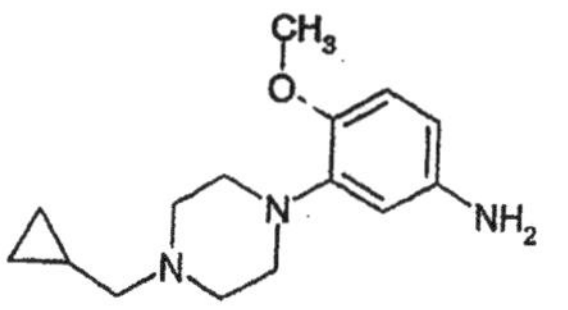

,

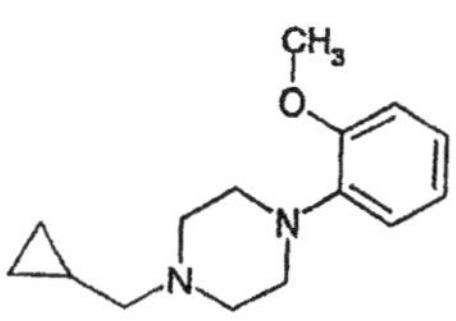

,

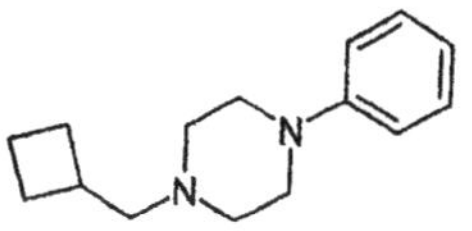

,

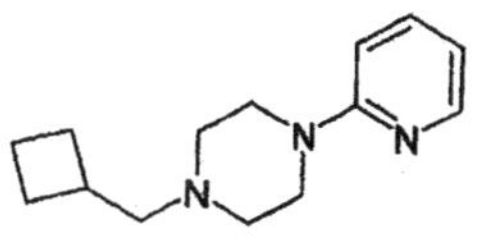

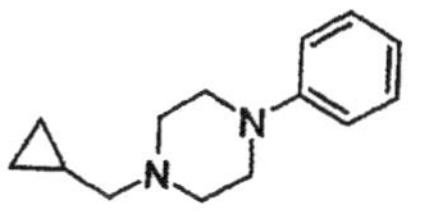

,

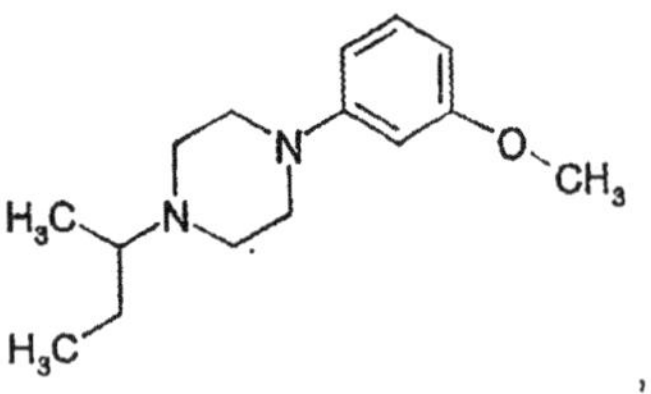，

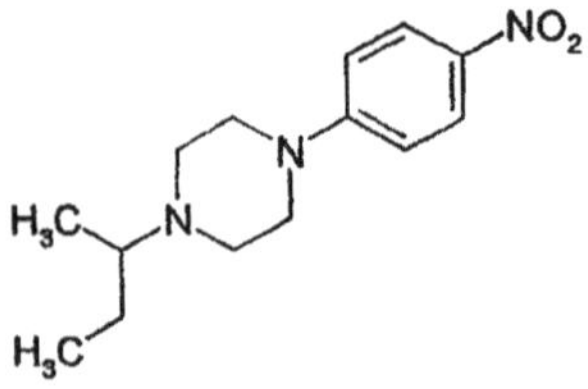，

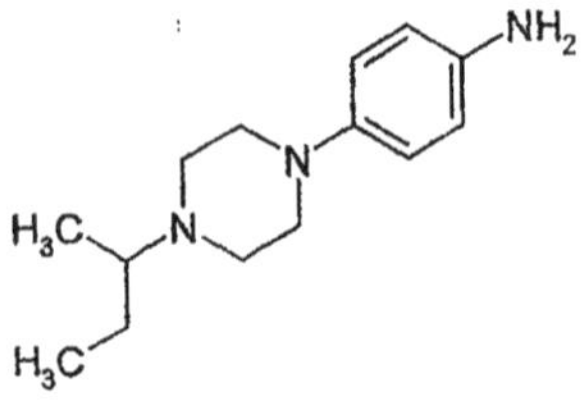，

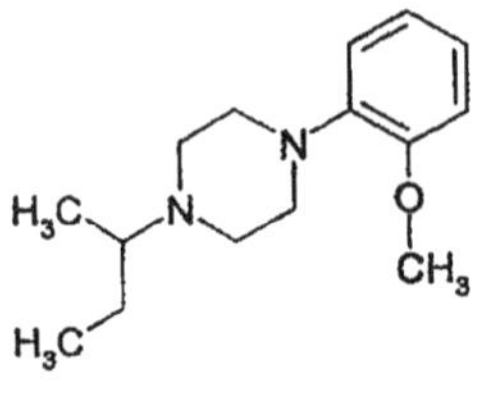

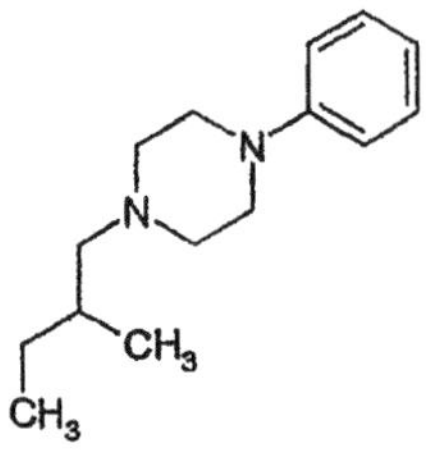，

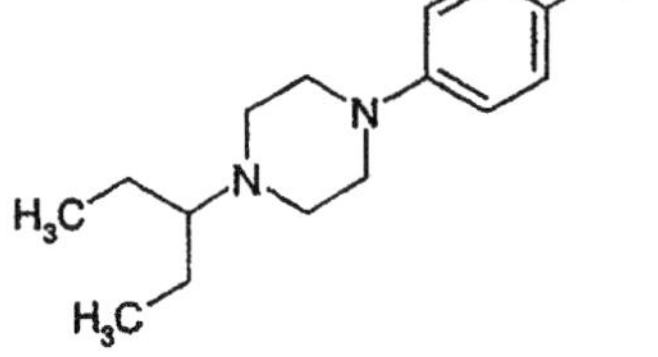或

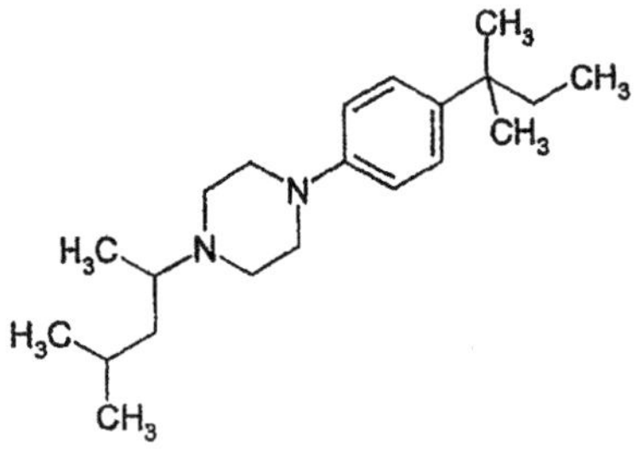

及其任意非对映体或对映体或互变形式、包括它们的混合物，或其药学上可接受的盐。”

2008 年 2 月 25 日，申请人高点制药有限责任公司（下称请求人）对上述驳回决定不服，向专利复审委员会提出复审请求，请求人在提出复审请求时没有对申请文件进行修改。

请求人认为：说明书已经定义了通式Ⅱ和Ⅱ′化合物，记载了具体优选的化合物及其作用效果、适宜的药物组合物、制备方法等，在实施例 1～148 中描述了具体化合物的制备方法及所述化合物的理化参数，在药理学方法中描述了试验的方法。因此，基于说明书公开的上述信息本领域技术人员只需要简单按照本发明的描述而不需要创造性劳动就可以制备出本申请所述化合物并将其用于制备治疗或预防与 H3 受体有关的疾病或障碍，并预见其作用或可以通过常规试验获得有关活性数据，并援引在答复《第一次审查意见通知书》时提供的试验报告证明本申请化合物的治疗效果。

经形式审查合格后，专利复审委员会受理了该请求，并于 2008 年 3 月 20 日向请求人发出了《复审请求受理通知书》，同时将本申请转送至国家知识产权局原审查部门进行前置审查。

在《前置审查意见书》中，国家知识产权局原审查部门坚持驳回决定。

专利复审委员会组成合议组，对本复审请求案进行了审理。

合议组于 2009 年 3 月 6 日向请求人发出《复审通知书》，指出：（1）本领域技术人员无法根据现有技术预测本申请请求保护的化合物能够实现所述的用途和/或效果，说明书提供的实验数据也不

足以证明请求保护的化学产品可以实现所述用途和/或达到预期效果，尽管说明书记载了具体的优选化合物，适宜的药物组合物，制备方法等，甚至描述了验证活性的实验方法，但由于缺乏足以证明上述用途或预期效果的实验数据，本领域技术人员仍然难以预测众多不同的式Ⅱ或式Ⅱ′化合物及含有它的药物组合物具有预期用途或者能够达到预期的技术效果，因此，本申请说明书不符合专利法第26条第3款的规定。（2）对于请求人援引的答复《第一次审查意见通知书》时提供的试验报告，其不属于原申请文本公开的内容，也不能确信其是申请日前已经完成的技术方案，因此不能用于证明本申请说明书公开充分。

针对上述《复审通知书》，请求人于2009年6月22日提交了意见陈述书，并提交了一份补充实验数据，其为使用本申请若干实施例化合物根据说明书第114～115页的结合测定Ⅱ对大鼠进行试验所得的结果、使用本申请若干实施例化合物根据说明书第117～118页的功能测定法Ⅱ对人进行试验所得结果和使用本申请若干实施例化合物对大鼠的饲喂抑制试验。

请求人认为：（1）说明书中提到的“根据本发明的化合物的IC_{50}值小于10μm”适合于本发明的所有实施例化合物，提交的补充实验数据包括了实施例中制备的每一个化合物至少一个试验的数据，并显示了有益的效果，由此可以证明请求人在提交本申请之前已经完成了本发明；（2）说明书已经定义了通式Ⅱ和Ⅱ′化合物，记载了具体优选的化合物及其作用效果、适宜的药物组合物、制备方法等，在实施例1～148中描述了具体化合物的制备方法及所述化合物的理化参数，在药理学方法中描述了试验的方法。因此，基于说明书公开的上述信息本领域技术人员只需要简单按照本发明的描述而不需要创造性劳动就可以制备出本申请所述化合物并将其用于制备治疗或预防与H3受体有关的疾病或障碍的药物，并预见其作用或可以通过常规试验获得有关活性数据。

至此，合议组认为本案事实已经清楚，可以作出审查决定。

二、决定的理由

1. 关于决定的文本

在复审阶段，请求人未对申请文本作出修改，因此，本复审决定是针对驳回决定所针对的文本，即，请求人于2006年10月24日提交的权利要求第1～72项、2004年8月5日进入中国国家阶段时提交的国际申请文件的中文文本的说明书第1～119页及说明书摘要作出的。

2. 关于专利法第26条第3款

如果根据现有技术，所属领域技术人员无法预测请求保护的化合物能够实现所述用途和/或使用效果，则说明书应当记载足以证明所述化合物能够实现所述用途和/或达到预期效果的定性或定量实验数据。

对于实验数据，说明书应当记载实验所采用的具体化合物，如果所属领域技术人员无法获知实验结果由何种样品获得，导致所述领域技术人员无法确信请求保护的化合物具有声称的用途和/或效果，则说明书不符合专利法第26条第3款的规定。

就本申请而言，权利要求1～54请求保护通式（Ⅱ）化合物及其任意非对映或对映体或互变形式、包括它们的混合物，或其药学上可接受的盐，其结构式为：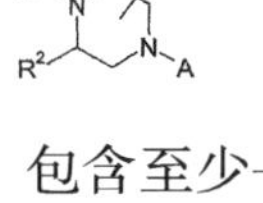

(II)，该通式化合物是一类具有哌嗪结构的化合物；权利要求55～56请求保护药物组合物，包含至少一种权利要求1～53的化合物作为活性成分；权利要求57～72要求保护通式（Ⅱ′）化合物及其在药物组合物制备中的用途，该通式化合物是一类具有哌嗪结构的化合物，其结构式为：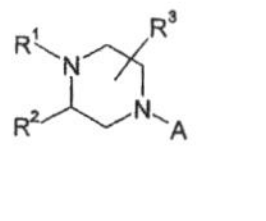

(II′)。

合议组查明，根据本申请说明书的记载，本申请的目的在于提供一类对于组胺 H3 受体具有高的特异性亲和性的新颖的芳基-与杂芳基-哌嗪化合物，已知的与本申请化合物相似的化合物没有公开也没有提示可能具有组胺 H3 受体拮抗或激动活性，已知的组胺 H3 受体拮抗剂或激动剂大多数是咪唑衍生物，其他具有此类活性的化合物结构上也不同于本申请化合物（参见说明书发明背景部分）。

由此可见，现有技术没有公开和本申请结构类似的化合物具有组胺 H3 受体拮抗或激动活性，或者公开的组胺 H3 受体拮抗激动剂在结构上不同于本申请的化合物，因此，所属领域技术人员无法根据现有技术预测权利要求请求保护的化合物能够实现说明书所述用途和/或使用效果。

合议组查明，说明书提供了测试化合物与组胺 H3 受体相互作用能力的药理学方法，其中包括结合测定法Ⅰ-Ⅲ和功能测定法Ⅰ-Ⅲ，以及开放笼子的计划饲喂大鼠模型（参见说明书第 114～119 页）。说明书提供了测试化合物与组胺 H3 受体相互作用能力的实验数据：本发明式（Ⅰ）化合物一般对组胺 H3 受体显示高结合亲和性，根据本发明的化合物的 IC_{50} 值小于 10μm，优选小于 1μm，更优选小于 500nm，例如小于 100nm（参见说明书第 116 页第 3、4 段）；根据本发明的拮抗剂和激动剂的 IC_{50}/EC_{50} 值小于 10μm，优选小于 1μm，更优选小于 500nm，例如小于 100nm（参见说明书第 118 页第 4 段）。说明书未提供开放笼子的计划饲喂大鼠模型的实验数据。

但是，对于以上提供的实验数据，说明书并没有记载实验是采用哪个或哪些具体化合物进行的，仅笼统地说明使用“根据本发明的化合物”、“根据本发明的拮抗剂和激动剂”，所述领域技术人员无法确定请求保护的化合物具有声称的用途和/或效果。特别是说明书第 116 页的结论甚至不是使用权利要求要求保护的化合物而得出的实验结果。综上所述，本申请说明书不符合专利法第 26 条第 3 款的规定。

对于请求人在答复《复审通知书》时的意见，合议组认为，⑴同请求人在答复《第一次审查意见通知书》时提交的实验数据一样，请求人随答复《复审通知书》的意见陈述书提交的补充实验数据也不属于原申请文本公开的内容，不能确信其是申请日前已经完成的技术方案，因此，同样不能用于证明本申请说明书符合专利法第 26 条第 3 款的规定；⑵《审查指南》第二部分第十章第 3.1 节规定的化学产品发明充分公开的要求中，除了要充分公开化学产品的确认、化学产品的制备外，还需要公开足以证明请求保护的化学产品可以实现所述用途和/或达到预期效果的定性或定量实验数据，请求人的复审理由中并没有指明说明书何处公开了符合审查指南上述规定的实验数据。本领域技术人员无法根据现有技术预测本申请请求保护的化合物能够实现所述的用途和/或效果，说明书提供的实验数据也不足以证明请求保护的化学产品可以实现所述用途和/或达到预期效果的情况下，尽管说明书记载了具体的优选化合物，适宜的药物组合物，制备方法等，甚至描述了验证活性的实验方法，但由于缺乏足以证明上述用途或预期效果的实验数据，本领域技术人员仍然难以预测众多不同的式Ⅱ或式Ⅱ′化合物及含有它的药物组合物具有预期用途或者能够达到预期的技术效果。综上，对于请求人的上述意见，合议组不予支持。

根据上述事实和理由，合议组作出如下审查决定。

三、决定

维持国家知识产权局于 2007 年 11 月 9 日针对第 03803360.7 号发明专利申请作出的驳回决定。

复审请求人对本决定不服的，可以根据专利法第 41 条第 2 款的规定，自收到本决定之日起三个月内向北京市第一中级人民法院起诉。

197

“作为代谢型谷氨酸受体-5调节剂的‘1，2，4’噁二唑”

复审请求审查决定（第20346号）

决　定　号　第20346号
决　定　日　2009年12月4日
发明创造名称　“作为代谢型谷氨酸受体-5调节剂的‘1，2，4’噁二唑”
国际分类号　C07D413/12，C07D413/14，C07D417/14，A61K31/4245，A61P25/00
复审请求人　阿斯利康（瑞典）有限公司
申　请　号　03823845.4
申　请　日　2003年8月8日
优先权日　2002年8月9日
公　开　日　2007年1月10日
合议组组长　李亚林
主　审　员　王　磊
参　审　员　沈　钱

法律依据　专利法第26条第3款
决定要点

对于化学产品发明，说明书应当完整地公开该产品的用途和/或使用效果。如果所属技术领域的技术人员无法根据现有技术预测发明能够实现所述用途和/或使用效果，则说明书中还应当记载对于本领域技术人员来说，足以证明发明的技术方案可以实现所述用途和/或达到预期效果的定性或者定量实验数据；在缺乏上述实验数据时，将认为说明书对于发明的公开不符合专利法第26条第3款的规定。

一、案由

本复审请求案涉及发明名称为"作为代谢型谷氨酸受体-5调节剂的‘1，2，4’的第03823845.4号发明专利申请（下称本申请），申请人为阿斯利康（瑞典）有限公司（由阿斯利康（瑞典）有限公司和NPS药物有限公司变更而来），申请日为2003年8月8日，优先权日为2002年8月9日，公开日为2007年1月10日。

2008年10月10日，针对申请人于2008年6月27日提交的权利要求第1~35项、进入中国国家阶段时提交的国际申请文件中文文本的说明书第1~286页和说明书摘要，国家知识产权局以本申请的说明书不符合专利法第26条第3款的规定为由驳回了本申请。

驳回决定认为：本发明请求保护一种具有特定通式的噁二唑类化合物，而说明书中仅仅公开了活性试验方法，并没有具体试验步骤，也没有具体化合物的试验数据，仅仅定性的描述了试验结果“典型的 IC_{50}值是 10 或者 10 以下，在本发明的另一方面，IC_{50}值小于 2，在本发明的另一方面 IC_{50}值小于 0.2，在本发明的再一方面，IC_{50}值小于 0.05。” 因此，本申请的说明书中显然缺乏对于化合物的试验数据的描述，申请人后续提交的活性试验数据并非原始申请文件说明书的一部分，其并不能够消除本申请关于公开不充分的问题。因此，本申请的说明书中缺乏对于化合物的活性试验数据的公开，造成本发明请求保护的技术方案没有被充分公开，不符合专利法第 26 条第 3 款的规定。

驳回决定针对的独立权利要求第 1、17 和 19 项如下：

“1. 一种具有以下式 I 的化合物及其盐，

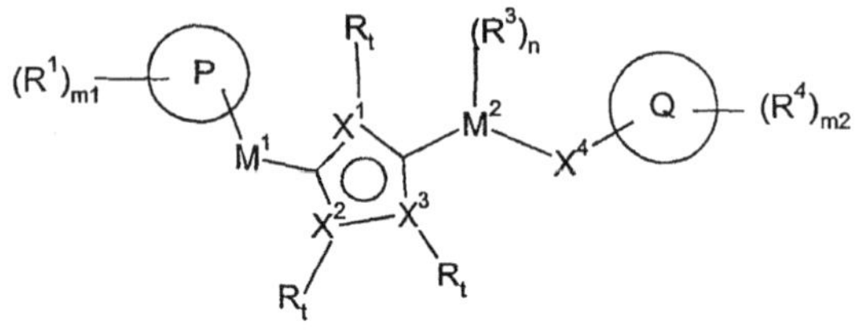

(I)

其中：

P 选自噻吩、吡啶基、噻唑基、呋喃基、吡咯基和苯基，其中所述苯环在 3 位被取代或者在 2 位和 5 位被二取代；

R^1 通过环 P 上的碳原子与 P 连接，并且选自氢、羟基、卤基、硝基、C_{1-6}烷基卤基、OC_{1-6}烷基卤基、C_{1-6}烷基、OC_{1-6}烷基、C_{2-6}烯基、OC_{2-6}烯基、C_{2-6}炔基、OC_{2-6}炔基、C_{0-6}烷基 C_{3-6}环烷基、OC_{0-6}烷基 C_{3-6}环烷基、C_{0-6}烷基芳基、OC_{0-6}烷基芳基、CHO、（CO）R^5、O（CO）R^5、O（CO）OR^5、O（CN）OR^5、C_{1-6}烷基 OR^5、OC_{2-6}烷基 OR^5、C_{1-6}烷基（CO）R^5、OC_{1-6}烷基（CO）R^5、C_{0-6}烷基 CO_2R^5、OC_{1-6}烷基 CO_2R_5、C_{0-6}烷基氰基、OC_{2-6}烷基氰基、C_{0-6}烷基 NR_5R_6、OC_{2-6}烷基 NR^5R^6、C_{1-6}烷基（CO）NR^5R^6、OC_{1-6}烷基（CO）NR^5R^6、C_{0-6}烷基 NR^5（CO）R^6、OC_{2-6}烷基 NR^5（CO）R^6、C_{0-6}烷基 NR^5（CO）NR^5R^6、C_{0-6}烷基 SR^5、OC_{2-6}烷基 SR^5、C_{0-6}烷基（SO）R^5、OC_{2-6}烷基（SO）R^5、C_{0-6}烷基 SO_2R^5、OC_{2-6}烷基 SO_2R^5、C_{0-6}烷基（SO_2）NR^5R^6、OC_{2-6}烷基（SO_2）NR^5R^6、C_{0-6}烷基 NR^5（SO_2）R^6、OC_{2-6}烷基 NR_5（SO_2）R_6、C_{0-6}烷基 NR^5（SO_2）NR^5R^6、OC_{2-6}烷基 NR^5（SO_2）NR^5R^6、（CO）NR^5R^6、O（CO）NR^5R^6、NR^5OR^6、C_{0-6}烷基 NR^5（CO）OR^6、OC_{2-6}烷基 NR^5（CO）OR^6、SO_3R^5 以及含有一个或多个独立选自 C、N、O 和 S 的原子的 5 元环或 6 元环；

M_1 为化学键；

X_1 选自 C、CO、N、O 和 S；

X_2 选自 C、N、O 和 S；

X_3 选自 i）N、O 和 S，或者选自 ii）N、O、S 和 C，当 X_2 选自 N、O 或 S 时，并且当 X_3 为 C 时，X_3 上的取代基 R 为 H；

其中含有 X_1、X_2 和 X_3 的环形成二唑、异唑、唑、氯-异唑或甲基-异唑；

R 选自氢、C_{0-3}烷基、卤基、C_{0-3}烷基 OR^5、C_{0-3}烷基 NR^5R^6、C_{0-3}烷基（CO）OR^5 和 C_{0-3}烷基芳基；

M_2 选自化学键、C_{1-3}烷基、C_{2-3}炔基、C_{0-4}烷基（CO）C_{0-4}烷基、C_{0-3}烷基 OC_{0-3}烷基、C_{0-3}烷基 NR^5C_{1-3}烷基、C_{0-3}烷基（CO）NR^5、C_{0-4}烷基 NR^5、C_{0-3}烷基（SO）C_{0-3}烷基和 C_{0-3}烷基（SO_2）C_{0-3}烷基；

R_3 选自羟基、C_{0-6}烷基氰基、氧代、$=NR^5$、$=NOR^5$、C_{1-4}烷基卤基、卤基、C_{1-4}烷基、O（CO）

C_{1-4}烷基、C_{1-4}烷基（SO）C_{0-4}烷基、C_{1-4}烷基（SO_2）C_{0-4}烷基、（SO）C_{0-4}烷基、（SO_2）C_{0-4}烷基、OC_{1-4}烷基、C_{1-4}烷基 OR^5 和 C_{0-4}烷基 NR^5R^6；

X_4 选自 C_{0-4} 烷基 R^5R^6、C_{3-7} 环烷基、C_{1-4} 烷基（NR^5R^6）、NR^5、C_{0-4} 烷基（NR^5R^6）= N、NR^5C_{0-4}烷基（NR^5R^6）= N、NOC_{0-4}烷基、C_{1-4}烷基卤基、O、SO、SO_2 和 S，并且其中 M_2 和 X_4 之间的键为单键；

Q 选自 i）三唑基和噻二唑基，并且其中该环上的任何可取代氮原子在该氮原子上被 R_4 取代，并且任何合适的碳原子任选被 R^4 取代；且

R^4 选自 C_{0-6}烷基氰基、$=NC_{1-4}$烷基、$=NOR^5$、C_{1-4}烷基卤基、卤基、C_{1-6}烷基、OC_{1-4}烷基、C_{2-4}烯基、C_{0-2}烷基 C_{3-6} 环烷基、C_{0-6} 烷基芳基、C_{0-6} 烷基杂芳基、OC_{0-6} 烷基芳基、OC_{0-6} 烷基杂芳基、NC_{0-6}烷基芳基、NC_{0-6}烷基杂芳基、C_{0-6}烷基 O 芳基、C_{0-6}烷基 O 杂芳基、C_{0-6}烷基 N 芳基、C_{0-6}烷基 N 杂芳基、OC_{0-6}烷基 O 芳基、OC_{0-6}烷基 O 杂芳基、OC_{0-6}烷基 N 芳基、OC_{0-6}烷基 N 杂芳基、NC_{0-6}烷基 O 芳基、NC_{0-6}烷基 O 杂芳基、NC_{0-6}烷基 N 芳基、NC_{0-6}烷基 N 杂芳基、O（CO）C_{1-4}烷基、C_{0-4}烷基（CO）OC_{1-4}烷基、C_{1-4}烷基（S）C_{0-4}烷基、C_{1-4}烷基（SO）C_{0-4}烷基、C_{1-4}烷基（SO_2）C_{0-4}烷基、（SO）C_{0-4}烷基、（SO_2）C_{0-4}烷基、C_{1-4}烷基 OR^5、C_{0-4}烷基 N（C_{1-4}烷基）2 以及含有一个或多个独立选自 C、N、O 和 S 的原子的 3 元非芳环或 6 元非芳环，所述环可以任选与含有一个或多个独立选自 C、N 和 O 的原子的 5 元环稠合，并且其中所述环和所述稠环可以被一个或两个 A 取代；或者选自

ii）四氢三唑并吡啶基、四氢三唑并嘧啶基和吡啶酮基；且

R^4 选自氢、羟基、C_{0-6}烷基氰基、$=NR^5$、$=NOR^5$、C_{1-4}烷基卤基、卤基、C_{1-6}烷基、OC_{1-4}烷基、OC_{0-6}烷基芳基、O（CO）C_{1-4}烷基、C_{0-4}烷基（S）C_{0-4}烷基、C_{1-4}烷基（SO）C_{0-4}烷基、C_{1-4}烷基（SO_2）C_{0-4}烷基、（SO）C_{0-4}烷基、（SO_2）C_{0-4}烷基、C_{1-4}烷基 OR^5、C_{0-4}烷基 NR^5R^6 以及含有一个或多个独立选自 C、N、O 和 S 的原子的 5 元环或 6 元环，所述环可以任选与含有一个或多个独立选自 C、N 和 O 的原子的 5 元环或 6 元环稠合，并且其中所述环和所述稠环可以被一个或两个 A 取代；

R^5 和 R^6 独立选自氢和 C_{1-6}烷基；

其中 R^1、R^2 和 R^4 中定义的任何 C_{1-6}烷基可以被一个或多个 A 取代；

A 选自氢、羟基、卤基、硝基、氧代、C_{0-6}烷基氰基、C_{0-4}烷基 C_{3-6} 环烷基、C_{1-6}烷基、C_{1-6}烷基卤基、OC_{1-6}烷基卤基、C_{2-6}烯基、C_{0-3}烷基芳基、C_{0-6}烷基 OR^5、OC_{2-6}烷基 OR^5、C_{1-6}烷基 SR^5、OC_{2-6}烷基 SR^5、（CO）R^5、O（CO）R^5、OC_{2-6}烷基氰基、OC_{1-6}烷基 CO_2R^5、O（CO）OR^5、OC_{1-6}烷基（CO）R^5、C_{1-6} 烷基（CO）R^5、NR^5OR^6、OC_{2-6} 烷基 NR^5R^6、C_{0-6} 烷基（CO）NR^5R^6、OC_{1-6} 烷基（CO）NR^5R^6、OC_{2-6}烷基 NR^5（CO）R^6、C_{0-6}烷基 NR^5（CO）R^6、C_{0-6}烷基 NR^5（CO）NR^5R^6、O（CO）NR^5R^6、C_{0-6}烷基（SO_2）NR^5R^6、OC_{2-6}烷基（SO_2）NR^5R^6、C_{0-6}烷基 NR^5（SO_2）R^6、OC_{2-6}烷基 NR^5（SO_2）R^6、SO_3R^5、C_{1-6}烷基 NR^5（SO_2）NR^5R^6、OC_{2-6}烷基（SO_2）R^5、C_{0-6}烷基（SO_2）R^5、C_{0-6}烷基（SO）R^5、OC_{2-6}烷基（SO）R^5 以及含有一个或多个独立选自 C、N、O 和 S 的原子的 5 元环；

m_1 选自 0、1、2、3 和 4；

m_2 选自 0、1、2 和 3；

n 选自 0、1 和 2；且

t 为 0 或 1；

前提条件是所述化合物不是 5-（4-甲基-4H-［1，2，4］三唑-3-基硫基甲基）-3-噻吩-3-基［1，2，4］二唑、1，2-二｛2-（3-氨基-苯基）-［1，3，4］二唑-基｝乙烷、1，2-二｛5-［5-（4-硝基-苯基）呋喃-2-基］-［1，3，4］二唑-基｝乙烷、1，2-二｛5-［5-（4-溴-苯基）呋

喃-2-基]-[1，3，4]二唑-基}乙烷、1，2-二{5-[5-(4-氯-苯基)呋喃-2-基]-[1，3，4]二唑-基}乙烷、3-[3-(4-甲基-4H-[1，2，4]三唑-3-基硫基甲基)-[1，2，4]二唑-5-基]-4-三氟甲基-吡啶和1，2-二{5-[5-(2，4-二溴-苯基)呋喃-2-基]-[1，3，4]二唑-基}乙烷。

17. 一种药物制剂，所述药物制剂包含作为活性成分的治疗有效量的权利要求1、15和16中任一项的化合物，以及一种或多种药学上可接受的稀释剂、赋形剂和/或惰性载体。

19. 权利要求1~16中任一项的化合物在制备用于治疗mGluR5受体介导的疾病的药物中的用途。"

2009年1月23日，申请人阿斯利康(瑞典)有限公司(下称请求人)对上述驳回决定不服，向专利复审委员会提出复审请求，并且未修改申请文件。

请求人认为：(1)如说明书第3页所述，本申请的目的是提供对代谢型谷氨酸受体(mGluR)、尤其是$mGluR_5$受体有活性的化合物，因此可以预期本申请的化合物可用于预防和/或治疗与mGluR I类受体的兴奋性活化相关的病症。在说明书第286~288页公开了用本申请化合物检测其对人mGluR 5d受体的拮抗活性的FLIPR测定方法，并公开了测定完整全细胞中的肌醇磷酸(IP3)周转的实验数据，即本申请实施例化合物的IC_{50}值在10μM或10μM以下，证实了本申请化合物对人mGluR 5d受体的生物抑制活性，表明了本申请化合物的潜在医药用途，本领域技术人员根据说明书药用实施例的所述方法结合现有技术知识完全能够检测本申请化合物的活性，实施本发明，因此其公开是充分的。(2)答复二通时附送了应用本申请记载的实验方法测定的约250个实施例化合物的IC_{50}值，其均在10μM以下，进一步证实了本领域技术人员根据本申请方法完全可以获得说明书公开所述的实验结果。(3)审查指南并没有规定化学产品申请需要公开每个实施例化合物的用途实验的实验数据。本申请的药理活性作用、实验方法和步骤、药理实验数据和效果公开是充分的，符合专利法第26条第3款的规定。请求人提交了记载有实施例化合物编号及其EC_{50}值的附件。

经形式审查合格后，专利复审委员会受理了该请求，并于2009年3月3日向请求人发出了《复审请求受理通知书》，同时将本申请转送至国家知识产权局审查部门进行前置审查。

在《前置审查意见书》中，国家知识产权局原审查部门坚持驳回决定。

专利复审委员会组成合议组，对本复审请求案进行了审理，并于2009年7月13日向请求人发出《复审通知书》，指出：由于说明书未给出用于证明所述化合物用途和/或预期效果的定性或定量实验数据，本领域技术人员也无法根据现有技术预测所述化合物能够实现所述用途和/或效果，因此本申请对于通式I化合物的用途公开不充分，本申请不符合专利法第26条第3款的规定。

2009年10月26日，请求人针对上述《复审通知书》提交了意见陈述书。请求人认为：(1)根据说明书第288页最后一段记载的内容和第286~288页相关实验的描述，已经足够充分地说明书本发明要求保护的化合物的药理活性，本领域技术人员据此完全能够实现本发明所述用途和效果；(2)在答复《第二次审查意见通知书》以及提出复审请求时提交的附件1中的本发明化合物的具体数据应当允许在审查过程中予以进一步考虑；(3)本申请是2005年4月6日进入中国国家阶段的，应当适用之前版本的审查指南，而该版本的审查指南中并没用规定需要将具体药理作用实验数据记载在说明书中，以新的审查指南要求之前的申请是不合理的。

至此，合议组认为本案事实已经清楚，可以作出复审决定。

二、决定的理由

1. 审查文本

请求人在复审阶段没有提交修改文本，本复审决定依据的审查文本是驳回决定所针对的文本，即请求人于2008年6月27日提交的权利要求第1~35项、进入中国国家阶段时提交的国际申请文件中文文本的说明书第1~286页和说明书摘要。

2. 关于专利法第26条第3款

专利法第26条第3款规定，说明书应当对发明或者实用新型作出清楚、完整的说明，以所属技术领域的技术人员能够实现为准。

对于化学产品发明，说明书应当完整地公开该产品的用途和/或使用效果。如果所属技术领域的技术人员无法根据现有技术预测发明能够实现所述用途和/或使用效果，则说明书中还应当记载对于本领域技术人员来说，足以证明发明的技术方案可以实现所述用途和/或达到预期效果的定性或者定量实验数据；在缺乏上述实验数据时，将认为说明书对于发明的公开不符合专利法第26条第3款的规定。

就本案而言，权利要求1~16、18要求保护通式I的化合物及其盐，

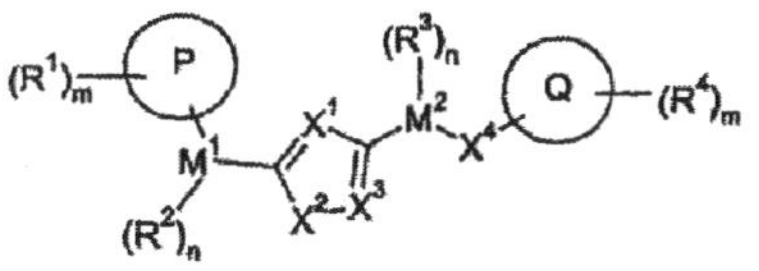

权利要求17要求保护包含权利要求1、15、16中任一项化合物的药物制剂，权利要求19~35要求保护权利要求1~16中任一项所述化合物的制药用途。

根据说明书的记载，本申请的目的是提供对代谢型谷氨酸受体（mGluR）、尤其是$mGluR_5$受体有活性的化合物，该化合物具有通式I的结构，是能够对mGluR亚型、特别是I类受体亚型、最特别是mGluR5亚型表现出高选择性的激动剂和拮抗剂，从而使包含该化合物的药物制剂能用于治疗$mGluR_5$受体介导的疾病，特别是神经障碍、精神障碍、急性和慢性疼痛等。说明书在第82~103页描述了本申请所述化合物的反应流程及化合物的表征方法，在第103~284页记载了实施例1~826，其中包含反应中间体和最终产物的制备方法、部分化合物的NMR数据。对于所述化合物的用途，说明书在第81页记载了分析本发明化合物药理学特性的标准试验方法，并在第284~286页的药用实施例中进一步说明了“I类受体拮抗剂活性的FLIPR测定”、“测定完整全细胞中的肌醇磷酸（IP3）周转”、“用Gravity-fed离子交换柱对肌醇磷酸进行分析”这三种分析方法，用于检测所述化合物对谷氨酸I类受体的拮抗活性。但是对于上述方法的测试结果，说明书仅在第286页最后记载了“根据上述试验测定，典型的IC_{50}值为10μM或10μM以下。在本发明的一方面，IC_{50}小于2μM。在本发明的另一方面，IC_{50}小于0.2μM。在本发明的再一方面，IC_{50}小于0.05μM。”

审查指南第二部分第十章3.1节有关化学产品发明的充分公开中规定：要求保护的发明为化学产品本身的，说明书中应当记载化学产品的确认、化学产品的制备以及化学产品的用途。其中关于化学产品的用途和/或使用效果，还规定：如果所属技术领域的技术人员无法根据现有技术预测发明能够实现所述用途和/或使用效果，则说明书中还应当记载对于本领域技术人员来说，足以证明发明的技术方案可以实现所述用途和/或达到预期效果的定性或者定量实验数据。

合议组认为：本申请要求保护的新化合物是基于发现其对代谢型谷氨酸I类受体（特别是$mGluR_5$亚型）表现出高选择性的激动、拮抗作用，从而要求包含该化合物的药物制剂用于治疗$mGluR_5$受体介导的疾病，特别是神经障碍、精神障碍、急性和慢性疼痛的用途。说明书背景技术中记载了现有技术中关于$mGluR_5$受体在各种影响哺乳动物中枢神经系统（CNS）的病理生理过程和疾病中作用的研究，显然现有技术中并没有关于本申请所述化合物是否具有抑制或活化$mGluR_5$受体活性的信息，因此，本申请属于指南规定的本领域技术人员无法根据现有技术预测发明能够实现所述用途和/或使用效果，要求说明书应当记载足以证明所述用途和/或预期效果的定性或定量实验数据的情

形。在这种情况下，本申请说明书仅笼统地在第286页给出了典型的IC_{50}值的范围，在这段描述中没有说明哪些化合物具有所述典型的IC_{50}值，而说明书所述通式I包含了大量的化合物，即使针对具体实施例也包含了近千种的化合物，本领域技术人员无法确认请求保护的哪些化合物的IC_{50}值在上述范围内，也难以知晓其是否对mGluR受体有活性，该活性是激动还是拮抗作用。因此不能认为说明书给出了所述化合物的实际测试结果，即说明书未给出用于证明所述化合物用途和/或预期效果的定性或定量实验数据。

请求人认为：（1）如说明书第3页所述，本申请的目的是提供对代谢型谷氨酸受体（mGluR）、尤其是$mGluR_5$受体有活性的化合物，因此可以预期本申请的化合物可用于预防和/或治疗与mGluR I类受体的兴奋性活化相关的病症。在说明书第286~288页公开了用本申请化合物检测其对人mGluR 5d受体的拮抗活性的FLIPR测定方法，并公开了测定完整全细胞中的肌醇磷酸（IP3）周转的实验数据，即本申请实施例化合物的IC_{50}值在10μM或10μM以下，证实了本申请化合物对人mGluR 5d受体的生物抑制活性，表明了本申请化合物的潜在医药用途，本领域技术人员根据说明书药用实施例的所述方法结合现有技术知识完全能够检测本申请化合物的活性，实施本发明，因此其公开是充分的。（2）附件1记载了应用本申请记载的实验方法测定的约250个实施例化合物的IC_{50}值，其均在10μM以下，进一步证实了本领域技术人员根据本申请方法完全可以获得说明书公开所述的实验结果。对该具体数据应当予以考虑。（3）本申请是2005年4月6日进入中国国家阶段的，应当适用之前版本的审查指南，而该版本的审查指南中并没用规定需要将具体药理作用实验数据记载在说明书中，以新的审查指南要求之前的申请是不合理的。

对此，合议组认为：（1）由于本申请属于审查指南规定的"无法根据现有技术预测发明能够实现所述用途和/或使用效果"的情况，因此提供试验数据来证明所要求保护的式I化合物的用途是请求人应尽的义务，并且该试验数据应当记载在原始申请文件中以证明所述发明的技术方案在申请日前业已完成，这也是专利制度设计时用公开换保护的宗旨。对于仅记载了公知的测试活性的方法而没有记载活性测试的结果的申请，本领域技术人员仍然需要付出大量的劳动来对通式I对应的化合物一一进行测试从而确定其有无活性，因此不能认为在本申请申请日前已经完成了本发明化合物的用途或效果的测试，不能认为已经完成了该技术方案，对此申请授予专利权将有悖于专利法公开充分的基本要求。（2）请求人在提出复审请求时提交了应用本申请记载的实验方法测定的约250个实施例化合物的EC_{50}值作为附件，由于这些数据并没有记载在申请文件中，也不是现有技术，不能作为认定本申请说明书符合专利法第26条第3款规定的依据。（3）首先，在2006年6月修订版的审查指南第505页对施行修订后的审查指南的过渡办法作了规定，其中规定了"2006年7月1日之前提出的专利申请和根据该申请授予的专利权，除以下规定的事项以外，自2006年7月1日起也适用修订后的审查指南的规定"，除外的事项包括分案申请、相同发明以及无效宣告请求这三项事由，本案并不属于现行指南规定的除外的事项，因此在审查本案过程中应当遵循现行指南的规定。其次，现行指南和前一版本的指南在对于化学产品发明的公开的规定基本相同（前一版本的指南相关章节为第二部分第十章4.1节，内容和体例上与现行指南仅若干文字上稍有差别），即对于本案是审查无论是遵循前一版本的指南或是现行指南，在标准的把握上是一致的。

基于上述理由，本申请对于通式I化合物的用途公开不充分，从而导致通式I的化合物未充分公开，并由此导致涉及通式化合物的药物制剂和制药用途的技术方案均未充分公开。

综上所述，本申请的由于缺乏能证明通式化合物用途和/或效果的实验数据，导致本申请说明书不符合专利法第26条第3款的规定。

基于上述理由，合议组作出如下决定。

三、决定

维持国家知识产权局于2008年10月10日对03823845.4号发明专利申请作出的驳回决定。

复审请求人对本决定不服的，可以根据专利法第41条第2款的规定，自收到本决定之日起三个月内向北京市第一中级人民法院起诉。

198

用于病原体灭活的脆性化合物

复审请求审查决定（第 20347 号）

决　定　号　第 20347 号
决　定　日　2009 年 11 月 27 日
发明创造名称　用于病原体灭活的脆性化合物
国际分类号　C07D219/10，C07D493/04，A61L2/18，C07D405/12，C07F9/64，C07F9/6561，C07D311/00，C07D307/00
复审请求人　塞鲁斯公司
申　请　号　98802734.8
最早优先权日　1997 年 1 月 6 日
申　请　日　1998 年 1 月 6 日
公　开　日　2000 年 3 月 22 日
合议组组长　刘　静
主　审　员　吴红权
参　审　员　李亚林

法律依据　专利法第 26 条第 4 款，专利法第 33 条，专利法实施细则第 60 条第 1 款
决定要点

如果修改后的权利要求要求保护具体化合物，且该具体化合物在说明书制备实施例和/或效果实施例中有记载，本领域技术人员根据说明书的描述和本领域的普通技术知识能够得到或概括得到这些具体化合物，那么该权利要求的技术方案能够得到说明书的支持，符合专利法第 26 条第 4 款的规定。

一、案由

本复审请求案涉及发明名称为“用于病原体灭活的脆性化合物”的第 98802734.8 号发明专利申请（下称本申请），申请人为塞鲁斯公司，申请日为 1998 年 1 月 6 日，最早优先权日为 1997 年 1 月 6 日，公开日为 2000 年 3 月 22 日。

2007 年 1 月 19 日，针对申请人于 2004 年 10 月 26 日提交的权利要求第 1~42 项、2004 年 1 月 19 日提交的说明书第 1、29 页，按照国际初步审查报告附件的中文译文说明书第 26、30 页，进入中国国家阶段时提交的说明书第 2~25、27~28、31~55 页及其摘要，国家知识产权局以权利要求 24~40 的修改不符合专利法第 33 条的规定，权利要求 1~7、16 不符合专利法第 26 条第 4 款的规定为由驳回了本申请。

驳回决定认为：（1）权利要求 24~39 的方法在原说明书和权利要求书中没有相应记载，仅根据

具体化合物的制备实施例的具体反应步骤和反应条件不能直接、毫无疑义地确定得到通式中全部化合物的制备方法；权利要求 40 中进一步限定了通式化合物的性质，这些性质未记载在原申请文件中，不能直接、毫无疑义地确定通式化合物具有这些性质，故权利要求 24~40 不符合专利法第 33 条的规定。(2) 权利要求 1 包含了大量结构不确定的化合物，本领域技术人员难以预测其均有所述的活性，因此权利要求 1 得不到说明书的支持，基于相同理由，从属权利要求 2~5 同样得不到说明书的支持，权利要求 6 和 7 的通式化合物根据说明书记载并结合现有技术无法推测其全部化合物均具有所述的性能，权利要求 16 的方法根据说明书记载的内容并结合现有技术难以推知本申请化合物能灭活任何材料中的病原体，因此以上权利要求 1~7、16 不符合专利法第 26 条第 4 款的规定。

驳回决定针对的权利要求 1~7、16、24~40 如下：

“1. 一种化合物，该化合物包括：

与核酸共价结合的部分；

效应子部分，所述效应子部分能够与核酸形成共价键；

以及共价连接核酸部分与效应子部分的脆性连接基；

其中在适于灭活生物材料病原体，并且不会使材料不适于其使用目的的条件下，脆性连接基降解，使得不再共价连接核酸共价结合部分和效应子部分。

2. 根据权利要求 1 的化合物，其中核酸结合部分选自吖啶、吖啶衍生物、补骨脂素、异补骨脂素和补骨脂素衍生物。

3. 根据权利要求 1 的化合物，其中脆性连接基包含选自下述的官能单元：正向酯、反向酯、正向硫代酸酯、反向硫代酸酯、正向和反向硫羰酸酯、正向和反向二硫代酸、硫酸根、正向和反向磺酸根、磷酸根和正向和反向膦酸根。

4. 根据权利要求 1 的化合物，其中效应子基团包含烷基化试剂官能单元。

5. 根据权利要求 1 的化合物，其中效应子基团包括选自下述的官能单元：氮芥基团、氮芥基团等同物、环氧化物、醛和甲醛合成元。

6. 根据权利要求 1 的化合物，它是下式化合物及其所有盐和立体异构体：

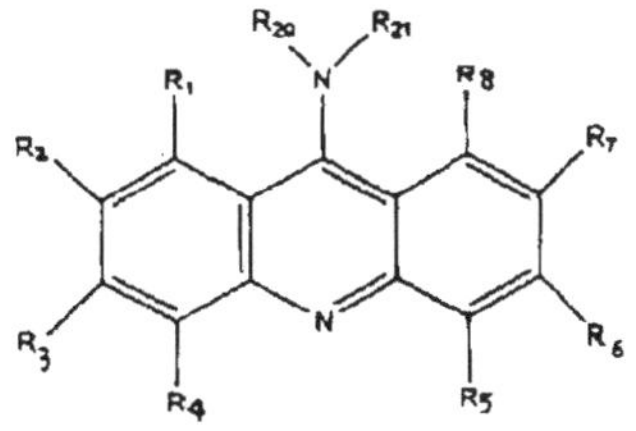

所述主体异构体包括对映体和非对映体；

其中 R_1、R_2、R_3、R_4、R_5、R_6、R_7 和 R_8 独立地选自 $-H$、$-R_{10}$、$-O-R_{10}$、$-NO_2$、$-NH_2$、$-NH-R_{10}$、$-N(R_{10})_2$、$-F$、$-Cl$、$-Br$、$-I$、$-C(=O)-R_{10}$、$-C(=O)-O-R_{10}$和$-O-C(=O)-R_{10}$，

其中$-R_{10}$独立地为 H、$-C_{1-8}$烷基、$-C_{1-8}$杂烷基、-芳基、-杂芳基、$-C_{1-3}$烷基-芳基、$-C_{1-3}$杂烷基-芳基、$-C_{1-3}$烷基-杂芳基、$-C_{1-3}$杂烷基-杂芳基、-芳基-C_{1-3}烷基、-芳基-C_{1-3}杂烷基、-杂芳基-C_{1-3}烷基、-杂芳基-C_{1-3}杂烷基、$-C_{1-3}$烷基-芳基-C_{1-3}烷基、$-C_{1-3}$杂烷基-芳基-C_{1-3}烷基、$-C_{1-3}$烷基-杂芳基-C_{1-3}烷基、$-C_{1-3}$烷基-芳基-C_{1-3}杂烷基、$-C_{1-3}$杂烷基-杂芳基-C_{1-3}烷基、$-C_{1-3}$杂烷基-芳基-C_{1-3}杂烷基、$-C_{1-3}$烷基-杂芳基-C_{1-3}杂烷基或$-C_{1-3}$杂烷基-杂芳基-C_{1-3}杂烷基；

R_{20}为$-H$ 或$-CH_3$；和

R_{21}为$-R_{11}-W-X-E$，

其中$-R_{11}-$独立地为$-C_{1-8}$烷基-、$-C_{1-8}$杂烷基-、-芳基-、-杂芳基-、$-C_{1-3}$烷基-芳基-、$-C_{1-3}$杂烷基-芳基-、$-C_{1-3}$烷基-杂芳基-、$-C_{1-3}$杂烷基-杂芳基-、-芳基$-C_{1-3}$烷基-、-芳基$-C_{1-3}$杂烷基、-杂芳基$-C_{1-3}$烷基-、-杂芳基$-C_{1-3}$杂烷基-、$-C_{1-3}$烷基-芳基$-C_{1-3}$烷基-、$-C_{1-3}$杂烷基-芳基$-C_{1-3}$烷基-、$-C_{1-3}$烷基-杂芳基$-C_{1-3}$烷基-、$-C_{1-3}$杂烷基-杂芳基$-C_{1-3}$烷基-、$-C_{1-3}$杂烷基-芳基$-C_{1-3}$杂烷基-、$-C_{1-3}$烷基-杂芳基$-C_{1-3}$杂烷基-或$-C_{1-3}$杂烷基-杂芳基$-C_{1-3}$杂烷基-；

W独立地为-C（=O）-O-、-O-C（=O）-、-C（=S）-O-、-O-C（=S）-、-C（=S）-S-、-S-C（=S）-、-C（=O）-S-、-S-C（=O）-、-O-S（=O）$_2$-O-、-S（=O）$_2$-O-、-O-S（=O）$_2$-、-O-P（=O）（$-OR_{10}$）-O-、-P（=O）（$-OR_{10}$）-O-、-O-P（=O）（$-OR_{10}$）-；

X独立地为$-R_{11}-$；和

E独立地选自-N（R_{12}）$_2$、-N（R_{12}）（R_{13}）、$-S-R_{12}$和

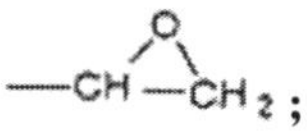

其中$-R_{12}$为$-CH_2CH_2-G$，其中各个G独立地为-Cl、-Br、-I、-O-S（=O）$_2$$-CH_3$、-O-S（=O）$_2$$-CH_2-C_6H_5$或-O-S（=O）$_2$$-C_6H_4-CH_3$；

以及其中R_{13}独立地为$-C_{1-8}$烷基、$-C_{1-8}$杂烷基、-芳基、-杂芳基、$-C_{1-3}$烷基-芳基、$-C_{1-3}$杂烷基-芳基、$-C_{1-3}$烷基-杂芳基、$-C_{1-3}$杂烷基-杂芳基、-芳基$-C_{1-3}$烷基、-芳基$-C_{1-3}$杂烷基、-杂芳基$-C_{1-3}$烷基、-杂芳基$-C_{1-3}$杂烷基、$-C_{1-3}$烷基-芳基$-C_{1-3}$烷基、$-C_{1-3}$杂烷基-芳基$-C_{1-3}$烷基、$-C_{1-3}$烷基-杂芳基$-C_{1-3}$烷基、$-C_{1-3}$烷基-芳基$-C_{1-3}$杂烷基、$-C_{1-3}$杂烷基-杂芳基$-C_{1-3}$烷基、$-C_{1-3}$杂烷基-芳基$-C_{1-3}$杂烷基、$-C_{1-3}$烷基-杂芳基$-C_{1-3}$杂烷基或$-C_{1-3}$杂烷基-杂芳基$-C_{1-3}$杂烷基。

7. 根据权利要求1的化合物，它是下式化合物及其所有盐和立体异构体：

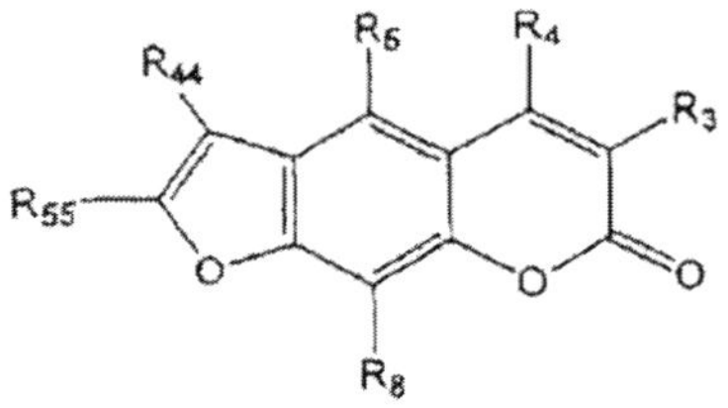

所述立体异构体包括对映体和非对映体；

其中至少R_{44}、R_{55}、R_3、R_4、R_5和R_8之一为-V-W-X-E，其余R_{44}、R_{55}、R_3、R_4、R_5和R_8独立地选自-H、$-R_{10}$、$-O-R_{10}$、$-NO_2$、$-NH_2$、$-NH-R_{10}$、-N（R_{10}）$_2$、-F、-Cl、-Br、-I、-C（=O）$-R_{10}$、-C（=O）$-O-R_{10}$和-O-C（=O）$-R_{10}$，

其中$-R_{10}$独立地为H、$-C_{1-8}$烷基、$-C_{1-8}$杂烷基、-芳基、-杂芳基、$-C_{1-3}$烷基-芳基、$-C_{1-3}$杂烷基-芳基、$-C_{1-3}$烷基-杂芳基、$-C_{1-3}$杂烷基-杂芳基、-芳基$-C_{1-3}$烷基、-芳基$-C_{1-3}$杂烷基、-杂芳基$-C_{1-3}$烷基、-杂芳基$-C_{1-3}$杂烷基、$-C_{1-3}$烷基-芳基$-C_{1-3}$烷基、$-C_{1-3}$杂烷基-芳基$-C_{1-3}$烷基、$-C_{1-3}$烷基-杂芳基$-C_{1-3}$烷基、$-C_{1-3}$烷基-芳基$-C_{1-3}$杂烷基、$-C_{1-3}$杂烷基-杂芳基$-C_{1-3}$烷基、$-C_{1-3}$杂烷基-芳基$-C_{1-3}$杂烷基、$-C_{1-3}$烷基-杂芳基$-C_{1-3}$杂烷基或$-C_{1-3}$杂烷基-杂芳基$-C_{1-3}$杂烷基；

V独立地为$-R_{11}-$、$-NH-R_{11}-$或-N（CH_3）$-R_{11}-$，其中$-R_{11}-$独立地为$-C_{1-8}$烷基-、$-C_{1-8}$杂烷基-、-芳基-、-杂芳基-、$-C_{1-3}$烷基-芳基-、$-C_{1-3}$杂烷基-芳基-、$-C_{1-3}$烷基-杂芳基-、$-C_{1-3}$杂烷基-杂芳基-、-芳基$-C_{1-3}$烷基-、-芳基$-C_{1-3}$杂烷基、-杂芳基$-C_{1-3}$烷基-、-杂芳基$-C_{1-3}$杂烷基-、$-C_{1-3}$烷基-芳基$-C_{1-3}$烷基-、$-C_{1-3}$杂烷基-芳基$-C_{1-3}$烷基-、$-C_{1-3}$烷基-杂芳基$-C_{1-3}$烷基-、$-C_{1-3}$烷基-芳基$-C_{1-3}$杂烷基-、$-C_{1-3}$杂烷基-杂芳基$-C_{1-3}$烷基-、$-C_{1-3}$杂烷基-芳基$-C_{1-3}$杂烷基-、$-C_{1-3}$烷

基-杂芳基-C_{1-3}杂烷基-或-C_{1-3}杂烷基-杂芳基-C_{1-3}杂烷基-；

W 独立地为-C（=O）-O-、-O-C（=O）-、-C（=S）-O-、-O-C（=S）-、-C（=S）-S-、-S-C（=S）-、-C（=O）-S-、-S-C（=O）-、-O-S（$=O)_2$-O-、-S（$=O)_2$-O-、-O-S（$=O)_2$-、-O-P（=O）（-OR_{10}）-O-、-P（=O）（-OR_{10}）-O-、-O-P（=O）（-OR_{10}）-；

X 独立地为-R_{11}-；和

E 独立地选自-N（$R_{12})_2$、-N（R_{12}）（R_{13}）、-S-R_{12}和

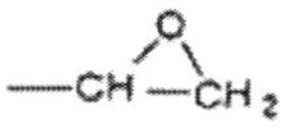；

其中-R_{12}为-CH_2CH_2-G，其中 G 独立地为-Cl、-Br、-I、-O-S（$=O)_2$-CH_3、-O-S（$=O)_2$-CH_2-C_6H_5 或-O-S（$=O)_2$-C_6H_4-CH_3；

以及其中 R_{13}独立地为-C_{1-8}烷基、-C_{1-8}杂烷基、-芳基、-杂芳基、-C_{1-3}烷基-芳基、-C_{1-3}杂烷基-芳基、-C_{1-3}烷基-杂芳基、-C_{1-3}杂烷基-杂芳基、-芳基-C_{1-3}烷基、-芳基-C_{1-3}杂烷基、-杂芳基-C_{1-3}烷基、-杂芳基-C_{1-3}杂烷基、-C_{1-3}烷基-芳基-C_{1-3}烷基、-C_{1-3}杂烷基-芳基-C_{1-3}烷基、-C_{1-3}烷基-杂芳基-C_{1-3}烷基、-C_{1-3}烷基-芳基-C_{1-3}杂烷基、-C_{1-3}杂烷基-杂芳基-C_{1-3}烷基、-C_{1-3}杂烷基-芳基-C_{1-3}杂烷基、-C_{1-3}烷基-杂芳基-C_{1-3}杂烷基或-C_{1-3}杂烷基-杂芳基-C_{1-3}杂烷基。

16. 灭活材料中病原体的方法，该方法包括：

向材料中加入权利要求 1 的化合物；和

孵育所述材料。

24. 制备权利要求 6 化合物的方法，该方法包括下列步骤：将氨基酯与 9-取代吖啶反应，得到 N-（9-吖啶基)氨基酯。

25. 根据权利要求 24 的方法，其中氨基酯为-氨基链烷酸酯。

26. 根据权利要求 24 的方法，其中氨基酯为-丙氨酸衍生物。

27. 根据权利要求 24 的方法，其中氨基酯包含被护二醇。

28. 根据权利要求 27 的方法，该方法进一步包括下列步骤：使被护二醇取代基脱保护，形成含二醇取代基的 N-（9-吖啶基）氨基酯。

29. 根据权利要求 24 的方法，其中氨基酯包含被护双（羟烷基）胺。

30. 根据权利要求 24 的方法，其中 9-取代吖啶为 9-甲氧基吖啶。

31. 根据权利要求 24 的方法，其中 9-取代吖啶为 9-氯吖啶。

32. 根据权利要求 24 的方法，该方法进一步包括下列步骤：将 N-（9-吖啶基）氨基酯转变成含二醇取代基的 N-（9-吖啶基）氨基酯。

33. 根据权利要求 32 的方法，其中将 N-（9-吖啶基）氨基酯转变成含二醇取代基的 N-（9-吖啶基）氨基酯的步骤包括酯交换反应。

34. 根据权利要求 32 的方法，其中该方法进一步包括下列步骤：利用氯基团取代二醇取代基中的羟基基团。

35. 制备权利要求 7 化合物的方法，该方法包括下列步骤：

a）使补骨脂素乙酸酯发生酯交换反应，得到补骨脂素乙酸氨基烷基酯；和

b）将补骨脂素乙酸氨基烷基酯转变成补骨脂素乙酸（氯烷基）氨基烷基酯。

36. 根据权利要求 35 的方法，其中补骨脂素乙酸酯为甲基取代的补骨脂素乙酸酯。

37. 根据权利要求 35 的方法，其中补骨脂素乙酸酯为 4-补骨脂素乙酸酯。

38. 根据权利要求 35 的方法，其中补骨脂素乙酸氨基烷基酯为补骨脂素乙酸氨基乙基酯。

39. 根据权利要求 35 的方法，其中补骨脂素乙酸氨基烷基酯的转换反应包括将羟基转变成氯基团的反应。

40. 下式化合物及其盐和立体异构体：

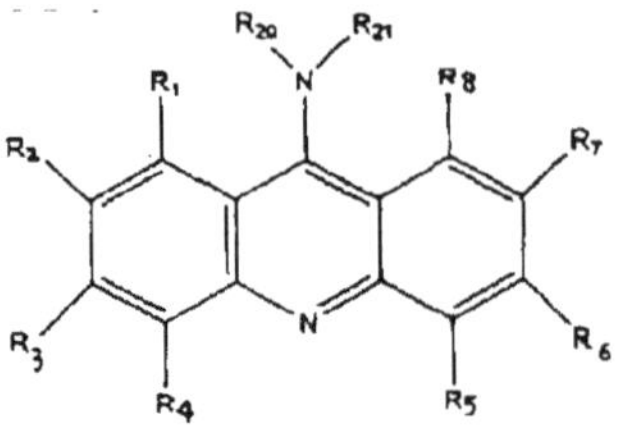

所述立体异构体包括对映体和非对映体；

其中 R_1、R_2、R_3、R_4、R_5、R_6、R_7 和 R_8 独立地选自 -H、$-R_{10}$、$-O-R_{10}$、$-NO_2$、$-NH_2$、$-NH-R_{10}$、$-N(R_{10})_2$、-F、-Cl、-Br、-I、$-C(=O)-R_{10}$、$-C(=O)-O-R_{10}$和$-O-C(=O)-R_{10}$，

其中$-R_{10}$独立地为 H、$-C_{1-8}$烷基、$-C_{1-8}$杂烷基、-芳基、-杂芳基、$-C_{1-3}$烷基-芳基、$-C_{1-3}$杂烷基-芳基、$-C_{1-3}$烷基-杂芳基、$-C_{1-3}$杂烷基-杂芳基、-芳基-C_{1-3}烷基、-芳基-C_{1-3}杂烷基、-杂芳基-C_{1-3}烷基、-杂芳基-C_{1-3}杂烷基、$-C_{1-3}$烷基-芳基-C_{1-3}烷基、$-C_{1-3}$杂烷基-芳基-C_{1-3}烷基、$-C_{1-3}$烷基-杂芳基-C_{1-3}烷基、$-C_{1-3}$烷基-芳基-C_{1-3}杂烷基、$-C_{1-3}$杂烷基-杂芳基-C_{1-3}烷基、$-C_{1-3}$杂烷基-芳基-C_{1-3}杂烷基、$-C_{1-3}$烷基-杂芳基-C_{1-3}杂烷基或$-C_{1-3}$杂烷基-杂芳基-C_{1-3}杂烷基；

R_{20}为-H 或$-CH_3$；和

R_{21}为$-R_{11}-W-X-E$，

其中$-R_{11}-$独立地为$-C_{1-8}$烷基-、$-C_{1-8}$杂烷基-、-芳基-、-杂芳基-、$-C_{1-3}$烷基-芳基-、$-C_{1-3}$杂烷基-芳基-、$-C_{1-3}$烷基-杂芳基-、$-C_{1-3}$杂烷基-杂芳基-、-芳基-C_{1-3}烷基-、-芳基-C_{1-3}杂烷基、-杂芳基-C_{1-3}烷基-、-杂芳基-C_{1-3}杂烷基-、$-C_{1-3}$烷基-芳基-C_{1-3}烷基-、$-C_{1-3}$杂烷基-芳基-C_{1-3}烷基-、$-C_{1-3}$烷基-杂芳基-C_{1-3}烷基-、$-C_{1-3}$烷基-芳基-C_{1-3}杂烷基-、$-C_{1-3}$杂烷基-杂芳基-C_{1-3}烷基-、$-C_{1-3}$杂烷基-芳基-C_{1-3}杂烷基-、$-C_{1-3}$烷基-杂芳基-C_{1-3}杂烷基-或$-C_{1-3}$杂烷基-杂芳基-C_{1-3}杂烷基-；

W 独立地为$-C(=O)-O-$、$-O-C(=O)-$、$-C(=S)-O-$、$-O-C(=S)-$、$-C(=S)-S-$、$-S-C(=S)-$、$-C(=O)-S-$、$-S-C(=O)-$、$-O-S(=O)_2-O-$、$-S(=O)_2-O-$、$-O-S(=O)_2-$、$-C(=O)-NR_{10}-$、$-NR_{10}-C(O)-$、$-O-P(=O)(-OR_{10})-O-$、$-P(=O)(-OR_{10})-O-$、$-O-P(=O)(-OR_{10})-$；

X 独立地为$-R_{11}-$；和

E 独立地选自$-N(R_{12})_2$、$-N(R_{12})(R_{13})$、$-S-R_{12}$和

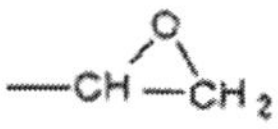；

其中$-R_{12}$为$-CH_2CH_2-G$，其中各个 G 独立地为-Cl、-Br、-I、$-O-S(=O)_2-CH_3$、$-O-S(=O)_2-CH_2-C_6H_5$ 或$-O-S(=O)_2-C_6H_4-CH_3$；

以及其中 R_{13}独立地为$-C_{1-8}$烷基、$-C_{1-8}$杂烷基、-芳基、-杂芳基、$-C_{1-3}$烷基-芳基、$-C_{1-3}$杂烷基-芳基、$-C_{1-3}$烷基-杂芳基、$-C_{1-3}$杂烷基-杂芳基、-芳基-C_{1-3}烷基、-芳基-C_{1-3}杂烷基、-杂芳基-C_{1-3}烷基、-杂芳基-C_{1-3}杂烷基、$-C_{1-3}$烷基-芳基-C_{1-3}烷基、$-C_{1-3}$杂烷基-芳基-C_{1-3}烷基、$-C_{1-3}$烷基-杂芳基-C_{1-3}烷基、$-C_{1-3}$烷基-芳基-C_{1-3}杂烷基、$-C_{1-3}$杂烷基-杂芳基-C_{1-3}烷基、$-C_{1-3}$杂烷基-芳基-C_{1-3}杂烷基、$-C_{1-3}$烷基-杂芳基-C_{1-3}杂烷基或$-C_{1-3}$杂烷基-杂芳基-C_{1-3}杂烷基；

其中所述化合物表现出至少一种下列性质：

i）在 pH_8 的 37℃的水溶液中保持 100 分钟后 40% ~99% 的脆性连接基水解；

ii）在不大于 500M 的浓度下至少 2logs 病原体被灭活；

iii）在用病原体灭活化合物处理并保存 42 天后血红细胞的溶血小于 2% 。”

2007 年 5 月 8 日，申请人塞鲁斯公司（下称请求人）对上述驳回决定不服，向专利复审委员会提出复审请求，请求人在提出复审请求时对权利要求书进行了修改，增加了从属权利要求 7、9 和 43，并对权利要求书进行了重新编号（限于篇幅，本复审决定中不列出复审请求时提交的权利要求书，具体内容可参见案卷）。

请求人认为：（1）由于权利要求 24~42 被限定为制备原始公开的化合物的方法，并且这些权利要求简单地描述了制备所公开化合物的步骤，本领域技术人员可以容易地推导出这些方法权利要求的原料，按照说明书公开的内容制备出目标化合物，因此权利要求 24~42 的方法是本领域技术人员可以根据说明书的描述直接推导出来的，符合专利法第 33 条的规定。（2）本申请的发明点并不是在于这些“核酸结合部分”、“效应子部分”、“脆性连接基”的结构本身，而是在于这些部分之间的连接，而这些“核酸结合部分”、“效应子部分”、“脆性连接基”成分本身则是本领域熟知的，也是本领域技术人员可以根据需要来选择的，而不必付出任何创造性劳动；在锚基团上和连接基团上采用许多不同的取代基是完全可能的，这不会改变锚基团结合核酸的性质或改变连接基团的脆性特征，这些基团可以在很宽范围内进行选择，本领域技术人员根据本申请的精神完全可以预料到这些化合物基团可以到达本申请的目的。（3）在答复第二次审查意见通知书时已经提供了 8 份现有技术附件 i~viii 来证明权利要求 1 的范围的可行性。

经形式审查合格后，专利复审委员会受理了该请求，并于 2007 年 6 月 4 日向请求人发出了《复审请求受理通知书》，同时将本申请转送至国家知识产权局原审查部门进行前置审查。

在《前置审查意见书》中，国家知识产权局原审查部门认为：（1）权利要求 26~42（相应于驳回决定所针对的权利要求 24~40）和新增的权利要求 43 仍不符合专利法第 33 条的规定；（2）权利要求 1~6（相应于驳回决定所针对的权利要求 1~6）和权利要求 8（相应于驳回决定所针对的权利要求 7）和权利要求 18（相应于驳回决定所针对的权利要求 16）不符合专利法第 26 条第 4 款的规定，因此坚持驳回决定。

专利复审委员会组成合议组，对本复审请求案进行了审理。

经合议，针对请求人于复审请求时所提交的权利要求书，合议组于 2009 年 5 月 11 日向请求人发出《复审通知书》，指出：（1）权利要求 7、9 和 43 不符合专利法实施细则第 60 条第 1 款的规定；（2）权利要求 26~42 不符合专利法第 33 条的规定；（3）权利要求 1~6、8 和 18 不符合专利法第 26 条第 4 款的规定。

针对上述《复审通知书》，请求人于 2009 年 8 月 26 日提交了意见陈述书和修改后的权利要求书，其中相对于请求人于复审请求时所提交的权利要求书，修改方式如下：（1）删除了权利要求 1~9、16、26~45，（2）依据说明书公开的具体化合物重新撰写了新的权利要求 1，（3）将原权利要求 10~15、17 适应性修改为新的权利要求 2~8 并依据说明书公开的具体化合物撰写了权利要求 9~11，（4）将原权利要求 18~25 适应性修改为新的权利要求 12~19，修改后的权利要求书共 19 项权利要求。

请求人认为：新的权利要求 1 中仅以马库什权项的形式要求保护具体化合物，这些化合物是说明书中制备实施例（实施例 1~7）和/或活性实施例（实施例 8~12）中的具体化合物，所述化合物的结构式记载于说明书第 23~26 页，可以得到本申请说明书实施例的实质性支持，符合专利法第 26 条第 4 款的规定。

至此，合议组认为本案事实已经清楚，可以作出审查决定。

二、决定的理由

1. 关于决定的文本

本复审请求审查决定是针对请求人于2009年8月26日提交的权利要求书（共19项权利要求），2004年1月19日提交的说明书第1、29页，国际初步审查报告附件的说明书第26、30页，进入中国国家阶段时提交的国际申请文件的中文文本的说明书第2~25页、第27~28页、第31~55页及说明书摘要作出的。

2. 专利法实施细则第60条第1款

专利法实施细则第60条第1款规定，请求人在提出复审请求或者在对专利复审委员会的复审通知书作出答复时，可以修改专利申请文件；但是，修改应当仅限于消除驳回决定或者复审通知书指出的缺陷。

针对复审请求时所提交的权利要求书，《复审通知书》曾指出：权利要求7、9、43属于新增加的权利要求，这些权利要求并不是克服驳回决定所指出的缺陷，因此不符合专利法实施细则第60条第1款的规定。2009年8月26日，请求人答复《复审通知书》时提交了新的权利要求书，删除了权利要求7、9和43，故在新的权利要求书中关于专利法实施细则第60条第1款的缺陷已不存在。

3. 关于专利法第33条

专利法第33条规定：申请人可以对其专利申请文件进行修改，但是，对发明专利申请文件的修改不得超出原说明书和权利要求书记载的范围。

如果申请的内容通过增加、改变和/或删除其中的一部分，致使所属技术领域的技术人员看到的内容与原申请记载的内容不同，而且又不能从原申请记载的内容中直接地、毫无疑义地确定，那么这种修改是不允许的。

驳回决定认为，驳回文本的权利要求24~40不符合专利法第33条的规定。请求人在提出复审请求时对上述权利要求进行了修改，修改后相应编号为权利要求26~42。合议组认为修改后的权利要求26~42仍不符合专利法第33条的规定。合议组在《复审通知书》中指出：权利要求26~41要求保护制备本申请化合物的方法，原权利要求书中没有记载制备本申请化合物的方法，原说明书仅在实施例部分记载了本申请若干具体化合物的制备方法（参见实施例1~7），故原申请文件中并没有记载如权利要求26~41所述的技术方案。原说明书实施例部分记载的本申请若干具体化合物的制备方法仅仅针对具体化合物的，并不是针对通式化合物中的所有化合物，因此由原说明书实施例部分记载的本申请若干具体化合物的制备方法不能直接地、毫无疑义地确定得到通式化合物的制备方法（即权利要求26~41的方法），故权利要求26~41修改超范围。权利要求42要求保护本申请的通式化合物，其中对通式化合物的性质进行了限定，同样，原始申请文件中都没有记载权利要求42带性质限定的通式化合物，本领域技术人员也不能由说明书的内容直接地、毫无疑义地确定这样的保护范围，故权利要求42修改超范围。请求人认为，制备方法权利要求仅简单地描述了制备所公开化合物的步骤，本领域技术人员可以容易地推导出这些方法权利要求的原料，按照说明书公开的内容制备出目标化合物，故这些制备方法权利要求符合专利法第33条的规定。对此，合议组认为，修改后的技术方案如果在原申请文件中既没有记载，也不能从原申请文件记载的内容中直接地、毫无疑义地确定，则该技术方案就不符合专利法第33条的规定。本申请中仅记载了若干具体化合物的制备方法，由此不能直接地、毫无疑义地确定通式化合物的制备方法。直接地、毫无疑义地确定的内容并不是指本领域技术人员可以容易概括得到的内容。故请求人的上述理由不成立。

2009年8月26日，请求人答复《复审通知书》时提交了新的权利要求书，删除了上述权利要求

26~42，故新的权利要求书克服了驳回决定和《复审通知书》中指出的不符合专利法第33条的缺陷。

4. 关于专利法第26条第4款规定

专利法第26条第4款规定，权利要求书应当以说明书为依据，说明要求专利保护的范围。

如果修改后的权利要求要求保护具体化合物，且该具体化合物在说明书制备实施例和/或效果实施例中有记载，本领域技术人员根据说明书的描述和本领域的普通技术知识能够得到或概括得到这些具体化合物，那么该权利要求的技术方案能够得到说明书的支持，符合专利法第26条第4款的规定。

驳回决定指出，驳回文本的权利要求1~7、16不符合专利法第26条第4款的规定。《复审通知书》也指出，请求人提出复审请求时提交的权利要求1~6（相应于驳回文本的权利要求1~6）、权利要求8（相应于驳回文本的权利要求7）、权利要求18（相应于驳回文本的权利要求16）不符合专利法第26条第4款的规定。请求人于2009年8月26日答复《复审通知书》时所提交的权利要求书中，已经删除了上述不符合专利法第26条第4款的通式化合物权利要求，驳回决定和《复审通知书》指出的缺陷已经克服。此外，修改后的权利要求1要求保护10个具体化合物，该10个具体化合物已分别在本申请说明书的制备实施例和/或活性实施例中公开，本领域技术人员根据说明书的描述和本领域的普通技术知识能够得到或概括得到这些具体化合物，因此，权利要求1要求保护的化合物能够得到说明书的支持，符合专利法第26条第4款的规定。从属权利要求2~11分别要求保护权利要求1中的一种具体的化合物，基于同样的理由，从属权利要求2~11也符合专利法第26条第4款的规定。

根据上述事实和理由，合议组作出如下审查决定。

三、决定

撤销国家知识产权局于2007年1月19日针对第98802734.8号发明专利申请作出的驳回决定，由国家知识产权局原审查部门以复审请求审查决定所针对的文本为基础继续审批程序。

复审请求人对本决定不服的，可以根据专利法第41条第2款的规定，自收到本决定之日起三个月内向北京市第一中级人民法院起诉。

199

楤木总皂苷的提取方法及用途

复审请求审查决定（第 20351 号）

决　　定　　号　第 20351 号
决　　定　　日　2009 年 11 月 16 日
发明创造名称　楤木总皂苷的提取方法及用途
国 际 分 类 号　C07J9/00，C07J63/00，A61K35/78，A61P9/10，A61P31/00，A61P37/00
复 审 请 求 人　吉林省中医中药研究院
申　　请　　号　00123316.5
申　　请　　日　2000 年 11 月 26 日
公　　开　　日　2002 年 6 月 26 日
合 议 组 组 长　任晓兰
主　　审　　员　赵步真
参　　审　　员　王　磊

法 律 依 据　专利法第 33 条，专利法第 22 条第 2 款、第 3 款
决 定 要 点

如果对申请文件的修改在原申请文件中有记载，或者能够由从原申请记载的信息直接地、毫无疑义地确定，则这种修改是允许的。

如果权利要求的技术方案与现有技术相比存在区别技术特征，并且该区别技术特征使得权利要求的技术方案产生了预料不到的技术效果，则该权利要求具备创造性。

一、案由

本复审请求案涉及发明名称为“楤木总皂苷的提取方法及用途”的第 00123316.5 号发明专利申请（下称本申请），申请人为吉林省中医中药研究院，申请日为 2000 年 11 月 26 日，公开日为 2002 年 6 月 26 日。

国家知识产权局对本申请进行实质审查，于 2003 年 10 月 31 日发出《第一次审查意见通知书》，指出：权利要求 3 属于专利法第 25 条第 1 款第（3）项不授予专利权的客体；权利要求 1～2 相对于对比文件 1（“用均匀设计法优化楤木提取工艺”，朱彩凤等，中国中医药科技，第 7 卷 4 期，236 页，2000 年）不具备专利法第 22 条第 3 款规定的创造性。针对《第一次审查意见通知书》，申请人于 2004 年 3 月 9 日提交了修改后的权利要求书（共 3 项）和说明书。

针对上述修改文本，国家知识产权局于 2007 年 1 月 26 日发出《第二次审查意见通知书》，指出：权利要求 3 相对于对比文件 2（“龙牙楤木总甙对变态反应的影响”，周重楚等，中国药理学与毒理学

杂志，5（1），第34~37页，1991年2月）、对比文件3（“龙牙楤木总甙的抗炎作用”，周重楚等，中国药理学与毒理学杂志，5（1），第31~33页，1991年2月）、对比文件4（“辽东楤木总甙对大鼠实验性心肌缺血的保护作用”，邓汉武等，中国药理学与毒理学杂志，2（1），第20~24页，1988年2月）不具备专利法第22条第2款规定的新颖性；权利要求1~2相对于对比文件1不具备专利法第22条第3款规定的创造性。针对《第二次审查意见通知书》，申请人于2007年3月30日提交了修改后的权利要求书（共2项）。

在以上修改文本的基础上，国家知识产权局于2007年6月1日发出《第三次审查意见通知书》，指出：权利要求1~2不具备专利法第22条第3款规定的创造性，为此，申请人于2007年8月30日再次提交了修改后的权利要求书（共6项）。

在上述修改文本的基础上，国家知识产权局于2007年10月12日发出《第四次审查意见通知书》，指出：权利要求1~6的修改不符合专利法第33条的规定，同时，即使克服了修改超范围的缺陷，相应的权利要求仍然不具备创造性。针对《第四次审查意见通知书》，申请人于2007年12月21日提交了修改后的权利要求书（共3项）。

2008年2月1日，针对申请人于2007年12月21日提交的权利要求第1~3项、2004年3月9日提交的说明书第1~4页以及2000年11月26日提交的说明书摘要，国家知识产权局以本申请的修改不符合专利法第33条的规定为由驳回了本申请。

驳回决定认为：权利要求1和2请求保护的楤木总皂苷的提取方法中使用了楤木植物的任意部分，但在说明书第3页仅记载了原料为“龙牙楤木的茎皮”，在说明书第4页仅记载了原料为“龙牙楤木的根皮”，而非“楤木植物的任意部分”，可见，修改后的权利要求1~2请求保护的技术方案并没有记载在原说明书和权利要求书中。进一步的，尽管在说明书第1~2页所记载的通用方法中记载的原料为“楤木植株的任意部分”，但其提取方法与权利要求1~2限定的提取方法并不相同（例如：提取溶剂的浓度、洗脱溶剂的浓度、具体的提取步骤等），而就权利要求1~2所限定的特定的提取方法而言，在原申请文件中相应的是特定的提取原料（限定了楤木的种类和提取部位）而非“楤木植株的任意部分”，因而，本领域技术人员根据说明书记载的信息无法直接地、毫无疑义地确定为修改后的权利要求1~2请求保护的技术方案，权利要求1~2的修改超出了原说明书和权利要求书记载的范围，不符合专利法第33条的规定。权利要求3请求保护权利要求1~2所述提取方法得到的楤木总皂苷的制药用途，基于相同的理由，其也不符合专利法第33条的规定。

驳回决定针对的权利要求1~3（下称驳回文本）如下：

“1. 楤木总皂苷的提取方法：将楤木植物的任意部分粉碎成粗粉，称取1000g，用水煎煮3次，水温100℃，第一次2L，余下2次1.5L，每次1.5小时，滤过，合并滤液，滤液通过大孔吸附树脂柱，先用去离子水洗至无色，弃去水洗液，再用20%乙醇洗至无色，弃去20%乙醇洗脱液，继用80%乙醇洗脱，收集这部分洗脱液，回收溶剂，减压干燥，得干浸膏，再将干浸膏溶于70%的乙醇中滤过，收集滤液回收溶剂，减压干燥，粉碎得总皂苷。

2. 楤木总皂苷的提取方法：将楤木植物的任意部分粉碎成粗粉，称取1000g，用70%乙醇回流提取3次，每次5L，每次2小时，滤过，合并滤液，回收乙醇后的提取液通过大孔吸附树脂，先用去离子水洗至无色，弃去水洗液，再用20%乙醇洗至无色，弃去20%乙醇洗液，继续用80%乙醇洗脱，收集洗脱液，回收溶剂，减压干燥后再用70%乙醇溶解滤过，收集滤液回收溶剂，减压干燥，粉碎得总皂苷。

3. 权利要求1或2所述的提取方法中所提取得到的楤木总皂苷用于制备治疗心、脑血管疾病、变态反应性疾病或炎症药物中的用途。”

2008年4月17日，申请人吉林省中医中药研究院（下称请求人）对上述驳回决定不服，向专利复审委员会提出复审请求，请求人在提出复审请求时没有对申请文件进行修改。

请求人认为：修改后的权利要求1、2没有改变楤木植物部位选取部分的保护范围，只是将提取总皂苷工艺这一部分的保护范围缩小到了下位概念，下位概念的工艺步骤在原说明书实施例1和2中均有明确的记载，因此没有超出原始记载的范围。在此基础上，权利要求3的修改也没有超范围。

经形式审查合格后，专利复审委员会受理了该请求，并于2008年5月21日向请求人发出了《复审请求受理通知书》，同时将本申请转送至国家知识产权局原审查部门进行前置审查。

在《前置审查意见书》中，国家知识产权局原审查部门认为：①权利要求1或2的技术方案在原始的申请文件中并没有记载；②原说明书1~2页记载的技术方案更为上位，而权利要求1或2的方案更为具体，原说明书第3~4页实施例部分与权利要求1和2在原料以及粉碎后的粉末颜色、质量和收率方面有所不同，因此，权利要求1或2是将原说明书的上位技术方案和实施例的下位技术方案组合而成的新方案，不能从原始文本直接地、毫无疑义地确定，故权利要求1~3修改超范围，因此坚持驳回决定。

专利复审委员会组成合议组，对本复审请求案进行了审理，并于2009年5月25日向请求人发出《复审通知书》，指出：权利要求1和2相对于对比文件1不具备创造性，权利要求3相对于对比文件2、3或4不具备新颖性。

针对上述《复审通知书》，请求人于2009年7月3日提交了意见陈述书，于2009年9月11日提交了权利要求书修改替换页，删除了驳回文本的权利要求1~3，将原说明书第3页15~21行实施例的内容作为新的权利要求1。

修改后的权利要求书为：

"1. 一种楤木总皂苷的提取方法，其特征在于：称取龙牙楤木茎皮1000g粉碎成粗粉后，用70%乙醇回流提取3次，每次5L，每次2小时，滤过，合并滤液，回收乙醇后的提取液通过大孔吸附树脂，先用去离子水洗至无色弃去水洗液，再用20%乙醇洗至无色，弃去20%乙醇洗液，继续用80%乙醇洗脱收集洗脱液，回收溶剂，减压干燥后再用70%乙醇溶解滤过，收集滤液回收溶剂，减压干燥，粉碎得黄色粉末80g。"

请求人认为：(1) 本发明技术方案中总皂苷的提纯方法与对比文件1相同，因此二者的收率具有可比性。相比之下，本发明总皂苷的收率为8%，而对比文件1仅有3%；(2) 本发明的技术方案针对龙牙楤木茎皮这个特定部位，选用不同于现有技术的乙醇浓度、用量、提取时间的具体组合，使总皂苷收率在对比文件1的基础上又提高了近3倍。本发明的技术方案与所能达到的效果，在对比文件1中没有任何启示；(3) 本发明的技术方案缩短了提取周期，降低了产品的原料成本，同时由于提交了收率而降低了龙牙楤木原料的用量，对保护自然资源具有积极的作用。

至此，合议组认为本案事实已经清楚，可以依法作出审查决定。

二、决定的理由

1. 关于文本

请求人于2009年9月11日提交了经修改的申请文件，其中，为了克服驳回决定所指出的修改不符合专利法第33条规定的缺陷以及《复审通知书》所指出的权利要求1、2不具备创造性，权利要求3不具备新颖性的缺陷，请求人删除了驳回文本的权利要求1~3，将原说明书第3页第15~21行实施例的内容作为修改后的权利要求1，以上修改符合专利法实施细则第60条第1款的规定。因此，本复审请求审查决定所针对的文本是：请求人于2009年9月11日提交的权利要求第1项、2004年3月9日提交的说明书第1~4页，2000年11月26日提交的说明书摘要（下称复审文本）。

2. 关于专利法第 33 条

专利法第 33 条规定：申请人可以对其专利申请文件进行修改，但是，对发明和实用新型专利申请文件的修改不得超出原说明书和权利要求书记载的范围。

如果申请文件中的修改内容在原申请文件中有记载，或者能够由从原申请记载的信息直接地、毫无疑义地确定，则这种修改是允许的。

本案中，请求人于 2009 年 9 月 11 日提交的权利要求第 1 项的技术方案明确记载于原说明书第 3 页 15~21 行，因此该修改没有超出原始申请文件记载的范围，符合专利法第 33 条的规定，这一修改已经克服了驳回决定所指出的修改不符合专利法第 33 条规定的缺陷。

3. 关于专利法第 22 条第 2 款

专利法第 22 条第 2 款规定：新颖性，是指在申请日以前没有同样的发明或者实用新型在国内外出版物上公开发表过、在国内公开使用过或者以其他方式为公众所知，也没有同样的发明或者实用新型由他人向国务院专利行政部门提出过申请并且记载在申请日以后公布的专利申请文件中。

如果通过删除的方式放弃了不具备新颖性的权利要求，则修改后的权利要求书符合专利法第 22 条第 2 款的规定。

本案中，请求人于 2009 年 9 月 11 日提交的权利要求书中已经删除了驳回文本中的权利要求 3，克服了《复审通知书》所指出该权利要求不符合专利法第 22 条第 2 款规定的缺陷。

4. 关于专利法第 22 条第 3 款

专利法第 22 条第 3 款规定：创造性，是指同申请日以前已有的技术相比，该发明有突出的实质性特点和显著的进步，该实用新型有实质性特点和进步。

如果权利要求的技术方案与现有技术相比存在区别技术特征，并且该区别技术特征使得权利要求的技术方案产生了预料不到的技术效果，则该权利要求具备创造性。

就本案而言，修改后的权利要求 1 请求保护一种楤木总皂苷的提取方法（具体参见案由部分）。

对比文件 1 公开了一种楤木总皂甙的提取工艺（参见对比文件 1 的 2.2 节）：称取楤木 10g，按均匀设计表 1 条件（条件 4，乙醇浓度 70%；乙醇用量 24ml；回流时间 30min）于 80℃提取 2 次，过滤，合并滤液，回收乙醇总体积至 15ml 备用，然后精密吸取上述滤液 15ml 加水 5ml 稀释，上大孔树脂柱，水洗至无色，继续用 20% 乙醇洗涤后再用 70% 乙醇洗脱，收集洗脱液，并于水浴蒸干置 105℃烘箱中干燥 3h 称重供总皂甙检测。检测呈具有糖和皂甙的显示反应，其他成分未检出，可见称重量即为总皂甙。根据对比文件 1 表 2 的记载，采用乙醇浓度 70%；乙醇用量 24ml；回流时间 30min 的条件（即表 1 中的条件 4）获得的总皂苷含量（折合为相对于楤木重量的收率）为 2.50%。并且，在对比文件 1 第 1 节“材料与仪器”中记载，楤木为市售品，由本院中药教研室刘永镇教授鉴定为五加科楤木属楤木根或下茎部干等。

将权利要求 1 的技术方案与对比文件 1 公开的上述内容相比，主要区别在于：（1）二者所使用的原料不同，权利要求 1 使用的是龙牙楤木茎皮，对比文件 1 使用的是“楤木根或下茎部干”；（2）具体的提取条件不同，表现在：①在乙醇提取阶段，乙醇与楤木的用量比（本申请为 15L/1000g 茎皮，对比文件 1 为 24ml/10g 根或茎干）、提取次数和提取时间不同（本申请为 3 次，每次 5L，每次 2 小时，对比文件 1 为提取 2 次）；②在对大孔树脂进行洗脱的步骤中，本申请用 80% 的乙醇洗脱，之后用 70% 的乙醇再次溶解过滤，而对比文件则用 70% 的乙醇洗脱。

通过考察本申请权利要求 1 的方法与对比文件 1 方法关于总皂苷收率的计算过程，合议组发现，权利要求 1 的总皂苷和对比文件 1 的总皂苷都是经由大孔树脂柱由乙醇洗脱而来，具体而言，对比文件 1 使用 70% 的乙醇洗脱，然后将洗脱液直接干燥获得产品，并由此计算收率为 2.50%，而权利要求 1 是先用 80% 的乙醇洗脱，然后对洗脱液进行处理，回收溶剂，再将产物用 70% 的乙醇溶解，之后将溶解液提纯干燥得到产品，由此计算收率为 8%，两种方法虽然有细微差别，但其最终产物实质上都是从 70% 的乙醇中获得的，根据相似相溶的原理，两种方法中获得的皂苷类成分应大致相同，因此，权利要求 1 方法和对比文件 1 方法所获得得产品收率效果具有可比性。

故而，合议组认为，权利要求 1 的技术方案相对于对比文件 1 实际解决的技术问题是提供一种选择性地从楤木植物中提取总皂苷的方法，从而实现比现有技术更高的总皂苷收率。该技术问题的解决是通过选择特定的植物部位（即选择龙牙楤木茎皮）并采用特定的提取工艺条件来实现的。

由于对比文件 1 从未教导龙牙楤木的茎皮中总皂苷的含量高于根或者其茎干，同时，权利要求 1 通过选择特定的植物部位，并结合具体的、不同于现有技术的乙醇与楤木用量比、提取次数和提取时间等特定工艺条件的组合，获得了在总皂苷提取效率上本领域技术人员基于对比文件 1 所无法预料的改进（从 2.5% 上升为 8%）。由此可见，上述这些区别特征的引入给权利要求 1 的技术方案带来了预料不到的技术效果，因此权利要求 1 的技术方案具备创造性，符合专利法第 22 条第 3 款的规定。

基于以上事实和理由，合议组作出如下审查决定。

三、决定

撤销国家知识产权局于 2008 年 2 月 1 日针对第 00123316.5 号发明专利申请作出的驳回决定，由国家知识产权局原审查部门以复审文本为基础继续审批程序。

复审请求人对本决定不服的，可以根据专利法第 41 条第 2 款的规定，自收到本决定之日起三个月内向北京市第一中级人民法院起诉。

200

P38的杂环抑制剂

复审请求审查决定（第20375号）

决　　定　　号　第20375号
决　　定　　日　2009年12月4日
发明创造名称　P38的杂环抑制剂
国 际 分 类 号　C07D213/56，A61K31/44，C07D213/75，C07D213/74，C07D401/06，C07D213/73
复 审 请 求 人　沃泰克斯药物股份有限公司
申　　请　　号　99807647.3
最早优先权日　1998年5月11日
申　　请　　日　1999年5月11日
公　　开　　日　2001年8月1日
合 议 组 组 长　危　峰
主　　审　　员　黄　强
参　　审　　员　赵步真

法　律　依　据　专利法第33条，专利法第26条第4款
决　定　要　点

如果权利要求所要求保护的技术方案是所属技术领域的技术人员能够从说明书充分公开的内容中得到或概括得出的技术方案，则该权利要求能够得到说明书的支持。

一、案由

本复审请求案涉及发明名称为“P38的杂环抑制剂”的第99807647.3号发明专利申请（下称本申请），申请人为沃泰克斯药物股份有限公司，申请日为1999年5月11日，最早优先权日为1998年5月11日，公开日为2001年8月1日。

2008年6月6日，针对申请人于2008年3月27日提交的权利要求第1~27项，2001年2月13日提交的说明书第15~16、19页，2004年8月9日提交的说明书第11~12、22~27、33~34、36页，2007年10月25日提交的说明书第4、7页，专利性国际初步报告附件的说明书第2、8页，进入中国国家阶段时提交的国际申请文件的中文文本的说明书第1、3、5~6、9~10、13~14、17~18、20~21、28~32、35、37~57页以及说明书摘要（下称驳回文本），国家知识产权局以权利要求1~7、10~12、15~16不符合专利法第26条第4款的规定为由驳回了本申请。驳回决定所针对的权利要求1如下：

“1. 具下式的化合物：

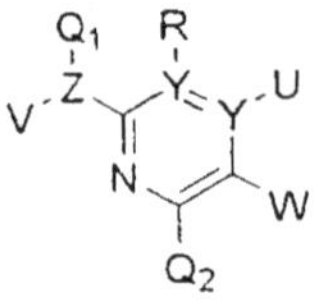 (Ia) 或 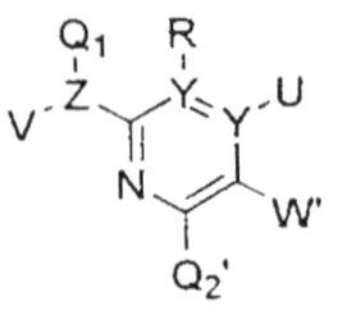 (Ib)

其中 Q_1 和 Q_2 独立地选自苯基或 5~6 元芳香杂环系统，或包含芳香碳环，芳香杂环或芳香碳环和芳香杂环组合的 8~10 元双环系统；

构成 Q_1 的环可被 1~4 个取代基取代，每一个取代基均独立地选自卤素；被 NR'$_2$，OR'，CO_2R' 或 CONR'$_2$ 所任意取代的 C_1-C_3 烷基；被 NR'$_2$，OR'，CO_2R' 或 CONR'$_2$ 所任意取代的 O-（C_1-C_3）-烷基；N R$_2$'；OCF_3；CF_3；NO_2；CO_2 R'；CONR'；SR'；S（O_2）N（R'）$_2$；SCF_3；CN；N（R'）C（O）R_4；N（R'）C（O）OR_4；N（R'）C（O）C（O）R_4；N（R'）S（O_2）R_4；N（R'）R_4；N（R_4）$_2$；OR_4；OC（O）R_4；OP（O）$_3$ H_2；或 N=CH-N（R'）$_2$；

构成 Q_2 的环可任意地被多至 4 个的取代基取代，每一个取代基均独立地选自卤素；被 NR'$_2$，OR'，CO_2R'，S（O_2）N（R'）$_2$，N=CH-N（R'）$_2$，R_3 或 CONR'$_2$ 所任意取代的 C_1-C_3 直链或支链烷基；被 NR'$_2$，OR'，CO_2R'，S（O_2）N（R'）$_2$，N=CH-N（R'）$_2$，R_3 或 CONR'$_2$ 所任意取代的O-（C_1-C_3）-烷基；N R'$_2$；OCF_3；CF_3；NO_2；CO_2 R'；CONR'；R_3；OR_3；NR_3；SR_3；C（O）R_3；C（O）N（R'）R_3；C（O）OR_3；SR'；S（O_2）N（R'）$_2$；SCF_3；N=CH-N（R'）$_2$；或 CN；

Q_2' 选自苯基或被 1-3 个取代基任意取代的 5-6 元芳香杂环，上述每一个取代基独立地选自卤素；被 NR'$_2$，OR'，CO_2R'，CONR'$_2$ 或 OP（O）$_3$ H_2 所任意取代的 C_1-C_3 烷基；被 NR'$_2$，OR'，CO_2R'，CONR'$_2$ 或 OP（O）$_3$ H_2 所任意取代的 O-（C_2-C_3）-烷基；OCF_3；CF_3；OR_4；O-CO_2R_4；OP（O）$_3$ H_2；CO_2R'；CONR'；SR'；S（O_2）N（R'）$_2$；SCF_3；CN；N（R'）C（O）R_4；N（R'）C（O）OR_4；N（R'）C（O）C（O）R_4；N（R'）S（O_2）R_4；N（R'）R_4；N（R_4）$_2$；OR_4；OC（O）R_4；OP（O）$_3H_2$；或 N=CH-N（R'）$_2$；条件是 Q_2' 不为被 1~3 个独立选自卤素，甲氧基，氰基，硝基，氨基，羟基，甲基或乙基所取代的苯基；

R' 选自氢；（C_1-C_3）-烷基；（C_2-C_3）-链烯基或链炔基；苯基或被 1~3 个独立选自卤素，甲氧基，氰基，硝基，氨基，羟基，甲基或乙基所取代的苯基；或被 1~3 个取代基任意取代的 5~6 元杂环系统，所述取代基独立地选自卤素，甲氧基，氰基，硝基，氨基，羟基，甲基或乙基；

R_3 选自 5-8 元芳香或非芳香碳环或杂环系统，它们可被 R'，R_4，-C（O）R'；-C（O）R_4，-C（O）OR_4或-J 任意取代；包含芳香碳环，芳香杂环或芳香碳环和芳香杂环组合的 8-10 元双环系统，它们可被 R'，R_4，-C（O）R'；-C（O）R_4，-C（O）OR_4 或-J 任意取代，

R_4 为被 N（R'）$_2$，OR'，CO_2R'，CON（R'）$_2$，或 SO_2N（R_2）2 所任意取代的（C_1-C_4）直链或支链烷基；或被 N（R'）$_2$，OR'，CO_2R'，CON（R'）$_2$，或 SO_2N（R_2）$_2$ 任意取代的 5~6 元碳环或杂环系统，

R_5 选自氢；被 R_3 任意取代的（C_1-C_3）-烷基；被 R_3 任意取代的（C_2-C_3）-链烯基或链炔基；苯基或被 1~3 个独立选自卤素，甲氧基，氰基，硝基，氨基，羟基，甲基或乙基所取代的苯基；或被 1~3 个取代基任意取代的 5~6 元杂环系统，所述取代基独立地选自卤素，甲氧基，氰基，硝基，氨基，羟基，甲基或乙基；

W 选自 N（R_2）SO_2-N（R_2）$_2$；N（R_2）SO_2-N（R_2）（R_3）；N（R_2）C（O）-OR_2；N（R_2）C（O）-N（R_2）$_2$；N（R_2）C（O）-N（R_2）（R_3）；N（R_2）C（O）-R_2；N（R_2）$_2$；C（O）-R_2；CH（OH）-R_2；C（O）-N（R_2）$_2$；C（O）-O R_2；J；或为被 N（R'）$_2$，OR'，CO_2R'，

CON（R’）$_2$，R_3，SO_2N（R_2）$_2$，OC（O）R_2，OC（O）R’，CO（O）N（R_2）$_2$，-N（R_4）（R_5），-C（O）N（R_5）（R_2），-C（O）R_5，-N（R_2）C（O）N（R_2）（R_5），-NC（O）O（R_5），OC（O）N（R_2）（R_5），或J任意取代的（C_1-C_4）直链或支链烷基；被N（R’）$_2$，OR’，CO_2R’，CON（R’）$_2$，或SO_2N（R_2）$_2$任意取代的5~6元碳环或杂环系统；或被N（R’）$_2$，OR’，CO_2R’，CON（R’）$_2$，或SO_2N（R_2）$_2$任意取代的8~10元碳环或杂环系统；条件是W不为R_3取代的C_1烷基，

W’选自N（R_2）-SO_2-Q_2；N（R_2）-CO_2-Q_2；N（R_2）-C（O）-Q_2；N（R_2）（Q_2）；C（O）-Q_2；CO_2-Q_2；C（O）N（R_2）（Q_2）；C（R_2）$_2$ Q_2，

每个R独立选自氢，-R_2，-N（R_2）$_2$，-OR_2，SR_2，C（O）-N（R_2）2，S（O_2）-N（R_2）$_2$，-C（O）-OR_2或-C（O）R_2，其中两个相邻的R任意地与另一个相连，并和与它们分别相连的Y一起形成4~8元碳环或杂环。

R_2选自氢，（C_1-C_3）-烷基，或（C_2-C_3）-链烯基；每一个任选被-N（R’）$_2$，-OR’，SR’，-C（O）N（R’）$_2$；-S（O_2）-N（R’）$_2$,，-C（O）-OR’，-NHSO_2R_4，-NHSO_2R_3，C（O）N（R’）（R_3），-NC（O）R_4，-N（R’）（R_3），-N（R’）（R_4），-C（O）-R_3，-C（O）N（R-CHR-）（R_4），-N（R_4）$_2$，-C（O）N=C（NH）$_2$或R_3取代，

Y为C；

Z为CH或N，

U选自R或W，

V选自-C（O）-NH_2，

J为被1~3个选自D，-T-C（O）R’或-OPO_3H_2任意取代的（C_1-C_4）直链或支链烷基衍生物，

D选自基团

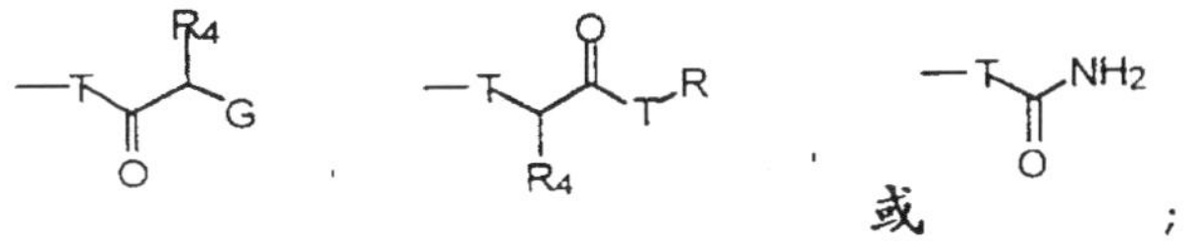

T为O或NH；并且

G为NH_2或为OH。”

驳回决定认为，（1）权利要求1对各取代基的定义限定了许多不同结构的化合物，在说明书仅记载了实施例17、18和19化合物的药理学数据而未给出相应构效关系的基础上，本领域技术人员难以确定权利要求1所概括的所有化合物都能解决本申请的技术问题并达到所述效果，由此可见，权利要求1的概括包含了申请人推测的内容，而其效果又难以预先确定和评价，因此权利要求1得不到说明书的支持，不符合专利法第26条第4款的规定。（2）权利要求2~7、10~12直接或间接对权利要求1做了进一步限定，基于与权利要求1相同的理由，权利要求2~7、10~12也不符合专利法第26条第4款的规定。（3）权利要求15请求保护含有权利要求1~14中任意一个中所述化合物及制药上可接受载体的药物组合物，权利要求16请求保护权利要求1~14项任一项所述的化合物用于制备治疗炎症疾病等的用途，在权利要求1~7、10~12不符合专利法第26条第4款的规定的前提下，权利要求15和16也不符合专利法第26条第4款的规定。

2008年9月17日，申请人沃泰克斯药物股份有限公司（下称请求人）对上述驳回决定不服，向专利复审委员会提出复审请求，同时提交了权利要求书的修改替换页，其中，基于《驳回决定》针

对的权利要求书，删除了权利要求 1 中的式（Ib）化合物，并对式（Ia）化合物中各取代基的定义进行了进一步限定，同时对其他的权利要求进行了相应修改。修改后的权利要求 1 如下：

“1. 具下式的化合物：

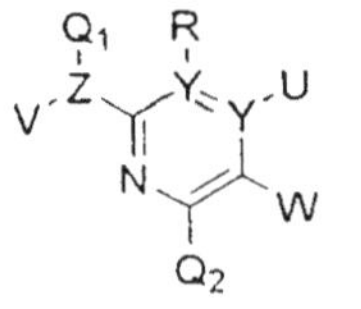

（Ia）

其中 Q_1 和 Q_2 独立地选自苯基或萘基；

构成 Q_1 的环可被 1~4 个取代基取代，每一个取代基均独立地选自卤素；C_1-C_3 烷基或 O-（C_1-C_3）-烷基；

构成 Q_2 的环可任选地被多至 4 个的取代基取代，每一个取代基均独立地选自卤素；任选被 OH 取代的 C_1-C_3 直链或支链烷基；

R’选自氢；（C_1-C_3）-烷基；苯基或被 1~3 个独立选自卤素，甲氧基，甲基或乙基所取代的苯基；或被 1~3 个取代基任意取代的 5~6 元杂环系统，所述取代基独立地选自卤素，甲氧基，羟基，甲基或乙基；

R_3 选自 5~8 元芳香或非芳香碳环或杂环系统，它们任选被 R’，R_4 或-C（O）R’取代，

R_4 为任选被 OR’，CO_2R’或 CON（R’）取代的（C_1-C_4）直链或支链烷基；或 5~6 元碳环系统，

R_5 选自氢；（C_1-C_3）-烷基；苯基或被 1~3 个独立选自卤素，甲氧基，羟基，甲基或乙基的取代基所取代的苯基；或任选被 1~3 个取代基取代的 5~6 元杂环系统，所述取代基独立地选自卤素，甲氧基，甲基或乙基；

W 选自 N（R_2）C（O）-OR_2；N（R_2）C（O）-N（R_2）$_2$；N（R_2）C（O）-N（R_2）（R_3）；N（R_2）C（O）-R_2；N（R_2）$_2$；C（O）-R_2；CH（OH）-R_2；C（O）-N（R_2）$_2$；C（O）-O R_2；J；或为任选被 N（R’）$_2$，OR’，CO_2R’，CON（R’）$_2$，R_3，SO_2N（R_2）$_2$，OC（O）R_2，OC（O）R’，CO（O）N（R_2）$_2$，-N（R_4）（R_5），-C（O）N（R_5）（R_2），-C（O）R_5，-N（R_2）C（O）N（R_2）（R_5），-NC（O）O（R_5），OC（O）N（R_2）（R5），或 J 取代的（C_1-C_4）直链或支链烷基；条件是 W 不为 R_3 取代的 C_1 烷基，

每个 R 独立选自氢，-R_2，- N（R_2）$_2$，-OR_2；

R_2 选自氢，（C_1-C_3）-烷基，其任选被-N（R’）$_2$，-OR’，-C（O）N（R’）$_2$；-S（O_2）-N（R’）$_2$，-C（O）-OR’，-C（O）N=C（NH）$_2$ 或 R_3 取代，

Y 为 C；

Z 为 CH 或 N，

连接在 Y 上的每个 R 和 U 独立地选自氢或甲基；

V 选自-C（O）-NH_2；

J 为被 1-3 个选自 D，-T-C（O）R’或 -OPO_3H_2 取代的（C_1-C_4）直链或支链烷基衍生物，

D 选自基团

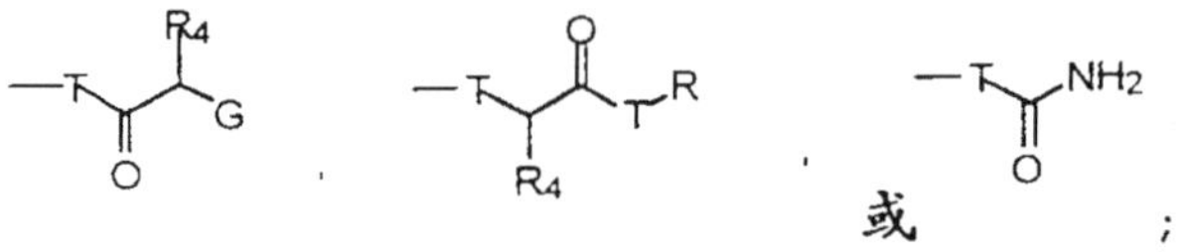

T 为 O 或 NH ；并且

G 为 NH_2 或为 OH。”

请求人认为，经过修改和限定的权利要求可以得到说明书、尤其是表 1~6 中所公开的化合物的支持，因此符合专利法第 26 条第 4 款的规定。

经形式审查合格后，专利复审委员会受理了该请求，并于 2008 年 11 月 14 日向请求人发出了《复审请求受理通知书》，同时将本申请转送至国家知识产权局原审查部门进行前置审查。

在《前置审查意见书》中，国家知识产权局原审查部门认为，请求人关于权利要求 1~7、9~11、14~15 仍不符合专利法第 26 条第 4 款的规定，且权利要求 1 的修改不符合专利法第 33 条的规定，故坚持驳回决定。

专利复审委员会组成合议组，对本复审请求案进行了审理。

2009 年 7 月 14 日，合议组向请求人发出《复审通知书》，指出：（1）权利要求 1 请求保护的是一种式（Ia）化合物，其中将取代基 Q_1 定义为“选自苯基或萘基”，而根据原申请文件中记载的内容可知，Q_1 选自“苯基或 5~6 元芳香杂环系统，或包含芳香碳环，芳香杂环或芳香碳环和芳香杂环组合的 8~10 元双环系统”，优选含有 1~3 个取代基的苯基或吡啶基，其中至少一个所述的取代基处于邻位，更优选含有至少两个处于邻位的取代基的苯基或吡啶基（参见原申请文件的权利要求 1~5 以及说明书第 8 页最后 1 段至第 13 页第 1 段）。显然权利要求 1 中关于取代基 Q_1 可选自萘基的内容没有明确记载在原申请文件中；其次，虽然原申请文件中记载了 Q_1 可选自包含芳香碳环的 10 元双环系统，但是包含芳香碳环的 10 元双环系统不仅包括萘基，还包括四氢萘基等其他取代基，因而，权利要求 1 中关于取代基 Q_1 可选自萘基的内容也不能从原申请记载的信息中直接地、毫无疑义地确定，权利要求 1 的修改不符合专利法第 33 条的规定。（2）假设请求人通过修改文本的方式克服了上述修改超范围的缺陷，则修改后的权利要求书依然不符合专利法第 26 条第 4 款的规定。权利要求 1 要求保护一种式（Ia）化合物，其中通过限定取代基的方式给出了式（Ia）化合物的定义。根据本申请说明书的记载，本发明所要解决的技术问题是提供一种对 P38 具有强抑制作用的化合物（参见说明书第 1~2 页），实施例 1 记载了化合物 6~8 以及化合物 16 的合成过程以及光谱确认数据，实施例 5 记载了测试本发明化合物 P38 抑制活性的分析方法，其中说明书第 56 页表 7 给出了化合物 17~19 的抑制活性数据。但是本申请说明书并未记载除化合物 17~19 之外的其他通式（Ia）化合物可作为 P38 抑制剂的实验数据，也没有记载通式（Ia）化合物与 P38 抑制作用相对应的构效关系。根据式（Ia）化合物的定义，在以上三个化合物中，相应取代基 W 均为 $-CH_2-OH$。权利要求 1 中将 W 定义为“选自 N（R_2）C（O）$-OR_2$；N（R_2）C（O）$-$N（R_2）$_2$……条件是 W 不为 R3 取代的 C1 烷基”，由上述定义可知，该式（Ia）化合物包括了数量极为庞大具有各种不同 W 取代基的化合物，而在说明书中仅验证了具有 P38 抑制活性的化合物 17~19 中，W 均为 $-CH_2-OH$。当取代基 W 的选择与 $-CH_2-OH$ 的结构差异较大时，例如 W 选自 N（R_2）C（O）$-OR_2$、N（R_2）C（O）$-$N（R_2）$_2$、N（R_2）C（O）$-$N（R_2）（R_3）等，将导致由这些基团取代的式（Ia）化合物与化合物 17~19 在化学结构上存在较大差异。在化学结构差异较大的情况下，本领域技术人员有理由怀疑并非所有如权利要求 1 所定义的化合物都如化合物 17~19 一样具有 P38 抑制活性。因此，在说明书缺乏实验数据证实，也没有记载通式（Ia）化合物与 P38 抑制作用相对应的构效关系的情况下，本领域技术人员无法通过说明书的描述确定所有的式（I）化合物均能够实现本发明的发明目的，即这些化合物是否均能具有 P38 抑制活性，因而权利要求 1 得不到说明书的支持，不符合专利法第 26 条第 4 款的规定。权利要求 2~13 直接或间接对权利要求 1 的化合物做了进一步限定，基于相同的理由，权利要求 2~13 也得不到说明书的支持，不符合专利法第 26 条第 4 款的规定。权利要求 14 要求保护含有权利要求 1~13 任意一个中所述化合物的药物组合物，权利要求15~26要求保护权利要求1~13中任一项所述的化合物的制药用途，在权利要求1~13得不到说明书支持的情况下，权利要求14~26也得不到说明书的支持，不符合专利法第26条第4款的规定。

2009年10月29日，针对上述《复审通知书》，请求人提交了意见陈述书以及权利要求书的全文替换页，其中，基于提出复审请求时提交的权利要求书，删除了权利要求11~12以及权利要求1中Q1为萘基的定义，并对式（Ia）化合物中各取代基的定义进行了进一步限定，同时对其他的权利要求进行了适应性修改，并调整了权利要求之间的引用关系。修改后的权利要求1如下：

"1. 具下式的化合物：

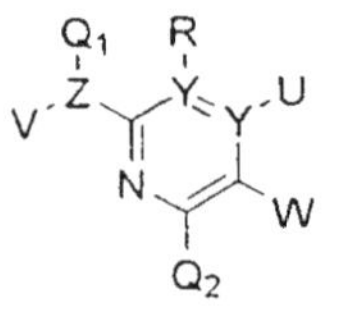

（Ia）

其中Q_1是苯基，而Q_2独立地选自苯基或萘基；

构成Q_1的环可被1~4个取代基取代，每一个取代基均独立地选自卤素；

构成Q_2的环任选地被至多4个的取代基取代，每一个取代基均独立地选自卤素；任选被OH取代的C_1-C_3直链或支链烷基；

R'选自氢或（C_1-C_3）-烷基；

W选自任选被OR'取代的（C_1-C_4）直链或支链烷基；

Y为C；

Z为CH或N；

连接在Y上的每个R和U独立地选自氢或甲基；

V选自-C（O）-NH_2。"

请求人认为，（1）由于将Q_1限定为苯基，因此该修改克服了复审通知书中指出的权利要求1不符合专利法第33条规定的缺陷；（2）修改后的权利要求1中取代基W除了-CH_2-OH外还包括-CH_2-OH的C_1-C_4同系物，本领域技术人员可以预料到W位还有这些取代基的式（Ia）化合物会具有相似的化学性质，因此完全能够得到本申请说明书的支持。此外，由于对其他权利要求进行了适应性修改，因此修改后的权利要求2~24也相应地克服了得不到说明书支持的缺陷。

至此，合议组认为本案事实已经清楚，可以作出审查决定。

二、决定的理由

1. 关于审查文本

请求人于2009年10月29日提交了权利要求书的全文替换页，经合议组审查，该修改文本符合专利法实施细则第60条第1款的规定。

因此，本复审请求审查决定针对的文本是请求人于2009年10月29日提交的权利要求第1~24项、2001年2月13日提交的说明书第15~16、19页，2004年8月9日提交的说明书第11~12、22~27、33~34、36页，2007年10月25日提交的说明书第4、7页，专利性国际初步报告附件的说明书第2、8页，进入中国国家阶段时提交的国际申请文件的中文文本的说明书第1、3、5~6、9~10、13~14、17~18、20~21、28~32、35、37~57页以及说明书摘要（下称复审文本）。

2. 关于专利法第33条

专利法第33条规定：申请人可以对其专利申请文件进行修改，但是，对发明专利申请文件的修改不得超出原说明书和权利要求书记载的范围。

如果申请的内容通过增加、改变和/或删除其中的一部分，致使所属技术领域的技术人员看到的信息与原申请记载的信息不同，而且又不能从原申请记载的信息中直接地、毫无疑义地确定，那么，这种修改就是不允许的；反之，则是允许的。

就本申请而言，《前置审查意见通知书》以及《复审通知书》中均指出，在请求人提出复审请求时提交的文本中，权利要求 1 中关于取代基 Q_1 可选自萘基的内容超出了原说明书和权利要求书记载的范围。

请求人在复审文本中对权利要求书进行了修改，其中，基于提出复审请求时提交的权利要求书，删除了权利要求 11~12 以及权利要求 1 中 Q_1 为萘基的定义，并对式（Ia）化合物中各取代基的定义进行了进一步限定，同时对其他的权利要求进行了适应性修改。合议组经核实，修改后的权利要求 1 中 Q_1 为萘基的定义已被删除，且修改后的权利要求书没有超出原说明书和权利要求书记载的范围，所述修改符合专利法第 33 条的规定，故《前置审查意见通知书》和《复审通知书》指出的权利要求 1 的修改不符合专利法第 33 条规定的缺陷已被克服。

此外，请求人在复审文本中对权利要求 13、15、22 和 24 中的一些术语进行了修改，经核实，所述修改后的内容均相应记载在本申请的 PCT 申请文件之中，所述修改符合专利法第 33 条的规定。

3. 关于专利法第 26 条第 4 款

专利法第 26 条第 4 款规定：权利要求书应当以说明书为依据，说明要求专利保护的范围。

如果权利要求所要求保护的技术方案是所属技术领域的技术人员能够从说明书充分公开的内容中得到或概括得出的技术方案，则该权利要求能够得到说明书的支持。

就本申请而言，在复审文本的权利要求 1 中，通式（Ia）化合物各基团的定义均能够从本申请说明书实施例具体公开的内容中得到或概括得出，例如，在实施例 5 具体公开的已被证实具有 P38 抑制活性的化合物 17~19 中取代基 W 均为 $-CH_2-OH$，本领域技术人员知晓，简单的烷基，例如（C_1-C_4）直链或支链烷基，或含有醇或醚官能团的烷基具有相似的化学结构，因此本领域技术人员可以预期将上述基团概括为 W 选自任选被 OR’ 取代的（C_1-C_4）直链或支链烷基后所得到的化合物也能实现本发明的发明目的，并具有与化合物 17~19 相同的性能或用途。由此可见，在本申请说明书已经证明了化合物 17~19 可作为 P38 抑制剂的情况下，权利要求 1 中式（Ia）化合物的各基团定义依据化合物 17~19 做了进一步合理限定，本领域技术人员根据说明书公开的内容能够概括得到该限定后的技术方案并预期其具有相同的性能或用途，因此权利要求 1 能够得到说明书的支持，符合专利法第 26 条第 4 款的规定。基于与权利要求 1 相同的理由，权利要求 2~24 也能够得到说明书的支持，符合专利法第 26 条第 4 款的规定。

根据上述事实和理由，合议组作出如下审查决定。

三、决定

撤销国家知识产权局于 2008 年 6 月 6 日针对第 99807647.3 号发明专利申请作出的驳回决定，由国家知识产权局原审查部门以本复审请求审查决定所针对的文本为基础继续审批程序。

复审请求人对本决定不服的，可以根据专利法第 41 条第 2 款的规定，自收到本决定之日起三个月内向北京市第一中级人民法院起诉。

201

用于电发光元件的材料和使用这种材料的电发光元件

复审请求审查决定（第 20376 号）

决　定　号　第 20376 号
决　定　日　2009 年 11 月 23 日
发明创造名称　用于电发光元件的材料和使用这种材料的电发光元件
国际分类号　C08K 5/08，C08K 5/315，C08K 5/46，C09K 11/06，H05B 33/00
复审请求人　株式会社半导体能源研究所
申　请　号　03127778.0
优先权日　2002 年 7 月 31 日
申　请　日　2003 年 7 月 29 日
公　开　日　2004 年 3 月 24 日
合议组组长　侯　曜
主　审　员　黄　强
参　审　员　王　磊

法律依据　专利法第 33 条
决定要点

如果申请的内容通过增加、改变和/或删除其中的一部分，致使所属技术领域的技术人员看到的信息与原申请记载的信息不同，而且又不能从原申请记载的信息中直接地、毫无疑义地确定，那么，这种修改就是不允许的；反之，则是允许的。

一、案由

本复审请求案涉及发明名称为“用于电发光元件的材料和使用这种材料的电发光元件”的第 03127778.0 号发明专利申请（下称本申请），申请人为株式会社半导体能源研究所，申请日为 2003 年 7 月 29 日，优先权日为 2002 年 7 月 31 日，公开日为 2004 年 3 月 24 日。

2007 年 9 月 21 日，针对申请人于 2007 年 6 月 7 日提交的权利要求第 1~9 项，申请日提交的说明书第 1~20 页、说明书附图第 1~4 页以及说明书摘要（下称驳回文本），国家知识产权局以权利要求书的修改不符合专利法第 33 条的规定为由驳回了本申请。驳回决定所针对的权利要求书如下：

“1. 电发光元件用材料，包括：

在主链和侧链的至少一个上含有共轭键的聚合物化合物；和

以下通式［3］表示的化合物：

通式［3］

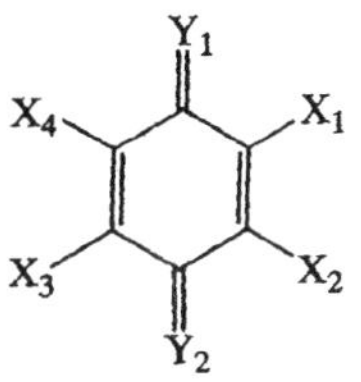

[3]

X_1 到 X_4：氢原子、卤素原子或烷基，并且至少一个是卤素原子

Y_1 到 Y_2：二氰基亚甲基或氰基亚氨基

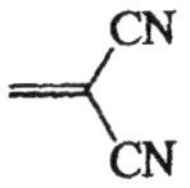

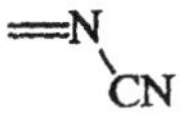

。

2. 根据权利要求 1 的电发光元件用材料，其中在主链或侧链上含有共轭键的聚合物化合物具有氧化还原性能。

3. 根据权利要求 1 的电发光元件用材料，其中在主链或侧链上含有共轭键的聚合物化合物是翠绿亚胺基聚苯胺。

4. 电发光元件，包括：

阳极；缓冲层；电发光层；和阴极，其中缓冲层与阳极接触，且缓冲层含有电发光元件用材料，所述材料含有：

在主链和侧链的至少一个上含有共轭键的聚合物化合物；和

以下通式［3］表示的化合物：

通式［3］

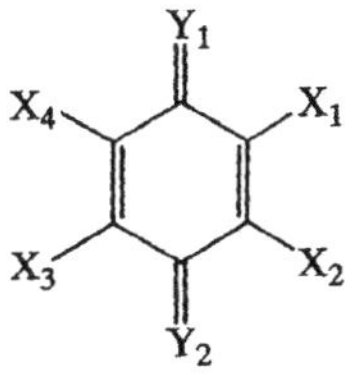

[3]

X_1 到 X_4：氢原子、卤素原子或烷基，并且至少一个是卤素原子

Y_1 到 Y_2：二氰基亚甲基或氰基亚氨基

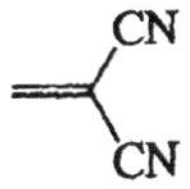

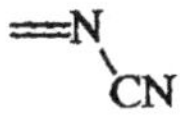

。

5. 电发光元件，包括：

阳极；缓冲层；电发光层；和阴极，其中缓冲层含有电发光元件用材料，所述材料含有：

在主链和侧链的至少一个上含有共轭键的聚合物化合物；和

以下通式［3］表示的化合物：

通式［3］

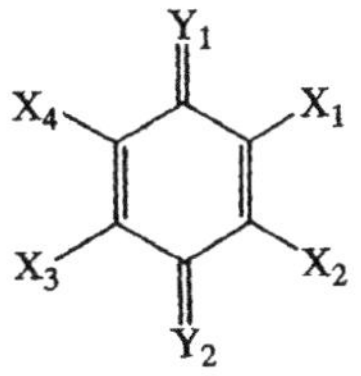

[3]

X_1 到 X_4：氢原子、卤素原子或烷基，并且至少一个是卤素原子

Y_1 到 Y_2：二氰基亚甲基或氰基亚氨基

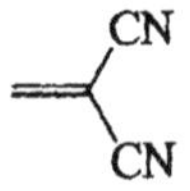 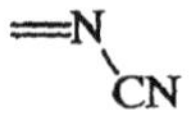

6. 电发光元件，包括：

阳极；在所述阳极上的缓冲层；在所述缓冲层上的电发光层；和在所述电发光层上的阴极，其中缓冲层含有电发光元件用材料，所述材料含有：

在主链和侧链的至少一个上含有共轭键的聚合物化合物；和

以下通式［3］表示的化合物：

通式［3］

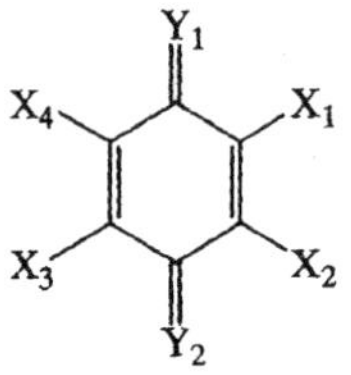

[3]

X_1 到 X_4：氢原子、卤素原子或烷基，并且至少一个是卤素原子

Y_1 到 Y_2：二氰基亚甲基或氰基亚氨基

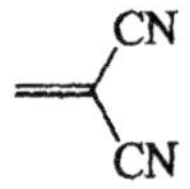 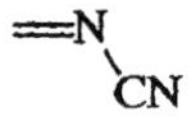

。

7. 电发光元件，包括：

阳极；在所述阳极上的缓冲层；在所述缓冲层上的空穴传输层；在所述空穴传输层上的光发射层和在所述光发射层上的阴极，其中缓冲层含有电发光元件用材料，所述材料含有：

在主链和侧链的至少一个上含有共轭键的聚合物化合物；和

以下通式［3］表示的化合物：

通式［3］

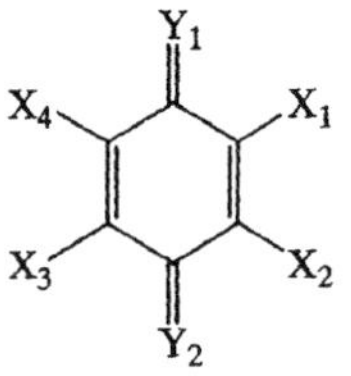

...[3]

X_1 到 X_4：氢原子、卤素原子或烷基，并且至少一个是卤素原子

Y_1 到 Y_2：二氰基亚甲基或氰基亚氨基

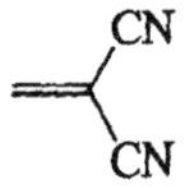 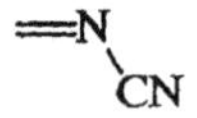

。

8. 根据权利要求 4~7 任一项的电发光元件，其中在主链或侧链上含有共轭键的聚合物化合物具有氧化还原性能。

9. 根据权利要求4~7任一项的电发光元件，其中在主链或侧链上含有共轭键的聚合物化合物包括翠绿亚胺基聚苯胺。”

驳回决定认为，权利要求1、4~7涉及X_1-X_4的定义中，“至少一个是卤素原子”这一技术特征超出了原说明书和权利要求书记载的范围。另外，权利要求5的技术方案与原说明书和权利要求书记载的技术方案相比，缺少“其中缓冲层与阳极接触”这一技术特征，因而超出了原说明书和权利要求书记载的范围。权利要求7中“在所述空穴传输层上的光发射层和在所述光发射层上的阴极”在原说明书和权利要求书中没有记载，也无法根据原说明书和权利要求书直接地毫无疑义地确定。权利要求2~3引用了权利要求1，权利要求8~9引用了权利要求4~7，因此也不符合专利法第33条的规定。

2008年1月7日，申请人株式会社半导体能源研究所（下称请求人）向专利复审委员会提出复审请求，同时提交了权利要求书的全文替换页，其中将驳回决定所针对的权利要求5中的“电发光层”修改为“空穴传输层；光发射层”，并增加了“所述缓冲层与阳极接触”这一技术特征。

请求人认为，(1) 权利要求1、4~7的原限定中包括X_1到X_4的0、1、2、3、4个是卤素原子的范围，其中包括了修改后“X_1到X_4：氢原子、卤素原子或烷基，并且至少一个是卤素原子”定义的范围，所以修改后的范围没有超出原申请的记载；(2) 根据说明书第13页第14~18行的记载，可以明确知道在缓冲层和阴极之间可以存在空穴传输层和发光层，因此，可以直接地毫无疑义地确定修改后的权利要求7的技术方案。

经形式审查合格后，专利复审委员会受理了该请求，并于2008年2月20日向请求人发出了《复审请求受理通知书》，同时将本申请转送至国家知识产权局原审查部门进行前置审查。

在《前置审查意见书》中，国家知识产权局原审查部门认为，请求人关于权利要求1、4~7符合专利法第33条规定的意见陈述不能被接受，且权利要求5的修改仍不符合专利法第33条的规定，故坚持驳回决定。

专利复审委员会组成合议组，对本复审请求案进行了审理。

2009年8月3日，合议组向请求人发出《复审通知书》，指出：(1) 权利要求1要求保护一种电发光元件用材料，包括在主链和侧链的至少一个上含有共轭键的聚合物化合物和通式[3]表示的化合物，其中关于通式[3]化合物的定义中，增加的技术特征“至少一个是卤素原子”在原申请文件中并没有明确记载，并且从原申请文件记载的内容中，本领域技术人员只能获知X_1到X_4可以选自氢原子、卤素原子或烷基，并没有其他条件的限定，因此X_1到X_4的选择存在了多种任意的可能性，例如以X_1到X_4是否含有卤素分子以及含有卤素原子的个数进行分类的话，可将其分为以下几种情况：至少一个为卤素原子、至少两个为卤素原子、至少三个为卤素原子、全部为卤素原子或者全部不为卤素原子。类似地，还能够以X_1到X_4是否含有氢原子或含有烷基等多种方式对通式[3]化合物进行选择分类。“至少一个是卤素原子”这一限制条件仅仅是上述多种可能性中的一种情形。因此，从原申请文件记载的内容中，本领域技术人员无法直接地、毫无疑义地确定出“至少一个为卤素原子”的信息。修改后的权利要求1的技术方案超出了原说明书和权利要求书记载的范围，不符合专利法第33条的规定。由于权利要求2~9也存在与权利要求1相同的缺陷，基于与权利要求1相同的理由，权利要求2~9的技术方案也不符合专利法第33条的规定。(2) 权利要求5要求保护一种电发光元件，包括阳极、缓冲层、空穴传输层、光发射层和阴极。根据原申请文件的记载，电发光元件包括阳极、缓冲层、电发光层和阴极这四个部分（参见原权利要求14，原说明书第8页第1段）。由此可见，修改后的权利要求5的技术方案在原申请文件中并没有明确记载。其次，根据原说明书第13页第14~24行记载，电发光膜203（即电发光层）可以由单一材料形成，或形成由多种材料制成的多层结构，当形成多层结构的电发光膜时，它可由不同作用的层结合构成，例如空穴发射层、空穴传输层、光发射层、空穴阻隔层等。本领域技术人员在阅读原申请文件记载的上述内容后，只能获知电发光层可以是单层或多层结构，当其为多层结构时，它可由不同作用的层结合构成，并非明确限定“电发光层”由“空穴传输层”和“光放射层”构成这一具体情形。因此，权利要求 5 的技术方案超出了原说明书和权利要求书记载的范围，不符合专利法第 33 条的规定。(3) 权利要求 7 要求保护一种电发光元件，包括阳极、在所述阳极上的缓冲层、在所述缓冲层上的空穴传输层、在所述空穴传输层上的光发射层和在所述光发射层上的阴极。根据原申请文件的记载，电发光元件包括阳极、缓冲层、电发光层和阴极这四个部分（参见原权利要求 14，原说明书第 8 页第 1 段）。由此可见，修改后的权利要求 7 的技术方案在原申请文件中并没有明确记载。请求人认为，“根据说明书第 13 页第14～18 行的记载，可以明确知道在缓冲层和阴极之间可以存在空穴传输层和发光层，因此，可以直接地毫无疑义地确定修改后的权利要求 7 的技术方案。”但是，根据原说明书第 13 页第 14～24 行记载，电发光膜 203（即电发光层）可以由单一材料形成，或形成由多种材料制成的多层结构，当形成多层结构的电发光膜时，它可由不同作用的层结合构成，例如空穴发射层、空穴传输层、光发射层、空穴阻隔层等等。可见，本领域技术人员在阅读原申请文件记载的上述内容后，只能获知电发光层可以是单层或多层结构，当其为多层结构时，可由不同作用的层结合，并非明确限定“电发光层”由“空穴传输层”和“光放射层”构成这一具体情形，并且也不能确定多层结构时不同作用层的位置关系。其次，根据原说明书附图 2B 以及第 13 页最后一段的记载，附图 2B 显示了电发光膜由空穴传输层 211 和电子传输层 212 的多层结构形成，此时电子传输层 212 由 Alq3 制备，具有光发射性能，在此情况下，电发光元件包括阳极、在所述阳极上的缓冲层、在所述缓冲层上的空穴传输层、在所述空穴传输层的光发射层和在所述光发射层上的阴极。但是附图 2B 所示的电发光元件只是一种由特定材料构成的具体情形，不能根据特定的情形直接地、毫无疑义地概括出权利要求 7 的技术方案。因此，权利要求 7 的技术方案超出了原说明书和权利要求书记载的范围，不符合专利法第 33 条的规定。

2009 年 9 月 10 日，针对上述《复审通知书》，请求人提交了意见陈述书以及权利要求书的全文替换页，其中在提出复审请求时提交的文本基础上，删除了权利要求 5 和 7，将权利要求 1、4、6 中关于通式［3］化合物的“至少一个是卤素原子”的定义删除，并将权利要求书重新编号。请求人认为，修改后的内容已克服复审通知书中所提出的问题和缺陷，符合专利法第 33 条的规定。修改后的权利要求书如下：

“1. 电发光元件用材料，包括：

在主链和侧链的至少一个上含有共轭键的聚合物化合物；和

以下通式［3］表示的化合物：

通式［3］

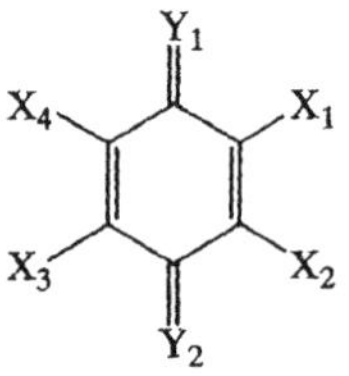

[3]

X_1 到 X_4：氢原子、卤素原子或烷基，

Y_1 到 Y_2：二氰基亚甲基或氰基亚氨基

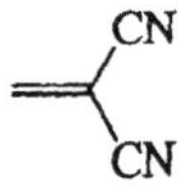

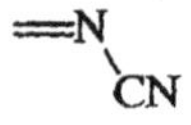

。

2. 根据权利要求 1 的电发光元件用材料，其中在主链或侧链上含有共轭键的聚合物化合物具有氧化还原性能。

3. 根据权利要求 1 的电发光元件用材料，其中在主链或侧链上含有共轭键的聚合物化合物是翠绿亚胺基聚苯胺。

4. 电发光元件，包括：

阳极；缓冲层；电发光层；和阴极，其中缓冲层与阳极接触，且缓冲层含有电发光元件用材料，所述材料含有：

在主链和侧链的至少一个上含有共轭键的聚合物化合物；和

以下通式［3］表示的化合物：

通式［3］

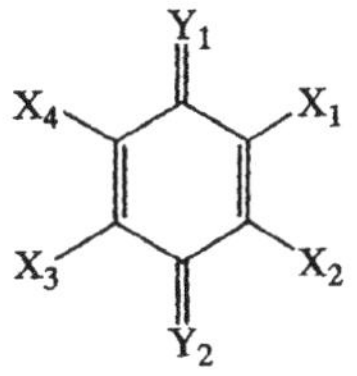

[3]

X_1 到 X_4：氢原子、卤素原子或烷基，

Y_1 到 Y_2：二氰基亚甲基或氰基亚氨基

。

5. 电发光元件，包括：

阳极；在所述阳极上的缓冲层；在所述缓冲层上的电发光层；和在所述电发光层的阴极，其中缓冲层含有电发光元件用材料，所述材料含有：

在主链和侧链的至少一个上含有共轭键的聚合物化合物；和

以下通式［3］表示的化合物：

通式［3］

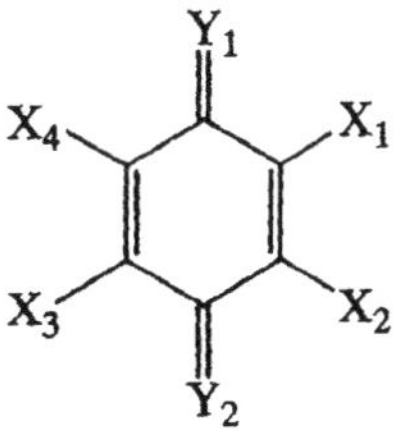

[3]

X_1 到 X_4：氢原子、卤素原子或烷基，

Y_1 到 Y_2：二氰基亚甲基或氰基亚氨基

。

6. 根据权利要求 4 或 5 的电发光元件，其中在主链或侧链上含有共轭键的聚合物化合物具有氧

化还原性能。

7. 根据权利要求4或5的电发光元件，其中在主链或侧链上含有共轭键的聚合物化合物包括翠绿亚胺基聚苯胺。”

经合议审理，合议组认为本案事实已经清楚，可以作出审查决定。

二、决定的理由

1. 关于审查文本

请求人于2009年9月10日提交了权利要求书的全文替换页，经合议组审查，该修改文本符合专利法实施细则第60条第1款的规定。

因此，本复审请求审查决定针对的文本是请求人于2009年9月10日提交的权利要求第1~7项、申请日提交的说明书第1~20页、说明书附图第1~4页以及说明书摘要（下称复审文本）。

2. 关于专利法第33条

专利法第33条规定：申请人可以对其专利申请文件进行修改，但是，对发明专利申请文件的修改不得超出原说明书和权利要求书记载的范围。

如果申请的内容通过增加、改变和/或删除其中的一部分，致使所属技术领域的技术人员看到的信息与原申请记载的信息不同，而且又不能从原申请记载的信息中直接地、毫无疑义地确定，那么，这种修改就是不允许的；反之，则是允许的。

就本申请而言，如案由部分所述，《驳回决定》以及《复审通知书》中均指出，权利要求书中“至少一个是卤素原子”这一技术特征超出了原说明书和权利要求书记载的范围。并且，权利要求5和7的修改也超出了原说明书和权利要求书记载的范围。为此，请求人对权利要求书进行了修改，其中在提出复审请求时提交的文本基础上，删除了权利要求5和7，将权利要求1、4、6中关于通式[3]化合物的“至少一个是卤素原子”的定义删除，并将权利要求书重新编号。合议组经核实，上述修改没有引入新的内容，并且复审文本的权利要求1~7在原申请文本的权利要求3、14、23~24以及原说明书第13页第3~24行中有相应记载或可由其直接地、毫无疑义地确定，符合专利法第33条的规定，故《驳回决定》和《复审通知书》指出的权利要求书的修改不符合专利法第33条规定的缺陷已被克服。

根据上述事实和理由，合议组作出如下审查决定。

三、决定

撤销国家知识产权局于2007年9月21日针对第03127778.0号发明专利申请作出的驳回决定，由国家知识产权局原审查部门以本复审请求审查决定所针对的文本为基础继续审批程序。

复审请求人对本决定不服的，可以根据专利法第41条第2款的规定，自收到本决定之日起三个月内向北京市第一中级人民法院起诉。

202

弹体树脂组合物

复审请求审查决定（第 20383 号）

决　　定　　号　第 20383 号
决　　定　　日　2009 年 11 月 24 日
发明创造名称　弹体树脂组合物
国 际 分 类 号　C08K3/34，C08K3/36
复 审 请 求 人　埃尔凯姆公司
申　　请　　号　03812730. X
优 先 权 日　2002 年 6 月 7 日
申　　请　　日　2003 年 5 月 22 日
公　　开　　日　2005 年 8 月 24 日
合 议 组 组 长　吴红权
主　　审　　员　潘　剑
参　　审　　员　赵步真

法 律 依 据　专利法第 22 条第 2 款
决 定 要 点

如果权利要求所限定的技术方案与对比文件公开的技术方案实质上相同，所属技术领域的技术人员根据两者的技术方案可以确定两者适用于相同的技术领域，解决相同的技术问题，并具有相同的预期效果，则该权利要求请求保护的技术方案相对于该对比文件不具备新颖性。

一、案由

本复审请求涉及发明名称为“弹体树脂组合物”的第 03812730. X 号发明专利申请（下称本申请），申请人为埃尔凯姆公司，申请日为 2003 年 5 月 22 日，优先权日为 2002 年 6 月 7 日，公开日为 2005 年 8 月 24 日。

2008 年 1 月 11 日，针对申请人于 2007 年 8 月 23 日提交的权利要求第 1～10 项，2006 年 4 月 10 日提交的说明书第 1～4 页、7～8 页，进入中国国家阶段时提交的国际申请文件的中文文本的说明书第 5～6 页及说明书摘要，国家知识产权局以权利要求 1～3、5～7、9 不具备专利法第 22 条第 2 款规定的新颖性为由驳回了本申请。

驳回决定认为：对比文件 1（CN1325421A，公开日为 2001 年 12 月 5 日）公开了一种树脂组合物及其制备方法及用于树脂组合物的填料共混物（参见其权利要求书，说明书第 2 页第 7～30 行），基于树脂重量计，该热塑性树脂组合物包含 3～400 重量% 的填料，所述填料包括滑石和微细二氧化硅，其中滑石于微细二氧化硅的重量比在 15：1 和 1：15 之间。对比文件 1 中所述的热塑性树脂不仅包括热塑性树脂本身，而且包含其混合物，也包含热塑性树脂与其他材料如丁腈橡胶之类弹性体的共混物。其中热塑性树脂的定义中还包括热塑性橡胶、热塑性弹性体。权利要求 1 要求保护的技术方案与对比文件 1 公开的内容相比，经过换算微细二氧化硅的用量范围相重叠，对比文件 1 公开的树脂组合物中含 3~400 重量% 的填料，填料包含滑石和微细二氧化硅两种，二者重量比为重量比在 15：1 和 1：15 之间，在不考虑其中的微细二氧化硅的情况下，该组合物本身为滑石填充的，根据所限定的加入量可知本身已经是高填料含量的组合物，根据换算其中加入的微细二氧化硅的用量也与权利要求 1 中所限定的相重叠。对比文件 1 中的热塑性树脂不仅包含热塑性树脂本身，还包括与其他材料如丁腈橡胶之类弹性体的共混物，热塑性树脂的定义中还包括所谓的热塑性橡胶、热塑性弹体。由此可见，权利要求 1 要求保护的技术方案已被对比文件 1 所公开，因此权利要求 1 不具备专利法第 22 条第 2 款所规定的新颖性。权利要求 2、3 中限定的微细二氧化硅的用量与对比文件 1 中的数值范围相重叠，权利要求 2 和 3 的附加技术特征同样被对比文件 1 所公开，因此在权利要求 1 不具备新颖性的基础上，权利要求 2、3 也不具备新颖性。权利要求 5 要求保护一种制备具有高填料含量的弹体配混料的方法，对比文件 1 同样公开了上述热塑性树脂组合物的制备方法，该组合物通过在热塑性树脂中加入所述组分得到，因此，权利要求 5 要求保护的技术方案已被对比文件 1 公开，不具有新颖性。权利要求 6、7 中限定的微细二氧化硅的用量与对比文件 1 中的数值范围相重叠，因此在权利要求 5 不具备新颖性的基础上，权利要求 6、7 也不具备新颖性。对比文件 1 已经公开了在所述的树脂组合物中加入微细二氧化硅可以使其既具有高刚度又具有高冲击强度，从而改善其加工性能，因此，权利要求 9 要求保护的用途已经被对比文件 1 公开，不具有新颖性。

驳回决定针对的权利要求书如下：

“1. 具有高填料含量的弹性配混料，其特征在于：其另外含有树脂的 1~400wt% 的微细二氧化硅作为改性剂以便改善加工性，其中所述弹性配混料选自基于下述弹体的配混料：天然橡胶、乙烯-丙烯-二烯橡胶、苯乙烯-丁二烯橡胶、丙烯腈-丁二烯橡胶、聚氯丁二烯橡胶、特种高分子、其共混物以及弹性体与热塑性塑料的共混物。

2. 按照权利要求 1 的弹性配混料，其特征在于：其含有树脂的 5~300wt% 的微细二氧化硅。

3. 按照权利要求 2 的弹性配混料，其特征在于：其含有树脂的 10~150wt% 的微细二氧化硅。

4. 按照权利要求 1 的弹性配混料，其特征在于：所述特种高分子选自丙烯酸酯橡胶和乙烯醋酸乙烯共聚物。

5. 一种制备具有高填料含量的弹性配混料的方法，其特征在于：将其量为树脂的 1~400wt% 的微细二氧化硅加入到弹性配混料中作为改性剂以便改善加工性，其中所述弹性配混料选自基于下述弹体的配混料：天然橡胶、乙烯-丙烯-二烯橡胶、苯乙烯-丁二烯橡胶、丙烯腈-丁二烯橡胶、聚氯丁二烯橡胶、特种高分子、其共混物以及弹性体与热塑性塑料的共混物。

6. 按照权利要求 5 的方法，其特征在于：将其量为树脂的 5~300wt% 的微细二氧化硅加入到弹性配混料中。

7. 按照权利要求 6 的方法，其特征在于：将其量为树脂的 10~150wt% 的微细二氧化硅加入到弹性配混料中。

8. 按照权利要求 5 的方法，其特征在于：所述特种高分子选自丙烯酸酯橡胶和乙烯醋酸乙烯共聚物。

9. 微细二氧化硅作为改善高填充弹性配混料加工性的改性剂的用途，其中所述弹性配混料选自基于下述弹体的配混料：天然橡胶、乙烯-丙烯-二烯橡胶、苯乙烯-丁二烯橡胶、丙烯腈-丁二烯橡胶、聚氯丁二烯橡胶、特种高分子、其共混物以及弹性体与热塑性塑料的共混物。

10. 按照权利要求 9 的方法，其特征在于：所述特种高分子选自丙烯酸酯橡胶和乙烯醋酸乙烯共聚物以及其共聚物。”

2008 年 4 月 28 日，申请人埃尔凯姆公司（下称请求人）对上述驳回决定不服，向专利复审委员会提出复审请求，请求人在提出复审请求时对权利要求书进行了修改，修改后的权利要求书包括权利要求第 1~7 项，其中，删除了驳回决定所针对文本的权利要求 4、8 和 10，删除了权利要求 1、5 和 9 中的“以及弹性体与热塑性塑料的共混物”，将权利要求 1、5 和 9 中的“特种高分子”限定为“丙烯酸酯橡胶、乙烯醋酸乙烯共聚物和它们的共混物”，并对权利要求重新编号并调整了引用关系。

修改后的权利要求书为：

“1. 具有高填料含量的弹性配混料，其特征在于：其另外含有树脂的 1~400wt% 的微细二氧化硅作为改性剂以便改善加工性，其中所述弹性配混料选自基于下述弹体的配混料：天然橡胶、乙烯-丙烯-二烯橡胶、苯乙烯-丁二烯橡胶、丙烯腈-丁二烯橡胶、聚氯丁二烯橡胶、丙烯酸酯橡胶、乙烯醋酸乙烯共聚物和它们的共混物。

2. 按照权利要求 1 的弹性配混料，其特征在于：其含有树脂的 5~300wt% 的微细二氧化硅。

3. 按照权利要求 2 的弹性配混料，其特征在于：其含有树脂的 10~150wt% 的微细二氧化硅。

4. 一种制备具有高填料含量的弹性配混料的方法，其特征在于：将其量为树脂的 1~400wt% 的微细二氧化硅加入到弹性配混料中作为改性剂以便改善加工性，其中所述弹性配混料选自基于下述弹体的配混料：天然橡胶、乙烯-丙烯-二烯橡胶、苯乙烯-丁二烯橡胶、丙烯腈-丁二烯橡胶、聚氯丁二烯橡胶、丙烯酸酯橡胶、乙烯醋酸乙烯共聚物和它们的共混物。

5. 按照权利要求 4 的方法，其特征在于：将其量为树脂的 5~300wt% 的微细二氧化硅加入到弹性配混料中。

6. 按照权利要求 5 的方法，其特征在于：将其量为树脂的 10~150wt% 的微细二氧化硅加入到弹性配混料中。

7. 微细二氧化硅作为改善高填充弹性配混料加工性的改性剂的用途，其中所述弹性配混料选自基于下述弹体的配混料：天然橡胶、乙烯-丙烯-二烯橡胶、苯乙烯-丁二烯橡胶、丙烯腈-丁二烯橡胶、聚氯丁二烯橡胶、丙烯酸酯橡胶、乙烯醋酸乙烯共聚物和它们的共混物。”

请求人认为，修改后的权利要求书相对于对比文件 1 具备专利法第 22 条第 2 款规定的新颖性。

经形式审查合格后，专利复审委员会受理了该请求，于 2008 年 5 月 26 日向请求人发出了《复审请求受理通知书》，同时将本申请转送至国家知识产权局原审查部门进行前置审查。

在《前置审查意见书》中，国家知识产权局原审查部门认为，权利要求 1 所述的弹性体配混料可选择“丙烯腈-丁二烯橡胶”，当对比文件 1 所述的热塑性树脂为热塑性树脂与丁腈橡胶的共混物时，权利要求 1 仍然不具备新颖性，因此坚持驳回决定。

专利复审委员会组成合议组，对本复审请求案进行了审理。

合议组于 2009 年 7 月 3 日向请求人发出《复审通知书》，指出：对比文件 1 公开了一种热塑性树脂组合物，其特征在于，基于树脂总量计，该热塑性树脂组合物包含 3~400% 的填料，所述填料包括滑石和微细二氧化硅，其中滑石对微细二氧化硅的重量比在 15∶1~1∶15 之间，经换算，当滑石微细二氧化硅的重量比为 15∶1 时，对比文件 1 中微细二氧化硅的含量为 0. 1875~25wt%，其中所述热塑性树脂不仅包括热塑性树脂本身，也包括热塑性树脂与其他材料如丁腈橡胶之类弹性体的共混物（参见说明书第 1 页第 5 段，第 2 页第 3 段）。

对于权利要求 1 中的术语“高填料含量”，说明书第 1 页第 3 段的解释是，在高填充树脂中的填料量，例如取决于聚合物，为树脂的约 15~500wt% 不等。本申请说明书第 3 页第 12 行至第 9 页第 19 行记载："按照本发明的弹体配混料包括基于诸如下述弹体的配混料，如天然橡胶（NR）……属于弹体不仅包括传统弹体材料……而且包括其共混物和热塑性弹体"。并且，本申请实施例中，基于例如"EPDM 橡胶"的配方可包括诸如陶土、抗氧剂等其他材料，因此，权利要求 1 中的措辞"基于下述弹体的配混料"，应当理解为所述弹体配混料以所列弹体材料为基础，还可以含有其他材料，并且也不排除可以含有热塑性树脂。

比较本申请权利要求 1 和对比文件 1 的技术方案，两者均涉及弹性树脂组合物，当权利要求 1 的技术方案中的弹体配混料基于丙烯腈-丁二烯橡胶（即对比文件 1 中所述的丁腈橡胶）并含有热塑性树脂时，权利要求 1 组合物和对比文件 1 组合物的组分相同，而对比文件 1 中作为填料的滑石的含量经过换算符合权利要求 1 所述"高填料含量"的定义，对比文件 1 中微细二氧化硅的含量经过换算也与权利要求 1 部分重合，由此可见，权利要求 1 所限定的技术方案与对比文件 1 公开的技术方案实质上相同，所属技术领域的技术人员根据两者的技术方案可以确定两者适用于相同的技术领域，解决相同的技术问题，并具有相同的预期效果，因此，权利要求 1 不具备专利法第 22 条第 2 款规定的新颖性。在权利要求 1 不具备新颖性的基础上，权利要求 2、3 也不具备专利法第 22 条第 2 款规定的新颖性。

权利要求 4 要求保护一种制备具有高填料含量的弹性配混料的方法，其特征是将微细二氧化硅加入到弹性配混料中，其中二氧化硅的量以及弹性配混料的定义和权利要求 1 中相同。对比文件 1 同样公开了上述热塑性树脂组合物的制备方法，其中将所述组分的滑石和微细二氧化硅加入到热塑性树脂中（参见说明书第 2 页第 5 段）。对比文件 1 的技术方案与权利要求 4 步骤相同，所加入的组分相同，并且组分的量与权利要求 4 部分重合，因此，权利要求 4 相对于对比文件 1 不具备新颖性。在权利要求 4 不具备新颖性的基础上，权利要求 5、6 也不具备专利法第 22 条第 2 款规定的新颖性。

权利要求 7 要求保护微细二氧化硅作为改善高填充弹性配混料加工性的改性剂的用途，其中，所述弹性配混料的定义和权利要求 1 中相同。对比文件 1 已经公开了在所述的树脂组合物中加入除滑石外的其他添加剂，即，微细二氧化硅可以使其既具有高刚度又具有高冲击强度，从而改善了其加工性能（参见说明书第 1 页第 4 段，第 2 页第 2 段）。由此可见，权利要求 7 要求保护的技术方案已被对比文件 1 所公开，因此权利要求 7 不具备专利法第 22 条第 2 款所规定的新颖性。

针对上述《复审通知书》，请求人于 2009 年 11 月 3 日提交了意见陈述书，请求人未对申请文件进行修改。请求人认为：①本申请的材料全都是具有弹性性能的材料，而对比文件 1 是具有高刚度又具有高冲击强度的热塑性材料；②本申请发现，在高填料含量的弹性组合物中加入微细二氧化硅，不但能加工所述组合物，还能改进加工性能，这是对比文件 1 公开的内容所不知道的；③对比文件 1 的树脂在加入滑石和微细二氧化硅的共混物之前，不含任何填料，并且，对比文件 1 的滑石加入量比"高填料含量"定义中所需的量低很多。

至此，合议组认为本案事实已经清楚，可以作出审查决定。

二、决定的理由

1. 关于决定的文本

经审查，请求人于 2008 年 4 月 28 日提交的权利要求书替换页符合专利法第 33 条和专利法实施细则第 60 条第 1 款的规定，因此，本复审决定是针对请求人于 2008 年 4 月 28 日提交的权利要求第 1~7 项，2006 年 4 月 10 日提交的说明书第 1~4、7~8 页，进入中国国家阶段时提交的国际申请文件的中文文本的说明书第 5~6 页以及说明书摘要作出的。

2. 关于专利法第 22 条第 2 款

专利法第 22 条第 2 款规定，新颖性，是指在申请日以前没有同样的发明或者实用新型在国内外出版物上公开发表过、在国内公开使用过或者以其他方式为公众所知，也没有同样的发明或者实用新型由他人向国务院专利行政部门提出过申请并且记载在申请日以后公布的专利申请文件中。

如果权利要求所限定的技术方案与对比文件公开的技术方案实质上相同，所属技术领域的技术人员根据两者的技术方案可以确定两者适用于相同的技术领域，解决相同的技术问题，并具有相同的预期效果，则该权利要求请求保护的技术方案相对于该对比文件不具备新颖性。

就本申请而言，权利要求 1 请求保护具有高填料含量的弹性配混料，其特征在于：其另外含有树脂的 1~400wt% 的微细二氧化硅作为改性剂以便改善加工性，其中所述弹性配混料选自基于下述弹体的配混料：天然橡胶、乙烯-丙烯-二烯橡胶、苯乙烯-丁二烯橡胶、丙烯腈-丁二烯橡胶、聚氯丁二烯橡胶、丙烯酸酯橡胶、乙烯醋酸乙烯共聚物和它们的共混物。

对比文件 1 公开了一种热塑性树脂组合物，其特征在于，基于树脂总量计，该热塑性树脂组合物包含 3~400% 的填料，所述填料包括滑石和微细二氧化硅，其中滑石对微细二氧化硅的重量比在15∶1~1∶15 之间，经换算，当滑石微细二氧化硅的重量比为 15∶1 时，对比文件 1 中微细二氧化硅的含量为 0.1875~25wt%，其中所述热塑性树脂不仅包括热塑性树脂本身，也包括热塑性树脂与其他材料如丁腈橡胶之类弹性体的共混物。(参见说明书第 1 页第 5 段，第 2 页第 3 段)。

对于权利要求 1 中的术语“高填料含量”，说明书第 1 页第 3 段的解释是，在高填充树脂中的填料量，例如取决于聚合物，为树脂的约 15~500wt% 不等。本申请说明书第 3 页第 12 行至第 9 页第 19 行记载：“按照本发明的弹体配混料包括基于诸如下述弹体的配混料，如天然橡胶（NR）……属于弹体不仅包括传统弹体材料……而且包括其共混物和热塑性弹体”。并且，本申请实施例中，基于例如“EPDM 橡胶”的配方可包括诸如陶土、抗氧剂等其他材料，因此，权利要求 1 中的措辞“基于下述弹体的配混料”，应当理解为所述弹体配混料以所列弹体材料为基础，还可以含有其他材料，并且也不排除可以含有热塑性树脂。

通过比较本申请权利要求 1 和对比文件 1 的技术方案，可发现两者均涉及弹性树脂组合物，当权利要求 1 的技术方案中的弹体配混料基于丙烯腈-丁二烯橡胶（即对比文件 1 中所述的丁腈橡胶）并含有热塑性树脂时，权利要求 1 组合物和对比文件 1 组合物的组分相同，而对比文件 1 中作为填料的滑石的含量经过换算符合权利要求 1 所述“高填料含量”的定义，对比文件 1 中微细二氧化硅的含量经过换算也与权利要求 1 部分重合，由此可见，权利要求 1 所限定的技术方案与对比文件 1 公开的技术方案实质上相同，所属技术领域的技术人员根据两者的技术方案可以确定两者适用于相同的技术领域，解决相同的技术问题，并具有相同的预期效果，因此，权利要求 1 相对于对比文件 1 不具备专利法第 22 条第 2 款规定的新颖性。

权利要求 2、3 进一步限定了权利要求 1 中微细二氧化硅的量，对比文件 1 中微细二氧化硅的含量经过换算同样也与权利要求 2、3 部分重合，因此，在权利要求 1 不具备新颖性的基础上，权利要求 2、3 相对于对比文件 1 也不具备新颖性。

权利要求 4 要求保护一种制备具有高填料含量的弹性配混料的方法，其特征是将微细二氧化硅加入到弹性配混料中，其中二氧化硅的量以及弹性配混料的定义和权利要求 1 中相同。对比文件 1 同样公开了上述热塑性树脂组合物的制备方法，其中将所述组分的滑石和微细二氧化硅加入到热塑性树脂中（参见说明书第 2 页第 5 段）。对比文件 1 的技术方案与权利要求 4 步骤相同，所加入的组分相同，并且组分的量与权利要求 4 部分重合，因此，权利要求 4 相对于对比文件 1 不具备新颖性。

权利要求 5、6 进一步限定了权利要求 4 中微细二氧化硅的量，对比文件 1 的制备方法所加入的微细二氧化硅的含量经过换算同样也与权利要求5、6部分重合，因此，在权利要求4不具备新颖性的基础上，权利要求5、6相对于对比文件1也不具备新颖性。

权利要求7要求保护微细二氧化硅作为改善高填充弹性配混料加工性的改性剂的用途，其中，所述弹性配混料的定义和权利要求1中相同。对比文件1已经公开了在所述的树脂组合物中加入除滑石外的其他添加剂，即，微细二氧化硅可以使其既具有高刚度又具有高冲击强度，从而改善了其加工性能（参见说明书第1页第4段，第2页第2段）。由此可见，权利要求7要求保护的技术方案已被对比文件1所公开，且两者技术领域相同，并能产生相同的技术效果，因此权利要求7不具备专利法第22条第2款所规定的新颖性。

针对请求人答复《复审通知书》时的主张，合议组认为：①对比文件1所得到的树脂组合物除了具有高的刚度同时又具有高冲击强度，因此，其中的弹性体组分与其最终的性质并不矛盾。并且，对比文件1的说明书第1页第5段已经明确记载，热塑性树脂不仅包括热塑性树脂本身，也包括热塑性树脂与其他材料如丁腈橡胶之类弹性体的共混物。热塑性树脂的定义中还包括所谓的热塑性橡胶、热塑性弹性体。因此，对比文件1的树脂组合物不仅包括诸如丁腈橡胶的弹体，热塑性树脂本身也可以是热塑性弹性体。因此，请求人主张对比文件1的树脂组合物不是弹性体是不成立的。②权利要求1属于产品权利要求，其技术特征并未体现微细二氧化硅与其他填料的加入顺序，即使是方法权利要求4，也仅是限定将一定量的微细二氧化硅加入到弹性配混料中，并未限定此时所述弹性配混料已经是高填料含量的弹性配混料，因此，无论是从产品技术特征的角度还是从方法技术特征的角度，对比文件1的树脂组合物在加入滑石和微细二氧化硅共混物前，不含任何填料均不能与本申请要求保护的技术方案构成区别技术特征。并且，如前所述，当对比文件1的树脂组合物的混合填料中，滑石：微细二氧化硅=15：1时，滑石的含量经换算符合本申请“高填料含量”的定义。③对比文件1虽然没有公开“高填料含量”会给树脂组合物带来何种效果，但是，在其公开的树脂组合物符合“高填料含量”定义并与本申请的技术方案实质上相同的情况下，本领域技术人员能够确定两者具有相同的技术效果。综上所述，对于请求人答复《复审通知书》时的主张，合议组不予支持。

根据上述事实和理由，合议组作出如下审查决定。

三、决定

维持国家知识产权局于2008年1月11日针对第03812730.X号发明专利申请作出的驳回决定。

复审请求人对本决定不服的，可以根据专利法第41条第2款的规定，自收到本决定之日起三个月内向北京市第一中级人民法院起诉。

203

用作嗜中性白细胞弹性蛋白酶抑制剂的 2-吡啶酮衍生物

复审请求审查决定（第 20408 号）

决　定　号　第 20408 号
决　定　日　2009 年 11 月 25 日
发明创造名称　用作嗜中性白细胞弹性蛋白酶抑制剂的 2-吡啶酮衍生物
国际分类号　C07D211/86，C07D239/22，A61K31/4412，A61K31/505，A61P29/00
复审请求人　阿斯利康（瑞典）有限公司
申　请　号　200380103085.6
申　请　日　2003 年 11 月 11 日
最早优先权日　2002 年 11 月 12 日
公　开　日　2005 年 12 月 21 日
合议组组长　孙跃飞
主　审　员　王　磊
参　审　员　沈　钱

法律依据　专利法第 26 条第 4 款
决定要点

如果本领域技术人员根据说明书记载的具体化合物及其效果数据能够概括得出权利要求要求保护的通式结构化合物，并能确认该通式化合物也能具有所述用途和/或效果，则权利要求的概括得到了说明书的支持。

一、案由

本复审请求案涉及发明名称为“用作嗜中性白细胞弹性蛋白酶抑制剂的 2-吡啶酮衍生物”的第 200380103085.6 号发明专利申请（下称本申请），申请人为阿斯利康（瑞典）有限公司，申请日为 2003 年 11 月 11 日，最早优先权日为 2002 年 11 月 12 日，公开日为 2005 年 12 月 21 日。

2008 年 10 月 10 日，针对申请人于 2008 年 8 月 14 日提交的权利要求第 1~7 项，进入国家阶段时提交国际申请文件中文文本的说明书第 1~159 页和说明书摘要（下称驳回文本），国家知识产权局以本申请的权利要求 1、7 不符合专利法第 26 条第 4 款的规定为由驳回了本申请。

驳回决定认为（1）权利要求 1 要求保护的通式化合物概括了一个较宽的保护范围，而本领域技术人员依据本申请说明书公开的内容难以预先确定和评价权利要求1所概括的式I化合物均具有本申请所述的活性，因此权利要求1不符合专利法第26条第4款的规定。（2）权利要求7涉及将化合物制成其光学异构体的方法，说明书仅笼统地描述了可利用常规技术分离得到多种光学异构体，由于光学对映体等形式的化合物的制备受多种因素影响，说明书中没有具体公开合成这些化合物形式的技术方案，因此涉及上述形式的方法得不到说明书的支持，不符合专利法第26条第4款的规定。

驳回决定针对的权利要求1、7如下

“1. 式（I）化合物或其可药用盐，其中

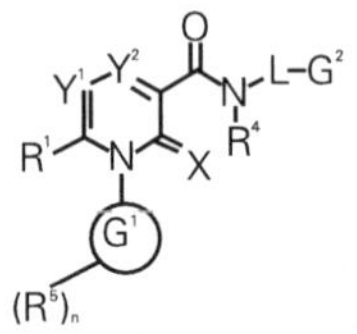

(I)

X表示O；

Y^1 表示 CR^2；

Y^2 表示 CR^3；

R^1 表示H或 C_{1-6}烷基；所述的烷基任选被一个或多个独立地选自卤素、CN、CHO、OR^7、NR^8R^9 和S（O）mR^{10}的取代基取代；

R^7 表示H或 C_{1-6}烷基；

R^2 表示H、卤素或 C_{1-6}烷基；

R^3 表示H；

G^1 表示苯基或吡啶基；

R^5 表示H、卤素、C_{1-6}烷基、CN、C_{1-6}烷氧基、或被一或多个F原子取代的 C_{1-3}烷基；

n表示整数1、2或3，并且当n表示2或3的时候，各 R^5 基团独立地进行选择；

R^4 表示H或 C_{1-6}烷基；

或 R^4 和L连接一起以使基团－NR^4L 表示任选包含另外一个杂原子 NR^{16}的5~7员氮杂环；

L表示化学键、O、NH或 C_{1-6}烷基；并且所述的烷基任选进一步被OH或OMe取代；

G^2 表示单环体系，选自

i）苯基或苯氧基，

ii）5或6员杂芳香环，包含1~3个独立地选自O、S和N的杂原子，

iii）饱和的或部分不饱和的 C_{3-6}环烷基，或

iv）饱和的或部分不饱和的 C_{4-7}杂环，包含一个或两个独立地选自O、S（O）p和 NR^{17}的杂原子并任选包含羰基；或

G^2 表示二环体系，其中两个环中的每一个独立地选自

i）苯基，

ii）5或6员杂芳香环，包含1~3个独立地选自O、S和N的杂原子，

iii）饱和的 C_{3-6}环烷基，或

iv）饱和的 C_{4-7}杂环，包含一个或两个独立地选自O、S（O）p和 NR^{17}的杂原子并任选包含羰基；

并且所述的两个环稠合在一起，或直接连接在一起或被选自 O、S（O）q 或 CH_2 的连接基分开，

所述的单环或二环体系任选进一步被 1~3 个独立地选自下列基团中的取代基取代 CN、C_{1-6}烷基、C_{1-6}烷氧基、卤素、$NR^{18}R^{19}$、OSO_2R^{38}、CO_2R^{20}、S（O）$_sR^{25}$、$SO_2NR^{26}R^{27}$，以及被 SO_2R^{39}取代的或被一或多个 F 原子取代的 C_{1-3}烷基；或

当 L 不表示化学键的时候，G^2 也可表示 H；

m、p、q、s 和 t 独立地表示整数 0、1 或 2；

R^8 和 R^9 独立地表示 H 或 C_{1-6}烷基；所述的烷基任选进一步被苯基取代，所述的苯基任选被 SO_2R^{30}取代；

或基团 NR^8R^9 一起表示 5~7 员氮杂环，所述的氮杂环任选包含另外一个选自 O、S 和 NR28 的杂原子；

R^{18}和 R^{19}独立地表示 H、C_{1-6}烷基、C_{2-6}烷酰基、S（O）$_tR^{32}$或 $SO_2NR^{33}R^{34}$；所述的烷基任选进一步被 CN、C_{1-4}烷氧基或 CONR41R^{42}取代；

R^{25}表示 H、C_{1-6}烷基或 C_{3-6}环烷基；所述的烷基任选进一步被一个或多个独立地选自下列基团中的取代基取代 OH、CN、$CONR^{35}R^{36}$、CO2R^{37}、C_{3-6}环烷基、包含一个或两个独立地选自 O、S（O）p 和 NR^{43}的杂原子的 C_{4-7}饱和的杂环以及苯基或包含 1~3 个独立地选自 O、S 和 N 的杂原子的 5 或 6 员杂芳香环；所述的芳香环任选进一步被一个或多个独立地选自下列基团中的取代基取代 CN、C_{1-4}烷基和 $NHCOCH_3$；

R^{26}和 R^{27}独立地表示 H、C_{1-6}烷基或 C_{2-6}烷酰基；

R^{32}表示 H、C_{1-6}烷基或 C_{3-6}环烷基；

R^{38}表示 C_{1-6}烷基；

R^{10}、R^{16}、R^{17}、R^{20}、R^{28}、R^{30}、R^{33}、R^{34}、R^{35}、R^{36}、R^{37}、R^{39}、R^{41}、R^{42}和 R^{43}独立地表示 H 或 C_{1-6}烷基；

条件是下述化合物排除在外

N-苄基-5，6-二甲基-2-氧代-1-苯基-1，2-二氢吡啶-3-羧酰胺；和

N-（2-苯乙基）-5，6-二甲基-2-氧代-1-苯基-1，2-二氢吡啶-3-羧酰胺。

7. 一种制备根据权利要求 1~3 中任一项定义的式（I）化合物或其可药用盐的方法，所述的方法包括

将式（II）的化合物

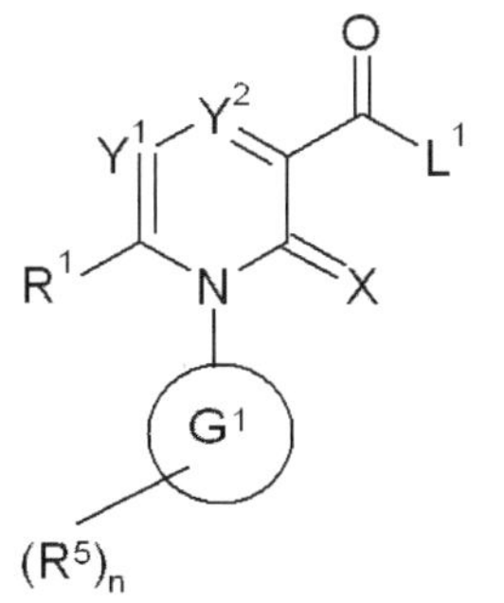

(II)

其中 R^1、R^5、Y^1、Y^2、X、G^1 和 n 如权利要求 1 中定义并且 L1 表示离去基，

与式（III）的胺或其盐反应

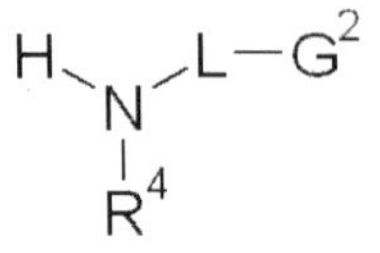

(III)

其中 R^4、G^2 和 L 如权利要求 1 中定义，

并且其中任选地将得到的式（I）化合物或其另一种盐转化成其可药用盐；以及任选地将得到的式（I）化合物转化成其光学异构体。"

2009 年 2 月 1 日，申请人阿斯利康（瑞典）有限公司（下称请求人）对上述驳回决定不服，向专利复审委员会提出复审请求，未提交申请的修改文本。

请求人认为权利要求 1 的化合物仅限定为二氢吡啶酮的结构，并且依据具体实施例的化合物对权利要求 1 中的一些基团例如 L、G^1 和 G^2 也进行了限定，此外，说明书在实施例部分制备了大量的吡啶酮化合物，并且说明书披露的药理实验中也证实了二氢吡啶酮结构的化合物具有抑制人嗜中性白细胞弹性蛋白酶的活性，本领域技术人员依据说明书所披露的内容能够得到权利要求 1 中的化合物，并能够得到权利要求 1 的化合物具有抑制嗜中性白细胞弹性蛋白酶的活性，因此权利要求 1 能得到说明书的支持，符合专利法第 26 条第 4 款的规定。

经形式审查合格后，专利复审委员会受理了该请求，并于 2009 年 2 月 27 日向请求人发出了《复审请求受理通知书》，同时将本申请转送至国家知识产权局审查部门进行前置审查。

在《前置审查意见书》中，国家知识产权局审查部门坚持驳回决定。

专利复审委员会组成合议组，对本复审请求案进行了审理。

经审查，合议组认为本案事实已经清楚，可以作出复审决定。

二、决定的理由

1. 关于审查文本

请求人在复审阶段没有提交修改文本，因此本复审决定所针对的审查文本为驳回决定针对的文本，即请求人于 2008 年 8 月 14 日提交的权利要求第 1~7 项，进入国家阶段时提交国际申请文件中文文本的说明书第 1~159 页和说明书摘要。

2. 关于专利法第 26 条第 4 款

专利法第 26 条第 4 款规定：权利要求书应当以说明书为依据，说明要求专利保护的范围。

如果本领域技术人员根据说明书记载的具体化合物及其效果数据能够概括得出权利要求要求保护的通式结构化合物，并能确认该通式化合物也能具有所述用途和/或效果，则权利要求的概括得到了说明书的支持。

本案中，权利要求 1 要求保护一种式（I）化合物或其可药用盐。本申请说明书中记载了其发明目的在于提供一种具有式（I）结构的 2-吡啶酮衍生物，其具有对人嗜中性白细胞弹性蛋白酶以及同源性丝氨酸蛋白酶的抑制效果，进而要求其在制备用于治疗与该蛋白酶有关的疾病中的用途。在说明书第 41~44 页记载了该式（I）化合物的合成途径，并在实施例 1~96 中具体合成并表征了 369 个具体化合物。对于所述化合物的效果，在说明书第 158 页记载了"人嗜中性白细胞弹性蛋白酶淬灭-FRET 分析"的实验方法，并在第 159 页记载了"在上述分析中，实施例的化合物抑制人嗜中性白细

胞弹性蛋白酶活性的 IC_{50}值小于 30μM，表明本发明的化合物预期具有有用的治疗特性。”并且在下表中列举了 4 个具体化合物的 IC_{50}值：353nM、318nM、701nM、2025nM。

驳回决定认为：权利要求 1 要求保护的通式化合物概括了一个不合理的范围，例如对其中的“R^4 和 L 连接一起以使基团-NR^4L 表示任选包含另外一个杂原子 NR16 的 5~7 元氮杂环”的情况，说明书中并没有涉及这样的实施例，其与说明书第 159 页所示效果例的结构差异很大，另外，在 G2 的定义中，涉及所述的 5 或 6 元杂芳香环、饱和或部分不饱和的 C_{4-7}杂环、二环体系，由于各杂环之间结构差异很大，各自性质不同，本申请所公开的有限几种具体实施方式不足以支持权利要求 1 所涉及的式（I）化合物的范围，因此权利要求 1 得不到说明书的支持，不符合专利法第 26 条第 4 款的规定。

对此，合议组认为，驳回决定中认为权利要求 1 得不到说明书支持的主要理由是式（I）化合物所概括的许多结构与说明书第 159 页表中所列的有效果数据的化合物结构相差比较大，由此本领域技术人员难以预见由权利要求 1 式（I）概括的化合物均能具有抑制人嗜中性白细胞弹性蛋白酶的活性，因此权利要求 1 得不到说明书的支持。但是，合议组认为，实际上本领域技术人员根据说明书第 158 页记载的人嗜中性白细胞弹性蛋白酶淬灭-FRET 分析的方法，以及第 159 页第 7~8 行记载的内容能够确认本申请实施例 1~96 中所制备的 369 个具体化合物根据第 158 页记载的实验方法测试的 IC_{50}值小于 30μM，从而能够达到所述的抑制人嗜中性白细胞弹性蛋白酶活性的技术效果，而第 159 页表 1 中用举例的方式列出了其中 4 种化合物的 IC_{50}值，以此进一步验证了所述实施例化合物的效果。在本领域技术人员能够确认该 369 个化合物的治疗效果的基础上，判断权利要求 1 是否得到说明书支持的依据应是该 369 个化合物，即本领域技术人员能否根据该具有抑制人嗜中性白细胞弹性蛋白酶的 369 个化合物概括得到式（I）化合物这样一个保护范围。

对于权利要求 1 中的“R^4 和 L 连接一起以使基团-NR^4L 表示任选包含另外一个杂原子 NR^{16}的 5~7 员氮杂环”，说明书第 8 页第 18~19 行记载了“任选包含另外一个选自 O、S 和 NR16 的杂原子的5~7 员氮杂环的实例包括吡咯烷、哌啶、吗啉、硫吗啉和哌嗪。”并且实施例 2. 152、2. 154 制备了包含哌嗪基在 3 位取代的 6-甲基-2-氧代-1，2-二氢吡啶-3-羧酰胺化合物，哌嗪基是包含两个对位 N 原子的六员氮杂环化合物，本领域技术人员公知，药用化合物的活性一般由母核结构决定，在母核结构确定的基础上对母核结构上的取代基进行常规的替换一般不会影响所得化合物的活性，因此，在说明书公开了具有哌嗪取代基的式（I）化合物的制备及其效果的情况下，本领域技术人员能够预期具有哌嗪基以及类似含两个 N 的 5~7 员氮杂环化合物均具备上述活性，这种概括能得到说明书的支持。

权利要求 1 中限定了 G^2 表示单环体系，选自：i）苯基或苯氧基，ii）5 或 6 员杂芳香环，包含1~3 个独立地选自 O、S 和 N 的杂原子，iii）饱和的或部分不饱和的 C_{3-6}环烷基，或 iv）饱和的或部分不饱和的 C_{4-7}杂环，包含一个或两个独立地选自 O、S（O）p 和 NR^{17}的杂原子并任选包含羰基。权利要求 1 中定义的 G^2 基团与说明书中对应的内容列表对比如下：

权利要求书		说明书中相应的记载	
		实施例序号	对应基团
G^2 表示 单环体系	i）苯基或 苯氧基	1. 1 1. 6 1. 15 53	4-（甲基磺酰基）苄基 4-甲氧基苄基 4-氯苄基 4-（甲基磺酰基）苯氧基
	ii）5 或 6 员 杂芳香环	2. 51 70. 39 2. 27 2. 163 70. 9 70. 47 93 89 70. 17 2. 167	2-呋喃基 1-甲基-1H-吡咯-2-基 噻吩-2-基 1H-咪唑-4-基 1-苯基-1H-吡唑-4-基 3，5-二甲基异 唑-4-基 6-（甲基磺酰基）吡啶-3-基 4-（嘧啶-2-基磺酰基）苄基 3-糠酸甲基酯 1H-1，2，4-三唑-3-基
	iii）饱和的或部分 不饱和的 C_{3-6}环 烷基	2. 28 2. 162 2. 55 2. 84 2. 114	环丙基环戊基 1，3-苯并二氧杂环戊烯-5-基环己基 2-环己-1-烯-1-基
	iv）饱和的或部分不 饱和的 C_{4-7}杂环	70. 50 70. 13 70. 49 2. 158 2. 159	（2R）-四氢呋喃-2-基 四氢-2H-吡喃-4-基 （2R）-1-乙基吡咯烷-2-基 1-（4-氯苄基）哌啶-4-基 2-吗啉-4-基
G^2 表示 二环体系	每个环独立地是 苯基、5 或 6 员 杂芳香环、 饱和的 C_{3-6} 环烷基、饱和 的 C_{4-7}杂环	2. 158 2. 155 47 50 70. 15	1-（4-氯苄基）哌啶-4-基 2-（4′-氟-1，1′-联苯-4-基）4-｛[（2-甲基-1，3-噻唑-4-基）甲基]磺酰基｝苄基 4-｛[（3，5-二甲基异 唑-4-基）甲基]磺酰基｝苄基 4-苄基吗啉-2-基
	两个环稠合	63 1. 23 2. 55 2. 70	1，1-氧化-2，3-二氢-1-苯并噻吩-5-基 2，3-二氢-1-苯并呋喃-5-基 1，3-苯并二氧杂环戊烯-5-基 （1S）-2，3-二氢-1H-茚-1-基

由上表可知，说明书实施例公开了大量各种不同的 G^2 取代基的具体化合物，根据说明书的上述实施例内容，本领域技术人员能够由此概括并获得如权利要求 1 中 G^2 取代基取代的式（I）化合物，

并且能够预期具有 G^2 取代基的式（I）化合物具有本申请所要求的活性效果，因此，取代基 G^2 的概括也能得到说明书的支持。也就是说，驳回决定所指出的权利要求 1 中由 R^4 和 L 一起形成的 5~7 元氮杂环和 G^2 取代基的概括范围过宽而得不到说明书支持的理由不成立，权利要求 1 符合专利法第 26 条第 4 款的规定。

权利要求 7 要求制备根据权利要求 1~3 所述的式（I）化合物或其可药用盐的方法，其中包括任选地将得到的式（I）化合物或其另一种盐转化成其可药用盐，以及任选地将得到的式（I）化合物转化成其光学异构体的步骤。

驳回决定认为，说明书虽然笼统地描述了可利用常规技术分离得到多种光学异构体，但对于本领域技术人员已知的是，光学对映体等形式化合物的制备受很多因素影响，而说明书中也没有具体公开合成这些化合物形式的技术方案，例如得到旋光性物质的不对称合成方法或拆分手段，因此涉及上述形式的方法得不到说明书支持。

对此，合议组认为：对于权利要求 7 中光学异构体的制备方法，在说明书第 44 页记载了“利用常规的技术例如分步结晶或 HPLC，分离化合物的消旋混合物分离得到多种光学异构体。或者，单个的对映体可通过适当的光学活性的起始原料在不引起消旋化的条件下反应而制备得到。”本领域技术人员根据说明书记载的内容以及其掌握的常规的分离光学异构体的手段，能够对具有手性中心的式（I）化合物进行光学异构体的分离，从而就能获得权利要求 7 要求保护的技术方案。并且上述将式（I）化合物转化成光学异构体的步骤是任选地，对于没有手性中心的式（I）化合物，则可以不实施该转化步骤，这些均是本领域技术人员根据实际需要能够采用并实施的。因此本申请说明书中未记载具体的合成方法并不影响本领域技术人员实施该技术方案，本领域技术人员根据说明书记载的内容并结合其掌握的常规分离技术能够实施将式（I）化合物转化成其光学异构体的技术方案，并概括得到权利要求 7 所述的方案，驳回决定指出的权利要求 7 得不到说明书支持的理由不成立。

因此，基于上述理由，合议组作出如下决定。

三、决定

撤销国家知识产权局于 2008 年 10 月 10 日对第 200380103085.6 号发明专利申请作出的驳回决定。由国家知识产权局审查部门以本复审决定所针对的文本为基础继续审批程序。

复审请求人对本决定不服的，可以根据专利法第 41 条第 2 款的规定，自收到本决定之日起三个月内向北京市第一中级人民法院起诉。

204

适用于自抛光防污漆的具有低含量可水解单体的黏结剂

复审请求审查决定（第 20446 号）

决 定 号 第 20446 号
决 定 日 2009 年 12 月 7 日
发明创造名称 适用于自抛光防污漆的具有低含量可水解单体的黏结剂
国际分类号 C08F220/12，C09D5/16
复审请求人 西格马涂料有限公司
申 请 号 02816911.5
优 先 权 日 2001 年 8 月 27 日
申 请 日 2002 年 8 月 22 日
公 开 日 2004 年 11 月 24 日
合议组组长 吴红权
主 审 员 潘 剑
参 审 员 赵步真

法 律 依 据 专利法第 33 条
决 定 要 点

如果申请的内容通过增加、改变和/或删除其中的一部分，致使所属技术领域的技术人员看到的信息与原申请记载的信息不同，而且又不能从原申请记载的信息中直接地、毫无疑义地确定，则这种修改是不允许的，反之，则是允许的。

一、案由

本复审请求涉及发明名称为“适用于自抛光防污漆的具有低含量可水解单体的黏结剂”的第 02816911.5 号发明专利申请（下称本申请），申请人为西格马涂料有限公司，申请日为 2002 年 8 月 22 日，优先权日为 2001 年 8 月 27 日，公开日为 2004 年 11 月 24 日。

2008 年 10 月 17 日，针对申请人于 2008 年 5 月 12 日提交的权利要求第 1~23 项，2005 年 7 月 13 日提交的说明书第 4、5、9 页，2004 年 2 月 27 日进入中国国家阶段时提交的国际申请文件的中文文本的说明书第 1~3、6~8、10~22 页及说明书摘要（下称驳回文本），国家知识产权局以权利要求 2 的修改不符合专利法第 33 条规定为由驳回了本申请。

驳回决定认为：①申请人将原申请权利要求 2 中记载的“如 EP-A-342276（Nippon Paint）中定义的金属羧酸盐酯”和“如 WO200105848（Yoshitomi）中定义的硼衍生物”修改为“烯属不饱和羧酸的铜或锌高沸点有机一元酸盐酯及其混合物”和“烯属不饱和羧酸的三苯基硼氨基化合物配合的

酯”后，与原申请记载的信息不同，原申请引用的文献并未明确而清楚地表明引用内容，因此，该修改超出了原申请记载的范围，不符合专利法第 33 条的规定。②对于申请人在意见陈述书中对于上述修改具体出处的陈述，驳回决定认为，本申请并未记载上述内容，上述内容是申请人从 EP-A-342276 和 WO200105848 中分别组合出来的范围，是申请人根据多处公开内容组合或将不明确的内容明确之后而得到的内容，而不是直接地毫无疑义地确定的内容，因此不接受这些陈述意见。

驳回决定针对的权利要求 1、2 如下：

“1. 通过以下物质的聚合反应而制备的成膜聚合物：

高于 0%，最高至 4mol% 的至少一种烯属不饱和单体单元 A，选自可在水中水解时产生酸官能团的羧酸和磺酸衍生物；

10~30mol% 至少一种单体单元 B，选自通式 CH_2=CH-N-CO-R″的 N-乙烯基内酰胺单体，通式 CH_2=CH-NR-CO-R″的 N-乙烯基酰胺，通式 CH_2=CR‴-COO-R⁗-N-CO-R″的单体，通式 CH_2=CR‴-COO-R⁗-NR‴″-CO-R″的单体，2-吡咯烷酮-1-异戊二烯基酮，和其混合物，其中

R 是 H 或独立地选自具有最多 18 个碳原子的烷基，环烷基，芳基，烷芳基和芳基烷基，

R′是具有 2~8 个碳原子的正亚烷基，

R″是选自具有最多 18 个碳原子的烷基，环烷基，芳基，烷基芳基和芳基烷基，

R‴是 H 或 CH3，

R⁗是具有 1~8 个碳原子的正亚烷基，

R‴″是 H 或 R″，和

单体单元的余量是单体单元 C，选自烯属不饱和羧酸与 C_1~C_{18}醇的酯，苯乙烯，α-甲基苯乙烯，乙烯基甲苯，和其混合物。

2. 根据权利要求 1 的成膜聚合物，其中单体单元 A 选自：通式（I）的有机甲硅烷基化羧酸酯单体

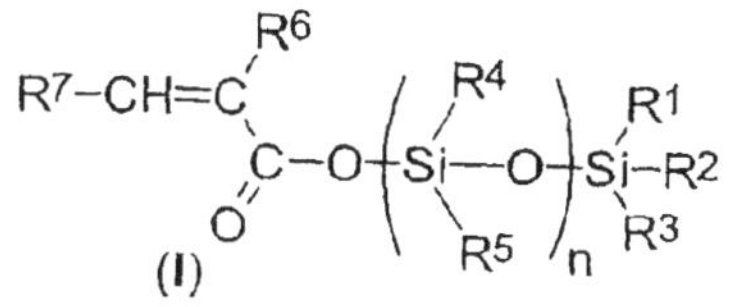

(I)

其中 R^1，R^2，R^3，R^4，R^5 分别独立地表示氢，烷基，链烯基，炔基，烷基氧基，芳基，芳烷基或卤素基团，非必要地被一个或多个独立地选自烷基，芳烷基，芳基，羟基，卤素，氨基或氨基烷基的取代基所取代，

R^6 表示氢原子，或甲基，或-CH_2-COO-（SiR^4R^5O）n-$SiR^1R^2R^3$，其中 R^1，R^2，R^3，R^4，R^5 如上已定义，

R^7 表示氢原子，烷基或-$COOR^9$，其中 R^9 表示烷基，和

n 表示二烃基硅氧烷单元的数目，为 0~200；

烯属不饱和羧酸的锡酯，和其混合物；

烯属不饱和羧酸的铜或锌高沸点有机一元酸盐酯，及其混合物，

烯属不饱和羧酸的三苯基硼氨基化合物配合的酯，及其混合物。”

2009 年 2 月 1 日，申请人西格马涂料有限公司（下称请求人）对上述驳回决定不服，向专利复审委员会提出复审请求，请求人在提出复审请求时对权利要求书进行了修改，其中，将驳回文本的权利要求 2 中的“烯属不饱和羧酸的三苯基硼氨基化合物配合的酯，及其混合物”删除，并将修改后的权利要求 2 的内容并入权利要求 1 中，同时删除权利要求 2，对权利要求书重新编号并调整了引用关系。修改后的权利要求 1、3 和 6 为：

“1. 通过以下物质的聚合反应而制备的成膜聚合物：

高于 0%，最高至 4mol% 的至少一种烯属不饱和单体单元 A，其中单体单元 A 选自：通式（I）的有机甲硅烷基化羧酸酯单体

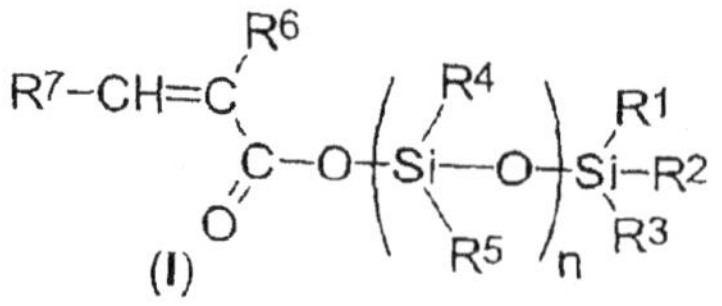

其中 R^1，R^2，R^3，R^4，R^5 分别独立地表示氢，烷基，链烯基，炔基，烷基氧基，芳基，芳烷基或卤素基团，非必要地被一个或多个独立地选自烷基，芳烷基，芳基，羟基，卤素，氨基或氨基烷基的取代基所取代，

R^6 表示氢原子，或甲基，或 $-CH_2-COO-$（SiR^4R^5O）$n-SiR^1R^2R^3$，其中 R^1，R^2，R^3，R^4，R^5 如上已定义，

R^7 表示氢原子，烷基或 $-COOR^9$，其中 R^9 表示烷基，和

n 表示二烃基硅氧烷单元的数目，为 0~200；

烯属不饱和羧酸的锡酯，和其混合物；

烯属不饱和羧酸的铜或锌高沸点有机一元酸盐酯，及其混合物；

10~30mol% 至少一种单体单元 B，选自通式 $CH_2=CH-N-CO-R''$ 的 N-乙烯基内酰胺单体，通式 $CH_2=CH-NR-CO-R''$ 的 N-乙烯基酰胺，通式 $CH_2=CR'''-COO-R''''-N-CO-R''$ 的单体，通式 $CH_2=CR'''-COO-R''''-NR'''''-CO-R''$ 的单体，2-吡咯烷酮-1-异戊二烯基酮，和其混合物，其中

R 是 H 或独立地选自具有最多 18 个碳原子的烷基，环烷基，芳基，烷芳基和芳基烷基，

R′是具有 2~8 个碳原子的正亚烷基，

R″是选自具有最多 18 个碳原子的烷基，环烷基，芳基，烷基芳基和芳基烷基，

R‴是 H 或 CH_3，

R⁗是具有 1~8 个碳原子的正亚烷基，

R′″″是 H 或 R″，和

单体单元的余量是单体单元 C，选自烯属不饱和羧酸与 C_1~C_{18} 醇的酯，苯乙烯，α-甲基苯乙烯，乙烯基甲苯，和其混合物。

3. 根据权利要求 1 的成膜聚合物，其中单体单元 A 中的烯属不饱和单体选自丙烯酸，甲基丙烯酸，马来酸，富马酸，和其混合物。

6. 根据权利要求 3 的成膜聚合物，其中 n=0 且单体单元 A 中的三烷基甲硅烷基单酯的烷基独立地选自 C_1~C_8 烷基。”

请求人认为：如本申请说明书第 4 页第 17 行至 20 行所述，单体单元 A 例如选自如 EP-A-342276（Nippon Paint）中定义的金属羧酸盐酯。因此，本领域技术人员会将注意力集中到 EP-A-342276 以评定其中定义的金属羧酸盐酯。本领域技术人员回顾该申请，理解优选的金属盐是该申请权利要求 3 中公开的锌或铜。此外，如在该申请第 4 页第 35 行所述优选的酸基是羧酸。最终，本领域技术人员从该申请第 5 页第 20 行至 31 行和权利要求 1 的（c）部分理解，盐酯是高沸点的有机酸盐。因此，引入技术特征“烯属不饱和羧酸的铜或锌高沸点有机一元酸盐酯，及其混合物”符合专利法第 33 条的规定。

经形式审查合格后，专利复审委员会受理了该请求，并于 2009 年 2 月 27 日向请求人发出了《复审请求受理通知书》，同时将本申请转送至国家知识产权局原审查部门进行前置审查。

在《前置审查意见书》中，国家知识产权局原审查部门坚持驳回决定。

专利复审委员会组成合议组，对本复审请求案进行了审理。

合议组于 2009 年 7 月 27 日向请求人发出《复审通知书》，指出：请求人将原申请权利要求 2 中记载的“如 EP-A-342276（Nippon Paint）中定义的金属羧酸盐酯”修改为“烯属不饱和羧酸的铜或锌高沸点有机一元酸盐酯，及其混合物”并将修改后的技术特征并入了权利要求 1 中，修改后的内容在原申请权利要求书和说明书中没有记载，并且，合议组查明，本申请引用的专利文献 EP-A-342276 中并没有“金属羧酸盐酯”的定义，更没有将“金属羧酸盐酯”定义为“烯属不饱和羧酸的铜或锌高沸点有机一元酸盐酯，及其混合物”，因此，修改后的内容也不能从原申请记载的信息中直接地、毫无疑义地确定。因此，权利要求 1 的修改不符合专利法第 33 条的规定。

对于请求人在复审请求书中的主张，合议组认为，首先，如前所述，EP-A-342276 全文并未将“金属羧酸盐酯”定义为“烯属不饱和羧酸的铜或锌高沸点有机一元酸盐酯，及其混合物”，其次，合议组查明，该篇专利文献公开了一种至少一个侧链带有一个端基的树脂的制备方法，包括使所述端基具有-X-［O-M-R］x 的结构，其中 M 选自锌、铜和碲，X 选自-C（O）-等基团，R 选自-O-C（O）R_1 等基团（具体定义参见说明书第 3 页第 2 段），其制备方法记载在说明书第 4 页第 35 行至第 39 行以及权利要求 1~8 中，根据该制备方法，上述结构中的 R 基团除了具有说明书第 3 页第 2 段中的定义外，还应当是高沸点一元有机酸的残基。但是，①上述结构并不是一个独立存在的金属羧酸盐酯，其是连接于树脂之上的具有金属酯结构的基团；②从上述结构的定义以及制备方法中均未出现“烯属不饱和”结构；③原申请所记载的“金属羧酸盐酯”并未包含其混合物的定义。综上，对于请求人在复审请求书中的主张，合议组不予支持。

针对上述《复审通知书》，请求人于 2009 年 9 月 11 日提交了意见陈述书和权利要求书替换页，修改后的权利要求书包括权利要求第 1~10 项，其中，相对于复审通知书所针对的文本，①将权利要求 1 中的“烯属不饱和羧酸的锡酯，和其混合物”以及“-烯属不饱和羧酸的铜或锌高沸点有机一元酸盐酯，及其混合物”删除；②将权利要求 3 中的“烯属不饱和单体”修改为“烯属不饱和酸”，并重新编号为 2；③将权利要求 6 中的“其中 n=0”修改为“其中式Ⅰ中 n=0”，并重新编号为 4；④将权利要求 19 中的“R^1，R^2，R^3，R^4 和 R^5”修改为“R″，R″′和 R″″”，并重新编号为 10；⑤删除权利要求 2、5、7、8、10、13~18，对剩余权利要求书重新编号并相应调整了引用关系。请求人认为，通过上述修改，已经克服了复审通知书所指出的缺陷。修改后的权利要求 1、2 和 4 为：

“1. 通过以下物质的聚合反应而制备的成膜聚合物：

高于 0mol%，最高至 4mol% 的至少一种烯属不饱和单体单元 A，其中单体单元 A 选自：通式（I）的有机甲硅烷基化羧酸酯单体

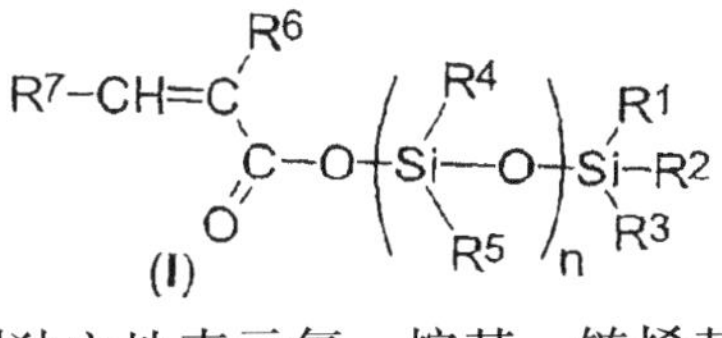

其中 R^1，R^2，R^3，R^4，R^5 分别独立地表示氢，烷基，链烯基，炔基，烷基氧基，芳基，芳烷基或卤素基团，非必要地被一个或多个独立地选自烷基，芳烷基，芳基，羟基，卤素，氨基或氨基烷基的取代基所取代，

R^6 表示氢原子，或甲基，或$-CH_2-COO-(SiR^4R^5O)n-SiR^1R^2R^3$，其中 R^1，R^2，R^3，R^4，R^5 如上已定义，

R^7 表示氢原子，烷基或$-COOR^9$，其中 R^9 表示烷基，和

n 表示二烃基硅氧烷单元的数目，为 0~200；

10~30mol% 至少一种单体单元 B，选自通式 $CH_2=CH-N-CO-R''$ 的 N-乙烯基内酰胺单体，通式

CH_2=CH-NR-CO-R″的N-乙烯基酰胺，通式 CH_2=CR″′-COO-R″″-N-CO-R″的单体，通式 CH_2=CR″′-COO-R″″-NR″′″-CO-R″的单体，2-吡咯烷酮-1-异戊二烯基酮，和其混合物，其中

R是H或独立地选自具有最多18个碳原子的烷基，环烷基，芳基，烷芳基和芳基烷基，

R′是具有2~8个碳原子的正亚烷基，

R″是选自具有最多18个碳原子的烷基，环烷基，芳基，烷基芳基和芳基烷基，

R″′是H或 CH_3，

R″″是具有1~8个碳原子的正亚烷基，

R″′″是H或R″，和

单体单元的余量是单体单元C，选自烯属不饱和羧酸与 C_1~C_{18}醇的酯，苯乙烯，α-甲基苯乙烯，乙烯基甲苯，和其混合物。

2. 根据权利要求1的成膜聚合物，其中单体单元A中的烯属不饱和酸选自丙烯酸，甲基丙烯酸，马来酸，富马酸，和其混合物。

4. 根据权利要求3的成膜聚合物，其中式Ⅰ中n=0且单体单元A中的三烷基甲硅烷基单酯的烷基独立地选自 C_1-C_8 烷基。

10. 根据权利要求1的成膜聚合物，其中R″，R″′和R″″分别独立地表示烷基，芳基或氢原子。”

请求人于2009年11月16日再次提交了权利要求书的全文替换页，其中，①将权利要求2中的“烯属不饱和酸”修改为“烯属不饱和单体”；②将权利要求10中的“R″，R″′和R″″”修改为“R^1，R^2，R^3，R^4 和 R^5”。

至此，合议组认为本案事实已经清楚，可以作出审查决定。

二、决定的理由

1. 关于决定的文本

经审查，请求人于2009年11月16日提交的权利要求书符合专利法实施细则第60条第1款的规定。因此，本复审决定是针对请求人于2009年11月16日提交的权利要求书第1~10项，2005年7月13日提交的说明书第4、5、9页，2004年2月27日进入中国国家阶段时提交的国际申请文件的中文文本的说明书第1~3、6~8、10~22页及其摘要作出的。

2. 关于专利法第33条

专利法第33条规定：申请人可以对其专利申请文件进行修改，但是，对发明和实用新型专利申请文件的修改不得超出原说明书和权利要求书记载的范围。

如果申请的内容通过增加、改变和/或删除其中的一部分，致使所属技术领域的技术人员看到的信息与原申请记载的信息不同，而且又不能从原申请记载的信息中直接地、毫无疑义地确定，则这种修改是不允许的，反之，则是允许的。

就本案而言，驳回决定指出，请求人将原申请权利要求2中记载的“如EP-A-342276（Nippon Paint）中定义的金属羧酸盐酯”和“如WO200105848（Yoshitomi）中定义的硼衍生物”修改为“烯属不饱和羧酸的铜或锌高沸点有机一元酸盐酯及其混合物”和“烯属不饱和羧酸的三苯基硼氨基化合物配合的酯”，该修改不符合专利法第33条的规定。在请求人于2009年11月16日提交的权利要求书中，已经删除了“烯属不饱和羧酸的铜或锌高沸点有机一元酸盐酯及其混合物”和“烯属不饱和羧酸的三苯基硼氨基化合物配合的酯”的内容，因此，《驳回决定》所指出的本申请不符合专利法第33条规定的缺陷已经克服。

另外，请求人将权利要求4中的“n=0”修改为“式Ⅰ中n=0”，由于权利要求4间接从属于权利要求1，权利要求1中的n为式Ⅰ的一个参数，因此，将权利要求4中的“n=0”修改为“式Ⅰ中

n=0”可以从原申请记载的信息中直接地、毫无疑义地确定，因此是允许的。

根据上述事实和理由，合议组作出如下审查决定。

三、决定

撤销国家知识产权局于2008年10月17日针对第02816911.5号发明专利申请作出的驳回决定，由国家知识产权局原审查部门以本复审请求审查决定所针对的文本为基础继续审批程序。

复审请求人对本决定不服的，可以根据专利法第41条第2款的规定，自收到本决定之日起三个月内向北京市第一中级人民法院起诉。

205

取代的喹唑啉衍生物及其作为酪氨酸激酶抑制剂的用途

复审请求审查决定（第20456号）

决　定　号　第20456号
决　定　日　2009年12月10日
发明创造名称　取代的喹唑啉衍生物及其作为酪氨酸激酶抑制剂的用途
国 际 分 类 号　C07D239/94，C07D405/12，A61K31/505
复 审 请 求 人　美国氰胺公司
申　请　号　98809541.6
优 先 权 日　1997年8月1日
申　请　日　1998年7月29日
公　开　日　2000年10月25日
合 议 组 组 长　汪送来
主　审　员　赵步真
参　审　员　黄　强

法 律 依 据　专利法第22条第3款
决 定 要 点

如果请求保护的化合物与现有技术中的化合物相比，只是将母核以外的可变基团用相似的基团进行常规改造，在没有证据能够证明所请求保护的化合物相对于现有技术具有预料不到的技术效果的情况下，则请求保护的化合物不具备创造性。

一、案由

本复审请求案涉及发明名称为“取代的喹唑啉衍生物及其作为酪氨酸激酶抑制剂的用途”的第98809541.6号发明专利申请（下称本申请），申请人为美国氰胺公司，申请日为1998年7月29日，优先权日为1997年8月1日，公开日为2000年10月25日。

国家知识产权局于2002年7月5日发出《第一次审查意见通知书》指出：对比文件1（US5475001 A，公开日为1995年12月12日）公开了一类喹唑啉化合物，其具有抗癌用途，与权利要求1化合物的区别在于主结构上的取代基不同，但这些基团在本领域中属于常规互换基团，在没有证据证明本发明化合物较对比文件1化合物具有预料不到的技术效果时，权利要求1不具备创造性。同理，权利要求2~12也不具备创造性。权利要求18涉及通式Ⅰ化合物为活性成分的药物组合物，权利要求19涉及式Ⅰ化合物，权利要求25~29涉及通式Ⅰ化合物的制备方法，这些权利要求区别于对比文件1的特征均在于通式Ⅰ化合物，因此，它们的创造性依赖于化合物的创造性，在所述化合物没有创造性的基础上，权利要求 18~19、25~29 也都不具备创造性。

针对《第一次审查意见通知书》，申请人于 2003 年 1 月 20 日提交了意见陈述书和权利要求书的全文替换页。申请人认为：对比文件 1 公开的化合物不具有本发明化合物的活性，例如但不限于抑制生长因子受体的酪氨酸激酶活性，因此权利要求 1 具备创造性，同理，权利要求 2~12、18~19 和 25~29 也具备创造性。

2003 年 5 月 9 日，针对申请人于 2003 年 1 月 20 日提交的权利要求第 1~29 项、进入中国国家阶段时提交的国际申请文件中文译文的说明书第 1~79 页及说明书摘要，国家知识产权局以权利要求1~29 不符合专利法第 22 条第 3 款的规定为由驳回了本申请。

驳回决定认为：2003 年 1 月 20 日提交的权利要求 1~29 与原权利要求 1~12、15~19 和 25~29 实质内容相同。对比文件 1 公开的化合物具有抑制生长因子受体的酪氨酸激酶活性，从而用于治疗有关疾病，如癌症。除此之外的其他活性在本申请说明书中没有得到证实。由于申请人用于说明创造性的理由不充分，并且没有提供本申请具有创造性的证据，因此，修改后的权利要求 1~29 仍然不具备创造性，不符合专利法第 22 条第 3 款的规定。

驳回决定针对的权利要求 1 如下：

“1. 具有下面结构的式 I 化合物或其药学上可接受的盐：

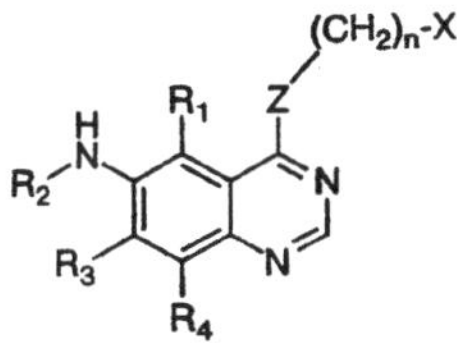

1

其中：

X 为 3~7 个碳原子的环烷基，它可由一个或多个含 1~6 个碳原子的烷基任选取代；或为吡啶基、嘧啶基或苯基环，其中所述吡啶基、嘧啶基或苯基环可任选由选自下列的基团一-、二-或三-取代：卤素、1~6 个碳原子的烷基、2~6 个碳原子的链烯基、2~6 个碳原子的炔基、叠氮基、1~6 个碳原子的羟烷基、卤代甲基、2~7 个碳原子的烷氧基甲基、2~7 个碳原子的链烷酰基氧基甲基、1~6 个碳原子的烷氧基、1~6 个碳原子的烷硫基、羟基、三氟甲基、氰基、硝基、羧基、2~7 个碳原子的羰基烷氧基、2~7 个碳原子的羰基烷基、苯氧基、苯基、硫代苯氧基、苯甲酰基、苄基、氨基、1~6 个碳原子的烷基氨基、2~12 个碳原子的二烷基氨基、苯基氨基、苄基氨基、1~6 个碳原子的链烷酰基氨基、3~8 个碳原子的链烯酰基氨基、3~8 个碳原子的链炔酰基氨基、2~7 个碳原子的羧基烷基、3~8 个碳原子的羰基烷氧基烷基、氨基甲基、2~7 个碳原子的 N-烷基氨基甲基、3~7 个碳原子的 N，N-二烷基氨基甲基、巯基、甲基巯基和苯甲酰基氨基；

Z 为-NH-；R 为 1~6 个碳原子的烷基或 2~7 个碳原子的羰基烷基；

R_1、R_3 和 R_4 各自独立为氢、卤素、1~6 个碳原子的烷基、2~6 个碳原子的链烯基、2~6 个碳原子的炔基、2~6 个碳原子的链烯基氧基、2~6 个碳原子的炔基氧基、羟甲基、卤代甲基、1~6 个碳原子的链烷酰基氧基、3~8 个碳原子的链烯酰基氧基、3~8 个碳原子的链炔酰基氧基、2~7 个碳原子的链烷酰基氧基甲基、4~9 个碳原子的链烯酰基氧基甲基、4~9 个碳原子的链炔酰基氧基甲基、2~7 个碳原子的烷氧基甲基、1~6 个碳原子的烷氧基、1~6 个碳原子的烷硫基、1~6 个碳原子的烷基亚磺酰基、1~6 个碳原子的烷基磺酰基、1~6 个碳原子的烷基亚磺酰氨基、2~6 个碳原子的链烯基亚磺酰氨基、2~6 个碳原子的炔基亚磺酰氨基、羟基、三氟甲基、氰基、硝基、羧基、2~7 个碳原子的羰基烷氧基、2~7 个碳原子的羰基烷基、苯氧基、苯基、硫代苯氧基、苄基、氨基、羟基氨基、1-4 个碳原子的烷氧基氨基、1~6 个碳原子的烷基氨基、2~12 个碳原子的二烷基氨基、N-烷基氨基甲酰基、N，N-二烷基氨基甲酰基、4-12 个碳原子的 N-烷基-N-链烯基氨基、6~12 个碳原子的 N，N-二链烯基氨基、苯基氨基、苄基氨基、R_7-（C（R_6）$_2$）g-Y-、R_7-（C（R_6）$_2$）p-M-（C（R_6）$_2$）k-Y-或 Het-W-（C（R_6）$_2$）k-Y-；

Y 为选自下列的二价基团：-（CH_2）a-、-O-，及 $-N(R_6)-$；

R_7 为-NR_6R_6 或-OR_6；M 为>NR_6、-O-、>N-（C（R_6）$_2$）p-NR_6R_6 或>N-（C（R_6）$_2$）p-OR_6；W 为>NR_6、-O-或为键；Het 为杂环，任选在碳或氮上由 R6 一-或二-取代及任选在碳上由-CH_2OR_6 一-取代；其中所述杂环选自吗啉、硫代吗啉、硫代吗啉 S-氧化物、硫代吗啉 S，S-二氧化物、哌啶、吡咯烷、氮丙啶、咪唑、1，2，3-三唑、1，2，4-三唑、四唑、哌嗪、四氢呋喃和四氢吡喃；

R_6 为氢、1~6 个碳原子的烷基、2~6 个碳原子的链烯基、2~6 个碳原子的炔基、1~6 个碳原子的环烷基、2~7 个碳原子的羰基烷基、2~7 个碳原子的羧基烷基、苯基、或任选由一个或多个卤素取代的苯基、1~6 个碳原子的烷氧基、三氟甲基、氨基、1~3 个碳原子的烷基氨基、2~6 个碳原子的二烷基氨基、硝基、氰基、叠氮基、卤代甲基、2~7 个碳原子的烷氧基甲基、2~7 个碳原子的链烷酰基氧基甲基、1~6 个碳原子的烷硫基、羟基、羧基、2~7 个碳原子的羰基烷氧基、苯氧基、苯基、硫代苯氧基、苯甲酰基、苄基、苯基氨基、苄基氨基、1~6 个碳原子的链烷酰基氨基或 1~6 个碳原子的烷基；

R_2 选自：

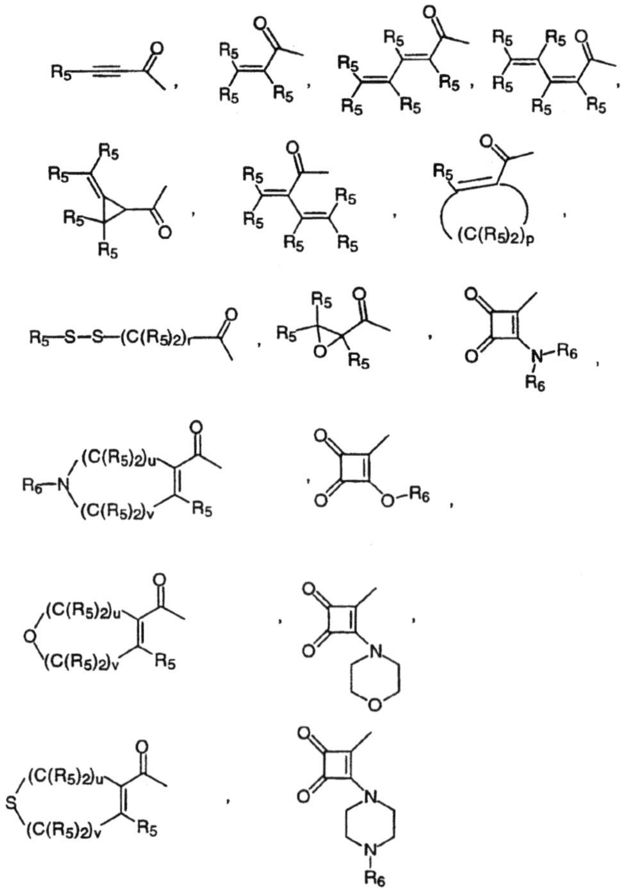

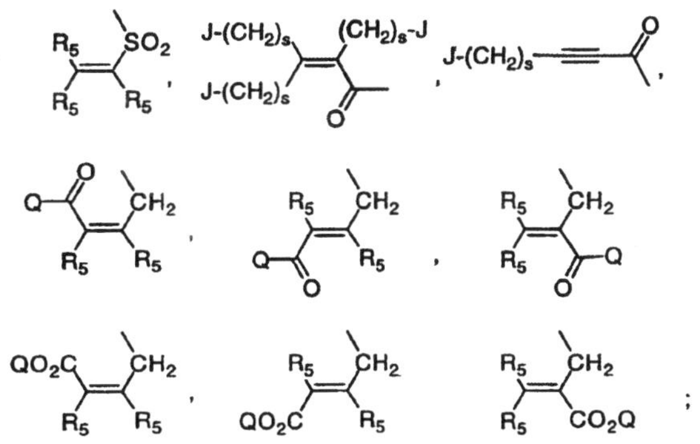

R_5 独立为氢、1~6 个碳原子的烷基、羧基、1~6 个碳原子的羰基烷氧基、苯基、2~7 个碳原子的羰基烷基、

R_7-（C（R_6）$_2$）s-、R_7-（C（R_6）$_2$）p-M-（C（R_6）$_2$）r-、

R_8R_9-CH-M-（C（R_6）$_2$）r-或 Het-W-（C（R_6）$_2$）r-；

R_8 和 R_9 各自独立为-（C（R_6）$_2$）$_r$NR$_6$R$_6$ 或-（C（R_6）$_2$）$_r$OR$_6$；

J 独立为氢、氯、氟或溴；

Q 为 1~6 个碳原子的烷基或氢；

a=0 或 1；

g=1~6；

k=0~4；

n 为 0~1；

p=2~4；

q=0~4；

r=1~4；

s=1~6；

u=0~4 和 v=0~4，其中 u+v 的总和为 2~4；

条件是当：

Z 为 NH；n 为 0；

R_2 选自：

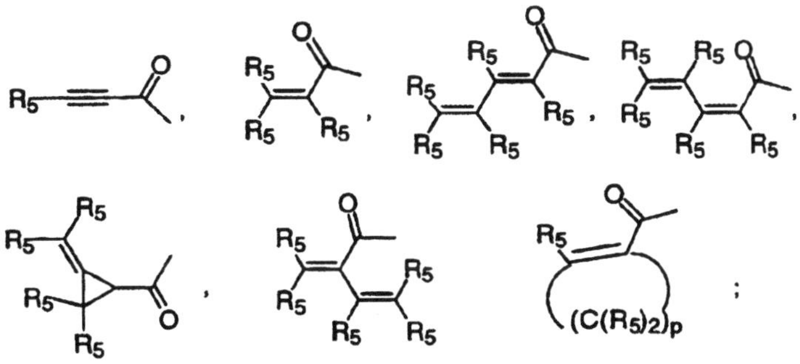

R_5 独立地且只为氢、1~6 个碳原子的烷基、羧基、1~6 个碳原子的羰基烷氧基、苯基或 2~7 个碳原子的羰基烷基；

R_1 为氢、卤素、1~6 个碳原子的烷基或 1~6 个碳原子的烷氧基；

R_4 为氢、卤素、1~6 个碳原子的烷基或 1~6 个碳原子的烷氧基；及

R_3 为氢、1~6 个碳原子的烷基、1~6 个碳原子的烷氧基、羟基或三氟甲基时；

X 不是只由一个或多个选自下列的取代基取代的苯基环：卤素、1~6 个碳原子的烷基、1~6 个碳原子的烷氧基、羟基、三氟甲基、氰基、硝基、羧基、2~7 个碳原子的羰基烷氧基、2~7 个碳原子的羰基烷基、氨基和 1~6 个碳原子的链烷酰基氨基；

另外的条件是：当 R_2 为

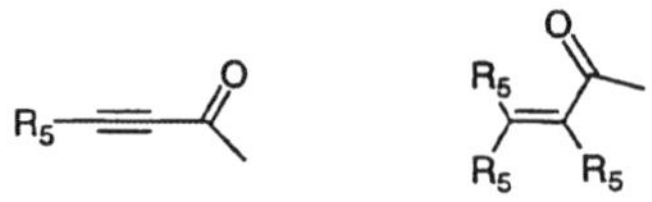

和 R_5 为氢或 1~6 个碳原子的烷基时，R_3 不是卤素；

及更进一步的条件是：

当 R_6 为 2~7 个碳原子的链烯基或 2~7 个碳原子的炔基时，这些链烯基或炔基部分通过饱和的碳原子连接于氮或氧原子上；

最后的条件是：当 Y 为 $-NR_6-$ 或 R_7 为 $-NR_6R_6$ 时，则 g=2~6；

当 M 为-O-和 R_7 为 $-OR_6$ 时，则 p=1~4；

当 Y 为 $-NR_6-$ 时，则 k=2~4；

当 Y 为-O-和 M 或 W 为-O-时，则 k=1~4 及

当 W 为通过氮原子而与 Het 连接的键和 Y 为-O-或 $-NR_6-$ 时，则 k=2~4。”

2007 年 5 月 11 日，申请人美国氰胺公司（下称请求人）对上述驳回决定不服，向专利复审委员会提出复审请求，但没有对申请文件进行修改。请求人认为：对比文件 1 教导本领域技术人员在 7-位的卤素是其化合物能实现发明目的的必要元素，因此，本领域技术人员难以预料任何于该位置不具有卤素的化合物。此外，请求人提供了本申请实施例化合物 66 与对比文件 1 实施例 19 化合物在相同实验模型（对小鼠中人的表皮样瘤（A431）生长的体内抑制）下的实验比较数据，以证明从对比文件 1 中根本不可能预计改变 7-位的取代基，即使改为氢也能引致非常重大的改进。

经形式审查合格后，专利复审委员会受理了该请求，并于 2007 年 8 月 23 日向请求人发出了《复审请求受理通知书》，同时将本申请转送至国家知识产权局原审查部门进行前置审查。

在《前置审查意见书》中，国家知识产权局原审查部门坚持驳回决定。

专利复审委员会组成合议组，对本复审请求案进行了审理，并于 2009 年 5 月 20 日向请求人发出《复审通知书》，指出：权利要求 1 通式化合物与对比文件 1 化合物的母体结构相同，其区别在于母体结构上可变基团的不同选择或者不同组合，而母体结构相同的化合物往往具有类似的药理活性，在已知化合物的基础上保持其母体结构不变，对其上的可变取代基进行进一步的改造是常规技术手段，因此，在对比文件 1 的基础上，类似取代基的变换以及它们之间的重新组合对于本领域技术人员来说是显而易见的。另一方面，根据本申请具体公开的内容，本发明化合物相对于现有技术化合物也不具有预料不到的技术效果，因此，权利要求 1 不具备创造性，不符合专利法第 22 条第 3 款的规定。在此基础上，权利要求 2~29 也不具备创造性。

针对上述《复审通知书》，请求人于 2009 年 9 月 4 日提交了意见陈述书及权利要求书的全文替换页，相对于驳回决定所针对的权利要求书，仅删除了权利要求 1、13、14、17 中涉及 R_3 为卤素的技术方案。

请求人认为：对比文件 1 的 R_3 为氟和氯两种基团，教导了在 7-位用卤素取代是必要条件，其中没有公开如本发明的在 R_3 位置用其他取代基可获得有益效果的教导，本领域技术人员不可能从对比

文件 1 中获得对 R3 进行改进的启示。另外，本发明的化合物相对于对比文件 1 的化合物具有意想不到的效果，由本申请实施例化合物 66 与对比文件 1 实施例化合物的比较结果可以看出，本申请的化合物具有高得多的活性，即使是实施例 21 和 25 的化合物也表现出了对比文件 1 预测不到的活性，因此，本申请的权利要求 1~29 具备创造性。

至此，合议组认为本案事实已经清楚，可以作出审查决定。

二、决定的理由

1. 关于审查文本

请求人于 2009 年 9 月 4 日提交了修改后的权利要求书，经审查，上述修改符合专利法第 33 条以及专利法实施细则第 60 条第 1 款的规定，因此，本复审请求审查决定所针对的文本是：请求人于 2009 年 9 月 4 日提交的权利要求第 1~29 项、进入中国国家阶段时提交的国际申请文件中文译文的说明书第 1~79 页及说明书摘要。

2. 关于专利法第 22 条第 3 款

专利法第 22 条第 3 款规定：创造性，是指同申请日以前已有的技术相比，该发明有突出的实质性特点和显著的进步，该实用新型有实质性特点和进步。

如果请求保护的化合物与现有技术中的化合物相比，只是将母核以外的可变基团用相似的基团进行常规改造，在没有证据能够证明所请求保护的化合物相对于现有技术具有预料不到的技术效果的情况下，则请求保护的化合物不具备创造性。

就本申请而言，权利要求 1 请求保护一种能作为酪氨酸激酶抑制剂的式 I 化合物或其药学上可接受的盐（具体结构式及基团定义见案由部分）。

对比文件 1 公开了一种具有受体酪氨酸激酶抑制作用的化合物，

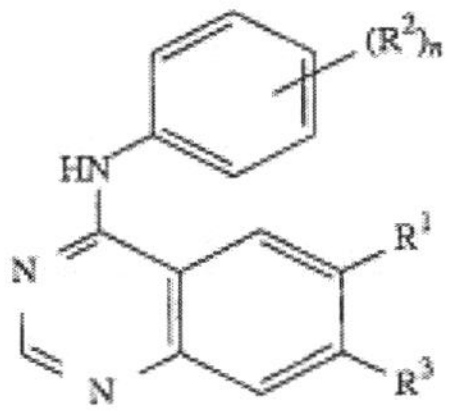

其中 R^3 为卤素，R^2 为氢、羟基、卤素、（1-4C）烷基等，R^1 为各种氨基、酰氨基等（参见对比文件 1 的权利要求 1）。

通过将本申请权利要求 1 与对比文件 1 的技术方案对比可知，权利要求 1 通式化合物与对比文件 1 化合物的母体结构相同，都是 8-位氨基取代的喹唑啉衍生物，它们的区别在于母体结构上可变基团的不同选择或者不同组合。根据本申请具体公开的内容，本发明所实际解决的技术问题是提供了一类母体结构上的取代基和/或其组合的选择与现有技术略有差异并且同样具有受体酪氨酸激酶抑制作用的新化合物。

合议组认为，本领域技术人员知晓，母体结构相同的化合物往往具有类似的药理活性，在本领域寻找类似化合物的过程中，在已知化合物的基础上保持其母体结构不变，而对其上的可变取代基进行进一步的改造（例如对其进行不同的选择和组合）是常规技术手段。虽然本申请权利要求 1 化合物取代基的选择和组合略区别于对比文件 1 的化合物，但是总体而言，其在各个取代位点上，使用的基团基本都是与对比文件 1 中使用的基团相同或者性质相似，且在药物合成中认为可能相互替代的基团，例如，对比文件 1 化合物在对应于本申请权利要求 1 X 位置的取代基为苯基，而本申请权利要求

1 对于 X 的定义中也包含了苯基；再如对于 R_3 位置，对比文件 1 中为卤素，而修改后的权利要求 1 中虽然删除了卤素的定义，但还包括大量本领域通常用于替换卤素的诸如烷基、羟基、氨基等一价生物电子等排体；又如在喹唑啉 6-位的取代基，本申请权利要求 1 与对比文件 1 相似，都定义了大量具有烯键、炔键或类似性能基团的氨基或酰氨基，等等。如上所述，在对比文件 1 的基础上，为了获得具有所述活性的化合物，采用诸如此类的取代基的变换以及它们之间的重新组合对于本领域技术人员来说是显而易见的，并且能够预料它们能取得预期的技术效果。另一方面，根据本申请具体公开的内容，本领域技术人员也不能得出本发明化合物相对于现有技术化合物具有预料不到的技术效果的结论，因此，权利要求 1 不具备创造性，不符合专利法第 22 条第 3 款的规定。

权利要求 2~12 是对权利要求 1 通式化合物中取代基或具体化合物的进一步选择，权利要求 19~24 请求保护的也依然是权利要求 1~12 的化合物，与上述同理，它们也都存在上述相同的创造性缺陷；权利要求 13~17 请求保护式 I 化合物的制药用途，而对比文件 1 已经公开了与式 I 类似的化合物具有受体酪氨酸激酶抑制（参见对比文件 1 权利要求 12~15），例如可治疗癌症的用途，因此，将结构相似的化合物用于酪氨酸激酶抑制剂及其他用于治疗与酪氨酸激酶抑制机理相关的疾病的药物对于本领域技术人员来说是显而易见的，因此，在权利要求 1~12 不具备创造性的前提下，这些化合物的制药用途也不具备创造性；权利要求 18 请求保护含有权利要求 1 化合物的药物组合物，对比文件 1 同样公开了含有类似化合物的药物组合物（具体参见对比文件 1 权利要求 11），因此，在权利要求 1 化合物不具备创造性的前提下，其药物组合物也不具备创造性；权利要求 25~29 请求保护权利要求 1 化合物的制备方法，对比文件 1 也公开了类似化合物的制备方法（具体参见对比文件 1 第 7~9 栏以及实施例），它们的区别仅在于原料中非反应基团的不同选择，本领域技术人员能够根据目标产物的结构来适当选择原料，并且也没有任何证据能够表明本申请的方法获得了预料不到的技术效果，因此，在目标产物不具备创造性的情况下，权利要求 25~29 的制备方法也不具备创造性。综上，权利要求2~29 也都不符合专利法第 22 条第 3 款的规定。

针对请求人的复审理由和答复《复审通知书》的意见陈述，合议组认为：（1）对比文件 1 在 R_3 位置公开了卤素可以为氟或氯（参见对比文件 1 权利要求 3~7），给出了在 R^3 位置基团可以变化的启示。另外，本领域技术人员在寻找具有类似功能的化合物时，基于现有技术，最容易想到的就是改变母环主体结构上的较小的取代基，而卤素和烷基、羟基、氨基等均是药物化学领域可以相互替代的一价生物电子等排体，而卤素和氢之间的相互替代也是药物合成中的常规实践，它们之间的替换对于本领域技术人员而言是显而易见的，并且在本申请原权利要求 1 中也包含卤素的定义，也就是说，请求人在完成本发明时也认为卤素与氢、烷基、羟基、氨基等都属于可相互替代的基团。（2）本申请化合物 66 与对比文件 1 实施例 19 化合物的区别不仅仅在于 7-位的卤素，在其他多个位置上的取代基均具有差别，因此，请求人所提交的证据不能证明仅由于将 7-位卤素改为氢而对实施例 66 的化合物的性质产生了决定性的影响。另外，在本申请中，R_3 位置（即 7-位）上氢和卤素是作为可相互替代的并列选择方式存在的，也就是说，根据本申请的内容，本领域技术人员得到的信息是：7-位氢和卤素的替换在本申请化合物中所取得的效果是相当的。再者，从本申请实施例 66、21、25 以及对比文件 1 实施例 19 化合物的结构以及所述活性测定数据可以看出，虽然实施例 66 的化合物相对于对比文件 1 实施例 19 化合物在效果上具有明显改进，但是同样在 7-位不为卤素的实施例 21 和 25 化合物的效果相对于对比文件 1 实施例 19 化合物却并没有改进，它们与实施例 66 化合物的数据相差一个数量级。因此，本领域技术人员根据以上信息，难以确定权利要求 1 通式范围内的所有化合物均具有实施例 66 化合物所能达到的效果水平，因此，不能将实施例 66 化合物的效果数据作为认定本申请权利要求具有创造性的依据。故对于请求人的主张合议组不予支持。

基于以上事实和理由，合议组作出如下审查决定。

三、决定

维持国家知识产权局于 2003 年 5 月 9 日针对第 98809541.6 号发明专利申请作出的驳回决定。

复审请求人对本决定不服的，可以根据专利法第 41 条第 2 款的规定，自收到本决定之日起三个月内向北京市第一中级人民法院起诉。

206

通过施加特别是基于聚甲基丙烯酸酯的透明层而对材料进行表面整饰的方法

复审请求审查决定（第20459号）

决　定　号　第20459号
决　定　日　2009年12月12日
发明创造名称　通过施加特别是基于聚甲基丙烯酸酯的透明层而对材料进行表面整饰的方法
国际分类号　C08L 33/00，C09D 133/00
复审请求人　罗姆两合公司
申　请　号　200480019530.5
优先权日　2003年9月26日
申　请　日　2004年7月3日
公　开　日　2006年8月16日
合议组组长　孙跃飞
主　审　员　宋　泳
参　审　员　王　磊

法律依据　专利法第33条
决定要点

如果修改的内容是原申请文件中记载的内容，或者能够从原申请记载的信息中直接地、毫无疑义地确定，那么，这样的修改就是允许的。

一、案由

本复审请求案涉及发明名称为“通过施加特别是基于聚甲基丙烯酸酯的透明层而对材料进行表面整饰的方法”的第200480019530.5号发明专利申请（下称本申请），申请人为罗姆两合公司，申请日为2004年7月3日，优先权日为2003年9月26日，公开日为2006年8月16日。

2008年10月17日，针对申请人于2008年7月24日提交的权利要求第1~6项，进入中国国家阶段时提交的国际申请文件的中文文本的说明书第1~13页、附图第1、2页和说明书摘要，国家知识产权局以权利要求1的修改不符合专利法第33条的规定为由驳回了本申请。驳回决定针对的权利要求1如下：

“1. 对材料进行表面整饰的方法，其中表面整饰是基于至少一种热塑性聚甲基丙烯酸酯层，该聚甲基丙烯酸酯层通过以下方法获得：

混合聚合物，所述聚合物由聚合的单体混合物a. 和b. 为原料获得，其中 a. 包含：

A）20 至 100wt% 甲基丙烯酸甲酯，

B）0 至 80wt% 与甲基丙烯酸甲酯不同的式 I 的（甲基）丙烯酸酯，

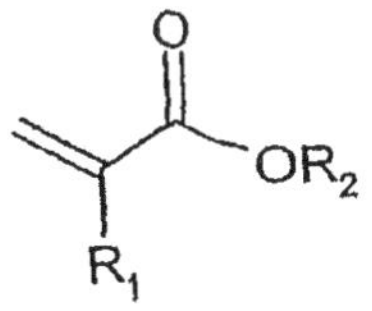

（I）

其中

R_1 是氢或甲基以及

R_2是 1 至 18 个碳原子的直链或支链烷基或环烷基，或是苯基或萘基，

C）0 至 40wt% 与 a. A）和 a. B）不同的、但可与 a. A）和 a. B）共聚的另一种不饱和单体，其中 a. A）到 a. C）加和是 100wt%，

并且向 100 重量份该聚合的混合物中添加 0 至 80 重量份的其他聚合物以及 0 至 150 重量份的常规添加剂；

以及 b. 包含：

A）20 至 99wt% 甲基丙烯酸甲酯以及任选地，与甲基丙烯酸甲酯不同的式 I 的（甲基）丙烯酸酯

其中

R_1 是氢或甲基以及

R_2 是 1 至 18 个碳原子的直链或支链烷基或环烷基，或是苯基或萘基，

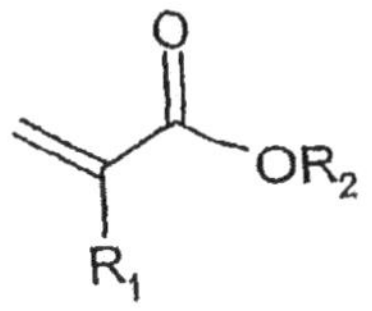

（I）

B）1 至 80wt% 一种或多种与 b. A）不同的、可与 b. A）共聚的烯属不饱和的“反应性单体”，所述“反应性单体”是具有可以与将涂敷的材料发生相互作用的官能团的、能够自由基聚合的单体，其中 b. A）和 b. B）加和是 100wt%，以及

向 100 重量份该聚合的混合物中添加 0 至 80 重量份的其他聚合物和 0 至 150 重量份的常规添加剂；

并且在允许产生聚甲基丙烯酸酯层与材料的化学接合的温度下将聚甲基丙烯酸酯层施加至材料上。”

驳回决定的主要理由为：申请人将“式 1 的（甲基）丙烯酸甲酯”修改为“甲基丙烯酸甲酯以及任选的与甲基丙烯酸甲酯不同的式 1 的（甲基）丙烯酸酯”，其依据为说明书第 5 页记载的“组分 b. A）包括组分 a. A）和 a. B）的总和”。其中组分 a. A）和 a. B）是单体混合物 a. 中的组分，具体为 a. 包含：A）20 至 100wt% 甲基丙烯酸甲酯，B）0 至 80wt% 与甲基丙烯酸甲酯不同的式 1 的（甲基）丙烯酸酯。也就是说，组分 a. A）和 a. B）的含量是有比例关系的。而修改后权利要求 1 的表述中并不存在该比例关系。因此，权利要求 1 的修改超出原说明书和权利要求书记载的范围，不符合专利法第 33 条的规定。

2009 年 1 月 23 日，申请人罗姆两合公司（下称请求人）对上述驳回决定不服，向专利复审委员会提出复审请求，未对申请文件进行修改。

请求人认为：（1）将“式 1 的（甲基）丙烯酸甲酯”修改为“甲基丙烯酸甲酯以及任选的与甲

基丙烯酸甲酯不同的式1的（甲基）丙烯酸酯”是能够从说明书公开的内容中毫无疑义且唯一地导出的，因为从表达习惯和常识来看，说明书第5页记载的“组分b. A）包括组分a. A）和a. B）的总和”应理解为包括组分a. A）和a. B）的组分并非涉及含量；（2）b组分中“反应性单体”的b. B）组分具有改善粘附的作用，而b. A）组分相对次要，仅是相容性的辅助作用，因此并非背离了a组分中所述的a. A）和a. B）含量会导致本发明效果不可实现。因此权利要求1的修改符合专利法第33条的规定。

经形式审查合格后，专利复审委员会受理了该请求，并于2009年2月27日向请求人发出了《复审请求受理通知书》，同时将本申请转送至国家知识产权局原审查部门进行前置审查。

在《前置审查意见书》中，国家知识产权局原审查部门坚持了驳回决定。

专利复审委员会组成合议组，对本复审请求案进行了审理。

2009年11月26日，请求人提交了权利要求书的修改替换页，其中将权利要求1中“以及b. 包含：A）20至99wt%甲基丙烯酸甲酯以及任选地，与甲基丙烯酸甲酯不同的式I的（甲基）丙烯酸酯”修改为：“以及b. 包含：A）20至99wt%的组分b. A），其包括组分a. A）和a. B）的总和”。修改后的权利要求1如下：

“1. 对材料进行表面整饰的方法，其中表面整饰是基于至少一种热塑性聚甲基丙烯酸酯层，该聚甲基丙烯酸酯层通过以下方法获得：

混合聚合物，所述聚合物由聚合的单体混合物a. 和b. 为原料获得，

其中a. 包含：

A）20至100wt%甲基丙烯酸甲酯，

B）0至80wt%与甲基丙烯酸甲酯不同的式I的（甲基）丙烯酸酯，

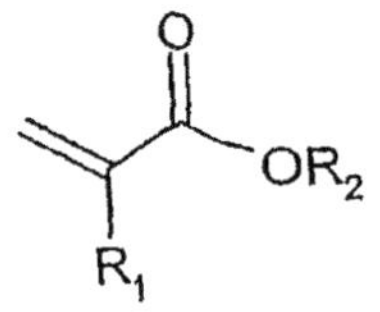

(I)

其中

R_1是氢或甲基以及

R_2是1至18个碳原子的直链或支链烷基或环烷基，或是苯基或萘基，

C）0至40wt%与a. A）和a. B）不同的、但可与a. A）和a. B）共聚的另一种不饱和单体，其中a. A）到a. C）加和是100wt%，

并且向100重量份该聚合的混合物中添加0至80重量份的其他聚合物以及0至150重量份的常规添加剂；

以及b. 包含：

A）20至99wt%的组分b. A），其包括组分a. A）和a. B）的总和，

其中

R_1是氢或甲基以及

R_2是1至18个碳原子的直链或支链烷基或环烷基，或是苯基或萘基，

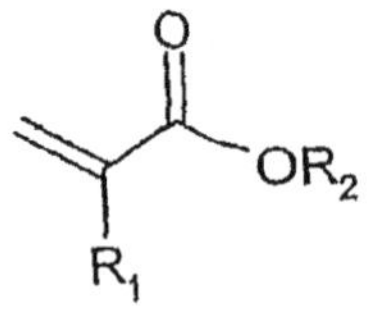

(I)

B）1 至 80wt% 一种或多种与 b. A）不同的、可与 b. A）共聚的烯属不饱和的“反应性单体”，所述“反应性单体”是具有可以与将涂敷的材料发生相互作用的官能团的、能够自由基聚合的单体，其中 b. A）和 b. B）加和是 100wt%，以及

向 100 重量份该聚合的混合物中添加 0 至 80 重量份的其他聚合物和 0 至 150 重量份的常规添加剂；

并且在允许产生聚甲基丙烯酸酯层与材料的化学接合的温度下将聚甲基丙烯酸酯层施加至材料上。”

至此，合议组认为本案事实已经清楚，可以作出审查决定。

二、决定的理由

1. 关于审查文本

请求人于 2009 年 11 月 26 日提交的修改文本是为了消除驳回决定指出的缺陷，该修改符合专利法实施细则第 60 条第 1 款的规定。本复审请求审查决定所依据的文本为：请求人于 2009 年 11 月 26 日提交的权利要求第 1~6 项，进入中国国家阶段时提交的国际申请文件的中文文本的说明书第 1~13 页、附图第 1、2 页和说明书摘要。

2. 关于专利法第 33 条

专利法第 33 条规定：申请人可以对其专利申请文件进行修改，但是，对发明和实用新型专利申请文件的修改不得超出原说明书和权利要求书记载的范围。

如果修改的内容是原申请文件中记载的内容，或者能够从原申请记载的信息中直接地、毫无疑义地确定，那么，这样的修改就是允许的。

对于本申请而言，请求人将原始权利要求中记载的“以及 b. 包含：A）20 至 99wt% 式 I 的（甲基）丙烯酸甲酯”修改为：“以及 b. 包含 A）20 至 99wt% 的组分 b. A），其包括组分 a. A）和 a. B）的总和”。对此，合议组认为：由于本申请的说明书第 3 页第 3 段至第 5 页第 5 段记载了“聚合物由聚合的单体混合物 a. 和 b. 为原料获得”，并记载了原料 a. 和 b. 的组成，并在说明书第 5 页第 6 段明确记载了“组分 b. A）包括组分 a. A）和 a. B）的总和”。因此，经请求人上述修改后的技术方案可以由原始申请说明书中明确记载的内容直接、毫无疑义地确定，因此这样的修改符合专利法第 33 条的规定，并且克服了驳回决定所指出的缺陷。

基于以上事实和理由，合议组作出如下审查决定。

三、决定

撤销国家知识产权局于 2008 年 10 月 17 日针对第 200480019530.5 号发明专利申请作出的驳回决定，由国家知识产权局原审查部门以本复审请求审查决定所针对的文本为基础继续审批程序。

复审请求人对本决定不服的，可以根据专利法第 41 条第 2 款的规定，自收到本决定之日起三个月内向北京市第一中级人民法院起诉。

207

茚稠合的光致变色萘并吡喃类，萘酚类和光致变色制品

复审请求审查决定（第20463号）

决　定　号　第20463号
决　定　日　2009年12月10日
发明创造名称　茚稠合的光致变色萘并吡喃类，萘酚类和光致变色制品
国际分类号　C07D311/94，G02B5/23，C08K5/15，C09K9/02
复审请求人　光学转变公司
申　请　号　200480007570.8
优先权日　2003年3月20日
申　请　日　2004年3月16日
公　开　日　2006年4月19日
合议组组长　任晓兰
主　审　员　赵步真
参　审　员　吴红权

法律依据　专利法第26条第4款
决定要点

如果请求人删除了得不到支持的权利要求，则修改已克服了《驳回决定》或《复审通知书》所指出的权利要求不符合专利法第26条第4款的缺陷。

一、案由

本复审请求案涉及发明名称为“茚稠合的光致变色萘并吡喃类，萘酚类和光致变色制品”的第200480007570.8号发明专利申请（下称本申请），申请人为光学转变公司，申请日为2004年3月16日，优先权日为2003年3月20日，公开日为2006年4月19日。

2008年2月15日，针对申请人于2007年12月18日提交的权利要求第1~35项、进入中国国家阶段时提交的国际申请文件的中文文本的说明书第1~51页及说明书摘要（下称驳回文本），国家知识产权局以本申请权利要求1~3不符合专利法第26条第4款的规定为由驳回了本申请。驳回决定针对的权利要求1如下：

“1. 萘并吡喃，其具有用下列图解式表示的结构：

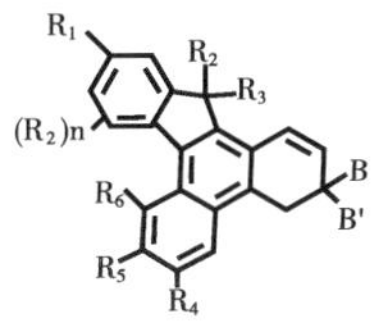

其中

（a）R_1 表示为：

（i）$-SR_7$，R_7 选自 C_1-C_6 烷基，芳基，单或二取代芳基，所述芳基是苯基或萘基，所述芳基取代基各自独立地选自 C_1-C_6 烷基，C_1-C_6 烷氧基，或卤素；

（ii）$-N(R_{15})R_{16}$，R_{15} 和 R_{16} 各自独立地选自氢，C_1-C_8 烷基，芳基，呋喃基，苯并呋喃-2-基，苯并呋喃-3-基，噻吩基，苯并噻吩-2-基，苯并噻吩-3-基，二苯并呋喃基，二苯并噻吩基，苯并吡啶基，芴基，C_1-C_8 烷芳基，C_3-C_{20} 环烷基，C_4-C_{20} 双环烷基，C_5-C_{20} 三环烷基或 C_1-C_{20} 烷氧基烷基和所述芳基是苯基或萘基；

（iii）用以下图解式表示的含氮环：

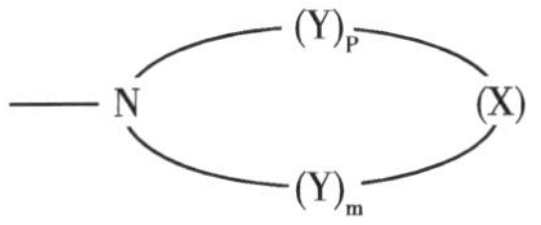

其中在所有情况下各 Y 独立地选自 $-CH_2-$，$-CH(R_{17})-$，$-C(R_{17})(R_{17})-$，$-CH$（芳基）$-$，$-C$（芳基）$_2-$，或 $-C(R_{17})$（芳基）$-$；X 是 $-Y-$，$-O-$，$-S-$，$-S(O)-$，$-S(O_2)-$，$-NH-$，$-N(R_{17})-$ 或 $-N$（芳基）$-$；R_{17} 是 C_1-C_6 烷基；所述芳基是苯基或萘基，m 选自整数 1，2 或 3 和 p 选自整数 0，1，2 或 3；前提是当 p 是 0 时，X 是 Y；

（iv）用以下图解式之一表示的基团：

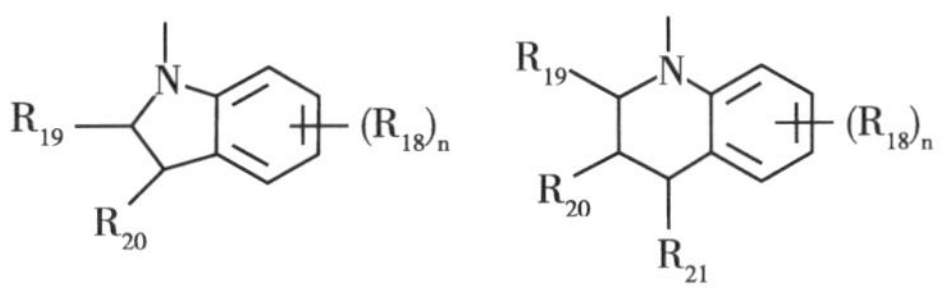

其中在所有情况下在各式中的 R_{19}、R_{20} 和 R_{21} 各自独立地选自氢，C_1-C_5 烷基，苯基或萘基；或者基团 R_{19} 和 R_{20} 一起形成了 5~8 个碳原子的环；R_{18} 在所有情况下独立地选自 C_1-C_6 烷基，C_1-C_6 烷氧基，氟或氯和 n 选自整数 0，1 或 2；

（v）未取代的、单或二取代 C_4-C_{18} 螺双环胺；或

（vi）未取代、单或二取代 C_4-C_{18} 螺三环胺；在所有情况下，（v）和（vi）的所述取代基独立地选自芳基，C_1-C_6 烷基，C_1-C_6 烷氧基，或苯基（C_1-C_6）烷基；

（b）R_1' 在所有情况下独立地选自 C_1-C_6 烷基或 C_1-C_6 烷氧基和 n 选自整数 0，1 或 2；

（c）R_2 和 R_3 各自独立地选自：

（i）氢，羟基，氨基，单或二取代氨基，C_1-C_{12} 烷基，C_3-C_{12} 烷叉基，C_2-C_{12} 次烷基，乙烯基，C_3-C_7 环烷基，C_1-C_6 卤代烷基，烯丙基，苄基，单取代苄基，氯，氟或 $-C(O)W$，其中 W 是羟基，C_1-C_6 烷基，C_1-C_6 烷氧基，苯基，单取代苯基，氨基，单（C_1-C_6）烷基氨基，二（C_1-C_6）烷基氨基，吗啉代，哌啶子基或吡咯烷基；所述氨基取代基是 C_1-C_6 烷基，苯基，苄基或萘基；所述苄基和苯基取代基各自是 C_1-C_6 烷基或 C_1-C_6 烷氧基；

（ii）选自苯基，萘基，菲基，芘基，喹啉基，异喹啉基，苯并呋喃基，噻吩基，苯并噻吩基，二

苯并呋喃基，二苯并噻吩基，咔唑基或吲哚基中的未取代、单取代、二取代或三取代基团；在所有情况下，在（c）（ii）中的所述基团取代基各自独立地选自氯，氟，C_1-C_6 烷基或 C_1-C_6 烷氧基；

（iii）单取代苯基，所述苯基具有位于对位的取代基-（CH_2）t-或-O-（CH_2）t-，所述取代基连接于属于另一光致变色材料的结构部分的芳基，以及t选自整数1，2，3，4，5或6；

（iv）$-OR_8$，R_8 选自 C_1-C_6 烷基，C_1-C_6 酰基，苯基（C_1-C_3）烷基，单（C_1-C_6）烷基取代的苯基（C_1-C_3）烷基，单（C_1-C_6）烷氧基取代的苯基（C_1-C_3）烷基，C_1-C_6 烷氧基（C_2-C_4）烷基，C_3-C_7 环烷基，单（C_1-C_4）烷基取代的 C_3-C_7 环烷基，C_1-C_6 氯烷基，C_1-C_6 氟烷基，烯丙基，三（C_1-C_6）烷基甲硅烷基，三（C_1-C_6）烷氧基甲硅烷基，二（C_1-C_6）烷基（C_1-C_6）烷氧基甲硅烷基，二（C_1-C_6）烷氧基（C_1-C_6）烷基甲硅烷基，苯甲酰基，单取代苯甲酰基，萘甲酰基或单取代萘甲酰基；所述苯甲酰基和萘甲酰基取代基各自独立地选自 C_1-C_6 烷基或 C_1-C_6 烷氧基；或 R_8 是-CH（R_9）Q，其中 R_9 选自氢或 C_1-C_3 烷基和Q选自-CN，$-CF_3$，或 $-COOR_{10}$，R_{10} 选自氢或 C_1-C_3 烷基；或 R_8 是-C（O）V，其中V选自氢，C_1-C_6 烷氧基，苯氧基，单-或二-（C_1-C_6）烷基取代的苯氧基，单-或二-（C_1-C_6）烷氧基取代的苯氧基，未取代、单-或二-取代的芳基，氨基，单（C_1-C_6）烷基氨基，二（C_1-C_6）烷基氨基，苯基氨基，单-或二-（C_1-C_6）烷基取代的苯基氨基，或者单-或二-（C_1-C_6）烷氧基取代的苯基氨基；所述芳基取代基各自独立地选自 C_1-C_6 烷基或 C_1-C_6 烷氧基；

（v）$-CH(Q')_2$，Q′选自-CN或 $-COOR_{11}$，R_{11} 选自氢，C_1-C_6 烷基，苯基（C_1-C_3）烷基，单（C_1-C_6）烷基取代的苯基（C_1-C_3）烷基，单（C_1-C_6）烷氧基取代的苯基（C_1-C_3）烷基，或未取代、单-或二-取代的芳基；所述芳基取代基各自独立地选自 C_1-C_6 烷基或 C_1-C_6 烷氧基；

（vi）-CH（R_{12}）G，R_{12} 选自氢，C_1-C_6 烷基，或未取代、单-或二-取代的芳基，以及G选自 $-COOR_{11}$，$-COR_{13}$ 或 $-CH_2OR_{14}$，其中 R_{11} 如上述（v）中定义，R_{13} 选自氢，C_1-C_6 烷基，或未取代、单-或二-取代的芳基，氨基，单（C_1-C_6）烷基氨基，二（C_1-C_6）烷基氨基，苯基氨基，单-或二-（C_1-C_6）烷基取代的苯基氨基，单-或二-（C_1-C_6）烷氧基取代的苯基氨基，二苯基氨基，单-或二-（C_1-C_6）烷基取代的二苯基氨基，单-或二-（C_1-C_6）烷氧基取代的二苯基氨基，吗啉代或哌啶子基，R_{14} 选自氢，-C（O）R_{11}，C_1-C_6 烷基，C_1-C_3 烷氧基（C_1-C_6）烷基，苯基（C_1-C_3）烷基，单（C_1-C_6）烷氧基取代的苯基（C_1-C_3）烷基，或未取代、单-或二-取代的芳基，所述芳基取代基各自独立地选自 C_1-C_6 烷基或 C_1-C_6 烷氧基；或

（vii）基团T用下式来表示：

$-Z[(OC_2H_4)_x(OC_3H_6)_y(OC_4H_8)_z]Z'$

$-[(OC_2H_4)_x(OC_3H_6)_y(OC_4H_8)_z]Z'$

其中-Z选自-C（O）-或 $-CH_2-$，Z′选自 C_1-C_3 烷氧基或可聚合基团，x，y和z各自独立选自0~50的数值，以及x，y和z的总和是2~50；

（d）R_4 选自氢，C_1-C_6 烷基，或选自下列之中的基团 R_a：

（i）$-OR_8'$，R_8' 选自苯基（C_1-C_3）烷基，C_1-C_6 烷基，单（C_1-C_6）烷基取代的苯基（C_1-C_3）烷基，单（C_1-C_6）烷氧基取代的苯基（C_1-C_3）烷基，C_1-C_6 烷氧基（C_2-C_4）烷基，C_3-C_7 环烷基，单（C_1-C_4）烷基取代的 C_3-C_7 环烷基，C_1-C_6 氯烷基，C_1-C_6 氟烷基，烯丙基或-CH（R_9）Q，其中R9选自氢或 C_1-C_3 烷基；或

（ii）选自下列之中的基团：

（1）-N（R_{15}）R_{16}，其中 R_{15} 和 R_{16} 与以上在（a）（ii）中所述相同；

（2）用以下图解式表示的含氮的环：

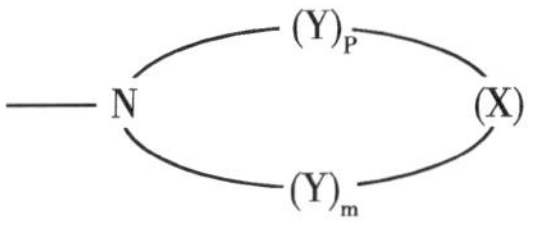

其中X，Y，m和p与以上在（a）（iii）中所述相同；或

（3）用以下图解式表示的基团：

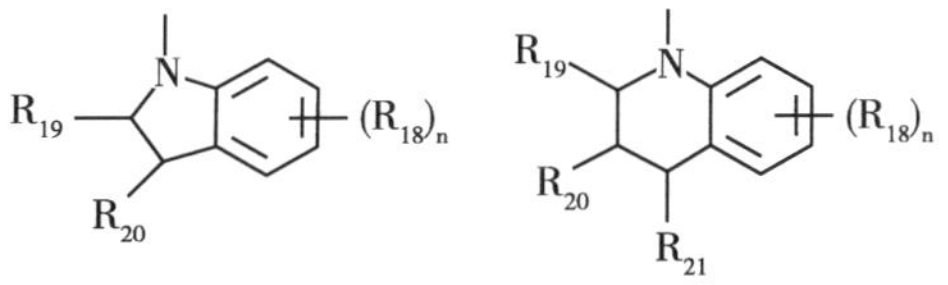

其中R_{18}，R_{19}，R_{20}，R_{21}和n与以上在（a）（iv）中所述相同；

（e）R_5选自氢，C_1-C_6烷基，或R_a，所述R_a与以上在（d）中所述相同；

（f）R_6选自氢，C_1-C_6烷基，或R_a，所述R_a与以上在（d）中所述相同；或

（g）R_5和R_6一起形成下列图解式的一个：

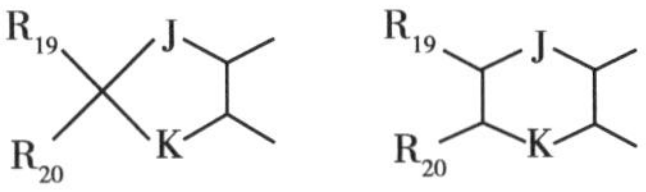

其中在各式中的J和K在所有情况下独立地选自氧或-N（R_{15}）-，R_{15}与以上在（a）（ii）中所述相同，R_{19}和R_{20}各自与以上在（a）（iv）中所述相同；

（h）B和B′各自独立地选自：

（i）单-T-取代的苯基；

（ii）未取代，单-、二-或三-取代的芳基；

（iii）9-久洛尼定基，或未取代，单或二取代的杂芳族基团，选自吡啶基，呋喃基，苯并呋喃-2-基，苯并呋喃-3-基，噻吩基，苯并噻吩-2-基，苯并噻吩-3-基，二苯并呋喃基，二苯并噻吩基，咔唑基，苯并吡啶基，二氢吲哚基或芴基，在（h）（ii）和（iii）中的所述芳基和杂芳族取代基各自独立地选自羟基，以上在（c）（i）中所述的-C（O）W，芳基，单（C_1-C_6）烷氧基芳基，二（C_1-C_6）烷氧基芳基，单（C_1-C_6）烷芳基，二（C_1-C_6）烷芳基，氯芳基，氟芳基，C_3-C_7环烷基芳基，C_3-C_7环烷基，C_3-C_7环烷氧基，C_3-C_7环烷氧基（C_1-C_6）烷基，C_3-C_7环烷氧基（C_1-C_6）烷氧基，芳基（C_1-C_6）烷基，芳基（C_1-C_6）烷氧基，芳氧基，芳氧基（C_1-C_6）烷基，芳氧基（C_1-C_6）烷氧基，单-或二-（C_1-C_6）烷芳基（C_1-C_6）烷基，单-或二-（C_1-C_6）烷氧基芳基（C_1-C_6）烷基，单-或二-（C_1-C_6）烷芳基（C_1-C_6）烷氧基，单-或二-（C_1-C_6）烷氧基芳基（C_1-C_6）烷氧基，氨基，单（C_1-C_6）烷基氨基，二（C_1-C_6）烷基氨基，二芳基氨基，哌嗪基，N-（C_1-C_6）烷基哌嗪基，N-芳基哌嗪基，氮丙啶基，二氢吲哚基，哌啶子基，吗啉代，硫代吗啉代，四氢喹啉基，四氢异喹啉基，吡咯烷基，C_1-C_6烷基，C_1-C_6氯烷基，C_1-C_6氟烷基，C_1-C_6烷氧基，单（C_1-C_6）烷氧基（C_1-C_4）烷基，丙烯酰氧基，甲基丙烯酰氧基，溴，氯或氟，所述芳基选自苯基或萘基；

（iv）未取代或单取代基团，选自吡唑基，咪唑基，吡唑啉基，咪唑啉基，吡咯啉基，吩噻嗪基，吩噁嗪基，吩嗪基或氮丙啶基，所述取代基各自独立地选自C_1-C_6烷基，C_1-C_6烷氧基，苯基，氟，氯或溴；

（v）单取代苯基，所述苯基具有如以上在（c）（iii）中所述的位于对位的取代基；

（vi）用以下图解式之一表示的基团：

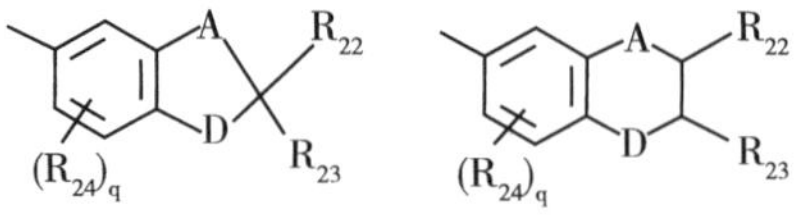

其中在各式中的 A 独立地选自亚甲基或氧和在各式中的 D 独立地选自氧或取代的氮，前提是当 D 是取代氮时，A 是亚甲基；所述氮取代基选自氢，C_1-C_6 烷基，或 C_2-C_6 酰基；在所有情况下，在各式中的各 R_{24}彼此独立地选自 C_1-C_6 烷基，C_1-C_6 烷氧基，羟基，氯或氟；在各式中的 R_{22}和 R_{23}彼此独立地选自氢或 C_1-C_6 烷基；以及 q 选自整数 0，1 或 2；

（vii）C_1-C_6 烷基，C_1-C_6 氯烷基，C_1-C_6 氟烷基，C_1-C_6 烷氧基（C_1-C_4）烷基，C_3-C_6 环烷基，单（C_1-C_6）烷氧基（C_3-C_6）环烷基，单（C_1-C_6）烷基（C_3-C_6）环烷基，氯（C_3-C_6）环烷基，氟（C_3-C_6）环烷基或 C_4-C_{12}双环烷基；或

（viii）用下列图解式表示的基团：

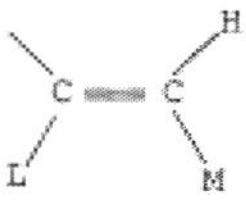

其中 L 选自氢或 C_1-C_4 烷基和 M 选自未取代，单或二取代的萘基、苯基、呋喃基或噻吩基；所述基团取代基各自独立地选自 C_1-C_4 烷基，C_1-C_4 烷氧基，氟或氯；或

（i）B 和 B′能够一起形成芴-9-叉基，单或二取代芴-9-叉基，或独立地选自饱和 C_3-C_{12}螺单环烃环，饱和 C_7-C_{12}螺双环烃环，或饱和 C_7-C_{12}螺三环烃环中的基团；所述芴-9-叉基取代基各自独立地选自 C_1-C_4 烷基，C_1-C_4 烷氧基，氟或氯，前提是所述萘并吡喃在 13-位上基本上不含螺取代基。”

《驳回决定》认为：权利要求 1 涉及一种萘并吡喃的光致变色材料，其对各个基团的定义宽泛，囊括了大量的化合物，根据说明书充分公开的内容：R_1 为吗啉代，B、B′为甲氧基、甲氧基乙氧基或吗啉基取代的苯基，R_2、R_3 为甲基、乙基、羟基，R_1′为 H 或 10-位甲氧基，其余基团为氢，本领域的技术人员从说明书充分公开的内容无法得到或概括得出权利要求 1 的技术方案，也无法预料权利要求 1 囊括的所有化合物都能实现本发明，因此权利要求 1 得不到说明书的支持，不符合专利法第 26 条第 4 款的规定。权利要求 2~3 也存在相同的问题，因此都得不到说明书的支持，不符合专利法第 26 条第 4 款的规定。

2008 年 6 月 2 日，申请人光学转变公司（下称请求人）对上述驳回决定不服，向专利复审委员会提出复审请求，请求人在提出复审请求时对权利要求书进行了修改，在驳回文本的基础上，删除了权利要求 1 和 33 R_1 定义中的（v）和（vi），以及权利要求 2 中 R_1 定义中的（vii）和（viii），同时提交了现有技术中已授权的专利文献 20 篇。

请求人认为：茚稠合的光致变色萘并吡喃是已知的，本申请与现有技术化合物的区别仅仅在于 11-位。①对于除 11-位以外的非本发明发明点基团，例如 R1′的类似定义出现在例如但不限于文献 6、8、9 中，在文献 1 和 2 中有更宽的定义；本申请 R_2 和 R_3 的类似定义出现在例如但不限于文献 1、2、5 中；R_4-R_6 的类似定义出现在例如但不限于文献 1、2 中；B 和 B′的类似定义出现在所有文献中。这些文献对这些基团的认识属于现有技术，本领域技术人员完全知晓所有这些基团定义具有相同的作用或者功效。②对于本发明的发明点 R_1 基团，说明书中已用 11-位为吗啉代的化合物进行了示例，以说明合适的强电子给体效应，普通技术人员能够理解其他类似的电子给体，例如含氮或硫的取代基也能够取得类似的功效。通过吗啉基团的示例，可以直接并合理地得到（iii）中所限定的含氮环的定义，包括文献 1 和 2 在内的现有技术也通过有限的实施例得到了类似于本申请（iii）的范围。文

献 1 和 2 中教导（iii）与（iv）以及-N（R_{15}）R_{16}具有相同的功能或效果，文献 4 教导-SR_7-与-N（R_{15}）R_{16}属于同类基团。因此，结合现有技术，通过吗啉基能够合理地概括得到（i）-（iv）的范围。

经形式审查合格后，专利复审委员会受理了该请求，并于 2008 年 6 月 19 日向请求人发出了《复审请求受理通知书》，同时将本申请转送至国家知识产权局原审查部门进行前置审查。

在《前置审查意见书》中，国家知识产权局原审查部门认为：请求人虽然对权利要求稍作改动，但是仍然没有克服驳回决定所指的缺陷，因此坚持驳回决定。

专利复审委员会组成合议组，对本复审请求案进行了审理，并于 2009 年 7 月 24 日向请求人发出《复审通知书》，指出：对于权利要求 1：①关于 11-位取代基 R_1 基团，首先，就-SR_7、-N（R_{15}）R_{16}、式（iii）和式（iv）本身而言，它们在结构和性质上存在一定的差异，其次，根据权利要求 1 的定义，诸如 R_7、R_{15}、R_{16}、R_{18-21}这些基团的变化也涉及非常大的范围，这导致 R1 基团的定义总体上包含了大量结构性质方面差异巨大的基团或者结构片段。然而，如本申请说明书发明内容部分所述，本发明的核心在于对茚稠合的萘并吡喃 11-位的改造，从而实现可见光 λmax 和/或灵敏度的增加。但是，在本申请具体制备并且用于光致变色性能测试而证明能够实现所述效果的全部化合物中，11-位的取代基均为吗啉基，因此，本领域技术人员基于该说明书具体公开的信息，有理由认为 1_1-位吗啉基是解决本发明上述技术问题所必不可少的基团，从而，也无法预期如权利要求 1 所定义的在结构、性质方面存在显著差异的各 R_1 基团都能实现本发明的目的。②对于其他位置的取代基（R_1'、R_2-R_6、B 和 B′）而言，权利要求 1 同样定义了非常宽泛的范围，但是说明书实施例中仅仅公开了非常有限的情况（B、B′为未取代或被甲氧基、甲氧基乙氧基或吗啉基取代的苯基，R_2、R_3 为甲基、乙基、羟基，R_1'为 H 或 10-位甲氧基，R_4-R_6 都为氢）。对于光致变色化合物而言，在没有证据表明可见光 λmax 和/或灵敏度的增加是由其共同结构母核所决定，或者这些位置上的取代基不会影响到整个化合物可见光 λmax 的红移或灵敏度的增加的情况下，由于母体结构上不同位点的取代基会对化合物整体性能产生影响，因此，根据本申请公开的内容，本领域技术人员难以预料 11-位之外的其他位置的取代基团在如权利要求 1 所定义的如此之大范围内的任意选择对于本申请技术问题的解决都能起到相同或者相似的作用。因此，权利要求 1 得不到说明书的支持，不符合专利法第 26 条第 4 款的规定。从属权利要求 2~3 是对上述权利要求 1 范围的进一步限定，但仍然存在上述类似的定义过于宽泛的问题，因此也不符合专利法第 26 条第 4 款的规定。权利要求 5~32 请求保护含有权利要求 1~3 化合物的光致变色材料和光致变色制品，在权利要求 1~3 化合物得不到说明书支持的情况下，权利要求 5~32 也都得不到说明书的支持，不符合专利法第 26 条第 4 款的规定。权利要求 33~34 请求保护中间体萘酚，它们同样存在上述相同的取代基定义过于宽泛的问题，因此，基于相同的理由，权利要求 33~34 也都得不到说明书的支持，不符合专利法第 26 条第 4 款的规定。

针对请求人的意见陈述，合议组在《复审通知书》中指出：①对于请求人提出的根据现有技术可以概括得到非本发明发明点基团的意见，首先，请求人只是泛泛地提到从这些文献中得到相应基团的概括，没有按照专利法实施细则第 4 条的要求提供所述 20 篇专利相关内容的中文译文，也没有明确指出其所引用文献的具体位置和具体内容，对于文献中的相应内容如何支持其主张也没有给出充分的说明；其次，即使请求人提交了该 20 篇专利相关内容的中文译文、指明了所引用文献的具体位置和具体内容，并对文献中相应内容如何支持其主张进行了充分说明，也仍需使用文献中具体公开的内容（如实施例）而非概括得出的技术方案（如权利要求）来支持请求人的主张；再次，请求人也尚需证明，其他基团在如此大范围内的任意选择都不会对 11-位吗啉基取代的效果产生不利影响。②对于被认为是本发明发明点的 R1 基团，请求人认为具有供电子效应的类似基团都能取得类似的功效。

但是，本申请中并未对此予以充分说明，同时也没有提供任何证据证明只要11-位存在供电子基团便能实现可见光 λmax 红移及灵敏度增加的效果，因此，11-位为吗啉基的化合物能够产生本申请所述的效果，并不意味着（iii）中所有的含氮环均可达到相同的效果。其次，对于请求人提到的现有技术（例如文献1、2和4），首先，其存在①中所述的缺陷；其次，由于文献1、2、4解决的问题并不是使光致变色材料的可见光 λmax 红移或灵敏度增加，因此，即使这些文献证明对于其解决的技术问题来说，（i）-（iv）的取代基的供电子性能是等价的，也并不意味着其对于解决本申请的技术问题来说也是等价的。因此，在现有技术中没有在11-位引入供电子基从而能够产生相应效果的教导和启示的情况下，请求人基于供电子基理论，从而从吗啉基推导至式（iii），并由式（iii）推导至式（i）、（ii）和（iv）的理由不能成立。

针对上述《复审通知书》，请求人于2009年11月9日提交了意见陈述书及权利要求书全文替换页，删除了复审请求时所提交文本的权利要求1~3和33~34，将权利要求4作为新的权利要求1，并相应调整了其他权利要求的引用关系。修改后的权利要求1为：

"1. 萘并吡喃，选自：

（a）3，3-二（4-甲氧基苯基）-11-吗啉代-13，13-二甲基-3H，13H-茚并［2′，3′：3，4］萘并［1，2-b］吡喃；

（b）3-苯基-3-（4-吗啉代-苯基）-11-吗啉代-13，13-二甲基-3H，13H-茚并［2′，3′：3，4］萘并［1，2-b］吡喃；

（c）3，3-二（4-（2-甲氧基乙氧基苯基））-11-吗啉代-13，13-二甲基-3H，13H-茚并［2′，3′：3，4］萘并［1，2-b］吡喃；

（d）3，3-二（4-甲氧基苯基）-11-吗啉代-13-羟基-13-乙基-3H，13H-茚并［2′，3′：3，4］萘并［1，2-b］吡喃；

（e）3，3-二（4-甲氧基苯基）-10-甲氧基-11-吗啉代-13，13-二甲基-3H，13H-茚并［2′，3′：3，4］萘并［1，2-b］吡喃；

（f）3-（4-甲氧基苯基）-3-（4-吗啉代-苯基）-10-甲氧基-11-吗啉代-13，13-二甲基-3H，13H-茚并［2′，3′：3，4］萘并［1，2-b］吡喃；

（g）3-（3，4-二甲氧基苯基）-3-（4-甲氧基苯基）-11-吗啉代-13，13-二甲基-3H，13H-茚并［2′，3′：3，4］萘并［1，2-b］吡喃；

（h）3-（4-甲氧基苯基）-3-（4-吗啉代-苯基）-11-吗啉代-13，13-二甲基-3H，13H-茚并［2′，3′：3，4］萘并［1，2-b］吡喃；或

（i）它们的混合物。"

请求人认为：修改后的权利要求书已经克服了《复审通知书》所指出的全部缺陷，符合专利法第26条第4款的规定。

至此，合议组认为本案事实已经清楚，可以作出审查决定。

二、决定的理由

1. 关于审查文本

经审查，请求人于2009年11月9日提交的权利要求书是在复审请求所提交文本的基础上，删除了权利要求1~3和33~34，将其权利要求4作为新的权利要求1，并相应调整了其他权利要求的引用关系，上述修改符合专利法第33条以及专利法实施细则第60条第1款的规定，因此，本复审请求审查决定所针对的文本是：请求人于2009年11月9日提交的权利要求第1~30项、进入中国国家阶段时提交的国际申请文件的中文文本的说明书第1~51页及说明书摘要（下称复审文本）。

2. 关于专利法第 26 条第 4 款

专利法第 26 条第 4 款规定：权利要求书应当以说明书为依据，说明要求专利保护的范围。

如果请求人删除了得不到支持的权利要求，则修改已克服了《驳回决定》或《复审通知书》所指出的权利要求不符合专利法第 26 条第 4 款规定的缺陷。

就本案而言，《驳回决定》认为，驳回文本的权利要求 1~3 得不到说明书的支持。《复审通知书》认为，复审请求时提交的权利要求 1~3、引用权利要求 1~3 的权利要求 5~32 以及保护相应中间体的权利要求 33~34 均得不到说明书的支持。为此，请求人在复审请求时提交文本的基础上，删除了权利要求 1~3、33~34，将权利要求 4 作为新的权利要求 1，并修改了其他权利要求的引用关系，以上修改实质上已经删除了《驳回决定》和《复审通知书》所指出的得不到支持的权利要求，因此已经克服了《驳回决定》和《复审通知书》指出的全部缺陷。

基于以上事实和理由，合议组作出如下审查决定。

三、决定

撤销国家知识产权局于 2008 年 2 月 15 日针对第 200480007570.8 号发明专利申请作出的驳回决定，由国家知识产权局原审查部门以复审文本为基础继续审批程序。

复审请求人对本决定不服的，可以根据专利法第 41 条第 2 款的规定，自收到本决定之日起三个月内向北京市第一中级人民法院起诉。

208

除草剂组合物

复审请求审查决定（第20464号）

决　定　号　第20464号
决　定　日　2009年12月10日
发明创造名称　除草剂组合物
国际分类号　A01N47/36，A01P13/00，A01N61/00，A01N57/20，A01N57/14，A01N47/30，A01N43/78，A01N43/76，A01N43/707，A01N43/40，A01N43/12，A01N43/08，A01N37/48，A01N37/40
复审请求人　拜尔作物科学股份公司
申　请　号　200580009788.1
最早优先权日　2004年3月27日
申　请　日　2005年3月12日
公　开　日　2007年3月28日
合议组组长　汪送来
主　审　员　侯　曜
参　审　员　沈　钱

法律依据　专利法第26条第3款
决定要点
如果说明书中给出了具体的技术方案，但未给出实验数据，而该方案又必须依赖实验结果加以证实才能成立，则该发明由于缺乏解决技术问题的技术手段而被认为无法实现。

一、案由

本复审请求案涉及名称为“除草剂组合物”的第200580009788.1号发明专利申请（下称本申请），申请人为拜尔作物科学股份公司（由拜尔作物科学有限公司变更而来），申请日为2005年3月12日，最早的优先权日为2004年3月27日，公开日为2007年3月28日。

2008年9月5日，针对申请人于2008年7月8日提交的权利要求第1~7项，2006年9月26日进入中国国家阶段时提交的国际申请文件的中文文本的说明书第1~193页及其摘要，国家知识产权局以本申请说明书不符合专利法第26条第3款的规定为由驳回了本申请。

驳回决定针对的权利要求1如下：

“1. 一种除草剂组合物，其包含组分（A）和（B），其中

（A）为一种或多种选自式（I）化合物或其盐的除草剂：

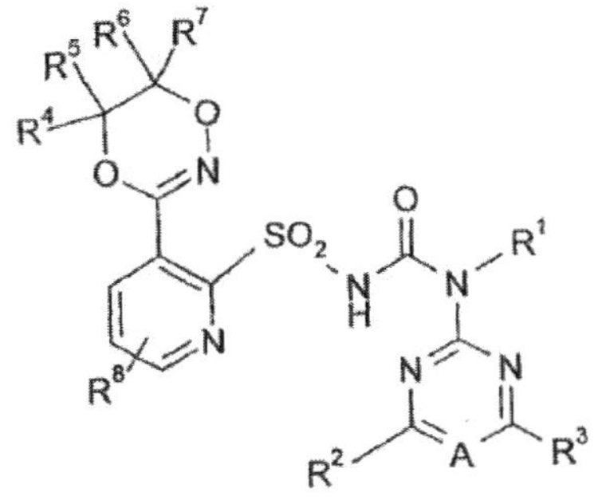

(I)

(具体取代基定义略),

(B) 一种或多种选自下组的除草剂:

2, 4-D, 乙草胺, 三氟羧草醚、三氟羧草醚钠盐……"

驳回决定认为:(1) 本申请涉及一种包含除草剂 (A) 和 (B) 的增效除草剂组合物,其协同增效作用是必须依赖试验结果加以证实才能成立,但在本说明书的生物学实施例部分,仅仅提到部分化合物I与选自 (B) 组的除草剂的组合物显示了对部分有害植物的非常良好的除草活性,而未提供任何具体的定量除草效果试验数据或任何增效的效果试验数据,不能证实本申请的除草剂组合物具有如说明书中所述的良好增效除草活性,因此说明书不符合专利法第26条第3款的规定。(2) 申请人在意见陈述书中提供了本申请某几种除草剂组合物的除草实验数据,但申请日之后补交的实施例和实验数据不能用于证明公开充分,因此所述实验数据不能被接受。

2008年12月18日,申请人拜尔作物科学股份公司 (下称请求人) 对上述驳回决定不服,向专利复审委员会提出复审请求,请求人在提出复审请求时没有修改申请文件。

请求人认为:(1) 说明书生物实施例中特定地揭示了作为组分 (A) 的一些具体化合物与作为组分 (B) 的一些具体化合物不仅在苗前施用而且在苗后施用针对特定杂草均显示出明显的出色效果;(2) 虽然实施例中没有给出效果数据,但是揭示了所述出色的除草效果是在每公顷100g甚至更少的活性化合物的施用下获得的,由于本申请涉及的是已知除草化合物的组合,已知除草化合物的施用量及其相应地施用效果是已知的。由此,本申请从低施用量的角度同样公开了所述除草组合物的除草效果。

2009年2月13日,经形式审查合格后,专利复审委员会受理了该请求,并向请求人发出了《复审请求受理通知书》,同时将本申请转送至国家知识产权局原审查部门进行前置审查。

在《前置审查意见书》中,国家知识产权局原审查部门仍坚持驳回决定。

专利复审委员会依法组成合议组,对本复审请求案进行了审理,并于2009年5月18日向请求人发出了《复审通知书》,指出:(1) 本申请的说明书虽然给出了发明的具体的技术方案,但未提供实验证据,而该方案又必须依赖实验结果加以证实才能成立,因此,本申请由于缺乏解决技术问题的技术手段而无法实现,本申请说明书不符合专利法第26条第3款的规定。(2) 请求人所称的"本申请从低施用量的角度同样公开了所述除草组合物的除草效果"的观点不能成立;在答复《第一次审查意见通知书》时提交的实验报告也不能克服"说明书公开不充分"的缺陷。

针对上述《复审通知书》,请求人于2009年9月2日向复审委员会提交了意见陈述书,认为:(1) (B) 组化合物是筛选出来的,并非任意选择 Pesticide Manual 中的除草剂。例如本申请说明书中引用的背景技术 US5476939 中 (下称背景技术) 公开了与本申请的化合物 (A) 可能的混合伴用物中有环草敌和 Diallate 的组合,但数据表明,I-12 与环草敌和 Diallate 不能合用,会导致不利的拮抗作用。相反,本申请公开的组 (B) 的伴用物除草剂与 (A) 组的有代表性的化合物的除草剂却显示了显著的增效作用。本申请说明书还公开了化合物 I-1、I-3、I-8、I-9、I-10……等与 B1.1 至 B1.66、B2.1 至 B2.50、B3.1 至 B3.16 和 B4.1 至 B4.7 下所列除草剂在苗前和/或苗后对多种杂草显示了出色的效果。可见，（A+B）的组合具有增效除草作用并非仅仅是推测，而是通过实验筛选出来的。（2）说明书已经公开了通过施用 100g 并且少于各种活性物质单独施用量获得了对多种具体列举的杂草的控制作用，除草的效果用肉眼可以观察到，不需要测定理化数据。审查指南第二部分第十章 4.2.2（6）规定“用文字形式定性描述代替定量表示的方式”是可以接受的。（3）与 US5476939 中的用量相比，在与（B）的组合物中，（A）组除草剂的用量显著低于直接使用（A）组除草剂。因此，本申请说明书关于（A+B）组合物的增效作用公开充分，符合专利法第 26 条第 3 款的规定。

至此，合议组认为本案事实已经清楚，可以依法作出审查决定。

二、决定的理由

1. 关于审查文本

在复审请求审查阶段，请求人未修改申请文件，因此，本复审请求审查决定是以驳回决定所针对的文本为基础作出的。

2. 关于专利法第 26 条第 3 款

专利法第 26 条第 3 款规定，说明书应当对发明或者实用新型作出清楚、完整的说明，以所属技术领域的技术人员能够实现为准。

如果说明书中给出了具体的技术方案，但未给出实验数据，而该方案又必须依赖实验结果加以证实才能成立，则该发明由于缺乏解决技术问题的技术手段而被认为无法实现。

本申请要求保护一种组合物、通过施用所述组合物控制不期望植物的方法以及所述组合物用于控制不期望植物生长的用途。说明书中给出的技术方案是该组合物含组分（A）和（B），其中（A）为一种或多种选自式（I）化合物或其盐的除草剂，

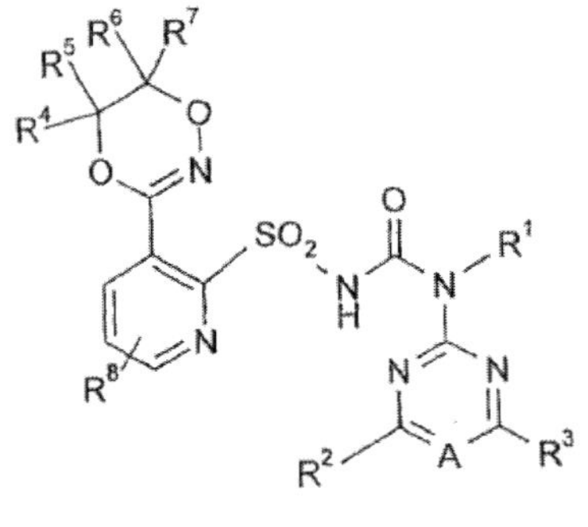

(I)

组分（B）是一种或多种选自 2，4-乙草胺、三氟羧草醚、三氟羧草醚钠盐……和三氟甲磺隆的除草剂，并声称该组合物中的两种活性成分具有协同增效作用（参见说明书第 3 页第二~四段）。说明书中记载了组合物的施用方法和施用量、活性成分的配比、剂型和配制方法，并给出了组合物的制剂生物实施例 1 和 2，但是，所有实施例均未公开具体组合物的协同增效实验数据。只是在技术方案部分记载了“本发明的组合物（=除草组合物）具有控制广谱的经济重要的单子叶和双子叶有害植物的显著除草活性……”、“……剂量可调至低水平，使得对土壤的作用最小……使得活性物质的所需施用量得以大大地减少”、“……可控制的阔叶杂草和禾本科杂草谱更广、更快速地产生除草作用、作用持续时间更长……在某些程度下，该组合物还减少了有害组分如氮或油酸的量，以及进入土壤的量”（参见说明书第 185 页第 4 段，第 186 页第 4~5 段），以及在生物学实施例 1 中记载了“控制杂草苗前作用”的实验方法，并得到以下结论“例如，当以 100g 或更低的活性成分/公顷的施用量通过

苗前方法施用时”，一些具体组合“显示了控制如下有害植物的非常良好的除草活性：白芥、南茼蒿、燕麦、繁缕、稗、多花黑麦草、狗尾草、苘麻、反枝苋和稷”；在实施例2中记载了“控制杂草的苗后作用”的实验方法，并得到以下结论部分－“例如，当以100g或更低的活性成分/公顷的施用量通过苗前方法施用时”，一些具体组合“显示了控制如下有害植物的非常良好的除草活性：白芥、稗、多花黑麦草、南茼蒿、狗尾草、苘麻、反枝苋、稷和燕麦”（参见说明书第192~193页生物实施例部分）。

从本申请的说明书中可以看出，式（A）和（B）的化合物在本申请的申请日之前均为已知的除草活性化合物，本申请的发明点在于这些已知化合物组合使用时能够产生协同作用。在农药领域，除草剂组合使用可能有三种作用效果：拮抗、加成和增效，也就是说，两种或两种以上的除草剂活性成分混配后是否具有协同增效作用具有极大的不可预测性，实际情形如何，需要实验结果来加以证实；本申请属于农药领域，要求保护一种通过将（A）和（B）这两种除草剂活性成分混配后能达到增效作用的农药组合物，因此，本申请的技术方案属于必须依赖试验结果加以证实才能成立的情形，故在说明书中应当包含实施例和效果试验数据。否则，本领域技术人员有理由怀疑本申请声称的增效的技术效果并非建立在真实的科学试验基础上，而仅仅是一种推测。此外，实施例作为发明具体实施方式的举例说明以及获得试验结果的依据，其内容应当包括组合物的具体组分、各组分的具体含量、组合物的制备方法、施用方法以及效果数据。只有完全具备了上述内容才能称得上是一个“完整”的实施例。在本申请说明书中，生物实施例1和2仅是笼统地指出了说明书列举的众多组合中的一些，在例如100g或更低的用量下对一些杂草具有除草活性，并没有具体组分、具体配比的组合物的效果实施例，也没有提供能够证明试验效果的具体试验数据，因此，本申请说明书中的生物实施例1和2是不完整的，本领域技术人员既不清楚实施例中究竟是何种具体组合物对何种杂草产生了作用，更无从得知其究竟产生了何种程度的增效作用。而且，说明书其他部分中也没有公开任何效果试验数据，因此，由于说明书未能完整地公开对于理解和实现发明所必不可少的效果试验数据，致使本领域技术人员无法实现本发明，本申请不符合专利法第26条第3款的规定。

对于请求人在提出复审请求时的观点，合议组认为：(1) 在生物实施例1和2的方法中，有关效果仅仅给出了断言性或推论性的结论，其不属于能够证明协同增效的除草效果的定性或定量数据。(2) 关于用量，本申请说明书中引用的背景技术US5476936指出，式（Ⅰ）N-吖嗪基-N′-（杂）芳基磺酰基-脲及其盐

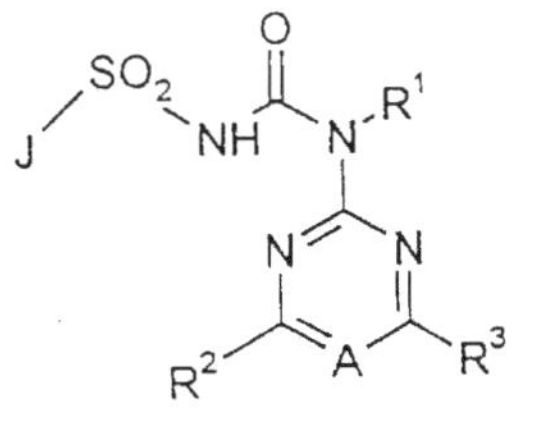

(I)

是除草活性化合物（注，即本申请的组分（A）），“无论苗前或苗后都可施用。它们也可在播种前与土壤结合施用。使用活性化合物的量可在相对大的范围内变化。它实质上依赖于想要得到的效果。通常，每公顷土壤表面的活性化合物用量在10g到10Kg之间，优选在每公顷50g到5Kg。”（参见该文献的说明书第18栏第56~64行）。可见，本申请中除草组合物的用量并不比现有技术中单独使用除草剂A的用量更低。因此，对请求人的上述观点，合议组不予支持。(3) 至于请求人在答复《第一次审查意见通知书》时提交的实验报告，尽管该报告的内容包括了本申请组合物的一些定量实验结果，但是补交的实验报告不属于本申请说明书所公开的内容，也不是申请日前的已有技术，本领

域技术人员也无法从本申请的说明书中毫无疑义地推知上述内容，因此不能克服“说明书公开不充分”的缺陷。

对于请求人在答复《复审通知书》时的观点，合议组认为：(1) 请求人提交的 I-12 化合物与环草敌、Diallate 不能联用的数据进一步证明了合议组的上述观点，即两种或两种以上的除草剂活性成分混配后是否具有协同增效作用具有极大的不可预测性，因此需要实验结果来加以证实。在生物实施例 1 和 2 的方法中，有关效果仅仅给出了断言性或推论性的结论，其不属于能够证明协同增效的除草效果的定性或定量数据。(2) 审查指南第二部分第十章第 4.2.2 节仅仅是对权利要求的撰写进行规范。而为满足说明书充分公开所需的实验数据应当根据具体情况确定。本申请要求保护的是具有增效协同效应的除草剂组合物，而说明书中并没有提供足以证明本申请化合物具有协同增效效果的数据 (如定量数据)。“施用 100g 并且少于各种活性物质单独施用量获得了对多种具体列举的杂草的控制作用”仅仅是一种结论，况且控制程度尚不可知，无法证明具有协同增效作用。(3) 关于用量，如前所述，合议组在《复审通知书》中已经就 US5476936 中公开的除草活性化合物的用量与本申请组合物的用量进行了详细对比，本申请中除草组合物的用量并不比现有技术中单独使用除草剂 A 的用量更低，故不存在请求人所称的“本申请中与 (B) 组合后，(A) 组除草剂的用量显著低于直接使用 (A) 组除草剂”的效果。因此，对请求人的上述观点，合议组均不予支持。

基于上述理由，合议组作出下述决定。

三、决定

维持国家知识产权局于 2008 年 9 月 5 日对 200580009788.1 号发明专利申请作出的驳回决定。

复审请求人对本决定不服的，可以根据专利法第 41 条第 2 款的规定，自收到本决定之日起三个月内向北京市第一中级人民法院起诉。

209

作为蛋白激酶抑制剂的氨基杂芳基化合物

复审请求审查决定（第 20468 号）

决　定　号　第 20468 号
决　定　日　2009 年 12 月 3 日
发明创造名称　作为蛋白激酶抑制剂的氨基杂芳基化合物
国际分类号　C07D401/00，C07D403/00，C07D405/00，C07D409/00，C07D411/00，C07D413/00，C07D417/00，C07D419/00，C07D211/72，A61K 31/4965
复审请求人　苏根公司
申　请　号　200480010633.5
最早优先权日　2003 年 2 月 26 日
申　请　日　2004 年 2 月 26 日
公　开　日　2006 年 5 月 24 日
合议组组长　任晓兰
主　审　员　蔡　雷
参　审　员　危　峰

法律依据　专利法第 26 条第 3 款
决定要点

如果本领域技术人员在说明书公开内容的基础上，结合本领域的常识，能够清楚理解权利要求中某一术语的含义，则该术语本身不会导致权利要求的技术方案不符合专利法第 26 条第 3 款的规定。

一、案由

本复审请求案涉及发明名称为“作为蛋白激酶抑制剂的氨基杂芳基化合物”的第 200480010633.5 号发明专利申请（下称本申请），申请人为苏根公司，申请日为 2004 年 2 月 26 日，最早优先权日为 2003 年 2 月 26 日，公开日为 2006 年 5 月 24 日。

2008 年 4 月 11 日，针对申请人于 2008 年 2 月 29 日提交的权利要求第 1～15 项，2005 年 10 月 20 日进入中国国家阶段时提交的国际申请文件的中文文本说明书第 1～106、108～331 页及说明书摘要，专利性国际初步报告附件的说明书第 107 页，国家知识产权局以说明书不符合专利法第 26 条第 3 款的规定为由驳回了本申请。

驳回决定认为：本申请的权利要求中包含术语“3～12 元杂脂环”和“5～12 元杂芳基”，但“杂脂环”和“杂芳基”均不是本领域公知的专业术语，且本申请说明书没有对“3～12 元杂脂环”和“5～12 元杂芳基”作出明确定义或描述，也不能毫无疑义地推导出其含义，因此说明书公开不充分，不符合专利法第 26 条第 3 款的规定。

驳回决定针对的权利要求 1 如下：

“1. 通式 1 的化合物或其药物上可接受的盐或水合物：

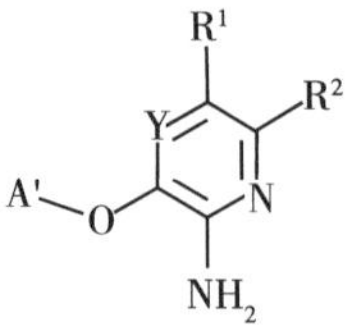

1

其中：

Y 为或 CR^{12}；

R^1 选自 C_{6-12}芳基、C_{3-12}环烷基、吡咯啉、吡咯烷、二氧戊环、咪唑啉、咪唑烷、吡唑啉、吡唑烷、吡喃、哌啶、二噁烷、吗啉、二噻烷、硫代吗啉、哌嗪和三噻烷、呋喃、噻吩、吡咯、噁唑、噻唑、咪唑、吡唑、异噁唑、异噻唑、噁二唑、三唑、噻二唑、吡啶、哒嗪、嘧啶、吡嗪和三嗪；且 R^1 上的氢各自任选被一个或多个 R^3 基团取代；

R^2 为氢；

R^3 为卤素、C_{1-12}烷基、C_{2-12}链烯基、C_{2-12}炔基、C_{3-12}环烷基、C_{6-12}芳基、3-12 元杂脂环、5-12 元杂芳基、$-S(O)_mR^4$、$-SO_2NR_4R^5$、$-S(O)_2OR^4$、$-NO_2$、$-NR^4R^5$、$-(CR^6R^7)_nOR^4$、$-CN$、$-C(O)R^4$、$-OC(O)R^4$、$-O(CR^6R^7)_nR^4$、$-NR^4C(O)R^5$、$-(CR^6R^7)_nC(O)OR^4$、$-(CR^6R^7)_nNCR^4R^5$、$-C(=NR^6)NR^4R^5$、$-NR^4C(O)NR^5R^6$、$-NR^4S(O)_pR^5$ 或 $-C(O)NR^4R^5$，R^3 上的氢各自任选被一个或多个 R^8 基团取代，且相邻原子上的 R^3 基团可以结合形成 C_{6-12}芳基、5-12 元杂芳基、C_{3-12}环烷基或 3-12 元杂脂环基；

R^4、R^5、R^6 和 R^7 各自独立为氢、卤素、C_{1-12}烷基、C_{2-12}链烯基、C_{2-12}炔基、C_{3-12}环烷基、C_{6-12}芳基、3-12 元杂脂环、5-12 元杂芳基；或 R^4、R^5、R^6 和 R^7 中与相同的氮原子结合的任意两个可以与它们所连接的氮一起结合形成任选含有 1~3 个选自 N、O 和 S 的另外杂原子的 3-12 元杂脂环或 5-12 元杂芳基；或 R^4、R^5、R^6 和 R^7 中与相同的碳原子结合的任意两个可以结合形成 C_{3-12}环烷基、C_{6-12}芳基、3-12 元杂脂环基或 5-12 元杂芳基；且 R^4、R^5、R^6 和 R^7 上的氢各自任选被一个或多个 R^8 基团取代；

R^8 各自独立为卤素、C_{1-12}烷基、C_{2-12}链烯基、C_{2-12}炔基、C_{3-12}环烷基、C_{6-12}芳基、3-12 元杂脂环、5-12 元杂芳基、$-CN$、$-O-C_{1-12}$烷基、$-O-(CH_2)_nC_{3-12}$环烷基、$-O-(CH_2)_nC_{6-12}$芳基、$-O-(CH_2)_n$（3-12 元杂脂环）或$-O-(CH_2)$ n（5-12 元杂芳基）；且 R^8 上的氢各自任选被一个或多个 R^{11}基团取代；

A^1 为$-(CR^9R^10)_n-A_2$；

R^9 和 R^{10}各自独立为氢、卤素、C_{1-12}烷基、C_{3-12}环烷基、C_{6-12}芳基、3-12 元杂脂环、5-12 元杂芳基、$-S(O)_mR^4$、$-SO_2NR^4R^5$、$-S(O)_2OR^4$、$-NO_2$、$-NR^4R^5$、$-(CR^6R^7)_nOR^4$、$-CN$、$-C(O)R^4$、$-OC(O)R^4$、$-NR^4C(O)R^5$、$-(CR^6R^7)$ $nC(O)OR^4$、$-(CR^6R^7)_nNCR^4R^5$、$-NR^4C(O)NR^5R^6$、$-NR^4S(O)_pR^5$ 或$-C(O)NR^4R^5$；R^9 和 R^{10}可以结合形成 C_{3-12}环烷基、3-12 元杂脂环、C_{6-12}芳基或 5-12 元杂芳基环；且 R^9 和 R^{10}上的氢各自任选被一个或多个 R^3 基团取代；

A^2 为 C_{6-12}芳基、5-12 元杂芳基、C_{3-12}环烷基或 3-12 元杂脂环基且 A^2 任选被一个或多个 R^3 基团取代；

R^{11}各自独立为卤素、C_{1-12}烷基、C_{1-12}烷氧基、C_{3-12}环烷基、C_{6-12}芳基、3-12 元杂脂环基、5-12

元杂芳基、$-O-C_{1-12}$烷基、$-O-(CH_2)_nC_{3-12}$环烷基、$-O-(CH_2)nC_{6-12}$芳基、$-O-(CH_2)n$（3-12 元杂脂环）、$-O-(CH_2)n$（5-12 元杂芳基）或-CN 且 R^{11}上的氢各自任选被一个或多个基团取代，所述的基团选自卤素、-OH、-CN、可以部分或完全卤化的$-C_{1-12}$烷基、可以部分或完全卤化的$-O-C_{1-12}$烷基、-CO、-SO 和$-SO_2$；

R^{12}为氢；

m 为 0、1 或 2；

n 为 0、1、2、3 或 4；且

p 为 1 或 2。”

2008 年 7 月 25 日，申请人苏根公司（下称请求人）对上述驳回决定不服，向专利复审委员会提出复审请求，请求人在提出复审请求时对权利要求书进行了修改，依据说明书实施例的记载，用具体的基团替代了权利要求书中所包含的术语“5-12 元杂芳基”和“3-12 元杂脂环”。修改后的权利要求 1 为：

“1. 通式 1 的化合物或其药物上可接受的盐或水合物：

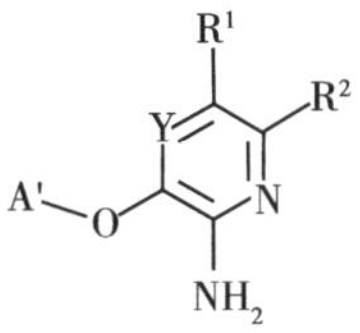

1

其中：

Y 为 CR^{12}；

R^1 选自 C_{6-12}芳基、C_{3-12}环烷基、吡咯啉、吡咯烷、二氧戊环、咪唑啉、咪唑烷、吡唑啉、吡唑烷、吡喃、哌啶、二噁烷、吗啉、二噻烷、硫代吗啉、哌嗪和三噻烷、呋喃、噻吩、吡咯、噁唑、噻唑、咪唑、吡唑、异噁唑、异噻唑、噁二唑、三唑、噻二唑、吡啶、哒嗪、嘧啶、吡嗪和三嗪；且 R1 上的氢各自任选被一个或多个 R^3 基团取代；

R^2 为氢；

R^3 为卤素、C_{1-12}烷基、C_{2-12}链烯基、C_{2-12}炔基、C_{3-12}环烷基、C_{6-12}芳基、四氢吡啶、哌啶、吡啶、噻二唑、异噁唑、$-S(O)_mR^4$、$-SO_2NR^4R^5$、$-S(O)_2OR^4$、$-NO_2$、$-NR^4R^5$、$-(CR^6R^7)_nOR^4$、-CN、$-C(O)R^4$、$-OC(O)R^4$、$-O(CR^6R^7)_nR^4$、$-NR^4C(O)R^5$、$-(CR^6R^7)_nC(O)OR^4$、$-(CR^6R^7)_nNCR^4R^5$、$-C(=NR^6)NR^4R^5$、$-NR^4C(O)NR^5R^6$、$-NR^4S(O)_pR^5$ 或 $-C(O)NR^4R^5$，R^3 上的氢各自任选被一个或多个 R^8 基团取代，且相邻原子上的 R^3 基团可以结合形成 C_{6-12}芳基或 C_{3-12}环烷基；

R^4、R^5、R^6 和 R^7 各自独立为氢、卤素、C_{1-12}烷基、C_{2-12}链烯基、C_{2-12}炔基、C_{3-12}环烷基、C_{6-12}芳基、吗啉、哌啶、氮杂环丁烷、吡唑烷、吡喃；或 R^4、R^5、R^6 和 R^7 中与相同的氮原子结合的任意两个可以与它们所连接的氮一起结合形成哌嗪、吡咯烷、哌烷或六氢嘧啶；或 R^4、R^5、R^6 和 R^7 中与相同的碳原子结合的任意两个可以结合形成 C_{3-12}环烷基、C_{6-12}芳基、哌嗪、吡咯烷、哌啶或六氢嘧啶；且 R^4、R^5、R^6 和 R^7 上的氢各自任选被一个或多个 R^8 基团取代；

R^8 各自独立为卤素、C_{1-12}烷基、C_{2-12}链烯基、C_{2-12}炔基、C_{3-12}环烷基、C_{6-12}芳基、吡咯烷、吗啉、哌啶、哌嗪、四氢呋喃、吡啶、吡唑、吡咯、吡喃、咪唑、-CN、$-O-C_{1-12}$烷基、$-O-(CH_2)_nC_{3-12}$环烷基、$-O-(CH_2)_nC_{6-12}$芳基；且 R^8 上的氢各自任选被一个或多个 R^{11}基团取代；

A^1 为$-(CR^9R^{10})n-A^2$；

R^9 和 R^{10}各自独立为氢、卤素、C_{1-12}烷基、C_{3-12}环烷基、C_{6-12}芳基、$-S(O)_mR^4$、$-SO_2NR^4R^5$、$-S(O)_2OR^4$、$-NO_2$、$-NR^4R^5$、$-(CR^6R^7)_nOR^4$、-CN、$-C(O)R^4$、$-OC(O)R^4$、$-NR^4C(O)R^5$、$-(CR^6R^7)_nC(O)OR^4$、$-(CR^6R^7)_nNCR^4R^5$、$-NR^4C(O)NR^5R^6$、$-NR^4S(O)pR^5$ 或 $-C(O)NR^4R^5$;R^9 和 R^{10}可以结合形成 C_{3-12}环烷基或 C_{6-12}芳基；且 R^9 和 R^{10}上的氢各自任选被一个或多个 R^3 基团取代；

A^2 为 C_{6-12}芳基、C_{3-12}环烷基、噁二唑、苯并［b］噻吩、吡啶、噻唑、异噁唑、噻吩、噻二唑、咪唑并［1，2-a］吡啶、嘧啶、喹唑啉-4（3H）-酮、噻吩并［2，3-d］嘧啶-4（3H）-酮、异喹啉、1H-苯并［d］咪唑，且 A^2 任选被一个或多个 R^3 基团取代；

R^{11}各自独立为卤素、C_{1-12}烷基、C_{1-12}烷氧基、C_{3-12}环烷基、C_{6-12}芳基、吡咯烷、哌啶、噁二唑、$-O-C_{1-12}$烷基、$-O-(CH_2)_nC_{3-12}$环烷基、$-O-(CH_2)_nC_{6-12}$芳基或-CN 且 R^{11}上的氢各自任选被一个或多个基团取代，所述的基团选自卤素、-OH、-CN、可以部分或完全卤化的$-C_{1-12}$烷基、可以部分或完全卤化的$-O-C_{1-12}$烷基、-CO、-SO 和$-SO_2$；

R^{12}为氢；

m 为 0、1 或 2；

n 为 0、1、2、3 或 4；且

p 为 1 或 2。"

请求人认为：即使说明书没有就各个取代基对其中的“5-12 元杂芳基”和“3-12 元杂脂环”这两个术语作出明确定义或描述，但本领域技术人员对于通常意义上的“杂芳基”和“杂脂环”的含义和所指是完全可以理解的；且说明书中已经针对基团 R^1 中相同术语作出了明确定义及描述，其可供本领域技术人员参考，故未对这两个术语作出明确定义或描述并不会影响本发明技术方案的实施以及通过说明书提供的信息证实本发明的技术效果。因此，本申请说明书公开充分。

经形式审查合格后，专利复审委员会受理了该请求，并于 2008 年 9 月 22 日向请求人发出了《复审请求受理通知书》，同时将本申请转送至国家知识产权局原审查部门进行前置审查。

在《前置审查意见书》中，国家知识产权局原审查部门认为：请求人将权利要求中记载的“5-12 元杂芳基”和“3-12 元杂脂环”修改为具体基团，不符合专利法第 33 条的规定，因此坚持驳回决定。

专利复审委员会组成合议组，对本复审请求案进行了审理。

2009 年 11 月 4 日，请求人主动提交了权利要求书替换页和意见陈述书，将权利要求书修改回驳回决定针对的权利要求第 1~15 项。

至此，合议组认为本案事实已经清楚，可以作出复审请求审查决定。

二、决定的理由

1. 关于审查文本

本案中，请求人于 2009 年 11 月 4 日提交了权利要求书的替换页，将权利要求书修改回驳回决定针对的权利要求书。经审查，其修改符合专利法第 33 条和专利法实施细则第 60 条第 1 款的规定，同时克服了前置审查意见中指出的缺陷。因此，本复审请求审查决定是在请求人于 2009 年 11 月 4 日提交的权利要求 1~15 项，2005 年 10 月 20 日进入中国国家阶段时提交的国际申请文件的中文文本说明书第 1~106、108~331 页及说明书摘要，以及专利性国际初步报告附件的说明书第 107 页的基础上作出的。

2. 关于专利法第 26 条第 3 款

专利法第 26 条第 3 款规定，说明书应当对发明或者实用新型作出清楚、完整的说明，以所属技术领域的技术人员能够实现为准。

如果本领域技术人员在说明书公开内容的基础上，结合本领域的常识，能够清楚理解权利要求中某一术语的含义，则该术语本身不会导致权利要求的技术方案不符合专利法第26条第3款规定。

就本案而言，权利要求1要求保护通式1的化合物，该化合物具有多个取代基，这些取代基的定义中包括“5-12元杂芳基”和“3-12元杂脂环”，说明书的技术方案部分对通式1化合物取代基R^1的定义中也包括“5-12元杂芳基”和“3-12元杂脂环”，其中取代基R^1更具体的定义中包括呋喃、噻吩、吡咯、吡咯烷、二氧戊环等基团（参见本申请说明书第5页和第8页）。

驳回决定认为“杂脂环”和“杂芳基”均不是本领域公知的专业术语，且本申请说明书没有对“3-12元杂脂环”和“5-12元杂芳基”作出明确定义或描述，也不能毫无疑义地推导出其含义，因此说明书公开不充分，不符合专利法第26条第3款的规定。

对此，合议组认为，根据本领域的常识，“脂环化合物”指分子中含有碳环的脂环烃及其衍生物，“芳基”指芳烃分子的芳核碳上去掉一个氢原子后，剩下一价基团的总称，“杂环化合物”指组成碳环化合物的一个或多个环碳原子被O、S、N、Se、P、As……等非碳原子置换而形成的化合物（参见《化学化工大辞典》，化学工业出版社，2003年第1版，第2851页、第618页和第2800页），因此，“杂脂环”应当指脂环化合物环核上去掉一个氢原子形成脂环基后，该环核上的一个或多个环碳原子被诸如O、S、N、Se、P、As……等非碳原子置换的基团，“杂芳基”应当指芳基上的一个或多个环碳原子被诸如O、S、N、Se、P、As……等非碳原子置换的基团。进而，本申请中的“3-12元杂脂环”和“5-12元杂芳基”应当是指环核分别包括3-12个环原子、5-12个环原子的杂脂环基团或杂芳基，其含义也是清楚的。此外，说明书中对取代基R1的定义中包括“5-12元杂芳基”和“3-12元杂脂环”，其对R1更具体的定义中包括呋喃、噻吩、吡咯、吡咯烷、二氧戊环等基团，从另一角度佐证了上面对“杂脂环”和“杂芳基”含义的理解。

综上所述，权利要求书和说明书中的术语“3-12元杂脂环”和“5-12元杂芳基”的含义是清楚的，该术语本身不会导致本领域技术人员无法实施本申请的技术方案，本申请说明书符合专利法第26条第3款的规定。

根据上述事实和理由，合议组作出如下审查决定。

三、决定

撤销国家知识产权局于2008年4月11日针对第200480010633.5号发明专利申请作出的驳回决定，由国家知识产权局原审查部门以本复审决定针对的文本为基础继续审批程序。

复审请求人对本决定不服的，可以根据专利法第41条第2款的规定，自收到本决定之日起三个月内向北京市第一中级人民法院起诉。

210

由肝素衍生的多糖混合物、其制备方法以及含有它们的药物组合物

复审请求审查决定（第 20483 号）

决　定　号　第 20483 号
决　定　日　2009 年 12 月 7 日
发明创造名称　由肝素衍生的多糖混合物、其制备方法以及含有它们的药物组合物
国际分类号　C08B37/10，A61K31/727
复审请求人　安万特医药股份有限公司
申　请　号　200380100992.5
优先权日　2002 年 10 月 10 日
申　请　日　2003 年 10 月 8 日
公　开　日　2006 年 7 月 5 日
合议组组长　李彦涛
主　审　员　蔡　雷
参　审　员　危　峰

法律依据　专利法第 26 条第 3 款
决定要点

要求保护的产品为混合物且含有与发明要解决的技术问题密切相关的组分的，如果所属技术领域的技术人员根据现有技术无法预测所述混合物中含有该组分，则说明书中还应当记载对于本领域技术人员来说，足以证明所述混合物中含有该组分的定性或定量实验数据。

一、案由

本复审请求案涉及发明名称为“由肝素衍生的多糖混合物、其制备方法以及含有它们的药物组合物”的第 200380100992.5 号发明专利申请（下称本申请），申请人为安万特医药股份有限公司，申请日为 2003 年 10 月 8 日，优先权日为 2002 年 10 月 10 日，公开日为 2006 年 7 月 5 日。

2008 年 8 月 8 日，针对申请人于 2007 年 11 月 21 日提交的权利要求第 1~48 项，2005 年 4 月 6 日进入中国国家阶段时提交的国际申请文件中文文本的说明书第 1~4 页、7~31 页及说明书摘要，国际初步审查报告附件的说明书第 5~6 页，国家知识产权局以说明书不符合专利法第 26 条第 3 款的规定为由驳回了本申请。

驳回决定认为：（1）本申请要求保护一种硫酸化低聚糖混合物，说明书没有给出对该产品的结构和组成进行表征的实验数据，没有对硫酸化低聚糖混合物中低聚糖的糖单元的结构、连接方式、端

基结构等参数进行定性的数据、谱图等内容，也没有对混合物中六糖馏分的含量进行测定的定量数据，本领域的技术人员无法对采用本申请的方法制备得到的多糖混合物进行定量定性分析，以确认制备得到的产品是否为本申请所要保护的硫酸化低聚糖混合物，从而不能实现本发明。

（2）申请文件中记载的“具有组成肝素的多糖的一般结构”、低聚糖“含有 2~26 个糖单元”、“在其中一个末端有 4，5-不饱和糖醛酸 2-O-硫酸酯单元”内容没有具体的实验数据进行说明，实施例 B 中给出的六糖组分的 NMR 数据仅仅是某种六糖的一般结构确认，不足以证明本申请所述的低聚糖混合物含有 2~26 个糖单元且在其中一个末端有 4，5-不饱和糖醛酸 2-O-硫酸酯单元的结构特征；申请文件中给出的活性和分子量的数据不能用来说明产品的结构特征，本领域的技术人员根据该活性和分子量数据无法确认具有该活性的物质就是含有本申请所述结构式的低聚糖。申请文件中给出的“在六糖馏分中含有 8%~15% 的下式六糖”、“本发明的混合物含有 8%~15% 六糖”的内容也仅仅是申请人对本申请所述的低聚糖混合物得出的结论，对该六糖馏分含量的确认也没有给出详细的实验数据，因此本领域的技术人员不能确认用本申请所述方法制备的以混合物的形式获得的产品的结构和组成。

（3）本申请所述的硫酸化低聚糖混合物是通过一定的反应过程得到的混合物，其是作为反应物的混合物的形式存在的，而审查指南第十章第 3.1 节指出的组合物发明的审查原则中所述组合物的组分应当是已经能够清楚的确认其结构组成的化合物，本申请的组合物并不是几种已经能够清楚确认结构组成的化合物的混合而形成的组合物，这就要求在组合物中的每一个产物组分能够得到清楚确认的前提下，本申请所述的组合物才能得到清楚的确认。而本申请说明书并没有给出足以证明其结构的实验数据，本领域的技术人员难以确定采用本申请所述的方法得到的反应产物的混合物中，所述硫酸化低聚糖确实具有本申请权利要求 1 和说明书中给出的结构式所示的结构，因此，在该低聚糖的结构不能得到确认的前提下，该组合物的组成也不能得到清楚的确认，且该低聚糖组分的量不确定，从而导致所述组合物中该组分的用量也不能得到清楚的确认。

驳回决定针对的权利要求书为：

“1. 硫酸化低聚糖混合物，它们具有组成肝素的多糖的一般结构，还具有下述特征：

它们的平均分子量是 1500~3000 道尔顿，抗 Xa 活性是 150~200IU/mg，抗 IIa 活性小于 10IU/mg，抗 Xa 活性/抗 IIa 活性的比大于 30，

这些混合物的组分低聚糖：

含有 2~26 个糖单元，

在其中一个末端有 4，5-不饱和糖醛酸 2-O-硫酸酯单元，

在六糖馏分中含有 8%~15% 的下式六糖△IIa-IIs-Is：

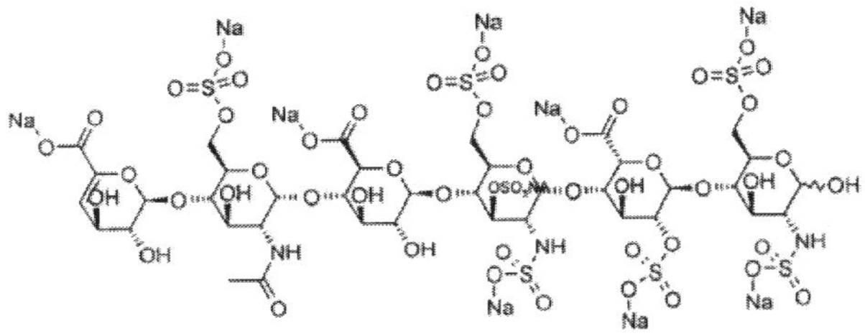

ΔIIa　　IIs　　Is

并且这些低聚糖混合物呈碱金属或碱土金属盐形式。

10. 一种制备根据权利要求 1~9 中任一项权利要求所述低聚糖混合物的方法，在制备过程中，在一种有机介质中，在一种 pKa 大于 20 的强有机碱存在下，对肝素苄酯季铵盐进行解聚，其特征在于

使用的有机碱为膦腈族碱。

19. 使用肝素制备根据权利要求1~9中任一项权利要求所述低聚糖的方法，其中进行下述操作：

a）通过苯索氯铵的作用，使肝素钠盐交换，

b）通过苄基氯的作用，使苄乙铵肝素盐酯化，

c）将得到的苄酯盐交换成肝素苄酯季铵盐，

d）采用权利要求15或16定义的方法，使肝素苄酯季铵盐解聚，

e）将季铵盐盐交换成解聚肝素苄酯钠盐，

f）通过一种碱的作用皂化或者不皂化这种解聚肝素苄酯钠盐，

g）通过一种氧化剂作用，进行或不进行纯化。

40. 根据权利要求1~9中任一项权利要求所述的低聚糖作为药物。

41. 根据权利要求1~9中任一项权利要求所述的低聚糖作为具有抗血栓形成活性的药物。

44. 一种药物组合物，它含有至少一种如权利要求39限定的药物和一种或多种药用惰性赋形剂或载体或添加剂。

48. 如权利要求1~9中任一项权利要求所限定的多糖混合物，它们可以采用权利要求19所限定的方法得到。”

2008年10月20日，申请人安万特医药股份有限公司（下称请求人）对上述驳回决定不服，向专利复审委员会提出复审请求，请求人在提出复审请求时没有对申请文件进行修改，并同时提交了如下附件：

附件1：Preparation and Use of Microarrays Containing Synthetic Heparin Oligosaccharides for the Rapid Analysis of Heparin-Protein Interactions，C. Noti等，Chem. Eur. J.，第8664页，2006年，第12期，复印件1页。

附件2：Seminars in Thrombosis and Haemostasis，J. Fareed等，第442页，1989年，第15卷，第4期，复印件1页。

附件3：European Pharmacopoeia 6.0，第2041~2043、1642~1644页，复印件6页。

附件4：中国专利ZL01814187.0的权利要求1~17，复印件3页。

请求人认为：本申请涉及低分子肝素领域，根据附件1~3，低分子肝素为不均匀、复杂的混合物，并不仅仅是数种鉴定的化合物组成的混合物。本申请权利要求1中记载的混合物的物理化学性质（包括混合物的硫酸化程度，混合物的平均分子量，混合物的低聚糖含有2~26个糖单元，混合物低聚糖在一个末端有4，5-不饱和糖醛酸2-O-硫酸酯单元，六糖馏分的含量，含有特定的六糖）和生物学性质足可以表征权利要求1所记载的混合物。通过这些参数的表征也是本领域的通用实践，例如附件4。

经形式审查合格后，专利复审委员会受理了该请求，并于2008年12月5日向请求人发出了《复审请求受理通知书》，同时将本申请转送至国家知识产权局原审查部门进行前置审查。

在《前置审查意见书》中，国家知识产权局原审查部门，坚持驳回。

专利复审委员会组成合议组，对本复审请求案进行了审理。

本案合议组于2009年7月9日发出《复审通知书》，指出：本申请权利要求1~9要求保护一类硫酸化低聚糖混合物，其采用分子量、生物学活性数据、多糖结构单元的数目、一端有4，5-不饱和糖醛酸2-O-硫酸酯单元和含有一定量的六糖△IIa-IIs-Is进行表征和定义，说明书中记载了硫酸化低聚糖混合物的生物学活性数据，记载了六糖△IIa-IIs-Is的分离测定方法，在实施例B中记载了六糖△IIa-IIs-Is的名称、化学结构式和质子谱，但没有记载任何定性或定量实验数据以证实本申请获得

的硫酸化低聚糖混合物含有六糖△IIa-IIs-Is。在此情况下，本领域技术人员无法确信根据本申请所述方法得到的硫酸化低聚糖混合物是否含有六糖△IIa-IIs-Is，更毋论是否含有所述量的六糖△IIa-IIs-Is，因此，本申请说明书未公开到本领域技术人员能够确认所述硫酸化低聚糖混合物的程度，不符合专利法第26条第3款的规定。

2009年10月26日，针对上述《复审通知书》，请求人提交了意见陈述书，认为：本发明涉及一种含有15%~25%的六糖组分，且在六糖组分中含有8%~15%的六糖△IIa-IIs-Is的硫酸化低聚糖混合物，说明书中记载了测定六糖△IIa-IIs-Is的分析方法，且该方法为已知方法，据此，本领域技术人员能够实施该分析方法并获知六糖△IIa-IIs-Is的百分含量。而且本申请实施例B给出了该六糖的质子谱，据此，本领域技术人员可以确知本申请发明人获得了所述硫酸化低聚糖混合物并鉴定了其中所含有的六糖△IIa-IIs-Is。因此本申请的说明书已经充分公开了本发明，符合专利法第26条第3款的规定。

至此，合议组认为本案事实已经清楚，可以作出复审决定。

二、决定的理由

1. 关于审查文本

本复审请求审查决定是在请求人于2007年11月21日提交的权利要求第1~48项，2005年4月6日进入中国国家阶段时提交的国际申请文件中文文本的说明书第1~4页、7~31页及说明书摘要，国际初步审查报告附件的说明书第5~6页的基础上作出的。

2. 关于专利法第26条第3款

专利法第26条第3款规定，说明书应当对发明或者实用新型作出清楚、完整的说明，以所属技术领域的技术人员能够实现为准。

要求保护的产品为混合物且含有与发明要解决的技术问题密切相关的组分的，如果所属技术领域的技术人员根据现有技术无法预测所述混合物中含有该组分，则说明书中还应当记载对于本领域技术人员来说，足以证明所述混合物中含有该组分的定性或定量实验数据。

就本申请而言，权利要求1~9要求保护一类硫酸化低聚糖混合物，其采用分子量、生物学活性数据、多糖结构单元的数目、一端有4，5-不饱和糖醛酸2-O-硫酸酯单元和含有一定量的六糖△IIa-IIs-Is进行表征和定义。说明书中记载了硫酸化低聚糖混合物的生物学活性数据，记载了六糖△IIa-IIs-Is的分离测定方法，在实施例B中记载了六糖△IIa-IIs-Is的名称、化学结构式和质子谱，但没有记载任何定性或定量实验数据以证实本申请获得的硫酸化低聚糖混合物含有六糖△IIa-IIs-Is。

与本申请最接近的现有技术公开了一类硫酸化低聚糖混合物，采用分子量、生物学活性数据、多糖结构单元的数目和一端有4，5-不饱和糖醛酸2-O-硫酸酯单元进行表征和定义（参见WO0208295A，公开日为2002年1月31日）。根据本申请说明书的记载，本申请重复了WO0208295A中所述方法的主要步骤，同时增加一个基本特征，即在解聚步骤时通过非常精确控制在这种混合物中的水含量来控制碱的选择性，从而得到一类低聚糖混合物，具有与现有硫酸化低聚糖混合物相同的分子量、多糖结构单元的数目且一端有4，5-不饱和糖醛酸2-O-硫酸酯单元，但具有更好的生物学活性；并含有现有技术未提及的六糖△IIa-IIs-Is。

合议组认为，现有技术采用分子量、生物学活性数据、多糖结构单元的数目和一端有4，5-不饱和糖醛酸2-O-硫酸酯单元对硫酸化低聚糖混合物进行表征和定义，本申请重复现有技术的主要步骤得到相同分子量、多糖结构单元的数目和一端有4，5-不饱和糖醛酸2-O-硫酸酯单元的硫酸化低聚糖混合物是本领域技术人员根据现有技术能够推定的，因此本案的焦点在于本申请是否充分公开了硫酸化低聚糖混合物的生物学活性数据以及一定量的六糖△IIa-IIs-Is。

关于生物学活性数据，说明书中记载了硫酸化低聚糖混合物的生物学活性数据。但对于六糖△IIa-IIs-Is，虽然说明书中记载了六糖△IIa-IIs-Is的分离测定方法，在实施例B中记载了六糖△IIa-IIs-Is的名称、化学结构式和质子谱，但没有记载任何定性或定量实验数据以证实本申请所述方法获得的硫酸化低聚糖混合物含有六糖△IIa-IIs-Is。在此情况下，本领域技术人员无法确信根据本申请所述方法得到的硫酸化低聚糖混合物是否含有六糖△IIa-IIs-Is，更毋论是否含有所述量的六糖△IIa-IIs-Is，因此，合议组认为，本申请说明书未公开到本领域技术人员能够确认所述硫酸化低聚糖混合物的程度，不符合专利法第26条第3款的规定。

请求人认为：本发明涉及一种含有15%~25%的六糖组分，且在六糖组分中含有8%~15%的六糖△IIa-IIs-Is的硫酸化低聚糖混合物，说明书中记载了测定六糖△IIa-IIs-Is的分析方法，且该方法为已知方法，据此，本领域技术人员能够实施该分析方法并获知六糖△IIa-IIs-Is的百分含量。而且本申请实施例B给出了该六糖的质子谱，据此，本领域技术人员可以确知本申请发明人获得了所述硫酸化低聚糖混合物并鉴定了其中所含有的六糖△IIa-IIs-Is。因此说明书已经充分公开了本发明，符合专利法第26条第3款的规定。

对此，合议组认为，虽然说明书中记载了六糖△IIa-IIs-Is的分离测定方法，但仅根据测定方法无法得知测定结果。在说明书没有公开任何定性或定量实验数据以证实本申请所述方法获得的硫酸化低聚糖混合物含有所述量的六糖△IIa-IIs-Is的情况下，本领域技术人员完全有理由怀疑该技术方案并非建立在真实科学实验基础上，而仅仅是一种推测。此外，即使本领域技术人员依照说明书记载的六糖△IIa-IIs-Is的分离测定方法去实施，由于没有任何可供参考的实验数据，因而也无法对实施结果加以验证以确认是否再现了本申请的技术效果。因此，合议组对请求人的上述主张不予支持。

基于上述事实和理由，合议组作出如下决定。

三、决定

维持国家知识产权局于2008年8月8日针对第200380100992.5号发明专利申请作出的驳回决定。

复审请求人对本决定不服的，可以根据专利法第41条第2款的规定，自收到本决定之日起三个月内向北京市第一中级人民法院起诉。

211

含有氧化-还原引发体系微胶囊的各向异性导电胶膜及其制备

复审请求审查决定（第20492号）

决　定　号　第20492号
决　定　日　2009年11月24日
发明创造名称　含有氧化-还原引发体系微胶囊的各向异性导电胶膜及其制备
国际分类号　C09J 9/02，C09J 7/00，C09J 167/06，C09J 123/04，C09J 135/00，C09J 133/00
复审请求人　湖北省化学研究院
申　请　号　200510018856.2
申　请　日　2005年6月6日
公　开　日　2006年5月24日
合议组组长　刘　静
主　审　员　王晓东
参　审　员　黄　强

法律依据　专利法第33条
决定要点

如果本领域技术人员通过修改后的申请文件所获得的信息与通过原始申请文件获得的信息不同，且这些不同的内容也不能由原说明书和权利要求书记载的内容直接、毫无疑义地确定，则该修改不符合专利法第33条的规定。

一、案由

本复审请求案涉及发明名称为“含有氧化-还原引发体系微胶囊的各向异性导电胶膜及其制备”的第200510018856.2号发明专利申请（下称本申请），申请人为湖北省化学研究院，申请日为2005年6月6日，公开日为2006年5月24日。

2007年11月9日，针对申请人于2007年9月5日提交的权利要求第1~6项、说明书第2页，2005年6月6日提交的说明书第1、3~5页以及说明书摘要，国家知识产权局以本申请说明书不符合专利法第26条第3款的规定为由驳回了本申请。驳回决定针对的权利要求书如下：

“1. 一种含有氧化-还原引发体系微胶囊的各向异性导电胶膜，其特征在于各向异性导电胶膜主要成分由含自由基的聚合性树脂、微胶囊化的氧化剂和还原剂、偶联剂、防老剂、导电颗粒组成，各组份的组成按重量计为：

含自由基的聚合性树脂	100份
微胶囊化的氧化剂和还原剂	5~10份

偶联剂	1~5 份
防老剂	0.5~3 份
导电颗粒	30~40 份。

2. 如权利要求 1 所述的含有氧化-还原引发体系微胶囊的各向异性导电胶膜，其特征在于所述的含自由基的聚合性树脂为不饱和聚酯树脂、乙烯基树脂、马来酰胺树脂、丙烯酸类树脂中的一种。

3. 如权利要求 1 所述的含有氧化-还原引发体系微胶囊的各向异性导电胶膜，其特征在于所述的微胶囊化的氧化剂和还原剂为微胶囊 A 或微胶囊 B；微胶囊 A 为以氧化剂为芯材的微胶囊和以还原剂为芯材的微胶囊的混合物，微胶囊 B 为氧化剂、还原剂以壁材隔离开的一种复合微胶囊；

其中：氧化剂主要由氢过氧化物、过氧化二烷基、过氧化二酰组成，还原剂主要由叔胺，环烷酸盐，硫醇，有机金属化合物组成；氢过氧化物为过氧化氢、异丙苯过氧化氢、特丁基过氧化氢；过氧化二烷基为过氧化二异丙苯、过氧化二特丁基；所述的过氧化二酰为过氧化二苯甲酰、过氧化十二酰；有机金属化合物为 Al（C_2H_5）$_3$、B（C_2H_5）$_3$；

微胶囊 B 是一种高分子化合物或树脂作为壁材，壁材厚度在 0.05~5μm，壁材质量占微胶囊质量的 3%~90%，壁材是单层的或多层的，壁材为环氧树脂、聚碳酸酯、聚磺酰胺、聚酰胺树脂、聚脲树脂、聚乙烯、石蜡、三硬酯酸甘油酯、聚缩醛树脂、酚醛树脂、苯乙烯-丁二烯共聚物、聚酯、EVA、聚氨酯、明胶、明胶-阿拉伯树胶、脲醛树脂、淀粉中的一种或几种的组合。

4. 如权利要求 1 所述的含有氧化-还原引发体系微胶囊的各向异性导电胶膜，其特征在于所述的偶联剂为 γ-氨丙基三乙基硅烷、γ-缩水甘油醚基丙基三甲氧基硅烷或 γ-甲基丙烯酸丙酯基三甲氧基硅烷中的一种或两种。

5. 如权利要求 1 所述的含有氧化-还原引发体系微胶囊的各向异性导电胶膜，其特征在于所述的防老剂为防老剂 264，防老剂 RD，防老剂丁，防老剂 RT 中的一种或复合防老剂。

6. 一种含有氧化-还原引发体系微胶囊的各向异性导电胶膜的制备方法：

先制备微胶囊化的氧化剂和还原剂，再与含自由基的聚合物、偶联剂、防老剂、防老剂、导电颗粒按比例混配，充分搅拌均匀，在聚四氟乙烯薄膜上均匀涂膜，待干燥后，裁剪成品；

混配比例按重量计为：

含自由基的聚合性树脂	100 份
微胶囊化的氧化剂和还原剂	5~10 份
偶联剂	1~5 份
防老剂	0.5~3 份
导电颗粒	30~40 份。”

驳回决定认为：说明书实施例部分的实施例 1~4 中记载了本发明的各向异性导电胶膜的制备使用了“微胶囊 A 或微胶囊 B”，但是实施例 1~4 中没有明确记载所用微胶囊 A 或微胶囊 B 的组成，也无法依据说明书记载的内容推断实施例 1~4 中的微胶囊 A 或微胶囊 B 的组成，致使所属技术领域的技术人员无法确定实施例 1~4 所得到的导电胶膜的组成，所属技术领域的技术人员依据申请文件的记载不能实现本发明，无法得到所述导电胶膜的实验结果及其技术效果，也无法和比较例 1~2 进行比较（申请文件中记载的测试结果表 1 和表 2），因此说明书的记载不符合专利法第 26 条第 3 款的规定。

2008 年 1 月 30 日，申请人湖北省化学研究院（下称请求人）对上述驳回决定不服，向专利复审委员会提出复审请求，请求人在提出复审请求时提交了权利要求书和说明书的全文替换页。修改后的权利要求书为：

“1. 一种含有氧化-还原引发体系微胶囊的各向异性导电胶膜，其特征在于所述的各向异性导电胶膜是由聚四氟乙烯薄膜与涂布在该薄膜上的各向异性导电胶组成的，而各向异性导电胶是以重量计由含自由基的聚合性树脂、微胶囊化的氧化剂和还原剂、偶联剂、防老剂和导电颗粒组成的：

含自由基的聚合性树脂	100 份
微胶囊化的氧化剂和还原剂	5~10 份
偶联剂	1~5 份
防老剂	0.5~3 份
导电颗粒	30~40 份。

2. 根据权利要求 1 所述的各向异性导电胶膜，其特征在于所述的含自由基的聚合性树脂选自不饱和聚酯树脂、乙烯基树脂、马来酰胺树脂或丙烯酸类树脂。

3. 根据权利要求 1 所述的各向异性导电胶膜，其特征在于所述的微胶囊化的氧化剂和还原剂是以氧化剂为芯材的微胶囊和以还原剂为芯材的微胶囊的等质量比微胶囊混合物，或者是以氧化剂为芯材的微胶囊与以还原剂为芯材的微胶囊以壁材隔离开的复合微胶囊，所述的氧化剂和还原剂选自氢过氧化物、过氧化二烷基、过氧化二酰、叔胺、环烷酸盐、硫醇、有机金属化合物，其中所述的氢过氧化物选自过氧化氢、异丙苯过氧化氢、特丁基过氧化氢；所述的过氧化二烷基选自过氧化二异丙苯、过氧化二特丁基；所述的过氧化二酰选自过氧化二苯甲酰、过氧化十二酰；所述的有机金属化合物是 Al（C_2H_5）$_3$、B（C_2H_5）$_3$；所述的壁材选自环氧树脂、聚碳酸酯、聚磺酰胺、聚酰胺树脂、聚脲树脂、聚乙烯、石蜡、三硬酯酸甘油酯、聚缩醛树脂、酚醛树脂、苯乙烯-丁二烯共聚物、聚酯、EVA、聚氨酯、明胶、明胶-阿拉伯树胶、脲醛树脂或淀粉，所述壁材是单层或多层的，它的厚度是 0.05~5μm，它的质量是该微胶囊质量的 3%~90%。

4. 根据权利要求 1 所述的各向异性导电胶膜，其特征在于所述的偶联剂是一种或多种选自 γ-氨丙基三乙基硅烷、γ-缩水甘油醚基丙基三甲氧基硅烷或 γ-甲基丙烯酸丙酯基三甲氧基硅烷的偶联剂。

5. 根据权利要求 1 所述的各向异性导电胶膜，其特征在于所述的防老剂是一种或多种选自防老剂 264，防老剂 RD，防老剂丁或防老剂 RT 的防老剂。

6. 根据权利要求 1 所述各向异性导电胶膜的制备方法，其特征在于该方法是：

先制备微胶囊化的氧化剂和还原剂，再与含自由基的聚合物、偶联剂、防老剂、导电颗粒和溶剂混配，充分搅拌均匀，然后在聚四氟乙烯薄膜上均匀涂膜，待干燥后，得到所述的各向异性导电胶膜。”

针对说明书，请求人除了根据权利要求书对发明的技术方案作适应性修改以外，还对具体实施方式中的内容进行了修改，具体为：

将实施例 1 中的“微胶囊 A”修改成“实施例 5 制备的微胶囊 A（直径 8.5μm 的以特丁基过氧化-2-乙基己酯或过氧化氢或异丙苯过氧化氢为囊心的微胶囊）”；将实施例 2 和 4 中的“微胶囊 B”修改成“实施例 6‘采用喷雾干燥法’制备的微胶囊 B”；将实施例 3 中的“微胶囊 B”修改成“实施例 6‘采用微胶囊 B 的制备方法’的微胶囊 B”；将实施例 5 中的“制得直径……或异丙苯过氧化氢”修改成“制得直径……或异丙苯过氧化氢为囊心的微胶囊”。

请求人认为：本申请说明书清楚、完整地说明了本发明的目的、技术方案与技术效果。即说明书第 1 页“发明内容”第一段说明了本发明的发明目的；说明书第 1 页倒数第 2 段至第 2 页第 3 段说明了所述各向异性导电胶膜的组成，其中包括组分及其含量，列举了各个组分的具体实例，说明书第 2 页第 4 段说明了各向异性导电胶膜的制备方法，实施例 1~4 详细描述了其制备方法，实施例 5 与 6 详细说明了多种微胶囊 A 和微胶囊 B 的组成及其制备方法；说明书第 2 页后两段说明了本发明的效果，实施例部分用试验数据进一步证明其效果。由此可见，本申请说明书充分说明了本发明各向异性导电胶膜的化学组成、制备方法与使用效果。因此，本申请说明书满足专利法第 26 条第 3 款关于清楚、完整、能够实现的要求。另外，本申请说明书实施例5和6已经清楚地说明了微胶囊A或微胶囊B的制备方法，对于本申请而言，这些微胶囊是适合每个实施例的。

经形式审查合格后，专利复审委员会受理了该请求，并于2008年5月19日向请求人发出了《复审请求受理通知书》，同时将本申请转送至国家知识产权局原审查部门进行前置审查。

在《前置审查意见书》中，国家知识产权局原审查部门认为：请求人提交的说明书实施例1中记载的“5份质量的实施例5制备的微胶囊A（直径……微胶囊）”、实施例2中记载的“7份质量的实施例6‘采用喷雾干燥法’制备的微胶囊B”、实施例3中记载的“8份质量的实施例6‘采用微胶囊B的制备方法’的微胶囊B”和实施例4中记载的“6份质量的实施例6‘采用喷雾干燥法’制备的微胶囊B”既未明确地记载在原说明书和权利要求书中，也不能由原说明书和权利要求书中所记载的内容直接、毫无疑义地确定，因此超出了原说明书和权利要求书记载的范围，不符合专利法第33条的规定，故坚持驳回决定。

专利复审委员会组成合议组，对本复审请求案进行了审理。

2009年7月15日，专利复审委员会向请求人发出了《复审通知书》，其中指出：

（1）请求人在2008年1月30日提出复审请求时所提交的说明书实施例中，将实施例1中的“微胶囊A”修改成“实施例5制备的微胶囊A（直径8.5μm的以特丁基过氧化-2-乙基己酯或过氧化氢或异丙苯过氧化氢为囊心的微胶囊）”；将实施例2和4中的“微胶囊B”修改成“实施例6‘采用喷雾干燥法’制备的微胶囊B”；将实施例3中的“微胶囊B”修改成“实施例6‘采用微胶囊B的制备方法’的微胶囊B”，上述修改不符合专利法第33条的规定，理由如下：

①在申请日提交的原始申请文件中，实施例1~4仅记载使用了“微胶囊A”或“微胶囊B”，并没有明确具体是哪种微胶囊A或微胶囊B，甚至不能确定实施例1~4使用的是否是实施例5或6中所制备的微胶囊A或B。②即便将实施例1~4出现的微胶囊A、B理解为实施例5、6制备的微胶囊A、B，所属领域技术人员根据原始申请文件的记载也不能确定实施例1~4到底使用了哪种具体组分的微胶囊A、B，也不清楚其中的具体氧化剂和还原剂是什么组合，因为实施例5列举了六种氧化剂为囊心的微胶囊，五种还原剂为囊心的微胶囊，“将上述分别制得的氧化剂和还原剂两种微胶囊等质量比混合均匀即得微胶囊A”，可见实施例5中“微胶囊A”的组成不是唯一确定的，而是存在多种可能。③根据修改后的说明书，所属领域技术人员能够确定实施例1~4中使用的微胶囊的具体制备方法，对于实施例1的微胶囊A，还能确定其氧化剂和还原剂的具体组成情况，致使所属领域技术人员根据原始申请文件和修改后的申请文件获得不同的信息，且上述修改后的内容不能够根据文字记载的内容以及说明书附图直接、毫无疑义地确定，因此申请人对说明书所作的上述修改超出了原始记载的范围，不符合专利法第33条的规定。

（2）请求人于2008年1月30日提交的修改文本中，将权利要求1以及说明书第2页的“一种含有氧化—还原引发体系微胶囊的各向异性导电胶膜，其特征在于……导电颗粒组成”修改为“一种含有氧化—还原引发体系微胶囊的各向异性导电胶膜，其特征在于所述的各向异性导电胶膜是由聚四氟乙烯薄膜与涂布在该薄膜上的各向异性导电胶组成的，而各向异性导电胶……和导电颗粒组成的”，上述修改不符合专利法第33条的规定，理由如下：

①原始说明书第1页第5行中记载“各向异性导电胶膜是由绝缘组分和导电组分构成的薄膜状导电胶黏剂”，并且原权利要求1以及说明书“发明内容”部分还记载该导电胶膜主要由含自由基的聚合性树脂等组分组成，没有记载其中包括“聚四氟乙烯薄膜”，通过这些内容可以看出本申请原始记载的导电胶膜就是所述各种绝缘组分和导电组分构成的组合物产品，而不是包括了其所附着的基材的产品。根据原始说明书和权利要求记载的内容也不能够直接、毫无疑义地确定“导电胶膜”中包含

了作为基材的“聚四氟乙烯薄膜”。②原始说明书和权利要求书中也从未记载导电胶膜由导电胶和聚四氟乙烯薄膜两部分组成，且原始文件中也没有提到过“各向异性导电胶”这一概念。

（3）合议组还注意到，在权利要求书修改替换页的权利要求4中关于偶联剂种类的描述与修改对照页以及原始申请文件中的记载是不同的：说明书修改替换页中记载的是“一种或多种”，而修改对照页和原始权利要求4中记载的是“一种或两种”。对此，请申请人认真核对相关文本，并且在答复本通知书时予以明确。

2009年8月26日，请求人针对《复审通知书》提交了意见陈述书以及权利要求书第2页的修改替换页，其中将提出复审时提交的权利要求4中的“一种或多种”修改成“一种或两种”，但是请求人没有对说明书和权利要求书的其他部分进行修改。

在意见陈述书中，请求人认为：（1）审查指南中明确规定了申请说明书具体实施部分的要求，采用具体实施方式进行描述，具体实施方式应当体现所采用的技术方案，可以采用实施例描述，实施例是对具体实施方式的举例说明。在本申请说明书的具体实施方式部分中，实施例实际上是采用具体实施方式描述的，记载的是一些技术方案，不是对具体实施方式的举例说明，微胶囊A、B在本申请说明书中清楚地说明了它们的组成，并且有多个技术方案，因此，它们的组成不是唯一确定的。按照上述审查指南的精神，本申请实施例撰写应当是可以接受的。（2）由原申请说明书第1页倒数第10行至倒数第1行和第2页第1~3段与权利要求书可以知道，说明书实施例1~4与实施例5~6记载的技术方案都在原说明书和权利要求书记载的范围之内，修改实施例1~4没有对原申请说明书记载的技术特征进行任何实质性的修改，既没有扩大，也没有缩小原说明书和权利要求书记载的范围，也没有提出新的技术方案，因此，申请人对说明书所作的上述修改没有超出原始记载的范围，符合专利法第33条的规定。（3）原权利要求6和说明书第3页以及实施例1~4都描述了含有氧化-还原引发体系微胶囊的各向异性导电胶膜是由聚四氟乙烯薄膜与涂布在该薄膜上的各向一定导电胶组成的，除聚四氟乙烯薄膜与涂布在该薄膜上的各向异性导电胶之外没有其他任何组分，这应当是毫无疑义的，唯一的，因此上述修改没有超出原说明书和权利要求书记载的范围。

经合议，合议组认为本案事实已经清楚，可以作出审查决定。

二、决定的理由

1. 关于文本

本复审请求审查决定所针对的文本是：请求人于2008年1月30日提交的权利要求书第1页、说明书第1~8页，2009年8月26日提交的权利要求书第2页，以及2005年6月6日提交的说明书摘要(下称复审决定文本)。

2. 关于专利法第33条

专利法第33条规定：申请人可以对其专利申请文件进行修改，但是，对发明和实用新型专利申请文件的修改不得超出原说明书和权利要求书记载的范围。

如果本领域技术人员通过修改后的申请文件所获得的信息与通过原始申请文件获得的信息不同，且这些不同的内容也不能由原说明书和权利要求书记载的内容直接、毫无疑义地确定，则该修改不符合专利法第33条的规定。

就本申请而言：

（1）本复审决定文本中，请求人坚持将实施例1中的“微胶囊A”修改成“实施例5制备的微胶囊A（直径8.5μm的以特丁基过氧化-2-乙基己酯或过氧化氢或异丙苯过氧化氢为囊心的微胶囊）”；将实施例2和4中的“微胶囊B”修改成“实施例6‘采用喷雾干燥法’制备的微胶囊B”；将实施例3中的“微胶囊B”修改成“实施例6‘采用微胶囊B的制备方法’的微胶囊B”，上述修改不符合专利法第33条的规定，理由如下：

在申请日提交的原始申请文件中，实施例1~4仅记载使用了“微胶囊A”或“微胶囊B”，并没有明确具体是哪种微胶囊A或微胶囊B，因此，所属领域技术人员根据原始申请文件的记载是不能确定实施例1~4使用的是否是实施例5或6中所制备的微胶囊A或B，更不能确定实施例1~4到底使用了哪种具体组分的微胶囊A、B。但是，根据上述修改后的说明书，由于实施例1~4中的每个都具体限定了制备微胶囊所采用的具体方法，因此，本领域技术人员能够确定实施例1~4中的微胶囊都是采用实施例5或6的方法制备的，对于实施例1的微胶囊A，还能确定其氧化剂和还原剂的具体组成情况。由此可见，本领域技术人员通过阅读原始提交的说明书和修改后的说明书所获得的信息不同，且这些不同的内容不能够根据原始申请文件记载的内容直接、毫无疑义地确定，因此申请人对说明书所作的上述修改超出了原始记载的范围，不符合专利法第33条的规定。

请求人在答复《复审通知书》时认为，修改实施例1~4没有对原申请说明书记载的技术特征进行任何实质性的修改，既没有扩大，也没有缩小原说明书和权利要求书记载的范围，也没有提出新的技术方案，因此修改实施例1~4不超出原始记载的范围。对此，合议组认为，本领域技术人员从原说明书中不能看出实施例1~4中的微胶囊A或B是使用何种方法以及使用何种原料制备的，但是根据修改后的说明书就可以清楚地确认这些信息，这显然属于实质性修改；同时原说明书中没有限定实施例1~4中每种微胶囊A或B的具体制备方法和组成，而修改后的说明书对实施例1~4中的微胶囊A或B作了更加具体的限定，限定后的内容不能根据原申请文件记载的内容直接、毫无疑义地确定。因此，请求人对实施例1~4所作的修改是不允许的。

（2）本复审决定文本中，请求人坚持将权利要求1以及说明书第2页的“一种含有氧化—还原引发体系微胶囊的各向异性导电胶膜，其特征在于……导电颗粒组成”修改为“一种含有氧化—还原引发体系微胶囊的各向异性导电胶膜，其特征在于所述的各向异性导电胶膜是由聚四氟乙烯薄膜与涂布在该薄膜上的各向异性导电胶组成的，而各向异性导电胶……和导电颗粒组成的”，上述修改不符合专利法第33条的规定，理由如下：

首先，原始说明书和权利要求书中从未记载导电胶膜由导电胶和聚四氟乙烯薄膜两部分组成，且原始文件中也没有提到过“各向异性导电胶”这一概念；其次，原始说明书第1页第5行中记载“各向异性导电胶膜是由绝缘组分和导电组分构成的薄膜状导电胶黏剂”，并且原权利要求1以及说明书“发明内容”部分还记载该导电胶膜主要由含自由基的聚合性树脂等组分组成，没有记载其中包括“聚四氟乙烯薄膜”，通过上述内容来看，本申请原始记载的导电胶膜就是所述各种绝缘组分和导电组分构成的组合物产品，而不是包括了其所附着的基材的产品；最后，虽然原权利要求6以及说明书第3页的实施例1~4中记载了在各向异性导电胶膜的制备过程中使用了四氟乙烯薄膜，但是本领域技术人员根据原权利要求6以及说明书第3页实施例1~4的记载也不能直接、毫无疑义地确定出“各向异性导电胶膜是由聚四氟乙烯薄膜与涂布在该薄膜上的各向异性导电胶组成”这一信息。

综上所述，请求人对本申请说明书以及权利要求1所作的修改超出了原说明书和权利要求书记载的范围，不符合专利法第33条的规定。

基于以上事实和理由，合议组作出如下审查决定。

三、决定

维持国家知识产权局于2007年11月9日针对第200510018856.2号发明专利申请作出的驳回决定。

复审请求人对本决定不服的，可以根据专利法第41条第2款的规定，自收到本决定之日起三个月内向北京市第一中级人民法院提前诉讼。

212

作为 EGF-R 和 HER2 激酶抑制剂的 3-氰基喹啉

复审请求审查决定（第 20499 号）

决 定 号 第 20499 号
决 定 日 2009 年 12 月 15 日
发明创造名称 作为 EGF-R 和 HER2 激酶抑制剂的 3-氰基喹啉
国际分类号 C07D215/54，A61K31/47，A61P35/00
复审请求人 惠氏控股公司
申 请 号 02827538.1
申 请 日 2002 年 11 月 26 日
优 先 权 日 2001 年 11 月 27 日
公 开 日 2005 年 8 月 24 日
合议组组长 吴红权
主 审 员 王 磊
参 审 员 沈 钱

法 律 依 据 专利法第 22 条第 3 款
决 定 要 点

如果权利要求请求保护的化合物与现有技术中的已知化合物在结构上相近似，并且从说明书记载的内容也看不出该化合物与现有技术中的已知化合物相比具有任何预料不到的用途或者效果，则该权利要求不具备创造性。

一、案由

本复审请求案涉及发明名称为“作为 EGF-R 和 HER2 激酶抑制剂的 3-氰基喹啉”的第 02827538.1 号发明专利申请（下称本申请），申请人为惠氏控股公司，申请日为 2002 年 11 月 26 日，优先权日为 2001 年 11 月 27 日，公开日为 2005 年 8 月 24 日。

2008 年 7 月 11 日，针对申请人于 2007 年 8 月 9 日提交的权利要求第 1~24 项和说明书第 33 页，进入中国国家阶段时提交的国际申请文件中文文本的说明书第 1~32、34~37 页和说明书摘要，国家知识产权局以申请不符合专利法第 22 条第 3 款的规定为由驳回了本申请。

驳回决定认为：（1）权利要求 1 要求保护式（I）化合物，该化合物用于抑制生长因子受体蛋白酪氨酸激酶 PTK，具有治疗癌症和多囊性肾病的作用。对比文件 2（WO9843960A，公开日为 1998 年 10 月 8 日）公开了一种式 1 化合物，该化合物具有与本申请化合物类似的结构，权利要求 1 中的取代基 Z、G_1 和 G_4 是对对比文件 2 化合物取代基的选择，取代基 X、G_2 和 G_3 的定义与对比文件 2 中的定义部分重叠，并且该化合物同样作为蛋白酪氨酸激酶抑制剂，具有治疗癌症和多囊性肾病的作用。对于请求人的意见，首先，对比文件 2 中并没有说明书当 Y 是–NH–时 R1、R2、R3 和 R4 各自必须为氢，其次，对比文件 2 中指出了所述化合物具有与本申请化合物相同的治疗效果，能够治疗相同的疾病，据此本领域技术人员在知晓 HER2 与某些癌症相关后，对治疗所述癌症的药物进行研制时显然会考虑对比文件 2。在本申请未能表明所述化合物相对于对比文件 2 的化合物具有意想不到的效果时，权利要求 1 不具备创造性。（2）权利要求 2~18 是对权利要求 1 中的化合物的进一步选择，基于相同理由，权利要求 2~18 也不具备创造性。（3）权利要求 19~22 要求保护化合物的用途，对比文件 2 已经公开了这些用途，因此权利要求 19~22 也不具备创造性。（4）权利要求 23 要求保护包含所述化合物或其药学上可接受的盐以及载体的药物组合物，权利要求 24 进一步限定所述化合物，对比文件 2 已经公开了包含式 1 化合物或其可药用盐及载体的药物组合物，因此权利要求 23、24 也不具备创造性。

驳回决定针对的权利要求书如下：

“1. 结构如式（I）所代表的化合物或其药学上可接受的盐：

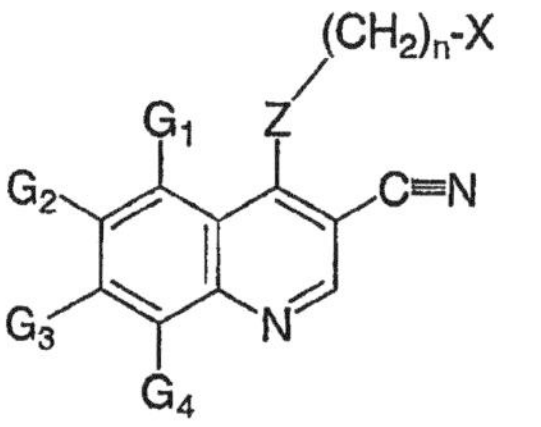

I

其中：

Z 是–NH–；

X 是芳基，它任选被选自以下的取代基一–或二–取代：卤素、1 至 6 个碳原子的烷基、2 至 6 个碳原子的链烯基、2 至 6 个碳原子的炔基、叠氮基、1 至 6 个碳原子的羟基烷基、卤代甲基、2 至 7 个碳原子的烷氧基甲基、2 至 7 个碳原子的烷酰氧基甲基、1 至 6 个碳原子的烷氧基、1 至 6 个碳原子的烷硫基、羟基、三氟甲基、氰基、硝基、羧基、2 至 7 个碳原子的烷氧基羰基、2 至 7 个碳原子的烷基羰基、苯甲酰基、氨基、1 至 6 个碳原子的烷基氨基、2 至 12 个碳原子的二烷基氨基、1 至 6 个碳原子的烷酰基氨基、3 至 8 个碳原子的链烯酰基氨基、3 至 8 个碳原子的炔酰基氨基、2 至 7 个碳原子的羧烷基、3 至 8 个碳原子的烷氧基羰基烷基、1 至 5 个碳原子的氨基烷基、2 至 9 个碳原子的 N–烷基氨基烷基、3 至 10 个碳原子的 N，N–二烷基氨基烷基、2 至 9 个碳原子的 N–烷基氨基烷氧基、3 至 10 个碳原子的 N，N–二烷基氨基烷氧基、巯基和苯甲酰基氨基；或

X 是基团 ；

E 是任选被选自以下取代基单–、二–或三–取代的芳基：卤素、1 至 6 个碳原子的烷基、2 至 6 个碳原子的链烯基、2 至 6 个碳原子的炔基、叠氮基、1 至 6 个碳原子的羟基烷基、卤代甲基、2 至 7 个碳原子的烷氧基甲基、2 至 7 个碳原子的烷酰氧基甲基、1 至 6 个碳原子的烷氧基、1 至 6 个碳原子的烷硫基、羟基、三氟甲基、氰基、硝基、羧基、2 至 7 个碳原子的烷氧基羰基、2 至 7 个碳原子的烷基羰基、苯甲酰基、氨基、1 至 6 个碳原子的烷基氨基、2 至 12 个碳原子的二烷基氨基、1 至 6 个碳原子的烷酰基氨基、3 至 8 个碳原子的链烯酰基氨基、3 至 8 个碳原子的炔酰基氨基、2 至 7 个碳原子的羧烷基、3 至 8 个碳原子的烷氧基羰基烷基、1 至 5 个碳原子的氨基烷基、2 至 9 个碳原子的 N–烷基氨基烷基、3 至 10 个碳原子的 N，N–二烷基氨基烷基、2 至 9 个碳原子的 N–烷基氨基烷氧基、3

至 10 个碳原子的 N，N−二烷基氨基烷氧基、巯基和苯甲酰基氨基；

所述芳基是含有 6 至 12 个碳原子的单环或双环芳环；

T 在 E 上的碳原子处取代且为

$$\text{b)}\ \ NH(CH_2)_m\text{-},\ \text{-}O(CH_2)_m\text{-},\ \text{-}S(CH_2)_m\text{-},\ \text{-}NR(CH_2)_m\text{-},\ \text{-}(CH_2)_m\text{-}$$
$$\text{-}(CH_2)_mNH\text{-},\ \text{-}(CH_2)_mO\text{-},\ \text{-}(CH_2)_mS\text{-},\ \text{-}(CH_2)_mNR\text{-};$$

L 是 5 或 6 元杂芳基环，其中所述杂芳环含有 1 至 3 个独立选自 N、O 和 S 的杂原子；其中所述杂芳基环任选单−或二−取代，其取代基选自卤素、氧代、硫代、1 至 6 个碳原子的烷基、2 至 6 个碳原子的链烯基、2 至 6 个碳原子的炔基、叠氮基、1 至 6 个碳原子的羟基烷基、卤代甲基、2 至 7 个碳原子的烷氧基甲基、2 至 7 个碳原子的烷酰氧基甲基、1 至 6 个碳原子的烷氧基、1 至 6 个碳原子的烷硫基、羟基、三氟甲基、氰基、硝基、羧基、2 至 7 个碳原子的烷氧基羰基、2 至 7 个碳原子的烷基羰基、苯氧基、苯基、硫代苯氧基、苯甲酰基、苄基、氨基、1 至 6 个碳原子的烷基氨基、2 至 12 个碳原子的二烷基氨基、苯基氨基、苄基氨基、1 至 6 个碳原子的烷酰基氨基、3 至 8 个碳原子的链烯酰基氨基、3 至 8 个碳原子的炔酰基氨基、2 至 7 个碳原子的羧烷基、3 至 8 个碳原子的烷氧基羰基烷基、1 至 5 个碳原子的氨基烷基、2 至 9 个碳原子的 N−烷基氨基烷基、3 至 10 个碳原子的 N，N−二烷基氨基烷基、2 至 9 个碳原子的 N−烷基氨基烷氧基、3 至 10 个碳原子的 N，N−二烷基氨基烷氧基、巯基和苯甲酰基氨基；

G_1 和 G_4 各自为氢；

G_2 和 G_3 各自独立地为选自氢、卤素、1 至 6 个碳原子的烷基、2 至 6 个碳原子的链烯基、2 至 6 个碳原子的炔基、2 至 6 个碳原子的链烯氧基、2 至 6 个碳原子的炔氧基、羟甲基、卤代甲基、2 至 6 个碳原子的烷酰基氧基、3 至 8 个碳原子的链烯酰氧基、3 至 8 个碳原子的炔酰氧基、2 至 7 个碳原子烷酰氧基甲基、4 至 9 个碳原子的链烯酰氧基甲基、4 至 9 个碳原子的炔酰氧基甲基、2 至 7 个碳原子的烷氧基甲基、1 至 6 个碳原子的烷氧基、1 至 6 个碳原子的烷硫基、1 至 6 个碳原子的烷基亚磺酰基、1 至 6 个碳原子的烷基磺酰基、1 至 6 个碳原子的烷基亚磺酰氨基、2 至 6 个碳原子的链烯基亚磺酰氨基、2 至 6 个碳原子的炔基亚磺酰氨基、羟基、三氟甲基、三氟甲氧基、氰基、硝基、羧基、2 至 7 个碳原子的烷氧基羰基、2 至 7 个碳原子的烷基羰基、苯氧基、苯基、硫代苯氧基、苄基、氨基、羟氨基、1 至 4 个碳原子的烷氧基氨基、1 至 6 个碳原子的烷基氨基、2 至 12 个碳原子的二烷基氨基、N−烷基氨基甲酰基、N，N−二烷基氨基甲酰基、4 至 12 个碳原子的 N−烷基−N−链烯基氨基、6 至 12 个碳原子的 N，N−二链烯基氨基、苯基氨基、苄基氨基、R2NH、

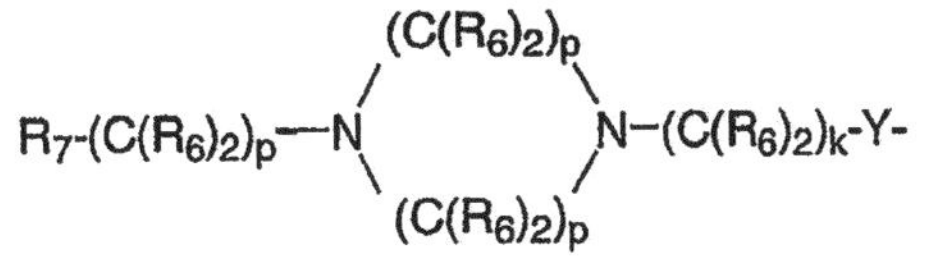

$$R_8R_9\text{-}CH\text{-}M\text{-}(C(R_6)_2)_k\text{-}Y\text{-},$$

$$R_7\text{-}(C(R_6)_2)_g\text{-}Y\text{-},\ R_7\text{-}(C(R_6)_2)_p\text{-}M\text{-}(C(R_6)_2)_k\text{-}Y\text{-},\ \text{Het-}(C(R_6)_2)_q\text{-}W\text{-}(C(R_6)_2)_k\text{-}Y\text{-},$$

前提是 G_2 或 G_3 之一或 G_2 或 G_3 都是 R_2NH；

Y 是二价基团，选自

$$\text{—S—},\ \text{—}(CH_2)_a\text{—},\ \text{—O—},\ \text{—}\overset{R_6}{N}\text{—};$$

R_7 是$-NR_6R_6$、$-OR_6$、$-J$、$-N(R_6)_3{}^+Q^-$或$-NR_6(OR_6)$；

M 是$>NR_6$、$-O-$、$>N-(C(R_6)_2)_pNR_6R_6$或$>N-(C(R_6)_2)_p-OR_6$；

W 是>NR_6、-O-或者是一个键；

Het 是一个杂环基，选自吗啉、硫代吗啉、硫代吗啉 S-氧化物、硫代吗啉 S，S-二氧化物、哌啶、吡咯烷、氮丙啶、吡啶、咪唑、1，2，3-三唑、1，2，4-三唑、噻唑、噻唑烷、四唑、哌嗪、呋喃、噻吩、四氢噻吩、四氢呋喃、二噁烷、1，3-二氧戊环、四氢吡喃和

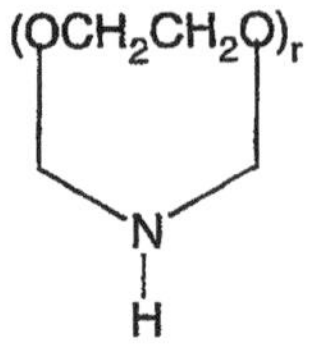

；

其在碳原子上任选被 R_6、羟基、-N（R_6）2、-OR_6、-（C（R_6）$_2$）SOR_6 或-（C（R_6）$_2$）SN（R_6）$_2$ 单-或二-取代；

任选在氮原子上被 R_6 单-取代；并且

任选在饱和碳原子上被二价基团-O-或-O（C（R_6）$_2$）SO-单-或二-取代；

各 R_6 为相同或不同的，其选自氢、1 至 6 个碳原子的烷基、2 至 6 个碳原子的链烯基、2 至 6 个碳原子的炔基、3 至 7 个碳原子的环烷基、2 至 7 个碳原子的烷基羰基、2 至 7 个碳原子的羧烷基、苯基或任选被一个或一个以上的选自以下以取代基取代的苯基：卤素、1 至 6 个碳原子的烷氧基、三氟甲基、氨基、1 至 3 个碳原子的烷基氨基、2 至 6 个碳原子的二烷基氨基、硝基、氰基、叠氮基、卤代甲基、2 至 7 个碳原子的烷氧基甲基、2 至 7 个碳原子的烷酰氧基甲基、1 至 6 个碳原子的烷硫基、羟基、羧基、2 至 7 个碳原子的烷氧基羰基、苯氧基、苯基、硫代苯氧基、苯甲酰基、苄基、苯基氨基、苄基氨基、1 至 6 个碳原子的烷酰基氨基或 1 至 6 个碳原子的烷基；前提是链烯基和炔基部分通过饱和碳原子连接于氮或氧原子；

R_2 选自

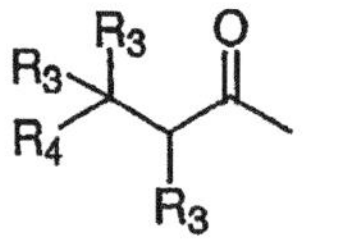

；

各 R_3 为相同或不同的，选自氢、1 至 6 个碳原子的烷基、羧基、1 至 6 个碳原子的烷氧基羰基、苯基、2 至 7 个碳原子的烷基羰基，

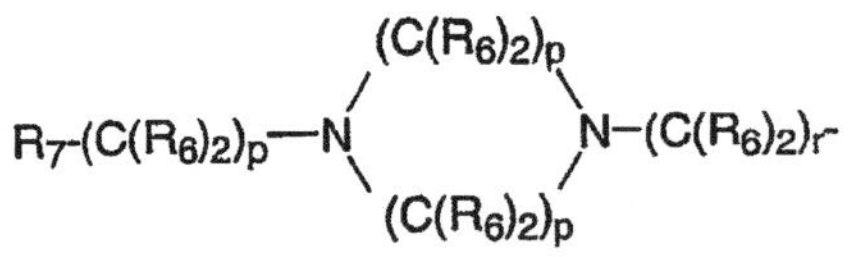

，

$R_7-(C(R_6)_2)_s-$ ， $R_7-(C(R_6)_2)_p-M-(C(R_6)_2)_r-$ ，

$R_8R_9-CH-M-(C(R_6)_2)_r-$ ， $Het-(C(R_6)_2)_q-W-(C(R_6)_2)_r-$ ；

R_4 $-NR_6R_6$, $-OR_6$, $-SR_6$,

$R_7-(C(R_6)_2)_p-S-$ ， $R_7-(C(R_6)_2)_p-N(R_6)-$ ， $R_7-(C(R_6)_2)_p-O-$ ，

$R_8R_9-CH-N(R_6)-$ ， $R_8R_9-CH-S-$ ， $R_8R_9-CH-O-$ ，

$Het-(C(R_6)_2)_q-N(R_6)-$ ， $Het-(C(R_6)_2)_q-S-$ ， $Het-(C(R_6)_2)_q-O-$ ，

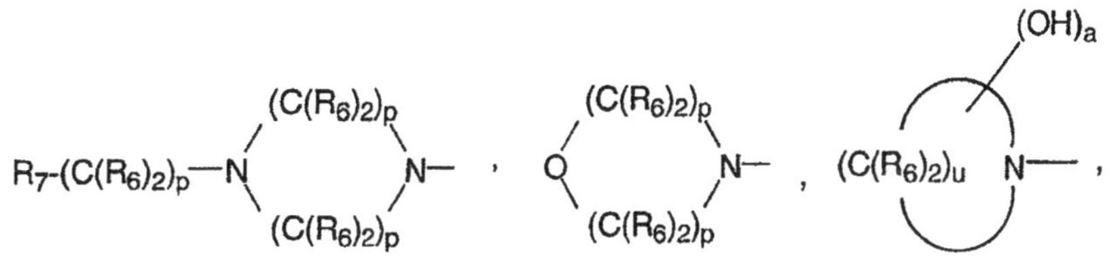

半胱氨酸或者包括 2 至 10 个天然氨基酸残基且含有至少一个未氧化的半胱氨酸残基的肽，其中 R_4 通过一个或一个以上的半胱氨酸残基的硫原子与所述分子的其他部分连接；

R_8 和 R_9 各自独立地为- （C （R_6）$_2$）$_r$$NR_6R_6$ 或- （C （R_6）$_2$）$_r$$OR_6$；

J 独立地为氢原子、氯、氟或溴；

a 是 0~1 的整数；

g 是 1~6 的整数；

k 是 0~4 的整数；

n 是 0；

m 是 0~3 的整数；

p 是 2~4 的整数；

q 是 0~4 的整数；

r 是 1~4 的整数；

s 是 1~6 的整数；

u 是 2~6 的整数；

Q 是选自由有机或无机酸形成的盐的相反离子；

其前提是：

a. 当 R_6 是 2 至 7 个碳原子的链烯基或 2 至 7 个碳原子的炔基时，这些链烯基或炔基部分通过饱和碳原子连接于氮或氧原子上；

b. 当 Y 是-NR_6-且 R_7 是-NR_6R_6、-N （R_6）$_3$$^+$Q 或-$NR_6$ （OR_6） 时，则 g 是 2 至 6 的整数；

c. 当 M 是-O-且$_R$7 是-OR_6 时，则 p 是 1 至 4 的整数；

d. 当 Y 是-NR_6-时，则 k 是 2 至 4 的整数；

e. 当 Y 是-O-且 M 或 W 是-O-时，则 k 是 1 至 4 的整数；

f. 当 W 不是通过氮原子与 Het 连接的键时，则 q 是 2 至 4 的整数，而当 W 是通过氮原子与 Het 连接的键且 Y 是-O-或-NR_6-时，则 k 是 2 至 4 的整数。

2. 一种根据权利要求 1 的化合物，其中 X 是-E-T-L。

3. 一种根据权利要求 2 的化合物，其中 T 是 O （CH_2）$_m$-其中 m 是 0 或 1。

4. 根据权利要求 1 至 3 中任一项的化合物，其中 L 是杂芳基环，所述杂芳基环选自吡啶、嘧啶、咪唑、噻唑、吡咯、呋喃、噻吩、噁唑和 1，2，4-三唑。

5. 一种根据权利要求 1 至 3 中任一项的化合物，其中 X 是任选取代的芳基。

6. 一种根据权利要求 1 至 3 中任一项的化合物，其中任选取代的芳基是任选取代的苯基。

7. 一种根据权利要求 1 至 3 中任一项的化合物，其中 L 上的任选的取代基选自卤素和苯基。

8. 一种根据权利要求 7 的化合物，其中 L 上的任选的取代基选自氯和苯基。

9. 一种根据权利要求 1 至 3 中任一项的化合物，其中 R_4 是 NR_6R_6 或含有至少一个未氧化的半胱氨酸残基的 2 至 10 个天然氨基酸残基的肽，其中 R_4 通过一个或一个以上的半胱氨酸残基的硫原子连接于所述分子的其他部分。

10. 一种根据权利要求 1 至 3 中任一项的化合物，其中 R_3 各自选自氢、1 至 6 个碳原子的烷基、

R_7-（C（R_6）$_2$）$_s$，其中 R_7 是 NR_6R_6 和 Het-（C（R_6）$_2$）$_q$-W-（C（R_6）$_2$）$_r$-。

11. 一种根据权利要求 1 至 3 中任一项的化合物，其中 R_6 各自选自氢和 1 至 6 个碳原子的烷基。

12. 根据权利要求 1 的化合物，它为：

N-（4-｛3-氯-4-［（4-苯基-1，3-噻唑-2-基）烷硫基］苯胺基｝-3-氰基-7-甲氧基-6-喹啉基）-3，4-双（二甲氨基）-2-丁酰胺或其药学上可接受的盐。

13. 根据权利要求 1 的化合物，它为：

N-［4-（3-氯-4-氟-苯基氨基）-3-氰基-7-甲氧基-喹啉-6-基］-3，4-双-（3-羟基-吡咯烷-1-基）-丁酰胺或其药学上可接受的盐。

14. 根据权利要求 1 的化合物，它为：

N-［4-（3-氯-4-氟苯胺基）-3-氰基-7-乙氧基-6-喹啉基］-3-（二甲氨基）丁酰胺或其药学上可接受的盐。

15. 根据权利要求 1 的化合物，它为：

N-｛4-［4-（苄氧基）-3-氯苯胺基］-3-氰基-7-乙氧基-6-喹啉基｝-3，6-双（二甲氨基）己酰胺或其药学上可接受的盐。

16. 根据权利要求 1 的化合物，它为：

N-｛4-［4-（苄氧基）-3-氯苯胺基］-3-氰基-7-乙氧基-6-喹啉基｝-3，4-二（1-吡咯烷基）丁酰胺或其药学上可接受的盐。

17. 根据权利要求 1 的化合物，它为：

（2R）-2-氨基-5-（｛2-［（羧甲基）氨基］-1-［（｛3-｛［4-（3-氯-4-氟苯胺基）-3-氰基-7-乙氧基-6-喹啉基］氨基｝-1-［（二甲氨基）甲基］-3-氧代丙基｝烷硫基）甲基］-2-氧代乙基｝氨基）-5-氧代戊酸或其药学上可接受的盐。

18. 根据权利要求 1 的化合物，它为：

N-｛4-［4-（苄氧基）-3-氯苯胺基］-3-氰基-7-乙氧基-6-喹啉基｝-3，4-双（二甲氨基）丁酰胺或其药学上可接受的盐。

19. 权利要求 1 至 18 中任一项所要求的式（I）化合物或其药学上可接受的盐在制备在有需要的哺乳动物中治疗肿瘤、抑制肿瘤生长或消除肿瘤的药物中的用途。

20. 根据权利要求 19 的用途，其中所述肿瘤选自乳腺、肾、膀胱、口腔、喉、食道、胃、结肠、卵巢和肺部的肿瘤。

21. 权利要求 1 至 18 中任一项所要求的式（I）化合物或其药学上可接受的盐在制备用于在有需要的哺乳动物中治疗多囊性肾病、抑制其发展或根除它的药物中的用途。

22. 权利要求 1 至 18 中任一项所要求的式（I）化合物或其药学上可接受的盐在制备用于在有需要的哺乳动物中治疗、抑制或消除结肠息肉的药物中的用途。

23. 一种药用组合物，它包括权利要求 1 至 18 中任一项所要求的式（I）化合物或其药学上可接受的盐以及一种或一种以上的药学上可接受的载体。

24. 一种根据权利要求 23 的药用组合物，它包括 N-｛4-［4-（苄氧基）-3-氯苯胺基］-3-氰基-7-乙氧基-6-喹啉基｝-3，4-双（二甲氨基）丁酰胺或其药学上可接受的盐。”

2008 年 10 月 27 日，申请人惠氏控股公司（下称请求人）对上述驳回决定不服，向专利复审委员会提出复审请求，没有对申请文件进行修改。请求人同时还提交了如下附件：

附件 1：J. Med. Chem.，2003，46，49~63，复印件 15 页；

附件 2：J. Med. Chem.，2005，48，1107~1131，复印件 25 页。

请求人认为：（1）对比文件2没有公开本申请权利要求1中的G_2和G_3取代基；本申请权利要求1中要求G_2和/或G_3中存在R_2NH-基团，其中R_2必须是-C（O）-CHR_3-$CR_3R_3R_4$，并且其中R_4选自数个含杂原子（N、O、S）的部分，下式的部分必须存在于G_2和/或G_3中：

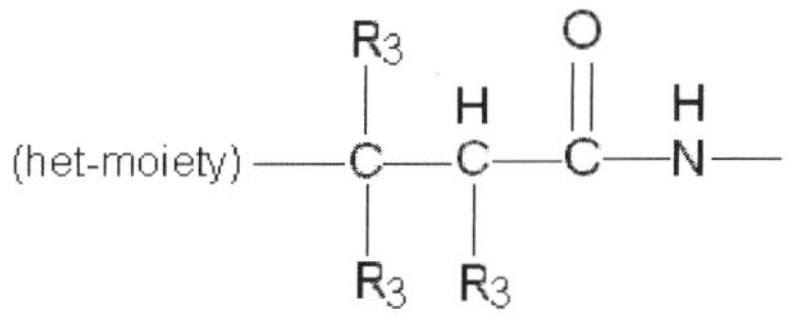

而根据对比文件2说明书第7~8页的内容，其中相应取代基R_1和R_2不可能形成本申请上述取代基G_2和/或G_3，对比文件2中含杂原子的取代基要么无本申请权利要求的酰胺官能基，要么就含有碳-碳双键，不可能与本申请G_2和G_3有重叠，且对比文件2实施例147~148和171~175中的具体化合物在R_2位（即喹啉的6位）都有碳碳双键，本申请权利要求书中没有存在所述烯基，因此对比文件2实施例147~148和171~175的化合物没有落入本申请权利要求书的范围内，即本申请化合物与对比文件2的化合物相比具有新颖性。（2）本申请化合物是表皮生长因子受体激酶（EGFR）和HER2两者的抑制剂，对比文件2对此没有任何教导和暗示，因此本申请权利要求相对于对比文件2具备创造性。（3）附件1的化合物具有丁-2-烯胺和丁-2-炔胺Michael受体基团，这些受体基团被认为是导致化合物生物活性增强的重要因素（附件1第49页第2栏第17~26行），附件2的化合物指的是化合物86（EKB-569），其具有6-位的Michael受体基团，对比文件2实施例147~148和171~175的化合物同样具有丁烯胺或丙烯胺Michael受体基团，而本申请化合物在6和7位的基团不是不饱和的，不能作为Michael受体，在此情况下能作为EGFR和HER2两者的抑制剂，这一点对于本领域技术人员而言是不可预料的。

经形式审查合格后，专利复审委员会受理了该请求，并于2008年12月9日向请求人发出了《复审请求受理通知书》，同时将本申请转送至国家知识产权局原审查部门进行前置审查。

在《前置审查意见书》中，国家知识产权局原审查部门坚持驳回决定。

专利复审委员会组成合议组，对本复审请求案进行了审理，并于2009年7月27日向请求人发出《复审通知书》，指出：（1）权利要求14要求保护的化合物与对比文件2实施例145公开的化合物结构近似，两者具有相同的母核结构和用途，其在个别取代基团上的差别是本领域技术人员结合本领域常规技术就能实现的，并且也没有带来任何预料不到的技术效果，因此，权利要求14相对于对比文件2不具备创造性。（2）基于同样的理由，权利要求1~13、15~18也不具备创造性。（3）权利要求19~22要求保护所述式I化合物的制药用途，权利要求23、24要求保护包含式I化合物的药用组合物，在对比文件2公开了所述化合物具有与本申请相同的用途以及包含它们的药物组合物的情况下，权利要求19~24相对于对比文件2也不具备创造性。

2009年11月11日，请求人提交了意见陈述书，没有提交新的修改文本，认为本申请化合物与对比文件2的化合物在结构上并不接近，而且本申请化合物是表皮生长因子受体激酶（EGFR）和HER2两者的有效抑制剂，具有一定的用途，本领域技术人员没有任何动机将对比文件2的化合物进行改变获得本申请化合物，并且也不会预料到本申请化合物具有显著的HER2抑制活性。附件1、2虽然不是本申请的现有技术文献，但是其说明了在6-位具有Michael受体基团是非常重要的，能够证明本申请化合物相比对比文件2的不可预料性。因此本申请权利要求具备创造性。

2009年12月4日，合议组向请求人发出《合议组成员告知通知书》，告知请求人本案合议组成员变更为：合议组组长：吴红权，主审员：王磊，参审员：沈钱；并告知请求人如对合议组成员有回避请求，应在收到该通知书7日内提交书面意见。

请求人在指定期限内未答复。

至此，合议组认为本案事实清楚，可以作出审查决定。

二、决定的理由

1. 审查文本

请求人在复审阶段没有提交新的修改文本，本复审请求审查决定所针对的文本是驳回决定所针对的文本，即请求人于2007年8月9日提交的权利要求第1~24项和说明书第33页，进入中国国家阶段时提交的国际申请文件中文文本的说明书第1~32、34~37页和说明书摘要。

2. 关于专利法第22条第3款

专利法第22条第3款规定：创造性，是指同申请日以前已有的技术相比，该发明有突出的实质性特点和显著的进步，该实用新型有实质性特点和进步。

如果权利要求请求保护的化合物与现有技术中的已知化合物在结构上相近似，并且从说明书记载的内容也看不出该化合物与现有技术中的已知化合物相比具有任何预料不到的用途或者效果，则该权利要求不具备创造性。

本案中，权利要求14要求保护N-［4-（3-氯-4-氟苯胺基）-3-氰基-7-乙氧基-6-喹啉基］-3-（二甲氨基）丁酰胺（即本申请实施例3化合物）或其药学上可接受的盐。对比文件2（WO9843960A，公开日为1998年10月8日）的实施例145公开了N-｛4-［（3-氯-4-氟苯基）氨基］-3-氰基-6-喹啉基｝-4-二甲基氨基-2-丁烯酰胺（下称化合物145）的制备和表征。对比这两个化合物可知，两者的区别在于：（1）实施例3化合物在喹啉环的7位上有乙氧基，化合物145没有，（2）实施例3化合物喹啉环的6位上的取代基是3-（二甲氨基）丁酰胺，化合物145喹啉环的6位上的取代基是4-二甲基氨基-2-丁烯酰胺。

本申请说明书记载了实施例3化合物的制备方法和质谱表征数据，还记载了结构式I所代表的化合物（其覆盖了权利要求14所述的化合物）具有抑制EGF-R（表皮生长因子受体）和HER2激酶的活性，由此可用于治疗由这些蛋白激酶活性所导致的某些疾病，例如哺乳动物癌症和多囊性肾病。并且在说明书表1、2中记载了包括实施例3的化合物在内的多个化合物对HER2和EGF-R激酶抑制作用的IC_{50}数据，在表3中记载了实施例7化合物在体内对转染了人HER2的小鼠成纤维细胞瘤生长的抑制作用。

对比文件2说明书第1页也记载了所述式1化合物具有抑制某些生长因子受体蛋白酪氨酸激酶的作用，具体的，在生长因子受体激酶及其原癌基因之中，已被确认并且作为本发明化合物靶物的是表皮生长因子受体激酶（EGF-R激酶，erbB癌基因的蛋白质产物）和由erbB-2（也称作neu或HER2）产生的产物……erbB-2癌基因的受体激酶产物的超量表达已发现与人的乳腺癌和卵巢癌有关。EGF-R激酶的失调与表皮样肿瘤、乳腺肿瘤及涉及其他主要器官的肿瘤有关。并且在对比文件2的说明书第46页记载了所述化合物能用于治疗例如乳腺、肾、膀胱、口腔、卵巢等的治疗，其具体的适应症也与本申请式I化合物相同。即，对比文件2中公开的式1化合物具有与本申请式I化合物相同的3-氰基喹啉环母核结构以及相同的用途，同样的，其对应的具体化合物也具有相同的母核结构和用途。

在此基础上，由于从本申请所提供的数据来看，看不出本申请权利要求14的化合物相对于对比文件2在抑制EGF-R和HER2激酶的活性方面具有何种预想不到的效果，因此，相比对比文件2，权利要求14实际要解决的技术问题仅是提供一种选择性的具有相同母核结构的EGF-R和HER2激酶抑制剂，其是通过对喹啉环6位、7位的取代基进行变化而实现的。由此，判断权利要求14是否具备创造性，关键在于判断现有技术中是否存在上述两个位置上取代方式变化的启示。

首先，对于区别一，对比文件 2 在权利要求 1 中公开了取代基 R_3（相当于本申请式 I 化合物的取代基 G_2）可以是 1~6 个碳原子的烷氧基，并且在多个实施例中制备了 R_3 为乙氧基的 3-氰基取代喹啉化合物（如实施例 175、346、347）。可见，对比文件 1 中已经给出了在喹啉环 7 位上用乙氧基取代的技术方案的启示，本领域技术人员仅需要在反应原料上加以选择，例如使用 7 位上乙氧基取代的喹啉，按照实施例 145 教导的制备方法就能制备得到具有 7-乙氧基取代的化合物 145，在对比文件 2 上述公开内容的基础上，这种原料的选择属于本领域的常规技术手段，合成得到的化合物的效果也是本领域技术人员能够预期的。

其次，对于区别二，其实质上是将对比文件 2 的丁烯酰胺基团替换成本申请的丁酰胺基团，并将二甲基氨基的取代位置从 4 位变为 3 位。首先，这种取代基的替换是本领域技术人员结合其掌握的常规技术手段很容易实现的，例如将对比文件 2 实施例 145 中的原料 4-溴丁-2-烯酰氯替换成 3-溴丁酰氯，并按照常规的合成步骤就能获得具有本申请权利要求 14 所述 6 位取代基的化合物。其次，尽管请求人在提复审请求时强调对比文件 2 实施例 147~148 和 171~175 中的具体化合物在 R_2 位（即喹啉的 6 位）都有碳碳双键，本申请权利要求书中没有存在所述烯基，但是从本申请的说明书可知，其实施例 4 在喹啉环的 6 位上取代了 2-己烯酰胺，实施例 6 在喹啉环的 6 位上取代了 2-丁烯酰胺，并且根据权利要求 1 对 R_6 的定义“R_6 选自 2 至 6 个碳原子的链烯基、2 至 6 个碳原子的炔基……”，即本申请权利要求 1 中定义的式 I 化合物同样在 6 位上存在碳碳双键等不饱和键。而从本申请说明书记载的内容看不出同样包含在通式 I 结构内的实施例 3 与实施例 4、6 在抑制 EGF-R（表皮生长因子受体）和 Her2 激酶的激酶活性上有任何差异，本申请说明书中也没有强调在喹啉环 6 位上引入烯基酰胺相比引入烷基酰胺取代基会有任何效果上的不同。因此，上述取代基的差别并不能使本申请的权利要求 14 具备创造性，权利要求 14 不符合专利法第 22 条第 3 款的规定。

对于权利要求 15 所述的 N-｛4-［4-（苄氧基）-3-氯苯胺基］-3-氰基-7-乙氧基-6-喹啉基｝-3,6-双（二甲氨基）己酰胺（即实施例 5 化合物），其与对比文件 2 的化合物 145 的区别在于：（1）实施例 5 化合物在喹啉环的 7 位上有乙氧基，化合物 145 没有，（2）实施例 5 化合物喹啉环的 6 位上的取代基是 3，6-双（二甲氨基）己酰胺，化合物 145 喹啉环的 6 位上的取代基是 4-二甲基氨基-2-丁烯酰胺，（3）实施例 5 化合物在喹啉环 4 位上的取代基是 4-（苄氧基）-3-氯苯胺基，化合物 145 在喹啉环 4 位上的取代基是（3-氯-4-氟苯基）氨基。对于区别一、二，基于上述相同的理由，其不能使权利要求 15 的化合物相比对比文件 2 具备创造性。对于区别三，对比文件 2 权利要求 1 中限定了取代基 X 可以是单、二或三取代的吡啶基、嘧啶基或苯基环，取代基选自卤素、1~6 个碳原子的烷基、苯基、苯氧基、苄基等，即对比文件 2 已经给出了喹啉环 4 位的取代基可以是在苯胺基的苯环上进一步取代卤素和/或苯氧基而形成 4-（苯氧基）-3-氯苯胺基的启示，本领域技术人员在此基础上依据其掌握的常规技术手段很容易实现 4-（苯氧基）-3-氯苯胺基到 4-（苄氧基）-3-氯苯胺基的基团替换，并且这种常规基团的替换并不会改变具有相同的 3-氰基喹啉环母核结构的化合物的活性效果，因此，区别三也不能使权利要求 15 具备创造性。权利要求 15 相对于对比文件 2 不符合专利法第 22 条第 3 款的规定。

对于权利要求 12 所述的 N-（4-｛3-氯-4-［（4-苯基-1，3-噻唑-2-基）烷硫基］苯胺基｝-3-氰基-7-甲氧基-6-喹啉基）-3，4-双（二甲氨基）-2-丁酰胺（即实施例 1 化合物），其与对比文件 2 的化合物 145 的区别在于：（1）实施例 1 化合物在喹啉环的 7 位上有甲氧基，化合物 145 没有，（2）实施例 1 化合物喹啉环的 6 位上的取代基是 3，4-双（二甲氨基）-2-丁酰胺，化合物 145 喹啉环的 6 位上的取代基是 4-二甲基氨基-2-丁烯酰胺，（3）实施例 1 化合物在喹啉环 4 位上的取代基是 3-氯-4-［（4-苯基-1，3-噻唑-2-基）烷硫基］苯胺基，化合物 145 在喹啉环 4 位上的取代基是（3-氯-4-氟苯基）氨基。对于区别一、二，基于上述相同的理由，其不能使权利要求 12 的化合物相比对比文件 2 具备创造性。对于区别三，对比文件 2 权利要求 1 中限定了取代基 X 可以是单、二或三取代的吡啶基、嘧啶基或苯基环，取代基选自卤素、1~6 个碳原子的烷基、1~6 个碳原子的烷硫基等，即对比文件 2 已经给出了喹啉环 4 位的取代基可以在苯胺基的苯环上作进一步的取代，例如取代烷硫基、苯基等基团的启示，本领域技术人员在对比文件 2 的基础上能依据其掌握的常规技术手段对取代基作常规的选择变换，这并不会影响到具有相同的 3-氰基喹啉环母核结构的化合物的活性效果，并且从本申请说明书记载的内容也看不出噻唑基的引入会使得实施例 1 的活性效果相比其他实施例有所不同。因此，区别三也不能使权利要求 12 的化合物相比对比文件 2 具备创造性。权利要求 12 不符合专利法第 22 条第 3 款的规定。

权利要求 13、16~18 所要求保护的化合物分别对应于本申请实施例 2、7~9 的化合物，其相比对比文件 2 化合物 145 的区别也均是喹啉环的 4 位、6 位、7 位这三个位置取代基的差别。基于上述相同的理由，由上述区别不能使权利要求 13、16~18 所述的化合物相比对比文件 2 公开的化合物具备创造性，因此，权利要求 13、16~18 不符合专利法第 22 条第 3 款的规定。

权利要求 1 要求保护一种结构如式（I）所代表的化合物或其药学上可接受的盐。其中 Z 是-NH-，n 是 0，X 是芳基或-E-T-L，G_1 和 G_4 是氢，G_2 和 G_3 各自独立地为选自氢、卤素、1 至 6 个碳原子的烷基、……、R_2NH，前提是 G_2 或 G_3 之一或 G_2 或 G_3 都是 R_2NH，R_2 选自 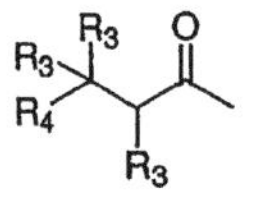 ；，各 R_3 为相同或不 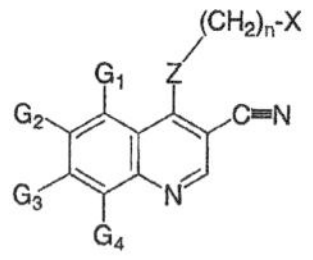 I 同的，选自氢、1 至 6 个碳原子的烷基……，R_4 为 $-NR_6R_6$，$-OR_6$，各 R_6 为相同或不同的，其选自氢、1 至 6 个碳原子的烷基。权利要求 2~11 对所述通式 I 的取代基作了进一步的限定。

对比文件 2 公开了一种式 1 化合物或其可药用的盐，其中 X 是苯基环，苯基环可以任选地被取代基单、二或三取代，该取代基选自：卤素、1~6 个碳原子的烷基……苯基、苯硫氧基、苄基，Y 是-NH-、-O-、-S-或-NR-；n 是 0-1，R_1、R_2、R_3 和 R_4 各自独立地是氢、卤素、1~6 个碳原子的烷基……以及下式所示的基团：

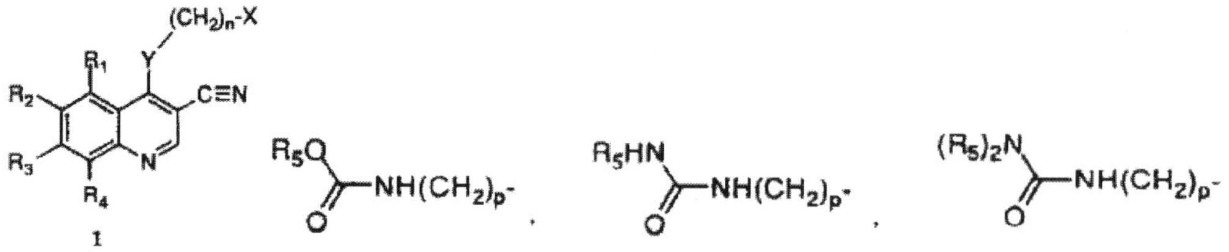

1

R_5 是 1~6 个碳原子的烷基……p 为 0~3，条件是，当 Y 是-NH-，R_1、R_2、R_3 和 R_4 是氢，且 n 是 0 时，X 不是 2-甲基苯基（见对比文件 2 权利要求 1）。

由于本申请说明书中实际仅记载了 10 个具体化合物的制备方法和质谱表征数据，以及在表 1~3 中记载了实施例 1、2、3、5、7、8 的化合物对 HER2 和 EGF-R 激酶抑制作用的 IC_{50} 数据，即对于权利要求 1~11 中要求保护的具有所述通式 I 结构的化合物或其药学上可接受的盐，说明书仅给出了权利要求 12~18 所述具体化合物的效果数据。而基于上述评述，权利要求 12~18 相对于对比文件 2 不具备创造性，显然从本申请说明书中看不出由通式 I 概括的除权利要求 12~18 以外的具体化合物会有更好的活性，即在效果上通式 I 概括的化合物应是处于同一水平的。而通式 I 的化合物在结构上与对比文件 2 的化合物均具有 3-氰基喹啉环的母核，所述取代基 G_2、G_3 的不同是本领域技术人员根据常规技术手段能够容易地实现的，这种取代基的替换也未带来任何意想不到的技术效果，因此，所述通式 I 的化合物相对于对比文件 2 公开的化合物不具备创造性，权利要求 1~11 不符合专利法第 22 条第 3 款的规定。

权利要求 19~22 要求保护所述式 I 化合物的制药用途，权利要求 23、24 要求保护包含式 I 化合物的药用组合物。对比文件 2 说明书第 1 页记载了 “本发明还涉及所述的 3-氰基喹啉的制造，它们在癌症与多囊性肾病的治疗中的应用，以及含有它们的药物组合物”，说明书第 46 页记载了 “本发明化合物可用于表达 EGFR 的肿瘤，例如乳腺、肾、膀胱、口腔……此外，本发明化合物还可用于表达由 erbB2（Her2）癌基因产生的受体蛋白的乳腺肿瘤的治疗、抑制生长或根除”。可见，对比文件 2 公开了所述化合物具有与本申请相同的用途以及包含它们的药物组合物，在权利要求 19~24 所引用的产品权利要求不具备创造性的情况下，权利要求 19~24 相对于对比文件 2 也不具备创造性，不符合专利法第 22 条第 3 款的规定。

请求人在复审阶段提交了意见陈述书和附件 1、2，认为本发明化合物与对比文件 2 的化合物在结构上并不接近，而且本发明化合物是表皮生长因子受体激酶（EGFR）和 HER2 两者的有效抑制剂，具有一定的用途，本领域技术人员没有任何动机将对比文件 2 的化合物进行改变获得本发明化合物，并且也不会预料到本发明化合物具有显著的 HER2 抑制活性。并且附件 1、2 虽然不是本发明的现有技术文献，但是其说明了在 6-位具有 Michael 受体基团是非常重要的，能够证明本发明化合物相比对比文件 2 的不可预料性。因此本申请权利要求具备创造性。

对此，合议组认为：（1）依据上述评述可知，本申请化合物在结构上与对比文件 2 公开的化合物具有相同的母核结构，两者仅有若干取代基的差别，而这些取代基是本领域技术人员结合常规技术手段能够容易地置换获得的，并且因为从本申请说明书和对比文件 2 说明书公开的内容来看，两者所述的化合物均具有相同的抑制 EGFR 和 HER2 受体活性的用途，即从本申请说明书记载的内容看不出经过常规基团置换后获得的化合物具有比对比文件 2 的化合物更好的活性，因此，请求人有关本申请化合物具备创造性的理由不成立。（2）对于附件 1、2，其作为两篇期刊文献，其公开日均晚于本申请的申请日，内容主要涉及对比文件 2 化合物的结构-活性关系，其并不能用于证明本申请的化合物相比对比文件 2 的化合物具有更好的活性。并且本申请权利要求书中用通式 I 结构概括的化合物在 6 和 7 位的基团可以选自不饱和的基团，即本申请权利要求书中记载的化合物在喹啉 6-位上也可以具有不饱和的 Michael 受体基团，依据附件 1、2 并不能证明不具有该受体基团的化合物比具有该受体基团的化合物具有更好的活性，因此，请求人的主张不成立。

基于上述理由，合议组作出如下决定。

三、决定

维持国家知识产权局于 2008 年 7 月 11 日对 02827538.1 号发明专利申请作出的驳回决定。

复审请求人对本决定不服的，可以根据专利法第 41 条第 2 款的规定，自收到本决定之日起三个月内向北京市第一中级人民法院起诉。

213

低腐蚀性的环氧树脂及其制造方法

复审请求审查决定（第20504号）

决　定　号　第20504号
决　定　日　2009年12月11日
发明创造名称　低腐蚀性的环氧树脂及其制造方法
国际分类号　C08G 59/06，C08G 59/24，H01L 23/495
复审请求人　西门子公司
申　请　号　03804719.5
优先权日　2002年2月28日
申　请　日　2003年2月28日
公　开　日　2005年7月13日
合议组组长　吴红权
主　审　员　危　峰
参　审　员　顾笑璐

法律依据　专利法第22条第2款
决定要点

如果权利要求限定的技术方案与对比文件公开的技术方案实质上相同，所属技术领域的技术人员根据两者的技术方案可以确定两者能够适用于相同的技术领域，解决相同的技术问题，并具有相同的预期效果，则认为两者为同样的发明。

一、案由

本复审请求案涉及发明名称为"低腐蚀性的环氧树脂及其制造方法"的第03804719.5号发明专利申请（下称本申请），申请人为西门子公司，申请日为2003年2月28日，优先权日为2002年2月28日，公开日为2005年7月13日。

2007年10月19日，针对申请人于2006年5月24日提交的权利要求第1~7项，2004年8月27日进入中国国家阶段时提交的国际申请文件中文文本的说明书第1~5页、说明书附图第1页及说明书摘要和摘要附图，国家知识产权局以权利要求1、2和7不符合专利法第22条第2款的规定为由驳回了本申请。

驳回决定认为：（1）权利要求1要求保护一种有机和/或离子键合氯的总含量小于100ppm的环氧树脂。对比文件1（US4668807，公开日为1987年5月26日）中公开了一种减少缩水甘油基化合物中氯含量的方法，获得可水解氯含量为0.0028重量%（相当于28ppm）、离子氯含量小于0.0001

重量%（相当于1ppm）的环氧树脂（见说明书实施例1），而这两种氯的含量相当于本发明中的有机和/或离子键合的氯含量。可见，权利要求1中的所有技术特征均已被对比文件1所公开，且两者属于相同的技术领域，并能产生相同的技术效果，因此权利要求1不具备专利法第22条第2款规定的新颖性。（2）权利要求2要求保护一种通过萃取固体环氧树脂而得到的有机和/或离子键合氯的总含量小于100ppm的环氧树脂。如上所述，对比文件1已公开了可水解氯含量为0.0028重量%（相当于28ppm），离子氯含量小于0.0001重量%（相当于1ppm）的环氧树脂，而这两种氯的含量相当于本发明中的有机和/或离子键合的氯含量。由于权利要求2实质上仍是保护一种环氧树脂，其本质特征是其组成而非制备方法，因而权利要求2中的所有技术特征均已被对比文件1所公开，且两者属于相同的技术领域，并能产生相同的技术效果，因此权利要求2也不具备专利法第22条第2款所规定的新颖性。（3）权利要求7要求保护贫氯树脂在电气工程中和/或在降低电子器件和/或电工器件的易腐蚀性中的应用。对比文件1中（见说明书第1栏第18~23行中）已指出，用于制备电气及电子元件的环氧树脂需具有高纯度，以降低残留氯的腐蚀性。因此，权利要求7不具备专利法第22条第2款所规定的新颖性。此外，虽然申请人认为离子键合的氯才是可水解的氯，但是通常意义上的可水解的氯包括有机键合的氯，这是本领域的公知常识，由对比文件1中也可以看出其中的可水解氯并非只是离子键合氯，因此以上评述是恰当的。

驳回决定针对的权利要求书如下：

“1. 一种环氧树脂，其中有机和/或离子键合的氯的总含量小于100ppm。

2. 一种通过在溶剂中萃取固体环氧树脂而得到环氧树脂，其中有机和/或离子键合的氯的总含量小于100ppm。

3. 一种降低环氧树脂中的氯含量的方法，其特征在于，在溶剂中萃取固体形式的环氧树脂。

4. 根据权利要求3所述的方法，其中所述树脂以固态的、任选地以部分结晶的形式被萃取。

5. 根据权利要求3或4任一所述的方法，其中结晶物事先被粉碎。

6. 根据权利要求3或4任一所述的方法，其中作为溶剂使用的是醇和/或醇水混合物。

7. 贫氯树脂在电气工程中和/或在降低电子器件和/或电工器件的易腐蚀性中的应用。”

2008年2月3日，申请人西门子公司（下称请求人）对上述驳回决定不服，向专利复审委员会提出复审请求，请求人在提出复审请求时没有对申请文件进行修改。

请求人认为：（1）树脂中除了可水解的和离子的氯，还有其他有机键合的氯（根据对比文件1的教导，这些氯依旧包含在树脂中），对比文件1教导了减少离子氯和可水解氯的量，并未提及氯的总含量；（2）本申请是基于元素分析“Carbitol方法”测定的树脂中任何可能的氯的总含量，而对比文件1仅测量了电势测定法可获得的氯的量，即离子氯和可以被氢氧根容易替换的氯。因此，本申请是具有新颖性和创造性的。

经形式审查合格后，专利复审委员会受理了该请求，并于2008年3月11日向请求人发出了《复审请求受理通知书》，同时将本申请转送至国家知识产权局原审查部门进行前置审查。

在《前置审查意见书》中，国家知识产权局原审查部门认为请求人的意见陈述不能说明权利要求1、2和7相对于对比文件1具备新颖性，因此坚持驳回决定。

专利复审委员会组成合议组，对本复审请求案进行了审理。

合议组于2009年5月25日向请求人发出《复审通知书》，指出：对比文件1中公开了一种采用碱金属氢氧化物后处理来减少缩水甘油基化合物（可水解氯含量为0.095重量%）中氯含量的方法，获得了可水解氯含量为0.0028重量%（即28ppm）、离子氯含量小于0.0001重量%（即1ppm）的环氧树脂（参见对比文件1说明书实施例1）；并且对比文件1中已指出，用于制备电气及电子元件的环氧树脂需具有高纯度，以降低残留氯对衬底、特别是触点金属的腐蚀影响（参见对比文件1第1栏第18~23行），即对比文件1中已公开了低氯含量的环氧树脂在电气及电子元件中用于降低腐蚀性的应用。因此，权利要求1、2和7相对于对比文件1不具备新颖性。

针对上述《复审通知书》，请求人于2009年9月9日提交了意见陈述书和权利要求书的全文修改替换页，修改后的权利要求书为：

"1. 通过在溶剂中萃取固体环氧树脂可得到的环氧树脂，其氯的总含量小于100ppm，其中所述氯以有机和离子键合的形式之一存在。

2. 权利要求1的环氧树脂，其中溶剂是极性的和/或质子的。

3. 权利要求1或2的环氧树脂，其中溶剂和环氧树脂以1∶1比存在，该比是指重量份。

4. 一种降低环氧树脂中的氯含量的方法，其特征在于，在溶剂中萃取固体形式的环氧树脂。

5. 根据权利要求4所述的方法，其中所述树脂以固态的、任选地以部分结晶的形式被萃取。

6. 根据权利要求4或5任一所述的方法，其中结晶物事先被粉碎。

7. 根据权利要求4或5任一所述的方法，其中作为溶剂使用的是醇和/或醇水混合物。

8. 贫氯树脂在电气工程中和/或在降低电子器件和/或电工器件的易腐蚀性中的应用。"

请求人认为：首先，对比文件1没有公开或暗示在极性的和/或质子的溶剂中萃取固体环氧树脂，其中溶剂和环氧树脂以1∶1（重量份）存在；而且，对比文件1没有产生出氯的总含量小于100ppm的环氧树脂。因此，本申请相对于对比文件1具备新颖性和创造性。

至此，合议组认为本案事实已经清楚，可以作出审查决定。

二、决定的理由

1. 关于文本

本复审请求审查决定针对的文本是：请求人于2009年9月9日提交的权利要求第1~8项，2004年8月27日进入中国国家阶段时提交的国际申请文件中文文本的说明书第1~5页、说明书附图第1页及说明书摘要和摘要附图。

其中，请求人于2009年9月9日提交的权利要求书中增加了新的权利要求2和3，经审查，所述修改不符合专利法第33条的规定，故下文中对权利要求2和3不予评述。

2. 关于专利法第22条第2款

专利法第22条第2款规定：新颖性，是指在申请日以前没有同样的发明或者实用新型在国内外出版物上公开发表过、在国内公开使用过或者以其他方式为公众所知，也没有同样的发明或者实用新型由他人向国务院专利行政部门提出过申请并且记载在申请日以后公布的专利申请文件中。

如果权利要求限定的技术方案与对比文件公开的技术方案实质上相同，所属技术领域的技术人员根据两者的技术方案可以确定两者能够适用于相同的技术领域，解决相同的技术问题，并具有相同的预期效果，则认为两者为同样的发明。

就本申请而言，权利要求1要求保护一种通过在溶剂中萃取固体环氧树脂可得到的环氧树脂，其氯的总含量小于100ppm，其中所述氯以有机和离子键合的形式之一存在。

对比文件1（US4668807，公开日为1987年5月26日）中公开了一种采用碱金属氢氧化物后处理来减少缩水甘油基化合物（可水解氯含量为0.095重量%）中氯含量的方法，获得了可水解氯含量为0.0028重量%（即28ppm）、离子氯含量小于0.0001重量%（即1ppm）的环氧树脂（参见对比文件1说明书实施例1）。

对于本领域技术人员来说，根据对比文件1第1栏第42~49行记载的内容："现已发现，如果在有机溶剂中用过量碱金属氢氧化物在高温下进行处理并随后用潮湿纤维素在高温下进行处理，可以大大降低缩水甘油基化合物中可水解氯的含量，也从该环氧树脂中大量地除去了脱氯化氢期间形成的离子氯……”；以及第1栏第58~64记载的内容：“……包括在高温下用当量过量的碱金属氢氧化物水溶液处理溶解于无卤素的有机溶剂中的缩水甘油基化合物，过量为可水解氯完全脱去氯化氢在理论上所需的当量数的100%~200%……”，可知对比文件1中所述“可水解氯”指的是在所述处理中与碱金属氢氧化物发生化学反应的氯。结合本领域中氯在有机化合物中采用共价键（σ键）形式形成键合，且其中共价键合的氯均能与碱金属氢氧化物发生化学反应（即消除反应、取代反应）形成离子氯，并且离子键合的氯不存在上述化学反应的公知常识，本领域技术人员可以确定所述“可水解氯”指的是所述缩水甘油基化合物中通过共价键（σ键）键合于其上的所有氯；此外，请求人在答复《第一次审查意见通知书》时指出，“有机键合的氯”表示通过常规有机非离子键（即所谓σ键）直接键合于有机化合物的所有氯原子，综上，对比文件1中所述“可水解氯”即等同于本申请中所指的“有机键合的氯”。同时，对比文件1实施例1中所涉及的离子氯（其产生于上述化学反应），即离子键合的氯，对于本领域技术人员而言，其等同于本申请中所指的“离子键合的氯”。二者总和构成所述缩水甘油基化合物中的全部氯，其总和（28ppm+1ppm）小于100ppm。

综上，将权利要求1要求保护的技术方案与对比文件1公开的内容二者相比可见，权利要求1还限定了获得所述环氧树脂的方法是“通过在溶剂中萃取固体环氧树脂可得到的”。但是，对于本领域技术人员来说，权利要求1实质上仍是要求保护一种环氧树脂，且本申请中没有任何证据表明所述制备方法的限定给环氧树脂的组成等本质特征带来了变化。由此可见，二者的技术方案实质上相同，所属技术领域的技术人员根据两者的技术方案可以确定两者能够适用于相同的技术领域，解决相同的技术问题，并具有相同的预期效果。因此，权利要求1相对于对比文件1不具备新颖性，不符合专利法第22条第2款的规定。

请求人在提出复审请求时指出：（1）本申请产品内的氯的总含量降低至小于100ppm，而对比文件1教导了减少离子氯和可水解氯的量，并未提及氯的总含量，树脂中除了可水解的和离子的氯，还有其他有机键合的氯（根据对比文件1的教导，这些氯依旧包含在树脂中）；（2）本申请是基于元素分析“Carbitol方法”测定的树脂中任何可能的氯的总含量，而对比文件1仅测量了电势测定法可获得的氯的量，即离子氯和可以被氢氧根容易替换的氯。

对此，合议组认为：（1）如上所述，对比文件1中已公开了本申请权利要求1中限定的“有机和离子键合的氯的总含量小于100ppm”；（2）虽然对比文件1中描述了采用电势测定法来测量氯的含量，尽管如请求人所主张的那样，电势测定法仅可以测量离子键合的氯，但结合对比文件1中采用碱金属氢氧化物处理有机化合物的方法来看，本领域技术人员完全可以理解通过使有机化合物中共价键合的氯与碱金属氢氧化物发生化学反应形成离子氯之后，采用所述电势测定法测量出其相对应的“可水解氯”的含量。综上所述，合议组对请求人的主张不予支持。

请求人在答复《复审通知书》时还指出，对比文件1没有公开或暗示在极性的和/或质子的溶剂中萃取固体环氧树脂，其中溶剂和环氧树脂以1：1（重量份）存在。对此，合议组认为：首先，技术特征“溶剂是极性的和/或质子的”和“溶剂和环氧树脂以1：1（重量份）存在”并未出现在权利要求1中，不能用以说明权利要求1的新颖性；其次，这两个特征并未在原申请文件中记载，也不能用以说明权利要求1~3的新颖性。

权利要求8要求保护贫氯树脂在电气工程中和/或在降低电子器件和/或电工器件的易腐蚀性中的应用。对比文件1中已指出，用于制备电气及电子元件的环氧树脂需具有高纯度，以降低残留氯对衬底、特别是触点金属的腐蚀影响（参见对比文件1第1栏第18~23行），即对比文件1中已公开了低氯含量的环氧树脂在电气及电子元件中用于降低腐蚀性的应用。因此，权利要求8相对于对比文件1

不具备新颖性，不符合专利法第 22 条第 2 款的规定。

根据上述事实和理由，合议组作出如下审查决定。

三、决定

维持国家知识产权局于 2007 年 10 月 19 日针对第 03804719.5 号发明专利申请作出的驳回决定。

复审请求人对本决定不服的，可以根据专利法第 41 条第 2 款的规定，自收到本决定之日起三个月内向北京市第一中级人民法院起诉。

214

从聚烯烃弹性体制备的硅烷湿气固化的耐热纤维

复审请求审查决定（第 20505 号）

决　定　号　第 20505 号
决　定　日　2009 年 12 月 17 日
发明创造名称　从聚烯烃弹性体制备的硅烷湿气固化的耐热纤维
国际分类号　C08F 255/02，C08F 8/42
复审请求人　陶氏环球技术公司
申　请　号　200480003419.7
优先权日　2003 年 2 月 5 日
申　请　日　2004 年 2 月 4 日
公　开　日　2006 年 3 月 15 日
合议组组长　刘　静
主　审　员　危　峰
参　审　员　潘　剑

法律依据　专利法实施细则第 20 条第 1 款
决定要点

如果本领域技术人员根据说明书记载的内容，并结合本领域的常识，能够清楚理解权利要求中术语的含义，则使用该术语的权利要求的保护范围是清楚的。

一、案由

本复审请求案涉及发明名称为“从聚烯烃弹性体制备的硅烷湿气固化的耐热纤维”的第 200480003419.7 号发明专利申请（下称本申请），申请人为陶氏环球技术公司，申请日为 2004 年 2 月 4 日，优先权日为 2003 年 2 月 5 日，公开日为 2006 年 3 月 15 日。

2008 年 5 月 9 日，针对申请人于 2008 年 4 月 11 日提交的权利要求第 1~10 项、说明书第 8 页和说明书摘要，2005 年 8 月 3 日进入中国国家阶段时提交的国际申请文件中文译文的说明书第 1~7、9~12 页、说明书附图第 1 页和说明书摘要附图，国家知识产权局以权利要求 8 不符合专利法实施细则第 20 条第 1 款的规定为由驳回了本申请。

《驳回决定》认为：权利要求 8 要求保护一种由权利要求 1 方法制备的纤维，但其中并没有记载所述纤维的结构、组成等能够反应纤维本身性质的特征，仅使用了制备方法和所述纤维的韧度及断裂伸长率表述所述纤维；而且，在关于该纤维韧度和断裂伸长率的记载中并没有记载所述两个参数是在何种条件下测定的，已知对于同一物质在不同的温度、湿度、速率等条件下测量得到的上述两个参数的值可能是完全不同的，从而仅使用制备方法和上述两个限定不清楚的参数不能清楚限定所述纤维的具体保护范围，导致权利要求 8 保护范围不清楚，不符合专利法实施细则第 20 条第 1 款的规定。

此外，《驳回决定》还指出：（1）权利要求 1 中使用的表述“有效摩尔比”语义不清楚，导致权利要求 1 不符合专利法实施细则第 20 条第 1 款的规定。（2）权利要求 8 和说明书第 8 页中将韧度的单位“gm/旦”修改为“克/旦”，该修改超出了原说明书和权利要求书的记载范围，不符合专利法第 33 条的规定。（3）权利要求 9 和 10 将所述产品限定为“包括从权利要求 1 的方法制备的纤维”，同样没有对记载的纤维作出清楚限定，导致保护范围不清楚，不符合专利法实施细则第 20 条第 1 款的规定。

《驳回决定》针对的权利要求书如下：

“1. 一种以纤维的形状形成硅烷交联聚烯烃聚合物的方法，包括如下步骤：

（a）在自由基引发物质存在下，在足以允许至少一部分硅烷材料接枝到聚烯烃聚合物上的条件下，使聚烯烃聚合物与硅烷材料接触，其中硅烷材料对自由基的有效摩尔比是至少 45∶1 或更大，其中硅烷材料是由通式 R-Si-R′3 所代表的化合物，其中 R 是烯属不饱和基团，R′是可水解基团；

（b）将从步骤（a）获得的硅烷接枝聚烯烃聚合物纺丝成纤维；

（c）向纤维施加能够催化接枝到聚合物的硅烷部分和湿气之间水解反应的材料；和

（d）在足以促进交联反应的条件下使纤维与湿气接触。

8. 从权利要求 1 的方法制备的纤维，其中纤维的韧度为至少 0.6 克/旦和断裂伸长率为至少 400%。

9. 机织或编织制品，包括从权利要求 1 的方法制备的纤维。

10. 非织造纤网，包括从权利要求 1 的方法制备的纤维。”

2008 年 8 月 15 日，申请人陶氏环球技术公司（下称请求人）对上述驳回决定不服，向专利复审委员会提出复审请求，请求人在提出复审请求时提交了权利要求书的修改替换页，在《驳回决定》所针对的权利要求书的基础上，删除了权利要求 8~10 以及权利要求 1 中多余的分号，未对其他权利要求进行修改。修改后的权利要求 1 为：

“1. 一种以纤维的形状形成硅烷交联聚烯烃聚合物的方法，包括如下步骤：

（a）在自由基引发物质存在下，在足以允许至少一部分硅烷材料接枝到聚烯烃聚合物上的条件下，使聚烯烃聚合物与硅烷材料接触，其中硅烷材料对自由基的有效摩尔比是至少 45∶1 或更大，其中硅烷材料是由通式 R-Si-R′3 所代表的化合物，其中 R 是烯属不饱和基团，R′是可水解基团；

（b）将从步骤（a）获得的硅烷接枝聚烯烃聚合物纺丝成纤维；

（c）向纤维施加能够催化接枝到聚合物的硅烷部分和湿气之间水解反应的材料；和

（d）在足以促进交联反应的条件下使纤维与湿气接触。”

请求人认为：（1）本申请中使用的术语“有效摩尔比”并不是非常规用语，并且说明书中详细地描述了术语“有效摩尔比”的含义（特别在实施例中得到支持），对于本领域技术人员来说，该术语不会产生任何疑义，因此不会导致权利要求 1 不清楚。（2）请求人删除了权利要求 8~10，已克服驳回决定指出的相应缺陷；此外，本申请说明书中韧度单位“gm/旦”中的“gm”实际上是英文“gram”的缩写，其有时也被缩写成“g”，“gm”和“g”均代表重量单位“克”，因此将韧度单位“gm/旦”修改为“克/旦”符合专利法第 33 条的规定。

经形式审查合格后，专利复审委员会受理了该请求，并于 2008 年 10 月 6 日向请求人发出了《复审请求受理通知书》，同时将本申请转送至国家知识产权局原审查部门进行前置审查。

在《前置审查意见书》中，国家知识产权局原审查部门认为权利要求 1 中术语“有效摩尔比”

表述的语义不清楚，不符合专利法实施细则第20条第1款的规定，权利要求1中仅笼统地说明了“硅烷材料对自由基的有效摩尔比是至少45：1或更大”，但其中没有说明该有效摩尔比是硅烷材料中的何种基团或硅烷材料整体与自由基中的何种基团或自由基整体的摩尔比，从而无法判断该有效摩尔比具体表示那两种具体物质间的摩尔比。因此坚持驳回决定。

专利复审委员会组成合议组，对本复审请求案进行了审理。

经合议，合议组认为本案事实清楚，可以作出审查决定。

二、决定的理由

1. 关于文本

请求人在提出复审请求时修改了权利要求书，删除了权利要求8~10以及权利要求1中多余的分号，上述修改符合专利法第33条和专利法实施细则第60条第1款的规定，故本复审请求审查决定针对的文本是：请求人于2008年8月15日提交的权利要求第1~7项，2008年4月11日提交的说明书第8页和说明书摘要，2005年8月3日进入中国国家阶段时提交的国际申请文件中文译文的说明书第1~7、9~12页、说明书附图第1页和说明书摘要附图。

2. 关于专利法实施细则第20条第1款

专利法实施细则第20条第1款规定：权利要求书应当说明发明或者实用新型的技术特征，清楚、简要地表述请求保护的范围。

如果本领域技术人员根据说明书记载的内容，并结合本领域的常识，能够清楚理解权利要求中术语的含义，则使用该术语的权利要求的保护范围是清楚的。

《驳回决定》和《前置审查意见书》中均指出，权利要求1中使用的术语“有效摩尔比”表述的语义不清楚，导致权利要求1不符合专利法实施细则第20条第1款的规定。

根据本申请说明书记载的内容，本申请涉及交联聚烯烃聚合物以及由此生产交联纤维或膜的方法，包括首先接枝不饱和可水解的硅烷聚合物主链上和然后水解化合物以形成交联部分（说明书第1页第1、3段）。用于硅烷交联方法的合适硅烷包括含有烯属不饱和烃基和可水解基团的硅烷（说明书第4页第5段），用于本发明的合适过氧化物包括能够促进接枝反应的任何过氧化物（说明书第5页第2段）。

本申请说明书第5页第4段记载了如下内容：“对于本发明重要的是硅烷对用于接枝反应的烷氧基的有效摩尔比保持在40：1或更高，更优选45：1或更高，最优选50：1或更高。例如，在LUPEROX TM 101或它的同等物的情况下，VTMOS对用于接枝反应的过氧化物的重量比应当保持在大于80：1（它对应于VTMOS对烷氧基的40：1摩尔比）或更高，更优选大于100：1。应当容易由本领域技术人员理解可以在反应混合物中包括抑制剂，或能够作为自由基清除剂的材料。采用此方式，尽管硅烷对烷氧基的初始摩尔比可能低于至少40：1的所需比例，抑制剂会与一些烷氧基，和/或一些聚合物自由基反应，降低用于不需要的聚合物交联的自由基数目，恢复所需水平中的有效比例。”根据说明书第5页第9~10行、第4页第28~29行的记载，上述LUPEROX TM 101或它的同等物是指2，5-二甲基-2，5-二（叔丁基过氧）己烷，VTMOS是乙烯基三甲基硅烷。

由此可见，本申请是通过在自由基引发剂的作用下，使含有烯属不饱和烃基和可水解基团的硅烷接枝到聚烯烃聚合物上，而后使接枝到聚烯烃聚合物之上的硅烷的可水解基团发生水解以实现聚烯烃聚合物的交联。对于本领域技术人员而言，由于可水解基团并不能参加自由基接枝反应，因此，在接枝反应中，在自由基引发剂的作用下，借助于所述硅烷的烯属不饱和烃基使所述硅烷接枝到聚烯烃聚合物上。如上所述，说明书中第5页第4段举例说明了在使用自由基引发剂LUPEROX TM 101或其同等物以及硅烷材料VTMOS时如何确定“硅烷材料对自由基的有效摩尔比”。对于本领域技术人员而言，由于每分子自由基引发剂2，5-二甲基-2，5-二（叔丁基过氧）己烷（分子量290）产生4个烷氧基自由基（参见说明书第3页第15~17行），而每分子硅烷材料乙烯基三甲基硅烷（分子量132）仅含有1个乙烯基，当保持硅烷材料对用于接枝反应的过氧化物自由基引发剂的重量比大于80：1时，硅烷材料乙烯基三甲基硅烷对自由基引发剂2，5-二甲基-2，5-二（叔丁基过氧）己烷的摩尔比大于约160：1，进而换算成乙烯基对烷氧基自由基的摩尔比大于40：1。同时，对于本领域技术人员而言，考虑到反应混合物中包括抑制剂、自由基清除剂等时，减少了能够参加接枝反应的自由基数量，此时尽管硅烷对烷氧基自由基的初始摩尔比可能低于至少40：1的所需比例，但仍能实现所需水平中的有效比例。

综上所述，本领域技术人员可以清楚地理解，本申请中期望控制的"硅烷材料对自由基的有效摩尔比"指的是参加接枝反应的硅烷材料中能够与聚烯烃聚合物发生自由基接枝反应的官能团（如上述烯属不饱和烃基）与由自由基引发剂产生的自由基的摩尔比，即"硅烷材料对自由基的有效摩尔比"这一术语本身含义是清楚的。在权利要求1给出了"硅烷材料对自由基的有效摩尔比是至少45：1或更大"的情况下，本领域技术人员能够依据所选择的硅烷材料中能够发生自由基接枝反应的官能团的单位数量、所选择的自由基引发剂能产生的自由基的单位数量，同时考虑反应混合物中是否存在抑制剂、自由基清除剂等情形，从而确定所选择的硅烷材料对自由基引发剂所用的摩尔比。因此，权利要求1要求保护的范围是清楚的，符合专利法实施细则第20条第1款的规定。

此外，《驳回决定》还指出权利要求8~10不符合专利法实施细则第20条第1款的规定。请求人在提出复审请求时删除了所述权利要求8~10，故《驳回决定》指出的上述缺陷已不存在。

3. 关于专利法第33条

专利法第33条规定：申请人可以对其专利申请文件进行修改，但是，对发明和实用新型专利申请文件的修改不得超出原说明书和权利要求书记载的范围。

《驳回决定》指出，请求人将说明书第8页中的韧度单位"gm/旦"修改为"克/旦"，该修改超出了原说明书和权利要求书的记载范围，不符合专利法第33条的规定。

合议组认为：对于本领域技术人员而言，韧度单位"gm/旦"中"gm"实际上是英文"gram"的缩写，其有时也被缩写成"g"，"gm"和"g"均代表重量单位"克"，因此将韧度单位"gm/旦"修改为"克/旦"符合专利法第33条的规定。

根据上述事实和理由，合议组作出如下审查决定。

三、决定

撤销国家知识产权局于2008年5月9日针对第200480003419.7号发明专利申请作出的驳回决定，由国家知识产权局原审查部门以本复审请求审查决定所针对的文本为基础继续审批程序。

复审请求人对本决定不服的，可以根据专利法第41条第2款的规定，自收到本决定之日起三个月内向北京市第一中级人民法院起诉。

215

水环境中分析物的检测

复审请求审查决定（第20510号）

决　　定　　号　第20510号
决　　定　　日　2009年12月15日
发明创造名称　水环境中分析物的检测
国 际 分 类 号　C07F5/02，C07F5/04，G01N33/66
复 审 请 求 人　医药及科学传感器公司
申　　请　　号　01813855.1
优 先 权 日　2000年8月4日
申　　请　　日　2001年8月3日
公　　开　　日　2003年10月1日
合 议 组 组 长　孙跃飞
主　　审　　员　宋　泳
参　　审　　员　王　磊

法 律 依 据　专利法第26条第4款
决 定 要 点

权利要求书中的每一项权利要求所要求保护的技术方案应当是所属技术领域的技术人员能够从说明书中公开的内容直接得到或者概括得出的技术方案，如果一项权利要求要求保护的范围涵盖了产生不了预期技术效果或其效果难于确定的技术方案，则该权利要求的概括不合理，超出了说明书公开的范围。

一、案由

本复审请求案涉及发明名称为“水环境中分析物的检测”的第01813855.1号发明专利申请（下称本申请），申请人为医药及科学传感器公司，申请日为2001年8月3日，优先权日为2000年8月4日，公开日为2003年10月1日。

2008年6月6日，针对申请人于进入中国国家阶段时提交的国际申请文件中文文本的说明书第1~17页，说明书附图第1~9页及说明书摘要，2005年9月30日提交的说明书第18~32页，2008年5月8日提交的权利要求第1~37项，国家知识产权局以权利要求1、13、25不符合专利法第26条第4款为由驳回了本申请，同时还提及了权利要求3、5、10、15、17、22、27、29、34不符合专利法实施细则第20条第1款的规定。

驳回决定的主要理由为：（1）权利要求1得不到说明书的支持。权利要求1中记载的“大分子能够检测水环境所述分析物的存在或浓度”，属于功能性限定，说明书对所述指示剂单体和亲水性单体共聚得到的共聚物的公开不充分。(2) 权利要求1中记载的多芳香烃或镧系螯合物所涉及的范围很广，它们可能包括许多种结构差异较大的种类，这些结构差异较大的组分之间性质差异不同，各母核上含有的活性基团也肯定存在着差异，由这样的不同的活性基团进一步和组分b）共聚所获得的不同共聚物之间结构和性质差异也会很大。(3) 虽然申请人在陈述书中指出本申请形成的共聚物为-（H)m-（I）n-（H）m-（I）n-结构，但说明书中并没有公开所形成共聚物的结构，依据说明书公开的内容也无法得到或得出其所能形成的固定结构。而事实上由于a）组分和b）组分结构和活性基团并不确定，由这样不同种类的单体和所有可能的亲水性单体发生共聚最终所能形成怎样的共聚物不能确定，因此依据说明书公开的内容本领域技术人员并不清楚权利要求1哪些指示剂单体和亲水性单体可以共聚得到的共聚物能够使得“大分子能够检测水环境所述分析物的存在或浓度”。(4) 同理，权利要求13、25也不符合专利法第26条第4款的规定。(5) 权利要求3、5、15、17、27、29中的“单体包括……”到这权利要求保护范围不清楚，权利要求10、22、34中的“含有糖类的邻位二醇”和“邻位二醇，包括糖类”也导致保护范围不清楚，不符合专利法实施细则第20条第1款的规定。

驳回决定针对的权利要求如下：

“1. 一种用于检测水环境中分析物存在或浓度的指示剂大分子，所述大分子含有由下述组分发生共聚而得到的共聚物：

a）一种或多种指示剂组分单体，该单体单独不足以充分溶解在水中使之应用于用于检测所述分析物存在或浓度的水环境，且该单体选自镧系元素螯合物和多芳香烃；和

b）一种或多种亲水性单体；

结果使得大分子能够检测水环境中所述分析物的存在或浓度。

2. 根据权利要求1的指示剂大分子，其中该大分子能够通过光学变化来检测。

3. 根据权利要求1的指示剂大分子，其中指示剂组分单体包括N-（邻硼苄基）氨基甲基蒽衍生物。

4. 根据权利要求3的指示剂大分子，其中指示剂组分单体选自下述化合物：

9-［［N-甲基丙烯酰氨基丙基-N-（邻硼苄基）氨基］甲基］蒽；

9-［N-［2-（5，5-二甲基-［1，3，2］二氧杂硼烷-2-基）苄基］-N-［3-（甲基丙烯酰胺基）丙基氨基］甲基］-10-［N-［2-（5，5-二甲基-［1，3，2］二氧杂硼烷-2-基）苄基-N-［2-（2-羟基乙氧基）-乙基氨基］甲基］蒽；

9-［N-（2-硼苄基）-N-［3-（甲基丙烯酰胺基）丙基氨基］甲基］-10-［N-（2-硼苄基）-N-［2-（2-羟基乙氧基）-乙基氨基］甲基］蒽；

9，10-二［N-［2-（5，5-二甲基-［1，3，2］二氧杂硼烷-2-基）苄基］-N-［3-（甲基丙烯酰胺基）丙基氨基］甲基蒽；

9，10-二［N-（2-硼苄基）-N-［3-（甲基丙烯酰胺基）-丙基氨基］甲基］蒽；

9-［N-［2-（5，5-二甲基-［1，3，2］二氧杂硼烷-2-基）苄基］-N-［2-（2-甲基丙烯酰氧基乙氧基）乙基氨基］甲基］-10-［N-［2-（5，5-二甲基-［1，3，2］二氧杂硼烷-2-基）苄基］-N-［2-（2-羟基乙氧基）-乙基氨基］甲基］蒽；

9-［N-（2-硼苄基）-N-［2-（2-甲基丙烯酰氧基乙氧基）乙基氨基］甲基］-10-［N-（2-硼苄基）］-N-［2-（2-羟基乙氧基）-乙基氨基］甲基］蒽；

9，10-二［N-［2-（5，5-二甲基-［1，3，2］二氧杂硼烷-2-基）苄基］-N-［2-（2-甲基

丙烯酰氧基乙氧基）乙基氨基］甲基］蒽；

9，10-二［N-（2-硼苄基）-N-［2-（2-甲基丙烯酰氧基乙氧基）乙基氨基］甲基］蒽；

以及它们的盐或衍生物。

5. 根据权利要求 3 的指示剂大分子，其中亲水性单体包括［3-（甲基丙烯酰氧基氨基）-丙基］三甲基氯化铵。

6. 根据权利要求 1 的指示剂大分子，其中亲水性单体与指示剂组分单体的摩尔比为 2：1~1000：1。

7. 根据权利要求 6 的指示剂大分子，其中亲水性单体与指示剂组分单体的摩尔比为 5：1~50：1。

8. 根据权利要求 7 的指示剂大分子，其中亲水性单体与指示剂组分单体的摩尔比为 5：1。

9. 根据权利要求 1 的指示剂大分子，其中检测的分析物选自邻位二醇；（-羟基酸；（-酮酸；氧；二氧化碳；锌、钾、氢或碳酸盐离子；毒素；无机物；和激素。

10. 根据权利要求 9 的指示剂大分子，其中检测的分析物选自含有糖类的邻位二醇。

11. 根据权利要求 10 的指示剂大分子，其中糖类是葡萄糖。

12. 根据权利要求 1 的指示剂大分子，其中：

i）亲水性单体与指示剂组分单体的摩尔比为 2：1~15：1，

ii）指示剂组分单体含有 N-（邻硼苄基）氨基］甲基］蒽衍生物，

iii）亲水性单体含有［3-（甲基丙烯酰氧基氨基）丙基］三甲基氯化铵，以及

iv）大分子具有激发物作用。

13. 一种用于制备指示剂大分子的方法，所述指示剂大分子是用于检测水环境中分析物的存在或浓度，所述方法包括聚合下述组分：

a）一种或多种指示剂组分单体，该单体单独不足以充分溶解在水中使之应用于用于检测所述分析物存在或浓度的水环境，且单体选自镧系元素螯合物和多芳香烃；和

b）一种或多种亲水性单体；

结果使得大分子能够检测水环境中所述分析物的存在或浓度。

14. 根据权利要求 13 的方法，其中该大分子能够通过光学变化来检测。

15. 根据权利要求 13 的方法，其中指示剂组分单体包括 N-（邻硼苯基）氨基甲基蒽衍生物。

16. 根据权利要求 15 的方法，其中指示剂组分单体选自下述化合物：

9-［［N-甲基丙烯酰氨基丙基-N-（邻硼苄基）氨基］甲基］蒽；

9-［N-［2-（5，5-二甲基-［1，3，2］二氧杂硼烷-2-基）苄基］-N-［3-（甲基丙烯酰胺基）丙基氨基］甲基］-10-［N-［2-（5，5-二甲基-［1，3，2］二氧杂硼烷-2-基）苄基-N-［2-（2-羟基乙氧基）-乙基氨基］甲基］蒽；

9-［N-（2-硼苄基）-N-［3-（甲基丙烯酰胺基）丙基氨基］甲基］-10-［N-（2-硼苄基）-N-［2-（2-羟基乙氧基）-乙基氨基］甲基］蒽；

9，10-二［N-［2-（5，5-二甲基-［1，3，2］二氧杂硼烷-2-基）苄基］-N-［3-（甲基丙烯酰胺基）丙基氨基］甲基］蒽；

9，10-二［N-（2-硼苄基）-N-［3-（甲基丙烯酰胺基）-丙基氨基］甲基］蒽；

9-［N-［2-（5，5-二甲基-［1，3，2］二氧杂硼烷-2-基）苄基］-N-［2-（2-甲基丙烯酰氧基乙氧基）乙基氨基］甲基］-10-［N-［2-（5，5-二甲基-［1，3，2］二氧杂硼烷-2-基）苄基］-N-［2-（2-羟基乙氧基）-乙基氨基］甲基］蒽；

9-［N-（2-硼苄基）-N-［2-（2-甲基丙烯酰氧基乙氧基）乙基氨基］甲基］-10-［N-（2-硼苄基）］-N-［2-（2-羟基乙氧基）-乙基氨基］甲基］蒽；

9，10-二［N-［2-（5，5-二甲基-［1，3，2］二氧杂硼烷-2-基）苄基］-N-［2-（2-甲基丙烯酰氧基乙氧基）乙基氨基］甲基］蒽；

9，10-二［N-（2-硼苄基）-N-［2-（2-甲基丙烯酰氧基乙氧基）乙基氨基］甲基］蒽；

以及它们的盐或衍生物。

17. 根据权利要求 13 的方法，其中亲水性单体包括［3-（甲基丙烯酰氧基氨基）-丙基］三甲基氯化铵。

18. 根据权利要求 13 的方法，其中亲水性单体与指示剂组分单体的摩尔比为 2：1~1000：1。

19. 根据权利要求 18 的方法，其中亲水性单体与指示剂组分单体的摩尔比为 5：1~50：1。

20. 根据权利要求 19 的方法，其中亲水性单体与指示剂组分单体的摩尔比为 5：1。

21. 根据权利要求 13 的方法，其中检测的分析物选自邻位二醇；(-羟基酸；(-酮酸；氧；二氧化碳；锌、钾、氢、或碳酸盐离子；毒素；无机物；和激素。

22. 根据权利要求 21 的方法，其中检测的分析物选自含有糖类的邻位二醇。

23. 根据权利要求 22 的方法，其中糖类是葡萄糖。

24. 根据权利要求 13 的方法，其中：

i）亲水性单体与指示剂组分单体的摩尔比为 2：1~15：1，

ii）指示剂组分单体含有 N-（邻硼苄基）氨基］甲基］蒽衍生物，

iii）亲水性单体含有［3-（甲基丙烯酰氧基氨基）丙基］三甲基氯化铵，以及

iv）大分子具有激发物作用。

25. 一种用于检测具有水环境的样品中分析物存在或浓度的方法，所述方法包括：

a）将样品暴露于指示剂大分子中，所述大分子含有由下述组分发生共聚而得到的共聚物

i）一种或多种指示剂组分单体，该单体单独不足以充分溶解在水中使之应用于用于检测所述分析物存在或浓度的水环境，且单体选自镧系元素螯合物和多芳香烃；和

ii）一种或多种亲水性单体；

结果使得所得大分子能够检测所述分析物在水环境中的存在或浓度，并且当所述大分子暴露于所述分析物中时，指示剂大分子具有依赖浓度方式变化的可检测出的量；和

b）测试所述可检测出的量的任何变化，由此确定所述分析物在所述样品中的存在或浓度。

26. 根据权利要求 25 的方法，其中可检测得出的量是光学变化。

27. 根据权利要求 25 的方法，其中指示剂组分单体包括 N-（邻硼苄基）氨基甲基蒽衍生物。

28. 根据权利要求 27 的方法，其中指示剂组分单体选自下述化合物：

9-［［N-甲基丙烯酰氨基丙基-N-（邻硼苄基）氨基］甲基］蒽；

9-［N-［2-（5，5-二甲基-［1，3，2］二氧杂硼烷-2-基）苄基］-N-［3-（甲基丙烯酰胺基）丙基氨基］甲基］-10-［N-［2-（5，5-二甲基-［1，3，2］二氧杂硼烷-2-基）苄基-N-［2-（2-羟基乙氧基）-乙基氨基］甲基］蒽；

9-［N-（2-硼苄基）-N-［3-（甲基丙烯酰胺基）丙基氨基］甲基］-10-［N-（2-硼苄基）-N-［2-（2-羟基乙氧基）-乙基氨基］甲基］蒽；

9，10-二［N-［2-（5，5-二甲基-［1，3，2］二氧杂硼烷-2-基）苄基］-N-［3-（甲基丙烯酰胺基）丙基氨基］甲基］蒽；

9，10-二［N-（2-硼苄基）-N-［3-（甲基丙烯酰胺基）-丙基氨基］甲基蒽；

9-［N-［2-（5，5-二甲基-［1，3，2］二氧杂硼烷-2-基）苄基］-N-［2-（2-甲基丙烯酰氧基乙氧基）乙基氨基］甲基］-10-［N-［2-（5，5-二甲基-［1，3，2］二氧杂硼烷-2-基）苄基］-N-［2-（2-羟基乙氧基）-乙基氨基］甲基］蒽；

9-［N-（2-硼苄基）-N-［2-（2-甲基丙烯酰氧基乙氧基）乙基氨基］甲基］-10-［N-（2-硼苄基）］-N-［2-（2-羟基乙氧基）-乙基氨基］甲基］蒽；

9，10-二［N-［2-（5，5-二甲基-［1，3，2］二氧杂硼烷-2-基）苄基］-N-［2-（2-甲基丙烯酰氧基乙氧基）乙基氨基］甲基］蒽；

9，10-二［N-（2-硼苄基）-N-［2-（2-甲基丙烯酰氧基乙氧基）乙基氨基］甲基］蒽；

以及它们的盐或衍生物。

29. 根据权利要求 25 的方法，其中亲水性单体包括［3-（甲基丙烯酰氧基氨基）-丙基］三甲基氯化铵。

30. 根据权利要求 25 的方法，其中亲水性单体与指示剂组分单体的摩尔比为 2：1~1000：1。

31. 根据权利要求 30 的方法，其中亲水性单体与指示剂组分单体的摩尔比为 5：1~50：1。

32. 根据权利要求 31 的方法，其中亲水性单体与指示剂组分单体的摩尔比为 5：1。

33. 根据权利要求 25 的方法，其中检测的分析物选自邻位二醇；(-羟基酸；(-酮酸；氧；二氧化碳；锌、钾、氢、或碳酸盐离子；毒素；无机物；和激素。

34. 根据权利要求 33 的方法，其中检测的分析物是邻位二醇，其包含糖类。

35. 根据权利要求 34 的方法，其中糖类是葡萄糖。

36. 根据权利要求 25 的方法，其中：

i）亲水性单体与指示剂组分单体的摩尔比为 2：1~15：1，

ii）指示剂组分单体含有 N-（邻硼苄基）氨基］甲基］蒽衍生物，

iii）亲水性单体含有［3-（甲基丙烯酰氧基氨基）丙基］三甲基氯化铵，以及

iv）大分子具有激发物作用。

37. 根据权利要求 36 的方法，其中所述大分子既用作指示剂又用作参照物。”

2008 年 9 月 16 日，申请人医药及科学传感器公司（下称请求人）对上述驳回决定不服，向专利复审委员会提出复审请求，并且没有提交修改文本。

请求人认为：(1) 用于检测介质中分析物存在或浓度的指示剂分子是公知的，本发明所要解决的技术问题是使不可溶或极少可溶的指示剂能够适用于水环境中，从而能用该指示剂来检测水环境中分析物的存在或浓度。本领域技术人员结合说明书和现有技术的内容，能够明确权利要求 1 所要保护的指示剂组分单体和亲水性单体以及其所得到的共聚物。(2) 指示剂单体已经限定为“选自镧系元素螯合物和多芳香烃”、“不足以充分溶解在水中”；对于亲水性单体，也必须满足能够使所得到的共聚物具有足够的水溶性的条件。权利要求 1 使用了功能性特征结合多种技术特征进行限定，所述功能性特征限定能够使得本发明与现有技术区别开来，而且该功能性特征能够通过说明书的实施例和本领域的惯用手段来进行验证，因此权利要求 1 符合专利法第 26 条第 4 款的规定。(3) 同理，权利要求 13、25 也能够得到说明书的支持。(4) 权利要求 3、5、15、17、27、29 中的“单体包括”表示指示剂组分单体包含所述特定的蒽衍生物和其他的指示剂组分单体，权利要求 10、22 和 34 中的“含有糖类的邻位二醇”和“检测的分析物是邻位二醇，其包含糖类”均表示检测的分析物是包括糖类在内的邻位二醇，也就是糖类属于邻位二醇的一种，因此以上权利要求也符合专利法实施细则第 20 条第 1 款的规定。

经形式审查合格后，专利复审委员会受理了该请求，并于 2008 年 11 月 14 日向请求人发出了

《复审请求受理通知书》，同时将本申请转送至国家知识产权局原审查部门进行前置审查。

在《前置审查意见书》中，国家知识产权局原审查部门坚持驳回决定中关于权利要求 1、13、25 得不到说明书支持的理由。同时指出权利要求 3、5、15、17、27、29 中的“单体包括”和权利要求 10、22、34 中的“含有糖类的邻位二醇”含义仍然不清楚，不符合专利法实施细则第 20 条第 1 款的规定。因此坚持了驳回决定。

专利复审委员会组成合议组，对本复审请求案进行了审理。

2009 年 6 月 3 日，合议组发出《复审通知书》，指出：影响指示剂分子指示作用的因素包括指示剂分子结构、分析环境和分析物本身等，其中指示剂分子结构与其指示作用密切相关。权利要求 1 中记载的指示剂大分子的指示效果由于以下原因而不能预知：

（a）权利要求 1 中限定指示剂组份单体选自镧系元素螯合物和多芳香烃，但是本申请的说明书中仅记载了镧系螯合物指示剂组份单体及其合成，并没有记载将该单体与亲水性单体共聚制备指示剂大分子，更没有记载将其用于分析糖类化合物，而且镧系螯合物的化学结构与说明书中记载的 N-（邻硼苄基）氨基甲基蒽衍生物的化学结构有很大区别，因此本领域技术人员无法由说明书公开的内容预知该镧系螯合物指示剂单体与亲水性单体的共聚物也具有分析糖类的作用。同样，对于多芳香烃指示剂组份单体，本申请的实施例 1、4~6 中仅记载了指示剂组份单体为 N-（邻硼苄基）氨基甲基蒽衍生物的水溶性大分子聚合物的制备和其对葡萄糖溶液的指示作用。由于指示剂的分子结构对其指示作用具有很大影响，因此本领域技术人员无法由说明书公开的内容预知所有的多芳香烃指示剂单体与亲水性单体的共聚物也具有分析糖类的作用，能够解决本发明的技术问题并实现其技术效果。

（b）本申请权利要求 1 限定镧系元素螯合物和多芳香烃的指示剂组份单体在非水环境中具有指示作用。检测环境的转变对指示剂的影响同样也是非常大，因此这些单体与亲水性单体共聚后得到的大分子指示剂在水环境中是否同样具有指示作用是不可预知的，需要实验数据加以证明。本领域技术人员无法预知所有的多芳香烃指示剂组份单体和镧系元素螯合物与亲水性单体的共聚物在水环境中仍然具有指示作用。

（c）分析物的不同对指示剂大分子同样具有很大影响，在本申请中，指示剂大分子可以用于检测糖，但当检测物发生变化时，该指示剂未必同样也能够具有检测作用。因此以上权利要求要求保护的范围均涵盖了效果难于确定的技术方案，其不符合专利法第 26 条第 4 款的规定。基于同样理由，权利要求 13、25 也得不到说明书的支持，不符合专利法第 26 条第 4 款的规定。

针对上述《复审通知书》，请求人于 2009 年 9 月 16 日提交了意见陈述书和修改后的权利要求书，其中将权利要求 1、13、25 中的镧系元素螯合物限定为“所述镧系元素螯合物的螯合剂包含 1，4，7，10-四氢杂环十二烷”，将多芳香烃限定为“N-（邻硼苄基）氨基甲基蒽衍生物”，即将权利要求 3 的内容并入权利要求 1 中，将权利要求 15 的内容并入权利要求 13 中，将权利要求 27 的内容并入权利要求 25 中，其余权利要求未作修改。请求人认为：1，4，7，10-四氢杂环十二烷是说明书实施例 3 和图 3 中明确记载的螯合剂基团，而且在图 3 中的式（9）所示的产物明显能够与一种或多种亲水性单体进行反应而得到指示剂大分子。因此修改后的指示剂组分单体 a）能够得到说明书实施例的支持，单体 b）是所属领域技术人员能够理解和判断只有满足使所得到的共聚物具有足够的水溶性的单体才能采用。而且对上述单体的限定条件也是对共聚物的限定，而且共聚物也必须满足使得大分子能够检测水环境中所述分析物的存在或浓度。因此，修改后的权利要求是由具体化合物结构和功能性技术特征等多种特征组合进行限定，而且该功能性特征本身能够通过说明书的实施例和本领域惯用手段来验证，因此符合专利法第 26 条第 4 款的规定。

修改后的权利要求第 1、12、23 项如下：

“1. 一种用于检测水环境中分析物存在或浓度的指示剂大分子，所述大分子含有由下述组分发生共聚而得到的共聚物：

a）一种或多种指示剂组分单体，该单体单独不足以充分溶解在水中使之应用于用于检测所述分析物存在或浓度的水环境，且该单体选自镧系元素螯合物和N-（邻硼苄基）氨基甲基蒽衍生物，其中所述镧系元素螯合物的螯合剂包含1，4，7，10-四氢杂环十二烷；和

b）一种或多种亲水性单体；

结果使得大分子能够检测水环境中所述分析物的存在或浓度。

12. 一种用于制备指示剂大分子的方法，所述指示剂大分子是用于检测水环境中分析物的存在或浓度，所述方法包括聚合下述组分：

a）一种或多种指示剂组分单体，该单体单独不足以充分溶解在水中使之应用于用于检测所述分析物存在或浓度的水环境，且单体选自镧系元素螯合物和N-（邻硼苄基）氨基甲基蒽衍生物，其中所述镧系元素螯合物的螯合剂包含1，4，7，10-四氢杂环十二烷；和

b）一种或多种亲水性单体；

结果使得大分子能够检测水环境中所述分析物的存在或浓度。

23. 一种用于检测具有水环境的样品中分析物存在或浓度的方法，所述方法包括：

a）将样品暴露于指示剂大分子中，所述大分子含有由下述组分发生共聚而得到的共聚物

i）一种或多种指示剂组分单体，该单体单独不足以充分溶解在水中使之应用于用于检测所述分析物存在或浓度的水环境，且单体选自镧系元素螯合物和N-（邻硼苄基）氨基甲基蒽衍生物，其中所述镧系元素螯合物的螯合剂包含1，4，7，10-四氢杂环十二烷；和

ii）一种或多种亲水性单体；

结果使得所得大分子能够检测所述分析物在水环境中的存在或浓度，并且当所述大分子暴露于所述分析物中时，指示剂大分子具有依赖浓度方式变化的可检测出的量；和

b）测试所述可检测出的量的任何变化，由此确定所述分析物在所述样品中的存在或浓度。”

至此，合议组认为本案事实已经清楚，可以作出审查决定

二、决定的理由

1. 关于文本

本复审请求审查决定所针对的文本是：请求人于进入中国国家阶段时提交的国际申请文件中文文本的说明书第1~17页，说明书附图第1~9页及说明书摘要，2005年9月30日提交的说明书第18~32页，2009年9月16日提交了提交的权利要求1~34。

2. 关于专利法第26条第4款

专利法第26条第4款规定：权利要求书应当以说明书为依据，说明要求专利保护的范围。

根据该款规定，权利要求书中的每一项权利要求所要求保护的技术方案应当是所属技术领域的技术人员能够从说明书中公开的内容直接得到或者概括得出的技术方案，如果一项权利要求要求保护的范围涵盖了产生不了预期技术效果或其效果难于确定的技术方案，则该权利要求的概括不合理，超出了说明书公开的范围。

就本案而言，本申请的权利要求1请求保护一种用于检测水环境中分析物存在或浓度的指示剂大分子，所述大分子含有由下述组分发生共聚而得到的共聚物：一种或多种指示剂组分单体，该单体单独不足以充分溶解在水中使之应用于检测所述分析物存在或浓度的水环境，且该单体选自镧系元素螯合物和N-（邻硼苄基）氨基甲基蒽衍生物，其中所述镧系元素螯合物的螯合剂包含1，4，7，10-四氢杂环十二烷；和一种或多种亲水性单体。权利要求12请求保护用于制备该指示剂大分子的方法，

权利要求 23 请求保护该指示剂大分子用于检测具有水环境的样品中分析物存在或浓度的方法。根据说明书的记载，本申请涉及一种用于检测水环境中分析物存在或浓度的指示剂大分子检测葡萄糖。

合议组认为：本领域公知，指示剂分子所具有的指示作用是由于指示剂分子吸收光子能量而被激发，然后发生能级跃迁发射出荧光，根据该荧光的光谱线位置及其强度来分析物质的含量。影响指示剂分子指示作用的因素包括指示剂分子结构、分析环境（温度、溶剂、酸度）和分析物本身等，其中指示剂分子结构与其指示作用密切相关，因为分子结构影响荧光的发生及其强度。

首先，本申请仅在说明书第 16 页，实施例 3 中记载了镧系螯合物指示剂组分单体的合成，并在图 3 中记载了该单体合成的步骤，但是说明书中没有任何镧系螯合物与亲水性单体共聚形成共聚物的记载，更没有形成的共聚物用于检测分析糖类的记载，因此从上述三个方面进行分析，本领域技术人员均无法从说明书公开的内容预知该镧系螯合物指示剂单体与亲水性单体的共聚物也具有分析糖类的作用、镧系元素螯合物与亲水性单体的共聚物在水环境中仍然具有指示作用。

其次，本领域技术人员无法预期当本申请的检测物质发生变化时，权利要求 1 的指示剂大分子是否具有检测作用的问题仍然存在。在本申请中，指示剂大分子可以用于检测糖，但当检测物发生变化时，该指示剂未必同样也能够具有检测作用。由于本申请的说明书和实施例中仅记载了使用大分子指示剂检测糖类，因此本领域技术人员无法预期当本申请的检测物质发生变化，例如检测物质变为金属离子时，本申请的指示剂大分子是否仍然具有检测作用。

再次，虽然本申请图 3 中的式（9）所式的产物能够与一种或多种亲水性单体进行反应，但是反应后得到的指示剂大分子是否在水环境中具有检测和分析糖类的效果是无法预知的。因此，图 3 中记载了包含 1，4，7，10-四氢杂环十二烷螯合剂的镧系元素螯合物并不能够证明该镧系螯合物与亲水性单体制备得到的指示剂大分子能够解决本发明的技术问题并实现其技术效果。

综上所述，由于以上三种原因不能预知权利要求 1 中记载的指示剂大分子的指示效果，因此权利要求 1 要求保护的范围均涵盖了效果难于确定的技术方案，不符合专利法第 26 条第 4 款的规定。由于权利要求 1 得不到说明书的支持，基于同样理由权利要求 13、25 也得不到说明书的支持。

针对请求人在答复《复审通知书》时的意见陈述，合议组认为，首先，即使本领域技术人员能够预见权利要求 1，12，23 中记载的指示剂大分子能够溶于水或具有亲水性，但仅满足亲水性的要求的指示剂大分子并不足以解决本发明的技术问题，由于权利要求 1 涵盖了本领域技术人员难以预期其技术效果的方案，因而得不到说明书的支持，请求人的上述主张不成立。

基于以上事实和理由，合议组作出如下审查决定。

三、决定

维持国家知识产权局于 2008 年 6 月 6 日针对第 01813855.1 号发明专利申请作出的驳回决定。

复审请求人对本决定不服的，可以根据专利法第 41 条第 2 款的规定，自收到本决定之日起三个月内向北京市第一中级人民法院起诉。

216

基于原子（或基团）转移自由基聚合的改进方法和具有有用结构和性能的新型（共）聚合物

复审请求审查决定（第20528号）

决　定　号　第20528号
决　定　日　2009年12月17日
发明创造名称　基于原子（或基团）转移自由基聚合的改进方法和具有有用结构和性能的新型（共）聚合物
国际分类号　C08F 2/00
复审请求人　卡内基梅隆大学
申　请　号　03155775.9
优先权日　1995年11月15日
申　请　日　1996年11月15日
公　开　日　2004年7月28日
合议组组长　侯秋霞
主　审　员　危　峰
参　审　员　兰　琪

法律依据　专利法实施细则第20条第1款
决定要点
如果本领域技术人员根据说明书记载的内容，并结合本领域的常识，能够清楚理解权利要求中术语的含义，则该术语的使用不会导致权利要求的保护范围不清楚。

一、案由

本复审请求案涉及发明名称为“基于原子（或基团）转移自由基聚合的改进方法和具有有用结构和性能的新型（共）聚合物”的第03155775.9号发明专利申请（下称本申请），申请人为卡内基梅隆大学，申请日为1996年11月15日，优先权日为1995年11月15日，公开日为2004年7月28日。

2009年2月6日，针对申请人于2008年8月26日提交的权利要求第1~14项，2003年9月1日提交的说明书第1~74页、说明书附图第1~9页以及说明书摘要，国家知识产权局以权利要求1、3和5不符合专利法实施细则第20条第1款的规定为由驳回了本申请。

驳回决定认为：权利要求1、3、5中限定M_1是可自由基聚合的单体，并且在意见陈述中认定A-

$(M_1)_i$-X 等价于“A-（可自由基聚合的单体）$_i$-X”，这显然是不清楚的，因为申请人限定 A、X 是基团，$(M_1)_i$ 显然是聚合物骨架，而聚合物骨架中不可能存在“可自由基聚合的单体”。申请人认为 M1 表示可自由基聚合单体，本领域技术人员能够理解当它们被引入到聚合结构中时形成的 $(M_1)_p$ 表示具有可自由基聚合单体端基的聚合单体单元，聚合度为 p，申请人还认为，无论使用“单体”还是“单体单元”对理解都不会有实质性影响。但是，审查员认为单体和单体单元是不同的概念，单体属于一种化合物，单体单元是一种化学结构，其构成聚合物骨架，因此 M_1 实际上应表示单体单元。

此外，驳回决定在其他问题部分还指出：本申请权利要求书中还存在不符合专利法第 22 条第 2 款、专利法第 31 条第 1 款、专利法第 33 条的缺陷，以及不符合专利法实施细则第 20 条第 1 款规定的其他缺陷。

驳回决定针对的权利要求 1、3、5 如下：

“1. 一种具有从以下选择的通式的（共）聚合物：

$$A-(M^1)_i-X$$

$$A-[(M^1)_i(M^2)_j]-X$$

$$A-[(M^1)_i(M^2)_j(M^3)_k]-X$$

$$A-[(M^1)_i(M^2)_j(M^3)_k...(Mu)^l]-X$$

$$A-(M^1)_p-(M^2)_q-X$$

$$A-(M^1)_p-(M^2)_q-(M^3)_r-X$$

$$A-(M^1)_p-(M^2)_q-(M^3)_r-...-(M^u)_s-X$$

$$X-M_p-(A)-M_p-X$$

$$X-[(M^1)_i(M^2)_j]-(A)-[(M^1)_i(M^2)_j]-X$$

$$X-[(M^1)_i(M^2)_j(M^3)_k]-(A)-[(M^1)_i(M^2)_j(M^3)_k]-X$$

$$X-[(M^1)_i(M^2)_j(M^3)_k...(M^u)_l]-(A)-[(M^1)_i(M^2)_j(M^3)_k...(M^u)_l]-X$$

$$X-(M^2)_q-(M^1)_p-(A)-(M^1)_p-(M^2)_q-X$$

$$X-(M^3)_r-(M^2)_q-(M^1)_p-(A)-(M^1)_p-(M^2)_q-(M^3)_r-X$$

$$X-(M^u)_s-...-(M^3)_r-(M^2)_q-(M^1)_p-(A)-(M^1)_p-(M^2)_q-(M^3)_r-...-(M^u)_s-X$$

$$A'-[(M^1)_p-X]z$$

$$A'-([(M^1)_i(M^2)_j]-X)z$$

$$A'-([(M^1)_i(M^2)_j(M^3)_k]-X)z$$

$$A'-([(M^1)_i(M^2)_j(M^3)_k...(M^u)_l]-X)z$$

$$A'-[(M^1)_p-X]z$$

$$A'-[(M^1)_p-(M^2)_q-X]z$$

$$A'-[(M^1)_p-(M^2)_q-(M^3)_r-X]z \text{ 和}$$

$$A'-[(M^1)_p-(M^2)_q-(M^3)_r-...-(M^u)_s-X]z$$

其中 X 选自-Cl，-Br，-I，$-OR^{10}$，$-SR^{14}$，$-SeR^{14}$，$-OC(=O)R^{14}$，$-OP(=O)R^{14}$，$-OP(=O)(OR^{14})_2$，-OP（=O）OR'4，$-O-N(R^{14})_2$，$-S-C(=S)N(R^{14})_2$，-CN，-NC，-SCN，-CNS，-OCN，-CNO 和$-N_3$，

M^1，M^2，M^3……至 M^u 各自是可自由基聚合的单体，在选择该单体时要求相邻嵌段不是相同的，但非相邻嵌段非必要地相同；

M 是如上定义的可自由基聚合的单体；

i，j，k……至 l 表示可自由基聚合的单体 M^1，M^2，M^3……至 M^u 的摩尔比；

和

p，q，r……至 s 经独立选择后使（共）聚合物或其嵌段具有平均聚合度为至少 3。

3. 一种具有从以下选择的通式的水溶性或水混溶性（共）聚合物：

$$A-(M^1)_i-X$$

$$A-[(M^1)_i(M^2)_j]-X$$

$$A-[(M^1)_i(M^2)_j(M^3)_k]-X$$

$$A-[(M^1)_i(M^2)_j(M^3)_k...(M^u)_l]-X$$

$$A-(M^1)_p-(M^2)_q-X$$

$$A-(M^1)_p-(M^2)_q-(M^3)_r-X$$

$$A-(M^1)_p-(M^2)_q-(M^3)_r-...-(M^u)_s-X$$

$$X-Mp-(A)-Mp-X$$

$$X-[(M^1)_i(M^2)_j]-(A)-[(M^1)_i(M^2)_j]-X$$

$$X-[(M^1)_i(M^2)_j(M^3)_k]-(A)-[(M^1)_i(M^2)_j(M^3)_k]-X$$

$$X-[(M^1)_i(M^2)_j(M^3)_k...(M^u)_l]-(A)-[(M^1)_i(M^2)_j(M^3)_k...(M^u)_l]-X$$

$$X-(M^2)_q-(M^1)_p-(A)-(M^1)_p-(M^2)_q-X$$

$$X-(M^3)_r-(M^2)_q-(M^1)_p-(A)-(M^1)_p-(M^2)_q-(M^3)_r-X$$

$$X-(M^u)_s-...-(M^3)_r-(M^2)_q-(M^1)_p-(A)-(M^1)_p-(M^2)_q-(M^3)_r-...-(M^u)_s-X$$

$$A'-[(M^1)_p-X]z$$

$$A'-([(M^1)_i(M^2)_j]-X)z$$

$$A'-([(M^1)_i(M^2)_j(M^3)_k]-X)z$$

$$A'-([(M^1)_i(M^2)_j(M^3)_k...(M^u)_l]-X)z$$

$$A'-[(M^1)_p-X]z$$

$$A'-[(M^1)_p-(M^2)_q-X]z$$

$$A'-[(M^1)_p-(M^2)_q-(M^3)_r-X]z \text{ 和}$$

$$A'-[(M^1)_p-(M^2)_q-(M^3)_r-...-(M^u)_s-X]z$$

其中 X 选自 -Cl，-Br，-I，$-OR^{10}$，$-SR^{14}$，$-SeR^{14}$，$-OC(=O)R^{14}$，$-OP(=O)R^{14}$，$-OP(=O)(OR^{14})_2$，$-OP(=O)OR^{14}$，$-O-N(R^{14})_2$，$-S-C(=S)N(R^{14})_2$，-CN，-NC，-SCN，-CNS，-OCN，-CNO 和 $-N_3$，

M^1，M^2，M^3……至 M^u 各自是可自由基聚合的单体，在选择该单体时要求相邻嵌段不是相同的，但非相邻嵌段非必要地相同，

i，j，k……至 l 表示可自由基聚合的单体 M^1，M^2，M^3……至 M^u 的摩尔比；

和

p，q，r……至 s 经独立选择后使各嵌段的平均聚合度为至少 3。

5. 一种具有下式的交替共聚物：

$$A-(M^1-M^2)_p-(M^2-M^1)_q-(M^1-M^2)_r-...-(M^v-M^y)_s-X$$

或

$$A-[(M^1-M^2)_p-(M^2-M^1)_q-(M^1-M^2)_r-...-(M^v-M^y)_s-X$$

其中 X 选自 -Cl，-Br，-I，$-OR^{10}$，$-SR^{14}$，$-SeR^{14}$，$-OC(=O)R^{14}$，$-OP(=O)R^{14}$，-OP

（=O）（OR^{14}）$_2$，-OP（=O）OR^{14}，-O-N（R^{14}）$_2$，-S-C（=S）N（R^{14}）$_2$，-CN，-NC，-SCN，-CNS，-OCN，-CNO 和-N_3，

M^1 和 M^2 各自是不同的可自由基聚合的单体，经选择后使得 M^1 和 M^2 中一个具有电子给体性能和 M^1 和 M^2 中另一个具有电子受体性能；

M^v 是 M^1 和 M^2 中的一个和 My 是 M^1 和 M^2 中的另一个；和

p，q，r，……至 s 经独立地选择后应使得共聚物的平均聚合度是至少 3，和 q，r，……至 s 非必要地是 0。”

2009 年 5 月 21 日，申请人卡内基梅隆大学（下称请求人）对上述驳回决定不服，向专利复审委员会提出复审请求，请求人在提出复审请求时没有对申请文件进行修改。

请求人认为：（1）首先，在本发明的 ATRP（原子转移自由基聚合）路线中，只要体系中有游离的单体存在，它就不可避免地与活性或生长链（即，低浓度的含有活性自由基端基“A-（M^1）$_i$·”的生长链）反应。当所有单体耗尽时，仍存在潜伏链并且其还含有可自由基聚合“单体”（不同于常规的自由基聚合，在本发明中，聚合分子链在聚合后还保持有聚合活性，因此还可称其为“单体”）。当添加更多单体时，ATRP 反应便会恢复，含有可自由基聚合单体的活性链将形成，且聚合将持续到所有单体均发生反应。因此，就 ATRP 的一原子（或基团）转移而言，本领域技术人员能够理解“A-（M^1）$_i$-X”表示含有可自由基聚合单体的聚合物链，它将在适当的引发剂/催化剂/配体体系以及未反应单体的存在下形成含有自由基“A-（M^1）$_i$·”的活性链。从这个角度讲，在 ATRP 聚合的范畴内，术语“可自由基聚合单体”是清楚的，并且“A-（M^1）$_i$-X”将不会被解释为“聚合物骨架”，这是因为该潜伏链含有能够在 ATRP 条件下形成活性自由基的单体端基。（2）无论使用“单体”还是“单体单元”，对本领域技术人员的理解均不会产生实质的影响。通过阅读权利要求和说明书相应部分，请求人相信本领域技术人员能够准确地理解本发明的技术方案，同时明确地认识权利要求的保护范围。（3）鉴于从技术上讲，术语“可自由基聚合单体”是合理并且是更清楚的，因为应当允许请求人使用。而且，原始申请文件即是这样记载的，从避免任何修改超范围的可能性出发，请求人认为也不宜进行修改。此外，请求人认为驳回决定指出的“其他问题”均不涉及驳回的理由和决定，并且有些系首次出现，基于听证原则，同时为了避免可能的审级损失，认为不必对其进行复审。

经形式审查合格后，专利复审委员会受理了该请求，并于 2009 年 6 月 22 日向请求人发出了《复审请求受理通知书》，同时将本申请转送至国家知识产权局原审查部门进行前置审查。

在《前置审查意见书》中，国家知识产权局原审查部门认为“单体”和“单体单元”概念不同，二者不能混淆，因此坚持驳回决定。

专利复审委员会组成合议组，对本复审请求案进行了审理。

经合议，合议组认为本案事实清楚，可以作出审查决定。

二、决定的理由

1. 关于文本

本案中，请求人在提出复审请求时未对申请文件进行修改，故本复审请求审查决定针对的文本是驳回决定所针对的文本，即：请求人于 2008 年 8 月 26 日提交的权利要求第 1~14 项，2003 年 9 月 1 日提交的说明书第 1~74 页、说明书附图第 1~9 页以及说明书摘要。

2. 关于专利法实施细则第 20 条第 1 款

专利法实施细则第 20 条第 1 款规定：权利要求书应当说明发明或者实用新型的技术特征，清楚、简要地表述请求保护的范围。

如果本领域技术人员根据说明书记载的内容，并结合本领域的常识，能够清楚理解权利要求中术语的含义，则该术语的使用不会导致权利要求的保护范围不清楚。

本案中，权利要求 1 要求保护一种具有从以下选择的通式的（共）聚合物：$A-(M^1)_i-X$、$A-[(M^1)_i(M^2)_j]-X$、$A-[(M^1)_i(M^2)_j(M^3)_k]-X$、$A-[(M^1)_i(M^2)_j(M^3)_k\cdots\cdots(M^u)_l]-X$ 等，其中 M^1、M^2、M^3、……至 M^u 各自是可自由基聚合的单体，在选择该单体时要求相邻嵌段不是相同的，但非相同嵌段非必要地相同。

根据本申请说明书记载的内容，本申请涉及基于过渡金属媒介的原子或基团转移聚合（“原子转移自由基聚合”）的新型自由基聚合方法以及由此获得的新型（共）聚合物。由此，对于本领域技术人员而言，本申请中必然是利用可自由基聚合的单体，通过所述的“原子转移自由基聚合”来获得（共）聚合物。在此基础上，本领域技术人员能清楚地理解在权利要求 1 中所描述的（共）聚合物通式如 $A-(M^1)_i-X$、$A-[(M^1)_i(M^2)_j]-X$、$A-[(M^1)_i(M^2)_j(M^3)_k]-X$、$A-[(M^1)_i(M^2)_j(M^3)_k\cdots\cdots(M^u)_l]-X$ 中，M^1、M^2 等即是可自由基聚合的单体；同时，对于本领域技术人员而言，所述可自由基聚合的单体 M^1、M^2 等在引入到（共）聚合物中之后，将以单体单元形式 $-M^1-$、$-M^2-$ 等组成所述（共）聚合物。

另一方面，在所述的“原子转移自由基聚合”中，本领域技术人员根据本领域的常识，也能够清楚地理解，权利要求 1 中所描述的（共）聚合物如 $A-(M^1)_i-X$ 属于还保持有聚合活性的潜伏链，其能够在 ATRP 条件下以及添加新的可自由基聚合单体下形成含有自由基“$A-(M^1)_i\cdot$”的活性链，从而进行进一步的自由基聚合。

综上所述，权利要求 1 中将 M^1、M^2、M^3……至 Mu 限定为“可自由基聚合的单体”并不会导致权利要求 1 要求保护的范围不清楚。

同理，权利要求 3 和 5 中的相同限定也不会分别导致权利要求 3 和 5 要求保护的范围不清楚。

此外，关于驳回决定指出的其他问题：首先，审查员未将其作为驳回决定所依据的理由；其次，在《前置审查意见书》中，审查员指出“单体与单体单元概念不同，二者不能混淆，若申请人按要求修改此问题，审查员愿意继续进行本案的实质审查。”基于此，合议组仅对驳回理由部分提到的 M^1 到底是单体还是单体单元，权利要求 1 中该术语定义为“可自由基聚合的单体”是否会导致权利要求 1 不清楚进行审查。

根据上述事实和理由，合议组作出如下审查决定。

三、决定

撤销国家知识产权局于 2009 年 2 月 6 日针对第 03155775.9 号发明专利申请作出的驳回决定，由国家知识产权局原审查部门以本复审请求审查决定所针对的文本为基础继续审批程序。

复审请求人对本决定不服的，可以根据专利法第 41 条第 2 款的规定，自收到本决定之日起三个月内向北京市第一中级人民法院起诉。

217

协同增效作用的除草混合物

复审请求审查决定（第20538号）

决　定　号　第20538号
决　定　日　2009年12月15日
发明创造名称　协同增效作用的除草混合物
国际分类号　A01N43/50，A01P13/00，A01N43/56，A01N43/10，A01N 37/22
复审请求人　巴斯福股份公司
申　请　号　200580010642.9
优先权日　2004年4月1日
申　请　日　2005年3月30日
公　开　日　2007年3月28日
合议组组长　李亚林
主　审　员　赵步真
参　审　员　兰　琪

法律依据　专利法第26条第4款，专利法第31条第1款
决定要点

对于权利要求的概括是否恰当的判断，不应仅局限于具体实施例，还应当利用本领域技术人员的普通技术知识进行判断，如果权利要求所要求保护的技术方案是本领域技术人员能够从说明书充分公开的内容中得到或者概括得出的技术方案，并且其效果是可以预先确定和评价的，则应当认为该权利要求得到了说明书的支持。

如果一项权利要求中的全部并列选择方案属于相同的发明构思，则该权利要求满足单一性的要求。

一、案由

本复审请求案涉及发明名称为“协同增效作用的除草混合物”的第200580010642.9号发明专利申请（下称本申请），申请人为巴斯福股份公司，申请日为2005年3月30日，优先权日为2004年4月1日，公开日为2007年3月28日。

2009年1月9日，针对申请人于2008年9月1日提交的权利要求第1~9项、进入中国国家阶段时提交的国际申请文件中文文本的说明书第1~20页及说明书摘要（下称驳回文本），国家知识产权局以本申请权利要求1~9不符合专利法第26条第4款和专利法第31条第1款为由驳回了本申请。驳回决定针对的权利要求书如下：

“1. 一种协同增效的除草混合物，包含：

A）咪草啶酸，包括其各自的异构体以及其各自的环境上相容性盐或酯或酰胺或其他衍生物；和

B）至少一种除草化合物，选自氯代乙酰胺、羟基乙酰胺和四唑啉酮，包括其各自的异构体以及其各自的环境上相容性盐或酯或酰胺或其他衍生物，以及需要的话，

C）至少一种除草化合物，选自抑害胺、解草酮、LAB-145138、解草烷、MON-13900、抑害腈、解草腈、肟草安、解草安、萘二甲酐、解草啶、解草唑、吡咯二酸、喹氧乙酸（包括其水合物），1-乙基-4-羟基-3-（1H-四唑-5-基）-1H-喹啉-2-酮、4-羧甲基-苯并二氢吡喃-4-甲酸、N-（2-甲氧基-苯甲酰基）-4-（3-甲基-脲基）苯磺酰胺、（3-氧代异苯并二氢噻喃-4-亚基甲氧基）乙酸甲酯，包括其各自的异构体以及其各自的环境上相容性盐或酯或酰胺或其他衍生物。

2. 根据权利要求1的协同增效除草混合物，其中组分B）为氯代乙酰胺，包括其各自的异构体以及其各自的环境上相容性盐或酯或酰胺或其他衍生物。

3. 根据权利要求1或2的协同增效除草混合物，其中氯代乙酰胺，包括其各自的异构体以及其各自的环境上相容性盐或酯或酰胺或其他衍生物选自吡草胺、异丙甲草胺和噻吩草胺。

4. 根据权利要求1~3中任一项的协同增效除草混合物，其中氯代乙酰胺为吡草胺，包括其相应的异构体以及其相应的环境上相容性盐或酯或酰胺或其他衍生物。

5. 一种除草组合物，包含除草有效量的根据权利要求1~4中任一项的协同增效除草混合物、至少一种惰性液体和/或固体载体和需要的话至少一种其他添加剂。

6. 一种防治不希望的植物生长的方法，包括在不希望的植物出苗之前、之中和/或之后同时或依次施用根据权利要求1~4中任一项的协同增效除草混合物。

7. 根据权利要求6的方法，用于作物中。

8. 根据权利要求7的方法，其中作物对所述协同增效除草混合物具有抗药性或耐受性。

9. 根据权利要求7或8的方法，其中作物为欧洲油菜。”

驳回决定认为：①本申请中，权利要求1属于马库什权利要求，权利要求1中的马库什要素A是已知化合物，即其没有对现有技术作出贡献，而马库什要素B的除草化合物和视需要的马库什要素C都不具有共同的结构，而且根据本领域的知识不能预见到这些马库什要素B的除草化合物和视需要的马库什要素C的各类化合物在作为除草成分时可以相互替代并且得到相同结果，因此在该发明的相关技术中也不能认为是属于同一类化合物，因而它们在该发明的相关技术中不能认为是属于同一类化合物，所以权利要求1所要求保护的发明不具备单一性。同样的理由，权利要求2~9也不具备单一性，不符合专利法第31条第1款的规定；②权利要求1中的要素B和视需要的要素C包含了大量的不同化合物，要素A+B+视需要的C相互组合之后会得到大量不同组分的组合物，由于各种化合物的理化差异较大，其组合后相互作用，效果难以预料，而且，本申请实施例只公开了咪草啶酸和吡草胺，咪草啶酸和精噻吩草胺，咪草啶酸和DUAL II MAGNUM组合的除草效果，即便在本申请说明书中记载了有效量、给药方法、制剂化方法和除草剂组合，并且笼统地提及了本申请除草混合物的除草效果，但没有记载除咪草啶酸和吡草胺，咪草啶酸和精噻吩草胺，咪草啶酸和DUAL II MAGNUM组合之外的其他除草混合物具有所述的用途以及效果，本领域技术人员难于预测权利要求1所包括的除本申请上述实施例中混合物组合之外的所有除草混合物都均能达到本申请的目的，所以权利要求1概括的内容包括申请人推测的内容，而且效果难于预先确定和评价，因此权利要求1的概括超出了说明书公开的范围，得不到说明书的支持。基于同样的理由，权利要求2~9也没有以说明书为依据，即得不到说明书的支持，不符合专利法第26条第4款的规定。

2009年4月23日，申请人巴斯福股份公司（下称请求人）对上述驳回决定不服，向专利复审委

员会提出复审请求，请求人在提出复审请求时对权利要求书进行了修改，删除了权利要求 1 组份 B）中的羟基乙酰胺和四唑啉酮，相应删除了权利要求 2，删除了权利要求 3 中的“包括其各自的异构体以及其各自的环境上相容性盐或酯或酰胺或其他衍生物”，并重新调整了权利要求的引用关系和编号，同时，请求人提交了附件 1（Herbicide Resistance Action Committee，共 6 页）以及附件 2（MATERIAL SATETY DATA SHEET，共 6 页）。修改后的权利要求书为：

“1. 一种协同增效的除草混合物，包含：

A）咪草啶酸，包括其各自的异构体以及其各自的环境上相容性盐或酯或酰胺或其他衍生物；和

B）至少一种除草化合物，选自氯代乙酰胺，包括其各自的异构体以及其各自的环境上相容性盐或酯或酰胺或其他衍生物，以及需要的话，

C）至少一种除草化合物，选自抑害胺、解草酮、LAB-145138、解草烷、MON-13900、抑害腈、解草腈、肟草安、解草安、萘二甲酐、解草啶、解草唑、吡咯二酸、喹氧乙酸（包括其水合物），1-乙基-4-羟基-3-（1H-四唑-5-基）-1H-喹啉-2-酮、4-羧甲基-苯并二氢吡喃-4-甲酸、N-（2-甲氧基-苯甲酰基）-4-（3-甲基-脲基）苯磺酰胺、（3-氧代异苯并二氢噻喃-4-亚基甲氧基）乙酸甲酯，包括其各自的异构体以及其各自的环境上相容性盐或酯或酰胺或其他衍生物。

2. 根据权利要求 1 的协同增效除草混合物，其中氯代乙酰胺选自吡草胺、异丙甲草胺和噻吩草胺。

3. 根据权利要求 1 或 2 的协同增效除草混合物，其中氯代乙酰胺为吡草胺，包括其相应的异构体以及其相应的环境上相容性盐或酯或酰胺或其他衍生物。

4. 一种除草组合物，包含除草有效量的根据权利要求 1~3 中任一项的协同增效除草混合物、至少一种惰性液体和/或固体载体和需要的话至少一种其他添加剂。

5. 一种防治不希望的植物生长的方法，包括在不希望的植物出苗之前、之中和/或之后同时或依次施用根据权利要求 1~3 中任一项的协同增效除草混合物。

6. 根据权利要求 5 的方法，用于作物中。

7. 根据权利要求 6 的方法，其中作物对所述协同增效除草混合物具有抗药性或耐受性。

8. 根据权利要求 6 或 7 的方法，其中作物为欧洲油菜。”

请求人认为：①修改后的权利要求 1 具备单一性，具体理由为：权利要求 1 中作为组份 B 的氯代乙酰胺具有共同的 N-芳基-N-（取代的）烷基-2-氯乙酰胺结构，并且权利要求 1 中作为组份 B 的氯代乙酰胺具有共同的作用模式，它们均为 VLCFA 抑制剂，尤其是抑制 VLCFA 合成中涉及的酶的能力，它们属于同一类化合物，即 HRAC 组 K3（见附件 1），因此，组份 B 之间满足单一性的要求。对于组份 C，其是非必要组份，而且，权利要求 1 所列化合物均为安全剂，具有共同的性能，因而满足单一性的要求，因此，权利要求 1 具备单一性，在此基础上，权利要求 2~8 也满足单一性的要求。②修改后的权利要求 1 中 B 组份氯代乙酰胺不仅具有共同的结构，而且具有共同的作用模式，因此作为除草化合物可相互替代得到相同的结果，在本申请具体实施了包含作为组份 A 的咪草啶酸和分别作为组份 B 的吡草胺、异丙甲草胺（DUAL II MAGNUM 的成分之一）和噻吩草胺的各混合物具有协同增效的除草作用的基础上，本领域技术人员完全可以预测属于同一类的具有共同结构和共同作用模式的其他氯代乙酰胺与作为组份 A 的咪草啶酸显示协同增效的除草作用，因此，权利要求 1 能够得到说明书的支持，在此基础上，权利要求 2~8 也都能得到说明书的支持，符合专利法第 26 条第 4 款的规定。

经形式审查合格后，专利复审委员会受理了该请求，并于 2009 年 5 月 21 日向请求人发出了《复审请求受理通知书》，同时将本申请转送至国家知识产权局原审查部门进行前置审查。

在《前置审查意见书》中，国家知识产权局原审查部门坚持驳回决定。

专利复审委员会组成合议组，对本复审请求案进行了审理。

至此，合议组认为本案事实已经清楚，可以作出审查决定。

二、决定的理由

1. 关于审查文本

经审查，请求人于2009年4月23日提出复审请求时提交的权利要求书的全文修改替换页符合专利法第33条及专利法实施细则第60条第1款的规定，因此，本复审请求审查决定所针对的文本是：请求人于2009年4月23日提交的权利要求第1~8项、进入中国国家阶段时提交的国际申请文件中文文本的说明书第1~20页及说明书摘要（下称复审文本）。

2. 关于专利法第26条第4款

专利法第26条第4款规定，权利要求书应当以说明书为依据，说明要求专利保护的范围。

对于权利要求的概括是否恰当的判断，不应仅局限于具体实施例，还应当利用本领域技术人员的普通技术知识进行判断，如果权利要求所要求保护的技术方案是本领域技术人员能够从说明书充分公开的内容中得到或者概括得出的技术方案，并且其效果是可以预先确定和评价的，则应当认为该权利要求得到了说明书的支持。

就本案而言，权利要求1请求保护一种协同增效的除草混合物，包含组份A）、B）以及视需要而存在的C）（具体参见案由部分中请求人于2009年4月23日提交的权利要求1）。

根据说明书的记载，本申请的目的是在某些作物（例如油籽油菜、油菜（欧洲油菜））中增强除草剂对不希望的有害植物的活性和/或选择性，而不损害这些作物。为此，本申请要求保护的除草混合物包含选自咪草啶酸的A）组份，选自氯代乙酰胺的B）组份以及视需要选自多种安全剂的C）组份，本申请说明书中描述了可选择的组份A）、B）和C）的化合物，各组份的比例和施用量（参见本申请的说明书第3~6页，第11页第2段~第12页第2段）。并且，在具体的效果实施例部分，记载了咪草啶酸和吡草胺、咪草啶酸和精噻吩草胺、咪草啶酸和DUAL II MAGNUM（异丙甲草胺+解草酮）相组合后相对于单剂而言具有协同增增效的效果，其中的吡草胺、精噻吩草胺和异丙甲草胺均属于本申请B）组的氯代乙酰胺类除草化合物，解草酮属于本申请C）组的安全剂。

由上述内容可知，本申请说明书中公开了权利要求1中所限定的组份A）、组份B）和视需要的C）组份，并验证了由咪草啶酸和吡草胺、咪草啶酸和精噻吩草胺以及咪草啶酸和DUAL II MAGNUM三种组合能达到协同增效的效果。因此，本案争议的焦点在于：在说明书已经验证了三种具体的由组份A）、B）和视需要的C）的组合物能达到协同增效的效果的情形下，权利要求1中记载的组份A）、B）和视需要的C）相组合是否能够得到说明书的支持。

《驳回决定》认为，权利要求1中的要素B和视需要的要素C包含了大量的不同化合物，要素A+B+视需要的C相互组合之后会得到大量不同组分的组合物，由于各种化合物的理化差异较大，其组合后相互作用，效果难以预料，而且，本申请实施例只公开了咪草啶酸和吡草胺，咪草啶酸和精噻吩草胺，咪草啶酸和DUAL II MAGNUM组合的除草效果，因此本领域技术人员难以预期权利要求1所包括的除本申请上述实施例中混合物组合之外的所有除草混合物都均能达到本申请的目的。

对此，合议组查明，复审文本的权利要求1中已经对权利要求1请求保护的范围作出了进一步限定，删除了驳回文本的权利要求1组份B）中的羟基乙酰胺和四唑啉酮，仅保留氯代乙酰胺及其异构体、盐或衍生物。

对于氯代乙酰胺，说明书第4页最后一段记载，合适的氯代乙酰胺是吡草胺、异丙甲草胺、“S-异丙甲草胺”、乙草胺、克草胺、甲草胺和噻吩草胺以及精噻吩草胺和烯草胺。本领域技术人员已知氯代乙酰胺类除草化合物都具有类似的N-芳基-N-（取代的）烷基-2-氯乙酰胺母体结构，并且已知该类除草化合物具有类似的阻碍发芽种子的蛋白质合成，阻碍幼芽和根生长的作用机理。由本领域的公知常识可知，具有相同母体结构和作用机理的除草化合物的理化性质相似，其与其他化合物相组合后的相容性、组合后的效果（增效、加合或拮抗）是相似的。因此，在作为与咪草啶酸相组合的氯代乙酰胺类除草剂时，各种具体的属于氯代乙酰胺类除草剂的互换通常不会对其组合后的效果产生影响，故在无相反证据的情况下，合议组认为，在本申请说明书具体实施例中给出了咪草啶酸和吡草胺、咪草啶酸和精噻吩草胺以及咪草啶酸和 DUAL II MAGNUM（主要成分为异丙甲草胺）的协同增效作用的基础上，本领域技术人员可以合理地预期，咪草啶酸与氯代乙酰胺类除草化合物的组合能够起到协同增效的作用，在权利要求 1 所述的除草混合物中，氯代乙酰胺类除草化合物成员之间的相互替代可以产生相似的效果；对权利要求 1 的组份 C）而言，其是视需要加入的，而且本领域技术人员可以确定权利要求 1 组份 C）的各具体化合物均为本领域常规使用的安全剂，在除草组合物中，安全剂的作用在于保护作物免受除草剂的药害，从而增加对作物的安全性，其并不会对除草活性成分的除草性能产生决定性地影响，安全剂的作用和使用方法为本领域技术人员所熟知，并且本申请具体效果实施例的 DUAL II MAGNUM 配制品中就含有安全剂解草酮，因此，本领域技术人员在阅读本申请时，能够理解权利要求 1 技术方案中的安全剂组份 C）是可视需要加入的非必要组份，其存在与否不会对组份 A）和组份 B）相组合物后的作用产生决定性影响，其化合物成员之间可视需要相互替换。

综上，本领域技术人员根据本申请具体公开的内容以及本领域的普通知识，能够合理预期组份 B）中氯代乙酰胺以及组份 C）中安全剂化合物成员之间相互替代能够取得相似的效果，驳回决定所认为的权利要求 1 中各种化合物理化差异较大，由于本申请没有记载除上述具体实施例以外的混合物组合具有所述用途和效果，因而本领域技术人员难于预测权利要求 1 所包括的除本申请上述实施例之外的所有除草混合物都能达到本发明目的的理由缺乏理论依据和证据支持，驳回理由不能成立。在此基础上，驳回决定认为权利要求 2~9 不符合专利法第 26 条第 4 款规定的理由也不成立。

3. 关于专利法第 31 条第 1 款

专利法第 31 条第 1 款规定，一件发明或者实用新型专利应当限于一项发明或者实用新型。属于一个总的发明构思的两项以上的发明或者实用新型，可以作为一件专利申请提出。

如果一项权利要求中的全部并列选择方案属于相同的发明构思，则该权利要求满足单一性的要求。

如上所述，本申请除草混合物实现协同增效作用的关键在于组份 A）+B）的组合，视需要存在的组份 C）并不会对 A）+B）组合的协同增效作用产生决定性的影响，且组份 A）、B）和 C）各自定义中的并列选择项在相关技术中均属于具有相同表现的同一类化合物，因此，权利要求 1 的所包含的技术方案都是基于 A）类化合物+B）类化合物能够起到协同增效作用的这样一个发明构思而做出，所以其具备单一性，符合专利法第 31 条第 1 款的规定。在此基础上，权利要求 2~8 也都具备单一性，符合专利法第 31 条第 1 款的规定。

基于以上事实和理由，合议组作出如下审查决定。

三、决定

撤销国家知识产权局于 2009 年 1 月 9 日针对第 200580010642. 9 号发明专利申请作出的驳回决定，由国家知识产权局原审查部门以复审文本为基础继续审批程序。

复审请求人对本决定不服的，可以根据专利法第 41 条第 2 款的规定，自收到本决定之日起三个月内向北京市第一中级人民法院起诉。

低应用温度热熔粘合剂

复审请求审查决定（第 20557 号）

决　　定　　号　第 20557 号
决　　定　　日　2009 年 12 月 7 日
发明创造名称　低应用温度热熔粘合剂
国 际 分 类 号　C09J153/02
复 审 请 求 人　国家淀粉及化学投资控股公司
申　　请　　号　200380106089. X
申　　请　　日　2003 年 10 月 20 日
优 先 权 日　2002 年 10 月 18 日
公　　开　　日　2006 年 1 月 25 日
合 议 组 组 长　李亚林
主　　审　　员　侯　曜
参　　审　　员　赵步真

法 律 依 据　专利法第 26 条第 3 款
决 定 要 点

所属技术领域的技术人员能够实现，是指所属技术领域的技术人员按照说明书记载的内容，能够实现该发明的技术方案，解决其技术问题，并且产生预期的技术效果。

一、案由

本复审请求案涉及名称为“低应用温度热熔粘合剂”的第 200380106089. X 号发明专利申请（下称本申请），申请人为国家淀粉及化学投资控股公司，申请日为 2003 年 10 月 20 日，优先权日为 2002 年 10 月 18 日，公开日为 2006 年 1 月 25 日。

2008 年 10 月 17 日，针对申请人于 2008 年 1 月 17 日提交的权利要求第 1~14 项，2007 年 3 月 16 日提交的说明书第 1、2、4、6~8、12 页、2008 年 1 月 17 日提交的说明书第 3、5、9~11 页，以及进入中国国家阶段时提交的说明书摘要，国家知识产权局以本申请说明书不符合专利法第 26 条第 3 款的规定为由驳回了本申请。

驳回决定针对的权利要求书如下：

“1. 一种在低于 120℃的温度下应用的热熔粘合剂，所述粘合剂包含占粘合剂重量的 10% 至 25% 重量的苯乙烯嵌段共聚物和 1% 至低于 10% 重量的蜡，使得在 120℃下的粘度低于 10000 厘泊，54℃下的立方体流动小于 300%，DSC 结晶温度小于 75℃，并且在 10 弧度/秒（25℃）下的储能模量小于

1.0×10^7 达因/厘米^2，

其中所述蜡选自熔点范围为 130°F 至 225°F 的石蜡和微晶蜡，以及合成蜡。

2. 权利要求 1 的粘合剂，其中所述蜡的熔点高于 74℃。

3. 权利要求 1 的粘合剂，其中所述蜡包含各种蜡的混合物。

4. 权利要求 1 的粘合剂，所述粘合剂包含 SBS 聚合物、SIS 聚合物、SEBS 聚合物和/或 SEPS 聚合物。

5. 权利要求 1 的粘合剂，所述粘合剂包含 SBS 和 SIS 的共混物。

6. 权利要求 1 的粘合剂，所述粘合剂还包含增粘剂、增塑剂和/或抗氧化剂。

7. 权利要求 6 的粘合剂，所述粘合剂包含 10%～25%重量的苯乙烯嵌段共聚物、40%～70%重量的增粘剂、15%～30%重量的增塑剂以及最高可达 2%重量的抗氧化剂。

8. 利要求 6 的粘合剂，其中所述增粘剂的软化点高于 80℃。

9. 一种生产的制品，所述制品包含权利要求 1 的粘合剂。

10. 权利要求 9 的制品，所述制品为无纺制品。

11. 权利要求 10 的无纺制品，所述制品为尿片。

12. 权利要求 9 的制品，所述制品为贴上标签的容器。

13. 一种将底材粘合到相似或不同的底材上的方法，所述方法包括在至少一种第一底材的至少一部分涂覆熔融的热熔粘合剂，并将所述第一底材粘合到第二底材，其中所述粘合剂为在低于 120℃的温度下应用的热熔粘合剂，所述粘合剂包含占粘合剂重量的 10%～25%重量的苯乙烯嵌段共聚物和 1%至低于 10%重量的蜡，使得在 120℃下的粘度低于 10000 厘泊，54℃下的立方体流动小于 300%，DSC 结晶温度小于 75℃，并且在 10 弧度/秒（25℃）下的储能模量小于 1.0×10^7 达因/厘米^2，

其中所述蜡选自熔点范围为 130°F 至 225°F 的石蜡和微晶蜡，以及合成蜡。

14. 权利要求 13 的方法，其中至少一种所述第一或第二底材包含聚丙烯。”

驳回决定认为：（1）说明书实施例（说明书第 11～12 页）中所用的嵌段共聚物没有详细说明其共聚单体的种类及其含量，并且实施例中也没有说明所用增粘树脂、油、抗氧化剂等的种类及其含量，并且表 2 中所列出的粘合剂的参数和性能也不是仅由粘合剂中的蜡的种类和含量决定的，致使所属技术领域的技术人员依据说明书的记载无法实施本发明，也无法得到说明书第 11 页表 2 所记载的各试样的性能参数（参见说明书第 11 页表 2），因此不符合专利法第 26 条第 3 款的规定。（2）依据申请文件的记载，本发明的粘合剂中通常包括 1～10 重量%的蜡，选择的蜡为熔点为 130～225°F 的石蜡和微晶蜡以及合成蜡。说明书中各个实施例的区别也仅在于其中的蜡含量和蜡的种类。但本发明对比例中采用的蜡也在本发明的范围内，例如对比样 A 中采用的蜡为 3%的 Paraflint H-4 Fisher-Tropsch 蜡（熔点 202°F）、对比样 C 中采用的蜡为 3%的 Pacemaker53 石蜡（熔点 149°F）。因此本发明的目的和效果并不仅是由选择加入特定的蜡而达到的。

2009 年 2 月 1 日，申请人国家淀粉及化学投资控股公司（下称请求人）对上述驳回决定不服，向专利复审委员会提出复审请求，同时提交了权利要求书全文替换页，其中，基于驳回决定针对的文本，将权利要求 1 和 13 中的 DSC 结晶温度由“小于 75℃”修改成“为 60.3℃至小于 75℃”。

请求人认为：在根据说明书中表 2 中试样 1 的 DSC 结晶温度，限定了权利要求 1 中该温度下限，修改后权利要求 1 与对比试样 A 和 C 有区别。本申请涉及在低于约 120℃应用的热熔粘合剂。本申请发现，露置时间明显受到粘合剂中蜡的结晶温度的影响，将一种具有特定性能的蜡掺入橡胶聚合物基的热熔粘合剂体系中可以用来平衡粘合的露置时间和升温下的抗流动性。从说明书公开的内容可知，基于嵌段共聚物橡胶的粘合剂被广泛用于无纺构造的应用中，因此，对本领域技术人员而言，所述粘

合剂所采用的各种常规配料及其含量是本领域的公知常识。说明书中各个实施例的区别也仅在于其中蜡含量和蜡的种类。根据说明书的内容并结合本领域的公知常识，本领域技术人员应能够实施修改后权利要求 1 和 13 及其从属权利要求的技术方案。

2009 年 2 月 27 日，经形式审查合格后，专利复审委员会受理了该请求，并向请求人发出了《复审请求受理通知书》，同时将本申请转送至国家知识产权局原审查部门进行前置审查。

在《前置审查意见书》中，国家知识产权局原审查部门仍坚持驳回决定。

专利复审委员会依法组成合议组，对本复审请求案进行了审理，并于 2009 年 8 月 18 日向请求人发出了《复审通知书》，指出：(1) 本申请能够提供具有足够的露置时间进行粘合，并且在升高的温度下具有高的抗流动性的热熔粘合剂，其关键点就在于蜡的选择。根据说明书的记载，适合的蜡一般应当是熔点范围“约 130°F 至约 225°F”，最优选“至少 165°F 以上”，更优选“至少 175°F 以上”的石蜡和微晶蜡，以及合成蜡”，其在粘合剂中的含量是“约 1% 至约 10% 重量”，“约 5% 的量即足够”。但是，通过比较说明书第 11 页表 1 记载的试样中蜡的种类和含量可以发现，在说明书中声称仅蜡的种类和含量不同的情况下，试样 1 和 2 分别使用 5% 的 ParaflintC-80Fisher-Tropsch 蜡（熔点 176°F）和 5% 的 Microsere 5999 微晶蜡（熔点 195°F），得到的粘合剂参数符合权利要求 1 的定义；而对比样 A 和 C 中同样使用了符合上述说明书记载的熔点和含量范围的蜡（分别为 3% 的 Paraflint H-4 Fisher -Tropsch 蜡（熔点 202°F）和 3% 的 Pacemaker53 石蜡（熔点 149°F）），得到的粘合剂却不符合权利要求 1 中定义的范围。这也就意味着，即使本领域技术人员按照说明书中有关记载，选择“熔点范围约 130°F 至约 225°F 的石蜡和微晶蜡，以及合成蜡”并使其在粘合剂中的含量是“约 1% 至约 10% 重量”，仍然无法保证得到的粘合剂就是本申请权利要求 1 要求保护的粘合剂。也就是说，除了试样 1 和 2 中具体使用的两种蜡之外，本领域技术人员无法获知还有哪种蜡能够制得本申请要求保护的粘合剂。因此，本领域技术人员有理由怀疑，本申请说明书对如何选择蜡的说明没有达到充分公开的要求，不符合专利法第 26 条第 3 款的规定。(2) 基于上述相同理由，权利要求 2~14 的技术方案也没有在说明书中充分公开。(3) 尽管请求人对权利要求 1 和 13 的修改使得对比样 A 和 C 排除在修改后权利要求的保护范围之外，但 DSC 温度是最终产品-粘合剂的参数，而不是对蜡的限定，本领域技术人员仍然不能从修改后的内容获知如何选择适合的蜡，因此所述修改不能克服本申请公开不充分的缺陷。

针对上述《复审通知书》，请求人于 2009 年 10 月 29 日向复审委员会提交了意见陈述书和权利要求书全文替换页，其中，基于提出复审请求时提交的文本，将权利要求 1 和 13 中的蜡含量由“1% 至低于 10% 重量”进一步限定为“5% 至低于 10% 重量”，将蜡熔点由“130°F 至 225°F”限定为“175°F 至 225°F”，删除了权利要求 2 并修改了其余权利要求的编号和引用关系。

修改后的权利要求书如下：

“1. 一种在低于 120℃ 的温度下应用的热熔粘合剂，所述粘合剂包含占粘合剂重量的 10%~25% 重量的苯乙烯嵌段共聚物和 5% 至低于 10% 重量的蜡，使得在 120℃ 下的粘度低于 10000 厘泊，54℃ 下的立方体流动小于 300%，DSC 结晶温度为 60.3℃ 至小于 75℃，并且在 10 弧度/秒（25℃）下的储能模量小于 1.0×10^{7} 达因/厘米^{2}，

其中所述蜡选自熔点范围为 175°F 至 225°F 的石蜡和微晶蜡，以及合成蜡。

2. 权利要求 1 的粘合剂，其中所述蜡包含各种蜡的混合物。

3. 权利要求 1 的粘合剂，所述粘合剂包含 SBS 聚合物、SIS 聚合物、SEBS 聚合物和/或 SEPS 聚合物。

4. 权利要求 1 的粘合剂，所述粘合剂包含 SBS 和 SIS 的共混物。

5. 权利要求 1 的粘合剂，所述粘合剂还包含增粘剂、增塑剂和/或抗氧化剂。

6. 权利要求 5 的粘合剂，所述粘合剂包含 10% ~25% 重量的苯乙烯嵌段共聚物、40% ~70% 重量的增粘剂、15% ~30% 重量的增塑剂以及最高可达 2% 重量的抗氧化剂。

7. 利要求 5 的粘合剂，其中所述增粘剂的软化点高于 80℃。

8. 一种生产的制品，所述制品包含权利要求 1 的粘合剂。

9. 权利要求 8 的制品，所述制品为无纺制品。

10. 权利要求 9 的无纺制品，所述制品为尿片。

11. 权利要求 8 的制品，所述制品为贴上标签的容器。

12. 一种将底材粘合到相似或不同的底材上的方法，所述方法包括在至少一种第一底材的至少一部分涂覆熔融的热熔粘合剂，并将所述第一底材粘合到第二底材，其中所述粘合剂为在低于 120℃的温度下应用的热熔粘合剂，所述粘合剂包含占粘合剂重量的 10% ~25% 重量的苯乙烯嵌段共聚物和 5% 至低于 10% 重量的蜡，使得在 120℃下的粘度低于约 10000 厘泊，54℃下的立方体流动小于约 300%，DSC 结晶温度 60. 3℃至小于 75℃，并且在 10 弧度/秒（25℃）下的储能模量小于约 1.0×10^7 达因/厘米^2，

其中所述蜡选自熔点范围为 175°F 至 225°F 的石蜡和微晶蜡，以及合成蜡。

13. 权利要求 12 的方法，其中至少一种所述第一或第二底材包含聚丙烯。”

请求人认为：对比例 A 和 C 中的蜡被排除在修改后的权利要求 1 和 12 之外，因此，《复审通知书》指出的缺陷已经被克服。

至此，合议组认为本案事实已经清楚，可以依法作出审查决定。

二、决定的理由

1. 关于审查文本

请求人于 2009 年 10 月 29 日提交了权利要求书全文替换页，其中对“热熔粘合剂中蜡的含量和熔点”所作的修改能够从原始申请文件的说明书第 5 页第三段的内容直接地、毫无疑义地确定，符合专利法第 33 条以及专利法实施细则第 60 条第 1 款的规定。本复审请求审查决定所针对的文本是，请求人于 2009 年 10 月 29 日提交的权利要求第 1 ~ 13 项，2007 年 3 月 16 日提交的说明书第 1、2、4、6~8、12 页、2008 年 1 月 17 日提交的说明书第 3、5、9 ~ 11 页，以及进入中国国家阶段时提交的说明书摘要。

2. 关于专利法第 26 条第 3 款

专利法第 26 条第 3 款规定，说明书应当对发明或者实用新型作出清楚、完整的说明，以所属技术领域的技术人员能够实现为准。

所属技术领域的技术人员能够实现，是指所属技术领域的技术人员按照说明书记载的内容，能够实现该发明的技术方案，解决其技术问题，并且产生预期的技术效果。

就本申请而言，权利要求 1~7 要求保护一种在低于 120℃的温度下应用的热熔粘合剂。权利要求 8 ~ 11 要求保护含权利要求 1 的粘合剂的制品；权利要求 12 ~ 13 要求保护使用权利要求 1 所述的粘合剂将底材粘合到相似或不同底材上的方法。可见，热熔粘合剂贯穿于全部权利要求中，是本申请的发明基础。本案焦点就在于说明书对权利要求中要求保护的热熔粘合剂的公开是否充分。

合议组查明，本申请提供一种如权利要求 1 所述的低应用温度热熔粘合剂，该粘合剂具有足够的露置时间进行粘合，并且在升高的温度下具有高的抗流动性（参见说明书第 1 页第 22 ~ 24 行）。根据说明书的记载，“将一种具有特定性能的蜡掺入橡胶聚合物基的热熔粘合剂体系中可以用来平衡粘合的露置时间和在升高的温度下的抗流动性，升高的温度在一次性使用的无纺制品的分配环节中遇到。

更具体地说，已被发现露置时间明显受到粘合剂制剂中蜡的结晶温度的影响”（参见说明书第2页倒数一段~第3页第2行）。关于蜡的选择，“在本发明的实践中可使用石油基的常规蜡和聚烯烃共聚物。术语“石油衍生蜡”包括熔点范围为约130°F至约225°F的石蜡和微晶蜡，以及合成蜡（如低分子量的聚乙烯或Fisher-Tropsch蜡）。最优选熔点至少约165°F，更优选熔点至少约175°F和更高的微晶蜡。非限制性的实例包括熔点为195°F的MICROSERE5999和熔点为185°F的MICROSERE5812，这两种蜡均得自IGI。达到所需的性能需要的微晶蜡的量通常为约1%至约10%重量。约5%重量的量通常足够了”（参见说明书第5页第4~11行）。在实施例部分，使用本领域已知的技术调配成9个粘合剂试样（试样1、试样2以及对比样A~G），各试样包含苯乙烯嵌段共聚物、矿物油、增粘树脂、抗氧化剂和表1所示的蜡。并且，评估并记录了表2所示的结果（参见说明书第11页至第12页第5行）。

合议组认为，（1）如《复审通知书》所述，由于实施例公开的对比样A和C与试样1和2所示的结果相互矛盾，因此，除了试样1和2中具体使用的两种蜡之外，本领域技术人员无法获知还有哪种蜡能够制得本申请的粘合剂。即使本领域技术人员按照说明书中有关一般选择范围的记载仍然无法保证得到的粘合剂就是本申请权利要求1要求保护的粘合剂。因此，本领域技术人员有理由怀疑，本申请说明书对如何选择蜡的说明没有达到充分公开的要求，不符合专利法第26条第3款的规定。（2）尽管在答复《复审通知书》时，请求人根据原说明书中记载的优选范围修改了权利要求1中蜡的熔点和含量，以将对比样A和C的蜡排除在本申请的保护范围之外，但是，按照专利申请文件撰写的常规，所谓“优选范围”仅仅应当是能够实施的技术方案范围内的效果更好的那部分，而不应当存在“说明书记载的技术方案的一般范围实际上不能实现发明目的，而优选范围能够实施”这样完全相反的结果，原申请文件中对于这样与常规理解截然不同的结果也没有任何相关描述。进一步分析本申请说明书第11页表2的实验结果也无法看出本申请中蜡的熔点和含量与最终的粘合剂指标，即120℃下的粘度、54℃下的立方体流动、DSC结晶温度以及在10弧度/秒（25℃）下的储能模量之间有何内在联系。由于本申请说明书中存在相互矛盾的记载，导致本领域技术人员无从确定蜡的选择依据，无法预期符合权利要求1中定义的“熔点”和“含量”的蜡能够使得热熔粘合剂具有足够的暴露时间并在升高的温度下具有高的抗流动性。因此，请求人的修改不能克服本申请关于“蜡”公开不充分的缺陷。

综上所述，本申请权利要求1~13的技术方案在说明书中未充分公开，不符合专利法第26条第3款的规定。

基于上述理由，合议组作出下述决定。

三、决定

维持国家知识产权局于2008年10月17日对200380106089.X号发明专利申请作出的驳回决定。

复审请求人对本决定不服的，可以根据专利法第41条第2款的规定，自收到本决定之日起三个月内向北京市第一中级人民法院起诉。

219

用于烯烃聚合的催化剂组分

复审请求审查决定（第20561号）

决　定　号　第20561号
决　定　日　2009年12月15日
发明创造名称　用于烯烃聚合的催化剂组分
国际分类号　C08F 10/06，C08F 4/651，C08F 4/654
复审请求人　巴塞尔聚烯烃意大利有限公司
申　请　号　200510088563.1
优先权日　2000年10月13日
申　请　日　2001年9月24日
公　开　日　2006年1月18日
合议组组长　吴红权
主　审　员　宋　泳
参　审　员　蔡　雷

法律依据　专利法第22条第2款
决定要点
如果一项权利要求的技术方案与现有技术公开的内容相比存在区别特征，属于实质上不相同的技术方案，则该权利要求具备新颖性。

一、案由

本复审请求案涉及发明名称为“用于烯烃聚合的催化剂组分”的第200510088563.1号发明专利申请（下称本申请），申请人为巴塞尔聚烯烃意大利有限公司，申请日为2001年9月24日，优先权日为2000年10月13日，公开日为2006年1月18日。

2008年8月29日，针对申请人于2008年6月3日提交的权利要求第1~5项、2005年8月4日提交的说明书第1~17页及说明书摘要，国家知识产权局以权利要求1~5不符合专利法第22条第2款的规定为由驳回了本申请。

驳回决定认为：

（1）权利要求1要求保护一种丙烯聚合物，具有三个技术特征。而对比文件1（“Microstructure Distribution……Catalysts”，Giampiero Morini等，Macromolecules第29期，第5770~5776页，1996年）中公开的采用二醚化合物为内给电子体的MCl2-TiCl4-二醚/A1R3催化剂用于丙烯聚合得到的丙烯聚合物具有权利要求1所述的三个技术特征：

①权利要求 1 的技术特征 1——由 TREF 方法测定的立构嵌段含量为 18%或更高；

本申请说明书第 12 页描述了 TREF 法测定的步骤，而在对比文件 1 中 5771 页左栏中部也描述了 TREF 分析方法，该测试方法与本申请给出的测试方法的操作步骤和条件完全相同，而且从对比文件 1 的 5772 页表 3 的数据可以看出，其 26 至 99℃之间的洗脱级分分别为 18wt%、20wt%、39. 4wt%、21. 1wt%等，均落入本申请权利要求 1 要求保护的嵌段含量数值范围之内。

②权利要求 1 的技术特征 2——多分散性指数至少为 5；

本申请说明书第 12 页描述了多分散指数 P. I. 的测定方法，明确指出该性能直接与所实验的聚合物的分子量分布有关，其通过流变仪测定，并给出了 P. I. 的计算公式，其中模量分离 = G′ = 500Pa 下的频率/G″ = 500Pa 下的频率，其中 G′为储能模量，G″为损耗模量。

对比文件 2（“MWD Determination of Ultra High MFR Polypropylene by Melt Rheology”，Hee Ju Yoo，Advances in Polymer Technology，第 13 卷，第 3 期，第 201~205 页，1994 年）中记载了聚合物（聚丙烯）的 modsep（即模量分离）与 GPC 法测定的分子量分布完全可很好地关联起来，并且在图 3 中给出了 modsep 在 5000 达因/cm^2（即 500Pa）时与分子量分布之间的关系：y = 10. 48169 - 1. 37107x，其中 y 为分子量分布，x 为 5000 达因/cm^2 时的 Modsep 值。而根据对比文件 1 第 5771 页表 1 可知，在所公开的丙烯聚合物的分子量分布为 6. 2（对于 MCl_2-$TiCl_4$-DIBDMP/AlR_3 催化剂样品）的情况下，在知晓 y 值时，通过上述的关系式可以计算出 x 为 3. 1229，即在 5000 达因/cm^2 时的 Modsep 值为 3. 1229。将其代入本申请说明书第 13 页给出的计算公式：PI = 54. 6×（模量分离）$^{-1.76}$，即可得到 P. I. 为 7. 358。通过上述一系列的换算可得知，对比文件 1 中采用 MCl_2-$TiCl_4$-DIBDMP/$A1R_3$ 催化剂得到的具有分子量分布为 6. 2 的丙烯聚合物所具有的多分散指数（P. I.）为 7. 358。

③权利要求 1 的技术特征 3——五价物（mmmm）的百分数小于或等于 97，由 NMR 测定；

本申请说明书第 12 页的第一自然段描述的五价物 mmmm% 的 NMR 测定方法中，所涉及的样品是二甲苯的不可溶物部分。对比文件 1 的表 3 中记载了 MCl_2-$TiCl_4$-DIBDMP/$A1R_3$ 催化剂样品所得丙烯聚合物的总体 mmmm% 和分别在各级组分的 mmmm%，其总体的 mmmm% 值为 92. 1%。二甲苯的不可溶物部分应是指 26℃以上至全部洗脱的部分，也就是应扣除 25℃ mmmm% 值的贡献，也就是说 25℃ mmmm% 值×2. 5wt% +26℃以上 mmmm% 的平均值× 97. 5wt% = 92. 1%。

从对比文件 1 的表 2 中可知 25℃ mmmm% 值 = 22. 0%，所以 26℃以上 mmmm% 的平均值 =（92. 1% - 22. 0% ×2. 5wt%）÷97. 5wt% = 93. 9%。即根据对比文件 1 表 2 和表 3 所公开的数据计算，MCl_2-$TiCl_4$-DIBDMP/AlR_3 催化剂样品所得丙烯聚合物的二甲苯的不可溶物部分的 mmmm% 值为 93. 9%，远远地小于 97%。

综上所述，从对比文件 1 所公开的测试数据可以看出，仅就 MCl_2-$TiCl_4$-DIBDMP/AlR_3 催化剂样品所得的丙烯聚合物而言，其已同时具有以下特征：①由 TREF 方法测定的立构嵌段含量为 18wt%；②多分散性指数为 7. 358（大于 5）；③丙烯聚合物的二甲苯的不可溶物部分的 mmmm% 值为 93. 9%，远远地小于 97%。因此，权利要求 1 保护的丙烯聚合物产品已在对比文件 1 中公开，因而权利要求 1 不符合专利法第 22 条第 2 款新颖性的规定。

（2）权利要求 2~4 分别对权利要求 1 做了进一步限定，基于 1 的理由，其附加技术特征均已在对比文件 1 中被公开，因此，权利要求 2~4 不符合专利法第 22 条第 2 款新颖性的规定。

（3）权利要求 5 对权利要求 1 做了进一步限定，其中指出“TREF 测试方法中丙烯聚合物在 110℃至 114℃的温度内所洗脱的级分超过聚合物总重量的 25%”，基于 1 的理由，并且根据对比文件 1 的表 3 中所公开的 MCl_2-$TiCl_4$-DIBDMP/$A1R_3$ 催化剂样品所得丙烯聚合物的分级数据，可以计算出 110℃至 114℃的温度范围内，聚合物的含量为 16. 9 + 16. 3 + 12. 7 + 9. 1 + 2. 5 = 57. 5%，其远远大于

25%。因此，该技术特征也被对比文件1所公开，权利要求5同样不具有新颖性。

驳回决定针对的权利要求1~5如下：

“1. 一种丙烯聚合物，所述丙烯聚合物具有以下特征：

立构嵌段含量为18%或更高，由TREF方法测定；

多分散性指数至少为5；和

五价物的百分数小于或等于97，由NMR测定。

2. 权利要求1的丙烯聚合物，所述丙烯聚合物的立构嵌段含量大于20%。

3. 权利要求1的丙烯聚合物，所述丙烯聚合物的多分散性指数大于5.3。

4. 权利要求1~3中任一项的丙烯聚合物，所述丙烯聚合物的五价物的百分数小于96.5。

5. 权利要求1~3中任一项的丙烯聚合物，在TREF分析中所述丙烯聚合物在110℃至114℃的温度内所洗脱的级分超过聚合物总量的25%。”

2008年12月11日，申请人巴塞尔聚烯烃意大利有限公司（下称请求人）对上述驳回决定不服，向专利复审委员会提出复审请求，请求人在提出复审请求时没有对申请文件进行修改。

请求人认为：(1) 对比文件2中记载的公式不能应用于对比文件1的聚合物的计算。对比文件2根据GPC测量MWD（M_w/M_n比）值，其图3给出了GPC测量的M_w/M_n与Modsep（分离模量）的关系（见对比文件2第204页）；本发明测量P.I.的值的方法为，首先测定低模量值（500Pa）下模量分离的抗蠕变性，然后从所述模量分离值，通过式$PI=54.6\times(\text{模量分离})^{-1.76}$得到P.I.（见本申请说明书第13页第5~15行），因此，二者是不同的，而且计算P.I.的流变学方法严格取决于测量的装置和条件以及聚合物的类型，特定仪器和条件下的P.I.值无法应用于计算不同条件下测定的MWD。(2) 请求人提供了将对比文件1的样品按照本发明的方法和仪器测量的P.I.数据，其中最大P.I.值为4.6，由此可见，对比文件1没有公开权利要求1中的特征2。因此权利要求1具有新颖性，同理，权利要求2~5也具有新颖性。

经形式审查合格后，专利复审委员会受理了该请求，并于2009年1月14日向请求人发出了《复审请求受理通知书》，同时将本申请转送至国家知识产权局原审查部门进行前置审查。

在《前置审查意见书》中，国家知识产权局原审查部门认为 (1) 对比文件2中，模量分离值的定义公式与本申请相同，其测试方法和条件（均采用熔融流变法，在200摄氏度、500Pa下测定）也相同，因此对比文件2中在500Pa下的模量分离值与本申请P.I.测试中采用的模量分离值没有区别，因此根据对比文件2中给出的在500Pa下模量分离值与MWD的关系式，可以计算出对比文件1中聚合物的P.I.值为7.358。(2) 既然申请人认为计算P.I.的流变学方法严格取决于测量的装置和条件，而现有技术中对P.I.的流变学测试还存在不同的装置和测试条件，那么，权利要求1中仅给出P.I.值而未给定其测试条件和装置，因此不能够使权利要求1的丙烯聚合物区别于对比文件1的丙烯聚合物，因此权利要求1仍然不具有新颖性。因此坚持驳回决定。

专利复审委员会组成合议组，对本复审请求案进行了审理。

请求人于2009年11月10日提交了权利要求书的修改替换页，在权利要求1中补入多分散性指数的测量方法，并进行以下陈述：修改后的权利要求1限定所述多分散性指数的测量方法，该修改获得了说明书第13页的支持，该分离模量的定义即为500Pa下的频率，即按照上述方法测得的。

修改后的权利要求书为：

“1. 一种丙烯聚合物，所述丙烯聚合物具有以下特征：

立构嵌段含量为18%或更高，由TREF方法测定；

多分散性指数至少为5；

所述多分散性指数通过下式得到：

PI = 54.6×（模量分离）$^{-1.76}$

所述模量分离使用商标为 RHEOMETRICS（USA）的 RMS-800 型平行板流变仪在 200℃下测定，所述流变仪在从 0.1rad/sec 增加至 100rad/sec 的振动频率下操作；和

五价物的百分数小于或等于 97，由 NMR 测定。

2. 权利要求 1 的丙烯聚合物，所述丙烯聚合物的立构嵌段含量大于 20%。

3. 权利要求 1 的丙烯聚合物，所述丙烯聚合物的多分散性指数大于 5.3。

4. 权利要求 1~3 中任一项的丙烯聚合物，所述丙烯聚合物的五价物的百分数小于 96.5。

5. 权利要求 1~3 中任一项的丙烯聚合物，在 TREF 分析中所述丙烯聚合物在 110℃至 114℃的温度内所洗脱的级分超过聚合物总量的 25%。"

至此，合议组认为本案事实已经清楚，可以作出审查决定。

二、决定的理由

1. 决定的文本

请求人于 2009 年 11 月 10 日提交的权利要求书中对权利要求 1 的修改得到说明书第 13 页的支持，该修改符合专利法第 33 条和专利法实施细则第 60 条第 1 款的规定，因此本复审请求审查决定是针对请求人于 2009 年 11 月 10 日提交的权利要求第 1~5 项、2005 年 8 月 4 日提交的说明书第 1~17 页及说明书摘要作出的。

2. 关于专利法第 22 条第 2 款

专利法第 22 条第 2 款规定：新颖性，是指在申请日以前没有同样的发明或者实用新型在国内外出版物上公开发表过、在国内公开使用过或者以其他方式为公众所知，也没有同样的发明或者实用新型由他人向国务院专利行政部门提出过申请并且记载在申请日以后公布的专利申请文件中。

如果一项权利要求的技术方案与现有技术公开的内容相比存在区别特征，属于实质上不相同的技术方案，则该权利要求具备新颖性。

就本案而言，权利要求 1 请求保护一种丙烯聚合物，该丙烯聚合物具有以下三个技术特征：（1）TREF方法测定立构嵌段含量为 18%或更高；（2）多分散性指数至少为 5；（3）NMR 测定五价物的百分数小于或等于 97。并进一步限定了多分散性指数的计算公式：PI = 54.6×（模量分离）$^{-1.76}$，和模量分离的测量方法：使用商标为 RHEOMETRICS（USA）的 RMS-800 型平行板流变仪在 200℃下测定，所述流变仪在从 0.1rad/sec 增加至 100rad/sec 的振动频率下操作。

对比文件 1 中公开的二醚化合物为内给电子体的 MCl_2-$TiCl_4$-二醚/$A1R_3$ 催化剂用于丙烯聚合时得到的丙烯聚合物具有如下技术特征：

（1）由 TREF 方法测定的立构嵌段含量为 18%或更高：对比文件 1 中 5771 页左栏中部也记载了 TREF 分析方法，该测试方法与本申请给出的测试方法的操作步骤和条件完全相同，而且从对比文件 1 的 5772 页表 3 的数据可以看出，其 26 至 99℃之间的洗脱级分分别为 18wt%、20wt%、39.4wt%、21.1wt%。

（2）由 NMR 测定五价物（mmmm）的百分数小于或等于 97：对比文件 1 的表 3 中记载了 MCl_2-$TiCl_4$-DIBDMP/$A1R_3$ 催化剂样品所得丙烯聚合物的总体 mmmm% 和分别在各级组分的 mmmm%，其总体的 mmmm% 值为 92.1%。从对比文件 1 的表 2 中可知 25℃ mmmm% 值 = 22.0%，所以 26℃以上 mmmm% 的平均值 =（92.1% - 22.0% × 2.5wt%）÷ 97.5wt% = 93.9%。即根据对比文件 1 表 2 和表 3 所公开的数据计算，MCl_2-$TiCl_4$-DIBDMP/AlR_3 催化剂样品所得丙烯聚合物的二甲苯的不可溶物部分的 mmmm% 值为 93.9%。

（3）丙烯聚合物的分子量分布（重均分子量与数均分子量之比）$M_w/M_n=6.2$。

由此可见，权利要求 1 的丙烯聚合物与对比文件 1 的丙烯聚合物的区别为：权利要求 1 的丙烯聚合物的多分散性指数 P.I. 至少为 5，而对比文件 1 的丙烯聚合物的分子量分布 $M_w/M_n=6.2$。本领域技术人员公知，聚合物的多分散性指数 PI 和分子量分布 M_w/M_n 是两种不同的表示聚合物分散性的参数，它们的测量所使用的仪器、计算方法、测量原理等均不相同。多分散性指数是使用流变仪，通过测量聚合物样品在高温下的动态流变性能，使用时温等效原理得到动态频率扫描曲线，然后通过计算得到 P.I. 值。分子量分布 M_w/M_n 的测量是通过凝胶渗透色谱（GPC）方法测量，其通过将聚合物溶液在凝胶色谱柱分级淋洗，然后通过标定曲线计算聚合物的相对分子量，由淋洗体积与高聚物相对分子量间的关系来间接测定聚合物相对分子质量及其分布。因此本申请聚丙烯的 P.I. 值与对比文件 1 的聚丙烯的 M_w/M_n 值不能够直接进行比较。

虽然对比文件 2 中（参见说明书第 1 页第 2 栏至第 2 页第 1 栏第 3 段，第 2 栏第 3 段，和图 3）中记载了聚合物（聚丙烯）的 modsep（即模量分离）与 GPC 法测定的分子量分布可以很好地关联起来，并且在图 3 中给出了模量分离在 5000 达因/cm^2（即 500Pa）时与分子量分布之间的关系：$y=10.48169-1.37107x$，其中 y 为分子量分布，x 为 5000 达因/cm^2 时的模量分离值。但是，此关系式仅是研究人员在特定的条件下（0.01-500rad/s，200℃，500 Pa）通过 RDS 测量计算多个特定的聚合物（高 MFR 的聚丙烯）的 P.I.，然后以这些高 MFR 聚丙烯在 5000 达因/cm^2（即 500Pa）下的模量分离值为横坐标，以这些高 MFR 聚丙烯用 GPC 法测定的 M_w/M_n 为纵坐标，根据所得坐标点的分布进行校准推算得到的公式，该公式并非是本领域技术人员公知的、经过大量验证已经获得本领域广泛认可的计算公式，而且该公式尤其适用于高 MFR 聚合物，对于除高 MFR 外的其他聚合物是否仍然适用尚未得到验证，对比文件 2 仅是一篇非专利文献，并非是本领域的公知常识性证据。此外，对比文件 2 的高 MFR 聚丙烯的模量分离测量条件与本申请还有不同，本申请的模量分离是在 0.1rad/sec 增加至 100rad/sec 的振动频率下操作的，使用商标为 RHEOMETRICS（USA）的 RMS-800 型平行板流变仪测量；而对比文件 2 是在 0.01~500rad/s 的振动频率下操作的，测量仪器为 Rheometrics dynamic spectrometer（RDS）。本领域技术人员公知，聚合物流变学的测量数据与测量装置和条件密切相关，测量装置的不同及测量条件的变化均会导致测量结果的改变。如果对比文件 2 的高 MFR 聚丙烯的模量分离值使用本申请的方法进行测量计算，则所得到的模量分离值与分子量分布之间的关系式可能会产生变化。

此外，请求人在复审请求时还提供了将对比文件 1 中记载的四种样品按照本发明的方法和仪器测量得到的 P.I. 数据，其中以二醚化合物为内给电子体的 MCl_2-TiCl_4-DIBDMP（二醚）/$A1R_3$ 催化剂用于丙烯聚合时得到的丙烯聚合物的 P.I. 值仅为 3.75，其余三种聚丙烯的最大 P.I. 值也仅为 4.6，由此可见，对比文件 1 的表 3 中记载的所有聚丙烯的 P.I. 值均在 5 以下，因此权利要求 1 的聚丙烯与对比文件 1 表 3 中记载的以 DIBDMP 二醚化合物为内给电子体的催化剂聚合得到的丙烯聚合物的区别在于前者 P.I. 值至少为 5，而后者 P.I. 值均在 5 以下。因此权利要求 1 所要求保护的技术方案与现有技术公开的技术方案相比存在区别特征：在特定条件下测定的“多分散性指数至少为 5”，从而导致二者实质上是不同的，因此权利要求 1 具有新颖性，符合专利法第 22 条第 2 款的规定。

在权利要求 1 具有新颖性的基础上，其从属权利要求 2~5 也具有新颖性，符合专利法第 22 条第 2 款的规定。

驳回决定指出：根据对比文件 2 中记载的 modsep 在 5000 达因/cm^2（即 500Pa）时与分子量分布之间的关系：$y=10.48169-1.37107x$，其中 y 为分子量分布，x 为 5000 达因/cm^2 时的 Modsep 值。而根据对比文件 l 第 5771 页表 1 可知，在所公开的丙烯聚合物的分子量分布为 6.2（对于 MCl_2-TiCl_4-

$DIBDMP/AlR_3$ 催化剂样品）的情况下，在知晓 y 值时，通过上述的关系式可以计算出 x 为 3.1229，即在 5000 达因/cm^2 时的 Modsep 值为 3.1229。将其代入本申请说明书第 13 页给出的计算公式：PI = 54.6×（模量分离）$^{-1.76}$，即可得到 P.I. 为 7.358。通过上述一系列的换算可得知，对比文件 1 中采用 $MCl_2-TiCl_4-DIBDMP/A1R_3$ 催化剂得到的具有分子量分布为 6.2 的丙烯聚合物所具有的多分散指数（P.I.）为 7.358。

对此合议组认为：(1) 首先，如前所述，对比文件 2 中的计算公式不是本领域经过验证并公认的普适公式，它仅是研究人员在特定的条件下根据坐标点的分布推算而得的公式，对于除对比文件 2 的高 MFR 外的其他聚合物是否仍然适用尚未得到验证。因此该公式仅能作为研究工作中的参考。(2) 其次，聚合物流变学的测量数据与测量装置和条件密切相关，测量装置的不同及测量条件的变化均会导致测量结果的改变。请求人已经将 P.I. 值的测量仪器、温度、振动频率等条件补入权利要求 1 中，而且在复审请求的意见陈述中记载了对比文件 1 表 3 中全部样品按照本发明方法和仪器测量的 P.I. 数据，该 P.I. 数据均小于 5。由此可见权利要求 1 的丙烯聚合物与对比文件 1 的丙烯聚合物相比，存在特定的条件下测量得到的 P.I. 值不同的区别特征，从而导致二者实质上是不同的，因此权利要求 1 及其从属权利要求 2~5 具有专利法第 22 条第 2 款规定的新颖性。

根据上述事实和理由，合议组作出如下审查决定。

三、决定

撤销国家知识产权局于 2008 年 8 月 29 日针对第 200510088563.1 号发明专利申请作出的驳回决定，由国家知识产权局原审查部门以本复审请求审查决定所针对的文本为基础继续审批程序。

复审请求人对本决定不服的，可以根据专利法第 41 条第 2 款的规定，自收到本决定之日起三个月内向北京市第一中级人民法院起诉。

220

提高植物产量和活力的方法

复审请求审查决定（第20568号）

决　　定　　号　第20568号
决　　定　　日　2009年11月22日
发明创造名称　提高植物产量和活力的方法
国 际 分 类 号　A01N55/00
复 审 请 求 人　孟山都技术有限公司
申　　请　　号　01822705.8
申　　请　　日　2001年12月20日
最早优先权日　2000年12月22日
公　　开　　日　2004年9月22日
合 议 组 组 长　任晓兰
主　　审　　员　沈　钱
参　　审　　员　黄　强

法 律 依 据　专利法第26条第4款、第33条，专利法实施细则第60条第1款
决 定 要 点

对于通式化合物的用途权利要求而言，如果所述用途利用的是通式化合物的非共有特性，同时说明书中也没有给出足够的证据证明该通式化合物中的所有化合物均具有所述用途，则该用途权利要求得不到说明书的支持。针对所述权利要求，如果请求人将所述通式化合物限缩性修改为用途及效果得到验证的小通式或具体化合物，则该权利要求能够得到说明书的支持。

一、案由

本复审请求案涉及发明名称为“提高植物产量和活力的方法”的第01822705.8号发明专利申请（下称本申请），申请人为孟山都技术有限公司，申请日为2001年12月20日，最早的优先权日为2000年12月22日，公开日为2004年9月22日。

2008年1月18日，针对申请人于2007年11月22日提交的权利要求第1~18项，说明书第5、10~11、42~61页，2003年8月18日进入中国国家阶段时提交的国际申请文件的中文文本的说明书第1~4、6~9、12~41页、说明书附图第1~7页以及说明书摘要（下称驳回文本），国家知识产权局以权利要求1和14得不到说明书的支持，不符合专利法第26条第4款为由驳回了本申请。

驳回决定认为：权利要求1的通式化合物的主要结构本身不确定，不同的侧链对化合物的结构和活性也有不同的影响，从而使得该通式化合物包含了大量与本申请唯一的生物实施例4，5-二甲基-

N-2-丙烯基-2-（三甲基甲硅烷基）-3-噻吩甲酰胺（即硅噻菌胺）的杀真菌剂结构差异很大的化合物，本领域的技术人员无法确定结构差异如此之大的化合物能够同样达到其发明目的，解决其技术问题，因此权利要求 1 得不到说明书的支持，不符合专利法第 26 条第 4 款的规定。基于相同的理由，权利要求 14 也得不到说明书的支持，不符合专利法第 26 条第 4 款的规定。

驳回决定针对的权利要求书如下：

“1. 一种提高豆类植物活力和/或产量的方法，该方法包括用 0. 1g/100 kg 种子至 500 g/100 kg 种子的杀真菌剂处理所述植物的种子和任选处理所述植物的叶，其中所述杀真菌剂包括具有下式结构的化合物或其农艺学盐：

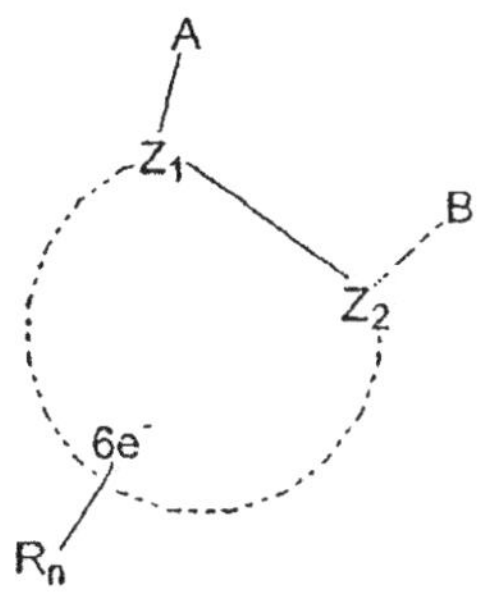

其中 Z_1 和 Z_2 为 C 并且为噻吩环的组成部分；

A 为-C（O）-胺，其中氨基被选自以下的一个或两个基团取代：氢；羟基；C_1-C_{10}烷基、C_2-C_7 链烯基和 C_2-C_7 链炔基，这些基团可以为直链或支链或环状；C_1-C_{10}烷氧基 C_1-C_{10}烷基；卤代 C_1-C_{10}烷基；羟基 C_1-C_{10}烷基；C_1-C_{10}烷基羰基；和 C_1-C_{10}烷氧基羰基；

B 为-W_m-Q（R_2）$_3$ 或者选自邻甲苯基、1-萘基、2-萘基和 9-菲基，各个基团任选被卤素或 R_4 取代，其中在-W_m-中，m 为 0；

Q 为 Si；

n 为 2；

每个 R 独立选自：

a）卤基、甲酰基、氰基、氨基、硝基、氰硫基、异氰硫基、三甲基甲硅烷基和羟基；

b）C_1-C_4 烷基、C_2-C_7 链烯基、C_2-C_7 链炔基、C_3-C_6 环烷基和环烯基，各个基团任选被以下基团取代：卤基、羟基、硫基、氨基、硝基、氰基、甲酰基、苯基、C_1-C_4 烷氧基、C_1-C_{10}烷基羰基、C_1-C_{10}烷硫基、C_1-C_{10}烷基氨基、二（C_1-C_{10}烷基）氨基、C_1-C_{10}烷氧基羰基、C_1-C_{10}烷硫基羰基、C_1-C_{10}烷基氨基羰基、二（C_1-C_{10}烷基）氨基羰基、C_1-C_{10}烷基亚磺酰基或 C_1-C_{10}烷基磺酰基；

c）苯基、呋喃基、噻吩基、吡咯基，各个基团任选被以下基团取代：卤基、甲酰基、氰基、氨基、硝基、C_1-C_4 烷基、C_2-C_7 链烯基、C_2-C_7 链炔基、C_1-C_{10}烷氧基、C_1-C_{10}烷硫基、C_1-C_{10}烷基氨基、二（C_1-C_{10}烷基）氨基、卤代 C_1-C_{10}烷基和卤代 C_2-C_7 链烯基；

d）C_1-C_4 烷氧基、C_2-C_7 链烯氧基、C_2-C_7 链炔氧基、C_3-C_6 环烷氧基、环烯氧基、C_1-C_{10}烷硫基、C_1-C_{10}烷基亚磺酰基、C_1-C_{10}烷基磺酰基、C_1-C_{10}烷基氨基、二（C_1-C_{10}烷基）氨基、C_1-C_{10}烷基羰基氨基、氨基羰基、C_1-C_{10}烷基氨基羰基、二（C_1-C_{10}烷基）氨基羰基、C_1-C_{10}烷基羰基、C_1-C_{10}烷基羰氧基、C_1-C_{10}烷氧基羰基、C_1-C_{10}烷硫基羰基、苯基羰基氨基、苯基氨基，各个基团任选被卤基取代；

其中两个 R 基团可以结合构成稠合环；

每个 R_2 为甲基；

R_4 为 C_1-C_4 烷基、卤代 C_1-C_{10}烷基、C_1-C_{10}烷氧基、C_1-C_{10}烷硫基、C_1-C_{10}烷基氨基或二（C_1-C_{10}烷基）氨基；并且

其中所述种子用 1 g/kg 种子至 50 g/kg 种子的包括根瘤菌（Rhizobium spp.）、慢生根瘤菌（Bradyrhizobium spp.）、根瘤菌和慢生根瘤菌的混合物、或者根瘤菌或慢生根瘤菌与任何其他微生物的混合物的种菌处理。

2. 权利要求 1 的方法，其中 A 为烷基氨基羰基或二烷基氨基羰基。

3. 权利要求 1 的方法，其中所述杀真菌剂包括 4，5-二甲基-N-2-丙烯基-2-（三甲基甲硅烷基）-3-噻吩甲酰胺。

4. 权利要求 1 的方法，其中所述豆类植物选自：Pisum spp.、苜蓿属（Medicago spp.）、落花生属（Arachis spp.）、大豆属（Glycine spp.）、巢菜属（Vicia spp.）、豇豆属（Vigna spp.）、三叶草属（trefoil）、百脉根属（clovers）和菜豆属（Phaseolus spp.）。

5. 权利要求 4 的方法，其中所述豆类植物为大豆植物。

6. 权利要求 1 的方法，其中处理植物种子和/或叶的步骤包括将所述杀真菌剂施用于植物叶。

7. 权利要求 1 的方法，其中用包含大豆慢生根瘤菌（Bradyrhizobium japonicum）的种菌处理种子。

8. 权利要求 1 的方法，其中所述种子用 10 g/100 kg 种子至 100 g/100 kg 种子量的杀真菌剂处理。

9. 权利要求 1 的方法，其中所述种子用 20 g/100 kg 种子至 50 g/100 kg 种子量的杀真菌剂处理。

10. 权利要求 1 的方法，其中处理植物种子包括另外再用选自以下的杀真菌剂处理种子：咯菌腈、氟喹唑、苯醚甲环唑、克菌丹、甲霜灵、萎锈灵和福美双。

11. 权利要求 1 的方法，其中对所述种子进行了转基因操作使植物对某种除草剂具有抗性，所述处理包括将所述除草剂应用于叶。

12. 权利要求 11 的方法，其中所述除草剂选自草甘膦、glyphosinate、imidazilinone 和 STS 体系。

13. 权利要求 1 的方法，其中对所述种子进行了转基因操作使植物对选自草甘膦、glyphosinate、imidazilinone 和 STS 体系的除草剂具有抗性，所述处理包括将所述除草剂应用于叶。

14. 权利要求 1 的方法，其中所述处理包括用一种选自以下的种菌处理植物种子：根瘤菌、慢生根瘤菌、根瘤菌和慢生根瘤菌的混合物以及根瘤菌或慢生根瘤菌与任何其他微生物的混合物，并且进一步包括用具有下式结构的化合物或其农艺学盐处理植物的叶：

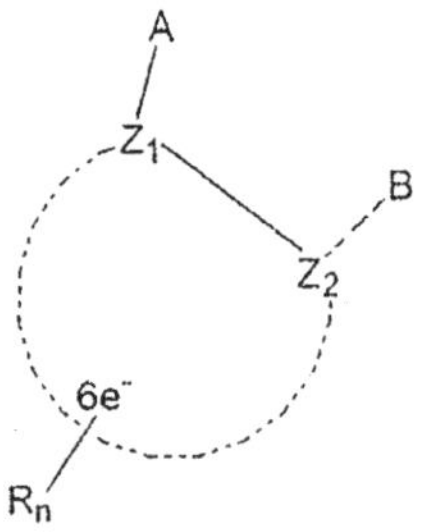

其中 Z_1 和 Z_2 为 C 并且为噻吩环的一部分；

A 为-C（O）-胺，其中氨基被选自以下的一个或两个基团取代：氢；羟基；C_1-C_{10}烷基、C_2-C_7 链烯基和 C_2-C_7 链炔基，这些基团可以为直链或支链或环状；C_1-C_{10}烷氧基 C_1-C_{10}烷基；卤代 C_1-C_{10}烷基；羟基 C_1-C_{10}烷基；C_1-C_{10}烷基羰基；和 C_1-C_{10}烷氧基羰基；

B 为-Wm-Q（R_2）$_3$ 或者选自邻甲苯基、1-萘基、2-萘基和 9-菲基，各个基团任选被卤素或 R_4 取代，其中在-W_m-中，m 为 0；

Q 为 Si；

n 为 2；

每个 R 独立选自：

a）卤基、甲酰基、氰基、氨基、硝基、氰硫基、异氰硫基、三甲基甲硅烷基和羟基；

b）C_1-C_4 烷基、C_2-C_7 链烯基、C_2-C_7 链炔基、C_3-C_6 环烷基和环烯基，各个基团任选被以下基团取代：卤基、羟基、硫基、氨基、硝基、氰基、甲酰基、苯基、C_1-C_4 烷氧基、C_1-C_{10}烷基羰基、C_1-C_{10}烷硫基、C_1-C_{10}烷基氨基、二（C_1-C_{10}烷基）氨基、C_1-C_{10}烷氧基羰基、C_1-C_{10}烷硫基羰基、C_1-C_{10}烷基氨基羰基、二（C_1-C_{10}烷基）氨基羰基、C_1-C_{10}烷基亚磺酰基或 C_1-C_{10}烷基磺酰基；

c）苯基、呋喃基、噻吩基、吡咯基，各个基团任选被以下基团取代：卤基、甲酰基、氰基、氨基、硝基、C_1-C_4 烷基、C_2-C_7 链烯基、C_2-C_7 链炔基、C_1-C_{10}烷氧基、C_1-C_{10}烷硫基、C_1-C_{10}烷基氨基、二（C_1-C_{10}烷基）氨基、卤代 C_1-C_{10}烷基和卤代 C_2-C_7 链烯基；

d）C_1-C_4 烷氧基、C_2-C_7 链烯氧基、C_2-C_7 链炔氧基、C_3-C_6 环烷氧基、环烯氧基、C_1-C_{10}烷硫基、C_1-C_{10}烷基亚磺酰基、C_1-C_{10}烷基磺酰基、C_1-C_{10}烷基氨基、二（C_1-C_{10}烷基）氨基、C_1-C_{10}烷基羰基氨基、氨基羰基、C_1-C_{10}烷基氨基羰基、二（C_1-C_{10}烷基）氨基羰基、C_1-C_{10}烷基羰基、C_1-C_{10}烷基羰氧基、C_1-C_{10}烷氧基羰基、C_1-C_{10}烷硫基羰基、苯基羰基氨基、苯基氨基，各个基团任选被卤基取代；

其中两个 R 基团可以结合构成稠合环；

每个 R_2 为甲基；且

R_4 为 C_1-C_4 烷基、卤代 C_1-C_{10}烷基、C_1-C_{10}烷氧基、C_1-C_{10}烷硫基、C_1-C_{10}烷基氨基或二（C_1-C_{10}烷基）氨基。

15. 权利要求 14 的方法，其中对所述种子进行了转基因操作使植物对选自草甘膦、glyphosinate、imidazilinone 和 STS 体系的除草剂具有抗性，所述处理进一步包括将所述除草剂应用于叶。

16. 权利要求 14 的方法，其中对所述种子进行了转基因操作使植物对某种除草剂具有抗性，并且将所述杀真菌剂施用到植物的叶的步骤包括将杀真菌剂与所述除草剂联合应用。

17. 权利要求 16 的方法，其中所述除草剂为草甘膦。

18. 一种提高豆类植物的活力和/或产量的方法，该方法包括用硅噻菌胺处理所述植物的种子和任选处理所述农作物的叶。”

2008 年 4 月 30 日，申请人孟山都技术有限公司（下称请求人）对上述驳回决定不服，向专利复审委员会提出复审请求，请求人在提出复审请求时提交了权利要求书的修改替换页。相对于驳回决定针对的权利要求书，修改后的权利要求书中删除了权利要求 2；限定了权利要求 1 和 14 中取代基、硫杂原子在噻吩环中的位置，并且缩小了通式中各取代基的范围；在权利要求 1 中加入了“固氮螺菌”的特征，并将权利要求 3~18 重新进行编号。修改后的权利要求书为：

“1. 一种提高豆类植物活力和/或产量的方法，该方法包括用 0.1g/100 kg 种子至 500 g/100 kg 种子的杀真菌剂处理所述植物的种子和任选处理所述植物的叶，其中所述杀真菌剂包括具有下式结构的化合物或其农艺学盐：

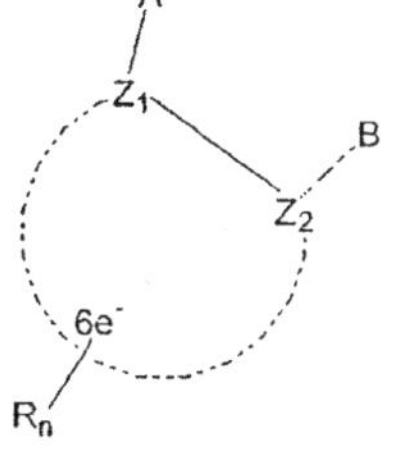

其中 Z_1 和 Z_2 为 C 并且为噻吩环的组成部分，Z_1 位于噻吩环的 3 位，Z_2 位于噻吩环的 2 位，而硫位于 1 位；

A 为-C（O）-胺，其中氨基被选自以下的一个或两个基团取代：氢；和 C_1-C_{10}烷基、C_2-C_7 链烯基和 C_2-C_7 链炔基，这些基团可以为直链或支链；;

B 为-Si（R_2）$_3$；

n 为 2；

每个 R 独立选自：C_1-C_4 烷基、C_2-C_7 链烯基、C_2-C_7 链炔基、C_1-C_4 烷氧基、C_1-C_{10}烷硫基、C_1-C_{10}烷基氨基和 C_1-C_{10}烷基羰基；和

每个 R_2 独立选自 C_1-C_4 烷基；

其中所述种子用 1 g/kg 种子至 50 g/kg 种子的包括固氮螺菌（Azospirillium spp）、根瘤菌（Rhizobium spp.）、慢生根瘤菌（Bradyrhizobium spp.）、根瘤菌和慢生根瘤菌的混合物、或者根瘤菌或慢生根瘤菌与任何其他微生物的混合物的种菌处理。

2. 权利要求 1 的方法，其中所述杀真菌剂包括 4，5-二甲基-N-2-丙烯基-2-（三甲基甲硅烷基）-3-噻吩甲酰胺。

3. 权利要求 1 的方法，其中所述豆类植物选自：Pisum spp.、苜蓿属（Medicago spp.）、落花生属（Arachis spp.）、大豆属（Glycine spp.）、巢菜属（Vicia spp.）、豇豆属（Vigna spp.）、三叶草属（trefoil）、百脉根属（clovers）和菜豆属（Phaseolus spp.）。

4. 权利要求 1 的方法，其中所述豆类植物为大豆植物。

5. 权利要求 1 的方法，其中处理植物种子和/或叶的步骤包括将所述杀真菌剂施用于植物叶。

6. 权利要求 1 的方法，其中用包含大豆慢生根瘤菌（Bradyrhizobium japonicum）的种菌处理种子。

7. 权利要求 1 的方法，其中所述种子用 10 g/100 kg 种子至 100 g/100 kg 种子量的杀真菌剂处理。

8. 权利要求 1 的方法，其中所述种子用 20 g/100 kg 种子至 50 g/100 kg 种子量的杀真菌剂处理。

9. 权利要求 1 的方法，其中处理植物种子包括另外再用选自以下的杀真菌剂处理种子：咯菌腈、氟喹唑、苯醚甲环唑、克菌丹、甲霜灵、萎锈灵和福美双。

10. 权利要求 1 的方法，其中对所述种子进行了转基因操作使植物对某种除草剂具有抗性，所述处理包括将所述除草剂应用于叶。

11. 权利要求 10 的方法，其中所述除草剂选自草甘膦、glyphosinate、imidazilinone 和 STS 体系。

12. 权利要求 1 的方法，其中对所述种子进行了转基因操作使植物对选自草甘膦、glyphosinate、imidazilinone 和 STS 体系的除草剂具有抗性，所述处理包括将所述除草剂应用于叶。

13. 权利要求 1 的方法，其中所述处理包括用一种选自以下的种菌处理植物种子：根瘤菌、慢生根瘤菌、根瘤菌和慢生根瘤菌的混合物以及根瘤菌或慢生根瘤菌与任何其他微生物的混合物，并且进一步包括用具有下式结构的化合物或其农艺学盐处理植物的叶：

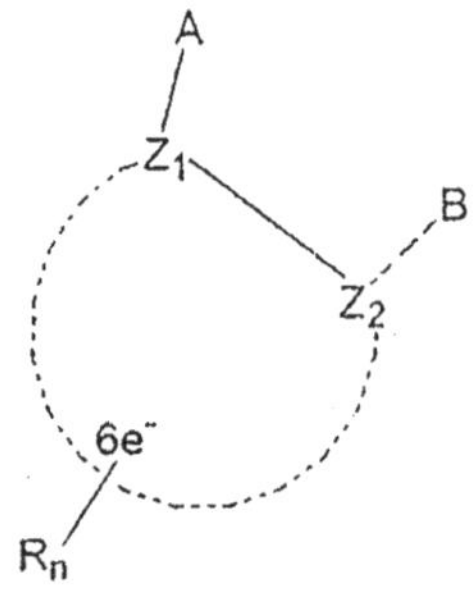

其中 Z_1 和 Z_2 为 C 并且为噻吩环的一部分，Z_1 位于噻吩环的 3 位，Z_2 位于噻吩环的 2 位，而硫位于 1 位；

A 为-C（O）-胺，其中氨基被选自以下的一个或两个基团取代：氢；和 C_1-C_{10}烷基、C_2-C_7 链烯基和 C_2-C_7 链炔基，这些基团可以为直链或支链；

B 为-Si（R_2）$_3$；

n 为 2；

每个 R 独立选自：C_1-C_4 烷基、C_2-C_7 链烯基、C_2-C_7 链炔基、C_1-C_4 烷氧基、C_1-C_{10}烷硫基、C_1-C_{10}烷基氨基和 C_1-C_{10}烷基羰基；和

每个 R_2 独立选自 C_1-C_4 烷基。

14. 权利要求 13 的方法，其中对所述种子进行了转基因操作使植物对选自草甘膦、glyphosinate、imidazilinone 和 STS 体系的除草剂具有抗性，所述处理进一步包括将所述除草剂应用于叶。

15. 权利要求 13 的方法，其中对所述种子进行了转基因操作使植物对某种除草剂具有抗性，并且将所述杀真菌剂施用到植物的叶的步骤包括将所述杀真菌剂与所述除草剂联合应用。

16. 权利要求 15 的方法，其中所述除草剂为草甘膦。

17. 一种提高豆类植物的活力和/或产量的方法，该方法包括用硅噻菌胺处理所述植物的种子和任选处理所述农作物的叶。”

请求人认为：在修改后的权利要求书中，限定了硫杂原子和所有取代基在噻吩环中的位置，并且缩小范围后的取代基为氢、未取代或包含小取代基的短链烷基、烯基或炔基，即所有的取代基都限定为本领域技术人员根据硅噻菌胺应用可以容易预见到的取代基，因此经修改后的权利要求书能得到说明书的支持。

经形式审查合格后，专利复审委员会受理了该请求，并于 2008 年 5 月 30 日向请求人发出了《复审请求受理通知书》，同时将本申请转送至国家知识产权局原审查部门进行前置审查。

在《前置审查意见书》中，国家知识产权局原审查部门认为经修改后的权利要求 1 和 13 的通式化合物中的杂原子和取代基的位置仍然是不确定的，不符合专利法第 26 条第 4 款的规定；此外权利要求 1 和权利要求 13 中的 R_2 修改为“C_1-C_4 烷基”超出原始申请记载的范围，不符合专利法第 33 条的规定，因此坚持驳回决定。

专利复审委员会组成合议组，对本复审请求案进行了审理，并于 2009 年 5 月 18 日向请求人发出《复审通知书》，指出：请求人于复审请求时提交的权利要求 1 和 13 不符合专利法实施细则第 60 条第 1 款的规定，权利要求 1 和 13 不符合专利法第 33 条的规定；驳回文本的权利要求 1~2、4~17 不符合专利法第 26 条第 4 款的规定，具体理由如下：

（1）请求人在提出复审请求时将驳回文本的权利要求 1 和 14 中的“每个 R_2 为甲基”修改成“每个 R_2 独立选自 C_1-C_4 烷基”，并且在权利要求 1 中增加了“固氮螺菌（Azospirillium spp）”，并重新编号为权利要求 1 和 13。基于“C_1-C_4 烷基”是“甲基”的上位概念，其范围显然大于“甲基”。请求人的上述修改导致修改后的技术方案包括了驳回文本的权利要求 1 和 14 没有覆盖的内容，扩大了其保护范围，显然不是为了克服驳回决定所指出的权利要求 1 和 14 得不到说明书支持的缺陷而进行的修改。因此，请求人于复审请求时所提交的权利要求 1 和 13 的修改不符合专利法实施细则第 60 条第 1 款的规定。

（2）请求人于复审请求时提交的权利要求 1 和 13 中的“Z_1 位于噻吩环的 3 位，Z_2 位于噻吩环的 2 位，而硫位于 1 位”、“每个 R_2 独立选自 C_1-C_4 烷基”，以及权利要求 1 中增加的“包括固氮螺菌（Azospirillium spp）”的特征均未明确记载在原说明书和权利要求书中，并且上述内容也不能从原申

请文件中直接地、毫无疑义地确定，因此不符合专利法第 33 条的规定。

（3）就驳回文本而言，权利要求 1 的通式化合物的共有特性是对危害谷类植物的小麦禾顶囊壳菌具有抑制作用，对危害豆类植物的病原菌没有活性，而根据说明书中所公开的内容，使用通式化合物中最优选的化合物硅噻菌胺之所以能够提高豆类植物的活力和/或产量，并不是基于其对病菌的控制，而是“意想不到”的其他原因。由此可见，本申请要达到提高豆类植物活力和/或产量的效果，利用的并不是所述通式化合物的共性，因此，在说明书仅提供了一个具体化合物，即硅噻菌胺与种菌联合使用对大豆植株的活力和产量有改善作用的情形下，本领域技术人员难于预测权利要求 1 中概括的除该化合物外的其他化合物同样解决本申请的技术问题，并且达到所述技术效果，因此权利要求 1 得不到说明书的支持；基于相同的理由，权利要求 2、4～17 也均得不到说明书的支持。此外，权利要求 10 限定了可以包括另外选用其他的杀真菌剂处理种子，然而并非任意两种杀真菌剂都可以混合使用，在说明书未记载任何实施例和相应的实验数据，以致于本领域技术人员根据说明所公开的内容难于预先确定该技术方案同样具有提高豆类植物活力和/或产量的技术效果的情形下，该权利要求得不到说明书的支持，不符合专利法第 26 条第 4 款的规定。

针对以上《复审通知书》，请求人于 2009 年 8 月 31 日提交意见陈述书和权利要求书的修改替换页。相对于提出复审请求时提交的权利要求书，请求人将权利要求 1 和 13 中的化合物限定为 4，5-二甲基-N-2-丙烯基-2-（三甲基甲硅烷基）-3-噻吩甲酰胺（即硅噻菌胺），同时删除了权利要求 2 和 9、删除了权利要求 1 中的“固氮螺菌”，并对保留的权利要求进行顺序编号。请求人认为，所述修改克服了合议组指出的所有问题。修改后的权利要求书如下：

“1. 一种提高豆类植物活力和/或产量的方法，该方法包括用 0. 1g/100 kg 种子至 500 g/100 kg 种子的杀真菌剂处理所述植物的种子和任选处理所述植物的叶，其中所述杀真菌剂包括 4，5-二甲基-N-2-丙烯基-2-（三甲基甲硅烷基）-3-噻吩甲酰胺或其农艺学盐：

其中所述种子用 1 g/kg 种子至 50 g/kg 种子的包括根瘤菌（Rhizobium spp.）、慢生根瘤菌（Bradyrhizobium spp.）、根瘤菌和慢生根瘤菌的混合物、或者根瘤菌或慢生根瘤菌与任何其他微生物的混合物的种菌处理。

2. 权利要求 1 的方法，其中所述豆类植物选自：Pisum spp.、苜蓿属（Medicago spp.）、落花生属（Arachis spp.）、大豆属（Glycine spp.）、巢菜属（Vicia spp.）、豇豆属（Vigna spp.）、三叶草属（trefoil）、百脉根属（clovers）和菜豆属（Phaseolus spp.）。

3. 权利要求 1 的方法，其中所述豆类植物为大豆植物。

4. 权利要求 1 的方法，其中处理植物种子和/或叶的步骤包括将所述杀真菌剂施用于植物叶。

5. 权利要求 1 的方法，其中用包含大豆慢生根瘤菌（Bradyrhizobium japonicum）的种菌处理种子。

6. 权利要求 1 的方法，其中所述种子用 10 g/100 kg 种子至 100 g/100 kg 种子量的杀真菌剂处理。

7. 权利要求 1 的方法，其中所述种子用 20 g/100 kg 种子至 50 g/100 kg 种子量的杀真菌剂处理。

8. 权利要求 1 的方法，其中对所述种子进行了转基因操作使植物对某种除草剂具有抗性，所述处理包括将所述除草剂应用于叶。

9. 权利要求 8 的方法，其中所述除草剂选自草甘膦、glyphosinate、imidazilinone 和 STS 体系。

10. 权利要求 1 的方法，其中对所述种子进行了转基因操作使植物对选自草甘膦、glyphosinate、imidazilinone 和 STS 体系的除草剂具有抗性，所述处理包括将所述除草剂应用于叶。

11. 权利要求 1 的方法，其中所述处理包括用一种选自以下的种菌处理植物种子：根瘤菌、慢生根瘤菌、根瘤菌和慢生根瘤菌的混合物以及根瘤菌或慢生根瘤菌与任何其他微生物的混合物，并且进一步包括用4，5-二甲基-N-2-丙烯基-2-（三甲基甲硅烷基）-3-噻吩甲酰胺或其农艺学盐处理植物的叶。

12. 权利要求11的方法，其中对所述种子进行了转基因操作使植物对选自草甘膦、glyphosinate、imidazilinone和STS体系的除草剂具有抗性，所述处理进一步包括将所述除草剂应用于叶。

13. 权利要求11的方法，其中对所述种子进行了转基因操作使植物对某种除草剂具有抗性，并且将所述杀真菌剂施用到植物的叶的步骤包括将所述杀真菌剂与所述除草剂联合应用。

14. 权利要求13的方法，其中所述除草剂为草甘膦。

15. 一种提高豆类植物的活力和/或产量的方法，该方法包括用硅噻菌胺处理所述植物的种子和任选处理所述农作物的叶。"

至此，合议组认为本案事实已经清楚，可以依法作出复审请求审查决定。

二、决定的理由

1. 关于审查文本

本复审请求审查决定针对的文本是：请求人于2009年8月31日提交的权利要求第1~15项、2007年11月22日提交的说明书第5、10~11、42~61页，2003年8月18日进入中国国家阶段时提交的国际申请文件的中文文本的说明书第1~4、6~9、12~41页、说明书附图第1~7页以及说明书摘要（下称复审文本）。

2. 关于专利法实施细则第60条第1款

专利法实施细则第60条第1款规定：请求人在提出复审请求或者在对专利复审委员会的通知书作出答复时，可以修改申请文件；但是修改应当仅限于消除驳回决定或者复审通知书指出的缺陷。

就本申请而言，合议组在《复审通知书》中指出，请求人提出复审请求时提交的权利要求1和13中的"每个R_2独立选自C_1-C_4烷基"，以及权利要求1中的"固氮螺菌（Azospirillium spp）"的修改扩大了相应权利要求的保护范围，不是为了克服驳回决定所指出的权利要求得不到说明书支持的缺陷而进行的修改，不符合专利法实施细则第60条第1款的规定。

在复审文本中，请求人将提出复审请求时提交的权利要求1和13中的通式化合物限定为4，5-二甲基-N-2-丙烯基-2-（三甲基甲硅烷基）-3-噻吩甲酰胺，即提出复审请求时提交的权利要求1和13中对通式中"每个R_2独立选自C_1-C_4烷基"的定义已经不存在，同时删除了权利要求1中的"固氮螺菌（Azospirillium spp）"，并重新编号为权利要求1和11。因此上述修改已经克服了《复审通知书》指出的权利要求1和13不符合专利法实施细则第60条第1款的规定的缺陷。

3. 关于专利法第33条

专利法第33条规定：申请人可以对其专利申请文件进行修改，但是，对发明和实用新型专利申请文件的修改不得超出原说明书和权利要求书记载的范围。

就本申请而言，合议组在《复审通知书》中指出，权利要求1和13中的"Z_1位于噻吩环的3位，Z_2位于噻吩环的2位，而硫位于1位"、"每个R_2独立选自C_1-C_4烷基"，以及权利要求1中增加的"包括固氮螺菌（Azospirillium spp）"的特征均未明确记载在原说明书和权利要求书中，并且上述内容也不能从原申请文件中直接地、毫无疑义地确定，因此不符合专利法第33条的规定。

在复审文本中，请求人将提出复审请求时提交的权利要求1和13中的通式化合物限定为4，5-二甲基-N-2-丙烯基-2-（三甲基甲硅烷基）-3-噻吩甲酰胺，同时删除了权利要求1中的"固氮螺菌（Azospirillium spp）"。首先，提出复审请求时提交的权利要求1和13中对通式中"Z_1位于噻吩环的3位，Z_2位于噻吩环的2位，而硫位于1位"、"每个R_2独立选自C_1-C_4烷基"的定义已经不存在，修改找不到依据的"固氮螺菌"已被删除，因此上述修改已经克服了《复审通知书》指出的权利要求 1 和 13 不符合专利法第 33 条的缺陷；其次，本申请原权利要求 20 中限定了杀真菌剂为 4，5-二甲基-N-2-丙烯基-2-（三甲基甲硅烷基）-3-噻吩甲酰胺（即硅噻菌胺），同时原说明书第 42 页第 14~18 行描述了优选活性剂为硅噻菌胺及其结构式，原说明书实施例中多处涉及将硅噻菌胺与种菌联合用于大豆种子，即修改后的上述内容在原申请文件中有明确记载，因此所述修改符合专利法第 33 条的规定。

4. 关于专利法第 26 条第 4 款

专利法第 26 条第 4 款规定，权利要求书应当以说明书为依据，说明要求专利保护的范围。

对于通式化合物的用途权利要求而言，如果所述用途利用的是通式化合物的非共有特性，同时说明书中也没有给出足够的证据证明该通式化合物中的所有化合物均具有所述用途，则该用途权利要求得不到说明书的支持。针对所述权利要求，如果请求人将所述通式化合物限缩性修改为用途及效果得到验证的小通式或具体化合物，则该权利要求能够得到说明书的支持。

就本申请而言，《驳回决定》指出，驳回文本的权利要求 1 和 14 的通式化合物得不到说明书的支持；《复审通知书》指出，驳回文本的权利要求 1 的通式化合物的共有特性是对危害谷类植物的小麦禾顶囊壳菌具有抑制作用，对危害豆类植物的病原菌没有活性，而根据说明书中所公开的内容，使用通式化合物中最优选的化合物硅噻菌胺之所以能够提高豆类植物的活力和/或产量，并不是基于其对病菌的控制，而是“意想不到”的其他原因。由此可见，本申请要达到提高豆类植物活力和/或产量的效果，利用的并不是所述通式化合物的共性，因此，在说明书仅提供了具体化合物硅噻菌胺与种菌联合使用对大豆植株的活力和产量有改善作用的情形下，本领域技术人员难于预测权利要求 1 中概括的除该化合物外的其他化合物同样解决本申请的技术问题；同理，权利要求 1 的从属权利要求 2、4~17 也均得不到说明书的支持；此外权利要求 10 中所限定的可以包括另外选用其他的杀真菌剂处理种子的技术方案也得不到说明书的支持。

在复审文本中，请求人将驳回文本的权利要求 1 和 14 中的通式化合物限定为 4，5-二甲基-N-2-丙烯基-2-（三甲基甲硅烷基）-3-噻吩甲酰胺（即硅噻菌胺），并重新编号为权利要求 1 和 11，同时删除了驳回文本的权利要求 10，因此上述修改已经克服了《驳回决定》和《复审通知书》指出的权利要求不符合专利法第 26 条第 4 款的缺陷，且修改后的权利要求书能够得到说明书的支持。

综上所述，合议组认为，复审文本已经克服了《驳回决定》和《复审通知书》所指出的全部缺陷。

根据上述事实和理由，合议组作出如下审查决定。

三、决定

撤销国家知识产权局于 2008 年 1 月 18 日针对第 01822705.8 号发明专利申请作出的驳回决定，由国家知识产权局原审查部门以本复审请求审查决定针对的文本为基础继续审查程序。

复审请求人对本决定不服的，可以根据专利法第 41 条第 2 款的规定，自收到本决定之日起三个月内向北京市第一中级人民法院起诉。

221

处理和控制危害庄稼的节肢动物的方法以及适用于该方法的组合物

复审请求审查决定（第20569号）

决　定　号　第20569号
决　定　日　2009年12月17日
发明创造名称　处理和控制危害庄稼的节肢动物的方法以及适用于该方法的组合物
国际分类号　A01N53/00
复审请求人　拜尔农科股份有限公司
申　请　号　01116235.X
申　请　日　2001年3月8日
优先权日　2000年3月8日
公　开　日　2001年10月17日
合议组组长　吴红权
主　审　员　沈　钱
参　审　员　潘　剑

法律依据　专利法第22条第3款
决定要点
在判断创造性时，首先要将权利要求的技术方案和最接近的现有技术进行对比，找出二者的区别特征，确定所述技术方案实际要解决的技术问题，进而考察现有技术中是否存在将该区别特征引入到所述最接近的现有技术中以解决上述技术问题的启示；如果现有技术中不存在这样的启示，则该权利要求具备创造性。

一、案由

本复审请求案涉及发明名称为“处理和控制危害庄稼的节肢动物的方法以及适用于该方法的组合物”的01116235.X号发明专利申请（下称本申请），申请人为拜尔农科股份有限公司（申请人由阿方蒂农科股份有限公司变更为巴斯夫农业有限公司，荷兰，阿姆海姆，韦登斯维尔分公司，再由巴斯夫农业有限公司，荷兰，阿姆海姆，韦登斯维尔分公司变更为拜尔农科股份有限公司），申请日为2001年3月8日，优先权日为2000年3月8日，公开日为2001年10月17日。

国家知识产权局原审查部门对本申请进行了实质审查，于2005年6月24日发出《第一次审查意见通知书》，指出权利要求17~19相对于对比文件1（CN1141580A，公开日为1997年1月29日）不具备专利法第22条第2款的新颖性；权利要求1~16相对于对比文件1和对比文件2（CN1027341C，授权公告日为 1995 年 1 月 11 日）的结合不具备专利法第 22 条第 3 款规定的创造性。

针对《第一次审查意见通知书》，申请人于 2005 年 12 月 28 日提交了意见陈述书，同时提交了权利要求书全文修改替换页。申请人认为：新提交的修改文本删除了原权利要求 17~19，即《第一次审查意见通知书》中所指出的新颖性问题已经克服；同时陈述了新修改的权利要求 1~13 具备创造性的理由。

国家知识产权局原审查部门于 2007 年 9 月 7 日发出《第二次审查意见通知书》，指出：权利要求 1~13 对于对比文件 1 和 2 的结合不具备专利法第 22 条第 3 款规定的创造性。

针对《第二次审查意见通知书》，申请人于 2008 年 1 月 22 日提交了意见陈述书，同时提交了以下两份附件，申请人在意见陈述书中陈述了本申请技术方案具备创造性的理由。

附件 1：THE CLASS INSECTA，Natural history collections：class insecta，复印件共 3 页，

附件 2：Dr Don’ s Termite Page，Termite control，复印件共 5 页。

2008 年 2 月 22 日，针对申请人于 2005 年 12 月 28 日提交的权利要求第 1~13 项、申请日提交的原始申请文件的说明书第 1~32 页以及说明书摘要（下称驳回文本），国家知识产权局以权利要求1~13 相对于对比文件 1 和 2 的结合不具备专利法第 22 条第 3 款规定的创造性为由驳回了本申请。驳回决定针对的权利要求 1 如下：

“1. 用于处理和控制毁害农作物的节肢动物的方法，其中，所述的节肢动物选自飞虱科族昆虫，尤其是褐稻飞虱，稻属褐飞虱和白背稻虱；和/或

大叶蝉科，尤其是 decipiens 微叶蝉属，二条黑尾叶蝉，二点黑尾叶蝉，黑尾叶蝉和稻属褐飞虱；和/或

螟蛾科，特别是三化螟，稻白螟，稻纵卷叶螟，美国稻螟，二化螟，高粱螟和七星稻螟；和/或

垫刃科，尤其是起绒草双垫刃线虫，狭窄双垫刃线虫与根生双垫刃线虫；和/或

夜蛾科，特别是大螟，非洲大螟与高粱蛀茎夜蛾；和/或

舌形虫纲，尤其是稻黑蝽和马来亚稻黑蝽；和/或

菜蛾科，特别是小菜蛾；和/或

卷叶蛾科，尤其是梨黄卷蛾；和/或

瘿蚊科，特别是稻属 Orselia 和稻瘿蚊

其特征是，该方法使用了一个杀虫剂化合物（A）氟虫腈或 5-氨基-3-氰基-1-（2，6-二氯-4-三氟甲基苯基）-4-三氟甲基亚硫酰基吡唑和一个拟除虫菊酯族的杀虫剂化合物（B）”。

驳回决定认为：权利要求 1 与对比文件 1 相比，区别在于权利要求 1 中记载的防治对象是选自飞虱科，大叶蝉科，螟蛾科，夜蛾科，菜蛾科，卷叶蛾科，瘿蚊科，舌形虫纲等昆虫的节肢动物和垫刃科线虫，而对比文件 1 记载的是“节肢动物白蚁”，但是对比文件 2 中已经明确记载了 N-苯基吡唑衍生物（包括氟虫腈）及其组合物可以防治毁害农作物的各种节肢动物以及线虫，例如半翅目的飞虱属，稻飞虱属，缘蝽属和草育蝽等蝽、鳞翅目的秆野螟属，禾草螟属，蚊禾螟属和异草螟属的稻螟玉米螟等、菜蛾属（小菜蛾）、黄卷蛾属（果树卷夜蛾）、夜蛾属以及垫刃线虫（参见对比文件 2 的说明书第 16~17 栏），在选择杀虫组合物的防治对象时，本领域技术人员在面临对比文件 1 中存在的杀虫谱窄的问题时，通过分析从而将对比文件 2 中解决相同技术问题的防治对象的技术特征引入到权利要求 1 的方法中获得要求保护的技术方案是不需要创造性劳动的，因此权利要求 1 与对比文件 1 和 2 相比不具备创造性；在此基础上，从属权利要求 2~13 也不具备创造性，不符合专利法第 22 条第 3 款的规定。

2008 年 6 月 10 日，申请人拜尔农科股份有限公司（下称请求人）对上述驳回决定不服，向专利

复审委员会提出复审请求，请求人在提出复审请求时没有对申请文件进行修改。

请求人认为：

（1）本申请相对于对比文件1所需解决的问题不是对比文件1中杀虫谱窄的问题。请求人认为本申请所希望解决的技术问题是“如何能够降低所使用的活性成分的量，同时确保虽然不是最高的，但却令人满意的效果”，这不是通过扩大对比文件1杀虫谱可达到的效果；

（2）即便将对比文件1和对比文件2结合，也不能达到本申请的技术方案：对比文件1和2结合给予所属技术领域的技术人员的合理启示是：氟虫腈能够杀灭许多害虫；氟虫腈和拟除虫菊酯的组合能增效或更好地杀灭白蚁，即得不出对比文件1中揭示的对杀灭白蚁具有增效作用的氟虫腈和拟除虫菊酯的复配物对于对比文件2所列出的所有害虫都有增效作用，这违反科学常识；

（3）权利要求1的技术方案相对于对比文件1和2的技术内容具备突出的实质性特点和显著的进步：对比文件1所需解决的技术问题、技术手段和技术效果与本申请权利要求1完全不同，而对比文件2没有提供任何增效方案来达到本申请所欲达到的效果，因此相对于对比文件1和2来说，权利要求1具有创造性，符合专利法第22条第3款的规定。在此基础上，从属权利要求2~13也具有创造性，符合专利法第22条第3款的规定。

经形式审查合格后，专利复审委员会受理了该请求，并于2008年7月21日向请求人发出了《复审请求受理通知书》，同时将本申请转送至国家知识产权局原审查部门进行前置审查。

在《前置审查意见书》中，国家知识产权局原审查部门认为：（1）即使如申请人所述本申请解决的技术问题是降低活性成分（氟虫腈和拟除虫菊酯）的用量和目的，则反过来对比文件1也提示了通过氟虫腈与拟除虫菊酯的组合来降低活性物质的量的技术措施的启示；（2）由某种杀虫剂的活性推知含有这种杀虫剂与另一种杀虫剂的杀虫组合物具有相类似的杀虫谱是本领域的公知常识，申请人并未提供其违反科学常识的证据；（3）对比文件1公开的活性仅涉及杀白蚁，但是对比文件2中提供了杀其他昆虫即权利要求1中所要求保护的昆虫的活性的技术启示，因此坚持驳回决定。

专利复审委员会组成合议组，对本复审请求案进行了审理。

2009年4月23日，专利复审委员会本案合议组向请求人发出《复审通知书》，指出：本申请权利要求1与对比文件1的区别在于：权利要求1中记载的组合物的防治对象是选自飞虱科，大叶蝉科，螟蛾科，夜蛾科，舌形虫纲，菜蛾科，卷叶蛾科，瘿蚊科的节肢动物昆虫和垫刃科线虫，而对比文件1记载的组合物的防治对象是白蚁（属于节肢动物）。由于在本申请的效果试验方面，说明书中仅公开了氟虫腈和拟除虫菊酯的组合物对分别属于5个科的6种节肢动物昆虫具有增效作用，而权利要求1要求保护的是该组合物用于防治共涉及属于节肢动物的7个科、1个纲的24种昆虫以及3种垫刃科线虫，而对于本领域技术人员来说，除说明书效果试验部分所涉及的6种节肢动物昆虫外，该组合物对权利要求1所要求保护的其他昆虫或线虫的增效作用是无法预料的，即该增效作用不能作为权利要求1整体技术方案的效果。此外由对比文件2中公开的内容可以得知，氟虫腈可以用于防治多种节肢动物，并且其可以与拟除虫菊酯类化合物配合使用。因此相对于对比文件1而言，本申请实际解决的技术问题是：改变拟除虫菊酯和氟虫腈的组合物的防治对象。然而当本领域技术人员面对本申请实际解决的技术问题时，按照对比文件2所教导的氟虫腈可以用于防治多种除白蚁外的其他节肢动物昆虫，容易想到将氟虫腈与拟除虫菊酯的组合物在防治白蚁之外，扩展至防治多种其他节肢动物昆虫，从而得到权利要求1的技术方案。因此相对于对比文件1和2相结合而言，权利要求1不具备创造性，不符合专利法第22条第3款的规定；在此基础上，从属权利要求2~13也不具备创造性，不符合专利法第22条第3款的规定。

针对上述《复审通知书》，请求人于2009年8月10日提交了意见陈述书，同时提交了权利要求书的全文修改替换页，说明书第 6~7 页、第 10 页的修改替换页，以及答复《第二次审查意见通知书》时提交的附件 1 的中文译文 4 页和附件 2 的部分中文译文 1 页，以及附件 3：

附件 3：网站“百度知道”中用“什么是白蚁”作关键词搜索得到的网页，复印件共 5 页。

在修改文本中，删除了驳回文本的权利要求 1 中的部分科属昆虫，并且将拟除虫菊酯限定为选自溴氰菊酯或氯氰菊酯的化合物，删除了驳回文本的权利要求 2~6，并将剩余的权利要求重新编号为 1~8；同时对说明书第 6~7、第 10 页中的部分译文进行了修订。修改后的权利要求书如下：

“1. 用于处理和控制毁害农作物的节肢动物的方法，其中，所述的节肢动物选自飞虱科族昆虫，尤其是褐稻飞虱，稻属褐飞虱和白背稻虱；和/或

大叶蝉科，尤其是桃叶蝉，二条黑尾叶蝉，二点黑尾叶蝉，黑尾叶蝉和稻属褐飞虱；和/或

螟蛾科，特别是三化螟，稻白螟，稻纵卷叶螟，美国稻螟，二化螟，高粱螟和七星稻螟；和/或

舌形虫纲，尤其是稻黑蝽和马来亚稻黑蝽；

其特征是，该方法使用了一个杀虫剂化合物（A）氟虫腈和一个选自溴氰菊酯或氯氰菊酯的拟除虫菊酯族的杀虫剂化合物（B）。

2. 据权利要求 1 的方法，其特征在于它适用于处理和/或保护农作物，特别是处理和/或保护谷类或果菜园作物，特别是稻米，小麦，大麦，黑麦，而且也适用于处理或保护玉米，高粱，向日葵，大豆，或棉花，豌豆，油菜，马玲薯，蔬菜或水果，甜菜，洋葱，白菜，西红柿，豆类，莴苣。

3. 据权利要求 1 或 2 的方法，其特征是它适用于处理和/或保护植物的繁殖物质和种子，特别是谷粒、块茎或根茎；用于处理和/或保护植物根部；用于处理和/或保护植物的茎根或叶片；也可以用于处理和/或保护具有实际的经济或农艺学价值的植物的根部或果实或其他部位；用于处理和/或保护进行栽培的或欲进行栽培的土壤。

4. 据权利要求 1~3 中之一的方法，其特征在于它适用于处理和/或保护不同生长阶段的植物，特别是用于处理种子，秧苗或栽种秧苗，栽种植物或植物。

5. 据权利要求 1~4 中之一的方法，其特征在于它可适用于杀伤或控制在土壤生出的有害昆虫。

6. 据权利要求 1~5 中之一的方法，其特征在于它可用于控制或杀伤上述处于生命和生长的各个时期的害虫，特别是控制其虫卵、幼虫，其生长阶段的蝶蛹或若虫，或者也可以控制在成虫期间的节肢动物或昆虫。

7. 据权利要求 1~6 中之一的方法，其特征在于它使用 0.5~500 克/公顷或 2~100 克/公顷的杀虫剂化合物（A）和/或 0.5~1000 克/公顷或 1~500 克/公顷的杀虫剂化合物（B）；和/或它使用其 A/B 重量比例为 0.005~250 或 0.05~10 的杀虫剂化合物（A）和（B）；和/或它使用其 B/A 重量比例为 0.004~2000 或 0.1~20 的杀虫剂化合物（A）和（B）。

8. 据权利要求 1~7 中之一的方法，其特征在于它使用作为化合物（A）的氟虫腈和作为化合物（B）的溴氰菊酯或氯氰菊酯，而且当用溴氰菊酯时其 A/B 比例为 0.1~5，并以 0.5~3 为宜；当用氯氰菊酯时其 A/B 比例为 0.05~10，并以 0.15~6 为宜。”

请求人认为：在修改后的权利要求 1 中，将节肢动物进一步限定为选自飞虱科、大叶蝉科、螟蛾科以及舌形虫纲的害虫，其完全不同于对比文件 1 中的白蚁，本申请要解决的技术问题是氟虫腈以何种拟除虫菊酯族的杀虫剂化合物组合能增效地控制权利要求 1 中涉及的害虫，在本申请的说明书的实施例部分例举了氟虫腈与溴氰菊酯或氯氰菊酯的组合对三化螟（螟蛾科的代表）、二条黑尾叶蝉（大叶蝉科的代表）、褐稻虱（飞虱科族的代表）、稻黑蝽（舌形虫纲的代表）具有增效的杀虫作用。本领域技术人员无法从对比文件 1（用于控制属于等翅目中的白蚁）中预见到本申请的技术方案。对比文件 2 仅教导了氟虫腈可以用来控制多种害虫，它完全没有教导其中所揭示的杀虫剂对何种害虫具有

增效作用。因此，对比文件 1 和 2 的结合不能使所属技术领域的人员预见到使用氟虫腈与溴氰菊酯或氯氰菊酯的组合用于控制选自权利要求 1 中的害虫的技术方案，因此权利要求 1 具备创造性；在此基础上，其从属权利要求 2~8 也具备创造性。

2009 年 9 月 14 日，请求人再次提交意见陈述书、权利要求书的全文修改替换页以及附件 4（《英汉昆虫俗名词汇》，湖南人民出版社，1978 年，扉页、第 87 页和第 300 页，复印件共 3 页），其中删除了权利要求 1 中的“飞虱科族昆虫”、“大叶蝉科”、“螟蛾科”、“舌形虫纲”以及其中的“尤其是”、“特别是”的文字。修改后的权利要求 1 如下：

“1. 用于处理和控制毁害农作物的节肢动物的方法，其中，所述的节肢动物选自褐稻飞虱，稻属褐飞虱和白背稻虱；和/或

桃叶蝉，二条黑尾叶蝉，二点黑尾叶蝉和黑尾叶蝉；和/或

三化螟，稻白螟，稻纵卷叶螟，美国稻螟，二化螟，高粱螟和七星稻螟；和/或

稻黑蝽和马来亚稻黑蝽；

其特征是，该方法使用了一个杀虫剂化合物（A）氟虫腈和一个选自溴氰菊酯或氯氰菊酯的拟除虫菊酯族的杀虫剂化合物（B）。”

请求人认为：原申请文件中的“decipiens 微叶蝉属”原文是“Empoasca decipiens”，根据附件 4 将其修改为“桃叶蝉”；并且陈述了新修改后的权利要求 1~8 具备创造性的理由。

经合议，合议组认为本案事实已经清楚，可以依法作出复审请求审查决定。

二、决定的理由

1. 关于审查文本

经审查，在复审阶段请求人于 2009 年 9 月 14 日提交的权利要求第 1~8 项、2009 年 8 月 10 日提交的说明书第 6~7 页、第 10 页符合专利法实施细则第 60 条第 1 款和专利法第 33 条的规定。因此，本复审请求审查决定所针对的文本是：请求人于 2009 年 9 月 14 日提交的权利要求第 1~8 项，2009 年 8 月 10 日提交的说明书第 6~7 页、第 10 页，申请日提交的原始申请文件的说明书第 1~5 页，第 8~9 页，第 11~32 页以及说明书摘要（下称复审文本）。

2. 关于创造性

专利法第 22 条第 3 款规定：创造性，是指同申请日以前已有的技术相比，该发明有突出的实质性特点和显著的进步。

在判断创造性时，首先要将权利要求的技术方案和最接近的现有技术进行对比，找出二者的区别特征，确定所述技术方案实际要解决的技术问题，进而考察现有技术中是否存在将该区别特征引入到所述最接近的现有技术中以解决上述技术问题的启示；如果现有技术中不存在这样的启示，则该权利要求具备创造性。

就本申请而言，权利要求 1 要求保护一种用于处理和控制毁害农作物的节肢动物的方法，其中，所述的节肢动物选自褐稻飞虱，稻属褐飞虱和白背稻虱；和/或

桃叶蝉，二条黑尾叶蝉，二点黑尾叶蝉和黑尾叶蝉；和/或

三化螟，稻白螟，稻纵卷叶螟，美国稻螟，二化螟，高粱螟和七星稻螟；和/或

稻黑蝽和马来亚稻黑蝽；

其特征是，该方法使用了一个杀虫剂化合物（A）氟虫腈和一个选自溴氰菊酯或氯氰菊酯的拟除虫菊酯族的杀虫剂化合物（B）。

对比文件 1 公开了一种用拟除虫菊酯（例如氯氰菊酯、溴氰菊酯、甲氰菊酯等）和 N-苯基-吡唑特别是氟虫腈（即 5-氨基-3-氰基-1-（2，6-二氯-4-三氟甲基苯基）-4-三氟甲基亚磺酰基吡

唑）的组合物防治白蚁的方法，该组合物在防治白蚁时具有增效作用（参见对比文件 1 的权利要求 1，7 和 10，实施例）。

将本申请权利要求 1 要求保护的技术方案与对比文件 1 所公开的技术方案相比，区别在于：权利要求 1 中记载的组合物的防治对象是选自褐稻飞虱，稻属褐飞虱，白背稻虱，桃叶蝉，二条黑尾叶蝉，二点黑尾叶蝉，黑尾叶蝉，三化螟，稻白螟，稻纵卷叶螟，美国稻螟，二化螟，高梁螟，七星稻螟，稻黑蝽和马来亚稻黑蝽的节肢动物，而对比文件 1 记载的组合物的防治对象是白蚁（属于节肢动物）。

从本申请说明书公开的内容来看，本申请的目的在于提供针对多种节肢动物具有协同增效作用的氟虫腈和拟除虫菊酯类化合物的组合物及其应用。本申请实施例中的试验结果表明，氟虫腈与溴氰菊酯或氯氰菊酯的组合物对分别属于 5 个科的 6 种节肢动物昆虫（分别为黄色稻杆螟虫、三化螟、二条黑尾叶蝉、褐稻虱、稻黑蝽、芜青夜蛾）具有协同增效作用。本申请权利要求 1 中的稻属褐飞虱、白背稻虱与本申请实施例中的褐稻虱同属于飞虱科昆虫；本申请权利要求 1 中的桃叶蝉、二点黑尾叶蝉和黑尾叶蝉与本申请实施例中的二条黑尾叶蝉同属于大叶蝉科昆虫；本申请权利要求 1 中的稻白螟、稻纵卷叶螟、美国稻螟、二化螟、高梁螟和七星稻螟与本申请实施例中的黄色稻杆螟虫和三化螟同属于螟蛾科昆虫；本申请权利要求 1 中的马来亚稻黑蝽与本申请实施例中的稻黑蝽同属于舌形虫纲黑蝽属昆虫。本领域技术人员公知的是：同属一个科属的昆虫其生理结构和生物习性相似，同一药物作用于其上所达到的效果也相似。也就是说，基于本申请实施例中氟虫腈与溴氰菊酯或氯氰菊酯的组合物对 6 种昆虫的协同增效效果，可以预料氟虫腈与溴氰菊酯或氯氰菊酯的组合物对权利要求 1 所要求保护的昆虫的协同增效作用。对比文件 1 虽给出了氟虫腈与溴氰菊酯或氯氰菊酯的组合对属于节肢动物的白蚁具有协同增效防治作用，但是白蚁并不属于上述科属，本领域技术人员根据对比文件 1 公开的内容不能预期氟虫腈与溴氰菊酯或氯氰菊酯的组合对上述科属的节肢动物的防治具有协同增效作用。因此，本申请相对于对比文件 1 实际解决的技术问题是：改变了氟虫腈与溴氰菊酯或氯氰菊酯的组合物能协同增效防治的对象。因此本案的焦点在于判断现有技术中是否存在将该组合物协同增效防治上述不同于白蚁的其他节肢动物昆虫的技术启示。

对比文件 2 公开了一种 N-苯基吡唑衍生物在防治多种节肢动物昆虫（如白蚁、飞虱、蜡蝉、螟蛾、小菜蛾等昆虫）、植物线虫（例如镰形起绒草茎线虫）、蠕虫和原生虫虫害方面的应用，以及该衍生物可以与其他杀虫剂、杀螨剂、杀植物线虫剂、杀真菌剂等相组合，其中杀虫剂为例如乙酰甲胺磷、乙拌磷、溴氰菊酯、巴丹等数十种杀虫剂（参见对比文件 2 的说明书第 15~18 栏和 23 栏），对比文件 2 中在描述 N-苯基吡唑衍生物时，列举了上百种具体的化合物，其中化合物 52（5-氨基-3-氰基-1-（2，6-二氯-4-三氟甲基苯基）-4-三氟甲基亚磺酰基吡唑）为氟虫腈。

对比文件 2 要解决的技术问题是提供一种 N-苯基吡唑衍生物，含有这类衍生物的组合物，以及该衍生物在防治节肢动物、植物线虫、蠕虫和原生虫虫害方面的应用（参见对比文件 2 的说明书第 7 栏倒数第 2 段）。对比文件 2 并未给出氟虫腈和其他杀虫剂，例如溴氰菊酯组成的混合物对对比文件 2 所述的白蚁等防治对象具有协同增效效果的启示，更没有给出上述组合物能协同增效防治权利要求 1 所述对象的启示。因此当本领域技术人员面对本申请要解决的技术问题时，由对比文件 2 公开的技术信息不会将氟虫腈与溴氰菊酯或氯氰菊酯相组合来协同增效防治本申请权利要求 1 中的特定昆虫，从而解决本申请要解决的上述技术问题。因此，权利要求 1 的技术方案相对于对比文件 1 和对比文件 2 的结合是非显而易见的，并且权利要求 1 的技术方案也带来了有益的技术效果，具有突出的实质性特点和显著的进步，符合专利法第 22 条第 3 款的规定。

《驳回决定》认为：在对比文件 2 中已经明确记载了 N-苯基吡唑衍生物（包括氟虫腈）及其组

合物可以防治毁害农作物的各种节肢动物以及线虫时，在选择杀虫组合物的防治对象时，本领域技术人员在面临对比文件1中存在的杀虫谱窄的问题时，通过分析从而将对比文件2中解决相同技术问题的防治对象的技术特征引入到权利要求1的方法中获得本申请要求保护的技术方案是不需要创造性劳动的，因此驳回文本的权利要求1与对比文件1和2相比是显而易见的，不具备创造性。

对此，合议组认为：在复审文本中，权利要求1要求保护氟虫腈与溴氰菊酯或氯氰菊酯的组合物防治分别属于飞虱科、大叶蝉科、螟蛾科以及舌形虫纲黑蜻属的16种昆虫的方法，在本申请说明书实施例验证了对分别属于这4种科属的昆虫具有协同增效作用的基础上，则本申请的技术方案相对于对比文件1实际要解决的技术问题不再是解决杀虫谱窄的问题，而是改变了氟虫腈与溴氰菊酯或氯氰菊酯的组合物能协同增效防治的对象。如上所述，对比文件2要解决的技术问题是提供一种N-苯基吡唑衍生物，含有这类衍生物的组合物，以及该衍生物在防治节肢动物、植物线虫、蠕虫和原生虫虫害方面的应用。在对比文件2中描述N-苯基吡唑衍生物时，列举了上百种具体的化合物，其中包括氟虫腈；此外在对比文件2的说明书中以列举的形式提及该衍生物可以防治多种节肢动物昆虫、可以与其他杀虫剂（例如乙酰甲胺磷、乙拌磷、溴氰菊酯、巴丹等）、杀螨剂、杀真菌剂等相组合，但对比文件2既未具体给出氟虫腈与溴氰菊酯或氯氰菊酯的具体组合，也未描述所述N-苯基吡唑衍生物与其他杀虫剂组合时具有协同增效的作用。由此可以看出，对比文件1和对比文件2对于氟虫腈与溴氰菊酯或氯氰菊酯的组合物对本申请权利要求1的多种节肢动物昆虫具有协同增效作用都未给出任何启示，因此本领域技术人员没有动机将对比文件1和对比文件2相结合以得到本申请权利要求1的技术方案。

在权利要求1具备创造性的基础上，其从属权利要求2~8也具备创造性，符合专利法第22条第3款的规定。

根据上述事实和理由，合议组作出如下审查决定。

三、决定

撤销国家知识产权局于2008年2月22日针对01116235. X号发明专利申请作出的驳回决定，由国家知识产权局原审查部门以复审文本为基础继续审批程序。

复审请求人对本决定不服的，可以根据专利法第41条第2款的规定，自收到本决定之日起三个月内向北京市第一中级人民法院起诉。

222

盐孢菌酰胺及其使用方法

复审请求审查决定（第20570号）

决　定　号　第20570号
决　定　日　2009年12月9日
发明创造名称　盐孢菌酰胺及其使用方法
国际分类号　C07D491/044，A61K 31/407
复审请求人　加利福尼亚大学董事会
申　请　号　200480020530.7
最早优先权日　2003年6月20日
申　请　日　2004年6月18日
公　开　日　2006年8月23日
合议组组长　汪送来
主　审　员　沈　钱
参　审　员　危　峰

法律依据　专利法第26条第3款
决定要点

如果说明书中没有明确说明申请涉及的完成发明必须使用的生物材料，或者该生物材料是公众不能得到的，并且说明书中没有记载其保藏号，没有在申请日或最迟自申请日起四个月内提交保藏单位出具的保藏证明和存活证明，则该申请不符合专利法第26条第3款的规定。

一、案由

本复审请求案涉及发明名称为“盐孢菌酰胺及其使用方法”的200480020530.7号发明专利申请（下称本申请），申请人为加利福尼亚大学董事会，申请日为2004年6月18日，最早优先权日为2003年6月20日，公开日为2006年8月23日。

2008年5月9日，针对申请人于2006年1月16日进入中国国家阶段时提交的国际申请文件的中文文本的权利要求第1~14项、说明书第1~26页、说明书附图第1~17页及说明书摘要，国家知识产权局以说明书不符合专利法第26条第3款的规定为由驳回了本申请。驳回决定针对的权利要求书如下：

“1. 一种具有结构（Ⅰ）的独立化合物：

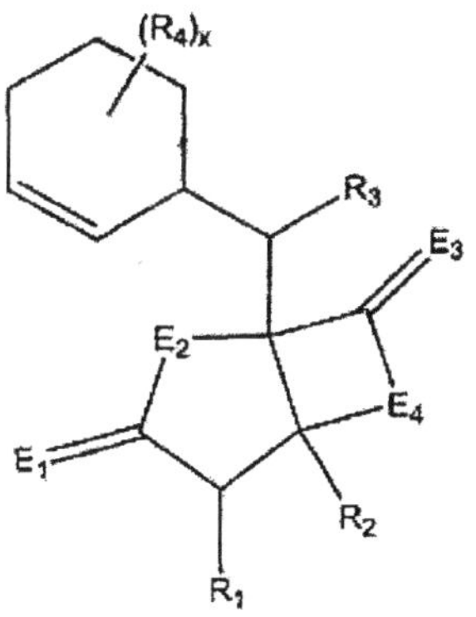

(I)

其中：

R_1 至 R_3 各自独立地为-H，烷基，取代烷基，链烯基，取代链烯基，炔基，取代炔基，芳基，取代芳基，杂芳基，取代杂芳基，杂环基，取代杂环基，环烷基，取代环烷基，烷氧基，取代烷氧基，硫烷基，取代硫烷基，羟基，卤素，氨基，酰胺基，羧基，-C（O）H，酰基，氧酰基，氨基甲酸酯，磺酰基，氨磺酰，或砜基；

每个 R_4 独立地为烷基，取代烷基，链烯基，取代链烯基，炔基，取代炔基，芳基，取代芳基，环烷基，取代环烷基；

E_1 至 E_4 各自独立地为-O，$-NR_5$，或-S，其中 R_5 为-H 或 C_1-C_6 烷基；

以及

X 为 0 至 8；

限制性条件是所述独立化合物不具有化合物（Ⅵ）的结构

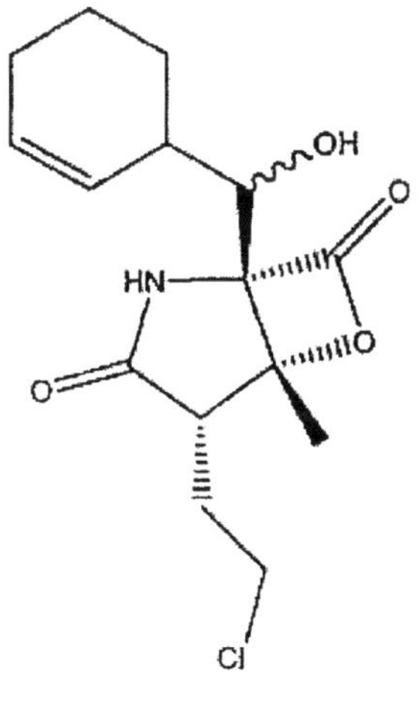

(VI) 。

7. 药物组合物，包括权利要求 1 所述的至少一种化合物，该化合物存在于药学上可接受的载体中。

8. 一种用来抑制高增生性哺乳动物细胞增生的药物组合物，其包括有效量药学上可接受的载体和权利要求 1 所述的化合物，限制性条件是所述化合物不具有化合物（Ⅴ）的结构

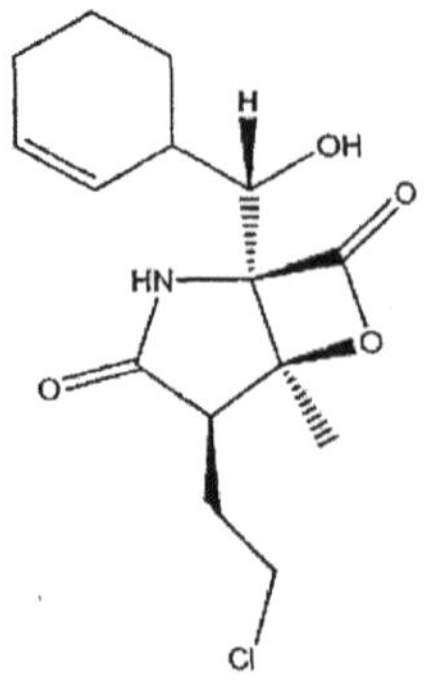

(V)

。

10. 一种治疗哺乳动物细胞增生性疾病的方法，其包括将治疗有效量的具有结构（Ⅰ）的化合物提供给需要的患者：

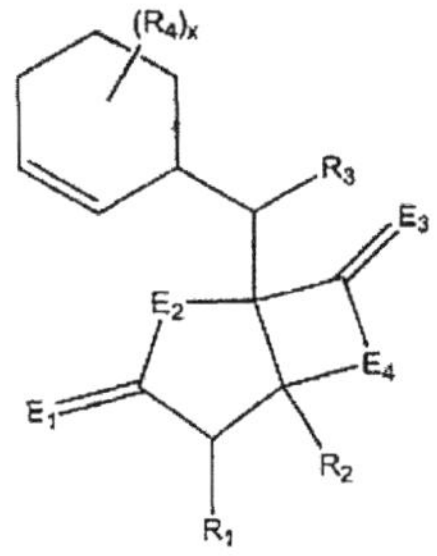

(I)

R_1 至 R_3 各自独立地为-H，烷基，取代烷基，链烯基，取代链烯基，炔基，取代炔基，芳基，取代芳基，杂芳基，取代杂芳基，杂环基，取代杂环基，环烷基，取代环烷基，烷氧基，取代烷氧基，硫烷基，取代硫烷基，羟基，卤素，氨基，酰胺基，羧基，-C（O）H，酰基，氧酰基，氨基甲酸酯，磺酰基，氨磺酰，或砜基；

每个 R_4 独立地为烷基，取代烷基，链烯基，取代链烯基，炔基，取代炔基，芳基，取代芳基，环烷基，取代环烷基；

E_1 至 E_4 各自独立地为-O，$-NR_5$，或-S，其中 R_5 为-H 或 C_1-C_6 烷基；

以及

X 为 0 至 8；

从而治疗哺乳动物细胞增生性疾病，限制性条件是所述化合物不具有化合物（Ⅵ）的结构

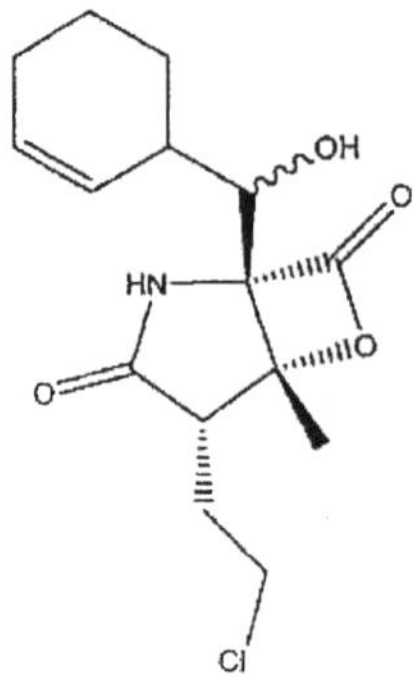

(VI)

。"

驳回决定认为：本发明涉及新化合物，含有新化合物的药物组合物以及化合物的治疗用途。本申

请说明书中仅仅记载了所述盐孢菌酰胺 A 的理化数据和药效数据，而本申请权利要求 1~14 请求保护的是已经排除了盐孢菌酰胺 A 的化合物、药物组合物、治疗用途，也就是说本申请说明书中缺少确认本申请权利要求请求保护的化学产品的理化数据和药效数据，致使所属技术领域的技术人员根据说明书不能确定所述化合物、药物组合物能够制备和具有所述用途。因此，说明书不符合专利法第 26 条第 3 款的规定。

2008 年 8 月 22 日，申请人加利福尼亚大学董事会（下称请求人）对上述驳回决定不服，向专利复审委员会提出复审请求，请求人在提出复审请求时对权利要求书进行了修改，将权利要求 8 中的技术特征“限制性条件是所述化合物不具有化合物（Ⅴ）的结构”改为“限制性条件是所述化合物不具有化合物（Ⅵ）的结构”，未对其他权利要求进行修改。修改后的权利要求 8 为：

“8. 一种用来抑制高增生性哺乳动物细胞增生的药物组合物，其包括有效量药学上可接受的载体和权利要求 1 所述的化合物，限制性条件是所述化合物不具有化合物（Ⅵ）的结构。”

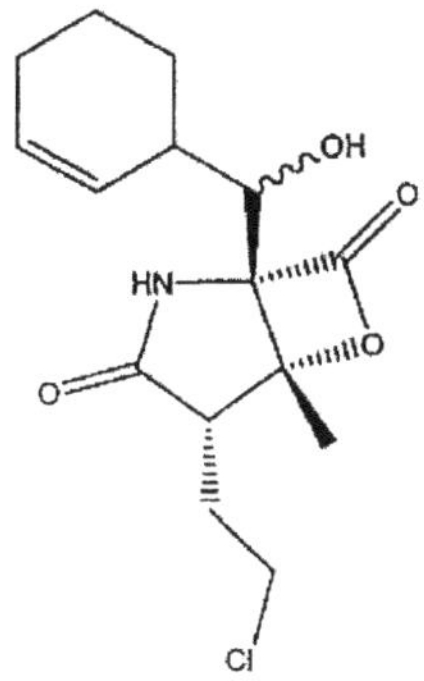

(VI)

请求人认为：本发明中要求保护的化合物由结构（Ⅰ）表达，限制性条件是所述化学物不具有化合物（Ⅵ）的结构，在要求保护的化合物中结构（Ⅴ）的化合物，即盐孢菌酰胺 A，为示例性的化合物。

经形式审查合格后，专利复审委员会受理了该请求，并于 2008 年 10 月 6 日向请求人发出了《复审请求受理通知书》，同时将本申请转送至国家知识产权局原审查部门进行前置审查。

在《前置审查意见书》中，国家知识产权局原审查部门坚持原驳回决定。

专利复审委员会组成合议组，对本复审请求案进行了审查。合议组于 2009 年 4 月 7 日向请求人发出《复审通知书》，指出：(1) 说明书没有清楚地记载请求保护的化合物的制备方法必须使用的生物材料，本领域技术人员无法得到该生物材料，因此无法实现涉及所述化合物的发明，说明书不符合专利法第 26 条第 3 款的规定。(2) 权利要求 10~14 要求保护一种治疗哺乳动物细胞增生性疾病的方法，是以有生命的人体或者动物体为实施对象，属于专利法第 25 条第（三）项的疾病的治疗方法，因此属于不被授予专利权的主题。即使请求人将权利要求 10~14 修改成制药用途权利要求以克服上述缺陷，根据上述同样的理由，说明书中也没有充分公开这些权利要求请求保护的技术方案，也存在说明书不符合专利法第 26 条第 3 款的规定的问题。

2009 年 7 月 22 日，请求人针对上述《复审通知书》提交了意见陈述书，并提交了权利要求书的全文替换页，其中将权利要求 10~14 修改为制药用途权利要求，未对其他权利要求进行修改，修改后的权利要求 10~14 为：

“10. 具有结构（Ⅰ）的化合物在制备治疗哺乳动物细胞增生性疾病的药物中的用途：

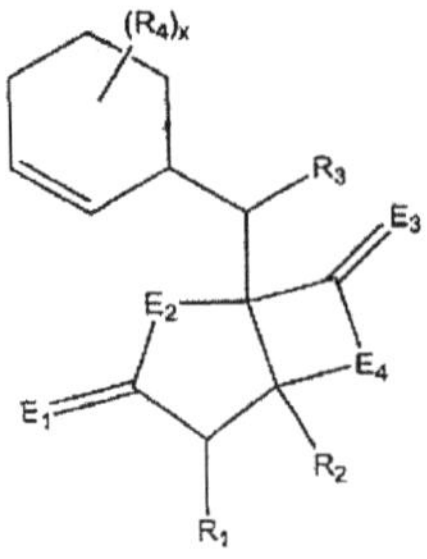

(I)

R_1 至 R_3 各自独立地为-H，烷基，取代烷基，链烯基，取代链烯基，炔基，取代炔基，芳基，取代芳基，杂芳基，取代杂芳基，杂环基，取代杂环基，环烷基，取代环烷基，烷氧基，取代烷氧基，硫烷基，取代硫烷基，羟基，卤素，氨基，酰胺基，羧基，-C（O）H，酰基，氧酰基，氨基甲酸酯，磺酰基，氨酰基，或砜基；

每个 R_4 独立地为烷基，取代烷基，链烯基，取代链烯基，炔基，取代炔基，芳基，取代芳基，环烷基，取代环烷基；

E_1 至 E_4 各自独立地为-O，$-NR_5$，或-S，其中 R_5 为-H 或 C_1-C_6 烷基；

以及

X 为 0 至 8；

限制性条件是所述化合物不具有化合物（Ⅵ）的结构。

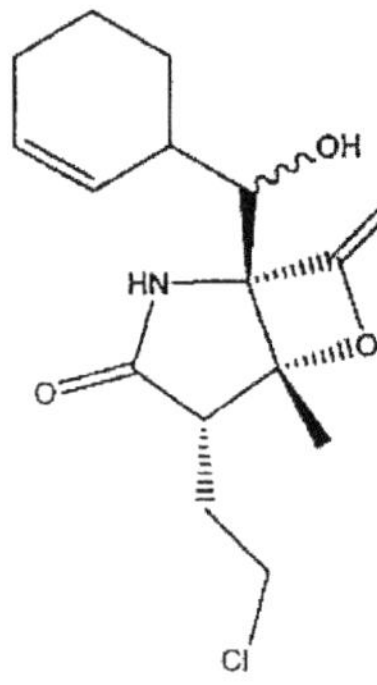

(VI)

11. 根据权利要求 10 所述的用途，其中所述哺乳动物细胞是人的。

12. 根据权利要求 10 所述的用途，其中所述疾病的特征是肿瘤形成。

13. 根据权利要求 12 所述的用途，其中所述肿瘤选自乳腺肿瘤，小细胞肺部肿瘤，非小细胞肺部肿瘤，结直肠肿瘤，白血病，黑素瘤，胰腺癌，中枢神经系统（CNS）肿瘤，卵巢肿瘤，前列腺肿瘤，软组织或骨肉瘤，头颈部肿瘤，包括甲状腺非何杰金氏病在内的胃癌，胃部肿瘤，骨髓瘤，膀胱肿瘤，肾部肿瘤，包括甲状腺和非何杰金氏及何杰金氏病在内的神经内分泌性肿瘤。

14. 根据权利要求 12 所述的用途，其中所述肿瘤是结直肠肿瘤。"

请求人认为：（1）说明书图 16 描述了具有绝对立体化学的盐孢菌酰胺 A 的化学结构（结构Ⅴ），根据图 16 的晶体结构，本领域技术人员能够确定盐孢菌酰胺 A 的立体化学结构并知道其对应于式Ⅴ，而不是Ⅵ，因此，盐孢菌酰胺 A（结构Ⅴ）并未从权利要求中排除，因此，权利要求 1～14 得到本申请说明书的支持。（2）说明书第 14 页第 0052 段描述"盐孢菌酰胺 A 是海洋放线菌 CNB392 和

CNB476 的发酵产物”，说明书第 15 页第 0054 段和第 24 页 0092 段提供了从 CNB392 获得盐孢菌酰胺 A 的实验细节，使用对于 CNB392 提供的实验细节，本领域技术人员能够从 CNB476 获得和分离盐孢菌酰胺 A，而且，菌株 CNB476 在申请日前在 ATCC 进行了保藏。（3）CNB392 和 CNB476 在 16S 核糖体 RNA 序列上相同，该 16S 核糖体 RNA 序列被用作分类学标记，因此，本领域技术人员能够获得和分离盐孢菌酰胺 A。（4）权利要求要求 10～14 修改为药物制备用途权利要求能够被接受，修改后的权利要求 10～14 的技术方案是充分公开的。

至此，合议组认为本案事实已经清楚，可以作出审查决定。

二、决定的理由

1. 关于文本

本复审请求审查决定针对的文本是：请求人于 2009 年 7 月 22 日提交的权利要求第 1～14 项，2006 年 1 月 16 日进入中国国家阶段时提交的国际申请文件的中文译文的说明书第 1～26 页、说明书附图第 1～17 页及说明书摘要。

2. 关于专利法第 26 条第 3 款

专利法第 26 条第 3 款规定：说明书应当对要求保护的发明作出清楚、完整的说明，以所属技术领域的技术人员能够实现为准。

如果说明书中没有明确说明申请涉及的完成发明必须使用的生物材料，或者该生物材料是公众不能得到的，并且说明书中没有记载其保藏号，没有在申请日或最迟自申请日起四个月内提交保藏单位出具的保藏证明和存活证明，则该申请不符合专利法第 26 条第 3 款的规定。

就本申请而言：

权利要求 1~6 要求保护一种具有结构（Ⅰ）的独立化合物。

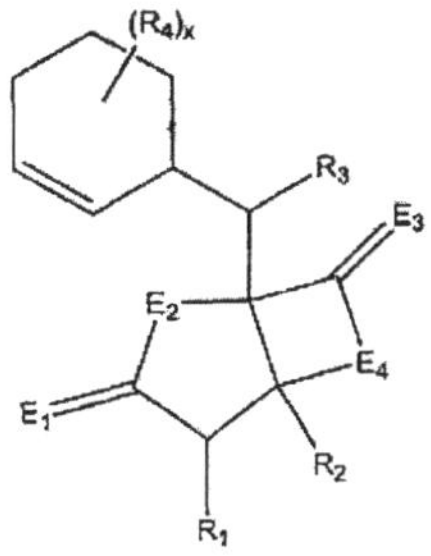

(I)

权利要求 7 要求保护包含权利要求 1 所述至少一种化合物的药物组合物。权利要求 8～9 要求保护一种用来抑制高增生性哺乳动物细胞增生的药物组合物，其包括有效量药学上可接受的载体和权利要求 1 所述的化合物。权利要求 10～14 要求保护结构（Ⅰ）的化合物在制备治疗哺乳动物细胞增生性疾病的药物中的用途。

根据说明书的描述，本发明涉及式（Ⅰ）的盐孢菌酰胺及其作为抗肿瘤剂的应用。其中在说明书中记载了本发明化合物是通过细菌发酵而制备的，并记载了盐孢菌酰胺 A 是海洋放线菌菌株 CNB392 和 CNB476 的发酵产物（参见说明书第 14 页最后一段）。实施例 1 中记载了从海洋放线菌株 CNB392 发酵产物中分离得到了图 1 所示的式Ⅵ化合物，并且给出了确认该盐孢菌酰胺 A 的理化参数数据。实施例 2 给出了盐孢菌酰胺 A 的生物活性分析试验结果。实施例 3 给出了式Ⅴ化合物的绝对立体化学的测定结果。（参见实施例 1、2 和 3，附图 1、6～13）。

合议组认为，实施例 1 制得的式Ⅵ化合物是被本申请排除的，并且，虽然说明书中记载了盐孢菌酰胺是菌株 CNB392 或 CNB476 的发酵产物，但是实施例 1 中实际采用的原料是菌株 CNB392，然而，并没有证据证明在申请日以前，公众能够获得菌株 CNB392，并且说明书中没有记载菌株 CNB392 的保藏号，请求人也没有在自申请日起最迟四个月内提交其保藏证明和存活证明。实施例 3 中则没有说明式Ⅴ化合物是采用何种菌株制备得到的。

请求人指出其在 2006 年 7 月 5 日提交了生物保藏及存活证明，并且提交了一份声明，指出菌株 CNB392 与菌株 CNB476 相同。对此，合议组认为，上述保藏证明及存活证明仅涉及菌株 CNB476，并没有菌株 CNB392 的生物保藏及存活证明。另外，对于其提交的声明，首先，说明书中并没有记载菌株 CNB392 与菌株 CNB476 相同；其次，该声明是请求人在申请日之后提交的申明，况且只有代理机构的盖章，无法采信。

请求人在答复《第一次审查意见通知书》的同时随意见陈述提交 7 份参考文献，认为这些参考文献论述了盐孢菌酰胺 A 和相关化合物的结构、活性、分离和/或表征。对此，合议组认为：其中 6 份由于出版日期在本申请优先权日之后，因此不构成本申请的现有技术，而其中的文献“Feling et al.，Angew Chem Inl Ed.，42（3）：355~357（2003）”中虽然提到菌株 CNB392，但是同样也没有生物保藏和存活证明的信息，无法证明公众能够得到生物材料 CNB392 的菌种。

综上所述，说明书没有清楚地记载请求保护的化合物的制备方法必须使用的生物材料，本领域技术人员无法得到该生物材料，因此无法实现涉及所述化合物的发明，说明书不符合专利法第 26 条第 3 款的规定。

对于请求人在答复《复审通知书》的意见陈述，合议组认为：（1）说明书实施例 1 中明确指出“分离出的盐孢菌酰胺 A（图 1）是无色的无定形固体……”（参见说明书第 24 页第 16~17 行），而图 1 所表示的结构即结构式Ⅵ，因此，说明书实施例所得到的盐孢菌酰胺 A 为结构式Ⅵ的化合物，即被本申请所排除的。（2）虽然说明书中记载了盐孢菌酰胺是菌株 CNB392 或 CNB476 的发酵产物，但是实施例 1 中实际采用的原料是菌株 CNB392，因此，没有证据证明本领域技术人员能够从 CNB476 获得和分离盐孢菌酰胺 A，也没有证据证明在申请日以前公众能够获得菌株 CNB392，并且说明书中没有记载菌株 CNB392 的保藏号，请求人也没有在自申请日起最迟四个月内提交其保藏证明和存活证明。（3）菌株 CNB392 和 CNB476 在 16S 核糖体 RNA 序列上相同，以及该 16S 核糖体 RNA 序列被用作分类学标记，这只是说明该两个菌株相近，不能证明本领域技术人员能够在获得菌株 CNB476 的基础上得到菌株 CNB392，因此，仍然无法证明本领域技术人员能够获得本申请中所用到的生物材料菌株 CNB392。综上，合议组对请求人的主张不予支持。

根据上述事实和理由，合议组作出如下审查决定。

三、决定

维持国家知识产权局于 2008 年 5 月 9 日针对 200480020530.7 号发明专利申请作出的驳回决定。

复审请求人对本决定不服的，可以根据专利法第 41 条第 2 款的规定，自收到本决定之日起三个月内向北京市第一中级人民法院起诉。

223

一种含植醋液的农药制剂

复审请求审查决定（第 20571 号）

决　定　号　第 20571 号
决　定　日　2009 年 11 月 25 日
发明创造名称　一种含植醋液的农药制剂
国 际 分 类 号　A01N 37/02，A01P3/00，A01P7/00，A01N47/00，A01N43/90，A01N53/00
复 审 请 求 人　浙江林学院
申　请　号　200610049233.6
申　请　日　2006 年 1 月 24 日
公　开　日　2006 年 7 月 19 日
合 议 组 组 长　孙跃飞
主　审　员　沈　钱
参　审　员　张家祥

法 律 依 据　专利法第 22 条第 3 款
决 定 要 点

如果发明要求保护的技术方案与对比文件公开的技术方案相比存在区别特征，但是该对比文件中给出了采用该区别特征来解决该发明实际要解决的技术问题的技术启示，并且该区别特征的引入也没有产生预料不到的技术效果，则该发明不具有创造性。

一、案由

本复审请求案涉及发明名称为“一种含植醋液的农药制剂”的 200610049233.6 号发明专利申请（下称本申请），申请人为浙江林学院，申请日为 2006 年 1 月 24 日，公开日为 2006 年 7 月 19 日。

2007 年 7 月 6 日，针对申请人于 2007 年 4 月 29 日提交的权利要求第 1~3 项，2006 年 1 月 24 日提交的说明书第 1~17 页及其摘要，国家知识产权局以权利要求 1~3 不符合专利法第 22 条第 3 款的规定为由驳回了本申请。驳回决定针对权利要求书如下：

“1. 一种含植醋液的农药制剂，其特征在于含有植醋液 50%~80%，杀菌剂、除草剂或植物生长调节剂 10%~50%；

所述的杀菌剂为下述一种：苯菌灵（Benomyl）、多菌灵（Carbendazim）、甲基硫菌灵（Thiophanate-methyl）、异菌脲（Iprodione）、抑霉唑（Imazalil）、咪鲜胺（Prochloraz）、烯唑醇（Diniconazole）、己唑醇（Hexaconazole）、多效唑（Paclobutrazol）、戊唑醇（Tebuconazole）、三唑酮（Triadimefon）、三唑醇（Triadimenol）、苯霜灵（Menalaxyl）、甲霜灵（Metalaxyl）、噁霜灵

(Oxadixyl)、异稻瘟净（Iprobenfos）、稻瘟灵（isoprothiolane）、乙霉威（Diethofencarb）、甲基立枯磷（Tolclofos-methyl）、三环唑（Tricyclazole）、灭瘟素（Blasticidin）、春雷霉素（Kasugamycin）、土霉素（oxytetracycline）、链霉素（Streptomycin）、有效霉素（Validamycin）、多抗霉素（Polyoxin）、井冈霉素（jiangonmycin）、霜霉威（Propamocarb）、霜脲氰（Cymoxanil）、三苯锡（Tri-phenyl tins）、乙膦铝（Fosetyl-aluminum）、铜盐（Copper plus salts）、硫磺（Sulphur）、福美铁（Ferbam）、代森锰锌（Mancozeb）、代森锰（Maneb）、丙森锌（Propineb）、福美双（Triram）、代森锌（Zineb）、福美锌（Ziram）、百菌清（Chlorothlonil）、抑菌灵（Ddichlofluanid）、双胍辛（Iminoctadine）、敌菌灵（Anilazine）；

所述的除草剂为下述一种：禾草灵（Diclofop-P）、喹禾灵（Quizalofop-p）、高效盖草能（Haloxyfop-R）、噁唑禾灵（Fenoxaprop）、吡氟禾草灵（Fluazifop-p）、收乐通（Clethodim）、烟嘧磺隆（Nicosulfuron）、甲磺隆（Metsufron methyl）、金秋（Cyclosulfamuron）、苯磺隆（Tribenuron）、苄磺隆（Bensulfuron-methyl）、氯嘧磺隆（Chlorimuron-ethyl）、吡嘧磺隆（Pyrazonsulfuron-ethyl）、胺苯磺隆（ethametsulfuron）、阔草清（flumetsulam）、农美利（Bispyribac-sodium）、莎稗磷（Anilofos）、氟乐灵（Trifluralin）、二甲戊乐灵（Pendimethalin）、环庚草醚（Cinmethylin）、丙草胺（Acetochlor）、丁草胺（Butachlor）、异丙甲草胺（Metolachlor）、乙草胺（Acetochlor）、苯噻酰草胺（Mefenacet）、禾大壮（Molinate）、莠去津（Atrazine）、西玛嗪（Simazine）、莠灭净（ametryne）、草津净（Cyanazine）、扑草净（prometryne）、异丙隆（Isoproturon）、绿麦隆（Chlorotoluron）、甲基苯磺隆（Methabenzthiazuron）、敌草隆（Diuron）、克芜踪（paraquat）、溴苯腈（Bromoxynil）、使它隆（Fluroxypyr）、二氯喹啉酸（quinclorac）、2甲4氯（MCPA、草除灵（Benazolin-ethyl）、乙氧氟草醚（Oxyfluorfen）、稻思达（Oxadiargyl）、草胺膦（Glufosinate）、草甘膦（Glyphosate）、草甘膦盐；

所述的植物生长调节剂为下述一种：6-苄基氨基嘌呤（6-Benzylaminopurine）、激动素（Kinetin，KT）、赤霉素（Gibberellic acid）、2，4-滴（2，4-Dichlorophenoxyacetic acid 2，4-D）、2，4-D盐、油菜素内酯（Brassinolide，BR）、萘乙酸（1-Naphthylacetic acid，NAA）、生长素（Indole-3-acetic acid，IAA）、防落素（4-Chlorophenoxy acetic acid，PCPA）、三十烷醇（riacontanol，TRIA）、乙烯利（Ethephon）、多效唑（Paclobutrazol）、复硝酚钠（Sodium nitrophenolate，Atonik）、抑芽敏（Flumetralin）、脱落酸（ABA）、烯效唑（uniconazole）、矮壮素（chlormequat）、缩节安（mepiquat-chloride）、氯吡脲（forchlorfenuron）、噻苯隆（thidiazuron）、吲哚丁酸（4-indol-3-ylbutyric acid）及吲哚丁酸盐、增甘膦（glyphosine）。

2. 如权利要求1所述的一种含植醋液的农药制剂，其特征在于所述的植醋液包括原植醋液、处理植醋液或浓缩植醋液。

3. 如权利要求1所述的一种含植醋液的农药制剂，其特征在于该农药制剂类型包括可溶性液剂、微乳剂、水乳剂、悬浮剂、悬浮乳剂、微胶囊悬浮剂和缓释剂。”

驳回决定认为：对比文件1（浙江农业科学，2005年第2期，144~146页，竹醋液对几种杀虫剂的增效作用，李小荣等，双月刊，公开日为2005年4月30日）公开了竹醋液对几种杀虫剂的增效作用，并具体公开了“4.5%高效氯氰菊酯乳油3000倍添加竹醋液300倍、400倍、500倍、600倍、700倍的增效效果；10%蚜虱净4000倍添加竹醋液300倍、400倍、500倍、600倍、700倍的增效效果；15%杀螨特乳油3000倍添加竹醋液300倍、400倍、500倍、600倍、700倍的增效效果；40%杀扑磷乳油2000倍添加竹醋液300倍、400倍、500倍、600倍、700倍的增效效果，同时实验结果表明竹醋液对杀虫剂具有一定的增效作用”。由对比文件1公开的内容，本领域技术人员会很容易想到将竹醋液与已知农药复配得到权利要求1的技术方案，而且竹醋液在该产品中所起到的作用也已披露在对比文件 1 中，因此，权利要求 1 不具备创造性，不符合专利法第 22 条第 3 款的规定。权利要求 2~3 对权利要求 1 的组分含量、已知农药、植醋液和制剂类型作了进一步限定，但本领域技术人员由对比文件 1 只要经过简单的实验就可获得权利要求 2~3 的技术方案，因此，权利要求 2~3 也不具备创造性。

2007 年 10 月 25 日，申请人浙江林学院（下称请求人）对上述驳回决定不服，向专利复审委员会提出复审请求，请求人在提出复审请求时没有对申请文件进行修改。

请求人认为：(1) 竹醋液是否有增效作用，需要进行筛选才能得出，本申请是经过大量的筛选试验才找到具有增效作用的杀菌剂、除草剂或植物生长调节剂的具体种类；(2) 本申请和对比文件 1 的组分配比也完全不同。

经形式审查合格后，专利复审委员会受理了该请求，并于 2008 年 5 月 23 日向请求人发出了《复审请求受理通知书》，同时将本申请转送至国家知识产权局原审查部门进行前置审查。

在《前置审查意见书》中，国家知识产权局原审查部门坚持驳回决定。

专利复审委员会组成合议组，对本复审请求案进行了审查。合议组于 2009 年 8 月 19 日向请求人发出《复审通知书》，指出：(1) 对比文件 1 公开了 "40% 杀扑磷乳油 2000 倍添加竹醋液 300 倍、400 倍、500 倍、600 倍、700 倍共 5 个处理，并以杀扑磷 1000 倍作对照药剂处理"，其中当 40% 杀扑磷乳油 2000 倍添加竹醋液 700 倍时，折算后杀扑磷和竹醋液的配比为 7：50，落入权利要求 1 的配比范围。两者的区别在于：权利要求 1 中将对比文件 1 中的杀虫剂杀扑磷替换为杀菌剂、除草剂或植物生长调节剂。然而，对比文件 1 的第 144 页教导了本领域技术人员可以将竹醋液应用于各种农药中作为增效剂。对比文件 1 中记载的竹醋液的作用与权利要求 1 技术方案中的植醋液的作用相同。因此，权利要求 1 不具备专利法第 22 条第 3 款规定的创造性。(2) 从属权利要求 2 和 3 的附加技术特征限定了植醋液的种类和农药制剂的类型，本领域技术人员对植醋液和农药制剂类型作出选择是显而易见的，其产生的效果也是可以预见的，因此，权利要求 2 和 3 也不具备专利法第 22 条第 3 款规定的创造性。(3) 对于请求人的复审理由，合议组认为：对比文件已经给出了竹醋液对农药具有增效作用的技术启示，本领域技术人员能够想到将竹醋液用于常见的其他农药从而实现增效效果，从本申请说明书记载的内容看，也看不出将竹醋液用于这些具体种类的农药产生了预料不到的技术效果；对比文件 1 已经公开竹醋液与杀扑磷的具体增效配比，并给出竹醋液与其他农药具有增效作用的启示，本领域技术人员获得本申请要求保护的技术方案是显而易见的。

针对《复审通知书》指出的问题，请求人于 2009 年 9 月 30 日提交了意见陈述书，未修改申请文件，但提交了一份附件：

附件 1：Dong Hun Kim et al，Effects of Wood Vinegar Mixted with Insecticides on the Mortalities of Nilaparvata Iugens and Laodelphax atriatellus（Homoptera：Delphacidae），Animal Cells and Systems 12：47~52，2008。

请求人认为：(1) 对比文件 1 公开了竹醋液与几种具体杀虫剂的增效效果，但不能认定竹醋液对所有农药都有增效作用。附件 1 表明木醋液对氨基甲酸酯类杀虫剂有增效作用，但仅对丁硫克百威有增效作用，对其他氨基甲酸酯类杀虫剂则完全没有增效作用，如克百威。(2) 在权利要求 1 与对比文件 1 的组成物质不同的前提下，对其配比进行比较毫无意义，而且本申请对具体的杀菌剂、除草剂、植物生长调节剂也不是列举，而是具体限定。(3) 对比文件 1 使用的都是现混现用的技术方案，一般不需要较高的技术含量，只要知道酸性材料和酸性农药现混现用，而本申请是做成增效型的制剂，使用方便，而竹醋液并不是能与所有的农药做成制剂的，这需要筛选和大量的研究工作，还需要研究储存稳定性。(4) 权利要求 1 的技术方案解决了背景技术中所述的技术问题，本申请说明书实施例部分的增效实验效果证明，权利要求1的含竹醋液的农药制剂具有明显的增效作用，与现有技术相比具有突出的实质性特点和显著的进步。

至此，合议组认为本案事实已经清楚，可以作出审查决定。

二、决定的理由

1. 关于审查文本

本复审请求审查决定针对的文本是驳回决定所针对的文本。

2. 关于专利法第22条第3款

专利法第22条第3款规定：创造性，是指同申请日以前已有的技术相比，该发明有突出的实质性特点和显著的进步，该实用新型有实质性特点和进步。

如果发明要求保护的技术方案与对比文件公开的技术方案相比存在区别特征，但是该对比文件中给出了采用该区别特征来解决该发明实际要解决的技术问题的技术启示，并且该区别特征的引入也没有产生预料不到的技术效果，则该发明不具有创造性。

就本申请而言，权利要求1要求保护一种含植醋液的农药制剂，该制剂含有植醋液50%~80%，杀菌剂、除草剂或植物生长调节剂10%~50%，并列举了大量具体的杀菌剂、除草剂或植物生长调节剂。

对比文件1公开了含竹醋液（植醋液的一种）的农药制剂，以及竹醋液对几种杀虫剂的增效效果，并具体公开了以下的技术方案："40%杀扑磷乳油2000倍添加竹醋液300倍、400倍、500倍、600倍、700倍共5个处理，并以杀扑磷1000倍作对照药剂处理"（参见对比文件1第144~145页"试验方法"部分第1.2.4节），其中当40%杀扑磷乳油2000倍添加竹醋液700倍时，折算后杀扑磷和竹醋液的配比为7：50，落入权利要求1的配比范围。同时，该对比文件中的实验结果表明竹醋液对杀虫剂具有一定的增效作用（参见对比文件1第146页"结果与分析"部分第2.1节，表4）。

将权利要求1要求保护的技术方案与对比文件1公开的技术内容进行比较可知，其区别在于：权利要求1中将对比文件1中的杀虫剂杀扑磷替换为杀菌剂、除草剂或植物生长调节剂，并列举了大量具体的杀菌剂、除草剂或植物生长调节剂。结合本申请说明书和对比文件1所公开的内容，本申请相对于对比文件1实际解决的技术问题是：提供含有植醋液作为增效剂的农药制剂，其中的农药为杀菌剂、除草剂或植物生长调节剂。

然而，对比文件1的第144页记载了竹醋液在农业上主要用于土壤消毒、杀菌防病以及作为农药增效剂，教导了本领域技术人员可以将竹醋液应用于各种农药中作为增效剂。对比文件1中记载的竹醋液的作用与权利要求1技术方案中的植醋液的作用相同。由此可见，对比文件1中已经给出了植醋液用作增效剂与其他农药（杀菌剂、除草剂或植物生长调节剂）合用的技术启示，本领域技术人员很容易想到将植醋液与杀菌剂、除草剂或植物生长调节剂这些农药复配，得到含植醋液的农药制剂。因此，本领域技术人员在对比文件1的基础上得到权利要求1的技术方案是显而易见的，而且权利要求1所述的农药制剂也没有产生任何预料不到的技术效果，权利要求1相对于对比文件1不具有突出的实质性特点和显著的进步，不具备专利法第22条第3款规定的创造性。

权利要求2和3是权利要求1的从属权利要求，其附加技术特征限定了植醋液的种类和农药制剂的类型，本领域技术人员对植醋液和农药制剂类型作出选择是显而易见的，其产生的效果也是可以预见的，因此，在权利要求1不具备创造性的基础上，从属权利要求2和3也不具备专利法第22条第3款规定的创造性。

对于请求人答复《复审通知书》的意见陈述，合议组认为：（1）附件1的公开日在本申请申请日之后，不属于现有技术，无法用于评价本申请权利要求是否具备创造性。另外，对比文件1已经明确指出竹醋液可以作为农药增效剂，本领域技术人员有动机将竹醋液用于常见的其他农药（杀菌剂、除草剂或植物生长调节剂）从而实现增效效果，并不需要创造性的劳动，从本申请说明书记载的内容看，也看不出将竹醋液用于这些具体的农药产生了预料不到的技术效果。（2）对比文件 1 中公开了竹醋液与杀虫剂的配比，在对比文件 1 已经公开竹醋液与杀扑磷的具体增效配比，并给出竹醋液与其他农药具有增效作用的启示下，选择农药制剂的配比是本领域常见的技术手段，竹醋液与其他农药的配比是本领域技术人员很容易做到的，并且采用本申请的农药制剂也没有产生预料不到的技术效果。（3）对比文件 1 已经公开了含竹醋液的农药制剂，并且本申请权利要求 3 中限定的各种剂型也未带来预料不到的技术效果。（4）本申请说明书实施例部分的增效实验效果记载了含竹醋液的农药制剂（包括杀虫剂）具有增效作用，并没有记载具体测定和计算方法等，因此无法比较本申请的增效效果相对于对比文件 1 的增效效果有何不同，不足以证明本申请的农药制剂产生了预料不到的技术效果。故对于请求人的主张，合议组不予支持。

根据上述事实和理由，合议组作出如下审查决定。

三、决定

维持国家知识产权局于 2007 年 7 月 6 日对 200610049233.6 号发明专利申请作出的驳回决定。

复审请求人对本决定不服的，可以根据专利法第 41 条第 2 款的规定，自收到本决定之日起三个月内向北京市第一中级人民法院起诉。

224

含有抗微生物剂、水中可再分散的聚合物粉末组合物在矿物建筑组合物中的用途

复审请求审查决定（第 20572 号）

决　　定　　号　第 20572 号
决　　定　　日　2009 年 12 月 9 日
发明创造名称　含有抗微生物剂、水中可再分散的聚合物粉末组合物在矿物建筑组合物中的用途
国 际 分 类 号　A01N25/24，C09D5/02
复 审 请 求 人　瓦克化学股份公司
申　　请　　号　200480035545.0
优　先　权　日　2003 年 12 月 18 日
申　　请　　日　2004 年 12 月 9 日
公　　开　　日　2006 年 12 月 27 日
合 议 组 组 长　刘　静
主　　审　　员　沈　钱
参　　审　　员　吴红权

法 律 依 据　专利法第 26 条第 3 款
决 定 要 点

如果所属技术领域的技术人员按照说明书记载的内容，就能够实现发明的技术方案，解决其技术问题，并且产生预期的技术效果，则说明书满足了充分公开的要求。

一、案由

本复审请求案涉及发明名称为“含有抗微生物剂、水中可再分散的聚合物粉末组合物在矿物建筑组合物中的用途”的 200480035545.0 号发明专利申请（下称本申请），申请人为瓦克聚合系统两合公司（后变更为瓦克化学股份公司），申请日为 2004 年 12 月 9 日，优先权日为 2003 年 12 月 18 日，公开日为 2006 年 12 月 27 日。

2008 年 5 月 9 日，针对申请人于 2006 年 5 月 31 日进入中国国家阶段提交的国际申请文件的中文译文的说明书第 1~10 页、说明书摘要、权利要求第 1~10 项，国家知识产权局以本申请不符合专利法第 26 条第 3 款的规定为由驳回了本申请。

驳回决定认为：（1）说明书未详细描述申请人认为实现发明的优选的具体实施方式，尤其是未提供所述共聚物的各组分配比含量以及该共聚物在所述组合物中的配比含量，而且本申请也不属于技术方案比较简单而不必在具体实施方式部分再作重复说明的情况，致使所属领域的技术人员按照说明

书的记载内容不能实现该发明。(2) 申请人引用参考文献 CN 1385391A 和 CN 1386718A 来说明本发明说明书具体实施方式中所述水中可再分散的聚合物粉末是现有技术，但参考文献 CN 1385391A 和 CN 1386718A 中所述水中可再分散的聚合物粉末组合物是上位概念的组合物，其包括大量的具体水中可再分散的聚合物粉末组合物，而本申请说明书的具体实施方式中所述的是具体的水中可再分散的聚合物粉末组合物，所以上述参考文献无法证明何为本申请说明书的具体实施方式中所用的具体水中可再分散的聚合物粉末组合物，也不能证明本申请说明书的具体实施方式中所用的具体水中可再分散的聚合物粉末组合物是现有技术。在说明书的具体实施方式部分并没有给出具体使用的水中可再分散的聚合物粉末组合物，尤其是水中可再分散的聚合物粉末组合物中的主要成分即所述共聚物中各种共聚单体的配比含量以及该共聚物在所述组合物中的配比含量，而这部分内容是理解和实现发明必不可少的内容。因此，说明书的内容公开不充分，不符合专利法第 26 条第 3 款的规定。

驳回决定针对的权利要求书如下：

“1. 含有杀生物剂的水中可再分散的聚合物粉末组合物在矿物建筑材料组合物中的用途，其中以形成薄膜的聚合物为主要成分的水中可再分散的聚合物粉末组合物含有 0.001 至 0.5 重量% 的杀生物活性添加剂。

2. 根据权利要求 1 所述的用途，其特征在于，使用杀真菌剂作为杀生物剂。

3. 根据权利要求 1 或 2 所述的用途，其特征在于，使用选自异噻唑啉酮和苯并异噻唑啉酮的化合物作为杀生物剂。

4. 根据权利要求 3 所述的用途，其特征在于，使用 N-辛基异噻唑啉酮作为杀生物剂。

5. 根据权利要求 1 至 4 之一所述的用途，其特征在于，以所述水中可再分散的聚合物粉末组合物的总重量为基准，所述杀生物剂的使用量为 0.001 至 0.1 重量%。

6. 根据权利要求 1 至 5 之一所述的用途，其特征在于，所用的形成薄膜的聚合物是以一种或更多种选自以下组中的单体为主要成分的聚合物：乙烯基酯、(甲基) 丙烯酸酯、乙烯基芳烃、烯烃、1，3-二烯烃及卤乙烯以及任选的可与它们进行共聚合的其他单体。

7. 根据权利要求 6 所述的用途，其特征在于，所用的形成薄膜的聚合物选自以下组中：包括乙酸乙烯酯和乙烯的共聚物；包括乙酸乙烯酯、乙烯和具有 9 至 11 个碳原子的 α-分支型单羧酸的乙烯基酯的共聚物；包括苯乙烯和一种或更多种选自以下组中的单体的共聚物：丙烯酸甲酯、丙烯酸乙酯、丙烯酸丙酯、丙烯酸正丁酯、丙烯酸 2-乙基己酯。

8. 根据权利要求 1 至 7 之一所述的用途，其特征在于，所述水中可再分散的聚合物粉末组合物是通过在干燥之前将杀生物剂混入含水的聚合物分散体中或在干燥之后才添加而制得的。

9. 根据权利要求 1 至 8 之一所述的用途，其是与诸如水泥或水玻璃的水固性粘合剂结合使用，或用于含有石膏的组合物中，或用于含有石灰的组合物中，或用于不含水泥和/或与塑料结合的组合物中。

10. 根据权利要求 9 所述的用途，其是用于制造建筑粘着剂，尤其是砖瓦粘着剂及完全绝热粘着剂，以及用于粉刷头道浆、抹平剂、地板抹平剂、自找平剂、密封泥浆、接缝砂浆及油漆，还用于隧道建筑和地下建筑的密封薄膜。”

2008 年 8 月 25 日，申请人瓦克化学股份公司 (下称请求人) 对上述驳回决定不服，向专利复审委员会提出复审请求，请求人在提出复审请求时对说明书进行了修改，在说明书第 8~9 页实施例 1 和实施例 2 中增加了 “71 重量%”、“17.5 重量%”、“11.5 重量%”。

请求人认为：本发明的发明点在于杀生物活性添加剂在所述组合物中的含量，而所述共聚物中各组份的比例以及所述共聚物在所述组合物中的比例均是现有技术中已知的。因此，本领域技术人员根据所属技术领域的现有技术以及本申请说明书中的详细描述完全能够实施本发明的技术方案，说明书符合专利法第 26 条第 3 款的规定。

经形式审查合格后，专利复审委员会受理了该请求，并于 2008 年 10 月 15 日向请求人发出了《复审请求受理通知书》，同时将本申请转送至国家知识产权局原审查部门进行前置审查。

在《前置审查意见书》中，国家知识产权局原审查部门认为说明书的修改超出了原说明书和权利要求书记载的范围，因此修改是不允许的；根据驳回决定正文所述的理由，本申请说明书的内容公开不充分，不符合专利法第 26 条第 3 款的规定。因此坚持驳回决定。

专利复审委员会组成合议组，对本复审请求案进行了审理。

针对上述复审请求，专利复审委员会依法成立合议组对本案进行了审理。本案合议组于 2009 年 8 月 5 日发出复审通知书，其中指出：请求人在原申请文件中未记载实施例 1 和 2 中各个原料（乙酸乙烯酯、叔碳酸乙烯酯和乙烯）组分的配比百分比，因此增加的上述内容没有明确的记载在原说明书和权利要求书中，所属领域的技术人员所看到的信息与原申请文件记载的明显不同，而且，实施例 1、2 中各单体的配比并不是所属领域的技术人员由原说明书和权利要求书所记载的内容能够直接地、毫无疑义地确定的内容。因此，说明书第 8~9 页的修改超出原说明书和权利要求书记载的范围，不符合专利法第 33 条的规定。

针对上述复审通知书，复审请求人于 2009 年 9 月 21 日提交了意见陈述书、说明书第 8、9 页的修改替换页及参考文献 EP1238958A1 和 EP1260490A1，其中将说明书改回了原始提交的说明书第 8、9 页。

经合议，合议组认为本案事实清楚，可以作出审查决定。

二、决定的理由

1. 关于文本

本复审请求审查决定针对的文本是请求人于 2006 年 5 月 31 日进入中国国家阶段提交的国际申请文件的中文译文的说明书第 1~7、10 页、说明书摘要、权利要求第 1~10 项，2009 年 9 月 21 日提交的说明书第 8、9 页。

2. 关于专利法第 33 条

专利法第 33 条规定，申请人可以对其专利申请文件进行修改，但是，对发明和实用新型专利申请文件的修改不得超出原说明书和权利要求书记载的范围。

请求人在答复《复审通知书》时将说明书第 8、9 页改回原始提交的文本，克服了《复审通知书》中所指出的说明书第 8~9 页的修改不符合专利法第 33 条规定的缺陷。

3. 关于专利法第 26 条第 3 款

专利法第 26 条第 3 款规定：说明书应当对要求保护的发明作出清楚、完整的说明，以所属技术领域的技术人员能够实现为准。

如果所属技术领域的技术人员按照说明书记载的内容，就能够实现发明的技术方案，解决其技术问题，并且产生预期的技术效果，则说明书满足了充分公开的要求。

就本申请而言，其请求保护的是含有杀生物剂的水中可再分散的聚合物粉末组合物在矿物建筑材料组合物中的用途，其中以形成薄膜的聚合物为主要成分的水中可再分散的聚合物粉末组合物含有 0.001 至 0.5 重量% 的杀生物活性添加剂。

驳回决定认为说明书未充分公开主要是基于以下两点：（1）说明书未详细描述实现发明的优选的具体实施方式，尤其是未提供所述共聚物的各组分配比含量以及该共聚物在所述组合物中的配比含量，本申请也不属于技术方案比较简单而不必在具体实施方式部分再作重复说明的情况；（2）参考文献 CN1385391A 和 CN1386718A 中所述水中可再分散的聚合物粉末组合物是上位概念的组合物，而本申请说明书的具体实施方式中所述的是具体的水中可再分散的聚合物粉末组合物，参考文献无法证明何为本申请说明书的具体实施方式中所用的具体水中可再分散的聚合物粉末组合物，也不能证明本申请说明书的具体实施方式中所用的具体水中可再分散的聚合物粉末组合物是现有技术。

依据本申请说明书第一页背景技术的记载，石灰或水泥粘合的建筑材料组合物为了防止气候影响和微生物、真菌和藻类的侵害需要以高活性浓度加入杀真菌剂和/或除藻剂，但此情况下的缺点是，这些活性物质在含水建筑组合物中存在的强碱性条件下迅速分解，并因此而必须大量使用，否则在一定时间之后效果迅速下降。目前也有使用水中可再分散的粉末作为建筑黏合剂，但在制造和使用再分散粉末时，由于干燥状态下不会被侵害，所以不使用微生物活性添加剂。如说明书第 2~8 页的描述，本申请所要解决的技术问题是提供用于建筑材料组合物的可再分散的分散体粉末，其中含有 0.001~0.5 重量% 的杀生物活性添加剂，其在用于处理外部涂层时，可有效地对抗微生物、藻类和真菌的侵害。上述含有杀生物剂的分散体粉末用于处理外部区域中的涂层特别有利，与目前用于对抗微生物侵害的情况相比，可以明显更少的活性物质含量加以保护。所得结果表明杀生物剂的使用量可降低十倍或更多，并且还相应地具有关于经济、生态和操作安全性方面的优点。

可见，本申请的发明点在于，水中再分散的聚合物粉末组合物中添加有 0.001 至 0.5 重量% 的杀生物活性添加剂。说明书第 2 页第 13~25 行对于可选择的具体的杀生物剂和用量作了详细描述。因此，本案的焦点在于本申请对于水中可再分散的聚合物粉末组合物的主要成分——形成薄膜的聚合物的描述是否符合充分公开的要求。

对此，合议组认为：（1）经查证，说明书中记载了本申请所用的合适的形成薄膜的聚合物是“以一种或多种选自以下组中的单体为主要成分的聚合物：乙烯基酯、（甲基）丙烯酸酯、乙烯基芳烃、烯烃、1，3-二烯烃及卤乙烯以及任选的可与它们进行共聚合的其他单体”，并且列举了各类单体的具体选择（参见说明书第 3 页第 1 段-第 5 页第 2 段）。说明书第 4 页第 13~20 行记载了“选择单体或选择共聚单体的重量份，通常使玻璃态转化温度 Tg≤40℃，优选-10℃至+50℃”，并给出了计算公式。在说明书的具体实施方式部分，实施例 1 和 2 记载了本申请所述产品的具体制备，其是通过先制备聚合物，然后加入杀生物剂（N-辛基异噻唑啉酮）的方法制备的。其中聚合物通过下面的方法制备：“将 10 份（固体/固体）水解度为 88 摩尔% 且 Hppler 粘度为 4 毫帕斯卡 · 秒的聚乙烯醇混入玻璃态转化温度为 5℃的、由乙酸乙烯酯、叔碳酸乙烯酯（Veova10）和乙烯形成的共聚物的由聚乙烯醇稳定化的分散体中，并调节至固体含量为 35%。”可见，说明书已经公开了形成薄膜的聚合物可选择的单体，以及单体各重量的选择方法。

（2）虽然说明书具体实施方式中仅给出了聚合物的单体组成，没有记载聚合单体的比例，但是所用的单体均是本领域常见的制备水中可再分散的聚合物粉末的单体，本领域技术人员可根据需要选择合适的单体比例，而且本申请的发明点在于水中再分散的聚合物粉末组合物中添加有 0.001 至 0.5 重量% 的杀生物活性添加剂，并不在于形成薄膜的聚合物本身。

（3）与本申请所述的单体成分相同的聚合物在现有技术中是已知的，如请求人提及的现有技术 CN1385391A（公开日 2002 年 12 月 18 日）和 CN1386718A（公开日 2002 年 12 月 25 日）中都公开了用于建筑材料的水中可再分散的聚合物粉末，其中具体公开了乙酸乙烯基酯聚合物中，其中包括 1 至 50wt% 的叔碳酸乙烯酯（VeoVa10R），亦可含有 1 至 40wt% 乙烯，分散体可用乳化剂或保护胶体（如聚乙烯醇）加以稳定化（参见 CN1385391A 说明书第 4 页第 3 段和第 7 段、CN1386718A 说明书第 4 页第 1 段和第 6 段），即现有技术中已经公开了与本申请具体实施方式所用单体成分相同的聚合物，并且给出了各聚合单体的比例。因此，本领域技术人员根据说明书的描述以及上述现有技术的教导，结合其普通技术知识，可以得到本申请所述的形成薄膜的聚合物，即说明书对于形成薄膜的聚合物的公开符合专利法第 26 条第 3 款的要求。

综上所述，说明书对于水中可再分散的聚合物粉末组合物的主要成分——形成薄膜的聚合物以及所添加的杀生物活性添加剂的描述均符合充分公开的要求，本领域普通技术人员在阅读了本申请说明书以后，根据说明书的记载和现有技术知识能够实现权利要求要求保护的技术方案，解决其技术问题，并产生预期的技术效果，因此，本申请的说明书符合专利法第 26 条第 3 款的规定。

根据上述事实和理由，合议组作出如下审查决定。

三、决定

撤销国家知识产权局于 2008 年 5 月 9 日针对 200480035545.0 号发明专利申请作出的驳回决定，由国家知识产权局原审查部门以复审决定所针对的文本为基础继续审批程序。

复审请求人对本决定不服的，可根据专利法第 41 条第 2 款的规定，自收到本决定之日起三个月内向北京市第一中级人民法院起诉。

225

用于治疗雄激素依赖性疾病的3型17β-羟基类固醇脱氢酶抑制剂

复审请求审查决定（第20573号）

决　定　号　第20573号
决　定　日　2009年8月3日
发明创造名称　用于治疗雄激素依赖性疾病的3型17β-羟基类固醇脱氢酶抑制剂
国际分类号　C07D401/06，A61K31/496，C07D241/04，C07D409/14，A61P35/00
复审请求人　先灵公司
申　请　号　02817250.7
申　请　日　2002年9月5日
优先权日　2001年9月6日
公　开　日　2004年12月1日
合议组组长　侯　曜
主　审　员　沈　钱
参　审　员　李新芝

法律依据　专利法第33条，第31条第1款，专利法实施细则第20条第1款
决定要点
以删除方式修改后的权利要求克服了驳回决定及《复审通知书》指出的缺陷，驳回理由不再成立。

一、案由

本复审请求案涉及发明名称为“用于治疗雄激素依赖性疾病的3型17β-羟基类固醇脱氢酶抑制剂”的02817250.7号发明专利申请（下称本申请），申请人为先灵公司，申请日为2002年9月5日，优先权日为2001年9月6日，公开日为2004年12月1日。

2008年9月5日，针对申请人于2008年3月19日提交的权利要求书第1~7、9~32项，2006年6月22日提交的权利要求书第8项，进入中国国家阶段时提交的国际申请文件的中文文本的说明书第1~238页和说明书摘要，国家知识产权局以权利要求17不符合专利法实施细则第20条第1款的规定为由驳回了本申请。

驳回决定所针对的权利要求书的权利要求1和权利要求17如下：

“1. 一种式（I）化合物或其药学上可接受的盐：

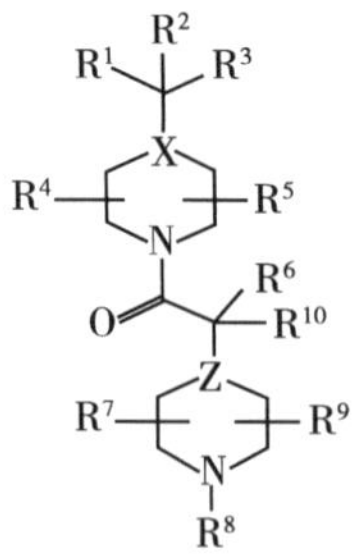

其中，

R^1 和 R^2 是相同或不同的基团并且独立选自芳基、杂芳基、芳基烷基和杂芳基烷基，各基团任选被 1~6 个选自以下的基团取代：

a）卤素；

b）$-OCF_3$ 或$-OCHF_2$；

c）$-CF_3$；

d）$-CN$；

e）烷基或 R^{18}-烷基；

f）杂烷基或 R^{18}-杂烷基；

g）芳基或 R^{18}-芳基；

h）杂芳基或 R^{18}-杂芳基；

i）芳基烷基或 R^{18}-芳基烷基；

j）杂芳基烷基或 R^{18}-杂芳基烷基；

k）羟基；

l）烷氧基；

m）芳氧基；

n）$-SO_2$-烷基；

o）$-NR^{11}R^{12}$；

p）$-N(R^{11})C(O)R^{13}$；

q）亚甲二氧基；

r）二氟亚甲二氧基；

s）环丙基甲氧基；

t）$-SCH_3$ 或$-SCF_3$；

u）$-SO_2CF_3$ 或$-NHSO_2CF_3$；

R^3 为 H、-OH、烷氧基或烷基，条件是当 X 为 N 时，R^3 不为-OH 或烷氧基；

R^4 和 R^5 为相同或不同基团并且独立选自以下基团：H、烷基、杂烷基、芳基、

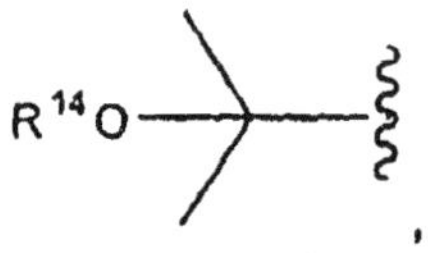，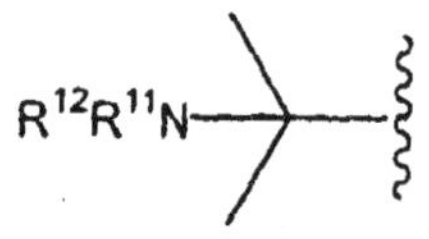 和 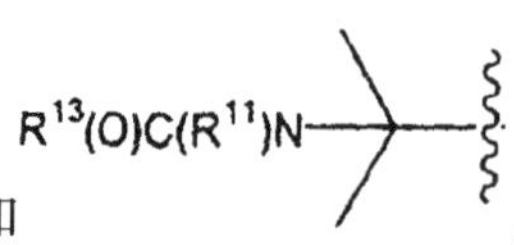，

R^7 和 R^8 为相同或不同基团并且独立选自以下基团：H、烷基、芳基、

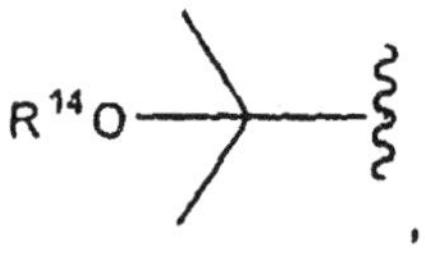，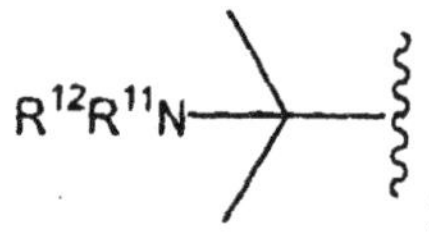 和 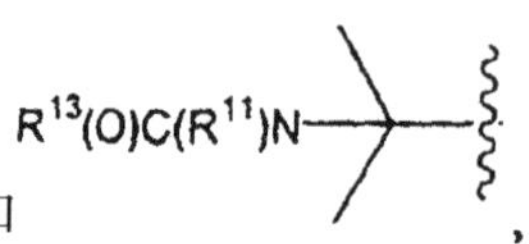，

R^6 选自$-C(O)R^{15}$和$-SO2R^{15}$；

R^9 和 R^{10}为相同或不同基团并且独立选自以下基团：H、F、$-CF_3$、烷基、羟基、烷氧基、$-NR^{11}R^{12}$和$-N(R^1)C(O)R^{13}$；

R^{11}选自 H、烷基、芳基和杂芳基；

R^{12}选自 H、烷基、芳基和杂芳基；

R^{13}选自烷基、烷氧基和芳氧基；

R^{14}选自 H、烷基、芳基和杂芳基；

R^{15}选自以下基团：$-NR^{16}R^{17}$、$-OR^{16}$、烷基、环烷基、杂环烷基、芳基、芳基烷基和杂芳基烷基，各基团任选被 R^{18}取代；

R^{16}和 R^{17}为相同或不同基团并且独立选自以下基团：H、烷基、芳基、芳基烷基、杂烷基和杂芳基，各基团任选被 R^{18}取代，条件是当 R^{15}为$-OR^{16}$时，R^{16}不为 H；

R^{18}为 1~4 个独立选自以下的取代基：C_{1-6}烷基、卤基、氰基、硝基、卤代烷基、羟基、烷氧基、烷氧基羰基、羧基、羧基烷基、甲酰胺基、巯基、氨基、烷基氨基、二烷基氨基、磺酰基、亚磺酰氨基、环烷基、杂环烷基、杂环烷基烷基、芳基和杂芳基；

X 为 N 和 Z 为 C；

其中，

所述烷基表示含有 1~20 个碳原子的直链或支链饱和烃链；

所述环烷基表示含有 3~15 个碳原子的饱和碳环；

所述芳基表示含有一个或两个芳族环的单环或双环环系，其选自苯基、萘基、茚基、四氢萘基、茚满基、蒽基、芴基；

术语“杂芳基”是指 5 元或 10 元单环或苯并稠合的芳族环，含有 1~3 个独立选自-O-、-S 和-N=的杂原子，条件是所述环不含相邻氧和/或硫原子，其中所述杂芳基可以未被取代或被 1、2 或 3 个独立选自以下的取代基取代：C_{1-6}烷基、卤基、氰基、硝基、卤代烷基、羟基、烷氧基、羧基、羧基烷基、甲酰胺基、巯基、氨基、烷基氨基和二烷基氨基；

术语“杂芳基烷基”是指通过烷基连接的杂芳基；

术语“杂环烷基”是指含有至少一个杂原子的环烷基；

术语“杂烷基”是指含有至少一个杂原子的烷基。

17. 权利要求 1 的化合物或其药学上可接受盐，该化合物为

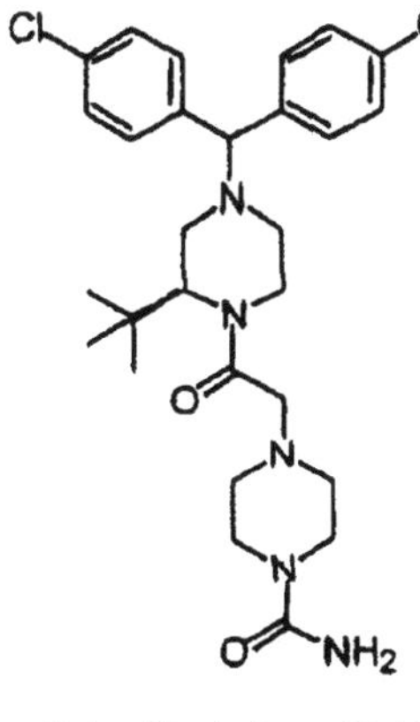

。”

驳回决定认为：权利要求 17 涉及一种权利要求 1 的具体化合物，但该化合物的结构超出了权利要求 1 对 Z、X 的定义范围，因此权利要求 17 所述的化合物超出了其所引用的权利要求 1 的定义范围，不符合专利法实施细则第 20 条第 1 款的规定。

2008 年 9 月 19 日，申请人先灵公司（下称请求人）对上述驳回决定不服，向专利复审委员会提

出复审请求。请求人在提出复审请求时提交了权利要求第15~32项的修改替换页，将权利要求17修改为独立权利要求的形式，并相应修改了权利要求18、19、21、22、31的引用关系，即把所述权利要求由引用权利要求1修改为引用权利要求1或17。

修改后的权利要求17如下所示：

“17. 下式化合物或其药学上可接受盐，该化合物为

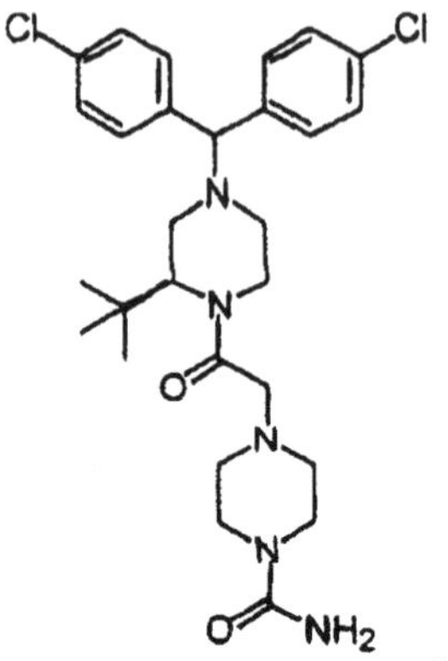

。”

请求人认为，修改后的权利要求17为独立权利要求，因此修改后的权利要求17克服了驳回决定所指出的缺陷，符合专利法实施细则第20条第1款的规定。

经形式审查合格后，专利复审委员会受理了该请求，并于2008年11月14日向请求人发出了《复审请求受理通知书》，同时将本申请转送至国家知识产权局原审查部门进行前置审查。

在《前置审查意见书》中，国家知识产权局原审查部门认为，权利要求17所要求保护的化合物与权利要求1的化合物之间不具有相同的主体结构单元，未能克服《第一次审查意见通知书》中指出的单一性问题，不符合专利法第31条第1款的规定，坚持驳回决定。

专利复审委员会组成合议组，对本复审请求案进行了审理。

合议组于2009年4月7日向请求人发出《复审通知书》，指出：（1）在请求人于2008年3月19日提交的权利要求书中，权利要求1的技术方案存在“选自芳基、杂芳基、芳基烷基和杂芳基烷基的R^1和R^2可被环丙基甲氧基取代”的技术方案，而该技术方案在原申请文件中并没有记载，也不能从原申请文件中直接、毫无疑义地确定，因此请求人对权利要求1的修改超出了原申请文件的记载范围，不符合专利法第33条的规定；（2）权利要求1的通式化合物与权利要求17的化合物之间并不具有如上所示通式（I）的共同结构单元。在此基础上，权利要求1的化合物与权利要求17的化合物之间的共同结构为N-甲酰基哌嗪，但该共同结构也不能够构成这些化合物与现有技术的区别特征。在权利要求1的化合物与权利要求17的化合物之间并不具有能够构成与现有技术区别特征的共同结构的前提下，由于本领域技术人员根据现有技术无法预期权利要求1的化合物与权利要求17的化合物具有共同的性能或作用，因此权利要求1与权利要求17之间无相同或相应的特定技术特征，不具有单一性，不符合专利法第31条第1款的规定。

针对上述《复审通知书》，请求人于2009年6月4日提交了意见陈述书，同时对权利要求书进行了修改，其中删除了权利要求1中通式（I）化合物R^1和R^2选自芳基、杂芳基、芳基烷基和杂芳基烷基时其取代基为“环丙基甲氧基”的技术方案，并相应删除了权利要求7、8中落入被删除的技术方案范围内的具体化合物，并将这些具体化合物写为新的独立权利要求16，同时将原权利要求15改写为从属于新的权利要求16，并删除权利要求17。

请求人认为，所述修改克服了《复审通知书》所指出的权利要求1修改超范围以及权利要求1和权利要求17之间缺乏单一性的问题。

至此，合议组认为本案事实清楚，可以作出审查决定。

二、决定的理由

1. 关于文本

请求人于2009年6月4日提交了权利要求书第1~32项的修改替换页，经审查，所述修改符合专利法实施细则第60条第1款的规定，因此，本复审请求审查决定是以请求人于2009年6月4日提交的权利要求第1~32项，进入中国国家阶段时提交的国际申请文件的中文文本的说明书第1~238页和说明书摘要为基础作出的。

2. 关于专利法第33条

专利法第33条规定：申请人可以对申请文件进行修改，但是，对发明和实用新型专利申请文件的修改不得超出原说明书和权利要求书记载的范围。

以删除方式修改后的权利要求克服了驳回决定及《复审通知书》指出的缺陷，驳回理由不再成立。

具体到本申请而言，《复审通知书》认为本申请修改超范围的原因为：在请求人于2008年3月19日提交的权利要求书中，权利要求1要求保护一种如上式（I）所示化合物或其药学上可接受的盐，其中选自芳基、杂芳基、芳基烷基和杂芳基烷基的R^1和R^2上取代基“环丙基甲氧基”的内容记载在原申请文件的权利要求6和说明书第20页第12行，但由于在原申请文件的上述部分中，R^1和R^2被具体限定为选自苯基和吡啶基，并进一步限定苯基和吡啶基可被环丙基甲氧基取代，而在权利要求1中，R^1和R^2被限定为独立选自芳基、杂芳基、芳基烷基和杂芳基烷基，也就是说，原申请文件中所记载的“环丙基甲氧基”并非是针对权利要求1中的芳基、杂芳基、芳基烷基和杂芳基烷基所进行的限定。因此权利要求1的技术方案便存在“选自芳基、杂芳基、芳基烷基和杂芳基烷基的R^1和R^2可被环丙基甲氧基取代”的技术方案，而该重新组合后的技术方案在原申请文件中并没有记载，也不能从原申请文件中直接、毫无疑义地确定，因此请求人对权利要求1的修改超出了原申请文件的记载范围，不符合专利法第33条的规定；

在请求人于2009年6月4日提交的权利要求书替换页中，已经删除了权利要求1通式（I）化合物中的R^1和R^2选自芳基、杂芳基、芳基烷基和杂芳基烷基时其取代基为“环丙基甲氧基”的技术方案，对此，合议组认为，如此修改克服了《复审通知书》所指出的上述修改超范围问题，符合专利法第33条的规定。

3. 关于专利法第31条第1款

专利法第31条第1款规定：一件发明或者实用新型专利申请应当限于一项发明或者实用新型。属于一个总的发明构思的两项以上的发明或者实用新型，可以作为一件申请提出。

具体到本申请而言，《复审通知书》认为本申请权利要求1和权利要求17之间缺乏单一性的理由为：在请求人于2008年3月19日提交的权利要求书中，权利要求1的通式化合物与权利要求17的化合物之间并不具有如上所示通式（I）的共同结构单元。在此基础上，权利要求1的化合物与权利要求17的化合物之间的共同结构为N-甲酰基哌嗪，但该共同结构也不能够构成这些化合物与现有技术的区别特征。在权利要求1的化合物与权利要求17的化合物之间并不具有能够构成与现有技术区别特征的共同结构的前提下，由于权利要求1的化合物与权利要求17的化合物之间化学结构差异很大，本领域技术人员根据现有技术无法预期权利要求1的化合物与权利要求17的化合物具有共同的性能或作用，即本领域技术人员根据现有技术无法预期权利要求1的化合物与权利要求17的化合物在结构差别很大的情况下均具有如本申请说明书所述的抑制17-羟基类固醇脱氢酶活性。因此，权利要求1与权利要求17之间无相同或相应的特定技术特征，不具有单一性，不符合专利法第31条第1

款的规定。

在请求人于2009年6月4日提交的权利要求书替换页中，已经删除了与权利要求1的技术方案不具有单一性的权利要求17的技术方案，对此，合议组认为，如此修改克服了《复审通知书》所指出的上述单一性问题，符合专利法第31条第1款的规定。

4. 关于专利法实施细则第20条第1款

专利法实施细则第20条第1款规定：权利要求书应当说明发明或者实用新型的技术特征，清楚、简要地表述请求保护的范围。

具体到本申请而言，驳回决定认为，权利要求17涉及一种权利要求1的具体化合物，但该化合物的结构超出了权利要求1对Z、X的定义范围，因此权利要求17所述的化合物超出了其所引用的权利要求1的定义范围，不符合专利法实施细则第20条第1款的规定。

在请求人于2009年6月4日提交的权利要求书替换页中，已经删除了驳回决定所针对的对Z、X的定义范围超出了权利要求1的定义范围的权利要求17的技术方案，对此，合议组认为，如此修改便克服了驳回决定所指出的上述权利要求17的保护范围不清楚的问题，符合专利法实施细则第20条第1款的规定。

综上所述，驳回决定及《复审通知书》中所指出的修改超范围的缺陷均已被克服。

根据上述事实和理由，合议组作出如下审查决定。

三、决定

撤销国家知识产权局于2008年9月5日针对02817250.7号发明专利申请作出的驳回决定，由国家知识产权局原审查部门以本复审决定所针对的文本为基础继续审批程序。

复审请求人对本决定不服的，可以根据专利法第41条第2款的规定，自收到本决定之日起三个月内向北京市第一中级人民法院起诉。

226

亚硫酸铵肥料

复审请求审查决定（第 20576 号）

决　　定　　号　第 20576 号
决　　定　　日　2009 年 11 月 28 日
发明创造名称　亚硫酸铵肥料
国 际 分 类 号　C05G1/00；C05B17/00；C05C9/00；C05C3/00；C05D1/02；C05D9/02
复 审 请 求 人　陈永兴
申　　请　　号　200510022006. X
申　　请　　日　2005 年 11 月 3 日
公　　开　　日　2007 年 5 月 9 日
合 议 组 组 长　李亚林
主　　审　　员　刘　磊
参　　审　　员　王晓东

法 律 依 据　专利法第 33 条
决 定 要 点

对专利申请文件进行修改的依据是原始申请文件，如果修改的内容在原始申请文件中没有记载，也不能从原始申请文件记载的信息中直接地、毫无疑义地确定，则上述修改不符合专利法第 33 条的规定。

一、案由

本复审请求案涉及发明名称为“亚硫酸铵肥料”的 200510022006. X 号发明专利申请（下称本申请），申请人为陈永兴，申请日为 2005 年 11 月 3 日，公开日为 2007 年 5 月 9 日。

2008 年 1 月 11 日，针对申请人于 2005 年 11 月 3 日提交的权利要求第 1~4 项，说明书第 1~5 页和说明书摘要，国家知识产权局以本申请权利要求 1、3 和 4 不符合专利法第 22 条第 2 款，权利要求 2 不符合专利法第 22 条第 3 款为由驳回了本申请。驳回决定针对的权利要求 1~4 如下：

“1. 一种亚硫酸铵肥料，包括磷石膏和氮肥和/或钾肥、氮钾肥，其特征在于：其组成组分按重量百分比计，磷石膏为 67% ~91%，氮肥/钾肥为 9% ~33%。

2. 根据权利要求 1 所述的亚硫酸铵肥料，其特征在于：磷石膏是三氧化二硫含量达 28%，P_2O_5 含量达 2. 5%，以及有利于农作物生长的营养物质硅、钙等中量元素和铁、锌、钼、锰、铜等氧化物微量元素，磷石膏的含水量在 20% ~25% 之间。

3. 根据权利要求 1 所述的亚硫酸铵肥料，其特征在于：氮肥采用尿素或氯化铵。

4. 根据权利要求1所述的亚硫酸铵肥料，其特征在于：所述钾肥采用氯化钾或硫酸钾。”

驳回决定认为：（1）对比文件1（CN1033617A，公开日为1989年7月5日）公开了一种磷石膏长效复合肥及其制造方法，该长效复合肥由肥料组分和磷石膏组成，肥料组分可以是尿素、硝酸铵、氯化钾、硝酸钾、硫酸钾、磷酸铵、硝酸钠、磷酸二氢钾、硫酸锌、硼酸、硫酸锰、钼酸铵等；并且实施例1~4分别公开了磷石膏30份、尿素9份和硫酸锌10份，磷石膏70份、硝酸铵10份和磷酸二氢钾10份，磷石膏40份、尿素9份和硼酸1份，以及磷石膏25份、尿素10份四个具体方案（参见对比文件1的权利要求和说明书第2页及实施例）。由此可见，对比文件1公开了权利要求1的全部技术特征，因此，权利要求1不具备专利法第22条第2款规定的新颖性。（2）权利要求2的附加技术特征是对磷石膏所含组分的进一步限定，但这是所属领域的公知常识，因此，权利要求2不具备专利法第22条第3款规定的创造性。（3）权利要求3和4的附加技术特征分别是对氮肥和钾肥种类的进一步限定，但是如意见（1）中所述，这些附加技术特征已被对比文件1公开，因此，在其引用的权利要求1不具备新颖性的情况下，权利要求3~4也不具备专利法第22条第2款规定的新颖性。

2008年7月3日，申请人陈永兴（下称请求人）对上述驳回决定不服，向专利复审委员会提出复审请求，同时没有对申请文件进行修改，但提交了如下附件：

附件1：什邡市工业经济发展第十一个五年计划，什邡市“十一五”规划领导小组办公室印，复印件共1页。

请求人认为，本申请的方法无需加热破坏其中营养成份，而对比文件1中的磷石膏粉在回转窑上加热到140~160℃并维持5~15分钟后，转化成烧石膏，使磷石膏的各种养份被高温烧失或烧石膏遇水后被凝固成一种载体，从而失去肥效，因此，二者生产方式的不同导致了两者效果不同，故本申请具备新颖性和创造性。

2008年12月5日，经形式审查合格后，专利复审委员会受理了该请求，并向请求人发出了《复审请求受理通知书》，同时将本申请转送至国家知识产权局原审查部门进行前置审查。

在《前置审查意见书》中，国家知识产权局原审查部门认为请求人未对申请文件进行修改，其陈述意见也不能被认可，坚持驳回决定。

2008年12月25日，请求人提交意见陈述书，重复陈述了复审请求的理由，再次提交“什邡市工业经济发展第十一个五年计划”（即上述附件1），同时提交署名为李大祥，名称为“硫肥的作用与磷石膏的农业应用”的打印件1页。

专利复审委员会依法组成合议组，对本复审请求案进行了审理。

2009年5月7日，专利复审委员会本案合议组向复审请求人发出《复审通知书》，指出：

（1）对比文件1（CN1033617A，公开日为1989年7月5日）中公开了一种磷石膏长效复合肥及其制造方法，并于实施例二中具体记载了将磷石膏粉在回转窑上加热到160℃并维持5分钟；按重量分别称取该磷石膏70份，硝酸铵9份，磷酸二氢钾10份；使磷石膏同已配好的硝酸铵和磷酸二氢钾溶液相混合并充分搅拌；最后，造粒，干燥，制得了磷石膏长效复合肥。比较权利要求1与对比文件1的实施例二所公开的内容，两者所述的肥料都包含了磷石膏、氮肥和钾肥，并且对比文件1的实施例二中组分的用量比例在权利要求1所限定的范围之内，也就是说，对比文件1的实施例二公开了权利要求1的全部技术特征，因此，本申请的权利要求1相对于对比文件1不具备专利法第22条第2款规定的新颖性。此外，合议组不予支持请求人的下述观点：请求人在提出复审请求时认为，对比文件1的磷石膏粉在回转窑上加热到140~160℃并维持5~15分钟后，磷石膏全部转化为烧石膏，使磷石膏的各种养份被高温烧失或烧石膏遇水后被凝固成一种载体，从而失去肥效。因此，生产方式不同导致了两者效果不同。

不仅如此，将权利要求 1 与对比文件 1 的实施例一所公开的内容相比，两者所述的肥料都包含了磷石膏和氮肥，并且对比文件 1 的实施例一中组分的用量比例在权利要求 1 所限定的范围之内，也就是说，对比文件 1 的实施例一公开了权利要求 1 的全部技术特征，因此，本申请的权利要求 1 相对于对比文件 1 不具备专利法第 22 条第 2 款规定的新颖性。

权利要求 3 进一步限定了权利要求 1 中的氮肥采用尿素或氯化铵。对比文件 1 的实施例一中使用了尿素作为复合肥料的组分。基于上述意见（1）的同样理由，在本申请的权利要求 1 不具备新颖性的情况下，从属权利要求 3 不具备专利法第 22 条第 2 款规定的新颖性。

（2）权利要求 2 对权利要求 1 进行了进一步限定，附加技术特征为将磷石膏限定为三氧化二硫含量达 28%，P_2O_5 含量达 2.5%，以及包含有利于农作物生长的营养物质硅、钙等中量元素和铁、锌、钼、锰、铜等氧化物微量元素，且含水量在 20%~25% 之间。在权利要求 1 相对于对比文件 1 不具备新颖性的情况下，对比文件 1 的技术方案与权利要求 2 相比的区别仅为上述附加技术特征。虽然对比文件 1 中没有具体说明磷石膏中的成分及成分含量，但是，对比文件 1 中同样使用的是生产磷酸产品的废弃物。基于此，本领域技术人员容易想到使用从不同地方或工厂得到的作为生产磷酸产品的废弃物的磷石膏来作为肥料组分，并且能够意识到不同地方或工厂得到的作为生产磷酸产品的废弃物的磷石膏在组成上或许存在差异。本申请说明书没有记载更没有提供证据表明权利要求 2 的技术方案带来了预料不到的技术效果。因此，权利要求 2 相对于对比文件 1 不具有突出的实质性特点和显著的进步，不符合专利法第 22 条第 3 款有关创造性的规定。

权利要求 3 和 4 为权利要求 1 的从属权利要求，附加技术特征分别为“氮肥采用尿素或氯化铵”和“所述钾肥采用氯化钾或硫酸钾”。可见，权利要求 3 和 4 相对于对比文件 1 的实施例二所公开的内容（参见前述意见），区别技术特征在于相应于对比文件 1 的实施例二使用硝酸铵作为氮肥，磷酸二氢钾作为钾肥，权利要求 3 和 4 分别使用了不同的氮肥和钾肥。氯化铵、氯化钾或硫酸钾等属于已知的化肥，并且对比文件 1 公开了与磷石膏共同组成长效复合肥的肥料组分可以是诸如尿素、氯化钾或硫酸钾等已知的化肥和微量元素肥料，因此，对比文件给出了可将它们替换硝酸铵和磷酸二氢钾来与磷石膏共同组成肥料的启示。此外，本申请说明书并未提供证据表明该替换能够带来预料不到的技术效果。因此，权利要求 3 和 4 相对于对比文件 1 不具有突出的实质性特点和显著的进步，不符合专利法第 22 条第 3 款有关创造性的规定。

综上，相对于对比文件 1，本申请的权利要求 1 和 3 不具备专利法第 22 条第 2 款规定的新颖性；权利要求 2~4 不具备专利法第 22 条第 3 款规定的创造性。

2009 年 6 月 1 日，请求人针对上述复审通知书提交了意见陈述书，同时提交了权利要求书、说明书和说明书摘要的全文替换页。

修改后的权利要求 1~5 为：

“1. 一种农用硫肥，包括磷石膏中的硫和氮、磷、钾元素，其特征在于：其组成组分按重量百分比计，磷石膏为：67%~91%，

氮、磷、钾元素为：9%~33%。

2. 根据权利要求 1 所述的农用硫肥，其特征在于：磷石膏是三氧化二硫含量 25%~28%，五氧化二磷含量 1%~2.5%，以及有利于农作物生长的营养物质硅、钙等中量元素和铁、锌、钼、锰、铜等氧化物微量元素，磷石膏的含水量在 20%~25% 之间。

3. 根据权利要求 1 所述的农用硫肥，其特征在于：氮元素采用融溶尿素。

4. 根据权利要求 1 所述的农用硫肥，其特征在于：所述钾元素采用氯化钾或硫酸钾。

5. 根据权利要求 1 所述的农用硫肥，其特征在于：所述磷元素采用磷铵。”

请求人认为：对比文件1公开的长效复合肥中磷石膏仅起到载体的作用，而本申请开发利用磷石膏中潜在的大量营养元素，并且加上适量的氮、磷、钾元素，起到各元素间的互补作用，产生特异的施用效果。

针对请求人提交的上述申请文件，2009年7月10日，本案合议组再次向请求人发出《复审通知书》，指出：1. 权利要求书中，以下修改不符合专利法第33条的规定：（1）权利要求1中将“包括磷石膏和氮肥和/或钾肥、氮钾肥”修改为“包括磷石膏中的硫和氮、磷、钾元素”，将“氮肥/钾肥为9%~33%”修改为“氮、磷、钾元素为：9%~33%”；（2）权利要求2中将“三氧化二硫含量达28%，P_2O_5含量达2.5%”修改为“三氧化二硫含量25%~28%，五氧化二磷含量达1%~2.5%”；（3）权利要求3中将“氮肥采用尿素或氯化铵”修改为“氮元素采用融溶尿素”；（4）权利要求4中将“所述钾肥采用氯化钾或硫酸钾”修改为“所述钾元素采用氯化钾或硫酸钾”；（5）增加的权利要求5：“根据权利要求1所述的农用硫肥，其特征在于：所述磷元素采用磷铵”。2. 说明书中，以下修改不符合专利法第33条的规定：（1）说明书第1页第3~5行将“本发明涉及一种农用硫肥，特别是利用氢钙厂的副产品、废弃物-磷石膏为载体原料，配入一定比例的氮肥和/或钾肥或氮钾肥，添加填充料，采用传统的生产工艺和设备，即可生产出硫氮肥、硫钾肥和/或硫氮钾肥”修改为“本发明涉及一种农用硫肥，特别是利用磷酸厂、氢钙厂所排出的大量的工业垃圾、废弃物-磷石膏为载体原料，配入一定比例的氮元素、钾元素、磷元素，采用最新的高塔制粒工艺和设备，即可生产出硫氮肥、硫钾肥和/或硫氮钾肥”；（2）说明书第2页第3~5行将“按照配比配入氮、钾和/或氮钾”修改为“按照配比配入氮、磷、钾元素”；（3）说明书第2页第5行将“本发明的另一目的在于沿用传统工艺生产出这种产品”修改为“本发明的另一目的在于用最新高塔制粒工艺设备生产出这种产品”；（4）说明书第2页第6~7行将“磷石膏和氮肥和/或钾肥、氮钾肥”修改为“磷石膏和氮元素、钾元素、磷元素”；（5）说明书第2页第8行将“氮肥/钾肥为9%~33%”修改为“氮磷钾元素为9%~33%”；（6）说明书第2页第9行将“磷石膏的三氧化二硫含量达28%，P_2O_5含量达2.5%”修改为“磷石膏的三氧化二硫含量达25%~28%，五氧化二磷含量1%~2.5%”；（7）说明书第2页第12~13行将“所述氮肥采用尿素或氯化铵。所述钾肥采用氯化钾或硫酸钾”修改为“所述氮元素采用融溶尿素。所述钾元素采用氯化钾或硫酸钾”；（8）说明书第2页第14行增加了“所述磷元素采用磷铵”；（9）说明书第2页第18行将“P_2O_5”修改为“磷”；（10）说明书第2页第24~25行将“……年产量在10万~20万吨之间……含三氧化二硫含量达28%，P_2O_5含量达2.5%……”修改为“……年产量在300万~500万吨之间……含三氧化二硫含量达25%~28%，磷含量达1%~2.5%……”；（11）说明书第3页第1行将“采用上述的工业废弃物磷石膏为肥料载体”修改为“采用上述的工业废弃物磷石膏为肥料原料”；（12）说明书第3页第4、7、10、13、16和19行分别将“三氧化二硫含量为28%的磷石膏”修改为“三氧化二硫含量为25%~28%的磷石膏”；（13）说明书第3页第22~24行增加了“实施例八：……”。3. 说明书摘要中，以下修改不符合专利法第33条的规定：（1）说明书摘要将“采用磷石膏和氮肥和/或钾肥、氮钾肥按一定的比例组成”修改为“采用磷石膏和氮元素、钾元素、磷元素按一定的比例组成”；（2）说明书摘要增加了“……经高塔制粒设备，使十余种肥料元素螯合为一体，元素间的互补作用显著增强……”的内容。

2009年8月18日，专利复审委员会收到请求人针对上述复审通知书提交的意见陈述书，请求人同时提交了权利要求书、说明书和说明书摘要的全文替换页。

修改后的权利要求1~4为：

“1. 一种农用硫肥，包括磷石膏中的硫和氮肥和/或钾肥，其特征在于：其组成组分按重量百分比计，磷石膏为60%~91%，氮肥、钾肥为 9% ~33% 。

2. 根据权利要求 1 所述的农用硫肥，其特征在于：磷石膏是三氧化二硫含量 28%，P_2O_5 含量达 2.5%，以及有利于农作物生长的营养物质硅、钙等中量元素和铁、锌、钼、锰、铜等氧化物微量元素，磷石膏的含水量在 20% ~25% 之间。

3. 根据权利要求 1 所述的农用硫肥，其特征在于：氮肥采用尿素或氯化铵。

4. 根据权利要求 1 所述的农用硫肥，其特征在于：所述钾肥采用氯化钾或硫酸钾。”

此外，请求人对说明书的修改包括，说明书第 1 页第 3~5 行的“本发明涉及一种农用硫肥，特别是利用氢钙厂的副产物、废弃物-磷石膏为载体原料，配入一定比例的氮肥和/或钾肥或氮钾肥，添加填充料，采用传统的生产工艺和设备，即可生产出硫氮肥、硫钾肥和/或硫氮钾肥” 修改为了“本发明涉及一种农用硫肥，特别是利用氢钙厂所排出的大量的工业废弃物-磷石膏为载体原料，配入一定比例的氮肥和/或钾肥，采用传统或最新的制粒工艺和设备，即可生产出硫氮肥、硫钾肥和/或硫氮钾肥”；说明书第 2 页第 5 行的“本发明的另一目的在于沿用传统工艺生产出这种产品” 修改为了“本发明的另一目的在于沿用传统工艺，经最新设备制粒工艺设备生产出这种产品”；并且将“其生产方法是……最后经质检后包装出厂” 和 “粉状肥的工艺是……最后经质检后包装出厂” 删除；将实施例一中的“尿素也可用氯化铵代替。其粒状肥的工艺是……最后经质检后包装出厂”；删除了说明书第 5 页与企业标准相关的内容。

请求人同样认为：对比文件 1 公开的长效复合肥中磷石膏仅起到载体的作用，而本申请开发利用磷石膏中潜在的大量营养元素，并且加上适量的氮、磷、钾元素，起到各元素间的互补作用，产生特异的施用效果。

经合议，合议组认为本案事实已经清楚，可以作出审查决定。

二、决定的理由

1. 关于审查文本

本复审请求审查决定针对的文本是：请求人在答复第二次《复审通知书》时所提交的权利要求第 1~4 项、说明书第 1~4 页和说明书摘要。

2. 关于专利法第 33 条

专利法第 33 条规定：申请人可以对其专利申请文件进行修改，但是，对发明和实用新型专利申请文件的修改不得超出原说明书和权利要求书记载的范围。

对专利申请文件进行修改的依据是原始申请文件，如果修改的内容在原始申请文件中没有记载，也不能从原始申请文件记载的信息中直接地、毫无疑义地确定，则上述修改不符合专利法第 33 条的规定。

请求人答复第二次《复审通知书》时提交了权利要求书全文替换页（包括权利要求 1~4），其中以下修改不符合专利法第 33 条的规定：权利要求 1 中将“磷石膏为：67% ~91%” 修改为“磷石膏为：60% ~91%”，上述修改后的数值范围在原始申请文件中没有记载，也不能从原始申请文件记载的信息中直接地、毫无疑义地确定，因此，上述修改不符合专利法第 33 条的规定。

请求人答复第二次《复审通知书》时提交了说明书全文替换页，其中进行了如下修改：（1）说明书第 1 页第 3~5 行将“本发明涉及一种农用硫肥，特别是利用氢钙厂的副产物、废弃物-磷石膏为载体原料，配入一定比例的氮肥和/或钾肥或氮钾肥，添加填充料，采用传统的生产工艺和设备，即可生产出硫氮肥、硫钾肥和/或硫氮钾肥” 修改为“本发明涉及一种农用硫肥，特别是利用氢钙厂所排出的大量的工业废弃物-磷石膏为载体原料，配入一定比例的氮肥和/或钾肥，采用传统或最新的制粒工艺和设备，即可生产出硫氮肥、硫钾肥和/或硫氮钾肥”；（2）说明书第 2 页第 5 行的“本发明的另一目的在于沿用传统工艺生产出这种产品”修改为“本发明的另一目的在于沿用传统工艺，经最新设备制粒工艺设备生产出这种产品”。显然，上述修改后的内容在原始申请文件中没有记载，也不能从原始申请文件记载的信息中直接地、毫无疑义地确定，超出了原说明书和权利要求书记载的范围。此外，请求人删除了实施例一中的“尿素也可用氯化铵代替。其粒状肥的工艺是……最后经质检后包装出厂”，导致实施例中生产工艺的缺失，这样删除后的信息与原申请文件记载的信息不同，也不能从原申请文件中直接地、毫无疑义地确定。综上，请求人对说明书的修改不符合专利法第33条的规定。

综上所述，请求人对本申请权利要求1和说明书所作的修改不符合专利法第33条的规定。

根据上述事实和理由，合议组作出如下审查决定。

三、决定

维持国家知识产权局于2008年1月11日针对200510022006.X号发明专利申请作出的驳回决定。

复审请求人对本决定不服的，可以根据专利法第41条第2款的规定，自收到本决定之日起三个月内向北京市第一中级人民法院起诉。

227

苯基磺酰脲除草剂和安全剂的组合物

复审请求审查决定（第20577号）

决　定　号　第20577号
决　定　日　2009年12月10日
发明创造名称　苯基磺酰脲除草剂和安全剂的组合物
国际分类号　A01N47/36
复审请求人　赫彻斯特-舍林农业发展有限公司
申　请　号　95196147.0
申　请　日　1995年10月30日
优先权日　1994年11月11日
公　开　日　1997年10月22日
合议组组长　汪送来
主　审　员　刘新蕾
参　审　员　危　峰

法律依据　第26条第4款
决定要点

权利要求所要求保护的技术方案应当是所属技术领域的技术人员能够从说明书充分公开的内容中得到或者概括得出的技术方案，并且不得超出说明书公开的范围。如果所属技术领域的技术人员不能合理预测说明书给出的实施方式以外的其他组分含量都能解决发明要解决的技术问题，并达到相同的技术效果，则权利要求没有得到说明书的支持。

一、案由

本复审请求涉及申请号为95196147.0，名称为“苯基磺酰脲除草剂和安全剂的组合物”的发明专利申请（下称本申请）。申请人为赫彻斯特-舍林农业发展有限公司。本申请的申请日为1995年10月30日，优先权日为1994年11月11日，公开日为1997年10月22日。

针对申请人于2001年10月16日提交的权利要求第1~8项，进入中国国家阶段时提交的国际申请文件中文文本的说明书第1~14、17~34页，2002年10月16日提交的说明书第15~16页，及1997年5月9日提交的说明书摘要。国家知识产权局原审查部门于2002年3月8日驳回了本申请，其理由是权利要求1~7的特定技术特征是除草剂A+解毒剂B的组合物，而权利要求8的特定技术特征是化合物B的用途，显然不具有相同或相应的特定技术特征，因此，权利要求8与权利要求1~7之间不具有单一性，不符合专利法第31条1款的规定；权利要求1中的式A中的各取代基和式B1中的各取代基包含了大量的不同化合物，依据申请文件记载的内容，所属技术领域的技术人员难于预见上述取代基所包括的除本申请实施例之外的所有化合物均能达到本发明目的，因此，该权利要求得不到说明书的支持，同理，权利要求2~7均未能得到说明书的支持，不符合专利法第26条第4款的规定。驳回决定所针对的权利要求书如下：

"1. 一种除草剂/安全剂组合物，含有以重量计比例为2：1~12：25的A和B类的活性物质，其中A）为至少一种选自式（A）的、取代苯基磺酰脲和其盐的除草活性物质

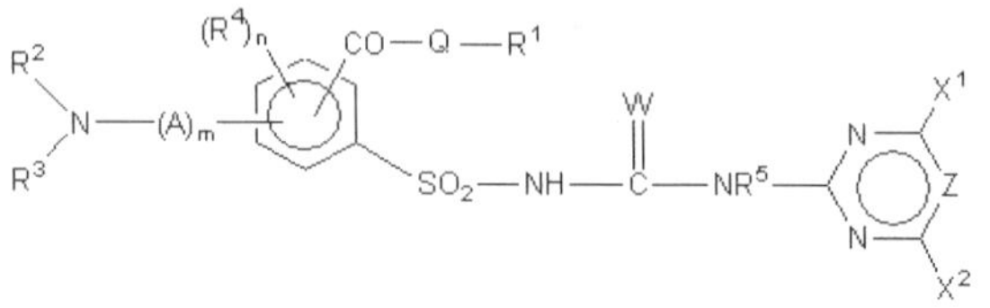

（A）

其中

W为O，

A为CH_2，

Q为O或NR^6基团，

m为0或1，

n为0，

R^1为H或（C_1-C_6）烷基、（C_2-C_6）链烯基，（C_2-C_6）炔基、（C_3-C_6）环烷基，后面提到的四种基团中的每一种为未被取代的或被一个或多个选自卤素、CN、（C_1-C_4）烷氧基、（C_1-C_4）烷硫基、（C_1-C_4）卤代烷氧基、单-（C_1-C_4烷基）氨基，二-（C_1-C_4烷基）氨基、（C_1-C_4）烷基磺酰基、（C_1-C_4烷基）氨基羰基、二-（C_1-C_4烷基）氨基羰基、苯基和取代的苯基的基团取代，或为一个杂环基或选自式A-1至A-13基团的、具有3至7个环原子的杂环-（C_1-C_4）烷基类基团……

和

B）为至少一种选自式（B1）化合物的安全剂

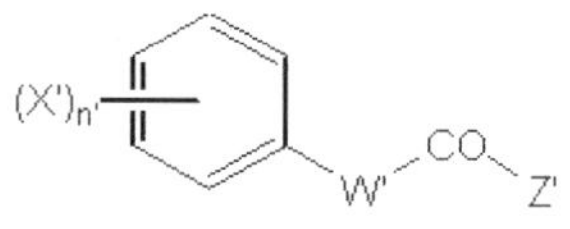

（B1）

其中

X'为氢、卤素、（C_1-C_4）烷基、（C_1-C_4）烷氧基、硝基或（C_1-C_4）卤代烷基……

W'为一个二价杂环基团，它选自部分未饱和的或杂芳族的5元杂环，且为具有N和O类的1至3个杂环原子，其中环中含有至少一个氮原子和至多一个氧原子。

2. 如权利要求1所述的除草剂/安全剂组合物，其中在式（B1）中，

R^7为氢、（C_1-C_{18}）烷基、（C_3-C_{12}）环烷基、（C_2-C_8）链烯基或（C_2-C_8）炔基，其中上面含碳基团为未被取代或被选自下列的相同或不同基团取代一次或多次，优选至多三次……

W'为选自式（W1）至（W4）的一个二价杂环基团

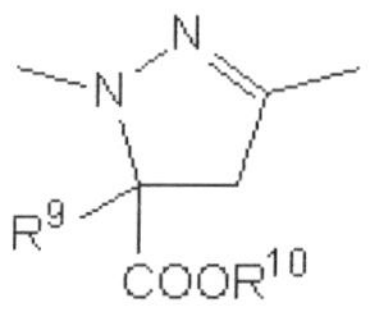

（W1）

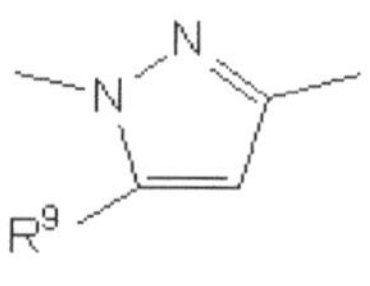

（W2）

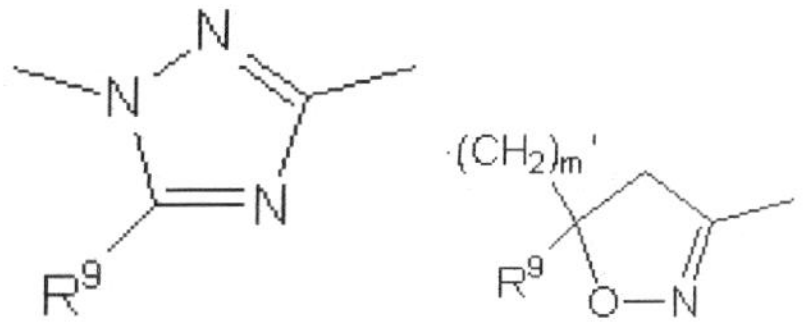

（W3）　　（W4）

R^9 为氢、（C_1–C_8）烷基、（C_1–C_8）卤代烷基、（C_3–C_{12}）环烷基或任选被取代的苯基，

R^{10}为氢、（C_1–C_8）烷基、（C_1–C_8）卤代烷基、（C_1–C_4）烷氧基-（C_1–C_4）烷基、（C_1–C_6）羟基烷基、（C_3–C_{12}）环烷基或三-（C_1–C_4）烷基甲硅烷基，和

m’为 0 或 1。

3. 如权利要求 1 或 2 所述的除草剂/安全剂的组合物，其中在式（A）中

R^1 为 H、（C_1–C_6）烷基、（C_2–C_6）链烯基、（C_2–C_6）炔基、（C_3–C_6）环烷基，后面提到的四种基团的每一种为未被取代的或被一个或多个选自 F、……（此处省略多个基团名称）的基团取代，或为所述 A-1 至 A-13 基团，

R^2 为 H、OH、（C_1–C_6）烷基，（C_1–C_6）烷氧基、（C_2–C_6）链烯基、（C_2–C_6）炔基、（C_2–C_6）链烯氧基、（C_2–C_6）炔氧基、（C_3–C_7）环烷基、（C_3–C_7）环烷氧基，

R^3 为 CO-R^{11}、CO-R^{12}、CO-N$R^{13}R^{14}$或 SO_2R^{21}，

R^{11}为 H、（C_1–C_6）烷基、（C_2–C_6）链烯基、（C_2–C_6）炔基，

R^{12}为除了氢外，与 R^{11}定义相同的基团，

R^{13}、R^{14}各自独立地为 H 或（C_1–C_4）烷基，

R^{21}为除了氢外，与 R^{11}定义相同的基团，

R^6 为 H、（C_1–C_4）烷基、（C_3–C_4）链烯基，（C_3–C_4）炔基，后面提到的三种基团的每一种为未被取代的或被一个或多个选自卤素、（C_1–C_4）烷基，（C_1–C_4）烷氧基、（C_1–C_4）烷硫基的基团取代。

4. 如权利要求 1~3 中任一项所述的除草剂/安全剂组合物，其中

R^1 为（C_1–C_6）烷基、（C_2–C_6）链烯基、（C_2–C_6）炔基、（C_3–C_6）环烷基，后面提到的四种基团的每一种为未被取代的或被一个或多个选自 F、……（此处省略多个基团名称）的基团取代，

R^2 为 H、（C_1–C_4）烷基、（C_2–C_4）链烯基、（C_2–C_4）炔基或（C_3–C_6）环烷基，

R^3 为 CO-R^{11}或 SO_2R^{21}，

R^{11}为 H、（C_1–C_6）烷基、（C_2–C_4）链烯基、（C_2–C_4）炔基……，

R^{12}为，除了氢外，类似于 R^{11}的基团，

R^4 为卤素、（C_1–C_3）烷基或（C_1–C_3）烷氧基，

n 为 0 或 1，

m 为 0 或 1，

R^5 为 H 或 CH_3

X_1 和 X_2 基团中的一个为卤素、（C_1–C_2）烷基，（C_1–C_2）烷氧基、（C_1–C_2）烷硫基，后面提到的三种基团的每一种为未被取代的或被选自卤素、（C_1–C_2）烷氧基和（C_1–C_2）烷硫基的基团取代，或为单-或二（C_1–C_2）烷基氨基，和

X_1 和 X_2 基团中的另一个为（C_1–C_2）烷基、（C_1–C_2）卤代烷基、（C_1–C_2）烷氧基、（C_1–C_2）卤代烷氧基或（C_1–C_2）烷硫基，

Z 为 CH。

5. 一种保护作物植物免受 A 类除草剂的植物毒性副作用的方法，包括，在向植物、植物部分、植物种子或生长区域施用除草剂 A 之前、之后或过程中，施用有效量的 B 类安全剂，其中除草剂 A 和安全剂 B 的组合物如权利要求 1 至 4 中任一项所定义。

6. 如权利要求 5 所述的方法，其中作物植物为谷类，稻类或玉米类作物。

7. 如权利要求 5 或 6 所述的方法，其中 A 类除草剂以 0.001~10kg/公顷活性物质的施用比例施用，以重量计，安全剂除草剂之比为 2：1~12：25。

8. B 类化合物的应用，用作保护作物植物免受 A 类除草剂的植物毒性副作用的安全剂，其中除草剂/安全剂组合物 A+B 如权利要求 1 至 4 中任一项所定义。”

申请人赫彻斯特-舍林农业发展有限公司（以下称请求人）对上述驳回决定不服，于 2002 年 6 月 24 日向专利复审委员会提出复审请求，请求人在提出复审请求时未对申请文本进行修改。请求人认为，本申请中出人意料地发现了 B1 化合物对 A 化合物具有解毒性质，从而发现了含有 A 和 B1 的组合物，由此可见，本发明的特定技术特征来自于 B1 对 A 的解毒作用，而此点是权利要求 1~7 和 8 共有的，因此，本申请的权利要求 1~7 和 8 具有相同的特定技术特征，符合专利法第 31 条第 1 款有关单一性的要求。权利要求 1~7 所概括的保护范围能够得到说明书的支持，符合专利法第 26 条第 4 款的规定。

形式审查合格后，专利复审委员会受理了该复审请求，并于 2002 年 7 月 15 日向请求人发出《复审请求受理通知书》，同时将本申请转送至国家知识产权局原审查部门进行前置审查。

在《前置审查意见书》中，国家知识产权局原审查部门坚持驳回决定。

专利复审委员会组成合议组，对本复审请求进行了审理。

2002 年 9 月 18 日，请求人提交了重新修改的权利要求书，对权利要求进行了主动修改。

2003 年 8 月 18 日，合议组向请求人发出了《复审通知书》，指出（1）请求人 2002 年 9 月 18 日提交的新的权利要求书属于专利法实施细则第 60 条第 1 款禁止的主动修改，另外修改后的权利要求 1 中删去了化合物 A 和化合物 B 的配比，这种修改也不属于消除驳回决定所指出缺陷的修改，因此，请求人 2002 年 9 月 18 日所提交的修改文本不能作为复审请求审查的基础，合议组依据驳回决定所针对的文本提出复审意见。（2）权利要求 1 的概括包含了申请人推测的内容，而其效果难于预先确定和评价。譬如，权利要求 1 中的化合物 A 的取代基 Z “为 CH、N 或式 =C-R0 基团，但从说明书的具体实施方式不能得出所述化合物 A 全都可以取得相应效果的结论，譬如取代基 Z 为 N 的化合物 A。同样的情况也存在于权利要求 2~4 中，如权利要求 2 限定化合物 B 的取代基 R^9 是任选被取代的苯基的情况。

2003 年 12 月 2 日，请求人提交了意见陈述书，并提交了经修改的权利要求，其中对化合物 A 和 B 的配比及其取代基定义进行了进一步的限定，以克服复审通知书所指出的缺陷。

2004 年 3 月 2 日，请求人再次提交了经修改的权利要求书，其中将前述修改文本未尽之处作了修改。修改后的权利要求书如下

“1. 一种除草剂/安全剂组合物，含有以重量计比例为 2：1~12：25 的活性物质 A 和 B，其中

A）是至少一种选自式（A）的、取代的苯基磺酰脲和其盐的除草活性物质

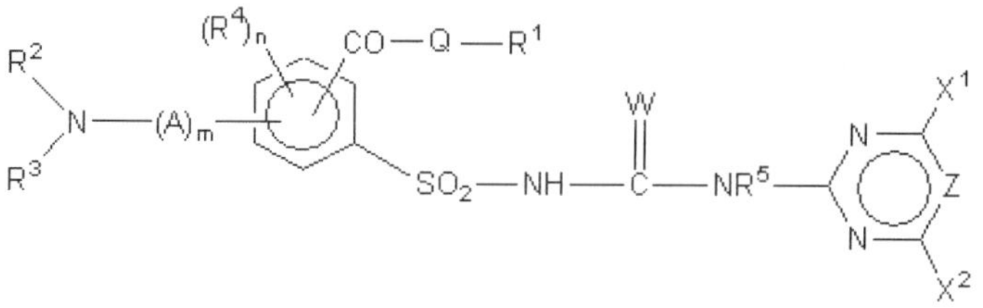

（A）

其中

W 为 O，

A 为 CH_2，

Q 为 O 或 NR^6 基团，

m 为 0 或 1，

n 为 0，

R^1 为可选取代的（C_1-C_6）烷基、（C_2-C_6）链烯基，（C_2-C_6）炔基、（C_3-C_6）环烷基……

B）为至少一种选自式（B1）化合物的安全剂（B1）其中

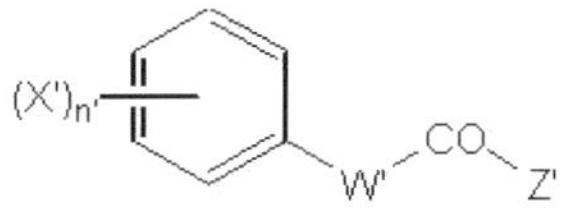

X’为氢、卤素、（C_1-C_4）烷基、（C_1-C_4）烷氧基、硝基或（C_1-C_4）卤代烷基……

W’为选自式（W_1）至（W_4）的一个二价杂环基团

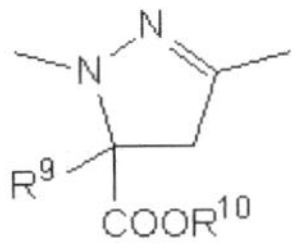

（W1）

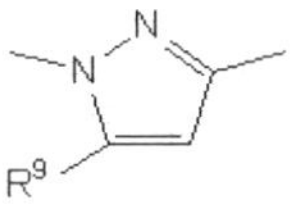

（W2）

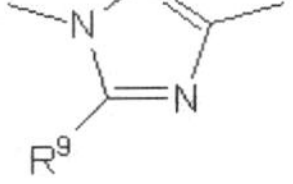

（W3）

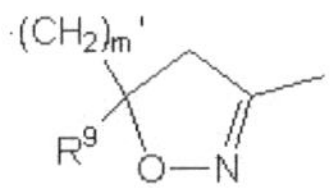

（W4）

R^9 为氢、（C_1-C_8）烷基、（C_1-C_8）卤代烷基、（C_3-C_{12}）环烷基或任选被取代的苯基，

R^{10}为氢、（C_1-C_8）烷基、（C_1-C_8）卤代烷基、（C_1-C_4）烷氧基-（C_1-C_4）烷基、（C_1-C_6）羟基烷基、（C_3-C_{12}）环烷基或三-（C_1-C_4）烷基甲硅烷基，和

m’为 0 或 1。

2. 如权利要求 1 所述的除草剂/安全剂的组合物，其中在式（A）中

R^1 为 H、（C_1-C_6）烷基、（C_2-C_6）链烯基、（C_2-C_6）炔基、（C_3-C_6）环烷基，

R^2 为 H、（C_1-C_6）烷基，（C_1-C_6）烷氧基、（C_2-C_6）链烯基、（C_2-C_6）炔基、（C_2-C_6）链烯氧基、（C_2-C_6）炔氧基、（C_3-C_7）环烷基、（C_3-C_7）环烷氧基，

R^3 为 $CO-R^{11}$或 SO_2R^{21}，

R^{11}为 H、（C_1-C_6）烷基、（C_2-C_6）链烯基、（C_2-C_6）炔基，

R^{21}为除了氢外，与 R^{11}定义相同的基团

R^6 为 H、（C_1-C_4）烷基、（C_3-C_4）链烯基，（C_3-C_4）炔基。

3. 如权利要求 1 或 2 所述的除草剂/安全剂组合物，其中

R^1 为（C_1-C_6）烷基、（C_2-C_6）链烯基、（C_2-C_6）炔基、（C_3-C_6）环烷基

R^2 为 H、（C_1-C_4）烷基、（C_2-C_4）链烯基、（C_2-C_4）炔基或（C_3-C_6）环烷基，

R^3 为 $CO-R^{11}$或 SO_2R^{21}，

R^{11}为 H、（C_1-C_6）烷基、（C_2-C_4）链烯基、（C_2-C_4）炔基，

R^{21}为，除了氢外，与 R^{11}定义相同的基团，

R^4 为卤素、（C_1-C_3）烷基或（C_1-C_3）烷氧基，

n 为 0 或 1，

m 为 0 或 1，

R^5 为 H 或 CH_3，

X_1 和 X_2 基团中的一个为卤素、（C_1-C_2）烷基，（C_1-C_2）烷氧基、（C_1-C_2）烷硫基，和

X_1 和 X_2 基团中的另一个为（C_1-C_2）烷基、（C_1-C_2）卤代烷基、（C_1-C_2）烷氧基、（C_1-C_2）卤代烷氧基或（C_1-C_2）烷硫基，

Z 为 CH。

4. 如权利要求 1~3 任一项所述的除草剂/安全剂组合物，其中 A）选自

N-（4，6-二甲氧基嘧啶-2-基氨基羰基）-2-甲氧基羰基-5-乙酰基氨基苯磺酰胺

N-（4，6-二甲氧基嘧啶-2-基氨基羰基）-2-甲氧基羰基-5-（N-甲酰基-N-甲基氨基-甲基）苯磺酰胺

N-（4，6-二甲氧基嘧啶-2-基氨基羰基）-2-甲氧基羰基-5-乙酰基氨基苯磺酰胺

N-（4，6-二甲氧基嘧啶-2-基氨基羰基）-2-甲氧基羰基-5-（N-甲基-N-丙酰氨基）-苯磺酰胺

N-（4，6-二甲氧基嘧啶-2-基氨基羰基）-2-甲氧基羰基-5-（N-异丙酰甲基氨基）-苯磺酰胺

N-（4，6-二甲氧基嘧啶-2-基氨基羰基）-2-甲氧基羰基-5-（N-甲氧基羰基氨基甲基）-苯磺酰胺

N-（4，6-二甲氧基嘧啶-2-基氨基羰基）-2-（N，N-二甲基氨基羰基）-5-（N-甲氧基羰基氨基）苯磺酰胺

N-（4，6-二甲氧基嘧啶-2-基氨基羰基）-2-（N，N-二甲基氨基羰基）-5-（N-甲酰基氨基）-苯磺酰胺

N-（4，6-二甲氧基嘧啶-2-基氨基羰基）-2-（N，N-二甲基氨基羰基）-5-（N-丙酰基氨基）苯磺酰胺

N-（4，6-二甲氧基嘧啶-2-基氨基羰基）-2-（甲氧基羰基）-5-（N-甲基磺酰基氨基甲基）苯磺酰胺

N-（4，6-二甲氧基嘧啶-2-基氨基羰基）-2-（甲氧基羰基）-5-（N-甲氧基羰基氨基甲基）苯磺酰胺

N-（4，6-二甲氧基嘧啶-2-基氨基羰基）-2-（甲氧基羰基）-5-（N-甲基磺酰基-N-甲基氨基甲基）苯磺酰胺

N-（4，6-二甲氧基嘧啶-2-基氨基羰基）-2-（N，N-二甲基氨基羰基）-5-（N-甲氧基羰基氨基）苯磺酰胺，

或上述化合物的盐；

B）选自

1-（2，4-二氯苯基）-5-（乙氧基羰基）-5-甲基-2-吡唑啉-3-羧酸乙酯

1-（2，4-二氯苯基）-5-（三氯甲基-（1H）-1，2，4-三唑-3-羧酸乙酯

5，5-二苯基-2-异口恶唑啉-3-羧酸乙酯

5，5-二苯基-2-异口恶唑啉-3-羧酸正丙酯

5-（4-氟苯基）-5-苯基-2-异口恶唑啉-3-羧酸乙酯。

5. 如权利要求 1~3 任一项所述的除草剂/安全剂组合物，其中 A）选自 N-（4，6-二甲氧基嘧

啶-2-基氨基羰基）-2-（N，N-二甲基氨基羰基）-5-（N-甲酰基氨基）-苯磺酰胺、

N-（4，6-二甲氧基嘧啶-2-基氨基羰基）-2-（甲氧基羰基）-5-（N-甲基磺酰基氨基甲基）苯磺酰胺

或其盐，B）选自1-（2，4-二氯苯基）-5-（乙氧基羰基）-5-甲基-2-吡唑啉-3-羧酸乙酯或5，5-二苯基-2-异口恶唑啉-3-羧酸乙酯。

6. 一种保护作物植物免受A类除草剂的植物毒性副作用的方法，包括，在向植物、植物部分、植物种子或生长区域施用除草剂A之前、之后或过程中，施用有效量的B类安全剂，其中除草剂A和安全剂B的组合物如权利要求1~5中任一项所定义。

7. 如权利要求6所述的方法，其中作物植物为谷类，稻类或玉米类作物。

8. 如权利要求6或7所述的方法，其中A类除草剂以0.001~10kg/公顷活性物质的施用比例施用，以重量计，安全剂除草剂之比为2∶1~12∶25。

9. B类化合物的应用，用作保护作物植物免受A类除草剂的植物毒性副作用的安全剂，其中除草剂/安全剂组合物A+B如权利要求1至5中任一项所定义。”

2006年10月31日，专利复审委员会向请求人发出了《合议组告知通知书》，请求人在指定期限内未答复。

2008年11月24日，专利复审委员会向请求人发出了《合议组告知通知书》，请求人在指定期限内未答复。

2009年3月13日，合议组向请求人发出了第二次《复审通知书》，指出请求人2004年3月2日提交的新的权利要求书存在以下问题（1）权利要求1和8中的活性物质A和B的重量比例超出了原始权利要求书和说明书记载的范围；R^6定义的取代基范围超出了原始权利要求书和说明书记载的范围；权利要求4中的A选自的物质中的第4项为“N-（4，6-二甲氧基嘧啶-2-基氨基羰基）-2-甲氧基羰基-5-（N-甲基-N-丙酰氨基）-苯磺酰胺”不同于原始说明书第34页记载的“A4=N-（4，6-二甲氟基嘧啶-2-基氨基羰基）-2-甲氧基羰基-5-（N-甲基-N-丙酰氨基）-苯磺酰胺，本领域技术人员不能从原申请文件中记载的信息直接地、毫无疑义地确定二者是相同的；A2-A3、A5-A7、A9-A11的游离体形式也不同于原始说明书中记载的钠盐形式，并且本申请的说明书中也没有记载在这些盐的制备过程中曾获得了其游离体形式，因此，本领域技术人员不能根据说明书记载的内容直接地、毫无疑义地确定上述化合物的游离体，因此，上述的修改均超出了原说明书和权利要求书记载的范围，不符合专利法第33条的规定。（2）权利要求1中的R^1，Z’和R^8定义范围过大，本领域技术人员难于预测其所定义的所有取代基都能取得本发明的化合物所要达到的技术效果，因此，权利要求1得不到说明书的支持，不符合专利法第26条第4款的规定。（3）权利要求2和3由于引用权利要求1进行限定的数值或取代基超出了权利要求1的范围，因此，保护范围不清楚，不符合专利法实施细则第20条第1款的规定。

2009年6月29日，请求人针对第二次《复审通知书》提交了意见陈述书，对权利要求书和说明书进行了修改。

2009年7月3日，请求人针对第二次《复审通知书》再次提交了意见陈述书以及权利要求书和说明书第34页的修改替换页，同时指出，此次提交的修改文件与2009年6月29日提交的修改文件相同，但是对修改进行了详细陈述，同时提交了更正译文错误的手续。修改后的权利要求书为

“1. 一种除草剂/安全剂组合物，含有以重量计比例为1100至1001的活性物质A和B，其中

A）是至少一种选自式（A）的、取代的苯基磺酰脲和其盐的除草活性物质

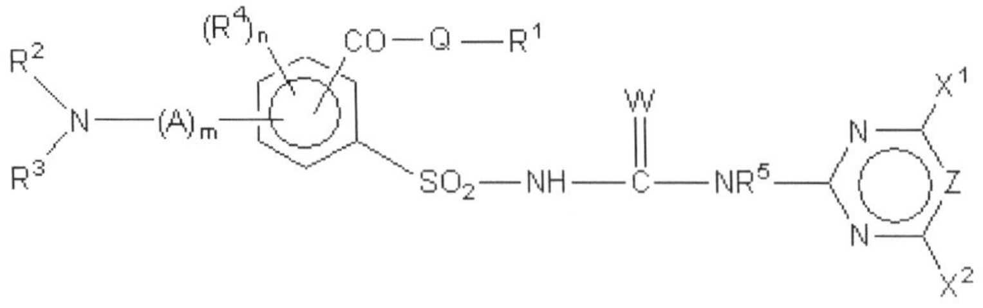
(A)

其中

W 为 O，

A 为 CH_2，

Q 为 O 或 NR^6 基团，

m 为 0 或 1，

n 为 0，

R^1 为 H、(C_1-C_6) 烷基、(C_2-C_6) 链烯基，(C_2-C_6) 炔基、(C_3-C_6) 环烷基，

R^2 为 H、OH、(C_1-C_6) 烷基，(C_3-C_7) 环烷基、(C_2-C_6) 链烯基、(C_2-C_6) 炔基、(C_1-C_6) 烷氧基、(C_3-C_7) 环烷氧基、(C_2-C_6) 链烯氧基、(C_2-C_6) 炔氧基，

R^3 为 CO-R^{11}、SO_2R^{21}，

R^{11} 为 H、(C_1-C_6) 烷基、(C_2-C_6) 链烯基、(C_2-C_6) 炔基，

R^{21} 为 (C_1-C_6) 烷基、(C_2-C_6) 链烯基、(C_2-C_6) 炔基，

R^5 为 H、(C_1-C_5) 烷基或 (C_1-C_4) 烷氧基，

R^6 为 H、(C_1-C_4) 烷基、(C_3-C_4) 链烯基、(C_3-C_4) 炔基，后面提到的 3 种基团的每一种为未被取代的或被一个或多个选自卤素、(C_1-C_4) 烷基、(C_1-C_4) 烷氧基和 (C_1-C_4) 烷硫基的基团取代，

X_1，X_2 各自独立地为 H，卤素，(C_1-C_6) 烷基，(C_2-C_6) 链烯基、(C_2-C_6) 炔基、(C_3-C_7) 环烷基、(C_1-C_6) 烷氧基、(C_2-C_6) 链烯氧基、(C_2-C_6) 炔氧基、(C_1-C_6) 烷硫基，单-或二[(C_1-C_4) 烷基] 氨基，和

Z 为 CH；

B) 为至少一种选自式 (B1) 化合物的安全剂

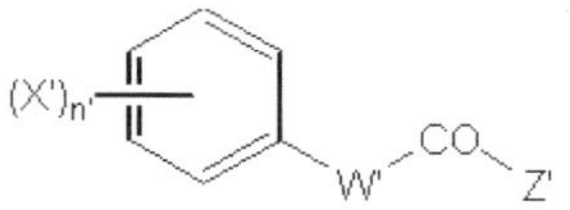
(B1)

其中

X' 为氢、卤素、(C_1-C_4) 烷基、(C_1-C_4) 烷氧基、硝基或 (C_1-C_4) 卤代烷基，

Z' 为 OR^7，

R^7 为氢、(C_1-C_{18}) 烷基、(C_3-C_{12}) 环烷基、(C_2-C_8) 链烯基或 (C_2-C_8) 炔基，

R^8 为氢、(C_1-C_6) 烷基、(C_1-C_6) 烷氧基或任选取代的苯基，

n' 为 1 至 5 的整数，

W' 为选自式 (W1) 至 (W4) 的一个二价杂环基团

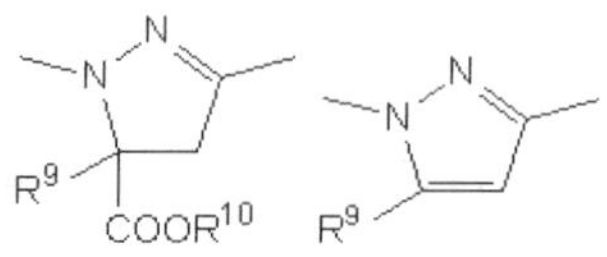
(W1) (W2)

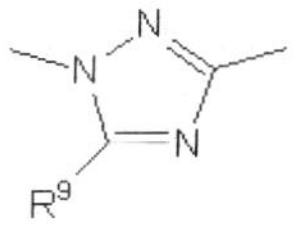

(W3)

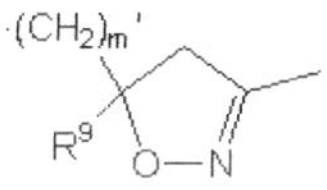

(W4)

R^9 为氢、(C_1-C_8)烷基、(C_1-C_8)卤代烷基、(C_3-C_{12})环烷基，

R^{10}为氢、(C_1-C_8)烷基、(C_1-C_8)卤代烷基、(C_1-C_4)烷氧基-(C_1-C_4)烷基、(C_1-C_6)羟基烷基、(C_3-C_{12})环烷基或三-(C_1-C_4)烷基甲硅烷基，和

m’为0或1。

2. 如权利要求1所述的除草剂/安全剂的组合物，其中在式(A)中

R^1 为H、(C_1-C_6)烷基、(C_2-C_6)链烯基、(C_2-C_6)炔基、(C_3-C_6)环烷基，

R^2 为H、(C_1-C_6)烷基，(C_1-C_6)烷氧基、(C_2-C_6)链烯基、(C_2-C_6)炔基、(C_2-C_6)链烯氧基、(C_2-C_6)炔氧基、(C_3-C_7)环烷基、(C_3-C_7)环烷氧基，

R^3 为CO-R^{11}或SO_2R^{21}，

R^{11}为H、(C_1-C_6)烷基、(C_2-C_6)链烯基、(C_2-C_6)炔基，

R^{21}为除了氢外，与R^{11}定义相同的基团

R^6 为H、(C_1-C_4)烷基、(C_3-C_4)链烯基，(C_3-C_4)炔基。

3. 如权利要求1~3中任一项所述的除草剂/安全剂组合物，其中

R^1 为(C_1-C_6)烷基、(C_2-C_6)链烯基、(C_2-C_6)炔基、(C_3-C_6)环烷基，

R^2 为H、(C_1-C_4)烷基、(C_2-C_4)链烯基、(C_2-C_4)炔基或(C_3-C_6)环烷基，

R^3 为CO-R^{11}或SO_2R^{21}，

R^{11}为H、(C_1-C_6)烷基、(C_2-C_4)链烯基、(C_2-C_4)炔基，

R^{21}为，除了氢外，与R^{11}定义相同的基团，

R^4 为卤素、(C_1-C_3)烷基或(C_1-C_3)烷氧基，

n为0或1，

m为0或1，

R^5 为H或CH_3

X_1 和 X_2 基团中的一个为卤素、(C_1-C_2)烷基，(C_1-C_2)烷氧基、(C_1-C_2)烷硫基，和

X_1 和 X_2 基团中的另一个为(C_1-C_2)烷基、(C_1-C_2)卤代烷基、(C_1-C_2)烷氧基、(C_1-C_2)卤代烷氧基或(C_1-C_2)烷硫基，

Z为CH。

4. 如权利要求1~3任一项所述的除草剂/安全剂组合物，其中A)选自：

N-(4，6-二甲氧基嘧啶-2-基氨基羰基)-2-甲氧基羰基-5-乙酰基氨基苯磺酰胺

N-(4，6-二甲氧基嘧啶-2-基氨基羰基)-2-甲氧基羰基-5-(N-甲酰基-N-甲基氨基-甲基)苯磺酰胺钠盐

N-(4，6-二甲氧基嘧啶-2-基氨基羰基)-2-甲氧基羰基-5-乙酰基氨基苯磺酰胺钠盐

N-(4，6-二甲氧基嘧啶-2-基氨基羰基)-2-甲氧基羰基-5-(N-甲基-N-丙酰氨基)-苯磺酰胺钠盐

N-(4，6-二甲氧基嘧啶-2-基氨基羰基)-2-甲氧基羰基-5-(N-异丙酰甲基氨基)-苯磺酰胺钠盐

N-(4，6-二甲氧基嘧啶-2-基氨基羰基)-2-甲氧基羰基-5-(N-甲氧基羰基氨基甲基)-苯

磺酰胺钠盐

N-（4，6-二甲氧基嘧啶-2-基氨基羰基）-2-（N，N-二甲基氨基羰基）-5-（N-甲氧基羰基氨基）苯磺酰胺钠盐

N-（4，6-二甲氧基嘧啶-2-基氨基羰基）-2-（N，N-二甲基氨基羰基）-5-（N-甲酰基氨基）-苯磺酰胺

N-（4，6-二甲氧基嘧啶-2-基氨基羰基）-2-（N，N-二甲基氨基羰基）-5-（N-丙酰基氨基）苯磺酰胺钠盐

N-（4，6-二甲氧基嘧啶-2-基氨基羰基）-2-（甲氧基羰基）-5-（N-甲基磺酰基氨基甲基）苯磺酰胺钠盐

N-（4，6-二甲氧基嘧啶-2-基氨基羰基）-2-（甲氧基羰基）-5-（N-甲氧基羰基氨基甲基）苯磺酰胺钠盐

N-（4，6-二甲氧基嘧啶-2-基氨基羰基）-2-（甲氧基羰基）-5-（N-甲基磺酰基-N-甲基氨基甲基）苯磺酰胺

N-（4，6-二甲氧基嘧啶-2-基氨基羰基）-2-（N，N-二甲基氨基羰基）-5-（N-甲氧基羰基氨基）苯磺酰胺；

B）选自：

1-（2，4-二氯苯基）-5-（乙氧基羰基）-5-甲基-2-吡唑啉-3-羧酸乙酯

1-（2，4-二氯苯基）-5-（三氯甲基-1H）-1，2，4-三唑-3-羧酸乙酯

5，5-二苯基-2-异口恶唑啉-3-羧酸乙酯

5，5-二苯基-2-异口恶唑啉-3-羧酸正丙酯

5-（4-氟苯基）-5-苯基-2-异口恶唑啉-3-羧酸乙酯。

5. 如权利要求1~3任一项所述的除草剂/安全剂组合物，其中A）选自N-（4，6-二甲氧基嘧啶-2-基氨基羰基）-2-（N，N-二甲基氨基羰基）-5-（N-甲酰基氨基）-苯磺酰胺、

N-（4，6-二甲氧基嘧啶-2-基氨基羰基）-2-（甲氧基羰基）-5-（N-甲基磺酰基氨基甲基）苯磺酰胺

或其盐，B）选自1-（2，4-二氯苯基）-5-（乙氧基羰基）-5-甲基-2-吡唑啉-3-羧酸乙酯或5，5-二苯基-2-异口恶 唑啉-3-羧酸乙酯。

6. 权利要求1的组合物，其中活性物质A和B的重量比为1：10至10：1。

7. 一种保护作物植物免受A类除草剂的植物毒性副作用的方法，包括，在向植物、植物部分、植物种子或生长区域施用除草剂A之前、之后或过程中，施用有效量的B类安全剂，其中除草剂A和安全剂B的组合物如权利要求1~6中任一项所定义。

8. 如权利要求7所述的方法，其中作物植物为谷类，稻类或玉米类作物。

9. 如权利要求7或8所述的方法，其中A类除草剂以0.001~10kg/公顷活性物质的施用比例施用，以重量计，安全剂：除草剂之比为2：1~12：25。

10. B类化合物的应用，用作保护作物植物免受A类除草剂的植物毒性副作用的安全剂，其中除草剂/安全剂组合物A+B如权利要求1~6中任一项所定义。”

请求人认为，本申请权利要求1涉及除草剂和安全剂的组合物，在现有技术中没有相关技术教导或者启示，活性成分A和B合用能够降低作物植物毒性，因此，活性成分A和B本身就是非显而易见的。与本领域的现有技术相比，本发明的实质首先在于组分本身，发明要求解决的技术问题是要选择组分，而组分的含量是本领域技术人员在了解了本发明后根据现有技术或者通过简单实验就能够确

定的。尽管对于组合物而言，组分含量在某范围内的效果可能好于另一些含量范围，即，一些含量范围更为有效，但是对本发明而言，本发明首要的改进在于选择特定的组分配合，两者一起降低对作物植物的毒性。因此，根据审查指南第二部分第十章第4.2.2节之（1）的规定，本申请权利要求1应当允许只限定组分而不限定比例。本领域技术人员在了解了本发明后能够选择合适的比例，因此，权利要求1得到说明书的支持。本申请说明书第26~33页中提供了A和B组合使用的实验数据，结果表明，A和B的比例可以改变并仍然能够实现预期的技术效果，因此，可以明确的是，当重量比改变超出该范围以外时，这些技术效果不会停止。

至此，合议组认为本案事实已经清楚，可以作出审查决定。

二、决定的理由

1. 审查文本

在复审程序中，复审请求人于2009年7月3日提交了权利要求书第1~10及说明书第34页的修改替换页。经审查，上述修改符合专利法第33条及专利法实施细则第60条第1款的规定。

本复审决定针对的文本是：请求人2009年7月3日提交的权利要求第1~10项和说明书第34页，进入中国国家阶段时提交的国际申请文件中文文本的说明书第1~14页、17~33页，2001年10月16日提交的说明书第15~16页，1997年5月9日提交的说明书摘要。

2. 关于专利法第26条第4款

专利法第26条第4款规定，权利要求书应当以说明书为依据，说明要求专利保护的范围。权利要求书应当以说明书为依据是指权利要求应当得到说明书的支持。

权利要求所要求保护的技术方案应当是所属技术领域的技术人员能够从说明书充分公开的内容中得到或者概括得出的技术方案，并且不得超出说明书公开的范围。如果所属技术领域的技术人员不能合理预测说明书给出的实施方式以外的其他组分含量都能解决发明要解决的技术问题，并达到相同的技术效果，则权利要求没有得到说明书的支持。

就本申请而言，复审请求人于2009年7月3日提交的修改后的权利要求1要求保护一种除草剂/安全剂组合物，含有以重量计比例为1：100至100：1的活性物质A和B。

根据本申请说明书的记载，本申请在于提供除草剂和安全剂联用的组合物，该组合物能够降低对作物植物的毒性。然而，说明书的实施例部分仅验证了A1~A13和B1、B6、B9、B11的有限组合，在1：2（如10：20）~25：12的比例范围内能实现降低对作物植物的毒性的效果。对于本领域技术人员而言，两种化合物联合施用时具有何种效果、在何种比例范围内进行混配才能具备相应效果，都具有不可预测性，不能根据化合物的结构来预测，只能依靠实验来确定。在此基础上，根据说明书中记载的有限实施例和数据，即使结合现有技术，本领域技术人员不能合理地预见，含有以重量计比例为1：100至100：1范围内任意比例的活性物质A和B的组合物，在除本申请说明书实施例以外的比例范围内都能具备本申请所述的技术效果，实现本申请的发明目的。因此，权利要求1得不到说明书的支持，不符合专利法第26条第4款的规定。

针对请求人在答复《第二次复审通知书》时的意见，合议组认为，对于本申请的组合物而言，能否解决预期解决的技术问题、实现发明目的，不仅与组分有关，且与含量有关，不仅要选择组分，而且要确定该组分的特定含量。如前所述，对于本领域技术人员而言，化合物单剂以何种比例混配才能具备想要达到的技术效果，需要靠实验来确定。权利要求1中限定的“含有以重量计比例为1：100至100：1的活性物质A和B”，根据说明书中的记载及现有技术，本领域技术人员不能合理预见在除本申请说明书实施例以外的比例范围内都能获得所声称的技术效果、解决预期解决的技术问题，从而实现本发明。因此，权利要求1得不到说明书的支持，不符合专利法第26条第4款的规定。

三、决定

维持国家知识产权局于 2002 年 3 月 8 日对 95196147.0 号发明专利申请作出的驳回决定。由原审查部门在本复审请求审查决定所针对的文本的基础上继续进行审查。

复审请求人对本决定不服的，可以根据专利法第 41 条第 2 款的规定，自收到本决定之日起三个月内向北京市第一中级人民法院起诉。

228

用作组蛋白脱乙酰基酶抑制剂的苯甲酰胺衍生物

复审请求审查决定（第20579号）

决　定　号　第20579号
决　定　日　2009年12月9日
发明创造名称　用作组蛋白脱乙酰基酶抑制剂的苯甲酰胺衍生物
国 际 分 类 号　C07D213/56，C07D215/12，C07D237/08，C07D307/54，C07D277/30，C07D239/26，C07D239/42，C07D495/04，A61K31/435，A61K31/495，A61P35/00，C07D277/24，C07D409/04，C07D213/74，C07D487/04，C07D241/20，C07D251/18，C07D211/34，C07D401/04，C07D403/12，C07D405/06，C07D401/06，C07D417/06，C07D295/14
复 审 请 求 人　阿斯特拉曾尼卡有限公司
申　请　号　03807431.1
最早优先权日　2002年4月5日
申　请　日　2003年4月2日
公　开　日　2005年7月20日
合 议 组 组 长　任晓兰
主　审　员　沈　钱
参　审　员　娄　宁

法 律 依 据　专利法第26条第3款
决 定 要 点

对于化学产品发明，应当完整地公开该产品的用途和/或使用效果；如果所属技术领域的技术人员无法根据现有技术预测发明能够实现所述用途和/或达到所述使用效果，则说明书中还应当记载对于本领域技术人员来说，足以证明发明的技术方案可以实现所述用途和/或达到预期效果的定性或者定量数据，从而证实所述用途能够实现；如果说明书中仅给出了具体的技术方案，并结论性地声称所述化学产品具有所述用途而未提供相应的可接受的实验数据，而该方案又必须依赖实验结果加以证实才能成立，则说明书被认为未公开到本领域技术人员能够实现的程度。

一、案由

本复审请求案涉及发明名称为“用作组蛋白脱乙酰基酶抑制剂的苯甲酰胺衍生物”的03807431.1号发明专利申请（下称本申请），申请人为阿斯特拉曾尼卡有限公司，申请日为2003年4

月2日，最早优先权日为2002年4月5日，公开日为2005年7月20日。

2007年12月28日，针对申请人于进入中国国家阶段提交的国际申请文件的中文译文的说明书第1~3、6~78页和说明书摘要，以及2006年8月25日提交的说明书第4~5页和权利要求第1~16项，国家知识产权局以申请不符合专利法第26条第3款为由驳回了本申请。

驳回决定认为：本申请涉及用作组蛋白脱乙酰基酶抑制剂的苯甲酰胺衍生物，说明书描述了本申请化合物的生物实验以证明其化合物对HDAC的抑制作用，但在生物实验部分申请人并没有明确公开其在生物实验中所采用的具体化合物，而是以“本发明的化合物”或“式（I）化合物”来定义实验用化合物，而本申请中通式（I）化合物具有多个取代基，申请人对每个取代基定义了大量的基团，通式（I）化合物实质上包含了大量的化合物，说明书中生物实验所采用的具体化合物是未知的。基于本领域技术人员无法获知本申请说明书中具体的实验化合物，其实验结果的成立不能被本领域技术人员信服。因此，本申请说明书不符合专利法第26条第3款的规定。

驳回决定针对的权利要求1为：

“1. 式（I）化合物：

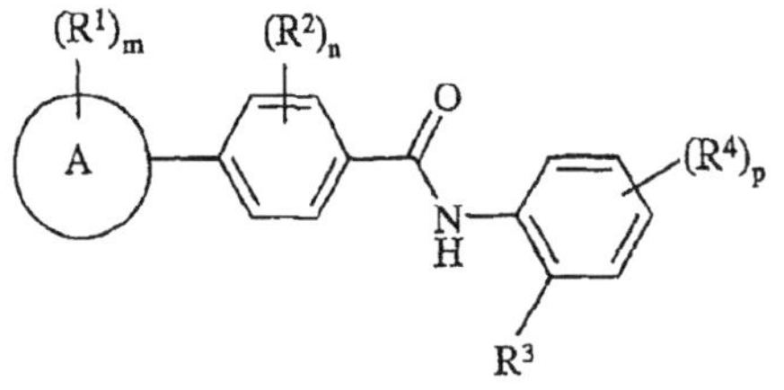

(I)

其中：

环A是吡啶基、喹啉基、吲哚基、嘧啶基、吗啉基、哌啶基、哌嗪基、哒嗪基、吡嗪基、噻唑基、噻吩基、噻吩并嘧啶基、噻吩并吡啶基、嘌呤基、三嗪基、噁唑基、吡唑基或呋喃基，其中，如果所述环A包含-NH-部分，氮可任选被选自K的基团取代；

R^1是在碳上的取代基，其选自卤素、硝基、氰基、羟基、三氟甲基、三氟甲氧基、氨基、羧基、氨基甲酰基、巯基、氨磺酰基、C_{1-6}烷基、C_{2-6}烯基、C_{2-6}炔基、C_{1-6}烷氧基、C_{1-6}链烷酰基、C_{1-6}链烷酰基氧基、N-（C_{1-6}烷基）氨基、N，N-（C_{1-6}烷基）$_2$氨基、C_{1-6}链烷酰氨基、N-（C_{1-6}烷基）氨基甲酰基、N，N-（C_{1-6}烷基）2氨基甲酰基、C_{1-6}烷基S（O）$_a$，其中a是0~2、C_{1-6}烷氧基羰基、N-（C_{1-6}烷基）氨磺酰基、N，N-（C_{1-6}烷基）$_2$氨磺酰基、芳基、芳氧基、芳基C_{1-6}烷基、杂环基、（杂环基）C_{1-6}烷基或基团（B-E-）；其中R^1在碳上任选被一个或多个W取代；和其中如果所述杂环包含-NH-部分，氮任选被J取代；

W是卤素、硝基、氰基、羟基、三氟甲基、三氟甲氧基、氨基、羧基、氨基甲酰基、巯基、氨磺酰基、C_{1-6}烷基、C_{2-6}烯基、C_{2-6}炔基、C_{1-6}烷氧基、C_{1-6}链烷酰基、C_{1-6}链烷酰基氧基、N-（C_{1-6}烷基）氨基、N，N-（C_{1-6}烷基）$_2$氨基、C_{1-6}链烷酰氨基、N-（C_{1-6}烷基）氨基甲酰基、N，N-（C_{1-6}烷基）$_2$氨基甲酰基、C_{1-6}烷基S（O）$_a$，其中a是0~2、C_{1-6}烷氧基羰基、N-（C_{1-6}烷基）氨磺酰基、N，N-（C_{1-6}烷基）$_2$氨磺酰基或基团（B’-E’-）；其中W在碳上任选被一个或多个Y取代；

Y和Z分别选自卤素、硝基、氰基、羟基、三氟甲基、三氟甲氧基、氨基、羧基、氨基甲酰基、巯基、氨磺酰基、C_{1-6}烷基、C_{2-6}烯基、C_{2-6}炔基、C_{1-6}烷氧基、C_{1-6}链烷酰基、C_{1-6}链烷酰基氧基、N-（C_{1-6}烷基）氨基、N，N-（C_{1-6}烷基）$_2$氨基、C_{1-6}链烷酰氨基、N-（C_{1-6}烷基）氨基甲酰基、N，

N-（C_{1-6}烷基）$_2$氨基甲酰基、C_{1-6}烷基S（O）$_a$，其中a是0~2、C_{1-6}烷氧基羰基、N-（C_{1-6}烷基）氨磺酰基或N，N-（C_{1-6}烷基）$_2$氨磺酰基；

G、J和K分别选自C_{1-8}烷基、C_{2-8}烯基、C_{1-8}链烷酰基、C_{1-8}烷基磺酰基、C_{1-8}烷氧基羰基、氨基甲酰基、N-（C_{1-8}烷基）氨基甲酰基、N，N-（C_{1-8}烷基）$_2$氨基甲酰基、苄氧基羰基、苯甲酰基、苯基磺酰基、芳基、芳基C_{1-6}烷基或（杂环基）C_{1-6}烷基；其中G，J和K在碳上任选被一个或多个Q取代；和其中如果所述杂环包含-NH-部分，氮可任选被氢或C_{1-6}烷基取代；

Q是卤素、硝基、氰基、羟基、三氟甲基、三氟甲氧基、氨基、羧基、氨基甲酰基、巯基、氨磺酰基、C_{1-6}烷基、C_{2-6}烯基、C_{2-6}炔基、C_{1-6}烷氧基、C_{1-6}链烷酰基、C_{1-6}链烷酰基氧基、N-（C_{1-6}烷基）氨基、N，N-（C_{1-6}烷基）$_2$氨基、C_{1-6}链烷酰氨基、N-（C_{1-6}烷基）氨基甲酰基、N，N-（C_{1-6}烷基）$_2$氨基甲酰基、C_{1-6}烷基S（O）$_a$，其中a是0~2、C_{1-6}烷氧基羰基、C_{1-6}烷氧基羰基氨基、N-（C_{1-6}烷基）氨磺酰基、N，N-（C_{1-6}烷基）$_2$氨磺酰基、芳基、芳氧基、芳基C_{1-6}烷基、芳基C_{1-6}烷氧基、杂环基、（杂环基）C_{1-6}烷基、（杂环基）C_{1-6}烷氧基或基团（B”-E”-）；其中Q在碳上任选被一个或多个Z取代；

B、B’和B”分别选自C_{1-6}烷基、C_{2-6}烯基、C_{2-6}炔基、C_{3-8}环烷基、C_{3-8}环烷基C_{1-6}烷基、芳基、芳基C_{1-6}烷基、杂环基、（杂环基）C_{1-6}烷基、苯基或苯基C_{1-6}烷基；其中B、B’和B”可在碳上被一个或多个D任选取代；和其中如果所述杂环包含-NH-部分，氮可任选被选自G的基团取代；

E、E’和E”分别选自-N（Ra）-、-O-、-C（O）O-、-OC（O）-、-C（O）-、-N（Ra）C（O）-、-N（Ra）C（O）N（Rb）-、-N（Ra）C（O）O-、-OC（O）N（Ra）-、-C（O）N（Ra）-，-S（O）r-、-SO_2N（Ra）-、-N（Ra）SO_2-；其中Ra和Rb分别选自氢或任选被一个或多个F取代的C_{1-6}烷基和r是0~2；

D和F分别选自卤素、硝基、氰基、羟基、三氟甲基、三氟甲氧基、氨基、羧基、氨基甲酰基、巯基、氨磺酰基、C_{1-6}烷基、C_{2-6}烯基、C_{2-6}炔基、C_{1-6}烷氧基、C_{1-6}链烷酰基、C_{1-6}链烷酰基氧基、N-（C_{1-6}烷基）氨基、N，N-（C_{1-6}烷基）$_2$氨基、C_{1-6}链烷酰氨基、N-（C_{1-6}烷基）氨基甲酰基、N，N-（C_{1-6}烷基）$_2$氨基甲酰基、C_{1-6}烷基S（O）$_a$，其中a是0-2、C_{1-6}烷氧基羰基、N-（C_{1-6}烷基）氨磺酰基或N，N-（C_{1-6}烷基）$_2$氨磺酰基；

m是0，1，2，3或4；其中R^1是相同或不同；

R^2是卤素；

n是0，1或2；其中R^2可以是相同或不同的；

R^3是氨基或羰基；

R^4是卤素、硝基、氰基、羟基、三氟甲基、三氟甲氧基、氨基、羧基、氨基甲酰基、巯基、氨磺酰基、C_{1-3}烷基、C_{2-3}烯基、C_{2-3}炔基、C_{1-3}烷氧基、C_{1-3}链烷酰基、C_{1-3}链烷酰基氧基、N-（C_{1-3}烷基）氨基、N，N-（C_{1-3}烷基）$_2$氨基、C_{1-3}链烷酰氨基、N-（C_{1-3}烷基）氨基甲酰基、N，N-（C_{1-3}烷基）$_2$氨基甲酰基、C_{1-3}烷基S（O）$_a$，其中a是0~2、C_{1-3}烷氧基羰基、N-（C_{1-3}烷基）氨磺酰基或N，N-（C_{1-3}烷基）$_2$氨磺酰基；

p是0，1或2；其中R^4是相同或不同的；

或其可药用的盐或体内可水解酯或酰胺；

其前提是所述化合物不是

N-（2-氨基苯基）-4-｛5-［（3，4，5-三甲氧基苯基氨基）甲基］噻吩-2-基甲基｝苯甲酰胺；

N-（2-氨基苯基）-4-｛5-（二氢化茚-2-基氨基甲基）噻吩-2-基甲基｝苯甲酰胺；

N-（2-氨基苯基）-4-｛5-（吡啶-2-基氨基甲基）噻吩-2-基甲基｝苯甲酰胺；

N-（2-氨基苯基）-4-吗啉-4-基苯甲酰胺；或

N-（2-氨基苯基）-4-（3，5-二甲基吡唑-1-基）苯甲酰胺；

并且其中

（1）所述杂环基是含有5或6个原子的饱和的、部分饱和或不饱和的单环，其中至少一个原子选自N、S或O，或是8-10元双环，除非另有说明，它们是碳或氮连接的，其中环硫原子任选氧化以形成S-氧化物；

（2）所述芳基选自苯基、茚基、二氢化茚基、萘基、四氢萘基和芴基。”

2008年4月8日，申请人阿斯特拉曾尼卡有限公司（下称请求人）对上述驳回决定不服，向专利复审委员会提出复审请求，请求人在提出复审请求时没有对申请文件进行修改，但同时提交了附件1。

附件1：本发明的HDAC1酶抑制性数据，共2页。

请求人认为：（1）说明书公开内容的部分对各个试验提供了特定的和相当不同的限制范围，这也会向本领域技术人员暗示，所述范围是基于本发明化合物的实验测试的结果。这个显然是审查指南中所要求的定性试验的数据的例子；（2）本申请提供了大量的化合物的详细合成方法和表征数据，而且本申请提供了测试化合物的生物活性的方法。对于本领域技术人员而言，没有什么障碍阻碍其制备和测试一个或者一些化合物；（3）申请人提交的生物试验数据表明说明书中描述的实施例具有所述HDAC抑制活性。本领域技术人员按照本申请说明书的教导会发现实施例所有的化合物具有HDAC抑制活性。因此会断定本发明解决了其涉及的技术问题。因此，本发明说明书符合专利法第26条第3款的规定。

经形式审查合格后，专利复审委员会受理了该请求，并于2008年5月8日向请求人发出了《复审请求受理通知书》，同时将本申请转送至国家知识产权局原审查部门进行前置审查。

在《前置审查意见书》中，国家知识产权局原审查部门认为（1）说明书描述的测试方法是本领域测试相应活性的常规方法，不能必然说明本申请中确实完成了本发明化合物的生物测试；（2）本申请中给出了大量化合物的详细合成方法和表征数据以及活性测试方法，但是没有明确给出任何活性测试数据，根据泛泛的描述，本领域技术人员无法确认本发明化合物确实具有所述的活性。测试一个或者多个化合物是否具有活性应当是申请人在申请日之前就完成的，而不是在申请日之后再对制备的化合物的活性加以验证；（3）对于附件1中提供的数据，由于未记载在原说明书和权利要求书中，因此在判断说明书是否充分公开时不予考虑；因此，坚持驳回决定。

专利复审委员会组成合议组，对本复审请求案进行了审查。合议组于2009年8月19日向请求人发出《复审通知书》，指出：（1）说明书的实验结论中，相当一部分是断言性或推论性描述，不属于实验结果的定性数据；（2）说明书中没有清楚记载实验是采用哪个或者哪些具体化合物进行的，还采用“在例如”这样的措辞表明化合物所具有的IC_{50}或EC_{50}值的范围，所属领域技术人员无法确定请求保护的哪些具体化合物的IC_{50}或EC_{50}值在上述范围内，从而更无法据此推测出所述通式化合物中的哪些具有所述用途，所述定量结果不能称之为真正意义上的定量数据，不能用于证明本申请化合物的用途；（3）尽管说明书中记载了式I化合物的有效量，甚至描述了具体的能够用以验证特定活性的实验方法，由于没有对实验结果以定量或者定性数据进行清楚的描述，所属领域技术人员仍然难以预测该药物是否具有预期用途或者使用效果。因此，本申请说明书公开不充分，不符合专利法第26条第3款的规定。

2009年7月22日，请求人针对上述《复审通知书》提交了意见陈述书，并提交了权利要求书的全文替换页，其中对权利要求 1 的部分基团进行了限缩性修改，并删除了权利要求 2~11、13~16，修改后的权利要求共 2 项。请求人认为：（1）修改显著地缩小了权利要求 1 的保护范围，修改后的权利要求非常接近说明书中公开的 95 个实施例；（2）本领域技术人员在阅读本申请说明书后会认为实施例部分的化合物能够解决本发明的技术问题，并且，结合修改后的权利要求的范围，说明书中提供的活性数据范围以及说明书第 16 页第 7~8 行关于本发明优选化合物的描述，本领域技术人员能够相信，本发明的技术方案能够实现所述用途并具有预期的技术效果；（3）请求人提复审请求时提交的生物实验证明了本申请说明书实施例中的化合物确实具有所述 HDAC 抑制活性。因此，说明书目前要求保护的技术方案是充分公开的。

至此，合议组认为本案事实清楚，可以作出审查决定。

二、决定的理由

1. 关于文本

请求人于 2009 年 7 月 22 日提交了权利要求书的全文替换页，经审查，该修改文本符合专利法第 33 条和专利法实施细则第 60 条第 1 款的规定，因此，本复审请求审查决定针对的文本是：申请人于进入中国国家阶段提交的国际申请文件的中文译文的说明书第 1~3、6~78 页、说明书摘要，2006 年 8 月 25 日提交的说明书第 4~5 页，2009 年 7 月 22 日提交的权利要求第 1~2 项。

2. 关于专利法第 26 条第 3 款

专利法第 26 条第 3 款规定：说明书应当对要求保护的发明作出清楚、完整的说明，以所属技术领域的技术人员能够实现为准。

对于化学产品发明，应当完整地公开该产品的用途和/或使用效果；如果所属技术领域的技术人员无法根据现有技术预测发明能够实现所述用途和/或达到所述使用效果，则说明书中还应当记载对于本领域技术人员来说，足以证明发明的技术方案可以实现所述用途和/或达到预期效果的定性或者定量数据，从而证实所述用途能够实现；如果说明书中仅给出了具体的技术方案，并结论性地声称所述化学产品具有所述用途而未提供相应的可接受的实验数据，而该方案又必须依赖实验结果加以证实才能成立，则说明书被认为未公开到本领域技术人员能够实现的程度。

就本申请而言，利要求 1 要求保护下式（I）的通式化合物或其可药用的盐或体内可水解酯或酰

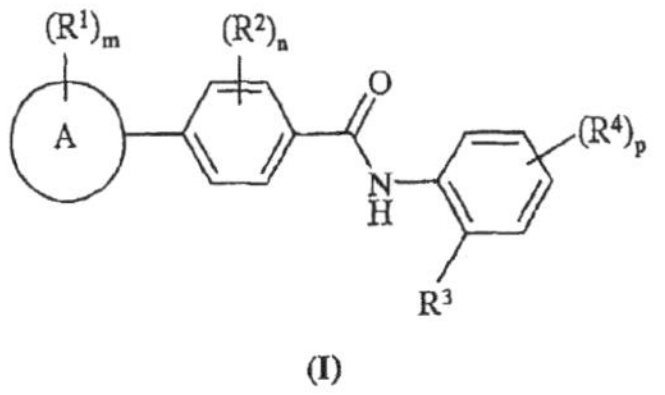

(I)

胺。权利要求 2 要求保护制备权利要求 1 的式（I）化合物或其可药用的盐或体内可水解酯的方法。

根据说明书的描述，本发明涉及一种新的式 I 的苯甲酰胺衍生物或其可药用盐或体内可水解酯或酰胺，以及所述苯甲酰胺衍生物的制备，涉及含有它们的药物组合物和它们在生产用于在温血动物，例如人中抑制 HDAC 药物的方法。这些苯甲酰胺衍生物被预期具有组蛋白脱乙酰基酶（HDAC）抑制剂活性，能够用于治疗单独地或部分地由 HDAC 酶传递的疾病或临床症状，可用于在需要该治疗的温血动物中产生 HDAC 抑制效果，例如，可用于以抑制 HDAC 酶为特征的恶性细胞繁殖的治疗，例如，可用于治疗癌症、炎性疾病、自免疫疾病和过敏性/遗传性过敏疾病（参见说明书第 1 页背景技术和第 22~24 页）。

说明书记载了通式化合物的结构、制备方法，概括性地介绍了化合物的用途及使用剂量，在第

27~78 页的实施例中具体描述了一些具体化合物的制备过程以及 NMR 数据，在第 20~22 页详细描述了测定本发明化合物各种生物活性的方法，包括试验（a）、（b）和（c），以及初步结论（参见说明书第 21 页第 29 行至第 22 页第 2 行）。

由以上内容可见，对于本申请要求保护的通式化合物而言，其中包括众多的具体化合物，说明书虽然给出了其中某些具体化合物的制备方法和确认数据（参见说明书第 27~78 页），也给出了可用来证明本发明化合物具有所述用途的实验方法，包括实验使用的试剂、实验材料和具体实验步骤等信息和一些实验结论，但是，通过阅读这些信息可以发现，本申请中给出的关于化合物用途的实验结论存在以下问题：

首先，在上述实验结论中，相当一部分实验结果仅仅采用了例如，“本发明定义的化合物或其可药用的盐或体内可水酯或酰胺式有效的细胞周期抑制剂……化合物可用于对单独或部分地由 HDAC 抑制传递的抗繁殖效果”、“提供了用于治疗癌症的如上式定义的式（I）化合物或其可药用的盐或体内可水酯或酰胺”等断言性或推论性描述，这显然不是属于实验结果的定性数据。

其次，尽管上述实验结论中，还有一部分是定量结果，例如“尽管根据预计，式（I）化合物的药理学性质随结构改变变化，但通常式 I 化合物所具有的活性可在上述试验（a）和（b）的一项或多项以如下浓度或剂量说明：试验（a）：$-IC_{50}$在例如，<50.0μM 范围；试验（b）：$-IC_{50}$在例如，<2.5μM 范围；试验（c）：$-EC_{50}$在例如，<9.0μM 范围。”等，但由于说明书中没有清楚记载这些实验是采用哪个或者哪些具体化合物进行的，并且还采用“在例如”这样的措辞表明化合物所具有的 IC_{50}或 EC_{50}值的范围，据此，所属领域技术人员无法确定请求保护的哪些具体化合物的 IC_{50}或 EC_{50}值在上述范围内，从而更无法据此推测出所述通式化合物中的哪些具有所述用途，因此，所述定量结果不能称之为真正意义上的定量数据，不能用于证明本申请化合物的用途。

在所属领域技术人员根据现有技术无法预测本申请要求保护的化合物具有预期的用途或者技术效果的情况下，尽管说明书中记载了式 I 化合物的有效量，甚至描述了具体的能够用以验证特定活性的实验方法，由于没有对实验结果以定量或者定性数据进行清楚的描述，所属领域技术人员仍然难以预测该药物是否具有预期用途或者使用效果，因此，本申请说明书公开不充分，不符合专利法第 26 条第 3 款的规定。

对于请求人在答复《复审通知书》的意见陈述，合议组认为：（1）尽管请求人对权利要求的范围进行了限缩，尽管实施例是优选化合物，但由于本申请说明书中没有客观地描述实验采用的样品，因此，本领域技术人员无法确定这些实验使用的就是实施例的样品，故而没有证据表明实施例的化合物与所述的 HDAC 抑制活性范围具有对应关系，即所属领域技术人员既无法确定请求保护的哪些具体化合物的 IC_{50}或 EC_{50}值在上述范围内，更无法据此推测出修改后的通式化合物具有所述用途。（2）在判断说明书是否充分公开时，应以申请中原始公开的数据为依据，附件 1 是申请日之后补充的试验数据，而测试化合物是否具有活性应当是申请人在申请日之前就完成的，而不是在申请日之后再对制备的化合物的活性加以验证，因此该试验数据不能作为认定本申请说明书符合专利法第 26 条第 3 款规定的依据。即，请求人的所有主张均不成立。

根据上述事实和理由，合议组作出如下审查决定。

三、决定

维持国家知识产权局于 2007 年 12 月 28 日针对 03807431.1 号发明专利申请作出的驳回决定。

复审请求人对本决定不服的，可以根据专利法第 41 条第 2 款的规定，自收到本决定之日起三个月内向北京市第一中级人民法院起诉。

229

取代的四环系四氢呋喃衍生物的扁桃酸盐化合物

复审请求审查决定（第20581号）

决　　定　　号　第20581号
决　　定　　日　2009年12月21日
发明创造名称　取代的四环系四氢呋喃衍生物的扁桃酸盐化合物
国 际 分 类 号　C07D307/93，A61K31/343，A61P9/00，A61P25/18
复 审 请 求 人　詹森药业有限公司
申　　请　　号　02821918.X
优 先 权 日　2001年11月9日
申　　请　　日　2002年11月8日
公　　开　　日　2005年2月16日
合 议 组 组 长　侯　曜
主　　审　　员　刘　静
参　　审　　员　王　磊

法 律 依 据　专利法第26条第3款
决 定 要 点

所属技术领域的技术人员能够实现，是指所属技术领域的技术人员按照说明书记载的内容，就能够实现该发明或者实用新型的技术方案，解决其技术问题，并且产生预期的技术效果。

一、案由

本复审请求案涉及发明名称为“取代的四环系四氢呋喃衍生物的扁桃酸盐化合物”（由“新颖的取代的四环系四氢呋喃衍生物的扁桃酸盐化合物”变更而来）的02821918.X号发明专利申请（下称本申请），申请人为詹森药业有限公司，申请日为2002年11月8日，优先权日为2001年11月9日，公开日为2005年2月16日。

2006年6月30日，针对申请人于2006年1月23日提交的权利要求书第1~9项、说明书第1、12页，按进入中国国家阶段时提交的国际申请文件的说明书第2~11、13~15页、说明书摘要和说明书附图第1页，国家知识产权局以说明书不符合专利法第26条第3款的规定、权利要求1和4不符合专利法第26条第4款的规定为由驳回了本申请。驳回决定针对的权利要求书如下：

“1. 一种式（I）的化合物的扁桃酸盐，

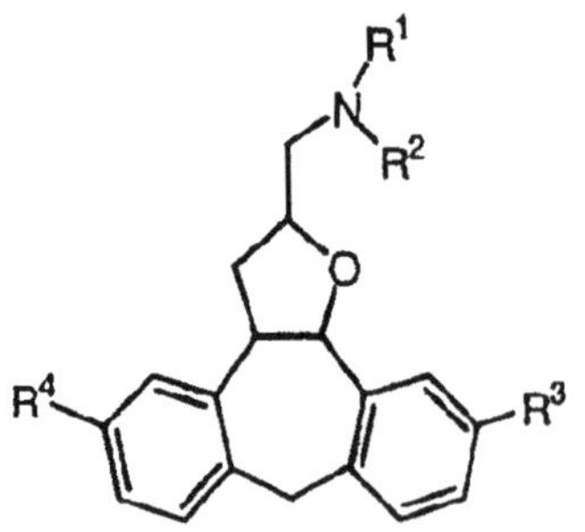

(I)

其N-氧化物形式与其（2α，3aα，12bβ）立体化学异构形式，其中R^1与R^2各自独立地为氢或C_{1-6}烷基，R^3与R^4各自独立地为氢或卤素，C_{1-6}烷基代表具有1至6个碳原子之直链与支链的饱和烃基且卤素代表氟、氯、溴与碘。

2. 根据权利要求第1项的扁桃酸盐，其特征为其中R^1与R^2各自独立地为氢或甲基。

3. 根据权利要求第1至2项中任一项的扁桃酸盐，其特征为其中R^3与R^4各自独立地为氢或氟。

4. 根据权利要求第1项的扁桃酸盐，其特征为其中化合物为下列化合物之扁桃酸盐：

11-氟-3，3a，8，12b-四氢-N-甲基-2H-二苯并-［3，4：6，7］环庚并［1，2-b］呋喃-2-甲胺；

3，3a，8，12b-四氢-N-甲基-2H-二苯并-［3，4：6，7］环庚并［1，2-b］呋喃-2-甲胺；

5，11-二氟-3，3a，8，12b-四氢-N，N-二甲基-2H-二苯并-［3，4：6，7］环庚并［1，2-b］呋喃-2-甲胺；

11-氟-3，3a，8，12b-四氢-N，N-二甲基-2H-二苯并-［3，4：6，7］环庚并［1，2-b］呋喃-2-甲胺或

3，3a，8，12b-四氢-N，N-二甲基-2H-二苯并-［3，4：6，7］环庚并［1，2-b］呋喃-2-甲胺。

5. 根据权利要求1的扁桃酸盐，其特征为扁桃酸盐具S-构型。

6. 根据权利要求1的扁桃酸盐，其为11-氟-3，3a，8，12b-四氢-N-甲基-2H-二苯并-［3，4：6，7］环庚并［1，2-b］呋喃-2甲胺的B-（2α，3aα，12bβ）的具S-构型的扁桃酸盐。

7. 权利要求第1至6项中任一项的化合物在制造用来治疗焦虑、精神病、精神分裂症、抑郁症、偏头痛、睡眠障碍与滥用药物成瘾症等之药品方面的应用。

8. 一种药物组合物，其中包含药学可接受的载体与作为活性成分的治疗有效量的权利要求1至6项中任一项的扁桃酸盐。

9. 一种制备权利要求第1至6项中任一项的扁桃酸盐的方法，其特征为将式（I）的化合物之游离碱溶解于适当的溶剂，可任选地加热该混合物，加入足量的扁桃酸，冷却反应物并收集结晶的物质，可任选地于适当的溶剂内重结晶以进一步纯化该扁桃酸盐。"

驳回决定认为：(1) 申请人在说明书中并未给出任何的通式I化合物的N-氧化物，也没有给出N-氧化物具有和通式I化合物具有类似的理化活性的证据。虽然，在说明书第8页第14~23行中给出了通式I化合物的N-氧化物可能的合成方法，但是并非合成或者分离出化合物的N-氧化物，对于本领域的普通技术人员来说，无法预料所有的N-氧化物都具有和氧化前的化合物类似的性质，所以权利要求1得不到说明书的支持。(2) 权利要求4要求保护的是5个具体化合物，但是在说明书中并未给出这5个具体化合物的确认。申请人在意见陈述书的第3点指出，在说明书中记载了权利要求4中的化合物可以通过WO99/19317和WO97/38991中所述的方法制备，说明书第12页中进一步制备了这些中间体化合物的扁桃酸盐，因此权利要求4的5个化合物都充分公开。但是根据审查指南第二

部分第十章第 4.1 节中规定：要求保护的发明为化学产品本身的，说明书中应当公开化学产品的确认、化学产品的制备以及化学产品的用途，其中化学产品的确认应当公开与发明要解决的技术问题相关的化学、物理性能参数。由于本申请说明书给出的可能制备了的中间体化合物 16 等中间体化合物都是（±）-（2α，3aα，12bβ）型异构体，而并非权利要求 4 的 5 个化合物，而在说明书中也没有公开中间物 18，15，14，16，10 的相关的化学、物理性能参数。所以说明书公开不充分，不符合专利法第 26 条第 3 款的规定，从而导致权利要求 4 得不到说明书的支持，不符合专利法第 26 条第 4 款的规定。

2006 年 10 月 13 日，申请人詹森药业有限公司（下称请求人）对上述驳回决定不服，向专利复审委员会提出复审请求，请求人在提出复审请求时提交了权利要求书的修改替换页，删除了权利要求 1 中“其 N-氧化物形式”并修改了权利要求 4 中的标点符号。修改后的权利要求书如下：

“1. 一种式（I）的化合物的扁桃酸盐，

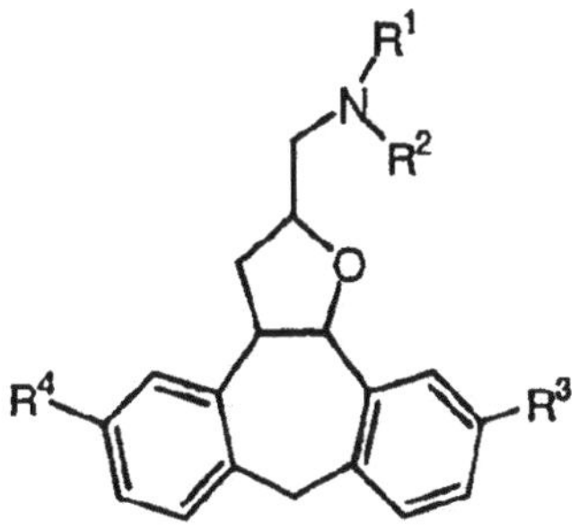

(I)

与其（2α，3aα，12bβ）立体化学异构形式，其中 R^1 与 R^2 各自独立地为氢或 C_{1-6}烷基，R^3 与 R^4 各自独立地为氢或卤素，C_{1-6}烷基代表具有 1 至 6 个碳原子之直链与支链的饱和烃基且卤素代表氟、氯、溴与碘。

2. 根据权利要求第 1 项的扁桃酸盐，其特征为其中 R^1 与 R^2 各自独立地为氢或甲基。

3. 根据权利要求第 1 至 2 项中任一项的扁桃酸盐，其特征为其中 R^3 与 R^4 各自独立地为氢或氟。

4. 根据权利要求第 1 项的扁桃酸盐，其特征为其中化合物为下列化合物之扁桃酸盐：

11-氟-3，3a，8，12b-四氢-N-甲基-2H-二苯并-［3，4：6，7］环庚并［1，2-b］呋喃-2-甲胺；3，3a，8，12b-四氢-N-甲基-2H-二苯并-［3，4：6，7］环庚并［1，2-b］呋喃-2-甲胺；5，11-二氟-3，3a，8，12b-四氢-N，N-二甲基-2H-二苯并-［3，4：6，7］环庚并［1，2-b］呋喃-2-甲胺；11-氟-3，3a，8，12b-四氢-N，N-二甲基-2H-二苯并-［3，4：6，7］环庚并［1，2-b］呋喃-2-甲胺；或 3，3a，8，12b-四氢-N，N-二甲基-2H-二苯并-［3，4：6，7］环庚并［1，2-b］呋喃-2-甲胺。

5. 根据权利要求 1 的扁桃酸盐，其特征为扁桃酸盐具 S-构型。

6. 根据权利要求 1 的扁桃酸盐，其为 11-氟-3，3a，8，12b-四氢-N-甲基-2H-二苯并-［3，4：6，7］环庚并［1，2-b］呋喃-2 甲胺的 B-（2α，3aα，12bβ）的具 S-构型的扁桃酸盐。

7. 权利要求第 1 至 6 项中任一项的化合物在制造用来治疗焦虑、精神病、精神分裂症、抑郁症、偏头痛、睡眠障碍与滥用药物成瘾症等之药品方面的应用。

8. 一种药物组合物，其中包含药学可接受的载体与作为活性成分的治疗有效量的权利要求 1 至 6 项中任一项的扁桃酸盐。

9. 一种制备权利要求第 1 至 6 项中任一项的扁桃酸盐的方法，其特征为将式（I）的化合物之游离碱溶解于适当的溶剂，可任选地加热该混合物，加入足量的扁桃酸，冷却反应物并收集结晶的物质，可任选地于适当的溶剂内重结晶以进一步纯化该扁桃酸盐。”

请求人认为：审查员对于本发明所述化合物的扁桃酸盐的制备和用途并无异议，质疑的焦点在于本说明书是否给出所述化学产品的确认。首先，中间化合物的获得、确认是公知的，不存在未充分公开的问题；其次，说明书第12页进一步制备了这些中间体化合物的扁桃酸盐，进行了水吸附/脱附行为，晶体稳定性和化学稳定性试验，其中应用热重分析法，差示扫描量热法、红外光谱等手段提供这些试验，证明了本发明获得的扁桃酸盐具有优异的稳定性，同时也确认了所述扁桃酸盐的存在，因此所述化合物的扁桃酸盐得到了充分公开。

经形式审查合格后，专利复审委员会受理了该请求，并于2007年1月11日向请求人发出了《复审请求受理通知书》，同时将本申请转送至国家知识产权局原审查部门进行前置审查。

在《前置审查意见书》中，国家知识产权局原审查部门认为：请求人在复审请求时仍未针对权利要求4的具体化合物的确认给出足够的证据。请求人指出，说明书第12页进一步制备了这些中间体化合物的扁桃酸盐，并进行了各种实验，但是这些实验仅仅针对化合物1进行，而非针对权利要求4的所有化合物进行，其他化合物仅仅是给出了可能的合成方法，而且这些中间体化合物是某几种异构体的混合物，与权利要求4中的化合物的异构体组成可能有所不同，所以说明书没有给出权利要求4所记载的所有化合物确认，故坚持驳回决定。

专利复审委员会组成合议组，对本复审请求案进行了审理。

2009年5月6日，请求人提交了说明书第12页的修改替换页，将说明书第12页第19行的“中间物10”修改为“中间物12”，以与原始公开的内容一致。

至此，合议组认为本案事实清楚，可以作出审查决定。

二、决定的理由

1. 关于文本

请求人在复审阶段所做的修改如下：删除了权利要求1中“其N-氧化物形式”并修改了权利要求4中的标点符号；将说明书第12页第19行的“中间物10”修改为“中间物12”。经核对，对说明书的上述修改与原始说明书的记载一致，对权利要求书的修改也符合专利法第33条和实施细则第60条第1款的规定，因此本复审请求审查决定所针对的文本是：请求人于2006年10月13日提交的权利要求书第1~9项，2006年1月23日提交的说明书第1页，按照进入中国国家阶段时提交的国际申请文件的说明书第2~11、13~15页、说明书摘要及说明书附图第1页，2009年5月6日提交的说明书第12页。

2. 关于专利法第26条第3款

专利法第26条第3款规定，说明书应当对发明或者实用新型作出清楚、完整的说明，以所属技术领域的技术人员能够实现为准。

所属技术领域的技术人员能够实现，是指所属技术领域的技术人员按照说明书记载的内容，就能够实现该发明或者实用新型的技术方案，解决其技术问题，并且产生预期的技术效果。

（1）驳回决定指出，说明书未给出任何通式I化合物的N-氧化物，也没有给出N-氧化物具有和通式I化合物具有类似的理化活性的证据，因此权利要求1得不到说明书的支持。对此，请求人在复审文本中已经删除了权利要求1的“其N-氧化物形式”，因此驳回决定指出的上述缺陷已经克服。

（2）驳回决定还指出，说明书未给出权利要求4要求保护的5个具体化合物的确认。而且，本申请说明书给出的中间物都是（±）-（2α，3aα，12bβ）型异构体，而并非权利要求4的5个化合物。另外，在说明书中也没有公开中间物18，15，14，16，10的相关的化学、物理性能参数。所以说明书公开不充分，不符合专利法第26条第3款的规定，从而导致权利要求4得不到说明书的支持，不符合专利法第26条第4款的规定。

前置意见指出，说明书的稳定性实验仅仅针对化合物 1 进行，而非针对权利要求 4 的所有化合物进行，其他化合物仅仅是给出了可能的合成方法，而且这些中间体化合物是某异构体的混合物，与权利要求 4 中的化合物的异构体组成可能有所不同，所以说明书没有给出权利要求 4 所记载的所有化合物确认，故坚持驳回决定。

虽然使用的驳回条款涉及专利法第 26 条第 4 款，但本案争议的焦点在于权利要求 4 要求保护的具体化合物是否因缺少确认数据而导致公开不充分。对此，合议组认为：

（1）首先，需要明确权利要求 4 的保护范围。权利要求 4 引用了权利要求 1，并列出了 5 个具体的式 I 化合物（没有限定构型），因此权利要求 4 要求保护的应当是上述 5 种具体化合物的扁桃酸盐与其（2α，3aα，12bβ）立体化学异构形式。

（2）对于权利要求 4 要求保护 5 种具体化合物的扁桃酸盐的（2α，3aα，12bβ）立体化学异构形式这一技术方案而言，一方面，说明书第 9~12 页给出了具有（2α，3aα，12bβ）构型的中间物 16、19、15、10、14 的制备方法，中间物 16、19、15、10、14 分别与权利要求 4 中 5 个具体的式 I 化合物对应。另一方面，说明书背景部分提到“式（I）的化合物报道于 WO99/19317 与 WO97/38991”（参见说明书第 1 页第 16 行），说明书第 7 页第 32 行~第 8 页第 23 行记载了“本发明的式（I）化合物可根据 WO99/19317 与 WO97/38991 中所述方法制备”，并详细描述了本领域已知的制备式（I）化合物的方法，说明书第 8 页第 24 行~第 9 页第 11 行描述了分离式（I）化合物各种异构体的方法，经核实，现有技术 WO99/19317 已经公开了本申请的式（I）化合物及其各种异构体，并公开了相应的制备方法和其抗精神病、心血管与胃动力病活性的制药用途。由于本申请的式（I）化合物、其各种异构体及其制备方法是已知的，说明书又给出了属于式（I）化合物的中间物 16、19、15、10、14 的具体制备方法，因此本领域技术人员可以确定按照说明书给出的具体制备方法完全可以得到上述中间物。在此情况下，尽管说明书未公开中间物的理化参数，本领域技术人员也不会据此认为中间物不能顺利制备，因此驳回决定关于中间物缺少化学、物理性能参数导致说明书公开不充分的理由不能成立。

此外，说明书第 12 页第 14~20 行给出了由中间物 16 制备相应的扁桃酸盐（实施例称之为化合物 1）的方法，并指出用类似的方法可制备其他中间体的扁桃酸盐，说明书第 12 页第 21 行~第 15 页对化合物 1 进行了稳定性的对比试验。可见，化合物 1 已经满足了充分公开的要求。由于中间物 16 与中间物 19、15、10、14 结构及其接近，与扁桃酸反应成盐时反应位点都在 2-甲胺的 N 原子上，制备方法基本相同，因此本领域技术人员可以确定根据说明书的教导采用类似的方法完全可以制备出其他中间物的扁桃酸盐，并且可以预期所述扁桃酸盐与式（I）化合物一样必然具有一定的制药用途。在此情况下，尽管说明书没有给出权利要求 4 要求保护的其他 4 种扁桃酸盐的确认数据，本领域技术人员也不会据此认为这 4 种扁桃酸盐按照类似的方法不能顺利制备，因此驳回和前置意见关于权利要求 4 要求保护的具体化合物缺少确认数据导致公开不充分的理由不能成立。

（3）对于权利要求 4 要求保护 5 种具体化合物的扁桃酸盐（没有限定构型）这一技术方案而言，基于与上述相同的理由，本申请的式（I）化合物及其制备方法是已知的，说明书又给出了属于式（I）化合物具有（2α，3aα，12bβ）构型的中间物 16、19、15、10、14 的制备方法，本领域技术人员根据上述现有技术以及说明书的记载，无需分离异构体即可制备出各种异构形式混合的中间物，并进一步制备出各种异构形式混合的扁桃酸盐，并且可以预期所述扁桃酸盐与式（I）化合物一样必然具有一定的制药用途。同样，驳回和前置意见关于权利要求 4 要求保护的具体化合物缺少确认数据、中间物缺少确认数据导致公开不充分的理由不能成立。

基于以上事实和理由，合议组作出如下审查决定。

三、决定

撤销国家知识产权局于2006年6月30日针对02821918.X号发明专利申请作出的驳回决定，由国家知识产权局原审查部门以本复审决定所针对的文本为基础继续审批程序。

复审请求人对本决定不服的，可以根据专利法第41条第2款的规定，自收到本决定之日起三个月内向北京市第一中级人民法院起诉。

230

用作杀真菌剂的苯甲酰胺类及其有益组合物

复审请求审查决定（第 20583 号）

决　定　号　第 20583 号
决　定　日　2009 年 12 月 10 日
发明创造名称　用作杀真菌剂的苯甲酰胺类及其有益组合物
国 际 分 类 号　A01N43/40，A01N47/02，C07D213/65，C07D213/61，C07D213/70，C07D213/71
复 审 请 求 人　杜邦公司
申　请　号　03806454. 5
优 先 权 日　2002 年 3 月 19 日
申　请　日　2003 年 3 月 18 日
公　开　日　2005 年 7 月 20 日
合 议 组 组 长　汪送来
主　审　员　宋　泳
参　审　员　王　磊

法 律 依 据　专利法第 26 条第 4 款
决 定 要 点
如果权利要求的概括包含申请人推测的内容，而其效果又难于预先确定和评价，应当认为这种概括超出了说明书公开的范围。

一、案由

本复审请求案涉及发明名称为“用作杀真菌剂的苯甲酰胺类及其有益组合物”的 03806454. 5 号发明专利申请（下称本申请），申请人为杜邦公司，申请日为 2003 年 3 月 18 日，优先权日为 2002 年 3 月 19 日，公开日为 2005 年 7 月 20 日。

2007 年 8 月 3 日，针对申请人于 2007 年 4 月 23 日提交的权利要求第 1~8 项、进入中国国家阶段时提交的国际申请文件中文文本的说明书第 1~61 页及说明书摘要，国家知识产权局以权利要求 1 不符合专利法第 26 条第 4 款的规定为由驳回了本申请。驳回决定针对的权利要求书如下：

“1. 一种用于防治因真菌性植物病原体引起的植物病害的组合物，包括：

（a）至少一种选自式 I 的化合物、其 N-氧化物及其农业上合适的盐中的化合物：

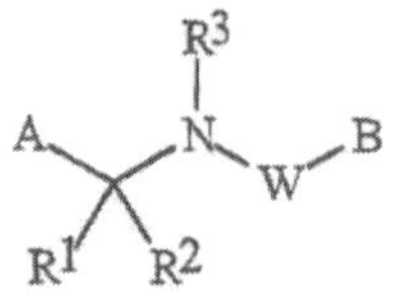

I

其中

A 是用 1~4 个 R^5 取代的 2-吡啶环基；

B 是用 1~4 个 R^6 取代的苯环基，其中至少一个 R^6 位于与 W 连接物相邻的位置；

W 是 C=O；

R^1、R^2 和 R^3 各自独立地是 H；

每个 R^5 独立地是卤素或 C_1-C_6 卤代烷基；

每个 R^6 独立地是卤素；和

（b）至少一种选自如下的化合物：作用于真菌线粒体呼吸电子传递位点的 bc1 复合体的化合物；

其中组分（b）与组分（a）的重量比为 100∶1~1∶100。

2. 如权利要求 1 的组合物，其中组分（b）是噁唑酮菌。

3. 如权利要求 1 的组合物，其中组分（b）与组分（a）的重量比是 30∶1~1∶30。

4. 如权利要求 1 的组合物，其中组分（b）与组分（a）的重量比是 10∶1~1∶10。

5. 如权利要求 1 的组合物，其中组分（a）是如下式所示的 2，6-二氯-N-［［3-氯-5-（三氟甲基）-2-吡啶基］甲基］苯甲酰胺：

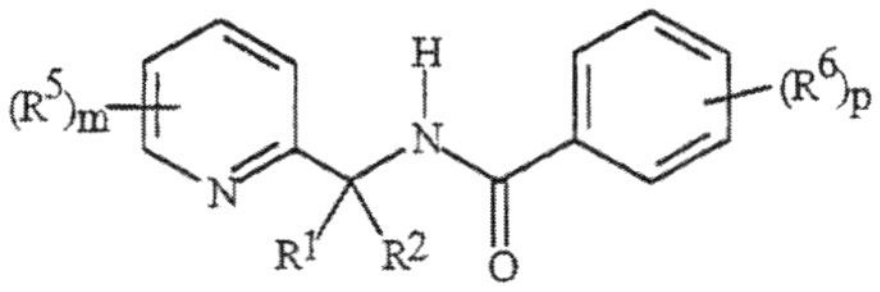

其中（R^5）m 是 3-Cl-5-CF_3，R^1 是 H，R^2 是 H，（R^6）p 是 2，6-二-Cl。

6. 一种防治由真菌性植物病原体引起的植物病害的方法，该方法包括向该植物或其部分上，或者向该植物种子或幼苗上施加杀真菌有效量的权利要求 1 的组合物。

7. 如权利要求 6 的方法，其中待防治的病害是因真菌性病原体致病疫霉引起的。

8. 如权利要求 6 的方法，其中待防治的病害是因真菌性病原体葡萄生单轴霉引起的。”

驳回决定认为：（1）权利要求 1 中记载的“作用于真菌线粒体呼吸电子传递位点的 bc1 复合体的化合物”包含了大量不同结构的化合物，而说明书中仅公开了含有 2，6-二氯-N-［［3-氯-5-（三氟甲基）-2-吡啶基］甲基］苯甲酰胺（化合物 1）和噁唑酮菌的杀菌组合物的效果数据。而农药组合物的使用效果不仅与组合物中各组分的作用机理和位点有关，更与各组分的结构有密切的关系。（2）虽然申请人陈述本申请组合物的协同作用与组分（a）与组分（b）对真菌的作用机理有关，但说明书中并没有提供有力的证据来证明这一点。（3）本申请说明书中仅公开了噁唑酮菌与化合物 1 的组合物的使用效果，该使用效果可能是由噁唑酮菌化合物本身的结构特点所带来的。因此，本领域技术人员无法预见所有的“作用于真菌线粒体呼吸电子传递位点的 bc1 复合体的化合物”均能获得相同或相近的使用效果。故权利要求 1 得不到说明书的支持，不符合专利法第 26 条第 4 款的规定。

2007 年 11 月 19 日，申请人杜邦公司（下称请求人）对上述驳回决定不服，向专利复审委员会提出复审请求，请求人在提出复审请求时未对申请文件进行修改，但提交了如下附件：

附件1："FRAC CODE LIST 2：Fungicides sorted by modes of action"，复印件10页。

请求人认为：(1) 本申请说明书中记载了噁唑酮菌与化合物1组成的组合物具有协同的使用效果，而且其杀菌机理即为"作用于真菌线粒体呼吸电子传递位点的bc1复合体"，因此它们的杀菌效果的协调作用必然与噁唑酮菌的作用位点有关，而不受其结构的限制。(2) 将噁唑酮菌归纳为"作用于真菌线粒体呼吸电子传递位点的bc1复合体的化合物"是合理的，依据附件1中记载了噁唑酮菌与其他的bc1抑制剂都分配到了C3组，它们具有相似的生物响应，它们的作用位点都是真菌线粒体呼吸电子传递位点的bc1复合体。由此证明了即使对于结构不尽相同的化合物，只要它们具有足够的作用位点相似性，它们的生物响应不受结构的限制，在以组分的生物响应为目的的应用中，可以互相替代，所属领域技术人员能够预见到"作用于真菌线粒体呼吸电子传递位点的bc1复合体"都能够实现本发明的目的。因此权利要求1符合专利法第26条第4款的规定。

经形式审查合格后，专利复审委员会受理了该请求，并于2007年12月18日向请求人发出了《复审请求受理通知书》，同时将本申请转送至国家知识产权局原审查部门进行前置审查。

在《前置审查意见书》中，国家知识产权局原审查部门坚持驳回决定。

专利复审委员会组成合议组，对本复审请求案进行了审理，并于2009年7月7日向请求人发出《复审通知书》，指出：(1) 没有证据支持杀菌剂组合物的协同作用与该杀菌剂组份的作用位点bc1复合体有必然联系，现有技术中也没有任何理论或证据表明当一种杀菌剂与某种化合物具有协同作用时，其他具有上述相同作用位点的杀菌剂也与所述化合物具有协同作用。在权利要求1的"作用于真菌线粒体呼吸电子传递位点的bc1复合体的化合物"中，除噁唑酮菌外，本领域技术人员不能预期其他的化合物能够与化合物I产生杀菌协同作用，因此权利要求1得不到说明书的支持，不符合专利法第26条第4款的规定。同理，权利要求3~8也不符合专利法第26条第4款的规定。(2) 附件1的公开日期不详，不能确定其为本申请的优先权日之前已经公开的现有技术。

针对该《复审通知书》，请求人于2009年10月13日提交了意见陈述书，未对申请文件进行修改，同时提交了如下附件（编号续前）：

附件2："Mode of resistance to respiration inhibitors at the cytochrome bc1 enzyme complex of Mycosphaerella fijiensis field isolates"，Helge Sierotzki等人，Pest Management Science，第56期，第833~841页，2000年，共9页；

附件3：EP0967869B1，公开日为1998年8月6日，共40页；

附件4：WO9927789A1，公开日为1999年6月10日，共44页；

附件5："Strobilurins：Evolution of a New Class of Active Substances"，Hubert Sauter等人，Angew. Chem. Int. Ed. 第38期，第1329~1349页，1999年，共21页。

请求人认为：(1) 附件2描述了噁唑酮菌与其他的亚胺菌类化合物作为bc1抑制剂，其具有相似的抑制特性；附件3描述了丙氧喹啉与亚胺菌化合物IIa组合时具有协同作用；附件4描述了化合物1.2（喹唑啉酮中的一种）与亚胺菌化合物V组合时显示出具有协同作用；附件5描述了亚胺菌类化合物IIa为一种具体的亚胺菌。由附件2~5可知，当一种作用于真菌线粒体呼吸电子传递位点的bc1复合体的化合物与另一种化合物具有协同作用时，本领域技术人员能够预见其他bc1抑制剂与所述另一化合物也具有协同作用。所述协同作用是基于该另一种化合物对bc1抑制剂与真菌病原体之间的相互作用的有利影响而实现的，所述影响与bc1抑制剂的作用位点有关，与其结构不是特别相关。(2) 本发明组合物的协同作用就是通过组分（a）对组分（b）与真菌病原体之间的相互作用的有利影响而实现的，该相互作用就是"作用于真菌线粒体呼吸电子传递位点的bc1复合体"。因此，基于噁唑酮菌概括出组分（b）的范围是合理的，权利要求1~8符合专利法第26条第4款的规定。

至此，合议组认为本案事实已经清楚，可以作出审查决定。

二、决定的理由

1. 关于审查文本

本复审决定所针对的文本为请求人于2007年4月23日提交的权利要求第1~8项、进入中国国家阶段时提交的国际申请文件中文文本的说明书第1~61页及说明书摘要。

2. 关于专利法第26条第4款

专利法第26条第4款规定，权利要求书应当以说明书为依据，说明要求专利保护的范围。

如果权利要求的概括包含申请人推测的内容，而其效果又难于预先确定和评价，应当认为这种概括超出了说明书公开的范围。

本申请的权利要求1请求保护一种用于防治因真菌性植物病原体引起的植物病害的组合物，该组合物包括两种组份：（1）具有通式I的化合物、其N-氧化物及其农业上合适的盐中的化合物，以及（2）至少一种选自作用于真菌线粒体呼吸电子传递位点的bc1复合体的化合物。本申请说明书（参见说明书第2页倒数第2段至最后一段，第42页倒数第1，2段，第57页第1~3段，第58页至61的全部内容）中记载了本发明所解决的技术问题是扩展杀真菌剂的活性谱并增强防治病害的效力，并延长喷药间隔，本发明的技术方案是提供包含上述两种组份的具有杀菌协同作用的组合物，并在表A中记载了化合物I与噁唑酮菌的组合物，以及化合物I与清菌脲的组合物具有协同作用的实验效果。

在本申请中，判断权利要求1是否符合专利法第26条第4款的关键在于，能否由噁唑酮菌这一具体化合物与通式I的化合物具有杀真菌协同作用来概括得出所有具有“作用于真菌线粒体呼吸电子传递位点的bc1复合体的化合物”的作用机理的化合物均与化合物I具有杀真菌协同作用这一技术方案。

为此，请求人在复审阶段中提交了附件1~5作为证据，由此证明上述概括是合理的。

合议组认为：对于请求人于复审阶段提交的附件1~5，附件1的公开日期不详，不能确定其为本申请的现有技术，故对该证据不予采信。虽然附件2~5描述了喹唑啉酮类化合物与两种具体的亚胺菌化合物（化合物IIa和化合物V）具有协同作用，但并不能证明该协同作用是由化合物IIa和化合物V具有相同的作用位点而获得的。由此可见，请求人所提交的证据无法支持现有技术中存在有关杀菌剂组合物的协同作用与该杀菌剂组分作用的真菌线粒体呼吸电子传递位点的bc1复合体之间有必然联系，现有技术中也没有任何理论或证据表明当一种杀菌剂与某种化合物具有协同作用时，其他具有上述相同作用位点的杀菌剂也与所述化合物具有协同作用。因此，在没有任何理论和证据表明协同作用是与某种杀菌剂作用位点机理相关的情况下，不能根据杀菌剂上述作用位点机理预期所有作用于真菌线粒体呼吸电子传递位点的bc1复合体的化合物与化合物I组合都能够在本发明中产生杀真菌协同作用。在权利要求1的“作用于真菌线粒体呼吸电子传递位点的bc1复合体的化合物”中，除噁唑酮菌外，本领域技术人员不能预期其他的化合物也能够与化合物I产生杀菌协同作用，故权利要求1的概括包含了请求人推测的内容，而其技术效果难以预先确定和评价，该权利要求得不到说明书的支持，不符合专利法第26条第4款的规定。

同理，权利要求1的从属权利要求3~5以及使用权利要求1的组合物用于防治由真菌性植物病原体引起的植物病害的方法的权利要求6及其从属权利要求7~8也得不到说明书的支持，不符合专利法第26条第4款的规定。

三、决定

维持国家知识产权局于2007年8月3日针对03806454.5号发明专利申请作出的驳回决定。

复审请求人对本决定不服的，可以根据专利法第41条第2款的规定，自收到本决定之日起三个月内向北京市第一中级人民法院起诉。

231

阻燃性聚酰胺混合物

复审请求审查决定（第20584号）

决　　定　　号　第20584号
决　　定　　日　2009年12月18日
发明创造名称　阻燃性聚酰胺混合物
国 际 分 类 号　C08K 5/49，C08K 5/3492，C08L 77/00
复 审 请 求 人　帝斯曼知识产权资产管理有限公司
申　　请　　号　200380107023.2
优 先 权 日　2002年12月19日
申　　请　　日　2003年12月10日
公　　开　　日　2006年2月1日
合议组组长　刘　亚
主　审　员　王晓东
参　审　员　危　峰

法 律 依 据　专利法第22条第3款
决 定 要 点

当要求保护的发明与最接近的现有技术相比较，其区别特征为另一份对比文件中披露的相关技术手段，该技术手段在对比文件中所起的作用与该区别特征在要求保护的发明中为解决技术问题所起的作用相同时，本领域技术人员有动机将该对比文件与最接近的现有技术结合，从而获得发明要求保护的技术方案，该发明不具备创造性。

一、案由

本复审请求案涉及发明名称为“阻燃性聚酰胺混合物”的200380107023.2号发明专利申请（下称本申请），申请人为帝斯曼知识产权资产管理有限公司，申请日为2003年12月10日，优先权日为2002年12月19日，公开日为2006年2月1日。

2006年2月17日，国家知识产权局对该申请进行实质审查，并于2006年8月18发出《第一次审查意见通知书》，其中指出权利要求1~11相对于对比文件1（CN1368994A）和2（CN1163629A）不具备专利法第22条第3款规定的创造性以及其他缺陷。2007年1月4日申请人针对上述通知书进行答复和修改之后，国家知识产权局于2007年4月20日发出《第二次审查意见通知书》，其中再次指出权利要求1~11相对于对比文件1和2不具备专利法第22条第3款规定的创造性。2007年7月5日申请人针对该通知书进行了答复和修改。

2007年8月10日，针对申请人于2007年7月5日提交的权利要求第1~17项、2005年6月20日进入中国国家阶段时提交的国际申请文件中文译文的说明书第1~12页以及说明书摘要（下称驳回文本），国家知识产权局以权利要求1~17不具备专利法第22条第3款规定的创造性为由驳回了本申请。驳回决定针对的权利要求书如下：

“1. 阻燃性聚酰胺混合物，包括重均分子量至少为10000 g/mol的聚酰胺聚合物、无卤素阻燃剂和重均分子量至多为7500 g/mol的聚酰胺低聚物，其中的聚酰胺低聚物是可熔融处理的半晶态的或无定型的聚酰胺，其特征在于无卤素阻燃剂是无卤素含磷阻燃剂，并且相对于100重量份的聚酰胺聚合物，所述阻燃剂的含量大于25重量份，且所述聚酰胺低聚物的含量大于10重量份。

2. 如权利要求1所述的混合物，其中聚酰胺低聚物是熔化温度至少为260℃的聚酰胺。

3. 如权利要求1所述的混合物，其中聚酰胺低聚物的熔化温度比聚酰胺聚合物的熔化温度至多高20℃。

4. 如权利要求1所述的混合物，其中无卤素含磷阻燃剂是基于蜜胺的磷化合物。

5. 制备如权利要求1~4任一项所述混合物的方法，包括熔融混合聚酰胺组合物，该组合物包括重均分子量至少为10000 g/mol的聚酰胺聚合物、重均分子量至多为7500 g/mol的聚酰胺低聚物和无卤素含磷阻燃剂，并且相对于100重量份的聚酰胺聚合物，所述阻燃剂的含量大于25重量份，且所述聚酰胺低聚物的含量大于10重量份。

6. 如权利要求5所述的方法，其中聚酰胺聚合物是熔化温度至少为260℃的聚酰胺。

7. 如权利要求5所述的方法，其中聚酰胺低聚物的熔化温度比聚酰胺聚合物的熔化温度至多高20℃。

8. 如权利要求5所述的方法，其中聚酰胺混合物包括增强剂。

9. 阻燃性聚酰胺混合物，包括重均分子量至少为10000 g/mol的聚酰胺聚合物、无卤素阻燃剂和重均分子量至多为7500 g/mol的聚酰胺低聚物，其中的聚酰胺低聚物是可熔融处理的半晶态的或无定型的聚酰胺，其特征在于无卤素阻燃剂是无卤素含磷阻燃剂，并且其中聚酰胺低聚物的熔化温度比聚酰胺聚合物的熔化温度至多高20℃。

10. 如权利要求9所述的混合物，其中含磷阻燃剂以相对于100重量份的聚酰胺总量在1~100重量份之间的量存在。

11. 如权利要求9所述的混合物，其中聚酰胺低聚物以相对于聚酰胺总重量为0.1~30 wt%的量存在。

12. 如权利要求9所述的混合物，其中聚酰胺低聚物是熔化温度至少为260℃的聚酰胺。

13. 制备如权利要求9~12任一项所述混合物的方法，包括熔融混合聚酰胺组合物，该组合物包括重均分子量至少为10000 g/mol的聚酰胺聚合物、重均分子量至多为7500 g/mol的聚酰胺低聚物和无卤素含磷阻燃剂，并且其中聚酰胺低聚物的熔化温度比聚酰胺聚合物的熔化温度至多高20℃。

14. 如权利要求13所述的方法，其中聚酰胺聚合物是熔化温度至少为260℃的聚酰胺。

15. 如权利要求13所述的方法，其中聚酰胺混合物包括增强剂。

16. 根据权利要求1~4或9~12任一项的聚酰胺混合物用于制备模制件的应用。

17. 通过熔融处理根据权利要求1~4或9~12任一项的聚酰胺混合物可得到的模制件。”

驳回决定认为：对比文件1（CN1368994A，公开日为2002年9月11日）（参见说明书第2页第13~15行，第3页第6~30行，第4页第11~18行）公开了一种聚酰胺组合物，与本申请的组合物中两种不同分子量的聚酰胺相对用量范围重叠，权利要求1与对比文件1的不同在于对比文件1未将阻燃剂具体限定为无卤素含磷阻燃剂，权利要求9与对比文件1的不同除了上述内容之外，还在于对比文件 1 限定了聚酰胺低聚物的熔化温度比聚酰胺聚合物的熔化温度至多高 20℃。对比文件 2（CN1163629A，公开日为 1997 年 10 月 29 日）公开的阻燃聚酰胺树脂组合物中含有 10% ~40% 重量的蜜胺或蜜勒胺与磷酸的反应产物或其混合物作阻燃剂，阻燃剂的用量与权利要求 1 或权利要求 9 限定的范围重叠，并且对比文件 1 实施例 I-III 还公开了使用高分子量的聚酰胺（熔点 265℃）和低聚物聚酰胺（熔点 260℃）的技术内容，本领域技术人员在对比文件 1 的基础上结合对比文件 2 得到权利要求 1 或 9 的技术方案是显而易见的，因此权利要求 1 不具备创造性。基于类似的理由，权利要求 2~8、10~12 以及引用上述权利要求的 13~17 也都不具备创造性。另外，申请人曾陈述意见认为JP-5214246A 的教导偏离了本发明，但申请日以前公开的技术内容都属于现有技术，因此，不应仅将JP-5214246A 视为现有技术，对比文件 1 和 2 中的内容也在本领域技术人员考虑的范围之内。

2007 年 11 月 26 日，申请人帝斯曼知识产权资产管理有限公司（下称请求人）对上述驳回决定不服，向专利复审委员会提出复审请求，请求人在提出复审请求时没有对申请文件进行修改。

请求人认为：(1) 对比文件 1 不是最接近的现有技术，JP-5214246A 才是本发明最接近的现有技术。权利要求 1 与 JP-5214246A 的区别在于：无卤素阻燃剂是无卤素含磷阻燃剂，并且相对于 100 重量份的聚酰胺聚合物，所述阻燃剂的含量大于 25 重量份，且所述聚酰胺低聚物的含量大于 10 重量份。权利要求 1 获得了出人预料的技术效果，即同时保持好的机械性能和好的阻燃性能，因此相对于 JP-5214246A，权利要求 1 具备创造性。(2) 即便与对比文件 1 相比，权利要求 1 与对比文件 1 之间的区别技术特征为“无卤素阻燃剂是无卤素含磷阻燃剂，并且相对于 100 重量份的聚酰胺聚合物，所述阻燃剂的含量大于 25 重量份，且所述聚酰胺低聚物的含量大于 10 重量份”，并且该区别特征是一个整体。当重均分子量至少为 10000 g/mol 的聚酰胺聚合物和重均分子量至多为 7500 g/mol 的聚酰胺低聚物这两种特定的聚酰胺聚合物与无卤素阻燃剂形成混合物时，很难同时保持好的机械性能和好的阻燃性能。对比文件 1 和 2 都未意识到存在这个技术问题，因此无法将二者结合获得本发明的技术方案。(3) 对比文件 2 中公开的阻燃剂含量范围由于计算的基础不同，不能认定其与本发明的范围重叠。即使在假设对比文件 2 确实提到了上述两种特定聚酰胺聚合物的组合物以及阻燃剂用量的情况下，权利要求 1 也应被视为选择发明，因为 JP-5214246A 指出阻燃剂的含量应当被限制为低于 25%，聚酰胺低聚物含量应被限制为低于 10%。(4) 在对比文件 1 所有实施例公开的具体组合物中，聚酰胺的熔化温度差均大于 20℃。综上，权利要求 1~17 具备专利法第 22 条第 3 款规定的创造性。

经形式审查合格后，专利复审委员会受理了该请求，并于 2007 年 12 月 26 日向请求人发出了《复审请求受理通知书》，同时将本申请转送至国家知识产权局原审查部门进行前置审查。

在《前置审查意见书》中，国家知识产权局原审查部门认为：申请人未修改申请文件，其陈述的创造性理由也不能够被接受，因此坚持驳回决定。

专利复审委员会组成合议组，对本复审请求案进行了审理，并于 2009 年 4 月 28 日发出了《复审通知书》。

《复审通知书》指出：(1) 本申请权利要求 1 与对比文件 1 之间的区别特征在于其具体限定了阻燃剂为无卤素含磷阻燃剂，并且所述阻燃剂含量大于 25 重量份（相对于 100 重量份聚酰胺聚合物）。由此确定，本申请实际解决的技术问题是提供一种包含一定量无卤素阻燃剂的阻燃性聚酰胺混合物，该混合物能够在高填充量无卤素阻燃剂的存在下保持充分的阻燃性和良好的机械性能。对比文件 2 公开了使用 10~40 重量% 的蜜胺或蜜勒胺与磷酸反应的产物（即一种无卤素含磷阻燃剂）作为玻璃纤维增强的聚酰胺树脂组合物中的阻燃剂，并且提到所述聚酰胺组合物可以由两种或多种聚酰胺的混合物组成。对比文件 2 还给出了该阻燃剂在高填充量的情况下也不影响聚酰胺树脂组合物机械性能的实验例。由此，本领域技术人员根据对比文件 2 的教导，很容易想到将对比文件 2 公开的阻燃剂应用于对比文件 1，以解决上述实际要解决的技术问题。而且，从本申请说明书看不出权利要求 1 的混合物相对于对比文件 1 产生了任何预料不到的技术效果。因此权利要求 1 不具备专利法第 22 条第 3 款规定的创造性。

（2）从属权利要求 2 和 4 的附加技术特征已经分别在对比文件 1 和 2 中公开，所以它们也不具备创造性。

（3）权利要求 3 进一步限定了聚酰胺低聚物的熔化温度比聚酰胺聚合物的熔化温度至多高 20℃。本领域技术人员根据以往的经验或简单的试验即能确定聚酰胺混合物中各成分之间合适的熔化温度差值范围。因此，权利要求 3 不具备专利法第 22 条第 3 款规定的创造性。

（4）权利要求 5 与对比文件 1 的区别在于其具体限定了阻燃剂为无卤素含磷阻燃剂，并且所述阻燃剂含量大于 25 重量份。但是上述区别特征已经在对比文件 2 中公开。因此，基于前述类似理由，权利要求 5 不具备创造性。

（5）从属权利要求 6~8 的附加技术特征已经在对比文件 1 中公开，或者为本领域中的一般知识，因此，在其引用的权利要求 5 不具备创造性的情况下，从属权利要求 6~8 不具备创造性。

（6）权利要求 9 要求保护聚酰胺低聚物熔化温度比聚酰胺聚合物熔化温度至多高 20℃的阻燃性聚酰胺混合物。相比于对比文件 1，本申请权利要求 9 的区别技术特征在于其具体限定了阻燃剂为无卤素含磷阻燃剂，并且其中聚酰胺低聚物熔化温度比聚酰胺聚合物熔化温度至多高 20℃。由于前一区别技术特征已经在对比文件 2 中公开；后一区别技术特征属于本领域技术人员根据一般知识就能够确定的内容。因此，权利要求 9 不具备创造性。

（7）从属权利要求 10~12 的附加技术特征都已经在对比文件 1 或 2 中公开，因此，在其引用的权利要求 9 不具备创造性的情况下，从属权利要求 10~12 也不具备创造性。

（8）权利要求 13 要求保护使用熔融混合制备权利要求 9~12 所述混合物的方法，与评述权利要求 9 的具体理由相同，权利要求 13 相对于对比文件 1 和 2 也不具备创造性。

（9）从属权利要求 14 和 15 的附加技术特征已经在对比文件 1 中公开或者为本领域的一般知识，因此，在其引用的权利要求 13 不具备创造性的情况下，从属权利要求 14 和 15 也不具备创造性。

（10）权利要求 16~17 要求保护所述聚酰胺混合物的用途及所得到的产品。由于采用聚酰胺组合物制备模制件的应用已经在对比文件 1 或 2 中提到，因此上述权利要求不具备创造性。

（11）对于请求人在复审请求书中所列理由答复如下：①发明实际要解决的技术问题应当从最接近的现有技术出发来客观分析和判断，《复审通知书》以对比文件 1 为最接近的现有技术，由于对比文件 1 中已经公开了所述的两种特定聚酰胺聚合物的组合及两种特定聚酰胺的含量，故本申请权利要求 1 与对比文件 1 的内容相比区别仅在于阻燃剂的具体成分和用量的选择，从该区别特征使权利要求 1 的组合物所能达到的技术效果来看，并不能得出结论认为实际所要解决的技术问题就是请求人所认为存在的技术问题。②以对比文件 2 中实施例 1 为例，其中含 45% 聚酰胺，25% 玻璃纤维和 30% 阻燃剂，因此阻燃剂相对于聚酰胺的相对含量为（30/45）≈67%，显然大于本申请所限定的 25 重量份/100 重量份聚酰胺聚合物。③合议组注意到请求人针对 JP-5214246A 提出了大量的创造性理由，但是该文献并不是审查过程中所引用的对比文献，与本案的创造性判断无关，即使能够证明相对于 JP-5214246A 本申请具备创造性，也不代表本申请相对于对比文件 1 和 2 具备创造性。

针对该《复审通知书》，请求人于 2009 年 6 月 15 日提交了意见陈述书以及附件 1：日本公开特许公报特开平 5-214246，复印件 6 页，日文。但未对申请文件进行修改。请求人认为：①判断发明的创造性不能完全限于审查员检索到的文献，认为本发明的创造性仅与审查员检索到的对比文件相关而与 JP-5214246A 无关的观点不正确；②根据 JP-5214246A 的混合物缺点在于阻燃剂的量必须限制在 25 重量份，如果超过该限度，在模制通过该方法得到的混合物时会产生气体，并且模制品的外观被破坏。本发明正是在意识到了现有技术中的这两种特定聚酰胺与无卤素阻燃剂形成混合物时会导致性能变劣的基础上，对现有技术作出的改进；③请求人坚持对比文件 1 不是本发明最接近的现有技术，应当以 JP-5214246A 为本发明最接近的现有技术；④与对比文件 1 相比，权利要求 1 所要解决的技术问题是：当聚酰胺聚合物和聚酰胺低聚物组成的聚酰胺组合物与无卤素阻燃剂形成混合物时，很难同时保持好的机械性能和好的阻燃性能，要么为了阻燃性能提高阻燃剂的含量而牺牲机械性能，要么为了机械性能而牺牲阻燃性能。但是无论对比文件 1、2 都未意识到这个技术问题的存在，更不用说为解决该技术问题提供技术启发。退一步讲，即使对比文件 2 给出了如下教导：无卤素含磷阻燃剂可以在一定含量范围用于阻燃性聚酰胺混合物来提供阻燃性，并尝试将对比文件 1 和 2 结合在一起，这样就得到了与现有技术 JP-5214246A 类似的组合物，此时本领域技术人员根据 JP-5214246A 会想到阻燃剂的用量不应超过 25wt%，因此，无法得到权利要求 1 的技术方案。故本申请权利要求 1 及其从属权利要求具备创造性；⑤对比文件 1、2 均未公开“在同一组合物中使用两种温差至多为 20℃的聚酰胺”这个技术特征，也不存在任何技术启示，其不属于公知常识，因此，权利要求 9 及其从属权利要求具备创造性。

至此，合议组认为本案事实已经清楚，可以作出审查决定。

二、决定的理由

1. 关于审查文本

由于请求人在提出复审请求以及答复《复审通知书》时均未对申请文件进行修改，故本复审请求审查决定所针对的文本为驳回文本。

2. 关于创造性

专利法第 22 条第 3 款规定，创造性是指同申请日以前已有的技术相比，该发明有突出的实质性特点和显著的进步。

当要求保护的发明与最接近的现有技术相比较，其区别特征为另一份对比文件中披露的相关技术手段，该技术手段在对比文件中所起的作用与该区别特征在要求保护的发明中为解决技术问题所起的作用相同时，本领域技术人员有动机将该对比文件与最接近的现有技术结合，从而获得发明要求保护的技术方案，该发明不具备创造性。

（1）就本申请而言，权利要求 1 要求保护一种阻燃性聚酰胺混合物，包括重均分子量至少为 10000 g/mol 的聚酰胺聚合物、无卤素阻燃剂和重均分子量至多为 7500 g/mol 的聚酰胺低聚物，其中的聚酰胺低聚物是可熔融处理的半晶态的或无定型的聚酰胺，其特征在于无卤素阻燃剂是无卤素含磷阻燃剂，并且相对于 100 重量份的聚酰胺聚合物，所述阻燃剂的含量大于 25 重量份，且所述聚酰胺低聚物的含量大于 10 重量份。

对比文件 1（CN1368994A，公开日为 2002 年 9 月 11 日）公开了一种聚酰胺组合物，并且提到该组合物中还可以含有阻燃剂（具体参见对比文件 1 说明书第 1 页第 5~7 行，第 2 页第 1 行至第 4 页第 28 行），也就是说，对比文件 1 实际上也公开了一种阻燃性聚酰胺混合物，对比文件 1 与本申请的发明技术领域相同；对比文件 1 中公开所述聚酰胺组合物中包含至少 80~99.5 重量% 的高分子量聚酰胺和 0.5~20 重量% 的熔点比高分子量聚酰胺的熔点高且平均分子量至多为 5000 g/mol 的聚酰胺低聚物，所述含量是相对于组合物中存在的聚酰胺的总重量的（参见对比文件 1 的权利要求 2），所述聚酰胺可以是结晶、半结晶或无定形的聚酰胺（参见对比文件 1 的权利要求 4、5、7 或 8，说明书第 2 页第 13~32 行），所述高分子量聚酰胺具有至少 10000 g/mol 的重均分子量（参见对比文件 1 的说明书第 3 页第 8~9 行），所述聚酰胺组合物可以含有阻燃剂（参见对比文件 1 说明书第 4 页第 11 行）。

另外，对比文件 1 表 1 中的试验数据表明包含所述聚酰胺低聚物和高分子量聚酰胺的玻璃纤维填充组合物具有良好的机械性能和表面外观（参见对比文件 1 说明书第 6 页第 2~11 行）。

由以上内容可知，对比文件 1 公开的聚酰胺组合物包括与本发明相同的聚酰胺聚合物和低聚物，且公开了低聚物的含量大于 10 重量份的情况。相比于对比文件公开的内容，本申请权利要求 1 的区别技术特征在于其具体限定了阻燃剂为无卤素含磷阻燃剂，并且所述阻燃剂含量大于 25 重量份。根据本申请说明书第 1~2 页记载的内容并考虑上述区别技术特征所能达到的技术效果，可以确定，本申请实际解决的技术问题是提供一种包含一定量无卤素阻燃剂的阻燃性聚酰胺混合物，该混合物能够在高填充量无卤素阻燃剂的存在下保持充分的阻燃性和良好的机械性能。

对比文件 2（CN1163629A，公开日为 1997 年 10 月 29 日）公开了一种在聚酰胺树脂组合物中使用的阻燃剂，其中具体公开了使用 10~40 重量% 的蜜胺或蜜勒胺与磷酸反应的产物（即一种无卤素含磷阻燃剂）作为玻璃纤维增强的聚酰胺树脂组合物中的阻燃剂（参见对比文件 2 的权利要求 1~3 或 6），所述聚酰胺组合物可以由两种或多种聚酰胺的混合物组成（参见对比文件 2 说明书第 2 页倒数第 8 行）。对比文件 2 中还提示由于未使用含卤素的阻燃剂，因此不会释放毒性和腐蚀性化合物；其在含有玻璃纤维增强的聚酰胺树脂组合物中具有足够的阻燃性，UL94 的燃烧等级达到 V-0 级，并且外观和机械性能（例如，拉伸强度、伸长率等）良好（参见对比文件 2 的表 1 和表 2）。

可见，对比文件 2 公开了一种适合用于玻璃纤维增强的聚酰胺树脂组合物的阻燃剂，且给出了该阻燃剂在高填充量（例如对比文件 1 的权利要求 1 中所述的 40% 或实施例 1、13 中所述的 30% 等）的情况下也不影响聚酰胺树脂组合物机械性能的启示。由此，本领域技术人员根据对比文件 2 的教导，很容易想到将对比文件 2 公开的阻燃剂应用于对比文件 1，以解决上述实际要解决的技术问题。也就是说，本领域技术人员在对比文件 1 公开的阻燃性聚酰胺组合物的基础上，有动机想到采用对比文件 2 中公开的无卤素含磷化合物作为具体的阻燃剂，并以高含量使用，以克服卤素阻燃剂的缺陷并获得充分的阻燃性和良好的机械性能。因此，对于本领域技术人员来说，将对比文件 1 与对比文件 2 结合，从而获得权利要求 1 要求保护的技术方案，是显而易见的。而且，从本申请说明书看不出权利要求 1 的混合物相对于对比文件 1 产生了任何预料不到的技术效果。故权利要求 1 不具备突出的实质性特点和显著的进步，不具备专利法第 22 条第 3 款规定的创造性。

（2）从属权利要求 2 和 4 对所述混合物中聚酰胺低聚物的熔化温度和阻燃剂的具体种类作了进一步限定，但是对比文件 1 中已经公开了低聚物熔化温度大于 260℃ 的技术方案（参见对比文件 1 实施例部分）；对比文件 2 中已经公开了使用蜜胺的磷化合物作为阻燃剂的技术方案（参见对比文件 2 实施例 1），因此，在权利要求 1 不具备创造性的情况下，从属权利要求 2 和 4 也不具备专利法第 22 条第 3 款规定的创造性。

（3）权利要求 3 进一步限定了聚酰胺低聚物的熔化温度比聚酰胺聚合物的熔化温度至多高 20℃。根据本领域中的一般知识可知，聚酰胺混合物中各组分的熔化温度越高，对加工处理条件的要求也就越高，而且高温还容易使其他添加剂例如阻燃剂等发生降解。因此，本领域技术人员在保证聚酰胺充分熔融的条件下总是会尽可能降低加工和配混聚酰胺混合物时的总体熔化温度。对于含有聚酰胺低聚物和聚酰胺聚合物的混合物来说，在占主要比例的聚酰胺聚合物确定的情况下，一般会通过使用熔化温度不高于聚酰胺聚合物太多甚至是低于其熔化温度的低聚物，来控制加工时聚酰胺混合物整体的熔化温度。在此基础上，本领域技术人员根据以往的经验或简单的试验即能确定聚酰胺混合物中各成分之间合适的熔化温度差值范围。因此，在对比文件 1 和 2 的基础上，结合本领域的普通技术知识而获得聚酰胺低聚物的熔化温度比聚酰胺聚合物的熔化温度至多高 20℃ 的技术方案，对于本领域技术人员来说也是显而易见的。而且，从本申请说明书中也不能够看出该熔化温度差能够为本发明带来预料不到的技术效果。因此，权利要求 3 不具备专利法第 22 条第 3 款规定的创造性。

（4）权利要求 5 要求保护使用熔融混合制备权利要求 1~4 所述混合物的方法，对比文件 1 中公开了通过熔融混合制备聚酰胺混合物的方法。相比于对比文件 1，本申请权利要求 5 的区别技术特征在于其具体限定了阻燃剂为无卤素含磷阻燃剂，并且所述阻燃剂含量大于 25 重量份。但是上述区别特征已经在对比文件 2 中公开。因此，基于前述类似理由（参见对权利要求 1 的评述），在权利要求 1~4 的混合物不具备创造性的情况下，权利要求 5 也不具备专利法第 22 条第 3 款规定的创造性。

（5）从属权利要求 6 和 7 进一步限定了聚酰胺聚合物的熔化温度至少为 260℃以及聚酰胺低聚物和聚酰胺聚合物之间的熔化温度差。对比文件 1 实施例中使用的 PA-66（S222）正是熔化温度大于 260℃的聚酰胺聚合物，而且如上所述，聚酰胺低聚物的熔化温度比聚酰胺聚合物至多高 20℃是本领域技术人员根据一般知识就能够确定的。并且，这些附加技术特征也没有为本申请带来任何预料不到的技术效果。因此，在其引用的权利要求 5 不具备创造性的情况下，从属权利要求 6 和 7 也不具备专利法第 22 条第 3 款规定的创造性。

（6）从属权利要求 8 进一步限定了混合物中包括增强剂。对比文件 1 已经公开了使用玻璃纤维作为增强剂的技术方案（参见对比文件 1 的权利要求 3 或实施例）。因此，在其引用的权利要求 5 不具备创造性的情况下，从属权利要求 8 也不具备专利法第 22 条第 3 款规定的创造性。

（7）权利要求 9 要求保护聚酰胺低聚物熔化温度比聚酰胺聚合物熔化温度至多高 20℃的阻燃性聚酰胺混合物。相比于对比文件 1，本申请权利要求 9 的区别技术特征在于其具体限定了阻燃剂为无卤素含磷阻燃剂，并且其中聚酰胺低聚物熔化温度比聚酰胺聚合物熔化温度至多高 20℃。由于前一区别技术特征已经在对比文件 2 中公开（参见对比文件 2 的权利要求 1~3 或 6），其在对比文件 2 中所起的作用与在本申请组合物中所起到的作用相同，即为聚酰胺组合物提供阻燃性并克服卤素阻燃剂的缺陷；后一区别技术特征属于本领域技术人员根据一般知识就能够确定的内容（具体理由参见对权利要求 3 的评述）。因此，权利要求 9 不具备突出的实质性特点和显著的进步，不具备专利法第 22 条第 3 款规定的创造性。

（8）从属权利要求 10~12 进一步限定了阻燃剂、聚酰胺低聚物的含量以及聚酰胺低聚物的熔化温度。但是这些技术特征都已经在对比文件 1 或 2 中公开：对比文件 2 中公开的 10%~40%（重量）的阻燃剂含量范围落入了权利要求 10 的范围内（参见对比文件 2 的权利要求 1）；对比文件 1 公开了 20 重量% 的低聚物含量落入了权利要求 11 的范围内（参见对比文件 1 的权利要求 2）；对比文件 1 中公开了熔化温度为 260℃和 288℃聚酰胺低聚物（参见对比文件 1 的实施例部分）。因此，在其引用的权利要求 9 不具备创造性的情况下，从属权利要求 10~12 也不具备专利法第 22 条第 3 款规定的创造性。

（9）权利要求 13 要求保护使用熔融混合制备权利要求 9~12 所述混合物的方法，对比文件 1 中公开了通过熔融混合制备聚酰胺混合物的方法。相比于对比文件 1，本申请权利要求 13 的区别技术特征在于其具体限定了阻燃剂为无卤素含磷阻燃剂，并且聚酰胺低聚物熔化温度比聚酰胺聚合物熔化温度至多高 20℃。由于前一区别技术特征已经在对比文件 2 中公开（参见对比文件 2 的权利要求 1~3 或 6），其在对比文件 2 中所起的作用与在本申请组合物中所起到的作用相同，即为聚酰胺组合物提供阻燃性并克服卤素阻燃剂的缺陷；后一区别技术特征属于本领域技术人员根据一般知识就能够确定的内容（具体理由参见对权利要求 3 的评述）。因此，在权利要求 9~12 不具备创造性的情况下，权利要求 13 也不具备专利法第 22 条第 3 款规定的创造性。

（10）权利要求 14 和 15 进一步限定了聚酰胺聚合物的熔化温度至少为 260℃以及其中还包括增强剂。对比文件 1 实施例中使用的 PA-66（S222）正是熔化温度大于 260℃的聚酰胺聚合物，由于所采用聚酰胺聚合物的熔化温度是本领域技术人员根据一般知识就能够确定的，且对比文件 1 中已经教导了使用玻璃纤维作为增强剂（参见对比文件 1 的权利要求 3 或实施例）。因此，在其引用的权利要求 13 不具备创造性的情况下，从属权利要求 14 和 15 也不具备专利法第 22 条第 3 款规定的创造性。

（11）权利要求 16~17 要求保护所述聚酰胺混合物的用途及所得到的产品。由于采用聚酰胺组合物制备模制件的应用已经在对比文件 1 或 2 中提到（参见对比文件 1 的说明书第 1 页第 18 至 20 行；对比文件 2 的说明书第 4 页倒数 6~7 行），因此在所引用的权利要求不具备创造性的情况下，上述权利要求也不具备专利法第 22 条第 3 款规定的创造性。

（12）对于请求人在答复《复审通知书》时所陈述的意见，合议组认为：

第一，审查指南第二部分第四章第 3. 2. 1. 1 节规定，最接近的现有技术是指与要求保护的发明最密切相关的一个技术方案，例如可以是，与要求保护的发明技术领域相同，所要解决的技术问题、技术效果或者用途最接近和/或公开了发明的技术特征最多的现有技术。原审查部门和合议组所引用的对比文件 1（CN1368994A）涉及的是含有阻燃剂的聚酰胺组合物，与本发明的技术领域相同。对比文件 1 的聚酰胺组合物包含本发明使用的两种特定的聚酰胺组分，其决定了组合物的基本性能，因此解决的技术问题、技术效果和用途均与本发明最接近。而 JP-5214246A 在本申请的整个审查过程，包括实质审查和复审程序中都未曾引用，其仅是请求人在申请文件的背景技术中提到的一个现有技术文献，合议组认为没有迹象表明 JP-5214246A 与对比文件 1 或 2 为同一份专利文献或它们的技术内容完全相同，在此情况下，JP-5214246A 与合议组对本申请创造性的评述无关。即便就公开的技术特征而言，根据请求人在复审请求书中的陈述，权利要求 1 相对于 JP-5214246A 的区别在于：权利要求 1 限定无卤素阻燃剂是无卤素含磷阻燃剂，并且相对于 100 重量份的聚酰胺聚合物，所述阻燃剂的含量大于 25 重量份，且所述聚酰胺低聚物的含量大于 10 重量份。但是，权利要求 1 相对于对比文件 1 的区别在于：权利要求 1 具体限定了阻燃剂为无卤素含磷阻燃剂，并且所述阻燃剂含量大于 25 重量份。由此可见，就目前的证据，对比文件 1 也是公开发明的技术特征最多的现有技术，故对比文件 1 可作为本申请的最接近的现有技术。

一项发明要想满足专利法第 22 条第 3 款关于创造性的要求，理论上其应当相对于所有的现有技术（包括申请文件背景技术中提到的以及审查员检索到的所有现有技术对比文件）都具备突出的实质性特点和显著的进步，姑且不论本申请相对于现有技术之一 JP-5214246A 是否具备创造性，由于本申请相对于对比文件 1 和 2 不具备创造性，其显然不能满足专利法第 22 条第 3 款的要求。

第二，发明实际解决的技术问题，是指为获得更好的技术效果而需对最接近的现有技术进行改进的技术任务。发明实际所要解决的技术问题应当结合最接近的现有技术，根据区别特征所能够达到的技术效果来客观分析和判断。并且，审查指南第二部分第四章第 3. 2. 1. 1 节还指出在确定所要解决的技术问题时，如果审查员所认定的最接近的现有技术与申请人在说明书中所描述的现有技术不同，应当根据审查员所认定的最接近的现有技术来确定发明实际所要解决的技术问题。对于本申请创造性的评价，合议组以对比文件 1（CN1368994A）为最接近的现有技术，而非申请人在背景技术或其他部分所提到的其他文献。对比文件 1 中已经公开了所述的两种特定聚酰胺聚合物的组合及两种特定聚酰胺的含量，由于其中涉及了低聚物含量大于 10 重量份的技术方案（即低聚物用量为 20% 的情况），而本申请通过将低聚物的含量由现有技术例如 JP-5214246A 中公开的低于 10 重量份调整到高于 10 重量份来克服高阻燃剂含量下外观和机械性能不佳的缺陷，因此对比文件 1 中公开的涉及低聚物用量为 20% 的技术方案不会出现与 JP-5214246A 相同的外观和机械性能不佳的情况，本领域技术人员在采用对比文件 1 时不会受到阻燃剂用量必须在 25 重量份以下的限制。因此，本申请实际所要解决的技术问题不是申请人所认为存在的技术问题，而是“提供一种包含一定量无卤素阻燃剂的阻燃性聚酰胺混合物，该混合物能够在高填充量无卤素阻燃剂的存在下保持充分的阻燃性和良好的机械性能”。

第三，虽然对比文件 1 和 2 中没有明确公开“在同一组合物中使用两种温差至多为 20℃ 的聚酰胺”，但是由于选择组合物中具体聚酰胺种类所要考虑的因素是本领域技术人员熟知的，在没有其他特殊要求的情况下，本领域中为了便于操作以及降低成本通常会选择熔化温度接近的聚酰胺组成混合物，本领域技术人员可以根据以往的经验或者简单的试验而容易地确定具体温差，因此上述特征属于本领域技术人员根据一般知识就能够确定的内容（具体理由参见对权利要求 3 的评述），不会为要求保护的技术方案带来创造性。

基于以上事实和理由，本案合议组作出如下审查决定。

三、决定

维持国家知识产权局于 2007 年 8 月 10 日针对 200380107023. 2 号发明专利申请作出的驳回决定。

复审请求人对本决定不服的，可以根据专利法第 41 条第 2 款的规定，自收到本决定之日起三个月内向北京市第一中级人民法院起诉。

232

药用无水乙醇的制备方法

复审请求审查决定（第20597号）

决　定　号　第20597号
决　定　日　2009年10月29日
发明创造名称　药用无水乙醇的制备方法
国际分类号　C07C 31/08，C07C 29/88
复审请求人　杨振华
申　请　号　200510073255.1
申　请　日　2005年6月3日
公　开　日　2005年11月23日
合议组组长　吴红权
主　审　员　刘　磊
参　审　员　李亚林

法律依据　专利法第22条第3款
决定要点

在判断一项权利要求是否具备创造性时，首先，应当确定与该权利要求所述技术方案最接近的现有技术的技术方案，继而，将两者进行特征分析，找出二者的区别技术特征；如果这些区别技术特征是本领域的技术人员为解决其技术问题，根据现有技术的教导而容易引入的，且其引入没有产生预料不到的技术效果，则该权利要求不具备创造性。

一、案由

本复审请求案涉及发明名称为“药用无水乙醇的制备方法”的200510073255.1号发明专利申请（下称本申请），申请人为杨振华，申请日为2005年6月3日，公开日为2005年11月23日。

2007年10月19日，针对申请人于2007年7月24日提交的权利要求1项和说明书第1~3页，2005年6月3日提交的说明书摘要，国家知识产权局以本申请权利要求1不符合专利法第22条第3款有关创造性的规定为由驳回了本申请，驳回决定针对的权利要求1如下：

“1. 一种药用无水乙醇的制备方法，包括以下步骤：（1）向反应罐中加氧化钙，加入氧化钙的量为10L95%乙醇加氧化钙1.5kg~2.5kg，然后蒸汽加热回流3~10小时；（2）将上述反应罐稍冷变为蒸馏，并在反应罐上方设置一装有氯化钙的布袋，加热蒸馏，弃去初馏液，收集78.5℃的馏出液，高于78.5℃的部分弃去既得到药用无水乙醇；其特征是：它还包括：（1）取95%乙醇置反应罐中，加磷酸或硫酸，加入量为10L95%乙醇中加磷酸或硫酸80~150ml，加入氧化剂，加入氧化剂的量为

10L95%乙醇加氧化剂1~10g，氧化剂为高锰酸盐、二氧化锰、重铬酸盐、铬酸盐、三氧化铬、含三氧化铬的试剂中任一种；（2）在25~55℃温度中保温10~50分钟，再加焦亚硫酸钠，加入量为氧化剂颜色褪去。”

驳回决定认为：对比文件1（无水乙醇生产技术，李玉平，高利生，《河南科技》，1995年，第16、40页）公开了一种生产无水乙醇的方法，其中具体公开了：将每升乙醇（9 5%）加250克CaO的比例，把CaO和乙醇加入到容器中，容器上方装有盛氯化钙的干燥管；加热回流6~10小时；然后进行蒸馏，该装置的接受器上方也装有盛氯化钙的干燥管，以进一步除去溶液中残留的水分。其中，氧化钙吸收乙醇溶液中的水分，氯化钙吸收汽相中的水分，因而达到除去乙醇中水分的效果。用此方法可以制得含乙醇高达99.5%~99.8%的乙醇。由此可见，本申请权利要求1的步骤（3）和（4）已经完全被对比文件1公开，其与对比文件1的区别仅在于在步骤（3）和（4）之前向乙醇中加入了磷酸或硫酸和氧化剂如高锰酸盐等。根据本申请说明书的记载，加入这些氧化剂的目的是为了除去乙醇中可能含有的杂质。而对比文件2（CN1097003 A，公开日为1995年1月4日）公开了一种从食品酒精中除去甲醇的方法，其中具体公开了：向95°酒精中，分别加入高锰酸钾、食用磷酸以除去其中的甲醇等杂质，且不破坏使用酒精中的有效成分。由此可见，对比文件2给出了如何除去乙醇中杂质的技术启示，即通过加入磷酸和高锰酸钾等，可以将乙醇中所含的杂质通过反应使其变为能与乙醇分开的物质。至于权利要求1步骤2所述的加入焦亚硫酸钠脱去氧化剂的颜色为本领域常用的技术手段。因此，在对比文件1的基础上结合对比文件2给出的技术启示来得到本申请权利要求1的技术方案对于本领域技术人员来说是显而易见的，无需付出创造性劳动，因此权利要求1不具备创造性。

2008年1月25日，申请人杨振华（下称请求人）对上述驳回决定不服，向专利复审委员会提出复审请求，但未对申请文件进行修改，同时提交了如下附件：

附件1：盖有“国家食品药品监督管理局药品注册专用章”的、原始编号为14051104的国家食品药品监督管理局审批意见通知件，复印件共1页，以及盖有“国家食品药品监督管理局药品注册专用章”的、原始编号为14051105的国家食品药品监督管理局药物临床试验批件，复印件共1页；

附件2：盖有“山西省太原市工商行政管理局公章”的、注册号为1401002500323的企业法人营业执照，复印件共1页；

附件3：盖有“山西省药品检验所业务专用章”的、山西省药品检验所关于‘无水乙醇’药品标准的复核意见（晋药检注字［2006］第005号），发文日期为2006年8月31日，复印件共1页，以及报告编号为XY20063071的山西省药品检验所检验报告，签发日为2006年8月31日，复印件共2页；

附件4：太原市紫苑药物研制开发有限公司于2008年1月14日出具的证明文件，其上盖有“太原市紫苑药物研制开发有限公司”红章，共1页。

请求人认为，（1）对比文件1是由95%乙醇生产无水乙醇；对比文件2是从食用酒精中脱除微量甲醇的方法；本发明的目的是提供一种药用无水乙醇的制备方法；很显然，本发明的目的是与对比文件1和2完全不同的。（2）由于本发明的目的与对比文件1和2不同，所以实现其发明目的所采用的技术方案也是不同的：①工艺步骤不同，本发明的方法包括下述两大步骤：先使用氧化剂除去乙醇中的杂质；再蒸馏除去乙醇中的水；而对比文件1与2仅仅分别完成本发明方法的其中一个步骤。②氧化步骤的反应条件不同：反应介质的pH不同，对比文件2的高锰酸钾反应是在碱性条件下进行的，而本发明氧化反应是在酸性条件下进行的。氧化剂加入方式及其量不同：对比文件2的高锰酸钾分两次加入，而本发明一次加入，本发明的高锰酸钾加入量高于对比文件2；氧化剂种类不同，本发明可以使用多种氧化剂，适应范围宽，而对比文件2只使用高锰酸钾，其适应范围窄；氧化反应后的处理方式不同。本发明是在氧化反应后加入焦亚硫酸钠使氧化剂颜色褪色，能完全终止其氧化反应；而对比文件 2 是第一次加入高锰酸钾进行氧化并达到颜色完全褪去，还需第二次加入高锰酸钾，氧化反应难以完全终止。③蒸馏步骤不同：对比文件 2 是在处理后静置与过滤得到其产品的，这样该产品还含有一些其他物质，对比文件 1 只是采用蒸馏除去水，还会含有一些其他物质。本发明是在氧化反应终止后且蒸馏时只是收集 78.5℃的馏出液，以保证其产品的纯度，这是对比文件 1 和 2 从未提及的。(3) 本发明的实施效果与对比文件 1 和 2 不同：附件 1 表明该药用乙醇作为 3.1 类新药（即国外上市、国内没有的新药)，证据 3 表明采用本发明的方法可以生产出符合药用标准的无水乙醇产品，采用对比文件 1 与 2 的方法是不可能达到这样的质量标准的。综上，本发明在发明目的、技术方案与实施效果等方面与对比文件 1 与 2 不相同。本发明具有创造性。

2008 年 3 月 18 日，经形式审查合格后，专利复审委员会受理了该请求，并向请求人发出了《复审请求受理通知书》，同时将本申请转送至国家知识产权局原审查部门进行前置审查。

在《前置审查意见书》中，国家知识产权局原审查部门认为：根据本申请说明书记载，其效果为去除乙醇中含的杂质，包括甲醇和酸性物质，对比文件 1 和 2 分别实现除水、除甲醇和除酸性物质的目的，它们和本申请属于同一技术领域。技术方案上，本申请的除杂和脱水步骤，分别于对比文件 1 和 2 中的相应步骤；氧化反应条件实质相同。因此坚持驳回决定。

专利复审委员会依法组成合议组，对本复审请求案进行了审理。

2008 年 10 月 10 日，专利复审委员会本案合议组向复审请求人发出《复审通知书》，指出：本领域的技术人员出于除去乙醇中的包括甲醇等的杂质的目的，根据对比文件 2 的启示以及结合本领域的常用技术手段，在对比文件 1 的基础上容易获得权利要求 1 的技术方案，并且权利要求 1 的技术方案所能带来的技术效果是本领域的技术人员能够预期的，因此，权利要求 1 不具备突出的实质性特点和显著的进步，不符合专利法第 22 条第 3 款有关创造性的规定。

2008 年 11 月 12 日，复审请求人针对上述《复审通知书》提交了意见陈述书，同时未对申请文件进行修改。请求人认为：在对比文件 2 中，磷酸和高锰酸钾的氧化反应之间没有任何关系，本申请的权利要求 1 是在磷酸或硫酸存在下使用氧化剂去除甲醇等，由于高锰酸钾在碱性或酸性中氧化功能（电极电位）大有不同，因此本申请所得产品比对比文件 2 成品中甲醇含量低得多。此外，对比文件 2 不属于审查指南第二部分第四章第 3.2.1.1 节指出情形，没有给出技术启示。由此，本申请权利要求 1 符合专利法第 22 条第 3 款有关创造性的规定。

经合议，合议组认为本案事实已经清楚，可以作出审查决定。

二、决定的理由

1. 关于审查文本

本复审决定针对的文本为驳回决定所针对的文本。

2. 关于专利法第 22 条第 3 款

专利法第 22 条第 3 款规定，创造性，是指同申请日以前已有的技术相比，该发明有突出的实质性特点和显著的进步。

在判断一项权利要求是否具备创造性时，首先，应当确定与该权利要求所述技术方案最接近的现有技术的技术方案，继而，将两者进行特征分析，找出二者的区别技术特征；如果这些区别技术特征是本领域的技术人员为解决其技术问题，根据现有技术的教导而容易引入的，且其引入没有产生预料不到的技术效果，则该权利要求不具备创造性。

就本申请而言，权利要求 1 要求保护一种药用无水乙醇的制备方法，包括以下步骤：(1) 向反应罐中加氧化钙，加入氧化钙的量为 10L95% 乙醇加氧化钙 1.5kg~2.5kg，然后蒸汽加热回流 3~10 小时；（2）将上述反应罐稍冷变为蒸馏，并在反应罐上方设置一装有氯化钙的布袋，加热蒸馏，弃去初馏液，收集 78.5℃的馏出液，高于 78.5℃的部分弃去既得到药用无水乙醇；其特征是：它还包括：①取 95% 乙醇置反应罐中，加磷酸或硫酸，加入量为 10L95% 乙醇中加磷酸或硫酸 80~150ml，加入氧化剂，加入氧化剂的量为 10L95% 乙醇加氧化剂 1~10g，氧化剂为高锰酸盐、二氧化锰、重铬酸盐、铬酸盐、三氧化铬、含三氧化铬的试剂中任一种；②在 25℃~55℃温度中保温 10~50 分钟，再加焦亚硫酸钠，加入量为氧化剂颜色褪去。

对比文件 1（无水乙酸生产技术，李玉平，高利生，《河南科技》，1995 年，第 16、40 页）公开了一种生产无水乙醇的石灰-氯化钙法，该方法包括：按每升乙醇（95%）加 250 克 CaO 的比例，把 CaO 和酒精加入到烧瓶中，烧瓶上方装有盛氯化钙的干燥管回流器；在水浴上加热回流 6~10 小时；然后进行蒸馏，该装置的接受器上也装有盛氯化钙的干燥管，以便进一步除去溶液中残留的水分。此外，对比文件 1 还指出：氧化钙吸收乙醇溶液中的水分，氯化钙吸收汽相中的水分，以及用上述方法可以制得含乙醇高达约 99.5%~99.8% 的乙醇（参见对比文件 1 的第 16 页左栏）。

本申请与对比文件 1 都涉及无水乙醇的生产方法，二者属于相同的技术领域，将对比文件 1 的方法与本申请权利要求 1 的方法相比较，两者的区别在于：权利要求 1 的技术方案中还包括步骤（1）和（2），以及权利要求 1 的技术方案中明确指出了收集馏出液的温度。

依据本申请说明书中的记载（参见说明书第 2 页第 1~6 行），现有技术中的一些制备无水乙醇的方法（包括对比文件 1 所述的方法）是针对水分，而没有针对乙醇中可能含有的杂质，例如甲醇、异丙醇、丙酮等；从而针对乙醇中所含杂质，本申请提供一种药用无水乙醇的制备方法，通过反应使杂质变为能与乙醇分开的物质，最后通过蒸馏制得符合药用标准的无水乙醇。可见，本申请实际解决的技术问题是除去乙醇中的包括甲醇等的杂质。

对比文件 2（CN1097003A，公开日为 1995 年 1 月 4 日）公开了一种从食品酒精中除去微量甲醇的方法，该方法包括，向 95°酒精中，以 0.09~0.1g/L 的用量加入氢氧化钠，以 0.11~0.12g/L 的用量加入高锰酸钾（分两次加入），以 0.04~0.05g/L 的用量加入氯化钙，以及以 0.07~0.08g/L 的用量加入食用磷酸，搅拌后静置至少 48 小时后经砂棒过滤（参见对比文件 2 的说明书第 1~2 页及实施例 1）。根据本领域的常识可知，除去甲醇的物质为高锰酸钾，高锰酸钾在碱性条件下与甲醇发生氧化反应。可见，对比文件 2 给出了为了除去乙醇中甲醇杂质可加入高锰酸钾和磷酸的技术启示。本领域技术人员在解决除去乙醇中的甲醇等杂质和水的技术问题时，容易想到将上述对比文件 1 和对比文件 2 中的方法结合起来。此外，本领域技术人员已知高锰酸钾的氧化反应通常在碱性或酸性条件下进行，无论碱性条件或酸性条件均为常见的反应条件，将对比文件 2 中氢氧化钠碱性条件替换为磷酸酸性条件仅是实践中的常规选择，并且本申请没有表明这样的选择带来了预料不到的技术效果。

此外，用焦亚硫酸钠除去过量的氧化剂（比如，高锰酸钾）为本领域的常用技术手段，例如，请求人在答复国家知识产权原审查部门发出的《第一次审查意见通知书》时提交的附件：《药品检定方法原理》（毛文仁主编，西南交通大学出版社出版，1989 年第 1 版，1989 年 12 月第 1 次印刷）的版权信息页和第 6 页的复印件（共 2 页）中，就明确记载了检查乙醇中的甲醇时，使用磷酸-高锰酸钾液处理乙醇水溶液后用焦亚硫酸钠除去过量的高锰酸钾。

至于权利要求 1 中在 78.5℃收集馏出液这一技术特征，由于已知乙醇沸点为 78.5℃，在蒸馏过程中基于目标产物的沸点设定馏出液的收集温度属于常用技术手段，并且，本申请说明书中也没有记载设定该温度带来何种预料不到的技术效果，因此，该技术特征不会给权利要求 1 的技术方案带来突出的实质性特点和显著的进步。

综上，本领域的技术人员出于除去乙醇中的包括甲醇等的杂质的目的，根据对比文件 2 的启示以及结合本领域的常用技术手段，容易引入本申请权利要求 1 所述的步骤（1）和（2），从而在对比文件 1 的基础上获得权利要求 1 的技术方案，并且权利要求 1 的技术方案所能带来的技术效果是本领域的技术人员能够预期的，因此，权利要求 1 不具备突出的实质性特点和显著的进步，不符合专利法第 22 条第 3 款有关创造性的规定。

此外，请求人在提出复审请求时主张，附件 1 将太原市紫苑药物研制开发有限公司申报的“无水乙醇”及“无水乙醇注射液”确定为化学药品 3.1 类；附件 2 证明请求人（杨振华）是太原市紫苑药物研制开发有限公司的法定代表人；附件 3 证明无水乙醇的质量符合药用标准；附件 4 证明本申请是杨振华本人提出的专利申请。并认为，基于附件 1 和 3 可知，采用本申请的方法可生产出符合药用标准的作为 3.1 类新药的无水乙醇，而采用对比文件 1 和对比文件 2 的方法不可能到达这样的技术标准，因此，本申请在发明目的、技术方案与实施效果等方面与对比文件 1 和 2 不相同，具有创造性。对此，合议组认为，附件 1 和附件 3 没有记载所述无水乙醇的制备方法，也无法直接确定其制备方法即为本申请要求保护的方法，故无法证明本申请权利要求 1 的创造性；附件 2 和附件 4 不涉及技术方案方面的内容，与本申请权利要求的创造性无关联性，故合议组对附件 1~4 不予采信。

请求人在答复《第一次审查意见通知书》时提交了如下附件（编号续前）：

附件 5：盖有山西省药品检验所公章的山西省药品检验所药品注册检验报告表，No：晋药检业注字（2005）第 561 号，其上标注有日期：2005 年 9 月 21 日，复印件共 1 页；

附件 6：盖有国家食品药品监督管理局审评中心业务专用章的补充资料通知，药审补字［2006］V2896 号，其上标注有日期：2006 年 5 月 11 日，复印件共 1 页；

附件 7：USP28 第 61~62 页及其译文，复印件共 4 页；

附件 8：2005USP28，Asian Editon，THE UNITED STATES PHARMACOPELA，THE NATIONAL FORMULARY，第 iii 页，复印件共 1 页；

附件 9：盖有山西省太原市工商行政管理局公章的企业法人营业执照，注册号 1401002500323，复印件共 1 页；

附件 10：《药品检定方法原理》，毛文仁主编，西南交通大学出版社出版，1989 年第 1 版，1989 年 12 月第 1 次印刷，版权信息页和第 6 页的复印件共 2 页。

请求人认为，（1）本申请生产的产品是药用无水乙醇，符合 USP28 标准（该标准的内容参考附件 7 和 8），甲醇含量小于 0.001%（g/V）；（2）山西省药品检验所出具了检验报告（即，附件 5），得到国家药审中心的认可（参见附件 6）。

对此，合议组认为，附件 5 和附件 6 的公开日期晚于本申请的申请日，不能作为现有技术证明本申请权利要求的创造性；由于在原始申请文件中并未明确记载本申请制得的无水乙醇符合 USP28 相关标准，故附件 7 及其中文译文（附件 8）也不能证明本申请的无水乙醇取得意想不到的技术效果；附件 9 不涉及技术内容，与本申请权利要求的创造性无关联性；对于附件 10，请求人没有说明其用途，再者，从其内容上看，也不能证明本申请权利要求具备创造性。

请求人在答复《第二次审查意见通知书》时，提交了如下附件（编号续前）：

附件 11（与附件 3 中的一页内容相同）：山西省药品检验所——关于‘无水乙醇’药品标准的复核意见，晋药检注字［2006］第 005 号，复印件共 1 页；

附件 12（与附件 3 中的一页内容相同）：报告编号为 XY20063071 的山西省药品检验所检验报告，复印件共 1 页；

附件 13：药审业发［2007］132 号，药品审评咨询会议通知——致药品注册申请人及其附件，复印件共 7 页。

根据请求人的意见陈述，附件 11~13 在此作为其付出艰苦劳动申报“无水乙醇及其注射液”新药，填补了国内空白的参考文献。对此，合议组认为，首先，附件 11~13 的公开日期在本申请的申请日之后，并非本申请的现有技术；其次，请求人也没能证明附件 11~13 中的无水乙醇就是由本申请的权利要求 1 的方法所制得的无水乙醇，故附件 11~13 不能证明本申请权利要求 1 具备创造性。

请求人在答复《复审通知书》时强调，在对比文件 2 的技术方案中，酒精中的甲醇是在碱性条件下被高锰酸钾氧化的，本申请权利要求 1 是在磷酸或硫酸存在下使用高锰酸钾除去甲醇的；高锰酸钾在碱性或酸性中氧化功能（电极电位）不同；本申请所得产品比对比文件 2 的成品中甲醇含量低得多；由此可见，本申请权利要求 1 的技术方案与对比文件 2 的技术方案作用机制不同、使用试剂不同以及实施过程不同，因此，对比文件 2 没有给出可通过加入磷酸和高锰酸钾去除乙醇中杂质的启示。对此，合议组认为，本领域技术人员知晓，一般而言，高锰酸钾在中性、碱性溶液介质中还原为IV 价的锰离子，在酸性条件下中还原为 II 价的锰离子，基于此，同样用量的高锰酸钾在酸性条件下较在中性、碱性条件下能够氧化更多的甲醇，然而，却不能够表明在高锰酸钾过量的情况下，磷酸较高锰酸钾加入的先后不同会影响到氧化去除乙醇中甲醇杂质的效果，对此，请求人也未提供证据加以证明。也就是说，在对比文件 2 公开了能够通过先加高锰酸钾再加磷酸去除乙醇中的甲醇的情况下，本领域技术人员容易想到先加磷酸后加高锰酸钾的技术方案，并且该方案没有带来意想不到的技术效果。因此，合议组对请求人的主张不予支持。

根据上述事实和理由，合议组作出如下决定。

三、决定

维持国家知识产权局于 2007 年 10 月 19 日针对 200510073255. 1 号发明专利申请作出的驳回决定。

复审请求人对本决定不服的，可以根据专利法第 41 条第 2 款的规定，自收到本决定之日起三个月内向北京市第一中级人民法院起诉。

233

通过使用硫甲沙姆杀虫剂处理转基因玉米种子以减少害虫对玉米的损害的方法

复审请求审查决定（第20598号）

决　定　号　第20598号
决　定　日　2009年12月22日
发明创造名称　通过使用硫甲沙姆杀虫剂处理转基因玉米种子以减少害虫对玉米的损害的方法
国际分类号　A01N 51/00，A01N 63/00
复审请求人　孟山都技术有限公司，先正达公司
申　请　号　01820216.0
最早优先权日　2000年10月6日
申　请　日　2001年10月2日
公　开　日　2004年3月3日
合议组组长　刘　静
主　审　员　刘　磊
参　审　员　李新芝

法律依据　专利法第26条第3款
决定要点
如果说明书中给出了具体的技术方案，但未提供实验证据，而该方案又必须依赖实验结果加以证实才能成立，那么该发明由于缺乏解决技术问题的技术手段而被认为无法实现。

一、案由

本复审请求案涉及发明名称为“通过使用硫甲沙姆杀虫剂处理转基因玉米种子以减少害虫对玉米的损害的方法”的01820216.0号发明专利申请（下称本申请），申请人为孟山都技术有限公司和先正达公司（2005年5月27日由孟山都技术有限公司变更而来），申请日为2001年10月2日，最早优先权日为2000年10月6日，公开日为2004年3月3日。

2007年1月12日，针对申请人于2005年3月4日提交的权利要求第1～23项，进入中国国家阶段时提交的国际申请文件的文本的说明书第1～24页以及说明书摘要，国家知识产权局以本申请不符合专利法第26条第3款的规定为由驳回了本申请。驳回决定针对的权利要求书如下：

“1. 一种保护转基因玉米植物抵抗一种或多种害虫的摄食损害的方法，该方法包括

提供转基因玉米植物的种子，所述种子包括具有抵抗一种或多种害虫中的至少一种的活性的转基因事件；并且用一定量的杀虫剂处理种子，所述杀虫剂基本上由硫甲沙姆组成，所述处理与转基因事

件联合，可有效地保护由玉米种子生长的玉米植物抵抗一种或多种害虫中的至少一种引起的摄食损害。

2. 根据权利要求1的方法，其中所述转基因事件包括表达Cry3蛋白的能力。

3. 根据权利要求2的方法，其中所述转基因事件包括表达Cry3*蛋白的能力。

4. 根据权利要求3的方法，其中所述Cry3*蛋白包括Cry3B*蛋白。

5. 根据权利要求4的方法，其中所述Cry3B*蛋白选自Cry3Bb11230，Cry3Bb11231，Cry3Bb11232，Cry3Bb11233，Cry3Bb11234，Cry3Bb11235，Cry3Bb11236，Cry3Bb11237，Cry3Bb11238，Cry3Bb11239，Cry3Bb11241，Cry3Bb11242，和Cry3Bb11098。

6. 根据权利要求5的方法，其中所述Cry3B*蛋白包括Cry3Bb11231。

7. 根据权利要求5的方法，其中所述Cry3B*蛋白包括Cry3Bb11098。

8. 根据权利要求2的方法，其中所述转基因事件能减小玉米根蠕虫引起的损害，使得当所述损害表示为根据衣阿华玉米根蠕虫1~6分级测定具有4~6分的玉米植物的百分比时，对转基因玉米的损害是相同条件下对非转基因玉米的损害的大约5%至大约50%。

9. 根据权利要求8的方法，其中所述转基因事件能减小玉米根蠕虫引起的损害，使得当所述损害表示为根据衣阿华玉米根蠕虫1~6分级测定具有4~6分的玉米植物的百分比时，对转基因玉米的损害是相同条件下对非转基因玉米的损害的大约10%至大约40%。

10. 根据权利要求9的方法，其中所述转基因事件能减小玉米根蠕虫引起的损害，使得当所述损害表示为根据衣阿华玉米根蠕虫1~6分级测定具有4~6分的玉米植物的百分比时，对转基因玉米的损害是相同条件下对非转基因玉米的损害的大约15%至大约30%。

11. 根据权利要求10的方法，其中所述转基因事件能减小玉米根蠕虫引起的损害，使得当所述损害表示为根据衣阿华玉米根蠕虫1~6分级测定具有4~6分的玉米植物的百分比时，对转基因玉米的损害是相同条件下对非转基因玉米的损害的大约20%至大约30%。

12. 根据权利要求2的方法，其中所述种子也具有表达至少一种不同于Cry3蛋白的另外的杀昆虫蛋白的能力。

13. 根据权利要求2的方法，其中所述具有表达Cry3蛋白能力的种子也具有提供除草剂耐受性的转基因事件。

14. 根据权利要求13的方法，其中提供除草剂耐受性的所述转基因事件抗草甘膦。

15. 根据权利要求2的方法，其中所述转基因事件具有抗昆虫活性。

16. 根据权利要求15的方法，其中所述昆虫选自鳞翅目，鞘翅目和半翅目。

17. 根据权利要求16的方法，其中所述昆虫是鞘翅目昆虫。

18. 根据权利要求17的方法，其中所述昆虫是叶甲。

19. 根据权利要求18的方法，其中所述昆虫包括选自玉米幼芽根叶甲，Diabrotica barberi和十一星瓜叶甲中的至少一种。

20. 根据权利要求2的方法，其中所述硫甲沙姆的有效量是每100kg重量的种子至少大约10克至大约2000克杀虫剂活性成分。

21. 根据权利要求20方法，其中所述硫甲沙姆的有效量是每100kg重量的种子至少大约70克至大约1000克硫甲沙姆。

22. 根据权利要求21的方法，其中所述硫甲沙姆的有效量是每100kg重量的种子至少大约100克至大约600克硫甲沙姆。

23. 根据权利要求22方法，其中所述杀虫剂的有效量是每100kg重量的种子至少大约200克至大约500克硫甲沙姆。”

驳回决定认为：本申请请求保护一种保护转基因玉米植物抵抗一种或多种害虫的摄食损害的方法。该方法用一定量的硫甲沙姆杀虫剂处理包括转基因事件的种子从而达到转基因事件和杀虫剂联合的增效作用。但是说明书中只记载了如何用杀虫剂处理种子以及进行大田试验的常规方法，并未给出任何具体的实验数据。本申请实际上是提供了一种用硫甲沙姆处理一类具体的转基因事件-Cry3的玉米种子，从而通过协同作用达到增强植物抵抗能力的方法。在本申请中，具体列举了包含转基因事件Cry3Bb. 11231的玉米种子经硫甲沙姆处理后，转基因事件Cry3Bb. 11231同硫甲沙姆联合功效试验，但是在没有提供任何实验结果的情况下，本领域技术人员无法确认上述具体的转基因事件同具体的杀虫剂之间的协同作用。综上所述，说明书中给出了具体的技术方案，但是未提供实验证据，而该方案又必须依赖实验结果加以证实才能成立，因此，说明书公开不充分。此外，申请人在答复《第一次审查意见通知书》时提交了本发明的发明人之一 Frank C. Kohn 博士的声明（附件1）。该声明提供了显示用硫甲沙姆处理转基因玉米种子的协同作用的实验数据。但是，上述数据并未记载在原始申请文件中，因此，不能作为证明本申请说明书公开充分的证据。

2007年5月16日，申请人孟山都技术有限公司和先正达公司（下称请求人）对上述驳回决定不服，向专利复审委员会提出复审请求，请求人在提出复审请求时没有对申请文件进行修改，但提交了如下两份附件：

附件1：The Pesticide Manual，12th ED.，C D S Tomlin，封面、第896、537、538、197和198页，复印件共6页；和

附件2：发明人之一 Frank C. Kohn 的声明，签字日期为2003年7月29日，复印件共5页（即《驳回决定》提到的请求人答复《第一次审查意见通知书》时提交的附件）。

请求人认为：（1）本申请的说明书提供了如何实施本发明的清楚、完整的描述；实际上说明书详细描述了如何处理种子，所用的设备，所用的硫甲沙姆的量，以及如何配制含有硫甲沙姆的制剂；此外，说明书例示了如何处理玉米种子，将其种植，并检测结果；最后，说明书提供了描述所要求保护的处理方法的预期结果的实例。（2）请求人向专利局提交了和本申请相关的另外两个申请，其申请日与本申请相同，优先权日相同；其中一个申请（CN01820056.7）描述了用可尼丁处理转基因玉米种子，包括显示可尼丁和转基因玉米种子之间的协同效果的实施例；另一个申请（CN01816991.0）描述了用吡虫啉处理转基因玉米种子，包括显示吡虫啉和转基因种子之间的协同效果的实施例。而本领域技术人员会认识到，和硫甲沙姆一样，可尼丁和吡虫啉都是具有共同关键化学结构的新类烟碱类杀虫剂；附件1中显示了这三种杀虫剂的化学结构和新类烟碱特性，也显示作用方式的相似性。（3）附件2，Kohn 先生的声明不是原始公开文本的一部分，它仅是为了证实本申请实施例2的论述。

2007年6月13日，经形式审查合格后，专利复审委员会受理了该请求，并向请求人发出了《复审请求受理通知书》，同时将本申请转送至国家知识产权局原审查部门进行前置审查。

在《前置审查意见书》中，国家知识产权局原审查部门仍认为本申请不符合专利法第26条第3款的规定，因此坚持驳回决定。

专利复审委员会组成合议组，对本复审请求案进行了审理。

2009年7月2日，专利复审委员会本案合议组向复审请求人发出《复审通知书》，指出：本领域技术人员根据本申请说明书的记载也无法确认上述具体的转基因事件同具体的杀虫剂之间的协同增效作用。也就是说，本申请说明书中给出了具体的技术方案，该方案必须依赖实验结果加以证实才能成立，但本申请说明书未提供实验数据，因此，该方案被认为无法实现。即，本申请说明书不符合专利法第26条第3款的规定。

2009年9月17日，复审请求人针对上述《复审通知书》提交了意见陈述书，同时提交了权利要求书的全文替换页（包括权利要求1~21项），其中主要修改是，删除权利要求2和3，将权利要求3的附加技术特征写入权利要求1，再相应修改其他权利要求的引用关系。修改后的权利要求1为：

"1. 一种保护转基因玉米植物抵抗一种或多种害虫的摄食损害的方法，该方法包括

提供转基因玉米植物的种子，其中所述种子包含编码修饰的Cry3蛋白（Cry3*蛋白）的表达的外源基因，并且所述种子包括具有抵抗一种或多种害虫中的至少一种的活性的转基因事件；并且

用一定量的杀虫剂处理种子，所述杀虫剂基本上由硫甲沙姆组成，所述处理与与包含编码修饰的Cry3蛋白的表达的外源基因的种子联合，可有效地保护由玉米种子生长的玉米植物抵抗一种或多种害虫中的至少一种引起的摄食损害。"

请求人认为：（1）如本申请说明书第8页最后一段所述"发现Cry3*δ-内毒素具有增强的抗玉米根蠕虫活性，因此在本发明中优选使用"，"术语'增强的活性'指与没有氨基酸修饰的相同毒素的活性相比，两者都在相同的条件下测试时修饰的毒素具有增强的杀昆虫活性"，因此权利要求中提到的编码修饰的Cry3蛋白的表达的外源基因与编码未修饰的Cry3蛋白的表达的外源基因相比，具有增加的杀虫活性，因此，根据说明书能够实施本发明。（2）原说明书提供了如何实施本发明的清楚和完整的教导，说明书中包含了如何处理种子的详细说明，使用的设备，使用的硫甲沙姆的量，以及如何配制含有硫甲沙姆的制剂；此外，提供了关于如何处理、种植种子并且测试结果的实施例。还提供了实施例，描述如何从所说明的处理方法获得结果。

至此，合议组认为本案事实已经清楚，可以作出审查决定。

二、决定的理由

1. 关于审查文本

请求人于2009年9月17日提交了权利要求书，主要修改如下：删除权利要求2和3，将权利要求3的附加技术特征写入权利要求1，再相应修改其他权利要求的引用关系。上述修改能够从原说明书和权利要求书中直接地、毫无疑义地确定，符合专利法第33条的规定。

本复审决定针对的文本是：请求人于2009年9月17日提交的权利要求1~21项，进入中国国家阶段时提交的国际申请文件的文本的说明书第1~24页以及说明书摘要（下称复审文本）。

2. 关于专利法第26条第3款

专利法第26条第3款规定：说明书应当对发明或者实用新型作出清楚、完整的说明，以所属技术领域的技术人员能够实现为准。

如果说明书中给出了具体的技术方案，但未提供实验证据，而该方案又必须依赖实验结果加以证实才能成立，那么该发明由于缺乏解决技术问题的技术手段而被认为无法实现。

就本申请而言，本申请权利要求1（具体内容参见案由部分）实际上要求保护"保护转基因玉米植物抵抗一种或多种害虫的摄食损害的方法"，该方法包括两个步骤，一是提供转基因玉米植物的种子，其中所述种子包含编码修饰的Cry3蛋白（Cry3*蛋白）的表达的外源基因，并且所述种子包括具有抵抗一种或多种害虫中的至少一种的活性的转基因事件；二是用一定量的杀虫剂处理种子，所述杀虫剂基本上由硫甲沙姆组成，所述处理与与包含编码修饰的Cry3蛋白的表达的外源基因的种子联合，可有效地保护由玉米种子生长的玉米植物抵抗一种或多种害虫中的至少一种引起的摄食损害。

根据本申请说明书的记载，转基因事件的玉米植物的种子是已知的，用杀虫剂处理种子（甚至是一些转基因种子）的方法也是已知的，但本申请将两者联合获得了出人意料的杀虫活性的协同增效作用。此外，本申请说明书实施例1~2公开了获得具体的转基因事件的玉米植物的种子的方法（相应于权利要求所述的技术方案，实施例中将转基因事件具体为Cry3Bb.11231），用硫甲沙姆处理

种子的方法，以及如何进行大田对比试验的方法，但只给出了一些主观预测的实验结果，并未给出任何具体的实验数据。

对此，合议组认为，生物化学是一门实验科学，对于本领域技术人员而言，转基因事件同杀虫剂之间的杀虫活性的协同增效作用是难以预期的。而本领域技术人员根据本申请说明书的记载也无法确认上述具体的转基因事件同具体的杀虫剂之间的协同增效作用。也就是说，本申请说明书给出了具体的技术方案，该方案必须依赖实验结果加以证实才能成立，但本申请说明书未提供实验证据，因此，该方案被认为无法实现。即，本申请说明书不符合专利法第 26 条第 3 款的规定。

请求人在提出复审请求时提交了附件 1、2，并据此认为，本领域技术人员知道可尼丁、吡虫啉和硫甲沙姆都是具有共同关键化学结构的新类烟碱杀虫剂，附件 1 显示了这一点；而在请求人作为申请人的申请日和优先权日皆与本申请相同的两份其他专利申请（CN01820056.7 和 CN01816991.0）中显示可尼丁和吡虫啉分别和转基因种子之间的协同效果的实施例；由此，本领域技术人员能够合理预期硫甲沙姆会表现出本申请所述的特性。对此，合议组认为：（1）首先，请求人提及的两份其他专利申请的优先权日与本申请相同，它们均不能构成本申请的现有技术，不能作为评价本申请是否符合专利法第 26 条第 3 款的规定的依据；其次，请求人提交的附件 1 没有显示公开日期，合议组不能确定附件 1 的内容为本申请的现有技术，而且由附件 1 和请求人所述的两份其他专利申请也推断不出硫甲沙姆必然和转基因种子之间具有协同增效作用，请求人也未提供其他证据证明具有新类烟碱杀虫剂的杀虫剂与转基因种子之间必然具有协同增效作用，因此，请求人的主张不成立。（2）对于附件 2，该声明中提供的数据不属于本申请说明书公开的内容，并且本领域技术人员也无法从本申请说明书中毫无疑义地推知上述内容，而且该文件的签名日期在本申请的申请日之后，无法表明其中的内容在本申请的申请日前既已实现，因此，该声明不能使本申请说明书不符合专利法第 26 条第 3 款的规定的缺陷得以克服。

请求人在答复《复审通知书》时认为，如本申请说明书第 8 页最后一段所述“发现 Cry3*δ-内毒素具有增强的抗玉米根蠕虫活性，因此在本发明中优选使用”，“术语‘增强的活性’指与没有氨基酸修饰的相同毒素的活性相比，两者都在相同的条件下测试时修饰的毒素具有增强的杀昆虫活性”，因此权利要求中提到的编码修饰的 Cry3 蛋白的表达的外源基因与编码未修饰的 Cry3 蛋白的表达的外源基因相比，具有增加的杀虫活性，因此，根据说明书能够实施本发明。

对此，合议组认为：说明书中的上述内容表述的是编码修饰的 Cry3 蛋白的表达的外源基因与编码未修饰的 Cry3 蛋白的表达的外源基因相比，具有增加的杀虫活性，这一点是现有技术已知的，并不能证明编码修饰的 Cry3 蛋白的表达的外源基因和硫甲沙姆组成的杀虫剂联用时必然具有协同增效作用，因此不能证明本申请说明书符合专利法第 26 条第 3 款的规定。

根据上述事实和理由，合议组作出如下审查决定。

三、决定

维持国家知识产权局于 2007 年 1 月 12 日针对 01820216.0 号发明专利申请作出的驳回决定。

复审请求人对本决定不服的，可以根据专利法第 41 条第 2 款的规定，自收到本决定之日起三个月内向北京市第一中级人民法院起诉。

234

作为细胞周期蛋白依赖型激酶抑制剂的黄酮衍生物

复审请求审查决定（第20600号）

决　定　号　第20600号
决　定　日　2009年12月21日
发明创造名称　作为细胞周期蛋白依赖型激酶抑制剂的黄酮衍生物
国际分类号　C07D405/04，C07D405/14，A61K31/353，A61P35/00
复审请求人　尼古拉斯·皮拉马尔印度有限公司
申　请　号　03816324.1
优先权日　2002年7月8日
申　请　日　2003年7月7日
公　开　日　2005年9月14日
合议组组长　危　峰
主　审　员　黄　强
参　审　员　侯　曜

法律依据　专利法第26条第4款
决定要点

如果权利要求所要求保护的技术方案是所属技术领域的技术人员能够从说明书充分公开的内容中得到或概括得出的技术方案，则该权利要求能够得到说明书的支持。

一、案由

本复审请求案涉及发明名称为“作为细胞周期蛋白依赖型激酶抑制剂的黄酮衍生物”的03816324.1号发明专利申请（下称本申请），申请人为尼古拉斯·皮拉马尔印度有限公司，申请日为2003年7月7日，优先权日为2002年7月8日，公开日为2005年9月14日。

2006年12月8日，针对申请人于2006年9月29日提交的权利要求第3~6、8~24项，国际初步审查报告的附件的权利要求第1~2、7项，2006年9月29日提交的说明书第116页，国际初步审查报告的附件的说明书第16、18~19等页，进入中国国家阶段时提交的国际申请文件的中文文本的说明书第1~15等页，说明书附图第1~6页以及说明书摘要，国家知识产权局以权利要求1~24不符合专利法第26条第4款的规定为由驳回了本申请。驳回决定所针对的权利要求1如下：

“1. 通式（Ic）的一种化合物、其药物前体、互变异构形式、立体异构体、光学异构体、药学上可接受的盐、药学上可接受的溶剂化物或多形体：

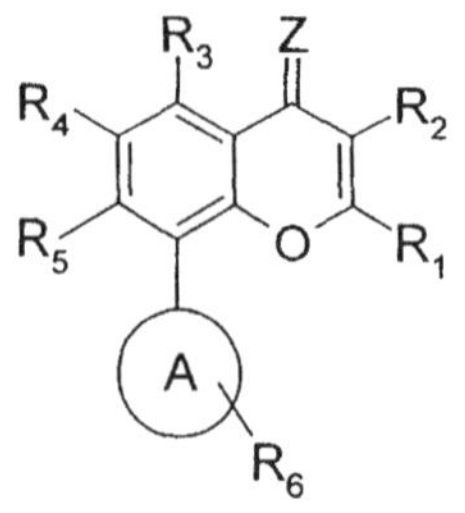

(Ic)

其中

R_1是芳基，所述芳基未被取代或被至少一个选自下述的取代基所取代：卤素，C_1-C_4-烷基，C_1-C_4-烷氧基，C_2-C_6-链烯基，C_3-C_6-炔基，C_2-C_4-烷酰基，硝基，NR_9R_{10}，SR_{11}，三氟甲基，羟基，氰基，羧基，C_1-C_4-烷氧基羰基和$-C_1-C_4$-亚烷基羟基；具有1，2，3或4个相同或不同的选自氮、氧、硫和磷中的杂原子的饱和、部分不饱和或芳族杂环，其中杂环未被取代或被至少一个选自下述的取代基所取代：卤素，C_1-C_4-烷基，C_1-C_4-烷氧基，C_2-C_6-链烯基，C_3-C_6-炔基，C_2-C_4-烷酰基，硝基，NR_9R_{10}，SR_{11}，三氟甲基，羟基，氰基，羧基，C_1-C_4-烷氧基羰基和$-C_1-C_4$-亚烷基羟基；或NR_9R_{10}；

R_2是氢；C_1-C_6-烷基；芳基，所述芳基未被取代或被至少一个选自下述的取代基所取代：卤素，C_1-C_4-烷基，C_1-C_4-烷氧基，C_2-C_6-链烯基，C_3-C_6-炔基，C_2-C_4-烷酰基，硝基，NR_9R_{10}，SR_{11}，三氟甲基，羟基，氰基，羧基，C_1-C_4-烷氧基羰基和$-C_1-C_4$-亚烷基羟基；具有1，2，3或4个相同或不同的选自氮、氧、硫和磷中的杂原子的饱和、部分不饱和或芳族杂环，所述杂环未被取代或被至少一个选自下述的取代基所取代：卤素，C_1-C_4-烷基，C_1-C_4-烷氧基，C_2-C_6-链烯基，C_3-C_6-炔基，C_2-C_4-烷酰基，硝基，NR_9R_{10}，SR_{11}，三氟甲基，羟基，氰基，羧基，C_1-C_4-烷氧基羰基和$-C_1-C_4$-亚烷基羟基；OR_{11}；卤素；氰基；硝基；NR_9R_{10}；或SR_{11}；

R_3，R^4和R^5各自独立地选自：氢；C_1-C_6-烷基；卤素；OR_{11}；芳基C_1-C_4-烷氧基；C_1-C_4-烷基羰氧基；C_1-C_4-烷氧基羰氧基；芳基羰氧基；羧基；氰基；硝基；NR_9R_{10}；SR_{11}；芳基$-C_1-C_4$-烷硫基；$SO_2-C_1-C_4$-烷基；SO_2-芳基；$SO_2NR_9R_{10}$；芳基；和具有1，2，3或4个相同或不同的选自氮、氧、硫和磷中的杂原子的饱和、部分不饱和或芳族杂环；

R_6是$-C_1-C_4$-亚烷基OR_{11}；

R_8是氢；C_1-C_4-烷基；芳基；碳酰胺；磺酰胺；NR_9R_{10}；或OR_{11}；

R_9和R_{10}各自独立地选自：氢；C_1-C_6-烷基；芳基；C_1-C_4-烷酰基；杂环，所述杂环含有1，2，3或4个选自氮、氧、硫和磷中的杂原子；C_1-C_4-烷氧基羰基；C_1-C_4-烷基羰基；芳基羰基；杂环羰基，其中杂环含有1，2，3或4个选自氮、氧、硫和磷中的杂原子；碳酰胺；和磺酰胺；其中芳基和杂环或杂环-或者未被取代或者被至少一个选自下述的取代基所取代：卤素，C_1-C_4-烷基，C_1-C_4-烷氧基，C_2-C_6-链烯基，C_3-C_6-炔基，C_2-C_4-烷酰基，硝基，NR_9R_{10}，SR_{11}，三氟甲基，羟基，氰基，羧基，C_1-C_4-烷氧基羰基和$-C_1-C_4$-亚烷基羟基；或

R_9和R_{10}，连同它们键合到其上的氮原子一起形成杂环，所述杂环还可具有至少一个选自氮、氧和硫中的杂原子，和所述杂环是饱和、部分不饱和或芳族杂环，该杂环或者未被取代或者被至少一个选自下述的取代基所取代：卤素，C_1-C_4-烷基，C_1-C_4-烷氧基，C_2-C_6-链烯基，C_3-C_6-炔基，C_2-C_4-烷酰基，硝基，NR_9R_{10}，SR_{11}，三氟甲基，羟基，氰基，羧基，$-C_1-C_4$-烷氧基羰基和$-C_1-C_4$-亚烷基羟基；

R_{11}是氢；C_1-C_6-烷基；C_1-C_4-烷酰基；芳基，所述芳基未被取代或者被至少一个选自下述的取代基所取代：卤素，C_1-C_4-烷基，C_1-C_4-烷氧基，C_2-C_6-链烯基，C_3-C_6-炔基，C_2-C_4-烷酰基，硝基，NR_9R_{10}，SR_{11}，三氟甲基，羟基，氰基，羧基，C_1-C_4-烷氧基羰基和-C_1-C_4-亚烷基羟基；或C_1-C_4-烷氧基羰基；

Z是氧原子；硫原子；或NR_8；

A是5元环；其中：

所述5元环是饱和或不饱和环且用通式（i）至（v）中的任何一个来表示：

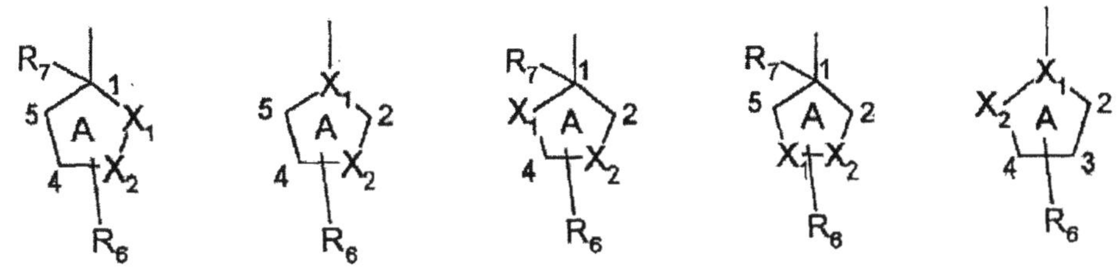

(i) (ii) (iii) (iv) (v)

其中X_1和X_2各自独立地选自：碳原子和选自氧原子，硫原子，S（O）p和氮原子中的杂原子，条件是在结构（i），（iii）和（iv）中，X_1和X_2中的至少一个是杂原子，和其中氮原子至少被R_{13}单取代，其中R_{13}选自：氢；C_1-C_6-烷基，所述C_1-C_6-烷基未被取代或者被至少一个选自下述的取代基所取代：卤素，羟基，羧基，C_1-C_4-烷氧基，氨基，硝基，C_1-C_4-烷硫基，硫氢基和磺酰基；C_2-C_6-链烯基，所述C_2-C_6-链烯基未被取代或者被至少一个选自下述的取代基所取代：卤素，羟基，羧基，C_1-C_4-烷氧基，氨基，硝基，C_1-C_4-烷硫基，硫氢基和磺酰基；芳基，所述芳基未被取代或者被至少一个选自下述的取代基所取代：卤素，C_1-C_4-烷基，C_1-C_4-烷氧基，C_2-C_6-链烯基，C_3-C_6-炔基，C_2-C_4-烷酰基，硝基，NR_9R_{10}，SR^{11}，三氟甲基，羟基，氰基，羧基，C_1-C_4-烷氧基羰基和-C_1-C_4-亚烷基羟基；羟基；C_1-C_4-烷氧基；C_1-C_4-烷基羰基；氰基；$-SO_2R_{10}$；和-CO-（CH_2）m -R_{14}；

R_6是在至少一个碳原子环成员上的如上所定义的取代基；

R_7是氢；C_1-C_4-烷基；C_1-C_4-烷基羰基；或芳基羰基；

R_{14}是氢；C_1-C_4-烷基；羟基；NR_9R_{10}；卤素；-SH；-S-C_1-C_4-烷基；-S-芳基；芳基；其中芳基未被取代或者被至少一个选自下述的取代基所取代：卤素，C_1-C_4-烷基，C_1-C_4-烷氧基，C_2-C_6-链烯基，C_3-C_6-炔基，C_2-C_4-烷酰基，硝基，NR_9R_{10}，SR_{11}，三氟甲基，羟基，氰基，羧基，C_1-C_4-烷氧基羰基和-C_1-C_4-亚烷基羟基；含有1，2，3或4个选自氮、氧、硫和磷中的杂原子的杂环，该杂环未被取代或者被至少一个选自下述的取代基所取代：卤素，C_1-C_4-烷基，C_1-C_4-烷氧基，C_2-C_6-链烯基，C_3-C_6-炔基，C_2-C_4-烷酰基，硝基，NR_9R_{10}，SR_{11}，三氟甲基，羟基，氰基，羧基，C_1-C_4-烷氧基羰基和-C_1-C_4-亚烷基羟基；

p是整数1或2；和

m是0至6中的一个整数。”

驳回决定认为，（1）权利要求1~6请求保护的化合物式（Ic）中R_1-R_6以及A环和Z的定义均超出了说明书记载的具体技术情报能够支持的范围，例如说明书没有实施例记载Z=S或NR_8的化合物的合成方法，仅具体公开了A环为吡咯烷基或哌啶基的本发明化合物，以及R_1仅为取代的苯基或噻吩基或吡啶基的化合物，而且其中的7个有药效试验数据的化合物均是Z=O和A环为吡咯烷的化合物（见表1和2），由此Z=S或NR_8，以及A环定义为（i）－（v）和R_1-R_6的定义范围（包括各种取代基的芳基，各种取代基的芳族杂环）的式（Ic）化合物及药物前体等均包含了大量申请人推测的化合物，并且其效果难以预测和评价，因而权利要求1~6得不到说明书的支持，不符合专利法第26条第4款的规定；基于同样的理由，由于权利要求7请求保护的某些个别化合物在说明书中没有具体公开，其效果也难以预测，因此权利要求7也不符合专利法第26条第4款的规定。（2）根据上述理由，权利要求8~24也不符合专利法第26条第4款的规定。

2007年3月20日，申请人尼古拉斯·皮拉马尔印度有限公司（下称请求人）对上述驳回决定不服，向专利复审委员会提出复审请求，同时提交了权利要求书的修改替换页（共21项权利要求），其中，基于《驳回决定》针对的权利要求书，删除了权利要求10、12、15以及权利要求7中的个别化合物，删除了权利要求1中的药物前体、互变异构形式、立体异构体、光学异构体、药学上可接受的溶剂化物或多形体，并对式（Ic）化合物中各取代基的定义作了进一步限定，同时对其他的权利要求进行了相应修改。修改后的权利要求1如下：

“1. 通式（Ic）的一种化合物、或其药学上可接受的盐：

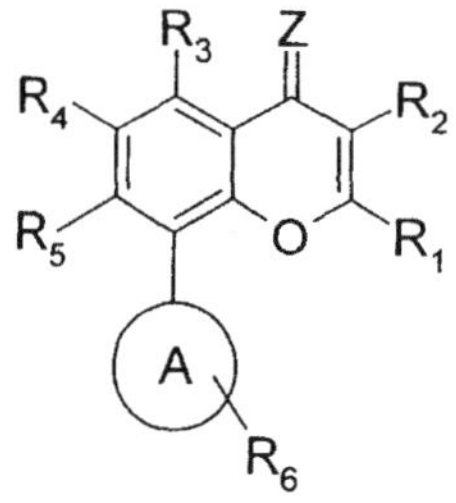

(Ic)

其中

R_1是芳基，所述芳基未被取代或被至少一个选自下述的取代基所取代：卤素，C_1-C_4-烷基，C_1-C_4-烷氧基，硝基，NR_9R_{10}，SR_{11}，三氟甲基，羟基，氰基，羧基，C_1-C_4-烷氧基羰基和-C_1-C_4-亚烷基羟基；或饱和、部分不饱和或含有5或6个环原子的芳族杂环，其中具有1，2，3个相同或不同的选自氮、氧、硫和磷中的杂原子，其中杂环未被取代或被至少一个选自下述的取代基所取代：卤素，C_1-C_4-烷基，C_1-C_4-烷氧基，硝基，NR_9R_{10}，SR_{11}，三氟甲基，羟基，氰基，羧基，C_1-C_4-烷氧基羰基和-C_1-C_4-亚烷基羟基；

R_2是氢；C_1-C_6-烷基；苯基，所述苯基未被取代或被至少一个选自下述的取代基所取代：卤素，C_1-C_4-烷基，C_1-C_4-烷氧基，C_2-C_4-烷酰基，硝基，NR_9R_{10}，SR_{11}，三氟甲基，羟基，氰基，羧基，C_1-C_4-烷氧基羰基和-C_1-C_4-亚烷基羟基；OR_{11}；卤素；氰基；硝基；NR_9R_{10}；或SR_{11}；

R_3，R_4和R_5各自独立地选自：氢；C_1-C_6-烷基；卤素；OR_{11}；C_1-C_4-烷基羰氧基；羧基；氰基；硝基；NR_9R_{10}；SR_{11}；$SO_2NR_9R_{10}$；

R_6是-C_1-C_4-亚烷基OR_{11}；

R_9和R_{10}各自独立地选自：氢；C_1-C_6-烷基；C_1-C_4-烷酰基；C_1-C_4-烷氧基羰基；C_1-C_4-烷基羰基；碳酰胺；和磺酰胺；

R_{11}是氢；C_1-C_6-烷基；C_1-C_4-烷酰基；或C_1-C_4-烷氧基羰基；

Z是氧原子；

A是5元环；其中：

所述5元环是饱和或不饱和环且用通式（i）至（v）中的任何一个来表示：

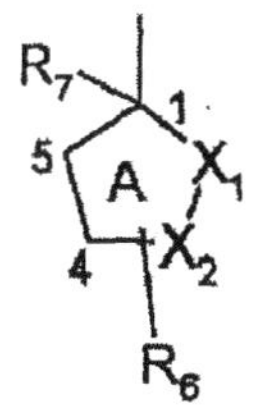

(i)

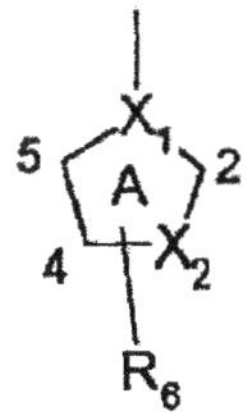

(ii)

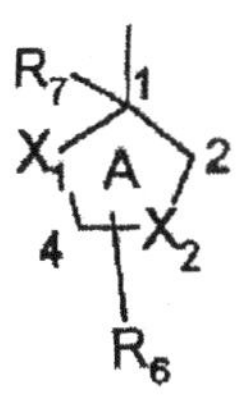

(iii)

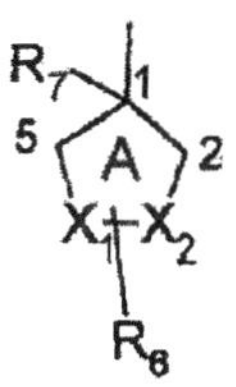

(iv)

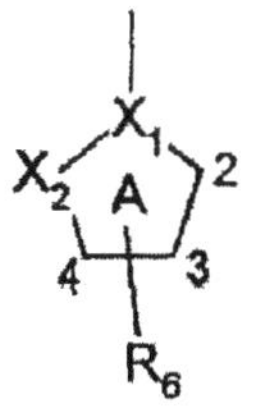

(v)

其中 X_1 和 X_2 各自独立地选自：碳原子和氮原子，条件是在结构（i），（iii）和（iv）中，X_1 和 X_2 中的至少一个是氮原子，其中氮原子至少被 R_{13} 单取代，其中 R_{13} 选自：氢；C_1-C_6-烷基，所述 C_1-C_6-烷基未被取代或者被至少一个选自下述的取代基所取代：卤素，羟基，或羧基，C_2-C_6-链烯基，羟基，C_1-C_4-烷氧基，C_1-C_4-烷羰基氧基，氨基，硝基；C_1-C_4-烷硫基，对甲苯磺酰基；氰基；$-SO_2R_{10}$；-CO-（CH_2）m $-R_{14}$；苯基，所述苯基未被取代或被至少一个选自下述的取代基所取代：卤素，C_1-C_4-烷基，C_1-C_4-烷氧基，硝基，NR_9R_{10}，SR_{11}，三氟甲基，羟基，氰基，羧基，C_1-C_4-烷氧基羰基和$-C_1-C_4$-亚烷基羟基；

R_6 是在至少一个碳原子环成员上的如上所定义的取代基；

R_7 是氢；

R_{14}是氢；C_1-C_4-烷基；羟基；NR_9R_{10}；卤素；-SH ；或$-S-C_1-C_4$-烷基；和

m 是 0~6 的整数。”

请求人认为，修改后的权利要求 1 的范围已经限定在说明书公开的范围内，符合专利法第 26 条第 4 款的规定，在此情况下，基于其上的其他相应的权利要求也符合专利法第 26 条第 4 款的规定；修改后的权利要求 7 中的化合物均为说明书中具体公开的化合物，符合专利法第 26 条第 4 款的规定。

经形式审查合格后，专利复审委员会受理了该请求，并于 2007 年 7 月 3 日向请求人发出了《复审请求受理通知书》，同时将本申请转送至国家知识产权局原审查部门进行前置审查。

在《前置审查意见书》中，国家知识产权局原审查部门认为，修改后的权利要求书仍不符合专利法第 26 条第 4 款的规定，故坚持驳回决定。

专利复审委员会组成合议组，对本复审请求案进行了审理。

2009 年 9 月 2 日，合议组向请求人发出《复审通知书》，指出：（1）权利要求 1 请求保护一种式（Ic）化合物或其药学上可接受的盐，其中通过限定取代基的方式给出了式（Ic）化合物的定义。根据本申请说明书的记载，本发明所要解决的技术问题是提供一种作为细胞周期蛋白依赖型激酶（CDK）抑制剂的化合物（参见说明书第 1~2 页），但是本申请说明书并未记载除化合物 12、17、31、54 之外的其他通式（Ia）化合物可作为 CDK 抑制剂的实验数据，也没有记载通式（Ic）化合物与 CDK 抑制作用相对应的构效关系。根据权利要求 1 中各取代基的定义可知，该式（Ic）化合物包括了数量极为庞大且具有各种不同类型取代基的化合物，而在说明书中仅验证了化合物 12、17、31 和 54 具有 CDK 抑制活性（其化学结构参见说明书实施例 11、15、27 和 47），在以上四个化合物中，相应取代基 R_2 和 R_4 均为 H，Z 均为 O，R_3 和 R_5 均为羟基，A 均为 2-羟甲基-1-甲基-吡咯烷-3-基，R_1 均为卤素和/或甲氧基取代的苯基。在式（Ic）化合物中，例如当 R_1 选自带有杂原子的 5 元或 6 元含有氧原子的芳族杂环，A 选自不饱和或饱和的含有 2 个氮原子的 5 元杂环时，式（Ic）化合物与化合物 12、17、31 和 54 在化学结构上存在较大差异。根据本领域一般常识可知，化合物的化学结构决定其理化性质，化合物的活性与化合物的化学结构以及由化学结构所决定的理化性质等多种因素密切相关。在化学结构差异较大的情况下，本领域技术人员有理由怀疑并非所有如权利要求 1 所定义的化合物都如化合物 12、17、31 和 54 一样具有 CDK 抑制活性。因此，在说明书缺乏实验数据证实，也没有记载通式（Ic）化合物与 CDK 抑制作用相对应的构效关系的情况下，本领域技术人员无法通过说明书的描述确定所有的式（Ic）化合物均能够实现本发明的发明目的，即这些化合物是否均能具有 CDK 抑制活性，因而权利要求 1 请求保护的化合物除取代基 Z 以外的其他取代基，尤其是 R_1 和 A 的选择范围过于宽泛，得不到说明书的支持，不符合专利法第 26 条第 4 款的规定。（2）权利要求 2~6 直接或间接对权利要求 1 的化合物做了进一步限定，基于相同的理由，权利要求 2~6 也得不到说明书的支持，不符合专利法第 26 条第 4 款的规定。（3）权利要求 8~10 请求保护通式（Ic）化合物或其药学上可接受的盐的制药用途，权利要求 11~12 请求保护含有通式（Ic）化合物或其药学上可接受的盐的药物组合物，权利要求 13~17 请求保护制备通式（Ic）化合物或其药学上可接受的盐的方法，在其引用的化合物权利要求得不到说明书支持的情况下，权利要求 8~17 也得不到说明书的支持，不符合专利法第 26 条第 4 款的规定。（4）权利要求 18 请求保护制备通式（XIIIA）化合物或其药学上可接受的盐的方法，权利要求 19~20 请求保护制备通式（XXXVII）化合物或其药学上可接受的盐的方法，权利要求 21 请求保护制备通式（XIII）化合物或其药学上可接受的盐的方法，这三个通式化合物均是对权利要求 1 的化合物做了进一步限定，基于相同的理由，权利要求 18~21 所制备的化合物得不到说明书的支持，由此导致权利要求 18~21 的技术方案得不到说明书的支持，不符合专利法第 26 条第 4 款的规定。（5）权利要求 7 请求保护具体的式（Ic）化合物，其中（+）-顺式-8-（2-羟甲基-1-甲基-吡咯烷-3-基）-5，7-二甲氧基-2-噻吩-2-基-色原烯-4-酮和（+）-顺式-5，7-二羟基-8-（2-羟甲基-1-甲基-吡咯烷-3-基）-2-噻吩-2-基-色原烯-4-酮的 2 位上噻吩基为 5 元杂环，与苯基在结构和性质上差异较大，致使这两个化合物与化合物 12、17、31 和 54 的化学结构差异较大，本领域技术人员有理由怀疑这两个化合物不能如化合物 12、17、31 和 54 一样具有 CDK 抑制活性，因此权利要求 7 得不到说明书的支持，不符合专利法第 26 条第 4 款的规定。

2009 年 10 月 16 日，针对上述《复审通知书》，请求人提交了意见陈述书以及权利要求书的全文替换页（共 17 项权利要求），其中，基于提出复审请求时提交的权利要求书，删除了权利要求 2、12、19 和 20 以及权利要求 7 中的个别具体化合物，并对权利要求 1 中式（Ic）化合物中各取代基的定义作了进一步限定，同时对其他的权利要求进行了相应修改。请求人认为，修改后的权利要求书以说明书为基础，得到了说明书的支持，符合专利法第 26 条第 4 款的规定。

2009 年 11 月 26 日，针对上述《复审通知书》，请求人再次提交了意见陈述书以及权利要求书的全文替换页（共 16 项权利要求），其中，基于提出复审请求时提交的权利要求书，删除了权利要求 2、3、12、19 和 20 以及权利要求 7 中的个别具体化合物，并对权利要求 1 中式（Ic）化合物中各取代基的定义作了进一步限定，同时对其他的权利要求进行了相应修改。修改后的权利要求 1 如下：

“1. 通式（Ic）的一种化合物、或其药学上可接受的盐：

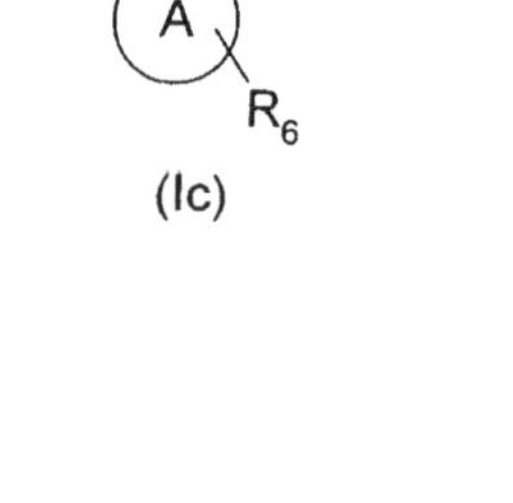

(Ic)

其中

R_1 是苯基，所述苯基未被取代或被至少一个选自下述的取代基所取代：卤素，C_1-C_4-烷基，C_1-C_4-烷氧基，硝基，NR_9R_{10}，三氟甲基，羟基，氰基，羧基，和 C_1-C_4-烷氧基羰基；

R_2 是氢；C_1-C_6-烷基；OR_{11}；卤素；氰基；硝基；或 NR_9R_{10}；

R_3，R_4 和 R_5 各自独立地选自：氢；C_1-C_6-烷基；卤素；OR_{11}；C_1-C_4-烷基羰氧基；羧基；氰基；硝基；和 NR_9R_{10}；

R_6 是$-C_1-C_4$-亚烷基 OR_{11}；

R_9 和 R_{10}各自独立地选自：氢；C_1-C_6-烷基；

R_{11}是氢；C_1-C_6-烷基；C_1-C_4-烷酰基；或 C_1-C_4-烷氧基羰基；

Z 是氧原子；

A 是吡咯烷基具有下列结构：

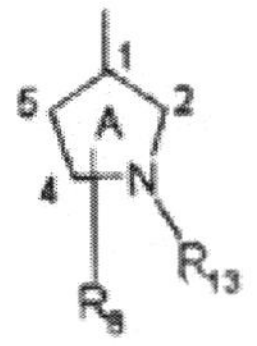

其中 R_{13}选自：氢；C_1-C_6-烷基，所述 C_1-C_6-烷基未被取代或者被至少一个选自下述的取代基所取代：卤素，羟基，或羧基，C_1-C_4-烷氧基，苯基，所述苯基未被取代或被至少一个选自下述的取代基所取代：卤素，C_1-C_4-烷基，C_1-C_4-烷氧基，硝基，NR_9R_{10}，三氟甲基，羟基，氰基，羧基，C_1-C_4-烷氧基羰基；

R_7 是氢。”

请求人认为，修改后的权利要求书以说明书为基础，得到了说明书的支持，符合专利法第 26 条第 4 款的规定。

至此，合议组认为本案事实已经清楚，可以作出复审请求审查决定。

二、决定的理由

1. 关于审查文本

请求人于 2009 年 月 日提交了权利要求书的全文替换页，经合议组审查，该修改文本符合专利法第 33 条以及专利法实施细则第 60 条第 1 款的规定。

因此，本复审请求审查决定针对的文本是请求人于 2009 年 11 月 26 日提交的权利要求第 1～16 项，2006 年 9 月 29 日提交的说明书第 116 页，国际初步审查报告的附件的说明书第 16、18～19、28、48、51、53～56、60、63、73、75、82、84、86、97、100、103～106、109～110、113～115、118、120 页（共 30 页），依据专利法实施细则第 51 条规定提交的说明书第 35～37、41～42 页（共 5 页），进入中国国家阶段时提交的国际申请文件的中文文本的说明书第 1～15、17、20～27、29～34、38～40、43～47、49～50、52、57～59、61～62、64～72、74、76～81、83、85、87～96、98～99、101～102、107～108、111～112、117、119 页（共 84 页），说明书附图第 1～6 页以及说明书摘要和摘要附图（下称复审文本）。

2. 关于专利法第 26 条第 4 款

专利法第 26 条第 4 款规定：权利要求书应当以说明书为依据，说明要求专利保护的范围。

如果权利要求所要求保护的技术方案是所属技术领域的技术人员能够从说明书充分公开的内容中得到或概括得出的技术方案，则该权利要求能够得到说明书的支持。

就本申请而言，在复审文本的权利要求 1 中，通式（Ic）化合物各基团的定义均能够从本申请说明书充分公开的技术内容中得到或概括得出，例如，本申请说明书已经验证了化合物 12、17、31 和 54 具有 CDK 抑制活性（其化学结构参见说明书实施例 11、15、27 和 47），在以上四个化合物中，R^1 均为取代的苯基，所述取代基选自氟、溴、氯和甲氧基，因此，本领域技术人员可以预期将上述基团中的氟、溴、氯概括为属于同一族的上位概念卤素以及将上述基团中的甲氧基概括为与甲氧基性质相似的上位概念 C_1–C_4–烷氧基后所得到的化合物也能实现本发明的发明目的，并具有与化合物 12、17、31 和 54 相同的性能或用途。因此，在本申请说明书已经证明了化合物 12、17、31 和 54 可作为 CDK 抑制剂的情况下，权利要求 1 中式（Ic）化合物的各基团定义依据上述四个化合物作了进一步合理限定，本领域技术人员根据说明书公开的内容能够概括得到该限定后的技术方案并预期其具有相同的性能或用途，故权利要求 1 能够得到说明书的支持，符合专利法第 26 条第 4 款的规定。基于与权利要求 1 相同的理由，权利要求 2~16 也能够得到说明书的支持，符合专利法第 26 条第 4 款的规定。

根据上述事实和理由，合议组作出如下审查决定。

三、决定

撤销国家知识产权局于 2006 年 12 月 8 日针对 03816324.1 号发明专利申请作出的驳回决定，由国家知识产权局原审查部门以本复审请求审查决定所针对的文本为基础继续审批程序。

复审请求人对本决定不服的，可以根据专利法第 41 条第 2 款的规定，自收到本决定之日起三个月内向北京市第一中级人民法院起诉。

235

用环丙烯衍生物阻断植物乙烯反应的方法

复审请求审查决定（第20606号）

决　定　号　第20606号

决　定　日　2009年12月23日

发明创造名称　用环丙烯衍生物阻断植物乙烯反应的方法

国际分类号　A01N 27/00，A01N 31/04，A01N 37/02，A01N 37/06，A01N 37/34，A01N 33/04，A01N 33/12，A01N 35/02，A01N 35/10，A01N 3/02

复审请求人　北卡罗莱纳州立大学

申　请　号　00818602.2

申　请　日　2000年11月22日

最早优先权日　1999年11月23日

公　开　日　2003年10月22日

合议组组长　孙跃飞

主　审　员　张家祥

参　审　员　沈　钱

法律依据　专利法第33条，第26条第4款

决定要点

每一项权利要求所要求保护的技术方案，应当是所属技术领域的技术人员能够从说明书充分公开的内容中得到或概括得出的技术方案，并且不得超出说明书公开的范围。

一、案由

本复审请求案涉及发明名称为“用环丙烯衍生物阻断植物乙烯反应的方法”的00818602.2号发明专利申请（下称本申请），申请人为北卡罗莱纳州立大学，申请日为2000年11月22日，最早优先权日为1999年11月23日，公开日为2003年10月22日。

2008年8月8日，针对申请人于2005年10月11日提交的权利要求第1~96项、说明书第2~3页，进入中国国家阶段时提交的国际申请文件中文文本的说明书第1、4~33页和说明书摘要，国家知识产权局以说明书和权利要求书的修改不符合专利法第33条的规定以及权利要求书不符合专利法第26条第4款的规定为由驳回了本申请。

驳回决定所针对的权利要求1~12为：

“1. 一种抑制植物中乙烯反应的方法，包含对该植物施用有效乙烯反应抑制量的式I化合物：

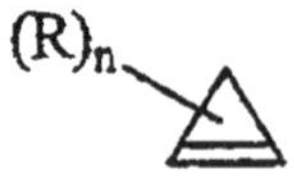

(I)

式中

n 是一个 1~4 的数；和

每个 R 都独立地是一个饱和的或不饱和的、直链的或支链的、无取代的或有取代的 $C_6 \sim C_{20}$ 烷基、链烯基、或链炔基。

2. 根据权利要求 1 的方法，其中，n 是 1 或 2。

3. 根据权利要求 1 的方法，其中，所述施用步骤是通过使所述植物与一种包含所述化合物和一种惰性载体的组合物接触进行的。

4. 根据权利要求 1 的方法，其中，所述施用步骤是通过使所述植物与所述化合物的一种气体接触进行的。

5. 根据权利要求 1 的方法，其中，所述施用步骤是通过对所述植物喷洒一种包含所述化合物的溶液进行的。

6. 根据权利要求 1 的方法，其中，所述施用步骤是通过使所述植物与一种包含所述化合物的固体接触进行的。

7. 根据权利要求 1 的方法，其中，所述乙烯反应是果实成熟。

8. 根据权利要求 1 的方法，其中，所述乙烯反应是蔬菜成熟。

9. 根据权利要求 1 的方法，其中，所述乙烯反应是鲜花衰老。

10. 根据权利要求 1 的方法，其中，至少一个 R 是一个有选自下列组成的一组中的至少一个取代基取代的烷基、链烯基、或链炔基：卤素、氨基，烷氧基、羧基、烷氧羰基、氧羰烷基、和羟基。

11. 根据权利要求 1 的方法，其中，至少一个 R 基团中的至少一个氢原子代之以选自下列组成的一组中的至少一种成分：酯基，腈，胺，胺盐，酸，酸盐，酸的酯，羟基，卤素基团，和选自氧与氮组成的一组中的杂原子。

12. 根据权利要求 1 的方法，其中，该化合物选自下列组成的一组：1-（7-甲氧基庚基）环丙烯、1-（7-羟基庚基）环丙烯、1-（7-乙酰氧基庚基）环丙烯、7-环丙-1-烯基庚酸、7-环丙-1-烯基庚酸异丙胺盐、7-环丙-1-烯基庚酸乙酯、1-（7-氰基庚基）环丙烯、1-（7-N，N-二乙基氨基庚基）环丙烯、乙酸 1-（7-N，N-二乙基铵基庚基）环丙烯、碘化 1-（7-N，N-二乙基甲铵基庚基）环丙烯、1-己氧甲基环丙烯、1-戊氧乙基环丙烯、苹婆酸甲酯、1-（正壬基）环丙烯、1-（正癸基）环丙烯、1-（正庚基）环丙烯、1-（十一烷基）环丙烯、1-（3-乙基庚基）环丙烯、1-（十三烷基）环丙烯、1-（2-（2-甲氧基乙氧基）乙氧基甲基）环丙烯、1-（2-甲基庚基）环丙烯、1-（2-丙酰氧基乙基）环丙烯、1-（6-甲基庚基）环丙烯、1-（3，5，5-三甲基己基）环丙烯、1-（十五烷基）环丙烯、1-（4，8-壬基）环丙烯、1-（十二烷基）环丙烯、1-（二正丁胺基甲基）环丙烯、1-（十四烷基）环丙烯、1-（3，3-二甲基丁基）环丙烯、1，3-二己基环丙烯、1-（辛-7-烯基）环丙烯、1-（7-辛烯基）环丙烯、1-（十一碳-5-炔基）环丙烯、2-辛基环丙-2-烯-1-羧酸己-5-炔酯、8-环丙-1-烯基辛-2-酮、8-环丙-1-烯基辛-2-酮 O 甲基肟和 7-环丙-1-烯基庚酸二乙基酰胺。"

驳回决定认为：（1）说明书第 3 页和权利要求 11、20、29、38、47、59、68、77、86、95 中的"……氢原子代之以……"既未明确地记载在原说明书和权利要求书中，也不能由原说明书和权利要求书所记载的内容直接确定，因此超出了原申请文件记载的范围，不符合专利法第 33 条的规定。（2）权利要求 1 中的取代基"R"和"n"包含了大量的不同化合物，而说明书仅证明了 R 为 1-己基和1-辛基时的单取代环丙烯比现有技术化合物在抑制乙烯反应时具有突出的效果，本领域技术人员难于预见该取代基所包括的除本申请实施例之外的所有化合物均能解决本发明的技术问题，即提供改进的调节植物成熟与降解的环丙烯衍生物，因此，权利要求1得不到说明书的支持，不符合专利法第26条第4款的规定。同理，权利要求2、10、12~14、19、21~23、28、30~32、37、39~42、46、48~50、58、60~62、67、69~71、76、78~80、85、87~89、94、96均得不到说明书的支持。此外，权利要求1中的“有取代的……”包含了大量的不同化合物，依据本申请文件所记载的内容，本领域技术人员难于预见其中除本申请实施例之外的所有化合物均能达到本发明的目的，因此，该权利要求得不到说明书的支持。同理，权利要求13、22、31、40、49、61、70、79、88也得不到说明书的支持，不符合专利法第26条第4款的规定。

2008年11月24日，申请人北卡罗莱纳州立大学（下称请求人）对上述驳回决定不服，向专利复审委员会提出复审请求，同时提交了说明书第3页和权利要求书的全文替换页。其中，请求人将说明书第3页中的“……氢原子代之以……”修改回“……碳原子代之以……”，并删除了涉及该修改内容的权利要求。另外，请求人将取代基“R”限定为“C_6~C_{20}烷基”，“n”限定为“1”，同时删除了权利要求书中使用的“有取代的……”。修改后的权利要求1~9为：

“1. 一种抑制植物中乙烯反应的方法，包含对该植物施用有效乙烯反应抑制量的式I化合物：

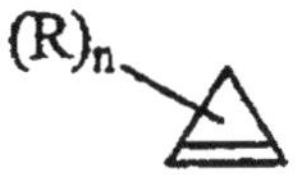

(I)

式中

n是1；和

每个R都独立地是一个无取代的C_6~C_{20}烷基。

2. 根据权利要求1的方法，其中，所述施用步骤是通过使所述植物与一种包含所述化合物和一种惰性载体的组合物接触进行的。

3. 根据权利要求1的方法，其中，所述施用步骤是通过使所述植物与所述化合物的一种气体接触进行的。

4. 根据权利要求1的方法，其中，所述施用步骤是通过对所述植物喷洒一种包含所述化合物的溶液进行的。

5. 根据权利要求1的方法，其中，所述施用步骤是通过使所述植物与一种包含所述化合物的固体接触进行的。

6. 根据权利要求1的方法，其中，所述乙烯反应是果实成熟。

7. 根据权利要求1的方法，其中，所述乙烯反应是蔬菜成熟。

8. 根据权利要求1的方法，其中，所述乙烯反应是鲜花衰老。

9. 根据权利要求1的方法，其中，该化合物选自下列组成的一组：1-（正壬基）环丙烯、1-（正癸基）环丙烯、1-（正庚基）环丙烯、1-（十一烷基）环丙烯、1-（3-乙基庚基）环丙烯、1-（十三烷基）环丙烯、1-（2-甲基庚基）环丙烯、1-（6-甲基庚基）环丙烯、1-（3，5，5-三甲基己基）环丙烯、1-（十五烷基）环丙烯、1-（十二烷基）环丙烯、1-（十四烷基）环丙烯和1-（3，3-二甲基丁基）环丙烯。”

请求人认为，修改后的权利要求能够得到说明书的支持。

经形式审查合格后，专利复审委员会受理了该请求，并于2008年12月24日向请求人发出了《复审请求受理通知书》，同时将本申请转送至国家知识产权局原审查部门进行前置审查。

在《前置审查意见书》中，国家知识产权局原审查部门认为，修改后的文本仍未克服不符合专利法第 26 条第 4 款规定的缺陷，故坚持驳回决定。

专利复审委员会组成合议组，对本复审请求案进行了审理，并于 2009 年 9 月 21 日向请求人发出《复审通知书》，指出：权利要求 1 中的式 I 概括了大量的化合物，而说明书中仅证明了 1-己基环丙烯和 1-辛基环丙烯相对于 1-甲基环丙烯等在抑制乙烯反应时具有预料不到的更好的效果，此外，由于实施例 31 的表 5 中没有给出现有技术化合物的对比试验数据，从而无法得出所述化合物相对于现有技术乙烯诱发番茄偏上性生长抑制效果预料不到地好的结论，因此，权利要求 1 的技术方案显然包括了请求人推测、技术效果难以预先确定和评价的内容，不符合专利法第 26 条第 4 款的规定。另外，由实施例 31 表 5 中的数据可知，落入权利要求 1 保护范围内的化合物 1、23、26~27、31、34~35、43 在气体浓度为 10ppm 时对乙烯诱发偏上性的保护程度为 10，而化合物 2、29、38、40、42 在 1000ppm 时的保护程度方能达到 10，更需要指出的是，辛基位于环丙烯 3-位上的化合物 2 在 10ppm 时的保护程度仅为 0。由此可见，取代基及其取代位置的不同对环丙烯衍生物的乙烯反应抑制效果影响较大，因此进一步印证了权利要求 1 的式 I 化合物中除 1-己基环丙烯和 1-辛基环丙烯之外的其他化合物是否均具有优于现有技术化合物的乙烯反应抑制效果是难于预先确定和评价的，故权利要求 1 得不到说明书的支持，不符合专利法第 26 条第 4 款的规定。同理，权利要求 2~33 也不符合专利法第 26 条第 4 款的规定。

针对上述《复审通知书》，请求人于 2009 年 11 月 6 日提交了意见陈述书和修改的权利要求书。其中，请求人将权利要求书中的式 I 化合物限定为 1-己基环丙烯和 1-辛基环丙烯，从而克服了《复审通知书》所指出的缺陷。修改后的权利要求书如下：

“1. 一种抑制植物中乙烯反应的方法，包含对该植物施用有效乙烯反应抑制量的 1-己基环丙烯或 1-辛基环丙烯。

2. 根据权利要求 1 的方法，其中，所述施用步骤是通过使所述植物与一种包含所述化合物和一种惰性载体的组合物接触进行的。

3. 根据权利要求 1 的方法，其中，所述施用步骤是通过使所述植物与所述化合物的一种气体接触进行的。

4. 根据权利要求 1 的方法，其中，所述施用步骤是通过对所述植物喷洒一种包含所述化合物的溶液进行的。

5. 根据权利要求 1 的方法，其中，所述施用步骤是通过使所述植物与一种包含所述化合物的固体接触进行的。

6. 根据权利要求 1 的方法，其中，所述乙烯反应是果实成熟。

7. 根据权利要求 1 的方法，其中，所述乙烯反应是蔬菜成熟。

8. 根据权利要求 1 的方法，其中，所述乙烯反应是鲜花衰老。

9. 一种抑制植物中脱落的方法，包含对该植物施用有效脱落抑制量的 1-己基环丙烯或 1-辛基环丙烯。

10. 根据权利要求 9 的方法，其中，所述施用步骤是通过使所述植物与一种包含所述化合物和一种惰性载体的组合物接触进行的。

11. 根据权利要求 9 的方法，其中，所述施用步骤是通过使所述植物与所述化合物的一种气体接触进行的。

12. 根据权利要求 9 的方法，其中，所述施用步骤是通过对所述植物喷洒一种包含所述化合物的溶液进行的。

13. 根据权利要求 9 的方法，其中，所述施用步骤是通过使所述植物与一种包含所述化合物的固体接触进行的。

14. 一种延长切花寿命的方法，包含对该切花施用有效寿命延长量的1-己基环丙烯或1-辛基环丙烯。

15. 根据权利要求14的方法，其中，所述施用步骤是通过使所述切花与一种包含所述化合物和一种惰性载体的组合物接触进行的。

16. 根据权利要求14的方法，其中，所述施用步骤是通过使所述切花与所述化合物的一种气体接触进行的。

17. 根据权利要求14的方法，其中，所述施用步骤是通过对所述切花喷洒一种包含所述化合物的溶液进行的。

18. 根据权利要求14的方法，其中，所述施用步骤是通过使所述切花与一种包含所述化合物的固体接触进行的。

19. 一种抑制采摘水果成熟的方法，包含对该采摘水果施用有效抑制量的1-己基环丙烯或1-辛基环丙烯。

20. 根据权利要求19的方法，其中，所述施用步骤是通过使所述采摘水果与一种包含所述化合物和一种惰性载体的组合物接触进行的。

21. 根据权利要求19的方法，其中，所述施用步骤是通过使所述采摘水果与所述化合物的一种气体接触进行的。

22. 根据权利要求19的方法，其中，所述施用步骤是通过对所述采摘水果喷洒一种包含所述化合物的溶液进行的。

23. 根据权利要求19的方法，其中，所述施用步骤是通过使所述采摘水果与一种包含所述化合物的固体接触进行的。

24. 一种抑制采摘蔬菜成熟的方法，包含对该采摘蔬菜施用有效抑制量的1-己基环丙烯或1-辛基环丙烯。

25. 根据权利要求24的方法，其中，所述施用步骤是通过使所述采摘蔬菜与一种包含所述化合物和一种惰性载体的组合物接触进行的。

26. 根据权利要求24的方法，其中，所述施用步骤是通过使所述采摘蔬菜与所述化合物的一种气体接触进行的。

27. 根据权利要求24的方法，其中，所述施用步骤是通过对所述采摘蔬菜喷洒一种包含所述化合物的溶液进行的。

28. 根据权利要求24的方法，其中，所述施用步骤是通过使所述采摘蔬菜与一种包含所述化合物的固体接触进行的。”

至此，合议组认为本案事实已经清楚，可以作出审查决定。

二、决定的理由

1. 关于审查文本

本复审决定所针对的文本是：请求人于2009年11月6日提交的权利要求第1~28项，2008年11月24日提交的说明书第3页，2005年10月11日提交的说明书第2页，进入中国国家阶段时提交的国际申请文件中文文本的说明书第1、4~33页和说明书摘要（下称复审文本）。

2. 关于专利法第33条

专利法第33条规定：申请人可以对其专利申请文件进行修改，但是，对发明和实用新型专利申请文件的修改不得超出原说明书和权利要求书记载的范围。

就本申请而言，驳回决定认为，说明书第 3 页和权利要求 11、20、29、38、47、59、68、77、86、95 中的"……氢原子代之以……"既未明确地记载在原说明书和权利要求书中，也不能由原说明书和权利要求书所记载的内容直接确定，因此超出了原申请文件记载的范围，不符合专利法第 33 条的规定。

在复审文本中，请求人已经将说明书第 3 页中的"……氢原子代之以……"修改回原说明书中的"……碳原子代之以……"，并删除了与之相关的权利要求，因此，驳回决定指出的说明书和权利要求书的修改不符合专利法第 33 条规定的缺陷已不存在。

3. 关于专利法第 26 条第 4 款

专利法第 26 条第 4 款规定，权利要求书应当以说明书为依据，说明要求专利保护的范围。

每一项权利要求所要求保护的技术方案，应当是所属技术领域的技术人员能够从说明书充分公开的内容中得到或概括得出的技术方案，并且不得超出说明书公开的范围。

根据本申请说明书的记载，本申请涉及阻断植物和植物材料的乙烯反应的方法，具体涉及通过对植物施用环丙烯衍生物及其组合物来抑制各种乙烯反应包括成熟和降解的方法。在说明书发明背景部分记载了：Sisler 等人在 US5100462（公开日为 1992 年 3 月 31 日）中公开了用二偶氮环戊二烯及其衍生物解决植物的乙烯反应的方法，在 US5518988（公开日为 1996 年 5 月 21 日）中公开了有一个 C_1-C_4 烷基的环丙烯用来阻断乙烯作用的用途，但是，技术上仍然需要改进的植物成熟与降解调节。本申请提供的活性化合物已经证明是乙烯对植物、水果和蔬菜的作用的意外强烈抑制剂，比现有技术中的化合物具有更长的对乙烯的不敏感期，甚至在比现有化合物低的浓度施用时，这种较长的不敏感期也可能发生。在比较例 A 中，短链环丙烯衍生物，即：环丙烯、1-甲基环丙烯、1-乙基环丙烯、1-丙基环丙烯、1-丁基环丙烯，使香蕉免受 333μl/l 乙烯影响的最低浓度（nl/l）分别为 0.7、0.7、4、6、3，让香蕉暴露于饱和量的上述化合物 24 小时后对乙烯的保护（不敏感）时间均为 12 小时，而在实施例 2 中，1-己基环丙烯、1-辛基环丙烯对香蕉相应的最低浓度分别为 0.4、0.3，保护时间分别为 20、25 天。

由上述内容可知，本申请所要解决的技术问题是提供一种相对于现有技术中的 C_1-C_4 取代的环丙烯具有更好的乙烯反应抑制效果的长链环丙烯衍生物。

驳回决定认为，权利要求 1 中的取代基"R"和"n"包含了大量的不同化合物，而说明书仅证明了 R 为 1-己基和 1-辛基时的单取代环丙烯比现有技术化合物在抑制乙烯反应时具有突出的效果，本领域技术人员难于预见该取代基所包括的除本申请实施例之外的所有化合物均能解决本发明的技术问题，因此，权利要求 1 得不到说明书的支持，不符合专利法第 26 条第 4 款的规定。同理，权利要求 2、10、12~14、19、21~23、28、30~32、37、39~42、46、48~50、58、60~62、67、69~71、76、78~80、85、87~89、94、96 均得不到说明书的支持。此外，权利要求 1 中的"有取代的……"包含了大量的不同化合物，依据本申请文件所记载的内容，本领域技术人员难于预见其中除本申请实施例之外的所有化合物均能达到本发明的目的，因此，该权利要求得不到说明书的支持。同理，权利要求 13、22、31、40、49、61、70、79、88 也得不到说明书的支持，不符合专利法第 26 条第 4 款的规定。

在复审文本中，请求人删除了权利要求书中的"有取代的……"，同时将其中涉及的式 I 化合物均限定为 1-己基环丙烯和 1-辛基环丙烯，由本申请说明书的实施例 1~2 和比较例 A 可知，1-己基环丙烯和 1-辛基环丙烯相对于现有技术化合物（如 1-甲基环丙烯等）取得了更好的乙烯反应抑制效果，因此，修改后的权利要求书已经克服了驳回决定和《复审通知书》指出的不符合专利法第 26 条第 4 款规定的缺陷。

根据上述事实和理由，合议组作出如下审查决定。

三、决定

撤销国家知识产权局于2008年8月8日针对00818602.2号发明专利申请作出的驳回决定，由国家知识产权局原审查部门以复审文本为基础继续审批程序。

复审请求人对本决定不服的，可以根据专利法第41条第2款的规定，自收到本决定之日起三个月内向北京市第一中级人民法院起诉。

236

作为葡糖激酶激活剂、可用于治疗 II 型糖尿病的取代的（噻唑-2-基）酰胺或磺酰胺

复审请求审查决定（第 20609 号）

决　定　号　第 20609 号
决　定　日　2009 年 12 月 21 日
发明创造名称　作为葡糖激酶激活剂、可用于治疗 II 型糖尿病的取代的（噻唑-2-基）酰胺或磺酰胺
国际分类号　C07D 277/46，C07D 277/52，C07D 513/02，A61K 31/426，A61K 31/429
复审请求人　诺瓦提斯公司
申　请　号　200380100879.7
申　请　日　2003 年 10 月 2 日
优先权日　2002 年 10 月 3 日
公　开　日　2005 年 11 月 30 日
合议组组长　孙跃飞
主　审　员　张家祥
参　审　员　王　磊

法律依据　专利法第 26 条第 3 款
决定要点

所属技术领域的技术人员能够实现，是指所属技术领域的技术人员按照说明书记载的内容，就能够实现该发明或者实用新型的技术方案，解决其技术问题，并且产生预期的技术效果。

对于新的药物化合物发明，其需要依赖实验结果加以证实才能成立，说明书中应当记载其具体医药用途或者药理作用，如果本领域技术人员无法根据现有技术预测发明能够实现所述医药用途、药理作用，则说明书中还应当记载对于本领域技术人员而言，足以证明发明的技术方案可以解决预期要解决的技术问题或者达到预期的技术效果的实验室试验（包括动物试验）或者临床试验的定性或者定量数据，否则本领域技术人员按照说明书记载的内容无法实现。

一、案由

本复审请求案涉及发明名称为"作为葡糖激酶激活剂、可用于治疗 II 型糖尿病的取代的（噻唑-2-基）酰胺或磺酰胺"的 200380100879.7 号发明专利申请（下称本申请），申请人为诺瓦提斯公司，申请日为 2003 年 10 月 2 日，优先权日为 2002 年 10 月 3 日，公开日为 2005 年 11 月 30 日。

2008 年 8 月 1 日，针对申请人于 2007 年 1 月 9 日提交的权利要求第 1~12 项，进入中国国家阶段

时提交的国际申请文件中文译文的说明书第1~33页和说明书摘要，国家知识产权局以说明书不符合专利法第26条第3款的规定为由驳回了本申请。

驳回决定所针对的权利要求书如下：

“1. 式（I）化合物

R-NH-Q　　　　（I）

其中：

Q是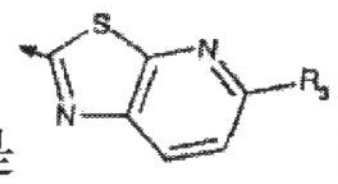基团，其中R_3是氢、卤素、烷基、环烷基、芳基、烷氧基、环烷氧基、芳氧基、烷硫基、环烷硫基、芳硫基、酰基、磺酰基、烷基氨基、环烷基氨基、芳基氨基、酰基氨基、磺酰氨基或烷氧羰基；且

R是下式基团

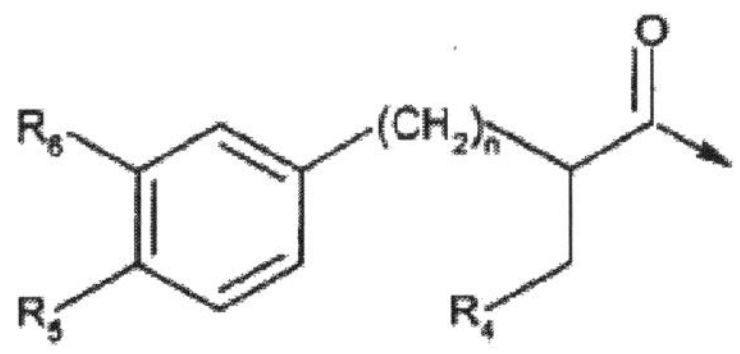

其中：

R_4是C_{2-4}烷基、C_{3-7}环烷基或C_{5-7}杂环烷基；

R_5和R_6独立地为氢、卤素、氰基、R_7、-C（O）R_7或-S（O）$_2R_7$，其中

R_7是-（CR_8R_9）$_m$-W-R_{10}，其中

R_8和R_9独立地为氢或低级烷基；

W是键、O、S或-NR_{11}，其中

R_{11}是氢或低级烷基；

R_{10}是氢、烷基、环烷基、芳基或杂环基；或者

R_{10}与R_{11}结合为亚烷基，与其所连接的氮原子一起形成5至7元环；

m是0或1至5的整数；

n是0或整数1或2；

或者其旋光异构体；或者其可药用盐。

2. 式（Ic）的根据权利要求1的化合物

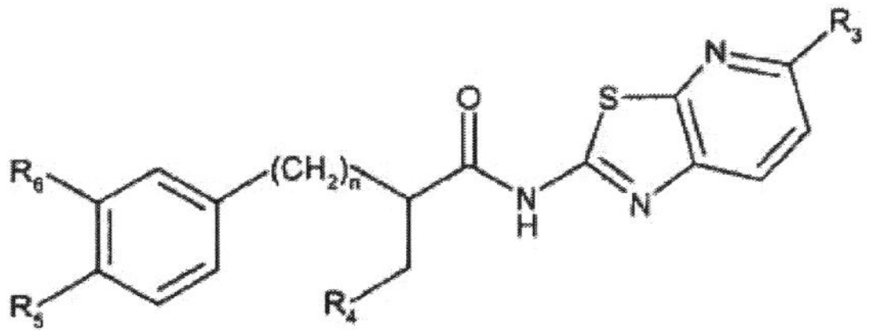

其中

R_3是氢、卤素、烷基、环烷基、芳基、烷氧基、环烷氧基、芳氧基、烷硫基、环烷硫基、芳硫基、酰基、磺酰基、烷基氨基、环烷基氨基、芳基氨基、酰基氨基、磺酰氨基或烷氧羰基；

R_4是C_{2-4}烷基、C_{3-7}环烷基或C_{5-7}杂环烷基；

R_5和R_6独立地为氢、卤素、氰基、R_7、-C（O）R_7或-S（O）$_2R_7$，其中

R_7是-（CR_8R_9）$_m$-W-R_{10}，其中

R_8 和 R_9 独立地为氢或低级烷基；

W 是键、O、S 或-NR_{11}，其中

R_{11}是氢或低级烷基；

R_{10}是氢、烷基、环烷基、芳基或杂环基；或者

R_{10}与 R_{11}结合为亚烷基，与其所连接的氮原子一起形成 5 至 7 元环；

m 是 0 或 1 至 5 的整数；

n 是 0 或整数 1 或 2；

或者其旋光异构体；或者其可药用盐。

3. 根据权利要求 2 的化合物，其中

R_4 是环戊基；

n 为 0；

或者其旋光异构体；或者其可药用盐。

4. 权利要求 1 的化合物在制备用于激活哺乳动物葡糖激酶活性的药物中的用途。

5. 权利要求 1 的化合物在制备用于治疗与葡糖激酶活性相关病症的药物组合物中的用途。

6. 根据权利要求 5 的用途，其中与葡糖激酶活性相关病症选自葡萄糖耐量异常、II 型糖尿病、胰岛素抵抗、血脂异常、代谢 X 综合症和肥胖症。

7. 根据权利要求 5 的用途，其中所述化合物与治疗有效量的以下物质组合施用：胰岛素、胰岛素衍生物或模拟物；胰岛素促分泌素；促胰岛素磺酰脲受体配体；PPAR 配体；胰岛素敏化剂；双胍；α-葡糖苷酶抑制剂；GLP-1、GLP-1 类似物或模拟物；DPPIV 抑制剂；PTP-1B 抑制剂；HMG-CoA 还原酶抑制剂；角鲨烯合酶抑制剂；FXR 或 LXR 配体；消胆胺；贝特类；烟酸或阿斯匹林。

8. 权利要求 1 的化合物在制备用于治疗葡萄糖耐量异常、II 型糖尿病和肥胖症的药物组合物中的用途。

9. 包含治疗有效量的权利要求 1 的化合物以及一种或多种可药用载体的药物组合物。

10. 包含治疗有效量的权利要求 1 的化合物与治疗有效量的以下物质的组合的药物组合物：胰岛素、胰岛素衍生物或模拟物；胰岛素促分泌素；促胰岛素磺酰脲受体配体；PPAR 配体；胰岛素敏化剂；双胍；α-葡糖苷酶抑制剂；GLP-1、GLP-1 类似物或模拟物；DPPIV 抑制剂；HMG-CoA 还原酶抑制剂；角鲨烯合酶抑制剂；FXR 或 LXR 配体；消胆胺；贝特类；烟酸或阿斯匹林。

11. 根据权利要求 9 或 10 的药物组合物在制备用于治疗与葡糖激酶活性相关病症的药物中的用途。

12. 根据权利要求 11 的用途，其中与葡糖激酶活性相关病症选自葡萄糖耐量异常、II 型糖尿病、胰岛素抵抗、血脂异常、代谢 X 综合症和肥胖症。”

驳回决定认为：WO0246173A1 公开的化合物作为葡萄糖激酶激活剂能够用于治疗 II 型糖尿病，与本申请的式（Ⅰ）化合物在结构片断上差异较大，而化学是一门试验科学，结构的微小变化往往会带来性质上较大的差异，因而本领域技术人员根据现有技术无法预测本申请的化合物也具有激活葡糖激酶活性、治疗与葡糖激酶活性相关病症的用途或药理作用。虽然本申请给出了测定化合物体内、体外的葡糖激酶激活活性的方法，并断言本申请化合物具有葡糖激酶激活活性，可用于治疗糖尿病等病症，但并未提供任何实验室试验（包括动物试验）或者临床试验的定性或者定量数据来证明所述活性和用途。因此，本申请的说明书对所述化合物、医药组合物及化合物的医药用途公开不充分，不符合专利法第 26 条第 3 款的规定。

2008 年 11 月 17 日，申请人诺瓦提斯公司（下称请求人）对上述驳回决定不服，向专利复审委

员会提出复审请求，未对申请文件进行修改。请求人认为，技术效果可以通过对发明或者实用新型结构特点的分析和理论相结合予以说明，也可以由本领域技术人员根据现有技术、其所掌握的专业知识以及说明书公开的信息来推知。

经形式审查合格后，专利复审委员会受理了该请求，并于2008年12月15日向请求人发出了《复审请求受理通知书》，同时将本申请转送至国家知识产权局原审查部门进行前置审查。

在《前置审查意见书》中，国家知识产权局原审查部门坚持驳回决定。

专利复审委员会组成合议组，对本复审请求案进行了审理。合议组于2009年9月21日向请求人发出《复审通知书》，指出：本申请说明书中没有记载式（I）化合物葡糖激酶活性的实验数据，也未给出其能够预防或治疗葡萄糖耐量异常、II型糖尿病和肥胖症，或者具有高亲和力、选择性等技术效果的试验数据。并且，请求人也未能通过现有技术说明所述化合物能用于预防或治疗葡萄糖耐量异常、II型糖尿病和肥胖症。尽管说明书中记载了测试式（I）化合物活性的实验方法，但在没有给出本申请化合物实验结果数据的情况下，本领域技术人员无法预测所述化合物是否具有该活性。因此，本申请的说明书对式（I）化合物的公开不充分，不符合专利法第26条第3款的规定。

针对上述《复审通知书》，请求人于2009年11月6日提交了意见陈述书，坚持其在复审理由中提出的主张。

至此，合议组认为本案事实已经清楚，可以作出审查决定。

二、决定的理由

1. 关于审查文本

复审请求人在复审阶段未提交修改文本，本复审请求审查决定针对的文本是驳回决定所针对的文本，即：请求人于2007年1月9日提交的权利要求第1~12项，进入中国国家阶段时提交的国际申请文件中文译文的说明书第1~33页和说明书摘要。

2. 关于专利法第26条第3款

专利法第26条第3款规定：说明书应当对发明或者实用新型作出清楚、完整的说明，以所属技术领域的技术人员能够实现为准。

所属技术领域的技术人员能够实现，是指所属技术领域的技术人员按照说明书记载的内容，就能够实现该发明或者实用新型的技术方案，解决其技术问题，并且产生预期的技术效果。

对于新的药物化合物发明，其需要依赖实验结果加以证实才能成立，说明书中应当记载其具体医药用途或者药理作用，如果本领域技术人员无法根据现有技术预测发明能够实现所述医药用途、药理作用，则说明书中还应当记载对于本领域技术人员而言，足以证明发明的技术方案可以解决预期要解决的技术问题或者达到预期的技术效果的实验室试验（包括动物试验）或者临床试验的定性或者定量数据，否则本领域技术人员按照说明书记载的内容无法实现。

就本申请而言，权利要求1要求保护一种式（I）化合物，权利要求2~3对权利要求1中的式（I）化合物作了进一步限定，权利要求4~8要求保护权利要求1的化合物的制药用途，权利要求9~10要求保护包含治疗有效量的权利要求1的化合物的药物组合物，权利要求11~12要求保护权利要求9或10的药物组合物的制药用途。

根据本申请说明书的记载，式（I）化合物是葡糖激酶激活剂，可用于预防和治疗葡糖激酶介导的葡萄糖耐量异常、II型糖尿病和肥胖症（说明书第4页第19~21行），该化合物可通过说明书第17~20页的方案1~2来制备，同时说明书还给出了3个具体的制备实施例。本申请的药物组合物包含单独或与一种或多种可药用载体组合的治疗有效量的上述活性化合物，该组合物适于肠内如口服或直肠、透皮和胃肠外施用于哺乳动物（说明书第22页第18~22行）。用于约50~70kg的哺乳动物的单位剂量可含有约1mg至1000mg、优选约5至500mg的活性成分，式（I）化合物的治疗有效量取决于哺乳动物的个体状况、施用形式和所涉及的具体化合物（说明书第25页第8~10行）。本申请化合物的活性可通过体外葡糖激酶激活和大鼠肝细胞中葡糖激酶激活的方法进行评价，说明书第26~28页记载了两种实验的条件方法。对于实验结果，仅在说明书第29页记载了“本发明的化合物显示出高亲和力、选择性、提高的效能以及良好的口服生物利用度、药代动力学分布和安全性。本发明的化合物特别可用于治疗糖尿病……”（说明书第29页第1~2段）。

由上述内容可知，本申请说明书已经记载了所要求保护的式（I）化合物的制备方法、医药用途、有效剂量、施用方式以及评价葡糖激酶活性的方法，同时还给出了本申请化合物具有高亲和力、选择性等技术效果的结论。但是，说明书中并没有记载式（I）化合物葡糖激酶活性的实验数据，也未给出其能够预防或治疗葡萄糖耐量异常、II型糖尿病和肥胖症，或者具有高亲和力、选择性等技术效果的试验数据。并且，请求人也未能通过现有技术说明本申请式（I）化合物能用于预防或治疗葡萄糖耐量异常、II型糖尿病和肥胖症。尽管说明书中记载了测试式（I）化合物活性的实验方法，但在没有给出本申请化合物实验结果数据的情况下，本领域技术人员无法预测所述化合物是否具有该活性。由此可见，本申请的说明书没有记载本申请化合物的相关实验数据，导致本领域技术人员根据说明书的记载无法预测本申请化合物所能获得的技术效果，即本领域技术人员无法实现本申请的技术方案，说明书对式（I）化合物的公开不充分，不符合专利法第26条第3款的规定。

请求人在复审理由以及答复《复审通知书》的意见陈述中认为，技术效果可以通过对发明或者实用新型结构特点的分析和理论相结合予以说明，也可以由本领域技术人员根据现有技术、其所掌握的专业知识以及说明书公开的信息来推知。但是，请求人既没有在说明书以及意见陈述中尝试通过理论分析来阐明，也没有提供现有技术证据来证明式（I）化合物具有所述的用途和/或效果，故对于请求人的上述主张合议组不予支持。

根据上述事实和理由，合议组作出如下审查决定。

三、决定

维持国家知识产权局于2008年8月1日针对200380100879.7号发明专利申请作出的驳回决定。

复审请求人对本决定不服的，可以根据专利法第41条第2款的规定，自收到本决定之日起三个月内向北京市第一中级人民法院起诉。

无效宣告请求审查决定

001

一种新型蒸汽挂烫机

无效宣告请求审查决定（第12658号）

决　定　号　第12658号
决　定　日　2008年10月29日
发明创造名称　一种新型蒸汽挂烫机
国 际 分 类 号　D06F 85/00，D06F 75/00
无效宣告请求人　佛山市顺德区泰伦实业有限公司
专　利　权　人　佛山市麦尔电器有限公司
专　利　号　200420046014.9
申　请　日　2004年5月21日
授 权 公 告 日　2005年11月2日
合 议 组 组 长　樊晓东
主　审　员　田　宁
参　审　员　刘丽伟

法 律 依 据　专利法第22条第2款
决 定 要 点

在发明或者实用新型新颖性的判断中，由他人在该申请的申请日以前向专利局提出并且在申请日以后（含申请日）公布的同样的发明或者实用新型专利申请，损害该申请日提出的专利申请的新颖性。

一、案由

本无效宣告请求涉及国家知识产权局于2005年11月2日授权公告的名称为“一种新型蒸汽挂烫机”的200420046014.9号实用新型专利，其申请日为2004年5月21日，专利权人为佛山市麦尔电器有限公司。授权公告的权利要求书内容如下：

“1. 一种新型蒸汽挂烫机其结构包括蒸汽挂烫机主体、水壶、支撑挂杆、导气管、喷头体、喷头手柄等，其特征在于：喷头体上设有固定支架，固定支架上装有轴，轴上装有弹簧，固定支架上装有烫片夹。

2. 根据权利要求1所述的新型蒸汽挂烫机其特征在于：烫片夹装在固定支架与轴之间。

3. 根据权利要求1所述的新型蒸汽挂烫机其特征在于：烫片夹设有出气孔。

4. 根据权利要求1所述的新型蒸汽挂烫机其特征在于：烫片夹紧贴喷头体面板。”

针对上述实用新型专利（下称本专利），佛山市顺德区泰伦实业有限公司（下称请求人）于2008

年 4 月 15 日向国家知识产权局专利复审委员会提出无效宣告请求，并提交了以下附件：

附件 1：中国实用新型专利 200320122911.9 号说明书复印件（下称证据 1），共 12 页，其申请日为 2003 年 12 月 29 日，授权公告日为 2005 年 1 月 12 日，专利权人为上海昆玉电器有限公司；

附件 2：中国实用新型专利 200420046014.9 号说明书复印件（即本专利），共 6 页，其授权公告日为 2005 年 11 月 2 日。

请求人认为：证据 1 完全公开了本专利的技术方案，两者属于相同的技术领域，所要解决的技术问题和技术方案实质上相同，预期效果相同，因此，本专利的权利要求 1~4 不符合专利法第 22 条第 2 款、第 3 款有关新颖性和创造性的规定。

经形式审查合格，专利复审委员会受理了上述无效宣告请求，于 2008 年 4 月 15 日向双方当事人发出无效宣告请求受理通知书，并随无效宣告请求受理通知书将请求人提交的无效宣告请求书及其附件清单所列附件的副本转送专利权人，告知专利权人应在收到本受理通知书之日起 1 个月内对该无效宣告请求陈述意见。

针对上述无效宣告请求，专利权人于 2008 年 5 月 21 日向专利复审委员会提交了意见陈述书，并提交了如下附件：

附件 1：中国实用新型专利 200420046014.9 号（即本专利）的专利检索报告，共 4 页。

专利权人认为：（1）证据 1 与本专利不属于同一技术领域，技术问题、技术方案和技术效果均不相同，因此，证据 1 不能破坏本专利的新颖性；（2）证据 1 中没有公开本专利的全部技术特征，并且没有给出含有本专利的必要技术特征的启示，因此，证据 1 不能破坏本专利的创造性；（3）本专利的检索报告也证明本专利具备新颖性和创造性。

专利复审委员会依法成立合议组对本无效宣告请求案进行审理。

本案合议组于 2008 年 7 月 10 日向双方当事人发出无效宣告请求口头审理通知书，定于 2008 年 9 月 3 日对本案进行口头审理，并随口头审理通知书将专利权人于 2008 年 5 月 21 日提交的意见陈述书以及附件 1 的副本共 7 页转送请求人。

口头审理如期举行，双方当事人均参加了口头审理。在口头审理中，双方当事人对对方出庭人员的身份没有异议，对合议组成员及书记员没有回避请求。

专利权人当庭明确表示对证据 1 的真实性没有异议。

请求人明确其无效宣告请求的理由为：本专利的权利要求 1~4 相对于证据 1 不具备专利法第 22 条第 2 款规定的新颖性和创造性。

在口头审理中，合议组当庭告知双方当事人：证据 1 只能用于评价本专利的新颖性，对于创造性的无效理由，合议组不再予以审查。

以此为基础，双方当事人充分陈述了意见。

至此，合议组经合议后认为本案事实已经清楚，现依法作出审查决定。

二、决定的理由

1. 关于审查基础

专利权人在无效宣告程序中没有对授权文本进行修改，因此本决定以本专利授权公告时的权利要求第 1~4 项、说明书第 1~2 页、说明书附图第 1~2 页、摘要和摘要附图作为审查基础。

2. 关于证据和现有技术

证据 1 是中国实用新型专利，其名称是“多功能熨烫机夹板装置”，专利权人为上海昆玉电器有限公司，其申请日为 2003 年 12 月 29 日，授权公告日为 2005 年 1 月 12 日。本专利的申请日为 2004 年 5 月 21 日，授权公告日为 2005 年 11 月 2 日，可见，证据 1 是由他人在本专利的申请日之前向专利局提出并在申请日之后公布的实用新型专利，因此证据 1 仅可以用来评价本专利的新颖性，而不能用来评价本专利的创造性。

3. 关于专利法第 22 条第 2 款

专利法第 22 条第 2 款规定：新颖性，是指在申请日以前没有同样的发明或者实用新型在国内外出版物上公开发表过、在国内公开使用过或者以其他方式为公众所知，也没有同样的发明或者实用新型由他人向国务院专利行政部门提出过申请并且记载在申请日以后公布的专利申请文件中。

在发明或者实用新型新颖性的判断中，由他人在该申请的申请日以前向专利局提出并且在申请日以后（含申请日）公布的同样的发明或者实用新型专利申请，损害该申请日提出的专利申请的新颖性。

（1）关于权利要求 1 的新颖性。

本专利权利要求 1 请求保护一种新型蒸汽挂烫机，其技术方案中包括如下技术特征：

A. 包括蒸汽挂烫机主体、水壶、支撑挂杆、导气管、喷头体、喷头手柄等；

B. 喷头体上设有固定支架，固定支架上装有轴，轴上装有弹簧；

C. 固定支架上装有烫片夹。

证据 1 涉及一种多功能熨烫机夹板装置，在其说明书第 3 页第 13 行至第 4 页第 17 行描述了一个该多功能熨烫机夹板设置在熨烫机上的具体实施例，并在该实施例中具体披露了以下技术特征（参见证据 1 说明书第 4 页第 10~13 行，附图 10）：该熨烫机包括机体 2、供水壶 3、支架 4、输气管 5、喷头 6；由附图 10 可以看出，在输气管 5 和喷头 6 之间相连的部分为喷头手柄，用来在使用时供使用者手握，可见在证据 1 中也包括喷头手柄，由此可知，权利要求 1 中的技术特征 A 被证据 1 披露了。

证据 1 的具体实施例中还披露了以下技术特征（参见证据 1 说明书第 3 页第 19~21 行、第 4 页第 2~4 行，附图 5~8）：“……两侧边垂直设有一对相对应的支架 122，在一对支架 122 上分别设有安装孔 1221”、“弹簧栓 15 穿过上夹板控制手柄 13 侧边的下夹板安装孔 132、弹簧 14 和下夹板 12 上的安装孔 1221 紧固连接”，其中设置在喷头 6 上夹板装置 1 中的支架 122 相当于权利要求 1 中的固定支架；弹簧栓 15 设置在支架 122 的安装孔 1221 上，其相当于权利要求 1 中的轴，并且其上装有弹簧 14，由此可知，权利要求 1 中的技术特征 B 也被证据 1 披露了。

证据 1 的具体实施例中还披露了以下技术特征（参见证据 1 说明书第 3 页第 13~14 行，附图 1~3）：“喷头 6 上的夹板装置 1 包括上夹板 11、下夹板 12”，并且由附图 5 可以看出：下夹板 12 通过连接柄 121 固定在支架 122 上，与喷头 6 形成为一体，该下夹板 12 即相当于喷头 6 的面板；由附图 1 可以看出，上夹板 11 固定在支架 122，其相当于烫片夹，通过与下夹板 12 相配合使用，由此可知，权利要求 1 中的技术特征 C 也被证据 1 披露了。

综上所述，证据 1 在具体实施例中已经披露了本专利权利要求 1 的所有技术特征，该具体实施例所公开的技术方案与权利要求 1 所限定的技术方案实质上相同。并且，证据 1 与本专利均属于蒸汽挂烫机的技术领域，证据 1 的技术方案在客观上也是提供一种既可以熨烫衣物折线条又可烫去衣物褶皱的蒸汽挂烫机，并且也能达到方便熨烫、便于使用的预期技术效果，因此证据 1 与本专利权利要求 1 属于相同的技术领域，解决了相同的技术问题，并具有相同的预期效果。证据 1 构成本专利权利要求 1 的抵触申请，破坏了本专利权利要求 1 的新颖性，因此权利要求 1 不具备新颖性，不符合专利法第 22 条第 2 款的规定。

（2）关于权利要求 2 的新颖性。

权利要求 2 是权利要求 1 的从属权利要求，其附加技术特征是：“烫片夹装在固定支架与轴之间”。

由证据 1 说明书附图 1~3 可以看出，上夹板 11 固定在支架 122 上形成烫片夹，并且其位置位于弹簧栓 15 和支架 122 之间，由此可知，从属权利要求 2 的附加技术特征也被证据 1 披露了，当其引用的权利要求 1 相对于证据 1 不具备新颖性时，该从属权利要求 2 也不具备专利法第 22 条第 2 款规定的新颖性。

（3）关于权利要求 3 的新颖性。

权利要求 3 是权利要求 1 的从属权利要求，其附加技术特征是："烫片夹设有出气孔"。

证据 1 说明书第 3 页第 17~18 行、第 21~22 行以及附图 4、5 披露了"上夹板 11 设有若干个蒸汽孔 112"，由此可知，从属权利要求 3 的附加技术特征也被证据 1 披露了，当其引用的权利要求 1 相对于证据 1 不具备新颖性时，该从属权利要求 3 也不具备专利法第 22 条第 2 款规定的新颖性。

（4）关于权利要求 4 的新颖性。

权利要求 4 是权利要求 1 的从属权利要求，其附加技术特征是："烫片夹紧贴喷头体面板"。

证据 1 说明书第 4 页第 12~15 行以及附图 1、5、6、10 披露了："安装在喷头 6 顶面的夹板装置 1……当使用时，该夹板装置 1 稳固地安装在熨烫机的喷头上，用手抠动上夹板活动手柄，上、下夹板即可分开，夹好衣物，松开上夹板活动手柄后，开启熨烫机，即可夹住衣物熨烫"，该夹板装置 1 的下夹板 12 相当于喷头 6 的面板，在使用时，烫片夹即上夹板 11 必须紧贴下夹板 12 才可以夹住衣物进行熨烫，由此可知，从属权利要求 4 的附加技术特征也被证据 1 披露了，当其引用的权利要求 1 相对于证据 1 不具备新颖性时，该从属权利要求 4 也不具备专利法第 22 条第 2 款规定的新颖性。

基于以上的理由，本专利权利要求 1~4 均不符合专利法第 22 条第 2 款的规定，合议组依法作出如下决定。

三、决定

宣告 200420046014.9 号实用新型专利权全部无效。

当事人对本决定不服的，可以根据专利法第 46 条第 2 款的规定，自收到本决定之日起三个月内向北京市第一中级人民法院起诉。根据该款的规定，一方当事人起诉后，另一方当事人应当作为第三人参加诉讼。

北京市第一中级人民法院
行政判决书

（2009）一中行初字第 523 号

原告佛山市麦尔电器有限公司，住所地广东省佛山市南海区里水镇和顺大道三街 5 号。

法定代表人龚金水，总经理。

委托代理人钟俊，男，佛山市麦尔电器有限公司法律顾问。委托代理人尧国林，广东德比律师事务所律师。

被告国家知识产权局专利复审委员会，住所地北京市海淀区北四环西路 9 号银谷大厦 10~12 层。

法定代表人廖涛，副主任。

委托代理人田宁，男，国家知识产权局专利复审委员会审查员。

委托代理人曹铭书，女，国家知识产权局专利复审委员会审查员。

第三人佛山市顺德区泰伦实业有限公司，住所地广东省佛山市顺德区高新区（荣桂）华天西二路 1 号之二。

法定代表人梁永键，董事长。

委托代理人瞿友胜，男，东莞中正知识产权事务所专利代理人。

原告佛山市麦尔电器有限公司不服国家知识产权局专利复审委员会作出的第12658号专利无效宣告请求审查决定（以下简称被诉决定），向本院提起行政诉讼。本院受理后，依法组成合议庭，并通知被诉决定的利害关系人佛山市顺德区泰伦实立有限公司作为第三人参加诉讼。2009年3月24日，本院依法公开开庭进行了审理，原告的委托代理人钟俊、尧国林，被告的委托代理人田宁、曹铭书以及第三人的委托代理人瞿友胜到庭参加了诉讼。现本案已审理终结。

2008年12月10日，被告根据第三人的请求，对原告的专利名称为“一种新型蒸汽挂烫机”的实用新型专利（以下简称本专利）进行审查，依据《中华人民共和国专利法》（以下简称《专利法》）第二十二条第二款的规定，作出被诉决定：宣告本专利全部无效。具体理由如下：

对比文件1（即：200320122911.9号实用新型专利）在具体实施例中已经披露了本专利权利要求1的所有技术特征，该具体实施例所公开的技术方案与权利要求1所限定的技术方案实质上相同。并且，对比文件1与本专利均属于蒸汽挂烫机的技术领域，对比文件1的技术方案在客观上也是提供一种既可以熨烫衣物折线条又可烫去衣物褶皱的蒸汽挂烫机，并且也能达到方便熨烫、便于使用的预期技术效果，因此对比文件1与本专利权利要求1属于相同的技术领域，解决了相同的技术问题，并具有相同的预期效果。对比文件1构成本专利权利要求1的抵触申请，破坏了本专利权利要求1的新颖性，因此权利要求1不具备新颖性。

权利要求2是权利要求1的从属权利要求，其附加技术特征是：“烫片夹装在固定支架与轴之间”。由对比文件1说明书附图1～3可以看出，上夹板11固定在支架122上形成烫片夹，并且其位置位于弹簧栓15和支架122之间，由此可知，从属权利要求2的附加技术特征也被对比文件1披露了，当其引用的权利要求1相对于对比文件1不具备新颖性时，该从属权利要求2也不具备新颖性。

权利要求3是权利要求1的从属权利要求，其附加技术特征是：“烫片夹设有出气孔”。对比文件1说明书第3页第17～18行、第21～22行以及附图4、5披露了“上夹板11设有若干个蒸汽孔112”。由此可知，从属权利要求3的附加技术特征也被对比文件1披露了，当其引用的权利要求1相对于对比文件1不具备新颖性时，该从属权利要求3也不具备新颖性。

权利要求4是权利要求1的从属权利要求，其附加技术特征是：“烫片夹紧贴喷头体面板”。对比文件1说明书第4页第12～15行以及附图1、5、6、10披露了：“安装在喷头6顶面的夹板装置1，……当使用时，该夹板装置1稳固地安装在熨烫机的喷头上，用手抠动上夹板活动手柄，上、下夹板即可分开，夹好衣物，松开上夹板活动手柄后，开启熨烫机，即可夹住衣物熨烫”，该夹板装置1的下夹板12相当于喷头6的面板，在使用时，烫片夹即上夹板11必须紧贴下夹板12才可以夹住衣物进行熨烫。由此可知，从属权利要求4的附加技术特征也被对比文件1披露了，当其引用的权利要求1相对于对比文件1不具备新颖性时，该从属权利要求4也不具备新颖性。

在法定期限内，被告为证明被诉决定合法，向本院提交了以下证据：（1）本专利；（2）对比文件1；（3）口头审理记录表。原告诉称：被诉决定无事实依据和法律依据，所作出的结论及观点错误，具体理由如下：

从客观事实角度上，被告的上述决定显然违反客观事实：

（1）对比文件1说明书第3页第19～21行及图6中描述的是“在下夹板1 2的前端延伸一连接柄121，在连接柄121两侧边垂直设有一对相应的支架122……”而本专利权利要求1中所述的“喷头体上设有固定支架”。被告认定“支架122相当于权利要求1中的固定支架”的结论错误，且没有客观分析“固定支架与喷头体的连接”这一客观技术特征。同样，被告认定“弹簧栓15设置在支架

122 的安装孔 1221 上，相当于权利要求 1 的轴”的观点同样没有事实支持。本专利的轴是安装在固定支架上而非对比文件中的支架 122 的安装孔 1221 上。因此，对比文件 1 并没有公开本专利权利要求 1 中的“喷头体上设有固定支架，固定支架上装有轴。轴上安装弹簧”的技术特征。

（2）被告认定权利要求 1 中“固定支架上装有烫片夹特征也披露了”的结论无事实依据，显属错误。根据《审查指南》第二章第 2.3 节的规定，引用对比文件判断发明或者实用新型的新颖性和创造性等时，应当以对比文件公开的技术内容为准。不得随意将对比文件的内容扩大或缩小，审查员在引用附图时必须注意，只有能够从附图中直接地、毫无疑义地确定的技术特征才属于公开的内容。而对比文件 1 的图 5 中并没有显示喷头，也没有任何文字和图示表明下夹板装置与喷头（6）如何形成为一体。再者本领域的一般技术人员都熟知夹板与喷头面板是两个不同的部件，两者技术方案以及所起的作用完全不一样，夹板不能当作当作喷头面板使用，并且对比专利也没给出夹板装置是怎么与喷头连接这一关键技术方案。因此，对比文件 1 并没有披露本专利权利要求 1 中的“固定支架上装有烫片夹”这一技术特征。

（3）被告认定“对比文件 1 包括了喷头手柄”的内容毫无事实依据。理由同上第二点所述。

因此，结合上述观点，被告认定“对比文件 1 披露了本专利权利要求 1 的所有技术特征”是错误的。本专利权利要求 1 中的大部分关键技术特征并没有被对比文件披露，权利要求 1 依法具有新颖性。而在权利要求 1 具有新颖性的前提下，其他权利要求同样具有新颖性。且对比文件也没有公开权利要求 2、3、4 中的相关特征。

从我国相关法律及司法审查实践角度上，被告的上述审查决定违反相关法律及国家司法审判理论。对比文件 1 与本专利不属于《专利法》第二十二条第二款规定的“同样的实用新型”，不能作为披露本专利新颖性的对比文件使用。根据相关法律及《审查指南》，同样的实用新型是指技术领域、所要解决的技术问题、技术方案及效果相同”，而从本案件的对比文件 1 及本专利来看：两者不属于同一个技术领域、技术方案、技术效果不一样。而且，最高人民法院曾经在司法判例实践中对如何理解专利法上规定的“同样发明创造”作了最终司法定论。因此，本案件中的对比文件 1 与本专利完全不属于同样发明创造。

被告运用对比文件 1 进行比对的原则及方式方法显然违背了《审查指南》关于判断新颖性时适用“单独对比原则”的规定。而被告将对比文件 1 中的多项技术进行拼凑，强行组合后与本专利权利要求 1 进行比对，显然违法。

综上所述，被诉决定认定事实错误，适用的审查原则及法律也错误，故请求法院撤销被诉决定。

在开庭审理前，原告为支持其诉讼主张向本院提交了如下证据：（1）本专利；（2）对比文件 1；（3）最高人民法院（2007）行提字第 4 号行政判决书。

被告辩称：针对原告的起诉，我委认为被诉决定针对新颖性问题进行了详细论述，对比文件 1 涉及一种多功能熨烫机夹板装置，在对比文件 1 的具体实施例中已经披露了本专利权利要求 1 的所有技术特征，该具体实施例所公开的技术方案与权利要求 1 所限定的技术方案实质上相同。并且，对比文件 1 与本专利均属于蒸汽挂烫机的技术领域，对比文件 1 的技术方案在客观上也是提供一种既可以熨烫衣物折线条又可烫去衣物褶皱的蒸汽挂烫机，并且也能达到方便熨烫、便于使用的预期技术效果，因此对比文件 1 与本专利权利要求 1 属于相同的技术领域，解决了相同的技术问题，并具有相同的预期效果。对比文件 1 构成本专利权利要求 1 的抵触申请，破坏了本专利权利要求 1 的新颖性。并且对比文件 1 涉及一种多功能熨烫机夹板装置，在其说明书第 3 页第 13 行至第 4 页第 17 行描述了一个该多功能熨烫机夹板设置在熨烫机上的具体实施例，在判断本专利权利要求 1 的新颖性时，都是使用该具体实施例进行比对的，不存在使用多个实施例或多项技术组合的情况，因此没有违背“单独对比原则”。综上所述，我委作出的被诉决定认定事实清楚，适用法律正确，审理程序合法，原告的诉讼理由不能成立，请求法院依法驳回原告的诉讼请求，维持被诉决定。

第三人述称：同意被诉决定。其在诉讼期间没有证据向本院提交。

经庭审质证，原告对被告的证据的真实性没有异议，对被告的证明目的有争议。被告对原告的证据1、2没有争议，认为最高人民法院的判决书与本案无关。第三人对被告的举证无异议，同意被告对原告证据的质证意见。

经审查，被告及原告的证据1、2的证据为行政程序中的有效证据，能够证明被诉决定的事实经过，本院予以确认；原告的证据4与本案缺乏关联性，本院不予采纳。

根据上述有效证据，本院查明事实如下：

本专利的申请日为2004年5月21日，授权公告日为2005年11月2日，授权公告的权利要求书内容如下：

“1. 一种新型蒸汽挂烫机其结构包括蒸汽挂烫机主体、水壶、支撑挂杆、导气管、喷头体、喷头手柄等，其特征在于：喷头体上设有固定支架，固定支架上装有轴，轴上装有弹簧，固定支架上装有烫片夹。

2. 根据权利要求1所述的新型蒸汽挂烫机其特征在于：烫片夹装在固定支架与轴之间。

3. 根据权利要求1所述的新型蒸汽挂烫机其特征在于：烫片夹设有出气孔。

4. 根据权利要求1所述的新型蒸汽挂烫机其特征在于：烫片夹紧贴喷头体面板。”

针对本专利，第三人于2008年4月15日向国被告提出无效宣告请求，并提交了对比文件1~2。其理由是：对比文件1完全公开了本专利的技术方案，两者属于相同的技术领域，所要解决的技术问题和技术方案实质上相同，预期效果相同。因此，本专利的权利要求1~4不符合《专利法》第二十二条第二款、第三款有关新颖性和创造性的规定。

经形式审查合格，被告予以受理，并将上述内容向原告转送。为此，原告于2008年5月21日向被告提交了意见陈述书，并提交了附件1（即：中国实用新型专利200420046014.9号（即本专利）的专利检索报告，共4页）。其认为：（1）对比文件1与本专利不属于同一技术领域，技术问题、技术方案和技术效果均不相同，因此，对比文件1不能破坏本专利的新颖性；（2）对比文件1中没有公开本专利的全部技术特征，并且没有给出含有本专利的必要技术特征的启示，因此，对比文件1不能破坏本专利的创造性；（3）本专利的检索报告也证明本专利具备新颖性和创造性。

被告依法成立合议组对本无效宣告请求案进行审理，并将原告的意见向第三人转送。

2008年9月3日，被告对本案进行口头审理，原告和第三人均参加了口头审理。在口头审理中，双方当事人对对方出庭人员的身份没有异议，未提出回避请求。同时，原告当庭明确表示对对比文件1的真实性没有异议。第三人明确其无效宣告请求的理由为：本专利的权利要求1~4相对于对比文件1不具备《专利法》第二十二条第二款规定的新颖性和创造性。在口头审理中，被告合议组当庭告知双方当事人：对比文件1只能用于评价本专利的新颖性，对于创造性的无效理由，合议组不再予以审查。

至此，被告认为对比文件1是中国实用新型专利，其名称是“多功能熨烫机夹板装置”，专利权人为上海昆玉电器有限公司，其申请日为2003年12月29日，授权公告日为2005年1月12日。本专利的申请日为2004年5月21日，授权公告日为2005年11月2日。对比文件1是由他人在本专利的申请日之前向专利局提出并在申请日之后公布的实用新型专利，仅可以用来评价本专利的新颖性，而不能用来评价本专利的创造性。在此基础上被告作出被诉决定。原告于2008年12月19日收到被诉决定后不服，于2009年1月13日向本院起诉。

在开庭审理中，原告、第三人对以下内容无争议：（1）被告的行政审查职责和审查程序；（2）被诉决定中的“案由”部分记载的内容；（3）被诉决定中对审查基础、证据的认定内容。同时，原告明确表示其对被诉决定认定的对比文件1公开的内容没有争议。

本院认为：根据当事人无争议的陈述，本院经书面审查，对上述无争议的内容予以确认。在此基础上，本院将围绕原告争议的内容对被诉决定进行合法性审查。

在评价专利的新颖性方面，应当根据《专利法》第二十二条第二款、参照《审查指南》第二部分第三章关于新颖性的规定进行审查。

第一，本专利是“一种新型蒸汽挂烫机”，其目的“在于提供一种新型整齐挂烫机，可以自动将衣物烫成折线条，又可烫去衣物折褶”，其分类号为D06F85/00。对比文件1是“多功能熨烫机夹板装置”，其目的“在于解决现有技术熨烫机对服饰的细微部分不能方便熨烫的缺陷”，其分类号为D06F71/18。两者分类号相同，应用领域相同，属于相同的技术领域。而且，对比文件1的申请日为2003年12月29日，授权公告日为2005年1月12日；本专利的申请日为2004年5月21日，授权公告日为2005年11月2日。所以，对比文件1是由他人在本专利的申请日之前向专利局提出并在申请日之后公布的实用新型专利，能够用来评价本专利新颖性。原告主张对比文件1不能作为本专利的对比文件使用的诉讼主张缺乏依据，本院不予支持。

第二，关于本专利的新颖性问题。

（1）针对本专利权利要求1。

基于原告对被告认定的对比文件1公开的内容以及被告认定本专利权利要求1的技术方案中包括的A（包括蒸汽挂烫机主体、水壶、支撑挂杆、导气管、喷头体、喷头手柄等）、B（喷头体上设有固定支架，固定支架上装有轴，轴上装有弹簧）、C（固定支架上装有烫片夹）三个技术特征没有争议。在此基础上，将本专利的技术特征A、B、C与对比文件1进行比较，有以下情况：

①对比文件1的说明书描述了一个该多功能熨烫机夹板设置在熨烫机上的具体实施例，并在该实施例中具体披露了该熨烫机包括机体、供水壶、支架、输气管、喷头，在输气管和喷头之间相连的部分为喷头手柄，用来在使用时供使用者手握。被告认定对比文件1也包括喷头手柄，披露了权利要求1中的技术特征A的事实清楚。原告认为从对比文件1中看不到喷头手柄缺乏事实依据，本院不予采信。

②证据1的具体实施例中记载有“两侧边垂直设有一对相对应的支架，在一对支架上分别设有安装孔”、“弹簧栓穿过上夹板控制手柄侧边的下夹板安装孔、弹簧和下夹板上的安装孔紧固连接”，其中设置在喷头上夹板装置中的支架相当于权利要求1中的固定支架；弹簧栓设置在支架的安装孔上，其相当于权利要求1中的轴，并且其上装有弹簧。被告认定对比文件1披露了技术特征B的事实清楚。原告认为两者的喷头支架的设置部位不同，其相对应的轴和弹簧也不同的诉讼主张缺乏事实依据，本院不予采信。

③在对比文件1的具体实施例中记载了“喷头上的夹板装置包括上夹板、下夹板”，从附图5可以看到下夹板通过连接柄固定在支架上，与喷头形成为一体，该下夹板相当于喷头的面板；从附图1可以看到上夹板固定在支架，其相当于烫片夹，通过与下夹板相配合使用。被告认定对比文件1披露了技术特征C的事实清楚。原告认为对比文件1的下夹板不是本专利的喷头面板的主张缺乏事实依据，本院亦不予采信。

因此，被告认定对比文件1在具体实施例中已经披露了本专利权利要求1的所有技术特征，该具体实施例所公开的技术方案与权利要求1所限定的技术方案实质上相同的主要证据充分。据此，被告以两者属于相同的技术领域，解决了相同的技术问题，并具有相同的预期效果为由，认定对比文件1

构成本专利权利要求1的抵触申请，本专利权利要求1不具备新颖性的事实清楚。

（2）针对从属权利要求2、3、4的新颖性问题。

被告认定权利要求2的“烫片夹装在固定支架与轴之间”、权利要求3“烫片夹设有出气孔”、权利要求4的“烫片夹紧贴喷头体面板”均被对比文件1公开。被告认定从属权利要求2、3、4的附加技术特征被对比文件1披露，当其引用的权利要求1相对于对比文件1不具备新颖性时，该从属权利要求2、3、4也不具备新颖性的结论事实清楚。虽然，原告提出即使权利要求1缺乏新颖性，权利要求2、3、4也具有新颖性，但其未能够明确其具体理由，本院经审查，认可被告认定从属权利要求2、3、4已经被对比文件1公开。所以，原告主张从属权利要求缺乏新颖性的主张缺乏事实依据，本院不予采信。

综上，被诉决定的主要证据充分，审查程序合法，适用法律正确，本院应予维持。故，依照《中华人民共和国行政诉讼法》第五十四条第（一）项之规定，判决如下：

维持国家知识产权局专利复审委员会于二〇〇八年十二月十日作出的第12658号专利无效宣告请求审查决定。

案件受理费100元，由原告佛山市麦尔电器有限公司负担（已交纳）。

如不服本判决，各方当事人可在本判决书送达之日起15日内，向本院递交上诉状，并按照对方当事人的人数提出副本，及预交上诉案件受理费100元，上诉于北京市高级人民法院。

审　判　长　饶亚东
审　判　员　刘景文
人民陪审员　杨　旭
二〇〇九年五月二十五日
书　记　员　蒋利伟

北京市高级人民法院
行政判决书

（2009）高行终字第864号

上诉人（一审原告）佛山市麦尔电器有限公司，住所地广东省佛山市南海区里水镇和顺大道三街5号。

法定代表人龚金水，总经理。

委托代理人钟俊，男，佛山市麦尔电器有限公司法律顾问。

被上诉人（一审被告）国家知识产权局专利复审委员会，住所地北京市海淀区北四环西路9号银谷大厦10~12层。

法定代表人廖涛，副主任。

委托代理人田宁，男，国家知识产权局专利复审委员会审查员。

委托代理人曹铭书，女，国家知识产权局专利复审委员会审查员。

被上诉人（一审第三人）佛山市顺德区泰伦实业有限公司，住所地广东省佛山市顺德区高新区（荣桂）华天西二路1号之二。法定代表人梁永键，董事长。

委托代理人瞿友胜，男，东莞中正知识产权事务所专利代理人。

上诉人佛山市麦尔电器有限公司（以下简称麦尔电器公司）因专利无效宣告请求审查决定一案，不服北京市第一中级人民法院（2009）一中行初字第523号行政判决，向本院提起上诉。本院受理后依法组成合议庭进行了审理，本案现已审理终结。

2008年10月29日，国家知识产权局专利复审委员会（以下简称专利复审委）根据佛山市顺德区泰伦实业有限公司（以下简称泰伦实业公司）的请求，对麦尔电器公司的名称为“一种新型蒸汽挂烫机”的实用新型专利（以下简称本专利）进行了审查，依据《中华人民共和国专利法》（以下简称《专利法》）第二十二条第二款的规定，作出第12658号无效宣告请求审查决定（以下简称第12658号决定），宣告本专利全部无效。麦尔电器公司不服专利复审委作出的第12658号决定，向北京市第一中级人民法院（以下简称一审法院）提起行政诉讼。

一审法院判决认定，本案对比文件1与本专利分类号相同，应用领域相同，属于相同的技术领域。对比文件1是由他人在本专利的申请日之前向专利局提出并在申请日之后公布的实用新型专利，能够用来评价本专利的新颖性。

专利复审委认定对比文件1在具体实施例中已经披露了本专利权利要求1的所有技术特征，该具体实施例所公开的技术方案与权利要求1所限定的技术方案实质上相同的主要证据充分。据此，专利复审委认定对比文件1构成本专利权利要求1的抵触申请，本专利权利要求1不具备新颖性的事实清楚。

专利复审委认定本专利从属权利要求2、3、4的附加技术特征被对比文件1披露，当其引用的权利要求1相对于对比文件1不具备新颖性时，该从属权利要求2、3、4也不具备新颖性的结论事实清楚。综上，专利复审委作出的第12658号决定的主要证据充分，审查程序合法，适用法律正确。依照《中华人民共和国行政诉讼法》第五十四条第（一）项的规定，判决予以维持。

麦尔电器公司不服一审判决，提出上诉。诉称，（1）对比文件1说明书第3页第19~21行及图6中描述的是“在下夹板12的前端延伸一连接柄121，在连接柄121两侧边垂直设有一对相应的支架122……”而本专利权利要求1中所述的“喷头体上设有固定支架”。专利复审委认定“支架122相当于权利要求1中的固定支架”的结论错误，且没有客观分析“固定支架与喷头体的连接”这一客观技术特征。同样，专利复审委认定“弹簧栓15设置在支架122的安装孔12221上，相当于权利要求1的轴”的观点同样没有事实支持。本专利的轴是安装在固定支架上而非对比文件中的支架122的安装孔1221上。因此，对比文件1并没有公开本专利权利要求1中的“喷头体上设有固定支架，固定支架上装有轴，轴上安装弹簧”的技术特征。（2）专利复审委认定权利要求1中“固定支架上装有烫片夹特征也披露了”的结论无事实依据，显属错误。根据《审查指南》第二章第2.3节的规定，引用对比文件判断发明或者实用新型的新颖性和创造性时，应当以对比文件公开的技术内容为准。不得随意将对比文件的内容扩大或缩小，审查员在引用附图时必须注意，只有能够从附图中直接地、毫无疑义地确定的技术特征才属于公开的内容。而对比文件1的图5中并没有显示喷头，也没有任何文字和图示表明下夹板装置与喷头（6）如何形成为一体。再者本领域的一般技术人员都熟知夹板与喷头面板是两个不同的部件，两者技术方案以及所起的作用完全不一样，夹板不能当作喷头面板使用，并且对比专利也没给出夹板装置是怎么与喷头连接这一关键技术方案。因此，对比文件1并没有披露本专利权利要求1中的“固定支架上装有烫片夹”这一技术特征。（3）专利复审委认定“对比文件1包括了喷头手柄”的内容毫无事实依据。理由同上第二点所述。因此，结合上述观点，专利复审委认定“对比文件1披露了本专利权利要求1的所有技术特征”是错误的。本专利权利要求1中的大部分关键技术特征并没有被对比文件披露，权利要求1依法具有新颖性。而在权利要求1具有新颖性的前提下，其他权利要求同样具有新颖性。且对比文件也没有公开权利要求2、3、4中的相关特征。（4）对比文件1与本专利两者不属于同一个技术领域，技术方案、技术效果不一样。因此，本案中的对比文件1与本专利完全不属于同样发明创造，不属于《专利法》第二十二条第二款规定的“同样的实用新型”，不能作为披露本专利新颖性的对比文件使用。综上，一审法院判决错误，请求二审法院撤销一审判决，同时撤销专利复审委作出的第12658号决定。

专利复审委仍持第12658号决定意见，并认为一审法院判决认定事实清楚，适用法律正确，审判程序合法，麦尔电器公司的上诉理由不能成立，请求二审法院驳回上诉，维持一审判决。

泰伦实业公司同意专利复审委的意见。

本案一审审理期间，专利复审委在法定期限内向一审法院提交了以下主要证据：（1）本专利文本；（2）200320122911.9号实用新型专利（即对比文件1）；（3）口头审理记录表。

麦尔电器公司向一审法院提交了以下主要证据：（1）本专利文本；（2）中国实用新型专利200420046014.9号（即本专利）的专利检索报告共4页（即附件1）；（3）最高人民法院（2007）行提字第4号行政判决书。

泰伦实业公司没有向一审法院提交证据。

一审法院经审查认为，专利复审委的证据及麦尔电器公司的证据1、2为行政程序中的有效证据，能够证明第12658号决定的事实经过，予以确认。麦尔电器公司的证据3与本案缺乏关联性，不予采纳。

上述证据均已随案移送本院。二审期间，各方当事人没有提交新的证据。经审查核实，本院确认一审法院认证意见正确，并据此认定本案如下事实：

本专利是名称为“一种新型蒸汽挂烫机”的实用新型专利，其申请日为2004年5月21日，授权公告日为2005年11月2日，专利号为200420046014.9，专利权人为麦尔电器公司。本专利授权公告的权利要求书内容如下：

“1. 一种新型蒸汽挂烫机其结构包括蒸汽挂烫机主体、水壶、支撑挂杆、导气管、喷头体、喷头手柄等，其特征在于：喷头体上设有固定支架，固定支架上装有轴，轴上装有弹簧，固定支架上装有烫片夹。

2. 根据权利要求1所述的新型蒸汽挂烫机其特征在于：烫片夹装在固定支架与轴之间。

3. 根据权利要求1所述的新型蒸汽挂烫机其特征在于：烫片夹设有出气孔。

4. 根据权利要求1所述的新型蒸汽挂烫机其特征在于：烫片夹紧贴喷头体面板。”

2008年4月15日，泰伦实业公司针对本专利向专利复审委提出无效宣告请求，并提交了对比文件1~2。其理由是：对比文件1完全公开了本专利的技术方案，两者属于相同的技术领域，所要解决的技术问题和技术方案实质上相同，预期效果相同。因此，本专利的权利要求1~4不符合《专利法》第二十二条第二款、第三款有关新颖性和创造性的规定。

经形式审查合格，专利复审委予以受理，并将上述内容向麦尔电器公司转送。为此，麦尔电器公司于2008年5月21日向专利复审委提交了意见陈述书，并提交了附件1。其认为：（1）对比文件1与本专利不属于同一技术领域，技术问题、技术方案和技术效果均不相同，因此，对比文件1不能破坏本专利的新颖性；（2）对比文件1中没有公开本专利的全部技术特征，并且没有给出含有本专利的必要技术特征的启示，因此，对比文件1不能破坏本专利的创造性；（3）本专利的检索报告也证明本专利具备新颖性和创造性。

专利复审委依法成立合议组对本无效宣告请求案进行审理，并将麦尔电器公司的意见向泰伦实业公司转送。

2008年9月3日，专利复审委对本案进行口头审理，麦尔电器公司和泰伦实业公司均参加了口头审理。在口头审理中，双方当事人对对方出庭人员的身份没有异议，未提出回避请求。同时，麦尔电器公司当庭明确表示对对比文件1的真实性没有异议。泰伦实业公司明确其无效宣告请求的理由为：

本专利的权利要求1~4相对于对比文件1不具备《专利法》第二十二条第二款、第三款规定的新颖性和创造性。在口头审理中，专利复审委合议组当庭告知双方当事人：对比文件1只能用于评价本专利的新颖性，对于创造性的无效理由，合议组不再予以审查。

至此，专利复审委认为对比文件1是中国实用新型专利，其名称是“多功能熨烫机夹板装置”，专利权人为上海昆玉电器有限公司，其申请日为2003年12月29日，授权公告日为2005年1月12日。本专利的申请日为2004年5月21日，授权公告日为2005年11月2日。对比文件1是由他人在本专利的申请日之前向专利局提出并在申请日之后公布的实用新型专利，仅可以用来评价本专利的新颖性，而不能用来评价本专利的创造性。在此基础上，专利复审委作出第12658号决定，宣告本专利全部无效。主要理由是：

（1）对比文件1在具体实施例中已经披露了本专利权利要求1的所有技术特征，该具体实施例所公开的技术方案与权利要求1所限定的技术方案实质上相同。并且，对比文件1与本专利均属于蒸汽挂烫机的技术领域，对比文件1的技术方案在客观上也是提供一种既可以熨烫衣物折线条又可烫去衣物褶皱的蒸汽挂烫机，并且也能达到方便熨烫、便于使用的预期技术效果，因此对比文件1与本专利权利要求1属于相同的技术领域，解决了相同的技术问题，并具有相同的预期效果。对比文件1构成本专利权利要求1的抵触申请，破坏了本专利权利要求1的新颖性，因此权利要求1不具备新颖性。

（2）权利要求2是权利要求1的从属权利要求，其附加技术特征是：“烫片夹装在固定支架与轴之间”。由对比文件1说明书附图1~3可以看出，上夹板11固定在支架122上形成烫片夹，并且其位置位于弹簧栓15和支架122之间，由此可知，从属权利要求2的附加技术特征也被对比文件1披露了，当其引用的权利要求1相对于对比文件1不具备新颖性时，该从属权利要求2也不具备新颖性。

（3）权利要求3是权利要求1的从属权利要求，其附加技术特征是：“烫片夹设有出气孔”。对比文件1说明书第3页第17~18行、第21~22行以及附图4、5披露了：“上夹板11设有若干个蒸汽孔112”。由此可知，从属权利要求3的附加技术特征也被对比文件1披露了，当其引用的权利要求1相对于对比文件1不具备新颖性时，该从属权利要求3也不具备新颖性。

（4）权利要求4是权利要求1的从属权利要求，其附加技术特征是：“烫片夹紧贴喷头体面板”。对比文件1说明书第4页第12~15行以及附图1、5、6、10披露了：“安装在喷头6顶面的夹板装置1……当使用时，该夹板装置1稳固地安装在熨烫机的喷头上，用手扳动上夹板活动手柄，上、下夹板即可分开，夹好衣物，松开上夹板活动手柄后，开启熨烫机，即可夹住衣物熨烫”，该夹板装置1的下夹板12相当于喷头6的面板，在使用时，烫片夹即上夹板11必须紧贴下夹板12才可以夹住衣物进行熨烫。由此可知，从属权利要求4的附加技术特征也被对比文件1披露了，当其引用的权利要求1相对于对比文件1不具备新颖性时，该从属权利要求4也不具备新颖性。麦尔电器公司不服上述决定，向一审法院提起行政诉讼。

本院认为，在一审法院审理期间，麦尔电器公司、泰伦实业公司对以下内容没有争议：（1）专利复审委的行政审查职责和审查程序；（2）第12658号决定中的“案由”部分记载的内容；（3）第12658号决定中对审查基础、证据的认定内容。同时，麦尔电器公司表示对第12658号决定认定的对比文件1公开的内容没有争议。经审查，本院对上述无争议的内容予以确认。

本案争议的焦点问题是，第一，本案对比文件1能否用来评价本专利的新颖性。第二，专利复审委认定本专利不具有新颖性是否合法。

关于本案对比文件1能否用来评价本专利新颖性的问题。本专利是“一种新型蒸汽挂烫机”，其目的“在于提供一种新型整齐挂烫机，可以自动将衣物烫成折线条，又可烫去衣物折褶”，其分类号为D06F85/00。对比文件1是“多功能熨烫机夹板装置”，其目的“在于解决现有技术熨烫机对服饰的细微部分不能方便熨烫的缺陷”，其分类号为 D06F71/18。两者分类号相同，应用领域相同，属于相同的技术领域。并且，对比文件 1 的申请日为 2003 年 12 月 29 日，授权公告日为 2005 年 1 月 12 日，本专利的申请日为 2004 年 5 月 21 日，授权公告日为 2005 年 11 月 2 日。所以，对比文件 1 是在本专利的申请日之前提出并在申请日之后公布的实用新型专利，能够用来评价本专利的新颖性。麦尔电器公司主张对比文件 1 不能作为本专利对比文件使用的诉讼主张缺乏事实和法律依据，本院不予支持。

关于专利复审委认定本专利不具有新颖性是否合法的问题。本专利权利要求 1 的技术方案中包括 A（蒸汽挂烫机主体、水壶、支撑挂杆、导气管、喷头体、喷头手柄）、B（喷头体上设有固定支架，固定支架上装有轴，轴上装有弹簧）、C（固定支架上装有烫片夹）三个技术特征。

本案对比文件 1 的说明书描述了一个该多功能熨烫机夹板设置在熨烫机上的具体实施例，并在该实施例中具体披露了该熨烫机包括机体、供水壶、支架、输气管、喷头，在输气管和喷头之间相连的部分为喷头手柄，用来在使用时供使用者手握。专利复审委认定对比文件 1 也包括喷头手柄，披露了本专利权利要求 1 中的技术特征 A 的事实清楚。麦尔电器公司认为从对比文件 1 中看不到喷头手柄的诉讼主张缺乏事实依据，本院不予支持。

对比文件 1 的具体实施例中记载有“两侧边垂直设有一对相对应的支架，在一对支架上分别设有安装孔”、“弹簧栓穿过上夹板控制手柄侧边的下夹板安装孔、弹簧和下夹板上的安装孔紧固连接”，其中设置在喷头上夹板装置中的支架相当于权利要求 1 中的固定支架；弹簧栓设置在支架的安装孔上，其相当于权利要求 1 中的轴，并且其上装有弹簧。专利复审委认定对比文件 1 披露了技术特征 B 的事实清楚。麦尔电器公司认为两者的喷头支架的设置部位不同，其相对应的轴和弹簧也不同的诉讼主张缺乏事实依据，本院不予支持。

在对比文件 1 的具体实施例中记载了“喷头上的夹板装置包括上夹板、下夹板”，从附图 5 可以看到下夹板通过连接柄固定在支架上，与喷头形成为一体，该下夹板相当于喷头的面板；从附图 1 可以看到上夹板固定在支架，其相当于烫片夹，通过与下夹板相配合使用。专利复审委认定对比文件 1 披露了技术特征 C 的事实清楚。麦尔电器公司认为对比文件 1 的下夹板不是本专利的喷头面板的诉讼主张缺乏事实依据，本院不予支持。

专利复审委认定本专利权利要求 2 的“烫片夹装在固定支架与轴之间”、权利要求 3“烫片夹设有出气孔”、权利要求 4 的“烫片夹紧贴喷头体面板”均被对比文件 1 公开，当其引用的权利要求 1 相对于对比文件 1 不具备新颖性时，该从属权利要求 2、3、4 也不具备新颖性的结论事实清楚。麦尔电器公司主张从属权利要求具备新颖性的诉讼主张缺乏事实依据，本院不予支持。

综上，专利复审委作出的第 12658 号决定宣告 200420046014.9 号实用新型专利权全部无效合法，一审法院判决维持正确，本院应予维持。麦尔电器公司的上诉请求缺乏事实和法律依据，本院不予支持。依据《中华人民共和国行政诉讼法》第六十一条第（一）项的规定，判决如下：

驳回上诉，维持一审判决。

二审案件受理费人民币 100 元，由上诉人佛山市麦尔电器有限公司负担（已交纳）。

本判决为终审判决。

审 判 长　朱世宽
审 判 员　赵宇晖
代理审判员　胡华峰
二○○九年九月十七日
书 记 员　张 怡

002

废旧沥青改性剂、制备方法及其应用工艺

无效宣告请求审查决定（第 12739 号）

决　定　号　第 12739 号
决　定　日　2008 年 11 月 16 日
发明创造名称　废旧沥青改性剂、制备方法及其应用工艺
国 际 分 类 号　C08L95/00，C08L91/00
无效宣告请求人　桂希衡
专　利　权　人　徐孝蓉
专　利　号　200510114560.0
申　请　日　2005 年 10 月 26 日
授 权 公 告 日　2007 年 12 月 12 日
合 议 组 组 长　汪送来
主　审　员　李新芝
参　审　员　侯　曜

法 律 依 据　专利法第 22 条第 4 款
决 定 要 点

在实用性评价中，“能够制造或使用”是指发明或者实用新型的技术方案具有在产业中被制造或使用的可能性。因不能制造或使用而不具备实用性是由技术方案本身固有的缺陷引起的，与说明书公开的程度无关。在审查实用性时，应以说明书和权利要求书所公开的整体技术内容为依据，而不是局限于权利要求所记载的内容。

一、案由

本无效宣告请求案涉及申请日为 2005 年 10 月 26 日、授权公告日为 2007 年 12 月 12 日、发明名称为“废旧沥青改性剂、制备方法及其应用工艺”的 200510114560.0 号发明专利权（下称本专利），专利权人为徐孝蓉。本专利授权公告的权利要求书为：

“1. 一种废旧沥青改性剂，由如下比例的原料组成：

蒽油 70%

老胶 30%

所述老胶为硬脂酸下脚料。

2. 一种废旧沥青改性剂的制备方法，包括如下工艺步骤：

a. 将 70% 的蒽油加热至 80~100℃；

b. 将 30% 的老胶加入步骤 a 的蒽油中，充分搅拌混合即成。

3. 一种废旧沥青改性剂的应用工艺，包括如下工艺步骤：

a. 将 100 重量份的旧沥青块放在炒砂盘上加温，使之软化，并充分搅拌；

b. 将步骤 a 中加热至 80~100℃，使 80% 以上的旧沥青的颜色变黑，且全部旧沥青呈松软状；

c. 加入 0.3~0.7 重量份的废旧沥青改性剂充分搅拌，加热至 120~140℃即可使用。”

2008 年 4 月 24 日，桂希衡（下称请求人）针对上述专利权提出无效宣告请求，其理由是：本专利不具备新颖性、创造性和实用性，不符合专利法第 22 条、第 45 条、专利法实施细则第 64 条的规定。请求人同时提交了以下证据 1~2：

证据 1：第 JTJ032-94 号中华人民共和国行业标准《公路沥青路面施工技术规范》，1994 年 6 月 7 日发布，1994 年 12 月 1 日实施，封面、扉页、附录 C 表 C.1 页，表 C.2 页，复印件共 4 页；

证据 2：盖有六盘水市公路学会红章，孙建平签名的《技术证明》，共 1 页；

请求人认为：（1）说明书摘要中载明的蒽油与老胶的比例（蒽油为 30%~70%、老胶为 30%~70%）与权利要求 1、2 中蒽油与老胶的比例（蒽油 70%、老胶 30%）不相符；（2）权利要求 1、2 中的改性剂（蒽油 70%、老胶 30%）与说明书实施例 1、2（蒽油 30%、老胶 70%；和蒽油 50%、老胶 50%）不相符；权利要求 3 的改性剂用量为旧沥青块重量的 0.3%~0.7%，与实施例 3（改性剂用量为 1.4%）不相符；（3）实施例 1、2、3 对旧沥青改性并没有达到使用要求，其针入度、延度变化值均不符合“中华人民共和国行业标准 JTJ032-94《公路沥青路面施工技术规范》附录 C 路用材料质量要求表 C.2”的规定值，不可用；缺软化点检测指标，不可用。

经形式审查合格后，专利复审委员会于 2008 年 5 月 19 日向双方当事人发出《无效宣告请求受理通知书》，并将《专利权无效宣告请求书》及其他有关文件的副本转送给专利权人，要求其在指定的期限内答复。

针对上述无效宣告请求，专利权人于 2008 年 7 月 2 日提交了意见陈述书和以下反证 1。

反证 1：第 JTG F40-2004 号中华人民共和国行业标准《公路沥青路面施工技术规范》，2004 年 9 月 4 日发布，2005 年 1 月 1 日实施，封面、公告页、第 8、9、10 页，复印件共 5 页；

专利权人认为：（1）请求人所提及的理由符合法律规定的仅专利法第 22 条，但其在意见陈述部分并未依照审查指南的规定具体说明理由，其意见陈述明显与专利法第 22 条无关或未具体说明本专利如何不符合专利法第 22 条的规定；（2）证据 1 中并未记载任何影响本专利新颖性和创造性的内容，且其在本专利申请日前已作废，不能作为评价本专利实用性的依据；（3）六盘水市公路学会与请求人所在单位为同一地区同一系统的单位，请求人为所在单位领导，而且公路学会以作废标准为依据，故专利权人对证据 2 的真实性有异议。

2008 年 7 月 17 日，专利复审委员会本案合议组向双方当事人发出无效宣告请求口头审理通知书，拟定于 2008 年 9 月 3 日对本案进行口头审理。同时将专利权人于 2008 年 7 月 2 日提交的意见陈述书及其附件副本转给了请求人。

2008 年 9 月 3 日，口头审理如期进行。在口头审理中，请求人和专利权人均委托代理人出席了口头审理，并且证人孙建平就证据 2 的内容接受了双方代理人及合议组的询问。庭审过程中，合议组就本案的无效理由及证据逐一进行了调查，双方代理人充分陈述了各自的意见。在此基础上，合议组记录了以下重要事项：

（1）请求人明确其无效理由为：权利要求 1~3 不具有实用性，不符合专利法第 22 条第 4 款的规定；并当庭增加了“说明书公开不充分，不符合专利法第 26 条第 3 款的规定”的无效理由。

（2）专利权人对证据 1 的真实性没有异议；对于证据 2，认为六盘水市公路学会与请求人为同一地区和系统的单位，且以作废标准为依据，因此对其真实性有异议；请求人对反证 1 的真实性没有异议。

（3）证人孙建平作证：证据 2 的内容是请求人写好后拿来给其签字的，数据不是证人提供的，证人仅是以技术人员身份签字的。贵州省用的沥青标号一般都是 100 号，证据 2 就是依据本专利沥青与第 JTJ032-94 号中华人民共和国行业标准中 A-100 甲号沥青的对比而得出沥青不合格的结论。

至此，合议组认为本案的事实清楚，可以作出审查决定。

二、决定的理由

1. 关于审查文本

本决定是在本专利授权公告文本的基础上作出的。

2. 关于无效宣告的理由、范围

请求人在口头审理中确定其无效宣告请求的范围和理由是：（1）权利要求 1~3 不具备实用性，不符合专利法第 22 条第 4 款的规定；（2）说明书不符合专利法第 26 条第 3 款的规定。

专利权人认为，请求人在无效宣告请求书中仅提及了专利法第 22 条，其他无效理由应不予考虑。

合议组认为，对于无效宣告请求书中有关专利法第 45 条、专利法实施细则第 64 条的无效宣告请求理由，其不属于专利法实施细则第 64 条第 2 款中所规定的无效宣告请求的理由，并且请求人也不再坚持，因此合议组不予考虑。对于专利法第 26 条第 3 款的无效宣告请求理由，其并不是请求人在提出无效宣告请求之日起一个月内提出的理由，并且也不属于《审查指南》第四部分第三章第 4.2 节第（2）项的情形，因此合议组不予考虑。

因此，本无效宣告请求的范围和理由是：本专利权利要求 1~3 不符合专利法第 22 条第 4 款的规定。

3. 关于证据

在本无效宣告请求中，请求人提交了证据 1 和 2，其中证据 1 为第 JTJ032-94 号中华人民共和国行业标准《公路沥青路面施工技术规范》的复印件，在专利权人认可其真实性情况下，合议组对证据 1 的真实性予以确认；证据 2 为盖有六盘水市公路学会红章和孙建平签名的《技术证明》，是证人按照证据 1 的标准对本专利作出的技术评价，证人孙建平出席并就证据 2 的内容接受了双方及合议组的询问，合议组对于证据 2 是经孙建平签字出具的证据这一事实予以确认。专利权人提交的反证 1 为第 JTG F40-2004 号中华人民共和国行业标准《公路沥青路面施工技术规范》的复印件，在请求人认可其真实性的情况下，合议组对反证 1 的真实性予以确认。

4. 关于专利法第 22 条第 4 款

专利法第 22 条第 4 款规定，实用性，是指该发明或者实用新型能够制造或使用，并且能够产生积极效果。

在实用性评价中，“能够制造或使用”是指发明或者实用新型的技术方案具有在产业中被制造或使用的可能性。因不能制造或使用而不具备实用性是由技术方案本身固有的缺陷引起的，与说明书公开的程度无关。在审查实用性时，应以说明书和权利要求书所公开的整体技术内容为依据，而不是局限于权利要求所记载的内容。

具体到本案而言，本专利涉及一种废旧沥青改性剂及其制备方法和应用工艺，在本专利的说明书中具体描述了该废旧沥青改性剂的组成、制备方法及其应用工艺的技术方案，并且给出了该废旧沥青改性剂的制备和应用的实施例，根据说明书描述的内容可知，本专利的废旧沥青改性剂完全可以在产业中制造并实施，其制备方法和应用工艺也能被使用；同时，在本专利的说明书中已说明了本专利沥青改性剂的优点，而且实施例中的实验数据也进一步证明了本专利的废旧沥青改性剂可提高废旧沥青的针入度和延度，因此具有积极的效果。

请求人关于本专利不具备实用性的无效理由包括以下几点：（1）本专利权利要求 1、2 中的蒽油和老胶的比例与实施例 1、2 不符，权利要求 3 中的沥青改性剂用量与实施例 3 不同；（2）实施例 1、2、3 对废旧沥青的改性并没有使针入度和延度达到使用要求，不满足证据 1 中的规定值，并提交证据 2 来证明这一点，从而得出该废旧沥青改性剂不可用的结论；（3）缺软化点检测指标，不可用。

对此，合议组认为，（1）在审查实用性时，应以说明书和权利要求书所公开的整体技术内容为依据，而不是局限于权利要求所记载的内容。权利要求书与说明书记载的内容不一致，并不影响本专利废旧沥青改性剂的实用性，因此请求人基于该理由认为本专利不具备实用性的主张不能成立；（2）证据 1 是一份公路沥青路面施工技术规范，为中国国家行业标准。证据 2 是孙建平根据请求人提供的数据与证据 1 中 A-100 甲号沥青对比而进行评价的内容。合议组认为，本专利是否具有实用性，不能以其是否符合国家行业标准为基准进行判断，更不能以其是否符合证据 1 中 A-100 甲号沥青的标准为基准进行评价。如前所述，本专利权利要求 1~3 的技术方案能够被制造和使用，并且具有提高废旧沥青的针入度和延度的积极效果，在这种情况下，应当认为本专利权利要求 1~3 具备实用性。更何况，本专利实施例 2、3 中改性后沥青的针入度和延度值分别为 51、78 和 42、58，已满足证据 1 中 A-60 乙号沥青的技术要求（针入度为 40~80，延度为不小于 40），也就是说，改性后的沥青虽然不满足证据 1 中关于 A-100 甲号沥青的技术要求，但改性后的沥青可作为其他类型沥青使用，因此不能以实施例中改性后的沥青在针入度和延度方面不满足证据 1 中 A-100 甲号沥青的技术要求就认为该沥青不可用。（3）在本专利的说明书中，虽然未对改性后沥青的软化点进行检测，但由于本专利的沥青改性剂提高了废旧沥青的针入度和延度，已说明其具有积极的技术效果。并且，因不能制造或使用而不具备实用性是由技术方案本身固有的缺陷引起的，与说明书公开的程度无关，缺乏软化点检测并不能成为本专利不具备实用性的理由。因此，请求人有关本专利权利要求 1~3 不具备实用性的理由不成立。本专利权利要求 1~3 具有实用性，符合专利法第 22 条第 4 款的规定。

在合议组已得出本专利权利要求 1~3 具有实用性的结论的情况下，合议组对专利权人的证据不再进行评述。

基于上述理由，本案合议组作出如下决定。

三、决定

维持 200510114560.0 号发明专利权有效。

当事人对本决定不服的，可以根据专利法第 46 条第 2 款的规定，自收到本决定之日起三个月内向北京市第一中级人民法院起诉。根据该款的规定，一方当事人起诉后，另一方当事人应当作为第三人参加诉讼。

003

制备抗胆碱能剂替托品溴化物的方法

无效宣告请求审查决定（第12782号）

决　　定　　号　第12782号
决　　定　　日　2008年12月24日
发明创造名称　制备抗胆碱能剂替托品溴化物的方法
国 际 分 类 号　C07D451/10
无效宣告请求人　江苏正大天晴药业股份有限公司
专　利　权　人　贝林格尔英格海姆法玛两合公司
专　　利　　号　01820885.1
申　　请　　日　2001年12月12日
优　先　权　日　2000年12月22日
授 权 公 告 日　2006年3月8日
合 议 组 组 长　任晓兰
主　　审　　员　娄　宁
参　　审　　员　王　磊

法　律　依　据　专利法第22条第3款，专利法实施细则第21条第2款，专利法第26条第3款、第4款

决　定　要　点

如果一项权利要求的技术方案与现有技术相比存在区别特征，而现有技术整体上不存在将该区别特征应用到该最接近的技术方案中以解决其技术问题的启示，则该权利要求具备创造性。

一、案由

本无效宣告请求案涉及国家知识产权局于2006年3月8日授权公告的、名称为“制备抗胆碱能剂替托品溴化物的方法”的01820885.1号发明专利权（下称本专利），其申请日为2001年12月12日，优先权日为2000年12月22日，专利权人为贝林格尔英格海姆法玛两合公司。

该专利授权公告的权利要求如下：

“1. 一种制备下式（I）替托品溴化物的方法

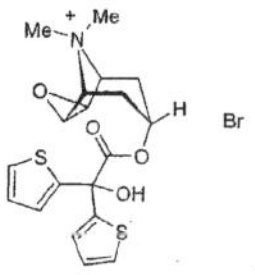

(I),

其特征为，使下式（VII）托品醇酯

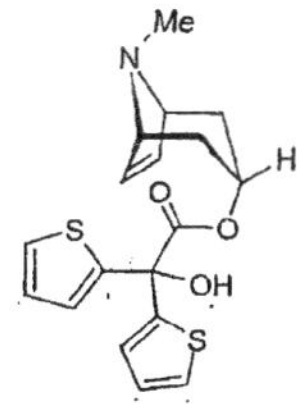

(VII)

经环氧化以形成下式（IV）的良菪品酯

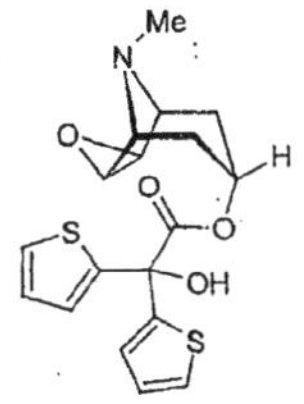

(IV)

接着经甲基溴季铵化以形成替托品溴化物（I）。

2. 根据权利要求1的方法，其特征为，使用五氧化钒与过氧化氢的混合物作为使（VII）环氧化以形成（IV）的环氧化剂。

3. 根据权利要求1的方法，其特征为，在一种选自水，二甲基甲酰胺，乙腈，二甲基乙酰胺和N-甲基吡咯烷酮的溶剂中进行使（VII）形成（IV）的环氧化反应。

4. 根据权利要求2的方法，其特征为，在一种选自水，二甲基甲酰胺，乙腈，二甲基乙酰胺和N-甲基吡咯烷酮的溶剂中进行使（VII）形成（IV）的环氧化反应。

5. 根据权利要求1的方法，其特征为，在一种选自二甲基甲酰胺，二甲基乙酰胺，N-甲基吡咯烷酮和二氧甲烷的溶剂中使用甲基溴进行使该（IV）形成（I）的季碱化反应。

6. 根据权利要求2的方法，其特征为，在一种选自二甲基甲酰胺，二甲基乙酰胺，N-甲基吡咯烷酮和二氧甲烷的溶剂中使用甲基溴进行使该（IV）形成（I）的季碱化反应。

7. 根据权利要求3的方法，其特征为，在一种选自二甲基甲酰胺，二甲基乙酰胺，N-甲基吡咯烷酮和二氧甲烷的溶剂中使用甲基溴进行使该（IV）形成（I）的季碱化反应。

8. 根据权利要求4的方法，其特征为，在一种选自二甲基甲酰胺，二甲基乙酰胺，N-甲基吡咯烷酮和二氧甲烷的溶剂中使用甲基溴进行使该（IV）形成（I）的季碱化反应。

9. 根据权利要求1~8之一的方法，其特征为，式（VII）的化合物：

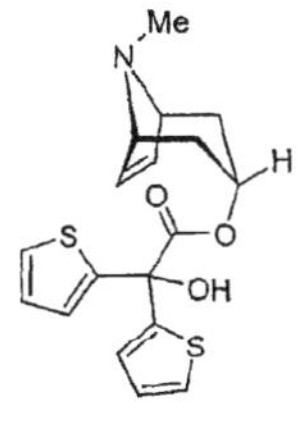

(VII)

通过任选呈酸加成盐形式的下式（V）托品醇

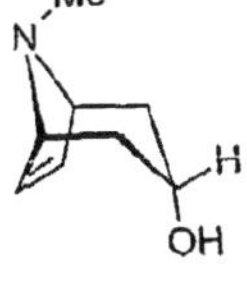

(V)

与下式（VI）的酯反应而获得

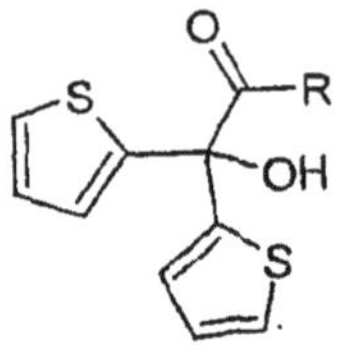

(VI)

其中R为一种选自羟基，甲氧基，乙氧基，O-N-琥珀酰亚胺，O-N-邻苯二甲酰亚胺，苯氧基，硝基苯氧基，氟苯氧基，五氟苯氧基，乙烯氧基，-S-甲基，-S-乙基和-S-苯基的基团。

10. 根据权利要求9的方法，其特征为，以酸加成盐的形式使用托品醇（V），该酸加成盐为选自其盐酸盐，氢溴酸盐，磷酸氢盐，硫酸氢盐，四氟硼酸盐和六氟磷酸盐中。

11. 根据权利要求9的方法，其特征为，在适合有机溶剂中进行（V）形成（VII）的反应。

12. 根据权利要求10的方法，其特征为，在适合有机溶剂中进行（V）形成（VII）的反应。

13. 权利要求11的方法，其中所述的有机溶剂选自甲苯，苯，醋酸正-丁酯，二氯甲烷，THF，二噁烷，二甲基乙酰胺，DMF和N-甲基吡咯烷酮。

14. 权利要求12的方法，其中所述的有机溶剂选自甲苯，苯，醋酸正-丁酯，二氯甲烷，THF，二噁烷，二甲基乙酰胺，DMF和N-甲基吡咯烷酮。

15. 根据权利要求9的方法，其特征为，在有机或无机碱存在下，进行使（V）形成（VII）的反应。

16. 根据权利要求10的方法，其特征为，在有机或无机碱存在下，进行使（V）形成（VII）的反应。

17. 权利要求15的方法，其中使用的碱为有机碱。

18. 权利要求16的方法，其中使用的碱为有机碱。

19. 权利要求17的方法，其中所述的有机碱选自二异丙基乙胺，三乙胺，DBU或吡啶。

20. 权利要求18的方法，其中所述的有机碱选自二异丙基乙胺，三乙胺，DBU或吡啶。

21. 权利要求15的方法，其中使用的碱为无机碱。

22. 权利要求16的方法，其中使用的碱为无机碱。

23. 权利要求21的方法，其中所述的无机碱选自锂，钠，钾及钙的碱金属或碱土金属的碳酸盐，醇盐及氢化物。

24. 权利要求22的方法，其中所述的无机碱选自锂，钠，钾及钙的碱金属或碱土金属的碳酸盐，醇盐及氢化物。

25. 根据权利要求9的方法，其特征为，在式（VI）化合物中，若R表示羟基，则在耦合剂存在下进行（V）形成（VII）的反应。

26. 根据权利要求10的方法，其特征为，在式（VI）化合物中，若R表示羟基，则在耦合剂存在下进行（V）形成（VII）的反应。

27. 根据权利要求11的方法，其特征为，在式（VI）化合物中，若R表示羟基，则在耦合剂存在下进行（V）形成（VII）的反应。

28. 根据权利要求12的方法，其特征为，在式（VI）化合物中，若R表示羟基，则在耦合剂存在下进行（V）形成（VII）的反应。

29. 权利要求25的方法，所述的耦合剂选自羰基二咪唑，羰基二-1，2，4-三唑，二环已基碳化二亚胺和乙基-二甲氨基丙基碳化二亚胺。

30. 权利要求 26 的方法，所述的耦合剂选自羰基二咪唑，羰基二-1，2，4-三唑，二环已基碳化二亚胺和乙基-二甲氨基丙基碳化二亚胺。

31. 权利要求 27 的方法，所述的耦合剂选自羰基二咪唑，羰基二-1，2，4-三唑，二环已基碳化二亚胺和乙基-二甲氨基丙基碳化二亚胺。

32. 权利要求 28 的方法，所述的耦合剂选自羰基二咪唑，羰基二-1，2，4-三唑，二环已基碳化二亚胺和乙基-二甲氨基丙基碳化二亚胺。"

针对上述专利权，江苏正大天晴药业股份有限公司（下称请求人）于 2007 年 12 月 14 日向专利复审委员会提出无效宣告请求，其无效宣告请求的理由是：本专利说明书不符合专利法第 26 条第 3 款的规定，权利要求 1~32 不符合专利法实施细则第 21 条第 2 款、专利法第 26 条第 4 款、专利法第 22 条第 3 款的规定，并提交以下证据：

证据 1："烯烃环氧化反应的立体化学"，辛炳炜、张秀玲、苑金环，天津化工，1998 年第 4 期（总第 48 期），封面页、版权信息页、第 9~11 页，复印件 5 页；

证据 2："全合成东莨菪碱的环氧化反应"，王泽民、薛婉君、李桂如、练汝丰，医药工业，1984 年第 3 期（总第 140 期），封面页、目录页、版权信息页、第 42 页，复印件 4 页；

证据 3：第 5610163 号美国专利，公开日为 1997 年 3 月 11 日，复印件 14 页，其中文译文 25 页；

证据 4："有机合成反应"下册，王葆仁，封面页、版权信息页、目录页、第 792 页，科学出版社，1985 年 1 月印刷，复印件 4 页。

请求人认为：

（1）对权利要求 1 中的环氧化步骤而言，未限定任何环氧化条件，但根据证据 1 和证据 2 的教导，该步骤中的环氧化剂、溶剂、操作温度、反应物与溶剂、环氧化剂之间的相对量、反应时间均为解决本专利技术问题必不可少的特征，缺少这些特征导致权利要求 1~32 不符合专利法实施细则第 21 条第 2 款的规定；

（2）从托品醇（VII）制备（IV）的莨菪品酯的关键是环氧化剂、溶剂以及工艺条件的选择，证据 2 表明不同的环氧化剂会得到不同的结果。说明书中仅公开了五氧化钒和 H_2O_2 的混合物作为环氧化剂、DMF 作为溶剂的情形，而权利要求 1~24 均未对环氧化剂和溶剂等反应条件进行限定，因此不符合专利法第 26 条第 4 款的规定；权利要求 25~32 限定酯化反应中使用耦合剂，但在说明书没有给出具体实施例，因此也不符合专利法第 26 条第 4 款的规定；

（3）证据 3 公开了与本专利权利要求 1 相似的合成方法，二者的区别在于权利要求 1 使用了环氧化步骤。但所述环氧化步骤是本领域的公知常识，且证据 2 中公开了类似的环氧化反应，故相对于证据 3 与公知常识或证据 2 的结合，权利要求 1 不具备创造性。在此基础上，权利要求 2 相对于证据 3 与证据 2 的结合，权利要求 3~24 相对于证据 3 与公知常识或证据 2 的结合，不具备创造性。证据 4 中公开了使用 DCCD（二环已基碳二亚胺）作为除水剂促进酯化反应的方法，故相对于证据 2（或公知常识）、证据 3 与证据 4 的结合，权利要求 25~32 也不具备创造性；

（4）本专利的目的在于提供一种与 EP418716 不同的合成方法，获得具有高纯度的替托品溴化物，说明书中没有给出各反应步骤中间产物的转化率和纯度，根据说明书的记载其高纯度是通过结晶而非合成路线的选择来实现的，而结晶纯化是公知技术，因此本领域技术人员并不能得出该合成路线能获得高纯度产品的结论。另外，根据证据 1 的教导，环氧化剂种类繁多，机理效果也各不相同，本领域技术人员根据现有技术及说明书的教导难以预测所有权利要求的方案均可以高产率、高纯度制备替托品溴化物。因此，说明书的公开不符合专利法第 26 条第 3 款的规定。

经形式审查合格后，专利复审委员会受理了该无效宣告请求，并于 2008 年 2 月 26 日向双方当事人发出了《无效宣告请求受理通知书》，并向专利权人转送了《专利权无效宣告请求书》及其附件清单中所列附件副本。同时成立合议组对本无效请求案进行审理。

2008年4月14日，专利权人针对无效宣告请求提交了意见陈述书并提交了以下反证：

反证1：专利复审委员会第10400号无效宣告请求审查决定书，决定书表格、正文第6~8页，复印件4页；

专利权人认为：

（1）本专利的目的在于提供与EP418716A1不同的制备替托品溴化物，并以高产率和/或纯度制成该产物的方法，说明书第12~14页的实施例确认了本专利的方法能够达到这一目的，且反证1已经对此作出认定，因此，权利要求1~32符合专利法实施细则第21条第2款的规定；

（2）根据本专利的教导，本领域技术人员完全能够实施本专利的方法、解决其技术问题、实现本专利方法的效果，因此说明书符合专利法第26条第3款的规定；

（3）本专利说明书第2页提供了反应流程图，第3~11页描述了各步反应的反应物、反应条件等，第12~14页还提供了具体实施例说明如何得到替托品溴化物，并且，在此基础上，本领域技术人员完全可以根据本专利的教导选择合适的环氧化剂和反应溶剂，同时，反证1对此也已经作出认定，因此权利要求1~32得到了说明书的支持；

（4）本发明中使用的式（VII）的托品醇酯在结构上不同于证据2中的化合物I，其不仅含有烯烃双键，同时含有对氧化剂敏感的噻吩基，而富电子的噻吩对氧化剂敏感，因此根据证据2和证据3公开的内容，本领域技术人员难以预测包含噻吩基的式（VII）的托品醇酯利用五氧化二矾以及过氧化氢氧化能够得到式（IV）的莨菪品酯，同时还保持噻吩环不被氧化，因此相对于证据2和3，本发明是非显而易见的；另外，与证据2相比，虽然二者产率相当，但证据2的方法为实验室规模，本发明是大规模生产方法，因此，本发明方法的效果相对于证据2具有显著进步，因而，相对于证据2和3，本专利具有创造性。

2008年6月30日，专利复审委员会本案合议组向双方当事人发出《无效宣告请求口头审理通知书》，拟定于2008年8月28日对本案进行口头审理。同时将专利权人于2008年4月14日提交的意见陈述书及证据材料的副本转交给请求人，要求请求人在一个月内陈述意见。

2008年8月15日，请求人提交了意见陈述书并提交了以下证据（编号续前）：

证据5："杂环化学"，T. L. 基尔克雷斯特，封面、版权信息页、第190~193页，兰州大学出版社，1992年12月，复印件4页；

证据6："Thiopene 1-Oxide V［1］，［2］，［3］，［4］ Comparison of the Crystal Structure and Thiophene Ring Aromaticity of 2，5-Diphenylthiophene，its Sulfoxide and Sulfone"，Pascale Pouzet 等，J. Heterocyclic Chem. ，第34卷，第1567~1574页，1997年，复印件8页，及其部分中文译文1页。

请求人除了再次陈述无效宣告请求书中的意见以外，还认为：

（1）由于本次无效程序涉及不同的理由和证据，反证1的结论对本次无效程序没有约束力；

（2）权利要求1中式（VII）经环氧化可以得到不同的异构化产物，根据证据1和证据2的教导，环氧化反应的产物和收率受环氧化剂、催化剂、溶剂、温度影响很大；而且根据说明书的记载，环氧化剂、溶剂、操作温度、反应物与溶剂和环氧化剂的相对量、反应时间等也是解决技术问题必要的技术特征；结合证据5、6和专利权人的陈述，即使用本发明实施例中的环氧化剂也不能预期环氧化得到式（IV）的莨菪品酯、并保持噻吩环不被氧化。因此，权利要求1、3、5、7、9~32缺乏对环氧化剂的限定，权利要求2、4、6、8缺乏对环氧化条件的限定，不符合专利法实施细则第21条第2款的规定。

（3）权利要求1~32中没有限定例如环氧化剂、溶剂、反应温度等条件，使得权利要求1~32得不到说明书的支持，不符合专利法第26条第4款的规定。

2008年8月27日，合议组将请求人于2008年8月15日提交的意见陈述书及证据材料的副本当面转交给专利权人。

2008年8月28日，口头审理如期举行，双方当事人均委托代理人参加了口头审理。庭审过程中，合议组对请求人提出的无效理由和证据逐一进行了调查并充分听取了双方当事人的陈述，在此基础上，记录了如下重要事项：

（1）请求人认为专利权人委派的出庭人员中邹宗亮、马库斯·威曼的身份不符合专利法第19条的规定，专利权人对此提出异议。合议组当庭告知，专利权人的出庭人员身份符合审查指南第四部分第四章中的相关规定，可以出席口头审理。

（2）请求人当庭出示了证据1、2、4~6的原件，专利权人对证据1~6的真实性、公开性、译文准确性未提出异议。专利权人认为证据5、6不是公知常识性证据，因此证据5、6的提交超过了举证期限。请求人认为证据5、6均为公知常识性证据，未超过举证期限。合议组当庭告知双方当事人，由证据5的内容简介可知，证据5是一本高等学校教学参考书，因此可以作为公知常识性证据；证据6属于期刊杂志类出版物，不属于审查指南规定的公知常识性证据的范畴，因此，对证据5予以考虑，对证据6不予考虑。

（3）专利权人当庭提交了如下反证2（编号续前），用以证明苯是很稳定的，而噻吩可能会受到氧化剂的影响。专利权人还当庭提交了如下反证3，以证明证据3的美国专利与本发明背景技术中所提及的文献EP418716A1是同族专利。

反证2："基础有机化学"，刑其毅等，上册，封面、出版信息页以及第205页，1980年6月第1版，下册的封面、出版信息页及第1018页，1983年9月第1版，高等教育出版社，复印件6页。

反证3：公开号为WO02051840A1的PCT专利的扉页、说明书第1页和检索报告，复印件4页，以及公开号为EP0418716A1的欧洲专利全文，复印件24页。

合议组当庭将反证2和3转送给请求人。请求人对反证1、反证2的真实性、公开性没有异议，认可证据3与EP0418716A1是同族专利。

（4）请求人确定无效理由为：权利要求1~32相对于证据1~2、5不符合专利法实施细则第21条第2款的规定，相对于证据2不符合专利法第26条第3款、第4款的规定，权利要求1~32不符合专利法第22条第3款的规定，使用的证据是证据2、3、4，其中证据3是最接近的对比文件。

（5）在口头审理过程中，双方共同认定：本专利与最接近的对比文件即证据3的实施例1~4相比，区别仅在于环氧化的步骤；权利要求5~8中的二氧甲烷是二氯甲烷的一个笔误；证据3中文译文第12页表1中的化合物3相当于本专利权利要求9的式（VII）化合物。

（6）对于权利要求25~32中涉及的耦合剂，请求人认为证据4式（56）中使用的二环已基碳二亚胺除水剂与本申请的耦合剂相同，专利权人认为本专利中耦合剂起活化羧酸的作用，与脱水剂不同。合议组当庭告知双方可以在口审结束后7天内提交关于"脱水剂"与"耦合剂"的公知常识性证据，逾期未提交的视为无意见发表。

2008年9月4日，专利权人提交了补充意见陈述书和以下反证（编号续前），认为本专利符合专利法实施细则第21条第2款，专利法第22条第3款、第26条第3款、第26条第4款的规定。

反证1：专利复审委员会第10400号无效宣告请求审查决定书，决定书表格、正文第1~8页，复印件共9页；

反证4："烯烃的环氧化反应"，张南燕、陈立班，广州化学，1999年第4期，第49~54页，复印件 6 页；

反证 5：“环氧化反应的新进展”，张生勇、刘瑞蓝，有机化学，1989 年第 9 期，第 481~489 页，复印件 9 页。

2008 年 9 月 4 日，请求人提交了补充意见陈述书和以下证据（编号续前）：

证据 7：“化学化工大辞典”上下册，封面、版权信息页、第 532 页、第 2246 页，化学工业出版社，2003 年 1 月第 1 版第 1 次印刷，复印件 5 页；

证据 8：“有机合成化学”，黄宪、陈振初，封面、版权信息页、目录页、第 486~487 页，化学工业出版社，1983 年 12 月第 1 版第 1 次印刷，复印件 5 页；

证据 9：“A New, General Synthesis of Tropane Alkaloids”，R. Noyori 等，Journal of the American Chemical Society，第 3336~3338 页，1974 年，复印件 3 页；

证据 10：“General Synthesis of Tropane Alkaloids via the Polybromo Ketone-Iron Carbonyl Reaction”，Y. Hayakawa 等，Journal of the American Chemical Society，第 1786~1790 页，1978 年，复印件 5 页。

请求人认为：（1）根据证据 7 第 532 页和第 2246 页对二环己基碳二亚胺和羰基二咪唑的解释可以看出，二环己基碳二亚胺和羰基二咪唑等在酸（胺）醇反应中起脱水作用是公知常识，虽然证据 7 出版日迟于本专利的优先权日，但该词典收集的是该领域为人熟知的词汇，且权利要求 29~32 中所列的“耦合剂”就是本领域技术人员所熟知的脱水剂；（2）证据 8 中（第 487 页倒数第 6 行）公开了用于优化酯化反应的缩合剂，其中包括与本专利权利要求 25~32 所述的“耦合剂”相同的化合物，且本专利中也是将其用于酯化反应中作为优选的反应条件，因此本领域技术人员容易理解，本专利中所谓的“耦合剂”和证据 4 中的脱水剂、证据 8 中的缩合剂都为同一试剂；（3）证据 9、证据 10 是证据 3（翻译件第 9 页第 2 段）提到的两篇现有技术，用于证明证据 3 公开了权利要求 9 中式（V）和式（VI）化合物进行酯交换得到式（VII）化合物的反应。

2008 年 12 月 1 日，合议组将专利权人提交的反证 1’、反证 4、反证 5 和意见陈述书当面转交给请求人，将请求人提交的证据 7~10 和意见陈述书当面转交给专利权人。合议组当庭告知：证据 9、证据 10 以及反证 1’、反证 4、反证 5 不是合议组允许在口头审理后 7 天内提交的关于“脱水剂”与“耦合剂”的公知常识性证据，因此，证据 9、10、反证 1’、4、5 的提交超过了举证期限，不予考虑。

请求人当庭出示了证据 7、8 的原件，专利权人对证据 7、8 的真实性、公开性没有异议，对关联性不发表意见。合议组告知双方当事人，专利权人可以在质证结束后 7 日内提交针对证据 7、8 的书面意见，逾期未提交的视为无意见发表。

专利权人在指定的期限内未提交任何意见陈述。

经过上述审理程序，合议组认为本案事实已经清楚，可以依法作出审查决定。

二、决定的理由

1. 关于无效审理的文本

本决定以本专利的授权公告文本为审查基础。

2. 关于出庭人员资格

口头审理过程中，请求人认为专利权人委派的出庭人员邹宗亮、马库斯·威曼的身份不符合专利法第 19 条的规定。对此，合议组认为，根据《审查指南》第四部分第四章第 3 节的规定，当事人不能在指定日期参加口头审理的，可以委托其代理人或其他人代表出席。对于出席口头审理的代理人，《审查指南》并未要求其必须符合专利法第 19 条的规定。本案中，专利权人委派邹宗亮、马库斯·威曼仅以公民代理身份出席口头审理，并提交了符合要求的授权委托书，在此情况下，专利权人的以上二位出庭人员的身份符合要求，可以出席口头审理。

3. 关于举证期限

根据专利法实施细则第66条及《审查指南》第四部分第三章第4.3.1节的规定，请求人在提出无效请求之日起一个月后补充证据的，专利复审委员会一般不予考虑，除非：（1）针对专利权人以合并方式修改的权利要求或者提交的反证，请求人在专利复审委员会指定的期限内补充证据，并在该期限内结合该证据具体说明相关无效宣告理由的；（2）在口头审理辩论终结前提交技术词典、技术手册和教科书等所属技术领域中的公知常识性证据或者用于完善证据法定形式的公证书、原件等证据，并在该期限内结合该证据具体说明相关无效宣告理由的。对于有证据表明无法在所述规定期限内提交证据的，根据《审查指南》第四部分第三章第4.3.3节的规定，专利复审委员会可以允许延期举证。

本案中，请求人于2008年8月15日补充证据5、6。专利权人认为证据5、6的提交超过了举证期限。合议组查明，证据5是一本高等学校教学参考书，属于审查指南规定的公知常识性证据范畴，可以在口头审理辩论终结前提交；证据6是期刊杂志类书证，不属于审查指南规定的公知常识性证据的范畴，同时也不属于审查指南规定的两种例外情况，因此，合议组认为，证据5的提交未超出举证期限，可以考虑，证据6的提交超出了举证期限，不予考虑。

此外，在口审过程中双方当事人对于权利要求25~32中涉及的耦合剂与证据4中脱水剂的作用是否相同存在争议，合议组允许双方可以在口审结束后7天内提交关于"脱水剂"与"耦合剂"的公知常识性证据。为此，2008年9月4日，请求人提交了证据7~10，专利权人提交了反证1'、反证4、反证5。合议组查明，证据7是化学化工领域的辞典、证据8是高等院校有机合成专业和制药专业的参考书，且请求人提供的相关页均是为了说明"脱水剂"与"耦合剂"的关系，提交日期符合合议组指定期限。因此，证据7和证据8可以作为关于"脱水剂"与"耦合剂"的公知常识性证据，予以考虑。证据9和证据10为期刊杂志类书证，非关于"脱水剂"与"耦合剂"的公知常识性证据，因此，其提交超出指定期限，不予考虑。专利权人提交的反证1'、反证4和反证5均不是关于"脱水剂"与"耦合剂"的公知常识性证据，因此，其提交超过了指定期限，不予考虑。

4. 关于证据

（1）关于请求人的证据。

请求人出示了证据1~2、4~5、7~8的原件，专利权人对证据1~5、7~8的真实性、公开性均无异议，对证据3的中文译文准确性也无异议。合议组经核实，认可这些证据的真实性。其中证据1~5和8的公开日期均在本专利申请日前，可以作为本专利的现有技术和公知常识证据使用。证据7的公开日是2003年1月，在本专利申请日之后，不能作为本专利申请日前的公知常识性证据使用。

（2）关于专利权人的反证。

请求人对反证1、2的真实性无异议，对反证2的公开性无异议，认可反证3可以证明证据3是EP418716A1的同族专利。经合议组核实，认可反证1~3的真实性。

5. 关于专利法第22条第3款

创造性，是指同申请日以前已有的技术相比，该发明有突出的实质性特点和显著的进步，该实用新型具有实质性特点和进步。

如果一项权利要求的技术方案与现有技术相比存在区别特征，而现有技术整体上不存在将该区别特征应用到该最接近的技术方案中以解决其技术问题的启示，则该权利要求具备创造性。

本专利权利要求1保护一种制备式（I）替托品溴化物的方法，其特征在于使式（VII）的托品醇酯经环氧化以形成式（IV）的良菪品酯，接着经甲基溴季铵化以形成替托品溴化物（具体如案由部分所示）。

请求人认为，证据3（实施例1~4）公开了与本专利相似的合成方法，区别仅在于环氧化步骤，而环氧化反应本身是本领域的公知常识，并且证据2中公开了类似结构和反应部位的环氧化反应，将证据3与公知常识或证据2结合，可以显而易见地得到权利要求1的技术方案，因此权利要求1不具备专利法第22条第3款规定的创造性。

为此，合议组查明，证据3的实施例1~3中公开了由式II的东莨菪醇与式（III）的酯经过酯交换制备式IV的东莨菪酯；实施例4中公开了通过将式IV的东莨菪酯季铵化形成溴甲基化物（即式I）（参见译文第13页）。具体流程参见下图：

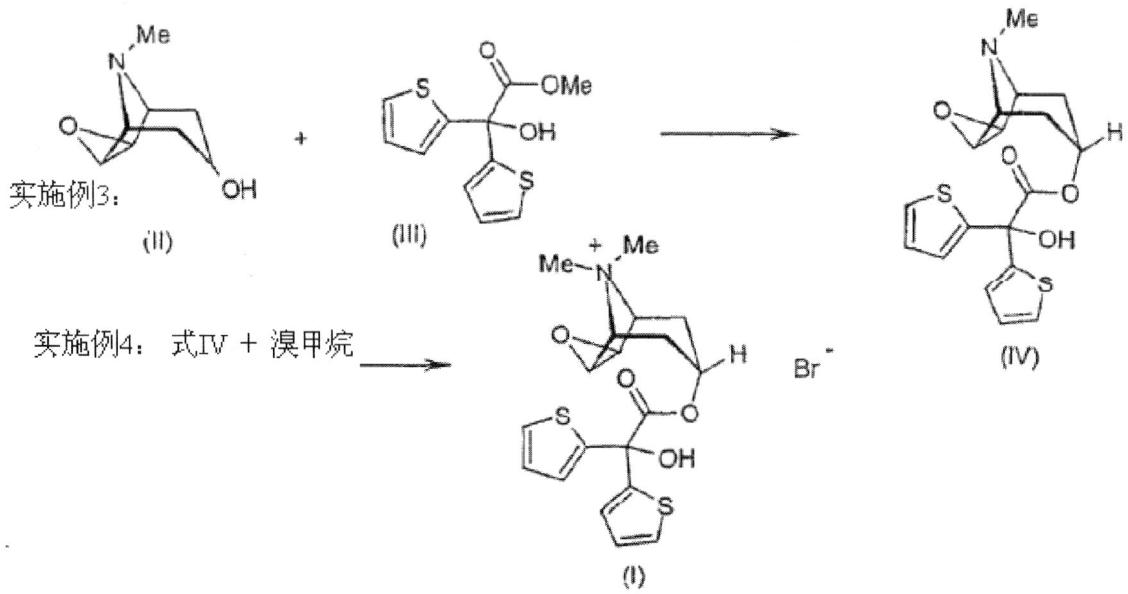

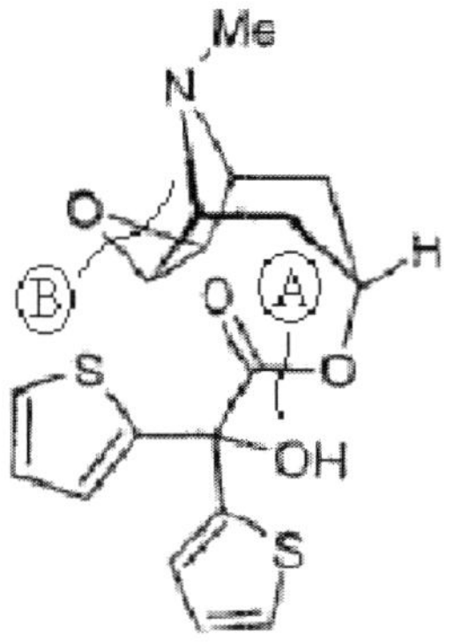

(IV)

将权利要求1请求保护的技术方案与证据3公开的技术方案进行对比可以看出，二者的技术领域相同，均涉及替托品溴化物的制备。证据3实施例4的反应相当于权利要求中1的季铵化反应，二者的区别特征仅在于形成式（IV）化合物的方法不同（参见下图），即证据3在设计式（IV）化合物的合成途径时，选择从A处切断，形成东莨菪醇和二-（2-噻吩基）-羟基乙酸酯两个合成子；而本专利的权利要求1则是选择从B处切断，以式（VII）的托品醇酯为原料，将该原料上的双键进行环氧化。

结合本专利说明书公开的内容看，本专利实际要解决的技术问题是提供一种与证据 3（即 EP418716A1 的同族专利，参见反证 3）不同的合成替托品溴化物的方法。因此，判断权利要求 1 是否具备创造性的焦点在于，本领域技术人员在现有技术的基础上，是否能显而易见地预期到可以选择从 B 处切断而设计合成式（IV）化合物的方法。

请求人认为，双键环氧化反应是本领域公知的反应，且证据 2 公开了具有类似结构和反应位置的环氧化反应。为此，合议组查明，证据 2（第 42 页）公开了一种托品醇酯经环氧化形成东莨菪碱的方法，其中使用五氧化钒和 H_2O_2 的混合物为环氧化剂，二乙二醇和二甲醚作为溶剂（参见下图）。其中的原料化合物（式 X）结构与本专利的式（VII）化合物类似，不同之处在于证据 2 中式 X 羟乙酸末端的取代基为苯基，而本专利式（VII）化合物的相应位置为噻吩基。

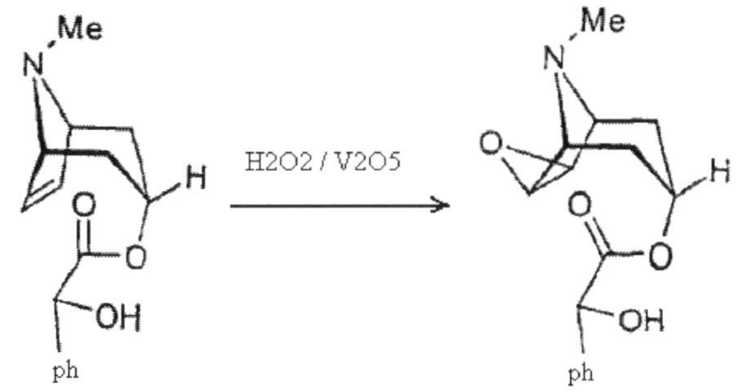

式(X)　　式(XI)

合议组查明，证据 5 中（第 191～192 页）提到，噻吩可以被过氧化物或过氧酸氧化为亚砜，反证 2 提到，苯即使在高温下和高锰酸钾共煮也不会被氧化（参见第 205 页第 8.4 节），而噻吩很容易被氧化，甚至也能被空气氧化（第 1018 页第 3 段）。由该证据可知，相对于苯基而言，噻吩基较活泼，是很容易被氧化的基团。由此可以推知，当原料中同时存在双键和噻吩基时，双键和噻吩基可能同时被氧化剂氧化，而当原料中同时存在双键和苯基时，只有双键才能被氧化。因此，本案中当本领域技术人员面对如何设计式（IV）的合成路线时，将会排除选择从 B 处切断，因为此时将意味着相应的原料（即式 VII）将同时包含双键和噻吩基，必然面临着噻吩基和双键同时被环氧化剂氧化的风险。在此情况下，尽管证据 2 公开了将托品醇酯环氧化为东莨菪碱的方法，本领域技术人员也不会从中得到启示，要将证据 2 的环氧化方法用于证据 3，从而设计出用环氧化剂环氧化一个在分子结构中同时包含噻吩基和双键的式 VII 化合物而合成式 IV 化合物的方案来。基于同样的理由，尽管本领域公知，可以用环氧化剂氧化双键，本领域技术人员也不会有启示尝试用环氧化剂来环氧化在结构中同时包含双键和噻吩基的原料。因此，合议组认为，现有技术中不存在将证据 2 或公知常识结合到证据 3 中的启示。同时，说明书中已经表明权利要求 1 的方案能以一定的产率获得一定纯度的替托品溴化物。因此，权利要求 1 相对于证据 3 与证据 2 或公知常识的结合符合专利法第 22 条第 3 款关于创造性的规定。

从属权利要求 2～24 分别对权利要求 1 中的反应条件、反应步骤等做了进一步的限定，在权利要求 1 相对于证据 3 与证据 2 或公知常识的结合具有创造性的情况下，从属权利要求 2～24 也符合专利法第 22 条第 3 款关于创造性的规定。

从属权利要求 25～32 的附加技术特征对获得原料（即式 VII 化合物）的反应条件（即耦合剂）做了进一步限定，请求人认为证据 4 公开的除水剂 DCCD、证据 8 中公开的缩合剂相当于权利要求 25～32 中的耦合剂，因此权利要求 25～32 相对于证据 3、证据 2（或公知常识）和证据 4 的结合不具备创造性。由于证据 4、8 均仅涉及权利要求 25～32 的附加技术特征，不涉及权利要求 25～32 的引用部分，因此，其创造性很大程度上依赖于其所引用的权利要求 9～12 的创造性。在权利要求 9～12 相对于证据 3 和 2（或公知常识）具备创造性的情况下，证据 4 和 8 的引入尚不足以破坏权利要求25～32 的创造性。

6. 关于专利法实施细则第 21 条第 2 款

专利法实施细则第 21 条第 2 款规定，独立权利要求应当从整体上反映发明或者实用新型的技术方案，记载解决技术问题的必要技术特征。

必要技术特征是发明为解决其技术问题所不可缺少的技术特征，其总和足以构成发明的技术方案，使之区别于背景技术中所述的其他技术方案。判断某一技术特征是否为必要技术特征，应从所要解决的技术问题出发，并考虑说明书描述的整体内容，不应简单地将实施例中的技术特征直接认定为必要技术特征。

本专利权利要求 1 保护一种制备式（I）替托品溴化物的方法，其特征在于使式（VII）托品醇酯经环氧化以形成式（IV）的良菪品酯，接着经甲基溴季铵化以形成替托品溴化物（具体如案由部分所示）。说明书第 1～2 页记载了：“尤其有必要研发一种可合成替托品溴化物的工业生产方法，其不仅可确保以高产率制成该产物，而且也可制成具有优良纯度的产物”、“令人惊讶地发现，若通过一个与 EP 418716A1 所述不同的合成方法，可以获得具有高纯度的替托品溴化物。这种另外的且令人惊异的有利方法示于方案 2 中。”在说明书第 12～15 页实施例中具体实施了权利要求的技术方案。

请求人认为，证据 1、2 和 5 表明，对权利要求 1 中从式 VII 制备式（IV）的莨菪品酯的环氧化步骤而言，会受到反应物结构、反应途径、溶剂、催化剂等多种因素的限制，并不是使用任何环氧化剂、任何溶剂均可实现以高产率、高纯度合成目标产物。证据 2（第 42 页，第 1 段）中使用单过酞酸、过甲酸、三氟过乙酸等试剂对东莨菪碱进行环氧化反应，则收率只有 20% 左右，需使用过氧化氢和五氧化二钒作为环氧化剂在特定条件下环氧化才能获得高产量。本专利说明书中对环氧化反应的工艺条件进行了详细描述，而权利要求 1 中没有记载环氧化剂、溶剂、操作温度、反应物与溶剂和环氧化剂之间的相对量、反应时间等必要技术特征，因此不符合专利法实施细则第 21 条第 2 款的规定。而从属权利要求 2～32 中仍未克服上述缺陷，因此也不符合专利法实施细则第 21 条第 2 款的规定。

合议组认为，根据本专利说明书第 1～2 页记载的上述内容可知，本发明所解决的技术问题是，提供一种与背景技术中所述的不同的合成方法，以高产率地获得具有高纯度的替托品溴化物。对于高产率、高纯度的理解，说明书中并没有明确记载比背景技术中所述的方法产率高、纯度高，本专利的产率、纯度水平应当理解为与本专利实施例中所获得的产率、纯度相当。为了解决上述技术问题，本专利提供了一种不同于背景技术的合成路线，即说明书第 2 页方案 2 所示的合成路线，使带有双键的式（VII）所示的托品醇酯经环氧化而形成式（IV）所示的良菪品酯，再经溴甲基化制得式（I）所示的替托品溴化物。上述合成路线的特征已经记载于本专利的权利要求 1 中，即权利要求 1 记载了解决所述技术问题的必要技术特征，这些技术特征足以构成完整的技术方案，并且已经与现有技术构成区别。

对于请求人关于证据 1、2、5 的意见，合议组认为，首先，虽然证据 2 表明，环氧化反应收率与环氧化剂的选择有关，但如前所述，本专利与证据 2 的反应原料结构不同，本专利的反应原料上同时带有双键和噻吩基，而证据 2 的反应原料上则同时带有双键和苯基，证据 2 仅能表明对于同时带有双键和苯基的反应物的环氧化来说，环氧化剂的选择与其反应产率有一定关系，但并不能证明当原料中同时带有双键和噻吩基时，环氧化剂也会对其环氧化反应产生影响；其次，证据 5 仅表明噻吩可能会被氧化为亚砜，但是本专利已经通过实验验证，当原料中双键与噻吩基共存时，可以选择性地将双键环氧化而对噻吩没有影响，在此情况下，本领域技术人员可以根据其常识，在例如证据 1 中公开的已知环氧化剂中进行选择来实现本专利权利要求 1 的技术方案。因此，在合成路线的特征已经使得本专利的权利要求 1 足以与现有技术相区别的情况下，请求人主张的环氧化剂、溶剂等反应条件仅仅是对该合成路线中具体反应条件的选择，并非完成该发明必不可少的技术特征。

因此，请求人认为权利要求 1 缺少必要技术特征的主张不成立，权利要求 1 符合专利法实施细则第 21 条第 2 款的规定。

基于相同的理由，从属权利要求 2~32 也符合专利法实施细则第 21 条第 2 款的规定。

7. 关于专利法第 26 条第 3 款

专利法第 26 条第 3 款规定，说明书应当对发明或者实用新型作出清楚、完整的说明，以所属技术领域的技术人员能够实现为准。

所属技术领域的技术人员能够实现是指所属技术领域的技术人员，按照说明书记载的内容，就能够实现要求保护的发明，解决其技术问题，并且产生预期的技术效果。

就本案而言，权利要求 1 请求保护一种制备式（I）替托品溴化物的方法，其包含使式（VII）的托品醇酯经环氧化以形成式（IV）的良菪品酯，接着经甲基溴季铵化以形成替托品溴化物（具体如案由部分所示）。权利要求 2~32 从原料、反应条件等方面对权利要求 1 作出进一步限定。

根据本专利说明书第 1~2 页记载的上述内容可知，本发明所解决的技术问题是，提供一种与 EP418716 的方法不同的合成方法，以高产率获得具有高纯度的替托品溴化物，其中的产率、纯度水平应当理解为与本专利实施例中所获得的产率、纯度相当。为了解决所述技术问题，说明书中以托品醇（V）与式（VI）的酯反应获得式（VII）的托品醇酯，该托品醇酯经环氧化而形成式（IV）所示的良菪品酯，由式（IV）所示的良菪品酯季铵化制得式（I）所示的替托品溴化物，实施例中则按照上述步骤制备了所述替托品溴化物，并具体公开了包括环氧化剂在内的各步骤的反应条件。根据上述内容，所属技术领域的技术人员，按照包括实施例在内的说明书记载的内容，就能够实现要求保护的发明，解决其技术问题，并且产生预期的技术效果。

请求人认为：（1）说明书中没有给出各反应步骤的中间产物的转化率和纯度，并且根据说明书第 19 页第 23 行所述的"可进一步通过甲醇进行结晶以纯化该产品"可知，其中的高纯度是通过结晶而非合成路线的选择来实现的，而结晶纯化产品是公知技术，与合成方法无关；（2）环氧化剂种类繁多，机理效果也并不相同（证据 1，第 9 页，第 1~4 行），本专利说明书中仅公开了以五氧化钒和 H_2O_2 的混合物作为环氧化剂、以 DMF 作为溶剂的情况，本领域技术人员根据现有技术及说明书的教导难以预测权利要求定义的所有方案均可以高产率、高纯度制备替托品溴化物；因此说明书对权利要求 1~32 所述的技术方案公开不充分，不符合专利法第 26 条第 3 款的规定；（3）本专利说明书中没有公开如何计算得到产率数值 88%。

合议组认为，说明书是否公开充分所要关注的重点是，说明书对于技术方案的描述是否达到本领域技术人员能够实现的程度。在本专利说明书中已经记载了通用的制备方法，例举了具体的合成工艺条件，并示例性地给出了最终产物的反应结果的情况下，由于各反应步骤的中间产物的转化率和纯度并非本发明所要解决的技术问题，因此即使说明书中没有给出中间产物的转化率和纯度也不会造成说明书公开不充分。其次，结晶将会使产物纯度提高，但本专利实施例中包括了结晶步骤并不必然意味着其中的纯度仅是由结晶带来的，与合成路线的选择无关。再者，虽然说明书中仅具体公开了以五氧化钒和 H_2O_2 的混合物作为环氧化剂的实例，证据 1 表明本领域中环氧化剂种类繁多，但这并不能证明某些环氧化剂就不能用于权利要求 1 的方法，本领域技术人员完全可以根据其掌握的知识从中确定合适的、用于本专利的环氧化剂。另外，本专利实施例中已经给出了各步中原料的加料量、产物的总量，本领域技术人员由此可以计算出相应的产率，因此未给出产率88%的计算公式尚不足以成为质疑所述技术方案未充分公开的理由。

综上所述，请求人提出的关于本专利权利要求1~32的技术方案不符合专利法第26条第3款规定的主张不成立。

8. 关于专利法第26条第4款

专利法第26条第4款规定，权利要求书应当以说明书为依据，说明要求专利保护的范围。

对于采用合成路线的化学方法权利要求来说，如果方法中的具体步骤的反应类型是本领域已知的，本领域技术人员根据现有技术可以确定这些步骤中所涉及的工艺条件和设备，则不能因为权利要求没有限定上述工艺条件和设备而认为该权利要求得不到说明书的支持。

（1）权利要求1保护一种制备式（I）替托品溴化物的方法，其包括使式（VII）托品醇酯经环氧化以形成式（IV）的良菪品酯，接着经甲基溴季铵化以形成替托品溴化物（具体如案由部分所示）。

请求人认为，从托品醇（VII）制备（IV）的莨菪品酯是本发明的关键步骤，而完成该步骤的关键是环氧化剂、溶剂等工艺条件的选择，说明书中仅公开了五氧化钒和H_2O_2的混合物为环氧化剂、DMF作为溶剂的情形，而对现有技术中（证据2）的可能不适合环氧化托品醇酯的情况没有进行研究，本领域普通技术人员无法预测使用任意的环氧化剂、任意的溶剂、操作温度、反应时间等反应条件下均可以得到高产率、高纯度的替托品溴化物，因此权利要求1得不到说明书的支持，不符合专利法第26条第4款的规定。

合议组认为，如前所述，本发明的实质是提供一种与现有技术合成路线不同的制备式（I）替托品溴化物的方法，由此可见，权利要求1技术方案的重点在于合成路线的选择，即选用哪些原料、经过哪些中间体最后制得终产物，而对于制备方法中的各具体步骤，例如环氧化剂、反应溶剂、操作温度、反应时间等，则是本领域技术人员根据现有技术，可以确定用于本专利的一般反应工艺。虽然说明书中仅具体公开了以五氧化钒和H_2O_2的混合物作为环氧化剂的实例，而证据2表明了使用不同环氧化剂，产物的收率可能不同，但如之前对于专利法实施细则第21条第2款的评述，证据2并不能证明某些环氧化剂就不能用于权利要求1的方法，也不能证明某些反应溶剂、反应温度和反应时间将会导致权利要求1的反应路线不能顺利进行。因此，在本专利说明书中已经记载了通用的制备方法，例举了具体的合成工艺条件，并示例性地给出了最终产物的反应结果的情况下，不能因为权利要求1没有对环氧化剂以及环氧化反应的具体工艺条件等进行限定而认为权利要求1得不到说明书的支持。因此，请求人认为权利要求1得不到说明书支持的主张不成立。

（2）权利要求2~32从原料、反应条件等方面对权利要求1作出进一步限定。

请求人认为，权利要求2中没有对其他反应条件，如反应溶剂等进行限定，权利要求3没有对环氧化剂和反应条件进行限定，权利要求4没有对溶剂之外的反应条件进行限定，权利要求5~8仅限定了季胺化反应的溶剂，权利要求9~24仅限定了（VII）反应物或酯交换反应条件，没有对环氧化反应的条件进行限定，因此均不符合专利法第26条第4款的规定。

对此，合议组认为，如上所述，本领域技术人员根据说明书公开的内容和现有技术可以确定合适的可以用于本专利的反应溶剂、操作温度、反应时间等一般的反应工艺。请求人也没有提供充分的证据和理由说明本专利权利要求2的合成路线对反应溶剂、操作温度、反应时间等的工艺条件等有特定的要求，采用除此之外的工艺条件就不能解决本发明所要解决的技术问题。在这种情况下，不能因为权利要求2~24中未记载本领域技术人员根据现有技术可以确定的具体工艺条件，而认为权利要求2~24得不到说明书的支持。因此，请求人认为权利要求2~24不到说明书支持的主张不成立。

请求人认为，权利要求 25~32 除了没有限定如上所述的环氧化剂等具体反应条件外，其限定的酯化反应中使用耦合剂在说明书没有给出具体实施例，因此也不符合专利法第 26 条第 4 款的规定。

对此，合议组认为，①对于权利要求 25~32 中未具体限定环氧化剂等具体反应条件尚不足以导致权利要求 25~32 不符合专利法第 26 条第 4 款的理由，在之前对于权利要求 1~24 的评述中已经详细说明了，不再赘述；②至于说明书中没有给出酯化反应中使用耦合剂的具体实施例，是否会导致权利要求 25~32 得不到说明书的支持的问题，合议组认为：首先，判断权利要求是否能得到说明书的支持应当基于说明书公开的全部内容，而不仅仅是实施例，未给出具体实施例并不必然导致所述权利要求得不到说明书的支持；其次，由式（V）的托品醇与式（VI）的酯生成式（VII）的反应是常规的酯化反应，根据说明书的描述，在该酯化反应中可加入诸如 DCCD、羰基二咪唑等耦合剂，而根据证据 4 可见（参见第 792 页），在酯化反应中可以使用 DCCD，即二环己基碳二亚胺作为除水剂。虽然二者名称不同，但一般情况下，相同的物质在酯化反应中所起的作用是相同的，基于此，本领域技术人员可以选择与二环己基碳二亚胺有相同性质和用途的化合物用在酯化反应中。因此，虽然在说明书没有给出使用耦合剂的具体实施例，但所述领域技术人员能够从说明书公开的内容及其常识实现所述技术方案，并获得预期的技术效果。因此，请求人认为权利要求 25~32 得不到说明书支持的主张不成立。

综上所述，请求人提出的所有无效理由均不成立。

基于上述事实和理由，合议组作出下述决定。

三、决定

维持 01820885.1 号发明专利权有效。

当事人对本决定不服的，可以根据专利法第 46 条第 2 款的规定，自收到本决定之日起三个月内向北京市第一中级人民法院起诉。根据该款规定，一方当事人起诉后，另一方当事人应当作为第三人参加诉讼。

004

用甲醇生产二甲醚的方法

无效宣告请求审查决定（第12826号）

决　定　号　第12826号
决　定　日　2009年1月20日
发明创造名称　用甲醇生产二甲醚的方法
国际分类号　C07C43/04，C07C41/09
无效宣告请求人　成都天成碳一化工有限公司
专 利 权 人　四川天一科技股份有限公司
专　利　号　200410022020.5
申　请　日　2004年3月15日
授权公告日　2007年1月3日
合议组组长　刘　静
主　审　员　刘　亚
参　审　员　李亚林

法律依据　专利法第22条第3款
决定要点

如果一项权利要求保护的技术方案与请求人提供的最接近现有技术证据公开的方案相比存在区别特征，二者实质上不同，但请求人提供的所有现有技术证据既未公开所述区别特征，也未给出任何技术启示使得本领域技术人员有动机将所述区别特征运用到该最接近现有技术证据公开的方案中以解决其存在的技术问题，同时引入了所述区别特征的该权利要求保护的技术方案产生了有益的技术效果，则该权利要求保护的技术方案具备创造性。

一、案由

本无效宣告请求案涉及国家知识产权局于2007年1月3日公告授予的、名称为“用甲醇生产二甲醚的方法”的200410022020.5号发明专利（下称本专利），其申请日为2004年3月15日，专利权人为四川天一科技股份有限公司。该专利授权公告的权利要求书如下：

“1. 用甲醇生产二甲醚的方法，包括如下步骤：

a. 甲醇含量为70~99.99 Wt%，杂质以水为主的原料甲醇和从二甲醚精馏塔塔釜采出的以甲醇和水为主要成份的混合液在汽化提馏塔中汽化分离，从塔顶出来的甲醇蒸汽送入甲醇脱水反应系统，从汽化提馏塔塔釜釜液连续排出系统；

b. 脱水反应系统的以二甲醚、甲醇和水为主的反应产物从中、下部进入二甲醚精馏塔，从二甲醚精馏塔塔顶或塔上部侧线采出口采出纯度为80~99.99Wt%的二甲醚产品，二甲醚精馏塔塔釜中的混合液送入汽化提馏塔进行汽化分离。

2. 根据权利要求1所述的方法，其特征在于从步骤b得到的二甲醚送入精二甲醚精馏塔的下部，从塔上部侧线采出口采纯度为99.5~99.999Wt%的精二甲醚产品，从塔釜引出的物料与二甲醚精馏塔采出的二甲醚混合后作为较低纯度的二甲醚产品。

3. 根据权利要求1所述的方法，其特征在于从二甲醚精馏塔塔顶采出的蒸气经二甲醚冷却器冷凝后一部分或全部从塔顶回流口回流入塔内，未回流部分作为二甲醚产品采出，也可以从塔上部侧线采出全部二甲醚产品，回流量：采出量为0.2~4：1，重量比。

4. 根据权利要求1所述的方法，其特征在于原料甲醇从汽化提馏塔顶部，来自二甲醚精馏塔塔釜的甲醇和水为主的混合液在汽化提馏塔的中部进料口进入塔内，中部进料口的上部和下部都设有具有分离能力的塔节。

5. 根据权利要求1所述的方法，其特征在于表压压力为0.2~5MPa的水蒸气直接进入汽化提馏塔塔釜与其中的物料混合加热，或者用水蒸所或其他热载体通过再沸器间接加热汽化提馏塔塔釜内的物料，塔釜排出液中甲醇含量为0.01~0.2 Wt%。

6. 根据权利要求1所述的方法，其特征在于汽化提馏塔和二甲醚精馏塔为填料塔或板式塔，其工作表压压力为0.1~1.8Mpa。

7. 根据权利要求2所述的方法，其特征在于精二甲醚精馏塔为填料塔或板式塔，工作表压压力为0.2~2.0MPa。

8. 据权利要求2所述的方法，其特征在于从二甲醚精馏塔的回流口或产品引出口与中部的进料口之间设有沸点介于甲醇和二甲醚之间的中间组分引出口。”

针对上述专利权，成都天成碳一化工有限公司（下称请求人）于2007年11月1日向专利复审委员会提出无效宣告请求，其理由是本专利权利要求1~8不符合专利法第22条第3款的规定。请求人同时提交了下述附件：

附件1：“二甲醚生产技术进展综述”，李仲来，《小氮肥设计技术》，第24卷第3期，2003年，第2~9页，复印件共8页；

附件2：“二甲醚的甲醇气相催化法生产及其在气雾剂中的应用”，梁杰辉，《广东化工》，1996年第4期，第41~43页，复印件共3页。

请求人认为：（1）附件1破坏了权利要求1的创造性；本专利权利要求1与附件1第3页图1甲醇气相脱水制二甲醚工艺流程简图相比，其差别在于本专利权利要求1将附件1脱水反应器出来的反应产物经换热后进入二甲醚精馏塔改为不经换热直接去二甲醚精馏塔，将二甲醚精馏塔塔釜中的混合液经洗涤、换热后送入汽化提馏塔中汽化分离改为将二甲醚精馏塔釜中的混合液直接送入汽化提馏塔进行汽化分离，将二甲醚精馏塔上的冷凝器冷凝的部分二甲醚产品回流入二甲醚精馏塔中工序删除，将二甲醚精馏塔下部配的再沸器去掉，本专利权利要求1中的甲醇含量和二甲醚纯度为公知参数，从上述差别可知本专利权利要求1的方案是删除了附件1图1方案中余热的利用和废气的利用，其余与附件1图1中的方案相同，而本专利权利要求1的方案省去了附件1图1的方案中的洗涤塔、换热器、冷凝器和再沸器四个要素，其四个要素的功能也相应消失，也不能实现本专利权利要求1的发明目的能耗低，因此权利要求1不具备创造性。

（2）附件1作为最接近现有技术与本专利权利要求2相比，区别特征在于权利要求2串联了精二甲醚精馏塔，权利要求2的方案实际解决的技术问题是进一步提纯附件1的二甲醚产品；附件2第42页甲醇气相催化法制二甲醚生产流程图中粗二甲醚精馏塔7出来的粗二甲醚送入精二甲醚精馏塔的下部，从其上部侧线采出精二甲醚产品；从附件1和权利要求2实际解决的技术问题出发，现有技术给出了技术启示，附件2披露的技术手段也是粗二甲醚精馏塔串连精二甲醚精馏塔用以提纯二甲醚产品，附件1与附件2的结合否定了权利要求2的创造性。

（3）权利要求3的附加技术特征已为附件1所披露，未披露的部分没有实质性特点，因此权利要求3不具备创造性。权利要求4~8的附加技术特征都为本领域的常规方法，因此权利要求4~8不具备创造性。

经形式审查合格后，专利复审委员会受理了上述请求，于2007年11月21日向双方当事人发出《无效宣告请求受理通知书》，并将《专利权无效宣告请求书》及其附件清单中所列附件的副本转送给专利权人，要求其在指定的期限内答复，同时成立合议组对本无效宣告请求案进行审理。

2007年12月25日，专利权人针对上述无效宣告请求提交了意见陈述书，专利权人认为本专利权利要求1~8具备创造性，符合专利法第22条第3款的规定。其具体理由是：

（1）与附件1相比，权利要求1存在以下不同：①采用的甲醇汽化设备不同，本专利采用有分离功能的汽化提馏塔，附件1采用没有分离功能的蒸发器；②对原料甲醇以及二甲醚精馏塔塔釜中的混合液中所含水分的处理方式不同，本专利在汽化提馏塔中大部分水分从塔釜连续排出系统，不再进入反应循环体系，附件1中水分在蒸发器中加热汽化后进入反应循环体系；③二甲醚精馏塔塔釜中混合液的处理方式不同，本专利的该混合液不与原料甲醇混合作尾气洗涤液而是送入汽化提馏塔中，附件1中该混合液送入洗涤塔；④本专利二甲醚精馏塔塔釜中混合液不需冷却后再加热，不需设置附件1中的换热器2。

（2）本专利使用汽化提馏塔，既能汽化原料甲醇，又能分离提浓回收二甲醚精馏塔塔釜液中的甲醇，同时汽化提馏塔塔釜连续排出水分，附件1中汽化甲醇采用蒸发器，蒸发器没有分离功能，起不到提高甲醇浓度、分离排水的作用；附件1中原料甲醇中的水分全部汽化进入气相脱水反应系统，增加了水汽化所需热能，而且水分进入反应循环系统后使反应速度降低，同时也降低了反应的平衡转化率，这正是本专利背景技术提到的现有方法的特点之二；附件1整个装置系统都没有分离水的装置，原料甲醇带来的水和脱水反应生成的水没有排出口而在系统中累积，直至装置无法运行生产，附件1的工艺流程实际上是不可操作的；附件1使用二甲醚精馏塔塔釜液直接和原料甲醇一起进入洗涤塔洗涤精馏塔上部出来的不凝尾气，这种未提供精馏塔塔釜液冷却装置的设计是错误的，而且精馏塔塔釜液冷却降温后对尾气进行洗涤然后又加热后进入蒸发器，造成能量浪费，本专利直接将精馏塔塔釜液引入汽化提馏塔，利用了塔釜液的热量，减少了能耗；本专利的技术效果及其优点在说明书第3页第15行至第9页第1行作了详尽的说明，并与现有技术作了详尽的对比；因此本专利权利要求1具备创造性。

（3）附件2与权利要求2完全不同，附件2粗馏塔7的作用是分离出反应产物中的低沸点不凝性气体，权利要求2的精馏塔的作用是分离甲醇、水等高沸点重组分，在二甲醚精馏塔3（相当于附件1的精馏塔5和附件2的精馏塔26）后设置“精二甲醚精馏塔5”以同时生产两种纯度的产品，是本专利的首创。

（4）权利要求2~8是对权利要求1的操作步骤和/或条件作进一步限定，基于权利要求1具备创造性，这些权利要求同样具备创造性。

2008年4月29日，本案合议组向双方当事人发出《无效宣告请求口头审理通知书》，拟定于2008年6月10日对本专利权的无效宣告请求进行口头审理，并将专利复审委员会于2008年1月3日收到的由专利权人于2007年12月25日提交的意见陈述书随口头审理通知书转送给请求人，要求其在口头审理时一并答复。由于2008年5月12日四川省汶川地区发生特大地震灾害，原定于2008年6

月 10 日举行的口头审理被取消。2008 年 9 月 3 日，本案合议组再次向双方当事人发出《无效宣告请求口头审理通知书》，定于 2008 年 10 月 28 日对本专利权的无效宣告请求进行口头审理。

2008 年 10 月 28 日，口头审理如期进行，双方当事人的代理人出席了口头审理。合议组就本案的无效理由和证据进行了调查，双方当事人的代理人充分陈述了各自的意见。口头审理中确认并记录在案的事项主要包括：

（1）口头审理初始，双方当事人的代理人表示对对方出庭人员的身份和资格无异议，对合议组成员及书记员无回避请求。随后请求人的代理人提出其在提出无效宣告请求之日起一个月之内补充了新证据但因未缴费被专利复审委员会视为未提出。经核查后，合议组告知请求人的代理人如下事实：请求人于 2007 年 11 月 1 日提出本无效宣告请求并被专利复审委员会受理（案号为 4W01960），之后，请求人于 2007 年 11 月 23 日针对本专利向专利复审委员会再次提出无效宣告请求（案号为 4W02062），2007 年 12 月 4 日专利复审委员会再次收到请求人针对本专利提出的无效宣告请求（案号为 4W02063），由于请求人未在法定期限内缴纳或缴足无效宣告请求费而导致后两次提出的无效宣告请求均被视为未提出，因此，本次口头审理仅针对已经被受理的无效宣告请求（案号为 4W01960）。请求人的代理人在听取了上述意见之后，对代表合议组宣布上述意见的合议组成员提出回避请求，并要求中止无效程序。专利复审委员会经审查后作出《关于回避请求的处理决定》，认为请求人对合议组成员提出的回避请求无正当理由，因此驳回回避请求。合议组当庭将该处理决定送达请求人的代理人。对于请求人的代理人所提出的中止无效程序的请求，合议组当庭告知请求人的代理人，其不符合审查指南关于中止程序的规定。

（2）经过审理，请求人的代理人确认其无效宣告请求的范围和理由是本专利权利要求 1~8 不符合专利法第 22 条第 3 款的规定，使用的证据为附件 1 和附件 2，其中权利要求 1 相对于附件 1 不具备创造性，权利要求 2 相对于附件 1 和附件 2 不具备创造性，以附件 1 作为最接近对比文件，权利要求 3 的附加技术特征已经被附件 1 披露，权利要求 4~8 的附加技术特征为本领域的常规方法，但没有提供公知常识性证据。请求人确认，附件 1 使用第 3 页所示的图 1 以及图 1 上方和下方第 2.2 节之前的文字；附件 2 使用第 42 页的流程图以及第 41 页右栏第 3 行至第 14 行的文字。

（3）专利权人的代理人要求核对附件 1 和附件 2 的原件，请求人的代理人没有原件但表示附件 1 和附件 2 从维普资讯网获得，专利权人的代理人不认可维普资讯网，在请求人的代理人向专利权人的代理人当庭演示了从维普资讯网上获得附件 1 和附件 2 的全过程后，专利权人的代理人认可维普资讯网上公开的内容与请求人提供的附件 1 和附件 2 一致，但坚持认为请求人应当提供原件。专利权人的代理人表示对附件 1 和附件 2 的公开性没有异议。

至此，合议组认为本案的事实清楚，可以作出审查决定。

二、决定的理由

1. 关于审查文本

本无效宣告请求审查决定以本专利授权公告的文本作为审查基础。

2. 关于无效宣告理由和证据

（1）请求人在口头审理中提出，其在提出无效宣告请求之日起 1 个月之内于 2007 年 11 月 23 日补充了新证据但因未缴费而被视为未提出。对此，合议组查明：

请求人于 2007 年 11 月 1 日针对本专利向专利复审委员会提交了无效宣告请求书，同时提交了附件 1~2 作为证据，经形式审查合格后专利复审委员会受理了上述无效宣告请求（确立的案号为 4W01960，即本案）；2007 年 11 月 23 日，请求人针对本专利再次向专利复审委员会提交了无效宣告请求书，同时提交了三份证据（不同于前述附件 1~2）（案号为 4W02062）；2007 年 12 月 4 日，专利复审委员会又一次收到请求人提交的无效宣告请求书，但未提交任何附件作为证据（案号为4W02063）。2008 年 2 月 26 日，由于未缴费，专利复审委员会针对后两次无效宣告请求（即4W02062、4W02063）向请求人发出《无效宣告请求视为未提出通知书》。

在上述已查明事实的基础上，合议组认为，首先，专利法实施细则第 97 条已明确规定，无效宣告请求费应当自提出请求之日起 1 个月内按照规定缴纳，期满未缴纳或者未缴足的，视为未提出请求。就本案而言，只有请求人于 2007 年 11 月 1 日提出的无效宣告请求在提出请求之日起 1 个月内缴纳了无效宣告请求费并经形式审查合格后被专利复审委员会受理（4W01960，即本案），后两次无效宣告请求（即 4W02062、4W02063）均因请求人未能在提出请求之日起一个月内缴纳或缴足费用而被视为未提出。其次，4W01960、4W02062、4W02063 是针对本专利提出的 3 个无效宣告请求案，请求人认为 4W02062、4W02063 是对 2007 年 11 月 1 日提出的无效宣告请求（4W01960，即本案）的补充意见陈述和补充证据的主张明显与事实不符。事实上，在本案（4W01960）中，请求人并没有在提出无效宣告请求之日起 1 个月之内补充任何无效宣告理由和证据，请求人也没有任何证据证明其在提出无效宣告请求之日起 1 个月之内向专利复审委员会提交了意见陈述书以补充无效宣告理由或证据。请求人关于补充证据的主张既无事实根据，也无法律依据，合议组不予支持。

鉴于视为未提出的无效宣告请求不属于本案合议组审理的范围，因此，根据请求人在 2007 年 11 月 1 日提交的无效宣告请求书和 2008 年 10 月 28 日进行的口头审理中陈述的意见，合议组确定本案审理的无效宣告理由是权利要求 1~8 不符合专利法第 22 条第 3 款的规定，使用的证据是附件 1 和附件 2，其中权利要求 1 相对于附件 1 不具备创造性，权利要求 2 相对于附件 1 结合附件 2 不具备创造性，以附件 1 作为最接近的对比文件。

（2）请求人在提出无效宣告请求时提交了附件 1 和附件 2，在口头审理中专利权人要求核对附件 1 和附件 2 的原件，请求人没有原件但表示其是从维普资讯网获得附件 1 和附件 2，并当庭向专利权人演示了从维普资讯网检索和下载附件 1 和附件 2 的全过程，专利权人认可维普资讯网上公开的内容与请求人提供的附件 1 和附件 2 一致，但仍认为请求人应提交原件。

对此，合议组认为，证明案件事实的证据应当具有真实性，对证据真实性的审查应当考察证据的形成过程，即证据的来源以及证据的内容两个方面。就本案的证据而言，从证据形式上看，附件 1 和附件 2 为中文科技期刊文献。根据请求人的主张，附件 1 和附件 2 从维普资讯网下载得到。维普资讯网是重庆维普资讯有限公司营运的具有一定知名度的商业网站，其通过收录公开发行的纸件中文科技期刊而制作电子形式的中文科技期刊文献供互联网用户检索和下载。为证明附件 1 和附件 2 的真实性，请求人当庭向专利权人演示了从维普资讯网检索和下载所述附件的全过程，专利权人对请求人当庭演示的全过程也未提出任何异议，并且亦承认维普资讯网上电子形式的附件 1 和附件 2 与请求人提供的附件 1 和附件 2 一致。因此，请求人已证明附件 1 和附件 2 来源于维普资讯网的中文科技期刊文献电子数据库，而专利权人并没有合理理由或证据可以质疑维普资讯网及其收录和制作的电子形式的中文科技期刊文献的内容不真实，在此情况下，合议组对请求人提供的附件 1 和附件 2 的真实性予以认可。

附件 1 是李仲来发表在 2003 年第 24 卷第 3 期《小氮肥设计技术》的、名称为“二甲醚生产技术进展综述”的科技文章，附件 2 是梁杰辉发表在 1996 年第 4 期《广东化工》的、名称为“二甲醚的甲醇气相催化法生产及其在气雾剂中的应用”的科技文章，专利权人对附件 1 和附件 2 的公开性无异议，附件 1 和附件 2 上载明的出版日期均早于本专利申请日，因此附件 1 和附件 2 属于本专利申请日前公开的现有技术，可以用于评价本专利的创造性。

3. 关于创造性

专利法第 22 条第 3 款规定，创造性，是指同申请日以前已有的技术相比，该发明有突出的实质性特点和显著的进步，该实用新型有实质性特点和进步。

如果一项权利要求保护的技术方案与请求人提供的最接近现有技术证据公开的方案相比存在区别特征，二者实质上不同，但请求人提供的所有现有技术证据既未公开所述区别特征，也未给出任何技术启示使得本领域技术人员有动机将所述区别特征运用到该最接近现有技术证据公开的方案中以解决其存在的技术问题，同时引入了所述区别特征的该权利要求保护的技术方案产生了有益的技术效果，则该权利要求保护的技术方案具备创造性。

（1）本专利权利要求 1 保护一种用甲醇生产二甲醚的方法，包括如下步骤：

①甲醇含量为 70~99. 99 Wt%，杂质以水为主的原料甲醇和从二甲醚精馏塔塔釜采出的以甲醇和水为主要成份的混合液在汽化提馏塔中汽化分离，从塔顶出来的甲醇蒸汽送入甲醇脱水反应系统，从汽化提馏塔塔釜釜液连续排出系统；

②脱水反应系统的以二甲醚、甲醇和水为主的反应产物从中、下部进入二甲醚精馏塔，从二甲醚精馏塔塔顶或塔上部侧线采出口采出纯度为 80~99. 99Wt% 的二甲醚产品，二甲醚精馏塔塔釜中的混合液送入汽化提馏塔进行汽化分离。

在无效宣告请求书和口头审理中请求人表示仅以附件 1 评价权利要求 1 的创造性，并且请求人明确附件 1 使用图 1 以及图 1 上方和下方第 2. 2 节之前的文字。

合议组查明，附件 1 是总结二甲醚生产技术进展的综述性文章，其中图 1 是甲醇气相脱水制二甲醚工艺流程简图，图 1 上方文字部分主要公开了如下内容：“甲醇气相脱水制二甲醚，是将甲醇蒸汽通过催化剂床层进行脱水反应而得二甲醚”，“所用催化剂主要有活性氧化铝、结晶硫酸铝、13X 分子筛、ZSM-5 分子筛等。反应温度控制在 290~310℃，反应压力一般为 0. 4~0. 6MPa。在此条件下，甲醇转化率为 75%，二甲醚选择性为 99%，收率 94~95%，二甲醚纯度可达 99. 5%”。图 1 下方第 2. 2 节之前的文字部分主要介绍了甲醇气相催化脱水制二甲醚工艺在国内外的发展和应用情况。图 1 所示如下：

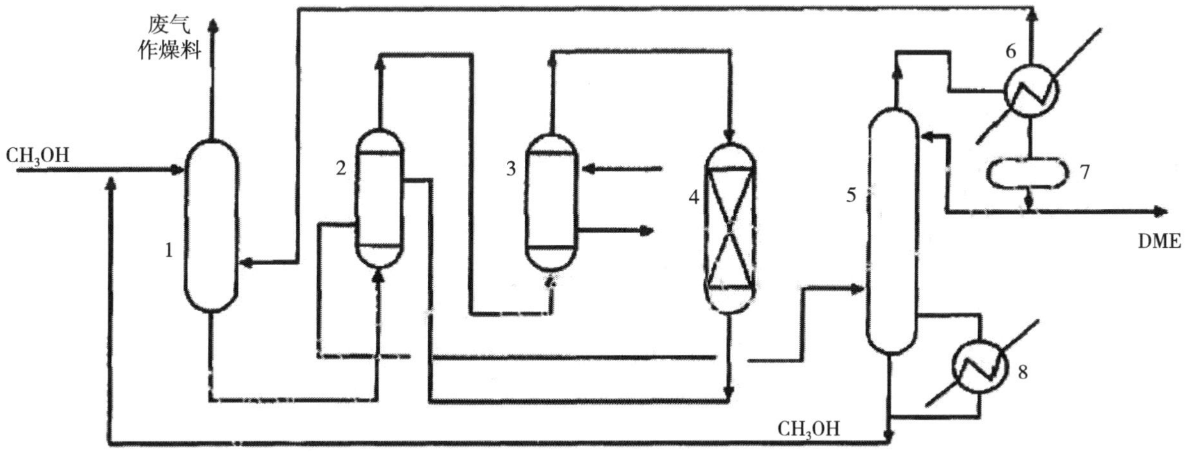

图 1　甲醇气相脱水制二甲醚工艺简图

1　洗涤塔　2　换热器　3　蒸发器　4　反应器　5　精馏塔　6　冷凝器　7　贮槽　8　再沸器

除了图 1 所示的简图本身以及附图标记的说明之外，附件 1 对图 1 所示的工艺流程没有给出任何具体的文字说明，合议组由图 1 能够直接地、毫无疑义地确定的内容是：原料甲醇和从精馏塔 5 塔底排出的甲醇一起从塔顶侧送入洗涤塔 1，洗涤塔 1 的塔顶得到的废气用作烯料，塔底的液体送入换热器 2 同反应器 4 的出料换热后进入蒸发器 3，蒸发器 3 的顶部出料送入反应器 4，反应器 4 的出料经换热器 2 后送入精馏塔 5，精馏塔 5 塔底出料的甲醇送入洗涤塔 1，精馏塔 5 外部塔釜侧设置有再沸器 8，精馏塔 5 塔顶出料经冷凝器 6 后一部分送入洗涤塔 1，另一部分送入贮槽 7，贮槽 7 的产品一部分直接采出为二甲醚产品，另一部分从精馏塔 5 塔顶侧回流入塔内。

合议组认为，由附件 1 公开的上述内容可知，本专利与附件 1 均涉及甲醇气相催化脱水制二甲醚的方法，二者属于相同技术领域。本专利权利要求 1 的方法与附件 1 公开的上述工艺方法相比，区别主要在于：①本专利权利要求 1 限定原料甲醇的甲醇含量为 70~99.99wt% 且杂质以水为主，附件 1 未公开所用原料的甲醇含量和所含杂质；②本专利权利要求 1 的方法采用汽化提馏塔作为汽化设备，附件 1 的工艺采用蒸发器作为汽化设备；③附件 1 的原料甲醇，以及来自二甲醚精馏塔的甲醇在进入蒸发器前先通过洗涤塔的洗涤除去废气，再在换热器中经与反应器出料的反应产物换热而进行预热，本专利权利要求 1 的方法未限定附件 1 图 1 中所示的洗涤（洗涤塔 1）、预热（换热器 2），权利要求 1 的方法中原料甲醇，以及来自二甲醚精馏塔塔釜的甲醇混合液在连续排出塔釜釜液的汽化提馏塔中汽化分离。

根据本专利说明书第 3~5 页的记载，汽化提馏塔可以是两段进料的提馏塔，原料带来的水和二甲醚精馏塔塔釜混合液中的水均从汽化提馏塔塔釜连续排出，汽化后的甲醇蒸汽从汽化提馏塔塔顶排出作为气相脱水反应的原料，其兼有汽化原料甲醇，以及分离回收二甲醚精馏塔塔釜混合液中甲醇的双重功能。本专利实施例一中汽化提馏塔塔顶汽化的甲醇的纯度比原料甲醇的纯度高，这证明本专利的汽化提馏塔能够将原料以及二甲醚精馏塔塔釜混合液中的甲醇和水有效分离，即汽化提馏塔具有汽化和提纯甲醇的功能，由此可以减少进入脱水反应系统的水分，提高脱水反应的速度和平衡转化率。请求人认为附件 1 的蒸发器具有汽化和分离的功能，专利权人则认为附件 1 的蒸发器仅有汽化功能，且蒸发器将原料中的水分全部汽化。对此，合议组认为，本领域技术人员知道，蒸发是在液体表面发生的汽化现象；由于附件 1 并未对图 1 中所示的蒸发器给出任何文字说明，并未公开蒸发器的型式、构造、操作条件、蒸发的方式和热源等等，本领域技术人员不能确定附件 1 图 1 中所示的蒸发器具有汽化之外的其他功能，请求人也没有任何证据可以证明附件 1 图 1 所示的蒸发器具有有效分离甲醇与水的功能。因此，相对于附件 1 公开的工艺方法而言，引入上述区别特征的本专利权利要求 1 的方案实际解决的技术问题是在甲醇气相催化脱水制备二甲醚的工艺中减少进入脱水反应系统的水分、提高脱水反应的速度和平衡转化率。

根据附件 1 记载的信息，附件 1 未公开上述区别特征①~③，也未给出任何技术启示使得本领域技术人员在面对上述实际解决的技术问题时有动机想到选择甲醇含量为 70~99.99wt%、杂质以水为主的原料甲醇并将汽化设备由蒸发器变换和改造为本专利所述的汽化提馏塔。本专利权利要求 1 的方法由于采用所述的汽化提馏塔作为汽化设备从而减少了原料汽化所需的能量，减少了进入脱水反应系统的水分，提高了脱水反应的速度和平衡转化率，获得了有益的技术效果。因此本专利权利要求 1 相对于附件 1 具备突出的实质性特点和显著的进步，具备创造性，符合专利法第 22 条第 3 款的规定。

（2）本专利权利要求 2 是权利要求 1 的从属权利要求，其进一步限定的附加技术特征是从步骤 b 得到的二甲醚送入精二甲醚精馏塔的下部，从塔上部侧线采出口采纯度为 99.5~99.999wt% 的精二甲醚产品，从塔釜引出的物料与二甲醚精馏塔采出的二甲醚混合后作为较低纯度的二甲醚产品。

在无效宣告请求书和口头审理中请求人明确以附件 1 和附件 2 评价权利要求 2 的创造性，其中附件 1 作为最接近的对比文件，并且附件 2 使用第 42 页的流程图以及第 41 页右栏第 3 行至第 14 行的文字。

附件 1 公开的内容如上所述，权利要求 2 的方法与附件 1 公开的内容相比，其区别除了上述区别特征①、②和③之外，还在于④ 附件 1 未公开将来自于二甲醚精馏塔塔顶或塔上部的二甲醚送入精二甲醚精馏塔的下部，从塔上部侧线采出口采纯度为 99. 5~99. 999wt% 的精二甲醚产品，从塔釜引出的物料与二甲醚精馏塔采出的二甲醚混合后作为较低纯度的二甲醚产品，即附件 1 未披露权利要求 2 的附加技术特征。根据上述区别特征所能达到的技术效果，可以确定相对于附件 1 公开的工艺方法，权利要求 2 的方案实际解决的技术问题是，在甲醇气相催化脱水制备二甲醚的工艺中减少进入脱水反应系统的水分、提高脱水反应的速度和平衡转化率并且同时生产不同规格、不同纯度的二甲醚产品。

合议组查明，附件 2 涉及二甲醚的甲醇气相催化法生产工艺及二甲醚在气雾剂中的应用，附件 2 第 42 页示出了甲醇气相催化法制二甲醚的生产流程简图：

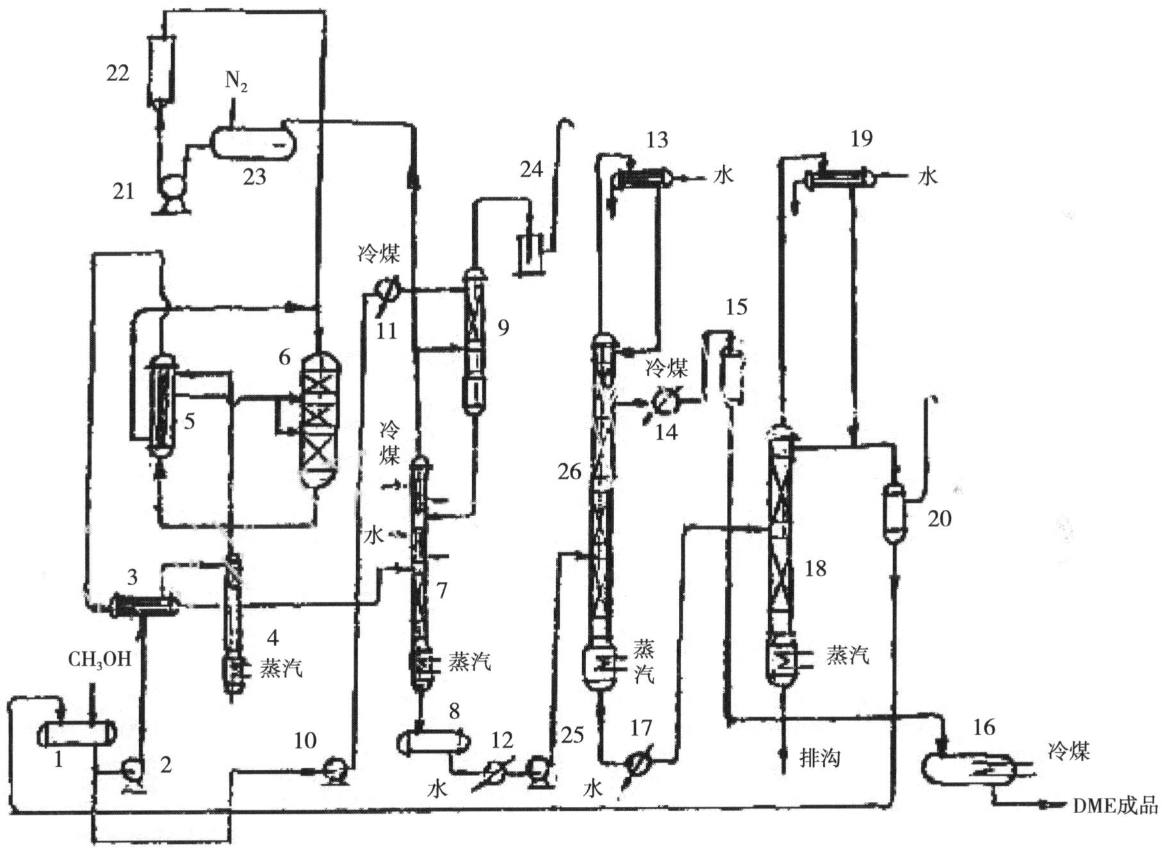

甲醇气相催化法制二甲醚生产流程简图

1-循环甲醇贮罐　2-甲醇送料泵　3-甲醇预热器　4-甲醇气化塔　5-换热器　6-反应器　7-粗馏塔　8-粗甲醚贮罐　9-醇洗塔　10-醇洗塔进料泵　11-甲醇冷却器　12-粗甲醚冷却器　13-二甲醚冷凝器　14-二甲醚冷凝器　15-计量罐　16-二甲醚成品贮槽　17-精馏塔釜液冷却器　18-甲醇回收塔　19-甲醇冷凝器　20-回收甲醇贮罐　21-N_2 气压缩机　22-开工电炉　23-N_2 气胶囊　24-安全水封　25-精馏塔进料泵　26-精馏塔

第 41 页右栏第 3 行至第 14 行披露，“国内首套 2500t/a 甲醇气相催化法制二甲醚工业生产装置可分为甲醇汽化、催化反应、蒸馏提纯和甲醇回收四个部分。催化反应是本装置的核心部分，采用经特殊处理的固体酸催化剂”，“反应器采用三段中间冷激式。反应物的分离部分（即粗甲醚提纯）采用两塔流程和双波纹高效填料法，以确保最终可以获得纯度在 99. 9% 以上的气雾剂级二甲醚产品。未转化的甲醇经过甲醇回收塔后与水分离，从而得以回收并循环使用”。

由附件2公开的上述生产流程可知，附件2未公开上述区别特征①、②和③。附件2生产流程简图中所示的主要由粗馏塔和精馏塔构成的两塔流程也不同于权利要求2中二甲醚精馏塔与精二甲醚精馏塔的工艺。纵观附件1和附件2，它们均未给出任何技术启示使得本领域技术人员有动机将上述区别特征①~④应用到附件1中以解决上述实际解决的技术问题。本专利权利要求2的方法不但减少了原料汽化所需的能量，减少了进入脱水反应系统的水分，提高了脱水反应的速度和平衡转化率，而且可以同时生产不同规格、不同纯度的二甲醚产品，因此获得了有益的技术效果。故本专利权利要求2相对于附件1和附件2具备突出的实质性特点和显著的进步，具备创造性，符合专利法第22条第3款的规定。

（3）本专利权利要求3~6是引用权利要求1的从属权利要求，权利要求7~8是引用权利要求2的从属权利要求，如上所述，在权利要求1和2均具备创造性的基础上，权利要求3~8也具备创造性，符合专利法第22条第3款的规定。

基于以上事实和理由，本案合议组作出如下决定。

三、决定

维持200410022020.5号发明专利权有效。

当事人对本决定不服的，可以根据专利法第46条第2款的规定，自收到本决定之日起三个月内向北京市第一中级人民法院起诉。根据该款的规定，一方当事人起诉后，另一方当事人应当作为第三人参加诉讼。

北京市第一中级人民法院
行政判决书

（2009）一中行初字第1136号

原告成都天成碳一化工有限公司，住所地四川省成都市武侯区科技园武科东二路11号7幢4层7-3附2号。

法定代表人梁恩元，执行董事。

委托代理人詹炯，四川天润华邦律师事务所律师。

委托代理人阙雯，四川天润华邦律师事务所律师。

被告国家知识产权局专利复审委员会，住所地北京市海淀区北四环西路9号银谷大厦10~12层。

法定代表人廖涛，副主任。

委托代理人刘亚，国家知识产权局专利复审委员会审查员。

委托代理人程强，国家知识产权局专利复审委员会审查员。

第三人四川天一科技股份有限公司，住所地四川省成都市高新区高朋大道5号成都高新区技术创新服务中心。

法定代表人陈宝通，董事长。

委托代理人王荔，女，1970年8月19日出生，四川省成都市天策商标专利事务合伙人，住四川省成都市成华区府青路东一街1号77栋3单元3楼5号。

委托代理人孙明岩，男，1977年11月14日出生，四川省成都市天策商标专利事务所职员，住北京市东城区中华路4号。

原告成都天成碳一化工有限公司（简称天成碳一公司）不服被告国家知识产权局专利复审委员会（简称专利复审委员会）作出的第12826号无效宣告请求审查决定（简称第12826号决定），于法定期限内向本院提起诉讼。本院于2009年4月21日受理本案后，依法组成合议庭，并依法通知四川天一科技股份有限公司（简称天一公司）作为第三人参加诉讼，于2009年6月26日公开开庭进行了审理。原告天成碳一公司的委托代理人詹炯，被告专利复审委员会的委托代理人刘亚、程强，第三人天一公司的委托代理人孙明岩到庭参加诉讼。本案现已审理终结。

专利复审委员会2009年1月20日作出的第12826号决定是针对天成碳一公司对天一公司享有的200410022020.5号名称为“用甲醇生产二甲醚的方法”的发明专利（简称本专利）所提出的无效宣告请求作出的。

专利复审委员会在第12826号决定中认为：天成碳一公司分别于2007年11月1日、11月23日和12月4日三次提交无效宣告请求书。由于天成碳一公司对后两次请求未缴费，专利复审委员会针对后两次请求向天成碳一公司发出《无效宣告请求视为未提出通知书》，天成碳一公司主张后两次请求书属于对第一次请求的证据补充，不是新的无效宣告请求，但无证据佐证，故专利复审委员会不予支持。关于创造性，将本专利与附件1所公开的工艺方法比对可见，区别主要在于：1. 本专利权利要求1限定原料甲醇的甲醇含量为70~99.99wt%，且杂质以水为主，附件1未公开所用原料的甲醇含量和所含杂质；2. 本专利权利要求1的方法采用汽化提馏塔作为汽化设备，附件1的工艺采用蒸发器作为汽化设备；3. 附件1的原料甲醇以及来自二甲醚精馏塔的甲醇在进入蒸发器前先通过洗涤塔的洗涤除去废气，再在换热器中经与反应器出料的反应产物换热而进行预热，本专利权利要求1的方法未限定附件1图1中所示的洗涤（洗涤塔1）、预热（换热器2），权利要求1的方法中原料甲醇、以及来自二甲醚精馏塔塔釜的甲醇混和液在连续排出塔釜釜液的汽化提馏塔中汽化分离。根据本专利说明书第3~5页的记载，汽化提馏塔可以是两段进料的提馏塔，原料带来的水和二甲醚精馏塔塔釜混合液中的水均从汽化提馏塔塔釜连续排出，汽化后的甲醇蒸汽从汽化提馏塔塔顶排出作为气相脱水反应的原料，其兼有汽化原料甲醇、以及分离回收二甲醚精馏塔塔釜混合液中甲醇的双重功能。本专利实施例一中汽化提馏塔塔顶汽化的甲醇的纯度比原料甲醇的纯度高，这证明本专利的汽化提馏塔能够将原料以及二甲醚精馏塔塔釜混合液中的甲醇和水有效分离，提高脱水反应的速度和平衡转化率，天成碳一公司认为附件1的蒸发器具有汽化和分离的功能，天一公司则认为附件1的蒸发器仅有汽化功能，且蒸发器将原料中的水分全部汽化。对此专利复审委员会认为，本领域技术人员都知道，蒸发是在液体表面发生的汽化现象；由于附件1并未对图1中所示的蒸发器给出任何文字说明，并未公开蒸发器型式、构造、操作条件、蒸发的方式和热源等，本领域技术人员不能确定附件1图1中所示的蒸发器具有汽化之外的其他功能，天成碳一公司也没有任何证据可以证明附件1的图1中所示的蒸发器具有有效分离甲醇和水的功能。因此，相对于附件1公开的工艺方法而言，引入上述区别特征的本专利权利要求1的方案实际解决的技术问题是在甲醇气相催化脱水制备二甲醚的工艺中减少进入脱水反应系统的水分、提高脱水反应的速度和平衡转化率。而附件1未公开上述区别特征1、3，也未给出任何技术启示使得本领域技术人员在面对上述技术问题时，有动机想到选择甲醇含量为70~99.99wt%，杂质以水为主的原料甲醇并将汽化设备由蒸发器变换改造为本专利所述的汽化提馏塔。本专利权利要求1的方法由于采用所述的汽化提馏塔作为汽化设备从而减少了原料汽化所需的能量，减少了进入脱水反应系统的水分，提高了脱水反应的速度和平衡转化率，获得了有益的技术效果，因此本专利权利要求1相对于附件1具备突出的实质性特点和显著的进步，具备创造性，符合《中华人民共和国专利法》（简称《专利法》）第二十二条第三款的规定。本专利权利要求2是权利要求1的从属权利要求，进一步限定的附加技术特征是将从步骤 b 得到的二甲醚送入精二甲醚精馏塔的下部，从塔上部侧线采出口采取纯度为 99.5~99.999wt% 的精二甲醚产品，从塔釜引出的物料与二甲醚精馏塔采出的二甲醚混合后作为较低纯度的二甲醚产品。将权利要求 2 的方法与附件 1 所公开的内容相比对，其区别除了前述区别特征 1、2、3 之外，还有 4 附件 1 未公开的将来自于二甲醚精馏塔塔顶或塔上部的二甲醚送入精二甲醚精馏塔的下部，从塔的上部侧线采出口采取纯度为 99.5~99.999wt% 的精二甲醚产品，从塔釜引出的物料与二甲醚精馏塔采出的二甲醚混合后作为较低纯度的二甲醚产品，即附件 1 未披露权利要求 2 的附加技术特征。根据上述区别特征所能达到的技术效果，可以确定相对于附件 1 公开的工艺方法，权利要求 2 的方案实际解决的技术问题是在甲醇气相催化脱水制备二甲醚的工艺中减少进入脱水反应系统的水分，提高脱水反应的速度和平衡转化率并且同时生产不同规格、不同纯度的二甲醚产品。专利复审委员会查明附件 2 涉及二甲醚的甲醇气相催化法生产工艺及二甲醚在气雾剂中的应用，根据附件 2 第 42 页所示甲醇气相催化法制备二甲醚的生产流程图及第 41 页文字记述，可知附件 2 未公开上述区别特征 1、2、3。其生产流程图中所示的主要由粗馏塔和精馏塔构成的两塔流程也不同于权利要求 2 中二甲醚精馏塔与精二甲醚精馏塔的工艺。附件 1、2 均未给出任何技术启示使得本领域技术人员有动机将上述区别特征 1 至 4 应用到附件 1 中，以解决上述技术问题，本专利权利要求 2 的方法不但减少了原料汽化所需的能量，减少了进入脱水反应系统的水分，提高了脱水反应的速度和平衡转化率，而且可以同时生产不同规格、不同纯度的二甲醚产品，因此获得了有益的技术效果。故本专利权利要求 2 相对于附件 1 和附件 2 具备突出的实质性特点和显著的进步，具备创造性，符合《专利法》第二十二条第三款的规定。本专利权利要求 3 至 6 是引用权利要求 1 的从属权利要求，权利要求 7 至 8 是引用权利要求 2 的从属权利要求，如上所述，权利要求 1、2 具备创造性，在此基础上，权利要求 3 至 8 也具备创造性，符合《专利法》第二十二条第三款的规定。综上，决定：维持 200410022020.5 号发明专利权有效。

原告天成碳一公司不服，起诉称：（1）第 12826 号决定违反《中华人民共和国专利法实施细则》（简称《专利法实施细则》）第六十六条之规定，剥夺了我公司依法享有补充证据及理由的权利。我公司于 2007 年 11 月 1 日向专利复审委员会提交本案无效宣告请求书后，分别于同年 11 月 23 日、26 日两次补充了部分证据和理由，并以《专利权无效宣告请求书》之名提交给专利复审委员会，此后，专利复审委员会两次以《无效宣告请求视为未提出通知书》的形式，将我公司提交的上述补充证据与理由认定为新的无效宣告请求，并以逾期未缴纳请求费，按“视为未提出”处理。我公司认为，我公司在提起无效宣告请求书后的 1 个月内提交上述补充证据和意见，符合上述《专利法实施细则》的规定，专利复审委员会所作“视为未提出”决定是错误的。（2）关于本专利创造性。我公司认为，第 12826 号决定中有关对本专利权利要求 1 与附件 1 比对归纳的区别特征 1 和 2 点是错误的，其中区别特征 1 属于本领域公知常识，本领域技术人员都知道原料甲醇的甲醇含量在 70~99.99wt%，且杂质以水为主，连天一公司自己也未将此作为区别特征之一。附件 1 虽然只是标示出了蒸发器，没有标示原料甲醇带来的水和脱水反应生成的水被排出的排水口，但本领域技术人员看到附件 1 的图 1 后都知道，它是简图，未标排水口，并不表示没有排水口，而有排水口则表明该图 1 所示的蒸发器不仅具备汽化功能，也具备分离水分功能，故第 12826 号决定中所归纳的区别特征 2 实质上也是不成立的。关于区别特征 3，我公司认为本专利实质是将附件 1 的脱水反应器的反应产物经换热后进入二甲醚精馏塔，改为不经换热而直接去二甲醚精馏塔；将二甲醚精馏塔塔釜中的混合液经洗涤、换热后送入汽化提馏塔中汽化分离，改为将二甲醚精馏塔塔釜中的混合液直接送入汽化提馏塔进行汽化分离；将二甲醚精馏塔上的冲凝器冷凝的部分二甲醚产品回流入二甲醚精馏塔中的工序删除；将二甲醚精馏塔下部配置的再沸器去掉。不难看出本专利权利要求 1 的技术方案是删除了附件 1 技术方案中余热和废气利用工序，其余与附件1技术方案都相同，故，权利要求1显然属于省略要素的发明，而省略掉洗涤塔、换热器、冷凝器、再沸器后，四者所对应的功能也相应丢失，从而不能实现本专利权利要求1的低能耗发明目的。因此，权利要求1没有创造性。（3）专利复审委员会同时应当采用我公司补充提交的证据3至6，对本专利权利要求1至8作出评述，从而可见，本专利没有新颖性或创造性。其中，将本专利权利要求2与附件1比对，区别特征在于串连了精二甲醚精馏塔，其实际解决的技术问题是进一步提纯附件1的二甲醚产品，因此，从二者所要解决的技术问题看，现有技术已经给出了技术启示，权利要求2对本领域技术人员来说是显而易见的，不具有突出的实质性特点。况且，附件2也披露了粗二甲醚精馏塔串连精二甲醚精馏塔，用以提纯二甲醚产品技术，故附件1与2的结合也否定了权利要求2的创造性。综上，请求撤销第12826号决定，宣告200410022020.5号发明专利权无效。

被告专利复审委员会辩称：（1）关于程序问题，天成碳一公司提交的是《专利权无效宣告请求书》，未提交补充证据和意见，根据该请求书，我委认为属于单独的无效宣告请求，无法看出是对已有的无效宣告请求证据和意见的补充。另外，天成碳一公司如不服《无效宣告请求视为未提出通知书》，可以另行起诉，而不属本案审理范围。（2）关于创造性问题，我委坚持第12826号决定的意见，我委确定本专利与附件1的区别特征，据该区别特征所达到的技术效果确定本专利实际解决的技术问题，并判断本专利权利要求1的技术方案对于本领域技术人员而言是否显而易见，所作评判符合法律和审查规则。天成碳一公司有关附件1的蒸发器与本专利的汽化提馏塔实质相同的主张明显缺乏事实依据，所述附件1图1应有排水口一节，属于其主观推测，不能作为附件1已经公开的内容。有关其以补充证据评判本专利的主张，我委不予认可，此属于未在我委审查期间出现的证据，不应进入司法审理范围。综上，第12826号决定认定事实清楚、适用法律正确、程序合法，我委请求驳原告的诉讼请求，维持第12826号决定。

第三人天一公司同意第12826号决定，其没有提交书面陈述。

经审理查明：

2004年3月15日，天一公司申请了名称为“用甲醇生产二甲醚的方法”发明专利（即本专利），2007年1月3日获得授权，专利号为200410022020.5，专利权人为天一公司。本专利权利要求为：（1）用甲醇生产二甲醚的方法，包括如下步骤：①甲醇含量为70~99.99wt%，杂质以水为主的原料甲醇和从二甲醚精馏塔塔釜采出的以甲醇和水为主要成份的混合液在汽化提馏塔中汽化分离，从塔顶出来的甲醇蒸汽送入甲醇脱水反应系统，从汽化提馏塔塔釜釜液连续排出系统；②脱水反应系统的以二甲醚、甲醇和水为主的反应产物从中、下部进入二甲醚精馏塔，从二甲醚精馏塔塔顶或塔上部侧线采出口采出纯度为80~99.99wt%的二甲醚产品，二甲醚精馏塔塔釜中的混合液送入汽化提馏塔进行汽化分离。（2）根据权利要求1所述的方法，其特征在于从步骤b得到的二甲醚送入精二甲醚精馏塔的下部，从塔上部侧线采出口采纯度为99.5~99.999wt%的精二甲醚产品，从塔釜引出的物料与二甲醚精馏塔采出的二甲醚混合后作为较低纯度的二甲醚产品。（3）根据权利要求1所述的方法，其特征在于从二甲醚精馏塔塔顶采出的蒸汽经二甲醚冷却器冷凝后一部分或全部从塔顶回流口回流入塔内，未回流部分作为二甲醚产品采出，也可以从塔上部侧线采出全部二甲醚产品，回流量：采出量为0.2~4：1，重量比。（4）根据权利要求1所述的方法，其特征在于原料甲醇从汽化提馏塔顶部，来自二甲醚精馏塔塔釜的甲醇和水为主的混合液在汽化提馏塔的中部进料口进入塔内，中部进料口的上部和下部设有具有分离能力的塔节。（5）根据权利要求1所述的方法，其特征在于表压压力为0.2~5MPa的水蒸气直接进入汽化提馏塔塔釜与其中的物料混合加热，或者用水蒸所或其他热载体通过再沸器间接加热汽化提馏塔塔釜内的物料塔釜排出液中甲醇含量为0.01~0.2wt%。（6）根据权利要求1所述的方法，其特征在于汽化提馏塔和二甲醚精馏塔为填料塔或板式塔，其工作表压压力为0.1~

1.8MPa。(7) 根据权利要求2所述的方法，其特征在于精二甲醚精馏塔为填料塔或板式塔，工作表压压力为0.2~2.0MPa。(8) 根据权利要求2所述的方法，其特征在于从二甲醚精馏塔的回流口或产品引出口与中部的进料口之间设有沸点介于甲醇和二甲醚之间的中间组分引出口。

2007年11月1日，天成碳一公司以本专利不符合《专利法》第二十二条第三款之规定为由，以《专利权无效宣告请求书》形式向专利复审委员会提出无效宣告请求，并提交了附件1：2003年第24卷第3期《小氮肥设计技术》杂志中李仲来的《二甲醚生产技术进展综述》及附件2：1996年第4期《广东化工》杂志中梁杰辉的《二甲醚的甲醇气相催化法生产及其在气雾剂中的应用》两证。此后，天成碳一公司仍以《专利权无效宣告请求书》形式两次向专利复审委员会递交文书，《专利权无效宣告请求书》使用的是国家知识产权局对外公开的有关无效宣告请求的固定文本格式，上载明有请求人姓名、地址、电话和专利代理人姓名、地址、电话等填写栏，相关法律依据及涉案专利号、专利权人、专利名称等信息填写栏，“无效宣告请求的理由、范围及所依据证据”填写栏，在相关法律告知及释明部分中载明：1. 根据《专利法实施细则》第六十六条的规定，无效宣告请求人可以在提出无效宣告请求之日起一个月内增加理由或者补充证据。逾期增加理由或者补充证据的，专利复审委员会可以不予考虑。2. 根据《专利法实施细则》第九十七条的规定，无效宣告请求人应当自提起请求之日起一个月内，缴纳无效宣告请求费。期满未缴纳或者未缴足的，视为未提起无效宣告请求。在天成碳一公司第二次提交的文本中显示“附件清单”中登记有附件3~6新证据，在第三次提交的文本中显示，天成碳一公司没有提交文本中的全部“附件清单”登记，只有关于附件1“小氮肥设计技术”2份，每份8页的内容登记。上述两文本中的专利代理人姓名、地址、电话等填写栏中均载明，其专利代理机构为“成都立信专利事务所有限公司”、代理人姓名为“冯忠亮”。

2008年2月26日，专利复审委员会针对天成碳一公司第二次2007年11月23日及第三次2007年12月4日递交的《专利权无效宣告请求书》，均以未按期缴纳请求费为由，发出《无效宣告请求视为未提出通知书》，告知其按未提出无效宣告请求对待。2008年3月8日，天成碳一公司的代理人成都立信专利事务所有限公司向国家知识产权局提交意见陈述书，称，2007年11月7日，请求费已缴纳。

针对上述证据，天成碳一公司认为，其并不知晓存在补充证据文书格式，因而错用了《专利权无效宣告请求书》文书格式，对此审查机关有义务予以告知，故错不在己。专利复审委员会表示，(1) 针对一项专利技术，无效请求人可以若干次提起无效宣告请求，天成碳一公司三次提交的都是《专利权无效宣告请求书》，属于三次提出无效宣告请求。(2) 不论是无效宣告请求书，或者是补充证据意见陈述书等格式文本属于国家知识产权局对外公开文本，相关网上都有提供。(3) 天成碳一公司提出请求时有专利代理人代理，作为专门从事专利代理事务的代理人应当知晓所用文书格式。(4) 审查机关仅凭天成碳一公司提交的《专利权无效宣告请求书》，无从知晓其是作补充证据意见陈述，只能理解其是单独提起无效宣告请求。因此天成碳一公司后两次提交的请求书中所附“新证据”不属于本次请求中的补充证据，法院不应予以考虑。

对有关第12826号决定所归纳的本专利权利要求1与附件1区别特征1，天成碳一公司主张属于公知性常识。专利复审委员会认为，对区别特征的归纳不因是公知常识而不予考虑为区别特征，更何况不属于公知常识，天成碳一公司如果作此主张应当提供证据加以证明。

根据天成碳一公司提交的附件1所示，该附件1公开有图1名为“甲醇气相脱水制二甲醚工艺流程简图”(见本判决后附图) 该图没有排水口标示，文字部分也无“排水口”相关说明。标号3为蒸发器，上与标号2换热器相连，下与标号4反应器相连。当事人各方均认可工艺流程中应当存在排水口，天成碳一公司表示排水口只能设置在蒸发器处，但专利复审委员会表示，排水的设置不限于设置在蒸发器处，也可以设置在精馏塔处，既然不能排除后一种可能的存在，故附件1的蒸发器只有汽化功能，且蒸发不是蒸馏，也不是精馏，得不出还有分离水的功能，而本专利的汽化提馏塔是一个精馏的操作单元，其实施例3已说明它具有有效分离甲醇和水，并使甲醇浓度提高的精馏功能。另外，附件1所示工艺流程也可以采取浓度很高的甲醇原料入料，无需脱水，作此推测，蒸发器处更可无排水口。

针对天成碳一公司主张的区别特征3涉及省略技术流程步骤问题故而没有创造性，专利复审委员会反驳称，关于创造性的判断应当考虑整个技术方案，而不能只根据某一区别特征。

附件2涉及甲醇气相催化法制二甲醚工艺内容，包括甲醇汽化、催化反应、蒸馏提纯和甲醇回收四部分，且公开有“甲醇气相催化法制二甲醚生产流程简图”，其中包括粗馏塔、精馏塔两塔。

上述事实有第12826号决定、本专利权利要求书、说明书、《专利权无效宣告请求书》、《无效宣告请求视为未提出通知书》、意见陈述书、《二甲醚生产技术进展综述》、《二甲醚的甲醇气相催化法生产及其在气雾剂中的应用》，以及当事人陈述等证据在案佐证。

本院认为：

（1）关于天成碳一公司所述的“补充证据3至6”应否属于本案证据而由专利复审委员会予以审查。

天成碳一公司作为请求人，依法享有对本专利提起无效宣告请求的权利，包括提起请求、提供证据、作出陈述等，但上述权利的行使应当以其所作出的明确意思表示为前提，就本案而言，其表达形式系以书面形式为准，根据天成碳一公司三次提交的《专利权无效宣告请求书》，本院认定其所呈现出来的明确意思表示均为提起无效宣告请求，而非是对本案已有请求的补充，如补充证据，补充意见陈述等。上述意思表示作出后就会产生相应的法律后果，即新的无效宣告请求的形成。现其提出其提交第二、三次文本的真实意思表示是对本案已有请求的补充，而非新的无效宣告请求，对此主张其应当提供证据予以佐证，否则即应承担由此产生的不利后果。根据第二、三次《专利权无效宣告请求书》记载情况，其两次请求均由专利代理机构所完成，作为专门从事专利代理事务的代理机构应当知晓如何提起无效宣告请求，如何发表补充意见陈述，而代理人的代理行为授意于被代理人，即为被代理人的行为，天成碳一公司主张其并不知晓补充意见文本格式，错误使用了无效宣告请求书格式，此不能成为其主张第二、三次文本能够作为本案补充证据及意见陈述的理由，故其在第二、三次无效宣告请求中所提交的证据3至6不能作为本案证据予以审理，专利复审委员会在此程序适用并无不当，本院予以确认。天成碳一公司请求同时采纳证据3至6对本专利的新颖性、创造性作出评判，本院不予支持。

（2）关于创造性。

根据天成碳一公司的主张，其异议之处主要在于对本专利权利要求1的创造性认定不服，其观点是第12826号决定认定本专利与附件1相比对的区别特征1、2不能成立，其理由是区别特征1是公知常识，区别特征2已经被附件1所公开。关于区别特征1，本院认为，专利复审委员会遵从本专利与附件1所示内容的客观记载，将区别特征1归纳为：“本专利权利要求1限定原料甲醇的甲醇含量为70~99.99wt%，且杂质以水为主，附件1未公开所用原料的甲醇含量和所含杂质”，所作归纳符合证据审查要求，是否属于公知常识与是否构成区别特征无关，故天成碳一公司以此为由主张区别特征1不能成立，本院不予支持。鉴于专利复审委员会同时也不认可该区别特征属于公知常识，天成碳一公司应当予以举证证明，在其没有证据证明的情况下，对其主张本院不予采信。关于区别特征2，附件1中的图1是否公开了本专利权利要求1中具备汽化与精馏双重功能的汽化提馏塔，在此，天成碳一公司主张图1中的蒸发器相当于本专利的汽化提馏塔，并认为图中虽然未表示出有脱水分离所用的排水口，但设有排水口应属于客观存在，本院认为，根据图1所示，标号3标示的设备是蒸发器，蒸发器的一般功能即为汽化，而如天成碳一公司所述它还具备脱水分离的精馏功能，则属于有别于一般蒸发器的特殊功能。在证明事实的认定上，对证据所能揭示的事实的确立，首先应当考虑其所涵盖的一般事实，除非确有特别说明，否则对该证据证明事实的认定只能向着一般事实作出确认。该证据无论是文字部分还是流程图部分，并未显示对蒸发器有特别之处的说明，故此，对于天成碳一公司主张它还具备脱水分离的精馏功能，本院不予采信，对其主张本院不予支持。鉴于天成碳一公司对区别特征3的归纳不持异议，本院予以确认。综上，专利复审委员会根据上述区别特征的存在及其所能达到的技术效果，确定本专利实际解决的技术问题在于，在甲醇气相催化脱水制备二甲醚的工艺中减少进入脱水反应系统的水分、提高脱水反应的速度和平衡转化率。而现有技术没有给出将上述区别特征应用到附件1以解决其存在上述技术问题的启示，故本专利权利要求1相对于附件1具备突出的实质性特点和显著的进步，具备创造性，符合《专利法》第二十二条第三款的规定的认定并无不妥，本院予以维持。天成碳一公司主张区别特征3没有创造性，是其未将权利要求1作为整体技术方案加以考虑的结果，故此，理由不能成立。

关于本专利权利要求2的创造性。权利要求2是权利要求1的从属权利要求，同上理，专利复审委员会根据天成碳一公司请求，在评述权利要求2的创造性时，归纳了权利要求2与附件1的区别特征为，除具有前述与权利要求1相同的区别特征1、2、3外，还有全部权利要求2附加技术特征，相对于附件1所公开的工艺方法，权利要求2的方案实际解决的技术问题是在甲醇气相催化脱水制备二甲醚的工艺中减少进入脱水反应系统的水分，提高脱水反应的速度和平衡转化率并且同时生产不同规格、不同纯度的二甲醚产品。附件2同样未公开前述与权利要求1相同的区别特征1、2、3，附件2涉及对粗甲醚提纯采用粗馏塔与精馏塔两塔流程，本专利权利要求2为甲醇精馏塔与二甲醚精馏塔两塔流程，用以产出不同规格、纯度的二甲醚产品。对上述事实天成碳一公司未持异议，本院予以认定。由此可见，附件1、2均未给出任何技术启示使得本领域技术人员有动机将上述区别特征应用到附件1中，以解决上述技术问题。专利复审委员会据此认定本专利权利要求2相对于附件1、附件2具备突出的实质性特点和显著的进步，具备创造性，认定恰当。

综上所述，专利复审委员会作出的第12826号决定认定事实清楚，适用法律正确，程序合法，依照《中华人民共和国行政诉讼法》第五十四条第（一）项之规定，本院判决如下：

维持被告国家知识产权局专利复审委员会作出的第12826号无效宣告请求审查决定。

案件受理费100元，由原告成都天成碳一化工有限公司负担（已交纳）。

如不服本判决，各方当事人可于本判决书送达之日起15日内，向本院递交上诉状，并按对方当事人人数提交上诉状副本，同时交纳上诉案件受理费100元，上诉于北京市高级人民法院。

审 判 长 任 进
代理审判员 邢 军
人民陪审员 牛艳玲
二〇〇九年八月十四日
书 记 员 朱 平

北京市高级人民法院
行政裁定书

（2009）高行终字第1277号

上诉人（原审原告）成都天成碳一化工有限公司，住所地四川省成都市武侯区科技园武科东二路11号7幢4层7-3附2号。

法定代表人梁恩元，执行董事。

委托代理人詹炯，四川天润华邦律师事务所律师。

委托代理人阙雯，四川天润华邦律师事务所律师。

被上诉人（原审被告）国家知识产权局专利复审委员会，住所地北京市海淀区北四环西路9号银谷大厦10~12层。

法定代表人廖涛，副主任。

委托代理人刘亚，该委员会审查员。

委托代理人程强，该委员会审查员。

原审第三人四川天一科技股份有限公司，住所地四川省成都市高新区高朋大道5号成都高新区技术创新服务中心。

法定代表人陈宝通，董事长。

委托代理人王荔，女，汉族，1970年8月19日出生，四川省成都市天策商标专利事务合伙人，住四川省成都市成华区府青路东一街1号77栋3单元3楼5号。

委托代理人孙明岩，男，汉族，1977年11月14日出生，四川省成都市天策商标专利事务所职员，住北京市东城区中华路4号。

上诉人成都天成碳一化工有限公司（简称天成碳一公司）因发明专利权无效行政纠纷一案，不服北京市第一中级人民法院（2009）一中行初字第1136号行政判决，向本院提出上诉。在本院审理本案过程中，天成碳一公司以涉案专利权已经被另案宣告部分无效为由，于2009年11月18日申请撤回上诉。

本院经审查认为：天成碳一公司申请撤回上诉不违反法律规定，应予准许。依照《中华人民共和国行政诉讼法》第51条之规定，裁定如下：

准许上诉人成都天成碳一化工有限公司撤回上诉，各方当事人均按原审判决执行。

一审案件受理费100元，由成都天成碳一化工有限公司负担（已交纳）；二审案件受理费100元，减半收取50元，由成都天成碳一化工有限公司负担（已交纳）。

本裁定为终审裁定。

审 判 长 刘 辉
代理审判员 岑宏宇
代理审判员 焦 彦
二〇〇九年十一月十八日
书 记 员 陈 明

005

登高自动防坠落保护装置

无效宣告请求审查决定（第12921号）

决　　定　　号　第12921号
决　　定　　日　2009年2月20日
发明创造名称　登高自动防坠落保护装置
国 际 分 类 号　A62B35/00
无效宣告请求人　张　辉
专　利　权　人　郑汉生
申　　请　　号　200720059623.1
申　　请　　日　2007年11月10日
授 权 公 告 日　2008年6月25日
合 议 组 组 长　汪送来
主　　审　　员　娄　宁
参　　审　　员　张家祥

法　律　依　据　专利法第22条第3款
决　定　要　点

如果权利要求的技术方案与最接近的现有技术相比存在区别特征，而在最接近的现有技术中引入上述区别特征以解决其所要解决的技术问题对本领技术人员而言是显而易见的，那么该权利要求不具备创造性。

一、案由

本无效宣告请求案涉及国家知识产权局于2008年6月25日授权公告的、名称为“登高自动防坠落保护装置”的200720059623.1号实用新型专利权（下称本专利），其申请日为2007年11月10日，专利权人为郑汉生。

本专利授权公告时的权利要求书为：

“1. 一种登高自动防坠落保护装置，包括防坠落器和导轨，其特征在于：所述导轨（1）为‘’形，防坠落器包括一对左右对称设置的‘L’形侧板（2）、一只倒‘Y’形前制动蹄（3）、一只倒‘Y’形后制动蹄（4）和一条复位弹簧（11），前制动蹄（3）和后制动蹄（4）分别通过销轴A（8）铰接在左右侧板（2）的前上方和后上方，前制动蹄（3）和后制动蹄（4）的上端分别通过销轴C（10）与连动板（5）铰接连接，在连动板（5）的中间，设有安全带系绳孔（12），前制动蹄（3）和后制动蹄（4）的下方各设有左右制动齿（13），制动齿（13）位于导轨（1）的上方且与导轨上接触面（15）接触连接，在侧板（2）的前下方和后下方，分别通过销轴 B（9）连接底导轮（7），底导轮（7）与制动齿（13）对应设置且与导轮（1）的下接触面（16）接触连接，复位弹簧（11）装设在前制动蹄的销轴（8）上，其作用力在侧板（2）和前制动蹄（3）之间。

2. 根据权利要求 1 所述的登高自动防坠落保护装置，其特征为：在所述防坠落器的侧板（2）上，设有侧导轮（6），侧导轮通过销钉（14）装设在侧板（2）预留的孔上。

3. 根据权利要求 1 或 2 所述的登高自动防坠落保护装置，其特征为：所述销轴 A（8）的两端固定连接在左右侧板（2）上，前制动蹄（3）和后制动蹄（4）分别铰接在销轴 A（8）上；所述销轴 B（9）一端固定连接在侧板（2）上，另一端装设底导轮（7）。

4. 根据权利要求 1 或 2 所述的登高自动防坠落保护装置，其特征为：在所述侧板（2）的下部内侧，设有凸棱（19），凸棱与侧板同体连接。

5. 根据权利要求 3 所述的登高自动防坠落保护装置，其特征为：在所述侧板（2）的下部内侧，设有凸棱（19），凸棱与侧板同体连接。”

2008 年 9 月 12 日，针对上述专利权，张辉（下称请求人）向国家知识产权局专利复审委员会提出无效宣告请求，理由是本专利不符合专利法第 22 条第 2 款、第 3 款的规定，并提交了本专利说明书以及以下证据：

证据 1：第 200520023342. 1 号中国实用新型专利说明书，授权公告日为 2006 年 5 月 10 日，复印件共 6 页；

证据 2：第 200420037472. 6 号中国实用新型专利说明书，授权公告日为 2005 年 9 月 28 日，复印件共 8 页；

证据 3：第 200520024905. 9 号中国实用新型专利说明书，授权公告日为 2006 年 9 月 27 日，复印件共 5 页；

证据 4：第 200720121503. X 号中国实用新型专利说明书，授权公告日为 2008 年 5 月 14 日，复印件共 7 页。

请求人认为：（1）证据 1 说明书公开的防坠安全器和本专利权利要求 1 所述的防坠落器基本特征完全相同，证据 1 附图 1 中所示导轨 11 和证据 2 的权利要求 2 和附图 2 所示“T”（或“工”）轨道均和本专利中的“”轨道一样，其所起到的作用、解决的技术问题，以及防坠落和导轨的作用面均相同，达到的技术效果相同，是完全等同的。证据 1 和证据 2 结合可判定本专利的权利要求 1 不具备创造性。（2）本专利的权利要求 2、3 已经在证据 3 的说明书和附图中公开，本专利的权利要求 4、5 在证据 3 的附图 2 中公开，即证据 3 的附图 2 中的夹板 6 也具有本专利权利要求 4、5 中所述的凸棱（19），因此根据证据 3 可以判定权利要求 2~5 不具备创造性。（3）证据 3 说明书公开的防坠安全器和本专利权利要求 1 所述的防坠落器基本特征完全相同，而证据 3 的附图 5 中导轨和证据 2 的权利要求 2 和附图 2 中所示“T”（或“工”）轨道均和本专利中的“”轨道一样，是完全等同的。证据 3 和证据 2 的结合可以判定权利要求 1 不具备创造性。（4）证据 4 是本专利的抵触申请，证据 4 说明书公开的防坠安全器和本专利权利要求 1 所述的防坠落器基本特征完全相同，证据 4 权利要求中的第 3 行中的“导轨（18）呈类 T 字形”，和本专利中的“”轨道一样，都是类 T 字形，因此根据证据 4 可以判定权利要求 1 不具备新颖性。在权利要求 1 不具备新颖性的情况下，本专利的权利要求 2、3 已经在证据 4 中的说明书和附图中公开，本专利的权利要求 4、5 在证据 4 中的附图 2 中公开，因此根据证据 4 可以判定权利要求 2~5 不具备新颖性。

经形式审查合格后，专利复审委员会受理了该无效宣告请求，并于 2008 年 11 月 17 日向双方当事人发出了《无效宣告请求受理通知书》，并向专利权人转送了《专利权无效宣告请求书》及其附件清单中所列附件副本，要求其在一个月内答复。同时成立合议组对本无效请求案进行审理。

2008 年 11 月 25 日，专利复审委员会本案合议组向双方当事人发出《无效宣告请求口头审理通知书》，定于 2009 年 1 月 6 日对本案进行口头审理。

2009 年 1 月 6 日，口头审理如期举行，专利权人没有出席口头审理，请求人出席了口头审理，合议组在此情况下就本无效宣告请求案进行了庭审调查，并记录了以下事项：

请求人确认其无效理由为：以证据 3 作为最接近的现有技术，相对于证据 3 和证据 2 的结合，权利要求 1~5 不具备创造性，不符合专利法第 22 条第 3 款的规定；相对于证据 4，权利要求 1~5 不具备新颖性，不符合专利法第 22 条第 2 款的规定。请求人放弃证据 1 与证据 2 结合评价本专利创造性的无效理由。

请求人认为证据 3 说明书公开的防坠落安全器与权利要求 1 的防坠落保护装置差别在于导轨形状、制动蹄为“Y”形、左右制动齿，其中制动蹄与制动齿的作用相同，两者的差别对本领技术人员而言是容易想到的，而证据 3、证据 2 中的导轨形状与本专利的轨道是完全等同的。

至此，合议组认为本案的事实已经清楚，可以作出审查决定。

二、决定的理由

1. 关于审查文本

本决定以本专利授权公告的文本作为审查基础。

2. 关于证据

请求人当庭明确表示放弃证据 1 与证据 2 结合评价本专利创造性的无效理由，而请求人仅主张过证据 1 用于该理由，因此对于证据 1 合议组不再考虑。证据 2、3、4 是中国实用新型专利说明书，经核实，合议组对其真实性予以确认。其均属于专利法意义上的公开出版物，证据 2、3 的公开日期均在本专利的申请日前，因此，证据 2、3 可以作为本专利的现有技术证据使用。证据 4 是他人在本专利申请日之前申请、在本专利公开日之后公布的中国实用新型专利，因此，可用于评价本专利的新颖性。

3. 关于创造性

创造性，是指同申请日以前已有的技术相比，该发明有突出的实质性特点和显著的进步，该实用新型有实质性特点和进步。

如果权利要求的技术方案与最接近的现有技术相比存在区别特征，而在最接近的现有技术中引入上述区别特征以解决其所要解决的技术问题对本领技术人员而言是显而易见的，那么该权利要求不具备创造性。

本专利权利要求 1 保护一种登高自动防坠落保护装置，具体技术方案如案由部分所述。

证据 3 中公开了一种登高作业防坠落器，用于电力、通信塔、杆或建筑物表面的型材导轨上，其特征在于所说的防坠器由抱夹型材导轨 16 的两片夹板 6 为主体，两夹板 6 上有 4 个侧滚轮 3 置于型材导轨 16 侧面，有 4 个正滚轮 5 置于型材导轨 16 导轨面 17 里面，与穿绳拉板 9 相连的两制动拉臂 8 顶端的制动爪 7 在安全拉绳 18 不受力时可在型材导轨 16 的导轨面 17 上滑移，当安全拉绳 18 因作业人员失脚受力下拉时，制动爪 7 即啮住导轨面 17，使作业人员不致下坠落地。安装时缺口螺母 1 旋入爆炸螺栓 2 使正滚轮 5 定位且转动自如，扭簧 11 通过手拉杆 12 的圆形轴装设（见说明书第 2 页，附图 1~2）。

将证据 3 防坠落器及导轨与权利要求 1 的登高自动防坠落保护装置进行比较可知，两者技术领域相同，证据 3 中的两块夹板 6 相互对称设置相当于本专利的“L”形侧板（2），制动拉臂 8 对应于本专利的制动蹄，扭簧 11 相当于本专利的复位弹簧（11），穿绳拉板 9 相当于本专利的连动板（5），正滚轮 5 相当于本专利的底导轮（7），制动爪 7 对应于本专利的左右制动齿（13），穿绳孔 10 相当于本专利的安全带系绳孔（12），制动拉臂 8 靠近制动爪 7 位置的圆形连接标识对应于本专利销轴 A（8）的位置，制动拉臂 8 远离制动爪 7 位置的双圆形连接标识，对应于本专利销轴 C（10）的位置，制动爪 7 在安全拉绳不受力时可在型材导轨 16 的导轨面 17 上滑移对应于制动齿（13）位于导轨（1）的上方且与导轨上接触面（15）接触连接，缺口螺母 1 旋入爆炸螺栓 2 使正滚轮 5 定位且转动自如对应于连接底导轮（7）的销轴 B（9），有 4 个正滚轮 5 置于型材导轨 16 导轨面 17 里面对应于底导轮（7）与制动齿（13）对应设置且与导轮（1）的下接触面（16）接触连接，扭簧 11 通过手拉杆 12 的圆形轴装设，其作用位置对应于本专利所述在侧板（2）和前制动蹄（3）之间。

两者区别在于：①证据 3 未公开所述导轨（1）为“◡”形；②证据 3 未公开防坠落器的制动蹄为倒“Y”形，并且每个制动蹄均设有左右制动齿；③证据 3 中未公开制动蹄、制动齿的销轴连接方式，具体而言，未公开前制动蹄（3）和后制动蹄（4）分别通过销轴 A（8）铰接在左右侧板（2）的前上方和后上方，前制动蹄（3）和后制动蹄（4）的上端分别通过销轴 C（10）与连动板（5）铰接连接，制动齿（13）通过销轴 B（9）连接底导轮（7），复位弹簧（11）装设在前制动蹄的销轴（8）上。

对于区别①而言，本专利中的导轨是用于供防坠落器滑行以及起支撑作用，首先，由证据 3 的图 5 可确认，其中的防坠落器配套使用的型材导轨为 T 型，而且证据 2 中也公开了与防坠落组件配套使用的导轨为“T”型钢（权利要求 2），并进一步指出导轨可用“工”字钢等（权利要求 4）。因此，在证据 3 和证据 2 的基础上，本领域技术人员可以根据需求选择适合的引导轨道形状，而“◡”形本身作为一种异型方式即为“T”型导轨的简单变型，在证据 3 中的防坠落器中使用类“T”字形钢性轨道，并选择导轨形状为“◡”形，以供防坠落器滑行及起支撑作用，对本领技术人员而言是显而易见的。

对于区别②而言，倒 Y 型的制动蹄及其相应的左右制动齿是证据 3 中所示制动拉臂和制动爪的简单变型，其效果也是本领域技术人员可以确定的，因此这种变型对于本领域技术人员来说是显而易见的。

对区别③而言，动臂 8 靠近制动爪 7 的位置有圆形连接标识（对应于本专利销轴 A（8）的位置），动臂 8 远离制动爪 7 的位置有双圆形连接标识（对应于本专利销轴 C（10）的位置），缺口螺母 1 旋入爆炸螺栓 2 使正滚轮 5 定位且转动自如（对应于本专利连接底导轮（7）的销轴 B（9））。虽然证据 3 中并未公开这三处连接是销轴，但其均为类似于销轴的连接方式，此时，以销轴结构实现所述连接对于本技术领域的技术人员来说也是显而易见的。

综上所述，根据证据 3 和证据 2 的结合得到权利要求 1 的技术方案对于本领域的技术人员来说是显而易见的。因此，权利要求 1 相对于证据 3 与证据 2 的结合不具有实质性特点和进步，不符合专利法第 22 条第 3 款有关创造性的规定。

权利要求 2 的附加技术特征是“在所述防坠落器的侧板（2）上，设有侧导轮通过销钉（14）装设在侧板（2）的预留的孔上”。

由证据 3 的图 1 公开的防坠器可见，夹板（6）相当于本专利的侧板（2），侧滚轮（3）相当于侧导轮（6），侧滚轮装设在夹板上。

虽然证据 3 中并未述及侧导轮通过销钉（14）装设在侧板（2）的预留的孔上，但同上所述，由于滚轮与夹板之间的连接必然是可以转动的活连接，而通过销钉装设在侧板的预留孔上。这种连接方式也是本领域技术人员很容易想到的，因此，在权利要求 1 不具有创造性的前提下，权利要求 2 的技术方案对于本领域技术人员来说是显而易见的，权利要求2也不符合专利法第22条第3款有关创造性的规定。

权利要求3中“前制动蹄（3）和后制动蹄（4）分别铰接在销轴A（8）上”的特征与权利要求1相同，对于“所述销轴A（8）的两端固定连接在左右侧板（2）上，所述销轴B（9）一端固定连接在侧板（2）上，另一端装设底导轮（7）”，由证据3的图1公开的防坠器可见，制动臂8靠近制动爪7的位置有圆形连接标识对应于本专利销轴A（8），缺口螺母1旋入爆炸螺栓2使正滚轮5定位且转动自如对应于连接底导轮（7）的销轴B（9），这两种连接方式的区别仅在于将“爆炸螺栓”替换为“销轴”。与上述同理，在权利要求1不具有创造性的前提下，权利要求3的技术方案对于本领域的技术人员来说是显而易见的，权利要求3也不符合专利法第22条第3款有关创造性的规定。

权利要求4和5的附加技术特征均为“在所述侧板（2）的下部内侧，设有凸棱（19），凸棱与侧板同体连接”。

由证据3的图2公开的防坠器可见，其夹板6下部内侧同样具有凸起结构，该结构属于夹板形状的一部分，相当于本专利权利要求4、5中所述的凸棱（19）。因此，权利要求4和5的附加技术特征在证据3中已经公开，在其引用的权利要求1~3不具有创造性的前提下，权利要求4、5要求保护的技术方案也不符合专利法第22条第3款有关创造性的规定。

鉴于已经得出本专利所有权利要求不符合专利法第22条第3款规定的结论，合议组对于请求人提出的其他无效理由和证据不再予以评述。

基于上述事实和理由，合议组作出下述决定。

三、决定

宣告200720059623.1号实用新型专利权全部无效。

当事人对本决定不服的，可以根据专利法第46条第2款的规定，自收到本决定之日起三个月内向北京市第一中级人民法院起诉。根据该款规定，一方当事人起诉后，另一方当事人应当作为第三人参加诉讼。

006

单电机切换扫描式灭火器

无效宣告请求审查决定（第13058号）

决　定　号　第13058号
决　定　日　2009年3月12日
发明创造名称　单电机切换扫描式灭火器
国际分类号　A62C37/40
无效宣告请求人　大连世安科技发展有限公司
专　利　权　人　张维顶
专　利　号　99113315.3
申　请　日　1999年10月11日
授权公告日　2004年2月4日
合议组组长　刘　静
主　审　员　潘　剑
参　审　员　危　峰

法　律　依　据　专利法第22条第3款、第26条第3款，专利法实施细则第20条第1款、第21条第2款
决　定　要　点
必要技术特征是指，发明或者实用新型为解决其技术问题所不可缺少的技术特征，其总和足以构成发明或者实用新型的技术方案，使之区别于背景技术中所述的其他技术方案。

一、案由

本无效宣告请求案涉及国家知识产权局于2004年2月4日公告授予的99113315.3号、名称为“单电机切换扫描式灭火器”的发明专利权（下称本专利），其申请日为1999年10月11日，专利权人为张维顶。本专利授权公告的权利要求书如下：

“1. 单电机切换扫描灭火器由快接头、快速接口（1）、主轴（3）、定子底盘（5）、定子（4）及步进电机组成，其特征在于上部设置有快速接口（1），其内腔设置有橡胶水封，并设有三凸卡座及三个凹槽，下部设置有定子（4），定子与底盘（5）连接固定，底盘（5）上方设一步进电机（27），其轴向下通过底盘（5），电机齿轮（21）与自由转动在主轴（3）上的180°自由齿轮（7）相啮合连接，俯仰扫描器（32）与喷水嘴（31）方向一致设置，其上的180°自由齿轮（7）的半圆自由空道（24）、拨线柱（23）自由上下通过在其中，但与下部法兰（8）腔体（19）的上部后端固定连接、腔体（19）上部中心与立设置的主轴（3）下部及水道（6）固定相联通，腔体呈扁状、中心

横设一根与主轴（3）、水道（6）相联通的180°半开式通径的横轴（18），还与两喷水嘴（31）定向固定联通；腔体（19）下部设有红外接收管启动器（14），输出信号与电脑启动端P1前置放大电路连接，电脑设四个输出口与步进电机（27）联接；腔体（19）前部下方还设一水平扫描器（16），内设两个红外接收管，上设一只光电二极管，信号管中心对准扫描条孔（15），另一只偏离扫描条孔（15），水平光电扫描器（16）信号与电脑水平输入端P2前置放大电路连接。

2. 如权利要求1所述的灭火器，其特征在于喷水嘴（31）上还设置有一俯仰扫描器（32），输出端与电脑CPU俯仰输入端P3前置放大电路连接，腔体（19）上部后端的拨线柱（23）能在180°自由齿轮（7）的180°自由空道（24）中运动，这一自由运动角就是控制横轴（18）及喷水嘴俯仰扫描器动作功能，主轴（3）及腔体（19）上水平扫描器（16）在往复于一圈运动时由拨线柱（23）上部的永久磁铁控制、干簧器（22）动作输出端与电脑P4换向端连接，温度继电器与电脑、超温自保输入端连接。

3. 如权利要求1所述的灭火器，其特征在于电脑输出有四个口与步进电机输入口连接，还有一个输出口与电动阀电机输入口连接，两个口与显示器控制端连接，另还设有两个输出口作水泵、报警显示，上述电动阀是由微阻缓闭式电机控制，直接开关球状阀门，与其灭火器上端管道相连通。

4. 如权利要求1所述的灭火器其特征在于在喷水嘴（31）上都各自设置有水动阀门与腔体（19）下部设置的阀门卡挡向下卡死接通。”

针对上述专利权，大连世安科技发展有限公司（下称请求人）于2008年10月15日向专利复审委员会提出无效宣告请求，认为本专利权利要求1~4相对于证据1和2不具备专利法第22条第3款规定的创造性，权利要求1~4不符合专利法实施细则第20条第1款和第21条第2款的规定，说明书不符合专利法第26条第3款的规定，并提交了下述证据：

证据1：第97103217.3号中国发明专利申请公开说明书，公开日为1998年9月23日，复印件共13页；

证据2：第97203797.7号中国实用新型专利说明书，授权公告日为1998年12月9日，复印件共15页。

经形式审查合格后，专利复审委员会受理了上述请求，于2008年11月28日向双方当事人发出《无效宣告请求受理通知书》，并将《专利权无效宣告请求书》及其他有关文件的副本转送给专利权人，要求其在指定的期限内答复，同时成立合议组对本无效请求案进行审理。

2008年11月12日，请求人提交了补充的意见陈述书，认为：

（1）证据1、2从整体上公开了本专利权利要求所述的机械和电子结构、传动关系、基本控制电路等技术内容，因而权利要求1~4不具备专利法第22条第3款规定的创造性。

（2）权利要求1~4不符合专利法实施细则第20条第1款的规定：权利要求1所述“其上的180°自由齿轮（7）的半圆自由空道（24）、拨线柱（23）自由上下通过在其中，……，还与两喷水嘴（31）定向固定联通”中，两个“其”指代不明；“但与下部法兰（8）腔体（19）的上部后端固定连接”和“还与两喷水嘴（31）定向固定联通”缺少主语，导致连接关系混乱，位置关系不明。权利要求1所述“上设一只光电二极管”缺少主语；“信号管中心”指代不明，与之前名称不一致；导致连接关系混乱，位置关系不明。因此，权利要求1保护范围不清楚，同时导致从属权利要求2~4的保护范围也不清楚。此外，权利要求2所述“这一自由运动角”在前文没有相关叙述，因此指代不明；没有“拨线柱（23）”与“永久磁铁”的位置、连接关系，“永久磁铁”与“干簧器（22）”的动作及连接关系的描述，本领域技术人员无法理解其作用，无法实现拨线柱（23）复位，致使权利要求2不清楚。权利要求4中“在喷水嘴（31）上都各自设置有水动阀门与腔体（19）下部设置的阀门卡挡向下卡死接通”所表述的各部件位置及连接关系混乱，致使权利要求 4 不清楚。

（3）权利要求 1 缺少如下必要技术特征，不符合专利法实施细则第 21 条第 2 款的规定：①缺少单电机对横轴（18）及俯仰扫描器驱动的传动机构的特征，即缺少说明书第 2 页倒数第 7 行“180°自由齿轮（7）与下部的伞齿轮（20）固定为一体，在与横轴（18）上的伞齿轮啮合后”所描述的技术特征，无法实现单电机驱动横轴及俯仰扫描器定位。②缺少对 180°自由齿轮（7）具体结构以及拨线柱（23）位置及连接关系的描述，无法实现本发明的“单电机切换”功能。③缺少对拨线柱（23）复位控制机构的描述，无法确定整机的初始状态，会导致控制程序紊乱。整机不复位，则无法实现下一次扫描定位和灭火动作。④缺少对俯仰扫描器（32）与电脑连接关系的描述，无法知道俯仰扫描器（32）扫描定位后是怎样控制喷水嘴进行灭火的。

权利要求 2~4 也没有上述①~③的技术特征，即使将他们提升为独立权利要求，也缺少必要技术特征，不符合专利法实施细则第 21 条第 2 款的规定。

（4）说明书公开不充分，不符合专利法第 26 条第 3 款的规定：如上所述，权利要求 1 缺少必要技术特征，说明书也未进行详尽描述。由于缺少对横轴（18）的传动机构；180°自由齿轮（7）的具体结构；拨线柱（23）位置及连接关系；拨线柱（23）复位控制机构的描述；致使本领域技术人员无法实现该技术方案。

2008 年 12 月 11 日，合议组向专利权人发出《转送文件通知书》，将请求人的上述补充意见陈述书的副本转送给专利权人，要求其在指定的一个月期限内答复。

2009 年 2 月 3 日，合议组向双方当事人发出《无效宣告请求口头审理通知书》，定于 2009 年 2 月 26 日对本专利的无效宣告请求案进行口头审理。

专利权人于 2009 年 2 月 4 日针对上述《转送文件通知书》作出答复，提交了权利要求书全文替换页，其中删除了原权利要求 1，保留了原权利要求 2 作为新的权利要求 1；将原权利要求 2 和原权利要求 3 合并，得到新权利要求 2；将原权利要求 2 和原权利要求 4 合并，得到新的权利要求 3；并修改了新权利要求 1 的部分标点符号和语序。

专利权人认为：（1）修改后的权利要求 1 的内容从整体上描述了灭火器的传动部件和动力传递关系、喷水水道、水平扫描器、俯仰扫描器等必要的结构部件，这些部件和连接关系的描述清楚，技术方案完整，所有技术特征的组合后能够完成本发明任务，因此不存在不清楚和缺少必要技术特征的缺陷，同时说明书也不存在公开不充分的缺陷。（2）证据 1、2 与本发明不相关，请求人没有指出哪一篇是最接近对比文件，也没指出二者的区别技术特征，更没有说明哪些区别特征是显而易见的，因此不能说明本专利权利要求不具备创造性。

2009 年 2 月 26 日，口头审理如期进行，双方当事人均委托代理人出席了口头审理。合议组对本案的所有无效理由进行了调查，双方当事人均充分陈述了各自的意见，在此基础上，确认并记录了如下事项：

（1）合议组当庭将专利权人于 2009 年 2 月 4 日提交的权利要求书全文替换页副本及意见陈述书转交给请求人。请求人认为该修改文本的提交日超过了答复期限，应不予接受。合议组当庭告知，专利权人对权利要求书所作的修改不符合审查指南的相关规定，本次口头审理以本专利授权公告文本为基础进行审查。

（2）专利权人对证据 1~2 的真实性、公开性没有异议，对证据 1~2 的关联性有异议。

（3）请求人放弃专利法第 21 条第 2 款无效理由中有关权利要求 1~4 缺少对 180°自由齿轮（7）具体结构描述的主张。

（4）专利权人认为本专利的工作原理是：单电机驱动电机齿轮，电机齿轮带动自由齿轮，自由齿轮通过拨线柱控制主轴水平转动，实现水平扫描，之后电机带动自由齿轮反转，通过伞齿轮控制横轴实现俯仰扫描，从而实现本专利的单电机切换扫描。专利权人还认为本专利的发明点在于单电机驱动。

至此，合议组认为本案的事实已经清楚，可以作出审查决定。

二、决定的理由

1. 关于文本

针对合议组于2008年12月11日发出的《转送文件通知书》，专利权人于2009年2月4日委托代理机构提交了权利要求书的全文替换页，其中删除了原权利要求1，保留了原权利要求2作为新的权利要求1；将原权利要求2和原权利要求3合并，得到新权利要求2；将原权利要求2和原权利要求4合并，得到新的权利要求3；并修改了新权利要求1的部分标点符号和语序。对此，合议组经核实后认为，首先，该修改文本是以专利权人代理机构“北京中知法苑知识产权代理事务所”的名义提交的，而专利权人提交的授权委托书中，授予该代理机构的权限均为一般代理，因此，其不具有代为修改权利要求书的权力；其次，该修改文本中权利要求1~3的修改方式不属于删除式修改，并且其提交日超过了上述《转送文件通知书》指定的一个月期限，综上，专利权人于2009年2月4日提交的权利要求书全文替换页不符合审查指南的规定，因此，本无效宣告请求审查决定所针对的文本是本专利的授权公告文本。

2. 关于证据

请求人共提交了2份证据，其中，证据1~2均为专利文献。专利权人对证据1~2的真实性、公开性无异议，对证据1~2的关联性有异议。合议组经核实，对证据1~2的真实性和公开性予以确认，且证据1~2公开的内容均涉及电机驱动的灭火器，因此，证据1~2均可以作为评述本专利是否具有创造性的现有技术。

3. 关于专利法实施细则第21条第2款

专利法实施细则第21条第2款规定：独立权利要求应当从整体上反映发明或者实用新型的技术方案，记载解决技术问题的必要技术特征。

必要技术特征是指，发明或者实用新型为解决其技术问题所不可缺少的技术特征，其总和足以构成发明或者实用新型的技术方案，使之区别于背景技术中所述的其他技术方案。

权利要求1保护一种单电机切换扫描灭火器（具体参见案由部分）。

请求人认为：权利要求1缺少单电机对横轴（18）及俯仰扫描器驱动的传动机构的特征，即缺少说明书第2页倒数第7行“180°自由齿轮（7）与下部的伞齿轮（20）固定为一体，在与横轴（18）上的伞齿轮啮合后”所描述的技术特征，无法实现单电机驱动横轴及俯仰扫描器定位，也就完成不了本发明最基本的自动扫描灭火的发明目的，因此权利要求1不符合专利法实施细则第21条第2款的规定，同样从属权利要求2~4也没有记载该必要技术特征，即使将权利要求2~4提升为独立权利要求，也不符合专利法实施细则第21条第2款的规定。

专利权人认为：权利要求1从整体上描述了灭火器的传动部件和动力传递关系、喷水水道、水平扫描器、俯仰扫描器等必要的结构部件，这些部件和连接关系的描述清楚，技术方案完整，不存在缺少必要技术特征的缺陷。同时专利权人在口头审理中表示本专利的发明点在于单电机驱动实现水平扫描和俯仰扫描，认为本专利的工作原理如下：单电机驱动电机齿轮，电机齿轮带动自由齿轮，自由齿轮通过拨线柱控制主轴水平转动，实现水平扫描，之后电机带动自由齿轮反转，通过伞齿轮控制横轴实现俯仰扫描，从而实现本专利的单电机驱动。

对此，合议组认为：

（1）由本专利说明书第1页第2段可知，本发明所要解决的技术问题是：现有技术的双电机灭火器的水平、俯仰扫描器各自设有独立的驱动电机，因此机械、电路复杂，零件多、造价高、体积大、制造安装又很复杂。为了解决该技术问题，本发明提供了一种包括水平扫描器和俯仰扫描器传动机构的单电机切换扫描式灭火器，其结构及工作过程如说明书第2页最后一段至第4页所述。由于说明书背景技术部分提到的现有技术，例如双电机灭火器没有公开如何用单电机切换驱动水平、俯仰扫描器的技术信息，专利权人也表示本专利的发明点就在于单电机驱动水平扫描和俯仰扫描，因此，单电机对水平扫描器和俯仰扫描器驱动的传动机构是本专利解决上述技术问题所必不可少的技术特征。

（2）本专利说明书第3~4页记载了单电机切换扫描式灭火器工作过程，从中可知，水平和俯仰扫描的过程如下：①水平扫描：步进电机（27）逆时针转动，180°自由齿轮（7）上的半圆自由孔道（24）一端卡住拨线柱（23）推动主轴（3）、水平扫描器（16）及喷嘴体（9）开始水平扫描；②俯仰扫描：步进电机（27）反转带动180°自由齿轮（7）逆时针转，通过拨线柱（23）在半圆自由孔道（24）中180°自由齿轮（7）不能卡住拨线柱（23），此时主轴（3）及喷嘴体（9）对准起火点（26）定向不动，步进电机（27）的传动机构经伞齿轮（20）带动伞齿轮（30）及横轴（18）、喷水嘴（31）、俯仰扫描器（32）由下向上仰视扫描。专利权人在口头审理过程中关于本专利工作原理的表述也与上述工作过程一致。由以上工作过程结合说明书第2页最后一段记载的对本发明主视图的描述可知，本发明的单电机切换扫描式灭火器的水平扫描器的传动机构是“步进电机（27）逆时针转动，180°自由齿轮（7）上的半圆自由孔道（24）一端卡住拨线柱（23）推动主轴（3）、水平扫描器（16）”，即单电机驱动电机齿轮，电机齿轮带动自由齿轮，自由齿轮通过拨线柱控制主轴，从而实现水平扫描定位；俯仰扫描器的传动机构是“180°自由齿轮（7）与下部的伞齿轮（20）固定为一体，在与横轴（18）上的伞齿轮（30）啮合”，即通过伞齿轮控制横轴实现俯仰扫描。

（3）如前所述，单电机对水平扫描器和俯仰扫描器的驱动的传动机构是本发明解决其技术问题所必不可少的技术特征。由权利要求1记载的技术方案来看，其仅记载了水平扫描传动机构“步进机（27），其轴向下通过底盘（5），电机齿轮（21）与自由转动在主轴（3）上的180°自由齿轮（7）相啮合连接，其上的180°自由齿轮（7）的半圆自由空道（24）、拨线柱（23）自由上下通过其中”，没有记载涉及俯仰扫描器传动机构的任何内容，例如伞齿轮的设置，伞齿轮与自由齿轮的连接，伞齿轮与横轴和俯仰扫描器的连接，因此，权利要求1缺少必要技术特征，不符合专利法实施细则第21条第2款的规定，应当宣告其无效。

权利要求1被宣告无效之后，其从属权利要求2~4将分别提升为独立权利要求，但是，权利要求2~4的技术方案也没有记载上述俯仰扫描器传动机构的任何内容，因此也不符合专利法实施细则第21条第2款的规定，同样应当宣告其无效。

鉴于如上已经得出本专利权利要求1~4应被全部无效的结论，故合议组对请求人的其他无效理由和证据不再评价。

基于以上事实和理由，本案合议组作出如下审查决定。

三、决定

宣告99113315.3号发明专利权全部无效。

当事人对本决定不服的，可以根据专利法第46条第2款的规定，自收到本决定之日起三个月内向北京市第一中级人民法院起诉。根据该款的规定，一方当事人起诉后，另一方当事人应当作为第三人参加诉讼。

北京市第一中级人民法院
行政判决书

（2009）一中行初字第1683号

原告张维顶，男，1957年11月4日出生，汉族，辽宁天河消防自动设备制造有限公司董事长，住辽宁省辽阳市文圣区文圣路30组174-1-49号。

委托代理人张志刚，沈阳技联专利代理有限公司专利代理人。

委托代理人孙永增，男，1949年12月5日出生，住辽宁省辽阳市黄泥洼镇关口门村龙湾。

被告国家知识产权局专利复审委员会，住所地北京市海淀区北四环西路9号银谷大厦10~12层。

法定代表人张茂于，副主任。

委托代理人潘剑，国家知识产权局专利复审委员会审查员。

委托代理人刘新蕾，国家知识产权局专利复审委员会审查员。

第三人大连世安科技发展有限公司，住所地辽宁省大连市沙河口区西南路730号。

法定代表人宗延杰，董事长。

委托代理人周志舰，大连智慧专利事务所专利代理人。

委托代理人赵睿，男，1966年3月23日出生，大连世安科技发展有限公司职员，住辽宁省大连市西岗区高尔基路。

原告张维顶不服被告国家知识产权局专利复审委员会（简称专利复审委员会）于2009年3月12日作出的第13058号无效宣告请求审查决定（简称第13058号决定），于法定期限内向本院提起行政诉讼。本院于2009年7月6日受理本案后，依法组成合议庭，并通知第13058号决定的请求人大连世安科技发展有限公司（简称世安公司）作为第三人参加本案诉讼。本院于2009年9月1日公开开庭进行了审理。原告张维顶的委托代理人张志刚、孙永增，被告专利复审委员会的委托代理人潘剑、刘新蕾，第三人世安公司的委托代理人周志舰、赵睿到庭参加了诉讼。本案现已审理终结。

被告专利复审委员会针对第三人世安公司就专利权人为原告张维顶的名称为“单电机切换扫描式灭火器”的发明专利权（简称本专利）所提出的无效宣告请求作出第13058号决定，该决定认定：

《中华人民共和国专利法实施细则》（简称《专利法实施细则》）第二十一条第二款规定：独立权利要求应当从整体上反映发明或者实用新型的技术方案，记载解决技术问题的必要技术特征。

必要技术特征是指，发明或者实用新型为解决其技术问题所不可缺少的技术特征，其总和足以构成发明或者实用新型的技术方案，使之区别于背景技术中所述的其他技术方案。

权利要求1保护一种单电机切换扫描灭火器。

对此，专利复审委员会认为：

（1）由本专利说明书第1页第2段可知，本发明所要解决的技术问题是：现有技术的双电机灭火器的水平、俯仰扫描器各自设有独立的驱动电机，因此机械、电路复杂，零件多、造价高、体积大、制造安装又很复杂。为了解决该技术问题，本发明提供了一种包括水平扫描器和俯仰扫描器传动机构的单电机切换扫描式灭火器，其结构及工作过程如说明书第2页最后一段至第4页所述。由于说明书背景技术部分提到的现有技术，例如双电机灭火器没有公开如何用单电机切换驱动水平、俯仰扫描器的技术信息，专利权人也表示本专利的发明点就在于单电机驱动水平扫描和俯仰扫描，因此，单电机对水平扫描器和俯仰扫描器驱动的传动机构是本专利解决上述技术问题所必不可少的技术特征。

（2）本专利说明书第3~4页记载了单电机切换扫描式灭火器工作过程，从中可知，水平和俯仰扫描的过程如下：①水平扫描：步进电机（27）逆时针转动，180°自由齿轮（7）上的半圆自由孔道（24）一端卡住拨线柱（23）推动主轴（3）水平扫描器（16）及喷嘴体（9）开始水平扫描；②俯仰扫描：步进电机（27）反转带动180°自由齿轮（7）逆时针转，通过拨线柱（23）在半圆自由孔道（24）中180°自由齿轮（7）不能卡住拨线柱（23），此时主轴（3）及喷嘴体（9）对准起火点（26）定向不动，步进电机（27）的传动机构经伞齿轮（20）带动伞齿轮（30）及横轴（18）、喷水嘴（31）、俯仰扫描器（32）由下向上仰视扫描。专利权人在口头审理过程中关于本专利工作原理的表述也与上述工作过程一致。由以上工作过程结合说明书第2页最后一段记载的对本发明主视图的描述可知，本发明的单电机切换扫描式灭火器的水平扫描器的传动机构是"步进电机（27）逆时针转动，180°自由齿轮（7）上的半圆自由孔道（24）一端卡住拨线柱（23）推动主轴（3）、水平扫描器（16）"，即单电机驱动电机齿轮，电机齿轮带动自由齿轮，自由齿轮通过拨线柱控制主轴，从而实现水平扫描定位；俯仰扫描器的传动机构是"180°自由齿轮（7）与下部的伞齿轮（20）固定为一体，在与横轴（18）上的伞齿轮（30）啮合"，即通过伞齿轮控制横轴实现俯仰扫描。

（3）如前所述，单电机对水平扫描器和俯仰扫描器的驱动的传动机构是本发明解决其技术问题所必不可少的技术特征。由权利要求1记载的技术方案来看，其仅记载了水平扫描传动机构"步进机（27），其轴向下通过底盘（5），电机齿轮（21）与自由转动在主轴（3）上的180°自由齿轮（7）相啮合连接，其上的180°自由齿轮（7）的半圆自由空道（24）、拨线柱（23）自由上下通过其中"，没有记载涉及俯仰扫描器传动机构的任何内容，例如伞齿轮的设置，伞齿轮与自由齿轮的连接，伞齿轮与横轴和俯仰扫描器的连接，因此，权利要求1缺少必要技术特征，不符合《专利法实施细则》第二十一条第二款的规定，应当宣告其无效。

权利要求1被宣告无效之后，其从属权利要求2~4将分别提升为独立权利要求，但是，权利要求2~4的技术方案也没有记载上述俯仰扫描器传动机构的任何内容，因此也不符合《专利法实施细则》第二十一条第二款的规定，同样应当宣告其无效。

鉴于如上已经得出本专利权利要求1~4应被全部无效的结论，故对请求人的其他无效理由和证据不再评价。

综上，被告专利复审委员会作出第13058号决定，宣告第99113315.3号发明专利权全部无效。

原告张维顶不服该决定，于法定期限内向本院提起诉讼，诉称：一、第13058号决定曲解了本专利的传动机构。本专利的传动机构不是"单电机对水平扫描器和俯仰扫描器驱动的传动机构"，而是水平和俯仰扫描起火点并启动水源进行喷水灭火这一系列动作的传动机构。二、第13058号决定认定本发明的单电机切换扫描式灭火器的水平扫描器的传动机构是"步进电机（27）逆时针转动，180°自由齿轮（7）上的半圆自由孔道（24）一端卡住拨线柱（23）推动主轴（3）、水平扫描器（16）"，没有完整引用"、水平扫描器（16）其喷嘴体（9）、"这句话，删掉了"其喷嘴体（9）、"这句话的后半句，并删掉了句子中间的"、腔体（19）"。这样删去了两头和中间文字，又由被告增加新意的表述性引用，造成了认定事实的混乱。三、第13058号决定认定本专利无效的理由是本专利没有记载涉及俯仰扫描器传动机构的任何内容，该认定完全误解了本专利的传动机构。本专利权利要求书已清楚载明俯仰扫描器的安装位置："俯仰扫描器与喷水嘴方向一致设置"、"喷水嘴上还设置有一俯仰扫描器"。本专利权利要求1所载明的传动机构是整体的、共同的，通过切换完成水平扫描、俯仰扫描并启动水源进行喷水灭火的，这一系列动作都是由共同的传动机构完成的。说明书第2页最后一段和第3页对水平及俯仰的传动方式有清楚、完整的表述。综上，请求法院依法撤销第13058号决定。

被告专利复审委员会辩称：关于《专利法实施细则》第二十一条第二款的问题，在第13058号决定第5~7页有详细论述，我委坚持该认定。综上，请求法院维持第13058号决定。

第三人世安公司述称：一、本专利权利要求1缺少说明书第2页倒数第7行“180°自由齿轮（7）与下部的伞齿轮（20）固定为一体，在与横轴（18）上的伞齿轮（30）啮合”所描述的技术特征，缺少该技术特征，无法实现单电机驱动横轴运动，进而无法完成俯仰扫描定位及喷射灭火剂的动作，故权利要求1不是完整的技术方案。二、本专利权利要求2~4也没有记载上述缺少的技术特征，即使将他们上升为独立权利要求，也缺少必要技术特征。综上，请求法院维持第13058号决定。

本院经审理查明：张维顶于1999年10月11日向国家知识产权局申请了名称为“单电机切换扫描式灭火器”的发明专利权（即本专利）。本专利于2004年2月4日被授权公告，授权公告号为第99113315.3号。本专利授权公告的权利要求书如下：

“1. 单电机切换扫描灭火器由快接头、快速接口（1）、主轴（3）、定子底盘（5）、定子（4）及步进电机组成，其特征在于上部设置有快速接口（1），其内腔设置有橡胶水封，并设有三凸卡座及三个凹槽，下部设置有定子（4），定子与底盘（5）连接固定，底盘（5）上方设一步进电机（27），其轴向下通过底盘（5），电机齿轮（21）与自由转动在主轴（3）上的180°自由齿轮（7）相啮合连接，俯仰扫描器（32）与喷水嘴（31）方向一致设置，其上的180°自由齿轮（7）的半圆自由空道（24）、拨线柱（23）自由上下通过在其中，但与下部法兰（8）腔体（19）的上部后端固定连接、腔体（19）上部中心与立设置的主轴（3）下部及水道（6）固定相联通，腔体呈扁状、中心横设一根与主轴（3）、水道（6）相联通的180°半开式通径的横轴（18），还与两喷水嘴（31）定向固定联通；腔体（19）下部设有红外接收管启动器（14），输出信号与电脑启动端前置放

大电路连接，电脑设四个输出口与步进电机（27）联接；腔体（19）前部下方还设一水平扫描器（16），内设两个红外接收管，上设一只光电二极管，信号管中心对准扫描条孔（15），另一只偏离扫描条孔（15），水平光电扫描器（16）信号与电脑水平输入端前置放大电路连接。

2. 如权利要求1所述的灭火器，其特征在于喷水嘴（31）上还设置有一俯仰扫描器（32），输出端与电脑CPU俯仰输入端前置放大电路连接，腔体（19）上部后端的拨线柱（23）能在180°自由齿轮（7）的180°自由空道（24）中运动，这一自由运动角就是控制横轴（18）及喷水嘴俯仰扫描器动作功能，主轴（3）及腔体（19）上水平扫描器（16）在往复于一圈运动时由拨线柱（23）上部的永久磁铁控制、干簧器（22）动作输出端与电脑换向端连接，温度继电器与电脑、超温自保输入端连接。

3. 如权利要求1所述的灭火器，其特征在于电脑输出有四个口与步进电机输入口连接，还有一个输出口与电动阀电机输入口连接，两个口与显示器控制端连接，另还设有两个输出口作水泵、报警显示，上述电动阀是由微阻缓闭式电机控制，直接开关球状阀门，与其灭火器上端管道相连通。

4. 如权利要求1所述的灭火器其特征在于在喷水嘴（31）上都各自设置有水动阀门与腔体（19）下部设置的阀门卡挡向下卡死接通。”

针对上述专利权，世安公司于2008年10月15日向专利复审委员会提出无效宣告请求，认为本专利权利要求1~4相对于证据1和2不具备专利法第二十二条第三款规定的创造性，权利要求1~4不符合《中华人民共和专利法》（简称《专利法》）《专利法实施细则》第二十条第一款和第二十一条第二款的规定，说明书不符合《专利法》第二十六条第三款的规定，并提交了下述证据：

证据1：第97103217.3号中国发明专利申请公开说明书，公开日为1998年9月23日，复印件共13页；

证据2：第97203797.7号中国实用新型专利说明书，授权公告日为1998年12月9日，复印件共

15 页。

2009 年 3 月 12 日，专利复审委员会作出第 13058 号决定。

上述事实，有第 13058 号决定、本专利文献、庭审笔录及当事人陈述等证据为证。

本院认为：

根据第 13058 号决定及本案各方当事人的诉辩主张，本案的争议焦点是：（1）本专利是否应该具有“单电机对水平扫描器和俯仰扫描器驱动的传动机构”；（2）第 13058 号决定对本专利水平扫描器的传动机构的描述是否错误；（3）本专利权利要求 1 是否缺少必要技术特征。

（1）根据本专利说明书关于背景技术和本发明所要解决的技术问题的记载：现有技术的双电机灭火器的水平、俯仰扫描器各自设有独立的驱动电机，因此机械、电路复杂，零件多、造价高、体积大、制造安装又很复杂。可见，本专利的发明点就在于区别于现有技术的双电机灭火器水平、俯仰扫描器各自设有独立的驱动电机的现状，改进为单电机驱动水平扫描和俯仰扫描。要实现这一目的，“单电机对水平扫描器和俯仰扫描器驱动的传动机构”这一特征必不可少。本专利说明书也载明，本发明提供了一种包括“水平扫描器和俯仰扫描器传动机构的单电机切换扫描式灭火器……”，因此，原告关于本专利的传动机构不是“单电机对水平扫描器和俯仰扫描器驱动的传动机构”，而是一系列动作的传动机构的理由，缺乏事实依据，本院不予采信。

（2）本专利说明书关于水平扫描器的传动机构的记载为，“步进电机（27）开始逆时针转动，180°自由齿轮（7）上的半圆自由孔道（24）一端卡住拨线柱（23）推动主轴（3）腔体（19）、水平扫描器（16）其喷嘴体（9）、横轴（18）一起开始水平扫描”。第 13058 号决定根据上述记载，将其加以总结概括，认为本专利的水平扫描器的传动机构是“步进电机（27）逆时针转动，180°自由齿轮（7）上的半圆自由孔道（24）一端卡住拨线柱（23）推动主轴（3）、水平扫描器（16）”，该概括并无不妥之处，张维顶亦未说明第 13058 号决定省略了“腔体（19）”、“其喷嘴体（9）”文字对专利权人造成了何种实质权利的影响或者专利复审委员会对本专利产生了何种理解上的错误，故对原告关于第 13058 号决定对本专利水平扫描器的传动机构的描述错误的理由，本院不予支持。

（3）《专利法实施细则》第二十一条第二款规定：独立权利要求应当从整体上反映发明或者实用新型的技术方案，记载解决技术问题的必要技术特征。

如前所述，根据本专利说明书关于背景技术和本发明所要解决的技术问题的记载可知，单电机对水平扫描器和俯仰扫描器驱动的传动机构是本专利解决上述技术问题所必不可少的技术特征。本专利说明书记载了单电机切换扫描式灭火器工作过程，从中可知水平和俯仰扫描的过程，其中，水平扫描：步进电机（27）逆时针转动，180°自由齿轮（7）上的半圆自由孔道（24）一端卡住拨线柱（23）推动主轴（3）、水平扫描器（16）及喷嘴体（9）开始水平扫描；俯仰扫描：步进电机（27）反转带动 180°自由齿轮（7）逆时针转，通过拨线柱（23）在半圆自由孔道（24）中 180°自由齿轮（7）不能卡住拨线柱（23），此时主轴（3）及喷嘴体（9）对准起火点（26）定向不动，步进电机（27）的传动机构经伞齿轮（20）带动伞齿轮（30）及横轴（18）、喷水嘴（31）、俯仰扫描器（32）由下向上仰视扫描。由此可以推知本发明的水平扫描器和俯仰扫描器的传动机构：即单电机驱动电机齿轮，电机齿轮带动自由齿轮，自由齿轮通过拨线柱控制主轴，从而实现水平扫描定位；通过伞齿轮控制横轴实现俯仰扫描。但是，本专利权利要求 1 记载的技术方案仅记载了水平扫描传动机构“步进机（27），其轴向下通过底盘（5），电机齿轮（21）与自由转动在主轴（3）上的 180°自由齿轮（7）相啮合连接，其上的 180°自由齿轮（7）的半圆自由空道（24）、拨线柱（23）自由上下通过其中”，没有记载涉及俯仰扫描器传动机构的任何内容，例如伞齿轮的设置，伞齿轮与自由齿轮的连接，伞齿轮与横轴和俯仰扫描器的连接，因此，权利要求 1 缺少必要技术特征，不符合《专利法实施细则》

第二十一条第二款的规定，第 13058 号决定以此理由宣告本专利无效，该认定并无不妥之处，本院予以维持。

本专利权利要求 2~4 的技术方案也没有记载上述俯仰扫描器传动机构的任何内容，因此也不符合《专利法实施细则》第二十一条第二款的规定，同样应当宣告其无效。

综上，被告专利复审委员会作出的第 13058 号决定认定事实清楚，适用法律正确，程序合法，应予维持。依照《中华人民共和国行政诉讼法》第五十四条第（一）项之规定，本院判决如下：

维持被告国家知识产权局专利复审委员会作出的第 13058 号无效宣告请求审查决定。

案件受理费 100 元，由原告张维顶负担（已交纳）。

如不服本判决，各方当事人可在本判决书送达之日起 15 日内，向本院递交上诉状，并按对方当事人人数提交副本，交纳上诉案件受理费 100 元，上诉于北京市高级人民法院。

审 判 长　任　进
代理审判员　邢　军
人民陪审员　牛艳玲
二〇〇九年十月三十日
书 记 员　陈文煊

007

洗衣机全自动减速离合器

无效宣告请求审查决定（第13155号）

决　　定　　号　第13155号
决　　定　　日　2009年3月31日
发明创造名称　洗衣机全自动减速离合器
国 际 分 类 号　D06F 37/40
无效宣告请求人　浙江三星机电股份有限公司
专　利　权　人　宁国聚隆实业有限公司
专　　利　　号　03239381.4
申　　请　　日　2003年2月11日
优　先　权　日　2003年1月11日
授 权 公 告 日　2004年12月8日
合 议 组 组 长　张　琳
主　　审　　员　毕艳红
参　　审　　员　郝海燕

法　律　依　据　专利法第22条第3款
决　定　要　点

本专利与最接近现有技术之间的区别技术特征，在现有技术未公开且未给出得到该区别技术特征的技术启示，请求人关于本专利相对于现有技术不具备创造性的主张不成立，维持本专利权有效。

一、案由

本无效宣告请求涉及国家知识产权局于2004年12月8日授权公告、申请号为03239381.4、名称为“洗衣机全自动减速离合器”的实用新型专利（下称本专利），其申请日是2003年2月11日，优先权日为2003年1月11日，专利权人是宁国聚隆实业有限公司。授权公告的权利要求书的内容如下：

“1. 洗衣机全自动减速离合器，它由输入轴（1）、输出轴（6）、输出轴套（7）、输入轴套（8）、制动轮（12）及安装在制动轮（12）内部的齿轮机构构成，输入轴（1）安装在输入轴套（8）内，输出轴（6）安装在输出轴套（7）内，输入轴套（8）固接在制动轮（12）的下端，其特征在于：所述的安装在制动轮（12）内部的齿轮机构为双驱动齿轮机构（15），输入轴（1）、输出轴套（7）及输出轴（6）分别与双驱动齿轮机构（15）相联接，制动轮（12）及输出轴套（7）部件间装有离合装置（13）。

2. 根据权利要求1所述的洗衣机全自动减速离合器，其特征在于：所说的制动轮（12）的上口与输出轴套（7）间装有密封圈（16）。

3. 根据权利要求1所述的洗衣机全自动减速离合器，其特征在于：所说的双驱动齿轮机构（15）为双级行星齿轮传动机构。

4. 根据权利要求3所述的洗衣机全自动减速离合器，其特征在于：所说的双级行星齿轮传动机构由输入轴齿轮（2）、上行星齿轮（3）、内齿轮（4）、行星架（5）、中心齿轮（9）、下行星齿轮（10）及行星轴（11）构成；输入轴（1）与输入轴齿轮（2）相联接，上行星齿轮（3）安装在行星架（5）上并与输入轴齿轮（2）相啮合，行星架（5）与输出轴（6）及中心齿轮（9）相联接，内齿轮（4）与输出轴套（7）相联接，下行星齿轮（10）安装在行星轴（11）上，并与中心齿轮（9）相啮合，行星轴（11）固装在输入轴套（8）上，内齿轮（4）与上、下行星齿轮（3、10）相啮合。

5. 根据权利要求1所述的洗衣机全自动减速离合器，其特征在于：所说的双驱动齿轮机构（15）为双级双联齿内齿轮或外星轮或内星轮传动机构。

6. 根据权利要求5所述的洗衣机全自动减速离合器，其特征在于：所说的双级双联齿内齿轮或外星轮或内星轮传动机构由输入轴齿轮（2）、内齿轮（4）或外星轮或内星轮（3）、行星架（5）、中心齿轮（9）、双联行星齿轮（10）及行星轴（11）构成；双联行星齿轮（10）安装在行星架（5）及行星轴（11）上，它的下齿与输入轴齿轮（2）相啮合，它的上齿与中心齿轮（9）并与内齿轮（4）或通过行星齿轮（3）与中心齿轮（14）相啮合；输入轴（1）与输入轴齿轮（2）相联接，输出轴（6）与中心齿轮（9）相联接，输出轴套（7）与内齿轮（4）或与中心齿轮（14）相联接；行星轴（11）固装在输入轴套（8）上。

7. 根据权利要求1所述的洗衣机全自动减速离合器，其特征在于：所说的双驱动齿轮机构（15）为三级双联齿外齿传动机构。

8. 根据权利要求7所述的洗衣机全自动减速离合器，其特征在于：所说的三级双联齿外齿传动机构由输入轴齿轮（2）、两个中心齿轮（9、14）、上双联行星齿轮（3），下双联行星齿轮（10）及行星轴（11）构成；上双联行星齿轮（3）、下双联行星齿轮（10）分别安装在各自的行星轴（11）上；下双联行星齿轮（10）下齿与输入轴齿轮（2）相啮合，上齿与中心齿轮（9）相啮合；上双联行星齿轮（3）下齿与下双联行星齿轮（10）上齿相啮合，上齿与中心齿轮（14）相啮合；输入轴齿轮（2）与输入轴（1）相联接，输出轴（6）与中心齿轮（9）相联接，输出轴套（7）与中心齿轮（14）相联接；行星轴（11）固装在输入轴套（8）上。

9. 根据权利要求1所述的洗衣机全自动减速离合器，其特征在于：所说的双驱动齿轮机构（15）为一级内齿轮或外齿轮传动机构。

10. 根据权利要求9所述的洗衣机全自动减速离合器，其特征在于：所说的一级内齿轮或外齿轮传动机构由输入轴齿轮（2）、行星齿轮（10）、行星架（5）、行星轴（11）、内齿轮（4）或行星齿轮（3）及中心齿轮（14）构成；行星齿轮（10）安装在行星轴（11）上，它与输入轴齿轮（2）相啮合，并与内齿轮（4）或通过行星齿轮（3）与中心齿轮（14）相啮合，输入轴（1）与输出轴（6）同轴并与输入齿轮（2）相联接，输出轴套（7）与内齿轮（4）或与中心齿轮（14）相联接；行星轴（11）固装在输入轴套（8）上。

11. 根据权利要求1所述的洗衣机全自动减速离合器，其特征在于：所说的双驱动齿轮机构（15）为少齿差行星齿轮或摆线针轮传动机构。

12. 根据权利要求11所述的洗衣机全自动减速离合器，其特征在于：所说的少齿差行星齿轮或摆线针轮传动机构由输入轴转臂（17）、上行星齿轮（3）、内齿轮（4）或包括针轮（18）、行星架

(5)、中心齿轮（9）、下行星齿轮（10）或摆线轮（19）及行星轴（11）构成；输入轴（1）与转臂（17）相联接，上行星齿轮（3）安装在行星架（5）上及行星轴（11）上，并与中心齿轮（9）及内齿轮（4）相啮合，中心齿轮（9）与输出轴（6）相联接，内齿轮（4）或包括针轮（18）与输出轴套（7）相联接，下行星齿轮（10）或摆线轮（19）安装在转臂（17）上，其周围的孔套在行星轴（11）上，并与内齿轮或针轮（18）相啮合，行星轴（11）固装在输入轴套（8）上。

13. 根据权利要求1所述的洗衣机全自动减速离合器，其特征在于：所说的双驱动齿轮机构（15）为单内齿轮异星轴或双内齿轮同心轴传动机构。

14. 根据权利要求13所述的洗衣机全自动减速离合器，其特征在于：所说的为单内齿轮异星轴或双内齿轮同心轴传动机构由输入轴齿轮（2）、上、下行星轮（3、10）、单内齿轮或双内齿轮（4）、行星架（5）、中心齿轮（9）及行星轴（11）构成；输入轴（1）与输入轴齿轮（2）相联接，上、下二组行星齿轮（3、10）分别安装在各自的二组行星轴（11）上或共同安装在同一组行星轴（11）上，各自与输入轴齿轮（2）、中心齿轮（9）及内齿轮（4）相啮合。中心齿轮（9）与输出轴（6）相联接，单内齿或双内齿轮（4）与输出轴套（7）相联接，行星轴（11）固装在输入轴套（8）上。”

针对本专利，浙江三星机电股份有限公司（下称请求人）于2008年9月11日向国家知识产权局专利复审委员会提出无效宣告请求，无效理由为本专利权利要求1~14不符合专利法第22条第3款规定的创造性。请求人提交了如下附件：

附件1：本专利说明书复印件共22页；

附件2：申请号为97110584.7号发明专利申请公开说明书复印件共19页，公开日1997年11月26日；

附件3：专利号为93213071.2号实用新型专利说明书复印件共7页，授权公告日1994年2月9日；

附件4：申请号为02116376.6号发明专利申请公开说明书复印件共5页，公开日2002年10月23日；

附件5：申请号为02110425.5号发明专利申请公开说明书复印件共13页，公开日2002年11月27日；

附件6：专利号为97206548.2号实用新型专利说明书复印件共7页，授权公告日1998年8月19日；

附件7：CN87215919U实用新型专利申请说明书复印件共10页，公告日1988年9月28日；

附件8：专利号为96217708.3号实用新型专利说明书共5页，授权公告日1997年11月26日；

附件9：专利号为93244799.6号实用新型专利说明书复印件共6页，授权公告日1994年11月23日；

附件10：机械工业出版社出版的《机械设计手册》第3卷首页、版权页、内容页复印件共9页，1991年9月第1版，1992年9月第3次印刷；

附件11：请求人声称的摘自“机械设计手册”第4册第2版（2000年出版，机械工业出版社印），1990年第一次出版的“减速器”相关页复印件共8页；

附件12：机械工业出版社出版的《渐开线少齿差行星齿轮减速器》首页、版权页及相关内容页复印件共9页，1978年9月背景第一版，1978年9月第一次印刷。

请求人提出的具体无效理由概括如下：（1）本专利权利要求1中技术内容已被附件2、附件4的结合公开，其中的离合装置被附件4公开，其余技术特征则被附件2（参见附件2权利要求书第1页第4~8行、说明书第5页第10~19行、第6页第27~31行、第8页第6~9行、说明书附图4、5）公开，因此权利要求1相对于附件2、4的结合不符合专利法第22条第3款有关创造性的规定，其中以附件2作为最接近对比文件；另外，权利要求1相对于附件3和/或附件10不符合专利法第22条第3款有关创造性的规定。（2）权利要求5、6所记载的双级双联齿内齿轮传动机构、双级双联齿外星轮传动机构，分别实质上是权利要求3、4所记载的技术内容之双级行星齿轮传动机构、权利要求7、8所记载的三级双联齿外齿轮传动机构的变形，在权利要求3、4及权利要求7、8分别不具备无创造性的情况下，权利要求5、6双级双联齿内齿轮传动机构、双级双联齿外星轮传动机构的两个技术方案也分别不符合专利法第22条第3款有关创造性的规定。其中，权利要求3、4之双级行星齿轮传动机构已经被附件4的附图记载的技术内容公开（同一专利权人的，结构完全相同），权利要求7、8之三级双联齿外齿传动机构被附件5和附件5的说明书附图3、4公开；权利要求5、6之双级双联齿内星轮传动机构是权利要求5、6所记载的双级双联齿外星轮传动机构的变形，在权利要求5、6双级双联齿外星轮传动机构的技术方案无创造性的情况下，权利要求5、6之双级双联齿内星轮传动机构也不符合专利法第22条第3款有关创造性的规定；权利要求9、10之一级内齿轮传动机构，已被附件2的附图4、5公开；权利要求9、10之一级外齿轮传动机构，实质上是权利要求5、6之双级双联齿外星轮传动机构的变形；权利要求11、12之少齿差行星齿轮传动机构，已被附件6附图2公开，另外，附件11记载的“摆线针轮减速器”和附件12记载的“渐开线少齿差行星齿轮减速器”完全涵盖了权利要求11、12所记载的技术内容；权利要求11、12之摆线针轮传动机构被附件7附图1所公开，另外，附件11记载的“摆线针轮减速器”和附件12记载的“渐开线少齿差行星齿轮减速器”完全涵盖了权利要求11、12所记载的技术内容；权利要求13、14之单内齿异星轴传动机构、双内齿同心轴传动机构分别被附件8附图1、附图9附图1公开。因此权利要求2~14不符合专利法第22条第3款有关创造性的规定。

专利复审委员会于2008年11月17日受理了上述无效宣告请求，同时将请求人提交的无效宣告请求书及其附件清单中所列附件的副本转寄给专利权人。

无效宣告请求人于2008年10月10日补充提交了意见陈述书及其声称的附件11的版权页复印件共1页，证明附件11于2001年1月第2版第2次印刷。

本案合议组于2008年12月25日向双方当事人发出口头审理通知书，定于2009年2月16日对本案进行口头审理，并随本口审通知书将请求人于2008年10月10日提交的意见陈述书及附件清单中的附件转送给请求人。

口头审理如期举行。双方当事人都出席了口头审理。在口头审理中，双方当事人对合议组的组成人员无回避请求，对对方当事人的资格以及出庭人员身份无异议。专利权人删除权利要求1~4、7、8，并当庭提交了权利要求书修改替换页，请求人对专利权人的修改方式无异议，合议组当庭将专利权人提交的权利要求书转送给请求人。请求人明确表示放弃附件3、附件10、附件11、附件12作为证据使用。请求人在口头审理过程中陈述的意见与无效宣告请求书中的意见不一致，并表示所有意见以无效宣告请求书中的为准。专利权人认为附件6、附件7所属领域与本专利所属的洗衣机领域不同。专利权人修改后的权利要求书内容如下：

“1. 洗衣机全自动减速离合器，它由输入轴（1）、输出轴（6）、输出轴套（7）、输入轴套（8）、制动轮（12）及安装在制动轮（12）内部的齿轮机构构成，输入轴（1）安装在输入轴套（8）内，输出轴（6）安装在输出轴套（7）内，输入轴套（8）固接在制动轮（12）的下端，其特征在于：所述的安装在制动轮（12）内部的齿轮机构为双驱动齿轮机构（15），输入轴（1）、输出轴套（7）及输出轴（6）分别与双驱动齿轮机构（15）相联接，制动轮（12）及输出轴套（7）部件间装有离合装置（13），所说的双驱动齿轮机构（15）为双级双联齿内齿轮或外星轮或内星轮传动机构。

2. 根据权利要求1所述的洗衣机全自动减速离合器，其特征在于：所说的双级双联齿内齿轮或外星轮或内星轮传动机构由输入轴齿轮（2）、内齿轮（4）或外星轮或内星轮（3）、行星架（5）、中心齿轮（9）、双联行星齿轮（10）及行星轴（11）构成；双联行星齿轮（10）安装在行星架（5）及行星轴（11）上，它的下齿与输入轴齿轮（2）相啮合，它的上齿与中心齿轮（9）并与内齿轮（4）或通过行星齿轮（3）与中心齿轮（14）相啮合；输入轴（1）与输入轴齿轮（2）相联接，输出轴（6）与中心齿轮（9）相联接，输出轴套（7）与内齿轮（4）或与中心齿轮（14）相联接；行星轴（11）固装在输入轴套（8）上。

3. 洗衣机全自动减速离合器，它由输入轴（1）、输出轴（6）、输出轴套（7）、输入轴套（8）、制动轮（12）及安装在制动轮（12）内部的齿轮机构构成，输入轴（1）安装在输入轴套（8）内，输出轴（6）安装在输出轴套（7）内，输入轴套（8）固接在制动轮（12）的下端，其特征在于：所述的安装在制动轮（12）内部的齿轮机构为双驱动齿轮机构（15），输入轴（1）、输出轴套（7）及输出轴（6）分别与双驱动齿轮机构（15）相联接，制动轮（12）及输出轴套（7）部件间装有离合装置（13），所说的双驱动齿轮机构（15）为一级内齿轮或外齿轮传动机构。

4. 根据权利要求3所述的洗衣机全自动减速离合器，其特征在于：所说的一级内齿轮或外齿轮传动机构由输入轴齿轮（2）、行星齿轮（10）、行星架（5）、行星轴（11）、内齿轮（4）或行星齿轮（3）及中心齿轮（14）构成；行星齿轮（10）安装在行星轴（11）上，它与输入轴齿轮（2）相啮合，并与内齿轮（4）或通过行星齿轮（3）与中心齿轮（14）相啮合，输入轴（1）与输出轴（6）同轴并与输入齿轮（2）相联接，输出轴套（7）与内齿轮（4）或与中心齿轮（14）相联接；行星轴（11）固装在输入轴套（8）上。

5. 洗衣机全自动减速离合器，它由输入轴（1）、输出轴（6）、输出轴套（7）、输入轴套（8）、制动轮（12）及安装在制动轮（12）内部的齿轮机构构成，输入轴（1）安装在输入轴套（8）内，输出轴（6）安装在输出轴套（7）内，输入轴套（8）固接在制动轮（12）的下端，其特征在于：所述的安装在制动轮（12）内部的齿轮机构为双驱动齿轮机构（15），输入轴（1）、输出轴套（7）及输出轴（6）分别与双驱动齿轮机构（15）相联接，制动轮（12）及输出轴套（7）部件间装有离合装置（13），所说的双驱动齿轮机构（15）为少齿差行星齿轮或摆线针轮传动机构。

6. 根据权利要求5所述的洗衣机全自动减速离合器，其特征在于：所说的少齿差行星齿轮或摆线针轮传动机构由输入轴转臂（17）、上行星齿轮（3）、内齿轮（4）或包括针轮（18）、行星架（5）、中心齿轮（9）、下行星齿轮（10）或摆线轮（19）及行星轴（11）构成；输入轴（1）与转臂（17）相联接，上行星齿轮（3）安装在行星架（5）上及行星轴（11）上，并与中心齿轮（9）及内齿轮（4）相啮合，中心齿轮（9）与输出轴（6）相联接，内齿轮（4）或包括针轮（18）与输出轴套（7）相联接，下行星齿轮（10）或摆线轮（19）安装在转臂（17）上，其周围的孔套在行星轴（11）上，并与内齿轮或针轮（18）相啮合，行星轴（11）固装在输入轴套（8）上。

7. 洗衣机全自动减速离合器，它由输入轴（1）、输出轴（6）、输出轴套（7）、输入轴套（8）、制动轮（12）及安装在制动轮（12）内部的齿轮机构构成，输入轴（1）安装在输入轴套（8）内，输出轴（6）安装在输出轴套（7）内，输入轴套（8）固接在制动轮（12）的下端，其特征在于：所述的安装在制动轮（12）内部的齿轮机构为双驱动齿轮机构（15），输入轴（1）、输出轴套（7）及输出轴（6）分别与双驱动齿轮机构（15）相联接，制动轮（12）及输出轴套（7）部件间装有离合装置（13），所说的双驱动齿轮机构（15）为单内齿轮异星轴或双内齿轮同心轴传动机构。

8. 根据权利要求7所述的洗衣机全自动减速离合器，其特征在于：所说的为单内齿轮异星轴或双内齿轮同心轴传动机构由输入轴齿轮（2）、上、下行星轮（3、10）、单内齿轮或双内齿轮（4）、行星架（5）、中心齿轮（9）及行星轴（11）构成；输入轴（1）与输入轴齿轮（2）相联接，上、下二组行星齿轮（3、10）分别安装在各自的二组行星轴（11）上或共同安装在同一组行星轴（11）上，各自与输入轴齿轮（2）、中心齿轮（9）及内齿轮（4）相啮合。中心齿轮（9）与输出轴（6）相联接，单内齿或双内齿轮（4）与输出轴套（7）相联接，行星轴（11）固装在输入轴套（8）上。”

在上述工作的基础上，合议组认为本案事实已经清楚，可以作出审查决定。

二、决定的理由

1. 审查文本认定

审查指南第四部分第三章第4.6.3节规定“在专利复审委员会作出审查决定之前，专利权人可以删除权利要求或者权利要求中包括的技术方案”，专利权人在口头审理过程中提交了权利要求书修改替换页，具体的修改方式为删除权利要求1~4、7、8，专利权人的修改时机及方式均符合审查指南的上述规定，因此以专利权人修改后的权利要求书作为权利要求书的审查基础。

2. 证据认定

请求人在无效宣告请求中提交了12份附件，其中附件2~12作为证据使用，在口头审理过程中请求人明确表示放弃附件3、附件10~12作为证据使用。专利权人对附件2、附件4~9的真实性无异议，而且上述附件是中国专利文献，经合议组核实，对附件2、附件4~9的真实性予以认可。

3. 予以审理的无效理由

请求人在口头审理过程中明确表示以无效宣告请求书中的书面意见为准，因此本决定基于无效宣告请求书中的无效理由进行审理。针对请求人提交的无效宣告请求书，依据专利权人对权利要求的修改及请求人对附件3、10、11、12的放弃，请求人提出的无效宣告理由概括如下：

（1）权利要求1中除“所说的双驱动齿轮机构（15）为双级双联齿内齿轮或外星轮或内星轮传动机构”之外的其他技术特征简称技术特征A，权利要求2~8均包括技术特征A，该技术特征A已被附件2、4的结合公开，具体的说，其中的离合装置被附件4的离合销13公开，其余技术特征则被附件2（参见附件2权利要求书第1页第4~8行、说明书第5页第10~19行、第6页第27~31行、第8页第6~9行、说明书附图4、5）公开。

（2）附件4的附图公开了本专利附图2的双级行星齿轮传动机构，只要将本专利附图2中的齿轮3与10变为一体变径的双联齿则即完全公开了权利要求1、2之双级双联齿内齿轮传动机构的上述技术方案，因此权利要求1、2的该技术方案相对于附件2、4的结合不符合专利法第22条第3款的规定；权利要求1、2之双级双联齿外星轮传动机构是本专利附图5所记载的三级双联齿外齿轮传动机构的变形，把本专利附图5的一体变径的双联齿外齿轮变为同径外星轮，则完全公开了权利要求1、2所述的该技术方案，而本专利附图5所记载的三级双联齿外齿轮传动机构已被附件5附图3、4所公开，因此权利要求1、2的所述该技术方案相对于附件2、4、5的结合不具备创造性；权利要求1、2之双级双联齿内星轮传动机构的技术方案是其双级双联齿外星轮传动机构（本专利附图4）的变形，将本专利附图4中的一体变径的双联齿轮10之下半部和同径双联齿轮3连成一体三联齿，本专利附图4中双联齿轮10之上半部成为一个内星轮，则完全公开了权利要求1、2所述的该技术方案，权利要求1、2之双级双联齿外星轮传动机构是本专利附图5所记载的三级双联齿外齿轮传动机构的变形，而本专利附图5所记载的三级双联齿外齿轮传动机构已被附件5附图3、4所公开，因此权利要求1、2的所述该技术方案相对于附件2、4、5的结合不具备创造性。

（3）权利要求 3、4 引用授权公告的权利要求 1 的技术内容已经被附件 2、4 的结合公开，其中双驱动齿轮机构为一级内齿轮传动机构的技术特征已被附件 2 的附图 4、5 公开，因此权利要求 3、4 之双驱动齿轮机构为一级内齿轮传动机构的技术方案相对于附件 2、4 的结合不符合专利法第 22 条第 3 款有关创造性的规定；权利要求 3、4 中双驱动齿轮机构为一级外齿轮传动机构的技术特征是权利要求 1、2 所记载的双驱动齿轮机构为双级双联齿外星轮传动机构（已被附件 5 附图 3、4 公开）的变形，本专利附图 4 中的输入轴和输出轴重合为一个齿轮，则完全公开了权利要求 3、4 一级外齿轮传动机构的技术方案，因此权利要求 3、4 之一级外齿轮传动机构的技术方案现对于附件 2、4、5 的结合不符合专利法第 22 条第 3 款的规定。

（4）权利要求 5、6 之少齿差行星齿轮传动机构是附件 6 附图 2 的变形，将附件 6 附图 2 中的内齿轮（23）、（39）合成一个内齿轮，其内齿轮轴（28）作输出轴套，将 32 改作输出轴（其轴 32 上可改加装一个齿轮）与内齿轮（39）啮合，因此权利要求 5、6 之少齿差行星齿轮传动机构技术方案相对于附件 2、4、6 的结合不符合专利法第 22 条第 3 款有关创造性的规定；权利要求 5、6 之摆线针轮传动机构已被附件 7 附图 1 公开，因此权利要求 5、6 该技术方案相对于附件 2、4、7 的结合不符合专利法第 22 条第 3 款的规定。

（5）权利要求 7、8 之单内齿异星轴传动机构的技术方案能显而易见的仿照附件 8 及其附图 1 得出，只要将附件 8 附图 1 公开中的（5）和（6）合成一体的一个单内齿轮，（9）作输出轴、（11）作输出轴套，则二者记载的结构完全相同，因此权利要求 7、8 上述之技术方案相对于附件 2、4、8 的结合不符合专利法第 22 条第 3 款的规定；权利要求 7、8 之双内齿同心轴传动机构能显而易见的仿照附件 9 及其附图 1 得出得出，将附件 9 的附图 1 中的（1）和（5）合成一体的一个不同径的双内齿轮，输入轴 2 断成输入轴（可带齿轮驱动齿轮 3）和输出轴（可带齿轮驱动齿轮 4），（5）驱动输出轴套，其所述的技术内容与权利要求 7、8 双内齿同心轴传动机构的结构完全一样，因此权利要求 7、8 的该技术方案相对于附件 2、4、9 的结合不符合专利法第 22 条第 3 款的规定。

4. 关于专利法第 22 条第 3 款

专利法第 22 条第 3 款规定：“创造性，是指同申请日以前已有的技术相比，该发明有突出的实质性特点和显著的进步，该实用新型有实质性特点和进步。”

权利要求 1~8 中均包括的技术特征 A 如下：洗衣机全自动减速离合器，它由输入轴（1）、输出轴（6）、输出轴套（7）、输入轴套（8）、制动轮（12）及安装在制动轮（12）内部的齿轮机构构成，输入轴（1）安装在输入轴套（8）内，输出轴（6）安装在输出轴套（7）内，输入轴套（8）固接在制动轮（12）的下端，所述的安装在制动轮（12）内部的齿轮机构为双驱动齿轮机构（15），输入轴（1）、输出轴套（7）及输出轴（6）分别与双驱动齿轮机构（15）相联接，制动轮（12）及输出轴套（7）部件间装有离合装置（13）。

除上述技术特征 A 外，按照独立权利要求中双驱动齿轮机构的不同，而将每个独立权利要求划分为不同的技术方案，独立权利要求 1、3、5、7 分别还包括的技术特征如下：

a. 独立权利要求 1 还包括以下技术特征：

所说的双驱动齿轮机构（15）为双级双联齿内齿轮传动机构（技术特征 I1）；或

所说的双驱动齿轮机构（15）为双级双联齿外星轮传动机构（技术特征 I2）；或

所说的双驱动齿轮机构（15）为双级双联齿内星轮传动机构（技术特征 I3）。

b. 独立权利要求 3 还包括以下技术特征：

所说的双驱动齿轮机构为一级内齿轮传动机构（技术特征 III1）；或

所说的双驱动齿轮机构为外齿轮传动机构（技术特征 III2）。

c. 独立权利要求 5 还包括以下技术特征：

所说的双驱动齿轮机构为少齿差行星齿轮传动机构（技术特征 V1）；或

所说的双驱动齿轮机构为摆线针轮传动机构（技术特征 V2）。

d. 独立权利要求 7 还包括以下技术特征：

所说的双驱动齿轮机构为单内齿轮异星轴传动机构（技术特征 VII1）；或

所说的双驱动齿轮机构为双内齿轮同心轴传动机构（技术特征 VII2）。

请求人认为，权利要求 1~8 均包括的上述技术特征 A 已被附件 2、4 的结合公开，具体的说，其中的离合装置被附件 4 的离合销 13 公开，其余技术特征则被附件 2（参见附件 2 权利要求书第 1 页第 4~8 行、说明书第 5 页第 10~19 行、第 6 页第 27~31 行、第 8 页第 6~9 行、说明书附图 4、5）公开。但合议组认为，按照双驱动齿轮机构的不同，权利要求 1 的三种技术方案与附件 2 之间的区别特征至少分别包括上述技术特征 I1、I2、I3；权利要求 3 的两种技术方案与附件 2 之间的区别特征至少分别包括上述技术特征 III1、III2；权利要求 5 的两种技术方案与附件 2 之间的区别特征至少分别包括上述技术特征 V1、V2；权利要求 7 的两种技术方案与附件 2 之间的区别特征至少分别包括上述技术特征 VII1、VII2。根据上述区别特征的认定，对上述权利要求 1、3、5、7 的创造性评述如下：

（1）关于权利要求 1 所包括的三种技术方案的创造性。

①对于权利要求 1 的上述第一个技术方案与附件 2 存在的上述区别特征 I1，请求人认为该区别特征由附件 4 的附图变形而来，具体的说，请求人认为附件 4 的附图公开了本专利附图 2 的双级行星齿轮传动机构，只要将本专利附图 2 中的齿轮 3 与 10 变为一体变径的双联齿则即完全公开了权利要求 1、2 之双级双联齿内齿轮传动机构的上述技术方案。

对此，合议组认为，附件 4 的附图公开的洗衣机全自动减速离合器，主要由输入轴 1、输出轴 6、输出轴套 7、输入轴套 8、制动轮 12 及安装在制动轮内部的双套行星齿轮机构组成。输入轴与齿轮 2 联接为一体，上行星齿轮 3 安装在行星架 5 上，行星架 5 与输出轴 6 及中心齿轮 9 联接为一体；内齿轮 4 为上下二套行星齿轮机构的公用齿轮，它与输出轴套 7 联接为一体；下行星齿轮 10 安装在行星轴 11 上，后者固装在输入轴套 8 上，输入轴套 8 与制动轮 12 联接为一体，内齿轮 4 及制动轮 12 上各有一个离合销。对附件 4 附图和本专利权利要求 1 第一个技术方案的结构进行分析，附件 4 使用了两套行星齿轮，而本专利的该技术方案使用了一个双级双联齿内齿轮传动机构，二者结构不同。也就是说，首先，附件 4 没有公开上述区别特征 I1，而且现有技术中不存在促使本领域技术人员将附件 4 附图中的上行星齿轮 3 与下行星齿轮 10 一体变径以得到权利要求 1 所述技术方案的动机和启示，同时齿轮系的结构也不是通过简单的变换即可实现的。因此，附件 4 并未公开也未给出得到权利要求 1 所述该技术方案的技术启示，请求人所述的附件 4 的附图中上行星齿轮 3 与下行星齿轮 10 一体变径即可得到权利要求 1 上述方案的双级双联齿内齿轮传动机构的主张不能成立，请求人据此认为权利要求 1 的第一个技术方案相对于附件 2、4 的结合符合专利法第 22 条第 3 款有关创造性规定的无效理由不成立。

②对于权利要求 1 的上述第二个技术方案与附件 2 存在的上述区别特征 I2，即权利要求 1 所说的双驱动齿轮机构是双级双联齿外星轮传动机构，请求人认为，该双级双联齿外星轮传动机构是本专利附图 5 所记载的三级双联齿外齿轮传动机构的变形，把本专利附图 5 的一体变径的双联齿外齿轮变为同径外星轮，则完全公开了权利要求 1 所述的该技术方案，而本专利附图 5 所记载的三级双联齿外齿轮传动机构已被附件 5 附图 3、4 所公开，因此权利要求 1 的所述该技术方案相对于附件 2、4、5 的结合不具备创造性。

对此，合议组认为，附件 5 的附图 3、4 分别公开了双向动力搅拌式洗衣机传动机构的齿轮箱，从所述附图3、4所示齿轮箱结构来看，附件5的附图3、4并未公开本专利所记载的三级双联齿外齿轮传动机构，也未给出得到本专利所记载的三级双联齿外齿轮传动机构的技术启示，附件5的附图3、4更不可能给出促使本领域技术人员通过将三级双联齿外齿轮传动机构变形得到权利要求1第二个技术方案的动机和启示，而且齿轮系的结构也不是通过简单的变形即可实现的。另外，附件5的附图3、4未公开本专利权利要求1第二个技术方案与附件2之间的上述区别特征I2，也未给出得到上述区别特征的技术启示，因此请求人所主张的附件5附图3、4公开了本专利附图5的三级双联齿外齿轮传动机构以及通过将本专利附图5变形即可得到权利要求1所述该技术方案的主张不成立，请求人据此认为权利要求1的第二个技术方案相对于附件2、4、5的结合符合专利法第22条第3款有关创造性规定的无效理由不成立。

③对于权利要求1的上述第三个技术方案与附件2存在的上述区别特征I3，请求人认为，权利要求1之双级双联齿内星轮传动机构的技术方案是权利要求1第二个技术方案即双级双联齿外星轮传动机构（本专利附图4）的变形，将本专利附图4中的一体变径的双联齿轮10之下半部和同径双联齿轮3连成一体三联齿，本专利附图4中双联齿轮10之上半部成为一个内星轮，则完全公开了权利要求1所述的该技术方案，而权利要求1第二个技术方案不具备创造性的理由同其已经在前面表述过的理由，因此权利要求1的第三个技术方案相对于附件2、4、5的结合不具备创造性。

对此，合议组认为，如在上述的（1）中第②点的分析，由于附件5的附图3、4未公开也未给出得到本专利权利要求1的第二个技术方案即双级双联齿外星轮传动机构的技术启示，附件5的附图3、4更不可能给出促使本领域技术人员将双级双联齿外星轮传动机构变形得到权利要求1第三个技术方案的动机和启示，而且齿轮系的结构也不是通过简单的变形即可实现的。另外，附件5的附图3、4未公开本专利权利要求1第三个技术方案与附件2之间的上述区别特征I3，也未给出得到上述区别特征的技术启示。也就是说，所属领域技术人员无法通过附件5的附图3、4变形得到权利要求1的第三个技术方案，因此请求人据此认为权利要求1的第三个技术方案相对于附件2、4、5的结合符合专利法第22条第3款有关创造性规定的无效理由不成立。

（2）关于独立权利要求3所包括的两种技术方案的创造性。

①对于权利要求3的上述第一个技术方案与附件2存在的上述区别特征III1即双驱动齿轮机构为一级内齿轮传动机构。请求人认为上述区别特征已被附件2的附图4、5公开。因此权利要求3之一级内齿轮传动机构的技术方案现对于附件2、4的结合不符合专利法第22条第3款的规定。

对此，合议组认为，根据附件2的附图4、5分别示出了洗衣时动力系统的局部放大纵剖视图及在旋转甩干时动力系统的局部放大纵剖视图。根据附图4、5及相应文字部分的记载，附件2附图4、5所示结构与本专利权利要求3第一个技术方案所示结构不同，附件2附图4、5并未公开权利要求3与附件2的上述区别特征III1，同时附件2附图4、5所示结构也未给出得到上述区别特征的技术启示，因此请求人据此认为权利要求3的第一个技术方案相对于附件2、4的结合符合专利法第22条第3款有关创造性规定的无效理由不成立。

②对于权利要求3的上述第二个技术方案与附件2存在的上述区别特征III2即双驱动齿轮机构为一级外齿轮传动机构。请求人认为，权利要求3的该技术方案是权利要求1的第二个技术方案（已被附件5附图3、4公开）的变形，本专利权利要求1的第二个技术方案如本专利附图4所示，将本专利附图4所示的双级双联齿外星轮传动机构中的输入轴和输出轴重合为一个齿轮，则完全公开了权利要求3一级外齿轮传动机构的技术方案，因此权利要求3之一级外齿轮传动机构的技术方案相对于附件2、4、5的结合不符合专利法第22条第3款的规定。

对此，合议组认为，如在上述（1）中第②点中的分析所述，由于附件5的附图3、4未公开也未给出得到本专利权利要求 1 的第二个技术方案即双级双联齿外星轮传动机构的技术启示，附件 5 的附图 3、4 更不可能给出促使本领域技术人员将双级双联齿外星轮传动机构变形得到权利要求 3 第二个技术方案的动机和启示，而且齿轮系的结构也不是通过简单的变形即可实现的。另外，附件 5 的附图 3、4 未公开本专利权利要求 3 第二个技术方案与附件 2 之间的上述区别特征 III2，也未给出得到上述区别特征的技术启示。也就是说，所属领域技术人员无法通过附件 5 的附图 3、4 变形得到权利要求 3 的第二个技术方案，因此请求人据此认为权利要求 3 的第二个技术方案相对于附件 2、4、5 的结合符合专利法第 22 条第 3 款有关创造性规定的无效理由不成立。

（3）关于权利要求 5 所包括的两种技术方案的创造性。

对于权利要求 5 与附件 2 所存在的区别技术特征 V1，请求人认为，权利要求 5 之少齿差行星齿轮传动机构是附件 6 附图 2 的变形，将附件 6 附图 2 中的内齿轮（23）、（39）合成一个内齿轮，其内齿轮轴（28）作输出轴套，将 32 改作输出轴（其轴 32 上可改加装一个齿轮）与内齿轮（39）啮合，因此权利要求 5 之少齿差行星齿轮传动机构技术方案相对于附件 2、4、6 的结合不符合专利法第 22 条第 3 款有关创造性的规定；对于权利要求 5 与附件 2 所存在的区别技术特征 V2，请求人认为，权利要求 5 之摆线针轮传动机构已被附件 7 附图 1 公开，因此权利要求 5 之摆线针轮传动机构相对于附件 2、4、7 的结合不符合专利法第 22 条第 3 款的规定。专利权人认为，附件 6、附件 7 与本专利所属技术领域不同。

对此，合议组认为，根据审查指南的第四部分第六章第 4 点（1）的规定“对于实用新型专利而言，一般着重于考虑该实用新型专利所属的技术领域。但是现有技术中给出明确的启示，例如现有技术中有明确的记载，促使本领域的技术人员到相近或者相关的技术领域寻找有关技术手段的，可以考虑其相近或者相关的技术领域”。请求人评价权利要求 5 两个技术方案创造性所使用的附件 6 涉及电力助动车，其中的电机减速装置设在车中部的踏脚转轴处，所使用的附件 7 涉及电动滚筒，应用于自动生产线的传动，减速器组合与电动机一起同轴线装置在一个筒体内。附件 6、7 与本专利所涉及的洗衣机的传动装置不属于相同的技术领域，并且在现有技术没有给出明确的启示使所属领域技术人员到附件 6、附件 7 所属的技术领域寻找有关技术手段，因此请求人关于本专利权利要求 5 分别相对于附件 2、4、6 的结合及附件 2、4、7 的结合不符合专利法第 22 条第 3 款规定的无效理由不成立。

（4）关于权利要求 7 两种技术方案的创造性。

对于权利要求 7 与附件 2 存在的上述区别特征 VII1，请求人认为，权利要求 7 之单内齿异星轴传动机构能显而易见的仿照附件 8 及其附图 1 得出，只要将附件 8 附图 1 公开中的内齿圈（5）、（6）合成一体的一个单内齿轮，偏心轴（9）作输出轴、输出轴（11）作输出轴套，则二者记载的结构完全相同，因此权利要求 7 的第一个技术方案相对于附件 2、4、8 的结合不符合专利法第 22 条第 3 款的规定；对于权利要求 7 与附件 2 存在的上述区别特征 VII1，请求人认为，权利要求 7 之双内齿同心轴传动机构的技术方案能显而易见的仿照附件 9 及其附图 1 得出，将附件 9 的附图 1 中的定心内齿轮（1）和动心内齿轮（5）合成一体的一个不同径的双内齿轮，输入轴 2 断成输入轴（可带齿轮驱动齿轮 3）和输出轴（可带齿轮驱动齿轮 4），动心内齿轮（5）驱动输出轴套，其所述的技术内容与权利要求 7 双内齿同心轴传动机构的结构完全一样，因此权利要求 7 的第二个技术方案相对于附件 2、4、9 的结合不符合专利法第 22 条第 3 款的规定。

对此，合议组认为，附件 8 涉及少齿差行星齿轮减速装置、附件 9 涉及少齿差行星齿轮传动机构，而权利要求 7 涉及单内齿异星轴传动机构及双内齿同心轴传动机构，也就是说附件 8、9 与本专利所使用的传动机构的类型并不相同，结构上存在很大差异，并且现有技术并未给出由附件 8、9 的少齿差行星齿轮变形得到本专利权利要求 7 所述两个技术方案的动机及技术启示，请求人关于权利要求 7 相对于附件 2、4、8 的结合及附件 2、4、9 的结合不符合专利法第 22 条第 3 款规定的无效理由不成立。

（5）在独立权利要求 1、3、5、7 具备创造性的情况下，它们各自的从属权利要求 2、4、6、8 也具备专利法第 22 条第 3 款所规定的创造性。

综上所述，请求人所提出的权利要求 1~8 不符合专利法第 22 条第 3 款有关创造性规定的无效理由均不成立。

三、决定

维持 03239381.4 号实用新型专利权有效。

当事人对本决定不服的，可以根据专利法第 46 条第 2 款的规定，自收到本决定之日起 3 个月内向北京市第一中级人民法院起诉。根据该款的规定，一方当事人起诉后，另一方当事人应当作为第三人参加诉讼。

008

取代的2-（2，6-二氧哌啶-3-基）-邻苯二甲酰亚胺和-1-氧异二氢吲哚及降低肿瘤坏死因子α的方法

无效宣告请求审查决定（第13179号）

决　定　号　第13179号
决　定　日　2009年4月13日
发明创造名称　取代的2-（2，6-二氧哌啶-3-基）-邻苯二甲酰亚胺和-1-氧异二氢吲哚及降低肿瘤坏死因子α的方法
国际分类号　C07D401/04，A61K31/445
无效宣告请求人　杜兆东
专　利　权　人　赛尔金有限公司
专　利　号　97180299.8
申　请　日　1997年7月24日
最早优先权日　1996年7月24日
授权公告日　2003年8月6日
合议组组长　汪送来
主　审　员　刘　静
参　审　员　娄　宁

法律依据　专利法第22条第3款
决定要点

请求人的无效理由仅为权利要求1相对于证据1不具备创造性，在专利权人已经删除权利要求1的情况下，合议组对于该无效理由不再评述。

一、案由

本无效宣告请求案涉及国家知识产权局于2003年8月6日公告授予的、名称为“取代的2-（2，6-二氧哌啶-3-基）-邻苯二甲酰亚胺和-1-氧异二氢吲哚及降低肿瘤坏死因子α的方法”的发明专利权（下称本专利），其申请日为1997年7月24日，最早优先权日为1996年7月24日，专利权人为赛尔金有限公司。该专利授权公告的权利要求如下：

“1. 一种选自如下物质组成的组的化合物：

（a）下式所示2，6-二氧哌啶的基本上手性纯的（R）-对映异构体、基本上手性纯的（S）-对映异构体，或（R）-和（S）-对映异构体的混合物：

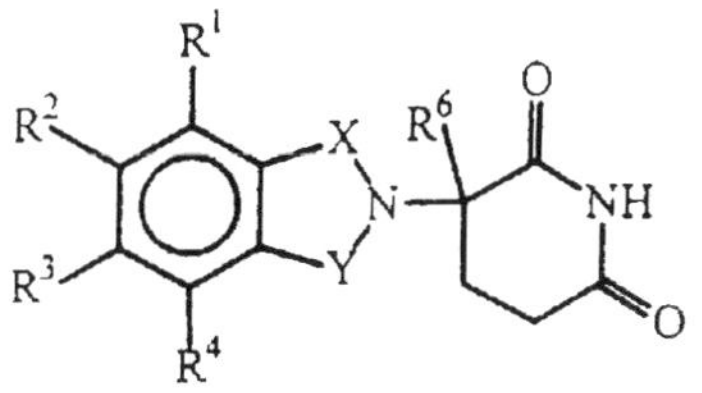

I.

其中：X 和 Y 中一个是 C=O，X 和 Y 中另一个是 C=O 或 CH_2；

（i）R^1、R^2、R^3 和 R^4 各自独立地为卤素、1~4 个碳原子的烷基或 1~4 个碳原子的烷氧基，或（ii）R^1、R^2、R^3 和 R^4 之一为-NHR^5，其余的 R^1、R^2、R^3 和 R^4 为氢；

R^5 为氢，R^6 为 1~8 个碳原子的烷基、苄基或卤素；

或者 R^5 是 1~8 个碳原子的烷基，R^6 是氢、1~8 个碳原子的烷基、苄基或卤素；

（b）所述 2，6-二氧哌啶的酸加成盐。

2. 如权利要求 1 所述的化合物，其中 R^1、R^2、R^3 和 R^4 各自独立地为卤素、1~4 个碳原子的烷基或 1~4 个碳原子的烷氧基，R^6 为甲基、乙基或丙基。

3. 如权利要求 1 所述的化合物，其中 R^1、R^2、R^3 和 R^4 之一为-NH_2，其余的 R^1、R^2、R^3 和 R^4 为氢，R^6 为甲基、乙基、丙基或苄基。

4. 如权利要求 1 所述的化合物，所述的化合物是 1-氧-2-（2，6-二氧哌啶-3-基）-5-氨基异二氢吲哚、1-氧-2-（2，6-二氧哌啶-3-基）-4-氨基异二氢吲哚、1-氧-2-（2，6-二氧哌啶-3-基）-6-氨基异二氢吲哚、1-氧-2-（2，6-二氧哌啶-3-基）-7-氨基异二氢吲哚、1-氧-2-（2，6-二氧哌啶-3-基）-4，5，6，7-四氟异二氢吲哚、1-氧-2-（2，6-二氧哌啶-3-基）-4，5，6，7-四氯异二氢吲哚、1-氧-2-（2，6-二氧哌啶-3-基）-4，5，6，7-四甲基异二氢吲哚、1-氧-2-（2，6-二氧哌啶-3-基）-4，5，6，7-四甲氧基异二氢吲哚、3-（1-氧-4-氨基异二氢吲哚-1-基）-3-甲基哌啶-2，6-二酮、3-（1-氧-4-氨基异二氢吲哚-1-基）-3-乙基哌啶-2，6-二酮、3-（1-氧-4-氨基异二氢吲哚-1-基）-3-丙基哌啶-2，6-二酮或 3-（3-氨基苯二甲酰亚氨基）-3-甲基哌啶-2，6-二酮。

5. 如权利要求 1 所述的化合物，其中 X 是 C=O，Y 是 C=O 或 CH_2；R^1、R^2、R^3 和 R^4 之一为-NHR^5，其余的 R^1、R^2、R^3 和 R^4 为氢。

6. 如权利要求 1 所述的化合物，其中 X 和 Y 都是 C=O；R^1、R^2 和 R^3 各自是氢，R^4 是-NH_2；R^6 是氢。

7. 如权利要求 1 所述的化合物，其中 R^4 是-NHR^5，R^1、R^2 和 R^3 各自是氢，R^5 是 1~8 个碳原子的烷基，R^6 是氢、甲基，乙基或丙基。

8. 如权利要求 1 所述的化合物，其中 R^4 是氨基，R^1、R^2 和 R^3 各自是氢，R^6 是甲基、乙基或丙基。

9. 如权利要求 1 所述的化合物，它是 3-（1-氧-4-氨基异二氢吲哚-1-基）-3-甲基哌啶-2，6-二酮、3-（1-氧-4-氨基异二氢吲哚-1-基）-3-乙基哌啶-2，6-二酮或 3-（1-氧-4-氨基异二氢吲哚-1-基）-3-丙基哌啶-2，6-二酮。

10. 如权利要求 1~9 任一所述的化合物在制备降低哺乳动物不希望有的 TNFα 水平的药物制剂中的应用。

11. 一种药物组合物，包含药学上和生理学上可接受的载体，和其量为按单次或多次剂量方案给药后足以降低哺乳动物 TNFα 水平、改善瘤原性或癌性病症、减少炎症或改善自身免疫性疾病的权利要求1~9任一所述的化合物。

12. 如权利要求1~9任一所述的化合物在制备减少哺乳动物炎症的药物制剂中的应用。"

针对上述专利权，杜兆东（下称请求人）于2008年12月8日向专利复审委员会提出无效宣告请求，认为本专利权利要求1不符合专利法第22条第3款的规定，并提交了下述证据：

证据1："Structural Modifications of Thalidomide Produce Analogs with Enhanced Tumor Necrosis Factor Inhibitory Activity"，George W. Muller等，Journal of Medicinal Chimistry，Vol. 39 No. 17，封面、目录、第3238~3240页，1996年8月16日，盖有"国家图书馆科技查新中心"章的复印件5页；及上述第3238~3240页的中文译文6页；

证据2：本专利的最早优先权文本US 08/690，258，复印件16页；

请求人认为：（1）证据1的公开日为1996年8月16日，晚于本专利的最早优先权日（1996年7月24日、US 08/690，258），但早于第二优先权日（1996年8月22日、US 08/701，494）。由于US 08/690，258中未记载本专利权利要求1所要求保护的具有通式I的2，6-二氧哌啶化合物（参见证据2），从而权利要求1的技术方案不能享有US 08/690，258的优先权日（1996年7月24日），因此证据1可以作为评价本专利创造性的对比文件使用。（2）证据1公开了与本专利通式I的2，6-二氧哌啶化合物结构相似的化合物，两者的区别仅在于证据1通式中与异吲哚环相连的环为取代的苯环，本专利的通式中该部分结构为取代的二氢哌啶环。上述结构的区别是本领域技术人员容易想到的，且该二化合物具有相同的TNFα抑制作用，而且本专利权利要求1也没有产生预料不到的技术效果，因此本专利权利要求1相对于证据1不具备创造性，不符合专利法第22条第3款的规定。

经形式审查合格后，专利复审委员会受理了上述无效宣告请求，于2008年12月30日向双方当事人发出《无效宣告请求受理通知书》，并将《专利权无效宣告请求书》及其附件清单中所列附件的副本转送给专利权人，要求其在指定的期限内答复，同时成立合议组对本无效请求案进行审理。

针对上述无效宣告请求，专利权人于2009年2月16日向专利复审委员会提交了意见陈述书。专利权人认为：本专利权利要求1的化合物与证据1中的化合物结构具有显著的区别，即使在其X_1至X_4为H或Cl取代的情况下，其区别点在于，证据1通式中与异吲哚环相连的环为取代的苯环，本专利的通式中该部分结构为取代的二氢哌啶环，对于本领域技术人员来说，该二通式没有相同的基本核心部分或基本环。根据审查指南第二部分第十章第6.1节的规定，对比文件1的通式与本专利的通式结构不接近，因此本专利权利要求1的化合物具有突出的实质性特点和显著的进步，具有创造性。

2009年2月26日，专利复审委员会向双方当事人发出《无效宣告请求口头审理通知书》，定于2009年3月31日对本案进行口头审理。

2009年3月31日，口头审理如期进行，双方当事人均委托代理人出席了口头审理。合议组当庭将专利权人于2009年2月16日提交的意见陈述书转交给请求人。庭审过程中，合议组就本案的无效理由及证据逐一进行了调查，双方当事人充分陈述了各自的意见，主要事项记录如下：（1）请求人当庭提交了盖有"国家图书馆科技查新中心"红章的证据1复印件5页。专利权人表示认可证据1和2的真实性，认可证据1的译文准确性，并认为对于证据2可以不提交中文译文。（2）请求人明确无效理由为权利要求1相对于证据1不具备创造性。专利权人当庭提交了意见陈述书及权利要求书的修改替换页，修改方式如下：删除权利要求1，对权利要求2~12的编号、引用关系、文字部分做了修改。合议组当庭将上述意见陈述书及权利要求书的修改替换页转给请求人。请求人认为上述修改是删除式修改，没有异议。

2009年4月7日，专利权人再次提交了意见陈述书及权利要求书的修改替换页，其中对2009年

3 月 31 日提交的权利要求书的文字和标点做了修改，修改后的权利要求书如下：

“1. 一种选自如下物质组成的组的化合物：

（a）下式所示 2，6-二氧哌啶的基本上手性纯的（R）-对映异构体、基本上手性纯的（S）-对映异构体，或（R）-和（S）-对映异构体的混合物：

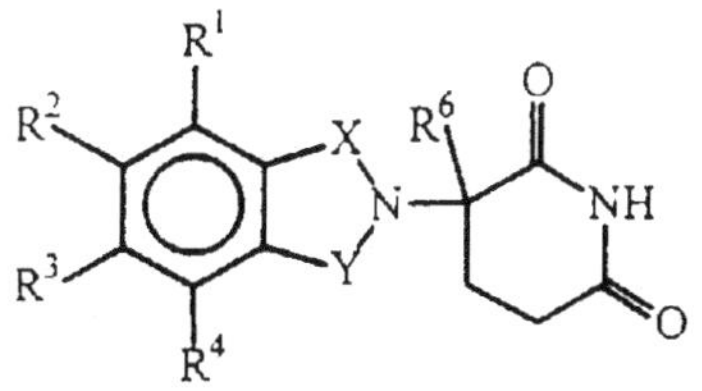

I.

其中：X 和 Y 中一个是 C=O，X 和 Y 中另一个是 C=O 或 CH_2；

R^1、R^2、R^3 和 R^4 各自独立地为卤素、1~4 个碳原子的烷基或 1~4 个碳原子的烷氧基，R^6 为甲基、乙基或丙基；

（b）所述 2，6-二氧哌啶的酸加成盐。

2. 一种选自如下物质组成的组的化合物：

（a）下式所示 2，6-二氧哌啶的基本上手性纯的（R）-对映异构体、基本上手性纯的（S）-对映异构体，或（R）-和（S）-对映异构体的混合物：

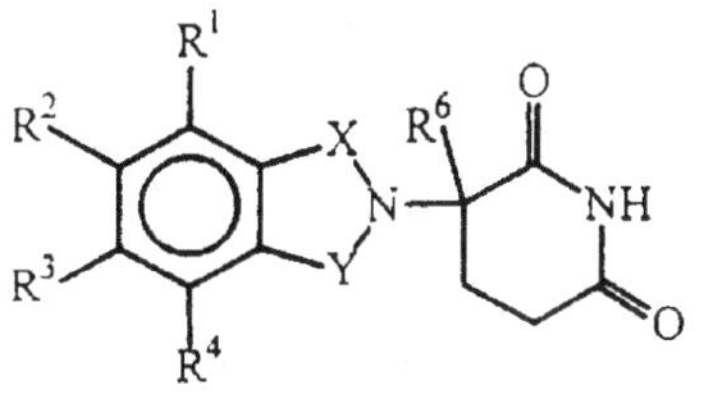

I.

其中：X 和 Y 中一个是 C=O，X 和 Y 中另一个是 C=O 或 CH_2；

R^1、R^2、R^3 和 R^4 之一为 $-NH_2$，其余的 R^1、R^2、R^3 和 R^4 为氢，R^6 为甲基、乙基、丙基或苄基；

（b）所述 2，6-二氧哌啶的酸加成盐。

3. 一种选自如下的化合物：1-氧-2-（2，6-二氧哌啶-3-基）-5-氨基异二氢吲哚、1-氧-2-（2，6-二氧哌啶-3-基）-4-氨基异二氢吲哚、1-氧-2-（2，6-二氧哌啶-3-基）-6-氨基异二氢吲哚、1-氧-2-（2，6-二氧哌啶-3-基）-7-氨基异二氢吲哚、1-氧-2-（2，6-二氧哌啶-3-基）-4，5，6，7-四氟异二氢吲哚、1-氧-2-（2，6-二氧哌啶-3-基）-4，5，6，7-四氯异二氢吲哚、1-氧-2-（2，6-二氧哌啶-3-基）-4，5，6，7-四甲基异二氢吲哚、1-氧-2-（2，6-二氧哌啶-3-基）-4，5，6，7-四甲氧基异二氢吲哚、3-（1-氧-4-氨基异二氢吲哚-1-基）-3-甲基哌啶-2，6-二酮、3-（1-氧-4-氨基异二氢吲哚-1-基）-3-乙基哌啶-2，6-二酮、3-（1-氧-4-氨基异二氢吲哚-1-基）-3-丙基哌啶-2，6-二酮或 3-（3-氨基苯二甲酰亚氨基）-3-甲基哌啶-2，6-二酮。

4. 一种选自如下物质组成的组的化合物：

（a）下式所示 2，6-二氧哌啶的基本上手性纯的（R）-对映异构体、基本上手性纯的（S）-对映异构体，或（R）-和（S）-对映异构体的混合物：

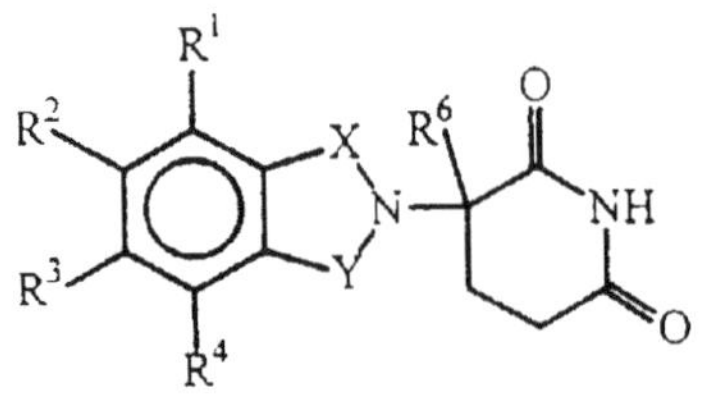

I.

其中 X 是 C=O，Y 是 C=O 或 CH_2；R^1、R^2、R^3 和 R^4 之一为-NHR^5，其余的 R^1、R^2、R^3 和 R^4 为氢；

R^5 为氢，R^6 为 1~8 个碳原子的烷基、苄基或卤素；

或者 R^5 是 1~8 个碳原子的烷基，R^6 是氢、1~8 个碳原子的烷基、苄基或卤素；

（b）所述 2，6-二氧哌啶的酸加成盐。

5. 一种选自如下物质组成的组的化合物：

（a）下式所示 2，6-二氧哌啶的基本上手性纯的（R）-对映异构体、基本上手性纯的（S）-对映异构体，或（R）-和（S）-对映异构体的混合物：

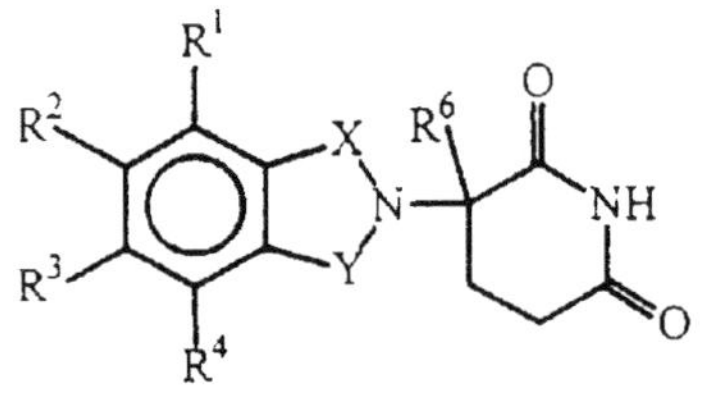

I.

其中 X 和 Y 都是 C=O；R^1、R^2 和 R^3 各自是氢，R^4 是-NH_2；R^6 是氢；

（b）所述 2，6-二氧哌啶的酸加成盐。

6. 一种选自如下物质组成的组的化合物：

（a）下式所示 2，6-二氧哌啶的基本上手性纯的（R）-对映异构体、基本上手性纯的（S）-对映异构体，或（R）-和（S）-对映异构体的混合物：

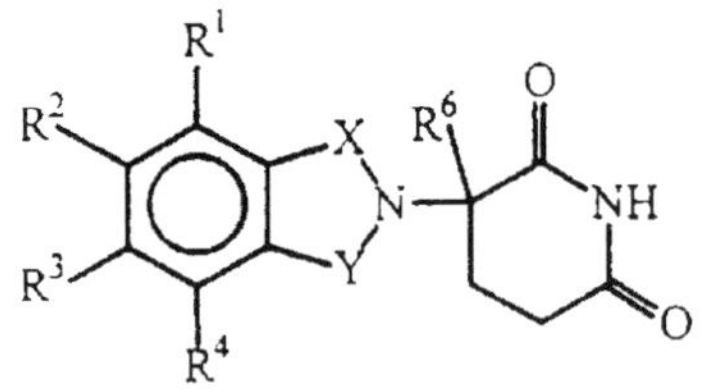

I.

其中：

X 和 Y 中一个是 C=O，X 和 Y 中另一个是 C=O 或 CH_2；

R^4 是-NHR^5，R^1、R^2 和 R^3 各自是氢，R^5 是 1~8 个碳原子的烷基，R^6 是氢、甲基、乙基或丙基；

（b）所述 2，6-二氧哌啶的酸加成盐。

7. 一种选自如下物质组成的组的化合物：

（a）下式所示 2，6-二氧哌啶的基本上手性纯的（R）-对映异构体、基本上手性纯的（S）-对映异构体，或（R）-和（S）-对映异构体的混合物：

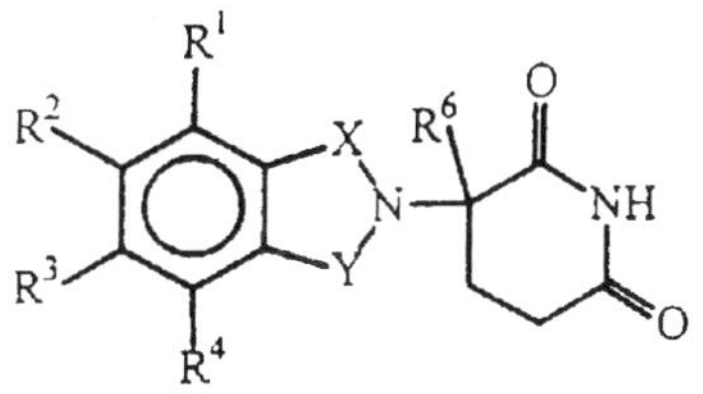

I.

其中：X 和 Y 中一个是 C=O，X 和 Y 中另一个是 C=O 或 CH_2；

R^4 是氨基，R^1、R^2 和 R^3 各自是氢，R^6 是甲基、乙基或丙基；

（b）所述 2，6-二氧哌啶的酸加成盐。

8. 一种选自如下的化合物：3-（1-氧-4-氨基异二氢吲哚-1-基）-3-甲基哌啶-2，6-二酮、3-（1-氧-4-氨基异二氢吲哚-1-基）-3-乙基哌啶-2，6-二酮或 3-（1-氧-4-氨基异二氢吲哚-1-基）-3-丙基哌啶-2，6-二酮。

9. 如权利要求 1~8 任一所述的化合物在制备降低哺乳动物不希望有的 TNFα 水平的药物制剂中的应用。

10. 一种药物组合物，包含药学上和生理学上可接受的载体，和其量为按单次或多次剂量方案给药后足以降低哺乳动物 TNFα 水平、改善瘤原性或癌性病症、减少炎症或改善自身免疫性疾病的权利要求 1~8 任一所述的化合物。

11. 如权利要求 1~8 任一所述的化合物在制备减少哺乳动物炎症的药物制剂中的应用。”

2009 年 4 月 7 日，专利复审委员会将上述意见陈述书及权利要求书的修改替换页转送给请求人。2009 年 4 月 8 日，请求人提交意见陈述书，表示接受上述修改文本。

至此，合议组认为本案的事实已经调查清楚，可以作出审查决定。

二、决定的理由

1. 关于审查文本

2009 年 4 月 7 日，专利权人提交了权利要求书的修改替换页，请求人表示接受上述修改文本。经合议组核实，上述修改文本相对于授权公告的权利要求书，相当于删除了权利要求 1，属于权利要求的删除式修改，符合专利法第 33 条和专利法实施细则第 68 条第 1 款的规定，合议组予以接受。因此本决定针对的文本为：专利权人于 2009 年 4 月 7 日提交的权利要求第 1~11 项、授权公告的说明书第 1~37 页及说明书摘要。

2. 关于无效理由

由于请求人的无效理由仅为权利要求 1 相对于证据 1 不具备创造性，在专利权人已经删除权利要求 1 的情况下，合议组对于该无效理由不再评述。

三、决定

在专利权人于 2009 年 4 月 7 日提交的权利要求书的基础上维持 97180299.8 号专利权有效。

当事人对本决定不服的，可以根据专利法第 46 条第 2 款的规定，自收到本决定之日起三个月内向北京市第一中级人民法院起诉。根据该款的规定，一方当事人起诉后，另一方当事人应当作为第三人参加诉讼。

009

袜子定型机

无效宣告请求审查决定（第13218号）

决　　定　　号　第13218号
决　　定　　日　2009年4月21日
发明创造名称　袜子定型机
国 际 分 类 号　D06C7/02
无效宣告请求人　李　晨
专　利　权　人　东莞阿罗美申益机械有限公司
专　　利　　号　02227235.6
申　　请　　日　2002年4月30日
授 权 公 告 日　2003年7月30日
合 议 组 组 长　任晓兰
主　　审　　员　李亚林
参　　审　　员　黄　强

法　律　依　据　专利法实施细则第20条第1款、专利法第22条第2款、专利法第22条第3款
决　定　要　点

判断一项权利要求的保护范围是否清楚时，应以本领域技术人员作为判断主体，如果本领域技术人员根据权利要求的文字并结合说明书的相关描述，可以直接确定其含义或技术内容，那么，该权利要求的保护范围是清楚的。

一、案由

本无效宣告请求案涉及国家知识产权局于2003年7月30日公告授予的、名称为“袜子定型机”的02227235.6号实用新型专利权（下称本专利），其申请日为2002年4月30日，专利权人为东莞阿罗美申益机械有限公司。该专利授权公告的权利要求书如下：

“1. 一种袜子定型机，主要包括：定型锅（1）、烘干箱（2）、底架（4）和导轨（5），定型锅（1）、烘干箱（2）固定在底架（4）上，导轨（5）安装在底架（4）上，定型锅（1）和烘干箱（2）位于导轨（5）上，其特征在于：导轨（5）呈椭圆状，其上安装有若干的支架（7），且置于导轨（5）上的支架（7）与链传动机构（6）连接。

2. 根据权利要求1所述的一种袜子定型机，其特征在于：在底架（4）上安装有一预热箱（3），并置于定型锅（1）的前面。

3. 根据权利要求1所述的一种袜子定型机，其特征在于：链传动机构（6）中包括链条（61）、

链轮（62）和挂钩（63）；支架（7）包括底座（71）、支承板（72）和架板（73），其中架板（73）固定在支承板（72）上，支承板（72）安装在底座（71）上，底座（71）通过挂钩（63）与链条（61）连接。

4. 根据权利要求 3 所述的一种袜子定型机，其特征在于：架板（73）上相对固定有延伸板（731），延伸板（731）上开设有凹槽（7311）。

5. 根据权利要求 1 所述的一种袜子定型机，其特征在于：袜子定型机还包括一输送机构（8）。

6. 根据权利要求 5 所述的一种袜子定型机，其特征在于：输送机构（8）包括：底座（81）、活动板（82）、链条（83）和支架（84），其中链条（83）位于底座（81）开设的轨道上，活动板（82）置于底座（81）上，其通过与之固接的连接板（831）连接在链条（82）上，在活动板（82）下端相对连接板（82）的一侧安装有滚轮（821），支架（84）固定在活动板（82）上。”

针对上述专利权，李晨（下称请求人）于 2008 年 11 月 12 日向专利复审委员会提出无效宣告请求，认为本专利权利要求 1 不符合专利法第 22 条第 2 款、第 3 款、专利法实施细则第 20 条第 1 款、专利法实施细则第 21 条第 2 款的规定，权利要求 2 不符合专利法第 22 条第 3 款的规定。请求人同时提交了如下证据 1~4：

证据 1：02227235.6 号实用新型专利说明书（本专利），复印件 11 页；

证据 2：JP 特开平 11-181669 号日本公开特许公报，公开日为 1999 年 7 月 6 日，复印件 7 页，及其中文译文 7 页；

证据 3：91203556.0 号实用新型专利申请说明书，公告日为 1992 年 5 月 6 日，复印件 11 页；

证据 4：92206190.4 号实用新型专利说明书，公告日为 1993 年 5 月 5 日，复印件 15 页。

请求人认为：（1）权利要求 1 缺少关于链传动机构、导轨、支架等设计的必要技术特征，导致权利要求 1 的技术方案不能解决降低劳动强度和提高生产效率的技术问题，不符合专利法实施细则第 21 条第 2 款的规定。（2）权利要求 1 中的“定型锅”和“烘干箱”的具体含义不清楚，此外，导轨、支架和链传动机构的安装关系不清楚，导致权利要求 1 不符合专利法实施细则第 20 条第 1 款的规定。（3）证据 2 涉及袜子后期处理设备，其技术方案与本专利权利要求 1 实质相同，导致权利要求 1 不具备新颖性。证据 3 和 4 分别公开了袜子定型装置，与本专利权利要求 1 的技术方案均实质相同，导致权利要求 1 不具备新颖性。（4）在本专利权利要求 1 相对于证据 2、3 或 4 不具备新颖性的情况下，权利要求 1 相对于证据 2、3 或 4 也不具备创造性。此外，本专利权利要求 1 相对于证据 2 和证据 4 的结合或者相对于证据 2 和证据 3 的结合不具备创造性。权利要求 2 的附加技术特征是本领域的惯用技术手段，且证据 3 也给出了在袜子定型之前对袜子进行预加热的技术启示，因此，权利要求 2 不具备创造性。

经形式审查合格后，专利复审委员会受理了上述无效宣告请求，于 2008 年 12 月 18 日向双方当事人发出《无效宣告请求受理通知书》，并将请求人的《专利权无效宣告请求书》及其附件的副本转送给专利权人，要求其在指定的期限内答复，同时成立合议组对本无效宣告请求案进行审理。

2008 年 12 月 10 日，请求人补充提交了意见陈述书，认为本专利权利要求 3 不符合专利法第 26 条第 3 款、专利法实施细则第 20 条第 1 款的规定，权利要求 1 相对于证据 5 不符合专利法第 22 条第 2 款的规定，权利要求 1、3~6 相对于证据 5 不符合专利法第 22 条第 3 款的规定，并补充提交如下证据 5：

证据 5：JP 昭 63-309665 号日本公开特许公报，公开日为 1988 年 12 月 16 日，复印件 13 页，及其中文译文 9 页。

请求人认为：（1）权利要求 3、说明书和说明书附图没有公开底座 71 是怎样通过挂钩 63 与链条

61 连接，导致权利要求 3 不符合专利法第 26 条第 3 款和专利法实施细则第 20 条第 1 款的规定。（2）证据 5 与本专利权利要求 1 的区别仅仅是所属技术领域的惯用手段的直接置换，因此，权利要求 1 不具备新颖性和创造性。（3）权利要求 3、4、6 相对于证据 5 在结构上存在的细微差别为本领域的常识，权利要求 5 的附加技术特征在证据 5 中存在启示，因此，权利要求 3~6 相对于证据 5 不具备创造性。

2009 年 2 月 2 日，合议组向专利权人发出《转送文件通知书》，将请求人于 2008 年 12 月 10 日提交的意见陈述书及证据 5 转送专利权人。

2009 年 2 月 13 日，合议组向双方当事人发出《无效宣告请求口头审理通知书》，定于 2009 年 3 月 23 日对本案进行口头审理。

2009 年 3 月 23 日，口头审理如期进行，双方当事人的代理人出席了口头审理。合议组就本无效宣告请求案的无效理由及证据逐一进行了调查，双方当事人均充分陈述了各自的意见。合议组在此基础上记录了以下事项：

（1）请求人放弃权利要求 1 不符合专利法实施细则第 21 条第 2 款、权利要求 3 不符合专利法实施细则第 20 条第 1 款及专利法第 26 条第 3 款的无效理由。

（2）请求人确认创造性评价中证据的使用方式为：权利要求 1 与证据 2~4 进行单独对比不具备创造性，权利要求 1 相对于证据 2 和 3 的结合、证据 2 和 4 的结合不具备创造性。在前述评价权利要求 1 创造性的证据使用方式基础上，结合证据 3 评价权利要求 2 的创造性。权利要求 1、3~6 相对于证据 5 不具备创造性。

（3）专利权人认可证据 1、3 和 4 的真实性，认为证据 2 和 5 为域外证据，而请求人没有对其进行公证认证，故不认可证据 2 和 5 的真实性。

（4）合议组当庭告知，请求人应当于口头审理结束后 7 日内补交关于证据 2 和 5 真实性的证明文件，专利权人应当于口头审理结束后第 7 日到专利复审委员会对上述证据进行核实，否则视为认可证据 2 和 5 的真实性。

2009 年 3 月 27 日，请求人提交了盖有“国家知识产权局专利检索咨询中心副本认证专用章”的证据 2~5 的复印件。

至此，合议组认为本案的事实已经清楚，可以依法作出审查决定。

二、决定的理由

1. 关于证据、无效理由和范围

请求人共提交了 5 份证据，其中，证据 1、3 和 4 为中国专利文献，专利权人未质疑其真实性，合议组核实后对其真实性予以确认。证据 2 和 5 为日本专利文献，专利权人对其真实性提出质疑，为此请求人于 2009 年 3 月 27 日提交了盖有“国家知识产权局专利检索咨询中心副本认证专用章”的证据 2 和 5 的复印件，表明证据 2 和 5 可以从国家知识产权局获得并经过了国家知识产权局专利检索咨询中心的认证，专利权人未在合议组指定的期限内对证据 2 和 5 的真实性进行核实，合议组经核实，对证据 2 和 5 的真实性予以确认。证据 2~5 的公开日均早于本专利的申请日，均可以用于评价本专利的新颖性和创造性。此外，对于请求人提交的上述证据 2 和 5 的中文译文，专利权人未对其准确性提出异议，合议组经审查后认可上述中文译文的准确性。

在此基础上，合议组审理的无效理由和范围是：权利要求 1 不符合专利法实施细则第 20 条第 1 款的规定，权利要求 1 相对于证据 2、3、4 或 5 不符合专利法第 22 条第 2 款的规定，权利要求 1~6 不符合专利法第 22 条第 3 款的规定，证据使用方式为：权利要求 1 与证据 2~4 进行单独对比不具备创造性，权利要求 1 相对于证据 2 和 3 的结合、证据 2 和 4 的结合不具备创造性；在前述评价权利要求 1 创造性的证据使用方式基础上，结合证据 3 评价权利要求 2 的创造性；权利要求 1、3~6 相对于证据 5 不具备创造性。

2. 关于专利法实施细则第 20 条第 1 款

专利法实施细则第 20 条第 1 款规定：权利要求书应当说明发明或者实用新型的技术特征，清楚、简要地表述请求保护的范围。

判断一项权利要求的保护范围是否清楚时，应以本领域技术人员作为判断主体，如果本领域技术人员根据权利要求的文字并结合说明书的相关描述，可以直接确定其含义或技术内容，那么，该权利要求的保护范围是清楚的。

本专利权利要求 1 保护一种袜子定型机，其具体内容参见案由部分。

请求人认为：权利要求 1 中“定型锅”和“烘干箱”的具体含义不清楚，导轨、支架和链传动机构的安装关系不清楚，导致权利要求 1 不符合专利法实施细则第 20 条第 1 款的规定。

专利权人认为：“定型锅”和“烘干箱”为现有技术术语，是清楚的，同时，结合本专利的说明书和附图来看，导轨、支架和链传动机构的安装关系也是清楚的。

对此，合议组认为，首先，根据本申请说明书第 1 页第 2 段的介绍，袜子定型机的主要功能是将生产出的袜子套在各式的袜板上，经过袜子定型机的蒸汽压力定型、烘干处理后，使袜子随袜板的样式定型，因此，顾名思义，在袜子定型机中，所述“定型锅”的功能显然在于使得袜子定型，“烘干箱”的功能显然在于对袜子进行烘干处理，能实现上述功能的装置即为“定型锅”和“烘干箱”，二者的含义是清楚的。其次，权利要求 1 中描述了导轨、支架和链传动机构的相对关系：支架安装在导轨上，且支架与链传动机构连接，该描述本身也是清楚的。因此，请求人关于权利要求 1 不清楚的主张不成立，权利要求 1 符合专利法实施细则第 20 条第 1 款的规定。

3. 关于专利法第 22 条第 2 款和第 3 款

专利法第 22 条第 2 款规定：新颖性，是指在申请日以前没有同样的发明或者实用新型在国内外出版物上公开发表过、在国内公开使用过或者以其他方式为公众所知，也没有同样的发明或者实用新型由他人向国务院专利行政部门提出过申请并且记载在申请日以后公布的专利申请文件中。

专利法第 22 条第 3 款规定：创造性，是指同申请日以前已有的技术相比，该发明有突出的实质性特点和显著的进步，该实用新型有实质性特点和进步。

在判断权利要求的新颖性时，首先应当将该权利要求与对比文件所公开的技术方案单独地进行对比，如果该权利要求与对比文件公开的技术方案实质上相同，二者能够适用相同的技术领域，解决相同的技术问题，并具有相同的预期效果，则该权利要求不具备新颖性。

在判断权利要求的创造性时，首先，应当确定与该权利要求最接近的现有技术，继而，对该权利要求与最接近的现有技术进行特征分析，找出区别技术特征；如果现有技术中存在将所述区别技术特征引入所述最接近的现有技术以解决其技术问题的启示，则该权利要求不具备创造性。

（1）关于权利要求 1。

权利要求 1 要求保护一种袜子定型机，主要包括：定型锅（1）、烘干箱（2）、底架（4）和导轨（5），定型锅（1）、烘干箱（2）固定在底架（4）上，导轨（5）安装在底架（4）上，定型锅（1）和烘干箱（2）位于导轨（5）上，其特征在于：导轨（5）呈椭圆状，其上安装有若干的支架（7），且置于导轨（5）上的支架（7）与链传动机构（6）连接。

请求人认为证据 2 公开了与权利要求 1 实质相同的技术方案，导致权利要求 1 不具备新颖性和创造性。

合议组查明，证据 2 公开一种袜子后期处理设备中的袜板输送装置，据其实施例可见，该装置包括热风循环加热装置（6）、烘干箱（7）、底架（24）和椭圆形循环导轨（1），其中热风循环加热装置和烘干箱安装在循环导轨上，而底架在循环导轨下面，循环导轨上安装有输送装置（2），输送装置由多个上连杆（9）和下连杆（10）用轴铰接而成，在上连杆上面垂直固定有袜板（11），输送装置与链传动机构（15）相连而完成输送（参见第0013段、0014段、0017段、0021段）。

将本专利权利要求1与证据2实施例中公开的袜板输送装置对比可见：（1）证据2中的热风循环加热装置的作用在于对袜板上的袜子进行加热从而客观实现袜子定型的功能，其与本专利的定型锅的作用完全相同，且在权利要求1中也未限定定型锅的具体结构，因此，二者实质相同；（2）证据2中的烘干箱、底架和椭圆形循环导轨与本专利中相应装置实质相同，证据2中的热风循环加热装置、烘干箱、底架和椭圆形循环导轨之间的位置关系也与本专利实质相同；（3）证据2中输送装置与本专利中支架的功能均在于安放袜板从而输送袜子，由于权利要求1并未对支架的具体结构进行限定，因此，在其功能完全相同的情况下，仅从名称差异尚不能确定二者是不同的部件；（4）证据2中的输送装置与链传动机构相连，相当于本专利中的支架与链传动机构相连。

由此可见，权利要求1的技术特征在证据2中都已公开，证据2公开的袜子后处理装置与本专利权利要求1的袜子定型机实质相同，且二者均能实现对袜子定型的技术效果，权利要求1相对于证据2不具备新颖性，不符合专利法第22条第2款的规定。

即使如专利权人在口头审理中所述，定型锅、支架不同于证据2中的热风循环加热装置、输送装置，但由于权利要求1中未对定型锅和支架的具体结构进行限定，因此，二者的区别也仅在于部件名称不同，二者的功能是完全相同的，本领域技术人员在证据2的基础上，对相应的部件名称略作变化，并依然实现相同的功能是显而易见的，而且，说明书中也没有证据表明这种部件名称的变化产生了预料不到的效果，因此，权利要求1仍将不具备创造性，不符合专利法第22条第3款的规定。

专利权人在口头审理时认为，本专利仅有一组链传动机构和一根导轨，证据2明显比本专利复杂，本专利权利要求1简化了结构，提高了效率。但在本专利权利要求1中并没有对链传动机构和导轨的数量进行限定，无法由此得出本专利权利要求1的定型机具有提高效率的技术效果。因此，专利权人的这一主张不成立。

基于已经得出权利要求1不具备新颖性和创造性、应当被宣告无效的结论，针对权利要求1的其他无效宣告理由不再予以评述。

（2）关于权利要求2。

权利要求2是权利要求1的从属权利要求，其附加技术特征是：在底架上安装有一预热箱，并置于定型锅的前面。

请求人认为，权利要求2的附加技术特征是本领域的惯用技术手段，且证据3也给出了在袜子定型之前对袜子进行预加热的技术启示，因此，权利要求2不具备创造性。

证据3公开了一种袜子烤定机，与本专利属于相同的技术领域。在证据3第6页第6~7行明确指出，在对袜模进行定型时，袜模在循环热风的作用预热至一定温度，当坯袜套在袜模上后，热袜模起到对坯袜熨烫平整的作用。由此，证据3给出了在袜子定型之前对袜子进行预热从而有利于定型的技术启示，而采用预热箱进行预热又是常见的预热手段，在权利要求1相对于证据2不具备新颖性和创造性的情况下，权利要求2相对于证据2和3的结合也不具备突出的实质性特点和显著的进步，不符合专利法第22条第3款的规定。

基于已经得出权利要求2不具备创造性、应被宣告无效的结论，针对权利要求2的其他无效宣告理由不再予以评述。

（3）关于权利要求3~6。

权利要求3~6是权利要求1的从属权利要求，其中，权利要求3~4对权利要求1所述袜子定型机中的链传动机构和支架的结构作了进一步限定，权利要求 5~6 对权利要求 1 所述袜子定型机中另外包含的输送机构及其结构作了进一步限定。

请求人认为，权利要求 3~6 相对于证据 5 不具备创造性。

由于权利要求 3~6 均是权利要求 1 的从属权利要求，在评价权利要求 3~6 相对于证据 5 是否具备创造性时，必然要先将权利要求 1 与证据 5 进行特征对比。

合议组查明，证据 5 公开一种袜子定型机，据其实施例所述，该袜子定型机包括热定型室（12）、烘干箱（3）、底架（43）和椭圆形导轨（6），热定型室、烘干箱位于导轨上，导轨上还有若干支架（7）（参见其中文译文第 1 页倒数第 3 段和图 1）。由图 3 可见，导轨位于底架上。

请求人与专利权人均认为证据 5 的袜子定型机与本专利权利要求 1 相比，区别仅在于没有公开支架与链传动机构连接这一特征。但不同的是，请求人认为，证据 5 中虽未明确公开此特征，但在中文译文第 2 页最后一段提及了链轮、链条等特征，可见证据 5 的装置中亦存在链传动机构，使用链传动机构是所属技术领域的惯用手段。而专利权人认为，链传动机构和导轨是本专利技术方案的核心部分，不能通过简单的技术替换得到。

对此，合议组认为，证据 5 中文译文第 2 页最后一段确实公开了链传动机构，但是，该链传动机构是袜子传送装置的构成要素，其作用在于传送袜子从而最终实现将袜子套在袜胎上的功能，该链传动机构不与导轨或支架相连，故与本专利权利要求 1 中所述的链传动机构实质不同。

请求人认为，使用链传动机构是所属技术领域的惯用手段，专利权人对此主张不予认可。同时，请求人既未对此主张进行充分说明，也未援引公知常识性证据证明当本领域技术人员面对使支架在导轨上传送时会当然使用链传动机构并通过使支架与链传动机构连接而达到这一目的，在此情况下，合议组对于请求人提出的链传动机构是本领域的惯用手段的主张不予支持。

请求人还认为，证据 5 公开了链传动方式，如证据 5 的移动底座的底部与链条连接（参见中文译文第 2 页最后一段），也明确说明了“安装在支架 7 上的袜胎 8 可以在导轨 6 上循环运动”，将移动底座的链传动方式应用到支架上，无须创造性劳动。对此，合议组认为，首先，证据 5 中没有公开如何使支架在导轨上运动，更没有文字记载可以通过链传动机构传动导轨上的支架。其次，如前所述，证据 5 中移动底座的链传动机构是袜子传送装置的构成要素，其在竖直平面内传送袜子从而实现其传送功能，从证据 5 中看不出该链传动机构与在水平面内运动的支架的传送方式有何联系。可见，请求人认为证据 5 给出了将移动底座的链传动方式应用到支架上的启示的理由不充分，据此尚无法得出本领域技术人员有动机将移动底座的链传动方式应用到支架上的结论。

综上，本领域技术人员在证据 5 公开内容的基础上，不会当然地想到将支架与链传动机构相连接，更不会将其中袜子传送装置中的某些部件进行相应的变更，从而得到权利要求 3~6 的技术方案，而且，权利要求 3~6 的技术方案通过链传动机构与支架的配合，以及链传动机构、支架和另外的输送机构的配合，相比证据 5 结构更简单。因此，请求人认为本专利权利要求 3~6 相对于证据 5 不具备创造性的理由不充分，尚不能据此得出权利要求 3~6 相对于证据 5 不符合专利法第 22 条第 3 款有关创造性规定的结论。

基于以上事实和理由，本案合议组作出如下审查决定。

三、决定

宣告 02227235.6 号实用新型专利权利要求 1 和 2 无效，维持权利要求 3~6 有效。

当事人对本决定不服的，可以根据专利法第 46 条第 2 款的规定，自收到本决定之日起三个月内向北京市第一中级人民法院起诉。根据该款的规定，一方当事人起诉后，另一方当事人应当作为第三人参加诉讼。

010

(S)(+)-2-乙氧基-4-[N-[1-(2-哌啶子基-苯基)-3-甲基-1-丁基]氨基羰基甲基]苯甲酸，含该化合物的药物组合物及其制备方法

无效宣告请求审查决定（第13220号）

决　定　号　第13220号

决　定　日　2009年4月20日

发明创造名称　(S)(+)-2-乙氧基-4-[N-[1-(2-哌啶子基-苯基)-3-甲基-1-丁基]氨基羰基甲基]苯甲酸，含该化合物的药物组合物及其制备方法

国际分类号　C07D295/135

无效宣告请求人　江苏豪森药业股份有限公司

专利权人　诺沃挪第克公司

专　利　号　91104984.3

申　请　日　1991年7月22日

授权公告日　2000年1月26日

合议组组长　刘　亚

主　审　员　侯　曜

参　审　员　危　峰

法律依据　专利法第26条第3款，第26条第4款，第22条第3款，专利法实施细则第20条第1款

决定要点

对于涉及化学产品的制备方法的权利要求而言，如果化学产品本身相对于现有技术具备创造性，则该制备方法权利要求显然具备创造性。

如果本领域技术人员根据权利要求中记载的化学产品的名称、组成等特征能够确定该化学产品，根据权利要求中记载的实施化学方法的原料、工艺步骤、产品等特征能够清楚地界定该化学方法的主题和保护范围，则所述化学产品或化学方法权利要求表述清楚，符合专利法实施细则第20条第1款的规定。

如果本领域技术人员按照说明书记载的内容，就能够实现该发明的技术方案，解决其技术问题，并且产生预期的技术效果，则说明书对于该发明的公开是充分的。

在判断权利要求是否得到说明书支持时，应当考虑说明书的全部技术内容，而不是仅限于具体实施方式部分的内容。如果说明书的其他部分也记载了有关具体实施方式或实施例的内容，从说明书的全部内容来看，能说明权利要求的概括是适当的，则应当认为权利要求得到了说明书的支持。

一、案由

本无效宣告请求案涉及国家知识产权局于2000年1月26日公告授予的、名称为“（S）（+）-2-乙氧基-4-［N-［1-（2-哌啶子基-苯基）-3-甲基-1-丁基］氨基羰甲基］苯甲酸，含该化合物的药物组合物及其制备方法”的91104984.3号发明专利权（下称本专利），其申请日为1991年7月22日，专利权人为诺沃挪第克公司（由卡尔·托马有限公司变更而来）。本专利授权公告的权利要求书如下

“1. 一种制备基本上是旋光纯的（S）（+）-2-乙氧基-4-［N-［1-（2-哌啶子基-苯基）-3-甲基-1-丁基］氨基羰甲基］苯甲酸及其无机或有机酸或碱的盐的方法，其特征在于

a）使下式（Ⅰ）的（S）-胺

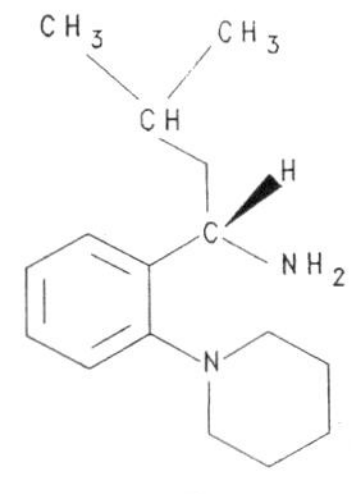

（Ⅰ）

与通式（Ⅱ）的羧酸反应

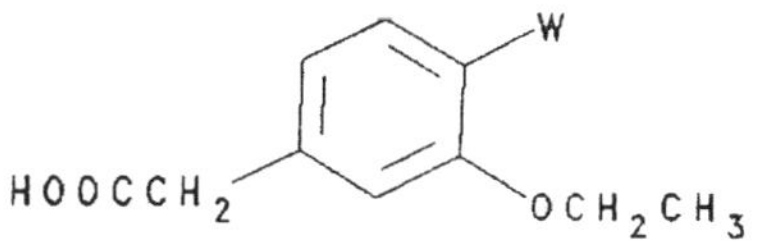

(II)

其中W代表羧基或用保护基保护的羧基，或与其反应性衍生物反应，然后需要的话，将所用的任何保护基裂解，或

b）裂解通式（Ⅲ）的（S）-化合物

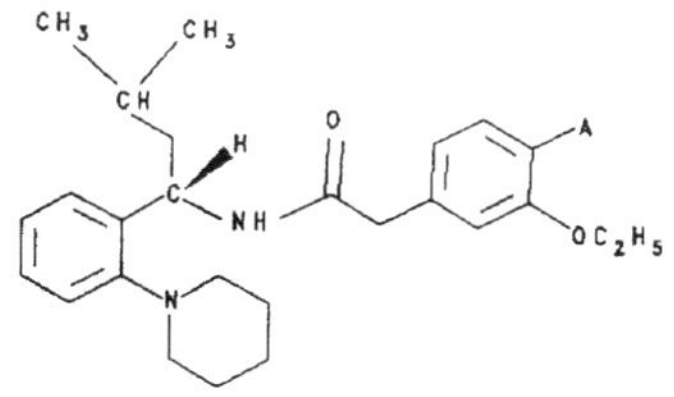

(III)

其中A代表通过水解、热解或氢解可转化成羧基的基团，或

c）使通式（Ⅳ）的（S）-化合物

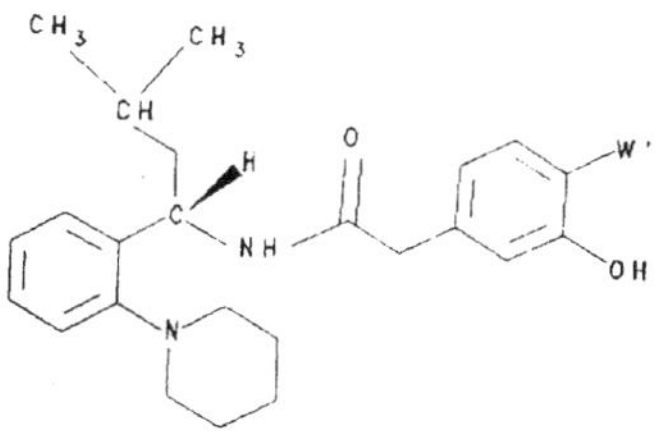

(IV)

其中 W′代表共具有 2~5 个碳原子的羧基或烷氧羰基，其中烷氧基的烷基部分可以被苯基取代，与通式（Ⅴ）的化合物反应

$$Z-CH_2-CH_3 \qquad (\mathrm{V})$$

其中 Z 代表亲核可交换的基团或与相邻氢原子一起代表偶氮基，然后，需要的话，使由此得到的化合物水解或氢解，或

d）使通式（Ⅵ）的化合物

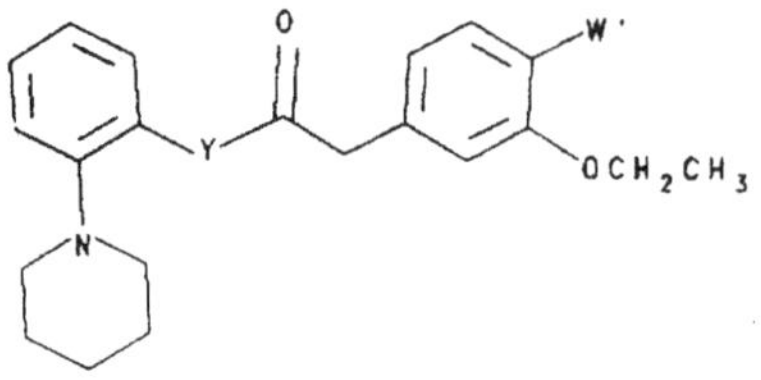

(VI)

其中 W′代表共有 2~5 个碳原子的羧基或烷氧羰基，其中烷氧基的烷基部分可以被苯基取代，Y 代表下式基团

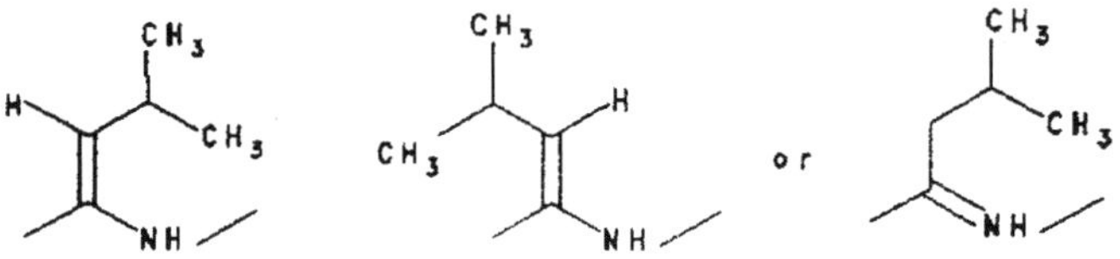

对映选择性地还原，之后需要的话，使由此得到的化合物水解，或

e）氧化通式（Ⅶ）的化合物

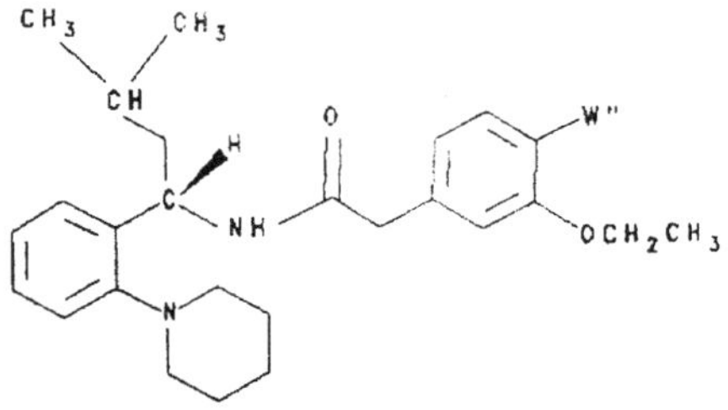

(VII)

其中 W′代表通过氧化可转化为羧基的基团，或

f）分离由任何所需量的通式（Ⅷ）的（S）-对映体和任何所需量的通式（Ⅸ）的（R）-对映体构成的混合物

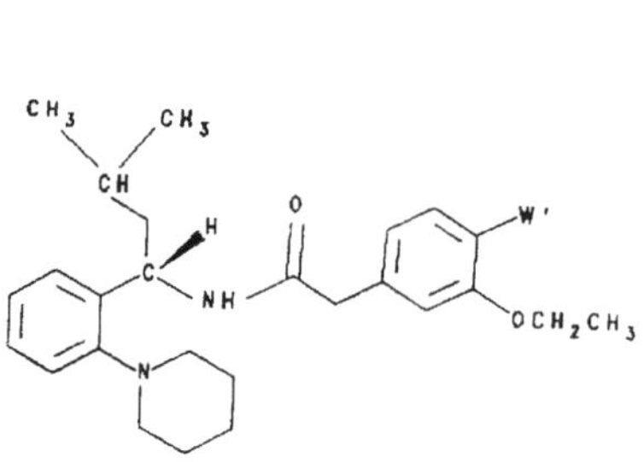

(VIII)

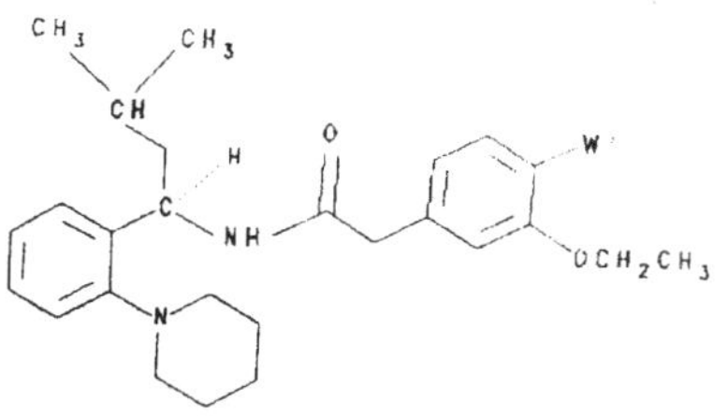

(IX)

其中 W′代表共有 2~5 个碳原子的羧基或烷氧羰基，其中烷氧基的烷基部分可以被苯基取代，需要的话，使由此得到的化合物通过重结晶转化为具有较高对映体纯度的化合物，用乙醇/水（2/1）重结晶，得到具有 130~131℃熔点的高熔融形式，和用石油醚/甲苯（5/3）重结晶，得到具有 99~101℃熔点的低熔融形式。以及使由此得到的化合物转化成其盐，特别是有机或无机酸或碱的生理上可接受的盐。

2. 按照权利要求 1 所述的方法，其中制得化合物或其生理上可接受的盐具有至少 ee = 95% 的旋光纯度。

3. 按照权利要求 1 所述的方法，其中制得化合物或其生理上可接受的盐具有至少 ee = 98% 的旋光纯度。”

针对上述专利权，江苏豪森药业股份有限公司（下称请求人）于 2007 年 7 月 25 日向专利复审委员会提出无效宣告请求（案件编号为 W401819，下称无效宣告请求案 I），认为本专利权利要求 1~3 不符合专利法实施细则第 20 条第 1 款的规定，说明书不符合专利法第 26 条第 3 款的规定，权利要求 1~3 不符合专利法第 22 条第 3 款的规定，同时提交了无效宣告请求书附件清单中所列的以下证据

证据 I-1EP0147850A2，公开日为 1985 年 7 月 10 日，复印件 93 页。

请求人认为：

（1）权利要求 1 包括了（a）~（f）六个并列的制备方法，在方法（a）中，当式（II）化合物中的基团 W 代表羧基时，该式（II）化合物同时具有两个活性羧基，其中 W 代表的羧基的反应活性强于乙羧基，在与式（I）化合物的反应条件下，W 代表的羧基更易于参与反应，直接代替乙羧基反应，或两个羧基同时发生反应，此时不可能得到目标产物；在方法（c）、（d）和（f）中，当原料化合物中的基团 W′为 2~5 个碳原子的羧基时，均不可能得到目标产物；因此，权利要求 1 中的（a）、（c）、（d）和（f）方案无法实施，权利要求 1 没有清楚描述上述技术方案，不符合专利法实施细则第 20 条第 1 款的规定；从属权利要求 2 和 3 仅对产物的纯度进行了限定，也存在上述缺陷，因此也不符合专利法实施细则第 20 条第 1 款的规定。

（2）根据说明书的描述，本专利是在现有技术公开了具有降血糖作用的外消旋化合物的基础上分离出具有更好治疗效果的 S 型对映体。本领域技术人员公知构成外消旋混合物的其中一种特定异构体的活性常常好于所述外消旋混合物，而另一种异构体的活性相对较弱或是惰性，因此，该旋光异构体的创造性主要体现在是否产生了足以证明其创造性的“预料不到的技术效果”，即说明书中宣称的“该 S 型对映体具有令人惊异的治疗优点”。但是，本专利仅在说明书第 3 页第 4~7 行记载了消旋物和对映体的体内代谢数据，这些数据不能证明 S 型对映体具有专利权人所声称的治疗效果。说明书第 2~3 页给出的结论性断言仅仅是一种推测，本领域技术人员不经过实验验证难以证实；此外，与权利要求 1~3 不符合专利法实施细则第 20 条第 1 款规定的理由相同，本领域技术人员根据说明书的记载或其掌握的技术知识也不能实现本专利的技术方案，因此，本专利说明书对所保护的技术方案公开不

充分，不符合专利法第 26 条第 3 款的规定。

（3）证据 1～1 公开了苯甲酸衍生物或其对映异构体，其中实施例 11 公开了制备 2－乙氧基－4－［N－［1－（2－哌啶子基－苯基）－3－甲基－1－丁基］氨基羰甲基］苯甲酸外消旋混合物的方法，权利要求 1 与证据 I－1 的区别仅在于分离出了 S 对映体，相应的制备方法有所不同。外消旋体由（S）和（R）两种对映异构体构成，本领域技术人员由外消旋体立刻可以想到该（S）对映体，例如证据 I－1 的实施例 16 也公开了与本专利化合物结构相近的（S）（+）－2－乙氧基－4－［N－［1－（2－哌啶子基－苯基）－1－丁基］氨基羰甲基］苯甲酸乙酯，进一步证明根据消旋化物得到 S 对映体是显而易见的；并且所用制备或拆分方法是本专业已知的常规方法，本领域技术人员在证据 I－1 的基础上容易想到权利要求 1 的制备方法，且本专利也没有提供证据证明对映体相对于现有技术产生了任何意想不到的技术效果，因此权利要求 1 的方法不具备突出的实质性特点和显著的进步，不符合专利法第 22 条第 3 款的规定；权利要求 2～3 仅对产物纯度进行了限定，这种选择对于本领域技术人员是显而易见的，因此也不具备创造性。

经形式审查合格后，专利复审委员会受理了上述无效宣告请求，于 2007 年 7 月 25 日向双方当事人发出《无效宣告请求受理通知书》，并将请求人的《专利权无效宣告请求书》及其附件的副本转送专利权人，要求其在指定的期限内答复，同时成立合议组对本无效宣告请求案进行审理。

2007 年 8 月 22 日，请求人提交了补充意见陈述，补充了以下无效宣告理由：

（1）权利要求 1 的方法（a）中，通过通式（I）与通式（II）的羧酸反应，或与其反应性衍生物反应，“反应性衍生物”是本领域无统一规范的定义，说明书仅在第 5 页第 3 段举例反应性衍生物是其酯、硫代酯、卤化物、酸酐或咪唑化物，因此本领域技术人员不清楚“反应性衍生物”代表哪些物质，以及除上述例子外还包括哪些物质，因此方法（a）的保护范围不清楚；

方法（c）、（d）和（f）中定义 W′为 2～5 个碳原子的羧基，本领域技术人员公知羧基只能是“－COOH”，而不清楚“2～5 个碳原子的羧基”的结构，因此方法（c）、（d）和（f）的保护范围不清楚；如果该取代基的定义是为 2～5 个碳原子的烷基羧基，原料在反应后不论是否经水解或氢解等步骤都不可能使 W′取代的苯基转化为苯甲酸基团，不可能得到目标产物，因此方法（c）、（d）和（f）不能实施；

方法（f）中的描述“使由此得到的化合物转化成其盐，特别是有机或无机酸或碱的生理上可接受的盐”限定了两个大小不同的保护范围；

因此，权利要求 1 不符合专利法实施细则第 20 条第 1 款的规定。

（2）权利要求 1 的方法（b）中裂解通式（III）的化合物，其中 A 代表通过水解、热解或氢解可转化成羧基的基团，而通式（III）化合物结构复杂，具有多个活性基团，例如酰胺键等，因此能够适应该化合物上述反应的条件是特定的，原料化合物也是有选择性的，只有在特定条件下以及特定反应基团才能保证仅基团 A 发生反应而其他基团不受影响，权利要求 1 中并未限定反应条件和适用于本发明反应条件和化合物构型的具体基团，说明书仅在第 6 页例举了一些，但没有给出足够的证据证明这些基团能够制得目的产物，也无法证明除此之外，还有哪些基团能够实现发明目的；

方法（c）中，Z 与相邻氢原子一起代表偶氮基，与式（IV）化合物反应，但说明书未给出任何实验证据证明式（V）化合物能否与式（IV）化合物反应，以及在哪些反应条件下可正常实施，本领域技术人员无法判断出该技术方案能够得到目标产物；

方法（d）中对式（VI）化合物进行对映选择性还原，但权利要求 1 并未限定选择性还原条件，而本发明化合物还原后存在两种构型的化合物，并非任意条件均可得到 S 构型，本领域技术人员根据说明书的记载无法判断出任何条件下都能得到目的产物；

方法（f）中对式（VIII）（IX）化合物进行分离后进行重结晶，得到两个熔点（130～131℃、99～101℃）的化合物，即目的产物和 R 型对映体，该步骤中仅是直接分离后直接重结晶，不包括其他处理步骤。但分离和重结晶后，（VIII）化合物的取代基 W′仍为 2～5 个碳原子的烷氧羰基和羧基，不可能得到熔点为 130～131℃的目的产物，本领域技术人员根据说明书的记载无法判断该技术方案是否能得到目的产物；

因此，由说明书公开的内容不能预见权利要求 1 的技术方案均可制备得到本发明的目的产物，实现发明目的，权利要求 1 不符合专利法第 26 条第 4 款的规定。

（3）权利要求 2～3 仅进一步限定权利要求 1 的产物的纯度，因此也存在权利要求 1 的上述缺陷，即不符合专利法实施细则第 20 条第 1 款和专利法第 26 条第 4 款的规定。

2007 年 9 月 10 日，专利权人针对请求人的上述《无效宣告请求受理通知书》作出答复，并提交了以下反证：

反证 I-1：第 987 号中国专利局专利复审委员会复审请求审查决定，决定日为 1998 年 10 月 15 日，发文日为 1998 年 10 月 22 日，复印件 7 页；

反证 I-2：专利权人声称为韩国专利申请 10-1993-0703974 的实验报告，复印件 6 页（其中英文 5 页，德文 1 页）。

专利权人认为：

（1）权利要求 1 的方法（a）中，即使两个羧基都参与反应，那么也将以混合物的形式得到两种反应产物，其中一种是目标产物，并且可以通过常规方式分离得到；并且，请求人声称的“W 所代表的羧基更易于代替乙羧基参与反应”是不正确的，本领域技术人员公知连接到苯基上的乙氧基通过+M-效应（正的中介效应）提高了连接到邻位羧基上的电子密度，因此该羧基的反应性被降低，此外，所述乙氧基对于所述羧基的反应提供了空间位阻，因此，事实上式（I）化合物的 HOOC-CH_2-反应性更高，目标产物是主要产物。在方法（a）的描述中，“或与其反应性衍生物反应”与“与通式（II）的羧酸反应”并列，因此只有式（II）中的 HOOC-CH_2-可以以反应性衍生物的形式使用，请求人有关“反应性衍生物是指基团 W 的反应性衍生物”的解释错误。

本领域技术人员知道，羧基是式-COOH 的基团，不存在具有 2～5 个碳原子的羧基，因此，尽管方法（c）、（d）和（f）中“W′代表具有 2～5 个碳原子的羧基或烷氧羰基”，本领域技术人员会将其正确地理解为“W′代表羧基（即-COOH）或共具有 2～5 个碳原子的烷氧羰基”，请求人认为上述方案不能实施的理由不成立。

（2）本专利权利要求 1～3 涉及制备（S）（+）-2-乙氧基-4-［N-［1-（2-哌啶子基-苯基）-3-甲基-1-丁基］氨基羰甲基］苯甲酸及其无机或有机酸或碱的盐的方法，说明书已经详细描述了所述方法的原料和步骤，使得本领域技术人员能够实施该发明；并且，说明书明确指出所述方法的产物优于外消旋体并提供了一些实验数据（说明书第 2～3 页），尽管没有具体描述实验过程，但不影响本领域技术人员对所述结论的理解，也没有理由怀疑所述实验结果，专利权人提供了相关实验报告（反证 I-2）；此外，如（1）所述，方法（c）、（d）和（f）可以实施，因此本专利说明书符合专利法第 26 条第 3 款的规定。

（3）请求人未提供证据 I-1 的中文译文，该证据应视为未提交，关于权利要求 1～3 不符合专利法第 22 条第 3 款的无效理由不成立；此外，外消旋混合物的一对对映异构体可能有四种不同的行为（见林国强等，《手性合成-不对称反应及其应用》，科学出版社，北京，2000），本领域技术人员不能由证据 I-1 公开的外消旋混合物显而易见地预见到 S-对映体具有更好的治疗效果，且说明书已经清楚地指出所述 S-对映体优于外消旋体并提供了一些实验数据；在本专利实质审查过程中，曾经以类似理由被驳回，反证I-1证明专利复审委员会认可本专利的创造性并作出了撤销驳回决定的复审决定，因此本专利的权利要求1~3具备创造性。

2007年9月11日，专利权人再次提交了上述意见陈述、反证I-1和反证I-2，并补充了反证I-2的中文译文4页。

2007年10月31日，请求人重新提交了无效宣告请求书（共2页），同时提交了盖有“江苏省工程技术翻译院有限公司”印章的证据I-1的实施例11和16的中文译文，复印件2页。

2008年5月23日，专利权人提交了补充意见陈述，以及以下反证I-3（编号续前）和修改后的权利要求书，其中专利权人将授权公告的权利要求1中“转化成其盐，特别是有机或无机酸或碱的生理上可接受的盐”修改为“转化成其有机或无机酸或碱的生理上可接受的盐”

反证I-3载有“高等学校试用教材，上册，高等教育出版社出版”字样的书籍散页和第415页，复印件2页（书名及出版信息不详）。

修改后的权利要求书如下：

“1. 一种制备基本上是旋光纯的（S）（+）-2-乙氧基-4-［N-［1-（2-哌啶子基-苯基）-3-甲基-1-丁基］氨基羰甲基］苯甲酸及其无机或有机酸或碱的盐的方法，其特征在于

a）使下式（Ⅰ）的（S）-胺

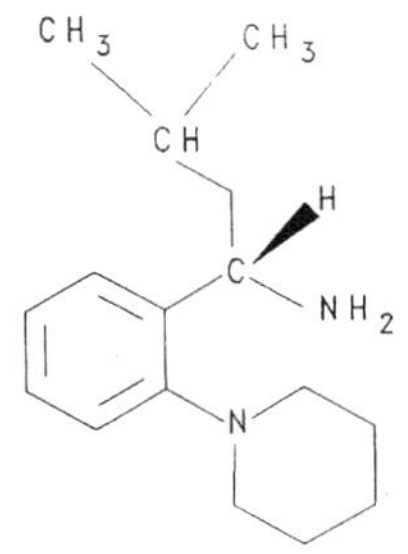

（Ⅰ）

与通式（Ⅱ）的羧酸反应：

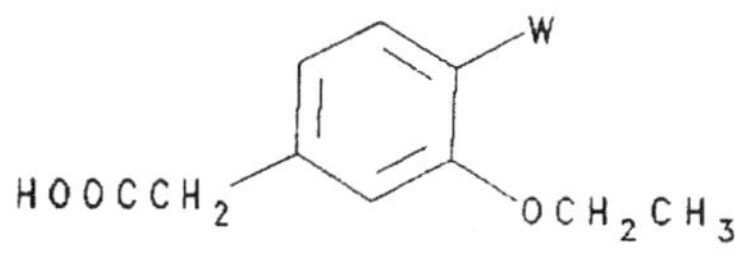

(II)

其中W代表羧基或用保护基保护的羧基，或与其反应性衍生物反应，然后需要的话，将所用的任何保护基裂解，或

b）裂解通式（Ⅲ）的（S）-化合物

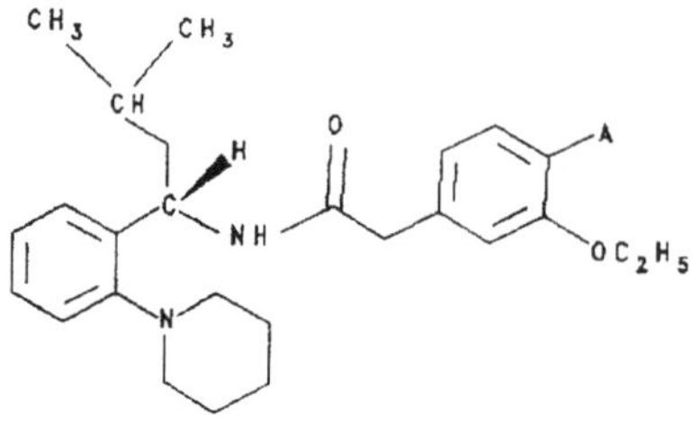

(III)

其中A代表通过水解、热解或氢解可转化成羧基的基团，或

c）使通式（Ⅳ）的（S）-化合物

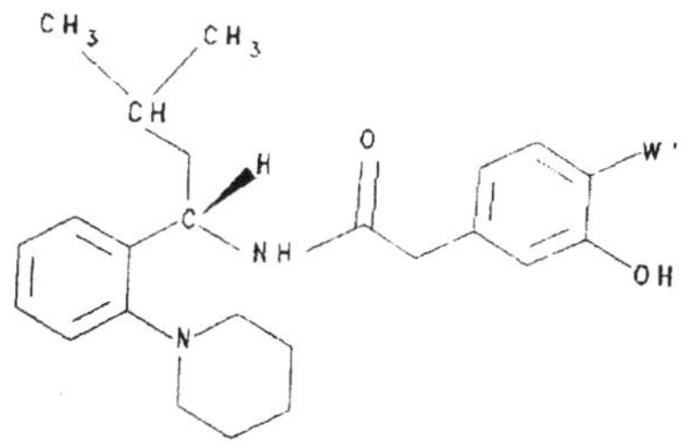

(IV)

其中W′代表共具有2~5个碳原子的羧基或烷氧羰基，其中烷氧基的烷基部分可以被苯基取代，与通式（Ⅴ）的化合物反应

$$Z\text{-}CH_2\text{-}CH_3 \qquad (\text{V})$$

其中Z代表亲核可交换的基团或与相邻氢原子一起代表偶氮基，然后，需要的话，使由此得到的化合物水解或氢解，或

d）使通式（Ⅵ）的化合物

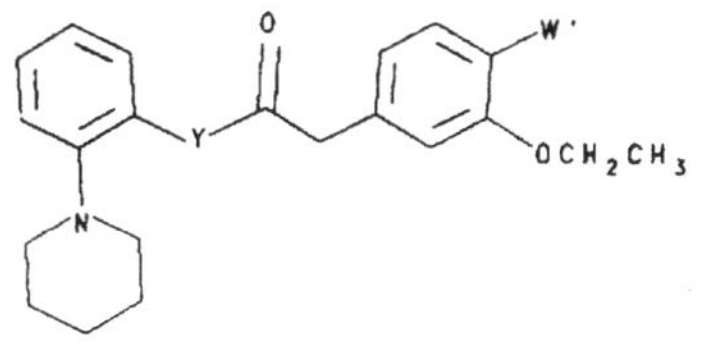

(VI)

其中W′代表共有2~5个碳原子的羧基或烷氧羰基，其中烷氧基的烷基部分可以被苯基取代，Y代表下式基团

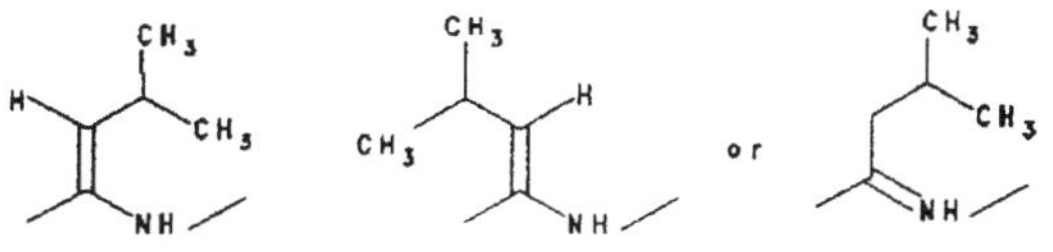

对映选择性地还原，之后需要的话，使由此得到的化合物水解，或

e）氧化通式（Ⅶ）的化合物

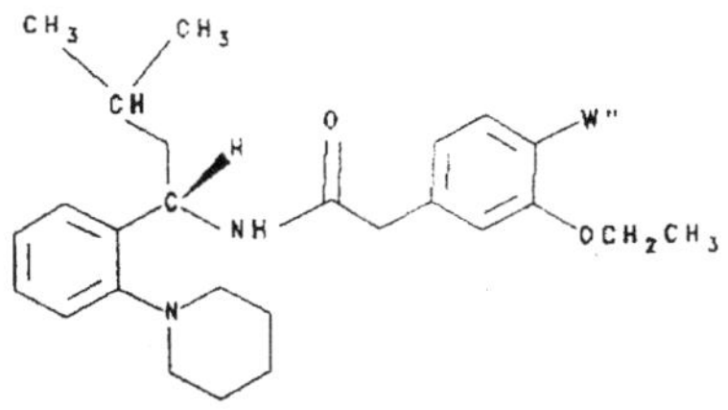

(VII)

其中W′代表通过氧化可转化为羧基的基团，或

f）分离由任何所需量的通式（Ⅷ）的（S）-对映体和任何所需量的通式（Ⅸ）的（R）-对映体构成的混合物：

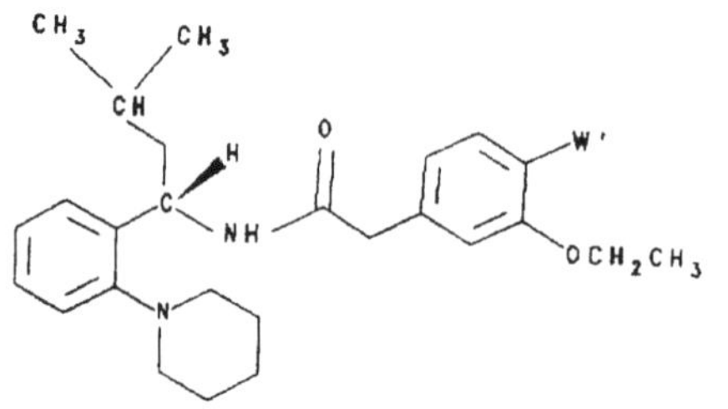

(VIII)

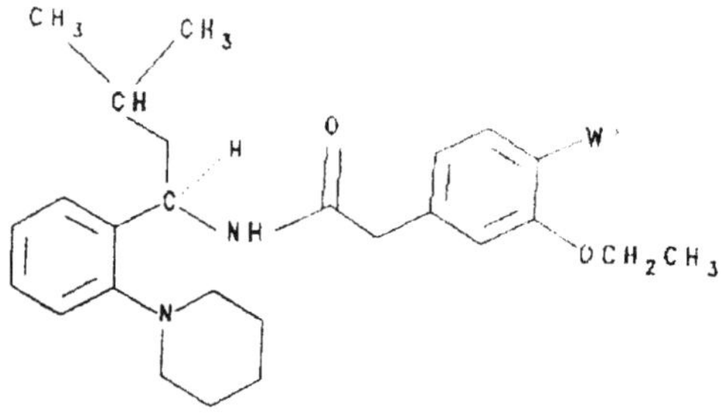

(IX)

其中W′代表共有2~5个碳原子的羧基或烷氧羰基，其中烷氧基的烷基部分可以被苯基取代，需要的话，使由此得到的化合物通过重结晶转化为具有较高对映体纯度的化合物，用乙醇/水（2/1）重结晶，得到具有130~131℃熔点的高熔融形式，和用石油醚/甲苯（5/3）重结晶，得到具有99~101℃熔点的低熔融形式。以及使由此得到的化合物转化成其有机或无机酸或碱的生理上可接受的盐。

2. 按照权利要求1所述的方法，其中制得化合物或其生理上可接受的盐具有至少ee=95%的旋光纯度。

3. 按照权利要求1所述的方法，其中制得化合物或其生理上可接受的盐具有至少ee=98%的旋光纯度。”

除了重复2007年9月10日的意见陈述之外，专利权人还指出：(1) 反证I-3证明羧基的含义是式-COOH的基团，因此请求人所称的权利要求1的方法（c）、（d）和（f）中“W′为2~5个碳原子的羧基”属于译文的明显错误，请求人据此认为上述方法不能实施的理由不成立；(2) 说明书第2页第11~18行、第2页倒数第5行至第3页第7行、第3页第8~19行和第12页第13~15行分别记载了S-对映体在治疗效果上的优点、与R-对映体的对比实验数据、较之外消旋体剂量减半和毒性方面的优点，尽管没有具体描述实验过程，但是评价化合物降低血糖的效果的实验方法是本领域公知的，本领域技术人员可以毫无疑义地理解上述结论。(3) 专利权人在北京市第一中级人民法院诉请求人侵犯本专利权的诉讼标的超过2000万元人民币，请求专利复审委员会成立五人合议组审理本无效宣告请求案。

针对上述专利权，请求人江苏豪森药业股份有限公司于2008年3月26日向专利复审委员会再次提出无效宣告请求（案件编号为W402101，下称无效宣告请求案II），认为本专利权利要求1~3不符合专利法实施细则第20条第1款的规定，说明书不符合专利法第26条第3款的规定，权利要求1不

符合专利法第26条第4款的规定，以及权利要求1~3不符合专利法第22条第3款的规定，同时请求人提出了关于将无效宣告请求案II与无效宣告请求案I合案审理的请求，并提交了无效宣告请求书的附件清单中所列的如下证据：

证据II-1：EP0147850 A2，公开日为1985年7月10日，复印件93页；

证据II-2：本专利申请和实质审查阶段的驳回决定，发文日为1995年8月28日，复印件3页；

证据II-3：DE3522604A1，公开日为1987年1月8日，复印件18页。

请求人认为：

（1）权利要求1的方法（a）中，当式（II）化合物中的基团W代表羧基时，该式（II）化合物为2-乙氧基-4-乙羧基苯甲酸，其同时具有两个活性羧基，其中W代表的羧基的反应活性强于乙羧基，在与式（I）化合物的反应条件下，W所代表的羧基更易于参与反应，直接替代乙羧基反应，或两个羧基同时发生反应，此时不可能得到目标产物；方法（a）中的“反应性衍生物”在本领域无统一规范的定义，说明书仅在第5页第3段举例：是其酯、硫代酯、卤化物、酸酐或咪唑化物，本领域技术人员不清楚“反应性衍生物”代表哪些物质，不清楚除上述例子外还包括哪些物质，因此方法（a）的保护范围不清楚。方法（c）、（d）和（f）中定义W′为2~5个碳原子的羧基，本领域技术人员公知羧基只能是“-COOH”，因此方法（c）、（d）和（f）的保护范围不清楚；如果该取代基的定义是为2~5个碳原子的烷基羧基，原料在反应后不论是否经过水解或氢解等步骤都不可能使W′取代的苯基转化为苯甲酸基而得到目标产物，因此方法（c）、（d）和（f）不能实施。方法（f）中的描述限定了两个大小不同的保护范围，一个是化合物的盐，一个是化合物的有机或无机酸或碱的生理上可接受的盐。因此，权利要求1不符合专利法实施细则第20条第1款的规定；从属权利要求2和3仅对产物的纯度进行了限定，也存在上述缺陷，因此也不符合专利法实施细则第20条第1款的规定。

（2）根据说明书的描述，本专利是在现有技术公开了具有降血糖作用的外消旋化合物的基础上分离出具有更好治疗效果的S型对映体，因此，该旋光异构体的创造性主要体现在是否产生了说明书中宣称的“该S型对映体具有令人惊异的治疗优点”。但是，本专利说明书第2~3页给出的结论性断言以及第3页第4~7行记载的体内代谢数据均不能证明S型对映体具有专利权人声称的治疗效果；此外，与权利要求1~9不符合专利法实施细则第20条第1款规定的理由相同，本领域技术人员根据说明书的记载或其掌握的技术知识也不能实现本专利的技术方案，因此，本专利说明书对所保护的技术方案公开不充分，不符合专利法第26条第3款的规定。

（3）权利要求1的方法（b）中，通式（III）的化合物结构复杂，具有多个活性基团，因此只有在特定条件下以及特定反应基团才能保证仅基团A发生反应而其他基团不受影响，权利要求1中并未限定反应条件和适用于本发明反应条件和化合物构型的具体基团，说明书仅在第6页列举了一些，但没有给出足够的证据证明这些基团能够制得目的产物，也无法证明还有哪些基团能够实现发明目的；说明书未给出任何实验证据证明方法（c）中式（V）化合物能否与式（IV）化合物反应，以及在哪些反应条件下可正常实施；权利要求1未限定方法（d）中选择性还原条件，而本发明化合物还原后存在两种构型的化合物，并非任意条件均可得到S构型；方法（f）中仅是直接分离后直接重结晶，不包括其他处理步骤，但分离和重结晶后式（VIII）化合物的取代基团W′仍为2~5个碳原子的烷氧羰基和羧基，不可能得到熔点为130~131℃的目的产物；因此，由说明书公开的内容不能预见权利要求1的技术方案均可得到得到本发明的目的产物，实现发明目的，权利要求1不符合专利法第26条第4款的规定。

（4）证据II-2指出，由于本专利权利要求1的化合物与已有化合物极其相似，而且化合物的制备方法也是公知的，因此本专利化合物和制备方法没有创造性。

证据 II-1 公开了苯甲酸衍生物或其对映异构体，其中实施例 11 公开了制备 2-乙氧基-4-［N-［1-（2-哌啶子基-苯基）-3-甲基-1-丁基］氨基羰甲基］苯甲酸外消旋混合物的方法，权利要求 1 与证据 II-1 的区别仅在于分离出了 S 对映体，相应的制备方法有所不同。外消旋体由（S）和（R）两种对映异构体构成，本领域技术人员由外消旋体立刻可以想到该（S）对映体，例如证据 II-1 的实施例 16 也公开了与本专利化合物结构相近的（S）（+）-2-乙氧基-4-［N-［1-（2-哌啶子基-苯基）-1-丁基］氨基羰甲基］苯甲酸乙酯，进一步证明根据消旋化物得到 S 对映体是显而易见的；并且所用制备或拆分方法是本专业已知的常规方法，本领域技术人员在证据 II-1 的基础上容易想到权利要求 1 的制备方法；证据 II-3 也公开了不同形式的 2-乙氧基-4-［N-［1-（2-哌啶子基-苯基）-3-甲基-1-丁基］氨基羰甲基］苯甲酸的制备方法，本领域技术人员结合证据 II-1 和 II-3 的技术方案容易想到权利要求 1 的制备方法，且本专利也没有提供证据证明对映体相对于现有技术产生了任何意想不到的技术效果，因此权利要求 1 的方法相对于证据 II-1 或证据 II-1 和 II-3 的结合不具备专利法第 22 条第 3 款规定的创造性；权利要求 2~3 仅对产物纯度进行了限定，这种选择对于本领域技术人员是显而易见的，因此也不具备创造性。

2008 年 4 月 25 日，请求人提交了补充意见陈述，同时还提交了盖有“江苏省工程技术翻译院有限公司”印章的证据 II-1 的实施例 11 和 16 的中文译文（复印件 2 页），以及以下证据：

证据 II-4：请求人声称由国家知识产权局专利复审委员会网站下载的第 987 号复审请求审查决定，决定日为 1998 年 10 月 15 日，打印件 4 页。

除了重复提出上述无效宣告请求时的意见之外，请求人还指出：证据 II-4 是本专利申请过程中的复审决定，在本专利的复审过程中，专利权人曾经提供了两组实验报告以证明本专利的化合物具有令人惊奇的治疗优点，专利复审委员会最终根据这些实验报告认可了本专利的创造性；但这些试验报告没有经过司法认定，其真实性、合法性无法确定，因此并不能用来证明本专利的治疗效果优于证据 II-1 或 II-3。

经形式审查合格后，专利复审委员会受理了上述无效宣告请求，于 2008 年 5 月 12 日向双方当事人发出《无效宣告请求受理通知书》，并将请求人的《专利权无效宣告请求书》及其附件的副本，以及上述补充意见陈述及其附件的副本转送专利权人，要求其在指定的期限内答复，同时成立合议组对本无效宣告请求案进行审理。

2008 年 6 月 26 日，专利权人针对请求人的上述《无效宣告请求受理通知书》作出答复，并提交了以下反证和修改后的权利要求书，其修改方式与无效宣告请求案 I 中对权利要求书的修改方式相同，即，将授权公告的权利要求 1 中“转化成其盐，特别是有机或无机酸或碱的生理上可接受的盐”修改为“转化成其有机或无机酸或碱的生理上可接受的盐”：

反证 II-1：第 987 号中国专利局专利复审委员会复审请求审查决定，决定日为 1998 年 10 月 15 日，发文日为 1998 年 10 月 22 日，复印件 7 页；

反证 II-2：专利权人声称为韩国专利申请 10-1993-0703974 的实验报告，复印件 6 页（其中英文 5 页，德文 1 页），及其部分中文译文 4 页；

反证 II-3：载有“高等学校试用教材，上册，高等教育出版社出版”字样的书籍散页和第 415 页，复印件 2 页（书名及出版信息不详）；

反证 II-4：“ADVENCED ORGANIC CHEMISTRY Reactions，Mechanisms，and Structure”第三版，Jerry March，封面、出版信息页和第 344 页，John wiley & Sons ，Inc. ，1985 年。

专利权人认为：

（1）权利要求 1 的方法（a）中，即使两个羧基都参与反应，那么也将以混合物的形式得到两种反应产物，其中一种是目标产物，并且可以通过常规方式分离得到；并且，请求人声称的“W所代表的羧基更易于代替乙羧基参与反应”是不正确的，本领域技术人员公知连接到苯基上的乙氧基通过+M-效应（正的中介效应）提高了连接到邻位羧基上的电子密度，该羧基的反应性被降低，此外，所述乙氧基对于所述羧基的反应提供了空间位阻，因此，事实上式（I）化合物的 HOOC-CH_2-反应性更高，目标产物是主要产物。在方法（a）的描述中，“或与其反应性衍生物反应”与“与通式（II）的羧酸反应”并列，因此只有式（II）中的 HOOC-CH_2-可以以反应性衍生物的形式使用，请求人有关“反应性衍生物是指基团 W 的反应性衍生物”的解释错误。本领域技术人员能够明白，式（II）羧酸的“反应性衍生物”是指式（II）羧酸的、能够与式（I）的胺反应以形成酰胺化合物的那些“反应性衍生物”，例如酰卤以及很多用于酰胺反应的活化剂，因此该术语是清楚的。

本领域技术人员知道，羧基是式-COOH 的基团，不存在具有 2~5 个碳原子的羧基，反证 II-3 证明了这一点。因此，尽管方法（c）、（d）和（f）中 W′代表具有 2~5 个碳原子的羧基或烷氧羰基，本领域技术人员会将其正确地理解为 W′代表羧基或共具有 2~5 个碳原子的烷氧羰基。

专利权人删除了方法（f）中转化为盐的技术方案，保留了转化为“有机或无机酸或碱的生理上可接受的盐”的技术方案，克服了相关无效理由。

（2）本专利权利要求 1~3 涉及制备（S）（+）-2-乙氧基-4-［N-［1-（2-哌啶子基-苯基）-3-甲基-1-丁基］氨基羰甲基］苯甲酸及其无机或有机酸或碱的盐的方法，说明书已经详细描述了所述方法的原料和步骤，并且明确指出所述方法的产物 S-对映异构体优于外消旋体并提供了一些实验数据（说明书第 2~3 页），专利权人还提供了反证 II-2 作为旁证，本领域技术人员能够实施本专利；此外，如前所述，在方法（a）中 W 是未保护的羧基时，仍然可以给出目标产物，且 W′不可能是具有 2~5 个碳原子的羧基，因此，方法（c）、（d）和（f）可以实施，因此本专利说明书符合专利法第 26 条第 3 款的规定。

（3）权利要求 1 的方法（b）涉及通过水解、热解或氢解处理式（III）化合物的三个实施方案，其各自得到了实施例 3 和 9、实施例 11 以及实施例 10 的支持，其中基团 A 向羧基的转化已经被众多大学教科书教导。

方法（c）中，使用式 Z-CH_2-CH_3 的化合物对式（IV）化合物的 W′基团的邻位羟基进行乙基化，当 Z 是亲核可交换基团时，得到了实施例 5 和 6 的支持，当 Z 与相邻氢原子一起代表偶氮基时，尽管没有具体实施例支持，但事实上是本领域技术人员熟知的反应，可以容易地预见结果，无效宣告请求中也提及“该制备方法本质上是本领域已知的”。

方法（d）中涉及的还原反应不是在任何条件下进行的，而是在对映选择性还原的条件下进行的，本领域技术人员可以预见能够得到目标产物，实施例 4 也例证了按照该方法进行的双键的对映选择性还原。

方法（f）仅记载了“分离”这一必要技术特征，本领域技术人员明白，当 W′是具有 2~5 个碳原子的烷氧羰基时，该方法可进一步包括一个水解或氢解步骤，当 W′是羧基时，所述分离步骤和如果需要的重结晶步骤和转化为盐的步骤可以获得目标产物，且方法（f）得到了实施例 7 的支持，其中 W′是-$COOC_2H_5$。

（4）反证 II-1 已经充分证明了本专利的创造性以及证据 II-2 的结论是不适当的；此外，外消旋混合物的一对对映异构体可能有四种不同的行为（见林国强等，《手性合成-不对称反应及其应用》，科学出版社，北京，2000），本领域技术人员不能由证据 II-1 公开的外消旋混合物显而易见地预见到 S-对映体具有更好的治疗效果，且说明书已经清楚地指出所述 S-对映体优于外消旋体并提供了一些实验数据，因此本专利的权利要求 1~3 具备创造性。

根据审查指南第四部分第三章第4.5节的规定，专利复审委员会决定对无效宣告请求案I和II合并审理，2008年7月4日，合议组向双方当事人发出《无效宣告请求口头审理通知书》，定于2008年8月27日对无效宣告请求案I和II进行合并口头审理，并将无效宣告请求案I中专利权人分别于2007年9月10日、9月11日和2008年5月23日提交的意见陈述书及其相关附件的副本转送请求人，以及将请求人分别于2007年8月22日和2007年10月31日提交的意见陈述书及其相关附件的副本转送专利权人；同时，还将无效宣告请求案II中专利权人于2008年6月26日提交的意见陈述书及其相关附件的副本转送请求人，要求双方在口头审理时一并答复。此外，合议组还在《无效宣告请求口头审理通知书》中告知双方当事人，关于专利权人在无效宣告请求案I于2008年5月23日的意见陈述中提出的成立五人合议组的请求，经合议组合议并报副主任委员审批，认为本案不属于审查指南规定的应当成立五人合议组的情形，因此仍由三人合议组对本案进行审理。

2008年8月27日，口头审理如期进行，双方当事人的代理人均出席了口头审理。合议组就无效宣告请求案I和II的无效理由及证据逐一进行了调查，双方均充分陈述了各自的意见，并记录了以下事项：

（1）合议组当庭告知专利权人，其针对上述无效宣告请求案I和II对本专利授权公告权利要求书所进行的修改不符合审查指南第四部分第三章第4.6节有关“无效宣告程序中专利文件的修改”的规定，因此不能被允许。本次口头审理依据的文本为本专利的授权公告文本。

（2）针对无效宣告请求案I：

a）请求人当庭确定其无效宣告理由为：权利要求1~3相对于证据I-1不符合专利法第22条第3款的规定，使用的证据的相关部分为：证据I-1的实施例11和16；权利要求1~3不符合专利法实施细则第20条第1款的规定；权利要求1不符合专利法第26条第4款的规定；说明书不符合专利法第26条第3款的规定。请求人当庭放弃权利要求2~3不符合专利法第26条第4款的无效理由。

b）专利权人认为证据I-1的中文译文的提交日超出了规定的举证期限，因此不应当被考虑。

c）专利权人当庭放弃反证I-3。请求人认可反证I-1的真实性、合法性和关联性，对反证I-2的真实性和合法性有异议，理由是反证I-2是专利权人自己的实验报告。

（3）针对无效宣告请求案II：

a）请求人当庭确定其无效宣告理由为：权利要求1~3相对于证据II-1不符合专利法第22条第3款的规定，使用的证据的相关部分为：证据II-1的实施例11和16；权利要求1~3不符合专利法实施细则第20条第1款的规定；权利要求1不符合专利法第26条第4款的规定；说明书不符合专利法第26条第3款的规定。

b）请求人当庭放弃证据II-3以及相关的无效理由；专利权人认可证据II-1、II-2和II-4的真实性、合法性和关联性。

c）专利权人当庭放弃反证II-3和II-4；请求人认可反证II-1的真实性、合法性和关联性，对反证II-2的真实性、合法性和关联性有异议，专利权人则认为反证II-2是在本专利的相应韩国专利申请过程中提交的实验报告，该韩国专利申请与本专利的内容完全一致。

2008年9月8日，专利权人分别提交了针对上述无效宣告请求案I和II的意见陈述书，其中对反证II-1的真实性、有效性和合法性，以及请求人在口头审理中陈述的各项无效理由再次进行陈述；此外，还分别提交了以下反证（编号续前）：

反证I-4（无效宣告请求案I）：“中国大百科全书 化学 I”，1989年2月第一版，中国大百科全书出版社编辑部编，出版信息页和第80~82页，中国大百科全书出版社，1992年1月第2次印刷，复印件4页。

反证 II-5（无效宣告请求案 II）：同反证 I-4。

至此，合议组认为本案的事实已经清楚，可以依法作出审查决定。

二、决定的理由

1. 关于文本

审查指南第四部分第三章第 4.6 节有关“无效宣告程序中专利文件的修改”中，第 4.6.2 节规定，在满足第 4.6.1 节修改原则的前提下，修改权利要求书的具体方式一般限于权利要求的删除、合并和技术方案的删除。权利要求的合并是指两项或两项以上相互无从属关系但在授权公告文本中从属于同一独立权利要求的权利要求的合并。技术方案的删除是指从同一权利要求中并列的两种以上技术方案中删除一种或者一种以上的技术方案。本案中，专利权人在无效宣告请求案 I 和 II 中对权利要求书的修改方式相同，即，将授权公告的权利要求 1 中“转化成其盐，特别是有机或无机酸或碱的生理上可接受的盐”修改为“转化成其有机或无机酸或碱的生理上可接受的盐”。但是，专利权人所作修改既不属于权利要求的删除，也不属于上述审查指南规定的“权利要求的合并”和“技术方案的删除”。因此，合议组在口头审理中当庭告知专利权人，其对本专利权利要求书所进行的修改不符合审查指南的有关规定，因而不能被允许。合议组以本专利授权公告的文本为基础进行审查。

2. 关于证据和补充的意见陈述

2.1 请求人提交的证据

（1）请求人提交的证据 I-1 是一篇欧洲专利文献，专利权人认为其中文译文的提交日超出了规定的举证期限，因此不应当被考虑。对此，合议组认为：根据专利法实施细则第 66 条以及审查指南第四部分第三章第 4.3.1 节有关“请求人举证”和第四部分第八章第 2.2.1 节有关“外文证据的提交”的规定，请求人在提出无效宣告请求之日起一个月内补充证据的，应当在该期限内结合该证据具体说明相关的无效宣告理由，否则，专利复审委员会不予考虑。请求人提交的证据是外文的，提交其中文译文的期限适用该证据的举证期限。未在举证期限内提交中文译文的，该外文证据视为未提交。证据 I-1 是请求人于 2007 年 7 月 25 日提出无效宣告请求时提交的，其部分中文译文的提交日为 2007 年 10 月 31 日，显然超出了一个月的举证期限，因此，证据 I-1 视为未提交。

（2）请求人提交的证据 II-1 是一篇欧洲专利文献，专利权人对其真实性、合法性和关联性均无异议。证据 II-1 所使用部分的中文译文的提交日符合审查指南对该证据举证期限的规定，且专利权人也未对证据 II-1 的中文译文的准确性提出异议。合议组经核实，认可证据 II-1 的真实性和译文的准确性，其公开日早于本专利的申请日，因此可以作为本专利的现有技术使用。

请求人提交的证据 II-2 和 II-4 分别是本专利在实质审查阶段的驳回决定和在复审阶段的复审决定，其中涉及的现有技术与无效请求案 II 中涉及的现有技术证据-1 相同，专利权人认可证据 II-2 和 II-4 的真实性、合法性和关联性。因此，合议组认可证据 II-2（为描述清楚起见，下称驳回决定）和 II-4 的真实性、合法性和关联性。

请求人在口头审理中当庭放弃了证据 II-3，合议组对其不再予以评述。

2.2 专利权人提交的证据

（1）反证 I-1 和 II-1 同样均为本专利申请过程中在复审阶段的复审决定，请求人认可其真实性、合法性和关联性。基于以上对证据 II-4 的评述的相同理由，合议组认可反证 I-1 和 II-1 的真实性、合法性和关联性（为描述清楚起见，以下与证据 II-4 并称复审决定）。

（2）专利权人声称，反证 I-2 和 II-2 均为本专利的相应韩国专利申请过程中，专利权人按照韩国专利申请所作的实验报告以及公证认证手续的复印件，该韩国专利与本专利的内容完全一致，其中的实验证明了本专利所述方法的产物，即 S-对映异构体，优于所述外消旋体的效果。请求人认为这是专利权人自己的实验报告，其中的实验结果未经双方均承认的机构进行公证，因此不认可其真实性和合法性。对此，合议组认为，①根据审查指南第四部分第三章第4.3.2节有关“专利权人举证”的规定，专利权人应当在专利复审委员会指定的答复期限内提交证据……；专利权人提交的证据是外文的，提交其中文译文的期限适用该证据的举证期限。专利权人提交或者补充证据不符合上述期限规定或者未在上述期限内对所提交或者补充的证据具体说明的，专利复审委员会不予考虑。反证I-2的中文译文的提交日为2007年9月11日，超出了专利复审委员会发出的《无效宣告请求受理通知书》指定的答复期限，因此，合议组对该证据不予考虑。②根据审查指南第四部分第八章第2.2.2节有关“域外证据及香港、澳门、台湾地区形成的证据的证明手续”的规定，域外证据是指在中国人民共和国领域外形成的证据，该证据应当经所在国公证机关予以证明，并经中华人民共和国驻该国领事馆予以认证，或者履行中华人民共和国与该所在国订立的有关条约中规定的证明手续。本专利变更前后的专利权人均为外国公司，如专利权人所称，反证II-2来源于韩国专利申请的审查过程中提交的实验报告，应当属于域外证据的范畴，并且反证II-2自身也表明其实际上是由外国人签署并在外国给出的。而专利权人既未出示该证据的原件，也未办理相关的公证认证手续，专利权人声称，反证II-2的德文页为公证认证手续的复印件，但却既不能提供原件也未给出中文译文，而且请求人也不认可其真实性和合法性，因此，合议组对其真实性和合法性不予认可。③此外，如专利权人所称的反证II-2的来源，其涉及的应当是相应韩国专利申请过程中的事项，与本案没有直接关系，因此，合议组对反证II-2的关联性也不予认可。

（3）专利权人在口头审理中当庭放弃了反证I-3、II-3和II-4，合议组对其不再予以评述。

2.3 关于专利权人在口头审理结束后补充提交的反证I-4和反证II-5

根据审查指南第四部分第三章第4.3.2节的规定，专利权人应当在专利复审委员会指定的答复期限内提交证据，但对于技术词典、技术手册和教科书等所属领域中的公知常识性证据或者用于完善证据法定形式的公证书、原件等证据，可以在口头审理辩论终结前补充。本案中，专利复审委员会在《无效宣告请求口头审理通知书》中指定专利权人在口头审理时答复，而反证I-4和反证II-5的提交日超出了专利复审委员会指定的答复期限，因此，合议组对其不予考虑。

3. 关于专利法第22条第3款

专利法第22条第3款规定：创造性，是指同申请日以前已有的技术相比，该发明有突出的实质性特点和显著的进步。

对于涉及化学产品的制备方法的权利要求而言，如果化学产品本身相对于现有技术具备突出的实质性特点和显著的进步，则该制备方法权利要求保护的技术方案显然也具备创造性。

（1）相对于证据I-1的创造性。

如前所述，证据I-1由于其中文译文的提交日期超出了举证期限而视为未提交，因此，在无效宣告请求案I中，请求人请求宣告本专利权利要求1~3不具备创造性的主张由于缺少证据支持而不能成立。

（2）相对于证据II-1的创造性。

本专利的权利要求1保护一种制备基本上是旋光纯的（S）（+）-2-乙氧基-4-［N-［1-（2-哌啶子基-苯基）-3-甲基-1-丁基］氨基羰甲基］苯甲酸及其无机或有机酸或碱的盐的方法，其中包括a）~f）六个并列的制备方法（略）。

证据II-1公开了一类苯甲酸衍生物或其对映异构体，其中实施例11公开了将由2-乙氧基-4-［N-［1-（2-哌啶子基-苯基）-3-甲基-1-丁烯-1-基］氨基羰甲基］苯甲酸-乙酯制成的2-乙氧基-4-［N-［1-（2-哌啶子基-苯基）-3-甲基-1-丁烯-1-基］氨基羰甲基］苯甲酸加氢，得到2-

乙氧基-4-［N-［1-（2-哌啶子基-苯基）-3-甲基-1-丁基］氨基羰甲基］苯甲酸外消旋混合物，并且实施例16中公开了使用高效液相色谱，由外消旋混合物中分离出与本专利主题化合物结构十分相近的（+）-2-乙氧基-4-［N-［1-（2-哌啶子基-苯基）-1-丁基］氨基羰甲基］苯甲酸乙酯。

由于证据II-1公开了本专利目标化合物的外消旋体混合物，也公开了由类似化合物的外消旋体混合物分离出其中的旋光异构体，故证据II-1公开的内容与权利要求1中涉及方法f）的技术方案最为接近，将本专利权利要求1的技术方案与证据II-1公开的上述内容相比，区别在于：对于权利要求1中涉及方法f）的方案而言，证据II-1没有公开权利要求1的方法f）制备得到的目标化合物，对于权利要求1中涉及方法a）～e）的技术方案而言，证据II-1不仅没有公开方法a）～e）制得的目标化合物，也没有公开方法a）～e）本身。

根据本专利说明书的描述，本发明涉及新的（S）（+）-2-乙氧基-4-〔N-（1-（2-哌啶子基-苯基）-3-甲基-1-丁基）-氨基羰基甲基〕苯甲酸或（S）（+）-2-乙氧基-4-〔N-〔1-（2-哌啶子基-苯基）-3-甲基-1-丁基〕-氨基羰基甲基〕苯甲酸，这种化合物其本上是旋光纯的，例如具有旋光纯度至少ee=95%、优选98%～100%，还涉及该化合物与无机或有机酸或碱的生理上可接受的盐；含该化合物或其生理上可接受的盐的药物组合物；以及制备这类物质的方法（参见本专利说明书第3页第五段至第4页第一段）。对于权利要求1中涉及方法f）的方案来说，在证据II-1已经公开了（S）（+）-2-乙氧基-4-［N-［1-（2-哌啶子基-苯基）-3-甲基-1-丁基］氨基羰甲基］苯甲酸的外消旋体混合物并给出了由类似化合物的外消旋混合物分离得到旋光异构体的技术启示的情况下，方法f）的创造性取决于该方法得到的产物的创造性。对于构成所述外消旋体混合物的光学活性异构体产物，即（S）（+）-2-乙氧基-4-［N-［1-（2-哌啶子基-苯基）-3-甲基-1-丁基］氨基羰甲基］苯甲酸来讲，其创造性体现在与现有技术（通常为外消旋体混合物）相比，该旋光异构体在效果上是否显而易见，即意想不到的。

在本专利的说明书中描述了本专利所述立体异构体化合物（S-对映体）的优点，例如，新的（S）-对映体，即（S）（+）-2-乙氧基-4-〔N-〔1-（2-哌啶子基苯基）-3-甲基-1-丁基〕氨基羰基甲基〕苯甲酸作为血糖降低活性媒体远优于AG-EE388ZW（注，即本专利目标化合物的外消旋混合物），因为从血液中除掉它特别迅速，而且从其较长的持续活性来看，这是不可能预见到的。与其外消旋物相比，这些优越的性质远超过了对映体的“普通”优点，即减半剂量的优点（参见本专利说明书第3页第四段）。此外，本专利说明书中还提供了一些实验数据，例如，说明书第3页第一段对于外消旋体和减半剂量的S-对映体在施用后、4小时和6小时后的最大浓度进行了比较，证明S-对映体的含量能够比外消旋体更迅速地下降到趋于零且血浆含量更低；说明书第12页第四段的实验结果证明S-对映体是无毒的。由此可见，较之外消旋混合物，本专利的S-对映体具有含量迅速下降、血浆含量更低和作用更迅速的优点，这些优点远远超出了旋光异构体在使用时比外消旋体“剂量减半”这一可预见的优点；并且，较之相应的R-异构体，本专利的S-对映体具有更迅速消除的优点。可见，本专利所述立体化合物确实具有“避免了体内不需要的高而长时间作用的物质含量，对于长期治疗例如糖尿病具有特别重要的意义”的优点。请求人也并未提供相反的证据，证明本专利说明书中的上述实验结果和结论不能成立。因此，本专利权利要求1的方法f）制备得到的所述立体化合物在治疗效果上产生了意想不到的效果，因此，本专利权利要求1中涉及方法f）的技术方案具备创造性。

对于本专利权利要求1中涉及方法a）～e）的技术方案而言，请求人提交的证据II-1的上述内容中，没有公开与之类似的制备方法，也没有给出任何有关的技术启示，本领域技术人员无法从中显而易见地获得权利要求1中涉及方法a）～e）的技术方案。并且如上所述，方法a）～e）制备得到的立体化合物在治疗效果上产生了意想不到的效果，因此，本专利权利要求 1 中涉及方法 a）~e）的技术方案具备创造性。

综上，权利要求 1 符合专利法第 22 条第 3 款有关创造性的规定。在权利要求 1 具有创造性的前提下，从属权利要求 2~3 也具有创造性。

（3）关于本专利在实质审查阶段的驳回决定以及在复审阶段的复审决定。

专利权人认为：在本专利的实质审查过程中，曾经以无效请求案 I 和 II 中与创造性有关的相同证据被驳回，但专利复审委员会认可本专利的创造性并作出了撤销驳回决定的复审决定，因此本专利的权利要求 1~3 具备创造性。

请求人认为：驳回决定已经指出，由于本专利权利要求 1 的化合物与已有化合物极其相似，而且化合物的制备方法也是公知的，因此本专利化合物和制备方法没有创造性。专利权人在本专利的复审过程中曾经提供了两组实验报告以证明本专利的化合物具有令人惊奇的治疗优点，专利复审委员会最终根据这些实验报告认可了本专利的创造性；但这些试验报告没有经过司法认定，其真实性、合法性无法确定，因此并不能用来证明本专利的治疗效果。

对此，合议组认为，驳回决定和复审决定分别反映了本专利在实质审查过程中的审查员和在复审阶段中的复审合议组基于当时的证据对本专利的创造性作出的评价，并且专利权人在无效宣告请求案 I 和 II 中也未提交过复审决定中涉及的实验报告，因此驳回决定和复审决定均不能作为判断本专利是否具备创造性的依据，本案合议组对本专利作出具备创造性的结论与其并无直接关系。

4. 关于专利法实施细则第 20 条第 1 款

专利法实施细则第 20 条第 1 款规定：权利要求书应当说明发明或者实用新型的技术特征，清楚、简要地表述请求保护的范围。

如果本领域技术人员根据权利要求中记载的化学产品的名称、组成等特征能够确定该化学产品，根据权利要求中记载的实施化学方法的原料、工艺步骤、产品等特征能够清楚地界定该化学方法的主题和保护范围，则所述化学产品或化学方法权利要求表述清楚，符合专利法实施细则第 20 条第 1 款的规定。

4.1 权利要求 1

（1）本专利权利要求 1 中涉及方法 a）的技术方案如案由部分所述。

请求人认为，①当式（II）化合物中的基团 W 代表羧基时，该式（II）化合物同时具有两个活性羧基，其中 W 代表的羧基的反应活性强于乙羧基，更易于参与反应，直接替代乙羧基反应，或两个羧基同时发生反应，此时不可能得到目标产物。②本领域技术人员不清楚此时的“反应性衍生物”代表哪些物质，因此方法（a）的保护范围不清楚。

合议组认为，①当式（II）化合物中的基团 W 代表羧基时，式（II）化合物同时具有两个羧基，此时，即使两个羧基都参与反应，那么也将以混合物的形式得到两种反应产物，其中一种是目标产物。此外，本领域技术人员公知，连接到苯基上的乙氧基通过+M-效应（正的中介效应）提高了连接到邻位羧基上的电子密度，因此该羧基的反应性被降低，并且所述乙氧基对于所述羧基的反应提供了空间位阻，因此，理论上式（II）化合物的 $HOOC-CH_2$-反应性更高，目标产物是主要产物。②根据权利要求 1 和说明书第 5 页第一段~第二段的描述，所述反应性衍生物是指式（II）羧酸的反应性衍生物，因此只有式（II）中的 $HOOC-CH_2$-可以以反应性衍生物的形式使用；并且，在本专利说明书中对于反应性衍生物进行了以下具体描述：“举例来说，通式Ⅱ化合物的反应性衍生物可以是其酯，例如甲基、乙基或苄基酯，其硫代酯，例如甲硫基或乙硫基酯，其卤化物。例如氯化物，其酸酐或其咪唑化物”（参见说明书第 5 页第三段）。因此，本领域技术人员根据其掌握的知识以及说明书的相应描述，能够明白方法（a）中“反应性衍生物”的含义，即是指那些能够与式（I）的胺反应以形成酰胺化合物的那些“反应性衍生物”。③尽管请求人在无效宣告请求案Ⅰ和Ⅱ均主张，当W代表羧基时，W代表的羧基的反应活性强于乙羧基，在与式（I）化合物的反应条件下，W代表的羧基更易于参与反应，直接代替乙羧基反应。但是，请求人并未提供任何证据证明该观点，也没有给出理论上的具体论述，因此，合议组对其主张不予支持。

（2）本专利权利要求1中涉及方法c）、d）和f）的技术方案如案由部分所述。

请求人认为，方法（c）、（d）和（f）中定义W′为2~5个碳原子的羧基，但本领域技术人员公知羧基只能是“-COOH”，因此其保护范围不清楚；如果该取代基的定义是为2~5个碳原子的烷基羧基，原料在反应后不论是否经过水解或氢解等步骤都不可能使W′取代的苯基转化为苯甲酸基而得到目标产物，因此方法（c）、（d）和（f）不能实施。

合议组认为：首先，在c）、d）和f）的技术方案中，分别定义了通式（Ⅳ）、（Ⅵ）、（Ⅷ）和（Ⅸ）的化合物中，基团W′代表2~5个碳原子的羧基或烷氧羰基，其中烷氧基的烷基部分可以被苯基取代。说明书相应部分的描述与之相同。本领域技术人员均知晓，羧基是指“一个羟基与羰基中的碳原子相连接构成的基团-COOH”，因此，上述定义中出现的2~5个碳原子的羧基显然不符合本领域的常规认知，本领域技术人员有理由对上述定义的准确性产生初步质疑。此时，有关W′定义的理解就存在两种可能性：（1）W′代表2~5个碳原子的烷基羧基或烷氧基，（2）W′代表羧基或2~5个碳原子的烷氧羰基。但是，权利要求1所述方法的目标产物为（S）（+）-2-乙氧基-4-［N-［1-（2-哌啶子基-苯基）-3-甲基-1-丁基］氨基羰甲基］苯甲酸，即，该产物在W′的相应位置上是羧基，本领域技术人员根据原料和产物的化学结构、本专利说明书中对于反应条件的具体描述，以及其自身具有的有机合成知识能够判断出，在第一种可能性，即W′代表2~5个碳原子的烷基羧基的情况下不可能获得所述目标产物，W′的正确含义只能是羧基或2~5个碳原子的烷氧羰基。因此，尽管上述技术方案中W′的定义存在错误，本领域技术人员能够综合判断出W′的唯一的正确含义，上述技术方案的保护范围不会由于该错误的存在而不清楚。

此外，权利要求1涉及方法（f）的技术方案中，包括分离由S-对映体和R-对映体构成的混合物，以及在需要的情况下重结晶，以获得目标化合物S-对映体。尽管该技术方案中没有写明还含有其他步骤，但是，本领域技术人员可以理解，为了获得目标化合物，还可以包括一些必要的步骤，例如，在W′为2~5个碳原子的烷氧羰基，其中烷基部分可以被苯基取代的情况下，通过必要的水解步骤将其转化为羧基。并且，在本专利说明书也指出，……“然后需要的话再进行水解或氢解”（参见说明书第10页第5行），并随后具体描述了所需的水解条件（参见该页倒数第二段）。因此，本领域技术人员能够根据本领域的普通知识以及说明书的相关描述确定可能存在的其他的步骤，进而明确该技术方案的保护范围。

（3）在本专利权利要求1的最后还指出，“使由此得到的化合物转化成其盐，特别是有机或无机酸或碱的生理上可接受的盐”。

请求人认为，方法（f）中的描述限定了两个大小不同的保护范围，一个是化合物的盐，一个是化合物的有机或无机酸或碱的生理上可接受的盐。

对此，合议组认为：首先需要澄清的是，从该权利要求的整体考虑并参照说明书第11页第三段的描述可知，“使由此得到的化合物转化成其盐，特别是有机或无机酸或碱的生理上可接受的盐”应当是指，将权利要求1中方法a）~f）得到的S-异构体均转化成其盐，特别是有机或无机酸或碱的生理上可接受的盐，而不应仅理解为使方法f）得到的S-异构体成盐。其次，从“盐”和“有机或无机酸或碱的生理上可接受的盐”所概括的范围来看，“有机或无机酸或碱”实际上涵盖了“盐”的所有情况；至于术语“生理可接受的”，本专利说明书上下文均指出，本专利的目标化合物S-异构体是作为药物，特别是降血糖的药物使用的，所以其“盐”也只能是“生理上可接受的盐”。因此，对本领域技术人员而言，“盐”和“有机或无机酸或碱的生理上可接受的盐”所概括的范围一致，权利要求1中不存在请求人所称的“两个大小不同的保护范围”。

综上，请求人提出的权利要求1不符合专利法实施细则第20条第1款规定的理由均不成立。

4.2 权利要求2~3

权利要求2~3进一步限定了权利要求1所述方法制得的化合物的旋光纯度。在权利要求1保护范围不清楚、不符合专利法实施细则第20条第1款规定的无效理由不成立的情况下，请求人认为权利要求2~3也不符合专利法实施细则第20条第1款规定的无效理由也不成立。

5. 关于专利法第26条第3款

专利法第26条第3款规定：说明书应当对发明作出清楚、完整的说明，以所属技术领域的技术人员能够实现为准。

如果本领域技术人员按照说明书记载的内容，就能够实现该发明的技术方案，解决其技术问题，并且产生预期的技术效果，则说明书对于该发明的公开是充分的。

就本案而言，请求人认为本专利说明书未充分公开的理由主要基于以下两点：（1）本专利说明书第2~3页给出的结论性断言以及第3页第3~7行记载的消旋物和对映体的体内代谢数据均不能证明说明书中宣称的“该S型对映体具有令人惊异的治疗优点”；（2）与权利要求1~3不符合专利法实施细则第20条第1款规定的理由相同，本领域技术人员根据说明书的记载或其掌握的技术知识也不能实现本专利的技术方案。

合议组认为，（1）如关于专利法第22条第3款的评述部分所述，在本专利的说明书中描述了本专利所述立体异构体化合物（S-对映体）具有含量迅速下降、血浆含量更低和作用更迅速的优点，这些优点远远超出了旋光异构体在使用时比外消旋体“剂量减半”这一可预见的优点；较之相应的R-异构体，本专利的S-对映体具有更迅速消除的优点；并且还提供了一些实验数据，例如，说明书第3页第一段和说明书第12页第四段的实验结果。由此可见，较之外消旋异构体，本专利所述立体化合物确实具有“避免了体内不需要的高而长时间作用的物质含量，对于长期治疗例如糖尿病具有特别重要的意义”的优点。（2）如关于专利法实施细则第20条第1款的评述部分所述，本领域技术人员结合自身掌握的知识并结合说明书的相关描述，能够正确理解权利要求所保护的技术方案并判断其能够实施。请求人也并未提供相反的证据，证明本专利说明书中的上述实验结果和结论不能成立。因此，本领域技术人员根据说明书的记载并结合其所掌握的普通技术知识能够实现本专利所保护的技术方案、解决其技术问题并产生预期的技术效果，本专利说明书符合专利法第26条第3款的规定，请求人的上述无效理由均不成立。

6. 关于专利法第26条第4款

专利法第26条第4款规定：权利要求书应当以说明书为依据，说明要求专利保护的范围。

在判断权利要求是否得到说明书支持时，应当考虑说明书的全部技术内容，而不是仅限于具体实施方式部分的内容。如果说明书的其他部分也记载了有关具体实施方式或实施例的内容，从说明书的全部内容来看，能说明权利要求的概括是适当的，则应当认为权利要求得到了说明书的支持。

权利要求1。

请求人认为，权利要求1的方法b）、c）、d）和f）中，并未限定反应条件和适用于本发明反应条件和化合物构型的具体基团，由说明书公开的内容不能预见权利要求1的技术方案均可得到本发明的目的产物。

合议组认为，根据本专利说明书的记载，本专利解决的技术问题是获得与外消旋体相比具有更多治疗优点的化合物2-乙氧基-4-〔N-（1-（2-哌啶子基-苯基）-3-甲基-1-丁基）-氨基羰基甲基〕苯甲酸的S型异构体。为了解决上述技术问题，在本专利中，采用a）~f）六种并列的方法获得目标化合物。

在方法b）中，采用S构型的式（III）化合物为原料，经水解、热解或氢解转化为目标化合物，说明书第6页描述了适用于所述方法的具体条件，包括反应温度、适用的溶剂和催化剂等。根据上述内容，本领域技术人员可以判断出通过上述步骤能够获得所需产物，并且在明确反应的步骤后也能够根据说明书的相应描述对具体反应条件进行选择和确定。请求人也并未具体说明或者提供证据证明，方法b）的步骤不能解决本专利的技术问题，或者本领域技术人员对所述条件的选择超出了其能力范围，需要付出创造性劳动，因此，该技术方案得到了说明书的支持。基于类似的理由，权利要求1中方法c）、d）和f）也能够得到说明书的支持。因此，请求人关于本专利权利要求1不符合专利法第26条第4款规定的无效理由不能成立。

基于上述事实和理由，本案合议组依法作出如下决定。

三、决定

维持91104984.3号发明专利权有效。

当事人对本决定不服的，可以根据专利法第46条第2款的规定，自收到本决定之日起三个月内向北京市第一中级人民法院起诉。根据该款的规定，一方当事人起诉后，另一方当事人应当作为第三人参加诉讼。

011

无公害烟叶醇化、防霉杀虫剂

无效宣告请求审查决定（第 13224 号）

决　　定　　号　第 13224 号
决　　定　　日　2009 年 4 月 2 日
发明创造名称　无公害烟叶醇化、防霉杀虫剂
国 际 分 类 号　A01N 59/16，A01P 1/00，A24B 15/42
无效宣告请求人　孙洪波
专　利　权　人　华通（常州）生化有限公司
专　　利　　号　200610041597. X
申　　请　　日　2006 年 9 月 16 日
授 权 公 告 日　2008 年 7 月 23 日
合 议 组 组 长　孙跃飞
主　　审　　员　刘　磊
参　　审　　员　侯　曜

法　律　依　据　专利法第 22 条第 3 款
决　定　要　点

在判断创造性时，首先要将权利要求的技术方案和最接近的现有技术进行对比，找出二者的区别技术特征；如果该区别技术特征是本领域的技术人员为解决其技术问题，根据现有技术的教导而容易引入的，且其引入没有产生预料不到的技术效果，则该权利要求不具备创造性。

一、案由

本无效宣告请求案涉及国家知识产权局于 2008 年 7 月 23 日授权公告的、名称为“无公害烟叶醇化、防霉杀虫剂”的 200610041597. X 号发明专利权（下称本专利），其申请日为 2006 年 9 月 16 日，专利权人为华通（常州）生化有限公司（下称专利权人）。本专利授权公告的权利要求书为：

“1. 一种无公害烟叶醇化、防霉杀虫剂，其组分及重量百分比为：

还原铁粉 30% ~ 80%；活性炭 2% ~ 15%；炭化稻壳 3% ~ 30%；吸水树脂 1% ~ 15%；氯化盐 1. 5% ~ 15%；氧化钙 2. 5% ~ 20%；水 1% ~ 5%。

2. 根据权利要求 1 所述无公害烟叶醇化、防霉杀虫剂，其组分及重量百分比为：

还原铁粉 50% ~ 60%；活性炭 5% ~ 15%；炭化稻壳 15% ~ 30%；吸水树脂 5% ~ 10%；氯化盐 2% ~ 5%；氧化钙 5% ~ 10%，水 1% ~ 5%。

3. 根据权利要求 1 所述无公害烟叶醇化防霉杀虫剂，其组分及重量百分比为：

还原铁粉 55%；活性炭 8%；炭化稻壳 23%；吸水树脂 5%；氯化盐 2%；氧化钙 5%，水 2%。

4. 根据权利要求 1 所述无公害烟叶醇化防霉杀虫剂，其特征是：所述吸水树脂的粒径优选 50~100 目，含水量为 3%~5%。”

2008 年 11 月 27 日，针对上述专利权，孙洪波（下称请求人）向国家知识产权局专利复审委员会提出无效宣告请求，同时提交了以下证据：

证据 1：申请号为 02128083.5，公开号为 CN1510105A 的中国发明专利申请公开说明书，公开日为 2004 年 7 月 7 日，复印件共 10 页；

证据 2：申请号为 200510114810.0、公开号为 CN1759681A 的中国发明专利申请公开说明书，公开日为 2006 年 4 月 19 日，复印件共 7 页；

证据 3：日本专利公开特许公报 JP 平 1-191671A、公开日为 1989 年 8 月 1 日，复印件共 4 页，及其中文译文，共 4 页；

证据 4：《高吸水保水材料》，吴季怀等主编，封面、版权信息页、目录页、第 24~27、46~49、238~267 和 322~323 页，化学工业出版社出版，2005 年 3 月第一版第一次印刷，复印件共 23 页。

请求人认为：（1）本专利的权利要求 1~4 不符合专利法第 22 条第 3 款的规定。其中，证据 1 作为本专利的最接近的现有技术，结合证据 2、3 破坏权利要求 1~3 的创造性，证据 1 结合证据 2、4 破坏权利要求 1~4 的创造性。①证据 1 公开了一种可以用于防止烟叶霉变、生虫的除氧剂，与本专利属于相同的技术领域，其与本专利权利要求 1 相比，区别技术特征为“吸水树脂 1%~15%”。由本专利说明书记载的内容可知，吸水树脂的作用是通过吸湿、放湿来调节烟垛内的湿度。证据 2 公开了一种烟叶杀虫防霉剂，其中加入了“保湿剂 1%~30%”，所述保湿剂选自“珍珠岩粉或膨润土”，作用在于“能够吸湿吸热，控制烟叶包内的温度和湿度，使其有利于醇化”。证据 3 公开了一种褐色烟叶干燥用披覆材料，其内层为吸水树脂，根据说明书的记载，所述吸水树脂能够吸收和保持干燥棚内烟叶所蒸发出的一部分水分，并在白天温度上升形成导致烟叶过快干燥的高温低湿状态时将保有的水分释放，避免干燥棚内相对湿度降至 70% 以下，从而防止过快干燥。由此，证据 2 给出了可以在烟叶杀虫防霉剂中加入保湿剂来调节烟叶包内的湿度的启示，并给出了保湿剂的加入量，而证据 3 给出了可以采用吸水树脂通过吸湿和放湿来调节湿度从而提高烟叶质量的启示。可见，本领域技术人员能够在证据 1 的基础上，结合证据 2 和证据 3 得到本专利权利要求 1 的技术方案，因此权利要求 1 不具备创造性。②证据 4 公开了可以作为吸水保水材料的多种有机或无机材料，包括膨润土和聚丙烯酸系高吸水性树脂，给出了吸水树脂和膨润土同样具有吸水性的启示，本领域技术人员能够在证据 1 的基础上，结合证据 2 和证据 4 得到本专利权利要求 1 的技术方案，因此权利要求 1 不具备创造性。③从属权利要求 2 和 3 进一步限定了各组分的含量，但本领域技术人员通过常规手段或者有限的试验即可得到，并且所述技术方案没有获得预料不到的技术效果，因此，在权利要求 1 不具备创造性的情况下，相对于证据 1 与证据 2 和证据 3，或者相对于证据 1 与证据 2 和证据 4，权利要求 2 和 3 都不具备创造性。④从属权利要求 4 为对吸水树脂的粒径和含水量进行了限定。然而，各种制品中采用的吸水树脂通常都是将其粉碎成粉末的，可参见证据 4 第 323 页“高吸水性树脂加工特性”部分的内容；证据 4 第 263~265 页还给出了吸水速度与粒径大小的关系研究，因此，本领域技术人员容易选择吸水树脂的粒径。此外，本领域技术人员仅根据常识（颗粒数目越大，粒径越小，比表面积越大，吸水能力越强）也能够通过有限次试验选择吸水树脂的粒径。对于吸水树脂的含水量，也是本领域技术人员通过有限次试验就可以选择的；本专利中记载了所用吸水树脂为常规易购化学品，市售吸水树脂的产品性能会标出其含水量，本领域技术人员容易通过有限次试验出具体的含水量范围。并且，所述粒径和/或含水量也没有带来预料不到的技术效果。因此，在权利要求 1 不具备创造性的情况下，相对于证据1与证据2和证据4，权利要求4都不具备创造性。（2）权利要求1、2和4没有得到说明书的支持，不符合专利法第26条第4款的规定。①本专利说明书的实施例中，活性炭的含量为8%、10%和5%；吸水树脂的含量为5%和10%；氯化盐的含量为2%、5%和1%；氧化钙的含量为6%、10%和3%；水的含量为4%、5%和3%。从说明书公开的内容中无法概括出权利要求1、2和4要求保护的范围，因此，权利要求1、2和4不符合专利法第26条第4款的规定。②权利要求4进一步限定了吸水树脂的粒径和含水量，但在本专利说明书中的实施例中均没有给出吸水树脂的粒径和含水量，从说明书公开的内容中无法概括出权利要求4中吸水树脂的粒径和含水量的范围，因此，权利要求4不符合专利法第26条第4款的规定。

经形式审查合格后，专利复审委员会受理了该无效宣告请求，并于2008年12月22日向双方当事人发出了《无效宣告请求受理通知书》，并向专利权人转送了《专利权无效宣告请求书》及其附件清单中所列附件副本，要求其在指定的期限内答复，同时成立合议组对本无效请求案进行审理。

2009年2月10日，专利复审委员会本案合议组向双方当事人发出《无效宣告请求口头审理通知书》，拟定于2009年3月24日对本案进行口头审理。

2009年3月24日，口头审理如期举行，请求人的代理人参加了口头审理，专利权人一方的当事人缺席。庭审过程中，本案合议组对请求人提出的无效理由和证据进行了充分调查，调查过程中明确了以下事项：（1）请求人当庭提交了证据4的原件；针对证据3，请求人当庭提交了盖有“经确认此副本与原件相同——国家知识产权局专利检索咨询中心副本认证专用章”的复印件。（2）请求人确认使用证据1作为本专利的最接近的现有技术，证据1结合证据2和3评价权利要求1~3的创造性，证据1结合证据2和4评价权利要求1~4的创造性。本专利权利要求1与证据1的区别技术特征为：权利要求1所述的处理剂包括1%~15%重量的吸水树脂。（3）纳米铁粉是还原铁粉的下位概念，所起作用相同。（4）证据1中具体使用糠壳作填料，但指出了稻壳灰是可选择的填料之一，稻壳灰与炭化稻壳是相同物质，作用相同。（5）证据1中没有公开权利要求3中水的含量为2%的技术特征，但本领域技术人员通过有限试验即可得到，且该区别没有带来预料不到的效果。（6）权利要求4中有关含水量的技术特征属于公知常识，市售吸水树脂产品的性能参数中都会给出含水量。（7）权利要求1、2和4没有得到说明书的支持，不符合专利法第26条第4款的规定。

经过上述审理程序，合议组认为本案事实已经清楚，可以依法作出审查决定。

二、决定的理由

1. 关于文本

本无效宣告请求审理的文本为本专利的授权公告文本。

2. 关于证据的认定

请求人提交的证据1~2为中国专利文献，证据3为日本专利文献，证据4为国内出版印刷的非专利文献。专利权人既未提交意见陈述书，又缺席口头审理，视为其对证据1~4的真实性以及证据3的译文的准确性没有异议。请求人在口头审理时提交了证据4的原件，经合议组核实，复印件与原件一致；针对证据3，请求人提交了盖有“经确认此副本与原件相同——国家知识产权局专利检索咨询中心副本认证专用章”的复印件，经合议组核实，该复印件内容与证据3一致。此外，合议组还依职权对证据1和2的真实性进行了核实。在此基础上，合议组认可证据1~4的真实性。

证据1~4的公开日均早于本专利的申请日2006年9月16日，可以作为现有技术评价本专利是否符合专利法第22条第3款。

3. 关于无效宣告的理由和范围

合议组审理的关于本专利的无效宣告的理由和范围是，权利要求1~3相对于证据1~3的结合是否具备专利法第22条第3款规定的创造性，权利要求1~4相对于证据1、2和4的结合是否具备专利法第22条第3款规定的创造性；以及，权利要求1、2和4是否符合专利法第26条第4款的规定。

4. 关于专利法第22条第3款

专利法第22条第3款规定，创造性，是指同申请日以前已有的技术相比，该发明具有突出的实质性特点和显著的进步。

在判断创造性时，首先要将权利要求的技术方案和最接近的现有技术进行对比，找出二者的区别技术特征；如果该区别技术特征是本领域的技术人员为解决其技术问题，根据现有技术的教导而容易引入的，且其引入没有产生预料不到的技术效果，则该权利要求不具备创造性。

（1）关于权利要求1。

本专利的权利要求1保护一种无公害烟叶醇化、防霉杀虫剂，其组份及重量百分比为：还原铁粉30%~80%；活性炭2%~15%；炭化稻壳3%~30%；吸水树脂1%~15%；氯化盐1.5%~15%；氧化钙2.5%~20%；水1%~5%。

证据1公开了一种除氧剂，其用途在于在密闭烟垛中制造一个不利于仓虫和霉菌生长和有利于烟叶醇化的无氧环境，保证烟叶在有效期限内无走油、无板结、无冲烧、无虫等损失，其内在品质不会发生劣变，达到最佳醇化效果。该除氧剂包括的组分及其重量百分比如下：纳米铁粉25%~70%，高纯度活性炭（不含水干基）1%~10%，糠壳20%~50%，氯化钠0.6%~8%，氧化钙1.2%~18%，水5%~28%（参见该证据的说明书第1页第18~31行）。

证据2公开了一种烟叶杀虫防霉剂，其包括按重量百分比计的吸氧剂10%~90%，保湿剂1%~30%，阴极材料0.1%~20%，延缓剂0.1%~10%，盐0.1%~30%，水1%~30%；吸氧剂选自黄铁矿粉或还原铁粉；保湿剂能够吸湿吸热，控制烟叶包内的温度和湿度，使其有利于醇化，保湿剂选自珍珠岩粉或膨润土（参见说明书第2页第15~28行）。

证据3公开了一种褐色烟叶干燥用披覆材料，其内层为吸水树脂，根据说明书记载，所述吸水树脂能够吸收和保持干燥棚内烟叶所蒸发出的一部分水分，并在白天温度上升形成导致烟叶过快干燥的高温低湿状态时将保有的水分释放，避免干燥棚内相对湿度降至70%以下，从而防止过快干燥（参见权利要求1和第431页左栏第1~9行，及其译文）。

证据4公开了聚丙烯酸盐类高吸水性树脂为一类高吸水性材料（参见第238页），膨润土亦为高吸水性材料之一（参见第47~49页）。

将权利要求1与证据1公开的技术方案作比较，两者技术领域相同，还原铁粉氯化盐分别是纳米铁粉、氯化钠的上位概念，并且各组分的含量部分重叠，区别技术特征在于：①权利要求1使用炭化稻壳作为吸氧组分（还氧铁粉）的载体，而证据1中使用糠壳作为填料；②权利要求1的技术方案还包括了1%~15%重量的吸水树脂。

对于区别技术特征①，根据本申请说明书第3页第4行的记载，“炭化稻壳为稻壳经焦化处理后的产物”；而证据1公开了“目前采用的填料为多孔性微粉。如活性炭、稻壳灰等，……本发明的除氧剂采用高纯度活性炭和糠壳作填料，工艺简单，成本低廉”（说明书第1页第10~13行）；也就是说，证据1中已经给出了可以使用稻壳灰作为填料的启示，且两者在各自的技术方案中作用相同，使用炭化稻壳并未带来预料不到的技术效果。因此，该区别不能给权利要求1的技术方案带来突出的实质性特点和显著进步。

对于区别技术特征②，根据本专利说明书第3页第4~7行的记载，“所述吸水树脂……能调节预定空间的湿度值，当湿度增大时，它能将密封空间中的水分吸入，当密封空间中的湿度偏低时，吸水树脂能将其中的水分释放出来，既能调节密封空间中的湿度，又能调节密封空间中的温度”；根据本专利说明书第 3 页第 13~14 行的记载“吸水树脂是湿度调节剂，其作用是调节密封烟垛内的湿度，为烟叶醇化创造最佳的湿度条件”；此外，根据本专利说明书第 2 页第 13~15 行的记载，证据 1 “具有吸氧杀虫效果，但烟叶醇化、防霉效果并不理想，主要是密封烟垛内的湿度。二氧化碳的含量不能有效控制所致”。由此可见，所述温度控制与湿度有关。至于二氧化碳的控制，本专利说明书未对其原理进行说明，根据证据 1 说明书第6 页第 25~37 行记载的内容：烟叶有氧或无氧醇化都是产生二氧化碳的过程；水与氧化钙反应生成氢氧化钙，氢氧化钙与二氧化碳反应生成碳酸钙，从而能够除去二氧化碳，促进烟叶醇化，也与湿度有关。由此可见，上述区别技术特征实际解决的技术问题可归纳为：有效控制密封烟垛内的湿度。

然而，证据 2 给出了可以在烟叶杀虫防霉剂中加入保湿剂（包括珍珠岩粉或膨润土）来调节烟叶包内的湿度的启示，并给出了保湿剂的加入量；证据 3 给出了可以采用吸水树脂来吸湿和放湿以调节湿度从而提高烟叶质量的启示。由此可见，在证据 1 的基础上，根据证据 2 和证据 3 的启示从而获得本专利权利要求 1 的技术方案对本领域技术人员而言是显而易见的，并且权利要求 1 的技术方案并未带来预料不到的技术效果，因此，权利要求 1 相对于证据 1~3 的结合不具备突出的实质性特点和显著的进步，不符合专利法第 22 条第 3 款有关创造性的规定。

同样，证据 4 给出了吸水树脂和膨润土同样具有吸水性的启示。在证据 1 的基础上，根据证据 2 和证据 4 的启示从而获得本专利权利要求 1 的技术方案对本领域技术人员而言是显而易见的，因此，权利要求 1 相对于证据 1、2 和 4 的结合不具备突出的实质性特点和显著的进步，不符合专利法第 22 条第 3 款有关创造性的规定。

（2）关于权利要求 2。

请求人主张分别使用证据 1、2 和 3 的结合或证据 1、2 和 4 的结合来证明本专利的权利要求 2 不具备创造性。

本专利的权利要求 2 对权利要求 1 所要求保护的烟叶醇化防霉杀虫剂进行了进一步限定，缩小了其组份重量百分比的选择范围，但仍与证据 1 的组分含量范围部分重叠。基于与评述权利要求 1 同样的理由，权利要求 2 相对于证据 1~3 的结合或证据 1、2 和 4 的结合亦不具备专利法第 22 条第 3 款规定的创造性。

（3）关于权利要求 3。

请求人主张分别使用证据 1、2 和 3 的结合或证据 1、2 和 4 的结合来证明本专利的权利要求 3 不具备创造性。

本专利的权利要求 3 对权利要求 1 所要求保护的烟叶醇化防霉杀虫剂进一步进行了限定，将各组份的重量百分比具体限定为：还原铁粉 55%；活性炭 8%；炭化稻壳 23%；吸水树脂 5%；氯化盐 2%；氧化钙 5%，水 2%。

将权利要求 3 与证据 1 公开的内容作比较，两者的区别技术特征在于：①权利要求 3 使用炭化稻壳作为吸氧组分（还氧铁粉）的载体，而证据 1 中使用糠壳作为填料；②权利要求 3 的技术方案还包括了 5% 重量的吸水树脂；③权利要求 3 的水的含量为 2%，而证据 1 的水的含量为 5%~28%。

对于区别技术特征①和②的评述与评述权利要求 1 的相同。对于区别技术特征③，关于水的含量，本领域技术人员能够根据需要容易地进行选择，并且所限定的具体值并未带来预料不到的技术效果。因此，该区别不能给权利要求 3 的技术方案带来突出的实质性特点和显著的进步。因此，权利要求 3 相对于证据 1~3 的结合或证据 1、2 和 4 的结合亦不具备专利法第 22 条第 3 款规定的创造性。

（4）关于权利要求 4。

本专利的权利要求 4 对权利要求 1 所要求保护的烟叶醇化防霉杀虫剂进一步进行了限定，其附加技术特征为：所述吸水树脂的粒径优选 50~100 目，含水量为 3%~5%。

然而，本专利说明书中并未说明吸水树脂粒径和含水量所能够带来的具体技术效果，并且在本专利说明书的具体实施方式中未对吸水树脂的粒径和含水量进行特别的限定。不仅如此，权利要求 4 所限定的值为常见的吸水树脂粒径和含水量。证据 4 公开了高吸水性树脂的主要加工方法包括粉碎成粉末（参见第 323 页），给出了粒径与吸水速率关系的研究方法，且所作研究对象的粒径多在 100 目以下，并指出高吸水性材料的形状及其粒径对吸水速度有明显的影响，一般而言，产品的粒径越小，比表面积越大，吸水速度越快，但应避免产生“死面团”的现象（参见第 263~265 页）。而吸水树脂的含水量为产品的常用性能参数，通常市售产品都会给出。也就是说，本领域技术人员根据需要能够通过有限的试验容易选择出适宜的吸水树脂的粒径和含水量。并且，上述附加技术特征并没有带来预料不到的技术效果，因此，在权利要求 1 不具备创造性的情况下，权利要求 4 相对于证据 1、2 和 4 的结合亦不具备专利法第 22 条第 3 款规定的创造性。

鉴于上述无效宣告理由成立，合议组对于请求人所提出的其他无效理由不再进行评述。

基于上述事实和理由，合议组作出下述决定。

三、决定

宣告 200610041597. X 号发明专利权无效。

当事人对本决定不服的，可以根据专利法第 46 条第 2 款的规定，自收到本决定之日起三个月内向北京市第一中级人民法院起诉。根据该款规定，一方当事人起诉后，另一方当事人应当作为第三人参加诉讼。

012

金浆印花布

无效宣告请求审查决定（第13320号）

决　定　号　第13320号
决　定　日　2009年4月21日
发明创造名称　金浆印花布
国际分类号　D06N7/00，D06P5/00
无效宣告请求人　杭州华兴印染有限公司
专利权人　钟惠根
专　利　号　200720003301.5
申　请　日　2007年2月6日
授权公告日　2008年2月20日
合议组组长　刘　亚
主　审　员　潘　剑
参　审　员　李新芝

法律依据　专利法实施细则第2条第2款，专利法第22条第2款、第3款
决定要点

如果实用新型专利权利要求保护的技术方案相对于最接近的现有技术存在区别特征，同时现有技术中没有给出将上述区别特征应用到该最接近现有技术以解决其存在的技术问题的启示，并且实用新型专利权利要求保护的技术方案能够产生有益的技术效果，则认为该实用新型专利权利要求保护的技术方案具有实质性特点和进步，符合专利法第22条第3款关于创造性的规定。

一、案由

本无效宣告请求案涉及国家知识产权局于2008年2月20日公告授予的、名称为“金浆印花布”的实用新型专利权（下称本专利），其专利号为200720003301.5，申请日为2007年2月6日，专利权人为钟惠根。该专利授权公告的权利要求书如下：

“1. 一种金浆印花布，它包括布料（1），其特征是：布料（1）中的印花位置由布料（1）、底层（2）和金浆花色层（3）构成，底层（2）位于布料（1）的印花位置上，金浆花色层（3）位于底层（2）上。

2. 根据权利要求1所述的金浆印花布，其特征是：布料（1）为绒类面料或家纺面料。

3. 根据权利要求1所述的金浆印花布，其特征是：底层（2）为具有弹性的柔软层。

4. 根据权利要求3所述的金浆印花布，其特征是：底层（2）为高弹浆。”

针对上述专利权，杭州华兴印染有限公司（下称请求人）于2008年10月16日向专利复审委员会提出无效宣告请求，认为本专利权利要求1~4不符合专利法实施细则第2条第2款，专利法第22条第2款、第3款的规定，并提交了本实用新型专利说明书（即本专利，复印件共5页），以及下述证据1~7：

证据1：《涂料印染技术》，余一鹗编，2003年8月第1版第1次印刷，中国纺织出版社，封面页、出版信息页、目录页、第1~4、100~102、118~125、156~161页，复印件17页；

证据2：《最新染料使用大全》，1996年8月第1版，2003年7月第4次印刷，中国纺织出版社，封面页、出版信息页、第613~622、630~631、650~659页，复印件24页；

证据3：《染整技术》（第三册），王宏主编，2005年7月第1版第1次印刷，中国纺织出版社，封面页、出版信息页、第52、170~172页，复印件6页；

证据4：《印染概论》（第二版），郑光洪等编，2005年2月第2版第11次印刷，中国纺织出版社，封面页、出版信息页、第156~157页，复印件4页；

证据5：《染化药剂》（修订本），刘正超编著，1995年6月第2版第10次印刷，中国纺织出版社，封面页、出版信息页、第692页，复印件3页；

证据6：魏富荣、陈登美、丁爱玲，“涂料印花工艺探讨”，《染料工业》，第32卷第6期，1995年，化工部沈阳化工研究院主办，封面页、目录页、第22、38~42页，复印件8页；

证据7：第03241478.1号中国实用新型专利说明书，授权公告日为2004年6月2日，复印件4页。

请求人认为：（1）权利要求1~4不符合专利法实施细则第2条第2款的规定，具体理由为：

证据1记载了涂料印花中的金银粉印花技术，其中第1~2页、第118页第1自然段、第123~124页、第156~161页分别记载了涂料印花的粘附和固着方式；金银粉印花浆的组成；YL即用型金粉印花浆的组成，即：弹性树脂、高效抗变色剂、稳定剂、特种涂料等；弹性胶浆避免针织品在穿着时发生皮膜开裂、花型变样并且露底的问题；弹性胶浆的品种与组成，以及不同弹性胶浆的特性。权利要求1中的底层（2）实质上就是弹性胶浆，与金浆花色层（3）只是混合材料的不同组成，虽然权利要求1被描述成一种层状结构，其实并不是产品的形状、构造或者其结合的技术方案。证据2第613页第1~2自然段、第614页、第621~622页的附表、第650~659页第四章的第五节、第658和659页记载的内容同样证明金银粉印花属于涂料印花，都是通过黏合剂将颜料固着于纺织品上，且弹性胶浆属于现有公知技术。证据3~6也分别记载了和证据1、2相同的内容，因此，本专利不是对产品的形状、构造或者其结合所提出的适于实用的新的技术方案，权利要求1~4不符合专利法实施细则第2条第2款的规定。

（2）权利要求1~4不符合专利法第22条第2款、第3款的规定，具体理由为：

证据7公开了以下技术方案：由印花涂层（1）、混合夜明层（2）、白底衬布层（3）复合构成的印花夜明布。其中白底衬布层（3）相当于本专利的布料（1）；混合夜明层（2）相当于本专利的底层（2）；印花涂层（1）相当于本专利的金浆花色层（3），且混合夜明层（2）位于白底衬布层（3）上，印花涂层（1）位于混合夜明层（2）上。两者相比，区别仅仅是底层（2）和金浆花色层（3）的材料成分不同。由此可以证明本专利不符合专利法第22条第2、3款的规定。从属于权利要求1的权利要求2~4进一步限定的技术特征均为材料种类，且均为现有公知技术，因此同样不符合专利法第22条第2款、第3款的规定。

证据1~6分别公开了纺织品（相当于本专利的布料）、黏合剂皮膜（相当于本专利的底层）、金粉颜料（相当于本专利的金浆花色层），因此，证据1~6分别证明本专利不符合专利法第22条第2、

3 款的规定。

证据 1~6 分别与证据 7 结合，以及证据 1 与证据 2~6 中任一份证据的结合，均证明本专利不符合专利法第 22 条第 2 款、第 3 款的规定。

经形式审查合格后，专利复审委员会受理了上述请求，于 2008 年 12 月 5 日向双方当事人发出《无效宣告请求受理通知书》，并将《专利权无效宣告请求书》及其附件的副本转送给专利权人，要求其在指定的期限内答复，同时成立合议组对本无效宣告请求案进行审理。

逾期专利权人未对上述《无效宣告请求受理通知书》作出答复。

2009 年 2 月 3 日，本案合议组向双方当事人发出《无效宣告请求口头审理通知书》，定于 2009 年 3 月 5 日对本专利权的无效宣告请求进行口头审理。

2009 年 3 月 5 日，口头审理如期进行，双方当事人均委托代理人出席了口头审理，其中专利权人的代理人的代理权限为特别授权，权限包括代为修改权利要求。庭审过程中，合议组就本案的无效理由及证据逐一进行了调查，双方当事人充分陈述了各自的意见。在此基础上，确认并记录了如下事项：

（1）请求人当庭出示了证据 1~5 的原件，以及提交了盖有“浙江省科技信息研究所文献馆”红章的证据 6 的复印件。专利权人对证据 1~5、7 的真实性、合法性没有异议，对关联性有异议，理由是证据 1~5、7 不能破坏本专利的新颖性、创造性；对证据 6 的真实性有异议，理由是证据 6 是馆藏文件，缺少经办人的签字，但是，在请求人表示证据 6 是从浙江省文献检索部门获得的情况下，专利权人对证据 6 的获得途径没有异议。

（2）请求人当庭放弃证据 1 分别与证据 2~6 结合评价权利要求 1~4 的创造性以及证据 1~6 单独使用评价权利要求 2~4 的创造性的无效理由。由此，请求人在口头审理中明确其针对本专利的无效宣告请求的理由是：权利要求 1~4 不符合专利法实施细则第 2 条第 2 款的规定，使用证据 1~6；权利要求 1~4 相对于证据 1~7 分别单独使用不具备新颖性；权利要求 1 相对于证据 1~7 分别单独使用不具备创造性；权利要求 2~4 相对于证据 1~7 分别单独和公知常识结合不具备创造性；权利要求 1~4 相对于证据 7 为最接近现有技术和证据 1~6 分别结合不具备创造性。

（3）请求人明确证据 1~6 中用于评价权利要求 1~4 的新颖性的部分分别是：证据 1 的第 1 页倒数第 1 行至第 2 页第 1 行，证据 2 的第 658 页第 15 行，证据 3 的第 52 页第 1 行下方第 1 段和第 2 段，证据 4 的第 156 页第 5 点第 1 段，证据 5 的第 692 页第 1 节下面第 1 段、第 3、4 段，证据 6 的第 41 页右侧第 5 点下整段。

（4）请求人认为，证据 7 没有公开权利要求 2~4 的附加技术特征，证据 1~6 也没有公开权利要求 2~4 的附加技术特征，但权利要求 2~4 是对权利要求 1 进一步限定的材料种类的技术特征，属于公知常识。

2009 年 3 月 10 日，专利复审委员会收到专利权人于 2009 年 3 月 7 日提交的权利要求书全文修改替换页，专利权人删除了授权公告文本的权利要求 1~2，保留了授权公告文本的权利要求 3~4，并将授权公告文本的权利要求 3~4 重新编号为权利要求 1~2。修改后的权利要求书如下：

“1. 一种金浆印花布，它包括布料（1），其特征是：布料（1）中的印花位置由布料（1）、底层（2）和金浆花色层（3）构成，底层（2）为具有弹性的柔软层且位于布料（1）的印花位置上，金浆花色层（3）位于底层（2）上。

2. 根据权利要求 1 所述的金浆印花布，其特征是：底层（2）为高弹浆。”

经过上述审查程序，合议组认为本案的事实清楚，可以作出审查决定。

二、决定的理由

1. 决定文本

2009年3月10日，专利复审委员会收到专利权人于2009年3月7日提交的权利要求书修改替换页，专利权人删除了授权公告文本的权利要求1~2，修改后的权利要求1~2相当于授权公告文本的权利要求3~4。经审查，合议组认为专利权人的上述修改符合审查指南关于无效宣告程序中对权利要求书的修改要求，可以接受。

因此，本无效宣告请求审查决定所针对的文本是专利权人于2009年3月7日提交的权利要求第1~2项，本专利授权公告的说明书和说明书摘要。

2. 无效理由和证据的认定

请求人共提交了7份证据，其中，证据7是专利文献。请求人当庭出示了证据1~5的原件，提交了盖有“浙江省科技信息研究所文献馆”红章的证据6的复印件。专利权人对证据1~5和7的真实性、合法性无异议；对证据6的真实性有异议，理由是请求人当庭提交的证据6的上述复印件没有经办人的签字；对证据1~5、7的关联性有异议，理由是证据1~5、7不能破坏本专利的新颖性、创造性。

合议组经审查，对证据1~5、7的真实性予以确认。请求人当庭提交了盖有“浙江省科技信息研究所文献馆”红章的证据6的复印件，表明其是合法途径取得的复印件，并且浙江省科技信息研究所文献馆是可以对外提供文献服务的机构，专利权人对请求人获得证据6的途径也没有异议，通常情况下，盖有文献馆红章的复印件表示该文献馆已经确认该复印件和其馆藏的原件的内容是一致的，专利权人也没有提供证据证明证据6的红章或者其内容的真实性存疑，在此情况下，专利权人并没有合理理由认为经办人的签字是证明证据6真实性的必要条件，同时专利权人也未提供任何证据支持该主张，因此，合议组对证据6的真实性予以确认。证据1~7均涉及印花工艺或印花布，其与本专利是有关联的，因此，合议组对其关联性予以确认，由于证据1~7的公开日均早于本专利的申请日，证据1~7均可作为评价本专利新颖性和创造性的现有技术。

请求人当庭放弃证据1分别与证据2~6结合评价授权公告文本的权利要求1~4的创造性以及证据1~6单独使用评价授权公告文本的权利要求2~4的创造性的无效理由。另外，专利权人于2009年3月7日提交的权利要求书中，专利权人已经将授权公告文本的权利要求1~2删除，根据审查指南第四部分第三章第2.2节的规定，专利权人的上述修改行为视为专利权人承认授权公告的权利要求1~2自始不符合专利法及其实施细则的有关规定，并且承认请求人对授权公告的权利要求1~2提出的无效宣告请求。因此，以下合议组审理和评价的针对本专利权的无效理由和范围是：专利权人于2009年3月7日提交的权利要求1~2不符合专利法实施细则第2条第2款的规定，使用的证据是证据1~6；专利权人于2009年3月7日提交的权利要求1~2分别相对于证据1~7不具备新颖性，不符合专利法第22条第2款的规定；专利权人于2009年3月7日提交的权利要求1~2相对于证据1~7分别和公知常识结合，相对于证据7作为最接近现有技术和证据1~6分别结合不具备创造性，不符合专利法第22条第3款的规定。

3. 关于专利法实施细则第2条第2款

专利法实施细则第2条第2款规定：专利法所称实用新型，是指对产品的形状，构造或者其结合所提出的适于实用的新的技术方案。

请求人认为，证据1~6记载了金银粉印花浆的组成包括弹性胶浆，并描述了弹性胶浆的品种与组成，以及不同弹性胶浆的特性。权利要求1中的底层（2）实质上就是弹性胶浆，与金浆花色层（3）只是混合材料的不同组成，因此，权利要求1并不是产品的形状、构造或其结合的技术方案。

在口头审理过程中，专利权人认为，权利要求1~2的金浆印花布采用的是三层结构，因此，符合专利法实施细则第2条第2款的规定。

对此，合议组认为，专利法实施细则第2条第2款是对可申请实用新型专利保护的客体作出一般性定义，不是判断新颖性、创造性的具体审查标准。权利要求1~2保护的金浆印花布在其布料（1）的印花位置已经限定了三层层状结构，即布料（1）、作为底层（2）的弹性柔软层或高弹浆和金浆花色层（3）（详见案由部分），并限定了三层结构的位置关系。本专利说明书也记载了本发明的设计方案是在布料的印花位置上设置一层不易开裂的底层，在底层上印制金浆花色（参见说明书第1页倒数第2段），由此可见，权利要求1和2的金浆印花布中，布料、作为底层的弹性柔软层或高弹浆和金浆花色层和金浆花色层是位置关系清楚且独立的三层结构，其属于实用新型专利保护的客体，因此，权利要求1~2是对产品的构造提出的适于实用的新的技术方案，符合专利法实施细则第2条第2款的规定。

4. 关于新颖性

专利法第22条第2款规定：新颖性，是指在申请日以前没有同样的发明或者实用新型在国内外出版物上公开发表过、在国内公开使用过或者以其他方式为公众所知，也没有同样的发明或者实用新型由他人向国务院专利行政部门提出过申请并且记载在申请日以后公布的专利申请文件中。

如果一项发明或实用新型专利的权利要求保护的技术方案与作为一项现有技术的对比文件公开的方案相比存在区别技术特征，导致二者技术方案实质不同，则该项权利要求具备新颖性。

5. 相对于证据1~6

在口头审理中，请求人认为证据1的第1页倒数第1行至第2页第1行公开的内容破坏了权利要求1~2新颖性，其中黏合剂相当于权利要求1~2的底层，纺织品相当于权利要求1~2的布料；金粉颜料小颗粒相当于权利要求1~2的金浆花色层。证据2~6的下述部分公开了同样的内容，同样破坏了权利要求1~2的新颖性：证据2的第658页第15行，证据3的第52页第1节下方第1段和第2段，证据4的第156页第五点第1段，证据5的第692页第一节下面第1段、3、4段，证据6的第41页右侧第五点下整段。专利权人认为，证据1~6的黏合剂与颜料混合在一起，然后再印刷在织物上，不具有底层，实际上是两层结构。

权利要求1保护一种金浆印花布，它包括布料（1），其特征是：布料（1）中的印花位置由布料（1）、底层（2）和金浆花色层（3）构成，底层（2）为具有弹性的柔软层且位于布料（1）的印花位置上，金浆花色层（3）位于底层（2）上。合议组经查实，证据1~6的上述部分公开的内容均涉及将金粉颜料通过黏合剂固着在织物上的技术方案。证据1~6公开的上述技术方案中，金粉颜料相当于金浆花色层（3），织物相当于布料（1），但是并未公开权利要求1中的作为底层（2）的弹性柔软层这一结构，因此，权利要求1的技术方案和证据1~6公开的上述技术方案单独相比均存在区别技术特征，导致二者技术方案实质不同，因此，权利要求1分别相对于证据1、2、3、4、5或6具备新颖性，同理，从属权利要求2也具备新颖性。

对于请求人的上述主张，即，证据1~6的上述技术方案中，黏合剂相当于权利要求1~2中的底层，合议组认为，证据1~6中的黏合剂的用途是将金粉颜料固着在织物上，而如本专利说明书第2页第2段和具体实施方式部分所述，本专利的底层设置在布料印花位置，具有防裂、耐高温、可水洗的功能，底层（2）为具有弹性的柔软层或高弹浆，因此，两者是具有不同功能的不同的技术特征，此外，作为对现有金浆印花布的一种技术改进，本专利在底层上印制金浆花色，本专利说明书第2页具体实施方式部分指出金浆花色层（3）的配置工艺系现有技术，如金粉印花，由此，本领域技术人员知晓本专利所述的金浆印花布的金浆花色层是通过已知的黏合剂固着在底层上的。综上，对于请求人的上述主张，合议组不予支持。

6. 相对于证据 7

请求人认为，证据 7 公开的以下技术方案破坏了授权公告文本的权利要求 1 的新颖性：印花夜明布，其由印花涂层（1）、混合夜明层（2）、白底衬布层（3）复合构成。其中白底衬布层（3）相当于授权公告文本权利要求 1 的布料（1）；混合夜明层（2）相当于授权公告文本权利要求 1 的底层（2）；印花涂层（1）相当于授权公告文本权利要求 1 的金浆花色层（3），且混合夜明层（2）位于白底衬布层（3）上，印花涂层（1）位于混合夜明层（2）上。请求人在口头审理过程中认为，证据 7 没有公开授权公告文本的权利要求 2~4 的附加技术特征，也就是说证据 7 没有公开权利要求 1 的技术特征“底层（2）为具有弹性的柔软层”以及权利要求 2 的附加技术特征“底层（2）为高弹浆”。

合议组经查实，证据 7 公开了一种印花夜明布，其特征是由印花涂层、混合夜明层、白底衬布层复合制成（参见证据 7 的说明书第 1 页第 15~16 行），和权利要求 1 的技术方案相比，两者都具有三层结构，按照二者的结构关系，印花涂层对应于权利要求 1 中的金浆花色层（3），混合夜明层对应于权利要求 1 中作为底层的弹性柔软层。对于金浆花色层，由本专利说明书第 2 页具体实施方式部分可知，金浆花色层（3）为金粉色或印花色且配制工艺系现有技术，如金粉印花；证据 7 说明书第 1 页第 17 行记载，印花涂层 1 是一个无色透明，并且能吸附印花浆、油墨的涂层。由此可见，权利要求 1 的金浆花色层（3）为具有色彩或图案的涂层，而证据 7 的印花涂层 1 是能够吸附印花浆、油墨的无色透明的涂层，两者的色彩、作用均不相同。对于混合夜明层，证据 7 公开的混合夜明层的作用是发夜光，其由超长余辉粉和一些辅料调制而成（参见证据 7 说明书第 1 页倒数第 14 行至倒数第 11 行），而证据 7 未公开混合夜明层具有弹性，根据混合夜明层在证据 7 的夜明布中所起的作用，本领域技术人员也无法推知其必须具有弹性，而本专利权利要求 1 中具有弹性的柔软层设置在布料印花位置，具有防裂、耐高温、可水洗的功能，因此，证据 7 中的混合夜明层和权利要求 1 的具有弹性的柔软层作用不同。

因此，证据 7 中的印花涂层 1 与权利要求 1 的金浆花色层（3）是有区别的，证据 7 中的混合夜明层也不同于权利要求 1 中作为底层的具有弹性的柔软层，导致二者的技术方案实质不同，因此，权利要求 1 相对于证据 7 具备新颖性，在此基础上，其从属权利要求 2 相对于证据 7 也具备新颖性。

7. 关于创造性

专利法第 22 条第 3 款规定，创造性，是指同申请日以前已有的技术相比，该实用新型有实质性特点和进步。

如果实用新型专利权利要求保护的技术方案相对于最接近的现有技术存在区别特征，同时现有技术中没有给出将上述区别特征应用到该最接近现有技术以解决其存在的技术问题的启示，并且实用新型专利权利要求保护的技术方案能够产生有益的技术效果，则认为该实用新型专利权利要求保护的技术方案具有实质性特点和进步，符合专利法第 22 条第 3 款关于创造性的规定。

请求人认为，权利要求 1~2 相对于证据 1~7 分别和公知常识结合，相对于证据 7 作为最接近现有技术和证据 1~6 分别结合不具备创造性，不符合专利法第 22 条第 3 款的规定。

如前文 4.1 中所述，权利要求 1 和证据 1~6 分别公开的技术方案的区别在于证据 1~6 的技术方案未公开权利要求 1 中作为底层（2）的弹性柔软层这一结构，如本专利说明书第 2 页第 2 段所述，现有技术的金浆印花布存在的技术问题是花色图案不具有防裂功能，不可水洗，不耐高温，本专利通过在布料和金浆印花层之间设置底层且以具有弹性的柔软层作为底层，使得金浆印花布具有防裂、耐高温、可水洗的功能，在证据 1~6 本身均未教导在印花位置设置底层且以具有弹性的柔软层作为底层的情况下，请求人主张上述区别为本领域公知常识但却未提供公知常识性证据予以证明，由此，尚不能认为在布料和金浆印花层之间设置底层且以具有弹性的柔软层作为底层能解决上述技术问题属于本领域公知常识，因此，请求人认为权利要求 1 相对于证据 1~6 分别和公知常识结合不具备创造性的无效理由不成立。在权利要求 1 具备创造性的基础上，其从属权利要求 2 也具备创造性。

如前文 4.2 中所述，权利要求 1 和证据 7 公开的技术方案相比，存在以下区别技术特征：①证据 7 的印花涂层 1 是一个无色透明，并且能吸附印花浆、油墨的涂层，而权利要求 1 的金浆花色层（3）为金粉色或印花色的涂层；②证据 7 没有公开混合夜明层具有弹性，而权利要求 1 中作为底层（2）的是弹性柔软层。对于区别技术特征①，证据 7 的印花涂层 1 覆盖在混合夜明层 2 之上，其作用显然是使混合夜明层 2 所发的光由其透射，而其上可以吸附印花浆、油墨，从而形成背景发光或者图案发光的印花夜明布；本专利金浆花色层的透光性相对较差，遮盖性较强（参见证据 3 第 171 页倒数第 1 行），从证据 7 的印花涂层所起的作用来看，其不能采用透光性差的金浆花色层。因此，证据 7 未给出印花涂层 1 可以是本专利所述的金浆花色层并解决如本专利说明书所述技术问题的启示，证据 1~6 也没有分别给出这样的启示，同时，在请求人未提供公知常识性证据证明的情况下，也不能认为证据 7 的印花涂层 1 可以是本专利所述的金浆花色层并解决如本专利说明书所述技术问题属于本领域公知常识。对于区别技术特征②，证据 7 中的混合夜明层的作用是发夜光，其由超长余辉粉和一些辅料调制而成（参见证据 7 说明书第 1 页倒数第 14 行至倒数第 11 行），根据其作用和组成，本领域技术人员无法推知其必须具有弹性，因此，证据 7 未给出混合夜明层具有弹性并能够解决如本专利说明书所述技术问题的启示，证据 1~6 也没有分别给出这样的启示，同时，在请求人未提供公知常识性证据证明的情况下，也不能认为证据 7 的混合夜明层具有弹性并能够解决如本专利说明书所述技术问题属于本领域公知常识。综上，请求人认为权利要求 1 相对于证据 7 作为最接近现有技术和证据 1~6 结合使用以及相对于证据 7 和公知常识结合均不具备创造性的无效理由不成立。在权利要求 1 具备创造性的基础上，其从属权利要求 2 也具备创造性。

基于以上事实和理由，本案合议组作出如下审查决定。

三、决定

在专利复审委员会于 2009 年 3 月 10 日收到的专利权人于 2009 年 3 月 7 日提交的权利要求第 1~2 项的基础上，维持 200720003301.5 号实用新型专利权有效。

当事人对本决定不服的，可以根据专利法第 46 条第 2 款的规定，自收到本决定之日起三个月内向北京市第一中级人民法院起诉。根据该款的规定，一方当事人起诉后，另一方当事人应当作为第三人参加诉讼。

013

脉冲超细干粉自动灭火装置

无效宣告请求审查决定（第13327号）

决　　定　　号　第13327号
决　　定　　日　2009年4月30日
发明创造名称　脉冲超细干粉自动灭火装置
国 际 分 类 号　A62C13/22
无效宣告请求人　山西中远消防设备有限公司
专　利　权　人　北京世纪联保消防新技术有限公司
专　　利　　号　02123866.9
申　　请　　日　2002年7月5日
授 权 公 告 日　2008年1月9日
合 议 组 组 长　李彦涛
主　　审　　员　吴红权
参　　审　　员　黄　强

法　律　依　据　专利法实施细则第20条第1款、专利法第26条第4款、专利法第22条第3款
决　定　要　点

如果权利要求中的某一技术特征对本领域技术人员来说具有明确的含义，则该技术特征不会导致权利要求的保护范围不清楚。

如果本专利的技术方案相对于最接近的现有技术存在区别技术特征，同时一部分区别技术特征在请求人所提供的证据中没有启示，则本专利的技术方案相对于请求人所提供的证据是非显而易见的，具备创造性。

一、案由

本无效宣告请求案涉及国家知识产权局于2008年1月9日授权公告、申请日为2002年7月5日、名称为“脉冲超细干粉自动灭火装置”的02123866.9号发明专利（下称本专利），专利权人为北京世纪联保消防新技术有限公司。

本专利授权公告的权利要求书如下：

“1. 脉冲超细干粉自动灭火装置，含有启动器和内装超细干粉灭火剂（冷气溶胶灭火剂）的壳体，其特征在于，它含有：壳体，它包括：外壳、装在外壳内的粒度在30μm以下的超细干粉灭火剂及壳体喷口密封用的铝膜；传导速度大于0.5米/秒的启动器，它包括：由燃点大于或等于135℃、并对火焰或温度敏感的热敏线和套在热敏线外的套管组成的启动组件，由靠螺母和贯穿着热敏线的穿孔

螺栓紧压在壳体内侧的铝板、与热敏线接触的产气剂和扣压在铝板上用以包住产气剂的非金属薄膜共同组成的产气组件。

2. 根据权利要求1所述的脉冲超细干粉自动灭火装置，其特征在于：所述的壳体是碗形、圆筒形、半球形、双球形、锥形或葫芦形中的任何一种。

3. 根据权利要求1所述的脉冲超细干粉自动灭火装置，其特征在于：所述的超细干粉灭火剂的粒度在20μm以下。

4. 根据权利要求1所述的脉冲超细干粉自动灭火装置，其特征在于：所述的产气剂粒度小于或等于83μm。

5. 根据权利要求1所述的脉冲超细干粉自动灭火装置，其特征在于：所述的启动组件传导速度大于0.5米/秒，且制备过程安全。"

针对上述专利权，山西中远消防设备有限公司（下称请求人）于2008年12月2日向专利复审委员会提出无效宣告请求，并提交了如下附件：

附件1：授权公告日为2001年1月24日、授权公告号为CN2415783Y的实用新型专利说明书，复印件共8页；

附件2：授权公告日为2002年9月25日、授权公告号为CN2512462Y的实用新型专利说明书，复印件共6页；

附件3：授权公告日为1988年9月14日、授权公告号为CN87216992U的实用新型专利说明书，复印件共6页；

附件4：由国防工业出版社出版、李凤生著的《特种超细粉体制备技术及应用》，公开日为2002年1月，封面、出版信息页及第4~5页，复印件共4页。

请求人认为：

（1）权利要求1与附件1的区别在于：启动组件中的"燃点大于或等于135℃、并对火焰或温度敏感的热敏线和套在热敏线外的套管"和"装在外壳内的粒度在30μm以下的超细干粉灭火剂"这三个技术特征。附件2说明书第1页第18行公开了"储罐内装填有平均直径为3~10μm的超细粉体灭火剂"，该技术特征为权利要求1中的"装在外壳内的粒度在30μm以下的超细干粉灭火剂"的下位概念。附件3说明书第2页第16~18行的内容（本实用新型的另一特点是多通道复合引线的火敏自爆装置，由三股微型安全引线9和三股合装在绝缘套管内的高燃速引线8连接组成，其中露在弹体外的微型安全引线9为火敏元件）公开了权利要求1中的"对火焰或温度敏感的热敏线和套在热敏线外的套管"，而"传导速度大于0.5米/秒的启动器和燃点大于或等于135℃的热敏线"属于公知常识，并且这两个特征也没有带来新的技术效果、解决新的技术问题。附件1结合附件2、3和公知常识可以得出权利要求1的技术方案，故权利要求1不具备创造性。

壳体形状的限定并没有解决新的技术问题，也没有产生新的技术效果，故从属权利要求2也不具备创造性。对比文件2已经公开了权利要求3的附加技术特征，故从属权利要求3也不具备创造性。从属权利要求4的附加技术特征没有解决新的技术问题，也没有产生新的技术效果，同时，结合附件4公开内容，本领域技术人员可以得到权利要求4的技术方案，故权利要求4不具备创造性。

（2）权利要求1中的特征"传导速度大于0.5米/秒的启动器"、"壳体喷口封闭用的铝膜"和"热敏线"不清楚。权利要求5中的"制备过程安全"既不是产品特征也不是方法特征，故不清楚。

（3）权利要求1中的特征"非金属薄膜"得不到说明书的支持。

经形式审查合格后，专利复审委员会受理了上述请求，于2008年12月2日向双方当事人发出了《无效宣告请求受理通知书》，并将《专利权无效宣告请求书》及其他有关文件的副本转送给专利权人，要求其在指定的期限内答复，同时成立合议组对本无效请求案进行审理。

2008 年 12 月 30 日，请求人提交了补充的意见陈述书和附件 5~7（编号续前）：

附件 5：黑龙江科学技术出版社出版、（日）清水武夫著、《烟花》，公开日为 1987 年 12 月，封面、出版信息页、译者前言及第 142~143 页，复印件共 3 页；

附件 6：国防工业出版社出版、《兵器工业科学技术辞典》编辑委员会著、《兵器工业科学技术辞典-火工品与烟火技术》，公开日为 1992 年 11 月，封面、出版信息页及第 14~131 页，复印件共 3 页；

附件 7：本专利发明专利请求书第 1 页、说明书第 1~2 页及说明书附图第 2 页，复印件共 4 页。

请求人认为：

附件 5 公开了速燃导火线（参见其第 142 页第 5、6 自然段）；附件 6 也公开了速燃引线（参见其第 14~131 页第 12 自然段）；由附件 7 内容可知，本专利说明书前后矛盾，无法实现，不具有实用性。

2009 年 1 月 20 日，专利复审委员会本案合议组向专利权人发出《转送文件通知书》，将请求人于 2008 年 12 月 30 日提交的补充意见陈述书和附件 5~7 转送给专利权人。

2009 年 1 月 12 日，专利权人针对该《无效宣告请求受理通知书》陈述了意见，专利权人认为：

（1）附件 2 的公开日在本专利的申请日之后，不属于现有技术，故以附件 1、结合附件 2 和 3 评价本专利的创造性不成立。在权利要求 1 具备创造性的情况下，从属权利要求 2~4 也具备创造性。

（2）权利要求 1 中对“传导速度大于 0.5 米/秒的启动器”、“壳体喷口封闭用的铝膜”和“热敏线”的特征描述清楚，符合专利法实施细则第 20 条第 1 款的规定。权利要求 5 也是清楚的。

（3）权利要求 1 的概括合理，符合专利法第 26 条第 4 款的规定。

2009 年 2 月 17 日，专利权人针对《转送文件通知书》陈述了意见，专利权人认为：

（1）附件 1 没有公开用于密闭壳体封口的铝膜，附件 1 底部的封闭挡板其实是与本专利中的钢圈等同的。

（2）说明书第 4 页第 10 段中的铝膜 3 应为铝膜 4，该处属于笔误，说明书前后不矛盾。

2009 年 3 月 10 日，专利复审委员会本案合议组向双方当事人发出《无效宣告请求口头审理通知书》，定于 2009 年 4 月 16 日对本专利权的无效宣告请求举行口头审理，并将专利权人于 2009 年 1 月 12 日、2009 年 2 月 17 日提交的意见陈述书转交给请求人。

2009 年 4 月 16 日，口头审理如期举行。双方当事人的代理人均参加了口头审理。在口头审理过程中，认定并记录了以下事项：（1）请求人确认无效理由为专利法第 26 条第 4 款、专利法第 22 条第 3 款、专利法实施细则第 20 条第 1 款，放弃专利法第 22 条第 4 款的无效理由。（2）请求人确认以附件 1、附件 3 结合公知常识来评价权利要求 1~4 的创造性，附件 2、4~7 作为公知常识性证据使用。（3）专利权人认可附件 1、3~7 的真实性、合法性、公开性和关联性，对附件 2 的关联性不认可，认为附件 2 的授权公告日晚于本专利的申请日，不能作为公知常识和证据使用。（4）双方当事人均同意口头审理与书面意见陈述有冲突以口头审理时陈述的意见为准。

至此，合议组认为本案的事实已经调查清楚，可以依法作出审查决定。

二、决定的理由

1. 关于无效理由和证据的认定

由于在 2009 年 4 月 16 日举行的口头审理中，请求人放弃了本专利不具备实用性的无效理由，因此请求人针对本专利所提出的全部无效理由和范围为权利要求 1~4 不具备专利法第 22 条第 3 款规定的创造性，权利要求 1 和 5 不符合专利法实施细则第 20 条第 1 款的规定，权利要求 1 不符合专利法

第 26 条第 4 款的规定。其中创造性评价时证据使用方式为权利要求 1 相对于附件 1、附件 3 结合公知常识不具备创造性。

专利权人对请求人所提交的附件 2 的关联性有异议。经合议组核实，请求人所提交的附件 2 的授权公告日为 2002 年 9 月 25 日，晚于本专利的申请日 2002 年 7 月 5 日，故附件 2 不是本专利的现有技术，故对请求人所提出的以附件 2 作为本专利公知常识证据的意见不予接受。

在专利权人对附件 1、3~7 的真实性、合法性、公开性和关联性予以认可的情况下，合议组对附件 1、3~7 的真实性、合法性、公开性和关联性也予以认可。

附件 7 属于本专利说明书的内容，其中公开的内容不能作为现有技术用于评价本专利权利要求的创造性。故对请求人所提出的以附件 7 中公开的内容作为本专利的公知常识的理由，合议组不予认可。

2. 关于无效审理的文本

本决定以授权公告的文本为审查基础。

3. 关于专利法实施细则第 20 条第 1 款

专利法实施细则第 20 条第 1 款规定，权利要求书应当说明发明或者实用新型的技术特征，清楚、简要地表述请求保护的范围。

如果权利要求中的某一技术特征对本领域技术人员来说具有明确的含义，则该技术特征不会导致权利要求的保护范围不清楚。

就本案而言，请求人认为，权利要求 1 中的技术特征“传导速度大于 0.5 米/秒的启动器”、“壳体喷口封闭用铝膜”和“热敏线”不清楚。对此，合议组认为，权利要求中的技术特征是否清楚，应当依据说明书的记载以及本领域的技术常识进行判断。在本专利说明书第 2 页第 2~4 行的具体实施方式中明确记载：启动组件 9 由氯酸钾和蔗糖渍过的棉线 10 和套在棉线 10 外的玻璃丝套管 11 组成，棉线 10 的燃点为 135℃，传导速度为 0.5 米/秒，上述产气组件和启动组件 9 共同组成启动器。因此，本领域技术人员可以理解，此处所述的棉线系热敏线的下位概念，权利要求 1 中的传导速度大于 0.5 米/秒就是指热敏线的传导速度，而传导速度在本专利中是指热敏线的燃烧速度，因此，本领域技术人员在阅读本专利说明书的内容后，能清楚地理解权利要求 1 中的技术特征“传导速度大于 0.5 米/秒的启动器”。

对于“壳体喷口封闭用铝膜”这一技术特征，请求人认为没有对铝膜的厚度进行定义，故不清楚。合议组认为：本专利中铝膜的作用在于组成壳体的一部分，用以包住灭火剂；在灭火的过程中被气体撑破喷射灭火剂。因此，满足上述两方面功能的铝膜均可实现本发明，而不限定其厚度并不会导致本领域技术人员无法理解其含义，故铝膜的概念在权利要求 1 中是清楚的。

对于“热敏线”这一技术特征，本专利已经在权利要求 1 中明确提及是对火焰或温度敏感的线，本领域技术人员理解热敏线，也是理解成对受热敏感的线，而且权利要求 1 中已经对热敏线的燃点作出了限定，即燃点必须是大于或等于 135℃，故热敏线的概念也是清楚的。

综上所述，上述三个技术特征对本领域技术人员来说都是清楚的，故权利要求 1 符合专利法实施细则第 20 条第 1 款的规定。

请求人还认为，由于权利要求 5 中的特征“制备过程安全”不是产品特征，也不是方法特征，故权利要求 5 不清楚。对此，合议组认为，权利要求 5 是产品权利要求，“制备过程安全”虽不是产品的结构特征，但是原则上非产品结构特征用于限定产品权利要求并不必然导致权利要求不清楚，故请求人关于权利要求 5 不清楚的无效理由依据不足。

4. 关于专利法第 26 条第 4 款

专利法第 26 条第 4 款规定，权利要求书应当以说明书为依据，说明要求专利保护的范围。

请求人认为，说明书只提到“赛璐珞薄膜”，而“非金属薄膜”是“赛璐珞薄膜”的上位概念，上位概念要受到下位概念的支持，必须有三个以上的实施例，故权利要求 1 中的“非金属薄膜”得不到说明书的支持，不符合专利法第 26 条第 4 款的规定。

经核实，本专利实施例公开了赛璐珞薄膜，本领域技术人员已知，作为一种非金属薄膜的赛璐珞薄膜，其在权利要求 1 的技术方案中的作用在于它包住产气剂，并在产气剂发生反应时可以被冲破以释放气体，应允许在实施例公开的赛璐珞薄膜的基础上进行一定的概括，此外，权利要求 1 中的非金属薄膜是用于包住产气剂的非金属薄膜，而非任意的非金属薄膜，因此，权利要求 1 关于“非金属薄膜”的技术特征，能够得到说明书的支持。请求人所述的上位概念受到下位概念支持必须有三个以上的实施例的观点并无依据，故合议组对请求人的该无效理由不予采信。

5. 关于专利法第 22 条第 3 款

专利法第 22 条第 3 款规定，创造性，是指同申请日以前已有的技术相比，该发明有突出的实质性特点和显著的进步。

如果本专利的技术方案相对于最接近的现有技术存在区别技术特征，同时一部分区别技术特征在请求人所提供的证据中没有启示，则本专利的技术方案相对于请求人所提供的证据是非显而易见的，具备创造性。

就本案而言，请求人认为对比文件 1 公开了除热敏线和套管以外的本专利权利要求 1 的所有特征，而粒度在 30μm 以下的超细干粉灭火剂、传导速度大于 0.5 米/秒的启动器和大于或等于 135℃的热敏线属于公知常识，而对比文件 3 公开了本专利权利要求 1 的热敏线和套管，故对比文件 1、对比文件 3 结合公知常识破坏本专利权利要求 1 的创造性。

本专利权利要求 1 保护一种脉冲超细干粉自动灭火装置，含有启动器和内装超细干粉灭火剂（冷气溶胶灭火剂）的壳体，其特征在于，它含有：壳体，它包括：外壳、装在外壳内的粒度在 30μm 以下的超细干粉灭火剂及壳体喷口密封用的铝膜；传导速度大于 0.5 米/秒的启动器，它包括：由燃点大于或等于 135℃、并对火焰或温度敏感的热敏线和套在热敏线外的套管组成的启动组件，由靠螺母和贯穿着热敏线的穿孔螺栓紧压在壳体内侧的铝板、与热敏线接触的产气剂和扣压在铝板上用以包住产气剂的非金属薄膜共同组成的产气组件。

对比文件 1 公开了一种可分离式启动器的超跨音速灭火器，其特征在于顶盖（2）是圆盘形，中央位置有一螺纹孔（7），孔中装入一个可分离式的启动器（1），顶盖（2）底部有环形凸端（8），多孔件（3）是一外凸圆弧曲面形状，其上端与环形凸端（8）配合，壳体（5）是弧形圆锥体，上端与顶盖（2）和多孔件（3）配合，下端由挡板（6）封闭接合，壳体（5）内充填以灭火剂（4）。其中启动器上部是六角形体（13），下部连有一圆柱体（14），且有阳螺纹（15），下端又连有一圆柱体（16），上部六角形体（13）有一凹槽（17），槽中装有 2 根导线（18）通向圆柱体（16）内，圆柱体（16）内充填以产气剂（19）。（参见对比文件 1 权利要求 1、4 和附图）

对比文件 3 公开了一种安全自爆干粉灭火弹，其中公开了多通道复合引线的火敏自爆装置，由三股微型安全引线和三股合装在绝缘套管内的高燃速引线连接组成，其中露在弹体外的微型安全引线为火敏元件。（参见对比文件 3 的说明书第 2 页第 16~18 页）

将本专利权利要求 1 的技术方案与对比文件 1 公开的内容相比，区别在于：（1）本专利权利要求 1 明确了超细干粉灭火剂的粒度在 30μm 以下，而对比文件 1 中没有记载该特征；（2）本专利权利要求 1 明确热敏线的传导速度大于 0.5 米/秒，而对比文件 1 没有记载该特征；（3）本专利权利要求 1

明确热敏线的燃点大于或等于135℃，而对比文件1没有记载该特征；（4）对比文件1的灭火装置有多孔件，而本专利权利要求1没有该部件；（5）本专利权利要求1是热敏线和套在热敏线外的套管，而对比文件1相应地是有一个凹槽（17）和装在该凹槽中的两根导线（18）；（6）本专利权利要求1中用于密封壳体喷口的材料是铝膜，而对比文件1相应部件是挡板，没有公开其所使用的材质。

请求人主张，所述区别特征（1）、（2）和（3）为公知常识，并且认为附件4的第5页第3段公开了产气剂粒度，附件5公开了热敏线的燃点和燃烧速度，附件6公开了产气剂的粒度。

经合议组核实，附件4第5页第3段的内容，其中并没有明确记载超细干粉灭火剂的粒度在30μm以下，因此由附件4公开的内容并不能确定超细干粉灭火剂的粒度在30μm以下。

附件5中公开了速燃导火线（参见附件5第143页），但没有明确记载速燃导火线的燃点，附件5公开了燃烧速度平均为30毫米/秒的速燃导火线，与本专利传导速度为0.5米/秒的热敏线的速度相差很大，但附件5公开了如下内容：将速燃导火线通过纸套，套中有空隙时，其燃烧速度变得极快，因此从附件5公开的上述内容可以直接地、无疑义地推知，热敏线装在套管内可以极大得提高燃烧速度。

附件6公开了引火线，引火线又称引线或捻子，其中所述棉线引线在密闭状态下可达0.3~1m/s，以及速燃引线，其在敞开条件下可以数厘米每秒的速率平稳燃烧，但在引线管内，由于沟槽效应，几乎瞬间燃烧（参见附件6第14~131页右栏）。合议组认为，附件6是本专利申请日之前出版的技术辞典，其公开的内容属于本专利的公知常识，本领域技术人员根据附件6上述公开的内容可知，附件6公开了传导速度大于0.5米/秒的热敏线和套在热敏线外的套管，但是附件6并没有明确记载热敏线的燃点大于或等于135℃这一技术特征，也没有记载产气剂的粒度。

综上所述，请求人所提供的附件4~6中都没有明确记载热敏线的燃点大于或等于135℃和粒度在30μm以下超细干粉灭火剂的这两技术特征，在请求人没有进一步举证证明上述两个技术特征属于本领域公知常识的情况下，合议组对请求人关于热敏线的燃点大于或等于135℃以及粒度在30μm以下的超细干粉灭火剂属于公知常识的无效理由不予采信。

综上所述，区别（2）和（5）属于本领域的公知常识，但是对于其他区别技术特征（1）、（3）、（4）和（6），对比文件3中没有公开这些区别技术特征，在请求人所提供的附件4~6中也没有公开区别技术特征（1）、（3）、（4）和（6），因此本领域技术人员在附件1、附件3内容的基础上结合公知常识证据4~6中公开的内容并不能得到本专利权利要求1的技术方案，即，附件3以及附件4~6中都没有给出将区别技术特征（1）、（3）、（4）和（6）应用于附件1以得到本专利权利要求1技术方案的教导，故本专利权利要求1相对于附件1、附件3以及公知常识的结合是非显而易见的，具有突出的实质性特点，并且如本专利说明书所述，本专利的技术方案提供了一种高效快速、结构简单、安全且使用方便的脉冲超细干粉自动灭火装置，也取得了显著的进步，综上所述，权利要求1具备突出的实质性特点和显著的进步，符合专利法第22条第3款的规定。

在权利要求1具备创造性的情况下，从属权利要求2~4相对于附件1、附件3与公知常识的结合自然也具备创造性，符合专利法第22条第3款的规定。

根据上述事实和理由，合议组作出如下审查决定。

三、决定

维持02123866.9号发明专利权有效。

当事人对本决定不服的，可以根据专利法第46条第2款的规定，自收到本决定之日起三个月内向北京市第一中级人民法院起诉。根据该款规定，一方当事人起诉后，另一方当事人应当作为第三人参加诉讼。

北京市第一中级人民法院
行政判决书

（2009）一中行初字第1558号

原告山西中远消防设备有限公司，住所地山西省太原市迎泽区桃园南路64号桃园华府2单元2层东户。

法定代表人张妙莲，董事长。

委托代理人张海滨，男，汉族，1963年2月24日出生，山西中远消防设备有限公司职员，住山西省太原市迎泽区东岗巷95号7号楼9单元2号。

委托代理人岳嵘，女，汉族，1972年7月7日出生，山西中远消防设备有限公司职员，住山西省太原市小店区晋阳街北一巷4号15号楼中单元401号。

被告国家知识产权局专利复审委员会，住所地北京市海淀区北四环西路9号银谷大厦10~12层。

法定代表人张茂于，副主任。

委托代理人吴红权，国家知识产权局专利复审委员会审查员。

委托代理人瞿晓峰，国家知识产权局专利复审委员会审查员。

第三人北京世纪联保消防新技术有限公司，住所地北京市通州区中关村科技园区通州园金桥科技产业基地景盛南四街15号21H。

法定代表人周枫，董事长。

委托代理人焦烨鋆，女，蒙古族，1978年4月20日出生，北京世纪联保消防新技术有限公司职员，住广东省深圳市南山区蛇口工业大道联检楼8号。

委托代理人梁荣，女，汉族，1957年12月24日出生，北京世纪联保消防技术有限公司职员，住北京市海淀区中关村东路105号1楼6门201号。

原告山西中远消防设备有限公司（简称中远公司）不服被告国家知识产权局专利复审委员会（简称专利复审委员会）第13327号无效宣告请求审查决定（简称第13327号决定），于法定期限内向本院提起行政诉讼。本院于2009年6月23日受理后，依法组成合议庭，并根据相关法律规定通知北京世纪联保消防新技术有限公司（简称世纪联保公司）作为本案的第三人参加诉讼，于2009年10月14日公开开庭审理了本案。原告中远公司的委托代理人张海滨、岳嵘，被告专利复审委员会的委托代理人吴红权、瞿晓峰，第三人世纪联保公司的委托代理人焦烨鋆、梁荣到庭参加诉讼。本案现已审理终结。

中远公司针对第三人世纪联保公司拥有的02123866.9号名称为“脉冲超细干粉自动灭火装置”的发明专利（简称本专利），向专利复审委员会提出无效宣告请求。专利复审委员会于2009年4月30日作出第13327号决定，认为：（1）关于理由和证据的认定。由于在2009年4月16日举行的口头审理中，中远公司放弃了本专利不具备实用性的无效理由，因此中远公司针对本专利所提出的全部无效理由和范围为权利要求1~4不具备《中华人民共和国专利法》（简称《专利法》）第二十二条第三款规定的创造性，权利要求1和5不符合《中华人民共和国专利法实施细则》（简称《专利法实施细则》）第二十条第一款的规定，权利要求1不符合《专利法》第二十六条第四款的规定。其中创造性评价时证据使用方式为权利要求1相对于附件1、附件3结合公知常识不具备创造性。附件2不是本专利的现有技术，故对中远公司提出的以附件2作为本专利公知常识证据的意见不予接受。在世纪联合公司对附件1、3~7的真实性、合法性、公开性和关联性予以认可的情况下，专利复审委员会对附件1、3~7的真实性、合法性、公开性和关联性也予以认可。附件7属于本专利说明书的内容，其中公开的内容不能作为现有技术用于评价本专利权利要求的创造性。故对中远公司提出的以附件7中所公开的内容作为本专利的公知常识的理由不予认可。（2）关于无效审理的文本。本决定以授权公告的文本为审查基础。（3）关于《专利法实施细则》第二十条第一款。权利要求中的技术特征是否清楚，应当依据说明书的记载以及本领域的技术常识进行判断。在本专利说明书第2页第2~4行的具体实施方式中明确记载：启动组件9由氯酸钾和蔗糖渍过的棉线10和套在棉线10外的玻璃丝套管11组成，棉线10的燃点为135℃，传导速度为0.5米/秒，上述产气组件和启动组件9共同组成启动器。因此，本领域技术人员可以理解，此处所述的棉线系热敏线的下位概念，权利要求1中的传导速度大于0.5米/秒就是指热敏线的传导速度，而传导速度在本专利中是指热敏线的燃烧速度。因此，本领域技术人员在阅读本专利说明书后，能清楚地理解本专利权利要求1中的技术特征“传导速度大于0.5米/秒的启动器”。对于“壳体喷口封闭用铝膜”这一技术特征，中远公司认为没有对铝膜的厚度进行定义，故不清楚。本专利中铝膜的作用在于组成壳体的一部分，用以包住灭火剂。在灭火的过程中被气体撑破喷射灭火剂。因此，满足上述两方面功能的铝膜均可实现本发明，而不限定其厚度并不会导致本领域技术人员无法理解其含义，故铝膜的概念在权利要求1中是清楚的。对于“热敏线”这一技术特征，本专利已经在权利要求1中明确提及是对火焰或温度敏感的线，本领域技术人员理解热敏线，也是理解成对受热敏感的线，而且权利要求1中已经对热敏线的燃点作了限定，即燃点必须是大于或等于135℃，故热敏线的概念也是清楚的。综上所述，上述三个技术特征对本领域技术人员来说都是清楚的，故权利要求1符合《专利法实施细则》第二十条第一款的规定。中远公司还认为，由于权利要求5中的特征“制备过程安全”不是产品特征，也不是方法特征，故权利要求5不清楚。对此，权利要求5是产品权利要求，“制备过程安全”虽不是产品的结构特征，但是原则上非产品结构特征用于限定产品权利要求并不必然导致权利要求不清楚，故中远公司关于权利要求5不清楚的无效理由依据不足。（4）关于《专利法》第二十六条第四款。中远公司认为，说明书只提到“赛璐珞薄膜”，而“非金属薄膜”是“赛璐珞薄膜”的上位概念，上位概念要受到下位概念的支持，必须有三个以上的实施例，故权利要求1中的“非金属薄膜”得不到说明书的支持，不符合《专利法》第二十六条第四款的规定。经核实，本专利实施例公开了赛璐珞薄膜，本领域技术人员已知，作为一种非金属薄膜的赛璐珞薄膜，其在权利要求1的技术方案中的作用在于它包住产气剂，并在产气剂发生反应时可以被冲破以释放气体，应允许在实施例公开的赛璐珞薄膜的基础上进行一定的概括，此外，权利要求1中的非金属薄膜是用于包住产气剂的非金属薄膜，而非任意的非金属薄膜，因此，权利要求1关于“非金属薄膜”的技术特征，能够得到说明书的支持。中远公司所述的上位概念受到下位概念支持必须有三个以上实施例的观点并无依据，故对该无效理由不予采信。（5）关于《专利法》第二十二条第三款。将本专利权利要求1的技术方案与附件1公开的内容相比，区别在于：①本专利权利要求1明确了超细干粉灭火剂的粒度在30μm以下，而附件1中没有记载该特征；②本专利权利要求1明确热敏线的传导速度大于0.5米/秒，而附件1没有记载该特征；③本专利权利要求1明确热敏线的燃点大于或等于135℃，而附件1没有记载该特征；④附件1的灭火装置有多孔件，而本专利权利要求1没有该部件；⑤本专利权利要求1是热敏线和套在热敏线外的套管，而附件1相应地是有一个凹槽（17）和装在该凹槽中的两根导线（18）；⑥本专利权利要求1中用于密封壳体喷口的材料是铝膜，而附件1相应部件是挡板，没有公开其所用的材质。中远公司主张，所述区别特征1、2和3为公知常识，并且认为附件4的第5页第3段公开了产气剂粒度，附件5公开了热敏线的燃点和燃烧速度，附件6公开了产气剂的粒度。经核实，附件4第5页第3段的内容并没有明确记载超细干粉灭火剂的粒度在30μm以下，因此附件4公开的内容并不能确定超细干粉灭火剂的粒度在30μm以下。附件5中公开了速燃导火线，但没有明确记载速燃导火线的燃点，附件5公开了燃烧速度平均为30毫米/秒的速燃导火线，与本专利传导速度为0.5米/秒的热敏线的速度相差很大，但附件5公开了如下内容：将速燃导火线通过纸套，套中有空隙时，其燃烧速度变得极快，因此从附件5公开的上述内容可以直接地、无疑义地推知，热敏线装在套管内可以极大地提高燃烧速度。附件6公开了引火线，引火线又称引线或捻子，其中所述棉线引线在密闭状态下可达0.3~1m/s，以及速燃引线，其在敞开条件下可以数厘米每秒的速率平稳燃烧，但在引线管内，由于沟槽效应，几乎瞬间燃烧（参见附件6第14~131页右栏）。专利复审委员会认为，附件6是本专利申请日之前出版的技术辞典，其公开的内容属于本专利的公知常识，本领域技术人员根据附件6上述公开的内容可知，附件6公开了传导速度大于0.5米/秒的热敏线和套在热敏线外的套管，但附件6并没有明确记载热敏线的燃点大于或等于135℃这一技术特征，也没有记载产气剂的粒度。综上所述，中远公司所提的附件4~6中都没有明确记载热敏线的燃点大于或等于135℃和粒度在30μm以下超细干粉灭火剂的这两个技术特征，在中远公司没有进一步举证证明上述两个技术特征属于本领域公知常识的情况下，对其关于热敏线的燃点大于或等于135℃以及粒度在30μm以下的超细干粉灭火剂属于公知常识的无效理由不予采信。综上所述，区别2和5属于本领域的公知常识，但是对于其他区别技术特征1、3、4和6，附件3中没有公开这些区别技术特征，在中远公司所提供的附件4~6中也没有公开区别技术特征1、3、4和6，因此本领域技术人员在附件1、附件3内容的基础上结合公知常识证据4~6中公开的内容并不能得到本专利权利要求1的技术方案，即，附件3以及附件4~6中都没有给出将区别技术特征1、3、4和6应用于附件1以得到本专利权利要求1技术方案的教导，故本专利权利要求1相对于附件1、附件3以及公知常识的结合是非显而易见的，具有突出的实质性特点，并且如本专利说明书所述，本专利的技术方案提供了一种高效快速、结构简单、安全且使用方便的脉冲超细干粉自动灭火装置，也取得了显著的进步。综上所述，权利要求1具备突出的实质性特点和显著的进步，符合《专利法》第二十二条第三款的规定。在权利要求1具备创造性的情况下，从属权利要求2~4相对于附件1、附件3与公知常识的结合自然也具备创造性，符合《专利法》第二十二条第三款的规定。专利复审委员会作出第13327号决定，维持本专利权有效。

原告中远公司不服，向本院提起诉讼称：（1）被告认定本专利符合《专利法》第二十六条第四款规定适用法律、法规错误。本领域技术人员都知道，赛璐珞是可燃物（还原剂），在180℃发生自燃，产气剂在产气时产生的高温在1000℃以上，这时赛璐珞也参加产气反应并燃烧。被告对赛璐珞的功能分析是错误的。根据审查指南第二部分第二章第3.2.1节的规定，在实施例公开的赛璐珞薄膜的基础上进行一定的概括是允许的，但仅从一个下位概念实施例赛璐珞薄膜是概括不出非金属薄膜的上位概念的。所述技术领域的技术人员完全有理由怀疑有多种下位概念，解决不了该发明的技术问题，达不到所述的技术效果。因此，权利要求1没有得到说明书的支持。（2）被告认定本专利符合《专利法实施细则》第二十条第一款属于适用法律错误。从2009年1月12日世纪联保公司提交的答辩意见来看，“传导速度大于0.5米/秒”是热敏线传导能量的速度。本专利权利要求书和说明书中找不到任何传导速度大于0.5米/秒是热敏线的燃烧速度的表述。被告认定“传导速度在本专利中是指热敏线的燃烧速度”属于主观推测。本专利权利要求5引入了两个附加的技术特征：启动组件传导速度大于0.5米/秒且制备过程安全。启动组件传导速度大于0.5米/秒实质上就是启动器的传导速度大于0.5米/秒，该技术特征在权利要求1中已提及，属于重复。制备过程安全属于功能特征，但该功能特征在说明书中没有任何的展开说明，即没有准备过程安全的试验数据和标准，也没有制备过程安全的操作步骤和规程的描述，本领域技术人员通过阅读说明书不能弄清制备过程安全的指标。该功能限定在说明书中没有具体的说明，使权利要求1和权利要求5组成的技术方案的保护范围难以确定，保护范围不清楚。另外，铝膜的表述也不清楚，因为铝膜不能独立存在。（3）被告认定本专利符合《专利法》第二十二条第四款的规定属于适用法律错误。①关于区别技术特征4。在判断权利要求1的创造性时，应当将权利要求1的每一个技术特征与对比文件比较，而不是用对比文件的技术特征与权利要求1的技术特征比较。被告将对比关系弄倒了，该区别技术特征不能评价本专利权利要求1的创造性。②关于区别技术特征6。铝膜的材质区别特征在对比文件1的基础上没有解决新的技术问题，也没有产生新的技术效果。被告将铝膜列为对现有技术作出贡献的技术特征没有依据。③关于区别技术特征1和3。本专利权利要求1中的超细干粉灭火剂的粒度在30μm以下和热敏线的燃点大于或等于135℃，这两个技术特征在对比文件1、2、4~6中没有给出。但这两个技术特征并不是对现有技术作出贡献的技术特征。本专利说明书的背景技术描述了与本专利最接近的现有技术即储压灭火器由于储压容易发生伤人和漏气以及灭火时间长的技术问题，本专利正是为了解决这些问题而发明的。热敏线和干粉灭火剂是权利要求1的必要技术特征，因为热敏线要引燃产气剂产气，干粉灭火剂要被喷出去扑灭火焰。至于热敏线的燃点和干粉的粒度并不影响本专利要解决的技术问题，也不影响本专利的技术效果即安全可靠，自发无源启动，脉冲高效灭火和不破坏大气臭氧层的技术效果。本专利说明书也没有对干粉灭火剂的粒度大于30μm会存在什么技术问题，在30μm以下会解决现有技术存在的什么问题并会产生何种有益效果的描述。同理，燃点大于或等于135℃也是如此，所以这两个技术特征不是必要的技术特征。被告没有从技术方案的整体出发，孤立地评价某个技术特征是否具备创造性，不符合审查指南的规定。综上，原告请求人民法院判令撤销被告作出的第13327号决定。

被告专利复审委员会辩称：（1）权利要求1的主题涉及一种脉冲超细干粉自动灭火装置，其要实现的功能是脉冲高效灭火（参见本专利说明书第2页本装置的优点部分），因此，本领域技术人员在选择组件5（如本专利附图2中所示）的材料时，自然不会选择具有耐高温和高强度性质的材料。其次，原告所述的“上位概念得到下位概念的支持必须有三个以上的实施例”没有依据。最后，如第13327号决定中的附件1所示，在灭火器装置中，产气剂装在赛璐珞薄膜中是现有技术。（2）根据本专利说明书的记载，本领域技术人员可以理解，本专利权利要求1中的传导速度应为棉线的燃烧速度。此外，附件5中描述的“将速燃导火线通过纸套，套中有空隙时，其燃烧速度变得极快”也可佐证第13327号决定的观点。本专利权利要求1中明确提及特征铝膜，但附件1并未明确记载铝膜。鉴于区别技术特征1、3并未在附件1中公开。因此，第13327号决定关于区别技术特征的认定正确。对于原告的其他起诉理由，坚持第13327号决定的意见。综上，被告认为，第13327号决定认定事实清楚，适用法律正确，请求人民法院予以维持。

第三人世纪联保公司述称：本专利符合《专利法》第二十六条第四款的规定。由于赛璐珞薄膜作为一个实施例可以说明其在本专利中起到的作用，这个是非金属薄膜均具有的特征，这样本领域的技术人员根据公开的实施例赛璐珞薄膜作出进一步概括为“用以包住产气剂的非金属薄膜”是完全可以的，属于一个实施例足以支持权利要求的概括。本专利权利要求1和5符合《专利法实施细则》第二十条第一款的规定。启动器内的传导介质就是热敏线，热敏线的传导速度就是其燃烧速度。本专利权利要求1和5符合《专利法实施细则》第二十条第一款的规定。权利要求5中的“制备过程安全”是修饰启动组件的，通过简单的中文文字语法就可以明确，根本没有不清楚的问题。铝膜是一个独立的产品。本专利符合《专利法》第二十二条第三款的规定。综上，第三人请求人民法院维持被告作出的第13327号决定。

本院经审理查明：

第13327号决定涉及的是名称为“脉冲超细干粉自动灭火装置”、专利号为02123866.9的发明专利（即本专利），该专利的申请日为2002年7月5日，授权公告日为2008年1月9日，专利权人是世纪联保公司。本专利授权公告的权利要求书如下：

"1. 脉冲超细干粉自动灭火装置，含有启动器和内装超细干粉灭火剂（冷气溶胶灭火剂）的壳体，其特征在于，它含有：壳体，它包括：外壳、装在外壳内的粒度在30μm以下的超细干粉灭火剂及壳体喷口密封用的铝膜；传导速度大于0.5米/秒的启动器，它包括：由燃点大于或等于135℃、并对火焰或温度敏感的热敏线和套在热敏线外的套管组成的启动组件，由靠螺母和贯穿着热敏线的穿孔螺栓紧压在壳体内侧的铝板、与热敏线接触的产气剂和扣压在铝板上用以包住产气剂的非金属薄膜共同组成的产气组件。

2. 根据权利要求1所述的脉冲超细干粉自动灭火装置，其特征在于：所述的壳体是碗形、圆筒形、半球形、双球形、锥形或葫芦形中的任何一种。

3. 根据权利要求1所述的脉冲超细干粉自动灭火装置，其特征在于：所述的超细干粉灭火剂的粒度在20μm以下。

4. 根据权利要求1所述的脉冲超细干粉自动灭火装置，其特征在于：所述的产气剂粒度小于或等于83μm。

5. 根据权利要求1所述的脉冲超细干粉自动灭火装置，其特征在于：所述的启动组件传导速度大于0.5米/秒，且制备过程安全。"

本专利说明书载明：5是用于包住产气剂6而被铝板7扣压住的赛璐珞薄膜，它们共同组成了产气组件；9是穿过穿孔螺栓8而插入产气剂6中的启动组件，启动组件9由氯酸钾和蔗糖渍过的棉线10和套在棉线10外的玻璃丝套管11组成，棉线10的燃点为135℃，传导速度为0.5米/秒，上述产气组件和启动组件9共同组成启动器。使用时把它置于保护对象的上方或侧面，当有火灾灾情时，直接感受火焰，化学启动组件点燃并迅速传递，使启动器中的产气剂立即发生化学反应，产生大量气体，使外壳1上的铝膜3破裂，脉冲喷射超细干粉灭火剂，扑灭火焰。

2008年12月2日，中远公司以本专利不符合《专利法》第二十二条第三款等规定为由，向专利复审委员会提出无效宣告请求，并提交了如下附件：

附件1为2001年1月24日授权公告的CN2415783Y的实用新型专利说明书。附件1公开了一种可分离式启动器的超跨音速灭火器，其特征在于顶盖（2）是圆盘形，中央位置有一螺纹孔（7），孔中装入一个可分离式的启动器（1），顶盖（2）底部有环形凸端（8），多孔件（3）是一外凸圆弧曲面形状，其上端与环形凸端（8）配合，壳体（5）是弧形圆锥体，上端与顶盖（2）和多孔件（3）配合，下端由挡板（6）封闭接合，壳体（5）内充填以灭火剂（4）。其中启动器上部是六角形体（13），下部连有一圆柱体（14），且有阳螺纹（15），下端又连有一圆柱体（16），上部六角形体（13）有一凹槽（17），槽中装有2根导线（18）通向圆柱体（16）内，圆柱体（16）内充填以产气剂（19）。

附件2是授权公告日为2002年9月25日的CN2512462Y的实用新型专利说明书。

附件3是授权公告日为1988年9月14日的CN87216992U的实用新型专利说明书。附件3公开了一种安全自爆干粉灭火弹，其中公开了多通道复合引线的火敏自爆装置，由三股微型安全引线和三股合装在绝缘套管内的高燃速引线连接组成，其中露在弹体外的微型安全引线为火敏元件。

附件4是国防工业出版社出版、李凤生著的《特种超细粉体制备技术及应用》一书封面、出版信息页及第4、5页。附件4的公开日期为2002年1月，其中并未明确记载超细干粉灭火剂的粒度在30μm以下。

附件5是1987年出版的《烟花》一书的封面、出版信息页、译者前言及第142、143页复印件。

该书由黑龙江科学技术出版社出版，作者为清水武夫，翻译为雷遂仁、扑石峰、王蔚。附件5公开了燃烧速度平均为30毫米/秒的速燃导火线，同时公开了如下内容：将速燃导火线通过纸套，套中有空隙时，其燃烧速度变得极快。

附件6是《兵器工业科学技术辞典—火工品与烟火技术》的封面、出版信息页及第14~131页共三页。该辞典由国防工业出版社出版，由《兵器工业科学技术辞典》编辑委员会著，公开日为1992年11月。附件6公开了引火线，引火线又称引线或捻子，其中所述棉线引线在密闭状态下可达0.3~1m/s，以及速燃引线，其在敞开条件下可以数厘米每秒的速率平稳燃烧，但在引线管内，由于沟槽效应，几乎瞬间燃烧。但附件6没有明确记载热敏线的燃点大于或等于135℃，也没有记载产气剂的粒度。

附件7是本专利请求书第1页、说明书第1~2页及说明书附图第2页复印件。

中远公司在无效宣告请求程序中主张：附件1结合附件2、3和公知常识可以得出权利要求1的技术方案，故权利要求1不具备创造性；权利要求2~4也不具备创造性；权利要求1中的特征“传导速度大于0.5米/秒的启动器”、“壳体喷口封闭用的铝膜”和“热敏线”不清楚，权利要求5中的“制备过程安全”既不是产品特征也不是方法特征，故不清楚；权利要求1中的特征“非金属薄膜”得不到说明书的支持。

2009年4月16日，专利复审委员会进行了口头审理。双方当事人的代理人均参加了口头审理。在口头审理过程中，中远公司明确：（1）无效理由为《专利法》第二十六条第四款、《专利法》第二十二条第三款、《专利法实施细则》第二十条第一款，放弃《专利法》第二十二条第四款的无效理由。（2）以附件1、3结合公知常识评价本专利权利要求1~4的创造性，附件2、4~7作为公知常识性证据使用。世纪联保公司认可附件1、3~7的真实性、合法性、公开性和关联性，认为附件2的授权公告日晚于本专利的申请日，不能作为公知常识和证据使用。

2009年4月30日，专利复审委员会作出第13327号决定。

上述事实，有第13327号决定、本专利授权公告文本、附件1至附件7以及当事人陈述等证据在案佐证。

本院认为：

2008年12月27日修改的专利法已于2009年10月1日施行，故本案涉及如何适用专利法的问题。由于本案发生在2009年10月1日之前，应当适用修改前的专利法（简称2001年《专利法》）及相应的《专利法实施细则》进行审理。

1. 本专利是否符合《专利法实施细则》第二十条第一款的规定

《专利法实施细则》第二十条第一款规定，权利要求书应当说明发明或者实用新型的技术特征，清楚、简要地表述请求保护的范围。权利要求中的技术特征是否清楚，应当结合说明书记载的内容以及本领域技术人员的技术常识进行判断。本案中，根据本专利权利要求书对热敏线记载的内容，结合说明书关于启动组件尤其是棉线的记载，本领域技术人员能够理解，本专利权利要求1中热敏线是指对火焰或温度敏感的线，本领域技术人员能够理解热敏线是指对受热敏感的线，故热敏线的概念是清楚的。说明书所述的棉线系热敏线的下位概念。同时，权利要求1中的传导速度大于0.5米/秒是指热敏线的传导速度，即热敏线的燃烧速度。因此，本领域技术人员在阅读本专利说明书后，可以清楚地理解权利要求1中的技术特征“传导速度大于0.5米/秒的启动器”。另外，根据权利要求书和说明书的记载，本专利权利要求1中的铝膜的作用在于组成壳体的一部分，用于包住灭火剂，在灭火的过程中可以被气体撑破，使灭火剂喷出。因此，本领域技术人员可以理解，满足上述两方面功能的铝膜均可实现本发明，其保护范围是清楚的，原告主张铝膜并不独立存在缺乏事实依据，且与保护范围是否清楚缺乏关联性，本院不予支持。权利要求5是产品权利要求，“制备过程安全”虽然不是产品的结构特征，但本领域技术人员能够理解其含义是指启动组件的制备过程安全，这种理解不会导致权利要求5的保护范围不清楚。因此，本专利符合《专利法实施细则》第二十条第一款的规定。

2. 本专利是否符合2001年《专利法》第二十六条第四款的规定

2001年《专利法》第二十六条第四款规定，权利要求书应当以说明书为依据，说明要求专利保护的范围。本案中，本专利公开了属于非金属薄膜的赛璐珞薄膜，其作用是包住产气剂，在产气剂发生反应时被冲破，释放出气体。因此，本领域技术人员在本专利公开的赛璐珞薄膜的基础上，能够理解权利要求1中的非金属薄膜具有说明书中公开的赛璐珞薄膜的作用，并非任意的非金属薄膜。因此，本专利在说明书公开的赛璐珞薄膜的基础上，概括为权利要求1中的“非金属薄膜”并无不当，能够得到说明书的支持，符合《专利法》第二十六条第四款的规定。

3. 本专利是否符合2001年《专利法》第二十二条第三款的规定

2001年《专利法》第二十二条第三款规定，发明专利的创造性是指同申请日以前已有的技术相比，该发明有突出的实质性特点和显著的进步。本案中，本专利权利要求1与附件1公开的内容相比，区别在于：（1）本专利权利要求1明确了超细干粉灭火剂的粒度在30μm以下，而附件1中没有记载该特征；（2）本专利权利要求1明确热敏线的传导速度大于0.5米/秒，而附件1没有记载该特征；（3）本专利权利要求1明确热敏线的燃点大于或等于135℃，而附件1没有记载该特征；（4）本专利权利要求1是热敏线和套在热敏线外的套管，而附件1相应地是有一个凹槽（17）和装在该凹槽中的两根导线（18）；（5）本专利权利要求1中用于密封壳体喷口的材料是铝膜，而附件1相应部件是挡板，没有公开其所用的材质。附件6公开了上述区别技术特征2和4，但区别技术特征1、3和5没有被附件3~6公开。附件3~6没有给出将区别技术特征1、3和5应用于附件1以得到本专利权利要求1技术方案的教导，故权利要求1相对于附件1、附件3和公知常识的结合具有突出的实质性特点。同时，本专利权利要求1的技术方案能够实现发明目的，取得了显著的进步。在权利要求1具备创造性的情况下，从属权利要求2~4也具备创造性，符合《专利法》第二十二条第三款的规定。原告关于相关技术特征不属于必要技术特征的主张缺乏事实和法律依据，本院不予支持。

综上所述，被告作出的第13327号决定认定事实清楚，适用法律正确，依法应当予以维持。原告的诉讼理由不能成立，其诉讼请求本院不予支持。依照《中华人民共和国行政诉讼法》第五十四条第（一）项之规定，本院判决如下：

维持被告国家知识产权局专利复审委员会作出的第13327号无效宣告请求审查决定。

案件受理费100元，由原告山西中远消防设备有限公司负担（已交纳）。

如不服本判决，各方当事人可在本判决书送达之日起15日内，向本院递交上诉状及其副本，并交纳上诉案件受理费100元，上诉于北京市高级人民法院。

审　判　长　侯占恒
代理审判员　江建中
人民陪审员　郝志国
二〇〇九年十二月十八日
书　记　员　瞿文伟

014

热聚法石油树脂合成方法

无效宣告请求审查决定（第13391号）

决　定　号　第13391号
决　定　日　2009年5月6日
发 明 名 称　热聚法石油树脂合成方法
国 际 分 类 号　C08F240/00
无效宣告请求人　山东齐邦化工有限公司
专 利 权 人　耿朝华
专　利　号　01142342.0
申　请　日　2001年12月14日
授 权 公 告 日　2004年2月4日
合 议 组 组 长　刘　亚
主　审　员　王　磊
参　审　员　危　峰

法 律 依 据　专利法第22条第2款，专利法第22条第3款，专利法第5条
决 定 要 点

如果权利要求保护的技术方案相比于请求人提供的现有技术证据公开的方案存在区别技术特征，该区别技术特征导致二者的方案实质上不同，则该权利要求保护的技术方案具备新颖性。在此情况下，请求人认为该区别技术特征属于本领域的公知常识，但请求人既未能充分说明也没有提供任何证据证明该区别技术特征确系本领域的公知常识，且请求人提供的现有技术证据中也没有给出引入该区别技术特征的教导，则请求人关于该权利要求不具备创造性的理由不成立。

专利法第5条的规定是指发明创造本身的公开、使用、制造违反国家法律、社会公德或者妨碍公共利益的，不能被授予专利权，与该发明创造是否职务发明和其权属问题无关。

一、案由

本无效宣告请求案涉及国家知识产权局于2004年2月4日公告授予的名称为“热聚法石油树脂合成方法”的01142342.0号发明专利权（下称本专利），其申请日为2001年12月14日，专利权人为耿朝华。本专利授权公告的权利要求书如下：

“1. 一种石油树脂的合成方法，是以石油裂解制乙烯副产——C_9馏分、C_5馏分、双环戊二烯馏分、苯乙烯焦油及其他富含不饱和烯烃的馏分中的一种或几种的混合物为原料，聚合反应并蒸馏除去

未反应单体和低聚物后合成C_9石油树脂、C_5石油树脂、双环戊二烯石油树脂、古马仑石油树脂及各种共聚石油树脂，其特征在于：上述不饱和烯烃及其混合物的聚合反应在170~280℃温度范围内和0.3~3.5MPa压力条件下进行。

2. 根据权利要求1所述的石油树脂合成方法，其特征是在上述反应条件下，还可以加入1‰~2‰的有机引发剂。

3. 根据权利要求2所述的石油树脂合成方法，其特征是上述的有机引发剂为过氧化苯甲酰或甲基苯磺酸。

4. 根据权利要求1或2所述的石油树脂合成方法，其特征是所述的C_9馏分是在140~300℃沸程范围内的任意馏分。

5. 根据权利要求1或2所述的石油树脂合成方法，其特征是所述的C_5馏分是在20~80℃沸程范围内的任意馏分。

6. 根据权利要求1或2所述的石油树脂合成方法，其特征是所述的双环戊二烯馏分中含有30%~100%的双环戊二烯。

7. 根据权利要求1或2所述的石油树脂合成方法，其特征是所述的反应压力由反应物料在一定的温度下自行产生。

8. 根据权利要求1或2所述的石油树脂合成方法，其特征是所述的反应压力由注入反应体系中的氮气产生。

9. 根据权利要求1所述的石油树脂合成方法，其特征是合成的石油树脂应用于橡胶、油墨、涂料、造纸、胶粘剂等制造行业中。”

针对上述专利权，山东齐邦化工有限公司（下称请求人）于2008年5月13日向专利复审委员会提出无效宣告请求，认为本专利权利要求1不符合专利法第22条第2款有关新颖性的规定和权利要求1~9不符合专利法第22条第3款有关创造性的规定，并提交了下述附件作为证据：

证据1：盖有“山东蓝盾石油树脂有限公司”公章的书面证言，下署日期为2008年4月24日，复印件1页；

证据2：盖有“齐鲁石油化工公司烯烃厂劳动服务公司”公章的“关于投建C_9黑色树脂厂的请示报告”和关于投建C_9黑色树脂厂的简单说明，请示报告下署日期为1993年12月22日，复印件2页；

证据3：盖有“山东齐隆化工股份有限公司”公章的“深色石油树脂装置操作规程（暂行）”，复印件10页，出版日期不详，首页手写有“山东齐隆化工股份有限公司，前单位为齐鲁石化烯烃厂劳动服务公司。热聚合原理及参数仍在延续使用”的字样，署名是山东齐隆化工股份有限公司；

证据4：《中国石化齐鲁股份有限公司烯烃厂志》，中华书局出版，2005年2月第一版第一次印刷，封面页、出版信息页、第738~739页，复印件4页。

请求人认为：（1）证据1证明在本专利申请日前已经使用乙烯副产的C_9馏分为原料，热聚法工艺，温度175~230℃，压力0~2.4MPa，生产热聚型C_9石油树脂，在1999年5月具有3000吨规模，2001年1月具有8000吨规模，本专利权利要求1特征部分“温度170~280℃，压力0.3~3.5MPa”仅是证据1所述工艺条件的简单扩大，因此本专利权利要求1不具有新颖性。（2）证据2证明原齐鲁石油化工公司烯烃厂劳动服务公司在1993年即已经筹建C9黑色树脂厂；证据3证明当时的工艺条件是使用乙烯副产的C_9馏分为原料，热聚法工艺，温度175~230℃，压力0~2.4MPa来生产热聚型C_9石油树脂；证据4用于证明该公司于1992年使用乙烯副产的C_9馏分为原料，热聚法工艺生产热聚型C_9石油树脂，1995年达到5000吨规模；该公司于1994年6月建成黑色树脂装置，利用重组分为原料，采用热聚合方法生产黑色树脂。因此证据 2、3、4 结合证明本专利不具有创造性。（3）综上所述，在本专利申请日前，国内已有千吨级的利用乙烯副产的 C_9 馏分为原料，热聚法工艺，温度175～230℃，压力 0～2.4MPa；生产热聚型 C_9 石油树脂，本专利不具备新颖性和创造性。

经形式审查合格后，专利复审委员会受理了上述请求，于 2008 年 5 月 13 日向双方当事人发出《无效宣告请求受理通知书》，并将《专利权无效宣告请求书》及其他有关文件的副本转送给专利权人，要求其在指定的期限内答复，同时成立合议组对本无效宣告请求案进行审理。

2008 年 6 月 8 日，专利权人针对《无效宣告请求受理通知书》提交了意见陈述书和本专利授权公告的权利要求书和说明书（复印件 6 页），以及请求人提交的无效宣告请求书和证据 1～4 的复印件。专利权人认为：（1）证据 1 只是山东蓝盾石油树脂有限公司于 2008 年 4 月 24 日企业自己书写、出具的，其真实性难以证明，而且其所述技术内容在本专利申请日前没有在国内外出版物上公开发表和在国内外公开使用过或以其他方式为公众所知，也没有向国务院专利行政部门提出过申请并记载在申请日以后公布的专利申请文件中，因此不影响本专利的新颖性。（2）证据 2、证据 3 为企业内部资料，未在国内外出版物上发表，证据 4 对有关技术内容也没有充分公开，因此不影响本专利的创造性。（3）证据 2～4 所述的原齐鲁石化公司烯烃厂劳服公司 1994 年建设的 1000 吨/年 C_9 黑色树脂生产装置，生产工艺是以 C_9 重组分为原料，在负压条件下通过蒸馏釜进行加热蒸馏，釜底得到黑色树脂产品，由于其收率低、质量差，多年前已被淘汰。本专利是以 C_9 馏分、C_5 馏分、双环戊二烯馏分等富含不饱和烯烃馏分中的一种或几种为原料，在如权利要求 1 的聚合反应温度和压力条件下进行聚合反应，反应压力是必要技术条件。两者方法有本质区别，且本专利石油树脂产品收率达到 60%～80%，产品色号浅、软化点高、分子量分布均匀，因此具有创造性。④证据 3 的深色石油树脂装置是以 C_9 重组分为原料，在-0.09MPa 负压条件下进行减压蒸馏，而不是请求人所称“使用了乙烯副产的 C_9 馏分为原料，压力 0～2.4MPa”，证据 4 中记载原齐鲁石化公司烯烃厂劳服公司 1992 年采用三氟化硼催化工艺建成 2000 吨/年石油树脂装置，1995 年扩建到 5000 吨/年规模，未涉及请求人所称的“于 1992 年使用乙烯副产的 C_9 馏分为原料，热聚法工艺，生产热聚型 C_9 石油树脂，1995 年达到 5000 吨规模”的内容。因此本专利具备新颖性和创造性。

2008 年 6 月 12 日，请求人提交了意见陈述书，并补充提交了下述附件作为证据（编号续前）：

证据 5：“C_9 石油树脂合成工艺的改进”，阴建民等，《河北化工》，1999 年第 4 期，第 29～30 页，复印件 2 页；

证据 6：“石油树脂生产中的几种催化剂”，曾庆环等，《大庆石油学院学报》，第 19 卷第 1 期，第 59～62 页，1995 年 3 月，复印件 4 页；

证据 7：专利号为 US4629766 的美国专利说明书，授权公告日为 1986 年 12 月 16 日，复印件 4 页；

证据 8：“裂解 C_5 馏分合成石油树脂的研究”，祁世斌等，《黑龙江石油化工》，1996 年第 1 期，第 25～28 页，1996 年，复印件 4 页；

证据 9：“C_9 石油树脂的合成研究 I. 自由基聚合法”，卞克建等，《石油化工》，第 25 卷第 3 期，第 168～171 页，1996 年，复印件 4 页；

证据 10：申请号为 92111830.9 的中国发明专利申请公开说明书，公开日为 1993 年 5 月 19 日，复印件 7 页；

证据 11：“双环戊二烯系列石油树脂的合成与应用”，张广东，《辽宁化工》，1994 年第 4 期，第 8～11 页、第 29 页，复印件 5 页；

证据 12：盖有国家知识产权局专利检索咨询中心检索专用章的编号为 G080948、针对专利号为

ZL01142342.0 的发明专利（即本专利）的检索报告，复印件 5 页；

证据 13：盖有“淄博新联工贸有限责任公司人事部”公章的书面证言，复印件 1 页，下署日期为 2008 年 5 月 29 日。

请求人认为：（1）证据 5 公开了一种石油树脂的合成方法，其中公开了以 C_9 馏分为原料，加入过氧化物引发剂，常压蒸出 145～200℃的馏分，对大于 200℃的馏分加热蒸馏并得到石油树脂，由此可知，证据 5 的加热（即聚合）温度必然在大于 170℃至低于 280℃的温度下进行，即权利要求 1 的反应温度已经被证据 5 隐含公开，因此权利要求 1 的技术方案已被证据 5 公开，不具有专利法第 22 条第 2 款规定的新颖性。（2）权利要求 1～9 不具有创造性，不符合专利法第 22 条第 3 款的规定：①权利要求 1 中的其他原料也是本领域合成石油树脂的常规原料，因此，即使权利要求保护其他原料合成石油树脂的方法，权利要求 1 也不具有创造性；②证据 5 公开了加入 8/8000＝0.1%的过氧化物引发剂，证据 6 公开了合成石油树脂时使用的引发剂可以是过氧化苯甲酰，因此本领域技术人员在证据 5 的基础上结合证据 6 及公知常识获得权利要求 2 的技术方案是显而易见的，权利要求 2 不具有创造性；③本领域技术人员在证据 5 的基础上结合证据 6 及公知常识获得引发剂为过氧化苯甲酰的权利要求 3 是显而易见的，因此权利要求 3 不具有创造性；④权利要求 4、5 的附加技术特征均是 C_5 和 C_9 用于合成石油树脂的常规馏分范围，本领域技术人员在证据 5 的基础上结合证据 6 及公知常识获得权利要求 4、5 是显而易见的，因此权利要求 4、5 不具有创造性；⑤权利要求 6 所述的双环戊二烯馏分为合成树脂的常规原料，其对双环戊二烯的含量选择也未给发明带来意料不到的技术效果，因此权利要求 6 不具有创造性；⑥权利要求 7、8 是化学反应中控制压力的常规技术手段，本领域技术人员在证据 5 的基础上结合证据 6 及公知常识获得权利要求 7、8 是显而易见的，因此权利要求 7、8 不具有创造性；⑦权利要求 9 的附加技术特征是合成树脂的常规用途，结合对权利要求 1 的评述可知，本领域技术人员在证据 5 的基础上结合证据 6 及公知常识获得权利要求 9 是显而易见的，因此权利要求 9 不具有创造性；⑧根据证据 12，证据 7 公开了在 250℃、10～12 个大气压下热聚 C_5 和/或其他烯烃，证据 8 公开了在 150℃、1.5MPa 下热聚得到 C_5 石油树脂，结合上述评述可知，权利要求 1 相对于证据 7 和证据 8 分别不具有新颖性、创造性。（3）从证据 13 结合证据 3 可知，专利权人是利用职务之便，非法将原单位使用的《山东齐隆化工股份有限公司：深色石油树脂装置操作规程》作为非职务发明申请专利，专利权人属于专利法第 5 条规定的将职务发明成果窃取为非职务发明的违反社会公德、妨害公共利益的行为，因此不符合专利法第 5 条的规定。

2008 年 7 月 23 日，合议组向双方当事人发出《无效宣告请求口头审理通知书》，拟定于 2008 年 9 月 15 日对本案进行口头审理，并将专利权人于 2008 年 6 月 8 日提交的意见陈述书及其附件转送给请求人，将请求人于 2008 年 6 月 12 日提交的意见陈述书及补充的证据 5～13 转送给专利权人。

2008 年 8 月 15 日，合议组再次向双方当事人发出《无效宣告请求口头审理通知书》，将举行口头审理的日期变更为 2008 年 9 月 22 日。

2008 年 9 月 11 日，专利权人提交了意见陈述书，认为：（1）请求人提交的证据 5 中所述的石油树脂合成工艺分两步进行：第一步主要是通过自由基引发热聚合工艺对原料进行热处理，同时副产少量的劣质深色石油树脂，其反应温度为原料的蒸馏度（145～200℃），反应压力为常压或负压（-0.093MPa），且加入引发剂是其必要技术特征之一，第二步采用传统的催化聚合工艺，即于-5～40℃温度范围内和常压下进行阳离子聚合，加入催化剂是其必要技术特征之一，本发明权利要求 1 的必要技术特征是聚合反应在 170～280℃温度范围和 0.3～3.5MPa 压力条件下进行，反应过程中不需加入催化剂和引发剂。由此可见本专利权利要求 1 的方法与证据 5 的方法相比，反应温度、反应压力、使用助剂不同，证据 5 不能破坏权利要求 1 的新颖性。（2）虽然本专利权利要求 1 中所述其他原料是本领域合成石油树脂的常规原料，但本专利权利要求 1 采取了新的工艺方法和条件，有意想不到的积极效果，因此具有创造性。（3）证据 6 只是对石油树脂传统工艺中催化剂的使用进行了充分公开论述，对石油树脂热聚合工艺的原料、产品、工艺条件、生产方法、技术参数、产品质量、收率等均未公开论述，且在聚合反应中加入过氧化物引发剂不是本专利的必要技术特征，因此证据 6 不能影响本专利权利要求 2 的创造性。（4）证据 5 在对原料预处理过程中，采用自由基引发热聚合工艺，原料中必须加入引发剂，于 145～200℃常压蒸馏，原料中不饱和烃聚合转化率非常低，深色石油树脂收率一般只能达到 5%～15%，产品质量差、附加值低，实际无法用于工业化，证据 5 中石油树脂的合成主要通过传统的催化聚合工艺进行，在催化聚合工艺后期需要大量碱性物质中和聚合液，易对环境造成污染。本专利由于聚合条件的改变，原料中不饱和烃的转化率提高到 95% 以上，石油树脂产品收率达到 60%～80%，生产过程无须加入催化剂、引发剂和中和剂，能降低成本和实现规模化、自动化的生产，具有产品质量明显提高和消除环境污染等有益效果，由此证据 5 不能影响权利要求1～9 的创造性。（5）证据 7 于 1986 年公开了以裂解 C_5 馏分为原料生产 C_5 氢化树脂的方法，与本专利涉及的原料、产品、工艺等具有本质区别。证据 8 公开了以裂解 C_5 馏分为原料生产 DCPD 树脂的方法，其所用原料、工艺条件、产品及收率均与本专利的发明点不同，证据 9、10 均与证据 5 中所述方法相同，证据 11 公开了以裂解 C_5 馏分为原料生产 DCPD 树脂的方法，与证据 8 相同，证据 9～11 与本专利方案均有本质区别，不能影响权利要求 1～9 的新颖性和创造性；（6）本专利申请、授权经过国家专利局的严格审查程序，且专利权权属问题以及职务发明问题均与请求人无关，也与本案无关。

2008 年 9 月 22 日，口头审理如期进行，请求人的代理人和专利权人出席了口头审理。庭审过程中，合议组就本案的无效理由及证据逐一进行了调查，双方当事人充分陈述了各自的意见。在此基础上，合议组记录了以下重要事项：

（1）合议组当庭将专利权人于 2008 年 9 月 11 日提交的意见陈述书转送给请求人。请求人表示需要提交书面意见。合议组当庭告知：请求人可以于口头审理结束后 7 个工作日内针对专利权人于 2008 年 9 月 11 日提交的意见陈述书提交书面意见，逾期合议组不予考虑。

（2）请求人当庭提交了证据 1、12、13 的原件，以及盖有“与原件核对无异”的红章的证据 2 的复印件，首页上盖有“山东齐隆化工股份有限公司”红章、每页均盖有“与原件核对无异”的红章的证据 3 的复印件。专利权人认为证据 1 的原件与复印件一致，但仍对证据 1 的真实性不予认可，并认为请求人出示的证据 2～4 不是原件，而对证据 2～4 的真实性不予认可，对证据 2、3 属于公开发表有异议，在此情况下，请求人承认证据 2～4 不是原件，承认证据 2、3 是企业内部资料，没有公开发表。专利权人对证据 5～13 的真实性、合法性没有异议，但是认为证据 5～11 不能证明本专利缺乏新颖性、创造性，因而认为证据 5～11 与本专利没有关联性。

（3）请求人当庭提交了证据 7 的中文译文，合议组当庭告知：根据审查指南第四部分第八章第 2.2.1 节的规定，由于证据 7 未在规定的举证期限内提交中文译文，其视为未提交。

（4）请求人放弃使用证据 4 和证据 9～11，放弃证据 7、证据 8 用来评价权利要求 2～9 的无效理由，放弃证据 2 与证据 3 用来评价权利要求 2～9 创造性的无效理由；请求人当庭确定其无效宣告的理由为：①权利要求 1 相对于证据 1 或证据 5 不符合专利法第 22 条第 2 款的规定，证据 1 作为使用公开的证据，证据 5 作为出版物公开的证据；②权利要求 1 相对于证据 2 和证据 3 的结合不符合专利法第 22 条第 3 款的规定，证据 2、3 以使用公开的方式来使用；③权利要求 1～9 相对于证据 5、证据 6 与公知常识的结合不符合专利法第 22 条第 3 款的规定；④权利要求 1 相对于证据 7 或证据 8 不符合专利法第 22 条第 3 款的规定；⑤根据证据 13，本专利不符合专利法第 5 条的规定。

（5）在使用证据 5 评价权利要求 1 新颖性时，请求人承认“证据 5 中记载的压力条件与本专利权利要求 1 不同”，在使用证据 5、证据 6 结合公知常识评价权利要求 1 的创造性时请求人使用证据 5 作为最接近的现有技术，并认为“证据 5 和本专利的权利要求 1 的区别技术特征是：压力条件不同。证据 5、6 均没有公开压力条件”，请求人表示：仅使用证据 5 中第 1. 2. 2 节中第 1 段中的内容与本专利权利要求 1 进行对比，不使用第 2 段与本专利权利要求 1 进行对比。在使用证据 8 评价权利要求 1 的创造性时，请求人表示：证据 8 使用第 26 页第 5. 1 节。

2008 年 9 月 27 日，请求人提交了意见陈述书，进一步陈述权利要求 1~9 不具备创造性、本专利不符合专利法第 5 条的规定的理由，具体如下：（1）权利要求 1 的聚合反应温度范围早已使用公开，该温度范围是全国使用 C_9、C_5 等不饱和烯烃为原料生产石油树脂的必须温度范围，权利要求 2~3 加入引发剂的量和品种是行业常规做法，权利要求 4~7 的技术条件是行业常规做法，权利要求 9 的用途是行业常规产品用途，因此权利要求 1~9 不具有创造性；（2）结合请求人提供的证据 13 和证据 3 能明确看出本专利属于专利法第 5 条规定的违反社会公德、妨害公共利益的行为；（3）专利权人在口头审理时声称其方法收率高，但因为石油树脂的原料都是不饱和烯烃，组份相当复杂，所以实际上在生产实践中是逐批次计算该批生产的“转化率”的（第 1 步计算不饱和烃类在该批次 C_9 或 C_5 中的含量；第 2 步计算需要截取某段馏分作原料的截取率；第 3 步计算截取的某段馏分原料的热聚率转化率，如果由截得合适馏分热聚后得到所需石油树脂，则热聚转化率为石油树脂（kg）/截取的合适馏分（kg）×100%），生产实践中没有“石油树脂/原料 C_9 数量 = 收率”之说。

2008 年 11 月 10 日，专利权人的代理人到专利复审委员会面取了请求人于 2008 年 9 月 27 日提交的意见陈述书的复印件（共 3 页）。

至此，合议组认为本案的事实已经清楚，可以作出审查决定。

二、决定的理由

1. 关于审查文本

本次审理的基础是本专利的授权公告文本。

2. 关于无效宣告理由和证据

本案中，请求人提交的证据为证据 1~13，其中，在口头审理阶段，请求人当庭表示放弃使用证据 4 和证据 9~11，故请求人使用的证据为证据 1~3、5~8 和 12~13。

证据 1 是一份盖有“山东蓝盾石油树脂有限公司”公章的书面证明，证据 2 声称是齐鲁石油化工公司烯烃厂劳动服务公司的“关于投建 C_9 黑色树脂厂的请示报告”和“关于投建 C_9 黑色树脂厂的简单说明”，证据 3 是盖有“山东齐隆化工股份有限公司”公章的“深色石油树脂装置操作规程（暂行）”。请求人提交了证据 1 的原件。专利权人认可证据 1 的原件与复印件一致，但仍对证据 1 的真实性不予认可，专利权人认为请求人提交的证据 2、3 不是原件，因而不认可其真实性，对证据 2、3 属于公开发表有异议。合议组经核实，（1）证据 1 的原件与提交的复印件一致，专利权人亦认可这一点。但是证据 1 实质上属于证人证言，对于证言内容“我公司于 1999 年 5 月 12 日成立，当时有一套年生产热聚型石油树脂为 3000 吨的小型生产线试生产，工艺流程：原料→切割→聚合→蒸馏→造粒→包装入库，技术参数：原料为乙烯副产品 C_9 馏分，生产工艺为热聚法，温度在 175~230℃，压力 0~2. 4MPa，产品型号 6#~18#，软化点 80~160℃，于 2000 年 6 月开始筹建新设备厂房，于 2001 年 1 月投产，年生产能力 8000 吨……”，由于代表山东蓝盾石油树脂有限公司出具该证言的相关自然人既未签名也未出庭接受质证，而请求人也没有提供其他证据佐证上述证言的内容真实，故合议组对证据 1 中记载内容的真实性难以确认，即仅依据这份证据尚不足以证明山东蓝盾石油树脂有限公司确实在 2001 年 1 月投产并按照上述生产工艺条件制备得到所述性能的热聚型石油树脂。更不能证明上述证言所述的工艺流程、聚合方法、生产工艺条件、产品等在本专利申请日前处于公众可以得知的状态。（2）证据 2、3 没有提交原件，尽管请求人当庭提交的复印件上盖有“与原件核对无异”的红章，证据 3 的首页上盖有“山东齐隆化工股份有限公司”的红章，但是上述印章的效力无法确定，请求人亦没有其他证据来证明该复印件与原件一致，在专利权人对其真实性提出质疑的情况下，合议组亦不能确认其真实性，且请求人承认该证据是企业内部文件，未公开发表，请求人也不能证明证据 2、3 在本专利申请日前处于公众可以得知的状态，因此合议组对证据 2、3 的真实性和公开性均不予认可。

证据 7 为美国专利文献，审查指南第四部分第八章第 2.2.1 节外文证据的提交中规定：当事人提交外文证据的，应当提交中文译文，未在举证期限内提交中文译文的，该外文证据视为未提交。审查指南第四部分第三章第 4.3.1 节（3）中规定：请求人提交的证据是外文的，提交其中文译文的期限适用该证据的举证期限。本案中，由于请求人未在提出无效宣告请求之日起 1 个月内提交证据 7 的中文译文，根据上述规定，该证据视为未提交。

证据 5、6、8 均是期刊文献，证据 12 是国家知识产权局专利检索咨询中心出具的检索报告，证据 13 是盖有“淄博新联工贸有限责任公司人事部”公章的书面证言，内容涉及专利权人耿朝华的个人经历。专利权人对证据 5、6、8、12、13 的真实性没有异议。在此情况下，合议组对证据 5、6、8 和 12~13 的真实性予以确认，由于证据 5、证据 6 和证据 8 的公开日均早于本专利申请日，因此能作为本专利的现有技术来评价本专利。至于专利权人认为证据 5、6、8 不能证据本专利缺乏新颖性、创造性而认为其与本案没有关联性，合议组认为，证据 5、6、8 的内容涉及 C_9 石油树脂或 C_5 石油树脂的合成，其与本案均有关。证据 12 是由第三方出具的咨询意见，其结论对本案的审理不具有约束力，在此不予评述。

综上，考虑到本案可采纳的证据，并结合请求人在口头审理中确认的无效宣告理由和范围，故本案合议组审理的无效宣告理由和范围为：权利要求 1 相对于证据 5 不符合专利法第 22 条第 2 款的规定；权利要求 1~9 相对于证据 5、证据 6 与公知常识的结合不符合专利法第 22 条第 3 款的规定；权利要求 1 相对于证据 8 不符合专利法第 22 条第 3 款的规定；本专利不符合专利法第 5 条的规定，使用证据 13。

3. 关于权利要求 1 的新颖性

专利法第 22 条第 2 款规定，新颖性，是指在申请日以前没有同样的发明或者实用新型在国内外出版物上公开发表过、在国内公开使用过或者以其他方式为公众所知，也没有同样的发明或者实用新型由他人向专利局提出过申请并且记载在申请日以后公布的专利申请文件中。

如果权利要求保护的技术方案相比于请求人提供的现有技术证据公开的方案存在区别技术特征，该区别技术特征导致二者的方案实质上不同，则该权利要求保护的技术方案具备新颖性。

本专利的权利要求 1 保护一种以石油裂解制乙烯副产——C_9 馏分、C_5 馏分、双环戊二烯馏分、苯乙烯焦油及其他富含不饱和烯烃的馏分中的一种或几种的混合物为原料，聚合反应并蒸馏除去未反应单体和低聚物后合成 C_9 石油树脂、C_5 石油树脂、双环戊二烯石油树脂、古马仑石油树脂及各种共聚石油树脂的方法，其特征在于聚合反应在 170~280℃和 0.3~3.5MPa 压力下进行。

证据 5 涉及 C_9 石油树脂合成工艺的改进方法。请求人在口头审理中明确仅使用证据 5 中第 1.2.2 节中第 1 段中的内容与本专利权利要求 1 进行对比，并且承认证据 5 记载的压力条件与本专利权利要求 1 中的压力条件不同。

合议组查明，证据 5 的第 1.2.2 节具体描述了自由基法和阳离子法两步合成 C_9 石油树脂的工艺，其中第 1 段记载“取天津联合化学有限公司乙烯裂解 $C_9$8000kg，投到 $12m^3$ 的蒸馏釜内，同时加入 8kg 过氧化物作为引发剂，然后加热进行常压蒸馏。蒸出小于 145℃的馏分作为芳烃溶剂（微量），蒸出 145~200℃的馏分作为阳离子聚合组份，大于 200℃的馏分在该蒸馏釜内进行减压蒸馏，釜液相温度为 250~260℃，真空度为 0.093MPa，最后得到 187kg 深色石油树脂和部分深色芳烃溶剂油”。第 1.2.2 节第 2 段则描述了将 145~200℃馏分进行阳离子催化聚合得到浅色石油树脂的过程。

合议组认为：请求人所使用的证据 5 第 1 页右栏第 1.2.2 节第 1 段的内容实际上是将裂解 C_9 中大于 200℃的馏分在釜液相温度为 250~260℃、真空度（即反应压力）为 0.093MPa 下采用引发剂引发的自由基聚合法合成 C_9 深色石油树脂。将本专利权利要求 1 与证据 5 第 1.2.2 节第 1 段公开的上述内容相比，二者之间至少存在压力条件的不同，即本专利权利要求 1 的压力为 0.3~3.5MPa，证据 5 为 0.093MPa。由于两者的反应压力明显不同，导致权利要求 1 和证据 5 第 1 页右栏第 1.2.2 节第 1 段所公开的内容属于实质上不相同的技术方案。因此，权利要求 1 具备专利法第 22 条第 2 款规定的新颖性。

4. 关于创造性

专利法第 22 条第 3 款规定，创造性，是指同申请日以前已有的技术相比，该发明有突出的实质性特点和显著的进步。

在权利要求保护的技术方案因相比于请求人提供的现有技术证据公开的方案存在区别技术特征，导致二者方案实质不同而具备新颖性的情况下，请求人认为该区别技术特征属于本领域的公知常识，但请求人既未能充分说明也没有提供任何证据证明该区别技术特征确系本领域的公知常识，且请求人提供的现有技术证据中也没有给出引入该区别技术特征的教导，则请求人关于该权利要求不具备创造性的理由不成立。

（1）使用证据 5、6 评价权利要求 1~9 创造性。

本案中，请求人在提出无效宣告请求时认为：“权利要求 1 中的其他原料也是本领域合成石油树脂的常规原料，因此，即使权利要求保护其他原料合成石油树脂的方法，权利要求 1 也不具有创造性”，在口头审理中请求人以证据 5 作为最接近的现有技术，结合证据 6 与本领域公知常识来评价权利要求 1 的创造性，并且明确表示“证据 5 和本专利的权利要求 1 的区别技术特征是：压力条件不同；证据 5、6 均没有公开压力条件”。

合议组认为，证据 5 公开的内容如前所述，本专利权利要求 1 中合成 C_9 石油树脂的方案与之相比，区别在于权利要求 1 的压力条件为 0.3~3.5MPa，而证据 5 的聚合压力条件为 0.093MPa，即本专利 C_9 石油树脂的合成是在约 3~35 个大气压下进行的，而证据 5 的 C_9 石油树脂是在低于 1 个大气压下合成的。结合本专利说明书中记载的内容，本专利实际要解决的技术问题是提供一种在相同聚合温度和更高压力下合成 C_9 石油树脂产品的工艺。

证据 5 中并未公开本专利权利要求 1 所述的压力条件，也没有给出任何改变 C_9 馏分合成石油树脂工艺的反应压力，例如提高压力到 3 个大气压以上来合成 C_9 石油树脂的教导。请求人虽主张上述区别特征属于本领域公知常识，但请求人并没有提供任何公知常识性的证据来证明采用0.3~3.5MPa 的压力条件进行 C_9 石油树脂的合成是本领域公知常识，而本领域技术人员知道，自由基聚合反应的温度和压力条件等往往是影响聚合产物结构和各项性能的重要因素，因此，合议组认为目前尚不能认定将证据 5 的 C_9 石油树脂合成中聚合压力条件选择为 0.3~3.5MPa 属于本领域公知常识。

证据 6 是涉及石油树脂生产中使用的催化剂的文献，显然证据 6 中也没有公开上述区别技术特征，也没有给出改变 C_9 馏分合成石油树脂工艺中反应压力的教导。

另一方面，根据本专利说明书第 3~5 页实施例 1~6 的记载，按照本专利的合成方法能够更好地合成石油树脂产品，即本专利取得了有益的技术效果。因此，权利要求 1 中合成 C_9 石油树脂的方案具备专利法第 22 条第 3 款规定的创造性。

就本专利权利要求 1 所保护的合成除 C_9 石油树脂外的其他石油树脂的方案来说，对于请求人认为“权利要求 1 中的其他原料也是本领域合成石油树脂的常规原料，因此，即使权利要求保护其他原料合成石油树脂的方法，权利要求 1 也不具有创造性”，合议组认为，证据 5 涉及 C_9 石油树脂的合成工艺，没有公开使用 C_5 馏分、双环戊二烯馏分、苯乙烯焦油及其他富含不饱和烯烃的馏分中的一种或几种的混合物作为原料来合成相应的石油树脂，更没有公开采用上述原料合成相应石油树脂的工艺条件，证据 6 主要涉及以酸引发的正离子聚合过程进行石油树脂的生产中的几种催化剂，显然本领域技术人员从证据 5、6 中无法获得将上述原料在如权利要求 1 所述反应条件下合成相应的石油树脂的教导，请求人也没有提供任何证据来证明采用上述原料在如权利要求 1 所述反应条件下合成相应石油树脂是本领域公知常识。因此，请求人的上述主张不成立，权利要求 1 所保护的合成除 C_9 石油树脂外的其他石油树脂的方案具备专利法第 22 条第 3 款规定的创造性。

请求人在口头审理后进一步提交的意见陈述中认为：①权利要求 1 的特征部分述及“聚合反应在 170～280℃温度范围内和 0.3～3.5MPa 下进行”，而从属权利要求 7 明确指出“所述的反应压力由反应物料在一定温度下自行产生”，表明实质性的必要技术特征只是“聚合反应在 170～280℃温度范围内……下进行”，而该温度范围是“全国使用 C_9、C_5 等不饱和烯烃为原料生产石油树脂的必须温度范围”，因此该温度范围早已使用公开。②因为石油树脂的原料都是不饱和烯烃，组份相当复杂，所以实际上在生产实践中是逐批次计算该批生产的“转化率”的（第 1 步计算不饱和烃类在该批次 C_9 或 C_5 中的含量；第 2 步计算需要截取某段馏分作原料的截取率；第 3 步计算截取的某段馏分原料的热聚率转化率），并没有“石油树脂/原料 C_9 数量＝收率”之说，以此反驳专利权人有关本专利方法收率高的说法。

对此，合议组认为，①权利要求 1 中的温度和压力条件均是评价权利要求 1 创造性时应予以考虑的必要技术特征，因此请求人的上述主张不成立。②由于请求人所使用的证据 5 的第 1.2.2 节第一段中使用了大于 200℃的馏分合成了 187kg 深色石油树脂，所使用的 C_9 馏分的沸程和本专利实施例中 C_9 馏分的沸程不同，即依据现有材料无法比较本专利与证据 5 的产率高低。

综上所述，请求人关于权利要求 1 相对于证据 5、6 和公知常识不具备创造性的上述无效宣告请求理由不成立，权利要求 1 具有突出的实质性特点和显著的进步，符合专利法第 22 条第 3 款的规定。

在此情况下，从属权利要求 2～9 也具备创造性，符合专利法第 22 条第 3 款的规定。

（2）使用证据 8 评价权利要求 1 创造性。

请求人认为：“证据 8 也公开了在 150℃，1.5MPa 下热聚得到 C_5 石油树脂”（见证据 8 第 26 页第 5.1 节中的原料 4 的处理方法），因此权利要求 1 相对于证据 8 不具有创造性。

合议组查明，证据 8 涉及裂解 C_5 馏分合成石油树脂的研究，在该文献第 126 页第 5.1 节“原料处理方法对聚合效果的影响”中记载了“原料 4：在温度 150℃，压力 1.5MPa，空速 0.3～1h 的条件下，热聚后切出<70℃的馏分作为聚合原料”。合议组认为：证据 8 第 26 页第 5.1 节中原料 4 部分的内容是涉及通过热处理除去 C_5 馏分中大于 70℃的馏分而切割出<70℃的馏分作为聚合原料，为 C_5 石油树脂的合成提供合适的聚合原料，其实质是 C_5 馏分的原料处理步骤，而并不涉及将 C_5 馏分作为聚合原料经聚合合成 C_5 石油树脂的方法。虽然其中原料 4 公开的热处理的压力落在权利要求 1 的范围内，但是该原料处理的热聚是指将环戊二烯单体转化为双环戊二烯，和权利要求 1 所述的通过将原料通过聚合反应合成 C_5 石油树脂的方案本质上不同，本领域技术人员从证据 5 的第 5.1 节公开的内容也不会产生将该原料处理工艺的条件应用到将原料合成石油树脂的聚合反应工艺中的启示。因此，请求人有关权利要求 1 相对于证据 8 的第 5.1 节原料 4 的处理步骤不具备创造性的无效宣告理由不成立。

5. 关于专利法第 5 条

专利法第 5 条：对违反国家法律、社会公德或者妨碍公共利益的发明创造，不授予专利权。

请求人认为：由证据 13 结合证据 3 可以看出，专利权人是利用其在原单位工作期间担任领导职务之便，非法将原单位使用的《山东齐隆化工股份有限公司：深色石油树脂装置操作规程》作为非职务发明申请的专利，蒙骗国家，窃得专利权，企图独霸相关石油树脂市场的非法行径，属于专利法第 5 条规定的违法社会公德、妨害公共利益的行为。

专利权人认为：本专利的申请、授权经过国家专利局严格的程序，专利权无法“蒙骗”和“窃得”。关于专利权权属问题以及职务发明与非职务发明的问题均与请求人无关，也与本专利权宣告无效请求案件无关。

合议组审查后认为：专利法第 5 条的规定是指发明创造的公开、使用、制造违反了国家法律、社会公德或妨害公共利益的，不能被授予专利权。本专利权利要求 1~9 的技术方案涉及一种石油树脂的合成方法，用于生产各种性能的石油树脂产品，其技术方案本身不违背国家法律和社会公德，其技术方案的实施和使用也不会给公众或社会造成危害或者使国家和社会的正常秩序受到影响；证据 13 的内容主要是“耿朝华于 1998 年 6 月 24 日被任命为新联公司齐隆分公司经理，1999 年 10 月 15 日解聘”，其只能表明耿朝华个人的工作经历，但是不能体现本专利的公开、使用、制造违反国家法律、社会公德和妨害公共利益，因此请求人的理由不能成立。

基于以上事实和理由，本案合议组作出如下审查决定。

三、决定

维持 01142342. 0 号发明专利权有效。

根据专利法第 46 条第 2 款的规定，当事人对本决定不服的，可以自收到本决定通知书之日起三个月内向北京市第一中级人民法院起诉。根据该款的规定，一方当事人起诉后，对方当事人应当作为第三人参加诉讼。

015

甲酸钾合成工艺

无效宣告请求审查决定（第13529号）

决　定　号　第13529号
决　定　日　2009年6月8日
发明创造名称　甲酸钾合成工艺
国 际 分 类 号　C07C53/06，C07C51/10，C07C51/41
无效宣告请求人　绵阳启明星磷化工有限公司
专 利 权 人　杨显云
专　利　号　00112814.0
申　请　日　2000年3月31日
授 权 公 告 日　2004年9月22日
合 议 组 组 长　汪送来
主　审　员　王　静
参　审　员　黄　强

法 律 依 据　专利法实施细则第68条第1款，专利法第33条
决 定 要 点

在无效宣告程序中，专利权人修改权利要求书的具体方式一般限于权利要求的删除、合并和技术方案的删除。

如果通过增加、改变和/或删除申请内容中的一部分，致使所属技术领域的技术人员看到的信息与原申请记载的信息不同，而且又不能从原申请记载的信息中直接地、毫无疑义地确定，那么，这种修改就是不允许的。

一、案由

本无效宣告请求案涉及国家知识产权局于2004年9月22日公告授予的、名称为“甲酸钾合成工艺”的发明专利权（下称本专利），其申请日为2000年3月31日，专利权人为杨显云。该专利授权公告的权利要求书如下：

“1. 甲酸钾合成工艺，其特征在于所述工艺包括以下步骤：（1）净化CO气体，使其纯度达90%以上；（2）选取浓度为3～5M的K（OH）溶液，与CO气体合成制取浓度为6.6～7.5mol/L的合成液，工作压力为1000～1700kPa，合成温度为170～220℃；（3）将合成液沉降；（4）蒸发浓缩，制成KCOOH液体；或（5）结晶或制片干燥成甲酸钾干品。

2. 根据权利要求1所述的甲酸钾合成工艺，其特征在于：所述步骤（1）中，CO气体净化纯度

达 95% 以上；所述步骤（2）中，合成的工作压力为 1000~1500kPa，合成温度控制在 180~200℃。

3. 根据权利要求 1 或 2 所述的甲酸钾合成工艺，其特征在于：制片制取干品的温度选在 190~220℃。”

针对上述专利权，绵阳启明星磷化工有限公司（下称请求人）于 2008 年 11 月 3 日向专利复审委员会提出无效宣告请求，同时提交了本专利的授权文本和申请公开文本及以下证据 1~4：

证据 1：WO96/01248A1，公开日为 1996 年 1 月 18 日，复印件共 12 页；

证据 2：黄磷尾气一氧化碳的化工利用，李光兴，《湖北化工》，1992 年第 1 期，第 44~48 页，复印件共 5 页；

证据 3：Synthesis of sodium formate-13C and oxalic acid-13C2，J. Org. Chem.，第 42 卷第 16 期，1977 年，第 2790 页，复印件共 1 页；

证据 4：一种常压下由 CO 制备甲酸钠的简便方法，李德才等，《精细化工》，第 10 卷第 1 期，1993 年，第 36~38 页，复印件共 3 页。

请求人认为：

（1）将原申请文件（见原权利要求 1 和说明书具体实施方式部分）记载的“与 CO 气体的合成制取浓度为 370~420g/L 的合成液”修改为“与 CO 气体的合成制取浓度为 6.6~7.5mol/L 的合成液”，修改后的内容没有记载在原说明书和权利要求书中，也不能由原说明书和权利要求书记载的内容直接导出，因此，权利要求 1~3 的修改不符合专利法第 33 条的规定。

（2）说明书中未对 KOH 与 CO 的用量、如何得到所需浓度的合成液以及合成液沉降条件，比如温度、压力等工艺参数进行说明，因此，说明书不符合专利法第 26 条第 4 款的规定。

（3）权利要求 1 中对于将合成液沉降、蒸发浓缩制成 KCOOH 液体没有具体实施例支持，同时采用功能性限定“结晶或制片干燥成甲酸钾干品”，使得权利要求 1 不符合专利法第 26 条第 4 款的规定；权利要求 2 和 3 仍然没有克服上述缺陷，不符合专利法第 26 条第 4 款的规定。

（4）①在对比文件 1~4 公开的内容结合本领域的公知常识/常用技术手段基础上，权利要求1~3 不具备专利法第 22 条第 3 款规定的创造性。② 在对比文件 3 公开的内容基础上，权利要求 1~3 不具备专利法第 22 条第 3 款规定的创造性。

经形式审查合格后，专利复审委员会受理了上述无效宣告请求，于 2008 年 11 月 3 日向双方当事人发出《无效宣告请求受理通知书》，同时将请求人提交的《专利权无效宣告请求书》及其附件的副本转送给专利权人，要求其在指定的期限内答复，并成立合议组对本无效宣告请求案进行审理。

2008 年 11 月 25 日，请求人补充提交了意见陈述书，并且提交了与前述证据 1~4 完全相同的 4 份证据，以及证据 5、证据 1 的部分中文译文 2 页和证据 3 的中文译文 3 页，证据 5 如下：

证据 5：涟水化工厂的工艺操作规程，第 70~73 页，复印件共 2 页。

同时，请求人在请求书中的无效理由的基础上，增加了权利要求 1~3 相对于证据 5 结合公知常识/常用技术手段不具备专利法第 22 条第 3 款规定的创造性的无效理由。

2008 年 12 月 17 日，专利权人针对《无效宣告请求受理通知书》提交了意见陈述书，同时提交以下 5 份反证：

反证 1：甲酸钾生产与技术合作协议，复印件共 3 页；

反证 2：实质审查程序中的第一次审查意见通知书以及意见陈述书，复印件共 7 页；

反证 3：申请号为 00112814.0 的中国发明专利申请公开说明书，复印件共 5 页；

反证 3：申请号为 00112814.0 的中国发明专利申请相关文件，复印件共 6 页；

反证 4：“甲酸钾的合成”科技项目查新报告书，复印件共 4 页。

专利权人认为：（1）根据实质审查意见通知书即反证2中指出的“g/L为非标准国际单位”的意见，将“370~420g/L”修改为“6.6~7.5mol/L”，这种修改是由370~420g/L合成液直接导出的，权利要求1~3的修改符合专利法第33条的规定；（2）本专利方法所说明的每一个步骤都是清楚、完整的，本领域技术人员能够实现本发明，说明书符合专利法第26条第3款的规定；（3）说明书的说明是清楚、具体的，可充分支持权利要求1~3的保护范围，符合专利法第26条第4款的规定；（4）（a）请求人未提供对比文件1和对比文件3的引用部分的中文译文，不能作为证据使用；（b）反证1说明选择本专利的后续处理并非技术人员容易想到的，反证4显示国内外未见采用与本专利相同的生产甲酸钾的文献报道，权利要求1~3相对于对比文件1、对比文件2、对比文件3及其结合具备专利法第22条第3款规定的创造性。

2008年12月30日，合议组向双方当事人发出《无效宣告请求口头审理通知书》，定于2009年2月17日对本案进行口头审理，同时将专利权人于2008年12月17日提交的意见陈述书及相关附件的副本转送给专利权人。

2009年2月5日，专利权人提交了补充意见陈述书及修改后的权利要求书和说明书，将权利要求1和说明书中合成液浓度由“6.6~7.5mol/L”修改为“4.4~5.0mol/L”，请求人认为，6.6~7.5mol/L是一个明显的换算错误，现予以更正，其结果是唯一的，也是本领域技术人员能够换算的。

2009年2月14日，专利权人提交了补充意见陈述书及修改后的权利要求书和说明书，将权利要求1和说明书中合成液浓度由“6.6~7.5mol/L”修改为“370~420g/L”。

2009年2月17日，口头审理如期进行。合议组就本案的无效理由及证据逐一进行了调查，并记录了如下事项：

（1）专利权人放弃反证3作为证据使用。

（2）专利权人放弃2009年2月14日提交的权利要求书，保留2009年2月5日提交的权利要求书，认为针对非标准的国际单位g/L换算成标准国际单位mol/L过程中由于换算错误导致的错误进行的修改，这种修改是对错误进行的改正。请求人认为，专利权人对于权利要求书的修改不符合审查指南中关于修改方式的规定。

（3）请求人当庭增加将权利要求1“要求浓度”删除不符合专利法第33条规定的无效理由。专利权人认为这是逾期增加的无效理由，不应考虑。

（4）请求人当庭提交了盖有“中国科学院程度科技查新咨询报告”红章及骑缝章的检索报告书及其附件共23页，出示了盖有“成都市环球翻译有限公司”红章和“中文译文与原件内容一致”蓝章的中文译文原件2份，出示了封面页印有“涟水化工厂”及“1987.11”字样的“工艺操作规程”原件。专利权人当庭进行核实，认可证据1、3、5的真实性，对证据1、3的中文译文的准确性予以认可，对证据2、4的真实性有异议，对证据5的公开性有异议，认为证据5是厂工艺规程，不是公开出版物，不能作为证据使用。请求人认为，证据2、4均可以在网上查到，证据5并未要求保密，第三方可以获得。

此外，请求人当庭还提交了一份公知常识性证据，用于证明NaOH与CO反应制NaCOOH分2步进行，具体为盖有“国家图书馆”科技查新中心红章和骑缝章的文献复制证明原件，包括《基本有机合成工艺学》下册，中国工业出版社，1962年8月第1版，出版信息页和相关的复印件共5页（下称证据6）。专利权人认可该公知常识性证据的真实性、合法性和关联性。

（5）专利权人当庭提交了盖有重庆川东化工（集团）有限公司红章与杨显云签字的“甲酸钾生产与技术合作协议”的原件，出示了盖有“专利审查业务”红章的第一次审查意见通知书及两次意见陈述书，出示了盖有“国家科委西南信息中心查新中心”报告专用红章的科技项目查新报告书。

请求人当庭进行核实，认可反证2~4的真实性，对反证1第3页的红章没有异议，但是第1、2页未盖骑缝章，因此，对反证1的真实性有异议，而且认为反证1、2和4与本专利所涉及的无效理由没有关联。专利权人认为，反证1用以证明创造性，反证2用以证明对于权利要求中合成液浓度数值的修改是基于审查意见进行的修改，反证4用以证明创造性，均与本专利有关联性。

（6）请求人明确通过三种方式评价权利要求1~3不具备创造性，即证据1、2、3和4结合公知常识；证据3结合公知常识；证据5结合公知常识。

（7）请求人对于授权文本和2009年2月5日提交的修改后的文本的无效理由和使用的证据一致，专利权人针对上述两文本的答辩理由和使用的反证也一致。

（8）合议组给予专利权人自口头审理之日起7天时间，针对请求人当庭提交的公知常识的证据进行答复，若针对公知常识证据以外内容陈述意见或逾期答复，合议组不予考虑。

（9）合议组给请求人自口头审理之日起7天时间，针对专利权人于2009年2月5日提交的权利要求的修改进行答复，若针对权利要求书修改以外内容陈述意见或逾期答复，合议组不予考虑。

2009年2月21日，专利权人提交了意见陈述书，针对请求人当庭提交的公知常识的证据进行答复，专利权人认为，反应机理并不能反映具体的制备工艺，也不能反映出制备工艺中的各种具体工艺条件，甲酸钾和甲酸钠虽然同属于甲酸盐，但两者的理化指标存在显著差别，不可能采用和甲酸钠相同或相近似的和合成工艺来合成甲酸钾，请求人提交的公知常识性证据无法与其他证据结合否定本专利的创造性。此外，专利权人认为，本专利这种对明显错误进行更正的修改方式，不涉及保护范围的扩大和缩小，不应受审查指南第四部分第三章第4.6节的修改方式的限制，对于权利要求的修改无论是在修改方式还是修改时间上都符合专利法、实施细则以及审查指南的相关规定，还就权利要求符合专利法第22条第3款的规定发表了书面意见。

2009年2月23日，请求人提交了意见陈述书，针对专利权人于2009年2月5日提交的修改文本进行答复，同时提交了口审代理词。请求人认为，专利权人对权利要求书和说明书均进行了修改，其中说明书在无效过程中修改不符合相关规定，权利要求的修改不符合专利法实施细则第68条的规定，而且，370~420g/L的合成液本身是混合物，所以其平均分质量无法确定，从其质量浓度370~420g/L无法直接毫无疑义的换算到M/L，因此，修改超出了原说明书和权利要求书记载的范围，不符合专利法第33条的规定。

至此，合议组认为本案的事实清楚，可以作出审查决定。

二、决定的理由

1. 关于证据

请求人当庭提交了盖有“中国科学院成都科技查新咨询报告”红章及骑缝章的检索报告书及其附件共23页，出示了盖有“成都市环球翻译有限公司”红章和“中文译文与原件内容一致”蓝章的中文译文原件2份，出示了封面页印有“涟水化工厂”及“1987.11”字样的“工艺操作规程”原件。专利权人当庭进行核实，认可证据1、3、5的真实性和证据1、3的中文译文的准确性。合议组经审查，对证据1、3、5的真实性和证据1、3的中文译文的准确性予以认可。专利权人对证据2、4的真实性有异议。合议组认为，证据2和4是两篇期刊文献，可以从中国科学院成都科技查新咨询中心获得，在没有证据表明其不真实的情况下，合议组对证据2、4的真实性予以认可。专利权人对证据5的公开性有异议，认为证据5是厂内的工艺规程，不是公开出版物，没有出版信息页和版权页，不能作为证据使用。合议组认为，证据5是涟水化工厂的内部工艺规程，没有证据证明其已被公开出版发行，因此，不属于专利法意义上的公开出版物，不能作为本专利现有技术的证据使用。

此外，请求人当庭还提交了证据6。专利权人认可证据6的真实性、合法性和关联性。经审查，合议组对其真实性予以认可。

专利权人当庭提交了盖有重庆川东化工（集团）有限公司红章与杨显云签字的“甲酸钾生产与技术合作协议”的原件，出示了盖有“专利审查业务”红章的第一次审查意见通知书及两次意见陈述书，出示了盖有“国家科委西南信息中心查新中心”报告专用红章的科技项目查新报告书。请求人当庭进行核实，认可反证2~4的真实性，对反证1第3页的红章没有异议，但是认为第1、2页未盖骑缝章，因此，对反证1的真实性有异议。并且，请求人认为反证1、2和4与本专利所涉及的无效理由没有关联。专利权人认为，反证1用以证明创造性，反证2用以证明权利要求中将“370~420g/L”改为“6.6~7.5mol/L”的修改是基于实质审查意见通知书进行的修改，反证4用以证明创造性，均与本专利有关联性。经审查，合议组对反证3的真实性予以认可，并且经核实确认，反证3的内容与本专利申请日提交的原始申请文件的内容一致。反证1是重庆川东化工（集团）有限公司与杨显云、戴祖宏、姜仁普签订的甲酸钾生产与技术合作协议，反证4是国家科委西南信息中心查新中心出具的科技项目查新报告书，反证1和反证4中的内容与本专利是否具备创造性没有关联性，不能作为本案的定案依据。授权文本的权利要求1中的“6.6~7.5mol/L”是否为基于实质审查意见通知书进行的修改，与权利要求1的修改是否超出原说明书和权利要求书的记载范围无关，因而反证2与本案没有关联性。

2. 关于权利要求和说明书的修改

专利法实施细则第68条第1款规定：在无效宣告请求的审查过程中，发明或者实用新型专利的专利权人可以修改其权利要求书，但是不得扩大原专利的保护范围。

审查指南第四部分第三章第4.6.2节规定：在满足修改原则的前提下，修改权利要求书的具体方式一般限于权利要求的删除、合并和技术方案的删除。

就本案而言，专利权人将权利要求1保护的技术方案中合成液浓度由“6.6~7.5mol/L”修改为“4.4~5.0mol/L”，这种修改不属于上述三种类型中的任何一种。因此，权利要求1的修改不符合专利法实施细则第68条第1款的规定。专利权人认为本专利的这种修改不受审查指南第四部分第三章第4.6节规定的修改方式的限制没有依据，专利权人于2009年2月5日提交的修改文本不能接受。

因此，合议组确定以授权文本作为本无效宣告请求审查的基础。

3. 关于专利法第33条

专利法第33条规定：申请人可以对其专利申请文件进行修改，但是，对发明和实用新型专利申请文件的修改不得超出原说明书和权利要求书记载的范围。

如果通过增加、改变和/或删除申请内容中的一部分，致使所属技术领域的技术人员看到的信息与原申请记载的信息不同，而且又不能从原申请记载的信息中直接地、毫无疑义地确定，那么，这种修改就是不允许的。

就本案而言，权利要求1保护甲酸钾合成工艺，其包括“与CO气体合成制取浓度为6.6~7.5mol/L的合成液”的技术特征，说明书第1页发明内容部分和具体实施方式部分均包括“合成温度为170~220℃的前提下合成制取浓度为6.6~7.5mol/L的合成液”的内容。

而原权利要求1记载的是“与CO↑合成制取浓度为370~420g/L的合成液”，原说明书第1页第20~21行记载的是“合成温度为170~220℃的前提下合成制取浓度为370~420g/L的合成液”，由此可见，上述修改后的权利要求1和说明书记载的信息与原申请文件中记载的信息不同。

合议组认为，从甲酸钾的工艺合成路线来看，以甲酸和氢氧化钾作为原料，反应得到甲酸钾和一氧化碳，那么根据化工领域的一般常识，理论上在反应完全的理想状态下，反应过程中的合成液是甲酸钾溶液，如果将“g/L”换算成“mol/L”，应当除以甲酸钾的分子量84，那么合成液的浓度

“370~420g/L” 换算后为 “4.4~5.0mol/L”，而不是 “6.6~7.5mol/L”。本领域技术人员根据本申请原说明书和权利要求书记载的内容，无法直接、毫无疑义的确定权利要求 1 和说明书合成液的浓度范围。

综上所述，权利要求 1 和说明书的上述修改内容使所属技术领域的技术人员看到的信息与原申请记载的信息不同，而且又不能从原申请记载的信息中直接地、毫无疑义地确定，因此所述修改超出了原说明书和权利要求书记载的范围，不符合专利法第 33 条的规定。由于从属权利要求 2~3 引用了权利要求 1，因而其中的合成液的浓度也是 6.6~7.5mol/L，因此，同样存在上述问题，也不符合专利法第 33 条的规定。

鉴于以上已经得出所有权利要求都不符合专利法第 33 条规定的结论，合议组对请求人的其他无效理由和所用证据以及专利权人针对其他无效理由陈述的意见和所用证据不再进行评述。

基于以上事实和理由，本案合议组作出如下审查决定。

三、决定

宣告 00112814.0 号发明专利权全部无效。

当事人对本决定不服的，可以根据专利法第 46 条第 2 款的规定，自收到本决定之日起三个月内向北京市第一中级人民法院起诉。根据该款的规定，一方当事人起诉后，另一方当事人应当作为第三人参加诉讼。

016

灭火弹改进结构

无效宣告请求审查决定（第 13533 号）

决　　定　　号　第 13533 号
决　　定　　日　2009 年 5 月 26 日
发明创造名称　灭火弹改进结构
国 际 分 类 号　A62C19/00，F42B12/46
无效宣告请求人　赛安撤服提波瑞密尔有限公司
专　利　权　人　孙　敏
专　　利　　号　200520018932.5
申　　请　　日　2005 年 5 月 16 日
授 权 公 告 日　2006 年 6 月 28 日
合 议 组 组 长　李彦涛
主　　审　　员　王　静
参　　审　　员　沈　钱

法　律　依　据　专利法实施细则第 21 条第 2 款，专利法实施细则第 22 条第 1 款，专利法第 22 条第 4 款，专利法第 22 条第 2 款，专利法第 22 条第 3 款

决　定　要　点

如果请求人以同样的理由和证据就一项已作出无效宣告请求审查决定的专利再次提出无效宣告请求的，该无效宣告理由不予考虑。

如果发明或者实用新型与现有技术相比，其与现有技术的技术方案存在区别技术特征，两者实质上不相同，那么该发明或者实用新型具有新颖性。

一、案由

本无效宣告请求案涉及国家知识产权局于 2006 年 6 月 28 日公告授予的、名称为“灭火弹改进结构”的实用新型专利权（下称本专利），其专利号为 200520018932.5，申请日为 2005 年 5 月 16 日，专利权人为孙敏。本专利授权公告的权利要求书如下：

“1. 一种灭火弹改进结构，其包括一具有内部腔室的几何形状的壳体；一填充在该内部腔室的灭火材料；一引线通过该内部腔室，并至少一端凸出壳体；其特征在于：至少该引线位于内部腔室的一设定区域形成卷绕组织，以固定一包覆其内的火药。

2. 根据权利要求 1 所述的灭火弹改进结构，其特征在于该卷绕组织可结合一棉絮单元。

3. 根据权利要求 2 所述的灭火弹改进结构，其特征在于所述的火药经由卷绕组织与棉絮单元包

覆的外部被一薄膜包覆。

4. 根据权利要求 1 所述的灭火弹改进结构，其特征在于所述的引线的长度大于壳体的直径。

5. 根据权利要求 1 所述的灭火弹改进结构，其特征在于一纸质材料可选择性的包覆在该火药、卷绕组织与棉絮单元之间。

6. 根据权利要求 1 所述的灭火弹改进结构，其特征在于该卷绕组织把其引线被分成复数条支线，使每一支线彼此可相互交错卷绕形成。

7. 根据权利要求 1 所述 1 灭火弹改进结构，其特征在于所述的引线的卷绕组织是位在壳体腔室的中央位置。”

针对上述专利权，赛安撒服提波瑞密尔有限公司（下称请求人）于 2009 年 2 月 6 日向专利复审委员会提出无效宣告请求，认为：本专利权利要求 1 不符合专利法实施细则第 21 条第 2 款和专利法实施细则第 22 条第 1 款的规定，权利要求 1～7 不符合专利法第 22 条第 4 款的规定，权利要求 1～7 不符合专利法第 22 条第 2 款的规定，权利要求 1～7 不符合专利法第 22 条第 3 款的规定，并提交了下述证据：

证据 1：由国家知识产权局专利检索咨询中心出具的盖有“经确认此副本与原件相同”的副本认证专用章的公告号为 M256192 的台湾专利复印件，公开日为 2005 月 2 月 1 日，复印件共 17 页；

证据 2：US6796382B2 美国专利公告说明书，公开日为 2004 年 9 月 28 日，复印件共 11 页，以及相关部分的中文译文 5 页。

请求人认为：（1）权利要求 1 未记载卷绕组织和棉絮单元包覆爆破火药的技术特征，无法形成完整的技术方案，不符合专利法实施细则第 21 条第 2 款的规定，也不符合专利法实施细则第 22 条第 1 款关于独立权利要求的前序部分、特征部分应当写明必要技术特征的规定。（2）权利要求 1 技术特征中无棉絮单元，使得该卷绕组织无法不泄漏的包覆其内的火药，使该火药会泄漏，导致引线无法引爆该火药，因此，实际上权利要求 1 无法被使用并且不能产生积极效果，不具有实用性。由于权利要求 2～7 为权利要求 1 的从属权利要求，也不具有实用性。（3）证据 1 或证据 2 公开了权利要求 1 的技术方案，只是文字表达方式上略有不同，因此，权利要求 1 不符合专利法第 22 条第 2 款的规定。证据 1 或证据 2 公开了引线长度，故权利要求 4 也不符合专利法第 22 条第 2 款的规定。（4）权利要求 1～7 相对于证据 1 或证据 2 不符合专利法第 22 条第 3 款的规定。具体理由如下：本专利权利要求 1 所限定的灭火弹改进结构的技术特征“其包括一具有内部腔室的几何形状的壳体；一填充在该内部腔室的灭火材料；一引线通过该内部腔室，并至少一端凸出壳体”已经在证据 1（M256192）和证据 2（US6796382）中均公开了，权利要求 1 和证据 1、2 区别仅在于技术特征“至少该引线位于内部腔室的一设定区域形成卷绕组织，以固定一包覆其内的火药”未在证据 1 或证据 2 中公开，因为本发明的卷绕组织和证据 1 中的塑胶管、证据 2 中的纸或纸板均是起包覆火药的作用，本领域技术人员在证据 1 或证据 2 的启示下容易想到使用引线或纸及纸板包覆火药，因此权利要求 1 相对于证据 1 或证据 2 不具有创造性。在此基础上，从属权利要求 2～3 的附加技术特征使得发明的结构更复杂，制造工序更多，从属权利要求 4～7 的附加技术特征已被证据 1 或证据 2 公开，因此权利要求 2～7 相对于证据 1 或证据 2 不符合专利法第 22 条第 3 款的规定。（5）结合证据 1 和证据 2 使本领域技术人员容易想到使用引线包覆火药，故权利要求 1 不具有创造性，不符合专利法第 22 条第 3 款的规定。结合证据 1 和证据 2 也可证权利要求 2 不具有创造性，不符合专利法第 22 条第 3 款的规定。另，无效宣告请求书的表格中显示，请求人的无效宣告理由还包括说明书、权利要求 1～7 不符合专利法第 26 条第 3 款和专利法实施细则第 20 条第 1 款的规定，但未进行任何论述。

经形式审查合格后，专利复审委员会受理了上述请求，于 2009 年 2 月 24 日向双方当事人发出

《无效宣告请求受理通知书》，并将《专利权无效宣告请求书》及其他有关文件的副本转送给专利权人，要求其在指定的期限内答复，同时成立合议组对本无效宣告请求案进行审理。

2009年4月10日，专利权人提交意见陈述书，同时提交了如下反证。

反证1：中华人民共和国国家知识产权局专利复审委员会作出的第12125号无效审查决定，决定日为2008年8月20日，复印件共9页。

专利权人认为：（1）对于权利要求1的技术方案，只要其能够实现发明目的即可，至于可以增加薄膜的包覆达到更优的技术效果，是在权利要求1限定的技术方案的基础上进一步的改进，并不表明权利要求1技术方案本身缺少必要技术特征，因此，权利要求1符合专利法实施细则第21条第2款和专利法实施细则第22条第1款的规定；（2）请求人提到包裹方式无法完全达到不泄漏火药的程度，只是请求人的臆测，并非无法实现，本专利符合专利法第22条第4款的规定；（3）本专利权利要求1与证据1或证据2公开的内容相比，存在区别技术特征，因此，本专利权利要求1符合专利法第22条第2款关于新颖性的规定；（4）相对于证据1、证据2或者证据1与证据2的结合，本专利具有实质性特点和进步，符合专利法第22条第3款的规定；（5）由反证1可以看出，证据1和证据2以及无效理由中的专利法实施细则第21条第2款、专利法第22条第3款在反证1中都有记载，违反了专利法实施细则第65条第2款关于一事不再理的原则。

2009年4月14日，本案合议组向双方当事人发出《无效宣告请求口头审理通知书》，定于2009年5月21日对本案进行口头审理，并将专利权人于2009年4月10日提交的意见陈述书及其反证的复印件共16页转送给请求人。

2009年4月17日，请求人提交补正书，并附有一份新型专利技术报告，复印件共4页。

2009年5月21日，口头审理如期进行。合议组就本案的无效理由及证据逐一进行了调查，并记录了如下事项：

（1）请求人放弃无效请求书表格上填写的关于本专利不符合专利法第26条第3款和专利法实施细则第20条第1款规定的无效理由。

（2）合议组当庭告知，根据专利法实施细则第64条第2款的规定，请求人提出的本专利不符合专利法实施细则第22条第1款规定的无效宣告理由不属于无效理由。

（3）合议组当庭将请求人于2009年4月17日提交的补正书转送专利权人。请求人明确表示，将该补正书中的新型专利技术报告作为证据使用。专利权人认为，该证据的提交时间超过了举证期限，不予认可。合议组当庭告知，请求人提交补正书的日期超出了举证期限，因此，对该补正书，合议组不予考虑。

（4）专利权人对于证据1和证据2的真实性、合法性和公开性无异议，但是认为上述证据不能证明本专利无效。

（5）请求人对于反证1的真实性、合法性和公开性无异议，同时也明确表示，其所提出的本专利不符合专利法实施细则第21条第2款规定以及本专利法不符合专利法第22条第3款规定的无效理由和证据与在先的无效宣告请求审查决定书中使用的无效理由和证据内容一致。

（6）合议组当庭告知，根据专利法实施细则第65条第2款的规定，由于在先的第12125号无效宣告请求审查决定中已经明确认定本专利符合专利法第21条第2款的规定和相对于上述两证据及其结合符合专利法第22条第3款的规定，因此，对于请求人又以相同的理由和证据提出的关于本专利不符合专利法第21条第2款和专利法第22条第3款规定的无效宣告理由，合议组不予考虑。

至此，合议组认为本案的事实清楚，可以作出审查决定。

二、决定的理由

1. 关于文本

本次审理的基础是本专利的授权公告文本。

2. 关于举证期限

专利法实施细则第66条规定：在专利复审委员会受理无效宣告请求后，请求人可以在提出无效宣告请求之日起1个月内增加理由或者补充证据，逾期增加理由或者补充证据的，专利复审委员会可以不予考虑。根据审查指南规定，请求人于无效宣告请求之日起一个月后补充的证据，除针对合并式修改权利要求或反证的且结合证据陈述理由，以及公知常识性证据之外，一般不予考虑。

本案中，请求人在2009年2月6日提出无效宣告请求后，于2009年4月17日提交了补正书，将该补正书中的新型专利技术报告作为证据使用。对此，合议组认为，补正书中未表明该证据如何使用，而且提交日期也超出了举证期限。因此，根据专利法实施细则的上述规定，合议组对请求人逾期补充的上述证据不予考虑。

3. 关于证据

请求人在提出无效宣告请求时提交了证据1和证据2，专利权人对证据1和证据2的真实性没有异议，经合议组依职权核实后，对其真实性予以确认，同时，由于证据1和证据2的公开日均早于本专利的申请日，故可以作为本专利的现有技术证据使用。

专利权人提交了反证1，请求人对反证1的真实性没有异议，经合议组依职权核实后，对其真实性予以确认，同时，可以明确，该反证1是请求人在先就本专利提起的无效宣告案的审查决定。

4. 关于无效理由

（1）专利法实施细则第65条第2款规定：在专利复审委员会就一项专利已作出无效宣告请求审查决定后，又以同样的理由和证据提出无效宣告请求的，无效宣告理由不予受理。

审查指南第四部分第三章第2.1节指出：对已作出审查决定的无效宣告案件涉及的专利权，以同样的理由和证据再次提出无效宣告请求的，不予受理和审理。

中华人民共和国国家知识产权局专利复审委员会于2008年8月20日作出的第12125号无效宣告审查决定中（参见决定的理由部分的第4节和第6节），判定本专利权利要求1符合专利法实施细则第21条第2款的规定、权利要求1~7相对于证据1或证据2及其结合符合专利法第22条第3款的规定。本次无效宣告请求过程中，请求人再次提出与前述相同的理由并使用相同的证据，因此，根据专利法实施细则第65条第2款的规定，上述无效宣告理由不予考虑。

（2）专利法实施细则第64条第2款规定：前款所称无效宣告请求的理由，是指被授予专利的发明创造不符合专利法第22条、第23条、第26条第3款、第4款、第33条或者本细则第2条、第13条第1款、第20条第1款、第21条第2款的规定，或者属于专利法第5条、第25条的规定，或者依照专利法第9条规定不能取得专利权。

本案中，请求人提出的无效宣告理由包括权利要求1不符合专利法实施细则第22条第1款的规定，明显不属于上述规定中涉及的条款，因此，上述无效宣告理由不予考虑。

（3）鉴于前述两点理由，本决定所涉及的无效宣告理由为：权利要求1~7不符合专利法第22条第4款的规定；在证据1或证据2公开的内容基础上，权利要求1~7不符合专利法第22条第2款的规定。

5. 关于专利法第22条第4款

专利法第22条第4款规定：实用性，是指该发明或者实用新型能够制造或者使用，并且能够产生积极效果。

就本案而言，本专利保护一种灭火弹改进结构，旨在提供一种能使灭火材料能够平均泻出、扩散，达到扑灭火势的效果的灭火弹改进结构，说明书第 3 页具体实施方式部分结合附图 1~6 详细描述了该结构具体部位的构成。

请求人提出，权利要求 1 技术特征中无棉絮单元，使得该卷绕组织无法不泄漏的包覆其内的火药，使该火药会泄漏，导致引线无法引爆该火药，因此，实际上权利要求 1 无法被使用并且不能产生积极效果，不具有实用性。由于权利要求 2~7 为权利要求 1 的从属权利要求，也不具有实用性。

对此，合议组认为：本专利所要解决的技术问题是现有技术（即证据 1）中包覆火药的塑料管因没有固接在引线上而导致预设位置偏移，从而引起引爆火药后灭火材料泄漏不均的问题，并未以火药不泄漏作为发明目的，如要达到火药不泄漏的目的，本领域技术人员知道可以采取一些常规或惯用的手段，例如在卷绕组织外部用纸或类似物密封等。综上所述，权利要求 1 符合专利法第 22 条第 4 款的规定。在此基础上，其从属权利要求 2~7 也符合专利法第 22 条第 4 款的规定。

6. 关于专利法第 22 条第 2 款

专利法第 22 条第 2 款规定：新颖性，是指申请日以前没有同样的发明或者实用新型在国内外出版物上公开发表过、在国内公开使用过或者以其他方式为公众所知，也没有同样的发明或者实用新型由他人向国务院专利行政部门提出过申请并且记载在申请日以后公布的专利申请文件中。

如果发明或者实用新型与现有技术相比，其与现有技术的技术方案存在区别技术特征，两者实质上不相同，那么该发明或者实用新型具有新颖性。

就本案而言，权利要求 1 保护一种灭火弹改进结构。证据 1 公开了一种灭火弹，其在说明书中具体公开了一种灭火球，包括壳体 10，壳体 10 可分离制成两个半圆球体 11、12，半圆球体分别呈可相对结合的碗状，其内部可供容置干粉 13，引线 20 由半圆球体外部穿至其内部，于半圆球体内部设有引线塑胶管 21，其内部具有爆药剂（见说明书第 5 页倒数第 2 段至第 6 页第 1 段，附图 1、2）。证据 2 公开了一种灭火球，参见图 1 及其他附图，该专利的容纳壳 3 需要半球形状，灭火球的构成部分的组装为把炸药 5 的其中一条熔线 6 穿过壳体 3 中的孔，其端部插入到用于熔线 6 尖端的壳体凹陷处空腔内，从而炸药 5 悬在壳体的近似质量中心，干化学灭火剂经过填充孔 9 填充到壳体内，直到它被填满。其说明书没有主张用纸或者纸板包装烟火炸药是可使用的唯一类型，可选择炸药的包装可以是具有较低的密度和组分质量，从而在炸药爆炸后，能够有效地碎裂成细微、无危险的碎片（见说明书第 5 栏倒数第 3 行至第 6 栏第 60 行，附图 1）。

本案口头审理阶段双方当事人共同认定权利要求 1 分别相对于证据 1、证据 2 技术方案的区别技术特征均为用卷绕组织包覆火药。请求人认为，区别仅仅是将本专利的卷绕组织与塑料管、纸或纸板之间进行了材料的替换，因此，权利要求 1 不符合专利法第 22 条第 2 款的规定。专利权人认为，请求人承认了本专利权利要求 1 与证据 1 或证据 2 相比存在差别，那么本专利权利要求 1 具有新颖性，符合专利法第 22 条第 2 款的规定。

对此，合议组认为，本专利为了解决引爆火药后灭火材料泄漏不平均的技术问题，直接将引线本身形成的卷绕组织作为包覆火药的结构单元，既能将爆炸中心固定在壳体内部的设定区域，避免火药位置发生偏移而导致的灭火材料泄漏不均的问题，又使引线与炸药的接触面积更大，获得更好的引燃效率，从而更好地发挥灭火弹的功能，这种卷绕组织在材料和结构上与证据 1 的塑胶管、证据 2 的纸或纸存在本质上的不同，也不属于本领域的惯用手段的直接置换，因此，权利要求 1 具有新颖性，符合专利法第 22 条第 2 款的规定。从属权利要求 2~7 对权利要求 1 的灭火弹结构作了进一步限定，在权利要求 1 具有新颖性的前提下，权利要求 2~7 也具有新颖性，符合专利法第 22 条第 2 款的规定。

基于以上事实和理由，本案合议组作出如下审查决定。

三、决定

维持 200520018932.5 号实用新型专利权全部有效。

当事人对本决定不服的，可以根据专利法第 46 条第 2 款的规定，自收到本决定之日起三个月内向北京市第一中级人民法院起诉。根据该款的规定，一方当事人起诉后，另一方当事人应当作为第三人参加诉讼。

017

高固含量淤浆聚合

无效宣告请求审查决定（第13544号）

决定号 第13544号
决定日 2009年6月15日
发明创造名称 高固含量淤浆聚合
国际分类号 C08F10/00，C08F2/14
无效宣告请求人 英力士欧洲有限公司
专利权人 菲利浦石油公司
专利号 98116048.4
申请日 1998年7月14日
优先权日 1997年7月15日
授权公告日 2005年6月8日
合议组组长 任晓兰
主审员 李新芝
参审员 王 磊

法律依据 专利法第33条，第22条第2款、第3款，第26条第3款，专利法实施细则第20条第1款，第21条第2款

决定要点

如果申请的内容通过增加、改变和/或删除其中的一部分，致使所属技术领域的技术人员看到的信息与原申请记载的信息不同，而且又不能从原申请记载的信息中直接地、毫无疑义地确定，那么，这种修改就是不允许的。

判断独立权利要求是否缺少必要技术特征，应站在本领域技术人员的角度、结合其应具备的专业知识来加以判断，并且应当从所要解决的技术问题出发，考虑说明书描述的整体内容，而不应简单的将实施例中的技术特征直接认定为必要技术特征。

在判断一项权利要求的创造性时，如果该权利要求的技术方案和现有技术相比存在区别技术特征，而对于本领域技术人员来讲，引入上述区别技术特征得到该权利要求的技术方案是非显而易见的，同时该权利要求的技术方案具有有益的技术效果，则该权利要求具备创造性。

一、案由

本无效宣告请求案涉及申请日为1998年7月14日、授权公告日为2005年6月8日、发明名称为“高固含量淤浆聚合”的98116048.4号发明专利（下称本专利），专利权人是菲利浦石油公司。本专

利授权公告时的权利要求书为：

“1. 一种聚合方法包括：

在环管反应区使至少一种烯烃单体在液态稀释剂中进行聚合，以制备一种包含液态稀释剂和固态烯烃聚合物微粒的液态淤浆；

在所述反应区中，所述固态烯烃聚合物微粒在所述淤浆中固含量保持在重量比高于40%，以所述聚合物微粒和所述液体稀释剂重量计；

连续地提取包含被提取的液态稀释剂和固态聚合物微粒的所述淤浆，该淤浆是所述方法的中间产物。

2. 根据权利要求1的方法，其中所述烯烃单体包括乙烯。

3. 根据权利要求1的方法，其中所述烯烃单体包括乙烯和0.01~5重量%的己烯，以所述乙烯和所述己烯的总重量计以及其中所述液态稀释剂是环己烷。

4. 根据权利要求3的方法，其中在所述反应区中，所述固态烯烃聚合物微粒在所述淤浆中的固含量重量比高于50%，以所述聚合物微粒重量和所述液态稀释剂重量计。

5. 根据权利要求1的方法，其中为了循环所述淤浆通过所述反应区，在推动区至少保持0.138MPa（18磅/英寸^2）表压的压差。

6. 根据权利要求5的方法，其中在推动区保持每0.3米长的反应器物流通道大于0.021米淤浆高度的压差。

7. 根据权利要求6的方法，其中所述压差为每0.3米长的所述反应器物流通道为0.021~0.045米淤浆高度的压差。

8. 根据权利要求1的方法，其中所述反应区是完全充满液体的。

9. 根据权利要求1的方法，其中所述反应区的容积大于91米^3（20000加仑）。

10. 根据权利要求1的方法，其中所述反应区的容积大于136.4米^3（30000加仑）。

11. 根据权利要求1的方法，其中所述方法的所述中间产物是连续地通过加热区的，在加热区，所述中间产物经加热成为热的中间产物，然后在高压闪蒸区经减压，所述的中间产物经加热至所述已提取的液态稀释剂蒸发，从而使稀释剂从提取的固体聚合物微粒中分离出来，分离的液态稀释剂无须加压，通过与温度4~54℃（40~130°F）的流体进行热交换，冷凝后供循环使用。

12. 根据权利要求1的方法，其中所述淤浆是连续地从所述环管反应区中，在催化剂导入区前、物流向上转向最后点的附近区域提取的。

13. 根据权利要求1的方法，其中所述淤浆是连续地从至少一个邻近水平物流下方的端点区域提取的。

14. 根据权利要求13的方法，其中所述淤浆是在下水平段的中心垂平面上，沿所述水平物流的下方并在所述物流朝上转向前的位置上提取的。

15. 根据权利要求13的方法，其中所述至少一个区域是在下水平段的中心垂平面上，沿所述水平物流的下方并在所述物流已朝上转向后的区域。

16. 根据权利要求13的方法，其中所述的一个区域是在所述水平物流的下方与下水平段中心垂平面成一夹角取向的，该夹角为0~45度。

17. 根据权利要求16的方法，其中所述至少一个区域是与所述水平段中心垂平面成0~20度夹角取向的。

18. 根据权利要求16的方法，其中所述至少一个区域是指所述物流朝上转向之前的区域。

19. 根据权利要求16的方法，其中所述至少一个区域是指所述物流已朝上转向之后的区域，偏离朝上物流中心线至少 1 度，但小于 45 度。

20. 根据权利要求 13 的方法，其中所述的至少一个区域就是一个区域。

21. 根据权利要求 13 的方法，其中所述至少一个区域是多个区域。

22. 根据权利要求 1 的方法，

其中按下列步骤（A）和（B）提取包含被提取的液态稀释剂和固态聚合物微粒的所述淤浆：

（A）使所述淤浆排入至少一个沉降区，然后从所述沉降区提取一批沉降的淤浆并作为所述方法的中间产物，随后关闭所述沉降区；及

（B）然后连续地提取包含被提取的液态稀释剂和固态聚合物微粒的所述淤浆，该淤浆是所述方法的中间产物。

23. 根据权利要求 22 的方法，该方法还包括在起动步骤（B）期间，调整反应器条件使反应器中固体含量提高至少 10%。

24. 一种聚合方法包括：

在环管反应区用包含在载体上的铬氧化物的催化剂使至少一种烯烃单体在液态稀释剂中进行聚合，以制备一种包含液态稀释剂和固态烯烃聚合物微粒的液态淤浆；

在所述反应区中，所述固态烯烃聚合物微粒在所述淤浆中固含量保持在重量比高于 40 重量%，以所述聚合物微粒和所述液体稀释剂重量计；

连续地提取包含被提取的液态稀释剂和固态聚合物微粒的所述淤浆，该淤浆是所述方法的中间产物。

25. 一种聚合方法包括：

在环管反应区使至少一种烯烃单体在液态稀释剂中进行聚合，以制备一种包含液态稀释剂和固态烯烃聚合物微粒的液态淤浆；

使所述液态淤浆循环通过所述环管反应区，使所述液态淤浆分层，其中所述固态烯烃聚合物微粒在所述淤浆中固含量保持在重量比高于 40%；

从淤浆层中连续地提取淤浆，其中所述固含量更高，由此提取的淤浆的固含量比在环管反应区中循环的液态淤浆的固含量高，此提取的淤浆包含提取的液态稀释剂和固体聚合物微粒，作为所述方法的中间产物。”

2008 年 5 月 16 日，英力士欧洲有限公司（下称请求人）针对上述专利权提出无效宣告请求，其理由是：（1）说明书公开不充分，不符合专利法第 26 条第 3 款的规定；（2）权利要求 1~4、8、24~25 不符合专利法第 22 条第 2 款的规定，权利要求 1~21、24~25 不符合专利法第 22 条第 3 款的规定；（3）权利要求 1~4、8~25 不符合专利法实施细则第 21 条第 2 款的规定；（4）权利要求 1~25 不符合专利法实施细则第 20 条第 1 款的规定；（5）权利要求 24~25 不符合专利法第 33 条的规定。请求人同时提交了以下证据 1~11：

证据 1：JP 昭 56-100632 号公开特许公报，公开日为 1981 年 8 月 12 日，复印件共 5 页；

证据 2：MILIEU-EFFEKTRAPPORT SOLVAY N. V. -ANTWERPEN，1992 年 4 月，复印件共 5 页；

证据 3：美国专利 US3794627，公开日为 1974 年 2 月 26 日，复印件共 5 页；

证据 4：美国专利 US4794151，公开日为 1988 年 12 月 27 日，复印件共 5 页；

证据 5：美国专利 US3203766，公开日为 1965 年 8 月 31 日，复印件共 5 页；

证据 6：High Density Polyethylene by a Loop Reactor Process，High Density Polyethylene，Supp. D，1989 年 5 月，复印件共 26 页；

证据 7：欧洲专利 EP0432555A2，公开日为 1991 年 6 月 19 日，复印件共 14 页；

证据 8：美国专利 US3257363，公开日为 1966 年 6 月 21 日，复印件共 8 页；

证据 9：美国专利 US5098667，公开日为 1992 年 3 月 24 日，复印件共 10 页；

证据 10：美国专利 US5575979，公开日为 1996 年 11 月 19 日，复印件共 6 页；

证据 11：98116048.4 号发明专利申请从申请至授权专利权人提交的文件和专利局发出的文件，复印件共 77 页；

请求人认为：

（1）本专利的说明书公开不充分，不符合专利法第 26 条第 3 款的规定。在本专利的说明书中并没有披露如何通过“连续地排出淤浆产物”使固含量达到重量比高于重量比 40%。并且，①本专利的实施例给出的数据仅能说明通过使用循环强度更大的泵可以得到高于重量比 40% 的固含量，而未给出任何数据来表明仅通过连续地排出淤浆产物使固含量达到高于重量比 40%；②本专利的说明书没有给出“固含量”的定义；③在权利要求 1 定义了“所述固态烯烃聚合物微粒在所述淤浆中固含量保持在高于 40 重量%，以所述聚合物微粒和所述液体稀释剂重量计”。由于在淤浆中不可避免地存在未反应的烯烃单体，因此为通过取样方式计算“固含量”，必须确定淤浆中的全部反应物，而本专利说明书未披露如何测定反应物；④本专利的说明书中没有给出测量固含量的方法。证据 7、8、9 表明，在现有技术中存在多种测定反应器中聚合物浓度的方法，而不同方法将导致不同的结果。

（2）权利要求 1~4、8 和 24~25 不具备专利法第 22 条第 2 款所规定的新颖性，权利要求 1~21，24~25 不具备专利法第 22 条第 3 款所规定的创造性。①在证据 1（实施例 1）、证据 2（第 1.5/3 页 b 部分第 2 段和第 1.5/4 页 b 部分第 2 段）、证据 3（第 3 栏第 58~60 行、第 5 栏第 39 行至第 6 栏第 6 行的实施例）以及证据 4（第 5 栏第 14~22 行、权利要求 1）中均已公开了本专利权利要求 1 的全部技术特征，因此本专利权利要求 1 相对于证据 1~4 不具有新颖性。此外，本专利的实施例没有给出任何证据表明仅通过连续提取物料可以得到重量比高于 40% 以上的固含量，而且，由本专利说明书第 1 页倒数第 1 段的描述可知，现有技术的浓度范围与本专利权利要求 1 的浓度范围是邻接的，本领域技术人员根本看不出本专利所述的“重量比高于 40% 的固含量”相比于现有技术有何好处，因此权利要求 1 相对于证据 1~4 不具有创造性；②权利要求 2~3 相对于证据 2、3 或 4 不具有新颖性和创造性；③权利要求 4 的附加技术特征已在证据 3 或 4 中公开，因此权利要求 4 相对于证据 3 或 4 不具有新颖性和创造性；④证据 6 披露了 22000 加仑的环管反应器（参见证据 6 第 8~2 页），证据 7 显示压差与固含量密切相关（参见证据 7 第 6 页第 25~26 行和第 41~42 行），且在其他参数相同的情况下，最小压差随固含量的增加而增加（参见证据 7 图 2）。在本专利的说明书中没有任何记载来表明其具有创造性，因此在权利要求 1 不具备新颖性和创造性的情况下，相对于证据 6 和 7，权利要求 5~7 不具有创造性；⑤权利要求 8 的附加技术特征已在证据 1（第 10 页）和证据 5（第 1 栏第 46~48 页）中公开，因此权利要求 8 相对于证据 1 不具有新颖性和创造性，相对于证据 1、2、3 或 4 与证据 5 的结合不具有创造性；（vi）证据 6 披露了淤浆反应器的容积为 22000 加仑，因此权利要求 9 和 10 相对于证据 1、2、3 或 4 与证据 6 的结合不具有创造性；（vii）证据 10 披露了权利要求 11 的所有附加技术特征（参见证据 10 第 2 栏第 59~63 行，第 4 栏第 5~9 行、第 23~29 行），因此权利要求 11 相对于证据 1、2、3 或 4 与证据 10 的结合不具有创造性；（viii）证据 5 披露了聚合物提取的优选位置是“在环管反应器的至少一个弯头处以至于离心力将固体颗粒掷入容器中”（参见证据 5 第 4 栏第 45~48 行），此外在除去淤浆后引入催化剂对本领域技术人员来说是显而易见的，所以权利要求 12~21 相对于证据 1、2、3 或 4 与证据 5 的结合不具有创造性；（ix）基于与权利要求 1 相同的理由，权利要求 24、25 也不具有新颖性和创造性。

（3）权利要求 1~4 和 8~25 缺乏必要技术特征，不符合专利法实施细则第 21 条第 2 款的规定。

本专利所要解决的技术问题是确保反应器可以在固含量高于40%重量下运行，而且本专利已经指出循环速度是影响反应器中实际最高固含量的因素（参见本专利说明书第2页第2段），实施例中的数据也表明通过使用强度更大的泵可以得到高于40重量%的固含量。此外，证据7也表明仅采用连续排除淤浆产物是不能获得高达40重量%的固含量的（参见证据7第3页第17~19行），因此“循环强度更大的泵”是解决本发明技术问题的必要技术特征，应记载在权利要求1中。同理，权利要求2~4以及8~25也缺乏必要技术特征，不符合专利法实施细则第21条第2款的规定。

（4）权利要求1~25不符合专利法实施细则第20条第1款的规定。（i）权利要求1中的措辞“固含量”和“重量比高于40%”使权利要求1的保护范围不清楚。本领域技术人员不清楚“固含量”的含义，而且本领域中也没有确切的含义，此外，“重量比高于40重量%”没有定义上限，其上限隐含重量比为100%，本领域技术人员不清楚重量比100%能否实现发明目的。基于同样理由，权利要求2~23以及24~25的保护范围也不清楚；（ii）在权利要求22~23中，步骤（B）在步骤（A）之后进行，在步骤（B）中流体淤浆是从沉降区提取的，而在步骤（A）中沉降区被关闭，因此步骤（A）至步骤（B）的过程应视为间歇过程而不是连续过程，这与权利要求1中连续提取的步骤相矛盾。

（5）权利要求24和25不符合专利法第33条的规定。①权利要求24中的特征“用包含在载体上的铬氧化物的催化剂”没有记载在原权利要求书和说明书中，超出了原权利要求书和说明书的记载范围；②权利要求25中的特征“使所述液态淤浆循环通过所述环管反应区，使所述液态淤浆分层，其中所述固态烯烃聚合物微粒在所述淤浆中固含量保持在重量比高于40%”和“从淤浆层中连续地提取淤浆，其中所述固含量更高，由此提取的淤浆的固含量比在环管反应区循环的液态淤浆的固含量高，此提取的淤浆包含提取的液态稀释剂和固体聚合物微粒，作为所述方法的中间产物”没有记载在原权利要求书和说明书中，超出了原权利要求书和说明书的记载范围。

2008年6月12日，请求人提交了如下证据9’代替原证据9，并提交了证据1~8，9’，10的中文译文：

证据9’：美国专利US3998995，公开日为1976年12月21日，复印件共28页。

经形式审查合格后，专利复审委员会于2008年7月24日向双方当事人发出《无效宣告请求受理通知书》，并将《专利权无效宣告请求书》及其他有关文件的副本和无效宣告请求人于2008年6月12日提交的补充意见和附件清单中所列附件副本转送给专利权人，要求其在指定的期限内答复。

针对上述无效宣告请求，专利权人于2008年9月8日提交了意见陈述书。

专利权人认为：

（1）专利复审委员会应撤销对本案件的审理：①无效宣告请求书第四栏所列专利法第21条第2款和专利法第20条第1款不是无效宣告请求的理由，应予以驳回；②请求人关于专利法第33条和第26条第3款的无效理由的依据是其证据1~11，这不符合专利法第33条和第26条第3款的审查范围，应当不予考虑或予以驳回；③请求人关于专利法第22条第2款和第3款的无效理由的依据是其证据1~11，这种请求不是具体明确的，应该予以驳回；④无效宣告请求正文中第1页与第7页标注的证据1不一致，专利权人不清楚请求人实际采用哪一文件，而且请求人关于新颖性和创造性的无效理由，仅仅是内容罗列，没有具体论述，不符合专利法实施细则第64条第1款的规定，应当不予考虑；

（2）专利权人请求不考虑证据2、6以及证据5~10，这是因为：①证据2和证据6为域外证据，未进行公证认证，而且请求人未证明这些文件在涉案专利申请日前是否公开发表，不满足公开出版物的要求；②证据5~10与本案无关，不能支持请求人的观点；提供的中译文部分翻译，晦涩难懂，不知道所公开特征相关的方法，不能表明所属技术领域，不能说明所公开的特征为什么可以与证据1~4

结合；

（3）关于必要技术特征问题，本专利说明书清楚地说明了仅操作CTO（连续提取）而不用更强度的循环能够在反应器内产生明显更高的固含量，因此不改变泵或不增加泵的尺寸能够实现比40wt%高得多的固含量，权利要求1~4和8~25是完整的，没有缺少必要技术特征；此外，证据7没有教导请求人主张的具体特征，例如本专利权利要求5~7所述泵压头的具体值，其主张是错误的；

（4）关于清楚问题：①"固含量"在专利权人的发明中被清楚地定义，其基于反应器中固态烯烃聚合物微粒的重量与反应器中固态烯烃聚合物微粒以及液体稀释剂的结合重量之比计算。"重量比高于40%"能够被本领域技术人员容易且准确地理解，并且肯定不可能是重量比100%，因为淤浆中存在稀释剂，因此权利要求1~25是清楚的；②从说明书和图5可见，沉降区和CTO并列，而非串接，而且权利要求22清楚地说明，淤浆起初通过沉降区提取，之后，连续提取淤浆，因此权利要求22和23是清楚的；

（5）关于修改超范围问题：①权利要求24中的"用包含在载体上的铬氧化物的催化剂"明确记载在说明书第3页第13~14行和第5页第12~15行，其他语言同权利要求1，因此权利要求24的所有特征在原始文件中都完全地、清楚地被记载；②权利要求25中的特征大多数记载在申请时提交的原始文本的权利要求1中及说明书第5页第2段中，因此权利要求25的所有特征都在原始文本中得到支持和公开；

（6）关于充分不公开问题：权利要求1中固含量的计算基础清楚地呈现在本专利中，为反应器中固态烯烃聚合物微粒重量除以反应器中固态烯烃聚合物微粒和稀释剂结合重量。关于测量方法，本领域技术人员了解各种测量环管反应器中固体浓度的方法，这些方法中的任何一个都可以被使用，并可以以一致方式测定反应器中的固体量或固体浓度。证据7、8、9进一步指出这样几个技术，它们可相互替代性地用于测量反应器中固体浓度，因此被质疑的术语或词语具有确定的含义或者在说明书中得到解释，对本领域技术人员而言是清楚的，公开充分的；

（7）关于新颖性：①证据1中的连接管3在其反应区内提供级间转移，该级间转移明显不适合于从反应区进行产物排放（参见证据1译文第1页第15行至第2页第15行），因此证据1连接管3不能被看作从证据1反应区排料，其聚丙烯产物淤浆间歇排出（参见证据1译文第5页第5~7行），同时通过连接管3转移的淤浆不能被看作权利要求1、24、25所述的"中间产物"（参见证据1译文第1页第15行至第2页第15行），因此所有独立权利要求相对于证据1具有新颖性；证据1反应区的间歇排料没有与具有加热器的闪蒸管线相连，且证据1没有采用沉降区（参见证据1译文第3页第7~15行，图2），因此权利要求11、22及23相对于证据1具有新颖性；证据1没有公开烯烃单体聚合中的铬氧化物催化剂，没有公开流体分层以提高淤浆中固含量的操作，因此权利要求24、25相对于证据1具有新颖性；②证据2没有教导连续提取淤浆（参见证据2第1.5/4页），因此所有权利要求与证据2相比具有新颖性；此外，证据2没有公开提取固含量与反应区中淤浆相比高的产物淤浆；没有教导沉降（间歇）排料，然后连续排料；没有公开邻近环管反应器下水平段的下游端的附件；未公开具有相关加热器的闪蒸管线，因此权利要求11、12~21、22~23和25相对于证据2具有新颖性；③证据3没有公开从环管反应器1排料是否是连续的，并且证据3中公开的实施方式仅披露了反应器中重量比为25%的固体含量（参见证据3第5栏第53~60行），大大低于权利要求1、24、25所述的固含量，因此权利要求1、24、25及其从属权利要求具有新颖性；另外，证据3没有公开固含量与反应器中淤浆相比提高；没有公开邻近环管反应器下水平段的下游端的附件；没有公开权利要求11所述的加热区和闪蒸区，因此权利要求11、12~21和25相对于证据3具有新颖性；④证据4完全没有披露从反应器排出的淤浆是连续的，也没有表明其反应混合物的渗出是基于连续方式完成的，其反应物的渗出是为了获得比反应器内的固体浓度更低的物流，因此所有权利要求相对于证据4具有新颖性；另外，证据4中从反应器中排出的淤浆具有比反应器中的固体浓度更低的固体浓度（参见证据4第5栏第14~22行），因此权利要求25相对于证据4具有新颖性；同样，证据4没有公开附件位置构造、闪蒸管线、闪蒸装置或加热器，因此权利要求11相对于证据4具有新颖性；

（8）关于创造性问题：①证据1没有公开从反应区连续提取，而且证据1不存在使用连接管3作为从证据1反应区连续提取的动机，因此权利要求1相对于证据1具有创造性；②证据2、3、4中没有一篇公开了从反应器中连续提取，而且其涉及的工艺不同，技术方案迥异，没有技术启示进行结合，而且请求人没有清楚描述如何结合所引用的文件来质疑权利要求1~21和24~25的创造性；③权利要求1的技术方案提供了一种在反应器内高固体含量下操作、同时降低其他方法在反应器内固含量提高的情况下操作所遇到的堵塞风险及其他困难的可行性方法。而且，对于同样的循环泵，当环管反应器与CTO一起运行时，相对于与沉降管一起运行，环管反应器淤浆可以以更高的固体浓度运行，而且“重量比高于40%”与公开达到重量比40%的现有技术不邻接或重叠，因此权利要求1具有积极的技术效果，具有创造性；④证据5、6、7、10不能表明所披露的特征是什么，以及所披露的特征在何处，或者所披露的特征在哪一方法中存在，因此不能确定这些特征与其他文件结合的可能性，而且证据5~7没有排除证据1~4的缺陷。

2008年9月22日，专利复审委员会本案合议组向双方当事人发出《无效宣告请求口头审理通知书》，拟定于2008年11月4日对本案进行口头审理。同时将专利权人于2008年9月8日提交的意见陈述书副本转送给了请求人，要求其在口审时一并答复。

2008年11月4日，口头审理如期进行。请求人和专利权人均委托代理人参加了口头审理，双方当事人对对方出席口头审理人员的资格没有异议。口头审理过程中，合议组就本案的无效宣告理由及证据逐一进行了调查，双方当事人充分陈述了各自的意见。在此基础上，合议组记录了以下事项：

（1）关于请求人证据，①请求人放弃使用证据6和证据9；②请求人当庭提交了证据2的公证认证件原件和复印件以及公证认证部分的中文译文，合议组将公证认证复印件及相应的中文译文转交给专利权人，专利权人当庭核实，认为其原件与复印件一致，但专利权人认为，证据2是通过不合法的途径获得的，并且认为，证据2为域外证据，未经公证认证；请求人当庭提交的证据2的公证认证件原件超出了证据的举证期限；证据2第5页右下角注明其为内部报告，且是PE生产线的报告，因此专利权人对证据2的真实性、合法性和公开性提出异议；③专利权人认可证据1、3~5、7~8、9'、10~11的真实性和公开性；

（2）关于专利权人反证，专利权人当庭提交了如下反证1~2：

反证1：对请求人提交的证据3、4的技术领域和技术问题部分的翻译件，复印件4页；

反证2：《乳液聚合》，胡金生、曹同玉、刘庆普编，化学工业出版社出版，1987年1月，封面、书名页、版权信息页、第391页，复印件共4页。

其中，专利权人认为，反证2为公知常识性证据，用于证明固含量的计算方法是本领域的公知常识。合议组将反证1和2转交给请求人并当庭告知：反证1超出了证据的举证期限，合议组不予考虑；基于请求人不认可反证2为公知常识性证据，要求双方当事人于2008年11月11日对反证2进行质证，逾期则视为认可该证据；

（3）关于无效理由。

①请求人明确放弃权利要求4相对于证据3、4不具备新颖性和权利要求24相对于证据1、2、3或4不具备新颖性的无效理由；②专利权人认为，专利法实施细则第20条第1款和专利法实施细则第21条第1款不是无效理由，合议组当庭告知，根据专利法实施细则第64条第2款的规定，专利法

实施细则第 20 条第 1 款和专利法实施细则第 21 条第 1 款均可作为无效理由，予以考虑。

（4）专利权人对证据 2 的译文准确性提出异议，双方当事人均同意由合议组指定翻译机构对证据 2 及其公证认证件进行翻译。请求人认为证据 4 译文中的“烯烃均聚物或共聚物”应为“乙烯均聚物或共聚物”，专利权人表示认可；除此之外，专利权人对其他证据的译文准确性均无异议。

2008 年 11 月 11 日，合议组针对专利权人于 2008 年 11 月 4 日提交的反证 2 进行了调查，在双方当事人充分陈述意见的基础上，合议组记录了以下事项：

（1）请求人认可反证 2 的真实性，但认为反证 2 不是教科书，不属于公知常识性证据；

（2）请求人针对专利权人提交的反证 2 当庭提交了如下证据 12。

证据 12：《乳液聚合》，胡金生、曹同玉、刘庆普编，化学工业出版社出版，1987 年 1 月，封面、书名页、版权信息页、第 1 页、第 393 页，复印件共 5 页；

请求人依据证据 12 认为，反证 2 所述的聚合工艺与本专利不同，彼此不具有关联性。专利权人对请求人提交的证据 12 没有提出异议。

合议组委托北京中专翻译公司对证据 2 及其公证词的内容进行了翻译。

2008 年 11 月 12 日，双方当事人提交了口审代理词。

至此，合议组认为本案的事实清楚，可以作出审查决定。

二、决定的理由

1. 关于审查文本

本决定是在本专利授权公告时的文本的基础上作出的。

2. 关于证据

请求人共提交了 13 份证据，包括证据 1~11、证据 9’和证据 12。由于请求人已经放弃使用证据 6 和证据 9，因此，合议组对证据 6 和证据 9 不予考虑。

对于证据 1、3~5、7、8、10、11 和证据 9’，合议组查明，证据 1、3~5、7、8、10 和证据 9’均为专利文献，证据 11 为本专利从提出申请至授权专利权人提交的和专利局发出的文件，在专利权人认可这些证据的真实性的情况下，合议组对这些证据的真实性予以确认。

鉴于其中证据 1、3~5、7、8、10 和证据 9’的公开日均在本申请的申请日之前，因此证据 1、3~5、7、8、10 和证据 9’可以作为本专利的现有技术。

对于证据 2，请求人当庭提交了该证据的公证认证件原件。从其提交的公证书的公证内容来看，该公证书仅仅是证明该公证书第 2 页的特定公告内容在 1992 年 9 月 5 日发行的“De Morgen”、1992 年 9 月 8 日发行的“De Nieuwe Gazet”、1992 年 9 月 8 日发行的“Het Laatste Nieuws”和 1992 年 9 月 10 日发行的“De Gazet van Antwerpen”上发表过，也就是说，其仅仅是说明上述报纸上载有关于 Solvay N. V. 公司提交了一份关于 1 级设备运行的环保审批申请的特定公告，并没有明确说明公告中所称的环保审批申请与请求人所提交的证据 2 的关系；其次，在其提交的作为公证书一部分的证据 2 上并未有任何公证员或公证机构的签字或盖章，在公证词中也没有具体针对证据 2 的内容，故合议组认为，该公证书并不能视为是针对请求人所提交的证据 2 进行的公证。因此，合议组对证据 2 的真实性不予认可。

专利权人当庭提交了反证 1 和反证 2。

其中，反证 1 为对请求人提交的证据 3、4 的技术领域和技术问题部分的翻译件。根据审查指南第四部分第三章第 4.3.2 节关于专利权人举证期限的规定，对于专利复审委员会指定答复期限届满后，专利权人仅能提交技术词典、技术手册和教科书等所属技术领域中的公知常识性证据或者用于完善证据法定形式的公证书、原件等证据，所述反证 1 既非证据 3、4 译文的更正，也不属于上述证据类型，因此对于反证 1，合议组不予考虑；反证 2 为 1987 年 1 月化学工业出版社出版的，由胡金生、曹同玉、刘庆普编的《乳液聚合》，请求人认为反证 2 不是教科书，不属于公知常识性证据。对此，合议组认为，如反证 2 出版说明中所描述的那样，其可作为高等学校有关专业的教学参考书，也可作为研究生的教材以及供从事高分子合成的科技人员参考，因此属于审查指南规定的“技术词典、技术手册和教科书等所属技术领域中的公知常识性证据”范畴，予以考虑；此外，专利权人提交了反证 2 的原件，且反证 2 的出版时间为 1987 年 1 月，因此合议组对反证 2 的真实性和公开性予以确认。

在专利权人提交的反证 2 的真实性和公开性能够被确认的前提下，合议组对请求人提交的证据 12 的真实性和公开性也予以确认。

3. 关于无效宣告请求的理由、范围

专利权人认为，请求人提出的权利要求 1~25 不符合专利法实施细则第 20 条第 1 款的规定、权利要求 1~4、8~25 不符合专利法实施细则第 21 条第 2 款的规定的无效理由不是无效理由，不应予以考虑。对此，合议组认为，专利法实施细则第 64 条第 2 款规定，“前款所述无效宣告请求的理由，是指被授予专利的发明创造不符合专利法第 22 条、第 23 条、第 26 条第 3 款、第 4 款、第 33 条或者本细则第 2 条、第 13 条第 1 款、第 20 条第 1 款、第 21 条第 2 款的规定，或者属于专利法第 5 条、第 25 条的规定，或者依照专利法第 9 条规定不能取得专利权”。由此可知，专利法实施细则第 20 条第 1 款和第 21 条第 2 款均属于细则规定的请求人提出无效宣告请求的理由的范畴，合议组予以考虑。

根据以上关于证据的认定，合议组审理的关于本案无效宣告请求的理由为：（1）说明书公开不充分，不符合专利法第 26 条第 3 款的规定，使用证据 7、8、9’；（2）权利要求 1~4、8~25 缺乏必要技术特征，不符合专利法实施细则第 21 条第 2 款的规定，使用证据 7；（3）权利要求 1~25 不符合专利法实施细则第 20 条第 1 款的规定；（4）权利要求 24、25 不符合专利法第 33 条的规定，使用证据 11；（5）权利要求 1~3、8、25 不具有新颖性，不符合专利法第 22 条第 2 款的规定，使用证据 1、3、4；（6）权利要求 1~21、24~25 不具有创造性，不符合专利法第 22 条第 3 款的规定，使用证据 1、3、4、5、7、10。

4. 关于专利法第 26 条第 3 款

专利法第 26 条第 3 款规定，说明书应当对发明或者实用新型作出清楚、完整的说明，以所属技术领域的技术人员能够实现为准。

如果本领域技术人员根据说明书记载的内容并结合现有技术，能够作出合理的推断，从而不影响再现其技术方案、解决其技术问题并产生预期的技术效果，则说明书满足了充分公开的要求。

请求人认为，本专利的说明书公开不充分，具体理由如下：（1）本专利的实施例未给出任何数据来表明仅通过连续地排出淤浆产物使固含量达到重量比高于 40%；（2）由于在淤浆中不可避免地存在未反应的烯烃单体，因此为通过取样方式计算固含量，必须确定淤浆中的全部产物，而本专利说明书未披露如何测定反应物；（3）本专利的说明书中没有给出测量固含量的方法。证据 7、8、9’表明，在现有技术中存在多种测定反应器中聚合物浓度的方法，由本专利说明书第 4 页第 2 段的描述可知，现有技术的浓度范围与本专利权利要求 1 的浓度范围邻近，测定固含量方法的任何偏差都可能导致浓度落在本专利权利要求 1 的范围内或范围外；（4）未说明固含量的测量位置以及是否为一段时间内的平均值。

对此，合议组认为，（1）如本专利说明书所述，烯烃聚合物淤浆在稀释剂中的固含量通常限制在重量比不超过 37%~40%，本专利的发明目的之一就是利用淤浆产物连续排放法在液态稀释剂中以淤浆聚合制备烯烃聚合物，从而使环管反应区中的固态烯烃聚合物微粒的固含量保持在重量比高于 40%。为此，本发明提供了如权利要求 1 所述的技术方案。在本专利说明书第 4 页第 3 段中已明确说明："已经出乎意料地发现，在惰性稀释剂存在下于环管反应器中进行烯烃聚合时，连续地排出淤浆产物可使反应器在固含量高得多的情况下进行作业"，并且由本专利说明书实施例的数据也可以看出，在循环泵压差和反应器淤浆流率大致相当的情况下，通过 CTO（连续提取）与泵的联合使用，可使环管反应器中的平均固含量重量比由 45% 提高至 53%，由此可以看出，通过连续提取可明显提高反应器中的固含量，因此，本领域技术人员在此基础上能确信通过连续提取可使环管反应器中的固含量在作为对照的实施例 1 的 39% 重量比的基础上提高至 40% 以上，此外，在本专利的说明书第 3 页第 3 段以及第 5 页第 5 段中对于环管反应器上的连续排料附件及其位置也都做了详细说明，因此，在请求人未提供任何证据证明连续提取必须和循环泵联合使用时才能提高反应器得固含量的情况下，请求人所述"本专利的实施例未给出任何数据来表明仅通过连续地排出淤浆产物使固含量重量比达到高于 40%，从而导致说明书公开不充分"的无效理由不能成立；（2）对于请求人所述固含量的测量方法以及如何测量反应物的问题，合议组认为，①由请求人提交的证据 7、8、9' 均可以看出，聚合物乳液中固含量的测量方法是本专利的申请日前本领域技术人员的已有或常规技术手段，因此本专利的说明书中没有给出固含量的测量方法并不会导致本领域技术人员无法实施本发明；②尽管如请求人所述，在淤浆中不可避免地存在未反应的烯烃单体，而本专利的说明书又未披露如何测定反应物，但合议组认为，虽然本专利的说明书将固含量定义为"以所述聚合物微粒和所述液体稀释剂重量计"，但由前述证据 7、8、9' 可知，基于整个反应混合物的聚合物微粒的固含量的测量方法是已知的，在此基础上本领域技术人员可计算得出反应混合物中聚合物微粒的重量，而总共添加至反应区的液体稀释剂的重量是维持不变的，从而可计算出本发明所述以聚合物微粒和液体稀释剂重量计的固含量，因此本专利说明书未描述如何测定反应物并不会导致本领域技术人员无法实施本发明；③对于固含量的测量位置和测量时间，合议组认为，在固含量的测量方法已知的情况下，对于固含量的测量位置和测量时间，本领域技术人员会根据实际生产的需要选择合适的测量位置和测量时间，在说明书未对测量位置和测量时间进行具体限定的情况下，应认为在环管反应器的所有测量位置和以及任意测量时间均能实现本发明的目的，因此本专利说明书未描述固含量的测量位置和测量时间并不会导致本领域技术人员无法实施本发明。

5. 关于专利法实施细则第 20 条第 1 款

专利法实施细则第 20 条第 1 款规定，权利要求书应当说明发明或者实用新型的技术特征，清楚、简要地表述请求保护的范围。

如果权利要求清楚、简要地表述了请求保护的范围，本领域技术人员能够清楚地理解其技术方案，则该权利要求符合专利法实施细则第 20 条第 1 款的规定。

本案中，请求人认为，权利要求 1~25 不符合专利法实施细则第 20 条第 1 款的规定，具体理由如下：（1）与说明书公开不充分的理由相同，权利要求 1 中没有记载固含量的测量方法、测量位置、测量时间以及如何测定未反应的单体，因此该权利要求中的"固含量"含义不清楚；（2）权利要求 1 中"重量比高于 40%"没有定义上限，其上限隐含为重量比 100%，本领域技术人员不清楚重量比 100% 能否实现发明目的；基于同样理由，权利要求 2~23 以及权利要求 24~25 的保护范围也不清楚；（3）在权利要求 22~23 中，在步骤（A）关闭了沉降区后进行步骤（B），此时淤浆的提取存在间断，因此步骤（A）至步骤（B）的过程应视为间歇过程而不是连续过程，这与权利要求 1 中连续提取的步骤相矛盾。

对此，合议组认为，（1）参见上述对于说明书公开不充分的评述，在本专利的权利要求 1 中虽然没有具体记载固含量的测量方法、测量位置、测量时间以及如何测定未反应的单体，但固含量的测量方法是本领域技术人员的已知方法，测量位置、测量时间也是本领域技术人员可根据实际生产需要而确定的，在权利要求未对其进行具体限定的情况下，应理解为可在环管反应器的所有测量位置和以及任意测量时间进行，而且如前所述，在固含量的测量中并非必须计算未反应单体的含量，因此权利要求1未具体记载固含量的测量方法、测量位置、测量时间以及如何测定未反应的单体并不会导致该权利要求的保护范围不清楚；（2）在权利要求1中虽然没有对固含量定义上限，但由于固含量是基于聚合物微粒和稀释剂计算的，而稀释剂在反应体系中是必然存在的，因此该固含量的上限实际上不可能重量比为100%，因此请求人所述“本领域技术人员不清楚重量比为100%能否实现发明目的”的无效理由不能成立。（3）对于请求人所述权利要求22、23中步骤（A）至步骤（B）为非连续过程，与权利要求1的连续提取步骤相矛盾的问题，合议组认为，由本专利说明书第7页倒数第5~6行的描述以及附图5、6均可以看出，权利要求22、23中的步骤（A）和步骤（B）分别是通过供间歇排料的常规沉降管和连续排料附件实现的，沉降管与连续排料附件在环管反应器上是并列的，沉降管的关闭并不影响连续排料附件的工作，并且与权利要求1相比，权利要求22、23仅仅是增加了沉降管的排料方式，而对于步骤（B）中的措辞“然后”，本领域技术人员可以理解其是指上述两种排料方式是先后进行的，因此，权利要求22、23的保护范围也是清楚的。

基于上述理由，请求人关于权利要求1~25的保护范围不清楚的无效理由均不能成立。

6. 关于专利法实施细则第21条第2款

专利法实施细则第21条第2款规定：独立权利要求应当从整体上反映发明或者实用新型的技术方案，记载解决技术问题的必要技术特征。

判断独立权利要求是否缺少必要技术特征，应站在本领域技术人员的角度、结合其应具备的专业知识来加以判断，并且应当从所要解决的技术问题出发，考虑说明书描述的整体内容，而不应简单地将实施例中的技术特征直接认定为必要技术特征。

本案中，请求人认为，本专利要解决的技术问题是确保反应器可以在固含量高于40重量%下运行，而从实施例和证据7的内容来看，“循环强度更大的泵”是解决本发明技术问题的必要技术特征，应记载在权利要求1中。同理，权利要求2~4以及8~25也缺乏必要技术特征，不符合专利法实施细则第21条第2款的规定。

对此，合议组认为，虽然如请求人所述，本专利所要解决的技术问题是确保环管反应器在固含量重量比高于40%下运行，但在本专利说明书第4页第3段中已明确说明：“已经出乎意料地发现，在惰性稀释剂存在下于环管反应器中进行烯烃聚合时，连续地排出淤浆产物可使反应器在固含量高的多的情况下进行作业”，在说明书第4页第5段提到：“还出乎意料地发现，可采用更激烈的循环（伴随而来有较高的固含量）。实际上更加激烈的循环与连续排料相结合，通过连续排料方式，可从反应器提取到重量比高于50%固含量的产物”。由此可见，“更加激烈的循环”与“连续排料”结合在本专利中是作为一个能使固含量得到更大程度的提高的优选方案出现的。尽管本专利说明书实施例中例示出了循环泵与连续排料结合使用的情形，但从其中给出的数据可以看出，在循环泵压差和反应器淤浆流率大致相当的情况下，通过CTO（连续提取）与泵的联合使用，可使环管反应器中的平均固含量重量比由45%提高至53%，其一方面说明，通过连续提取可明显提高反应器中的固含量，另一方面也说明，“循环泵”与“连续排料”相结合也确为本专利的一个优选方案，本领域技术人员在此基础上能够确信通过连续提取可使环管反应器中的固含量在本专利背景部分所提及的重量比从37%~40%的基础上提高至40%以上，从而解决本发明所要解决的技术问题，因此，在权利要求1已明确记载“连续提取”的相关特征的情况下，权利要求1符合专利法实施细则第21条第2款的规定。由于请求人所述的“循环强度更大的泵”仅仅是影响环管反应器中固含量的一个因素（参见本专利说明书第2页第2段），本专利说明书实施例的数据也仅仅表明通过提高循环速率可以提高固含量，并不能够证明必须使用循环强度更大的泵才能使环管反应器中的固含量重量比保持在40%以上。因此，不能仅因为实施例记载了使用“循环强度更大的泵”就认为其为实施权利要求1技术方案的必要技术特征。另外，从请求人所提交的证据7的中文译文部分看出，其并未涉及与本专利相同的连续提取工艺，其与本专利的聚合方法不同，不能用来证明本专利权利要求1缺乏必要技术特征。基于同样理由，权利要求2~4以及8~25也不缺乏必要技术特征，符合专利法实施细则第21条第2款的规定。

7. 关于专利法第33条

专利法第33条规定：申请人可以对申请文件进行修改，但是，对发明和实用新型专利申请文件的修改不得超出原说明书和权利要求书记载的范围，对外观设计专利申请文件的修改不得超出原图片或者照片表示的范围。

如果申请的内容通过增加、改变和/或删除其中的一部分，致使所属技术领域的技术人员看到的信息与原申请记载的信息不同，而且又不能从原申请记载的信息中直接地、毫无疑义地确定，那么，这种修改就是不允许的。

本案中，请求人认为，权利要求24和25不符合专利法第33条的规定，主要理由如下：（1）权利要求24中的特征“用包含在载体上的铬氧化物的催化剂”没有记载在原权利要求书和说明书中，超出了原权利要求书和说明书的记载范围；（2）权利要求25中的特征“使所述液态淤浆循环通过所述环管反应区，使所述液态淤浆分层，其中所述固态烯烃聚合物微粒在所述淤浆中固含量保持在重量比高于40%”和“从淤浆层中连续地提取淤浆，其中所述固含量更高，由此提取的淤浆的固含量比在环管反应区循环的液态淤浆的固含量高，此提取的淤浆包含提取的液态稀释剂和固体聚合物微粒，作为所述方法的中间产物”没有记载在原权利要求书和说明书中，超出了原权利要求书和说明书的记载范围。

合议组认为，（1）权利要求24涉及一种聚合方法，其在环管反应区用“包含在载体上的铬氧化物的催化剂”，而在原申请文件中对于催化剂仅有以下记载：“在本申请中，由于聚合产率，尤其用以二氧化硅为载体的氧化铬时是极高的，因此没有涉及催化剂的重量”（参见证据11中本专利申请日提交的说明书第3页第13~14行）、“适用的催化剂在技术上是众所周知的。尤其适用的是已公开的经诸如二氧化硅载体的铬氧化物”（参见证据11中本专利申请日提交的说明书第4页第12~13行）。由此可知，原申请文件将催化剂铬氧化物的载体具体限定为二氧化硅，而权利要求24的技术方案中未对载体进行任何限定，意即包含了任何可能的载体，这一信息与原申请文件记载的信息不同，同时从原申请记载的信息中也不能直接地、毫无疑义地确定任何载体均适合作为铬氧化物的载体。因此，权利要求24的技术方案超出了原申请记载的范围，不符合专利法第33条的规定；（2）同理，权利要求25涉及一种聚合方法，其包括“使所述液态淤浆循环通过所述环管反应区，使所述液态淤浆分层，其中所述固态烯烃聚合物微粒在所述淤浆中固含量保持在重量比高于40%”，而原申请文件中关于淤浆分层仅有如下记载：“为了降低流体的流动速度，也可将装有连续排料附件的反应器环管段的直径加大，这样还可使流动的液流分层从而使流出的产物含更高的固含量”（参见证据11本专利申请日提交的说明书第5页第4~6行）。由此可知，原申请文件中仅记载了通过使反应器环管段的直径加大从而使液流分层的方式，而权利要求25的技术方案中未对液流分层方式进行任何限定，因此权利要求25的技术方案包括了任何可使液流分层的方式，这一信息与原申请文件记载的上述信息不同，同时也不能由其直接地、毫无疑义地确定，因此权利要求25超出了原申请文件记载的范围，不符合专利法第33条的规定。

8. 关于专利法第22条第2款

专利法第22条第2款规定：新颖性，是指在申请日以前没有同样的发明或者实用新型在国内外出版物上公开发表过、在国内公开使用过或者以其他方式为公众所知，也没有同样的发明或者实用新型由他人向国务院专利行政部门提出过申请并且记载在申请日以后公布的专利申请文件中。

如果权利要求的技术方案和现有技术的内容相比，存在区别技术特征，两技术方案实质上不相同，则该权利要求具有新颖性。

本案中，权利要求 1 要求保护一种聚合方法，包括三个步骤：（1）在环管反应区使至少一种烯烃单体在液态稀释剂中进行聚合，以制备一种包含液态稀释剂和固态烯烃聚合物微粒的液态淤浆；（2）在所述反应区中，所述固态烯烃聚合物微粒在所述淤浆中固含量保持在高于 40 重量%，以所述聚合物微粒和所述液体稀释剂重量计；（3）连续地提取包含被提取的液态稀释剂和固态聚合物微粒的所述淤浆，该淤浆是所述方法的中间产物。其中，对于该权利要求中所述的“中间产物”，根据说明书第 2 页第 9 段、第 14 段、第 3 页第 3 段、第 6 页第 3 段、附图 1 的描述可知，该权利要求中所述的“中间产物”实际上为环管反应器中的聚合反应结束之后、处理之前的淤浆产物。

由于对证据 2 的真实性不能确认，且请求人放弃了权利要求 4 相对于证据 3、4，权利要求 24 相对于证据 1、3、4 不具备新颖性的无效理由，因此本案的涉及新颖性的无效理由为：权利要求 1 相对于证据 1、3 或 4 不具有新颖性；权利要求 2~3 相对于证据 3 或 4 不具有新颖性；权利要求 8 相对于证据 1 不具有新颖性，权利要求 25 相对于证据 1、3 或 4 不具有新颖性。如前所述，由于权利要求 24、25 不符合专利法第 33 条的规定，应被宣告无效，因此合议组对权利要求 25 相对于证据 1、3 或 4 不具有新颖性的无效理由不予评述。

证据 1 公开了一种多级环管反应设备，在该反应设备中，多个环管反应器通过连接管相连且将淤浆形式的循环液体连续传送到下一级的环管反应器中，其中所述连接管的导入部喷嘴设置在循环液下降的环管反应器的弯管部，其位于弯管部外侧且水平面下方（参见证据 1 译文第 2 页倒数第 2 段）。并在其实施例中具体公开了如下内容：在 2 级环管反应设备中进行的丙烯均聚反应，其中，在第 1 级反应器中供给原料丙烯 35kg/H、三氯化钛（AA）25g/H、有机铝 25g/H，在作为分子量调节剂 H_2 的存在下在 70℃进行聚合；在第 2 级反应器中追加丙烯 15kg/H，温度保持在 70℃，通过将第 2 级反应器中的内容物间歇排放到压力为 0.5kg/cm^2 的闪蒸槽中以实现将系统总压控制在约 40kg/cm^2。其中，第 1 级反应器中的固体浓度重量比为 55%，第 2 级反应器中的固体浓度为 53 重量%（参见证据 1 译文第 4 页倒数第 3 段至第 5 页第 4 段）。由此可知，本专利权利要求 1 的技术方案与证据 1 相比存在如下区别技术特征：本专利权利要求 1 是从环管反应区连续排出淤浆产物，而证据 1 则是间歇排出反应产物，排料方式的不同导致两者成为实质上不同的技术方案，因此权利要求 1 与证据 1 相比具有新颖性，符合专利法第 22 条第 2 款的规定。

请求人认为，证据 1 中所公开的“将淤浆形式的循环液体连续传送到下一级的环管反应器中”相当于本专利要求 1 中的特征“连续地提取包含被提取的液态稀释剂和固态聚合物微粒的所述淤浆，该淤浆是所述方法的中间产物”。

对此，合议组认为，如前所述，本申请权利要求 1 中连续提取的对象即所述“中间产物”实际上是环管反应器中聚合反应结束之后、处理之前的淤浆产物，而证据 1 中所述的提取对象即“循环液体”实际上是多级环管反应器之间的级间产物，并非聚合反应结束后的产物，其最后的聚合反应产物实际上是通过间歇提取的，因此证据 1 与本申请权利要求 1 的技术方案实质上不同。

证据 3 公开了一种主要由乙烯和异丁烯、1-丁烯组成的单体的聚合方法，并在其实施例中具体公开了如下内容：将 7160 份乙烯单体通过进口物流 2 送入环管反应器 1，而同时将包含 7720 份异丁烯、230 份 1-丁烯和次要量其他物质的稀释剂循环流通过物流 21 导入反应器。将环管反应器维持在 140°F 温度和 500p. s. i. a 的压力下，在反应器中形成含大约 25 重量% 的固形物的聚合物淤浆，将其通过物流 4 移出到旋风分离器 5 中，从旋风分离器回收产物（参见证据 3 译文第 1 页倒数第 4 段至第 2 页第 2 段）。由此可知，本专利权利要求 1 的技术方案与证据 3 实施例公开的具体技术方案相比存在如下区别技术特征：（1）本专利权利要求 1 环管反应器中的固含量为大于 40 重量%，而证据 3 环管反应器中的固含量重量比为 25%；（2）在证据 3 中未公开淤浆产物的提取方式为连续提取方式。上述区别也导致二者成为两个实质上不同的技术方案，因此权利要求 1 与证据 3 相比具有新颖性，符合专利法第 22 条第 2 款的规定。

请求人认为，在证据 3 中的特征“从反应器中除去产物淤浆以直接回收固体”相当于权利要求 1 中的特征“连续地提取包含被提取的液态稀释剂和固态聚合物微粒的所述淤浆，该淤浆是所述方法的中间产物”，并且证据 3 中公开了固含量可以高到 40%（即高达 50% 固体浓度）。

对此，合议组认为，证据 3 中的特征“从反应器中除去产物淤浆以直接回收固体”并不意味着其聚合反应产物必然是通过连续方式提取的，而且从证据 3 来看，其仅仅具体公开了环管反应器中固含量重量比为 25% 的技术方案，并未如请求人所述具体公开环管反应器中固含量高达 50% 固体浓度的技术方案，因此并不能认为在证据 3 中公开了如本专利权利要求 1 所述的技术方案，请求人的上述主张不能成立。

证据 4 公开了用于连续制备细分的乙烯均聚物或乙烯与少量 C_3-C_8-α-单烯烃的共聚物的方法，所述乙烯均聚物或共聚物在 60~100℃且在 30 至 50bar 的总压下在环管反应器中使用以液体形式存在的 C_4-C_8-烷烃作为反应介质通过催化聚合制备。循环物流中聚合物的平均浓度 C_m 保持在 0.40~0.70g 聚合物/g 反应混合物，通过渗出反应器最上部内表面上的环管最底部的中间的反应混合物从反应器中排出所形成的聚合物，而且在循环物流中聚合物的浓度具有 0.50xC_m 至 0.70xC_m 范围内的值的点实施反应混合物的流出。（参见证据 4 译文第 1 页）。由此可知，本专利权利要求 1 的技术方案与证据 4 公开的技术方案相比存在如下区别技术特征：证据 4 是通过渗出的形式回收淤浆产物，而且其渗出物的固含量明显低于反应器中的固含量，而本专利权利要求 1 的技术方案是通过淤浆产物连续排放法回收淤浆产物，连续排放的淤浆产物的固含量与环管反应器中的固含量一致，这点从如下本专利说明书有关发明目的和连续提取附件的描述也可看出：“其中反应器中的固含量足够高至足以使直接连续排放的产品具有工业适用性”、“环管反应器中的一个垂直段的下游端置有一个细长的中空附件，而该中空附件是使流体直接与加热的闪蒸管道相连通的，因此适合于淤浆产物的连续提取”（参见本专利说明书第 2 页第 5 段、第 3 页第 3 段）。上述区别也导致二者成为实质上不同的两个技术方案，因此权利要求 1 与证据 4 相比具有新颖性，符合专利法第 22 条第 2 款的规定。

请求人认为，本专利权利要求 1 中的特征“连续地提取包含被提取的液态稀释剂和固态聚合物微粒的所述淤浆，该淤浆是所述方法的中间产物”相当于证据 4 中的特征“通过流出反应混合物而从反应器中排出所形成的聚合物”，而本专利权利要求 1 中的特征“在所述反应区中，所述固态烯烃聚合物微粒在所述淤浆中固含量保持在重量比高于 40%，以所述聚合物微粒和所述液体稀释剂重量计”相当于证据 4 中的特征“循环物流中聚合物的平均浓度 C_m 保持在 0.54g 聚合物/g 反应混合物”。

对此，合议组认为，如前所述，证据 4 所示实际上是通过渗出反应器最上部内表面上的环管最底部的中间的反应混合物从反应器中排出所形成的聚合物，因此其反应产物的提取方式并不同于本专利的连续提取方式，而且由其技术方案来看，虽然其环管反应器内的固含量浓度在本专利权利要求 1 的固含量范围之内，但如前所述，其渗出物的固含量明显低于反应器中的固含量，而对于本专利权利要求 1 的技术方案而言，其连续排放的淤浆产物的固含量与环管反应器中的固含量一致，因此本专利权利要求 1 的技术方案与证据 4 相比实质不同。

在权利要求 1 相对于证据 1、3 或 4 具有新颖性的基础上，直接引用权利要求 1 的权利要求 2 和 3

相对于证据 3 或 4 具有新颖性，直接引用权利要求 1 的权利要求 8 相对于证据 1 具有新颖性，均符合专利法第 22 条第 2 款的规定。

9. 关于专利法第 22 条第 3 款

专利法第 22 条第 3 款规定：创造性是指同申请日以前已有的技术相比，该发明有突出的实质性特点和显著的进步。

在判断一项权利要求的创造性时，如果该权利要求的技术方案和现有技术相比存在区别技术特征，而对于本领域技术人员来讲，引入上述区别技术特征得到该权利要求的技术方案是非显而易见的，同时该权利要求的技术方案具有有益的技术效果，则该权利要求具备创造性。

本案中，请求人认为，权利要求 1 相对于证据 1、2、3 或 4 不具有创造性，权利要求 2、3 相对于证据 2、3 或 4 不具有创造性，权利要求 4 相对于证据 3 或 4 不具有创造性，权利要求 5~7 相对于证据证据 1、2、3 或 4 与证据 7 的结合不具有创造性，权利要求 8 相对于证据 1、2、3 或 4 与证据 5 的结合不具有创造性，权利要求 9、10 相对于证据 1、2、3 或 4 不具有创造性，权利要求 11 相对于证据 1、2、3 或 4 与证据 10 的结合不具有创造性，权利要求 12~21 相对于证据 1、2、3 或 4 与证据 5 的结合不具有创造性，权利要求 24、25 相对于证据 1、2、3 或 4 不具有创造性。前文已述，基于证据 2 的真实性不能予以确认，因此证据 2 不能作为现有技术来评价本专利的新颖性和创造性，同时由于权利要求 24、25 不符合专利法第 33 条的规定，应被宣告无效，故合议组对权利要求 24、25 相对于证据 1、2、3 或 4 不具有创造性的无效理由不再予以评述，因此，合议组仅考察本专利权利要求 1、9、10 相对于证据 1、3 或 4，权利要求 2、3、4 相对于证据 3 或 4，权利要求 5~7 相对于证据 1、3 或 4 与证据 7 的结合，权利要求 8、12~21 相对于证据 1、3 或 4 与证据 5 的结合，权利要求 11 相对于证据 1、3 或 4 与证据 10 的结合是否具有创造性。

如前所述，权利要求 1 的技术方案与证据 1 相比存在如下区别：权利要求 1 是从环管反应区连续提取淤浆产物，而证据 1 则是间歇排出反应产物。而根据本专利说明书的记载，本专利的目的在于通过连续排出淤浆产物来克服现有技术通过沉降管间歇排出淤浆产物而带来的系列问题，例如每当沉降管内积聚的聚合物淤浆达到需要“排放”或“起动”时，就会干扰上游环管反应器中淤浆的流动和下游回收系统，并且还会出现阀门密闭困难、所需沉降管数目超出利用空间以及淤浆中的固含量低等问题，因此证据 1 仅教导了如何将多级反应器连接起来，并没有给出任何解决本发明上述技术问题的技术教导，所以本领域技术人员在证据 1 的教导下不会显而易见地获得权利要求 1 的技术方案，因此权利要求 1 相对于证据 1 符合专利法第 22 条第 3 款的规定。

此外，如前所述，权利要求 1 的技术方案与证据 3 实施例公开的具体技术方案相比存在如下区别技术特征：（1）本专利权利要求 1 环管反应器中的固含量为重量比大于 40%，而证据 3 环管反应器中的固含量重量比为 25%；（2）在证据 3 中未公开淤浆产物的提取方式为连续提取方式。也就是说，证据 3 中也未给出通过从环管反应区连续提取淤浆产物的方式来提高环管反应区固含量的技术启示。因此，权利要求 1 相对于证据 3 符合专利法第 22 条第 3 款的规定。

同样，权利要求 1 的技术方案与证据 4 公开的技术方案相比存在如下区别技术特征：证据 4 是通过渗出的形式回收淤浆产物，而且其渗出物的固含量明显低于反应器中的固含量，而本专利权利要求 1 的技术方案则是通过淤浆产物连续排放法回收淤浆产物，其连续排放的淤浆产物的固含量与环管反应器中的固含量一致。一方面，渗出方式与连续提取是完全不同的两种排料方式，另一方面，从本专利的整体内容来看，通过连续提取反应淤浆可以提高环管反应器中的固含量从而使直接连续排放的产品具有工业适用性，而从请求人所提交的证据 4 的中文译文中看不出渗出方式排料能产生何种效果，而且仅从其渗出物的浓度明显低于反应器中的固含量来看，其解决的技术问题与本发明中连续提取所解决的技术问题明显不同，因此证据 4 也没有给出解决本发明技术问题的技术启示，故权利要求 1 相对于证据 4 符合专利法第 22 条第 3 款的规定。

权利要求 2~4、9 和 10 均为权利要求 1 的从属权利要求，在权利要求 1 相对于证据 1、3 或 4 具有创造性的基础上，权利要求 2~4 相对于证据 3、4，权利要求 9、10 相对于证据 1、3 或 4 也具有创造性，符合专利法第 22 条第 3 款的规定。

权利要求 5 对权利要求 1 做了进一步的限定，其附加技术特征为："在推动区至少保持 0.138MPa（18 磅/英寸^2）表压的压差"。证据 7 涉及聚合反应的控制，由于从请求人提交的证据 7 的中文译文来看，其内容仅仅涉及反应混合物中固体体积百分数和流出物固体重量% 的计算（参见证据 7 中文译文），并未涉及具体的聚合反应工艺，而且对其发明目的和发明效果也未作任何说明，因此本领域技术人员是没有动机将证据 7 与证据 1、3、4 之一结合得到本专利权利要求 5 的技术方案，所以权利要求 5 相对于证据 7 与证据 1、3、4 之一的结合符合专利法第 22 条第 3 款的规定。

权利要求 6 和 7 均为权利要求 5 的从属权利要求，在权利要求 5 相对于证据 7 与证据 1、3、4 之一的结合具有创造性的基础上，权利要求 6、7 相对于证据 7 与证据 1、3、4 之一的结合也具有创造性，符合专利法第 22 条第 3 款的规定。

权利要求 8 对权利要求 1 做了进一步的限定，"其中所述反应区是完全充满液体的"。虽然在证据 5 中公开了如下内容："最理想的是环管反应器充满液体运行"，但从请求人提交的证据 5 的译文来看，其译文部分未对证据 5 的发明目的、技术方案和技术效果作任何完整说明，因此，本领域技术人员没有动机将证据 5 与证据 1、3 或 4 结合。即使考虑将其结合，权利要求 8 的技术方案与其结合相比尚存在如上所述的区别技术特征，因此本领域技术人员不付出创造性的劳动无法得出权利要求 8 的技术方案并预见其技术效果，所以权利要求 8 相对于证据 1、3 或 4 与证据 5 的结合具有创造性，符合专利法第 22 条第 3 款的规定。

权利要求 11 对权利要求 1 做了进一步的限定，"其中所述方法的所述中间产物是连续地通过加热区的，在加热区，所述中间产物经加热成为热的中间产物，然后在高压闪蒸区经减压，所述的中间产物经加热至所述已提取的液态稀释剂蒸发，从而使稀释剂从提取的固体聚合物微粒中分离出来，分离的液态稀释剂无须加压，通过与温度 4~54℃（40~130°F）的流体进行热交换，冷凝后供循环使用"。证据 10 公开了使用两步闪蒸和旋风分离器分离稀释剂和固体聚合物的方法及设备，其中流出物从沉降管 22 流到管道 24 中，管道 24 与沉降管和闪蒸器 28 流动联通，并具有间接换热装置，压力降连同闪蒸线加热器 26 的加热使大部分稀释剂蒸发，热交换流体通常在 40~130°F（参见证据 10 译文）。由此可知，在证据 10 中虽然公开了采用闪蒸器对稀释剂和固体聚合物进行分离，但在证据 10 中仍然采用沉降管提取淤浆，且未提及反应器中的固含量，而且从证据 10 的译文来看，其并未对其发明目的、具体的聚合工艺和技术效果作任何完整说明，因此，本技术领域技术人员在证据 1、3 或 4 和证据 10 的基础上不付出创造性劳动无法得出包含有前述区别技术特征的权利要求 11 的技术方案并预见其技术效果，所以权利要求 11 相对于证据 1、3 或 4 与证据 10 的结合具有创造性，符合专利法第 22 条第 3 款的规定。

权利要求 12 对权利要求 1 做了进一步的限定，"其中所述淤浆是连续地从所述环管反应区中，在催化剂导入区前，物流向上转向最后点的附近区域提取的"，虽然在证据 5 中公开了"优选在环管反应器的至少一个弯头处，以至于离心力将固体颗粒掷入容器中"，但由于如前所述的理由，请求人所提交的证据 5 的译文并未对其发明目的、技术方案和技术效果作任何完整说明，因此本领域技术人员没有动机将证据 5 与证据 1、3 或 4 结合从而得到权利要求 12 的技术方案，所以权利要求 12 相对于证据 1、3 或 4 与证据 5 的结合具有创造性，符合专利法第 22 条第 3 款的规定。

基于与权利要求12相同的评述，权利要求13~21也具有创造性，符合专利法第22条第3款的规定。

专利权人提交的反证2是用于证明固含量的计算方法是本领域的公知常识，其与本专利因修改超范围而应被宣告无效的权利要求24、25无关，而对于其他权利要求1~23，合议组已作出维持专利权有效的结论，因此合议组对专利权人提交的反证2不再予以评述。请求人提交的证据12用于证明专利权人提交的反证2与本专利不具有关联性，在合议组对反证2不再予以评述的前提下，合议组对请求人提交的证据12也不再予以评述。

基于以上事实和理由，本案合议组作出如下审查决定。

三、决定

宣告98116048.4号发明专利的权利要求24、25无效，维持权利要求1~23有效。

当事人对本决定不服的，可以根据专利法第46条第2款的规定，自收到本决定之日起三个月内向北京市第一中级人民法院起诉。根据该款的规定，一方当事人起诉后，另一方当事人应当作为第三人参加诉讼。

北京市第一中级人民法院
行政判决书

（2009）一中知行初字第2352号

原告英力士欧洲有限公司，住所地大不列颠及北爱尔兰联合王国汉普郡林德赫斯特礼拜堂巷霍克斯里斯S0437FG。

法定代表人Martin Howard Stokes，公司秘书。

委托代理人封新琴，北京市柳沈律师事务所律师。

委托代理人吴培善，北京市柳沈律师事务所律师。

被告中华人民共和国国家知识产权局专利复审委员会，住所地中华人民共和国北京市海淀区北四环西路银谷大厦10~12层。

法定代表人张茂于，副主任。

委托代理人王磊，中华人民共和国国家知识产权局专利复审委员会审查员。

委托代理人程强，中华人民共和国国家知识产权局专利复审委员会审查员。

第三人康菲公司，住所地美利坚合众国得克萨斯州。

法定代表人弗兰克C. 埃马德，首席专利顾问。

委托代理人陆惠中，北京纪凯知识产权代理有限公司专利代理人。

委托代理人陈建芳，北京纪凯知识产权代理有限公司专利代理人。

原告英力士欧洲有限公司（简称英力士公司）不服被告中华人民共和国国家知识产权局专利复审委员会（简称专利复审委员会）作出的第13544号无效宣告请求审查决定（简称第13544号决定），向本院提起行政诉讼。本院受理后，依法组成合议庭，并通知康菲公司作为本案第三人参加诉讼。本院于2009年11月27日第一次公开开庭审理本案，原告英力士公司的委托代理人吴培善、封新琴（后转委托于巫肖南），被告专利复审委员会的委托代理人王磊、程强，第三人康菲公司的委托代理人陆惠中、陈建芳（后转委托于张全信）到庭参加了诉讼。本院于2010年5月6日第二次公开开庭审理本案，原告英力士公司的委托代理人吴培善、巫肖南，被告专利复审委员会的委托代理人王磊、程强，第三人康菲公司的委托代理人陆惠中、张全信到庭参加了诉讼。本案现已审理终结。

第13544号决定系专利复审委员会针对英力士公司就原菲利浦石油公司拥有的名称为“高固含量淤浆聚合”的98116048.4号发明专利（下称本专利）所提无效宣告请求而作出的，该决定宣告本专利权利要求24、25无效，维持本专利权利要求1~23有效，具体理由如下：

1. 关于审查文本

第13544号决定是在本专利授权公告时的文本的基础上作出的。

2. 关于证据

英力士公司共提交了13份证据，包括证据1~11、证据9’和证据12。由于英力士公司已经放弃使用证据6和证据9，因此，专利复审委员会对证据6和证据9不予考虑。

对于证据1、3~5、7、8、10、11和证据9’，专利复审委员会查明，证据1、3~5、7、8、10和证据9’均为专利文献，证据11为本专利从提出申请至授权菲利浦石油公司提交的和中华人民共和国国家知识产权局专利局发出的文件，在菲利浦石油公司认可这些证据的真实性的情况下，专利复审委员会对这些证据的真实性予以确认。

鉴于其中证据1、3~5、7、8、10和证据9’的公开日均在本专利的申请日之前，因此证据1、3~5、7、8、10和证据9’可以作为本专利的现有技术。

专利复审委员会对证据2的真实性未予认可。

菲利浦石油公司提交了反证1和反证2。

专利复审委员会根据审查指南第四部分第三章第4.3.2节关于举证期限的规定，对反证1不予考虑；专利复审委员会对反证2的真实性和公开性予以确认，在此前提下，专利复审委员会对英力士公司提交的证据12的真实性和公开性也予以确认。

3. 关于无效宣告请求的理由、范围

专利复审委员会审理的无效宣告请求的理由为：（1）说明书公开不充分，不符合2000年8月25日第二次修正的《中华人民共和国专利法》（简称2001年《专利法》）第二十六条第三款的规定，使用证据7、8、9’；（2）权利要求1~4、8~25缺乏必要技术特征，不符合2002年12月28日修正的《中华人民共和国专利法实施细则》（简称2003年《专利法实施细则》）第二十一条第二款的规定，使用证据7；（3）权利要求1~25不符合2003年《专利法实施细则》第二十条第一款的规定；（4）权利要求24、25不符合2001年《专利法》第三十三条的规定，使用证据11；（5）权利要求1~3、8、25不具有新颖性，不符合2001年《专利法》第二十二条第二款的规定，使用证据1、3、4；（6）权利要求1~21、24~25不具有创造性，不符合2001年《专利法》第二十二条第三款的规定，使用证据1、3、4、5、7、10。

4. 关于2001年《专利法》第二十六条第三款

英力士公司认为，本专利的说明书公开不充分，具体理由如下：（1）本专利的实施例未给出任何数据来表明仅通过连续地排出淤浆产物使固含量重量比达到高于40%；（2）由于在淤浆中不可避免地存在未反应的烯烃单体，因此为通过取样方式计算固含量，必须确定淤浆中的全部产物，而本专利说明书未披露如何测定反应物；（3）本专利的说明书中没有给出测量固含量的方法。证据7、8、9’表明，在现有技术中存在多种测定反应器中聚合物浓度的方法，由本专利说明书第4页第2段的描述可知，现有技术的浓度范围与本专利权利要求1的浓度范围邻近，测定固含量方法的任何偏差都可能导致浓度落在本专利权利要求1的范围内或范围外；（4）未说明固含量的测量位置以及是否为一段时间内的平均值。

对此，专利复审委员会认为，（1）如本专利说明书所述，烯烃聚合物淤浆在稀释剂中的固含量通常限制在重量比不超过37%~40%，本专利的发明目的之一就是利用淤浆产物连续排放法在液态稀释剂中以淤浆聚合制备烯烃聚合物，从而使环管反应区中的固态烯烃聚合物微粒的固含量保持在高于40重量%。为此，本发明提供了如权利要求1所述的技术方案。在本专利说明书第4页第3段中已明确说明："已经出乎意料地发现，在惰性稀释剂存在下于环管反应器中进行烯烃聚合时，连续地排出淤浆产物可使反应器在固含量高得多的情况下进行作业"，并且由本专利说明书实施例的数据也可以看出，在循环泵压差和反应器淤浆流率大致相当的情况下，通过CTO（连续提取）与泵的联合使用，可使环管反应器中的平均固含量重量比由45%提高至53%，由此可以看出，通过连续提取可明显提高反应器中的固含量，因此，本领域技术人员在此基础上能确信通过连续提取可使环管反应器中的固含量在作为对照的实施例1的重量比为39%的基础上提高至40%以上，此外，在本专利的说明书第3页第3段以及第5页第5段中对于环管反应器上的连续排料附件及其位置也都作了详细说明，因此，在英力士公司未提供任何证据证明连续提取必须和循环泵联合使用时才能提高反应器的固含量的情况下，英力士公司所述"本专利的实施例未给出任何数据来表明仅通过连续地排出淤浆产物使固含量达到高于40%重量，从而导致说明书公开不充分"的无效理由不能成立；（2）对于英力士公司所述固含量的测量方法以及如何测量反应物的问题，专利复审委员会认为，①由英力士公司提交的证据7、8、9'均可以看出，聚合物乳液中固含量的测量方法是本专利的申请日前本领域技术人员的已有或常规技术手段，因此本专利的说明书中没有给出固含量的测量方法并不会导致本领域技术人员无法实施本发明；②尽管如英力士公司所述，在淤浆中不可避免地存在未反应的烯烃单体，而本专利的说明书又未披露如何测定反应物，但专利复审委员会认为，虽然本专利的说明书将固含量定义为"以所述聚合物微粒和所述液体稀释剂重量计"，但由前述证据7、8、9'可知，基于整个反应混合物的聚合物微粒的固含量的测量方法是已知的，在此基础上本领域技术人员可计算得出反应混合物中聚合物微粒的重量，而总共添加至反应区的液体稀释剂的重量是维持不变的，从而可计算出本发明所述以聚合物微粒和液体稀释剂重量计的固含量，因此本专利说明书未描述如何测定反应物并不会导致本领域技术人员无法实施本发明；（3）对于固含量的测量位置和测量时间，专利复审委员会认为，在固含量的测量方法已知的情况下，对于固含量的测量位置和测量时间，本领域技术人员会根据实际生产的需要选择合适的测量位置和测量时间，在说明书未对测量位置和测量时间进行具体限定的情况下，应认为在环管反应器的所有测量位置和以及任意测量时间均能实现本发明的目的，因此本专利说明书未描述固含量的测量位置和测量时间并不会导致本领域技术人员无法实施本发明。

5. 关于2003年《专利法实施细则》第二十条第一款

英力士公司认为，权利要求1~25不符合2003年《专利法实施细则》第二十条第一款的规定，具体理由如下：（1）与说明书公开不充分的理由相同，权利要求1中没有记载固含量的测量方法、测量位置、测量时间以及如何测定未反应的单体，因此该权利要求中的"固含量"含义不清楚；（2）权利要求1中"重量比高于40%"没有定义上限，其上限隐含重量比为100%，本领域技术人员不清楚重量比100%能否实现发明目的；基于同样理由，权利要求2~23以及权利要求24~25的保护范围也不清楚；（3）在权利要求22~23中，在步骤（A）关闭了沉降区后进行步骤（B），此时淤浆的提取存在间断，因此步骤（A）至步骤（B）的过程应视为间歇过程而不是连续过程，这与权利要求1中连续提取的步骤相矛盾。

对此，专利复审委员会认为，（1）参见上述对于说明书公开不充分的评述，在本专利的权利要求1中虽然没有具体记载固含量的测量方法、测量位置、测量时间以及如何测定未反应的单体，但固含量的测量方法是本领域技术人员的已知方法，测量位置、测量时间也是本领域技术人员可根据实际生产需要而确定的，在权利要求未对其进行具体限定的情况下，应理解为可在环管反应器的所有测量位置和以及任意测量时间进行，而且如前所述，在固含量的测量中并非必须计算未反应单体的含量，因此权利要求 1 未具体记载固含量的测量方法、测量位置、测量时间以及如何测定未反应的单体并不会导致该权利要求的保护范围不清楚；（2）在权利要求 1 中虽然没有对固含量定义上限，但由于固含量是基于聚合物微粒和稀释剂计算的，而稀释剂在反应体系中是必然存在的，因此该固含量的上限实际上不可能为 100 重量%，因此英力士公司所述“本领域技术人员不清楚 100 重量% 能否实现发明目的”的无效理由不能成立。（3）对于英力士公司所述权利要求 22、23 中步骤（A）至步骤（B）为非连续过程，与权利要求 1 的连续提取步骤相矛盾的问题，专利复审委员会认为，由本专利说明书第 7 页倒数第 5～6 行的描述以及附图 5、6 均可以看出，权利要求 22、23 中的步骤（A）和步骤（B）分别是通过供间歇排料的常规沉降管和连续排料附件实现的，沉降管与连续排料附件在环管反应器上是并列的，沉降管的关闭并不影响连续排料附件的工作，并且与权利要求 1 相比，权利要求 22、23 仅仅是增加了沉降管的排料方式，而对于步骤（B）中的措辞“然后”，本领域技术人员可以理解其是指上述两种排料方式是先后进行的，因此，权利要求 22、23 的保护范围也是清楚的。

基于上述理由，英力士公司关于权利要求 1～25 的保护范围不清楚的无效理由均不能成立。

6. 关于 2003 年《专利法实施细则》第二十一条第二款

英力士公司认为，本专利要解决的技术问题是确保反应器可以在固含量高于 40 重量% 下运行，而从实施例和证据 7 的内容来看，“循环强度更大的泵”是解决本发明技术问题的必要技术特征，应记载在权利要求 1 中。同理，权利要求 2～4 以及 8～25 也缺乏必要技术特征，不符合 2003 年《专利法实施细则》第二十一条第二款的规定。

对此，专利复审委员会认为，虽然如英力士公司所述，本专利所要解决的技术问题是确保环管反应器在固含量高于 40 重量% 下运行，但在本专利说明书第 4 页第 3 段中已明确说明：“已经出乎意料地发现，在惰性稀释剂存在下于环管反应器中进行烯烃聚合时，连续地排出淤浆产物可使反应器在固含量高得多的情况下进行作业”，在说明书第 4 页第 5 段提到：“还出乎意料地发现，可采用更激烈的循环（伴随而来有较高的固含量）。实际上更加激烈的循环与连续排料相结合，通过连续排料方式，可从反应器提取到重量比高于 50% 固含量的产物”。由此可见，“更加激烈的循环”与“连续排料”结合在本专利中是作为一个能使固含量得到更大程度的提高的优选方案出现的。尽管本专利说明书实施例中例示出了循环泵与连续排料结合使用的情形，但从其中给出的数据可以看出，在循环泵压差和反应器淤浆流率大致相当的情况下，通过 CTO（连续提取）与泵的联合使用，可使环管反应器中的平均固含量重量比由 45% 提高至 53%，其一方面说明，通过连续提取可明显提高反应器中的固含量，另一方面也说明，“循环泵”与“连续排料”相结合也确为本专利的一个优选方案，本领域技术人员在此基础上能够确信通过连续提取可使环管反应器中的固含量在本专利背景部分所提及的重量比由 37%～40% 的基础上提高至 40% 以上，从而解决本发明所要解决的技术问题，因此，在权利要求 1 已明确记载“连续提取”的相关特征的情况下，权利要求 1 符合 2003 年《专利法实施细则》第二十一条第二款的规定。由于英力士公司所述的“循环强度更大的泵”仅仅是影响环管反应器中固含量的一个因素，本专利说明书实施例的数据也仅仅表明通过提高循环速率可以提高固含量，并不能够证明必须使用循环强度更大的泵才能使环管反应器中的固含量保持重量比在 40% 以上。因此，不能仅因为实施例记载了使用“循环强度更大的泵”就认为其为实施权利要求 1 技术方案的必要技术特征。另外，从英力士公司所提交的证据 7 的中文译文部分看出，其并未涉及与本专利相同的连续提取工艺，其与本专利的聚合方法不同，不能用来证明本专利权利要求 1 缺乏必要技术特征。基于同样理由，权利要求2～4 以及 8～25 也不缺乏必要技术特征，符合 2003 年《专利法实施细则》第二十一条第二款的规定。

7. 关于2001年《专利法》第三十三条

英力士公司认为，权利要求24和25不符合2001年《专利法》第三十三条的规定，主要理由如下：（1）权利要求24中的特征“用包含在载体上的铬氧化物的催化剂”没有记载在原权利要求书和说明书中，超出了原权利要求书和说明书的记载范围；（2）权利要求25中的特征“使所述液态淤浆循环通过所述环管反应区，使所述液态淤浆分层，其中所述固态烯烃聚合物微粒在所述淤浆中固含量保持在重量比高于40%”和“从淤浆层中连续地提取淤浆，其中所述固含量更高，由此提取的淤浆的固含量比在环管反应区循环的液态淤浆的固含量高，此提取的淤浆包含提取的液态稀释剂和固体聚合物微粒，作为所述方法的中间产物”没有记载在原权利要求书和说明书中，超出了原权利要求书和说明书的记载范围。

专利复审委员会认为，（1）权利要求24涉及一种聚合方法，其在环管反应区用“包含在载体上的铬氧化物的催化剂”，而在原申请文件中对于催化剂仅有以下记载：“在本申请中，由于聚合产率，尤其用以二氧化硅为载体的氧化铬时是极高的，因此没有涉及催化剂的重量”、“适用的催化剂在技术上是众所周知的。尤其适用的是已公开的经诸如二氧化硅载体的铬氧化物”。由此可知，原申请文件将催化剂铬氧化物的载体具体限定为二氧化硅，而权利要求24的技术方案中未对载体进行任何限定，意即包含了任何可能的载体，这一信息与原申请文件记载的信息不同，同时从原申请记载的信息中也不能直接地、毫无疑义地确定任何载体均适合作为铬氧化物的载体。因此，权利要求24的技术方案超出了原申请记载的范围，不符合2001年《专利法》第三十三条的规定；（2）同理，权利要求25涉及一种聚合方法，其包括“使所述液态淤浆循环通过所述环管反应区，使所述液态淤浆分层，其中所述固态烯烃聚合物微粒在所述淤浆中固含量保持在重量比高于40%”，而原申请文件中关于淤浆分层仅有如下记载：“为了降低流体的流动速度，也可将装有连续排料附件的反应器环管段的直径加大，这样还可使流动的液流分层从而使流出的产物含更高的固含量”。由此可知，原申请文件中仅记载了通过使反应器环管段的直径加大从而使液流分层的方式，而权利要求25的技术方案中未对液流分层方式进行任何限定，因此权利要求25的技术方案包括了任何可使液流分层的方式，这一信息与原申请文件记载的上述信息不同，同时也不能由其直接地、毫无疑义地确定，因此权利要求25超出了原申请文件记载的范围，不符合2001年《专利法》第三十三条的规定。

8. 关于2001年《专利法》第三十三条第二款

由于对证据2的真实性不能确认，且英力士公司放弃了权利要求4相对于证据3、4，权利要求24相对于证据1、3、4不具备新颖性的无效理由，因此本案的涉及新颖性的无效理由为：权利要求1相对于证据1、3或4不具有新颖性；权利要求2~3相对于证据3或4不具有新颖性；权利要求8相对于证据1不具有新颖性，权利要求25相对于证据1、3或4不具有新颖性。如前所述，由于权利要求24、25不符合2001年《专利法》第三十三条的规定，应被宣告无效，因此专利复审委员会对权利要求25相对于证据1、3或4不具有新颖性的无效理由不予评述。

权利要求1要求保护一种聚合方法，包括三个步骤：（1）在环管反应区使至少一种烯烃单体在液态稀释剂中进行聚合，以制备一种包含液态稀释剂和固态烯烃聚合物微粒的液态淤浆；（2）在所述反应区中，所述固态烯烃聚合物微粒在所述淤浆中固含量保持在重量比高于40%，以所述聚合物微粒和所述液体稀释剂重量计；（3）连续地提取包含被提取的液态稀释剂和固态聚合物微粒的所述淤浆，该淤浆是所述方法的中间产物。其中，对于该权利要求中所述的“中间产物”，根据说明书第2页第9段、第14段、第3页第3段、第6页第3段、附图1的描述可知，该权利要求中所述的“中间产物”实际上为环管反应器中的聚合反应结束之后、处理之前的淤浆产物。

证据1公开了一种多级环管反应设备，在该反应设备中，多个环管反应器通过连接管相连且将淤浆形式的循环液体连续传送到下一级的环管反应器中，其中所述连接管的导入部喷嘴设置在循环液下降的环管反应器的弯管部，其位于弯管部外侧且水平面下方。并在其实施例中具体公开了如下内容：在2级环管反应设备中进行的丙烯均聚反应，其中，在第1级反应器中供给原料丙烯35kg/H、三氯化钛（AA）25g/H、有机铝25g/H，在作为分子量调节剂H_2的存在下在70℃进行聚合；在第2级反应器中追加丙烯15kg/H，温度保持在70℃，通过将第2级反应器中的内容物间歇排放到压力为的闪蒸槽中以实现将系统总压控制在约。

其中，第1级反应器中的固体浓度重量比为55%，第2级反应器中的固体浓度重量比为53%。由此可知，本专利权利要求1的技术方案与证据1相比存在如下区别技术特征：本专利权利要求1是从环管反应区连续排出淤浆产物，而证据1则是间歇排出反应产物，排料方式的不同导致两者成为实质上不同的技术方案，因此权利要求1与证据1相比具有新颖性，符合2001年《专利法》第二十二条第二款的规定。

英力士公司认为，证据1中所公开的“将淤浆形式的循环液体连续传送到下一级的环管反应器中”相当于本专利要求1中的特征“连续地提取包含被提取的液态稀释剂和固态聚合物微粒的所述淤浆，该淤浆是所述方法的中间产物”。

对此，专利复审委员会认为，如前所述，本申请权利要求1中连续提取的对象即所述“中间产物”实际上是环管反应器中聚合反应结束之后、处理之前的淤浆产物，而证据1中所述的提取对象即“循环液体”实际上是多级环管反应器之间的级间产物，并非聚合反应结束后的产物，其最后的聚合反应产物实际上是通过间歇提取的，因此证据1与本申请权利要求1的技术方案实质上不同。

证据3公开了一种主要由乙烯和异丁烯、1-丁烯组成的单体的聚合方法，并在其实施例中具体公开了如下内容：将7160份乙烯单体通过进口物流2送入环管反应器1，而同时将包含7720份异丁烯、230份1-丁烯和次要量其他物质的稀释剂循环流通过物流21导入反应器。将环管反应器维持在140°F温度和500p. s. i. a的压力下，在反应器中形成含重量比大约25%的固形物的聚合物淤浆，将其通过物流4移出到旋风分离器5中，从旋风分离器回收产物。由此可知，本专利权利要求1的技术方案与证据3实施例公开的具体技术方案相比存在如下区别技术特征：（1）本专利权利要求1环管反应器中的固含量重量比为大于40%，而证据3环管反应器中的固含量重量比为25%；（2）在证据3中未公开淤浆产物的提取方式为连续提取方式。上述区别也导致二者成为两个实质上不同的技术方案，因此权利要求1与证据3相比具有新颖性，符合2001年《专利法》第二十二条第二款的规定。

英力士公司认为，在证据3中的特征“从反应器中除去产物淤浆以直接回收固体”相当于权利要求1中的特征“连续地提取包含被提取的液态稀释剂和固态聚合物微粒的所述淤浆，该淤浆是所述方法的中间产物”，并且证据3中公开了固含量重量比可以高到40%（即高达50%固体浓度）。

对此，专利复审委员会认为，证据3中的特征“从反应器中除去产物淤浆以直接回收固体”并不意味着其聚合反应产物必然是通过连续方式提取的，而且从证据3来看，其仅仅具体公开了环管反应器中固含量重量比为25%的技术方案，并未如英力士公司所述具体公开环管反应器中固含量重量比高达50%固体浓度的技术方案，因此并不能认为在证据3中公开了如本专利权利要求1所述的技术方案，英力士公司的上述主张不能成立。

证据4公开了用于连续制备细分的乙烯均聚物或乙烯与少量单烯烃的共聚物的方法，所述乙烯均聚物或共聚物在60℃至100℃且在30至50bar的总压下在环管反应器中使用以液体形式存在的烷烃作为反应介质通过催化聚合制备。循环物流中聚合物的平均浓度C_m保持在0.40~0.70g聚合物/g反应混合物，通过渗出反应器最上部内表面上的环管最底部的中间的反应混合物从反应器中排出所形成的聚合物，而且在循环物流中聚合物的浓度具有至范围内的值的点实施反应混合物的流出。

由此可知，本专利权利要求 1 的技术方案与证据 4 公开的技术方案相比存在如下区别技术特征：证据 4 是通过渗出的形式回收淤浆产物，而且其渗出物的固含量明显低于反应器中的固含量，而本专利权利要求 1 的技术方案是通过淤浆产物连续排放法回收淤浆产物，连续排放的淤浆产物的固含量与环管反应器中的固含量一致，这点从如下本专利说明书有关发明目的和连续提取附件的描述也可看出："其中反应器中的固含量足够高至足以使直接连续排放的产品具有工业适用性"、"环管反应器中的一个垂直段的下游端置有一个细长的中空附件，而该中空附件是使流体直接与加热的闪蒸管道相连通的，因此适合于淤浆产物的连续提取"。上述区别也导致二者成为实质上不同的两个技术方案，因此权利要求 1 与证据 4 相比具有新颖性，符合 2001 年《专利法》第二十二条第二款的规定。

英力士公司认为，本专利权利要求 1 中的特征"连续地提取包含被提取的液态稀释剂和固态聚合物微粒的所述淤浆，该淤浆是所述方法的中间产物"相当于证据 4 中的特征"通过流出反应混合物而从反应器中排出所形成的聚合物"，而本专利权利要求 1 中的特征"在所述反应区中，所述固态烯烃聚合物微粒在所述淤浆中固含量保持在高于 40 重量%，以所述聚合物微粒和所述液体稀释剂重量计"相当于证据 4 中的特征"循环物流中聚合物的平均浓度 C_m 保持在 0.54g 聚合物/g 反应混合物"。

对此，专利复审委员会认为，如前所述，证据 4 所示实际上是通过渗出反应器最上部内表面上的环管最底部的中间的反应混合物从反应器中排出所形成的聚合物，因此其反应产物的提取方式并不同于本专利的连续提取方式，而且由其技术方案来看，虽然其环管反应器内的固含量浓度在本专利权利要求 1 的固含量范围之内，但如前所述，其渗出物的固含量明显低于反应器中的固含量，而对于本专利权利要求 1 的技术方案而言，其连续排放的淤浆产物的固含量与环管反应器中的固含量一致，因此本专利权利要求 1 的技术方案与证据 4 相比实质不同。

在权利要求 1 相对于证据 1、3 或 4 具有新颖性的基础上，直接引用权利要求 1 的权利要求 2 和 3 相对于证据 3 或 4 具有新颖性，直接引用权利要求 1 的权利要求 8 相对于证据 1 具有新颖性，均符合 2001 年《专利法》第二十二条第二款的规定。

9. 关于 2001 年《专利法》第二十二条第三款

英力士公司认为，权利要求 1 相对于证据 1、2、3 或 4 不具有创造性，权利要求 2、3 相对于证据 2、3 或 4 不具有创造性，权利要求 4 相对于证据 3 或 4 不具有创造性，权利要求 5~7 相对于证据 1、2、3 或 4 与证据 7 的结合不具有创造性，权利要求 8 相对于证据 1、2、3 或 4 与证据 5 的结合不具有创造性，权利要求 9、10 相对于证据 1、2、3 或 4 不具有创造性，权利要求 11 相对于证据 1、2、3 或 4 与证据 10 的结合不具有创造性，权利要求 12~21 相对于证据 1、2、3 或 4 与证据 5 的结合不具有创造性，权利要求 24、25 相对于证据 1、2、3 或 4 不具有创造性。前文已述，基于证据 2 的真实性不能予以确认，因此证据 2 不能作为现有技术来评价本专利的新颖性和创造性，同时由于权利要求 24、25 不符合 2001 年《专利法》第三十三条的规定，应被宣告无效，故专利复审委员会对权利要求 24、25 相对于证据 1、2、3 或 4 不具有创造性的无效理由不再予以评述，因此，专利复审委员会仅考察本专利权利要求 1、9、10 相对于证据 1、3 或 4，权利要求 2、3、4 相对于证据 3 或 4，权利要求 5~7 相对于证据 1、3 或 4 与证据 7 的结合，权利要求 8、12~21 相对于证据 1、3 或 4 与证据 5 的结合，权利要求 11 相对于证据 1、3 或 4 与证据 10 的结合是否具有创造性。

如前所述，权利要求 1 的技术方案与证据 1 相比存在如下区别：权利要求 1 是从环管反应区连续提取淤浆产物，而证据 1 则是间歇排出反应产物。而根据本专利说明书的记载，本专利的目的在于通过连续排出淤浆产物来克服现有技术通过沉降管间歇排出淤浆产物而带来的系列问题，例如每当沉降管内积聚的聚合物淤浆达到需要"排放"或"起动"时，就会干扰上游环管反应器中淤浆的流动和下游回收系统，并且还会出现阀门密闭困难、所需沉降管数目超出利用空间以及淤浆中的固含量低等问题，因此证据 1 仅教导了如何将多级反应器连接起来，并没有给出任何解决本发明上述技术问题的技术教导，所以本领域技术人员在证据 1 的教导下不会显而易见地获得权利要求 1 的技术方案，因此权利要求 1 相对于证据 1 符合 2001 年《专利法》第二十二条第三款的规定。

此外，如前所述，权利要求 1 的技术方案与证据 3 实施例公开的具体技术方案相比存在如下区别技术特征：（1）本专利权利要求 1 环管反应器中的固含量重量比为大于 40%，而证据 3 环管反应器中的固含量重量比为 25%；（2）在证据 3 中未公开淤浆产物的提取方式为连续提取方式。也就是说，证据 3 中也未给出通过从环管反应区连续提取淤浆产物的方式来提高环管反应区固含量的技术启示。因此，权利要求 1 相对于证据 3 符合 2001 年《专利法》第二十二条第三款的规定。

同样，权利要求 1 的技术方案与证据 4 公开的技术方案相比存在如下区别技术特征：证据 4 是通过渗出的形式回收淤浆产物，而且其渗出物的固含量明显低于反应器中的固含量，而本专利权利要求 1 的技术方案则是通过淤浆产物连续排放法回收淤浆产物，其连续排放的淤浆产物的固含量与环管反应器中的固含量一致。一方面，渗出方式与连续提取是完全不同的两种排料方式，另一方面，从本专利的整体内容来看，通过连续提取反应淤浆可以提高环管反应器中的固含量从而使直接连续排放的产品具有工业适用性，而从英力士公司所提交的证据 4 的中文译文中看不出渗出方式排料能产生何种效果，而且仅从其渗出物的浓度明显低于反应器中的固含量来看，其解决的技术问题与本发明中连续提取所解决的技术问题明显不同，因此证据 4 也没有给出解决本发明技术问题的技术启示，故权利要求 1 相对于证据 4 符合 2001 年《专利法》第二十二条第三款的规定。

权利要求 2~4、9 和 10 均为权利要求 1 的从属权利要求，在权利要求 1 相对于证据 1、3 或 4 具有创造性的基础上，权利要求 2~4 相对于证据 3、4，权利要求 9、10 相对于证据 1、3 或 4 也具有创造性，符合 2001 年《专利法》第二十二条第三款的规定。

权利要求 5 对权利要求 1 作了进一步的限定，其附加技术特征为：“在推动区至少保持 0. 138MPa 表压的压差”。证据 7 涉及聚合反应的控制，由于从英力士公司提交的证据 7 的中文译文来看，其内容仅仅涉及反应混合物中固体体积百分数和流出物固体重量% 的计算（参见证据 7 中文译文），并未涉及具体的聚合反应工艺，而且对其发明目的和发明效果也未作任何说明，因此本领域技术人员是没有动机将证据 7 与证据 1、3、4 之一结合得到本专利权利要求 5 的技术方案，所以权利要求 5 相对于证据 7 与证据 1、3、4 之一的结合符合 2001 年《专利法》第二十二条第三款的规定。

权利要求 6 和 7 均为权利要求 5 的从属权利要求，在权利要求 5 相对于证据 7 与证据 1、3、4 之一的结合具有创造性的基础上，权利要求 6、7 相对于证据 7 与证据 1、3、4 之一的结合也具有创造性，符合 2001 年《专利法》第二十二条第三款的规定。

权利要求 8 对权利要求 1 作了进一步的限定，“其中所述反应区是完全充满液体的”。虽然在证据 5 中公开了如下内容：“最理想的是环管反应器充满液体运行”，但从英力士公司提交的证据 5 的译文来看，其译文部分未对证据 5 的发明目的、技术方案和技术效果作任何完整说明，因此，本领域技术人员没有动机将证据 5 与证据 1、3 或 4 结合。即使考虑将其结合，权利要求 8 的技术方案与其结合相比尚存在如上所述的区别技术特征，因此本领域技术人员不付出创造性的劳动无法得出权利要求 8 的技术方案并预见其技术效果，所以权利要求 8 相对于证据 1、3 或 4 与证据 5 的结合具有创造性，符合 2001 年《专利法》第二十二条第三款的规定。

权利要求 11 对权利要求 1 作了进一步的限定，“其中所述方法的所述中间产物是连续地通过加热区的，在加热区，所述中间产物经加热成为热的中间产物，然后在高压闪蒸区经减压，所述的中间产物经加热至所述已提取的液态稀释剂蒸发，从而使稀释剂从提取的固体聚合物微粒中分离出来，分离的液态稀释剂无须加压，通过与温度4~54℃（40~130°F）的流体进行热交换，冷凝后供循环使用”。证据10公开了使用两步闪蒸和旋风分离器分离稀释剂和固体聚合物的方法及设备，其中流出物从沉降管22流到管道24中，管道24与沉降管和闪蒸器28流动联通，并具有间接换热装置，压力降连同闪蒸线加热器26的加热使大部分稀释剂蒸发，热交换流体通常在40~130°F。由此可知，在证据10中虽然公开了采用闪蒸器对稀释剂和固体聚合物进行分离，但在证据10中仍然采用沉降管提取淤浆，且未提及反应器中的固含量，而且从证据10的译文来看，其并未对其发明目的、具体的聚合工艺和技术效果作任何完整说明，因此，本技术领域技术人员在证据1、3或4和证据10的基础上不付出创造性劳动无法得出包含有前述区别技术特征的权利要求11的技术方案并预见其技术效果，所以权利要求11相对于证据1、3或4与证据10的结合具有创造性，符合2001年《专利法》第二十二条第三款的规定。

权利要求12对权利要求1作了进一步的限定，“其中所述淤浆是连续地从所述环管反应区中，在催化剂导入区前，物流向上转向最后点的附近区域提取的”，虽然在证据5中公开了“优选在环管反应器的至少一个弯头处，以至于离心力将固体颗粒掷入容器中”，但由于如前所述的理由，英力士公司所提交的证据5的译文并未对其发明目的、技术方案和技术效果作任何完整说明，因此本领域技术人员没有动机将证据5与证据1、3或4结合从而得到权利要求12的技术方案，所以权利要求12相对于证据1、3或4与证据5的结合具有创造性，符合2001年《专利法》第二十二条第三款的规定。

基于与权利要求12相同的评述，权利要求13~21也具有创造性，符合2001年《专利法》第二十二条第三款的规定。

菲利浦石油公司提交的反证2是用于证明固含量的计算方法是本领域的公知常识，其与本专利因修改超范围而应被宣告无效的权利要求24、25无关，而对于其他权利要求1~23，专利复审委员会已作出维持专利权有效的结论，因此专利复审委员会对菲利浦石油公司提交的反证2不再予以评述。英力士公司提交的证据12用于证明菲利浦石油公司提交的反证2与本专利不具有关联性，在专利复审委员会对反证2不再予以评述的前提下，专利复审委员会对英力士公司提交的证据12也不再予以评述。

基于以上事实和理由，专利复审委员会作出第13544号决定。

原告英力士公司诉称：第13544号决定对事实认定不清楚、适用法律不正确，违反了2001年《专利法》、2003年《专利法实施细则》以及审查指南的有关规定。请求法院撤销第13544号决定，并作出宣告本专利的专利权全部无效的决定。具体理由如下：

（1）关于程序问题。根据《审查指南》第四部分第三章第4.1节的规定，专利复审委员会通常仅针对当事人提出的无效宣告请求的范围、理由和提交的证据进行审查。原告在无效请求中指出本专利的说明书公开不充分，理由之一是“该专利的说明书中没有给出测量固含量的方法”，原告还使用了证据7~9并援引审查指南的规定，指出本专利应该说明测量固含量的方法。专利复审委员会在13544号决定中并没有就此问题给出任何评述，其并没有就使用不同的测量方法是否会得到相同的测量结果给出任何评述。

（2）关于公开不充分问题。①比较本专利的实施例3与实施例2，可以看出当泵功率从430kW增加到691kW的时候，固含量从39%增加到45%，而当泵功率从691kW增加到753kW的时候，固含量从45%增加到53%。由此，相应的结论应当是：使用循环强度更大的泵，固含量重量比可以从39%增加到40%以上。②现有技术中存在多种测量方法这一事实并不意味着这些方法可以获得一致的测量结果。事实上，证据7使用了两种方式来测量淤浆在不同位置的固体浓度。证据7中的两种方法明显地提供了彼此不同的测量结果。权利要求1中所限定的高于40%的固含量与现有技术是临界的，由于测量结果的不一致性，本领域技术人员无法知道某一固含量是否落在了权利要求所限定的范围之内。本专利以及证据4都证明了环管反应器的不同位置固含量可以是不同的。

（3）关于缺乏必要技术特征的问题。①专利复审委员会根本没有理由或者证据来支持有关“连续提取能够使环管反应器中的固含量在本专利背景部分所提及的重量比从37%～40%的基础上提高至40%以上”的论断。②本领域技术人员有理由相信如果使用功率小于430kW（实施例1中所用）的泵，不能获得大于40%的固含量。在本专利的实施例中，当使用61cm的泵、使用430kW的功率时在实施例1中获得了39%的固含量，当使用66cm的泵、使用753kW的功率和连续提取时在实施例3中获得了53%的固含量。证据7也指出“能够可靠地以悬浮液形式保持在环状反应器中的固体的量取决于循环速度，因此受到可获得的循环泵功率的限制”。循环强度更大的泵是解决本发明技术问题的必要技术特征，应该限定在权利要求1中。

（4）关于清楚问题。①正如本专利说明书所言，通过沉降腿提取淤浆必然是以间歇方式进行的。因此，使用了沉降腿的技术方案必然是间歇进行的。这与权利要求1的技术方案相互矛盾。②对于测量方法、测量位置以及测量时间，同原告在论述有关公开不充分问题中的意见。英力士公司坚持其无效宣告请求的意见。

（5）关于新颖性问题。①权利要求1相对于证据1的新颖性。在本专利的说明书和权利要求书中都没有对术语“中间产物”给出任何定义。如果意图将中间产物限定为图1所示的中间淤浆产物，则必须将权利要求11的附加技术特征并入权利要求1中，以便与证据1的技术方案相区别。在权利要求1中并不存在可以将术语“中间产物”解释为中间淤浆产物的技术特征。权利要求1相对于证据1不具新颖性。②权利要求1相对于证据4的新颖性。在证据4中，通过渗出提取淤浆产物。并没有任何理由来证明为什么术语“渗出”不等同于连续提取。在本专利的说明书中记载了“连续排料是安排用来从高于平均固含量的淤浆液流出层中提取淤浆”。可以看出，环管反应器和产物淤浆的固含量不一定是相同的。特征“连续排放的淤浆产物的固含量与环管反应器中的固含量一致”并没有限定在权利要求1中，将该特征解释到权利要求1中是不合理的并且没有任何根据。权利要求1相对于证据4不具新颖性。③权利要求1相对于证据3的新颖性。证据3公开了固含量重量比高达50%的技术方案。证据3在第3栏第58～60行披露了“20%～50%的固体浓度”。此外，证据3第3栏第70行具体公开了可以从反应器中除去产物淤浆以连续回收固体，其为代表性的从反应器的产物除去方法。证据3中的表述应该是“可以从反应器中除去产物淤浆以连续回收固体”而不是专利复审委员会所给出的“从反应器中除去产物淤浆以直接回收固体”。在此处“direct”应该翻译为连续，因为其在该表述中是与上文的间歇提取，即“沉降腿”并列提及的。证据3披露了权利要求1的所有技术特征，权利要求1相对于证据3不具新颖性。权利要求1、2、3、8和25不具有新颖性，英力士公司坚持其无效宣告请求的意见。

（6）创造性问题。①权利要求1相对于证据3的创造性。即使表述“可以从反应器中除去产物淤浆以连续回收固体”不能解释为连续提取，权利要求1相对于证据3也不具有创造性。提取方式仅仅有连续提取和非连续提取两种方式。即使专利复审委员会认为证据3并没有在字面上公开连续提取，证据3中的提取方式仅仅可以解释为两种情况，一种为连续提取，另一种为非连续提取。因此，权利要求1的技术方案实际上为在证据3的技术方案内的选择发明，即选择了连续提取。然而，权利要求1所选择的技术方案并没有取得任何预料不到的技术效果，因为证据3已经公开了通过提取可以获得高达50重量%的固含量。根据《审查指南》第二部分第四章第4.3节所述，如果发明仅仅是从一些已知的可能性中进行选择……而选出的方案未能获得预料不到的技术效果，则该发明不具有创造性。权利要求1相对于证据3不具有创造性。2、权利要求1相对于证据4的创造性。即使证据4中的表述“渗出”不能解释为连续提取，权利要求1相对于证据4也不具有创造性。具体理由与上面论述权利要求1相对于证据3的创造性的理由相同。权利要求1相对于证据4不具有创造性。权利要求1~21不具有创造性，英力士公司坚持其无效宣告请求的意见。

综上，本专利的说明书公开不充分，不符合2001年《专利法》第二十六条第三款的规定；本专利的权利要求1~3、8和25不具有新颖性，不符合2001年《专利法》第二十二条第三款的规定；本专利的权利要求1~21和24~25不具有创造性，不符合2001年《专利法》第二十二条第三款的规定；本专利的权利要求1~4以及8~25缺乏必要技术特征，不符合2003年《专利法实施细则》第二十一条第二款的规定；本专利的权利要求1~25的保护范围不清楚，不符合2003年《专利法实施细则》第二十条第一款的规定。

被告专利复审委员会辩称：

（1）关于程序问题。第13544号决定是严格按照2001年《专利法》的相关规定进行审查的，决定中针对无效宣告请求的范围、理由和提交的证据均予以明确并给出了相应的审查意见，对于英力士公司关于本专利不符合2001年《专利法》第二十六条第三款的规定的无效理由、证据也一一给出了认定的事实、理由和结论，审理程序完全合法。事实上，英力士公司对审查指南有关复审、无效审查中的请求原则理解有误，其认为专利复审委员会程序不合法没有依据。英力士公司对审查指南第二部分第十章第3.1节最后一段的内容理解也有误，该段内容是对于化学产品发明充分公开的要求，其对于发明效果性能数据的要求实际上是为了确认化学产品的用途和/或使用效果能达到发明的技术效果，而本专利的权利要求是聚合方法权利要求，发明实质上要求保护的是一种工艺流程而非最终产品，其充分公开的要求不应适用第3.1节的规定，固含量也不能等同于化学产品中的性能数据。对于固含量的具体测定方法虽然对于不同的反应体系会有差异，但是对于说明书的理解首先应该基于说明书记载的内容来进行理解，而不是与本发明不相关的证据7~9来理解，况且固含量的测定作为一个本领域较为简单而容易操作的工艺步骤，其应为本领域技术人员熟练掌握，其具体步骤未公开不会致使发明不能够实施。

（2）关于公开不充分。对于说明书充分公开的问题，其本质是本领域技术人员根据说明书的教导能否再现发明的技术方案，而对于本专利而言，就是能否按照说明书记载的方法来实施聚合工艺并得到高固含量的聚合物淤浆的问题。由于说明书实际上记载了三个具体的实施方式，并按照所述方式（泵加CTO）得到了固含量高于40%的聚合物淤浆，显然在没有确凿的反证证明该实施方式得不到该固含量的聚合物的情况下，应当认为该技术方案已经被充分公开了。其次，在说明书第10页的表中的聚合条件存在多个参数，没有证据表明泵功率是提高固含量的主导因素，理由是实施例2和实施例3在循环泵压差和反应物淤浆流率的数据上是基本相当的，也就是说提高泵的压力对反应物在环管反应器中的流动产生多大影响，而采用CTO才是提高固含量的关键因素。而固含量的测定方法是本领域技术人员所熟知的常规方法，即使未具体公开也不至于无法实施本专利，目前也无证据表明未限定测量位置和测量时间会对实施本专利产生难以克服的困难，该具体工艺参数的确定应是本领域技术人员根据实际需要选择合适并容易实施的方式来进行的。因此，本专利说明书符合充分公开的要求。

（3）关于缺乏必要技术特征。基于上述同样的理由，循环强度更大的泵并非完成发明的必要技术特征，而泵功率是本领域技术人员在实施发明时根据实际需要能够进行合理选择的。

（4）关于清楚问题。权利要求清楚的含义是其表达的意思是否清楚、明确，其范围的边界是否清晰，对于没有在权利要求中出现的内容不应在理解权利要求范围是否清楚时予以考虑，而该范围涵盖的技术方案能否实施显然也不是2003年《专利法实施细则》第20条第1款规定所调整的内容。固含量的计算已在权利要求中给出了其定义，因此“固含量”的概念也是清楚的。

（5）关于新颖性。

①权利要求 1 相对于证据 1。

“中间产物”的解释见本专利说明书第 2 页第 9 段、第 14 段、第 3 页第 3 段、第 6 页第 3 段、附图 1 的描述。法律规定见审查指南第 138 页。证据 1 第 1 级反应器和第 2 级反应器共同构成聚合反应器，从第二级反应器间歇排放内容物。权利要求 1 与证据 1 相比存在如下区别特征：本专利权利要求 1 是从环管反应区连续排出淤浆产物，而证据 1 则是间歇排出反应产物，排料方式的不同导致两者成为实质上不同的技术方案，因此权利要求 1 相比证据 1 具备新颖性。

②权利要求 1 相对于证据 4。

提交并完善自己的证据是无效宣告请求人的义务，对于外文证据 4 而言，英力士公司在无效请求审理阶段仅提交了部分译文，而从该部分译文来看，“渗出”按照字面意思理解明显不同于本申请的“连续提取反应产物”，该译文中也没有公开渗出物的固含量，上述区别特征使得权利要求 1 相对于证据 4 具备新颖性。

③权利要求 1 相对于证据 3。

本专利权利要求 1 的技术方案与证据 3 实施例公开的具体技术方案相比存在如下区别技术特征：A. 本专利权利要求 1 环管反应器中的固含量为大于 40 重量%，而证据 3 环管反应器中的固含量为 25 重量%；B. 在证据 3 中未公开淤浆产物的提取方式为连续提取方式。而英力士公司在起诉书中所列出的证据 3 第 3 栏第 58~60、70 行中也仅是提供了部分译文，其并不能构成一个完整的技术方案，在此段内容中并没有公开权利要求 1 的全部技术特征，而该段内容与实施例 3 这一具体实施方案组合来评价权利要求 1 的新颖性显然也是违背新颖性单独对比的原则的。没有理由认为“direct”应当翻译为“连续”。

④对于权利要求 2、3、8 具有新颖性的评价理由专利复审委员会坚持其在第 13544 号决定中的意见。

（6）关于创造性。

权利要求 1 相对于证据 3、4 的创造性。

由于证据 3 并没有公开从环管反应器连续提取淤浆产物的技术方案，也没有给出通过从环管反应区连续提取淤浆产物的方式来提高环管反应区固含量的技术启示，本发明并非如原告所述是在证据 3 已经公开的技术方案中作出选择。因此，权利要求 1 相对于证据 3 具备创造性。同理，权利要求 1 也非对证据 4 中未公开的方案作出的选择，其通过 CTO 获得高固含量的聚合物淤浆是预料不到的，因此，权利要求 1 相对于证据 4 具备创造性。有关权利要求 2~21 具备创造性的理由专利复审委员会坚持其在第 13544 号决定中的意见。

综上所述，专利复审委员会认为第 13544 号决定认定事实清楚、适用法律正确、审理程序合法，复审委员会根据 2001 年《专利法》第三十三条、2001 年《专利法》第二十二条第二款、第三款、2001 年《专利法》第二十六条第三款、2003 年《专利法实施细则》第二十条第一款和第二十一条第二款作出的第 13544 号决定是正确的，原告的诉讼理由不能成立，请求法院维持专利复审委员会作出的第 13544 号决定。

第三人康菲公司认为第 13544 号决定中除了关于权利要求 24~25 不符合 2001 年《专利法》第三十三条规定部分之外的其余部分认定事实清楚，适用法律正确，程序合法，请求法院驳回原告请求，维持该部分有效。

本院经审理查明：

第 13544 号决定所涉及的本专利系申请日为 1998 年 7 月 14 日、授权公告日为 2005 年 6 月 8 日、发明名称为“高固含量淤浆聚合”的98116048.4号发明专利，专利权人是原菲利浦石油公司。本专利授权公告时的权利要求书为：

“1. 一种聚合方法包括：

在环管反应区使至少一种烯烃单体在液态稀释剂中进行聚合，以制备一种包含液态稀释剂和固态烯烃聚合物微粒的液态淤浆；

在所述反应区中，所述固态烯烃聚合物微粒在所述淤浆中固含量保持在高于40重量%，以所述聚合物微粒和所述液体稀释剂重量计；

连续地提取包含被提取的液态稀释剂和固态聚合物微粒的所述淤浆，该淤浆是所述方法的中间产物。

2. 根据权利要求1的方法，其中所述烯烃单体包括乙烯。

3. 根据权利要求1的方法，其中所述烯烃单体包括乙烯和重量比为0.01%~5%的已烯，以所述乙烯和所述已烯的总重量计以及其中所述液态稀释剂是环已烷。

4. 根据权利要求3的方法，其中在所述反应区中，所述固态烯烃聚合物微粒在所述淤浆中的固含量高于50重量%，以所述聚合物微粒重量和所述液态稀释剂重量计。

5. 根据权利要求1的方法，其中为了循环所述淤浆通过所述反应区，在推动区至少保持0.138MPa表压的压差。

6. 根据权利要求5的方法，其中在推动区保持每0.3米长的反应器物流通道大于0.021米淤浆高度的压差。

7. 根据权利要求6的方法，其中所述压差为每0.3米长的所述反应器物流通道为0.021~0.045米淤浆高度的压差。

8. 根据权利要求1的方法，其中所述反应区是完全充满液体的。

9. 根据权利要求1的方法，其中所述反应区的容积大于（20000加仑）。

10. 根据权利要求1的方法，其中所述反应区的容积大于（30000加仑）。

11. 根据权利要求1的方法，其中所述方法的所述中间产物是连续地通过加热区的，在加热区，所述中间产物经加热成为热的中间产物，然后在高压闪蒸区经减压，所述的中间产物经加热至所述已提取的液态稀释剂蒸发，从而使稀释剂从提取的固体聚合物微粒中分离出来，分离的液态稀释剂无需加压，通过与温度4~54℃（40~130°F）的流体进行热交换，冷凝后供循环使用。

12. 根据权利要求1的方法，其中所述淤浆是连续地从所述环管反应区中，在催化剂导入区前、物流向上转向最后点的附近区域提取的。

13. 根据权利要求1的方法，其中所述淤浆是连续地从至少一个邻近水平物流下方的端点区域提取的。

14. 根据权利要求13的方法，其中所述淤浆是在下水平段的中心垂平面上，沿所述水平物流的下方并在所述物流朝上转向前的位置上提取的。

15. 根据权利要求13的方法，其中所述至少一个区域是在下水平段的中心垂平面上，沿所述水平物流的下方并在所述物流已朝上转向后的区域。

16. 根据权利要求13的方法，其中所述的一个区域是在所述水平物流的下方与下水平段中心垂平面成一夹角取向的，该夹角为0~45度。

17. 根据权利要求16的方法，其中所述至少一个区域是与所述水平段中心垂平面成0~20度夹角取向的。

18. 根据权利要求16的方法，其中所述至少一个区域是指所述物流朝上转向之前的区域。

19. 根据权利要求 16 的方法，其中所述至少一个区域是指所述物流已朝上转向之后的区域，偏离朝上物流中心线至少 1 度，但小于 45 度。

20. 根据权利要求 13 的方法，其中所述的至少一个区域就是一个区域。

21. 根据权利要求 13 的方法，其中所述至少一个区域是多个区域。

22. 根据权利要求 1 的方法，

其中按下列步骤（A）和（B）提取包含被提取的液态稀释剂和固态聚合物微粒的所述淤浆：

（A）使所述淤浆排入至少一个沉降区，然后从所述沉降区提取一批沉降的淤浆并作为所述方法的中间产物，随后关闭所述沉降区；及

（B）然后连续地提取包含被提取的液态稀释剂和固态聚合物微粒的所述淤浆，该淤浆是所述方法的中间产物。

23. 根据权利要求 22 的方法，该方法还包括在起动步骤（B）期间，调整反应器条件使反应器中固体含量提高至少 10%。

24. 一种聚合方法包括：

在环管反应区用包含在载体上的铬氧化物的催化剂使至少一种烯烃单体在液态稀释剂中进行聚合，以制备一种包含液态稀释剂和固态烯烃聚合物微粒的液态淤浆；

在所述反应区中，所述固态烯烃聚合物微粒在所述淤浆中固含量保持在重量比高于 40%，以所述聚合物微粒和所述液体稀释剂重量计；

连续地提取包含被提取的液态稀释剂和固态聚合物微粒的所述淤浆，该淤浆是所述方法的中间产物。

25. 一种聚合方法包括：

在环管反应区使至少一种烯烃单体在液态稀释剂中进行聚合，以制备一种包含液态稀释剂和固态烯烃聚合物微粒的液态淤浆；

使所述液态淤浆循环通过所述环管反应区，使所述液态淤浆分层，其中所述固态烯烃聚合物微粒在所述淤浆中固含量保持在重量比高于 40%；

从淤浆层中连续地提取淤浆，其中所述固含量更高，由此提取的淤浆的固含量比在环管反应区中循环的液态淤浆的固含量高，此提取的淤浆包含提取的液态稀释剂和固体聚合物微粒，作为所述方法的中间产物。”

2008 年 5 月 16 日，英力士公司针对上述专利权提出无效宣告请求，其理由是：（1）说明书公开不充分，不符合 2001 年《专利法》第二十六条第三款的规定；（2）权利要求 1~4、8、24~25 不符合 2001 年《专利法》第二十二条第二款的规定，权利要求 1~21、24~25 不符合 2001 年《专利法》第二十二条第三款的规定；（3）权利要求 1~4、8~25 不符合 2003 年《专利法实施细则》第二十一条第二款的规定；（4）权利要求 1~25 不符合 2003 年《专利法实施细则》第二十条第一款的规定；（5）权利要求 24~25 不符合 2001 年《专利法》第三十三条的规定。英力士公司同时提交了以下证据 1~11：

证据 1：JP 昭 56-100632 号公开特许公报，公开日为 1981 年 8 月 12 日，复印件共 5 页；

证据 2：MILIEU-EFFEKTRAPPORT SOLVAY N. V. -ANTWERPEN，1992 年 4 月，复印件共 5 页；

证据 3：美国专利 US3794627，公开日为 1974 年 2 月 26 日，复印件共 5 页；

证据 4：美国专利 US4794151，公开日为 1988 年 12 月 27 日，复印件共 5 页；

证据 5：美国专利 US3203766，公开日为 1965 年 8 月 31 日，复印件共 5 页；

证据 6：High Density Polyethylene by a Loop ReactorProcess，High Density Polyethylene，Supp. D，

1989 年 5 月，复印件共 26 页；

证据 7：欧洲专利 EP0432555A2，公开日为 1991 年 6 月 19 日，复印件共 14 页；

证据 8：美国专利 US3257363，公开日为 1966 年 6 月 21 日，复印件共 8 页；

证据 9：美国专利 US5098667，公开日为 1992 年 3 月 24 日，复印件共 10 页；

证据 10：美国专利 US5575979，公开日为 1996 年 11 月 19 日，复印件共 6 页；

证据 11：98116048.4 号发明专利申请从申请至授权专利权人提交的文件和专利局发出的文件，复印件共 77 页；英力士公司认为：

（1）本专利的说明书公开不充分，不符合 2001 年《专利法》第二十六条第三款的规定。在本专利的说明书中并没有披露如何通过“连续地排出淤浆产物”使固含量达到高于 40% 重量。并且，①本专利的实施例给出的数据仅能说明通过使用循环强度更大的泵可以得到高于 40 重量% 的固含量，而未给出任何数据来表明仅通过连续地排出淤浆产物使固含量达到高于 40% 重量；②本专利的说明书没有给出“固含量”的定义；③在权利要求 1 定义了“所述固态烯烃聚合物微粒在所述淤浆中固含量保持在高于 40 重量%，以所述聚合物微粒和所述液体稀释剂重量计”。由于在淤浆中不可避免地存在未反应的烯烃单体，因此为通过取样方式计算“固含量”，必须确定淤浆中的全部反应物，而本专利说明书未披露如何测定反应物；④本专利的说明书中没有给出测量固含量的方法。证据 7、8、9 表明，在现有技术中存在多种测定反应器中聚合物浓度的方法，而不同方法将导致不同的结果。

（2）权利要求 1~4、8 和 24~25 不具备 2001 年《专利法》第二十二条第二款所规定的新颖性，权利要求 1~21，24~25 不具备 2001 年《专利法》第二十二条第三款所规定的创造性。①在证据 1、证据 2、证据 3 以及证据 4 中均已公开了本专利权利要求 1 的全部技术特征，因此本专利权利要求 1 相对于证据 1~4 不具有新颖性。此外，本专利的实施例没有给出任何证据表明仅通过连续提取物料可以得到高于 40 重量% 以上的固含量，而且，由本专利说明书第 1 页倒数第 1 段的描述可知，现有技术的浓度范围与本专利权利要求 1 的浓度范围是邻接的，本领域技术人员根本看不出本专利所述的“高于 40 重量% 的固含量”相比于现有技术有何好处，因此权利要求 1 相对于证据 1~4 不具有创造性；②权利要求 2~3 相对于证据 2、3 或 4 不具有新颖性和创造性；③权利要求 4 的附加技术特征已在证据 3 或 4 中公开，因此权利要求 4 相对于证据 3 或 4 不具有新颖性和创造性；④证据 6 披露了 22000 加仑的环管反应器，证据 7 显示压差与固含量密切相关，且在其他参数相同的情况下，最小压差随固含量的增加而增加。在本专利的说明书中没有任何记载来表明其具有创造性，因此在权利要求 1 不具备新颖性和创造性的情况下，相对于证据 6 和 7，权利要求 5~7 不具有创造性；⑤权利要求 8 的附加技术特征已在证据 1 和证据 5 中公开，因此权利要求 8 相对于证据 1 不具有新颖性和创造性，相对于证据 1、2、3 或 4 与证据 5 的结合不具有创造性；⑥证据 6 披露了淤浆反应器的容积为 22000 加仑，因此权利要求 9 和 10 相对于证据 1、2、3 或 4 与证据 6 的结合不具有创造性；⑦证据 10 披露了权利要求 11 的所有附加技术特征，因此权利要求 11 相对于证据 1、2、3 或 4 与证据 10 的结合不具有创造性；⑧证据 5 披露了聚合物提取的优选位置是“在环管反应器的至少一个弯头处以致于离心力将固体颗粒掷入容器中”，此外在除去淤浆后引入催化剂对本领域技术人员来说是显而易见的，所以权利要求 12~21 相对于证据 1、2、3 或 4 与证据 5 的结合不具有创造性；⑨基于与权利要求 1 相同的理由，权利要求 24、25 也不具有新颖性和创造性。

（3）权利要求 1~4 和 8~25 缺乏必要技术特征，不符合 2003 年《专利法实施细则》第二十一条第二款的规定。本专利所要解决的技术问题是确保反应器可以在固含量重量比高于 40% 下运行，而且本专利已经指出循环速度是影响反应器中实际最高固含量的因素，实施例中的数据也表明通过使用强度更大的泵可以得到重量比高于 40% 的固含量。此外，证据 7 也表明仅采用连续排除淤浆产物是不能获得重量比高达 40% 的固含量的，因此“循环强度更大的泵”是解决本发明技术问题的必要技术特征，应记载在权利要求 1 中。同理，权利要求 2~4 以及 8~25 也缺乏必要技术特征，不符合 2003 年《专利法实施细则》第二十一条第二款的规定。

（4）权利要求 1~25 不符合 2003 年《专利法实施细则》第二十条第一款的规定。①权利要求 1 中的措辞“固含量”和“高于 40 重量%”使权利要求 1 的保护范围不清楚。本领域技术人员不清楚“固含量”的含义，而且本领域中也没有确切的含义，此外，“高于 40 重量%”没有定义上限，其上限隐含重量比为 100%，本领域技术人员不清楚重量比为 100% 能否实现发明目的。基于同样理由，权利要求 2~23 以及 24~25 的保护范围也不清楚；②在权利要求 22~23 中，步骤（B）在步骤（A）之后进行，在步骤（B）中流体淤浆是从沉降区提取的，而在步骤（A）中沉降区被关闭，因此步骤（A）至步骤（B）的过程应视为间歇过程而不是连续过程，这与权利要求 1 中连续提取的步骤相矛盾。

（5）权利要求 24 和 25 不符合 2001 年《专利法》第三十三条的规定。①权利要求 24 中的特征“用包含在载体上的铬氧化物的催化剂”没有记载在原权利要求书和说明书中，超出了原权利要求书和说明书的记载范围；②权利要求 25 中的特征“使所述液态淤浆循环通过所述环管反应区，使所述液态淤浆分层，其中所述固态烯烃聚合物微粒在所述淤浆中固含量保持在高于 40 重量%”和“从淤浆层中连续地提取淤浆，其中所述固含量更高，由此提取的淤浆的固含量比在环管反应区循环的液态淤浆的固含量高，此提取的淤浆包含提取的液态稀释剂和固体聚合物微粒，作为所述方法的中间产物”没有记载在原权利要求书和说明书中，超出了原权利要求书和说明书的记载范围。

2008 年 6 月 12 日，英力士公司提交了如下证据 9’代替原证据 9，并提交了证据 1~8，9’，10 的中文译文：

证据 9’：美国专利 US3998995，公开日为 1976 年 12 月 21 日，复印件共 28 页。

经形式审查合格后，专利复审委员会于 2008 年 7 月 24 日向双方当事人发出《无效宣告请求受理通知书》，并将《专利权无效宣告请求书》及其他有关文件的副本和无效宣告请求人于 2008 年 6 月 12 日提交的补充意见和附件清单中所列附件副本转送给专利权人，要求其在指定的期限内答复。针对上述无效宣告请求，专利权人于 2008 年 9 月 8 日提交了意见陈述书。

专利权人认为：

（1）专利复审委员会应撤销对本案件的审理：①无效宣告请求书第四栏所列 2001 年《专利法》第二十一条第二款和专利法第二十条第一款不是无效宣告请求的理由，应予以驳回；②英力士公司关于 2001 年《专利法》第三十三条和第二十六条第三款的无效理由的依据是其证据 1~11，这不符合 2001 年《专利法》第三十三条和第二十六条第三款的审查范围，应当不予考虑或予以驳回；③英力士公司关于 2001 年《专利法》第二十二条第二款和第三款的无效理由的依据是其证据 1~11，这种请求不是具体明确的，应该予以驳回；④无效宣告请求正文中第 1 页与第 7 页标注的证据 1 不一致，专利权人不清楚英力士公司实际采用哪一文件，而且英力士公司关于新颖性和创造性的无效理由，仅仅是内容罗列，没有具体论述，不符合 2003 年《专利法实施细则》第六十四条第一款的规定，应当不予考虑；

（2）专利权人请求不考虑证据 2、6 以及证据 5~10，这是因为：①证据 2 和证据 6 为域外证据，未进行公证认证，而且英力士公司未证明这些文件在涉案专利申请日前是否公开发表，不满足公开出版物的要求；②证据 5~10 与本案无关，不能支持英力士公司的观点；提供的中译文部分翻译，晦涩难懂，不知道所公开特征相关的方法，不能表明所属技术领域，不能说明所公开的特征为什么可以与证据 1~4 结合；

（3）关于必要技术特征问题，本专利说明书清楚地说明了仅操作 CTO（连续提取）而不用更强度的循环能够在反应器内产生明显更高的固含量，因此不改变泵或不增加泵的尺寸能够实现重量比为40%高得多的固含量，权利要求 1~4 和 8~25 是完整的，没有缺少必要技术特征；此外，证据 7 没有教导英力士公司主张的具体特征，例如本专利权利要求 5~7 所述泵压头的具体值，其主张是错误的；

（4）关于清楚问题：①“固含量”在专利权人的发明中被清楚地定义，其基于反应器中固态烯烃聚合物微粒的重量与反应器中固态烯烃聚合物微粒以及液体稀释剂的结合重量之比计算。“重量比高于 40%”能够被本领域技术人员容易且准确地理解，并且重量比肯定不可能是 100%，因为淤浆中存在稀释剂，因此权利要求 1~25 是清楚的；②从说明书和图 5 可见，沉降区和 CTO 并列，而非串接，而且权利要求 22 清楚地说明，淤浆起初通过沉降区提取，之后，连续提取淤浆，因此权利要求 22 和 23 是清楚的；

（5）关于修改超范围问题：①权利要求 24 中的“用包含在载体上的铬氧化物的催化剂”明确记载在说明书第 3 页第 13~14 行和第 5 页第 12~15 行，其他语言同权利要求 1，因此权利要求 24 的所有特征在原始文件中都完全地、清楚地被记载；②权利要求 25 中的特征大多数记载在申请时提交的原始文本的权利要求 1 中及说明书第 5 页第 2 段中，因此权利要求 25 的所有特征都在原始文本中得到支持和公开；

（6）关于充分不公开问题：权利要求 1 中固含量的计算基础清楚地呈现在本专利中，为反应器中固态烯烃聚合物微粒重量除以反应器中固态烯烃聚合物微粒和稀释剂结合重量。关于测量方法，本领域技术人员了解各种测量环管反应器中固体浓度的方法，这些方法中的任何一个都可以被使用，并可以以一致方式测定反应器中的固体量或固体浓度。证据 7、8、9 进一步指出这样几个技术，它们可相互替代性地用于测量反应器中固体浓度，因此被质疑的术语或词语具有确定的含义或者在说明书中得到解释，对本领域技术人员而言是清楚的，公开充分的；

（7）关于新颖性：①证据 1 中的连接管 3 在其反应区内提供级间转移，该级间转移明显不适合于从反应区进行产物排放，因此证据 1 连接管 3 不能被看作从证据 1 反应区排料，其聚丙烯产物淤浆间歇排出，同时通过连接管 3 转移的淤浆不能被看作权利要求 1、24、25 所述的“中间产物”，因此所有独立权利要求相对于证据 1 具有新颖性；证据 1 反应区的间歇排料没有与具有加热器的闪蒸管线相连，且证据 1 没有采用沉降区，因此权利要求 11、22 及 23 相对于证据 1 具有新颖性；证据 1 没有公开烯烃单体聚合中的铬氧化物催化剂，没有公开流体分层以提高淤浆中固含量的操作，因此权利要求 24、25 相对于证据 1 具有新颖性；②证据 2 没有教导连续提取淤浆，因此所有权利要求与证据 2 相比具有新颖性；此外，证据 2 没有公开提取固含量与反应区中淤浆相比高的产物淤浆；没有教导沉降（间歇）排料，然后连续排料；没有公开邻近环管反应器下水平段的下游端的附件；未公开具有相关加热器的闪蒸管线，因此权利要求 11、12~21、22~23 和 25 相对于证据 2 具有新颖性；③证据 3 没有公开从环管反应器 1 排料是否是连续的，并且证据 3 中公开的实施方式仅披露了反应器中重量比为 25% 的固体含量，大大低于权利要求 1、24、25 所述的固含量，因此权利要求 1、24、25 及其从属权利要求具有新颖性；另外，证据 3 没有公开固含量与反应器中淤浆相比提高；没有公开邻近环管反应器下水平段的下游端的附件；没有公开权利要求 11 所述的加热区和闪蒸区，因此权利要求 11、12~21 和 25 相对于证据 3 具有新颖性；④证据 4 完全没有披露从反应器排出的淤浆是连续的，也没有表明其反应混合物的渗出是基于连续方式完成的，其反应物的渗出是为了获得比反应器内的固体浓度更低的物流，因此所有权利要求相对于证据 4 具有新颖性；另外，证据 4 中从反应器中排出的淤浆具有比反应器中的固体浓度更低的固体浓度，因此权利要求 25 相对于证据 4 具有新颖性；同样，证据 4 没有公开附件位置构造、闪蒸管线、闪蒸装置或加热器，因此权利要求 11 相对于证据 4 具有新颖性；

（8）关于创造性问题：①证据 1 没有公开从反应区连续提取，而且证据 1 不存在使用连接管 3 作为从证据 1 反应区连续提取的动机，因此权利要求 1 相对于证据 1 具有创造性；②证据 2、3、4 中没有一篇公开了从反应器中连续提取，而且其涉及的工艺不同，技术方案迥异，没有技术启示进行结合，而且英力士公司没有清楚描述如何结合所引用的文件来质疑权利要求 1~21 和 24~25 的创造性；③权利要求 1 的技术方案提供了一种在反应器内高固体含量下操作、同时降低其他方法在反应器内固含量提高的情况下操作所遇到的堵塞风险及其他困难的可行性方法。而且，对于同样的循环泵，当环管反应器与 CTO 一起运行时，相对于与沉降管一起运行，环管反应器淤浆可以以更高的固体浓度运行，而且“重量比高于 40%”与公开达到 40% 的现有技术不邻接或重叠，因此权利要求 1 具有积极的技术效果，具有创造性；④证据 5、6、7、10 不能表明所披露的特征是什么，以及所披露的特征在何处，或者所披露的特征在哪一方法中存在，因此不能确定这些特征与其他文件结合的可能性，而且证据 5~7 没有排除证据 1~4 的缺陷。

2008 年 9 月 22 日，专利复审委员会向双方当事人发出《无效宣告请求口头审理通知书》，拟定于 2008 年 11 月 4 日。同时将专利权人于 2008 年 9 月 8 日提交的意见陈述书副本转送给了请求人，要求其在口审时一并答复。

2008 年 11 月 4 日，专利复审委员会对本案进行口头审理，双方当事人充分陈述了各自的意见。专利复审委员会记录了以下事项：

1. 关于英力士公司证据，①英力士公司放弃使用证据 6 和证据 9；②英力士公司当庭提交了证据 2 的公证认证件原件和复印件以及公证认证部分的中文译文，专利复审委员会将公证认证复印件及相应的中文译文转交给专利权人，专利权人当庭核实，认为其原件与复印件一致，但专利权人认为，证据 2 是通过不合法的途径获得的，并且认为，a）证据 2 为域外证据，未经公证认证；b）英力士公司当庭提交的证据 2 的公证认证件原件超出了证据的举证期限；c）证据 2 第 5 页右下角注明其为内部报告，且是 PE 生产线的报告，因此专利权人对证据 2 的真实性、合法性和公开性提出异议；③专利权人认可证据 1、3~5、7~8、9’、10~11 的真实性和公开性；

2. 关于专利权人反证，专利权人当庭提交了如下反证 1~2：

反证 1：对英力士公司提交的证据 3、4 的技术领域和技术问题部分的翻译件，复印件 4 页；

反证 2：《乳液聚合》，胡金生、曹同玉、刘庆普编，化学工业出版社出版，1987 年 1 月，封面、书名页、版权信息页、第 391 页，复印件共 4 页。

其中，专利权人认为，反证 2 为公知常识性证据，用于证明固含量的计算方法是本领域的公知常识。专利复审委员会将反证 1 和 2 转交给英力士公司并当庭告知：反证 1 超出了证据的举证期限，专利复审委员会不予考虑；基于英力士公司不认可反证 2 为公知常识性证据，专利复审委员会要求双方当事人于 2008 年 11 月 11 日对反证 2 进行质证，逾期则视为认可该证据；

3. 关于无效理由。

①英力士公司明确放弃权利要求 4 相对于证据 3、4 不具备新颖性和权利要求 24 相对于证据 1、2、3 或 4 不具备新颖性的无效理由；②专利权人认为，2003 年《专利法实施细则》第二十条第一款和 2003 年《专利法实施细则》第二十一条第一款不是无效理由，专利复审委员会当庭告知，根据 2003 年《专利法实施细则》第六十四条第二款的规定，2003 年《专利法实施细则》第二十条第一款和 2003 年《专利法实施细则》第二十一条第一款均可作为无效理由，予以考虑。

4. 专利权人对证据 2 的译文准确性提出异议，双方当事人均同意由专利复审委员会指定翻译机构对证据 2 及其公证认证件进行翻译。英力士公司认为证据 4 译文中的“烯烃均聚物或共聚物”应为“乙烯均聚物或共聚物”，专利权人表示认可；除此之外，专利权人对其他证据的译文准确性均无异议。

2008 年 11 月 11 日，专利复审委员会针对专利权人于 2008 年 11 月 4 日提交的反证 2 进行了调查，在双方当事人充分陈述意见的基础上，专利复审委员会记录了以下事项：

（1）英力士公司认可反证 2 的真实性，但认为反证 2 不是教科书，不属于公知常识性证据；

（2）英力士公司针对专利权人提交的反证 2 当庭提交了如下证据 12：

证据 12：《乳液聚合》，胡金生、曹同玉、刘庆普编，化学工业出版社出版，1987 年 1 月，封面、书名页、版权信息页、第 1 页、第 393 页，复印件共 5 页；

英力士公司依据证据 12 认为，反证 2 所述的聚合工艺与本专利不同，彼此不具有关联性。专利权人对英力士公司提交的证据 12 没有提出异议。

专利复审委员会委托北京中专翻译公司对证据 2 及其公证词的内容进行了翻译。

专利复审委员会于 2009 年 6 月 23 日作出第 13544 号决定。

另查，菲利浦石油公司于 2002 年 12 月 31 日合并康诺克有限公司（CONOCO INC.）并更名为康菲公司（ConocoPhillips Company），即本案第三人。

再查，中华人民共和国国家知识产权局于 2010 年 2 月 24 日作出《手续合格通知书》，准予本专利著录项目变更，专利权人由菲利浦石油公司变更为康菲公司。

以上事实，有本专利原始申请文本、本专利授权公告文本、第 13544 号决定、英力士公司向专利复审委员会提交的无效宣告请求及其提交的证据 1、证据 3、证据 4、证据 5、证据 7、证据 8、证据 9'、证据 10 以及当事人陈述等在案佐证。

本院认为：于 2008 年 12 月 27 日修改的《中华人民共和国专利法》（简称 2009 年《专利法》）已于 2009 年 10 月 1 日起施行，因此本案审理涉及 2001 年《专利法》与 2009 年《专利法》之间的选择适用问题。《中华人民共和国立法法》第 84 条规定，法律、行政法规、地方性法规、自治条例和单行条例、规章不溯及既往，但为了更好地保护公民、法人和其他组织的权利和利益而作的特别规定除外。国家知识产权局据此制定了《施行修改后的专利法的过渡办法》，并于 2009 年 10 月 1 日起施行。对于专利权是否有效的审查，根据该过渡办法，申请日在 2009 年 10 月 1 日前的专利申请以及根据该专利申请授予的专利权适用 2001 年《专利法》的规定；申请日在 2009 年 10 月 1 日以后（含该日）的专利申请以及根据该专利申请授予的专利权适用 2009 年《专利法》的规定。本案属于专利确权行政纠纷，本专利的申请日在 2009 年 10 月 1 日前，因此依据《中华人民共和国立法法》第 84 条之规定，并参照上述过渡办法的相关规定，本案应适用 2001 年《专利法》进行审理。同样，2010 年修改后的《中华人民共和国专利法实施细则》已经施行，根据国家知识产权局就此制定的《施行修改后的专利法实施细则的过渡办法》的规定，修改前的《专利法实施细则》的规定适用于申请日在 2010 年 2 月 1 日前（不含该日）的专利申请以及根据该专利申请授予的专利权；修改后的《专利法实施细则》的规定适用于申请日在 2010 年 2 月 1 日以后（含该日）的专利申请以及根据该专利申请授予的专利权。本专利的申请日在 2010 年 2 月 1 日之前，应适用 2003 年《专利法实施细则》进行审理。

根据第 13544 号决定的内容和原告英力士公司的诉讼主张，本案的争议焦点为：

（1）关于第 13544 号决定的程序是否合法。

《审查指南》第四部分第三章第 4.1 节第一款规定："在无效宣告程序中，专利复审委员会通常仅针对当事人提出的无效宣告请求的范围、理由和提交的证据进行审查，不承担全面审查专利有效性的义务。"本案中，第 13544 号决定已经就英力士公司关于本专利不符合 2001 年《专利法》第二十六条第三款规定的无效理由和证据进行了审查和评述，具体针对英力士公司关于"该专利的说明书中没有给出测量固含量的方法”的理由，第 13544 号决定在“4. 关于专利法第二十六条第三款”部分亦进行了足以支持其审查决定结论的评述。英力士公司认为第 13544 号决定程序不合法的诉讼理由缺乏事实根据，其主张本院不予支持。

（2）关于本专利说明书公开是否充分。

根据 2001 年《专利法》第二十六条第三款规定，说明书应当对发明或者实用新型作出清楚、完整的说明，以所属技术领域的技术人员能够实现为准。如果本领域技术人员根据说明书记载的内容并结合现有技术，能够作出合理的推断，从而不影响再现其技术方案、解决其技术问题并产生预期的技术效果，则说明书满足了充分公开的要求。本案中，本专利的发明目的之一是利用淤浆产物连续排放法在液态稀释剂中以淤浆聚合制备烯烃聚合物，从而使环管反应区中的固态烯烃聚合物微粒的固含量保持在重量比高于 40%。本专利说明书明确说明：“已经出乎意料地发现，在惰性稀释剂存在下于环管反应器中进行烯烃聚合时，连续地排出淤浆产物可使反应器在固含量高得多的情况下进行作业”，并且由本专利说明书实施例的数据也可以看出，在循环泵压差和反应器淤浆流率大致相当的情况下，通过 CTO（连续提取）与泵的联合使用，可使环管反应器中的平均固含量重量比由 45% 提高至 53%，由此可以看出，通过连续提取可明显提高反应器中的固含量，本领域技术人员在此基础上能确信通过连续提取可使环管反应器中的固含量重量比在作为对照的实施例 1 的 39% 的基础上提高至 40% 以上，此外，在本专利说明书中对于环管反应器上的连续排料附件及其位置都作了详细说明，因此，在英力士公司未提供任何证据证明连续提取必须和循环泵联合使用时才能提高反应器的固含量的情况下，英力士公司关于“本专利的实施例未给出任何数据来表明仅通过连续地排出淤浆产物使固含量达到重量比高于 40%，从而导致说明书公开不充分”的无效理由不能成立。对于英力士公司所提关于固含量的测量方法以及如何测量反应物的问题，由英力士公司提交的证据 7、8、9’均可以看出，聚合物乳液中固含量的测量方法是本专利的申请日前本领域技术人员的已有或常规技术手段，因此本专利的说明书中没有给出固含量的测量方法并不会导致本领域技术人员无法实施本发明，本专利说明书未描述如何测定反应物亦不会导致本领域技术人员无法实施本发明。在固含量的测量方法已知的情况下，对于固含量的测量位置和测量时间，本领域技术人员会根据实际生产的需要选择合适的测量位置和测量时间，因此本专利说明书未描述固含量的测量位置和测量时间并不会导致本领域技术人员无法实施本发明。专利复审委员会认定英力士公司关于本专利说明书公开不充分的无效理由不能成立并无不当。英力士相关诉讼理由缺乏根据，其主张本院不予支持。

（3）关于本专利权利要求是否缺少必要技术特征。

根据 2003 年《专利法实施细则》第二十一条第二款的规定，独立权利要求应当从整体上反映发明或者实用新型的技术方案，记载解决技术问题的必要技术特征。判断独立权利要求是否缺少必要技术特征，应站在本领域技术人员的角度、结合其应具备的专业知识来加以判断，并且应当从所要解决的技术问题出发，考虑说明书描述的整体内容，而不应简单地将实施例中的技术特征直接认定为必要技术特征。本案中，本专利所要解决的技术问题是确保环管反应器可以在固含量重量比高于 40% 下运行，本专利说明书明确说明：“已经出乎意料地发现，在惰性稀释剂存在下于环管反应器中进行烯烃聚合时，连续地排出淤浆产物可使反应器在固含量高得多的情况下进行作业”以及“还出乎意料地发现，可采用更激烈的循环（伴随而来有较高的固含量）。实际上更加激烈的循环与连续排料相结合，通过连续排料方式，可从反应器提取到重量比高于 50% 固含量的产物”。可见，在权利要求 1 已明确记载“连续提取”的相关特征的情况下，权利要求 1 符合 2003 年《专利法实施细则》第二十一条第二款的规定。英力士公司所述“循环强度更大的泵”仅仅是影响环管反应器中固含量的一个因素，本专利说明书实施例的数据也仅仅表明通过提高循环速率可以提高固含量，并不能够证明必须使用循环强度更大的泵才能使环管反应器中的固含量保持在重量比 40% 以上。因此，不能仅因为实施例记载了使用“循环强度更大的泵”就认为其为实施权利要求 1 技术方案的必要技术特征。专利复审委员会认定权利要求 1 和 2~4 以及 8~25 不缺乏必要技术特征并无不当，英力士公司相关诉讼理由缺乏根据，其主张本院不予支持。

（4）关于本专利权利要求是否表述清楚。

2003 年《专利法实施细则》第二十条第一款规定，权利要求书应当说明发明或者实用新型的技术特征，清楚、简要地表述请求保护的范围。如果权利要求清楚、简要地表述了请求保护的范围，本领域技术人员能够清楚地理解其技术方案，则该权利要求符合 2003 年《专利法实施细则》第二十条第一款的规定。本案中，在本专利的权利要求 1 中虽然没有具体记载固含量的测量方法、测量位置、测量时间以及如何测定未反应的单体，但固含量的测量方法是本领域技术人员的已知方法，测量位置、测量时间也是本领域技术人员可根据实际生产需要而确定的，因此权利要求 1 未具体记载固含量的测量方法、测量位置、测量时间以及如何测定未反应的单体并不会导致该权利要求的保护范围不清楚。在权利要求 1 中虽然没有对固含量定义上限，但由于固含量是基于聚合物微粒和稀释剂计算的，而稀释剂在反应体系中是必然存在的，因此该固含量的上限实际上不可能重量比为 100%，专利复审委员会认为英力士公司所述“本领域技术人员不清楚重量比 100% 能否实现发明目的”的无效理由不能成立并无不当。对于英力士公司所述权利要求 22、23 中步骤（A）至步骤（B）为非连续过程，与权利要求 1 的连续提取步骤相矛盾的问题，由本专利说明书可以看出，权利要求 22、23 中的步骤（A）和步骤（B）分别是通过供间歇排料的常规沉降管和连续排料附件实现的，沉降管与连续排料附件在环管反应器上是并列的，沉降管的关闭并不影响连续排料附件的工作，并且与权利要求 1 相比，权利要求 22、23 仅仅是增加了沉降管的排料方式，而对于步骤（B）中的措辞“然后”，本领域技术人员可以理解其是指上述两种排料方式是先后进行的，因此，专利复审委员会认定英力士公司关于权利要求 1~25 的保护范围不清楚的无效理由不能成立并无不当。英力士公司相关诉讼理由缺乏根据，其主张本院不予支持。

（5）关于新颖性问题。

根据 2001 年《专利法》第二十二条第二款的规定，新颖性是指在申请日以前没有同样的发明或者实用新型在国内外出版物上公开发表过、在国内公开使用过或者以其他方式为公众所知，也没有同样的发明或者实用新型由他人向国务院专利行政部门提出过申请并且记载在申请日以后公布的专利申请文件中。如果权利要求的技术方案和现有技术的内容相比，存在区别技术特征，两技术方案实质上不相同，则该权利要求具有新颖性。本案中，根据本专利说明书第 2 页第 9 段、第 14 段、第 3 页第 3 段、第 6 页第 3 段、附图 1 的描述可知本专利权利要求 1 中所述的“中间产物”实际上为环管反应器中的聚合反应结束之后、处理之前的淤浆产物。本专利权利要求 1 的技术方案与证据 1 相比存在如下区别技术特征：本专利权利要求 1 是从环管反应区连续排出淤浆产物，而证据 1 则是间歇排出反应产物，排料方式的不同导致两者成为实质上不同的技术方案，因此权利要求 1 与证据 1 相比具有新颖性。本专利权利要求 1 的技术方案与证据 3 实施例公开的具体技术方案相比存在如下区别技术特征：①本专利权利要求 1 环管反应器中的固含量重量比为大于 40%，而证据 3 环管反应器中的固含量重量比为 25%；②在证据 3 中未公开淤浆产物的提取方式为连续提取方式。上述区别也导致二者成为两个实质上不同的技术方案，因此权利要求 1 与证据 3 相比具有新颖性。本专利权利要求 1 的技术方案与证据 4 公开的技术方案相比存在如下区别技术特征：证据 4 是通过渗出的形式回收淤浆产物，而且其渗出物的固含量明显低于反应器中的固含量，而本专利权利要求 1 的技术方案是通过淤浆产物连续排放法回收淤浆产物，连续排放的淤浆产物的固含量与环管反应器中的固含量一致。上述区别也导致二者成为实质上不同的两个技术方案，因此权利要求 1 与证据 4 相比具有新颖性。在权利要求 1 相对于证据 1、3 或 4 具有新颖性的基础上，直接引用权利要求 1 的权利要求 2 和 3 相对于证据 3 或 4 具有新颖性，直接引用权利要求 1 的权利要求 8 相对于证据 1 具有新颖性。英力士公司关于本专利相关权利要求不具有新颖性的观点缺乏根据，其主张本院不予支持。另，基于专利复审委员会认定权利要求 24、25 不符合 2001 年《专利法》第三十三条的规定，应被宣告无效，因此其未对权利要求 25 相对于证据 1、3 或 4 不具有新颖性的无效理由进行评述亦无不当。

（6）关于创造性问题。

根据 2001 年《专利法》第二十二条第三款的规定，创造性是指同申请日以前已有的技术相比，该发明有突出的实质性特点和显著的进步。在判断一项权利要求的创造性时，如果该权利要求的技术方案和现有技术相比存在区别技术特征，而对于本领域技术人员来讲，引入上述区别技术特征得到该权利要求的技术方案是非显而易见的，同时该权利要求的技术方案具有有益的技术效果，则该权利要求具备创造性。本案中，本专利权利要求 1 的技术方案与证据 1 相比存在如下区别：权利要求 1 是从环管反应区连续提取淤浆产物，而证据 1 则是间歇排出反应产物。本专利的目的在于通过连续排出淤浆产物来克服现有技术通过沉降管间歇排出淤浆产物而带来的系列问题。证据 1 仅教导了如何将多级反应器连接起来，并没有给出任何本专利关于解决上述技术问题的技术教导，本领域技术人员在证据 1 的教导下不会显而易见地获得权利要求 1 的技术方案，因此权利要求 1 相对于证据 1 具有创造性。权利要求 1 的技术方案与证据 3 实施例公开的具体技术方案相比存在如下区别技术特征：①本专利权利要求 1 环管反应器中的固含量为重量比大于 40%，而证据 3 环管反应器中的固含量重量比为 25%；②在证据 3 中未公开淤浆产物的提取方式为连续提取方式。证据 3 中也未给出通过从环管反应区连续提取淤浆产物的方式来提高环管反应区固含量的技术启示。权利要求 1 相对于证据 3 具有创造性。权利要求 1 的技术方案与证据 4 公开的技术方案相比存在如下区别技术特征：证据 4 是通过渗出的形式回收淤浆产物，而且其渗出物的固含量明显低于反应器中的固含量，而本专利权利要求 1 的技术方案则是通过淤浆产物连续排放法回收淤浆产物，其连续排放的淤浆产物的固含量与环管反应器中的固含量一致。证据 4 公开的技术方案所解决的技术问题与本专利中连续提取所解决的技术问题明显不同，证据 4 也没有给出解决本发明技术问题的技术启示，权利要求 1 相对于证据 4 具有创造性。权利要求 2~4、9 和 10 均为权利要求 1 的从属权利要求，在权利要求 1 相对于证据 1、3 或 4 具有创造性的基础上，权利要求 2~4 相对于证据 3、4，权利要求 9、10 相对于证据 1、3 或 4 也具有创造性。权利要求 5 对权利要求 1 作了进一步的限定，其附加技术特征为："在推动区至少保持 0. 138MPa 表压的压差"。证据 7 涉及聚合反应的控制，从英力士公司提交的证据 7 的中文译文来看，其内容仅仅涉及反应混合物中固体体积百分数和流出物固体重量% 的计算，并未涉及具体的聚合反应工艺，对其发明目的和发明效果也未作任何说明，本领域技术人员没有动机将证据 7 与证据 1、3、4 之一结合得到本专利权利要求 5 的技术方案，所以权利要求 5 相对于证据 7 与证据 1、3、4 之一的结合具有创造性。权利要求 6 和 7 均为权利要求 5 的从属权利要求，在权利要求 5 相对于证据 7 与证据 1、3、4 之一的结合具有创造性的基础上，权利要求 6、7 相对于证据 7 与证据 1、3、4 之一的结合也具有创造性。权利要求 8 对权利要求 1 作了进一步的限定，"其中所述反应区是完全充满液体的"。虽然在证据 5 中公开了如下内容："最理想的是环管反应器充满液体运行"，但英力士公司提交的译文部分未对证据 5 的发明目的、技术方案和技术效果作完整说明，因此，本领域技术人员没有动机将证据 5 与证据 1、3 或 4 结合。本领域技术人员不付出创造性的劳动无法得出权利要求 8 的技术方案并预见其技术效果，权利要求 8 相对于证据 1、3 或 4 与证据 5 的结合具有创造性。权利要求 11 对权利要求 1 作了进一步的限定，"其中所述方法的所述中间产物是连续地通过加热区的，在加热区，所述中间产物经加热成为热的中间产物，然后在高压闪蒸区经减压，所述的中间产物经加热至所述已提取的液态稀释剂蒸发，从而使稀释剂从提取的固体聚合物微粒中分离出来，分离的液态稀释剂无须加压，通过与温度4~54℃（40~130°F）的流体进行热交换，冷凝后供循环使用”。证据 10 中虽然公开了采用闪蒸器对稀释剂和固体聚合物进行分离，但在证据 10 中仍然采用沉降管提取淤浆，且未提及反应器中的固含量，从证据 10 的译文来看，其并未对其发明目的、具体的聚合工艺和技术效果作任何完整说明，本技术领域技术人员在证据 1、3 或 4 和证据 10 的基础上不付出创造性劳动无法得出包含有前述区别技术特征的权利要求 11 的技术方案并预见其技术效果，权利要求 11 相对于证据 1、3 或 4 与证据 10 的结合具有创造性。权利要求 12 对权利要求 1 作了进一步的限定，“其中所述淤浆是连续地从所述环管反应区中，在催化剂导入区前，物流向上转向最后点的附近区域提取的”，虽然在证据 5 中公开了“优选在环管反应器的至少一个弯头处，以至于离心力将固体颗粒掷入容器中”，但英力士公司所提交的证据 5 的译文并未对其发明目的、技术方案和技术效果作任何完整说明，因此本领域技术人员没有动机将证据 5 与证据 1、3 或 4 结合从而得到权利要求 12 的技术方案，权利要求 12 相对于证据 1、3 或 4 与证据 5 的结合具有创造性。基于与权利要求 12 相同的理由，权利要求 13~21 也具有创造性。英力士公司关于本专利相关权利要求不具有创造性的观点缺乏根据，其主张本院不予支持。另，基于专利复审委员会认定权利要求 24、25 不符合 2001 年《专利法》第三十三条的规定，应被宣告无效，故其未对权利要求 24、25 相对于证据 1、2、3 或 4 不具有创造性的无效理由进行评述并无不当。

综上，第 13544 号决定认定事实清楚、适用法律正确、程序合法，本院应予维持。原告的诉讼请求缺乏事实和法律依据，本院不予支持。据此，依照《中华人民共和国行政诉讼法》第 54 条第（1）项，判决如下：

维持被告中华人民共和国国家知识产权局专利复审委员会作出的第 13544 号无效宣告请求审查决定。

案件受理费人民币 100 元，由原告英力士欧洲有限公司负担（已交纳）。

如不服本判决，原告英力士欧洲有限公司、第三人康菲公司可在本判决书送达之日起 30 日内，被告中华人民共和国国家知识产权局专利复审委员会可在本判决书送达之日起 15 日内，向本院递交上诉状，并按对方当事人的人数提交副本，同时交纳上诉案件受理费人民币 100 元，上诉于中华人民共和国北京市高级人民法院。

审　判　长　刘海旗
代理审判员　佟　姝
代理审判员　毛天鹏
二〇一〇年十一月十六日
书　记　员　王东勇

北京市第一中级人民法院
行政判决书

（2009）一中知行初字第 2588 号

原告康菲公司，住所地美利坚合众国得克萨斯州。

法定代表人弗兰克 C. 埃马德，首席专利顾问。

委托代理人陆惠中，北京纪凯知识产权代理有限公司专利代理人。

委托代理人陈建芳，北京纪凯知识产权代理有限公司专利代理人。

被告中华人民共和国国家知识产权局专利复审委员会，住所地中华人民共和国北京市海淀区北四环西路银谷大厦 10~12 层。

法定代表人张茂于，副主任。

委托代理人王磊，中华人民共和国国家知识产权局专利复审委员会审查员。

委托代理人程强，中华人民共和国国家知识产权局专利复审委员会审查员。

第三人英力士欧洲有限公司，住所地大不列颠及北爱尔兰联合王国汉普郡林德赫斯特礼拜堂巷霍克斯里斯 SO437FG。

法定代表人 Martin Howard Stokes，公司秘书。

委托代理人封新琴，北京市柳沈律师事务所律师。

委托代理人吴培善，北京市柳沈律师事务所律师。

原告康菲公司不服被告中华人民共和国国家知识产权局专利复审委员会（简称专利复审委员会）作出的第 13544 号无效宣告请求审查决定（简称第 13544 号决定），向本院提起行政诉讼。本院受理后，依法组成合议庭，并通知英力士欧洲有限公司（简称英力士公司）作为本案第三人参加诉讼。本院于 2009 年 11 月 27 日第一次公开开庭审理本案，原告康菲公司的委托代理人陆惠中、陈建芳（后转委托于张全信），被告专利复审委员会的委托代理人王磊、程强，第三人英力士公司的委托代理人吴培善、封新琴（后转委托于巫肖南）到庭参加了诉讼。本院于 2010 年 5 月 6 日第二次公开开庭审理本案，原告康菲公司的委托代理人陆惠中、张全信，被告专利复审委员会的委托代理人王磊、程强，第三人英力士公司的委托代理人吴培善、巫肖南到庭参加了诉讼。本案现已审理终结。

第 13544 号决定系专利复审委员会针对英力士公司就原菲利浦石油公司拥有的名称为“高固含量淤浆聚合”的 98116048.4 号发明专利（下称本专利）所提无效宣告请求而作出的，该决定宣告本专利权利要求 24、25 无效，维持本专利权利要求 1~23 有效，具体理由如下：

1. 关于审查文本

第 13544 号决定是在本专利授权公告时的文本的基础上作出的。

2. 关于证据

英力士公司共提交了 13 份证据，包括证据 1~11、证据 9’和证据 12。由于英力士公司已经放弃使用证据 6 和证据 9，因此，专利复审委员会对证据 6 和证据 9 不予考虑。

对于证据 1、3~5、7、8、10、11 和证据 9’，专利复审委员会查明，证据 1、3~5、7、8、10 和证据 9’均为专利文献，证据 11 为本专利从提出申请至授权菲利浦石油公司提交的和中华人民共和国国家知识产权局专利局发出的文件，在菲利浦石油公司认可这些证据的真实性的情况下，专利复审委员会对这些证据的真实性予以确认。

鉴于其中证据 1、3~5、7、8、10 和证据 9’的公开日均在本专利的申请日之前，因此证据 1、3~5、7、8、10 和证据 9’可以作为本专利的现有技术。

专利复审委员会对证据 2 的真实性未予认可。

菲利浦石油公司提交了反证 1 和反证 2。

专利复审委员会根据《审查指南》第四部分第三章第 4.3.2 节关于举证期限的规定，对反证 1 不予考虑；专利复审委员会对反证 2 的真实性和公开性予以确认，在此前提下，专利复审委员会对英力士公司提交的证据 12 的真实性和公开性也予以确认。

3. 关于无效宣告请求的理由、范围

专利复审委员会审理的无效宣告请求的理由为：（1）说明书公开不充分，不符合 2000 年 8 月 25 日第二次修正的《中华人民共和国专利法》（简称 2001 年《专利法》）第二十六条第三款的规定，使用证据 7、8、9’；（2）权利要求 1~4、8~25 缺乏必要技术特征，不符合 2002 年 12 月 28 日修正的《中华人民共和国专利法实施细则》（简称 2003 年《专利法实施细则》）第二十一条第二款的规定，使用证据 7；（3）权利要求 1~25 不符合 2003 年《专利法实施细则》第二十条第 1 款的规定；（4）权利要求 24、25 不符合 2001 年《专利法》第三十三条的规定，使用证据 11；（5）权利要求 1~3、8、25 不具有新颖性，不符合 2001 年《专利法》第二十二条第二款的规定，使用证据 1、3、4；（6）权利要求 1~21、24~25 不具有创造性，不符合 2001 年《专利法》第二十二条第三款的规定，使用证据 1、3、4、5、7、10。

4. 关于 2001 年《专利法》第 26 条第 3 款

英力士公司认为，本专利的说明书公开不充分，具体理由如下：（1）本专利的实施例未给出任何数据来表明仅通过连续地排出淤浆产物使固含量达到重量比高于 40%；（2）由于在淤浆中不可避免地存在未反应的烯烃单体，因此为通过取样方式计算固含量，必须确定淤浆中的全部产物，而本专利说明书未披露如何测定反应物；（3）本专利的说明书中没有给出测量固含量的方法。证据 7、8、9’表明，在现有技术中存在多种测定反应器中聚合物浓度的方法，由本专利说明书第 4 页第 2 段的描述可知，现有技术的浓度范围与本专利权利要求 1 的浓度范围邻近，测定固含量方法的任何偏差都可能导致浓度落在本专利权利要求 1 的范围内或范围外；（4）未说明固含量的测量位置以及是否为一段时间内的平均值。

对此，专利复审委员会认为，（1）如本专利说明书所述，烯烃聚合物淤浆在稀释剂中的固含量通常限制在重量比不超过 37%~40%，本专利的发明目的之一就是利用淤浆产物连续排放法在液态稀释剂中以淤浆聚合制备烯烃聚合物，从而使环管反应区中的固态烯烃聚合物微粒的固含量保持在重量比高于 40%。为此，本发明提供了如权利要求 1 所述的技术方案。在本专利说明书第 4 页第 3 段中已明确说明：“已经出乎意料地发现，在惰性稀释剂存在下于环管反应器中进行烯烃聚合时，连续地排出淤浆产物可使反应器在固含量高得多的情况下进行作业”，并且由本专利说明书实施例的数据也可以看出，在循环泵压差和反应器淤浆流率大致相当的情况下，通过 CTO（连续提取）与泵的联合使用，可使环管反应器中的平均固含量重量比由 45% 提高至 53%，由此可以看出，通过连续提取可明显提高反应器中的固含量，因此，本领域技术人员在此基础上能确信通过连续提取可使环管反应器中的固含量在作为对照的实施例 1 的重量比 39% 的基础上提高重量比到 40% 以上，此外，在本专利的说明书第 3 页第 3 段以及第 5 页第 5 段中对于环管反应器上的连续排料附件及其位置也都作了详细说明，因此，在英力士公司未提供任何证据证明连续提取必须和循环泵联合使用时才能提高反应器的固含量的情况下，英力士公司所述“本专利的实施例未给出任何数据来表明仅通过连续地排出淤浆产物使固含量重量比达到高于 40%，从而导致说明书公开不充分”的无效理由不能成立；（2）对于英力士公司所述固含量的测量方法以及如何测量反应物的问题，专利复审委员会认为，①由英力士公司提交的证据7、8、9’均可以看出，聚合物乳液中固含量的测量方法是本专利的申请日前本领域技术人员的已有或常规技术手段，因此本专利的说明书中没有给出固含量的测量方法并不会导致本领域技术人员无法实施本发明；②尽管如英力士公司所述，在淤浆中不可避免地存在未反应的烯烃单体，而本专利的说明书又未披露如何测定反应物，但专利复审委员会认为，虽然本专利的说明书将固含量定义为“以所述聚合物微粒和所述液体稀释剂重量计”，但由前述证据7、8、9’可知，基于整个反应混合物的聚合物微粒的固含量的测量方法是已知的，在此基础上本领域技术人员可计算得出反应混合物中聚合物微粒的重量，而总共添加至反应区的液体稀释剂的重量是维持不变的，从而可计算出本发明所述以聚合物微粒和液体稀释剂重量计的固含量，因此本专利说明书未描述如何测定反应物并不会导致本领域技术人员无法实施本发明；（3）对于固含量的测量位置和测量时间，专利复审委员会认为，在固含量的测量方法已知的情况下，对于固含量的测量位置和测量时间，本领域技术人员会根据实际生产的需要选择合适的测量位置和测量时间，在说明书未对测量位置和测量时间进行具体限定的情况下，应认为在环管反应器的所有测量位置和以及任意测量时间均能实现本发明的目的，因此本专利说明书未描述固含量的测量位置和测量时间并不会导致本领域技术人员无法实施本发明。

5. 关于2003年《专利法实施细则》第二十条第一款

英力士公司认为，权利要求1~25不符合2003年《专利法实施细则》第20条第1款的规定，具体理由如下：（1）与说明书公开不充分的理由相同，权利要求1中没有记载固含量的测量方法、测量位置、测量时间以及如何测定未反应的单体，因此该权利要求中的“固含量”含义不清楚；（2）权利要求1中“重量比高于40%”没有定义上限，其上限隐含为重量比100%，本领域技术人员不清楚重量比100%能否实现发明目的；基于同样理由，权利要求2~23以及权利要求24~25的保护范围也不清楚；（3）在权利要求22~23中，在步骤（A）关闭了沉降区后进行步骤（B），此时淤浆的提取存在间断，因此步骤（A）至步骤（B）的过程应视为间歇过程而不是连续过程，这与权利要求1中连续提取的步骤相矛盾。

对此，专利复审委员会认为，（1）参见上述对于说明书公开不充分的评述，在本专利的权利要求1中虽然没有具体记载固含量的测量方法、测量位置、测量时间以及如何测定未反应的单体，但固含量的测量方法是本领域技术人员的已知方法，测量位置、测量时间也是本领域技术人员可根据实际生产需要而确定的，在权利要求未对其进行具体限定的情况下，应理解为可在环管反应器的所有测量位置和以及任意测量时间进行，而且如前所述，在固含量的测量中并非必须计算未反应单体的含量，因此权利要求1未具体记载固含量的测量方法、测量位置、测量时间以及如何测定未反应的单体并不会导致该权利要求的保护范围不清楚；（2）在权利要求1中虽然没有对固含量定义上限，但由于固含量是基于聚合物微粒和稀释剂计算的，而稀释剂在反应体系中是必然存在的，因此该固含量的上限实际上不可能为100%，因此英力士公司所述“本领域技术人员不清楚重量比100%能否实现发明目的”的无效理由不能成立。（3）对于英力士公司所述权利要求22、23中步骤（A）至步骤（B）为非连续过程，与权利要求1的连续提取步骤相矛盾的问题，专利复审委员会认为，由本专利说明书第7页倒数第5~6行的描述以及附图5、6均可以看出，权利要求22、23中的步骤（A）和步骤（B）分别是通过供间歇排料的常规沉降管和连续排料附件实现的，沉降管与连续排料附件在环管反应器上是并列的，沉降管的关闭并不影响连续排料附件的工作，并且与权利要求1相比，权利要求22、23仅仅是增加了沉降管的排料方式，而对于步骤（B）中的措辞“然后”，本领域技术人员可以理解其是指上述两种排料方式是先后进行的，因此，权利要求22、23的保护范围也是清楚的。

基于上述理由，英力士公司关于权利要求1~25的保护范围不清楚的无效理由均不能成立。

6. 关于2003年《专利法实施细则》第二十一条第二款

英力士公司认为，本专利要解决的技术问题是确保反应器可以在固含量高于40重量%下运行，而从实施例和证据7的内容来看，“循环强度更大的泵”是解决本发明技术问题的必要技术特征，应记载在权利要求1中。同理，权利要求2~4以及8~25也缺乏必要技术特征，不符合2003年《专利法实施细则》第二十一条第二款的规定。

对此，专利复审委员会认为，虽然如英力士公司所述，本专利所要解决的技术问题是确保环管反应器在固含量重量比高于40%下运行，但在本专利说明书第4页第3段中已明确说明：“已经出乎意料地发现，在惰性稀释剂存在下于环管反应器中进行烯烃聚合时，连续地排出淤浆产物可使反应器在固含量高得多的情况下进行作业”，在说明书第4页第5段提到：“还出乎意料地发现，可采用更激烈的循环（伴随而来有较高的固含量）。实际上更加激烈的循环与连续排料相结合，通过连续排料方式，可从反应器提取到重量比高于50%固含量的产物”。由此可见，“更加激烈的循环”与“连续排料”结合在本专利中是作为一个能使固含量得到更大程度的提高的优选方案出现的。尽管本专利说明书实施例中例示出了循环泵与连续排料结合使用的情形，但从其中给出的数据可以看出，在循环泵压差和反应器淤浆流率大致相当的情况下，通过CTO（连续提取）与泵的联合使用，可使环管反应器中的平均固含量重量比由45%提高至53%，其一方面说明，通过连续提取可明显提高反应器中的固含量，另一方面也说明，“循环泵”与“连续排料”相结合也确为本专利的一个优选方案，本领域技术人员在此基础上能够确信通过连续提取可使环管反应器中的固含量在本专利背景部分所提及的重量比37%~40%的基础上提高至40%以上，从而解决本发明所要解决的技术问题，因此，在权利要求1已明确记载“连续提取”的相关特征的情况下，权利要求1符合2003年《专利法实施细则》第二十一条第二款的规定。由于英力士公司所述的“循环强度更大的泵”仅仅是影响环管反应器中固含量的一个因素，本专利说明书实施例的数据也仅仅表明通过提高循环速率可以提高固含量，并不能够证明必须使用循环强度更大的泵才能使环管反应器中的固含量保持在40重量%以上。因此，不能仅因为实施例记载了使用“循环强度更大的泵”就认为其为实施权利要求1技术方案的必要技术特征。另外，从英力士公司所提交的证据7的中文译文部分看出，其并未涉及与本专利相同的连续提取工艺，其与本专利的聚合方法不同，不能用来证明本专利权利要求1缺乏必要技术特征。基于同样理由，权利要求2~4以及8~25也不缺乏必要技术特征，符合2003年《专利法实施细则》第二十一条第二款的规定。

7. 关于2001年《专利法》第三十三条

英力士公司认为，权利要求24和25不符合《2001年专利法》第三十三条的规定，主要理由如下：（1）权利要求24中的特征“用包含在载体上的铬氧化物的催化剂”没有记载在原权利要求书和说明书中，超出了原权利要求书和说明书的记载范围；（2）权利要求25中的特征“使所述液态淤浆循环通过所述环管反应区，使所述液态淤浆分层，其中所述固态烯烃聚合物微粒在所述淤浆中固含量保持在高于40重量%”和“从淤浆层中连续地提取淤浆，其中所述固含量更高，由此提取的淤浆的固含量比在环管反应区循环的液态淤浆的固含量高，此提取的淤浆包含提取的液态稀释剂和固体聚合物微粒，作为所述方法的中间产物”没有记载在原权利要求书和说明书中，超出了原权利要求书和说明书的记载范围。

专利复审委员会认为，（1）权利要求24涉及一种聚合方法，其在环管反应区用“包含在载体上的铬氧化物的催化剂”，而在原申请文件中对于催化剂仅有以下记载：“在本申请中，由于聚合产率，尤其用以二氧化硅为载体的氧化铬时是极高的，因此没有涉及催化剂的重量”、“适用的催化剂在技术上是众所周知的。尤其适用的是已公开的经诸如二氧化硅载体的铬氧化物”。由此可知，原申请文件将催化剂铬氧化物的载体具体限定为二氧化硅，而权利要求 24 的技术方案中未对载体进行任何限定，意即包含了任何可能的载体，这一信息与原申请文件记载的信息不同，同时从原申请记载的信息中也不能直接地、毫无疑义地确定任何载体均适合作为铬氧化物的载体。因此，权利要求 24 的技术方案超出了原申请记载的范围，不符合 2001 年《专利法》第三十三条的规定；（2）同理，权利要求 25 涉及一种聚合方法，其包括“使所述液态淤浆循环通过所述环管反应区，使所述液态淤浆分层，其中所述固态烯烃聚合物微粒在所述淤浆中固含量保持在重量比高于 40%”，而原申请文件中关于淤浆分层仅有如下记载：“为了降低流体的流动速度，也可将装有连续排料附件的反应器环管段的直径加大，这样还可使流动的液流分层从而使流出的产物含更高的固含量”。由此可知，原申请文件中仅记载了通过使反应器环管段的直径加大从而使液流分层的方式，而权利要求 25 的技术方案中未对液流分层方式进行任何限定，因此权利要求 25 的技术方案包括了任何可使液流分层的方式，这一信息与原申请文件记载的上述信息不同，同时也不能由其直接地、毫无疑义地确定，因此权利要求 25 超出了原申请文件记载的范围，不符合 2001 年《专利法》第三十三条的规定。

8. 关于 2001 年《专利法》第三十三条第二款

由于对证据 2 的真实性不能确认，且英力士公司放弃了权利要求 4 相对于证据 3、4，权利要求 24 相对于证据 1、3、4 不具备新颖性的无效理由，因此本案的涉及新颖性的无效理由为：权利要求 1 相对于证据 1、3 或 4 不具有新颖性；权利要求 2~3 相对于证据 3 或 4 不具有新颖性；权利要求 8 相对于证据 1 不具有新颖性，权利要求 25 相对于证据 1、3 或 4 不具有新颖性。如前所述，由于权利要求 24、25 不符合 2001 年《专利法》第 33 条的规定，应被宣告无效，因此专利复审委员会对权利要求 25 相对于证据 1、3 或 4 不具有新颖性的无效理由不予评述。

权利要求 1 要求保护一种聚合方法，包括三个步骤：（1）在环管反应区使至少一种烯烃单体在液态稀释剂中进行聚合，以制备一种包含液态稀释剂和固态烯烃聚合物微粒的液态淤浆；（2）在所述反应区中，所述固态烯烃聚合物微粒在所述淤浆中固含量保持在重量比高于 40%，以所述聚合物微粒和所述液体稀释剂重量计；（3）连续地提取包含被提取的液态稀释剂和固态聚合物微粒的所述淤浆，该淤浆是所述方法的中间产物。其中，对于该权利要求中所述的“中间产物”，根据说明书第 2 页第 9 段、第 14 段、第 3 页第 3 段、第 6 页第 3 段、附图 1 的描述可知，该权利要求中所述的“中间产物”实际上为环管反应器中的聚合反应结束之后、处理之前的淤浆产物。

证据 1 公开了一种多级环管反应设备，在该反应设备中，多个环管反应器通过连接管相连且将淤浆形式的循环液体连续传送到下一级的环管反应器中，其中所述连接管的导入部喷嘴设置在循环液下降的环管反应器的弯管部，其位于弯管部外侧且水平面下方。并在其实施例中具体公开了如下内容：在 2 级环管反应设备中进行的丙烯均聚反应，其中，在第 1 级反应器中供给原料丙烯 35kg/H、三氯化钛（AA）25g/H、有机铝 25g/H，在作为分子量调节剂 H_2 的存在下在 70℃进行聚合；在第 2 级反应器中追加丙烯 15kg/H，温度保持在 70℃，通过将第 2 级反应器中的内容物间歇排放到压力为的闪蒸槽中以实现将系统总压控制在约。

其中，第 1 级反应器中的固体浓度重量比为 55%，第 2 级反应器中的固体浓度重量比为 53%。由此可知，本专利权利要求 1 的技术方案与证据 1 相比存在如下区别技术特征：本专利权利要求 1 是从环管反应区连续排出淤浆产物，而证据 1 则是间歇排出反应产物，排料方式的不同导致两者成为实质上不同的技术方案，因此权利要求 1 与证据 1 相比具有新颖性，符合 2001 年《专利法》第二十二条第二款的规定。

英力士公司认为，证据 1 中所公开的“将淤浆形式的循环液体连续传送到下一级的环管反应器中”相当于本专利要求 1 中的特征“连续地提取包含被提取的液态稀释剂和固态聚合物微粒的所述淤浆，该淤浆是所述方法的中间产物”。对此，专利复审委员会认为，如前所述，本申请权利要求 1 中连续提取的对象即所述“中间产物”实际上是环管反应器中聚合反应结束之后、处理之前的淤浆产物，而证据 1 中所述的提取对象即“循环液体”实际上是多级环管反应器之间的级间产物，并非聚合反应结束后的产物，其最后的聚合反应产物实际上是通过间歇提取的，因此证据 1 与本申请权利要求 1 的技术方案实质上不同。

证据 3 公开了一种主要由乙烯和异丁烯、1-丁烯组成的单体的聚合方法，并在其实施例中具体公开了如下内容：将 7160 份乙烯单体通过进口物流 2 送入环管反应器 1，而同时将包含 7720 份异丁烯、230 份 1-丁烯和次要量其他物质的稀释剂循环流通过物流 21 导入反应器。将环管反应器维持在140°F 温度和 500p. s. i. a 的压力下，在反应器中形成含大约 25 重量% 的固形物的聚合物淤浆，将其通过物流 4 移出到旋风分离器 5 中，从旋风分离器回收产物。由此可知，本专利权利要求 1 的技术方案与证据 3 实施例公开的具体技术方案相比存在如下区别技术特征：（1）本专利权利要求 1 环管反应器中的固含量为重量比大于 40%，而证据 3 环管反应器中的固含量重量比为 25%；（2）在证据 3 中未公开淤浆产物的提取方式为连续提取方式。上述区别也导致二者成为两个实质上不同的技术方案，因此权利要求 1 与证据 3 相比具有新颖性，符合 2001 年《专利法》第二十二条第二款的规定。

英力士公司认为，在证据 3 中的特征“从反应器中除去产物淤浆以直接回收固体”相当于权利要求 1 中的特征“连续地提取包含被提取的液态稀释剂和固态聚合物微粒的所述淤浆，该淤浆是所述方法的中间产物”，并且证据 3 中公开了固含量可以高到 40%（即高达 50% 固体浓度）。

对此，专利复审委员会认为，证据 3 中的特征“从反应器中除去产物淤浆以直接回收固体”并不意味着其聚合反应产物必然是通过连续方式提取的，而且从证据 3 来看，其仅仅具体公开了环管反应器中固含量重量比为 25% 的技术方案，并未如英力士公司所述具体公开环管反应器中固含量高达 50% 固体浓度的技术方案，因此并不能认为在证据 3 中公开了如本专利权利要求 1 所述的技术方案，英力士公司的上述主张不能成立。

证据 4 公开了用于连续制备细分的乙烯均聚物或乙烯与少量单烯烃的共聚物的方法，所述乙烯均聚物或共聚物在 60℃ 至 100℃ 且在 30 至 50bar 的总压下在环管反应器中使用以液体形式存在的烷烃作为反应介质通过催化聚合制备。循环物流中聚合物的平均浓度 C_m 保持在 0. 40 ~ 0. 70g 聚合物/g 反应混合物，通过渗出反应器最上部内表面上的环管最底部的中间的反应混合物从反应器中排出所形成的聚合物，而且在循环物流中聚合物的浓度具有至范围内的值的点实施反应混合物的流出。

由此可知，本专利权利要求 1 的技术方案与证据 4 公开的技术方案相比存在如下区别技术特征：证据 4 是通过渗出的形式回收淤浆产物，而且其渗出物的固含量明显低于反应器中的固含量，而本专利权利要求 1 的技术方案是通过淤浆产物连续排放法回收淤浆产物，连续排放的淤浆产物的固含量与环管反应器中的固含量一致，这点从如下本专利说明书有关发明目的和连续提取附件的描述也可看出：“其中反应器中的固含量足够高至足以使直接连续排放的产品具有工业适用性”、“环管反应器中的一个垂直段的下游端置有一个细长的中空附件，而该中空附件是使流体直接与加热的闪蒸管道相连通的，因此适合于淤浆产物的连续提取”。上述区别也导致二者成为实质上不同的两个技术方案，因此权利要求 1 与证据 4 相比具有新颖性，符合 2001 年《专利法》第二十二条第二款的规定。

英力士公司认为，本专利权利要求 1 中的特征“连续地提取包含被提取的液态稀释剂和固态聚合物微粒的所述淤浆，该淤浆是所述方法的中间产物”相当于证据 4 中的特征“通过流出反应混合物而从反应器中排出所形成的聚合物”，而本专利权利要求 1 中的特征“在所述反应区中，所述固态烯烃聚合物微粒在所述淤浆中固含量保持在重量比高于 40%，以所述聚合物微粒和所述液体稀释剂重量计”相当于证据 4 中的特征“循环物流中聚合物的平均浓度 C_m 保持在 0. 54g 聚合物/g 反应混合物”。

对此，专利复审委员会认为，如前所述，证据 4 所示实际上是通过渗出反应器最上部内表面上的环管最底部的中间的反应混合物从反应器中排出所形成的聚合物，因此其反应产物的提取方式并不同于本专利的连续提取方式，而且由其技术方案来看，虽然其环管反应器内的固含量浓度在本专利权利要求 1 的固含量范围之内，但如前所述，其渗出物的固含量明显低于反应器中的固含量，而对于本专利权利要求 1 的技术方案而言，其连续排放的淤浆产物的固含量与环管反应器中的固含量一致，因此本专利权利要求 1 的技术方案与证据 4 相比实质不同。

在权利要求 1 相对于证据 1、3 或 4 具有新颖性的基础上，直接引用权利要求 1 的权利要求 2 和 3 相对于证据 3 或 4 具有新颖性，直接引用权利要求 1 的权利要求 8 相对于证据 1 具有新颖性，均符合 2001 年《专利法》第二十二条第二款的规定。

9. 关于 2001 年《专利法》第二十二条第三款

英力士公司认为，权利要求 1 相对于证据 1、2、3 或 4 不具有创造性，权利要求 2、3 相对于证据 2、3 或 4 不具有创造性，权利要求 4 相对于证据 3 或 4 不具有创造性，权利要求 5~7 相对于证据 1、2、3 或 4 与证据 7 的结合不具有创造性，权利要求 8 相对于证据 1、2、3 或 4 与证据 5 的结合不具有创造性，权利要求 9、10 相对于证据 1、2、3 或 4 不具有创造性，权利要求 11 相对于证据 1、2、3 或 4 与证据 10 的结合不具有创造性，权利要求 12~21 相对于证据 1、2、3 或 4 与证据 5 的结合不具有创造性，权利要求 24、25 相对于证据 1、2、3 或 4 不具有创造性。前文已述，基于证据 2 的真实性不能予以确认，因此证据 2 不能作为现有技术来评价本专利的新颖性和创造性，同时由于权利要求 24、25 不符合 2001 年《专利法》第三十三条的规定，应被宣告无效，故专利复审委员会对权利要求 24、25 相对于证据 1、2、3 或 4 不具有创造性的无效理由不再予以评述，因此，专利复审委员会仅考察本专利权利要求 1、9、10 相对于证据 1、3 或 4，权利要求 2、3、4 相对于证据 3 或 4，权利要求5~7 相对于证据 1、3 或 4 与证据 7 的结合，权利要求 8、12~21 相对于证据 1、3 或 4 与证据 5 的结合，权利要求 11 相对于证据 1、3 或 4 与证据 10 的结合是否具有创造性。

如前所述，权利要求 1 的技术方案与证据 1 相比存在如下区别：权利要求 1 是从环管反应区连续提取淤浆产物，而证据 1 则是间歇排出反应产物。而根据本专利说明书的记载，本专利的目的在于通过连续排出淤浆产物来克服现有技术通过沉降管间歇排出淤浆产物而带来的系列问题，例如每当沉降管内积聚的聚合物淤浆达到需要“排放”或“起动”时，就会干扰上游环管反应器中淤浆的流动和下游回收系统，并且还会出现阀门密闭困难、所需沉降管数目超出利用空间以及淤浆中的固含量低等问题，因此证据 1 仅教导了如何将多级反应器连接起来，并没有给出任何解决本发明上述技术问题的技术教导，所以本领域技术人员在证据 1 的教导下不会显而易见地获得权利要求 1 的技术方案，因此权利要求 1 相对于证据 1 符合 2001 年《专利法》第二十三条第三款的规定。

此外，如前所述，权利要求 1 的技术方案与证据 3 实施例公开的具体技术方案相比存在如下区别技术特征：（1）本专利权利要求 1 环管反应器中的固含量为重量比大于 40%，而证据 3 环管反应器中的固含量重量比为 25%；（2）在证据 3 中未公开淤浆产物的提取方式为连续提取方式。也就是说，证据 3 中也未给出通过从环管反应区连续提取淤浆产物的方式来提高环管反应区固含量的技术启示。因此，权利要求 1 相对于证据 3 符合 2001 年《专利法》第二十二条第三款的规定。

同样，权利要求 1 的技术方案与证据 4 公开的技术方案相比存在如下区别技术特征：证据 4 是通过渗出的形式回收淤浆产物，而且其渗出物的固含量明显低于反应器中的固含量，而本专利权利要求 1 的技术方案则是通过淤浆产物连续排放法回收淤浆产物，其连续排放的淤浆产物的固含量与环管反应器中的固含量一致。一方面，渗出方式与连续提取是完全不同的两种排料方式，另一方面，从本专利的整体内容来看，通过连续提取反应淤浆可以提高环管反应器中的固含量从而使直接连续排放的产品具有工业适用性，而从英力士公司所提交的证据4的中文译文中看不出渗出方式排料能产生何种效果，而且仅从其渗出物的浓度明显低于反应器中的固含量来看，其解决的技术问题与本发明中连续提取所解决的技术问题明显不同，因此证据4也没有给出解决本发明技术问题的技术启示，故权利要求1相对于证据4符合2001年《专利法》第二十二条第三款的规定。

权利要求2~4、9和10均为权利要求1的从属权利要求，在权利要求1相对于证据1、3或4具有创造性的基础上，权利要求2~4相对于证据3、4，权利要求9、10相对于证据1、3或4也具有创造性，符合2001年《专利法》第二十二条第三款的规定。

权利要求5对权利要求1作了进一步的限定，其附加技术特征为："在推动区至少保持0.138MPa表压的压差"。证据7涉及聚合反应的控制，由于从英力士公司提交的证据7的中文译文来看，其内容仅仅涉及反应混合物中固体体积百分数和流出物固体重量%的计算（参见证据7中文译文），并未涉及具体的聚合反应工艺，而且对其发明目的和发明效果也未作任何说明，因此本领域技术人员是没有动机将证据7与证据1、3、4之一结合得到本专利权利要求5的技术方案，所以权利要求5相对于证据7与证据1、3、4之一的结合符合2001年《专利法》第二十二条第三款的规定。

权利要求6和7均为权利要求5的从属权利要求，在权利要求5相对于证据7与证据1、3、4之一的结合具有创造性的基础上，权利要求6、7相对于证据7与证据1、3、4之一的结合也具有创造性，符合2001年《专利法》第二十二条第三款的规定。

权利要求8对权利要求1作了进一步的限定，"其中所述反应区是完全充满液体的"。虽然在证据5中公开了如下内容："最理想的是环管反应器充满液体运行"，但从英力士公司提交的证据5的译文来看，其译文部分未对证据5的发明目的、技术方案和技术效果作任何完整说明，因此，本领域技术人员没有动机将证据5与证据1、3或4结合。即使考虑将其结合，权利要求8的技术方案与其结合相比尚存在如上所述的区别技术特征，因此本领域技术人员不付出创造性的劳动无法得出权利要求8的技术方案并预见其技术效果，所以权利要求8相对于证据1、3或4与证据5的结合具有创造性，符合2001年《专利法》第二十二条第三款的规定。

权利要求11对权利要求1作了进一步的限定，"其中所述方法的所述中间产物是连续地通过加热区的，在加热区，所述中间产物经加热成为热的中间产物，然后在高压闪蒸区经减压，所述的中间产物经加热至所述已提取的液态稀释剂蒸发，从而使稀释剂从提取的固体聚合物微粒中分离出来，分离的液态稀释剂无需加压，通过与温度4~54℃（40~130°F）的流体进行热交换，冷凝后供循环使用"。证据10公开了使用两步闪蒸和旋风分离器分离稀释剂和固体聚合物的方法及设备，其中流出物从沉降管22流到管道24中，管道24与沉降管和闪蒸器28流动联通，并具有间接换热装置，压力降连同闪蒸线加热器26的加热使大部分稀释剂蒸发，热交换流体通常在40~130°F。由此可知，在证据10中虽然公开了采用闪蒸器对稀释剂和固体聚合物进行分离，但在证据10中仍然采用沉降管提取淤浆，且未提及反应器中的固含量，而且从证据10的译文来看，其并未对其发明目的、具体的聚合工艺和技术效果作任何完整说明，因此，本技术领域技术人员在证据1、3或4和证据10的基础上不付出创造性劳动无法得出包含有前述区别技术特征的权利要求11的技术方案并预见其技术效果，所以权利要求11相对于证据1、3或4与证据10的结合具有创造性，符合2001年《专利法》第二十二条第三款的规定。

权利要求12对权利要求1作了进一步的限定，"其中所述淤浆是连续地从所述环管反应区中，在催化剂导入区前，物流向上转向最后点的附近区域提取的"，虽然在证据5中公开了"优选在环管反应器的至少一个弯头处，以致于离心力将固体颗粒掷入容器中"，但由于如前所述的理由，英力士公司所提交的证据5的译文并未对其发明目的、技术方案和技术效果作任何完整说明，因此本领域技术人员没有动机将证据5与证据1、3或4结合从而得到权利要求12的技术方案，所以权利要求12相对于证据1、3或4与证据5的结合具有创造性，符合2001年《专利法》第二十二条第三款的规定。

基于与权利要求12相同的评述，权利要求13~21也具有创造性，符合2001年《专利法》第22条第3款的规定。

菲利浦石油公司提交的反证2是用于证明固含量的计算方法是本领域的公知常识，其与本专利因修改超范围而应被宣告无效的权利要求24、25无关，而对于其他权利要求1~23，专利复审委员会已作出维持专利权有效的结论，因此专利复审委员会对菲利浦石油公司提交的反证2不再予以评述。英力士公司提交的证据12用于证明菲利浦石油公司提交的反证2与本专利不具有关联性，在专利复审委员会对反证2不再予以评述的前提下，专利复审委员会对英力士公司提交的证据12也不再予以评述。

基于以上事实和理由，专利复审委员会作出第13544号决定。

原告康菲公司诉称：第13544号决定中关于权利要求24、25不符合2001年《专利法》第三十三条规定的认定存在事实认定不清，法律适用不当的错误，请求法院予以撤销。具体理由如下：（1）关于权利要求24。首先，该权利要求中的表述“包含在载体上的铬氧化物的催化剂”明确记载在说明书第4页第13~14行以及第5页第12~13行中。其次，说明书仅仅作为一个例子描述了铬氧化物和载体二氧化硅，即在描述时，使用了“尤其”、“尤其适用”、“诸如”等举例式的词语，特别地，对二氧化硅载体使用了“诸如”一词。此外，本发明保护的是聚合方法，对于合适的催化剂及其载体的选择是本领域公知技术，本领域技术人员根据其掌握的知识和实验能力能够容易地选择和确定用于铬氧化物的载体。根据上述分析，“包含在载体上的铬氧化物的催化剂”已经记载在原申请文件中，被告没有依照2001年《专利法》及《审查指南》基于原申请文件中记载的整个内容来评价修改是否超范围。根据审查指南的规定，判断是否超范围时应参照申请时的公知常识或惯用技术等，将原申请文件记载的内容与公知常识或惯用技术进行合理的结合，被告显然没有遵照这一点。（2）关于权利要求25。首先，该权利要求的“使所述液态淤浆分层”明确记载在说明书第6页第4~6行，特别是第5行中。其次，在说明书第6页第4~6行的内容中，使用了“可”一词表明：加大环管段的直径仅仅是用于使液流分层的一种可选择的方式，并非一定要通过这种方式来达到淤浆分层的目的。此外，液流分层的方式是本领域常规的技术，本领域技术人员根据其掌握的知识和实验能力能够容易地选择和确定合适的方式来进行淤浆分层。同上面对权利要求24的评述，被告也没有按照2001年《专利法》第三十三条的有关规定基于原申请文件记载的内容，从掌握一定技术知识和实验能力的所属领域技术人员的角度出发来评判权利要求25是否超范围，错误应用2001年《专利法》第三十三条。

被告专利复审委员会辩称：第13544号决定认定事实清楚，适用法律正确，审理程序合法，请求法院予以维持。具体理由如下：（1）关于权利要求24。首先，本专利并非是PCT国际申请，其优先权文本不能作为修改专利申请文件的依据。其次，原始申请文件中没有与权利要求24中“包含在载体上的铬氧化物的催化剂”完全一致的文字记载，并且对于所述聚合方法中使用的催化剂，在第13544号无效决定中已经列出了原始文本中有关催化剂的内容，其中的铬氧化物催化剂均是以二氧化硅为载体的形式使用的，按照权利要求24概括的范围实际上是在所有载体上使用铬氧化物作为催化剂，这样的技术方案是无法从原申请文件记载的内容直接地、毫无疑义地确定的，因此该权利要求修改超范围，不符合2001年《专利法》第三十三条的规定。另外，在适用2001年《专利法》第三十三条的规定时，《审查指南》第二部分第八章5.2.3节规定了不允许的修改的情形，其中所属技术领域技术人员的概念是在创造性部分予以定义的，但这并不意味着在判断修改超范围时能够任意的结合本领域的公知常识或惯用手段。修改超范围的判断是一个相对绝对的判断，对于未明确记载于原申请文件中的内容，关键在于能否由原申请文件的内容直接地、毫无疑义地确定，即虽然本领域技术人员根据其掌握的常规技术知识能够知晓能适用于本申请技术方案的作为铬氧化物的载体是哪些，但是如果该修改方案不是唯一，可能存在多种选择的情况下，这样的修改也是违背修改超范围的判断原则的。（2）关于权利要求25。对于权利要求25中增加的特征“使所述液态淤浆分层”，从原始说明书第5页第4~6行明显可以看出其技术手段是“将装有连续排料附件的反应器环管段的直径加大”，而“使流动的液流分层”是该技术手段能产生的效果之一，即实际上本专利原始说明书并没有记载“使所述液态淤浆分层”的技术方案，而是仅记载了通过加大环管直径这一具体手段能够实现使流动液流分层的技术方案，显然根据该段内容概括的权利要求25的范围要大于原始记载的范围，本领域技术人员也无法从原申请记载的内容直接地、毫无疑义地确定除了加大环管直径以外的可以实现流动液流分层的方案，因此权利要求25修改超范围，不符合2001年《专利法》第三十三条的规定。

第三人英力士公司认为权利要求24、25不符合2001年《专利法》第三十三条的规定。（1）权利要求24、25的技术方案并没有记载在原始说明书和权利要求书中，并且不能从原始说明书和权利要求书中直接地，毫无疑义地确定。（2）本专利的优先权文本并不能作为本专利的修改依据。即使是PCT申请，其优先权也不能作为修改的依据。（3）判断修改是否超出原始范围的依据应该是修改后的内容是否记载在原申请文件中或者能够由原申请文件直接地、毫无疑义地确定。（4）现有技术的内容与修改是否超范围没有相关性。

本院经审理查明：

第13544号决定所涉及的本专利系申请日为1998年7月14日、授权公告日为2005年6月8日、发明名称为“高固含量淤浆聚合”的98116048.4号发明专利，专利权人是原菲利浦石油公司。本专利授权公告时的权利要求书为：

“1. 一种聚合方法包括：

在环管反应区使至少一种烯烃单体在液态稀释剂中进行聚合，以制备一种包含液态稀释剂和固态烯烃聚合物微粒的液态淤浆；

在所述反应区中，所述固态烯烃聚合物微粒在所述淤浆中固含量保持在高于40重量%，以所述聚合物微粒和所述液体稀释剂重量计；

连续地提取包含被提取的液态稀释剂和固态聚合物微粒的所述淤浆，该淤浆是所述方法的中间产物。

2. 根据权利要求1的方法，其中所述烯烃单体包括乙烯。

3. 根据权利要求1的方法，其中所述烯烃单体包括乙烯和重量比0.01%~5%的己烯，以所述乙烯和所述己烯的总重量计以及其中所述液态稀释剂是环己烷。

4. 根据权利要求3的方法，其中在所述反应区中，所述固态烯烃聚合物微粒在所述淤浆中的固含量重量比高于50%，以所述聚合物微粒重量和所述液态稀释剂重量计。

5. 根据权利要求1的方法，其中为了循环所述淤浆通过所述反应区，在推动区至少保持0.138MPa表压的压差。

6. 根据权利要求5的方法，其中在推动区保持每0.3米长的反应器物流通道大于0.021米淤浆高度的压差。

7. 根据权利要求6的方法，其中所述压差为每0.3米长的所述反应器物流通道为0.021~0.045米淤浆高度的压差。

8. 根据权利要求1的方法，其中所述反应区是完全充满液体的。

9. 根据权利要求 1 的方法，其中所述反应区的容积大于（20000 加仑）。

10. 根据权利要求 1 的方法，其中所述反应区的容积大于（30000 加仑）。

11. 根据权利要求 1 的方法，其中所述方法的所述中间产物是连续地通过加热区的，在加热区，所述中间产物经加热成为热的中间产物，然后在高压闪蒸区经减压，所述的中间产物经加热至所述已提取的液态稀释剂蒸发，从而使稀释剂从提取的固体聚合物微粒中分离出来，分离的液态稀释剂无须加压，通过与温度 4~54℃（40~130°F）的流体进行热交换，冷凝后供循环使用。

12. 根据权利要求 1 的方法，其中所述淤浆是连续地从所述环管反应区中，在催化剂导入区前、物流向上转向最后点的附近区域提取的。

13. 根据权利要求 1 的方法，其中所述淤浆是连续地从至少一个邻近水平物流下方的端点区域提取的。

14. 根据权利要求 13 的方法，其中所述淤浆是在下水平段的中心垂平面上，沿所述水平物流的下方并在所述物流朝上转向前的位置上提取的。

15. 根据权利要求 13 的方法，其中所述至少一个区域是在下水平段的中心垂平面上，沿所述水平物流的下方并在所述物流已朝上转向后的区域。

16. 根据权利要求 13 的方法，其中所述的一个区域是在所述水平物流的下方与下水平段中心垂平面成一夹角取向的，该夹角为 0~45 度。

17，根据权利要求 16 的方法，其中所述至少一个区域是与所述水平段中心垂平面成 0~20 度夹角取向的。

18. 根据权利要求 16 的方法，其中所述至少一个区域是指所述物流朝上转向之前的区域。

19. 根据权利要求 16 的方法，其中所述至少一个区域是指所述物流已朝上转向之后的区域，偏离朝上物流中心线至少 1 度，但小于 45 度。

20. 根据权利要求 13 的方法，其中所述的至少一个区域就是一个区域。

21. 根据权利要求 13 的方法，其中所述至少一个区域是多个区域。

22. 根据权利要求 1 的方法，

其中按下列步骤（A）和（B）提取包含被提取的液态稀释剂和固态聚合物微粒的所述淤浆：

（A）使所述淤浆排入至少一个沉降区，然后从所述沉降区提取一批沉降的淤浆并作为所述方法的中间产物，随后关闭所述沉降区；及

（B）然后连续地提取包含被提取的液态稀释剂和固态聚合物微粒的所述淤浆，该淤浆是所述方法的中间产物。

23. 根据权利要求 22 的方法，该方法还包括在起动步骤（B）期间，调整反应器条件使反应器中固体含量提高至少 10%。

24. 一种聚合方法包括：

在环管反应区用包含在载体上的铬氧化物的催化剂使至少一种烯烃单体在液态稀释剂中进行聚合，以制备一种包含液态稀释剂和固态烯烃聚合物微粒的液态淤浆；

在所述反应区中，所述固态烯烃聚合物微粒在所述淤浆中固含量重量比保持在高于 40%，以所述聚合物微粒和所述液体稀释剂重量计；

连续地提取包含被提取的液态稀释剂和固态聚合物微粒的所述淤浆，该淤浆是所述方法的中间产物。

25. 一种聚合方法包括：

在环管反应区使至少一种烯烃单体在液态稀释剂中进行聚合，以制备一种包含液态稀释剂和固态

烯烃聚合物微粒的液态淤浆；

使所述液态淤浆循环通过所述环管反应区，使所述液态淤浆分层，其中所述固态烯烃聚合物微粒在所述淤浆中固含量保持在高于40重量%；

从淤浆层中连续地提取淤浆，其中所述固含量更高，由此提取的淤浆的固含量比在环管反应区中循环的液态淤浆的固含量高，此提取的淤浆包含提取的液态稀释剂和固体聚合物微粒，作为所述方法的中间产物。"

2008年5月16日，英力士公司针对上述专利权提出无效宣告请求，其理由是：（1）说明书公开不充分，不符合2001年《专利法》第二十六条第三款的规定；（2）权利要求1~4、8、24~25不符合2001年《专利法》第二十二条第二款的规定，权利要求1~21、24~25不符合2001年《专利法》第二十二条第三款的规定；（3）权利要求1~4、8~25不符合2003年《专利法实施细则》第二十一条第二款的规定；（4）权利要求1~25不符合2003年《专利法实施细则》第二十条第一款的规定；（5）权利要求24~25不符合2001年《专利法》第三十三条的规定。英力士公司同时提交了以下证据1~11：

证据1：JP昭56-100632号公开特许公报，公开日为1981年8月12日，复印件共5页；

证据2：MILIEU-EFFEKTRAPPORT SOLVAY N. V. -ANTWERPEN，1992年4月，复印件共5页；

证据3：美国专利US3794627，公开日为1974年2月26日，复印件共5页；

证据4：美国专利US4794151，公开日为1988年12月27日，复印件共5页；

证据5：美国专利US3203766，公开日为1965年8月31日，复印件共5页；

证据6：High Density Polyethylene by a Loop ReactorProcess，High Density Polyethylene，Supp. D，1989年5月，复印件共26页；

证据7：欧洲专利EP0432555A2，公开日为1991年6月19日，复印件共14页；

证据8：美国专利US3257363，公开日为1966年6月21日，复印件共8页；

证据9：美国专利US5098667，公开日为1992年3月24日，复印件共10页；

证据10：美国专利US5575979，公开日为1996年11月19日，复印件共6页；

证据11：98116048.4号发明专利申请从申请至授权专利权人提交的文件和专利局发出的文件，复印件共77页；英力士公司认为：

（1）本专利的说明书公开不充分，不符合2001年《专利法》第二十六条第三款的规定。在本专利的说明书中并没有披露如何通过"连续地排出淤浆产物"使固含量重量比达到高于40%。并且，①本专利的实施例给出的数据仅能说明通过使用循环强度更大的泵可以得到重量比高于40%的固含量，而未给出任何数据来表明仅通过连续地排出淤浆产物使固含量达到重量比高于40%；②本专利的说明书没有给出"固含量"的定义；③在权利要求1定义了"所述固态烯烃聚合物微粒在所述淤浆中固含量保持在重量比高于40%，以所述聚合物微粒和所述液体稀释剂重量计"。由于在淤浆中不可避免地存在未反应的烯烃单体，因此为通过取样方式计算"固含量"，必须确定淤浆中的全部反应物，而本专利说明书未披露如何测定反应物；④本专利的说明书中没有给出测量固含量的方法。证据7、8、9表明，在现有技术中存在多种测定反应器中聚合物浓度的方法，而不同方法将导致不同的结果。

（2）权利要求1~4、8和24~25不具备2001年《专利法》第二十二条第二款所规定的新颖性，权利要求1~21，24~25不具备2001年《专利法》第二十二条第三款所规定的创造性。①在证据1、证据2、证据3以及证据4中均已公开了本专利权利要求1的全部技术特征，因此本专利权利要求1相对于证据1~4不具有新颖性。此外，本专利的实施例没有给出任何证据表明仅通过连续提取物料可以得到重量比高于40%以上的固含量，而且，由本专利说明书第1页倒数第1段的描述可知，现有技术的浓度范围与本专利权利要求1的浓度范围是邻接的，本领域技术人员根本看不出本专利所述的“高于40重量%的固含量”相比于现有技术有何好处，因此权利要求1相对于证据1~4不具有创造性；②权利要求2~3相对于证据2、3或4不具有新颖性和创造性；③权利要求4的附加技术特征已在证据3或4中公开，因此权利要求4相对于证据3或4不具有新颖性和创造性；④证据6披露了22000加仑的环管反应器，证据7显示压差与固含量密切相关，且在其他参数相同的情况下，最小压差随固含量的增加而增加。在本专利的说明书中没有任何记载来表明其具有创造性，因此在权利要求1不具备新颖性和创造性的情况下，相对于证据6和7，权利要求5~7不具有创造性；⑤权利要求8的附加技术特征已在证据1和证据5中公开，因此权利要求8相对于证据1不具有新颖性和创造性，相对于证据1、2、3或4与证据5的结合不具有创造性；⑥证据6披露了淤浆反应器的容积为22，000加仑，因此权利要求9和10相对于证据1、2、3或4与证据6的结合不具有创造性；⑦证据10披露了权利要求11的所有附加技术特征，因此权利要求11相对于证据1、2、3或4与证据10的结合不具有创造性；⑧证据5披露了聚合物提取的优选位置是“在环管反应器的至少一个弯头处以至于离心力将固体颗粒掷入容器中”，此外在除去淤浆后引入催化剂对本领域技术人员来说是显而易见的，所以权利要求12~21相对于证据1、2、3或4与证据5的结合不具有创造性；⑧基于与权利要求1相同的理由，权利要求24、25也不具有新颖性和创造性。

（3）权利要求1~4和8~25缺乏必要技术特征，不符合2003年《专利法实施细则》第二十一条第二款的规定。本专利所要解决的技术问题是确保反应器可以在固含量重量比高于40%下运行，而且本专利已经指出循环速度是影响反应器中实际最高固含量的因素，实施例中的数据也表明通过使用强度更大的泵可以得到重量比高于40%的固含量。此外，证据7也表明仅采用连续排除淤浆产物是不能获得重量比高达40%的固含量的，因此“循环强度更大的泵”是解决本发明技术问题的必要技术特征，应记载在权利要求1中。同理，权利要求2~4以及8~25也缺乏必要技术特征，不符合2003年《专利法实施细则》第二十一条第二款的规定。

（4）权利要求1~25不符合2003年《专利法实施细则》第二十条第一款的规定。①权利要求1中的措辞“固含量”和“重量比高于40%”使权利要求1的保护范围不清楚。本领域技术人员不清楚“固含量”的含义，而且本领域中也没有确切的含义，此外，“重量比高于40%”没有定义上限，其上限隐含重量比为100%，本领域技术人员不清楚100重量%能否实现发明目的。基于同样理由，权利要求2~23以及24~25的保护范围也不清楚；②在权利要求22~23中，步骤（B）在步骤（A）之后进行，在步骤（B）中流体淤浆是从沉降区提取的，而在步骤（A）中沉降区被关闭，因此步骤（A）至步骤（B）的过程应视为间歇过程而不是连续过程，这与权利要求1中连续提取的步骤相矛盾。

（5）权利要求24和25不符合2001年《专利法》第三十三条的规定。①权利要求24中的特征“用包含在载体上的铬氧化物的催化剂”没有记载在原权利要求书和说明书中，超出了原权利要求书和说明书的记载范围；②权利要求25中的特征“使所述液态淤浆循环通过所述环管反应区，使所述液态淤浆分层，其中所述固态烯烃聚合物微粒在所述淤浆中固含量保持在重量比高于40%”和“从淤浆层中连续地提取淤浆，其中所述固含量更高，由此提取的淤浆的固含量比在环管反应区循环的液态淤浆的固含量高，此提取的淤浆包含提取的液态稀释剂和固体聚合物微粒，作为所述方法的中间产物”没有记载在原权利要求书和说明书中，超出了原权利要求书和说明书的记载范围。

2008年6月12日，英力士公司提交了如下证据9’代替原证据9，并提交了证据1~8，9’，10的中文译文：

证据 9’：美国专利 US3998995，公开日为 1976 年 12 月 21 日，复印件共 28 页。

经形式审查合格后，专利复审委员会于 2008 年 7 月 24 日向双方当事人发出《无效宣告请求受理通知书》，并将《专利权无效宣告请求书》及其他有关文件的副本和无效宣告请求人于 2008 年 6 月 12 日提交的补充意见和附件清单中所列附件副本转送给专利权人，要求其在指定的期限内答复。

针对上述无效宣告请求，专利权人于 2008 年 9 月 8 日提交了意见陈述书。

专利权人认为：

（1）专利复审委员会应撤销对本案件的审理：①无效宣告请求书第四栏所列 2001 年《专利法》第二十一条第二款和专利法第二十条第一款不是无效宣告请求的理由，应予以驳回；②英力士公司关于 2001 年《专利法》第三十三条和第二十六条第三款的无效理由的依据是其证据 1~11，这不符合 2001 年《专利法》第三十三条和第二十六条第三款的审查范围，应当不予考虑或予以驳回；③英力士公司关于 2001 年《专利法》第 22 条第 2 款和第 3 款的无效理由的依据是其证据 1~11，这种请求不是具体明确的，应该予以驳回；④无效宣告请求正文中第 1 页与第 7 页标注的证据 1 不一致，专利权人不清楚英力士公司实际采用哪一文件，而且英力士公司关于新颖性和创造性的无效理由，仅仅是内容罗列，没有具体论述，不符合 2003 年《专利法实施细则》第六十四条第一款的规定，应当不予考虑；

（2）专利权人请求不考虑证据 2、6 以及证据 5~10，这是因为：①证据 2 和证据 6 为域外证据，未进行公证认证，而且英力士公司未证明这些文件在涉案专利申请日前是否公开发表，不满足公开出版物的要求；②证据 5~10 与本案无关，不能支持英力士公司的观点；提供的中译文部分翻译，晦涩难懂，不知道所公开特征相关的方法，不能表明所属技术领域，不能说明所公开的特征为什么可以与证据 1~4 结合。

（3）关于必要技术特征问题，本专利说明书清楚地说明了仅操作 CTO（连续提取）而不用更强度的循环能够在反应器内产生明显更高的固含量，因此不改变泵或不增加泵的尺寸能够实现比 40wt% 高得多的固含量，权利要求 1~4 和 8~25 是完整的，没有缺少必要技术特征；此外，证据 7 没有教导英力士公司主张的具体特征，例如本专利权利要求 5~7 所述泵压头的具体值，其主张是错误的；

（4）关于清楚问题：①“固含量”在专利权人的发明中被清楚地定义，其基于反应器中固态烯烃聚合物微粒的重量与反应器中固态烯烃聚合物微粒以及液体稀释剂的结合重量之比计算。“重量比高于 40%”能够被本领域技术人员容易且准确地理解，并且肯定不可能重量比是 100%，因为淤浆中存在稀释剂，因此权利要求 1~25 是清楚的；②从说明书和图 5 可见，沉降区和 CTO 并列，而非串接，而且权利要求 22 清楚地说明，淤浆起初通过沉降区提取，之后，连续提取淤浆，因此权利要求 22 和 23 是清楚的。

（5）关于修改超范围问题：①权利要求 24 中的“用包含在载体上的铬氧化物的催化剂”明确记载在说明书第 3 页第 13~14 行和第 5 页第 12~15 行，其他语言同权利要求 1，因此权利要求 24 的所有特征在原始文件中都完全地、清楚地被记载；②权利要求 25 中的特征大多数记载在申请时提交的原始文本的权利要求 1 中及说明书第 5 页第 2 段中，因此权利要求 25 的所有特征都在原始文本中得到支持和公开。

（6）关于充分不公开问题：权利要求 1 中固含量的计算基础清楚地呈现在本专利中，为反应器中固态烯烃聚合物微粒重量除以反应器中固态烯烃聚合物微粒和稀释剂结合重量。关于测量方法，本领域技术人员了解各种测量环管反应器中固体浓度的方法，这些方法中的任何一个都可以被使用，并可以以一致方式测定反应器中的固体量或固体浓度。证据 7、8、9 进一步指出这样几个技术，它们可相互替代性地用于测量反应器中固体浓度，因此被质疑的术语或词语具有确定的含义或者在说明书中得到解释，对本领域技术人员而言是清楚的，公开充分的。

（7）关于新颖性：①证据1中的连接管3在其反应区内提供级间转移，该级间转移明显不适合于从反应区进行产物排放，因此证据1连接管3不能被看作从证据1反应区排料，其聚丙烯产物淤浆间歇排出，同时通过连接管3转移的淤浆不能被看作权利要求1、24、25所述的“中间产物”，因此所有独立权利要求相对于证据1具有新颖性；证据1反应区的间歇排料没有与具有加热器的闪蒸管线相连，且证据1没有采用沉降区，因此权利要求11、22及23相对于证据1具有新颖性；证据1没有公开烯烃单体聚合中的铬氧化物催化剂，没有公开流体分层以提高淤浆中固含量的操作，因此权利要求24、25相对于证据1具有新颖性；②证据2没有教导连续提取淤浆，因此所有权利要求与证据2相比具有新颖性；此外，证据2没有公开提取固含量与反应区中淤浆相比高的产物淤浆；没有教导沉降（间歇）排料，然后连续排料；没有公开邻近环管反应器下水平段的下游端的附件；未公开具有相关加热器的闪蒸管线，因此权利要求11、12~21、22~23和25相对于证据2具有新颖性；③证据3没有公开从环管反应器1排料是否是连续的，并且证据3中公开的实施方式仅披露了反应器中重量比25%的固体含量，大大低于权利要求1、24、25所述的固含量，因此权利要求1、24、25及其从属权利要求具有新颖性；另外，证据3没有公开固含量与反应器中淤浆相比提高；没有公开邻近环管反应器下水平段的下游端的附件；没有公开权利要求11所述的加热区和闪蒸区，因此权利要求11、12~21和25相对于证据3具有新颖性；④证据4完全没有披露从反应器排出的淤浆是连续的，也没有表明其反应混合物的渗出是基于连续方式完成的，其反应物的渗出是为了获得比反应器内的固体浓度更低的物流，因此所有权利要求相对于证据4具有新颖性；另外，证据4中从反应器中排出的淤浆具有比反应器中的固体浓度更低的固体浓度，因此权利要求25相对于证据4具有新颖性；同样，证据4没有公开附件位置构造、闪蒸管线、闪蒸装置或加热器，因此权利要求11相对于证据4具有新颖性。

（8）关于创造性问题：①证据1没有公开从反应区连续提取，而且证据1不存在使用连接管3作为从证据1反应区连续提取的动机，因此权利要求1相对于证据1具有创造性；②证据2、3、4中没有一篇公开了从反应器中连续提取，而且其涉及的工艺不同，技术方案迥异，没有技术启示进行结合，而且英力士公司没有清楚描述如何结合所引用的文件来质疑权利要求1~21和24~25的创造性；③权利要求1的技术方案提供了一种在反应器内高固体含量下操作、同时降低其他方法在反应器内固含量提高的情况下操作所遇到的堵塞风险及其他困难的可行性方法。而且，对于同样的循环泵，当环管反应器与CTO一起运行时，相对于与沉降管一起运行，环管反应器淤浆可以以更高的固体浓度运行，而且“重量比高于40%”与重量比公开达到40%的现有技术不邻接或重叠，因此权利要求1具有积极的技术效果，具有创造性；④证据5、6、7、10不能表明所披露的特征是什么，以及所披露的特征在何处，或者所披露的特征在哪一方法中存在，因此不能确定这些特征与其他文件结合的可能性，而且证据5~7没有排除证据1~4的缺陷。

2008年9月22日，专利复审委员会向双方当事人发出《无效宣告请求口头审理通知书》，拟定于2008年11月4日。同时将专利权人于2008年9月8日提交的意见陈述书副本转送给了请求人，要求其在口审时一并答复。

2008年11月4日，专利复审委员会对本案进行口头审理，双方当事人充分陈述了各自的意见。专利复审委员会记录了以下事项：

1. 关于英力士公司证据，①英力士公司放弃使用证据6和证据9；②英力士公司当庭提交了证据2的公证认证件原件和复印件以及公证认证部分的中文译文，专利复审委员会将公证认证复印件及相应的中文译文转交给专利权人，专利权人当庭核实，认为其原件与复印件一致，但专利权人认为，证据2是通过不合法的途径获得的，并且认为，第一，证据2为域外证据，未经公证认证；第二，英力士公司当庭提交的证据2的公证认证件原件超出了证据的举证期限；第三，证据2第5页右下角注明其为内部报告，且是PE生产线的报告，因此专利权人对证据2的真实性、合法性和公开性提出异议；③专利权人认可证据1、3~5、7~8、9'、10~11的真实性和公开性。

2. 关于专利权人反证，专利权人当庭提交了如下反证1~2：

反证1：对英力士公司提交的证据3、4的技术领域和技术问题部分的翻译件，复印件4页；

反证2：《乳液聚合》，胡金生、曹同玉、刘庆普编，化学工业出版社出版，1987年1月，封面、书名页、版权信息页、第391页，复印件共4页。

其中，专利权人认为，反证2为公知常识性证据，用于证明固含量的计算方法是本领域的公知常识。专利复审委员会将反证1和2转交给英力士公司并当庭告知：反证1超出了证据的举证期限，专利复审委员会不予考虑；基于英力士公司不认可反证2为公知常识性证据，专利复审委员会要求双方当事人于2008年11月11日对反证2进行质证，逾期则视为认可该证据。

3. 关于无效理由。

①英力士公司明确放弃权利要求4相对于证据3、4不具备新颖性和权利要求24相对于证据1、2、3或4不具备新颖性的无效理由；②专利权人认为，2003年《专利法实施细则》第二十条第一款和2003年《专利法实施细则》第二十一条第一款不是无效理由，专利复审委员会当庭告知，根据2003年《专利法实施细则》第六十四条第二款的规定，2003年《专利法实施细则》第二十条第一款和2003年《专利法实施细则》第二十一条第一款均可作为无效理由，予以考虑。

4. 专利权人对证据2的译文准确性提出异议，双方当事人均同意由专利复审委员会指定翻译机构对证据2及其公证认证件进行翻译。英力士公司认为证据4译文中的“烯烃均聚物或共聚物”应为“乙烯均聚物或共聚物”，专利权人表示认可；除此之外，专利权人对其他证据的译文准确性均无异议。

2008年11月11日，专利复审委员会针对专利权人于2008年11月4日提交的反证2进行了调查，在双方当事人充分陈述意见的基础上，专利复审委员会记录了以下事项：

（1）英力士公司认可反证2的真实性，但认为反证2不是教科书，不属于公知常识性证据；

（2）英力士公司针对专利权人提交的反证2当庭提交了如下证据12：

证据12：《乳液聚合》，胡金生、曹同玉、刘庆普编，化学工业出版社出版，1987年1月，封面、书名页、版权信息页、第1页、第393页，复印件共5页；

英力士公司依据证据12认为，反证2所述的聚合工艺与本专利不同，彼此不具有关联性。专利权人对英力士公司提交的证据12没有提出异议。

专利复审委员会委托北京中专翻译公司对证据2及其公证词的内容进行了翻译。

专利复审委员会于2009年6月23日作出第13544号决定。

另查，菲利浦石油公司于2002年12月31日合并康诺克有限公司（CONOCO INC.）并更名为康菲公司（ConocoPhillips Company），即本案第三人。

再查，中华人民共和国国家知识产权局于2010年2月24日作出《手续合格通知书》，准予本专利著录项目变更，专利权人由菲利浦石油公司变更为康菲公司。

以上事实，有本专利原始申请文本、本专利授权公告文本、第13544号决定、英力士公司向专利复审委员会提交的无效宣告请求及其提交的证据1、证据3、证据4、证据5、证据7、证据8、证据9'、证据10以及当事人陈述等在案佐证。原告向本院提交的证据B—E，即《催化剂载体与负载型催化剂》、美国专利US5，438，027及其部分中译文、美国专利US3，242，150及其部分中译文、美国专利 US4，007，321 及其部分中译文、《传递现象》等证据在无效宣告审查程序中并未向专利复审委员会提交，与第 13544 号决定的合法性审查缺乏关联性，本院不予采纳。

本院认为：于 2008 年 12 月 27 日修改的《中华人民共和国专利法》（简称 2009 年《专利法》）已于 2009 年 10 月 1 日起施行，因此本案审理涉及 2001 年《专利法》与 2009 年《专利法》之间的选择适用问题。《中华人民共和国立法法》第八十四条规定，法律、行政法规、地方性法规、自治条例和单行条例、规章不溯及既往，但为了更好地保护公民、法人和其他组织的权利和利益而作的特别规定除外。国家知识产权局据此制定了《施行修改后的专利法的过渡办法》，并于 2009 年 10 月 1 日起施行。对于专利权是否有效的审查，根据该过渡办法，申请日在 2009 年 10 月 1 日前的专利申请以及根据该专利申请授予的专利权适用 2001 年《专利法》的规定；申请日在 2009 年 10 月 1 日以后（含该日）的专利申请以及根据该专利申请授予的专利权适用 2009 年《专利法》的规定。本案属于专利确权行政纠纷，本专利的申请日在 2009 年 10 月 1 日前，因此依据《中华人民共和国立法法》第八十四条之规定，并参照上述过渡办法的相关规定，本案应适用 2001 年《专利法》进行审理。

根据第 13544 号决定的内容和原告康菲公司的诉讼主张，本案的争议焦点为：本专利权利要求 24、25 是否符合 2001 年《专利法》第三十三条的规定。根据 2001 年《专利法》第三十三条的规定，申请人可以对申请文件进行修改，但是，对发明和实用新型专利申请文件的修改不得超出原说明书和权利要求书记载的范围。如果申请的内容通过增加、改变和/或删除其中的一部分，致使所属技术领域的技术人员看到的信息与原申请记载的信息不同，而且又不能从原申请记载的信息中直接地、毫无疑义地确定，那么，这种修改就是不允许的。本案中，权利要求 24 涉及一种聚合方法，其在环管反应区用“包含在载体上的铬氧化物的催化剂”，而在原申请文件中对于催化剂仅有以下记载：“在本申请中，由于聚合产率，尤其用以二氧化硅为载体的氧化铬时是极高的，因此没有涉及催化剂的重量”、“适用的催化剂在技术上是众所周知的。尤其适用的是已公开的经诸如二氧化硅载体的铬氧化物”。由此可知，原申请文件将催化剂铬氧化物的载体具体限定为二氧化硅，而权利要求 24 的技术方案中未对载体进行任何限定，意即包含了任何可能的载体，这一信息与原申请文件记载的信息不同，同时从原申请记载的信息中也不能直接地、毫无疑义地确定任何载体均适合作为铬氧化物的载体。因此，权利要求 24 的技术方案超出了原申请记载的范围。权利要求 25 涉及一种聚合方法，其包括“使所述液态淤浆循环通过所述环管反应区，使所述液态淤浆分层，其中所述固态烯烃聚合物微粒在所述淤浆中固含量保持在高于 40 重量%”，而原申请文件中关于淤浆分层仅有如下记载：“为了降低流体的流动速度，也可将装有连续排料附件的反应器环管段的直径加大，这样还可使流动的液流分层从而使流出的产物含更高的固含量”。由此可知，原申请文件中仅记载了通过使反应器环管段的直径加大从而使液流分层的方式，而权利要求 25 的技术方案中未对液流分层方式进行任何限定，因此权利要求 25 的技术方案包括了任何可使液流分层的方式，这一信息与原申请文件记载的上述信息不同，同时也不能由其直接地、毫无疑义地确定，因此权利要求 25 超出了原申请文件记载的范围。第 13544 号决定认定权利要求 24、25 不符合 2001 年《专利法》第三十三条的规定并无不当。康菲公司认为权利要求 24、25 修改未超范围的诉讼理由缺乏根据，其主张本院不予支持。

综上，第 13544 号决定认定事实清楚、适用法律正确、程序合法，本院应予维持。原告的诉讼请求缺乏事实和法律依据，本院不予支持。据此，依照《中华人民共和国行政诉讼法》第五十四条第（一）项，判决如下：

维持被告中华人民共和国国家知识产权局专利复审委员会作出的第 13544 号无效宣告请求审查决定。

案件受理费人民币 100 元，由原告康菲公司负担（已交纳）。

如不服本判决，原告康菲公司、第三人英力士欧洲有限公司可在本判决书送达之日起 30 日内，被告中华人民共和国国家知识产权局专利复审委员会可在本判决书送达之日起 15 日内，向本院递交上诉状，并按对方当事人的人数提交副本，同时交纳上诉案件受理费人民币 100 元，上诉于中华人民共和国北京市高级人民法院。

审　判　长　刘海旗
代理审判员　佟　姝
代理审判员　毛天鹏
二〇一〇年十一月十六日
书　记　员　王东勇

018

结晶［R-（R*，R*）］-2-（4-氟苯基）-β，δ二羟基-5-（1-甲基乙基）-3-苯基-4-［（苯氨基）羰基］-1H-吡咯-1-庚酸半钙盐

无效宣告请求审查决定（第13582号）

决　定　号　第13582号
决　定　日　2009年6月17日
发明创造名称　结晶［R-（R*，R*）］-2-（4-氟苯基）-β，δ二羟基-5-（1-甲基乙基）-3-苯基-4-［（苯氨基）羰基］-1H-吡咯-1-庚酸半钙盐
国际分类号　C07D207/34，A61K31/40
无效宣告请求人　北京嘉林药业股份有限公司，张　楚
专利权人　沃尼尔·朗伯公司
专　利　号　96195564.3
申　请　日　1996年7月8日
优 先 权 日　1995年7月17日
授权公告日　2002年7月10日
合议组组长　李　越
主　审　员　任晓兰
参　审　员　李亚林，汪送来，郭鹏鹏

法律依据　专利法第26条第3款
决定要点

对于化学产品发明而言，本领域技术人员能够实现是指，本领域技术人员根据说明书中公开的内容就能够确认并制备得到所述化学产品，同时能实现其一种或多种用途和/或达到相应的使用效果。具体而言，当所述化学产品为化合物晶体时，一方面，说明书中不仅应当说明所述化合物晶体的物质组成和晶体结构，而且应当记载能够证明所述晶体的物质组成和微观结构的相应的物理化学参数（如定性或定量数据和谱图）；另一方面，说明书中还应当记载所述化合物晶体的至少一种制备方法，使本领域技术人员能够实施。如果本领域技术人员根据说明书公开的信息不能确认所述化合物晶体的物质组成或者微观结构，或者依据说明书公开的所述制备方法不能确信是否能够得到所述化合物晶体，则说明书对于所述化合物晶体的公开未达到本领域技术人员能够实现的程度。

一、案由

本无效宣告请求案涉及国家知识产权局于 2002 年 7 月 10 日公告授予的、名称为“结晶［R-（R*,R*）］-2-（4-氟苯基）-β，δ二羟基-5-（1-甲基乙基）-3-苯基-4-［（苯氨基）羰基］-1H-吡咯-1-庚酸半钙盐”的 96195564.3 号发明专利权（下称本专利），其申请日为 1996 年 7 月 8 日，优先权日为 1995 年 7 月 17 日，专利权人为沃尼尔·朗伯公司。

本专利授权公告的权利要求书如下

“1. 含 1~8 摩尔水的 I 型结晶阿托伐他汀水合物，其特征在于，有以下研磨 2 分钟后测量的根据 2θ、d-面间距和大于 20% 的相对强度表示的 X-射线粉末衍射图，使用 CuKα 射线测量。

2θ	d	研磨 2 分钟样品的相对强度（>20%）
9.150	9.6565	42.60
9.470	9.3311	41.94
10.266	8.6098	55.67
10.560	8.3705	29.33
11.853	7.4601	41.74
12.195	7.2518	24.62
17.075	5.1887	60.12
19.485	4.5520	73.59
21.626	4.1059	100.00
21.960	4.0442	49.44
22.748	3.9059	45.85
23.335	3.8088	44.72
23.734	3.7457	63.04
24.438	3.6394	21.10
28.915	3.0853	23.42
29.234	3.0524	23.36

2. 权利要求 1 的 I 型结晶阿托伐他汀水合物，其特征在于，有以下固态 ^{13}C 核磁共振谱，其中化学位移以 ppm 表示

规定（7kHz）	化学位移
C12 或 C25	182.8
C12 或 C25	178.4
C16	166.7（宽）和 159.3

续表

芳族碳 C2-C5，C13-C18，C19-C24，C27-C32	137.0 134.9 131.1 129.5 127.6 123.5 120.9 118.2 113.8
C8，C10	73.1 70.5 68.1 64.9
亚甲基碳 C6，C7，C9，C11	47.4 41.9 40.2
C33	26.4 25.2
C34	21.3

3. 根据权利要求 1 的 I 型结晶阿托伐他汀水合物，其中 I 型结晶阿托伐他汀水合物为三水合物。

4. 一种片剂形式的药物组合物，它含有与至少一种药物上可接受的赋形剂、稀释剂或载体混合的权利要求 1~3 任一要求的 I 型结晶阿托伐他汀水合物。

5. 一种胶囊形式的药物组合物，它含有与至少一种药物上可接受的赋形剂-稀释剂或载体混合的权利要求 1~3 任一要求规定的 I 型结晶阿托伐他汀水合物。

6. 一种粉剂形式的药物组合物，它含有与至少一种药物上可接受的赋形剂、稀释剂或载体混合的权利要求 1~3 任一要求的 I 型结晶阿托伐他汀水合物。

7. 一种锭剂形式的药物组合物，它含有与至少一种药物上可接受的赋形剂、稀释剂或载体混合的权利要求 1~3 任一要求的 I 型结晶阿托伐他汀水合物。

8. 一种栓剂形式的药物组合物，它含有与至少一种药物上可接受的赋形剂、稀释剂或载体混合的权利要求 1~3 任一要求规定的 I 型结晶阿托伐他汀水合物。

9. 一种滞留灌肠剂形式的药物组合物，它含有与至少一种药物上可接受的赋形剂、稀释剂或载体混合的权利要求 1~3 任一要求的 I 型结晶阿托伐他汀水合物。

10. 一种制备含 1~8 摩尔水的 I 型结晶阿托伐他汀水合物的方法，该法包括：步骤（a）用钙盐处理［R-（R*，R*）］-2-（4-氟苯基）-β，δ-二羟基-5-（1-甲基乙基）-3-苯基-4-［（苯氨基）羰基］-1H-吡咯-1-庚酸的碱性盐水溶液；以及步骤（b）分离 I 型结晶阿托伐他汀水合物。

11. 根据权利要求 10 的方法，其中步骤（a）将 I 型结晶阿托伐他汀的晶种在用钙盐处理［R-（R*，R*）］-2-（4-氟苯基）-β，δ-二羟基-5-（1-甲基乙基）-3-苯基-4-［（苯氨基）羰基］-1H-吡咯-1-庚酸的碱性盐水溶液过程中或过程后加入。

12. 根据权利要求 10 的方法，其中步骤（a）水溶液含有羟基共溶剂和甲基叔丁基醚。

13. 根据权利要求 12 的方法，其中步骤（a）羟基共溶剂为甲醇。

14. 根据权利要求 10 的方法，其中步骤（a）钙盐为乙酸钙。

15. 根据权利要求 10 的方法，其中步骤（b）I 型结晶阿托伐他汀水合物进一步干燥。

16. 根据权利要求 15 的方法，其中步骤（b）I 型结晶阿托伐他汀水合物在减压下进一步干燥。

17. 根据权利要求 10 的方法，其中步骤（a）碱性盐选自碱金属盐、铵盐和胺盐。

18. 根据权利要求 17 的方法，其中步骤（a）碱性盐为钠盐。

19. 根据权利要求 10 的方法，其中使用 2 摩尔碱性盐比 1 摩尔钙盐。

20. 一种制备含 1~8 摩尔水的 I 型结晶阿托伐他汀水合物的方法，该法包括：步骤（a）将无定形阿托伐他汀和 I 型结晶阿托伐他汀的混合物悬浮在含有共溶剂的水中；以及步骤（b）分离 I 型结晶阿托伐他汀水合物。

21. 根据权利要求 20 的方法，其中步骤（a）共溶剂选自甲醇、乙醇、2-丙醇和丙酮。

22. 根据权利要求 21 的方法，其中步骤（a）共溶剂为甲醇。

23. 根据权利要求 20 的方法，其中步骤（b）I 型结晶阿托伐他汀水合物进一步干燥。

24. 根据权利要求 23 的方法，其中步骤（b）I 型结晶阿托伐他汀水合物在减压下进一步干燥。”

针对上述专利权，北京嘉林药业股份有限公司（下称请求人 I）于 2007 年 6 月 12 日向专利复审委员会提出无效宣告请求（委内编号为 4W01774），认为本专利权利要求 10 不符合专利法第 22 条第 2 款的规定、权利要求 1~9、11~19 不符合专利法第 22 条第 3 款的规定、权利要求 1~4 不符合专利法第 26 条第 4 款的规定、权利要求 20~24 不符合专利法实施细则第 20 条第 1 款、第 21 条第 2 款的规定，并同时提交以下证据 1~3：

证据 1：第 5273995 号美国专利，授权日为 1993 年 12 月 28 日，复印件 10 页；

证据 2：WO9416693A1 号国际专利，公开日为 1994 年 8 月 4 日，复印件 25 页；以及证据 1 例 10 和证据 2 例 A 的中文译文，1 页；

证据 3：第 96195564.3 号发明专利说明书（即，本专利授权公告文本），授权公告日为 2002 年 7 月 10 日，复印件 28 页。

请求人 I 认为：

（1）证据 1 例 10 和证据 2 例 A 描述的制备方法与权利要求 10 描述的制备方法相同，因此，权利要求 10 不具备新颖性。

（2）证据 1 例 10 和证据 2 例 A 描述的制备方法与权利要求 10 描述的制备方法相同，与本专利说明书第 16 页描述的制备方法相似，对于化学产品而言，同样的方法会获得同样的产品，虽然证据 1 和 2 未测定产品的 X-射线图谱，但是对化学产物进行 X-射线图谱测定不需要花费创造性的劳动，因此，权利要求 1~9、11~19 不具备创造性。

（3）权利要求 1~4 使用含有 1~8 摩尔水的阿托伐他汀 I 型结晶，根据常识，一种结晶形式对应一种分子结构，1~8 摩尔水的阿托伐他汀水合物含义是多种分子结构的结晶水合物，应具有多种 X 射线图谱，说明书中没有说明任何 1~8 摩尔水的阿托伐他汀都可得到 I 型结晶，图谱、制备方法和实施例 1 也没有说明阿托伐他汀结晶含有水的比例，因此，权利要求 1~4 得不到说明书的支持。

（4）权利要求 20~24 描述的制备方法包括用结晶 I 制备结晶 I 的内容，并且结晶 I 原料来源不清，因此，权利要求 20~24 不符合专利法实施细则第 20 条第 1 款、第 21 条第 2 款的规定。

经形式审查合格后，专利复审委员会受理了上述无效宣告请求，于 2007 年 6 月 12 日向双方当事人发出《无效宣告请求受理通知书》，并将请求人 I 的《专利权无效宣告请求书》及其附件的副本转送给专利权人，要求其在指定的期限内答复，同时成立合议组对本无效宣告请求案进行审理。

2007年7月12日，请求人I提交了意见陈述书，并补充提交了如下证据（编号续前）：

证据4：盖有请求人I印章的阿托伐他汀钙实验报告（一），报告出具日期：2007年7月10日，复印件8页；

证据5：盖有请求人I印章的阿托伐他汀钙实验报告（二），报告出具日期：2007年7月10日，复印件6页；

证据6：Tetrahedron Letters，第33卷第17期，1992年，第2283~2284页，复印件2页，及部分中文译文1页；

证据7：《分析化学》，余忠谊等主编，湖北科学技术出版社，1986年4月印刷，版权页、第121和122页，复印件3页；

证据8：《药物制剂化学》，汤光等编写，人民卫生出版社，1981年10月印刷，封面、版权页、第523和524页，复印件4页；

证据9：《物理药剂学》，苏德森等编写，化学工业出版社，2004年7月印刷，封面、版权页、第33、46页，复印件4页；

证据10：《药物分析方法与应用》，马广慈主编，科学出版社，2000年1月印刷，封面、版权页、第47页，复印件3页。

请求人I认为：（1）证据4表明，通过验证证据1例10的方法，改变加料顺序可以得到I型结晶；证据5表明，通过验证证据6的方法，稍改变加料方式可以获得I型结晶，因此，证据1或2与公知常识结合、或者证据6或2与公知常识结合破坏了本专利权利要求1和3的新颖性；（2）证据1或2与证据4、7、8、9或10的结合、证据6或2与证据5、7、8、9或10的结合使本专利权利要求1~9、11~19不具备创造性。

2007年7月27日，专利权人针对以上《无效宣告请求受理通知书》和《专利权无效宣告请求书》作出答复，并提交以下反证：

反证1：对于证据1同族专利EP0409281的专利检索结果，网络打印件1页，其中文译文1页；

反证2：第5378729号美国专利，授权日为1995年1月3日，复印件40页，其部分中文译文1页；

反证3：Bioconjugate Chem.，1990年，第1卷第6期，第419~424页，复印件6页，其部分中文译文1页；

反证4：J. Med. Chem.，1990年，第33卷，第919~926页，复印件8页，其部分中文译文1页；

反证5：J. Org. Chem.，1992年，第57卷，第6257~6265页，复印件9页，其部分中文译文1页；

反证6：WO 0128999A1号国际专利，公开日为2001年4月26日，复印件15页，其部分中文译文3页；

反证7：WO 03093233A1号国际专利，公开日为2003年11月13日，复印件13页，其部分中文译文1页；

反证8：专利权人在2001年7月13日答复《第一次审查意见通知书》时提交的意见陈述，复印件5页；

反证9：《Solid State Chemistry of Drugs》，Stephen R. Byrn编，AcademicPress Inc.，1982年，版权信息页、第168~171页和第186~188页，复印件6页，其部分中文译文1页；

反证 10：J. Pharm. Sci.，第 59 卷第 12 期，1970 年，第 1809~1814 页，复印件 6 页，其部分中文译文 1 页；

反证 11：J. Pharm. Sci.，第 60 卷第 10 期，1971 年，第 1458~1465 页，复印件 8 页，其部分中文译文 1 页；

反证 12：《Polymorphism in Pharmaceutical Solids》，无出版日期，第 124~181 页及相关页，复印件 31 页，其部分中文译文 1 页。

专利权人认为：

（1）证据 1 是本专利申请阶段审查员引用的对比文件 1 的同族专利（参见反证 1）；虽然证据 1 和 2 使用将内酯溶于甲醇、加入 NaOH，然后加入 $CaCl_2$ 的方法，但其中并没有任何涉及产物结晶形态的内容，而本专利权利要求 10 获得的则是 I 型结晶阿托伐他汀水合物，因此，权利要求 10 具备新颖性；而且，反证 2~7 同样佐证权利要求 10 的新颖性。

（2）在本专利申请阶段审查员也曾引用同一对比文件 1 质疑过本专利的创造性，但在专利权人争辩后，最终授予本发明专利权（参见反证 8）；请求人 I 提交的证据 1 和 2 的部分中文译文中并未提及产品的形态，甚至没有产物的分子式或者命名，本领域技术人员从中无从获得任何本专利产品的信息，因此，本专利权利要求 1~9、11~19 相对于证据 1、2 具备创造性。

（3）①请求人 I 未提供证据证明"一种结晶形式只对应一种分子结构是公知常识"，并且从本专利可以看出，有时候一种结晶形式至少可以对应两种分子结构；②从反证 9~12 可以知道，在本专利优先权日之前，现有技术早已知晓很多物质的晶体中水的存在可以不改变晶体形式，进而不改变 X 射线图谱，这是一种常识；③从本专利说明书第 15 页表 6 下面的段落及实施例 1 的内容，本领域技术人员可以预见到权利要求 1~4 的技术方案，即，本发明的阿托伐他汀 I 型结晶含有 1~8 摩尔水、优选含有 3 摩尔水是在实验基础上得出的结论；因此，权利要求 1~4 能够得到说明书的支持。

（4）从本专利说明书可以看出，权利要求 20 步骤（a）中加入 I 型结晶阿托伐他汀是为了将其作为晶种，因此，权利要求 20~24 是清楚的；同时，本专利说明书第 16 页描述了多种获得 I 型结晶的方法，权利要求 20 中加入 I 型结晶晶种的方法只是优选方案之一，即使不加入晶种，也能获得 I 型结晶，故而结晶 I 原料来源不存在不清楚之处，权利要求 20~24 符合专利法实施细则第 20 条第 1 款、第 21 条第 2 款的规定。

除此之外，专利权人还提出，为了进一步证实意见陈述中的观点，拟聘请独立的第三方研究机构的专家重复说明书实施例的实验步骤，并进行公证认证，为此请求延期举证。

2007 年 8 月 10 日，合议组向双方当事人发出《无效宣告请求审查通知书》，告知双方当事人"允许专利权人延期举证，举证日期延长至 2007 年 9 月 27 日"，并且，在延长的期限内专利权人所提交的证据应当仅限于"聘请独立的第三方研究机构的专家重复说明书实施例的步骤并进行公证认证"，该期限内提交的其他类型证据合议组将不予考虑。与此同时，合议组将专利权人于 2007 年 7 月 27 日提交的意见陈述书及相关附件的副本转送请求人 I，将请求人 I 于 2007 年 7 月 12 日补充提交的意见陈述书及相关附件的副本转送专利权人。

2007 年 9 月 27 日，专利权人针对请求人 I 于 2007 年 7 月 12 日补充的无效理由和证据提交意见陈述书，并提交如下反证 13（编号续前）：

反证 13：Brendan J. Murphy 和 Joseph F. Krzyzaniak 致 Francis Tinney 的一封信，主题为"I 型阿托伐他汀中国专利无效案：I 型结晶水含量"，复印件 2 页，及其中文译文 2 页。

专利权人认为：

（1）首先，因证据 4 和 5 仅仅是请求人 I 的内部实验报告而对证据 4 和 5 本身提出质疑；其次，请求人Ⅰ在证据4中声称重复了证据1例10的实验并改变原料的加入顺序而获得实验结果，该结果证实了证据1隐含公开的技术内容。但是，证据1中并没有建议或公开改变原料的加入顺序，并且，证据4中所用的反应试剂、溶剂、浓度、试剂比例和反应条件不同于证据1，因此，证据4与本专利无关。同理，证据5也与本专利无关。

（2）请求人Ⅰ于2007年7月12日补充的“权利要求1~9、11~19相对于证据1或2与证据4、7、8、9、10的结合、或者相对于证据6或2与证据5、7、8、9、10的结合不具备创造性”的无效理由未具体说明，应当不予考虑；即使予以考虑，基于证据4、5的方法不同于证据1、证据6的方法，与本专利无关，其与证据7、8、9的结合也无从破坏本专利的创造性。

（3）反证13是专利权人委托第三方研究机构进行的重复本专利实验结果的报告。

2007年12月5日，合议组向双方当事人发出《无效宣告请求口头审理通知书》，定于2008年1月23日对本案进行口头审理，并将专利权人于2007年9月27日提交的意见陈述书及其相关附件的副本转送请求人Ⅰ，要求其在口头审理时一并答复。

2007年12月24日，合议组再次向双方当事人发出《无效宣告请求口头审理通知书》，将口头审理日期改在2008年1月30日。

针对上述专利权，张楚（下称请求人Ⅱ）于2007年8月28日向专利复审委员会提出无效宣告请求（委内编号为4W01891），认为本专利权利要求1~3、10~24不具备新颖性，权利要求1~9不具备创造性，并同时提交以下证据A-C：

证据A：96195564.3号发明专利说明书（即，本专利授权公告文本），授权公告日为2002年7月10日，复印件32页；

证据B：第5273995号美国专利，授权日为1993年12月28日，复印件10页，及其部分中文译文1页（同请求人Ⅰ提交的证据1）；

证据C：第5686104号美国专利，授权日为1997年11月11日，复印件11页，及其部分中文译文1页。

请求人Ⅱ认为：

（1）本专利权利要求1~3要求保护一种结晶阿托伐他汀，证据B实施例10揭示了“重结晶”形式的阿托伐他汀，其显然是晶体形式，因此，权利要求1~3不具备新颖性。

（2）本专利权利要求1~3只是揭示了X射线粉末衍射图（下称XPRD）、固态^{13}C核磁共振谱（下称^{13}C NMR）的化学位移及水的摩尔数不同的晶体化合物，由于相同化合物的不同晶体形式对本领域技术人员来说是显而易见的，而这些参数都是晶体化合物的常见参数，因此，权利要求1~3不具备创造性。

（3）权利要求4~9进一步限定晶体化合物的药物剂型，由于对已知化合物药物剂型限定是本领域技术人员容易想到的，因此，在晶体化合物不具备新颖性的情况下，权利要求4~9也不具备创造性。

（4）权利要求10~24的制备结晶形式阿托伐他汀的方法在证据B和C中已经公开，因此，这些权利要求不具备新颖性。

经形式审查合格后，专利复审委员会受理了上述无效宣告请求，于2007年9月19日向双方当事人发出《无效宣告请求受理通知书》，并将请求人Ⅱ的《专利权无效宣告请求书》及其附件的副本转送给专利权人，要求其在指定的期限内答复，同时成立合议组对本无效宣告请求案进行审理。

2007年9月28日，请求人Ⅱ补充提交意见陈述书及如下证据（编号续前）：

证据D：本专利实质审查阶段的《检索报告》，复印件2页；

证据 E：本专利实质审查阶段的《第一次审查意见通知书》，复印件 4 页；

证据 F：00137059.6 号发明专利说明书，授权公告日为 2006 年 9 月 13 日，复印件 5 页；

证据 G：本专利法律状态查询的网络打印件 1 页。

请求人 II 认为：

（1）①本专利权利要求 1~3 要求保护结晶阿托伐他汀，证据 D 中的对比文件（即证据 B）实施例 10 揭示了重结晶形式的阿托伐他汀，其与本专利的不同点只是没有确定具体晶型，但现有技术已经解决了本专利说明书所指出的技术问题，且本专利未提供所述结晶与证据中的结晶相比所具有的优点，因此，权利要求 1~3 不具备创造性；②权利要求 4~9 要求保护以权利要求 1 所述结晶阿托伐他汀为活性成分的不同剂型的药物组合物，将已知化合物形成常规的药物剂型是本领域技术人员的公知常识，因此，权利要求 4~9 也不具备创造性；③权利要求 10~19、20~24 要求保护制备结晶形式的阿托伐他汀的方法，在权利要求 1 不具备创造性的情况下，权利要求 10~19、20~24 也不具备创造性。

（2）①本领域公知，晶体的结晶水会在晶胞中占位，得到不同的晶胞结构，从而必然得到不同的 XPRD 图谱和固态^{13}C NMR（参见证据 F）；②从本专利说明书第 2 页第 15~17 行、第 4 页第 7~8 行、第 15 页第 15~16 行、第 15 页第 17~18 行、以及权利要求书第 1 页第 1~3 行的内容可知，本专利所述的“结晶 I 型阿托伐他汀及其水合物”、“I 型结晶阿托伐他汀三水合物”、“含 1~8 摩尔水的 I 型结晶阿托伐他汀水合物”为同一结晶的不同水合物，然而，它们却具有相同的 XPRD 图，本领域技术人员无法通过说明书得知，权利要求 1 的 XPRD 对应的是无水 I 型结晶阿托伐他汀、还是含三个结晶水的 I 型结晶阿托伐他汀、或者是结晶 I 型阿托伐他汀的其他水合物，因此，权利要求 1 的技术方案在说明书中未得到充分公开；基于与②类似的理由，说明书中也未充分公开权利要求 2 的技术方案；③说明书第 3 页第 10 行的“Bruker AX-250 克谱仪”不清楚，不符合专利法第 26 条第 3 款的规定。

（3）说明书中只给出了一组 I 型晶体的 XPRD 图和^{13}C NMR 数据，但由于不同晶型的晶胞结构不同，在相同条件下测定会必然得到不同的图谱数据，因此，本领域技术人员从一组未指明是否含有结晶水、含有多少结晶水的实验数据中无法概括得出权利要求 1 要求保护的技术方案中的所有晶体，因此，权利要求 1 得不到说明书的支持；基于相同的理由，权利要求 2~24 也得不到说明书的支持，不符合专利法第 26 条第 4 款的规定。

（4）权利要求 1 要求保护含 1~8 摩尔水的 I 型结晶，但其仅给出了一组图谱数据，无法确认其对应的晶体的相应结构特征，因此，权利要求没有清楚地表述要求专利保护的范围，不符合专利法实施细则第 20 条第 1 款的规定；基于相同的理由，权利要求 2~24 也不符合专利法实施细则第 20 条第 1 款的规定。

2007 年 11 月 5 日，专利权人针对以上《无效宣告请求受理通知书》和《专利权无效宣告请求书》作出答复，并提交本专利授权公告文本（复印件共 32 页）及如上针对 4W01774 提交的相同的反证 1~8。

专利权人认为：

（1）证据 C 的公开日不详，不能作为评价本专利新颖性和创造性的依据。反证 1 表明，证据 B 实际上是本专利申请阶段审查员引用的对比文件 1 的同族专利。

（2）①证据 B 只是使用了表述“重结晶”，而在化学领域中，表述“重结晶”只是表示物质从溶液中沉淀出来，并不涉及其是否为晶体（参见反证 2~6），因此，证据 B 并没有公开晶体形式的阿托伐他汀；②反证 6、7 表明证据 2 得到的是无定形阿托伐他汀而不是晶体阿托伐他汀；③证据 B 未公开本专利权利要求1~3中的水的摩尔数、XPRD和^{13}C NMR数据，因此，请求人关于权利要求1~3不具备新颖性的主张不能成立。

（3）证据B未提及或教导晶体形式的阿托伐他汀，且本专利的I型结晶与无定型阿托伐他汀相比，在过滤、干燥以及贮存稳定性方面均优越（参见反证8第2页第3段），因此，本专利的I型结晶阿伐他汀具备创造性。在权利要求1~3具备创造性的情况下，权利要求4~9的组合物也具备创造性。

（4）证据B公开的是制备无定型阿托伐他汀的方法，本专利权利要求10~19、20~24则涉及制备I型结晶阿托伐他汀的方法，二者属于两个不同的技术方案，因此，权利要求10~19、20~24具备新颖性。

2007年12月5日，合议组向双方当事人发出《无效宣告请求口头审理通知书》，定于2008年1月23日对本案进行口头审理，并将专利权人于2007年11月5日提交的意见陈述书及其相关附件的副本转送请求人II，将请求人II于2007年9月28日补充提交的意见陈述书及相关附件的副本转送专利权人，要求其在口头审理时一并答复。

2007年12月24日，合议组再次向双方当事人发出《无效宣告请求口头审理通知书》，将口头审理日期改在2008年1月30日。

2008年1月30日，在口头审理开始前，专利权人针对请求人II于2007年9月28日补充的无效理由提交意见答复，并补充提交与针对4W01774相同的反证9~13和如下反证14，合议组将其当庭转送请求人II：

反证14：Stephen R. Byrn的书面证词，复印件64页，其中文译文56页；

专利权人认为：

（1）证据B没有批露本专利权利要求1~3的含1~8摩尔水的I型晶体、权利要求10~24的方法，也没有教导或暗示可以得到阿伐他汀的I型结晶，且反证8表明本专利的I型晶体具有优于无定形固体的有益效果。因此，权利要求1~24具备创造性。

（2）本专利说明书公开充分，具体理由为：①请求人II认为晶体与不同结晶水的结晶水合物必然具有不同的XPRD的主张不能成立，反证9~12表明溶剂化和非溶剂化以及含水量不同的晶体可以具有几乎相同的XPRD；②本领域技术人员基于说明书的内容可以知道，本专利的X-射线衍射图对应的是I型晶体，其含水量可以在一定范围内变化，权利要求1要求保护的是含有1~8摩尔水的I型晶体；③请求人II没有证明水含量不同的晶体其^{13}C NMR必然不同，本领域技术人员根据说明书的内容能够实施权利要求2的技术方案，因此，权利要求2的公开是充分的；④"Bruker AX-250克谱仪"是打字错误，其应该是"Bruker AX-250光谱仪"，该错误不会对本专利的实施造成任何实质障碍。

（3）①请求人II认为"由于不同晶型的晶胞结构不同，在相同条件下测定，得到的图谱数据组必然不同"，但没有提供证据证明这一主张；②本专利权利要求1中涉及的是I型结晶，是同一种晶型，不是不同晶型。本领域技术人员根据说明书的相关内容，没有理由怀疑本专利中含1~8摩尔水的I型结晶不具有权利要求1所列的特征衍射峰值（反证13、14也证实了这一点）和权利要求2所述的核磁共振谱。因此，权利要求1~24能够得到说明书的支持。

（4）①请求人II认为"基于本领域的公知常识，结晶水含量不同，晶体的XPRD和固态^{13}C NMR必然不同"，但没有提供证据证明这一主张；②本专利权利要求1涉及含1~8摩尔水的I型结晶，并给出了XPRD特征峰值，权利要求2引用权利要求1，进一步给出了^{13}C NMR。因此，权利要求1~2清楚地限定了要求保护的主题。同理，权利要求3~24也是清楚的。

口头审理如期进行，各当事人均出席了口头审理。合议组当庭告知了合议组成员的变更情况，各当事人对合议组成员均无回避请求。合议组就本无效宣告请求案的无效理由及证据逐一进行了调查，各当事人均充分陈述了各自的意见。在此基础上，记录了以下事项：

（1）请求人 I 当庭补充提交如下证据 11~15（编号续前），合议组将其当庭转送专利权人：

证据 11：《化工商品检验手册》，化学工业出版社，1996 年 1 月印刷，封面、出版信息页、第 903~907 页，复印件 7 页；

证据 12：《实用药学辞典》，周廷冲主编，天津科学技术出版社，1992 年 7 月印刷，封面、出版信息页、第 914~915 页，复印件 3 页；

证据 13：02806473.9 号中国发明专利申请公开说明书，公开日为 2005 年 6 月 22 日，复印件 17 页；

证据 14：据称来源于辉瑞公司网站的关于产品 Lipitor? 的介绍，复印件 29 页，其部分中文译文 2 页；

证据 15：《中华人民共和国民事诉讼法》，第 120~132 条；及《最高人民法院关于加强人民法院审判公开工作的若干意见》，复印件共 5 页。

请求人 II 当庭补充提交如下证据 H（编号续前），合议组将其当庭转送专利权人：

证据 H：《中国大百科全书，化学，I》，中国大百科全书出版社，1989 年 2 月，封面、第 83 页、第 184 页、第 425~426 页、第 547 页，复印件 6 页；以及盖有国家图书馆科技查新中心骑缝章的对于《中国大百科全书，化学，I》的文献复制证明及相关附件，共 12 页。

专利权人针对 4W01774 和 4W01891 当庭补充提交如下反证 15（编号续前），合议组将其当庭转送请求人 I 和 II：

反证 15：《有机化学实验》，兰州大学、复旦大学化学系有机化学教研室编，高等教育出版社出版，1990 年 2 月印刷，封面、出版信息页、第 84~95 页，复印件 8 页。

（2）请求人 I 当庭提交盖有“国家知识产权局专利检索咨询中心副本认证专用章”的证据 1、2 的复印件；出示证据 8、9 的原件；放弃证据 4~7、10、14~15。专利权人认可证据 1~3、8~9、11~12 的真实性；认为证据 9 的公开日期在本专利的申请日之后；认为证据 13 的提交超过举证期限。合议组当庭告知请求人 I：证据 13 的提交不符合审查指南第四部分第三章第 4.3.1 节有关举证期限的规定，不予考虑。

请求人 II 当庭提交盖有“国家知识产权局专利检索咨询中心副本认证专用章”的证据 B、F 的复印件；放弃证据 C、G。专利权人认可证据 A、B、D、E、F、H 的真实性。专利权人认为证据 H 属于超出举证期限的新证据，不应考虑。请求人 II 认为证据 H 为技术词典，其提交符合审查指南的相关规定。

（3）专利权人当庭提交盖有“国家知识产权局专利检索咨询中心副本认证专用章”的反证 2、6、7 的复印件；盖有“中国科学院文献情报中心信息服务部”章的反证 3~5、9~11 的复印件；盖有“中国贸易促进委员会专利商标事务所专利申请专用章”的反证 8 的复印件；反证 12、13 的公证认证文件；出示反证 15 的原件。同时，称反证 14 的公证认证文件正在邮寄，请求在口审结束后提交。

请求人 I 和 II 对反证 1 的真实性表示异议，理由是专利权人未提供反证 1 的原件，且反证 1 为网络打印件。

请求人 I 认可反证 2~7、9~11、15 的真实性；认为反证 6~7 的公开日期在本专利申请日之后；虽然经过核查原始案卷后认可反证 8 的复印件与原件一致，但对反证 8 的真实性表示异议；对反证 12、13 的真实性提出异议，理由是专利权人提供的公证认证文件非不可拆分的整体；并且，从反证

12 看不到出版信息，因此对反证 12 的关联性提出异议。

请求人 II 对反证 3~5、8 的真实性表示异议，认为反证 3~5 是域外证据，未办理公证认证手续，反证 8 是专利权人的意见陈述，应当从专利局复印；认可反证 2、6、7 的真实性；认可反证 9~15 的真实性、关联性和合法性。

对于反证 14 的公证认证文件，合议组允许专利权人最晚于 2008 年 2 月 13 日提交，请求人 II 应于当天到专利复审委员会对该公证认证文件进行核实。

（4）各当事人对对方所提交证据（或反证）的相关中文译文的准确性均无异议。

（5）反证 13 中出具证言的证人之一 Brendan J. Murphy 出庭作证并接受了质证。

（6）对于专利权人于口审当天提交的意见陈述和反证，请求人 II 当庭进行了答辩。合议组告知请求人 II，如果需要，应当在 2008 年 2 月 13 日之前发表书面意见，逾期将不予考虑。

（7）请求人 I 针对本专利不符合专利法第 26 条第 4 款的无效理由，当庭增加两条新的具体理由：①实施例 1 不是一个具体的实施例；②证据 8 表明结晶较无定形而言，生物利用度未必变好，证据 9 表明，研磨可能使晶型发生改变。针对权利要求 20~24 不符合专利法实施细则第 20 条第 1 款、第 21 条第 2 款的无效理由，当庭提出：悬浮步骤中共溶剂应当有上限，否则不能保证得到结晶，从实施例 2 来看，如果不对共溶剂的量进行限定，得到的将可能是 II 型结晶。专利权人认为其属于新增的理由。

（8）请求人 I 最终确认使用的证据是证据 1、2、3、8、9、11、12。最终确认的无效理由是：权利要求 1、3、10 相对于证据 1 或 2 不具备新颖性；权利要求 1~9、11~19 相对于证据 1 或 2、或者证据 1 或 2 与证据 8 或 9 的结合不具备创造性，放弃创造性评价中其他的证据结合方式；使用证据 8、9 说明权利要求 1~4 不符合专利法第 26 条第 4 款的规定；权利要求 20~24 不符合专利法实施细则第 20 条第 1 款、第 21 条第 2 款的规定。

（9）请求人 II 放弃权利要求 1~3、10~24 不具备新颖性的无效理由，放弃权利要求 4~24 不符合专利法第 26 条第 3 款、专利法第 26 条第 4 款，以及专利法实施细则第 20 条第 1 款的规定的无效理由。最终确认使用的证据是：证据 A、B、D、E、F、H。最终确认的无效理由是：权利要求 1~24 相对于证据 B 不具备创造性；使用证据 F 说明权利要求 1~3 不符合专利法第 26 条第 3 款、第 26 条第 4 款，以及专利法实施细则第 20 条第 1 款的规定。

专利权人认为，请求人 II 在提交无效请求时，对于本专利不符合专利法第 26 条第 3 款、第 26 条第 4 款，以及专利法实施细则第 20 条第 1 款的规定的无效理由，并没有提到要使用证据 F，因此，审查所述无效理由时对证据 F 不应考虑。请求人对此持有异议。合议组当庭告知：对于专利权人所提出的“在审查本专利不符合专利法第 26 条第 3 款、第 26 条第 4 款，以及专利法实施细则第 20 条第 1 款的规定的无效理由时不应考虑证据 F”的主张，合议组不予支持。

2008 年 2 月 3 日，请求人 I 提交《口审总结》。

2008 年 2 月 13 日，专利权人提交反证 14 的公证认证文件，请求人 II 核实，认可该反证的真实性、合法性和关联性。同时，未对专利权人于口头审理当天提交的意见陈述及反证发表意见。

针对上述专利权，北京嘉林药业股份有限公司（下称请求人 III）于 2008 年 5 月 16 日再次向专利复审委员会提出无效宣告请求（委内编号为 4W02166），认为本专利说明书不符合专利法第 26 条第 3 款的规定，权利要求 1~24 不符合专利法第 26 条第 4 款、专利法实施细则第 20 条第 1 款的规定，权利要求 10~24 不符合专利法实施细则第 21 条第 2 款的规定，权利要求 1~3、10 不符合专利法第 22 条第 2 款的规定，权利要求 1~9、11~19 不符合专利法第 22 条第 3 款的规定，同时提交了以下证据：

证据 a：5273995 号美国专利，授权日为 1993 年 12 月 28 日，复印件 10 页，其部分中文译文 1 页

（同证据1）；

证据b：WO 9416693号国际专利，公开日为1994年8月4日，复印件36页，其部分中文译文1页（同证据2）；

证据c：96195564.3号中国发明专利说明书（即，本专利授权公告文本），授权公告日为2002年7月10日，复印件32页（同证据3）；

证据d：《实用药学辞典》，周廷冲主编，天津科学技术出版社，1992年7月印刷，封面、出版信息页、第914~915页，复印件3页（同证据12）；

证据e：02806473.9号中国发明专利申请公开说明书，公开日为2005年6月22日，复印件17页（同证据13）；

证据f：本专利的专利文档查询复制单、专利申请表格第1页、专利权人答复《第一次审查意见通知书》的《意见陈述书》，复印件共7页；

证据g：本专利的专利权人提交的《复审无效程序中意见陈述书》，表格及正文第1页，复印件3页；

证据h：《药物制剂化学》，汤光等编写，人民卫生出版社，1981年10月印刷，封面、版权页、第522~525页，复印件4页（同证据8）；

证据i：《物理药剂学》，苏德森等编写，化学工业出版社，2004年7月印刷，封面、版权页、第33、46页，复印件4页（同证据9）；

证据j：《药物结构与制剂》，沈建民等编写，中国医药科技出版社，1989年8月印刷，封面、版权页、第4~6页、第21~22页，复印件7页。

请求人III认为：

（1）本专利说明书不符合专利法第26条第3款的规定，具体理由为：

①权利要求保护含1~8摩尔水的I型结晶阿托伐他汀水合物，根据含水量的不同，其包括8种I型结晶，但说明书没有实验证明这8种I型结晶水合物具有相同的XPRD和^{13}C NMR；并且，说明书提到I型结晶可以是无水形式和水合物形式，但缺乏对得到无水形式和水合物形式的I型结晶的特定工艺条件的说明，实施例1也不能说明按其所述制备得到了含1~8摩尔水的I型结晶，而且，实施例1中还使用了没有说明来源的I型结晶来制备I型结晶；再者，从说明书第9页记载的对于I型结晶研磨前后的XPRD数据看，其前5强峰和8强峰的位置出现了显著变化，导致所称的含1~8摩尔的I型结晶水合物的XPRD具有不确定性；

②说明书仅断言I型结晶阿托伐他汀水合物能克服无定形的技术缺陷，但未通过定性或定量试验数据加以证明，而且，所述缺陷的一部分在本发明中也同样存在；另外，证据e表明，I型结晶有可能降低了生物利用度；

③无论基于说明书的一般性公开还是基于实施例的公开，本领域技术人员都难以制备得到含1~8摩尔水的I型结晶阿托伐他汀水合物，也难以受控制备含有一个具体摩尔水数目的I型结晶，更难以相信含1~8摩尔水的I型结晶阿托伐他汀水合物都具有同样的XPRD和^{13}C NMR。

（2）本专利权利要求1~24不符合专利法第26条第4款的规定，具体理由是：

①证据i表明，药物的溶剂化程度不同，晶型不同，而本专利说明书既没有对含有1~8摩尔水中任意摩尔数水的I型结晶阿托伐他汀水合物是否具有相同的XPRD和^{13}C NMR进行令人信服的说明，同时，也没有对如何制备含1~8摩尔水中任意摩尔数水的I型结晶阿托伐他汀水合物进行描述，因此，本领域技术人员无法概括得出权利要求1~2的技术方案；另外，证据i和本专利说明书都表明，研磨可能使XPRD发生变化，而权利要求1~2却使用了研磨后样品的数据，因而本领域技术人员有

理由怀疑权利要求 1~2 的技术特征不是含 1~8 摩尔水的 I 型结晶阿托伐他汀水合物的晶相特征，权利要求 1~2 得不到说明书的支持。

②说明书中未记载对权利要求 3 产品的具体制备和鉴定，实施例 1 又使用了来源不明的 I 型结晶阿托伐他汀为晶种制备 I 型结晶阿托伐他汀，而且，说明书第 12 页显示，根据^{13}C NMR 鉴定的 I 型结晶阿托伐他汀结构图不含有结晶水，因此，本领域技术人员有理由怀疑权利要求 3 的产品不是含有 3 摩尔水的 I 型结晶阿托伐他汀水合物，权利要求 3 得不到说明书的支持。

③基于与权利要求 1~3 相同的理由，权利要求 4~9 也得不到说明书的支持。

④首先，权利要求 10 的步骤（a）不仅能制备出 I 型结晶，还能制备出无定形或 IV 型结晶阿托伐他汀，因此，权利要求 10 包含制备无定形和多种晶型的阿托伐他汀的技术方案；其次，说明书唯一的制备实施例 1 也没有说明制备得到的产品是无水的还是含水的 I 型结晶阿托伐他汀水合物，更没有说明其中含有几摩尔水，同时也没有该实施例所得产品的 XPRD 及^{13}C NMR 数据，而说明书的其他部分也没有对如何获得含 1~8 摩尔水的 I 型结晶进行说明，因此，本领域技术人员无法得到或概括得出权利要求 10 的技术方案。权利要求 11~19 都是权利要求 10 的从属权利要求，同样存在上述得不到说明书支持的问题，并且权利要求 11 中加入晶种的方法也得不到说明书的支持。

⑤说明书唯一一个制备实施例 1 没有说明作为晶种的 I 型结晶是无水的还是含水的，得到的产品是无水的还是含水的，更没有说明产品是含几摩尔水的 I 型结晶阿托伐他汀水合物；同时，也没有提供实施例 1 所得产品的 XPRD 和^{13}C NMR 以证明其为权利要求 1~2 定义的产品；并且，实施例 1 还使用了来源不明的 I 型结晶阿托伐他汀作为晶种；另外，说明书其他部分也没有对在没有晶种时如何获得需要作为晶种使用的含 1~8 摩尔水的 I 型结晶阿托伐他汀水合物进行说明，因此，权利要求 20 得不到说明书的支持。基于相同的理由，权利要求 21~24 也得不到说明书的支持。

（3）权利要求 1~24 不符合专利法实施细则第 20 条第 1 款的规定，具体理由为：

①证据 j 表明，不同的药物，其水合物的含水摩尔数不同，稳定性不同。本专利说明书没有记载在什么的工艺条件下制备得到的含水 I 型结晶阿托伐他汀中的水为水合水，本领域技术人员从权利要求 1~2 记载的 XPRD 和^{13}C NMR 无法判断其中的 1~8 摩尔水为水合水，因此，权利要求 1~2 不清楚。基于相同的理由，权利要求 3~9 也不清楚。

②权利要求 10~19 中的措辞“处理”含义不清楚，除此之外，权利要求 11 使用了来源不明的晶种，其在步骤（a）之后引入晶种也导致权利要求 11 的整个技术方案不清楚。

③权利要求 20 中没有清楚说明步骤（a）中所用的晶种来源，没有说明所使用的溶剂以及共溶剂与水的比例范围，同时，未给出“悬浮在含有共溶剂的水中”的操作工艺参数和组成参数，导致这一关键步骤也处于不清楚的状态。基于相同的理由，权利要求 21~24 也不清楚。

（4）权利要求 10~24 不符合专利法实施细则第 21 条第 2 款的规定，具体理由为：

①结合证据 a 和 g 可知，权利要求 10 中由于“处理”含义过宽，导致步骤（a）不仅可以制备 I 型结晶，还能制备出无定形或 IV 型结晶，因此，权利要求 10 没有从整体上反映出制备含有 1~8 摩尔水的 I 型结晶阿托伐他汀水合物的技术方案，缺乏必要技术特征。基于相同的理由，权利要求 11~19 也缺少必要技术特征。

②从本专利说明书第 20 页第 4 段实施例可见，仅将无定形阿托伐他汀和 I 型结晶阿托伐他汀的混合物“悬浮”在含有共溶剂的水中，不仅可以制备 I 型结晶，还能制备 II 型结晶阿托伐他汀水合物，因此，权利要求 20 缺少制备 I 型结晶的必要技术特征。基于相同的理由，权利要求 21~24 也不符合专利法实施细则第 21 条第 2 款的规定。

（5）权利要求 1~3、10 不符合专利法第 22 条第 2 款的规定，具体理由为：

①证据 a 实施例 10、证据 b 实施例 A 公开了权利要求 10 中“用钙盐处理”的步骤，结合证据 d 中对于“重结晶”的定义，可以推知其获得了结晶产品，而且也进行了晶体的分离。因此，权利要求 10 不具备新颖性。

②在制备方法相同的情况下，根据权利要求 XPRD、^{13}C NMR 并不能将证据 a 或证据 b 的结晶产品与权利要求 1~3 的产品区分开来，因此，权利要求 1~3 也不具备新颖性。

（6）权利要求 1~9、11~24 不符合专利法第 22 条第 3 款的规定，具体理由为：

①首先，本专利说明书中对于 I 型结晶相对于无定形阿托伐他汀而言在产品纯度、操作方便性和产品稳定性方面的改进均为没有事实依据的断言，而从证据 h、i 和 e 来看，发明还可能导致其生物利用度降低；其次，证据 f 存在一定的缺陷，不能用于证明权利要求 1 的创造性，因此，在证据 a 或 b 的基础上，结合考虑证据 h 和 e、或 i 和 e，权利要求 1 不具备创造性。在此基础上，权利要求 2~9、以及 11~24 也不具备创造性。

经形式审查合格后，专利复审委员会受理了上述无效宣告请求，于 2008 年 6 月 4 日向双方当事人发出《无效宣告请求受理通知书》，并将请求人 III 的《专利权无效宣告请求书》及其附件的副本转送给专利权人，要求其在指定的期限内答复，同时成立合议组对本无效宣告请求案进行审理。

2008 年 7 月 21 日，专利权人针对以上《无效宣告请求受理通知书》和《专利权无效宣告请求书》作出答复，并提交与针对 4W01774 案相同的反证 1~13 和针对 4W01891 案相同的反证 14。

专利权人认为：

（1）本专利说明书公开了含 1~8 摩尔水的 I 型结晶阿托伐他汀水合物的结构及其解析数据（即，XPRD 和^{13}C NMR），还公开了其制备方法和制备实施例及其有益效果，本领域技术人员根据说明书的内容能够实施本发明，因此，本专利符合专利法第 26 条第 3 款的规定。

（2）首先，证据 i 说明的是含不同结晶水的化合物其晶型不同，而本专利中 I 型结晶阿托伐他汀水合物所含的 1~8 摩尔水没有限定为结晶水；其次，说明书第 15 页描述了 I 型结晶阿托伐他汀含有约 1~8 摩尔水，实施例 1 证明得到了含 1~8 摩尔水（包括含 3 摩尔水）的 I 型结晶阿托伐他汀，说明书第 16 页描述了多种获得 I 型结晶的方法（加入 I 型结晶作为晶种只是优选方案之一），附图 1 给出了 I 型结晶的 XPRD 图，反证 13 进一步确证了这一点。因此，本领域技术人员根据说明书充分公开的内容能够得到或概括得出权利要求 1~24 的技术方案，权利要求 1~24 符合专利法第 26 条第 4 款的规定。

（3）请求人没有具体说明权利要求 1~9 是类型不清楚，还是保护范围不清楚，事实上，权利要求 1~9 的主题类型和保护范围都是清楚的；并且，权利要求 10~24 中的措辞“处理”含义是清楚的，权利要求 11 中晶种的来源也是清楚的，本领域技术人员根据说明书公开的内容也会理解权利要求 20 中共溶剂与水的比例、以及“悬浮”操作和“含有共溶剂的水”的含义。因此，权利要求 1~24 符合专利法实施细则第 20 条第 1 款的规定。

（4）请求人没有具体说明权利要求 10 缺少哪个必要技术特征，同时晶种的来源、“悬浮”操作工艺参数和“含有共溶剂的水”的组成参数不是权利要求 20 的必要技术特征，因此，权利要求 10、20 不缺少必要技术特征。在此情况下，权利要求 11~19、21~24 也符合专利法实施细则第 21 条第 2 款的规定。

（5）首先，证据 a 或 b 根本没有涉及阿托伐他汀的晶体形式，而“recrystallize”并不表示其得到的就是晶体，也不表示在进行该步骤之前的物质是晶体。反证 2~6 表明该术语表示的步骤得到的是无定形固体，反证 6 和 7 表明证据 a 和 b 中得到的是无定形的阿托伐他汀。因此，权利要求 1~3 和 10 具备新颖性，符合专利法第 22 条第 2 款的规定。

（6）证据 a 和 b 中都没有公开、教导或启示可以得到阿托伐他汀 I 型晶体，证据 h、i、e 也都不涉及 I 型阿托伐他汀水合物，同时，本发明的 I 型晶体具有优于现有技术的有益效果，例如稳定性好、易于过滤（反证 8），因此，权利要求 1~24 具备创造性，符合专利法第 22 条第 3 款的规定。

除此之外，专利权人还提出，为了进一步证实意见陈述中的观点，拟聘请独立的第三方研究机构的专家重复说明书实施例的实验步骤，并进行公证认证，为此请求延期举证。

2008 年 8 月 20 日，合议组向双方当事人发出《无效宣告请求口头审理通知书》，定于 2008 年 10 月 13 日对本案进行口头审理，并将专利权人于 2008 年 7 月 21 日提交的意见陈述书及其相关附件的副本转送请求人 III，要求其在指定期限内答复。

2008 年 10 月 6 日，合议组向专利权人发出《无效宣告请求审查通知书》并同时将该通知书传真给专利权人的代理人。通知书中提到，由于专利权人在 4W01774 案中以相同的理由提出过延期举证请求，合议组已经给予专利权人适当的延期举证期限；同时，本案中，专利权人已经提交了相应的专家证言类证据（反证 13），因此，对于专利权人在本案中提出的延期举证请求，合议组不予考虑。

2008 年 10 月 13 日，口头审理如期进行，双方当事人均委托代理人出席了口头审理，对合议组成员无回避请求。合议组就本无效宣告请求案的无效理由及证据逐一进行了调查，双方均充分陈述了各自的意见。在此基础上，记录了以下事项：

（1）请求人 III 当庭出示了证据 h、j 的原件。专利权人认可证据 a~d、f~j 的真实性，对证据 e 的真实性不发表意见。在合议组指出“如果对证据 e 的真实性不发表意见将视为认可证据 e 的真实性”后，专利权人仍然明确表示“不发表意见”。专利权人认为证据 e 和 i 的公开日期在本专利申请日之后，与本案没有关联性。

（2）专利权人出示了反证 13、14 的原件。请求人 III 对于反证 1~13 的质证意见与 4W01774 案中相同。基于证人未出庭作证而对反证 14 的真实性提出质疑。

（3）针对专利法第 26 条第 3 款的无效理由，专利权人认为，反证 9 表明，水合物晶体中的水可以以结晶水的形式存在，也可以不以结晶水的形式存在。反证 14 证明，对于本专利的 I 型结晶，当水摩尔数发生变化时，晶体并未发生变化。

至此，合议组认为本案事实已经清楚，可以作出审查决定。

二、决定的理由

1. 关于审查文本

合议组以本专利授权公告的文本为基础进行审查。

2. 关于举证期限和无效理由的增加

（1）补充证据。

根据专利法实施细则第 66 条及审查指南第四部分第三章第 4.3.1 节的规定，请求人在提出无效宣告请求之日起一个月后补充证据的，专利复审委员会一般不予考虑，除非属于审查指南上述部分规定的两种例外情形：①针对专利权人以合并方式修改权利要求或者提交的反证，请求人在专利复审委员会指定的期限内补充证据并结合该证据具体说明相关无效理由的；②在口头审理辩论终结前提交技术词典等公知常识性证据或用于完善证据法定形式的公证书、原件等证据，并结合证据具体说明相关无效理由的。

本案中，请求人 I 在口头审理时当庭补充证据 13，即，02806473.9 号中国发明专利申请公开说明书，拟用该证据证明本专利不具备创造性。专利权人认为该证据的提交超出举证期限。合议组查明，证据 13 是在提出无效宣告请求之日起一个月后补充提交的；既不是针对专利权人以合并方式修改权利要求、也不是针对专利权人提交的反证；同时，该证据为专利文献，不属于审查指南规定的公知常识性证据，也非用于完善证据法定形式的证据。因此，该证据的提交超出举证期限，合议组不予考虑。

请求人II在口头审理时当庭补充证据H，即，《中国大百科全书，化学，I》，拟用该证据证明重结晶的定义。专利权人认为该证据的提交超出举证期限。合议组查明，证据H是一本技术词典，属于审查指南规定的公知常识性证据。根据审查指南的上述规定，对于请求人在口头审理辩论终结前提交的上述证据H，合议组予以考虑。

（2）增加无效理由。

根据专利法实施细则第64条第1款、第66条及审查指南第四部分第三章第4.1、4.2节的规定，请求人在提出无效宣告请求时没有具体说明的无效理由、且在提出无效宣告请求之日起一个月内也未补充具体说明的，专利复审委员会不予考虑；请求人在提出无效宣告请求之日起一个月后增加的无效理由，除了指南第4.2节规定的两种情形外，专利复审委员会一般不予考虑。

本案中，请求人I针对本专利权利要求1~4不符合专利法第26条第4款规定的无效理由，当庭提出：①本专利实施例1给出了8个实验条件范围，但是没有一个具体的实验点，因此，不是一个具体的实施例，不能用于支持权利要求1~4的范围；②从证据8、9可知，生物利用度对于晶体来说很重要，但本专利未关注这一点；从证据9第33页第5段的内容可知，研磨可能使晶型发生转变，权利要求1中的XPRD是在研磨2分钟后测定的，因此，该过程中晶型可能已经发生了变化。请求人I针对权利要求20~24不符合专利法实施细则第20条第1款、第21条第2款的无效理由，当庭提出：悬浮步骤中共溶剂应当有上限，否则不能保证得到结晶，从实施例2来看，如果不对共溶剂的量进行限定，得到的将可能是II型结晶。专利权人认为上述具体理由属于新增加的理由。对此，合议组认为，在提出无效请求乃至提出无效请求起一个月内，请求人I就本专利不符合专利法第26条第4款以及专利法实施细则第20条第1款、第21条第2款的无效理由而言，从未提及过上述具体理由，同时针对专利法第26条第4款的无效理由也从未提到过使用证据8和9；而且，本案中，专利权人未以合并方式修改权利要求，同时，上述理由也非针对与证据不相对应的无效理由进行变更，因此，合议组对请求人I当庭提出的上述具体理由不予考虑。

针对请求人II最终确定的无效理由，专利权人认为，请求人II在提交无效请求时，对于本专利不符合专利法第26条第3款、第26条第4款、以及专利法实施细则第20条第1款的规定从未提到要使用证据F，因此，合议组在审查所述无效理由时不应考虑证据F。请求人II对此持有异议。合议组查明：请求人II于2007年8月28日提出无效宣告请求，于2007年9月28日补充意见陈述和证据D~G。在所述意见陈述中，请求人II提出，证据F可以表明，在本领域中公知，晶体的结晶水会在晶胞中占位，得到不同的晶胞结构，从而必然得到不同的XPRD图谱和固态^{13}C NMR。在此基础上，认为本专利不符合专利法第26条第3款、第26条第4款及专利法实施细则第20条第1款的规定。由此可以看出，请求人II在审查指南规定的期限内已经结合证据F对相关无效理由进行了具体说明。因此，合议组对于专利权人所提出的上述主张不予支持。

3. 关于证据

（1）请求人I的证据。

请求人I共提交了15份证据。口头审理时放弃证据4~7、10、14~15，合议组对这些证据不予评述。

证据1~2均为专利文献，证据3是本专利授权公告文本，专利权人对其真实性无异议。合议组经核实，认可证据1~3的真实性。且证据1~2的公开时间均在本专利优先权日之前，可以作为本专利的现有技术使用。

证据8、9、11、12均为手册或教科书等公知常识性证据，在专利权人对这些证据的真实性未提出质疑的情况下，合议组认可这些证据的真实性。其中，证据9的公开日期在本专利优先权日之后，不能作为本专利的现有技术，但以其记载的信息证明某一客观事实时可以考虑。

（2）请求人II的证据。

请求人II共提交了8份证据。口头审理时放弃证据C和G，合议组对这两个证据不予评述。

证据A是本专利授权公告文本，证据B、F均为专利文献，证据D和E为本专利实质审查阶段的《检索报告》和《第一次审查意见通知书》，证据H为技术词典，专利权人对这些证据的真实性无异议。合议组经核实，认可证据A、B、D、E、F、H的真实性。其中，证据D、E涉及本专利在实质审查阶段的《检索报告》以及审查员的观点，与本案不具有关联性，合议组对其不再进行评述。证据F的公开时间在本专利优先权日之后，不能作为本专利的现有技术，但以其记载的信息证明某一客观事实时可以考虑。

（3）请求人III的证据。

请求人III共提交了10份证据。专利权人认可证据a~d、f~j的真实性，对证据e的真实性不发表意见，在合议组指出"如果对证据e的真实性不发表意见将视为认可证据e的真实性"后，专利权人仍然明确表示"不发表意见"。经核实，合议组认可所有证据的真实性。证据a、b、c、d、h、j分别与请求人I提交的证据1、2、3、12、8、9相同。

（4）专利权人的反证。

专利权人共提交了15份反证。

反证1是对于EP 0409281的专利检索结果，是一份网络打印材料，请求人I和II对该证据的真实性提出质疑。合议组查明，该证据仅为复印件，在专利权人既未证明该证据内容是否与相应网站上显示的内容一致、也未证明该证据内容是否真实可靠的情况下，合议组对该证据不予采信。

反证2、6、7为专利文献，反证9是一本书的节选，反证10~11是发表在期刊上的文章，反证15是教科书类公知常识性证据。专利权人提交了盖有"国家知识产权局专利检索咨询中心副本认证专用章"的反证2、6、7的复印件、盖有"中国科学院文献情报中心信息服务部"章的反证9~11的复印件、出示了反证14的原件。请求人I和II均认可反证2、6、7、9~11、15的真实性。经核实，合议组认可这些证据的真实性。

对于反证3~5，请求人I未对其真实性提出质疑，但请求人II认为其为域外证据，未办理公证认证手续，因而对其真实性表示异议。合议组查明，反证3~5确为发表在域外杂志上的文章，然而，专利权人当庭提交了盖有"中国科学院文献情报中心信息服务部"章的反证3~5的复印件，这表明从国内公共途径可以获得所述反证。根据审查指南第四部分第八章第2.2.2节的规定，对于能够从国内公共渠道获得的国外文献资料，当事人在无效宣告程序中可以不办理相关的证明手续。因此，合议组经核实，认可反证3~5的真实性。

反证8是专利权人答复《第一次审查意见通知书》时提交的意见陈述书，请求人I和II对该反证的真实性提出质疑，理由是该证据应当从专利局获得。对此，合议组认为，该证据的原件保留在本案原始案卷内，在核实确认该证据的内容与保留在本案原始案卷中的相应内容完全一致的情况下，仅凭该证据非来源于专利局不能否认该证据的真实性。

反证12是《Polymorphism in Pharmaceutical Solids》的节选，专利权人提交了反证12的公证认证文件。请求人I认为该公证认证文件是散页形式，因而对其真实性提出异议。合议组查明，反证12的公证认证文件确实是散页，而非粘连在一起的整体；在其公证意见中提到：所附文献（b）是《Polymorphism in Pharmaceutical Solids》一书的第125~181页，但是，专利权人提供的公证认证文件却不仅包括第125~181页，还包括封面、版权页、前言、目录、致谢页，以及一些不相关的其他内容（共9页）。因此，合议组无法确信专利权人提供的反证12的公证认证文件就是公证员当时出具的文件，故而合议组对反证12不予采信。

反证13是Brendan J. Murphy与Joseph F. Krzyzaniak出具的书面证言，专利权人提交了反证13的公证认证文件，Brendan J. Murphy出庭作证并接受了质证。合议组经核对，认可反证13的复印件与原件一致。但是，反证13的公证文书中仅载明其中所附的两页文件是Brendan J. Murphy和Joseph F. Krzyzaniak提交给公证员的“未被修改的复印件”，亦即，此公证文书仅表明所附文件与专利权人提交的反证13一致，并不证明所附文件的内容真实；并且，从反证13本身来看，存在一些与常理相悖的内容。例如，制备阿托伐他汀钙I型的过程中使用的是250ml的反应器，但是，即使不计算其中加入的固体物料的体积，仅以其中加入的液体量来计（先加入83ml甲基叔丁基醚和38ml甲醇，形成阿托伐他汀内酯溶液后，与191ml氢氧化钠水溶液混合），其体积也达到了312ml，远远超出反应器的容量，这在实际操作中是不允许的，也是不可能发生的。因此，结合以上所有因素，合议组认为，尽管专利权人提交了反证13的公证认证文件，也有证人出庭作证并接受了质证，但该反证13的内容依然不能被采信。

反证14是Stephen R. Byrn出具的证言，专利权人于2008年2月13日提交了其公证认证文件，由此可以认定其复印件与原件一致。反证14旨在证明：（1）药物水合物分类中存在一种管状/通道水合物，其中水分子并不结合到晶格中，而是存在于晶格通道中，这种水合物可以存在可变量的水同时维持相同的结构，即，水量的变化不会影响到XPRD；（2）阿托伐他汀的I型晶体就属于这种管状/通道水合物。基于证人未出庭作证，同时专利权人证明该主张所依据的证据也只有反证14的证言，没有提供其他相关证据加以佐证，因此，合议组对反证14不予采信。

4. 关于专利法第26条第3款

专利法第26条第3款规定：说明书应当对发明作出清楚、完整的说明，以所属技术领域的技术人员能够实现为准。

对于化学产品发明而言，本领域技术人员能够实现是指，本领域技术人员根据说明书中公开的内容就能够确认并制备得到所述化学产品，同时能实现其一种或多种用途和/或达到相应的使用效果。具体而言，当所述化学产品为化合物晶体时，一方面，说明书中不仅应当说明所述化合物晶体的物质组成和晶体结构，而且应当记载能够证明所述晶体的物质组成和微观结构的相应的物理化学参数（如定性或定量数据和谱图）；另一方面，说明书中还应当记载所述化合物晶体的至少一种制备方法，使本领域技术人员能够实施。如果本领域技术人员根据说明书公开的信息不能确认所述化合物晶体的物质组成或者微观结构，或者依据说明书公开的所述制备方法不能确信是否能够得到所述化合物晶体，则说明书对于所述化合物晶体的公开未达到本领域技术人员能够实现的程度。

就本案而言，权利要求1~3保护一种含1~8摩尔水的I型结晶阿托伐他汀水合物，其通过两种表征方式对所述结晶水合物进行了定义：（1）组成，即，含1~8摩尔（或3摩尔）水的阿托伐他汀水合物；（2）表征其微观结构的XPRD和^{13}C NMR数据。

请求人III认为，说明书中未充分公开本专利权利要求中含1~8摩尔水的I型结晶阿托伐他汀水合物。其主要理由为：①权利要求保护含1~8摩尔水的I型结晶阿托伐他汀水合物，其中包括8种I型结晶，但说明书没有验证这8种I型结晶水合物具有相同的XPRD和^{13}C NMR；②无论基于说明书的一般性公开还是基于实施例的公开，本领域技术人员都难以制备得到含1~8摩尔水的I型结晶阿托伐他汀水合物。

对此，专利权人认为，说明书公开了本专利含1~8摩尔水的I型结晶阿托伐他汀水合物的结构及其解析数据，公开了其制备方法、制备实施例及其有益效果。反证 9 表明，水合物晶体中的水可以以结晶水的形式存在，也可以不以结晶水的形式存在。反证 14 的专家证言证明本专利属于后者，因此，本专利符合专利法第 26 条第 3 款的规定。

根据双方当事人的上述意见，合议组认为，请求人 III 与专利权人在说明书中是否充分公开了本专利保护的含 1~8 摩尔水的 I 型结晶阿托伐他汀水合物的问题上，主要争议点在于：（1）含有不同摩尔水的同一化合物的水合物，其 XPRD 和^{13}C NMR 是否相同；（2）根据本专利说明书公开的内容是否能够确认并制备得到所述含 1~8 摩尔水的 I 型阿托伐他汀水合物。这也是判断说明书对于权利要求中所保护的产品的公开是否符合专利法第 26 条第 3 款规定的关键。

争议点 1：含有不同摩尔水的同一化合物的水合物，其 XPRD 和^{13}C NMR 是否相同

针对这一争议点，请求人 III 认为，含有不同结晶水的结晶水合物必然具有不同的 XPRD，为此专利权人提供反证 9，旨在证明水合物中，水可以以结晶水存在，也可以不以结晶水存在。合议组查明：反证 9 为“Solid-stage Chemistry of Drug”一书的节选，其中文译文第 1~3 行公开了以下内容：“与咖啡因、茶叶碱和巯基嘌呤的行为不同，溶剂化和非溶剂化的晶体形式的头孢来星（15）和头孢氨苄（16）的 X 射线粉末衍射图几乎是完全相同的（Pfeiffer 等人，1970）”。也就是说，反证 9 证实，对于头孢来星、头孢氨苄来说，溶剂化与非溶剂化的晶体会具有几乎完全相同的 XPRD，但对于咖啡因、茶叶碱和巯基嘌呤来说并非如此。由此可见，一方面，本领域中，并非所有物质的水合物中的水都会在晶胞中占位而产生不同的 XPRD；另一方面，对于某种物质来说，其水合物中的水到底会不会占位，水的存在或者含水量的多少是否会影响其 XPRD，在本领域中并没有统一的教导。

争议点 2：根据本专利说明书公开的内容是否能够确认并制备得到所述含 1~8 摩尔水的 I 型阿托伐他汀水合物

合议组查明，对于本专利保护的含 1~8 摩尔水的 I 型结晶阿托伐他汀水合物，说明书公开的相关内容如下：

（1）说明书第 2 页最后一段至第 4 页第 8 行、第 9 页表 1、第 12 页表 4 公开了 I 型阿托伐他汀比水合物的 XPRD 及^{13}C NMR 数据。

（2）说明书第 15 页 15~19 行提到：“本发明的 I 型结晶阿托伐他汀可以无水形式以及水合物形式存在。通常，水合形式与非水合形式是等价的，包括在本发明的范围内。I 型结晶阿托伐他汀含有约 1~8 摩尔水，优选 3 摩尔水”。

（3）说明书第 15 页第 20 行至第 16 页给出了制备 I 型结晶阿托伐他汀水合物的一般性方法，说明书第 19~20 页实施例 1 的方法 A 描述了以钠盐水溶液为原料，通过加入乙酸钙水溶液和 I 型结晶的晶种进行处理制备 I 型结晶的方法，方法 B 描述了以无定形和 I 型结晶阿托伐他汀混合物为原料制备 I 型结晶的方法。

从以上内容可知：

（1）专利权人仅声称对于阿托伐他汀而言，其水合形式与非水形式等价，亦即，水的存在不会影响到晶体的 XPRD，却没有提供任何证据证明这一点。如以上争议点 1 中所述，对于某种物质来说，其水合物中的水到底会不会占位，水的存在或者含水量的多少是否会影响其 XPRD，在本领域中并没有统一的教导。也就是说，本领域技术人员根据其常识无法预期到阿托伐他汀到底属于“水不占位，不影响晶体的 XPRD”的物质，还是属于“水会占位，会影响晶体的 XPRD”的物质。在此情况下，说明书中应当提供充分的证据证明对于含有不同摩尔数水的阿托伐他汀水合物来说其是否具有相同的 XPRD。在说明书中仅有声称性的结论，没有提供相应的证据的情况下，本领域技术人员无法确信含 1~8 摩尔水的阿托伐他汀水合物都具有相同的 XPRD。

（2）权利要求 1~3 保护的结晶产品是通过其组成（阿托伐他汀，水含量）和微观结构（XPRD 或^{13}C NMR）共同定义的，水含量是其产品组成中必不可少的一部分，但是，说明书中仅声称其水含量为 1~8 摩尔，优选 3 摩尔，但没有提供任何定性或定量的数据证明其得到的 I 型结晶阿托伐他汀水合物中确实包含 1~8 摩尔（优选 3 摩尔）水，即使是最具体的实施例 1 也没有对其产品中的水含量进行测定；而且，从其制备方法的步骤，以及用于表征产品晶型的 XPRD 和^{13}C NMR 数据及谱图中也无法确切地推知其产品中必然含有水，更无法推知其中的水含量为 1~8 摩尔（或 3 摩尔水）。因此，本领域技术人员根据说明书公开的内容无法确认权利要求中保护的产品。

（3）就含 1~8 摩尔水的 I 型结晶阿托伐他汀水合物的制备而言，说明书公开了其一般性的制备方法，即，包括步骤（a），用钙盐处理［R-（R*，R*）］-2-（4-氟苯基）-β，δ-二羟基-5-（1-甲基乙基）-3-苯基-4-［（苯氨基）羰基］-1H-吡咯-1-庚酸的碱性盐水溶液；步骤（b），分离 I 型结晶阿托伐他汀水合物。然而，比较本专利实施例 1 的方法 A 和实施例 3 可见，二者均包含步骤（a）和（b），但是前者得到 I 型结晶，而后者却得到 IV 型结晶，因此，仅由该一般性方法无法确切地得到含 1~8 摩尔水的 I 型结晶阿托伐他汀水合物。说明书第 16 页对所述一般性方法进行了细化，并在实施例 1 的方法 A 中给出了具体的方案，但是，由于实施例 1 中仅声称其得到了 I 型阿托伐他汀，未检测其产品的水含量，因此，由该实施例 1 无法确信所述方法是否必然会得到含 1~8 摩尔水的 I 型结晶阿托伐他汀水合物。因此，本领域技术人员无论是根据说明书给出的一般性方法，还是根据具体实施例，均无法确信如何才能受控地制备得到本专利保护的含 1~8 摩尔水（优选 3 摩尔水）的 I 型结晶阿托伐他汀水合物。

综上，合议组认为，说明书对权利要求 1~3 中保护的结晶产品的公开未充分到本领域技术人员能够实现的程度，不符合专利法第 26 条第 3 款的规定。在此基础上，保护包含权利要求 1~3 所述含 1~8 摩尔水的 I 型结晶阿托伐他汀水合物的药物组合物的权利要求 4~9、保护权利要求 1~3 所述含 1~8 摩尔水的 I 型结晶阿托伐他汀水合物的制备方法的权利要求 10~24 也不符合专利法第 26 条第 3 款的规定。

在 4W02166 一案中，专利权人认为，根据通常的理解，实施例是优选实施方案，因此，实施例 1 的方法 A 中得到的产品水含量为 3 摩尔。对此，合议组认为，尽管实施例通常是发明的优选实施方案，但本案中专利权人主张实施例 1 的方法 A 得到含 3 摩尔水的 I 型结晶阿托伐他汀水合物缺少事实依据。

基于以上已经得出本专利说明书未充分公开所有权利要求的技术方案，不符合专利法第 26 条第 3 款的结论，合议组对请求人 I、II 和 III 的其他无效理由和证据不再予以评述。另外，对于专利权人的与专利法第 26 条第 3 款无关的答辩理由及所用的证据，合议组也不再予以评述。

基于以上事实和理由，本案合议组作出如下审查决定。

三、决定

宣告 96195564.3 号发明专利权全部无效。

当事人对本决定不服的，可以根据专利法第 46 条第 2 款的规定，自收到本决定之日起三个月内向北京市第一中级人民法院起诉。根据该款的规定，一方当事人起诉后，另一方当事人应当作为第三人参加诉讼。

北京市第一中级人民法院
行政判决书

（2009）一中知行初字第 2710 号

原告沃尔尼·朗伯有限责任公司（WARNER-LAMBERTCOMPANY LLC），住所地美利坚合众国纽约州纽约东 42 街 235 号（ST，New York，NY 10017，U. S. A.）。

法定代表人皮特·C. 理查森（Peter C. Richardson），副总裁。

委托代理人陈昕，男，1971 年 3 月 15 日出生，中国国际贸易促进委员会专利商标事务所专利代理人，住北京市西城区复兴门外大街一号。

委托代理人袁志明，男，1966 年 11 月 12 日出生，中国国际贸易促进委员会专利商标事务所专利代理人，住北京市海淀区太平路 27 号 29 楼丙门 101 号。

被告中华人民共和国国家知识产权局专利复审委员会，住所地中华人民共和国北京市海淀区北四环西路 9 号银谷大厦 10~12 层。

法定代表人张茂于，副主任。

委托代理人任晓兰，中华人民共和国国家知识产权局专利复审委员会审查员。

委托代理人郭鹏鹏，中华人民共和国国家知识产权局专利复审委员会审查员。

第三人北京嘉林药业股份有限公司，住所地北京市朝阳区东直门外大街大山子酒仙桥路 2 号。

法定代表人张湧，董事长。

委托代理人黄泽雄，男，北京邦信阳专利商标代理有限公司专利代理人。

委托代理人刘东方，男，北京邦信阳专利商标代理有限公司专利代理人。

第三人张楚，男，1956 年 9 月 3 日出生，汉族，中国政法大学教授。

委托代理人褚立丽，女，1985 年 10 月 4 日出生，中国政法大学学生。

委托代理人施晓雪，女，1984 年 1 月 14 日出生，中国政法大学学生。

原告沃尔尼·朗伯有限责任公司（简称沃尔尼·朗伯公司）不服被告中华人民共和国国家知识产权局专利复审委员会（简称专利复审委员会）作出的第 13582 号无效宣告请求审查决定（简称第 13582 号决定），于法定期限内向本院提起诉讼。本院于 2009 年 11 月 9 日受理本案后，依法组成合议庭，并依法通知北京嘉林药业股份有限公司（简称嘉林公司）、张楚作为第三人参加诉讼，于 2010 年 1 月 21 日公开开庭进行了审理。原告沃尔尼·朗伯公司的委托代理人陈昕、袁志明，被告专利复审委员会的委托代理人任晓兰、郭鹏鹏，第三人嘉林公司的委托代理人黄泽雄、刘东方，张楚的委托代理人褚立丽、施晓雪到庭参加诉讼。本案现已审理终结。

专利复审委员会 2009 年 6 月 17 日作出的第 13582 号决定是针对嘉林公司对沃尔尼·朗伯公司享有的 96195564.3 号名称为“结晶-2-（4-氟苯基）-β，δ-二羟基-5-（1-甲基乙基）-3-苯基-4-［（苯氨基）羟基］-1H-吡咯-1-庚酸半钙盐”的发明专利（简称本专利）所提出的无效宣告请求作出的。

专利复审委员会根据嘉林公司提出的无效请求理由，其中包括认为本专利说明书不符合《中华人民共和国专利法》（简称《专利法》）第二十六条第三款的规定，以及沃尔尼·朗伯公司针对这一请求提出的抗辩及反证作出审查，其中认定如下：

《专利法》第二十六条第三款规定：说明书应当对发明作出清楚、完整的说明，以所属技术领域的技术人员能够实现为准。对于化学产品发明而言，本领域技术人员能够实现是指，本领域技术人员根据说明书中公开的内容就能够确认并制备得到所述化学产品，同时能实现其一种或多种用途和/或达到相应的使用效果。具体而言，当所述化学产品为化合物晶体时，一方面，说明书中不仅应当说明所述化合物晶体的物质组成和晶体结构，而且应当记载能够证明所述晶体的物质组成和微观结构的相应的物理化学参数（如定性或定量数据和谱图）；另一方面，说明书中还应当记载所述化合物晶体的至少一种制备方法，使本领域技术人员能够实施。反之，若本领域技术人员根据说明书公开的制备方法不能确认所述化合物晶体的物质组成或者微观结构，或者依据说明书公开的制备方法不能确信是否能够得到所述化合物晶体，则说明书对于所述化合物晶体的公开未达到本领域技术人员能够实现的程度。

就本案而言，权利要求 1~3 要求保护一种含 1~8 摩尔水的Ⅰ型结晶阿托伐他汀水合物，其通过两种表征方式对所述结晶水合物进行了定义：（1）组成，即，含 1~8 摩尔（或 3 摩尔）水的阿托伐他汀水合物；（2）表征其微观结构的 XPRD 和 数据。嘉林公司认为，说明书中未充分公开本专利权利要求中含 1~8 摩尔水的Ⅰ型结晶阿托伐他汀水合物。理由在于：①权利要求保护含 1~8 摩尔水的Ⅰ型结晶阿托伐他汀水合物，其中包括 8 种Ⅰ型结晶，但说明书没有验证这 8 种Ⅰ型结晶水合物具有相同的 XPRD 和 数据；②无论基于说明书的一般性公开还是基于实施例公开，本领域技术人员都难以制备得到含有 1~8 摩尔水的Ⅰ型结晶阿托伐他汀水合物。对此，沃尔尼·朗伯公司认为，说明书公开了本专利含 1~8 摩尔水的Ⅰ型结晶阿托伐他汀水合物的结构及其解析数据，也公开了其制备方法、制备实施例及其有益效果。反证 9，1982 年的公开出版物证明，水合物晶体中的水可以以结晶水的形式存在，也可以不以结晶水的形式存在。反证 14 的专家证言证明本专利属于后者，因此，本专利符合《专利法》第二十六条第三款的规定。

我委认为，双方当事人主要争议点在于，（1）含有不同摩尔水的同一化合物的水合物，其 XPRD 和 是否相同；（2）根据本专利说明书公开的内容是否能够确认并制备得到所述含 1~8 摩尔水的Ⅰ型结晶阿托伐他汀水合物。此乃判断说明书相对于权利要求中所保护的产品的公开是否符合《专利法》第二十六条第三款规定的关键。关于（1），针对这一点，嘉林公司认为，含有不同结晶水的结晶水合物必然具有不同的 XPRD，而沃尔尼·朗伯公司以反证 9 为据，主张水合物中，水可以以也可以不以结晶水形式存在。我委查明，反证 9 中译文第 1~3 行公开了以下内容："与咖啡因、茶叶碱和巯基嘌呤的行为不同，溶剂化与非溶剂化的晶体形式的头孢来星（15）和头孢氨苄（16）的 X 射线粉末衍射图几乎是完全相同的（Pfeiffer 等人，1970 年）"。也就是说，反证 9 证实，对于头孢来星、头孢氨苄而言，溶剂化与非溶剂化的晶体会具有几乎完全相同的 XPRD，但对于咖啡因、茶叶碱和巯基嘌呤来说并非如此。由此可见，一方面，本领域中，并非所有物质的水合物中的水都会在晶胞中占位而产生不同的 XPRD；另一方面，对于某种物质来说，其水合物中的水到底会不会占位，水的存在或者含水量的多少是否会影响其 XPRD，在本领域中并没有统一的教导。关于（2），我委查明，对于本专利保护的 1~8 摩尔水的Ⅰ型结晶阿托伐他汀水合物，说明书公开了如下相关内容：说明书第 2 页最后一段至第 4 页第 8 行、第 9 页表 1、第 12 页表 4 公开了Ⅰ型结晶阿托伐他汀水合物 XPRD 和数据。说明书第 15 页第 15~19 行提到："本专利的Ⅰ型结晶阿托伐他汀可以以无水形式以及水合物形式存在。通常，水合物与非水合物形式是等价的，包括在本专利的范围内。Ⅰ型结晶阿托伐他汀含有约 1~8 摩尔水，优选 3 摩尔水"。说明书第 15 页第 20 行至第 16 页给出了制备Ⅰ型结晶阿托伐他汀水合物的一般性方法，说明书第 19~20 页实施例 1 的方法 A 描述了以钠盐水溶液为原料，通过加入乙酸钙水溶液和Ⅰ型结晶的晶种进行处理制备Ⅰ型结晶的方法。方法 B 描述了以无定形溶液和Ⅰ型结晶阿托伐他汀混合物为原料制备Ⅰ型结晶的方法。以上可知，（1）沃尔尼·朗伯公司关于阿托伐他汀水合形式与非水合形式等价问题仅限于其陈述。也即，其主张了水的存在不会影响到晶体的 XPRD，却没有提供任何证据加以证明。根据前述查明情况，对于某种物质来说，其水合物的水到底会不会占位。水的存在或者含水量的多寡是否会影响其 XPRD，在本领域中没有统一教导。本领域技术人员根据其常识无法预期到阿托伐他汀到底属于“水不占位，不影响晶体的 XPRD”的物质，还是属于“水会占位，会影响晶体的 XPRD”的物质。在此情况下，说明书中应当提供充分的证据证明对于含有不同摩尔数水的阿托伐他汀水合物来说明其是否具有相同的 XPRD。在说明书中仅有声称型的结论，没有相应证据的情况下，本领域技术人员无法确信含 1~8 摩尔水的阿托伐他汀水合物具有相同的 XPRD。(2) 权利要求 1~3 保护的结晶产品是通过其组成（阿托伐他汀，水含量）和微观结构（XPRD 和）共同定义的，水含量是其产品组成中必不可少的一部分，但是，说明书中仅声称其水含量为 1~8 摩尔，优选 3 摩尔，但没有提供任何定性或定量的数据证明其得到的Ⅰ型结晶阿托伐他汀水合物中确实包含 1~8 摩尔（优选 3 摩尔）水，即使是最具体的实施例 1 也没有对产品中的水含量进行测定；而且，从其制备方法的步骤，以及用于表征产品晶型的 XPRD 和数据及谱图中也无法确切地推知其产品中必然含有水，更无法推知其中的水含量为 1~8 摩尔（或 3 摩尔）。因此，本领域技术人员根据说明书公开的内容无法确认权利要求中保护的产品。(3) 就含 1~8 摩尔水的阿托伐他汀水合物的制备而言，说明书公开了其一般性的制备方法，即，包括步骤（a），用钙盐处理结晶-2-（4-氟苯基）-β，δ-二羟基-5-（1-甲基乙基）-3-苯基-4-［苯氨基羟基］-1H-吡咯-1-庚酸的碱性水溶液；步骤（b），分离Ⅰ型结晶阿托伐他汀水合物。然而，比较本专利实施例 1 的方法 A 和实施例 3 可见，二者均包含步骤（a）和（b），但是，前者得到含有 1~8 摩尔水的Ⅰ型结晶，而后者却得到Ⅳ型结晶，因此，仅由该一般方法无法确切地得到含 1~8 摩尔水的阿托伐他汀水合物。说明书第 16 页对所述一般性方法进行了细化，并在实施例 1 的方法 A 中给出了具体的方案，但是，由于实施例 1 中仅声称其得到了Ⅰ型结晶阿托伐他汀，未检测其产品的水含量，因此，由该实施例 1 无法确信所述方法是否必然会得到含 1~8 摩尔水的阿托伐他汀水合物。因此，本领域技术人员无论是根据说明书给出的一般性方法，还是根据具体实施例，均无法确信如何才能受控地制备得到本专利保护的含 1~8 摩尔水（优选 3 摩尔）的Ⅰ型结晶阿托伐他汀水合物。综上，我委认为，说明书对权利要求 1~3 中保护的结晶产品的公开，未充分达到本领域技术人员能够实现的程度，不符合《专利法》第二十六条第三款的规定。在此基础上，保护包含权利要求 1~3 所含 1~8 摩尔水的Ⅰ型结晶阿托伐他汀水合物的药物组合物的权利要求 4~9、保护权利要求 1~3 所述含 1~8 摩尔水的Ⅰ型结晶阿托伐他汀水合物的制备方法的权利要求 10~24 也不符合《专利法》第二十六条第三款的规定。

沃尔尼·朗伯公司曾认为通常实施例是优选实施方案，因此，实施例 1 的方法 A 中得到的产品水含量应为 3 摩尔。对此，我委认为此仍为沃尔尼·朗伯公司缺少证据证明的主张。

综上决定：宣告 96195564.3 号发明专利权全部无效。

原告沃尔尼·朗伯公司不服该决定，向本院起诉称：

(1) 关于程序错误。

专利复审委员会于 2008 年 1 月 30 日，对 4W01774 案和 4W01891 案合并审理，并当庭宣布无效宣告请求审查决定将书面送达当事人双方。但后我公司一直未收到其决定书，也未得到其任何解释。其审查期间过长不符合《专利法》第四十六条第一款有关“及时”裁决的法律规定。嘉林公司没有参加 2008 年 10 月 13 日的口头审理即作出审查决定，程序违法。

第 13582 号决定违反“一事不再理”原则，就嘉林公司和张楚重复提出的事实进行重复审理，属于程序错误。

在证据方面，专利复审委员会对证据 12 未予采信是错误的，证据 12 属于合法的公开出版物，应当允许作为证据使用。反证 14 为专家证词，专利复审委员会仅以证人未出庭作证为由不采信该证据是错误的。专利复审委员会不允许我公司补充证据，违背听证原则，错误作出审查决定。

（2）关于实体，专利复审委员会所作的如下事实认定是错误的：

①第 13582 号决定认定说明书中仅有声称性的结论，没有相应的证据，本领域技术人员无法确信含 1~8 摩尔水的Ⅰ型结晶阿托伐他汀水合物都具有 XPRD。我公司认为本领域技术人员能够理解本专利含 1~8 摩尔水的阿托伐他汀水合物均具有权利要求 1 中所限定的“XPRD 特征峰”。而不是第 13582 号决定中所述的具有相同的“XPRD”。本领域技术人员根据说明书中公开的“XPRD 特征峰数据及典型的 XPRD 谱图”，即能够鉴别本专利含 1~8 摩尔水的Ⅰ型结晶阿托伐他汀水合物。第 13582 号决定中已经指出某些物质的溶剂化晶体和非溶剂化晶体具有几乎完全相同的 XPRD。因此，所述技术领域技术人员可以合理地想到本专利的含 1~8 摩尔水的Ⅰ型结晶阿托伐他汀水合物也属于这类水合物，其中水含量变化不影响权利要求 1 中所限定的 XPRD 特征峰（位置）。该事实通过我公司提供的反证 9 和 14 得以证明。没有证据证明水合物中的水含量在 1~8 摩尔水的变化会影响其 XPRD 特征峰，专利复审委员会由此认定水合物中的水含量会影响权利要求中所限定的 XPRD 特征峰，这是毫无根据的。

此外本领域的相关理论也可以证明我公司的主张，三维晶格是组成结晶固体的最小单位，它决定了 XPRD 图中所观察到的衍射峰位置（2θ），以及其相对强度。根据本专利权利要求 1 所限定的 2θ 峰位置，只有具有相同的Ⅰ型结晶阿托伐他汀三维晶格晶体才能重现所述 XPRD 特征峰。因此，权利要求 1 中所限定的具有特定强度的 XPRD 特征峰是含 1~8 摩尔水的Ⅰ型结晶阿托伐他汀水合物独有的特征。反证 14 也证明虽然Ⅰ型结晶阿托伐他汀水合物所含的水的摩尔数发生变化，但都具有 XPRD 特征峰，因此它的晶体没有变化。

②第 13582 号决定认定“所属领域技术人员根据说明书公开的内容无法确认权利要求中保护的产品”的事实没有依据。我公司则认为相反能够很容易地确认权利要求中保护的产品。本专利说明书公开了本专利含有 1~8 摩尔水的Ⅰ型结晶阿托伐他汀水合物的结构组成和用于确认该结构的特征参数，即它们所特有的 XPRD 特征峰和特征峰及其获得这些特征参数的方法。此外说明书还公开了本专利Ⅰ型结晶阿托伐他汀水合物的典型 XPRD 图，即附图 1。因此，所属领域技术人员根据说明书中公开的这些内容完全可以通过重复实验，进行简单对比，不需创造性劳动就能够确认本专利Ⅰ型结晶阿托伐他汀水合物。虽然本专利说明书中没有公开本专利Ⅰ型结晶阿托伐他汀水合物中水摩尔数测定，但所属领域技术人员根据其所掌握的现有技术常识就可以轻易确定其中的水摩尔数。因此，第 13582 号决定作出上述认定是错误的。

③第 13582 号决定认定“所属领域技术人员无论根据说明书给出的一般性方法，还是根据具体实施例，均无法确信如何才能受控地制备得到本专利保护的含 1~8 摩尔水（优选 3 摩尔）的Ⅰ型结晶阿托伐他汀水合物”的事实没有依据。关于制备，本专利中清楚地公开了多种用于制备含 1~8 摩尔水的Ⅰ型结晶阿托伐他汀水合物的方法（例如，说明书第 15~16 页）。同时还公开了一个制备本专利的实施例 1 方法 A，并在该实施例中首先得到了含 3 摩尔水的Ⅰ型结晶阿托伐他汀。虽然在所述实施例中没有公开所得Ⅰ型结晶阿托伐他汀水合物中水含量摩尔数测定结果，但所述领域技术人员根据本专利说明书记载的内容和本专利的审查历史，可以理解该实施例得到的是含 3 摩尔水的Ⅰ型结晶阿托伐他汀。本专利说明书清楚记载了“Ⅰ型结晶阿托伐他汀含有约 1 至 8 摩尔水。优选的是，Ⅰ型结晶阿托伐他汀含有 3 摩尔水”。2001 年 7 月 13 日提交的在对第一次审查意见通知书的意见陈述书中，我公司表明“本申请实施例 1 制备的也是Ⅰ型结晶的三水化合物”。因此，专利复审委员会认为从说明书实施例 1 方法 A 得到含 3 摩尔水的Ⅰ型结晶阿托伐他汀水合物缺少事实依据是没有道理的。专利复审委员会对实施例 1、3 的理解错误，正是因为实施例 3 中首先重复了步骤（a）和（b），才可以理解制备得到的是与实施例 1 相同方法所得到的Ⅰ型结晶，随后将这一Ⅰ型结晶在甲醇中进行晶型转变，获得了Ⅳ型结晶。因此，第 13582 号决定仅凭实施例 1 中未检测其产品水含量，就作出上述认定

是错误的。

（3）适用法律错误。

前述事实可以证明本专利符合专利法第二十六条第三款之规定构成，而专利复审委员会却认定不符合该法律规定，错误地适用了法律。本领域技术人员按照说明书记载内容，无须付出创造性劳动就能够制备得到确认和使用所述化学产品，并且产生预期的技术效果，说明书充分公开了所述技术方案。

综上，本专利符合《专利法》第二十二条第三款所规定的创造性，请求撤销专利复审委员会作出的第13582号决定。

被告专利复审委员会的答辩称：关于证据，我委坚持沃尔尼·朗伯公司提交的反证12不符合证据完整性要件，不能作为证据使用，且反证12用以证明晶体水合物的水有两种形式，一种是结晶水，水的流失会影响晶体的XPRD，一种是通道水，其部分流失不会影响晶体的XPRD，而这一点我委已予肯定。反证14未予采信，其原因不仅是证人未出庭佐证，而且还在于沃尔尼·朗伯公司要以该证据证明的问题仍未得到其他证据佐证，即药物水合物中存在通道水的问题已得以证明，但Ⅰ型结晶阿托伐他汀属于这种水合物没有进一步得到证据的佐证。关于沃尔尼·朗伯公司提出我委存在迟延裁决，及违反“一事不二理”的案件受理原则问题，以及存在法律适用错误问题，我委坚持没有违背审查程序，错误适用法律的意见。关于实体事实认定，药物水合物晶体中，水可能有两种存在形式：①晶格水，水的流失会影响晶体XPRD；②通道水，一定量的水的流失不会影响晶体的XPRD。实际中，哪一种水合物属于上述哪一种形式，本领域未给出统一教导。在事实认定方面，①由于水的存在形式属于晶体结构的一部分，因此，说明书中应当提供充分证据证明Ⅰ型结晶阿托伐他汀属于通道水类型的晶体水合物，其声称是通道型水合物，应由其举证证明，而不应要求无效请求方来证明。②水含量是其产品组成部分，基于说明书没有关于定性和定量说明，用以说明其得到的Ⅰ型结晶阿托伐他汀中确实含有1~8摩尔水，因此，本领域技术人员仅根据说明书所公开的内容无法确认权利要求中所要求保护的产品。③就制备方法而言，首先，不能确认说明书实施例1中得到的产品就是含3摩尔水的Ⅰ型结晶阿托伐他汀。其次，如第13582号决定第25~26页所述，从一般制备方法和实施例中均无法确认所得到的产品为1~8摩尔水的Ⅰ型结晶阿托伐他汀水合物。综上，该决定认定事实清楚、适用法律正确、程序合法，请求驳回原告的诉讼请求，维持第13582号决定。

第三人嘉林公司答辩称，同意第13582号决定，认为专利复审委员会的决定正确，应予维持。理由是：对于化学产品发明，本领域技术人员应能够实现根据说明书所公开的内容确认并制备得到所述的化学产品，同时能实现其一种或多种用途或达到使用效果。当所述化学产品为晶体时，一方面，说明书中不仅应当说明所述化合物晶体的物质组成和晶体结构，而且一定记载能够证明所述晶体的物质组成和微观结构的相应的物理化学参数（如定性或定量数据和谱图）；另一方面，说明书中还应当记载所述化合物晶体的至少一种制备方法，使本领域技术人员能够实施。如果本领域技术人员根据说明书所公开的内容不能确认上述化合物晶体的物质组成或者微观结构，或者根据说明书所公开的制备方法不能缺席是否得到所述化合物晶体，则说明书对于所述化合物晶体的公开未达到本领域技术人员能够实现的程度。沃尔尼·朗伯公司称第13582号决定认定“所述技术领域的技术人员无法确信含1~8摩尔水的阿托伐他汀水合物都具有相同的XPRD”没有事实依据。是其理解有误，该决定含义即，“所述技术领域技术人员无法确信，含1~8摩尔水的阿托伐他汀水合物都同样具有如权利要求1所给出的XPRD”。因此，专利复审委员会的认定结论成立。总之，沃尔尼·朗伯公司没有提供任何证据证明Ⅰ型结晶阿托伐他汀水合物可能有8种不同的结晶水含量，而且它们都具有如权利要求1中所给定的XPRD特征。另外，沃尔尼·朗伯公司起诉称本领域技术人员采用“费休氏水测定法”，可以测量含1~8摩尔水的Ⅰ型结晶阿托伐他汀水合物中的结晶水含量，这种主张也是错误的，用该方法测定的是“总含量水”，包括结晶水和多种形式的非结晶水；而本专利中所要测定的是与化合物分子结合的比较稳定的结晶水。其采用总含水量无法代替结晶水量。关于根据实施例 1 不能确信得到的是 3 摩尔水Ⅰ型结晶阿托伐他汀水合物意见与专利复审委员会相同。对沃尔尼·朗伯公司有关程序错误的意见也同于专利复审委员会。综上，请求法院维持第 13582 号决定。

第三人张楚同意第 13582 号决定，未提交书面答辩。

经审理查明：

1996 年 7 月 8 日，原告沃尔尼·朗伯公司申请了名称为“结晶-2-（4-氟苯基）-β，δ-二羟基-5-（1-甲基乙基）-3-苯基-4-［（苯氨基）羟基］-1H-吡咯-1-庚酸半钙盐”发明专利（即本专利），2002 年 7 月 10 日获得授权，专利号为 96195564.3，本专利优先权日为 1995 年 7 月 17 日。

本专利权利要求①含 1~8 摩尔水的Ⅰ型结晶阿托伐他汀水合物，其特征在于，有以下研磨 2 分钟后测量的根据 2θ、d-面间距和大于 20% 的相对强度表示的 X-射线粉末衍射图，使用 Cukα 射线测量。②权利要求 1 的Ⅰ型结晶阿托伐他汀水合物，其特征在于，有以下固态核磁共振谱，其中化学位移以 ppm 表示。③根据权利要求 1 的Ⅰ型结晶阿托伐他汀水合物，其中Ⅰ型结晶阿托伐他汀水合物为三水合物。④一种片剂形式的药物组合物，它含有与至少一种药物上可以接受的赋形剂、释放剂或载体混合的权利要求 1~3 任一要求的Ⅰ型结晶阿托伐他汀水合物。⑤一种胶囊形式的药物组合物，它含有与至少一种药物上可以接受的赋形剂、释放剂或载体混合的权利要求 1~3 任一要求的Ⅰ型结晶阿托伐他汀水合物。⑥一种粉剂形式的药物组合物，它含有与至少一种药物上可以接受的赋形剂、释放剂或载体混合的权利要求 1~3 任一要求的Ⅰ型结晶阿托伐他汀水合物。⑦一种锭剂形式的药物组合物，它含有与至少一种药物上可以接受的赋形剂、释放剂或载体混合的权利要求 1~3 任一要求的Ⅰ型结晶阿托伐他汀水合物。⑧一种栓剂形式的药物组合物，它含有与至少一种药物上可以接受的赋形剂、释放剂或载体混合的权利要求 1~3 任一要求的Ⅰ型结晶阿托伐他汀水合物。⑨一种滞留灌肠剂形式的药物组合物，它含有与至少一种药物上可以接受的赋形剂、释放剂或载体混合的权利要求 1~3 任一要求的Ⅰ型结晶阿托伐他汀水合物。⑩一种制备含 1~8 摩尔水的Ⅰ型结晶阿托伐他汀水合物的方法，该法包括：步骤（a）用钙盐处理-2-（4-氟苯基）-β，δ-二羟基-5-（1-甲基乙基）-3-苯基-4-［（苯氨基）羟基］-1H-吡咯-1-庚酸的碱性盐水溶液；以及步骤（b）分离Ⅰ型结晶阿托伐他汀水合物。⑪根据权利要求 10 的方法，其中步骤（a）将Ⅰ型结晶阿托伐他汀的晶种在用钙盐处理-2-（4-氟苯基）-β，δ-二羟基-5-（1-甲基乙基）-3-苯基-4-［（苯氨基）羟基］-1H-吡咯-1-庚酸的碱性盐水溶液过程中或过程后加入。⑫根据权利要求 10 的方法，其中步骤（a）水溶液含有羟基共溶剂和甲基叔丁基醚。⑬根据权利要求 12 的方法，其中步骤（a）羟基共溶剂为甲醇。⑭根据权利要求 10 的方法，其中步骤（a）钙盐为乙酸钙。⑮根据权利要求 10 的方法，其中步骤（b）Ⅰ型结晶阿托伐他汀水合物进一步干燥。⑯根据权利要求 15 的方法，其中步骤（b）Ⅰ型结晶阿托伐他汀水合物在减压下进一步干燥。⑰根据权利要求 10 的方法，其中步骤（a）碱性盐选自金属盐、铵盐和胺盐。⑱根据权利要求 17 的方法，其中步骤（a）碱性盐为钠盐。⑲根据权利要求 10 的方法，其中使用 2 摩尔碱性盐比 1 摩尔钙盐。⑳一种制备 1~8 摩尔水的Ⅰ型结晶阿托伐他汀水合物的方法，该法包括：步骤（a）将无定形阿托伐他汀和Ⅰ型结晶阿托伐他汀的混合物悬浮液在含有共溶剂的水中；以及步骤（b）分离Ⅰ型结晶阿托伐他汀水合物。㉑根据权利要求 20 的方法，其中步骤（a）共溶剂选自甲醇、乙醇、2-丙醇和丙酮。㉒根据权利要求 21 的方法，其中步骤（a）共溶剂甲醇。㉓根据权利要求 20 的方法，其中步骤（b）Ⅰ型结晶阿托伐他汀水合物进一步干燥。㉔根据权利要求 20 的方法，其中步骤（b）Ⅰ型结晶阿托伐他汀水合在减压下进一步干燥。

本专利说明书第 15 页载明：“本发明的Ⅰ型、Ⅱ型、Ⅳ型结晶阿托伐他汀可以无水形式以及水合形式存在。通常，水合形式与非水合形式是等价的，包括在本发明的范围内。Ⅰ型结晶阿托伐他汀含有约1至8摩尔水。优选的是，Ⅰ型结晶阿托伐他汀含有3摩尔水。”“本发明提供了制备Ⅰ型结晶阿托伐他汀水合物的方法，该方法包括一种制备Ⅰ型结晶阿托伐他汀水合物的方法，该法包括：步骤（a），用钙盐处理结晶-2-（4-氟苯基）-β，δ-二羟基-5-（1-甲基乙基-3-苯基-4-［苯氨基羟基］-1H-吡咯-1-庚酸的碱性水溶液；步骤（b），分离Ⅰ型结晶阿托伐他汀水合物。”

本专利说明书第17页载明：“例如，当原料为Ⅰ型结晶阿托伐他汀时，可通过将固体溶于甲醇中，随后使Ⅳ型结晶沉淀来得到所需的Ⅳ型结晶阿托伐他汀。”

本专利说明书第19页至20页载明：“实施例1，-2-（4-氟苯基）-β，δ-二羟基-5-（1-甲基乙基）-3-苯基-4-［（苯氨基）羟基］-1H-吡咯-1-庚酸半钙盐（Ⅰ型阿托伐他汀）。方法A，在48-58℃下，将（2R-反）-5-（4-氟苯基）-2-（甲基乙基）-N，4-二苯基-1-［2-（四氢-4-羟基-6-氧代-2H-吡喃-2-基）乙基］-1H-吡咯-3-羧酰胺（阿托伐他汀内脂）（US 5273995）（75公斤）、甲基叔丁基醚（MTBE）（308公斤）和甲醇（190升）的混合物与氢氧化钠水溶液（5.72公斤氢氧化钠在950升水中）反应40~60分钟，生成开环的钠盐。冷却到25~35℃后，废弃有机层，用MTBE（230公斤）再次萃取水层。废弃有机层，并将MTBE饱和的钠盐水溶液加热到47~52℃。将乙酸钙半水合物（11.94公斤）溶于水（410升）的溶液在至少30分钟内加到该溶液中，在加入乙酸钙溶液后不久，用Ⅰ型结晶阿托伐他汀的浆液（1.1公斤阿托伐他汀在11升水和5升甲醇中）给混合物加晶种。然后将混合物在51~57℃下加热至少10分钟，再冷却到15~40℃。过滤混合物，用水（300升）和甲醇（150升）的溶液，然后用水（450升）洗涤。将固体在60~70℃、真空下干燥3~4天，得到Ⅰ型结晶阿托伐他汀（72.2公斤）。方法B，将无定形阿托伐他汀（9克）和Ⅰ型结晶阿托伐他汀（1克）在约40℃下，在水（170毫升）和甲醇（30毫升）的混合物中搅拌17小时。过滤混合物，用水洗涤，在70℃、减压下干燥，得到Ⅰ型结晶阿托伐他汀（9.7克）。”

本专利说明书第20页至第21页载明：“实施例3，-2-（4-氟苯基）-β，δ-二羟基-5-（1-甲基乙基）-3-苯基-4-［（苯氨基）羰基］-1 H-吡咯-1-庚酸半钙盐（Ⅳ型阿托伐他汀）在50~55℃下，将（2R-反）-5-（4-氟苯基）-2-（1-甲基乙基）-N，4-二苯基-1-［2-（四氢-4-羟基-6-氧代-2H-吡喃-2-基）乙基］-1H-吡咯-3-羧酰胺（阿托伐他汀内酯）（US5273995）（12公斤）、MTBE（50公斤）和甲醇（30升）的混合物与氢氧化钠水溶液（1.83公斤氢氧化钠于150升水中）反应30~45分钟，生成开环的钠盐。冷至20~25℃后，废弃有机层，并用MTBE（37公斤）再次萃取水层。废弃水层，并将钠盐的水溶液加热到70~80℃，并用蒸馏法除去残留的MTBE。然后将溶液冷至60~70℃。将乙酸钙半水合物（1.91公斤）溶于水/甲醇（72升水+16升甲醇）中的溶液加到该溶液中。在乙酸钙溶液加入后不久，用Ⅰ型结晶阿托伐他汀（180克）给混合物加晶种。将混合物在65~75℃下加热至少5分钟，然后冷至50~55℃。过滤混合物，并在55~65℃下浆化在甲醇（约200升）中，然后冷至25~30℃并过滤。将固体在66~70℃、真空下干燥，得到Ⅳ型结晶阿托伐他汀（分离出约3公斤）。”

嘉林公司作为无效请求人之一，就本专利权效力向专利复审委员会提起无效请求，其中包括如下理由：①本专利权利要求保护含1~8摩尔水的Ⅰ型结晶阿托伐他汀水合物，其中包括8种Ⅰ型结晶，但是说明书没有验证这8种Ⅰ型结晶阿托伐他汀水合物具有相同的XPRD和；②无论基于说明书的一般性公开还是基于实施例的公开，本领域技术人员都难以制备得到含1~8摩尔水的Ⅰ型结晶阿托伐他汀水合物。

为反驳嘉林公司的上述主张，沃尔尼·朗伯公司提出反证，其中包括反证12，源自美国的名为《Polymorphism inPharmaceutical Solids》出版物中的节选；反证14，StephenR. Byrn的证言。但上述两证据均未被专利复审委员会采纳，其对反证 12 不予采纳的理由是，该证据属于域外证据，而沃尔尼·朗伯公司交给我委时，该证据处于未加整体固定状态，嘉林公司据此质疑其中被用于公证认证的节选文章来源不真实，我委认为，处于零散状态的证据，已不能体现证据来源的可靠性，况且其中节选文章又是复印件，不是原件，不能体现公证人在公证词中所证明的复印件确系源自出版物原件的真实性。为证明所作陈述情况属实，专利复审委员会提交了 2008 年 1 月 30 日的口头审理记录，并当庭出示了沃尔尼·朗伯公司提交给专利复审委员会的反证 12，前者载明：嘉林公司针对反证 12 表示，“反证 12 看不到出版商和日期，不认可其关联性，而且专利权人提交的公证文件是一个散页，不认可其真实性”。后者显示反证 12 系由节选文章（复印件）以及域外证据公证、认证手续（原件）所构成，认证词内容包括对原件与复印件一致性问题的确认，证据状态处于分散未予固定形式。专利复审委员会对反证 14 不予采纳的理由是，其一，该证据属于证人证言，证人应当到庭陈述而未到庭；其二，沃尔尼·朗伯公司提供该证词系用以证明：水量的变化不会影响到 XPRD；本专利的 I 型结晶阿托伐他汀属于这种管状/通道水合物，而该主张显然仅凭证词这一唯一证据是不能成立的，也是不被允许的。

在本院审理中，沃尔尼·朗伯公司同时还提出，其曾经就补强反证 13 问题，向专利复审委员会请求延长举证期限，准许其通过实验再行提交一份实验报告，但未得到准许，也未得到专利复审委员会在此的合理答复。专利复审委员会表示，沃尔尼·朗伯公司没有向我委提出过如其所述的延期举证请求，其两次请求延期举证的具体内容完全一样，我委考虑第一次已经予以准许，第二次属于其无新的理由，故未予准许。经本院核实，沃尔尼·朗伯公司认可其所提交的两次请求内容相同，且没有关于“请求提交实验报告”的明确意思表示，但仍坚持认为专利复审委员会应当准许其再次延期举证申请，而专利复审委员会未予准许本身系违反了听证原则。

沃尔尼·朗伯公司对于其起诉称专利复审委员会还存在裁决不及时、违反“一事不二理”案件受理原则、适用法律错误等程序错误，其明确表示予以放弃。

根据本专利说明书所示，该说明书全文中未记述有关本专利 I 型结晶阿托伐他汀是否含水，以及水含量测试结果等内容，沃尔尼·朗伯公司对此不持异议，同时沃尔尼·朗伯公司明确表示其认可第 13582 号决定中有关争议 1 的评述意见，但其认为不能据此认定本专利不符合《专利法》第二十六条第三款的规定，争议问题依然在于：

（1）本专利含有不同摩尔水的 I 型结晶阿托伐他汀水合物，其 XPRD 是否相同。

沃尔尼·朗伯公司认可对于某种物质来说，其水合物中的水到底会不会占位，水的存在或者含水量的多少是否会影响其 XPRD，在本领域中并没有统一的教导。沃尔尼·朗伯公司提出本专利说明书第 15 页载明，本专利的 I 型、Ⅱ型、Ⅳ型结晶阿托伐他汀可以无水形式以及水合形式存在。通常，水合形式与非水合形式是等价的。该记载表明本专利的结晶水不会影响晶体的 XPRD。专利复审委员会认为说明书该记载仅为声称，缺乏证据来证明该结论，因此本领域技术人员无法确信含 1~8 摩尔水的阿托伐他汀水合物具有相同的 XPRD。嘉林公司认为说明书中“通常，水合形式与非水合形式是等价的”缺乏证据的证明。嘉林公司及张楚均与专利复审委员会意见相同。

（2）根据本专利说明书公开的内容是否能够确认得到的 I 型结晶阿托伐他汀水合物中含有 1~8 摩尔水。

沃尔尼·朗伯公司认可说明书中未测定得到的 I 型结晶阿托伐他汀含有多少水，也认可通过说明书公开的图谱本身不能确定对应的化合物水的含量。但沃尔尼·朗伯公司提出，确认产品中含水的摩尔数是容易的。因为测定化合物含水的方法是本领域公知常识，例如费休氏水分测定法。专利复审委员会认为即使测定水分的方法本身是公知的，但由于其测定的样品是不确定的，因此其主张的公知常识理由与本案无关。嘉林公司认为费休氏水分测定法只能测定总水分含量并不能测定水合物中结晶水量，即无法通过该方法确定实施例 1 中得到的Ⅰ型结晶阿托伐他汀的含水量。

（3）根据本专利说明书公开的内容是否能够制备含有 1~8 摩尔水的Ⅰ型结晶阿托伐他汀水合物。

沃尔尼·朗伯公司提出：本专利说明书公开了一个制备本专利Ⅰ型结晶阿托伐他汀水合物的实施例，即实施例 1 方法 A。虽然实施例 1 方法 A 没有明确其所得到的产品中含有 3 摩尔水，但说明书第 15 页载明“Ⅰ型结晶阿托伐他汀含有约 1~8 摩尔水。优选的是，Ⅰ型结晶阿托伐他汀含有 3 摩尔水。”即优选方案为含有 3 摩尔水的Ⅰ型结晶阿托伐他汀，本专利为我公司 1996 年所申请，当时施行 1993 年版《中华人民共和国专利法实施细则》（简称《专利法实施细则》），《专利法实施细则》第十八条第一款第八项规定“详细描述申请人认为实现发明或者实用新型的最好方式，在适当的情况下，应当举例说明；有附图的，应当对照附图。”其中“应当举例说明”，属于强制性规范，由此推知本专利说明书中实施例 1 方法 A 系对应于说明书第 15 页记载的含 3 摩尔水的优选方案，也即是否含水，含几个水的方案已被实质性公开。专利复审委员会予以反对，其认为，首先，本案应适用 2001 版专利法实施细则。其次，“应当举例说明”一语并非强制性规范，而是倡导性规范，原因在于即使未按该规定书写说明书，其专利也不会因此被驳回，或被宣告无效。所以不存在实施例一定对应于优选方案的逻辑，也不能由此确定本专利说明书实施例 1 方法 A 中得到的产品就是优选方案中所称的含 3 摩尔水的产品。

沃尔尼·朗伯公司还提出：说明书第 17 页中已经明确说明“当原料为Ⅰ型结晶阿托伐他汀时，可通过将固体溶于甲醇中，随后使Ⅳ型结晶沉淀来制得所需的Ⅳ型结晶阿托伐他汀”。说明书的实施例 3 中，先通过与实施例 1 相同的方法获得了Ⅰ型结晶阿托伐他汀，随后用甲醇进行晶型转换，最后得到Ⅳ型结晶。因此被告第 13582 号决定中认定的“所属技术领域技术人员无论根据说明书给出的一般性方法，还是根据具体实施例，均无法确信如何才能受控地制备得到本专利保护的含 1~8 摩尔水（优选 3 摩尔）的Ⅰ型结晶阿托伐他汀水合物”的事实没有依据。专利复审委员会坚持第 13582 号决定的第 25 页最后一段至第 26 页第一段的意见。

上述事实有第 13582 号决定书、本专利权利要求书及说明书、嘉林公司提交给专利复审委员会的附件、沃尔尼·朗伯公司提交的反证、专利复审委员会口审记录、沃尔尼·朗伯公司延期举证申请，以及当事人陈述等证据在案佐证。

本院认为：

于 2008 年 12 月 27 日修改的《中华人民共和国专利法》（简称 2009 年《专利法》）已于 2009 年 10 月 1 日起施行，因此本案审理涉及 2001 年《专利法》与 2009 年《专利法》之间的选择适用问题。《中华人民共和国立法法》第 84 条规定，法律、行政法规、地方性法规、自治条例和单行条例、规章不溯及既往，但为了更好地保护公民、法人和其他组织的权利和利益而作的特别规定除外。国家知识产权局据此制定了《施行修改后的专利法的过渡办法》，并于 2009 年 10 月 1 日起施行。对于专利权是否有效的审查，根据该过渡办法，申请日在 2009 年 10 月 1 日前的专利申请以及根据该专利申请授予的专利权适用 2001 年专利法的规定；申请日在 2009 年 10 月 1 日以后（含该日）的专利申请以及根据该专利申请授予的专利权适用 2009 年专利法的规定。本案属于专利确权行政纠纷，本专利的申请日在 2009 年 10 月 1 日前，因此依据《中华人民共和国立法法》第 84 条之规定，并参照上述过渡办法的相关规定，本案应适用 2001 年专利法进行审理。

1. 关于证据

沃尔尼·朗伯公司主张专利复审委员会对反证 12 及反证 14 未予采信是错误的。根据专利复审委员会当庭出示的反证 12 表现形式所示，反证 12 系由节选文章（复印件）以及域外证据公证、认证手续（原件）所构成，证据处于分散的未予一体固定状态。本院认为，该份域外证据用以证明源自美国的《Polymorphism in Pharmaceutical Solids》出版物中的节选文章复印本来源真实有效，因此与其相关的节选文章复印本及其公证、认证手续需要具备固定为一体的完整证据形式，以满足节选文章复印本属于未被中途替换的初始文本的形式要求，这是对证据形式审查的基本要求，由于在此问题上，嘉林公司已明确提出质疑意见，专利复审委员会在沃尔尼·朗伯公司未作出合理解释的情况下，裁决对该证据不予采信无不可。沃尔尼·朗伯公司应能预见因其不当举证所造成的不利后果应由其自行承担。

反证14系沃尔尼·朗伯公司用以证明“水量的变化不会影响到XPRD；本专利的Ⅰ型结晶阿托伐他汀属于这种管状/通道水合物”，对该事实的证明应当依据科学实验验证证据，反证14系Stephen R. Byrn的证言，Stephen R. Byrn的身份情况，与沃尔尼·朗伯公司的关系情况，对待证事实的证明能力等问题应当通过庭审调查来完成，因此证人出庭陈述，是对证人证言的基本审查要求，依据《最高人民法院关于民事诉讼证据的若干规定》第六十九条第（五）项之规定，无正当理由未出庭作证的证人证言不能单独作为认定案件事实的依据。就上述待证事实而言，沃尔尼·朗伯公司仅提供了一份Stephen R. Byrn的证言，无其他证据可以与之结合，专利复审委员会据此未予采信符合对证据的审核确定要求。

关于沃尔尼·朗伯公司提出的其请求专利复审委员会准许其延期举证未予获准，而违背听证原则问题，根据本院查明情况，沃尔尼·朗伯公司再次请求延期举证时，没有明确其所指出延期提交的是“实验报告”一证，其也承认两次提请延期举证的请求书内容完全相同，专利复审委员会有理由认为其系重复请求而无须再次准许，因其没有向专利复审委员会提出如上所述的明确意思表示，由此造成的不利后果应由其自行承担。故其主张专利复审委员会违背听证原则事实不成立，本院不予采信。

2. 关于专利复审委员会对《专利法》第二十六条第三款的审查

本专利权利要求1~3保护含1~8摩尔水的Ⅰ型结晶阿托伐他汀水合物，该水合物通过其包括水的组成和微观结构共同定义。《审查指南》第二部分第十章第3.1节对化学产品发明的充分公开作出规定“要求保护的发明为化学产品本身的，说明书中应当记载化学产品的确认、化学产品的制备以及化学产品的用途”。其中化学产品的确认、化学产品的制备以及化学产品的用途对于化学产品发明的充分公开是缺一不可的，也是在申请时就应当记载在说明书中的内容。

首先，就水合物的微观结构方面，含1~8摩尔水的Ⅰ型结晶阿托伐他汀水合物是否具有相同的XPRD，由于现有技术并无统一教导，而说明书中又仅有声称性结论“通常，水合形式与非水合形式是等价的”，缺乏实验予以证实。因此就目前的证据而言，不能认为含1~8摩尔水的Ⅰ型结晶阿托伐他汀水合物具有相同的XPRD。

其次，沃尔尼·朗伯公司称，Ⅰ型结晶阿托伐他汀水合物中的结晶水含量是可以通过公知的“费休氏水测定法”测定得到的，因此无需进一步在说明书中公开有关Ⅰ型结晶阿托伐他汀水合物中的结晶水含量测定情况。本院认为，根据说明书的记述情况，所述Ⅰ型结晶阿托伐他汀是否含水并不确定，用该方法测定得到“总含量水”，包括可能是结晶水和/或多种形式的非结晶水之和，无法确定确系与化合物分子结合的比较稳定的结晶水，Ⅰ型结晶阿托伐他汀是否含有1~8摩尔水仍不得而知。同时，就化合物确认方面而言，说明书未对得到的化学产品的组成之一水的含量进行确认，无论测定化合物含水量的方法是否在申请日前已经公知，都不能改变说明书应当公开而未予公开的事实。

最后，关于化合物制备方面，可从具体实施例和一般性方法两个方面看。其一，从实施例1方法A看，属于与权利要求1~3对应的唯一具体制备方法，该方法中未检测其产品含水量，即无法确信实施该方法能够制备得到含1~8摩尔水的Ⅰ型结晶阿托伐他汀水合物。同时无论是1993年版还是

2001年版《专利法实施细则》，第十八条的规定均属于倡导性规范，而非强制性规范，即使未按该项规定撰写说明书并不因此导致本专利被驳回或被宣告无效，该项规定不是用以判定一项专利是否应予驳回或被宣告无效的法律依据。沃尔尼·朗伯公司设定优选方案必定对应于其实施例1方法A，并推导得出含有3摩尔水的技术方案已被公开，本院认为（1）该设定与推论缺乏事实依据和法律依据，不能令人信服。（2）该设定与推论违背逻辑常理，根据说明书的记述情况，以实施例1方法A获得的Ⅰ型结晶阿托伐他汀没有明确是否含水，以及含几摩尔水等问题，在此该问题尚处于不确定状态，也即可能含水，可能含3摩尔水，但不排除可能不含水的情况，由此不能唯一导出用实施例1方法A获得的就是优选含有3摩尔水的Ⅰ型结晶阿托伐他汀的结论。（3）上述主张的提出者系沃尔尼·朗伯公司，且对沃尔尼·朗伯公司有利，理当由沃尔尼·朗伯公司承担举证证明责任。沃尔尼·朗伯公司提出应由专利复审委员会举证证明不含3摩尔水的事实，违背证明规则，本院不予支持。其二，从说明书第15页倒数第二段公开的一般性方法看，说明书实施例1的方法A和实施例3都包括了其一般性方法的a、b两个步骤，但一个得到Ⅰ型结晶的阿托伐他汀、一个得到Ⅳ型结晶阿托伐他汀。即仅限定了a、b步骤的方法并不一定唯一得到Ⅰ型结晶的阿托伐他汀，更不用说得到含1~8摩尔水的Ⅰ型结晶阿托伐他汀水合物。根据说明书公开的实施例1的方法A和实施例3，前者在使用Ⅰ型结晶的阿托伐他汀晶种结晶后，用水300升和甲醇150升处理为后续步骤之一，得到Ⅰ型结晶的阿托伐他汀；后者使用Ⅰ型结晶的阿托伐他汀晶种结晶后，用甲醇200升浆化为后续步骤之一，得到Ⅳ型结晶的阿托伐他汀。由此可见，在采用Ⅰ型晶种结晶后，后者并无比前者多一“用甲醇进行处理”的步骤。因此原告主张的“实施例3中的Ⅳ型结晶阿托伐他汀是先用与实施例1方法A相同的方法得到Ⅰ型结晶，随后通过将这一Ⅰ型结晶于甲醇中进行晶型转变，获得了Ⅳ型结晶”缺乏事实依据。

综上所述，本专利说明书既未对得到的化合物的含水量进行确认，也未对含1~8摩尔水的Ⅰ型结晶阿托伐他汀水合物具有相同的XPRD进行实验验证，因此说明书对权利要求1~3中保护的结晶产品的公开，未充分达到本领域技术人员能够实现的程度，不符合《专利法》第二十六条第三款的规定。在此基础上，保护包含权利要求1~3所含1~8摩尔水的Ⅰ型结晶阿托伐他汀水合物的药物组合物的权利要求4~9、保护权利要求1~3所述含1~8摩尔水的Ⅰ型结晶阿托伐他汀水合物的制备方法的权利要求10~24也不符合《专利法》第二十六条第三款的规定。专利复审委员会作出的第13582号决定认定事实基本清楚，适用法律正确，审查程序合法，应予维持。依照《中华人民共和国行政诉讼法》第五十四条第（一）项之规定，本院判决如下：

维持被告中华人民共和国国家知识产权局专利复审委员会作出的第13582号无效宣告请求审查决定。

案件受理费人民币100元，由沃尔尼·朗伯有限责任公司负担（已交纳）。

如不服本判决，沃尔尼·朗伯有限责任公司可于本判决书送达之日起30日内，中华人民共和国国家知识产权局专利复审委员会、北京嘉林药业股份有限公司、张楚可于本判决送达之日起15日内，向本院提交上诉状及其副本，并交纳上诉案件受理费人民币100元，上诉于中华人民共和国北京市高级人民法院。

审　判　长　任　进
代理审判员　张晰昕
人民陪审员　汪妍瑜
二〇一〇年三月十四日
书　记　员　夏国梁

北京市第一中级人民法院
行政裁定书

（2009）一中行初字第2710号

本院于2010年4月10日对原告沃尼尔·朗伯有限责任公司不服被告中华人民共和国国家知识产权局专利复审委员会作出的第13582号无效宣告请求审查决定所提起的行政诉讼一案作出的（2009）一中行知初字第2710号行政判决书中，文字上有笔误，应予补正，现裁定如下："沃尔尼·朗伯有限责任公司"，应为"沃尼尔·朗伯有限责任公司"。

审　判　长　任　进
代理审判员　张晰昕
人民陪审员　汪妍瑜
二〇一〇年四月三十日
书　记　员　夏国梁

019

α-细辛脑原料生产工艺

无效宣告请求审查决定（第13588号）

决　定　号　第13588号
决　定　日　2009年6月20日
发明创造名称　α-细辛脑原料生产工艺
国际分类号　C07C 43/215
无效宣告请求人　广西亿康药业股份有限公司
专　利　权　人　刘博纯
专　利　号　02158881.3
申　请　日　2002年12月30日
授权公告日　2006年1月4日
合议组组长　孙跃飞
主　审　员　张家祥
参　审　员　李亚林

法　律　依　据　专利法第33条、专利法第26条第4款、专利法第22条第3款、专利法实施细则第20条第1款

决　定　要　点

如果修改后的内容与原申请记载的内容仅在文字表述上略有差异，但对于本领域技术人员而言，二者的内容实质上是相同的，则可以认为修改后的内容能够从原申请记载的信息中直接地、毫无疑义地确定。

如果发明与最接近的现有技术相比存在区别特征，没有证据表明该区别特征被其他现有技术公开，也没有证据表明该区别特征为本领域的公知常识，且该区别特征带来了有益的技术效果，则该发明具备创造性。

一、案由

本无效宣告请求案涉及国家知识产权局于2006年1月4日公告授予的、名称为“α-细辛脑原料生产工艺”的02158881.3号发明专利（下称本专利），其申请日为2002年12月30日，专利权人为刘博纯。本专利授权公告的权利要求书如下：

“1. α-细辛脑原料生产工艺，它包括以下几个阶段：

第一阶段是乙酰化反应阶段，在乙酰化反应阶段中：

乙酰化反应的原料按重量份数配比如下：对苯醌：乙酐：硫酸：水=1：3：0.2：8；其中对苯醌

的含量≥89%，乙酐的含量≥95%，硫酸的含量≥97%；

乙酰化反应的工艺过程如下：将搪瓷反应罐刷洗干净烘干，检查罐底阀门闭好，真空抽入符合乙酰化反应原料配比的乙酐，搅拌后加入符合乙酰化反应原料配比的硫酸，调整罐内物料温度为37~44℃，然后加入符合乙酰化反应原料配比的对苯醌，控制温度在38~50℃，加毕自然降温，加入冷冻水进行水解，物料温度为4~10℃，出料，甩干，水洗至PH中性，烘干，即得1.2.4.三乙酰氧基苯，待用；

第二阶段是甲基化反应阶段，在甲基化反应阶段中：

甲基化反应的原料按重量份数配比如下：1.2.4.三乙酰氧基苯：硫酸二甲酯：氢氧化钠水溶液：甲醇=1：3.5：2.2：6；其中硫酸二甲酯含量≥90%，氢氧化钠水溶液含量34%~50%，甲醇为工业品；

甲基化反应的生产工艺如下：于搪瓷反应釜中加入符合甲基化反应原料配比的1.2.4.三乙酰氧基苯，称取符合甲基化反应原料配比的硫酸二甲酯在搅拌下缓慢加入符合甲基化反应原料配比的甲醇，在搅拌下慢慢加入，搅拌调整罐内温度35~45℃时，开始缓慢滴加符合甲基化反应原料配比的氢氧化钠水溶液，温度控制在45~50℃之间，加毕，保温成熟反应0.5~2小时，降温加水使其物料分层，分流弃去水层，用乙醚提取，水洗，干燥，减压蒸馏，收集110~170℃馏份，真空度为0.08~0.1 MPA，即得浅棕色油状物为成品即1.2.4-三甲氧基苯，待用；

第三阶段是醛基化反应阶段，在醛基化反应阶段中：

醛基化反应的原料按重量份数配比如下：1.2.4-三甲氧基苯：N.N.-二甲基甲酰胺：三氯氧磷：水=1：1.7：1.38：30；其中N.N.-二甲基甲酰胺为工业级95%，三氯氧磷为工业级95%；

醛基化反应的工艺过程如下：将搪瓷罐烘干，用真空将符合醛基化反应原料配比的N.N.-二甲基甲酰胺抽入罐中，开冷冻盐水降温至3~15℃之间，开始将符合醛基化反应原料配比的三氯氧磷缓慢滴加，加毕继续搅拌抽入待用的符合醛基化反应原料配比的1.2.4.-三甲氧基苯，于40~60℃保温5~9小时，进行水解，很快析出结晶，冰盐水冷冻下温度在12℃以下，水洗至中性，甩干，入烘即得成品2.4.5-三甲氧基苯甲醛，为浅黄色针状晶体，待用；

第四阶段是乙烯化反应阶段，在乙烯化反应阶段中：

乙烯化反应的原料按重量份数配比如下：2.4.5-三甲氧基苯甲醛：丙酸酐：丙酸钠=1：1.75：0.5；其中丙酸酐为工业级95%以上，丙酸钠为工业级无水；

乙烯化反应的工艺过程如下：在不锈钢反应釜中，加入待用的符合乙烯化反应原料配比的2.4.5-三甲氧基苯甲醛，丙酸酐，丙酸钠，搅拌，升温至140~190℃回流反应5~9小时，降温，加水水解，搅拌加Na_2CO_3进行中和，用乙醚分别提取，水层再提取，合并醚层水洗搅拌，静止，分流，干燥，蒸馏，常压蒸去醚回收再利用，减压蒸馏140~180℃，真空度为0.08~0.1MPA，收集馏份，得粗α-细辛脑；

第五阶段是重结晶阶段，在重结晶阶段中：

重结晶阶段的原料按重量份数配比如下：粗细辛脑：乙醇=1：1.5~1.6；其中乙醇为工业品配制60%~75%；

重结晶阶段工艺过程如下：将已配制好的60%~75%乙醇溶液，投入结晶罐中，将粗α-细辛脑投入结晶罐中，稍加搅拌于3~10℃以下，保持20~60分钟，出料，甩干，用乙醇洗一次，出料，烘干，母液回收，乙醇再利用，母液再结晶即得α-细辛脑。

2. 根据权利要求1所述的α-细辛脑原料生产工艺，其特征在于所述甲基化反应的工艺过程还可以采用如下方法：于搪瓷反应釜中抽入定量水，加入符合甲基化反应原料配比1.2.4.三乙酰氧基苯，搅拌，加入碱液，滴加硫酸二甲酯，滴完后调节pH值保持在碱性反应1~4小时，进行萃取，静置分层，分出油层，水层再提取，合并油层加提取层，水洗至中性，弃去水层，回收溶剂，继续蒸馏，收集馏份110~170℃，真空度为0.08~0.1MPA，得黄色或淡黄色透明液体，即1.2.4-三甲氧基苯。

3. 根据权利要求1所述的α-细辛脑原料生产工艺，其特征在于所述甲基化反应的工艺过程如下：于搪瓷反应釜中抽入定量的水，加入符合甲基化反应原料配比1.2.4. 三乙酰氧基苯，搅拌，滴加符合甲基化反应原料配比的碱液，滴加符合甲基化反应原料配比的硫酸二甲酯，再滴加碱液，再滴加硫酸二甲酯，再滴加碱液，交替滴加直至反应完全，始终保持稳定的反应温度，稳定的pH值状态，成熟反应1~4小时，进行萃取，静置分层，分出油层，水层再提取，合并油层加提取层，水洗至中性，弃去水层，回收上述萃取溶剂，继续蒸馏收集馏份110~170℃，真空度为0.08~0.1MPA，得黄色或淡黄色透明液体，即1.2.4-三甲氧基苯。

4. 根据权利要求1所述的α-细辛脑原料生产工艺，其特征在于所述乙烯化反应的工艺过程如下：即格氏反应，在干燥、洁净的不锈钢反应釜中，真空抽入四氢呋喃，搅拌下投入干燥的镁粉或镁片，符合乙烯化反应原料配比的溴乙烷，视气温情况加热，然后调整温度平稳，自然升温直至40~65℃之间稳定不再继续升温，滴加溴乙烷在40~65℃保持1.5~3小时，待镁粉或镁片全部溶化，开始缓慢滴加四氢呋喃溶液，滴加完后，缓慢升温，出现回流现象计时，回流反应6~10小时，冷却，加稀醋酸进行中和至中性，蒸去四氢呋喃，罐内物质加水进行水解，分出油层、水层再提取合并，提取物和油层，水洗，碱洗，水洗至中性低温下回收甲苯，进行蒸馏，收集馏份白色或淡黄色物，即粗细辛脑2.4.5-三甲氧基-1-丙烯基苯。”

针对上述专利权，广西亿康药业股份有限公司（下称请求人）于2008年12月22日向专利复审委员会提出无效宣告请求，其理由是本专利的权利要求1~4不符合专利法第33条的规定，并提交了以下证据：

证据1：中国第02158881.3号发明专利说明书（即本专利），复印件共14页；

证据2：中国第02158881.3号发明专利申请公开说明书，复印件共15页。

请求人认为：证据1权利要求1的重结晶阶段中的反应原料为“粗细辛脑和乙醇”，而证据2权利要求1中的相应原料为“粗α-细辛脑和乙醇”；证据1权利要求2~4所依据的内容，即说明书第8页第11行至第9页第1段的部分，与证据2的相应部分有实质性的区别，这些部分在证据2中分属于实施例2~4中的内容，是替换实施例1中相应部分的，而在证据1中，这些部分被描述成了实施例1中的内容，与该证据的实施例1相重叠。因此，上述修改超出了原说明书和权利要求书记载的范围，不符合专利法第33条的规定。

经形式审查合格后，专利复审委员会受理了上述请求，于2008年12月22日向双方当事人发出《无效宣告请求受理通知书》，并将《专利权无效宣告请求书》及其附件的副本转送给专利权人，要求其在指定的期限内答复，同时成立合议组对本无效宣告请求案进行审理。

2009年1月16日，请求人再次提交了如下证据（编号续前）：

证据3：北京市海诚公证处出具的（2008）京海诚内民证字第09083号公证书，其中包括：

证据3-1：盖有“国家图书馆科技查新中心”公章（红章）的文献复制证明和复印文献信息清单，共2页；

证据3-2：《江苏化工》，1983年第2期，封面页、广告页、目录页、第39~43页、征稿简则页，复印件共9页，并盖有“国家图书馆科技查新中心”的骑缝章（红章）；

证据3-3：《广西中医学院学报》，第16卷第2期，1999年5月出版，封面页、目录页、第73页、出版信息页，复印件共5页，并盖有“国家图书馆科技查新中心”的骑缝章（红章）；

证据 3-4：《有机合成化学》，第 31 卷第 10 期，1973 年 10 月，封面页、目录页、第 839~840 页、广告页，日文复印件共 5 页，盖有“国家图书馆科技查新中心”的骑缝章（红章）；

证据 4：北京市海诚公证处出具的（2008）京海诚内民证字第 09084 号公证书，其中包括：

证据 4-1：Indian Journal of Applied Chemistry，第 32 卷第 4 期，1969 年，封面页、编者信息页、第 236~238 页、目录页，英文复印件共 6 页；

证据 4-2：发票代码为 211000870010、发票号码为 35059742 的复印费发票，盖有“中国科学技术信息研究所”的发票专用章，复印件共 1 页；

证据 5：证据 4-1 第 236~238 页的中文译文，共 3 页；

证据 6：证据 3-4 第 839~840 页的中文译文，共 4 页；

证据 7：《江苏化工》编辑部出具的该期刊在 1973~1983 年发行途径的证明（附有证据 3-2 的内容），共 8 页，并盖有“《江苏化工》编辑部”的公章（红章）；

证据 8：盖有“广西壮族自治区图书馆报刊部”公章（红章）的关于《江苏化工》1983 年第 2 期在 1984 年已可供读者阅览的证明（附有证据 3-2 的内容），共 11 页，该证据的首页盖有“广西壮族自治区图书馆”的公章（红章），并声称所述复印件与原件一致；

证据 9：盖有“国家知识产权局专利检索咨询中心检索专用章”的编号为 G081018 的检索报告，共 36 页，包括：

证据 9-1：顺 2，4，5-三甲氧基苯丙烯的合成，王兴明等，《西南工学院学报》，第 14 卷第 1 期，1999 年 3 月，第 64~66 页；

证据 10：广西壮族自治区桂卫药批（85）89 号文件，自治区卫生厅关于柳州市制药厂等单位申请生产新药报告的批复，并盖有“广西壮族自治区卫生厅”的公章以及“广西药检所档案室复印件”章，复印件共 6 页；

证据 11：广西柳州制药厂检验报告单，复印件共 10 页，盖有“广西食品药品检验所档案室复印件”章（蓝章）和“广西壮族自治区食品药品检验所”骑缝章（红章）；

证据 12：本专利申请的审查文件，复印件共 30 页，盖有“中华人民共和国国家知识产权局专利审查业务章”骑缝章（红章）和“此件为原件复印件”章（红章）。

请求人认为：（1）本专利的权利要求 1~3 不符合专利法实施细则第 20 条第 1 款的规定。权利要求 1 第二阶段甲基化反应生产工艺中“……称取符合甲基化反应原料配比的硫酸二甲酯在搅拌下缓慢加入符合反应原料配比的甲醇，在搅拌下慢慢加入……”表述不清楚，不清楚硫酸二甲酯、甲醇是如何加入反应釜内参加反应的，另外，权利要求 1 中第四阶段反应得到的是粗 α-细辛脑，而第五阶段中的原料却是粗细辛脑；权利要求 2 的附加技术特征不是对权利要求 1 的进一步限定，权利要求 3 的附加技术特征与权利要求 1 中甲基化反应的技术特征相矛盾，从而导致上述权利要求的保护范围不清楚。（2）本专利的权利要求 4 不符合专利法第 26 条第 3 款的规定。权利要求 4 的附加技术特征中缺少 2，4，5-三甲氧基苯甲醛，无法合成粗细辛脑，所提及的原料如四氢呋喃等的用量以及“视气温情况加热，然后调整温度平稳，自然升温至 40~65℃之间稳定不再继续升温”不清楚；该权利要求中的附加技术特征与权利要求 1 中乙烯化反应的技术特征相矛盾，本领域技术人员不清楚所述附加技术特征如何对权利要求 1 进行限定。（3）本专利的权利要求 2~4 不符合专利法第 26 条第 4 款的规定。根据说明书实施例 1~3 的记载，权利要求 2~4 的附加技术特征并不是对权利要求 1 的进一步限定，因此，上述权利要求没有以说明书为依据，得不到说明书的支持。（4）本专利的权利要求 1~4 不符合专利法第 22 条第 3 款的规定。权利要求 1 的反应步骤一和二被证据 3-2 第 40 页倒数第 2 行至第 41 页倒数第 9 行公开，步骤三被证据 3-2 的第 42 页第 6~22 行公开，步骤四被证据 3-2 第 43 页第

1~3 行和第 6~8 行分别公开，而采用乙醇对有机物重结晶的反应步骤是化学合成领域的常识，这种手段可在证据 3-2 第 41 页第 9 行中看到，参考证据 9 第 4 页第 12~16 行的评述以及第一次补正意见通知书正文第 12~13 行的内容也均能得到佐证，因此，权利要求 1 相对于证据 3-2 不具有创造性，不符合专利法第 22 条第 3 款的规定；证据 3-4 的“结果和考查”以及“实验部分”已经公开了权利要求 1 的反应步骤一至四，而反应步骤五是化学合成领域的常识，因此，权利要求 1 相对于证据 3-4 不具有创造性；权利要求 1 的反应步骤一至四被证据 4-1 第 236 页倒数第 13 行至第 237 页倒数第 13 行所公开（参见证据 5 的第 295 页第 4 行至 297 页第 8 行），反应步骤五被证据 4-1 第 237 页倒数第 1 行至第 238 页第 1~3 行公开（对应于证据 5 的第 298 页第 6~8 行），权利要求 1 相对于证据 4-1 也不具有创造性；权利要求 1 的反应步骤一至四被证据 3-2 所公开，反应步骤一至五被证据 4-1 所公开，二者均为合成 α-细辛脑的技术文件，权利要求 1 的技术方案只是二者的简单叠加，叠加后的各部分仍然完成各自的功能，因此，权利要求 1 相对于证据 3-2 和证据 4-1 的结合不具有创造性；权利要求 1 的反应步骤一至三被证据 9-1 第 64 页最后一行的反应式至第 65 页所公开，反应步骤四至五被证据 4-1 所公开，权利要求 1 的技术方案是二者的简单叠加，因此，权利要求 1 相对于证据 9-1 和证据4-1 不具有创造性；证据 3-3 的全文公开了权利要求 1 的反应步骤一和二，而证据 4-1 公开了反应步骤三至五，因此，权利要求 1 相对于证据 3-3 和证据 4-1 也不具有创造性。权利要求 2 的附加技术特征主要是控制反应后的 pH 值在碱性下反应 1~4 小时，证据 3-2 第 41 页倒数第9~17 行公开了“用水洗涤至不带碱性”以及苯甲基化反应的碱性条件和反应时间，权利要求 1 的其他技术特征同样被证据 3-2、证据 5 和 6 所披露，在权利要求 1 不具有创造性的前提下，权利要求 2 也不具有创造性，不符合专利法第 22 条第 3 款的规定。权利要求 3 在加料过程中，硫酸二甲酯与碱液采用交替滴加，目的是控制反应溶液的 pH 值，然而说明书中并未给出应控制的 PH 数值范围，且该权利要求的附加技术特征与权利要求 1 的其他特征的实质内容同样被证据 3-2 和证据 4-1 所披露，因此，权利要求 3 相对于证据 3-2 或证据 3-2 与证据 4-1 的结合不具有创造性。权利要求 4 采用格氏化反应作为合成 α-细辛脑的乙烯化阶段的反应也被证据 3-2 第 42 页最后一段、证据 4-1 第 237 页最后一段至 238 页第 1~3 行、证据 3-4 第 840 页左侧一排内容公开，因此，权利要求 4 相对于证据 3-2、证据 4-1、证据 3-2 与证据 4-1 的结合、证据 3-2 与证据 3-4 的结合、证据 4-1 与证据 3-4 的结合不具有创造性，不符合专利法第 22 条第 3 款的规定。

专利权人于 2009 年 1 月 21 日针对上述《无效宣告请求受理通知书》提交了意见陈述书，专利权人认为，将证据 1 和 2 进行对比，本专利权利要求 1~4 的修改未超出原说明书和权利要求书记载的范围，符合专利法第 33 条的规定。

2009 年 2 月 2 日，本案合议组向专利权人发出《转送文件通知书》，将请求人于 2009 年 1 月 16 日提交的意见陈述书及其所附附件转送给专利权人。

2009 年 2 月 9 日，本案合议组向请求人发出《转送文件通知书》，将专利权人于 2009 年 1 月 21 日提交的意见陈述书转送给请求人。

专利权人于 2009 年 3 月 4 日针对上述《转送文件通知书》提交了意见陈述书，专利权人认为，请求人所提供的补充证据和理由大部分在案件号为 W402169 的无效案件中已经提出过，根据专利法实施细则第 65 条的规定，在专利复审委员会就无效宣告请求作出决定之后，又以同样的理由和证据请求无效宣告的，专利复审委员会不予受理。

2009 年 3 月 12 日，本案合议组向双方当事人发出《无效宣告请求口头审理通知书》，定于 2009 年 4 月 14 日对本案进行口头审理，同时，将专利权人于 2009 年 3 月 4 日提交的意见陈述书转送给请求人。

2009年4月14日，口头审理如期进行，双方当事人均委托代理人出席了口头审理。合议组就本案的无效宣告理由及证据逐一进行了调查，双方当事人充分陈述了各自的意见。庭审过程中，合议组记录了如下事实：（1）双方当事人对对方出庭人员的身份和资格无异议，对合议组成员均没有回避请求。（2）请求人确认其无效宣告理由为：本专利的权利要求1~4不符合专利法第33条的规定；本专利的权利要求1~3不符合专利法实施细则第20条第1款的规定；本专利的权利要求4不符合专利法第26条第3款的规定；本专利的权利要求2~4不符合专利法第26条第4款的规定；本专利的权利要求1~4不符合专利法第22条第3款的规定，其中，权利要求1相对于证据3-2、证据3-4、证据4-1、证据3-2和证据4-1、证据9-1和证据4-1、证据3-3和证据4-1不具有创造性，权利要求2相对于证据3-2不具有创造性，权利要求3相对于证据3-2或证据3-2与证据4-1的结合不具有创造性，权利要求4相对于证据3-2、证据4-1、证据3-2与证据4-1的结合、证据3-2与证据3-4的结合、证据4-1与证据3-4的结合不具有创造性。（3）专利权人认可证据1~10、12的真实性和证据1~8、12的公开性，但对证据11的真实性和证据9-1、10、11的公开性有异议。（4）请求人将证据10~11用于证明现有技术中α-细辛脑产物的纯度指标高于本专利的指标，证据12则作为合议组的参考资料。

2009年4月27日，专利权人提交了权利要求书第3页的修改替换页，基于授权公告的权利要求书，删除了其中的权利要求4。

至此，合议组认为本案事实已经清楚，可以作出审查决定。

二、决定的理由

1. 关于审查文本

审查指南第四部分第三章第4.6.2节规定：在无效宣告程序中，专利权人修改权利要求书的具体方式一般限于权利要求的删除、合并和技术方案的删除。

专利权人于2009年4月27日提交了权利要求书第3页的修改替换页，删除了其中的权利要求4，故本无效宣告请求审查决定的审查文本是：本专利授权公告时的权利要求1~3、说明书1~10页和说明书摘要。

2. 关于证据和无效宣告理由

在请求人所提交的证据中，用于评价创造性的证据为证据3-2、3-3、3-4、4-1和9-1，证据3和3-1用于证明证据3-2、3-3、3-4的真实性，证据7、8用于证明证据3-2的真实性和公开性，证据4、4-2用于证明证据4-1的真实性，证据5是证据4-1的中文译文，证据6是证据3-4的中文译文，证据9-1是证据9（国家知识产权局专利检索咨询中心针对本专利出具的的检索报告）中所附的对比文件，由于专利权人对证据3-2、3-3、3-4、4-1、9-1的真实性均无异议，故合议组对其真实性予以确认，鉴于专利权人对证据3-2、3-3、3-4和4-1的公开性无异议，且该四份证据的公开日均在本专利的申请日之前，故可以作为现有技术来评价本专利的创造性，专利权人虽然对证据9-1的公开性有异议，但没有证据支持其主张，经合议组查明，证据9-1为《西南工学院学报》登载的一篇文章，在没有相反证据的情况下，合议组认可证据9-1的公开性，且该证据表明其公开时间为1999年3月，早于本专利的申请日，故可以作为现有技术来评价本专利的创造性。证据10是广西壮族自治区卫生厅关于柳州市制药厂等单位申请生产新药报告的批复，证据11是广西壮族自治区食品药品检验所出具的广西柳州制药厂检验报告单，专利权人对其公开性有异议，请求人声称，证据10是在柳州制药厂转让的过程中得到的，也可以从国家机关中查阅，证据11可以从广西食品药品检验所和柳州制药厂查到。对此，合议组认为，证据10~11都是针对特定人出具的文件，请求人没有提供证据证明上述文件在本专利的申请日前处于能够为公众获得的状态，也没有对公众获得所述证据的途径作出合理地阐述，故合议组对其公开性不予认可，证据10~11不能作为现有技术使用。证据12是本专利申请的审查文件，证据1是本专利的说明书，证据2是本专利的申请公开说明书，专利权人对其真实性无异议，经核查，合议组对其真实性予以确认。

因此，请求人的无效宣告理由为：本专利的权利要求1~3不符合专利法第33条的规定；本专利的权利要求1~3不符合专利法实施细则第20条第1款的规定；本专利的权利要求2~3不符合专利法第26条第4款的规定；本专利的权利要求1~3不符合专利法第22条第3款的规定，其中，权利要求1相对于证据3-2、证据3-4、证据4-1、证据3-2和证据4-1、证据9-1和证据4-1、证据3-3和证据4-1不具有创造性，权利要求2相对于证据3-2不具有创造性，权利要求3相对于证据3-2或证据3-2与证据4-1的结合不具有创造性。

3. 关于专利法第33条

专利法第33条规定：申请人可以对其专利申请文件进行修改，但是，对发明和实用新型专利申请文件的修改不得超出原说明书和权利要求书记载的范围。

如果修改后的内容与原申请记载的内容仅在文字表述上略有差异，但对于本领域技术人员而言，二者的内容实质上是相同的，则可以认为修改后的内容能够从原申请记载的信息中直接地、毫无疑义地确定。

请求人认为：证据1权利要求1的重结晶阶段中的反应原料为“粗细辛脑和乙醇”，而证据2权利要求1中的相应原料为“粗α-细辛脑和乙醇”；证据1权利要求2~4所依据的内容，即说明书第8页第11行至第9页第1段的部分，与证据2的相应部分有实质性的区别，这些部分在证据2中分属于实施例2-4中的内容，是替换实施例1中相应部分的，而在证据1中，这些部分被描述成了实施例1中的内容，与该证据的实施例1相重叠。因此，上述修改超出了原说明书和权利要求书记载的范围，不符合专利法第33条的规定。

合议组认为：本专利在公开之前从未修改过，因此，公开文本与原始申请文本相同，故可以在证据2的基础上进行专利法第33条的审查。证据1权利要求1的重结晶阶段中的反应原料虽然为“粗细辛脑”，但是，本专利涉及的是α-细辛脑的原料生产工艺，并且在重结晶阶段之前的乙烯化反应阶段中，乙烯化反应的产物为粗α-细辛脑，因此，本领域技术人员能够直接地、毫无疑义地确定重结晶阶段中的“粗细辛脑”即为粗α-细辛脑；证据1说明书第8页第11行至第9页第1段的内容在证据2的权利要求2~4中有记载，虽然专利权人将其补入了实施例1中，但上述内容在证据2中均引用了证据2的权利要求1，况且其中的反应温度、真空度等均是一范围值，本领域技术人员能够直接地、毫无疑义地确定，上述内容显然不是实施例1的内容，而是与权利要求1在说明书中的相应部分（说明书第2页至第4页第10行）并列的技术方案。因此，权利要求书和说明书的上述修改没有超出原说明书和权利要求书记载的范围，符合专利法第33条的规定。

4. 关于专利法实施细则第20条第1款

专利法实施细则第20条第1款规定，权利要求书应当说明发明或者实用新型的技术特征，清楚、简要地表述请求保护的范围。

请求人认为：权利要求1第二阶段甲基化反应生产工艺中“……称取符合甲基化反应原料配比的硫酸二甲酯在搅拌下缓慢加入符合反应原料配比的甲醇，在搅拌下慢慢加入……”表述不清楚，不清楚硫酸二甲酯、甲醇是如何加入反应釜内参加反应的，另外，权利要求1中第四阶段反应得到的是粗α-细辛脑，而第五阶段中的原料却是粗细辛脑；权利要求2的附加技术特征不是对权利要求1的进一步限定，权利要求3的附加技术特征与权利要求1中甲基化反应的技术特征相矛盾，从而导致上述权利要求的保护范围不清楚。因此，本专利的权利要求1~3不符合专利法实施细则第20条第1款的规定。

合议组认为：权利要求1的甲基化反应阶段中已经记载了缓慢加入符合甲基化反应原料配比的硫酸二甲酯和甲醇，对于它们的加入方式则是本领域技术人员公知的，无需记载在该权利要求中；如上文所述，本领域技术人员能够直接地、毫无疑义地确定权利要求1第五阶段中的“粗细辛脑”即为“粗α-细辛脑”，故不会对其含义造成误解；权利要求2~3虽然引用了权利要求1，但并不是对其技术方案的进一步限定，而是与权利要求1并列的技术方案，权利要求2~3实质上是独立权利要求，与权利要求1的技术特征相矛盾不会导致其保护范围不清楚。因此，请求人所述的权利要求1~3不符合专利法实施细则第20条第1款规定的无效宣告理由不成立。

5. 关于专利法第26条第4款

专利法第26条第4款规定，权利要求书应当以说明书为依据，说明要求专利保护的范围。

请求人认为：本专利的权利要求2~3不符合专利法第26条第4款的规定。根据说明书实施例1~3的记载，权利要求2~3的附加技术特征并不是对权利要求1的进一步限定，因此，上述权利要求没有以说明书为依据，得不到说明书的支持。

对此，合议组认为：本专利权利要求2~3的技术方案对应于本专利说明书第8页第11~24行的内容，也就是说，上述权利要求的技术方案在说明书中有记载，并且，实施例2~3还具体实施了上述技术方案，因此，权利要求2~3能够得到说明书的支持，符合专利法第26条第4款的规定。

6. 关于专利法第22条第3款

专利法第22条第3款规定：发明的创造性，是指同申请日以前已有的技术相比，该发明有突出的实质性特点和显著的进步。

如果发明与最接近的现有技术相比存在区别特征，没有证据表明该区别特征被其他现有技术公开，也没有证据表明该区别特征为本领域的公知常识，且该区别特征带来了有益的技术效果，则该发明具备创造性。

本专利权利要求1要求保护一种α-细辛脑原料生产工艺，包括以下几个阶段：

第一阶段是乙酰化反应阶段：乙酰化反应的原料按重量份数配比如下：对苯醌：乙酐：硫酸：水=1：3：0.2：8；其中对苯醌的含量≥89%，乙酐的含量≥95%，硫酸的含量≥97%；乙酰化反应的工艺过程如下：将搪瓷反应罐刷洗干净烘干，检查罐底阀门闭好，真空抽入符合乙酰化反应原料配比的乙酐，搅拌后加入符合乙酰化反应原料配比的硫酸，调整罐内物料温度为37~44℃，然后加入符合乙酰化反应原料配比的对苯醌，控制温度在38~50℃，加毕自然降温，加入冷冻水进行水解，物料温度为4~10℃，出料，甩干，水洗至pH中性，烘干，即得1.2.4.三乙酰氧基苯，待用；

第二阶段是甲基化反应阶段：甲基化反应的原料按重量份数配比如下：1.2.4.三乙酰氧基苯：硫酸二甲酯：氢氧化钠水溶液：甲醇=1：3.5：2.2：6；其中硫酸二甲酯含量≥90%，氢氧化钠水溶液含量34%~50%，甲醇为工业品；甲基化反应的生产工艺如下：于搪瓷反应釜中加入符合甲基化反应原料配比的1.2.4.三乙酰氧基苯，称取符合甲基化反应原料配比的硫酸二甲酯在搅拌下缓慢加入符合甲基化反应原料配比的甲醇，在搅拌下慢慢加入，搅拌调整罐内温度35~45℃时，开始缓慢滴加符合甲基化反应原料配比的氢氧化钠水溶液，温度控制在45~50℃之间，加毕，保温成熟反应0.5~2小时，降温加水使其物料分层，分流弃去水层，用乙醚提取，水洗，干燥，减压蒸馏，收集110~170℃馏份，真空度为0.08~0.1 MPA，即得浅棕色油状物为成品即1.2.4-三甲氧基苯，待用；

第三阶段是醛基化反应阶段：醛基化反应的原料按重量份数配比如下：1.2.4-三甲氧基苯：N.N.-二甲基甲酰胺：三氯氧磷：水=1：1.7：1.38：30；其中N.N.-二甲基甲酰胺为工业级95%，三氯氧磷为工业级95%；醛基化反应的工艺过程如下：将搪瓷罐烘干，用真空将符合醛基化反应原料配比的 N. N. –二甲基甲酰胺抽入罐中，开冷冻盐水降温至 3~15℃之间，开始将符合醛基化反应原料配比的三氯氧磷缓慢滴加，加毕继续搅拌抽入待用的符合醛基化反应原料配比的 1. 2. 4. –三甲氧基苯，于 40~60℃保温 5~9 小时，进行水解，很快析出结晶，冰盐水冷冻下温度在 12℃以下，水洗至中性，甩干，入烘即得成品 2. 4. 5–三甲氧基苯甲醛，为浅黄色针状晶体，待用；

第四阶段是乙烯化反应阶段：乙烯化反应的原料按重量份数配比如下：2. 4. 5–三甲氧基苯甲醛：丙酸酐：丙酸钠=1：1. 75：0. 5；其中丙酸酐为工业级 95% 以上，丙酸钠为工业级无水；乙烯化反应的工艺过程如下：在不锈钢反应釜中，加入待用的符合乙烯化反应原料配比的 2. 4. 5–三甲氧基苯甲醛，丙酸酐，丙酸钠，搅拌，升温至 140 ~ 190℃ 回流反应 5 ~ 9 小时，降温，加水水解，搅拌加 Na_2CO_3 进行中和，用乙醚分别提取，水层再提取，合并醚层水洗搅拌，静止，分流，干燥，蒸馏，常压蒸去醚回收再利用，减压蒸馏 140 ~ 180℃，真空度为 0. 08 ~ 0. 1MPA，收集馏份，得粗 α–细辛脑；

第五阶段是重结晶阶段：重结晶阶段的原料按重量份数配比如下：粗细辛脑：乙醇 = 1：1. 5 ~ 1. 6；其中乙醇为工业品配制 60% ~75%；重结晶阶段工艺过程如下：将已配制好的 60% ~75% 乙醇溶液，投入结晶罐中，将粗 α–细辛脑投入结晶罐中，稍加搅拌于 3~10℃以下，保持 20~60 分钟，出料，甩干，用乙醇洗一次，出料，烘干，母液回收，乙醇再利用，母液再结晶即得 α–细辛脑。

证据 3–2（第 40 页倒数第 2 行至第 41 页倒数第 9 行、第 42 页第 6~22 行、第 43 页第 1~3 和6~8 行）公开了一种制备 α–细辛醚的方法，包括（1）从对苯醌合成苯三酚–［1，2，4］三乙酸酯：在 600 毫升烧杯中放入 180 克醋酐，加入 12 克浓硫酸后，再慢慢小量的分次加入 60 克苯醌，同时不断地搅拌，混合物的温度上升，在加入苯醌时温度应保持在 40 ~ 50℃，所有苯醌加完后，将溶液静置，当混合物开始自动冷却时，沉淀开始生成，待混合物冷到 25℃时，立即把它倒入 750 毫升冷水中，这时有白色的沉淀析出，混合物冷却到 10℃时，再用吸滤法过滤，产物用 250 毫升 95% 的乙醇重结晶，然后使它干燥，最后用真空干燥；（2）从苯三酚–［1，2，4］三乙酸酯合成 1，2，4–三甲氧基苯：120 克苯三酚–［1，2，4］三乙酸酯与 480 毫升甲醇混合，然后加入新鲜蒸馏的硫酸二甲酯 840 毫升，在氮气流保护下强烈搅拌，缓缓加入溶于 720 毫升水的 720 克氢氧化钠溶液，反应温度维持在 30~40℃，反应物以 1 升水稀释，在室温下继续搅拌 1 小时，于是将 25 毫升的 27% 氨水加入此反应液中，几分钟后分出油层，碱性水层反复以苯萃取，抽出液与油层合并，用水洗涤至不带碱性，然后置蒸汽浴上蒸发至干，残留物蒸馏，一次重蒸馏后可得无色流动油状的 1，2，4–三甲氧基苯，沸点137 ~ 142℃/18mmHg；（3）从 1，2，4–三甲氧基苯合成 2，4，5–三甲氧基苯甲醛：将 15 毫升三氯氧磷加到预冷到 5℃的 10 毫升的二甲基甲酰胺中，此混合物加到溶于 15 毫升二甲基甲酰胺的 16. 7 克 1，2，4–三甲氧基苯溶液中，然后在蒸汽浴上加热 4 小时，反应物以水稀释，用碳酸氢钠中和，再放置 1 小时过滤，用水洗涤，再在热水中重结晶；（4）据印度应用化学杂志报道，α–细辛醚可以由 2，4，5–三甲氧基苯甲醛与丙酸酐和丙酸钠反应生成，又据法国专利称，2，4，5–三甲氧基苯甲醛与丙酸酐和丙酸钠反应，再将生成的不饱和酸在 150℃加热 7 小时脱羧而得 α–细辛醚，熔点 61℃，收率 75%。

将权利要求 1 所要求保护的技术方案与证据 3–2 所公开的技术内容进行对比，二者至少存在如下区别：（1）在甲基化反应阶段中，权利要求 1 在滴加氢氧化钠溶液前搅拌调整罐内温度为 35 ~ 45℃，而证据 3–2 中没有公开上述特征；（2）在醛基化反应阶段中，权利要求 1 将 1，2，4–三甲氧基苯加入到 N，N–二甲基甲酰胺和三氯氧磷的混合物中，而证据 3–2 则是将二甲基甲酰胺和三氯氧磷的混合物加入到 1，2，4–三甲氧基苯中；（3）在乙烯化反应阶段中，权利要求 1 具体限定了原料配比和工艺流程，而证据 3–2 中没有记载上述内容；（4）在重结晶阶段中，权利要求 1 利用 60% ~75% 乙醇溶液：粗α-细辛脑=1.5~1.6：1的重量配比，在3~10℃以下保持20~60分钟进行重结晶，而证据3-2没有公开该步骤。

对于上文所述的四个区别特征，请求人没有提供足够的证据表明上述区别特征是本领域的公知常识，并且上述区别特征的引入使得按权利要求1所述方法制备的α-细辛脑的纯度高达98.5%（参见本专利的说明书第4页第11~13行），而在证据3-2声称的产物含量高的合成方法中，减压蒸馏所获得的2，4，5-三甲氧基-1-丙烯基苯经气相色谱分析，确定α-细辛醚占89.1%，β-细辛醚占10.9%（参见证据3-2的第42页倒数第4行至第43页第5行），即权利要求1的技术方案产生了有益的技术效果，因此，权利要求1相对于证据3-2具有突出的实质性特点和显著的进步，符合专利法第22条第3款有关创造性的规定。

请求人认为，采用乙醇对有机物进行重结晶是化学合成领域的常识，这种手段可在证据3-2第41页第9行中看到。

合议组认为，首先，证据3-2第41页第9行记载的是“产物用250毫升95%的乙醇重结晶”，其中所述的“产物”是苯三酚-［1，2，4］三乙酸酯，而非α-细辛脑，另外，权利要求1中记载了对α-细辛脑进行重结晶的乙醇溶液的特定的浓度和配比，可见上述区别特征（4）并未在证据3-2中公开；其次，虽然采用乙醇对有机物进行重结晶是本领域的公知常识，但请求人并未提供证据表明对于权利要求1的特定体系、采用权利要求1的特定浓度的乙醇进行重结晶属于本领域的公知常识，因此请求人的争辩不能成立。

证据3-3公开了1，2，4-三甲氧基苯的合成方法，以对苯二酚为原料经氧化、三乙酰化、甲基化制得，在甲基化步骤中，将1，2，4-三乙酰氧基苯25g（0.1mol）溶于50ml甲醇与硫酸二甲酯（87.5g，0.69mol）混合液中，搅拌下慢慢滴加30%的KOH溶液，保持pH值为14，并维持温度在50~55℃之间，加料完毕后在此温度下保温反应2小时，反应液冷至室温，用甲苯提取，减压蒸馏得淡黄色液体。

证据3-4中的图1是细辛脑的合成流程图，由苯二酚作为原料，经对苯醌（$(CH_3CO)_2O$、H_2SO_4）、苯三酚三乙酸酯（$(CH_3)_2SO_4$、NaOH）、1，2，4-三甲氧基苯（DMF、$POCl_3$）、2，4，5-三甲氧基苯甲醛（C_2H_5MgBr、diL. CH_3COOH、$-H_2O$）得到细辛脑。

证据9-1的实验部分公开了顺反-2，4，5-三甲氧基苯丙烯的合成方法，包括：在烧瓶中加入95ml乙酸酐和80ml浓硫酸，不断搅拌分次加入33.7g（0.31mol）对苯醌，用冷水冷却，温度自动上升并控制在40~50℃，加完后，停止搅拌，控温在40~50℃并静置1h，然后让溶液自行冷却至25℃，析出白色固体，将反应混合物倒入400ml冷蒸馏水中，冷至20℃时抽滤，再用140ml95%的乙醇进行重结晶，减压过滤，得到1，2，4-三乙酸苯酯67g；在烧瓶中加入107g（0.42mol）1，2，4-三乙酸苯酯和218ml甲醇，搅拌均匀后加入382ml硫酸二甲酯，快速搅拌和通入氮气的条件下，缓缓加入327g氢氧化钠溶解在327ml水中的溶液，保持温度在30~40℃，溶液由浅绿色变为浅土黄色，用454ml水稀释并在室温下继续搅拌1h，加入11.4ml27%的氨水，溶液经搅拌均匀后倾入分液漏斗中，油层用水洗至中性，减压蒸馏得1，2，4-三甲氧基苯65g；在烧瓶中加入72g（0.43mol）1，2，4-三甲氧基苯和31gN，N-二甲基甲酰胺，在搅拌和冷水冷却下慢慢滴加44ml三氯氧磷，此期间温度不超过100℃，加完后在100℃加热搅拌5h，再加入144g31%的醋酸钠水溶液，在110℃回流1h，冷却后减压过滤，洗涤、用水重结晶，得到2，4，5-三甲氧基苯甲醛60g；在烧瓶中依次加入3.92g（0.02mol）2，4，5-三甲氧基苯甲醛、11.30g（0.03mol）溴化三苯基乙基磷、60mg18-冠-6、2.97g碳酸钾和20ml二氧六环，在92℃和氮气的条件下搅拌反应24h，反应完之后，用20ml二氧六环稀释反应混合物，减压过滤，洗涤、萃取、干燥、经硅胶G柱层析，得顺反-2，4，5-三甲氧基苯丙烯的混合物共 3.0g。

证据 4-1 的实验部分公开了细辛脑的合成方法，包括：用对苯醌乙酰化获得的 1，2，4-三乙酸苯酯（12.5g）用硫酸二甲酯（36ml）在碱性介质中甲基化得 1，2，4-三甲氧基苯；将新蒸的氧氯化磷（8ml）加入冷却至 5℃的二甲基甲酰胺（15ml）中，将混合物缓慢倒入用二甲基甲酰胺（15ml）溶解的 1，2，4-三甲氧基苯（10g）中，反应混合物放在蒸汽浴上回流 4 小时，然后用水稀释，$NaHCO_3$ 中和，放置 2 小时，用乙醚萃取，用热水重结晶；将 1，2，4-三甲氧基苯甲醛（19.6g）与熔化的丙酸钠（9.6g）以及丙酸酐（10ml）充分混合，反应混合物在油浴上加热到 160℃，保温 1 小时，然后升温 170~180℃，保温 3 小时，将混合物倒入水中得到不饱和酸，过滤，用热水重结晶；将上述不饱和酸（12.0g）用碱石灰（24.0g）脱羧得 2，4，5-三甲氧基-1-丙烯基苯（5g）。在另一种合成方法中，2，4，5-三甲氧基-1-丙烯基苯用 10% 的乙醇重结晶。

由此可见，证据 3-3、证据 3-4 和证据 9-1 也没有公开上述的区别特征，证据 4-1 没有公开区别特征（1）、（2）和（4），因此基于相同理由，权利要求 1 相对于证据 3-4、证据 4-1、证据 3-2 和证据 4-1、证据 9-1 和证据 4-1、证据 3-3 和证据 4-1 也具有创造性，符合专利法第 22 条第 3 款的规定。

权利要求 2 引用了权利要求 1，其中所述的甲基化反应阶段与权利要求 1 不同，因此，除了甲基化反应阶段外，权利要求 2 与证据 3-2 相比依然存在前文所述的其他三个区别特征（2）、（3）和（4），故基于相同理由，权利要求 2 相对于证据 3-2 具有创造性，符合专利法第 22 条第 3 款的规定。

同理，权利要求 3 相对于证据 3-2 也具有创造性。另外，由于证据 4-1 没有公开上述的区别特征（2）和（4），因此，基于相同理由，权利要求 3 相对于证据 3-2 与证据 4-1 的结合也具有创造性，符合专利法第 22 条第 3 款的规定。

基于以上事实和理由，本案合议组作出如下审查决定。

三、决定

宣告第 02158881.3 号发明专利权的权利要求 4 无效，在权利要求 1~3 的基础上维持本发明专利权有效。

当事人对本决定不服的，可以根据专利法第 46 条第 2 款的规定，自收到本决定之日起三个月内向北京市第一中级人民法院起诉。根据该款的规定，一方当事人起诉后，另一方当事人应当作为第三人参加诉讼。

020

夹套式定型辊

无效宣告请求审查决定（第13592号）

决　　定　　号　第13592号
决　　定　　日　2009年6月22日
实用新型名称　夹套式定型辊
国 际 分 类 号　D06C3/06，D06C7/02
无效宣告请求人　上海太平洋纺织机械成套设备有限公司
专　利　权　人　无锡市志荣建材设备厂，中国船舶科学研究中心
专　　利　　号　01245154.1
申　　请　　日　2001年7月31日
授 权 公 告 日　2002年4月24日
合 议 组 组 长　刘　亚
主　　审　　员　王　磊
参　　审　　员　吴红权

法　律　依　据　专利法第26条第3款，专利法第22条第3款
决　定　要　点

如果所属技术领域的技术人员依据实用新型专利说明书记载的内容，结合其所掌握的本领域普通技术知识，在不付出创造性劳动的情况下能够实现该实用新型专利的技术方案，解决其技术问题，并产生预期的技术效果，则该实用新型专利说明书对于其所保护的技术方案的描述就是清楚和完整的。

如果现有技术给出了将一项实用新型专利保护的方案与最接近现有技术方案之间的区别技术特征应用于该最接近的现有技术方案中以解决该实用新型专利实际所解决的技术问题的启示，则该实用新型专利保护的方案对于本领域技术人员来说是显而易见的，不具备创造性。

一、案由

本无效宣告请求案涉及国家知识产权局于2002年4月24日授权公告的、名称为“夹套式定型辊”的01245154.1号实用新型专利权（下称本专利），其申请日为2001年7月31日，专利权人为无锡市志荣建材设备厂、中国船舶科学研究中心（由锡山市东方建材设备厂变更而来）。该专利授权公告的权利要求书如下：

“1. 一种由内筒体（5）和外筒体（6）组成的夹套式定型辊，其特征为内筒体（5）上开设有轴向进汽槽（3）和相通的回汽槽（14），内筒体（5）和外筒体（6）的上端面由盖板（2）密封，下端面设有配气盘（7），配汽盘（7）连接空心轴（10），空心轴（10）的轴孔内设有回汽管（9）和

密封圈（8），回汽管（9）将轴孔分夹成进汽道（11）和回汽道（12），进汽道（11）经配气盘（7）的进气孔与内筒体（5）上的进汽槽（3）连通，回汽道（12）经配气盘（7）的回汽孔与内筒体上的回汽槽（14）相连通。

2. 按权利要求1所述的夹套式定型辊，其特征为所说的进汽槽（3）、回汽槽（14）为矩形槽，分别设置六条。

3. 按权利要求1所述的夹套式定型辊，其特征为盖板（2）下部设有撑板（3）和撑柱（1）。

4. 按权利要求1所述的夹套定型辊，其特征为外桶体（6）的表面有厚度≥0.08mm的喷砂镀铬层。”

针对上述专利权，上海太平洋纺织机械成套设备有限公司（下称请求人）于2008年10月16日向国家知识产权局专利复审委员会提出无效宣告请求，请求宣告本专利权全部无效，理由是本专利权利要求1~4不符合专利法第22条第3款和专利法第26条第4款的规定，本专利独立权利要求1不符合专利法实施细则第21条第2款的规定，本专利说明书不符合专利法第26条第3款的规定，并提交了下述材料作为证据：

证据1：专利号为US3581812的美国专利说明书，授权公告日为1971年6月1日，复印件5页，以及其盖有“上海图书馆上海科学技术情报研究所文献服务部翻译专用章”的中文译文8页。

证据2：专利号为US2936158的美国专利说明书，授权公告日为1960年5月10日，复印件4页，以及其盖有“上海图书馆上海科学技术情报研究所文献服务部翻译专用章”的中文译文6页。

证据3：《铣工操作技能手册》，陈宏钧、马素敏编，机械工业出版社，1998年8月第1版第1次印刷，封面封底、出版信息页、前言、目录页和第174~175页，盖有“上海图书馆上海科学技术情报研究所文献服务部”公章，复印件5页。

请求人同时还提交了盖有国家知识产权局专利检索咨询中心副本认证专用章的01245154.1号中国实用新型专利说明书（即本专利授权公告文本），复印件共6页。

请求人认为：（1）权利要求1~4不具备创造性，不符合专利法第22条第3款的规定。①以证据1作为最接近现有技术，证据1涉及一种热交换设备，具体是一种用于拉丝系统和圆筒干燥器的热导丝盘，其包括外套1、内套4、弹簧片6、面5、钻孔8、钻孔9、供汽管线10、闭环管线11等（参见证据1说明书第3页择优表现的说明，附图2）。权利要求1与证据1相比，区别在于权利要求1的方案包括“开设进汽槽13和回汽槽14”（下称区别特征1）、“密封圈8”（下称区别特征2）、“进汽道11位于外部，回汽道12位于内部”（下称区别特征3）。证据1则是由弹簧片分成小室，无密封圈8，供汽管线10位于内部，闭环管线11位于外部。区别特征1实际解决的技术问题是形成一结构更简单的循环通道。在证据2（说明书译文第2页第11~13行以及图1、图4）中提到了“这些通道可以通过在芯体表面加工的槽来形成”，该技术手段也是解决形成一结构更简单的循环通道的技术问题，其所起的作用与区别特征1所起的作用相同；同时证据3（第174页）中也公开了“铣削一端不通的槽”，该技术手段也是形成一结构简单的槽，其作用与区别特征1所起的作用相同。区别特征2实际解决的技术问题是保证进汽通道的气密性，在证据4（教科书）中公开了该特征，该证据给出了将该区别特征应用到证据1中以解决其存在的技术问题的启示；区别特征3属于位置的变化，并没有产生技术效果的改变，也没有解决什么技术问题，这种位置的交换也是本领域技术人员不需要付出创造性劳动就能获得的。因此，权利要求1不具备创造性。

②证据1说明书中译文第3页第2~3行中公开了“内套和外套之间的空间能至少细分成六个小室，最好是12个小室”，结合图1和图3可知进汽6小室，回汽6小室。其与权利要求2的附加技术特征相比不同在于权利要求2中限定了进汽槽、回汽槽为矩形，证据1中图1的小室是扇形。该区别

技术特征属于常规的几何形状变化，并没有起到显著的技术效果，也没有解决任何技术问题，因此权利要求 2 不具备创造性。

③权利要求 3 中的“撑板”在证据 1 中说明书第 3 页第 26~31 行公开了，证据 1 中的“圆盘”和权利要求 3 中的撑板是相同的技术手段，两者的作用相同，虽然“撑柱”在证据 1 中没有公开，但是该“撑柱”的增加对于外桶体刚性的增加没有显著的技术效果，反而要增加加工工艺，从而增加成本；该技术手段也是普通的生活常识，对于本领域技术人员是显而易见的，因此权利要求 3 不具备创造性。

④权利要求 4 的附加技术特征为“外桶体（6）的表面有厚度≥0.08mm 的喷砂镀铬层”，其中“≥0.08mm 的喷砂镀铬层”是技术的倒退，且该数值范围在证据 1 中公开了（参见证据 1 中文译文第 5 页第 1~3 行和第 3 页倒数第 3 行），因此权利要求 4 不具备创造性。

（2）权利要求 1 中缺少解决技术问题的必要技术特征，不符合专利法实施细则第 21 条第 2 款的规定。有关必要技术特征在权利要求 2~4 中均未记载，无论专利权人如何修改均不符合专利法实施细则第 21 条第 2 款的规定。具体理由为：①权利要求 1 中没有记载进汽槽和回汽槽在内筒体上轴向和径向的分布情况，而实际上该两槽在轴向上必须到达内筒体两端，径向上必须均匀分布，才可以解决“加热均匀”的技术问题，因此，进汽槽和回汽槽在内筒体外壁上的轴向和径向上的分布情况是解决“加热均匀”这一技术问题的必要技术特征。并且，权利要求 2~4 中均未记载该特征，上述缺陷不能通过修改克服。②密封圈位置关系限定不充分，根据说明书图 1 可见在密封圈和回汽管之间还有一未命名的零部件，密封圈安装处是容易泄漏的部位，故该三者的位置关系是实现正常通汽功能的必要技术特征，权利要求 1 中缺乏该必要技术特征。③权利要求 1 中未记载进汽道与进汽孔之间如何连通这一必要技术特征，根据权利要求 1 的记载，结合说明书及附图，发现密封圈、回汽管、密封圈与回汽管之间的未命名的零部件已经把进汽道堵住，权利要求 1 中进汽道（11）是怎样经配汽盘的进汽孔与内筒体（5）上的进汽槽（3）连通，这显然是必要技术特征。

（3）权利要求 1 中“进汽槽”、“回汽槽”中的“槽”概括的上位概念所包含的下位概念例如三角槽不能解决本专利加热均匀的技术问题，权利要求 3、4 中同样如此，因此权利要求 1、3、4 得不到说明书支持。权利要求 1 中的“密封圈”概括的上位概念所包含的下位概念例如 U 形密封圈不能解决本专利保证气密性的技术问题，因此得不到说明书支持，权利要求 2~4 同样也得不到说明书支持。由于外筒体的内壁是圆弧状，因此权利要求 2 中的“矩形槽”的限定得不到说明书支持，不符合专利法第 26 条第 4 款的规定。

（4）说明书存在如下公开不充分之处：a. 从图 1 看出进汽道 11 和回汽道 12 实际上是一个通道，即由回汽管 9 分割空心轴 10 所形成的环形管道空间，因而无法实现既进汽又回汽的功能，导致本领域技术人员无法实现该技术方案；b. 由于进汽道被密封圈、回汽管、密封圈与回汽管之间的未命名零件堵住，使得进气道无法经配汽盘的进汽孔与内筒体上的进汽槽连通；c. 说明书和附图未清楚记载“撑柱”是如何达到增加外筒体表面的刚性这一功能，且说明书第 2 页记载“撑柱和撑板与内筒体焊接成一整体，”但撑柱与内筒体如何焊接成一体不清楚，使得本领域技术人员无法实现本专利。

经形式审查合格后，专利复审委员会受理了上述请求，于 2008 年 10 月 16 日和 2008 年 10 月 20 日分别向请求人和专利权人发出《无效宣告请求受理通知书》，并将《专利权无效宣告请求书》及其他有关文件的副本转送给专利权人，要求其在指定的期限内答复，同时成立合议组对本无效宣告请求案进行审理。

2008 年 11 月 14 日，请求人提交了补充的意见陈述书和如下证据（编号续前）：

证据 4：《最新实用机械加工手册》（上册），黎桂英等编，广东科技出版社，1995 年 6 月第 1 版第 1 次印刷，封面封底、出版信息页、目录页和第 738、739、744~747 页，盖有“上海图书馆上海科学技术情报研究所文献服务部”公章，复印件 7 页。

证据 5：《现代综合机械设计手册 中》，彭荣济编，北京出版社，1999 年 1 月第 1 版第 1 次印刷，中册的封面页、扉页、出版信息页、目录页和第 1381、1382 页，盖有“上海图书馆上海科学技术情报研究所文献服务部”公章，复印件 7 页。

证据 6：《现代综合机械设计手册 下》，彭荣济编，北京出版社，1999 年 1 月第 1 版第 1 次印刷，下册的封面页、扉页、出版信息页、目录页和第 2476、2477 页，盖有“上海图书馆上海科学技术情报研究所文献服务部”公章，复印件 7 页。

证据 7：《密封元件 O 形密封圈》，近森德重（日）著，机械工业出版社，1976 年 6 月第 1 版第 1 次印刷，封面封底、出版信息页、序言、目录页和第 1~3 页，盖有“上海图书馆上海科学技术情报研究所文献服务部”公章，复印件 5 页。

证据 8：《表面处理工艺大全》，柳玉波主编，中国计量出版社，1996 年 5 月第 1 版第 1 次印刷，封面页、出版信息页、目录页和第 17、18、240 页，盖有“上海图书馆上海科学技术情报研究所文献服务部”公章，复印件 8 页。

请求人补充了如下理由：

（1）关于权利要求 1 得不到说明书支持，请求人有理由怀疑其他形状的槽不能实现加热均匀的目的，例如采用倒 T 形槽就会导致外筒体表面温度不均匀，因此权利要求 1 中的“进汽槽”和“回汽槽”概括了一个较宽的保护范围，不符合专利法第 26 条第 4 款的规定。

（2）权利要求 1 不具有创造性的评述方式是证据 1 结合公知常识，或者证据 1 与证据 2、公知常识结合。“开设进汽槽 13 和回汽槽 14”为本领域技术人员公知常识，最接近的现有技术是布置弹簧片形成通道，而“开槽”形成通道在结构上相对简单，通过“铣”的方法获得结构简单的槽明显是本领域公知常识，参见证据 3、证据 5；“密封圈”是本领域公知常识，通过“密封圈”获得良好的气密性明显是本领域公知常识，参见证据 6、证据 8；“进汽道 11 位于外部，回汽道 12 位于内部”相比最接近现有技术仅是位置关系的变化，没有导致效果的变化，或者效果的变化是可以预料的；因此权利要求 1 不具备创造性。

（3）权利要求 4 不具备创造性。证据 1 中已经批露镀铬以及镀铬的厚度（见证据 1 说明书中译文第 3 页倒数第 3 行、第 5 页第 2~3 行），而≥0.08mm 的喷砂镀铬相比证据 1 的 70μm（非喷砂）镀铬会增加成本，且要增加喷砂工艺，既没有进步也没有效果上的变化。喷砂工艺是本领域公知常识（见证据 9 第 18 页），用于提高金属制件表层与镀覆层之间的结合力。证据 1 结合上述公知常识，给出了将上述区别特征即喷砂用于解决其技术问题的启示，因此权利要求 4 不具备创造性。

2008 年 11 月 28 日，本案合议组向双方当事人发出《无效宣告请求口头审理通知书》，拟定于 2009 年 1 月 13 日对本专利权的无效宣告请求进行口头审理，并且将请求人于 2008 年 11 月 14 日提交的意见陈述书及其附件的副本转送给专利权人。

2008 年 12 月 4 日，专利权人针对《无效宣告请求口头审理通知书》向专利复审委员会提交了意见陈述书，其认为请求人提交的意见陈述的技术特征对比表已能看出证据 1 并未披露本专利的全部技术特征，这些“区别特征”与本专利权利要求的特征既不相同，也不等同，请求人主观臆断本专利不具有创造性，其目的在于拖延时间，增加专利权人的维权成本。

2009 年 1 月 13 日，口头审理如期进行，双方当事人的代理人出席了口头审理，并表示对合议组成员均无回避请求。庭审过程中，合议组就本案的无效宣告请求的理由及证据逐一进行了调查，双方当事人充分陈述了各自的意见。在此基础上，合议组记录了以下事项：

（1）合议组将专利权人于 2008 年 12 月 4 日提交的意见陈述书全文的复印件共 2 页当庭转送给请

求人。对于专利权人的上述意见，请求人表示当庭进行答辩，不需要给予时间在庭后答辩。

（2）请求人当庭确定其无效宣告请求的理由为：本专利权利要求1不符合专利法实施细则第21条第2款的规定；本专利说明书不符合专利法第26条第3款的规定；本专利权利要求1~4不符合专利法第26条第4款的规定；本专利权利要求1~4不符合专利法第22条第3款的规定。

（3）请求人当庭提交了证据1、2中文译文的原件和证据3~8的盖有“上海图书馆上海科学技术情报研究所文献服务部”红章的复印件。专利权人经当庭核实后认可证据1~8的真实性、合法性、关联性和公开性，对证据1、2的中文译文的准确性没有异议。

（4）请求人当庭明确评价权利要求1~4创造性时仅使用证据1结合公知常识，或者证据1结合证据2和公知常识两种评价方式，其中证据3~8用来证明公知常识。证据1作为最接近的现有技术。请求人明确在评价创造性时证据1使用的部分为其中文译文第2页倒数第2段至第3页第1段、第4页关于“择优表现”下方的段落结合附图1~3。

至此，合议组认为本案的事实已经清楚，可以作出审查决定。

二、决定的理由

1. 关于文本

本无效宣告请求审查决定所针对的文本是本专利授权公告的文本。

2. 关于证据

请求人在提出无效宣告请求时提交了证据1~3，并于提出无效宣告请求之日起一个月内补充提交了证据4~8。请求人在口头审理当庭提交了证据1、2中文译文的原件和证据3~9的盖有“上海图书馆上海科学技术情报研究所文献服务部”红章的复印件。专利权人经当庭核实后，对证据1~8的真实性、合法性、关联性和公开性均无异议，对证据1、2的中文译文的准确性没有异议。在此基础上，合议组经核实，对上述证据予以采信，并且，合议组查明，证据1~8均为书证，其中证据1~2为美国专利文献，证据3~8为技术手册类的书籍文献，这些证据的公开日均在本专利申请日之前，因此可以作为现有技术用于评价本专利权利要求的创造性。

3. 关于专利法第26条第3款

专利法第26条第3款规定：说明书应当对发明或者实用新型作出清楚、完整的说明，以所属技术领域的技术人员能够实现为准。

如果所属技术领域的技术人员依据实用新型专利说明书记载的内容，结合其所掌握的本领域普通技术知识，在不付出创造性劳动的情况下能够实现该实用新型专利的技术方案，解决其技术问题，并产生预期的技术效果，则该实用新型专利说明书对于其所保护的技术方案的描述就是清楚和完整的。

就本案而言，根据说明书的记载，本实用新型专利涉及一种用于化纤生产的热定型辊，旨在提供一种结构简单、能耗小、加热均匀、产品质量稳定、成本低的夹套式定型辊。说明书第1页第4段和第5段记载了所述夹套式定型辊的结构、各部件连接关系和位置关系。说明书第1页第6段记载了本专利的夹套式定型辊在使用时“热蒸气从进汽道，经进气孔进入进汽槽，再经回汽孔进入回汽槽，以加热外筒体”，达到“桶体外圆加热均匀，热能利用率高，加热速度快，温度调节方便，范围宽，并可使化纤拉丝和加弹同时完成，有利于缩短生产周期，提高产品质量和降低生产成本”的效果。在说明书第2页具体实施方式部分还结合附图1-3详细描述了该定型辊各部件的构成、位置关系和连接关系以及热蒸汽在各部件中运行的次序。

请求人提出，说明书存在如下公开不充分之处：a. 从图1看出进汽道11和回汽道12实际上是一个通道，即由回汽管9分割空心轴10所形成的环形管道空间，因而无法实现既进汽又回汽的功能，导致本领域技术人员无法实现技术方案；b. 由于进汽道被密封圈、回汽管、密封圈与回汽管之间的未命名零件堵住，使得进气道无法经配汽盘的进汽孔与内筒体上的进汽槽连通；c. 说明书和附图未清楚记载“撑柱”是如何达到增加外筒体表面的刚性这一功能，且说明书第2页记载“撑柱和撑板与内筒体焊接成一整体，”但撑柱与内筒体如何焊接成一体不清楚，使得本领域技术人员无法实现本专利。

对此，合议组认为，首先，对于权利要求1~4的技术方案，在说明书第1页第4~5段和第2页第3段中已经进行了清楚地描述，如“撑柱1和撑板4与内筒体5焊接成一整体……热蒸汽从空心轴10轴孔中的进汽道11，经配汽盘7进入内筒体5，从a1-6六个进汽孔向两边分流至槽尾端……从配汽盘7进入回汽管9返回汽源”。本领域技术人员在本专利说明书记载的上述内容的基础上，结合其所掌握的本领域普通技术知识即可实现本专利权利要求1~4的技术方案，解决其技术问题，并产生预期的技术效果。其次，请求人主要认为说明书附图1存在一些不清楚之处，但附图1仅是本专利的一个具体实施方式中夹套式定型辊的结构示意图，即使其中某些部件未具体描述也不会影响本专利技术方案的实现。而且，说明书附图2~3示出了本专利夹套式定型辊的汽道走向和单回路运行状况，基于此本领域技术人员完全能够理解本专利的夹套式定型辊中热蒸气的进汽和回汽是如何运行的。此外，根据本专利说明书的记载，热蒸汽经由回汽管9返回热源，本领域技术人员可以理解，回汽管9内部空间将构成回汽通道，在口头审理中，专利权人亦认为附图1中附图标记12位置标记错误，回汽道12实际上是指回汽管9的内部空间，其与进汽道被分隔为两个空间，而请求人在无效宣告请求书中同样认为本专利“进汽道11位于外部，回汽道12位于内部”；因此，请求人认为回汽道与进汽道是一个通道以及进汽道无法经配汽盘的进汽孔与内筒体上的进汽槽连通而导致技术方案无法实现的主张不成立。至于附图1中的“撑柱”是如何与内筒体焊接以增加外筒体表面强度的问题，本领域技术人员根据说明书附图1中所示的结构能够理解撑柱1可以与撑板4一起与内筒体5焊接成一整体来提供定型辊刚性。因此，本专利说明书已经对权利要求1~4的技术方案作出了清楚、完整的说明，故本专利说明书符合专利法第26条第3款的规定。

4. 关于专利法第22条第3款

专利法第22条第3款规定：创造性，是指同申请日以前已有的技术相比，该发明有突出的实质性特点和显著的进步，该实用新型有实质性特点和进步。

如果现有技术给出了将一项实用新型专利保护的方案与最接近现有技术方案之间的区别技术特征应用于该最接近的现有技术方案中以解决该实用新型专利实际所解决的技术问题的启示，则该实用新型专利保护的方案对于本领域技术人员来说是显而易见的，不具备创造性。

就本案而言，权利要求1保护一种由内筒体（5）和外筒体（6）组成的夹套式定型辊（其内容参见案由部分）。

证据1涉及一种用于拉丝系统和圆筒干燥器的热导丝盘，其具体公开了“本专利的设备器械包括外套1和固定法兰2，钻孔3用于将导丝盘用螺钉拧到支撑轴（未示出）。在距离外套1的某个位置布置一个内套4，它与一个面5相连接。在外套1和内套4之间布置了带角度的弹簧片6，用于将两个套之间的空间细分成小室7。面5上有钻孔8和9。钻孔9与同心供汽管线10相连，钻孔8与闭环管线11相连。液态或蒸汽状态的热载体通过管线10进行提供，流经钻孔9进入某些小室7。这里热载体的流向用箭头表示，流至其他的面和通过开孔12进入附近的小室。在相邻的小室中，热载体以相反的方向流回到布置有轴承的一侧并通过钻孔8进入到闭环管线11，通过管线11冷却下来的热载体被排放掉。这个导丝盘的正面有一个圆盘13布置在内套4中，它最好是焊接到内套上，还有另外一个圆盘或圆环14靠在内套4和外套1上。在这一侧，小室7是关闭的，绝对是汽密封和液态密封的。在图3中，再次用图示说明通过单个小室7的液流方向”（参见证据1中文译文第4页最后一段及附图1-3）。

证据2公开了一种用于各种热交换用途的热交换滚筒，其目标在于“简化并改善进出滚筒的循环流体的流动，并改变在滚筒表面下面的流体速度来均衡或控制热交换而不减少跟滚筒的表面下部分的接触”，“最大的均衡传热是通过在芯体外围的由壳体打底和覆盖的浅循环通道来实现的。在 9 所标明的这些通道，可以通过在芯体表面加工的槽来形成”（参见证据 2 中文译文第 1 页第 1~4 段，第 2 页第 11~13 行）。

将权利要求 1 的技术方案与证据 1 公开的上述内容相比，证据 1 中的外套 1 和内套 4 分别对应于本专利的外筒体 6 和内筒体 5，证据 1 中的小室对应于本专利的轴向进汽槽 13 和回汽槽 14，证据 1 中的圆盘或圆环 14 相当于本专利的盖板 2，证据 1 中的面 5 相当于本专利的配汽盘 7，证据 1 的供汽管线 10 相当于本专利的进汽道 11，证据 1 的管线 11 相当于本专利的回汽道 12，证据 1 的钻孔 8 和 9 对应于本专利的回汽孔和进汽孔。可见，本专利和证据 1 中公开的技术方案的区别主要在于：（1）本专利权利要求 1 中内筒上开设有进汽槽和回汽槽，证据 1 中是以弹簧片 6 分成的小室作为内套上的汽道；（2）本专利权利要求 1 中空心轴的轴孔内有密封圈，证据 1 没有提及该部件；（3）本专利权利要求 1 中进汽道位于外部，回汽道位于内部，证据 1 中正好与之相反。

对于区别特征（1），即本专利在内筒上开设进汽槽和回汽槽，相比证据 1 中采用弹簧片 6 分隔成的小室 7 作为内套上的进汽、回汽通路，该特征实际要解决的技术问题是形成结构更简单的循环通道，并保证进汽通道的气密性。但是通过开槽形成通道的技术手段在证据 2 中已有教导，证据 2 中公开了热交换滚筒中循环流体的通道可以通过在芯体表面加工的槽来形成。也就是说，对于在内筒体上开槽形成通道的这一区别技术特征，在证据 2 中已经给出了明确的启示，本领域技术人员在证据 1 的基础上结合证据 2 的教导，很容易想到在证据 1 的方案中引入上述区别特征（1），以获得结构相对简单、气密性更好的技术效果，而这并没有产生任何预料不到的技术效果。

对于区别特征（2），即本专利权利要求 1 中空心轴的轴孔内设置的密封圈，其在本专利技术方案中所起的作用是提供进汽道与回汽道气密性，保证加热效果。虽然在证据 1 中没有提及这个部件，但是使用密封圈以提高流体流经部件的密封性是本领域的公知常识，例如在证据 6 第 1381 页的第 1 节“密封的主要类型和选择”中公开了可以采用 O 形密封圈来进行接触式的密封，即本领域技术人员在证据 1 的基础上结合本领域公知常识很容易想到在证据 1 的方案中引入上述密封圈，其所能达到的效果也是可以预料的。

对于区别特征（3），本专利是通过在空心轴 10 的轴孔内设回汽管 9，将轴孔分成进汽道 11 和回汽道 12，进汽道在外，回汽道在内，而证据 1 中是在空心轴轴孔内设管线，将进汽道 10 设在管线内部，在其外部形成回汽道 11（见证据 1 图 2）。这种区别只是相同部件的位置变换，而所述进汽道、回汽道在技术方案中所起的作用并无差别，本领域技术人员结合其掌握的常规手段根据具体实践的需要有能力作出类似的简单变换，从本专利的说明书中也看不出进汽道内外位置的差别会使得本专利相比证据 1 有任何预料不到的效果。

专利权人在口头审理中认为：（1）证据 1 中的圆环 14 不同于本专利的盖板 2，圆环是起密封和增强刚性的作用，本专利的盖板是起支撑作用；（2）本专利是根据实际应用出发，其中密封圈的位置是通过多次实验确定的，便于加工；（3）内筒上开槽起到加工方便、减少加工量、节省成本、发热效果好的作用。且本专利的配汽盘与证据 1 的面 5 在结构连接方式上不同。

对此，合议组认为，本专利权利要求 1 和说明书中并没有限定盖板具有除密封之外的其他特殊作用，证据 1 中的圆盘或圆环 14 也起到本领域惯常理解的密封和支撑作用，其与本专利的盖板是相同的特征。本专利权利要求 1 和说明书中仅表示“空心轴 10 的轴孔内设有回汽管 9 和密封圈 8”，并未记载密封圈的位置有何特殊之处，密封圈所起的作用也是普通的密封作用。对于内筒体开槽能带来的减少加工量、节省成本的效果，均是本领域技术人员结合证据 2 的教导及普通技术常识能够预期的，并且从权利要求1中对于配汽盘的描述也看不出其与证据1面5在结构连接方式上有何不同。退一步说，即使认为由于进汽管、回汽管的内外差别使得配汽盘的结构连接方式上与证据1面5有所差别，但是这种差别也属于位置关系的简单变换，本领域技术人员在实际制造中结合其掌握的常规技术手段很容易就能制造出类似结构的配汽盘从而实现本专利权利要求1的技术方案。因此，综上所述，本领域技术人员在证据1的基础上结合证据2和本领域公知常识就能获得本专利权利要求1保护的技术方案，说明书中也没有记载本专利相比现有技术有任何预料不到的技术效果，且专利权人也没有陈述出令人信服的本专利具有创造性的理由，故本专利权利要求1相对于证据1、证据2和本领域公知常识的结合不具备创造性，不符合专利法第22条第3款的规定。

权利要求2在权利要求1的基础上进一步限定了所述进汽槽、回汽槽为矩形槽，分别设置六条。证据1中公开了“内套和外套之间的空间至少分成六个小室，最好是12个小室”（见证据1中文译文第3页第2~3行），而矩形槽本身就是常规的几何形状。因此，在其引用的权利要求1不具备创造性的情况下，权利要求2相对于证据1、2和公知常识的结合也不具备创造性，不符合专利法第22条第3款的规定。

权利要求3在权利要求1的基础上进一步限定了盖板2下部设有撑板3和撑柱1。证据1中公开的圆盘13相当于撑板3（参见对权利要求1的评述）。对于没有在证据1中公开的撑柱1，实际是和撑板3一起增加筒体刚性的。本领域技术人员在解决筒体支撑问题时容易想到有多种部件可以增加筒体刚性，比如说用一整块圆盘支撑，或者用带骨架的圆环支撑，或者在圆盘中间用圆柱体焊接来支撑，上述支撑部件均是本领域的常规技术手段，其技术效果也是能够预想得到的，本领域技术人员在证据1、2的基础上结合其掌握的常规技术手段对证据1的圆盘进行简单变换，就能获得权利要求3的技术方案，且该附加技术特征并没有带来任何预料不到的技术效果。因此，权利要求3相对于证据1、2和公知常识的结合不具备创造性，不符合专利法第22条第3款的规定。

权利要求4在权利要求1的基础上进一步限定了外桶体6表面有厚度≥0.08mm的喷砂镀铬层。证据1中公开了“可以对导丝盘外套进行回火处理和/或镀铬处理。……采用非回火处理的导丝盘，镀铬层厚度通常需要大约70μm（参见证据1中文译文第3页第20行，第5页第2~3行）。可见，证据1中公开的镀铬层的厚度与权利要求4中限定的厚度范围非常接近，本领域技术人员在具体实施时根据实际需要调整镀铬层的厚度本身就是一种常规的技术手段，而喷砂镀铬也是一种常规的镀铬方式，从本申请说明书中看不出权利要求4限定的大于0.08mm的喷砂镀铬层会给所述技术方案带来显著的改进或预料不到的技术效果。因此，本领域技术人员在证据1、2和公知常识的基础上能够获得权利要求4保护的技术方案。权利要求4相对于证据1、2和公知常识的结合不具备创造性，不符合专利法第22条第3款的规定。

综上所述，权利要求1~4相对于证据1、2和公知常识的结合不具备专利法第22条第3款规定的创造性。

鉴于本专利权利要求1~4均不具备创造性，应据此宣告本专利所有权利要求全部无效，因此，对于请求人提出的其他无效宣告理由，合议组在本无效宣告请求审查决定中不再予以评述。

基于以上事实和理由，本案合议组作出如下审查决定。

三、决定

宣告01245154.1号实用新型专利权全部无效。

当事人对本决定不服的，可以根据专利法第46条第2款的规定，自收到本决定之日起三个月内向北京市第一中级人民法院起诉。根据该款的规定，一方当事人起诉后，另一方当事人应当作为第三人参加诉讼。

021

具有极好染色特性的荧光增白剂水成液组合物

无效宣告请求审查决定（第13629号）

决　定　号　第13629号
决　定　日　2009年6月28日
发明创造名称　具有极好染色特性的荧光增白剂水成液组合物
国 际 分 类 号　C09B67/44，C09B57/00，C09B23/14，C07D251/54，D06L3/12，D21H21/32
无效宣告请求人　克拉瑞特国际有限公司
专　利　权　人　日本化药株式会社
专　利　号　02807002.X
申　请　日　2002年3月20日
优　先　权　日　2001年3月22日
授 权 公 告 日　2006年1月4日
合 议 组 组 长　刘　亚
主　审　员　黄　强
参　审　员　吴红权

法　律　依　据　专利法第22条第3款，专利法第26条第3款、第4款
决　定　要　点

无效程序中，在判断一项发明专利是否具备创造性时，首先应将权利要求保护的技术方案与请求人提供的现有技术证据中公开的方案进行比较分析，找出区别特征，随后判断这些区别特征的引入是否使得该权利要求保护的技术方案具备突出的实质性特点和显著的进步。

一、案由

本无效宣告请求案涉及国家知识产权局于2006年1月4日授权公告、名称为“具有极好染色特性的荧光增白剂水成液组合物”的发明专利权（下称本专利），其专利号为02807002.X，申请日为2002年3月20日，优先权日为2001年3月22日，专利权人为日本化药株式会社。本专利授权公告的权利要求书如下：

“1. 水成液组合物，其特征在于含有10~40质量%的由以下式（1）所代表的游离酸形式的化合物的碱盐：

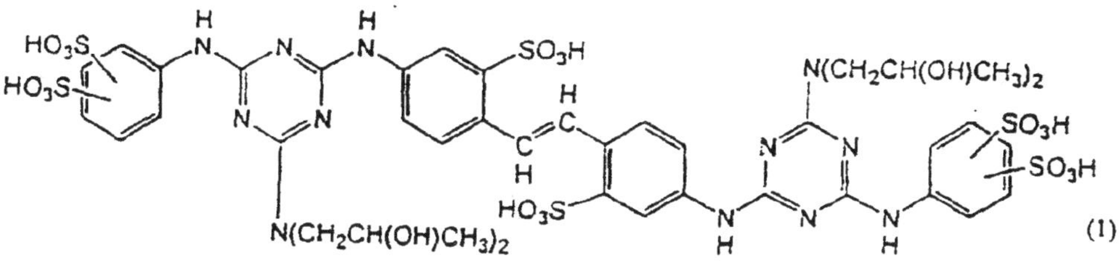

(1)

以及在水成液组合物中无机盐的含量是 1. 1~10 质量% 。

2. 如权利要求 1 的水成液组合物，其中式（1）所代表的碱盐为由以下式（2）所代表的游离酸形式的化合物的碱盐：

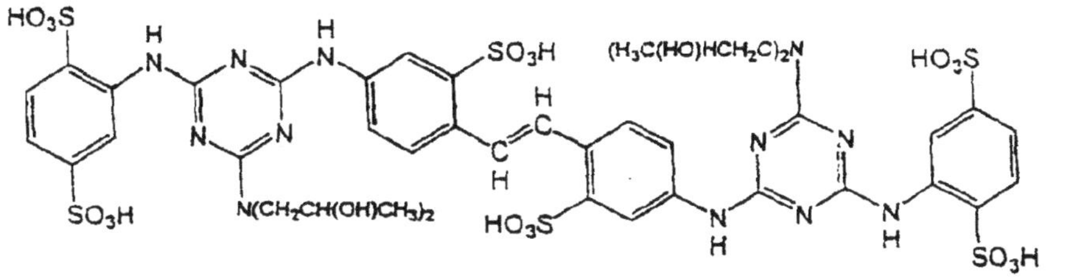

(2)

。

3. 如权利要求 1 或 2 的水成液组合物，其中所述的碱盐是碱金属盐、碱土金属盐或者铵盐。

4. 如权利要求 1 的水成液组合物，其中该水成液组合物基本不含有有机溶剂和加溶剂。

5. 用于纤维素荧光增白的方法，其特征在于使用如权利要求 3 所述的水成液组合物。

6. 用于喷墨记录纸荧光增白的方法，其特征在于将如权利要求 3 所述的水成液组合物与阳离子油墨固定剂一起使用。

7. 水成液组合物作为荧光增白剂的应用，其中所述水成液组合物含有 10~40 质量% 的如权利要求 1 所述的由式（1）所代表的游离酸形式的化合物的碱盐或者如权利要求 2 所述的由式（2）所代表的游离酸形式的化合物的碱盐，和 1. 1~10 质量% 的无机盐。”

针对上述专利权，克拉瑞特国际有限公司（下称请求人）于 2008 年 3 月 14 日向专利复审委员会提出无效宣告请求，认为本专利的权利要求 1~7 不符合专利法第 22 条第 3 款和第 26 条第 4 款的规定，本专利的说明书不符合专利法第 26 条第 3 款的规定，并同时提交了以下证据：

证据 1：英国专利说明书 GB1243479（复印件 9 页）及其中文译文（10 页），公开日为 1971 年 8 月 18 日；

证据 2：美国专利商标局对美国第 10/472，322 号专利申请的审查意见通知书（复印件 6 页）及其部分中文译文（2 页），邮寄日期 2005 年 1 月 6 日；

证据 3：美国第 10/472，322 号专利申请的申请人针对 2005 年 1 月 6 日的审查意见通知书作出答复的意见陈述书（复印件 5 页）及其部分中文译文（1 页）；

证据 4：美国第 10/472，322 号专利申请的公开说明书的著录项目页、第 8~9 页，公开号为 US2004/0111812A1，公开日为 2004 年 6 月 17 日，复印件共 3 页；

证据 5：美国第 10/472，322 号专利说明书的著录项目页和第 13~16 栏，授权公告号为 US6994734B2，授权公告日为 2006 年 2 月 7 日，复印件共 3 页。

请求人认为：

（1）证据 1 实施例 8 中获得的化合物与本专利权利要求 1 的式（I）化合物的碱盐完全相同，如果将证据 1 实施例 8 中获得的回收产物按照证据 1 第 3 页第 52~54 行记载的内容溶解于水，可获得一种水成液组合物，其含有 10~25 质量%的实施例 8 化合物，所述的“10~25 质量%”落入了本专利权利要求 1 中规定的“10~40 质量%”的范围。此外，由于证据 1 实施例 8 的反应过程中生成了无机盐氯化钠，采用真空蒸发的方法对产物进行回收，氯化钠即被带入回收产物中，将证据 1 实施例 8 中获得的回收产物溶解于水时，得到的水成液组合物必然含有氯化钠。尽管证据 1 没有直接公开其水成液组合物中所含的无机盐的浓度，但根据计算可知，如果将证据 1 实施例 8 中获得的回收产物按实施例 8 化合物为 10~25 质量%的浓度溶解于水，所获得的水成液组合物中将含有 2.5~6.1 质量%的氯化钠，“2.5~6.1 质量%”也落入了本专利权利要求 1 中规定的“1.1~10 质量%”的范围，本领域技术人员可通过有限次的试验即可将所述的“10~25 质量%”和“2.5~6.1 质量%”分别调整为权利要求 1 中规定的含量范围。因此，通过证据 1 实施例 8 所公开的内容，并结合证据 1 其他部分的内容，本领域技术人员可以很容易地获得本专利权利要求 1 所要求保护的技术方案，因此权利要求 1 相对于证据 1 不具备创造性。

权利要求 2 明确了权利要求 1 中式（I）化合物两端苯环上的磺酸根为 2、5 位，但该化合物与证据 1 实施例 8 获得的化合物相同（当碱盐为钠盐），基于与权利要求 1 相同的理由，权利要求 2 也不具备创造性。

权利要求 3~4 的附加技术特征均已在证据 1 中公开或者是本领域技术人员容易想到的，在所引用的权利要求不具备创造性的基础上，权利要求 3~4 也不具备创造性。

权利要求 5 保护一种用于纤维素荧光增白的方法，其特征在于使用如权利要求 3 所述的水成液组合物，证据 1 公开了“钠盐或钾盐形式的该新的荧光增白剂是无色至淡黄色的粉末，其能充分溶于水而制得 10%~25%的液体制剂”，并且还公开了其荧光增白剂可以为纤维素纤维构成的纸张进行荧光增白，而且证据 1 实施例 29~33 中公开了使用荧光增白剂的水成液组合物为由纤维素纤维构成的纸张进行荧光增白，因此权利要求 5 的技术方案是本领域技术人员容易想到的，在所引用的权利要求 3 不具备创造性的基础上，权利要求 5 也不具备创造性。

权利要求 6 保护一种用于喷墨记录纸荧光增白的方法，其特征在于将如权利要求 3 所述的水成液组合物与阳离子油墨固定剂一起使用。而将荧光增白剂的水成液组合物与阳离子油墨固定剂一起使用，用于喷墨记录纸的荧光增白是本领域的常规技术手段，对本领域技术人员而言是很容易想到的应用，因此在所引用的权利要求不具备创造性的基础上，权利要求 6 也不具备创造性。

权利要求 7 保护水成液组合物作为荧光增白剂的应用。证据 1 中公开了所述水成液组合物作为荧光增白剂的应用，因此，在所引用的权利要求不具备创造性的基础上，权利要求 7 也不具备创造性。

（2）证据 2~5 用于佐证本专利权利要求 1~7 不具备创造性。

（3）权利要求 1 中的上位概念“无机盐”概括了一个非常大的范围，而本专利的实施例 2 中仅使用了氯化钠这一种无机盐，说明书其他部分也仅记载了无机盐可以是“碱金属氯化物或者碱土金属氯化物（如氯化钠、氯化钾和氯化钙）和碱金属硫酸盐（如硫酸钠）或者碱土金属硫酸盐”，并优选氯化钠或者硫酸钠。本领域技术人员有理由怀疑当所述无机盐为氯化银等难溶性盐或者为硅酸盐、磷酸盐等本专利说明书未提到的盐时，不能解决发明所要解决的技术问题，并达到相同的效果，因此权利要求 1 没有以说明书为依据，不符合专利法第 26 条第 4 款的规定。由于权利要求 2~7 也并未对“无机盐”进行进一步的限定，因此权利要求 2~7 也没有以说明书为依据，不符合专利法第 26 条第 4 款的规定。

（4）本专利说明书中关于实施例 3 的记载为“在实施例 1 中所获得的反应溶液含有 15 质量%的式（2）所代表的化合物的钠盐（M=Na）。尽管该组合物含有 4.5 质量%的无机盐……”。实施例 3 没有对实施例 1 的方法进行任何更改，故应认为实施例 3 采用了与实施例 1 完全相同的原料、步骤、条件等进行反应，但实施例 3 中得到的组合物中含有 4.5 质量% 的无机盐，这与实施例 1 的记载（即，“尽管该组合物含有 1.8 质量% 的无机盐”）不同，因此本领域技术人员在阅读了本专利的实施例 1 和实施例 3 后，将不清楚这两个实施例中哪一个的记载是正确的，本专利说明书没有对发明作出清楚的说明，导致本领域技术人员无法实现。此外，本专利的实施例 1 和实施例 3 中均没有说明所获得的组合物中无机盐的具体种类以及添加方式，因此本领域技术人员无法根据说明书的实施例 1 和实施例 3 实现该发明。

经形式审查合格后，专利复审委员会受理了上述无效宣告请求，于 2008 年 4 月 3 日向双方当事人发出《无效宣告请求受理通知书》，并将请求人的《专利权无效宣告请求书》及其附件清单中所列附件的副本转送给专利权人，要求其在指定的期限内答复，同时成立合议组对本无效宣告请求案进行审理。

2008 年 5 月 12 日，专利权人针对上述《无效宣告请求受理通知书》提交了意见陈述书及权利要求书的修改替换页，其中请求人删除了授权公告的权利要求 1~5、7，对于授权公告的权利要求 6 也仅保留了间接引用权利要求 2 的技术方案并对其文字表述稍作调整后作为新的权利要求 1，修改后的权利要求书如下：

“1. 用于喷墨记录纸荧光增白的方法，其特征在于将水成液组合物与阳离子油墨固定剂一起使用，所述水成液组合物含有 10-40 质量% 的由以下式（2）所代表的游离酸形式的化合物的碱金属盐、碱土金属盐或者铵盐，和 1. 1-10 质量% 的无机盐，

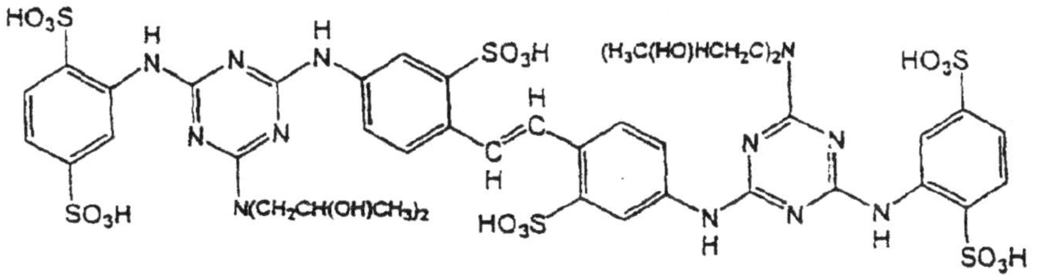

(2)

。”

专利权人认为：

（1）修改后的权利要求 1 的喷墨记录纸荧光增白方法限定于由式（2）表示的特定染料与阳离子油墨固定剂的组合使用。证据 1 没有公开或暗示式（2）化合物与阳离子油墨固定剂的组合使用，本专利的说明书实施例 6 和比较实施例 8 的白度数据（参见本专利说明书第 16 页表 3）表明式（2）化合物与阳离子油墨固定剂的组合使用具有优良的技术效果，因此相对于证据 1 而言，修改后的权利要求 1 具备创造性。

（2）修改后的权利要求 1 中术语“无机盐”虽然没有具体限定，但是根据本发明的说明书，其应该是指本发明的荧光增白剂制造过程中产生的作为副产物的无机盐以及后处理中盐析过程中添加的无机盐，本领域技术人员可以从说明书第 5 页第 29 行至第 7 页第 4 行记载的式（I）化合物的制造方法以及第 10 页第 24 行至第 11 页第 25 行的实施例 1~3 进行理解，本领域普通技术人员基于说明书的教导、本领域的现有技术和常识可以理解这一点，因此能够得到说明书的充分支持。

（3）说明书实施例 3 中含有 4.5 质量% 无机盐的液体为实施例 1 中得到的反应溶液本身，因此实施例 1 和 3 均是正确的，并且实施例 1 和 3 因未进行盐析，其中所含的无机盐仅仅是荧光增白剂制造过程中产生的无机盐，具体为氯化钠，因此本专利说明书完整并清楚地公开了本发明。

2009 年 2 月 6 日，本案合议组向无效宣告请求人发出《转送文件通知书》，将专利权人于 2008 年 5 月 12 日提交的意见陈述书及其附件转送于请求人。

2009 年 3 月 3 日，本案合议组向双方当事人发出《无效宣告请求口头审理通知书》，定于 2009

年 4 月 2 日对本案进行口头审理。

2009 年 3 月 17 日，请求人针对上述《转送文件通知书》提交了意见陈述书。请求人认为：

（1）按照本专利申请时的技术水平，将荧光增白剂与阳离子油墨固定剂一起使用，用于为喷墨记录纸的荧光增白，是本领域的常规技术手段，例如，可参考本专利说明书背景技术部分，即说明书第 2 页第 3 段的记载。既然普通荧光增白剂可与阳离子油墨固定剂一起使用（即使有因组合使用而在水中不溶，引起结晶析出等问题），那么将证据 1 的荧光增白剂与阳离子油墨固定剂一起使用，用于喷墨记录纸的荧光增白，对本领域技术人员也是容易想到的。此外，本专利的实施例 6 和比较实施例 8 相比，白度提高的原因在于实施例 6 的化合物在含有一定浓度的氯化钠水溶液中保持稳定的溶解状态，而比较实施例 7 和 8 的化合物在相同浓度的氯化钠水溶液中容易结晶析出，对于本领域技术人员而言，只需通过有限次实验将证据 1 中各实施例的化合物一一溶解于含有一定浓度的氯化钠的水中即可得到上述结论。将在含盐水溶液中保持稳定的化合物与阳离子油墨固定剂组合在一起，用于喷墨记录纸的荧光增白从而提高纸的白度是显而易见的选择，并不具备预料不到的技术效果，因此修改后的权利要求 1 不具备创造性。

（2）专利法第 26 条第 4 款的规定用于在实质审查过程或是无效宣告过程中评价一项权利要求的技术方案是否概括得当，在判断一项权利要求是否符合专利法第 26 条第 4 款的规定的时候，不能利用专利法第 56 条第 1 款的规定来对权利要求中的概念进行解释。权利要求 1 中术语“无机盐”是一个确定的概念，是清楚的，不应当引入说明书的内容对其进行解释，由于“无机盐”包含了专利权人推测的内容，其效果难以预先确定和评价，因此得不到说明书的支持。

（3）本专利实施例 1 中“获得的反应溶液含有 15 质量份的式（2）所代表的化合物”，根据实施例 1 的记载，式（2）化合物的浓度小于 5 质量%，这与实施例 3 记载的“在实施例 1 中所获得的反应溶液含有 15 质量% 的式（2）所代表的化合物的钠盐”不符，实施例 1 和 3 中式（2）所代表的化合物的钠盐含量方面相同，但无机盐的含量不同，实施例 1 中为 1.8 质量%，实施例 3 中为 4.5 质量%，前后矛盾，因此说明书不符合专利法第 26 条第 3 款的规定。

2009 年 4 月 2 日，口头审理如期进行，双方当事人均委托代理人出席了口头审理。双方当事人对合议组成员及书记员均无回避请求。合议组在此情况下就本无效宣告请求案进行了庭审调查，并记录了以下事实：

（1）请求人对修改后的权利要求书没有异议。合议组经核实，认为该修改文本符合审查指南的相关规定，并当庭告知双方当事人以修改后的权利要求书及授权公告的说明书作为审查基础进行口头审理。

（2）专利权人认可证据 1 的真实性、公开性以及译文准确性，认为证据 2~5 与本专利没有关联性。

（3）请求人放弃使用证据 2~5，确认其无效宣告请求的理由为权利要求 1 相对于证据 1 和常规技术手段的结合不具备创造性，不符合专利法第 22 条第 3 款的规定；权利要求 1 得不到说明书的支持，不符合专利法第 26 条第 4 款的规定；说明书不符合专利法第 26 条第 3 款的规定。

（4）合议组当庭将请求人于 2009 年 3 月 17 日提交的意见陈述书转送于专利权人，并指定专利权人于口头审理结束后 15 个工作日内提交意见陈述，逾期未提交视为对请求人的意见陈述无反对意见。

（5）专利权人认为本专利说明书第 11 页第 4 行的“15 质量份”为翻译错误，应当是 15 质量%。请求人认可该翻译错误。

2009 年 4 月 17 日，针对请求人于 2009 年 3 月 17 日提交的意见陈述书，专利权人提交了意见陈述书，专利权人认为：（1）请求人认为荧光增白剂与阳离子油墨固定剂一起使用是本领域的常规技术手段，除了本专利说明书的“发明背景”这部分以外，请求人没有提供任何证据加以证明，权利要求1的技术方案是非显而易见的，具备创造性。（2）术语“无机盐”对荧光增白剂领域的技术人员而言有其具体含义，而不是指化学领域的任何无机盐，因此可以得到说明书的支持。（3）根据国际申请文件可以确定“15质量分”为明显笔误，且上述笔误不会影响专利权的保护范围，因此说明书是清楚的，符合专利法第26条第3款的规定。

至此，合议组认为本案的事实已经清楚，可以作出审查决定。

二、决定的理由

1. 关于审查文本

专利权人于2008年5月12日提交了修改的权利要求书，其中删除了授权公告的权利要求1~5、7，保留授权公告的权利要求6间接引用权利要求2的技术方案并对其文字表述稍作调整后作为修改后的权利要求1。请求人对该修改无异议。合议组经核实，认为修改后的权利要求1符合审查指南的相关规定。因此，本无效宣告请求审查决定所针对的文本是：专利权人于2008年5月12日提交的权利要求1，本专利授权公告的说明书第1~17页以及说明书摘要。

2. 关于证据

请求人在无效宣告请求审查阶段共提交了5份证据，鉴于请求人在口头审理中当庭放弃使用证据2~5，因此合议组仅考虑证据1。专利权人对证据1的真实性、公开性以及译文准确性无异议。经核实，合议组对证据1的真实性和译文准确性予以认可，基于证据1的公开时间在本专利优先权日之前，因此证据1可以作为现有技术用于评价本专利。

3. 关于专利法第26条第4款

专利法第26条第4款规定，权利要求书应当以说明书为依据，说明要求专利保护的范围。

权利要求的技术方案应当是所属技术领域的技术人员能够从说明书充分公开的内容中得到或概括得出的技术方案。

请求人认为，权利要求1中术语“无机盐”概括范围太大，本领域技术人员有理由怀疑该上位概念所包含的多种下位概念不能解决发明所要解决的技术问题（即为荧光增白剂提供极好的贮存稳定性），当所述无机盐为氯化银等难溶性盐或者为硅酸盐、磷酸盐等本专利说明书未提到的盐时，不能解决发明所要解决的技术问题，因此权利要求1没有以说明书为依据，不符合专利法第26条第4款的规定。

对此，合议组认为：首先，根据本专利说明书的记载，本专利权利要求1的方法所要解决的技术问题是通过选择如权利要求1所述的水成液组合物与阳离子油墨固定剂一起使用用于喷墨记录纸的荧光增白，仍能达到在染色中所需的高白色。结合本专利说明书的整体内容来看，本专利权利要求1的方法中所使用的阴离子荧光增白剂是现有已知的，包含阴离子荧光增白剂的水成液组合物中的无机盐主要来源于阴离子荧光增白剂的制备和后处理过程，本领域技术人员根据现有技术能够明了阴离子荧光增白剂的水成液组合物中所含无机盐的具体种类。通常阴离子荧光增白剂中副产物无机盐的存在会影响其稳定性，但权利要求1的水成液组合物中无机盐的含量为1.1~10质量%时，无需进行额外的脱盐步骤，该水成液组合物仍具有较高的稳定性，没有结晶析出，与阳离子油墨固定剂一起使用时对喷墨记录纸具有较好的荧光增白性能，而且说明书并未对权利要求1的水成液组合物中包含的无机盐的具体种类作出特殊要求。由此可知，水成液组合物中无机盐的具体种类的不同不会对上述所要解决的技术问题产生实质影响。其次，对于权利要求1的方法中所概括的无机盐，请求人仅仅声称本领域技术人员不能预期其所概括的所有的无机盐均能实现本发明，但没有具体阐述究竟为何不能解决本发明所要解决的技术问题，其论断缺乏理论和/或证据支持。

因此，对请求人以权利要求 1 中的无机盐得不到说明书支持从而不符合专利法第 26 条第 4 款规定的无效理由，合议组不予支持。

4. 关于专利法第 26 条第 3 款

专利法第 26 条 3 款规定，说明书应当对发明或者实用新型作出清楚、完整的说明，以所属技术领域的技术人员能够实现为准。

请求人认为，本专利说明书实施例 1 和 3 中无机盐含量前后出现矛盾，且实施例 1 和实施例 3 中均没有说明所获得的组合物中无机盐的具体种类以及添加方式，因此说明书没有对发明作出清楚的说明，不符合专利法第 26 条第 3 款的规定。

对此，合议组认为，首先，本专利申请为以外文提交和公布的 PCT 国际申请，双方当事人参加口头审理时均确认实施例 1 中“15 质量份”（即本专利授权公告的说明书第 11 页第 4 行）为翻译错误，依照原始提交的国际申请文件来看，其应当为 15 质量%，在此基础上，本领域技术人员从说明书的上下文描述中可以理解，实施例 3 中含有 4.5 质量% 无机盐的溶液应当为实施例 1 中在加入二-2-丙醇胺反应之后得到的反应溶液（参见本专利授权公告的说明书第 11 页第 2~4 行），而实施例 1 对该反应溶液进行了后续处理，得到的最终组合物中无机盐含量为 1.8 质量%，因此实施例 1 和实施例 3 并无矛盾之处；其次，本领域技术人员通过实施例 1 和 3 的描述并结合其掌握的公知常识，可以理解，实施例 1 和 3 中无机盐主要为式（2）化合物制备过程中产生的氯化钠，因此，本领域技术人员完全明了实施例 1 和 3 中无机盐的具体种类以及添加方式。综上所述，合议组对请求人认为说明书没有对发明作出清楚的说明的主张不予支持。

5. 关于专利法第 22 条第 3 款

专利法第 22 条第 3 款规定，创造性，是指同申请日以前已有的技术相比，该发明有突出的实质性特点和显著的进步。

无效程序中，在判断一项发明专利是否具备创造性时，首先应将权利要求保护的技术方案与请求人提供的现有技术证据中公开的方案进行比较分析，找出区别特征，随后判断这些区别特征的引入是否使得该权利要求保护的技术方案具备突出的实质性特点和显著的进步。

就本案而言，权利要求 1 保护一种用于喷墨记录纸荧光增白的方法，其特征在于将水成液组合物与阳离子油墨固定剂一起使用，所述水成液组合物含有 10~40 质量% 的由式（2）所代表的游离酸形式的化合物的碱金属盐、碱土金属盐或者铵盐，和 1.1~10 质量% 的无机盐。

证据 1（GB1243479，公布日为 1971 年 8 月 18 日）公开了一种对纸张或纸浆进行荧光增白的方法（参见其权利要求 1~5），包括使用通式 I 的双-均三嗪基氨基芪-2，2-二磺酸化合物（即荧光增白剂）对纸张或纸浆进行施敷，其中说明书实施例 8 中制备的式 I 化合物即为本专利权利要求 1 中式（2）化合物的钠盐，说明书还记载了“钠盐和钾盐形式的该新的荧光增白剂是无色至淡黄色的粉末，其能充分溶解于水而制得 10%~25% 的液体制剂（所谓的“液体增白剂”）”（参见译文第 4 页第 16~17 行）。

将权利要求 1 的技术方案与证据 1 公开的上述内容进行比较可知，两者的区别至少在于：证据 1 没有公开水成液组合物与阳离子油墨固定剂组合；证据 1 未具体提及所述纸张或纸浆可为喷墨记录纸。上述区别特征的引入实际解决了喷墨记录纸荧光增白的方法中阳离子油墨固定剂与阴离子荧光增白剂一起使用时仍能达到所需高白色的技术问题。显然，证据 1 本身并未给出将上述区别特征应用于证据 1 中以解决其存在的技术问题的启示。

请求人认为，水成液组合物与阳离子油墨固定剂组合使用是一种常规技术选择，并且认为本专利说明书背景部分第 2 页第 3 段给出了阴离子荧光增白剂可以与阳离子油墨固定剂一起使用的技术启示。对此，合议组认为，请求人在整个无效宣告请求阶段都没有提供证明在喷墨记录纸荧光增白的方法中水成液组合物与阳离子油墨固定剂组合使用属于本领域常规技术选择的任何证据；其次，本专利说明书第 2 页第 3 段仅提及“当前述阳离子固定剂与阴离子荧光增白剂被一起使用时，油墨固定剂与荧光增白剂在溶液中结合使得它们在水中不溶，因此，引起结晶析出以及不能达到在染色中所需的高白色的缺点”，本领域技术人员从该段描述获知的信息是在喷墨记录纸荧光增白的方法中阳离子油墨固定剂与阴离子荧光增白剂一起使用存在缺陷，基于该缺陷，本领域技术人员不会想到将阳离子油墨固定剂与阴离子荧光增白剂组合使用；再次，本专利说明书第 2 页第 3 段的内容本身不属于现有技术，不能直接用来评价本专利的创造性，请求人亦没有提供任何证据证明本专利说明书第 2 页第 3 段的内容属于现有技术，在此情况下，不能认为现有技术给出了在喷墨记录纸荧光增白的方法中将阳离子油墨固定剂与本专利权利要求 1 方法中所用阴离子荧光增白剂组合使用的启示。

因此，就目前的证据而言，本专利权利要求 1 的方法对于本领域技术人员来说是非显而易见的。在此情况下，对于请求人提出的权利要求 1 相对于证据 1 和本领域常规技术手段的结合不具备创造性的无效理由，合议组不予支持。

基于以上事实和理由，合议组作出如下审查决定。

三、决定

在专利权人于 2008 年 5 月 12 日提交的权利要求书的基础上，维持 02807002. X 号发明专利权有效。

当事人对本决定不服的，可以根据专利法第 46 条第 2 款的规定，自收到本决定之日起三个月内向北京市第一中级人民法院起诉。根据该款的规定，一方当事人起诉后，另一方当事人应当作为第三人参加诉讼。

022

蒸汽挂熨烫机蒸汽发生器

无效宣告请求审查决定（第13690号）

决　　定　　号　第13690号
决　　定　　日　2009年7月16日
发明创造名称　蒸汽挂熨烫机蒸汽发生器
国 际 分 类 号　D06F 75/24
无效宣告请求人　佛山市麦尔电器有限公司
专　利　权　人　上海域桥电器有限公司
专　　利　　号　03229759.9
申　　请　　日　2003年3月25日
授 权 公 告 日　2004年5月12日
合 议 组 组 长　张　霞
主　　审　　员　张　琳
参　　审　　员　乔东峰

法　律　依　据　专利法第22条第3款、第4款
决　定　要　点

权利要求技术方案能够制造和使用，符合专利法第22条第4款规定，且相对于现有技术具有实质性特点和进步，具有创造性，符合专利法第22条第3款规定。

一、案由

本无效宣告请求涉及国家知识产权局于2004年5月12日授权公告的03229759.9号实用新型专利，该实用新型专利名称为“蒸汽挂熨烫机蒸汽发生器”，申请日为2003年3月25日，专利权人是上海域桥电器有限公司。

授权公告的权利要求如下：

“1. 蒸汽挂熨烫机蒸汽发生器，包括壳体，其特征在于：在管状的壳体内有一电热管，电热管为空心管，电热空心管的管壁上有通孔，电热管固定在壳体上端的出气管接口，出气管接口由螺纹与壳体上端的螺纹连接，出气管接口的出口管为弯折管，壳体的下部有进水口，壳体下部有放水孔，放水孔有螺母封闭，

2. 按权利要求1所述的蒸汽挂熨烫机蒸汽发生器，其特征在于：电热空心管的管壁上的通孔至少有三个，

3. 按权利要求1或2所述的蒸汽挂熨烫机蒸汽发生器，其特征在于：电热空心管的管壁上的通

孔为多边形。”

针对上述专利权（下称本专利），佛山市麦尔电器有限公司（下称请求人）于2009年3月5日向专利复审委员会提出无效宣告请求，其依据的事实和理由是：本专利权利要求1~3不具有实用性，不符合专利法第22条第4款规定；权利要求1~3相对于附件1不具备新颖性、创造性，不符合专利法第22条第2款、第3款的规定。请求人提交了如下附件作为证据：

附件1：专利号为ZL99258656.9的中国实用新型专利说明书复印件共8页，其授权公告日为2000年10月4日；

附件2：本专利实用新型说明书复印件共5页。

经形式审查合格，专利复审委员会于2009年3月5日向双方发出无效宣告请求受理通知书，并同时将无效宣告请求书及其附件的副本转送给专利权人，要求其在指定期限内陈述意见。

专利复审委员会于2009年3月31日向双方当事人发出了口头审理通知书，定于2009年5月19日对本案进行口头审理。

针对请求人的无效宣告请求，专利权人于2009年4月20日提交了意见陈述书，专利权人认为：本专利具有实用性；本专利权利要求1~3具有新颖性和创造性。

口头审理如期进行。双方当事人均委托代理人出席了口头审理，对对方当事人身份无疑义，对合议组成员无回避请求。合议组当庭将专利权人意见陈述转交给请求人。专利权人对附件1的真实性无异议。请求人放弃权利要求1~3不符合专利法第22条第2款规定的无效宣告请求理由，明确无效请求理由为：本申请权利要求1~3不符合专利法第22条第3款、第4款。具体来说，请求人认为，由于权利要求1中没有说明接电装置，且发热管接在出气口上会漏电、装置不能实现连续快速产生蒸汽的技术效果，故权利要求1~3不符合专利法第22条第4款的规定；权利要求1~3相对于附件1没有创造性。

在双方当事人意见陈述及口头审理的基础上，合议组经合议，认为本案事实清楚，依法作出本审查决定。

二、决定的理由

1. 关于证据的认定

附件1（下称对比文件1）为专利号为ZL99258656.9的中国实用新型专利说明书复印件，授权公告日为2000年10月4日，早于本专利申请日，专利权人对此真实性无异议，故可以作为评价本专利是否具有创造性的证据使用。

2. 关于实用性

专利法第22条第4款规定：实用性，是指该发明或者实用新型能够制造或者使用，并且能够产生积极效果。

权利要求1要求保护一种蒸汽挂熨烫机蒸汽发生器，其中有关“电热管”的位置限定为“在管状的壳体内有一电热管”、“电热管固定再壳体上端的出气管接口”，根据权利要求1中“电热管”的限定以及其功能可知，电热管用于加热其中的水从而产生蒸汽。请求人认为，权利要求1没有限定“接电装置”，对此合议组认为，权利要求1虽然没有明确限定“接电装置”，但根据本领域技术人员的理解，对于加热用的“电热管”进行通电加热是必然的，而其如何通电即如何进行电路连接并不是本专利要解决的技术问题，本领域技术人员通过权利要求1能够理解“电热管”可以通过常规的方法进行通电，故权利要求1没有明确限定“通电装置”并不能说明权利要求1的技术方案不能够制造或者使用；同时，合议组认为请求人认为的“发热管接在出气口上会漏电、装置不能实现连续快速产生蒸汽的技术效果”没有充分的依据，即权利要求1限定的“电热管固定再壳体上端的出气管接口”并不能必然推出其会漏电的结论，且权利要求 1 的技术方案符合自然规律，在加热管内的水经过加热会产生蒸汽。综上所述，请求人认为权利要求 1 不具备实用性的理由合议组不予支持，权利要求 1 符合专利法第 22 条第 4 款的规定。基于同样的理由，权利要求 2、3 也符合专利法第 22 条第 4 款的规定。

3. 关于创造性

专利法第 22 条第 3 款规定：创造性，是指同申请日以前已有的技术相比，该发明有突出的实质性特点和显著的进步，该实用新型有实质性特点和进步。

权利要求 1 要求保护一种蒸汽挂熨烫机蒸汽发生器。对比文件 1 公开了一种蒸汽熨烫机，其中附图 1、2 以及说明书第 2 页第 9 段公开了“供水壶 2 和贮水杯 3 通过输水连接管 4 对蒸汽发生器 5 进行自动供水，蒸汽发生器 5 上的盖气嘴 53 的进气口紧插有气水过滤管 57，产生的蒸汽从气水过滤管上的孔 59 排出，可降低蒸汽的湿度，排出的蒸汽经过双头插接管 69 到导气管 6”，因此从构造来看，气水过滤管 57 上有通孔 59，其通过紧插的盖气嘴 53、双头插接管 69 连接到导气管 6。从形状上看，对比文件 1 气水过滤管 57 对应于权利要求 1 的加热管，但是，对比文件 1 的气水过滤管没有权利要求 1“加热管”的加热功能，其作用在于导出蒸汽，同时降低湿度，但权利要求 1 的“加热管”的作用不仅在于导出蒸汽，更重要的是加热功能。由此可见，对比文件 1 没有公开权利要求 1 有关加热管所述的“在管状的壳体内有一电热管，电热管为空心管，电热空心管的管壁上有通孔，电热管固定在壳体上端的出气管接口”技术特征，同时对比文件 1 没有公开出气管的连接方式以及封壳体下部闭方式“出气管接口由螺纹与壳体上端的螺纹连接，出气管接口的出口管为弯折管，壳体的下部有进水口，壳体下部有放水孔，放水孔有螺母封闭”。故权利要求 1 相对于对比文件 1 具有实质性特点和进步，具有专利法第 22 条第 3 款规定的创造性。

在独立权利要求 1 具有创造性的情况下，其从属权利要求 2、3 也符合专利法第 22 条第 3 款的规定。

三、决定

维持第 03229759.9 号实用新型专利权有效。

当事人对本决定不服的，可以根据专利法第 46 条第 2 款的规定，自收到本决定之日起 3 个月内向北京市第一中级人民法院起诉。根据该款的规定，一方当事人起诉后，另一方当事人应当作为第三人参加诉讼。

023

四苄基伏格列波糖的结晶及制备方法

无效宣告请求审查决定（第13740号）

决　　定　　号　第13740号
决　　定　　日　2009年7月22日
发明创造名称　四苄基伏格列波糖的结晶及制备方法
国 际 分 类 号　C07C215/44，C07C213/10
无效宣告请求人　北京天衡药物研究院
专　利　权　人　无锡药兴医药科技有限公司
专　　利　　号　200610061713.4
申　　请　　日　2006年7月17日
授 权 公 告 日　2008年6月11日
合 议 组 组 长　孙跃飞
主　　审　　员　李亚林
参　　审　　员　蔡　雷

法　律　依　据　专利法第22条第2款、第3款
决　定　要　点

在无效宣告程序中，如果无效宣告的理由为某一权利要求相对于某一现有技术不具备新颖性，而根据专利文件和现有技术的文字描述无法确定二者是否为相同的技术方案，此时，无效宣告请求人应承担证明二者相同的举证责任，在请求人没有出具有效证据证明的情况下，该现有技术无法破坏上述权利要求的新颖性。

对于一项保护已知化合物的晶体的权利要求而言，如果本领域技术人员有动机制备该已知化合物的晶体并且通过常规的技术手段即可制备得到权利要求所保护的晶体，且该晶体较已知化合物的已有形态没有产生预料不到的技术效果，则该权利要求不具备创造性。

一、案由

本无效宣告请求案涉及国家知识产权局于2008年6月11日公告授予的、名称为“四苄基伏格列波糖的结晶及制备方法”的200610061713.4号发明专利权（下称本专利），其申请日为2006年7月17日，专利权人为无锡药兴医药科技有限公司。本专利授权公告的权利要求书如下：

“1. 一种结晶形式的四苄基伏格列波糖，其化学名为（1S）-（1（羟基），2，4，5/1，3）-2，3，4-三-氧-苄基-5-［（2-羟基-1-（羟甲基）乙基）氨基］-1-碳-苄氧基甲基-1，2，3，4-环己烷四醇，结构式如下所示：

其特征为：

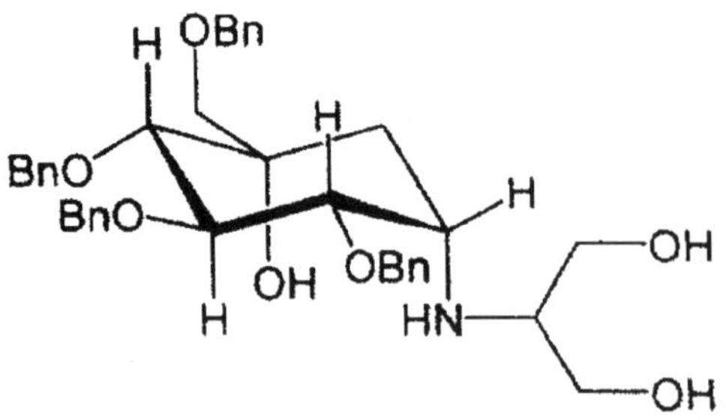

具有图 5 所示的四苄基伏格列波糖结晶粉末的 X-射线衍射图；

具有图 6 所示的差示扫描量热分析图；

具有图 7 所示的红外光谱图特征。

2. 根据权利要求 1 所述的结晶形式的四苄基伏格列波糖的制备方法，其主要步骤是：将 1 份油状的四苄基伏格列波糖溶解于 0.5~5 倍体积比的极性非质子性溶剂中；然后加入 2~20 倍体积比的另外一种非极性溶剂，在室温搅拌下析出结晶，然后放置 1~5 小时，再在 0~5℃放置 1~5 小时，过滤出的结晶真空干燥 10~12 小时。

3. 根据权利要求 2 的制备方法，其特征在于：所述的极性非质子性溶剂是乙酸乙酯、异丙醚、乙醚、四氢呋喃中的一种。

4. 根据权利要求 3 的制备方法，其特征在于：所述的极性非质子性溶剂是乙酸乙酯。

5. 根据权利要求 3 的制备方法，其特征在于：所述的极性非质子性溶剂是异丙醚。

6. 根据权利要求 2 的制备方法，其特征在于：所述的非极性溶剂是环己烷、正己烷、四氯化碳或石油醚。

7. 根据权利要求 6 的制备方法：其特征在于：所述的非极性溶剂是环己烷。

8. 根据权利要求 6 的制备方法：其特征在于：所述的非极性溶剂是正己烷。

9. 根据权利要求 1 所述的结晶形式的四苄基伏格列波糖在制备伏格列波糖的应用。"

针对上述专利权，北京天衡药物研究院（下称请求人）于 2009 年 3 月 31 日向专利复审委员会提出无效宣告请求，认为本专利权利要求 1 不符合专利法第 22 条第 2 款的规定，权利要求 1~9 不符合专利法第 22 条第 3 款的规定。请求人同时提交了如下证据 1~2：

证据 1：US4824943 号美国专利公告说明书，公告日为 1989 年 4 月 25 日，复印件 21 页，US4824943 号美国专利实施例 6、7 的中文译文 2 页；

证据 2：据称是按照 US4824943 号美国专利制备的产品的谱图，4 页。

请求人认为：（1）证据 1 公开了四苄基伏格列波糖的白色粉末，只是没有具体公开其晶型相关的数据，难以将本专利权利要求 1 的结晶形式的四苄基伏格列波糖与证据 1 区别开，可以推定二者相同。另外，请求人根据证据 1 公开的内容制备得到白色结晶性粉末，检测结果证明其 X-射线衍射（XRD）、差示扫描量热分析（DSC）和红外（IR）光谱与本专利附图 5-7 一致（见证据 2）。综上，权利要求 1 不具备新颖性。（2）鉴于证据 1 公开了将四苄基伏格列波糖制备出白色固体粉末，本专利所述的结晶四苄基伏格列波糖相对于油状产物的积极效果，例如更容易保存和运输、使用时取用和称量方便等优点，相对于证据 1 的白色粉末均不成立，因而，权利要求 1 不具备创造性。（3）权利要求 2~8 涉及制备结晶四苄基伏格列波糖的方法，其中将可结晶的物质溶于极性溶剂中，然后加入大量非极性溶剂，搅拌析出结晶的方法，是本领域的公知常识；尽管限定了溶剂种类和比例，但所用溶剂都是常用溶剂和比例，故权利要求 2~8 不具备创造性。（4）权利要求 9 涉及结晶态的四苄基伏格列波糖的应用，而证据1的实例7已经公开了四苄基伏格列波糖用于制备伏格列波糖，故权利要求9不具备创造性。

经形式审查合格后，专利复审委员会受理了上述无效宣告请求，于2009年3月31日向双方当事人发出《无效宣告请求受理通知书》，并将请求人的《专利权无效宣告请求书》及其附件的副本转送给专利权人，要求其在指定的期限内答复，同时成立合议组对本无效宣告请求案进行审理。

在指定的期限内，专利权人未进行答复。

2009年4月30日，请求人补充提交了意见陈述书，并补充提交下述证据（编号续前）：

证据3：陈景出具的实验报告、盖有“中国科学院化学研究所核磁实验室”章的1HNMR图谱、盖有“中国科学院化学研究所分析测试中心”章的XRD图谱、盖有“中国科学院工程塑料重点实验室”章的DSC和IR图谱，陈景的博士学位证书以及博士后进站审核表，复印件共11页。

证据4：李文出具的实验检测报告，首页盖有“中国科学院理化技术研究所业务章”并有李文的签名，化合物合成过程的说明、IR图谱、XRD图谱、DSC图谱和1HNMR图谱，复印件共7页。

证据5：“Synthesis of Valiolamine and Its N-Substituted Derivatives AO-128, Validoxylamine G, and Validamycin G via Branched-Chain Inosose Derivatives”，Hiroshi Fukase和Satoshi Horii，J. Org. Chem.，1992年第57期，第3651~3658页，复印件8页。

证据6：“Synthesis of a Branched-Chain Inosose Derivatives, a Versatile Synthon of N-Substituted Valiolamine Derivatives from D-Glucose”，Hiroshi Fukase和Satoshi Horii，J. Org. Chem.，1992年第57期，第3642~3650页，复印件9页。

请求人认为：（1）补充证据3~6进一步说明权利要求1不具备新颖性。证据3和4使用与证据1实施例6相同的原料，重复证据1实施例6的实验，得到证据1实施例6的产物。证据3和4中的XRD、DSC和IR图谱与本专利图谱一致，因此，证据3和4实验所得产物与本专利权利要求1相同。证据6用于印证证据3和4中原料与证据1实施例6原料相同。证据5用于印证证据3和4中所得产物与证据1实施例6相同，原因在于证据5和6的作者是证据1的发明人。（2）证据1实施例7公开了实施例6的四苄基伏格列波糖在制备伏格列波糖中的应用，在本专利权利要求1相对于证据1实施例6不具备新颖性的情况下，本专利权利要求9也不具备新颖性。

2009年5月25日，本案合议组向双方当事人发出《无效宣告请求口头审理通知书》，定于2009年7月13日对本案进行口头审理。同时，将请求人于2009年4月30日补充提交的意见陈述书和相关的副本转送专利权人。

2009年7月13日，口头审理如期进行，双方当事人的代理人出席了口头审理。合议组就本无效宣告请求案的无效理由及证据逐一进行了调查，双方当事人均充分陈述了各自的意见，合议组在此基础上记录了以下事项：

（1）请求人放弃证据2，出示证据3-4原件，提交盖有“国家图书馆科技查新中心”骑缝红章的证据5~6的证明文件。

（2）专利权人认可证据1的真实性和公开性以及中文译文的准确性，认可证据3-4与原件一致，认可证据5~6的真实性。专利权人不认可证据3-4的真实性，理由为，①证据3-4是请求人单方委托他人进行的实验，无法确定其中所附图谱就是实验所得产品的图谱；②证据3-4的实验步骤与证据1在反应物和相关试剂的用量、若干反应条件和操作等方面存在区别，且证据3-4没有提供所得白色粉末的重量和产率。专利权人认为证据3-4没有依据证据1的方法进行严格重复，故无法证明证据1的方法制得的产品与本专利是相同的。专利权人认为请求人未提供证据5~6的中文译文，证据5~6应视为未提交。

（3）请求人当庭提交证据7——浙江大学硕士学位论文，“溶析结晶法制备聚合物微粒的研究”，作者为林丽明，盖有“国家图书馆科技查新中心”骑缝红章，第64页，以及盖有“国家图书馆科技查新中心”红章的文献复制证明，第1页。专利权人认为证据7并非公知常识性证据，超过举证期限，应不予认可。

至此，合议组认为本案的事实清楚，可以作出审查决定。

二、决定的理由

1. 关于证据

请求人共提交了7份证据，其中，请求人放弃了证据2，本决定对该证据不予评述。

专利权人对证据1的真实性、公开性和译文准确性没有异议，合议组对证据1真实性、公开性和译文准确性予以认可。证据1的公开时间为1989年4月25日，早于本专利的申请日，可以作为用于评价本专利是否具备新颖性和创造性的证据。

专利权人对证据3-4的真实性和证明力有异议。

证据3共11页，其中第1~2页记载了据称是按照US4824943（即，证据1）实施例6进行重复实验的实验步骤、实验结果并有操作人陈景的签名，第2页“实验结果”部分声称后面的图谱分别为原料的1HNMR图谱、产品的1HNMR图谱、XRD图谱、DSC和IR图谱，第3~5页为盖有“中国科学院化学研究所核磁实验室”章的1HNMR图谱，第6~7页为盖有“中国科学院化学研究所分析测试中心”章的XRD图谱，第8~9页分别为盖有“中国科学院工程塑料重点实验室”章的DSC和IR图谱，第10页为陈景的博士学位证书复印件，第11页为陈景的博士后进站审核表复印件。请求人提交证据3的目的在于证明证据1实施例6所得产物的XRD、DSC和IR与本专利权利要求1化合物相同。

对于证据3，合议组认为，首先，证据3是请求人单方委托他人进行的实验，在专利权人质疑该证据的真实性且请求人没有其他证据佐证的情况下，该证据的真实性存疑。其次，在证据3中，除陈景声称外，没有证据表明涉及四苄基伏格列波糖的图谱（第5~9页）来源于证据3第1~2页实验步骤所得产品，证据3第1~2页实际上是陈景的书面证言，而陈景没有正当理由未出席口头审理作证，在此情况下，陈景关于证据3中图谱来源于证据3第1~2页实验步骤所得产品的证言的真实性存疑且证明力不足，无法证明其第1~2页实验步骤所得产品与第3~7页的图谱之间具有对应关系，更无法证明证据1实施例6所得产物的XRD、DSC和IR与本专利权利要求1化合物相同。综上，合议组对于证据3不予采信。

证据4共7页，其中第1页记载了四苄基伏格列波糖的XRD图谱，并有李文的签名和“中国科学院理化技术研究所业务处”章，第2页记载了四苄基伏格列波糖的合成过程，第3~5页分别为IR、XRD和DSC图谱，其中第2~5页既没有签名也没有签章。请求人提交证据4的目的在于证明证据1实施例6所得产物的XRD、DSC和IR与本专利权利要求1化合物相同。

对于证据4，合议组认为，首先，证据4是请求人单方委托他人进行的实验，在专利权人质疑该证据的真实性且请求人没有其他证据佐证的情况下，该证据的真实性存疑。其次，在有签名和签章的证据4第1页，无法看出具有如图所示的XRD图谱的四苄基伏格列波糖的来源，无法得出如图所示的XRD图谱来自对于第2页合成方法所得产品的结论。此外，证据4第3~5页的图谱中也没有记载其所测试化合物的来源。可见，证据4的真实性存疑且证明力不足，无法证明其第2页合成过程所得产品与第3~5页的图谱之间具有对应关系，更无法证明证据1实施例6所得产物的XRD、DSC和IR与本专利权利要求1化合物相同。综上，合议组对于证据4不予采信。

证据5~6为外文期刊，专利权人认可其真实性，但认为请求人没有在举证期限内提交中文译文，故这两份证据应视为未提交。

请求人提交证据5~6的目的在于通过比较1HNMR数据从而验证证据3-4中所用原料以及所得产物的结构。由于1HNMR数据无需翻译，且请求人在意见陈述书中翻译了具有所指出的1HNMR数据的化合物的化学名称，因此，请求人已经对证据5~6中所用部分进行了必要的翻译，专利权人认为证据5~6应视为未提交的理由不成立。但是，由于证据3-4不为合议组采信，使得用于印证证据3-4中化合物结构的证据5~6与本案失去了关联性，因此，在下面无效宣告理由的评述中不再予以考虑。

证据7为浙江大学硕士学位论文，其并非公知常识性证据，且其提交日期超过了请求人的举证期限，对于该证据，合议组不予考虑。

2. 关于专利法第22条第2款

专利法第22条第2款规定：新颖性，是指在申请日以前没有同样的发明或者实用新型在国内外出版物上公开发表过、在国内公开使用过或者以其他方式为公众所知，也没有同样的发明或者实用新型由他人向国务院专利行政部门提出过申请并且记载在申请日以后公布的专利申请文件中。

在无效宣告程序中，如果无效宣告的理由为某一权利要求相对于某一现有技术不具备新颖性，而根据专利文件和现有技术的文字描述无法确定二者是否为相同的技术方案，此时，无效宣告请求人应承担证明二者相同的举证责任，在请求人没有出具有效证据证明的情况下，该现有技术无法破坏上述权利要求的新颖性。

（1）权利要求1。

权利要求1保护一种结晶形式的四苄基伏格列波糖，并使用XRD、DSC和IR图谱对其进行了描述。

请求人认为，证据1公开了将四苄基伏格列波糖的乙酸乙酯溶液真空浓缩，可以得到白色粉末，只是没有具体公开其晶型相关的数据，难以将本专利权利要求1的结晶形式的四苄基伏格列波糖与证据1区别开，可以推定二者相同。另外，请求人补充证据2~6进一步说明权利要求1不具备新颖性。

鉴于证据2被请求人放弃，证据3-4不被合议组采信，证据5~6不为合议组考虑，故请求人关于权利要求1不具备新颖性的证据仅余证据1。

证据1公开了四苄基伏格列波糖的制备方法，并制备得到白色粉末状的四苄基伏格列波糖（参见证据1实施例6）。

证据1中的“白色粉末”是对四苄基伏格列波糖物理形态的描述，由该描述，无法看出其是无定型还是晶体，更无从知晓四苄基伏格列波糖分子的空间堆积情况。而本专利权利要求1保护的是具有具体的分子堆积模式的四苄基伏格列波糖晶体，权利要求1中的XRD图谱限定了其结晶形式的四苄基伏格列波糖为正交晶系，P2（1）2（1）2（1）空间群，晶胞参数为：a=7.8487（16）Å、b=20.746（4）Å、c=20.988（4）Å（参见本专利说明书第3页表1）。仅依据证据1尚无法确定其实施例6所得产品与本专利权利要求1的晶体相同，在此情况下，请求人认为权利要求1不符合专利法第22条第2款有关新颖性规定的理由不成立。

（2）权利要求9。

权利要求9保护根据权利要求1所述的结晶形式的四苄基伏格列波糖在制备伏格列波糖的应用。

请求人认为，证据1实施例7公开了实施例6的四苄基伏格列波糖在制备伏格列波糖中的应用，在本专利权利要求1相对于证据1实施例6不具备新颖性的情况下，本专利权利要求9也不具备新颖性。

如前所述，请求人认为权利要求1相对于证据1实施例6不具备新颖性的理由不成立，在此基础上，请求人认为权利要求9不符合专利法第22条第2款有关新颖性规定的理由也不成立。

3. 关于专利法第22条第3款

专利法第22条第3款规定：创造性是指同申请日以前已有的技术相比，该发明有突出的实质性特点和显著的进步。

（1）权利要求1。

对于一项保护已知化合物的晶体的权利要求而言，如果本领域技术人员有动机制备该已知化合物的晶体并且通过常规的技术手段即可制备得到权利要求所保护的晶体，且该晶体较已知化合物的已有形态没有产生预料不到的技术效果，则该权利要求不具备创造性。

权利要求1保护一种结晶形式的四苄基伏格列波糖，并使用XRD、DSC和IR图谱对其进行了描述。

证据1公开了四苄基伏格列波糖的制备方法，并公开了经硅胶柱层析用乙酸乙酯洗脱，从而制备得到白色粉末状的四苄基伏格列波糖的纯化方法（参见证据1实施例6）。

比较权利要求1与证据1可见，二者的区别在于，权利要求1保护的是具有某种具体结晶形式的四苄基伏格列波糖，而证据1没有公开其白色粉末状四苄基伏格列波糖的堆积形态。

合议组查明，本专利中并未提及现有技术存在固体形态的四苄基伏格列波糖，更未提及权利要求1所述的结晶形式的四苄基伏格列波糖相对于证据1中固体形态的四苄基伏格列波糖具有何种积极效果，无法对二者的效果进行直接比较。

本专利说明书第2页第5段记载了本专利的发明目的："为了克服现有的油状四苄基伏格列波糖品质存在的不足之处，本发明的目的在于提供一种结晶状态的四苄基伏格列波糖"，本专利说明书第12页第4段声称其结晶形式的四苄基伏格列波糖的积极效果在于："四苄基伏格列波糖结晶形态同油状相比，更容易保存和运输，使用时取用和称量更方便，便于投料和生产操作。同时由于结晶状态的四苄基伏格列波糖具有比油状更高的纯度和含量，因而在利用其制备伏格列波糖的时候，反应中带入或产生的杂质更少，所以利用这种结晶可以制备出更高质量的伏格列波糖，从而使得生产出来的伏格列波糖制成制剂后具有更好的治疗效果，更少的毒副作用"。根据上述内容可以看出，本专利针对现有的油状四苄基伏格列波糖存在的不足，提供了一种如权利要求1所述的结晶形式的四苄基伏格列波糖，并相对于油状的四苄基伏格列波糖而言获得了积极效果。

证据1公开的白色粉末状四苄基伏格列波糖为固体形态，其与油状相比，当然具有更容易保存和运输、使用时取用和称量更方便、便于投料和生产操作的积极效果。至于本专利中所述的结晶状态比油状具有更高纯度的优点，虽然证据1没有公开其白色粉末中四苄基伏格列波糖的含量，但本领域技术人员可以确信证据1的白色粉末较本专利实施例1的油状将具有更高含量的四苄基伏格列波糖，而且，无论是证据1还是本专利实施例1的制备方法，均使用柱层析对反应产物进行分离纯化，为了提高产品纯度的目的，只要牺牲产率仅收集产品纯度较高的洗脱液即可实现，本领域技术人员在重复证据1的方法时，即可获得四苄基伏格列波糖纯度较高的白色粉末。通过如上的间接比较可见，证据1的白色粉末状四苄基伏格列波糖也能够解决本专利所要解决的技术问题、实现本专利所具有的积极效果。

由此可以确定本专利权利要求1相对于证据1实际解决的技术问题是，提供另一种固体形态的四苄基伏格列波糖，其具有确定的晶型。由此，本案的焦点在于：现有技术中是否存在制备结晶形式的四苄基伏格列波糖的技术启示。

在证据1的方法中，实施例7获得了目标产物伏格列波糖，该目标产物经乙醇处理析出无色结晶，而实施例6获得的四苄基伏格列波糖则是中间体，该中间体未经处理用于下一反应步骤中。证据

1的上述操作符合有机合成实践的常规，因为，在有机合成过程中，对于具有多个反应步骤的合成方法而言，关注的重点通常在于目标产物，比如，目标产物是否具有预期结构，其纯度、产率是否符合要求，等等，而对于其中间体，如果中间体所含杂质不致于对后续反应产生不良影响、不致于难以与目标产物分离，则，通常不进行额外处理以避免增加操作步骤、影响收率。

由于证据1的关注点在于获得伏格列波糖，因而未对其中的中间体——四苄基伏格列波糖进行处理，但这不表明本领域技术人员不知晓处理四苄基伏格列波糖从而提高其品质的方法。当以四苄基伏格列波糖为目标产物，本领域技术人员面对白色粉末状尤其是油状的产物时，显然有动机对该产物进行处理以期获得固体甚至结晶状的产品，本领域最常见的处理方法就是进行结晶操作。证据1公开了四苄基伏格列波糖可以溶解于乙酸乙酯中，并且在真空浓缩条件下会得到四苄基伏格列波糖白色粉末。本领域技术人员据此信息，自然可以想到的常规的结晶手段有二：一是单纯利用乙酸乙酯进行结晶操作，二是利用乙酸乙酯与非极性溶剂进行结晶操作。本专利权利要求1的结晶即是通过第二种结晶手段获得的。由此可见，本领域技术人员在以四苄基伏格列波糖为目标产物时，有动机对四苄基伏格列波糖进行结晶操作，并且依据常规的结晶手段即可获得本专利权利要求1的结晶形式的四苄基伏格列波糖，权利要求1是显而易见的。

此外，从效果角度看，本专利中并没有记载权利要求1结晶形式的四苄基伏格列波糖较证据1具有何种积极效果。专利权人在口头审理时强调，本领域技术人员公知结晶形态较粉末具有更高的稳定性和纯度。可见，即使本专利权利要求1的结晶较证据1的粉末具有某种积极效果，该效果也是本领域技术人员可以预期的，而且，在合成实践中，如果对证据1白色粉末的稳定性和纯度提出更高要求，则，本领域技术人员显然会设法获得四苄基伏格列波糖的结晶从而满足上述要求，这也为本领域技术人员提供了制备结晶形式的四苄基伏格列波糖的动机。

综上，权利要求1不具备突出的实质性特点和显著的进步，不符合专利法第二十二条第三款的规定。

（2）权利要求2~8。

权利要求2保护根据权利要求1所述的结晶形式的四苄基伏格列波糖的制备方法，其主要步骤是将四苄基伏格列波糖溶解于极性非质子性溶剂中，然后加入非极性溶剂析出结晶（详见案由）。

请求人认为，通过溶析法获得结晶是本领域的公知常识，尽管权利要求2中限定了一些具体条件，本领域技术人员在证据1基础上，经过简单实验即可得出权利要求2的方法，故权利要求2不具备创造性。

专利权人认为，在权利要求1具备创造性的基础上，制备该具有创造性的产品的方法当然也具备创造性。

对此合议组认为，首先，如前所述，权利要求1相对于证据1不具备创造性，专利权人的主张不成立。其次，通过溶析法获得结晶是本领域技术人员的常规技术手段，而且，在已知四苄基伏格列波糖溶解于乙酸乙酯的情况下，采用乙酸乙酯或者乙酸乙酯与非极性溶剂从而获得结晶或者固体是本领域技术人员的常规实验手段，虽然，权利要求2对于试剂用量、操作时间进行了限定，但这些限定均是本领域技术人员在实验操作中根据具体情况所能够作出的具体选择，且根据本专利的内容无法得出这样的选择具有积极效果的结论。因此，权利要求2不具备突出的实质性特点和显著的进步，不符合专利法第22条第3款的规定。

权利要求3~8对于权利要求2中的极性非质子性溶剂以及非极性溶剂作出了进一步限定。

如前所述，证据1公开了乙酸乙酯可以溶解四苄基伏格列波糖，由此给出了乙酸乙酯可以作为溶析法制备结晶中极性较大溶剂的启示。而正己烷、环己烷、四氯化碳或石油醚均是常用的非极性溶剂，而且根据本专利的内容无法得出选择某种非质子性极性溶剂或者非极性溶剂具有积极效果的结论，因此，权利要求3~8不具备突出的实质性特点和显著的进步，不符合专利法第22条第3款的规定。

专利权人认为权利要求3~8具备创造性的理由在于，权利要求3~8是权利要求1产品的制备方法，在权利要求1具备创造性的基础上，制备该具有创造性的产品的方法当然也具备创造性。如前所述，权利要求1相对于证据1不具备创造性，在此基础上，专利权人的上述理由不成立。

（3）权利要求9。

权利要求9保护根据权利要求1所述的结晶形式的四苄基伏格列波糖在制备伏格列波糖的应用。

证据1实施例7公开了实施例6的四苄基伏格列波糖在制备伏格列波糖的应用，在本专利权利要求1的结晶形式的四苄基伏格列波糖相对于证据1实施例6的四苄基伏格列波糖不具备创造性的情况下，权利要求9相对于证据1也不具备创造性，不符合专利法第22条第3款的规定。

基于以上事实和理由，本案合议组作出如下审查决定。

三、决定

宣告200610061713.4号发明专利全部无效。

当事人对本决定不服的，可以根据专利法第46条第2款的规定，自收到本决定之日起三个月内向北京市第一中级人民法院起诉。根据该款的规定，一方当事人起诉后，另一方当事人应当作为第三人参加诉讼。

北京市第一中级人民法院
行政判决书

（2009）一中知行初字第2760号

原告无锡药兴医药科技有限公司，住所地浙江省江阴市青阳镇工业集中区（小桥村）。

法定代表人刘立刚，总经理。

委托代理人卢霞，女，1983年2月14日出生，南京众联专利代理有限公司职员，住江苏省南京市鼓楼区北京里9号。

委托代理人赵玉琴，女，1985年10月25日出生，住江苏省无锡市滨湖区蠡湖大道1800号。

被告国家知识产权局专利复审委员会，住所地北京市海淀区北四环西路9号银谷大厦10~12层。

法定代表人张茂于，副主任。

委托代理人李亚林，国家知识产权局专利复审委员审查员。

委托代理人郭鹏鹏，国家知识产权局专利复审委员审查员。

第三人北京天衡药物研究院，住所地北京市西城区新兴东巷15号10号楼4层1416室（德胜园区）。

法定代表人刘全志，院长。

委托代理人郑霞，北京安信方达知识产权代理有限公司专利代理人。

委托代理人杨文斌，男，1971年9月17日出生，北京天衡药物研究院知识产权部部长，住北京市西城区二龙路甲27号。

原告无锡药兴医药科技有限公司（简称药兴公司）不服被告国家知识产权局专利复审委员会

（简称专利复审委员会）于2009年7月22日作出的第13740号无效宣告请求审查决定（简称第13740号决定），于法定期限内向本院提起行政诉讼。本院于2009年11月17日受理后，依法组成合议庭，并通知北京天衡药物研究院（简称天衡研究院）作为本案第三人参加诉讼，于2009年12月18日对本案公开开庭进行了审理。原告药兴公司的委托代理人卢霞、赵玉琴，被告专利复审委员会的委托代理人李亚林、郭鹏鹏，第三人天衡研究院的委托代理人郑霞、杨文斌到庭参加了诉讼。本案现已审理终结。

第13740号决定系专利复审委员会针对天衡研究院就药兴公司拥有的名称为“四苄基伏格列波糖的结晶及制备方法”的发明专利（简称本专利）提出的无效宣告请求作出的。专利复审委员会在该决定中认为：

一、关于2001年7月7日起实施的《中华人民共和国专利法》（简称《专利法》）第二十二条第二款

1. 关于本专利权利要求1

权利要求1保护一种结晶形式的四苄基伏格列波糖，并使用XRD、DSC和IR图谱对其进行了描述。

证据1中的“白色粉末”是对四苄基伏格列波糖物理形态的描述，由该描述，无法看出其是无定型还是晶体，更无从知晓四苄基伏格列波糖分子的空间堆积情况。而本专利权利要求1保护的是具有具体的分子堆积模式的四苄基伏格列波糖晶体，权利要求1中的XRD图谱限定了其结晶形式的四苄基伏格列波糖为正交晶系，P2（1）2（1）2（1）空间群，晶胞参数为：a=7.8487（16）Å、b=20.746（4）Å、c=20.988（4）Å（参见本专利说明书第3页表1）。仅依据证据1尚无法确定其实施例6所得产品与本专利权利要求1的晶体相同，在此情况下，天衡研究院认为权利要求1不符合《专利法》第二十二条第二款有关新颖性规定的理由不成立。

2. 本专利权利要求9

权利要求9保护根据权利要求1所述的结晶形式的四苄基伏格列波糖在制备伏格列波糖的应用。

如前所述，天衡研究院认为权利要求1相对于证据1实施例6不具备新颖性的理由不成立，在此基础上，天衡研究院认为权利要求9不符合《专利法》第二十二条第二款有关新颖性规定的理由也不成立。

二、关于《专利法》第二十二条第三款

1. 本专利权利要求1

权利要求1保护一种结晶形式的四苄基伏格列波糖，并使用XRD、DSC和IR图谱对其进行了描述。

比较权利要求1与证据1可见，二者的区别在于，权利要求1保护的是具有某种具体结晶形式的四苄基伏格列波糖，而证据1没有公开其白色粉末状四苄基伏格列波糖的堆积形态。

本专利中并未提及现有技术存在固体形态的四苄基伏格列波糖，更未提及权利要求1所述的结晶形式的四苄基伏格列波糖相对于证据1中固体形态的四苄基伏格列波糖具有何种积极效果，无法对二者的效果进行直接比较。

根据本专利说明书的记载，本专利针对现有的油状四苄基伏格列波糖存在的不足，提供了一种如权利要求1所述的结晶形式的四苄基伏格列波糖，并相对于油状的四苄基伏格列波糖而言获得了积极效果。

证据1公开的白色粉末状四苄基伏格列波糖为固体形态，其与油状相比，当然具有更容易保存和运输、使用时取用和称量更方便、便于投料和生产操作的积极效果。至于本专利中所述的结晶状态比

油状具有更高纯度的优点，虽然证据 1 没有公开其白色粉末中四苄基伏格列波糖的含量，但本领域技术人员可以确信证据 1 的白色粉末较本专利实施例 1 的油状将具有更高含量的四苄基伏格列波糖，而且，无论是证据 1 还是本专利实施例 1 的制备方法，均使用柱层析对反应产物进行分离纯化，为了提高产品纯度的目的，只要牺牲产率仅收集产品纯度较高的洗脱液即可实现，本领域技术人员在重复证据 1 的方法时，即可获得四苄基伏格列波糖纯度较高的白色粉末。通过如上的间接比较可见，证据 1 的白色粉末状四苄基伏格列波糖也能够解决本专利所要解决的技术问题、实现本专利所具有的积极效果。

由此可以确定本专利权利要求 1 相对于证据 1 实际解决的技术问题是，提供另一种固体形态的四苄基伏格列波糖，其具有确定的晶型。由此，本案的焦点在于：现有技术中是否存在制备结晶形式的四苄基伏格列波糖的技术启示。

在证据 1 的方法中，实施例 7 获得了目标产物伏格列波糖，该目标产物经乙醇处理析出无色结晶，而实施例 6 获得的四苄基伏格列波糖则是中间体，该中间体未经处理用于下一反应步骤中。证据 1 的上述操作符合有机合成实践的常规，因为，在有机合成过程中，对于具有多个反应步骤的合成方法而言，关注的重点通常在于目标产物，比如，目标产物是否具有预期结构，其纯度、产率是否符合要求，等等，而对于其中间体，如果中间体所含杂质不致于对后续反应产生不良影响、不致于难以与目标产物分离，则通常不进行额外处理以避免增加操作步骤、影响收率。

由于证据 1 的关注点在于获得伏格列波糖，因而未对其中的中间体——四苄基伏格列波糖进行处理，但这不表明本领域技术人员不知晓处理四苄基伏格列波糖从而提高其品质的方法。当以四苄基伏格列波糖为目标产物，本领域技术人员面对白色粉末状尤其是油状的产物时，显然有动机对该产物进行处理以期获得固体甚至结晶状的产品，本领域最常见的处理方法就是进行结晶操作。证据 1 公开了四苄基伏格列波糖可以溶解于乙酸乙酯中，并且在真空浓缩条件下会得到四苄基伏格列波糖白色粉末。本领域技术人员据此信息，自然可以想到的常规的结晶手段有二：一是单纯利用乙酸乙酯进行结晶操作，二是利用乙酸乙酯与非极性溶剂进行结晶操作。本专利权利要求 1 的结晶即是通过第二种结晶手段获得的。由此可见，本领域技术人员在以四苄基伏格列波糖为目标产物时，有动机对四苄基伏格列波糖进行结晶操作，并且依据常规的结晶手段即可获得本专利权利要求 1 的结晶形式的四苄基伏格列波糖，权利要求 1 是显而易见的。

此外，从效果角度看，本专利中并没有记载权利要求 1 结晶形式的四苄基伏格列波糖较证据 1 具有何种积极效果。专利权人在口头审理时强调，本领域技术人员公知结晶形态较粉末具有更高的稳定性和纯度。可见，即使本专利权利要求 1 的结晶较证据 1 的粉末具有某种积极效果，该效果也是本领域技术人员可以预期的，而且，在合成实践中，如果对证据 1 白色粉末的稳定性和纯度提出更高要求，则本领域技术人员显然会设法获得四苄基伏格列波糖的结晶从而满足上述要求，这也为本领域技术人员提供了制备结晶形式的四苄基伏格列波糖的动机。

综上，权利要求 1 不具备突出的实质性特点和显著的进步，不符合《专利法》第二十二条第三款的规定。

2. 权利要求 2~8

权利要求 2 保护根据权利要求 1 所述的结晶形式的四苄基伏格列波糖的制备方法，其主要步骤是将四苄基伏格列波糖溶解于极性非质子性溶剂中，然后加入非极性溶剂析出结晶。

首先，如前所述，权利要求 1 相对于证据 1 不具备创造性，专利权人的主张不成立。其次，通过溶析法获得结晶是本领域技术人员的常规技术手段，而且，在已知四苄基伏格列波糖溶解于乙酸乙酯的情况下，采用乙酸乙酯或者乙酸乙酯与非极性溶剂从而获得结晶或者固体是本领域技术人员的常规实验手段。虽然，权利要求 2 对于试剂用量、操作时间进行了限定，但这些限定均是本领域技术人员在实验操作中根据具体情况所能够作出的具体选择，且根据本专利的内容无法得出这样的选择具有积极效果的结论。因此，权利要求 2 不具备突出的实质性特点和显著的进步，不符合《专利法》第二十二条第三款的规定。

权利要求 3~8 对于权利要求 2 中的极性非质子性溶剂以及非极性溶剂作出了进一步限定。

如前所述，证据 1 公开了乙酸乙酯可以溶解四苄基伏格列波糖，由此给出了乙酸乙酯可以作为溶析法制备结晶中极性较大溶剂的启示。而正已烷、环已烷、四氯化碳或石油醚均是常用的非极性溶剂，而且根据本专利的内容无法得出选择某种非质子性极性溶剂或者非极性溶剂具有积极效果的结论，因此，权利要求 3~8 不具备突出的实质性特点和显著的进步，不符合《专利法》第二十二条第三款的规定。

3. 权利要求 9

权利要求 9 保护根据权利要求 1 所述的结晶形式的四苄基伏格列波糖在制备伏格列波糖的应用。

证据 1 实施例 7 公开了实施例 6 的四苄基伏格列波糖在制备伏格列波糖的应用，在本专利权利要求 1 的结晶形式的四苄基伏格列波糖相对于证据 1 实施例 6 的四苄基伏格列波糖不具备创造性的情况下，权利要求 9 相对于证据 1 也不具备创造性，不符合《专利法》第二十二条第三款的规定。

综上，专利复审委员会作出第 13740 号决定，宣告本专利全部无效。

原告药兴公司不服第 13740 号决定，在法定期限内向本院提起行政诉讼，其诉称：（1）权利要求 1 保护的不仅仅是一种普通的四苄基伏格列波糖晶体，而是一种具有特定晶型并且具有活性的晶体，并且首次在权利要求 1 中通过 X-射线衍射图、差示扫描量热分析图和红外光谱图进行了表征。根据本领域人员的公知常识，结晶的条件不同会得到不同的晶型，晶型不同，其性质存在着显著的差异，其中有的晶型是有活性的，有的晶型是活性很低或者没有活性的，因此，即使本领域技术人员想到制备该白色粉末状态的四苄基伏格列波糖并且通过常规的技术手段进行结晶实验，其结果并不一定就能制备得到与权利要求 1 所保护的晶体晶型相同的晶体，有可能制备得到的是与权利要求 1 所保护的晶体的晶型不相同的晶体，其有可能是没有活性或者活性很低。另外，虽然专利复审委员会在决定要点中把权利要求 1 的具有特定晶型的产品看成是一种普通的晶体，但其在无效决定第 8 页的第 1 段中却提到了权利要求 1 与证据 1 的区别在于“权利要求 1 保护的是具有某种具体结晶形式的四苄基伏格列波糖，而证据 1 没有公开其白色粉末状四苄基伏格列波糖的堆积形态”，在这段话中，专利复审委员会又认识到了权利要求 1 保护的是具有某种具体结晶形式的四苄基伏格列波糖，与上述决定要点相比，可见专利复审委员会对事实认定不清，其观点前后自相矛盾，在其决定要点中，低估了权利要求 1 的技术特征，认为只要进行常规结晶手段就能得到权利要求 1 的具有特定晶型的四苄基伏格列波糖，这是错误的。（2）被告专利复审委员会有关“证据 1 的白色粉末状四苄基伏格列波糖也能解决本专利所要解决的技术问题、实现本专利所具有的积极效果”的认定是错误的。白色粉末好于油状物，并不代表白色粉末就能解决本专利的技术问题，专利复审委员会在此没有认清本专利的技术问题，导致在错误的基础上作出了错误的推断。实际上，本专利所要解决的技术问题是提供一种具有特定晶型并且具有活性的四苄基伏格列波糖晶体，因此，虽然证据 1 的白色粉末具有优于油状物的效果，但是其并没有解决本专利的技术问题。（3）被告专利复审委员会关于“当以四苄基伏格列波糖为目标产物，本领域技术人员面对白色粉末，尤其是油状的产物时，显然有动机对该产物进行处理以期获得固体甚至结晶状的产品”的认定是错误的。首先，被告专利复审委员会又低估了本专利的技术特征，权利要求 1 保护的不仅仅是一种普通的四苄基伏格列波糖晶体，而是一种具有如权利要求 1 所述的特定晶型并且具有活性的晶体，即使本领域技术人员想到制备该白色粉末状态的四苄基伏格列波糖的晶体并且通过常规的技术手段进行结晶实验，其结果并不一定就能制备得到与权利要求 1 所保护的晶体晶型相同的晶体，有可能制备得到的是权利要求 1 所保护的晶体的晶型不相同的晶体，很有可能是没有活性或者活性很低。其次，在判断现有技术中是否存在制备结晶形式的四苄基伏格列波糖的技术启示时候，专利复审委员会背离了审查指南的审查基准，直接认为本领域技术人员显然有动机来制备权利要求 1 所保护的晶体。（4）本专利权利要求 2~8 也具有创造性。本专利的权利要求 2 保护的是一种制备特定晶型的四苄基伏格列波糖的方法，而制备这样一种具有特定晶型的晶体的方法是需要发明人付出创造性的劳动的，被告专利复审委员会在没有任何教科书或者工具书作为证据的基础上，就主张认定权利要求 2 对于试剂选择、试剂用量、操作时间的限定属于本领域常规技术手段，这是缺乏事实依据的。专利复审委员会在评价权利要求 2 的时候又背离了审查基准中三步法的精神，而是仅仅通过说权利要求 2 属于常规技术手段和没有积极效果就来简单地判定权利要求 2 没有创造性，这是对专利法的错误理解和运用。从说明书可以看出本发明产品的积极效果，而这个产品是权利要求 2 的方法制备出来的，因此这样的积极效果也是与权利要求 2 相关的。并非像被告专利复审委员会所述，根据本专利的内容无法得出这样的选择具有积极效果的结论。本专利的权利要求 3~8 具有创造性的理由同权利要求 2。权利要求 2~8 的技术方案并不属于公知常识，而是需要付出创造性劳动才能得到，而且在权利要求 1 具有创造性的基础上，本专利的权利要求 2~8 具备创造性，符合《专利法》第二十二条第三款的规定。（5）证据 1 的实施例 7 是白色粉末状的四苄基伏格列波糖在制备伏格列波糖的应用，而本专利则是具有特定晶型的四苄基伏格列波糖在制备伏格列波糖的应用，在权利要求 1 具有创造性的基础上，本专利的权利要求 9 相对于证据 1 具备创造性，符合《专利法》第二十二条第三款的规定。综上，专利复审委员会作出的行政行为不当，药兴公司据此请求人民法院撤销第 13740 号决定。

被告专利复审委员会辩称：（1）关于权利要求 1 的创造性。由于对物质微观结构的有限认识，尚无法根据经验推演某一化合物是否存在晶型以及存在怎样的晶型。但是，这并不是说任何一种晶型均是不可预期的，均具有创造性。化学领域技术人员熟知获得结晶的手段，若通过为技术人员所熟知的结晶手段即可获得某一已知物质的某一结晶，而该结晶又没有产生预料不到的技术效果，则可以认为该结晶是容易得到的，其技术效果也是可以预期的，这样的结晶不具有创造性。基于此，本专利权利要求 1 不具备创造性。原告药兴公司在起诉状中提及本专利权利要求 1 的结晶是具有活性的结晶，而通过其他手段制备得到的结晶可能没有活性或者活性很低。对此专利复审委员会认为，首先，在专利文件中并没有提及该结晶具有何种活性，该结晶只是作为制备伏格列波糖的中间体，不存在活性高低的问题；其次，专利文件中描述的制备该结晶的方法即为本领域技术人员所用的常规方法，同样的方法理应得到同样的产品。（2）关于权利要求 2~8 的创造性。对于一项制备方法权利要求而言，因其描述的是制备方法的流程，原料物质、工艺步骤、工艺条件等均可成为此类权利要求的技术特征，这也就使得制备方法权利要求很容易与现有技术具有较多区别技术特征。但是，区别技术特征的多寡并非是具备创造性的判断标准，如果基于现有技术，已知该制备方法权利要求的原理和流程，而其所具有的区别技术特征并未产生预料不到的技术效果，则可以认为该制备方法权利要求不具备创造性。（3）由于权利要求 1 不具备创造性，因此权利要求 9 也不具备创造性。综上，第 13740 号决定认定事实清楚，适用法律法规正确，审理程序合法，原告的诉讼理由不能成立，请求人民法院维持第 13740 号决定。

第三人天衡研究院述称：（1）本专利权利要求 1 提供一种结晶形式的四苄基伏格列波糖。从专利说明书中可以看到：四苄基伏格列波糖是化学合成制备治疗糖尿病有效药物伏格列波糖的非常关键的中间体，伏格列波糖通过四苄基伏格列波糖的脱苄基反应而直接制得；而已有文献和方法报道四苄基伏格列波糖均为油状产物；为了克服现有的油状四苄基伏格列波糖存在的不足，该发明提供了结晶形式的四苄基伏格列波糖。首先，本专利说明书完全忽略了证据1在本专利申请日前十七年前就已经公开了白色粉末的四苄基伏格列波糖的事实。本专利说明书第1页第3段中的全化学合成法及图1就是介绍证据1申请人日本武田公司的相关专利和发明人发表的文章，因此既然本专利发明人申请人明明知道该著名的合成方法，但却未将证据1在涉案专利申请日前十七年前就已经公开了白色粉末的四苄基伏格列波糖的事实写入背景技术，以致审查员也认为已有文献和方法报道四苄基伏格列波糖均为油状，这严重误导了审查员在审查批准时对背景技术的正确认识。其次，关于权利要求1与证据1的区别特征，看上去区别特征是：权利要求1的四苄基伏格列波糖是结晶形式；而证据1中的四苄基伏格列波糖是白色粉末。然而，本领域技术人员都知道，结晶晶体可以是呈白色粉末，白色粉末的物质也可以是结晶的；“白色粉末”本身并不排除其不是结晶形式的可能性，也就是说“白色粉末”包含了其是结晶形式的可能性。在我方于诉讼阶段所提交的证据1中原告网站产品资料第3页可以看到，原告在其网站产品介绍页面上对其生产的四苄基伏格列波糖的外观描述的是“白色粉末”；原告这里说的“白色粉末”就是指其本专利权利要求1保护的四苄基伏格列波糖的结晶形式。本领域技术人员如果想要得到结晶形式的四苄基伏格列波糖，就会有动机去检测白色粉末是否就是结晶形式；即使白色粉末不是结晶形式，本领域技术人员在想要提纯四苄基伏格列波糖作为目标产物时，就会有动机进行本领域最常见的结晶操作，由此得到结晶形式；（2）同意被告专利复审委员会关于本专利权利要求2~9不具备创造性的意见。综上，天衡研究院认为药兴公司的起诉理由均不能成立，第13740号决定认定事实清楚，适用法律正确，请求人民法院维持第13740号决定。

本院经审理查明：

本专利于2006年7月17日向国家知识产权局提出申请，于2008年6月11日被授权公告，专利号为200610061713.4，专利权人为药兴公司。本专利授权公告的权利要求如下：

“1. 一种结晶形式的四苄基伏格列波糖，其化学名为（1S）-（1（羟基），2，4，5/1，3）-2，3，4-三-氧-苄基-5-［（2-羟基-1-（羟甲基）乙基）氨基］-1-碳-苄氧基甲基-1，2，3，4-环已烷四醇，结构式如下所示：

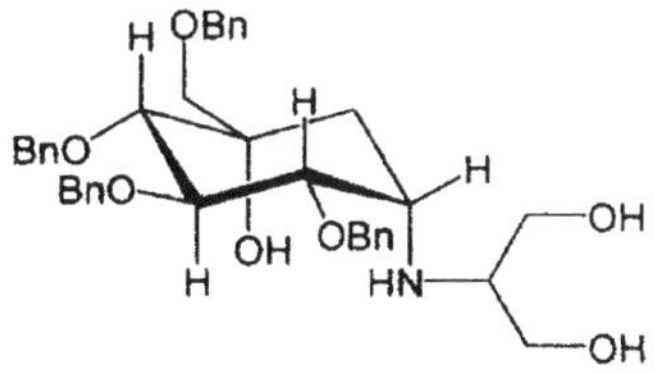

其特征为：

具有图5所示的四苄基伏格列波糖结晶粉末的X-射线衍射图；

具有图6所示的差示扫描量热分析图；

具有图7所示的红外光谱图特征。

2. 根据权利要求1所述的结晶形式的四苄基伏格列波糖的制备方法，其主要步骤是：将1份油状的四苄基伏格列波糖溶解于0.5~5倍体积比的极性非质子性溶剂中；然后加入2~20倍体积比的另外一种非极性溶剂，在室温搅拌下析出结晶，然后放置1~5小时，再在0~5℃放置1-5小时，过滤出的结晶真空干燥10~12小时。

3. 根据权利要求2的制备方法，其特征在于：所述的极性非质子性溶剂是乙酸乙酯、异丙醚、乙醚、四氢呋喃中的一种。

4. 根据权利要求3的制备方法，其特征在于：所述的极性非质子性溶剂是乙酸乙酯。

5. 根据权利要求3的制备方法，其特征在于：所述的极性非质子性溶剂是异丙醚。

6. 根据权利要求 2 的制备方法，其特征在于：所述的非极性溶剂是环己烷、正己烷、四氯化碳或石油醚。

7. 根据权利要求 6 的制备方法：其特征在于：所述的非极性溶剂是环己烷。

8. 根据权利要求 6 的制备方法：其特征在于：所述的非极性溶剂是正己烷。

9. 根据权利要求 1 所述的结晶形式的四苄基伏格列波糖在制备伏格列波糖的应用。”

本专利说明书第 2 页第 5 段记载了本专利的发明目的：“为了克服现有的油状四苄基伏格列波糖品质存在的不足之处，本发明的目的在于提供一种结晶状态的四苄基伏格列波糖”。本专利说明书第 12 页第 4 段称其结晶形式的四苄基伏格列波糖的积极效果在于：“四苄基伏格列波糖结晶形态同油状相比，更容易保存和运输，使用时取用和称量更方便，便于投料和生产操作。同时由于结晶状态的四苄基伏格列波糖具有比油状更高的纯度和含量，因而在利用其制备伏格列波糖的时候，反应中带入或产生的杂质更少，所以利用这种结晶可以制备出更高质量的伏格列波糖，从而使得生产出来的伏格列波糖制成制剂后具有更好的治疗效果，更少的毒副作用”。

针对本专利，天衡研究院于 2009 年 3 月 31 日向专利复审委员会提出了无效宣告请求，认为本专利权利要求 1 不符合《专利法》第二十二条第二款的规定，权利要求 1~9 不符合《专利法》第二十二条第三款的规定。并提交了证据，其中包括：

证据 1：US4824943 号美国专利公告说明书，公告日为 1989 年 4 月 25 日，复印件 21 页，实施例 6、7 的中文译文 2 页。证据 1 实施例 6 公开了中间体四苄基伏格列波糖的制备方法，并公开了经硅胶柱层析用乙酸乙酯洗脱，制备得到白色粉末状的四苄基伏格列波糖的纯化方法；实施例 7 公开了目标产物伏格列波糖的制备方法，该目标产物经乙醇处理析出无色结晶。

在庭审过程中，原告药兴公司明确表示对第 13740 号决定有关本专利新颖性方面的评价以及本专利与证据 1 的区别技术特征的描述均不持异议。

上述事实有第 13740 号决定、本专利授权公告文本、证据 1、口头审理记录表及当事人陈述等证据在案佐证。

本院认为，综合各方当事人的诉辩主张，本案争议的焦点在于以下三个方面：

（1）权利要求 1 是否具有创造性。

《专利法》第二十二条第三款规定，发明的创造性，是指同申请日以前已有的技术相比，该发明有突出的实质性特点和显著的进步。

《审查指南》第二部分第十章 6.1 节对化合物的创造性审查规定，结构上与已知化合物接近的化合物，必须要有预料不到的用途或者效果。此预料不到的用途或者效果可以是与该已知化合物的已知用途不同的用途；或者是对已知化合物的某一已知效果有实质性的改进或提高；或者是在公知常识中没有明确的或不能由常识推论得到的用途或效果。

药兴公司明确表示对本专利权利要求 1 与证据 1 的区别在于“权利要求 1 保护的是具有某种具体结晶形式的四苄基伏格列波糖，而证据 1 没有公开其白色粉末状四苄基伏格列波糖的堆积形态”不持异议，本院予以确认。

本院认为，应当基于上述区别特征所能达到的技术效果确定发明实际解决的技术问题。依据本专利说明书的记载，本专利的结晶形式的四苄基伏格列波糖同油状的四苄基伏格列波糖相比：一方面，更容易保存和运输，使用时取用和称量更方便，便于投料和生产操作；另一方面，具有更高的纯度和含量。但是本专利说明书并未记载本专利的结晶形式的四苄基伏格列波糖相对于证据 1 中的白色粉末状的四苄基伏格列波糖具有何种积极效果。由于证据 1 公开的白色粉末状的四苄基伏格列波糖为固体形态，其与油状的四苄基伏格列波糖相比，当然具有更容易保存和运输、使用时取用和称量更方便、便于投料和生产操作的积极效果；而且虽然证据1没有公开其白色粉末中四苄基伏格列波糖的含量，但是由于该白色粉末经硅胶柱层析纯化得到，本领域技术人员可以确信其与油状的四苄基伏格列波糖相比，必然具有更高的纯度和含量。可见，本专利说明书中所描述的发明要解决的技术问题实际上证据1也可以解决，在此基础上，本领域的技术人员由本专利说明书所记载的内容并不能够得知本专利权利要求1的具有某种具体结晶形式的四苄基伏格列波糖相对于证据1的白色粉末状的四苄基伏格列波糖取得了任何技术效果，本专利权利要求1相对于证据1实际解决的技术问题只是“提供另一种固体形态的四苄基伏格列波糖，其具有确定的晶型”。

至于现有技术是否存在制备结晶形式的四苄基伏格列波糖的启示。本院认为，对于本领域的技术人员来说，为了获得与白色粉末状的四苄基伏格列波糖不同的另一种固体形态的四苄基伏格列波糖，最常见的处理方法就是进行结晶操作以获得结晶形式的四苄基伏格列波糖。而且通过溶析法获得结晶是本领域技术人员的常规技术手段，根据证据1公开的四苄基伏格列波糖可以溶解于乙酸乙酯中并在真空浓缩条件下会得到四苄基伏格列波糖白色粉末的信息，本领域的技术人员容易想到利用乙酸乙酯与非极性溶剂对四苄基伏格列波糖进行结晶操作，本专利权利要求1的结晶即是通过该方法获得的。可见，本领域技术人员不仅有动机制备本专利权利要求1的结晶形式的四苄基伏格列波糖，而且通过常规的技术手段即可制备得到该结晶形式的四苄基伏格列波糖。

至于本专利权利要求1与证据1相比是否具有预料不到的技术效果，本院认为，第一，本专利说明书并未记载本专利的结晶形式的四苄基伏格列波糖相对于证据1的白色粉末状的四苄基伏格列波糖具有何种积极效果；第二，如前所述，本领域的技术人员由本专利说明书所记载的内容也不能得知本专利的结晶形式的四苄基伏格列波糖相对于证据1的白色粉末状的四苄基伏格列波糖取得了任何技术效果；第三，药兴公司虽强调本专利的结晶形式的四苄基伏格列波糖纯度高，但并没有证据能够表明其纯度高于证据1所公开的白色粉末状的四苄基伏格列波糖，而且即使其纯度确实高于证据1所公开的白色粉末状的四苄基伏格列波糖，也是本领域的技术人员可以预期的，并非预料不到的技术效果；第四，药兴公司还强调本专利的结晶形式的四苄基伏格列波糖有活性，但本专利说明书对此并无相关记载，其主张缺乏事实依据。

药兴公司强调本专利权利要求1保护的是具有特定晶形的晶体，即使本领域技术人员想到制备四苄基伏格列波糖的晶体并且通过常规的技术手段进行结晶实验，其结果并不一定就能制备得到与权利要求1所保护的晶体晶型相同的晶体。对此，本院认为，某种化合物是否存在晶体形式、存在多少种晶体形式以及存在何种晶体形式是客观的，且晶体一般是对已知化合物采用常规结晶方法后得到的必然产物，因此，只要某种化合物确实存在采用常规结晶方法就能够获得的晶体，本领域的技术人员如果想要获得该化合物的晶体，并不需要创造性的劳动就可以获得。

综上，本院认为，权利要求1不具备突出的实质性特点和显著的进步，不具备创造性。

（2）权利要求2~8是否具有创造性。

本院认为，通过溶析法获得结晶是本领域技术人员的常规实验手段，特别是在证据1已经公开四苄基伏格列波糖溶解于乙酸乙酯的情况下，本领域的技术人员容易想到采用乙酸乙酯与非极性溶剂来获得结晶形式的四苄基伏格列波糖。并且，本领域的技术人员能够根据具体情况选择结晶条件，且根据本专利说明书的内容无法得出这样的选择产生了预料不到的技术效果。因此，在权利要求1不具备创造性的前提下，权利要求2不具备突出的实质性特点和显著的进步，同样不具备创造性。

权利要求3~8对于权利要求2中的极性非质子性溶剂以及非极性溶剂作出了进一步限定。本院认为，一方面，在证据1已经公开四苄基伏格列波糖溶解于乙酸乙酯的情况下，本领域的技术人员容易想到采用乙酸乙酯作为溶析法制备结晶中的极性非质子性溶剂；另一方面，本领域的技术人员也能够对溶析法结晶所用的溶剂进行选择。而且根据本专利说明书的内容无法得出选择某种非质子性极性溶剂或者非极性溶剂产生了预料不到的技术效果。因此，在权利要求 2 不具备创造性的前提下，权利要求 3~8 不具备突出的实质性特点和显著的进步，也不具备创造性。

（3）权利要求 9 是否具有创造性。

证据 1 公开了四苄基伏格列波糖在制备伏格列波糖的应用，据此本领域的技术人员能够预见结晶形式的四苄基伏格列波糖也能够用于制备伏格列波糖，在本专利权利要求 1 不具备创造性的情况下，权利要求 9 也不具备突出的实质性特点和显著的进步，不具备创造性。

综上，第 13740 号决定认定事实清楚，证据充分，适用法律正确，程序合法，应予维持。原告药兴公司的诉讼理由不能成立，其诉讼请求本院不予支持。依照《中华人民共和国行政诉讼法》第 54 条第（1）项之规定，本院判决如下：

维持被告国家知识产权局专利复审委员会作出的第 13740 号无效宣告请求审查决定。

案件受理费 100 元，由原告无锡药兴医药科技有限公司负担（已交纳）。

如不服本判决，各方当事人可在本判决书送达之日起 15 日内，向本院提交上诉状，并按对方当事人人数提交副本，交纳上诉案件受理费 100 元，上诉于北京市高级人民法院。

审　判　长　侯占恒
代理审判员　王　晫
代理审判员　赵　明
二〇〇九年二月十一日
书　记　员　李晓帆

024

用减压/真空精馏并加热的苯胺合成二苯胺法

无效宣告请求审查决定（第13784号）

决　　定　　号　第13784号
决　　定　　日　2009年6月4日
发明创造名称　用减压/真空精馏并加热的苯胺合成二苯胺法
国 际 分 类 号　C07C211/55，C07C209/68，C07C209/02
无效宣告请求人　南通新邦化工科技有限公司
专　利　权　人　江苏飞亚化学工业有限责任公司，南京工业大学
专　　利　　号　02112536.8
申　　请　　日　2002年1月14日
授 权 公 告 日　2004年3月10日
合 议 组 组 长　刘　亚
主　　审　　员　刘　磊
参　　审　　员　张家祥

法　律　依　据　专利法第22条第3款
决　定　要　点

在判断创造性时，首先要将权利要求的技术方案和最接近的现有技术方案进行对比，找出二者的区别技术特征，进而考察该区别技术特征的引入是否使权利要求的技术方案具备突出的实质性特点和显著的进步。

一、案由

本无效宣告请求案涉及国家知识产权局于2004年3月10日公告授予的、名称为“用减压/真空精馏并加热的苯胺合成二苯胺法”的02112536.8号发明专利（下称本专利），其申请日为2002年1月14日，专利权人为江苏飞亚化学工业有限责任公司和南京工业大学（由张金泉变更而来）。本专利授权公告的权利要求书如下：

“1. 用减压/真空精馏并加热的苯胺合成二苯胺法，它的工艺步骤依次为（1）苯胺计量，将苯胺原料通过苯胺计量槽、计量泵、氮气缓冲包计量并送入苯胺加热器；（2）苯胺加热，计量后的苯胺原料进行加温至330~370℃；（3）反应，加温后的原料苯胺设在装有催化剂的反应器内，进行化学反应，然后通过原料产品换热器进行降温，使温度在150℃以下；（4）气液分离，反应中间液在气液分离器内进行气液分离；（5）中间液加热，经过气液分离器后的液相，通过中间槽、进料泵、加热器进行加热升温；（6）分离精制，给加热升温后的中间液进入苯胺精馏塔，其中的釜料进入二苯胺

精馏塔提纯成二苯胺成品，其特征是工艺步骤（6）分离精制，用减压/真空精馏并加热。”

针对上述专利权，南通新邦化工有限公司（后更名为南通新邦化工科技有限公司，下称请求人）于 2007 年 10 月 25 日向专利复审委员会提出无效宣告请求，认为本专利不符合专利法第 22 条第 3 款的规定。同时提交了如下材料作为证据

证据 1 专利号为 95108831.9 的中国发明专利说明书，授权公告日为 2000 年 6 月 14 日，复印件共 9 页；

证据 2《化工原理》下册，陆美娟主编，化学工业出版社出版，1996 年 3 月印刷，封面、出版信息页、目录、第 70～73 页和第 88～90 页，复印件共 11 页；

证据 3《工业泵选用手册》，化工部化工设备设计技术中心站机泵技术委员会编写，化学工业出版社出版，1998 年 4 月印刷，封面、出版信息页、目录、第 100 页和第 105 页，复印件共 7 页；

证据 4《精细化工中间体生产流程图解》，张跃主编，化学工业出版社出版，1999 年 5 月印刷，封面、出版信息页和第 724～725 页，复印件共 4 页；

证据 5 专利号为 95103700.5 的中国发明专利说明书，授权公告日为 2001 年 8 月 1 日，复印件共 9 页。

请求人认为（1）与本专利最接近的现有技术是证据 1，证据 1 说明书第 2 页倒数第 6 行至第 3 页第 12 行及第 4 页实施例 3～4 公开了一种苯胺合成二苯胺的工艺，证据 1 虽未具体限定“从反应器顶部流出的反应生成物经冷却放入常压分离器中被分离成气相氨和液相的含二苯胺的混合物”时应将所得反应产物温度降至 150℃以下，但为实现反应物气液分离，须使反应产物冷却是已知的，而该冷却步骤的温度范围则应是从苯胺沸点 184℃至其凝固点，比如证据 5 的权利要求 4 记载了在合成二苯胺的过程中，使合成反应的产物分离的温度为 100～180℃。至于本专利权利要求 1 中步骤（3）将反应粗产物的冷却温度限定为 150℃以下，对于本领域技术人员来说，属于在已知的温度范围内选择一个具体的温度值，这种选择不能使权利要求 1 具有突出的实质性特点。由此可知，证据 1 公开了权利要求 1 中的步骤（1）～（4）。故权利要求 1 与证据 1 的区别在于①权利要求 1 在气—液分离步骤之后，加热该中间产物；②权利要求 1 使此中间产物经减压/真空精馏以制取精制二苯胺。基于此，本专利要解决的技术问题为，将制得的二苯胺与未反应的苯胺及反应副产物精确的分离，所采用的技术手段是减压/真空精馏。而证据 2、4 和 5 记载有上述区别技术特征。证据 2 给出了如下教导第 70 页第 16、17 行教导“蒸馏就是分离液体均相混合物的典型单元操作之一”；“蒸馏操作就是借助于液体混合物中各组分挥发能力（即沸点）的差异而达到分离目的”；第 71 页第 21 行教导“当分离程度要求很高时，可采用精馏”；第 72 页第 1～3 行教导“若混合液中各组分需要进行较完全的分离，可采用多次部分汽化和部分冷凝的方法即精馏的方法”，“工业上精馏分离通常采用连续操作，其主要装置……包括精馏塔”；第 73 页第 14、15 行及第 18～19 行教导“在低于一个大气压下操作的蒸馏过程称为减压蒸馏，对真空度高的减压蒸馏（塔顶绝对压强小于 40kPa）也称真空蒸馏。减压蒸馏常用于以下场合”……“常压下沸点较高（一般高于 150℃），加热温度超出一般水蒸气加热的范围，减压蒸馏则可使沸点降低，以避免使用高温载热体”。证据 4 第 724 页记载了在合成二苯胺的流程中包括“减压蒸馏”步骤。证据 5 第 90 页图 7-22 公开了连续精馏的工艺流程以及所涉及的设备。由证据 2 的上述教导可知在本专利中，经汽、液分离后的液相产物是含有常压下沸点高于 150℃的苯胺和二苯胺的液体均相混合物，因此，为使它们精确地分离以得到精制二苯胺，理应首选精馏方法，而最适宜的精馏是减压/真空精馏。并且，蒸馏操作就是借助于液体混合物中各组分挥发能力的差异而达到分离目的的作业，那么为使被分离的组分“挥发”，而在蒸馏之前加热该液体混合物属于常规步骤。因此，证据 2 公开了上述区别技术特征①和②，也就是说，区别技术特征①和②本身属于公知常

识。根据证据2第72页第1~3行的教导和第73页第14、15、18、19行的教导，将证据1和2中的上述相关内容组合成本专利权利要求1的技术方案，对于本技术领域的技术人员来说是显而易见的。

（2）此外，权利要求1的步骤（1）进一步限定苯胺剂量是通过剂量槽和氮气缓冲包完成的。证据3为技术手册，第105页第3行和第10行记载了“缓冲罐是往复泵（即计量泵）的重要附属设备”，“直接接触式缓冲罐……当输送易燃易爆液体时应充入惰性气体”。由此可知，所述氮气缓冲包属公知技术。计量槽是一种带有液面显示装置的，用于存放苯胺原料的容器，而且为了与计量泵配合工作，需在泵前设置一个存放液态原料的容器属于本领域技术人员的常识。权利要求1步骤（5）进一步限定所述中间液加热是通过中间槽、进料泵和加热器完成的。上述证据5第90页图7-22公开了设在精馏塔4之前的原料液贮槽1、加料泵2、原料预热器3，即，上述进一步限定也属于公知技术。

（3）因此，在证据2的教导下，将证据1和2的相关内容组合成权利要求1的技术方案，对于本技术领域的技术人员而言是显而易见的。进一步限定权利要求1步骤（1）和（5）的技术细节为记载于技术手册中的公知技术，它们的功能及所能达到的技术效果也是公知的，将它们与证据1和证据2结合并不超出普通技术人员应具备的能力，其本身也不会给权利要求1增加创造性因素。

经形式审查合格后，专利复审委员会受理了上述无效宣告请求，于2008年2月13日向双方当事人发出《无效宣告请求受理通知书》，并将请求人的《专利权无效宣告请求书》及其证据的副本转送给专利权人，要求其在指定的期限内答复，同时成立合议组对本无效宣告请求案进行审理。

2008年3月28日，专利权人针对上述《无效宣告请求受理通知书》提交了意见陈述书，同时提交了如下材料作为反证

反证1《石油化工手册（3）基本有机原料篇》，刘冲等编，化学工业出版社出版，1990年8月印刷，封面、出版信息页和第622~624页，复印件共5页；

反证2《辞海（1979年版缩印本）》，上海辞书出版社出版，1988年1月印刷，封面、出版信息页和第1853页，复印件共3页；

反证3中华人民共和国机械电子工业部部标准WJ1801-88，“二苯胺”，中华人民共和国机械电子工业部发布，1988年3月7日发布，复印件共7页；

反证4海安县飞亚化学工业有限责任公司企业标准Q/320621EAE01-2001，“二苯胺”，海安县飞亚化学工业有限责任公司发布，2001年10月28日发布，复印件共7页，封面盖有“南通市海安质量技术监督局标准备案注册专用章”。

专利权人认为（1）本专利具有突出的实质性特点。权利要求1与证据1的区别技术特征除了请求人所述的两个之外，还包括权利要求1中苯胺分离，加热升温后的中间液进入苯胺精馏塔；权利要求1中二苯胺分离精制其中的釜料进入二苯胺精馏塔提纯二苯胺；权利要求1中经过二苯胺精馏塔得到的二苯胺直接为成品。证据2公开了分离液体均相混合物可采用蒸馏、精馏、减压蒸馏、真空蒸馏等方式，但均没有明确指出可用于苯胺合成二苯胺工艺中将二苯胺与未反应的苯胺及副产物进行分离制备二苯胺。证据4和反证1中记载的内容相对于证据2更接近本专利的内容，即，如何将二苯胺与未反应的苯胺及副产物进行有效分离因此，证据2不能作为所述区别技术特征最接近的现有技术，而应为证据4或反证1。根据证据4或反证1的记载，对反应粗产物采用热盐酸酸化使未反应苯胺生成溶于水的苯胺盐酸盐，分离水层除去苯胺，再对底部油层真空蒸馏蒸出粗胺后将所获粗胺在结晶罐中结晶得到二苯胺，证据4还涉及乙醇溶解粗胺、冷却、过滤、真空干燥等步骤。这些步骤比较繁琐，在回收苯胺过程中引入杂质成分，需要进行结晶分离二苯胺。而本专利的分离精制方法将加热升温后的中间液进入苯胺精馏塔分离苯胺；将釜料进入二苯胺精馏塔提纯二苯胺，并且精馏得到的二苯胺即为二苯胺成品。与现有技术相比，本专利简单、高效、环保的分离精制方法并非显而易见。

此外，证据2指出蒸馏分“常压、加压和减压蒸馏”，蒸馏并非精馏，减压蒸馏也并非减压精馏，该证据介绍的连续精馏操作过程亦没有采用减压/真空精馏技术。证据4和反证1也只提及减压蒸馏。故，本专利在将二苯胺与未反应的苯胺及副产物进行分离的过程中采用的减压/真空精馏技术并非通用工艺，从现有技术中无法得出请求人认为的“理应首选精馏方法，而最适宜的精馏是减压/真空精馏”，也就是说，本专利在分离精制过程中采用的减压/真空精馏并加热的技术非显而易见。

（2）本专利具有显著的进步。本专利的分离精制方法无需加入盐酸，不会腐蚀设备和造成环境污染，也不需用乙醇溶解粗品，不会引入杂质成分，还省去了中和、煮洗、溶解、冷却、结晶、过滤和真空干燥等工序，经二苯胺精馏直接得到成品二苯胺。所谓成品，反证2记载了，成品是指“在一个工业企业内已完成全部生产过程，经检验符合规定的质量标准，并可供销售的产品……”。反证3规定了“二苯胺的质量百分数，一级品≥99.0，二级品≥98.5，三级品≥98.0”。据反证4可知，专利权人采用本专利生产的二苯胺质量合格品≥99.0，优极品≥99.50。而证据4所能达到的质量标准仅≥97。因此，本专利与现有技术相比，具有产品质量好、操作简单、节约成本、减少环境污染等优点，具有显著进步。综上，本专利具有突出的实质性特点和显著的进步，具有创造性。

2008年11月26日，本案合议组向双方当事人发出《无效宣告请求口头审理通知书》，定于2009年1月5日进行口头审理，同时将专利权人于2008年3月28日提交的意见陈述书及其附件转送请求人。

专利复审委员会于2008年12月29日收到请求人针对《无效宣告请求口头审理通知书》提交的意见陈述书，请求人同时提交了如下两份证据（编号续前）：

证据6申请号为87107052的中国发明专利申请审定说明书，审定号为CN1016686B，审定公告日为1992年5月20日，复印件共8页；和，

证据7《化工原理》下册，天津大学化工原理教研室，姚玉英主编，天津科学技术出版社出版，扉页、摘要页、第2~3、54~55、57和139页，复印件共8页。

请求人认为，选择最接近的对比文件应当根据请求原则，无效宣告理由中提出的是使用证据1和2的结合来评价本专利的创造性。证据6和7用作公知常识，证据6提供了一种二苯胺的制备方法，并公开了“可用本技术领域技术人员熟知的方法（通常用蒸馏的方法）将二苯胺从所得反应器混合物中分离出来。如果需要，可将未反应的苯胺从反应混合物中分离出来循环使用”，可见，在二苯胺的制备过程中，用蒸馏的方法将二苯胺从所得反应器混合物中分离出来是本领域技术人员所熟知的方法；证据7为教科书，第2页公开了如下公知常识“蒸馏是分离液体混合物的典型单元操作”、“工业中以精馏的应用最为广泛”、“如沸点较高又是热敏性的混合液，则可采用减压精馏”，并在第54页具体记载了如何选择精馏塔的数目。这两份证据都公开了本专利相对于证据1的区别特征。

2009年1月5日，口头审理如期进行，双方当事人的代理人出席了口头审理。双方当事人对合议组成员均无回避请求。合议组在此情况下就本无效宣告请求案进行了庭审调查，并记录了以下事项

（1）口头审理伊始，请求人提出其企业名称已被工商局核准由“南通新邦化工有限公司”更名为“南通新邦化工科技有限公司”，并提交了江苏省南通工商行政管理局名称变更核准通知书（（06001058）名称变更［2008］第01250001号，名称核准号320600M093518，核准日期2008年1月25日）的复印件（共1页）和更名后的企业法人营业执照复印件（共1页）。合议组当庭将上述材料出示给专利权人。专利权人以请求人未提交上述名称变更核准通知书的原件为由对请求人的身份提出异议。请求人要求庭后补充证据进一步证明上述名称变更事宜。合议组给予请求人在口头审理后7日时间提交证据证明上述名称变更事宜，并要求专利权人在接到合议组通知后15日内到专利复审委员会对请求人提交的证明名称变更的材料进行核实。

（2）请求人当庭再次提交了证据6和7以及2008年12月29日提交的意见陈述书，合议组当庭将上述文件转交给专利权人。专利权人表示不需要庭后对请求人提交的上述意见陈述和证据进行答复。

（3）请求人当庭表明放弃证据6。请求人当庭提交了证据3和7的原件，并提交了用于证明证据2和4的复印件与原件一致的公证书（江苏省如皋市公证处作出的（2007）皋正民内字第716号公证书和（2006）皋正经内字第338号公证书）。除（2006）皋正经内字第338号公证书中一反应式中的手写内容不予认可外，专利权人对证据1~5和7的真实性没有异议。

（4）专利权人当庭出示了反证2~4的原件，请求人对反证1~4的真实性没有异议。

（5）请求人确定无效宣告请求的理由是基于证据1~5和7，本专利的权利要求1不符合专利法第22条第3款的规定，其中证据1是最接近的对比文件，证据的结合方式为证据1结合证据2和公知常识，使用证据3~5和7来佐证公知常识。

（6）请求人认为，证据7为教科书，第2页公开了如下公知常识"蒸馏是分离液体混合物的典型单元操作"、"工业中以精馏的应用最为广泛"、"如沸点较高又是热敏性的混合液，则可采用减压精馏"，并具体记载了如何选择精馏塔的数目。

2009年1月12日，专利复审委员会收到请求人提交的声明和盖有"南通市如皋工商行政管理局"红章的涉及南通新邦化工科技有限公司的查询材料（共2页）。随即，合议组电话通知专利权人在15日内到专利复审委员会对请求人提交的上述材料进行核实。但逾期专利权人并未到庭进行核实。

至此，合议组认为本案的事实清楚，可以作出审查决定。

二、决定的理由

1. 关于请求人名称

请求人在口头审理后合议组指定的期限内提交了进一步证明其名称变更事宜的查询材料。合议组经过核实，认为请求人的企业名称由"南通新邦化工有限公司"更名为"南通新邦化工科技有限公司"的情况属实。

2. 关于审查文本

本决定针对的是本专利的授权公告文本。

3. 关于证据的认定

证据1和证据5皆为中国发明专利说明书，专利权人对此未提出异议，合议组经核实，对证据1和证据5的真实性予以认可。证据2~4和7都是书证，在请求人当庭出示或提交了原件或公证书后，专利权人对其真实性皆予以认可。合议组经过核实，对证据2~4和7的真实性予以认可。证据7的原件载明其印刷时间为1995年9月，鉴于证据1和5的授权公告日，以及证据2~4和7的印刷时间均在本专利的申请日之前，因此，合议组认为证据1~5和7可以作为本专利的现有技术。由于请求人放弃了证据6，故对该证据不再予以评述。

专利权人共提交了4份反证，皆为书证，在其提交或出示了反证2~4的原件后，请求人对反证1~4真实性皆予以认可。合议组经过核实，对反证1~4的真实性予以认可。

4. 关于专利法第22条第3款

专利法第22条第3款规定，创造性，是指同申请日以前已有的技术相比，该发明有突出的实质性特点和显著的进步。

在判断创造性时，首先要将权利要求的技术方案和最接近的现有技术方案进行对比，找出二者的区别技术特征，进而考察该区别技术特征的引入是否使权利要求的技术方案具备突出的实质性特点和显著的进步。

就本案而言，权利要求1要求保护一种用减压/真空精馏并加热的苯胺合成二苯胺法，其工艺步骤依次为（1）苯胺计量，将苯胺原料通过苯胺计量槽、计量泵、氮气缓冲包计量，并送入苯胺加热器；（2）苯胺加热，计量后的苯胺原料进行加温至330~370℃；（3）反应，加温后的原料苯胺设在装有催化剂的反应器内，进行化学反应，然后通过原料产品换热器进行降温，使温度在150℃以下；（4）气液分离，反应中间液在气液分离器内进行气液分离；（5）中间液加热，经过气液分离器后的液相，通过中间槽、进料泵、加热器进行加热升温；（6）分离精制，用减压/真空精馏并加热，给加热升温后的中间液进入苯胺精馏塔，其中的釜料进入二苯胺精馏塔提纯成二苯胺成品。

在口头审理中，请求人认为权利要求1相对于证据1、证据2和公知常识不具备创造性，并明确使用证据1的实施例3~4与本专利权利要求1进行对比，使用证据3~5和7来佐证公知常识。合议组查明，证据1公开了一种由苯胺合成二苯胺的方法，通过使用所述含卤素的Hβ沸石-Al_2O_3催化剂来提高苯胺转化率，降低副产率，降低产品生产成本。其中，实施例3~4中具体公开了如下内容将实施例1~2中的催化剂A或B装入反应器中，再用计量泵将苯胺加入反应器底部，反应温度320℃，反应压力2.0MPa，反应物料从反应器顶部流出经冷却放入常压分离器中，气相氨从分离器顶上排出，底部液相用气相色谱分析组成。证据1所记载的表1给出了实施例3~4所用催化剂和气液分离后得到的液相产物组成

表1

		催化剂		液相产物组成%（W）		
实施例	编号	硅铝比	卤素含量（%）	苯胺	二苯胺	副产
3	A	60.2	F3.0	80.68	19.18	0.14
4	B	60.2	无	85.26	14.60	0.14

合议组认为，本专利权利要求1与证据1实施例3或4公开的上述技术方案相比，两者均涉及苯胺合成二苯胺的生产方法，技术领域相同，并均公开了对苯胺进行计量，在装有催化剂的反应器中反应和具体的反应温度，以及中间液冷却后进行气液分离等技术特征；两者的区别在于：（1）证据1没有公开本专利权利要求1的步骤（1）中所述的计量槽和氮气缓冲包；（2）证据1中苯胺加热的反应温度为320℃，而本专利权利要求1的苯胺加热反应温度为330~370℃；（3）本专利权利要求1的步骤（3）中指出了反应后通过原料产品换热器将温度降至150℃以下，证据1没有具体限定冷却方式和冷却所至温度；（4）证据1没有公开本专利权利要求1的步骤（5）和步骤（6），即中间液加热和分离精制步骤。

根据本专利说明书的记载，本专利旨在对现有的分离精制工艺进行改进，用减压/真空精馏并加热，制备二苯胺，使成本大大降低。其优点是：采用减压/真空操作，大大降低了操作温度，系统运行安全可靠，设备使用寿命延长；在现行操作压力、温度下，产品质量指标稳定，色泽有明显改善，因为采用减压/真空操作，系统温度降低，使得采用导热油加热成为可能，革除了高价位电加热系统，每吨产品的节电量达到2200度，生产成本降低1000~1100元。考虑上述区别特征所能达到的效果，可以确定，本专利权利要求1的技术方案实际解决的技术问题是在苯胺经催化反应合成二苯胺的工艺中，选择合适的苯胺加热反应温度、合适的冷却温度和冷却方式、合适的工艺设备，以及对经气液分离的液相产物选择合适的分离精制方法，以获得合格的二苯胺成品并降低生产成本和操作难度。

证据2第70页、第72页和第73页记载的内容仅仅是一般性地教导了蒸馏、精馏的概念和目的，精馏塔的一般配置，泛泛地提及了减压蒸馏操作的定义和常规应用场合。证据2并没有直接披露上述区别特征（1）~（4）。请求人以证据3~5和证据7来佐证公知常识，但证据3第105页仅教导缓冲

罐是往复泵的重要附属设备，用于减小管路中流量的不均匀度，可充入氮气；证据 4 第 724 页的内容主要涉及以无水三氯化铝作为催化剂由苯胺制备二苯胺的一般工艺流程，其中采用热盐酸酸化的后处理方法来分离苯胺和二苯胺，该工艺流程只是提及了减压蒸馏；证据 5 本身属于专利文献，第 90 页图7-22 只是公开了连续精馏的工艺流程和所涉及的设备；证据 7 第 2 页也只是教导“蒸馏是分离液体混合物的典型单元操作”、“工业中以精馏的应用最为广泛”、“如沸点较高又是热敏性的混合液，则可采用减压精馏”，第 54 页则主要记载了多组分精馏时一般如何选择精馏塔的数目和确定流程方案。由此可见，证据 3~5 和证据 7 仅仅说明缓冲罐、减压蒸馏、精馏是化工领域中的已知单元操作，尚不能证明对于本专利的特定分离体系来说上述区别特征（2）~（4）属于本领域技术人员的公知常识。

对于苯胺缩合制备二苯胺的反应，本领域技术人员知晓，控制的工艺条件（例如反应温度、压力、所用催化剂等）不同，所获得的液相产物组成相应地也会发生变化。而采用什么样的分离精制工艺来处理待分离物，通常取决于待分离物的组成分布情况。在待分离物的组成分布不明的情况下，本领域技术人员没有动机去选择一种特定的分离工艺及相应的分离条件的特定组合。本专利权利要求 1 的方法与证据 1 相比至少采取了不同的苯胺加热反应温度，因此证据 1 表 1 中所列液相产物组成并不能代表本专利权利要求 1 的方法中经气液分离后所获得的液相产物组成。考察证据 2 记载的内容，证据 2 并没有公开或教导本专利权利要求 1 的方法中经气液分离后所获得的液相产物组成，证据 3~5 和证据 7 也不能证明本专利权利要求 1 的方法中经气液分离后所获得的液相产物组成属于本领域技术人员的公知常识。

在此情况下，本领域技术人员无法从证据 1、证据 2、证据 3~5 或证据 7 获得启示，想到选择 330~370℃ 的苯胺加热反应温度和通过产品换热器将产物温度冷却至 150℃ 以下并将加热后经气液分离的液相产物采用两步减压/真空精馏的方式进行分离精制以直接获得合格的二苯胺成品。因此，证据 1、证据 2 和公知常识并未给出将上述区别特征（1）－（4）引入证据 1 以用于解决本专利实际解决的技术问题的启示。本专利权利要求 1 的方法不但直接得到合格的二苯胺成品，而且降低了生成成本和操作难度。

因此，权利要求 1 具有突出的实质性特点和显著的进步，具备专利法第 22 条第 3 款所规定的创造性。

基于以上事实和理由，本案合议组作出如下审查决定。

三、决定

维持 02112536.8 号发明专利权有效。

当事人对本决定不服的，可以根据专利法第 46 条第 2 款的规定，自收到本决定之日起三个月内向北京市第一中级人民法院起诉。根据该款的规定，一方当事人起诉后，另一方当事人应当作为第三人参加诉讼。

025

阿德福韦酯结晶形态及其制备方法

无效宣告请求审查决定（第13804号）

决　　定　　号　第13804号
决　　定　　日　2009年8月21日
发明创造名称　阿德福韦酯结晶形态及其制备方法
国 际 分 类 号　C07F9/6561，A61K31/675，A61P1/16，A61P31/12
无效宣告请求人　江苏正大天晴药业股份有限公司
专　利　权　人　天津药物研究院
专　　利　　号　02148744.8
申　　请　　日　2002年11月19日
授 权 公 告 日　2007年3月7日
合 议 组 组 长　任晓兰
主　　审　　员　李亚林
参　　审　　员　王　静

法　律　依　据　专利法第22条第2款，专利法第33条，专利法第26条第4款
决　定　要　点

判定某一个晶体与另一个晶体是否相同的最直接手段是X射线衍射法，X射线衍射图谱对于晶体结构的表征具有指纹性，可以区别不同类型的晶体。通过比对X射线衍射图谱确定两晶体是否相同时，应将X射线衍射图谱进行整体比对，比较二者的峰位置、峰强度以及峰形是否匹配，其中峰位置尤其是小角度峰和强峰的峰位置匹配相对于峰强度的匹配具有更大的鉴定意义。

一、案由

本无效宣告请求案涉及国家知识产权局于2007年3月7日公告授予的、名称为“阿德福韦酯结晶形态及其制备方法”的第02148744.8号发明专利权（下称本专利），其申请日为2002年11月19日，专利权人为天津药物研究院。本专利授权公告的权利要求书如下

“1. 一种阿德福韦酯结晶，其特征在于使用Cu-Kα辐射，λ=1.5405Å，以度2θ表示的X射线粉末衍射光谱特征如下

2θ	I/I_0
3.68	100

续表

7.36	25
7.84	49
10.12	8
12.36	11
14.80	9
15.16	20
16.36	14
17.28	31
18.04	25
20.16	14
20.44	9
21.28	11
22.28	27
26.08	10

红外吸收图谱在 595cm^{-1}、653cm^{-1}、715cm^{-1}、768cm^{-1}、799cm^{-1}、816cm^{-1}、834cm^{-1}、852cm^{-1}、901cm^{-1}、959cm^{-1}、1001cm^{-1}、1032cm^{-1}、1054cm^{-1}、1130cm^{-1}、1153cm^{-1}、1204cm^{-1}、1241cm^{-1}、1258cm^{-1}、1280cm^{-1}、1304cm^{-1}、1326cm^{-1}、1416cm^{-1}、1482cm^{-1}、1572cm^{-1}、1593cm^{-1}、1652cm^{-1}、1754cm^{-1}、2877cm^{-1}、2936cm^{-1}、2976cm^{-1}、3159cm^{-1}、3321cm^{-1}处有吸收峰；

其 DSC 吸热转变在 95℃。

2. 如权利要求 1 所述的结晶，其中，所述的 X 射线粉末衍射 2θ 位置 3.68 处衍射峰强度为 100%。

3. 一种制备权利要求 1 所述的阿德福韦酯结晶的方法，包括，将无水阿德福韦酯溶解于有机溶剂中，得无色透明溶液，于 20~60℃ 真空蒸干溶剂，得到油状物，逐渐冷却至 30℃，固化为白色固体，研磨，60℃ 真空干燥。

4. 如权利要求 3 所述的制备方法，其中，所述的有机溶剂为丙酮、乙酸乙酯、乙酸甲酯、甲酸乙酯、乙酸异丙酯、二氯甲烷、三氯甲烷、乙醇、异丙醇、叔丁醇、四氢呋喃、甲苯及两种或两种以上混合液。

5. 一种药物组合物，该组合物含有药理学上有效量的权利要求 1 所述阿德福韦酯结晶及其药理学上可接受的载体。

6. 如权利要求 5 所述的组合物，其特征在于该组合物为干粉直接压片制得的片剂。

7. 如权利要求 6 所述的组合物，其中包括权利要求 1 的阿德福韦酯结晶、微晶纤维素、乳糖、羟丙基纤维素、微粉硅胶、硬酯酸镁。

8. 如权利要求 7 所述的组合物，其中，包括权利要求 1 的阿德福韦酯结晶 10mg、微晶纤维素 28mg、乳糖 28.15mg、羟丙基纤维素 2.8mg、微粉硅胶 0.35mg、硬酯酸镁 0.7mg。”

针对上述专利权，江苏正大天晴药业股份有限公司（下称请求人）于 2008 年 8 月 27 日向专利复审委员会提出无效宣告请求，认为本专利权利要求 1~8 不符合专利法第 22 条第 2 款、专利法第 26 条第 4 款、专利法实施细则第 13 条第 1 款的规定，认为本专利权利要求 1~2 不符合专利法实施细则第

20 条第 1 款的规定。请求人同时提交了如下证据 1~5：

证据 1：第 02137905. X 号中国发明专利申请公开说明书，申请人为江苏正大天晴药业股份有限公司，申请日为 2002 年 7 月 8 日，公开日为 2003 年 2 月 12 日，复印件 19 页；

证据 2：第 02137905. X 号中国发明专利说明书，授权公告日为 2005 年 7 月 20 日，复印件 19 页；

证据 3：第 02148744. 8 号中国发明专利（即，本专利）申请的审查中间文件，包括检索报告、申请人针对第四次审查意见通知书的答复意见和修改的权利要求，复印件 8 页；

证据 4：对证据 1 附图 1 中小角度峰位置的测量，复印件 1 页；

证据 5：第 200310103186. 5 号中国发明专利申请的审查中间文件，复印件 2 页。

请求人认为：（1）证据 1 为由他人在先申请在后公开的中国专利申请，公开了与本专利化学成分相同的晶体，其 X-射线衍射（XRD）、差示扫描量热（DSC）和红外吸收光谱（IR）表征参数与本专利权利要求 1 没有实质性差异（参见证据 1、3~5），因此构成本专利的抵触申请，本专利权利要求 1 相对于证据 1 不具备新颖性。本专利权利要求 2 与权利要求 1 保护的技术方案相同，在权利要求 1 没有新颖性的条件下，权利要求 2 也不具备新颖性。本专利权利要求 3 和 4 保护权利要求 1 所述的结晶的制备方法，证据 1 公开了将阿德福韦酯粗品重新溶于有机溶剂中，减压干燥、冷却，精制得到阿德福韦酯结晶，权利要求 3 和 4 与证据 1 中的制备方法无实质性差异，因此，权利要求 3 和 4 也不具备新颖性。本专利权利要求 5~8 保护包含权利要求 1 所述结晶的组合物。证据 1 特别是其实施例 5 和 6 具体公开了含阿德福韦酯 E 晶型的片剂和胶囊剂，由此破坏了本专利权利要求 5~6 的新颖性。本专利权利要求 7 使用了微粉硅胶，而证据 1 实施例 5 使用了滑石粉，微粉硅胶与滑石粉作为助流剂的作用是相同的，但微粉硅胶只是对滑石粉的直接置换，没有实质区别，因此，权利要求 7 不具备新颖性。权利要求 8 进一步限定辅料的用量，这些用量均为辅料的常规用量，因此，权利要求 8 也不具备新颖性。

（2）权利要求 1 的 IR 参数包括 852cm^{-1}处的吸收峰，但在说明书图 8 中没有公开该峰，因此权利要求 1 实质上得不到说明书的支持。由此，导致引用权利要求 1 的权利要求 2~8 得不到说明书支持。权利要求 3 中的起始原料为无水的阿德福韦酯，真空蒸干温度为 20~60℃，这两点在说明书中没有记载，也不能由说明书直接导出，因此导致权利要求 3 和 4 得不到说明书的支持。

（3）本专利要求保护的晶体与证据 1 要求保护的晶体完全相同，制备方法也相同，因为证据 1 已经授权（其授权文本即为证据 2），因此，本专利权利要求 1~8 不符合专利法实施细则第 13 条第 1 款的规定。

（4）权利要求 2 和权利要求 1 保护的技术方案完全相同，使得权利要求 1 和 2 没有能够简要地表述请求保护的范围，不符合专利法实施细则第 20 条第 1 款的规定。

经形式审查合格后，专利复审委员会受理了上述无效宣告请求，于 2008 年 8 月 27 日向双方当事人发出《无效宣告请求受理通知书》，并将请求人的《专利权无效宣告请求书》及其附件的副本转送给专利权人，要求其在指定的期限内答复，同时成立合议组对本无效宣告请求案进行审理。

2008 年 9 月 27 日，请求人补充提交了意见陈述书，增加了本专利说明书的修改不符合专利法第 33 条规定的理由，同时补充说明本专利不符合专利法第 26 条第 4 款的规定，并补充提交如下证据 3’，6~12：

证据 3’：第 02148744. 8 号中国发明专利（即，本专利）申请的审查中间文件，包括申请人针对第二次审查意见通知书和第四次审查意见通知书的意见陈述书，复印件 9 页；

证据 6：南京大学现代分析中心出具的第 JL2008090901 号检测报告，复印件 4 页；

证据 7：证据 1 中图 1 与 ZL02148744. 8（本专利）中图 2a 的比较图，复印件 1 页；

证据8：《高等结构分析》，马礼敦主编，复旦大学出版社，2002年7月印刷，封面、出版信息页、第377~378页，第384页，复印件5页；

证据9：《X射线衍射分析原理与应用》，刘粤惠等编著，化学工业出版社出版，2003年10月印刷，封面、出版信息页、第42~43页、第100~103页、第114~119页，复印件14页；

证据10：《中华人民共和国药典》，2000年版，第二部，化学工业出版社，2000年1月印刷，封面、出版信息页、附录第27~28页，复印件4页；

证据11：本专利原始提交的权利要求书和说明书，复印件18页；

证据12：《物理药剂学》，苏德森等主编，化学工业出版社，2004年7月印刷，封面、出版信息页、第18~31页，复印件16页。

请求人认为：（1）授权文本说明书第3页第5~9行的内容与原申请文本（参见证据11）相比修改超范围，原因在于：①授权文本说明书第3页第5~9行的方法包括分别以阿德福韦酯粗品和形态1为原料，而原说明书记载的制备方法仅以形态1的阿德福韦酯为原料；②授权文本说明书第3页第9~11记载的溶剂与原权利要求3中记载的溶剂不同。（2）权利要求2与权利要求1保护的技术方案完全相同，没有能够简要地表述保护范围，不符合专利法实施细则第20条第1款的规定。（3）本专利不符合专利法第26条第4款的规定，其中，除了坚持提出无效宣告请求时的理由外，请求人还认为：①权利要求1的XRD中给出了15个衍射峰的峰位置（2θ）值及其相对强度，而在说明书中并未记载具有这15个衍射峰的图谱，因此，权利要求1中XRD参数实质上得不到说明书的支持。②说明书中没有公开权利要求7所述几种物质任意剂量形成的组合物，因此，权利要求7不符合专利法第26条第4款的规定。（4）证据6证明本专利图2a与证据1图1相比，其峰强度的差异在实验的误差范围之内；证据7表明将本专利图2a与证据1图1进行XRD全谱对比可见，两图在峰形和峰位置上几乎无差异；证据8和证据9证明XRD峰的峰位置在晶型定性分析中的重要性；证据10证明因寻峰条件的差异而在证据1图3中没有标出816cm^{-1}、1001cm^{-1}、2936cm^{-1}三个峰；证据12证明XRD在晶型判定中的唯一性。

2008年10月6日，专利权人针对《无效宣告请求受理通知书》和《专利权无效宣告请求书》作出答复，并提交以下反证1~7：

反证1：《河北医科大学学报》，2002年9月，第23卷第5期，第307~309页，复印件3页；

反证2：《X射线金属学》，范雄主编，机械工业出版社，1983年6月印刷，封面、出版信息页、第99页，复印件3页；

反证3：《中华人民共和国药典》，2005年版，第二部，化学工业出版社，2005年1月印刷，封面、出版信息页、附录23页、附录第64~65页，复印件5页；

反证4：《高等结构分析》，马礼敦主编，复旦大学出版社，2003年4月印刷，封面、出版信息页、第165页、第377~378页，复印件5页；

反证5：《物理化学实验》（第三版），北京大学出版社，1995年10月印刷，封面、出版信息页、第256~257页，复印件4页；

反证6：《X射线衍射分析原理与应用》，刘粤惠等编著，化学工业出版社出版，2003年10月印刷，封面、出版信息页、第58~59页、第100~101页、第114~115页，复印件4页；

反证7：第98803744.0号中国发明专利申请公开说明书的扉页、说明书第2页，公开日为2000年4月26日，复印件2页。

专利权人认为：（1）本专利权利要求1与证据1相比存在如下区别特征：①权利要求1的XRD图谱中3.68（2θ）、强度100%的衍射峰在证据1中没有公开，各XRD峰的强度未被证据1公开。由于同一晶体，至少强度位列前八或前十的衍射峰应具有误差范围内的相同的峰位置和强度，且按照峰强度排列的峰位置顺序亦应匹配，不符合这些条件，不能被认为是同一晶体（参见反证1~6），因此，权利要求1与证据1两种晶体的XRD存在实质性区别。②权利要求1中IR图谱中的两个峰（$959cm^{-1}$、$3159cm^{-1}$）在证据1中并不存在，且与证据1中最为接近的峰（$953cm^{-1}$、$3166cm^{-1}$）之间的差距超出了本领域公知的误差范围（参见反证3），鉴于IR的$1600-650cm^{-1}$区域为物质鉴别的指纹区（参见反证4），故，本专利晶体与证据1晶体的IR存在实质性区别。③权利要求1中的吸热转变温度与证据1不同，本专利为95℃，证据1为94℃。由于采用不同的升温方式和升温速度获得的DSC曲线（包括吸热转变温度）都会有所差异，而证据1未公开其DSC曲线测定条件（升温方式及速率）。因此，不能证明本专利权利要求1中的吸热转变温度被证据1公开。综上，本专利晶体与证据1晶体具有不同的XRD和IR图谱，二者的DSC参数亦不能确定是否相同，因此，本专利晶体与证据1晶体属于完全不同的晶型，本专利权利要求1相对于证据1具备新颖性。在权利要求1具备新颖性的前提下，权利要求2~8也具备新颖性。

（2）本专利晶体与证据1晶体不同，证据2（证据1的授权文本）与证据1所涉及的又是同一晶体，因此，本专利不属于证据2的重复授权，符合专利法实施细则第13条第1款的规定。

（3）①从本专利图8中可以明确看出在大约$852cm^{-1}$处有一肩峰，只是在该谱图中未打印其具体位置，附图未标识并不等于所述$852cm^{-1}$处的吸收峰未记载在说明书中。②本专利说明书第3页第12~14行记载了以形态1的阿德福韦酯为原料并记载了“于20~80℃真空蒸干溶剂”得结晶形态的阿德福韦酯，说明书第3页第2~3行指出形态1的结晶即为CN121592A（反证7）报道的形态1的结晶，而反证7第2页第7~8行指出，形态1结晶为无水结晶。可见，请求人用以支持其认为本专利不符合专利法第26条第4款规定的事实基础均不存在。

2008年12月3日，本案合议组向双方当事人发出《无效宣告请求口头审理通知书》，定于2009年1月13日对本案进行口头审理。同时，将专利权人于2008年10月6日提交的意见陈述书及相关附件的副本转送请求人，将请求人于2008年9月27日补充提交的意见陈述书和相关的副本转送专利权人。

2009年1月13日，口头审理如期进行，双方当事人的代理人出席了口头审理。合议组就本无效宣告请求案的无效理由及证据逐一进行了调查，双方当事人均充分陈述了各自的意见，合议组在此基础上记录了以下事项：

（1）专利权人当庭提交权利要求书的全文修改替换页，删除了权利要求2。合议组将修改文本当庭转送请求人。请求人对修改后的权利要求书无异议，并放弃关于专利法实施细则第20条第1款的无效宣告理由。

（2）请求人放弃证据3、9和12，当庭提交证据6、8和10的原件，盖有“中华人民共和国国家知识产权局专利审查业务章”红章和“此件为原件复印件”红章的证据3’、5和11的复印件。专利权人对证据1、2、8和10的真实性予以认可，对证据3’、5和11的合法性提出质疑，理由是：在专利局复制专利申请案卷时，专利局出具的证明应盖蓝色印章，且不得复制检索报告。对此，请求人认为，上述复印件是到专利局的窗口填写调取的文件单后由窗口负责人给出的复印件。专利权人认为，证据5是本案的案外人的答复，从而对其真实性、关联性有异议；证据4和7均为请求人的主张，不能作为证据；证据6是请求人单方委托的鉴定，不能作为定案的依据，且对其内容真实性提出质疑。

（3）专利权人当庭补充提交了反证8，合议组将其转送给请求人。专利权人出示了反证1~3、5~6和8的原件，请求人对反证1~8的真实性予以认可，但认为反证1是作者个人观点，反证3和6的公开日期在本专利的申请日之后，因此，与本案无关。专利权人认为反证1不是孤证，是从多篇现有技术中挑选的，反证 3 和反证 6 不作为现有技术使用。所述反证 8 如下（编号续前）：

反证 8：《中华人民共和国药典》，2000 年版，第二部，化学工业出版社，2000 年 1 月印刷，封面、出版信息页、附录第 27~28 页、附录第 65 页、附录第 70~71 页，复印件 7 页。

（4）请求人确定的无效宣告理由是：针对本专利授权公告文本，权利要求 1~8 不符合专利法第 22 条第 2 款、专利法第 26 条第 4 款和专利法实施细则第 13 条第 1 款的规定，说明书不符合专利法第 33 条的规定。

（5）合议组当庭告知双方当事人，对于请求人提出的关于专利法实施细则第 13 条第 1 款的无效宣告理由，根据审查指南的规定，合议组将依据专利法第 22 条第 2 款的规定进行审查。

2009 年 7 月 8 日，专利权人提交了声称与本专利技术内容相关的另一确认不侵权诉讼案件中的证据，供合议组参考。

至此，合议组认为本案的事实清楚，可以作出审查决定。

二、决定的理由

1. 关于文本

专利权人于口头审理时当庭提交了权利要求书的全文修改替换页，删除了授权公告文本中的权利要求 2，并对权利要求重新编号。修改后的权利要求 2~7 分别相当于授权文本的权利要求 3~8。请求人对该文本无异议，合议组经核实，认为该修改符合专利法实施细则第 68 条及审查指南的相关规定。故，本决定所针对的文本是：授权公告时的说明书、说明书附图和说明书摘要以及专利权人于 2009 年 1 月 13 日提交的权利要求书。

2. 关于证据

请求人共提交了 13 份证据，其中，请求人放弃了证据 3、9 和 12，本决定对这三份证据不予评述。

专利权人对证据 1、2、8 和 10 的真实性没有异议，合议组对证据 1、2、8 和 10 的真实性予以认可。其中，证据 1 为他人在本专利申请日前申请、在本专利申请日后公开的中国专利申请，可以作为用于评价本专利是否具备新颖性的证据。

专利权人对证据 3’、5 和 11 的合法性提出质疑。经与国家知识产权局初审流程部门核实，“中华人民共和国国家知识产权局专利审查业务章”红章和“此件为原件复印件”红章确为国家知识产权局对复制的专利申请案卷出具的证明章，而且，在专利权人所质疑的检索报告复印件上也盖有上述两红章，可见，证据 3’、5 和 11 应是经国家知识产权局确认过的，据此，合议组认可证据 3’、5 和 11 的真实性。

证据 6 为南京大学现代分析中心出具的检测报告，请求人提交了证据 6 的原件，其上盖有“CMA 2006001013K”红章和“南京大学现代分析中心分析测试专用章”红章，专利权人虽然对证据 6 中某些内容的真实性提出质疑，并指出证据 6 是单方委托的鉴定，但没有提出反对证据 6 真实性的证据或其他理由，合议组经核实，认可证据 6 的真实性。

证据 4 是请求人对证据 1 附图 1 中小角度峰位置的测量，表明小角度峰在 3.60（2θ）处，这实际上是请求人的主张而非证据。证据 7 是证据 1 图 1 与本专利图 2a 的比较图，请求人将两图的横坐标对齐以说明两图相似，由于所述两张图的横坐标间距有细微差别，因此，证据 7 的获得经过了技术处理，其实际上是请求人表述意见的直观方式而非证据。

专利权人共提交了 8 份反证，请求人对反证 1~8 的真实性没有提出异议，合议组对反证 1~8 的真实性予以认可。请求人认为，反证 1 是作者个人观点，与本案无关。对此合议组认为，反证 1 的内容涉及药物多晶型的鉴别方法，与本案的晶型鉴定具有一定的关联，即便是作者个人观点，也不能成为不考虑该证据的理由。请求人还提出，反证 3 和 6 的公开日期在本专利的申请日之后，因此，与本案无关。对此，合议组认为，反证 3 和 6 的公开日在本专利的申请日之后，不能作为现有技术使用，但在用于证明某一客观事实时，应当予以考虑。

此外，对于专利权人于 2009 年 7 月 8 日提交的证据，因其提交时间超出了专利权人的举证期限，合议组不予考虑。

3. 关于无效宣告理由

在口头审理时，请求人确定了其无效宣告理由是：针对本专利授权公告文本，权利要求 1~8 不符合专利法第 22 条第 2 款、专利法第 26 条第 4 款和专利法实施细则第 13 条第 1 款的规定，说明书不符合专利法第 33 条的规定。

根据审查指南第四部分第七章 3.2 节的规定，任何人认为某项专利权与申请在先的属于不同专利权人的另一项专利权因构成同样的发明创造而不符合专利法第 9 条或者专利法实施细则第 13 条的规定的，可以请求专利复审委员会宣告该项专利权无效。请求宣告发明或者实用新型专利权无效的，如果申请在先的专利权已经构成现有技术或者属于他人申请在先公布在后的专利，专利复审委员会可以依据专利法第 22 条的规定进行审查。

本案中，请求人依据证据 2 认为本专利权利要求 1~8 不符合专利法实施细则第 13 条第 1 款的规定，而证据 2 属于他人申请在先公布在后的专利，因此，根据审查指南的上述规定，对于请求人提出的授权公告文本的权利要求 1~8 不符合专利法实施细则第 13 条第 1 款的无效宣告理由，合议组依据专利法第 22 条第 2 款的规定进行审查。

因此，纳入本案审查范围的无效宣告理由为：针对修改后的权利要求书，权利要求 1~7 相对于证据 1 不符合专利法第 22 条第 2 款的规定，权利要求 1~7 不符合专利法第 26 条第 4 款的规定，说明书不符合专利法第 33 条规定。

4. 关于专利法第 33 条

专利法第 33 条规定：申请人可以对其专利申请文件进行修改，但是，对发明和实用新型专利申请文件的修改不得超出原说明书和权利要求书记载的范围。

若对于申请文件的修改在于将原权利要求书中记载的技术方案增加到说明书中，而且这种增加没有导致说明书上下文的含义发生改变，那么，这种修改是允许的。

本案中，请求人认为授权文本说明书第 3 页第 5~9 行的内容与原申请文本不同，不同之处体现在：①授权文本包括两种方法，原申请文件仅包括一种方法；②溶剂不同。

关于以上第①点内容，合议组查明，本专利授权文本说明书第 3 页第 5~9 行的内容为："一种制备阿德福韦酯结晶的方法，它包括从含 6%~45% 阿德福韦酯和 55%~94% 结晶化溶剂的溶液中结晶出阿德福韦酯，再将其重新溶解于有机溶剂中，得无色透明溶液，于 30~60℃ 真空蒸干溶剂，得到油状物，逐渐冷却至 30℃，固化为白色固体，研磨，60℃ 真空干燥 8 小时，得结晶形态的阿德福韦酯。即将结晶化溶剂中结晶出的阿德福韦酯（形态 1）重新溶解于有机溶剂中，再减压蒸干溶剂。"本专利原始提交的说明书中相应的内容为："一种制备阿德福韦酯结晶的方法，它包括将结晶化溶剂中结晶出的阿德福韦酯（形态 1）重新溶解于有机溶剂中，再减压蒸干溶剂。"（下称内容 1，参见证据 11 说明书第 3 页第 5~6 行）。

比较可见，本专利授权文本说明书与原始提交的说明书的区别在于，增加了"从含 6%~45% 阿德福韦酯……得结晶形态的阿德福韦酯"的内容（下称内容 2），并以"即"字将上述增加的内容与原说明书中记载的内容相连。

合议组查明，原始提交的权利要求 1 中记载了阿德福韦酯新结晶形态的制备方法："它包括从含

6%～45%阿德福韦酯和约55%～94%结晶化溶剂的溶液中结晶出阿德福韦酯，再将其重新溶解于有机溶剂中，得无色通明溶液，于30～60℃真空蒸干溶剂，得到油状物，逐渐冷却至30℃，固化为白色固体，研磨，60℃真空干燥8小时，得白色粉末状固体新结晶形态的阿德福韦酯”。

原权利要求1中已记载的上述制备方法即为内容2的方法，由此，对申请文件的修改仅仅是将原权利要求1的内容增加到说明书中，并通过“即”字将相关的内容相连。判断所述修改是否超出原申请文件记载范围的焦点在于判断“即”字是否引入新的信息，因为，该“即”字显然使得前后两部分内容产生了密切联系，明确了“从含6%～45%阿德福韦酯和55%～94%结晶化溶剂的溶液中结晶出阿德福韦酯”为“形态1”的阿德福韦酯结晶。

合议组查明，如本专利发明内容部分第一段所述，“本发明的目的是提供新的无水结晶形态的阿德福韦酯和制备该结晶的方法”，在原始提交的说明书第2～3页记载了制备该新结晶的方法，包括如下步骤：（a）根据现有技术从含6%～45%阿德福韦酯和约55%～94%结晶化溶剂的溶液中结晶出阿德福韦酯并可精制，得到形态1的结晶；（b）“包括将结晶化溶剂中结晶出的阿德福韦酯（形态1）重新溶解于有机溶剂中，再减压蒸干溶剂”（参见原始提交的说明书第3页第5～6行）。本专利全部实施例也均首先制备形态1阿德福韦酯，然后以形态1阿德福韦酯为原料制备新结晶。同时，原始提交的权利要求书中仅记载了一种阿德福韦酯新结晶形态的制备方法，即上述原权利要求1中的制备方法。在原权利要求1中还记载了对其方法概括性的描述语句：“将结晶化溶剂中结晶出的阿德福韦酯，重新溶解于有机溶剂中，再减压蒸干溶剂”，这与原说明书第3页的内容1一致。

根据原申请文件中记载的上述内容，可以直接地、毫无疑义地确定原权利要求1中记载的方法即为原说明书中描述的方法，因此，授权文本中以“即”字将原权利要求书中的方法与原说明书中的相应内容相连，没有引入新的信息，这样的修改符合专利法第33条的规定。

关于以上第②点内容，合议组认为，首先，如前所述，授权文本说明书第3页第5～9行的内容仅涉及一种方法，该方法与原说明书及权利要求书的方法相同，而授权文本说明书第3页第9～11行记载的溶剂与原说明书第6～8行相同；其次，原权利要求3中对原权利要求1的方法作了进一步限定，其附加技术特征为“所述有机溶剂为丙酮、乙酸乙酯……甲苯及两种或两种以上混合液”，这与授权文本第3页第19行记载的有机溶剂为“丙酮、乙酸乙酯……甲苯或以上所述有机溶剂的两种或多种混合物”的含义实质相同，均表示可以选择一种溶剂、两种或者多种的混合溶剂，至于原权利要求3中出现的“乙酸异丙酯二氯甲烷”、“三氯甲烷乙醇”，本领域技术人员根据其常识会理解，仅仅是在“乙酸异丙酯”和“二氯甲烷”以及“三氯甲烷”和“乙醇”之间少了一个标点符号，不能由此认为它们就是与“乙酸异丙酯、二氯甲烷、三氯甲烷、乙醇”不同的溶剂。

综上，请求人关于本专利说明书不符合专利法第33条规定的主张不成立。

5. 关于专利法第26条第4款

专利法第26条第4款规定：权利要求书应当以说明书为依据，说明要求专利保护的范围。

说明书附图公开的内容是说明书公开内容的一部分，如果能够从说明书和说明书附图充分公开的内容中得到权利要求的技术方案，则该权利要求能够得到说明书的支持。

（1）权利要求1。

本专利权利要求1保护一种阿德福韦酯结晶，使用15个XRD峰、32个IR峰和DSC吸热转变温度参数进行表征（具体方案参见案由部分）。

请求人主张权利要求1所述的匹伏阿德福韦晶体得不到说明书支持的主要理由是：①权利要求1的IR参数包括852cm^{-1}处的吸收峰，但在说明书图8中没有公开该峰，②权利要求1中的XRD给出了15个衍射峰位置（2θ）值及其相对强度，而在说明书中并未记载具有这15个衍射峰的图谱。对此，专利权人认为，①从图 8 中可以看出大约在 852cm^{-1}处有一肩峰；②说明书已经列出了 15 个峰值，请求人未提供证据证明其表示与说明书附图不同的晶体。

对此合议组认为，首先，正如请求人所述，本领域中，对于表征产品微观结构的 XRD、IR 等来说，通常先由实验直接测量得到的数据形成图谱，然后在图谱中出现的一系列特征峰中选取其中有代表性的，通常是强度较大的若干条峰作为该图谱的代表。由于文字表述的局限性，特征峰的选择即使再详细也只能无限接近于图谱，而不可能完全、精确地重现图谱的每一个细微之处。其次，从说明书的整体内容来看，本专利仅涉及一种新结晶形态的阿德福韦酯，因此，无论是在发明内容（包括权利要求书）中的 XRD 的峰位置（包括强度）组表征的晶体，还是说明书附图 2a 中以 XRD 图谱形式表征的晶体都应当是指同一种晶体。同样，说明书（包括权利要求书）中以 IR 波数参数组表征的晶体与图 8 中以 IR 图谱表征的晶体也应当是同一晶体。

在此情况下，在没有证据表明权利要求 1 的 XRD 衍射峰组、IR 特征峰组会表征出与图 2a、图 8 所示图谱表征的晶体完全不同的晶体的情况下，仅仅基于本专利权利要求 1 以及说明书第 5 页第 4 行记载了 852cm^{-1}处的 IR 吸收峰而图 8 中没有标识这一峰位置或者 XRD 衍射峰组与图 2a 有细微不同而认为权利要求 1 得不到说明书支持缺乏事实依据。

此外，请求人在口头审理中还指出说明书第 3 页第 20~21 行记载的测定 XRD 的条件为“管压：40kV 管流：100mA”，而图 2a 中标识的相应条件为管压：“30kV”、管流：“50mA”，二者矛盾，由此导致权利要求 1 的 XRD 峰得不到说明书的支持。专利权人表示应以图 2a 中的标识为准。对此合议组认为，首先，权利要求 1 中没有对“管压”、“管流”进行限定，上述说明书与附图相矛盾与权利要求 1 是否得不到说明书的支持没有直接关联；其次，请求人也没有提供证据证明管压和管流的上述差异会使得对同一晶体获得的 XRD 图谱完全不同，因此这一理由尚不足以导致权利要求 1 得不到说明书的支持。

（2）权利要求 2。

权利要求 2 保护制备权利要求 1 所述的阿德福韦酯结晶的方法（具体方案参见案由部分）。

请求人认为权利要求 2 中的起始原料为无水的阿德福韦酯，真空蒸干温度为 20~60℃，这两点在说明书中没有记载，导致权利要求 2 得不到说明书的支持。

合议组经核实，确定以下事实：本专利实施例 2~5 记载的制备新结晶形态的阿德福韦酯的方法均以形态 1 的阿德福韦酯为原料并且其真空蒸干的温度分别为 30~40℃、30~60℃、20~60℃和20~60℃，而说明书第 2 页第 2 段提到：CN1251592A（即反证 7）申请保护结晶形态的 AD 和制备这些结晶的方法，其制备结晶工艺保护了无水结晶形（形态 1）水合形……同时，合议组查明，反证 7 说明书第 2 页第 6~7 行记载了如下内容：“结晶 AD，尤其是无水结晶形（以下称“形态 1”）、水合形（$C_{20}H_{32}N_5O_8P_1 \cdot 2H_2O$，以下称“形态 2”）”，其中 AD 即为阿德福韦酯的缩写。由此可见，本专利中，形态 1 的阿德福韦酯为无水结晶。

也就是说，本专利说明书中公开了以形态 1 的无水阿德福韦酯为原料且在真空蒸干温度为20~60℃的条件下制备本专利结晶的方法。请求人在口头审理中称，无水阿德福韦酯除包括形态 1 外，还包括无定型以及阿德福韦酯粗品，但请求人没有提供任何证据证明本专利权利要求 2 以无定型或阿德福韦酯粗品为原料时无法制备得到权利要求 1 的结晶，故，请求人认为本专利权利要求 2 不符合专利法第 26 条第 4 款的主张不成立。

（3）权利要求 6。

权利要求 6 保护一种药物组合物，其含有药理学上有效量的权利要求 1 的阿德福韦酯结晶、微晶纤维素、乳糖、羟丙基纤维素、微粉硅胶、硬酯酸镁。

请求人认为说明书中没有公开权利要求6所述几种物质任意剂量形成的组合物，因此，不符合专利法第26条第4款的规定。

对此，合议组认为，判断权利要求的保护范围是否恰当，应当以本领域技术人员为判断主体，结合本领域的常规知识加以评判。在药学领域，通常而言，在公开了药学活性成分的基础上，本领域技术人员具有筛选各种常规辅料（包括种类和剂量）以制备药物组合物能力，因此，对于含有新的活性成分的药物组合物权利要求而言，如果其活性成分能够得到说明书的支持，在没有相反证据表明某一辅料或某一剂量不能有效形成药物组合物的情况下，该组合物权利要求通常也能够得到说明书的支持。因此，请求人认为本专利权利要求6不符合专利法第26条第4款的主张不成立。

综上，请求人关于本专利权利要求1~2和6得不到说明书支持的主张均不成立，在此情况下，请求人认为本专利其他权利要求因引用上述权利要求而得不到说明书支持的主张亦不成立。本专利权利要求1~7均符合专利法第26条第4款的规定。

6. 关于专利法第22条第2款

专利法第22条第2款规定：新颖性，是指在申请日以前没有同样的发明或者实用新型在国内外出版物上公开发表过、在国内公开使用过或者以其他方式为公众所知，也没有同样的发明或者实用新型由他人向国务院专利行政部门提出过申请并且记载在申请日以后公布的专利申请文件中。

判定某一个晶体与另一个晶体是否相同的最直接手段是X射线衍射法，X射线衍射图谱对于晶体结构的表征具有指纹性，可以区别不同类型的晶体。通过比对X射线衍射图谱确定两晶体是否相同时，应将X射线衍射图谱进行整体比对，比较二者的峰位置、峰强度以及峰形是否匹配，其中峰位置尤其是小角度峰和强峰的峰位置匹配相对于峰强度的匹配具有更大的鉴定意义。

6.1 权利要求1

本专利权利要求1保护一种阿德福韦酯结晶，使用了XRD峰、IR峰和DSC吸热转变温度进行表征（具体方案参见案由部分）。请求人认为权利要求1相对于证据1不具备新颖性。

证据1公开了一种不含水及其他结晶化溶剂的E型匹伏阿德福韦结晶，说明书第2页第3段记载了该E型结晶的XRD图在2θ为7.4、7.8、10.1、12.4、15.2、16.4、17.3、18.0、18.6、20.1、20.4、21.3、21.4、22.3、22.8、23.4、24.4、26.1、27.5、28.5、30.1处有吸收峰，说明书第2页第4段记载了该E型结晶的吸热转变在95℃，图1、2和3分别为E型匹伏阿德福韦XRD图谱、DSC图谱和IR图谱，且图3中标注了IR峰的峰位置。

比较本专利权利要求1与证据1可见，二者的化学组成相同，区别在于表征晶体结构的参数不完全一致。因此，判断证据1能否破坏本专利权利要求1新颖性的关键在于，二者所描述的参数的差别是否导致二者晶体结构不同。

为此，合议组考察了请求人与专利权人双方的理由和证据。

（1）关于XRD。

请求人认为：①XRD在晶型判定中具有唯一性，XRD参数实质相同，就可以初步得出晶型相同的结论；②从证据8可知，峰位置尤其是强峰位置的匹配非常重要，而相对强度则误差较大，变化趋势一致即可；③比较证据1与本专利权利要求1所记载的XRD峰的峰位置和峰强度，二者的强峰峰位置完全匹配，峰强度基本匹配，且峰形吻合，因此，证据1和本专利权利要求1的晶型实质上相同。

专利权人则认为，①XRD是固体多晶型化学药物分析中具有指纹性与专属性的分析方法；②判定两晶型是否相同时必须比较最强衍射峰位置以及强度位列前8~10位所有衍射峰的位置以及强度（包括按照强度排列的衍射峰顺序）的匹配，其中，小角度强峰的匹配对于晶型异同的判断非常重要；③权利要求 1 中 3.68（2θ）的峰，以及各 XRD 峰的强度在证据 1 中没有公开，因此，权利要求 1 的晶体与证据 1 的晶体存在实质性区别。

由此可见，首先，双方当事人实际上均认可 XRD 在晶体结构的判断中具有唯一性和专属性，这也是本领域所公认的，合议组支持该观点。基于此，在判断本专利权利要求 1 保护的晶体与证据 1 晶体是否为相同的晶体时，应当主要对其 XRD 进行比对。其次，双方就 XRD 比对时，存在的分歧在于：①峰强度在晶型判断中的作用，②小角度峰位置的匹配。为此，合议组考察了双方所提供的证据。

反证 1 记载："同一化合物的不同晶型具有不同衍射图谱……对晶型的鉴别具有决定意义。可通过衍射谱图的比较，或每个样品 I/I_0（即，相对强度，合议组注）最大的 8～10 个峰的主要参数（2θ、I/I_0、d）的异同来确定是否为同一晶型"（参见第 309 页左栏第 1 段）。

反证 2 记载："每一种结晶物质，都有其特定的结构参数……而这些参数在 X 射线花样上均有所反映。尽管物质的种类有千千万万，但却难以找到两种衍射花样完全相同的物质。多晶体衍射线条的数目、位置及其强度，就像人的指纹一样，是每种物质的特征，因而可以成为鉴别物相的标志"（参见第 99 页倒数第 3 段）。

反证 3 和 8 记载："粉末衍射是用于结晶物质鉴别和纯度检查的常用技术"，"结晶物质的鉴别可通过比较供试品与已知物质的衍射图完成。各衍射线的衍射角（2θ）、相对强度和面间距是进行鉴别的依据。供试品与参照品的衍射角偏差应在衍射仪的允差范围内，衍射线的相对强度偏差有时可达 20%"（分别参见反证 3 附录 64 页右栏第 4 段、附录 65 页左栏第 5 段，以及反证 8 附录 71 页倒数第 4 段）。

反证 4 和证据 8 内容相同，记载："物相的周期性受环境条件及测量条件的影响较小，因而 d（即，衍射线位置。合议组注）可以匹配得比较好。而衍射线强度受环境及测量条件影响较大，匹配时，不可能对的很准，只要大致能对上，强的还是强，弱的还是弱，强度序列差不多就可以了。因而在作定性分析时，衍射线位置匹配是第一位的，强度匹配是第二位的。要注意，所谓匹配，是指整个谱的对比匹配，并非只是一条或几条衍射线的匹配"（参见第 377 页倒数第 2 段），"要强调匹配是整个谱的匹配，但还是允许有少量峰对不上。可是要特别注意小 θ 角的峰及强峰的匹配，因在相鉴定中，它们的作用及地位较大 θ 角的峰及弱峰来得重要"（参见第 378 页第 1 段）。

反证 5 记载："……对比时，必须有'整体'观念""对 d 值精确度的要求应该比较严，对于普通物相分析，小数后第二位允许有些误差（±0.02Å）"（参见第 256 页倒数两段）。

反证 6 记载："所谓小角度通常指 X 射线的入射角约在 0°～5°的范围内"（参见第 59 页最后一段），"应注意保持整体观念，因为并不是一条衍射线代表一个物相，而是一套特定的'$d-I/I_0$'数据才代表某一物相，因此，一般情况下，若有一条强线完全对不上，则可以否定该物相的存在"（参见第 100 页第 6 段）。

从上述证据可以看出，XRD 峰位置和峰强度均是晶型判断的依据（参见反证 1、2、3、4、6、8 以及证据 8），但是，在遵循整体匹配原则的基础上，峰位置的匹配是第一位的（d 值的误差允许为±0.02Å），峰强度易变，只要强度序列差不多就可以了（参见反证 3、4、5、8 以及证据 8）。由反证 4、6 和证据 8 可知，强峰以及 0~5（2θ）范围内的小角度峰具有较重要的鉴定价值。

在此基础上，合议组比较了权利要求 1 与证据 1，发现，确如双方当事人所认可的，权利要求 1 中 2θ 为 3.68 和 14.80 处的两个峰在证据 1 中没有文字记载，并且证据 1 中未公开各个 XRD 衍射峰的峰强度值。并且，合议组还考察了证据 1 的相关图谱（图 1，为所述 E 型结晶的 XRD 图），其横坐标和纵坐标分别表示峰位置和峰强度，本领域技术人员从该图中可以直观地判断各 XRD 峰的峰位置以及相对强度。从证据1图1可见，在2θ小于5度处有一强峰。

对于峰强度，证据1中尽管未文字记载各个XRD的具体数值，但由于峰强度相比峰位置而言，容易受到外界条件的影响而发生变化，因此，仅仅因为证据1未公开具体强度值并不能成为认定权利要求1与证据1的晶型必然不同的理由。即，就峰强度而言，合议组不支持专利权人的观点。基于此，合议组对于请求人提交的用于进行峰强度比对的证据3’和证据6不再予以评述。

对于2θ小于5度的峰，首先，请求人在证据4中通过对横坐标的测量并根据坐标比例计算得出该峰的位置为3.60，并且提供了证据5，以表明天津市金士力药物研究开发有限公司也认为该峰在大约3.60处。对此，合议组认为，一方面，请求人未提供证据证明本领域中公认可以采用这种方式来获得衍射峰值；另一方面，根据审查指南的相关规定，通过测量附图而得出的尺寸参数也不属于该文件原始公开的一部分。因此，证据4和5无法表明证据1中2θ小于5度以下的峰位置就是3.60。其次，由于证据1图1与本专利附图2a的横坐标并不完全一致，因此无法通过直观的对比来确认证据1中5度以下的峰是否与本专利附图2a中3.68（2θ）处的峰一致。请求人在证据7中通过拉伸证据1图1与本专利图2a的横坐标使其对齐而将二者进行对比。一方面，请求人未提供证据证明对两附图进行如此处理的手段是本领域中公认的手段，另一方面，从其处理后的结果中也无法确定证据1图1中小角度强峰的峰位置。

由此可见，请求人提供的证据无法确定证据1图1中小角度强峰的峰位置，更是无法证明其峰位置与本专利3.68处峰的差别在合理的误差范围之内。同时，鉴于小角度强峰在晶型鉴定中具有重要意义，而请求人又未提供充分的证据证明对于阿德福韦酯晶体来说，小角度强峰不完全匹配将不影响整体比对结果，因此，基于请求人目前提供的证据尚无法认定证据1图1所示的晶体与本专利权利要求1的晶体相同。

（2）关于IR。

本专利权利要求1记载了32个IR峰，证据1图3标注了其E型结晶的IR峰。

请求人认为，证据1图3记载了28个与本专利权利要求1相匹配的IR峰，其他4个峰在证据1中未出现是由测试条件以及寻峰条件的差异所引起的。

专利权人认为，本专利与证据1的IR相比，本专利IR中959cm^{-1}和3159cm^{-1}两个峰与证据1中最为接近的953cm^{-1}和3166cm^{-1}两个峰之间的差距（分别为6cm^{-1}和7cm^{-1}）超出了本领域公知的误差范围，而这两个峰尤其是959cm^{-1}处的峰对于IR识别具有实质性意义，因而，两晶体晶型不同。

对此，合议组认为，与XRD谱相比，IR仅能作为鉴别晶型的辅助手段，原因在于，IR表征的是原子之间振动能级的跃迁，分子空间排布方式的变化有些情况下并不能从IR谱反映出来。因此，在某些情况下，即使IR相同，晶型也可能不相同。在另一些情况下，尽管IR不同，但晶型却可能相同。基于此，就本案而言，权利要求1的IR参数与证据1之间存在区别，请求人对此解释为是由测试条件以及寻峰条件的差异所引起的。合议组基于证据10认可测量条件与寻峰条件的不同可能会导致对相同样品测量所得到的IR谱出现细微的差异。但尽管如此，由于证据1和本专利中均未明示具体的寻峰条件，因此，二者IR之间的差异是否确由寻峰条件的不同所致无法查证，故无法核实二者IR是否实质相同。而且，即便二者的IR相同，仅根据IR相同亦无法确定二者的晶型必然相同。

（3）关于DSC。

本专利权利要求1中的吸热转变温度为95℃，证据1中记载的E型结晶的吸热转变温度为94℃。

请求人认为，本专利权利要求1与证据1中DSC的差异在误差范围内。

专利权人认为，本专利权利要求1中的吸热转变温度与证据1不同，且证据1未公开其DSC曲线测定条件（升温方式及速率）。

对此，合议组认为，与 IR 谱相同，DSC 亦是鉴别晶型的辅助手段，而且，升温方式和升温速率的不同确实会对测试结果产生一定的影响，因此，在证据 1 未公开具体升温条件的情况下，其 DSC 测定结果与本专利权利要求 1 中的 DSC 结果不具有可比性，无法基于此而认定二者所表征的晶型相同或不同。

综上所述，基于用于表征本专利权利要求 1 保护的晶体与证据 1 中公开的 E 型结晶的晶体结构的参数存在差别，且请求人未提供充分证据证明二者属于同一晶型，因此，合议组认为，请求人关于本专利权利要求 1 相对于证据 1 不具备新颖性的主张不成立，权利要求 1 符合专利法第 22 条第 2 款的规定。

6.2 权利要求 2~7

权利要求 2 和 3 保护权利要求 1 所述的阿德福韦酯结晶的制备方法。权利要求 4~7 保护含有权利要求 1 所述的阿德福韦酯结晶的药物组合物。在权利要求 1 具备新颖性的情况下，权利要求 2~7 也具备新颖性，符合专利法第 22 条第 2 款的规定。

基于以上事实和理由，本案合议组作出如下审查决定。

三、决定

在专利权人于 2009 年 1 月 13 日提交的权利要求 1~7 的基础上，维持第 02148744.8 号发明专利权利要求 1~7 有效。

当事人对本决定不服的，可以根据专利法第 46 条第 2 款的规定，自收到本决定之日起三个月内向北京市第一中级人民法院起诉。根据该款的规定，一方当事人起诉后，另一方当事人应当作为第三人参加诉讼。

026

一种分离乙酸仲丁酯、乙酸和重烃的方法

无效宣告请求审查决定（第13942号）

决　　定　　号　第13942号
决　　定　　日　2009年9月18日
发明创造名称　一种分离乙酸仲丁酯、乙酸和重烃的方法
国 际 分 类 号　C07C 67/48，C07C 69/12，B01D 3/34
无效宣告请求人　周洪玉
专　利　权　人　胡先念
专　　利　　号　200710192466.6
申　　请　　日　2007年11月30日
授 权 公 告 日　2008年12月17日
合 议 组 组 长　任晓兰
主　　审　　员　危　峰
参　　审　　员　王晓东

法　律　依　据　专利法第22条第3款、第26条第3款，专利法实施细则第21条第2款
决　定　要　点

如果发明要求保护的技术方案相对于最接近的现有技术存在区别特征，但是现有技术中给出将所述区别特征应用到该最接近现有技术以解决其存在的技术问题的启示，或者所述区别特征属于本领域中的惯用手段，并且要求保护的技术方案并未产生预料不到的技术效果，则认为该发明不具备创造性。

一、案由

本无效宣告请求案涉及国家知识产权局于2008年12月17日公告授予的20071019 2466.6号、名称为“一种分离乙酸仲丁酯、乙酸和重烃的方法”的发明专利权（下称本专利），其申请日为2007年11月30日，专利权人为胡先念。本专利授权公告的权利要求书如下：

“1. 一种在乙酸与丁烯或混合C4反应制备乙酸仲丁酯的工艺中分离乙酸仲丁酯、乙酸和重烃的方法，其特征在于：将含有乙酸仲丁酯、乙酸和重烃的混合物送入共沸精馏塔，加入共沸剂，通过共沸精馏将乙酸仲丁酯和乙酸分离，乙酸仲丁酯和共沸剂所形成的共沸物从塔顶蒸出，乙酸和重烃则落入塔釜；从共沸精馏塔抽出塔底物料，将塔底物料与水充分接触，塔底物料中的重烃和水自然分层，将上面的重烃层排出，将下面溶有乙酸的水层注入共沸精馏塔，所述共沸剂为任意一种能与乙酸仲丁酯形成共沸物，且其共沸点与乙酸的沸点相差10℃以上的物质。

2. 根据权利要求 1 所述的方法，其特征在于所述塔底物料与水的充分接触过程中，水的质量流量与塔底物料质量流量比为 0~20。

3. 根据权利要求 2 所述的方法，其特征在于所述塔底物料与水的充分接触过程中，水的质量流量与塔底物料质量流量比为 0~10。

4. 根据权利要求 1~3 中任一项所述的方法，其特征在于选用水作为共沸剂。

5. 根据权利要求 4 所述的方法，其特征在于所述共沸精馏塔底部温度控制在 100~130℃，共沸精馏塔顶部温度控制在 75~100℃。

6. 根据权利要求 5 所述的方法，其特征在于所述共沸精馏塔底部温度控制在 105~125℃，共沸精馏塔顶部温度应控制在 78~90℃。

7. 根据权利要求 1~3 中任一项所述的方法，其特征在于所述共沸精馏塔底部温度控制在100~130℃，共沸精馏塔顶部温度控制在 75~100℃。

8. 根据权利要求 6 所述的方法，其特征在于所述共沸精馏塔下部侧线采出馏分包括乙酸仲丁酯和乙酸，所述馏分循环回制备乙酸仲丁酯的反应系统。

9. 根据权利要求 1~3 中任一项所述的方法，其特征在于所述共沸精馏塔下部侧线采出馏分包括乙酸仲丁酯和乙酸，所述馏分循环回制备乙酸仲丁酯的反应系统。”

针对上述专利权，周洪玉（下称请求人）于 2009 年 2 月 24 日向专利复审委员会提出无效宣告请求，认为本专利权利要求 1~9 不符合专利法第 22 条第 3 款的规定，权利要求 8~9 不符合专利法实施细则第 20 条第 1 款的规定，权利要求 1 不符合专利法第 26 条第 4 款和专利法实施细则第 21 条第 2 款的规定，说明书不符合专利法第 26 条第 3 款的规定，并提交了下述证据：

证据 1：第 200710200148. X 号中国发明专利申请公布说明书，公开日为 2007 年 8 月 1 日，复印件 7 页；

证据 2：第 02816979. 4 号中国发明专利申请公开说明书，公开日为 2004 年 11 月 24 日，复印件 12 页；

证据 3：Peter Rona，Larry Mednick 和 Yair Ehrenreich，“New Route to Acetic Esters”，Hydrocarbon Processing，1975 年 4 月，第 185~186 页，复印件 2 页，中文译文 3 页；

证据 4：黄华、徐斌、胡莲佑等，“乙酸/丁烯直接合成乙酸仲丁酯工业侧线试验总结”，《长炼科技》，2007 年 3 月，第 33 卷第 1 期，第 58~60 页，复印件 3 页；

证据 5：《溶剂手册》第三版，程能林编著，化学工业出版社、材料科学与工程出版中心出版发行，2002 年 11 月第 3 版第 6 次印刷，出版信息页、第 593~594 页，复印件 3 页；

证据 6：美国专利 US 6，232，491 B1，公开日为 2001 年 5 月 15 日，复印件 9 页，中文译文 10 页；

证据 7：《化工原理》第三版上册，谭天恩等编著，化学工业出版社出版发行，2006 年 8 月第 3 版，2007 年 7 月第 20 次印刷，封面、出版信息页、第 110~111 页，复印件 4 页。

请求人认为：（1）本专利权利要求 1~7 相对于证据 1 和 2 的结合，证据 1、2 和 3 的结合，或者证据 1、2 和 4 的结合不具备创造性；权利要求 8 和 9 相对于证据 1、2 和 6 的结合不具备创造性。（2）权利要求 8 和 9 中附加技术特征“所述共沸精馏塔下部侧线采出馏分”在其引用的权利要求 1~3 和 6 中缺少引用基础；而且“下部侧线采出”的具体位置无法确定，由此权利要求 8 和 9 所要求保护的范围不清楚，不符合专利法实施细则第 20 条第 1 款的规定。（3）权利要求 1 中缺少实现本发明必不可少的技术特征：共沸精馏塔底部和顶部温度，共沸剂添加量，回流，水的质量流量与塔底物料质量流量比，以及侧线采出等，不符合专利法实施细则第 21 条第 1 款的规定。（4）本专利说明书未对“侧线采出”的位置作出任何说明和限定；同时未对“共沸精馏”的工艺条件给出任何说明，由此使得本领域技术人员无法实现本发明，不符合专利法第26条第3款的规定。（5）由于说明书中记载了共沸剂必须能够与乙酸仲丁酯不互溶以便于分离，而权利要求1中对共沸剂仅限定为“任意一种能与乙酸仲丁酯形成共沸物，且其共沸点与乙酸的沸点相差10℃以上的物质”；而且由证据5和7可知，并非所有权利要求1中所限定的共沸剂均能实现分离的目的。因此权利要求1得不到说明书的支持，不符合专利法第26条第4款的规定。

经形式审查合格后，专利复审委员会受理了上述请求，于2009年3月27日向双方当事人发出《无效宣告请求受理通知书》，并将《专利权无效宣告请求书》及其他有关文件的副本转送给专利权人，要求其在指定的期限内答复，同时成立合议组对本无效请求案进行审理。

专利权人于2009年5月11日作出答复，提交了意见陈述书和权利要求书修改替换页，修改后的权利要求书如下：

“1. 一种在乙酸与丁烯或混合C4反应制备乙酸仲丁酯的工艺中分离乙酸仲丁酯、乙酸和重烃的方法，其特征在于：将含有乙酸仲丁酯、乙酸和重烃的混合物送入共沸精馏塔，加入共沸剂，通过共沸精馏将乙酸仲丁酯和乙酸分离，乙酸仲丁酯和共沸剂所形成的共沸物从塔顶蒸出，乙酸和重烃则落入塔釜；从共沸精馏塔抽出塔底物料，将塔底物料与水充分接触，塔底物料中的重烃和水自然分层，将上面的重烃层排出，将下面溶有乙酸的水层注入共沸精馏塔，所述共沸剂为任意一种能与乙酸仲丁酯形成共沸物，且其共沸点与乙酸的沸点相差10℃以上的物质，选用水作为共沸；所述共沸精馏塔下部侧线采出馏分包括乙酸仲丁酯和乙酸，所述馏分循环回制备乙酸仲丁酯的反应系统；所述塔底物料与水的充分接触过程中，水的质量流量与塔底物料质量流量比为0~20；所述共沸精馏塔底部温度控制在100~130℃，共沸精馏塔顶部温度控制在75~100℃。

2. 根据权利要求1所述的方法，其特征在于所述塔底物料与水的充分接触过程中，水的质量流量与塔底物料质量流量比为0~10。

3. 根据权利要求1所述的方法，其特征在于所述共沸精馏塔底部温度控制在105~125℃，共沸精馏塔顶部温度应控制在78~90℃。”

专利权人同时提交了如下反证：

反证1：张瑞生、乐慧慧、朱开宏等，“精馏过程的新逐板计算法（IV）多元精馏过程的设计型计算”，《化工学报》，1984年第1期，第11~24页，从www.cnki.net获得的网络打印件14页；

反证2：陈彦、吴天勇、郭建宏，“精馏塔操作及自动控制系统的改进”，《化工生产与技术》，2002年第9卷第1期，第39~42页，从www.cnki.net获得的网络打印件4页；

反证3：《过程控制工程》，蒋慰孙、俞金寿编著，1988年7月第1版第1次印刷，封面、出版信息页、第254~255页，从www.duxiu.com获得的网络打印件4页。

专利权人认为：（1）证据1未提及反应后的混合物中有重烃，证据3和4也不能证明证据1中混合物有重烃；证据2分离焦油与本专利分离重烃的作用不同；证据6中侧线采取的乙酸乙酯产品与本专利不同，且没有公开重烃的分离方法及工艺参数。因此证据1~4和6的结合并不足以破坏本专利修改后的权利要求1~3的创造性。（2）本专利修改后的权利要求1符合专利法实施细则第20条第1款、第21条第2款的规定，其中“下部”指在精馏塔进料口以下的位置，且其是本领域技术人员熟知的习惯用语；共沸剂添加比例的计算是公知技术（见反证1），其并不是本专利权利要求1区别于现有技术的必要技术特征；同理“回流”特征也是如此。（3）“侧部采出”的位置的计算是公知技术，是本领域技术人员熟知的且容易实现的（见反证1），同理共沸精馏塔的工艺条件也是公知技术（见反证2、3的详细介绍）。

2009 年 5 月 21 日，合议组将专利权人的上述意见陈述书、权利要求书修改替换页及其所附附件的副本转送给请求人，要求其在一个月内陈述意见。

2009 年 6 月 17 日，请求人提交了进一步的意见陈述书，请求人认为：

（1）关于专利法第 22 条第 3 款：①证据 3 和 4 证明了在乙酸和丁烯和 C4 的酯化反应中会产生重烃，而且在相同的反应原料和条件下，必然有相同的产物，故证据 1 和本专利权利要求 1 待分离的物质是相同的；而且证据 1 说明书第 1 页倒数第 1~3 行已公开了“共沸精馏塔下部物流直接循环回反应系统”，因此，修改后的权利要求 1 与证据 1 的区别在于：“从共沸精馏塔抽出塔底物料，将塔底物料与水充分接触，塔底物料中的重烃和水自然分层，将上面的重烃层排出，将下面溶有乙酸的水层注入共沸精馏塔”，和“所述塔底物料与水的充分接触过程中，水的质量流量与塔底物料质量流量比为 0~20”。本专利要解决的技术问题是分离混合物中的重烃。证据 2 已给出了通过将物流与水在沉降槽中接触而使重烃从物流中分离的启示，且将纯化之后的物流返回到共沸精馏塔是本领域的惯用手段，且没有带来任何意料不到的技术效果；另外水的质量流量与塔底物料质量流量的比例属本领域的惯用手段，其通过有限次的试验即可确定，且也没有带来任何意料不到的技术效果。综上，修改后的权利要求 1 相对于证据 1、2 和公知常识的结合，或者证据 1、2、3 和公知常识的结合，或者证据 1、2、4 和公知常识的结合不具备创造性。②修改后的权利要求 2 的附加技术特征属于本领域的惯用手段，也没有带来任何意料不到的技术效果；修改后的权利要求 3 的附加技术特征已在证据 1 中公开，同理，其相对于证据 1、2 和公知常识的结合，或者证据 1、2、3 和公知常识的结合，或者证据 1、2、4 和公知常识的结合不具备创造性。

（2）关于专利法第 26 条第 3 款：首先，反证 1 是期刊论文，不能作为“公知常识”的证据；另外，反证 1 是在“给定回流比下的设计计算”，且反证 2 中记载了“侧线出料位置按设计条件不同有两种情况”，然而本专利说明书中并没有给定回流比，并且没有对侧线采取的位置作出任何说明，由此本领域技术人员无法确定根据何种情况来确定“侧线采出”的位置，如何确定“侧线采出”的位置，从而无法实现本发明。

（3）关于专利法实施细则第 21 条第 2 款：本专利中并未给定回流比，进料和出料的情况也与反证 1 中的情况不同，故不能直接利用反证 1 的方法确定各种参数；且专利权人并未结合反证 1 对共沸剂的添加比例进行具体说明，由此不能证明本专利中“共沸剂的添加比例的计算”是公知常识。因此，修改后的权利要求 1 仍然缺少必要技术特征。

2009 年 7 月 1 日，合议组向双方当事人发出《无效宣告请求口头审理通知书》，拟定于 2009 年 8 月 19 日对该专利权的无效请求进行口头审理，同时将请求人于 2009 年 6 月 17 日提交的意见陈述书副本转送给专利权人，要求其在口头审理时一并答复。

2009 年 8 月 19 日，口头审理如期进行，双方当事人均委托代理人出席了口头审理。庭审过程中，合议组就本案的无效理由及证据逐一进行了调查，双方当事人充分陈述了各自的意见，在此基础上，合议组记录了以下事项：

（1）专利权人当庭再次提交了权利要求书的修改替换页，请求人对该修改替换没有异议；合议组告知双方当事人，本次口头审理以专利权人当庭提交的经修改后的权利要求书为基础进行审查。

（2）请求人提交了编号为 2009-NLC-GCZM-0205 的盖有“国家图书馆科技查新中心”红章的文件复制证明（共 2 页）以及盖有上述红章骑缝章的证据 3 和 5；请求人同时提交了以下证据（编号续前）及其原件作为公知常识性证据：

证据 8：《化工分离过程》，陈洪钫、刘家祺著，化学工业出版社，1995 年 5 月第 1 版第 1 次印刷，出版信息页、第 53、54、59 页，复印件 4 页；

证据 9：《精馏设计、操作和控制》，吴俊生、邵惠鹤编著，中国石化出版社，1997 年 12 月第 1 版第 1 次印刷，出版信息页、第 30、37 页，复印件 3 页；

证据 10：《化工原理》下册，谭天恩、窦梅、周明华等编著，化学工业出版社，2008 年 2 月第 3 版第 20 次印刷，出版信息页、第 158~165 页，复印件 9 页。

（3）请求人放弃证据 4~7 的使用，主张其全部无效理由是：修改后的权利要求 1~3 相对于证据 1、2 和公知常识，或者证据 1、2、3 和公知常识的结合不具备创造性；修改后的权利要求 1 不符合专利法实施细则第 21 条第 2 款的规定；说明书不符合专利法第 26 条第 3 款的规定。

（4）专利权人放弃反证 1~3 的使用；对请求人的证据 1~3 以及证据 8 和 9 的真实性、公开性、关联性没有异议，对证据 3 的中文译文准确性没有异议，不认可证据 10 的公开性。合议组告知：证据 10 的印刷日晚于本专利申请日，请求人可以在口审结束之后 7 天内提交证据 10 的早于本专利申请日的版次，请专利权人来复审委进行核实；若第 7 日未提交，则视为请求人未提交新的证据 10；若专利权人未按时来复审委进行核实，则视为认可合议组的核实意见。

专利权人当庭提交的经修改后的权利要求书为：

“1. 一种在乙酸与丁烯或混合 C4 反应制备乙酸仲丁酯的工艺中分离乙酸仲丁酯、乙酸和重烃的方法，其特征在于：将含有乙酸仲丁酯、乙酸和重烃的混合物送入共沸精馏塔，加入共沸剂，通过共沸精馏将乙酸仲丁酯和乙酸分离，乙酸仲丁酯和共沸剂所形成的共沸物从塔顶蒸出，乙酸和重烃则落入塔釜；从共沸精馏塔抽出塔底物料，将塔底物料与水充分接触，塔底物料中的重烃和水自然分层，将上面的重烃层排出，将下面溶有乙酸的水层注入共沸精馏塔，所述共沸剂为任意一种能与乙酸仲丁酯形成共沸物，且其共沸点与乙酸的沸点相差 10℃以上的物质，选用水作为共沸剂；所述共沸精馏塔下部侧线采出馏分包括乙酸仲丁酯和乙酸，所述馏分循环回制备乙酸仲丁酯的反应系统；所述塔底物料与水的充分接触过程中，水的质量流量与塔底物料质量流量比为 0~20；所述共沸精馏塔底部温度控制在 100~130℃，共沸精馏塔顶部温度控制在 75~100℃。

2. 根据权利要求 1 所述的方法，其特征在于所述塔底物料与水的充分接触过程中，水的质量流量与塔底物料质量流量比为 0~10。

3. 根据权利要求 1 所述的方法，其特征在于所述共沸精馏塔底部温度控制在 105~125℃，共沸精馏塔顶部温度应控制在 78~90℃。”

口头审理结束之后，请求人于 2009 年 8 月 19 日提交了与证据 10 相对应的证据 10’及其原件：

证据 10’：《化工原理》下册，谭天恩、窦梅、周明华等编著，化学工业出版社，2006 年 8 月第 3 版第 18 次印刷，出版信息页、第 158~165 页，复印件 9 页。

专利权人未按时来复审委对上述证据 10’进行核实。

至此，合议组认为本案的事实已经清楚，可以作出审查决定。

二、决定的理由

1. 关于审查文本

本案中，专利权人在口头审理中提交了权利要求书的修改替换页。合议组经审查认为，专利权人在口头审理中所提交的权利要求书的修改替换页中，删除了本专利授权公告文本中的原权利要求 1、5 和 8，将原权利要求 2、4、7 和 9 合并为新的权利要求 1，在此基础上将原权利要求 3 和 6 修改为均引用新的权利要求 1，可见上述修改属于对权利要求书进行的删除式和合并式修改，且上述修改仅是在专利权人于 2009 年 5 月 11 日针对《无效宣告请求书》提交的权利要求书修改替换页的基础上将权利要求 1 中的“选用水作为共沸”修改为“选用水作为共沸剂”，即仅是补充了合并时遗漏的“剂”；同时请求人对上述修改替换没有异议。故，本决定的审查文本是：本专利授权公开文本的说明书第

1~5页、说明书附图第1页和专利权人于2009年8月19日提交的权利要求书。

2. 关于证据和无效理由

本案中，请求人提交的证据是证据1~10以及证据10'，其中证据4~7在口头审理中被请求人放弃，故合议组对证据4~7不再予以评述。证据1~2均是中国发明专利申请公开说明书；证据8~9均是教科书或技术手册中的相关章节，且请求人提交了证据8~9的原件。专利权人对证据1~2和8~9的真实性予以认可。合议组经核实对上述证据的真实性予以确认。证据1的公开日为2007年8月1日，证据2的公开日为2004年11月24日，均早于本专利的申请日（2007年11月30日），可以作为本专利的现有技术使用。

证据3是外文科技期刊中的论文，请求人提交了盖有"国家图书馆科技查新中心"红章的文件复制证明（共2页）以及盖有上述红章骑缝章的证据3，表明证据3是可以从国内公共图书馆获得的国外文献资料。专利权人对证据3的真实性、公开性和中文译文的准确性均无异议。合议组经核实对上述证据的真实性和中文译文准确性予以确认。证据3的公开日为1975年4月30日，早于本专利的申请日，可以作为本专利的现有技术使用。

证据10是教科书《化工原理》下册中的相关章节，请求人提交了其原件。专利权人认可其真实性，但对其公开性不予认可。请求人在口头审理结束之后7日内提交了与证据10相对应的证据10'及其原件，专利权人未按时来复审委进行核实。合议组经核实认为，证据10和10'的内容除了印刷时间不同外，ISBN号、印刷版次、印刷字数等均完全相同，且相应页公开的技术内容也完全相同；证据10'的公开日为2006年8月31日，早于本专利的申请日，由此可以证明与证据10'的技术内容相同的证据10的技术内容在本专利申请日之前已被公开。

另外，本案中，专利权人提交的证据是反证1~3，但是上述证据在口头审理中已被专利权人放弃，故合议组对上述反证1~3不再予以评述。

口头审理过程中，请求人最终确定的无效宣告理由是：权利要求1~3相对于证据1、2和公知常识，或者证据1、2、3和公知常识的结合不具备创造性；权利要求1不符合专利法实施细则第21条第2款的规定；说明书不符合专利法第26条第3款的规定。

3. 关于专利法第22条第3款

专利法第22条第3款规定：创造性，是指同申请日以前已有的技术相比，该发明有突出的实质性特点和显著的进步，该实用新型有实质性特点和进步。

如果发明要求保护的技术方案相对于最接近的现有技术存在区别特征，但是现有技术中给出将所述区别特征应用到该最接近现有技术以解决其存在的技术问题的启示，或者所述区别特征属于本领域中的惯用手段，并且要求保护的技术方案并未产生预料不到的技术效果，则认为该发明不具备创造性。

本专利权利要求1要求保护一种在乙酸与丁烯或混合C4反应制备乙酸仲丁酯的工艺中分离乙酸仲丁酯、乙酸和重烃的方法（具体内容参见案由部分）。

证据1（权利要求1，说明书第2页第12~16行）公开了一种从乙酸与混合C4反应后的混合物中分离乙酸仲丁酯的方法，其特征在于：(1) 乙酸与混合C4反应后的混合物进入闪蒸塔，通过闪蒸从闪蒸塔顶脱除未反应的混合C4及轻组分；(2) 闪蒸塔底产物进入共沸精馏塔，加入共沸剂A，通过共沸精馏将乙酸仲丁酯和乙酸分离；(3) 共沸精馏塔顶物料进入精制塔，通过精馏得到乙酸仲丁酯；(4) 当从共沸精馏塔下部采出的乙酸含共沸剂A的量对反应的进行造成影响或对催化剂活性和使用寿命造成影响时，共沸精馏塔下部物料进入酸浓缩塔，加入共沸剂B，经过再一次的共沸精馏，将乙酸浓缩，乙酸经浓缩后循环利用；或：当从共沸精馏塔下部采出的乙酸含共沸剂A的量不会对反应的进行造成影响，也不会对催化剂活性和使用寿命造成影响时，共沸精馏塔下部物料直接循环回反应系统再利用；其中共沸剂选自水；其中共沸精馏塔底部温度控制在 100~130℃、优选 105~125℃，共沸精馏塔顶部温度控制在 80~100℃、优选 80~90℃。

由此可见，证据 1 实际上公开了一种在由乙酸与混合 C4 反应制备乙酸仲丁酯的工艺中对反应后混合物进行分离的方法，其包括：将反应后混合物进行闪蒸除去未反应的混合 C4 及轻组分之后；送入共沸精馏塔，加入共沸剂水，通过共沸精馏将乙酸仲丁酯和乙酸分离；共沸精馏塔顶物流进入精馏塔，通过精馏得到乙酸仲丁酯；从共沸精馏塔下部采出一部分含乙酸的馏分循环回制备乙酸仲丁酯的反应系统；并且其中共沸精馏塔底部温度控制在 100~130℃、优选 105~125℃，共沸精馏塔顶部温度控制在 80~100℃、优选 80~90℃。对于本领域技术人员而言，由于证据 1 中公开的制备乙酸仲丁酯的工艺与本专利权利要求 1 所述制备乙酸仲丁酯的工艺相同，故二者反应后混合物的组成也应是相同的；由于证据 1 中是从共沸精馏塔下部采出一部分含乙酸的馏分循环回制备乙酸仲丁酯的反应系统，可见乙酸仲丁酯与共沸剂水形成的共沸物是从精馏塔顶蒸出的，乙酸和其他杂质则落入塔釜；同时对于本领域技术人员而言，由于共沸精馏塔中各组成成分的分布梯度以及实际生产中不可能实现乙酸和乙酸仲丁酯的彻底分离，故所述共沸精馏塔下部采出馏分除含有乙酸外，还将含有乙酸仲丁酯。综上所述，本专利权利要求 1 的技术方案与证据 1 的技术方案均是涉及在由乙酸与混合 C4 反应制备乙酸仲丁酯的工艺中对反应后混合物进行分离的方法，不同之处在于：权利要求 1 中明确指出了上述反应后混合物中含有重烃；并且通过使含有重烃的共沸精馏塔塔底物料与水充分接触而分离所述重烃；同时，权利要求 1 中限定“所述塔底物料与水的充分接触过程中，水的质量流量与塔底物料质量流量比为 0~20”。

本专利说明书第 2~3 页记载了：当重烃量累积较多时，就会在共沸精馏塔塔底重沸器内结垢，从而影响传热效果，造成分离效果变差，能耗增加，操作难度加大，威胁整个装置的正常运行；本发明方法提供的分离乙酸仲丁酯、乙酸和重烃的方法，其能耗物耗低、分离效果高，且可改善工艺操作条件，提高产品质量。由此可见，本专利实际要解决的技术问题是，在由乙酸与混合 C4 反应制备乙酸仲丁酯的工艺中分离反应后混合物中存在的重烃。

证据 2 公开了一种由乙酸与包含异丁烯和 1，3-丁二烯的混合 C4 物流生产乙酸 C4-酯（包括乙酸仲丁酯）的方法（权利要求 1），其说明书第 6 页第 2 段公开了：包含未反应的乙酸和任选地水和/或反应副产物的物流可以从共沸塔的底部回收；该物流可以循环回到反应器；尤其是当存在焦油时，在循环步骤之前纯化这类物流可能是所期望的；这可以通过将该物流加入沉降槽，并使焦油作为分散相从物流的其余部分中分离出来来实现；该沉降步骤可以通过加入水而变得容易。由此可见，证据 2 已公开了在由乙酸与混合 C4 反应制备乙酸仲丁酯的反应后混合物中会存在焦油（其是重烃的一种），此时应将从共沸塔底部回收的物流与水进行接触来实现焦油的分离，并将分离掉焦油后的物流（含有乙酸）循环回反应器。也就是说，证据 2 中已给出了在由乙酸与混合 C4 反应制备乙酸仲丁酯的工艺中使从共沸塔底部回收的物流与水在沉降槽中进行接触来分离反应后混合物中存在的重烃的启示。而且，本领域技术人员也能预料得到分离掉反应后混合物中存在的重烃能实现改善操作工艺条件、提高产品质量等技术效果。

另一方面，本专利权利要求 1 中还限定了“所述塔底物料与水的充分接触过程中，水的质量流量与塔底物料质量流量比为 0~20”。对于本领域技术人员而言，为了实现重烃与水的充分分离以及乙酸的不必要损耗，使塔底物料与水进行充分接触，通过有限次的试验即可确定水质量流量与塔底物料质量流量二者之间的比例，其属于本领域的惯用手段。而且，从本专利说明书第 3 页记载的内容来看，选择上述比例范围并未带来预料不到的技术效果。

综上所述，权利要求 1 相对于证据 1、2 和公知常识的结合不具有突出的实质性特点和显著的进步，不具备专利法第 22 条第 3 款规定的创造性。

专利权人主张证据 2 中所述焦油与本专利中所指的重烃虽然都属于烯烃类，但是有 C 原子数的区别，焦油的 C 原子数大于 12，容易分离；而本专利中所指的重烃的 C 原子数仅大于 8，不容易分层，必须经过与水充分接触才能分离。对此，合议组认为：首先，碳原子数大于 12 的焦油已包含在本专利说明书中所指的碳原子数大于 8 的重烃的范围之内，可见证据 2 中已公开了本专利中所指的重烃；其次，如上所述，通过有限次的试验即可确定水质量流量与塔底物料质量流量二者之间的比例，从而实现塔底物料与水的充分接触，其属于本领域的惯用手段，在此基础上，焦油或重烃与水分离的难易程度并不妨碍本领域技术人员对上述惯用手段的采用。综上，合议组对专利权人的上述主张不予支持。

权利要求 2 进一步限定了“所述塔底物料与水的充分接触过程中，水的质量流量与塔底物料质量流量比为 0~10”。基于与权利要求 1 评述相同的理由，对于本领域技术人员而言，选择上述比例范围属于本领域的惯用手段；而且，说明书中未提供证据证明选择上述比例范围会带来预料不到的技术效果。因此，在权利要求 1 不具备创造性的前提下，权利要求 2 相对于证据 1、2 和公知常识的结合也不具备专利法第 22 条第 3 款规定的创造性。

权利要求 3 进一步限定了“所述共沸精馏塔底部温度控制在 105~125℃，共沸精馏塔顶部温度应控制在 78~90℃”。上述附加技术特征已在证据 1 中公开（同上），基于与权利要求 1 评述相同的理由，在权利要求 1 不具备创造性的前提下，权利要求 3 相对于证据 1、2 和公知常识的结合也不具备专利法第 22 条第 3 款规定的创造性。

鉴于本专利所有权利要求相对于证据 1、2 和公知常识的结合都不具备创造性，本决定对于其他的无效宣告理由不再进行评述。

基于以上事实和理由，本案合议组作出如下审查决定。

三、决定

宣告 200710192466.6 号发明专利权无效。

当事人对本决定不服的，可以根据专利法第 46 条第 2 款的规定，自收到本决定之日起三个月内向北京市第一中级人民法院起诉。根据该款的规定，一方当事人起诉后，另一方当事人应当作为第三人参加诉讼。

027

一种保护制备低级脂肪酸酯所用酸性离子交换树脂催化剂方法

无效宣告请求审查决定（第13978号）

决　定　号　第13978号
决　定　日　2009年9月9日
发明创造名称　一种保护制备低级脂肪酸酯所用酸性离子交换树脂催化剂方法
国 际 分 类 号　C07C67/04，C07C69/12，B01J33/00，B01D15/04，B01J31/08
无效宣告请求人　陈志华
专　利　权　人　胡先念
专　利　号　200710201053. X
申　请　日　2007年7月11日
授 权 公 告 日　2008年11月12日
合 议 组 组 长　汪送来
主　审　员　侯　曜
参　审　员　顾笑璐

法　律　依　据　专利法第22条第3款
决　定　要　点

转用发明，是指将某一技术领域的现有技术转用到其他技术领域中的发明，在判断这类发明的创造性时，通常需要考虑转用的技术领域的远近、是否存在相应的技术启示、转用的难易程度、是否需要克服技术上的困难、转用所带来的技术效果等。如果转用是在类似的或者相近的技术领域之间进行的，并且未产生预料不到的技术效果，则这种转用发明不具备创造性。

一、案由

本无效宣告请求案涉及国家知识产权局于2008年11月12日公告授予的、名称为“一种保护制备低级脂肪酸酯所用酸性离子交换树脂催化剂方法”的200710201053. X号发明专利权（下称本专利），其申请日为2007年7月11日，专利权人为胡先念。本专利授权公告的权利要求书如下：

“权利要求1 一种保护制备低级脂肪酸酯所用酸性离子交换树脂催化剂方法，其特征在于：在反应物进反应器前，先将C2-C5烯烃进行水洗以除去烯烃中的部分催化剂毒素，并将反应物C1-C4脂肪酸和C2-C5烯烃或其中的一种经过一个装有反应助剂的预处理器脱除有害杂质，所述反应助剂为离子交换树脂。

权利要求2 根据权利要求1所述的方法，其特征在于C1-C4脂肪酸选自甲酸、乙酸、丙酸、正丁酸、异丁酸、丙烯酸。

权利要求3根据权利要求1所述的方法，其特征在于C2-C5烯烃是乙烯、丙烯、1-丁烯、2-丁烯、异丁烯、1-戊烯或2-戊烯。

权利要求4根据权利要求1或2或3所述的方法，其特征在于水洗水的流量控制为水与烃类物质的质量流量比为0~10。

权利要求5根据权利要求1或2或3所述的方法，其特征在于水洗水的流量控制为水与烃类物质的质量流量比为0~3。

权利要求6根据权利要求1或2或3所述的方法，其特征在于预处理器的反应温度为20~80℃；离子交换树脂的交换容量不小于3mmol/gH。"

针对上述专利权，陈志华（下称请求人）于2009年2月24日向专利复审委员会提出无效宣告请求，认为本专利权利要求1~6不符合专利法第22条第3款的规定、权利要求1不符合专利法第26条第4款和专利法实施细则第21条第2款的规定、权利要求6不符合专利法实施细则第20条第1款的规定，说明书不符合专利法第26条第3款的规定，并提交了下述证据：

证据1："炼油厂催化C4馏分醚化的经验与建议"，王崇谦，《石油炼制与化工》，第26卷第9期，第23~27页，1995年9月，复印件5页；

证据2：第93116573.3号中国发明专利申请公开说明书，公开号为CN1099381A，公开日为1995年3月1日，复印件19页；

证据3："采用催化裂化轻汽油醚化技术生产清洁汽油"，王海彦等，《炼油设计》，第30卷第10期，第23~26页，2000年10月，复印件4页；

证据4：《中国炼油技术》，侯祥麟主编，中国石化出版社，1991年12月第1版第1次印刷，出版信息页、第218~221页，复印件5页；

证据5："轻汽油醚化技术在FCC汽油改质中的作用"，王天普等，《石油炼制与化工》，第32卷第8期，第64~66页，2001年8月，复印件3页；

证据6："叠合醚化保护床催化剂的失活原因与再生方法研究"，李韬等，《工业催化》，第14卷第6期，第65~69页，2006年6月，复印件5页；

证据7：《化学化工大辞典》上，化学工业出版社，2003年1月第1版，2003年10月第2次印刷，封面、出版信息页、第1403页，复印件3页。

请求人认为：（1）证据1公开了在甲基叔丁基醚的制备过程中，使原料C4通过强酸型大孔离子交换树脂以脱除有害杂质，还公开了水洗C4原料以及二者相结合的原料C4预处理方法，并且隐含公开了"在反应物进反应器之前"的技术特征，上述处理的目的是为了除去原料中的金属离子、有机碱、无机碱、氮化合物和微量金属等对酸性离子交换树脂有害的杂质，因此证据1与本专利的区别就在于证据1是为了保护用于制备甲基叔丁基醚的酸性树脂催化剂，而本专利是为了保护用于制备低级脂肪酸酯的酸性树脂催化剂。证据2公开了以酸性离子交换树脂为催化剂由低级脂肪酸和低级烯烃制备低级脂肪酸酯的方法；证据3公开了通过水洗的方法可以除去油相中的碱性氮化物来保护酸性阳离子交换树脂催化剂；证据4公开了通过使用大孔磺酸阳离子交换树脂作为净化剂能脱除原料中的金属阳离子来保护酸性离子交换树脂，并隐含公开了"在反应物进反应器之前"的技术特征；证据5公开了通过水洗的方法可除去碱性氮化物从而保护酸性阳离子交换树脂催化剂；证据6公开了通过使用阳离子交换树脂作为保护剂能脱除原料中的杂质从而保护强酸离子交换树脂催化剂，并隐含公开了"在反应物进反应器之前"的技术特征。根据本专利说明书第1页第18~21的记载，本领域技术人员公知"反应原料中含有少量金属离子、碱性物质以及含硫物质等有毒物质，可以吸附在离子交换树脂上而引起催化剂失活”。因此，①以证据 1 为最接近的现有技术，权利要求 1 相对于证据 1~2 的结合、证据 1~3 的结合、证据 1、2 和 4 的结合，证据 1~4 的结合，证据 1、2 和 5 的结合，证据 1、2 和 6 的结合，证据 1、2、5 和 6 的结合不具备专利法第 22 条第 3 款规定的创造性。②以证据 4 为最接近的现有技术，权利要求 1 与证据 4 的区别在于证据 4 未公开本专利权利要求 1 中制备低级脂肪酸酯以及先将 C2-C5 烯烃进行水洗以除去烯烃中部分催化剂毒素的特征，证据 2 和证据 3 分别公开了上述两特征，因此权利要求 1 相对于证据 4 结合证据 2 和 3 不具备创造性。③以证据 6 为最接近的现有技术，权利要求 1 与证据 6 的区别在于证据 6 未公开本专利权利要求 1 中制备低级脂肪酸酯以及先将 C2-C5 烯烃进行水洗以除去烯烃中部分催化剂毒素的特征，证据 2 和证据 5 分别公开了上述两特征，因此权利要求 1 相对于证据 6 结合证据 2 和 5 不具备创造性。④本申请权利要求 2 和 3 的附加技术特征被证据 2 公开；权利要求 4 和 5 的附加技术特征被证据 3 公开，或者属于本领域的常用手段，本领域技术人员不需要付出创造性劳动就能通过有限次的实验确定；权利要求 6 的附加技术特征被证据 4 公开，基于与权利要求 1 不具备创造性的相同理由，权利要求 2~6 也不具备创造性。(2) 将 C2-C5 烯烃进行水洗以及将反应物 C1-C4 脂肪酸和 C2-C5 烯烃或其中的一种经过一个装有反应助剂的预处理器是该专利的发明点，其中反应物与反应助剂的接触时间和反应助剂的用量是关系到能否实现发明目的的关键因素，但本专利并未对此进行说明，因此说明书公开不充分，不符合专利法第 26 条第 3 款的规定。(3) 根据说明书的记载，水洗后除去烃中含有的水，以及预处理器的反应温度、离子交换树脂的种类、离子交换树脂的用量和与离子交换树脂的接触时间均为实现本发明目的的必要技术特征，但在权利要求 1 对此均无记载，因此本专利权利要求 1 不符合专利法实施细则第 21 条第 2 款的规定，从属权利要求中也未记载上述必要技术特征，因此即使通过权利要求之间的合并和删除也不能克服该缺陷。(4) 权利要求 1 中“所述反应助剂为离子交换树脂”概括了较宽的范围，但其中使用阴离子交换树脂和碱性阳离子树脂不可能达到脱除原料中金属离子和碱性物质的目的，因此，权利要求 1 不符合专利法第 26 条第 4 款的规定。(5) 根据证据 7，本领域技术人员公知离子交换容量的单位为 mmol/g，并且可分为五种含义。权利要求 6 以 3mmol/gH 表示离子交换树脂的交换容量，既未限定是上述五种含义中的哪一种，其单位也不是本领域公知的单位，权利要求 6 不符合专利法实施细则第 20 条第 1 款的规定，说明书也因此不符合专利法实施细则第 18 条的规定。

经形式审查合格后，专利复审委员会受理了上述请求，于 2009 年 3 月 27 日向双方当事人发出《无效宣告请求受理通知书》，并将《专利权无效宣告请求书》及其他有关文件的副本转送给专利权人，要求其在指定的期限内答复，同时成立合议组对本无效请求案进行审理。

专利权人于 2009 年 5 月 11 日提交了意见陈述书和经修改的权利要求书，其中将原权利要求 4 和 6 的特征并入原权利要求 1，修改后的权利要求书如下：

“1. 一种保护制备低级脂肪酸酯所用酸性离子交换树脂催化剂方法，其特征在于：在反应物进反应器前，先将 C2-C5 烯烃进行水洗以除去烯烃中的部分催化剂毒素，并将反应物 C1-C4 脂肪酸和 C2-C5 烯烃或其中的一种经过一个装有反应助剂的预处理器脱除有害杂质，所述反应助剂为离子交换树脂；水洗水的流量控制为水与烃类物质的质量流量比为 0~10；预处理器的反应温度为 20~80℃；离子交换树脂的交换容量不小于 3mmol/gH。

2. 根据权利要求 1 所述的方法，其特征在于 C1-C4 脂肪酸选自甲酸、乙酸、丙酸、正丁酸、异丁酸、丙烯酸。

3. 根据权利要求 1 所述的方法，其特征在于 C2-C5 烯烃可以是乙烯、丙烯、1-丁烯、2-丁烯、异丁烯、1-戊烯或 2-戊烯。

4. 根据权利要求 1 所述的方法，其特征在于水洗水的流量控制为水与烃类物质的质量流量比为0~3。”

专利权人认为，（1）修改后的权利要求1的技术方案解决的技术问题是，通过水洗除去部分催化剂毒素和油泥；通过使用反应助剂脱除反应物料中含有的金属离子、将反应原料中的碱性物质和含硫物质吸附下来，以及当所用原料为混合C4时，使混合C4中的二烯和异丁烯与有机羧酸首先反应，从而避免在反应器中结焦。修改后的权利要求1限定了预处理器的温度和离子交换树脂的交换容量的下限，其目的在于保证物流畅通的条件下，将物料中的有害杂质充分吸附下来，使混合C4中的二烯和异丁烯与有机羧酸反应。该技术方案的效果是，催化剂使用6个月以上没有失活现象，起催化剂保护作用的反应助剂没有金属离子穿滤现象，反应助剂床前后压差变化不大。证据1~6没有公开修改后权利要求1中“水与烃类物质的流量比”、“预处理器的反应温度”和“离子交换树脂的交换容量”这三个特征，证据3中提到的水油比与本专利限定的质量流量比是不同概念，且证据3对温度和压力作了限制，本专利没有这方面的要求。证据4中的净化是净化—醚化反应，其中的入口温度和出口温度以及离子交换树脂的交换容量不同于本专利，其作用和解决的技术问题也不同于本专利，因此权利要求1及其从属权利要求2~4具备创造性。（2）修改后的权利要求1符合专利法实施细则第21条第2款和第20条第1款的规定，交换容量单位后的H代表离子交换树脂中的氢离子，是本领域技术人员的习惯写法。（3）关于装有反应助剂的预处理的结构，按照预处理器的功能，本领域技术人员利用已有技术很容易实现。根据本专利反应助剂要除去的催化剂毒素，本领域技术人员容易知道使用何种离子交换树脂，因此权利要求1符合专利法第26条第4款的规定，说明书符合专利法第26条第3款的规定。

2009年5月21日，合议组发出《转送文件通知书》，将专利权人的上述意见陈述书以及经修改的权利要求书的副本转送给请求人，要求其在一个月内答复。

2009年6月16日，请求人针对上述《转送文件通知书》提交了意见陈述书，请求人认为：（1）证据3公开了“水油比为5∶100”，水油比是本领域技术人员公知的常用术语，表示水与油（即烃类物质）的体积比，与本专利的质量流量比的区别仅在于单位不同，但通过换算后“水油比为5∶100”肯定在质量流量比为0~10的范围内，因此，证据3公开了权利要求1中“水与烃类物质的流量比”。证据4公开了预处理的温度为40~50℃，预处理所用催化剂为交换容量为4.64的大孔磺酸阳离子交换树脂，且证据4中预处理的作用与本专利相同，因此，证据4公开了权利要求1中“预处理器的反应温度”和“离子交换树脂的交换容量”。因此，修改后的权利要求1相对于证据1、2、3和4的结合不具备创造性。针对专利权人有关证据3对温度和压力进行了限制而本专利没有这方面要求的意见，请求人认为，在此情况下，本专利通常应当理解为在各种温度和压力下进行，如果专利权人不同意上述观点，则证明本申请未公开充分，不符合专利法第26条第3款的规定，且权利要求1缺少必要技术特征，不符合专利法实施细则第21条第2款的规定。（2）基于提出无效宣告请求时的相同意见，修改后的权利要求1仍然不符合专利法实施细则第21条第2款的规定。（3）请求人并未提供证据证明权利要求1中交换容量的表示方法是本领域技术人员的习惯写法，权利要求1仍然不符合专利法实施细则第20条第1款的规定。说明书也存在上述不清楚的问题，不符合专利法实施细则第18条的规定。（4）本领域技术人员根据说明书的记载不能预期任意交换容量“不小于3mmol/gH”的离子交换树脂都能实现本发明的目的，权利要求1仍不符合专利法第26条第4款的规定。（5）基于提出无效宣告请求时的相同意见，本专利说明书仍然不符合专利法第26条第3款的规定。

2009年6月16日，本案合议组向双方当事人发出《无效宣告请求口头审理通知书》，拟定于2009年7月23日对本案进行口头审理，并将请求人于2009年6月16日提交的意见陈述书的副本转送给专利权人，要求其在本案口头审理时一并答复。

2009 年 7 月 23 日，口头审理如期进行，双方当事人均委托代理人出席了口头审理。庭审过程中，合议组就本案的无效理由及证据逐一进行了调查，双方当事人充分陈述了各自的意见。在此基础上，合议组记录了以下重要事项：

（1）专利权人当庭提交了权利要求书全文替换页并指出，其修改之处仅在于，在 2009 年 5 月 11 日提交的权利要求书替换页的基础上，删除了权利要求 3 中的“可以”。

修改后的权利要求书如下：

“1. 一种保护制备低级脂肪酸酯所用酸性离子交换树脂催化剂方法，其特征在于：在反应物进反应器前，先将 C2-C5 烯烃进行水洗以除去烯烃中的部分催化剂毒素，并将反应物 C1-C4 脂肪酸和 C2-C5 烯烃或其中的一种经过一个装有反应助剂的预处理器脱除有害杂质，所述反应助剂为离子交换树脂；水洗水的流量控制为水与烃类物质的质量流量比为 0~10；预处理器的反应温度为 20~80℃；离子交换树脂的交换容量不小于 3mmol/gH。

2. 根据权利要求 1 所述的方法，其特征在于 C1-C4 脂肪酸选自甲酸、乙酸、丙酸、正丁酸、异丁酸、丙烯酸。

3. 根据权利要求 1 所述的方法，其特征在于 C2-C5 烯烃是乙烯、丙烯、1-丁烯、2-丁烯、异丁烯、1-戊烯或 2-戊烯。

4. 根据权利要求 1 所述的方法，其特征在于水洗水的流量控制为水与烃类物质的质量流量比为0~3。”

请求人核对了该文本，对其修改时机和修改方式均表示认可；合议组宣布，本次口头审理以专利权人当庭提交的权利要求书为准。

（2）针对上述文本，请求人当庭确认的无效宣告的理由和范围是，权利要求 1~4 相对于证据 1、2、3 和 4 的结合，以及证据 1、2 和 4 的结合不符合专利法第 22 条第 3 款的规定，其中证据 1 为最接近的现有技术；权利要求 1 不符合专利法实施细则第 21 条第 2 款的规定；说明书未充分公开权利要求 1~4 保护的技术方案，不符合专利法第 26 条第 3 款的规定；以及权利要求 1~4 不符合专利法第 26 条第 4 款的规定。

专利权人认为，在无效宣告请求书中，关于专利法第 26 条第 4 款的无效理由仅针对权利要求 1，并且对证据 1~4 结合的方式评价权利要求不具备创造性的无效宣告理由也没有具体说明，因此对上述关于权利要求 2~4 不符合专利法第 26 条第 4 款的规定，以及权利要求 1~4 相对于证据 1~4 的结合不具备创造性的无效理由不应被接受。

对于专利权人的上述意见，请求人认为，①尽管在无效宣告请求书中没有提出权利要求 2~4 不符合专利法第 26 条第 4 款的无效理由，但基于权利要求 1 得不到说明书支持的相同事实，权利要求 2~4 也应当不符合专利法第 26 条第 4 款的规定。②针对授权公告的权利要求书，无效宣告请求书已经阐述了权利要求 1 相对于证据 1 和 2 的结合不具备创造性的理由，并指出，证据 3 和 4 分别公开了权利要求 4 和 6 的附加技术特征。修改后的权利要求 1 是将授权文本中权利要求 1、4 和 6 合并，因此使用证据 1~4 的结合可以评价修改后权利要求 1 的创造性。

合议组当庭宣布，对于双方的上述争议，将在无效宣告请求审查决定中予以具体阐述。

（3）请求人当庭出示了盖有“国家图书馆科技查询中心”红章的证据 1、3 和 5 的复印件，以及证据 4 和 6 的原件，并放弃证据 7 及相关无效宣告的理由；同时表示，证据 5 要证明的事实与证据 3 和 1 相同，证据 6 要证明的事实与证据 4 和 1 相同，因此不作为证据与其他证据结合使用，仅供合议组参考。专利权人对证据 1~6 的真实性、合法性和关联性均无异议。

（4）专利权人当庭认可低级脂肪酸酯的制备中，离子交换树脂催化剂的毒素是公知常识，但认为去除毒素的方法是本发明创造性所在。

至此，合议组认为本案的事实已经清楚，可以作出审查决定。

二、决定的理由

1. 关于审查文本

审查指南第四部分第三章第4.6节有关“无效宣告程序中专利文件的修改”中，第4.6.2节规定，在满足第4.6.1节修改原则的前提下，修改权利要求书的具体方式一般限于权利要求的删除、合并和技术方案的删除。权利要求的合并是指两项或两项以上相互无从属关系但在授权公告文本中从属于同一独立权利要求的权利要求的合并。本案中，专利权人在口头审理中当庭提交了权利要求书的修改替换页，其修改方式为，将授权公告的权利要求4和6合并入权利要求1中，形成新的独立权利要求1，并将授权公告的权利要求2、3和5重新依次编号为新的权利要求2、3和4。由于授权公告的权利要求4和6均从属于权利要求1且相互之间无从属关系。因此，合议组认为，专利权人对本专利权利要求书所进行的修改属于审查指南规定的合并式修改，本无效宣告请求审查决定所针对的文本为，专利权人当庭提交的权利要求书以及授权公告的说明书和说明书摘要。

2. 关于证据和无效宣告理由

请求人当庭表示放弃证据7，并且证据5和6不作为证据使用，仅供合议组参考，故合议组对其不再予以评述。证据1和3是发表在正式出版的中国学术期刊上的文章；证据2为中国专利文献，证据4为正式出版的中文书籍，请求人在口头审理时当庭出示了盖有“国家图书馆科技查询中心”红章的证据1和3的复印件，以及证据4的原件。专利权人对证据1~4的真实性均无异议，经核实，合议组对证据1~4的真实性亦予确认。证据1~4的公开日均早于本专利的申请日，因此，可以作为本专利的现有技术评价其创造性。

对于双方对无效宣告理由和范围的前述争议，合议组认为，根据审查指南第四部分第三章第4.2节有关“无效宣告理由的增加”的规定，请求人在提出无效宣告请求之日起一个月后增加无效宣告理由的，专利复审委员会一般不予考虑，但下列情形除外：①针对专利权人以合并方式修改的权利要求，在专利复审委员会指定期限内增加无效宣告理由，并在该期限内对所增加的无效宣告理由具体说明的。②对明显与提交的证据不相对应的无效宣告理由进行变更的。

本案中，请求人在提出无效宣告请求以及针对专利权人以合并方式修改的权利要求进行补充意见陈述时，均只提出权利要求1不符合专利法第26条第4款规定的无效宣告理由，因此，请求人当庭提出的权利要求2~4也不符合专利法第26条第4款的无效宣告理由，已经超出了审查指南规定的期限，合议组对其不予考虑。

针对授权公告的权利要求书，无效宣告请求书已经详细阐述了权利要求1相对于证据1和2的结合不具备创造性的理由，并指出，证据3和4分别公开了权利要求4和6的附加技术特征。修改后的权利要求1是将授权文本中权利要求1、4和6合并，在相应的意见陈述中，请求人对于修改后权利要求1~4相对于证据1~4的结合不具备创造性的理由进行了简单的陈述，并且指出“结合在无效宣告请求书中的所述理由”，因此使用证据1~4结合的方式评价修改后权利要求1创造性的无效宣告理由符合审查指南的相关规定，应当予以考虑。

在此基础上，合议组审理的无效宣告理由是本专利权利要求1~4相对于证据1、2、3和4的结合，以及证据1、2和4的结合不符合专利法第22条第3款的规定，其中证据1为最接近的现有技术；权利要求1不符合专利法实施细则第21条第2款的规定；说明书不符合专利法第26条第3款的规定；以及权利要求1不符合专利法第26条第4款的规定。

3. 关于专利法第22条第3款

专利法第22条第3款规定，创造性，是指同申请日以前已有的技术相比，该发明有突出的实质性特点和显著的进步，该实用新型有实质性特点和进步。

转用发明，是指将某一技术领域的现有技术转用到其他技术领域中的发明，在判断这类发明的创造性时，通常需要考虑：转用的技术领域的远近、是否存在相应的技术启示、转用的难易程度、是否需要克服技术上的困难、转用所带来的技术效果等。如果转用是在类似的或者相近的技术领域之间进行的，并且未产生预料不到的技术效果，则这种转用发明不具备创造性。

就本专利而言，权利要求1保护一种保护制备低级脂肪酸酯所用酸性离子交换树脂催化剂方法，其特征在于：在反应物进反应器前，先将C2-C5烯烃进行水洗以除去烯烃中的部分催化剂毒素，并将反应物C1-C4脂肪酸和C2-C5烯烃或其中的一种经过一个装有反应助剂的预处理器脱除有害杂质，所述反应助剂为离子交换树脂；水洗水的流量控制为水与烃类物质的质量流量比为0~10；预处理器的反应温度为20~80℃；离子交换树脂的交换容量不小于3mmol/gH。

证据1公开了在使用C4馏分和工业甲醇为原料生产甲基叔丁基醚（MTBE）的过程中工艺条件和设备的控制和使用，其中在证据1第23页“1 原料预处理”的“1.1 建立C4馏分和甲醇中杂质分析的方法”一节中公开了以下内容，“原料C4馏分和工业甲醇中所含的杂质会使MTBE工艺采用的酸性树脂催化剂中毒，导致i-C4转化率下降和催化剂寿命缩短，已为人们知晓。……实际上，原料中的杂质包括有机碱、无机碱、氮化合物和微量金属。FCC的C4物流因经过上游脱硫过程，可能会携带有胺和NaOH；裂解C4中可能携带有丁二烯抽提溶剂（如乙腈、DMF等）；工业甲醇存在的碱性化合物，这些均会导致催化剂中毒”。在证据1第23页右栏“第1.2 原料预处理的方法和选择”一节中公开了以下内容，“另一种净化方法是C4原料和工业甲醇分别单独预处理。C4原料用脱盐水或蒸汽冷凝水在水洗塔中逆相接触水洗，使C4中的碱性化合物溶于水中排走。对工业甲醇则单设净化器。这种方法既能脱除原料中的杂质，又避免了离子净化器的超温问题，且对原料中的杂质含量没有限制”。关于离子净化器，证据1公开了以下内容，“国内MTBE装置原料预处理的方法有离子净化器和净化催化剂牺牲床两种（离子净化器实际上也属于催化剂牺牲床）。二者的共同点都是让一部分树脂催化剂来对付杂质中毒而保护反应催化剂；不同点是离子净化器单独设置，且为二台，中毒后切换，更换中毒的树脂。而净化催化剂牺牲床则将这部分净化剂装入反应器内。……所谓净化剂也是催化剂……目前国内绝大多数MTBE装置使用的催化剂是S-54号树脂，这是一种强酸型大孔离子交换树脂”。

将本专利权利要求1的技术方案与证据1公开的上述内容相比，其相同之处在于均涉及酸性离子交换树脂催化剂的保护，并且均为先将烯烃原料水洗，再使用装有离子交换树脂的预处理器（或称净化器）处理另一种原料。此外，本领域技术人员都知道，交换容量是离子交换树脂的产品指标，通常特定型号的树脂具有特定的交换容量，当树脂型号确定时，其交换容量也是特定的。证据1中公开了目前国内绝大多数MTBE装置使用的催化剂是S-54树脂，其具有特定的交换容量，而没有证据表明S-54树脂的交换容量不是处于“不小于3mmol/gH”的范围内，因此，不能认为权利要求1中的“交换容量不小于3mmol/gH”构成了与证据1的区别技术特征。

因此，权利要求1的技术方案与证据1公开内容的区别在于：（1）权利要求1中的酸性离子交换树脂是用于制备低级脂肪酸酯的，另一种原料为C1-C4脂肪酸，而证据1涉及的酸性离子交换树脂是是用于制备甲基叔丁基醚的，另一种原料是甲醇；（2）权利要求1中明确限定了水洗水的用量，而证据1没有公开该用量；（3）权利要求1中限定了预处理器的温度，而证据1没有公开该温度。

根据本专利说明书背景技术部分的描述，在利用低级脂肪酸和低级烯烃制备低级脂肪酸酯的反应中，“作为原料的有机羧酸和链状烯烃可能含有少量金属离子、碱性物质和含硫物质，这些金属离子、碱性物质和含硫物质会引起酸性离子交换树脂催化剂失活。当所用烯烃为混合烃时，如为混合C4时，混合C4中的二烯和异丁烯很容易发生结焦，从而造成催化剂失活。混合C4中还含有油泥，这些油泥会附着在催化剂表面而引起催化剂失活。根据本申请说明书发明内容部分的描述，本发明的目的是提供一种在C1-C4脂肪酸和C2-C5烯烃反应制备低级脂肪酸酯的过程中，保护酸性离子交换树脂催化剂方法。通过水洗，可以洗掉部分上述催化剂毒素和油泥，从而起到保护催化剂的目的。使用反应助剂的目的主要有三点：一是脱除反应原料中含有的金属离子；二是将反应原料中的碱性物质和含硫物质吸附下来；三是当所用烯烃为混合C4时，使混合C4中的二烯和异丁烯与有机羧酸首先反应，从而避免在反应器中发生结焦”（参见本专利说明书第1页第18~21行、第2页第13~17行、第2页最后一段~第3页第一段）。由此可见，在本专利中，使用水洗和净化剂处理原料的目的和证据1中的目的相同，均是为了除去原料中所含的金属离子、碱性物质等催化剂毒物。由此可见，本专利相对于证据1实际解决的技术问题是将用于甲基叔丁基醚的催化剂保护工艺转用到低级脂肪酸酯的催化剂保护中，以除去原料中所含的金属离子、碱性物质等催化剂毒物。判断本专利权利要求1是否具有创造性，关键要判断对本领域技术人员而言，现有技术中是否存在这两个技术领域之间的预处理工艺能够转用的技术启示。

证据2中公开了，“迄今为止，有一些使低级脂肪酸与低级烯烃发生反应以制备相应的酯的公知方法，例如，在一种方法中强酸阳离子交换树脂用作催化剂……”。合议组认为，根据本专利背景技术部分和证据1的内容，可以看出，无论是用于制备低级脂肪酸酯的C2-C5烯烃和有机羧酸，还是用于制备甲基叔丁基醚的C4馏分和甲醇，其中所含的催化剂毒物大致相同，均为金属离子、碱性物质等，这是本领域公知的，专利权人对此也予以认可。因此，在证据1公开了强酸型大孔离子交换树脂可以除去上述毒物的基础上，当本领域技术人员面临有机羧酸和烯烃原料中含有的金属、碱性物质、含硫物质和油泥使酸性离子交换树脂中毒的技术问题时，容易想到将例如证据1中所述的甲基叔丁基醚的制备工艺中保护催化剂的方法转用到低级脂肪酸酯的制备中。

至于本专利权利要求1中对水洗水的用量，本专利说明书第2页第18~20行描述了本专利中水洗水用量选择的依据，“水与烃类物质的质量流量比增大，水洗的效果较好，但当水与烃类物质的质量流量比大于10，则消耗的水量太大，操作不经济”。通过以上描述可以看出，本专利是通过平衡水洗效果和操作经济来选择水洗水的用量的，这属于本领域的常规技术。因此，当本领域技术人员选择使用水除去原料中的催化剂毒素和油泥时，能够通过其自身具有的本领域常规知识来确定水洗水的用量。

至于预处理器的反应温度，和证据1一样，证据4也涉及生产甲基叔丁基醚的工艺流程，并且在其第218页“二、对原料的要求”部分也指出，“强酸离子交换树脂催化剂中的H+离子会被异丁烯和甲醇中所含金属阳离子所置换而使催化剂失活，因此要求反应进料中的金属阳离子含量最好小于1ppm。如原料中含有胺类等碱性物质，也会中和催化剂的磺酸根而使催化剂失活。这类碱性物质也应从原料中脱除”。在接下来的“三、工艺流程”的“（一）原料净化和反应”部分具体描述了原料净化步骤的目的、原理和条件，“原料净化的目的是除去原料中的金属阳离子。国内装置的净化剂采用与醚化催化剂相同型号的离子交换树脂。在这种情况下，净化器除主要起原料净化作用外，尚可起一定的醚化反应作用。所以净化器实际上是净化—醚化反应器……C4馏分和甲醇按比例混合，再经加热器加热到40~50℃后从上部进入净化—醚化反应器”。并且在证据4第221页“七、操作条件及控制指标”部分更具体地公开了净化反应的操作条件，“净化—醚化反应器入口温度40~45℃，净化—醚化反应器出口温度为58~60℃”，可见，本专利权利要求1中预处理的反应温度已经被证据4公开。

综上，在本专利说明书中未提供证据证明本专利方法取得了出人意料的效果的情况下，将证据1

的技术方案转用，结合证据 2 和 4 而得到本专利权利要求 1 保护的技术方案，对于本领域技术人员来说是显而易见的，因此，权利要求 1 不具备创造性，不符合专利法第 22 条第 3 款的规定。

专利权人认为，（1）证据 1 和本专利涉及的工艺不同，证据 1 是甲基叔丁基醚的制备工艺，原料之一是工业甲醇；本专利是低级脂肪酸酯的制备工艺，原料之一是 C1-C4 脂肪酸，技术领域不同，反应原料中需要除去的杂质也不相同，因此证据 1 与证据 2 的结合没有启示。（2）证据 4 涉及的是净化醚化反应工艺，净化的过程中发生醚化反应，其中公开的温度是醚化反应温度。（3）本专利解决的技术问题除了去除原料中的催化剂毒素，还具有使原料混合 C4 中的二烯和异丁烯与有机羧酸首先反应，避免在反应器中发生结焦的优点。（4）没有证据表明水洗水的用量是本领域的惯用手段。

对此，合议组认为，（1）在本专利说明书第 1 页第 18~19 行指出，“作为原料的有机羧酸和链状烯烃中可能含有少量金属离子、碱性物质及含硫物质”，也就是说，低级脂肪酸中并未含有上述毒素之外的任何特殊成分，因此，尽管和证据 1 中在原料之一上存在差异，但基于相同的催化剂、相同的催化剂毒素以及相同的需要解决的技术问题，本领域技术人员有从相近领域寻找解决问题的动机。更何况，本专利中还包括仅将 C2-C5 烯烃经过预处理器脱除有害杂质的情形。（2）证据 4 第 218 页“（一）原料净化和反应”部分已经指出，“净化剂采用与醚化催化剂相同型号的离子交换树脂。在这种情况下，净化器除主要起净化作用，尚可起一定程度的醚化反应作用”。可见，尽管证据 4 中是净化—反应合一的方式，但其中公开的温度就是净化反应时的温度。（3）首先，根据本专利说明书的描述，当烯烃为混合 C4 时，才会产生防止结焦的优点，而权利要求 1 中并未将原料限定为混合 C4。其次，本领域技术人员公知，酯化反应对温度的要求不高，如证据 2 说明书第 2 页倒数第 1~3 行就公开了酯化反应的“反应温度是 50~300℃……当反应温度低于 50℃时，反应速率变慢，以及时空产率显著地降低。”可见，在本专利权利要求 1 所述 20~80℃的温度下，当原料为混合 C4 时，原料中的组分在树脂催化剂的催化作用下会不同程度地与低级脂肪酸发生反应，而并不只有二烯和异丁烯首先反应。再次，没有证据表明，在醚化反应中不会或不能避免二烯和异丁烯发生结焦，而只有在酯化反应中具有这种效果。（4）如前所述，本专利是通过平衡水洗效果和操作经济来选择水洗水的用量的，这也是本领域技术人员在选择工艺参数时通常考虑的因素，因此没有超出其常规认知的范围。因此，合议组认为，专利权人的主张均不具有说服力，不能说明本专利具备创造性。

权利要求 2 和 3 进一步限定了用于制备低级脂肪酸酯的原料，脂肪酸和 C2-C5 烯烃的具体种类，所述特征的引入并未给权利要求 1 的技术方案带来实质性的特点，所述原料中的毒素仍然与证据 1 中基本相同，因此，当权利要求 1 不具备创造性时，权利要求 2 和 3 同样也不符合专利法第 22 条第 3 款的规定。

权利要求 4 进一步限定了水洗水的流量，基于权利要求 1 中有关特征的相同论述，当权利要求 1 不具备创造性时，权利要求 4 也不符合专利法第 22 条第 3 款的规定。

综上所述，本专利的所有权利要求不具备专利法第 22 条第 3 款规定的创造性。鉴于使用证据 1 结合证据 2 和 4 已经可以得出本专利权利要求 1~4 不具备创造性的结论，合议组不再对请求人提出的其他证据和无效理由进行评述。

基于以上事实和理由，本案合议组作出如下审查决定。

三、决定

宣告 200710201053. X 号发明专利权全部无效。

当事人对本决定不服的，可以根据专利法第 46 条第 2 款的规定，自收到本决定之日起三个月内向北京市第一中级人民法院起诉。根据该款的规定，一方当事人起诉后，另一方当事人应当作为第三人参加诉讼。

028

用甲醇生产二甲醚的方法

无效宣告请求审查决定（第 14019 号）

决　定　号　第 14019 号
决　定　日　2009 年 10 月 18 日
发明创造名称　用甲醇生产二甲醚的方法
国 际 分 类 号　C07C43/04，C07C 41/09
无效宣告请求人　成都天成碳一化工有限公司
专　利　权　人　四川天一科技股份有限公司
专　利　号　200410022020. 5
申　请　日　2004 年 3 月 15 日
授 权 公 告 日　2007 年 1 月 3 日
合 议 组 组 长　任晓兰
主　审　员　蔡　雷
参　审　员　危　峰

法 律 依 据　专利法第 22 条第 2 款、第 3 款
决 定 要 点

如果一项权利要求的技术方案相对于某一对比文件存在区别特征，属于实质上不相同的技术方案，则该权利要求具备新颖性。

如果一项权利要求的技术方案相比最接近的对比文件存在区别特征，而现有技术给出了相应的技术启示使得本领域技术人员有动机将所述区别特征运用到该最接近的对比文件中以解决其存在的技术问题，则该权利要求的技术方案不具备创造性。

一、案由

本无效宣告请求案涉及国家知识产权局于 2007 年 1 月 3 日公告授予的、名称为“用甲醇生产二甲醚的方法”的 200410022020. 5 号发明专利权（下称本专利），其申请日为 2004 年 3 月 15 日，专利权人为四川天一科技股份有限公司。本专利授权公告的权利要求书如下：

“1. 用甲醇生产二甲醚的方法，包括如下步骤：

①甲醇含量为 70~99. 99Wt%，杂质以水为主的原料甲醇和从二甲醚精馏塔塔釜采出的以甲醇和水为主要成份的混合液在汽化提馏塔中汽化分离，从塔顶出来的甲醇蒸汽送入甲醇脱水反应系统，从汽化提馏塔塔釜釜液连续排出系统；

②脱水反应系统的以二甲醚、甲醇和水为主的反应产物从中、下部进入二甲醚精馏塔，从二甲醚

精馏塔塔顶或塔上部侧线采出口采出纯度为80-99.99Wt%的二甲醚产品，二甲醚精馏塔塔釜中的混合液送入汽化提馏塔进行汽化分离。

2. 根据权利要求1所述的方法，其特征在于从步骤b得到的二甲醚送入精二甲醚精馏塔的下部，从塔上部侧线采出口采纯度为99.5~99.999 Wt%的精二甲醚产品，从塔釜引出的物料与二甲醚精馏塔采出的二甲醚混合后作为较低纯度的二甲醚产品。

3. 根据权利要求1所述的方法，其特征在于从二甲醚精馏塔塔顶采出的蒸气经二甲醚冷却器冷凝后一部分或全部从塔顶回流口回流入塔内，未回流部分作为二甲醚产品采出，也可以从塔上部侧线采出全部二甲醚产品，回流量：采出量为0.2~4：1，重量比。

4. 根据权利要求1所述的方法，其特征在于原料甲醇从汽化提馏塔顶部，来自二甲醚精馏塔塔釜的甲醇和水为主的混合液在汽化提馏塔的中部进料口进入塔内，中部进料口的上部和下部都设有具有分离能力的塔节。

5. 根据权利要求1所述的方法，其特征在于表压压力为0.2~5MPa的水蒸气直接进入汽化提馏塔塔釜与其中的物料混合加热，或者用水蒸所或其他热载体通过再沸器间接加热汽化提馏塔塔釜内的物料，塔釜排出液中甲醇含量为0.01~0.2Wt%。

6. 根据权利要求1所述的方法，其特征在于汽化提馏塔和二甲醚精馏塔为填料塔或板式塔，其工作表压压力为0.1~1.8Mpa。

7. 根据权利要求2所述的方法，其特征在于精二甲醚精馏塔为填料塔或板式塔，工作表压压力为0.2~2.0Mpa。

8. 根据权利要求2所述的方法，其特征在于从二甲醚精馏塔的回流口或产品引出口与中部的进料口之间设有沸点介于甲醇和二甲醚之间的中间组分引出口。”

针对上述专利权，成都天成碳一化工有限公司（下称请求人）于2009年4月10日向专利复审委员会提出无效宣告请求，并提交了下述证据：

证据1：“二甲醚生产技术进展综述”，李仲来，《小氮肥设计技术》，第24卷第3期，2003年，第2~9页，从www.cqvip.com获得的网络打印件共8页；

证据2：“二甲醚的甲醇气相催化法生产及其在气雾剂中的应用”，梁杰辉，《广东化工》，1996年，第4期，第41~42页，从www.cqvip.com获得的网络打印件共2页；

证据3：第95113028.5号中国发明专利说明书，授权公告日为1999年5月12日，复印件共7页；

证据4：第96192554.X号中国发明专利说明书，授权公告日为2001年10月31日，复印件共16页；

证据5：“甲醇脱水制二甲醚工艺研究”，唐宏青，《中氮肥》，第4期，2003年7月，第11~14页，复印件共4页；

证据6：第4560807号美国专利，授权公告日为1985年12月24日，复印件共6页。

请求人认为：（1）权利要求1与证据1公开的技术内容完全相同，证据1中虽没有直接指出从汽化提馏塔连续排出塔釜液，但从中可以直接地、毫无疑义地确定该特征，且本领域技术人员无法将权利要求1中的原料和产品与证据1的原料和产品区分开，因此，证据1使权利要求1丧失新颖性。

（2）权利要求1与证据1第3页图1甲醇气相脱水制二甲醚工艺流程简图相比，其差别在于权利要求1的方案省去了洗涤塔、换热器、冷凝器和再沸器四个要素，而随着所述四个要素的省略，其功能也相应消失，因此权利要求1不具备创造性。此外，证据1未覆盖权利要求1的部分被证据3全部覆盖，因此权利要求1相对于证据1、3结合不具备创造性。

（3）证据1作为最接近现有技术与权利要求2相比，区别特征在于权利要求2串连了精二甲醚精馏塔，其解决的技术问题是进一步提纯证据1的二甲醚产品，证据2第42页流程图中公开了将粗二甲醚精馏塔7出来的粗二甲醚送入精二甲醚精馏塔的下部，从其上部侧线采出精二甲醚产品，因此证据1与证据2的结合否定了权利要求2的创造性。此外，证据4说明书第6页提到如果需要，可将二甲醚进一步蒸馏生产高纯度产品，证据5或6的附图中也有串联的精二甲醚精馏塔，因此证据1与4或5或6的结合否定了权利要求2的创造性。

（4）权利要求3的附加技术特征被证据1和证据3覆盖，也被证据1和证据4覆盖，因此没有创造性；权利要求4~8的附加技术特征被证据3、4、5覆盖，证据1或证据2与证据3、4、5的组合使得权利要求4~8没有创造性。

（5）实施权利要求1的发明必须包括权利要求2的技术特征，因此权利要求1无实施发明的必要技术特征，不符合专利法实施细则第21条第2款的规定。

经形式审查合格后，专利复审委员会受理了上述请求，于2009年5月31日向双方当事人发出《无效宣告请求受理通知书》，并将《专利权无效宣告请求书》及其他有关文件的副本转送给专利权人，要求其在指定的期限内答复，同时成立合议组对本无效请求案进行审理。

专利权人于2009年7月14日，针对《无效宣告请求受理通知书》提交了意见陈述书，专利权人认为：

（1）请求人没有指出证据1的哪些位置公开了权利要求1的技术方案，且证据1全文也没有记载权利要求1的内容，因此权利要求1具备新颖性。

（2）证据1的图1没有任何解释或说明，只是给出了标记的含义，由图1可以看出其工艺流程与权利要求1的区别特征在于：①权利要求1将从二甲醚精馏塔采出的以甲醇和水为主要成分的混合液送入汽化提馏塔，证据1利用再沸器8从精馏塔5中回收甲醇，返回洗涤塔，再进入蒸发器；②权利要求1是将原料甲醇和从二甲醚精馏塔塔釜采出的以甲醇和水为主要成分的混合液在汽化提馏塔中汽化分离，证据1是将洗涤和换热后的甲醇进入蒸发器进行蒸发，蒸发器和汽化提馏塔属于两种完全不同的装置，所起的作用也明显不同，请求人提交的其他证据没有公开上述区别特征1和2，因此权利要求1具备创造性。在权利要求1具备创造性的情况下，权利要求2~8也具备创造性。

（3）由于各种纯度的二甲醚产品都有各自的应用领域，而权利要求2的技术方案是一种优选方案，适用于生产两种不同纯度的二甲醚产品，因此权利要求2的附加技术特征不是解决权利要求1技术问题的必要技术特征。

2009年8月3日，本案合议组向双方当事人发出《无效宣告请求口头审理通知书》，拟定于2009年9月22日对本专利权的无效宣告请求进行口头审理，并将专利权人于2009年7月14日提交的意见陈述书副本转送给请求人，要求其在口头审理时一并答复。

2009年9月22日，口头审理如期进行，双方当事人的代理人出席了口头审理，并对对方当事人的身份和出庭资格没有异议，双方当事人对合议组成员均无回避请求。合议组在此情况下就本无效宣告请求案进行了庭审调查：

（1）合议组当庭告知双方当事人：①请求人提出的关于权利要求1相对于证据1不具备创造性、权利要求2相对于证据1和证据2的结合不具备创造性的无效理由在针对本专利的在先无效决定（决定号为12826）中已进行过评述，属于一事不再理的范畴；②请求人提交的证据6为美国专利，且没有在提出无效宣告请求之日起一个月内提交中文译文，因此，证据6视为未提交，涉及证据6的无效理由不予考虑；③请求人提出的关于权利要求3相对于证据1和证据3或4的结合不具备创造性，权利要求4~8相对于证据1或证据2与证据3~5的结合不具备创造性的理由，均未结合证据进行具体说明，合议组不予考虑。

（2）请求人当庭演示了从维普资讯网上获得证据 1 和证据 5 的全过程，专利权人认可证据 1、3、4、5 的真实性、公开性和关联性。

（3）请求人明确证据 4、5 仅用于证明权利要求 2 的附加技术特征在证据 4、5 中公开。

至此，合议组认为本案的事实已经清楚，可以作出审查决定。

二、决定的理由

1. 关于审查文本

本无效宣告请求审查决定以本专利授权公告的文本作为审查基础。

2. 关于无效宣告理由和证据

本案中，请求人提交了 6 份证据，并且认为：①权利要求 1 相对于证据 1 不符合专利法第 22 条第 2 款的规定；②权利要求 1 相对于证据 1 或证据 1 和证据 3 的结合不符合专利法第 22 条第 3 款的规定；③权利要求 2 相对于证据 1 和证据 2、4、5、6 之一的结合不符合专利法第 22 条第 3 款的规定；④权利要求 3 相对于证据 1 和证据 3 或证据 4 的结合不符合专利法第 22 条第 3 款的规定；⑤权利要求 4~8 相对于证据 1 或 2 与证据 3、4、5 的结合不符合专利法第 22 条第 3 款的规定；⑥权利要求 1 不符合专利法实施细则第 21 条第 2 款的规定。其中：

（1）关于一事不再理。

专利法实施细则第 65 条第 2 款规定，在专利复审委员会就无效宣告请求作出决定之后又以同样的理由和证据请求无效宣告的，专利复审委员会不予受理。

合议组查明，请求人提出的关于权利要求 1 相对于证据 1 不具备创造性、权利要求 2 相对于证据 1 和证据 2 的结合不具备创造性的无效理由在针对本专利的在先无效决定（决定号为 12826）中已进行过评述（在所述在先决定中，附件 1 和 2 分别相当于本案中的证据 1 和 2，具体参见所述决定的第 8~12 页），因此，属于一事不再理的范畴。

（2）关于具体说明。

专利法实施细则第 64 条第 1 款规定，无效宣告请求书应当结合提交的所有证据，具体说明无效宣告请求的理由，并指明每项理由所依据的证据。审查指南第四部分第三章第 3.3 节（5）规定，请求人应当具体说明无效宣告理由，提交有证据的，应当结合提交的所有证据具体说明。

本案中，请求人仅仅提到"权利要求 3 的附加技术特征被证据 1 和证据 3 覆盖，也被证据 1 和证据 4 覆盖，因此不具备创造性，权利要求 4~8 的附加技术特征被证据 3、4、5 覆盖，因此，相对于证据 1 或证据 2 与证据 3-5 的结合不具备创造性"，既没有指明与请求宣告无效的权利要求最接近的对比文件，也没有指出各个证据所使用的具体内容，更没有对这些证据所披露的内容为什么被认为与请求宣告无效的权利要求的特征相当，以及这些证据如何结合破坏所述权利要求的创造性进行具体分析和说明，因此合议组认为，请求人提出的关于权利要求 3~8 不具备创造性的无效理由未具体说明，不应当予以考虑。

（3）关于外文证据的提交。

审查指南第四部分第八章 2.21 节规定，当事人提交外文证据的，应当提交中文译文，未在举证期限内提交中文译文的，该外文证据视为未提交。

请求人提交的证据 6 为美国专利，且没有在提出无效宣告请求之日起一个月内提交中文译文，因此，证据 6 视为未提交，涉及证据 6 的无效理由不应当予以考虑。

基于此，合议组能够予以考虑的证据仅有 1、3、4、5，无效理由仅为：①权利要求 1 相对于证据 1 不符合专利法第 22 条第 2 款的规定；②权利要求 1 相对于证据 1 和证据 3 的结合不符合专利法

第 22 条第 3 款的规定；③权利要求 2 相对于证据 1 和证据 4 或证据 5 的结合不符合专利法第 22 条第 3 款的规定；④权利要求 1 不符合专利法实施细则第 21 条第 2 款的规定。

证据 1、5 为请求人从维普资讯网下载得到的期刊文献，证据 3、4 是两份中国专利文献；专利权人认可证据 1、3、4、5 的真实性、公开性和关联性；合议组经核实，对其真实性予以认可。上述证据 1、3、4、5 的公开日均在本专利的申请日之前，因此，均可以用来评价本专利的新颖性和创造性。

3. 关于专利法第 22 条第 2 款

专利法第 22 条第 2 款规定，新颖性，是指在申请日以前没有同样的发明或者实用新型在国内外出版物上公开发表过、在国内公开使用过或者以其他方式为公众所知，也没有同样的发明或者实用新型由他人向国务院专利行政部门提出过申请并且记载在申请日以后公布的专利申请文件中。

如果一项权利要求的技术方案相对于某一对比文件存在区别特征，属于实质上不相同的技术方案，则该权利要求具备新颖性。

本专利权利要求 1 保护用甲醇生产二甲醚的方法（具体内容参见案由部分）。

请求人主张证据 1 的第 3 页图 1 以及图 1 上方文字公开了权利要求 1 的全部技术特征。

合议组查明，证据 1 是总结二甲醚生产技术进展的综述性文章，其中图 1 是甲醇气相脱水制二甲醚工艺流程简图，图 1 上方文字部分主要公开了如下内容：“甲醇气相脱水制二甲醚，是将甲醇蒸汽通过催化剂床层进行脱水反应而得二甲醚”，“所用催化剂主要有活性氧化铝、结晶硫酸铝、13X 分子筛、ZSM-5 分子筛等。反应温度控制在 290~310℃，反应压力一般为 0.4~0.6MPa。在此条件下，甲醇转化率为 75%，二甲醚选择性为 99%，收率 94%~95%，二甲醚纯度可达 99.5%”。图 1 如下：

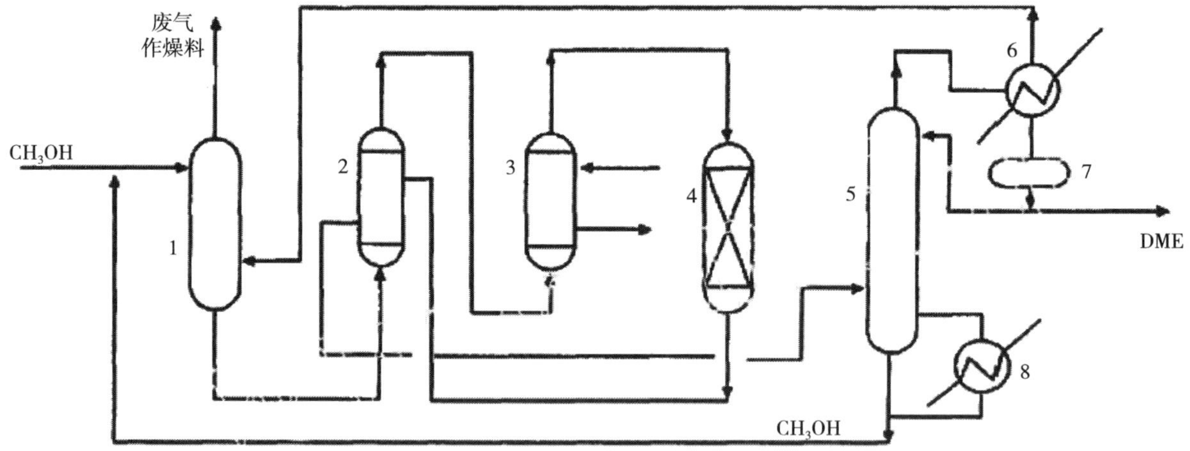

图 1　甲醇气相脱水制二甲醚工艺简图

1　洗涤塔　2　换热器　3　蒸发器　4　反应器　5　精馏塔　6　冷凝器　7　贮槽　8　再沸器

除了图 1 所示的简图本身以及附图标记的说明之外，证据 1 对图 1 所示的工艺流程没有给出任何具体的文字说明，合议组由图 1 能够直接地、毫无疑义地确定的内容是：原料甲醇和从精馏塔 5 塔底排出的甲醇一起从塔顶侧送入洗涤塔 1，洗涤塔 1 的塔顶得到的废气用作烯料，塔底的液体送入换热器 2 同反应器 4 的出料换热后进入蒸发器 3，蒸发器 3 的顶部出料送入反应器 4，反应器 4 的出料经换热器 2 后送入精馏塔 5，精馏塔 5 塔底出料的甲醇送入洗涤塔 1，精馏塔 5 外部塔釜侧设置有再沸器 8，精馏塔 5 塔顶出料经冷凝器 6 后一部分送入洗涤塔 1，另一部分送入贮槽 7，贮槽 7 的产品一部分直接采出为二甲醚产品，另一部分从精馏塔5塔顶侧回流入塔内。

合议组认为，权利要求1的方法与证据1公开的上述工艺方法相比，存在以下区别特征：(1) 权利要求1限定原料甲醇的甲醇含量为70~99.99Wt%且杂质以水为主，证据1未公开所用原料的甲醇含量和所含杂质；(2) 权利要求1的方法采用汽化提馏塔作为汽化设备，证据1的工艺采用蒸发器作为汽化设备；(3) 证据1的原料甲醇以及来自二甲醚精馏塔的甲醇在进入蒸发器前先通过洗涤塔的洗涤，再在换热器中经与反应器出料的反应产物换热而进行预热，权利要求1的方法未限定证据1图1中所示的洗涤（洗涤塔1）、预热（换热器2），其原料甲醇以及来自二甲醚精馏塔塔釜的甲醇混合液在连续排出塔釜液的汽化提馏塔中汽化分离。

请求人认为甲醇含量和所含杂质为本领域公知常识，即认可证据1未公开权利要求1限定的甲醇含量和组分；请求人认为证据1的蒸发器和汽化提馏塔的作用都是将甲醇汽化，二者功能一样；专利权人则认为证据1的蒸发器仅有汽化功能，而权利要求1的汽化提馏塔具有汽化和分离的功能。对此，合议组认为，蒸发是在液体表面发生的汽化现象，由于证据1并未对图1中所示的蒸发器给出任何文字说明，并未公开蒸发器的型式、构造、操作条件、蒸发的方式和热源等，本领域技术人员不能确定证据1图1中所示的蒸发器具有汽化之外的其他功能，同时，根据本专利说明书第3~5页的记载，汽化提馏塔可以是两段进料的提馏塔，原料带来的水和二甲醚精馏塔塔釜混合液中的水均从汽化提馏塔塔釜连续排出，汽化后的甲醇蒸汽从汽化提馏塔塔顶排出作为气相脱水反应的原料，其兼有汽化原料甲醇以及分离回收二甲醚精馏塔塔釜混合液中甲醇的双重功能。因此不能认为二者是相同的设备。

综上，由于上述区别特征的存在，使得本专利的权利要求1和证据1分别公开了实质上不相同的技术方案，故本专利权利要求1相对于证据1具备新颖性，符合专利法第22条第2款的规定。

4. 关于专利法第22条第3款

专利法第22条第3款规定，创造性，是指同申请日以前已有的技术相比，该发明有突出的实质性特点和显著的进步，该实用新型有实质性特点和进步。

如果一项权利要求的技术方案相比最接近的对比文件存在区别特征，而现有技术给出了相应的技术启示使得本领域技术人员有动机将所述区别特征运用到该最接近的对比文件中以解决其存在的技术问题，则该权利要求的技术方案不具备创造性。

(1) 权利要求1。

请求人主张以证据1和证据3结合评价权利要求1的创造性，其中证据1作为最接近的对比文件，使用证据1第3页图1以及图1上方文字，证据3权利要求1、5、附图1及其相应文字说明部分。

与前面3新颖性的评述相同，合议组认为，权利要求1与证据1相比存在上述三个区别特征。

根据本专利说明书第3~5页的记载，汽化提馏塔兼有汽化原料甲醇以及分离回收二甲醚精馏塔塔釜混合液中甲醇的双重功能，本专利实施例一中汽化提馏塔塔顶汽化的甲醇的纯度比原料甲醇的纯度高，这证明了汽化提馏塔具有汽化和提纯甲醇的功能。因此相对于证据1公开的工艺方法而言，引入上述区别特征的权利要求1的方案实际解决的技术问题是在甲醇气相催化脱水制备二甲醚的工艺中实现了甲醇和杂质的有效分离，减少进入脱水反应系统的水分、提高脱水反应的速度和平衡转化率，提高了整个装置的效率。该技术问题的解决是通过采用汽化提馏塔对原料甲醇和来自二甲醚精馏塔塔釜的甲醇混合液进行汽化分离而实现的，因此，判断权利要求1是否具备创造性的焦点在于：现有技术中是否存在采用汽化提馏塔或具备类似功能的设备对原料甲醇和来自二甲醚精馏塔塔釜的甲醇混合液进行汽化分离的启示。

证据 3 涉及甲醇气相催化脱水制二甲醚的方法，其附图 1 如下：

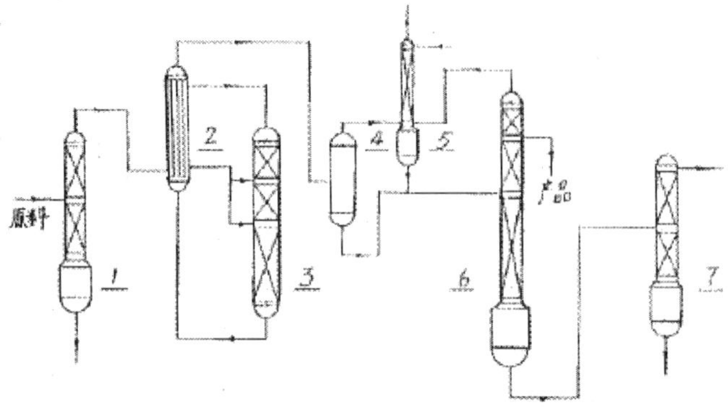

其中，①汽化分离塔，②热交换器，③冷激式反应器，④汽液分离器，⑤吸收塔，⑥精馏塔，⑦回收塔。

其权利要求 5 中公开了甲醇的含量为 77% ~99.9%，结合附图进行说明的实施例 1 中使用的是工业粗甲醇，由此能够确定证据 3 中使用的原料甲醇的浓度与本专利完全相同，虽然其中未明确指出杂质主要是水，但众所周知，工业粗甲醇中的主要杂质为水，因此，证据 3 公开了所述区别特征（1）。

在证据 3 权利要求 1 公开了“原料甲醇先进入汽化分离塔，除去高沸点物及杂质，经汽化分离后的甲醇蒸汽分段进入多段冷激式反应器中，进行催化脱水反应”，在说明书第 3 页图 1 的相应文字说明部分公开了“以 25kg/h 的进料速率将原料甲醇送入汽化分离塔 1，其操作温度 126℃，压力为 0.6MPa，从塔釜 1 底排出高沸点物，由塔釜 1 顶出来的甲醇蒸汽进入热交换器 2”。由此，可以确定证据 3 中的汽化分离塔在使甲醇汽化的同时，也能够实现甲醇与高沸点物的分离，其具备与本专利权利要求 1 所述的汽化提馏塔相同的功能，且证据 3 中明确说明原料甲醇经汽化分离后再进行催化脱水反应。因此，证据 3 中给出了在甲醇气相脱水制二甲醚的过程中采用汽化提馏塔设备的启示。由于证据 1 和证据 3 的技术方案均涉及甲醇气相催化脱水制二甲醚的方法，二者属于相同技术领域，本领域技术人员在证据 1 的基础上为解决上述技术问题，选择证据 3 公开的汽化分离塔替代证据 1 的蒸发器是显而易见的。

另外，权利要求 1 没有限定对来自二甲醚精馏塔的甲醇进行洗涤、换热，一方面并不意味着权利要求 1 的方法中取消了这两个步骤，另一方面，本领域技术人员根据实际情况对其进行取舍属于本领域的常规操作，且本专利说明书中也没有证据表明上述限定给本专利带来任何预料不到的技术效果。

因此，在证据 1 的基础上结合证据 3 得到权利要求 1 的技术方案，对本领域技术人员而言是显而易见的，即，权利要求 1 相对于证据 1 和证据 3 的结合不具备突出的实质性特点和显著的进步，不符合专利法第 22 条第 3 款的规定。

（2）权利要求 2。

权利要求 2 保护根据权利要求 1 所述的方法，其特征在于从步骤 b 得到的二甲醚送入精二甲醚精馏塔的下部，从塔上部侧线采出口采纯度为 99.5~99.999Wt% 的精二甲醚产品，从塔釜引出的物料与二甲醚精馏塔采出的二甲醚混合后作为较低纯度的二甲醚产品。

请求人明确证据 4 说明书第 6 页第二段文字，证据 5 第 13 页图 1 和第 12 页表 1 下方的相应文字说明公开了权利要求 2 的附加技术特征，在此基础上权利要求 2 不具备创造性。

合议组查明，证据 4 涉及一种通过甲醇脱水生产和回收二甲醚的方法，其说明书第 6 页第 2 段披露，“DME 冷凝液从冷凝器出来后被分成两股；一股经管道 32 回流进入 DME 蒸馏塔 22；另一股作为 DME 产物被回收，并通过管道 34 进入产物储存容器或其他后续过程。如果需要，可将这部分 DME 进一步蒸馏以分离出微量高沸点醚如甲乙醚。因此，用本发明方法可以生产高纯度 DME 产品”。由此可见，证据 4 仅公开了将二甲醚进一步蒸馏生产高纯度产品，并未提到具体如何进行蒸馏提纯从而得到两种不同纯度的产品，即，证据 4 未公开权利要求 2 的附加技术特征。

证据 5 是甲醇脱水制二甲醚工艺研究的综述性文章，图 1 是甲醇脱水制二甲醚的工艺流程图：

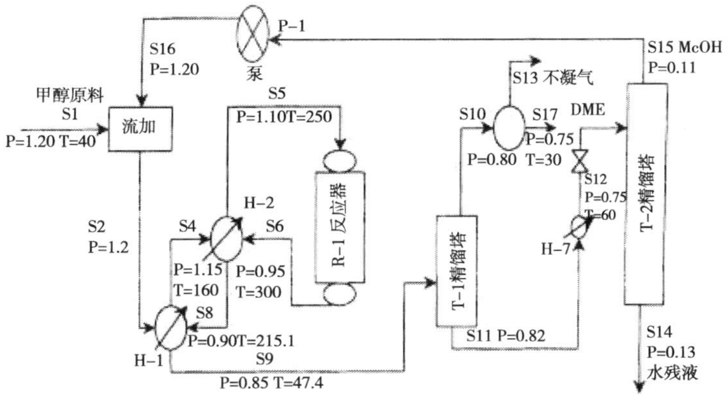

图 1　甲醇脱水制 5kt/a 二甲醚流程

p—压力，MPa；T—温度℃

表 2　甲醇脱水制二甲醚 5000t/a 模拟计算结果

物流号	S1	S2	S4	S5	S6	S8	S9	S10
相态	液相	液相	气相	气相	气相	气相	液相	液相
组成/%								
DME	0.0001	0.0005	0.0005	0.0005	0.3946	0.3946	0.3946	0.9938
甲醇	0.9900	0.9878	0.9878	0.9878	0.1921	0.1921	0.1921	0
H_2O	0.0099	0.0118	0.0118	0.0118	0.4108	0.1408	0.4108	0
C_2H_4	0.0000	0.0000	0.0000	0.0000	0.0024	0.0024	0.0024	0.0062
流量/kmol/h	28.0000	34.8533	34.8533	34.8533	34.9394	34.9394	34.9394	13.8595
温度/℃	40.00	45.09	160.00	250.00	300.00	215.08	47.63	29.97
压力/MPa	1.20	1.20	1.15	1.10	0.95	0.90	0.85	0.80
物流号	S11	S12	S13	S14	S15	S16	S17	
相态	液相	液相	气相	液相	液相	液相	液相	
组成/%								
DME	0.0006	0.0006	0.8801	0.0000	0.0020	0.0020	0.9944	
甲醇	0.3185	0.3185	0	0.0004	0.9785	0.9785	0	
H_2O	0.6809	0.6809	0	0.9995	0.0195	0.0195	0	
C_2H_4	0	0	0.1199	0.0000	0.0000	0.0000	0.0056	
流量/kmol/h	21.0798	21.0798	0.0725	14.2262	6.8536	6.8536	13.7870	
温度/℃	143.48	60.00	30.00	103.39	64.40	65.13	30.00	
压力/MPa	0.81	0.76	0.75	0.11	0.11	1.20	0.75	

第 12 页表 1 下方的相应文字公开了如下内容：“文献［7］介绍的流程是一个两塔流程。不凝气

从 DME 精馏塔顶排走，重组分随甲醇精馏塔底的水排走”，“本文按照这一设想，编制了一个两塔流程，进行模拟。计算结果见表 2”。

由表 2 的数据可知，由 T1 精馏塔塔顶排出的 S10 中 DME 含量为 0.9938，排走不凝气 S13 后的 S17 中 DME 含量为 0.9944，而进入 T2 精馏塔的 S12 中 DME 含量为 0.0006，甲醇含量为 0.3185，由 T2 精馏塔塔顶排出的 S15 中甲醇含量为 0.9785，可见，T2 精馏塔的作用相当于对 T1 精馏塔的塔釜液进行甲醇回收而非提纯二甲醚。因此证据 5 也未公开权利要求 2 的附加技术特征。

基于此，结合如上关于证据 1 内容的评述，合议组认为，请求人认为权利要求 2 相对于证据 1 与证据 4 或证据 5 的结合不具备创造性的主张不成立。

5. 关于专利法实施细则第 21 条第 2 款的规定

鉴于以上已经得出权利要求 1 相对于证据 1 和 3 的结合不具备创造性，应被宣告无效的结论，依本决定对权利要求 1 不符合专利法实施细则第 21 条第 2 款的规定的无效理由不再进行评述。

根据上述事实和理由，合议组作出如下审查决定。

三、决定

宣告 200410022020.5 号发明专利权的权利要求 1 无效，在权利要求 2~8 的基础上维持本专利有效。

当事人对本决定不服的，可以根据专利法第 46 条第 2 款的规定，自收到本决定之日起三个月内向北京市第一中级人民法院起诉。根据该款规定，一方当事人起诉后，另一方当事人应当作为第三人参加诉讼。

029

一种图案、文字转印胶带

无效宣告请求审查决定（第14053号）

决　定　号　第14053号
决　定　日　2009年10月14日
发明创造名称　一种图案、文字转印胶带
国际分类号　C09J7/02
无效宣告请求人　杨　懿
专利权人　屠尖兵
专　利　号　200620101498.1
申　请　日　2006年3月5日
授权公告日　2007年5月9日
合议组组长　汪送来
主　审　员　刘　静
参　审　员　宋　泳

法律依据　专利法第22条第3款
决定要点

如果权利要求与最接近的现有技术相比存在区别技术特征，而对于本领域的技术人员来讲，在该最接近的现有技术中引入上述区别技术特征以解决该权利要求的技术方案实际解决的技术问题，从而获得该权利要求的技术方案是显而易见的，则该权利要求不具备创造性。

一、案由

本无效宣告请求案涉及国家知识产权局于2007年5月9日公告授予的、名称为“一种图案、文字转印胶带”的200620101498.1号实用新型专利权（下称本专利），其申请日为2006年3月5日，专利权人为屠尖兵。该专利授权公告的权利要求如下：

“1. 一种图案、文字转印胶带，包括带基体层（1），其特征在于带基体层（1）的上、下表面分别连接有上硅油层（3）和下硅油层（2），在上硅油层（3）的上表面连接有透明胶层（4），透明胶层（4）的上表面连接有油墨层（5），油墨层（5）的上表面连接有粘胶层（6），它们相互之间叠合排列构成图案、文字转印胶带结构。

2. 根据权利要求1所述的一种图案、文字转印胶带，其特征在于所述的带基体层（1）为塑料薄膜带或纤维纸带。

3. 根据权利要求1所述的一种图案、文字转印胶带，其特征在于所述的透明胶层（4）为无色透

明胶层。

4. 根据权利要求1所述的一种图案、文字转印胶带，其特征在于所述的粘胶层（6）为无色透明粘胶层。”

针对上述专利权，杨懿（下称请求人）于2009年2月24日向专利复审委员会提出无效宣告请求，认为本专利权利要求1~4不符合专利法第22条第3款的规定，并提交了下述附件：

附件1：公告号为1268893的台湾专利说明书，申请日为1993年6月25日，复印件24页；

附件2：第00217880.X号中国实用新型专利说明书，申请日为2000年6月2日，授权公告日为2001年6月6日，复印件5页。

请求人认为：(1) 附件1公开了一种标记转印带，其是在带状基材之一面上，至少依序积层有表面保护层、标记层和感应接着层，从附件1说明书第9页第2段及说明书附图1、2可知，虽未图示，但为使基材与表面保护层之间易于剥离，基材与表面保护层之间亦可设置以矽树脂、氟树脂等构成之剥离层。因此权利要求1与附件1的区别在于：权利要求1中带状基材的下表面连接有下硅油层，所述硅油层的作用是使粘胶层上表面与基材下表面起防粘隔离作用，使得转印胶带在使用的时候可以顺利脱离连接（参见本专利说明书第2页第3段）。附件2公开的粘胶层转印纸中，两离形纸以油性面层之正面相对贴合，并在两贴合面间设有粘胶层，使用时，两离形纸可以分别移去使粘胶层发挥黏合作用。所述离形纸实际就是普通的纸张上涂布一层离形剂使得纸张可以很方便地与粘胶层剥离。由此可见，将离型剂施加在基带层与粘胶层之间可以起到防粘的作用，这对本领域技术人员来说是公知防粘手段。从另一角度讲，附件1的实施例中标记转印带也是以卷装的形式使用，此时感压接着层与相邻的带状基材之间同样需要防粘处理，虽然说明书没有明确提及，但从结构上经过逻辑推理得到带状基材的两侧分别涂布有离型剂。因此在附件1的基础上结合本领域的公知常识或附件2而得到权利要求1所述的技术方案，对本领域技术人员是显而易见的，因此权利要求1不具备创造性。(2) 权利要求2~3的附加技术特征分别在附件1说明书第9页第3段、第11页第1段公开，在权利要求1不具备创造性的情况下，权利要求2~3也不具备创造性。权利要求4的附加技术特征是将粘胶层限定为无色透明胶层，由于使用什么样的颜色可以通过添加相应的颜料实现，而且权利要求4采用透明粘胶层只是出于视觉上的美感或舒适，并不解决具体的技术问题，因此在权利要求1不具备创造性的情况下，权利要求4也不具备创造性。

经形式审查合格后，专利复审委员会受理了上述无效宣告请求，于2009年3月24日向双方当事人发出《无效宣告请求受理通知书》，并将《专利权无效宣告请求书》及其附件的副本转送给专利权人，要求其在指定的期限内答复，同时成立合议组对本无效请求案进行审理。

针对上述无效宣告请求，专利权人于2009年4月28日向专利复审委员会提交了意见陈述书以及权利要求书的修改替换页，其中删除了权利要求2、4，并对权利要求1的语序、措辞进行了修改。修改后的权利要求书如下：

“1. 一种图案、文字转印胶带，包括带基体层（1）、透明胶层（4），在透明胶层（4）的上表面连接有油墨层（5），油墨层（5）的上表面连接有粘胶层（6），其特征在于所述的带基体层（1）的上、下表面分别连接有上硅油层（3）和下硅油层（2），上硅油层（3）的上表面同透明胶层（4）的下表面连接，以上所述各层它们相互之间依次叠合排列构成图案、文字转印胶带结构。

2. 根据权利要求1所述的一种图案、文字转印胶带，其特征在于所述的透明胶层（4）为无色透明胶层。”

专利权人认为：①附件1没有公开本专利权利要求1的“带基体层（1）的上、下表面分别连接有上硅油层（3）和下硅油层（2）”，附件1说明书第9页第2段所述“虽未予图示，但为使基材与表面保护层之间易于剥离，基材与表面保护层之间亦可设置以矽树脂、氟树脂等构成之剥离层”，只提及基材与表面保护层之间亦可设置以矽树脂、氟树脂等构成之剥离层，并未提及在基材上下表面都设置剥离层。②附件 2 未直接公开本专利权利要求 1 技术特征部分中的相关内容，附件 2 的说明书也并未表述其离形纸正面呈油性面层的材料及制作形成方法，对本领域技术人员来说是无法实施的，因此该专利本申请存在明显的实质性缺陷。③附件 1 说明书和权利要求书提及的表面保护层与本专利权利要求 2 所说的无色透明胶层是有区别的，实际作用效果也不等同，因此权利要求 2 具有创造性。

2009 年 5 月 4 日，专利复审委员会向双方当事人发出《无效宣告请求口头审理通知书》，定于 2009 年 6 月 22 日对本案进行口头审理，并随口头审理通知书向请求人转送专利权人于 2009 年 4 月 28 日提交的意见陈述书及权利要求书的修改替换页，要求请求人在口头审理时一并答复。

2009 年 5 月 22 日，请求人提交了口审回执，表示不能参加口头审理。

2009 年 6 月 22 日，口头审理如期进行，请求人没有出庭，合议组在专利权人一方出庭的情况下就本无效宣告请求案进行了庭审调查。庭审过程中，合议组就本案的无效理由及证据逐一进行了调查，并记录了如下的事项：①专利权人认可附件 1、2 的真实性、公开性。②合议组当庭告知专利权人，2009 年 4 月 28 日提交的修改文本不符合审查指南第四部分第三章第 4.6.2 节关于权利要求修改方式的要求。③专利权人当庭提交了新的权利要求书，合议组当庭告知，该权利要求书所做的修改相当于删除授权文本的权利要求 2、4，本次口头审理以当庭提交的权利要求书为基础进行审理。④根据请求书的理由，请求人的无效理由为权利要求 1、2 相对于附件 1 结合公知常识不具备创造性，权利要求 1、2 相对于附件 1、2 的结合不具备创造性。在此基础上，专利权人充分陈述了意见。

至此，合议组认为本案的事实已经调查清楚，可以作出审查决定。

二、决定的理由

1. 关于审查文本

专利权人于 2009 年 4 月 28 日提交了权利要求书的修改替换页，相对于授权文本，其删除了权利要求 2、4，并对权利要求 1 的语序、措辞进行了修改。由于对权利要求 1 的语序、措辞进行的修改既不是删除式修改，也不是合并式修改，因此合议组当庭告知上述修改文本不符合审查指南第四部分第三章第 4.6.2 节关于权利要求修改方式的要求，合议组对该修改文本不予接受。专利权人当庭提交了新的权利要求书，经核对，上述修改相当于删除了授权文本的权利要求 2、4，符合审查指南的规定。因此本决定针对的文本是：请求人于 2009 年 6 月 22 日提交的权利要求第 1-2 项、国家知识产权局于 2007 年 5 月 9 日授权公告的本专利的说明书第 1~2 页以及附图第 1 页。

请求人于 2009 年 6 月 22 日提交的权利要求书如下：

“1. 一种图案、文字转印胶带，包括带基体层（1），其特征在于带基体层（1）的上、下表面分别连接有上硅油层（3）和下硅油层（2），在上硅油层（3）的上表面连接有透明胶层（4），透明胶层（4）的上表面连接有油墨层（5），油墨层（5）的上表面连接有粘胶层（6），它们相互之间叠合排列构成图案、文字转印胶带结构。

2. 根据权利要求 1 所述的一种图案、文字转印胶带，其特征在于所述的透明胶层（4）为无色透明胶层。”

2. 关于证据

请求人提交的附件 1、2 为专利文献，专利权人对上述附件的真实性没有异议，合议组经核实，对附件 1、2 的真实性予以确认。附件 1、2 的公开日在本专利申请日之前，因此附件 1、2 可以作为评价本专利创造性的现有技术。

3. 关于无效理由

根据无效宣告请求书，针对专利权人于口审当庭提交的新修改的权利要求书，请求人的无效理由为权利要求 1、2 相对于附件 1 结合公知常识不具备创造性，权利要求 1、2 相对于附件 1、2 的结合不具备创造性。

4. 关于专利法第 22 条第 3 款

专利法第 22 条第 3 款规定，创造性是指同申请日以前已有的技术相比，该发明有突出的实质性特点和显著的进步，该实用新型有实质性特点和进步。

如果权利要求与最接近的现有技术相比存在区别技术特征，而对于本领域的技术人员来讲，在该最接近的现有技术中引入上述区别技术特征以解决该权利要求的技术方案实际解决的技术问题，从而获得该权利要求的技术方案是显而易见的，则该权利要求不具备创造性。

①权利要求 1 的创造性。

本专利权利要求 1 要求保护一种图案、文字转印胶带，包括带基体层（1），其特征在于带基体层（1）的上、下表面分别连接有上硅油层（3）和下硅油层（2），在上硅油层（3）的上表面连接有透明胶层（4），透明胶层（4）的上表面连接有油墨层（5），油墨层（5）的上表面连接有粘胶层（6），它们相互之间叠合排列构成图案、文字转印胶带结构。

附件 1 公开了一种标记转印带、标记转印带匣及标记转印工具，其标记转印带包含有一带状基材 11、一表面保护层 12、一感压接着层 13、及一夹于表面保护层 12 与感压接着层 13 之间的标记层 14（参见说明书第 9 页第 3~6 行、附图 1）。

将权利要求 1 与附件 1 公开的上述方案相比可知，本专利的带基体层（1）相当于附件 1 的带状基材 11，透明胶层（4）相当于附件 1 的表面保护层 12，油墨层（5）相当于附件 1 的标记层 14，粘胶层（6）相当于附件 1 的感压接着层 13。两者的区别在于：本专利带基体层的上下表面设置有上、下硅油层，附件 1 的附图 1 中没有公开。

关于上硅油层，附件 1 的说明书第 9 页第 8~10 行明确指出“虽未予图示，但为使基材 11 与表面保护层 12 之间易于剥离，基材 11 与表面保护层 12 之间可设置以矽树脂、氟树脂等构成之剥离层”。上述“矽树脂”实际就是硅树脂，附件 1 所述的剥离层的作用是使基材 11 与表面保护层 12 之间易于剥离，本专利所述的上硅油层的作用是在透明胶层下表面与带基体层下表面之间起防粘隔离作用、在使用状态下可保证它们相互之间顺利脱离连接（参见本专利说明书第 2 页第 16~19 行），因此附件 1 所述的硅树脂构成的剥离层相当于本专利的上硅油层，且两者的作用完全相同。可见，附件 1 已经明确给出了在附图 1 的转印带上设置上硅油层用于防粘隔离的启示。

关于下硅油层，本专利设置下硅油层的目的是“在转印胶带卷制成转印胶带芯后在带基体层下表面与粘胶层上表面之间起到防粘隔离的作用，使它们相互之间在使用状态下可保证顺利脱离连接”（参见本专利说明书第 2 页第 17~19 行）。附件 1 附图 1 的转印胶带同样要制成转印胶带芯安装在转印胶带盒中使用，在使用状态下带状基材 1 与感压接着层 13 之间同样需要防粘处理，面临同样的技术问题时，本领域技术人员根据其公知常识以及附件 1 关于设置剥离层的描述，容易想到在附图 1 的带状基材 1 与感压接着层 13 之间也设置剥离层（即下硅油层），使得两者在使用状态下能够顺利剥离。

综上所述，对于本领域技术人员来说，在附件 1 的带状基材的上下表面设置硅油层、以解决在使用状态下顺利剥离的问题而获得本专利权利要求 1 的技术方案是显而易见的，因此权利要求 1 相对于附件 1 和公知常识的结合不具备实质性特点和进步，不符合专利法第 22 条第 3 款有关创造性的规定。

②权利要求 2 的创造性。

权利要求 2 的附加技术特征为“所述的透明胶层（4）为无色透明胶层”。附件 1 公开了表面保护层 12 的透明度应当使总透光率在 50% 以上，并且可以使用聚苯乙烯树脂及丙烯基树脂获得较高的透明度（参见附件 1 说明书第 11 页第 1~10 行），而且不添加颜料时，使用上述材料获得的表面保护层也是无色的。可见，权利要求 2 的附加技术特征已在附件 1 中公开，在权利要求 1 不具备创造性的情况下，权利要求 2 也不具备创造性，不符合专利法第 22 条第 3 款的规定。

鉴于已经得出权利要求 1、2 不具备创造性的结论，对于其他无效理由和证据本决定不再评述。

基于以上事实和理由，本案合议组作出如下审查决定。

三、决定

宣告 200620101498. 1 号实用新型专利权全部无效。

当事人对本决定不服的，可以根据专利法第 46 条第 2 款的规定，自收到本决定之日起三个月内向北京市第一中级人民法院起诉。根据该款的规定，一方当事人起诉后，另一方当事人应当作为第三人参加诉讼。

030

硫酸钾型三元复合肥的生产方法

无效宣告请求审查决定（第14120号）

决　定　号　第14120号
决　定　日　2009年10月30日
发明创造名称　硫酸钾型三元复合肥的生产方法
国际分类号　C05G 1/00
无效宣告请求人　董甲珠
专　利　权　人　山东红日阿康化工股份有限公司
专　利　号　93111207.9
申　请　日　1993年4月19日
授权公告日　1997年8月27日
合议组组长　任晓兰
主　审　员　郭　俭
参　审　员　张家祥

法　律　依　据　专利法第22条第2款、第4款，第26条第3款，第9条，专利法实施细则第13条第1款

决　定　要　点

如果权利要求的技术方案与对比文件公开的技术方案相比存在区别特征，导致二者的技术方案实质上不同，则该权利要求相对于该对比文件具备新颖性。

如果发明要求保护的技术方案具有在产业中被制造或使用的可能性，且能够产生积极的效果，则该发明具备实用性。

一、案由

本无效宣告请求案涉及国家知识产权局于1997年8月27日公告授予的、名称为“硫酸钾型三元复合肥的生产方法”的93111207.9号发明专利（下称本专利），其申请日为1993年4月19日，专利权人为山东红日阿康化工股份有限公司。本专利授权公告的权利要求书如下：

“1. 一种硫酸钾型三元复合肥的生产方法，其特征在于所述的生产方法包括下述步骤：

（1）氯化钾与浓硫酸按摩尔比1∶1在温度90~110℃反应30~120分钟，得到浓硫酸氢钾溶液；

（2）用50~80℃水稀释硫酸氢钾，其水与氯化钾的重量比为2∶1，得到硫酸氢钾水溶液，再加入磷酸，混合均匀得到混合浆液；

（3）往步骤（2）的混合浆液通入气态氨中和到其浆液的pH为5~7；

（4）再将步骤（3）中和后的浆液进行浓缩、喷浆、造粒、干燥，得到所述的产品。

2. 根据权利要求 1 所述的生产方法，其特征在于步骤（1）中的反应时间大体为 60 分钟。

3. 根据权利要求 1 所述的生产方法，其特征在于所述混合浆液通入气态氨中和到其浆液的 pH 为 5.4~6.0。

4. 根据权利要求 1 或 2、或 3 所述的生产方法，其特征在于在中和后的浆液进行喷浆造粒之前加入尿素。”

针对上述专利权，董甲珠（下称请求人）于 2009 年 4 月 7 日向专利复审委员会提出无效宣告请求，同时提交了下述证据：

证据 1：91109650.7 号中国发明专利说明书，申请日为 1991 年 10 月 7 日，授权公告日为 1998 年 7 月 22 日，共 7 页。

请求人认为：（1）本专利与证据 1 实质上完全相同，为同样的发明，属于重复授权，不符合专利法第 9 条和专利法实施细则第 13 条第 1 款的规定。（2）证据 1 公开了本专利的反应主体氯化钾和硫酸、反应时间 0.5~2 小时、第一步反应后加入的原料气态氮，以及反应过程中加入的原料磷酸，而浓缩、喷浆、造粒、干燥等都是本领域常用的技术手段，因此，本专利的权利要求 1 相对于证据 1 不具备新颖性，不符合专利法第 22 条第 2 款的规定。（3）本专利的反应主体浓硫酸、氯化钾与硫酸反应的摩尔比和反应温度、反应过程中加入磷酸、使 pH 保持 5~7，以及将中和后的料浆进行浓缩、喷浆、造粒、干燥均没有创造性，因此，本专利的权利要求 1~4 相对于证据 1 不具备创造性，不符合专利法第 22 条第 3 款的规定。（4）本专利权利要求 1 的步骤（1）所选择的反应条件（即摩尔比为 1∶1，温度 90~110℃，时间 30~120 分）在实验室是可能的，但在工业上不可能实现。因为在工业生产中，本反应是在带搅拌器的釜中进行的液固反应，液相是硫酸，随着反应的进行，液相硫酸越来越多地变成固相硫酸氢钾，当氯化钾有 85% 变成硫酸氢钾时，系统肯定已处于瘫痪状态，因此，本专利的权利要求 1~4 不具备实用性，不符合专利法第 22 条第 4 款的规定。（5）本专利的说明书没有给出充分的实施例，故权利要求书无法实现，因此，本专利不符合专利法第 26 条第 3 款的规定。

经形式审查合格后，专利复审委员会受理了上述请求，于 2009 年 4 月 23 日向双方当事人发出《无效宣告请求受理通知书》，并将《专利权无效宣告请求书》及其附件清单中所列作为证据的附件副本转送给专利权人，要求其在指定的期限内答复，同时成立合议组对本无效请求案进行审理。

2009 年 7 月 9 日，专利复审委员会向双方当事人发出《无效宣告请求口头审理通知书》，定于 2009 年 8 月 17 日对本案进行口头审理。

2009 年 7 月 24 日，专利权人针对上述《无效宣告请求受理通知书》提交了意见陈述书和如下的反证 1~5：

反证 1：93111207.9 号发明专利说明书，申请日为 1993 年 4 月 19 日，授权公告日为 1997 年 8 月 27 日，共 4 页（即本专利的授权公告文本）；

反证 2：91109650.7 号发明专利说明书，共 7 页（同证据 1）；

反证 3：盖有“科学技术部知识产权事务中心”公章的国科知签字［2003］49 号技术鉴定报告书，复印件共 10 页；

反证 4：辽宁省大连市中级人民法院（2000）大经初字第 159 号民事判决书，复印件共 9 页；

反证 5：“中国发明协会”于 1995 年 10 月颁发的获奖证书，复印件 1 页。

专利权人认为：（1）本专利与证据 1 相比，存在以下不同之处：①本专利是三元复合肥的生产方法，最终产品为三元复合肥，证据 1 是二元复合肥的生产方法，最终产品为二元复合肥。②本专利的反应原料为浓硫酸和氯化钾，而证据 1 的反应原料为硫酸和氯化钾。③本专利氯化钾和硫酸的摩尔比为1∶1，证据1氯化钾和硫酸的摩尔比为1∶1.2~1.75，二者的摩尔比不等同（参见反证3-4）。④氯化钾和硫酸反应后生成的硫酸氢钾溶液的处理方式不同，本专利用50~80℃水稀释硫酸氢钾，水和氯化钾的重量比为2∶1，而证据1没有加热水稀释过程。⑤通入氨气中和的pH值不等同（参见反证3~4），本专利中和后的pH值为5.4~6.0，而证据1中和后的pH值为6.5~7。⑥本专利在中和后的料浆进行喷浆造粒之前加入尿素，而证据1无加入尿素的步骤。因此，本专利与证据1不属于同样的发明。（2）证据1未涉及磷酸与氨、硫酸的反应，并且本专利与证据1的主题、最终产品、原料、反应原料摩尔比、氯化钾和硫酸反应后生成的硫酸氢钾溶液的处理方式、通入氨气中和的pH值，以及中和后的料浆进行喷浆造粒之前的处理均不同，因此，本专利的权利要求1相对于证据1具备新颖性，符合专利法第22条第2款的规定。（3）本专利与证据1相比的所有区别特征均需要付出大量的劳动才能够得到，并非本领域技术人员不经创造性劳动就能够联想到的技术特征，因此，权利要求1~4具有专利法第22条第3款规定的创造性。（4）本专利的技术方案已经实现了工业化生产，产生了巨大的社会效益，因此，本专利的权利要求1~4具备实用性，符合专利法第22条第4款的规定。（5）本专利说明书详细介绍了实现技术方案的工艺流程，并注明了技术方案涉及的化学反应式和每一步骤加入的反应物名称、重量、反应温度、反应时间等，本领域技术人员完全能够实现，故本专利符合专利法第26条第3款的规定。

2009年8月3日，合议组将专利权人的上述意见陈述书和反证1~5转送给请求人。

2009年8月17日，口头审理如期进行，双方当事人或其代理人出席了口头审理，合议组就本案的无效理由及证据逐一进行了调查，双方当事人充分陈述了各自的意见。庭审过程中，合议组记录了如下事实：（1）双方当事人对对方出庭人员的身份和资格无异议，对合议组成员均没有提出回避请求。（2）专利权人对证据1的真实性没有异议，但认为证据1的专利号（91109650.7）与请求人在《专利权无效宣告请求书》及其附件清单中提到的专利号（91109605.7）不同，应当驳回请求。（3）请求人认为专利权人于2009年7月24日提交的反证1~5超出了合议组指定的举证期限，合议组当庭告知专利权人，根据审查指南第四部分第三章第4.3.2节的规定，合议组对于反证1~5不予考虑。（4）请求人确定的无效宣告理由为：本专利相对于证据1不符合专利法第9条和实施细则13条第1款的规定；权利要求1相对于证据1不符合专利法第22条第2款的规定；权利要求1~4相对于证据1不符合专利法第22条第3款的规定；权利要求1~4不符合专利法第22条第4款的规定；权利要求1~4不符合专利法第26条第3款的规定。

至此，合议组认为本案的事实已经清楚，可以作出审查决定。

二、决定的理由

1. 关于审查文本

本无效宣告请求审查决定所针对的文本是本专利的授权公告文本。

2. 关于证据和无效宣告理由

（1）关于举证期限。

审查指南第四部分第三章第4.3.2节规定，专利权人应当在专利复审委员会指定的答复期限内提交证据，提交证据不符合上述期限规定的，专利复审委员会不予考虑。

对本案而言，专利复审委员会于2009年4月23日向专利权人发出了《无效宣告请求受理通知书》，同时将请求人提交的无效宣告请求书及相关附件转送专利权人，并告知专利权人应当在收到《无效宣告请求受理通知书》之日起一个月内答复，而专利权人提交反证1~5的时间为2009年7月23日，超出了合议组指定的举证期限，故合议组对于反证1~5不予考虑。

（2）关于证据 1。

专利权人认为，证据 1 的专利号（91109650.7）与请求人在《专利权无效宣告请求书》及其附件清单中提到的专利号（91109605.7）不同，应当驳回请求。

对此，合议组认为，虽然请求人在《专利权无效宣告请求书》及其附件清单中列举使用 ZL91109605.7 作为证据，但其提交的是证据 1（即 ZL91109650.7），并且，在请求书和附件清单中明确写明相应证据的发明名称为"用氯化钾作原料生产无氯复合肥的方法"，与证据 1 的发明名称相同，且请求人除专利法第 26 条第 3 款之外的其他无效宣告理由均使用了证据 1，由此可知，上述的 ZL91109605.7 应为 ZL91109650.7 的明显笔误，该笔误不会对专利权人造成误解，故对于专利权人的上述主张合议组不予支持。

鉴于专利权人对证据 1 的真实性没有异议，经合议组核实，对其真实性予以确认。由于证据 1 的申请日为 1991 年 10 月 7 日，授权公告日（即公开日）为 1998 年 7 月 22 日，而本专利的申请日为 1993 年 4 月 19 日，同时证据 1 的专利权人（申请人）为大连化学工业公司，故证据 1 属于他人在本专利申请日之前申请、申请日之后公开的中国专利申请，可用于评价本专利的新颖性，不能作为现有技术评价本专利的创造性。

因此，合议组能够审理的无效宣告理由为：①权利要求 1~4 相对于证据 1 不符合专利法第 9 条和实施细则第 13 条第 1 款的规定；②权利要求 1 相对于证据 1 不符合专利法第 22 条第 2 款的规定；③权利要求 1~4 不符合专利法第 22 条第 4 款的规定；④权利要求 1~4 不符合专利法第 26 条第 3 款的规定。

3. 关于专利法第 22 条第 2 款

专利法第 22 条第 2 款规定：新颖性，是指在申请日以前没有同样的发明或者实用新型在国内外出版物上公开发表过、在国内公开使用过或者以其他方式为公众所知，也没有同样的发明或者实用新型由他人向国务院专利行政部门提出过申请并记载在申请日以后公布的专利申请文件中。

如果权利要求的技术方案与对比文件公开的技术方案相比存在区别特征，导致二者的技术方案实质上不同，则该权利要求相对于该对比文件具备新颖性。

本专利权利要求 1 保护一种硫酸钾型三元复合肥的生产方法，其特征在于所述的生产方法包括下述步骤：（1）氯化钾与浓硫酸按摩尔比 1∶1 在温度 90~110℃反应 30~120 分钟，得到浓硫酸氢钾溶液；（2）用 50~80℃水稀释硫酸氢钾，其水与氯化钾的重量比为 2∶1，得到硫酸氢钾水溶液，再加入磷酸，混合均匀得到混合浆液；（3）往步骤（2）的混合浆液通入气态氨中和到其浆液的 pH 为 5~7；（4）再将步骤（3）中和后的浆液进行浓缩、喷浆、造粒、干燥，得到所述的产品。

请求人认为，证据 1（参见说明书第 2 页第 1~2 行以及实施例 5）公开了本专利的反应主体氯化钾和硫酸、反应时间 0.5~2 小时、第一步反应后加入的原料气态氨，以及反应过程中加入的原料磷酸，而浓缩、喷浆、造粒、干燥等都是本领域常用的技术手段，因此，本专利的权利要求 1 相对于证据 1 不具备新颖性。

合议组查明，证据 1 公开了一种用氯化钾作原料生产无氯复合肥的方法，即，将一定比例的氯化钾和酸在 60~120℃反应 0.5~2 小时，使之生成硫酸氢钾，向制得的产物中常压通入氨气直到 pH 达到 6.5~7 时为止，与氯化钾反应的酸可以是硫酸，也可以是硫酸与磷酸的混酸，氯化钾和硫酸按1∶1.2 以上（摩尔比）的比例进行反应（参见证据 1 的说明书第 1 页 14 行至第 2 页第 2 行）。在说明书第 2 页第 1~2 行公开了相应的反应方程式，实施例 5 给出了使用氯化钾与硫酸/磷酸的混合物反应，制备三元复合肥浆料的具体实例。

将权利要求 1 的技术方案与证据 1 所公开的上述方案进行对比，二者至少存在以下区别：（1）权利要求1的反应原料之一是浓硫酸，而证据1中相应的原料为硫酸，（2）权利要求1中氯化钾和浓硫酸的摩尔比为1∶1，而证据1中氯化钾和硫酸的摩尔比为1∶1.2以上。（3）权利要求1的浓硫酸氢钾溶液用50~80℃水稀释，水和氯化钾的重量比为2∶1，而证据1没有该步骤。（4）权利要求1将中和后的浆液进行浓缩、喷浆、造粒、干燥，而证据1未公开该步骤。

而无论原料、原料间的反应摩尔比还是反应条件或步骤的差异都会导致权利要求1的技术方案与证据1的技术方案成为实质上完全不同的方案，因此，权利要求1相对于证据1具备新颖性，符合专利法第22条第2款的规定。

权利要求2~4是权利要求1的从属权利要求，在权利要求1具备新颖性的情况下，权利要求2~4也具备专利法第22条第2款规定的新颖性。

4. 关于专利法第9条和专利法实施细则第13条第1款

专利法第9条规定，两个以上的申请人分别就同样的发明创造申请专利的，专利权授予最先申请的人。

专利法实施细则第13条第1款规定，同样的发明创造只能被授予一项专利。

本专利的权利要求1~4保护硫酸钾型三元复合肥的生产方法，而证据1的权利要求1~2保护用氯化钾作原料生产无氯复合肥的生产方法，二者的最终产物不同，并且，除此之外二者还存在前文新颖性部分所述的区别特征。因此，本专利的权利要求1~4与证据1不属于同样的发明创造，符合专利法第9条和专利法实施细则第13条第1款的规定。

5. 关于专利法点22条第4款

专利法第22条第4款规定：实用性，是指发明或者实用新型能够制造或者使用，并且能够产生积极效果。

如果发明要求保护的技术方案具有在产业中被制造或使用的可能性，且能够产生积极的效果，则该发明具备实用性。

本专利保护一种硫酸钾型三元复合肥的生产方法，本专利的说明书记载了实现该技术方案的工艺流程（参见说明书第1页第11行至第2页第10行）及其技术效果，即工艺流程简单合理，条件易控制，所生产的硫酸钾型三元复合肥中氮、磷、钾的比例易于调整、复合好、产品质量高（参见说明书第2页倒数第3~6行）。

请求人认为，本专利权利要求1的步骤（1）所选择的反应条件（即摩尔比为1∶1，温度90~110℃，时间30~120分）在实验室是可能的，但在工业上不可能实现。因为在工业生产中，本反应是在带搅拌器的釜中进行的液固反应，液相是硫酸，随着反应的进行，液相硫酸越来越多地变成固相硫酸氢钾，当氯化钾有85%变成硫酸氢钾时，系统肯定已处于瘫痪状态，因此，本专利的权利要求1~4不具备实用性。

对此，合议组认为：首先，请求人已经认可了权利要求1中步骤（1）的反应条件在实验室是可行的；在此基础上，本领域技术人员在实施权利要求1的过程中，可以根据反应的情况适度调节反应规模、加料速度、搅拌速度等条件，并调整两个步骤之间的衔接，而且，权利要求1的步骤（2）限定了用50~80℃水稀释步骤（1）所制得的浓硫酸氢钾溶液，即在步骤（1）的反应之后，加入了相当于氯化钾两倍重量的50~80℃热水，将硫酸氢钾浓溶液进行稀释，稀释后的硫酸氢钾溶液被输送到混酸槽，这一操作不太可能出现系统瘫痪的问题。因此，在无相反证据的情况下，合议组认为，本专利保护的技术方案具有在产业中被使用的可能性，且能够产生积极的效果，符合专利法第22条第4款的规定。

6. 关于专利法第 26 条第 3 款

专利法第 26 条第 3 款规定：说明书应当对发明或者实用新型作出清楚、完整的说明，以所属技术领域的技术人员能够实现为准。

请求人认为，本专利的说明书没有给出充分的实施例，因此，本专利不符合专利法第 26 条第 3 款的规定。

对比，合议组认为，实施例是对发明的优选具体实施方式的举例说明，并非是说明书充分公开的必要条件。根据审查指南第二部分第二章第 2. 2. 6 节的规定，如果说明书涉及技术方案的部分已经就发明所要求保护的主题作出了清楚、完整的说明，说明书就不必在涉及具体实施方式部分再作重复说明。本专利的说明书第 1 页第 11 行至第 2 页第 10 行详细描述了实现所保护的技术方案的工艺流程，其中记载了生产硫酸钾型三元复合肥的反应原料、反应条件、工艺步骤、反应产物等，并记载了该方法所能达到的技术效果，如，工艺流程简单、条件易控制、成本降低、氮磷钾比例易调整等，在上述公开内容的基础上，本领域技术人员能够实现所保护的技术方案。因此，缺乏实施例并不能成为认为本专利权利要求 1~4 不符合专利法第 26 条第 3 款规定的理由，故请求人提出的关于本专利未充分公开的无效理由不成立。

基于以上事实和理由，本案合议组作出如下审查决定。

三、决定

维持 93111207. 9 号发明专利权有效。

当事人对本决定不服的，可以根据专利法第 46 条第 2 款的规定，自收到本决定之日起三个月内向北京市第一中级人民法院起诉。根据该款的规定，一方当事人起诉后，另一方当事人应当作为第三人参加诉讼。

031

一种应用于单晶炉的加料管

无效宣告请求审查决定（第14141号）

决　定　号　第14141号
决　定　日　2009年10月28日
发明创造名称　一种应用于单晶炉的加料管
国际分类号　C30B 15/00
无效宣告请求人　耿　晨
专　利　权　人　浙江昱辉阳光能源有限公司
专　利　号　200720110134.4
申　请　日　2007年6月13日
授权公告日　2008年7月23日
合议组组长　汪送来
主　审　员　王晓东
参　审　员　吴红权

法　律　依　据　专利法第22条第3款
决　定　要　点

如果一项权利要求与最接近的现有技术之间的区别技术特征已经在另一份现有技术文件中给出启示，或者是本领域技术人员容易想到的，并且这些区别特征也没有给权利要求的方案带来意料不到的技术效果，则该权利要求不具备创造性。

一、案由

本无效宣告请求案涉及国家知识产权局于2008年7月23日授权公告的、名称为“一种应用于单晶炉的加料管”的200720110134.4号实用新型专利（下称本专利），其申请日为2007年6月13日，专利权人为浙江昱辉阳光能源有限公司。本专利授权公告的权利要求书如下：

“1. 一种应用于单晶炉的加料管，其特征在于：包括石英管、连杆、石英锥，石英管竖向置放于石英锥之上，连杆伸入石英管内并与石英锥相连，连杆由外力驱动而带动石英锥作升降运动。

2. 根据权利要求1所述的加料管，其特征在于：石英管外壁固定设置由石英材料制成的抱环，抱环被单晶炉内设置的挡圈阻挡时，石英锥脱离石英管口，产生间隙。”

针对上述专利权，耿晨（下称请求人）于2009年6月9日向专利复审委员会提出无效宣告请求，认为本专利权利要求1不符合专利法实施细则第21条第2款和专利法第26条第4款的规定，权利要求1和2均不符合专利法实施细则第2条第2款、第20条第1款以及专利法第22条第2款、第3款、第 4 款的规定，并且提交了本专利的授权公告文本以及如下证据：

证据 1：第 4036595 号美国专利，公开日为 1977 年 7 月 19 日，复印件 4 页，其中文译文 7 页；

证据 2：第 7001456 B2 号美国专利，公开日为 2006 年 2 月 21 日，复印件 14 页，其部分中文译文 2 页；

证据 3：第 4406731 号美国专利，公开日为 1983 年 9 月 27 日，复印件 5 页，其部分中文译文 3 页。

请求人认为：(1) 权利要求 2 的附加技术特征（在石英管外壁固定设置由石英材料制成、其外径大于单晶炉对应挡圈内径的抱环）是实现加料的必要技术特征，独立权利要求 1 中没有记载，因此不符合专利法实施细则第 21 条第 2 款的规定。(2) 权利要求 1 中没有记载涉及权利要求 2 附加技术特征这样的必要技术特征，意味着可以采用任意其他技术手段都能实现与该必要技术特征相同的效果，但在说明书中仅披露了该必要技术特征这一种技术手段，没有说明任意其他技术手段都能够实现相同的效果，所以权利要求 1 不符合专利法第 26 条第 4 款的规定。(3) 权利要求 1 中记载“连杆由外力驱动而带动石英锥作升降运动”，权利要求 2 中记载“抱环被单晶炉内的挡环阻挡时，石英锥脱离石英管口，产生间隙”，这些是动作或方法的描述，不属于实用新型专利保护的客体，因此不符合专利法实施细则第 2 条第 2 款的规定。(4) 权利要求 1 和 2 的主题都是“加料管”这样的产品，但其中却记载了动作或方法的特征，这与权利要求的主题不一致从而导致权利要求不清楚，不符合专利法实施细则第 20 条第 1 款的规定。(5) 证据 1 涉及一种晶体连续生长炉，其说明书第 2 栏第 41 行至第 51 行以及附图（对应中文译文第 4 页倒数第 2 段）公开了如下内容：在炉室 29 的顶部有一个带活门装置 45 的圆柱形开口 43，通过活门装置可以密闭炉室；圆柱形料筒 47 在开口 43 内形成紧密配合；料筒 47 的顶部 49 是密闭的并且带着搁靠在活门装置 45 上的凸缘 51。料筒的底部用连接到杆 55 的底部构件 53 来密闭。料筒 47 用来盛放一定数量的半导体材料 57；通过降低杆 55，可以将期望数量的半导体材料 57 释放到坩埚 31 中，由此可见证据 1 公开了权利要求 1 的全部技术特征，因此破坏了权利要求 1 的新颖性。另外，根据证据 1 可知，圆柱形料筒 47 外壁固定设置凸缘 51 和活门装置 45，凸缘 51 被活门装置 45 阻挡时，底部构件 53 脱离筒口，产生间隙。由此可见，权利要求 2 的附加技术特征也被证据 1 公开，因此权利要求 2 也不具有专利法第 22 条第 2 款规定的新颖性。(6) 权利要求 1 和 2 与证据 1 的区别特征在于本专利限定了石英管和石英锥以及抱环都是采用石英材料制备，证据 2 的第 11 栏第 35 行及图 2（对应中文译文第 2 页倒数第 1 行）中明确记载了晶体加料管的内外管均可采用石英材料，对于本领域技术人员来说，石英锥作为石英管下端构件，抱环作为石英管外壁连接构件，其工作环境与石英管类似，因此，采用石英材料制成也是容易想到的，所以，权利要求 1 和 2 相对于证据 1 和 2 的结合不具备专利法第 22 条第 3 款规定的创造性。(7) 权利要求 1 和 2 中都不具有密闭的技术特征，而在证据 1、证据 3 以及本专利说明书背景技术部分都提到晶体生长需要保持在惰性气体环境下，因此，加料过程中应当也注意与周围空气隔离即应当保持一定的密封效果。权利要求 1 和 2 的技术方案舍弃密闭特征后相应的密闭功能也消失，属于变劣的发明创造，不能够产生积极的效果，所以不符合专利法第 22 条第 4 款有关实用性的规定。

经形式审查合格后，专利复审委员会受理了上述无效宣告请求，于 2009 年 6 月 22 日向双方当事人发出《无效宣告请求受理通知书》，并将《专利权无效宣告请求书》及其附件清单中所列附件的副本转送给专利权人，要求其在指定的期限内答复，同时成立合议组对本无效请求案进行审理。

专利复审委员会于 2009 年 8 月 6 日收到专利权人针对上述无效宣告请求所提交的意见陈述书和修改后的权利要求书，修改后的权利要求书如下：

“1. 一种应用于单晶炉的加料管，其特征在于：包括石英管、连杆、石英锥，石英管竖向置放于石英锥之上，连杆伸入石英管内并与石英锥相连，连杆由外力驱动而带动石英锥作升降运动；石英管外壁固定设置由石英材料制成的抱环，抱环被单晶炉内设置的挡圈阻挡时，石英锥脱离石英管口，产生间隙。”

专利权人认为：（1）在石英管外壁是否设置抱环，并不是实现加料所不能缺少的必要技术特征，完成加料在于石英管与单晶炉之间有间隙，对于权利要求1来说，石英管及石英锥可作升降运动，显然，单晶炉的加料管可以实现其发明目的。（2）请求人对专利法第26条第4款的理解有误，同时请求人认为说明书中已经披露了该必要技术特征，因此权利要求1符合专利法第26条第4款的规定。（3）权利要求1和2是对加料管的形状、构造及其结合所提出的方案，对于某些部件动作以及部件间的结合也是反映形状、结构及其结合的内容。（4）请求人对专利法实施细则第20条第1款的理解有误，权利要求1和2符合专利法实施细则第20条第1款的规定。（5）请求人提出用证据2评价新颖性，但是并未对其作出任何具体说明，故在判断新颖性时不应审理证据2。（6）修改后的权利要求1相对于证据1具有区别特征，因此具备新颖性；相对于证据1和2的结合具有实质性特点和进步，因此具备创造性。（7）请求人采用证据1、3中公开的内容与本专利进行比较，提出本专利不具备实用性，这与专利法第22条第4款实用性的规定相违背。

2009年8月12日，专利复审委员会向双方当事人发出《无效宣告请求口头审理通知书》，拟定于2009年9月23日对本案进行口头审理，并随口头审理通知书向请求人转送专利复审委员会于2009年8月6日收到的专利权人所提交的意见陈述书及所附的权利要求书，要求请求人在口头审理时一并答复。

2009年8月31日，专利复审委员会再次向双方当事人发出《无效宣告请求口头审理通知书》，取消2009年9月23日的口头审理，改为于2009年10月15日对本案进行口头审理。

2009年10月15日，口头审理正式进行。双方的代理人出席了口头审理。庭审过程中，合议组就本案的无效理由及证据逐一进行了调查，双方当事人充分发表了各自的意见，在此基础上，记录了如下事实：（1）请求人认可专利权人修改后的权利要求书，合议组当庭告知本次口头审理以修改后的权利要求书为基础进行审理；（2）鉴于专利权人修改了权利要求书（即删除了授权公告的权利要求1），请求人明确其无效理由和范围是修改后的权利要求1（即授权公告的权利要求2）不符合专利法实施细则第2条第2款和第20条第1款的规定，修改后的权利要求1相对于证据1不具备新颖性，修改后的权利要求1相对于证据1和2的结合不具备创造性，修改后的权利要求1不符合专利法第22条第4款的规定，请求人当庭放弃针对授权公告的权利要求1提出的涉及专利法实施细则第21条第2款和专利法第26条第4款的无效理由；（3）专利权人对请求人提交的证据1~3的真实性、关联性、合法性以及其中文译文的准确性均没有异议。

合议组认为本案的事实已经调查清楚，可以作出审查决定。

二、决定的理由

1. 关于审查文本

专利复审委员会于2009年8月6日收到专利权人提交的修改后的权利要求书，经查实，专利权人将授权公告文本中的权利要求1删除，将权利要求2作为修改后的权利要求1，合议组认为上述修改方式符合审查指南对无效程序中权利要求修改的规定，因此无效宣告审查以专利复审委员会于2009年8月6日收到的权利要求书以及授权公告的说明书为审查基础。

2. 关于证据

请求人提交的证据1~3均为美国专利文献，其公开日都早于本专利的申请日，且专利权人对上述证据的真实性、关联性、合法性以及其中文译文的准确性均没有异议，因此，上述证据1~3可以作为本专利的现有技术证据使用。

3. 关于专利法第22条第3款

专利法第22条第3款规定，创造性，是指同申请日以前已有的技术相比，该发明有突出的实质性特点和显著的进步，该实用新型有实质性特点和进步。

如果一项权利要求与最接近的现有技术之间的区别技术特征已经在另一份现有技术文件中给出启示，或者是本领域技术人员容易想到的，并且这些区别特征也没有给权利要求的方案带来意料不到的技术效果，则该权利要求不具备创造性。

本实用新型专利的权利要求1保护一种应用于单晶炉的加料管，其特征在于：包括石英管、连杆、石英锥，石英管竖向置放于石英锥之上，连杆伸入石英管内并与石英锥相连，连杆由外力驱动而带动石英锥作升降运动；石英管外壁固定设置由石英材料制成的抱环，抱环被单晶炉内设置的挡圈阻挡时，石英锥脱离石英管口，产生间隙。

证据1涉及一种晶体连续生长炉，其中文译文第4页倒数第2段公开了如下内容：在炉室29的顶部有一个带活门装置45的圆柱形开口43，通过活门装置45可以密闭炉室；圆柱形料筒47在开口43内形成紧密配合；料筒47的顶部49是密闭的并且带着搁靠在活门装置45上的凸缘51；料筒的底部用连接到杆55的底部构件53来密闭；料筒47用来盛放一定数量的半导体材料57；通过降低杆55，可以将期望数量的半导体材料57释放到坩埚31中。

证据1的附图显示：（1）底部构件53与杆55在剖面图上呈人字形，由于该附图为剖面图，因此可以确定底部构件53的立体结构为空心锥形结构；（2）料筒47竖向置放于底部构件53之上；（3）杆55深入料筒47内并与底部构件53相连；（4）杆55正上方出现竖向的双箭头，表明该连杆可以在竖直方向上作升降运动；（5）凸缘51凸出料筒47的外壁并为固定结构，也可以看作是设置在料筒外壁上的结构。

将证据1与本专利的权利要求1相比发现，证据1中公开了一种晶体生长炉用加料筒，证据1中的料筒47、杆55和底部构件53分别对应于本专利的石英管、连杆和石英锥，但证据1中未公开料筒和底部构件的材质为石英；证据1中的凸缘51对应于本专利的抱环，并且可以看作是固定设置在料筒外壁上的，但证据1中未公开凸缘51的材质为石英；证据1中的活门装置45对应于本专利的挡圈，但证据1中的活门装置45是设置在生长炉的开口处，位置与本专利限定的单晶炉内不同。

由此可见，本专利的权利要求1相对于证据1所公开的内容，其区别技术特征在于：（1）本专利具体限定了石英管、石英锥以及抱环的材质为石英，而证据1中未限定；（2）本专利中的挡圈设置在单晶炉内，而证据1中的相当于挡圈的活门装置45位于生长炉的开口处。

鉴于此，本专利实际所要解决的技术问题是：采用石英材质制备上述加料管的主要部件以满足其工作需求，以及通过改变挡圈设置的位置从而提供一种替代现有技术的技术方案。

证据2公开了一种在生产单晶的过程中供应晶体材料的装置，其包括内筒和外筒，构成内筒和外筒的材料可以是石英（参见证据2第11栏第35行，对应于中文译文的权利要求4，以及附图2）。

就区别技术特征（1）来看，证据2中公开了构成外筒（对应于本专利的石英管以及证据1的料筒47）的材料可以是石英，而且提示内筒和外筒的材质可以都为石英，由图1A和1B可以看出，证据2中公开的加料装置只有所述的内筒和外筒是位于封闭的腔室内的，也就是说证据2给出了加料装置处于工作区域内的所有结构都为石英材质的技术启示。在本专利中，石英锥作为石英管的下端构件，抱环作为石英管外壁的连接构件，它们都是处于工作区域内的结构，工作环境与石英管类似，因此，本领域技术人员在证据2的启示下，有动机采用石英作为证据1的料筒47、底部构件53和凸缘51的材料，从而获得对应于石英管、石英锥和抱环的料筒47、底部构件53和凸缘51均为石英材质的技术方案。

就区别技术特征（2）来看，本发明中将挡圈设置在炉内，而证据1中将相当于挡圈的活门装置45设置于生长炉的开口处，由于挡圈/活门装置是配合抱环/凸缘用来阻挡石英管/料筒下降的，即挡圈/活门装置和抱环/凸缘是共同作用的，因此挡圈/活门装置的位置是与抱环/凸缘的位置相配合的，在石英管/料筒长度一定的情况下，如果抱环/凸缘位于石英管/料筒的顶部，则挡圈/活门装置可设置于相对高的位置，例如生长炉的顶部开口处；如果抱环/凸缘位于石英管/料筒的中上部，则挡圈/活门装置可设置于相对低的位置，例如炉室内部。本领域技术人员可根据实际情况来具体确定挡圈/活门的位置，仅通过改变挡圈/活门装置的位置来获得替代现有技术的技术方案是本领域技术人员容易想到的。由于证据1中在炉室顶部设置活门装置配合其他部件也可以使料筒在炉内进行升降运动，而且从本专利的说明书中也找不出其他与炉内设置挡圈相关的效果，因此，将挡圈设置在炉室内部没有为本专利的技术方案带来意料不到的技术效果。

专利权人在口头审理时认为：（1）证据1中的料筒、底部构件与本专利的石英管、石英锥不同；（2）本专利中连杆可以带动石英管作升降运动，而证据1中的不能，否则会使密封失效；（3）证据1中的凸缘与本专利的抱环位置不同。对此，合议组认为：（1）证据1中的料筒和底部构件与本专利的石英管和石英锥仅在材质方面可能存在区别，而在形状、结构以及功能方面是相同的；（2）第一，没有证据证明证据1中的杆55不能够带动料管做升降运动，第二，由证据1中的附图可以看出底部构件的直径略大于料筒的内径，其具备带动料筒作升降运动的基本条件，第三，本领域技术人员根据本领域的常识，例如采用耐热材料制备底部构件或者通过调节加料的重量，也都能够在底部构件不发生形变的情况下实现料管的升降运动；证据1中料筒47与开口43形成紧密配合，只要不脱离开口43，则能够有效地实现密封；（3）本专利权利要求1中仅限定抱环在石英管的外壁固定设置，并没有对其设置位置的相对高低有所要求，而证据1中的凸缘51是凸出料筒外壁的，可以看作是固定设置在料筒外壁上的结构，因此证据1中的凸缘与本专利的抱环在设置位置上没有差别。

综上所述，合议组认为，对于本领域技术人员来说，在证据1结合证据2的基础上，获得本专利权利要求1保护的技术方案是显而易见的。因此，本专利权利要求1不具备实质性特点和进步，不具备专利法第22条第3款规定的创造性。

鉴于以上已经得出权利要求1不符合专利法第22条第3款的规定的结论，故合议组对请求人所提出的其他无效理由和证据不再评述。

基于以上事实和理由，本案合议组作出如下审查决定。

三、决定

宣告200720110134.4号实用新型专利权全部无效。

当事人对本决定不服的，可以根据专利法第46条第2款的规定，自收到本决定之日起三个月内向北京市第一中级人民法院起诉。根据该款的规定，一方当事人起诉后，另一方当事人应当作为第三人参加诉讼。

032

用过磷酸酸化甲酸钠生产甲酸联产各种磷酸钠盐的方法

无效宣告请求审查决定（第14188号）

决　定　号　第14188号
决　定　日　2009年11月26日
发明创造名称　用过磷酸酸化甲酸钠生产甲酸联产各种磷酸钠盐的方法
国际分类号　C07C53/06，C07C51/02，C01B25/30
无效宣告请求人　绵阳启明星磷化工有限公司
专　利　权　人　重庆川东化工（集团）有限公司
专　利　号　97103209.2
申　请　日　1997年3月18日
授权公告日　2001年5月23日
合议组组长　任晓兰
主　审　员　王　静
参　审　员　李新芝

法律依据　专利法第33条、第26条第3款、第26条第4款、第22条第3款、专利法实施细则第20条第1款、专利法实施细则第21条第2款

决定要点

如果通过增加、改变和/或删除申请内容中的一部分，致使所属技术领域的技术人员看到的信息与原申请记载的信息不同，而且又不能从原申请记载的信息中直接地、毫无疑义地确定，那么，这种修改就是不允许的。

一、案由

本无效宣告请求案涉及国家知识产权局于2001年5月23日公告授予的、名称为“用过磷酸酸化甲酸钠生产甲酸联产各种磷酸钠盐的方法”的发明专利权（下称本专利），其申请日为1997年3月18日，专利权人为重庆川东化工（集团）有限公司。该专利授权公告的权利要求书如下：

“1. 用过磷酸酸化甲酸钠生产甲酸联产各种磷酸盐的方法，其特征包括：（1）用过磷酸酸化甲酸钠；（2）酸化过程是在搅拌下，陆续将甲酸钠投放于过磷酸之中，在常温至甲酸沸点温度下完成的；（3）酸化后的物料在蒸馏釜中蒸馏出甲酸，通过冷凝为产品；（4）蒸出甲酸后的副产物配制成溶液，沉淀出杂质后放入调料罐，再经调整pH值，并按常规方法生产各种磷酸盐。

2. 按照权利要求1所述的方法，其特征在于所用过磷酸的浓度以P_2O_5计为69.6%~86.9%。

3. 按照权利要求1所述的方法，其特征在于酸化过程中根据反应物料的搅拌情况返回浓度为

85% ~90% 的甲酸溶液。

4. 按照权利要求 1 所述的方法，其特征在于酸化过程是在反应釜中或是直接在蒸馏釜中进行的。

5. 按照权利要求 1 所述的方法，其特征在于蒸馏出甲酸的时间为 2~8h。

6. 按照权利要求 1 所述的方法，其特征在于副产物于 80℃配制成 40% 的溶液，通过调整 pH 值，可以生产的磷酸盐包括磷酸二氢钠、磷酸氢二钠、磷酸三钠、焦磷酸钠、三聚磷酸钠、六偏磷酸钠以及各种复合磷酸钠盐。”

针对上述专利权，绵阳启明星磷化工有限公司（下称请求人）于 2008 年 9 月 19 日向专利复审委员会提出无效宣告请求，无效宣告请求的理由为：本专利权利要求 1~6 和说明书不符合专利法第 33 条的规定，说明书不符合专利法第 26 条第 3 款的规定，权利要求 1~6 不符合专利法第 26 条第 4 款的规定，权利要求 1~6 不符合专利法实施细则第 20 条第 1 款的规定，权利要求 1 不符合专利法实施细则第 21 条第 2 款的规定，权利要求 1~2 不具备专利法第 22 条第 2 款规定的新颖性，权利要求 1~6 不具备专利法第 22 条第 3 款规定的创造性，同时提交以下证据 1~7：

证据 1：“甲酸生产方法及其发展探讨”，唐之社，《辽宁化工》，1989 年第 4 期，第 26~29 和 9 页，复印件共 4 页；

证据 2：“磷酸法合成甲酸的试验研究”，崔德琪，《陕西化工》，1991 年第 5 期，第 22~25 页，复印件共 4 页；

证据 3：“氯仿副产甲酸钙回收制甲酸”，龙小兵、邓美林，《氯碱工业》，1993 年第 10 期，第 35~37 页，复印件共 3 页；

证据 4：《化工生产流程图解》，下册，化学工业出版社，1985 年 6 月第 1 版第 1 次印刷，封面、出版信息页、第 50~51 页，复印件共 4 页；

证据 5：“甲酸联产磷酸盐新工艺工业试验”，骞志彬、刘启明，磷酸盐工业，1994 年第 4 期，第 5~7 页，复印件共 3 页；

证据 6：公开号为 CN1179413A 的发明专利申请公开说明书（本专利公开说明书），复印件共 6 页；

证据 7：授权公告号为 CN1066132C 的发明专利说明书（本专利），复印件共 6 页。

请求人认为：

（1）本专利权利要求 1~6 和说明书的多处修改超出了原说明书和权利要求书记载的范围，具体为：①权利要求 1 和说明书发明方法步骤①取消了对于过磷酸浓度的限定；②权利要求 1 步骤（6）和说明书发明方法步骤（4）提到“按常规方法生产各种磷酸盐”，而原说明书和权利要求书却记载“可用于制造磷酸钠盐”；③说明书和权利要求 1 提到“副产物配制成溶液”，权利要求 6 提到“副产物于 80℃左右配成 40% 的溶液”，但是原说明书发明方法步骤（5）却记载“副产物于 80℃左右配成 40% 的水溶液”；④权利要求 1 和说明书发明方法步骤（2）中提到“在常温至甲酸沸点温度下完成”，但是原说明书发明方法步骤（1）却记载“控制温度不超过 45℃，也可在较高的，但应在甲酸沸点温度以下进行”；⑤权利要求 1 和说明书发明方法步骤（2）提到“陆续将甲酸钠投放于过磷酸之中”，而原说明书发明方法步骤（1）和（2）中却记载“在搅拌下投加甲酸钠需要量的一部分……在搅拌下继续投加剩余的甲酸钠”，使得修改前后甲酸钠投放方式完全不同；⑥权利要求 1 步骤（4）只提及“调整 pH 值”，无具体调节方式，而原说明书发明方法步骤（6）却记载“副产物以纯碱或合成甲酸钠的废碱液及磷酸调整 pH 值”；⑦删除了原说明书发明方法步骤（6）的“并加热处理调整钠盐”；⑧权利要求 3 和说明书提到“根据反应物料的搅拌情况返回浓度为 85% ~90% 的甲酸溶液”，但是原说明书发明方法步骤（2）却记载“返投甲酸，浓度 85% ~90% 均可，返酸少量即可”，修改前后返投甲酸的方式完全不同；⑨权利要求 1 步骤（3）提到“酸化后的物料在蒸馏釜中蒸馏出甲酸，通过冷凝为产品”，但是原说明书发明方法步骤（3）描述了“酸化后的物料迅速放入蒸馏釜中，蒸馏出甲酸，通过冷凝为产品”。

（2）本专利要解决的技术问题是克服使用 94% 的磷酸会遇到的“搅拌不动，需要不断返回大量甲酸，生产周期长，放料也很不容易”的问题，但本专利未给出解决该技术问题的具体手段。此外，步骤（2）的酸化过程缺少具体工艺参数，步骤（3）中措词“迅速”是不清楚的用语，步骤（4）提到“调整 pH 值”，但无法确定采用什么方式调整 pH 值以及调整 pH 值的范围，此外，说明书第 2 页第 4~5 行提到酸化过程中可以返回少量甲酸溶液，但未清楚表明加入甲酸溶液的量。因此，说明书不符合专利法第 26 条第 3 款的规定。

（3）本专利缺少具体实施方式和具体实施例，从说明书公开的内容无法概括得出权利要求 1~6 的技术方案，权利要求 1~6 不符合专利法第 26 条第 4 款的规定。理由如下：①权利要求 1 中“酸化后的物料在蒸馏釜中蒸馏出甲酸，通过冷凝为产品”、“副产物配制成溶液”和“生产各种磷酸盐”均概括了一个较大的范围，而且权利要求 1 步骤（4）未对配制溶液的温度、浓度、溶剂和蒸馏时间作出说明，同时各步骤都缺乏说明书中具体实施例的支持；②权利要求 2 限定了过磷酸浓度为“以 P_2O_5 计为 69.6%~86.9%”，但说明书中缺乏实施例表明可以在权利要求 2 所限定的范围内实施；③权利要求 6 限定了“副产物于 80℃配制成 40% 的溶液”，但说明书中只记载了“副产物于 80℃配制成 40% 的水溶液”，没有记载其他溶剂，同时也缺乏实施例。

（4）权利要求 1~6 保护范围不清楚，不符合专利法实施细则第 20 条第 1 款的规定。具体表现在：权利要求 1 中“陆续”和“迅速”措词不清楚，也未给出各原料配比和各种工艺条件；权利要求 3 中“根据反应物的搅拌情况返回浓度为 85%~90% 的甲酸溶液”不能确定返回多少量的甲酸溶液；由于权利要求 1 和 3 不清楚，使得引用权利要求 1 或 3 的其他权利要求也不清楚。

（5）权利要求 1 步骤（2）中对于酸化反应的时间、搅拌速度、陆续投放甲酸钠的时间间隔和每次投放甲酸钠的量、反应原料配比、反应终点确定都没有明确表述；步骤（3）未提及蒸馏时间；步骤（4）提到调整 pH 值却未表明调整的范围，缺少这些具体技术参数，本领域技术人员无法再现该发明，因此，权利要求 1 缺少必要技术特征，不符合专利法实施细则第 21 条第 2 款的规定。

（6）权利要求 1~2 相对于证据 2 不具备新颖性，不符合专利法第 22 条第 2 款的规定。

（7）权利要求 1 相对于证据 1 与证据 4 的结合或者证据 2 与证据 5 或公知常识的结合不具备创造性，不符合专利法第 22 条第 3 款的规定；权利要求 1~6 相对于证据 1 与证据 2 的结合不具备创造性，不符合专利法第 22 条第 3 款的规定；权利要求 3 相对于证据 1、证据 2 和证据 3 的结合不具备创造性，不符合专利法第 22 条第 3 款的规定。

经形式审查合格后，专利复审委员会受理了上述无效宣告请求，于 2008 年 9 月 19 日向双方当事人发出《无效宣告请求受理通知书》，并将请求人提交的《专利权无效宣告请求书》及其附件的副本转送给专利权人，要求其在指定的期限内答复，同时成立合议组对本无效宣告请求案进行审理。

2008 年 11 月 4 日，专利权人针对《无效宣告请求受理通知书》和《专利权无效宣告请求书》作出答复，同时提交以下反证 1~4：

反证 1：本专利实质审查程序中的《第一次审查意见通知书》，复印件共 3 页；

反证 2：本专利实质审查程序中针对《第一次审查意见通知书》的《补正书》，复印件共 5 页；

反证 3：本专利实质审查程序中的《第二次审查意见通知书》，复印件共 3 页；

反证 4：本专利实质审查程序中针对《第二次审查意见通知书》的《补正书》，复印件共 5 页。

专利权人认为：①结合反证 1~4 可知，申请文件的修改是依照实质审查过程中审查员所指出的问题进行的相应修改，符合专利法第33条的规定，同时，权利要求书也符合专利法第26条第4款、专利法实施细则第20条第1款和第21条第2款的规定；②本专利说明书已对发明作出了清楚完整的说明，本领域技术人员按照说明书所述内容能够实现本发明，因此，本专利符合专利法第26条第3款的规定；③由于权利要求1和2的技术方案与对比文件1之间存在区别技术特征，因此符合专利法第22条第2款的规定。权利要求1的技术方案与对比文件1和2相比，具有突出的实质性特点和显著的进步，符合专利法第22条第3款的规定，在权利要求1满足创造性规定的前提下，权利要求2~6也符合专利法第22条第3款的规定。对比文件1、2和3结合未公开权利要求3的全部技术特征，因此，权利要求3符合专利法第22条第3款的规定。

2008年11月24日，合议组向双方当事人发出《无效宣告请求口头审理通知书》，定于2009年1月6日对本案进行口头审理，同时将专利权人于2008年11月4日提交的意见陈述书及相关附件副本转送无效宣告请求人。2008年12月26日，合议组再次向双方当事人发出《无效宣告请求口头审理通知书》，因故将口头审理时间推迟为2009年1月15日。

2009年1月15日，口头审理如期进行，双方均出席了口头审理，并对对方出庭人员身份无异议。合议组在此情况下就本无效宣告请求案进行了庭审调查，并记录了以下事项：

1. 关于无效理由

（1）请求人放弃由于修改过磷酸浓度致使权利要求1和说明书修改超范围的无效宣告理由，放弃权利要求1~2不符合专利法第22条第2款规定的无效宣告理由。

（2）请求人当庭增加权利要求1不符合专利法第33条规定的一项具体的无效宣告理由，即：原权利要求1限定了利用酸中第一个氢离子的化学能复分解甲酸钠，而且限定了成品甲酸浓度大于85%，但是授权的权利要求1删除了上述内容，这一修改不符合专利法第33条的规定。专利权人认为其属于新的无效理由，不应当予以考虑。合议组当庭告知，根据审查指南相关规定，请求人提出的上述无效理由属于当庭增加的新的无效理由，不予考虑。

（3）请求人当庭增加权利要求2不符合专利法实施细则第20条第1款规定的一项具体的无效宣告理由，即：权利要求2中过磷酸的浓度以 P_2O_5 计为69.6%~86.9%，但是本领域技术人员公知，过磷酸的浓度以 P_2O_5 计应为75~76%，因此，权利要求2不清楚。专利权人认为这是新增的无效理由，不应当予以考虑。合议组当庭告知，根据审查指南的相关规定，请求人提出的上述无效理由属于当庭增加的新的无效理由，不予考虑。

（4）请求人明确仅使用以下结合方式来评价权利要求的创造性，放弃请求书中其他证据结合方式：使用证据1评价权利要求1不具备创造性；使用证据2和公知常识结合评价权利要求1不具备创造性；使用证据2和证据1结合评价权利要求1~6不具有创造性；使用证据1、证据2和证据3结合评价权利要求3不具有创造性。

2. 关于请求人的证据

（1）请求人放弃证据4和证据5作为证据使用。

（2）请求人当庭提交盖有“教育部科技查新工作站”公章及骑缝章的证据1~3的复印件，合议组将其当庭转送专利权人核实。专利权人对证据1~3、证据6和证据7的真实性予以认可，对证据1~3的公开性没有异议。

（3）请求人当庭补充提交以下证据（编号续前）作为公知常识性证据：

证据8：《化工辞典》，第2版，化学工业出版社，1985年4月第2次印刷，封面、出版信息页以及第194页，复印件共3页；

证据9：《日用化工理化数据手册》，第1版，轻工业出版社，1988年6月第2次印刷，封面、出版信息页以及第 630 页，复印件共 3 页。

同时，请求人当庭出示了证据 8~9 的原件，合议组将证据 8~9 当庭转送专利权人。专利权人当庭核实证据 8~9 的原件后，对这些证据的真实性予以认可。

请求人拟用证据 8 证明过磷酸的定义，即过磷酸的浓度以 P_2O_5 计为 75% ~76%，拟用证据 9 证明证据 2 中的磷酸是以 P_2O_5 计为 76% 和 84% 的磷酸。

3. 关于专利权人的反证

（1）专利权当庭提交了盖有“中华人民共和国国家知识产权局专利审查业务章”和骑缝章以及“此件为原件复印件”红章的反证 1~4 的复印件，合议组将其当庭转送请求人，请求人当庭核实后，对这些反证的真实性予以认可。

（2）专利权人当庭补充提交以下反证（编号续前）作为公知常识性证据：

反证 5：《磷酸》，下册，第 1 版，石油化学工业出版社，1977 年 7 月第 1 次印刷，封面、出版信息页以及第 505 页，复印件共 3 页。

专利权人当庭出示了反证 5 的原件。合议组将反证 5 当庭转送请求人，请求人核实该反证的原件后，对反证 5 的真实性予以认可。

专利权人拟用反证 5 证明现有技术中关于过磷酸的定义。

4. 其他

（1）合议组当庭告知双方当事人，由于本专利公开说明书与申请日提交的文本内容一致，因此，在调查本专利是否符合专利法第 33 条规定时，以本专利公开说明书作为对比对象。双方当事人均没有异议。

（2）合议组当庭告知双方当事人，针对双方当庭提交的证据及反证，双方可以在口头审理结束后 7 日内提交书面意见，逾期提交或提交与上述证据无关的内容，合议组均不予考虑。

2009 年 1 月 20 日，请求人针对专利权人当庭提交的公知常识性证据提交了意见陈述书。请求人认为，专利权人当庭提交的《磷酸》下册不是公知常识性证据。

2009 年 3 月 13 日，专利权人提交了意见陈述书，针对权利要求和说明书修改符合专利法第 33 条规定以及权利要求得到了说明书的支持进行了论述。

至此，合议组认为本案的事实清楚，可以作出审查决定。

二、决定的理由

1. 关于文本

本决定是在本专利授权公告时的文本的基础上作出的。

2. 关于证据认定

请求人共提交了 9 份证据，其中，请求人放弃了证据 4 和证据 5，因此合议组对证据 4 和证据 5 不再予以考虑。对于证据 1~3 和证据 6~9，由于专利权人对证据 1~3 和证据 6~9 的真实性没有异议，因此合议组对证据 1~3 和 6~9 的真实性予以认可。证据 1~3 和证据 8~9 的公开日均在本专利的申请日之前，因此可以作为现有技术评价本专利的创造性。

专利权人共提交了 5 份反证。请求人对反证 1~5 的真实性没有异议，因此合议组对反证 1~5 的真实性予以认可。

专利权人拟用反证 1~4 证明本专利符合专利法第 33 条、第 26 条第 4 款、专利法实施细则第 20 条第 1 款和专利法实施细则第 21 条第 2 款的规定。基于反证 1~4 为本案实质审查过程中审查员发出的审查意见通知书和申请人相应的答复意见，而无效宣告程序中合议组将根据请求人提出的无效理由和证据独立做出判断，实质审查程序中审查员的意见对无效程序不具有约束力。因此，本决定对于反证 1~4 不予评述。

对于专利权人当庭提交的反证 5，请求人认为其为美国人 A. V 斯拉克的个人著作，书中对于过磷酸的定义只代表他个人的观点，不能作为公知常识性证据。对此，合议组查明，反证 5 是石油化学工业出版社于 1977 年 7 月出版的书目，根据其内容提要部分的介绍，这是一本供从事磷酸生产、科研、设计的人员及大专院校师生参考的专业技术书籍，从其面对的读者和所涉及的技术内容的性质考虑，应当属于磷酸领域中的公知常识性书目。

3. 关于无效宣告请求的范围、理由

专利法实施细则第 66 条规定：在专利复审委员会受理无效宣告请求后，请求人可以在提出无效宣告请求之日起 1 个月内增加理由或者补充证据。逾期增加理由或者补充证据的，专利复审委员会可以不予考虑。

审查指南第四部分第三章 4.2 节规定：请求人在提出无效宣告请求之日起一个月后增加无效理由的，专利复审委员会一般不予考虑，除非（1）针对专利权人以合并方式修改的权利要求，在专利复审委员会指定期限内增加无效宣告理由，并在该期限内对所增加的无效宣告理由具体说明的；（2）对明显与提交的证据不相对应的无效宣告理由进行变更的。本案中，请求人在口头审理当庭增加如下无效宣告理由：①原权利要求 1 限定了利用酸中第一个氢离子的化学能复分解甲酸钠，而且限定了成品甲酸浓度大于 85%，但是授权的权利要求 1 删除了上述内容，这一修改使得权利要求 1 不符合专利法第 33 条的规定；②权利要求 2 中过磷酸的浓度以 P_2O_5 计为 69.6%~86.9%，但是本领域技术人员公知，过磷酸的浓度以 P_2O_5 计应为 75~76%，因此，权利要求 2 不清楚，不符合专利法实施细则第 20 条第 1 款的规定。由于上述两项具体无效理由是在提出无效请求之日起一个月后提出的，并且也不属于可以例外考虑的两种情形，因此，合议组对以上两项具体理由不予考虑。

结合请求人在口头审理中的陈述，合议组审理的无效宣告请求的理由和范围为：①权利要求 1~6 不符合专利法第 33 条的规定；②权利要求 1~6 不符合专利法第 26 条第 3 款的规定；③权利要求1~6 不符合专利法第 26 条第 4 款的规定；④权利要求 1~6 不符合专利法实施细则第 20 条第 1 款的规定；⑤权利要求 1 不符合专利法实施细则第 21 条第 2 条的规定；⑥权利要求 1 相对于证据 1 或者证据 2 与公知常识的结合不具有创造性，权利要求 1~6 相对于证据 1 与证据 2 的结合不具有创造性，权利要求 3 相对于证据 1、证据 2 和证据 3 的结合不具有创造性，不符合专利法第 22 条第 3 款的规定。

4. 关于专利法第 33 条

专利法第 33 条规定：申请人可以对其专利申请文件进行修改，但是，对发明和实用新型专利申请文件的修改不得超出原说明书和权利要求书记载的范围。

如果通过增加、改变和/或删除申请内容中的一部分，致使所属技术领域的技术人员看到的信息与原申请记载的信息不同，而且又不能从原申请记载的信息中直接地、毫无疑义地确定，那么，这种修改就是不允许的。

就本案而言，权利要求 1 保护用过磷酸酸化甲酸钠生产甲酸联产各种磷酸盐的方法，其包括：①用过磷酸酸化甲酸钠；②酸化过程是在搅拌下，陆续将甲酸钠投放于过磷酸之中，在常温至甲酸沸点温度下完成的；③酸化后的物料在蒸馏釜中蒸馏出甲酸，通过冷凝为产品；④蒸出甲酸后的副产物配制成溶液，沉淀出杂质后放入调料罐，再经调整 pH 值，并按常规方法生产各种磷酸盐。权利要求 2~6 对权利要求 1 的具体工艺条件作了进一步限定（具体参见案由部分）。

由于请求人当庭放弃了因修改过磷酸浓度而导致权利要求 1 不符合专利法第 33 条规定的具体无效理由，因此，请求人关于权利要求 1~6 不符合专利法第 33 条规定的具体无效理由为：①权利要求 1 中记载的为联产各种“磷酸盐”，而原说明书记载的为联产各种“磷酸钠盐”；②权利要求 1 步骤

（4）中的特征“副产物配制成溶液”以及权利要求6中记载的“副产物于80℃配制成40%的溶液”与原说明书记载的“副产物于80℃左右配成40%的水溶液”不一致；③权利要求1步骤（4）中的特征“调整pH值”与原说明书中特征“以纯碱或合成甲酸钠的废碱液及磷酸调整pH值”不一致；④权利要求1步骤（2）中的特征“在常温至甲酸沸点温度下完成的”与原说明书记载的特征“控制温度不超过45℃，也可在较高的，但应在甲酸沸点温度以下”不一致；⑤权利要求1步骤（2）中的特征“陆续将甲酸钠投放于过磷酸之中”与原说明书中记载的“在搅拌下投加甲酸钠需要量的一部分；……在搅拌下继续投加剩余的甲酸钠”不一致；⑥权利要求1步骤（3）中的特征“酸化后的物料在蒸馏釜中蒸馏出甲酸”与原说明书中记载的“迅速放料于甲酸蒸馏釜中，蒸馏出甲酸，通过冷凝为”不一致；⑦权利要求3中的特征“根据反应物料的搅拌情况返回浓度为85%~90%的甲酸溶液”与原说明书中记载的“返投甲酸，浓度85%~90%均可”不一致。

由于本专利在公开之前，专利权人从未对申请文件进行过修改，且双方当事人均同意在公开文本的基础上判断权利要求1~6是否符合专利法第33条的规定，因此，合议组将证据6和证据7进行对比，考察权利要求1~6是否符合专利法第33条的规定。

合议组注意到，权利要求1的技术方案在原申请文件中并没有一致性的记载，因此，判断对于权利要求1的修改是否符合专利法第33条的规定，关键在于能否从原申请文件记载的内容中直接地、毫无疑义地确定各个技术特征。

合议组查明，权利要求1保护一种生产甲酸同时联产各种磷酸盐的方法，其包括用过磷酸酸化甲酸钠，然后蒸馏出甲酸，将副产物配成溶液，除去杂质后，调节pH值，并生产各种磷酸盐。对于权利要求1中的技术特征“蒸馏出甲酸的副产物配制成溶液，……调节pH值，并按……生产各种磷酸盐”而言，其在原说明书和权利要求书中的相应描述分别为“副产物于80℃左右配成40%许的水溶液”、“副产物以纯碱或合成甲酸钠的废碱液及磷酸调整pH值，……各种复合磷酸钠盐”（参见原说明书第2页第12~16行），也就是说，原申请文件中对于上述特征的描述均存在具体限定，例如具体限定了将副产物配制成水溶液且水溶液的浓度为40%、用纯碱或合成甲酸钠的废碱液及磷酸调整pH值、所制备的产物为磷酸钠盐等，在原申请文件中并没有记载除获得磷酸钠盐之外的其他方式，而本领域技术人员知道，通过将副产物溶解于溶液中用不同的试剂调节溶液的pH值，将可能获得不同的磷酸盐，如当用氨水溶液调整pH值时，即可获得磷酸钠铵，用氢氧化钾调节pH值时，将得到复合磷酸钠钾盐。相应地，原申请文件中记载的是用纯碱、烧碱、生产甲酸钠的废碱液或磷酸调整pH值，此时，只能得到磷酸钠盐，这与授权文本的权利要求1所反映出的“除了可以获得磷酸钠盐之外还可以获得其他类型磷酸盐”的信息完全不同，因此，专利权人对权利要求1的修改导入了不能从原说明书和权利要求书中直接地、毫无疑义地确定的信息，不符合专利法第33条的规定。

专利权人认为，本专利权利要求1涉及用过磷酸酸化甲酸钠生产甲酸并联产各种磷酸钠盐的方法，虽然在撰写过程中存在笔误，将“磷酸钠盐”错写成“磷酸盐”，但是从反应物料以及工艺完整性角度考虑，不会使用除纯碱或合成甲酸钠的废碱液及磷酸之外的其他试剂调整pH值，不可能产生除磷酸钠盐之外的其他副产品。

对此，合议组认为，首先，专利权人没有提供证据表明将“磷酸钠盐”修改为“磷酸盐”为明显笔误；其次，权利要求1中除了主题名称发生了变化之外，其所包括的具体步骤尤其是涉及副产物处理的步骤也作了多处修改。如前所述，当调节pH值所使用的试剂不同时，将得到不同的磷酸盐，而根据原申请文件记载的信息，只能得到磷酸钠盐。因此，修改前后，本领域技术人员获知的信息完全不同，故对于专利权人的上述主张，合议组不予支持。

从属权利要求2~5对权利要求1做了进一步限定，但其附加技术特征对于权利要求1中的上述特征均未做进一步的限定，因此在权利要求1修改超范围的情况下，引用权利要求1的从属权利要求2~5的技术方案也不符合专利法第33条的规定。

从属权利要求6对权利要求1做了进一步的限定，其附加技术特征为“副产物于80℃配制成40%的溶液，通过调整pH值，可以生产的磷酸盐包括磷酸二氢钠、磷酸氢二钠、磷酸三钠、焦磷酸钠、三聚磷酸钠、六偏磷酸钠以及各种复合磷酸钠盐”。由此可见，①权利要求6已经明确限定其生产的磷酸盐为诸如磷酸二氢钠、磷酸氢二钠等的磷酸钠盐，因此请求人的第（1）点无效理由不能成立；②与原申请文件相比，权利要求6虽未明确记载将副产物于80℃配制成40%的水溶液，但本领域技术人员知道，在由含杂质的副产物除去杂质生产磷酸钠盐的过程中，基于磷酸钠盐本身的性质，必然要将副产物溶解于水溶液中，而不可能溶解于其他可能产生杂质的溶液中；同时，对于无机水相体系而言，此处“40%的溶液”缺省地应指水溶液而非任何有机溶液；③对于其引用的权利要求1中的技术特征“在常温至甲酸沸点温度下完成”，原权利要求5提到，“混匀反应可以在常温下进行，也可以在小于甲酸沸点的较高温度下进行”，原说明书第2页第5行的记载为“控制温度不超过45℃，也可在较高的，但应在甲酸沸点温度以下”，本领域技术人员由此可以毫无疑义地确定的是，需要控制的温度范围就是常温至甲酸沸点的温度范围，因此该技术特征“在常温至甲酸沸点温度下完成”与原说明书及权利要求中的相应记载实质上是一致的；④对于其引用权利要求1中的技术特征“陆续将甲酸钠投放于过磷酸之中”，原说明书中的相应记载为“在搅拌下投加甲酸钠需要量的一部分；……，在搅拌下继续投加剩余的甲酸钠”，由此可知，原说明书中甲酸钠的投放方式也是陆续或分批投放，因此其投放方式与原说明书中的描述并无不同；⑤对于权利要求6中记载的“调整pH值”，原权利要求6记载的是将副产物经磷酸、碱（纯碱、烧碱）加热等方法处理，原说明书第2页第14~16行中记载的是“以纯碱或合成甲酸钠的废碱液及磷酸调整pH值”，由于权利要求6的技术方案实际上是通过调节副产物的pH值来生产不同的磷酸钠盐，在此过程中，本领域技术人员不可能引入其他的非钠碱性试剂与不同于磷酸的酸来调节pH值而引入杂质，本领域技术人员可以选择的pH调节剂只能是纯碱、烧碱等碱、合成甲酸钠的废碱液和磷酸，这与原申请文件记载的信息是完全一致的，结合权利要求6的技术方案来看，权利要求6未对调整pH值的具体方式进行限定并没有超出原申请文件的记载范围；⑥对于其引用的权利要求1中的技术特征“酸化后的物料在蒸馏釜中蒸馏出”，原说明书中相应的记载为“迅速放料于甲酸蒸馏釜中，蒸馏出甲酸，通过冷凝为产品”，虽然权利要求6未记载“迅速”措词，但在实际生产中，两工序之间必然是紧密连接的，这是本领域技术人员可以直接、毫无疑义地确定的。综上所述，请求人关于权利要求6不符合专利法第33条规定的无效理由不能成立。

在权利要求1~5不符合专利法第33条规定的前提下，合议组对请求人所提出的针对权利要求1~5的其他无效理由及相应的证据不再予以评述，下面合议组仅针对请求人所提出的针对权利要求6的其他无效理由予以评述。

5. 关于专利法第26条第3款

专利法第26条第3款规定：说明书应当对发明或者实用新型作出清楚、完整的说明，以所属技术领域的技术人员能够实现为准。

所属技术领域的技术人员能够实现，是指所属技术领域的技术人员按照说明书记载的内容，就能够实现该发明或者实用新型的技术方案，解决其技术问题，并且产生预期的技术效果。

就本案而言，权利要求6涉及过磷酸酸化甲酸钠生产甲酸联产各种磷酸钠盐的方法，根据说明书的描述，本专利所要解决的技术问题是克服现有技术中存在的利用94%的过磷酸酸化过程中出现“搅拌不动，需要不断返回大量甲酸，生产周期长，放料也很不容易”的问题，采用的技术手段是使

用总 P_2O_5 为 69.6% ~86.9% 的过磷酸来酸化甲酸钠。

请求人认为，本专利同样不能解决酸化过程中出现的搅拌不动，需不断返回大量甲酸等问题，而且未具体写明酸化过程的工艺参数，无法确定副产物处理过程中采用何种方式调整 pH 值及其范围，措词“迅速”和“少量”表述不清，使得本领域技术人员无法实施整个发明的技术方案，不符合专利法第 26 条第 3 款的规定。

对此，合议组认为，首先，请求人没有提供证据表明也没有充分说明本专利不能解决酸化过程中出现的搅拌不动，需要不断返回大量甲酸等技术问题；其次，权利要求 6 中已经记载，酸化过程是在常温至甲酸沸点温度下，在搅拌下通过陆续将甲酸钠投放到过磷酸中进行的。由于现有技术中已经存在类似的用硫酸酸化甲酸钠制备甲酸的方法，同时，本领域技术人员也会根据实际需要确定酸化过程中工艺参数如搅拌速度、甲酸投放量等；另外，如前所述，即使权利要求 6 中未记载用于调节 pH 值所用的试剂，本领域技术人员根据其常识也会知晓选用何种试剂来调节 pH 值，因此，权利要求 6 中未记载用于调节 pH 值的试剂尚不足以导致本领域技术人员无法实施权利要求 6 的方法；再者，关于“迅速”和“少量”，首先，权利要求 6 中并未提到这两个措辞，其次“迅速”和“少量”是实际生产生活中经常使用的措辞，分别与“缓慢”、“大量”相对，其含义也是清楚的，在本专利说明书中分别用于表明放料到蒸馏釜中的速度和返投甲酸的量，这也是本领域技术人员可以通过实际情况来调节的。因此，这两个措辞的使用也不足以导致本领域技术人员无法实现权利要求 6 的发明。

基于以上理由，合议组认为，请求人认为本专利不符合专利法第 26 条第 3 款规定的无效理由不成立。

6. 关于专利法第 26 条第 4 款

专利法第 26 条第 4 款规定：权利要求书应当以说明书为依据，说明要求专利保护的范围。

权利要求书应当以说明书为依据，是指权利要求应当得到说明书的支持。权利要求书中的每一项权利要求所要求保护的技术方案应当是所属技术领域的技术人员能够从说明书充分公开的内容中得到或概括得出的技术方案，并且不得超出说明书公开的范围。

请求人认为：①“酸化后的物料在蒸馏釜中蒸馏出甲酸，通过冷凝为产品”概括了较大范围，而说明书仅仅给出了一种特定方式：酸化后的物料迅速放入蒸馏釜中，蒸馏出甲酸，通过冷凝为产品，且蒸馏时间为 2~8 小时，所属领域技术人员难以预见除说明书所述特定方式以外的其他方式也能解决技术问题并达到相同技术效果；②“副产物于 80℃左右配成 40% 的溶液”概括了较大范围，但在说明书中只有“副产物于 80℃左右配成 40% 的水溶液”，没有关于其他溶剂的记载，也缺乏实施例；③“生产各种磷酸盐”概括了较大范围，而说明书中仅生成“六偏磷酸钠”。因此，权利要求 6 未得到说明书的支持，不符合专利法第 26 条第 4 款的规定。

对此，合议组认为，①判断权利要求是否能得到说明书的支持，应当站在本领域技术人员的角度上，根据说明书公开的内容，结合现有技术和本领域的常识综合判断。本专利权利要求 6 涉及用过磷酸酸化甲酸钠生产甲酸联产磷酸钠盐的方法，如背景技术中所述，现有技术中存在类似的用硫酸酸化甲酸钠的方法，该方法在酸化后也进行蒸馏，而且，蒸馏也是化工生产中一种最常规的工艺。因此，本领域技术人员在说明书公开内容的基础上，结合其了解的现有技术以及常识，能够合理预测到本专利中蒸馏将不仅仅局限于说明书所述的具体蒸馏方式。并且，请求人也没有提供证据表明或者充分说明权利要求 6 中存在哪些不能解决所述蒸馏问题的方式以及蒸馏时间等具体条件对技术方案的实施与其技术问题的解决有何影响；②如前所述，虽然权利要求 6 中未明确写明配制成水溶液，但本领域技术人员知道，在由含杂质的副产物除去杂质生产磷酸钠盐的过程中，基于磷酸钠盐本身的性质，必然要将副产物溶解于水溶液中，而不可能溶解于其他可能产生杂质的溶液中；而且，对于无机水相体系而言，“40%的溶液”缺省地应指水溶液而非任何有机溶液。因此，“副产物于80℃左右配成40%的溶液”的概括得到了说明书的支持；③虽然主题名称采用了“……联产各种磷酸盐的方法”的表达，但是事实上，权利要求6中明确限定了生产的磷酸盐是磷酸二氢钠、磷酸氢二钠、磷酸三钠、焦磷酸钠、三聚磷酸钠、六偏磷酸钠以及各种复合磷酸钠盐，这一内容在说明书中也有相应的记载（参见原说明书第2页步骤（6））。

综上所述，请求人认为权利要求6得不到说明书的支持，不符合专利法第26条第4款的规定的无效理由不能成立。

7. 关于专利法实施细则第20条第1款

专利法实施细则第20条第1款规定：权利要求应当说明发明或者实用新型的技术特征，清楚、简要地表述请求保护的范围。

判断权利要求的保护范围是否清楚，应当从本领域技术人员的角度出发，基于权利要求的整个技术方案进行考虑。

请求人认为，权利要求1中“陆续”、“迅速”未能清楚地表明投放甲酸钠的量与时间的关系以及将酸化后的物料放入蒸馏釜的速度，也未给出各原料配比和各种工艺条件，如酸化条件、蒸馏条件、溶液配比、调整的pH范围等，基于权利要求1存在这些不清楚之处，使得引用权利要求1的权利要求6也不清楚，不符合专利法实施细则第20条第1款的规定。

合议组认为，就本案而言，权利要求6作为方法权利要求，已经将所采用的原料、工艺步骤和工艺条件等特征写入其技术方案，满足了方法权利要求应当具备的技术特征，而诸如“陆续”和“迅速”措词是化工生产中惯常采用的术语，“陆续”用以表明物料采取分批投放的方式，“迅速”用于表明两工序之间紧密连接，至于酸化、蒸馏条件以及溶液配比和调整的PH范围等具体工艺参数的控制，是本领域技术人员根据反应的实际需要及反应进行状况可以合理调整的。因此，权利要求6表述清楚，符合专利法实施细则第20条第1款的规定。

8. 关于专利法第22条第3款

专利法第22条第3款规定：创造性，是指同申请日以前已有的技术相比，该发明有突出的实质性特点和显著的进步。

在判断一项权利要求的创造性时，如果该权利要求的技术方案和现有技术相比存在区别特征，而对于本领域技术人员来讲，引入上述区别特征得到该权利要求的技术方案是非显而易见的，同时该权利要求的技术方案具有有益的技术效果，则该权利要求具备创造性。

本案中，请求人认为，权利要求6相对于证据2与证据1的结合不具有创造性。

为此，合议组查明，如前所述，权利要求6保护一种用过磷酸酸化甲酸钠生产甲酸联产各种磷酸钠盐的方法（具体方案参见案由部分）。证据2公开了一种磷酸法合成甲酸的工艺，并具体公开了如下特征：磷酸与甲酸钠可以顺利进行酸化反应：$HCOONa+H_3PO_4 \rightarrow HCOOH+NaH_2PO_4$，通过蒸馏，可以把生成的甲酸与副产磷酸二氢钠有效分离开来。以94%以上的磷酸（实为磷酸与聚磷酸的混合物）酸化甲酸钠，减压提取甲酸，全程收料为85%以上的成品甲酸，副产磷酸二氢钠高温聚合（脱水）制取三偏磷酸钠和六偏磷酸钠，用纯碱调整副产品磷酸二氢钠水溶液的中和度，并浓缩干燥，然后高温聚合制成三聚磷酸钠。并且证据2中指出，减压可改变甲酸和水的相对挥发度，从而避免形成共沸。在6666.1~26664.4Pa的压力下，70%的甲酸水溶液经精馏可分出含量为90%以上的甲酸。萃取精馏是分离甲酸和水的一种有效方法，操作可在三个连续的精馏塔中进行（参见证据2第22~24页）。

由此可知，本专利权利要求6的技术方案与证据2相比主要存在如下三个区别特征：（1）本专利权利要求 6 使用过磷酸，而证据 2 使用磷酸，其中包括 94% 以上的磷酸；（2）本专利权利要求 6 的酸化过程是在搅拌下陆续将甲酸钠投放于过磷酸之中，并在常温至甲酸沸点温度下完成的，而证据 2 并未公开甲酸钠的具体酸化过程；（3）本专利权利要求 6 将蒸馏出甲酸后的副产物于 80℃配制成 40% 的溶液，沉淀出杂质后放入调料罐，并经调整 pH 值后生产各种磷酸钠盐，而证据 2 未公开将副产物于 80℃配制成 40% 的溶液并经沉淀后放入调料罐的步骤。

对于以上区别特征 1，根据说明书的记载，本专利中使用的过磷酸为 P_2O_5 浓度为 69.6% ~ 86.9% 为过磷酸，证据 2 中使用的为 94% 以上的磷酸（磷酸与聚磷酸的混合物）。在口头审理过程中，双方就二者是否构成区别产生争议，并分别提供证据 8 和 9 以及反证 5，以期证明过磷酸与磷酸的定义。

合议组查明，证据 8 中提到：过磷酸是指含有 75% ~ 76% 五氧化二磷的磷酸，其中一部分以正磷酸形式存在，其余以焦磷酸形式和各种聚合磷酸形式存在。在 0℃仍不结晶。证据 9 示出了 H_2O-H_3PO_4 系统图，其中 P_2O_5 浓度为 76% ~ 84% 的聚磷酸（磷酸浓度为 105% ~ 116%）为不结晶范围。反证 5 中提到：对于过磷酸来说，通常运输采用的酸浓度为 76.0% P_2O_5，其在含 75.4% P_2O_5 时形成低共熔组成，其中部分正磷酸转变为多磷酸，P_2O_5 中有约 45% 以多磷酸盐存在。尽管从上述三份证据可以看出，现有技术中对于过磷酸有多种不同的解释，但是，有一点内容是相同的，即，所谓过磷酸实际上是正磷酸与多种聚磷酸的混合物，通常是指 P_2O_5 浓度高于 75% ~ 76%（根据证据 9，其相当于正磷酸的浓度为 104% ~ 105%）的磷酸。基于这一点，合议组认为，本专利与证据 2 中使用的酸化物质组成是相同的（实质上都是正磷酸与聚磷酸的混合物，下称磷酸混合物），但是其浓度范围不同，证据 2 中使用的是 94% 以上（即 P_2O_5 浓度为 68.1% 以上）的磷酸混合物，而本专利中限定其磷酸混合物中 P_2O_5 的浓度为 69.6% ~ 86.9%。这一浓度范围在证据 2 中没有具体公开，因此，实质上构成了权利要求 6 与证据 2 的区别特征 1。

对于以上区别特征 2，请求人认为，虽然证据 2 没有公开上述区别特征 2，但在“搅拌”下、在“常温至甲酸沸点温度”下完成酸化过程在证据 1 中公开了，而“陆续将甲酸钠投放到过磷酸当中”则是为了搅拌均匀。为此，合议组查明，证据 1 是一篇关于甲酸生产方法的综述性文章，其 2.2 节公开了用甲酸钠制甲酸的方法，其中提到：“甲酸钠与浓硫酸在甲酸发生器中作用即生成甲酸。由于甲酸在浓硫酸中会产生分解，因此在甲酸钠和等重量的 90% 甲酸的混合料浆中，冷却下加入浓硫酸时应特别注意，在当量地加到终点后即蒸馏甲酸。工业上采用装有搅拌并附有蒸汽夹套的蒸馏釜，馏出物经冷凝捕集或用水吸收，然后制成不同浓度的甲酸成品”。由以上内容可以看出，首先，证据 1 中仅提到了在“冷却”下加入浓硫酸，并没有明确提到加料时的温度范围为“常温至甲酸沸点温度”下；其次，证据 1 中仅提到了采用装有搅拌的蒸馏釜，并没有明确提到反应时进行搅拌。

对于以上区别特征 3，请求人认为，证据 2 第 23 页左栏第 9 ~ 14 行公开了该特征。为此，合议组查明，证据 2 第 23 页左栏第 9 ~ 14 行仅公开了可以将副产的磷酸二氢钠高温聚合制取三偏磷酸钠、六偏磷酸钠或三聚磷酸钠，并没有公开具体的操作条件。

根据本申请说明书背景技术部分的描述，本专利所要解决的技术问题是克服用 94% 浓磷酸酸化甲酸钠的工艺中存在的投料和混料操作困难，要么搅拌不动，要么需要不断返回大量甲酸的问题。然而无论证据 2 还是证据 1，均没有公开采用特定浓度范围的过磷酸、通过设计酸化过程中的一些具体操作条件能够解决上述问题，在此基础上，本领域技术人员没有动机将证据 2 和证据 1 结合从而得到权利要求 6 的技术方案，故本专利权利要求 6 相对于证据 2 和证据 1 的结合是非显而易见的，具有创造性，符合专利法第 22 条第 3 款的规定。

基于以上事实和理由，本案合议组作出如下审查决定。

三、决定

宣告 97103209.2 号发明专利的权利要求 1~5 无效，维持权利要求 6 有效。

当事人对本决定不服的，可以根据专利法第 46 条第 2 款的规定，自收到本决定之日起三个月内向北京市第一中级人民法院起诉。根据该款的规定，一方当事人起诉后，另一方当事人作为第三人参加诉讼。

033

无动力自动循环救生梯

无效宣告请求审查决定（第14221号）

决　　定　　号　第14221号
决　　定　　日　2009年11月30日
发明创造名称　无动力自动循环救生梯
国 际 分 类 号　A62B1/10
无效宣告请求人　蔡登凯
专　利　权　人　吉林恒安电子机械有限公司
专　　利　　号　03251757.2
申　　请　　日　2003年6月18日
授 权 公 告 日　2004年7月14日
合 议 组 组 长　刘　亚
主　　审　　员　顾笑璐
参　　审　　员　李新芝

法　律　依　据　专利法第26条第4款，专利法第22条第2款、第3款
决　定　要　点

权利要求书是否得到说明书的支持，不能仅凭说明书及其附图所记载的内容来判断，而应站在本领域技术人员的角度，结合本领域的普通技术知识并考察现有技术的状况。如果本领域技术人员根据说明书记载的内容和其对相关现有技术的了解并结合本领域的普通技术知识和/或常规技术手段能够得到或概括得出权利要求所保护的技术方案，则该权利要求得到了说明书的支持。

如果一项发明或实用新型专利与现有技术证据相比或者与申请日前由他人向专利局提出申请并在申请日后（含申请日）公布的发明或者实用新型证据相比，其技术领域、所要解决的技术问题、技术方案和预期效果均相同，则该专利相对于所述证据不具备新颖性。相反，如果二者的技术方案存在实质区别，则该专利相对于所述证据具备新颖性。

一、案由

本无效宣告请求案涉及国家知识产权局于2004年7月14日公告授予的、名称为“无动力自动循环救生梯”的03251757.2号实用新型专利权（下称本专利），其申请日为2003年6月18日，专利权人为吉林恒安电子机械有限公司。本专利授权公告的权利要求书如下：

“1. 一种无动力自动循环救生梯，其特征在于：在救生梯的主架上部设有阻尼减速机构和链轮系构成传动副，循环链条机构设在主架正面，其上安装有往复循环链条和脚踏板，链条机构与阻尼减速

机构通过链轮系构成传动副，在人体自重作用下可驱动链条机构及脚踏板循环往复滚动。

2. 权利要求1所述的救生梯，其特征在于：在主架上分段设有若干与链条机构连接的引桥。

3. 权利要求1所述的救生梯，其特征在于：阻尼减速机构为高层缓降器，其绳轮与链轮系构成传动副。”

针对上述专利权，蔡登凯（下称请求人）于2009年5月5日向专利复审委员会提出无效宣告请求，认为本专利权利要求2~3不符合专利法第26条第4款的规定，权利要求1、3不符合专利法第22条第2款关于新颖性的规定，权利要求1~3不符合专利法第22条第3款关于创造性的规定，在无效宣告请求书中请求人还提到本专利不符合专利法第26条第3款的规定，并同时提交了下述证据：

证据1：专利号为ZL02237084.6，授权公告号为CN2552895Y的中国实用新型专利说明书，授权公告日为2003年5月28日，复印件共11页；

证据2：专利号为ZL02238753.6，授权公告号为CN2558401Y的中国实用新型专利说明书，申请人为蔡登凯，申请日为2002年6月13日，授权公告日为2003年7月2日，复印件共14页。

请求人认为：（1）说明书除了记载“主架上的设定高度内，分段设有一个引桥至主架正面组合脚踏板处”之外没有对权利要求2中记载的“引桥”作出任何说明，附图中也没有标记；对于权利要求3中记载的“绳轮”如何设置以及绳轮如何与链轮系构成传动副，说明书中没有作出任何说明，附图中也没有绳轮的标记，因而权利要求2~3得不到说明书的支持，不符合专利法第26条第4款的规定；

（2）本专利权利要求1、3相对于单独的证据1或单独的证据2不符合专利法第22条第2款关于新颖性的规定。

证据2在本专利申请日之前申请，在本专利申请日之后授权公告，可用于评价本专利的新颖性。证据2所解决的技术问题是“提供一种紧急逃生的避难梯，通过结构简单及操作容易的结构，达到成本低廉、使用方便及迅速逃离火场的目的”，其与本专利的技术领域及解决的技术问题相同。①证据2说明书第1页第21行至第2页第4行、第3页第8~9、15~22行、第4页第12~15行、附图1-3处公开了权利要求1所包含的全部必要技术特征，因而权利要求1不具有新颖性；②高层缓降器是本领域的常规部件，如本专利说明书第2页第14~15行所述。在证据2中，速度控制器21即为高层缓降器，其绳轮与链轮系构成传动副（见说明书第3页第15~18行，附图1，2），故权利要求3的附加技术特征已在证据2中被记载，在权利要求1不具有新颖性的基础上，权利要求3也不具有新颖性。

证据1涉及具有缓降功能的速度控制器，主要应用于逃生梯，用以解决发生火灾时快速、安全逃生的问题。①证据1说明书第4页第3~12行、附图4、5公开了除主架之外的所有技术特征。但由于逃生梯必然需要一个支撑件，否则逃生梯没法使用，因此本专利权利要求1与证据1相比可被认为是同样的实用新型；②由于高层缓降器是本领域常规部件，如本专利说明书第2页第14~15行所述。证据1中，速度控制器21即具有缓降功能，其绳轮与链轮系构成传动副（见说明书第1页第19行、第4页第18行，附图4），故该特征已在证据1中被公开，在权利要求1不具有新颖性的基础上，权利要求3也不具有新颖性。

（3）本专利权利要求1~3不符合专利法第22条第3款关于创造性的规定。如上所述，权利要求1、3相对于证据1不具有新颖性，因而也不具有创造性；即使认为与证据1相比权利要求1中“主架”这一技术措施不能被毫无疑义地得出，将逃生梯设置于架子上是显而易见的，是本领域技术人员不需要任何创造性劳动即可想到的技术措施，因此权利要求1的技术方案与证据1相比不具备创造性；权利要求2为权利要求1的从属权利要求，其附加技术特征为“在主架上分段设有若干与链条机构连接的引桥”，而在架子上设置引桥系本领域的常规手段，不是救生梯在结构上的实质性特点，也不能体现出对救生梯功效的任何改进，在权利要求1不具备创造性的前提下，权利要求2也不具备创造性。

经形式审查合格后，专利复审委员会受理了上述请求，于2009年5月31日向双方当事人发出《无效宣告请求受理通知书》，并将《专利权无效宣告请求书》及其他有关文件的副本转送给专利权人，要求其在指定的期限内答复，同时成立合议组对本无效宣告请求案进行审理。

2009年6月29日，专利权人向专利复审委员会提交了“关于驳回《专利权无效宣告请求》的意见陈述书”，同时提交了如下附件：

附件1：本专利的专利申请受理通知书及其权利要求书、说明书摘要、摘要附图和说明书，复印件共6页；

附件2：2005年7月19日由吉林省科学技术厅颁发的吉林省科技成果证书，登记号为2005206，复印件共1页。

附件3：本实用新型专利证书，复印件共1页；

附件4：专利号为ZL99224240.1的实用新型专利证书，复印件共1页；

附件5：专利号为ZL99224239.8的实用新型专利证书，复印件共1页；

附件6：专利号为ZL200420012011.3的实用新型专利证书，复印件共1页；

专利权人认为：①设定的高度内分段设有一个引桥是根据建筑物的结构和具体位置高低来确定。本专利阻尼减速机构和链轮系构成传动副是采用行星变形结构阻尼减速系统工作原理，完全区别并优于请求人的速度控制器。对于请求人所说的“说明书中没有作出任何说明，附图中也没有绳轮标记”的问题，我们认为附件4~6获得了多个专利，不需要证明。②首先，对于请求人关于证据2的公布时间的陈述，单凭时间证明不了专利的新颖性和创造性；其次，通过列表进行技术特征对比表明，本专利相对于证据1或证据2具有新颖性。

2009年7月7日，本案合议组向双方当事人发出《无效宣告请求口头审理通知书》，拟定于2009年8月20日对本案进行口头审理，并将专利权人于2009年6月29日提交的意见陈述书及其附件清单中所列附件副本随本通知书转送给请求人，要求其在口头审理时一并答复。

2009年8月20日，口头审理如期进行。请求人未出席口头审理，专利权人的法人代表到庭参加了口头审理。庭审过程中，合议组就请求人在《无效宣告请求书》中所提出的无效理由及证据逐一进行了调查，专利权人充分陈述了意见。在此基础上，合议组记录了如下重要事项：（1）专利权人对请求人提交的证据1、2的真实性、合法性、关联性均没有异议；（2）专利权人当庭出示了附件2~6的原件，合议组当庭核实原件与复印件一致；（3）专利权人认为，①参照证据1的附图4可知，所述逃生梯包括链条、轴、踏板、与速度控制器相连的链轮的传动机构。本专利权利要求1与证据1相比区别在于证据1中的速度控制器与本专利的阻尼减速机构不同，由此导致传动方式不同；本专利权利要求1与证据2相比，其中的阻尼减速机构与证据2的速度控制器不同，证据2中的箱架还包括本专利救生梯没有的部件；因而权利要求1相对于证据1或2具备新颖性；②本专利的阻尼减速机构是高层缓降器，其为专利权人自己发明创造的并且本专利所采用的高层缓降器即为附件4~6中提到的缓降器；③本专利使用现有已知的部件高层缓降器制作了无动力循环救生梯，但不能由此否定本专利的创造性。

至此，合议组认为本案的事实已经清楚，可以作出无效宣告请求审查决定。

二、决定的理由

1. 关于审理的文本

本决定以本专利授权公告的文本为审查基础。

2. 关于无效理由和证据

根据专利法实施细则第 64 条第 1 款以及审查指南第四部分第三章第 4.1 节的规定，请求人在提出无效宣告请求时没有具体说明的无效宣告理由以及没有用于具体说明相关无效宣告理由的证据，且在提出无效宣告请求之日起一个月内也未补充具体说明的，专利复审委员会不予考虑。就本案而言，请求人在《无效宣告请求书》以及提出无效宣告请求之日起一个月之内均未具体说明本专利不符合专利法第 26 条第 3 款规定的无效理由，合议组对该无效理由不予考虑。

请求人提交的证据 1~2 均为中国专利文献，专利权人对其真实性无异议，合议组经核实对其真实性予以确认。证据 1 的公开日在本专利申请日之前，因而可以作为现有技术证据用于评价本专利，证据 2 作为中国实用新型专利文献，其申请日早于本专利的申请日而其公开日晚于本专利申请日，且证据 2 的申请人不同于本专利的申请人，故证据 2 可以用于评价本专利的新颖性。专利权人提交的附件 1 为本专利的专利申请受理通知书及本专利全文，合议组经核实对其真实性予以确认。专利权人当庭出示了附件 2~6 的原件，合议组经核实原件与复印件一致，认可其真实性。

3. 关于专利法第 22 条第 2 款

专利法第 22 条第 2 款规定：新颖性，是指在申请日以前没有同样的发明或者实用新型在国内外出版物上公开发表过、在国内公开使用过或者以其他方式为公众所知，也没有同样的发明或者实用新型由他人向国务院专利行政部门提出过申请并且记载在申请日以后公布的专利申请文件中。

如果一项发明或实用新型专利与现有技术证据相比或者与申请日前由他人向专利局提出申请并在申请日后（含申请日）公布的发明或者实用新型证据相比，其技术领域、所要解决的技术问题、技术方案和预期效果均相同，则该专利相对于所述证据不具备新颖性。相反，如果二者的技术方案存在实质区别，则该专利相对于所述证据具备新颖性。

（1）权利要求 1。

权利要求 1 保护一种无动力自动循环救生梯，其特征在于：在救生梯的主架上部设有阻尼减速机构和链轮系构成传动副，循环链条机构设在主架正面，其上安装有往复循环链条和脚踏板，链条机构与阻尼减速机构通过链轮系构成传动副，在人体自重作用下可驱动链条机构及脚踏板循环往复滚动。

在无效宣告请求书中，请求人认为，证据 1（说明书第 4 页第 3~12 行、附图 4、5 公开了除主架之外的所有技术特征，其中指出速度控制器对应于阻尼减速机构。但由于逃生梯必然需要一个支撑件，否则逃生梯没法使用，这也是毫无疑义地，因而权利要求 1 相对于证据 1 不具有新颖性；证据 2 说明书第 1 页第 21 行至第 2 页第 4 行、第 3 页第 8~9、15~22 行、第 4 页第 12~15 行、附图 1-3 处公开了权利要求 1 所包含的全部必要技术特征，其中速度控制器对应于阻尼减速机构，因而权利要求 1 不具有新颖性。

在口头审理中，专利权人认为，本专利权利要求 1 与证据 1 相比区别在于证据 1 中的速度控制器与本专利的阻尼减速机构不同，由此导致传动方式不同；本专利权利要求 1 与证据 2 相比，其中的阻尼减速机构与证据 2 的速度控制器不同，证据 2 中的箱架还包括本专利救生梯没有的部件；因而权利要求 1 相对于证据 1 或 2 具备新颖性。

合议组查明，证据 1 公开了一种用于火灾逃生用避难梯，其中当该逃生梯 60 有搭载逃生者时，受逃生者自身重量的影响使逃生梯 60 循徊旋转，通过速度控制器的作用使逃生者可达到安全缓降，所述速度控制器包含传动轴 10、减速机 20、第一、二段控制器 30、40、转子 32、定子 31、配重块 34 和弹簧 35（参见说明书第 4 页第 3~12 行，附图 4、5）。

证据 2 公开了一种紧急逃生的避难梯，其包含有一箱架 10、一逃生梯 30、一传动装置 20、一轨道架 40 及一调整架 50 等，其中传动装置 20 具有一设置于箱架 10 内的速度控制器 21 及可受该速度控制器 21 控制的一固定轴 22，其中该速度控制器 21 更包含有一等速控制机件 211 及一手动煞车开关 212，该固定轴 22 是横向枢设于箱架 10 内，于两侧分别设有一链轮 221，另该固定轴 22 连设有一减速机 222 及摇柄 223。该逃生梯 30 由两封闭成环形且相互平行的链条 31 所组成，每一链条 31 上方是啮合于固定轴 22 的链轮 221 上。该逃生梯 30 包含有多数踏板 33，逃生梯 30 可因逃生者自身的重量而产生顺向的循回转动，并通过速度控制器 21 的作用而呈等速下降（参见说明书第 3 页第 8~9 行、15~22 行及第 4 页第 12~13 行，附图 1-3）。

①权利要求 1 相对于证据 1。

尽管证据 1 仅文字记载了逃生梯和速度控制器两个主要的技术特征，但参照证据 1 的附图 4，合议组可以直接地、毫无意义地确定，所述逃生梯包括链条、轴、踏板、与速度控制器相连的链轮的传动机构。由此，将本专利权利要求 1 与证据 1 所公开的内容相比可知，证据 1 中的所有的链轮对应于本专利的链轮系，证据 1 中的链条、踏板以及链条与踏板的组成机构对应于本专利的链条、踏板以及循环链条机构，由于证据 1 中速度控制器的作用是使逃生梯安全平缓下降，从而避免其因逃生者重量而下降时产生加速度的危险，其所起的作用即是阻尼减速，因而证据 1 中的速度控制器对应于本专利中的阻尼减速机构，与速度控制器相连的链轮的传动机构即对应于本专利中链条机构与阻尼减速机构通过链轮系构成传动副。尽管证据 1 中未明确公开“主架”这一技术特征，但作为逃生梯，其必然需要一个主架，否则逃生梯的其他部件无法设置，逃生梯也没法使用，因而主架属于证据 1 中隐含公开的技术特征。由此可见，证据 1 与本专利属于相同的技术领域，证据 1 公开的技术方案与本专利权利要求 1 的技术方案实质上相同，两者所解决的技术问题以及预期技术效果也相同，因而权利要求 1 相对于证据 1 不具有新颖性，不符合专利法第 22 条第 2 款的规定。

②权利要求 1 相对于证据 2。

将本专利权利要求 1 与证据 2 所公开的内容进行对比可知，证据 2 中速度控制器 21 的作用是使逃生梯等速下降，从而避免其因逃生者重量而下降时产生加速度的危险，其所起的作用即是阻尼减速，因而证据 2 的速度控制器 21 对应于本专利的阻尼减速机构，另外，证据 2 中的箱架 10 对应于本专利的主架、链轮 221 对应于本专利的链轮系，链条 31、踏板 33 对应于本专利的链条和踏板，链条与踏板的组成机构对应于本专利的循环链条机构、速度控制器 21 控制两侧设有链轮 221 的固定轴 22 且链条 31 上方啮合于固定轴 22 的链轮 221 上对应于链条机构与阻尼减速机构通过链轮系构成传动副。由此可见，证据 2 与本专利属于相同技术领域，其公开的技术方案与本专利权利要求 1 的技术方案相同，两者所解决的技术问题以及预期技术效果也相同，因而权利要求 1 相对于证据 2 不具有新颖性，不符合专利法第 22 条第 2 款的规定。

（2）权利要求 3。

权利要求 3 是权利要求 1 的从属权利要求，其附加技术特征为“阻尼减速机构为高层缓降器，其绳轮与链轮系构成传动副”。

在无效宣告请求书中，请求人认为，高层缓降器是本技术领域的常规部件，如本专利说明书第 2 页第 14~15 行所述。证据 1 中速度控制器即具缓降功能，其绳轮与链轮系构成传动副，故该特征已在证据 1 中公开，另外证据 2 中速度控制器即具缓降功能，其绳轮与链轮系构成传动副，故该特征也已在证据 2 中公开，在权利要求 1 相对于证据 1 或证据 2 不具有新颖性情况下，权利要求 3 相对于证据 1 或证据 2 也不具有新颖性。

合议组认为，如上 3.1.1 和 3.1.2 所述，权利要求 1 相对于证据 1 或证据 2 均不具有新颖性。权利要求 3 为权利要求 1 的从属权利要求，尽管证据 1 或证据 2 中的速度控制器也是高层缓降器，但由于证据 1 或证据 2 的速度控制器中均未公开其中存在绳轮并且绳轮与链轮系构成传动副，因而权利要求 3 的技术方案与证据 1 或证据 2 所公开的技术方案相比存在区别技术特征，二者实质上不同，因此权利要求 3 相对于证据 1 或证据 2 具备新颖性，符合专利法第 22 条第 2 款的规定。

在口头审理中，专利权人认为，证据 1 以及证据 2 中的速度控制器均不同于本专利中的阻尼减速机构，本专利的阻尼减速机构是高层缓降器，其为专利权人自己发明创造的。同时专利权人提供附件 4~6 证明本专利所采用的高层缓降器即为所述附件中提到的缓降器。

对此，合议组认为，①本领域技术人员已知，高层缓降器是具有高空缓降作用的器件。证据 1 中的速度控制器与证据 2 中的速度控制器在避难梯中恰恰起高空缓降的作用，也是一种阻尼减速机构，因而证据 1 中的速度控制器与证据 2 中的速度控制器即为高层缓降器。②附件 4~6 为实用新型专利证书，没有公开具体技术内容，不能证明其名称中提及的防火索道或缓降器的结构与证据 1 的速度控制器不同，更不能证明本专利所用的高层缓降器完全不同于证据 1 的速度控制器；而且，本专利仅在说明书第 2 页第 14~15 行指出“阻尼减速机构采用常规的高层缓降器 2”，并没有引用上述附件，更未明确指出所采用的高层缓降器是上述附件中提及的具有特定结构的缓降器。故合议组对专利权人认为本专利高层缓降器为专利权人自己发明创造且为附件 4~6 中的缓降器的主张不予支持。

4. 关于专利法第 22 条第 3 款

专利法第 22 条第 3 款规定：创造性，是指同申请日以前已有的技术相比，该发明有突出的实质性特点和显著的进步，该实用新型有实质性特点和进步。

（1）权利要求 2。

权利要求 2 为权利要求 1 的从属权利要求，其附加技术特征为“在主架上分段设有若干与链条机构连接的引桥”。

在无效宣告请求书中，请求人认为，在架子上设置引桥是本领域的常规手段，不是救生梯在结构上的实质性特点，也不能体现出对救生梯功效的任何改进，权利要求 1 相对于证据 1 不具备新颖性因而不具备创造性的前提下，权利要求 2 也不具备创造性。

在口头审理中，专利权人认为，本专利使用现有已知的部件高层缓降器制作了无动力循环救生梯，但不能由此否定本专利的创造性。

合议组认为，如上 3. 1. 1 所述，权利要求 1 相对于证据 1 不具有新颖性。权利要求 2 为权利要求 1 的从属权利要求，将权利要求 2 与证据 1 公开的技术方案相比，证据 1 中并未公开上述附加技术特征。根据本专利说明书第 2 页第 2 段的描述可知，引桥的作用是将被困人员引领或输送至救生梯。在证据 1 的逃难梯具体应用时，也需要把逃生者引领或输送至逃难梯。为了方便失火建筑内的人员顺利抵达逃难梯，对于本领域技术人员而言，在逃难梯的主架上根据建筑物结构以及逃难梯的位置设置引桥以使逃生者到达逃难梯是本领域技术人员很容易想到的，并且在逃难梯上设置引桥并未给逃难梯带来意料不到的技术效果，因而权利要求 2 相对于证据 1 不具备创造性，不符合专利法第 22 条第 3 款的规定。

（2）权利要求 3。

在无效宣告请求书中，请求人认为，权利要求 3 没有新颖性，因而也不具备创造性。

在口头审理中，专利权人认为，本专利高层缓降器采用行星减速机构，不同于请求人所述的速度控制器。本专利使用现有已知的部件高层缓降器制作了无动力循环救生梯，但不能由此否定本专利的创造性。

合议组认为，如上 3. 2 所述，权利要求 3 具备新颖性，权利要求 3 与证据 1 之间存在区别技术特征，即其绳轮与链轮系构成传动副。由此可见，证据 1 中并未公开所述速度控制器（即高层缓降器）中存在绳轮，并且绳轮与链轮系构成传动副。尽管绳轮是机械领域中的已知零部件，但证据 1 并未给出将绳轮设置在高层缓降器内并使其与链轮系构成传动副的技术启示；另外，请求人也并未主张将绳轮设置在高层缓降器内并使其与链轮系构成传动副是本领域的公知常识，更没有提供证据证明将绳轮设置在高层缓降器内并使其与链轮系构成传动副是本领域的公知常识，因此仅凭证据1尚不能破坏权利要求3的创造性。

5. 关于专利法第26条第4款

专利法第26条第4款规定，权利要求书应当以说明书为依据，说明要求专利保护的范围。

权利要求书是否得到说明书的支持，不能仅凭说明书及其附图所记载的内容来判断，而应站在本领域技术人员的角度，结合本领域的普通技术知识并考察现有技术的状况。如果本领域技术人员根据说明书记载的内容和其对相关现有技术的了解并结合本领域的普通技术知识和/或常规技术手段能够得到或概括得出权利要求所保护的技术方案，则该权利要求得到了说明书的支持。

（1）关于权利要求2。

鉴于以上已经得出本专利权利要求2不具备创造性，应被宣告无效的结论，故合议组对请求人提出的针对权利要求2的不符合专利法第26条第4款的无效理由和事实不予评述。

（2）关于权利要求3。

请求人认为，权利要求3记载了“阻尼减速机构为高层缓降器，其绳轮与链轮系构成传动副”，但对于绳轮如何设置以及绳轮如何与链轮系构成传动副，说明书中没有作出任何说明，附图中也没有绳轮的标记，故该权利要求得不到说明书的支持，不符合专利法第26条第4款的规定。

对此，合议组认为，本专利权利要求3的记载表明，作为阻尼减速机构的高层缓降器设有绳轮，且绳轮的设置位置和连接方式是与救生梯主架上的链轮系构成传动副。本专利说明书未对绳轮具体如何设置以及如何与链轮系形成传动作出文字说明，且说明书附图中也未示意绳轮这一部件，因此，本案中判断权利要求3是否得到说明书支持，关键在于权利要求3对绳轮设置位置和连接方式的概括是否超出说明书公开的范围，此时，除了考虑说明书记载的内容之外，还应站在本领域技术人员的角度，结合本领域的普通技术知识并考察现有技术的状况。本专利说明书具体实施方式部分记载，“阻尼减速机构采用常规的高层缓降器2”、“被动链轮4与缓降器2构成传动副”，根据本专利说明书的记载，本领域技术人员可以理解权利要求3的高层缓降器与链轮系的传动实际上通过其绳轮与被动链轮构成传动来实现，而绳轮是机械领域中已知的零部件，主要通过摩擦传动，其结构、设置方式和功能作用也是本领域技术人员已知的。由此，本领域技术人员结合其所知晓的有关绳轮的构造和传动知识完全能够采用常规方式设置绳轮并实现绳轮与链轮形成传动。因此，请求人关于权利要求3得不到说明书支持、不符合专利法第26条第4款的无效理由不能成立。

基于以上事实和理由，本案合议组作出如下审查决定。

三、决定

宣告03251757.2号实用新型专利的权利要求1~2无效，在权利要求3的基础上维持本专利有效。

当事人对本决定不服的，可以根据专利法第46条第2款的规定，自收到本决定之日起三个月内向北京市第一中级人民法院起诉。根据该款的规定，一方当事人起诉后，另一方当事人应当作为第三人参加诉讼。

034

一种制备低级脂肪酸酯的方法

无效宣告请求审查决定（第14329号）

决　　定　　号　第14329号
决　　定　　日　2009年12月21日
发明创造名称　一种制备低级脂肪酸酯的方法
国际分类号　C07C67/04，C07C69/02，B01J31/08
无效宣告请求人　刘　柳
专　利　权　人　湖南中创化工股份有限公司
专　　利　　号　200710200147.5
申　　请　　日　2007年2月2日
授权公告日　2009年2月25日
合议组组长　刘　静
主　　审　　员　潘　剑
参　　审　　员　黄　强

法　律　依　据　专利法第22第26条第4款、第26条第3款、第22条第3款
决　定　要　点

如果权利要求的技术方案和最接近的现有技术相比存在区别技术特征，并且现有技术中存在将上述区别技术特征引入到该最接近的现有技术以解决其存在的技术问题的启示，同时该区别技术特征的引入也没有带来预料不到的技术效果，则该权利要求不具备创造性。

一、案由

本无效宣告请求案涉及国家知识产权局于2009年2月25日授权公告、申请日为2007年2月2日、名称为“一种制备低级脂肪酸酯的方法”的200710200147.5号发明专利（下称本专利），专利权人为湖南中创化工股份有限公司（变更前为胡先念）。

本专利授权公告的权利要求书如下：

“1. 一种制备低级脂肪酸酯的方法，其特征在于：反应物C1-C4脂肪酸和C2-C5烯烃或其中的一种先经过一个装有反应助剂的预处理器脱除有害杂质后，进入工业纯钛为材质装有催化剂的管式固定床反应器，在液相中反应以制备得到低级脂肪酸酯；所述反应助剂为离子交换树脂，所述催化剂是一种强酸性离子交换树脂。

2. 根据权利要求1所述的方法，其特征在于C1-C4脂肪酸选自甲酸、乙酸、丙酸、正丁酸、异丁酸、丙烯酸。

3. 根据权利要求 1 所述的方法，其特征在于 C1-C4 脂肪酸选自乙酸。

4. 根据权利要求 1 或 2 或 3 所述的方法，其特征在于 C2-C5 烯烃可以是乙烯、丙烯、1-丁烯、2-丁烯、异丁烯、1-戊烯或 2-戊烯。

5. 根据权利要求 1 或 2 或 3 所述的方法，其特征在于预处理器的反应温度为 20~80℃，所述离子交换树脂的交换容量不小于 3mmol/gH。

6. 根据权利要求 1 或 2 或 3 所述的方法，其特征在于所述催化剂的比表面积为 $20\sim50m^2/g$，孔容为 0.1~0.3ml/g，粒度为 0.1~1.5mm；反应混合物中 C1-C4 脂肪酸与 C2-C5 烯烃的摩尔比为 0.7：1~3.0：1，C1-C4 脂肪酸进料空速为 $0.1\sim10.0hr^{-1}$，反应温度 30~150℃，反应压力 0.8~2.0MPa。

7. 根据权利要求 5 所述的方法，其特征在于所述催化剂的比表面积为 $20\sim50m^2/g$，孔容为0.1~0.3ml/g，粒度为 0.1~1.5mm；反应混合物中 C1-C4 脂肪酸与 C2-C5 烯烃的摩尔比为 0.7：1~3.0：1，C1-C4 脂肪酸进料空速为 $0.1\sim10.0hr^{-1}$，反应温度 30~150℃，反应压力 0.8~2.0MPa。

8. 根据权利要求 1 或 2 或 3 所述的方法，其特征在于所述催化剂的比表面积为 $20\sim50m^2/g$，孔容为0.1~0.3ml/g，粒度为 0.1~1.5mm；反应混合物中 C1-C4 脂肪酸与 C2-C5 烯烃的摩尔比为 0.8：1~2.5：1，C1-C4 脂肪酸进料空速为 $0.2\sim5.0hr^{-1}$，反应温度 65~135℃，反应压力 0.8~1.8MPa。

9、根据权利要求 5 所述的方法，其特征在于所述催化剂的比表面积为 $20\sim50m^2/g$，孔容为0.1~0.3ml/g，粒度为 0.1~1.5mm；反应混合物中 C1-C4 脂肪酸与 C2-C5 烯烃的摩尔比为 0.8：1~2.5：1，C1-C4 脂肪酸进料空速为 $0.2\text{-}5.0hr^{-1}$，反应温度 65~135℃，反应压力 0.8~1.8MPa。”

针对上述专利权，刘柳（下称请求人）于 2009 年 6 月 19 日向专利复审委员会提出无效宣告请求，并提交了如下证据：

证据 1：美国专利 US5457228 说明书，公开日为 1995 年 10 月 10 日，复印件 10 页，及该专利的部分中文译文，复印件 2 页；

证据 2：“炼油厂催化 C4 馏分醚化的经验与建议”，王崇谦，石油炼制与化工，第 26 卷第 9 期，1995 年 9 月，第 23~27 页，复印件 5 页；

证据 3：“叠合醚化保护床催化剂的失活原因与再生方法研究”，李韬等，工业催化，第 14 卷第 6 期，2006 年 6 月，第 65~69 页，复印件 5 页；

证据 4：《化工设备设计全书 钛制化工设备》，黄嘉琥等主编，化学工业出版社，2002 年 8 月第 1 版第 1 次印刷，出版信息页、前言、第 1~7、64~65 页，复印件 11 页；

证据 5：《中国炼油技术》，侯祥麟主编，中国石化出版社，1991 年 12 月第 1 版第 1 次印刷，出版信息页、第 218~221 页，复印件 4 页；

证据 6：《化学词典》，顾翼东主编，上海辞书出版社，2003 年 8 月第 2 版第 1 次印刷，出版信息页、第 468~469 页，复印件 2 页；

证据 7：“Liquid-Phase Etherification/Dimerization of Isobutene over Sulfonic Acid Resins”，Marco Di Girolamo 等，Ind. Eng. Chem. Res.，第 36 卷，1997 年，第 4452~4458 页，复印件 7 页，及部分中文译文，复印件 1 页。

请求人认为：

（1）权利要求 1~9 不符合专利法第 26 条第 4 款的规定。

权利要求 1 中包括“所述反应助剂为离子交换树脂”、“所述催化剂是一种强酸性离子交换树脂”、“反应物 C1-C4 脂肪酸和 C2-C5 烯烃或其中的一种先经过一个装有反应助剂的预处理器脱除有害杂质”。根据说明书记载的内容，本领域技术人员无法概括出所有类型的离子交换树脂，所有的强酸性离子交换树脂均能用于本发明并实现发明目的，不能确定任何预处理条件均能实现上述目的，因此，权利要求 1 得不到说明书的支持，不符合专利法第 26 条第 4 款的规定。同样，权利要求 2~9 也不符合专利法第 26 条第 4 款的规定。

另外，说明书实施例描述的均是脂肪酸和烯烃的混合物经过预处理器进行预处理，而没有脂肪酸或者烯烃单独经过预处理器进行预处理的实施例，因此，权利要求 1~9 限定的“反应物 C1-C4 脂肪酸和 C2-C5 烯烃或其中的一种先经过一个装有反应助剂的预处理器脱除有害杂质”得不到说明书支持，不符合专利法第 26 条第 4 款的规定。

权利要求 1~2 和 4~9 中限定的反应物包括 C1-C4 脂肪酸，权利要求 1~3、5~9 中限定反应物包括 C2-C5 烯烃，上述限定使上述权利要求得不到说明书的支持，不符合专利法第 26 条第 4 款的规定。

(2) 权利要求 4 不清楚，不符合专利法实施细则第 20 条第 1 款的规定。

权利要求 4 中使用了“可以”，导致保护范围不清楚，不符合专利法实施细则第 20 条第 1 款的规定。

(3) 说明书公开不充分，不符合专利法第 26 条第 3 款的规定。

实施例仅说明使用“采用比表面积为 $30m^2/g$，孔容为 25ml/g，粒度为 1.0mm 的强酸性离子交换树脂作催化剂”，没有记载强酸性离子交换树脂的牌号，也没有记载其具体成分或制备方法以及来源。符合上述条件的强酸性离子树脂有多种，其性质不尽相同，因此，本领域技术人员无法确定该使用何种催化剂。因此，说明书不符合专利法第 26 条第 3 款的规定。

(4) 权利要求 1~9 不具有创造性，不符合专利法第 22 条第 3 款的规定。

第一，权利要求 1 不具有创造性。证据 1 的实施例 1 与权利要求 1 的区别在于：①反应物 C1-C4 脂肪酸和 C2-C5 烯烃或其中的一种先经过一个装有反应助剂的预处理器脱出有害物质；②管式固定床反应器以工业纯钛为材质。与证据 1 相比，权利要求 1 要解决的技术问题是：当反应原料含有金属离子、含氮物质及含硫物质时，易造成强酸性离子交换树脂催化剂失活；反应物有机羧酸会腐蚀设备。

其中区别①解决技术问题⑴，但是，证据 2 第 1 页右栏“1.2 原料预处理的方法和选择”中公开的内容；证据 3 第 1 页右栏第 3~7 行公开了的内容；证据 5 第 218 页第 3~5 行、第 14~15 行记载的内容中所使用的催化剂与权利要求 1 所使用的催化剂相同，催化剂中毒的机理也相同，因此。证据 2、3 和 5 任意一个与证据 1 结合解决技术问题⑴都是显而易见的。

其中区别②解决技术问题⑵，但是，纯钛设备可以耐腐蚀是本领域公知常识，证据 4 前言、正文第 2 页右栏、第 64~65 页记载了这一公知常识，因此，证据 1 和公知常识结合结合解决技术问题⑵是显而易见的。

本专利说明书第 1 页第 14~20 行公开的内容也说明，存在的这些问题是本领域技术人员所熟知的，因此，本领域技术人员有动机将证据 2、3、5 中的一个以及公知常识与证据 1 结合，以解决这两个问题。另外，本专利说明书第 2 页倒数 3~5 行记载的技术效果表明，其反应器使用寿命与证据 1 相比没有明显改变。综上，权利要求 1 相对于证据 1 和证据 2、3、5 之一以及公知常识结合不具有创造性。

第二，证据 1 实施例 1 公开了权利要求 2、3、4 的附加技术特征。证据 5 第 218 页第 14~15 行记载了权利要求 5 的附加技术特征。证据 1 实施例 2、证据 1 说明书第 5 栏第 42~57 行和证据 7 公开了分别公开了权利要求 6~9 的附加技术特征。综上，权利要求 2~9 也不具有创造性，不符合专利法第

22 条第 3 款的规定。

经形式审查合格后，专利复审委员会受理了上述请求，于 2009 年 7 月 9 日向双方当事人发出了《无效宣告请求受理通知书》，并将《专利权无效宣告请求书》及其他有关文件的副本转送给专利权人，要求其在指定的期限内答复，同时成立合议组对本无效请求案进行审理。

2009 年 8 月 12 日，专利权人针对该无效宣告请求陈述了意见，同时，专利权人对其权利要求书进行了修改，修改后的权利要求书如下：

"1. 一种制备低级脂肪酸酯的方法，其特征在于：反应物 C1-C4 脂肪酸和 C2-C5 烯烃或其中的一种先经过一个装有反应助剂的预处理器脱除有害杂质后，进入工业纯钛为材质装有催化剂的管式固定床反应器，在液相中反应以制备得到低级脂肪酸酯；所述反应助剂为离子交换树脂，所述催化剂是一种强酸性离子交换树脂；预处理器的反应温度为 20~80℃，所述离子交换树脂的交换容量不小于 3mmol/gH；所述催化剂的比表面积为 20~50m^2/g，孔容为 0.1~0.3ml/g，粒度为 0.1~1.5mm；反应混合物中 C1-C4 脂肪酸与 C2-C5 烯烃的摩尔比为 0.7：1~3.0：1，C1-C4 脂肪酸进料空速为0.1~10.0hr^{-1}，反应温度 30~150℃，反应压力 0.8~2.0MPa。

2. 根据权利要求 1 所述的方法，其特征在于 C1-C4 脂肪酸选自甲酸、乙酸、丙酸、正丁酸、异丁酸、丙烯酸。

3. 根据权利要求 1 所述的方法，其特征在于 C1-C4 脂肪酸选自乙酸。

4. 根据权利要求 1 或 2 或 3 所述的方法，其特征在于 C2-C5 烯烃是乙烯、丙烯、1-丁烯、2-丁烯、异丁烯、1-戊烯或 2-戊烯。

5. 根据权利要求 1 或 2 或 3 所述的方法，其特征在于所述催化剂的比表面积为 20~50m^2/g，孔容为 0.1~0.3ml/g，粒度为 0.1~1.5mm；反应混合物中 C1-C4 脂肪酸与 C2-C5 烯烃的摩尔比为 0.8：1~2.5：1，C1-C4 脂肪酸进料空速为 0.2~5.0hr^{-1}，反应温度 65~135℃，反应压力 0.8~1.8MPa。"

专利权人认为：（1）关于专利法第 26 条第 4 款：说明书第 2 页第 3 段以及实施例记载了反应助剂为酸性离子交换树脂，并列举了本领域熟知的 S54 和 D72 型，权利要求 1 限定了反应助剂为离子交换树脂，且用交换容量为 3mmol/gh 表明是选用酸性离子交换树脂，因此得到说明书支持。说明书第 2 页第 6 段记载了权利要求中催化剂限定的范围，说明书第 2 页第 5 段记载了权利要求的预处理器的反应温度，说明书第 2 页第 1、2 段记载了反应物脂肪酸和烯烃的选择范围，因此，得到说明书支持。说明书没有记载脂肪酸和烯烃单独经过预处理器的实施例，但本领域技术人员在实施例 1~5 的基础上，能够将本发明扩展到这一保护范围。（2）关于专利法实施细则第 20 条第 1 款：原权利要求 4 中的"可以"已经删除。（3）关于专利法第 26 条第 3 款，本发明公开的原料都是清楚的，本领域技术人员能够实现。（4）修改后的权利要求缩小了保护范围，因此具备创造性。

2009 年 8 月 31 日，专利复审委员会本案合议组向无效宣告请求人发出《转送文件通知书》，将专利权人于 2009 年 8 月 12 日提交的意见陈述书及其附件的副本转交给请求人。2009 年 8 月 31 日，专利复审委员会本案合议组向无效宣告请求人发出《无效宣告请求口头审理通知书》，2009 年 9 月 1 日，专利复审委员会本案合议组向专利权人发出《无效宣告请求口头审理通知书》，定于 2009 年 10 月 20 日对本专利权的无效宣告请求举行口头审理。

2009 年 10 月 10 日，针对该《转送文件通知书》，请求人提交了意见陈述书，请求人认为：

（1）专利权人将授权公告文本权利要求 4 中的"可以"删除，不符合审查指南有关无效宣告请求程序中修改方式的规定，在此前提下，坚持认为原权利要求 4 中包含"可以"导致权利要求不清楚，不符合专利法实施细则第 20 条第 1 款的规定。

（2）权利要求 1~5 不符合专利法第 26 条第 4 款的规定。

权利要求 1~5 中包括“所述反应助剂为离子交换树脂”、“其交换容量不小于 3mmol/gH，可供选择的离子交换树脂的例子有 S54 型离子交换树脂或 D72 型离子交换树脂”、“所述催化剂是一种强酸性离子交换树脂”、“预处理器的反应温度为 20~80℃”，上述限定使权利要求 1~5 得不到说明书的支持，不符合专利法第 26 条第 4 款的规定。

另外，基于《无效宣告请求书》中的相同理由，权利要求 1~5 限定的“反应物 C1-C4 脂肪酸和 C2-C5 烯烃或其中的一种先经过一个装有反应助剂的预处理器脱除有害杂质”得不到说明书支持，不符合专利法第 26 条第 4 款的规定。

权利要求 1、2、4、5 中限定的反应物包括 C1-C4 脂肪酸，权利要求 1、2、3、5 没有对 C2-C5 烯烃作出任何限定，基于《无效宣告请求书》中的相同理由，上述权利要求得不到说明书的支持，不符合专利法第 26 条第 4 款的规定。

（3）说明书公开不充分，不符合专利法第 26 条第 3 款的规定。

基于《无效宣告请求书》中的相同理由，说明书不符合专利法第 26 条第 3 款的规定。

（4）权利要求 1~5 不具有创造性，不符合专利法第 22 条第 3 款的规定。

第一，权利要求 1 不具有创造性。证据 1 的实施例 2 公开了：将 10 升 AMBERLYST 15 酸性离子交换树脂催化剂装入管状不锈钢反应器的中部，该反应器长 2m，直径为 10cm。该离子交换树脂是通过苯乙烯-二烯基苯共聚物磺酸化制得的。反应器剩余的空间用陶瓷拉西环填充，从而得到连续流动固定床反应器。将该反应器在 70℃的恒温器中垂直放置，以得到如图 1 所示的装置。含有乙酸和丙烯的液态进料流 1 加入到反应器 2 中，并在催化剂床 3 中反应。乙酸的进料的液体体积时空速度（LHSV）为 0.2，乙酸和丙烯（95Wt% 纯度）的摩尔比为 1.0，进料加入到反应器中。证据 1 说明书第 5 栏第 42~57 行记载：根据本发明的方法，反应器中的反应压力可以为足以使反应系统维持在液态的值。例如，当使用丙烯为烯烃时，压力值可以为 15~100kg/cm^2，优选为 15~50 kg/cm^2（相当于 1.5~5.0kPa），当使用丁烯为烯烃时，压力值可以为 5~100kg/cm^2，优选为 5~50kg/cm^2（相当于 1.5~5.0kPa）。

权利要求 1 与证据 1 的区别在于：①反应物 C1-C4 脂肪酸和 C2-C5 烯烃或其中的一种先经过一个装有反应助剂的预处理器脱出有害杂质，其中，预处理器的反应温度为 20~80℃，离子交换树脂的交换容量不小于 3mmol/gH；②管式固定床反应器以工业纯钛为材质；③所述催化剂的比表面积为 20~50m^2/g，孔容为 0.1~0.3ml/g，粒度为 0.1~1.5mm。与证据 1 相比，权利要求 1 要解决的技术问题是：a. 当反应原料含有金属离子、含氮物质及含硫物质时，易造成强酸性离子交换树脂催化剂失活；b. 反应物有机羧酸会腐蚀设备；c. 确定反应使用的催化剂的比表面积、孔容和粒度。

区别①解决技术问题⑴，证据 5 第 218 页第 3~5 行公开了：强酸离子交换树脂催化剂中的 H+离子会被异丁烯和甲醇中所含金属阳离子所置换而使催化剂失活，因此，要求反应进料中的金属阳离子含量最好小于 1ppm。第 216 页第 14~15 行记载了：原料净化的目的是除去原料中的金属阳离子。国内装置的净化剂采用与醚催化剂相同型号的离子交换树脂。第 218 页第 14~15 行记载了：C4 馏分和甲醇按比例混合，再经加热器加热到 40~50℃后从上部进入净化-醚化反应器（即净化器）。第 220 页中还具体公开了使用的催化剂有 S 型、D72 型等，从表 7-15 可以看出，这两种催化剂的交换容量均在 3 毫克当量 H+/g 以上。证据 5 中所使用的催化剂与权利要求 1 所使用的催化剂相同，催化剂中毒的机理也相同，因此。证据 5 与证据 1 结合解决技术问题 a 都是显而易见的。

区别 b 解决技术问题 b，但是，纯钛设备可以耐腐蚀是本领域公知常识，证据 4 前言、正文第 2 页右栏、第 64~65 页记载了这一公知常识，因此，证据 1 和公知常识结合解决技术问题⑵是显而易见的。

区别③解决技术问题c，证据7公开了AMBERLYST 15的比表面积为$45m^2/g$，粒径为0.63~1.25mm，孔容为$0.30cm^3/g$（证据7第4453页）。因此，本领域技术人员很容易将证据1与证据7结合，以确定催化剂的参数范围，解决技术问题c是显而易见的。

因此，本领域技术人员可以很容易地将证据1、证据5、证据7和公知常识结合，得到权利要求1的技术方案，因此，权利要求1不具有创造性。

第二，证据1实施例2采用乙酸作为原料，因此公开了权利要求2、3的附加技术特征。

证据1实施例2采用丙烯作为原料，因此公开了权利要求4的附加技术特征。

根据与权利要求1不具有创造性的相同理由，证据1和7分别公开了权利要求5的附加技术特征。

因此，权利要求2~5也不具有创造性，不符合专利法第22条第3款的规定。

2009年10月20日，口头审理如期举行。双方当事人均委托代理人参加了口头审理。在口头审理过程中，双方当事人对对方出庭人员的身份和资格无异议；对合议组成员及书记员没有回避请求。在口头审理过程中，合议组就本案的无效理由及证据逐一进行了调查，双方当事人充分陈述了各自的意见。在口头审理过程中，认定并记录了以下事项：

（1）由于口头审理当日，请求人于2009年10月10日提交的意见陈述书的原件尚未送达合议组，请求人当庭提交了该意见陈述书的复印件，合议组将其当庭转交给专利权人，并指出，待该意见陈述书的原件送达合议组后，将通知专利权人前来核对其与当庭转交的复印件是否一致，如专利权人放弃核对则视为认可两者的一致性，并指出专利权人可以于口头审理结束后7日内针对该意见陈述书提交书面答复。

（2）合议组当庭告知专利权人，其于2009年8月12日提交的权利要求书中，将权利要求4中的“可以”删除不符合审查指南第四部分第三章第4.6节的规定。专利权人当庭提交了新的权利要求书一式两份，其中，删除了权利要求4，保留了权利要求1~3、5，并相应修改了权利要求的编号，合议组当庭将其中的一份转交给请求人。请求人对专利权人当庭提交的修改文本没有异议。

（3）请求人放弃使用证据2和3，请求人针对专利权人当庭提交的修改文本最终确定的无效理由和证据使用方式是：①说明书不符合专利法第26条第3款的规定；②权利要求1~4不符合专利法第26条第4款的规定，其中使用证据6作为公知常识性证据；③权利要求1~4相对于证据1、5、7和公知常识结合不具有专利法第22条第3款规定的创造性，其中证据4为公知常识性证据。

（4）请求人当庭提交了证据5的原件，盖有“国家图书馆科技查新中心”红章的证据2~4、6~7的复印件，并主张证据1为专利文献，可以在国家知识产权局的网站下载得到。专利权人对证据1~7的真实性、合法性、公开性以及证据1、7的中文译文的准确性没有异议。

（5）专利权人表示：①本专利权利要求1预处理步骤为酸性环境，不同于证据5中的中性或弱碱性环境，而在酸性条件下，离子交换树脂是很难吸附的，这属于公知常识（但专利权人未提供相关的公知常识性证据证明），因此，证据5与权利要求1防止催化剂中毒的机理不同。并且，权利要求1通过将温度控制在20~80℃才实现了酸性条件下离子交换树脂的吸附；②证据1的技术方案包括一个循环过程，而本专利权利要求1不包括循环过程，并因此使选择性达到99.9%，因此，循环过程构成证据1与权利要求1的区别，且无法从中得到启示；③证据4没有公开存在磺酸根杂质的情况下，钛材也能防止醋酸对设备的腐蚀；④专利权人认可本专利实施例预处理步骤中所用的S54和D72型离子交换树脂和证据5中的净化剂一样，都是酸性离子交换树脂。认可证据7中公开的“AMBERLYST 15”和证据1的实施例2中使用的“AMBERLYST 15”是同一种催化剂。

口头审理结束后，专利权人未在规定的期限内针对请求人于 2009 年 10 月 10 日提交的意见陈述书提交书面意见。

2009 年 11 月 3 日，专利权人面取了请求人于 2009 年 10 月 10 日提交的意见陈述书的原件，核对后认可口审当庭转送的复印件与原件一致。

至此，合议组认为本案的事实已经调查清楚，可以依法作出审查决定。

二、决定的理由

1. 关于无效审理的文本

在 2009 年 10 月 20 日举行的口头审理中，专利权人提交了权利要求书的修改文本，修改后的权利要求书如下：

“1. 一种制备低级脂肪酸酯的方法，其特征在于：反应物 C1-C4 脂肪酸和 C2-C5 烯烃或其中的一种先经过一个装有反应助剂的预处理器脱除有害杂质后，进入工业纯钛为材质装有催化剂的管式固定床反应器，在液相中反应以制备得到低级脂肪酸酯；所述反应助剂为离子交换树脂，所述催化剂是一种强酸性离子交换树脂；预处理器的反应温度为 20~80℃，所述离子交换树脂的交换容量不小于 3mmol/gH；所述催化剂的比表面积为 20~50m^2/g，孔容为 0.1~0.3ml/g，粒度为 0.1~1.5mm；反应混合物中 C1-C4 脂肪酸与 C2-C5 烯烃的摩尔比为 0.7：1~3.0：1，C1-C4 脂肪酸进料空速为0.1~10.0hr^{-1}，反应温度 30~150℃，反应压力 0.8~2.0MPa。

2. 根据权利要求 1 所述的方法，其特征在于 C1-C4 脂肪酸选自甲酸、乙酸、丙酸、正丁酸、异丁酸、丙烯酸。

3. 根据权利要求 1 所述的方法，其特征在于 C1-C4 脂肪酸选自乙酸。

4. 根据权利要求 1 或 2 或 3 所述的方法，其特征在于所述催化剂的比表面积为 20~50m^2/g，孔容为 0.1~0.3ml/g，粒度为 0.1~1.5mm；反应混合物中 C1-C4 脂肪酸与 C2-C5 烯烃的摩尔比为 0.8：1~2.5：1，C1-C4 脂肪酸进料空速为 0.2~5.0hr^{-1}，反应温度 65~135℃，反应压力 0.8~1.8MPa。”

该修改文本相对于授权文本，删除了权利要求 1、4、7 和 9，并将权利要求 5、6 合并为新的权利要求 1。请求人对该修改文本无异议。合议组经审查，认为该修改文本符合专利法及其实施细则的相关规定，可以作为审查的基础，鉴于此，本无效宣告请求审查决定所针对的文本是：专利权人于 2009 年 10 月 20 日提交的权利要求第 1~4 项，本专利授权公告文本的说明书第 1~4 页以及说明书摘要。

2. 关于无效理由和证据的认定

在 2009 年 10 月 20 日举行的口头审理中，请求人确定其无效理由为：①说明书不符合专利法第 26 条第 3 款的规定；②权利要求 1~4 不符合专利法第 26 条第 4 款的规定，其中使用证据 6 作为公知常识性证据；③权利要求 1~4 相对于证据 1、5、7 和公知常识的结合不具有专利法第 22 条第 3 款规定的创造性，其中证据 4 为公知常识性证据。

在本案的无效宣告请求阶段，请求人共提交了 7 份证据，其中，证据 1 是专利文献，专利权人对其真实性予以认可，合议组经核实，认可其真实性，其公开时间为 1995 年 10 月 10 日，早于本专利的申请日，故可以作为评价本专利创造性的现有技术。

请求人提交了证据 5 的原件和盖有“国家图书馆科技查新中心”红章的证据 4、6~7 的复印件，专利权人对上述证据的真实性均予以认可。合议组经核实，证据 4 为技术手册类书籍，证据 6 为技术词典，其公开日均早于本专利的申请日，合议组对其真实性、公开性予以认可，并认可证据 4、6 属于公知常识性证据。合议组经核实，认可证据 5、7 的真实性，并且其公开日均早于本专利的申请日，故可以作为评价本专利创造性的现有技术。

请求人当庭放弃了证据 2 和 3，故合议组对证据 2 和 3 不予评价。

因此，合议组审理的关于本专利权的无效理由和范围为：①说明书不符合专利法第 26 条第 3 款的规定；②权利要求 1~4 不符合专利法第 26 条第 4 款的规定，其中使用证据 6 作为公知常识性证据；③权利要求 1~4 相对于证据 1、5、7 和公知常识结合不具有专利法第 22 条第 3 款规定的创造性，其中证据 4 为公知常识性证据。

3. 关于专利法第 22 条第 3 款

专利法第 22 条第 3 款规定：创造性，是指同申请日以前已有的技术相比，该发明有突出的实质性特点和显著的进步。

如果权利要求的技术方案和最接近的现有技术相比存在区别技术特征，并且现有技术中存在将上述区别技术特征引入到该最接近的现有技术以解决其存在的技术问题的启示，同时该区别技术特征的引入也没有带来预料不到的技术效果，则该权利要求不具备创造性。

请求人在无效宣告口头审理中明确的有关创造性的无效理由是：权利要求 1~4 相对于证据 1、证据 5、证据 7 和公知常识的结合不具有创造性，不符合专利法第 22 条第 3 款的规定，其中证据 4 为公知常识性证据。

权利要求 1 保护一种制备低级脂肪酸酯的方法，其特征在于：反应物 C1-C4 脂肪酸和 C2-C5 烯烃或其中的一种先经过一个装有反应助剂的预处理器脱除有害杂质后，进入工业纯钛为材质装有催化剂的管式固定床反应器，在液相中反应以制备得到低级脂肪酸酯；所述反应助剂为离子交换树脂，所述催化剂是一种强酸性离子交换树脂；预处理器的反应温度为 20~80℃，所述离子交换树脂的交换容量不小于 3mmol/gH；所述催化剂的比表面积为 20~50m^2/g，孔容为 0.1~0.3ml/g，粒度为 0.1~1.5mm；反应混合物中 C1-C4 脂肪酸与 C2-C5 烯烃的摩尔比为 0.7∶1~3.0∶1，C1-C4 脂肪酸进料空速为 0.1~10.0hr^{-1}，反应温度 30~150℃，反应压力 0.8~2.0MPa。

证据 1 涉及制备低级烃基乙酸酯的方法，其实施例 2 公开了以下技术方案：将 10 升 AMBERLYST 15 酸性离子交换树脂催化剂装入管状不锈钢反应器的中部，该反应器长 2m，直径为 10cm。该离子交换树脂是通过苯乙烯-二烯基苯共聚物磺酸化制得的。反应器剩余的空间用陶瓷拉西环填充，从而得到连续流动固定床反应器。将该反应器在 70℃的恒温器中垂直放置，以得到如图 1 所示的装置。含有乙酸和丙烯的液态进料流 1 加入到反应器 2 中，并在催化剂床 3 中反应。然后，反应混合物通过热交换器冷却，将一部分反应混合物循环回循环流入口 4。在循环流入口 4，循环的物流与进料流 1 结合。剩余的反应混合物被连续地从反应混合物出口 5 取出。乙酸进料的液体体积时空速度（LHSV）为 0.2，乙酸和丙烯（95Wt%纯度）的摩尔比为 1.0，进料在 30kg/cm^2 的反应压力下加入到反应器中，催化器床的入口和出口温度分别为 70℃和 76℃，乙酸异丙酯的选择性为 97.5%。关于证据 1 实施例 2 使用的 AMBERLYST 15 型催化剂，证据 7 第 4453 页表 1 公开了 AMBERLYST 15 型催化剂的比表面积为 45m^2/g，粒径为 0.63~1.25mm，孔容为 0.30cm^3/g；第 4453 页右栏倒数第 3~8 行公开了 AMBERLYST 15 型催化剂是大孔、苯乙烯-二乙烯苯共聚物，具有磺酸基作为功能结构，因此，属于强酸性的大孔磺酸阳离子交换树脂。可见，权利要求 1 所述的强酸性离子交换树脂已经被证据 1 的 AMBERLYST 15 催化剂公开。

专利权人在口头审理中认为，证据 1 的技术方案包括一个循环过程，而本专利权利要求 1 不包括循环过程，并因此使产物的选择性达到 99.9%，因此，循环过程构成证据 1 与权利要求 1 的区别技术特征。对此，合议组认为，权利要求 1 虽然没有限定包括如证据 1 所述的循环过程，但是同样没有排除可以包含该循环系统，而且，在实际的化工生产过程中，将一部分物料循环回反应起点是常用的可以提高反应程度的辅助生产方式，其与反应本身并不冲突。另外，本专利的五个实施例中，产物选择性为93.6%~99%以上，而证据1的产物选择性为97.5%，介于本专利的选择性范围之间，本专利说明书也没有证据证明，99%以上的选择性是由于不带循环系统而取得的，况且，在不带循环系统的情况下，本专利实施例4的选择性仅为93.6%。基于以上分析，专利权人关于循环系统构成区别技术特征的理由不成立，在权利要求1未排除可以包含证据1所述的循环系统的情况下，循环系统不构成本专利与证据1的区别技术特征。

基于以上分析，权利要求1与证据1实施例2的技术方案的区别技术特征是：①权利要求1中，包括将反应物C1-C4脂肪酸和C2-C5烯烃或其中的一种先经过一个装有反应助剂的预处理器脱出有害杂质的预处理步骤，其中，预处理器的反应温度为20~80℃，离子交换树脂的交换容量不小于3mmol/gH，而证据1的技术方案不包括该步骤；②权利要求1中，管式固定床反应器以工业纯钛为材质，而证据1的技术方案采用管状不锈钢反应器；③权利要求1中，反应压力为0.8~2.0MPa，证据1的技术方案中，反应压力为30kg/cm^2（约3.0MPa）。

说明书第2页倒数第5~3行记载，本发明具有如下技术效果：物料进入反应器前有害杂质被脱除，可防止催化剂中毒，催化剂使用1000hr以上没有失活现象；反应器采用工业纯钛为材质，能有效防止酸的腐蚀，反应器使用寿命长。具体的，说明书第2页第3段记载，反应助剂脱除反应原料中含有的金属离子，将反应原料中的含氮物质和含硫物质吸附下来。说明书第2页倒数第7行记载，反应压力没有特别严格的要求，但一般应在0.8~2.0MPa下进行，其目的是为了在相应温度下，使反应物烯烃能够较好地溶解于低级脂肪酸中。因此，权利要求1采用上述区别技术特征①~③，实际解决的技术问题是：在物料进入反应器前，通过预处理步骤脱除反应原料中含有的金属离子、含氮物质和含硫物质，防止催化剂中毒；使用工业纯钛作为反应器的材质防止酸对反应器的腐蚀，延长反应器的使用寿命；选择合适的压力范围使反应物烯烃在相应的温度下能够较好地溶解于低级脂肪酸中。因此，判断权利要求1是否具有创造性的关键在于，现有技术是否存在将区别技术特征①、②和③引入到证据1以解决上述技术问题的启示。

对于区别技术特征①，证据5涉及生产甲基叔丁基醚的工艺过程，其中在其第218页“二、对原料的要求”部分指出：“强酸离子交换树脂催化剂中的H+离子会被异丁烯和甲醇中所含金属阳离子所置换而使催化剂失活，因此，要求反应进料中的金属阳离子含量最好小于1ppm。如原料中含有胺类等碱性物质，也会中和催化剂的磺酸根而使催化剂失活。这类碱性物质也应从原料中脱除”。在接下来的“三、工艺流程”的“（一）原料净化和反应”部分具体描述了原料净化步骤的目的、原理和条件：“原料净化的目的是除去原料中的金属阳离子。国内装置的净化剂采用与醚催化剂相同型号的离子交换树脂。在这种情况下，净化器除主要起原料净化作用外，尚可起一定的醚化反应作用。所以净化器实际上是净化-醚化反应器。……C4馏分和甲醇按比例混合，再经加热器加热到40~50℃后从上部进入净化-醚化反应器”。在第220页的“五、催化剂性能”部分还具体公开了MTBE装置使用的催化剂有大孔磺酸阳离子交换树脂，如S型、D72型，从表7-15可以看出，这两种催化剂的交换容量均在3毫克当量H+/g以上。在第221页“七、操作条件及控制指标”部分具体公开了净化反应的操作条件：“净化-醚化反应器入口温度40~45℃，净化醚化反应器出口温度为58~60℃”。由此可见，证据5公开了强酸性大孔磺酸阳离子交换树脂催化剂失活的机理，其和本专利所描述的机理相同，去除的杂质相同，证据5为了防止催化剂失活，采用了相当于权利要求1预处理步骤的净化步骤，其中所采用的净化剂（即与催化剂相同的离子交换树脂）与权利要求1的反应助剂类型相同，均为离子交换树脂，且交换容量相同，净化/预处理温度相同，因此，证据5已经给出了将区别技术特征①引入到证据1，在物料进入反应器前，通过预处理脱除反应原料中的有害杂质，防止催化剂中毒的技术启示。

专利权人在口头审理中认为，权利要求 1 预处理步骤为酸性环境，不同于证据 5 中的中性或弱碱性环境，而在酸性条件下，离子交换树脂是很难吸附的，这属于公知常识（但专利权人未提供相关的公知常识性证据证明），因此，证据 5 与权利要求 1 防止催化剂中毒的机理不同。并且，专利权人认为，权利要求 1 通过将温度控制在 20~80℃实现了酸性条件下离子交换树脂的吸附。对此，合议组认为，证据 5 所述的净化剂 S 型、D72 型离子交换树脂和本专利实施例所采用的反应助剂 S54、D72 型离子交换树脂均属于强酸性离子交换树脂，其由于含有大量的强酸性基团，容易在溶液中离解出 H+，故呈强酸性。树脂离解后，本体所含的负电基团能吸附结合溶液中的其他阳离子，如金属阳离子。这两个反应使树脂中的 H+与溶液中的阳离子互相交换。本领域公知，强酸性离子交换树脂的离解能力很强，在弱酸性、中性或碱性溶液中均能离解和产生离子交换作用，只有用强酸进行再生处理时，树脂才会放出被吸附的阳离子，再与 H+结合而恢复原来的组成，即失去与阳离子结合的能力。具体到权利要求 1 的预处理步骤，该步骤是 C1-C4 脂肪酸和 C2-C5 烯烃或其中的一种先经过一个专有反应助剂的预处理器脱除有害杂质，因此，即使预处理原料是 C1-C4 脂肪酸和 C2-C5 烯烃的混合物或者 C1-C4 脂肪酸，其处理环境也仅是弱酸性，并不会影响强酸性离子交换树脂的解离和吸附作用，况且，当预处理原料为 C2-C5 烯烃时，处理环境更不会是酸性。因此，证据 5 的净化步骤与权利要求 1 的预处理步骤目的完全相同，防止催化剂中毒的机理也完全相同。因此，对于专利权人的上述陈述，合议组不予支持。

对于区别技术特征②，如前所述，证据 4 对于本专利而言，属于公知常识性证据，其所记载的内容可以作为本领域的公知常识。证据 4 第 2 页第 2 栏第 2 段记载了："可以说，采用钢和其他金属制造的化工设备，一般都可以用钛制造"。第 64~65 页的"（六）有机化合物"的"1. 有机酸和酸酐"部分记载了："除还原性较强的甲酸（蚁酸）、草酸和相当浓度和温度的柠檬酸外，钛几乎对所有有机酸都具有良好的耐腐蚀性能"。由此可见，采用纯钛反应器防止酸的腐蚀，延长使用寿命是本领域惯用的技术手段，属于本领域的公知常识。即现有技术存在将区别技术特征②引入证据 1 以解决上述技术问题的技术启示。

专利权人在口头审理中认为，证据 4 没有公开存在磺酸根杂质的情况下，钛材也能防止酸对设备的腐蚀。对此，合议组认为，首先，本专利说明书仅记载了反应器采用钛材是为了防止酸腐蚀，延长反应器的使用寿命，并没有记载权利要求 1 使用纯钛反应器是为了解决在磺酸根存在下的防腐问题。其次，如前所述，钛几乎对所有的有机酸都具有良好的耐腐蚀性是本领域的公知常识，因此，本领域技术人员为了解决耐酸腐蚀以延长反应器使用寿命的技术问题，采用钛作为反应器材质是显而易见的。因此，对于专利权人的上述陈述，合议组不予支持。

对于区别技术特征③，证据 1 说明书第 5 栏第 42~57 行记载："根据本发明的方法，反应器中的反应压力可以为足以使反应系统维持在液态的值。例如，当使用丙烯为烯烃时，压力值可以为15~100kg/cm^2，优选为 15~50 kg/cm^2（约 1.5~5.0MPa），当使用丁烯为烯烃时，压力值可以为 5~100kg/cm^2，优选为 5~50kg/cm^2（约 0.5~5.0MPa）。当反应压力低于下限时，会在反应系统中出现不希望的气相部分。而当反应压力高于上限时，因为有必要使用抗过度高压的设备而不经济"。上述压力范围均和权利要求 1 的压力范围部分重合，由此可见，证据 1 已经给出了采用权利要求 1 所述的适当的压力范围使烯烃较好溶解于低级脂肪酸的技术启示。

综上所述，本领域技术人员在证据 1 的基础上，引入上述区别技术特征①、②和③，解决上述技术问题，从而得到权利要求 1 的技术方案是显而易见的，并且这些区别技术特征的引入也没有带来任何预料不到的技术效果，因此，权利要求 1 相对于证据 1、证据 5 和公知常识（证据 4）的结合不具备创造性，不符合专利法第 22 条第 3 款的规定。

权利要求 2 的附加技术特征限定 C1-C4 脂肪酸选自甲酸、乙酸、丙酸、正丁酸、异丁酸、丙烯酸；权利要求 3 的附加技术特征进一步限定 C1-C4 脂肪酸选自乙酸。证据 1 的实施例 2 中所用的脂肪酸即为乙酸，因此，权利要求 2、3 的附加技术特征已经被证据 1 所公开，在其所引用的权利要求 1 不具备创造性的基础上，权利要求 2、3 也不具备专利法第 22 条第 3 款规定的创造性。

权利要求 4 的附加技术特征限定所述催化剂的比表面积为 20~50m^2/g，孔容为 0.1~0.3ml/g，粒度为 0.1~1.5mm；反应混合物中 C1-C4 脂肪酸与 C2-C5 烯烃的摩尔比为 0.8：1~2.5：1，C1-C4 脂肪酸进料空速为 0.2~5.0hr^{-1}，反应温度 65~135℃，反应压力 0.8~1.8MPa，其中，所限定的催化剂参数与权利要求 1 相同，如前所述，上述催化剂已经在证据 1 的实施例 2 中公开。此外，证据 1 的实施例 2 中，乙酸和丙烯的摩尔比为 1.0，乙酸的进料空速为 0.2，反应温度为 70~76℃，均落入上述相应的附加技术特征中，证据 1 说明书第 5 栏第 42~57 行公开的反应压力范围也与“0.8~1.8MPa”部分重合，因此，权利要求 4 的附加技术特征已经被证据 1 所公开，在其所引用的权利要求 1~3 不具备创造性的基础上，权利要求 4 也不具备专利法第 22 条第 3 款规定的创造性。

鉴于根据上述理由和证据已经得出本专利权利要求 1~4 不符合专利法第 22 条第 3 款规定的结论，应宣告专利权全部无效，因此，对于请求人提出的其他无效理由和证据，合议组在此不再评述。

根据上述事实和理由，合议组作出如下审查决定。

三、决定

宣告 200710200147.5 号发明专利权全部无效。

当事人对本决定不服的，可以根据专利法第 46 条第 2 款的规定，自收到本决定之日起三个月内向北京市第一中级人民法院起诉。根据该款规定，一方当事人起诉后，另一方当事人应当作为第三人参加诉讼。

035

金浆印花布

无效宣告请求审查决定（第 14350 号）

决　　定　　号　第 14350 号
决　　定　　日　2009 年 12 月 22 日
发明创造名称　金浆印花布
国 际 分 类 号　D06N7/00，D06P5/00
无效宣告请求人　杭州华兴印染有限公司
专　利　权　人　钟惠根
专　　利　　号　200720003301.5
申　　请　　日　2007 年 2 月 6 日
授 权 公 告 日　2008 年 2 月 20 日
合 议 组 组 长　刘　亚
主　　审　　员　潘　剑
参　　审　　员　蔡　雷

法　律　依　据　专利法第 22 条第 3 款
决　定　要　点

如果实用新型专利权利要求保护的技术方案相对于最接近的现有技术存在区别特征，同时现有技术中没有给出将上述区别特征应用到该最接近现有技术以解决其存在的技术问题的启示，并且实用新型专利权利要求保护的技术方案能够产生有益的技术效果，则认为该实用新型专利权利要求保护的技术方案具有实质性特点和进步，符合专利法第 22 条第 3 款关于创造性的规定。

一、案由

本无效宣告请求案涉及国家知识产权局于 2008 年 2 月 20 日公告授予的、名称为“金浆印花布”的实用新型专利权（下称本专利），其专利号为 200720003301.5，申请日为 2007 年 2 月 6 日，专利权人为钟惠根。该专利授权公告的权利要求书如下：

“1. 一种金浆印花布，它包括布料（1），其特征是：布料（1）中的印花位置由布料（1）、底层（2）和金浆花色层（3）构成，底层（2）位于布料（1）的印花位置上，金浆花色层（3）位于底层（2）上。

2. 根据权利要求 1 所述的金浆印花布，其特征是：布料（1）为绒类面料或家纺面料。

3. 根据权利要求 1 所述的金浆印花布，其特征是：底层（2）为具有弹性的柔软层。

4. 根据权利要求 3 所述的金浆印花布，其特征是：底层（2）为高弹浆。”

针对上述授权公告的专利权，杭州华兴印染有限公司（下称请求人）于2008年10月16日向专利复审委员会提出无效宣告请求（案件编号为5W10520）。经审理，专利复审委员会于2009年4月21日作出宣告本专利部分无效的第13320号无效宣告请求审查决定。在法定期限内，双方当事人均未针对上述决定提起诉讼。

针对上述授权公告的专利权，请求人于2009年4月13日再次向专利复审委员会提出无效宣告请求（案件编号为5W11004）。请求人认为本专利授权公告的权利要求1~4不符合专利法第22条第3款的规定，并提交了本实用新型专利说明书（复印件5页），以及下述证据1~3：

证据1：《涂料印染技术》，余一鹗编，2003年8月第1版第1次印刷，中国纺织出版社，封面页、出版信息页、目录页、第1~4、100~102、118~125、156~161页，复印件17页；

证据2：第02157333.6号中国发明专利申请公开说明书，公开号为CN1418996A，公开日为2003年5月21日，复印件5页；

证据3：第03241478.1号中国实用新型专利说明书，授权公告号为CN261870Y，授权公告日为2004年6月2日，复印件4页。

请求人认为：（1）权利要求1不符合专利法第22条第3款的规定，具体理由如下：

证据1第五章第三节公开了金银粉印花技术，其中第118页第一段记载的内容所公开的技术特征包括了金粉印花浆印制在布料上。本专利权利要求1与证据1比较，两者的唯一区别是：在布料（1）与金奖花色层（3）之间设置有底层（2）。

证据2公开了一种立体印花毛巾布的生长方法，其中权利要求1记载了以下技术特征："其特征在于在印花时用胶浆印花型或图案的细条底线，再用涂料对花型、图案或背景进行印色"，结合证据2的说明书及附图，可以从证据2看出布料和印色层之间设置有胶浆底层，证据2给出了将该区别特征引入证据1得到本专利权利要求1技术方案的启示。因此，本专利权利要求1相对于证据1和2的结合不具有创造性。

证据3公开了以下技术方案：由印花涂层（1）、混合夜明层（2）、白底衬布层（3）复合构成。结合该专利说明书的内容可以看出该"印花夜明布"具有三层结构。其中白底衬布层（3）相当于本专利权利要求1中的布料；混合夜明层（2）相当于本专利权利要求1中的底层；印花涂层（1）相当于本专利权利要求1中的金浆花色层。且混合夜明层（2）位于白底衬布层（3）上，印花涂层（1）位于混合夜明层（2）上。本专利权利要求1的"底层"为上位概念，因此，本专利权利要求1与证据3相比，只是限定了印花涂层为"金浆花色层"，而证据1中已经对此予以说明。因此，权利要求1相对于证据1和3的结合不具有创造性。

（2）权利要求2不符合专利法第22条第3款的规定。

本专利权利要求2对布料（1）进一步限定为绒类面料或家纺面料。证据1公开了金粉印花可以印制在各类纺织品上，其范围可以从华贵的真丝绸到多种家用纺织装饰织物上，几乎涵盖所有纺织品。因此，权利要求2的进一步限定的技术特征已经被证据1公开，在权利要求1不具有创造性的前提下，权利要求2也不具有创造性。

（3）权利要求3和4不符合专利法第22条第3款的规定。

权利要求3为权利要求1的从属权利要求，对底层（2）具体限定为"具有弹性的柔软层"；权利要求4为权利要求3的从属权利要求，进一步限定了"底层"为"高弹浆"。证据1第156~161页的弹性胶浆印花部分公开了关于弹性胶浆的品种、组成和性能。第157页第二段公开了以下内容："由于市场的需要，人们进行了研究，自然而然地推出了不同于传统涂料罩印（仿拔染）浆的弹性胶浆系列商品……以免针织品在人们穿着过程中，发生皮膜开裂，花型变样并且露底的问题"。证据1

公开了在纺织品上采用弹性胶浆印花（相当于印制弹性胶浆层）的技术方案，即公开了权利要求 4 的技术特征，而权利要求 3 的技术特征为权利要求 4 技术特征的上位概念，由此，也公开了权利要求 3 的技术特征。因此，在权利要求 1 不具备创造性的前提下，权利要求 3 和 4 不具备创造性。

同时，在纺织品上使用弹性胶浆印花属于公知常识，权利要求 3 和 4 进一步限定的技术特征不具备创造性。专利权人也承认“底层（2）为具有弹性的柔软层，如为高弹浆层且采用高分子材料制作，具有弹性和柔软层的高分子材料系现有技术”（参见本专利说明书第 2 页第 15~16 行）。

经形式审查合格后，专利复审委员会受理了上述请求，于 2009 年 4 月 13 日向双方当事人发出《无效宣告请求受理通知书》，并将《专利权无效宣告请求书》及其附件的副本转送给专利权人，要求其在指定的期限内答复，同时成立合议组对本无效宣告请求案进行审理。

请求人于 2009 年 5 月 12 日提交了无效宣告请求的补充意见，并补充提交了证据 4 和 5：

证据 4：第 88108673.8 号中国发明专利申请公开说明书，公开号为 CN1043472A，公开日为 1990 年 7 月 4 日，复印件 5 页；

证据 5：第 00219536.4 号实用新型专利说明书，授权公告号为 CN2421311Y，授权公告日为 2001 年 2 月 28 日，复印件 5 页。

请求人又增加了如下无效理由：

（1）证据 4 公开了以下技术内容：在纺织品基体上以软性粘胶为基料制出所需的图案，然后将电光铝粉均匀地铺撒在上述已绘有图案的纺织品基体上，……软性粘胶受热将电光铝牢固地粘在纺织品基体上。可见，证据 4 同样公开了三层结构，其中纺织品基体相当于本专利权利要求 1 中的布料；软性粘胶层相当于本专利权利要求 1 中的底层；电光铝图案相当于本专利权利要求 1 中的金浆花色层。因此，本专利权利要求 1 与证据 1 的上述区别特征已被证据 4 公开，且两者作用相同，证据 4 给出了将该区别技术特征引入证据 1 得到本专利权利要求 1 技术方案的启示，因此，本专利权利要求 1 相对于证据 1 和 4 的结合不具有创造性。

（2）证据 5 的本专利权利要求 1 公开了以下技术方案：其特征在于在基布上面涂有面胶层（其说明书实施例又称粘结层），在面胶层上涂有银粉胶层。证据 5 同样公开了三层结构，其中基布相当于本专利权利要求 1 中的布料；面胶层相当于本专利权利要求 1 中的底层；银粉胶层相当于本专利权利要求 1 中的金浆花色层。因此，本专利权利要求 1 与证据 1 的上述区别特征已被证据 5 公开，且两者作用相同，证据 5 给出了将该区别技术特征引入证据 1 得到本专利权利要求 1 技术方案的启示，因此，本专利权利要求 1 相对于证据 1 和 5 的结合不具有创造性。

（3）权利要求 2 进一步限定的附加技术特征已被证据 1 公开（第 118 页和第 123 页），在权利要求 1 不具备创造性的前提下，权利要求 2 也不具备创造性。权利要求 3 为权利要求 1 的从属权利要求，将底层（2）具体限定为“具有弹性的柔软层”；权利要求 4 为权利要求 3 的从属权利要求，进一步限定了“底层”为“高弹浆”。证据 1 第 156~161 页的弹性胶浆印花部分公开了关于弹性胶浆的品种、组成和性能。其中由第 157 页第二段、第 160 页、第 122~124 页、第 122 页和第 124 页的内容可以看出弹性胶浆具有防裂、耐高温、可水洗的功能，即与权利要求 4 的技术方案具有相同功能。可见，证据 1 公开了权利要求 4 的技术特征，权利要求 3 的技术特征是权利要求 4 的上位概念，由此也公开了权利要求 3 的技术特征。此外，证据 4 公开了在纺织品基体上设置相当于权利要求 1 底层的软性粘胶层的技术特征，“软性粘胶层”与“弹性的柔软层”和“高弹浆”只是文字表达方式不同，实质内容完全一致，证据 4 公开了权利要求 3 和 4 的技术特征。另外，证据 5 说明书第 1 页第 20 行公开了以下内容：粘结层 2（即前述的面胶层）与基布结合力强，使涂层不易脱落，且柔软，抗水性强。可见，证据 5 同样公开了权利要求 3 和 4 的附加技术特征。因此，在权利要求 1 不具备创造性的前提下，权利要求 3 和 4 不具备创造性。

（4）本专利说明书第 1 页倒数第二段记载：为了实现上述设计目的。1. 在布料的印花位置上设置一层不易裂开的底层，是本实用新型的特征之一。……尤如在该位置上设置一个能够克服布料径向和韦向力的底层，也就是说，布料的径向和韦向力对复合在其上的底层基本上不产生破坏力，确保了底层本身不会被损坏……。根据这一记载，本领域技术人员无法得知“能够克服布料径向和韦向力的底层”具体使用何种材料才能做到“布料的径向和韦向力对复合在其上的底层基本上不产生破坏力”。即使本专利实施例中将底层进一步限定为“具有弹性的柔软层”和“高弹浆”，“具有弹性的柔软层”和“高弹浆”同样不是一个清楚的技术概念。“高弹浆”如果是材料特征，则不符合专利法实施细则第 2 条的规定，如果是物理性能特征，那么没有对“浆”的特征进行说明，无法确定“高”的具体物理性能指标，以实现“能够克服布料径向和韦向力”。因此，说明书不符合专利法第 26 条第 3 款的规定。

合议组于 2009 年 5 月 21 日向专利权人发出《转送文件通知书》，将请求人于 2009 年 5 月 12 日提交的意见陈述书及其所附附件的副本转送给专利权人。

2009 年 6 月 19 日，本案合议组向双方当事人发出《无效宣告请求口头审理通知书》，定于 2009 年 7 月 13 日对本专利权的无效宣告请求进行口头审理。

2009 年 7 月 13 日，口头审理如期进行，双方当事人均委托代理人出席了口头审理。庭审过程中，合议组就本案的无效理由及证据逐一进行了调查，双方当事人充分陈述了各自的意见。合议组当庭告知，在先的第 13320 号无效宣告请求审查决定已宣告本专利授权公告的权利要求 1~2 无效，在专利权人于 2009 年 3 月 7 日提交的修改的权利要求第 1~2 项的基础上，维持本专利权有效。修改的权利要求 1~2 即本专利授权公告的权利要求 3~4，内容如下：

“1. 一种金浆印花布，它包括布料（1），其特征是：布料（1）中的印花位置由布料（1）、底层（2）和金浆花色层（3）构成，底层（2）为具有弹性的柔软层且位于布料（1）的印花位置上，金浆花色层（3）位于底层（2）上。

2. 根据权利要求 1 所述的金浆印花布，其特征是：底层（2）为高弹浆。”

故本次口头审理以上述修改的权利要求 1~2，本专利授权公告的说明书和说明书摘要作为审查基础。对于请求人针对授权公告的权利要求 1~2 的无效理由及证据不再予以调查。双方当事人对此均无异议。在此基础上，请求人确定其无效理由和证据使用方式为：证据 1 和证据 4 结合或证据 1 和证据 5 结合评价上述修改的权利要求 1~2 的创造性，其中证据 1 为最接近现有技术；证据 1 单独使用评价上述修改的权利要求 2 的创造性。上述涉及证据 1 时使用的内容是证据 1 第 118~124 页、第 156~161 页，且使用证据 1 第五章第三节，其中第五章的第 1 段、第一、第二和第三小节，第 123 页 YL 即用型金粉印花浆中公开的内容与上述权利要求 1 进行对比；上述修改的权利要求 2 的附加技术特征高弹浆用证据 1 评述。此外，请求人当庭放弃证据 2 和证据 3 作为证据使用，放弃本专利说明书不符合专利法第 26 条第 3 款规定的无效理由。

在口头审理中还确认并记录了如下观点：请求人认为，证据 1 第 161 页第 2~5 行的应用方法部分公开了弹性胶浆印花后的织物自然晾干后可叠印。弹性胶浆与金粉印花浆的区别就是其未添加铜粉，本专利实质上就是第一层未添加铜粉的叠印，因此，证据 1 已经给出了高弹浆底层结构的启示 .

专利权人认为，证据 1 的透明胶浆只是对深颜色的透视，并不是作为中间层和柔软层。证据 4 与本专利不是一个技术领域，证据 4 形成的产品的中间层没有弹性；证据 5 的面胶层没有弹性且不柔软，均与本专利的底层不同。

二、决定的理由

1. 决定文本

专利复审委员会于2009年4月21日作出并于2009年5月6日发出第13320号无效宣告请求审查决定，该决定宣告在专利权人于2009年3月7日提交的修改的权利要求第1~2项的基础上，维持本专利权有效。在法定的期限内，双方当事人均未针对该决定向北京市第一中级人民法院起诉，因此，本无效宣告请求审查决定所针对的文本是第13320号无效宣告请求审查决定宣告维持有效的权利要求第1~2项，本专利授权公告的说明书和说明书摘要。

2. 无效理由和证据的认定

请求人共提交了5份证据，其中，证据2~5是专利文献。请求人当庭放弃使用证据2和证据3。专利权人对证据1、4和5的真实性、合法性无异议。经审查，合议组对证据1、4和5的真实性予以确认。由于证据1、4和5的公开日均早于本专利的申请日，因此，证据1、4和5均可作为现有技术评价本专利的创造性。

由于请求人当庭放弃证据2和证据3作为证据使用，放弃本专利说明书不符合专利法第26条第3款规定的无效理由。因此，合议组审理的针对本专利权的无效理由是：权利要求1~2相对于证据1作为最接近现有技术分别和证据4或证据5结合不符合专利法第22条第3款的规定；权利要求2相对于证据1不符合专利法第22条第3款的规定。

3. 关于创造性

专利法第22条第3款规定，创造性，是指同申请日以前已有的技术相比，该实用新型有实质性特点和进步。

如果实用新型专利权利要求保护的技术方案相对于最接近的现有技术存在区别特征，同时现有技术中没有给出将上述区别特征应用到该最接近现有技术以解决其存在的技术问题的启示，并且实用新型专利权利要求保护的技术方案能够产生有益的技术效果，则认为该实用新型专利权利要求保护的技术方案具有实质性特点和进步，符合专利法第22条第3款关于创造性的规定。

就本案而言，修改的权利要求1保护一种金浆印花布，它包括布料（1），其特征是：布料（1）中的印花位置由布料（1）、底层（2）和金浆花色层（3）构成，底层（2）为具有弹性的柔软层且位于布料（1）的印花位置上，金浆花色层（3）位于底层（2）上。修改的权利要求2的附加技术特征限定底层（2）为高弹浆。

（1）上述权利要求1~2相对于证据1和证据4结合。

请求人认为，证据1的第五章第三节公开了金银粉印花技术，其中第五章第1段、第一、第二和第三小节，第123页YL即用型金粉印花浆中公开的内容与权利要求1相比，区别仅在于证据1没有公开作为底层的弹性柔软层的结构，证据4公开了在纺织品基体上以软性粘胶为基料制出所需图案，然后将电光铝粉均匀地铺撒在上述已会有图案的纺织品基体上，……软性粘胶受热将电光铝粉牢固地粘在纺织品基体上。其中，软性粘胶层相当于权利要求1中作为底层的弹性柔软层，两者位置相同，作用都是为了粘结牢固。因此，权利要求1相对于证据1和证据4的结合不具有创造性。证据1第156~161页公开了关于弹性胶浆的品种、组成和性能，因此，证据1公开了权利要求2的附加技术特征，在权利要求1不具有创造性的基础上，权利要求2也不具有创造性。口头审理中，专利权人认为证据4与本专利不是一个技术领域，证据4最终形成的产品的中间层没有弹性，因此，权利要求1~2相对于证据1和证据4的结合具有创造性。

合议组查实，证据1的上述部分涉及使用金粉印花浆在织物上进行金粉印花的技术方案，证据1公开的金粉印花织物具有双层结构，其中金粉印花浆层相当于权利要求1的金浆花色层（3），织物相当于权利要求 1 的布料（1），两者的区别技术特征是证据 1 并未公开权利要求 1 中作为底层（2）的弹性柔软层。

如本专利说明书第 2 页第 2 段所述，现有技术的金浆印花布存在的技术问题是花色图案不具有防裂功能，不可水洗，不耐高温，本专利通过在布料和金浆印花层之间设置底层且以具有弹性的柔软层作为底层，使得金浆印花布具有防裂、耐高温、可水洗的功能。

证据 4 公开了一种图案烫金的方法，其特征是在纺织品上以软性粘胶为基料制出所需图案，然后将电光铝粉铺撒在上述纺织品上，加热该纺织品，软性粘胶受热将电光铝粉牢固地粘在纺织品上（参见权利要求 1 和说明书第 1 页第 4 段），由此形成的烫金纺织品的图案部分将具有三层结构，即：纺织品、软性粘胶层和电光铝粉层。但是，如证据 4 说明书第 1 页第 2、3 段所述，现有的烫金工艺直接在纺织品上电镀，由于纺织品的热电性能差而使图案牢固性差，为了解决该技术问题，证据 4 提供了一种加热时能够产生良好的粘结性而将图案牢固粘结在纺织品基体上的软性粘胶。由此可见，证据 4 的软性粘胶的作用是在图案烫金过程中经过加热使其和电光铝粉牢固粘结，而本专利权利要求 1 中作为底层的弹性柔软层设置在布料和金浆印花层之间，使得金浆印花布具有防裂、耐高温、可水洗的功能，因此，证据 4 中的软性粘胶层和权利要求 1 的具有弹性的柔软层作用不同，而且证据 4 中电光铝粉通过加热固定在软性粘胶层，而权利要求 1 中的金浆花色层是通过金浆印花的方式固定在柔软层上，两者与印花层（烫金图层）间的作用方式也不同。因此，证据 4 未给出在证据 1 公开的双层金粉印花织物中增加具有弹性的柔软层作为底层并解决如本专利说明书所述技术问题的启示。综上，请求人认为本专利权利要求 1 相对于证据 1 作为最接近现有技术和证据 4 结合不具有创造性的无效理由不成立。在权利要求 1 具备创造性的基础上，其从属权利要求 2 相对于证据 1 和 4 的结合也具备创造性。

（2）上述权利要求 1~2 相对于证据 1 和证据 5 结合。

请求人认为，证据 1 公开的上述技术方案和权利要求 1 的区别在于证据 1 没有公开作为底层的弹性柔软层的结构，证据 5 的权利要求 1 公开了以下技术方案：在基布上面涂有面胶层（实施例中又称粘接层），在面胶层上涂有银粉胶层，其中面胶层相当于具有弹性的柔软层，因此，权利要求 1 相对于证据 1 和证据 5 的结合不具有创造性。与上述相同的理由，在权利要求 1 不具有创造性的基础上，权利要求 2 也不具有创造性。口头审理中，专利权人认为证据 5 的面胶层没有弹性且不柔软，因此，权利要求 1~2 相对于证据 1 和证据 5 的结合具有创造性。

对此，合议组认为，如前所述，证据 1 的上述技术方案和权利要求 1 的区别技术特征是证据 1 并未公开权利要求 1 中作为底层（2）的弹性柔软层。

合议组查实，证据 5 公开了一种飞机盖布的特种涂层涤纶布，其中权利要求 1 公开其特征在于在基布上面涂有面胶层，在面胶层上涂有银粉胶层。进一步地，如证据 5 权利要求 2、3 以及说明书第 1 页第 10~11 行所述，其在基布与面胶层之间的基布上涂有粘接层，在银粉胶层外表涂有硅油层。证据 5 说明书第 1 页实施例描述了各层的作用，基布采用涤纶布作骨架材料；粘接层使涂层不易脱落，且柔软，抗水性能强；面胶层成膜后抗水性能强，耐磨性大大增强；银粉胶层具有抗静电性、防辐射和反射光热的老化作用；有机硅油层使表面光滑，不发粘和提高柔软性。各层相互作用最终使所得的涂层涤纶布相对于传统的粗平布具有更好的防水性能，更轻的重量，几乎不缩水，抗静电、防辐射和耐光、热老化，较大撕破强力的效果。合议组认为，证据 5 中各层的作用是使所得涂层涤纶布具有以上的优点，而具体到面胶层，其作用是增强所得涤纶布的抗水性，耐磨性。由此可见，证据 5 中的面胶层和权利要求 1 的具有弹性的柔软层的作用不同。因此，证据 5 未给出在证据 1 公开的双层金粉印花织物中增加具有弹性的柔软层作为底层并解决如本专利说明书所述技术问题的启示。综上，请求人认为权利要求 1 相对于证据 1 作为最接近现有技术和证据 5 结合不具有创造性的无效理由不成立。在权利要求 1 具备创造性的基础上，其从属权利要求 2 相对于证据 1 和 5 的结合也具备创造性。

（3）上述权利要求 2 相对于证据 1。

请求人认为，证据 1 公开的上述技术方案和权利要求 2 的区别在于证据 1 没有公开高弹浆底层结构。但是证据 1 第 156~161 页公开了关于弹性胶浆的品种、组成和性能，可以看出，弹性胶浆与权利要求 2 的高弹浆功能相同。其中第 161 页第 2~5 行的应用方法部分公开了弹性胶浆印花后的织物自然晾干后可叠印。弹性胶浆与金粉印花浆的区别就是其未添加铜粉，本专利实质上就是第一层未添加铜粉的叠印，因此，证据 1 已经给出了高弹浆底层结构的启示，因此，权利要求 2 相对于证据 1 不具有创造性。口头审理中，专利权人认为证据 1 的透明胶浆只是对深颜色的透视，并不是作为中间层和柔软层。

对此，合议组认为，证据 1 公开的上述技术方案和权利要求 2 的区别在于证据 1 没有公开高弹浆底层结构。合议组查明，证据 1 第 156~161 页公开了弹性胶浆的品种、组成和性能，所述的弹性胶浆是用来印制表面图案的印花浆，第 161 页第 2~5 行的应用方法部分公开了印花后的织物自然晾干后可叠印。对于印花领域的叠印，本领域技术人员公知，其是将一个色块压印在另一个色块上，从而得到其他的色相。由此可知，证据 1 的以上部分内容仅公开了一种常规的弹性胶浆印花工艺，其中所述弹性胶浆的叠印后的印花布虽然具有多层结构，但是各印花层的叠加仅是为了得到所需的色相，其和如前所述的本专利中所述的底层的作用不同。因此，证据 1 的上述部分未给出在证据 1 公开的双层金粉印花织物中增加高弹浆底层结构并解决如本专利说明书所述技术问题的启示。综上，请求人认为权利要求 2 相对于证据 1 不具有创造性的无效理由不成立。

基于以上事实和理由，本案合议组作出如下审查决定。

三、决定

在第 13320 号无效宣告请求审查决定宣告维持有效的权利要求 1~2 的基础上维持第 200720003301.5 号实用新型专利权有效。即，在专利权人于 2009 年 3 月 7 日提交的修改的权利要求第 1~2 项的基础上，维持本专利权有效。

当事人对本决定不服的，可以根据专利法第 46 条第 2 款的规定，自收到本决定之日起三个月内向北京市第一中级人民法院起诉。根据该款的规定，一方当事人起诉后，另一方当事人应当作为第三人参加诉讼。